21世紀スポーツ大事典

Encyclopedia of Modern Sport

編集主幹
中村敏雄
髙橋健夫
寒川恒夫
友添秀則

大修館書店

21世紀スポーツ大事典

序文

　人間にとってスポーツの存在が今日ほど大きい時代は，かつてなかった。スポーツという言葉の源である古代ローマ人の使ったデポルターレが意味した「気晴らしする，遊ぶ」の域を大きく超え出て，全身全霊をささげて没入する「まじめごと」にスポーツが変身したことについては，19世紀のイギリスに現れた近代スポーツの貢献があずかって大きかった。

　近代スポーツは，それまでキリスト教文化の中でマイナス評価しかされなかったスポーツが，「競技化」を通してジェントルマンシップや奉仕の精神など倫理を帯びるに至り，そこで初めて社会に認められた文化であった。

　しかし，近代スポーツはイギリスに閉じられていた。これにグローバルな価値を与えたのがフランス人のクーベルタンで，IOCとオリンピックを介して「スポーツによる世界平和」を訴える。この発想はかつて存在しなかったもので，クーベルタンによってイギリスの近代スポーツが国際スポーツに変容する。われわれが日頃かかわるスポーツは国際スポーツ（IOCスポーツといってもよい）であり，これは20世紀を通して少しずつ世界に受け入れられ，そして21世紀の今日では国連よりも多い国と地域がIOCに加盟し独自の財源によって世界中にネットワークを張りめぐらす巨大国際組織を形成している。

　スポーツが世界経済を動かしたり，政治の指導者がスポーツの国威発揚力や国民意識醸成力を利用しようとするなど，スポーツが政治，経済，外交，教育，メディア，医療など社会の重要分野で大きな影響力をもつようになったのは，こうしたグローバル化の必然の結果であった。

　個人の生活においても，スポーツはもはやかつてのような余暇に付け足しに行う活動ではなく，スポーツを軸に生活を組み立てる状況が生じている。サッカーはよい例で，ヨーロッパや南米のクラブの中には自前のスタジアムに教会を設けるところが多く，サポーターのためにそこで冠婚葬祭を執り行う。ドイツのある名門クラブはスタジアム近くの小高い丘を購入し，そこをサポーターの墓地とした。スタジアムはサポーターにとって聖なる共同体であり，生まれて死ぬまで，いな死後もなおサッカーとかかわっていたい，そう願う人たちが現れたのである。

　スポーツへのこうした関心は愛好者の「する」「みる」「ささえる」次元のものであるが，そうした行為が高じてくるに及び，「考える」次元でスポーツにかかわる専門家が現れ，スポーツの科学的知識の蓄積が始まる。

　実のところ，この現象は早くも古代ギリシャに起きていた。スポーツは市民の教養と考えられた当時，競技力を高めるための指導を行い，また健康のために運動を処方し，また子どもに運動を教育する専門家はギュムナステース，彼らがもつ専門知識はギュムナスティケー（裸体で行う運動すなわちスポーツを意味するギュムナシアと学や論を意味するケーの合成語）と呼ばれ，プラトンの著作に頻繁に登場するほど，その重要性が認知されていた。

　独立した学問体系としてのギュムナスティケーは，その後，ルネサンスの時代にヨーロッパで再発見され，その伝統の上に20世紀初頭に「スポーツ科学　Sportwissenschaft」が登場し，今日に至っている。本事典は，こうして発展したスポーツ科学について，その最先端の情報を体系的に収録しようとするものである。

　本事典は，当初，1987年に刊行された『最新スポーツ大事典』（大修館書店）の補完を意図して企画された。『最新スポーツ大事典』はスポーツの人文社会科学系分野の情報収録を重視したもので，その歴史的記述を中心とする内容は今日なお光を失っていない。しかし，当然のことながら，スポーツのその後の発展に応じて生まれたスポーツ経済学やスポーツ法学といった重要な新分野，また人種や民族といった新しいトピックには対応しえていなかった。さらに，前事典刊行後のスポーツ科学の進展は目覚ましく，本事典の編集会議において，スポーツ科学諸分野がもたらす新しい情報の大きさと重要性を正当に評価し，この状況に如何に立ち向かうべきかを議論した結果，本事典を前事典の補完でなく，まったく新しいコンセプトの下に編む方針を決定した。

　具体的には，概念，歴史，ルール，技術・戦術，オリンピックはもちろん，人種，ジェンダー，障がい者をはじめ，経済，政策，倫理など，スポーツにかかわる様々なテーマとスポーツを結んだ25の柱を立て，それぞれをひとつの章として最新の内外の研究成果を盛り込みながら，多面的な視点から論じている。さらに，最後の第26章では，約200のスポーツ種目を扱い，次に示すように，多角的な視点からの解説も加えた。競技の仕方・勝敗の決定・競技の特性・用具や服装といった「競技概要」

と，1900年以降に軸をおいて，発祥や世界的な普及や日本への普及，国内での拡大・発展をまとめた「歴史と発展」で構成している。なお，W杯や五輪で行われている国際スポーツについては上記2点に加え，「技術・戦術・ルールの変遷」や「現代の技術・戦術・ルール」（高度化・大衆化等に伴う変遷など）を解説している。

上述した本事典の編集方針を達成するために，約400名にも及ぶ様々な分野の第一線で活躍する方々に原稿を執筆いただくこととなった。また，本事典が完成してみると，実に1350頁を超える大部の事典となった。本事典は，質量とも他に類をみないほど充実しており，これからの日本のスポーツ科学研究の方向性に大きなインパクトを与え，今後の研究を画するものとなるだろう。

振り返れば，2004年4月の第1回目の編集会議以降，中村敏雄，髙橋健夫，寒川恒夫，友添秀則の4人の編集主幹は各章の柱となるテーマの絞り込みに実に多様な議論と多大の時間を費やした。しかし，スポーツの隆盛を迎えた21世紀の現時点にあっても，学問的な成果を考えれば，ひとつの章として定立が難しいと判断した「市民」「国民国家」「風土」は断念せざるを得なかった。他日いつの日か，「スポーツと市民」「スポーツと国民国家」「スポーツと風土」についての精緻な学問的基盤に立脚した考察が述べられることを期待したい。

また，このように大きな出版物を編纂するときには，各項目において執筆時に研究の最前線を意識していたとしても刊行時のそれとはずれが生じるものである。出版という特性もあり，この点には読者の寛容を願う次第である。

ところで，本書の編集コンセプトは，書名『21世紀スポーツ大事典』の英語表記Encyclopedia of Modern Sportにもその一端が示されている。modern sportは近代スポーツとも訳され，本事典が上記の如くすでに過去のものとなった19世紀イギリススポーツについて語る事典であるかの感を与えるが，本事典ではmodernの語の原義にして英語世界で今日最も一般に通用する「現代」の意味を採用して国際スポーツを意味させている。英語表記には，本事典を国際スポーツについての最新スポーツ科学事典とする意図が込められているのである。日本語表記では，これを「21世紀スポーツ」によって表現した。誤解のないように述べれば，民族スポーツや健康問題や養生やスポーツ美学など国際スポーツと一見無関係なテーマも扱われているが，それらさえ，国際スポーツの形成と発展に伴って現れた現象であり，この意味において国際スポーツの時系列体系の要素としうるのである。

本事典を上梓した今，その構想からはや11年の歳月が経過した。その間には，「スポーツ立国戦略」の策定，「スポーツ基本法」の成立，「スポーツ基本計画」の策定が行われスポーツをめぐる法的基盤は大きく変わった。特にスポーツ基本法では，スポーツが世界共通の人類の文化であり，スポーツを通じて幸福で豊かな生活を営むことはすべての人々の権利であることが謳われ，プロスポーツや障がい者スポーツのいっそうの推進，アンチ・ドーピング教育の充実やスポーツ産業との連携の重要性が指摘された。また，2020年の東京オリンピック・パラリンピック開催が決定し，競技スポーツと地域スポーツのいっそうの推進を図るために，スポーツ庁の設置も間近であるといわれる。このような現代日本のスポーツが揺れ動く現状を本事典ではできる限り捕捉することに努めたが，わが国のスポーツのあり方の大きな節目に本事典が刊行されることの意義は極めて大きいものがある。

11年の本事典の長い編纂過程においては，悲しい出来事もあった。編集主幹である中村敏雄先生が2011年3月に，同じく髙橋健夫先生が2013年7月に本事典の完成を待つことなく逝去された。お二人の心の無念を思うと，今もなお深い悲しみに沈むが，本事典を謹んでお二人の御霊前に捧げたいと思う。また，本事典は大修館書店編集部の松井貴之氏と平井健二氏，飯笹奈津子氏の温かい励ましと支えがなければ到底完成することはできなかった。ここに記して感謝したい。

最後に，本事典が多くの方々の手に渡り，そして活用されることで，スポーツや体育の研究・実践がよりいっそう発展することを心より願う次第である。

編集主幹を代表して，
寒川恒夫・友添秀則

21世紀スポーツ大事典
編集主幹・編集委員・執筆者・執筆協力者　一覧

編集主幹

中村敏雄	（元広島大学教授）
髙橋健夫	（元日本体育大学教授・筑波大学名誉教授）
寒川恒夫	（早稲田大学教授）
友添秀則	（早稲田大学教授）

編集委員　（章ごとに担当）

友添秀則	（早稲田大学教授　01.スポーツと概念）
柳沢和雄	（筑波大学教授　02.スポーツと政策）
井上洋一	（奈良女子大学教授　03.スポーツと法）
松田恵示	（東京学芸大学教授　04.スポーツとジェンダー）
山下秋二	（立命館大学特任教授・京都教育大学名誉教授　05.スポーツと経済）
寒川恒夫	（早稲田大学教授　06.スポーツとアカデミズム）
髙橋幸一	（山形大学名誉教授　07.スポーツと健康）
寒川恒夫	（早稲田大学教授　08.スポーツと身体の文化）
大築立志	（東京大学名誉教授　09.スポーツと医科学）
杉原　隆	（田中教育研究所長・東京学芸大学名誉教授　10.スポーツとメンタリティー）
佐伯年詩雄	（日本ウェルネススポーツ大学教授・筑波大学名誉教授　11.スポーツと組織）
寒川恒夫	（早稲田大学教授　12.スポーツと宗教）
朝岡正雄	（環太平洋大学教授・筑波大学名誉教授　13.スポーツと技術・戦術）
髙橋健夫	（元日本体育大学教授・筑波大学名誉教授　14.スポーツと学校体育）
寒川恒夫	（早稲田大学教授　15.スポーツと歴史）
寒川恒夫	（早稲田大学教授　16.スポーツと民族）
久保正秋	（東海大学教授　17.スポーツと思想）
友添秀則	（早稲田大学教授　18.オリンピック）
中村敏雄	（元広島大学教授　19.スポーツとルール）
杉本厚夫	（関西大学教授　20.スポーツとメディア）
友添秀則	（早稲田大学教授　21.スポーツと倫理）
樋口　聡	（広島大学教授　22.スポーツと芸術）
菊　幸一	（筑波大学教授　23.スポーツと科学技術）
川島浩平	（武蔵大学教授　24.スポーツと人種）
後藤邦夫	（元筑波大学教授　25.スポーツと障がい者）

執筆者・執筆協力者（掲載順）

友添秀則	柳沢和雄	川井圭司	岡田　桂	磯貝浩久
阿部生雄	作野誠一	入澤　充	山下秋二	上地広昭
岡本純也	清水紀宏	道垣内正人	藤本淳也	中込史郎
細越淳二	中西純司	來田享子	谷口輝世子	楠戸一彦
岡出美則	河野一郎	西山哲郎	水上博司	清原泰治
松田恵示	川西正志	小笠原悦子	酒井　均	佐伯年詩雄
深澤浩洋	原田宗彦	建石真公子	髙橋幸一	髙橋豪仁
梅垣明美	田中暢子	稲葉佳奈子	清水　諭	木村和彦
森川貞夫	佐藤由夫	飯田貴子	寒川恒夫	上柿和生
笠原一也	徳永敏文	熊安貴美江	加賀谷淳子	菊　幸一
齋藤健司	山口泰雄	木村涼子	杉原　隆	黒須　充
松浪健四郎	森　浩寿	井谷惠子	武藤芳照	等々力賢治
中村祐司	馮　宏鵬	高井昌吏	田口素子	田里千代
八代　勉	朱　成鐸	田原淳子	大築立志	川島浩平
馬場宏輝	小笠原正	大貫敦子	北澤一利	荒井啓子
藤田雅文	井上洋一	山口理恵子	吉原　瑛	中嶋哲也
			河野亮仙	中村民雄
			瀧澤利行	朝岡正雄
			小田切毅一	佐藤　徹
			七木田文彦	阿江通良
			木村真知子	佐野　淳
			三井悦子	會田　宏
			石井昌幸	瀧井敏郎
			ソリドワール・マーヤ	中川　昭
			船井廣則	松元　剛
			小澤英二	都澤凡夫
			稲垣正浩	佐藤　靖
			松本芳明	大熊廣明
			木下秀明	髙橋健夫
			石井喜八	細江文利
			宮下充正	池田延行
			笠師久美子	岩田　靖
			山地啓司	長谷川悦示
			定本朋子	大友　智
			福　典之	松岡宏高
			平野裕一	木村吉次
			石川　旦	神谷　拓
			荒尾　孝	谷釜了正
			久野譜也	佐藤　豊
			中澤公孝	中村哲也
			矢部京之助	崔　楽泉
			清水和弘	村橋俊之
			小澤治夫	李　鎮洙
			野々宮徹	幸喜　健
			石井源信	鈴木みづほ
			阿江美恵子	富川力道
			杉山啓司	神戸　周
			三井宏隆	渡邉昌史
			橋本純一	竹谷和之
			筒井清次郎	小木曽航平
			植野吉朗	ソコロ・アルバレス
			猪俣公宏	李　承洙
			橋本公雄	松井良明

鈴木康史	戸塚 仁	近藤和夫	表 孟宏	笹倉清則
関根正美	野村一路	武藤一彦	北本英幸	清水宣雄
山下高行	郭 叶舟	飯尾 進	吉村 正	松崎康弘
内海和雄	村上祐介	原田清生	萩尾純子	瀬戸山正二
久保正秋	佐藤貴弘	小野 剛	林 伯原	日本ビリヤード協会
真田 久	髙橋まゆみ	日本サンボ連盟	中村 剛	鎌田 徹
結城和香子	関 政敏	日本ジェットスキー協会	渡辺良夫	小泉和史
藤田紀昭	橋本和典	勝田 隆	田口晴康	藤原義和
滝口隆司	志々田文明	真野嘉久	木下英俊	師岡文男
佐野慎輔	小山幸子	山口和幸	小海隆樹	松崎英吾
田島良輝	加藤じろう	荒賀博志	後藤 豊	松元 恵
舛本直文	吉村 純	田中辰美	斎藤 卓	古村法尾
池田恵子	吉永武史	村田直樹	金子一秀	熊野晃三
中村敏雄	菅野耕自	伊藤忠一	金谷麻理子	小成裕之
中房敏朗	岡村泰斗	佐藤秀幸	鈴木秀人	松澤 勇
小谷寛二	日本ローラースポーツ	竹内晋笮	前原正浩	小沢哲史
中小路徹	連盟	秋山エリカ	井関律人	青木康太
黒田 勇	塩沢康雄	奥野景介	星野一朗	日本モーターボート
山本 浩	朝田耕平	森山進一郎	白川誠之	競走会
金山 勉	薄田克彦	岩原文彦	須賀健二	粂川麻里生
杉本厚夫	岡本 実	生田泰志	三浦眞二	ジョー小泉
永井良和	日本ウオーキング協会	髙橋淳一郎	原竹 純	恩田昌史
森津千尋	花井篤子	立 正伸	岸尾政弘	渡辺美佐子
藤原庸介	今原太郎	桜井誠一	北野綾子	石井直方
平井 肇	島貫 啓	髙木英樹	落合文夫	福原なるみ
リー・トンプソン	中村恭子	日本落下傘スポーツ	武井宏之	石井和男
黄 順姫	小林ゆき	連盟	朴 周鳳	森 美香
髙橋義雄	鷲見全弘	梶田幸子	蝶間林利男	日本マウンテンバイク
佐藤卓己	村越 真	佐々木敏	大川裕二	協会
広瀬一郎	小林 宏	上杉尹宏	松浦孝明	村田芳子
川谷茂樹	栗本宣和	藤田善也	井村 仁	桑原 修
岡部祐介	八鍬美由紀	加藤清孝	青木通夫	本谷 聡
近藤良享	河合陽児	斗澤由香子	大久保一司	小峯 力
鈴木智弓	道原伸司	竹田唯史	日本トライアスロン連合	三野卓哉
浅川 伸	有竹隆佐	荒井秀樹	森田弘文	日本ラクロス協会
福岡孝純	田中耕一	柳 敏晴	砂川邦子	青木 勇
樋口 聡	松尾牧則	吉岡伸彦	渡邉貞稔	有川秀之
五十殿利治	菊地孝之	河合季信	日野明徳	榎本靖士
小石原美保	前山 直	横山 純	小泉紀雄	山崎一彦
田沼雄一	内藤康男	中山英子	太田耕治	土江寛裕
金子明友	宮地直樹	久保田亜矢	山崎一世子	吉田孝久
石崎朔子	藤記拓也	戸松信雄	岡部長忠	木越清信
本間三和子	四本信子	山本和幸	小出謙介	青山清英
佐々木涼子	大槻洋也	田邊哲人	内山治樹	眞鍋芳明
乗越たかお	野口美一	日本スポーツ吹矢協会	鬼澤陽子	髙本恵美
結城匡啓	小西博喜	広報部	鵤木千加子	尾縣 貢
丸山剛生	小松真一	新田一郎	渡辺雅弘	吉村龍彦
眞嶋亜有	大江直之	豊崎 謙	高山アイコ	百瀬定雄
小笠原博毅	有吉正徳	川北達也	松田保子	久木留毅
後藤邦夫	中村一正	渡辺雅子	吉田清司	
阿部 崇	若林 務	三澤 勝	松尾昌文	
齊藤まゆみ	杉江正敏	菱田慶文	吉田寿子	
中森邦男	坂東隆男	藤田久和	村松 誠	

総目次

序文	iii
編集主幹・編集委員・執筆者・執筆協力者 一覧	v
総目次	vii
本文詳細目次	viii
凡例	xxxii
索引	1319
事項索引	1320
人名索引	1340

■

01 スポーツと概念	0003
02 スポーツと政策	0039
03 スポーツと法	0083
04 スポーツとジェンダー	0121
05 スポーツと経済	0161
06 スポーツとアカデミズム	0213
07 スポーツと健康	0245
08 スポーツと身体の文化	0271
09 スポーツと医科学	0301
10 スポーツとメンタリティー	0351
11 スポーツと組織	0385
12 スポーツと宗教	0431
13 スポーツと技術・戦術	0469
14 スポーツと学校体育	0515
15 スポーツと歴史	0563
16 スポーツと民族	0605
17 スポーツと思想	0637
18 オリンピック	0671
19 スポーツとルール	0717
20 スポーツとメディア	0757
21 スポーツと倫理	0803
22 スポーツと芸術	0839
23 スポーツと科学技術	0871
24 スポーツと人種	0907
25 スポーツと障がい者	0943
26 スポーツ種目	0981

■

本文詳細目次

01 スポーツと概念
0003

A スポーツ概念の変遷————0004
1) スポーツの語源————0004
①スポーツの語源を考えるために ②スポーツの語源と意味の変遷
2) 英米系の辞書・辞典における「スポーツ」の変遷————0005
①「スポーツ」の3要素：遊戯,競争,身体運動 ②OEDにおける「スポーツ」(sport) ③OEDにおける「ゲーム」(game) ④OEDにおける「アスレティック(ス)」(athletic〔s〕) ⑤英米系辞書にみる「スポーツ」
3) 日本の辞書・辞典における「スポーツ」の変遷————0008
①英和辞典にみる「スポーツ」(sport) ②英和辞典にみる「ゲーム」(game)と「アスレティック(ス)」(athletic〔s〕) ③国語辞典にみる外来語「スポーツ」

B スポーツ概念の多義性————0012
1) 公共機関・各種憲章におけるスポーツ概念————0012
①国際スポーツ組織および各種憲章にみられるスポーツ概念 ②スポーツ関連法規にみるスポーツ概念
2) スポーツ研究にみるスポーツ概念————0016
①日本のスポーツ研究におけるスポーツ概念 ②諸外国のスポーツ研究におけるスポーツ概念

C スポーツの類似概念————0023
1) スポーツ概念とスポーツの類似概念————0023
①異文化としてのスポーツ ②スポーツと体育の混同 ③スポーツの類似概念
2) スポーツ類似概念————0025
①運動 ②体育 ③競技 ④プレイ ⑤ゲーム ⑥レクリエーション ⑦レジャー ⑧エクササイズ ⑨フィットネス ⑩アスレティックス

D スポーツの概念的定義————0033
1) スポーツ概念規定の意義————0033
①スポーツの概念規定の難しさ ②多様性の拡張 ③外来語としてのスポーツ ④スポーツの概念規定の意義
2) スポーツの定義————0035
①スポーツの定義化の困難性 ②スポーツの代表的定義と定義化の試み ③スポーツのメルクマールからみた定義 ④現代におけるスポーツの定義

02 スポーツと政策
0039

A スポーツと政策————0040
1) 国家とスポーツ政策————0040
①スポーツ政策 ②近代国家とスポーツ ③スポーツと政治 ④現代社会とスポーツ政策
2) スポーツ政策の策定過程————0042
①スポーツ政策と価値観 ②スポーツ政策と社会状況 ③スポーツ政策の形成過程
3) スポーツ政策と国際動向————0043
①スポーツのグローバル化とスポーツ政策 ②国際機関による国際スポーツ政策の推進 ③スポーツ国際法と国際スポーツ政策
4) スポーツの政策————0045
①文部科学省のスポーツ政策 ②厚生労働省のスポーツ政策 ③その他の省庁のスポーツ政策

B 日本におけるスポーツ振興の制度と基盤————0048

1）スポーツ行政と制度————0048
①スポーツ行政の目的・体系 ②スポーツと法 ③スポーツ行政の組織
2）スポーツ施設の整備充実————0049
①スポーツ施設整備の法的基盤 ②スポーツ施設整備と経営方法 ③学校開放と共同利用化（法的根拠，51年事務次官通知，保体審答申，共同利用化）
3）スポーツ振興と財源————0051
①スポーツ関連の公的予算 ②スポーツ振興基金 ③スポーツ振興投票制度の行方
4）スポーツ指導者資格制度————0052
①文部科学省関連の資格制度の経緯 ②スポーツ関連資格の体系

C 生涯スポーツの振興施策とその展開————0054
1）生涯スポーツの振興施策の概要————0054
①国の生涯スポーツ施策 ②都道府県の生涯スポーツ施策 ③市区町村の生涯スポーツ施策 ④日本体育協会の生涯スポーツ施策
2）コミュニティスポーツと生涯スポーツ————0056
①戦後復興と社会体育の基盤整備 ②社会体育の振興とスポーツ振興法 ③社会体育論からコミュニティスポーツ論へ ④コミュニティスポーツ論からみんなのスポーツ論への展開 ⑤生涯スポーツとスポーツ権 ⑥生涯スポーツ振興をめぐる諸施策の展開 ⑦生涯スポーツ社会の実現に向けた新たな展開
3）地域のスポーツクラブ育成————0059
①地域のスポーツクラブの育成経緯 ②総合型地域スポーツクラブ育成と地域スポーツ
4）レジャー・スポーツ産業の興隆————0062
①高度経済成長下のレジャー・スポーツ産業 ②民間スポーツクラブの台頭

D 競技スポーツの振興施策とその展開————0066
1）競技スポーツの振興施策の概要————0066
①スポーツ振興基本計画にみる振興 ②JOCゴールドプランにみる振興 ③スポーツ基本法とスポーツ立国戦略にみる振興
2）職場スポーツと企業スポーツ————0069
①福利厚生と職場スポーツ ②職場体育と企業スポーツ ③企業スポーツと企業フィットネス
3）プロスポーツの発展と現在————0071
①プロスポーツの発展を支える制度 ②大相撲 ③プロ野球 ④Jリーグ ⑤その他のプロスポーツ

E 諸外国におけるスポーツ政策————0073
1）ヨーロッパのスポーツ政策————0073
①イギリスのスポーツ政策 ②ドイツのスポーツ政策 ③フランスのスポーツ政策 ④北欧のスポーツ政策
2）アメリカのスポーツ政策————0076
①連邦政府の関係機関と施策 ②地方自治体のスポーツ関係機関と施策 ③民間団体とその事業
3）オーストラリアのスポーツ政策————0077
①オーストラリア政府のスポーツ関与 ②オーストラリアのスポーツ政策
4）中国のスポーツ政策————0079
①建国期：1949-77年 ②改革開放の時期：1978-94年 ③中華人民共和国体育法から今日：1995-2013年
5）韓国のスポーツ政策————0079
①韓国の現在 ②スポーツの実施状況の現状と目標 ③体育・スポーツ関係機関 ④スポーツ関連の法令 ⑤スポーツ関連の財源 ⑥スポーツ関連の施策

03 スポーツと法
0083

A スポーツと法体系————0084
1）スポーツ国家法————0084

①スポーツ法の体系 ②スポーツ国家法の歴史と発達 ③スポーツ国家法の内容と種類 ④日本のスポーツ基本法の構成と内容 ⑤日本におけるスポーツ国家法の体系と課題
　　2）スポーツ固有法――――0087
①スポーツ固有法の特質 ②スポーツルール ③スポーツ団体協約 ④スポーツ理念 ⑤オリンピック憲章

B スポーツと人権――――0090
　　1）スポーツ権――――0090
①スポーツ権論の誕生 ②スポーツ権の内容と法的根拠 ③競技者のスポーツ権 ④子どものスポーツ権 ⑤立法的裏づけ獲得への動き
　　2）スポーツの男女平等機会の保障と課題――――0092
①女性スポーツの発展と現在 ②国際的な女性運動の広がりと法的後押し ③今なお残る男女の相違と法的課題 ④今後の男女平等機会に向けて
　　3）障がい者スポーツの法的保障と課題――――0094
①障がいのあるアスリートの活躍と参加機会の保障 ②障がい者スポーツとかかわる法制や政策 ③障がい者スポーツをめぐる紛争と課題
　　4）国籍をめぐる法的問題――――0097
①スポーツと国籍 ②国内競技会参加資格にみる国籍要件 ③代表選手参加資格にみる国籍要件 ④査証取得における制限

C スポーツと契約――――0099
　　1）スポーツビジネスをめぐる法的問題――――0099
①スポーツビジネスの原則 ②スポーツビジネスにおける法的問題 ③現代のスポーツ権利ビジネス
　　2）スポーツ放送（契約）をめぐる法的問題――――0102
①放送の定義 ②情報コンテンツと放送契約 ③ブラックアウトと地域権 ④独占放送契約とユニバーサルアクセス権 ⑤著作権法とスポーツ放送
　　3）日本のプロスポーツリーグをめぐる法的諸問題――――0104
①プロ野球の労使関係 ②プロ野球の制限的取引慣行 ③Jリーグの現状
　　4）諸外国のプロスポーツをめぐる法的諸問題――――0107
①アメリカ ②イギリス ③EU
　　5）日本の企業スポーツをめぐる法律問題――――0110
①企業スポーツの現状 ②企業スポーツ選手の法的地位 ③企業スポーツ選手の法的保護

D スポーツと事故・紛争（事件）――――0112
　　1）スポーツ事故と法的責任――――0112
①危険引き受け ②民事責任 ③刑事責任 ④免責 ⑤関連訴訟
　　2）ドーピングをめぐる法的問題――――0114
①ドーピング法の体系とドーピング防止機関 ②ドーピングの定義とドーピング防止規則違反 ③ドーピングの規制に関する法の態様 ④ドーピング防止規則違反に対する制裁 ⑤競技者等の人権への配慮
　　3）スポーツ仲裁――――0117
①スポーツに関する紛争とその解決方法 ②スポーツ仲裁の仕組みと特色 ③仲裁事件と適用ルール

04 スポーツとジェンダー
0121

A ジェンダーの視点からみたスポーツ――――0122
　　1）スポーツの歴史と男／女らしさ――――0122
①「男らしさ」の起源と系譜 ②変容する「女らしさ」とスポーツ
　　2）ジェンダーという概念とスポーツ――――0127
①ジェンダーという視角 ②ジェンダーから捉えたスポーツ ③ジェンダー概念の変容
　　3）スポーツにおける女性参入と男女の平等――――0130

①スポーツへの女性の参入を扱う意味 ②選手の参加者数からみた女性の参入 ③女性の参加拡大(1900年代－第二次大戦) ④女性スポーツの拡大(第二次大戦後－1970年代) ⑤女性の参加から参画へ(1980-90年代) ⑥女性の参画がもたらすもの(2000年以降)

4) ジェンダーとスポーツ政策——————0132
①体育・スポーツ政策にみる男女平等・不平等 ②スポーツ振興計画に加えられたジェンダーの視点 ③女性のスポーツ参与にみる課題

5) ジェンダーとスポーツ関連法——————0134
①スポーツと法:私的領域と公的領域との交錯 ②権利としてのスポーツ:参加の権利の平等 ③スポーツ法にジェンダーの視点がなぜ必要か:「象徴」としての女性・男性モデル・役割の解消へ ④法解釈における性差

6) スポーツ集団と組織におけるジェンダー——————0135
①ホモソーシャルな領域としてのスポーツ集団と組織 ②組織における女性のリーダーシップをめぐる現状 ③問題への取り組みとアファーマティブアクション

7) メディアの中のスポーツとジェンダー——————0137
①報道の量的分析 ②報道の質的分析 ③ヒーローとヒロイン ④性の商品化 ⑤ジャーナリズムにおける「男の眼差し」 ⑥オーディエンスによる読みの多様性 ⑦メディアリテラシー

8) スポーツにおける暴力とセクシュアルハラスメント——————0140
①スポーツにおける暴力 ②スポーツにおける性暴力:セクシュアルハラスメントと性的虐待 ③防止対策

B ジェンダーの視点からみた体育——————0142

1) 公教育制度における体育とジェンダー——————0142
①公教育制度の確立と体育の歴史:「男」「女」の身体をつくる ②戦後学校教育における体育とジェンダー:「男女平等」と性別二分法 ③体育の「隠れたカリキュラム」に敏感になる:新しい体育文化の創造へ

2) 体育授業とジェンダー形成——————0144
①性別カリキュラムが残存する現実 ②体育カリキュラムに埋め込まれた男性優位 ③隠れたカリキュラムとしての男らしさ形成 ④性別二分とダブルスタンダード ⑤性別二分カテゴリーの多用と男女差 ⑥体育教師と性役割

3) マネージャーとジェンダー——————0146
①女子マネージャーの概要 ②女子マネージャーの誕生と増加 ③女子マネージャーのイメージ変容 ④女子マネージャーをめぐる論争

4) 体育・スポーツ科学とジェンダー——————0148
①ジェンダー視点による研究例 ②研究手法における問題点と課題 ③研究の担い手とジェンダー ④競争的研究費の配分とジェンダー

C ジェンダーを形成するスポーツと体育——————0151

1) 身体観の形成を通じたジェンダーの再生産:歴史的変遷からみた身体理想とスポーツ——————0151
①理想的身体と覇権的男性性 ②市民社会における覇権的男性性と身体観の形成 ③女性の身体イメージと身体運動 ④痩身の理想と身体トレーニング

2) ジェンダーイメージの形成におけるスポーツの影響——————0154
①スポーツと「男らしさ」 ②スポーツの男性化と女性性の周縁化 ③性別判定検査がもたらしたもの ④ジェンダーイメージの弊害

3) 性的マイノリティーのスポーツがもたらすジェンダーの揺らぎ——————0155
①スポーツ文化とジェンダー ②スポーツ文化とセクシュアリティ ③スポーツ文化とホモソーシャリティ ④セクシュアルマイノリティーが照射するスポーツのジェンダー規範 ⑤ジェンダー＞セクシュアリティ?:ゲイ・ゲームスにみるジェンダー問題

4) スポーツがもつジェンダーの脱構築の可能性——————0157

①スポーツ文化における「身体」再考 ②ジェンダーをめぐる言説・実践はいかに「ジェンダー」さえをも相対化しうるのか？ ③スポーツの遊戯性と「撹乱行為」

05 スポーツと経済
0161

A スポーツと経済的価値――――0162
　1）スポーツビジネスの誕生と成立――――0162
　　①スポーツとビジネスの歴史 ②スポーツマーケットの成立・特徴 ③スポーツコンシューマー ④スポーツブランド
　2）スポーツ産業とスポーツビジネス――――0172
　　①スポーツ産業の分類 ②スポーツプロダクトの構造 ③スポーツ資本とコーポレートガバナンス
　3）スポーツビジネスを取り巻く環境――――0180
　　①スポーツビジネスと株式市場 ②IT時代のスポーツビジネス ③スポーツスポンサー ④スポーツエージェント ⑤サポーター組織
　4）スポーツの権利ビジネス――――0188
　　①独占放送権 ②ライセンシング ③ネーミングライツ ④肖像権

B スポーツと経済活動――――0191
　1）プロスポーツの経済活動――――0191
　　①プロスポーツの類型 ②Jリーグと経済活動 ③プロ野球と経済活動 ④大相撲と経済活動 ⑤bjリーグ：第四のプロスポーツ ⑥ヨーロッパにおけるプロスポーツと経済活動 ⑦プロスポーツがもたらす新しい価値
　2）スポーツと労働市場――――0196
　　①スポーツの植民地化戦略 ②アメリカのプロスポーツにおける市場拡大の事例 ③ヨーロッパのプロサッカーにおける市場拡大の事例 ④スポーツ選手の獲得競争と報酬の高騰 ⑤選手のキャリアプランの多様化 ⑥プロスポーツにおけるスポーツプロモーション活動
　3）市民スポーツの経済活動――――0200
　　①公共スポーツサービスと経済 ②スポーツNPOの財源 ③スポーツ保険 ④健康づくり運動の経済効果
　4）スポーツイベントの経済効果――――0205
　　①スポーツイベントと経済波及効果 ②チーム誘致の経済波及効果 ③スタープレイヤーの経済効果

06 スポーツとアカデミズム
0213

A スポーツの学問的研究の始まり――――0214
　1）古代ギリシャの養生術と体育術――――0214
　　①トレーナーと体育教師 ②養生術の開拓
　2）古代ローマの衛生術と体育術――――0214
　　①医師と体育教師 ②フィロストラトス ③体育術の再生

B 体育学の誕生と発展――――0215
　1）ナショナリズムと体操――――0215
　　①ドイツ体操 ②スウェーデン体操 ③体操実践の重視
　2）体育の科学化の試み――――0216
　　①体操科学 ②体育の科学化
　3）体育学とスポーツ科学――――0217
　　①体育学 ②スポーツ科学 ③日本における体育学

C スポーツ科学の誕生と発展――――0218
　1）スポーツ科学の誕生――――0218
　　①体育学とスポーツ科学 ②スポーツ科学の多様性

　　　　2）スポーツ科学の発展――――0219
　　　　①現状 ②課題

　　D スポーツ科学の構造――――0220
　　　　1）スポーツ科学論――――0220
　　　　①スポーツ科学論の必要性 ②スポーツ人間学 ③批判的合理主義 ④旧東ドイツのスポーツ科学 ⑤解放的スポーツ科学
　　　　2）スポーツ科学の制度的確立――――0221
　　　　①異なる研究法 ②新科学哲学 ③スポーツ科学の問題点

　　E スポーツと諸科学の現在――――0223
　　　　1）スポーツの人文・社会科学的研究の現在――――0223
　　　　①スポーツ哲学 ②スポーツ史学 ③スポーツ社会学 ④スポーツ教育学 ⑤スポーツ法学 ⑥スポーツ経済学 ⑦スポーツ人類学
　　　　2）スポーツの医科学的研究の現在――――0234
　　　　①スポーツ生理学 ②スポーツ心理学 ③スポーツ医学 ④スポーツ栄養学 ⑤スポーツバイオメカニクス

07 スポーツと健康
0245

　　A 健康の概念――――0246
　　　　1）健康の定義と国家――――0246
　　　　2）WHOにおける健康の定義――――0246
　　　　①WHOの健康概念 ②WHOの健康概念に対する日本の反応 ③WHOの健康概念の意義と政府の役割
　　　　3）健康観の変遷――――0247
　　　　①健康という語の起源 ②日本の近代化と福澤諭吉の健康概念

　　B 東洋の健康観とスポーツ――――0250
　　　　1）中国における健康観とスポーツ――――0250
　　　　①気功にみる健康観 ②太極拳にみる健康観
　　　　2）インドにおける健康観とスポーツ――――0252
　　　　①インド人の教養と養生思想 ②古代インドの教養科目と競技種目 ③アーユル・ヴェーダにみる健康観 ④カラリパヤットにみる健康観 ⑤ヨーガにみる健康観
　　　　3）日本の身体文化と健康思想――――0255
　　　　①日本における身体を中心とした健康思想の概略 ②養生思想と身体文化 ③養生文化としての「導引」④明治以降の養生思想と日本の身体文化

　　C 西洋の健康観とスポーツ――――0257
　　　　1）古代ギリシャの健康観とスポーツ――――0257
　　　　①ヒッポクラテスの健康論 ②プラトンの体育論
　　　　2）古代ローマの健康観とスポーツ――――0259
　　　　①ガレノスの健康論 ②メルクリアリスの健康論
　　　　3）近代ヨーロッパの健康観とスポーツ――――0261
　　　　①体操にみる健康観 ②スポーツにみる健康観

　　D 国民の健康とスポーツ――――0263
　　　　1）ヨーロッパにおける動向――――0263
　　　　①ドイツとヨーロッパにおける健康増進運動の変遷 ②みんなのスポーツの国際的奨励運動
　　　　2）アメリカにおける動向――――0265

①社会的取り組み以前の健康問題 ②レクリエーション運動などの社会運動と健康問題 ③「ニューディール」における国民の健康への公的取り組みの促進 ④野外レクリエーション資源整備への行政による先進的取り組み ⑤「大統領体力・スポーツ評議会」を通じての国民の健康づくり ⑥1980年代以降におけるフィットネス運動の広がり ⑦「スポーツ・フォー・エブリワン」と「ヘルシーピープル運動」
3）日本における動向————0268
①健康・体育（スポーツ）の大衆化 ②保健衛生思想の拡大と身体管理の変化 ③厚生省の新設と健康・体力政策

08 スポーツと身体の文化
0271

A 身体と文化の関係性————0272
　1）身体の捉え方からの検討————0272
　　① 理性に統御された身体 ②理性による統御からはみ出す身体

B 人間が支配する身体————0272
　1）合理化される身体————0272
　　①合理という概念と身体 ②矯正されるべき身体 ③部分運動の組み合わせ ④強健な身体をつくる―国民体育― ⑤近代スポーツ ⑥身体改造・健康ブーム
　2）管理化される身体————0276
　　①19世紀イギリスのパブリックスクールにおける身体 ②近代国民国家と集団秩序体操 ③ナチズムの身体 ④旧東ドイツの身体
　3）ビジネス化される身体————0285
　　①見世物としての身体パフォーマンス ②ファッション化する身体 ③身体加工

C 人間の支配を超えようとする身体————0289
　1）身体の叛乱————0289
　　①身体の叛乱の概念定義 ②叛乱の両義性 ③体育的身体の叛乱 ④日常的身体の叛乱 ⑤スポーツ的身体の叛乱 ⑥実在としての身体
　2）自然の一部としての身体————0293
　　①自然体育 ②ヌーディズム運動（裸体主義運動）
　3）自然と交流する身体————0295
　　①ボディーワーク ②野外活動 ③癒しの身体
　4）自他融合の身体————0297
　　①ピークパフォーマンス ②ゾーン ③瞑想系身体技法
　5）神々と身体の交流————0299

09 スポーツと医科学
0301

A スポーツ医科学のあゆみ————0302
　1）戦前・戦中の身体をめぐる医科学研究の動向————0302
　　①スポーツ医科学の夜明け ②第一次大戦後の体力テストの開発とその運用 ③体力測定の変遷にみる体力の意味
　2）戦後の身体をめぐる医科学研究の動向————0303
　　①戦後日本のスポーツ医科学 ②第18回オリンピック大会（東京）をめぐるスポーツ医科学 ③日本におけるスポーツ医科学研究史
　3）世界のスポーツ医科学————0306
　　①スポーツに特化した自然科学の成立 ②スポーツ医学 ③スポーツ生理学 ④スポーツ心理学 ⑤スポーツバイオメカニクス ⑥スポーツ医科学の未来

B 医科学のスポーツ現場への応用————0309
　1）スポーツ選手の機能向上とスポーツ医科学————0309

①スポーツへの諸科学の導入と機能の向上 ②機能向上をめぐるドーピングとスポーツ医科学
2）オリンピックとスポーツ医科学————0312
①記録向上にみるスポーツ医科学 ②オリンピックにおけるスポーツ医科学のグローバル化
3）性とスポーツ医科学研究の動向————0313
①男性アスリートと女性アスリートの違い ②これまでの研究の歴史 ③現在の研究動向とこれから
4）遺伝とスポーツ医科学研究の動向————0316
①世界記録からみるアスリートの競技力と遺伝 ②運動能力の遺伝率 ③運動能力に関連する核遺伝子多型 ④運動能力に関連するミトコンドリア遺伝子多型 ⑤スポーツ科学分野における遺伝子多型研究の応用への展望
5）スポーツの医・科学研究所の設立とその役割————0318
①日本体育協会・スポーツ科学研究室 ②日本スポーツ振興センター・国立スポーツ科学センター

C 医科学の日常生活への応用————0320
1）フィットネスムーブメントとスポーツ医科学————0320
①フィットネスムーブメント ②運動不足病とスポーツ医科学 ③寿命と運動をめぐるスポーツ医科学
2）健康づくりとスポーツ医科学————0323
①現代の健康づくりの考え方 ②身体活動と生活習慣病の予防 ③身体活動と生活習慣病危険因子 ④スポーツ医科学研究と健康政策
3）加齢とスポーツ医科学————0327
①運動による老化や生活習慣病予防のためのエビデンス ②身体活動増大による生活習慣病の予防と環境的要因との関係 ③2030年までの超高齢化・人口減社会を克服するための方向性 ④健康とまちづくりの一体化 −Smart Wellness City構想−
4）医療とスポーツ医科学————0337
①医療へのスポーツ医科学の応用 ②アダプテッド・スポーツへのスポーツ医科学の応用
5）スポーツとホメオスタシス————0339
①運動ストレスとホメオスタシス ②運動ストレスと免疫系

D 医科学の学校体育への応用————0342
1）学校体育とスポーツ医科学————0342
①遊びと身のこなし ②発育発達とスポーツ医科学
2）健康教育史にみるスポーツ医科学————0345
①健康とスポーツ医科学の接点 −感染症から生活習慣病対策へ− ②近代日本における「学校衛生」概念の形成 −「身体教育」概念との関連において− ③身体機能の向上と健康の積極的獲得 ④戦後の展開 −つながりの強化−
3）体操とスポーツ医科学————0347
①体操の教育への導入 ②健康体操（デンマーク体操、スウェーデン体操）の普及 ③学校体育での体操のもつスポーツ医科学的意義

10 スポーツとメンタリティー 0351

A スポーツと社会のメンタリティー————0352
1）スポーツ選手の精神性————0352
①スポーツ選手の精神性の研究概要 ②スポーツを行うことによるパーソナリティーへの影響 ③パーソナリティーの種目選択への影響 ④スポーツで優秀になるために必要なパーソナリティー ⑤パーソナリティーのパフォーマンスの発揮の仕方への影響
2）スポーツ集団のメンタリティー————0354
①スポーツ集団の発達 ②集団成果を引き出すメンタリティー ③集団凝集性 ④社会的アイデンティティー ⑤集団極性化 ⑥チームビルディング
3）スポーツ選手の攻撃性————0356
①攻撃の特徴と分類 ②スポーツにおける攻撃の捉え方 ③スポーツ活動と社会生活の関係 ④スポ

ーツにおける攻撃性 ⑤攻撃性のコントロールの重要性
　　4）スポーツの楽しさ────0358
　　①楽しいという感情 ②スポーツの楽しさとスポーツ参加 ③外発的動機づけが満足される楽しさ ④内発的動機づけが満足される楽しさ ⑤運動嫌い
　　5）スポーツとメディアのメンタリティー────0359
　　①好きなスポーツ ②みるスポーツとマスメディア ③テレビスポーツの功罪 ④ケーブルテレビとインターネット ⑤テレビ観戦者の属性
　　6）スポーツにおけるブーム・トレンドのメンタリティー────0362
　　①ブーム・トレンドの定義 ②ブーム・トレンドの展開過程 ③社会・文化的背景とスポーツにおけるブーム・トレンド

　B スポーツパフォーマンスのメンタリティー────0364
　　1）運動上達のメンタリティー────0364
　　①注意 ②状況判断 ③予測 ④フィードバック制御 ⑤運動イメージの形成
　　2）稽古と修行のメンタリティー────0366
　　①稽古 ②修行 ③守破離 ④師弟同行
　　3）"あがり"の心理────0367
　　①"あがり"とは ②心理学からみたあがり ③覚醒と運動パフォーマンス ④あがりのメカニズム ⑤あがりの兆候 ⑥あがりの原因 ⑦あがりと個人差 ⑧あがりと運動課題の性質 ⑨メンタルトレーニング
　　4）メンタルトレーニング────0370
　　①スポーツにおけるメンタルトレーニング ②メンタルトレーニング発展の系譜 ③メンタルトレーニングにおける心理的スキルの分類 ④代表的なメンタルトレーニングの内容 ⑤メンタルトレーニングの発展におけるこれからの課題

　C 健康スポーツのメンタリティー────0373
　　1）身体活動・運動と心理的ウェルビーイング────0373
　　①これまでの研究内容 ②身体活動・運動の不安への効果 ③身体活動・運動の鬱への効果 ④身体活動・運動のポジティブ感情への効果 ⑤身体活動・運動のQOLへの効果 ⑥今後の展開
　　2）スポーツにおける性格形成────0375
　　①性格特性 ②自己概念 ③社会的スキル ④道徳性
　　3）スポーツと行動変容────0378
　　①トランスセオレティカル・モデル ②自己決定理論 ③ソーシャルマーケティング
　　4）スポーツ選手の精神的トラブルと対処────0380
　　①運動部不適応 ②スポーツ傷害 ③バーンアウト ④食行動異常 ⑤競技引退

11 スポーツと組織
0385

　A スポーツ組織論────0386
　　1）近代以前のスポーツ組織────0386
　　①古代社会のスポーツ組織 ②中世社会のスポーツ組織
　　2）近代スポーツの組織────0388
　　①近代スポーツ組織の形成と発展 ②日本の近代におけるスポーツ組織の形成と発展
　　3）現代スポーツの組織────0397
　　①国際競技会の発展とスポーツ組織の世界化 ②グローバル・スポーツ組織としてのIOC ③障がい者スポーツの組織 ④スポーツ専門組織の発達 ⑤市民スポーツ組織の発展
　　4）スポーツ組織の近未来────0399
　　①変化の兆し ②エコロジカルスポーツの「ゆるやか」スタイルのスポーツ組織 ③スポーツ享受の多様化と「つながり」スタイルのスポーツ組織 ④イベント参加と「間に合わせ」スタイルのスポーツ組織 ⑤バーチャル空間におけるスポーツ組織 ⑥スポーツエスタブリッシュメントとスポーツ組織の

　　　　　CSR　⑦スポーツ組織の社会的性格と位置

　　B スポーツ組織の現在────0402
　　　1）スポーツサービス組織の発展────0402
　　　　①スポーツサービス組織の定義　②スポーツ教育組織の展開　③地域におけるクラブサービスの展開　④フィットネスクラブの進展　⑤サービス組織としてのスポーツ興行組織
　　　2）スポーツ興行組織とその多様化────0405
　　　　①スポーツ興行組織　②大相撲　③プロ野球　④Jリーグ　⑤公営競技　⑥格闘スポーツ　⑦アメリカ4大プロスポーツ　⑧イングランド・プレミアリーグ　⑨独立系リーグ（野球とバスケットボール）　⑩スポーツショー
　　　3）生涯スポーツの発展と組織────0408
　　　　①生涯スポーツの発展　②生涯スポーツに関連する国際組織　③日本における生涯スポーツの発展と組織
　　　4）スポーツ参与の多様化と組織────0411
　　　　①スポーツ参与の多様化　②総合型地域スポーツクラブ　③サポーター　④スポーツボランティア　⑤スポーツツーリズム（スポーツツアー）

　　C スポーツと社会組織────0413
　　　1）スポーツと政党・政治組織────0413
　　　　①明治・大正期までのスポーツと政治　②国家統治手段としての戦時期のスポーツ組織　③戦後のスポーツ組織の変容　④オリンピック大会と政府　⑤スポーツ振興と政党・政治組織　⑥スポーツと政治の関係はどうあるべきか
　　　2）スポーツと企業・産業組織────0415
　　　　①職場スポーツの誕生と発展　②企業スポーツの隆盛と衰退　③企業スポーツの現在
　　　3）スポーツとメディア────0418
　　　　①スポーツとメディア組織　②スポーツメディア組織の変容と課題
　　　4）スポーツと学習・教育組織────0420
　　　　①近代スポーツの誕生はパブリックスクールから　②スポーツの学校組織への依存の功罪　③スポーツと学習・教育組織のこれから
　　　5）スポーツと地域組織────0422
　　　　①わが国の地域組織とスポーツ　②わが国の地域スポーツ組織の特徴と問題　③組織からみたわが国におけるスポーツの普及・発展の特徴　④ドイツの地域スポーツ組織の特徴
　　　6）スポーツと環境団体────0424
　　　　①冬季オリンピックにみる自然保護問題　②第18回冬季オリンピック大会（長野）と環境団体　③スポーツの否定，そして共存・共生へ　④関係団体・組織の連携・協力の必要性
　　　7）スポーツとマイノリティー組織────0425
　　　　①マイノリティーとは　②民族スポーツの組織　③障がいのある人のスポーツの組織　④セクシュアルマイノリティーとスポーツの組織

　　D スポーツと組織論の課題────0427
　　　①スポーツの組織化過程　②スポーツ組織の発展と組織論的課題　③スポーツ組織とガバナンス　④テクノロジカルな組織化の進展と課題　⑤スポーツの組織化とスポーツの文化

12 スポーツと宗教
0431

　　A キリスト教とスポーツ────0432
　　　1）フッタライトと遊び────0432
　　　　①「遊び」を拒むフッタライト　②フッタライトとは　③教義書において「否定される遊び」　④日常生活において合理的解釈により「容認される遊び」　⑤近年の変化と遊びの合理的解釈の限界
　　　2）イギリスのキリスト教とスポーツ────0435

xvii

①イギリスにおけるキリスト教 ②宗教改革以前のキリスト教とスポーツ ③宗教改革期のキリスト教とスポーツ(1500-1600年) ④ピューリタン革命期のキリスト教とスポーツ(1600-1660年) ⑤王政復古後のキリスト教とスポーツ(1660-1820年) ⑥産業革命期とヴィクトリア時代のキリスト教とスポーツ(1820-1900年)

  3）アメリカにおけるスポーツとキリスト教————0447
①植民地による抑圧と受容 ②近代社会の成立と「筋骨たくましいキリスト教」 ③安息日の存続と廃止 ④スポーツ振興者としてのキリスト教組織の発展 ⑤現代社会における互恵的関係

  4）宣教師とスポーツ————0451
①スポーツと伝道(ミッショナリ) ②スポーツマン宣教師たち ③現地文化との軋轢と受容 ④スポーツとキリスト教と「文明化の使命」

 B）イスラーム教とスポーツ————0454
  1）イスラーム概観————0454
①イスラーム世界の誕生 ②「イスラーム」の意味と呼称 ③イスラーム諸国と多様なムスリム ④宗派と居住地域

  2）イスラームの身体観・スポーツ観・余暇観————0455
①イスラームの身体観 ②イスラーム世界におけるスポーツの諸相 ③生活文化と余暇とスポーツ

 C）ヒンドゥー教とスポーツ————0459
①ヒンドゥー教文化に描かれるスポーツ ②アカーラーの文化とスポーツ ③タゴールとインドのスポーツ ④カバディにみるヒンドゥー教 ⑤インド舞踊にみるヒンドゥー教

 D）東アジアの宗教とスポーツ————0461
  1）仏教とスポーツ————0461
①武芸の成立と仏教 ②「武道と仏教」の学説史

  2）道教とスポーツ————0464
①道教と仏教と儒教 ②道教の身体観と健康観 ③武術と道教 ④相撲と道教 ⑤蹴鞠と道教

  3）神道とスポーツ————0466
①神道国教化策 ②祝祭日の制定と儀式 ③大日本武徳会と武徳殿 ④神殿・神棚と三節の礼 ⑤教育機関への神棚設置 ⑥神殿・神棚と日本国憲法

13 スポーツと技術・戦術　0469

 A　スポーツにおける技術・戦術————0470
①スポーツへの技術概念の導入 ②技術研究の展開 ③戦術研究の展開

 B　スポーツにおける技術————0471
  1）スポーツ技術の特性————0471
①機械技術と運動技術 ②運動モデルとしての運動技術 ③共通感覚的図式技術 ④図式技術の確立からコツの伝承へ

  2）運動技術のバイオメカニクス的分析————0474
①運動のバイオメカニクス的分析法 ②バイオメカニクス的手法の発達 ③バイオメカニクス的分析法とその成果

  3）技術力の指導————0480
①身体知としての技術力 ②技術力の構造 ③指導のための前提条件 ④技術力の発生分析

 C　スポーツにおける戦術————0487
  1）球技における戦術の発達————0487
①球技における戦術 ②球技における戦術の発生メカニズム ③戦術の発達

  2）戦術からみたゲームパフォーマンスの発達————0490

①ゲームパフォーマンスの系統発生と個体発生 ②ゲームパフォーマンスの系統発生 ③ゲームパフォーマンスの個体発生
　3)定量的ゲーム分析————0493
①ゲームの分析とその発展 ②ゲーム分析法の発展 ③ゲーム分析の目的と意義 ④戦術研究へのゲーム分析の適用
　4)スカウティングとリアルタイム情報の活用————0497
①アメリカンフットボールにおける情報活用の実際 ②バレーボールにおける情報活用の実際 ③情報活用の可能性と限界
　5)戦術力の指導————0505
①カン身体知としての戦術力 ②指導のための前提条件 ③戦術力の構造分析の意義 ④戦術力の発生分析のあり方

D スポーツにおける技術・戦術の今日的意義————0511
　1)身体知としての技術力・戦術力————0511
①競技力の構造 ②"knowing that"と"knowing how" ③技術力と戦術力
　2)スポーツと身体知————0512
①トップアスリートの身体知 ②教えるために学び直す ③感覚潜入による身体知の把握

14 スポーツと学校体育　0515

A 学校体育におけるスポーツの位置づけ————0516
　1)近代学校体育の成立と体操————0516
①身体の教育とドイツ，スウェーデン，デンマーク体操 ②わが国の体操科の成立 ③戦争と体錬科
　2)学校体育のスポーツ化————0519
①20世紀のアメリカ体育とスポーツ ②日本の体育とスポーツの位置づけ ③新しい体育とスポーツの教育
　3)スポーツ手段論から目的論へ————0523
①レジャー社会の出現と学校体育 ②スポーツの教育 ③楽しい体育論 ④運動文化論
　4)スポーツ教育の台頭————0525
①ドイツ語のスポーツ教育の成立と展開 ②アメリカのスポーツ教育の展開
　5)学校体育の危機————0529
①ヨーロッパにおける体育の危機 ②体育の危機回避に向けた世界体育サミットの開催 ③第3回体育・スポーツ担当大臣等国際会議の開催 ④世界体育サミット以降のフォローアップ行動

B 学校体育と学習指導————0533
　1)学習指導要領の変遷と学習指導————0533
①内容の変遷 ②学習指導法の変遷
　2)体育の教材づくりの発展————0536
①教材および教材づくりの考え方の変遷 ②教材づくりの発展
　3)学習指導法の展開————0539
①体育学習指導法の考え方の変遷 ②学習指導法の構造
　4)授業研究の方法と研究成果————0544
①体育授業研究の方法論 ②体育授業研究の研究成果 ③よい体育授業の条件

C 課外におけるスポーツ教育————0547
　1)課外スポーツの成立と発展————0547
①パブリックスクールにおけるスポーツ教育 ②カレッジスポーツの発展と体育
　2)日本における大学スポーツの成立と発展————0552
①大学スポーツの起源 ②在来スポーツの継承と再編 ③運動会の設立 ―大学スポーツの成立 ④マスコミの関与とスポーツの弊害問題 ⑤大学スポーツの発展と「13校問題」⑥大学スポーツの

発展と統制 ⑦大学スポーツの再生と拡大
　3)日本における学校運動部活動の成立と発展————0554
　　①運動部の設立と発展 ②学習指導要領上のクラブおよび部活動 ③2008(平成20)年中学校学習指導要領と部活動 ④運動部活動とナショナリズム ⑤「対外試合基準」の緩和と勝利至上主義の問題
　4)体育的行事の成立と発展————0558
　　①体育的行事とは ②運動会の誕生と発展,役割 ③集団宿泊的野外活動の誕生と役割
　5)学校運動部活動の現況————0559
　　①学校運動部の現状 ②運動部と教員の勤務時間

15 スポーツと歴史　0563

A 人類スポーツ史———— 0564
　1)歴史を語ることの限界————0564
　2)スポーツの始まり————0564
　　①スポーツの概念 ②残存起源説 ③メタ・コミュニケーション説
　3)初めの豊かな社会のスポーツ————0566
　4)古代のスポーツ————0566
　5)近代スポーツ————0567
　6)国際スポーツ————0568

B イギリス・スポーツ史————0568
　1)イギリス・スポーツ史を語るにあたって————0568
　2)17世紀:ピューリタニズムと伝統的娯楽————0569
　　①『ブック・オブ・スポーツ』 ②コッツウォルド・オリンピック ③ピューリタニズムとイギリス的娯楽観
　3)18世紀:スポーツの初期近代化————0570
　　①伝統的支配体制と民衆娯楽 ②都市の成長と18世紀的スポーツ文化 ③スポーティング・ワールド ④「古き良きイングランド」の解体
　4)19世紀:近代スポーツの誕生と展開————0572
　　①「改革の時代」とスポーツ ②パブリックスクール改革とアスレティシズム ③ヴィクトリア時代と強壮な身体 ④ルールと組織 ⑤スポーツの概念 ⑥労働者階級とフットボール ⑦アマチュアとプロ ⑧新しいスポーツ ⑨女性とスポーツ
　5)20世紀:帝国の黄昏からグローバル化まで————0577
　　①後退する帝国とアマチュア ②1960年代 ③テレビ時代の幕開け ④産業構造と消費形態の転換 ⑤移民 ⑥政府 ⑦1990年代以降の激変 ⑧変化を続けるイギリス・スポーツ

C アメリカ・スポーツ史————0581
　1)近代の黎明におけるスポーツ的実践の多様性————0581
　　①17世紀植民地における展開 ②18世紀における社会・文化変容
　2)近代スポーツの出現————0582
　　①近代スポーツ誕生前夜の動向 ②近代スポーツの誕生 ③近代スポーツの発展
　3)現代スポーツの諸相————0584
　　①改革運動の対象・舞台・手段として ②英雄的アスリートの出現 ③政治的抗争とマスメディア ④グローバリゼーションの時代へ ⑤現代アメリカ・スポーツの課題

D 日本スポーツ史————0587
　1)前近代の日本スポーツ————0587
　　①宮中のスポーツ ②武士のスポーツ ③民間のスポーツ
　2)近・現代の日本スポーツ————0589
　　①洋式スポーツの受容と展開 ②武道の創造と国際化 ③民族スポーツの登場

　　　　　　E 中国スポーツ史────── 0595
　　　　　　　　1）中国古代のスポーツ（先史−1840年）────── 0595
　　　　　　　　2）中国近代のスポーツ（1840−1949年）────── 0596
　　　　　　　　3）現代中国のスポーツ（1949年から今日）────── 0597

　　　　　　F 韓国スポーツ史────── 0599
　　　　　　　　1）開港（1876年）以前のスポーツ────── 0599
　　　　　　　　　①神と興の韓民族スポーツ ②シルム ③投壺 ④弓射 ⑤蹴鞠 ⑥石戦
　　　　　　　　2）開花期（1876−1910年）における西洋スポーツの導入と展開────── 0601
　　　　　　　　　①陸上競技 ②蹴球（サッカー） ③野球 ④籠球（バスケットボール） ⑤庭球（テニス） ⑥柔道 ⑦スケート ⑧競輪 ⑨射撃
　　　　　　　　3）植民地時代（1910−45年）のスポーツ────── 0602
　　　　　　　　4）現代（1945年−）のスポーツ────── 0603

16 スポーツと民族
0605

　　　　　　A スポーツにみる民族────── 0606
　　　　　　　　1）グローバリゼーションとスポーツ────── 0606
　　　　　　　　　①グローバリゼーション ②国際スポーツ
　　　　　　　　2）エスニシティーとスポーツ────── 0606
　　　　　　　　　①エスニシティーと民族スポーツ ②民族スポーツに刻印された民族の文化 ③民族スポーツと固有性
　　　　　　　　3）民族の主張とスポーツ────── 0608
　　　　　　　　　①国際スポーツにおける自己主張 ②民族スポーツにおける自己主張 ③エスニシティーとツーリズムと文化創造
　　　　　　　　4）グローカリゼーションとスポーツ────── 0611
　　　　　　　　　①グローカリゼーション ②国際スポーツのグローカリゼーション ③民族スポーツのグローカリゼーション
　　　　　　　　5）エスニシティーへの外からの挑戦：民族スポーツと国際倫理────── 0612
　　　　　　　　　①動物愛護の要求 ②普遍的な倫理の確立

　　　　　　B 民族スポーツ大会────── 0613
　　　　　　　　1）民族スポーツ大会の意義────── 0613
　　　　　　　　　①少数民族が民族スポーツ大会を行う理由
　　　　　　　　2）各国の民族スポーツ大会────── 0613
　　　　　　　　　①世界エスキモーインディアンオリンピック ②ハイランドゲーム ③中国少数民族伝統体育運動会 ④ナーダム ⑤ストンガスペレン ⑥ブラジル先住民スポーツ大会 ⑦台湾原住民スポーツ大会 ⑧バスク民族スポーツ大会 ⑨メキシコ先住民スポーツ大会 ⑩大韓民国の民族スポーツ大会

17 スポーツと思想
0637

　　　　　　A 近現代のスポーツ思想────── 0638
　　　　　　　　1）イギリスのスポーツ思想────── 0638
　　　　　　　　　①思想と現実 ②ジェントルマンのスポーツ思想 ③疑似ジェントルマンのスポーツ思想 ④ノンージェントルマンのスポーツ思想
　　　　　　　　2）アメリカのスポーツ思想────── 0640
　　　　　　　　　①アメリカのスポーツにみられる脱フェアプレイ指向 ②近代スポーツの改変・考案の思考方式 ③スポーツの歴史的・思想的風土としての優勝劣敗主義 ④アメリカン・ドリーム，スポーツヒーロー，そしてビジネス化へ ⑤イギリス風「競技礼賛」の思想的系譜への注目 ⑥新体育論とスポーツ思想
　　　　　　　　3）日本のスポーツ思想────── 0643
　　　　　　　　　①「運動競技」の教育化と〈快〉の功利主義的利用 ②「苦行」としての「運動競技」 ③新しい〈快〉の思想の出現 ④遊戯論とスポーツ思想 ⑤中井正一と阿部知二 ⑥スポーツをみる〈快〉の思想

xxi

　　　　4)スポーツと覇権主義————0647
　　　　①スポーツにおける覇権 ②文明としてのスポーツ ③近代スポーツ批判 ④文化帝国主義と文化ヘゲモニー ⑤グローバリゼーション
　　　　5)スポーツにおける達成の思想————0648
　　　　①達成をめぐる議論 ②ハンス・レンクの思想 ③競技者への視線 ④スポーツの哲学

　　　B スポーツ思想の諸相————0650
　　　　1)福音主義とスポーツ思想————0650
　　　　①スポーツとキリスト教 ②ピューリタニズム ③福音主義 ④筋骨たくましいキリスト教徒 −男らしさと思慮深さ−
　　　　2)マルクス主義とスポーツ思想————0653
　　　　①スポーツ領域におけるマルクス主義の影響 ②スポーツと労働 ③社会構成体の中のスポーツ ④マルクス主義の総合性
　　　　3)ファシズムとスポーツ思想————0656
　　　　①ファシズムとは ②スポーツとファシズムとの融合 ③日本における国家総動員体制の成立と体育・スポーツの変容 ④ファシズム体制下のスポーツとスポーツマンの抵抗 ⑤スポーツにおける暴力・体罰・しごき
　　　　4)平和主義とスポーツ思想————0658
　　　　①スポーツと平和 ②スポーツにおける平和主義の取り組みとその可能性 ③オリンピック休戦
　　　　5)平和主義とスポーツ・フォー・オールの思想————0660
　　　　①スポーツ・フォー・オールとは ②スポーツ・フォー・オールの起源 ③福祉国家・レジャー権・スポーツ権 ④日本のスポーツ・フォー・オール ⑤スポーツ・フォー・オールの課題

　　　C ポストモダンのスポーツ思想————0662
　　　　1)近代スポーツ批判————0662
　　　　①近代スポーツの特徴 ②スポーツと競技スポーツ ③「結果(勝利)」なのか「過程」なのか ④近代スポーツの諸問題 ⑤近代スポーツを超えて
　　　　2)ポストモダニズムとスポーツ思想————0665
　　　　①いま,スポーツの思想を語るとは ②スポーツにおけるモダニズム ③ポストモダニズム ④スポーツにおけるポストモダニズム ⑤21世紀のスポーツの意味・意義

18 オリンピック
0671

　　　A オリンピックとオリンピズム————0672
　　　　1)近代オリンピックの成立と発展————0672
　　　　①19世紀のオリンピック競技会 ②クーベルタンによるオリンピックの復興 ③初期のオリンピック大会 ④日本におけるオリンピック大会の受容と展開 ⑤オリンピックの肥大化と商業化
　　　　2)オリンピックムーブメントの推進————0674
　　　　①IOCの取り組み ②オリンピックムーブメントとオリンピック教育 ③ オリンピックムーブメントとオリンピック研究
　　　　3)バリアフリーとオリンピック————0677
　　　　①オリンピックと女性 ②パラリンピックの現在

　　　B オリンピックの現在————0683
　　　　1)オリンピックと記録————0683
　　　　①記録とその意味 ②世界新記録とその意味 ③非記録系競技のオリンピック参入
　　　　2)オリンピックのメガ化————0688
　　　　①大会規模の推移からみたメガ化 ②放映権料,スポンサー料からみたメガ化 ③メガ化による功罪,そして未来
　　　　3)商品としてのオリンピック————0696

　　　　　①商品的価値からみた国際オリンピック委員会の課題　②オリンピックという商品　③スポンサーシップの歴史的変遷　④商品化するオリンピックの社会的意味
　　　　4）日本におけるオリンピック————0699
　　　　　①オリンピックと日本人のかかわり　②第18回オリンピック大会(東京, 1964年)の開催　③第11回冬季オリンピック大会(札幌, 1972年)の開催　④第18回冬季オリンピック大会(長野, 1998年)の開催

　　　C オリンピックと政治————0704
　　　　1）オリンピックの政治性————0704
　　　　　①オリンピックと政治の結合　②オリンピックとナショナリズム　③IOCがもつ組織の政治性
　　　　2）オリンピックの政治的利用————0708
　　　　　①「国際主義」の限界とオリンピック　②オリンピックとポリティカルパワー　③オリンピズムと国際政治
　　　　3）オリンピックと人種差別————0712
　　　　　①人類学の日(1904年)　②表彰台での人種差別への抗議　③アパルトヘイトへの抗議　④人種差別から民族の和解へ

19 スポーツとルール
0717

　　　A 統一ルールへの歩み————0718
　　　　1）非日常的性格の明確化————0718
　　　　　①スポーツ・ゲーム・アスレティクスの概念の拡大　②非日常的性格形成への工業化・都市化の影響
　　　　2）フェアネスの漸進的確立————0719
　　　　　① スポーツと賭博　②ギャンブルスポーツの隆盛とルールの成文化　③ 賭博スポーツの組織化
　　　　3）スポーツ情報の拡大————0722
　　　　　① スポーツ人口増に対する貢献　② スポーツ理解の深化に対する貢献
　　　　4）勝利追求(適者生存)の正当性の確立————0725
　　　　　① 勝利追求とはなにか　②プロテスタンティズムの倫理とスポーツの精神　③ 啓蒙主義と身体の零度　④ ハンディキャッパーの思想　⑤ 拡大される勝利
　　　　5）学校・クラブから協会・連盟の設立へ————0729
　　　　　① クラブ創出の背景的条件　② 協会，連盟の設立　③ 日本のスポーツ組織

　　　B アマチュアルールの制定————0735
　　　　1）スポーツ活動における階級性————0735
　　　　　① スポーツの階級性
　　　　2）アマチュアルールの制定と特徴————0737
　　　　　① アマチュアルールとはなにか　②アマチュアルール制定の動機・意図　③アマチュアルールの変遷と英・米の相違　④現在の参加資格とスポーツアマチュアリズムの消滅

　　　C 現代スポーツとルールの変化————0741
　　　　1）商業主義によるルールの変化————0741
　　　　　①オリンピックの民営化＝商業主義化　②多チャンネル時代の到来と激化するソフト争奪戦　③ルール変更によるスポーツのテレビソフト化　④相次ぐルール変更とそれに伴う弊害
　　　　2）政治主義によるルールの変化————0742
　　　　　① 政治に揺れるオリンピック　②エスノセントリズムを反映したルール　③スポーツの世界化とユーロセントリズム　④グローバリゼーションの中の「スポーツ基本法」
　　　　3）自然保護によるルールの変化————0743
　　　　　① 被害者・加害者としてのスポーツ　② 環境問題の軽視　③オリンピックムーブメントアジェンダ21　④ 環境重視の潮流とルール変更
　　　　4）用具によるルールの変化————0745
　　　　　①スポーツ用具とルールの関係性　② 形成期のスポーツ用具とルール　③ 高度化期のスポーツ用具とルール　④ 再振興期のスポーツ用具とルール　⑤ 公認制度と製造メーカー

　　　　D ルール研究のスタイル（様態）————0748
　　　　　1）スポーツルール －研究の必要性————0748
　　　　　2）鈴木良徳のアマチュアリズム研究————0749
　　　　　3）中村敏雄のスポーツルール学研究————0750
　　　　　　①オフサイドはなぜ反則か ②メンバーチェンジの思想
　　　　　4）守能信次のスポーツルールの社会学的研究————0752
　　　　　　①認識論的側面 ②スポーツルールの構造 ③スポーツルールの機能
　　　　　5）千葉正士の法社会学研究————0753
　　　　　　①スポーツ固有法 ②スポーツルールの性質
　　　　　6）スポーツルール研究の将来————0755

20 スポーツとメディア
0757

　　　　A スポーツ報道とその発展————0758
　　　　　1）スポーツと新聞————0758
　　　　　　①新聞スポーツ報道の変遷 ②主催大会，スポンサー ③読むスポーツの特性 ④ネット時代の課題
　　　　　2）スポーツとラジオ————0761
　　　　　　①ラジオの登場 ②スポーツ放送の登場 ③スポーツ放送の発達 ④日本のスポーツ放送 ⑤相撲中継の開始 ⑥ラジオ体操 ⑦オリンピック中継と国際放送 ⑧野球放送の発展とラジオの黄金期 ⑨「語り」による新たな娯楽の誕生 ⑩インターネットラジオの登場とスポーツ
　　　　　3）スポーツとテレビ————0764
　　　　　　①みるスポーツの変遷 ②スポーツ中継におけるアナウンサーのスタイルの変容 ③インタビューの役割とタイプ ④視聴率の本質
　　　　　4）スポーツとインターネット————0768
　　　　　　①「調べるスポーツ」時代の到来: 1990－2000年 ②「複合型メディア」展開を可能にしたブロードバンド時代の到来: 2000－2010年 ③「双方向性」と「参加」を加えた新たなスポーツ報道の展開: 2010年以降
　　　　　5）スポーツと雑誌————0771
　　　　　　①雑誌の特性 ②スポーツ観戦・プレイの手引きとしての役割 ③複数のメディアをリンクさせる雑誌の登場 ④未来の読者を獲得する ⑤スーパースターにも依存する販売部数 ⑥保存性に優れた媒体

　　　　B メディアによるスポーツの加工————0773
　　　　　1）メディアとスポーツの転形————0773
　　　　　　①メディアによってつくられるスポーツリアリティー ②メディアが作り出すドラマ ③メディアによるスポーツ文化の変容
　　　　　2）映像とスポーツ————0774
　　　　　　①直接の経験と間接の経験－メディアを通したスポーツ ②感覚の欠如と虚構の編集－映像の中のスポーツ ③分析的手法，サイドストーリー，幻想
　　　　　3）広告とスポーツ————0776
　　　　　　①広告媒体としてのスポーツ ②企業のイメージ戦略 ③スポーツ広告の社会的インパクト
　　　　　4）テレビゲームとスポーツ————0777
　　　　　　①テレビゲームが日常化する社会 ②メディアとしてのテレビゲームとスポーツ ③拡張する身体と「サイバースポーツ」
　　　　　5）スポーツによるメディア技術の開発————0779
　　　　　　①スポーツ放送の始まり ②録画・中継の技術革新による新たな視点 ③衛星伝送により国境を超える放送 ④テレビ規格とグラフィックス技術の進歩

　　　　C スポーツの変容とメディア————0781
　　　　　1）メディアとスポーツ教育————0781
　　　　　　①「スポーツ立国戦略」と情報メディアの活用 ②メディアがスポーツ教育に果たしてきた役割 ③メデ

ィアがスポーツの高度化・専門化に果たしてきた役割
　　2）メディアとスポーツの言説————0783
　　　①言説とはなにか ②スポーツと言説 ③ジェンダーについてのスポーツ言説 ④人種についてのスポーツ言説 ⑤国家についてのスポーツ言説 ⑥日本におけるスポーツ言説 ⑦言説の不確定性
　　3）メディアとスポーツする身体————0786
　　　①スポーツ「する身体」・メディア・「みる身体」の関係性 ②スポーツをする／みる身体の感覚 ③マスメディアとニューメディアの連携と身体感覚の変容
　　4）メディアとスポーツファンの変容————0788
　　　①スポーツファンの獲得のためのメディアとの共存 ②スタジアムとメディアの競争 ③パブリックビューイングという新たなメディアとの関係 ④スポーツファンの差異化
　　5）メディアとスポーツ選手の変容————0790
　　　①メディアが描くスポーツ選手 ②メディアの技術のスポーツ選手への影響 ③スポーツ選手のメディアへの対応 ④セカンドキャリアとメディア

　D スポーツとメディアイベント————0792
　　1）政治的イベントとしてのスポーツ————0792
　　　①「新しい政治」とナショナリズム ②大衆的公共性と観客民主主義 ③「オリンピア」の政治的記憶
　　2）スポーツイベントにおけるメディア倫理————0795
　　　①スポーツイベントのマーケティング ②「スポーツマーケティング」の難問 —視聴率とビジネスの乖離—
　　3）メディアイベントにおけるスポーツの公共性————0797
　　　①メディアイベントとしてのスポーツ ②ユニバーサルアクセス ③メディアが担保するスポーツの文化的公共性の特徴
　　4）メディアイベントにおけるスポーツの文化性————0800
　　　①文化の定義とスポーツ文化の起源 ②グローバル化と文化の商品化 ③スポーツは「文化帝国主義」の道具なのか？ ④メディアイベント化するスポーツ文化

21 スポーツと倫理
0803

　A スポーツの倫理————0804
　　1）スポーツ倫理学とは————0804
　　2）スポーツ倫理をめぐる概念————0805
　　　①スポーツマンシップ ②フェアプレイの精神 ③スポーツ規範 ④スポーツパーソンシップ

　B スポーツとドーピング————0811
　　1）ドーピングの概念————0811
　　　①ドーピングとは ②スポーツにおけるドーピングの定義の変容 ③ドーピングの定義の国際的な統一 ④これからドーピングを捉える視点
　　2）ドーピング問題の歴史————0812
　　　①1968年のドーピング禁止規程 ②1988年第24回オリンピック大会（ソウル）のベン・ジョンソン事件 ③1999年の世界アンチ・ドーピング機構の発足 ④官民一体となったドーピング根絶運動の幕開け
　　3）ドーピングの種類（ドーピングとして禁止される物質と方法）————0814
　　　①禁止表における禁止物質と禁止方法 ②治療目的に係る除外措置
　　4）ドーピング問題をめぐる議論————0817
　　　①アポリア（難問）としてのドーピング ②ドーピングと倫理的視点 ③ドーピングの倫理的検討
　　5）アンチ・ドーピング運動————0820
　　　①アンチ・ドーピング規程の変遷史 ②WADAおよびJADAの設立と運動

　C スポーツにおける環境問題————0823

1) スポーツから環境問題を考える視点——————0823
①生圏倫理学からの視点 ②スポーツ・フォー・オールに向けた環境づくり ③スポーツによる自然環境教育
2) 冬季スポーツ・夏季スポーツと環境問題——————0824
①スノースポーツにおける環境負荷 ②ハイキング・トレッキングにおける環境負荷 ③海浜スポーツにおける環境負荷
3) 市民スポーツと環境問題——————0825
①市民の利用するスポーツ施設における環境負荷 ②スポーツ施設に対するチェック項目 ③交通アクセスにおける環境負荷
4) スポーツイベントと環境問題——————0826
①都市で行うイベントにおける環境負荷 ②自然環境で行うイベントにおける環境負荷

D スポーツにおけるその他の倫理的問題——————0827
1) 勝利至上主義——————0827
①諸悪の根源なのか ②外在的価値をどう考えるか ③勝利ではなくなにが大事なのか ④スポーツは競争か否か ⑤勝利と敗北は価値において同等か ⑥勝利至上主義は競争に対して破壊的か ⑦勝利至上主義と応援，そして武道
2) 暴力——————0828
①スポーツと暴力の関係史 ②現代スポーツにおける暴力の特徴 ③スポーツにおける暴力と「体罰」 ④スポーツにおける暴力問題の解決に向けて
3) 賭け——————0830
①スポーツと賭けの出会い ②ギャンブルスポーツの成立 ③スポーツと賭けの社会的問題
4) フーリガン——————0832
①フーリガンとは ②フーリガニズムのメカニズム ③フーリガンの抑制システム
5) 不平等——————0833
①スポーツと平等 ②白人男性エリート主義 ③人種，性の壁
6) 不正（チーティング）——————0835
①チーティングとは ②いろいろなルール違反 ③完璧なチーティング ④エートスとしてのチーティング ⑤チーティングの評価
7) 選手の人権，権利侵害——————0837
①ドーピング検査方法の事例 ②スポーツ障害，安全面からの引退勧告の事例 ③性別をめぐる事例

22 スポーツと芸術
0839

A スポーツと美——————0840
1) スポーツにおける美しさの体験——————0840
①スポーツにおける「美しさ」の意味 ②スポーツにおける「美しさ」の構成契機 ③スポーツ観戦者の美しさの体験 ④スポーツ実践者の美しさの体験
2) スポーツにおける美しさの対象——————0843
①スポーツにおける美しさの対象の構造 ②対象の形式（フォーム） ③対象の様式（スタイル）

B 近現代芸術作品にみるスポーツ——————0846
1) 美術におけるスポーツ——————0846
①スポーツする印象派 ②近代人としてのスポーツマン ③オリンピック芸術競技 ④近代日本における美術とスポーツ ⑤現代とハイパーリアルな映像
2) 文学におけるスポーツ——————0848
①近代（19–20世紀）文学におけるスポーツ ②現代文学におけるスポーツ
3) 映画におけるスポーツ——————0851
①発明王エジソンがスポーツを撮っていた ②オリンピック映画はスポーツ映像芸術の華 ③人気のスポーツ映画はベースボールとボクシング ④近年の注目はフットボール映画の躍進

C 採点競技における芸術的要素――――0854
　1) 採点競技における芸術性――――0854
　①採点競技の意味構造 ②評価対象の運動芸術性 ③運動美意識の淘汰化現象 ④難度性と熟練性の絡み合い構造
　2) 体操競技における芸術的要素――――0857
　①採点規則にみられる芸術性の視座 ②体操競技における芸術的要素としての美的カテゴリー
　3) 新体操における芸術的要素――――0859
　①新体操の特徴 ②新体操における点数の配分と採点方法 ③芸術における構成と音楽 ④演技の振り付け ⑤手具の操作 ⑥プレアクロバット要素 ⑦新体操における芸術性の変遷
　4) シンクロナイズドスイミングにおける芸術的要素――――0862
　①シンクロナイズドスイミングに求められる芸術性 ②アーティスティックインプレッションの評価観点 ③芸術性を生み出す基本要素 ④人の心をつかむための能力 ⑤勝敗につなげるための芸術性

D 舞踊の美学――――0864
　1) バレエでめざす美しさ――――0864
　①バレエの美しさ ②不変の美: 基本 ③時代が求めた様々な美: 表現 ④超絶技巧
　2) コンテンポラリーダンスでめざす美しさ――――0866
　①「なんでもあり」の魅力 ②多彩な魅力 ③演劇的ダンスと脱構築 ④新しい挑戦
　3) 社交ダンスとヒップホップでめざす美しさ――――0867
　①社交ダンスでめざす美しさ ②ヒップホップでめざす美しさ

23 スポーツと科学技術
0871

A 科学の発達とスポーツの近代化――――0872
　1) モノの開発と近代スポーツ――――0872
　①科学技術と産業革命によるモノの開発 ②ライフスタイルの近代化＝都市化と近代スポーツ ③エネルギー革命とスポーツの近代化 ―暴力の抑制とモノの開発―
　2) 科学の発達と近代スポーツ――――0874
　①科学的合理化(脱魔術化)思考とスポーツ ②科学技術とスポーツの技術・戦術の発見

B 科学技術のスポーツへの応用――――0877
　1) 固定施設(器械・器具を含む)の開発とスポーツ――――0877
　①体操競技にみる科学技術の応用 ②スケート競技にみる科学技術の応用 ③サッカーにみる科学技術の応用
　2) 支援装置の開発とスポーツ――――0884
　①体操競技にみる科学技術の応用 ②スケート競技にみる科学技術の応用 ③サッカーにみる科学技術の応用
　3) 測定器具の開発とスポーツ――――0892
　①体操競技にみる科学技術の応用 ②スケート競技にみる科学技術の応用 ③サッカーにみる科学技術の応用
　4) 情報の利用とスポーツ――――0898
　①体操競技にみる科学技術の応用 ②スケート競技にみる科学技術の応用 ③サッカーにみる科学技術の応用

C 科学技術の開発とスポーツへの功罪――――0901
　1) 先端技術開発が及ぼすスポーツへの影響――――0901
　①先端技術と人間 ②先端技術とスポーツ ③スポーツの先端技術化がもたらす影響への評価
　2) 科学技術の開発の影響とスポーツの課題――――0903
　①近未来のスポーツ ②情報通信技術の発達とテクノスポーツの未来 ③人間にとっての科学技術とスポーツの課題

24 スポーツと人種
0907

A 人種の概念————0908
1) 近代西洋における人種概念————0908
①「人種」の前史 ②「人種」の誕生 ③「人種」の隆盛
2) 近代日本における人種概念————0909
①日本における人種概念の起こり ②幕末から日清戦争に至るまでの人種意識 ③日露戦争と「一等国」日本人の人種的ジレンマ ④戦前・戦中期における様々な矛盾と人種概念 ⑤1945年の敗戦から経済復興，そしてバブル経済期に至るまでの人種意識 ⑥現代日本の美容産業と人種意識：「日本人離れ」から「アジアン・ビューティー」へ
3) 人種をめぐる現代的争点————0911
①ステレオタイプとその効用 ②「人種」の後退 ③「人種」の復活（とそれに対する反論）

B スポーツ能力と人種————0913
1) 陸上競技種目におけるアフリカ勢の優越————0913
2) 人種的な運動能力の探究————0914
①様々な自然科学的研究 ②自然科学系学説の社会への影響
3) 本質主義の再検討————0915
①水泳の「人種化」と「再人種化」 ②陸上長距離種目と「黒人の優越」 ③陸上短距離種目と「黒人の優越」

C 黒人アスリートをめぐる問題————0919
1) 黒人アスリートの出現————0919
2) 大学・プロフェッショナルスポーツにおける台頭————0920
①第二次大戦後の変化 ②バスケットボールの場合 ③1990年代の黄金時代
3)「黒人身体能力神話」の行方————0922
①偽科学言説と舌禍事件 ②脱神話言説 ③黄金時代の終焉の可能性 ④ハリウッド映画における表象の変化

D サッカーと人種問題————0925
1) サッカーの歴史と国際化————0925
①「はじまり」とイングランドの「母国化」 ②世界への広がり ③サッカーの祭典ワールドカップ
2) サッカーと多民族的秩序————0928
①サッカーの地域化 ②ヨーロッパ／南米／アフリカの3極構造と人種のステレオタイプ ③アジアの現状
3) FIFAと人種問題————0931
①人種否定（Race Blind）の歴史と論理 ②制度的人種差別（Institutional Racism） ③「現場」からの批判

E 日本におけるスポーツと人種————0934
1) 歴史的概観————0934
①日本人にとっての「人種」 ②明治期の野球 ③第11回オリンピック大会（ベルリン） ④第18回オリンピック大会（東京）
2) プロフェッショナルスポーツにおける人種問題————0936
①野球 ②相撲 ③サッカー ④バスケットボール
3) マスメディアと人種言説————0940
①メディアが構築する「異人種」 ②メディアが構築する「日本人種」

25 スポーツと障がい者
0943

A 障がいのある人とスポーツ————0944
1) 障がいのある人とスポーツとのかかわり————0944

①スポーツの身体的な側面への効用　②スポーツの精神的な側面への効用　③スポーツの社会的側面への効用

　　2）障がいのある人のスポーツの確立――――0945
　　　①パラリンピックの礎　②グットマンのリハビリテーションと競技大会開催　③国際ストーク・マンデビル競技大会の開催と大会規模の拡大　④ファーンレイ杯授与とローマ大会の開催
　　3）障がいのある人のスポーツの発展――――0947
　　　①国際ろう者スポーツ委員会とデフリンピックの開催　②パラリンピックの開催　③スペシャルオリンピックスの開催　④移植者の大会の開催と発展　⑤障がいのある人のプロスポーツ

　B 社会における障がいのある人のスポーツ――――0951
　　1）日本における障がいのある人のスポーツ環境――――0951
　　　①スポーツ政策にみる障がいのある人のスポーツ環境　②スポーツ教育にみる障がいのある人のスポーツ環境　③スポーツ振興組織にみる障がいのある人のスポーツ環境
　　2）中国における障がいのある人のスポーツ環境――――0955
　　　①スポーツ政策にみる障がいのある人のスポーツ　②スポーツ教育にみる障がいのある人のスポーツ　③スポーツ振興組織にみる障がいのある人のスポーツ
　　3）イギリスにおける障がいのある人のスポーツ環境――――0959
　　　①スポーツ政策にみる障がいのある人のスポーツ　②スポーツ教育にみる障がいのある人のスポーツ環境　③スポーツ振興組織にみる障がいのある人のスポーツ環境
　　4）アメリカの障がい者とスポーツ――――0962
　　　①スポーツ政策にみる障がいのある人のスポーツ環境　②教育政策にみる障がいのある人のスポーツ　③スポーツ教育にみる障がいのある人のスポーツ　④スポーツ振興組織にみる障がいのある人のスポーツ　⑤障がいのある人のスポーツ参加に対するその他の障壁
　　5）オーストラリアにおける障がいのある人のスポーツ環境――――0966
　　　①スポーツ政策にみる障がいのある人のスポーツ　②スポーツ教育にみる障がいのある人のスポーツ　③スポーツ振興組織にみる障がいのある人のスポーツ
　　6）北欧諸国における障がいのある人のスポーツ環境――――0971
　　　①スポーツ政策にみる障がいのある人のスポーツ　②スポーツ教育にみる障がいのある人のスポーツ　③スポーツ振興組織にみる障がいのある人のスポーツ

　C 障がいのある人のスポーツの発展に向けて――――0974
　　1）宣言・憲章に記された障がいのある人のスポーツ――――0974
　　　①障がいのある人のスポーツ権の拡大を通してみえるもの　②「体育およびスポーツに関する憲章」とその背景　③「障害者：みんなのスポーツに関するヨーロッパ憲章」とその経緯　④21世紀における障がいのある人のスポーツ環境
　　2）ノーマライゼーション思想と障がいのある人のスポーツ――――0976
　　　①ノーマライゼーション思想　②障がい観の変遷と障がいのある人のスポーツ　③ヒューマニズムの視点に立った指導者のあり方　④障がいのある人のスポーツ推進の役割
　　3）二極化を歩む障がいのある人のスポーツ――――0977
　　　①スポーツ実践者と非実践者の二極化　②競技選手の二極化　③2つの二極化を乗り越えるために
　　4）共生社会へのスポーツに対する期待――――0979
　　　①共生という思いを育てる難しさ　②スポーツの果たす役割　③障がいのある人のスポーツ環境　④新しい波

26 スポーツ種目
0981

あ行――――0982
アーチェリー／アーチェリー［肢体不自由のある人の］／合気道／アイススレッジホッケー／アイスホッケー／アドベンチャーレース／アメリカンフットボール／一輪車／イニシアティブゲーム／癒し系スポーツ――ピラティス，ヨーガ，ソマティックス／インラ

インスケート／ウィルチェアーラグビー／ウインドサーフィン／ウェイクボード／ウエイトリフティング／ウオーキング／ウォーターエクササイズ／エアレース／エアロビック／エスニックダンス／オートレース／オープンウォータースイミング／オリエンテーリング

か行――――1015
カーリング／カヌー（競技）／カヌーポロ／カバディ／カポエイラ／空手道／カローリング／弓道／近代五種（競技）／キンボールスポーツ／グライダー／クリケット／車椅子カーリング／車いすダンス／車いすテニス／車椅子バスケットボール／車椅子ハンドボール／車いすフェンシング／クレー射撃／競馬／ゲートボール／ゲームフィッシング／剣道／ゴールボール／ゴルフ／ゴルフ系ニュースポーツ――グラウンドゴルフ，スナッグゴルフ，ターゲットバードゴルフ，パークゴルフ，フィールドゴルフ，マレットゴルフ

さ行――――1052
サーフィン／サウンドテーブルテニス／サッカー／サンボ／ジェットスキー／7人制ラグビー／シッティングバレーボール／自転車（競技）／自転車（競技）［障がいのある人の］／射撃［障がいのある人の］／柔道／柔道［視覚に障がいのある人の］／少林寺拳法／女子相撲／シンクロナイズドスイミング／新体操（競技）／水泳（競泳種目）――自由形，背泳ぎ，平泳ぎ，バタフライ，個人メドレー，リレー／水泳（競泳種目）［障がいのある人の］／水球／スカイダイビング／スカッシュ／スキー競技――スキージャンプ，ノルディック複合，クロスカントリースキー，アルペンスキー，フリースタイルスキー，基礎スキー，アルペンスキー［障がいのある人の］，クロスカントリースキー［障がいのある人の］／スクーバダイビング／スケート競技――スピードスケート，フィギュアスケート，ショートトラックスピードスケート／スケートボード／スケルトン／スノーボード競技――アルペン，スノーボードクロス，フリースタイル，テクニカル／スポーツカイト／スポーツクライミング／スポーツチャンバラ／スポーツ吹矢／相撲／セーリング／セーリング［障がいのある人の］／セパタクロー／総合格闘技／ソーラーカーレース／ソフトテニス／ソフトボール

た行――――1137
ダーツ／太極拳／体操競技――ゆか，あん馬，つり輪，跳馬，平行棒，鉄棒，段違い平行棒，平均台／タグラグビー／卓球／卓球［肢体不自由のある人の］／ダブルダッチ／ダンススポーツ／チアリーディング／チュックボール／綱引／テコンドー／テニス／テニス系ニュースポーツ――エスキーテニス，パドルテニス，バウンドテニス／デフバレーボール／電動車椅子サッカー／登山（競技）／ドッジボール／飛込／トライアスロン／トランポリン／トレッキング

な行――――1179
なぎなた／なわとび／日本泳法／ネイチャーゲーム／熱気球／脳性麻痺者7人制サッカー

は行――――1186
バイアスロン／バイアスロン［障がいのある人の］／馬術（競技）／馬術（競技）［障がいのある人の］／バスケットボール／バスケットボール系ニュースポーツ――コーフボール，ネットボール／バドミントン／バトントワリング／パラグライディング／バレエ／バレーボール／バレーボール系ニュースポーツ――ソフトバレーボール，ソフトミニバレーボール，ビーチバレー，ビーチバレーボール，ビーチボール／パワーリフティング／パワーリフティング［下肢に障がいのある人の］／ハンググライディング／ハンドボール

／ビーチサッカー／ビーチバレー／ビリヤード／ファウストボール／フィンスイミング／フェンシング／フォークダンス／フットサル／フライングディスク／ブラインドサッカー／フラッグフットボール／フリーダイビング／フロアバレーボール／ペーロン／ペタンク／ボウリング／ボート／ボート[障がいのある人の]／ボートレース(競艇)／ボクシング／ホッケー／ホッケー系ニュースポーツ──ユニホック，ユニバーサルホッケー，フロアボール，ローラーホッケー／ボッチャ／ボディビル／ボディボード／ボブスレー／ポロ

ま行────1259
マウンテンバイク／モータースポーツ(二輪)／モータースポーツ(四輪)／モダンダンス／モトクロス

や行────1264
野球／野球系ニュースポーツ──ティーボール，トスボール，フットベースボール

ら行────1272
ラート／ライフセービング／ライフル射撃／ラグビー／ラクロス／ラフティング／陸上競技──短距離(競走)，中距離(競走)，長距離(競走)，ハードル(競走)，リレー(競走)，走高跳，棒高跳，走幅跳，三段跳，砲丸投，円盤投，ハンマー投，やり投，混成競技，マラソン，駅伝(競走)，競歩，クロスカントリー(競走)／陸上競技[障がいのある人の]／リズム系ダンス／リュージュ／レスリング

凡例

大事典の構成
- 本事典は，スポーツが人間にとってどのような意味をもち，社会的・文化的にいかなる役割を果たしてきて現代社会を動かす力となっているのかについて，世界を視野に収め，古代ギリシャ以来の歴史も踏まえて幅広く捉えようとしたものである。全体は「01 スポーツと概念」から「26 スポーツ種目」の26の章から成っており，各章の枠組みとして，大中小の3ランクの項目を設けた。
- 大項目はA，B，C，……という分け方により，章の柱となるテーマを掲げている。
- 中項目は01，02，03，……という分け方により，大項目で取り上げたテーマを下位区分に分けて扱っている。
- 小項目は①，②，③，……という分け方により，中項目をさらに細かいセクションに分けている。
- 「26. スポーツ種目」については，項目の代わりに「アーチェリー」「合気道」などの個別の種目名を見出しにして五十音順に配列した。五十音順で決まらないものは，1) 濁音・半濁音は清音として配列，2) 小字（促音・拗音・ぁぃぅぇぉ）は普通字として配列，3) 長音（ー）は直前の母音と同じ扱い，また，長音がないものを先に，長音があるものをあとに配列，という順に並べている。また，検索の便を図って適宜，見出し語のみの項目を設けるとともに，例えば「鉄棒」や「ゆか」という見出しは「体操競技」という項目の下位区分のところに配置している。【例：アーチェリーは「ああちえりい」】
- 索引は，事項索引と人名索引に分け，五十音順に配列し，巻末に掲載している。

執筆者の表記
- 編集主幹・編集委員・執筆者・執筆協力者の名前は，巻頭に一覧としてまとめて掲載している。
- 項目には，その末尾に執筆者名を（ ）で示している。なお，単一での執筆を原則としているが，訳出等のため複数名で執筆された場合は連名で記し，その別を明記している。

文献の表記
- 原則として，引用文献は本文の引用箇所に明示し，参考文献は中項目の末尾にまとめて掲載している。なお，小項目で執筆者が異なる場合は，丸数字を付けて，その別を示している。

その他の表記
- 年号は，原則として西暦を用いている。なお，日本にかかわる記述箇所では，必要に応じて（ ）内に和暦を併記している。
- 外国語（人名・地名・用語など）のカタカナ表記は，次の原則に従って記している。1) 慣用的な表記が一般化していると判断される場合には慣用表記に従う，2) 各専門分野で確立された表記がある場合にはその表記を尊重する，3) 上記以外の場合には原音になるべく近い表記で記すことを旨としている。
- 日本の組織名などは，日本語での表記に続けて，（ ）にて欧文での表記，必要に応じて欧文の略式表記を併記している。
- 外国の組織名などは，日本語での訳語表記に続けて，（ ）にて欧文での表記，必要に応じて欧文の略式表記を併記している。なお，訳語については，可能なかぎり統一を図っている。しかし，定訳がない場合や，定訳があっても原語の内容が的確に表されていない場合には，適宜，言葉を補った訳語をあてたものもある。【例：国際オリンピック委員会（International Olympic Committee: IOC）】
- 外国人名は，原則としてカタカナ表記とし，同一の大項目内の初出時にのみ，カタカナに続けて，原綴を併記し，以降はカタカナのみを記している。ただし，ファーストネーム，ミドルネームについては頭文字による略記を原則としている。【例：ヤーン（F.J. Jahn）】
- 「26. スポーツ種目」のスポーツ種目には，項目名に英語表記を付している。
- 英語以外の言語による表記は，（独）：ドイツ語，（仏）：フランス語…と略号を用いて示している。
- 計量単位は，原則として国際単位系（SI単位）を用いたが，各分野で慣用とされているものがある場合には，それらを優先している。
- オリンピック・パラリンピックの表記は，夏季大会は「第○回オリンピック大会（地名, 開催年）」「第○回パラリンピック大会（地名, 開催年）」とし，冬季大会は「第○回冬季オリンピック大会（地名, 開催年）」「第○回冬季パラリンピック大会（地名, 開催年）」と統一している。
- 法人格は，2008年の公益法人制度改革に伴い，法人格の名称が，それまでの「財団法人」「（財）」や「社団法人」「（社）」から，「公益財団法人」「（公財）」や「一般社団法人」「（一社）」と変更している。本事典では，法人格の表記は省略を原則とし，文意等の必要に応じて法人格の名称を示している。
- 本文中に示した書名，新聞名，映画タイトル，絵画やバレエ・ダンスの作品名などは『 』で囲んで示している。
- 統計数値など，できるかぎり最新の情報を盛り込むようにしたが，分野によっては原稿執筆時の情報の場合もある。

21世紀スポーツ大事典

1章
スポーツと概念

「スポーツとはなにか」

「スポーツと運動や体育とはなにが違うのか」

といった問いに対して,

スポーツの概念をこれまでの研究成果を参照しながら,

様々な視点や論点から明らかにし,

概念化することの意義と

現在におけるスポーツの定義をまとめた。

スポーツの定義の変遷を俯瞰しながら,

これまでの,

そしてこれからのスポーツの概念について

より深く考える契機にしていただきたい。

スポーツ概念の変遷　01.A

スポーツの語源　01.A.01

① スポーツの語源を考えるために

　現代という時代は，日々，テレビ・ラジオ・新聞・雑誌等のメディア，また近年ではインターネットやSNS（Social Networking Service）などの様々なウェブサイトを通して，各種スポーツ情報が大量に報じられたり，人々の日常的な話題になったりする。そういう意味では，スポーツはわれわれにきわめて身近な存在であるといえる。しかし，スポーツは文化現象として，その時々の時代の影響に規定され歴史的には大きく変容，発展してきた。したがって，英語のsportという語も歴史的な変遷を経ながら意味形成を行ってきた。

　歴史的にみれば，「スポーツとはなにか」ということに対する明確な概念規定の必要性は，それほど重要な問題ではなかったようである。20世紀に入り，スポーツの国際交流の進展により，スポーツの語の意味・内容に関する国際的な共通理解を確立する必要性から，スポーツの概念を確定する作業が始まったといえよう。

　一般に，現在スポーツの概念として考えられるものの基底には，1949年に出されたジレ（B. Gillet）のスポーツの概念が挙げられる。ジレは，スポーツを「遊戯」「闘争」「はげしい肉体活動」の3要素で構成される身体活動であると定義した（ジレ，1952）。そして現在のスポーツの定義はジレ以降，概ね彼のこの見解を踏襲してきたといえる。その一例として，日本でのスポーツの定義をみると，スポーツとは「陸上競技・野球・テニス・水泳・ボートレースなどから登山・狩猟などにいたるまで，遊戯・競争・肉体的鍛錬の要素を含む身体運動の総称」（広辞苑第六版）であると記述されている。

　第二次大戦後のスポーツの隆盛は，スポーツの地理的，社会的拡大をもたらし，スポーツの語の意味・内容の多義性を増大させた。この多義性は，スポーツの捉え方や考え方を混乱させ，あるいは世界のスポーツ界がいっそうの競技化や高度化を志向する中で顕在化してくるドーピング問題に代表されるスポーツの規範にかかわる問題を複雑にし，国際的な水準でのスポーツ概念の統一機運をもたらした。このような背景から，国際スポーツ体育協議会（現・国際スポーツ科学体育協議会，International Council of Sport Science and Physical Education: ICSSPE）は1968年に「スポーツ宣言」を提議し，スポーツとは「プレイの性格をもち，自己または他人との競争，あるいは自然の障害との対決を含む運動」であると定義した。この定義も上述したジレのそれをほぼ踏襲したものである。

　しかし，現在のスポーツの定義の源流となったジレのスポーツの概念も，スポーツの意味的変遷からみると，いくつかの問題点を含んでいるといわざるを得ない。その問題点の1つは，マッキントッシュ（1970）が指摘するように，イギリスでは"sport"という語が，悪ふざけや恋をすること，自動車競走や山登りまでの広範な対象に用いられ，スポーツという語が身体活動に限定されて用いられていないことである。またジレが提起したスポーツの概念を構成するスポーツに不可欠な3要素（遊戯，闘争，はげしい肉体活動）が明確にスポーツの徴表として立ち現れてくるのは19世紀以後になってからのことであり，それ以前の「楽しみ」や「遊び」を中心とするスポーツの語の意味とは明らかに異なること等が挙げられる。

② スポーツの語源と意味の変遷

　ジレが定義した，スポーツの徴表としての「遊戯」「闘争」「はげしい肉体活動」の3要素がスポーツの構成要素として成立するのは，19世紀以降のスポーツに対してである。それ以前のスポーツの意味・内容は，このジレの定義とは大きく異なるものであった。

　言語には日常的な事実が概念化されているため，sportの言語的理解はスポーツの概念理解に対して重要な役割を果たすと考えられる。これらのことを念頭に置きながら，ここではスポーツ（sport）の語がどのように変遷したのかについて，「スポーツの語源」研究に沿って述べる。

表1　スポーツの語源と意味の変遷

時代	語源と意味の変遷
15世紀以前	dēportāre〈ラテン語〉に由来。[接頭語de-=away（分離）と同義] [portare=carry 運び去る，運搬する，輸送する，追放する] ↓ deporter (desporter)〈古代フランス語，アングロ・フレンチ〉へ。[気分を転じさせる，楽しませる，喜ばせる] ↓ 11世紀中半にイギリスに伝播，deport, desporteとして定着。
15-16世紀頃	*古代フランス語のdeporterがdeportとしてイギリスに定着。 ・動詞[我慢する，忍ぶ，節制する，礼儀作法に従って振る舞う，物を運ぶ，追放する] ・名詞[楽しみ，娯楽]→18世紀に廃語。（現在，動詞のみ） *古代フランス語のdesporterから由来した中世英語のdesport (e)はdysportの表記を経て，disportとして定着。 [disport：内面的な状態を転換，移動，変化させること。気分転換，娯楽，遊び] ↓ [野外での気晴らし，ゲーム，これらを通して得る気分転換を意味するようになる]
17-18世紀頃	disport, dysportはspoort, sporteの形に移行し始め，disport, sportとして定着。 [sport：狩猟等によって得られる気晴らし] 18世紀頃[動詞sport：見せびらかす，賭ける，投資する] [名詞sport：野外での自由な活動，狩猟，気晴らし]
19世紀中葉	名詞sportに競技的性格が付与される。 [戸外で行われるゲームや運動に参加すること，戸外でのゲームや娯楽の総称名詞]

（出典：阿部生雄，「スポーツの概念史」『宇都宮大学教養部研究報告』1(9)．1976: 99-117から作表）

わが国のスポーツの語源研究は，岸野雄三と阿部生雄によって行われ，大きな成果を上げてきた。以下では彼らの成果に負いながらスポーツの語源について明確にしていく。岸野（1972.3）によれば，当時の一般的な見解として，1928年に刊行されたガッシュ（R. Gasch）の体育辞典（Handbuch des gesamten Turnwesens）では，sportはラテン語のdisportareにさかのぼるフランス語の動詞desporter（運ぶ）に由来するという説明があり，スポーツの語源を英語のspurt（瞬時的緊張）やゴート語のspaurds（走路）に求めるのは誤解であるとの記述がなされているという。また，ナチズムの時代になるとシュトレーベル（R. Ströbel）は『古代ドイツのスポーツ』（Sport der Germanen, 1936）という著書で，sportの語源がゲルマン語であると述べたという。現代では，スポーツの語源と意味の変容は表1に示したように一定の共通理解が得られている。

いうまでもなく，sportの語は英語を通して世界に広まったのであるが，本来この語はイギリスで生まれたものではなく，その語源はラテン語のdēportāre（原意：運び去る，運搬する，移る）に由来するといわれている。接頭語であるde-はawayを意味し，portareはcarryを意味するという。dēportāreが示す，ある所からある所への運搬，移動，転換という意味構造は，古代フランス語のdeporter, desporterに受け継がれ，次第に物理的意味の次元から内面的・精神的な次元での移動・転換を原理とする喜びや楽しみを表現するようになる。それは心をある状態から，他の状態へ移動させることによって得られる内的な喜びや楽しみを内包する言葉になっていく過程として理解できる。さらにこの語は，13-14世紀に中世英語であるdeport（楽しみ，娯楽，気分転換〈名詞〉）に変化し，やがて16-17世紀にはdisport（気晴らし，娯楽〈名詞〉）を経てsportに変わっていく（岸野，1977. 80-82；佐伯，1987. 521）。これらのsportの語の変遷をみれば，sportはジレのいう「闘争」や「はげしい肉体活動」を必須の要件とするものではなかったことが理解できよう。

sportは17-18世紀になると，上流階級（ジェントリー）の文化を強く反映し，野外での自由な活動や狩猟の活動を主に意味するようになる。そして中流階級（新興ブルジョアジー）が台頭してくる19世紀までは，sportは狩猟とほぼ同義のものとして使用される。しかし，狩猟を意味するsportは19世紀に新興ブルジョアジーが推進した組織的ゲーム（＝近代スポーツと呼ばれるもの）の興隆に伴って，次第に運動競技を意味する用語に転化していく（友添，1988. 11）。

このようにsportという語が競争をその概念に内包させるのは19世紀以後のことであり，現在，われわれが学校や社会で日常接している競争を特質とするスポーツの多くはこの時期を境に生まれてきたものであるといえる。以上，要約すれば，sportは語源的に，気晴らしや気分転換を意味する中世英語のdeportから変化し，主に狩猟を意味する時代を経て，18世紀以降スポーツが組織化されるにつれ，競争やプレイ，激しい肉体活動を意味するようになってきたものである。

参考文献　01.A.01

- 阿部生雄．1976．「スポーツの概念史」『宇都宮大学教養部研究報告』1(9)：99-117．
- ———．1995．「辞書に見る"スポーツ概念"の日本的受容」中村敏雄 編．『外来スポーツの理解と普及』9-72．創文企画
- ———．2009．『近代スポーツマンシップの誕生と成長』筑波大学出版会
- ジレ．1952．『スポーツの歴史』〈文庫クセジュ〉近藤等 訳 9-20．白水社
- 岸野雄三ほか 編．1972．『スポーツの技術史』大修館書店
- 岸野雄三．1977．「スポーツ科学とは何か」朝比奈一男 ほか 編．『スポーツの科学的原理』77-133．大修館書店
- マッキントッシュ．1970．『スポーツと社会』石川旦ほか 訳 不昧堂出版
- 佐伯聰夫．1987．「スポーツ」日本体育協会 監修．『最新スポーツ大事典』521-24．大修館書店
- 友添秀則．1988．「スポーツの文化論的探求」植村典昭ほか 編．『スポーツと身体運動の科学的探究』2-33．美巧社

（友添秀則）

英米系の辞書・辞典における「スポーツ」の変遷　01.A.02

①「スポーツ」の3要素：遊戯，競争，身体運動

近代において「sport」という用語は，様々な形式，形態，様式をもつ運動や活動，そしてまたそれらに共通に見出せる特性や要素を集約する一種の総称名詞である。ジレ（B. Gillet）は『スポーツの歴史』（Histoire du Sport, 1949）の中で，「1つの運動をスポーツとして認めるために，われわれは3つの要素，即ち，遊戯，闘争，およびはげしい肉体活動を要求する」と述べている。ジレの指摘する「遊戯」「闘争」（競争），「はげしい肉体活動」という要素をスポーツの3要素と呼ぶことにする。これらの3要素は，わが国では『広辞苑』（第六版）における「陸上競技・野球・テニス・水泳・ボートレースなどから登山・狩猟などにいたるまで，遊戯・競争・肉体的鍛錬の要素を含む身体運動の総称」という定義や，第18回オリンピック大会（東京，1964年）の際の国際スポーツ体育協議会（現・国際スポーツ科学体育協議会，ICSSPE）による「プレイの性格をもち，自己または他人との競争，あるいは自然の障害との対決を含む運動はすべてスポーツである」という定義，さらにグートマン（A. Guttmann）の『儀礼から記録へ：近代スポーツの本質』（From Ritual to Record: The Nature of Modern Sport, 1978）における「"遊びの要素に満ちた"身体的競争」（"playful" physical contests）という指摘に共通している。しかし，先に述べたように，ジレの指摘するスポーツの3要素は，スポーツ概念史上において不可欠な要素として求められたものではなく，19世紀以降に自覚され始めたものであった。こうした点を，「スポーツ」と類似する意味領域をもつ「ゲーム」（game）と「アスレティックス」（athletics）という2つの用語の概念変遷を参照しつつ，近代の「スポーツ」概念の形成過程をOxford English Dictionary（OED）によって明らかにする（表1）。

② OEDにおける「スポーツ」（sport）

「スポーツ」（sport）の語源は，ラテン語のdēportāreに由来するというOEDの指摘が定説である。接頭語のde-は「away」を意味し，portareは「carry」を意味し，その結合語は，「運び去る，運搬する，輸送する，追放する」を意味した。あるいは「1）下ろす，下げる，2）水路で運ぶ，3）持ち去る，持ち帰る，もたらす，4）追放する」（田中秀央 編．『羅和辞典』研究社．1952）を意味していた。ある所からある所への運搬・移動・転換という語源上の意味構造は，古フランス語のdeporter, desporterが示すよ

表1 Oxford English Dictionary (OED) にみるスポーツ概念変遷の位相

	SPORT	意味	GAME	意味	ATHLETIC(S)	意味
語源	(ラテン語) dēportāre	運び去る，運搬する，輸送する，追放する。	(古代ゴート語) gaman	参加，親しい交わり(集まり)。	(ギリシャ語) αθλειν	賞品をめあてに競技する。
	(古代フランス語) depoter, desporter	気分を転じさせる，楽しませる，喜ばせる，(再帰)止める，耐える，遊ぶ，気晴らしによって元気を回復する。	(古代サクソン語) gamen	喜び，楽しみ。	αθλοσ	競技会
					αθλον	賞品
11-12世紀			(中世英語) gamen, gomen	(n) 娯楽，喜び，戯れ。		
13-14世紀	(中世英語) deport	(n) 楽しみ，娯楽。(15世紀以後，廃語)	gamen, game	(n) ①狩猟の獲物，②戯れ，冗談，③好色な遊び，④ゲームのように追求される手続き，計画，⑤勝敗によって終了するゲームの一部を構成するもの，⑥ルールに従って行われる競技の性格をもつ気分転換。		
	desport, dysport, disport, spoort, sporte	(n) 真面目な義務からの気分転換，骨休め，レクリエーション，娯楽，慰め。				
15-16世紀	disport, sporte, sport	(n) ①気晴らし，娯楽，気分転換，②陽気な騒ぎ，冗談，③ゲーム，気晴らしの特定の形式，④戸外での身体運動，⑤ショー，演劇，⑥(pl)見世物，⑦好色な遊び，etc.	game	(pl) 競技会	athlete	(n) 古代ギリシャ・ローマの民族競技会の部分を構成する走跳投，ボクシング，レスリングのような身体活動の競技者。
17-18世紀	sport	(n) ①動物，獲物，あるいは魚などを殺したり捕えたりする努力によって得られる気晴らし，②動植物の突然変異。	game	(v) 賭博する，賞金や賭け金のために運で競い合うゲームで遊ぶ。	athletique athletic athletics	(adj) 競技者に関連すること，または体力が発揮されるような競技に関連すること。(n) 筋力がプレイ(遊び)の中で要求され，しかも増大されるような身体運動。
19世紀	sport	(n) とりわけ，競技的性格をもち，戸外で行われるゲームや運動に参加すること，そのようなゲームや娯楽の総称。	game	(n) ①競技の対象となり，技能や優越性を出し合うようなあらゆるスポーツや娯楽，②学校やカレッジで組織化された競技。	athletics athleticism	(n) 陸上競技(イギリス)，運動競技一般(アメリカ)。(n) 競技運動の実践または礼賛，競技者としての訓練。

* n=名詞，pl=複数形，v=動詞，adj=形容詞。
(出典：阿部生雄「スポーツの概念史」岸野雄三 編，『体育史講義』大修館書店．1984. 120-25)

うに，物理的，空間的な次元から，「気分を転じさせる，楽しませる，喜ばせる」という意味や，再帰的な用法により「やめる，耐える，遊ぶ，気晴らしによって元気を回復する，時をやり過ごす」というように，次第に内面的，精神的な次元の移動，転換，変化を原理とする喜びや楽しみを表現するものとなり始めた。それは「真面目な義務からの気分転換，骨休め，レクリエーション，娯楽，慰め」を第一義とする言葉になり始めるのである。「スポーツ」はその概念史上，身体活動や闘争(競争)という要素を絶対的要件とするものではなかった。

15世紀頃には，名詞sporteは「楽しい気晴らし，楽しみごと，娯楽，レクリエーション，気分転換」，そしてまた「陽気な騒ぎ，冗談」という意味をもっていた。動詞sporteも「楽しむ，気分転換をする」という意味や「とりわけ戸外での活発な運動によっておもしろく遊ぶ，ある種のゲームや遊びに参加する，浮かれ遊ぶ」などの意味で用いられていた。

16世紀には，名詞sporteは「ゲーム，または気晴らしの特定の形式，とりわけ戸外で楽しまれるもので，いくらかの肉体運動を含んでいるもの」と定義されるように，身体運動を伴う気分転換を意味するようになった。しかし，その一方で，この時代頃から意味の多義化が加速した。15-16世紀の「スポーツ」(disport, sporte, sport)の多様な意味が示すように，この時代の「スポーツ」は3要素の有無にかかわらず，「陽気な騒ぎ，冗談」「演劇」「見世物」「好色な遊び」等，広義の気晴らしや気分転換を指示する言葉として用いられ，OEDの用例では「チェス」や「演劇」や「読書」等の活動にも適用可能な言葉であった。

しかし，労働や義務の拘束を離れて得る喜びを意味する「スポーツ」は，17－18世紀になると野外での自由な活動や狩猟的活動を主に意味するようになる。OEDで「動物，獲物，あるいは魚などを殺したり，捕らえたりする努力によって得られる気晴らし」という「スポーツ」≒「狩猟的活動」の定義は，17世紀頃の「スポーツ」(sport)に主に適用されるものであった。この「スポーツ」≒「狩猟的活動」の密接な結びつきは，当時のジェントリー階級の生活様式，レクリエーション形式を反映しており，19世紀まで根強いものであった。

19世紀中葉，名詞sportは「とりわけ競技的性格をもち，戸外で行われるゲームや運動に参加すること，そのようなゲームや娯楽の総称」というように，スポーツの3要素を満たす用語となっている。

③ OEDにおける「ゲーム」(game)

「game」という用語は，喜びを意味する古代サクソン語等の「gamen」に由来するといわれる。語源的にこのgamenは，ゴート語の中性名詞「gaman」と同一の性格をもっていた。この言葉は「together」を意味する接頭語ga-と「人間」を意味するmanとの合成語で，「参加，親しい交わり（集まり）」を意味した。「sport」がある所（状態）から異なる所（状態）への移動，転換によってもたらされる喜びを原理とする言葉なら，「game」は人間の集合，共同によってもたらされる喜びを原理とする言葉であった。それは「娯楽，喜び，戯れ」を意味していたが，次第に物事の計画的，目的的追求や遂行の意味を得て，14世紀には狩猟の獲物や，「ルールに従って行われ，究極的に勝者または勝者たちの技能，力，運でもってその優越性を示すことによって行われる競技の性格をもつ気分転換」と定義される，ルールに従って勝敗を決着づける競技的な気晴らしという概念を形成した。この組織化された遊戯形態を示す「game」は，作戦を立て，ルールに従って競技する近代の組織化された「sport」を先駆的に表現する言葉であったといえよう。

15世紀頃，特にギリシャ・ローマの競技，演劇，音楽等の「競技会」を複数形の「games」で表現している。17世紀には「賞金・賭け金のかけられたもののために運を競い合うゲームで遊ぶ，賭博する」というように賭博との結びつきを強めている。それに伴ってか，18世紀になると形容詞gameは，「軍鶏(game cock)のような勇気をもつ，勇気に満ちた，闘志をむき出しにした，果敢な精神をもつ」という勇敢さの意味を派生させる。そしてこの頃，名詞gameは競技的な遊戯形式の一部を構成する単位，または状態を示す用語として一般化している。

17－18世紀の「sport」がとりわけ狩猟や釣りなどの勝敗や競技規則の不明瞭な野外での気晴らしを意味し，自然を相手とする冒険的活動や自己目的的で他者から統制されない活動を個人的に追求し得る気晴らしに適用されたのに対して，「game」は明確な競技形式をもち，共同，あるいは対人でルールに従って勝敗を決着づける組織化された気晴らしを意味するものであった。この意味で，近代の「sport」が意味しようとする競技の組織化された姿は，「game」によって先駆的に内包されていたと考えられるのである。

19世紀になると，OEDには「学校やカレッジで組織化された競技(athletics)」という意味が登場し，「スポーツ」と「ゲーム」の意味領域が近接・重複したことを示している。

④ OEDにおける「アスレティック(ス)」(athletic〔s〕)

「スポーツ」や「ゲーム」に徹底した競技主義の性格を付与する言葉が「athletic(s)」であった。この言葉の語源は，ギリシャ語の「αθλειν」で，賞品獲得をめざして競技することを意味する。「αθλοσ」は競技会を，「αθλον」は賞品を意味した。スポーツやゲームが労働や義務における真面目さや真剣さと反対の遊び，気晴らしでの楽しさや愉快さ，そして時に不真面目さを要素としたのに対して，「athletic(s)」は激しい肉体活動を伴う競技を要素とし，遊びにおける真面目さや真剣さを重要な要素とする言葉であった。賞品獲得をめざして競技するという基本的な意味構造をもつ「athletic(s)」は，次第に専門的な訓練によって獲得した体力や技能によって運動競技を行うことを意味する言葉となる。ここではすでに運動競技を支える体力や技能の質が問われており，専門的訓練を経て獲得した技量によって競争するという，より真剣な態度が問題にされている。

16世紀頃に用いられ始めたathleteという用語は，主に古代ギリシャ・ローマの競技会の競技者を意味していたが，19世紀前葉には「特別の訓練，運動によって優れた体力を獲得した人，力や活動の巧妙な技をみせる職業をもつ人，身体的に力強く頑強で活発な人」という一般的な意味に変化し始めた。17－18世紀に登場する名詞athleticsは「筋力がプレイ中に要求され，しかも増大するような身体運動の実践」という意味をもっていた。19世紀半ば頃には，名詞athleticsはイギリスではトラックやフィールドで行われる走・跳・投の運動形式に適用される「陸上競技」の意味を形成した。さらに19世紀半ば頃に造語された名詞athleticismは「競技的運動の実践，または礼賛，競技者としての訓練」を意味する言葉として登場した。この「競技主義」を示す言葉は，伝統的なスポーツやゲームのもつ不明瞭な競技規則，未分化な技術体系をより真剣な競技主義や専門的訓練によって改造していく，新興ブルジョアジー階級の姿勢を表現するものであった。それは，近代スポーツにおける「遊び」よりも「真剣さ」に価値を置く「競技主義」の姿勢の登場と優越化をなによりも明瞭に示すものであったといえよう。

⑤ 英米系辞書にみる「スポーツ」

今まで述べてきたことを，いくつかの代表的な辞書に記載された「スポーツ」と「スポーツマン」の記述から確認してみよう。イギリスの最も古典的な英語辞典であるジョンソン(S. Johnson)の*A Dictionary of the English Language*(1755)は，名詞「sport」を1)遊び，気分転換，ゲーム，浮かれ騒ぎや騒々しい楽しみごと。2)嘲り，軽蔑的な喜び。3)人が玩ぶもの。4)言葉の遊び，単調な言葉の繰り返し。5)鳥猟，狩猟，釣りなどの気分転換」という5項目で説明している。「sportsman」は「フィールドのレクリエーションを嗜む人」とされている。18世紀中葉のイギリスでは，スポーツは主に気分転換としての遊びや楽しみごと，人をからかうこと，

狩猟などの活動でのレクリエーションや気分転換を意味する言葉であった。ここでは活動の形態よりも，愉快で楽しい気分に転化させることに重きが置かれていることが理解できよう。同様の概念は，アメリカの最も古典的な米語辞典である1828年に出されたウエブスター(N. Webster)の*An American Dictionary of the English Language*でも確認できる。そこでは「sport」は「1) 気分転換をさせたり楽しくさせること，遊び，ゲーム，気分転換，喜び。この言葉は原因と結果の両方を意味する。喜びをもたらすもの，もたらされた喜びや楽しみ。2) 嘲り，冷笑，軽蔑的な喜び。3) 人が玩ぶもの，翻弄されるもの。4) 劇，言葉の単調な繰り返し，5) 鳥猟や狩猟，釣りなどのフィールドの気分転換」とされている。「sportsman」は「1) フィールドのスポーツを行う人，狩猟，釣り，鳥猟などをする人。2) フィールドのスポーツに長けた人」とされている。

しかし，こうした気分転換の楽しみ，遊び，からかいによる愉快さ，狩猟的活動という意味が「競技」的な概念に辞書の上で変化し始めるのは1890年頃のことであった。明確に競技の意味を加えたのは，ファンク(I.K. Funk)編集の*Standard Dictionary of English Language*(1895)であった。この辞書では名詞「sport」は「1) 一般的に楽しいこと，気分転換，気晴らし，喜び。2) 気分転換のために行われる特定のゲームや遊び，特に競技的で戸外で行われるゲームや娯楽，またこの意味における賭けの機会，この領域のスポーツはボール・プレーイング，競馬，狐狩を含む…」とされ，狩猟的活動以外の競技的なゲームが明示され始めた。同様にして，ハリス(W.T. Harris)が編集をした1909年の*Webster's New International Dictionary of the English Language*において，「sport」は「1) 気分を転換させ，楽しくすること，気晴らし，娯楽。2) ある特定の遊び，ゲーム，娯楽の様式。(a) 1. 鳥猟，狩猟，釣り，競馬，ゲーム，特に競技的ゲームなどのフィールドでの気分転換。また，室内で行われる，ボウリング，ラケッツ，バスケットボールなどの様々な同様のゲームや気分転換。(a) 2. 金の賭けられるゲームや競争で，とりわけ個人の技能や身体的卓越を含むもの…」とし，スポーツという用語が競技的ゲームを含むものとして定義されるようになる。「sportsman」の意味もこの辞書で大きく変化し，「スポーツを行う人。(a) 狩猟や釣りなどのフィールドのスポーツを行う人。(b) 特に競馬などのスポーツで賭けをする人。スポーティングマン：今日ではよい意味で用いられない。(c) スポーツにおいてフェアで，寛大な人。不正な手段をとらない人。よき敗者，奥ゆかしい勝者」とされ，新たにフェアプレイを遵守するスポーツマンという倫理的要素に言及するように大きく変化する。さらに，1913年の*New Standard Dictionary of the English Language*においても「sportsman」という言葉は「1) フィールドスポーツに従事する人，大きな獲物をねらう狩猟家…フェアーに競い，ゲーム自体のために正々堂々と闘い，与えられる賞を必要としないような競技の参加者。4) 比喩的に逆境にあって男らしく耐える人」というように変化する。スポーツという用語が狩猟概念から競技的なゲーム概念に転成するに従い，倫理的規範性をもったスポーツ概念が登場し始めたといえよう。辞書上では1910年代には，スポーツは遊戯的，狩猟的概念を逸脱して競技的概念を必須要件として包含し始め，スポーツマンも倫理的資質を前提とする存在となり始めたのである。

ある用語の概念変化の時期を査定する場合に，その用語の概念変化が辞書に記載されるよりも先行して生じているという時差があるということを忘れてはならない。そうすると辞書上に現れた「スポーツ」概念の変化は，スポーツクラブの大衆的普及，スポーツを統括する協会や団体の結成，アマチュアスポーツの支配体制の確立とその世界的普及といった，19世紀中葉から後葉までに生じた広くレクリエーションや娯楽の社会的，文化的意味の変化を反映していたといってよいだろう。18－20世紀の英米系の辞典にみられたスポーツ概念の記述は，そうした時差を考慮に入れる時，OEDの辞書記述の調査と一致するものであった。

（阿部生雄）

日本の辞書・辞典における「スポーツ」の変遷　01.A.03

① 英和辞典にみる「スポーツ」(sport)

「sport」という言葉が最初に見出されるのは，オランダ語の通詞(現在の通訳)で，オランダ人のブロームホフ(J.C. Blomhoff)の指導を受けて本木庄左衛門が作成した日本で最初の英和辞典といわれる『諳厄利亜語林大成』(1814)においてであった。ここでは，「消暇，ナグサミ」と訳されている(表1)。

イギリスの宣教師であったメドハースト(W.H. Medhurst)は，彼の語彙集(*An English and Japanese, and Japanese and English Vocabulary*, 1830)の中で，「sport」を「tawamoor, mote-a-sobu, (n) odoke」(n＝名詞)と訳しており，やや不真面目な楽しみ方に主な意味を置いている。1862年に，やはり幕府の通詞であった堀達之助らによって書かれた『英和對譯袖珍辞書』は，「sport」を「慰み，滑稽，嘲弄，猟，漁，乗馬」と訳し，その後の訳語の基礎を築いた。

しかし，アメリカの宣教師，医師でヘボン式の表記法を開発したヘボン(J.C. Hepburn)は，『和英語林集成』(1867)で「sportsman」を「kariudo」と訳して言及しているものの，前述の宣教師メドハーストと同様に，「sport」を「tawamure, jodan, odoke」という意味でのみ紹介しているにすぎない。一方，イギリスの外交官であったサトー(E.M. Satow)は，1904年のEJDSEL(*An English – Japanese Dictionary of the Spoken Language*)で，「athletic sports」を「undokai」(運動会)と訳している。「sport」の訳語として最も注目すべき「競技」という言葉を頻繁に用いたのは，『井上英和大辞典』(井上十吉，1915)であった。井上は，イギリスのラグビー校の出身者であったことから，この用語のニュアンスを伝えることに成功したといえよう。これに対して，アメリカのアマースト大学で学んだ神田乃武は，『模範新英和大辞典』(1919)で「Athletic sports」を「運動會」としつつも，「sport」に対して運動競技を想起させる言葉として「遊技」以外に適切な訳語を見出していない。いずれにせよ，『井上英和大辞典』の頃から，「sport」

表1　スポーツ関連用語の翻訳動向

刊行年／辞典名	sport	game	athletic (s)
1814 諳厄利亜語林大成	消暇（ナグサミ）	翫遊	
1830 An English and Japanese, and Japanese and English Vocabulary	(v) tawamoor, mote-a-sob, (n) odoke	bakfoot-si, bakufek	
1862 英和對譯袖珍辭書	慰ミ，滑稽，嘲弄，猟，漁，乗馬	勝負ノ遊ビゴト，野遊，猟等ノ野獣	athlete：柵欄ヲ結シテ其ノ中ニテ打果シ合フ人，力士 athletic：同上ノ，強キ
1867 和英語林集成 (A Japanese-English and English-Japanese Dictionary)	tawamure, jodan, odoke, (sportsman: kariudo)	shobugoto, kachimake, kari, yemono, ban	1867: ---, 1872: chikara shobu suru (1886: athlete: chikara-mochi, tsuyoi hito)
1874 英和字彙	嬉戯，遊戯，嘲弄，戯言，玩具，滑稽，遊猟 (sportsman: 猟師，遊猟人) (sportsmanship: 猟師ノ業)	遊戯，博奕，遊猟，獲物，野獣，計策，嘲弄	強壮ナル，角力ノ
1876 An English-Japanese Dictionary of the Spoken Language	1876: asobi, tawamureru, omocha, moteasobi, rio, kari, yurio 1904: ryo, kari, asobi, yugi, tawamure, guro, yuryo, omocha, moteasobi (athletic sports: undokai) (sportsman: ---) (sportsmanship: ---)	1876: asobi, shobugoto, ban 1904: asobi, yugi, shobugoto, emono, yaju	1904: undoninareta (athletic sports: undokwai（運動会）)
1884 英和字典	遊，遊戯，嬉戯，滑稽，玩器，玩弄物，猟漁，畸形 (sportsman: 遊猟者，獣猟，魚漁，鳥猟ニ遊ブ人，巧ナル遊猟者，遊猟ノ達人) (sportsmanship: 遊猟，遊猟術)	遊技，一回ノ遊戯，獲物，猟シ獲タル動物，計策，嘲弄	(athlete: 競力者，闘勇者，角力者) athletic: 競力の，闘勇の，剛健なる，強壮なる，力強き
1888 ウェブスター氏新刊大辭書和譯字彙 (Webster's Unabridged Dictionary of the English Language Translated into Japanese)	嬉戯，遊戯，児戯，嘲弄，戯言，玩弄物，玩具，諧謔，滑稽，遊戯，舞劇，歪生，矮生	遊戯，博奕，遊猟，獲物，野獣，敵手，争闘，計策，嘲弄	athletic: 強壮ナル，角力ノ
1915 井上英和大辭典	①慰ミ，戯レ，戯談　②娯楽，遊戯，競技　③遊猟，戸外遊戯　④変態動植物，畸形動植物　⑤遊戯好キ（sportsman），⑥嘲弄 (athletic sports: 運動会) (inter-university sports: 大学間競技) (school sports: 学校競技) (sportsman: 遊猟者，漁猟者) (sportsmanship: 冒険スルコト，遊猟又ハ漁猟ノ道)	①戯談，洒落，戯事　②遊戯，③面白キ出来事，④競技，試合，勝負，⑤(pl)力技，闘技，競技，角技興行，⑥計画，事業，⑦詭計，⑧一勝負，⑨遊戯道具，娯楽器具，⑩試合ノ得点，試合ノ形勢，⑪猟物，獲物，追求物，⑫野獣，猟獣，猟鳥，野獣肉，猟鳥肉，⑬群，今ハ白鳥ニノミ用フ (play the game: ①競技ヲ演ズル，試合スル，勝負スル，②規則ヲ守ル，公明正大ニ振舞フ)	(athlete: ①競技者，力技者，②強壮ナル人，勇健ナル人) athletic: 競技ノ，力技ノ，②強壮ノ，勇健ノ (athletic sports: 競技，競技会，運動会) (athletics: ①競技，力技，闘技，②競技法，力技法) (athleticism: 力技三昧，力技ニ熱心ナルコト)

(出典：Ikuo Abe. *Japanese Reception of Sport: A Modernization*.『筑波大学体育科学系紀要』22. 1999: 73－91) 各辞書名は発行年当時のものを記載

とその近代的な訳語としての「競技」が，結びつき始めたといってよいであろう。

一方，「sportsman」の訳語は，堀によって「猟，捕魚，或ハ騎乗ヲ好ム人」（『英和對譯袖珍辭書』1862）と訳されたのが最初で，「田猟，捕魚ヲナス人，同上ニ熟シタル人」（同上1866），ヘボンによって「kariudo」（『和英語林集成』1867）等と訳されてきた。神田は，こうした傾向を受け継ぎ，「sportsman」を「遊猟者，漁猟者」とし，「sporting man」も「遊猟者，漁猟者」と訳していることから，「sport」という言葉を狩猟や釣りと同義として把握していたと考えられる。しかし，次第に「賭博者」（『井上英和大辭典』1915）や「遊技家」（『袖珍コンサイス辞典』1922）という意味を加え，1927年には，岡倉由三郎の『新英和大辭典』で「野外運動家，スポーツマン，遊技家，釣魚家，競馬師，競馬で賭け

をする人，賭博者，遊人，人生の競争に公正を尊び，成敗に拘泥せぬ人，大胆に事を処理する人」と訳されるに至る。

また，「sportsmanship」は，『英和字彙』(1874)で「猟師ノ業」と訳され，以後の訳語の基本となった。その後，柴田と小安の「猟師ノ業」(『英和辞彙』1874)，尺振八の「遊猟，遊猟術」(『明治英和字典』，1884)，神田の「1) 遊猟，漁猟，2) 猟道，猟法」というように，「sportsmanship」という言葉も，狩猟と強い結びつきをもった言葉として理解されていた。『井上英和大辞典』(1915)では，こうした意味のほかに「遊戯術，遊戯ブリ，遊戯上手」という新たな訳語が加えられている。倫理的ニュアンスを強く帯びた「競技道，運動の精神に適していること」という表現が現れるのは，岡倉の『新英和大辞典』(1927)においてであった。

このように，英和辞典では，明治末から大正時代の辞書から，「sportsman」や「sportsmanship」の訳語に倫理的ニュアンスが加味され始め，日本においても明治末期にはこれら用語がイデオロギー化していたことを確認することができる。

② 英和辞典にみる「ゲーム」(game) と「アスレティック（ス）」(athletic(s))

まず，「game」という用語の訳は，『諳厄利亜語林大成』(1814)の中に見出され，「戯遊」という漢字で表記されている。しかしこの言葉が賭けと強い結びつきをもっていたことは，メドハーストの語彙集にみられる「bakfuut-si, bakufek」(博打，博奕)という言葉からも推測できる。堀の『英和對譯袖珍辞書』(1862)では，「勝負ノ遊ビゴト，野遊：猟等ノ野獣」とされ，勝負事と猟の獲物の意味に言及している。アメリカ人のヘボンは，『和英語林集成』(1867)で「asobi, shobugoto, ban」(遊び，勝負事，将棋を一番などの〈番〉)としている。しかし，この言葉の広範な意味領域が明示されるのは，1915年の『井上英和大辞典』においてであった。そこでは，意味が分析的に13項目に分類されており，「1) 戯談，洒落，戯事，2) 遊戯，3) 面白キ出来事，4) 競技，試合，勝負，…」というように，第4項目で「競技」

という訳語が採用されている。また，「play the game：1) 競技を演ずる，試合する，勝負する，2) 規則を守る，公明正大に振舞う」という慣用句にも言及している。

一方，「athletic(s)」に最初に言及しているのは『英和對譯袖珍辞書』(1862)である。堀は訳に苦労したとみえ，「athlete」を「柵欄ヲ結シテソノ中ニテ打果シ合フ人，力士」とし，「athletic」を「同上ノ，強キ」としているように，この言葉を，撃剣や相撲のような伝統的な活動のイメージを用いて，なんらかの意味で，力強い肉体のイメージと関連づけようとしている。ヘボンは，1867年版の『和英語林集成』でathletic(s)という言葉に言及せず，1872年版で「athlete」を「chikara shobu suru, tsuyoi hito」という意味で紹介している。サトーも1876年版ではこの言葉に触れていないが，1904年版では「athletic」を「undoninareta」というように，運動を継続的に実践している状態を示す形容詞として訳しており，また，初めて「athletic sports」を「undokwai」という訳語で紹介している。『井上英和大辞典』(1915)は，「athlete」を「競技者」，「athletic sports」を「競技，競技会，運動会」と訳し，「athletics」を「1) 競技，力技，闘技，2) 競技法，力技法」とし，そして「athleticism」を「力技三昧，力技ニ熱心ナルコト」というように，「競技」という訳語を中心にして，athletic(s)の語感をきわめて正確に紹介している。一方，神田は『模範新英和大辞典』(1919) において，athletic(s)に関連する用語に対しては，アメリカのアマースト大学出身者らしく「競技」という訳語を当てている。神田は，「athlete」を「1) 競技者，力技者，2) 強勇者」，「athletic」を「1) 競技ノ，力技ノ，2) 力強キ，強勇ノ。Athletic meeting：競技会，運動会」とし，「athletics」を「1) 競技，力技，闘技，2) 競技法，力技法」と訳し，そして「athleticism」を「競技，力技」としていることからもわかるように，先に指摘した「sport＝狩猟」「athletic(s)＝競技，力技」というように，意味上の分節を行っていたと思われる。

③ 国語辞典にみる外来語「スポーツ」

国語辞典は，和英辞典に併存する多様な訳語を主要な訳語に焦点化させる

傾向をもつ。一方，英和辞典にみられる訳語は，日本語への「導入」的性格をもちつつも，必ずしも日本語としての「受容」を意味しないのである。当然のことながら，英和辞典は英米系の辞書記述に従って，そのニュアンスを伝える訳語を捻出した。しかし国語辞典は，それらのニュアンスを再び，日本の現実に照らし合わせて，その訳語を選択的に受容し，文化変換を試みるのである。

明治時代の初期の代表的な国語辞典は『言海』(1889〔明治22〕)であるが，外来語としてのスポーツは記載されていない。表2が示すように，「スポウツ」という表記で「戸外遊戯，屋外運動競技」と記述される『大言海』(1932〔昭和7〕)まで，国語辞典上では，「スポーツ」は日本語として受容されていなかったともいえよう。その後の国語辞典の記述が示すように，「競技」と「運動」の意味を第一義にする傾向が強い。『廣辞林』の1934年版では「競技運動」とされ，『大辞典』(1934-35)でも「(原語スポートとスポーツの相違あれども我国にて混用す) 1) 運動，遊戯(個人の身体鍛練，娯楽を目的とするもの)，2) 競技，演技(一般に観覧せしむる目的にて行う団体的の競技または運動会)」と説明されている。

国語辞典において「スポーツ」は，その当初から遊戯の競争性を強調する「競技」「運動」「運動競技」(競技運動)を第一義とする用語に変換されたといってよい。日本語では，外来語「スポーツ」は競技性の強い，鍛錬の意味合いを強く示す言葉としてまずもって定着した。国語辞典の「スポーツ」の項目で，英米系の辞書や英和辞典で言及されていた心的な楽しみや気晴らし，冗談などの意味に言及されるのは，『新言海』(1959〔昭和34〕)の頃なのである。換言すれば，日本人はスポーツという言葉の概念進化をさかのぼったものの，スポーツを比較的真面目な運動競技として受容し，心的な愉快さをもたらす源泉としてのスポーツの意味，つまり気晴らしや遊びの意味を希薄化させたといえるのである。また，同様にして，外来語「スポーツ」を記載し始めたこれらの国語辞典では，英和辞典にみられた狩猟的活動の意味を欠落させているのである。このように，日本においては，なによりもスポーツという外来語

は，運動競技の意味で定着し，その後に娯楽，慰みや狩猟という，通時的に先行する意味を補足するという逆転現象を伴ったといえよう。

一方，「スポーツマン」という用語は，1934年の『廣辞林』に見出され，「運動競技の選手」と説明されている。『大辞典』(1934-35)では，「運動競技の選手，運動家」とされ，以後，これらの用語が定着している。英米系の辞書と大きく異なる点は，スポーツマンという用語自体に倫理的ニュアンスを加味することが少ないという点である。最近の『広辞林』(1973)に「1)運動競技の愛好者，また選手，2)転じて明朗で立派な体格をもつ人」という「スポーツマン」の記述があるが，きわめて少数派である。

それとは逆に，英和辞典で記述が省略される傾向の強かった「スポーツマンシップ」という用語は，日本では極めて倫理的色彩の強い語感をもつものとなっている。1934年の『廣辞林』は，スポーツマンシップを「運動競技選手の具有すべき正々堂々たる振舞いの気質，運動精神，運動家気質」とし，『大辞典』(1934-35)も「運動精神，運動家気質，運動家の具のふべき明朗正々堂々たる精神」としている。以後，この傾向は，「競技道」という用語を加えつつ変化することなく，日本においてスポーツマンシップという用語が，狩猟家の技倆や態度という意味をほとんど含まず，最初から競技選手のもつべき精神的，倫理的資質を意味する用語として定着したことを示している。日本は，その意味で，イギリスのスポーツ教育やそれに学んだクーベルタン (P. de Coubertin) の推進したスポーツマンシップ・ムーヴメントに最も敏感な感受者であったともいえよう。

これまでをまとめると，スポーツ概念が大きく変容した時期は，英米系の辞書にあっては19世紀末から20世紀初頭にかけて，英和辞典にあっては20世紀初頭，国語辞典においては1930年代であることがわかった。タイムラグを考慮すれば，19世紀中葉頃から「遊戯，闘争，激しい肉体活動」という3要素を鮮明にした「スポーツ」概念が派生し，それに伴って「スポーツ」や「スポーツマン」の記述に倫理的ニュアンスが加味され始めた，ということを確認

表2　国語辞典における「スポーツ」の概念変容

年	国語辞典	表記	記述
1889（明治22）	言海	—	—
1894（明治27）	日本大辭林	—	—
1898（明治31）	ことばの泉	—	—
1907（明治40）	辭林	—	—
1915（大正4）	大日本國語辭典	—	—
1925（大正14）	廣辭林	—	—
1932（昭和7）	大言海	スポウツ	戸外遊戯，屋外運動競技
1934（昭和9）	廣辭林	スポーツ	競技，運動
1935（昭和10）	辭苑	スポーツ	①競技，運動　②遊戯，遊猟
1938（昭和13）	言苑	スポーツ	①競技，運動　②遊戯，遊猟
1943（昭和18）	明解國語辭典	スポオツ	①娯楽，慰み　②運動（競技）
1949（昭和24）	言林	スポーツ	競技，運動
1952（昭和27）	辞海	スポーツ	運動競技，戸外遊戯，野球，庭球から登山，狩猟等まで，身体鍛錬を目的とするものの総称。
1955（昭和30）	広辞苑	スポーツ	陸上競技，野球，テニス，水泳，ボートレースなどから，登山，狩猟などに至るまで，遊戯，競争，肉体鍛錬の要素を含む運動の総称。
1959（昭和34）	新言海	スポーツ	①遊戯，戸外遊戯，遊猟，釣魚，競走，野球，庭球，ボートレースなどの総称。②楽しみ，慰み，気晴らし，冗談，戯れ，嘲弄。

(出典：阿部生雄，「スポーツ概念の歴史」岸野雄三 編，『体育史講義』大修館書店，1984．120-25)
各辞書名は発行年当時のものを記載

することができた。そして，そうした「競技性」と「倫理性」の濃厚な「スポーツ」概念が，約30年の時差を経て，日本の「国語辞典」という日本人の意識の深部に到達したのであった。

「スポーツ」という用語はけっして普遍的な概念をもつものではない。「スポーツ」という言葉の概念と意味と中身は，欧米のみならず世界の至るところから様々な「ニュースポーツ」が渡来し殺到する今日，変化し続けていくであろうし，運動競技や遊戯形態を発現させる心的な愉快さ，楽しみ，おもしろさ，遊びの要素（エレメント）に対するわれわれのスポーツ理解のあり方によって変化し続けるであろう。そうした要素の多様性，固有性，独創性の豊穣化とヒューマニズム（エコロジーを含む）への信奉が，われわれの「スポーツ」の中身と形態を構成する。スポーツという名の個別種目としての「スポーツ」は存在しないのである。

（阿部生雄）

スポーツ概念の多義性　01.B

公共機関・各種憲章におけるスポーツ概念　01.B.01

① 国際スポーツ組織および各種憲章にみられるスポーツ概念

近代以降のスポーツのグローバルな普及・拡大は，「スポーツが平和な世界（社会）を形成する手段となる」という考えのもと，国家政府やヨーロッパ評議会や国際連合教育科学文化機関（ユネスコ：UNESCO）のような国際的な政府・非政府組織が政治的にサポートをしてきたことが大きな理由であると考えられる。スポーツは人々の健康な心身を作り，余暇のある充実した生活は豊かな社会を形成し，スポーツを通した交流は社会性や平等の思想を身につける場となる。このような，スポーツが社会に対してもたらす有益な影響を大きくし，人々の平和で幸福な生活を作るために，近代国家や国家間組織は教育政策や福祉政策，衛生保健政策などの中にスポーツを位置づけ，その普及を促進してきた。こうした「スポーツ」と「平和」をワンセットで捉える思想は，新しい思想ではなく，近代スポーツというものが生み出された直後から両者は強く結びつき，世界に広まっていった。ここでは，「スポーツ」と「平和」を結びつけ，この思想を世界的に広めていった国際オリンピック委員会（International Olympic Committee: IOC）による「オリンピック憲章」，スポーツの実践を人権の1つと認め，国家間で取り組んでいくことの重要性を宣言したヨーロッパ評議会による「ヨーロッパみんなのスポーツ憲章」，体育・スポーツの発展が人類の進歩に寄与すると謳ったユネスコによる「体育・スポーツ国際憲章」を中心に，スポーツ概念と平和という概念がいかに結びつき，世界中に広まっていくことになったのかについて概観する。

[「オリンピック憲章」にみるスポーツ概念]

近代におけるスポーツの世界的な普及・発展に中心的役割を担ったのはIOCである。1894年にクーベルタン（P. de Coubertin）の主導によって設立されたIOCは，1896年の第1回大会（アテネ）を皮切りに，4年に1度の国際的なオリンピック大会を主催してきた。世界で最大規模のスポーツの祭典の主催者として知られるこの国際組織は，当初より，国際大会の開催だけでなく，その事業を中核に据えた国際的な平和運動，すなわち，オリンピックムーブメントの推進組織であった。

「スポーツを通して平和な世界を実現する」というオリンピズムの思想を高らかに宣言し，それを世界に広めていく運動であるオリンピックムーブメントを規定したものが「オリンピック憲章」である。現在の憲章（2011年7月から有効：JOC訳）の「緒言」にはその役割について以下のように記されている。「オリンピック憲章は，国際オリンピック委員会（IOC）によって採択されたオリンピズムの根本原則，規則，付属細則を成文化したものであ」り，「憲章はオリンピック・ムーブメントの組織，活動，運用の基準であり，かつオリンピック競技大会の開催の条件を定めるもの」である。そしてその3つの主目的として，a「その憲法的な性格の基本法として，根本原則とオリンピズムの本質的な諸価値を宣言しかつ想起させるものであ」り，b「憲章はまたIOCの規則でもあ」り，c「さらにオリンピック憲章は，オリンピック・ムーブメントの3つの主な構成要素であるIOC，IF，NOC，それに加えオリンピック競技大会組織委員会の相互の主な権利と義務」を規定するということが挙げられている。1925年に成文化されたこの憲章はこれまで幾度となく書き換えられてきたが，オリンピズムの究極的な目的は変わらずにその「根本原則」に記されている。すなわち，「オリンピズムの目標は，スポーツを人類の調和のとれた発達に役立てることにあり，その目的は人間の尊厳保持に重きを置く，平和な社会を推進することにある」という部分である。ここで，スポーツは「人類の調和のとれた発達に役立」つべきものとして捉えられており，スポーツをそのように利用することによって「平和な社会」が推進されると謳っている。このような思想を生み出し，世界に広めようとしたのはクーベルタンである。

イギリスのパブリックスクールにおけるスポーツを通したジェントルマン教育に刺激を受け，古代オリンピックの哲学を信奉したクーベルタンは，スポーツの実践を通して心身ともにバランスのとれた国際人を養成することが平和な世界（社会）を実現することにつながると考え，1894年に体育・スポーツ関係者を集めた国際会議をパリで開き，その場でIOCの設立と1896年にオリンピック大会をアテネで開催することが決定された。第1回近代オリンピック大会の開催をアテネ市民に訴える演説には，クーベルタンの思想が明確に表れているので紹介したい。

「健全な民主主義，平和を愛する賢明な国際主義が新しいスタジアムを包み，無私と名誉の精神をその場に育むでしょう。そうした精神に助けられて，運動選手たちは，肉体を鍛えるという務めを果たすのみならず，道徳教育，社会平和の促進にも一役買うことができるでありましょう。だからこそ，オリンピックを復興し，4年ごとに開き，世界中の若者たちに友愛と博愛の精神に包まれた出会いの場を提供しなければならないのです。そうした出会いを通して人々は彼らすべてにかかわる物事を学び，やがては，憎悪を生み誤解を育む無知，野蛮な道程を経て冷酷無比の争いに至る無知から遂に解放されることでしょう。」（ジョン・J・マカルーン．『オリンピックと近代－評伝クーベルタン－』柴田元幸，菅原克也訳．平凡社．1988. 373－74）

古代オリンピックの祭典においては，競技会が開催される期間，都市国家間の戦争が一時的に止められ，参加者同士がオリンピック競技を通して交流を深めた。この「オリンピック停戦」（Olympic Truce）の思想に感銘を受けたクーベルタンはオリンピックを復活させ，日常の秩序が一時ストップした祭礼的時空間における青少年の交流を促し，この思想を教育によって広めることにより平和な世界（社会）が実現する

と考えたのである。そのためにはオリンピックというものが政治から独立し，参加者はスポーツ内部の価値のために競い合う（けっして賞金や賞品のため，ナショナリズム高揚のために競い合うのではない）ということを根本としなければならなかった。「フェアプレイ」を競争の中核理念に据え，商業主義や政治からの影響を排除しようとするIOCの強い姿勢はこのような思想に依拠している。現在の憲章にはIOCの役割として「スポーツにおける倫理の振興，及び優れた統治およびスポーツを通じた青少年の教育を奨励，支援するとともに，スポーツにおいてフェアプレーの精神が隅々まで広まり，暴力が閉め出されるべく努力すること」（第1章2項-1），「オリンピック・ムーブメントの団結を強め，その独立性を守るとともにスポーツの自立性を保全するために行動すること」（第1章2項-5），「スポーツや選手を，政治的あるいは商業的に悪用することに反対すること」（第1章2項-10）が掲げられている。

オリンピックへの参加資格としての「アマチュア」の問題は近代オリンピック開始当初より長年にわたってIOC総会やオリンピックコングレス（各国の国内オリンピック委員会〔National Olympic Committee: NOC〕や国際競技連盟〔International Federations: IF〕，審判員，選手などの代表者が参加するオリンピックに関する国際会議）で議論されてきた。これはIOCが商業主義の影響やプロの選手の参加が，オリンピックの中核理念－競技者はスポーツの内部の価値のために競い合う－ということを厳格に守ろうとしたためであり，一方でスポーツが急速に普及・拡大していく中で，国や競技によって「アマチュア」や「プロ」のあり方が様々に異なり，統一の基準が設定しにくかったという実情があった。IOCはオリンピック開始当初，イギリス流の憲章の中に「アマチュアルール」を設けてプロの競技者を排除していたが，その後，「アマチュア」であるかどうかの判断は各IFの判断に委ねられるようにした（1967年IOC総会で決定）。そして1974年の憲章からは「アマチュア」の文言を削除し，次第にオリンピック大会はオープン化の方向へと向かうようになっていったのである。

オリンピックの政治からの独立についても中核理念を守るためにIOCは厳格な姿勢を維持していたが，1980年代以降，国連などの国際的政治組織との結びつきを強化し世界各地での平和活動やスポーツの普及活動に積極的に取り組むようになっていく。そのような方針転換に大きな影響を与えたのが，1960年代以降，世界各地に広まっていった「みんなのスポーツ運動」であったと考えられる。

[みんなのスポーツ運動におけるスポーツ概念]

エリートスポーツ，競技スポーツを強く志向した初期オリンピックムーブメントに対して，より包括的なスポーツの捉え方をしてヨーロッパから世界に広まっていったのが「みんなのスポーツ運動」（Sport for All Movement）であった。1960年代にイギリス，ドイツ，北欧諸国，フランス，スイス，ベルギーなどの各国の政策の中で普及したこのスポーツの大衆化運動は，1960年代後半にはヨーロッパ全体の取り組みとなり，1975年，ヨーロッパ評議会（Europe Council）による「ヨーロッパみんなのスポーツ憲章」（European Sport for All Charter）としてその理念を具現化させた。憲章前文（以下『スポーツと政策』の訳文を参照）では，「みんなのスポーツ」という概念が「生涯教育と文化の発展とを促進させるためのものであり，スポーツの恩恵をできるだけ多くの人々に広めていこうとする諸政策と関係をもっている」とし，それは「単に1つの国内体制では満足のゆく回答を得られない問題を生じさせる」ため，「各国の諸政策を前向きに調和させ得る」「共通原理」の採用が求められたと述べられている。このような取り組みの背景として憲章前文では，「余暇の増大」と「都市化と技術進歩とによる自然からの人間の隔離」によって特徴づけられる「現代社会の激変」に触れ，そこで生じる問題に対してスポーツは「ひろく一般の関心を集め」「特別な価値」をもっていると記述されている。ここでは「レクリエーション的な身体活動から高水準の競争にまでおよぶ多様な」活動がスポーツとして規定されている。

「ヨーロッパみんなのスポーツ憲章」の歴史的な重要性は，1）第1条に「すべての個人は，スポーツに参加する権利をもつ」と謳い，「スポーツ権」をいち早く世界に宣言したこと，2）スポーツを，単に愛好者が自発的に行う「私的活動」ではなく，社会・文化の発展に対して大きく寄与するため「公的」（政治的）に取り組まなければならない社会的課題であると位置づけた点にある。1992年に憲章全文が改定され「新ヨーロッパ・スポーツ憲章」（New European Sports Charter）となるが，根本的な思想は前憲章を受け継いでいるといえる。

一方，ヨーロッパの取り組みを受けるような形で1976年にユネスコはスポーツ・体育国際会議と共同して，第1回青少年スポーツ担当大臣会議をパリで開催し，体育・スポーツの急速な発展によって生じる諸問題について国際的な議論がなされ，体育・スポーツに関する政策を促進するための宣言の必要性が決議された。そして1978年パリにおいて第20回ユネスコ総会が開かれ，「体育・スポーツ国際憲章」が採択された。この憲章の前文では「人権の効果的な行使のための基本的条件の1つは，すべての人が肉体的，知的，道徳的能力を保持すべき」であり，「したがって体育・スポーツへのアクセスがすべての人々に保証されるべきことである」と述べ，第1条では「体育・スポーツの実践はすべての人にとって基本的権利である」ということが謳われている。また，体育・スポーツは社会にとって非常に重要なため，国家機関が主要な役割を果たすべきであり（第10条），国際協力が体育・スポーツの振興に必要不可欠である（第11条）と述べられている。「体育・スポーツ」の享受を人権として位置づけ，世界の誰もがそれを受けるためには各国，各国間の政府，非政府組織，民間組織の協力が重要であるということを宣言したユネスコ「体育・スポーツ国際憲章」はみんなのスポーツ運動の潮流の中で結実したものと考えられる。

[近年の国際的スポーツの動向にみられるスポーツ概念]

1974年のオリンピック憲章からの「アマチュア」という言葉の削除は，エリート競技レベルでのオープン化だけでなく，オリンピックムーブメントがより開かれた方向へ変化していくということを象徴したものであった。1983年にIOCは下部組織として「みんなの

スポーツ委員会(Sport for All Commission)」を設立し，みんなのスポーツ運動をオリンピックムーブメントの理想を実現化する運動の一部と位置づけ，それまでこの運動にかかわってきた組織をサポートするようになった。これは，トップレベルの競技を中心にした世界的なスポーツ運動と草の根を中心にした国際的スポーツ運動の統合を意味し，また，スポーツと政治にかかわる様々な政府・非政府組織，民間組織の結びつきを強化し，スポーツによって平和な世界を実現化していく世界体制の確立に向かう動きとも捉えられるであろう。1996年のオリンピック憲章からはオリンピズムの根本原則に，「ヨーロッパみんなのスポーツ憲章」とユネスコ「体育・スポーツ国際憲章」に記載されている「スポーツ権」に関する項目，「スポーツを行うことは人権の1つである」という文言が入れられた。このことはオリンピックムーブメントとみんなのスポーツ運動の統合を象徴しているといえるであろう。

それまでカテゴリー別に展開していたスポーツの普及・発展の潮流がIOCの支援のもとに統合・強化されていくのもこの時期である。例えば，1960年に最初の国際大会(第1回夏季パラリンピック大会・ローマ)を開催し，その後，世界的なムーブメントとして成長していった障がい者のスポーツに関して，1988年の第8回大会(ソウル)よりIOCが正式にサポートし，2000年の第11回大会(シドニー)からはオリンピックとパラリンピックを同時期に開催し，障がい者スポーツの振興をIOCは財政面，運営面でサポートするようになった。また，オリンピック競技以外の多様なスポーツを一堂に集めた国際大会である「ワールドゲームズ」は1981年から4年に1度開催されているが，2000年からは国際ワールドゲームズ協会(International World Games Association: IWGA)が主催し，IOCが後援するようになっている。

IOCが，スポーツ内における格差や差別を撤廃し，より多くの者に対してスポーツにアクセスする機会を与えるために積極的に取り組むようになるのも1980年代以降のことである。オリンピックムーブメントにおいては，オリンピックソリダリティーという概念

の下，1960年代から開発途上国のNOCに対して支援を行ってきたが，1981年にIOC内部にIOC会長を議長とする「オリンピックソリダリティー委員会」(Olympic Solidarity Commission)を設立し，経済的な理由でスポーツの振興が妨げられている国のNOCなどに対して支援を行う体制を強化した。現在，IOCのソリダリティープログラムでは「競技者や指導者に対して専門的な知識を与える場を提供する」「奨学金制度によって競技者・指導者の技術レベルの向上を促す」「スポーツ行政執行者の養成」「スポーツ施設の整備」などの支援を選定されたNOCに対して行っている(「オリンピック憲章」第1章5項)。

1990年代に入ると，女性のスポーツ参加にみられる差別・格差の撤廃に対する取り組みもIOCが主導するようになる。女性のスポーツに関する初めての国際会議は1994年にイギリスのブライトンで開催され，「スポーツのあらゆる分野に女性が最大限に参加することに価値を認め，それを実行可能にするスポーツ文化を発展させること」を目的とした「ブライトン宣言」が採択された。1995年にこの宣言に署名をしたIOCは，1996年には第1回「IOC世界女性スポーツ会議」をローザンヌで開催し，様々な女性のスポーツにかかわる課題に対して，各国政府や非政府組織，スポーツ関係組織との協力のもと，IOCが主導的に取り組むことを表明した。「IOC世界女性スポーツ会議」は，その後4年ごとに開催され，スポーツ組織の意思決定機関における女性の比率や女性スポーツの課題が確認され，具体的な目標やアクションプランの設定，協力組織に対する働きかけの内容などが決議されている。

以上のように，1980年代以降のIOCは，トップ競技からレクリエーショナルな身体活動や健康づくりのための身体運動といった草の根までを包含したスポーツを，差別や格差なく誰もがアクセスできるように世界に普及していくことに積極的に取り組んでいる。他方で，国連やユネスコなどの種々の国連機関などの国際組織と手を携えて，途上国での「スポーツを通した開発」などのアクションプログラムも多く実施するようになっている。例えば，

2004年からは国連児童基金(ユニセフ：UNICEF)や国際赤十字赤新月社連盟(International Federation of Red Cross and Red Crescent Societies: IFRC)とともに国連のHIV/AIDS撲滅プログラムに参加し，政策提言やピアラーニング(協働という理念に基づく学習活動の方法。ピア[peer]とは仲間という意)促進などを，この疾病の脅威にさらされている地域で展開している。また，近年，世界食糧計画(United Nations World Food Programme: WFP)とはアジアやアフリカの途上国での給食やスポーツ用具供給の支援，国連開発計画(United Nations Development Programme: UNDP)とは貧困と暴力の撲滅プログラムなどを実施している。こうしたIOCの動向の背景には，2000年以降，国連側の「開発と平和のためのスポーツ国連タスクフォース」の設置(2003年)や総会決議「教育，健康，開発，平和を創造する手段としてのスポーツ」(2003年)といった，この分野に対するスポーツへの期待が高まっていることも挙げられよう。

IOCによる国連と協働した世界平和への実践としては「オリンピック停戦」(Olympic Truce)への取り組みも重要である。1991年に勃発したユーゴスラビア紛争に際し，IOCはオリンピック期間中の停戦と国連の制裁下にあったユーゴスラビア連邦共和国選手の第25回大会(バルセロナ，1992年)への参加を提案し，その結果，当該国の選手は「自主参加者」としてオリンピックに参加することが認められた。この実績をもとに，1993年からは2年ごとに，オリンピックが開催される前年にオリンピック停戦決議(オリンピック開催期間中〔2006年第20回冬季大会(トリノ)からはパラリンピック開催期間も含む〕の停戦)が国連で話されるようになった。2000年には，IOCは国際オリンピック停戦センターを設立し，国連と協働してオリンピック停戦の教育，この思想の普及に力を入れる体制を組んでいる。

これまでみてきたように，「スポーツ」と「平和」という概念は，分かちがたく結びつき，世界に広まってきた。そして，現在，それは理想主義の枠を超え，様々な政府・非政府組織，民間組織による具体的なアクションとして実践されるようになっている。しかし

ながら，これらの世界的なムーブメントへの最大の脅威がある。それはドーピングである。ドーピングは競技者の健康を破壊し，スポーツの中核理念である「フェアプレイ」の価値をおとしめ，そして青少年に対して悪影響を及ぼす。現在，1999年にIOCの主導により設立された世界アンチ・ドーピング機構(World Anti-Doping Agency: WADA) を中心に，世界中のスポーツにかかわる組織はドーピングをスポーツから排除する活動を行っている。これはここでみてきたように，理想の世界－平和で幸福な世界－を実現するための行為としてのスポーツを，ドーピングが根本から破壊するものであると考えられるからである。

1980年代以降，IOCを中心にした世界のスポーツ組織が具体的なアクションとしての平和活動や世界規模のアンチ・ドーピング活動を展開することが可能となった大きな理由には，オリンピックへのスポンサーシステム(TOPプログラム：The Olympic Partner Program)の確立とオリンピックの放映権料の高騰によってIOCの収入が急激に拡大したことが挙げられる。一方で，冷戦構造の崩壊後，国連の平和活動は国家間の戦争・対立の調停から，世界各地の民族紛争解決や貧困・飢餓・人権侵害の解決，HIV/AIDS撲滅などの比重を大きくしている。こうした中，大きな財源をもち，世界中にネットワークを広げているIOCの平和活動への役割は大きなものとなってきたのである。2003年の国連総会では「スポーツとオリンピック理念を媒介として平和でよりよき世界の構築」が決議されている。現在，世界各地には紛争で苦しんでいる人々，飢餓・貧困・病気などで苦しむ人々が多く存在する。そのような問題を解決し，平和を実現する手段としてのスポーツの役割は，今後も大きくなっていくであろう。

（岡本純也）

② **スポーツ関係法規にみるスポーツ概念**

[スポーツ関係法規にみるスポーツ概念]

わが国のスポーツ関係法規等に示されているスポーツの概念とその意義をみると，スポーツ振興の基本的法律として定められたスポーツ振興法(1961〔昭和36〕年6月16日公布)の第2条では，「この法律において『スポーツ』とは，運動競技及び身体運動(キャンプ活動その他の活動を含む。)であつて，心身の健全な発達を図るためにされるものをいう」として，その定義が示されている。

その約40年後の2000(平成12)年3月13日に文部省(現文部科学省)から示されたスポーツ振興基本計画の総論部分では，「スポーツは，人生をより豊かにし，充実したものにするとともに，人間の身体的・精神的な欲求にこたえる世界共通の人類の文化の一つである。心身の両面に影響を与える文化としてのスポーツは，明るく豊かで活力に満ちた社会の形成や個々人の心身の健全な発達に必要不可欠なものであり，人びとが生涯にわたってスポーツに親しむことは，極めて大きな意義を有している」と記されるとともに，2010(平成22)年8月26日に文部科学大臣決定がなされたスポーツ立国戦略では，「スポーツは，世界の人々に大きな感動や楽しみ，活力をもたらすものであり，言語や生活習慣の違いを超え，人類が共同して発展させてきた世界共通の文化の一つである。また，スポーツは，人格の形成，体力の向上，健康長寿の礎であるとともに，地域の活性化や，スポーツ産業の広がりによる経済的効果など，明るく豊かで活力に満ちた社会を形成する上で欠かすことのできない存在である」と規定された。

これらのことから，現在のわが国におけるスポーツは，広い意味での概念(『各民族が継承，発展させてきた踊りなどを含んださまざまな身体運動の形式』：友添秀則，岡出美則 編『教養としての体育原理』大修館書店．2005. 2-7)として捉えられるとともに，スポーツが健全な心身の発育発達，生活，社会に寄与するものであること，スポーツが人類の文化の1つであること，つまり「文化としてのスポーツ」がわれわれの人生や社会をより豊かにするために欠かせないものであると積極的に謳っていることが読み取れる。

そして上記の流れを踏まえて，スポーツ振興法の全部を改正する形で公布されたスポーツ基本法(2011〔平成23〕年6月24日)では，その前文において「スポーツは，世界共通の人類の文化である。スポーツは，心身の健全な発達，健康及び体力の保持増進，精神的な充足感の獲得，自尊心その他の精神の涵養等のために個人又は集団で行われる運動競技その他の身体活動であり，今日，国民が生涯にわたり心身ともに幸福で豊かな生活を営む上で不可欠のものとなっている。」と明記されることとなった。また，同法では，スポーツをすることがすべての人々の権利であることを，法令上，初めて明記した点でも非常に大きな意味を有するものであるといえる。

その後，2012(平成24)年3月30日に策定されたスポーツ基本計画では，「体を動かすという人間の本源的な欲求に応え，精神的充足や楽しさ，喜びをもたらすという内在的な価値を有するとともに，青少年の健全育成や，地域社会の再生，心身の健康の保持増進，社会・経済の活力の創造，我が国の国際的地位の向上など」の役割を担うものとしてスポーツが位置づけられ，「スポーツを通じてすべての人々が幸福で豊かな生活を営むことができる社会」の姿として「①青少年が健全に育ち，他者との協同や公正さと規律を重んじる社会 ②健康で活力に満ちた長寿社会 ③地域の人々の主体的な協働により，深い絆で結ばれた一体感や活力がある地域社会 ④国民が自国に誇りをもち，経済的に発展し，活力ある社会 ⑤平和と友好に貢献し，国際的に信頼され，尊敬される国」が示されるとともに，7つの政策目標が設定された。

[スポーツ関係団体の各種憲章にみるスポーツ概念]

次に，スポーツ関係団体等の各種憲章等にみられるスポーツの概念とその意義をみると，例えば，日本体育協会は「日本体育協会スポーツ憲章」(1986〔昭和61〕年5月7日)の中で，スポーツを「人びとが楽しみ，より良く生きるために，自ら行なう自由な身体活動である。さわやかな環境の中で行なわれるスポーツは，豊かな生活と文化の向上に役立つものとなろう」と概念規定し，「21世紀の国民スポーツ振興方策」(2001〔平成13〕年1月16日)では，従来，スポーツは「若い一時期」あるいは「一部のスポーツエリート」のためにあったが，現在ではスポーツを「健康の増進や体力の向上のみならず，人間にとって生涯を生きていく上で不可欠な文化として，また，

現代社会における高齢化の進展や生活習慣病の増加による医療費の増大，青少年の健全育成や体力低下の問題，余暇時間の増加などの諸課題に対応するもの」と位置づけている。

さらに，日本体育協会と日本オリンピック委員会（JOC）が設立百周年を記念して策定した「スポーツ宣言日本～二十一世紀におけるスポーツの使命～」（2011〔平成23〕年7月15日）では，現代におけるスポーツが，一方では日常生活の楽しみや生きがい，健康づくりとして，他方では次代を担う青少年の教育として大きな意義があることを謳いながら，「スポーツは，幸福を追求し健康で文化的な生活を営む上で不可欠なもの」であると述べている。そして，スポーツを「自発的な運動の楽しみを基調とする人類共通の文化である」と規定した。

また，学校期の子どもたちに対しては，「日本中学校体育連盟憲章」（1990〔平成2〕年3月）における「体育・スポーツ活動を通して，人間尊重の精神にみち，心豊かな人間の育成に努める」という記述や「日本中学校体育連盟指導者綱領」（1990〔平成2〕年3月）における「中学校における体育・スポーツ活動を通して，人間性豊かな中学生を育てる」「中学校における体育・スポーツ活動を通して，強健な心身をもつ中学生を育てる」「中学校における体育・スポーツ活動を通して，将来にわたって自己実現できる中学生を育てる」「体育・スポーツの国際交流を通して，国際理解と協調の精神に富む中学生を育てる」という記述からわかるとおり，特に，青少年期の人格的成長に対するスポーツの貢献が期待されている。

このほか，「東京都スポーツ推進計画」（2013〔平成25〕年3月29日策定），「世田谷区スポーツ振興計画」（2012〔平成24〕年8月22日），「埼玉県スポーツ振興のまちづくり条例」（2007〔平成19〕年4月1日施行）といった，各都道府県や市区町村が策定するスポーツ振興・推進施策には，上述のようなスポーツの意義目的とともに，地域コミュニティ形成に対するスポーツの貢献が示される等，スポーツへの幅広い期待が述べられている。

このように，各種憲章等においても，スポーツが世界共通の文化の1つであるという認識のもとで，主に広義の意味でのスポーツ概念が採用されていること，そしてスポーツがわれわれの生活，文化，人格形成，発育発達，地域づくり，経済等の諸側面に寄与するものであると捉えられていることが確認できる。

[学校教育関係法規にみるスポーツ概念]

次に，学校教育関係法規と運動・スポーツとのつながりをみると，平成18年に改正された改正教育基本法（2006〔平成18〕年12月22日）第1条では，「教育は，人格の完成を目指し，…（中略）…心身ともに健康な国民の育成を期すこと」が教育の目的として明示され，第2条には「幅広い知識と教養を身に付け，真理を求める態度を養い，豊かな情操と道徳心を培うとともに，健やかな身体を養うこと」，第3条には「…（中略）…あらゆる機会，あらゆる場所を通じて教育目的が達成されなければならない」と記されている。ここから「健全な人格の育成」および「心身共に健康な国民の育成」を実現するために「体育科」「保健体育科」という教科目が設定され，もろもろのスポーツ種目をはじめとする多様な身体活動が行われていることがわかる。

学校における教科としての「体育科」「保健体育科」は，国の教育課程の基準となる文部科学省告示の学習指導要領に基づいて行われるが，学習指導要領そのものにはスポーツについての概念は示されていない。しかし，2009（平成21）年3月告示の高等学校学習指導要領解説保健体育編には，スポーツが「世界各地で日常の遊びや労働などの生活から生まれ，次第に発展し今日に至」り，「現代では，競技だけでなく，体操，武道，野外運動，ダンスなど広く身体表現や身体活動を含む概念として，スポーツが用いられるようになってきている」と述べられている。

（細越淳二）

参考文献　01.B.01

①
- 伊藤高弘，草深直臣，金井淳二 編1986．『スポーツの自由と現代　上巻・下巻』青木書店
- 井上洋一．1996．「ヨーロッパのスポーツ憲章―「スポーツ・フォア・オール憲章」から「新ヨーロッパ・スポーツ憲章」へ―」『季刊 教育法』107: 103-06．
- 岡田千あき，山口泰雄．2009．「スポーツを通じた開発―国際協力におけるスポーツの定位と諸機関の取組」『神戸大学大学院人間発達環境学研究科研究紀要』3(1): 39-47．
- カール・ディーム 編．1962．『ピエール・ド・クベルタン　オリンピックの回想』大島鎌吉 訳 ベースボール・マガジン社
- 清川正二．1986．『オリンピックとアマチュアリズム』ベースボール・マガジン社
- ―――．1987．『スポーツと政治―オリンピックとボイコット問題の視点』ベースボール・マガジン社
- ジョン・マカルーン．1988．『オリンピックと近代―評伝クーベルタン』柴田元之，菅原克也 訳 平凡社
- デヴィッド・ミラー．1992．『オリンピック革命―サマランチの挑戦』橋本明 訳 ベースボール・マガジン社
- 中村敏雄ら 編．1983．『スポーツ政策』大修館書店
- 根本宣行．1996．「体育・スポーツ国際憲章の形成過程―憲法上の「スポーツ権」確立のための課題として―」『季刊 教育法』107: 107-10．
- ユージーン・グレーダー．1986．『アマチュアリズムとスポーツ』四国スポーツ研究会 訳 不昧堂出版

②
- 小笠原正 監修．森浩寿 著．2005．『導入対話によるスポーツ法学』3-11,28-36．信山社
- 小笠原正 ほか編．2007．『スポーツ六法2007』2-4．信山社
- 髙橋健夫 ほか編．2002．『体育科教育学入門』大修館書店
- 日本スポーツ法学会 監修．2007．『スポーツ関係六法2007（平成19）年版』1．道和書院
- 文部科学省．2009．『高等学校学習指導要領解説 保健体育編・体育編』91-92．
- 「スポーツ宣言日本～二十一世紀におけるスポーツの使命～」http://www.joc.or.jp/about/sengen（2014年4月1日）

スポーツ研究にみるスポーツ概念　01.B.02

① 日本のスポーツ研究におけるスポーツ概念

[スポーツ施策にみるスポーツ概念]

スポーツの形態や社会的意義，個人的意味は，時代や地域により異なる。そのため，わが国でスポーツについて論じられる際にも，研究対象とする時期や目的に応じて，研究対象となるスポーツは多様に理解されてきた。

例えば，スポーツ振興法（1961〔昭和36〕年）は，スポーツを「運動競技及び身体運動（キャンプ活動その他の野外運動を含む。）であつて，心身の健全な発達を図るためにされるもの」と定義していた。また，同法では，国はスポーツに関する実際的，基礎的研究を促進するように努めることが求められていた。他方で，「国民の間において行なわれるスポーツに関する自発的な活動に協力しつつ，ひろく国民があらゆる機会とあらゆる場所において自主的にその適性及び健康状態に応じてスポー

ツをすることができるような諸条件の整備」に努めることが求められたのであり、営利のためのスポーツを振興するためのものではないことが明記されている。ここでは、自らがするスポーツがスポーツであり、かつ、プロのスポーツは振興の対象外とされていた。

これに対し、スポーツ立国戦略（2010〔平成22〕年）では、スポーツ振興法の見直しの過程で新たなスポーツ文化の確立をめざし、「人（する人、観る人、支える（育てる）人）の重視」ならびに「連携・協働の推進」という2つの基本的な考え方をもとに、1）ライフステージに応じたスポーツ機会の創造、2）世界で競い合うトップアスリートの育成・強化、3）スポーツ界の連携・協働による「好循環」の創出、4）スポーツ界における透明性や公平・公正性の向上、ならびに5）社会全体でスポーツを支える基盤の整備、という5点の重点戦略が示されている。また、これらの重点戦略の中では、国際競技大会の招致・開催支援、スポーツツーリズムの促進や女性アスリートが活躍しやすい環境整備や、障がい者スポーツとの連携強化、競技者のキャリア形成支援、スポーツ庁を含めた総合的なスポーツ行政推進のための組織の検討等が提案されている。

これに対しスポーツ基本法（2011〔平成23〕年）では、次の8点を骨子（基本理念）としている（文部科学省、2011。本項では要約）。

1) スポーツを通じて幸福で豊かな生活を営むことが人々の権利であることに鑑み、国民が生涯にわたりあらゆる機会と場所において、自主的・自律的に適性や健康状態に応じてスポーツを行うことができるようにすることを旨として推進。
2) 青少年のスポーツが国民の生涯にわたる健全な心と身体を培い、豊かな人間性を育む基礎となるものであるとの認識のもとに、学校、スポーツ団体、家庭及び地域における活動を相互に連携を図りながら推進。
3) 地域において、主体的に協働することによりスポーツを身近に親しむことができるようにするとともに、スポーツを通じて、地域の全ての世代の人々の交流を促進し、交流の基盤が形成されるものとなるよう推進。
4) スポーツを行う者の心身の健康の保持増進、安全の確保を図るよう推進。
5) 障がい者が自主的かつ積極的にスポーツを行うことができるよう、障がいの種類および程度に応じ必要な配慮をしつつ推進。
6) わが国のスポーツ選手（プロスポーツの選手を含む。）が国際競技大会等において優秀な成績を収めることができるよう、スポーツに関する競技水準の向上に資する諸施策相互の有機的な連携を図りつつ、効果的に推進。
7) スポーツにかかわる国際的な交流および貢献を推進することにより、国際相互理解の増進および国際平和に寄与するものとなるように推進。
8) スポーツを行う者に対する不当な差別的取り扱いの禁止、スポーツに関するあらゆる活動を公正かつ適切に実施することを旨として、スポーツに対する国民の幅広い理解および支援が得られるよう推進。

ここでは、スポーツは心身ともに健康で文化的な生活を営む上で不可欠なものとされると同時に、障がい者の積極的なスポーツ参加を促す施策、プロスポーツ選手を含むスポーツ選手の競技水準の向上にかかわる施策の実施、スポーツを通した国際交流ならびに貢献、ドーピングの禁止にかかわる施策の実施が盛り込まれている。スポーツは、人々の生活を豊かにしうる文化であり、人々の権利として位置づけられることになる。

このスポーツ基本法にみる文化としてのスポーツという考え方は、すでに、丹下保夫による運動文化論に見出すことができる。それは、人間の生活を豊かにする文化財であるとともに、近代社会の矛盾を内包した文化であること、したがって、それをより人間的な文化に変容させていくことが求められる文化財という認識でもあった。

しかし、文化概念の拡大ならびにそこにみられる価値中立的立場からみれば、スポーツが文化として社会の中で果たしている機能が問われることになる。例えば、スポーツ立国戦略は、この点では新たなスポーツ文化像を明示している。そこでは、スポーツの社会的で多様な意義が、次の5点から説明されている（日本スポーツ法学会、2011。347-48）。

1) コミュニケーション能力やリーダーシップの育成、克己心やフェアプレイ、チームワークの精神の涵養、自然体験活動を通じた豊かな人間性の育成等により、青少年の心身の健全な発達に貢献する。
2) スポーツを通じた交流は、地域の一体感や活力を醸成し、人間関係の希薄化等の問題を抱える地域社会の再生につながる。
3) スポーツ振興によるスポーツ産業の広がりは、新たな需要と雇用を生み、わが国の経済成長に資するとともに、スポーツによる国民の心身の保持増進は、医療・介護費抑制等の経済効果を生む。
4) スポーツの国際交流は、言語や生活習慣の違いを超え、同一のルールのもとで互いに競う合うことなどにより、世界の人々との相互の理解を促進し、国際的な友好と親善に資する。
5) 国際競技大会などにおける日本人選手の活躍は、われわれに日本人としての誇りと喜び、夢と感動を与え、国民の意識を高揚させ、社会全体の活力となるとともに、国際社会におけるわが国の存在感を高める。

[スポーツ科学研究にみるスポーツ概念]

わが国におけるスポーツ研究もまた、これらの動きと無関係ではない。例えば、スポーツ振興法は、「医学、生理学、心理学、力学その他の諸科学を総合して、スポーツに関する実際的、基礎的研究を推進するよう努める」ことを求めていた。同様に、スポーツ基本法もまた、「国は、医学、歯学、生理学、心理学、力学等のスポーツに関する諸科学を総合して実際的及び基礎的な研究を推進」することを求めている。その背景には、オリンピックを含めた、国際的なレベルでの競技力を求める動きがある。そのため、ここで示されているスポーツ科学のイメージは、どちらかといえば自然科学のイメージになっている。しかし、スポーツ振興法からスポーツ基本法への変化

は，スポーツ研究の対象が，「するスポーツ」から「みるスポーツ」「支えるスポーツ」へと広がっていることや，幼児や高齢者，女性，障がい者等，すべての人々のスポーツにアクセスする権利保障に向けた諸課題へと急速に広がっていることを示している。同時に，スポーツ基本法においてスポーツにかかわる国際的な交流および貢献を推進することにより，国際相互理解の推進および国際貢献に寄与するものになるように推進されなければならないことが明記されたことは，スポーツのもつ肯定的な社会的機能の発揮を求める，国連のミレニアム目標達成に向けた動きを反映したものといえる。スポーツに関する研究組織も，このような変化に対応し多様化している。加えて，スポーツに対する公共投資や政策実行を促す試みは，スポーツのもつ経済的なメリットに関するエビデンスを求めることになる。このことは，社会科学的な手法によるスポーツ研究の推進を求めることにもなる。その結果，スポーツ科学研究の対象や方法が多様化していく。

例えば，表1は，日本スポーツ体育健康科学学術連合に加盟している学術団体の一覧である。

これらの学会名にみるように，学会名称においても「体育」「スポーツ」「健康」が混在して用いられている。しかし，スポーツという社会・文化現象にかかわる科学をスポーツ科学と総称した場合，スポーツ科学が研究対象とするスポーツのレベルは，きわめて多岐にわたる。社会現象としてのスポーツというレベルからスポーツの技術，さらには筋活動や細胞レベルといった具合である。

なお，平成25年度科学研究費助成事業，系・分野・分科・細目表によれば，総合系複合領域分野内に健康・スポーツ科学分科が設定されている。また，そのもとに，身体教育学，スポーツ科学ならびに応用健康科学という3つの細目名が設定されている。また，これらの細目に対応したキーワードが，表2のように示されている。

実際，『スポーツの科学的原理』(水野，1978) は，様々な科学からみたスポーツに言及しており，具体的な研究対象は実に多様である。他方で，学会名に目を向けると，総称としてのスポーツを冠する学会とそうではない学会の違いも目についてくる。いわゆる自然科学系のスポーツ関係の学会では，研究対象や科学名をそのまま学会名に採用し，学会名にはスポーツを用いていないケースが多い。例えば，日本コーチング学会や日本測定評価学会，日本水泳・水中運動学会，日本体力医学会である。

これに対し，人文社会科学系の学会では，体育とスポーツを並記する，あるいはスポーツを冠している学会が多い。例えば，日本スポーツ教育学会，日本スポーツ社会学会，日本スポーツ史学会，日本スポーツ人類学会である。これは，スポーツを文化現象や社会現象として検討するという立場の表れとも考えられる。

他方で，体育とスポーツを並記している学会もみられる。日本体育・スポーツ経営学会，日本体育・スポーツ政策学会，日本体育・スポーツ哲学会などである。体育とスポーツの並記は，体育とスポーツが異なる研究対象であるとの認識の反映ともいえる。

さらに，個別のスポーツ種目名等を学会名に挙げている学会もみられる。例えば，日本ゴルフ学会や日本テニス学会，日本フットボール学会，日本野外教育学会，日本陸上競技学会，舞踊学会，ランニング学会である。これらの学会は，研究対象の限定性を明記するために，個別のスポーツの形態に限定した名称を冠していると考えられる。

他方で，わが国では，学校外で実施される競技がスポーツとして捉えられてきたことも事実であろう。例えば，水野忠文(1978) は，イギリスを訪問した際に，バスケットボールやフットボールを想定した質問に対し，それらがイギリスではゲームと解されていたことを紹介している。また，スポーツを輸入した国は，「ルールをもって試合をするような力一杯体力のかぎりを振り絞る激しい運動種目」の総称としてスポーツを用いているのに対し，イギリスでは，その概念がより広義であると指摘している。また，ギリシャには，スポーツの語はなく，該当する現象がアゴンと呼ばれていたと指摘している。さらに，スポーツの語義には穏やかさと激しさの二重性が認められたにもかかわらず，日本にスポーツが持ち込まれた際に，穏やかさと楽しみの意味が希薄になり，激しい身体活動の意味が前面に出ているものをスポーツと呼ぶようになっていると思われると指摘している。他方で，国民総スポーツと呼ばれる状況では，幼児や高齢者が営むスポーツは，若者の行う激しいスポーツとは異なると指摘している。

[スポーツ観の変容にみるスポーツ概念]

他方で，競技としてのスポーツというスポーツ観は，スポーツは一部の人間が，人生のある時期にのみ行うといったスポーツ観を生み出しやすい。しかし，このようなイメージは1980年代に入り，大きく変化していくことになる。例えば，日本レクリエーション協会は，1947年に開催された第1回全国レクリエーション大会での関係者による論議等を経て設立された団体であり，一般の人々のレクリエーショナルなスポーツ活動の啓発・振興に取り組んできた (奈良女子大学，1998. 6)。同協会の1998年版の加盟団体要覧で示されている種目団体は，その多くが1980年代以降に設立されている。例えば，37団体のうち，20団体が1980年代に設立され，1990年代は1996年までに8つの種目団体が設立されている (奈良女子大学，1998. 7)。このようにスポーツ現象の多様化の背景には，近代スポーツにみる優勝劣敗主義に対する批判や，スポーツの大衆化の進展に伴うスポーツ参加者の多様化が存在する。また，軽スポーツの普及の背景には，近代スポーツの高度化が存在している。競技スポーツが高度に発達していく過程では，片手間にスポーツを行っていては世界の潮流についていけない水準になっていったという事情がある。その結果，少数のスポーツエリートと彼らのパフォーマンスを鑑賞する多数のスポーツファンに分化する道が生まれた。軽スポーツの愛好者は，競技スポーツの潮流を横目でみながら，プレイ精神で運動文化を享受しようと台頭してきた人々といえるという (奈良女子大学，1998. 56)。

実際，稲垣正浩(1995) は，「ニュースポーツ」という概念は，オリンピックや世界選手権等で競われる近代スポーツに対比される概念として用いられて

a _____ b _____ c _____

表1　日本スポーツ体育健康科学学術連合　加盟学術研究団体一覧（2014年1月）

	学術研究団体名	設立年	学術誌等の発刊回数	学会大会等の開催状況
1	大阪体育学会	1990	学術誌1回/年	大会1回/年，研究会6回/年
2	スポーツ史学会	1986	学術誌1回/年，会報3回/年	大会1回/年
3	（公社）全日本鍼灸学会	1980	学術誌5回/年	大会1回/年，集会7回/年
4	東京体育学会	2009	学術誌1回/年	大会1回/年
5	日本アダプテッド体育・スポーツ学会	1986	学術誌1回/年	大会1回/年
6	日本運動疫学会	1998	学術誌2回/年	大会1回/年
7	日本運動・スポーツ科学学会	1993	学術誌1回/年	大会1回/年
8	（一社）日本学校保健学会	1954	学術誌6回/年，英：OJ	大会1回/年
9	日本健康医学会	1991	学術誌4回/年	大会1回/年
10	日本健康科学学会	1985	学術誌4回/年	大会1回/年，シンポジウム等
11	日本コーチング学会（日本体育学会体育方法専門領域と統合）	1989	学術誌2回/年	大会1回/年
12	日本ゴルフ学会	1987	学術誌3回/年	大会1回/年，支部会・分科会等
13	日本生涯スポーツ学会	1999	学術誌1回/年	大会1回/年
14	（公社）日本女子体育連盟	1954	学術誌1回/年，機関誌10回/年	大会1回/年，指導者講習会等
15	日本水泳・水中運動学会	1997	学術誌OJ	大会1回/年
16	日本スプリント学会	1990	学術誌1回/年	大会1回/年
17	日本スポーツ運動学会	1987	学術誌1回/年	大会1回/年
18	日本スポーツ教育学会	1981	学術誌3回/年	大会1回/年
19	日本スポーツ社会学会	1991	学術誌1回/年，会報3回/年	大会1回/年
20	日本スポーツ心理学会	1973	学術誌2回/年	大会1回/年
21	日本スポーツ人類学会	1998	学術誌1回/年，会報2回/年	大会1回/年，研究会6回/年
22	日本スポーツとジェンダー学会	2002	学術誌1回/年	大会1回/年，研究会1回/年ほか
23	日本体育科教育学会	1995	学術誌2回/年	大会1回/年
24	（一社）日本体育学会	1950	学術誌 和：OJ，冊子2回/年，英：OJ	大会1回/年，地域会・専門領域会等
25	日本体育・スポーツ経営学会	1952	学術誌1回/年，会報2回/年	大会1回/年，研究会等3回/年
26	日本体育・スポーツ政策学会	1991	学術誌1回/年，会報2回/年	大会1回/年，セミナー1回/年
27	日本体育・スポーツ哲学会	1978	学術誌2回/年	大会1回/年，研究会2回/年
28	日本体育測定評価学会	2001	学術誌 和：1回/年，英：OJ	大会1回/年
29	日本体力医学会	1949	学術誌6回/年	大会1回/年，6地方会1回/年
30	日本テニス学会	1988	学術誌1回/年	大会1回/年，指導者講習会
31	日本トレーニング科学会	1988	学術誌4回/年	大会1回/年，カンファレンス6回/年
32	日本バイオメカニクス学会	1972	学術誌4回/年	大会1回/2年，国際バイオメカニクス学会と協定
33	日本発育発達学会	2002	学術誌5回/年	大会1回/年
34	日本バレーボール学会	1968	学術誌3回/年　（他に別冊1回）	大会1回/年
35	日本フットボール学会	1996	学術誌1回/年，ニュースレター	大会1回/年，研究会1回/年
36	日本武道学会	2003	学術誌 和：1回/年，英：OJ	大会1回/年，研究会2回/年
37	日本野外教育学会	1997	学術誌2回/年	大会1回/年
38	日本陸上競技学会	2002	学術誌1回/年	大会1回/年
39	日本臨床スポーツ医学会	1989	学術誌4回/年	大会1回/年，シンポジウム，学生セミナー
40	舞踊学会	1976	学術誌1回/年	大会1回/年，研究会2回/年
41	ランニング学会	1989	学術誌2回/年	大会1回/年，研究会等

（出典：日本スポーツ体育健康学学術連合HP http://jaaspehs.com/memorg/より作成）

OJ：オンラインジャーナル

表2　日本学術振興会「平成25年度科学研究費助成事業 系・分野・分科・細目表」付表に示された健康・スポーツ科学関係のキーワード一覧

細目	分割	キーワード
身体教育学	A	身体の仕組みと発達メカニズム (1) 教育生理学, (2) 身体システム学, (3) 生体情報解析, (4) 脳高次機能学, (5) 身体発育発達学, (6) 感覚と運動発達学
	B	心身の教育と文化 (7) 感性の教育, (8) 身体環境論, (9) 運動指導論, (10) 体育科教育, (11) フィットネス, (12) 身体運動文化論, (13) 身体性哲学, (14) 死生観の教育, (15) 体育心理学, (16) 情動の科学, (17) 野外教育, (18) 舞踊教育, (19) ジェンダー教育, (20) 成年・老年期の体育, (21) 武道論, (22) 運動適応生命学
スポーツ科学	A	スポーツ科学 (1) スポーツ哲学, (2) スポーツ史, (3) スポーツ心理学, (4) スポーツ経営学, (5) スポーツ教育学, (6) トレーニング科学, (7) スポーツバイオメカニクス, (8) コーチング, (9) スポーツ・タレント, (10) 障害者スポーツ, (11) スポーツ社会学, (12) スポーツ環境学, (13) スポーツ文化人類学
	B	スポーツ医科学 (14) スポーツ生理学, (15) スポーツ生化学, (16) スポーツ栄養学, (17) エネルギー代謝, (18) トレーニング医科学, (19) スポーツ障害, (20) ドーピング
応用健康科学	A	健康教育・健康推進活動 (1) 健康教育, (2) ヘルスプロモーション, (3) 安全推進・安全教育, (4) 保健科教育, (5) ストレスマネジメント, (6) 喫煙・薬物乱用防止教育, (7) 学校保健, (8) 性・エイズ教育, (9) 保健健康管理, (10) 保健健康情報, (11) 栄養指導, (12) 心身の健康, (13) レジャー・レクリエーション
	B	応用健康医学 (14) 生活習慣病, (15) 運動処方と運動療法, (16) 加齢・老化, (17) スポーツ医学, (18) スポーツ免疫学

きたと指摘している。そのため，それは競争原理，勝利至上主義，記録主義をめざす近代スポーツに対し，競争性を抑え，勝敗にこだわらず，日常的に楽しめるスポーツをさすという。その上で，ニュースポーツのニューには，次の広がりがみられると指摘している。

1) エスニックスポーツの移入によって初めて視野に入ってきた新しいスポーツ。例えば，セパタクロー，サーフィンである。
2) 実用性から遊び，スポーツへと派生した新しいスポーツ。例えば，スクーバダイビング，スカイダイビングである。
3) 技術革新による新しい素材の開発により可能になったスポーツ。例えば，パラグライダー，ハンググライダーである。
4) 近代スポーツを簡易化して生まれた新しいスポーツ。例えば，ビーチバレーである。
5) 霊的世界へ接近するスポーツ。例えば，気功術，ヨーガ，瞑想，太極拳である。

このニュースポーツと同様に，スロースポーツ，トロプス，軽スポーツ，簡易スポーツ，スポーツレクリエーション，ソフトスポーツ，アダプテッドスポーツ等の言葉が使用されていくことになる。

アダプテッドスポーツは，障がいがあっても活用できる能力を生かしてプレイできるように考案されたスポーツ，ちょっと工夫して，その場その場に適した形にしたスポーツということから，adapt（適応させる）という語を用いているという（高橋，2004.5）。この背景には，障がいのある人たちのスポーツを，自己の能力の限界への挑戦という，障がいのない人たちと同じ文化（競技スポーツ）として捉える動きがみられる（高橋，2004.107）。

過去の学習指導要領では，スポーツを体操，ダンスと区別する一方で，運動とスポーツを同義に扱う対応もみられた（宇土，1982.12）。また，「運動の楽しさ」を目標として初めて位置づけた1977（昭和52）年学習指導要領は，技能に代わり欲求が内容領域の分類基準に据えられることになる。その結果，体操，スポーツ，表現運動の3分類法がとられることになる。そこでは，スポーツは，あくまで体操，表現運動とは異なり，競争と克服という心理的欲求を満たす文化として位置づけられることになる（文部省，1978）。

なお，「スポーツは遊戯であり，身体的能力の競争であり，ルールとの関連において組織化され構造化されている一つの制度である」（体育原理専門分科会，1986.172），といった観点からスポーツを定義する試みもみられた。しかし，今日のスポーツ研究は，社会と切り離された遊戯というスポーツ観に立ってはいない。スポーツそのものが，社会的，歴史的文脈の中で生み出され続けることは，スポーツもまた，現実社会と没交渉では存在し得ないこと，むしろ，社会の矛盾がきわめて顕著に蓄積された文化として存在し得ることを意味している。

② 諸外国のスポーツ研究におけるスポーツ概念

[スポーツ研究にとっての概念定義の意義]

研究対象としてのスポーツの概念定義は，アカデミックな世界におけるスポーツ科学の地位を規定する。そのため，スポーツ科学の研究者たちは，アカデミックな世界で承認を得るためにスポーツの概念定義に尽力してきた。他方で，スポーツやアカデミックな世界を取り巻く状況は，国により異なる。そのため，研究対象としてのスポーツの概念定義や用語も国により異なる。

例えば，スポーツを表すために英語に端を発するsportを用いる国もあれば，自国語にそれに該当する用語をもつスウェーデンのようにsportを用いない国もある。あるいは，スポーツに対する社会的な批判を踏まえ，オランダのように，教科の根拠となる文化を表現するためにスポーツに代わる概念として運動文化（movement culture）を採用する国もみられる。あるいは，かつての旧社会主義国のように，スポーツの上位概念として身体文化（Körperkultur）を採択した国や，オーストラリアのようにhuman movementを用いる国がみられる。そのため岸野雄三は，1978年の時点で，術語としてのスポーツには統一見解が得られていないと指摘している。この術語上の問題は，今日で

も解消されていない。実際，スポーツ関連の国際学会においても，研究対象の記述は今日でも統一されておらず，スポーツとならび身体活動(physical activity)，人間の運動(human movement)が用いられているケースもみられる。むしろ，そのような多様な定義の存在が，スポーツ研究の多様性を担保しているといえる。

なお，近年のスポーツに関する人文・社会科学的な専門分科学においてはスポーツを社会現象，文化現象として捉えている。そのため，スポーツ科学の研究対象は，スポーツをする人のみならず，みる人や支える人，規範や制度等へと広がりをみせている。他方で，自然科学的な専門分科学では動きや活動，分子のレベルでそれが研究されることになる。また，現象のレベルを問題にするのか，スポーツ種目のような形態を問題にするのか，人間の行為や活動そのものを問題にするのかという，研究の視点の違いがみられる。

[スポーツ概念の多様化とスポーツ科学研究の多様化]

sportという語が英語を経て，ドイツ語内に定着していくのは19世紀半ばであった。そのため，1960年代に，ベルネット(H. Bernett)は，秩序をもって遊戯すること(プレイ)，身体と運動を支配すること(トゥルネン：Turnen)，競争の中での最高の達成をめざすこと(スポーツ)，表現運動を創造していくこと(ギムナスティーク)を体育の4つの基本形態(Grundformen der Leibserziehung)と提案した。しかし1970年代には，ドイツにおいてもこれら4形態の総称概念としてスポーツが用いられるようになった。

ジレ(B. Gillet)は，スポーツの構成要素として「遊び」「争い」「はげしい身体運動」の3つを挙げた。また，1970年代末に顕著になる近代スポーツ批判を踏まえた運動等により，スポーツ概念の拡散現象が派生する。その結果，ニューゲームやニュースポーツが近代スポーツに対置する概念として登場してくる。加えて，2010年のアジア大会においてシャンチー(象棋，xiangqi：中国で盛んな将棋型のボードゲーム)が正式種目に加えられたように，少なくとも，今日ではオリンピック種目に代表される近代スポーツのみをスポーツとする概念規定は，社会的，文化的現象としてのスポーツを表現する概念として不適切になっている。

他方で，スポーツをする人々の年齢の広がりやスポーツに対するかかわり方の多様化は，青少年のスポーツのみではなく，幼児や高齢者のスポーツが研究テーマに設定されたり，女性のスポーツを対象とした学会が設置されたり，学校や教育という制約を外したスポーツを対象とする研究を生み出していくことになる。また，広義のスポーツと狭義のスポーツ，組織化されたスポーツと組織化されていないスポーツといった，概念の細分化現象を引き起こすことになる。

もっとも，かつてマッキントッシュ(P. C. Macintosh)が指摘したように，身体文化は真の文化現象とはみなされない時期が存在した。あるいは，グルーペ(O. Grupe)が指摘しているように，スポーツは文化概念の問題から，スポーツが精神的文化に比較し，低位な文化とみなされてきた。それが，結果としてスポーツを文化として研究する立場を抑制してきた。しかし，文化人類学等の影響もあり，アメリカにおいても1960年代には，遊戯やスポーツを文化現象とみなす立場も登場してくる。その背景には，文化概念の多様化現象や研究対象を価値中立的に設定する科学的立場がみられた。この立場は，逆にスポーツが歴史的，社会的に構成されることを明示していくことになる。

例えば，18世紀までのイギリスのスポーツを扱った著書がその大部分において記録のないスポーツを扱っているように，スポーツと記録が常に結びついてきたわけではない。また，記録に関していえば，測定可能な対象の設定や測定方法の開発が，時空間を超えた比較を可能にする記録を生み出した。19世紀以前のイギリスのスポーツでは当事者間の勝敗が問題にされたのであり，地域を超えた比較が問題にされることはなかった。これに対して，アメリカでは記録に基づく比較が問題にされていた。また，ドイツにおいてトゥルネンを擁護する人々がイギリスからもたらされたスポーツを批判した根拠が達成志向と記録志向，個人主義志向であった。それは，すでに19世紀のスポーツが，かつてのイギリスにおいてもその姿を変容させてきたことを意味している。その意味では，イギリスのジェントルマンが行っていたスポーツは，今日のスポーツとは全く異なったものであるといえる。

スポーツが社会的，歴史的に構成されていくこと，またスポーツの文明化の過程は複数あり得たとの指摘や，スポーツが社会的な価値観を反映したという指摘と同時に，社会が競争志向，攻撃重視，勝利至上主義(結果の重視)という意味でのスポーツ化(Versportlichung)をしていくと指摘された背景には，スポーツを研究する視点や方法論の違いが反映されているといえる。近代スポーツの特徴の1つは記録に求められるが，歴史的には記録のないスポーツが存在したことを指摘したクレーレン(M. Kloeren)，スポーツの文明化の過程が単一の直線図式ではなく，複数の文明化の可能性が存在することを指摘したアイヒベルク(H. Eichberg)，多少の紆余曲折があるとはいえ，長期的にみればスポーツの文明化の過程は一方向の直線的な流れとして描くことを指摘したダニング(E. Dunning)の間にみられるスポーツの文明化過程に関する理論の違いは，その端的な例といえる。

[スポーツ科学の名称をめぐる論議]

スポーツ科学という名称が，科学の名称として世界各国で社会的に承認されたのは，1970年代以降といえる。それ以前は，教育的な色彩の強い体育学(physical pedagogics, theory of physical education)という名称が一般的であった。

一般に，第二次大戦以前は，体育は教育の下位概念である。これに対し，スポーツは教育的な現象ではなく，体育に比べ軽視される現象として位置づけられてきた。むしろ，スポーツの競技面での過剰さを是正することが体育であるという認識がみられた。そのため，学校という制度内にいる学者が，専門科学の名称としてスポーツを用いることは，考えにくかった。確かに，スポーツを対象とした研究所が皆無であったわけでない。しかし，アカデミックな世界でスポーツを語ることはタブーであったとさえいわれる時代は確かに存在した。そのため，スポーツ研究は体育学の一部として位置づけられ，スポーツ研究とは，スポーツを教

育学的な関心のもとで研究する科学だと考えられてきた。しかし，第二次大戦後には，教育という枠組みを超えたスポーツ研究が行われるようになる。そこでは，スポーツ研究は，特定の価値観に基づくものではなく，特定の価値観のもとに置かれる研究対象ではなく，価値中立的で客観的に分析可能な，社会科学の研究対象として位置づけられるようになる。この結果，スポーツ研究は，教育を目的とした研究の範囲を逸脱していくことになる。実際，スポーツ科学(Sportwissenschaft)をいち早く科学の名称として採択した旧西ドイツを例にとれば，大学におけるスポーツ科学の教授職の設置は，組織化されたスポーツのもつ社会的意義の高まりを背景としていた。そのため，身体修練(Leibesügungen)や体育(Leibeserziehung)という概念が，より広範な問題設定にそぐわなくなっていった。加えて，体育の術語をめぐり身体文化(Körperkultur)を身体教育(Leibeserziehung)の上位概念に置くという提案がなされるに至り，体育を身体文化と捉え，体育科学(körperkulturwissenschaft)という概念を用いるケースもみられるようになっていった。

他方で，スポーツ科学の中でも特にスポーツ社会学においては，1960年代には研究対象としてのスポーツが論議の俎上に載るようになっていく。その論点は，スポーツの上位概念はなにかであった。そこでは，スポーツの上位概念として遊技(play)が想定されていた。これに対しチェルネ(F.Tscherne)の記した『身体運動(スポーツ)の術語学』(1964)では，スポーツの上位概念を身体運動とし，さらに身体運動の上位概念として身体文化(physical culture, Körperkultur)を設定した。さらに，スポーツ科学の中でも自然科学系の専門科学の研究者たちは，スポーツをスポーツ的な身体運動と解し，その上位概念として身体運動(physical exercise)を暗黙に想定していた。そのため，それらの科学の対象が「スポーツとエクササイズ」(sport and exercise)と並記されることもある。以上の経過もあり，1960年代にはスポーツ科学と広義の体育科学の境界線が不明瞭になっていく。それに伴い，スポーツ科学と体育科学の名称のいずれを採択すべきかという論議

や，両者を統一する可能性を模索する論議が生じていくことになる。それはまた，スポーツ科学を表現する概念の多様化現象を引き起こすことになる。具体的には，ギムノロジー(Gymnologie)やギムニコロギー(Gymnikology)，キネシオロジー(Kinesiology)，活動科学(Activity Science)，運動科学(Exercise Science)，ヒューマン・ムーブメント科学(Human Movement Studies)，運動あるいはスポーツ科学(exercise or sport science)，ヒューマン・キネティックスあるいはヒューマン・パフォーマンス(human kinetics or human performance)等である。

[スポーツ科学の研究対象からみたスポーツ概念]

旧西ドイツでは，スポーツ科学という名称へのシフトが生じた。その流れを受け，ドイツスポーツ科学学会(Deutsche Vereiningung für Sportwisscaft, German Society of Sport Scinece)は，学会名としてはスポーツ科学を冠しているとはいえ，現在，専門分科会レベルではスポーツを冠しない専門分科会名を設置している。しかし，同じくドイツ語圏であっても研究対象の概念定義は，国により異なる。例えば，旧東ドイツのライプチヒスポーツ大学はDHfK (Deutsch Hochshule für Körperkultur)と呼ばれ，スポーツに代わる概念として身体文化(Körperkultur)が用いられていた。また，ウィーン大学スポーツ科学研究所(Institute für Sportwissenschaft)では現在，運動・スポーツ教育学(Bewegung- und Sportpädagogoik)やバイオメカニクス／運動科学(Biomeachnik/Bewegungswissenschaft)と，運動が研究領域名に併記されている。

身体文化(Körperkultur)は，遅くとも18世紀末には使用され始め，19世紀に入ると身体に対する積極的な働きかけを表現する概念として提案されるようになる。フランスはその典型であった。それは，文明化により阻害された機能を改善する運動であり，適応能力や健康，達成能力の改善を意図したものであった。それはまた，労働運動(Arbeiterbewegung)，体操運動(Turnbewegung)ならびにスポーツ運動(Sportbewegung)の中で用いられてきた1つのプログラム名であり，社会主義文化の中で労働者文化を構築する課題を担った文化とされ

ていく。また，やがてそれは，社会主義で求められる身体と精神の完成をめざす，人間形成を意図した文化として位置づけられることになる。他方で，時間の推移とともにこの概念は，旧ソ連では身体文化とスポーツ(Körperkultur und Sport)と表記されるようになっていく。旧東ドイツにおいても同様の表現が用いられた。

旧東ドイツのジーガー(W. Sieger)は，身体文化(Körperkultur)に関する科学を体育学と定義し，そのもとにスポーツ科学を位置づけた。また，身体文化に保健衛生的な身体現象から競技鍛錬的な運動現象までを含めるとともに，それらをめぐる社会的制度や公的機関，個人生活までをもそこに含めた。さらに，身体文化の下位概念として身体教育を想定し，その手段として身体修練(Körperübungen)を想定した。ここでいう身体修練は，社会的に規制され，特に身体的な特性・運動・熟練の発達と完成のために構成され，規準化された人間の身体運動(Körperbewegung)であり，直接的な労働を想定していなかった。ジーガーはまた，身体文化を人間の身体と心情とを統一的に完成する社会的体系と定義し，それを1) 若い世代の身体教育に関する体系，2) 保健に関する体系，3) 娯楽に関する体系，4) 競技に関する体系，5) それらの研究に関する体系，に整理した。このような広義の定義に批判的なルカス(G. Lukas)は，身体文化の教育機能を重視し，目的的な身体運動のシステムを通じて多面的な知識・能力・技能を養成するための計画的な指導を身体文化と定義した。

このように，社会主義国においては，身体文化(Körperkultur)は，身体修練(Leibesübungen)とスポーツの上位概念とされていた。身体文化は，歴史や社会の影響を受けて生み出される現象であり，同時に，社会主義で求められている人格形成達成のための手段とされた。また身体修練は，主として個人の身体的・心理的特性ならびに諸能力の発達，社会的行動の発達に適した身体活動，修練の形態(Übungsformen)と定義された。それはまた，年齢や性にかかわりなく，自由な遊びからスポーツにおける高度な達成能力の獲得を意図して実施される計画的なトレーニングまでを含めた多様な形態をさし，かつて

はギムナスティーク(Gymnastik)，トゥルネン(Turnen)，スポーツ(Sport)といったイデオロギーに彩られていた諸概念を統合して総称する概念となっている。これに対しスポーツは，プレイの要素を備え，自主的に実施される活動ならびに精神・身体の可動性を高めることに貢献する，達成を志向した人間の活動の総称である，と規定されていた。これに対してエッペンシュタイナー(F. Eppensteiner)は，水浴，空気浴，日光浴，マッサージ，化粧法など，保健体操的なものまでを含む体系的な身体養護を意味する狭義の身体文化(Körperkultur)と，身体と心情，精神の形成に関連する文化領域をさす広義の身体文化を区別した。また，広義の身体文化をスポーツと同義とした。

身体文化は，社会主義国を超えても用いられていた。例えば，オーストリアのグロル(H. Groll)は，かつて身体文化(Leibeskultur)を人間の遊戯衝動の無意識な生の表現としての自由な遊戯から，意図的・計画的に実施される学校教育までの間に存在する多様な現象形態のすべてと定義した。そのため，栄養，服装，住宅，集落のあり方，肉体労働と休憩の問題，身体養護，ツルネン，ギムナスティーク，スポーツ等の各種現象形態が，身体文化のもとで語られることになった。

これに対しオランダのクルム(B. Crum)により，1980年代半ばには運動，プレイ，練習，スポーツならびにダンスを総称する傘概念として運動文化(movement culture)が提案されている。また，オーストリアのグレッシング(S. Größing)は，1990年代には身体文化の中核を占める文化として運動文化(Bewegungskultur)を定義した。身体文化には身体への手入れ，健康維持の手続き，衣服，栄養ならびに身体に関連したその他の活動が包括されている。その意味では，身体文化は運動文化を包括する概念として理解されている。他方で，運動文化は，学校や幼稚園，クラブ，家族等で実施される運動教育(Bewegungserziehung)がめざす一般的な目標や具体的な目標の根拠となるものと定義されることになる。また，運動文化は，プレイ文化，スポーツ文化，表現文化ならびに健康文化が交錯して生み出された文化という認識が示されている。ここでは，スポーツ文化は，運動文化の一部として位置づけられることになる。このような概念が提案される背景には，文化概念の多様化現象がある。かつてみられた高尚なヨーロッパ中心の文化概念に代わり，日常文化や身体文化という表現にみられるように，文化概念が多様化していくことにより，ヨーロッパ中心に発展した近代スポーツの一面性や，地域的に実施されてきたスポーツの多様性が人々に認識されるようになっていくことになる。

他方で，アメリカでは，研究対象となる現象が，スポーツと総称されているわけではなく，スポーツと複数の概念が並置されている。それは，スポーツが体育やダンス，レクリエーションとは異なる現象と認識されていることを示している。もっとも，このことは，アメリカにおいてスポーツが研究対象になっていないことを意味するわけではない。例えば，北米スポーツ社会学会(North American Society for the Sociology of Sport)が設立される過程でロイ(J.W. Loy)は，1968年にスポーツを制度化された競争的なゲームであり，社会的制度や人間が営む社会的な行動や相互作用と定義した。他方で，北米スポーツ社会学会は，その会則においてプレイ，ゲーム，スポーツを識別している。

また，人間の運動に関する理論研究や実践研究にかかわる知識領域に対してヒューマン・ムーブメント科学を選択するというティニング(R. Tinning)は，それを運動文化(movement culture)全般ならびにより具体的にはエクササイズ(exercise)やスポーツ(sport)を含めた身体活動に関する指導と研究に関連した領域であるとしている。

参考文献　01.B.02

①
- 稲垣正浩. 1995.『スポーツの後近代』三省堂
- 宇土正彦. 1982.『小学校体育の教材研究』大修館書店
- 小野秀夫. 1994.『野球におけるアマ・プロ関係の経緯と課題』日本野球連盟 http://www.jaba.or.jp/gaiyou/etc/a_p_keii.pdf (2013年5月24日)
- 酒井青樹，峯岸純子. 2004.『スロースポーツに夢中！』岩波書店
- 体育原理専門分科会 編. 1986.『体育原理2(スポーツの概念)』不昧堂出版
- 高橋明. 2004.『障害者とスポーツ』岩波書店
- 滝沢克己. 1961.『スポーツの哲学』内田老鶴圃
- 丹下保夫. 1965.『体育技術と運動文化』大修館書店
- 中村敏雄. 1994.『メンバーチェンジの思想』平凡社
- 奈良女子大学文学部スポーツ科学教室. 1998.『やわらかいスポーツへの招待』道和書院
- 日本学術振興会. 2012a.「平成25年度科学研究費助成事業系・分野・分科・細目表」http://www.jsps.go.jp/j-grantsinaid/02_koubo/data/25saimoku.pdf (2013年6月7日)
- ―――. 2012b.「平成25年度科学研究費助成事業系・分野・分科・細目表」付表キーワード一覧. http://www.jsps.go.jp/j-grantsinaid/02_koubo/data/25keyword.pdf (2013年6月7日)
- 日本スポーツ法学会 監修，スポーツ関係六法編集委員会 編. 2006.『必携スポーツ関係六法』道和書院
- ―――編. 2011.『詳解 スポーツ基本法』成文堂
- 文部省. 1978.『小学校指導書体育編』東山書房
- 文部科学省. 2011a.「スポーツ基本法」http://www.mext.go.jp/a_menu/sports/kihonhou/at tach/1307658.htm (2013年4月14日)
- ―――. 2011b.「スポーツ基本法のあらまし」http://www.mext.go.jp/a_menu/sports/kihonhou/attach/1307836.htm (2013年5月24日)
- ―――. 2012.「スポーツ基本計画」http://www.mext.go.jp/a_menu/sports/plan/index.htm (2013年5月19日)
- 水野忠文. 1978.『スポーツの科学的原理』大修館書店
- 「スポーツ憲章」Web版知恵蔵2013.朝日新聞社 http://kotobank.jp/word (2013年5月24日)

(岡出美則)

スポーツの類似概念　01.C

スポーツ概念とスポーツの類似概念　01.C.01

① 異文化としてのスポーツ

いうまでもなく，カタカナの「スポーツ」という言葉は，sportという英語の翻訳語である。周知のように，この言葉が日本に本格的に導入・紹介されたのは明治時代になって以降のことである。ある外国語が自国に紹介され，その言葉が自国語に翻訳される際には，当該の外国語が表す意味内容や実体に該当する自国文化の同じ事象を表す言葉をあてはめる。しかし，あたりまえの話であるが，日本の文化的伝統(cultural context)に英語のsportという事象や実体は存在せず，そのために自

国文化の範囲内で近似の文化事象や実体に近い言葉を翻訳語としてあてはめるようになる。まずは，sportが日本の自国文化に存在しない異文化であったことを確認しておきたい。そして，この言葉の翻訳に際して，新しく言葉を創造するか，あるいは，日本の文化的伝統に存在する近似の事象や実体に近い言葉が翻訳語として定立される。

明治時代の初期には，スポーツという言葉はあまり用いられず，むしろ「ゲーム」という語が多く用いられたという。「スポーツ」というカタカナの外来語が一般化され，日本語として定着するようになるのは，実際には昭和に入って以降のことである(岸野，1972．2)。ちなみに，1927(昭和2)年に当時の体育教師を読者対象に刊行された『運動哲学』(出口林次郎，文書堂)という著書の書名および本文には，スポーツという言葉は見当たらず，現在なら「スポーツ哲学」とすべき書名には「運動」が用いられ，本文では，すべて「スポート」と表記されている。このように，sportがその発音に最も近い外来語である「スポーツ」という言葉として，明治・大正時代に定着しなかった理由は，日本にsportが紹介・導入された時期のイギリスにおけるスポーツの社会的評価の低さやsportを受容した明治の日本人やそれ以降に続く大正期の日本人がsportやスポーツに抱いたイメージが大きく関与していたと考えられる。

スポーツ史研究の第一人者であった岸野雄三は，1970年代後半に，スポーツ好きの英米人の間でさえ，スポーツを趣味として行う以上に，それを真面目な学問の研究対象として捉えることは，つい最近までの長い間，アカデミックタブー(Academic Taboo)であった(岸野ほか，1977．27)と述べている。フットボールはせいぜい肉屋の子せがれにふさわしい下品な遊びであって，上流階級のジェントルマンにはふさわしくないということになる。実際，イギリスでは19世紀前半までは，スポーツは社会的ステータスの低い文化だとみられていたし，このようなスポーツに対する偏見は，スポーツの発祥国イギリスだけではなく，異文化としてスポーツを受容した日本でもこのような傾向があったといわれる。

サッカーやバスケットボール，テニス，水泳，陸上競技などのスポーツと呼ばれるもののほとんどは，明治時代の初め，英米から来日して創立間もない日本の大学や旧制の高等学校や専門学校などで教えた「お雇い外国人教師」たちを通じて伝わったものであるが，sportという言葉も，実際の種目が伝わるのと前後して日本に伝わり翻訳されることとなった。具体的には，sportという言葉は，明治の初め(1874〔明治7〕年)の英和辞典では「嬉戯(タワムレ)，遊戯(アソビ)，嘲弄(筆者注・あざけりもてあそぶこと)，滑稽(オドケ)，遊猟(筆者注・猟をして楽しむこと)」と訳され(阿部，1995．43)，これ以降わが国では，スポーツという言葉に「遊び」に関係した意味が付与され，真面目さや勤勉さとは縁遠い不真面目なイメージが形づくられていった。先述したように，日本がイギリスからスポーツを受容した頃のイギリスの賭けや粗暴さと結びついたスポーツの文化としての社会的評価の低さが，日本でのスポーツの最初の評価をも決めてしまったと思われる。このような事情から，日本では，特に学校などの教育的な場では，スポーツという言葉よりも教育を含意した「体育(「身体教育」の略語)」が，また次項で述べるように，世間一般で勝敗に重きを置く場合には，「運動」や「運動競技」が多く使われていくようになった。

② **スポーツと体育の混同**

身体教育を含意する体育という言葉は，physical educationの訳語である。木下秀明によれば，明治時代以前の日本には体育という表現はなかったという。明治初年代になって，欧化主義政策によって軍隊と学校で健康を目的に，その手段として体操と衛生を採用したことによって，体育的な基盤が整備されたという(木下，1971)。当初，physical educationは「身体に関する教育」「身体(の)教育」と訳されたが，1876(明治9)年の文部省雑誌第6号に掲載された近藤鎮三の「獨逸教育論抄」の翻訳の中で，「体育」という言葉が初めて使用され，これ以降体育という用語が身体教育の概念を示す用語として定着していく。しかし，1873(明治6)年に専門学校の教科に「体操科」が加えられて以降，身体の教育を担う教科として「体操科」が存在し，そこでは，体操(=運動)と衛生という方法を通して，身体の教育，つまり体育がなされるという構造が明治10年代には確立される。その後，「身体の教育」としての体育概念は，身体の教育という目的を達成するための運動(軽体操，戸外遊戯，在来武術等の体操科教材をさす)という方法だけがクローズアップされ，運動を手段とした身体教育という意味を含意していくようになった(友添，2009．43-44)。

ところで，明治期には，大学の課外活動で，スポーツを中心とした校友会(運動部)活動が盛んになるが，そこでのスポーツも当初は運動教育の範疇で捉えられていたにもかかわらず，運動の現象面だけが認識されて，教育的な機能を捨象して「体育＝運動」の概念関係が成立するようになった。この「運動」は大正期を経て，「運動＝スポーツ＝競技」として認識され，「体育＝運動＝スポーツ＝競技」の概念関係が生まれるようになった。

昭和期に入って以降も，長く，教育を含意する体育という言葉が，スポーツや運動，競技を包括する大概念として用いられる。出原泰明は，体育とスポーツという用語が日本では長い間，同義語として使われてきた理由を，学校教育がスポーツの指導や普及を一手に引き受けてきたという特殊日本的事情であると指摘している(出原，2005．21)。

ちなみに，国民体育大会の英語表記はNational Sports Festivalであり，「体育の日」はHealth and Sports Day，日本体育協会はJapan Sports Associationであり，明らかにここにはスポーツと体育の混同がある。

このような事情は，例えば日本における学会名にもみてとれる。日本におけるスポーツ関連科学研究の総本山で，5,932名の会員(2014年2月現在)を擁する「日本体育学会」の英文表記はJapan Society of Physical Education, Health and Sport Sciencesであるにもかかわらず，学会の日本語表記にはスポーツという言葉はない。このように，日本では体育とスポーツの両概念はほとんど区別されずに混同または混用される形で使われ，「体育」が「スポーツ」「運動」「競技」を包括する大きな概念として用いられてきた。そういう意味で

は，身体的な大筋活動は多くの場合，公的・教育的な場面では「体育」が使われ，非公式の非教育的な場面では，無色でニュートラルな「運動」が，そして勝敗を伴う競争的な場面では「競技」や「運動競技」が長くスポーツの代替語として用いられてきた。

③ スポーツの類似概念

　1960年代にヨーロッパから起こったスポーツ・フォー・オール運動やそれに続く1970年代の日本および先進諸国における生涯スポーツ時代の到来とその隆盛は，スポーツが市民権を獲得する大きな契機となった。このような社会におけるスポーツの位置づけの時代的変化を経て，日本でも「スポーツ」という言葉が市民権を得て，徐々に「スポーツ」が「体育」に取って替わるようになった。その一例を挙げれば，「社会体育」という言葉が，「市民スポーツ」に置き換わり，また，2001（平成13）年の国の中央省庁再編に伴って，文部省の「体育局」は文部科学省の「スポーツ・青少年局」へ名称変更を行い，当初は「企画・体育課」が存在したが，2014年現在では文部科学省の局および課の名称から「体育」はなくなった。

　ここまで述べてきたように，従来，日本では「体育」という言葉が，「スポーツ」のみならず，「運動」や「競技」，時には「ゲーム」や「レクリエーション」「プレイ」までを含んだ意味で用いられてきたが，このような事態を招いてきたのは，なによりも日本の「スポーツ」をめぐる歴史的経緯にあるとはいえ，学術的（アカデミック）なレベルで，これらの用語の定義や概念を明確にしてこなかったことも挙げておかなければならない。換言すれば，スポーツ科学領域の専門用語の研究，いわゆるターミノロジー（terminology: 術語学）研究が十分に行われてこなかったことにも大きな原因がある。

　このようなスポーツの類似概念をめぐる用語使用の曖昧さや混乱は，実は日本特有の現象だけではなく，スポーツの原語である英語圏でも共通の問題を抱える。身体活動（physical activities）に着目して，この言葉と関連する可能性がある単語をアトランダムに挙げてみるだけでも，sportのほかに"play"，"athletics"，"game"，"exercise"，"movement"，"motor"，"recreation"，"practice"，"competition"，"physical fitness"，"leisure"等のスポーツと類似した意味内容をもったものが挙げられる。歴史学者であったホイジンガ（J. Huizinga）はプレイの概念を明確にした最初の研究者であったが，プレイの条件として，1）参加者の自発性に支えられた自由な活動，2）日常から隔絶された非日常空間での活動，3）一定の時間的空間的制限内で行われる活動，4）ルールの順守を挙げている（ホイジンガ，1973）。これらの諸条件は，スポーツの概念ときわめて近似のものでもあり，したがって多くのスポーツ研究者がスポーツの概念のうちに「プレイ」が含まれるという見解に立つ。しかし，スポーツとプレイの概念の異同についての明確な学術的考察はない。

　これまでにも，キーティング（Keating, 1964），ヴァンダーツワーグ（VanderZwaag, 1972），スーツ（Suits, 1978）やマイヤー（Meier, 1988）ら，少なくない研究者がスポーツの類似概念であるプレイ，ゲーム，レクリエーション，アスレチックス，体育等とスポーツの概念関係を考察してきた。しかし，スポーツの概念や定義に共通理解が得られないのと同様に，スポーツの類似概念を構成する各概念の明確化そのものが難解である以上，スポーツとの概念関係の明確化はいっそう難しい課題であるというのが現状である。このような事情を理解した上で，次項ではスポーツの類似概念についての解説を行っている。

参考文献　　　　　　　　　　　01.C.01

- 阿部生雄．1995．「辞書に見る"スポーツ概念"の日本的受容」中村敏雄 編．『外来スポーツの理解と普及』創文企画．9–72．
- 出原泰明．2005．「体育とスポーツは何が違うのか」友添秀則，岡出美則 編．『教養としての体育原理』大修館書店．21–26．
- 岸野雄三 ほか．1972．『スポーツの技術史』大修館書店
- ―――．1977．『スポーツの科学的原理』大修館書店
- 木下秀明．1971．『日本体育史研究序説−明治期における「体育」の概念形成に関する史的研究』不昧堂出版
- ドゥルー．2012．『スポーツ哲学の入門：スポーツの本質と倫理的諸問題』川谷茂樹 訳 ナカニシヤ出版
- 友添秀則．2009．『体育の人間形成論』大修館書店
- ホイジンガ．1973．『ホモ・ルーデンス』〈中公文庫〉高橋英夫 訳 中央公論新社
- Keating, J.W. 1964. Sportsmanship as a moral category. In: Morgan, W. J., Meier, K. V. and Schneider, A. (Eds.) 2001. *Ethics in sport*. Human Kinetics.
- Meier, K.V. 1988. Triad Trickery: Playing with sport and games. *Journal of the philosophy of sport*. 15: 11–30.
- Suits, B. 1978. *The grasshopper: games, life and utopia*. University of Toronto Press.
- VanderZwaag, H.J. 1972. Toward a philosophy of sport. Addison-Wesley Educational Publishers Inc.

（友添秀則）

スポーツ類似概念　　　　01.C.02

① 運動

　日本語で運動が語られる際には，多様な現象が包括されている。「運動をする」が「スポーツをする」を意味することは，その一例である。スポーツ科学の研究対象としての運動もまた多様な観点，立場から語られてきた。運動をモノの移動として理解する立場と，意図をもつ人間の動きとして理解する立場は，その例である。また，運動を分類する際にみられた，人間の基本的欲求に根ざした自然的運動と一定の必要性から生み出された人為的運動の区別や，運動をその目的に応じて自然的付随的運動，余暇活動的運動，体育的運動，職業的運動に分ける分類論もまた，運動概念の多様さを示している。

　スポーツ科学内において，運動が語られる文脈は，大きく2つに大別できる。1つは社会現象としてそれを語る場合であり，もう1つは動きそのものを語る場合である。前者の例が，プレイ運動や労働運動であり，後者の場合はスポーツを行う際にみられる個人の動きやチームの動きについて語る場合である。後者の文脈の中で語られる日本語の運動に該当する外国語の1つがギリシャ語のキネーシスであり，ラテン語のモートゥスである。これらの語では，現象形態や運動の経過が前提とされており，人間の運動そのものを意味しており，繰り返し練習されるexercise（独：Übung）とは区別される。そのため，マイネル（K. Meinel）は自著『運動学』において，運動の熟練度を把握する基本的概念として，準備局面，主要局面ならびに終末局面からなる運動構造，調和，リズム，流動，弾性，伝導，

正確性，先取性を提案した。この運動構造を手がかりとして，同じ動きが繰り返されない非循環運動と，同じ動きが繰り返される循環運動が区別されることになる。また，運動学習に関しても運動の粗形態が修得される段階，それが洗練されていく段階，自動化の段階に区別される。これに対しexercise（独：Übung）は，技能の習得等を意図し，様々な条件下で繰り返し行われる現象であり，日本語の練習に該当する。

日本語で「運動能力が高い」という言葉には，2つの意味が込められている。示された動きの「習熟度が高い」という意味で用いる場合と，「スピードがある，あるいはパワーがある」といった，体力要素を意味する場合である。前者は動きの質を示すケースであり，後者は運動を行うために必要な諸能力を示すケースである。前者には運動（Bewegung）が，後者には運動性（Motorik）が当てられる。もっとも，ドイツ語においてもBewegungとMotorikが同義で用いられているケースもみられる。例えば，運動技能（motor skill）は，motorische Fertigkeitとも Beweungsfertigkeitとも記述されうるという。また，実際にはドイツ語でBewegungと記されてはいても，それが英語に置き換えられた際にはmotorと訳されている場合がある。例えば，運動能力を診断する際にはBewegungsdiagnostikと記されるが，英語表記はmotor assessmentである。

運動教育は，その教科内容を身体（body），空間（space），エフォート（effort），関係（relationship）に整理している。身体は身体にできることを示す概念であり，空間は身体が動く場所を示す概念である。エフォートは身体のパフォーマンスの発揮のされ方を示す概念であり，関係は運動の中で派生する現象をさす概念である。また，身体の活動は，歩く，ジャンプする等の移動を伴う動き（Locomotor），バランスをとる，曲げる等の移動を伴わない動き（Nonlocomotor），受ける，運ぶ等のモノを操作する動き（Manipulative）に大別されている。

これに対しマイネルは，スポーツ運動の基本形態（Grundformen）を，1）人間が移動運動をするために直接外界と強調するような運動で，その際に他の補助手段を用いずに自己の運動器だけを用いる運動，2）人間が直接他の物体をさらに遠くへ運ぶために移動するような運動ならびにそれらの運動を用いて相手に働きかける運動，3）人間が用具を身体の延長として効果的に用いる運動，4）固定された器械の特性に，運動の変化や適応が要求されるもの，5）自分以外の外力を利用する運動，の5つに区別した。

"生理的早産"により特徴づけられる人間は，学習を通して環境に働きかけ，その過程で新たな動きを獲得していく可塑性を身につけている。それは，また，人間が運動を媒介にして，自らの身体との関係を社会的文脈の中で構築し続けることを意味している。そのため，人間にとっての自然な運動とは，二次的な自然であると指摘されてきた。また，人間は，運動を学習することで，自らの可能性を広げていくことができる。例えば，スポーツをすることで人間は，ルールにより拘束された特定の運動の形態やそのスポーツに込められた特定の価値観等を学習していくことになる。他方でそれは，人間の動きを制約していくという両義的な顔を備えている。なお，人間の運動が生み出す意味を，グルーペ（O. Grupe）は，1）道具的意味，2）探求的意味，3）社会的意味，4）人格的意味の4つに整理した。

（岡出美則）

② 体育

日本では「体育」という言葉は，「国民体育大会」「体育の授業」「体育大会」「社会体育」「学校体育」等，多義的に使用されてきた。これらで用いられる「体育」の大半は，スポーツ（sport）や，競技（athletics）で置き換えられる。また，「日本体育学会」（Physical Education, Health and Sport Sciences）や小学校の教科名としての「体育」のように，健康にかかわる現象をも含めた科学の研究対象や教育制度を表現する概念として用いられることもある。

日本において，体育は，通常physical educationの訳語とされる。しかし，この用語が定着するのは，実は20世紀になって以降である。わが国では，近藤鎮三が，1876年の文部省雑誌において体育という言葉を初めて用いたといわれる。しかし，教科の名称でいえば，「体術」「体操」「体錬」が用いられ，「体育」が採用されたのは，第二次大戦後であった。

アメリカにおいては，1861年にアマースト大学に最初の体育学部（department of physical education）が開設されている。しかし，当時，学問領域名としては身体文化（physical culture）や身体トレーニング（physical training）がより一般的であった。また，それらは，体操に焦点化した専門職分野の名称と理解されていた。この状況を脱し，physical educationが一般的になっていくのは，アメリカでは1920年代になってのことである。同時に，名称の変化に伴い，体育の内容は体操中心からスポーツ中心に移行していった。

なお，スウェーデンやドイツのように教科で教える文化の名称を教科名に採択する国もみられる。しかし，その名称も時代とともに変化している。例えば，スウェーデンでは，1919年までは体操（Gymnastics）と呼ばれた教科が，その後，体操とスポーツ（Gymnastics and Sports）となり，1962年に再度，体操（Gymnastics）に戻る。その後，1980年にはスポーツ（Sports）となり，現在では保健体育（Physical Education and Health）となっている。一方，ドイツでは，すでに1960年代半ばには体育（Leibeserziehung）に代わりスポーツ（Sport）を用いる州がみられるようになり，1970年代にはスポーツ（Sport）が一般的になっていく。しかし，2000年以降には小学校低学年段階で，運動（Bewegung）を用いる州もみられる。このように教科名としての体育は国によって異なる変遷を遂げている。

さらに，教科としての体育の理念は，1）身体の教育，2）スポーツを通しての教育，3）スポーツに関する教育，4）スポーツの中の教育，に大別できる。

「身体の教育」は，モノとしての身体の機能の向上を求める立場であり，精神に従属させられたモノや刺激を与えられ機能を向上させる機械という身体観を基盤に据えている。しかし，精神の優位を前提とした学校教育制度の中では，体育は，いわゆる知的教科に比べ低く位置づけられることになる。

「スポーツを通しての（による）教育」は，スポーツを特定の教育目標実現の手段として位置づける。その結果，授

業で扱われる素材が，目標の多様化に対応し，体操中心からスポーツ中心へとシフトしていく。

知識や技術，価値観等のスポーツのもつ内在的価値を主張する「スポーツの中の教育」は，1970年代以降の生涯スポーツを志向する動きの中で登場する。その背景には，本来スポーツは自由なものであり，楽しく，生活を豊かにする文化であるとの認識がみられた。これに対し，「スポーツに関する教育」は，科学の成果を教科の内容として位置づけるという立場をさす。

これら4つの立場は，相互に排他的な関係に置かれるものではない。また，今日では，学校こそが「みんなのスポーツ」の実現を保障する唯一の場であり，体育は，単なる学校外のスポーツへの準備段階としてのプログラムではなく，教育的な発達課題を積極的に担っている学校教育プログラムであることの共通認識が生み出されている。これに対応し，アメリカにみる「身体的教養を備えた人物(Physically Educated Person)」やスポーツ教育論における「スポーツ人(sport person)」のような提案もみられるようになっている。

（岡出美則）

③ **競技**

競技(athletics)は，人と人が一定の条件下で競い，勝利を追求する活動を意味している。人間は，この目的にかかわり，将棋やチェス，技能五輪大会等，実に多様な競技の形態を生み出してきた。スポーツは，ルールに基づき身体活動によるパフォーマンスを競う点に特徴がある競技といえる。

このことは，同時に，競い合う条件の平等性をどのように担保するのかが問われることを意味している。今日では，どのような競技でも，基本的には，試合の参加条件の平等性を担保することが，ルールで定められている。ドーピングの禁止や体重制の導入，使用する用具や競技会場の規格に関するルール設定は，その例である。加えて，参加条件の平等性を担保することは，いったんスタートラインに立てば，そこからは新たなハンディキャップが認められないことを意味する。柔道の試合には，無差別級の試合が設定されているが，試合中には体重差が考慮される

ことはない。しかし，中世にヨーロッパで行われていたテニスの前身のゲームでは，対戦相手の力量に応じてハンディキャップが設けられていた。また，1800年代のドイツでは，100m走のスタート位置が複数設定されている写真も残されている。持ちタイムによるハンディを認めていたためである。これは，参加条件の平等性ではなく，結果の平等性を担保するルールであった。このようなルール設定は，競技をする当人の利益を考慮した場合もある。しかし，競技が高度化していく過程では，競技をする本人の利益よりも，観衆の関心がルールを方向づけるということも起こってくる。観衆からみれば，結果の平等性の担保が重要になる。なぜなら試合の緊張感が高まるためである。そのため，プロの場合，チーム間の力を均等化する手続きが組み込まれることもある。

しかし，試合参加の条件の平等性が，競技において常に保障されてきたわけではない。身分や人種等の条件により試合への参加が制限されてきたことは，その例である。近代スポーツは，その意味では，結果の平等性ではなく，試合への参加条件の公平性をできるかぎり担保するルールを導入してきた競技といえる。しかしそれは同時に，試合参加時の条件の平等性のみが担保されればよいのかという指摘も生み出してきた。実際，近代スポーツでは，経済的条件により試合への参加条件が大きく影響を受けている。例えば，トレーニングに専心できる時間的条件やその支援体制，使用可能な用具，さらには経済的条件を無視して平等性を担保することは困難である。

競技では，対戦者と競い合った際の結果が重要になる。しかし，対戦者は，打ち負かすべき敵として存在する訳ではない。対戦者がいるからこそ，より高いパフォーマンスが発揮できることも，しばしば指摘されている。その意味では，競技においては，対戦者やチームメイトとの関係は，無関係，敵対関係，共同関係の3つに大別できる。

敵対関係は，ゼロサムゲーム(zero sum game)といわれるように，相手が利益を得れば，自らが損失を被る関係である。競技においては，他人の勝利と自らの敗北が表裏一体になっていること

とは，その例である。しかし，他人のパフォーマンスにより自身のパフォーマンスが向上する時，そこではゼロサムゲームではなく，ウィン－ウィン(win-win)の関係が派生している。このような関係は，共同的な関係といえる。さらには，他人のパフォーマンスを意に介さず，ひたすら自己の記録向上を求める場合には，他人とは無関係な状況に置かれることになる。

加えて，競技において競う対象にも違いがみられる。陸上競技の100m走を例にとれば，自己新記録や世界記録が出なくとも，同じレースで走る他の選手よりも少しでも早くゴールすれば勝利を手にすることができる。これは，他人に対する競争といえる。しかし，残されている記録を破り最高タイムをめざしてトレーニングをするといわれるように，競技の場面では対戦相手ではなく，記録の達成が自己目的とされる場合がある。さらには，自己の記録の更新を意図している場合には，そこには過去の自分に対する競争が展開されることになる。

競技の場面では，ややもすれば，他人に対する競争の結果が話題にされることが多い。しかし，現実には，競技の場では記録や自分に対する競争も同時に展開されているのであり，競争にかかわり派生する人間関係もまた，敵対関係のみではない。加えて，競技の過程では，新たな技術開発がなされ，競技の高度化が促されている。このことがまた，競技に対して多様な価値を付与するとともに，多様な形態を生み出しているといえる。

（岡出美則）

④ **プレイ**

生活の中でのスポーツについて振り返ってみると，「プレイ(play)」という言葉が，スポーツとはきわめて関連の深い言葉であることがすぐにわかる。例えば，テレビ中継のアナウンサーが「あと1つのプレイで試合終了となりそうです」と伝えるように，スポーツの1つ1つのゲーム場面が「プレイ」という言葉で表現される。また，選手のことを「プレイヤー(player)」，チームがもつ戦術や個人の戦い方の特徴などを「プレイスタイル(play style)」と呼んだりする。さらに，反則行為は多くのスポー

ツで「ファウルプレイ (foul play)」と呼ばれ，逆によい行為は「フェアプレイ (fair play)」と呼ばれる。野球などでは，試合開始時のコールに「プレイボール (play ball)」とも発せられる。

このように，「スポーツ (sports)」に参加し遂行することは，「プレイ」するということとほぼ同意でさえある。英語表現では，もちろん「スポーツ」を行うことは，"I play tennis." などのように，「プレイ (play)」が動詞として使われる。この意味で「プレイ」という言葉は，スポーツの本質とも深く結びつく言葉であることが理解できる。

「プレイ」という言葉は，日本語では「遊び」と同義の概念として捉えうる。「遊び」という概念は，もちろんスポーツ科学のみならず，これまで，教育学，美学，哲学，心理学，社会学，人類学，数学，生物学，建築学など，様々な研究分野でも取り上げられてきた。シラー (F. Schiller)，スペンサー (H. Spencer) らの「余剰エネルギー論」，ラツァルス (M. Lazarus)，パトリック (W. Patrick) らの「気晴らし説」，グロース (K. Groos) の「本能的生活準備説」，ホール (S. Hall) らの「反復説」などは有名である。それだけにきわめて多義的な概念であり，その内包と外延を明確にすることは大変難しい。

ただここでは，その中でも多方面に多くの影響を与えた，歴史学者のホイジンガ (J. Huizinga) の議論を導き手として，簡単にその輪郭を描いてみたい。

ホイジンガは，遊びについての研究書としてよく知られる『ホモ・ルーデンス』を著した。この中で彼は，「人間の文化は遊びの中で遊びとして生まれ発展してきた」ということを証明しようとする。そこでホイジンガは，それ以上もはや還元できない「遊び」の本質を，ただ「おもしろい」ということにあると強調する。しかし，この「おもしろい」ということは，人間のすべての文化を創造する原動力であり，広大な歴史的資料を分析してホイジンガが明らかにしたものは，だからこそ「ホモ・ファーベル (ものを作る人)」や「ホモ・サピエンス (考える人)」という以上に，「人間とは本質的に遊ぶ種 (Man, the Player)＝ホモ・ルーデンス (遊ぶ人間) である」という人間観と世界観なのであった。

ホイジンガはまた，遊びを1) 自由な活動，2) 没利害性・非日常性，3) 完結性・限定性，4) 規則のある活動，という4つの点から定義した。これは，ホイジンガの研究に触発されて，遊びを1)「アゴーン (競争の遊び)」，2)「アレア (運の遊び)」，3)「ミミクリー (変身・模倣の遊び)」，4)「イリンクス (めまいの遊び)」，の4つに区分したカイヨワ (R. Caillois) の議論の「礎」ともなったものである。

このような遊びの特徴をいわば「ものさし」として，スポーツが「遊びの領域から去ってゆく」とホイジンガは批判する。スポーツにおいて複雑化と組織化が進展するにつれ，スポーツが「真面目」になりすぎてしまい，文化として最も豊穣な部分を自ら捨て去っているのではないか，というのがその中身である。ホイジンガの指摘は，今でもスポーツの現状を振り返るには説得的な観点であろう。

その後，遊びの研究は現象学的アプローチの中で発展する。例えば，フィンク (E. Fink) は遊びのもつ「象徴性」に注目するとともに，生の「現在」を支える人間の実存的根源現象として遊びを存在の深みにおいて理解しようとする。また，アンリオ (J. Henriot) は，遊びの本質を構造に対する意味の優位という点に求めた。こうした遊びの現象学的理解は，デュビュニョ (J. Duvignaud)，西村清和へと受け継がれ，遊びにおける「他者」「無意図性」といったキーコンセプトが析出されている。またその応用的・研究的な取り組みは，学際的に大きく広がっている。こうした遊び研究の成果は，「遊びの要素を含み，他者とのかかわり合いの中で行われる，身体活動」(『スポーツ宣言』ユネスコ，1968) とスポーツが一般的には定義されることからも，スポーツ科学において今後も影響を与えるとともに，スポーツ科学での「プレイ」に関する研究が逆に遊び研究全般をも豊かにしていくと思われる。

(松田恵示)

⑤ **ゲーム**

一般に「ゲーム (game)」という言葉は，1) 遊戯，楽しみごと，遊び全般，2) スポーツの試合，競技，勝負事，を表す言葉として用いられている。しかし，この「ゲーム」という言葉を，概念として精確に捉えることは非常に難しい作業である。例えば，哲学者のウィトゲンシュタイン (L. Wittgenstein) は，この「ゲーム」という概念の外延を，すべて表しうる内包が存在しないことを以下のように論じている。

ゲームには，スポーツ，ボードゲーム，カードゲーム，テレビゲーム，ギャンブル，推理など，多くの種類がある。しかし，こうした多くのゲームの間に，果たして明確な「共通項」はあるだろうか。「勝敗がある」「楽しみごとである」など，部分的に共通する特徴は指摘できても，すべてのゲームに当てはまり，かつゲームではないものをそのことから区別できる特徴を明確にすることは実は困難である。

このことから，ウィトゲンシュタインは，家族の容姿や性格が，例えば，母と子，兄弟姉妹，父と孫など，それぞれに類似し，家族と家族ではないものを峻別する共通項があるわけではないものの，大まかには「家族」という言葉が成り立つように，緩やかな類似のネットワーク全体が語の指示内容を可能にしている様子を「家族的類似性」と名づけ，「ゲーム」に限らず言語全体の性質として議論を展開した。もちろん，これは「ゲーム」自体に対する研究ではないものの，その例として挙げられるほどに「ゲーム」という概念がきわめて特徴的なものであることがうかがわれる研究事例の1つである。

ひとまず，「ゲーム」という概念の曖昧さと難しさをこのように確認した上で，次に，いくつかの観点からその類似性の特徴について考えることにしてみたい。まず，この「ゲーム」という概念を，制度化という観点から「プレイ／ゲーム／スポーツ」という連続性の中に位置づけようとしたのが，スポーツ社会学では古典となっているロイ (J.W. Loy) のスポーツ制度論である。ロイはこのアイデアを，『遊びと人間』を著しスポーツの文化論的，社会学的研究にも大きな影響を与えた，カイヨワ (R. Caillois) から引き出している。

遊びを4つに分類したり，「聖／俗／遊」といった人間の意味の文脈の3相のあり方について検討したカイヨワは，同時に，遊びに対して，その制度化の度合いに応じて，「パイディア」と「ルドゥス」という遊びの区別についても論じた。例えば，遊びの中にも，規則も

緩く即興的，原初的な「取っ組み合い」「運動遊び」などもあれば，規則が整えられ故意に様々な制約を作るスポーツやボードゲーム等のような「競技」もある。前者をカイヨワは無秩序で混沌とした遊びという意味で「パイディア」，後者を秩序化され制度化が進んだ遊びという意味で「ルドゥス」と名づけたのである。

このカイヨワの議論を受け，ロイは「スポーツ」を制度化され組織化された「ゲーム」と規定し，「ゲーム」をプレイの要素をもち，技術や戦略や運を競い合うあらゆる形式の競争と規定するとともに，カイヨワのいう遊びの要素をもつ原初的なすべての活動を「プレイ」と規定した。このことにより，制度化・組織化の度合いや，「身体的技術」への限定性の度合いといった視点から，「プレイ－ゲーム－スポーツ」を連続的な発展段階と捉えるスポーツ論を展開する。ここで「ゲーム」は，「プレイ」に対して遊び集団の役割や規則等が制度化・組織化されたものとして，その類似性が特徴づけられていることになる。

他方で，この「集団の役割」という点により着目し，自我の発達や社会化という観点から「ゲーム」という概念を活用しているのが，社会学者のミード（G.H. Mead）である。例えば，ごっこ遊び等の「プレイ」を行っている子どもたちは，母親や特定の友だちなど特定的で具体的な他者とのコミュニケーションの中にあるが，「ゲーム」を行っている子どもたちは，集団の中での役割や想定される他者の反応を見越しているわけであるから，一般的で抽象性のある他者とのコミュニケーションの中にあるといってよい。「個人には彼の自我の統一を与える組織化された共同体，または，社会集団は『一般化された他者』と呼ばれるだろう。一般化された他者への態度は，共同体全体の態度である」（Mead, 1995. 191）。ミードはこのように述べ，「ゲーム」概念から社会を説明しようとする。言い換えれば，「一般化された他者」の態度に向き合う個人の態度を，「ゲーム」という概念の特徴として強調しているということになろう。

オリンピックのことを"Olympic Games"というように，スポーツは「ゲーム」であり，それは日本語でいう「試合」「競技」といった「勝負事」の意味内容を含むものである。それは，ここまでに述べてきたように「ゲーム」が社会に向かう概念であるとともに，非日常性を特徴とする点にあることから，ほぼ同義の言葉として使われているからであろう。類似性の焦点はこの意味で「スポーツ」という言葉をも貫くところにある。

（松田恵示）

⑥ レクリエーション

レクリエーション（recreation）とは，生活を再創造するために行われる，娯楽や楽しみごとといった活動全体をさす言葉である。例えば，精神的に，あるいは肉体的に積み重なった日常生活の中での疲れや緊張に対して，休養や遊びといった「快」を追求する行為を通し，それらを回復させたり，新たなエネルギーを蓄積したりすることをいう。この点からすると，楽しみごとや娯楽にかかわった類似の概念である「遊び（play）」や「レジャー（leisure）」という言葉と比べた時，遊びが主に内容や態度の側面をさし，レジャーが主に時間や性質の側面をさすのに対して，レクリエーションは主に「活動の目的」を含んだ側面をさし示すところに特徴のある概念であるということができる。その意味で，スポーツ，ダンス，音楽，ゲームなどは，レクリエーションの主要な素材であって，レクリエーションそのものではない。

レクリエーションの語源は，ラテン語の"recreāre"（再び創る）にあるといわれている。ゆえにこの語は，病気からの回復や元気を取り戻すことを意味している。また，日常用語としては，「レクリエーション（recreation）」を，気晴らし，娯楽などを意味する言葉とし，「リクリエーション（re-creation）」を，再創造物，改造したものを意味する言葉として捉える区別もある。この点に加えて，余暇，レジャー，アミューズメント等の言葉との意味の重なりが，レクリエーションには認められるところである。

日本では，1947（昭和22）年に日本レクリエーション協議会が設立され翌年に改称された日本レクリエーション協会が，指導者の養成事業を1つの柱としながら，レクリエーションの普及，指導にあたっていることがよく知られている。このように，日本でレクリエーションという言葉が広がってくるのは第二次大戦後であり，戦後の民主主義教育の一環として，日本では取り入れられてきたところに1つの特徴がある。

レジャーという概念が，個人を前提とした自律・自立性に立脚し，階級や階層の高い人々に与えられた余裕の中に出自を探ることができるのに対して，レクリエーションは，民主主義を背景とした連帯性に立脚し，市民生活における休養や再創造の問題として広がった。このために，学校，職場，地域における集団的な活動として，特にその紹介期には固有のイメージが形成された。レクリエーションという言葉に，教育的なもの，あるいは社会的なものという印象がレジャーや遊び等の言葉に比べてより強いのは，このような普及過程のあり方が一定の影響を与えている面も少なくない。

とりわけ日本では，近年まで終身雇用制を基本とする雇用形態が中心であり，福利・厚生の問題として，社員の家族をも含めたレクリエーションの機会提供は企業にとって大きな課題であった。他方で，戦前からの地縁・血縁関係が比較的強い「地域」のあり方からは，行政等の公的性質の強い機関・組織が，地域の人々に対してレクリエーションの機会を提供することは必然的な成り行きであった。ところが，近年の社会変化による企業や地域のあり方の変化は，レクリエーションの問題を，私的，個人的な問題へとシフトさせている傾向を生じさせている。子どもも含めた，市民一人ひとりの主体的なかかわりの中に，レクリエーションの実施機会を広げていくことのできる仕組みづくりが，今後より強く求められているともいえよう。

福祉社会としての様相を呈する現代では，各種学校教育，子育て，高齢，障がい，貧困など，レクリエーションを必要とする社会的課題がより広がるとともに，そこでのレクリエーションのあり方や，その可能性が再び問われているようにもみえる。また，レクリエーションの機会を得ることと，「社会的絆」といった言葉で表されるように，社会生活の中に豊かな人間関係を

取り結ぶことは、「にわとり」と「たまご」の関係になっている面もある。情報化やグローバル化がますます進むこれからの社会において、レクリエーションをめぐる「にわとり」と「たまご」の関係をどう課題化し、その相補性を絶やさせずにダイナミズムを担保し続けるのか。こうした問題を考えたり、実践を工夫したりする際に、スポーツや「身体を使った遊び」という素材の魅力が、様々な面からより積極的に取り出されることが望まれるところである。

（松田恵示）

⑦ レジャー

レジャー (leisure) という言葉は、特に日本では1960年代あたりからよく使われるようになったといわれる（井上、1995）。日本語では「余暇」という言葉があてられる場合が多い。もともと1つの語源として「許される」という意味のラテン語"licēre"をもつこの言葉は、日常生活の中で「強制されない時間 (non-compulsory activities)」のことをさしている。家事、育児、勤労、学業、食事・就寝等、生きるために拘束される時間がわれわれには多く与えられているが、こうした拘束の外にあり、拘束からは開放された自由時間のことである。

レジャー概念への注目は、近代になって急速に広がっている。19世紀の産業革命以降、労働と生産が社会的価値として優先されるようになり、効率化や合理化が課題となる中で、時間の管理は社会システムの構築にまでそれが及ぶほどに進められることになる。この中で、「強制される時間」と「強制されない時間」が分離するとともに、「強制される時間」がもたらす疎外や格差が問題となる半面、「強制されない時間」のあり方が人生の豊かさや、よりよい人間関係構築に影響を与えることに関心が集まっていくからである。この意味では、日本語の「休み時間（英語では"spare-time"）」という「単に余った時間」という以上に、レジャーという概念には、自己実現や公的な活動、といった、より積極的な意味を含ませる場合が多い。しかし、そもそもの英語としての"leisure"は時間概念であり行動概念ではない。むしろこの意味での英語は"amusement"という語の方がそれに近い。

また、レジャーという言葉の語源は「閑・暇」を意味するギリシャ語の"scholē"にもあり、この言葉が例えば「学校 (school)」の語源ともなっていることからもわかるように、そもそもレジャーには、自己充実や個人の自由を拓くといった、「学び」を随伴させる人間のあり方に関するある種の理念が内包されている面もある。この点をフランスの社会学者デュマズディエ (J. Dumazedier) はさらに展開させ、レジャーを「余暇とは、個人が職場や家庭、社会から課せられた義務から解放されたときに、休息のため、気晴らしのため、あるいは利得とは無関係な知識や能力の養成、自発的な社会参加、自由な想像力の発揮のために、まったく随意に行う活動の総体である」と定義している（デュマズディエ、1972. 19）。ここにある、1) 解放性、2) 非利害性、3) 自己実現性、といった特徴は、レジャーそれ自体が、そもそも、主体として生きる人間にとって、人生の目的の1つとして追求される価値をもつもの、として位置づけられることに力を与えている。

ただ、レジャー概念に含まれるこのような積極的な意味内容は、「自由時間」の活動的な使い方のみに限定して支えられているわけではないことには注意を要する。レジャーを、活動的なものと受け身的なものに区別し、「能動的レジャー (active leisure)」と「受動的レジャー (passive leisure)」の2つに分ける捉え方があるが、ここでいう「受動的レジャー」は、その消極性ゆえに、自己実現や自己充実にはつながらないということを意味してはいない。受動的なレジャーでさえもが、「生」のエネルギーを充電したり自分らしさを回復するための礎になったりするなど、やはり人間にとって積極的な意味を豊かに含んでいることを、むしろこうした指摘は随伴させている。『怠ける権利』という著作を送り出したラファルグ (P. Lafargue) は、次のように述べて、よりラディカルに、強制される時間が増大する地獄として、「労働という狂気」に絡みとられていく産業革命以降の近代社会を批判し、こうした「怠惰＝受動的な自由時間」のもつ意義を訴えている。

「一日に十二時間の労働、これぞ十八世紀の博愛主義者、モラリストたちの理想とは。なんとわれら

は最後の一線を踏み越えてしまったことか！」（ラファルグ、1972. 22）「おお、《怠惰》よ、われらの長き悲惨をあわれみたまえ！　おお、《怠惰》よ、芸術と高貴な美徳の母、《怠惰》よ、人間の苦悩を癒したまえ！」（デュマズディエ、前掲書. 67）。

このようにレジャーの概念は、基本的に多様な側面をもつとともに、曖昧さやある種の矛盾も含むものではあるが、「労働時間」という概念に対抗して、近代以降の生活のあり方を規定したり、あるいは人間性の開発のための自由裁量の時間であったりする、人間が人間らしく生きるために重要な分野の1つとして取り上げられてきたといってよい。こうしたレジャーの内容には、スポーツ、趣味・創作、娯楽、観光・行楽などが挙げられる。しかし、1970年代以降は、「時間」という量の側面だけではなく、「内容」や「空間」等を含む質の側面を表す「遊び」という概念が目立って使われるようになり、「日常性」に対抗して「非日常性」のもつ意味や意義という面から生活を問うことが広がるとともに、例えば、時に商業化したり大衆化して流行に流されやすい「レジャー」のあり方について、「遊び」の概念から批判的に検討するといったことも行われるようになっていった。なお、日本語でカタカナ表記した場合の「レジャー」概念は、英語のそれが「時間」の概念であるのに対して、行動をも含む場合が多いのは「日本」という社会的コンテクストが前提となっているからである。

（松田恵示）

⑧ エクササイズ

骨格筋の運動によって生み出されるなんらかの身体運動として定義される身体活動 (physical activity) のうち、エクササイズ (exercise) は、体力 (physical fitness) の維持向上をねらって計画され、構造化され、また反復される身体活動とみなされる (C.J. Caspersen, K.E. Powell, et al. 1985)。また、エクササイズには主に次の3つの意味がある。

1つ目は、運動課題をマスターしていく過程として、運動学習に関する内容を繰り返し実現し、学習内容を処理するメカニズムの変化を目的として試みることである。運動の安定化に関連

して，学習結果と目標値との間の差を指導者が補整する段階から，エクササイズによって学習者自らがその補整機能を果たすようになることが期待される。この機能が自動化されると，新たなポイントを焦点化して運動の先取りがなされるようになる。したがって，学習理論との親和性が高い。これを練習と捉えるならば，分散練習法や集中練習法など，それぞれの課題に適した練習法がある。

2つ目は，練習過程を客観的に捉えた形式，あるいは練習過程の成果である。エアロビックエクササイズやヨガエクササイズ，バランスボールエクササイズなど「○○エクササイズ」といった使用法は，このような意味で用いられる。また，運動の結果が身体の生理的機能にどのような影響や効果を及ぼすかを研究する運動生理学は，exercise physiologyの訳語である。

3つ目は，体力の維持向上などを目的とし，比較的簡単で自動化された運動を繰り返し行うことである。特にアメリカでは，美容や体力の向上のために繰り返し行うものをエクササイズと呼び，スポーツやダンスのためのいわば練習として行う場合には，プラクティス(practice)が用いられる。

エクササイズは，1960年代後半からの運動生理学の発展を背景にムーブメントと同様に学問対象となったが，前者は特にphysical exerciseとして，筋力・心肺機能の強化，生活習慣病の予防などに対する効果の観点から体力科学において扱われている。その背景には，1970年代のジョギングブーム，フィットネスクラブの隆興などから人々の運動実践に対する関心の高まりがあったと考えられる。

実践方法としては，従来の，エアロビクスやジョギング，ウォーキング，水泳，サイクリングなどの有酸素系のエクササイズや筋力トレーニングのような無酸素系のエクササイズのほか，療法的エクササイズ(セラピューティックエクササイズ)などがある。

一方，後者においては体育科学とスポーツ科学の関係の問題として，ヴァンダーツワーグ(H. J. VanderZwaag)は，体育が教職上の名称であり，科学的な研究領域を表す際には，運動科学(exercise science)を用いるべきだと主張している。運動生理学と同様にエクササイズが研究対象として扱われていることがわかる。なお，運動を意味するムーブメントについては，体育科学における専門用語として確立してきた経緯がある。例えば，ブラウン(C. Brown)とキャシディ(R. Cassidy)が体育の本質をart and science of human movementと規定したり，メセニー(E. Metheny)がmovement educationを体育の中核概念に据えたりしている。その後，ムーブメントは，体育からの科学的自立，すなわちスポーツ科学の確立と共に使用されるようになる。

さらに，日本では，運動量に関する基準値・単位としてエクササイズ(Ex)が用いられている。これは，厚生労働省が身体活動量・運動量および体力の基準値として，2006(平成18)年7月に国民の生活習慣病予防のために策定したものである。メッツ(METs)で表される運動の強さに時間を乗じて算出する。例えば，軽いジョギングやエアロビクスに相当する6METsの運動を2時間行うと12Exとなる。厚生労働省が健康の維持・増進のために推奨する運動量は，23Ex/週である。

〔深澤浩洋〕

⑨ フィットネス

フィジカルフィットネス(physical fitness)といえば，体力を意味するが，本来的な意味では「適性があること」を意味するフィットネス(fitness)には，例えばアメリカにおいて始められた「フィットネス運動」の広がりと，またそこから「運動」という語を省略した使用法の定着により，フィットネスがなんらかの運動を意味するケースもある。例えば，ヨガフィットネス，カンフーフィットネスのように，「○○フィットネス」といった表記から運動を意味していることがわかる。日常生活を送ったり，特定の行為をなしたりする上での「適性」として「フィットネス」を捉えるならば，フィットネスとは状態を表す用語であり，その状態をめざした運動やトレーニングを意味する場合には，フィットネス運動，フィットネストレーニング，フィットネスプログラムのように表記するのがより正確な表現といえる。

また，フィットネスという状態を表す概念に関してみれば，1999年に世界保健機関(WHO)が提案した健康の定義「健康とは身体的・精神的・霊的・社会的に完全に良好な動的状態であり，たんに病気あるいは虚弱でないことではない」にみられるように，フィットネスと健康はより近い概念として把握される。

一方，フィットネス運動は，1953年にクラウス－ウェーバー(Kraus－Weber)テストによって，アメリカの子どもたちがヨーロッパに比べて劣っていることが公にされたのをきっかけとして，アメリカ大統領や当時の全米健康体育レクリエーション連合(American Alliance for Health, Physical Education, and Recreation: AAHPER)といった組織，学校などの支持を得て，国家レベルでの展開をみせることとなった。21世紀に入り，アメリカでは，体育授業にフィットネス教育が導入され，体力づくりからの目標の転換が起こっている。フィットネス教育の特徴としては，1)スポーツパフォーマンスから健康へと焦点化され，健康関連フィットネスの評価が目的化されていること。また，フィットネスレベルの向上よりもむしろ自立的な身体活動実践が重視されていることであり，2)教育成果への視点では，成果や結果としてのフィットネス目標からプロセスとしての日常的身体活動へと力点を変化させている点，そして，3)教育内容の変化として，受け身的で訓練的なトレーニングではなく，日常的身体活動へと動機づけ，実践のための知識や技能の習得を重視していること，すなわち，生涯にわたる自立的な身体活動の実践に，意思決定，運動の計画，自己評価，問題解決など高次の認識能力やセルフマネジメントスキルが必要とされることが挙げられる。つまり，スポーツ技能関連のフィットネスを重視する立場から，多様な活動や個人的エクササイズを重視する立場へとその力点を変えてきたのである。

個人の生活条件や生活状況，生活や人生に対する考え方，目的，価値観，職業などを考慮することにより，多様なフィットネスがありうる。身体適性を表す身体的フィットネスや運動系フィットネスの視点からみると，それらの目的として図1のような事柄が挙げ

(1) 病気の予防
(2) アンチエイジング
(3) 職業適性の維持と向上
(4) 運動機能の改善
(5) 身体的に良好な状態とその回復
(6) 自己実現に対する身体運動の貢献
　　(歓喜，モチベーション，満足，情緒
　　の安定など)
(7) 周囲の世界との交流
　　(社交性，他者からの承認)

図1　フィットネスの目的

られる。

　日本においてフィットネスが広く知れ渡るきっかけは，フィットネスクラブの登場にある。1960年代後半のボウリングブームが去った後，閉鎖された施設に代わり，ヘルスクラブ，アスレチッククラブ，スポーツクラブという名称の施設が1970年代に生まれ，健康産業が成長していくこととなる。一部の裕福な階層を対象とした高級志向のヘルスクラブや学童を対象としたスイミングスクールなどが登場する一方，ジョギングやウォーキング，トレッキング，ジャズダンス，ヨガ，テニス，エアロビクスなどが一般市民・女性・中高年の間でブームとなり，このような経緯を経て，1980年代にフィットネスクラブが誕生するに至る。

　その背景には，1970年代以降，死因の変化 (伝染病から慢性疾患: 生活習慣病へ) と運動不足等によって健康不安を抱く人々の増加がある。また，経済発展の基盤として健康づくりの重要性が認識されたり，スポーツを行っている時に自身の身体が思い通りに動いていることを実感したり，日常生活においても同様にもたれるこうした実感がフィットネス信仰を生み出す基盤となっている。

(深澤浩洋)

⑩ アスレティックス

　競技スポーツ (competitive sports) とほぼ同義に用いられるアスレティックスは，達成の比較をめざしたスポーツ活動の一形式として捉えられる。それには，達成比較の基準が設定され，用具や施設の規格化が図られる必要がある。また，アスレティックスは，必ずしもオリンピックに代表されるチャンピオンスポーツに限られるものではなく，競技レベルは相対的である。

　ギリシャ語やラテン語に競争を意味するathlosや賞品を意味するathlonという用語があることからわかるように，アスレティックスとほぼ同義の運動競技が，古代ギリシャには存在していた。競技を意味する「アゴーン」(Agon)に関して，プラトンは，その運動競技術 (アゴーニスティケー，agonistike)を，すでに存在しているものを行動により手に入れたり，他人が手に入れることを許すまいとしたりする獲得術として分類する。そして，運動競技術は，対戦相手の身体を対象とし，運動競技者の身体によって運動競技における勝利を獲得する技術とみなしている。運動競技者は，肉体労働者や戦士と同様に報酬を得ることのできる職業として成立していたが，肉体労働者のように賃金を得ることそれ自体を目的としていたわけでも，戦士のように国防を目的としていたわけでもなかった。プラトンは，運動競技者が，個々の運動種目における勝利に近づくのに適した特殊な身体形態や偏った運動能力を有しており，それはある特定の環境にしか適応できない動物と同じであるとして，必ずしも彼らを肯定的に評価したわけではなかった。

　また，古代ギリシャにおける競技者は，ルール遵守と機会均等を尊重し，審判の判定に従ってはいたものの，競争相手をパートナーとしていたわり，人格的に尊重するという考えはその観客を含めて念頭にはなかった。

　いわゆる中世の騎士道精神を反映した運動競技は，近代スポーツにおいてみられる。この誕生に大きな役割を果たしたのは，19世紀イギリスのパブリックスクールや大学などの高等教育機関である。そこでは，ゲーム活動の組織化とともにアスレティシズムの興隆がスポーツマンシップに倫理的な価値観を付与することとなった。神への忠誠，勇敢さ，寛大さ，礼儀正しさといった騎士道性が近代スポーツの展開の中で復活をみたのである。こうした資質は，産業革命を機に台頭してきた新興ブルジョアジー階級の人々を取り込みながら地主貴族階級やジェントリーら支配階級で構成されるジェントルマンの教養観やリベラリズムの思想との親和性が高かった。また，アマチュアリズムとも通底するものであった。さらに，肉体を社会的善行に生かそうという筋肉的キリスト教の運動がキングズリ (C. Kingsley)，ヒューズ (T. Hughes)，スティーヴン (P. Stephen) らによって唱導された。彼らは，善や公正に向けて肉体を鍛え，弱者を保護し，肉体を道徳的に行使することで道徳形成機能が果たされることを企図していた。

　このような価値観の形成には，産業社会化した当時の無秩序や個人主義，放任主義，敗者の放置などに対する批判的正義感が背景としてあった。同時に自由や平等の理念，競争によって実力と能力において優位な者が新たな支配階層を形成するという「社会ダーウィニズム」の思想によって，公正な競争とフェアプレイが求められた。

　アスレティシズムや筋肉的キリスト教の理念を有するイギリスの教育を目の当たりにしたクーベルタン (P. de Coubertin) は，これらの思想を「アスレティック教育」と名づけ，低い目標から高い目標へと志向するスポーツを強調し，それが道徳形成に寄与することを主張した。この志向は，やがて「より速く，より高く，より強く」という近代オリンピックのスローガンに結実することとなる。

　走・跳・投の能力比較からなる陸上競技を例えばドイツ語では，Leichtathletikという表記をするが，これには，「軽い競技」という意味がある。それは，レスリングやボクシングといった格闘技や競馬，競車のようなものを重競技と呼んで区別するためである。アメリカでは，アスレティックスが運動競技全般をさすものと捉え，陸上競技をtrack and fieldと表記するのに対し，イギリスでは，もっぱらアスレティックスを陸上競技の意味で使用する。

(深澤浩洋)

参考文献　01.C.02

④
- R.カイヨワ．1990．『遊びと人間』〈講談社学術文庫〉多田道太郎，塚崎幹夫 訳 講談社
- J.ホイジンガ．1973．『ホモ・ルーデンス』〈中公文庫〉高橋英夫 訳 中央公論新社
- 松田恵示．2001．『交叉する身体と遊び』世界思想社

⑤
- Loy, J.W. 1978. "Sport as a social phenomena", in Sport and Social System, eds. Kenyon, G.S. and McPherson, B.D. et al, 21. SAGE Publications.
- Mead, G.H. 1995.『デューイ=ミード著作集6 (精神・自我・社会)』河村望 訳 人間の科学社
- Wittgenstein, L. 1976.『ウィトゲンシュタイン全集8 (哲学探究)』藤本隆志 訳 大修館書店

a
⑦
◆ 井上俊．1995．『岩波講座 現代社会学20（仕事と遊びの社会学）』岩波書店
◆ J.デュマズディエ．1972．『余暇文明に向かって』中島巌 訳 東京創元社
◆ P.ラファルグ．1972．『怠ける権利』田淵晋也 訳 人文書院
⑧
◆ エリッヒ・バイヤー 編．1993．『日・独・英・仏

b
対照スポーツ科学辞典』朝岡正雄 監訳 大修館書店
◆ C.J. Caspersen, K.E. Powell, and G.M. Christenson. 1985. Physical activity, exercise, and physical fitness: definitions and distinctions for health-related research. Public Health Rep. 1985 Mar-Apr; 100 (2) : 126 – 31.
⑨
◆ 上杉正幸．2006．「「健康神話」とフィットネス信

c
仰」菊幸一，清水諭，仲澤眞，松村和則 編．『現代スポーツのパースペクティブ』79 – 95．大修館書店
⑩
◆ 木庭康樹．2007．「プラトンの運動競技論序説」『スポーツ史研究』20: 95 – 108．

スポーツの概念的定義 01.D

スポーツ概念規定の意義 01.D.01

① スポーツの概念規定の難しさ

「スポーツ」という言葉から，どのようなイメージが生起するのだろうか。ある人は，自らの野球競技の体験を思い出し，激しい身体活動を伴った他者との競争をイメージするかもしれない。別の人は，バレエのような美しさを求めた身体活動を思い浮かべ，他者との競争よりも自己の身体的卓越性を求めるものとしてスポーツをイメージするかもしれない。また，競技として取り組んだ経験が全くない人は，スポーツと聞けば，家族や友人とのレクリエーションを思い浮かべるかもしれない。

このように，「スポーツ」という言葉が生み出す事物・事象は様々であり，それが縦横に使い分けられている。つまりスポーツは，「これがスポーツだ」と呼べるような物理的現象ではないのである。そもそも人はなにをもってスポーツと呼んでいるのか。ルールか，ボールなどの道具か，体育館や運動場などの施設か，それとも活動している人間そのものか。スポーツは，物体と違って，そこに存在する明瞭な対象としての性格をもたない。実体があるようで実体がない。そしてこの実体のなさがスポーツを多様なものとしている要因の1つでもある。

一方で，「スポーツ」という言葉を使えばある一定の意味を共有できる。しかし，改めてスポーツという言葉の概念を厳密に定義することは容易ではない。マッキントッシュが，スポーツの概念を定義することは難しく，スポーツは山登りから恋をすること，モーターレースから悪ふざけまで広い範囲に用いられると述べる通りである（McIntosh, P. C. Sport in Society. C.A.WATTS & Co. LTD. 1963. 10 – 11）。

このようなスポーツという言葉の概念規定の難しさは，それが日常語であることから生み出されている。学術用語のように，あらかじめ厳密に概念規定を行ってから使用するのではなく，普段用いられている言葉に概念を与えていかなければならないからである。では，日常語における一般的な概念規定の手続きをもとにして，その難しさの理由を説明していこう。

人が物事を考える時，ある事物・事象を表す記号として言葉を用いる。これを「名辞」という。その言葉の意味を「概念」と呼んでいる。「概念」は，言葉の意味を表すと同時に，事物・事象の本質的な特徴を捉える思考形式であるともいわれる。つまり，人は，目にみえるあらゆる事物・事象を分節化して「概念」という認識の手段を作り出すと同時に，その作り出された概念でもってあらゆる事物・事象を理解しているのである。

身近な例として，机をもとにして考えてみよう。普段何気なく眺め，使っている個々様々な形や材質の机という事物・事象をひとくくりにして「ツクエ」という名辞が与えられている。教室で勉強をする机も，家庭で花を飾る机も，職場で書類を書く机も，「ツクエ」である。素材が木でできていても鉄でできていてもガラスでも，四角や円形という形態に関係なく，さらには大きくても小さくても，何色でも，われわれは「ツクエ」と呼ぶ。

この場合，「ツクエ」という名辞で意味される内容は，個々の事物・事象の細かな相違点を無視して，それぞれに共通する特徴を抽出し，その特徴を抽象的に表現したもの，つまり概念である。人は，それぞれ違う事物・事象であるが，「ツクエ」という名辞で意味される内容＝概念を共有している。

今度は逆に，個々の事物・事象としての机から出発して，それらすべてに共通な特徴を取り出し，「ツクエ」という名辞の意味としての概念を明らかにしてみよう。対象としての事物・事象が多様なものであれば，個々に共通な特徴を抽出する作業には困難が伴う。「ツクエ」の場合は，「人がその上で何かをするために利用できる平面を確保してくれるもの」（鈴木孝夫．『ことばと文化』〈岩波新書〉．岩波書店．1973）として表すことができる。

このように「ツクエ」の場合，非常に適切な表現が提案されているが，スポーツになると，山登りから悪ふざけまで，個々の事物・事象それぞれが大きく幅広い内容をもっているので，すべてにあてはまるものという条件を満たすのはいっそう容易ではなくなる。

② 多様性の拡張

これまで述べてきたように，一般的な概念化の作業にもある程度の難しさが伴う。それがスポーツを対象とした場合，一段と難しさを増す。それはなぜか。

このことを外延と内包という用語を用いて説明したい。外延は，当該概念が適用される事物・事象の範囲を意味する。他方，内包とは，その概念が適用される事物・事象に共通な性質である。ある言葉によって示される事物・事象の数が増加し，種類が増えれば増えるほど，つまり外延が拡大すればするほど，内包は貧弱なものになる。

机の場合，一度概念が規定されると，余程のことがないかぎり，同じ目的，同じ用法で使用される。年月の中で古びることはあっても，突然新たな機能が生起することはない。また使用者が

違っても，学習，物を置く台，筆記など，基本的な用途の種類は限られる。

ところが，スポーツの場合は様子が異なる。語源から明らかなように，スポーツの起源は，気晴らしや楽しみであった。それが，近代スポーツの形成とともに競技としての性格を色濃くもつものに変化してきた。

近代オリンピックは，今日，およそ200の国と地域，1万人以上の競技者が参加する巨大イベント化している。サッカー，陸上競技，バレーボール，どの種目をとってもワールドカップや世界選手権が盛んで，競技大会のメガイベント化が著しい。そこでは，「より速く，より高く，より強く」というオリンピック標語に代表される価値観のもと，より高度な技術が求められ，競争はますます激化し，選手は卓越性を求めて日夜努力している。

一方で，勝敗にこだわらないスポーツも盛んになっている。具体的には，インディアカやソフトバレーボールなど老若男女誰もが楽しめることを基本としたニュースポーツが生み出され，スカイダイビングやウインドサーフィンなど自然と親しむことを目的としたスポーツも盛んである。

このように対象としてのスポーツの事象は，歴史的，社会的に変化しながら今日に至っている。現代では，スポーツという言葉の外延はこれまで以上に大きな広がりをみせている。そして，この拡張は，スポーツが物理的現象でないかぎり，今後もさらに続いていくことだろう。このようになると，個々の事物・事象の共通項を取り出すことは非常に難しくなっていく。

つまり，スポーツの概念規定を難しくしている理由の1つは，スポーツの多様性であり，しかもそれが歴史的に拡張しているということである。

③ 外来語としてのスポーツ

次に，スポーツの概念規定を難しくしている理由を内包の側面から考えていきたい。それは，「スポーツ」という言葉が外来語だということと深い関係にある。

現在，多くの人々に親しまれているスポーツのほとんどが，19世紀後半のイギリスやアメリカで生み出されたものである。すなわち，スポーツは，近代以降，欧米から日本に受容された文化である。

そのため，日本語には「スポーツ」という言葉がない。言葉がないということは，言葉が表現する実体，つまりスポーツなるものが日本になかったということである（友添秀則 編．『スポーツのいまを考える』創文企画．2008. 8–15）。

このような実体のないもの，すなわち経験のないものを翻訳するという作業が非常に難しいことは容易に想像できる。また，欧米の文化を受容する際，「外国のことばや表現を，無意識のうちに，自国の文化のコンテクストに置いて解釈してしまう傾向」（鈴木孝夫．『ことばと文化』〈岩波新書〉．岩波書店．1973. 23）がみられる。sportという実体のないものを，自国の文化のコンテクストに置いて解釈するわけだから，当然，そこでは原語sportとの間に多少なりとも相違が生じる。

原語sportの対象そのものが近代のイギリスやアメリカの社会と不可分に結びついており，歴史的に変化してきていること，さらに自国の文化のコンテクストに実体がないものを理解しようとしていること，このような二重の意味でスポーツの「内包」自体が曖昧なものにならざるを得ない。

これまでの論点を整理してみよう。スポーツの概念規定を難しくしている理由を2つ示した。

1つ目は，スポーツという言葉が示す事物・事象が非常に多様で，言い換えればスポーツの外延が非常に広いということにある。さらには，その多様性は，日々拡張しているということである。

2つ目は，スポーツそのものが外来語であり，日本語としての実体のない言葉の意味を明確にしようとしていることである。

スポーツは，社会的な創造物であり，これから先も変化を続けていくだろう。そうなると，概念規定はさらに難しいものとなることが予想される。

④ スポーツの概念規定の意義

これまでみてきたようにスポーツを概念規定することは難しい。しかし，スポーツを考察対象とするスポーツ科学という学問が成立するためには，スポーツの概念規定は不可欠な問題である。

スポーツ科学は，スポーツに関する諸事象を対象に，それらを観察・分析・考察することで客観的法則性を導き出す学問である。当然そこでは，対象を認識する手段としての方法論が必要となる。自然現象を対象とする自然科学の場合，顕微鏡などの物的装置を用いる。しかし，スポーツ科学，なかでも人文科学や社会科学領域の場合，対象を認識する手段は，人間の思考を通して組み立てられた概念装置である。この概念装置が認識手段として成立するためには，その客観性や厳密性が担保されていなければならない。それゆえ，スポーツを概念規定することは非常に重要な問題になってくる。

具体的な事例を考えてみよう。マッキントッシュの定義では，「家族団らんに楽しむトランプはスポーツである」ということになる。この場合，スポーツは主に楽しみや気分転換の意味で用いられているから，日本の将棋も同じように，スポーツという概念が適用されることになる。一方，「サッカーはスポーツであるが，トランプはスポーツではない」といった場合，スポーツの概念として全身を使った身体活動という要素が加えられているから，ここでは将棋はスポーツではなくなる。

このようにスポーツという言葉を使ってなにかを論じる際に，その前提となる言葉の概念規定によって，議論の対象や内容は大きく変わるのである。今後さらに国際化が進むスポーツの世界で，真に有効な議論を進めていくには，スポーツという概念に関する共通理解をつくることはいっそう重要性を増していくであろう。つまり，スポーツ科学が学問として成立するためには，まず研究対象であるスポーツの概念規定の試みを続けることは避けられない。

参考文献

- 内田義彦．1985．『読書と社会科学』〈岩波新書〉．岩波書店
- 岸野雄三．1977．「スポーツ科学とは何か」朝比奈一男ほか 編．『スポーツの科学的原理』78–133．大修館書店
- 鈴木孝夫．1973．『ことばと文化』〈岩波新書〉．岩波書店
- 友添秀則 編．2008．『スポーツのいまを考える』創文企画
- ———．2009．『体育の人間形成論』大修館書店
- McIntosh, P. C. 1963. *Sport in Society*,

a

C.A.WATTS & Co. LTD.

（梅垣明美）

b

スポーツの定義

01.D.02

① スポーツの定義化の困難性

　スポーツという言葉を定義することは可能であろうか。ここでいうスポーツを定義するとは，スポーツの概念の内包を明確にし，かつ，その外延を確定することである。より，簡潔にいえば，スポーツという歴史的・社会的文化事象の意味や内容を他の事象と明確に区別できるように，言葉で限定することである。

　いうまでもなく，現代社会にあってスポーツは隆盛を極めている。その中で，多くの人々は，スポーツをプレイしたり，みたり，楽しんだりしているのであるが，他方で，このように日常的に接しているスポーツに対して，「スポーツとはなにか」という問いに明確な回答を引き出したり，スポーツの概念を規定し，定義することは容易なことではない。というのも「スポーツは，一方で社会の反映であり，他方で社会の発展と変容とに関わる全体的社会的事実」（トマ，1993.7）であり，スポーツそれ自体がその時代ごとの文化的，社会的背景を反映させながら形成され，変容してきたためである。このことが，スポーツに明確な定義を与えることを難しくさせている要因の1つである。加えて，例えば「スポーツについてなんらかの言挙げをしてきた哲学者の間に，その定義に関して，どうやら考えの不一致がみられた」（トマ，前掲書.7）との指摘にあるように，スポーツという言葉を用いる人々によって，その概念が様々な意味で使用されてきたこともスポーツという語の定義化を難しくさせている理由である。これらのスポーツそれ自体の変容とスポーツ概念の多様性という要因によって，スポーツに普遍的で確定的な内包と外延をもたせた一定の定義を与えることは実際不可能に近いともいえる。さらに，スポーツという現象自体の複雑性と総合性が，一定の確定的なスポーツの定義を提示することをいっそう困難にしている。

② スポーツの代表的定義と定義化の試み

　先にみたマッキントッシュが述べたように，イギリスではスポーツという言葉が山登りから恋をすることまで，実に多様な意味を含んで用いられている。また，アメリカのスポーツ誌『スポーツ・イラストレイテッド』では，トランプのブリッジの戦術が連載されているという（中村，2000.115）。スポーツの意味的変遷では，スポーツが語源的に，気晴らしや気分転換を意味する中世英語のdeportから変化し，主に狩猟を意味する時代を経て，18世紀以降スポーツが組織されるにつれ，競争やプレイ，はげしい肉体活動を意味するようになってきたことを述べた。このようにスポーツの概念は時代によって異なることが明らかとなったが，次に欧米の代表的なスポーツ研究者が示す

c

スポーツの概念についてみておきたい。

　表1は，近代オリンピックを創始したクーベルタンを除き，また各々が活躍した時代は異なるが，主としてスポーツの人文社会科学的研究を代表する研究者が述べるスポーツの定義を示したものである。この表からは，研究者の数だけ「スポーツとはなにか」という問いへの答えがあるともいえよう。例えば「野球とはなにか」についての定義は比較的簡単であるが，多様で複雑なスポーツという事象を統一的に説明し，誰もが合意できるスポーツの定義を提示することは研究者にあっても難しいといわざるを得ない。このようにみてくると，やはりスポーツを定義化すること自体，不可能といわざるを得なくなる。ただし，これらの代表的な研究者のスポーツの定義には共通するキーワードがある。それらは，「遊び（遊戯）」「競争」「身体的な技術」「身体的努力」「身体的卓越性」である。実はこれらのキーワードは，スポーツを定義する上でのキーワードであると同時に，スポーツという事象を成立させるための条

表1　スポーツに関する代表的定義

主唱者	スポーツの定義
ディーム（Diem, C.）	スポーツとは遊びがルールに規制されて競争されたものである。
クーベルタン（Coubertin, P. de）	進歩への欲求に立ち，危険を冒しても先に進もうとする集中的な筋肉の努力に対する自発的で日常的な信仰である。
リュッシェン（Lüschen, G.）	スポーツとは身体的な技術を用いる活動である。
エドワーズ（Edwards, H.）	スポーツとは身体的努力の発揮を強調する活動である。
ロイ（Roy, J. W.）	スポーツとは身体的卓越性を表す活動である。
ワイス（Weiss, P.）	スポーツとは身体的卓越性をめざす人たちが示す，ルールによって伝統化された1つの形式である。
キーティング（Keating, J. W.）	スポーツの本質は競争だが，「競技（Athletics）」とは反対に，穏やかさや寛大さとともに楽しさの特徴をもつ。
ジレ（Gillet, B.）	スポーツとは遊戯，闘争，はげしい肉体活動の3つの要素で構成される身体活動である。
フレイリー（Fraleigh, W. P.）	スポーツとは同意したルールのもとで，身体的卓越性を相互に追求することである。
マッキントッシュ（McIntosh, P.C.）	スポーツの概念を定義することは困難であるが，スポーツは以下のように分類できる。 ・競争的スポーツ（competitive sports） ・格闘的スポーツ（combat sports） ・征服的スポーツ（conquest sports） ・体操
参考：『広辞苑』（第六版）	陸上競技・野球・テニス・水泳・ボートレースなどから登山・狩猟などに至るまで，遊戯・競争・肉体的鍛錬の要素を含む身体運動の総称。

（出典：友添，1988および友添，2005から引用加筆）

件でもある。

ところで，スポーツを定義化する方法には，スポーツの発展を歴史・社会的視点から考察する通時的な方法と，当該の時代のなにがスポーツと呼ばれる時の必要十分条件かを明らかにする共時的方法の2つが挙げられる。後者のスポーツの必要十分条件を抽出する共時的方法は，つまり，今この時点でスポーツとみなされるべきものについて，誰もが（少なくとも多くの人が）一致する必要十分条件を挙げることで，主としてスポーツの哲学の研究で行われてきたスポーツの定義化に際してとられてきた有効な方法である。ここでは，ドゥルー（S.B. Drewe）に従い，スポーツの必要十分条件を挙げることによって，スポーツの定義化を行ってみたい。

ドゥルー（2012. 28-29）は「狩猟や自動車レース，ボウリング，チェスはスポーツなのか」という問いから出発し，スポーツの必要十分条件を検討することで，スポーツを次のように定義する。ある活動がスポーツとみなされるためには，プレイを起源とし，顕著な身体技能，競争，制度的側面（当該のスポーツを成立させるルール，一定の歴史，当該のスポーツが行われる広範な地理的広がり）が必要であり，これらを満たすものがスポーツであるという。この定義からすれば，自動車レースやチェスは，ボウリングほど顕著な身体技能を含まず，スポーツのカテゴリーには含まれないという。

ここでのスポーツの必要十分条件による定義化の考察を総括すれば，スポーツは遊び（プレイ）をその本質としながら，「顕著な身体的技能」を用いて，他者（時には自己）と「身体的卓越性」をめざして「競争」を行う「制度」化（ルール，歴史，地理的広がり）された営みということができる。

③ スポーツのメルクマールからみた定義

スポーツは，歴史的には，イギリスの植民地政策とともに世界の植民地に伝えられ，洗練，改変されながら普及・拡大した。そしてスポーツが伝えられた国の土着の民族に伝承されてきた様々な運動と文化的に複合しながら，当該国独特のスポーツ概念を構築し，スポーツの定義を形づくってきた。そ

れは，日本の例でいえば，Baseballと野球の違いにみてとれる。つまり，Baseballに武術の伝統規範を反映して「一球入魂」を標榜した野球とBaseballとでは，同じルールを採用しても（時にはルールそのものが変更されて），概念が微妙に異なり，それがそれぞれの国でのスポーツの定義に少なからず影響を与えるようになる。このようなスポーツの伝播と受容という歴史・社会的な視点から，スポーツの定義化を考察すると，ここにも定義化を困難にさせる問題があることがわかる。

次に，このような問題性に配慮しながら，古代オリンピアでの運動競技や中世の各民族に伝承された運動（民族伝承運動）と近代スポーツとの対比や，近代スポーツそのものの生成過程に歴史・社会的視点から焦点をあて，スポーツのメルクマーク（指標）を明確にしたグートマン（A. Guttman）の見解を参照することによって，スポーツの定義化を試みる。

近代産業社会の成立とともに誕生し発展したスポーツは，当然のことながら，産業社会がもっている特徴をその内部に深く刻み込んでいく。グートマンは産業社会で発展，洗練したスポーツの儀礼的性格の喪失に注目しながら，現代のスポーツを特徴づけているメルクマールとして，「世俗化」「競争の機会と条件の平等化」「役割の専門化」「合理化」「官僚的組織化」「数量化」「記録万能主義」の7つを挙げる（グートマン，1981）。次に，それらのメルクマールについて述べる。

1）世俗化

古代ギリシャのオリンピアでの運動競技や中世の民族伝承運動が，宗教的な儀礼や祭礼と深く関連し，その本質において神聖さと霊的性格をもつものであったのに対し，現代のスポーツは経済的報酬や社会的威信を求めて行われるように，スポーツは宗教的現象から遠ざかり，完全に世俗的な営みであるということを意味している。

2）平等化

古代ギリシャにおいてはすべての人々に運動競技が解放されていたわけではない。また近代以降も，一部の貴族や新興ブルジョアジー階級の男性の特権的な活動であったが，現代のスポーツは労働者や女性を含む万人に解放

され盛んに行われるようになった。スポーツにおける平等化とは，誰もがスポーツにおける（競争への）参加機会をもつべきであること，そして競争の条件がすべての参加者にとって平等であることを意味している。

3）役割の専門化

現代のスポーツは特定の種目に専心し，さらにその中で特定の役割を専業とするようになってきた。スポーツのプロ化を必然とするメルクマールをもつことを意味している。

4）合理化

現代のスポーツは厳格なルールをもち，科学技術の適用をはじめとし，勝利のためにあらゆるものが最高の効率を発揮するよう組織化されている。合理化の具体例はルールの合理化のみならず，スポーツ医科学の成果を基盤に行われる練習の合理化にもみられる。

5）官僚的組織化

現代のスポーツは国際オリンピック委員会（International Olympic Committee: IOC）や国際サッカー連盟（Fédération Internationale de Football Association: FIFA），その他の国際競技連盟（International Federation: IF）等の官僚制を内在する巨大な組織によって運営，支配されている。官僚制の重要な役割は，ルールと規約が普遍的であることの監視であり，地域の大会から国際大会までのネットワークを促進しながら，国内大会や国際大会等で出される記録を公認することである。また，現代のスポーツの組織や団体は，職務が専門的に分化され，指揮命令系統が明確になった官僚的な機構で組織されている。

6）数量化

現代のスポーツはあらゆる側面で測定が可能である。勝敗は100分の1秒や1,000分の1秒単位で競われ，あらゆる側面から客観的な基準によって相対的に比較されるように取り上げられ，数量化される。そして100分の1秒や1,000分の1秒の計測による差異が，非常に価値と意味をもつようになる。

7）記録の追求

古代の運動競技や中世の伝承運動では勝者がいれば十分であったが，現代のスポーツでは100分の1秒の違いが大きな意味をもつ。優越への欲望と数量化の結合が記録万能主義を生み出

し，時間・空間を超える抽象的な目標が記録として定められ，それを打ち破ることが非常に重要な意味をもつ。

ここに示したグートマンのスポーツのメルクマールとその考察を通してスポーツの定義を示せば，次のようにいえる。スポーツとは18世紀中頃から19世紀末までの近代という特殊な時代に，最初はイギリスで，その後引き続いてアメリカという限定された地域に生まれた，独自の論理（資本の論理，自由競争の論理，平等主義の論理，禁欲的な倫理観，モダニズム）を内包した，大筋活動と競争を伴った身体運動にかかわる独特の形式をもった文化である。つまり，スポーツは元来，近代という時代に，英米という特殊な歴史や文化，社会を背景にしてつくられてきた独特の文化であるということになる。

④ 現代におけるスポーツの定義

ところで，上述のようにスポーツの定義を狭義に捉えれば「古代オリンピックで行われた運動競技はスポーツではない」ということになる。確かに，ここまで述べてきた事柄に即していえば，それらはスポーツとはいえない。しかし，古代ギリシャの運動競技と近代の英米に生まれたスポーツの連続性を指摘し，古代ギリシャの運動競技も広い意味でのスポーツであると主張する研究者もいる。そのような主張は，主にスポーツの文化的な特質を研究するスポーツ人類学者のものであるが，彼らはスポーツをもっと広い意味に捉える（寒川，2004. 2−6）。彼らに従えば，中世ヨーロッパの民族伝承運動や日本の蹴鞠，相撲，綱引き等もスポーツということになる。ただし厳密にいえば，図1に示したように，今ここで問題にしている近代に生まれ，その後世界に広まってグローバル化を果たしたスポーツを「近代スポーツ」ないしは「国際スポーツ」と呼び，人類が誕生して以降，世界の各民族に伝承されてきた様々な身体運動や身体活動を「民族スポーツ」ないしは「伝統スポーツ」と呼んで区別する。

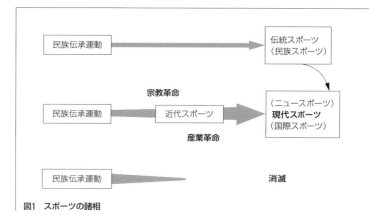

図1 スポーツの諸相

また他方で，古代ギリシャの運動競技と近代に生まれたスポーツには連続性がなく，断絶があると主張する研究者もいる（エリアス，1986; Eichberg, 1984）。この立場では，近代の英米に生まれたものだけが，厳密な意味でのスポーツということになるが，世界を席巻してグローバルな文化になる前のスポーツを「近代スポーツ」と呼び，1920−70年代にかけて，徐々にスポーツが市民権を獲得し，社会の中で重要な領域を占め出して以降のスポーツを「現代スポーツ」と呼ぶこともある。一般にスポーツという時，この「現代スポーツ」といわれるものを「スポーツ」というが，インディアカやセパタクロー，カバディ等のそれぞれの民族に伝承されてきた運動が民族スポーツの枠を超えて，「ニュースポーツ」として現代スポーツに組み込まれてきたように，スポーツそれ自体の広がりや概念，その定義は常に変容し続けている。

これまでの考察をまとめれば，広義のスポーツの定義として，オリンピック種目となった国際スポーツから，各民族に伝承されてきたいわゆる伝統スポーツ，またニュースポーツ等を含み，かつ学校体育の教材である体操，体ほぐしの運動，ダンス，武道等も含めて広くこれらをスポーツとして定義することが可能であろう。このようにスポーツの概念を広義に捉えれば，スポーツの定義は次のようになる。

スポーツとは，近代スポーツが保持してきた資本の論理，自由競争の論理，平等主義の論理，禁欲的な倫理観，モダニズム等のスポーツ独自の論理を中核にしながら，人類が長い歴史的過程の中で醸成してきた可変性をもった人間の身体運動にかかわる文化の総体である。

参考文献

- エリアス，ノベルト．1986．「スポーツと暴力」桑田禮彰 訳 栗原彬ほか 編．『身体の政治技術』93−103. 新評論
- グートマン，アレン．1981．『スポーツと現代アメリカ』清水哲男 訳 31−95. ティビーエス・ブリタニカ
- 佐伯聰夫 1987．「スポーツ」日本体育協会 監修．『最新スポーツ大事典』522. 大修館書店
- 寒川恒夫 2004．「スポーツ人類学のパースペクティブ」寒川恒夫 編．『教養としてのスポーツ人類学』2−13. 大修館書店
- ドゥルー，シェリル・ベルクマン．2012．『スポーツ哲学の入門：スポーツの本質と倫理的諸問題』川谷茂樹 訳 ナカニシヤ出版
- トマ，レイモン．1993．『スポーツの歴史［新版］』〈文庫クセジュ〉蔵持不三也 訳 白水社
- 友添秀則．1988．「スポーツの文化論的探求」植村典昭 ほか 編．『スポーツと身体運動の科学的探究』2−33. 美巧社
- ———．2005．「「スポーツって何？」に答えられますか」『体育科教育』53 (1): 10−14.
- ———．2009．『体育の人間形成論』大修館書店
- 中村敏雄．2000．「異文化としてのスポーツ」明治大学人文科学研究所 編．『身体・スポーツへのまなざし』111−51. 風間書房
- 新村出 編．2008．『広辞苑 第6版』1518. 岩波書店
- マッキントッシュ，P.C. 1970．『スポーツと社会』石川旦，竹田清彦 訳 不昧堂出版
- Eichberg, Henning 1984. Olympic Sport-Neo-colonization and Alternatives. In *International Review for the Sociology of Sport* 19 (1): 97−106.

（友添秀則）

2章
スポーツと政策

近代国家となり，

スポーツが政策としてどのように扱われてきたのか，

戦前，戦後，そして現在に至るまでの

スポーツ振興・推進の流れを紹介するとともに，

欧米諸国，さらには中国・韓国のスポーツ政策をまとめた。

わが国のスポーツ政策の変遷を俯瞰するとともに，

諸外国と比較することで，

これまでの，

そしてこれからのスポーツ政策について

より深く考える契機にしていただきたい。

スポーツと政策　02.A

国家とスポーツ政策　02.A.01

① スポーツ政策

「スポーツ政策」の捉え方は諸説あるが，狭義には国家・地方公共団体，あるいは支配的なスポーツ組織・集団等によるスポーツの振興・奨励(稀には禁止・抑制)のための方策・施策の体系を意味している。したがって，そこには政策立案主体におけるスポーツの価値，スポーツ問題等の捉え方によって一定の価値観・イデオロギーあるいは政治性が反映することになる。スポーツ政策が時に権力的な，あるいは国民的な性格をどの程度帯びるかは，それぞれの歴史的・社会的段階によって異なり，両者の矛盾・対立の関係だけでなく，相互浸透の関係等により一定不変ではなく，かなりの可変性を有している。

② 近代国家とスポーツ

スポーツが「個人の楽しみ・遊び・社交」として一部の恵まれた階級にのみ享受されていた時代には，スポーツが国家的関心・利害とつながることはほとんどなかった。しかし産業革命以後，近代国家が成立・形成されるにつれ，スポーツは労働力の再生産と強い軍隊の育成・兵力の増強(富国強兵)等のために，国民国家の形成に向けて大きな影響を受けることになる。さらには近代スポーツが有する「対等平等の条件」のもとで競い合うという「競争＝競技性」によって「スポーツの高度化」は必然であり，同時に競技が国内から国外へと広がるのも必然である。同様に競技形式・規模も地域から全国へ，さらに国外へと広がり，国際的に発展していくのも必然であろう。

また，この「スポーツの競争性」は必然的に「勝敗＝勝負」をもたらすために，それぞれの属する国家を背景に競技に参加する選手・チームの勝敗は，多くの国民の関心事となり国民の士気にも大きな影響を与えることになる。このようにスポーツは時に国民の愛国心や郷土愛などを刺激し，国民の団結心，あるいは国家・地域の連帯心などを高める効果を発揮する。とりわけ国別対抗戦などのような場合には，いきおい競技に臨む選手たちは国家を代表する者として受け取られ，その競技の勝敗が国あるいは民族の優劣に結びつけて捉えられることになる。

したがって，近代スポーツのもつ「競争性」＝「勝敗性」が意図的に政策的に利用されれば，スポーツが国民統合のシンボル，あるいは手段にもなるのは避けられない。しかも過去にさかのぼればスポーツの勝敗がやがて優勝劣敗主義と結びつけられて民族差別や排外主義を生じさせた例もあり，今もなおその危険性をはらんでいる。しかし一方では，スポーツによる民族・国家間の交流によって相互理解を深め国際親善・友好平和につながることも忘れてはならない側面である。このようなスポーツの政治的・社会的機能は近代国家成立以後も歴史的には肯定的にも否定的にも機能するが，それは正に「スポーツと政治」との関係である。

③ スポーツと政治

スポーツが多くの国民に広がり，かつオリンピック大会をはじめとして国際的なイベントとして発展すればするほど，また新聞・ラジオ，さらにはテレビなどのマスメディアによるスポーツ選手・チームの活躍とその名声が広く国民に知れ渡るにつれてスポーツの政治的・商業的利用価値は高まり，「スポーツと政治」の関係は深まっていく。またそれを意図的に利用する政治家・独裁者が生じるのも必然であろう。

とりわけ第二次大戦前のドイツにおけるナチス・ヒトラー政権下で開催された1936年の第11回オリンピック大会(ベルリン)は，別名「ナチス・オリンピック」と呼ばれるほどにナチズムの宣伝の場として最大限に利用された。また，イタリアのムッソリーニ政権下におけるスポーツは文字通り国民をファッショ(元は「束ねる」の意)的にするための道具となった。さらには，「黒シャツ」隊などが組織されファシズム体制に抵抗する人々を弾圧・威嚇するための活動を展開した。

旧ソビエト連邦・東ドイツなどでは，対外的には社会主義の宣伝，国内的には体力増強，国民統合・統治のために積極的にスポーツ奨励策がとられた。同様に独立国家として発展途上にある国々が，ナショナリズムや国民意識の高揚のために積極的にスポーツ奨励策をとることもありうる。

アメリカやイギリス，フランスなどの発達した国家においてもスポーツが労働力の育成や兵力の増強などのために積極的に奨励される。例えば，第二次大戦直前のイギリスでは1937年に身体トレーニング・レクリエーション法，フランスでは1936年に体育・スポーツ・余暇機関が設置され，翌37年にはスポーツ・バッジ・テストが導入された。

日本では国レベルでスポーツが政策として初めて取り上げられたという意味では，1924(大正13)年は特にスポーツ史上重要な画期であった。すなわちこの年，政府は第8回オリンピック大会(パリ)に参加する選手団に初めて金6万円の補助金を下付した。また内務省は第1回明治神宮体育大会を開催し，文部省は「全国体育デー」を実施した。オリンピック選手団への補助金支出は，オリンピック大会における活躍が「国威発揚」へとつながると判断したからであろう。また，「取り締まり行政」の元締めである内務省が青年団による府県別対抗競技を主な内容とする競技大会を開催したのは，前年の関東大震災によって意気阻喪した国民を鼓舞激励し，同時に混乱した時代に青年の「思想善導」政策としてスポーツを取り上げたものであり，文部省の「全国体育デー」の開催は国民の体位・体力向上政策の一環としてのスポーツの奨励策であったといえよう。

特に注意したいのは戦前・戦中のスポーツ政策は，今でいうスポーツそのものというよりも，教育的あるいは体育的色合いの濃い「体育運動」政策として捉えられたことである。しかもそれは国民の体位・体力向上政策として取り上げられるとともに，1931(昭和6)年の満州事変後には「野球統制令」(1932年)のように加熱する運動・娯楽への制限，やがては欧米的なスポーツの禁

止と引き換えに鍛錬的な，あるいは尚武の精神を基調とする日本的体育運動の奨励，さらには直接的に兵員の補充・確保のための体力向上運動へと収斂され，軍事的色彩を強めていった。

1939（昭和14）年の厚生省による「体力章検定」の実施（15–25歳男子），さらには「国民体力管理」政策として1940（昭和15）年の「国民体力法」が制定されたのも，徴兵制を前提にした「人的資本＝兵員」の確保がねらいであった。この法律の対象は当初は20歳になる青年男子であったが，戦局の悪化とともに対象年齢も17歳に下げられ，女性にも適用された。

日本の全国的スポーツ統括組織である大日本体育協会は1911（明治44）年に創立された。同協会は，長引く「日中15年戦争」による高度国防国家建設という戦時体制の進展，総動員体制の強まる中で，国家による介入・統制によって，1942（昭和17）年に大日本体育会（会長・内閣総理大臣東条英機）に改組された。そして国家の要望による「健民運動心身鍛錬」を主な事業内容とし，やがては運動用品の統制・配給，さらに「競技会開催停止と優勝杯の献納」（『日本体育協会五十年史』）に至り，1945（昭和20）年の敗戦を迎えることになった。

④ 現代社会とスポーツ政策

第二次大戦後，世界は大きく変わったが，同時にスポーツ界も大きく変化した。特にオリンピック大会を1つの頂点とする世界のスポーツ地図は，当初は東側と西側という「冷戦構造」の中で，対立の場としてスポーツ超大国アメリカ対ソ連・東独を軸に描かれた。しかし，戦後復興と高度経済成長を成し遂げた先進諸国でのスポーツ状況は，徐々に国家によるコントロールから相対的に自立していく方向で発展してきた。さらに競技スポーツを中心に高度化したスポーツ（チャンピオンシップ・スポーツ）は，特に1984年の第23回オリンピック大会（ロサンゼルス）以後，テレビ放映権の高騰やスポンサーシップの導入等による商業主義化がいっそう進んだ。このように「スポーツビジネス」が成立するに至り，「スポーツ産業法」も視野に入れたスポーツ政策が問われる時代になった。

また第二次大戦後，先進諸国での目覚ましい経済成長は，多くの勤労大衆＝国民の労働時間の短縮，余暇時間の増大，経済的条件（所得）の拡大をもたらし，スポーツの大衆化をいっそう促進するのに貢献した。このような経済的・社会的条件の変化・変貌は，一方で現代病に象徴されるように成人病の増大と健康不安をもたらし，その結果，多くの人々の健康志向を強めると同時にスポーツによる健康・体力づくりへの関心を高めた。

1976年の「ヨーロッパ・スポーツ・フォア・オール憲章」，さらには1978年のユネスコ「体育・スポーツ国際憲章」に象徴されるように，今や「スポーツはすべての人にとって基本的人権の1つ」と謳われる時代になった。したがって今日のスポーツ政策は，すべての人々のスポーツ権を保障するものであり，多くの国民の自由なスポーツ享受を保障し，さらには国民の健康・体力向上のための社会福祉的・予防医学的側面を含む多様な国民のニーズに応えうるものでなければならない。

日本でも1965（昭和40）年の新日本体育連盟（現・新日本スポーツ連盟）創立の「よびかけ」において「スポーツは万人の権利」であることが宣言されたが，2011（平成23）年のスポーツ基本法において「スポーツを通じて幸福で豊かな生活を営むことは，全ての人々の権利」であることが初めて法として規定された意義は大きい。そして「国民が生涯にわたりあらゆる機会とあらゆる場所において，自主的かつ自律的に」行うスポーツは，青少年の「体力向上」や「公正さと規律を尊ぶ態度や克己心」を培い，人間形成への貢献，さらには「世代間・地域間交流」「心身の健康保持増進」「国際交流・国際相互理解」の増進，「国際平和」への寄与などをめざすという「基本理念」が国のスポーツ政策として提示された。

しかし，この法律が制定されたからといって現実のスポーツ政策が法の規定どおりに実施・実行されるわけではなく，その実現化をめざす国民の「権利保障」のための取り組みと運動が必要である。スポーツ界のみならず幅広い国民的なスポーツ運動によって，現実のスポーツ政策を充実・発展させていくことが重要である。その意味ではこれからのスポーツ政策は「（国家と国民の側の）両者の矛盾・対立の関係だけでなく，相互浸透の関係」が問われることになるのである。

最後に，国家レベルではなく，狭い意味での，いわゆる偏狭な愛国心・愛郷心やファナティシズムなどによって引き起こされる「スポーツ暴動」（1985年オランダでのUEFAカップで35人の死者を出した「ヘイゼルの悲劇」など）は，スポーツそのものの価値を貶めるばかりでなく，スポーツの場への大量の警察官の導入，時に軍隊の出動を呼び込み，さらには強力な国家権力の介入をもたらすことになる。また競技スポーツは商業主義と結びつき巨大な経済的利益をもたらすために，サッカーや大相撲での八百長事件を引き起こしたり，あるいは近年のオリンピック大会におけるドーピング（薬物の不正利用）によるメダル剥奪という事態などを生み出す。これらの「スポーツにおける不祥事・問題」は，ある意味では現代社会の病理的側面ではあるが，このような「スポーツにおける不祥事・問題」が頻発することになれば，当然ながら国家的介入や不正防止策などが国家レベルでの施策として講じられることになる。

例えば，国際的にはユネスコにおいて「スポーツにおけるドーピングの防止に関する国際規約」（2005年）が採択され，2006（平成18）年に日本国政府としてこれを受諾した。翌2007（平成19）年2月1日よりわが国でも同条約が発効されたが，本来ならばスポーツ界の自律・自立によって問題解決することが望ましい。しかし実際のスポーツ団体・組織のガバナンス能力と合わせて考えれば，国家による政策的（あるいは政治的）介入もやむを得ないという，狭義のスポーツ政策が問われるのもきわめて今日的な政策課題であろう。

参考文献

◆ 日本体育協会．1963．『日本体育協会五十年史』

（森川貞夫）

スポーツ政策の策定過程

① スポーツ政策と価値観

スポーツ政策に対する価値観は，時代とともに変化してきているが，スポーツ政策も含め，政策を公共体が主体となって法律を根拠に行う体系的な諸策のことと捉えるならば，わが国のスポーツ政策は1961（昭和36）年にスポーツ振興法が制定されてからといえる。

戦後約50年間スポーツ振興法がわが国のスポーツ振興の根拠法であり，国も，地方公共団体も同法を根拠に，スポーツの振興，普及の諸施策を展開してきたが，同法に定められている「スポーツ振興基本計画」は長年策定されてこなかった。当時の文部省は保健体育審議会答申がそれに準ずるものとしてとしてきた。しかし，スポーツ需要や社会状況が変化する中，1998（平成10）年に「スポーツ振興投票の実施等に関する法律（スポーツ振興投票法）」が制定され，スポーツ振興のための財源の見通しがたったこともあって，スポーツ振興基本計画が2000（平成12）年に発表された。以後，文部科学省は積極的にスポーツ政策を打ち出している。

そのスポーツ振興法が2012（平成23）年に全面改正され「スポーツ基本法」が制定されたことにより，現在は同法がわが国のスポーツ政策を定めていく上での根拠法となった。

そのような中，近年，国の代表的なスポーツ政策を挙げるならば，2000（平成12）年発表のスポーツ振興基本計画に取り上げられていた「国立スポーツ科学センター（Japan Institute of Sports Sciences: JISS）」が2001（平成13）年に，「ナショナルトレーニングセンター（National Training Center: NTC）」が2008（平成20）年に建設され，2010（平成22）年「スポーツ立国戦略」の発表，2011（平成23）年「スポーツ基本法」の制定，2012（平成24）年「スポーツ基本計画」の発表などが続いた。

わが国のスポーツ政策の中心的な取り組みは，生涯スポーツ社会の実現をめざす生涯スポーツと国際競技力の向上をめざす競技スポーツが両輪となっているが，生涯スポーツの推進では子どもの体力の向上や総合型地域スポーツクラブの育成，競技力向上ではオリンピック等でのメダル増産，ドーピングの防止などに価値観を置くスポーツ政策が基本的な方針となっている。

一方，スポーツ指導者の知識技能審査事業の文部大臣認定制度の廃止，全国スポーツ・レクリエーション祭の開催中止，古くは派遣社会教育主事（スポーツ担当）への国庫助成が打ち切られたことなど，価値が高いと思われる政策も時代的な背景の中で消えていくものもある。

一方，1998（平成10）年スポーツ振興投票法が制定され，3年後にサッカーくじtotoがスタートし，スポーツ振興のための財源が確保されたこと，JISSやNTCの建設によってオリンピック等における国際競技力が向上したことなどは政策として価値が高く評価されている。

② スポーツ政策と社会状況

「スポーツ振興基本計画」は，国民のスポーツの実施目的，実施内容も高度化・多様化し，行政や関係団体等に求められる内容も変化してきていることを背景に定めたとしており，スポーツ政策は社会状況の変化を受けて策定されているといえる。

約10年後に策定された新たな「スポーツ基本計画」では，社会の状況を，わが国は少子高齢化や情報化の進展，地域社会の空洞化や人間関係の希薄化が進んだほか，グローバル化に伴い国際的な協力・交流が活発になる一方，国際競争も激化するなど，わが国を取り巻く社会環境や価値観は急激に変化していると述べている。

また，2011（平成23）年3月に発生した東日本大震災では，多くの人命が奪われるとともに，国民生活にも未曾有の大きな被害をもたらし，現在も復旧・復興が大きな課題となっているが，そのプロセスを通じて，「社会の絆」の重要性が改めて認識された。このような環境の変化に対応して，わが国の社会が将来も持続的な発展を遂げるためには，人々が深い絆で結ばれた地域社会が健全であり続け，そこでは，次代を担う青少年が，他者との協働や公正さ・規律を学びながら健全に育つとともに，人々が健康に長寿を享受できる社会の実現することが必要であると考えられるとし，さらには，国民が自国に誇りをもつことができ，わが国が国際的にも信頼され，尊敬される国であることをめざすべきであると述べている。そして，そのような社会をめざすに当たっては，スポーツには大きな貢献が期待されるとスポーツの果たす役割を示している。

しかし，今日では政治や経済と同様にスポーツにおいても，国内だけの社会状況のみならず，日々変化している世界のスポーツ界の動向に対しても適切な情報収集に努め，それに対応した取り組みが求められている。

それは国際競技力向上に対する取り組みやドーピング防止に関することでもあり，オリンピック等の国際競技大会の招致や開催などに対する国の積極的な姿勢にも表れているが，欧米が中心となってきた世界のスポーツの動向も，今やアジア諸国がスポーツの振興に国を挙げて取り組んできている状況から，日本国内における社会状況ばかりではなく世界における動向を十分把握したスポーツ政策を形成していくことが求められる時代を迎えている。

③ スポーツ政策の形成過程

「スポーツ基本法」では，スポーツ施策の策定，実施は国の責務とし，国に責任があることを明確にしているが，今日ではスポーツ政策の形成過程は多様である。

従来のスポーツ振興法のもとでのスポーツ政策の形成過程は，文部大臣の諮問機関である保健体育審議会が大臣の諮問を受け，スポーツに関する専門家等の審議会への出席を求めるなどにより意見を聴き，委員が当時の体育局の担当官と意見交換，議論を深め，提言などをまとめ答申し，大臣はそれを受けて政策に反映する過程となっていた。

中央教育審議会「スポーツ・青少年分科会」が前述の保健体育審議会に代わるものとなっており，その分科会の所掌事務には，青少年の問題，体力問題やスポーツの振興に関する重要事項を調査審議し，文部科学大臣に意見を述べることが挙げられており，スポーツ政策形成に当たって中心的役割を果たしている。そして審議内容によっては専門委員会を設置したり，関係者か

らのヒアリング，現地調査なども行い「中間まとめ（案）」として公表し，各方面からの意見を求め，最後に大臣への答申となる。

行政主導型での政策形成は，政策の発案は担当課内であったり，スポーツ・青少年局としてのものであったりするが局議により方向性が定まれば連絡課長会議に付議される。重要事項については局長会議において審議され，特に重要な政策については省議に諮られることなる。予算を伴うものは8月頃に次年度の概算要求に盛り込まれ，財務省との協議へと進む。12月には政府の予算案がまとまり，国会に提出され，国会の承認が得られて初めてスポーツ政策の具体的な実施ということになる。財政的に厳しい場合にはモデル事業として取り上げ，その成果を見守る場合もある。

一方，政治主導型での政策形成では，国会議員の超党派で構成されているスポーツ議員連盟が中心的な役割を果たしており，従前の「スポーツ振興法」は議員提案による議員立法であった。

スポーツ政策の根拠法となる新「スポーツ基本法」も同様に議員提案により，議員立法として成立した。その形成過程では，スポーツ議員連盟の中に「新スポーツ振興法制定プロジェクトチーム」を設置し，有識者から意見を聴くなど積極的に取り組みが図られたが，政権交代等の関係から一時は廃案

スポーツ政策と国際動向　02.A.03

① スポーツのグローバル化とスポーツ政策

近代スポーツは，統一的な競技規則と競技大会の開催を動因として急速な組織の国際化が進んだ。例えば，近代サッカーは，イギリスにおいて1863年のフットボール協会の結成と統一的な競技規則の制定によって発達し，1904年には国際サッカー連盟（Fédération Internationale de Football Association: FIFA）が設立された。他方，イギリスでは，イングランド，スコットランド，ウェールズ，北アイルランドの4つの協会によってすでに国際サッカー協議会が結成されていたが，サッカーの国際大会を統一しようとするグローバル化の流れの中で，これら4つの協会も

となったり，修正が加えられたりしながら，成案となっている。

また文部科学省副大臣等が「私的懇談会」を設置し，施策の方向を検討することもあり，「スポーツ立国戦略」は当時の副大臣の私的懇談会の報告書がきっかけで成立をみている。

このように形成過程が行政主導型であれ政治主導型であれ，「スポーツ立国戦略」の形成過程にみられるように，今日，スポーツ政策の検討に当たっては，多くのスポーツ関係者と幅広く意見交換を行うとともに，国民の声を聞くため，インターネット上で「熟議カケアイ」が開設されるなど，新たに課題を検討する試みが行われている。

「スポーツ基本計画」もこのような幅広い意見交換を踏まえ，中央教育審議会「スポーツ・青少年分科会」において約半年間集中的に審議がなされ，中央教育審議会を経て文部科学大臣に答申され発表されたように，国のスポーツ政策は，多くの国民の意見を求め，形成されるようになってきている。

そのスポーツ基本計画の策定にあたっては，前のスポーツ振興基本計画の達成状況と課題について評価を行い，その結果を計画に反映することが重要としていたように，スポーツ政策に対する評価が求められる時代を迎えているが，その評価体制は整っているとは言い難い。

（笠原一也）

FIFAに加盟することとなった。また，種目横断的な国際競技大会の開催とそのための組織の統一も急速に進展した。例えば，1884年に国際オリンピック委員会（International Olympic Committee: IOC）が組織され，1896年に第1回オリンピック大会がアテネで開催されたが，他方で，1859年からギリシャで独自に開催されてきたオリンピア競技祭は，1906年の中間オリンピック競技大会を最後に継続されなくなった。また，アメリカでは，1950年にアメリカオリンピック委員会（United States Olympic Committee: USOC）を法人化する法律を制定し，国内オリンピック委員会を法律に基づいて承認する政策がとられた。競技の統一を背景

として進められたスポーツのグローバル化は，世界規模でのスポーツ組織やスポーツ文化の統一化，共通化を促し，その結果として，地域的なスポーツの変容や国内のスポーツ政策に影響を及ぼした。

また，オリンピックなどの国際スポーツイベントは，国家または国家間でのスポーツ政策の対象となった。例えば，1900年の第2回オリンピック大会（パリ）は産業博覧会と同時に開催され，産業政策と連動した。1936年の第11回大会（ベルリン）は国家による全面的な財政援助が行われ，オリンピックを通じた国家的宣伝や政治的利用の対象となった。戦後は，スポーツ界においても東西冷戦構造が反映し，東西の諸国家間におけるスポーツ競争が生じた。1980年の第22回大会（モスクワ）と1984年の第23回大会（ロサンゼルス）ではボイコットも生じた。また，オリンピックにおけるメダル獲得競争は一部の国では主要な政策目標として掲げられ，エリートスポーツ政策またはトップスポーツ政策が展開されている。さらに，オリンピックは，国際的な紛争や外交問題，国際政治との関係も生じさせた。例えば，1956年の第16回大会（メルボルン）では中華人民共和国と台湾の両者の参加問題が生じた。1960年代以降になると，テレビが普及し，国際スポーツイベントのメディアバリューが高まり，スポーツイベントの商業化，グローバル化が進み，経済政策や都市開発としてオリンピックが利用されるようになった。特に，1984年の第23回大会（ロサンゼルス）での商業的財政的な成功は，開催国による積極的な招致政策を促す契機となった。

一方，以上のようなスポーツのグローバル化，スポーツの国際的な政治問題化，世界規模でのスポーツの商業化（経済的なグローバル化）に対抗して，スポーツ文化の保護，スポーツの政治的中立性の確保，グローバル資本によるスポーツへの商業的介入に対する規制の強化などの取り組みも生じている。例えば，韓国では，競技力向上政策が進む一方で，民族スポーツやテコンドーの文化振興策も実施されている。また，1997年に欧州連合（European Union: EU）が定めた「国境のないテレビ放送指令」では，スポーツイベント

に対するグローバル資本による独占放送を規制することが定められた。このようにスポーツのグローバル化に対処して，国内スポーツ政策において調和や受容のための政策が行われる一方で，スポーツの保護や規制などの政策も実施されているのである。

② 国際機関による国際スポーツ政策の推進

1949年に発足したヨーロッパ評議会(Council of Europe: COE)は，ヨーロッパの統合を実現するためにスポーツを政策の対象として位置づけ，みんなのスポーツ(sports for all)など国際スポーツ政策における重要な政策指針を積極的に提案してきた。特に，COEは，1976年に「ヨーロッパ・スポーツ・フォア・オール憲章」を採択し，スポーツに参加する権利などスポーツ政策に関する諸原理を定めた。また，COEの構成国は，これらの共通原理を国内スポーツ政策に反映させることになった。その後も，COEは，1992年に新たに「ヨーロッパスポーツ憲章」を採択し，「スポーツ倫理綱領」を定め，人権，倫理，民主主義，反暴力，反ドーピング，差別禁止，障がい者，社会的統合，社会的弱者に対する機会の保障，環境，スポーツ組織の自律などに関する諸原理を示した。さらに，1995年のヨーロッパ閣僚会議で採択された「リスボン宣言」では，スポーツが健康，福祉，教育，社会化，民主的社会，経済発展にとって重要な意義があり，関連する分野での政策決定において基本的な要素として検討されるべきことが示された。そして，2006年には，「スポーツにおける拡大部分合意」(Enlarged Partial Agreement on Sport: EPAS)が形成され，スポーツに関する国際基準と新しい政府間スポーツ協力のための汎ヨーロッパ・プラットホーム(pan-European platform)の枠組みが企図された。

1993年に発足したEUは，経済分野等における超国家的枠組みや安全保障・外交・司法等の分野における国家間協力の枠組みを条約等で取り決めながら発展を遂げてきた。そして，EUは，スポーツ分野についても積極的な政策をとるようになってきている。特に，2000年の「スポーツに関するニース宣言」では，スポーツは人間の自発性に基づくものであり，健康，教育，社会的統合および文化にとって特別な意義があることが示され，スポーツの保護や促進が政策課題として取り上げられた。さらに，2007年の「スポーツ白書」(White Paper on Sport)では，第一に，スポーツの社会的役割として，身体活動を通じた健康の増進，ドーピング対策への力の結集，教育や訓練におけるスポーツの役割の増強，スポーツを通じたボランティアや市民活動の促進，社会的包摂，統合および機会の平等のためのスポーツの潜在力の利用，人種差別や暴力の予防と対策の強化，世界におけるその他の分野との価値の共有，持続可能な開発への支援などが取り上げられた。第二に，スポーツの経済的側面として，根拠に基づくスポーツ政策(evidence-based sport policies)への転換，スポーツのための公的支援の提供などが取り上げられた。また，2004年からはユーロバロメータ(Eurobarometer)調査によってヨーロッパ各国のスポーツ活動の状況が分析され，スポーツ政策のためのエビデンスとして利用されるようになった。第三に，スポーツ組織について，スポーツの特殊性(specificity of sport)，自由な移動と国籍，移籍，スポーツ競技のインテグリティ(integrity: 高潔さ)(注)，選手代理人，未成年の保護，汚職，マネーロンダリングおよびその他の財政危機，クラブライセンス制度，メディアなどが取り上げられた。第四に，これらの政策課題を達成するために，ステイクホルダー(利害関係者)間の対話の構造化や構成国間の協力，社会的対話(social dialogue)などの奨励が掲げられた。また，2007年に制定されたリスボン条約(Treaty of Lisbon)第149条は，EUがスポーツの特質，ボランティア活動を基礎とした構造および社会的教育的機能を考慮しながらスポーツの促進に貢献することを定めた。さらに，2011年には，「スポーツにおける欧州的側面の開発」に関する政策文書が採択され，プロスポーツ選手の利益を守るという観点からヨーロッパ・エリートアスリート協会，国際プロサッカー選手会(FIFPro)などの労働組合がヨーロッパのスポーツ政策に関する社会的対話に参加することや，放映権のあり方，選手の移籍の自由，国籍による差別の禁止などが示された。

ユネスコ(国際連合教育科学文化機関 United Nations Educational, Scientific and Cultural Organization: UNESCO)は，1952年の総会以降，スポーツを政策の対象として承認し，スポーツと体育に関する政策の国際的な連携を進めてきた。1976年には，体育・スポーツ担当大臣等国際会議(International Conference of Ministers and Senior Officials Responsible for Physical Education and Sport: MINEPS)が開催され，政府間のスポーツ政策の連携が図られ，その後，多様な宣言や勧告を行っている。特に，1978年の第20回総会において「体育・スポーツ国際憲章」を採択し，個人の自由，権利および尊厳を尊重する国連憲章，世界人権宣言などの理念をスポーツに適用し，「体育・スポーツの実践は，すべての人にとって基本的な権利である」ことを定めるなど，世界的なスポーツ政策の基本理念や基本原則を定め，その後の諸外国のスポーツ政策に大きな影響を与えた。また，「体育・スポーツ政府間委員会」(Intergovernmental Committee for Physical Education and Sport: CIGEPS)を設置した。ユネスコは，このほかにも，2005年に「スポーツにおけるドーピングの防止に関する国際規約」を採択し，アンチ・ドーピング政策の基本的な枠組みを定めた。この条約は，アンチ・ドーピング政策に関する世界規模での政府間合意であり，世界アンチ・ドーピング機構(World Anti-Doping Agency: WADA)を中心とした国内レベルおよび国際レベルの協力体制を確立することを目的とするものである。

国連では，このほか，2008年に「国連開発と平和のためのスポーツ事務所」(United Nations Office on Sport for Development and Peace: UNOSDP)が設置され，スポーツを通じた開発(Development through Sport: DTS)またはスポーツを通じた国際開発(International Development through Sport: IDS)に関する政策の統合や推進が行われている。また，「開発と平和のためのスポーツ国際ワーキンググループ」(Sport for Development and Peace International Working Group: SDP IWG)が組織され，子どもと青少年，ジェンダー，平和，ディスアビリティ(disability: 障がい)を焦点と

して，政府間レベルでのスポーツを通じた政策の連携が図られている。国連は，2003年以降，国連ミレニアム開発目標（Millennium Development Goals: MDGs）の達成にスポーツが貢献できることを認め，スポーツが社会の幸福に貢献する潜在力をもっていることを示すために，「教育，健康，開発及び平和を促進する手段としてのスポーツ」と題する一連の決議を採択した。2005年には，スポーツと体育に教育，健康，開発および平和を促進する上で重要な役割があることの理解を高めるために「スポーツと体育の国際年」（International Year of Sport and Physical Education）を，2012年には，「開発と平和のためのスポーツに関する勧告」（Resolution on Sport for Development and Peace）を採択した。

③ スポーツ国際法と国際スポーツ政策

　国際機関等による条約，協定，憲章などによってスポーツに関する特別な法規範が形成され，これらの規範を採択または受託した諸国は，国内におけるスポーツ政策を調和的に実施することが求められるようになってきている。さらに，スポーツに関する特別な条約等だけでなく，世界人権宣言，子どもの権利条約，障がい者の権利に関する宣言，女子に対するあらゆる形態の差別の撤廃に関する条約など，人権一般に関する条約等においても，スポーツと関連する権利保障や差別の禁止などの理念が確認され，各国のスポーツ政策に反映されるようになってきている。

　一方，国際スポーツ組織が定める規約や規則等も，スポーツに参加する人々に対して規範として作用し，拘束力をもつものとなっている。例えば，IOCのオリンピック憲章や関連する諸規定は，オリンピックに参加する世界中の競技者を規律し，開催国のスポーツ政策にも影響を与えている。FIFAによる選手代理人に関する規則は，世界中のサッカー代理人の職業資格や活動内容に影響を及ぼすものであり，競技者だけでなく，スポーツを取り巻く様々な経済的な活動を行う関係者や組織を規制する場合すらある。さらに，スポーツ国際法は，スポーツ政策の世界的な基準となり，各国のスポーツ政策に影響を及ぼしている。例えば，WADAの世界アンチ・ドーピング規程は世界的なアンチ・ドーピング政策の国際基準となっている。スポーツ仲裁裁判所（Court of Arbitration for Sport: CAS）による仲裁判断は，先例としての拘束力を有し，法源として蓄積され，「Lex sportiva」（国際スポーツ法）と称され，世界中の関係者に影響を及ぼしている。

　以上のように，スポーツ国際法の中には，条約のような国家間の取り決めやEU法のように超国家間の取り決めなどがある一方で，国際スポーツ組織を中心として形成されてきた国際的なスポーツ組織に固有の法が形成されているのである。これら両者は，ともにスポーツのグローバル化とともに国際スポーツ政策におけるグローバルスタンダードとしての役割を果たすものとなっている。

　しかし，これらの諸規範は複雑化し，相互に対立する場合も生じており，これらの多様なスポーツ国際法をどのように調和させるかが国際スポーツ政策の課題となっている。例えば，国際スポーツ組織による国際的な規則と，国連やEUなどの国際機関等によるスポーツに関係する条約との間で対立が生じている。欧州司法裁判所は，1995年のボスマン判決，2006年のMeca-Medina判決において，欧州域内におけるスポーツ活動に関するEU法の適用を認める判断を下したが，このことはスポーツ組織が独自に形成してきた国際的な規則との間での対立を示す結果となった。これに対して，IOCやFIFAなどの国際スポーツ組織は，国際スポーツ組織の自律（autonomy）を主張している。さらに，国際スポーツ組織は，組織の自律を確保するために，スポーツ組織のガバナンスを強化する政策をとるようになってきた。例えば，IOCは，オリンピックおよびスポーツの運動組織の健全な組織管理のためのグッドガバナンス（Good Governance of the Olympic and Sports Movement）に関する協議を重ねている。

　スポーツのグローバル化は，スポーツ組織だけにとどまらず，政治や経済などの多様な分野に波及し，複雑な様相を呈してきているが，このような状況の中で異なるアクター間での政策的な対立も生じており，その調和的な解決を図ることが国際スポーツ政策の課題となっている。

（注）インテグリティ（integrity）：健全性，高潔性などと訳される。スポーツにおける道徳的，人格的，社会的に非常に高潔で完全無欠な理想の状態，不正などのない公正で健全な状態を示す。

参考文献 02.A.03

- 井上洋一．2010．「スポーツの国際政策」菊幸一，齋藤健司ほか 編．『スポーツ政策論』273-82．成文堂
- 内海和雄．2012．『オリンピックと平和』不昧堂
- Barrie Houlihan, Mick Green. 2008. *Comparative Elite Sport Development: system, structures and public policy*. Butterworth-Heinemann.
- IOC. 2008. Basic Universal Principles of Good Governance of the Olympic and Sports Movement. Seminar on Autonomy of Olympic and Sport Movement.
- Jean-Loup Chappelet. 2010. *Autonomy of Sport in Europe*. Council of Europe Publishing
- UNOSDP. 2012. *Annual Report 2012*.

（齋藤健司）

スポーツの政策 02.A.04

① 文部科学省のスポーツ政策

　日本におけるスポーツ政策は，文部科学省（2001〔平成13〕年の省庁再編以前は文部省。以下，文科省と略す）が中心となって，その振興のための各種政策を行っている。

　政策の企画・立案に当たっては，文部科学大臣（2001年以前は文部大臣）の諮問機関である中央教育審議会（2001年以前は保健体育審議会。以下，保体審と略す）に諮問を行い，同審議会の答申に基づいて決定されている。

　歴史的にさかのぼれば，戦後からのわが国のスポーツ政策については，国民スポーツの発展（振興）および国民の体力向上という大きな2つの柱から進められてきた。文部省では，国民スポーツの発展および国民の体力向上に向けた政策として，1950（昭和25）年から国民体育大会を主催し，広く国民の間にスポーツを普及し，国民の体力の向上を図ってきたところである。

　また，わが国のスポーツ振興における大きな契機としては，1964（昭和39）

年の第18回オリンピック大会(東京)の開催に向け，1961(昭和36)年にスポーツ振興法が議員立法で制定されたことが挙げられる。これにより，スポーツ振興の意義・目的が明らかになるとともに，スポーツ振興のための国および地方公共団体の役割が明確にされた。

その後は，スポーツ振興法に基づいて各種の政策が進められることとなるが，第18回オリンピック大会(東京)終了後，国民の健康・体力増強対策についての閣議決定による「体力つくり国民運動」，さらには，1972(昭和47)年保体審の答申「体育・スポーツの普及振興に関する基本方策について」(以下，「47答申」という)による体育・スポーツ施設整備の充実などにより，国民の体力向上が図られてきたということができる。

平成以降については，2000(平成12)年9月に策定した「スポーツ振興基本計画」において，2001(平成13)年度から概ね10年間で実現すべき政策目標や，その達成のために必要な施策を掲げ，同計画を基幹として様々な施策が講じられてきた。

生涯スポーツにかかわる政策としては，1989(平成元)年および2000(平成12)年の保体審答申において，「生涯スポーツの充実」および「生涯スポーツ社会の実現」がそれぞれ掲げられた。これを踏まえて，「スポーツ振興基本計画」では，生涯スポーツ社会の実現を大きな柱の1つとし，「1.国民の誰もがそれぞれの体力や年齢，技術，興味・目的に応じて，いつでも，どこでも，いつまでもスポーツに親しむことができる生涯スポーツ社会を実現すること。2.その目標として，できる限り早期に成人の週1回以上のスポーツ実施率が2人に1人(50％)となることを目指すこと」の2つが政策目標として掲げられている(なお，2006(平成18)年9月の同計画の改定では，新たに「子どもの体力について，スポーツの振興を通じて上昇傾向に転ずることを目指すこと」が政策目標として加えられた)。

このため，現在，総合型地域スポーツクラブの設立などに対する助成や，広域スポーツセンターの機能を活用してスポーツを取り巻く課題を解決するための支援，さらには，住民のニーズや地域の実態に応じた指導ができるスポーツ指導者を育成する研修プログラムを開発するためのモデル事業など，各般の施策を実施してきているところである。

また，競技スポーツにかかわる政策としては，「スポーツ振興基本計画」において，「1.オリンピック競技大会や国際競技大会で活躍できる競技者の育成・強化を積極的に推進すること。2.オリンピック競技大会において，早期にメダル獲得率が倍増し，夏季・冬季合わせて3.5％となることを目指すこと」の2つが政策目標として掲げられている。

このため，文科省では2008(平成20)年1月に供用を開始したナショナルトレーニングセンター(NTC)などにおいて行われる選手強化事業に対する補助や，既存のトレーニング施設を競技別のNTCに指定し，トレーニング施設の高機能化を図るなどの施策を実施している。また，トップアスリートが世界の強豪国に競り勝ち，確実にメダルを獲得することができるよう，情報の収集，スポーツ医科学・栄養学の活用など，多方面からの高度な支援を行う「マルチ・サポート・システム」を構築するための支援や，ドーピング防止活動の推進などにも取り組んでいる。

さらに，スポーツ振興法の全部を改正するスポーツ基本法が2011(平成23)年6月に公布，8月に施行された。「スポーツは，世界共通の人類の文化である」と前文1行目に書かれ，スポーツ振興法を大幅に改め，時代に合致する新しいスポーツ観やスポーツの語源に基づく視点からの法律となっている。例えば，スポーツを行う国民だけを対象とせず，応援する人や支える人達も包括するものとなっている。障がい者のスポーツ振興やドーピング防止活動，国際交流そしてスポーツに関する紛争の仲裁・調停等まで網羅し，国と地方公共団体の責務を明確にしている。

また，第2章では文部科学大臣の定めるスポーツの推進に関する基本的な計画，「スポーツ基本計画」について触れていて，スポーツに関する施策の総合的かつ計画的な推進を図るよう明示されている。このスポーツ基本計画は，国家行政組織法(1948〔昭和23〕年)第8条に規定する機関である審議会等で政令で定めるものの意見を聴いて変更するものである。加えて，文部科学大臣の定めたスポーツ基本計画を参酌して，その地方の実情に即したスポーツの推進に関する計画(地方スポーツ推進計画)を地方公共団体の長が定めるように促している。

スポーツを通じて幸福で豊かな生活を営むことはすべての人々の権利であるとされ，スポーツは，青少年の健全育成や地域社会の再生，心身の健康の保持増進，社会・経済の活力の創造，わが国の国際的地位向上等，国民生活において多面にわたる役割を担うとスポーツ基本法は謳っており，この理念の実現のためにはスポーツ基本計画の策定が重要である。

2012(平成24)年3月30日，文科省はスポーツ基本計画を発表し，スポーツ基本法に記述された様々な目標の方向性，具体策を明確にした。

② 厚生労働省のスポーツ政策

厚生労働省(2001〔平成13〕年の省庁再編以前は厚生省)においては，国民の健康の増進に関することや障がい者の福祉の増進に関することが所掌事務として定められており(厚生労働省設置法〔改正：2008/4/18法律第17号〕)，健康維持・増進を目的としたスポーツ活動(健康つくり)や障がい者スポーツの推進に取り組んでいる。

健康維持・増進を目的としたスポーツ活動(健康づくり)については，1970年代以降の社会環境の変化が保健・衛生などの健康問題(成人病の増加や国民医療費の問題)を表面化させたことにより，国民が健康に対し幅広い関心を寄せることとなった。これを受けて，厚生省は，1970年代後半以降，健康の維持増進のための政策として，健康づくり推進運動を積極的に推進してきた。

具体的には，健康で活力のある社会を築くために，1978(昭和53)年に，第1次国民健康づくり対策を開始し，その後，第2次対策では運動習慣の普及に重点をおき，健康運動指導士制度などを新たに設けている。さらに，第3次対策として，2000(平成12)年には，「21世紀における国民健康づくり運動(健康日本21)の推進についての事務次官通知」により，国民が主体的に取り組める健康づくり運動を総合的に推進することとし，2010年(改訂後は2012年)

までの到達目標が示された。その中では，身体活動・運動には生活習慣病の発生を予防する効果があり，健康づくりの重要な要素であるとし，個別の目標設定を行っている。

また，「健康日本21」を中核とする国民の健康づくり・疾病予防をさらに積極的に推進するため，医療制度改革の一環として2002(平成14)年には健康増進法を制定し，健康づくり推進のための法整備を行い，基本法方針を改定している。

加えて，昨今では，内閣官房長官の主宰により，内閣府，文科省，農林水産省，経済産業省と連携の上，「新健康フロンティア戦略」が取りまとめられ，国民の健康寿命(健康に生きられる人生の長さ)を延ばすことを目標とする政府の10ヵ年戦略が打ち出された(2008〔平成20〕年度予算総額2,754億円)ところである。

一方，障がい者スポーツの振興の観点からは，障がい者のスポーツを通じた障がいのある人の社会参加を推進するため，パラリンピック大会等の国際大会等への参加の支援，全国障害者スポーツ大会などの開催，障がい者スポーツ指導者の養成等，障がい者スポーツ振興のための取り組みが進められている。

なお，障がい者スポーツを振興するにあたっては，生涯スポーツおよび競技スポーツを所管する文部科学省との連携・協力を図っていくことが必要不可欠である。このため，必要な情報および意見の交換が図られるよう，両省間の連携協議会を定期的に開催するなどの取り組みが進められているところである。

また，スポーツ基本法ではスポーツ推進会議の設置を規定している。政府は，スポーツに関する施策の総合的，一体的かつ効果的な推進を図るために，文科省のみならず，厚生労働省，経済産業省，国土交通省その他の関係行政機関相互の連絡調整を求めている。

さらに，2012(平成24)年に策定されたスポーツ基本法に基づくスポーツ基本計画には，年齢や性別に応じたスポーツの促進や体力向上方策の中で，医学・歯学・生理学・心理学・力学をはじめ経営学や社会学等を含めたスポーツ医・科学の積極的な活用を図ると記されていることからも，厚生労働省のスポーツへの関与が期待される。

③ その他の省庁のスポーツ政策

スポーツ振興を目的とする施策は様々な分野に及ぶとともに，本来はスポーツ振興以外を主たる目的として実施される施策であっても，結果的にスポーツの振興に資するものも多く存在することから，間接的にあるいは部分的にではあるが，その他の府省庁についてもスポーツ政策にかかわっていると考えられる。

一例を挙げれば，1965(昭和40)年3月に結成された健康・体力づくり運動の推進組織である「体力つくり国民会議」には，数多くの関係府省，民間団体，道府県民会議が参画しており，その施策の内容は，施設整備，指導者の養成，組織の育成，事業の振興など広範囲にわたっている。

また，外務省においては，文化外交の中で，特に，国境・民族を超えて親しまれているスポーツを，国際交流の手段として効果が高いものと位置づけ，世界的にも関心が高い柔道・空手・剣道など日本の伝統スポーツをはじめとしたスポーツ分野での交流によって，対日理解促進・親日家育成のいっそうの推進を図っている。

外務省の外郭団体である独立行政法人・国際協力機構(Japan International Cooperation Agency: JICA)の青年海外協力隊は，毎年，発展途上国へ体育教員をはじめ各種スポーツの指導者を多数派遣し，交流と普及に力を注いでいる。国際交流基金では，スポーツ専門家を希望する諸外国へ派遣して，実績を積んできた。スポーツによって国際交流を盛んにする政策は着実に効果を上げている。

さらに，全国的なスポーツ大会が毎年同じ市町村で継続的に開催されれば，そこが競技種目について子どもたちの憧れの場所(聖地)となるなど，地域の活性化についても大きな役割を果たすこととなる。このため，2005年から総務省においては文科省との連携のもと，このようなスポーツ大会の拠点を全国各地に作っていくため，宝くじの収益を活用してスポーツ大会実施への財政支援等を行っているところである(スポーツ大会拠点づくり推進事業)。

その他，国土交通省・農林水産省では主に施設整備関連の施策が実施されており，国土交通省では，都市公園の施設整備について都道府県が要する経費の一部を補助している。

これらの政策と相まって，スポーツ基本計画では，総合型をはじめとする地域スポーツクラブの育成に力点を置き，地方自治体にその促進を期待している。住民が主体的に参画する地域スポーツ環境を整備し，スポーツ推進委員を委嘱してその充実を図るように期待している。

既述したスポーツの国際交流をめぐっては，国レベルにとどまらず，地方公共団体も地域の活性化を目的としながらスポーツを地域の観光資源(スポーツツーリズム)とした特色ある地域づくりを地域振興策として打ち出している。加えて，スポーツ基本法には，スポーツに係る国際的な交流および貢献の推進として，国や地方公共団体に国際競技大会等の開催に努めるよう説いている。これらはスポーツツーリズムの促進とわが国の競技水準の向上を図るとともに，国際相互理解の増進と国際平和に寄与するであろう。これらの政策は，各省庁の連携なくしては困難である。

なお，自由民主党政務調査会のスポーツ立国調査会において2008(平成20)年6月にまとめられた『スポーツ立国』ニッポンを目指して』では，スポーツ関連行政を一元的に推進できる体制を整備するために，「スポーツ庁(省)を設置すること」が今後の検討課題として提言された。

そこでスポーツ基本法の附則に，スポーツに関する施策を総合的に推進するための行政組織のあり方の検討として，スポーツ庁およびスポーツに関する審議会等の設置について記述されたのである。

参考文献

- 外務省. 2008.「第4節 海外への情報発信と文化外交」.『外交青書2008』(発行：時事画報社)：174–75.
- 健康日本21.「21世紀における国民健康づくり運動の推進について(2007年12月28日)」http://www.kenkounippon21.gr.jp/kenkounippon21/about/index.html (2008年9月15日)
- 自由民主党政務調査会スポーツ立国調査会中間まとめ. 2008
- 文科省スポーツ・青少年局. 2008.「スポーツの振興と青少年の健やかな育成」.『文部科学時報』

第1587号〔発行：ぎょうせい〕：46-50.
（松浪健四郎）

日本におけるスポーツ振興の制度と基盤   02.B

スポーツ行政と制度   02.B.01

① スポーツ行政の目的・体系

　戦時期における旧厚生省体力局による所管（1938〔昭和13〕年1月-1941〔昭和16〕年7月）といった例外はあるものの，わが国のスポーツ行政は文部省（現文部科学省）が所管してきた。そして，地方行政レベル（都道府県と市町村）では，従来は教育委員会の社会教育担当部局が「社会体育課」等といった名称で所管するケースがほとんどであった。しかし，近年では所管を教員委員会から切り離して，首長（知事，市町村長）直属の部局として例えば「市民局スポーツ振興課」といった担当課を設置するケースが増えている。

　事業の内容については競技色の強いものなのか，レクリエーション色が強いものなのかといった違いはあるにせよ，行政は公共サービスの一環としてスポーツ施設を設置したり，スポーツ大会やスポーツ教室などの事業を提供したりする。その目的はスポーツにかかわる公共サービスの展開を通して，余暇時間を有効に活用する環境を生み出し，それによって人々の心身をリフレッシュすることや健康増進に貢献することにある。

　これに加えて，特に高齢化が進む現代の日本社会においては，スポーツ活動を通じて体力や健康の維持・向上を図り，結果として医療サービスを受ける機会を減らすといった，いわば予防医学的な観点からスポーツ活動の奨励がなされる傾向が強まりつつある。この面では厚生労働省もスポーツ行政に携わっているといえるし，地方の行政レベルでも保健衛生や福祉部門などスポーツ行政に関連する公共サービスが提供されている。

　一口に「スポーツ行政」といってもその間口はきわめて広い。スポーツ活動を通じた青少年交流事業（内閣府），森林空間を利用したスポーツ・レクリエーション事業（農林水産省），スポーツ国際交流事業（外務省），スポーツ観光事業（経済産業省），自転車道やレクリエーション都市公園等の整備（国土交通省），スポーツ事業を通じた環境保全事業（環境省），体操事業（総務省）など，広義の意味ではいずれもスポーツ行政の範疇に入ると考えられる。

　同様に地方行政レベルにおいても，例えば当該地方自治体に在住する外国人との交流事業の一環としてのスポーツ大会の開催や，福祉事業領域における障がい者スポーツ大会，さらには学校教育活動としてのスポーツ事業や町内会・自治会の運動会など，スポーツ行政に含まれる事業には多種多様なものがある。

　したがって，スポーツ行政の体系は国レベルでも地方レベルでも独占・統合・単線的な行政組織体系とはなっていない点に注意する必要がある。確かに国レベルでは文部科学省が，地方自治体レベルでは教員委員会ないしは首長部局のスポーツ担当課等が中心的なスポーツ行政の担い手ではあるものの，国・地方を通じたスポーツ行政の実際は多元的で複線的な特徴を有している。

② スポーツと法

　スポーツに関係する法律に類するものとして国際条約や国際憲章，国法，条例なども含めれば，その数は非常に多い。

　日本におけるスポーツ振興の基本的な考え方にも影響を与えた国際憲章にユネスコ（国際連合教育科学文化機関，United Nations Educational Scientific and Cultural Organization: UNESCO）の体育スポーツ国際憲章（1978〔昭和53〕年）がある。スポーツが人類にとって普遍的な価値をもち，世界中のすべての人々にはスポーツを享受する権利があることを高らかに宣言した内容となっている。スポーツは人間性や生活の質の向上に資するのみならず，世界の平和と安定に寄与すると位置づけた上で，国家機関は率先して人々のスポーツ活動の環境を整備すべきであるとした。このユネスコ憲章は，スポーツの持つ崇高な理念や可能性を，地球上のかけがえのない資産・財産であると明確に位置づけたものである。

　国家レベルの最高法規としての日本国憲法にいうところの「健康で文化的な最低限度の生活を営む権利」（第25条）にはスポーツ権が含まれると解釈される。しかし，スポーツそのものを真正面から見据えた基本的な法律としてスポーツ振興法が存在した。1964（昭和39）年の第18回オリンピック大会（東京）を控えた1961（昭和36）年に制定され，スポーツ振興をめぐる国と地方自治体の役割などまさに「施策の基本」（第1条）について定めた内容となっていた。

　スポーツ振興法をめぐっては，国による財源措置などが義務規定ではなく奨励規定となっていた。そのため，法律の施行が徹底されないいわゆる「ザル法」と揶揄され続けてきた向きがあるものの，2011（平成23）年にスポーツ基本法が施行されるまで日本におけるスポーツの基本法の地位を維持してきた。スポーツ振興法の施行後，時代の要請に応じて，いくつかの条件の修正や追加が行われてきた。例えば，1999（平成11）年の地方分権一括法の制定により，都道府県のスポーツ振興審議会の名称をめぐる必要規制の緩和がなされ，市町村の体育指導委員（2011〔平成23〕年スポーツ基本法では「スポーツ推進委員」）の必置が任意設置となった。また，プロスポーツ選手の競技技術の活用に関する規程などが盛り込まれた。

　近年，オリンピックなど国際スポーツ大会でのメダル獲得につながる競技スポーツ強化と，これを底辺で支える地域社会における草の根スポーツ活動の活性化をねらいとしたスポーツ振興法の改正が議論の俎上にあがり，スポーツ振興を一手に担うスポーツ省の設置をめざす議論もなされている。

　また，1998（平成10）年の「スポーツ振興投票の実施等に関する法律」（通称サッカーくじ法）の制定にみられるように，近年の傾向としてスポーツ振興財源を市場のメカニズムから調達しよう

とする政府のねらいが顕著になりつつある。一方で「特定非営利活動促進法」（通称NPO法。1998〔平成10〕年制定）において，「スポーツの振興を図る活動」（第2条関係の別表）が非営利活動に該当する事例であることが明記された。スポーツ振興の新たな担い手としてのNPOに注目が集まりつつある。

さらに近年，地方自治体レベルでの新しい展開もある。「埼玉県スポーツ振興のまちづくり条例」（2007〔平成19〕年）や「21世紀出雲スポーツのまちづくり条例」（島根県出雲市。2006〔平成18〕年）といった，スポーツを通じたまちづくりを模索する内容を規定した条例がそれである。このようにスポーツをめぐる憲章・法律・条例は国際・国家・地方自治体レベルで重層的に存在している。

その後2010（平成22）年には，スポーツ政策の基本的体系である「スポーツ立国戦略」が策定された。スポーツの担い手を「する人，みる人，支える（育てる）人」と幅広く捉えた上で，引退後のトップレベル競技者が総合型地域スポーツクラブの指導者になったり，地域のスポーツ人材を学校体育・運動部等で活用するなど，スポーツ界の連携・協働による「好循環」の創出が打ち出された。

この立国戦略を受ける形で，翌2011（平成23）年には，スポーツ振興法が50年ぶりに全面的に改正され，基本理念や国・地方自治体・スポーツ団体の役割を定めたスポーツ基本法が公布・施行された。その特徴として，1) スポーツ権の明記，2) 地域スポーツとトップレベルスポーツとの好循環の創出，3) 国家戦略としてのスポーツ施策の総合的・計画的推進などが挙げられる。

そして2012（平成24）年には，今後10年間の基本方針と5年間で取り組む施策の体系であるスポーツ基本計画が策定された。基本計画では，子どものスポーツ機会の充実，住民の参画による地域スポーツ，国際競技力の向上に向けた人材養成，さらにはスポーツ界の透明性，公平・公正性といった政策目標が設定され，多面的なスポーツ推進の取り組みを通じたスポーツ立国の実現をめざすとされた。

③ スポーツ行政の組織

国家行政では文部科学省スポーツ・青少年局のスポーツ青少年企画課・青少年課，スポーツ振興課，競技スポーツ課の3課が，そして地方行政レベルでは都道府県と市町村におけるスポーツ振興担当課（係）がスポーツの公共サービスを所管する主要な行政組織である。しかし，これらのスポーツ行政組織が単独で事業を提供するわけではなく，監督下にあるスポーツ競技団体や外郭団体が実際のスポーツ事業の担い手となっているケースがほとんどである。

（公財）日本体育協会(Japan Sports Association: JASA) と（公財）日本オリンピック委員会(Japan Olympic Committee: JOC) の存在がそれである。前者は生涯スポーツ，後者は競技スポーツにおける全国統括組織となっている。（公財）日本体育協会は各中央競技団体（加盟団体）や都道府県協会などを構成メンバーとし，JOCも各競技中央団体を構成メンバーとしている。そして，こうした基本構造は市区町村（市区町村体育協会や市区町村競技団体など）にも浸透している。さらに地域社会における総合型地域スポーツクラブ，スポーツ少年団，中学・高校・大学や実業団のスポーツクラブなどをも傘下に収める組織体系となっている。

地方行政におけるスポーツ事業を支える準行政組織と位置づけられるのが，公社や財団法人といった地方自治体の外郭団体である。出資金の多くを当該地方自治体が負担した上で，出向として行政職員を派遣し，当該の公社・財団法人が独自に採用する職員スタッフとともに業務に当たる。

しかし，地方自治体の財源不足を背景とした行財政改革や業務のスリム化という時代的趨勢の中で，2003（平成15）年に指定管理者制度が導入され，公共スポーツ施設の管理運営を民間事業やNPOなどが担えるようになった。安いコストでよりよいサービスが提供できるならば，公共サービスを行政組織が独占的に担う必要はないとする行政サービス改革の一環である。

スポーツ基本法の施行によって地方レベルでは，これまで草の根のスポーツ活動の担い手であった体育指導委員はスポーツ推進委員に，従来の都道府県や市町村のスポーツ振興審議会はスポーツ推進審議会に名称変更された。一方で国レベルでは，独立行政法人日本スポーツ振興センター(Japan Sport Council: JSC，前NAASH。その前身は日本体育・学校健康センター）が，国際競技力向上を目的にスポーツ科学・医学・情報を総合的に研究する国立スポーツ科学センター(Japan Institute of Sports Science: JISS) や，トップレベル競技者を対象としたトレーニング・強化活動の拠点施設であるナショナルトレーニングセンター(National Training Center: NTC) を運営している。

このようにスポーツ行政と制度は，これを取り巻く時代状況や価値観の変化に応じて変容しつつある。スポーツをめぐる公共サービスの担い手は行政組織，NPOやボランタリー組織，民間事業者といったように多元化しつつある。加えてこうした類型に属さない担い手として，例えば社会的起業家が当該の地域社会を足場として利益を追求すると同時に，その地域に利益を還元する可能性も期待される。スポーツ行政とその制度は大きな地殻変動に直面しているといえよう。

（中村祐司）

スポーツ施設の整備充実

① スポーツ施設整備の法的基盤

公共スポーツ施設の設置・整備は基本的には行政の責任であり，国および地方自治体は法律や条例を設けてその実現に当たってきている。1961（昭和36）年に制定されたスポーツ振興法は，第12条（施設の整備）において，「国及び地方公共団体は，体育館，水泳プールその他の政令で定めるスポーツ施設（スポーツの設備を含む。以下同じ）が政令で定める基準に達するよう，その整備に努めなければならない」と規定しているし，2011（平成23）年8月に施行されたスポーツ基本法では，第12条（スポーツ施設の整備等）において，「国及び地方公共団体は，国民が身近にスポーツに親しむことができるようにするとともに，競技水準の向上を図ることができ

るよう，スポーツ施設(スポーツの設備を含む。以下同じ)の整備，利用者の需要に応じたスポーツ施設の運用の改善，スポーツ施設への指導者等の配置その他の必要な施策を講ずるよう努めなければならない」としている。しかしながら，スポーツ振興法でいう，政令で定める基準なるものが現在存在しておらず，さらに，国および地方自治体の財政悪化を受けて，近年スポーツ施設の整備にかかる国や地方自治体の事業は衰微している。

なお，1972(昭和47)年に出された文部省(当時)保健体育審議会の答申(47答申)にみられる「日常生活圏域における体育・スポーツ施設の整備基準」および1989(平成元)年の同審議会の答申にある「スポーツ施設の整備の指針」は，政令で定める基準に準ずるものと考えることができ，特に47答申はわが国の施設整備の促進にきわめて有効に機能したとされる。この基準は，地方自治体の規模を考慮して整備すべき施設の種類と規模・規格および数量を示したものである。その後10年ほどはこの基準の達成へ向けて国および地方自治体は施設整備に努めた。1989(平成元)年に出された施設の整備指針は，市区町村が施設を整備する際の指針を示すという形でわが国のスポーツ施設の整備のあり方を示したものである。この整備指針の特徴は，新しいスポーツ施設の体系論に立脚しているところにある。すなわち，公共スポーツ施設は，3つのレベルで体系的に整備すべきであるという考え方であり，この考え方は47答申にはみられないものである。3つのレベルの施設とは，最も日常生活に密接な関係のある「地域施設」，地域を超えて全市区町村を範域とする「市区町村域施設」，さらに市区町村の圏域を超えた広域的な「都道府県域施設」である。生涯スポーツの基本は地域スポーツ施設にあり，その整備を重点的に行っていく必要から新たに加えられた施設レベルといってもよい。施設整備計画の立案に当たるのは，地域レベルおよび市区町村域の施設については市区町村が，都道府県域の施設については都道府県が責任をもつべきである。その後，2000(平成12)年のスポーツ振興基本計画においてわが国の地域スポーツのあり方を提起した総合型地域スポーツクラブは，この地域レベルの施設が整備されることによって初めて発展の可能性が見込まれるものである。まさに21世紀において最も重点的に整備されるべき施設は「地域施設」であることはいうまでもない。

② スポーツ施設整備と経営方法

公共スポーツ施設の維持・管理あるいは経営のあり方をめぐる新しい方法として，指定管理者制度とPFI(Private Finance Initiative)がある。

指定管理者制度とは，それまで地方公共団体や公共的な団体・外郭団体に限定していた公の施設の管理・運営を，株式会社をはじめとした営利企業・財団法人・NPO法人・市民グループなど法人その他の団体に代行させることができる制度である。この制度は，公共スポーツ施設が提供するサービスの質的・量的な向上と，施設の効率的な経営(特に経費の削減)の2つを同時にねらったものである。制度が発足して以来公共スポーツ施設の多くが指定管理者制度を導入しており，従来から存在していた公共的な団体がそのまま指定管理者になるケースも多いが，競争的環境にある都市部においては，民間企業の参入も大幅にみられる。指定管理の期間はおおむね3年から5年であり，期間終了にあわせて更新のための手続きがとられる。総務省が行った実態調査(2012〔平成24〕年)によれば，指定管理者制度を導入している施設は全国で約7万3千施設，民間企業が指定管理者になっている割合は約30％，指定管理の期間は，3年が22％，5年が56％となっている。施設の置かれている環境や施設のレベルによって指定管理のあり方は異なってくる。例えば，地域レベルの小規模な施設においては，地域住民組織や市民グループが自らの地域の財産を有効に活用するという視点で経営に参加することが適しているだろうし，民間スポーツ団体などが専門的な施設経営能力と公共性を確保するという意識があれば，市区町村レベルや都道府県レベルの施設経営を代行することも増えていくだろう。指定管理者制度はスポーツ施設にとどまらず多くの公共施設を包含する施設の有効な経営管理を追求する制度であるが，経済性や効率性を追求するあまり公共性を犠牲にするという事態が発生することのないように施設設置者や住民のチェックが必要である。

他方，PFIは，公共施設等の建設，維持管理，運営等を民間の資金，経営能力および技術的能力を活用して統合的に行う手法である。施設の建設から運営管理に至るすべての事業を運営する特別の会社をつくり，一定期間(10年から15年)を過ぎて設置者である地方自治体に移行するという施設の建設および管理の方式である。公共の事業に民間企業経営の資源やノウハウをもち込むことによって施設の効率的な経営を図ろうという，イギリスにおいて生み出された方式である。制度導入が遅れたわが国においては，未だその正否を評価する時期に至っていないが，期間が終了するまでの経過におけるその成果や問題点をモニタリングすることが重要である。

③ 学校開放と共同利用化(法的根拠，51年事務次官通知，保体審答申，共同利用化)

わが国の学校体育施設は，世界に誇ることができるほど整っているといわれる。いずれの学校においてもグラウンド，体育館，プールの3施設はセットで整備されているし，中学や高校になれば武道場やダンス場あるいはトレーニング場などさらに豊かな種類をもつようになる場合が多い。このような学校施設を地域住民へ開放するという営みはすでに長い歴史をもっており，形式上はほぼ99％の開放がなされているといわれる。しかし，形式的な開放率の高さの割には，学校施設が地域住民のスポーツ活動の拠点として確実に機能しているかといえば，必ずしもそうではない。2000(平成12)年に行われた「体力・スポーツに関する世論調査」では，16％の人々が学校開放を利用したと回答している(総理府，2000年)。これからの課題としては，地域のスポーツの振興を支える重要な拠点として学校施設を捉え直し，構造的・機能的な改善と，開放のシステムの改善の両面にわたり進めていくことがきわめて重要である。その改善の方向を示唆するキーワードが「共同利用化」である。

近年の少子化の影響を受けて，学校の規模(児童・生徒数や学級数)が小さく

なっているが，学校の構造物は大きい頃のままであり，空き教室や空き校舎が出現したり，統廃合によって学校施設が閉鎖されたりという事態も各地で生じている。スポーツ施設としての学校施設は学校教育のために設置された施設であるが，同時に地域社会への利用を視野に入れた規模や構造になってきていることも多い。敗戦後に制定された教育基本法，学校教育法，さらには社会教育法において，学校施設の地域社会への開放はうたわれているが，生涯学習が当たり前になっている今日，地域社会の学習のセンターとしての学校施設，とりわけ小学校や中学校の施設が，児童生徒の学びの場であるとともに，地域住民の生涯にわたる学習の場として機能することの重要性は敗戦当時とは比較にならないほど大きさを増してきていることは説明を要しないだろう。

学校教育も生涯学習の一環であることを考えれば，学校教育施設を生涯学習の場として捉え，学校教育と地域学習との連携・融合もますます充実していくことが期待されている。学校教育のための施設から地域におけるすべての住民(子どもから大人まで)の学習の拠点としての学校施設の捉え直しが学校関係者，行政関係者そして住民に広く理解されることが重要であろう。

上記のような学校施設の捉え直しは，学校施設の機能と構造そしてシステムの再点検を必要とする。とりわけシステム上の再点検が最も重要である。学校施設のあり方については，1976(昭和51)年に出された文部省(当時)事務次官通知および1997(平成9)年の保健体育審議会答申が，その後の開放システムに大きな影響を与えた。1976(昭和51)年次官通知では，学校体育施設の開放事業の主体を学校の設置者である当該地方自治体の教育委員会にしたこと，登録団体による利用を推奨したこと，施設を基盤とするグループが育成されることを企図したこと，管理指導員の配置をはじめとして，学校開放に対する行政の支援を強化したことなどが挙げられる。さらに1997(平成9)年の保健体育審議会答申においては，従来の「学校開放型」から「共同利用型」への移行を提言している。すなわち学校体育施設は地域住民にとって最も身近に利用できるスポーツ施設であり，地域住民共通のコミュニティースポーツの拠点となることが期待でき，そのためには，これまでの地域住民へ場を提供するという「開放型」から，学校と地域社会の「共同利用型」へ移行し，子どもたちの確かな学習と地域住民の豊かな学習の両立をめざした積極的な利用の促進を図ることが必要であるとし，ハード・ソフト両面での一体的・有機的な整備の充実を提示している。

そして，2000(平成12)年にわが国初めてのスポーツ振興基本計画が策定され，地域のスポーツ環境の整備の重要な柱として，地域ごとに組織される総合型地域スポーツクラブの育成援助が挙げられて今日に至っている。地域における総合型地域スポーツクラブの活動拠点として最も現実的でかつ理想的な施設は学校施設である。学校教育と地域の住民の生涯学習との両方にとって有効な施設の整備(増改築)と活用方法の抜本的な改革が喫緊の課題である。スポーツ・フォー・オールの先進国イギリスでは，学校施設の共同利用は常識である。デュアルユース(dual use)という概念を用いて，学校と地域，学校と職場，職場と地域，といった異なる領域のスポーツ(学習)活動の場を協働・連携して有効に活用していこうという意図をもった概念であり，わが国の学校施設の利用においても採用されるべき概念である。全国に存在する2万を超える小学校，1万におよぶ中学校がデュアルユースへの取り組みを本格的に着手したならば，わが国の地域スポーツのありようは飛躍的に向上するとともに，世界に誇ることのできる地域スポーツの世界が実現することであろう。

参考文献　02.B.02

- 総理府. 2000.『体力・スポーツに関する世論調査(平成12年10月)』
- 八代勉 中村平 編. 2002.『体育・スポーツ経営学講義』64-68. 大修館書店

(八代 勉)

スポーツ振興と財源　02.B.03

① スポーツ関連の公的予算

公的な予算としては，国家予算と地方自治体予算に大別される。さらにそれぞれにおいて，国レベルでいえば，文部科学省だけでなく様々な省庁(後述)がスポーツに関係する予算を編成・執行しており，地方自治体においても教育関連部局だけでなく，福祉，厚生，労働，建設，観光等の様々な部局においてもスポーツ関連予算を扱っている。さらに一言にスポーツといっても競技スポーツから生涯スポーツ，娯楽としてのスポーツや教育としてのスポーツ，さらには治療やリハビリテーションとしてのスポーツまで多岐にわたっており，スポーツの公的予算の全体像を描くことはきわめて複雑な作業を必要とする。その実態を把握することは容易ではないし，そのような情報もみあたらない。このような状況を踏まえた上で，国レベルのスポーツ関連予算について簡潔に触れてみる。

国や地方公共団体の一般財政収入は，予算編成・審議・執行・決算という過程を経て運用され，予算編成におけるスポーツ関連予算がいわゆるスポーツ予算となる。予算編成は国や地方自治体の計画に沿って編成されることになるが，文部科学省スポーツ・青少年局では2000(平成12)年の「スポーツ振興基本計画」に準じた諸施策にかかる予算請求をしてきた。新たな国のマスタープランである「スポーツ基本計画」への切り替え時期にあたる2012(平成24)年度におけるスポーツ・青少年局への予算は約238億円であり，学校体育関連22.2%，生涯スポーツ関連9.6%，競技スポーツ関連68.2%という構成になっている。しかし，1989(平成元)年度のスポーツ関連予算が約404億円であったことをみると，その減少傾向は明確である。

従来よりスポーツに関連する予算は，文部科学省のほかに，様々な省庁が関連して編成・執行してきた。国レベルのスポーツに関連のある省庁で構成する組織である「体力つくり国民会議」(1965[昭和40]年設立)には内閣府，総務省，文部科学省，厚生労働省，社会保険庁，農林水産省，経済産業省，国土交通省，環境省の9省庁が参加しており，これらの省庁が計上する予算の総額は，年間4,000億円を超える時期もあった。これらの使途は，施設整

備，事業推進，組織育成，指導者養成の4領域に区分できるが，そのうち施設整備が最も大きな割合を占めていた。最近では，施設整備に要する費用は大幅に減少してきている。行財政改革が叫ばれる中，複数の省庁による重複的な事業展開に伴う予算の無駄使いが指摘され，スポーツ関連事業を統括するスポーツ庁を設置する声も強くなってきている。年間1,000億円を確保できるという見通しをもって，スポーツ庁の設立を積極的に求める声もある。

同様に，地方のスポーツ予算の減少傾向も深刻な状況にある。地方におけるスポーツ予算のピークは1995（平成7）年度であり，総額1兆84億円に達していたが（うち，普通建設事業費が6,016億円），2009（平成21）年度には5,015億円（うち，普通建設事業費は1,432億円）にまで落ち込んでいる。

② スポーツ振興基金

第18回オリンピック大会（東京，1964年）における余剰金を基金としてつくられたスポーツ振興基金は，1990（平成2）年度補正予算から250億円を出資し当時の日本体育・学校健康センター（現日本スポーツ振興センター）に「スポーツ振興基金」として受け継がれた。これに，民間からの寄付金約44億円（目標金額は250億円）を合わせて合計約294億円を原資に，その運用益等により，「スポーツ団体選手強化活動助成」「スポーツ団体大会開催助成」「選手・指導者研さん活動助成」「国際的に卓越したスポーツ活動助成」「アスリート助成」の5領域に助成金の交付をしている。年間の助成金額は，年度によって差がある。なお，景気の低迷や低金利政策の影響を受けて，運用益の減少が続いており，助成額は減少を強いられている。サッカーくじ（下記）の収益金の運用と合わせて共同で目的を達成していくことが重要である。

③ スポーツ振興投票制度の行方

一般的にはサッカーくじ，totoと呼ばれている。サッカーJリーグの指定された試合の結果あるいは各チームの得点数を予想して投票し，的中すると払戻金を受けるという公営（文部科学省管轄）のギャンブルである。正式名称はスポーツ振興投票で，根拠法は「スポーツ振興投票の実施等に関する法律」（1998年5月10日法律第63号）である。なお，「スポーツ」とついているが，実際にはプロサッカーのみが対象である。

創設準備期には，年間売り上げ2,000億円を想定していたが，全国販売が2001（平成13）年度にスタートしてから一度もこの数値には達しておらず，2013（平成25）年度の約1,080億円がこれまでの最高売上額である。売上額の一定割合をスポーツ振興投票助成事業として，スポーツの振興に対して助成している。初年度（2002年度）の約57億円の助成で始まり，2006（平成18）年度の7,850万円の最低から2014（平成26）年度には約188億円と最高期へと推移している。スポーツ振興助成事業には，大規模スポーツ施設整備助成，地域スポーツ施設整備助成，総合型地域スポーツクラブ活動助成，地方公共団体スポーツ活動助成，将来性を有する競技者の発掘育成活動助成，スポーツ団体スポーツ活動助成，国際競技大会開催助成といった区分がある。

また，助成対象団体には日本障がい者スポーツ協会や日本アンチ・ドーピング機構，日本スポーツ仲裁機構など多様な団体がある。

本制度，つまりサッカーくじが今後どのように進展していくかについては，予測は難しいが，現在の状況から見れば，公営ギャンブルの1つとしての人気は一定量確保していることは事実である。しかしながら，正式名称のスポーツ振興投票制度という呼び名が示すとおり，スポーツ振興に対する支援とサッカー競技力の向上という目的があり，けっして公営ギャンブルではないというのが設立当初の制度の設立趣旨であった。公営ギャンブルとしての人気よりも，サッカーをはじめとするスポーツ人口が増加したり，サッカー関連の地域スポーツクラブの質的・量的な発展がどれだけ図られてきているかを検証する必要はある。

創設当初よりサッカーくじの存在によって，スポーツに関連する公的な予算の総量が減額されるのではないかということが懸念された。当時の見解ではサッカーくじはあくまでも付加的な財源であり，基本的な国家および地方自治体の予算の減額はない，というものであった。この点についての検証も必要である。

参考文献 02.B.03

◆ 文部科学省. 2012.『スポーツ基本計画』

（八代 勉）

スポーツ指導者資格制度 02.B.04

① 文部科学省関連の資格制度の経緯

スポーツ振興におけるわが国初の法律であるスポーツ振興法が1961（昭和36）年に制定され，その第19条（体育指導委員）において「市町村教育委員会に体育指導委員を置く」とし，市町村の非常勤公務員としてのスポーツ指導者を位置付け，地域住民に対するスポーツの実技の指導や，市町村における体育・スポーツ振興の推進者として期待された。これがスポーツ指導者資格制度の始まりである。

体育指導委員は，地方分権化の動きの中で1999（平成11）年にスポーツ振興法の一部が改正されたことにより必置規定が弾力化され今日に至っている。また，2012（平成23）年に成立した「スポーツ基本法」において「スポーツ推進委員」とみなすと附則に規定された。

スポーツ推進委員（旧，体育指導委員）は，実技指導をするために公認スポーツ指導者資格の取得に向かうよりも，行事の開催や事業実施にかかわる連絡調整や運営面での協力が主な業務となっている。

その後，1964（昭和39）年に開催された第18回オリンピック大会（東京）において，日本は金メダル16，銀メダル5，銅メダル8を獲得した。この大会開催を契機に，日本体育協会では，東京オリンピック選手強化対策本部を設置し，スポーツ医・科学の面からサポートを得ながら，諸外国の選手強化に関する情報収集に努め，競技者育成・強化を図った。そして，第18回大会での競技者の育成・強化のノウハウを生かし，経験主義的な強化指導を是正していくという趣旨から，現場のスポーツ指導者を対象として，1965（昭和40）年に「スポーツトレーナー」の養成を始めた。

1972（昭和47）年には，その後のスポ

ーツ振興に有効な諸施策を提示したといわれている保健体育審議会の答申が出された。そこでは，指導者制度の充実の必要性として「体育・スポーツ指導者の養成確保と指導体制の確立」の項で，1) 国が指導者の社会的信頼を高めるなどの見地から，体育・スポーツ指導者の資質・技能審査事業の認定制度について考慮する必要がある，2) 総合の公共社会体育施設には，専任の体育・スポーツ専門の指導担当職員を配置すべきである，3) スポーツ振興審議会をすべての市に置き，町村においてはできる限り置くことが望ましく，少なくとも，市には，体育または保健体育を担当する機構を設けて，社会体育やスポーツ専門の専任職員を置くべきである，と求めていた。この答申を受けて文部省の指導者問題の調査研究会が発足し，地方自治体およびスポーツ施設への専門職員の配置に関して検討されたが，行政改革の検討が進む中，公務員の増員につながる要求は取り下げざるを得ない状況だった。

その一方で，1977（昭和52）年に日本体育協会は，スポーツ指導者の役割に応じた資格制度と指導体制の確立を目的に，加盟団体と協力し「公認スポーツ指導者制度」を制定した。スポーツトレーナーの養成からは新たな発想のもとに共通科目と競技別の専門科目を学ぶ，「スポーツ指導員」「コーチ」「上級コーチ」の養成を始めた。

1980（昭和55）年には，社会体育指導者資格付与制度の検討委員会が発足した。資格の権威付けを考え，国家検定制度の導入を求める主張もあったが，結果的には，国民生活の向上に伴うスポーツの多様化や高度化に対応できる資質の高いスポーツ指導者の養成を目的に，1987（昭和62）年に「社会体育指導者の知識・技能審査事業」（文部大臣事業認定制度）を創設した。この文部大臣事業認定制度とは，スポーツ団体が行うスポーツ指導者養成事業のうち，文部省が定めるカリキュラムなどの基準を満たしている事業を文部大臣が認定するもので，養成されたスポーツ指導者のレベルが一定の水準にあることを文部省が広く社会に保障するものであった。この文部大臣事業認定制度の創設を受け，日本体育協会では，1988（昭和63）年に「公認スポーツ指導者制度」を改定し，地域スポーツ指導者（C・B・A級スポーツ指導員），競技力向上指導者（C・B・A級コーチ）が事業認定された。その後，商業スポーツ施設における指導者（C・B・A級教師），スポーツプログラマー1種（スポーツプログラマー），スポーツプログラマー2種（フィットネストレーナー），少年スポーツ指導者（少年スポーツ指導員・少年スポーツ上級指導員），アスレティックトレーナーが事業認定された。

その後，2000（平成12）年3月に，従来の文部大臣告示による「社会体育指導者の知識・技能審査事業に関する規程」が廃止され，スポーツ振興法第11条（指導者の充実）に基づく実施省令として，新たに「スポーツ指導者の知識・技能審査事業の認定に関する規程」が定められた。また，同年9月に発表された，スポーツ振興基本計画においては，1) 資格制度が現在のニーズに十分には応じられなくなっている，2) 受講科目，受講日程が硬直していて受講しづらい，と指摘した上で，高齢者のスポーツ指導を適切に行うことのできる指導者の養成や，一般のスポーツ指導者が，障がい者へのスポーツ指導を適切に行う能力を習得するための講習会を実施することも期待されると述べ，さらに国際競技力の総合的な向上方策として，高度な専門的能力を習得するための研修制度（ナショナルコーチアカデミー制度）の創設が謳われた。

しかしながら，同年12月に行政改革大綱が閣議決定され，公益法人に対する行政の関与のあり方の改革内容が示され，2005（平成17）年度をもって文部科学大臣事業認定制度に基づくスポーツ指導者養成事業の廃止が決定した。

さらに，日本体育協会は，スポーツ振興基本計画（2000年）の指摘を受け，2005（平成17）年に公認スポーツ指導者制度を改定し，文部科学大臣事業認定制度ではなく，日本体育協会の公認スポーツ指導者養成事業として，スポーツ指導基礎資格（スポーツリーダー），競技別指導者資格（指導員，上級指導員，コーチ，上級コーチ，教師，上級教師），フィットネス資格（ジュニアスポーツ指導員，スポーツプログラマー，フィットネストレーナー），メディカル・コンディショニング資格（スポーツドクター，アスレティックトレーナー），マネジメント資格（アシスタントマネジャー，クラブマネジャー）の養成をはじめ，2012（平成24）年10月現在で，約39万人が登録している。

一方，日本オリンピック委員会では，JOCゴールドプラン（2001〔平成13〕年）の必要不可欠な施策として，ナショナルコーチアカデミーを位置づけ，検討・トライアルを重ねた。そして，2008（平成20）年2月に，本格的に始動したばかりのナショナルトレーニングセンターを会場に，JOCナショナルコーチアカデミー事業を開始した（出席者は35名）。ナショナルコーチアカデミーは，「インターナショナル」「インタラクティブ」『チームジャパン』「エリート」

表1 主なスポーツ関連資格の体系

分類	認定機関	資格認定団体・資格名
国家資格	文部科学省	教員免許
	厚生労働省	医師免許，あん摩マッサージ指圧師，はり師，きゅう師，柔道整復師，理学療法士，栄養士，管理栄養士
公的資格	文部科学省	日本体育協会（公認スポーツ指導者：競技別指導者資格等） 日本オリンピック委員会（ナショナルコーチアカデミー） 日本レクリエーション協会（レクリエーション指導者） 日本サッカー協会（公認コーチ） 日本キャンプ協会（キャンプ指導者） 障害者スポーツ協会（障害者スポーツ指導員） 日本体育施設協会（体育施設管理士，トレーニング指導士） 中央競技団体・種目団体（公認指導員，公認審判員）
	厚生労働省	健康・体力づくり事業財団（健康運動指導士，健康運動実践指導者）
	NPO法人	NSCAジャパン（NSCA・CPT，CSCS） ライフセービング協会（ライフセーバー）
民間資格	株式会社	パディジャパン，ナウイエンタープライズ等（スクーバダイビングCカード）

「プロフェッショナル」といった5つのコンセプトに基づき，「有給・専任化で国際的な競技水準を踏まえた強化ができるプロコーチを育成・雇用する。国際総合競技大会に派遣されるコーチ陣は，本課程を修了した者を対象とする。本資格を国家資格同等に位置付け，リタイア後も本資格を活用したリクルート活動ができる環境を整備する」ことを目標としている。

② スポーツ関連資格の体系

スポーツ関連資格は，おおよそ国家資格・公的資格・民間資格に大別することができる（表1）。スポーツ関連資格の多くは，中央官庁を主務官庁とする財団法人や社団法人といった公益法人が認定する公的資格である。しかし，国の事業認定制度に基づく指導者養成事業が廃止されたことから，廃止以前の公的資格とは若干性格が異なり，公認するのはあくまでも資格認定団体である。特定非営利活動法人（NPO法人）が公認する資格も，法律に基づく公的な法人が認定する公的資格といえるが，主務官庁の許認可が必要な公益法人に対して，NPO法人は認証により設立できることから，公的な度合いや意味合いは，その法人によって大きく異なる。また，民間資格の多くは，指導するというよりも，スポーツをするためのライセンスとして存在する。

スポーツ指導者資格の中でも，日本サッカー協会は，2004（平成16）年に指導者ライセンスの統廃合による公認指導者ライセンス制度を改定し，新たに日本サッカー協会公認指導者登録制度も創設し，中央競技団体の中では唯一，日本体育協会から完全に独立した指導者養成，指導者登録制度を行っている。

（馬場宏輝）

生涯スポーツの振興施策とその展開 02.C

生涯スポーツの振興施策の概要 02.C.01

① 国の生涯スポーツ施策

国民の誰もが，生涯の各ステージにスポーツに親しむことができる社会の実現には，「スポーツ施設の整備」といったハード面，「スポーツイベント・教室の開催」「スポーツクラブの育成」といったソフト面，「スポーツ指導者の養成」といった人的資源面，「スポーツ団体の助成」「スポーツ振興資金の充実」といった財務的資源面，「スポーツの啓発と情報提供」といった情報面での施策が必要となる。

文部科学省は，「社会教育法（1949〔昭和24〕年6月公布）」「スポーツ振興法（1961〔昭和36〕年6月公布）」「スポーツ振興投票の実施等に関する法律（1998〔平成10〕年5月公布）」「スポーツ振興基本計画（2000〔平成12〕年9月告示）」等に基づいて，以下のような生涯スポーツ施策を展開してきた。

1) 総合型地域スポーツクラブ育成推進事業
2) 地域スポーツ指導者育成推進事業
3) 社会教育主事の資格認定講習会の開催
4) 派遣社会教育主事（スポーツ担当）の給与費の補助
5) 全国スポーツ・レクリエーション祭（2011〔平成23〕年度に終了），全国アウトドアスポーツフェア，全国マリンスポーツフェアの主催
6) 生涯スポーツ・体力つくり全国会議の主催
7) 体育の日・体力つくり国民運動
8) スポーツ大会拠点づくり推進事業
9) 地方公共団体が実施する公共スポーツ施設整備の補助
10) 企業が保有するスポーツ施設の活用事業（税制優遇）
11) 学校体育施設開放の推進事業
12) 生涯スポーツ功労者等の表彰
13) 日本体育協会，日本レクリエーション協会等のスポーツ関連団体の補助
14) 体育・レクリエーション事業も実施している市町村の公民館の補助
15) 野外活動と各種スポーツ施設を保有し，様々な体験活動やスポーツプログラムを実施している国立青少年教育振興機構（青少年交流の家／自然の家）の補助

文部科学省は，2010（平成22）年8月に今後のスポーツ政策の基本的方向性を示す「スポーツ立国戦略」を策定し，2011（平成23）年6月に「スポーツ基本法」を公布した。スポーツ基本法は，国民のスポーツ権を規定し，文部科学大臣は「スポーツ基本計画」を定めなければならないとしている。それを受けて，文部科学省は，年齢や性別，障がい等を問わず，広く人々が，関心，適性等に応じてスポーツに参画することができる環境を整備することを基本的な政策課題とした「スポーツ基本計画」を2012（平成24）年3月に策定し，具体的な生涯スポーツの振興施策として，障害者等スポーツ活動重点推進プロジェクト，地域スポーツとトップスポーツの好循環推進プロジェクトを開始している。文部科学省の生涯スポーツの振興は，これまでスポーツ振興法に基づいて50年間展開されてきたが，現在はその変革期を迎えているといえよう。

また，厚生労働省と社会保険庁は，2000（平成12）年からスタートさせた「21世紀における国民健康づくり運動（健康日本21）」，「健康増進法（2002〔平成14〕年8月公布）」等に基づいて，国民の健康づくりという立場から，以下のような施策を展開している。

1) 「健康づくりのための運動指針2006（エクササイズガイド2006）」の策定
2) 全国障害者スポーツ大会，全国健康福祉祭（ねんりんピック）の主催
3) プール，トレーニングルームなどを備えた社会保険健康センター「ペアーレ」の運営を行っている社会保険健康事業財団の補助
4) 健康運動指導士／健康運動実践指導者の認定事業

その他，国土交通省は，「都市公園法（1956〔昭和31〕年4月制定）」に基づいて，運動公園等の整備を推進しており，環境省は，国立青少年教育振興機構の補助や長距離自然歩道の整備等を実施している。また，総務省は，5年ごとに「社会生活基本調査」を実施して国民（10歳以上）のスポーツ活動の状況を調査しており，内閣府も2年から4年ごとに国民

(20歳以上)の「体力・スポーツに関する世論調査」を実施している。

② 都道府県の生涯スポーツ施策

都道府県の生涯スポーツ施策は，国の施策に基づいて，教育委員会，健康福祉課，都市計画課等の機関が，体育協会や老人クラブ連合会等の関係団体との協力体制をとって展開している。

文部科学省が2000(平成12)年9月に策定した「スポーツ振興基本計画」を受け，2000(平成12)年度以降，全国の都道府県教育委員会は，スポーツ振興審議会の答申等に基づいて，数値目標を含めたスポーツ振興に関する計画を策定している。

各都道府県の具体的な生涯スポーツ振興施策の概要は，以下のとおりである。

1) 広域スポーツセンターによる総合型地域スポーツクラブの啓発・育成
2) 総合型地域スポーツクラブマネージャー等の生涯スポーツ指導者の養成
3) 派遣社会教育主事(スポーツ担当)の市町村への派遣
4) 体育指導委員(現・スポーツ推進委員)の研究協議会の開催
5) スポーツリーダーバンクの充実
6) すべての世代の県民および障害者を対象としたスポーツ大会等の開催
7) アウトドアスポーツの各種大会の開催と指導者養成
8) ニュースポーツの各種大会の開催と指導者養成
9) 県体育協会，県レクリエーション協会等のスポーツ団体の支援
10) スポーツ少年団活動の支援
11) スポーツ顕彰の実施
12) インターネット等によるスポーツ情報の提供
13) 公共スポーツ施設の整備充実
14) 公共スポーツ施設の指定管理者制度の導入
15) 学校体育施設の整備充実と開放の促進

なお，兵庫県では，「スポーツクラブ21ひょうご」と称した事業を展開し，2000(平成12)年度から法人県民税の超過課税(法人事業税は企業が都道府県に納める税であるが，地方税法により県の判断で超過課税を1.2倍までかけられる。)を財源として，全県下の小学校区に827の総合型地域スポーツクラブを設立し，活動している。

③ 市区町村の生涯スポーツ施策

「国→都道府県→市区町村」というライン組織の中で展開されている行政の中で，市区町村の自治体は，地域住民に対し最も身近な行政機関であり，地域住民のスポーツ活動に最も大きな影響を与える行政機関である。しかし，市区町村は，人口規模によって財政事情が異なり，体育・スポーツ専管独立課が設置されていない町村も多く存在するため，生涯スポーツ施策の内容と予算額には，大きな違いがみられる。

以下は，人口26万のT市の生涯スポーツ施策の概要である。

1) 総合型地域スポーツクラブの育成
2) T市民スポーツフェスティバル，T市障害者スポーツ大会の開催
3) 体育指導委員(現・スポーツ推進委員)の任命と研修
4) 生涯スポーツ指導者の養成
5) 公共スポーツ施設(陸上競技場，体育館，球技場，武道館，プール，運動広場等18ヵ所)の整備と指定管理者の選定
6) 学校体育施設(体育館41ヵ所，運動場31ヵ所)の開放事業
7) 海水浴場の開設と整備
8) プール，トレーニングルーム等を保有し，多種の運動指導コースを開設している健康館の補助と指定管理者の選定
9) 都市公園の整備と指定管理者の選定
10) 放課後に児童が安心して遊べる児童館(18ヵ所)，児童遊園(3ヵ所)の整備
11) 放課後に小学校の余裕教室等を活用し，地域住民の参画を得て，子どもたちと勉強やスポーツ活動を行う放課後子ども教室推進事業
12) 青少年野外活動(子どもまつり)の開催
13) 元気高齢者事業(体操教室)
14) T市体育振興公社・体育協会・レクリエーション協会の補助
15) 健康増進活動(体力測定，各種スポーツ大会等)を行っているT市老人クラブ連合会の補助
16) 子どもスポーツ教室やウオーキング会等を開催し，元気高齢者事業，ダンスサークル等の活動拠点になっている地区公民館(40ヵ所)の補助

④ 日本体育協会の生涯スポーツ施策

日本体育協会は，第5回オリンピック大会(ストックホルム，1912年)参加を契機に，1911(明治44)年7月に嘉納治五郎を初代会長として創立された。第二次大戦終了後まもない1946(昭和21)年にスポーツ復興のために第1回国民体育大会を開催し，設立50周年を迎えた1962(昭和37)年には日本スポーツ少年団を創設した。また，1964(昭和39)年には，第18回オリンピック大会(東京)を開催し，これをきっかけに高まった国民のスポーツへの関心に対応して，生涯スポーツ振興のための幅広い事業を展開している。以下は，日本体育協会が実施している生涯スポーツ施策の概要である。

1) 総合型地域スポーツクラブ育成推進事業(文部科学省委託事業)
：スポーツ振興くじ助成によるクラブ創設支援事業とクラブ活動支援事業
2) 公認スポーツ指導者の養成
：スポーツリーダー，スポーツ指導員，ジュニアスポーツ指導員，スポーツプログラマー，クラブマネジャー，体力テスト指導員等
3) スポーツ少年団の育成
：指導者全国研究大会，ジュニアスポーツの育成と安全・安心フォーラム，全国スポーツ少年大会，全国競技別交流大会(軟式野球，ホッケー，剣道，バレーボール)，ポカリスエット・ジュニアスポーツセミナー，全国リーダー連絡会，日独スポーツ少年団同時交流等
4) 日本スポーツマスターズの開催：35歳以上の競技志向の高いシニア世代を対象とした総合スポーツ全国大会(水泳，サッカー，テニス，ゴルフ等13競技)
5) 全国スポーツ・レクリエーション祭の開催(文部科学省，開催県等との共催，2011[平成23]年度に終了)
：「スポレク滋賀2008」では，グラウンドゴルフ，ゲートボール，壮年

a

- サッカー，ソフトバレーボール等24種目を実施
- 6) 生涯スポーツ・体力つくり全国会議の開催（文部科学省等との共催）
- 7)「体育の日」中央記念行事／子どもの体力向上キャンペーン「元気アップ子どもスポーツフェスティバル」の

コミュニティスポーツと生涯スポーツ　02.C.02

① 戦後復興と社会体育の基盤整備

スポーツは，戦後混乱期の中で最も早く復活した活動の1つである。1945（昭和20）年にはプロ野球や大相撲が復活し，1946（昭和21）年には，大阪，京都を中心とした第1回国民体育大会（大日本体育会，現在の公益財団法人日本体育協会の主催）が開催されている。

戦後における社会体育の復興は，1946（昭和21）年，文部省内に振興課が設置されたことに始まる。振興課は，厚生省所管の一般国民を対象とする体育行政事務の文部省への移管に伴って組織された課であり，同年，組織機構の整備，体育指導者の充実強化，体育施設の整備等の基本的指針となる「社会体育実施の参考」を公にした。この通知には，後のスポーツ推進委員制度に連動する体育指導員の考え方，学校体育施設開放促進，企業の厚生施設としての体育施設整備の奨励，体育クラブや体育運動団体の設立などが謳われ，その後の社会体育振興の基礎となるものであった。

そして社会体育の法的根拠となる「社会教育法」が，1949（昭和24）年に制定される。同法で社会教育とは「学校教育法に基き，学校の教育課程として行われる教育活動を除き，主として青少年及び成人に対して行われる組織的な教育活動（体育及びレクリエーションの活動を含む。）をいう」（第2条）とされ，その活動の場として職場体育，工場体育，村の体育などがあり，その機能として社会人の健康，体力の増進，レクリエーションへの貢献，村の生活改善や犯罪防止などが期待されていた。また同年，文部省体育局が廃止され，文部大臣の諮問機関である保健体育審議会（現在の中央教育審議会スポーツ青少年分科会）が設置され，1951（昭和26）年には答申「保健体育ならびにレクリエーション振興方策について」が出され，国の施策としての保健体育の重要性が主張される。

以上のように，社会体育は，戦後の生活再建と民主主義的な生活を志向する活動として，その公的な位置づけが明確となった。

② 社会体育の振興とスポーツ振興法

国民生活が安定してくるに従って，昭和30（1955）年代に入り，体育・スポーツに関する諸施策もより活性化してくる。

1957（昭和32）年には，保健体育審議会とは別に，首相の諮問機関として「スポーツ振興審議会」が設置され，スポーツの普及施策や東京オリンピック大会招致が答申されるとともに，保健体育審議会には「スポーツ振興のための立法措置及びその内容について」が諮問されている。この諮問を受け，スポーツ振興法の検討が開始される。

また，文部省体育局は1949（昭和24）年に廃止されていたが，保健体育等の行政事務を一元的に所管する体育局設置の要望を受け，1958（昭和33）年，体育局が再設置された。体育局が再設置されたことにより，第3回アジア大会の開催が実現するとともに，東京オリンピック大会招致が進められ，翌年，第18回オリンピック大会（東京）の開催が決定した。体育局は，体育課，運動競技課，学校保健課，学校給食課から構成されていたが，社会体育は運動競技課が所管していた。

国民のスポーツへの関心の高まりとオリンピック開催決定の後押しを受け，1961（昭和36）年スポーツ振興法が制定される。スポーツ振興法は4章23条からなり，スポーツの振興に関する施策の基本を明らかにし，国民の心身の健全な発達と明るく豊かな国民生活の形成の寄与することを目的とするものであり，その内容はスポーツ施設整

b

開催（文部科学省等との共催）

参考文献　02.C.01

- 佐藤良男, 畑攻, 齋藤隆志 編. 2004.『指導者のための体育・スポーツ行政』ぎょうせい
- 文部科学省. 2007.『平成18年版文部科学白書』

（藤田雅文）

c

備の制度化や1957（昭和32）年より制度化されていた体育指導委員の身分の確立など，スポーツ環境の条件整備をめざすものであった。また同法では，「運動競技及び身体活動（キャンプ活動その他の野外活動を含む。）であって，心身の健全な発達を図るためにされるもの」とスポーツを広義に規定しており，その意味では社会体育の振興を強く意識したものであったといえる。

このように，戦後から昭和30（1955）年代は，わが国のスポーツ制度が基礎づけられるとともに，国民のスポーツに対する関心が高まった時期であった。しかし，国民生活は安定してきたとはいえ，社会体育をめぐっては黎明期であり，スポーツを行っているのは学生中心，企業中心，男性中心であった。

③ 社会体育論からコミュニティスポーツ論へ

昭和40（1965）年代における急激な高度経済成長は，国民生活に大きな変化をもたらした。生活水準の向上や余暇時間の増大は人々のスポーツ欲求を刺激し，産業化の進行はストレスの増大や運動不足をもたらした。そのような状況の中で，スポーツの大衆化現象がみられるようになり，社会体育の振興をめぐってはスポーツ行事やスポーツ教室が盛んに開催された。さらに，「三鷹方式」という名称で知られている，スポーツ教室の参加者をスポーツクラブやサークルに組織化するクラブ育成方策は多くの自治体で採用され，新たなスポーツ集団が育成されていった。

高度経済成長は，若年労働者の都市への流入を必要とすることから，都市では都市化と過密化が進むとともに，一方で地方の過疎化も社会問題となった。1969（昭和44）年には，国民生活審議会調査部コミュニティ問題小委員会により「コミュニティ～生活の場に於ける人間性の回復～」が公表され，全国的にコミュニティ構想が展開されることになる。報告書ではコミュニティを「生活の場において市民としての自主性と責任を自覚した個人及び家庭を構成主体として，地域性と共通目標を持った開放的で，しかも構成員相互間の信頼感ある集団」として捉え，その再生が謳われるとともに，コミュニテ

ィ形成のための行政対応，コミュニティ・リーダーの必要性，シビルミニマムとしてのコミュニティ施設，コミュニティ形成の方法などが述べられていた。この報告書を契機に自治省（現在の総務省）はコミュニティ（近隣社会）に基づくモデル・コミュニティ事業を開始したが，そのコミュニティ施策にほぼ共通するのは範域設定（ゾーニング，地区割り），公民館やコミュニティセンター等の施設建設，地域住民の組織化と住民参加方式の採用であった。このコミュニティ構想の全国的な展開が，スポーツ振興によるコミュニティの共同性再編と活性化を期待するコミュニティスポーツ論を一般化したものと考えられる。

コミュニティにおけるスポーツ振興を促進するため，1972（昭和47）年，保健体育審議会は「体育・スポーツの普及振興に関する基本方策について」を答申する。本答申は，日常生活圏におけるスポーツ施設の整備，スポーツ参加を促進するためのグループづくりやスポーツ教室の奨励，スポーツ指導者の養成と指導体制の整備等のスポーツ政策を体系的に記述したものであった。とりわけ，公共スポーツ施設の整備をめぐって西ドイツのゴールデンプランを参考にして作成された「体育・スポーツ施設の整備基準」は，人口規模別に整備すべき施設の種類と箇所数を例示したものであり，市区町村における施設整備の指針となった。さらに，スポーツの指導体制の整備では，スポーツ振興審議会の設置や専任職員の配置が奨励され，コミュニティスポーツ，さらには後のみんなのスポーツ政策の推進に多大な影響を及ぼした。

④ コミュニティスポーツ論からみんなのスポーツ論への展開

昭和50（1975）年代に入り，コミュニティスポーツはさらに活性化する。1972（昭和47）年の保健体育審議会答申を受け，文部省はスポーツ施設の整備を促進するとともに，1975（昭和50）年から市区町村の社会体育やコミュニティスポーツの振興を支援する専門職員である派遣社会教育主事（スポーツ担当）制度を開始する。この制度により，専門職員が不在の市区町村においても，高まるスポーツ需要に対応するための

スポーツ振興計画の策定や各種スポーツ事業の企画立案が可能となりコミュニティスポーツが高度化することとなった。

一方，公共スポーツ施設の箇所数は増加しつつあったものの，住民のスポーツ需要には十全に対応することができず，スポーツ施設不足は慢性的な課題であった。文部省は，公共スポーツ施設の不足を補完するために，学校体育施設の活用を期待していた。しかし，当時は，学校開放時の管理責任が学校長に置かれていたため，開放を拒む学校も多かった。文部省は学校体育施設の開放を促すため，1976（昭和51）年，文部事務次官通達「学校体育施設開放事業の推進について」を通知し，学校体育施設開放時の管理責任を当該教育委員会に置くこととした。この通達以降，徐々に学校体育施設開放は進み，住民の活動場所は拡大していくこととなる。

高度経済成長の恩恵を受ける中，地域におけるスポーツ活動は一段と活性化したものの，都市住民と農山村住民とのスポーツ実践の格差，女性や高齢者，そして障がい者のスポーツ環境の格差もみられるようになる。このようなスポーツの格差を是正し，スポーツの平等化と民主化を促進するみんなのスポーツ（sport for all）論が登場する。みんなのスポーツ論は1976（昭和51）年の「ヨーロッパみんなのスポーツ憲章」の採択を受けたものといわれている。この憲章におけるみんなのスポーツは，1960年代，先進諸国が抱えていた産業化や都市化に伴う生活課題を背景に，スポーツは一部の人々に開かれたものではなく，性・年齢・国籍などを超えたすべての人間の基本的権利であるという認識に基づいたスポーツの大衆化運動であった。みんなのスポーツ論は，コミュニティスポーツを包摂しながらも，スポーツの大衆化をめざしたより大きな運動となっていった。

⑤ 生涯スポーツとスポーツ権

高度経済成長は経済的な豊かさをもたらしたものの，一方で高齢化社会における健康不安や生活習慣病の拡大などの生活課題を背景に，スポーツ需要は肥大化・多様化していった。また生活の豊かさや余暇時間の増大から，国

民は物質的な豊かさよりも心の豊かさを求めるようになったことも，スポーツ需要が増大する促進要因であった。

1981（昭和56）年中央教育審議会は，生涯教育の必要性とライフステージに応じた生涯教育のあり方を提案した「生涯教育について」を答申する。この答申を契機にわが国の文教政策は「生涯学習」を基軸とするようになったことは，1988（昭和63）年，文部省内に生涯学習課が設置されたことやスポーツ課が生涯スポーツ課と競技スポーツ課に分離されたことからもみてとれる。答申では，人々はあらゆる年齢層にわたり，学校はもとより，家庭，職場や地域社会における種々の教育機能を通じ，知識・技術を習得し，情操を培い，心身の健康を保持・増進するなど，自己の形成と生活の向上とに必要な事柄を学ぶものとされている。この答申を受けみんなのスポーツ論は，学齢期のみならず生涯を通じて健康の保持・増進やレクリエーションを目的として，誰もが，いつでも，どこでも気軽にスポーツに参加できる（1989〔平成元〕年，保健体育審議会答申「21世紀に向けたスポーツ振興方策について」）生涯スポーツ論へと展開する。もちろん生涯スポーツ論は，みんなのスポーツ論の思想的基軸であったスポーツは人間の基本的権利，すなわちスポーツ権という思想を共有している。

以上のように「生涯スポーツ」論は，戦後の社会体育の振興を皮切りに，高度経済成長がもたらしたわが国の社会経済状況と生活課題を背景としたコミュニティスポーツ論，そして肥大化・多様化する国民のスポーツ需要を保障するスポーツ権を基底とするみんなのスポーツ論を包摂した概念として捉えることができよう。

⑥ 生涯スポーツ振興をめぐる諸施策の展開

その後，生涯スポーツ社会の実現に向け，様々な施策が展開される。

社会体育から生涯スポーツへの変遷に通底するスポーツ政策は，地域におけるスポーツクラブの育成と住民主導によるスポーツ振興がそのスローガンであった。その政策意図は，戦後，保健体育審議会答申に常に盛り込まれ続けた政策課題でもあった。例えば1972

(昭和47)年の保健体育審議会答申では，自主的なグループが数多く生まれ，それが活発な活動を展開するようになるためには，施設の整備，指導者の養成確保などの諸施策を推進し，自発的なグループの活動しやすいような条件を整備する必要があるとされ，国のスポーツクラブ育成支援の必要性が語られている。その後，生涯スポーツ振興施策の柱となる地域スポーツクラブ育成は継続的に支援されることになるが，文部省は1988(昭和63)年より，育成された地域におけるチーム型のスポーツクラブの組織化への取り組みである「地域スポーツクラブ連合事業」を展開する。地域スポーツクラブ連合事業とは，地域スポーツクラブの活動を充実させ，主体的なものにするために，クラブを有機的に連合させた組織を育成し，活動を活性化するとともに，連合組織による体育施設の有効利用を図ることを目的とした事業である。この事業は，その後の総合型地域スポーツクラブ育成事業の前身と位置づけられるものの，連合に参加するクラブの利害団体的なかかわりが拭いきれないまま，ほとんどのクラブ連合は補助事業の終了をもって消滅した。そして地域におけるスポーツクラブ育成政策は，1995(平成7)年度からの「総合型地域スポーツクラブ育成モデル事業」へと転換する。

生涯スポーツ振興を意図した地域におけるスポーツクラブ育成を軸としつつ，生涯スポーツ社会の実現に向け各種スポーツ環境の整備をめぐる多様な政策が打ち出された。1987(昭和62)年には，これまで各民間団体が認定していたスポーツ指導者資格を統合し，スポーツ指導者が習得した知識や技能を審査し，文部大臣が認定する「社会体育指導者の知識・技能審査事業」開始され，日本体育協会や日本レクリエーション協会などがその事業を担った。この事業は，わが国におけるスポーツ指導者を国が責任をもって養成することを意味するものであるとともに，スポーツ指導者の社会的地位の確立を意図するものであった。生涯スポーツに関しては種目別の「スポーツ指導員」，幼・少年期の子どもを指導する「少年スポーツ指導員」，地域において体力づくりの指導・助言を行う「スポーツプログラマー」が位置づけられた。しかし2004(平成16)年，公益法人改革の流れの中で，この事業は廃止され，現在は公認スポーツ指導者事業として各団体に引き継がれている。

また，1957(昭和32)年に制度化され，1961(昭和36)年のスポーツ振興法においてその法的位置づけが明確化された体育指導委員(現在のスポーツ推進委員)は，戦後の社会体育時代から今日の生涯スポーツ社会の実現に向けて，体育協会やその他団体とともに重要な役割を果たしてきた。とりわけ，ゲートボールやグラウンドゴルフの普及など，これまでスポーツから遠ざかっていた人々を対象としたニュースポーツの普及などは生涯スポーツの振興に大きな役割を果たした。さらに，その後の総合型地域スポーツクラブの育成をめぐっては，体育指導委員は総合型地域スポーツクラブ育成の中心的役割を果たすことが期待されているように(2000〔平成12〕年「スポーツ振興基本計画」)，生涯スポーツ振興において欠かすことのできない人材・組織として位置づけられてきた。

生涯スポーツの基礎的条件となる公共スポーツ施設の整備とその管理運営方式も大きな変化をみせてきた。1972(昭和47)年，保健体育審議会が答申した体育・スポーツ施設の整備基準は，バブル期を経てその基準に沿った整備は困難となってきた。すなわち，地価が高騰する中で，基準が示す人口規模ごとの施設数を確保することができなくなったのである。そこで1989(平成元)年，保健体育審議会は「21世紀に向けたスポーツ振興方策について」で，新たな施設整備の考え方を示した「スポーツ施設の整備の指針」を答申する。この指針では，公共スポーツ施設を〈地域施設〉〈市区町村域施設〉〈都道府県域施設〉に区分し，それぞれの機能と役割を明示するとともに，地域の実情に応じて整備するよう求めている。スポーツ施設の箇所数が示されていないことに対する批判が一部ではあったものの，市区町村の実情に応じて地域(ゾーン)を設定し，日常生活におけるスポーツ活動の基盤となる地域施設を整備するとしたことは生涯スポーツ振興施策の基本的な考え方を示したものであった。

バブル経済崩壊後，地方自治体のスポーツ関係予算が激減する中での施設整備は停滞するものの，1999(平成11)年に成立した「民間資金等の活用による公共施設等の整備促進に関する法律」(PFI：Private Finance Initiative)を活用して公共スポーツ施設を整備する自治体もある。

さらに2003(平成15)年，地方自治法の一部改正によって導入された指定管理者制度は，生涯スポーツ振興の仕組みに大きな影響を及ぼすことになる。同制度は，住民サービスの向上と行政コストの縮減を目的としており，市区町村レベルの公共スポーツ施設ではフィットネスクラブやビルメンテナンス会社などの民間事業者が指定管理者として施設の経営管理に当たっている場合が多い。民間のノウハウを活用して多様なスポーツ事業の提供は期待されるものの，住民がサービスの受動的な享受者となる可能性も秘めていたり，指定管理者制度の中での総合型地域スポーツクラブの育成など，住民の主体的な生涯スポーツ活動の保障が懸念されるところである。

⑦ 生涯スポーツ社会の実現に向けた新たな展開

1994(平成6)年，それまでの地域スポーツクラブ連合事業から，総合型地域スポーツクラブ育成事業への転換が公表され，翌年より育成モデル事業が開始される。これ以降，生涯スポーツ施策は，総合型地域スポーツクラブの育成に大きく舵を切ることになる。文部省は，2000(平成12)年に10年間を見通したマスタープランとして「スポーツ振興基本計画」を公表する。計画に盛り込まれた生涯スポーツの施策は，成人の週1回以上のスポーツ実施率を2人に1人(50％)にすることをめざして，全国各市区町村に少なくとも1つは総合型地域スポーツクラブを育成することを目標としていた。総合型地域スポーツクラブ育成に対する国庫補助終了後は，1998(平成10)年に成立したスポーツ振興投票の実施に関する法律に拠って開始されたサッカーくじ(toto)の助成金などを活用してクラブ育成が進められ，その数を増やしてきている。

民主党政権下の2010(平成22)年，政府は「新しい公共」を国家戦略の柱と

し，内閣府内に「新しい公共」円卓会議を組織し，「新しい公共」宣言を発表した。「新しい公共」とは，支え合いと活気のある社会を作るための当事者たちの「協働の場」を意味する。そこでは国民，市民団体や地域組織，企業やその他事業体，政府がそれぞれ役割をもって参加し協働するという。この「新しい公共」宣言を受け，同年，文部科学省はスポーツ立国戦略を策定する。スポーツ立国戦略は，新たなスポーツ文化を確立する基盤を地域社会に求め，スポーツの意義や価値を広く地域住民が共有し，スポーツ活動を支え合う環境(スポーツコミュニティ)を創ることをねらいとしている。そして総合型地域スポーツクラブがスポーツコミュニティの拠点として位置づけられている。また，トップスポーツと地域スポーツを一体的に捉え，互いに支え合う「好循環」を生み出すとされているところにも特徴がある。そしてスポーツ立国戦略には，「スポーツ基本法」の検討と，中長期的に取り組むべき施策を示す「スポーツ振興基本計画」の策定が盛り込まれた。

スポーツ基本法の策定については過去何度もが提言されていたものの，その策定には至らなかった。スポーツ立国戦略の公表後，スポーツ議員連盟(超党派)の検討により，2011(平成23)年6月24日にスポーツ基本法が公布される。スポーツ振興法から50年が経過して公布された本法には，いくつかの特徴がある。例えば，文化としてのスポーツおよびスポーツ権を明文化した点は大きな特徴であるし，生涯スポーツをめぐっては，地域におけるスポーツの推進を打ち出し，その中核に「地域スポーツクラブ」を位置づけその支援を謳っている。また，地域スポーツとトップスポーツの好循環の重要性が記述されていたり，障がい者スポーツへの支援も規定されている。

そして2012(平成24)年，文部科学省は，スポーツ基本法で義務づけられた「スポーツ基本計画」を策定・公表する。同計画における生涯スポーツは，成人の週1回以上のスポーツ実施率を3人に2人(65%程度)，週3回以上の実施率を3人に1人(30%程度)となることを目標にしている。また，住民が主体的に参画する地域のスポーツ環境を整備するため，総合型地域スポーツクラブの育成やスポーツ指導者・スポーツ施設の充実等を図るとされている。このように同計画においても，スポーツの実施率の向上や地域のスポーツ環境の整備の基盤に総合型地域スポーツクラブが位置づけられ，その重要性が謳われている。

以上のように，平成20年代に入り，スポーツ立国戦略，スポーツ基本法，スポーツ基本計画とわが国のスポーツ制度は大きな変容をみせたが，生涯スポーツの推進をめぐる新たな政策は，スポーツ振興基本計画を契機に全国展開が始まった総合型地域スポーツクラブと中心とする地域スポーツクラブの育成とそのための条件整備で構成されている。

参考文献 02.C.02

◆ 公益社団法人全国スポーツ推進委員連合.2013.『平成24年度スポーツ推進委員リーダー養成講習会テキスト』
◆ 佐伯年詩雄.2006.「スポーツ政策の歴史と現在」『現代スポーツ評論15』創文企画
◆ 松島茂善，江橋慎四郎 編.1975.『社会体育』第一法規
◆ 松村和則.1988.「生涯スポーツ，コミュニティ・スポーツを考える」森川貞夫 佐伯聰夫 編『スポーツ社会学講義』大修館書店

(柳沢和雄)

地域のスポーツクラブ育成 02.C.03

① 地域のスポーツクラブの育成経緯

わが国における地域スポーツクラブの育成は，戦後の混乱期にまでさかのぼる。1951(昭和26)年，文部省(現・文部科学省)から公表された『社会体育指導要項』は，地方公共団体の任務を明らかにするとともに，地域や職場の体育指導者の手引きとなるように作成されたものであった。市町村の任務の柱としてクラブ育成を重視する方向は，すでにこの時から示されていたといえる。ただし，「ひとりで行えるものでも大ぜい集まって行う方が興味もあるし，効果もあるから，できるだけ趣味を同じくする人々が集まってクラブや団体をつくることが望ましい」といった記述にみられるように，クラブをスポーツ普及の「手段」として捉えており，その社会的意義あるいはクラブ自体を目的的に捉える視点は持ち合わせていなかった。それから約10年を経た1960(昭和35)年，文部省から『社会体育－考え方・進め方－』が公表された。これは基本的に前述の『社会体育指導要項』を発展させたもので，社会体育の進展，社会の変化に即応した社会体育振興の具体的指針を示すものであった。クラブについては，「人々がスポーツに対する欲求を満足させていくのに，グループが基礎的な条件になっている。(中略)ほんとうの意味でのスポーツの大衆化は，このようなグループづくりを除外しては考えられない」とその重要性が指摘された。ここでは，社会教育法に基づく社会体育の考え方，すなわちグループ活動の教育的意味あるいは教育的価値が強調されている。

1950年代後半からの高度経済成長は，公害に代表される様々な弊害をもたらしたが，一方で国民生活はより安定し，豊かになり，それに伴って余暇問題にも少しずつ関心が向けられるようになっていった。1958(昭和33)年には，わが国にとって戦後初の国際大会であるアジア競技大会(第3回)が開催され，その翌年には第18回オリンピック大会(東京)の開催が決定した。こうした国内外のスポーツ状況の変化に対応して，国民スポーツのいっそうの振興を図るために，1961(昭和36)年，スポーツ振興法が制定された。議員立法であったため予算の裏づけがないなど不十分さはあったものの，わが国初のスポーツ独自法として，その後のスポーツ行政，スポーツ振興にとってきわめて大きな意義をもつことになった。スポーツは戦後，主として学校と企業を中心に発展してきたが，第18回オリンピック大会(東京，1964)を契機として，地域を基盤とする様々なクラブやサークルが設立されるようになった。1960年代中盤以降，バレーボール，水泳，テニスなどオリンピックにおける人気種目を中心とするスポーツ教室や各種のスクールが開設されるようになり，各地に先進的なスポーツグループが誕生した。またこの時期は，大衆社会化，過疎化，空洞化といった社会環境の変化への対応として，産業界の要請を背景とするコミュニティ政策が様々な形で進められていた。その一翼を担う「コ

ミュニティスポーツ政策」は「空洞化した地域社会の再編をめざすために，スポーツにコミュニティ形成の機能を特に付与したいという行政的な意図が現れたもの」(松村，1993)ともいわれている。いわゆる「コミュニティスポーツ論」が台頭する時代背景のもと，1972(昭和47)年には文部大臣の諮問機関である保健体育審議会(以下「保体審」と略す)が「体育・スポーツの普及・振興に関する基本方策について」を答申した。この答申の特徴の1つは，スポーツ活動の基盤としての施設整備の基準を提示したことである。スポーツ施設の建設を国の施策として位置づけていたドイツやイギリスの経験を参考にしながら，「日常生活圏域における体育・スポーツ施設の整備基準」を作成し，国や自治体における施設建設のガイドライン(人口規模に応じた施設必要量の基準値：量的基準)を示したのである。この答申では，クラブ(グループ)づくりについても「自発的なグループが数多く生まれ，それが活発な活動を展開するようになるためには，施設の整備，指導者の養成，確保などの諸施策を推進し，自発的なグループの活動がしやすいような条件を整備する必要がある。しかしながら，それと同時に，これらのグループに参加する側においても，その活動を自主的に行うような意識や態度を育成するとともに，その経常的な経費についても，会員自らがこれを負担するような習慣を身につけていく必要がある。また，施設は，その施設を基盤とするグループの育成につとめ，広く国民の欲求に応じることのできるような配慮がたいせつである」と言及している。このようなスポーツグループ育成の理念は，スポーツ振興法の精神(国民の自発的・自主的活動としてのスポーツを誰もが行えるようにするための環境条件の整備の必要性)を的確に具現化しようとするものであった。自発的なグループ活動の発展の重要性に言及したのは，政府関連文書ではこの答申が嚆矢とされる。

ところで，このようなスポーツクラブ(グループ)は，先述のとおり1960年代後半からみられるようになってきたものであるが，そうしたクラブづくりが行政の「育成手法」として広く普及・定着したのは，1970年代に入ってか

らのことであった。東京都三鷹市ではスポーツ振興法に定められた非常勤公務員である体育指導委員(現・スポーツ推進委員)を中心としてスポーツ教室を実施し，その修了者によるクラブ，そしてそれらを結合したクラブ連合の育成を進めて大きな成果を上げた。こうした「スポーツ教室→クラブ(グループ)→クラブ連合」という手法は「三鷹方式」と呼ばれ，その後，全国に広く普及・定着していった(沢登，1977)。

1976(昭和51)年に文部省体育局から出された『日常生活におけるスポーツの推進に関する調査研究協力者会議のまとめ』は，前述の保体審答申をいっそう具体的にしたものといわれ，1)地域スポーツクラブ育成の推進，2)地域スポーツクラブ活動の促進，3)地域スポーツクラブ相互の連携の推進，という3つの観点から地域スポーツクラブの育成を強調している。この「まとめ」は，クラブの地域社会形成機能をとりわけ強調したものであったが，スポーツ行政における地域スポーツクラブの育成から，それらの活動の充実・発展にわたるプロセスを踏まえ，1つのシステムとして施策を有機化させる方向を打ち出した意義は大きい。これらのクラブ育成にかかわる基本方針を反映した国のスポーツ振興事業として実施されたのが，「地域住民スポーツ活動振興指定市町村設置事業」(1976〔昭和51〕年開始)およびこの事業をクラブを基盤として進めるよう発展的に移行させた「地域スポーツクラブ育成指定市町村設置事業」(1977〔昭和52〕年開始)であった。ここまでみたように，1970年代のスポーツ政策は，施設建設とスポーツ教室開催後のクラブ育成を中心に展開してきたといえる。

次なるスポーツクラブ育成の課題は「連合化」であった。クラブの連合化は，施設利用における効率性やクラブ間・メンバー間の交流などの観点から1970年代にすでに注目されてはいたものの，1980年代後半になってようやく政策化をみた。文部省の国庫補助事業である「地域スポーツクラブ連合育成事業」(1987〔昭和62〕年開始)は，チーム型クラブを有機的に結合させることによって資源利用の効率化を図ると同時に，クラブの交流を軸とした地域スポーツの活性化を推し進めようとするね

らいがあった。市町村が地域の個々のスポーツクラブを有機的に結合させた連合組織を育成するための各種事業を行う場合，それに要する経費の一部を補助(年間の事業予算300万円を上限としてその1/2を国庫補助)し，スポーツクラブの活動をいっそう推進することが目的であった。このクラブの連合化には，1)メンバーやクラブ数が多くなることによってゲームが行いやすくなる，2)個人のスポーツ志向の変化に対応でき，クラブ間の移動も比較的容易になる，3)地域社会の人々から賛同と応援を得やすくなる，4)地域ぐるみ，家族ぐるみのスポーツイベントの企画が容易になり，地域社会の活性化につながる，5)スポーツ施設の利用については日程や時間の相互調整が行いやすくなるので，施設の有効活用に効果がみられるといった効果が期待されていたようである(大橋，1990)。この事業は，1994(平成6)年までの8年間に全国44市町村を対象として実施されたが，多くの地域ではその活動内容が施設利用の調整や事務連絡に終始し，期待された効果は必ずしも得られなかったといわれている。1980年代は，従来からの個別クラブの育成とともにクラブの連合化が推進された時代であった。こうした動きは，1990年代中盤以降に本格化する総合型地域スポーツクラブ育成の布石ともなった。

以上，地域スポーツクラブ連合化に至るクラブ育成の経緯を概観してきたが，クラブの育成は一貫してスポーツ行政の重要な課題として認識されてきたことがわかる。これはクラブのもつ諸機能，すなわち交流や親睦といった社会的機能，子どもへの指導やメンバー同士の教え合いにみられる教育的機能，スポーツを通じた地域社会の統合機能などが高く評価されてきたからにほかならない。

(作野誠一)

② 総合型地域スポーツクラブ育成と地域スポーツ

2000(平成12)年9月に文部省(現・文部科学省)が公示した国のスポーツ振興基本計画では，国民の誰もがスポーツに親しむことのできる生涯スポーツ社会を21世紀の早期に実現するため，人々が日常的にスポーツを行う場とし

て期待される総合型地域スポーツクラブの全国展開を最重点施策とした。また，このクラブ創設・育成の計画的な推進によって，成人の週1回以上のスポーツ実施率を50％（平成9年当時，35％）に引き上げることが数値目標として示された。

本計画において総合型地域スポーツクラブとは，地域住民が主体的に運営するスポーツクラブの形態であり，身近な日常生活圏である中学校区程度の地域において，学校体育施設や公共スポーツ施設を拠点とし，地域住民の誰もが参加できるクラブである。またこのクラブは，1）複数の種目が用意されていること，2）「子どもから高齢者まで」「初心者からトップレベルの競技者まで」といったように多様な年齢，興味・関心，技能レベルに応じていつまでも活動できること，3）活動拠点となる施設およびクラブハウスがあり，定期的・継続的なスポーツ活動を行うことができること，4）質の高い指導者が配置され，ニーズに応じた指導が行われること，5）地域住民が主体的に運営することを特徴としている。すなわち，これまでわが国において地域スポーツクラブの大多数を占めてきた同質・同好（単一種目・単一目標・同一世代・同質的な技能レベル）のスポーツ愛好者によって自らのスポーツ欲求を充足するためにつくられた小規模なスポーツ集団（チーム）としてのクラブではなく，異質な地域住民が互いの欲求を満たすだけでなく，地域住民に共通する生活諸課題の解決に向けて連帯し，スポーツを内包した各種事業を主体的に運営する住民スポーツ組織である。こうした性格と特徴をもつ総合型地域スポーツクラブの育成は，住民のスポーツ参加を促進することとともに，学校週5日制時代における子どものスポーツ活動の受け皿，地域の連帯意識の高揚，世代間交流等の地域社会の活性化や地域教育力の再生等々の効果が期待された。

しかし，総合型地域スポーツクラブの創設をめぐっては多くの課題もある。まず，わが国では学校と企業を中心にしてスポーツ活動が展開されてきたため，施設・クラブハウスなどの物的資源やクラブ経営者・指導者といった人的資源等，スポーツ活動を支える条件が地域社会に十分に整えられてきていない。特に，クラブの創設をリードする熱意と能力を有する人材を得ることが難しく，そうしたクラブ創設やクラブ経営に必要な経営能力を有する人材の養成にかかわるノウハウやカリキュラム（情報資源）も蓄積されていないという問題は深刻である。また，地域住民には自らスポーツ環境を主体的に創り出すというボランティア精神や自治意識が根づいていないため，総合型地域スポーツクラブの意義・必要性が認識されにくく，クラブは会費により自治的に維持・運営されるものという受益者負担意識も未熟である。

そこで，本計画では，こうした総合型地域スポーツクラブづくりの障害となる問題を克服し，クラブの創設・育成とともに広くスポーツ活動全般を効率的に支援するため，広域スポーツセンターを2010（平成22）年までに各都道府県に少なくとも1つは設置することを到達目標とした。広域スポーツセンターは，次の機能を備えている。1）総合型地域スポーツクラブの創設，育成に関する支援，2）総合型地域スポーツクラブのクラブマネジャー・指導者の育成に関する支援，3）広域市町村圏におけるスポーツ情報の整備・提供，4）広域市町村圏におけるスポーツ交流大会の開催，5）広域市町村圏におけるトップレベル競技者の育成に関する支援，6）地域のスポーツ活動に対するスポーツ医・科学面からの支援。

わが国における総合型地域スポーツクラブの育成は，兵庫県神戸市の垂水団地スポーツ協会（1969〔昭和44〕年設立）や東京都杉並区の向陽スポーツ文化クラブ（1976〔昭和51〕年設立）などわずかな先進事例を除けば，1995（平成7）年に文部省が「総合型地域スポーツクラブ育成モデル事業」を始めたことによって広まっていく。1995（平成7）年度には，岩手県金ヶ崎町，山形県鶴岡市，愛知県半田市，福岡県北九州市，宮崎県田野町の5ヵ所が事業の指定を受け，国から650万円，地方自治体から650万円の年間計1,300万円の補助金が投下されて指定期間3年間の育成モデル事業が開始された。以後，毎年数ヵ所から十数ヵ所が指定され，2003（平成15）年度にモデル事業が終了するまでに計115市区町村が当該事業を実施し，クラブが創設された。

また，国の補助事業とは別に，地方自治体も独自の育成モデル事業に着手するようになる。特に，兵庫県では県内すべての小学校区に総合型地域スポーツクラブを設立することを目標に2000（平成12）年度から法人県民税の超過課税を財源として「スポーツクラブ21ひょうご」事業を開始し，2005（平成17）年までに兵庫県下全827小学校区にクラブが設立されている。さらに，国のスポーツ振興基本計画を受けて，自治体レベルのスポーツ振興計画を策定する都道府県や市区町村も増加し，この中に総合型地域スポーツクラブの育成を目標に掲げるケースも多い。

2004（平成16）年度からは，文部科学省による育成モデル事業は廃止され，日本体育協会へ交付金として総合型地域スポーツクラブ育成推進事業を委託した。日本体育協会は，生涯スポーツ推進部にクラブ育成課を新設して育成指定クラブへの資金援助をするとともに，総合型地域スポーツクラブ育成委員会等の専門委員会を設置したり，各都道府県体育協会にクラブ育成アドバイザーを配置する等，クラブ育成にかかわる指導・助言等の支援を行っている。また，スポーツ指導者資格の中にマネジメント資格を新設し，クラブ員が継続的に快適なクラブライフを送ることができるようにクラブの経営資源を適切に確保し，円滑に活用するために必要なマネジメント能力を有する人材としてクラブマネジャー（専従または有給のマネジャー）とアシスタントマネジャーの養成および資格付与事業を2007（平成19）年度から開始した。

さらに，わが国のスポーツ振興を目的として2001（平成13）年から販売が始まったスポーツ振興投票制度助成金（toto）においても，総合型地域スポーツクラブの創設および自立的な活動にかかわる支援が行われている。2002－12年度までの11年間で，合計123.2億円の助成金が総合型関連に配分されているが，年度による浮沈が激しく，totoの売り上げに依存した不安定な財源となっている。

総合型地域スポーツクラブの成り立ち（設立のきっかけや経緯）は多様であるが，なんらかの地域組織やスポーツ組織・集団を中心として生まれるケースとまったく新しく会員を募って設立す

るケースに大別される。前者には，学校開放の運営組織，単一種目のスポーツクラブやサークル，学校運動部，スポーツ少年団，企業スポーツチーム，地域の青少年団体などがある。また，住民の自発的・内発的な問題解決過程の中から社会運動的性格をもって創設されるクラブから，行政や民間団体（体育協会・レクリエーション協会）の強力なサポートを受けて計画的に設立されるクラブ，というようにクラブ創設過程の自律性という視点で分類することもできる。2012（平成24）年7月現在，育成クラブ数（創設済みまたは創設準備中）は3,396，育成率（クラブのある市区町村の割合）は78.2％となっている。このように，クラブ数さえも基本計画が目標とした数値には至っていないことに加え，クラブ設置率の自治体間格差も大きい。また，クラブ設立後に，安定的・継続的な運営を図るために，「特定非営利活動促進法」（1998〔平成10〕年施行）に基づくNPO法人格の認証を受けて活動するクラブ（2012〔平成24〕年現在，3,396クラブ中，425クラブ）や公共施設の指定管理者となるクラブ（22.3％）もある。

　総合型地域スポーツクラブに対する国民の認知度・知名度やクラブ加入率も低い。特に，中学・高校生期の加入率の低さは，クラブの将来的な定着の観点からみてきわめて深刻な問題である。さらに，そうした量的問題にとどまらず，種目間・世代間・競技レベル間等の異質交流が不活発で，行政等に依存しない自立した運営を図ることも

難しい，といった多くの質的な問題も抱えている。

　これらをまとめると，総合型地域スポーツクラブの創設と育成を妨げる主な要因としては，1) 活動拠点となるスポーツ施設やクラブハウスの不足，2) クラブを支える指導者やボランティアスタッフ等の人材不足，3) 学校や地域のスポーツ諸組織・団体との連携・協働にかかわる問題，4) 自治体スポーツ行政組織における専門的人材の不足，5) クラブ創設・育成支援にかかわる財源不足，6) 地域住民のスポーツに対する自主運営意識・受益者負担意識の希薄さ，7) 運営組織構成員の高齢化と運営負担の偏りといった点が挙げられる。今後，このような問題の解決に向けたクラブマネジメントの理論と技術の開発が求められる。

（清水紀宏）

参考文献　　　　　　　　　　02.C.03

①
- 大橋美勝．1990．「スポーツクラブ連合の育成と今後の課題」『健康と体力』22 (1): 12-15．
- 沢登貞行，村上克己．1977．『コミュニティ・スポーツへの挑戦』不昧堂出版
- 松村和則．1993．『地域づくりとスポーツの社会学』167．道元書院
- 文部省体育局体育課内 社会体育研究会 編．1979．『スポーツクラブ』新宿書房

②
- 大橋美勝 編．2004．『総合型地域スポーツクラブ―形成事例的考察―』不昧堂出版
- 黒須充，水上博司 編．2002．『ジグソーパズルで考える総合型地域スポーツクラブ』大修館書店
- 日本体育・スポーツ経営学会 編．2004．『テキスト総合型地域スポーツクラブ 増補版』大修館書店
- 柳沢和雄，向陽スポーツ文化クラブ 編．2008．『総合型地域スポーツクラブの発展と展望』不昧堂出版

レジャー・スポーツ産業の興隆　　02.C.04

① 高度経済成長下のレジャー・スポーツ産業

　21世紀生涯学習社会の到来や労働時間の短縮等による自由時間（余暇）の増大，および「スポーツ立国戦略」の公表（2010年8月26日）や，「スポーツ基本法」の公布・施行（2011年6月24日／8月24日）による「スポーツ権」の保障とそれに基づく「スポーツ基本計画」の策定・公表（2012年3月30日）といったエポックメーキングな政策動向などにより，国民の健康志向の高まりや運動・スポーツ活動への興味・関心はますます増大した。このような背景のもと，民間スポー

ツ・フィットネスクラブへの入会やスポーツイベントの観戦，およびスポーツ参加・観戦を目的とした観光（スポーツツーリズム）など，人々のスポーツやレジャーをめぐる消費行動は多様化・複雑化・個性化し始めている。最近では，こうした多様なスポーツ活動を表現する「レジャー・スポーツ」という言葉までが脚光を浴びるようになってきた。

　ところで，レジャーの定義は幅広く，多岐にわたるが，「個人が自由時間に楽しみや気晴らし，社交，そして個人的成長などを求めて自主的・自発的に

行う社会的・心理的に価値のある活動」と捉えることが一般的である。レジャーの定義をこのように包括的な概念として捉えると，スポーツ選手が「職業」として行うプロフェッショナル・スポーツ（職業スポーツ）やトップアスリートが「競争」や「記録」を主眼に行うチャンピオンシップ・スポーツ（競技スポーツ），および「教育」の一環として行われる学校スポーツ（体育）以外はすべて，レジャー・スポーツである。いうなれば，楽しみや気晴らし，生き甲斐，健康，社交などのレジャー的要素（価値）をスポーツ活動に求めて，各個人の自由時間に行う「レジャーとしてのスポーツ」なのである。

　こうしたレジャー・スポーツ活動に必要不可欠な財やサービスを計画的・継続的に提供する産業は「レジャー・スポーツ産業」と呼ばれている。そうしたレジャー・スポーツ産業における2012（平成24）年の市場規模は，3兆9,150億円で，わずかではあるが前年比0.6％のプラスであると報告されている（日本生産性本部．2013．『レジャー白書2013』67；図1参照）。このように，わずかな成長にとどまった理由は，2011（平成23）年3月11日に発生した東日本大震災と福島第一原子力発電所事故の影響を受け，震災直後からしばらく"レジャー自粛"ムードが全国的に広まったからであり，実際に2011（平成23）年の市場規模も3兆8,900億円にまで落ち込んでいる（前年比3.1％マイナス）。こうした現状を考慮すれば，2012（平成24）年の市場規模には回復基調が徐々にみえ始めているといっても過言ではなかろう。

　レジャー・スポーツ産業は，『レジャー白書』に初めてスポーツ市場規模が提示された1982（昭和57）年頃から成長期に入るが，その成長基盤には，1955-73年頃まで続く高度経済成長に伴う所得・自由時間の増大やマス・レジャー市場の急成長（消費革命），およびスポーツ振興による国民の心身の健全な発達と明るく豊かな国民生活の形成を目的とした「スポーツ振興法」の制定（1961年）や第18回オリンピック大会（東京）開催（1964年）などを契機とした，国民のレジャー意識とスポーツ熱の急速な高まり（スポーツの大衆化）がある（図2参照）。いわゆる，「神武景気」「岩

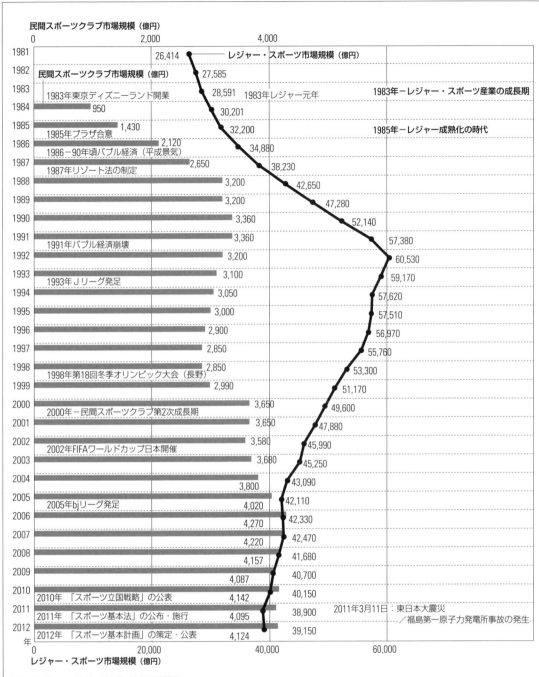

図1 レジャー・スポーツ産業の市場規模推移
(出典：余暇開発センター『レジャー白書'91』1991. 66；社会経済生産性本部『レジャー白書2008』2008. 86-87；日本生産性本部『レジャー白書2013』2013. 67を参考に作成)

戸景気」「オリンピック景気」「いざなぎ景気」に影響を受けた「一億総レジャー」の時代である．と同時に，都市化・機械化による運動不足や成人病（生活習慣病）の蔓延等から国民の健康不安や過剰なストレス等が増大し，レジャー・スポーツ需要が顕在化した．具体的に

は，1965（昭和40）年頃から爆発的なブームを起こし，1972（昭和47）年頃に参加人口・施設数ともピークを迎えたボウリングや，1974（昭和49）年頃から始まった，従来は特定階層のものであったゴルフの大衆化などである．

1975年代以降は，こうした高度経

済成長と一億総レジャー・ブームも鈍化し始めるが，国民のレジャー・スポーツ・ブームは続き，ジョギング・マラソン，体操，美容体操，エアロビクス，器具等を使ったトレーニング，テニス，水泳，バレーボールなどの気晴らしや健康志向と結びついた「日常空間型レ

a		b		c	
	1955年	1965年	1974年	1985年	1990年
消費経済	耐久消費財の時代	一億総レジャー（マス・レジャー）の時代	レジャー個性化の時代	レジャー成熟化の時代	
	高度経済成長期 〈物的欲求の時代〉		高度経済成長の鈍化 〈自己実現欲求の時代〉	バブル経済（平成景気）	
生活時間	労働時間の短縮	週休二日制の普及本格化		週休二日制の浸透	
社会環境	1961年 スポーツ振興法制定 1964年 新幹線開通 第18回オリンピック大会（東京）開催	1970年 大阪万国博覧会開催 1974年 東名高速道路全線開通 1975年 新幹線博多開通 沖縄海洋博覧会		1983年 新幹線東北・上越開通 東京ディズニーランド開業	1985年 プラザ合意 筑波科学万国博覧会開催 1987年 リゾート法制定
産業発展		レジャー・スポーツ需要の顕在化	レジャー・スポーツ産業の萌芽期	レジャー・スポーツ産業の成長期	
代表的なレジャー・スポーツ	◎プロ野球、プロレス、ボクシング、相撲などのテレビ視聴	◎ボウリング ◎スキー・登山 ◎レジャーランド ◎ゴルフの大衆化 ◎プール	【日常空間型レジャー・スポーツ】 ◎ジョギング・マラソン、体操・美容体操、エアロビクス、トレーニング、テニス、水泳、バレーボールなど	【民間スポーツクラブの台頭】 ◎アスレ・ヘルスクラブ ◎フィットネスクラブ 【リゾート型レジャー・スポーツ】 ◎スキー、ゴルフ、ヨット、サーフィン、ハイキング・登山、サイクリング、キャンプなど	

図2　高度経済成長下における社会環境の変化とレジャー・スポーツ産業の発展
（出典：中山裕登．『レジャー産業』教育社．1991. 32-33を参考に作成）

ジャー・スポーツ」の参加人口が著しく増加し続け、「レジャー個性化」の時代を迎える。また、1980年代に入ると、アスレチッククラブ、ヘルスクラブ、フィットネスクラブなどと呼ばれる民間スポーツクラブがこうしたレジャー・スポーツ需要に対応する産業として登場し、1984（昭和59）年以降は市場規模・施設数とも加速度的に増加する。

1985（昭和60）年のプラザ合意後、わが国の経済状況は高度成長期以来の好景気、いわゆる「バブル景気」に突入するとともに、1987（昭和62）年の「総合保養地域整備法（通称「リゾート法」）」の制定を背景に、一億総レジャー・ブームが再来した。こうした、国民のリゾート・レジャー志向の高まりとともに、スキー、ゴルフ（コース）、釣り、ヨット、サーフィン、ハイキング・登山、オートキャンプ、サイクリング、ハンググライダーなど、空・森・山・海・川・湖などの自然との触れあい（非日常的空間）を楽しむ「リゾート型レジャー・スポーツ」や「ニュースポーツ」の参加人口が好調な伸びを示した時期である。そのため、ゴルフ場やマリンスポーツ、および山岳スポーツなどのレジャー・スポーツ産業分野への異業種企業からの参入が相次ぎ、その市場規模も順調な伸びを示し、1992（平成4）年には6兆530億円の最大規模にまで達した。

1991（平成3）年のバブル経済崩壊とともに、大規模な自然破壊・環境悪化や土地の買い占めから来る地価上昇などの問題が浮き彫りにされ、スキーやゴルフ、およびマリンスポーツ、スカイスポーツ、アウトドアスポーツなどの環境整備を含む、大規模なリゾート開発ブームも衰退の一途をたどった。しかしながら、こうした状況にあっても、国民のスポーツに対する関心は高く、特に1993（平成5）年のJリーグ発足は、これまでのプロ野球や大相撲、およびゴルフなどのプロスポーツ観戦（みるスポーツ）市場の拡大に大きく貢献した。

今や、レジャー・スポーツ産業は、多くの人々の「クオリティー・オブ・ライフ（Quality of Life: QOL）」の維持・向上にとって必要不可欠な「生活文化産業」であるといっても過言ではない。

② **民間スポーツクラブの台頭**

一般に、民間スポーツクラブとは、スポーツの便益・価値提供や健康・体力の維持向上を目的に、民間営利組織が屋内プール、トレーニングジム、フィットネススタジオなどの運動・スポーツ施設と専門的指導者を備え、会員に対して単一および複数の運動・スポーツ種目を継続的に提供する事業を営む会員制クラブ（事業所）として定義づけられる。その中には、テニス、スイミング、体操、ゴルフなどの単一種目型クラブや、複数種目を総合的に提供するアスレチッククラブ、ヘルスクラブ、フィットネスクラブなど、施設構成やプログラム内容に応じて多様な名称をもつクラブが含まれる。いずれにせよ、これらのクラブは「顧客」である会員に各種の運動とスポーツサービスを提供する施設であり、いろいろな地域住民が集まり「地域生活者」である会員として主体的・組織的にクラブ運営に参加・協力する「総合型地域スポーツクラブ」とは峻別される。

今日、フィットネスクラブなどの名称をもつ民間スポーツクラブは全国に

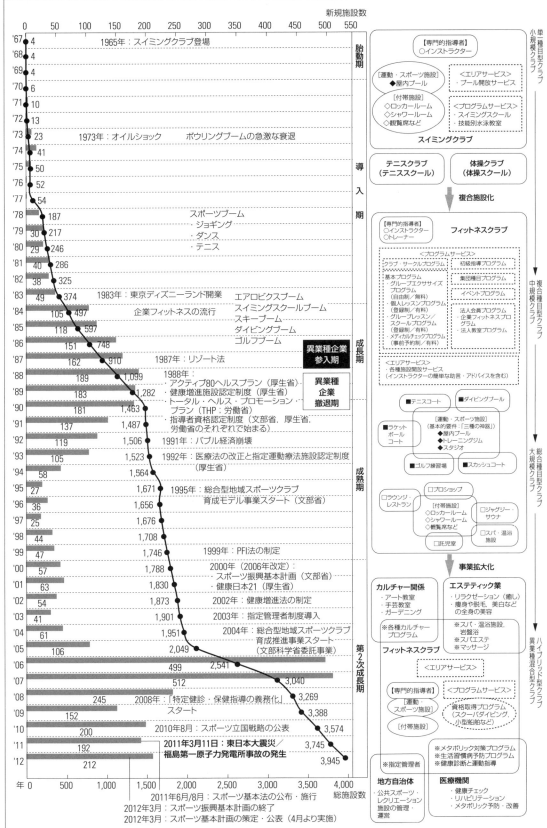

図3 民間スポーツクラブ数の時系列推移と業態変容過程

注:クラブ数については,クラブビジネスジャパン フィットネスビジネス編集部「日本のクラブ業界のトレンド2000−2012年版」,およびスポーツビジネス研究所「Sports Business」12(4),1994.のデータを参考にした。

3,945施設あるが（クラブビジネスジャパン フィットネスビジネス編集部．2013．『日本のクラブ業界のトレンド2012年版』1），その嚆矢（こうし）は，第18回オリンピック大会（東京，1964年）以降に，「児童対象スイミング指導プログラム（スクール）」を基礎に事業化されたスイミングクラブにある。図3に示した民間スポーツクラブ数の時系列推移と業態変容過程を製品ライフサイクルの視点からみると，1970-83年までは，スポーツクラブらしきものが市場に紹介され始めた「導入期」と呼ぶことができる。この時期の成長は緩慢であるが，1970年代後半にはジョギング，ダンス，テニスなどのスポーツブームの追い風やフィットネス先進国であるアメリカの影響（エアロビクス等）などを受け，1980年代に入ると単一種目型クラブの複合施設化が始まる。

1984-89年には，東京ディズニーランドの開業や企業フィットネスの流行，およびリゾート法の施行などの「レジャー景気」の波を受け，民間スポーツクラブ市場も新規施設数が加速度的に増加するという「成長期」を迎える。この成長期には，これまでの単一種目型クラブが屋内プール，トレーニングジム，フィットネススタジオといった「三種の神器」に加え，ダイビングプールやスカッシュ・ラケットボールコート，ゴルフ練習場，および各種付帯施設などの「ハードウェア」を整え，総合的なスポーツクラブへと業態転換を図るクラブが増加した。また，この時期には「健康のためのスポーツ＝フィットネス」という考え方が流行し始め，フィットネスクラブというお洒落な名称がスポーツクラブの代名詞となった。1987（昭和62）年頃からは，そうしたビジネスチャンスに目をつけた異業種企業のフィットネスクラブ事業への新規参入が相次ぎ，民間スポーツクラブ市場の競争激化が始まる。

1990年代には厚生省による「アクティブ80ヘルスプラン」「健康増進施設認定制度」や労働省の「トータル・ヘルス・プロモーション（T.H.P.）」および文部省，厚生省，労働省それぞれ独自の「指導者資格認定制度」などが推し進められ，フィットネスクラブは，市場での生き残りと新規会員の獲得をかけて，質の高いインストラクターやトレーナーなど（ヒューマンウェア）の養成・確保や，エアロビクス系，トレーニング系，健康系，美容系，調整系，社交ダンス系，格闘・武闘系，癒し系などの多彩なプログラムサービス（商品／ソフトウェア）の開発・提供といった「差別化戦略」を導入し始めた。しかし，1991（平成3）年のバブル経済崩壊後は，大手企業の撤退や業界内の統廃合が進展する。また，1995（平成7）年には文部省（現・文部科学省）による「総合型地域スポーツクラブ育成モデル事業」がスタートし，これまで順調に増加し続けてきた施設数も横這い傾向を示すようになり，民間スポーツクラブ市場も混沌とした「成熟期」へと突入する。そのため，民間スポーツクラブも既存会員の維持を目的とした「クラブ・サークル」の組織化に取り組み始め，フットサルやビーチバレーなどの集団種目プログラムやクラブ・サークルプログラム（クラブ・イン・クラブ）等を導入する。

2000（平成12）年以降は，文部省（現・文部科学省）の「スポーツ振興基本計画」や厚生省（現・厚生労働省）の「健康日本21」「健康増進法」，および地方自治法の一部改正による「指定管理者制度」などの恩恵を受け，再び，新規施設数も徐々に回復する「第2次成長期」に入る。この時期には，カルチャー事業やエステティック事業，および指定管理者受託事業など，異種事業の拡大化を図るクラブも増加する。特に，2006（平成18）年以降は，2008（平成20）年4月からの「特定健診・保健指導の義務化」スタートを視野に入れ，医療機関と提携した「メタボリック症候群予防・対策（運動指導）プログラム」を新規事業化する新規施設やクラブも増加している。また一方では，医療機関（医療法人）などが附帯事業の1つとして，医療法第42条に基づいて，生活習慣病などの疾病を抱えた多くの人々に対応するための医療分野（メディカル）と運動分野（フィットネス）とを連携・融合させて「運動療法サービス」を提供する「メディカル・フィットネス」（疾病予防施設，42条施設）の開設も増加傾向にある。

このように，民間スポーツクラブは，「ハイブリッド型クラブ」へと業態転換を図り，最近では企業として東証1部やジャスダックに株式公開するクラブも存在するようになってきた。2012（平成24）年の民間スポーツクラブ市場規模は，2011（平成23）年に起こった東日本大震災の影響を受けつつも，4,124億円にまで回復してきている（クラブビジネスジャパン フィットネスビジネス編集部，2013）。今や，民間スポーツクラブは，レジャー・スポーツ産業の重要な一翼を担っているといっても過言ではない。

参考文献　02.C.04

- クラブビジネスジャパン．「日本のフィットネスクラブ産業史／年表／産業史1／産業史2」http://www.fitnessclub.jp/business/date/history.html（2013年8月1日）
- クラブビジネスジャパン フィットネスビジネス編集部．2013．『日本のクラブ業界のトレンド2012年版』1
- 中西純司．2002．「Ⅱ-3　民間スポーツ・フィットネスクラブの経営戦略」八代勉・中村平 編．『体育・スポーツ経営学講義』169-80．大修館書店
- 中山裕登．1991．『レジャー産業』〈教育社新書〉教育社
- ―――　監修．1992．『レジャー・スポーツ』二期出版

（中西純司）

競技スポーツの振興施策とその展開　02.D

競技スポーツの振興施策の概要　02.D.01

2000（平成12）年以降におけるわが国の競技スポーツの振興施策は，文部省（現・文部科学省）により策定された「スポーツ振興基本計画」，（公財）日本オリンピック委員会（JOC）により示された「JOCゴールドプラン」が柱となっている。この流れの中で，国立スポーツ科学センター（Japan Institute of Sports Science: JISS）およびナショナルトレーニングセンター（National Training Center: NTC）を位置づけておく必要がある。また，2016年東京オリンピック招致を機に，議論が活発化したスポーツ基本法の成立は今後の競技スポーツ振興

施策展開の上で重要な意味をもってくる。

① スポーツ振興基本計画にみる振興

スポーツ振興基本計画は，2000（平成12）年9月にスポーツ振興法の規定に基づき10年計画（2001年から2010年）として策定された。1961（昭和36）年のスポーツ振興法策定以来およそ40年を経て基本計画が策定された背景には，2001（平成13）年から実施されたスポーツ振興くじにより財源的な裏づけをもつことができた点を挙げることができる。

当初，国際競技力向上の位置づけは，計画の2つ目の柱として図1のように述べられている。

特筆すべき点として，メダル獲得率という数値目標を掲げたことと，必要不可欠な施策と側面的な施策に分けて，より具体的な施策展開を示したことである。背景には，策定に当たってJOC内に作られたプロジェクトチームの意見が反映された点がある。

その後，5年を経て文部科学省は，2006（平成18）年9月には，中央教育審議会スポーツ・青少年分科会の意見等を踏まえて，競技スポーツを3番目の柱として計画を図2のように改定した。

改定に際して，当時子どもたちの体力低下に高い関心が集まっていたことから，第1番目の柱として子どもの体力を挙げ，第2の柱として地域における総合型地域スポーツクラブの全国展開，最後に第3の柱として競技力向上施策を配した。この改定に際して，当初とは異なり意見集約のためにJOC内にプロジェクトが作られることはなかった。注目すべき点として，2004年の第28回オリンピック大会（アテネ）における日本選手団の活躍を背景としてNTCの建設が具体化していたことから，その書きぶりが変わっている。また，トップ選手のセカンドキャリアの問題も書き加えられている。側面的な施策として，アンチ・ドーピング活動の推進とプロスポーツ選手の社会貢献が加わった。

② JOCゴールドプランにみる振興

JOCは，長期化する国際競技力の低下に対応するため2001（平成13）年に，JOC国際競技力向上戦略としてJOCゴールドプランを発表した。この計画はおよそ現状分析を含め約2ヵ年の検討期間を経て作られた。立案に際しては，前年に発表されたスポーツ振興基本計画の策定プロセスとも重なったこともあり，目標値や主施策などは齟齬がないよう連動が図られている。

本プランでは，国際競技力向上におけるJOCの役割を明確にした上で，1競技団体ではカバーできない領域に焦点を当てて立案されている点が特筆される。背景には，オリンピックで戦うためには個々の競技団体の壁を越え，日本選手団としての強化の必要性を認識したことがある。特に，強調されていることとして2001（平成13）年からの長期計画とすること，具体的・実行可能なプランであること，経費的試算を組み込むこと，執行責任を明確にすることなどである。

計画は，3つのカテゴリーに分かれている。カテゴリー1は，スポーツ振興基本計画にある「政策目標達成のため必要不可欠である施策」に対応させ，強化プログラムと環境整備プログラムに大別され各々事業化している。このカテゴリーでは，2001（平成13）年時点では具体化していないもののナショナルトレーニングセンターの設置を視野にいれている。そして設置された際には，すぐに機能するように，拠点ネットワーク特別プロジェクトやナショナルコーチアカデミーを立ち上げるとされている。箱ものが作られる前に人の育成やシステム作りに取り組んでいることは，わが国では先見性のある計画といえよう。

カテゴリー2は，「政策目標達成のために必要な側面的な施策」に対応するとされ，JISS，日本アンチ・ドーピング機構（Japan Anti-Doping Agency: JADA）など，組織の活動が具体化しはじめた領域との連携強化が図られている。

カテゴリー3は，自己財源で主に展開する事業を中心に，重点強化施策を打ち出している。それまで強化費の配分も，過去の成績により配分していたものを，基準を改め，JOCゴールドプランに沿った活動や若手育成，国際性など多面的な評価視点が取り入れられた。重点的に強化すべき視点を，競技ばかりでなく種目そして個人などのレベルまで落とし込んで，有効な強化策の推進が企図されている。特に，「情報」の重要性に着目して，種々の事業の展開を図ったことは，その後の国際競技力向方策に大きな影響を与えた。

わが国のメダル獲得率（メダル総数に占める日本選手が獲得したメダルの割合）は，1996年の第26回オリンピック大

図1 スポーツ振興基本計画における国際競技力向上の位置づけ（要約抜粋）

2．わが国の国際競技力の総合的な向上方策
　わが国のメダル獲得率が1996年のオリンピックで1.7%まで低下していることを踏まえ，諸施策を総合的・効果的に推進し，早期にメダル獲得率が倍増し，3.5%となることをめざす。
A．政策目標達成のため必要不可欠である施策
　1）ジュニア期からトップレベルに至るまで一貫した理念に基づき最適の指導を行う一貫指導システムの構築
　2）ナショナルレベルのトレーニング拠点施設の早期整備や地域の強化拠点の整備
　3）指導者の養成・確保（専任化の促進，ナショナルコーチアカデミー制度の創設等）等を総合的に推進
B．このための側面的施策
　1）スポーツ医・科学の活用により科学的トレーニング方法の開発等を推進
　2）国際競技大会等の積極的な開催 等

図2 スポーツ振興基本計画（改定版）における国際競技力向上の位置づけ（要約抜粋）

3．わが国の国際競技力の総合的な向上方策
　オリンピックにおけるメダル獲得率が，夏季・冬季合わせて3.5%となることをめざす。
A．政策目標達成のため必要不可欠である施策
　1）ジュニア期からトップレベルに至るまで一貫した理念に基づき最適の指導を行う一貫指導システムの構築
　2）ナショナルトレーニングセンター中核拠点施設の早期整備や競技別強化拠点の指定と支援
　3）指導者の養成・確保（専任化の促進，ナショナルコーチアカデミー制度の創設等）
　4）競技者が安心して競技に専念できる環境の整備
B．このための側面的施策
　1）スポーツ医・科学の活用
　2）アンチドーピング活動の推進
　3）国際的または全国的な規模の競技大会の円滑な開催等
　4）プロスポーツの競技者等の社会への貢献の促進

会（アトランタ）では，1.7％にまで低下した．本計画の実施後，2004年の第28回大会（アテネ）では37個，獲得率4.0％と，夏季大会としては目標が達成された．

1) 人（する人，観る人，支える（育てる）人）の重視
   すべての人々のスポーツ機会の確保，安全・公正にスポーツを行うことができる環境の整備
2) 連携・共同の推進
   ・トップスポーツと地域スポーツの好循環の創出
   ・新しい公共の形成等による社会全体でスポーツを支える基盤の整備

＜重点戦略＞
①ライフステージに応じたスポーツ機会の創造
②世界で競い合うトップアスリートの育成・強化
③スポーツ界の連携・協同による「好循環」の創出
④スポーツ界における透明性や公平・公正性の向上
⑤社会全体でスポーツを支える基盤の整備

図3　スポーツ立国戦略における基本的な考えと重点戦略（要約抜粋）

③ スポーツ基本法とスポーツ立国戦略にみる振興

スポーツ基本法の議論は，1961（昭和36）年のスポーツ振興法策定以来40年を経ていることが背景にあるが，議論が活発化するきっかけの1つは，2016年東京オリンピック・パラリンピック大会の招致活動であった．オリンピック大会の招致は都市であるが，国際オリンピック委員会（IOC）は，オリンピック大会招致に際して政府の財政保証を求めている．スポーツ振興法では，IOCからのこのような要望に対応できないことが明らかとされたことで，スポーツ基本法制定への議論が活発化した．また，その伏線として，2011（平成23）年のラグビーワールドカップ招致の際，政府の財政保証がないことが招致失敗の主要因とされたことも挙げられる．

2016（平成28）年の東京オリンピック・パラリンピック招致をきっかけにおきたムーブメントとしてのスポーツ立国の方向性は，自民党から民主党への政権交代を経ても継続され，文部科学省はこれらの機運を背景に，今後のわが国のスポーツ政策の基本的方向性を示す施策として2010（平成22）年8月に「スポーツ立国戦略」を公表した．スポーツ立国戦略では，そのめざす姿として「新たなスポーツ文化の確立」を掲げ，「すべての人々にスポーツを！」「スポーツの楽しみ・感動を分かち，支え合う社会へ」と謳った．このスポーツ立国戦略にみる基本的な考えとして，図3のようなものが示された．

スポーツを国の重要な施策とするスポーツ立国への流れは，遂に2011（平成23）年6月にスポーツ基本法として結実し，基本法の第3章第3節で，国が優秀なトップアスリートの育成，国際競技大会の招致や開催支援等の必要な施策を行うことが定められた．さらに，2012（平成24）年3月には，スポーツ基本計画が策定され，政策目標としてジュニア期からトップレベルに至る系統的で体系的なアスリート育成システムの構築やスポーツ環境の整備が謳われた．特に，同計画ではオリンピック競技大会の金メダル獲得ランキングで夏季大会は世界で5位以上，冬季大会では10位以上が目標に掲げられた．

これらのスポーツ立国への機運の高まりとスポーツ基本法や基本計画の策

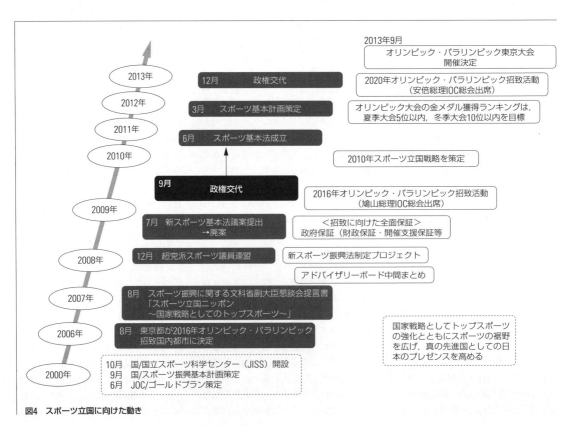

図4　スポーツ立国に向けた動き

定の上に，2013(平成25)年9月のIOC総会で2020年のオリンピック・パラリンピックの東京開催が決定した。今後は，オリンピック・パラリンピックの開催に備えて，スポーツ基本法の附則に盛り込まれたスポーツ庁の設置とともに，わが国の競技スポーツのいっそうの振興が図られることが期待される(図4参照)。

(河野一郎)

職場スポーツと企業スポーツ　02.D.02

① 福利厚生と職場スポーツ

明治以降から戦前にかけての日本の社会的変動は，主に西欧化，産業化，民主化などのムーブメントに呼応した形で様々に変化してきた。

木村(2010)によれば，1854(嘉永7)年日米和親条約の締結以後，外国との交流が始まり，国内にも外国人が居留することになった。このことにより，日本人職工らとの「なぐさみ事」という職場運動会が実施されたのが，幕末以降における最初の職場におけるスポーツイベントとされている。実施された種目は，綱渡り，帆柱上り，袋足競争，競馬，青竹わたり，日本人相撲，飛車による的槍突きなど，多くが近代スポーツの原型となるものであった。その後も，横浜や東京の居留外国人による陸上競技を中心とした「アスレチックスポーツ」が開催されたり，スポーツクラブが創設された。

当時の職場における従業員の処遇は長時間労働など過酷な労働条件や環境であり，職場スポーツについては到底今日でいう福利厚生というべき域に達したものではなかった。

こうした中，1880(明治13)年に創設された東京YMCAはスポーツ指導者の育成とともに，勤労青少年のスポーツ普及におおいに貢献した。また，明治中期の1895(明治28)年には，ごく稀なケースではあったが，琵琶湖漕艇大会が行われ京阪の中学校30クルーとともに，日本銀行，第百十九銀行の2クルーが参加したことがあった(日本体育協会，1963)。

第5回オリンピック大会(ストックホルム，1912年)に向けて，オリンピックに初めて参加するための国内予選などの開催などが契機となって地方のスポーツ熱の機運が高まり，日本国民各層へのスポーツの普及がなされてきた。1911(明治44)年の大日本体育協会(現・日本体育協会)の創設は今日の西欧型スポーツの国内への普及振興の大きな発展的契機となった。

1913(大正2)年に第一次大戦が勃発し，経済不況の中においても，全国的なスポーツ団体の組織化がなされた。また，大戦後に盛り上がった労働運動を抑制するため従業員の欲求解消や反資本主義的闘争心の緩和など，本来のスポーツの目的とは異なる方向で職場スポーツの普及がなされてきた。そうした結果，職場におけるスポーツは盛んになったものの，過度の勝利志向やオーバートレーニングによる健康障害などの原因となった。

昭和初期までの日本は，国内の各種スポーツ団体の創設とともに，国際的なスポーツ大会等でおおいに活躍した時代でもあった。満州事変の勃発とともに，第二次大戦への参戦を迎え緊迫した軍事体制のもと，1940(昭和15)年開催予定であったオリンピック大会も返上し，職場スポーツも影をひそめる時代に突入していった(早川ら，1982)。

日本の西欧化から始まった職場へのスポーツの導入も明治と大正時代を経て普及が進む一方，スポーツ本来の自由さや楽しさを目的とした普及ばかりではなく，時には，過酷な労働条件のもとで働く従業員による労働運動の鎮静化や戦争のための国威発揚に手段化されてきた時代でもあった。

② 職場体育と企業スポーツ

戦前の社会体育は厚生省が所管していたが，終戦直後の1945(昭和20)年9月文部省に体育局が復活し，翌年1月に厚生省の社会体育行政が文部省に全面移管され，わが国の体育行政は文部省に一元化された(文部省，1992)。

戦後の日本において国の復興と民主化が浸透する中，いち早く国民の活気を取り戻したのはスポーツであり，全

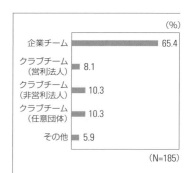

図1　日本のスポーツチームの組織運営形態
(出典：日本トップリーグ連携機構．2010．文部科学省委託事業「平成21年度スポーツ環境の整備に関する調査研究事業」)

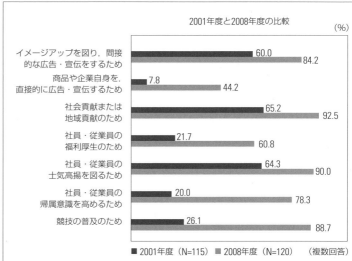

図2　企業がスポーツチームを所有する理由
(出典：日本トップリーグ連携機構，文部科学省委託事業「平成21年度スポーツ環境の整備に関する調査研究事業」．2010)

国的な各種スポーツ大会が開催された。特に1946(昭和21)年の第1回国民体育大会の開催は，全国のスポーツの復興と活性化に貢献した。こうした状況に応じて，1949(昭和24)年，国の行政組織も社会体育の振興を主目的とした社会教育局体育課が所管し，体育およびレクリエーションを中心とした社会教育がスタートした。

1950(昭和25)年，文部省は「職場に於けるレクリエーションの手引き」を発表し，職場従業員のスポーツ・レクリエーションの適切なあり方を示した。1951(昭和26)年には文部省から「社会体育指導要領」が出され，職場における指導者，施設，適切な行事，クラブ活動の整備により職場従業員が楽しみつつ健康増進の機会を提供する指針を示した(文部省, 1951)。

職場スポーツや職場体育プログラムの科学的検証が実施されたのもこの時期であり，文部省から科学試験研究費が支出され，様々な角度からその科学的分析がなされる大きなきっかけとなった。

1961(昭和36)年にはスポーツ振興法が制定され，第9条で職場スポーツの奨励に対する国や地方公共団体の役割が明記された。

そして1964(昭和39)年の第18回オリンピック大会(東京)を契機として，日本は飛躍的に近代社会に発展する。このオリンピックムーブメントによる高度経済成長の始まりと近代国家への生活環境の変革の中，国民各層のスポーツへの興味関心も増大した時代であった。その後は，経済成長とともに，国民の余暇時間の増大がなされ，日本人が余暇にスポーツに楽しむ時代に突入した時期でもある。

職場においても，従業員の健康体力への興味・関心がいままで以上に増していった。また，職場スポーツは企業へのアイデンティティーの醸成や忠誠心の確立，さらにはメディア効果を図るための広告塔としての役割への期待も大きくなってきた。

1965(昭和40)年にスポーツテスト実施要領が小学校を皮切りに，続いて壮年体力テスト要領が発表され，学校・地域・職場で広く実施されるようになったことは，体力の科学的評価の始まりといってよいであろう。

戦後の日本は，第18回オリンピック大会(東京)開催とともに，社会全体が近代化に向かい，企業が世界的に発展・成長し，そこでの余剰がスポーツに投資できた時代でもあった。

③ 企業スポーツと企業フィットネス

日本は1970年代のオイルショックを契機に，企業の経済状況の悪化と低迷期を迎えた。続く1990年代のバブル経済崩壊後には，より経済状況が悪化し，企業チーム(クラブ)は300部ほど廃部になったという(笹川スポーツ財団, 2006)。

企業の財政悪化に伴うマーケティング戦略からは，メディア性の強いプロスポーツへの投資と企業スポーツの費用対効果への厳しい評価から，こうした決断を迫られてきたことは確かである。

2005(平成17)年には，低迷する各競技の国際競技力を向上させることを目的とした日本トップリーグ連携機構が結成された。日本トップリーグを対象とした調査(日本トップリーグ連携機構, 2010)によれば，現在の組織運営形態では，66%が企業チーム，それ以外は，営利・非営利のクラブチームなどで構成されており，企業主体のトップリーグからの変革がなされてきている。

また，企業がチームを所有する理由においては，2001(平成13)年と2008(平成20)年を比較した調査がある。その結果からも，企業の広告・宣伝や社会貢献，競技の普及など，すべての項目で飛躍的に伸びており，現存する企業スポーツの特徴が明確化されている。これまでの福利厚生を主体とした企業スポーツにおいても，企業戦略からの費用対効果やマーケティング戦略が企業がチームを所有する理由の根底にある。

企業フィットスの始まりは，古くは企業の従業員を対象とした労働衛生管理からの健康診断，栄養指導をはじめ健康増進のための職場体操や福利厚生事業としての職場スポーツ・レクリエーション活動の推進にみられる。リチャード(Richard)ら(1992)の定義では「職場における健康増進とは，仕事の組織面，経営面，環境面だけでなく，職場の従業員や家族に対して，健康増進の概念，原理，戦略を適応すること」とされ，企業フィットネスとは企業の従業員や家族の健康増進戦略に応じたフィットネス活動全般を示す内容と解釈できる。

1980年代の企業フィットネスについて池田(1981)は，成果を上げてきた新日鉄君津製作所や大阪ガス健康開発センターの事例を紹介し，今後への職場フィットネスへの期待を込めて次のように述べている。「従業員の健康づくりのために，就業時間の一部を職場体操やスポーツなどの体力づくりにあてる時間を設けたり，そのための施設や専門のスタッフを配置のために投資することは，決してムダなことではなく，従業員の生涯福祉と言う観点からも，企業経営にもプラスにはね返ってくる」(池田, 1981. 183)としている。しかしながら，1980年代を中心に進められた職場フィットネス隆盛期も，バブル経済の崩壊時期の企業経済状況の悪化に伴い，そうした自社独自の健康福祉事業は低迷時期を迎えることになる。

2002(平成14)年には健康増進法が公布され，第1条では「我が国における急速な高齢化の進展及び疾病構造の変化に伴い，国民の健康の増進の重要性が著しく増大していることにかんがみ，国民の健康の増進の総合的な推進に関し基本的な事項を定めるとともに，国民の栄養の改善その他の国民の健康の増進を図るための措置を講じ，もって国民保健の向上を図ることを目的とする」とするなど，今後の日本における生活習慣病の予防を事業所も含む関係機関で取り組む内容が明記されている。しかしながら企業独自で取り組む健康診断や栄養指導だけではなく，適切かつ継続的な運動による健康づくりプログラムの職場での実施内容を含む「企業フィットネス」体制の経営は難しい状況にある。その主な原因は企業内の専用運動・スポーツ施設の管理運営，専門的スタッフの人的資源の確保，さらには，多様化する従業員の運動・スポーツニーズへの対応などがあり，企業の経済的投資からみた運動効果への費用対効果の検証への期待が難しい。今日では企業が専門的機関(フィットネスクラブ企業等)と連携し出前指導などがその中心的な役割を担っている。

1980年代から今日までの間，職場

スポーツや企業フィットネスは，日本経済の後退現象とともに低迷してきている。2008（平成20）年4月に特定健診（特定健康診査）・特定保健指導という新しい制度が始まった。この制度は，今後の後期高齢者の医療費を確保するため，メタボ検診ともいわれ，40－74歳を中心に74歳以上も含み実施され，血糖，脂質，血圧，喫煙習慣などの諸条件から影響される高血圧・糖尿病などの生活習慣病予防と，具体的な職場での受診率や保健指導実施率，目標達成度に応じて財政負担が保険組合や自治体に増減されることになる。2011（平成23）年のスポーツ基本法の制定や，2012（平成24）年のスポーツ基本計画の策定などを経て，職場スポーツを含めた国民のスポーツ振興や，健康づくりも，少子高齢化がもたらす社会変動への対応に向けて新たな局面を迎えている。

参考文献　02.D.02

- 池田勝．1981．「1980年代の職場体育の動向と課題」『体育の科学』31: 180－83．
- 木村吉次．2010．『体育・スポーツ史概論〈改訂2版〉』123－24．市村出版
- 厚生労働省．2002．「健康増進法」http://www.mhlw.go.jp/shingi/2004/12/dl/s1202-4g.pdf（2013年1月10日）
- 笹川スポーツ財団．2006．『スポーツ白書』127－29．
- 日本体育協会．1963．『日本体育協会50年史』625．
- 日本トップリーグ連携機構．2010．「文部科学省委託事業〈平成21年度スポーツ環境の整備に関する調査研究事業〉33」57．
- 早川芳太郎，石河利寛，粂野豊　編．社会スポーツセンター 監修．1982．『職場スポーツ―その考え方・進め方』17－21．竹井出版社
- 文部科学省．1950．『職場に於けるレクリエーションの手引き』21．
- 文部科学省．1981．「学制百年史」http://www.mext.go.jp/b_menu/hakusho/html/others/detail/1317786.htm（2013年1月10日）
- ―――．1992．「学制百二十年史」http://www.mext.go.jp/b_menu/hakusho/html/others/detail/1318268.htm（2013年1月10日）
- Richard P. Sloan, John P. Allegrante, Jessie C. Gruman. 1992．『企業内健康増進マニュアル：ウエルネス・マネジメントへの投資と効果』本明寛，野口京子訳 34－35．ダイヤモンド社

（川西正志）

プロスポーツの発展と現在　02.D.03

① プロスポーツの発展を支える制度

プロスポーツとは，プロフェッショナルスポーツ（professional sports）の略語で，競技や演技をすることによって報酬が得られ，生活の手段になっている職業スポーツのことを意味する（日本語大辞典，1992）。プロ化されたスポーツは数多く，多彩である。北米の4大プロスポーツ（National Football League: NFL, Major League Baseball: MLB, National Hockey League: NHL, National Basketball Association: NBA）や，英国のプレミアリーグに代表されるヨーロッパのプロサッカーはよく知られている。しかし，北米のラクロスやアリーナフットボール，豪州のオーストラリアンフットボール，そして英国のクリケットなど，世界には日本人になじみの薄いプロスポーツも数多く存在する。日本国内のプロスポーツについては，プロスポーツの統括団体である財団法人日本プロスポーツ協会に加盟している団体によって全体像を把握することができる。登録団体には，Jリーグ，男女ゴルフ，キックボクシング，大相撲，プロ野球，競輪など，公営ギャンブル競技を含む15団体が所属している（表1）。

日本のプロ野球では，チームを束ねる日本プロ野球機構の長であるコミッショナーよりもチームのオーナーの発言力が強い。これは，放映権料やマーチャンダイジング（商品化）といった収入源が，リーグではなくチームによってコントロールされているからである。この場合，人気球団は他の球団とのバランスを気にせず，収入を自由に拡大することが可能である。イタリアのプロサッカー・リーグであるセリエAもこの方式をとっており，その結果，クラブ間の収入格差が広がり，破産するクラブが相次いでいる。これに対して，アメリカのプロリーグは，戦力均衡をリーグ運営の根幹に置いており，放映権料やマーチャンダイジングなどの集中管理を行っている。そのうえで，各チームの実績に応じてリーグ収入を配分するレベニューシェアリング制度や，チーム人件費に上限を設けるサラリーキャップ制度，そしてドラフトにおいて前年度の最下位球団から順番に選手を指名できるウェーバー制度を用いている。これによってチーム間の戦力均衡を図り，エキサイティングなゲームによる集客を行うと同時に，落ちこぼれチームを出さない，チームとリーグとの共存共栄の仕組みを作り上げている。

次に，日本におけるプロスポーツの現状と課題を探るために，大相撲，プロサッカー，プロ野球の3つのプロスポーツの現状を概観する。

② 大相撲

相撲のプロ化は，神社，仏閣の建立・修築の寄付集めに行われた勧進相撲の興行が，江戸で定期的に行われるようになった1751（宝暦元）年が起源とされている。1757（宝暦7）年からは江戸相撲として毎年興行が行われるようになり，1763（宝暦13）年になると年2回の本場所興行へと移行した。その後，江戸時代の中頃より「相撲は寺社への寄進という勧進相撲の本来の目的から離れて，営利を目的とするプロスポーツに変貌」（生沼，1994）することになる。

世界で最も古いプロスポーツである相撲は，それから250年を経た現在も，国民的スポーツとして多くの日本人に親しまれている。特に1989（平成元）年の11月場所から1997（平成9）年の5月場所まで，チケットがほぼ完売する「満員御礼」状態（95％以上の入場率）が666日も続いた。その後，若貴ブームがピ

表1　日本プロスポーツ協会　加盟団体

団体名
財団法人日本相撲協会
一般社団法人日本野球機構
公益社団法人日本プロゴルフ協会
一般社団法人日本女子プロゴルフ協会
公益社団法人日本プロサッカーリーグ
日本プロボクシング協会
社団法人日本プロボウリング協会
一般社団法人日本ダンス議会（ダンススポーツ競技）
株式会社日本レースプロモーション（モータースポーツ：フォーミュラ・ニッポン）
新日本キックボクシング協会
日本中央競馬会　（競馬）
地方競馬全国協会　（競馬）
公益財団法人JKA　（競輪）
公益財団法人JKA　（オートレース）
一般財団法人日本モーターボート競走会（ボートレース）

（出典：日本プロスポーツ協会ホームページ）

ークを過ぎた頃より，相撲人気は徐々に下降し始め，2002（平成14）年には5場所すべてにおいて「大入りゼロ」という危機的な状況に陥った。その後，朝青龍の登場によって一時的に人気は復活したものの，暴力事件や麻薬事件が相次ぎ，相撲界への批判が強まった。そのような折，2010（平成22）年には，野球賭博事件の発覚で，賭博に関与した多数の力士の休場やNHKの放映自粛によって，相撲界はこれまでにない危機に直面した。

年間5回の場所すべてが大入りになったのは1996（平成8）年が最後で，その後，大入り回数は徐々に減少し，2000（平成12）年の九州場所ではついに「大入りゼロ」となった。2002（平成14）年には，大入りの連続記録が続いた大阪場所においても記録が途切れ，観客数の落ち込みがいよいよ顕著となった。観客数の減少とともに，本場所で好取り組みに対してかかる懸賞本数（1勝負6万円）も減少し，1996（平成8）年には3,593本あった本数が，2002（平成14）年には2,321本にまで落ち込んでいる。野球賭博に揺れた2010（平成22）年には，記録が残る1985（昭和60）年以来続けてきた名古屋場所初日の大入り記録が途切れるという事態も発生した。

大相撲がかつて全国的なファン開拓に成功した理由の1つに，弟子のスカウトと地方への啓蒙活動を目的として行われてきた地方巡業という制度がある。これは，一種独特な厳粛な雰囲気の中で行われる猛稽古を，地方を移動しながらファンにみせる公開練習イベントで，日頃，テレビでしか相撲をみることのできない地方の人々に，初切，相撲甚句，髪結い，横綱の綱締め実演，土俵入り，幕内・十両力士の迫力ある取り組みといった伝統的な稽古を1日パッケージで提供する，いわば相撲のバックステージ（舞台裏）ツアーでもある。

しかしながら順調だった巡業ビジネスも，相撲人気の低迷によって興行収入が激減し，一時は中止という事態にまで追い込まれたが，現在は自主興行から地元の興行主に興行を売る「売り興行」に形を戻して継続している。しかし2010（平成22）年には，前述の野球賭博事件の余波で地方巡業は中止となり，大相撲の行方に暗雲が立ち込めて

いる。さらに翌年の2011（平成23）年には，八百長メール事件が発覚し，八百長関与を認定された23人について，角界からの永久追放を意味する引退勧告や1年以上の出場停止などの厳罰が下された。これをきっかけに，日本相撲協会の全般的な改革を議論する第三者機関「ガバナンス（統治）の整備に関する独立委員会」（奥島孝康座長・日本高野連会長）が設置されたが，この事件が引き金となって，スポーツ界全体のガバナンスに対する機運が高まった。

③プロ野球

野球のプロ球団が誕生したのは1921（大正10）年のことで，東京芝浦において「日本運動協会」が誕生した。しかしながら，2年後の関東大震災によってチームは大きな打撃を受け，その後，箕面有馬電気軌道（現在の阪急電鉄）を経営する小林一三の招聘によって関西に居を移した。これを契機として，小林は西日本初のプロ野球チームである「宝塚運動協会」（1923年）を設立，続いて大毎野球団，関西ダイヤモンド倶楽部，スター倶楽部とともに，最初のプロ野球リーグである「関西四球団連盟」を結成し，6年後の1929（昭和4）年まで運営を行った。

その後，「東京巨人軍」が1936（昭和11）年に，そして「大阪タイガース」（後の阪神タイガース）や「名古屋軍」（後の中日ドラゴンズ），そして「阪急」（現在のオリックス・バッファローズ）が翌年の1937（昭和12）年に創設され，1リーグ制がスタートした。それが分裂し，現在の2リーグ制であるセ・パ両リーグがスタートしたのは戦後の1949（昭和24）年のことである。

これまでのプロ野球は，企業スポーツの色合いが残っていたためビジネス化が遅れた業界であるといわれてきたが，現在では，パリーグ球団の経営努力が実を結び，日本ハムや楽天など，地域密着型のコミュニティビジネスとしてのチーム経営が定着している。全国的な人気を誇った読売ジャイアンツさえも，親会社の事業局がチームマネジメントを取り仕切り，マーケティングの視点からファンデベロップメント（ファン開拓）に積極的に取り組んでいる。

12球団の詳しい収支状況は不明であるが，セリーグの場合，年間売り上げ

は読売ジャイアンツの約210億円から広島東洋カープの約50億円と4倍以上の開きがあるといわれている。収入が100億円程度の中堅球団の場合，収入の4本柱とされる「年間シート」「当日・前売りチケット」「放映権料」「グッズ・その他売り上げ」は，それぞれ25億円前後であると推測される。それに比べてパリーグでは，チケット料金が安く，放映権料がほとんどないか，あっても少額のため，各球団とも20億円程度の赤字を計上しているのが現状である。

④Jリーグ

1993（平成5）年5月に10チームで開幕したJリーグは，初年度から大成功を収め，ブーム現象を巻き起こした。1993（平成5）年度には年間324万人だった観客数が，1995（平成7）年度には616万にまで急増し，関連商品の売り上げも飛躍的に伸びた。しかしその後，チーム数が18にまで増えたにもかかわらず1995（平成7）年度以降観客数は減少を続け，1997（平成9）年度には開幕以来最低の276万人となった。横浜フリューゲルスが消滅したのもこの頃で，多くのクラブが収入減に悩み，チーム内でリストラを強行するなど，経済的に厳しい環境のもとでクラブ経営を続けていた。

しかしながら，J1，J2という2部制への移行と入れ替え戦の採用，クラブの経営状況を監視する経営諮問委員会の設置など，矢継ぎ早の改革が功を奏し，観客数は徐々に増加傾向をみせた。さらに2002（平成14）年FIFAワールドカップ大会の開催に向けてのサッカーへの関心の高まりと，新しいスタジアム建設が追い風となって，Jリーグ人気は再び高まりを見せ始め，2001（平成13）年度はJ1，J2合わせて596万人の観客を集めた。その後，観客数は順調に伸び，2006（平成18）年には836万3,963人，2009（平成21）年には962万3,584人を達成した。J1リーグの1試合当たりの観客数（1万9,126人）は，世界のリーグにおいて第7位の数字である。

Jリーグが成功を収めた理由の1つとして，ホームタウン制度の採用がある。これまでの日本のプロスポーツには，これまで地域で独占的に試合をすることを認める「フランチャイズ」の考えはあったが，地域と一体になってスポー

ツを育てようとする「ホームタウン」という概念はなかった。ヨーロッパのサッカークラブのように，地域に根を張って，地域のスポーツ文化の振興に寄与するようなプロクラブではなく，「地域を借りて」興行を行うというシステムをとってきたのである。

しかしながらJリーグの発足当時は，ある特定の企業がチームを丸抱えする「企業スポーツ」の色合いが濃く残り，チーム名から企業名を外すことに対して強い抵抗感を示すクラブもあった。しかしホームタウン制度を適用し，チームから企業名を外したことによってクラブと地域の一体感が増し，地域住民や自治体から有形・無形の支援（例えば補助金や協賛金，あるいはボランティアとしての人的支援など）を受けることが可能になった。さらにクラブをスポンサードする企業は，間接的な地域支援というメッセージをマーケティングプランに取り込み，結果としてクラブスポンサーの多様化が進んだ。

⑤ その他のプロスポーツ

近年各地で，地域密着型経営を標榜するプロチームの新設が盛んである。日本のプロチームスポーツは，長い間プロ野球に支えられてきたが，プロ野球では球団名に企業名が冠され，広告塔としての役割を付与されてきた。一方，プロ野球を反面教師とするJリーグの成功によって，企業の代わりに地域名を冠したチーム・クラブの運営に関心が高まった。最近では，Jリーグの仕組みを参考にした地域密着型プロリーグの創設（バスケットボールと野球）や，同じミッションを共有したチームの新設が活発化している。

バスケットボールでは，従来のJBL（日本バスケットボールリーグ）とは別に，プロリーグのbjリーグ（日本プロバスケットボールリーグ）が2005（平成17）年に誕生した。最初は6チームでスタートしたリーグも毎年チーム数を増やし，2010/11シーズンには16チーム（ウェスタンカンファレンス：9チーム，イースタンカンファレンス：7チーム）が参戦し，2011/12シーズにはさらに4チームが加わったが，1チームが活動停止したため，19チームでリーグ戦を行っている。今後もチーム数の増加が見込まれており，bjリーグでは最大24チーム程度まで拡張する考えをもっている。

最近の地域密着型チームの増加には，地域にプロチームを持ち，地域を活性化し，子どもに夢を与えようという「パッション」（情熱）が駆動力となり，そこに，競技力の向上やスポーツ文化の醸成というリーグの「ミッション」（使命）への共感が加わるケースが多い。さらにビジネスの視点としては，経済的な参入障壁の低さが挙げられる。すなわち，bjリーグに加盟するチームならば年間事業予算は1.5－2億円，野球の独立リーグであれば1億円強程度であり，コンビニエンスストア1店舗分程度の売り上げがあれば運営が可能な，コンパクトなコミュニティビジネスである点も見逃せない。そしてプロチームの経営が他のビジネスと根本的に異なるのが，企業，行政，ファンという多くのステークホルダーを巻き込みながら，地域の誇りを高め，地域の発展に貢献するという，スポーツのビジネス化がもつ社会経済的な意味であろう。

（原田宗彦）

諸外国におけるスポーツ政策　02.E

ヨーロッパのスポーツ政策　02.E.01

① イギリスのスポーツ政策

[所管省庁とスポーツ政策の位置づけ]

イギリスのスポーツを所管している省庁は，文化・メディア・スポーツ省（Department of Culture, Media and Sport: DCMS）であるが，具体的な政策展開をするのがスポーツカウンシル（Sport Council）である。2006年より，競技スポーツと地域スポーツを推進するカウンシルの役割が明確に分けられた。UKスポーツ（United Kingdom of Sport）がオリンピック・パラリンピックを含むイギリス全土の競技スポーツを統括する一方で，地域スポーツ推進は，4地方政府（イングランド，スコットランド，ウェールズ，北アイルランド）のそれぞれの地方政策のもと，例えばイングランド地方はイングランド地方のスポーツカウンシルであるスポーツイングランド（Sport England）が推進する。

ちなみに，スポーツカウンシルは，1960年代，ウォルフェンデン報告書により，労働者階級の人を中心にスポーツ・フォー・オールが推奨されたことにより設立された。このような歴史のもと，イギリスのスポーツ政策は今なお，社会政策のひとつとして位置づけられている。

[平等法とスポーツ政策]

近年のスポーツ政策に多大なる影響を与えているのが2010年の平等法（Equality Act）である。この法は，人種関係法，性差別禁止法，障害者差別禁止法などの関連法令を統合したもので，年齢，障がい，人種，宗教，性（性転換や性志向も含む），妊娠（出産を含む）に関係する9つの「保護特徴」がある。この平等法を機に，UKスポーツでも「UKスポーツ平等・ダイバーシティ戦略，政策と計画（UK Sport Equality & Diversity Strategy, Policy and Action Plan）」が打ち出され，職員雇用，コーチ・スタッフ，選手のスポーツ参加機会・育成に至るまで，幅広く網羅される。しかし，2014年3月，元イングランド代表のキャンベル（Sol Campbell）がイングランドサッカー協会内の人種問題を告発するなど，差別問題は今なおイングランド地方のスポーツにおいて主要な政策課題である。こうした差別がある社会背景には，スポーツの政策形成の中心にいるのが，中産階級の白人の男性であることが指摘されている。

[2012年ロンドンオリンピック・パラリンピックのスポーツ政策への影響]

2012年ロンドンオリンピック・パラリンピックは，イギリスのスポーツ政策に様々な影響を及ぼした。2005年の招致決定以降，スポーツ関連予算は大きく伸び，2004年には13万2,815ポンドが2010年には57万6,661ポンドとなっている。2012の経験から，2014年3月現在，DCMSは1) エリートスポーツの推進，2) スポーツ参加機会の拡大，3) 2012ロンドンオリンピ

ック・パラリンピックレガシーの創造を3本柱として政策を展開する。

第1の柱のエリートスポーツは，ロンドンオリンピック・パラリンピックの成功が大きい。オリンピックは1908年以来，最も多く金メダルを獲得したこと，パラリンピックも同様にメダル獲得数3位以内との成果も後押しし，政府は引き続きエリートスポーツ推進を図り，2016年の第31回大会（リオデジャネイロ）に向けて3億3,500万ポンド（約590億円）を投資すると表明している。また，こうしたロンドンの成功には，選手育成の中核に，デュアルキャリアを推進してきたこともある。デュアルキャリア（スポーツキャリアと教育キャリアの2側面から選手を支援）は，2003年に設立され，2004年より動き出したTalented Athletes Scholarship Scheme (TASS)が大学などの教育機関と国統括競技団体（National Governing Bodies: NGBs）とともに16歳以上，上は40歳代のオリンピック・パラリンピック選手を支援する。また，イングランドスポーツ研究所（English Institute of Sport: EIS）がスポーツ科学支援を行うが，こうした科学支援は主にイングランド地方に集中している状況にもある。なお，TASSの選手支援の主要概念には，誰にも機会（Opportunities for All）があり，競技力が高く英国パスポートを所有していれば，支援を受けられる機会が平等に提供される。

第2のスポーツ参加機会については，国民の健康促進と学童のスポーツ参加機会の拡大が中核となる政策であった。しかし，エリートスポーツの2012年ロンドンオリンピック・パラリンピックの成功と比較し，実際には国民のスポーツ参加率は大きな変化がみられなかった。例えば2006年は月に週に1回30分のスポーツ参加の統計をみると，2006年は13.9%，2012年10月には15.5%，2013年4月には15.3%とほぼ数値の変化はみられない。このことから，政府のスポーツ参加機会に対する支援への関心は非常に弱く，学童支援予算もほぼ打ち切られている状況にある。

第3の2012年ロンドンオリンピック・パラリンピックのレガシー創造は，2010年のレガシー計画をもとに1）経済成長，2）スポーツをする健康的な生活の推進，3）地域の活性化，4）ロンドン東部の再開発という4点を中心に実施されている。またパラリンピックについては，障がい者に対する態度の変化がレガシーの主要な要素として示されている。

イギリス，特にイングランド地方は，サッカー，ラグビー，卓球，バドミントンなど多くのスポーツ種目と，パラリンピックの発祥の地として知られるが，社会階級や多民族国家である国であることも背景に，スポーツを取り巻く政策の整備は現在も引き続いて行われている。

〔田中暢子〕

② ドイツのスポーツ政策

ドイツ連邦共和国（以下，ドイツ）におけるスポーツ政策の展開は，連邦政府ならびに州政府や自治体が役割分担している。しかしながら，実質的なスポーツ振興施策の展開は民間団体が担い，戦略的かつ戦術的な取り組みを行っている。

連邦国家を代表し，スポーツ政策を主管するのは「内務省SH局第1部スポーツ」である。国際大会に関する支援やナショナルチームなどのトップアスリート支援，近年ではアンチドーピング研究，科学的研究の蓄積などを行っている。連邦議会には「連邦議会スポーツ委員会」が設置され，スポーツ政策に関する審議が行われており，民間団体である「ドイツオリンピックスポーツ連盟（Deutscher Olympischer Sport Bund: DOSB）」に設置された「連邦委員会」とも綿密な連携を図っている。また，内務省は発展途上国に対するスポーツ支援として外務省や対外協力・開発省と協力しており，労働社会省や家族・高齢者・婦人・青少年省，国防省との協力によるスポーツ振興にも力を注いでいる。なお，オリンピック選手などのトップアスリートならびにトップアスリートをめざす者の援助を目的に設立されたドイツスポーツ援助財団（Deutsche Sport Hilfe: DSH）は，関連企業の収益金を財源に，多くの支援を行っている。

16の州政府ならびに440の郡，1万3,854の市町村にも議会スポーツ委員会や諮問委員会などが設置され，独自のスポーツ政策を展開している。特に州政府は，文化，教育，福祉行政に関して自治権を有しているので，学校におけるスポーツ授業の活性化や地域におけるスポーツ振興，学校スポーツ教員の養成，スポーツ科学研究の促進などに関する基本方針を示している。また，民間団体の州スポーツ連盟と協力しながら，地域住民に対するスポーツ・レクリエーションサービスの提供，スポーツクラブの支援，地域における各種スポーツ施設の整備や管理運営の支援，有望なジュニアアスリートの発掘・育成なども行っている。なお，州政府は，宝くじやサッカーくじ，競馬などの公営賭博を運営していることから，その収益の一部をスポーツ振興に充当している。

スポーツ振興政策の実質的な展開は，会員の年会費や政府からの助成金，テレビやくじの収益金等によって運用されるDOSBや種目別競技連盟などのスポーツ関係団体，組織が大きな役割を果たしている。1959年にドイツスポーツ連盟（Deutscher Sport Bund: DSB 1950年発足・現DOSB）が発表した「第2の道」は，一般の老若男女に対してスポーツを行う機会を提供するための新しい道（方策）であり，約2万9,000クラブの門戸を一般市民に広く開放するなど，積極的なスポーツ振興方策を打ち出している。その基本方針は1970年から着手した「トリム運動」へと引き継がれ，25年間にわたって国民のスポーツや健康づくり活動の普及に大きく貢献している。普及啓発のための継続性あるプロモーション活動は，多くの国民を地域のスポーツクラブに誘うだけでなく，スポーツの大切さやすばらしさを浸透させている。これらの事業は民間企業からの協賛金などによって運営されるものであり，現在も「スポーツ施設と環境」「ミッション・オリンピック」「スポーツを通じた統合」など新たなプロモーションテーマを次々掲げ，継続している。

また，1960年に民間団体であるドイツオリンピック協会（Deutsche Olympische Gesellschaft: DOG）が発表し，実行に移された「ゴールデンプラン（健康・遊びおよび保養のためのゴールデンプランに関する覚書）」は，地域の子どもの遊び場や運動場（グラウンド等），体育館，屋外プール，屋内プールの整備指針で

あると同時に，行政の事業予算化プログラムを提示したものである。1961年から1975年までの第1次計画では，約1兆7,300億円を費やしスポーツ活動の基盤整備が行われ，多大な成果を収めている。1980年代にはDOGからDSB（現・DOSB）にプランは引き継がれ，第2次計画へと進捗し，さらに質的・量的整備が続けられた。1992年には「東側ゴールデンプラン」を発表し，統一後の旧東側州におけるスポーツ施設整備状況の改善に努めている。

なお，ドイツオリンピックスポーツ連盟（DOSB）が主催するスポーツバッジテストは1913年から継続しており（戦争による中断あり），今日でも毎年約90万人が挑戦している。また，公認指導者ライセンス制度を確立させ，競技団体と協力しながら質の高い指導者を養成し，地域のスポーツクラブの活動を支援するなど，充実した施策の展開が図られている。

約9万1,000のスポーツクラブが地域で活動を続けており，約2,700万人（国民の約33％）が会員として登録するDOSBは，2006年5月20日にDSBとDOGが合併したもので，ドイツのスポーツ振興施策の新たな展開が期待されている。

(佐藤由夫)

③ フランスのスポーツ政策

フランスのスポーツ政策は，1936年の余暇組織・スポーツ庁の設置以降，中央スポーツ行政組織によって実施されるようになった。第二次大戦後は，特に1963年に青少年・スポーツ庁が設置され，さらに1966年に青少年・スポーツ省が設置されると，その後，国によってスポーツ政策が積極的に展開されるようになり，スポーツを担当する省庁，いわゆるスポーツ担当省（Ministère chargé des Sports）が継続的に設置された。さらに，2010年にはスポーツ省が設置された。このようにフランスでは専門の中央スポーツ行政組織によってスポーツ政策が実施されている。

また，フランスではスポーツ政策を実施するための基盤となるスポーツ法制度が整備されている。特に「体育およびスポーツの発展に関する1975年10月29日の法律」および「身体的およびスポーツ的活動の組織および促進に関する1984年7月16日の法律」は，いわゆるスポーツ基本法とみなすことができる。さらに2006年5月23日には，これらのスポーツに関連する法令がスポーツ法典（Code du sport）として1つにまとめられた。このようにフランスでは，特殊な体系を備えたスポーツ法によってスポーツ政策が実施されている。

スポーツ財政については，まず予算組織法に基づき予算議決単位（ミッション）およびコスト分析単位（アクション）としてスポーツが区分され，スポーツ予算の配分が国会において十分に審議されているとともに，国会に提出される年次業績計画書が政策評価の対象となっている。また，2005年に設置された国立スポーツ振興センター（Centre National pour le Développement du Sport: CNDS）は，宝くじ，サッカーくじ，スポーツ行事の放映権料，場外馬券投票の賭け金の一部を財源として，スポーツ団体に助成を行っている。

スポーツ基本計画としては，2002年にスポーツ総合サービス計画（Schéma de services collectifs du sport: SSCS）が策定され，同計画に基づき，関連するスポーツ政策のアクター（政策が作り上げられていく過程において，それを実現／阻止するために重要な役割を果たす人や組織，活動の主体：関係者）の連携やネットワーク化が図られている。特にSSCSには，国土整備州計画の策定にスポーツを含めることやスポーツ施設の州レベルの調査の実施など，州のスポーツ政策との関係が規定されている。また，主な政策目標として，すべての人のスポーツへの平等なアクセスの奨励，障がい者スポーツの奨励，スポーツの教育的側面の補強，健康や社会的統合の要素としてのスポーツの活用，国際的な舞台でのフランスの地位の向上（競技水準の向上や国際競技大会の招致など），国土の持続的な開発の中へのスポーツの組み入れ，スポーツによる自然空間の高価値化とそこへのアクセスの促進，スポーツの研修教育および雇用の促進などがある。

そのほか，フランスのスポーツ政策において特徴的な事項としては，国立スポーツ・専門技術・競技力向上学院（Institut National du Sport, de l'Expertise et de la Performance: INSEP），スポーツ・リソース・専門技術・競技力向上センター（Centre de ressources, d'expertise et de performance sportives: CREPS）など，スポーツの振興，研修教育または競技力向上のための行政的公施設法人が設置されていることである。さらにこれらの機関の中には，フランスのスポーツの強化拠点（Pôle France）や国内リソース拠点（Pôles resources nationaux: PRN）が設置されていることである。国内リソース拠点には，「スポーツと障がい」「スポーツと自然」「スポーツ・教育・混成・市民権」および「スポーツと健康」などに関する拠点がある。

また，関連する国内スポーツ連盟などに出向してスポーツの技術指導を担当する専門の公務員として，スポーツ専門技術顧問指導員（conseillers techniques sportif: CTS）が設置されている。このCTSの中には，ナショナルテクニカルディレクターやナショナルコーチなども含まれている。このほかにもフランスではスポーツ指導者に関する各種職業免許および資格制度が発達しており，例えばスポーツ教育者国家免許（Brevet d'État d'éducateur sportif: BEES）などがある。

他方，国内のスポーツ全体を統括する民間団体としてフランスオリンピックスポーツ委員会（Comité National Olympique et Sportif Français: CNOSF）があり，国内スポーツ連盟とともにスポーツ政策において重要な役割を果たしている。また，これらのスポーツ統括団体は，その公的な任務と権限が法律によって定められており，行政機関に準じる特別な法的地位が認められている。

(齋藤健司)

④ 北欧のスポーツ政策

北欧諸国は，すべて高福祉国家として有名である。スポーツは福祉の一環であり国民の文化，健康，地域を担うものとして捉えられ，多くの国民がスポーツ活動を行っている。そのためのスポーツ振興に関する様々な施策がとられている。1967年に始まったノルウェーの「トリム運動」は国民の健康の維持増進を図ることを目的として行われた。

スポーツ振興に関する関係法令では，福祉国家であることによる多くの

社会保障関連法がスポーツの振興にかかわっている。フィンランドでは1979年「スポーツ法令」が公布され、スポーツ活動に関する全面的な指揮指導が文科省によりなされることとなり、地方自治体への財源補助、スポーツ諸団体への支援、スポーツ施設建設などが定められた。

それぞれの国でスポーツくじに関する法律、アンチ・ドーピング法、スポーツ振興等に関する様々な法令が作成され、国民の健康、スポーツ活動の促進が提案されている。

それらスポーツ振興の推進を支える財政援助として、スポーツくじ、宝くじの存在がある。北欧ではスポーツ振興における財源確保のために、すべての国においてスポーツくじが行われている。スポーツくじは、スウェーデンでは1934年、フィンランドでは1941年、ノルウェーでは1946年、デンマークでは1949年においてそれぞれ開始された。また、宝くじもスポーツ関係予算に充てられ、それらはそれぞれの国において日本円にして約数百億円をスポーツ関係予算に使用している。

諸法令、財政援助の支えもあり、北欧におけるスポーツ実施人口は世界のトップクラスにあり、デンマークにおいては2007年時点で、16歳以上の77％は週に1回以上、42％は週3回以上運動やスポーツを実施している。また、約1万6,000のスポーツクラブがあり、国民の30％が会員である。現在、デンマークには、デンマークオリンピック委員会・スポーツ連合(Danmark Idræts Forbund – Olympisk Komite: DIF)、デンマーク体操・スポーツ協会(Danske Gymnastik & Idrætsforeninger: DGI)、デンマーク企業スポーツ連盟(Dansk Firmaidrætsforbund: DFIF)の3つの統括スポーツ組織を持ち、そのうちの1つ「デンマークオリンピック委員会・スポーツ連合」には61団体が種目別団体として登録し、約1万1,000のクラブ、および他の組織との重複もあるが約160万人のクラブメンバーがいる。主な種目としてはサッカー、ゴルフ、水泳、ハンドボール、体操、バドミントンなどである。

スウェーデンでは、国内統括団体としてスウェーデン・スポーツ連合(Sveriges Riksidrottsförbund: RF)があって2002年においては67の種目団体と21の地域連盟からなり、国民の300万人以上(約30％)がスポーツクラブに所属している。ノルウェーでは、ノルウェースポーツ連盟(Norges Idrettsforbund og Olympiske komité: NIF)に2011年において54団体、1万5,395クラブ、140万3,181人のメンバー、国民の約28％がクラブに所属している。フィンランドでは、フィンランドスポーツ連盟(Suomen Liikunta ja Urheilu ry: SLU)に、2006年時点で7,000のスポーツクラブが登録し、国民の約20％が加入している。

(徳永敏文)

参考文献

③
- 齋藤健司. 2007.『フランススポーツ基本法の形成』成文堂
- ———. 2008.「フランスのスポーツ政策」諏訪伸夫、井上洋一、齋藤健司、出雲輝彦 編『スポーツ政策の現代的課題』213–26. 日本評論社
- ———. 2010.「フランス」笹川スポーツ財団『スポーツ政策調査研究』報告書 (文部科学省委託調査): 96–146.

④
- 北欧スポーツ研究会 編. 1993.『北欧のスポーツ―スポーツは共有財―』道和書院
- Heinenman, K. 1999. *Sport Clubs in Various European Countries/The Club of Cologne*, Verlag Karl Hofmann GmbH & Co.（川西正志ほか 訳 2010.『ヨーロッパ諸国のスポーツクラブ』市村出版）

アメリカのスポーツ政策　02.E.02

① 連邦政府の関係機関と施策

アメリカにおいては、スポーツだけでなく、フィットネス(fitness)やレクリエーション(recreation)というコンセプトによりスポーツの振興が進められてきた。連邦政府においては、保健福祉省がスポーツと関係があり、また、大統領体力・スポーツ審議会(Presidential Council of Physical Fitness and Sports: PCPFS)がキャンペーン活動を展開している。しかし、アメリカでは地方分権が基本理念であり、スポーツ政策の展開は州政府に委ねられている。

PCPFSは、地方自治体のフィットネス・スポーツ振興策に関して指針(ガイドライン)を示したり、プログラム開発やキャンペーンを行っている。すなわち、国民に対する啓発活動はPCPFSが

図1　ベビーカーを押しながらのジョギング：育児と運動を一緒に(デンマーク、コペンハーゲンFælled parken)

表1　ヘルシーピープル2010重点領域

『重点領域 22番目　身体活動とフィットネス』	現状（％）		目標（％）
<成人の身体活動：5項目>			
身体活動を実施していない成人の減少	40	►	20
1日30分以上の規則的実施者の増加	15	►	30
20分/回・週3日以上実施者の増加	23	►	30
筋力の維持・向上の運動実施者の増加	18	►	30
柔軟性の維持・向上の運動実施者の増加	30	►	43
<青少年の身体活動：6項目>			
30分/回・週5日以上の実施者の増加	27	►	35
20分/回・週3日以上の実施者の増加	65	►	85
体育を毎日必修とする公私立中高（中学）	17	►	25
毎日の体育授業に出席する割合増	29	►	50
活発な体育授業の参加者増	38	►	50
2時間以下のテレビ視聴時間の割合	57	►	75
<施設へのアクセス：4項目>			
学校体育施設の開放率	35	►	50
職場のフィットネスプログラム提供	46	►	75
ウオーキング通勤	17	►	25
ウオーキング通学	31	►	50
自転車通勤	0.6	►	2.0
自転車通学	2.4	►	5.0

担当し，プログラムの提供や環境整備は地方自治体が担当している。

PCPFSは，運動・スポーツ参加を促進する事業「大統領チャレンジ（President Challenge）」のプログラムとして，「アクティブ・ライフスタイル・プログラム」と「大統領チャンピオンプログラム」を実施している。どちらも個人がウェブサイトに登録し，一定レベルの実施基準に達したら表彰されるというシステムである。

また，保健福祉省では，国家レベルのヘルスプロモーション施策として，2010年までの政策課題と数値目標を掲げた「ヘルシーピープル2010（Healthy People 2010）」を展開してきた（表1）。

28の重点領域（focus area）の1つである「栄養・肥満」においては，目標値を達成するどころか逆に悪化している。成人の肥満は，現状の23％を2010年までに15％に減少させることが目標であるが，2002年には30％，2006年には33％と増加が止まらない。肥満児についても11％を5％へと減少させる目標だが，2002年16％，2006年には17％へと増えている。また，身体活動の数値目標も達成されず，ほとんどが横ばいという状況である。

スポーツ関連法令としては，アマチュアスポーツ法（The Amateur Sports Act 1978），体育促進法（PE for Progress Act 2000），タイトルⅨ（Title Ⅸ of the Educational Amendment of 1972），地方財政援助法（Local Fiscal Assistance Act of 1972）などがあり，スポーツ振興に関する法令として機能している。

② 地方自治体のスポーツ関係機関と施策

地域レベルでは，自治体の公園・レクリエーション局（Parks & Recreation Department）が施設整備やプログラムの提供を行っている。

全米レクリエーション・公園協会（National Recreation and Park Association: NRPA）は民間非営利団体で，施設の運営管理，調査研究で大きな役割を果たしている。また，地域を拠点にした公共プログラムが，シーズンごとに展開され，受講料や参加費を支払い，教室形式や大会形式および個人利用形式で行われている。

アメリカのスポーツ全体を通じてユニークなのは，スポーツのシーズン制（seasonal sport）である。青少年から大学スポーツ，プロスポーツまですべてシーズン制によって運営されている。北米では，たいてい2-3シーズン制になっている。地域の子どもたちを対象にしたプログラムは，様々な種目を選択でき，青少年期に多様なスポーツ経験が可能になるよう配慮されている。

③ 民間団体とその事業

アスレティック・トレーナーやスポーツ・フィットネス指導者の養成は，アメリカスポーツ医学会（American College of Sports Medicine: ACSM）や全米アスレティック・トレーナー協会（National Athletic Trainer's Association: NATA）などの民間団体が行っている。

競技力の向上に関しては，アメリカオリンピック委員会（United States Olympic Committee: USOC）が競技団体を統括している。USOCは政府から独立した民間団体であるが，連邦政府とのかかわりは強い。また，USOCは，ナショナルトレーニングセンター機能をもつ6カ所の施設を運営している。

参考文献 02.E.02

● 笹川スポーツ財団．2005．「諸外国におけるスポーツ振興政策についての調査研究」報告書

（山口泰雄）

オーストラリアのスポーツ政策 02.E.03

① オーストラリア政府のスポーツ関与
[政府とスポーツ]

オーストラリアはスポーツ天国（パラダイス）などと表現されるように，人々は，政府がスポーツ振興策を講じる必要のないほど，歴史的にスポーツに積極的に親しんできていた。そのため，1970年代に入るまで，政府によるスポーツへの積極的な関与は特にみることができない。1956年に国内で第16回オリンピック大会（メルボルン）を開催しているが，その時でさえも，特別な取り組みはみられなかった。

[積極的関与]

1972年に，健康やレクリエーション，スポーツへの積極的関与を公約にしていた労働党が政権につくと，政府は次々に関連政策を打ち出していった。

スポーツでは，まず様々な調査や研究が実施された。当時，オーストラリア・スポーツのあり方などを話し合う連邦政府と各州・特別地域政府のスポーツ担当大臣による合同協議会（Sports and Recreation Ministers' Council: SRMC）が，指導者問題に関する課題として，1）資格を持った指導者を増やすこと，2）あらゆるレベルのスポーツにおける指導者の質の向上，3）指導者が理論的・専門的・実践的技術の向上を可能にするより多くの機会の提供，4）エリートレベルにおける指導者の増員，5）国家レベルでの指導者認定制度の構築，を挙げている。その解決策として，1978年に政府は指導者評議会（Australian Coaching Council: ACC．設立当初の名称はthe National Coaching Council）を設立し，全国統一の指導者認定制度（National Coaching Accreditation Scheme: NCAS）を導入した。

1981年には，スポーツ医科学研究機能とナショナルトレーニングセンター機能をもつスポーツ研究所（Australian Institute of Sport: AIS）を設立し，1985年には，スポーツ行政の中心となるスポーツ委員会（Australian Sports Commission: ASC）を創設した。1989年には，ASCの機能の中にAISが吸収され，以降，オーストラリアのスポーツ政策は，あらゆるレベルにおいてASCが中心となり，各州・特別地域のスポーツ担当部局との協働から競技団体との連携，予算配分などが行われている。

② オーストラリアのスポーツ政策

1989年以降のオーストラリアのスポーツ政策の特徴は，オリンピックの4年というサイクルを基本として，その間の政策プランを予算とともに示すことである（表1参照）。1989年の「Next Step」を皮切りに，1992年には「Maintain the Momentum」を発表するが，1993年に2000年の第27回オリンピック大会（シドニー）開催が決定したことを受けて，「Maintain the Momentum」計画の実施期間を2000年まで拡大させた。そして，第27回大会後の2001年には，「Backing Australia's Sporting Ability: A More Active Australia」を，その後2008年になると「Australian Sport: The Pathway to Success」が公表され，現在に至っている。

「Australian Sport: The Pathway to Success」では，変革の必要性を説いた上で，スポーツ参加・競技力向上などについて新たな取り組みを示している。具体的な取り組みとして，参加率の向上に関しては，1) 教育を通じた子どもたちのスポーツ参加率の向上，2) すべての地域社会メンバーの参加向上のためのスポーツ組織支援，3) 障がいをもつ人々の参加支援，4) 女性のスポーツ参加の障壁の除去，5) 先住民族の参加促進，6) プレイの場の確保などを掲げている。

また，競技力向上では，1) 高水準指導者の維持と養成，2) 国際競技会への参加支援，3) エリート選手への財政援助，4) トレーニング環境のさらなる充実，5) スポーツ研究所やアカデミーの再編成，6) アンチ・ドーピング活動の継続などを挙げている。

その他特筆すべきこととして，1) ボランティアや地域スポーツ指導者らの支援，2) アスリートの地域スポーツへの貢献の拡大，3) タレント発掘，4) 地域スポーツとエリートスポーツの連携の強化などが設定されている。

(森　浩寿)

表1　オーストラリアのスポーツ政策の変遷

発表年	テーマ	政策目標
1989	Next Step	・AISのプログラムをさらにサポートし，各州間の集中的なトレーニングセンターのネットワークを発展させる ・指導者の質と量を向上させ，専門の組織を発展させる ・スポンサーシップを拡大させる ・医科学研究の専門的なサポートサービスをさらに発展させる ・Australian Sports Drug Agencyを設立し，薬物テストの回数を増やし，教育プログラムを導入する ・AUSSIE SPORT プログラムを発展させ，女性とスポーツのかかわりを高める ・障がい者スポーツプログラムへのサポートを強化する ・才能ある若年競技者に対して，助成やサポート体制を強化する ・スポーツ管理者の雇用のための補助金を増加し，国内での国際的イベントを支援し，組織的な反省や組織の再編成にも助力する
1992	Maintain the Momentum	・国民のスポーツ参加の増大を図るために100万人以上のスポーツボランティアと3万のスポーツクラブの支援を得る政策を展開する ・エリート選手の発掘・育成のために，AIS，各州のトレーニングセンターやアカデミー，各種のスポーツプログラム，オリンピック委員会が連携しながら国家的なシステムを構築する ・スポーツ団体は，それぞれの競技の発展のための独自の戦略的展開と到達可能な目標を設定する ・スポーツ科学，スポーツ医学，スポーツ教育，情報，そして調査の分野において世界最先端のレベルを維持する ・指導者，管理者審判の役割を正当に評価し，その育成に努める ・学校教育における体育やスポーツ教育の重要性への理解を各州の教育機関に働きかける
2001	Backing Australia's Sporting Ability: A More Active Australia	・国際競技水準の維持，向上 ・すべての世代におけるスポーツへのさらなる参加 ・優れたマネジメント ・ドーピング対策の継続
2008	Australian Sport: The Pathway to Success	・学校におけるスポーツの役割・意義 ・市民スポーツ拡大のための財政対策 ・スポーツの様々な場面における女性の参加拡大 ・質の高い指導者の重要性に対する認識の向上 ・地域スポーツの指導者ならびに管理者を5,000人増加させ，そのための養成に関する助成金の分配 ・優秀な潜在能力をもつ若い競技者の早期発掘と能力の開発 ・地方のスポーツ振興への助成拡大 ・現役および引退した選手の経験を地域へと生かすためのプログラムの導入 ・ボランティアの重要性の再認識および活動への支援の増大 ・国際競技力のさらなる向上に関する支援 ・高水準指導者の定着率の向上

中国のスポーツ政策

中国のスポーツ政策について，ここでは，中華人民共和国成立(1949年)以後のものを扱う。

① 建国期：1949－77年

この時期の特徴として，共同綱領(臨時憲法)に国防と労働のための体育の必要性が謳われ，これを根拠に体育・スポーツ政策の基盤整備が図られたこと，またソビエトのスポーツ政策がそのモデルにされたことが挙げられる。

1949年，建国宣言に先立つ9月30日，中華人民政治協商会議は共同綱領(臨時憲法)第48条に「国民体育」の振興を謳った。政府要人も体育の必要性を盛んに説いた。その年の10月，中央人民政府副議長であった朱徳は全国体育代表大会会議において，国防と人民の健康にとって体育がいかに不可欠であるかの演説を行い，また当時最高指導者の立場にあった毛沢東も体育の必要性についてたびたび発言し，1952年の中華全国体育総会第2回代表大会で「発展体育運動，増強人民体質」のスローガンを提唱し，1953年には「体育は6億人民の健康に関わる最重要要件である」と演説し，また「身体好，学習好，工作好」(健康でよく勉強し立派に仕事する)を全国の青年に呼びかけた。

こうした国民体育を実現するため，また1952年の第15回オリンピック大会(ヘルシンキ)参加のための中国選手の競技力向上への要請もあって，1952年には国の体育・スポーツ行政部門として中央体育運動委員会が設置された。この組織は，のちに国家体育運動委員会と改名され，そしてさらに国家体育総局と改称されて今日に至っているが，各省や市町村，また自治区に支部を持つ広大な全国組織網を有し，国の体育・スポーツ政策を立案し，体育・スポーツ活動を統括する唯一の国家機構として機能している。

この時期の特徴として1966年から約10年間続いた文化大革命の影響も見逃せない。文化大革命が掲げた目的に四旧(旧思想，旧文化，旧習俗，旧習慣)打破があったが，伝統スポーツや少数民族の民族スポーツが四旧とみなされ，その実施中止を余儀なくされた。

② 改革開放の時期：1978－94年

文化大革命が引き起こした国力の後退に対応するべく，鄧小平が1978年に工業・農業・国防・科学技術の4分野における近代化をめざす改革開放政策を提唱すると，その影響はスポーツにも及び，新しい政策が打ち出された。それらは，国民スポーツ(スポーツ・フォー・オール)の振興，競技力向上，伝統スポーツの振興に分けられる。

1979年に国家体育運動委員会は，国民スポーツの振興と競技力向上を共に推進する内容の政策を決定する。しかし現実は，理念に反し，トップアスリート支援政策に大きく傾いた。その反省もあって，1980年代には，のちに中華人民共和国体育法として結実する新しい振興法の検討が諸外国の関連スポーツ法を参考にしながら始まる。

他方，文化大革命期に前近代的・封建的として実施が許されなかった伝統武術，気功，龍船競漕，獅子舞などが復活する。1982年に国家体育運動委員会主任の李夢華はこうした伝統スポーツを「継承すべき前人の優れた文化遺産」として保護振興すべき旨を通達し，少数民族にも配慮がなされた。1982年に国家体育運動委員会は少数民族行政を管轄する国家民族事務委員会と共同で全国少数民族伝統体育運動会を開催した。この運動会は，その後4年に1度開催され，政府の民族融和政策の成功例という意義を付与されて，今日に至っている。

③ 中華人民共和国体育法から今日：1995－2013年

1995年に国務院(日本の国会に相当)は中華人民共和国体育法を制定した。この法律は国家体育運動委員会が1980年代から検討を重ねていたものであり，中国政府が今後実施すべき体育・スポーツ政策の全体像を，法的権利・義務を伴って規定した初めてのものであった。その全体は，国の体育・スポーツに対する基本的考えを示した総則以下，生涯スポーツ，学校体育，競技スポーツ，スポーツ団体，スポーツ財源，スポーツ法，それに軍隊のスポーツ活動ほかについて記した内容から成っている。

その後，今日までの中国のスポーツ政策はこの体育法の展開としてあるが，国民の体力・健康の増進と競技力向上という2つの目的をいかに有機的に関連させ実現させるか，そのための方策決定が重要課題と認識されている。また，次代を担う青少年の身体問題も喫緊の課題とされ，2006年に国家体育総局(1998年に国家体育運動委員会が改称)は共産主義青年団中央と共同で，今後3－5年の間に，全国85％の学校の児童生徒に毎日1時間の運動を実施させ，別に定めた運動能力基準で合格水準に達することをめざした全国億万学生陽光体育運動を実施している。また，2008年の第29回オリンピック大会(北京)の成功を受けて，国務院は全民健身条例を公布した。これは国家が定期的に国民の体力テストを実施することを定めたもので，毎年の8月8日を全民健身日としている。

2013年現在，中国のスポーツ政策は国家体育総局に一元化されている。国家体育総局の組織は9つの部局(弁公庁，群集体育司，競技体育司，体育経済司，政策法規司，人事司，対外事務司，科教司，宣伝司)からなり，国家の2大スポーツ政策である競技スポーツと生涯スポーツについては，前者を競技体育司(中国NOCも所属)が，後者を群集体育司が担当する。2013年の国家体育総局の予算は37億2,904万元である。

参考文献

- 国家体育総局政策法規司．1998．『毛沢東．鄧小平．江沢民論体育』内部出版
- 肖謀文．2007．「我国群衆体育対策之歴史変容及過程優化」(北京体育大学博士論文)
- 陸小聰．2000．「≪中華人民共和国体育法≫の成立に関する社会的・歴史的考察」『スポーツ史研究』13: 1－12．

(馮　宏鵬)

韓国のスポーツ政策

① 韓国の現在

1945年日本の植民地から脱し，1948年の政府樹立後から始まった韓国社会は，近代的国民国家の建設，経済発展，民主化，社会的平等化などの価値観を追求し，発展してきた。その

結果，今日の韓国社会は産業化を通じた経済発展と政治的民主化を同時に成就した数少ない近代国家の1つとして挙げられる。2013年現在，韓国のGDPは1人当たり2万3,679\$（2012年IMF基準）で世界34位である。

スポーツ分野では，1988年第24回オリンピック大会（ソウル）と2002年韓日ワールドカップを成功裏に開催しており，さらに2018年第23回冬季オリンピック大会（平昌）の開催も決定している。このようなメガスポーツイベントの開催により，スポーツ関連分野は，国際社会全体にその認知を拡大するものと思われる。

② スポーツの実施状況の現状と目標

韓国は1988年の第24回オリンピック大会（ソウル）以降，生活体育（日常生活における体育・スポーツ活動）への参加率を高めるために国民の生活体育環境の改善のための体育・スポーツ政策を推進してきた。特に，2005年からは，生活体育の活性化に向けて「スポーツ7330キャンペーン」を推進している。このキャンペーンは「7」は1週間に，「3」は3回以上，「30」は1日30分運動しようという目標を掲げている。その結果，2010年の調査では週2－3回以上の生活体育の参加率は41.5％で，2008年の参加率34.4％に比べて7.1％増加した。しかし，ほとんど運動をしない国民も約58％存在しており，スポーツ先進国に比べると，依然として生活体育の実施状況は停滞しているといえる。

このような状況を背景に，2013年，文化体育観光部は「スポーツビジョン2018」という計画を公表し，2017年までに国民10人のうち6人は週1回以上規則的な体育・スポーツ活動に参加できるよう，体育館などのスポーツインフラを拡充する計画を発表した。特に，「スポーツビジョン2018」では多様な階層が多種目を楽しむことができる総合型スポーツクラブを育成することを目標にしており，2013年現在，9ヵ所で運営されている総合型スポーツクラブを，2017年までには229ヵ所に増やしていく計画を進めている。その基盤として全国に小規模体育館を900ヵ所増設するとともに，低所得層を対象とするスポーツ教室の開催も680ヵ所へと拡大する予定である。

③ 体育・スポーツ関係機関

韓国のスポーツ組織は，政府スポーツ組織と民間スポーツ組織に区分されている。

[韓国の政府スポーツ組織]

1948年の政府樹立後，韓国のスポーツ政策と制度は教育政策を担当する行政機構を中心に始まった。しかし，体育政策と制度の枠組みを確立し，体育振興の基盤が構築されたのは第三共和国（1963－72年）以降のことである。

1980年代初めまで文教部傘下の局単位に位置づけられていたスポーツ部門は，1988年の第24回オリンピック大会（ソウル）の開催をきっかけに体育部が発足する。しかし，1990年代に入ると組織の縮小が続き，1993年の文化体育観光部，1998年の文化観光部を経て，2008年からは文化体育観光部体育政策局がスポーツ関連政策の展開を担当している。

2013年現在，スポーツと関連する政策業務は，文化体育観光部の体育政策局を中心に行われているが，その体育政策局は体育政課，体育振興課，国際体育課，障害人文化体育課の4課で組織されている。

体育政策局の主要業務は，国民体育振興のための短期的および中期的な体育政策の樹立とその施行，生活体育・専門体育・国際体育の振興，国民体育振興基金の運用支援，体育団体育成，体育産業の育成・支援，障害者体育振興業務などを担当している。

地方の体育行政組織は各市・道教育委員会として，教育・科学に関する業務とともに体育事務を管掌してきた。しかし，体育部が発足した後，1982年，国務総理指示事項である「1986年ソウルアジア大会および1988年ソウル五輪の支援機構整備強化案」および1983年の内部指針書である「市・道体育支援担当機構の設置指針」が設けられた。その案と指針に沿って，各市・道および教育委員会に体育行政担当組織が設けられた。

ソウル特別市，2つの特別市と6つの広域自治団体および8つの道では文化体育観光局，文化体育局などの局単位に体育振興課，体育青少年課といった課を設置しており，その下部組織として体育振興チーム（系，担当）と体育施設チーム（系，担当）が地方の体育振興業務と施設管理運営を担当している。2013年現在，227の基礎自治体である市・郡・区の場合には，文化体育課，文化観光課，文化広報課，体育青少年課，自治行政課，住民生活支援課などに生活体育チーム，体育施設チーム，住民自治のチームなど，非常に多様な形態で組織化されている。

[韓国の民間スポーツ組織]

(a) 大韓体育会

大韓体育会は各種目別競技団体を傘下に置いて，エリート選手支援の育成，全国体育大会および少年体育大会など各種総合競技大会を開催することを主な業務としている韓国の代表的な民間体育行政組織である。

大韓体育会は1920年に設立され，1954年文教部の認可のもと民法上の社団法人として改組された。1968年，朴正熙政府による体育団体一本化施策により，大韓学校体育会と韓国オリンピック協会（Korean Olympic Committee: KOC）を吸収し，国家レベルの体育団体として公認されることになった。大韓体育会は国民体育法上の特殊法人であり，その運営の財源は90％以上を国庫補助金と国民体育振興基金から支援を受けているという点で準政府機関ともいうことができる。したがって，団体長の任命権限は主務部長である文化体育観光部長官にあり，また各種の租税減免，収益事業および寄付金に対する税制優遇などが法的に保障されている。

大韓体育会は，2013年現在，70の加盟競技団体と16の市・道支部，17の在外韓国人体育団体で組織されている。市・道体育会には，該当市・道の行政区域ごとに組織された217の市・郡・区体育会と邑・面・洞体育会が構成されている（基礎自治体は，おおよそ市＞郡＞区＞邑＞面＞洞＞里となっている）。

(b) 国民生活体育会

国民生活体育会は，民間レベルで全国民体育活動を促進し，各種の生活体育同好人活動を体系的に支援・育成する目的で，民法第32条に基づき非営利社団法人として1991年に設立された。国民生活体育会には，全国16の市・道生活体育会と46の全国種別連合会および6つの協力団体があり，市・道生活体育会には該当市・道行政区域別市・郡・区生活体育会と生活体育市・

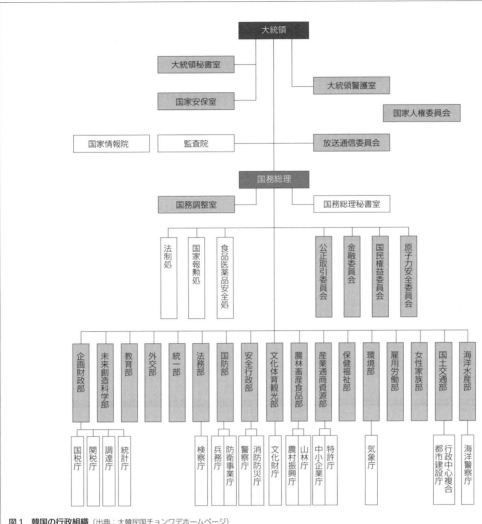

図1　韓国の行政組織 (出典：大韓民国チョンワデホームページ)

道別種目別連合会で構成されている。全国には232の市・郡・区生活体育会と72種目605の市・道種目別連合会があり，市・郡・区生活体育会は115種目5,134の市・郡・区種目別連合会で構成され，全国的な同好人クラブネットワークを整備している。

(c) 大韓障害人体育会

障がい者スポーツの統括団体は，大韓障害人体育会である。大韓障害人体育会は国民体育振興法(第34条)に基づき，障がい者の生活体育の普及や国際交流を目的に2005年に設立された。その主要な機能と任務は，障がい者の生活体育の育成・普及，障がい者選手の養成，競技力向上など，障がい者を対象とした体育振興のための事業等を行っている。

大韓障害人体育会の組織構成は，会長1人，副会長5人，取締役26人と2人の監査で構成されており，事務局は監査室を含む1室5部，利川(イチョン)訓練院2部で業務を担当している。また，2008年には16の市・道障害人体育会を設立して下部構造を形成し，行政体系を備えている。

(d) 国民体育振興公団

国民体育振興公団は，国民体育振興，体育科学研究，青少年健全育成に関連した事業を支援するとともに，第24回オリンピック大会(ソウル)の記念事業を遂行するため，国民体育振興基金の設立とその運営を目的に1988年公益法人として設立された。国民体育振興公団は，基金造成のために競輪，競艇などの事業や韓国体育産業開発事業を行うとともに，体育科学研究院を運営している。競輪，競艇，体育投票(スポーツtoto)の事業を通じて捻出された基金は国民体育振興基金として生活体育支援，エリートスポーツ支援，スポーツ産業育成やスポーツ科学の発展など，韓国のスポーツや福祉に関連する諸分野の活動を支援している。特に，体育投票は，国民体育振興法25条による体育振興基金を運営する国策事業として，民間企業に運営を委託している。

以上，大韓体育会，国民生活体育会，大韓障害人体育会は，文化体育観光部の体育局と緊密な業務の協力関係にあるとともに，委託事業に関する業務について管理・監督を受けている。特に，政府で推進する様々なスポーツ政策を，各体育団体が実践レベルで企画・

実行している。

④ スポーツ関連の法令

韓国のスポーツに関する主要な法律としては，国民体育振興法，体育施設の設置および利用に関する法律，スポーツ産業振興法，学校体育振興法などがある。1962年公布の国民体育振興法は，体育に関する事項をめぐる一般法として，6章55条で構成されている。

2013年に制定された学校体育振興法は，学生の体育活動の強化および学校運動部育成など，学校体育の活性化に必要な事項を定めることで，生徒の健康で均整のとれた身体と精神を育成することを目的としている。この法律は，入試中心の教育課程で体育活動が軽視され，青少年層の体力低下という課題および運動選手の学習権を保障する必要性が高まったことなどの社会的問題の解決のために制定された。

2013年現在，体育界では，1962年に制定された国民体育振興法の全面改正を要求している状況である。現在の社会状況や環境に適合した新しいスポーツ基本法の制定は，政府のスポーツ政策の安定的な推進と成果を担保できる制度的な装置として，最も優先的に実施すべき政策課題といえる。

⑤ スポーツ関連の財源

韓国のスポーツ予算には，中央政府の国庫予算，地方自治体の地方費，国民体育振興公団が運営する国民体育振興基金などがある。

2013年度政府の総予算(国庫)236兆ウォンのうち体育部門別予算は1,715億ウォンと総予算(国庫)に占める割合は0.07％で，微弱なレベルにとどまっている。2013年の総体育予算(国庫と体育振興基金)の規模は10,599億ウォン，そのうち，国庫補助金が1,715億ウォン，国民体育振興基金が8,884億ウォンで構成されている。

政府は体育予算の増加が厳しい国家財政の現況を踏まえつつ，継続的に国民体育振興基金の支援の割合を拡大しており，それは全体体育予算の約83％の割合を占めるほど，国家体育財政で重要な役割をはたしている。特に週5日制施行，国民所得向上，高齢化社会の到来等，社会経済環境が変化する中で，体育活動が実践できていない国民の体育活動の需要が増加，多様化してきており，今後，ますます国民体育振興基金が果たす役割は大きくなると考えられる。

⑥ スポーツ関連の施策

韓国で本格的に生活体育基盤の構築が始まったのは，1988年の第24回オリンピック大会(ソウル)以降である。政府は生活体育振興のためにホドリ計画(1990-92年)をはじめ，第1回国民体育振興5ヵ年計画(1993-97年)，第2回国民体育振興5ヵ年計画(1998-2002年)，参与政府国民体育振興5ヵ年計画(2003-08年)を継続的に展開し，さらに李明博(イミョンバク)政府は文化ビジョン(2008-12年)を策定し，政策を推進した。

朴槿恵(パククネ)政府は，スポーツ政策の青写真である「スポーツビジョン2018」(2013-17年)を策定し，スポーツの可能性を極大化するとともに，幸せで健康な大韓民国を創ることを政策目標として各種政策を推進している。

「スポーツビジョン2018」は，持続的に推進されてきた生活体育のさらなる活性化，エリートスポーツの持続可能な発展，スポーツ産業の拡大と，スポーツ政策の構造的な枠組みを提示している。さらにこのビジョンに示されている，"人生100歳時代，スポーツで大韓民国を変えます"という躍動的で挑戦的なキャッチフレーズが示唆するように，スポーツを社会発展と変革の契機として認識し位置づける新しいパラダイム転換を意図しており，過去に比べて一段と進化したスポーツ政策ビジョンとなっている。

参考文献

- 文化体育観光部．2013．『2011体育百書』
- 国民生活体育会ホームページ
  http://www.sportal.or.kr/
- 国民体育振興財団ホームページ
  http://www.kspo.or.kr/
- 大韓体育会ホームページ
  http://www.sports.or.kr/
- 大韓障害人体育会ホームページ
  http://www.kosad.or.kr/
- 大韓民国チョンワデホームページ
  http://www.president.go.kr/
- 文化体育観光部ホームページ
  http://www.mcst.go.kr/

(朱　成鐸)

3章
スポーツと法

スポーツにかかわる法の体系
についての枠組みを紹介し,
スポーツをめぐる法的問題について,
人権,契約,事故・紛争
という視点からまとめた。
事故や契約はもちろん,
セクハラ・障がい・国籍など,スポーツにおいても
法的知識が求められる現在,
スポーツと法の関係について概要を知り,
考える契機にしていただきたい。

スポーツと法体系　03.A

スポーツ国家法　03.A.01

① スポーツ法の体系

法とは，国家またはそれに準ずる社会によって定立され，社会の成員に対して強制力をもつ社会規範のことである。「スポーツ法」とは，このような法のうち，スポーツに関する法のことをいう。また，スポーツ法のうち，ある特定の時代のある特定の社会において現実に効力をもつ法のことを「スポーツ実定法」という。さらに，スポーツ実定法のうち，「一国家がその組織と国民の社会秩序を維持するために正統的権威をもって定立し実施する法」（千葉，2001）のことを「スポーツ国家法」という。

スポーツ国家法としては，まずスポーツに関する中央政府（国）の法令（日本の場合には憲法，法律，命令など）がある。また，スポーツに関する地方政府の法令（日本の場合には，地方公共団体の条例や規則など）も，国家法の支援を受けてまたは国家法を補充するものとして，スポーツ国家法体系の中に位置づけることができる。さらに，裁判所が国家法を個々の事案に適用または法の欠缺（関係法文が存在しない状態）を補填する形で下した判決のうち法源としての拘束力をもつものを判例といい，そのうちスポーツに関する判例を「スポーツ判例」という。このスポーツ判例もスポーツ国家法を補充するものとしてスポーツ国家法体系の中に位置づけることができる。例えば，日本における主なスポーツ判例としては，スポーツをめぐる事故，会員契約，ゴルフ場開発，公営競技，知的財産などに関連するものがある。

スポーツ国家法には，日本の「スポーツ基本法」（2011〔平成23〕年法律第78号）のように，スポーツを規制することのみを目的として特別に定められた「スポーツ特別法」と，民法や「特定非営利活動促進法」（1998〔平成10〕年法律第7号。通称「NPO法」）のように，スポーツ特別法ではないが，スポーツについても適用する規定がある一般の法令の別がある。

また，スポーツ法の体系は，スポーツに関する国家法とともに固有法から構成される。「固有法」とは，「文化的起源が当該文化の内にある法」（千葉，2001）のことであり，一般的に国家以外の権威権力をもった法主体がその組織社会を管理権力によって規制する規範構造をもった法体系のことである。スポーツについても，スポーツを行う特定の組織社会が存在し，その固有の存在を定め，スポーツを規制する非公式の法があり，スポーツに関する固有法を「スポーツ固有法」という。スポーツ固有法は，スポーツの当事者に特殊な権利義務や制裁を科し，個々のスポーツの存立と実行を可能にさせる「スポーツルール」（スポーツの競技規則など），スポーツ活動を目的とする団体を組織し，その活動を運営するために定められた「スポーツ団体協約」（スポーツ団体の定款や規約など），フェアプレイ，スポーツマンシップなどの「スポーツ理念」に大別される（詳細は次頁）。スポーツ固有法は，スポーツ国家法のように社会全体の成員に対して効力を有しないが，スポーツの世界（部分社会）の中では，その成員をスポーツ国家法以上に拘束する強い効力を有している。したがって，スポーツ固有法を考慮せずにスポーツ法の体系を捉えることは難しいといえる。

さらに，スポーツ活動には国際的な広がりがあり，「スポーツ国際法」が存在する。スポーツ国際法とは，国際的なスポーツに関する法のことであり，スポーツに関する条約のような国家間の取り決めのほか，国家と国家以外（例えば国際的な団体）との間の取り決め，国際オリンピック委員会（International Olympic Committee: IOC）のオリンピック憲章のように国際的なスポーツ統括団体による超国家的な取り決めなどの別がある。また，特に，オリンピックムーブメントを中心に関係するトップアスリートやIOC，国際競技連盟（International Federations: IF），世界アンチ・ドーピング機構（World Anti-Doping Agency: WADA）などの関係団体を主に規律し，国家間の関係にかかわりなく個人や団体に適用される「世界法」の性格をもつスポーツ法のことを「国際スポーツ法」と呼び，一般的なスポーツの国際法とは異なる超国家法的なスポーツ法を区別して規定している（小寺，2010）。例えば，スポーツ仲裁裁判所（Court of Arbitration for Sport: CAS）が下した仲裁判断は，"Lex Sportiva"と称され，国際スポーツ法の重要な原則を示すものとして挙げられる。

このように，スポーツ法の体系は，スポーツ国家法，スポーツ固有法およびスポーツ国際法から構成され規律されているところに新しい現代法としての特色があるといえる（図1）。

② スポーツ国家法の歴史と発達

スポーツ法は，古くは古代から中世において，運動競技，遊戯，狩猟等に関する各種の規定が存在していた。すなわち，スポーツが誕生するとともにそのルールとしてスポーツ固有法が定められてきたといえる。

他方，スポーツ国家法については，1618年にイングランド王ジェームズⅠ世によって公布されたサッカー禁止令である"Book of Sports"があるように，特定のスポーツ活動に関する禁止令が定められた。また，フランスでは，1849年に「アンチ・クラブ法」が制定され，スポーツクラブも含めた結社の結成が制限された。さらに，イギリスでは，1860年の狩猟に関する「ゲーム・ライセンス法」や魚釣りに関する1878年の「漁場法」など，特定のスポーツ活動の登録や許可に関する法令が制定された。このように，近代スポーツが誕生するヨーロッパにおいては，社会の中にスポーツを秩序づけまたは規制するためにスポーツ国家法がすでに制定されていたといえる。

さらに，19世紀後半以降になると，特に市民社会における結社の自由が法

図1　スポーツ法の体系

律に基づいて保障されるようになり，スポーツの団体や組織の結成も認められた。例えば，フランスでは「非営利社団(association)契約に関する1901年7月1日の法律」が制定されると，結社の自由が認められ，スポーツの団体や組織の設立が急速に増加した。また，近代公教育制度の確立と発展に伴って，体操，体育，スポーツ等を学校教育制度に導入するために関連する法令が整備された。

第一次大戦から第二次大戦にかけての時期には，イギリスの1937年の「身体レクリエーションおよびトレーニング法」，日本の1940年の「国民体力法」，オーストラリアの1941年の「国民体力法」など，国民の体力向上を目的とした法律が制定された。また，ルーマニアの1923年の「体育および軍事予備教育に関する法律」，イタリアの1928年の「ファシズム党書記長の管轄下にイタリア国内オリンピック委員会を置くことに関する法律」，フランスの1940年の「スポーツ組織に関する法律」など，戦時期には国内のスポーツ団体組織を国家の統制下に置くことや軍事教育を目的として法律が制定された。

これに対して，第二次大戦後は，スポーツの社会的な発達と対応して，公的スポーツ行政組織やスポーツに関する振興施策に関する法令が定められるようになった。特に，1960年代以降になると，国内のスポーツの振興を定める法律が制定されるようになった。例えば，ルーマニアの1960年の「スポーツ組織構造に関する法律」，スペインの1961年の「体育に関する法律」，日本の1961年の「スポーツ振興法」，カナダの1961年の「フィットネスおよびアマチュアスポーツ法」，韓国の1962年の「国民体育振興法」，オーストリアの1969年の「スポーツの振興に関する連邦法」などが挙げられる。

1970年代になると，ヨーロッパ評議会の1976年の「ヨーロッパ・スポーツ・フォア・オール憲章」や，ユネスコの1978年の「体育及びスポーツに関する国際憲章」などが制定され，スポーツをすることが人間の権利であることが国際的に確認され，国家がスポーツを振興することが責務であることが認められるようになり，各国で国内のスポーツの基本を定める法律が制定された。例えば，スイスの1972年の「ジムナスティークおよびスポーツを奨励する法律」，ニュージーランドの1973年の「レクリエーション・スポーツ法」，フランスの1975年の「体育およびスポーツの発展に関する法律」，アメリカの1978年の「アマチュアスポーツ法」，フィンランドの1979年の「スポーツに関する法律」などが挙げられる。

1980年代以降になると，プロスポーツ，スポーツメディア，スポーツ産業，スポーツイベントなど，スポーツの経済的な活動の発展に対応して，スポーツ法の射程範囲も非営利のアマチュアスポーツ活動を対象とするものだけでなく，営利のスポーツ活動をも対象とするものが増加した。また，民間のスポーツ団体や組織を規定し，国家法秩序の中に位置づけ，スポーツ団体の公的性質を認めるなどの法律が制定されるようになった。例えば，フランスの1984年の「身体的及びスポーツ的活動の組織及び促進に関する法律」，スペインの1990年の「スポーツに関する法律」，ポルトガルの1990年の「スポーツシステム基本法」，中国の1995年の「中華人民共和国体育法」，アメリカの1998年の「オリンピック・アマチュアスポーツ法」，ブラジルの「1998年3月24日の法律」(通称「ペレ法」)，フィンランドの1998年の「スポーツ法」，ギリシャの1999年の「アマチュア・プロスポーツ法」，ロシアの1999年の「身体活動・スポーツ法」などが挙げられる。

そして，21世紀に入っても，スポーツ国家法の体系化が進んでいる。例えば，ニュージーランドの2002年の「スポーツ・レクリエーション・ニュージーランド法」，カナダの2003年の「身体活動・スポーツ法」，メキシコの2003年の「身体文化・スポーツ基本法」，ハンガリーの2004年の「スポーツ法」，オーストリアの2005年の「スポーツ振興法」，フランスの2006年の「スポーツ法典」，ポルトガルの2007年の「身体活動・スポーツ基本法」，スイスの2009年の「スポーツ及び身体活動の奨励に関する法律」など新たな法律が制定されている。

さらに，憲法においてスポーツと関連する規定を定める国も生じている。例えば，1975年のギリシャ憲法第16条，1976年のポルトガル憲法第64条，1978年のスペイン憲法第43条，1978年改正のパナマ憲法第82条，1980年のチリ憲法第107条，1982年のトルコ憲法59条，1982年の中華人民共和国憲法第21条，1988年のブラジル憲法第217条，1992年のパラグアイ憲法第84条，1995年のアルメニア憲法第34条，2001年改正のイタリア憲法第117条，2002年改正のキューバ憲法9条，2004年改正のメキシコ憲法73条などがある。

以上のように，スポーツ国家法は，歴史的に発達し，諸外国において共通して生じている新しい法現象となっており，今後さらにその体系化が進むことが予測される。

③ スポーツ国家法の内容と種類

スポーツ国家法の立法の目的は，国や時代により異なり多様である。例えば，スポーツ国家法の立法の目的には，スポーツ文化そのものの振興や保護・発展，健康や余暇・レクリエーションの増進，教育または体育，体力の向上，競技水準の向上，スポーツの自由，公正および安全の確保，スポーツにおける人権の確保，国威発揚，軍備，産業の振興または規制，国際交流，地域交流，社会の連帯や統合などが挙げられる。

また，スポーツ国家法の内容は，単に行政によるスポーツの振興策を定めるものにとどまらず，私的なスポーツ活動を国家が規制するものまで多様な法的性格のものがある。他方，ドイツのように，スポーツの基本を定める法律やスポーツ団体を規制する特別な国家法のない国もあり，スポーツ団体組織が定めたスポーツ固有法やスポーツの自由や団体自治を尊重して，国家法ではなく固有法に基づきスポーツ法規範秩序の維持を図る国もある。

スポーツ国家法には，前述のように，国のスポーツの基本を定めた法律，いわゆるスポーツ基本法だけでなく，スポーツにかかわる特定の人(自然人および法人)，事物または行為に適用される多様なスポーツ特別法が制定されている。

スポーツにかかわる特定の人に適用される特別な法令としては，まず，スポーツ指導者または教育者の職業・資格，プロスポーツ選手，トップレベル

の競技者，スポーツ代理人などに関する法令がある。例えば，フランスの1963年の「体育・スポーツ教育者の職業及び当該職業が営まれる学校もしくは施設を規制する法律」(1984年に廃止)，ベルギーの1977年の「プロサッカー選手に対する社会保障の適用拡大に関する法律」，デンマークの1984年の「トップレベルスポーツ法」，アメリカの2000年の「統一アスリートエージェント法」などがある。また，スポーツに関する法人，団体または組織に関する法令がある。例えば，アメリカの1950年の「アメリカ合衆国オリンピック協会を法人化するための法律」(1978年に廃止)や，イタリアの1981年の「会社とプロスポーツとの関係に関する法律」などがある。また，シンガポールの1973年の「スポーツコミッション法」やオーストラリアの1989年の「オーストラリア・スポーツコミッション法」，南アフリカの1998年の「スポーツコミッション法」など，特別なスポーツ機関に関する法令もある。

スポーツにかかわる特定の事物に適用される特別な法令としては，オリンピック等のスポーツイベント，スポーツ施設，スポーツに関する財政・税制，紛争処理，事故安全対策，スポーツ放送，スポーツ産業，自然環境とその保護などに関する法令がある。例えば，オーストリアでは1992年の「オリンピックのシンボルおよび呼称の保護に関する連邦法」，イギリスでは1985年の「スポーツイベント法」，1987年の「スポーツの火災安全及び建築物安全に関する法律」，2004年の「競馬及びオリンピックくじ法」，韓国では1989年の「体育施設の設置及び利用に関する法律」，2007年の「スポーツ産業振興法」，アメリカでは1961年の通称「スポーツ放送法」(アメリカ合衆国法典第15篇商業と貿易第32条「プロスポーツの試合に関するテレビ放送」)，などがある。

スポーツにかかわる特定の行為に適用される特別な法令としては，特定のスポーツ活動または身体活動，ドーピング，(性別，人種，障がいなどにかかわる)スポーツの平等や差別禁止，スポーツの暴力，フーリガン，公営競技，体育教育，スポーツに関連する諸契約などに関する法令がある。例えば，カナダでは1994年の「カナダ・ナショナルス

ポーツ法」，オーストリアでは2007年の「アンチ・ドーピング連邦法」，アメリカでは1972年の「教育修正法第9篇」(通称「タイトルIX」)，2004年の「スポーツエージェント責任・信託法」，イギリスでは1989年の「サッカー観戦者法」，韓国の2012年の「学校体育振興法」，などがある。

さらに，スポーツ特別法でなくとも，教育法，労働法，環境法，法人法，公園法，都市計画法，放送法，著作権法，財政法，社会保障法，事故補償法などその他一般の法令においてもスポーツに関する諸規定が多様に存在している。

④ 日本のスポーツ基本法の構成と内容

日本の「スポーツ基本法」(平成23年法律第78号)は，1961(昭和36)年に制定された「スポーツ振興法」(昭和36年法律第141号)を約50年ぶりに全面改定し，スポーツに関する基本理念，国および地方公共団体の責務，スポーツ団体の努力，ならびにスポーツに関する施策の基本となる事項を定めた。また，スポーツ基本法の前文では，「スポーツは，心身の健全な発達，健康及び体力の保持増進，精神的な充溢感の獲得，自律心その他の精神の涵養(かんよう)等のために個人又は集団で行われる運動競技その他の身体活動であり，今日，国民が生涯にわたり心身ともに健康で文化的な生活を営む上で不可欠のものとなっている」こと，さらに，「スポーツを通じて幸福で豊かな生活を営むことは，全ての人々の権利」であることを確認し，いわゆる「スポーツ権」に関することを初めて実定法において示した。

スポーツ基本法は，〈前文〉〈第1章 総則(第1条から第8条)〉〈第2章 スポーツ基本計画等(第9条・第10条)〉〈第3章 基本的施策，第1節 スポーツの推進のための基礎的条件の整備等(第11条から第20条)，第2節 多様なスポーツの機会の確保のための環境の整備(第21条から第24条)，第3節 競技水準の向上等(第25条から第29条)〉〈第4章 スポーツの推進に係る体制の整備(第30条から第32条)〉〈第5章 国の補助等(第33条から第35条)〉〈附則〉，から構成されている。

特に日本のスポーツ基本法は，第2条で，スポーツ権，スポーツを行う者の安全の確保，不当な差別の禁止，ス

ポーツの公正などの基本理念を定め，理念立法としての性格を有していること，第5条で，スポーツ団体の努力として，スポーツを行う者の権利利益の保護，心身の健康の保持増進および安全の確保，運営の透明性の確保，スポーツに関する紛争の迅速かつ適正な解決を定め，行政による施策だけでなく，私的なスポーツ団体の活動をも規律する性格を有していること，第7条で，関係者相互の連携および協働を定め，第30条で，関係行政機関相互の連絡調整を行うスポーツ推進会議を定めるなど，一部で機関間関係を規定していること，第18条で，スポーツ産業の事業者との連携を定め，第28条で，企業によるスポーツへの支援を定めるなど，非営利のアマチュアスポーツを規律するだけでない性格を有していること，第3章第3節などで，競技水準の向上に関する具体的な規定を多く定めていること，第15条で，スポーツに関する紛争の迅速かつ適正な解決を定め，第29条で，ドーピング防止活動の推進を定めるなど，CASやWADAなどとも関係する国際的なスポーツ法および政策の動向と関連する規定があることが，主な特色として指摘できる。

⑤ 日本におけるスポーツ国家法の体系と課題

日本のスポーツ国家法の体系は，スポーツ基本法を中心として考えることができるが，日本には，スポーツ基本法以外にも様々なスポーツ国家法が制定されている。特に，「スポーツ振興投票の実施等に関する法律」(平成10年法律第63号。通称「スポーツ振興投票法」)は，スポーツ振興くじの実施および収益の使途について定めており，日本のスポーツの施策の推進にとって重要な財源と収益対象事業の方針を規定している。また，「独立行政法人日本スポーツ振興センター法」(平成14年法律第162号)は，同センターのスポーツ施設・付属施設(国立競技場，国立スポーツ科学センター，ナショナルトレーニングセンター，国立登山研修所)，スポーツ団体，優秀なスポーツ選手および国際的に卓越したスポーツの活動を行う者に対する援助，スポーツ振興投票の運営，学校管理下における災害共済給付，スポーツおよび学校安全などについて定めてお

り，日本のスポーツの施策の基本にかかわる事項を定めている。

また，公営競技（賭博罪の対象となるような金銭等を賭ける行為を特別法によって行政の管理下において特別に認められた競技のこと）に関する法律として，「競馬法」（昭和23年法律第158号），「自転車競技法」（昭和23年209号）（競輪に関する法律），「小型自動車競走法」（昭和25年法律第208号）（オートレースに関する法律），「モーターボート競走法」（昭和26年法律第242号），「日本中央競馬会法」（昭和29年法律第205号）や，スポーツの契約に関する法律として，「ゴルフ場等に係る会員契約の適正化に関する法律」（平成4年法律第53号）もスポーツ特別法といえる。

さらに，一般の法令においても，スポーツと関連のある規定は多様に存在している。例えば，関連する主な法律としては，次のものがある。「総合保養地域整備法」（昭和62年法律第17号。通称「リゾート法」）は，スポーツのための施設を備えた保養施設を総合的に整備することを定めている。「都市公園法」（昭和31年法律第79号）は，公園施設として運動施設に関することを定めている。「広域的地域活性化のための基盤整備に関する法律」（平成19年法律第52号）は，広域の特定活動としてスポーツの競技会の開催を定め，そのための拠点施設としてスポーツ施設を定めている。「多極分散型国土形成促進法」（昭和63年法律第83号）は，国および地方公共団体が都市と農山漁村との間の地域交流の促進を図るために，スポーツを通じた地域間の多様な交流の機会を増大させるために必要な措置を講ずるよう努めることを定めている。「農山漁村滞在型余暇活動のための基盤整備の促進に関する法律」（平成6年法律第46号）は，いわゆるグリーンツーリズムにかかわることを定めている。「港湾法」（昭和25年法律第218号）は，臨海地区として，スポーツまたはレクリエーションの用に供するヨット，モーターボートその他の船舶の利便に供することを目的とする区域を定めている。「興行場法」（昭和23年法律第137号）は，スポーツを公衆に見せる施設を興行場の1つとして定義している。「障害者基本法」（昭和45年法律第84号）は，障がい者スポーツに関する規定がある。「老人福祉法」（昭和38年法律第133号）は，老人福祉の増進の

ための事業としてレクリエーションその他の事業を定めている。「文部科学省設置法」（平成11年法律第96号）やその他の行政組織に関する法令は，スポーツを担当する部局や所掌事務を規定している。「地方教育行政の組織及び運営に関する法律」（昭和31年法律第162号）は，教育委員会または地方公共団体の長のスポーツに関する職務権限について定めている。「労働安全衛生法」（昭和47年法律第57号）は，労働者の健康の保持増進を図るために体育活動等の便宜を事業者が供与する等必要な措置を講ずるよう努めることを定めている。「特定非営利活動促進法」（平成10年法律第7号）は，特定非営利活動としてスポーツを定めている。

このほかにも，スポーツ国家法は，日本において広範な分野において多様な形式で制定されているといえる。しかし，スポーツと関連するこれらの法令の間での関係は明白ではなく，十分に調整や統一的な体系化が図られていない状況にはないといえる。今後，スポーツ国家法の特殊な体系を整備していくには，スポーツ基本法を中心として

関連する法令の調整を図ることが課題といえる。

参考文献　　　　　　　　　　03.A.01

- 小寺彰．2010．「国際スポーツ法とアジアの課題－アジア諸国はどのように対処すればいいのか－」『日本スポーツ法学会年報』17：10－20．
- 齋藤健司．2000．「諸外国におけるスポーツに関する法律の歴史」『体育・スポーツ政策研究』9（1）：43－50．
- ─────．2007．『フランススポーツ基本法の形成』成文堂．
- ─────．2010．「スポーツ法政策」菊幸一，齋藤健司，真山達志，横山勝彦 編『スポーツ政策論』34－49．成文堂．
- ─────．2010．「日本におけるスポーツ法の体系の現状と課題」『日本スポーツ法学会年報』17：50－64．
- ─────．2012．「諸外国のスポーツ法とスポーツ基本法の課題」『自由と正義』63（1）：56－61．日本弁護士連合会．
- 笹川スポーツ財団．2010．『スポーツ政策調査研究』報告書』（文部科学省委託調査）
- 千葉正士．2001．『スポーツ法学序説』信山社．
- 日本スポーツ法学会 編．2010．『詳解スポーツ基本法』成文堂．
- Grayson, Edward, 1988, Sport and the Law, Butterworths.
- Rémy, Dominique, 1991, Le sport et son droit, Editions Romillat.
- Soek, Janwillem, 2006, Sport in National Sports Acts and Constitution : Definition, Ratio Legis and Objectives, International Sports Law Journal, Issue 3/4 : 28－35.

（齋藤健司）

スポーツ固有法　　　　　　03.A.02

① スポーツ固有法の特質

スポーツ固有法には，スポーツがもつ固有の文化性からくる特殊な人間関係に基づく法的特質がある。スポーツは人間の「身体」に依拠した「世界文化」であるが，ここにみる人間像は市民法上の人間像と共通する部分もあるが，その多くは異なる。この特殊な人間関係を明らかにすることによって，既成の法関係では問題を解決することは難しく，そのような法理論を適用することはできないことがわかる。これらの点を視野にスポーツ固有法の特質を整理すると，次のようになる。

第1に，スポーツは，歴史的には「遊び」「祈り」から発するものであるが，遊戯性，競争性，身体活動性を基本として，健康の維持・増進と他者との人間的コミュニケーションによる人間交流を通じて「喜び」「爽快感」「和み」「発奮」等による「生きがい」を形成するものである。この点は市民法上の人格形成という範疇のものである。

第2は，主として競争という場面を通して，当事者間において闘争が行われ，あるいは忍耐をもって相手に先行する人間を形成しようとするものである。攻撃により相手に苦痛を与え，時には死に至らしめる可能性さえ秘めている。自己も苦痛に耐え危険を防御し，新たな攻撃を仕掛けようとする人間を，自己あるいは他者の手を借りて，肉体と精神の修練により達成する，あるいは，そのための高度な技能を獲得しようとする人間像である。現代法の権利・義務関係では律しきれない法的関係が解釈学における法理論として用意されなければならないのである。

第3は，スポーツは，すべての人々が参加する自由を保障されており，すべての人々が望めば行うことができるものである。地方公共団体を含み，国はスポーツへの参加，スポーツ様式，スポーツ運営などに介入・干渉すべきではない。スポーツ関係者の自治に任せるべきとする原則である。これをスポーツの「私的自治の原則」という。スポーツは本来人間個人の自由の世界に

属し，公的世界と峻別された私的世界のものである。

　一般市民社会における法的現象は，国家のみに限られたものではなく，国際社会はもとより，国家における社会である法人，学校，宗教団体等においても法秩序が存在している。こういった特殊法社会秩序はスポーツ団体にもあてはまるものである。このような論旨は「米内山事件」(最決昭和28年1月16日民集7(1)．12)において田中耕太郎裁判官が少数意見として主張したものであるが，のちに最高裁は「富山大学単位不認定等違法確認訴訟」(最判昭和52年3月15日民集31(2)．234)において，「一般市民社会とは異なる特殊な部分社会を形成」しているとして，部分社会論を展開している。この判決は大学に関するものであり，司法権の独立の問題が課題として残るが，スポーツの法的特質として考慮できる。

　第4は，スポーツが内包する本質的危険との関係である。スポーツは時として他者の人権を侵害し，打撲，裂傷，脱臼，骨折等の傷害を負わせることがある。重度の場合は，失明，半身不随等により後遺症が残り，人生を大きく変えかねない。スポーツは，本質的に危険を内包しているものである。しかし，一定のルールに基づいて行われた競技等でのアクシデント，すなわち相手に危害や損害を加えたとしても，原則的に違法性は阻却され法的責任は民事・刑事ともに問われることはない。これを違法性阻却という。刑法の「正当行為」(第35条)，「正当防衛」(第36条)，「緊急避難」(第37条)がそれであり，具体的には違法性阻却事由がある。このような法理論は，一般的な人間関係に適用されるものであるところから，スポーツだけがもつ特殊な法的関係とはいえないが，自己あるいは相手に身体的・心理的危害や損害を与えることを前提にしている，当事者関係の特殊性はスポーツに特有なものである。

　第5は，自己決定権(人格的自律権)との関係である。自己決定権は，自己の生命・身体の処分，家族の形成・維持，リプロダクション，ライフスタイル等に関する権利とされているが，スポーツ参加の自由は，このうちライフスタイル等に関するものとしての自己決定権の1つとみることができ，憲法第13条により保護を受けると解することができる。これを「被害者の承諾」「危険引き受け」「明示・黙示の同意」「信頼の原則」「自己責任」の法理などとして法解釈上認められている。だからといって，「免責同意書」(ウエーバー・フォーム)や「健康診断書」などの提出により，スポーツ主催者が免責されるというものではない。スポーツ参加者の判断能力，民法の「信義・誠実の原則」(第1条)，主催者に「過失」がなかったかどうか等が考慮されなければならない。

　スポーツ国家法(実定法)とは異なり，このようなスポーツの法的特質を内包し，スポーツ行動を実質的に規制しているのが，スポーツ固有法である。スポーツ国家法は，国民・住民の意思により，その代表するものが国または地方公共団体において意思決定をした公式法である。こうした立法手続きを経て制定された法は条文化されており，国民・住民の一般的意思として国民・住民を拘束するものである。しかし，スポーツ固有法は，スポーツルール，スポーツ団体協約，スポーツ理念という非公式法であり，スポーツ関係者のみを規制する，主としてスポーツ慣習法，スポーツ条理法というべき性格をもつものである。スポーツルールは，個々のスポーツの存立とプレイヤーの遵守すべき行動に関する規則であり，スポーツ団体協約は，団体の組織と運営に関する規約である。また，スポーツ理念は，スポーツ固有の精神である。

② スポーツルール

　人間が，人間として，人間らしく生きる営みは，社会においてである。そこでの言動は全く自由ではありえず，なんらかの規制を受ける。これが社会規範である。社会規範には，人間の生き方を示す道徳，宗教，慣習，法がある。道徳，宗教，慣習は，社会を秩序づけることを目的としているが，法のように必ずしも強制力を伴うものではない。その行為の選択は個人に任されている。スポーツにもスポーツ関係者の言動を規制する固有の規範としてのスポーツ規範がある。このスポーツ規範の1つが「スポーツルール」である。スポーツルールは，スポーツが歴史的なものであると同様に，地域性，民族性，国民性，あるいは伝統，風土を背景に形成されたものである。現代的には，科学技術の発展による施設・設備・用具の整備・開発，マスメディア，とりわけテレビ経営主体の経済力，パソコン，携帯電話等による利便性，プロ化といったスポーツを取り巻く種々の社会現象，情報化社会あるいは国際化の状況等々がスポーツルールに大きな影響を与えている。スポーツルールは，このような時代的背景，スポーツ参加者の年齢・性別・技能等により変更されるものである。

　スポーツルールは，未だ慣習法に至らぬ慣習としての「事実たる慣習」であるが，スポーツ団体や組織における申し合わせ，約束，習わしとして「事実たるスポーツ慣習」を形成しており，団体協約とともにスポーツ社会特有のスポーツ関係者を規制するスポーツ慣習法である。スポーツルールは，スポーツにおける一定の行動規範として尊重されるべきものではあるが，その選択はその人に委ねられている「マナー・エチケット」というべきものと，絶対的に守らなければならない競技の様式・形式等を定めた「競技規則」に分類することができる。

　マナー・エチケットは，礼儀・作法・良風・美俗・常識ともいわれ，法的な強制力はないが，スポーツにおいて抽象的命令あるいは禁止を伴うものであり，これに反することは「孤立」や「批判」を招くことになる。「みるスポーツ」の意義が高まってきている現代においては，観客・視聴者を含めたスポーツ全体の感動・正義・品位を形成することとなる。

　スポーツルールは，広義には，スポーツ団体の組織・運営に関する事項を規定する規約・会則・定款，あるいはスポーツ参加者の理念，競技の目的などを規定した宣言・憲章等を含むものであるが，その中心は競技規則である(守能信次『スポーツとルールの社会学』名古屋大学出版会．1984；千葉正士『スポーツ法学序説』信山社．2001)。競技規則は，その性質によっていくつかの規則に分類することができる。1つ目は，スポーツ進行規則である。各スポーツ(競技種目)の進行・実施に関するもので，競技の条件・方法などから得点・勝敗・記録に至るまで詳細に規定するものである。このほか，物的条件の整備に関

して，施設・設備，用具・器具，関係者の服装などが規定される。2つ目は，スポーツへの参加者の資格に関するスポーツ資格規則である。国籍，地域，年齢，性別などを規定するものであるが，プレイヤーの技術，審判・レフェリーの適格性や資格，競技・運営にかかわる担当者の資格についてである。近年，観客のマナーが問題視されていることから，観客の資格も考慮されてきている。3つ目は，スポーツ判定規則である。そのスポーツに関する諸規則に対して，スポーツ関係者は遵守することが前提であるが，違反・抵触した際には制裁を科さなければならない場合もあり，また，判定を不服とする抗議が行われ，紛争に発展することもある。スポーツ判定規則とは，そのような際の抗議の手続き，抗議者の資格，審査方式，判定とその伝達方法，制裁の種類，制裁実施の方法，さらには結果の表彰・報償，式典等々の規則である。4つ目は，地球環境を守るため，オリンピック等で展開されているスポーツと環境保全に関するスポーツ環境規則である。IOCと国連環境計画(United Nations Environment Programme: UNEP)が，第1回スポーツと環境世界会議(1995年，スイス・ローザンヌ)を開催し，1999年の第3回会議(リオ・デ・ジャネイロ)では，「オリンピックムーブメント・アジェンダ21」が採択されるなど，地球の持続可能な開発におけるスポーツの役割などを明らかにしている。これらはオリンピック競技大会に反映するとともに，わが国においてはJOCが「JOC環境指針」(2003年)を発表するなど環境に関する教育啓蒙活動が推進されている。

③ スポーツ団体協約

スポーツは，1地域1民族の伝統スポーツから発展し，継続され変質しながら今日の近代スポーツとして世界に伝播されてきた。イギリスの役割が大きかったことは衆目の一致するところであろう。しかし，一方では野球，バスケットボール，バレーボールのようにアメリカにおいて考案され普及した競技や，自転車のようにフランスが大きな役割を果たした競技もある。近代スポーツの国際化は，そのスポーツが様式的・構造的共通の特質をもち，体系化されたルールによって合理化されていることが重要である。この体系化された共通の様式とルールによってスポーツは国際的言語となり，国際的文化となったのである。この普及には一定の組織をもった団体が必要であった。スポーツ活動を目的とする地域・国家・世界を網羅する団体，連盟，連合，協会等の組織体である。そして，この組織体の活動を運営し展開するための規定・規則・協約がスポーツ団体協約である。

スポーツ団体には，法人としての組合，社団，財団があるが，多くは黙示・口頭等の合意によるサークル，同好会，クラブ・チームといわれる団体で，明文化された規則をもたない場合が多い。スポーツ団体には，国際的に種目を統括する団体である国際競技連盟(International Federation: IF)と，各国内の種目を統括する国内競技組織(National Federation: NF)とがある。さらにわが国では，都道府県競技団体，市町村競技団体等が組織されている。競技種目を横断的に統括する国際的団体として，IOC，国際競技連盟連合(General Association of International Sports Federations: GAISF)，国際大学スポーツ連盟(Fédération Internationale du Sport Universitaire: FISU)等があり，国内には日本オリンピック委員会(Japan Olympic Committee: JOC)，日本体育協会等がある。これらのスポーツ団体の協約は，寄付行為，定款，規約，会則などと呼ばれ，その団体の競技種目，成立過程，構成メンバー等の違いによって一定ではないが，主として次のような内容である。その団体の設立目的，理事会・実行委員会等の組織，入会・会費・参加資格とその要件，競技施設，観客・試合・試合の運営等の競技に関する事項，選手，審判員，制裁等々が規定されている。

スポーツ団体協約は，団体に所属しなければ大会に出場できないなどの排他性をもつ場合があり，国民のスポーツ参加の自由やスポーツを享受する権利を左右することになる。また，団体の組織・運営に関して，男性が役員の大半を占め，女性役員がその構成において少ない場合が多く，改善が要請されている。

④ スポーツ理念

スポーツにおける明文化された規範としてルールがあるが，不文のスポーツ規範としてはスポーツ理念がある。先のマナー・エチケットを含みスポーツパーソンシップやフェアプレイを挙げることができる。

スポーツパーソンシップは，スポーツを行う者の行動の基準であり，スポーツルールと人間(相手，審判，観客)を尊重する心と態度である。イギリスではジェントルマン育成の教育手段とされ，支配階級の行動規範や倫理規範とされていた時期があったが，現在では，よい試合を行うための最善の努力，冷静な態度などとされている。フェアプレイは，道徳的規範を尊重するとともにルールを遵守し正義を貫くことであるが，公正と寛容による勝利への謙遜，敗北への謙虚さが要求される。

スポーツ理念，すなわち，スポーツパーソンシップ，フェアプレイあるいはマナー・エチケットがスポーツにおけるスポーツ固有法を構成するものであるとするには，スポーツ理念の法的位置づけが必要である。スポーツに関する立法の規制には限界があり，スポーツ法に「欠欽」(関係法文が存在しない状態)がある場合，あるいは慣習法が存在しない場合，スポーツ理念をもって補完的法源としスポーツ法解釈をすることはその意義が大きい。スポーツ法の特質からスポーツ理念の占める位置はきわめて高いものがある。すなわち，スポーツの紛争等における法解釈はスポーツ理念解釈がなされる場合がある。

⑤ オリンピック憲章

1894年，パリにおいて国際アスレチック・コングレスが開催され，IOCが設立された。オリンピック憲章はピエール・ド・クーベルタン(P. de Coubertin)の提唱する，オリンピズムを実現するために策定されたものである。IOCは，このオリンピック憲章に従ってオリンピズムの普及に努めなければならない。2004年9月1日発効のオリンピック憲章によると，前文と6項目のオリンピズムの根本原則において，オリンピズムの哲学，目標，オリンピックムーブメント，スポーツの人権性，フェアプレイの精神，オリンピックの精神，差別の禁止，オリンピック憲章

の遵守が謳われている。さらに5つの章、61の規則、45の細則によって構成されている。IOCの組織、国際競技連盟、オリンピック競技大会、紛争と仲裁、オリンピック・ビジネス等の詳細な規定にみられる通り、オリンピック憲章とその関係法規は国際法的性格をもっていることを表している。

オリンピック憲章を、各国がオリンピックのための予算をもち、国内のほとんどのスポーツ団体が加盟するものであるところから、その実態と実効性において「黙示に承認された国際公法」として、国内法と同列の法規であるとする主張があるが、オリンピック憲章はあくまでもオリンピック運動による

オリンピック競技大会等の展開をするための団体規定であり、スポーツ国際慣習法ではあるとしても、条約の形式をとるものではなく、また、国内立法機関によって批准されるものではないところから、主権国家を拘束する国際法規とすることはできない。

(小笠原正)

スポーツと人権　03.B

スポーツ権　03.B.01

① スポーツ権論の誕生

いわゆる"スポーツ権"は、健康権、環境権、アクセス権などと並んで比較的新しい人権の1つと考えられる。その発想は、1960年代、ヨーロッパの先進諸国を中心に始まったスポーツ・フォー・オール(Sport for All：みんなのスポーツ)論の重要な根拠として主張されてきた。その当時、高度な産業化や都市化の進展は、人々に物質的な豊かさをもたらす反面、運動不足病を誘発し、健康破壊、人間疎外の状況をもたらしていると指摘された。それらは、個人だけの問題でなく社会全体の問題として先進諸国の共通の課題と認識され、健康で文化的な生活を求め、人間性の回復が叫ばれた。そこで、スポーツの実践は、心身の健全な発達や健康、そして人格形成にとっても不可欠なものであり、これらの課題に対する1つの解決策として期待されたのである。

ヨーロッパの先進諸国を中心に、第二次大戦後、早くから、文化的交流、教育や人権擁護の活動について、国家を超えて協力することを目的にしたヨーロッパ評議会(Council of Europe：CE)が組織された。そして1966年には、CE内の文化協力会議がスポーツの長期目標を提案し、1968年にはスポーツ・フォー・オール憲章の起草委員会が設けられ、それを受けて、1976年のヨーロッパ・スポーツ担当相会議においてヨーロッパ・スポーツ・フォー・オール憲章が採択された(採択は1976年だが、1975年憲章として一般化されている)。これらの準備段階を経て採択された憲章は、その第1条で「スポーツへの参加は、すべての者の権利である」と謳っ

たことによって、先進的なスポーツ権の理念を国際的に知らしめ、大変重要な役割を担ったといえる。このスポーツ・フォー・オールの考え方は、ヨーロッパのCE加盟諸国はもちろんのこと、世界各国のスポーツ施策に影響し、わが国でも「みんなのスポーツ」として文部省(当時)、地方公共団体の体育・スポーツ行政、日本体育協会やその下部体協などの施策に少なからず影響することになる。すなわち、広く差別されることなく国民のスポーツに参加する機会が認められ、国や公共団体は進んでスポーツに対する公的援助、つまり条件整備に努めなくてはならないことになるのである。

また、同様に1978年第20回ユネスコ総会で採択された体育・スポーツ国際憲章の第1条では「体育・スポーツの実践はすべての人にとって基本的権利である」と述べられ、スポーツ・フォー・オールの理念を国際的に後押しした。

これらの憲章は、法的拘束力が直接的にあるわけではないが、憲章を採択した各国は憲章に沿ってそのための施策を具体的に進めることとなり、いくつかの国では実効力のある法規の成立もみている。例えば、CEで中心的な役割を演じてきたフランスでは、身体的およびスポーツ的活動の組織および促進に関する法律(1984年)において、個人がスポーツを実践したり、スポーツ活動に自由に参加する権利を自由権として認めている(齋藤健司「フランス」千葉正士・濱野吉生 編『スポーツ法学入門』体育施設出版. 2000. 96 - 111)。

さらに、先のヨーロッパ・スポーツ・

フォー・オール憲章は、1992年に新ヨーロッパ・スポーツ憲章に改正され、今日に至っている。ギリシャ・ロードス島で開催された第7回ヨーロッパ・スポーツ閣僚会議で採択(32ヵ国)されたこの新憲章では、第1条(憲章の目的)で「1)個人は、誰しもスポーツに参加することができる」とし、「a．青少年が体育の指導を受ける機会とスポーツの基礎技術を修得する機会の保証、b．安全かつ健康な環境でスポーツ及びレクリエーションに参加する機会の保証、c．競技水準を高める機会の保証」が規定されている。ここには、1975年憲章で使用された「権利」の文言が欠落してはいるが、具体的内容を列挙している点、そして会議の報告書にある考慮点からみると、その権利性の意義が失われたわけではない。この背景にはベルリンの壁崩壊後の旧東側諸国の新たな加盟に配慮したことによるものであろう。このようなヨーロッパの近年の統合を反映してか、フランスのスポーツ基本法からも現在、直接的な「権利」の用語は削除されている。

また一方で、国際オリンピック委員会(IOC)も遅ればせながら、そのオリンピック憲章の根本原則の1つに「スポーツを行うことは人権のひとつである…」と規定し、いかなる個人も差別されることなくスポーツを行う機会を保障されることを謳っている。

② スポーツ権の内容と法的根拠

人々の健全な心身の発達や豊かで文化的な市民生活の形成にスポーツが不可欠な要素であると認識されること、つまり健康・文化・教育の諸側面でスポーツの公益性が認めるならば、その諸条件の整備は公共の責務である。そして、その機会の具体的な保障とは、差別なくスポーツ活動に参加できること、同様にスポーツの公共施設を利用

できること，スポーツに関する情報を得ること，適切な指導が受けられること，また施策に参加者の意見が反映させること，などである。

さて，これらの法的な根拠がどこに求められるだろうか。わが国では，1970年代半ばから権利としてのスポーツ論が盛んになり，憲法上の根拠について以下のような主張がなされてきた。

その1つは，憲法第13条のいわゆる幸福追求権に求めようとするものである。憲法第13条は人権の基本である個人の尊厳の確保を保障し，人格的生存に必要なすべての権利として幸福追求権を規定している。そこでスポーツは，身体的・精神的諸能力を一定のルールに従い，創造的に表現する活動とみなせば，幸福追求権に基づく国家からの自由な領域として捉えられる。すなわち，第13条は自由権としてのスポーツ権を保障するものと捉えられている。

次に，憲法第25条の生存権に求める主張である。いうまでもなく，健康で文化的な最低限度の生活を有する権利を保障した憲法第25条は，主として社会権として国の積極的な関与を求めるものである。スポーツが，個人の健康の維持・増進に役立ち，人間の全面的発達に寄与すること，また，文化としての価値が認められるなら，施設の整備などの条件の整備は公の責務となる。

また，憲法第26条の教育を受ける権利を根拠とするものがある。国民の権利として保障された教育を受ける権利には，学校教育においては，単に知識や技術を習得するにとどまらず，人間が自立するために必要な心身の成長・発達に関与する体育・スポーツも含まれる。したがって，国民の教育を受ける権利に根ざした権利として認識され，スポーツ権は保障されるべきとする。自由権としての性格と生存権的基本権としての性格をもつ。

このほかにも，休息権からの主張などもみられるが，これらは主たる憲法上の根拠をどこに置くことができるかという議論であり，これらの根拠をもって健康，文化，教育的価値を背景に新しい人権として主張されてきたのである。

③ 競技者のスポーツ権

競技力向上への過度の追求や配慮のない商業主義の隆盛は，ともすればスポーツ界全体に勝利至上主義を引き起こし，ドーピングに代表されるように競技者自身の生命，身体，そしてその尊厳にかかわる問題をも生じさせる可能性がある。このことは結果として，スポーツそのものの価値をおとしめることにもなりかねない。そこで，スポーツの先進諸国では，早くは1970年代から，特に競技者の擁護や権利を明文化してきている。

前述のCEでは，1975年のスポーツ憲章第5条で，すでに「スポーツおよびスポーツマンを政治的，商業的あるいは金銭的利益への利用から保護し，さらに薬剤の不正使用を含む悪と堕落の習慣から保護するために，いくつかの方法が試みられなければならない」とし，さらに改正された1992年の憲章（第1条第2項）では，スポーツの道徳的倫理的基盤とスポーツに関与する人々の尊厳と安全を守り，高めていくことを掲げている。

また，アメリカではスポーツ組織間の紛争による選手の参加機会をめぐる問題を長年抱えてきた経験から，エリート競技者の権利を擁護する規定を設けている。例えば，アマチュア・スポーツ法（1978年成立，PL.95-606 Statute at Large 1978）の法律草案では，いかなる国内統括団体，スポーツ組織，機関も競技者たちに競技する機会を制限したり，出場した競技者を非難したり，あるいは罰したりしないこと，また，選ばれる資格をもつすべてのアマチュア競技者にオリンピックやパン・アメリカン大会において競技する機会を制限したり，その競技の後に非難したり，その競技に参加している競技者を罰してはならないことを規定した（The Final Report of the President's Commission on Olympic Sports〔PCOS〕, 1975 – 77〔1977〕)。このほかアメリカオリンピック委員会内アスリート・アドバイザリー・コミッティーの規定や競技者の権利および教育のためのセンターの「競技者の権利章典」等において，高レベルの競技者の権利が謳われている。これらで取り上げられる競技者の権利を広く捉えると，以下の内容となる。

1）競技会への出場のための自由と平等の権利
2）表現の自由の権利
3）独断的規則を排除し，チームの規則作成にかかわる権利
4）規則を説明され，違反等について理解する権利
5）身体的・精神的攻撃から自分を守る権利
6）トレーニングや薬の内容・効果などを知る権利
7）合理的・科学的トレーニングを受ける権利
8）競技者ユニオンを結成する権利
9）経済的援助や補償・賞金を受ける権利
10）プライバシーを守る権利

より高度化が進みつつある高レベルの競技者の状況を考えると，これらの視点は常にとどめておく必要がある。

④ 子どものスポーツ権

幼年期から青年期まで，スポーツの効用は論じるまでもないが，近年，子どもたちの運動・スポーツへの関与の仕方は大きく二極化の傾向が指摘されている。子どもの発達の領域を，身体的，精神的，道徳的，社会的とするならば，子どものスポーツ権の具体的内容は，1）健康に身体を発育発達させる権利，2）健全な精神を発達させる権利，3）適切な道徳観を発育発達させる権利，4）十分な社会性を発育発達させる権利などとして捉えられる（森浩寿「子どものスポーツ権」『子どもと発育発達』2(1)．2004：4)。もちろん，これらのほかにもスポーツそのものを楽しむ権利も含まれるであろう。

子どもたちのスポーツへの機会は一方では拡大しているものの，しかしながら，オーバーユース（使いすぎ症候群)，バーンアウト（燃え尽き症候群)，体罰や過度の厳しい練習による怪我や熱中症などの問題が噴出している。これらは，指導者や周囲の大人の無理解や理解の不十分さで生じていることも多く，まさに子どものスポーツをする権利を侵害していることになる。

アメリカでは，すでに1970年代に全米体育学会にあたる機関から，コーチや親に向けて以下のような「青少年競技者のための権利章典」(AAHPERD, 1979）が出されている。

1) 能力にかかわらずスポーツに参加する権利
2) 子どもの成熟と能力にあったレベルのスポーツに参加する権利
3) 適正な大人の指導を受ける権利
4) 安全で，健康的な環境でスポーツをする権利
5) 子どもたちがリーダーシップや自主性を発揮する権利
6) 大人としてではなく，子どもとしてプレイする権利
7) スポーツ参加への平等の機会をもつ権利
8) 成功のために平等な機会が与えられる権利
9) 尊厳をもって扱われる権利
10) スポーツを楽しんで行う権利

　これらの項目は，指導にかかわる者に多くの示唆を与えるものであり，まさに，1人の人間として子どもを捉えようとする子ども期のスポーツ関与の理想的な姿を求めている。狭い勝利至上主義に陥らないためにも指導者および周囲の大人の責任は重大である。

⑤ 立法的裏づけ獲得への動き

　このようにスポーツ権は比較的新しい権利概念として発展してきているが，その実質的な保障は法律に依存するものであり，そのために立法的措置が期待されてきた。日本においては，学術団体として，日本スポーツ法学会が1997(平成9)年にスポーツ基本法要綱案を作成し，その提案の中で，基本的人権としてスポーツ権を確認し，その骨子の第1条1項で「すべての国民は，等しくスポーツに関する権利を有し，生涯にわたって実際生活に則し，スポーツに参加する自発的な機会が保障されなければならない。スポーツに参加する者は，人種，信条，性別，出生，社会的身分，経済的地位，障がいの事情などにより差別されてはならない」(日本スポーツ法学会「スポーツ基本法要綱案」日本スポーツ法学会第5回大会〔大会資料〕．1997)と謳っている。

　これらの地道な動きとともに，近年いわゆるスポーツ立国論がオリンピック招致とかかわって浮上し，その流れが，文部科学省のスポーツ立国戦略(2010年8月)，そして「スポーツ基本法」の成立(2011年6月)を後押しした。超党派の議員立法として成立したこの法の前文では，「…スポーツを通じて健康で豊かな生活を営むことは，全ての人々の権利であり，全ての国民がその自発性の下に，各人の関心，適性等に応じて，安全かつ公正な環境の下で日常的にスポーツに親しみ，スポーツを楽しみ，又はスポーツを支える活動に参画することができる機会が確保されなければならない。…」とし，スポーツの権利性を掲げた。これについては，権利主体の不明さ，スポーツ自体の定義の不十分さなどについての指摘はあるものの，基本法として規定されたことで，今後のスポーツ計画や施策そしてスポーツ団体の決定などにおいて，より競技者そして市民の立場に立った機会の公平が求められることになろう。

(井上洋一)

スポーツの男女平等機会の保障と課題　　03.B.02

① 女性スポーツの発展と現在
[競技スポーツの今]

　なでしこジャパンに代表されるように，サッカー，ゴルフ，競泳，フィギュアスケート，レスリング，柔道，卓球など，わが国においても女性選手の活躍は近年目を見張るところである。オリンピックや国際競技大会をとってみても上位の成績を上げる女性選手は男性選手をしのぐ活躍をしている。

　しかしながら，近代スポーツはそもそも男性を中心に男性的原理に基づいて発展してきたともいわれてきた。はたして，女性の競技スポーツはどのような経過をたどり，今があるのだろうか。

　夏季オリンピック大会に占める女性の種目と参加選手数や割合についてみると，初めて女性が参加するのは1900年の第2回大会(パリ)で，それらはテニスとゴルフの種目に限られており，全参加者にみる女性の参加率はわずか1.6％に過ぎなかった。近代オリンピックの創始者として名高いクーベルタン(P. de Coubertin)は，オリンピックの復活当初，女性の参加を決して望んでいなかったともいわれている。その後，種目はアーチェリー，水泳などが加わるものの女性選手の割合は，1920年代まではほとんど変わらず，その後に徐々に増加して20％を超えるのは1976年の第21回大会(モントリオール)というからその歩みは遅く，そして今日やっと40％を超える程度に上昇してきたところである。このようにオリンピック種目，参加者数の変化をみても競技スポーツは決して早くから広く女性に開かれてきたわけではなく，100年を超える年月をかけて現段階に至っている。

　近代社会の成立とともに発展してきた競技スポーツは，その産業社会を支える思考，つまり，ルールをもとにした競争，合理性の追求，業績主義などから，男性的原理に基づいているともいわれる。社会的・文化的に形成されてきた性すなわちジェンダーの視点からみると，競技スポーツも近代社会を形成する上で男性主導の仕組みとして成立してきたのである。このことは確かに，競技スポーツの多くの側面を捉えているかもしれない。したがって，一般には発展してきたとも捉えられる女性の競技スポーツについても，そのあり方には異論がある。

[生涯スポーツの今]

　一方，生涯スポーツを楽しむ女性たちの機会はどのような状況にあるのだろうか。都市化，高度産業化を背景に，1960年代頃から先進諸国に共通の課題となってきた運動不足病や人間疎外状況の解決策の1つとして「スポーツ・フォー・オール運動」がヨーロッパ諸国から広まり，わが国でも「みんなのスポーツ」として，女性のスポーツ参加もターゲットに参加者を増加させてきた。例えばママさんバレーボールに代表されるように，1970年頃からスポーツは女性にとっても身近なものとして発展してきた。

　わが国の運動実施率の男女差をみるとその差は縮まってきている。1992(平成4)年以降の運動実践について頻度，時間，強度を加味して分類した調査(笹川スポーツ財団，2010)では，過去1年間全く運動しなかった者は女性の方が若干多い一方で，週2回以上定期的な運動を実践していると思われる(レベル2以上の)者は男性が46.5％であるのに対して，女性は51.6％と上回っている。

また，これに年齢を考慮すると40代，50代の女性の活発な様子は際立っている。1994（平成6）年と2010（平成12）年の調査を比較すると，「週2回以上，運動実施時間が30分以上，運動強度も高い」アクティブ・スポーツ実施者においても6.6％から16.3％へ，この16年の間で大きな伸びをみせている。特にアクティブ・スポーツを実践している中高年の女性が増える傾向にあり，活動のレベルが高いところではほとんどその実施率の男女差がなくなってきている（笹川スポーツ財団，2010）。ただし，女性のスポーツ参与率は上昇しているが，フルタイムの就労女性が，最も運動に向ける時間の確保が難しいともいわれており，特に近年の就労傾向からすると女性の中での年齢および就労による違いが今後もより大きくなることも予想される。

② **国際的な女性運動の広がりと法的後押し**

競技スポーツそして生涯スポーツの発展の一方で，女性の平等機会を支える国際的で広範な活動が進展してきた。その契機となったのが，1975年にメキシコシティで開催された第1回世界女性会議である。ここで「女性の平等と開発と平和への女性による寄与に関する宣言」と「女性の地位向上のための世界行動計画」が採択され，この動きは1976年から1985年までの「国連女性の10年」として引き継がれていった。そしてその間，1979年に国連では「女子に対するあらゆる形態の差別の撤廃に関する条約」いわゆる女子差別撤廃条約が採択された。日本は遅れて1985年に批准することになったこの条約では，第13条（経済的・社会的活動における差別の撤廃）に，レクリエーション，スポーツおよびあらゆる側面の文化活動に参加する権利を確保するために適当な措置をとることが規定されている。

これら国際的な女性運動のうねりの中，スポーツ界では1994年に第1回世界女性スポーツ会議が開催され，82ヵ国の代表による「ブライトン宣言」が採択された。この宣言は，女性とスポーツに関係する，すべての宣言や法律，規則などを補足するもので，スポーツのあらゆる面において，女性が最大限にかかわることを可能にし，尊重されるような，スポーツ文化を発展させることを目的とした。さらに続いて，1998年に開催された第2回世界女性スポーツ会議では，ブライトン宣言を一歩進めて，その原則を実行に移す行動計画を作成するように具体的課題を示した「ウインドホーク行動要請」が出されている。その中には，例えば，目的や目標の作成とともに，その実行の状況を報告すること，あるいはメディアに働きかけること，適切な法律や政策の立案や資金提供を政府に働きかけることなどが挙げられている。また，一部セクシャル・ハラスメントや虐待などの排除についても言及された。

一方，国際スポーツの中心的団体である国際オリンピック委員会（IOC）では，1994年のオリンピック憲章において，「…女性のスポーツ振興を強く奨励する。…」と謳ったもののけっして早くから女性のスポーツに十分に対応してきたわけではなかった。

1996年になってようやく第1回IOC世界女性スポーツ会議が開催され，今日までオリンピック大会同様4年に1度の会議を継続してきている。その決議文には，開催地の選定において女性スポーツからの要求を1つの評価基準にすることや国際スポーツ連盟や国と地域のオリンピック委員会などのスポーツ団体における対応策が強調されている。そのうちでも，最も特徴的な点は意思決定機関における女性の割合について数値目標を掲げたことであろう。2000年までに各国の競技団体などで意思決定にかかわるポジションに女性を10％就けることを，そして2005年には，その割合を20％と目標を掲げてきた。このような一定割合を確保するために優先的な方案をとることはアファーマティブアクションといわれるが，残念なことに未だ達成には程遠い。

このような世界規模の運動は，これらのほかにもユネスコの体育・スポーツ担当大臣等の国際会議（1999年）やヨーロッパ評議会（2003年）などでもみられる。そして同様にアジア地域およびわが国の運動にも連動してきている。アジアでは，2001年に第1回アジア女性スポーツ会議が大阪で，2003年には同第2回会議がドーハで開催され，そして2006年には第4回の世界女性スポーツ会議が熊本で開催された。このように，世界的な女性運動の流れの中で女性スポーツの組織の活動も活発になってきたところである。

すでに述べたように各会議では多くの宣言類が合意され，あるいは振興法規などでも女性のスポーツ参加を推進する条項は謳われている。しかしながら，それらは具体的な言及がないものが多く，その実効性は十分とはいえない。

国別にみると，近年の国際的動向よりかなり早い時期に，国家法によって女性のスポーツ参加を促進した特筆すべき事例がアメリカにある。タイトルⅨ（Title Ⅸ）と称される1972年成立の連邦法規は，国家から財政的援助を受けている教育機関において性による差別を禁止した。体育やスポーツに特化した法律ではないが，この成立によって，1970年代にアメリカの体育・スポーツ界には大きな変革が起こり，その中で女性スポーツは目覚ましく発展することとなる。このような個別の先進事例を参考にすることは重要である。

③ **今なお残る男女の相違と法的課題**

わが国でも，過去においては学習指導要領の上で，男女で分けて記述されたり，格技の時間など男女でカリキュラムに明らかな違いが存在していた。このことはまさに教育におけるジェンダー・バイアスの証明でもあった。しかし体育については，1989（平成元）年の学習指導要領から男女の内容の区別がなくなり，従来の男女のステレオタイプは規定の上では改善されてきた。また社会体育では公益法人を取得しているゴルフクラブにおいて，原則として日曜，祝日などに女性のプレイを制限していたケースがあり，監督権をもつ教育委員会が運用を改善するように行政指導し改められた例がある。このように女性の機会を制限してきたものの多くは現在，除かれてきている。

しかしながら，男女平等機会を広く考える時，今日でも様々な議論を生む事例が未だ残されている。例えば，大相撲の土俵に女性を上げるか否かの問題では，日本相撲協会はこれを否定し続けている。これまで，内閣総理大臣杯や大阪府知事賞の土俵上での女性大臣や女性府知事による授与が主として

注目されてきたが，それら以前にも国技館で行われたわんぱく相撲での女子の排除なども問題となってきた。この「土俵は女人禁制」とする古くからのきまり事を民間団体における内部のルールであり，そこには祝祭的な宗教的儀礼が背景にあるとして，その伝統的性格を認めるという理由で従来の慣習が尊重されてきた。しかしながら，大相撲は国民的注目度の高いスポーツとして国民からも認知され，公共放送でも優先的に取り上げられる現実があり，そのうえ主催する日本相撲協会は文部科学省の監督下にある公益法人として税制の優遇を受けている。これら施設の公共的利用の視点からも，この伝統的排他的ルールは見直すべき時期に来ている。特殊な例としては，長年にわたる女人禁制を続けてきた山への入山について問題が生じることがある。つまり，登山やハイキングを目的とした女性の入山も拒まれるケースである。

また，国際的な場面に目を向けると，イスラム社会の女性たちが国際舞台でスポーツに参加することを，宗教上の理由により実質的に制限されてきたことは周知の事実である。さらに，特別なケースとして近年でも陸上競技で生じたように，傑出した記録を出した選手がその性別を問題視された例や指導者と女性選手との間に生じやすいセクシャル・ハラスメント問題などがあり，その広報や報道による扱いの仕方によっては大きな人権侵害が伴いかねないこともある。

④ 今後の男女平等機会に向けて

2011（平成23）年6月，わが国では今後のスポーツ機会を支えていく根拠となる「スポーツ基本法」が成立し，その前文では，「…スポーツを通じて幸福で豊かな生活を営むことは，全ての人々の権利であり，全ての国民がその自発性の下に，各々の関心，適性等に応じて，安全かつ公正な環境の下で日常的にスポーツに親しみ，スポーツを楽しみ，またはスポーツを支える活動に参画することのできる機会が確保されなければならない。…」と謳っている。

法律には，もちろん男女の区別はなくスポーツへの機会は当然ながら等しく開かれ，これまでの文化的定義等によるスポーツへの男女の距離も法による啓蒙と現実の活動の積み重ねによって，より近づくこととなろう。

かつて，19世紀イギリスで，当時の社会を支えてゆくエリートを育成するためのジェントルマン教育において，フットボールやクリケット，ボートなどのスポーツが教育の有効な手段として奨励され，そして，そこでは男らしさ，忍耐強さ，協調性，フェアプレイなどがあるべき人間像として求められた。しかし，いまやその男らしさは，男女を超えた人間らしさに置き換えられてよい。しかしながら，先に挙げたように今なお残る課題も存在することは事実である。したがって，スポーツが男女に等しく開かれているかという問いに改めて答えるためには，今後も法や規定の整備はもとより，様々な角度から検討する必要がある。それらは，例えば，男女それぞれの年齢層の人々の実質的なスポーツ消費時間や参加率，指導者の人数と配置，あるいは競技会の種目数や参加者数，各種予算，競技団体の役員数，メディアの扱い，学校体育での扱い，ルールなどが考えられる。これらの作業を通して，あらゆるチャンスが男女を超えて等しく開かれる「機会の平等」と，そして等しい配分がなされる「結果の平等」へとつながることを期待したい。

参考文献　03.8.02

- 飯田貴子，井谷恵子 編著．2004．『スポーツ・ジェンダー学への招待』明石書店
- 井谷恵子 ほか 編．2001．『女性スポーツ白書』大修館書店
- 井上洋一．2003．「女性スポーツの平等機会とTitleⅨ」『日本スポーツ法学会年報』(10)：101-10．
- 小笠原正．2003．「文化政策からのジェンダーとスポーツ」『スポーツ法学会年報』(10)：1-21．
- 笹川スポーツ財団．2010．『スポーツライフデータ2010 - スポーツライフに関する調査報告書』
- 田原淳子．2006．「女性スポーツアスリートとプロスポーツ」川西正志，野川春夫 編『生涯スポーツ実践論 改訂2版』市村出版
- 來田享子．2010．「スポーツと「性別」の境界 – オリンピックにおける性カテゴリーの扱い –」『スポーツ社会学研究』18(2)：23-38．

（井上洋一）

障がい者スポーツの法的保障と課題　03.8.03

① 障がいのあるアスリートの活躍と参加機会の保障

わが国の障がい者スポーツにとって，1998（平成10）年長野で開催された第7回冬季パラリンピック大会は，大きな1ページを記した。それは，単に障がいのあるアスリートたちの活躍を広く人々に伝えたばかりでなく，競技スポーツの一部として障がい者スポーツをはっきり位置づけたという点で意味があった。それまでの障がいのある人たちのスポーツ活動は，通常は福祉の領域にあって新聞などでも福祉面で扱われることが多かった。しかし，この時を契機にマスメディアの扱いに変化が起こり，それ以降，障がいのある人のスポーツも一般のスポーツの一部分として，広く社会的に認知されてきている。

その後2004年，135の国と地域から約3,800名の選手が集まった第12回パラリンピック大会（アテネ）において，日本選手団は史上最多の金メダル17個，銀メダル15個，銅メダル20個，メダル総数52個を獲得した（日本パラリンピック委員会，2005）。この大会は，夏季大会では初めて，パラリンピックとオリンピックの組織委員会が1つとなって運営がなされ，障がいのある人のスポーツを考える上でも歴史的な意味をもった大会となった。2008年，146の国と地域，約4,000名の選手が参加した第13回大会（北京）には162名，そして2012年，164の国と地域から約4,300名の選手が参加した第14回大会（ロンドン）には134名の日本選手が参加している。日本が獲得したメダル数は各国の取り組みの勢いによって近年の2大会では大きく減少しているものの，障がいのある人たちの国際競技における参加と活躍は，めざましいものがある。しかし，そこで活躍する選手たちからは，もっと広く障がいのある人たちがより身近にスポーツ活動に参加する機会を得られることを希望する声が多く聞こえる。

1960-70年代から「みんなのスポーツ」が提唱され，学校や会社ばかりでなく地域のクラブあるいは民間のスポーツ施設においても年齢を超えた人々のスポーツへの参加機会は大きく増えた。しかしその一方で，今日でも障がいのある人の9割が1年間に1度も運動をしなかったともいわれており，パラリンピックなど競技スポーツの取り上

げ方の裏側では，未だ機会をもてない人たちが存在し，多くの困難があることがうかがえる。競技部分ばかりでなく広くスポーツへの参加機会の保障が，法や政策面からも意識されなければならない。

② 障がい者スポーツとかかわる法制や政策

2011（平成23）年，スポーツ基本法の成立は，障がい者スポーツにとっても重要な一歩を踏み出すこととなった。その前文とその第2条基本理念において，「…スポーツを通じて幸福で豊かな生活を営むことは，全ての人々の権利…」とした上で，「5 スポーツは，障害者が自主的かつ積極的にスポーツを行うことができるよう，障害の種類及び程度に応じ必要な配慮をしつつ推進されなければならない」「6 スポーツは，わが国のスポーツ選手（プロスポーツの選手を含む。以下同じ。）が国際競技大会（オリンピック競技大会，パラリンピック競技大会その他の国際的な規模のスポーツの競技会をいう。以下同じ。）又は全国的な規模のスポーツの競技会において優秀な成績を収めることができるよう，スポーツに関する競技水準（以下「競技水準」という。）の向上に資する諸施策相互の有機的な連携を図りつつ，効果的に推進されなければならない」と規定した。すなわち，障がい者のスポーツ参加の推進と選手レベルのバックアップを国の責務として明記したのである。

国際的にはヨーロッパを中心に19世紀後半から20世紀にかけて障がい別のスポーツ組織が結成され，活動が始まった障がい者スポーツは，当初，一般には機能回復を目的としたリハビリテーションとしての意味が中心であった。しかし，イギリスのストーク・マンデビル脊椎損傷センターで開催された競技大会をもとにして，車椅子による競技が行われるようになり，1960年の第17回オリンピック大会（ローマ）から今日のパラリンピックに引き継がれてきた。そして，その後，脳性麻痺，視覚障がい，知的障がいのスポーツ協会や世界各地域での障がい者競技連盟，そして国際車椅子バスケットボール連盟，国際車いすテニス協会などが誕生し，1989年には国際パラリンピック委員会（International Paralympic Committee: IPC）が創設され，今日に至っている。

これらの具体的なスポーツ実践の一方で，1970年代からそれらを後押しする規定等が国際的に制定されてきた。その契機は，1975年の国連総会で採択された「障害者の権利宣言」であり，その思想は「ヨーロッパ・スポーツ・フォア・オール憲章」（1976年）やユネスコの「体育及びスポーツに関する国際憲章」（1978年），さらに，1992年に採択された「新ヨーロッパ・スポーツ憲章」へつながっていく。その第4条施設および活動の中で，「すべての市民がスポーツに参加する機会を持つことを保障し，必要な場合には障がい者や社会的に恵まれない人々，さらにまた豊かな才能に恵まれた青少年に対してもスポーツへの参加を効果的に促す特別な措置を講じる」としている。これらの流れは，すべての者にスポーツへの参加機会を保障する，いわゆる「スポーツ・フォー・オール」を掲げ，その一部に障がいのある者への配慮を謳っているのである。そして，これら憲章類は，採択した国々において，その実施に向けての具体的施策を講ずることを求めている。

また，オリンピックに関しても変化が起こっている。1999年の12月，スイス・ローザンヌで開かれたIOCの臨時総会で，IOCはオリンピック憲章の開催都市選定の部分に一部ではあるが，国際パラリンピック委員会代表の評価委員入りを明文化した。このことは，オリンピックムーブメントの一員と認められることでもあり，IOCは障がい者スポーツをより進んで受け入れる姿勢を示したのである（井上，2005．87－99）。今日では2014年の第22回冬季オリンピック大会（ソチ）のようにオリンピックの招致がその国や地域のバリアフリー化を推進しているという評価もある。

わが国では，1950年代に，全国ろうあ者野球大会など特定の種目，一部の都道府県で競技会が散見されてはいたが，やはり1964（昭和39）年の第18回オリンピック大会（東京）と付随して行われたパラリンピックがそれまであまり意識されてこなかった障がいのある人のスポーツへの取り組みにとって，大きな影響を与えた。1965（昭和40）年には全国身体障害者スポーツ大会（略して身障国体と呼ばれる）が開催されるなど徐々に全国的，広範な規模の大会が開催されるようになっていく。

また，教育の分野では学校教育法（1947〔昭和22〕年）ですでに設置が義務づけられていた養護学校（現・特別支援学校）が，1979（昭和54）年になってからようやく実行に移されることになった。つまり，それまで多くの障がいのある子どもたちは，就学免除や就学猶予の適用を受け，体育の授業を受けるチャンスをもたなかったのである。したがって，この年は改めて障がい児の体育の可能性を問われることになり，視覚障害，聴覚障害，肢体不自由，知的障害，内科の疾患など多様な障がいを有する児童・生徒にどのような体育活動が有効で，可能かを考えることが大きな課題となった（草野，2003：10－13）。

もちろんこれらの流れは，そのもととなる障がい者に関する以下のような諸法規の後押しを受けた具体的な現れである。1949（昭和24）年に制定され，その後改正されてきた身体障害者福祉法では，その第21条で身体障がい者のスポーツ活動への参加を促進することの実施を地方公共団体に求めている。さらに，1970（昭和45）年に制定され，2011（平成23）年に最終改正された障害者基本法では，第25条に「文化的諸条件の整備等」として，「国及び地方公共団体は，障害者が円滑に文化芸術活動，スポーツ又はレクリエーションを行うことができるようにするため，施設，設備その他の諸条件の整備，文化芸術，スポーツ等に関する活動の助成その他必要な施策を講じなければならない」として国および地方公共団体の責務を明示している。また，この法律では教育に関して，第16条で，国および地方公共団体は，障がい者が，その年齢，能力に応じ，特性に踏まえた十分な教育が受けられるようにするため，教育の内容および方法の改善および充実を図る等必要な施策を講じなければならないこと，可能なかぎり障がいのある人とともにした機会をもつことが期待されている。そして第21条では，障がい者の利用の便宜を図ることによって障がい者の自立および社会参

加を支援するため，設置する官公庁施設，交通施設その他の公共的施設について，障がい者が円滑に利用できるような施設の構造および設備の整備等の計画的推進を図らなければならない，として公共的施設のバリアフリー化を規定している。さらに2006（平成18）年には，「高齢者，障害者等の移動等の円滑化の促進に関する法律」いわゆる新バリアフリー法で一定規模以上の体育館等運動施設のバリアフリー化を後押ししている。

③ 障がい者スポーツをめぐる紛争と課題

このように，法制面や施策においてもスポーツにかかわるノーマライゼーションの方向に進んでいる一方で，過去には障がいを理由に参加が制限されてきた例があり，多くの不十分な対応があった。1960年代，70年代には，ろう学校の生徒の高等学校陸上競技大会への参加制限や硬式，硬式の野球大会への出場資格や連盟への加入問題が議論された。これらの教育機関での参加資格については，今日その制限は緩和されてきているとはいえ，いくつかの日常的問題が生じている。

例えば，16歳のダウン症の女性が民間スイミングクラブへの入会を拒否された事例（1988年）や第12回パラリンピック大会（アテネ）の陸上競技金メダリストが民間スポーツクラブの利用を昼間に限定されるといった制限を受け，入会を見送るといった事例（2004年）が新聞紙上でも伝えられている。また，管轄する省庁の違いから，国立のナショナルトレーニングセンターの利用についても，当初からパラリンピック選手は利用ができないなどの矛盾がこれまで生じていた。

さらに，障害者関連諸法の成立が逆に参加機会を奪うケースとして弊害も生じている。知的障がいのある人が暮らす「浅間学園」は，2005年のスペシャルオリンピックス冬季世界大会に5人の選手を送り出していたが，2006年に成立した障害者自立支援法の施行により，食費や光熱費の受益者負担が求められ，その結果，経済的理由から参加できなくなった。このような参加機会の拡大の方向から逆行したと思われる事実も存在している。近年，障が

い者スポーツをめぐる状況は，組織や法制度からも全般的には機会拡大の方向に変化してきているが，そこにはまだいくつかの乗り越えるべき課題がある。

[経済的な課題]

その第1は，経済的課題である。障がい者のスポーツにかかる装具や専用の車椅子のような用具はかなり高価なものとなり，費用の捻出は個人にとっても重要な課題である。そのうえ2006（平成18）年に施行された障害者自立支援法は，障がい者の地域生活と就労を進め，自立を支援するという目的で成立したが，結局障がい者への負担を大きくしている（望月，2007）。また，日本障がい者スポーツ協会の活動などにおいては，1998（平成10）年より国からの出資金で創設された「障害者スポーツ支援基金」によって安定した資金確保が可能となった点は評価されるが，企業スポンサーの確保など困難なことも多いことが指摘されている（日本障がい者スポーツ協会，2003）。

[施設・設備にかかわる課題]

次に，施設などハード面に関する課題が挙げられる。競技場での車椅子観戦の場所や障がい者が優先的に利用できる専用のスポーツ施設は，徐々に整備されつつあるもののその数は非常に少なく限られている。そして，障がいのある人を対象にした調査によると，スポーツを行う時の条件として最も必要とされたものは，一般スポーツ施設のバリアフリー化と意識されている。その点では，新バリアフリー法は公共に供する建物のバリアフリー化を義務づけるものであり，その他の障害者基本法でもこのことが規定されたことを考えると，ハード面での重要な前進といえるだろう。しかしながら，民間のスイミングクラブへの入会が拒まれたり，パラリンピックのメダリストでさえもスポーツクラブへの通常の入会を拒まれるケースがあり，障がいのある人の利用には未だ困難な事柄も多い。そして，これには施設などのハード面だけでなく，施設の管理者の正しい知識と理解が求められるところである。

[指導者等支えるマンパワーの課題]

そして第3は，その指導者やボランティアなどの障がいのある人を支える人的な課題である。指導者の養成確保

については，2003（平成15）年，日本障がい者スポーツ協会は公認障がい者スポーツ指導者制度（規程）を制定し，協会スポーツ指導者をスポーツ指導員（初級，中級，上級）とスポーツコーチとに分けて，資格取得には養成講習会や研修を課すなど，その充実に向け努力を続けてきた。その結果，スポーツ指導員の登録者数は1991（平成3）年の1,351人から2011（平成23）年には2万1,924人へと大幅に増加しているが，未だ不十分な状況にある。また，これらの指導者の養成と確保に加えて，高い競技レベルでは国際競技の競技別技術委員やクラス分け委員など国際的に活躍できる人材の養成も急務とされている。そして，指導にかかわる人員ばかりでなく，多くのボランティアのサポートが一般のスポーツ以上に必要なことも忘れるわけにはいかない。これらの人材確保問題は今後の障がい者スポーツの方向性に大きな意味をもつだろう。

[その他の課題]

上記のほかに，学校スポーツと地域スポーツの連携，一般のスポーツ団体との連携など組織間の協力，情報の広範な提供，重度障がい者への機会の提供，精神的障がい者への機会の提供，知的障がい者のクラス分けの問題，医・科学分野の研究の推進などとともにプライバシーの保護なども重要な課題が残されている。例えば，報道などにおける選手や関係者のプライバシーには十分な配慮が必要である（日本障がい者スポーツ協会，2003）。さらに，スポーツ団体のガバナンスの重要性が世間から求められる中，障がい者スポーツ団体の人的，財政的な組織の脆弱さも大きな課題である。

スポーツ基本法は，私的機関には義務を課してはいないが，2012年3月に文部科学省から発表された基本方針で，「年齢や性別，障害等を問わず，広く人々が，関心，適性等に応じてスポーツに参画することができる環境を整備すること」を基本的な政策課題として目標を設定している。その中で，学校体育では，障がいのある児童・生徒への効果的な指導のあり方に関する先導的な取り組みを推進すること，地域スポーツについては，施設が障がい

者を受け入れるための手引きや用具等の開発・研究を推進すること，健常者と障がい者がともに利用できるスポーツ施設のあり方について検討すること，また，トップスポーツについても，健常者と障がい者が同じ場所でスポーツを行う方法やスポーツ障害・事故防止策等について大学等での研究成果や人材を活用する取り組みを推進すること等を打ち出しており，スポーツ・フォー・オールの実現のためにもその具体的実施が今後望まれる。

参考文献

- 井上洋一．2005．「障害者とスポーツ」小笠原正 監修．『導入対話によるスポーツ法学』87-99．不磨書房
- 小笠原正 ほか 編．2007．『スポーツ六法』信山社
- 草野勝彦．2003「改めて体育の可能性を問う－体育でノーマライゼーションの可能性を－」『体育科教育』8：10-13．
- 日本障がい者スポーツ協会．2003．「21世紀における障害のある人のためのスポーツ振興－障害者スポーツ振興のための中・長期的方策－」
- ――――．2007．「障害者スポーツ指導者養成講習会」 http://www.jsad.or.jp/ (2014年6月30日)
- 望月浩一郎．2007．「日本の障害者スポーツと法をめぐる現状と課題」『身体教育医学研究』8：1-11．
- ――――．2011．「障害者スポーツ」日本スポーツ法学会 監修．『詳解スポーツ基本法』86-103．成文堂

(井上洋一)

国籍をめぐる法的問題

① スポーツと国籍

[差別の対象としての国籍]

一般的に差別といわれる対象として，人種が挙げられる。人種イコール国籍ではないが，スポーツでは，しばしば選手の国籍が話題になる。特に，国内では外国人の参加資格，国際的には国籍を変更した選手の参加資格が問題として取り上げられる。

国内では，日本国籍をもたない選手の登録に関する規則を設けている団体が多い。また，大会参加資格に，外国人を理由に一定の制限を加えているものもある。国際的にも，アマ・プロを問わず，外国籍選手になんらかの制限を設けている団体がある。最近では，国際卓球連盟が帰化（国籍取得）選手について新たに規則を設けた。

[国籍の取得方法]

そもそも，国籍の取得については各国の法律で規定されている。わが国においては憲法第10条に基づき，国籍法により規定されている。国籍の取得には，出生による取得と帰化による取得がある。出生による取得には，親の国籍に基づく「血統主義」と出生の地で決まる「生地・属地主義」があり，多くの国で前者が採用されている。

② 国内競技会参加資格にみる国籍要件

[国民体育大会]

国民体育大会（以下，国体）の参加資格（選手，監督）は，原則として「日本国に国籍を有する者であること」と規定されている（国民体育大会開催基準要項細則3項(1)①）。ただし，日本国籍を有していなくても，学校教育法第1条に定められる学校（1条校）に在籍している生徒に限り，在留資格上の就学生（高校留学生）の場合には，参加申込締め切り時に1条校に1年以上在籍していることが条件となり，参加が認められる。また，いわゆる在日外国籍選手の参加は以前は認められていなかったが，現在では，永住者（正確には，「日本国との平和条約に基づき日本の国籍を離脱した者等の出入国管理に関する特例法」で定める特別永住者）については，日本国籍を有するものと同様に扱うとされ，参加が可能になっている。他方で，従来は参加可能だった在留資格上の留学生（大学留学生）の場合には，現在では1条校の在学生であっても参加が認められなくなった。

[全国高等学校総合体育大会]

全国高等学校総合体育大会（以下，インターハイ）は公益財団法人全国高等学校体育連盟（以下，高体連）の主催であるので，インターハイの参加資格は高体連の規定がそのまま適用される。

高体連の定める「競技者及び指導者規程」によれば，「競技者とは，学校教育法第1条に定められた高等学校の生徒で，都道府県高等学校体育連盟に加盟登録した競技者」となっているので，原則は，学校教育法第1条に該当する高校の生徒であれば，国籍に関係なくインターハイの参加資格があることになる（第2条(1)）。ただし，「外国人留学生の全国高等学校総合体育大会への参加について」という規定において，「(1)参加者は，学校教育法第1条に規定する高等学校に卒業を目的として入学している生徒であること」が求められていて，実際には，その規定を前提に競技種目ごとに出場に関するルールが定められている。例えば，バスケットボールでは，登録選手12名のうち留学生は2名以内で，コートに立てるのは1名まで，となっている。

一方，1条校以外の学校の生徒の参加に関しては，「1条校以外の学校の全国高校総体出場を認めるための申し合わせ事項」で，各都道府県高体連に加盟の資格審査を委ね，参加希望校との事前の十分な話し合いを求めている。また，未加盟での大会参加も特例ではあるが道が残されている。

[高校野球]

高校野球界は，高体連には加盟せず，独自に公益財団法人日本高等学校野球連盟（以下，高野連）を組織し，ルールを定めている。高野連の大会参加者資格規定では，「『本連盟所属の都道府県高等学校野球連盟に加盟した学校』（第2条）に在学する男子生徒（第4条-1）」と定められていて，都道府県連盟に加盟することのみが条件とされ，一人ひとりのいかなる条件も問われない。

[アマチュア野球]

公益財団法人日本野球連盟の登録規程では，外国人の登録に関して，「外国人は，次の各号に該当する者に限り競技者とすることができる。(1) 在留資格認定証明書または外国人登録証明書の交付を受けていること」（第11条）と規定されている。ただし，新規登録以前に日本に5年以上居住し，かつ，日本の中学校を卒業した者または高等学校，大学に通算3年以上在学した者は対象から除外される。

[プロ野球]

日本プロフェッショナル野球協約（野球協約）では，原則として「日本国籍をもたないものは外国人選手とする」としている。ただし，除外対象として，「①選手契約締結以前に，日本の中学校，高等学校，日本高等学校野球連盟に関する規定で加盟が認められている学校あるいは短大（専門学校を含む）に通算3年以上在学したもの，②選手契約締結以前に，日本の大学，全日本大学野球連盟の理事会において加盟が認め

られた団体に継続して4年以上在学あるいは在籍したもの，③選手契約締結以前に，日本に5年以上居住し，かつ日本野球連盟に所属するチームに通算3年(シーズン)以上在籍したもの」(第82条)と規定されている。

[日本サッカー協会]

公益財団法人日本サッカー協会の定める「基本規程」では，外国籍の選手登録に際し，「外国籍選手登録申請書」の提出を求め(第84条)，以前に外国のサッカー関係団体に選手として登録されていた選手については別に定めている(第99条)。ただし，日本で生まれた選手については，「イ．学校教育法第1条に定める学校において，教育基本法第4条に定める義務教育中の者または義務教育を終了した者」「ロ．学校教育法第1条に定める高等学校または大学を卒業した者」(第69条)であれば，1チームにつき1名までは，日本国籍を有しなくても外国籍選手とはみなされない。いわゆる在日と呼ばれる選手がここにあてはまる。

[陸上日本選手権]

2007(平成19)年度の第91回日本陸上競技選手権大会では，参加資格として，「日本国籍を有する競技者」と規定された。ただし，日本で生まれ育った外国籍競技者は参加が可能で，その他の外国籍競技者でも，強化対策上必要と認められる場合には，オープン参加として認められることがある(第91回日本陸上競技選手権大会要項)とされるが，基本的には，外国人の参加が不可能となった。

[日本実業団陸上競技連合]

日本実業団陸上競技連合の「登録規程」では，登録者の要件として「登録者は，該事業所に4月1日現在の在籍にして，引き続き勤務の見込みのある者とする(その年度の新入社員を含む)」として，特に外国人の定義はしていない。しかし，「外国人競技者は，日本国内の該事業所に6ケ月以上勤務，かつ登録申請した日より6ケ月経過しなければ実業団所管の大会に出場することはできない」(第12条)となっている。そして，「第12条の6ヶ月以上勤務とは，日本国内の該事業所と雇用契約を締結した日以降，日本国内に滞在した日数が，延べ累計180歴日以上必要であることを示す。次年度以降においても，日本国内滞在必要日数は同様とする。但し，前年度に180歴日以上滞在の実績がある登録者においては，以上に関わらず新年度の9月末日までに開催される実業団所管の大会には出場することができる」(付則(9)イ)とする180日ルールを定めている(2010年現在)。

[在日選手の参加資格]

「在日」と呼ばれる人々のうち，特に民族学校に進学した人々に対しては，例えば大学の受験資格をめぐって制限が加えられていた。大学の受験資格には，高校卒業か大学入学資格検定(大検)の合格が必要であり，さらに大検の受験資格には中学卒業が必要であった。そのため，日本の中学，高校を卒業していない人には，大学の受験資格が与えられなかった。民族学校の卒業見込み生・卒業生に対して，私立大学では裁量権の範囲で受験資格を認めていたが，国立の大学では，厳格に規則が適用されたため，長年，資格がないとみなされて受験が認められなかった。ようやく2003(平成15)年になって，文部科学省は，外国人学校の卒業見込み生・卒業生に対して大学受験資格を認めることを決めた。

スポーツでは，国体やインターハイなどにおいて，以前から，国籍に関係なく，学校教育法第1条の学校(1条校)に在学・卒業した者であれば，参加が認められていた。つまり，国籍に関係なく，1条校以外の学校(各種学校)では，各種大会等への参加が認められなかった。

1990(平成2)年，大阪朝鮮高級学校女子バレーボール部が，高体連主催の大会に出場を認められたが，2次予選に進出したところ出場を拒否されるという事件が起き，それがきっかけとなり，高体連への加盟運動が広がった。高体連に加盟しない高校野球界では，1991(平成3)年，神奈川朝鮮高級学校から出されていた軟式野球部の加盟申請書について，高野連は特別措置を設けて参加を認める決定をした。

その後1992(平成4)年には，日本弁護士連合会が，朝鮮高級学校の加盟を認めないのは人権侵害にあたるとして，高体連に要望書を提出，同時に文部省に対しても指導するよう勧告などが行われた。その結果，1994(平成6)年，各競技団体に登録していること，加盟に関する資格審査は各都道府県高体連で行うことなどの条件で，1条校以外の学校の生徒のインターハイへの参加が認められた。

国体においては，2006(平成18)年の兵庫大会から参加が認められている。

[国籍による人数制限]

いろいろな団体で外国籍選手の試合出場は何名までという外国人選手枠を設ける規則がみられる。

プロ野球における外国人の選手登録に関する規定は，これまでたびたび改正されてきた。現在では，「球団は，任意の数の外国人選手を支配下選手として保有することができる。ただし，出場選手登録は4名以内に限られ，野手又は投手として同時に登録申請できるのは，それぞれ3名以内とする」と規定されている(日本プロフェッショナル野球協会2014第82条の2)。

社会人野球の公益財団法人日本野球連盟登録規程は，2014年現在，「3 前項の規程による競技者のうち，加盟チームを構成する選手(以下「競技者(選手)」という)は，1チーム3名以内」とし，元プロ野球選手等が登録された場合には，「合わせて4名を超えないもの」と定めている(第12条)。

サッカーJリーグにおける公益財団法人日本サッカー協会「プロサッカー選手に関する契約・登録・移籍について」では，「プロ契約を締結した外国籍選手の登録は1チーム3名以内(以下「3名枠」という)とする。ただし，アマチュア選手または20歳未満のプロC選手を登録する場合は，協会の規定で認められている5名まで登録できる」となっている。

バレーボールVリーグにおけるVリーグ参加チーム登録規程では，「外国人は，1名に限り構成員とすることができる。但し，日本で出生し引き続き日本で生活している外国籍選手は1チーム2名まで構成員にすることができる」(第8条)となっている。

ヨーロッパのサッカーでは，EU加盟国全体を1つの圏と捉え，EU圏内外で登録や試合出場に一定の制限を設けている。例えば，イングランドのプレミアリーグでは，圏外の選手はベンチ入りも含め登録は3名まで，スペインのリーガエスパニョーラでは，圏外選手のベンチ入りは4名で試合出場は3

名，ドイツのブンデスリーガでは，圏外の選手は登録が5名で試合出場は4名までなどとなっている。

③ 代表選手参加資格にみる国籍要件

スポーツ選手の国籍をめぐっては，国内だけでなく国際舞台でも問題となる。

[オリンピック]

オリンピックの参加資格では，「オリンピック競技大会に出場する競技者は，その競技者のエントリーをするNOCの国の国民でなければならない」(オリンピック憲章〔2011年版〕規則41〔競技者の国籍〕1項）と規定されている。

また，複数の国籍をもつ競技者については，「自己の判断により，どちらの国を代表してもよい」が，オリンピック大会等で「一方の国を代表した後はもう一つの国を代表することはできない」（同規則41付属細則）。ただし，オリンピック大会等で一方の国を代表した後に国籍を変更した者もしくは新しい国籍を取得した者については，「当該競技者が，前の国を代表して参加した最後の大会から少なくとも3年以上経っていること」を条件に，参加が認められる。

[国際サッカー連盟]

国際サッカー連盟(Fédération Internationale de Football Association: FIFA)では，代表選手の国籍変更に関しては，他国の代表チームに選ばれていなければ可能となっていたが，現在では，「国籍を変更して他国の代表チームでプレイするには2年間の在住が必要」であり，その国が「両親や祖父母の出生地であること」などが条件となっている(FIFA Satutes 2008, Regulations Governing the Application of the Statutes Ⅶ)。

[国際ラグビー評議会]

ラグビーでは，国籍ではなく協会所属を重視する発想から，以前から代表選手の国籍に関して独自のルールを適用してきた。現在の国際ラグビー評議会(International Rugby Board: IRB)の規約によれば，過去に一国の代表チームでプレイした者は，他の協会の代表チームでプレイできないことを前提に，国の代表チームでプレイする資格として，「(a)当該国で出生していること，(b)両親，祖父母のひとりが当該国で出生していること，(c)プレイする時点の直前の36ヵ月間継続して当該国を居住地としていたこと」(IRB定款第8条)となっている。

[国際卓球連盟]

国際卓球連盟(International Table Tennis Federation: ITTF)は，世界選手権大会において各国の代表選手に中国からの帰化（国籍取得）選手が数多く含まれていたことなどから，2008年新たに国籍に関する規則を定めた。内容は「ⅰ)21歳以上の選手が国籍を変更した場合，世界選手権やW杯には出場できない。ⅱ)15歳未満の場合は3年間，15歳以上18歳未満では5年間，18歳以上21歳未満は7年間，世界選手権やW杯には出場できない」(ITTF Handbook-4.01.03.03)。この規則は，原則ITTF主催の試合に適用されるので，オリンピックは対象外となっている。

④ 査証取得における制限

競技団体の規則ではなく，国レベルで一定の制限を設けている例もある。イギリス政府は，イギリス人労働者の労働環境を守る目的で，外国人労働者の労働許可証（ビザ）取得に一定の制限を設けている。そのため，サッカーのイングランド・プレミアリーグでプレイをしようとする外国籍プロサッカー選手がチームとは契約で同意していても，ビザが許可されないため，契約締結に至らないケースがある。外国籍（EU以外）プロサッカー選手がプレミアリーグでプレイするためには，過去2年間に自国の代表選手として公式戦に75％以上出場していること，その自国のFIFAランキングが70位以上であること，などが必要とされている。

（森　浩寿）

スポーツと契約　03.C

スポーツビジネスをめぐる法的問題　03.C.01

① スポーツビジネスの原則

[スポーツビジネスの成立条件]

スポーツビジネスといっても多様である。従来のラケットやウェアといったスポーツ用品・用具の販売から，競技場や体育館といった施設の建設，最近では，テレビをはじめとするメディア関連，フィットネスクラブや各種スポーツクラブに代表されるスポーツサービス産業，さらには官民，規模を問わずのイベント関連，権利ビジネス，プロスポーツビジネスと幅広い分野が対象となっている。

[契約]

ビジネスは契約で成り立つ。契約の基本は当事者間の約束，すなわち「合意」である。しかし，約束では拘束力が弱いために，法的拘束力をもった法律上の制度が「契約」である。合意は，申し込みと承諾という当事者の自由な意思表示のもと，互いの意思表示が合致した場合に契約は成立する（契約自由の原則）。

[自由競争の確保]

市場経済の原則は，自由競争である。公正かつ自由な競争を維持し，一般消費者の利益を確保するとともに，国民経済の民主的で健全な発達を促進することを目的とする「私的独占の禁止及び公正取引の確保に関する法律（通称，独占禁止法）」(1947〔昭和22〕年)が制定されている。これにより，事業者による私的独占や不当な取引制限が禁止されている。以前から，プロ野球のドラフト制度や選手の保留制度などがこの規定に違反する恐れがあるという指摘がなされてきていて，新規球団の参入をめぐる騒動の際には，当時の野球協約で定める60億円の加盟料が「社会通念上合理性のない高額に過ぎる入会金」にあたり，独占禁止法に抵触する疑いがあるとされた。また，バドミントン用具業者が自社製品以外を取引した販売店に対して圧力を加えた事件では，公正取引委員会が不公正な取引があったことを認定し，排除命令を出している。

[知的財産権の保護]

スポーツ用品・用具等の製造・販売にあたっては，特許やデザインといっ

た法律上の問題がかかわってくる。特許法など知的財産関連の諸法が，製作者や発案者の権利を保護している。

a) 発明の保護

特許法(1959〔昭和34〕年)は，技術的思想の創作である発明に対して，一定の要件を満たせば特許権を付与して保護している。スポーツで使用される各種の用具は，特許権と非常に深いかかわりがある。

発明には，「物の発明」と「方法の発明」があるが，特許法はすべての発明を保護するわけではなく，特許取得の要件として，「新規性」「進歩性」そして「産業上の利用可能性」を求めている。また，保護に値する発明であっても，公益的観点から保護を否定する「不特許事由」を定めている。同一の発明について2つ以上の出願がなされることがあり，どちらが先に発明したかを基準とする「先発明主義」と，先に出願した者に特許権を認める「先願主義」という2つの考え方があるが，わが国では，「先願主義」を採用している。

特許権の侵害には，直接侵害と間接侵害がある。直接侵害とは，正当な権限のない第三者が，特許発明を業として実施することをいう。間接侵害とは，特許発明にかかる物の生産または方法の実施にのみ使用する物を，正当な権限なく業として生産し，譲渡し，貸し渡し，もしくは輸入し，またはその譲渡もしくは貸し渡しの申し出をする行為をいう。

特許権は，設定の登録により発生し，その後20年間保護される。権利が永久に保護されるのではなく存続期間が設定されているのは，発明の利用を図り，産業の発達に寄与するという特許法の目的に基づくものである。

b) 著作権の保護

著作権法(1970〔昭和45〕年)は，著作物ならびに実演，レコード，放送および有線放送に関し著作者の権利およびこれに隣接する権利を定め，そして著作者等の権利の保護を図ることなどを目的に制定されている。

ここでいう著作物とは，「思想又は感情を創作的に表現したものであって，文芸，学術，美術又は音楽の範囲に属するもの」をさす。スポーツの試合そのものは著作物にあたらないが，オリンピックなどスポーツシーンを映像化したものなどは著作物に含まれる。また，例えばBGMで流すように，様々なスポーツの場面で音楽や映像を利用するシーンがあるが，場合によっては使用料の問題などが発生する。

著作権法は，思想または感情の創作的な表現の創作者である著作者に対して，人格的利益や経済的利益を保護するために，著作人格権および著作権を付与する。著作人格権は，著作者が著作物についてもつ人格的利益を保護するもので，公表権，氏名表示権，さらに同一性保持権がある。著作権は，著作者の著作物についての経済的利益を保護する権利である。具体的には，複製権，上演権および演奏権，上映権，公衆送信権および受信伝達権，口述権，展示権，頒布権，譲渡権，貸与権，翻訳・翻案権，2次的著作物利用権である。

著作権の発生は著作物の創作時に始まり，著作者の生存中およびその死後翌年から50年間保護される。

著作権法では，公共の利益のために文化庁長官の裁定による強制許諾による場合と法定の自由利用の場合に限り，著作物の自由利用が認められている。自由利用の要件として，私的使用のための複製に関しては原則として個人的にまたは家庭内その他これに準ずる限られた範囲内での使用，図書館資料の複製，他人の著作物を，出所明示義務など一定の要件のもとで，自己の著作物の中に挿入して利用する引用などが認められている。

学校等の教育活動における利用に関しては，教科用図書等，学校教育番組の放送等，学校等における複製，試験問題としての複製，さらには，営利を目的としない上演等について一定の要件を定めて認めている。

c) 商標権の保護

商標法(1959〔昭和34〕年)が定める商標とは，「文字，図形，記号若しくは立体的形状若しくはこれらの結合またはこれらと色彩との結合(以下，標章)」で，「1)業として商品を生産し，証明し，又は譲渡する者がその商品について使用をするもの」，「2)業として役務を提供し，又は証明する者がその役務について使用をするもの」をいう。すなわち，商標は企業や商品，サービスのマークのことであり，自他を識別する能力を意味する出所表示機能，一定の種類の商品・サービスであれば同じ品質であることを示す品質保証機能，さらには，商品・サービスの宣伝に有効な宣伝広告機能をもっている。

商標権とは，商標権者が指定商品・指定役務について登録商標を使用する権利であり，「商標の使用をする者の業務上の信用の維持を図り，もって産業の発達に寄与し，あわせて需要者の利益を保護することを目的」に保護されている。商標権は，使用する意思をもって出願して審査に通れば，登録により発生し，その後10年間存続する。ただし，10年経過時に商標権者が現に商標を使用して社会的に信用を得ている場合に権利を失うと商品の信頼性を損なう恐れがあるため，更新手続きを行うことによりさらに10年間の延長が認められている。

商標権は登録により保護されるが，継続して3年間以上使用されていない商標の登録の取り消しを求める不使用取消審判制度が設けられている。また，すでに広く知られている他人の商品，サービスを示す表示と類似の範囲内にある商標，出所の混同の恐れのある商標の登録が拒否の対象となり，出願時にすでに周知の商標の先使用者がいる場合には，先使用者にその商標の使用権が認められている。オリンピックのマークや語は，公益に関する団体であって営利を目的としないものを表示する標章かつ著名なものと同一，類似のものにあたり，登録拒否の対象となる。また，プロ野球やJリーグの団体やチームは，各名称を用いて商品化権(ライセンス)ビジネスなどを展開するため，チーム名等をそれぞれ商標登録している。国際サッカー連盟(FIFA)は，「FIFA WORLD CUP」などワールドカップに関連する商標を登録している。

② **スポーツビジネスにおける法的問題**

[スポーツ用品・用具産業と法律問題]

スポーツ用品・用具の製造に関しては，「消費生活用製品安全法」(1973〔昭和48〕年)が製品による一般消費者の生命または身体に対する危害の発生の防止を図るため，特定製品の製造および販売の規制などを規定している。また，「製造物責任法」(1994〔平成6〕年)では，製品の欠陥により事故が発生した場合

の，製造業者の損害賠償責任を定めている。

また，モノづくりであることから，特許や商標，不正競争防止などの法律問題も関係してくる。

[スポーツ施設と法律問題]

競技場や体育館といった特定のスポーツ施設の建築に関しては「建築基準法」(1950〔昭和25〕年)や「消防法」(1948〔昭和23〕年)などによって安全基準が定められている。サッカー競技場や野球場，陸上競技場，水泳プールといった大規模なスポーツ施設は，「都市公園法」(1956〔昭和31〕年)上の公園施設に該当し様々な規制を受けるため，ビジネスとしての利用に制限が設けられている。

[スポーツサービス産業と法律問題]

スポーツのサービスや情報に関連する領域は，フィットネスクラブやゴルフクラブの運営，会員権売買，スクール事業，スポーツイベントそして付随するスポンサーシップ，さらにはメディア関連など，非常に幅広いものとなっている。

フィットネスクラブ等の入会契約に関して，「消費者契約法」(2000〔平成12〕年)では，事業者の損害賠償責任を免除する条項の無効性が規定されている。また，クラブの会員権に関して，「ゴルフ場等に係る会員契約の適正化に関する法律」(1992〔平成4〕年)が制定され，会員権販売に関する一定の規制が設けられている。

③ 現代のスポーツ権利ビジネス

[肖像権の確保]

肖像権とは，従来，人格権(プライバシー権)に基づく権利，私生活が描写されない権利，私生活を公開されない権利と考えられていた。現在では，著名人の肖像を利用した商業活動が発展してきたことから，財産権の1つとも考えられている(パブリシティ権)。人格権あるいは財産権であろうと，肖像権が誰に帰属するものであるかという点で争いがある。

日本オリンピック委員会(JOC)は，「がんばれ！ニッポン！」キャンペーンを1979(昭和54)年にスタートさせた。これは選手が所属する各競技団体に肖像権を預け，競技団体はそれを一括してJOCに委託し，JOCはキャンペーンに参加した企業に対して選手の肖像権のCM等における使用を許可するというものである。しかしながら，選手個人による肖像を利用した商業活動が盛んになり，現在ではシンボルアスリートやネクストシンボルアスリートとして指定された選手と契約し，JOCオリンピックムーブメント事業，マーケティング事業関係に協力してもらい，その対価を支払う制度に変化している。

日本のプロ野球では，選手契約締結に際し，「選手はこのような写真出演等にかんする肖像権，著作権等のすべてが球団に属」することを承認しなければならない。また，球団の許可なくメディアへの出演や商品の広告に関与しないことも求め，その上で，「球団が宣伝目的のためにいかなる方法でそれを利用しても，異議を申し立てないこと」を要求している。

日本野球機構が，2000(平成12)年4月から3年間，野球ゲームにおける肖像等の利用をコナミ株式会社に独占させる契約を結んだため，選手会は，コナミに対するゲームソフトの販売差し止め，ならびに野球機構およびコナミが選手らの肖像等を第三者に対する使用許諾を行う権限がないことの確認を求めて提訴したが，東京地裁は，選手の肖像権を野球機構が管理することに合理的な理由があると判示した。

Jリーグでは，規則で定められた選手としての義務の履行に関する選手の肖像等については，選手になんら権利がないと規定している(Jリーグ規約第97条)。しかし，個人としてメディアへ出演したり，第三者の広告宣伝等へ関与する場合には，事前に所属クラブへ書面で承諾を得ることを求めている。ただし，Jリーグでは，「ロゴ・エンブレム・フラッグ・マスコット等に関する商標権・著作権」などの規則を定め，公式試合等に関する諸権利はJリーグが保有し，クラブの活動に関連する諸権利は各クラブが保有するとしている。

[放映権(放送権)の高騰]

一般に放映権と呼ばれているものは，正確には放送権である。オリンピックやサッカーのワールドカップなどの大規模国際競技大会での放送権料の高騰が問題になっている。

放送権とは，スポーツ試合などの映像のテレビ放送に関する権利であり，地上波のみならず，BS，CS，ケーブル，さらにはインターネット配信など，媒体は多岐にわたっている。放送の範囲や回数，形態といった放送権の詳細については契約で決定される。放送権の権利所有者は，一般的には各チームと考えられるが，プロスポーツの中には，リーグが事業者と契約し，一括して管理して利益を分配する方式が採られている。

国際オリンピック委員会(IOC)は『オリンピック憲章(2007年版)』で，「オリンピック競技大会はIOCの独占的な資産である」とし，「大会に関する全ての権利と関連データ，とりわけ，そして制限を設けることなく，その組織，利用，放送，録音，上演，複製，入手，流布に関する全ての権利を所有する」と定めている(規則7 オリンピック競技大会とオリンピック資産に関する権利)。

一方，日本のプロ野球では「球団は，それぞれ年度連盟選手権試合のホームゲームにつき，ラジオ放送及びテレビジョン放送，有線放送並びにインターネット及び携帯電話等を利用した自動公衆送信を自由に許可する権利を有する」と定めている(野球協約44条)。Jリーグでは「公式試合の公衆送信権(テレビ・ラジオ放送権，インターネット権その他一切の公衆送信を行う権利を含む)は，すべてJリーグに帰属する」と規定している(Jリーグ規約127条)。

[独占的権利(ライセンス)の使用]

プロスポーツの収益は，単に入場料収入のみならず，スポンサーシップ，チームのロゴやマークなどを付したグッズ販売など幅広くなっている。これらの各権利は，JOCの「がんばれ！ニッポン！」キャンペーン同様，リーグやチームと契約を締結した企業に対して，独占的な使用権を与えるものである。この中には，もちろん放映権や命名権も含まれる。

国際オリンピック委員会(IOC)の公式スポンサーの1つにコカ・コーラ社があり，オリンピック大会の会場で他社の清涼飲料水が販売されることは許されない。日本サッカー協会の公式スポンサーはキリングループである。国際サッカー連盟(FIFA)の公式スポンサーの1つは，やはりコカ・コーラ社である。本大会はもちろん，ワールドカップ大会に関連する行事においては

FIFAの公式スポンサーが優先されるため，日本代表関連であってもキリンが登場することは許されない。2006年のワールドカップ大会（ドイツ）の際に，日本代表の試合のパブリックビューイングが日産スタジアムで予定されたが，FIFAの公式スポンサーの1つである現代自動車（韓国）の権利を侵害する恐れがあることから，直前に中止になっている。

また，関連グッズの商品化ビジネスに関して，各リーグやチームは，商品化に関する規則を定め，商品化権を販売している。Jリーグでは，権利の類型・形態を提示し（Jリーグ規約131・132条），さらに商品化に先立ち，各商品ごとにその素材，形状等をJリーグ事務局事業部に申請することを求めている（同134条）。

（森　浩寿）

スポーツ放送（契約）をめぐる法的問題　03.C.02

① 放送の定義

情報通信ネットワークは，地上波放送，衛星放送，有線放送，固定通信，移動通信などの技術革新によって多様化・複雑化するとともに，インターネット，携帯端末などの普及に伴うデジタルメディアの発達やメディアの融合が進んでおり，これらの急激な変化に対応して法体系を整備することが求められている。

日本においては，放送法等の一部を改正する法律（平成22年12月3日法律第65号）によって，放送および通信に関する法体系の統合が行われ，「放送」とは，「公衆によって直接受信されることを目的とする電気通信（電気通信事業法〔昭和五十九年法律第八十六号〕第二条第一号に規定する電気通信をいう）の送信（他人の電気通信設備〔同条第二号に規定する電気通信設備をいう。以下同じ〕を用いて行われるものを含む）をいう」と定義され，無線による放送のほか，有線放送，電気通信役務利用放送を含めて「放送」と定義された。また，放送をする放送事業者については，基幹放送事業者と一般放送事業者に分類された。基幹放送事業者には，認定基幹放送事業者（地上系放送事業者，衛星系放送事業者，移動受信用地上放送事業者など）と特定地上基幹放送事業者（電波法の規定により自己の地上基幹放送の業務を用いる放送局の免許を受けた者〔中波放送，短波放送，超短波放送，テレビジョン放送〕）があり，BS認定基幹放送事業者の中には，スポーツ専門の放送事業者も生じている。

② 情報コンテンツと放送契約

グローバル化が進む情報通信ネットワーク社会において，スポーツはメディアによる配信サービスにおける重要なコンテンツとなっている。例えば，オリンピックやワールドカップなどの世界的なスポーツイベントの試合映像は，世界中の多くの人々が視聴したいと望むものであり，著しく顧客吸引力があることからキラーコンテンツと呼ばれている。放送事業者は視聴者または受信契約者の獲得のために優良なスポーツに関するコンテンツを獲得し，それを放送する権利を得るために競争をするようになってきた。また，スポーツの試合の映像や音声は，多様な放送事業者によって放送番組として編集され，加工され，多様な放送方式によって配信されている。

このようなスポーツを放送することをめぐって，スポーツイベントを主催する者と放送事業者との間で放送契約が締結されている。プロスポーツリーグなどの規約には，自らの主催したスポーツ試合に関する放送契約に関連する規定が定められている。例えば，日本プロフェッショナル野球協約第44条（放送許可権）は，「球団は，それぞれ年度連盟選手権試合のホーム・ゲームにつき，ラジオ放送及びテレビジョン放送（再生放送及び放送網使用の放送を含む），有線放送並びにインターネット及び携帯電話等を利用した自動公衆送信（いずれも，海外への，及び，海外での放送及び送信を含む）を自由に許可する権利を有する」と定めている。また，Jリーグ規約第119条（公衆送信権）では，「公式試合の公衆送信権（テレビ・ラジオ放送権，インターネット権その他一切の公衆送信を行う権利を含む。以下「公衆送信権」という）は，すべてJリーグに帰属する」と定めている。日本のプロ野球では球団に放送を許可する権利が定められているのに対して，Jリーグではリーグに権利が一括して帰属すると定められていることが異なる点であるといえる。このように，プロスポーツリーグによってスポーツの試合映像等の放送をめぐる権利関係の規定には様々なものが存在している。

一方，アメリカにおいては，プロスポーツリーグがテレビ放送権を一括して放送事業者と独占的な契約を締結することは反トラスト法（日本の独占禁止法にあたる法律）に違反しているとの裁判判決があったことから，1961年にスポーツ放送法（Sports Broadcast Act of 1961. アメリカ合衆国法典第15編「商業と貿易」第32章「プロスポーツ試合に関するテレビ放送」）が制定され，アメリカンフットボール，野球，バスケットボールまたはアイスホッケーのプロスポーツリーグがその構成クラブのゲームの放送権をプールし，それを一括して放送事業者と契約することを反トラスト法から適用除外することが定められている。

③ ブラックアウトと地域権

1951年にアメリカ・プロフットボールリーグ（National Football League: NFL）自治規則第10章は，あるクラブがホーム内外で試合をしており，そのゲームをホームでテレビ放送している時に，そのクラブが許可を与えない限り，そのホームの都市から75マイル以内にある放送事業者が他のクラブのゲームを放送してはならないことを定めた。このように一定地域におけるスポーツ放送を制限することをブラックアウトという。そして，プロスポーツリーグの各クラブの入場料収入を保護するために行われてきたこのブラックアウト制度は，反トラスト法に違反しないことが裁判でも判決された。ただし，1961年のアメリカ・スポーツ放送法は，このブラックアウト政策がプロスポーツリーグの入場料収入を保護するためのものでない場合には，反トラスト法の適用から除外されないことを定めた。

日本においては，このようなブラックアウトに関する法令上の規定はないが，例えば，Jリーグ規約第22条は，Jクラブの権益について規定しており，Jクラブは，原則としてそのホームタウンを含む都道府県を活動区域とし，Jクラブは，活動区域において主管し

た公式試合に伴う広告料および公衆送信権料等につき，理事会の定めるところにより分配を受けることができること，Jクラブがその活動区域内で有料試合の開催を予定している日には，その活動区域内では原則として協会または協会加盟団体の公式試合は行われないものとすること，Jクラブがその活動区域内で有料試合の開催を予定している時間およびその前後2時間を含む時間帯には，原則としてその活動区域内においては，協会が主催または主管する試合のテレビ放送は行われないものとすることを定めている。

他方，日本プロフェショナル野球協約第7章は，地域権について規定しており，球団は，この協約の定めによりそれぞれの地域において野球上のすべての利益を保護され，他の地域権をもつ球団により侵犯されることはないことを定めている（野球協約第37条）。そして，ある球団が，この組織に属する他の球団の保護地域において試合を行い，または野球に関係する行事を実施する時には，あらかじめその球団の書面による同意を得なければならないことが定められている（同第39条）。さらに，同第44条に定める球団のホームでのゲームの放送許可権に関する規定は，このような球団の地域権との関係において定められている。

④ 独占放送契約とユニバーサルアクセス権

スポーツの発展に伴って，スポーツ放送のメディアコンテンツとしての価値が高まる中で，有料放送事業者や国際的なメディアグループがスポーツ行事に関する独占放送契約を締結することが生じてきた。しかし，有料放送事業者が国民的なスポーツ行事の放送を独占してしまうと，いわゆる無料地上波放送によって一般の視聴者が当該スポーツ行事を視聴する機会が奪われてしまうことが問題となった。このため，国民的な関心事であるスポーツ行事については，国民の誰もが視聴できる機会が確保されるべきであるとするユニバーサルアクセス権の考え方が生じ，権利保障のための法整備が検討されている。

例えば，イギリスの1996年の放送法は，オリンピックやワールドカップなどの国民的なスポーツ行事を特定指定行事として指定し，独立テレビ委員会によって独占放送に対する一定の規制を行うことを定めた。1997年には，欧州連合（European Union: EU）も「国境のないテレビ放送指令」によって，欧州委員会に指定スポーツ行事として各国から通知されたものは独占放送権を行使してはならないことを定めた。

一方，アメリカにおいては，人気スポーツ番組が一般の放送から有料放送へと移行するサイフォニングと呼ばれる現象に対して連邦通信委員会（Federal Communications Commission: FCC）による規制が行われていたが，Home Box Office事件連邦最高裁判決によって，FCCによる規制は有料ケーブルテレビによるスポーツ番組の獲得を困難にしており，合衆国憲法修正第1条（言論・出版の自由）に違反するとの判決が下されている。

⑤ 著作権法とスポーツ放送

スポーツの実演や表現行為は，それがビデオテープやDVD等の有形的媒体に固定された場合（例えば，録画された場合），著作物として著作権法上の保護を受ける。日本の著作権法では，スポーツの試合の番組は，映画の著作物に該当し，著作物の著作者に著作権が生じる。特に，著作権法第23条は「著作者は，その著作物について，公衆送信（自動公衆送信の場合にあっては，送信可能化を含む。）を行う権利（公衆送信権等）を専有する」ことが定められている。公衆送信とは，「公衆によって直接受信されることを目的として無線通信又は有線電気通信の送信（電気通信設備で，その一の部分の設置の場所が他の部分の設置の場所と同一の構内〔その構内が二以上の者の占有に属している場合には，同一の者の占有に属する区域内〕にあるものによる送信〔プログラムの著作物の送信を除く〕を除く）を行うこと」であり，放送（公衆によって同一の内容の送信が同時に受信されることを目的として行う無線通信の送信），有線放送（公衆によって同一の内容の送信が同時に受信されることを目的として行う有線電気通信の送信），自動公衆送信（公衆からの求めに応じ自動的に行うもの〔インターネットによる映像の送信など〕）に分けられる（著作権法第2条）。

1994（平成6）年3月30日東京地方裁判所判決（昭和62年〔行ウ〕111号）は，スポーツ競技を収録したビデオテープ・フィルムまたは生放送のための映像は，いずれも「映画の著作物」に該当すること，放送事業者がその製作したビデオテープ・フィルムおよび生放送用の映像についての第一次的な著作権の帰属者であるが，放送契約などに基づき各種スポーツイベントの主催団体等に事前または事後に当該著作権が譲渡されていると考えられることを判示している。

日本においては，スポーツの試合映像等の著作物が著作権法上特別に規定されることはないが，諸外国の中には，著作権法上の規定がある国もある。

例えば，アメリカでは，判例法により確立されてきたスポーツ放送の著作権を1976年の著作権法により保護するに至った。また，1978年に著作権ロイヤリティ裁判所は，放送される試合を生み出すスポーツ団体または事業体の側に著作権があり，スポーツイベントを放送する最終的な権利があるため，試合の再放送について対価を受け取る権利があることを判決した。

ブラジル著作権法では，著作隣接権の1つとしてスポーツイベントの複製，送信，再送信に関する排他的な権利がスポーツ団体にあることが規定されており，この権利はスタジアム権と呼ばれている。

フランスでは，スポーツ法典第L.333-1条により，スポーツ行事の組織者であるスポーツ連盟が自ら組織するスポーツ行事または競技会の営業権（droit d'exploitation）の所有者であり，スポーツ連盟が設立したプロリーグによって各スポーツシーズンに組織されたスポーツ競技会または行事の視聴覚メディア関連の営業権は，スポーツ連盟が無償で当該スポーツ競技会または行事に参加しているスポーツ会社（プロスポーツクラブなど）に譲渡することができる関係を規定している。

参考文献

- グレンM.ウォン，川井圭司. 2012.『スポーツビジネスの法と文化』197-220. 不磨書房
- 齋藤健司. 2007.「スポーツと放送」小笠原正 監修『導入対話によるスポーツ法学』（第2版）171-87. 不磨書房
- 水戸重之. 2000.「スポーツの試合の放送権」『スポーツの法律相談』64-68. 青林書院

（齋藤健司）

日本のプロスポーツリーグをめぐる法的諸問題

近年，日本のプロスポーツをめぐる法的紛争が増加しており，例えば2004（平成16）年のプロ野球界の労使紛争はその典型といえる。以下では，2007年現在のプロ野球における法的問題を概観し，それとの比較においてJリーグについて触れる。

① プロ野球の労使関係

[プロ選手の労働者性]

プロ野球選手は労働組合法上の労働者と解されている。すなわち，1985（昭和60）年に東京都地方労働委員会がプロ野球選手会を労働組合として認め，また2004（平成16）年の球界再編をめぐる労使紛争においても，東京地裁，高裁ともに，労働組合法（以下，労組法）上の労働者であることを前提とした判断を下している。しかし，その一方で，実務的には，労働基準法（以下，労基法）上の労働者としての扱いを受けていない。

団結権，団体交渉権，団体行動権といういわゆる労働三権を保障する憲法第28条に基づいて制定された労組法上の労働者とは，「職業の種類を問わず，賃金，給料その他これに準ずる収入によって生活する者をいう」（労組法第3条）としている。これに対して，雇用条件の最低基準を定める労基法上の労働者とは，「職業の種類を問わず，事業又は事務所……に使用される者で，賃金を支払われる者をいう」（労基法第9条）となっている。この労基法第9条にいう「使用される者」とは，労務の遂行ないし内容につき自らの裁量の幅が制約されており，他人による具体的な指示のもとに労務提供を行う者をいう。また「賃金」とは，労務提供者に支払われる報酬が労働の対価としての性格を有するものをいう（労基法第11条）。したがって，契約の形式が請負や委任となっていても，労基法上の「労働者」であるか否かは「使用され」「賃金」を受けるものであるか否かの実質的な判断により決せられる。

このように労組法上の「労働者」と労基法上の「労働者」は別の定義が用いられていることに留意する必要がある。また，労働法学においても労組法上の「労働者」と労基法上の「労働者」とは必ずしも一致しないと解されている。

[プロ野球選手会の発足と発展]

労働組合としてのプロ野球選手会は1984（昭和59）年7月に発足，翌年9月に東京都地方労働委員会により組合資格の認定を受けた。こうした動向はプロ野球選手は選手寿命が短い上に社会保障も不十分であることなどの問題を受け，主にプロ野球選手の地位向上を目的とするものであった。そして現在は，一部の外国人選手を除く12球団の全選手がこの選手会に所属するに至っている。

これまで，選手会と球団，プロ野球機構（Nippon Professional Baseball: NPB）との間で労働協約の締結を目的とする団体交渉を実施するまでに，労使の関係が十分に機能しているとはいえない状況にあったが，近年選手会の活動が徐々に活発化してきている。例えば，2002（平成14）年3月，選手会が機構，オーナー側の団体交渉に対する姿勢が不誠実であるとして東京都地方労働委員会に不当労働行為の申し立てを行った。この時，選手会側は，次の3点について不当労働行為であると主張した。1）選手会が2000（平成12）年7月に文書で要求した事項に対して，機構側は，一部しか回答を行わず，放置したこと。また個別に交渉を行っている140試合制，交流試合，年俸調停制度，代理人制度などに関する事項についても，選手会からの具体的な要求に対して，回答を放置したり，不合理な回答に固執し続けていること，2）団体交渉への選手会弁護士の同席，委任を一方的に拒否していること，3）外国人枠緩和の交渉を打ち切り，一方的に野球協約に変更を加えたこと，である。

当該申し立てに対する審査手続きは，2年に及ぶことになったが，2004（平成16）年3月になって，団体交渉に関する事項について双方が合意し，和解が成立した。

こうして，いったんは労使による団体交渉がプロ野球界において定着していくかにみえたが，その直後に球界再編をめぐる労使紛争が勃発することになる。この紛争の中で，プロ野球選手会は2004（平成16）年9月18日と19日の土曜・日曜の2日間にわたって史上初のストライキを実施した。なお，この一連の労使紛争は，1）プロ野球選手の労組法上の「労働者」性，2）球団合併に反発するストライキの違法性，3）球界における義務的団体交渉事項の内容ないし範囲，4）球界における団体交渉のあり方，5）団体交渉の相手方，など労働法学上，様々な問題を提起することになった。

[司法判断]

ストライキに先立ち，プロ野球選手会は以下の2点について司法判断を求めた。1）(i) 合併に関する件（選手の解雇等を不可避的に伴う合併を回避すること等を含む）および(ii) 合併に伴う労働条件，が義務的団体交渉事項に当たるため，これらについて選手会は団体交渉を求める地位にあること，2）特別委員会の決議を経ない限り，合併について実行委員会およびオーナー会議が合併の決議をしてはならないこと。

この申し立てに対して東京地裁は，まず選手会およびNPBは団体交渉の主体となりうるとした上で，(ii) については義務的団体交渉事項に当たるとしたが，(i) については，もっぱら球団の経営に関する事項である等と指摘し，義務的団体交渉事項には当たらないとした。また特別委員会の決議については，特別委員会の対象事項は選手契約に直接関係する事項であり，合併に伴って選手契約に間接的に影響があるにすぎない事項はこれに含まれないと判断した。そして，判断の時点においては選手会に著しい損害が生じるとは認められないとして申し立てを却下した（東京地裁平成16年9月3日判決．「判例集」等未登載）。

これに対して東京高裁は，地裁決定と同様に選手会に労組法第7条の団体交渉権があることを認めた上で，交渉事項については，交渉事項のうち，(ii) は義務的団体交渉事項に該当するとし，さらに(i) についても選手の労働条件にかかわる部分は，義務的団体交渉事項に該当する，と判断した。この抗告においても，仮処分の緊急の必要性は認められないとして棄却されたのであるが，1審，2審がともに，選手会は労働組合として労組法第7条2号の団体交渉権を有すると判断したことで，結果的にプロ野球界の労使関係が司法の場で改めて確認されることとなった。

また，高裁決定は，これまでの団体交渉においてNPB側は誠実さを欠いていたと指摘し，今後の誠実な対応をNPBに要請したのであるが，このことも選手会への追い風となり，その後の経緯にも少なからず影響を与えることになる（東京高裁平成16年9月8日判決．「労判」879号．90）。

そうした状況の中で選手会は週末の2日間にわたるストライキに突入し，その後の交渉の中で，NPB・球団側が2005年度シーズンへの新規球団の参入を認め，事態は収拾に向かった。

② プロ野球の制限的取引慣行
[ドラフト制度]

ドラフト制度は，プロ野球において1965（昭和40）年以来，採用されている制度である。この制度により新人選手は球団の指名を受けることで，初めて両当事者に契約交渉権が発生することになるが，2つ以上の球団が同一選手を指名した場合には，抽選によって契約交渉権が1球団に絞られることになる。このドラフト制度は，従来，選手獲得市場における自由競争を抑制し，契約金ないしは選手報酬の高騰を防ぐ目的をもつと同時に，球団間の戦力均衡維持を図る目的を有していた。その一方で，この制度は，選手の「職業選択の自由」（憲法第22条）を著しく制限するものであるとの批判を受けてきた。その理由は，交渉権が，選手の獲得を希望する球団の意思によってのみ発生し，かつ当該選手の獲得を希望する球団が複数存在する場合には抽選によって1球団に限定されることから，フリーエージェント（FA）制度（後述）が導入される1993（平成5）年までは，選手が希望する球団に入団することはおろか，トレードの対象になる以外，入団後も希望球団に移籍できないことになっていたからである。

ところで，ドラフト制度については，1993（平成5）年に逆指名制度が導入され，さらに2001（平成13）年には自由獲得枠が新設された。逆指名制度とは12球団が提出した選択希望選手リストにある新人選手（高校生を除く）が「入団希望確認書」をNPBに届けると，ドラフト会議の当日に，1位指名および2位指名の選手については入団希望を優先するというものである。2001（平成13）年

にこれに代わって自由獲得枠が新設され，自由獲得選手として（高校生を除く選手）2名までの新人選手と自由に選手契約を締結することができることとなった。つまり，球団が獲得したい選手を2名まではドラフト制度を通さずに，直接交渉し，選手と合意に達すれば当該選手を獲得できるというものである。これにより有望な選手はドラフト制度を逃れて自らが望む球団に入団する機会を与えられるようになった。しかし，このような自由交渉が裏金問題の温床となるとの批判や，また，球団間の戦力均衡維持というドラフト制度の趣旨あるいは正当目的に矛盾する制度であるとの批判もある。そこで，2005（平成17）年には暫定的に自由獲得枠の2名枠を1名に減じることとし，名称も「自由獲得枠」から「希望入団枠」へと変更した。なお，2006（平成18）年からは高校生と大学生・社会人との2本立てでドラフト会議が開催されている。こうしたドラフト制度改革の中で2007（平成19）年3月に西武の裏金問題が発覚し，完全ウェーバー制（シーズン終了時のチーム順位に基づいて，いずれの指名巡目でも常に最低位のチームから順に選手を指名し，独占交渉権を与えられる方式）への移行などの議論が再燃し，2008（平成20）年からは高校生と大学生・社会人を再度一本化した。

[保留制度]

保留制度とは，選手の意思にかかわらず，球団が，その一方的な意思に基づいて選手を保有することが許される制度をいう。これはアメリカ，そしてイギリスにおいても司法の介入がなされる1960年代まで，プロリーグで普遍的に保持されてきた制度である。この保留制度により各球団は70名までの選手を自己の契約保留選手として保留権を主張できることになっている。これにより，選手契約終了後，選手が契約更新を拒否した場合，契約関係は消滅するものの，球団は保留権により，選手の保有を主張できることとされる。なお，こうした一方的な拘束が及ぶ期間の選手報酬は，その選手の前年度の年間参稼報酬の1/365の25％を1日分として，日割り計算で1ヵ月ごとに支払われることになっている。

また，「保留球団は，全保留選手名簿に記載される契約保留選手，任意引

退選手，制限選手，資格停止選手，失格選手にたいし，保留権を持つ」（野球協約第68条）として，引退選手に対しても保留権が及ぶとされている。こうして球団が保留権をもつ全選手は，「外国のいかなるプロフェッショナル野球組織の球団をも含め，他の球団と選手契約にかんする交渉を行い，または他の球団のために試合あるいは合同練習等，全ての野球活動をすることは禁止される」（野球協約第68条）。

例えば，「任意引退選手が任意引退身分のまま，国際野球連盟（International Baseball Federation: IBAF）主催の国際試合，あるいは外国のアマチュアまたはセミプロフェッショナルチームでの出場を希望する場合，その選手は引退当時の所属球団の文書による同意を取得しなければならない。そののち，その選手は，引退当時の所属球団による出場同意書に，参加したいチーム名，そのチームの所属リーグ，所在地，出場する大会名，出場期間を記した出場申請書を添え，コミッショナーに提出し，コミッショナーが出場の諾否を決定する」（野球協約第78条2項）ことになっている。

また，その後，プロ選手としての復帰を求める場合にも，復帰手続き（野球協約75条）によるものとされ，これによれば，引退球団の意見書がコミッショナーに提出され，コミッショナーが復帰の是非を判断することになっているが，これが認められた場合でも，当該引退球団にしか復帰することができない。

このように，球団側が放棄しない限り，あるいは選手側がフリーエージェント権の行使の要件を満たさない限り，選手に対する球団の保留権は，事実上，全生涯にわたって及ぶことになる。こうした取引制限について，第1に，職業選択の自由（憲法第22条1項），あるいはここから派生する職業活動の自由，第2に，事業者による私的独占および不当な取引制限を禁止する独占禁止法の観点から，その法的拘束力について疑問の声も多い。

[フリーエージェント制度]

フリーエージェント（Free Agent: FA）制度とは，「日本プロフェッショナル野球組織……が定める資格条件を満たした選手のうち，いずれの球団とも

選手契約を締結できる権利を有する選手」(野球協約第196条)をいう。

わが国では，1993(平成5)年に初めてこのFA制度が導入された。これにより，日本プロ野球界で初めて選手の移籍の自由が容認されることとなった。当初，FA資格獲得には，年間150日の稼働(出場選手登録日数が150日)，かつ10年の稼働を要件としていたが，1998(平成10)年には，これが「9年の稼働」へと要件が緩和されるに至り，2004(平成16)年には150日の稼働要件が145日へと短縮された。

ただし，FA導入後も，完全な自由市場で選手価値が評価されるわけではない。その理由は，第1に，移籍に際しては，移籍直前のシーズンにおける統一選手契約書所定の参稼年俸額を超えることはできない(ただし，特別の事情があることをコミッショナーが認めた場合には，この限りではない)。第2に，移籍の際の年俸額について調停を求めることができない。第3に，いわゆる移籍補償制度がある，などの制約があるからである。

この移籍補償とは，移籍元の球団が移籍先の球団に対して要求する選手喪失の補償であり，その内容は，前参稼報酬年額の80％の補償金(反復のFAの場合には40％)に加え，移籍先球団が指定する28人の選手と外国人選手以外の選手の中から得る選手補償である。また，移籍元の球団が選手補償を求めない場合には，前参稼報酬年額の1.2倍(2004年より)が補償額とされることになっている。

[ポスティング制度]

ポスティング制度は1998(平成10)年に，選手保有球団の合意を前提として選手をアメリカのメジャーリーグ(Major League Baseball: MLB)へ移籍させる制度として日米間で導入された。この制度のもとで，選手の獲得を求めるメジャー球団が入札を行い，最高額の移籍金を提示したMLB球団への移籍を選手保有球団が容認する場合に，選手とMLB球団との交渉が可能となり，この個別交渉がまとまれば，メジャーへの移籍が実現する。もっとも，現行制度上，9年の稼働後にFA資格を得た選手が海外移籍を求めた場合には，移籍元の球団は野球協約に定める移籍金を移籍先の球団に対して求めることは

できない。なぜなら，野球協約に規定されている移籍制度は，協約の締結当事者(日本の12球団)を拘束するものであって，この効力は海外の球団には及ばないからである。

近時，メジャーへの移籍を求める選手が増加する中で，FA資格獲得後に無償で移籍されるよりも，FA資格獲得前の移籍により移籍金を確保したい日本球団と日本人選手の獲得を契機に市場拡大をめざすMLBの思惑が一致する，という流れになりつつある。このポスティング制度は，松坂大輔選手のボストン・レッドソックスへの移籍を機に，日米で大きな話題となったが，その一方で，様々な観点から問題が指摘されている。例えば，1)海外市場への移籍についても，それまでに9年という長期の拘束を前提とする点，2)ポスティングによる入札金の全額が選手保有球団に支払われることの合理性，3)MLB球団が高額のポスティングにより交渉権を獲得した上で，個別交渉を故意に破談させ，ライバルチームへの日本人選手の移籍を阻む可能性を回避できない点などである。

[トレード]

トレードとは，契約期間中あるいは保留期間中に選手契約の権利義務を他球団に譲渡することである。そして，「選手は，選手契約が参稼期間中または契約保留期間中に，他の球団に譲渡されることを，統一選手契約書において，あらかじめ同意しなければならない」(野球協約第106条)として，統一選手契約書の締結時に事前の同意を得たものとされている。つまり，協約上，選手にはトレードを拒否する権利が認められていないのである。これに対して，MLBの労働協約をみるとトレードには次の条件が課せられている。

メジャーで10年以上の稼働をした選手で，直近5年間を1つの球団に所属していた選手は，書面の合意なく，トレードされることはない。さらにその同意が球団の申し出から24時間以内になされたものであれば，効力をもたない。また，選手登録リスト(Military List)に記載されなかった(1軍登録されなかった)期間が5年間に及ぶ(ないしは1軍登録を含め，7年間に及ぶ)選手がメジャーの球団以外にトレードされる場合には，選手による書面の合意が必要とされる。

他方，稼働5年以上の選手はシーズン終了時に，他球団へのトレードを要求することができるとされ，トレードによって移籍したくない球団を6つまで指定することができる。そして，この要求に基づくトレードが実現しなかった場合には，ただちに，FA資格を獲得し，他球団と自由交渉を開始できる，とされている。

[代理人交渉]

選手契約の締結に際しては，球団職員と選手が直接契約を締結することが要件とされ，第三者が選手に代わって契約を締結することは禁止されている(野球協約第50条)。これは選手本人の意に反して身内やその他の者が球団と契約してしまうような事態を避けるために置かれた規定である。なお，選手に付き添う形で第三者が介在することについてはこれを禁止する規定は存在しなかったものの，1992(平成4)年に古田敦也が求めた代理人交渉が拒否され，長い間その門戸は閉ざされてきた。しかし，2000(平成12)年に実施された選手会との交渉の結果，2001(平成13)年に入って，球団側が，交渉の席上，選手が代理人を用いて交渉を行うことをもはや拒絶できないと認めるに至った。

ただし，球団側は，1)1人の代理人が担当できる選手は1人に限ること，2)(2回目以降の交渉において)球団と合意した場合に限って代理人のみによる交渉を容認する，などの条件を提示し，これに対して選手会は，これらの条件に合理的な理由がないとして球団側の提示を拒絶するという経緯もあった。このように代理人交渉自体は容認されたものの，細部の論点については，なお両者に対立があり，制度として未だ整備されていない状況にある。

[肖像権と副業の制限]

統一契約書第16条には，選手の肖像権について次のような規定を置いている。

　　「球団が指示する場合，選手は写真，映画，テレビジョンに撮影されることを承諾する。なお，選手はこのような写真出演等にかんする肖像権，著作権等のすべてが球団に属し，また球団が宣伝目的のためにいかなる方法でそれらを利用しても，異議を申し立てない

ことを承認する。なおこれによって球団が金銭の利益を受けるとき、選手は適当な分配金を受けることができる。

さらに選手は球団の承諾なく、公衆の面前に出演し、ラジオ、テレビジョンのプログラムに参加し、写真の撮影を認め、新聞雑誌の記事を書き、これを後援し、また商品の広告に関与しないことを承諾する」。

こうして、選手は球団が指示する写真あるいはテレビ撮影に応じる義務があるとされ、また肖像権あるいは著作権等もすべて球団に属することとされている。また、商品広告、テレビないしラジオ番組への出演等、選手の商業活動については、球団の承諾が必要となっている。こうした選手の活動に対する制限が球団側によって一方的に課せられている点を勘案すれば、それらの制限に法的効力が認められるか否かは、なお十分な検討を要する。ところで、2002（平成14）年8月に日本プロ野球選手会が、選手の肖像権侵害を理由に、NPBおよびゲームソフトでの肖像権使用を独占契約しているコナミに対して、ゲームソフトの販売差し止めなどを求める訴えを東京地裁（東京地判平成18年8月1日判決．『判時』1957号．116）に提起した。そして、これはプロ野球界の紛争が司法に持ち込まれた初めてのケースとなった。これは統一契約書第16条によって、個々の球団あるいはNPBが選手側の同意なくゲームソフトにおいて選手の肖像を使用することが可能であるか否かが争われたものであるが、東京地裁は、選手側の請求を棄却、その後2008（平成20）年知的高裁も地裁の判断を指示し、ついに2010（平成22）年6月、最高裁でも選手側の上告が斥けられた。

③ Jリーグの現状

[保留制度と移籍制度]

Jリーグにはいわゆる保留制度は存在せず、契約満了後は、選手の移籍の自由が大幅に認められている。ただし、契約満了後、所属クラブが専属交渉期間として、1ヵ月間（12月1日から12月31日まで）、他のクラブに先駆けて交渉することができる。この間、他のクラブは選手との交渉はもちろん、一切の接触が禁止される。この専属交渉期間内に所属クラブと合意に達しない場合には、当該選手は移籍リストに記載され、これ以降自由契約選手として、他のクラブと自由に交渉することができる。ただし、当該移籍については、完全に自由というわけではない。それは、移籍先のクラブが移籍元のクラブに対して一定の移籍金を支払う義務を負うことになるからである。この金額は原則として、双方のクラブの合意に基づくこととされているが、合意に達しない場合には、協会に裁定を求めることとなり、協会は「移籍金算出基準」に基づき、平均年俸に年齢別係数を掛けて、移籍金を算出することになっている（移籍金＝平均年俸額×年齢別係数）。

[選手協会]

1996（平成8）年4月にはJリーグ選手協会が設立されている。この選手協会は、選手の立場で活動し発言することを目的とするJリーグ選手の組織であり、2007年現在はJ1とJ2に所属する31チームの日本人選手約800名（一部外国籍の選手を含む）が全員加入している。なお、イギリスなどの選手協会は労働組合としての位置づけにあるが、Jリーグ選手協会は、日本サッカー協会、Jリーグ、Jクラブ、サポーターとの友好的なパートナーとして目的の達成を図ることとしており、現段階では自ら労働組合としての立場をとっていない。近年では、Jリーグ選手の引退後のキャリアサポートをJリーグと共同で実施するなどの活動もみられる。

[代理人制度]

Jリーグでは、代理人制度について、あらかじめこれを容認する明示規定を置いている。ただし、エージェントの介入による混乱を防止するため、これを弁護士とFIFA加盟国協会が認定する選手代理人に限定している（Jリーグ規約95条）。

参考文献 03.C.03

- 小笠原正 監修．2007．『導入対話によるスポーツ法学』188-206. 不磨書房
- 川井圭司．2003．『プロスポーツ選手の法的地位』410-41. 成文堂

（川井圭司）

諸外国のプロスポーツをめぐる法的諸問題 03.C.04

スポーツの巨大ビジネス化とグローバル化を背景として、プロリーグに雇用される労働者としてのプロスポーツ選手の権利をめぐる問題が各国のスポーツ法学の分野において活発に議論されてきた。ここでは2007年現在の、特にアメリカ、イギリス、EUでの議論の動向について触れる。

① アメリカ

[プロスポーツ選手の法的地位]

MLB（野球）、NFL（アメリカンフットボール）、NBA（バスケットボール）、NHL（アイスホッケー）のいわゆるアメリカ4大プロリーグでは、各リーグともに、1960年代に選手会が労働組合として認証を受けることで全国労働関係法の保護下に入り、その後、労働法的保護あるいは規制を受けながら労使関係が形成されてきた経緯がある。これまでの経過を概観すると、各リーグで1970年代に労働協約が締結され、1980年代には、FAの補償制度をめぐってMLB、NFLで選手会がストライキを実施、1990年代に至ってはサラリーキャップ（全チームが平等な条件で対戦できるために、プロスポーツチームにおいて所属する全選手の年俸総額に毎年一定の上限を設けて規制する制度）の導入等をめぐりMLB、NBA、NHLで史上最大の労使紛争が勃発し、MLBでは232日に及ぶストライキ、またNHLでも103日に及ぶロックアウトに発展した。加えてNHLでは、2004-05年シーズンにもサラリーキャップ導入問題で労使紛争が再発し、シーズン中の試合がすべてキャンセルされたことも記憶に新しいところである。さらに、こうした流れに並行して、1970年代から移籍制限をめぐり反トラスト訴訟が提起され、この動向が1996年まで継続することとなる。

[反トラスト訴訟と移籍制限の緩和]

連邦議会に各州間の通商を規制する権限を与える「州際通商」条項（合衆国憲法1条8節3項）を根拠として制定されたアメリカ連邦反トラスト法はその第1条で、「数州間もしくは外国との取引または商業を制限するすべての契約、トラストその他の形態による結合もし

くは共謀は，これを違法とする」と規定している。当該条文を根拠にスポーツのケースでは，制限的取引慣行について損害賠償や差し止めが求められてきた。そして，4大リーグのうちMLBを除く，他の3大リーグでは，1970年代以降，反トラスト訴訟により選手側が移籍の自由を獲得し，その流れを拡大していった。

そのリーディングケースとなったのは，NFLの選手が移籍する際に，コミッショナーが補償内容を決定するというローゼルルール(Rozelle Rule)の違法性が争われた1976年のマッキー(Mackey)事件連邦控訴審判決であった(Mackey v. National Football League, 543 F.2d 606〔8th Cir. 1976〕)。本件では，選手が球団を移籍する際に，コミッショナーが選手獲得球団に対して選手喪失球団への補償金の支払い，またはドラフトの指名権の譲渡を求めることができるとしたNFLの規定(ローゼルルール)の違法性が争われた。連邦控訴裁判所は，選手側の主張を認め，以下のように述べて反トラスト法違反との判断を下した。

1) ローゼルルールは，選手が自由契約選手となることを妨げ，契約交渉において選手の交渉力を低下させる。これによって選手は自由市場でサービスを売る権利を否定され，その結果，チームから支払われる年俸が低下する。
2) このような取引制限が，適切な事業上の目的という観点から正当化され，かつ，必要以上に制限的でない場合には反トラスト法に違反しない。
3) ローゼルルールはすべての選手に対して適用されている(戦力の均衡に影響しない選手に対しても適用される)，期間の限定がない(選手の参籍年数にかかわらず移籍が制限される)，手続き上の保護を伴わない(公正な補償額裁定の手続きに選手は関与できない)，等の理由で，ローゼルルールはチーム間の戦力均衡維持という目的を超えて必要以上に制限的である。

以上のように連邦控訴裁判所は「ローゼルルールは，チーム間の戦力均衡維持という目的を超えて必要以上に制限的であり」違法であるとの判断を下した。これ以降，各リーグにおいて多くの訴訟が提起されることになる。

[MLBの特例と全国労働関係法の適用]

他方，MLBは1922年の最高裁判決をきっかけとして，他のリーグとは別の道を歩むことになる。というのは，1922年に最高裁が「野球のビジネスは連邦反トラスト法が規制対象とする『州際通商』に該当しない」(Federal Baseball Club v. National League of Professional Baseball Club, 259 U.S. 200〔1922〕)として保留条項をめぐる訴えを却けた結果，当該判決の先例に拘束されるとする最高裁判決が1953年，1972年と続き，MLBへの反トラスト法の適用を除外する特例，すなわちベースボール特例(Baseball Exemption)が確立するに至ったからである。

ただし，こうした経緯の中でも，全国労働関係法についてはMLBへの適用が容認された。すなわち，全国労働関係法は，連邦反トラスト法と同じく「州際通商」条項を根拠として制定されたものであるが，1969年に全国労働関係局(NLRB)がプロ野球事業は州際通商に該当し，全国労働関係法の適用を受けるとの判断を下すに至った。

以来，MLBの選手は全国労働関係法に保障される団結権，団体交渉権，そして，時には争議権を駆使することで，制限的取引慣行の排除をはじめ，各種労働条件の向上をめざしていくことができた。こうしてMLB選手会は次第に強力な交渉力をもつ労働組合へと発展し，団体交渉に基づいて選手とリーグとの間に労働協約が締結されるまでになった。また当該協約の中に仲裁手続きが導入され，実際，MLBではこの仲裁判断によって球団による永続的な保留権が否定され，ここに初めて移籍の自由が容認されたのである。

[労働法と反トラスト法の交錯]

野球を除く3大リーグについては，労働法と反トラスト法の双方の適用が認められたが，仮に，選手会が団体交渉において移籍制限に合意し，労働協約を締結した場合，当該制限に対して反トラスト法上の違法性を選手が主張しうるのか，という議論が生じてきた。

これについては，次の3つの要件が充足された場合には，反トラスト法の介入を否定するとの判断が判例において集積されてきた。1)取引の制限の影響が団体交渉関係にある当事者以外に及ばないこと，2)当該制限が義務的団体交渉事項にあたること，3)当該制限が誠実な団体交渉に基づいて設置されたこと，である。こうした判例法上の法理は，判例法による労働市場への反トラスト法適用除外の法理(Nonstatutory labor exemption: NLE)と呼ばれている。

この点について，1976年のマッキー判決では，1) ローゼルルールは，「労使のみに影響を与える」，2)「義務的団体交渉事項に当たる」としたものの，当時の労使間における交渉力の格差に着目し，3) 当該ルールの導入については「誠実な交渉に基づく選手会の真の合意があったとはいえない」として，NLEの障壁(バリア)を認めず反トラスト法の適用を肯定した。

こうして，移籍制限などの取引制限について誠実な団体交渉に基づいて労働協約が締結された場合，NLEの適用を受けるという解釈がスポーツのケースでも浸透していった。しかし，この労働協約の有効期間が満了を迎えた後，どの段階で反トラスト法の適用を認めるべきか，すなわち，NLEというバリアはいつまで継続するのか，について新たな議論が生じることとなった。

これについて司法では「労働協約の満了」，あるいは「団体交渉の行き詰まり」に達した時点でNLEのバリアが失効するとしたケースや，「団体交渉関係が存在する限りNLEのバリアが及ぶ」とするものまで，ケースごとに判断が多様化し，約10年間にわたって混迷を極めた。

こうした司法の混迷に終止符を打ったのが，NFLのケースで下された1996年のブラウン(Brown)事件連邦最高裁判決(Brown v. Pro Football, Inc., 518 U.S. 231〔1996〕)であった。判決は，「団体交渉過程への反トラスト法の介入は否定されるべき」として，労使間に団体交渉関係が機能する限り，反トラスト法の適用を除外するとの判断を示した。

以上，アメリカでのプロスポーツ選手の権利をめぐる動向をまとめると，第1に，1922年以来，反トラスト法の適用を除外されてきたMLBでは，選手会が集団的労働法の保護のもとで交渉力を向上させ，団体交渉による制度

改革を実現してきた点を指摘することができる。第2に，4大リーグともに集団的労働法の枠組みの中で種々の条件設定を行ってきた。第3に，MLB以外の3大リーグでは，反トラスト訴訟によって保留制度等の取引制限が緩和・撤廃されてきた。ただし，1996年のブラウン判決以降，反トラスト法の介入を抑制し，労使自治を重視し団体交渉過程における解決を求める傾向が強まっている。他方，個別的労働法については保護対象にあるものの，これに関連して特筆すべきケースがない。労災については各州法に委ねられており，プロスポーツ選手の取り扱いは州ごとに異なっているのが現状である。

② イギリス

[プロスポーツ選手の法的地位]

イギリスではまず，1910年に労災のケースでプロサッカー選手の「被用者(労働者)」性が争われたものがある。本件において控訴院は「クラブの一般的な指揮命令に従うことを，選手は契約において義務付けられている」として，プロサッカー選手の「被用者」性を肯定した(Walker v. Crystal Palace Football Club〔1910〕1 KB 87〔CA〕)。これ以来，チームに所属するプロ選手については労働法における「被用者」としての地位が確定している。

[移籍制限と取引制限の法理]

ところで，イギリスにおいてプロスポーツ選手の移籍制限をめぐる重要なケースとして1963年のイーストハム(Eastham)判決(Eastham v. Newcastle United FC Ltd〔1964〕Ch 413)がある。本件では，「契約満了後も当該契約を一方的に更新することでクラブに継続した選手の拘束を認める保留制度は，リーグ運営の正当な利益を保護するために必要とされる範囲を超えて制限的であり無効である」との判断が下された。

このイーストハム判決では，「取引の自由へのいかなる干渉も，また個人の職業に対するいかなる制限も，ただそれだけのものである場合には，パブリックポリシーに反し，無効となる」というコモン・ロー(common law: 慣習法)上の法理，すなわち，取引制限の法理によるアプローチによって制限の合理性が否定されたのであった。

この判断は当時のプロサッカー界における常識を一気に覆すものとなった。これをきっかけに，既存の取引慣行が大幅に修正されていく。すなわち，長年続いた保留制度は廃止され，あらかじめ定められた契約期間についてのみクラブに拘束されることと改定された。加えて，移籍金制度についても合理性の観点から見直しがなされ，所属クラブが前年より低い契約条件を提示する場合には，移籍金を伴わずに他のクラブに移籍できること，とされた。

以上のようにイギリスでもプロリーグ所属の選手は労働法上，つまり個別的および集団的労働法のいずれにおいても，通常の労働者と同様の位置づけとされ，労働者としての権利を享受している。また，移籍制限については被用者の職業活動の自由の観点から取引制限の法理によって合理性が判断され，その後，大幅な修正がなされてきた。なお，1963年のイーストハム判決以降，同種の紛争が少なくとも司法の場で争われた形跡はない。他方，団体交渉については，アメリカと比較してけっして活発なものとはいえないが，近年では特に放映権収入における選手会への配分についてかなり緊張した団体交渉が実施されている。

③ EU

[労働者の自由移動の原則とボスマン判決]

EUでは1995年にヨーロッパのスポーツ界を震撼させたボスマン判決(Case C-415/93 Union Royale Belge des Sociétés de Football Association and Others v. Bosman and Others〔1995〕ECR I-4921)が下されている。ボスマン事件では，契約満了後の移籍に際して移籍先と移籍元の両クラブが移籍金の額について合意を条件とする移籍金制度が，ローマ条約48条(現39条)に保障される「労働者の自由移動の原則」に反するか否かが争われた。結果として欧州裁判所は，1)移籍金制度および国籍条項は労働者の自由移動に対して障壁となる，2)契約満了後の移籍についても移籍金を求めることは違法，との判断を下した。

欧州裁判所の下した，このボスマン判決は，EU圏内で国境をまたぐ形での選手の移籍を一気に加速させるなど，欧州サッカー界にきわめて大きなインパクトを与えることになった。

[FIFA国際移籍規定の改定]

ボスマン判決以降，移籍金制度の廃止を求める欧州委員会とこれに強く反発するヨーロッパ・サッカー連盟(Union of European Football Association: UEFA)が対立を深め，欧州サッカー界は一時的に混乱状態に陥ったが，判決から6年後の2001年，ついにサッカーの世界組織である国際サッカー連盟(Fédération Internationale de Football Association: FIFA)がボスマン判決に則って国際移籍規定を改定するに至り，一応の決着をみることとなった。

新規定では，従来型の移籍金制度を廃止する一方で，23歳以下の選手の移籍については育成補償金の支払いをその要件とすることで，各クラブにおける選手育成へのインセンティブを確保するという方針をとった。また，契約期間中に移籍をする場合には移籍金を必要とし，かつ，ケースに応じて公式戦の出場を一時的に停止する等の制裁措置を取ることとしている。

その他，労働法との関係で重要な点は，契約期間の規制である。選手契約について最低1年以上とし，他方，5年を超える契約を締結することができないとして，選手側の雇用を保障しつつ，他方で，長期間に及ぶ拘束を禁止し，選手の移籍の自由を確保している。

これまでみてきたように，EUでの動向について特筆すべき点は，第1に，労働者の自由移動の原則によりプロスポーツ選手の移籍の自由が拡大したことである。ただし，欧州裁判所の下したボスマン判決は，(1)市場統合をめざすEU独自の政策判断であったこと，そして(2)「労働者」でなくとも「役務提供者」として自由移動を保障されうることに留意する必要がある。

第2に，1965年に発足した国際プロフットボール選手連盟(Fédération Internationale des Associations de Footballeurs Professionnels: FIFPro)というプロサッカー選手の国際組織が，ボスマン判決後の移籍制度改革において重要な役割を果たした点である。制度改革の過程で，UEFAおよびFIFAがFIFProを選手の利益代表組織として承認し，また欧州委員会も1998年以降，公式に承認し

たことを受けて，FIFProが協議・交渉に参加してきた経緯がある。今後も，欧州サッカーでの制度改革には，FIFProが選手側の代表として協議に参加することが予定され，加えて，将来的には労働協約締結の可能性もあると指摘されている。

参考文献

- 小笠原正 監修．2007．『導入対話によるスポーツ法学』207-23．不磨書房
- 川井圭司．2003．『プロスポーツ選手の法的地位』成文堂
- Gardiner, Simon ed. 2005. *Sports Law 3d ed*. Cavendish Pub Ltd.
- Weiler, Paul C. and Roberts, Gray R. 2004. *SPORTS AND THE LAW 3d ed*. West Group.

（川井圭司）

日本の企業スポーツをめぐる法律問題　05.C.05

① 企業スポーツの現状

　企業スポーツとは，企業が所有するアマチュアの運動部によるスポーツ活動をさし，1950年代頃から社員の福利厚生を目的として企業の中に運動部が作られるようになった。その後，1964年の第18回オリンピック大会（東京）をきっかけとして企業の運動部活動が隆盛期を迎え，多くの企業スポーツ選手を輩出するようになった。こうした中で，企業が運動部を有効な宣伝活動と認識してこれを活用するようになり，トップレベルの選手に対するサポートを充実させていった。このように，企業スポーツは日本のスポーツ競技力を支える母体として大きな役割を果たしてきた。

[続出する休廃部の背景]

　ところが企業スポーツは1990年代の日本経済のバブル崩壊以降，その趨勢が強まる中で多くのチームが休廃部に追い込まれることとなった。企業スポーツの本来の目的であった「社員の福利厚生」や「職場の士気高揚」，さらにはスポーツの「広告・宣伝」媒体としての効果などが低下した一方で運動部の維持にかかるコストが企業財政の悪化により浮き彫りとなったため，企業の合理化の一貫として，運動部の休部・廃部を決断せざるを得ない企業が増加の一途をたどった。

[企業スポーツの方向性]

　プロ野球とJリーグを除いて，それぞれスポーツのトップリーグに所属するチームの大半は企業チームであり，オリンピックに出場した日本人選手の約半数は企業に所属している選手である。このことからも企業スポーツの衰退は日本のスポーツにおける競技力の低下に直結する問題となった。そこで，企業スポーツ再生の道を探るべく2001（平成13）年11月に，「企業とスポーツの新しい関係構築に向けて」（企業スポーツ懇談会）と題する報告書が経済産業省を中心としてまとめられた。さらに，2003（平成15）年3月には，「『ニッポン』の未来を支える企業とスポーツのパートナーシップを求めて（報告書）」（企業スポーツに関する調査研究有識者会議）が文部科学省を中心にまとめられた。この報告書では，今後の企業スポーツの方向性について，特に「地域貢献」や「地域共生」という考え方を掲げ，地域と関連をもたせた組織・制度面での支えや，そのための人材育成の必要性，競技団体の積極的な関与などを説いている。

[嘱託契約選手]

　第18回オリンピック大会（東京）以降の企業スポーツの発展を契機として，選手の競技レベル向上への期待がにわかに高まっていった。当初，選手は他の社員と同様の業務を終えてから練習をしていたが，練習内容の高度化に伴い練習時間の確保が不可欠となり，企業側は一般の従業員とは別の雇用形態を模索するようになっていった。

　その結果，企業は，新しい雇用形態として，例えば，契約期間を限定したり，スポーツ競技を業務内容とする選手を社員として採用するようになった。これらの選手は一般に嘱託契約選手あるいは契約選手と呼ばれている。

② 企業スポーツ選手の法的地位

[企業スポーツ選手の契約形態]

　現在，企業スポーツでは，実に様々な雇用形態がみられる。企業スポーツの世界では，基本的にいわゆる「プロ化」が進んでいる一方で，同じリーグ内でも企業によって選手の位置づけが異なり，さらには同じチーム内でさえ，プロ，アマ，セミプロというように様々な雇用形態が存在している。

　この様々な雇用形態は，「競技」と「報酬」の関係の濃淡を具体的に分析・検討することによってカテゴライズすることができる。まず2つに大別すると，「競技」と「報酬」の関係が希薄な〈正社員型〉とこれらの関係が濃厚な〈嘱託契約型〉に分けられる。正社員型は，アマチュアリズムを前提としていた従来型の選手に該当するものである。他方，嘱託契約型は，各競技団体におけるプロ容認後，にわかに増加した形態であり，「競技」を中心に，あるいはこれのみを対象として報酬の支払いを受ける選手の類型である。また，これらの類型は「競技」と「業務」との関係に着目してさらに細分される。競技類型その他，契約の名称を問わず，「競技」と「業務」の関係がはっきりとしない選手も多い。こうした状況の中で，労働時間の位置づけや，労災の適用等について無用な混乱や紛争を生じさせる土壌が形成されており，このことはスポーツの文化的発展を阻害するマイナス要因と考えられている。

[企業スポーツ選手の労働者性]

　従来型の正社員型の選手は正社員として企業に所属し，社内において通常労働者と同様の職務を遂行し，それ以外の時間についてスポーツ活動に従事してきた。こうした選手が労働者であることになんら異論はない。その一方で，スポーツ競技を対象とする嘱託契約型の選手については，これまで少なくとも労働法においては想定されていなかった形態であり，そもそも労働者であるか否かの検討が必要となっている。

　ところで，労働基準法（以下，労基法）第9条は同法の保護対象となる「労働者」について，「職業の種類を問わず，事業又は事務所……に使用される者で，賃金を支払われる者をいう」とし，ここでは「使用され」，「賃金」を支払われることが要件とされていることから，「指揮命令」あるいは「使用従属性」が労働者性を判断する基準となっている。しかしながら，労働形態の多様化が進む今日において，この要件のみで労働者性を判断することはきわめて困難である。したがって，労働者性の有無は，使用者による拘束のあり方，時間的・場所的拘束，報酬の額および支払われ方，社会保険や税金における取

り扱いなどに基づいて総合的に判断されている。

③ 企業スポーツ選手の法的保護
[企業スポーツ選手と労働基準法]

企業スポーツ選手が「労働者」とされる場合には、当然のことながら労基法をはじめとする労働者保護法の適用を受けることになる。具体的には、1) 労基法、2) 最低賃金法、3) 労働者災害補償保険法などである。また、雇用保障法としての雇用保険法も適用される。

労働者保護法の基礎となる労基法は、契約期間、解雇、労働時間や休日、休暇、賃金などの労働条件の最低基準を定めている。

例えば、2007年現在、契約期間については、契約の期間を定める場合には、原則として3年を超えることはできない(労基法第14条)としている。契約期間を定める場合には、その期間、労働者の退職の自由が制限されることから、不当に長い拘束を回避するために上限が定められているのである。もちろん、使用者側も当該期間に労働者を解雇することはやむを得ない事由がない限り許されない(民法第628条)。他方、期間の定めのない労働契約の場合の解雇に関しても、客観的に合理的な理由がなかったり、社会通念上相当であると認められない場合には、無効となる(労基法第18条の2)。また、解雇する場合には、原則として、30日前に予告するか、30日分以上の平均賃金を支払わなければならないと定められている(労基法第20条)。

昨今、企業スポーツの休部や廃部が続出しているが、これらにかかわる企業スポーツ選手の解雇や配置転換等については、雇用関係法のルールに則した手続きが保障されることになる。

さらに、企業スポーツ選手の社会保険の加入についても一般社員と同じ扱いになる。したがって、1) 労災保険、2) 雇用保険、3) 健康保険、4) 厚生年金保険の適用を受けることになり、失業した場合には、国から失業保険が給付され、また業務災害については労働災害補償保険の給付を受けることができる。

[企業スポーツ選手の労災補償]

労基法は、「労働者」が業務上負傷し、または疾病に罹った場合に、使用者に対してその補償を行う義務を課している。ただ、この補償については、現行法上、使用者の加入が強制される労災保険制度により保険給付が行われており、保険給付の内容や費用負担については労働者災害補償保険法に規定されている。

まず、労災として保険給付を受けるには、当該負傷あるいは疾病が「業務上」の災害であることが要件となる。この「業務上・外」の判断は、1) 業務遂行性、2) 業務起因性という2つの基準に基づいて判断される。

企業スポーツ選手の競技中の事故について業務上の災害といえるか否かに関しては、一般社員と同様の労働契約を締結している正社員型の企業スポーツ選手の場合に特に問題となる。運動部があくまでも福利厚生を目的とした企業内クラブ(サークル)という扱いの場合に、「業務」との関連性が低くなり、労災補償の対象とならないケースが考えられる。他方、運動競技に従事することを「業務」とする契約を結ぶ嘱託契約型の場合には、当該社員の労働者性が認められる限り、労災補償の対象となる。

なお企業スポーツにおいて、「競技」と「業務」の関係がはっきりしない場合も多く、こうした活動において事故が生じた場合には、労災認定の適否をめぐる問題が生じることになる。

[労災認定の基準]

以上の問題を踏まえ、2000(平成12)年5月に労働省(現・厚生労働省)が「運動競技に伴う災害の業務上外の認定について」(2000[平成12]年5月18日、基発第366号)という通達を出し、企業に所属するスポーツ選手に関する労災認定基準の明確化を図った。

その中で「業務行為又はそれに伴う行為」を「運動競技会において競技を行う等それ自体が労働契約の内容をなす業務行為はもとより、業務行為に付随して行われる準備行為等及びその他出張に通常伴う行為等労働契約の本旨に則ったと認められる行為を含むもの」であると規定し、さらに「運動競技会」を「対外的な運動競技会」と「事業場内の運動競技会」とに分けて、詳しく定義している。

具体的には、1) 運動競技会出場が、出張または出勤として取り扱われるものであること、2) 運動競技会出場に関して、必要な旅行費用等の負担が事業主により行われることなどを要件としている。

また、「準備行為等」、すなわち練習については、事業主があらかじめ定めた練習計画に従って行われるものであることとし、そして、1) 練習にかかる時間、場所および内容が定められていること、2) 事業主があらかじめ認めた範囲内において、労働者に当該練習計画の変更についての裁量が与えられているものであっても、これに該当するものであることなどと定めている。

この通達により、不明瞭になっていた「競技」と「労災」の関係が明確になり、オリンピックや国民体育大会などの競技会に出場したり、強化合宿の練習中に怪我、病気、障害、死亡といった事故が発生した場合、その活動が出張・出勤扱いで、当該旅費などの費用を企業が負担している場合に、労災給付の対象となるようになった。

具体的に「業務上」として認められるのは、「運動競技」が「労働者の業務行為」や「それに伴う行為」として行われ、かつ、労働者の被った傷病が「運動競技」に起因するものである場合で、具体的な「業務行為」として、1) 企業間の対抗競技大会や対外的な運動競技会への出場、2) 社内運動会等の事業内運動競技会への出場、3) 事業主があらかじめ定めた練習計画に従って行われる運動競技練習などが挙げられている。また、運動競技という業務に従事することが必ずしも明確でない労働者が特命に基づき運動競技を行う場合についても「業務行為」に該当するとしている。

一方、「業務」外となるケースは、運動競技に伴い発生した傷病であっても、それが恣意的な行為や業務を逸脱した行為に起因する場合で、就業時間外に同好会のクラブ活動や余暇活動として行われる自主的なスポーツ活動については「業務行為」には当たらないとしている。

なお、当該通達は、企業スポーツ選手については「労働者」とはいえない競技者も見受けられることから、労働者性の判断を慎重に行うべきであると指摘し、企業スポーツにおいて労働者性が多様化している実態を示唆している。

[労働時間と競技の関係]

労基法上の労働時間とは、拘束時間

ではなく実労働時間をさし,「労働者が使用者の指揮監督のもとにある時間」および「使用者による明示もしくは黙示の指示により業務に関連した行為をなす時間」であるとされる。したがって,労働時間か否かは,「使用者の関与」と「業務性」の相互関係によって判断される。

2007年現在の現行法上,労働時間規制の原則は,週40時間,1日8時間(法定労働時間)であるが,業務形態の特殊性や多様化に対応するため,弾力的運用や例外が定められている。しかし,一定の要件を満たさずに法定労働時間を超えた場合には,使用者に刑罰が科されることになる(32条,119条1号)。また,法定労働時間を超える労働時間を定めた内容の労働契約は,その部分に限り無効となる(13条)。

競技が業務に当たるのであれば,現行法上,この労働時間規制の対象となる。すなわち,一定の要件を満たさない限り,週40時間,1日8時間を超えて労働させると使用者に刑罰が科せられる(32条,119条1号)ことになる。時間外労働や休日労働に対しては割増賃金を支払う必要が出てくる(37条)。

なお,現行法上,労働契約締結時に,1)労働契約の期間,2)就業場所や従事する業務,3)始業および就業の時刻,所定労働時間を超える労働の有無,4)賃金の決定等について書面で明示すべきこととされているが(労基法施行規則5条),こうした労基法上の要請からも企業スポーツにおいて,競技と業務の関係の明確化が求められる。他方で,明示あるいは黙示を問わず業務性が認められるスポーツ活動について,労働時間規制のあり方を立法政策の問題として再検討する必要がある。

[移籍に関する問題]

選手の移籍は,チームにとっては戦力や戦術などの流出となり,大きな損失を被ることになることから,加盟登録や移籍の要件について,多くの競技団体がその登録規程の中で移籍に関するルールを設定している。例えばバレーボールのVリーグでは「参加チームの登録構成員(選手)は,大会開幕の30日前より大会全試合終了日および入替戦終了日まで,他のチームに移籍することは出来ない」(Vリーグ機構登録規程第13条)となっている。また,これ以外の期間に別のチームに移籍し新たに登録を申請する場合には,移籍元チームの部長の同意を得ない限り「前のチームを退部または退社の日から1年を経過しないと選手として各リーグに出場はできない」(同第14条)と定められている。

同様の規定は他の競技にもみられる。

社会人野球では,「競技者が加盟チームを転籍した場合は,1年間試合出場を停止するものとし,当該期間終了後であっても再登録の承認があるまでは,試合に出場することはできない」(日本野球連盟登録規程第13条1項)と定められている。

また,陸上競技でも,「移籍者が実業団所管の各種大会に出場する場合,原則として連合に申請の日から6ヶ月とするが,同年度内には出場することができない」(日本実業団陸上競技連合登録規程第8条)と定められている。

職業として競技に従事する現代型の企業スポーツを前提とした場合には,これらの移籍制限について競技の性質上,不可欠な規制と選手自身の移籍の自由とのバランスを考慮し,制限の合理性を検証する必要がある。

参考文献　　　　　　　　　　　03.C.05

◆ 小笠原正 監修. 2007.『導入対話によるスポーツ法学』224-37. 不磨書房
◆ 川井圭司. 2003.『プロスポーツ選手の法的地位』450-59. 成文堂

(川井圭司)

スポーツと事故・紛争(事件)　03.D

スポーツ事故と法的責任　03.D.01

① 危険引き受け

スポーツ活動中の事故は,自己過失,相手の不注意,指導上の過失,施設設備の瑕疵などにより発生することが多い。そしてスポーツを行う当事者は互いにそのスポーツに内在する危険に同意しており,万が一事故が発生しても双方がスポーツルールに従った上での事故,またその事故が社会的に許容できる範囲内のものであれば,加害相手の違法性は阻却されるのが一般的である。

例えば,有形力を行使して競う空手やボクシング,レスリング,相手の攻撃を身体で防御するラグビーやアメリカンフットボール等々の競技には負傷はつきものである。

裁判所が「ラグビー競技は激しい競技であって,一連の攻撃,防禦の動作で参加者が互いに相手方と激しく接触したり衝突することが多く,それに付随して諸種の身体的事故が発生し易いものであり,その意味で本質的に一定の危険性を内在していると解されるから,注意義務の存否の判断にも自らこに相応の限界が存するといわざるを得ない」(水戸地裁平成2年4月24日判決,「判例自治」76号. 38)と判示している。このことからも,スポーツの本質的危険性に伴う競技者同士の危険引き受けは,スポーツ事故の責任所在の特質を表すものであるといえる。

しかもラグビーのような激しいスポーツのみではなく「一般にスポーツやゲーム中に生じた加害行為についてはそれが,そのスポーツやゲームのルールないしは作法に照らし社会的に許容される行動である限り,そのスポーツやゲーム中に生ずる通常予測しうるような危険についてはそのスポーツやゲームに参加した者はその危険を受忍し,加害行為を承諾しているものと解するのが相当であり,このような場合,加害者の行為は違法性を阻却するものというべき」(水戸地裁昭和50年5月28日判決,「判例タイムズ」330号. 342)であるという考え方はスポーツを行う当事者および指導者は認識しておく必要がある。

しかし,スポーツルールに著しく違反し,被害者が重篤な状態に陥った事故などは加害相手,あるいは指導者に対して法的責任が追及されることはいうまでもない。裁判所も「被害者がスポーツやゲームには通常危険が伴うこと,その危険を避けるためにはいかな

る行動に出ればよいかについて正常，適確な判断をなしうる能力を有しかつ，その自由な判断によって承諾を決定しうる者である場合についていえることであってしからざる者についてまで妥当するものではない」(水戸地裁昭和50年5月28日判決,「判例タイムズ」330号. 342)と判断し，必ずしも危険の同意を無条件で認めているわけではない。

特に教育目的の一環として行われる学校運動部活動中の事故，指導上の注意義務が厳しく問われるケースが多い。

「学校の部活動は教育活動の一環として行われるものであるから，部活動の指導者が部活動により生じる恐れのある危険から部員(生徒)を保護すべき義務を負うのは当然であり，事故の発生を未然に防止すべき一般的な注意義務を負うのは，いうまでもないところである」(佐賀地裁平成17年9月16日判決，最高裁判例検索システム)ということを教育関係者は認識しておく必要がある。

スポーツ事故が紛争に発展した時に，当事者同士の話し合いで解決するのが本来は望ましい姿であるが，最近は裁判によって決着を図るケースが多くなってきている。その場合の法的責任の追及は民事責任，刑事責任の追及であり，指導者が公務員である時などは行政当局から懲戒処分という行政責任を追及される場合もある。

なお，現在は仲裁機関である裁判外紛争解決手続き(Alternative Dispute Resolution: ADR)を利用して紛争解決を図る道もある。

② **民事責任**

民事責任とは，指導上の過失，施設設備の瑕疵からの被害者が被った損害を回復するために加害相手の不法行為責任を追及することである。スポーツ契約関係が成立している場合は債務不履行責任からその責任を追及することもある。

これらはいずれも損害賠償請求という方法で解決を求めるものであり，裁判所は，訴えがあった場合は，事故の態様，種類，当事者の能力等々を総合的に考慮し判決を出す。

不法行為による損害賠償請求の法的根拠は，加害者が公務員であれば国家賠償法を主として適用し訴訟を展開していくが，ほかにも民法第709条，第715条等々が適用される。

不法行為の成立要件は，故意または過失，違法性，因果関係，責任能力等々があったか否かであり，故意または過失に関しては，加害者が被害者の生命・身体の安全保持を怠ったか否か，つまり被害者の生命・身体の安全配慮義務について，また指導上における危険の予見，回避を適切に行っていたか否かの注意義務が問われることになる。

これらの法的責任を問われないためには，スポーツ指導に直接あたる者，あるいは指導者を管理する者は，競技者の健康管理，力量の把握，天候，環境などの事前チェックや競技ルールなどを確認し合う事前指導，活動中の注意，活動後の指導を適切に行うことが重要である。

裁判所は，注意義務に関して「特にラグビーなどスポーツ競技の部活動においては，部活動の指導者は，部活動中の部員の健康状態を常に監視し，部員の健康状態に異状が生じないよう，状況に応じて休憩をとり，あるいは無理のないように練習計画を変更すべきであり，さらに，部員になんらかの異状を認めたときには，速やかな応急措置をとり，場合によっては医療機関に搬送すべき注意義務を負っているというべきである」(佐賀地裁平成17年9月16日判決，最高裁判例検索システム)と判示している。

特に，危険性の高い競技種目については，例えばボクシング，柔道，レスリングなどは力量の差がある者同士を対戦させない，事前にルールを遵守することを徹底指導する，活動中にラフプレイを行っている者がいたら注意をする等の指導は欠かすことができない。

さらに，スポーツ施設の設置，用具などの安全性などにも注意を払う必要がある。施設・設備の管理，保存等の瑕疵について，公共機関の施設は，国家賠償法第2条規定の営造物の管理責任，民間施設では民法第717条規定による土地の工作物の瑕疵責任が問われる。

競技設備の瑕疵について裁判所は，「競技の設備，用具および方法が規則(筆者注：スポーツルール・スポーツ固有法)によって定められ，これが一般的に受容され，広汎に実行されているときには，この規約に適合して設けられた競技設備は，当該競技に用いられる設備として必要な安全性を備えたものということができるから，瑕疵があるとは云えない」(横浜地裁横須賀支部昭和52年9月5日判決，学校事故判例研究会編『注解学校事故判例集3』加除式. 第一法規. 784)と判示し，スポーツ設備は競技団体のルールに則って設置され，通常の管理，用法がなされていれば瑕疵責任は問われることはない。

ただし，競技団体の公認規則や学校教育機関などでは，文部科学省の示す基準に反する施設設備で事故が発生した時は，管理上の瑕疵があったとして法的責任が伴うことはいうまでもない。

例えば，文部科学省から出されている『水泳指導の手引』中の施設・設備の安全管理に示されている事項は最低限遵守しておかなければならない。さらに日本水泳連盟公認規則によるプールの水深なども同様に遵守し，利用者の安全を確保しておくことが必要であろう。

一般的に，国家賠償法第2条1項規定の瑕疵とは，公の営造物が通常有すべき安全性を欠いている状態をいい，安全性を欠いているか否かの判断は「当該営造物の構造，用法，場所の環境及び利用状況等諸般の事情を総合考慮して具体的個別的に判断」(最高裁昭和53年7月4日判決，最高裁判例検索システム)されることになっている。

一方，土地の工作物の瑕疵とは「工作物として社会通念上具備することを期待できる設備ないし安全性の欠如」(東京地裁平成2年3月26日判決，「判例タイムズ」737号. 181)などからその責任の有無が判断される。

施設設備の安全管理については，危険な箇所は放置するのではなく早急に改善するか，取り除くかの処置をとっておかなければならない。壊れたものをそのまま放置しておいて事故が発生した場合は，その管理責任が問われることになる。

③ **刑事責任**

スポーツ活動中の事故が社会的に大きな影響があり，特に指導者の過失が明らかで犯罪性の高い場合は刑事責任が問われることもある。適用法令は刑法第211条業務上過失致死傷罪である。

例えば，中学校教諭で野球部顧問が訴追された事例で裁判所は「被告人は，大学の体育学部において運動生理学等の専門教育を受け，保健体育の教員として生徒に熱中症について教えるとともに，教育委員会などからも再々熱中症についての注意を喚起されるなどしていたものであって，熱中症の発生機序や発症時の対処方法などには相当程度の知識を有していたと認められるにもかかわらず，（中略），炎天下における持久走を実施するに当たり，部員の健康状態への配慮に欠け，適切な救護措置を執りうる態勢にも欠けていたのであるから，体力的に十分な成長を遂げているとはいい難い中学生の部活動の指導を託された者として，その注意義務の懈怠(かいたい)は，厳しく非難されても仕方がないというべきである」（横浜地裁川崎支部平成14年9月30日判決，最高裁判例検索システム）と判示し，被告教諭に罰金40万円の支払いを命じた。

スポーツが活発になればなるほど社会の関心は高まるのであるから，高度の専門的知識を有している指導者が，体力や知識の乏しい義務教育段階の児童・生徒のスポーツ指導にあたる場合は，指導を受ける側の安全を十分に配慮した上で計画を立案し，個性に応じた指導を行う必要があるだろう。

また，熱中症やかつて不可抗力として違法性が阻却されていた例が多かった落雷時の天変地異によるスポーツ事故などは，天気予報の精度の向上や情報化社会の中でその責任はかえって重くなる傾向があることも現代的特色である。

④ 免責

スポーツクラブの利用にあたっては，入会申し込み，承諾という形式から契約関係が成立する。利用内容はスポーツクラブの会則に規定され，その内容が公序良俗に反するものでない限り合理性があるとして会員はその会則に従わなければならない。

会則中に例えば「本クラブ利用中，本人又は第三者に生じた事故について応急措置は行うがその後一切の損害賠償責任は負わない」等といういわゆる免責条項があったとしたら，「そのように定める目的の正当性，目的と手段，効果との間の権衡等を考慮して右の合理性を備えるものであるか否か」（『判例時報』1627号. 133）の視点から，その免責条項の正当性が判断されることになる。もし施設利用中，施設の設置または保存の瑕疵によって事故が発生した場合，スポーツクラブ側の損害賠償責任は「スポーツ施設を利用する者の自己責任に帰する領域のものではなく，もともと被告（筆者注：スポーツクラブ）の故意又は過失を責任原因とするものではない」（『判例時報』1627号. 134）から免責規定の対象外となり，免責条項は無効となる。つまり，工作物の所有者（占有者）は無過失でも責任を負うことになり賠償に応じなければならない。裁判では利用者の自己責任も勘案され，この場合は過失相殺が適用されることになる。

免責条項関連については消費者契約法が2000（平成12）年に制定され，第8条では，事業者の損害賠償の責任を免除する条項の無効を規定し，消費者（スポーツ施設利用者）の利益を擁護している。

⑤ 関連訴訟

以下，上記に関連した判決の要旨を紹介しておこう。

[危険引き受けに関しての判例（民事責任）]

「一般に，スポーツの競技中に生じた加害行為については，それがそのスポーツのルールに著しく反することがなく，通常予測され許容された動作に起因するものであるときは，そのスポーツの競技に参加した者全員がその危険を予め受忍し加害行為を承諾しているものと解するのが相当であり，このような場合加害者の行為は違法性を阻却するものというべきである」（東京地裁昭和45年2月27日判決，判例時報594号，79頁）。

テニス練習生同士の事件では「本来練習とは技量の未熟を前提とし，その向上を図るために行われるものであるから，ルールを遵守してまじめに練習に取り組んだ結果，ミスをしたとしても直ちに過失があるとはいえないことは明らかであり，被告Aにミスショットをしない（あるいは危険のないようにとさら弱いボールを打つ）注意義務があったなどとはいえないことは自明の理である（そのような義務を認めることは，練習という行為そのものを否定するに等しい）」（横浜地裁平成10年2月25日判決，判例タイムズ992号，150頁）。

[指導者の過失が肯定された判例（民事責任）]

「アメリカンフットボールは，数あるスポーツの中でも，競技者が互いに激しく接触，さらには衝突することが避け難いだけでなく，むしろ本来的に予定されている競技であるから，接触・衝突に付随して様々な事故が生じ，競技者の身体・生命に危害が及ぶことの高度の危険性を内在している。したがって，アメリカンフットボールを高等学校における教育の一環である部活動として行う場合には，生徒の指導にあたる顧問の教員は，アメリカンフットボールに内在する危険を可及的に排除すべく，最大限の注意を払うべき義務を負っている」（京都地裁平成19年5月29日判決，最高裁判例検索システム）。

[インストラクターの過失が肯定された判例（刑事責任）]

「被告人（筆者注：スクーバダイビングのインストラクター）としては，初心者ダイバーであり，水中でのストレスを感じやすい傾向のあった被害者が，何らかの原因によりパニック状態に陥り，溺水するという結果の発生を具体的に予見することは可能であり，かつ，予見すべきであったというべきであり，被告人には，被害者を監督下に置いてその動静を注視しつつダイビングの引率業務を行い，同人の安全を配慮すべき業務上の注意義務があったと言うべきである」（那覇地裁平成18年3月28日判決，最高裁判例検索システム）。

（入澤 充）

ドーピングをめぐる法的問題　03.0.02

① ドーピング法の体系とドーピング防止機関

ドーピングに関する法規範としては，まず2005年の国際連合教育科学文化機関（以下，ユネスコと略す）の第33回総会において採択され2007年から発効した「スポーツにおけるドーピングの防止に関する国際規約（International Convention Against Doping in Sport）」（以下，ユネスコ規約と略す）がある。この

ユネスコ規約を批准した国は，国際法上，この規約に基づいて，ドーピング防止活動のために適当な措置を講ずることが求められる。例えば，日本政府は，2006年にユネスコ規約を受諾しており，国内のドーピング防止活動を積極的に実施するとともに，国際的なドーピング防止活動との調和を図ることを行っている。

他方，国際オリンピック委員会（IOC）を代表とするスポーツに関係する非政府組織と政府組織は，両者の連携協力に基づいて，1999年にドーピング防止活動を推進する国際的な機関として世界アンチ・ドーピング機構（World Anti-Doping Agency: WADA）を設立した。そして，WADAは，2003年に世界ドーピング防止規程（World Anti-Doping Code: WADC. 以下，WADA規程と略す）を採択し，世界ドーピング防止プログラムの基礎となる事項と原則を定めた。さらに，WADAは，世界ドーピング防止プログラムを実行するのに，技術上および運用上の事項に関する国際基準（表1参照）と，実効的なドーピング防止プログラムを実施するために推奨される詳細な事項が示されたベストプラクティスモデル（Models of Best Practice）およびガイドラインを定めた。

そして，IOC，国際パラリンピック委員会，国際スポーツ連盟，主要競技大会組織，国内ドーピング防止機関（National Anti-Doping Organization: NADO）など，その権限の範囲内でドーピング防止規則を採択，実施または執行する責務があるドーピング防止機関は，WADA規程第1部「ドーピング・コントロール」に定めるドーピング防止規則を遵守しなければならない。

日本においては，1996（平成8）年に「我が国のアンチ・ドーピング体制に関する協議会」によって国内におけるドーピング防止のための調整機関の設置の必要性が提言され，またWADAの設置に対応して，2001（平成13）年に日本アンチ・ドーピング機構（Japan Anti-Doping Agency: JADA）が設立された。JADAは，2003（平成15）年にWADA規程を受諾し，国内ドーピング防止機関となり，2004（平成16）年に「日本アンチ・ドーピング規程」を定めた。また，文部科学省は，2007（平成19）年に「ス

ポーツにおけるドーピングの防止に関するガイドライン」を策定し，JADAを国内ドーピング防止機関として指定し，国内のドーピング防止活動に関する事業をJADAに委託した。これを受けて，JADAは，2007（平成19）年に「日本ドーピング防止規程」を策定した。そして，日本国内のスポーツ連盟は，JADA規程を受託し，当該スポーツ連盟の規則にJADA規程を組み入れ，遵守しなければならないことになっている。

さらに，2011（平成23）年に制定されたスポーツ基本法の第2条では，ドーピングの防止の重要性に対する国民の意識を深め，スポーツに対する国民の幅広い理解および支援が得られるよう推進されなければならないことが基本理念として定められた。さらに同法第29条では，国がユネスコ規約に従ってドーピングの防止活動を実施するために，JADAと連携を図りつつ，ドーピングの検査，ドーピングの防止に関する教育および啓発その他のドーピングの防止活動の実施に係る体制の整備，国際的なドーピングの防止に関する機関等への支援その他の必要な施策を講ずることが定められた。

このように，ドーピング法は，国際的にはユネスコ規約およびWADA規程に基づいて，国内的にはスポーツ基本法およびJADA規程に基づいて規律されており，スポーツ国際法，スポーツ国家法およびスポーツ固有法の間での関係の調整とその国際的な体系化が図られている。

② ドーピングの定義とドーピング防止規則違反

2009年に改訂されたWADA規程第1条によれば，ドーピングとは，下記のWADA規程の第2.1項から第2.8項に定める8つのドーピング防止規則違反が発生することをいう。

2.1　競技者の検体に，禁止物質または代謝物もしくはマーカーが存在すること。

2.2　競技者が禁止物質または禁止方法を使用することまたはその使用を企てること。

2.3　適用されるドーピング防止規則において認められた通告を受けた後に，やむを得ない理由によることなく検体の採取を拒否しもしくは検体の採取を行わず，またはその他の手段で検体の採取を回避すること。

2.4　検体に関する国際基準に準拠した規則に基づき宣告された，居場所情報未提出および検査未了を含む，競技者が競技会外の検査への競技者の参加に関する要請に違反すること。検査未了の回数または居場所情報未提出の回数が，競技者を所轄するドーピング防止機関により決定された18ヶ月以内の期間に単独でまたはあわせて3度に及んだ場合には，ドーピング規則違反を構成する。

2.5　ドーピング・コントロールの一部に不当な改変を施し，または不当な改変を企てること。

2.6　禁止物質または禁止方法を保有すること。

2.7　禁止物質もしくは禁止方法の不正取引を実行し，または不正取引を企てること。

2.8　競技会において競技者に対して禁止物質もしくは禁止方法を投与すること，もしくは投与を企てること，競技会外において，競技者に対して競技会外で禁止されている禁止

表1　世界ドーピング防止プログラムを実行するための技術上および運用上の事項に関する国際基準

名称	欧文名称
禁止表国際基準	The Prohibited List International Standard
検査に関する国際基準	International Standards for Testing: IST
治療目的使用に係る除外措置に関する国際基準	International Standard for Therapeutic Use Exemptions: ISTUE
分析機関に関する国際基準	International Standards for Laboratories: ISL
個人情報保護に関する国際基準	International Standards for the Protection of Privacy and Personal Information: ISPPPI

物質もしくは禁止方法を投与すること，もしくは投与を企てること，またはドーピング規則違反をともなう形で支援し，助長し，援助し，教唆し，隠蔽し，もしくはその他の形で違反を共同すること，もしくはこれらを企てること。

これらのドーピング防止規則違反に関する規定には，次のようなドーピングをめぐる論点がある。

第1に，ドーピングとは，競技者による禁止された「薬物」の「使用」だけを意味せず，薬物以外の禁止されたあらゆる「物質」の「検体における存在」が含まれるということである。例えば，体内で自然につくられうる内因性の物質であっても，その濃度等が人（ヒト）の正常範囲を逸脱している場合には，競技者がその濃度が生理的状態あるいは病的状態に起因することを証明しない限り，ドーピングとみなされる。

第2に，ドーピングとは，禁止物質を競技者が故意または過失もしくは過誤によって使用した場合によらず，競技者の検体に禁止物質が発見された場合だけでも成立しうることである。すなわち，競技者の検体に禁止物質が存在した場合には，無過失であっても厳格責任の原則（故意または過失がなくとも，行為について責任を負い，個別具体的な基準に基づいて制裁が科されること）が適用されるということである。

第3に，ドーピングとは，禁止物質によって競技者の「競技力の向上」を行うことだけを意味しないことである。例えば，WADA規程第4.3項によれば，禁止表に物質または方法を掲げることの判断の基準として，「競技力の向上」「健康上の危険性」「スポーツ精神に反すること」の3要件のうちいずれか2つの要件を満たすことと定められている。さらに「禁止物質または禁止方法の使用が隠蔽される可能性」も禁止表に物質または方法を掲げる判断の基準となっている。このようにドーピングとは，複数の構成要件を満たす時に認められるものであり，ドーピングの規制を行う法の目的または保護法益（法によって保護される社会生活上の利益）は複合的であるといえる。

③ ドーピングの規制に関する法の態様

ドーピングに関する規制は，各スポーツ競技団体とその規則による自主的な規制，WADAやJADAなどのドーピングの規制を目的とした特別な団体とその規定による規制，ドーピングに関する特別な国家法による規制，薬事法，医師法など関連する国家法による規制，刑事法による規制など，国によってその態様は異なる。

例えば，ドーピングに関する特別な法律としては，オーストリアの「アンチ・ドーピング連邦法(Anti-Doping Bundesgesetz)」(2007年)，オーストラリアの「オーストラリアスポーツアンチ・ドーピング機関法(Australian Sports Anti-Doping Authority Act)」(2006年)，イタリアの「スポーツ活動における健康保護およびドーピング対策の規制に関する法律(Legge 14 dicembre 2000, n.376 – Disciplina della tutela sanitaria dell attività sportive e della lotta contro il doping)」(2000年)，スウェーデンの「特定ドーピング物質禁止法(Prohibition of Certain Doping Agents Act)」(1991年)などがある。また，フランスの「スポーツ法典」(2006年)，スペインの「スポーツに関する法律」(1990年)，ポルトガルの「身体活動・スポーツ基本法」(2007年)などの中にもドーピングに関する規定がある。さらに，ドイツでは「薬事法」(1976年制定，2007年改正)が，アメリカでは「アナボリックステロイドコントロール法(Anabolic Steroid Control Act)」(2004年)がドーピングに関連する規定を伴った法律として挙げることができる。

ドーピングの制裁処分については，まず制裁の対象がスポーツ団体に所属する競技者など団体内部の特定の関係者に限定される場合と，広く一般のすべての人に適用される場合とに分けることができる。例えば，上述のWADA規程に定めるドーピング防止規則違反の対象も競技者のみを対象とする規定と競技者以外も含めたすべての人に適用が可能な規定に分けることができる。特に第2.5項から第2.8項までは，競技者だけでなく，医師，薬剤師，監督・コーチなどの多様な関係者や第三者の違反行為を想定することができる。しかし，競技団体等スポーツ界に所属していない者をスポーツ団体の規則に基づいて制裁を科すことは法的には難しく，このようなすべての違反者に対しても制裁を科すためには，刑事制裁のように国家法に基づく制裁を科すことが必要となる。

また，ドーピング防止規則違反を立証する場合に，立ち入り検査や証拠の捜査押収などを行うためには，個人の私権を制限するような活動が伴うことが考えられるが，このような特別な権限を行使する場合には，特別な法律によって権限を認められた者によって実施されることが必要となる。

④ ドーピング防止規則違反に対する制裁

ドーピング防止規則違反に対する制裁は，個人に対する制裁，チームに対する制裁およびスポーツ機関に対する制裁に分けられる。

個人に対する制裁としては，まず競技会におけるドーピング検査に関してドーピング防止規則違反があった場合には，当該競技会において得られた個人の成績は自動的に失効する。選手権大会などの一連の競技大会に関連するドーピング防止規則違反があった場合には，競技大会におけるその他の成績や結果も失効する場合がある。次に，ドーピング防止規則違反の態様に応じて個人に対して資格停止が科される。この資格停止の期間は，違反の内容，回数，特別な事情，例外的事情（過誤または過失の有無，ドーピング防止等に関する専門機関に対する実質的な支援の提供，自白），加重事情（妨害行為，複数違反など）を考慮して決定される。さらに，ドーピング防止機関は，ドーピング防止規則違反に関して金銭的な制裁措置を定めることができる。

チームスポーツのチーム構成員が2人以上ドーピング防止規則違反であった場合には，当該チームに対して適切な特定対象検査が実施される。また，チームスポーツのチーム構成員が3人以上ドーピング規則違反であった場合には，当該個人に対する制裁に加えて，当該チームに対しても適切な制裁を科すことができる。

特にこれらの制裁措置については，ドーピング防止規則違反の内容や事情が複雑となっていることから，罪刑法

定主義の原則(犯罪とそれに対する刑罰を科することを定めた法律がなければ処罰することができないとする原則)に配慮して規則違反の内容とそれに対応した制裁の基準を明確に定めるとともに，諸種の個別の事情を考慮して処分を決定することが必要となっている。

⑤ 競技者等の人権への配慮

　ドーピングの検査は，尿検査や血液検査が行われるなど身体に対する侵害や個人のプライバシーの侵害にかかわる行為を伴うことから，競技者等の人権に配慮して実施されなければならない。ドーピング検査は，競技者の同意に基づき，適正な基準と手続きのもとで公正かつ公平に実施される必要がある。競技者は，検査の手続きや処分の内容について適切な方法で通知を受ける権利があり，検査対象者の選定も検査の公平性が確保されるように事前に定められた一定の理由に基づいて実施される必要がある。また，検体採取の手続きでは，競技者の安全とプライバシーが確保されなければならない。さらに，対象者が障がい者や未成年者の場合には，その同伴者(保護者など)を認めるなど特別な配慮がなされる必要がある。

　ドーピング防止規則違反が疑われる者については，その人権が配慮される必要がある。ドーピングが疑われる者に対しては，公正な聴聞を受ける権利，弁護士，代理人などを立てる権利，証拠を提出する権利，制裁等の措置が確定するまで処分の効力を停止するなどして地位の保全が図られる権利，通訳をつける権利，個人情報やプライバシーが保護される権利などが確保される必要がある。日本国内においては，ドーピング防止規則違反が疑われる場合には，日本ドーピング防止規律パネルが聴聞会を開催するなど規律手続きを指揮し，違反の有無，制裁措置等を決定している。

　また，競技者は，自己の疾病のために医師から治療を受ける際に禁止物質または禁止方法を使用する場合には，治療目的使用に係る除外措置(TUE)に関する手続きを申請する権利がある。

　さらに，ドーピング防止規則違反に関する制裁措置は，競技者に対して競技成績の失効や資格停止などの著しい不利益を与えるものであることから，明白な証拠に基づき証明された後で，明確な理由が付されて処分が下される必要がある。

　制裁措置の内容に不服がある場合には，関係者は国内ドーピング防止機関が定めた規則に従って独立かつ公平な審問機関に不服申し立てをする権利がある。日本国内の事案においては，日本ドーピング防止規程に基づいて，日本ドーピング防止規律パネルが下した決定に対して不服がある場合には，日本スポーツ仲裁機構に不服申し立てをすることができる。さらに，WADAや国際スポーツ連盟は，日本スポーツ仲裁機構の決定に対して不服がある場合には，スポーツ仲裁裁判所(CAS)に不服申し立てをすることができる。また，不服申し立ての対象となるドーピングに関する紛争を解決するために，日本スポーツ仲裁機構は「ドーピング防止に関するスポーツ仲裁規則」を定めている。なお，フランスのように，制裁措置に対する不服申し立てを行政裁判所に対して行う司法的救済制度をとる国もある。

参考文献　03. D. 02

- 齋藤健司．2010．「アンチ・ドーピング」小笠原正，諏訪伸夫編『スポーツのリスクマネジメント』79-85．ぎょうせい
- ―――．2011．「アンチ・ドーピング政策」菊幸一，齋藤健司，真山達志，横山勝彦編『スポーツ政策論』205-12．成文堂
- 日本スポーツ仲裁機構．2011．研究報告書『ドーピングに対する法的制裁制度の比較研究』(平成22年度文部科学省委託事業各国ドーピング防止に関する法的活動の調査研究)

（齋藤健司）

スポーツ仲裁　03. D. 03

① スポーツに関する紛争とその解決方法

　スポーツをめぐる紛争のうち，いくつかの類型のものは裁判所で決着をつけるという方法をとることができないものや，裁判所によらない解決方法を採用する方がよいものがある。前者のように，裁判所に提訴することができない紛争が存在するのは，裁判所法第3条が「裁判所は，‥‥一切の法律上の争訟を裁判し，その他法律において特に定める権限を有する」と定めており，「法律上の争訟」に該当しなければ裁判所は訴えを却下(門前払い)してしまうからである。例えば，競技中のルールの適用や判定をめぐる争い，スポーツを統括する団体による競技大会への代表選手派遣決定や出場停止等の懲戒処分などをめぐる争い，競技団体の間でどちらが正統な全国組織かをめぐる争いなどである(もっとも，これらの争いにより，精神的な苦痛を被ったことによる慰謝料請求やスポンサー契約が解除されたことによる財産的損害の賠償請求という形をとれば裁判所への提訴もできるだろう)。具体的な事例として，次のようなものがある。これは，自動車競技において競技会審判委員会から1周減算のペナルティーを受けた選手が，それに対するアピール(抗議)を却下した自動車競技の統括団体に対して，その決定を取り消すことを求めたものである。これについて，裁判所は，「国家制度としての民事訴訟制度は，国家権力に基づき私人間の生活関係上の紛争又は利害の衝突の解決調整を図ることによって，これに基づく私人の生活上の障害や危険を除去すると共に，社会の秩序を保持することを目的とするものであり，その意味では，裁判所は，私人間の紛争のすべてにわたって審査機能を有するのではなく，特に，その紛争が法律上の争訟といい得るものに限って司法審査を加えるのである」と判示してその訴えを却下している(東京地裁平成6年8月25日判決，「判例時報」1533号．84)。

　他方，競技大会のスポンサーとなった企業と競技運営団体との間の契約，プロの競技団体と選手との契約などの契約についての違反や解除をめぐる争いやコーチによる選手へのセクシュアル・ハラスメントなどの不法行為による損害賠償の争いなどは，法律を適用して黒白をつけることができる「法律上の争訟」に該当するので，裁判所への提訴は可能であるが，仲裁や調停という裁判以外の方法によって解決することにメリットがあることもある。一般に，訴訟は時間がかかり，また，公開の法廷で手続きが進められるのに対して，早くかつ当事者限りで紛争を処理したいというニーズがあることもあり，そういった場合には裁判所での解決は不適切であると評価されることに

以下では、スポーツ紛争の解決手段としての仲裁について、その仕組みと特色、仲裁事件などについて記述する。

② スポーツ仲裁の仕組みと特色

[仲裁とは]

仲裁は、紛争の当事者が、その紛争を第三者の判断に委ね、その判断に拘束されることを約束する旨の合意（仲裁合意）をすることが出発点となる。裁判の場合には、原告が訴えを提起し、それが一定の訴訟要件を具備していれば、訴えられる側（被告）が望まなくても（したがって、裁判に欠席しても）、裁判は行われ、判決が下され、原告がさらに望めば被告敗訴の判決は強制的に実現される（金銭の支払いの場合には差し押え、競売等が行われる）。これに対して、仲裁は紛争の当事者双方が仲裁によることを合意しない限り、仲裁が始まることはない。そして、仲裁合意があれば、原則として当事者の合意した手続きにより（仲裁法の適用がある仲裁であれば一定の枠組みが与えられる）仲裁人が選ばれ、その仲裁人による紛争に関する事実の認定がされ、仲裁判断が下されることになる。

仲裁は、スポーツ紛争について用いられるずっと以前から、ビジネス取引をめぐる紛争に活用されており、現在でも、特に国際的なビジネス紛争の解決において一定の役割を果たしている。というのは、問題となっている紛争に詳しい仲裁人が迅速に処理することが期待でき、弁護士費用も含めた最終的なコストも小さくて済むことが少なくないからである。このような仲裁のメリットは、スポーツ紛争にも妥当する点がある。専門的知識のある仲裁人による迅速かつ低廉なコストによる仲裁判断は、スポーツ紛争の解決にとっても望ましく、場合によっては不可欠なことだからである。例えば、代表選手選考をめぐる紛争の解決は、その選考が対象としている競技会が始まるまでに決着がつかなければ意味がなく、迅速な紛争処理が求められることになる。

選手が競技団体の決定に対して不服があるような紛争類型については、競技団体によっては、選手からの不服申し立てを受けて審査を行う機関を設けている例もあるが、それが競技団体の内部機関である以上、選手の目からみて中立・公正な判断を受けることができるとの評価を受けることは困難であろう。そこで、そのような内部審査機関があればその判断に対する上訴審として、内部審査機関がない場合には、直接の申し立て機関として、外部者による判断の仕組みが求められることになる。その種の紛争の中には、選手側に事実関係の誤認等による思い違いがあることが原因となっているケースも少なくなく、そういった紛争については、中立的な第三者が手続きを尽くして事案を解明すれば、それだけですっきりと解決することもあるであろう。他方、競技団体が実際に不公正な決定をしている場合には、その決定が取り消される筋道が選手に保証され、実際に是正が図られるという仕組みの存在は、スポーツ界のインフラストラクチャー（社会的生産基盤）として重要であると考えられる。

なお、仲裁と似て非なるものとして調停がある。これは、当事者が第三者である調停人による調停手続きをする旨の合意をすることが出発点となる点では仲裁に類似しているが、仲裁とは異なり、調停の目的は当事者による和解をあっせんすることにある。調停人がすることは、第三者としての中立的な立場から、当事者間の話し合いを促進するよう努力することにあり、意見を述べたり、場合によっては調停案を示すこともあるが、調停人には判断権限は与えられていない。調停は、スポーツ紛争の中では、競技団体間の争いや競技団体内部の争いのように、なんらかの客観的なルールを適用して黒白をつけるというよりは、両者が納得する解決策を見出すことに主眼があるような類型の紛争に向いている。

[日本スポーツ仲裁機構の設立]

上記のような考慮から、スポーツ紛争の解決に仲裁が導入されているのである。国際的には、1984年にIOCが「スポーツ仲裁裁判所（Court of Arbitration for Sport: CAS）」を設置したのが最初である。なお、このCASは、中立性確保のために、1994年にIOCから独立して「スポーツ仲裁国際理事会（International Council of Arbitration for Sport: ICAS）」に移管されている。CASは、法律上はローザンヌを仲裁地とし、スイス法を仲裁手続き準拠法とする仲裁であり、1998年第18回冬季オリンピック大会（長野）の際も日本で実際の審理は行われたが、あくまでもスイスを仲裁地としている。オリンピックに関連して多くの事案を処理しており、2006年には204件の仲裁申し立てがあり、仲裁判断は76件いい渡されている。CASが日本で注目を浴びたのは、2000年の第27回オリンピック大会（シドニー）への水泳選手選考から外れた千葉すずが2000（平成12）年5月に日本水泳連盟を相手取ってCASに申し立てた案件が最初である。この案件では、スイスの単独仲裁人により日本において英語でスイス仲裁法に従って行われ、仲裁判断では、選手選考自体には問題がないとされたが、選考基準を事前に公表していなかった点には落ち度があるとされ、日本水泳連盟は1万スイスフラン（約62万円）の支払いを命じられた。

日本では、1998（平成10）年頃から、世界的なドーピングに対する規制強化の動きに対応して、アンチ・ドーピングに関する組織を設立するとともに、アンチ・ドーピング認定とそれに基づく処分をめぐって発生するであろう争いを解決するための中立的な仲裁機関が必要であることが認識され始めた。そして、CASについての調査やスポーツ界へのアンケート調査（2000［平成12］年11月に行われた48競技団体への調査の結果、79％から仲裁機関は必要との回答があった）などを踏まえ、2003（平成15）年4月に「日本スポーツ仲裁機構（Japan Sports Arbitration Agency: JSAA）」が設置された。この機関は、公益財団法人日本オリンピック委員会（JOC）、公益財団法人日本体育協会（日体協）、および公益財団法人日本障がい者スポーツ協会の3団体を設立母体とし、スポーツ仲裁のみならず、スポーツ法の啓発なども目的として活動をしている。また、2006（平成18）年からは、スポーツ調停についての業務も開始し、2007（平成19）年4月には「裁判外紛争解決制度の利用の促進に関する法律」に基づく認証申請をしている。

[日本スポーツ仲裁機構の概要]

日本スポーツ仲裁機構規程は、JSAAの目的として、「この機構は、競

技者等と競技団体等との紛争の仲裁による解決を円滑に行うための事務等を遂行することにより、スポーツ界の発展に資することを目的とする」(第2条)と規定している。つまり、JSAAは、直接に仲裁判断をするわけではなく(仲裁判断を行うのは後述の仲裁パネル)、JSAAの仲裁に関する業務は、仲裁規則を用意し、仲裁申し立てを受け付け、連絡等を行うといった事務が中心である。ただし、当事者が仲裁人の選定をしない場合にはJSAAが仲裁人を選定する。

JSAAがその目的を達成するためには、その中立性に疑念が生ずる余地がないような仕組みを構築することが重要である。この点、JSAAの運営資金が、寄付金はあるものの、大半は設立母体となった3つの競技統括団体からの拠出金(年に各300万円、計900万円)である点が問題となる。これらの競技統括団体自体が仲裁の当事者となることもあるからである(実際、JOCが被申立人となった事件が1件ある)。そこで、JSAAの運営の中立性を確保するため、規程により、競技統括団体が指名する各2人の理事のうち、少なくとも1人は競技者または元競技者でなければならないこととし、さらに、一定数の中立理事が存在する仕組みとして、競技統括団体の立場に近い理事だけでは過半数とならない仕組みとなっている。そのほか、理事が個別の案件に影響力を行使することがないように理事就任時には誓約書が提出され、さらに、仲裁人候補者を含む関係者のうち、紛争当事者となる可能性のある者に対して法的アドバイスを行う可能性がある法律家の行為規範として、「日本スポーツ仲裁機構の運営及びそのもとでのスポーツ仲裁手続に関係する法律家の中立性の確保についての指針」が定められている。なお、JSAAはその運営の透明性を確保するため、理事会議事録、財務関係書類等をホームページ(http://www.jsaa.jp/)において公開している。

[仲裁に関するルール]

JSAAは、2003(平成15)年6月に「スポーツ仲裁規則」を施行し、2004(平成16)年9月に「特定仲裁合意に基づくスポーツ仲裁規則」を施行している。

前者の「スポーツ仲裁規則」は、「スポーツ競技またはその運営に関して競技団体またはその機関が行った決定(競技中になされる審判の判定は除く)について、競技者等が申立人として、競技団体を被申立人としてする仲裁申立て」を対象とするものである。ここにいう「競技団体」は、JOC、日体協、日本障がい者スポーツ協会、JADA、各都道府県体育協会およびこれらの加盟・準加盟団体だけに限定されている。このように限定しているのは、JSAAがこれらの競技団体の紛争処理機能のアウトソーシング(外部委託)として設立されたという経緯とともに、まずは、これらのトップアスリートの属する競技団体について「法の支配」の確立をめざし、それがいずれはスポーツ界全体に間接的に波及することを期待してのことである。そして、そのような特別の目的を有するものであることから、この規則に基づく仲裁において競技者が負担するのは、申し立て費用の5万円だけである(ただし、弁護士に依頼する場合の費用は自己負担)。

仲裁は、原則として、3人の仲裁人により構成される仲裁パネルが合議により判断を行う。仲裁人は仲裁人候補者リストから選任されるのが原則であるが、JSAAが特に合理性があると認める場合には、リスト外からも選任することができる。仲裁手続きでは、当事者間の書面のやりとりの後、仲裁パネルが当事者の意見を聴く機会を設けることになっている。仲裁パネルは、手続きが仲裁判断に熟すると認めて審理を終結した日から、原則として、3週間を経過する日までに仲裁判断をしなければならない。仲裁人報償金は原則として1人5万円の定額であり、申し立て料金5万円だけがJSAAの収入であるので、当然、赤字となる仕組みとなっている。

他方、後者の「特定仲裁合意に基づくスポーツ仲裁規則」は前者の対象となる紛争を除くスポーツ紛争一般を対象とするものであるが、主として想定している対象はスポーツビジネス紛争であり、その費用は一般の商事仲裁と同程度を要する。請求額に応じて仲裁管理料金が増加し(500万円以下で21万円)、処分取消請求などのような経済的価値が算定できない時には105万円となる。これ以外に、商事仲裁と同様に時間単位で計算される仲裁人報償金も当事者の負担となる。これまで、この規則による仲裁事件はない。

[競技団体等によるスポーツ仲裁の自動受諾の状況]

競技団体の決定を争う選手とその競技団体とが、そのような争いが生じた後に、「スポーツ仲裁規則」に基づく仲裁を行う旨の合意をすることは可能であり、そういう例もあることは事実である(これまでの7件の仲裁事件のうち2件は、選手からの仲裁申し立てに競技団体が応じるという形で仲裁合意がなされた)。しかし、そのような合意は必ずしも容易ではなく、選手の立場に立てば、選手がJSAAに仲裁申し立てをすれば、必ず競技団体がそれに応じて仲裁が開始されるようにしておくことが望ましい。そこで、JSAAは、「スポーツ仲裁規則」の対象団体に対して、傘下の選手からJSAAに対してその団体を相手方とする仲裁申し立てがあった場合には、常に仲裁に応じる旨の規則(「自動的仲裁付託条項」)を制定し、これを選手に公表することを働きかけている。現在までの自動的仲裁付託状況の採択状況は表1のとおりである。

③ 仲裁事件と適用ルール

[仲裁事件の概要]

「スポーツ仲裁規則」のもとで、2007年5月までに7件の仲裁事件があり、その概要は表2のとおりである。最初の1件以外はすべて競技団体側が勝っている。しかし、JSAAに案件が持ち込まれたもののうち、仲裁判断にまで至るものは一部であり、競技団体に明らかに非がある時には、仲裁手続きをするまでもなく、競技団体が決定を改めるという事例が実際に数件ある。

[仲裁判断を通じて示されてきたルール:競技団体の裁量権との関係]

既述のとおり、「スポーツ仲裁規則」による仲裁は、競技団体の決定を選手が争うという形の紛争だけであり、行政機関が行った処分を争う行政訴訟のようなタイプの仲裁である。そのことから、仲裁判断の基準も行政訴訟におけるそれに類似してくることになる。

競技団体の任務は、傘下の選手を育成し、裾野を広げるとともに頂点を高くし、その競技における個々の選手の競技力を最大化することにある。このような目的達成のためには、競技団体

は刻々と変化する状況に対応して方針を決定し，また，日常的に個別の判断・決定をしていく必要があり，そこには一定範囲の裁量権が認められるべきことは当然の要請である。

だからといって，競技団体が下す決定になんらの制約条件もなく，すべてその裁量に委ねられてしまってよいわけではない。一定の合理性のある基準を定めて公表し，それを適切に運用・適用し，また，特に特定の者に不利益な処分を課す場合には，手続き的な保障を十分に与えた上で決定をする必要がある。そのような観点から，これまでのスポーツ仲裁において仲裁パネルにより示された判断基準は次のとおりである（馬術事件の仲裁判断からの引用）。

「日本においてスポーツ競技を統括する国内スポーツ連盟（被申立人もその一つである）については，その運営に一定の自律性が認められ，その限度において仲裁機関は，国内スポーツ連盟の決定を尊重しなければならない。仲裁機関としては，①国内スポーツ連盟の決定がその制定した規則に違反している場合，②規則には違反していないが著しく合理性を欠く場合，③決定に至る手続に瑕疵がある場合，または④国内スポーツ連盟の制定した規則自体が法秩序に違反しもしくは著しく合理性を欠く場合において，それを取り消すことができると解すべきである」。

この基準は，要するに，競技団体には当該競技を統括・運営していく上での裁量権が認められ，これを最大限尊重すべきであるが，他方，法的な観点から，最低限度，上記の4つの点において問題があれば，その決定は取り消されるべきであるとするものである。

このような判断基準であれば，問題となっている競技について素人である仲裁人であっても，法律的な素養を背景に，的確な判断をすることが可能であり，他方，このように限定された観点からの事後的なチェックであれば，競技団体がその目的を達成するために専門家としての裁量権を行使してする決定を阻害することはないと考えられる。法律の専門家と競技の専門家がそれぞれの領分を守りつつ，他方の領分については相互に判断を尊重する妥当なバランスであると評価することができよう。

参考文献

- スポーツ仲裁裁判所（CAS）
  http://www.tas-cas.org/（2012年12月1日）

（道垣内正人）

表1　スポーツ仲裁自動受諾条項の採択状況（2007年5月現在）

	採択済	検討中	未採択	不明	合計
統括団体（JOC・日体協・日本障がい者スポーツ協会）その他*	3		1		4
JOC加盟・準加盟団体	26	11	10	7	54**
日体協加盟・準加盟団体	2	3	5	1	11***
都道府県体協加盟・準加盟団体	4	21	19	3	47
日本障がい者スポーツ協会加盟・準加盟団体	10	10	7	18	45
合計	45	45	42	29	161

* 統括団体のうち，日本障がい者スポーツ協会は未採択。「その他」の日本アンチ・ドーピング機構は採択済。
** 日本スポーツ芸術協会を除く。
*** 重複を避けるため，JOC加盟・準加盟団体および都道府県体協を除く。

表2　これまでの仲裁事件（2007年5月現在）

事件番号 JSAA-AP-	事件名*	申し立ての概要	結論	仲裁判断言渡しの日	仲裁人の数	申し立てから言渡しまでの期間	審理終結から言渡しまでの期間
2003-001	ウエイトリフティング事件	除籍処分の取消	処分取消し。申し立て料金の相手方負担。	2003年8月4日	3名	1ヵ月と20日	14日
2003-002	テコンドー事件	ユニバシアード大会派遣選手等選考決定の取消等	請求棄却（一部は却下）	2003年8月18日	1名（緊急仲裁）	5日	0日
2003-003	身体障害者水泳事件	強化指定選手に指定しない旨の決定の取消等	請求棄却	2004年2月16日	3名	5ヵ月と27日	12日
2004-001	馬術事件	オリンピック大会派遣人馬決定の取消等	請求棄却。しかし，申し立て料金および申立人の要した費用のうち50万円の相手方負担。	2004年7月14日	3名	22日	6日
2004-002	身体障害者陸上競技事件	パラリンピック大会派遣選手決定の取消等	請求棄却（一部は却下）	2004年8月26日	3名	1ヵ月	0日
2005-001	ローラースケート事件	アジア選手権への派遣選手決定の取消	申し立て却下	2005年5月6日	1名（緊急仲裁）	10日	1日
2006-001	セーリング事件	訴外オプティミスト・ディンギー協会のナショナル・チームへの内定取り消し決定を取り消すよう指導勧告せよ等	請求棄却（被申立て人の決定の内容確認請求については認容）	2006年11月7日	3名	1ヵ月と25日	16日

4章
スポーツとジェンダー

世界的規模で発展したスポーツにおいて,

これまで「男らしさ／女らしさ」が

どのように扱われてきたのかという視点は大切である。

その概要を知るために,ジェンダー研究からスポーツや体育をみた時,

どのような課題が山積しているのか,

様々な視点や論点をまとめた。

さらに,現在のスポーツがもたらしている

ジェンダーへの影響(揺らぎ)を紹介することで,

これからのスポーツとジェンダーの関係を概念について

より深く考える契機にしていただきたい。

ジェンダーの視点からみたスポーツ

04.A

スポーツの歴史と男／女らしさ

04.A.01

①「男らしさ」の起源と系譜

[「男らしさ」とは]

「性」(sex) は，一般的に男 (man, male) と女 (woman, female) との間の生物学的・解剖学的な差異を意味する。そうした生物学的に分類される「性」や「性別」(sexuality) と区別して，社会的・文化的に構築される性別を「ジェンダー」(gender) と表現する。つまり，「ジェンダー」は，「男らしさ」(masculinity) や「女らしさ」(femininity) と分類される文化的，社会的，心理学的属性を意味している。それゆえ，その二分法（ダイコトミー）を逸脱するLGBT（レズビアン，ゲイ，バイセクシュアル，トランスジェンダーの頭文字をとってこう呼ばれる）の存在が示すように，両性の「らしさ」も揺らぎをもつ差異となる。

[「男らしさ」の起源：狩猟・戦闘文化]

有史以前の人類の系統進化は「男／女らしさ」の性役割の分化と関係している。その分化の起源は人類生存上の機能によっていた。人類の生殖と種の保存は，性の役割分化を前提とする豊饒儀礼や通過儀礼によって象徴されてきた。男は狩猟・戦闘と力仕事，女は子育てと家事という図式の起源は古い。戦闘技術の進化と戦士階級の発生，リーダーと従属集団の組織的・制度的関係の複雑化，位階と階級の発生と政治・統治機構の発達という進化過程は男女の性的差異と性役割の観念と機能を決定した。こうした性差を宿す先史時代からの人類の身体記憶は「男／女らしさ」に収斂する社会制度と秩序をもたらした。世界各地域の民族誌では，「男らしさ」がその当該社会の重要な価値規範を構成していたことを報告している。例えば，グレゴールはアマゾン流域の未開部族と現代アメリカ人の間に類似した男女の理想像が存在していることを見出した。彼は，「男らしさ」には未開と高度に近代化された社会に共通する「文化的差異を超越した連続性がある」と結論している (Gregore, 1985)。また，ヴェブレン (T. Veblen) も狩猟・戦闘文化のアーカイック（原始性の残る，古代ギリシャ風）な「男らしさ」が近・現代のスポーツマンの資質に見出されるとする。彼はアーカイックな「武勇」という精神構造が現代社会のスポーツやスポーツ精神に隔世遺伝として残存しているとした。「男らしさ」は「生物学的」基底の上に「狩猟・戦闘文化」の中で構成されたジェンダーであったといえよう。

[古代の「男らしさ」：神話・宗教，ギュムナスティケー]

ギリシャ神話の神々は，ジェンダー論の男性原理と女性原理という二分法によって把握できない混沌とした属性をもっている。神々は男神と女神とに分けられてはいるが，彼らが関与する事象の生成と存在事由のすべてを「性」の二元論で表現することは困難である。彼らの神々としての多様な属性は性差を超えているといえよう。LGBTという性の逸脱は神々が世界創造に必要とした所業でもあった。しかしそれにもかかわらず，神話は男女の「性」のアナロジーによる双分的な「宇宙観」を提供している。実際，古代社会の神話や宗教は「男／女らしさ」を伝承する重要なメディアであった。性の秩序は人類の古くからの関心であった。「性」の社会・文化的秩序を遵守させるため男色や獣姦等を禁止した「ソドミー」法（旧約聖書で神に滅ぼされる悪徳の都市ソドムに由来する言葉）は古代アッシリアの法典にみられるといい，「男らしさ」がすでに一定の社会秩序の基礎にあったことを教えてくれる。古代ギリシャの身体文化は「貴族の男たちの好戦的文化」の中で発達を遂げた。ギュムナスティケー (gymnastike) は「男性的な身体的武勇」を求める鍛錬形式であった。古代ローマでは捕虜や奴隷身分の剣闘士に苦痛と死を恐れぬ「男らしさ」を強要し，女性が競技に参加した記録は皆無であったという (Encyclopedia of World of Sports. Oxford Univ. Press.)。古代ギリシャ・ローマの身体文化は男性文化を中核にして発達を遂げた。

[中世の「男らしさ」：「騎士道」「武士道」と民衆スポーツ]

洋の東西を問わず，戦士階級が支配階級を構成した封建時代において，男性原理の精髄とでもいうべき騎士道や武士道が花開いた。日本では武士道は封建的支配体制の観念的支柱に位置し，江戸時代には儒教思想を取り入れた尚武，忠誠，礼儀，犠牲，信義，廉恥，質素，名誉，潔白などの「さむらい」の精神資質を形成した。一方，西洋騎士も武勇と信義，豪胆不敵な資質を，乗馬術，弓術，剣術，レスリング，馬上槍試合（トーナメント，ジュースト，ティルト等），水術，登攀術などの「騎士の七芸」によって鍛錬した。荒々しい騎士資質を「騎士道」にまで洗練したのは，キリスト教的神への奉仕，公正，礼儀，謙譲，寛大，弱者への保護，ミンネと呼ばれる婦人への献身的奉仕等，教会や宮廷社会からの影響であったといわれる。一方，階級が厳然と区分されていた封建時代にあって，祭日に行われる競技を含んだ民衆祭には，走，跳（幅跳び，三段跳び等），投（棒投げ，石投げ等），剣術，弓術，棒術，ボールゲーム，レスリング等，豊かな競技種目が存在し，共同体の若者の鍛錬や通過儀礼を兼ねていた。民衆祭は共同体の娯楽であると同時に「男らしさ」や「誇り」を試す機会でもあった。女性の競技参加は皆無ではなかったが状況的であった。封建時代には，階級のみならず，社会的・文化的に「男／女らしさ」がはっきりと区分されていた。

[イギリス市民社会における「男らしさ」とスポーツ]

17－18世紀におけるイギリスジェントルマンのスポーツの主流は狩猟であった。18世紀に制定・改定された狩猟法の突出した多さはそのことを物語る。一方，18世紀の商業主義の興隆と産業革命を通じて，ジェントルマンや市民階級は，庶民の「粗野」で「野蛮」な「民衆娯楽」を抑圧と庇護によって「民衆文化」へと誘導し始めた。庶民を教導し庇護することはジェントルマンのノブレス・オブリージュ（高貴な者がそれに応じて果たさねばならない社会的責任と義務）であった。18世紀初め頃から，上・中流階級の男性は趣味のための「クラブ」を結成し始めた。1750年頃にジョッキークラブ，1754年にロイヤル・

エンシェント・ゴルフ・クラブ，メルボルン・クリケットクラブ等の有力スポーツクラブが当該スポーツを統括し始めた。近代スポーツ体制の中核となるスポーツクラブは完全に男性中心の領域であった。18世紀に商業主義のもとで興隆をみた拳闘や賭け競走等の賭博スポーツや賞金スポーツの興行スポーツも女性の接近を妨げた。「紳士」と「淑女」を理念型とする「近代スポーツ」と「ジェンダースポーツ」が形成され，「民衆スポーツ」もジェンダースポーツの性分割に従った。男性と女性のスポーツ，娯楽には明瞭な差異が存在した。男は公的・家庭的権力に対する責任と特権という家父長的社会秩序を担い，女が服従するという「神授の自然秩序」と世界観を築いた。その自然秩序は植民地アメリカに移入され，「男らしさ」の概念はジェンダー・ヒエラルキーのみならず白人男性優位の人種的ヒエラルキーを形成した。

[近代体育と「男らしさ」]

フランスの思想家ルソー(J.J. Resseau)は，著書『エミール』(1762)の中で，奢侈・退廃・軟弱に冒された文明の教育を批判し，「自然」のもたらす鍛練を主張した。「自然教育」という文明批判は，ドイツ汎愛派の「近代体育の父」グーツムーツ(J.F. Guthsmuts)に継承された。彼は著書『青少年の体育』(1793)の中で，「野蛮人」とは区別される「自然人」の身体の完全性を求め，「古代ゲルマン人の若者の身体の健康と力，器用さと持久力，精神の豪毅さと古代ドイツ人の忠誠心，勇気と沈着」を「ギムナスティーク」という運動体系によって復活しようとした。一方，ヤーン(F.L. Jahn)は領邦国家に分断されていたドイツを統一するための社会運動と身体運動を結合した「トゥルネン」運動を展開した。彼は『ドイツ国民性』(1810)や『ドイツ国民体育』(1816)を著し，体操クラブで「トゥルネン」と呼ばれる国民的・集団的・組織的・男性的な体育運動を奨励した。ヤーンはトゥルネンによって「あらゆる兵役に耐え得る男性が身体運動によって戦闘力をもつ」ことを求め，愛国的で男性中心の準軍事訓練組織を作り上げた。しかし，ギムナスティークやトゥルネンを男性の身体文化であったと断定することはできない。クリア(P.H. Clias)，シュピース(A. Spiess)，クロス(M. Kloss)やスウェーデン体操のリング(P.H. Ling)らは，女子体育の理論と内容に大きな功績を残したからである。

[イギリスのスポーツ教育と「男らしさ」]

イギリスの中等教育機関のパブリックスクールの生徒や大学の学生は，18世紀に興隆し始めた民衆スポーツを課外の活動として学内で組織化し始めた。教育機関におけるこうした競技スポーツを愛好する動向は19世紀前葉頃から盛んになり，帝国主義的競争が激化する19世紀中葉には「アスレティシズム」と呼ばれる競技礼賛主義がアマチュアリズムとともに一般化し始めた。ボート，クリケット，フットボール，陸上競技等の代表的な近代スポーツは，スポーツクラブとともに教育機関の課外活動を通じて普及した。課外での「スポーツ教育」を擁護したのがラグビー校長のアーノルド(T. Arnold)，聖職者で小説家のキングズリ(C. Kingsley)，ラグビー校のアーノルドの生徒であり，小説家のヒューズ(T. Hughes)らの筋肉的キリスト教徒(Muscular Christianty)であった。彼らはスポーツやゲーム活動を男らしさ，勇気，チームスピリット，正義感，リーダーシップを鍛えるものとして評価した。彼らは「男／女らしさ」の区分を強調したが，女性のスポーツ参加を否定するというよりもむしろ奨励し，「女性らしい」活動と方法が存在するという常識を強化しようとした。イギリスの女子パブリックスクールにおけるゲーム活動の導入は1860年代頃から女性校長のバス女史(F.M. Buss)やビール女史(D. Beale)によって推進された。女子体育の普及に関心をもっていたキングズリの推奨によってホッケー等のゲーム活動が導入された。女性がスポーツの選手権に参加し始めるのはアーチェリー(1845)，クロケー(1869)，ローンテニス(1884)においてであった。

一方，19世紀イギリスのヴィクトリア朝時代に数多く出版された少年少女向けの遊戯書は，「男／女らしさ」の性分割を再生産し固定観念を形成した。例えば，1896年にある「淑女」によって出版された少女のスポーツ本では，漕艇とクリケットが「本質的に少年の遊び」として分別された。少年と少女の遊戯書にみられる性分割は，「大人」(紳士／淑女)のジェンダー意識を子どもたちに刻印し再生産するものであった。

[近代スポーツ体制の確立，帝国主義戦争と「男らしさ」]

イギリスにおける各種スポーツ統括団体は1850年を画期として設立され始め，男性支配のスポーツ体制を築いた。一方，イギリスの女性は1890年代頃から様々なスポーツの競技会に出場し，19世紀末から20世紀初期にかけて，ゴルフ(1893)，ホッケー(1895)，ラクロス(1912)，陸上競技(1922)，漕艇(1923)，クリケット(1926)等の女性自身の統括組織を結成し始めた。しかし，この時期は各種スポーツの国際競技連盟(International Sports Federation: IF)が1880年代から20世紀前葉にかけて急速な普及をみた時期と一致し，ユーロセントリズム(欧州中心主義。欧州文明に基づく観念によって他の文明を理解しようとすること)，コロニアリズム(植民地主義)，白色人種優越，男性優位の国際スポーツ体制の確立でもあった。しかし，IFが制定する国際的統一ルールの浸透は，植民地における支配・被支配の優位関係を国際スポーツの領域で相対的，転位可能な関係としたことから，ポストコロニアル期の黒人(有色人種)の台頭を予兆するものでもあった。

1894年に国際オリンピック委員会(International Olympic Committee: IOC)を設立したクーベルタン(P. de Coubertin)は，近代オリンピック競技会を通じてスポーツの国際化と平和主義を促進する中で近代スポーツ体制の確立を導いた。しかし，彼の構想したスポーツの国際試合は，アマチュアリズムとプロフェッショナリズム，商業主義，政治的イデオロギー，ナショナリズム，植民地主義，帝国主義，国際主義，競争主義・弱肉強食・ソーシャルダーウィニズム，人種差別，女性差別等，様々な問題が濃縮されるトポス(場所)となり始めた。ジェンダー問題では，クーベルタンは「大人になる少年たちを鍛え，とりわけ男性のゲームに対する強い嗜好を発達させること」にこだわった。

スポーツにおける「闘争」という深層構造は近代スポーツとその精神に残存した。植民地主義と帝国主義期の覇権主義における「男らしさ」という男性アイデンティティーもこの「闘争」のコー

ドを不可欠とした。特に欧米における白人男性中心主義は，植民地支配と帝国の形成を白人の優越性とみなし，被支配民族や有色人種を劣等とみなす傾向を生んだ。ヴィクトリア朝から2つの世界大戦の終結に至る帝国主義の熾烈な覇権競争は，国家効率と好戦的軍隊組織の隆盛を導きジェンダー的性差別を補強した。多くの国々では準軍事的な若者組織が結成されたり防衛力向上のための体力政策が登場した。イギリスでは志願兵法が制定されたり(1863)，ボーイズブルゲード(1883)，青少年教練協会(1899)，ボーイスカウト運動(1908)が組織された。イタリアではムッソリーニのファシスト党の政権獲得から3年後にドーポラボーロ(全国余暇事業団，1925)の設立と青少年組織(バリッラ)による青少年の強化と錬成が推進され，ドイツではナチスが政権を獲得して3年後の1936年にはヒトラーユーゲント法を制定した。1917年のロシア革命で誕生した共産主義ソビエトでは防衛力の向上のために全ソ体力総合検定「ゲーテーオー」を制定した。日本でも厚生省が戦時能力向上を意図した体力章検定(1939)，身体検査を義務づけた国民体力法(1940)を制定した。2つの世界大戦は，男性の身体と体力を国民皆兵と徴兵制のもとで国家的管理の対象とすることにより，民族的に「標準化」された軍人的「男らしさ」をもたらした。

[「男らしさ」の揺らぎとスポーツ：ポストコロニアリズム・消費文化]

第二次大戦後，世界が脱植民地化の時代に入り，宗主国による植民地支配と抑圧が批判され，スポーツも植民地を抑圧し，収奪し，懐柔する文化として把握され始めた。一方，オリンピック等の国際スポーツ大会は自由主義圏と社会主義圏がイデオロギーの覇権と正統性を競う場となった。経済的には産業と市場の国際化が進展し，日本でも1970年頃消費社会が到来した。しかし，1989年のベルリンの壁崩壊が象徴する東側諸国の雪崩現象は，アメリカニズムのグローバリゼーションを勢いづけた。既存のイデオロギー対立は人種，民族，階級，性差，年齢，宗教，地域といった差異に置換され，グローバリズムと多民族社会，消費文化の中に取り込まれた。核家族化，個人主義化，男女平等と男女協働社会への動向，女権の拡張，男性権力の減衰といった社会変動の中で，文学，映画，芸術，音楽，様々なメディア(ラジオ，テレビ，ソーシャルネットワーキングサービス)，文化的イコノグラフィーや「漫画」雑誌などのポップカルチャーが「男／女らしさ」の深層心理を揺さぶり始めた。スポーツにおける「男らしい」女性，「女らしい」男性は，ともに「商品」として価値ある存在となり始めた。女性アスリートの数は増加し続け，オンピックへの出場選手数で男性を上回る国(日本は2008年の第29回大会〔北京〕，2012年第30回大会〔ロンドン〕)が現れ，2012年の第30回大会(ロンドン)では全スポーツ種目で男女が出場できるようになった。「男らしさ」の最後の砦としてのスポーツは両性が「等しく」挑戦し実施できる文化領域となった。さらに，アメリカのサンフランシスコで1982年に開始されたゲイ・ゲームスが象徴するように，LGBTはスポーツ領域における両性の「らしさ」に揺らぎをもたらし，スポーツをニュートラルな自己表現の文化領域に変えている。

(阿部生雄)

② 変容する「女らしさ」とスポーツ

[「女らしさとは」]

スポーツや体力を評価する指標には，速さ(時・分・秒)・重さ(kg)・距離(m・km)などがある。男女のいずれも「同じ指標」が用いられる。体操などいくつかの例外はあるものの，基本的にはどの競技も男性と女性は「同じこと」を行う。一方で，スポーツでは男女が別のカテゴリーで実施され，種目によっては道具の重さや高さや大きさを変えるというルールが設定されている。このルールの根拠は両性の平等を担保することだとされる。このルールは，スポーツの歴史上，後発者であった女性の参加拡大に寄与してきたし，スポーツのおもしろさを保障する機能も果たしてきた。しかし見方を変えれば「同じ指標で」「同じこと」を行っているスポーツだからこそ，ルール上の線引きをしなければ，男性と女性の区別が混乱する場合があるともいえる。「速く走る」ことの追求という観点であれば，100mを12秒台で走る男性より，11秒台で走る女性の方が優れている。しかし，スポーツではそのように男性と女性を混在させる比較はほとんど行われない。体力テストの結果は「平均的」な男子・女子という枠組みが外されることはなく，グラフは常に男女別に描かれる。

つまり，スポーツは「性差のある身体」を通じた活動でありながら，ルールによって線引きしておかなければ「性差がない」ことになってしまう結果が生まれることを，あらかじめ理解した上で成立している文化なのだと考えることもできる。スポーツにおける「女／男らしさ」とは，このようなおそらく誰も意識してこなかった「隠れた意図」が基盤となり，社会的な規範と密接に関係している点で，他の社会的事象とは異なっている。

「女／男らしさ」の境界は，時代や社会や文化によって異なる。また両者を峻別することもできない。それにもかかわらず，ある特定の人間像や性格，振る舞いなどを「男らしさ」と位置づけ，そこには含まれない人間像や性格，振る舞いを「女らしさ」と位置づける考え方は深く根づいている。人間を2つに分けてきた「らしさ」は，一方をイメージすることができなければ他方もまたイメージができないという，関係性の上に成り立っている。例えば与謝野晶子は「女らしさとは何か」(1921年)において，特定の時代の特定の文化や社会の中で語られる「女らしさ」を描くとともに，上述の関係性の概念として「女／男らしさ」が存在し，それらがある種のフィクションであることを看破している。

現状では医学的には人間の性を峻別することは困難であるとされている。この問題は，スポーツ領域における「性別(女性)確認検査」が，近年では，体内の男性ホルモンの値が高い「高アンドロゲン血症」であるか否かの検査へと変化したことにも示されている。以下で示すように「女らしさ」は特に近代以降，男性中心の社会や男性の権力を支える存在としての女性にあてはめられた「らしさ」であったために，「男らしさ」よりも低く価値づけられる場合があった。両性の平等を追求する現代社会においては，個人のどのような「らしさ」も尊重されることが求められている。

[古代の「女らしさ」と身体活動]

前掲の「男らしさ」の項に記されたとおり，ギリシャ神話の神々の多様な属性は性差を超え，神話世界は必ずしも「性」の二元論で表現することはできない。その一方で，当時の現実社会においては，女性たちは公共の場での集会や行事にほとんど参加することができなかった。そのため，宗教的・政治的に重要な意味をもつ古代の競技会においても，女性の参加はもちろん，観戦も禁じられていた。オリンピアでは未婚の女性たちが徒競走を行う「ヘラ祭」が存在し，当時の芸術作品にはランニングやダンスに興じる女性の姿が描かれている。つまり，女性が身体活動を行わなかったわけではない(楠見，2004；結城，2004)。軍事国家へと変質した紀元前8－6世紀頃のスパルタでは「強健な男子を産む」ために女性が「女らしさ」を打ち消す体育やスポーツが利用されたとされる(真田，2001)。

中国では女性の蹴鞠が盛んで男女一緒に楽しんだとの指摘もある。日本の場合，古代の女性の身体活動に関する知見はほとんど得られていないが，日本語学上は「古代の日本語には性差がなく，中世に芽生え，江戸時代に育ち始め，明治時代から昭和初期にピークを迎える」(藤田ほか，2003)とされる。このことから，洋の東西を問わず性別役割分業の起源は古代にさかのぼるが，近代のようには「らしさ」が強調されない時代や地域があったと考えられる。そのような時代や地域では，女性の身体活動が後の時代にみるような社会的な規範を含む「女らしさ」の観点で強く批判されることはなかった可能性がある。

[西洋中世の「女らしさ」と身体活動]

西洋の中世に発達した騎士道は，「男らしさ」を正当化し，積極的な価値をもたらした。この正当化や価値づけは，「男らしさ」が男性の誰にでも備わっているものではなく，鍛錬によって獲得されるものであり，優れた騎士が体現すべき倫理的な規範であるとされたことによる。これ以前の騎士たちの身体活動や民衆の娯楽は，当時の社会に強い影響を及ぼした宗教的な観点から，否定的に捉えられた。「身振りは魂のあり方と連関しており，激しい動きをともなうスポーツは，魂を落ち着きなく動揺させ，安定した美徳の形成ひいては秩序ある社会の建設に背馳するものと考えられた」(池上，1992)ためである。人々が熱狂する競技がしばしば王の勅令によって禁じられた背景には，スポーツが教育的な意味を全くもたない暴力的なものであり，抑制されるべき身体文化に位置づけられていたことがある。同様に，感情の激しい起伏や社会秩序の混乱は，宗教的な禁欲の観点によって敬遠された。知識人たちがスポーツを積極的に評価し始めるのは，14－15世紀に入ってからであった。したがって，スポーツが"正当な男らしさ"を試す機会として機能し始めるのは，この時期以降であったともいえる。

このような"正当な男らしさ"が醸成されていった一方で，「女らしさ」にもそれまでとは異なる意味がもたらされるようになる。そこでの「女／男らしさ」を知る手がかりは，衣服やモードの文化史にみることができる。北山(1999)によれば，中世の衣服の変化は次のようであった。中世初期には，男女とも，1枚の布に首の穴をくり抜いただけの同じような衣服を着ていた。この衣服の形状は階級の違いも反映していなかった。11世紀を過ぎると，美しいひだが着けられるなど優美さが増したが，男性がこれを着用することが女性的であるとして非難されることもあった。衣服における「女／男らしさ」は，14－15世紀になってから追求されるようになったとされる。例えば，女性の衣服はスカート部分が地面を引くほど長くなり，円錐形のとんがり帽子とヴェールを組み合わせた被りものや髪を様々な形に結うファッションも，これ以降に流行する。

騎士道において，弱者を保護し，貴婦人に献身することが行動規範とされ，女性は男らしさを称賛するための存在とされたことと，これら池上(1992)が明らかにした衣服の変化は軌を一にしている。民衆の衣服は，エリート階級よりは機能的であったとみられるが，流行のファッションは女性が身体的な活動性を発揮できるものではなくなっていったと考えられる。また先に述べた宗教的な価値観から，感情の激しい起伏や社会秩序を混乱させるような性的放縦は，「女らしさ」からの逸脱であるとして非難された。

以上のように，中世の西洋社会では「女／男らしさ」は，それぞれの「らしさ」を社会規範の文脈で解釈することによって強調され，正当化されるようになった。さらにそれぞれの「らしさ」は，「女らしくない」ことイコール「男らしい」というような単純な関係ではない，すなわち非対称な意味合いを含むようになっていった。

[近代の「女らしさ」と体育・スポーツ]

ヨーロッパにおける社会の近代化に伴い「女／男らしさ」には絶対的な区別がつけられるようになった。それがどのように確立していったか，また区別がつけられた「らしさ」と体育やスポーツはどのように相互に影響していたのだろうか。この疑問に対しては，身体・衣服・モードなどを扱った文化史的研究が多様な角度から説明している。例えば三浦(1994)は，18世紀から19世紀にかけての大きな変化の要因として，近代的軍隊の成立と産業革命を位置づけて説明する。三浦によれば，この2つの要因は，男性にとってそれ以前には密接な関係にあった舞踊と武術を断絶するものへと変化させた。舞踊から男性の姿は消失し，舞踊は女性の領域になったというのである。さらに男性たちは兵士や労働者がもつべき「健全な身体という幻想」を与えられ，体育やスポーツへと駆り立てられたと指摘する。かつて軍隊への志願者を募る手段として，また軍事に必要な身体訓練の1つとして存在した舞踊は，健全で規律正しい身体を求める近代的軍隊にとって無縁なものとみなされるようになった。また，産業革命は，フォークダンスの主役であった男性舞踊手である若者たちを都会の工場へと向かわせ，労働者としての悲惨な生活によって身体を害された彼らには，体育の前身となる体操が奨められることとなった。

衣服の流行においては，上述の社会を支えるシステムの変化と前後して「男性服が単純で地味な，ほとんど制服に近いスタイルに収斂してゆくのとは対照的に，女性服のほうは華麗さを競うことに関心が集中していった」(北山，1999)。この変化について北山は，当時のエリート階級におけるエレガンスの意味を「いかに労働の臭いを消す

か」であったという解釈のもと，働かなくてもよいとされていた人々の体現者として女性が位置づけられた証しであるとする。流行は，多くの場合，階級を乗り越えたいという人々の願望を伴って，エリート階級からより下位に位置づけられる階級へと広がる。したがって，労働者など非エリート階級にも，このようなエレガンスの意味は次第に浸潤し，階級にかかわらず女性にそれが必要とされたことは想像に難くない。フランスでは1800年にパリ警察庁により「女性が男性の服装をする際には，医学的理由に基づくこととし，警察の許可を要する」という規則が出されるに至っている。

一方，エレガンスの意味は，幾何学的，合理的な観点での優美さという点に拡大したという解釈もなされている。この解釈によれば，17世紀半ば頃にすでにみられる剣術指導書の身体技術の多様化は，男性の動作世界を拡大させるとともに，法則性・規則性をもつ動作を表象する道具として剣を用い，防御や攻撃の技術に巧みさの追求という要素を持ち込んだことになる（ヴィガレロ，2010）。

筋力的な力強さは，すでに中世から「男らしさ」の価値の中でも権力を象徴するものとして理解されたが，それに加えて見栄えや巧妙さなど優美という価値が加わったといえる。

近代社会は，社会の人間のあり方を性別に二元配置する。つまり，労働や政治という公領域を担う男性とそれを支える家庭という私領域を担う女性という図式が社会をより発展させると考え，性別役割分業を強化することによってそれは確立された。この変化に伴い，「女らしさ」は労働と無縁であるもの，労働を担う男性にとって心地よい環境を提供するもの，としての意味を与えられることとなった。その意味には，舞踊の担い手の変化に顕著に示されるように，みるものではなくみられるものであることが含まれていた。この変化は，同じく近代に成立したスポーツと女性を縁遠いものとして位置づけ，スポーツへのアクセスは，様々な観点から「女らしさ」を逸脱する行為だとされた。

さらに18世紀以降の生理学や解剖学など医学的な知識の深化によって，男性との顕著な差異がある生殖器官とのかかわりの中で「女らしさ」が語られたことも，「女らしさ」と体育・スポーツの歴史に影響を与えることとなった。小倉（2006）によれば19世紀の女性をめぐるディスクール（言説）においては，「女性はほとんど常に病人であり」，月経や妊娠という「女性特有の病」によって脆弱性と過度の神経症にさらされる存在だとされた。さらに小倉は当時の礼儀作法書を分析し，乗馬やクロッケーやテニスといったスポーツへのアクセスが可能であったエリート階級の女性たちであっても，身ぶりやしぐさの誇張や大げささは非難され，飾り気のなさ，控えめ，抑制が求められたことを指摘している。

要するに近代初期の体育やスポーツは，「男らしさ」にとっては「動くこと」を訓練するものであり，「女らしさ」にとっては「必要以上には動かないこと」を訓練するものであったといえる。とはいえ，このような「女らしさ」の規範を乗り越えようとする女性たちが存在しなかったわけではない。19世紀末頃の文学作品には，パラシュート降下をしたり（富山，1993），自転車に乗る女性の姿（稲垣，2003）が描かれる。そこでの表現は，時にはその行動がいかに「女らしさ」から逸脱しているかを揶揄するものであったが，逸脱が存在したことのなによりの証しでもある。このような女性の存在は，スポーツだけでなく「女性に禁じられた楽器」を演奏することによって自立をめざした女性音楽家に関する歴史にも示されている（ホフマン，2004）。

規範的な「女らしさ」への女性たちの挑戦は，20世紀，とりわけ1920年代に入ってから顕在化する。前掲の「男らしさ」の項で示されたとおり，女性自身がスポーツの組織化を始めたこと以外に，これまでみてきたような髪型や衣服といったモードの文脈からも読み取ることができる。この傾向は，政治，労働，財産といった分野での法的権利を求めた第一波フェミニズムと結びついている一方で，そのような社会的な異議申し立てを意識しない，いわゆるフェミニストではない女性たちにおいても，世界各地で「新しい女」「モダンガール」と形容される姿で明示された。磯山（2010）はスペインにおける1920年代の断髪やスポーツへのアクセスという女性たちの変化を読み解く中で，その深層には「心地よさ（cómodo）」を求める身体感覚があったと指摘している。

このような女性たちの変化の背景には，教育の普及があった。学校における体育は，脆弱な女性の身体を妊娠・出産という生殖領域や育児という母性領域と結びつけることによって，「女らしい」動きの基準を次第に「男らしい」動きの方向へとずらしていった。さらに，高等教育を受ける女性が増えるに従って，それまで男の領域とされてきた様々な職業分野に女性が進出することになる。一方で，兵士以外の男性たちにとって，近代産業化が進む労働の場は筋力的な力強さを発揮する機会ではなくなっていく。この女性の社会進出と男らしさの発揮の場の減少という2つの要素は，厳然と区別されていた「女／男らしさ」の境界を曖昧にすることになる。そのために「女性的なものにたいする侮辱は，男性的なものの自己弁護であり，女性性にたいする異議申し立ては，男性性の危機感」（小倉，2006）として表明される。

変容する「女らしさ」を象徴する文化的事象のうち，スポーツはこのような異議申し立てを激烈に受けた領域の1つであったといえる。「汗／労働」「人目にさらされる肌／性的放縦」「力強さと巧みさ／権力の象徴」「激しい動き／病と脆弱さの対極」など，スポーツが女性に可能にさせることのすべてが，中世以降に蓄積されてきた「女らしさ」に抵触するものとして非難されることになった。女性の水泳に対する批判があまりみられないことは，これを典型的に示している。女性の水泳は1912年の第5回オリンピック大会（ストックホルム）で実施され，導入に際してのIOCの議論にはほとんど抵抗がみられない。同時期の陸上競技に対する激しい抵抗とは全く異なる様相を示している。その理由は，レクリエーショナルな段階としての海水浴が健康の観点から受容されていたことに加え，競技性が高まった後にも医学的な擁護を得られたこと，水中での運動が汗と露出する身体という問題を回避し，プールに典型的に示されるように，他の競技に比べると閉じられた環境で実施された

ことにあったとされる（Myragaya, 2006）。

「女らしさ」にとって消極的な価値でしか評価されなかったスポーツは，第二次大戦を迎えようとする1920年代後半から，その価値を逆転させることになった。日本では，人見絹枝や前畑秀子らの国際大会での活躍がこの時期に相当する。彼女たちの傑出した活躍は，ナショナリズムと結びつくことによって一転して評価され，女性のスポーツへの参加を促していく。そのことは，「女らしさ」のイメージをさらに「男らしさ」の領域を侵食するものへと拡大させることに結びついたが，「男らしさの危機」からの抵抗はあきらめられていない。それは姿を変えながら続けられることになる。例えば，「女性に適したスポーツ」を教育の中で捻出しようとする思考や国際舞台における女性スポーツを融和的な国際交流に位置づけようとする言説がこれに相当する。性別確認検査という科学的方法によって，女／男の線引きを明確にし，いわゆる第三の性と呼ばれた性分化疾患など性の2項から逸脱する存在を排除する動きは，1930年代半ばにその端緒がみられる。

現代においても，「女らしさ」の変容に伴う「男らしさの危機」は，様々な姿形で社会に立ち現れている。「東洋の魔女」として知られた女性選手たちが理想的な妻・母の像と結びつけて語られる報道，女性選手のアイドル化・商品化，「男らしさ」を象徴するスポーツに分類されてきた競技に取り組む短髪の女性選手を同性愛者だとみなす傾向，男性と変わらぬ衣服や髪型でスポーツをする女性が増加する一方で旧来からの女性的な美を象徴する（非スポーツ的）女性アイドルを流行させる風潮，などがそれにあたる。

以上みてきたように「女／男らしさ」は，衣服・髪型・しぐさ・態度・身体訓練によって獲得されるはずの人格など，人間の身体を取り巻く文化と密接な関係をもっている。20世紀までの歴史において，「女らしさ」は体育・スポーツを含む身体活動をする女性にとって，なんらかの制約をもたらすものであった。しかし20世紀初頭以降は，中世から近代にかけて蓄積された「女らしさ」を女性が乗り越える手段として

機能するようになった。戦後においては，スポーツは教育の欠如や貧困という観点での女性たちの中にも存在する差異を乗り越える手段にもなりつつある（新，2013）。より現代的には，開発分野等におけるスポーツは，女性が「女らしさ」という社会的な規範を乗り越え，公的な役割を果たすとともに自分らしく生きることをめざす実践として期待される文化になっている。その期待には，スポーツが培ってきた「男らしさ」を称揚することに終わらず，変容しつつある「男らしさ」が暴力性や力による他者の抑圧というスポーツそのものが抱える課題の解決にも寄与することが含まれている（來田ほか，2013）。

（來田享子）

参考文献 04.A.01

①
- Gregore, Thomas. 1990.「不安な快楽」Gilmore, David. *Manhood in the Making - Cultural Concepts of Masculinity*. Yale University Press（前田俊子 訳 1994.『「男らしさ」の人類学』11. 春秋社）
- Veblen, Thorstein. 1899. *The Theory of Leisure Class: An Economic Study in the Evolution of Institutions*. New York（小原敬士 訳1961.『有閑階級の理論』〈岩波文庫〉240. 岩波書店）
- Levinson, David et al. 1999. *Encyclopaedia of World Sport: From Ancient Times to the Present*. Oxford University Press.

②
- 新雅史 2013.『「東洋の魔女」論』〈イースト新書〉イースト・プレス

c
- 池上駿一. 1992.『歴史としての身体－ヨーロッパ中世の深層を読む－』柏書房
- 磯山久美子. 2010.『断髪する女たち－1920年代のスペイン社会とモダンガール』新宿書房
- 稲垣正浩. 2003.『評論文学のなかにスポーツ文化を読む』叢文社
- 小倉孝誠. 2006.『〈女らしさ〉の文化史－性・モード・風俗』〈中公文庫〉中央公論新社
- 北山晴一. 1999.『衣服は肉体になにを与えたか－現代モードの社会学』朝日新聞社
- 楠見千鶴子. 2004.『ギリシアの古代オリンピック』講談社
- 真田久. 2001.「古代ギリシャの体育・スポーツ」木村吉次 編『体育・スポーツ史概論』市村出版
- ジョルジュ・ヴィガレロ. 2010「競技とエクササイズ」アラン・コルバンほか 監修, 片木智年 訳『身体の歴史Ⅰ 16－18世紀 ルネサンスから啓蒙時代まで』藤原書店
- 富山太佳夫. 1993.『空から女が降ってくる－スポーツ文化の誕生』岩波書店
- 藤田知子ほか. 2003.「誌上シンポジウム：言語と／のジェンダー：フランス語と日本語の場合」『フランス語学研究』37: 79－86.
- フライア・ホフマン. 2004.『楽器と身体－市民社会における女性の音楽活動』阪井葉子, 玉川裕子 訳 春秋社
- 三浦雅士. 1994.『身体の零度－何が近代を成立させたか』〈講談社選書メチエ〉講談社
- 結城和香子. 2004.『オリンピック物語』〈中公新書〉中央公論新社
- 与謝野晶子. 1921.「女らしさとは何か」『与謝野晶子評論集』〈岩波文庫, 1985年初版発行収録 e-Bookありも〉岩波書店
- 來田享子, 吉ılı康夫, 小石原美保 監訳 2013.〈国連文書翻訳〉『SDPIWG報告（2008）』「開発とスポーツに向けたスポーツの力の活用：各国政府への勧告」「第4章スポーツとジェンダー：少女／女性のエンパワーメント」『スポーツとジェンダー研究』11: 114－51.
- l'ordonnance du préfet de police Dubois n° 22 du 16 brumaire an IX（7 novembre 1800）.
- Miragaya, Ana Maria. 2006. *The Process of Inclusion of Women in the Olympic Games*（Gama Filho大学提出学位論文）

ジェンダーという概念とスポーツ 04.A.02

① ジェンダーという視角

ジェンダー（gender）という言葉は，もともとは英語を除いた多くのヨーロッパ系言語にみられる，名詞に割り振られた性別をさす言語学上の専門用語である。この性別は，あくまで言語ごとに異なる恣意的なものであって，たいていの場合，せいぜい冠詞を選択する際の判断基準として使用されるだけである。

1960年代後半に欧米でフェミニズムが盛んになると，ジェンダーという言葉のこうした恣意性が注目されるようになる。女性の地位向上をめざすフェミニストは，女性に対する「女らしさ」の押しつけを生物学や遺伝学で正当化する議論に対抗して，その多くが特定の社会内でしか通用しない約束事であると主張するようになった。例えば英語圏には，もともと性差を表す言葉としてセックス（sex）があったが，妊娠できるかどうかといった生物学的に否定しようもない性差以外にその語を使用することが批判されるようになった。それ以降，ジェンダーという言葉は言語学者だけが使うものではなくなり，「社会的性差」という意味で一般に広まっていった。

能力，性格，役割における両性の格差を人間社会に普遍の伝統や生物学的必然とみなす考え方に対して，フェミニストたちはジェンダーという言葉を武器に闘った。そうした考えを偏見であると批判し，反旗をひるがえす上で，2つの学術研究が後押しをした。その1つはミード（M. Mead）の『男性と女性』であり，もう1つはマネーとタッカー（J. Money & P. Tucker）の『性の署名』である。前者は主に社会生活の成立過程を画一視する伝統主義を反駁するために

使われ，男女がそれぞれに担うべき役割は文化によって様々であることを文化人類学者の立場から主張した。他方で，後者は生物学的決定論に対する反論に使われた。マネーらは，男性として生まれた子どもが不幸な事故によってペニスを失った後，女性として育てられた事例を紹介し，医学的な見地から環境による性の可塑性を強調した。この2つの研究は，ウーマンリブ（women's liberation: 女性解放）運動の高まりと並行してそれぞれの分野でパラダイムシフトを引き起こし，その後は類似した視点からの研究が大量生産されるようになった。それらを参照することで，フェミニストたちは男女同権を獲得する上で，正当性を主張できるようになった。

欧米をはじめとした西側先進国において，フェミニズムが盛んになった1960年代後半から70年代は，若者を中心に社会変革への希望が高まった時代だった。そうした情勢において，伝統や遺伝を口実にした男性による女性支配は，資本主義が生み出す過酷な経済格差や経済植民地に対する大企業の搾取と同根のものとみなされ，その批判が後押しされることとなった。実際，当時の社会主義諸国においては資本主義諸国よりはるかに女性の社会進出が盛んだったこともあり，フェミニストたちの性差別を打ち破ろうとする努力は，単なる空論ではなく実現可能なものとして受け入れられていった。

こうしてジェンダーという言葉は，性差を絶対視せず，単に社会的な規約とみなす視角を支える語彙として一般化していった。それも寄与して，例えば1979年には「女性に対するあらゆる形態の差別の撤廃に関する条約」が第34回国連総会で採択された。この条約を批准した日本でも，1985（昭和60）年に男女雇用機会均等法が制定されている。もちろん法律ができたからといってただちに社会習慣が変化するわけではないが，1990年代以降，セクシュアルハラスメントが相次いで裁判沙汰になったこともあって，労働の場で女性が「女らしさ」を強要されることは以前より少なくなっている。

② ジェンダーから捉えたスポーツ

こうした社会変化に対して，スポーツの世界は必ずしも敏感ではなかった。むしろ「男性中心主義の最後の砦」と呼ぶ人が出るくらい，長らく抵抗の拠点となってきたのは一面の真実である。例えば女性のマラソン参加は，オリンピックでは1984年の第23回大会（ロサンゼルス）に公式競技となったが，社会全体の変化を考えれば，それは「遅ればせながら」というべきものであろう。近代オリンピックの開催を提唱したクーベルタン（P. de Coubertin）は，女性のスポーツ参加について，「実際的でもなく，美しくもない。さらにつけ加えれば，明らかに間違っている」という言葉を残した。今さらそこまで極端な主張をする人はいないが，野球とソフトボールの棲み分けのように，スポーツ界で男女の格差を保持しようとする動きは依然として根強いともいえる。

そうしたスポーツ界でジェンダーが問題化する事例を整理すると，おおよそ2つの場合分けが可能であろう。

1つは，男性中心主義の保護に結びつく社会関係の反復強化であり，もう1つは，男女の身体的差異の拡大と相互補強する性差の生物学的決定論の肯定である。

まず前者だが，しばしば男性の年長者が務めがちなコーチによって，女性選手がセクシュアルハラスメントの被害を受けるケースがその代表例として挙げられる。しかしこの問題に関しては，性犯罪として処罰できる上記の事例よりむしろ「社会通念に沿った」事例にその根深さが現れている。例えば有名なマラソンのコーチが，指導する女性選手について，競技上好成績をあげるためには肉親以上にコーチと親密な関係を保持しなければならないと主張し，しかも実際に好成績を上げ続けている場合，それを批判するのは容易ではない。限界を超える訓練を課したり，日常生活に対する過干渉があっても，選手本人が好成績の代償として納得していれば，余人が口出しするのは難しい。

オリンピックに出るようなレベルでなくても，競技スポーツにおいて，こうした穏やかな形の女性選手支配は珍しくない。競技スポーツの世界は，男女の差異と男性の優位に重きを置く一般社会の延長線上にあって，それが競技の世界で女性より男性のコーチを多く生み出す要因になっている。だが，話はそこにとどまらない。女性選手の側にも男性優位な社会に生まれて育ってきた経緯がある以上，競技指導を受ける上で，家父長的な振る舞いのコードが効果をもち得る。なぜなら，パフォーマンスを高めるために精神を限界まで（あるいは限界以上に）追い込む上で，選手が自我の一部を放棄できる家父長制の支配力は，無視できない威力をもつからである。競技スポーツの世界は成果の獲得が唯一絶対のものであるために，そこに貢献できるなら家父長制でも許容されてしまう。

こうした病理を避けようとすれば，同じ競技で男女の対戦を避け，競技団体や育成過程を完全分離する方針は，効果があるかもしれない。女性コーチが女性選手を育て，女性同士で競技させる方が，ジェンダー的な観点で一般社会の悪影響を排除できるからである。しかし，そうした分離主義は，女性の健全なスポーツ参加は可能にしても，一般社会に対して性の格差を肯定するメッセージを送ってしまいかねない。女性が女性だけの世界で活躍しても，男性はその成果を軽視できる。競技スポーツの世界において，一方で男性中心主義を反復強化する社会構造との相互作用があり，他方で男女の分離主義に限界があることを考えると，そこで男性中心主義に挑戦を続けるフェミニストの悩みは深い。

次に後者だが，競技スポーツの世界において，男女の身体的な差異を生物学的に決定された二元論的な違いとして理解する態度が肯定される事例は枚挙にいとまがない。しかし，スポーツが保証する男女の生物学的差異は，主に筋力と瞬発力に依拠するものであって，それ以外の能力について断言できるものではないだろう。実際，海洋遠泳の世界記録のほとんどは女性がもっているのだが，そこに言及する人は少ない（Dyer, 1982）。

既存のスポーツの記録や勝敗を重視すると，男女の世界記録の差を考えても，男女のチャンピオン同士の対戦をシミュレートしても，男性の優位は明白であると主張されることはしばしばである。しかし，トップ同士ではなく中間層で比較すれば男女で優位が逆転

することは当然ありえるし，選手ではない愛好者（レジャープレイヤー）まで視野に入れれば，ますます優劣は混沌とするはずである。しかしながら，競技スポーツの世界では，シリアスな場面で男女が同じ条件で対戦することは慎重に避けられている。真面目に闘って女性が男性に勝ってしまうことはタブーといっても過言ではない。

しかしこのタブーが，いくぶんパフォーマンス的であったとはいえ，破られたことがかつてあった。競技テニスの歴史では，1960年代後半にプロとアマチュアの垣根が取り払われて，同じ舞台で勝敗を競うオープン化が始まった。当時，ウーマンリブの闘士としても知られていたトップ選手のキング夫人（B.J. King）は，ツアーの優勝賞金に大幅な男女格差があったことを批判した。これに対して，オープン化以前の1940年代に活躍した男性選手，リッグス（B. Riggs）は，自らの金銭的な不遇を背景に，男性の優位を証明するためキング夫人に挑戦状を叩きつけた（Riggs, B., *Court Hustler*, Lippincott, 1973）。1973年5月，すでに55歳になっていたにもかかわらず，リッグスはキング夫人と並ぶ同時代の名選手，コート夫人（M.S. Court）と闘い，2-0でストレート勝ちした。このコート夫人の敗北を受けて，同じ年の9月，女性の名誉を守るためにキング夫人はリッグスと闘い，5セットマッチを3-0で勝利した。

この試合は，常設のテニスコートではなく，アストロドームを借り切って行われ，全米ネットのテレビ局によって「両性の戦い（The Battle of the Sexes）」として大々的に喧伝された一種のショーであった。しかし，たとえ全盛期のチャンピオン同士の闘いでなかったとしても，男女がそれぞれの名誉をかけて真剣に勝敗を争ったことが画期的であったことは否定できない。事実，この試合を契機に，女性のプロテニス選手たちは男性から独立した組織を育てることができるようになり，優勝賞金の格差も縮小していった。

③ ジェンダー概念の変容

再び一般社会に話を戻して，ジェンダー概念の変遷を考えると，1990年代から盛んになったフェミニズムに対する「バックラッシュ（反動）」を忘れるわけにはいかない。これについては，同時代に起きた東欧の社会主義諸国の崩壊も影響しているだろう。革命に対する幻滅は伝統志向への回帰をもたらし，ジェンダーフリーな社会を再び絵空事として捉える風潮が強まってきた。これに関連して，前述のミードの研究に対して，その反証を挙げるような研究も現れてきた。とはいえ，ミード以外にも性役割の文化相対性を証言する調査結果は世界中から報告されていて，もしミードの調査がずさんであったとしても，類似の結論を導いた調査すべてがそうだったわけではない（田中雅一・中谷文美 編．『ジェンダーで学ぶ文化人類学』世界思想社．2005）。

一方，性医学の進歩によって，マネーらの研究から派生したジェンダーアイデンティティー（性自認）の環境決定論を肯定することは困難であることがわかってきた。事実，マネーが模範例として紹介した少年は，その後の追跡調査で，性自認に悩み続け，成人後，男性の性役割を再取得していたことが明らかにされた。そしてこの事例は，バックラッシュ派がジェンダーフリー政策に対する恐怖を演出する上で強力な論拠となっている。

しかしながら，同じ性医学の進歩は，バックラッシュ派が主張する二元論的に明解な性差という概念にも「ゆらぎ」があることを示している。1998年，埼玉医科大学で日本初の公の性別適合手術が行われた。これが意味するのは，性染色体的ないし解剖学的に生まれつき男性（あるいは女性）であっても，自らの性自認に根本的な違和感がある場合は変更することが可能になったということである。体の形や遺伝子がどうであれ，それだけで男女どちらかの性差に閉じこめられるものではなく，性自認や性愛指向がどのように位置づけられるかはおおいに個人差があることが認められたのである。

確かに，性別適合手術が実現したものは，ジェンダーフリー派が賞賛したような性の自由ではない。むしろ本人にとってみれば数々の苦痛や不便，経済的な負担を乗り越えても，自己の身体の現状を変えざるをえない苦渋の選択であることもありえる。そうであっても，性医学を理由に古典的な生物学的決定論によって性差を二元論的に固定するのは不可能であることを，その手術の制度化は示している。

こうした発見を契機に，ジェンダー概念は，一時の本質主義と社会構築主義の対立を超えて，非常に多元的なものに開かれていった。例えばオリンピックでは，以前は「セックスチェック（正しくはフェミニニティコントロール：feminity control）」が実施されていて，生誕以来ずっと女性としての人生を生きてきた人でも，性染色体から男性と判定されればメダルを剥奪するようなことがあった。しかし2000年の第27回大会（シドニー）では検査が自粛され，2004年の第28回大会（アテネ）では検査機関が設けられなかった。

とはいえ，競技スポーツにおいて男女のクラス分けがある限り，公正さの観点から男女を峻別しようとする志向がなくなりはしない。実際，第29回大会（北京）以降は，再び性別判定テストのできる機関が用意されるようになった。

その後，2009年の世界陸上ベルリン大会女子800mで優勝したセメンヤ（C. Semenya）が，競技後の性別判定テストで女性であることに否定的な判定結果を受ける事件が起こった。数ヵ月にわたる国際陸連との交渉の結果，セメンヤは女性として競技に出ることを再び認められる。交渉の途中，セメンヤの外性器は女性的であっても，子宮と卵巣をもたず，精巣をもつという報道もあったが，最終的に医学的な所見は非公開とされている。

この事件からわかるように，性差に関するジェンダー／セックスの概念の使い分けは新たな局面を迎えている。一般社会の性理解に変革をもたらすにはまだもう少し時間が必要でも，性別によるクラス分けが明確なスポーツ界だからこそ，近い将来に再びわれわれの「常識」を揺るがす出来事が待っていることは間違いがないとここで予言しておこう。

参考文献

- ジョン・コラピント. 2000.『ブレンダと呼ばれた少年』村井智之 訳 無名舎
- 大松博文. 1963.『おれについてこい！――わたしの勝負根性』講談社
- 日本ジェンダー学会 編. 2000.『ジェンダー学を学ぶ人のために』世界思想社
- マーガレット・ミード. 1961.『男性と女性（上・

下）』田中寿美子, 加藤秀俊 訳 東京創元社
- ジョン・マネー, パトリシア・タッカー. 1979. 『性の署名』朝山新一ほか 訳 人文書院
- 山内敏雄 1999.『性同一性障害と性のあり方——性転換手術は許されるのか』明石書店

- Dyer, K. F. 1982. *Challenging the Men*, University of Queensland.

(西山哲郎)

スポーツにおける女性参入と男女の平等　04.A.03

① スポーツへの女性の参入を扱う意味

なぜスポーツへの「女性」の参入を特別に検討するのであろうか。男性中心主義の社会の歴史は, 描く側も描かれる側も男性であることが圧倒的に多く, 女性を可視化する必要性とその意義は十分にある。しかし, ここでの検討は, スポーツへの参入について「女性のこと」のみを取り扱うことによって, スポーツにおける女性の可視化だけをめざそうとするのではない。

今述べた「可視化」とは別の視点について, 例えばスコット（J. W. Scott）が指摘している。スコットは, 著書『ジェンダーと歴史学』において, ポスト構造主義的なジェンダーの概念として「肉体的差異に意味を付与する知」という定義を行った。そのうえで, ある特定の身体的な差異に特権的な意味を与え, それによって人間を非対称にカテゴライズしてきた過去や, そのカテゴリーが権力構造を産出したプロセスに目を向けることを, 歴史研究の新しい可能性として拓いた。

このようなスコットの表現を借りながら解釈すれば, 身体的な営みを抜きにしては考えられないスポーツという文化において, 人々や社会は, 女／男の身体をどのように違うものとして表示し, そこにどのような意味をもたせてきたのかを考えることが「近代スポーツへの女性の参入」を扱う意味だといえる。

そこで, ここでは以下に詳しく述べるとおり「女性と近代スポーツのかかわりの歴史とは, 性に基づくダブルスタンダード（二重規範）との絶えざるせめぎ合いであった」ということに着目する。

近代スポーツは, 18世紀以降の欧米を中心とした近代化に向かう社会の変化と絡まりながら, 競争, 合理性, 記録性といった原理を獲得し, 精神面においても勇気・精力・忍耐・自制・規律・協同等の男性的要素が強調されて発展した。言い換えれば, 近代スポーツは, 近代社会における男性的な原理を映し出す鏡として, あるいはアスレティシズムという男性育成のための教育イデオロギーとともに発展したのであった。そこでの活動主体は, 当時にあっては「人間」とほぼ同義に解釈された男性たちであった。

このことは, 女性が男性のようにスポーツを楽しむことを当然とは考えず, むしろ批判の対象とする風潮を生み出した。仮に, 女性たちがそうした批判と闘いながら, 男性と「同じ種類」のスポーツを楽しんだとしても, 彼女たちの活動や活動の目的には, 男性と異なる意味づけがなされていった。このように「同じ種類」のスポーツを行っても, 女性のスポーツが男性のそれと「同じよう」には意味づけられなかった状況は, 性に基づくダブルスタンダードが近代スポーツに存在したことを示す。

具体的な例をみてみよう。例えば, 女性にスポーツを奨励するようになった19世紀末のフランスの礼儀作法書は, 女性がスポーツをする目的を「医学的・衛生学的な配慮」と「軽快で優美な振る舞い」に置いていた。近代オリンピック大会の提唱者であるクーベルタン（P. de Coubertin）は, 女性がスポーツを楽しむこと自体を否定はしなかった。しかし, 観衆の目の前で女性が競技するという観点から, 近代オリンピック大会に女性が参加することには批判的であった。スポーツを通じて国際的・社会的な若者の教育を目的とするオリンピックムーブメントという彼の発想には, その担い手の一員として, 女性が加わることもなかった。

このようなダブルスタンダードにおける基準そのものも, 実は固定的ではない。時代や社会, あるいはそこに生きる人々の意識によって様々に変化する。例えば, 戦時期にあたる1941－45（昭和16－20）年の日本の体育・スポーツ雑誌では, わずか5年の間に, 女性に対しスポーツを奨励する根拠が「健康な母体づくり」を強調する論から「国防と男性職域の担い手としての労働力のため」を強調する論に変化した様子がうかがえる。

② 選手の参加者数からみた女性の参入

夏季・冬季オリンピック大会の参加選手数に占める女性の割合（以下, 女性割合）を図1に示した。これらの数値は, 近代スポーツへの女性の参入がどのように拡大したかを示す1つの指標となる。1920－70年代には, 冬季大会における女性割合は夏季大会をやや上回る傾向にあったが, ほぼすべてで20％に到達しなかった。女性割合の目立った増加は, 1990年前後から, すなわち最近20年あまりの傾向であることがわかる。この時期から, 夏季大会の女性割合は冬季大会のそれを上回るようになっている。日本国内では, 2004年の第28回大会（アテネ）, 2008年の第29回大会（北京）の2大会でオリンピック代表団選手の男女比がほぼ半々である状況が継続している。しかし, 国際的にみれば女性選手の割合は, ようやく40％に到達したところである。

一方, 参加者数の男女比だけでは明らかにならない, スポーツと女性のかかわりの質的な変化もある。女性が初めてオリンピック大会に参加した1900年以降, この110年間の女性とスポーツのかかわりの変化を広い意味での「参入」と捉えると, 4つの時期に区別してその特徴を捉えることができる。以下ではこれら4つの時期別に近代スポーツへの参入とスポーツにおける男女平等に対する考え方の変化をみてみよう。

③ 女性の参加拡大（1900年代－第二次大戦）

この時期, 女性たちは男性のスポーツに女性が参入しようとすることそのものへの抵抗と闘わなければならなかった。世界で最初にスポーツへの女性の積極的な参加と参画をめざすムーブメントを展開したのは, 1921年に設立された国際女子スポーツ連盟（Fédération Sportive Féminine Internationale: FSFI）であった。アリス・ミリア（Alice. Milliat）を会長としたFSFIのムーブメ

ントの背景には，欧米各国における女性参政権獲得をめざす運動の高まりという社会情勢があった．当時の国際オリンピック委員会（International Olympic Committee: IOC）会長バイエ・ラトゥール（Henri de Baillet-Latour）は，FSFIによる女子陸上競技をオリンピック正式種目に加えたいという要求を「行きすぎたフェミニズム」と評したとされる．

第二次大戦期までの女性によるスポーツへの参入は，上述のダブルスタンダードに対する根本的な異議や問題の提起というよりは，むしろ男性のスポーツに対し「女性らしい」スポーツとはなにかが模索され，次第にその内容が拡大された結果であった．

④ 女性スポーツの拡大（第二次大戦後－1970年代）

この時期における女性の参加拡大は，基本的にはスポーツに女性が参入しようとすることへの抵抗との闘いの成果であった．その結果「女性らしい」スポーツの内容は，第1の時期よりさらに拡大した．この一方で，根拠なく「女性には無理だ」「女性らしくない」とされてきたスポーツに，果敢に挑戦する女性の姿もみられるようになった．1960年代からの女性アルピニストによる6,000－8,000m級登頂，1965年世界女子ソフトボール選手権や1971年西ドイツにおける初の女子マラソン大会の開催のほか，サッカー，柔道，パワーリフティングなどの競技に参加の道が拓かれていった．

1972年にはアメリカでスポーツにおける男女の機会平等に影響を与える法律が成立した．教育における性差別を禁じた連邦法「教育修正法第9篇」（タイトルⅨ）である．この法律における「体育・スポーツに関連する実施規則」には，教科体育および課外スポーツにおける性差別の禁止を大前提とし，授業の評価・身体接触を含むスポーツにおける別チームの運営，課外スポーツにおける両性の機会の平等の保障が定められた．

これらの変化の社会的背景として，いわゆる第二波フェミニズムの思想や運動の影響がある．19世紀後半から20世紀初めに展開された第一波フェミニズムは，女性の参政権に象徴される法制度を中心とした男女平等の実現を求

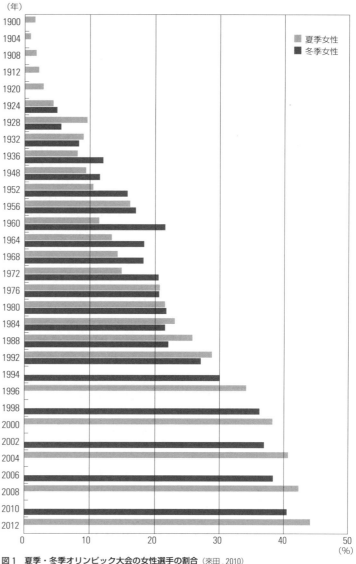

図1　夏季・冬季オリンピック大会の女性選手の割合（來田，2010）

めるものであった．これに続く1970年代頃までの第二波フェミニズムでは，制度上の平等をより追求するとともに，潜在的で日常的な性差別の撤廃をめざすようになった．すなわち，男女不平等の原因となるジェンダー・ステレオタイプやダブルスタンダードに対する異議申し立てが，近代スポーツにも影響を与え始めた時期ということもできる．

⑤ 女性の参加から参画へ（1980－90年代）

スポーツにおける意思決定に女性が加わる権利の主張，すなわちスポーツへの女性の参画を求める主張は，すでに1920年代のFSFIによるムーブメントにおいてもなされていた．しかし，社会の意識や関心は「参加」のレベルにとどまっていた．1980年代以降，スポーツにおける女性の「参加」を求める動きが「参画」を求めるものへと変化した背景には，国際社会全体が男女平等をめざして動き始めたことがある．最も重要な契機の1つは，1979年12月18日国連総会における「女子に対するあらゆる形態の差別の撤廃に関する条約」（いわゆる女性差別撤廃条約，日本では1985年7月25日より効力発生）の採択である．この条約には，政治・経済・社会・文

化などのいかなる分野においても女性に対し男性と平等の権利を確保することが明示され，その影響は，徐々にスポーツ界にもみられるようになった。

例えば，IOCが初の女性委員（2名）を選出したのは1981年のことであった。図1の1980年代以降にみられるオリンピック大会への女性の参加者数の増加は，女性選手が参加できる競技が拡大したことに伴っている。このような変化にさらなる転機をもたらしたのは，地域や国レベルで女性スポーツ組織が設立され，スポーツにかかわる国際的なネットワークの形成をめざす国際会議が開催されるようになったことである。その一例として，1994年にイギリスのブライトンで開催された「第1回世界女性スポーツ会議」がある。この会議で採択された「ブライトン宣言」は，1998年の第2回同会議で採択された「ウィンドホーク行動要請」とともに，1990年代後半からの各国における女性スポーツ政策の指針となった。既存のスポーツ組織における代表的な動きとしては，IOCが開催した1996年IOC世界女性スポーツ会議である。この会議によってIOCはスポーツにおける男女平等に関する主導的役割を果たす姿勢を各国の国内オリンピック委員会（NOC）や国際競技連盟（IF）に示した。

⑥ **女性の参画がもたらすもの（2000年以降）**

2000年以降，メディア報道等を通じ，スポーツにおける女性の参画の実践がみられるようになってきた。具体的な事例としては，スポーツ組織の意志決定機関における女性比率の向上のほか，アメリカのフットボールリーグ史上初の女性トレーナー報道（2002年），アメリカ男子プロバスケットボールリーグチーム初の女性監督誕生（2004年），男子の各種プロスポーツにおける審判への女性登用などがある。

様々なスポーツへの女性の参加が拡大した結果，一部のスポーツ先進国では，概念としての「男性のためだけのスポーツ」あるいは「女性らしいスポーツ」は消滅しつつある。同時に，出産などの女性特有の身体状況や女性の置かれた社会的状況に特化した支援の必要性が認識され始め，社会的階層・経済状況・人種など差別をもたらす多様な要因に基づく女性間の差異にも注意を払う必要性が指摘されている。このような機会の平等を提供するだけでは不十分である場合には，結果の平等を導くために性別に特化した視点が認識されるようになったのである。

また，途上国の女性へのスポーツ支援は，スポーツの社会的機能を生かして女性の自己実現を促すことが，途上国の発展に不可欠だという視点から，国際社会が提案しているものである。このような視点は，女性の参入の問題が，もはや一方の性別の不平等解消というレベルにとどまらず，より広く社会の発展にかかわる問題だと認識されていることを示している。

こうした認識の醸成や実践の一方で，スポーツに設けられてきた性別という境界線が次第に「線」としての体裁や意味を有さない場面があることも，スポーツの新たな課題として浮かび上がっている。例えば，女／男という「性別」を鋭く線引きしてきた競技性の高いスポーツであっても，性別変更選手の活躍によって，性別は越境可能なものとなっている。また，男性トーナメントに出場し，彼らとともに競技する女性が登場している。

2000年以降のスポーツへの女性の参入は，スポーツにアクセスする人々を「性別」のような，かつて固定的・絶対的であった「カテゴリー」で把握するだけでは十分ではないことの象徴として機能し始めている。それは，多様な個人がスポーツに参加・参画するための潜在的課題の発見に寄与するであろうし，ひいては社会が「性別」というカテゴリーを超えることによって到達しうる発展に貢献するであろう。

参考文献 04.A.03

- 飯田貴子，井谷惠子 編．2004．『スポーツ・ジェンダー学への招待』明石書店
- 東海ジェンダー研究所記念論集編集委員会 編．2010．『越境するジェンダー研究』
- 日本スポーツとジェンダー学会 編．2010『スポーツ・ジェンダー：データブック2010』

（來田享子）

ジェンダーとスポーツ政策 04.A.04

① 体育・スポーツ政策にみる男女平等・不平等

1947（昭和22）年に日本国憲法が施行され，その第3章第24条において男女平等が保障されている。しかしながら，体育・スポーツ政策において男女平等が規定されたのは1989（平成元）年の文部省（当時）学習指導要領の改訂の時である。それまでは男女の身体の違いと社会が規定した男性観や女性観から体育の男女差がみられた（掛水通子「男女共修体育からみた男女平等体育の実現情況」スポーツとジェンダー学会．『スポーツとジェンダー研究』4: 2006. 30－39）。

掛水（2006）によれば，この改訂後にも体育科の男女共修は，61％が全部あるいは一部男女共修の体育を実施していたが，その他38.2％は男女別体育であり，男女平等体育が実現してはいないことが明らかとなった。

しかしながら，2008（平成20）年7月には文部科学省の中学校学習指導要領が変更され，これまで選択種目であったダンスと武道が男女ともに必修科目となった（文部科学省「中学校学習指導要領解説保健体育編」，2008）。1989（平成元）年の改訂からおよそ20年が経過し，さらなる男女平等のための動きが強化されることとなった。

世界的には体育・スポーツをめぐる男女不平等に関する実例が様々な会議や学会等で発表されてきた（第3回世界女性スポーツ会議，第4回世界女性スポーツ会議等）。その解決策を話し合う様々な会議では，最終日に決議文を作成し，具体的なアクションプランを決定してきた。

具体的な体育・スポーツ政策の男女平等を実行する上で，政府機関が果たす役割は大きなものがある。

1994（平成6）年に第1回世界女性スポーツ会議を実施したイギリスでは，女性スポーツ財団（Women's Sports Foundation: WSF）というNGOを政府機関がバックアップする形で女性スポーツの推進が行われている。また，2002（平成14）年に第3回世界女性スポーツ会議を主催したカナダでは，カナダ女性スポーツ振興協会（Canadian Association for the Advancement of Women and Sport and Physical Activity: CAAWS）を政府が支援する形で女性スポーツ振興が進ん

でいる。
　政府関連機関自らが女性スポーツ推進を行ってきたのはオーストラリアのオーストラリアスポーツコミッション（ASC）である。しかしながら、スポーツ大臣等の意思決定者等の変更に伴い、大きく政府の方針が変わることが多い。そこで、できるかぎり政府機関が直接行うよりもNGOによる女性スポーツの振興が行われる方が安定した施策を実施できると考える傾向がみられる。
　日本には政府が直接支援をする女性スポーツのNGOは存在しないが、日本女子体育連盟が文部科学省管轄の社団法人、現在は公益社団法人として、女性の視点から学校体育・地域スポーツの普及・振興に貢献することを目的にした学術団体として存在する。

② スポーツ振興基本計画に加えられたジェンダーの視点

　カナダ政府機関の1つであるスポーツカナダ（Sport Canada）は1986年に女性スポーツ政策の方針を作成した（Sport Canada, 2007）。そのスポーツ政策の方針は、2002年に連邦政府、州政府などに支持された形でジェンダー・エクイティ（gender equality）実践を行える体制を整えたものとなった（Hall, 2006）。具体的には、1）競技成績の向上、2）スポーツへの参加の向上、3）収容能力の向上、4）相互作用の向上、という4点のカナダのスポーツ政策にまとめられている。
　この施策実行において重要な働きをしているのが、前述したNGOであるカナダ女性スポーツ振興協会（CAAWS）の存在である。CAAWSはスポーツカナダとヘルスカナダ（Health Canada）という2つの政府機関の支援を得て、少女と女性のためのカナダの戦略枠組みとその設計図を作成した。この戦略は身体活動やスポーツを通じた少女や女性のためのカナダ的戦略「ACTive」と呼ばれ、1994年のブライトン宣言と1998年のウィンドホーク行動綱領の原則に沿ったものとなっている。すなわち、世界レベルの決議文（ブライトン宣言とウィンドホーク行動綱領）と一国家の施策を同じ軸で結びつけて実行している模範的な例といえる。
　カナダ政府は、2007年から2012年までのスポーツ振興政策の優先項目を公表した（Sports Canada, 2007）。その中で、女性や少女のための振興政策に関連した項目では、「スポーツコミュニティー力においては、女性、障がい者、先住民、少数派の人種のためのコーチ、役員、ボランティアリーダーとなる機会を増加させること」を掲げている。また、この中ではこれまでのCAAWSによるACTiveプログラムの成果を高く評価している。
　日本では、2001（平成13）年から10年間の日本のスポーツ振興の方向性を定めた「スポーツ振興基本計画」には、当初は女性や障がい者等のダイバーシティ（多様性）という視点が全く含まれていなかった。しかし、2006（平成18）年の中間見直しに際し、中央教育審議会の審議を経て、「生涯スポーツ社会の実現に向けた、地域におけるスポーツ環境の整備充実方策」の中で、以下のような項目が追加された。
1）学校と地域で活躍できる指導者の養成と確保：女子のスポーツ参加を促進するために、女性のスポーツ指導者の養成、資質の向上に取り組むこと。
2）総合型地域スポーツクラブの必要性：性別、年齢、障がいの有無にかかわらず参加ができる総合型地域スポーツクラブが定着すること。
3）総合型地域スポーツクラブの取り組み：学校やプロスポーツ組織等と連携して地域スポーツの環境づくりや競技力の向上に取り組むとともに、女性、高齢者、障がい者等がスポーツに参加しやすい環境づくり等に取り組むこと。また、託児所をクラブハウスに設けたりすることに努めること。
4）体育指導委員：女性の積極的な委嘱にも配慮すること。
5）スポーツ団体への期待：女性や高齢者のスポーツ指導を適切に行うことのできる指導者の講習会を実施すること。
6）学校体育施設や公共スポーツ施設への期待：女性、高齢者、障がい者を含む地域住民が日常的にスポーツに親しむことができるように、バリアフリー等に留意した整備を進めること。
7）環境整備：女性がスポーツに参加しやすい環境づくりのために、関係機関やスポーツ団体がネットワークを形成することを推進すること。

　以上のように、日本のスポーツ振興基本計画では、ジェンダーの視点を生涯スポーツの推進という分野で盛り込むことはできた。しかしながら、内閣府が示す「男女共同参画基本計画（第2次）」（2005〔平成17〕年）においてはそのスポーツとの連携が直接にはみられない。
　すなわち、「2020年までに、指導者的地位に女性が占める割合が、少なくとも30％程度になるよう期待する」との目標を踏まえ、政策・方針決定過程への女性の参画を拡大するため、スポーツ団体が、自主的な行動計画の策定について継続的に協力要請・支援を行うことが明記されている。しかし、2006（平成18）年に改定された「スポーツ振興基本計画」にその内容が全く反映されなかった。カナダのような連携が必要であると考えられる。

③ 女性のスポーツ参与にみる課題

　日本の成人（20歳以上）のうち、1年間になんらかの運動やスポーツを1回以上行った者の割合を表した資料から、1965（昭和40）年から2002（平成14）年までの長い間、10ポイント以上、女性が男性よりもスポーツへの参加率が低い値を示してきた。ところが、2004（平成16）年の資料では、その差が6ポイントと初めて小さくなったことが報告されている（SSF笹川スポーツ財団『スポーツ白書』2006.27）。
　図1は、SSF笹川スポーツ財団の『スポーツライフに関する調査』（2006）から、女性の年代別の運動・スポーツ実施レベルを表したものである。
　これによれば、週2回以上運動している女性の場合、子育て期である20代、30代、40代の女性はその上の年代よりも週2回以上の運動を行っている比率が少ないという結果であった。これは2003（平成15）年に実施した「女性のスポーツ参与支援システムに関する調査」（NPO法人ジュース、2003）の結果と一致するものである。すなわち、子育て期はスポーツや運動をする希望はあるものの、その希望どおりに実施できていないと予測される。
　スポーツにおける男女平等宣言であるブライトン宣言の究極の目的とは、すべての女性が公平にスポーツにかかわることのできるスポーツ文化を構築することである。

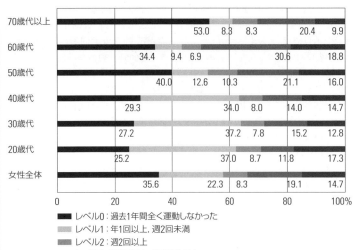

図1　女性の年代別の運動・スポーツ実施レベル
注：70歳代以上：n=181　60歳代：n=160　50歳代：n=175　40歳代：n=150　30歳代：n=180　20歳代：n=127
女性全体：n=973
(出典：SSF笹川スポーツ財団『スポーツライフに関する調査』図1-4, 2006から改変)

レベル0：過去1年間全く運動しなかった
レベル1：年1回以上、週2回未満
レベル2：週2回以上
レベル3：週2回以上、1回30分以上
レベル4：週2回以上、1回30分以上、運動強度「ややきつい」以上

女性を取り巻くスポーツ環境改善は，スポーツ政策の一環として積極的な取り組みを試みなければ自然な解決ができるものではない。海外の成功例を参考に，日本のスポーツ政策のさらなるジェンダー・フレンドリーな改革が期待されるところである。

参考文献　　　　　　　　　04.A.04

- 文部科学省. 2006「スポーツ振興基本計画」2006年9月21日改訂版
- Hall, M.A. 2006. カナダにおける女性スポーツ. http://www.jssgs.org/old-hp/English/e-Conference/e-Congress/Files%202006/5th%20JSSGS%20SpeakingNotes%20JapaneseVersion.pdf (2008年11月7日)
- NPO法人ジュース. 2003.「女性のスポーツ参与支援システムに関する調査研究」平成13年度女性のエンパワーメントのための男女共同参画学修促進事業
- Sport Canada. 2007. http://www.pch.gc.ca/progs/sc/pol/pcs-csp/action_07-12/index_e.cfm (2008年11月7日)

(小笠原悦子)

ジェンダーとスポーツ関連法　04.A.05

① スポーツと法：私的領域と公的領域との交錯

スポーツ関連法とは，直接的にはスポーツ実定法およびスポーツ独特の現象を対象とするスポーツ固有法をさすが，前提としては，「個人」の活動という意味で憲法や諸法律に従い行われる活動であることはもちろんである。具体的には，例えば『スポーツ六法』(信山社)に掲載されているスポーツに関連した諸条約および法律は，大別して，1)一般的な社会活動や人権にかかわる基本法(憲法・世界人権宣言・国際人権規約・教育基本法等)と，2)個別の領域(行政・学校・健康・環境・ビジネス等)にかかわるもの，3)特定の主体(子ども・女性・障がい者等)の権利にかかわるもの，および4)スポーツに関して問題が生じた場合における解決にかかわるもの(事故・紛争・補償など)となっている。このようにスポーツが国家の法制度において固有の位置づけがなされるようになったのは，20世紀後半以降のことである(冷戦構造下のソビエトや東欧諸国は憲法にスポーツに関する規定を設けるが，西側諸国でスポーツが憲法に登場するのは1975年ギリシャ憲法16-19条が初期のものである)。それまでは，スポーツは公的な世界とは区別され私的自治に委ねられ，各国，各社会に固有の文化を反映し，各地域において独自に発展してきた。

スポーツが法制度，特に人権規範で統制されるのは，近代スポーツが国や自治体の政策と密接に結びつき，公的な支出や助成金などを必要とし，国民の生活に強制的にかかわってくるという意味で「公的」性格を帯びるため，公権力に対する統制である憲法や行政法などが直接に適用されることが要請されるからである。例えば，健康や教育，国際協調，国家帰属意識の高揚等といったことに関連した政策の導入，国際的な競技大会出場のための補助金，競技場などの施設の整備，主として学校で行われる課外活動(部活など)の維持などが，その例といえるだろう。特に，個人の尊重や平等などの重要な人権に関して，スポーツが身体にかかわる活動でありハラスメントなどの身体的権利侵害の結果が重大であること，メディア等で広く国民へ情報伝達され社会モデルとしての影響力の強い活動であることから，人権尊重が強く要請される。

② 権利としてのスポーツ：参加の権利の平等

こうしたスポーツ関連法による人権の保護は，欧米においては比較的早く開始されている。スポーツが世界共通の性格をもち，オリンピックに代表されるような国際大会の開催を通じ平和および発展を促進するとの観点から，国連(最近では，国連総会58/5決議「スポーツは教育，健康，発展および平和を促進するもの」，2003年11月)や地域的機関(ヨーロッパ審議会「ヨーロッパスポーツ憲章」1701勧告「スポーツにおける女性と少女に関する差別禁止」，2001年)，組織(IOC「オリンピック憲章」，1994年，国際女性スポーツワーキンググループ[International Working Group on Women and Sport: IWG]「ブライトン宣言」，1994年)，ユネスコ(『体育およびスポーツに関する国際憲章』，1978年)等によって，スポーツにおける人権保護が明らかにされてきている。これらの国際的な人権文書は，普遍的な人権としての権利や自由，平等の保護とともに，スポーツへの参加を固有の権利，すなわち，すべての人が平等に参加しうる権利として位置づけ，その権利を享受するために差別や経済格差などを解消することを目的としている。ジェンダーという課題も，そうした普遍的なスポーツの権利の実現という方向に位置づけられ，「ある性別に属していること」，あるいは「いかなる性別にも属さないこと」を理由とする差別や暴力を禁止し，すべての人が平等にスポ

ーツに参加し，スポーツを通じて人格を開花させていくことを保護するものである。

③ スポーツ法にジェンダーの視点がなぜ必要か：「象徴」としての女性・男性モデル・役割の解消へ

伝統的に，スポーツは「身体的能力」を争うため，歴史的に，社会における象徴としての「男らしさ」という概念と結びつけられてきた。多くの社会では女性がスポーツをすることを否定すると同時に，スポーツの得意でない男性は，女性的，軟弱とみなされる。つまり，スポーツは，「身体」を淵源とするが，象徴としての社会的な性別モデルを提示しやすい。また，性別役割分担という意味でも，スポーツの実践は，「労働」と「余暇」をめぐる慣例（しばしば女性と男性では異なるものである）に結びつき，スポーツは健康によいとみなされる場合にも，男性には有意義であるが，女性が行う場合には時間の浪費とみなされる傾向がある。同様に，女性がスポーツを実践することに対する障壁として，育児等の役割分担，言葉による，また身体的なセクシュアルハラスメント，あるいは場所や時間によっては身体に関する危険，女性のモデルの欠如（コーチやリーダー等の職業），スポーツ組織の意思決定機関における代表からの排除等があり，スポーツの権利が十全に，あるいは男性と平等に保障されているとは言い難い状況にある。

④ 法解釈における性差

一般的に，法解釈において性別が問題となるのは，平等や性差別の撤廃，および固有の性別に関する権利の保護（労働基準法における出産休暇，母体保護法等）の場合である。平等に関しては，憲法14条が「法の下の平等」を定め，特に禁止される差別項目の中に「性」を挙げている。憲法の解釈上，平等は，性別による異なる扱いが絶対的に禁止される「形式的平等」と，合理的な理由がある場合に異なる取り扱いが認められる「相対的平等」との2つの概念がある。後者は，条件の異なる主体に関して，結果としての平等に近づける概念である。

しかし，スポーツの場面では「身体」に直接かかわる活動であるだけに，平等の概念が複雑になる。例えば，競技スポーツにおける男女別種目，学校教育における男女別クラスの場合，「平等のための分離」「分離すれども平等」「分離は性別モデルの強調」といったように評価は多様である。

一方，スポーツの権利の保護としての「参加の平等」は，「性別」を基準とした固有性に配慮するのか，あるいは性別を捨象して別の基準（体重，身長，アンドロゲン値，筋肉量，本人の意思等々）による固有性に配慮し，身体の違いに起因する条件の差を調整するのか。こちらも複雑である。

「身体」は，物体や機械ではなく精神と密接に結びついており，そこで問われるのは性別が表現している「価値」の問題であるだけに，個人の尊重，平等，性差別撤廃等に関する社会的な意識が形成されないかぎり，どのような「中立的」な基準をもってしても差別は解消されにくい。したがって，性差別，セクシュアルハラスメント，メディアにおけるステレオタイプの報道等，女性がスポーツの権利を行使するにあたって障壁となっている条件の改善には，まず，参加の平等を絶対的に保障しつつ，個別のケースごとになにが「合理的」異なる取り扱いなのかについて検討を積み重ねていく必要がある。それには，まず，意思決定機関への女性の参加を人口比，組織参加比に近くし，民主主義という面での意思表明の権利の平等を達成することが前提となる。私的組織の場合も，先述したようにスポーツは社会において「公的性格」を帯びる存在であるため，参加の平等とともに，異なる取り扱いにはその根拠の合理性が必要となるであろう。

（建石真公子）

スポーツ集団と組織におけるジェンダー　04.A.06

① ホモソーシャルな領域としてのスポーツ集団と組織

スポーツをジェンダーの視点から捉える議論の場において，近代資本主義社会の成立とともに誕生し，発展してきた現代のスポーツは，男性中心主義的ジェンダー構造が強固に組み込まれた文化であるとみなされており，またそれゆえにジェンダーの「最後の砦」と表現されることすらある。

その背景としては，近代スポーツが形成された主要な舞台である19世紀のイギリスで，スポーツが理想としての「男らしさ」と結びつけられ，主にパブリックスクールにおける男性の人格教育に用いられてきたという点が考えられる。あるいはそうした歴史を持ち出すまでもなく，現代社会でもスポーツにおける成功と「男らしさ」の獲得との結びつきは強固であり，それがスポーツを未だ「男性的な文化」に仕立てている。

スポーツが「男性的な文化」として形成される過程で重視されたのは，スポーツする「男同士の絆」である。女性蔑視と同性愛嫌悪を伴う男性間の強固な社会的絆はホモソーシャルと呼ばれる。スポーツにおいてホモソーシャリティは，チームの団結やアスリートのライバル関係あるいは友情という形をとりながら，男同士の関係の理想として美化され，「スポーツする男たち」ならではの物語として再生産されてきた。それはスポーツが「男性的な文化」として形成されるまさにその過程において，女性がスポーツに関連する領域から排除あるいは周縁化されてきたこと，同時に同性愛者の存在が否定されてきたことを意味する。男性間のホモソーシャルな絆を賛美する価値観と結びつきながら「男性的な文化」として発展してきたスポーツは，その始まりから常にジェンダー問題を内包していたのである。

これは，単に競技が行われる場に限定される問題ではない。女性を排除あるいは周縁化した上で「男たちの絆」を重視する，「男の世界」としてのスポーツ集団のあり方，およびそこで育まれた価値体系は，スポーツ文化のメインストリームとして，スポーツが行われる場を超えた，スポーツにかかわるすべての領域に浸透している。つまり，アスリートを育成し，競技を運営面から支えるスポーツ組織，競技のありようを記録し，伝え，語るスポーツメディア，競技を学術面から捉える体育科学およびスポーツ科学の組織といった，競技実践を取り巻く諸領域も広義のスポーツ集団なのであり，したがっ

て，それら諸領域もまたスポーツにおけるジェンダー問題を強化，再生産するホモソーシャルな集団としての構造を内包しているのである。

それゆえに，広義のスポーツ集団で形成される性にかかわる諸認識および認識に基づく諸行為，さらにはメンバー構成に至るまでが，ジェンダー規範として具体的な日常の場面での個々のメンバーの行動やメンバー同士の関係性に影響を及ぼし，さらにはハラスメントの問題となる可能性をもつ。加えて，スポーツ集団が生み出す様々な制度や言説は，女性の周縁化や異性愛男性中心主義というスポーツのホモソーシャルな側面を自然化あるいは正当化し，スポーツをめぐる社会的なイメージを左右する力をもち，そうしたイメージは，スポーツにおけるジェンダー問題を社会的に容認あるいは不可視化する土壌を形成する一要素となる。そしてなによりも，こうした状況がそもそもスポーツの抱える問題としてほとんど認識されていないという現状それ自体が，問題の根深さを示している。

② 組織における女性のリーダーシップをめぐる現状

上記のような文化的な問題のほかに，スポーツには「資源配分におけるジェンダー格差」も存在する。それは物的資源や財の配分にとどまらず，人材やサービス，教育などの配分においてもみられる格差であり，スポーツの組織におけるリーダーシップの男女比率は，格差の問題を確認しうる一側面である。女性がスポーツに参入する機会が増加し，オリンピックなど国際競技会で活躍する女性アスリートが目立つ近年においてなお，スポーツ組織は男性を中心に構成されており，それは組織の意思決定にかかわる役職や指導的な立場ほど顕著である。

例えば競技スポーツにかかわる世界的な組織の1つであるIOCは，1997年，各国オリンピック委員会の女性役員を2001年までに10％，2005年までに20％に引き上げることを目標に掲げたが，このことから，それまで多くの国のオリンピック委員会において，女性役員の割合が10％に達していなかったということがわかる。

同様に，2002年から2003年にかけて行われた調査では，各国オリンピック委員会 (NOC) における女性役員のうち71％が，1996年以降の着任であることが報告されている (International Olympic Committee and Institute of Sport and Leisure Policy, Loughborough University *Women, Leadership and the Olympic Movement*, 2004)。

そうした傾向は，わが国においても例外ではない。例えば2013 (平成25) 年4月現在，日本オリンピック委員会の役員30名のうち女性は3名である (日本オリンピック委員会.「平成23・24年度役員一覧」http://www.joc.or.jp/about/executive/〔2013年6月27日〕)。また，国内の競技団体を統括する組織である日本体育協会においても，同じく2013 (平成25) 年6月現在，同会の理事22名中，女性は3名であることが公表されている (日本体育協会.「公益財団法人日本体育協会　理事・監事名簿」http://www.japan-sports.or.jp/Portals/0/data/somu/doc/yakuinmeiboH25.6.26.pdf〔2013年6月27日〕)。

さらに，2010 (平成22) 年の調査報告によると，都道府県体育協会の役員のうち，女性の占める割合は5.4％である (日本スポーツとジェンダー学会『スポーツ・ジェンダーデータブック2010』)。

スポーツにおける女性のリーダーシップをめぐるこうした現状は，女性アスリートのパフォーマンスの向上やプロモーションがもたらす華々しい活躍の陰に隠れがちであるが，スポーツ組織におけるジェンダーの非対称性が確かに存在していることを端的に表すものだといえる。一方で，この問題は，一元的な要因に還元できるものではなく，スポーツに関連する制度のあり方という側面からも，スポーツを取り巻く文化的な社会的な構造という側面からも，問題の解決に向けた分析や議論の活発化が求められている。しかしながら，日本体育学会の学会誌である『体育学研究』を例にとれば，1994 (平成6) 年から2004 (平成16) 年に掲載された学術論文のうち，ジェンダーの視点からアプローチしたものは1％にも満たない状況である (稲葉佳奈子.「体育学・スポーツ科学の現状」『スポーツとジェンダー研究』5. 2007：95-99.)。このことからまた，体育・スポーツ領域においてジェンダーの問題がいかに重視されていないかということがうかがえる。

③ 問題への取り組みとアファーマティブアクション

上記の現状を問題化し，改善していくために，近年，スポーツ領域における女性たちが連帯して働きかけ，スポーツに関する意思決定に女性の意見を反映させていこうという動きがみられるようになった。国内では，例えばNPO法人ジュース (Japanese Association for Women in Sport: JWS) などがある。ジュースは，「スポーツにおける女性の参加を促すこと，女性がリーダー的立場に就く機会を増やすこと」をめざす組織である (NPO法人ジュース「JWS設立の目的」http://www.jws.or.jp/〔2009年3月5日〕)。具体的には，女性のスポーツリーダーや指導者育成のためのセミナー，スポーツ女性および女性スポーツ団体のネットワーク構築，理念を同じくする国外組織との連携，女性とスポーツに関する国際会議への参加など，多様な活動を展開している。

特に国際的なネットワーク構築においては，1999 (平成11) 年，女性がスポーツに最大限にかかわることを求める「ブライトン宣言」への署名をはじめとして，2001 (平成13) 年に大阪で開かれた「アジア女性スポーツ会議」では，アジア諸国の女性スポーツにかかわる人々に向けて，具体的なアクションプランを打ち出している。それは，女性のスポーツ実践への参加および組織の意思決定過程やスポーツ科学研究プロジェクト，スポーツジャーナリズムといった領域への女性の参加を促進し，その先にアジアにおける「広い意味でのスポーツ参加」(NPO法人ジュース.「アジア女性スポーツAWSアクションプラン2001」http://www.jws.or.jp/aj/actionplan_jpn.pdf〔2009年3月5日〕) の男女平等を達成することをめざすものであり，そこには，NOCやスポーツ組織に対して女性役員の割合をIOCの掲げた目標値に近づけるよう働きかけることも含まれる。

ジュースによるこうした活動，およびそれに連動する国際的な流れは，アファーマティブアクションと呼ばれる積極的な格差是正措置とのかかわりで具体化されることが多い。なかでも組織の意思決定過程における女性の割合をめぐって数値目標を設定し，その達成に向けてなんらかの措置をとるとい

うのは，アファーマティブアクションとして代表的な方策である。

スポーツ界のように，競技団体のみならず学術団体やジャーナリズムや学校といった，関連する領域のほぼ全体において組織構成のジェンダー格差が圧倒的である場合，常に多数派である男性の意見や価値観が反映された組織運営がなされ，スポーツ界全体において女性が周縁化されることになる。スポーツにおけるそうした男性中心主義は，スポーツ実践それ自体から女性を遠ざけ，その結果として，スポーツ組織にかかわる女性もまた少数派にとどまり続ける。こうした悪循環に対して，アファーマティブアクションは，女性の割合を人為的に増加させることでそれを断ち切るという効果が期待されるものである。したがって，アファーマティブアクションの究極的な目標とは，アファーマティブアクションを必要としない状況をそれ自体によってもたらすことなのだといえ，その意味ではあくまで暫定的な措置として行われるべきものである。

上記のような，組織における男女比率の偏りという問題を重視した上でのアファーマティブアクションの課題としては，以下のことが考えられ，議論の際に見解が分かれるポイントとなっている。

まず，女性が占めるべき割合をどの程度に設定すればジェンダー格差が解消された状態とみなされるのか，という構成をめぐる問題である。これに関連して，設定された数値目標の達成にこだわるあまり，実際の職務への適性が考慮されないまま，単なる数合わせのために女性が採用される可能性をめぐる問題もある。

また，「女性」を「男性」に対する1つのカテゴリーとして捉えた上で，その割合について議論する場合，「女性間の差異」をどのように認識するかという問題も看過できない。同じ「女性」というカテゴリーにあっても，スポーツ組織とのかかわり，あるいはスポーツ実践へのアクセスという点で，人種や階級，民族，宗教，ディスアビリティ（障がい），セクシュアリティなどによって格差が生じる。その時，多様な属性をもつ人々の意見や価値観を1つのカテゴリーとして反映させることの困難が，性別を焦点化するアファーマティブアクションには伴うのである。

このように，スポーツ集団と組織におけるジェンダーの問題，特にリーダーシップをめぐるジェンダー格差といった問題については，その決定的な解決策があるわけではなく，それぞれの方策がそれぞれの課題を抱えている。そしてまた，先述したとおり，スポーツそれ自体がジェンダー問題を生み出すホモソーシャリティと強く絡み合う文化であることも，問題の解決を困難にしている。そうした中で，それでも「よりよい道」をめざして少しずつ前進するという認識のもと，目の前の課題をまずクリアしていくための行動が起こされている，という状況にあるのだといえる。

参考文献 04.A.06

- 岡田桂．2004．「喚起的なキス―サッカーにおける男らしさとホモソーシャリティ」『スポーツ社会学研究』12：37-48．
- イヴ・K・セジウィック．2001．『男同士の絆』上原早苗，亀澤美由紀 訳　名古屋大学出版会

（稲葉佳奈子）

メディアの中のスポーツとジェンダー　04.A.07

① 報道の量的分析

女性アスリートの競技達成能力を矮小化する報道は後を絶たない。その例に，まず報道量の少なさが挙げられる。第28回オリンピック大会（アテネ，2004年）期間中の新聞報道を対象にしたグローバルリサーチ（Bruce, T., Hovden, J., and Markula, P. (Eds.). *SPORTSWOMEN AT THE OLYMPICS: A GLOBAL CONTENT ANALYSIS OF NEWSPAPER COVERAGE*. Rotterdam: Sense Publishers. 2008）の分析結果では，通常の紙面では女性アスリートの「象徴的絶滅（symbolic annihilation）」が未だにみられるが，オリンピックでは報道量の差は少なくなっている。記事と写真を比較すると，女性は写真が多いのが特徴である。これは，みられる性としての女性アスリートと報道側の男性の眼差しとの関係から生じる。アジアの一部地域では，自国選手でなく欧米の女性アスリートの報道において性的な描写がみられるが，全体としては，報道量は参加選手数とメダル獲得数あるいはその期待度に比例している。量的分析の限界もあり，この研究では「女性らしさ」を基盤とする種目およびユニフォームが「女性らしさ」を強調する種目は報道量が多いという仮説を検証することはできなかった。しかし，女性アスリートは，オリンピックのような国際大会にて，国家を代表して出場し勝利を得た場合には尊重されるが，日常の国内の大会では，彼女たちの優れた競技能力は無視されていると結論づけられている。

テレビにおいても女性スポーツに関する報道量は少なく，これは世界各国共通の現象である。日本の7月初旬1週間のスポーツ中継時間調査によると（飯田貴子「メディア・スポーツの現状」飯田貴子・井谷惠子 編『スポーツ・ジェンダー学への招待』明石書店．2004．81），男性，女性，両性の割合は，2000年の地上波（7局）では93％，5％，2％，衛星放送（2局）では91％，7％，2％，2003年の地上波では76％，21％，3％，衛星放送では94％，6％，0％，2008年の地上波では76％，18％，7％，衛星放送では97％，3％，0％であった。衛星放送では，MLB（Major League Baseball）やNBA（National Basketball Association），サッカーのヨーロッパリーグの放映が増え，男性スポーツの割合が増加しているのが現状である。

表1　グローバルリサーチによる第28回オリンピック大会（アテネ，2004年）期間中の新聞報道

	女性記事平均（％）	男性記事平均（％）	女性写真平均（％）	男性写真平均（％）
オリンピック以外のスポーツ記事（14ヵ国）	5.0	87.6	7.3	84.0
オリンピックに関する記事（18ヵ国）	25.2	40.2	32.3	49.7
合計（12ヵ国）	15.0	64.3	23.7	56.4

（出典：Bruce, T., Hovden, J., and Markula, P. (Eds.) 2008．より作成）
日本語に置き換えるにあたり，表題と項目は，理解を容易にするために変更している。なお，このグローバルリサーチには日本も参加している。

② 報道の質的分析

メディアにおけるジェンダー表象を論じる場合，質的分析も必須である。女性アスリートの競技達成能力を矮小化し，女性アスリートをジェンダー化し，セクシャライズする表現方法を以下に挙げる。第1に，女性アスリートの呼称に名前やニックネームを用いる。第2に，女や女子などの冠詞を使う。第3に，娘や妻，母などのジェンダーロールを含む言葉を用いる。第4に，スポーツ活動をしていない文脈の中で描く。第5に，身体を胴だけ，脚だけのように，断片的に描き非人間化する。最後は，ソフトポルノのような女性アスリートの写真である。

次に述べる「ヒーローとヒロイン」，そして「性の商品化」は，質的な分析やアプローチを基にしている。

③ ヒーローとヒロイン

メディアが創るヒーローやヒロインは，競技の勝者であるとともに，当該社会が志向する価値観を反映し，さらに「男らしさ(masculinity)」や「女性らしさ(femininity)」というジェンダー規範に合致していることが求められている。ヒーローについていえば，アスリートとしての「強さ」と「男らしさ」は一致するが，ヒロインにおいては矛盾が生じる場合が多い。矛盾がないのは，競技そのものが「女らしさ」を基盤にしている種目や，ユニフォームが「女らしさ」を強調する種目において勝利を収める女性アスリートである。そのため，これらを除く種目においてヒロインとしてのメディアに露出するためには，「男性」との関係性を通して，「女らしさ」を演じなければならない。すなわち，女性アスリートをサポートする男性のコーチ・監督／夫／父親との「対の関係」である。あるいは，「子」と一対になった「母親」としての女性アスリートである。これらのケースは，陸上や柔道・レスリングにおいてしばしばみられる。異性愛主義を基盤にした家父長制社会を温存するスタイルでしかヒロインに成り得ない現状を表している。

今後，レズビアンやゲイ，トランスジェンダー／セックスなど，性的マイノリティーのトップアスリートが現れ，メディアに登場することになれば，ヒーローやヒロインの既存の枠を破り，ジェンダーの境界を曖昧にすることになろう。

④ 性の商品化

スポーツの商品化の中でジェンダーにかかわるものとしては，まずアスリートを起用したコマーシャルが挙げられる。スポーツ関連のコマーシャルフィルム(CF)を分析した結果によると(平川澄子「スポーツ・ジェンダー・メディア・イメージ」橋本純一編『現代メディアスポーツ論』世界思想社．2002)，女性アスリート起用はきわめて少なく，伝達するジェンダーメッセージから「CFはジェンダーの今を映す鏡」だといえる。すなわち，男性は華麗なテクニックと感動，強靭な肉体，OBのヒーロー性を通して夢や希望を抱かせ，偉業を語り継ぐ手法を用いているのに対し，女性においてはリアルなスポーツシーンが描かれず，普通の女性，アイキャッチャー，応援する女性として描かれ，スポーツの主体は男性であり，女性は周辺的存在であるとのイメージを伝えている。

スポーツによって鍛え抜かれた身体が性的魅力を発揮することは，古代から語られている。しかし，1990年代後半に入り，特に，みられる性として客体化される女性アスリートの「性の商品化」がクローズアップされてきた。この先鞭となったのが「コートの妖精」と呼ばれたロシアのテニス選手，アンナ・クルニコワ(Anna Kournikova，図1)である。本業のテニスで獲得する賞金よりも，モデル業で稼いだ金額の方が多く，コンピューターウィルスの名前にまでクルニコワの名が用いられるなど，インターネット上でも絶大な人気を博した。

この「クルニコワ・シンドローム」と呼ばれる現象はその後も続く。例えば，第27回オリンピック大会(シドニー，2000年)のオーストラリア女子サッカー代表チームはヌードカレンダーを制作し，アメリカ女子水泳ゴールドメダリストのトンプソン(J. Thompson)はスポーツ・イラストレイテッド誌にトップレスで掲載される。資金稼ぎ，マイナースポーツの認知度を上げる，自らの主張のためなど，女性アスリート自身が積極的にヌードを演じているわけだが，その背後には，スポンサーだけでなくスポーツ組織や観客が女性アスリートにスポーツ行為だけでなく，性的アピールを望んでいる市場を見逃してはならない。

その証左に，第26回オリンピック大会(アトランタ，1996年)から正式競技になったビーチバレーボールのユニフォームは，国際バレーボール連盟(Fédération Internationale de Volleyball: FIVB)によって，肌が露出するように規定されている(FIVB. BEACH VOLLEYBALL, PLAYERS' UNIFORM GUIDELINE FOR OLYMPIC GAMES. http://www.fivb.org/logos/ 2008年10月26日)。女子のブリーフは，サイドの幅を最大7cmとしてハイレッグにすることなどである。ビーチバレーの構想は，健康的なイメージを目論むもので，太陽と海と砂が重要な要素であるとも記載されている。2008年ビーチバレー女子ワールドツアーは，大阪中之島で開催された。水都大阪を象徴する会場と宣伝されていたが，都心に集まる男性観客を対象に組まれた企画であることは明白である。会場にはカメラ，ビデオの持ち込みが禁止され，カメラ付き携帯電話での撮影も禁止されている。女性アスリートに求められるのは，プレイなのか性的身体なのか，ビーチバレーをオリンピック種目に仕立て上げたFIVBと国際オリンピック委員会(International Olympic Committee: IOC)の商業的戦略

図1 モデルとしても人気を博したロシアのテニス選手，アンナ・クルニコワ (写真：ロイター／アフロ)

が際立っている。

ビーチバレーに限らず，女性アスリートのユニフォームは身体にフィットし，ますます肌を露出する傾向になっている。このことは，女の性を前景化し，客体化された女性を強調することによって，スポーツメディアが異性愛を基盤にしたセックス，ジェンダー，セクシュアリティの規範化を推し進めていることの証しにほかならない。

⑤ ジャーナリズムにおける「男の眼差し」

日本新聞協会（「雇用　新聞・通信社従業員数と記者数の推移」http://www.press-net.or.jp/index.htm 2008年10月26日）によると，2007年の女性記者数は全体の13.8％である。運動部・スポーツ部においては，女性記者はさらに少なく9.0％，女性デスクは1.5％である（飯田貴子「スポーツジャーナリズムのおける『女性』の不在」『スポーツとジェンダー研究』6. 2008: 15-29）。一方，放送界では，2004年の全従業員に対する女性比率は15.4％で，新聞界よりもやや高い（日本女性放送者懇談会『放送ウーマン 2004』2005）。女性比率が高い部門はアナウンサーであるが，男性アナウンサーに比較して若く，主にサブキャスターを務め，発言内容もゲームの核心から離れた文脈が多い。また，彼女たちが有名プロ野球選手と結婚していくのも周知の事実である。

俯瞰的な視野が必要とされるジャーナリズム，特に編集部門における，このようなジェンダー不均衡・不平等は深刻な問題である。女性のスポーツに関する報道量の少なさ，女性アスリートの競技能力を過小評価する様々な表現，女性アスリートのジェンダーやセクシャリティを強調する描写は，ジャーナリズムにおける「男の眼差し」が要因であることは否めない。権力側に立たないことがジャーナリズムの鉄則であるとは，ジャーナリスト自身の言葉であるが，「性の政治学」にも埋没せず，公平で多様な視点をもてる構造が必須である。

⑥ オーディエンスによる読みの多様性

ホール（S. Hall）は，オーディエンスの解釈を3つの立場から説明している（グレアム・ターナー, 溝上由紀ほか 訳『カルチュラルスタディーズ入門』作品社. 1999. 113-65.）。それは，テクストに含有されているメッセージを 1）従順にそのまま受け取る「優先的」（支配的）読み, 2）メッセージが生産された立場とは逆の立場をとり，意図された効果とは全く反対の意味を読み取る「対抗的」読み, 3）大筋において支配的意味は認めても一方で個々の具体例において例外を要求する「交渉的」読みである。

2003年全米テニス「総集編」（9月10日，TBS）で放映された「あまりにも美しすぎる全米美女ランキング」に対する女子大生の読みには3つの解釈が認められた。「女の武器である美しい顔や身体を売りにするのはよいと思う」などの優先的読みと，「女性は美しくなければならないという支配的意味を受け止めつつ，『みるのは楽しいが自分なら企画しない』」などの交渉的読みを合わせると63％を占めており（飯田貴子，2004），男性の眼差しを内面化していることが読み取れる。また，楢崎教子（柔道女子52kg級，旧姓菅原）に関する1996年第26回オリンピック大会（アトランタ），1999年世界柔道，2000年第27回オリンピック大会（シドニー）の新聞記事に対しても，オーディエンス自身の「生きられた経験」に照らし，テクストを意味づけし読み解くという多様性が観察されている。ジェンダー視座による対抗的読みを可能にするには，ジェンダー理論を深く学ぶことや労働の場におけるジェンダー問題の経験が有効のようである（飯田貴子「新聞報道における女性競技者のジェンダー化」『スポーツとジェンダー研究』1. 2003: 4-14）。

⑦ メディアリテラシー

「メディア・リテラシーとは，市民がメディアを社会的文脈でクリティカルに分析し，評価し，メディアにアクセスし，多様な形態でコミュニケーションを創りだす力をさす。また，そのような力の獲得をめざす取り組みもメディア・リテラシーという」（鈴木みどり「日本におけるメディア・リテラシーの展開」鈴木みどり 編『メディア・リテラシーの現在と未来』世界思想社. 2001. 4）。

最近の研究によると，オーディエンスおよび消費者としての女性の役割が重要となってきており，メディアは女性のニーズやウォンツを求めている。この観点に立てば，人口の半分を占める女性たちが，男性に独占されたスポーツメディアを拒否することにより，その力を発揮することが可能となる。現に，スカンジナビアやイギリスの研究者は，女性たちが女性アスリートの扱いに幻滅していると示唆している（Bruce, T., Hovden, J., and Markula, P. (Eds.), 2008）。

図2は，第20回冬季オリンピック大会（トリノ，2006年）の開会式で8人の女性たちが五輪旗を掲げ，スタジアムに入場する場面である。8人はスポーツだけでなく人権，環境，平和運動など様々な領域で貢献した，人種も異なる女性たちが選ばれている。オリンピッ

図2　第20回冬季オリンピック大会（トリノ，2006年）の開会式における女性8人による五輪旗の入場
（写真：フォート・キシモト）

ク開会式では画期的なことである。しかし，日本のニュースでは，どの局もこの場面を取り上げていないし，中継場面においても詳細に語られていない（登丸あすか「トリノ冬季オリンピック開会式における女性の役割」『スポーツとジェンダー研究』5. 2007: 45－55）。今後は，クリティカルな分析に終わらず，メディアへのアクセスとコミュニケーションを創造する力をつけていかなければならない。その際，「体育・スポーツの実践は，すべての人々にとっての基本的人権である」（ユネスコ「体育とスポーツに関する国際憲章」1978）を念頭に置き，ジェンダーだけでなく，セクシュアリティ，民族，人種，年齢，障がいの視点を重層的に織り込むことがスポーツメディア再構築の課題となる。

参考文献 04.A.07

- 河原和枝．1999．「スポーツ・ヒロイン－女性近代スポーツの100年－」井上俊ほか編『スポーツ文化を学ぶ人のために』132－49．世界思想社
- Holste, Glenda C. 2000. Women's enews, *Women Athletes Often Debased by Medeia Images* http://www.womensenews.org/article.cfm?aid=310（2008年10月26日）
- Messner, Michael A. 2002. *Center of Attention: The Gender of Sports Medhia. In Taking the Field: Women men and Sports.* 91－133. University of Minnesota Press.

（飯田貴子）

スポーツにおける暴力とセクシュアルハラスメント 04.A.08

① スポーツにおける暴力

スポーツにおける暴力として，スポーツそのものに内在する文化的要素としての暴力と，観客における暴力，およびスポーツ組織内の人間関係において生じる暴力などを考えることができる。後者には先輩から後輩へなどの部員同士の暴力や，教師・指導者から被指導者（生徒・選手）への暴力が含まれる。ここでは主に後者のうち，指導者から被指導者への暴力について述べる。

スポーツ指導における暴力的な行為は長年，スポーツ環境において生じ続け，今なおその是非をめぐって議論が続いている。近年，指導者による暴力行為が頻発した高校野球では，日本高等学校野球連盟会長が通達「暴力のない高校野球をめざして」（2005年）を発表し，関係当事者への意識啓発を促したが，現状では根絶されていない。こうした行為がスポーツ指導において継続する根底には，ある程度の暴力的行為は，場合や状況，当事者同士の関係性によっては，指導行為の一環として許容されるという認識の共有があるとされる。高校野球の指導者を対象にして朝日新聞社が行ったアンケートによると，指導者の約7割が「体罰」を経験し，6割がこれを「やむをえない」「必要だ」として肯定している（朝日新聞（大阪）「高校野球の指導に関するアンケート」2006年6月5日付）。

体罰とは「懲戒（懲らしめ，制裁）」の内容が身体的性質のものである罰のことをさし，日本の学校教育では禁止されている。体罰禁止の法的根拠は「学校教育法第11条」にある。曰く「校長及び教員は，教育上必要があると認めるときは，文部科学大臣の定めるところにより，学生，生徒及び児童に懲戒を加えることができる。ただし，体罰を加えることはできない（傍点筆者）」。

選手の立場からの実態調査によると，体罰などの暴力行為を受けたことのある者はない者に比べ，これらを受容し肯定する傾向があるとして，スポーツ指導における暴力行為の連鎖が懸念されている。また，暴力行為が精神的，技術的向上をもたらすという正当化の可能性や，指導者の真剣さを示す手段としての暴力の容認，男性の方が女性よりも体罰を必要とみなしていることなども指摘されてきた。

暴力を含む反倫理的な行為を不適切とする考え方に，指導者間で男女差はないが，実際にそのような行為をする指導者の割合は女性よりも男性に多い。また，これらを「適切である」「受け入れられる」と考えるよりも多くの選手が，こうした行為を指導者から受けていることが近年の調査分析で明らかになった（熊安ほか，2008）。性別では，平手やモノで叩くなどの身体的暴力行為を男性選手が多く経験し，指導者のマッサージや身のまわりの世話をさせるなど，指導者への奉仕的な行為を女性選手がより多く経験しており，こうした行為の相互作用へのジェンダーの影響が示唆されている。総じて，このような行為に対する選手自身の評価は，指導者よりも許容的であることが懸念とともに報告されている。

また，セクシュアルハラスメント（後述）が基本的に不適切なことと認識されているのに対し，暴力的行為に対する指導者の認識は，是非が相半ばする傾向がみられる。これを容認する指導者には「勝利至上主義：勝利を追求する上で暴力的な指導もやむをえない」と「愛のムチ：暴力は愛情を伴うことによってしつけになる」という2つの考え方がみられ，スポーツ指導における暴力の許容という関係者の共通認識を支える論理となっている。

② スポーツにおける性暴力：セクシュアルハラスメントと性的虐待

近年，スポーツ界における性犯罪事例がメディア報道を通して知られるようになった。学校部活動や地域のスポーツスクールにおける教師・指導者から被指導生徒・選手へのわいせつ行為や性的暴行が顕在化しており，フェアな文化としてのイメージをもつスポーツ界には，むしろこうした事件が生じる温床があると考えられる。性犯罪とは，法律に違反するものと規定され，公的な法的手続きに則って審判され，処罰が科される行為である。しかしながら，法的に可視化された性犯罪だけをみても，スポーツ界における性暴力の構造はみえてこない。セクシュアルハラスメントや性的虐待など，性的搾取の一連の連続体としてこれらの問題を捉えることで，そのメカニズムを理解することができよう。

世界のスポーツ界ではこの問題への関心が高まり，防止のための様々な取り組みが行われている。IOCも2007年にセクシュアルハラスメントと性的虐待に関する声明文を発表した。これによると，セクシュアルハラスメントとは次のように定義されている。

「言語を伴う行為であれ，言語を伴わない行為であれ，身体的行為であれ，個人や集団に対してなされる性的な意味合いを帯びた行為のことをいい，それは，その行為の主が意図的か意図的でないかにかかわらず，また合法的か合法的でないかにかかわらず，権力と信頼の濫用に基づく行為であって，被害者や周囲の者にとって望まれない，あるいは強要されたと認識される行為

のことである」(IOC Medical Commission Expert Panel. Consensus Statement SEXUAL HARASSMENT AND ABUSE IN SPORT, February 2007. http://www.olympic.org/Assets/ImportedNews/Documents/en_report_1125.pdf〔2011年10月26日〕)。

セクシュアルハラスメントには,「ジェンダーハラスメント」や「新入りいじめの儀式(Hazing)」「同性愛嫌悪」が含まれる。さらに「性的虐待」もそれらの延長線上にあり,一連の行為連続体の一部として位置づける立場もある。まず,ジェンダーハラスメントとは,一方のあるいは他方のジェンダーに対する軽蔑的な扱いを要素とするもので,制度的で繰り返し行われるものであるが,必ずしも性的な含みはもたない。次に,新入りいじめの儀式とは,スポーツ組織などへの新入会者がターゲットにされる,時に性的な要素を含む虐待的な入会儀式のことである。最後に同性愛嫌悪とは,レズビアン,ゲイ,バイセクシュアル,トランスジェンダーの人々に対する偏見や差別で,それは消極的な怒り(の表明)から意図的に不公平な扱いにまで及ぶとされる。

さらに,性的虐待とは,相手の同意を得ないあらゆる性的な行為,あるいは同意を与えようのない性的行為を含む搾取行為である。国際女性スポーツ(Women Sports International: WSI)によれば,それは「選手を注意深くグルーミング(手なずけ)したあとで生じ,そのときまでには選手は,虐待者との性的に親密な関係を受け入れるようになったり,避けられなくなったりしており,それが選手の練習や毎日の行動のありきたりな一部分になってしまっている」(WSI Task Forces. WSI POSITION STATEMENT, March 2004. http://www.sportsbiz.bz/womensportinternational/taskforces/wsi_position_statement.htm〔2011年10月26日〕)。つまり,圧倒的な権力関係が日常化・正当化された中で,同意の有無が意味をなさない状態において生じる性的搾取といえる。

IOC声明文によると,これらの行為は年齢やジェンダー,人種,性的指向,障がいの有無などに基づいて区別されるものではないが,選手の周囲にいて権威をもつ者が加害者となりやすく,構造的に男性支配的なスポーツ環境に

おいては,男性の加害者の方が多い。また,選手への保護が手薄く,加害者による動機が強く,選手がその年齢や成長度においてより脆弱な時,セクシュアルハラスメントと性的虐待のリスクはより増大する。なお,スポーツ時の着衣の量やスポーツの種類がリスク要因になるということは検証されていない。

競技成績が全国レベル以上で活躍する指導者,選手を対象にした近年の調査分析では,日本の女性選手たちはセクシュアルハラスメントになりうる行為に対し,総じて男性コーチよりも許容的であるという特徴的な傾向がみられた(熊安ほか,2011)。男性指導者が月経について尋ねたり,マッサージもしくは挨拶や励ましのためにからだに触ったり,1人だけ部屋に呼び出すといった女性選手への行為は,従来スポーツ環境下では指導の一環として許容されがちであったが,これらを経験する指導者,選手ともに一定数がそれを不適切に感じたり,受容できないと感じたりしている。指導という名目を隠れ蓑に,これらの行為がセクシュアルハラスメントの温床になりえていることも指摘されており,指導上の配慮が求められる行為である。

スポーツ指導において,監督やコーチといった指導者と選手とは,否定しがたい権力関係によってつながっている。また両者間の信頼関係も競技達成に不可欠な要素と考えられている。しかし,この権力と信頼が誤用されることによって,セクシュアルハラスメントや虐待,暴力など,選手との搾取的な関係が生じる。とりわけ,ハイレベルで競技する指導者と選手は,長い練習時間や遠征,合宿を通じて時間と空間をともにすることが多く,その関係性が閉鎖的になる時搾取のリスクは高まるのである。

また,セクシュアルハラスメント経験に関する調査では,摂食障害との関連も指摘されている。摂食障害とは,拒食・痩せ・無月経を特徴とする「神経性食欲不振症」と,食後の嘔吐や下剤の乱用を特徴とする「神経性過食症」からなる疾患である。摂食障害は,骨粗鬆症,運動性無月経と合わせてFemale Athlete Triad (FAT)と呼ばれ,女性選手が陥りやすい特有の3大徴候と

される。特に審美的な要素を競う競技や,身体の軽量化が勝敗の大きな要因となる競技の選手に多発する傾向がある。このうち摂食障害については,セクシュアルハラスメント経験との関連性が指摘されている。

ノルウェーのナショナルチームに所属するエリート選手のセクシュアル・ハラスメント調査によると,摂食障害のある選手は,健康的な選手に比べてセクシュアルハラスメントを多く経験していることが報告されている。因果関係は明らかではないが,摂食障害を起こす選手のグループは同時に,セクシュアルハラスメントのリスクグループであること,つまりこれらのグループは,セクシュアルハラスメントと摂食障害の両方が生じやすい環境にあることが指摘されている(Fasting et al., 2000)。

競技力向上のための身体管理は,短期間にトップをめざす勝利至上主義と結びつく時,健康管理を無視した身体加工へと,選手を容易に駆り立てる。特に,指導者が男性に偏り,ジェンダー構造が強固なスポーツ組織において被支配的な立場に置かれやすい女性選手は,摂食障害などFATに陥る可能性が高まるのである。

③ 防止対策

スポーツにおける暴力やセクシュアルハラスメントなど倫理問題への対策として日本では,2002(平成14)年に日本陸上競技連盟が「倫理に関するガイドライン」(2013年修正)を,2004(平成16)年には日本体育協会(以下,日体協と略す)が「公益財団法人日本体育協会及び加盟団体における倫理に関するガイドライン」(2011年改定)を策定した。日体協のガイドラインは,「スポーツを行う際又は指導する際に問題解決の手段として,暴力行為(直接的暴力,暴言,脅迫,威圧等)を行うことは,厳に禁ずる」としている。またセクシュアルハラスメントについても留意すべきこととし,これらの倫理問題に対して「役・職員をはじめ監督,コーチ等現場指導者及び登録選手等に対して具体的な教育啓発活動を行うとともに,自己の役割や責任等を指導徹底することが求められる」などとして,加盟団体に対し早期に必要な規定の整備を図るよう要

望している（日本体育協会．「公益財団法人日本体育協会及び加盟団体における倫理に関するガイドライン」平成16年4月1日制定，平成23年4月1日改定 http://www.japan-sports.or.jp/Portals/0/data0/about/pdf/plan02.pdf〔2013年7月9日〕）。

しかしながら，2013（平成25）年1-3月にスポーツ統括団体（計569団体）に対して実施された取り組み状況調査によると，倫理規程や倫理に関するガイドラインをもつ団体は，日体協・都道府県体育協会（回答22団体）とJOC・各競技団体（回答20団体）では50％を超えたが，全体としては回答191団体のうちわずか19.4％に過ぎず，計画中の団体が17.8％であり，半数以上（58.1％）の団体がそれらを定めていないと回答した。また，なんらかの予防対策の取り組みを行っている団体は38.7％，行っていない団体が45.7％，計画中が11.3％であり，その取り組みは全般に低調であることが報告された（高峰・熊安，2013）。

こうした中，2011年から2013年にかけて，大学柔道部監督（元オリンピック金メダリスト）の女子部員に対する性暴力や柔道女子日本代表選手に対する指導者の暴力が告発され，スポーツ界の取り組みの遅れが顕在化した。こうした事件の発覚を受けて2013（平成25）年4月25日に，日体協，JOC，日本障がい者スポーツ協会，全国高等学校体育連盟および日本中学校体育連盟の5団体は「暴力行為根絶宣言」(http://www.japan-sports.or.jp/Portals/0/data/koho_kyanpen/news/bouryoku-konzetsusengen(yoko).pdf〔2013年7月9日〕）を採択，発表したが，スポーツにおける暴力やセクシャルハラスメント根絶のためには，組織をあげた実効性のある取り組みが今後改めて求められよう。

先述したIOC声明文は，倫理問題の防止対策にとってスポーツ組織の強力なリーダーシップが不可欠であるとの見解を示している。そこでは「一般に容認された防止対策は，行動綱領に関する方針，教育や訓練，申し立てや支援の手順，監視や評価のシステムなどを含んでいる。文化的な相違にかかわらず，あらゆるスポーツ組織はこれらの条件を満たすべきである」とされている(IOC, 2007)。また，この声明文検討部会では，「暴力やセクシュアル・ハラスメントから個人を保護する手段を，コーチングの『制限』としてではなく，『より効果的なコーチング—ひいてはより健全なスポーツシステムづくり—の中心テーマ』として捉えていくことも，対策の重要な視点となる」ことが示唆されている（熊安ほか，2008, 23）。

参考文献 04.A.08

- 熊安貴美江ほか．2008.「スポーツ指導者と選手のセクシュアル・ハラスメントに関する認識と経験の現状と特徴」平成18—20年度日本学術振興会科学研究費補助金［基盤研究(C) 18510233］研究成果報告書
- ほか．2011.「スポーツ環境における指導者と選手の適切な行為—セクシュアル・ハラスメントに関する男性指導者と女性選手の認識と経験—」日本スポーツとジェンダー学会『スポーツとジェンダー研究』9: 19-32.
- 高峰修，熊安貴美江．2013.「スポーツ統括団体における倫理的問題に関する取り組みの現状」日本スポーツとジェンダー学会第12回大会一般発表資料抄録
- Fasting, K., Brackenridge, C.H., & Sundgot Borgen, J. 2000. *Females, Elite Sports and Sexual Harassment*. The Norwegian Women Project 2000.

（熊安貴美江）

ジェンダーの視点からみた体育 04.B

公教育制度における体育とジェンダー 04.B.01

① 公教育制度の確立と体育の歴史：「男」「女」の身体をつくる

明治期，公教育制度を整備するプロセスの初期段階から，身体教育は人材育成の一側面として重要であるとみなされていた。近代社会は，読み書きや算術にはじまる知的能力のみならず，健康を保持し規律に従って運動する身体能力を，人々に求める。そうした近代的な人材育成の要求に応えるべき「社会装置」は，まずなによりも学校教育だった。

公教育制度は，近代が求める「健全」な身体を育成する仕組みをいかに整えていったのか。その歩みを概観しよう。1872（明治5）年の「学制」発布の際すでに，初等教育教科の中に「体術」（翌年より「体操」と名称変更）が位置づけられている。1878（明治11）年には体操伝習所が設立され，「体操」教育の内容が整備されていく。1886（明治19）年の小学校令で，「体操」に軍隊での規律や集団行動訓練をモデルとした「兵式体操」が加えられる。学校教育および師範教育へのそうした兵式体操の導入は，初代文部大臣森有礼が強く主導したものだった。さらに1891（明治24）年の「小学校教則大綱」では，小学校の「体操」の内容として「遊技」「普通体操」「兵式体操」が定められる。その後，スウェーデンやドイツの体操が紹介されるなど，「遊技」「普通体操」「兵式体操」のバランスや内容は変化しつつ，近代体育が形成されていった。

「健全」な身体の育成は，男女ともに必要なものとされたが，当初は男子により多くの注意が払われたし，その後女子体育も発展していったとはいえ，男子に対する体育と女子に対する体育では，そのめざすところは大きく異なっていた。

戦前の学校教育は，男女別学が基本であり，中等教育機関以上は男女別の学校体系を確立させていた。それは，男子優先・男子中心の原則に貫かれ，固定的な性別役割分業観に基づいた性差別的な教育システムであったということができる。学校教育で重視された理念も男女で対照的だった。男子には公的な場で活躍することを求める立身出世主義が，女子には夫を支えて家事と子育てを担う良妻賢母主義が，それぞれの教育の基礎となった理念だったのである。よって，体育においても，男女で異なる目標が設定される。男子には，労働および軍隊が求める剛健な肉体づくりと，厳格な集団行動や熾烈な競争（競争に勝ち抜き「立身出世」を希求）にコミットすることが求められた。一方，女子に対しては，「良妻賢母」として夫の「立身出世」を可能にする安定した家庭を経営するとともに，「健全」な国民（特に男子）を生み育てる「健全」な母体を形成することが期待された。

その結果，「体操」という教科につい

て，その内容や必修時間数には男女で違いがみられた。初等教育では，男子には主として「兵式体操」を，女子には「普通体操」もしくは「遊戯」を授けるよう定められていた（1891年「小学校教則大綱」）。中等教育カリキュラムでも，中学校では「兵式体操」や「撃剣・柔術（後に剣道・柔道と改称）」などが重視される一方，高等女学校では中学校よりも時間数が少なく，内容も「普通体操」や「遊戯」が中心で，舞踏など女子向けの種目が考案されたりもした。

先述のように全般的に男子に対する体育の方が，女子に対するそれよりも重視されていたが，明治末頃より，女子体育の先駆者といわれる井上あくり等の努力によって，女子に対する体育の必要性への認識は高まり，教育内容も進展していく。井上は，文部省から米国留学を命じられ，1899（明治32）年から1903（明治36）年までスミスカレッジやハーバード大学などで生理学や体育を学んだ人物であるが，帰国後は，日本における女子体育軽視を批判し，スウェーデン式体操の導入や，女子の体操服改良など，精力的に近代女子体育の基礎をつくっていった。

しかし一方で，「体操」教育によって，日本女性の美点である"しとやかさ"や"たおやかさ"が失われていくことへの懸念も，「女子の『男子化』」といったキーワードのもとで常に論じられていた。そうした懸念に対応して，舞踏（ダンス）など女子向きの体操が考案され，そうした「女らしい」体育の伝統は，戦後のカリキュラムにも引き継がれていく。

公教育制度の「体操」教育の発展プロセスには，「男らしい」身体と「女らしい」身体という概念を構築し，それらを具体的に形成していくプロセスが読みとれる。

② 戦後学校教育における体育とジェンダー：「男女平等」と性別二分法

第二次大戦敗戦後，民主主義や平等を旗印に，新しい学校教育制度がスタートする。戦後の学校教育制度では，「体操」は「体育」と教科名を変える。「体育」をジェンダーの視点から見直す場合，まずは，学習指導要領における性別規定の変化という形で整理することができる。

敗戦直後1947（昭和22）年に，文部省（当時）は「教師自身が自分で研究して行く手引き」として『学習指導要領・一般編（試案）』を刊行する。この「試案」段階の社会科や家庭科の指導要領には，社会や家庭の民主化，男女の平等を実現しなければならないという理念が盛り込まれ，旧来のジェンダー秩序を改変する方向性が明確に打ち出されている。一方で，体育に関しては，戦前の男女別学の考え方が色濃く残っていた。

1947（昭和22）年の『学校体育指導要綱』（小・中・高），1949（昭和24）年『学習指導要領小学校体育編（試案）』，1951（昭和26）年『中学校学習指導要領・体育』，1953（昭和28）年『小学校学習指導要領・体育』のいずれにおいても，小学校高学年以降の発達の性差が細かく述べられ，男女それぞれにふさわしい運動種目が設定されている。中学校においては当然のごとく男女別学を前提とした記述内容となっている。

1958（昭和33）年学校教育法施行規則の一部改正によって，学習指導要領の名称は法的な拘束力をもつことを意味する「告示」へと変わる。「告示」化直後の1958年の学習指導要領では，小学校高学年の指導における留意点として「男女の特性や個人差に即した目標をもたせる」との文言がみられ，「男女の特性を考慮」（1977〔昭和52〕年「小学校学習指導要領」）という規定に引き継がれていく。中学校については，1958年および1969（昭和44）年の学習指導要領では，体育の「内容」に関して「器械体操」や「陸上競技」など領域ごとに細かい男女別の指定がなされている。1977（昭和52）年になると，具体的で細かな男女別規定が消え，格技は「主として男子に履修」，ダンスは「主として女子に履修」させるとの区分のみに整理されるが，全体を覆う留意事項として「男女の特性を考慮」との文言が残される。高等学校では，家庭科が女子のみ必修になっていくことに伴い，「体育」の必要単位数が男女で異なっていく（1960〔昭和35〕年には普通科生徒の場合，男子9単位／女子7単位，1970〔昭和45〕年には女子の家庭科4単位必修化によって，普通科男子生徒11単位に増加）。内容については中学校の場合と同じく，選択必修の領域指定が男女別に，また男女共通とさ

れる領域に関して「男女の特性に応じて各運動を取り扱うように配慮する」という全体への「傘」となる文言が被せられた。

国際的な女性差別撤廃運動の機運を背景に，1985（昭和60）年多くの国々と並んで日本も「女性に対するあらゆる形態の差別の撤廃に関する国際条約」を批准した。この条約は公的な学校カリキュラムが性別によって異なることを性差別と規定して禁止していたため，学習指導要領の家庭科や保健体育における男女別規定は改正されることになる。条約批准後，初めて公示された1989（平成元）年学習指導要領では，一切の男女別規定が消えた。「体育」に関しても，小学校・中学校・高等学校すべての学習指導要領から「男女の特性」という言葉は消えている。しかし，中学校と高等学校では選択履修の幅がかなり大きく取られ，選択に際しては「生徒が特性等に応じて履修できるようにするものとする」という文章が付加されている。「男女の特性」という言葉が消えた代わりに，「生徒の特性」という新しい文言が登場していることには，実質的に男女別の指導の必要性を示唆していると解釈すべきであろう。

2008（平成20）年に小学校・中学校，2009（平成21）年に高等学校の新学習指導要領が公示された。この学習指導要領「保健体育」においては，中学校で「武道」（剣道・柔道・相撲から選択）が必修となった。相撲が新しく入ったことが注目されているが，「武道」の選択にも性別の規定はないので，「武道」必修は学校体育の現場に新たな男女混合／男女別の状態を作り出している。

以上，学習指導要領によって制度化されたカリキュラムをジェンダーの視点から整理してきたが，公的カリキュラムに明確な男女別規定はなくとも，小学校の高学年あたりから，学校体育の現場では男女別の授業が行われ始め，ほとんどの中学校や高等学校において，男女別の体育指導が基本となっている。そのことがもっている意味は大きい。

③ 体育の「隠れたカリキュラム」に敏感になる：新しい体育文化の創造へ

ここまでは，学校教育の公的カリキ

ュラムとしての「体育」の歴史と現状についてジェンダーの視点から概観したが，近年，そうした公的カリキュラムとは別のレベルで，子どもたちに価値規範や技能を伝える「隠れたカリキュラム」が学校の中に存在することが注目されている。学校運営の慣習や日常の生徒指導を通じて，子どもたちは多くのメッセージを受け取り，「望ましい生徒像」や「望ましい社会観」などを形成する。その中には，ジェンダーにかかわるメッセージも含まれている。

そうした観点から日本の学校教育を照射した場合に浮かび上がってきたのが，名簿や列の作り方などの男女分離・男子優先の学校慣習であり，学校行事における男女の役割の違いであり，体操服や制服などの男女別の服装の強制であり，学習指導・生徒指導・進路指導上の男女の取り扱いの違いであった。日本の学校教育は，そうした学校文化に内在する，男女の特性の違いを前提とした男女別処遇がはらむ問題に鈍感であり続けてきた。

体育の教育実践やスポーツにかかわる特別活動や課外活動においても，ジェンダーにかかわる「隠れたカリキュラム」の存在が指摘されている。スポーツは「男らしさ」と結びつくことが多い。男の子にとってスポーツができるかどうかは女の子にとってよりも切実な問題である。スポーツが得意な男子が賞賛を浴びる一方で，「運動音痴」の男の子は理不尽にもずいぶんと肩身が狭い思いをしているという（大束，2001）。

学校体育は男女ともに受けているが，中学校以上は基本的に別学であり，体育系の部活動もそのほとんどは男女別となっている。男女別の体育・スポーツ活動は，男女の体力・運動能力差を固定化して考える基盤を作っている。また，体育・スポーツの記録主義は男性優位を強化し，スポーツの花形は男の子で，女の子はそのサポートや応援をするという役割分担が学校文化の中に生まれている。男子が血をにじませ汗を流して闘い，女子は涙と微笑みでその応援をする。例えば毎年恒例である高校野球のチアガールや応援する女子高校生，多くの男子体育会系クラブ・サークルが擁する女子マネージャーは，その図式の典型である。

スポーツの応援といえば，大人の世界では，野球やサッカーのファンは男性の方が多く，けっして女性だけの文化ではない。学校文化の中では社会全体よりもさらに，「闘う男」と「応援する女」という非対称の図式がくっきりと形づくられている。

こうした非対称の図式，また，体力差や技能の違いを個人差ではなく，性別二分法で固定的に考えてしまう認識枠組みを変えていくために，各地の学校で体育授業や運動会などの場で「男女が入りまじった風景」を増やしていこうという試みが広がっている。

小学校では，高学年になると男女別にしていた運動会の徒競走を男女混合で行う，あるいは，男子のみで実施していた騎馬戦や組体操を男女で行うといった新しい実践が1990年代からなされている。男女混合で騎馬戦に取り組む実践は，男子のみの騎馬戦という運動会種目が子どもたちに伝達しているメッセージ―男性は戦闘的であるべき，女性は戦闘には加われない―を見直そうとする取り組みとして位置づけることができる。あるいは騎馬戦種目があまりにも戦闘的すぎて男子も苦手意識をもつような雰囲気になっている場合は，男女混合で企画することにより，種目そのものの性格づけを変えることをねらうこともできよう。もちろん，体育・スポーツでの男女混合は，子どもたちの発達段階（とりわけ第二次性徴期）を踏まえ，さらには個人のプラ

イバシーや身体感覚を尊重するなどの配慮を伴って企画される必要がある。いま学校では，子どもたちの状況を踏まえた上で個人の権利や自由を尊重する観点から，「慣習」だからと漫然と続けてきた体育・スポーツの状況を見直そうという動きがみられる。

現代社会において，スポーツの世界における女性の活躍，女性の記録の向上にはめざましいものがある。そのこと自体は歓迎すべきことである。が，男性が中心となって築いてきた競争主義・記録主義のスポーツに女性も参加するだけでなく，女性が参加することによって，また，スポーツにおける性別の境界を捉え直すことによって，スポーツのあり方そのものも変化し，豊かな多様性を展開することを期待したい。

参考文献　　　　　　　　　　　04.B.01

- 飯田貴子，井谷惠子 編．2004．『スポーツ・ジェンダー学への招待』明石書店
- 大束貢生．2001．「運動音痴の男の子こそジェンダー・フリーを求めている―『できなくてもいいんだよ』と伝えてあげたい」『女も男も』88（労働教育センター）：18-20．
- 上沼八郎．1968．『近代日本女子体育史序説』不昧堂書店
- 木村涼子．1999．『学校文化とジェンダー』勁草書房
- 木村吉次．1975．『日本近代体育思想の形成』杏林書院
- 熊安貴美江．2000．「体育・スポーツと性役割の再生産」亀田温子，舘かおる 編．『学校をジェンダー・フリーに』99-125．明石書店

（木村涼子）

体育授業とジェンダー形成　　04.B.02

① 性別カリキュラムが残存する現実

日本では1985（昭和60）年の女子差別撤廃条約の批准に伴い，教育課程上の男女差が撤廃された。その後，1989（平成元）年の学習指導要領改訂において，高等学校家庭科の男女共修とともに体育の男女同一のカリキュラムが導入された。この変革は家庭科の男女共修に先導された結果であり，体育関係者内部からわき上がった要求や議論を経たものではないために，意識面や実践面での改革はかなり遅れたものとなっている。体育が温存するジェンダー構造やジェンダー再生産機能への気づきも薄い。

例えば，男女同一カリキュラムへの移行から20年あまり経過した現在でも，体育実践では男女別カリキュラムが健在であり，授業も男女別という実態が強く残っている。大学生を対象に高等学校の体育授業で経験したスポーツ種目について問う調査では，サッカーや武道は男子の経験者が多く，ダンスや体つくり運動（体ほぐしの運動と体力を高める運動）では女子の経験が多い。ダンスと武道についても，性別にかかわりなく自由な選択が可能なカリキュラム編成にはなっていないことが示されている（日本スポーツとジェンダー学会，2010：44）。

中学校3年生から高等学校では，生涯にわたる豊かなスポーツライフの実

現に向けて，運動を選択し継続することができる時期と捉えられ（文部科学省『中学校学習指導要領解説 保健体育』. 2008; 文部科学省『高等学校学習指導要領解説 保健体育編 体育編』. 2009），学習者の興味・関心に応じて運動領域や種目を選び，主体的な学習を重視する選択制が制度化されている。しかし，限られた施設や指導者の中で，男女別コースを設定すれば，ほとんど選択の余地のない形ばかりの選択制が横行することになる。このために，男女にかかわらず学習者の興味・関心に応じて運動やスポーツを選択できるという環境の充実が不可欠であり，選択制の拡充と男女同一カリキュラムは共存関係にある。

② 体育カリキュラムに埋め込まれた男性優位

現代の主流の運動文化であり，体育の主たる内容となっているスポーツは，それが男性中心に発展した経過を考えると，多くの種目はジェンダー中立とはいえない特性をもつ。女性があらゆるスポーツに参加し，以前には想像さえできなかったパフォーマンスをみせる現在であっても，スポーツに埋め込まれたジェンダーメッセージに気づくことは重要である。

学校体育で扱われるサッカーや陸上競技などのスポーツは，19世紀後半から発展した近代スポーツである。ここには男性の教育機能と近代社会の発展を主導した男性的原理が内包されている。優れた体力に裏打ちされた身体技能を競うスポーツは，種目特性によって多少の差異はあるものの「筋肉重視・脂肪排除」という原則に貫かれている（飯田・井谷, 2004; 金澤・江原ら, 2008）。つまり，多くのスポーツは筋肉の量と質に強く支配され，脂肪は余分な荷物となる。筋肉と脂肪は性ホルモンに影響され，ことに第二次性徴期以降，男女差が顕著に現れる特徴がある。

一方，女性に人気の種目であるヨーガやダンスなどは，他者との競争ではなく自己の身体との対話やシェイプアップ，表現が基本コンセプトである。勝敗や記録といった外面的な出来映えよりも体の調子を内観すること，苦しさに耐えてがんばるのではなく適度な運動強度や爽快感を味わうことが重視される。これらの特徴をもつ運動は，現在の体育カリキュラムではほとんど取り扱われないか，女子の領域として設定されることが多いという実態がある。

③ 隠れたカリキュラムとしての男らしさ形成

スポーツが男性性の形成に関与することが指摘されている。歴史的にも，スポーツに男性性の構築機能が期待されてきたことは明白である。さらに，スポーツを中心的な学習内容に据える体育授業においても，男子生徒に対する「男らしさの形成」機能があることが明らかになっている（飯田・井谷, 2004; 伊田・木村・熊安, 2013）。

持久走の授業において，多様なねらいや学習展開が想定できるにもかかわらず，より高い記録やたくましさを追求する傾向があるとの報告がある（井谷惠子ほか「体育授業におけるジェンダー体制の生成－高等学校の持久走授業を事例に－」『スポーツとジェンダー研究』4. 2006: 4-15; 片田孫朝日「男子は4周を目標に」『ジェンダーで考える教育の現在』解放出版社. 2008. 96-110.）。そこには「体育は厳しいのがあたりまえで正統であり，優しい雰囲気の授業は体育の価値や必要性を主張できない」という体育教師の意識や信念があり，それらに基づいた教育実践を通じて，スポーツパフォーマンスの相対的男女差がさらに広がり，男性の優位を強化していることが主張されている。このような男女の差異を拡大してみせる体育授業の構造自体が男女特性や男性優位を自明視することにつながり，性別カテゴリーの多用や男女別の授業内容を設定するといったダブルスタンダードなど，ジェンダー規範の使用を正当化する理由を与えていると考えることができる。

また，「教師－学習者」間の相互作用に関しては，教師と学習者の性によっていくつかの傾向のあることが指摘されている。「女性教師－女子生徒」間では体調への配慮やこれによって不調を訴える機会が与えられるが，「男性教師－男子生徒」間ではこのような体調への配慮はなく，「もっといける」のような「常に全力でがんばること」が求められる傾向にあるという。さらに「女子生徒－教師」「男子生徒－教師」間の相互作用行動については，女子生徒に対して「がんばれ」「もう少し」など，学習者を励まし肯定的に受け止める相互作用が多い反面，男子生徒に対して「休憩ないぞ」「止まるな」など厳しい要求や「もう帰れ」など否定的な相互作用がみられることが明らかになっている（井谷惠子ほか「高校体育授業における教師－学習者の相互作用に関するジェンダー視点からの検討」『スポーツとジェンダー研究』5. 2007: 56-64）。

④ 性別二分とダブルスタンダード

男らしさを育成し表現する文化として発展してきたスポーツは，男性にスポーツを通して壮健さ・勇気・規律・集団精神などを身につけるよう期待した。他方，女性には，スポーツによって社交のための教養・礼儀作法・優雅な立ち居振る舞いを身につけることを期待してきた。近代オリンピックの創設時には，女性が観衆の前で競技することは許されず，長年女性の参加選手割合は低く抑えられた。バレーボールなど女子選手の活躍が伝えられる第18回大会（東京，1964年）でさえ，女性の参加率は13.2%にすぎなかった。現在もなお男性には「たくましくスポーツすること」を期待し，高い達成基準を課す傾向があることは，このような歴史的経緯が強く影響している。身体文化としてのスポーツは性のダブルスタンダードに疑いをもたせず，そのことがさらに男女差を拡大する役割を果たしてきたといえるだろう。

体育授業においても，達成目標の差異だけではなく，ルールやコートの大きさ，走る距離の違いなど，随所に男女別の設定がみられる。場合によっては「男子10km，女子5km」「男子は大回り，女子は小回り」など実質の差異以上の格差が設定され，男女それぞれの中にある多様性は無視される。例えば，持久走などは，走破すべき距離が男女別に決められ，10kmと5kmなど大きな差異のあることが珍しくない。持久走の目的が体力づくりにあるなら，その目的が健康づくりであれ，競争であれ，個人の体力に合わせて目標を設定することが合理的であることは自明である。男子の平均よりも体力のある女子もいれば，女子の平均よりも

低い男子もいる。男子に勝る高い技能をもつ女子もいれば，女子に敗れる男子もいる。このようなダブルスタンダードは，現実の差異への対応というよりも，男，女という性をもつ学習者集団それぞれに対する教師の暗黙の期待である。それはまた，教師が設定する性別基準というよりも，スポーツそのものがルール化し，それを当然として受け入れている社会のダブルスタンダードと捉えるのが妥当であろう。

⑤ 性別二分カテゴリーの多用と男女差

体育やスポーツにおける性のダブルスタンダードはこれと表裏一体となって，性別二分を大前提としてきた。男女別で競うことを大原則とし，男女の公平性を保つための方策として当然のように受け入れられてきた。

このような男女二分を正当化する論理として，男女の体力や技能の差が大きいという主張がある。しかし，スポーツ科学の研究成果は，生理学的には男女の筋肉の質自体に差異がないことを明らかにしている（C.L. ウェルズ『女性のスポーツ生理学』宮下充正 監訳 大修館書店，1989．）。スポーツパフォーマンスにみられる男女の差異は，生殖機能の差異から生まれる筋肉量の違い，身長の差に強く依存しているといわれる。スポーツパフォーマンスや体力にみられる男女差についても，トレーニングの違いによる男女差が，遺伝的・生理学的差とみなされ，報告され続けてきたことが示唆されている（日本体育協会『公認スポーツ指導者養成テキスト』（共通科目Ⅱ），2005．115）。つまり，生殖機能など生物学的・生理学的に規定される性差の上に，経験差・トレーニングの質と量の差，さらにはスポーツへのモチベーションなど社会的心理的な差異が重複した結果，現実の男女差が現れている。

このことは，男女に差がないことを主張しようとするものではない。体力であっても運動能力であっても，平均値としての男女差は実在するが，男女それぞれの集団内の差異も大きく，2つの集団は重なり合った部分が多い。にもかかわらず，体育やスポーツにおいては男女差を絶対的なものと捉え，男女の各集団を全く別個のカテゴリーとして取り扱ってきた。このことは体力や運動能力に関する統計上の読み取り方の問題でもあるが，性別を上位カテゴリーとし，男女差を絶対視させてきた社会的背景にも目を向けなければならない。

⑥ 体育教師と性役割

スポーツは男女共有の運動文化であり，トップレベルの競技種目からレジャーとしてのスポーツ活動まで参加の男女差は狭まりつつある。スポーツ・体育系の大学や専攻に在籍する女子学生の比率は40％程度と推測できる（日本スポーツとジェンダー学会『スポーツ・ジェンダー／データブック2010』．2010：46）。しかし，保健体育教員をはじめスポーツ指導者や審判，競技団体の役員などの重要なポジションは男性が寡占している。例えば，2008年の第29回オリンピック大会（北京）での日本選手団は，本部スタッフ（団長，本部役員，本部員など）30名のうち女性は4名にすぎない（同前掲書：38）。競技別にみると，例えば，陸上競技では選手40名のうち女性16名，男性24名という内訳に対して，役員20名（監督，コーチ，トレーナーなど）では女性1名のみである。柔道は役員全員が男性であった。女性が陸上競技や柔道に進出してから久しく，指導者に適した人材は大勢輩出されているはずでありながら，女性指導者を育てる意識も環境も貧弱な現状が推察できる。

また，保健体育教員についても男性が寡占する状況がみられる。学校という職場はほかに比べて早くから女性進出の目覚ましい分野である。ところが，保健体育教員に限ってみると，学校規模にかかわらず女性教員は各校1，2名といった配置基準が踏襲されている。学校体育は生涯スポーツの基礎的な段階として，学習者を動機づけ，自立的な実践者を育てることを主要なねらいとしている。このような体育授業の目的を考えると，体育が「男の職場」でなければならない理由も女性が排除される理由も見出せない。体育教師はそこで学ぶ生徒にとって身近なロールモデルである。体育教師の男女不均衡は，体育やスポーツに関して男性が主流であるというメッセージを送るだけでなく，学校全体や社会におけるジェンダー役割や序列を学習させる隠れたカリキュラムとなっていることは忘れてはならない。

参考文献　04.B.02

- 飯田貴子，井谷惠子．2004．『スポーツ・ジェンダー学への招待』明石書店
- 伊田久美子，木村涼子，熊安貴美江 2013．『よくわかるジェンダー・スタディーズ：人文社会科学から自然科学まで』ミネルヴァ書房
- 金澤一郎，江原由美子ほか．2008．『性差とは何か－ジェンダー研究と生物学の対話』〈学術会議叢書14〉．日本学術協力財団
- 日本スポーツとジェンダー学会．2010．『スポーツとジェンダー／データブック2010』

（井谷惠子）

マネージャーとジェンダー　04.B.03

① 女子マネージャーの概要

日本の高校，大学などの学校運動部，特に男子運動部には，しばしば「女子マネージャー」と呼ばれる存在がいる。基本的に女子マネージャーの仕事は英語でいう「マネジメント」ではなく，運動部の中の雑用であることが多い。具体的な仕事内容は，部員に飲み物を用意する，練習道具の準備・片づけをする，レモンの砂糖漬けをつくるなど，各部によって様々である。チームによっては，部員のユニフォームを洗濯する，チームの勝利を祈るために千羽鶴を折る，合宿などの際に料理をつくるなどの役割が含まれる（「神奈川県高等学校教職員組合による調査」〔朝日新聞1992年11月12日付朝刊17面〕などを参照）。

全国の運動部に，いったいどれくらいの数の女子マネージャーが存在しているのかは定かでない。1993（平成5）年1月に朝日新聞社が日本高校野球連盟に加盟している学校計4,082校に調査を行ったところ（回答率が86％），「女子マネージャーが所属している」と答えたのは，全体の72％であった（1993年3月11日付朝刊25面）。野球部だけの調査で女子マネージャーの実態を把握することは困難であるが，かなり多くの男子運動部で女子マネージャーが存在していると推測される。

② 女子マネージャーの誕生と増加

男子運動部で女子マネージャーが生まれたのは，いうまでもなく男女共学

以降である。女子マネージャーの第1号が，どこの高校あるいは大学で，いつ誕生したのかは定かではない。朝日新聞の調査によると，1968（昭和43）年に女子マネージャーが在籍している野球部は，東京都の高校野球連盟加盟校166のうち，わずか17校，人数にして33名にすぎなかったという（朝日新聞1968年7月29日付 朝刊16面）。当時の女子マネージャーはかなりの少数であったと推測されるが，一定の人数が存在していたことは確かである。

本来，男子運動部のマネージャーは男子の役割であった。それに対して1960年代以降，女子マネージャーの数が少しずつ増加し，逆に1970年代くらいから男子マネージャーは徐々に減少していったと考えられる。女子マネージャーが誕生した理由には諸説ある。第1に，高度成長期において「男は仕事，女は家庭」という性別役割分業が一般化したことがその理由とされる。だが，「社会での性別役割分業がただちに学校運動部での性別役割分業に結びつくのか」という疑問も残る。第2に，女子の高校進学率が格段に上昇し，女子生徒が増えたことが挙げられる。だが，ここでは重要な事実が見落とされている。確かに女子の高校進学率は高くなった（1950〔昭和25〕年は36.7%，1960〔昭和35〕年は55.9%，1970〔昭和45〕年は82.7%である）が，男子の高校進学率も急激に上昇している（1950〔昭和25〕年は48.0%，1960〔昭和35〕年は59.6%，1970〔昭和45〕年は81.6%である）のだから，男子マネージャーだけで十分に足りるのではないかといった疑問も生じる。

注目すべき第3の要因は，大学受験戦争（大学進学希望者はほとんどが男子である）である。1960年代，高校男子運動部では大学受験戦争の影響で部員が減少し，選手不足とともに，マネージャーの役割を担う男子も急激に減少していた。男子の4年制大学進学率は，1960（昭和35）年は13.7%，1970（昭和45）年は27.3%である。ちなみに，1975（昭和50）年には41.0%と，高度成長期以降に急激な上昇をみせる。それに対して女子は，1960（昭和35）年は2.5%，1970（昭和45）年は6.5%である。1975年に12.7%とかなりの上昇をみせるものの（ちなみに，75年以降はほぼ横ば

いとなる），男子にははるかに及ばない。

実際に，男子運動部での部員不足は，特に進学校では深刻であった。1960年代半ば以降，男子運動部の部員不足を語る資料は散見され，「部員不足という理由で，女子マネージャーを採用した」とはっきり記述されている資料もある。それは受験戦争・部員不足という状況を考えれば，けっして特定の学校だけの事情とは考えづらい。受験戦争は70年代から進学校以外にも飛び火した。そこで，本来は女子禁制だったはずの男子運動部に女子マネージャーの参入する余地が生まれた。

実際には，上記に挙げた要因や，男子運動部の変容（例えば「女子禁制」といった規範がやわらいでいったこと，積極的に男子運動部へかかわりたいと考える女子の出現など）が複合的に絡み合い，女子マネージャーが誕生・増加したものと思われる。

③ 女子マネージャーのイメージ変容

1960年代，学校運動部マネージャーはまだ男性の仕事であった。したがって，女子マネージャーは「男性の世界へ進出する先駆者」と肯定的にみなされている面があった。その一方で，「男子運動部は，女性厳禁である」という女性排除的な意見も少なからず存在していた。社会の解放的な雰囲気，高度消費社会の到来とは裏腹に，男子運動部はまだ保守的な側面を残していたのである。いずれにしても，当時の女

子マネージャーは「女性の社会進出」と「男の領域を侵すもの」という2つのイメージをもち合わせていた。

しかしながら，1970年代になると女性排除的な意見が少なくなり，女子マネージャーは縁の下の力持ち，青春の1コマとして語られるようになる。すなわち「女なのに，マネージャーをしている」ではなく，「女だから，マネージャーをしている」へと，社会の女子マネージャーのイメージは変化していったのである。その要因はいくつか考えられるが，実際に女子マネージャーが増加していったこともさることながら，女子マネージャーを描いたドラマやマンガなど，メディアの影響も強かったのではないかと考えられる。

④ 女子マネージャーをめぐる論争

女子マネージャーの存在は，女性差別の一形態として捉えられることもある。例えば，「女子マネージャーの存在は，社会における性別役割分業の反映である」あるいは「女子マネージャーを教育現場で許すことは，性差別を助長する」といった見解がある。一方で，女子マネージャーを「運動部での大切な役割」として擁護する意見もある。このような意見の衝突は1990（平成2）年前後の新聞報道の中でもみられた（表1）。また，男子マネージャーと女子マネージャーでは仕事の内容が違うことも多い。監督との連絡など，重要と思われている役割が男子マネージャーに

表1 「女子マネージャー」に関する新聞紙面の論争

記事名	掲載紙（年／月／日付・掲載面）
「『女子マネ』の役割はどこに（声）」	朝日新聞（1988/7/22・朝刊5面）
「『女子マネ』も青春賛歌担う（声）」	朝日新聞（1988/7/28・朝刊5面）
「喜びとは違う『奉仕の図式』（声）」	朝日新聞（1988/8/11・朝刊5面）
「運動部の女子マネ，すっかり『主婦役』に 公立高の教師たちが調査」	朝日新聞（1992/11/12・朝刊17面）
「女子マネにも喜びが（ひととき）」	朝日新聞（1992/11/24・朝刊17面）
「女子マネに向かぬ私（ひととき）」	朝日新聞（1992/11/29・朝刊17面）
「性差別の一つ？大切な役目？ 『女子マネジャー論争』に反響さまざま」	朝日新聞（1992/12/11・朝刊19面）
「『女子マネ』は社会的不平等（声）」	朝日新聞（1994/6/3・朝刊5面）
「『女子マネ』も部員のひとり（声）」	朝日新聞（1994/6/12・朝刊5面）
「『女子マネ』は差別ではない（声）」	朝日新聞（1994/6/15・朝刊5面）

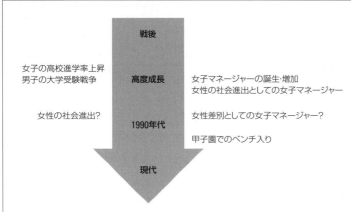

図1 女子マネージャーの歴史

与えられ，女子マネージャーは雑用一般というケースもある。この点も女性差別として捉えられることがある。

なお，高校野球の女子マネージャーは，「全国高校野球選手権大会」に1996（平成8）年から「記録員」としてベンチ入りできるようになった。当時，「女子マネージャーがベンチ入りできないのは差別」という意見があり，これも別の形態の差別問題として考えられる。ちなみに高校野球以外では，女子マネージャーのベンチ入りを特に規制していない競技も多い。

参考文献 04.B.03

◆ 高井昌吏 2004．『女子マネージャーの誕生とメディア―スポーツ文化におけるジェンダー形成』ミネルヴァ書房

（高井昌吏）

体育・スポーツ科学とジェンダー 04.B.04

① ジェンダー視点による研究例

[運動生理学の分野]

成人の女性と男性の身体的構造にみられる相違は，生殖器官を除けば，性差よりも個体差の方が大きく，解剖学的にも生理学的にも男女差はあるものの，男女間の類似点の方がはるかに多い（C.L.ウェルス『女性のスポーツ生理学』（再版），宮下充正 監訳．大修館書店，1990．3-4）。男女差の有無やその現れ方は体力要素によって異なり，男女差が少ないのは反応時間や小筋群を用いた運動の敏捷性や局所的な筋持久性であり，柔軟性は女性の方が高値を示す。一方，顕著な男女差がみられるのはエネルギー系の体力で，例えば筋力や筋パワーは，思春期以降では女子は男子の筋力の60-80％になる（定本朋子『日本スポーツとジェンダー学会第6回大会プログラム』2007：14〔差替版〕）。つまり，その差はからだの大きさや身体組成（脂肪量や筋量など）の違いに起因し，男女間の差異は質的というよりもむしろ量的な違いであることが明らかになっている（ウェルス，1990．15，26）。

また，男女には，それぞれふさわしいこととそうでないことがあるという性の役割認識が女性の行動習慣に大きな影響を及ぼしてきた。運動生理学でいう男女差が，遺伝的要因と環境的要因によってどの程度，形成されたのかは明らかではないが，環境や経験などの後天的要因が重大な意味をもっていることは確かである。例えば，「一般成人女性の体脂肪が一般成人男性よりもはるかに高い」という現象が女性スポーツ選手ではみられなくなるという事実は，トレーニングという環境因子が生物学的な遺伝因子を変容させることを示している（ウェルス，1990．14）。ウェルスはさらに，女性選手として報告されたデータの大部分が，彼女たちの数倍ものトレーニングを積んだ男性選手と比較されてきたことを挙げ，過去の不十分なデータによって，実はトレーニングの違いによる男女差であったにもかかわらず，遺伝的に決められた生理学的男女差とみなされ，報告され続けてきた可能性が大きいことを指摘している（ウェルス，1990．36）。トップアスリートの世界記録における男女比較の研究は，女性の身体能力の上限を反映すると考えられ，生物学的男女の相違を示唆する役割をもつといわれているが，近年に近づくほど男女差は縮まっている（定本，2007）。なお，厳密に男女差を測るには，女性と男性が，習慣やトレーニング経験，指導，競技経験のすべてにおいて等しい母集団から取り出され比較された研究でなければ，難しい。

[体育・スポーツ史の分野]

体育・スポーツ史の分野では，ある時代に記述された言説を研究対象として，当時の社会背景や書き手の立場にも留意しながら，そこにおける女性と男性がどのように記述されているのかを分析する研究手法がある。例えば，1920年代前半の女性競技スポーツ奨励論に着目して，この時期の雑誌記事を分析した研究（來田享子『日本スポーツとジェンダー学会第6回大会プログラム』2007：15-16）では，当時の女性をめぐる状況を述べた上で，なぜ女性にスポーツが奨励されたのか，またその背景にある女性と男性の身体的・社会的役割の違い（性差認識）が明らかにされた。さらに体育・スポーツ以外の領域における性差認識とも比較することで，当該領域での性差の扱われ方や意味づけられ方の特徴が示されている。そこでは，女性の身体や精神について男性を基準として記述され，体育・スポーツの領域において性差が強調されていたことや，数値で示された自然科学的な研究結果が時代の都合によって利用・援用される可能性があることが示された。こうした背景には，書き手がもっぱら男性であったことにも留意する必要がある。

[スポーツ心理学の分野]

スポーツ心理学の分野では，「性差が有意」であった長い歴史があり，データの統計分析の結果として見出された男女差が「性差」と解釈され，そこに性別に関与する社会・文化的影響が考慮されることはなかったという（阿江美恵子『日本スポーツとジェンダー学会第6回大会プログラム』2007：14〔差替版〕）。その社会でその性別にふさわしいと考えられている行動や特性（性役割）に自分をあてはめていく過程を心理学では「性の型づけ（sex typing）」と名づけている。

アメリカのジェンダー論の研究者であったベムは，精神的に健康で柔軟性のある新しい人間像として，女性性と男性性の両方を併せもつアンドロジニー（心理的両性具有）を提唱している（Bem, S. The measurement of psychological androgyny. J. of Counseling and Clinical Psychology, 42. 1974. 155-62）。一方，阿江は，体育系女子学生は競技系種目の実施者ほど女性らしくありたいという悩みをもち，筋肉がついて脚や腕が太くなることに抵抗があり，スポーツをすると女性らしさが減って男性的になるという，ある種のジェンダースキーマ（あらゆる情報処理において，男性的／女性的というジェンダーに基づいたカテゴリー化を行っていく認知・行動様式）ができ上がっていると報告している（阿江美恵子「体育専攻女子大学生のジェンダー・パーソナリティ」『スポーツ心理学研究』31 (2). 2004: 9-18）。

② 研究手法における問題点と課題

体育・スポーツ社会学の分野では，質問紙による調査などで得た数値をデータとして，統計分析を用いて結果を導いた研究（量的研究）がよく行われている。この種の研究論文（1993-2006年）において性差や男女差がどのように扱われ，説明されてきたかをレビューしたところ，約半数が統計分析において性別を積極的に用いており，そこには次のような問題点がみられたことが指摘されている（高峰修『日本スポーツとジェンダー学会第6回大会プログラム』2007: 12.）。1つ目には性差があるという結果に対して解釈が行われていないケース，2つ目には性差の導き方に問題があるもので，属性情報が不足しているために性差なのか他の要因の影響を受けたのかが判断できないケース，3つ目には導き出された性差に対してジェンダー的視点（社会的性別という概念への意識）が欠落した決定論的解釈をしていたケースである。高峰は，さらに有意差検定という手法自体の取り扱いにも注意を促している。体育・スポーツ科学分野で広く用いられている有意差検定には，そもそも2つのグループの平均に「差を見出す」という思想が貫かれている。性別に関してt検定や分散分析といった分析手法を用い，そこに統計的有意差が認められた場合，「男女差／性差がある」という知識が容易に生み出されることになる。そこで，性差があるものという前提に立って結論を導くことのないよう，結果として得られた男女間の統計的な有意差が，はたして現実的にどのような意味があるのかを考える視点が重要であると指摘している（高峰修．「日本スポーツとジェンダー学会第6回大会シンポジウムレポート」『Coaching Clinic』9. 2007: 52-53; 2007）。

研究対象についても，ジェンダーの偏りがないかに留意する必要がある。実験の対象者にしやすいという理由などから，男性の被験者だけを用いた研究結果を人間一般に当てはめていないかが問われている（飯田貴子「基調講演要旨 スポーツ・ジェンダー学を展望する－学会活動を中心に－」『スポーツとジェンダー研究』6. 2008: 73）。

一方で，女性特有の課題に対する研究の遅れの問題もある。月経周期や閉経による運動に対する反応，妊娠時の運動に対する反応，アスリートにみられる月経遅延や無月経の影響といった特定分野の研究ついては，限られた研究者の努力によって研究が蓄積されてきたが，全体的にみるとまだ十分とはいえない状況にある。その背景には，女性特有の課題であるがゆえに着手されていない側面と個人情報の保護や医学的配慮といった側面が大きいので科学的研究対象として捉えにくかったことが考えられている（定本, 2007）。

また，性は明確な境界を引けるものではなく，バリエーションをもつことが明らかになっている。しかし，女と男という性的二分カテゴリーの枠組みから外され，不可視的な存在となってきた性的マイノリティーの人々のことをどのように扱っていくかについて，スポーツ文化や関係する学術では，未だ十分な議論には至っていない（井谷惠子「シンポジウム 体育学・スポーツ科学における性差認識とジェンダー」『スポーツとジェンダー研究』6. 2008: 75-78.）。このように女性や性的・マイノリティーに関する研究蓄積はきわめて少ないのが現状であり，ジェンダーに敏感な視点を踏まえた学術研究の蓄積が求められている。

さらに，ジェンダーの視点をもって明らかにされてきた体育・スポーツ科学の研究成果を実践でどのように生かしていくのかは，忘れてはならない最終課題である。カナダの著名な研究者であるアン・ホール（M. Ann Hall）は，学問の世界で働く人々は，女性スポーツの改善やジェンダーの公平に向けて働く「最前線」にいる人々（参加者, 競技者, 教師, コーチ, プロやボランティアのリーダー, 政策担当者, 活動家）と手を携えて働かねばならないと述べ，理論と実践の統合，個人的なものと政治的なものの統合に対するスポーツ研究者の関心を喚起している（アン・ホール『フェミニズム・スポーツ・身体』飯田貴子ほか 監訳. 世界思想社. 2001. 188-89）。

③ 研究の担い手とジェンダー

ここでは，研究に従事する人々のジェンダー・バランスをみるために，大学の教員およびその養成段階にある大学院生，学術研究団体を取り上げ，職位や意思決定機関，活動内容などについての男女比を示す。

［大学・大学院］

国立大学協会は2010（平成22）年までに国立大学女性教員比率を20％にするという目標を掲げ，大学独自の男女共同参画の動きも本格化している（国立大学協会男女共同参画に関するワーキング・グループ「国立大学における男女共同参画を推進するために（報告書）」. 2000. http://www.kokudaikyo.gr.jp/active/txt6-2/h12_5.html）。2008（平成20）年の大学教員全体の男女比をみると，女性教員の割合は，全学部では19.0％であるのに対し，体育・スポーツ系学部（学部・研究科の名称に「体育」または「スポーツ」の語を含むもの）では18.4％である。体育・スポーツ系学部では，2002（平成14）年から2006（平成18）年まで女性教員の割合は15.4-16.1％の間を上下し，ほとんど変化がみられなかったが，2007（平成19）年に18.5％に上昇した。これは，教員の職位制度の改正により，同年多くの「助手」職に女性が採用されたことが影響したものと考えられる。

体育・スポーツ系学部における教員の職階を男女別に示した2008（平成20）年のデータを取り出して分析すると，男性教員は突出して教授職の割合が多く（52.2％），次いで准教授職が多い（23.3％）。これに対し，女性教員の職位は，教授31.7％，准教授21.0％であり，新

たに講師と助手の中間職として設定された助教は別として，比較的バランスのとれた人数配置になっているといえる。一方，教員の男女比は，男性81.6％，女性18.4％であり，男性教員が圧倒的多数を占める上，男女を合わせた性別職位別構成をみると，男性教授が全体の42.6％を占めているのに対し，女性教授は5.8％に過ぎない（図1，表1）。

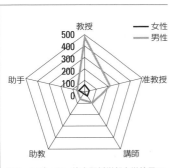

図1　スポーツ・体育関係学部大学教員の男女別職位別人数
（出典：日本スポーツとジェンダー学会『スポーツ・ジェンダーデータブック2010』2010より改変）

大学院生を含めた2008（平成20）年時点での体育・スポーツ系学部・研究科の各キャリアにおける女性の割合は，修士課程26.1％，博士課程23.2％，教員全体18.4％，教授12.0％であり，キャリアアップしていくにつれて減少していく傾向がみられる。

[学術研究団体]

2009（平成21）年3月の日本の研究者

表1　体育・スポーツ系学部大学教員の男女別職位別構成（2008年）

性別職位	男性 人数	%	女性 人数	%
教授	475	42.6	65	5.8
准教授	212	19.0	43	3.9
講師	95	8.5	33	3.0
助教	62	5.6	15	1.3
助手	66	5.9	49	4.4
計	910	81.6	205	18.4

（出典：文部科学省，2008．『学校基本調査』より作成）

に占める女性の割合は，前年と同様の13.0％であり（総務省『平成21年科学技術研究調査結果の概要』2009．http://www.stat.go.jp/data/kagaku/2009/pdf/21ke_gai.pdf），日本の学術分野における男女共同参画の状況は，世界的にみても不十分であるとの見解が示されている。

健康・スポーツ科学関連の学術研究団体全体では，女性会員の割合は18.9％であり，男性会員は81.1％である。分野別に会員の男女比をみると，女性の割合が最も高いのは運動学系団体（31.8％）であり，最も低いのは自然科学系団体（12.2％）である。運動学系団体では，女性の割合が高い団体と低い団体に明確に二分され，前者は舞踊や体操，ジェンダー，次いで子どもや教育に関する団体であり，健康・スポーツ科学関連分野の中でも性役割分業の傾向がみられる。

理事会，常任理事会，評議員会などの意思決定機関全体における女性の割合と会員の女性割合を比較すると（図2），健康・スポーツ関連の学術研究団体全体では，女性会員の割合が18.9％なのに対し，意思決定機関に属する女性の割合は13.5％と低いことがわかる。分野別にみると，人文社会科学系，自然科学系，総合領域でも意思決定機関における女性の割合は，女性会員の割合を下回るが，運動学系団体においては逆の傾向が示されている。女性会員の割合が特に低い自然科学系団体では，意思決定機関に属する女性は，女性会員の約半分（6.6％）にとどまっている。

④ 競争的研究費の配分とジェンダー

ここでは，競争的研究費のジェンダーバランスをみるために，その代表的なものとして，文部科学省科学研究費補助金（健康・スポーツ科学分野における2002年から2007年の推移）を取り上げ，申請する側，採択する側の男女比を示す（国立情報学研究所．科学研究費補助金データベース　http://kaken.nii.ac.jp/）。

[採択課題の研究代表者]

新規採択課題の研究代表者について，男女別の人数を示す。性別は氏名により判断し，判別が難しいものについては，可能な限り関係機関などに問い合わせて確認した。

図3は，採択課題の男女別研究代表者数を示している。健康・スポーツ科

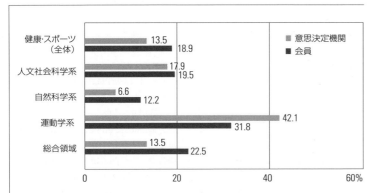

図2　分野別にみた，会員と意思決定機関における女性割合
（出典：日本学術会議 健康・生活科学委員会 健康・スポーツ科学分科会『健康・スポーツ科学関連分野の学術研究団体における男女共同参画に関する調査結果』2008より改変）

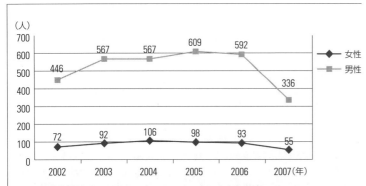

図3　科研費補助金採択課題（健康・スポーツ科学分野）の男女別研究代表者数
（出典：国立情報学研究所．「科学研究費補助金データベース」　http://kaken.nii.ac.jp/より作成）

学分野の新規採択課題数は年により変化があるが，女性研究代表者の割合は約14％で推移し，ほとんど変化がみられない。

[第1段審査員]

科学研究費補助金の対象となる課題の採択は，第1段と第2段の2度の審査を経て決定される。ここでは，分野別に審査員の氏名が公表されている第1段審査員の氏名から性別を判断し，男女別の人数を示した。

健康・スポーツ科学分野の第一段審査員数は，2002（平成14）年以降増加傾向にある（図4）。しかし，男性審査員の数が増加しているのに対し，女性審査員は5人前後で推移し，ほとんど増加がみられない。結果として，当該分野の女性審査員の割合は2002（平成14）年の33.3％から2005（平成17）年以降は11％程度にまで下がっている。

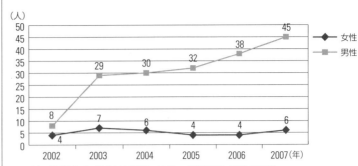

図4 科研費補助金 第1段審査員（健康・スポーツ科学分野）の男女別人数
（出典：国立情報学研究所「日本学術振興会科学研究費補助金審査委員名」 http://www.jsps.go.jp/j-grantsinaid/14_kouho/meibo.html（2009年9月8日）より作成）

参考文献　04.B.04

- アン・ホール．2001．『フェミニズム・スポーツ・身体』飯田貴子ほか 監訳．世界思想社．188-89．
- C.Lウェルス．1990．『女性のスポーツ生理学』（再版）宮下充正 監訳 3-4．大修館書店
- 国立情報学研究所．『科学研究費補助金データベース』http://kaken.nii.ac.jp/（2009年9月8日）
- ―――．「日本学術振興会科学研究費補助金審査委員名」
http://www.jsps.go.jp/j-grantsinaid/14_kouho/meibo.html（2009年9月8日）
- 国立大学協会男女共同参画に関するワーキング・グループ．2000．「国立大学における男女共同参画を推進するために（報告書）」平成12年5月19日
http://www.kokudaikyo.gr.jp/active/txt6-2/h12_5.html（2009年9月1日）
- 総務省．2009．『平成21年科学技術研究調査結果の概要』
http://www.stat.go.jp/data/kagaku/2009/pdf/21ke_gai.pdf（2009年12月10日）
- 高峰修．2007．『日本スポーツとジェンダー学会第6回大会プログラム』：12
- 日本学術会議 健康・生活科学委員会 健康・スポーツ科学分科会．2008．『健康・スポーツ科学関連分野の学術研究団体における男女共同参画に関する調査結果』
- 日本スポーツとジェンダー学会．2010．『スポーツ・ジェンダーデータブック』
- 「日本スポーツとジェンダー学会第6回大会シンポジウムレポート」『コーチング・クリニック』2007.9: 52-53.
- 文部科学省『学校基本調査』（2002-2009）

（田原淳子）

ジェンダーを形成するスポーツと体育　04.C

身体観の形成を通じたジェンダーの再生産：歴史的変遷からみた身体理想とスポーツ　04.C.01

① 理想的身体と覇権的男性性

理想的な身体イメージも，またそれと連動したジェンダー観も，歴史的に変動し，地域的に多様であり，社会階層によっても異なる。特定の身体が理想化されて語られる場合にも，その身体観を共有するのは当該の社会の一部の集団であり，身体理想を広い社会層にも妥当するものとみなすことはできない。しかし，特定の社会において文化的に優位に位置づけられる男性性のタイプを「覇権的男性性」として概念化したコンネル（Connel, 1987）に依拠して，現代にまで影響をもつ「男らしさ」の発生期の言説とその継続的な作用に着目すると，身体運動と理想的身体観の関係がジェンダー規範の形成と深くかかわっていることが明らかになる。

コンネルは近代社会における覇権的男性性の発生を，異性愛主義と女性の従属化，および異性愛以外のセクシュアリティの従属化が明確になる19世紀ヨーロッパの市民社会に見出している。市民社会の形成の特徴は次の3つである。1）資本主義的な生産方式に相応した市民階層の小家族が社会的再生産を担う基本的単位となるに従って，男性・女性のジェンダー的役割分担が規範化される。2）国民国家の形成に伴い国民からなる軍隊の組織化が進み，身心ともに強靱な男性像が規範化される。3）啓蒙の影響を受けた理性重視の思考により自己規律が内面化される。この3つの要素はいずれも，健全な身体を必要とする。さらに市民階層にとって自然にかなった健全な身体は，貴族階級の奢侈で華美な生活スタイルと差異化を図ることによって自らのアイデンティティーを形成するために重要な要素となった。ヨーロッパ以外の地域でも，コンネルが挙げる3つの条件を満たす社会では，同様の覇権的男性性のパターンがみられるようになる。

② 市民社会における覇権的男性性と身体観の形成

健全な身体に関する言説はすでに18世紀からみられるが，その中で古代ギリシャの彫刻にみられる均整のとれた男性身体が「男らしさ」のモデルとなる。端緒を開いたのはドイツの美術史家ヴィンケルマン（J.J. Winckelmann）である。ヴィンケルマンは『ギリシア芸術模倣論』（1755），『古代美術史』（1764）において，絶対主義の宮廷文化の趣味を表す過度な装飾を施されたバロックやロココの様式に対して，自然に近いギリシャ的な身体の単純さを近代人が模倣すべき理想的な男性的身体美であるとした。ヴィンケルマンは身体美と運動との関係に注目し，ポリスの公共の身体鍛錬施設ギュムナシオンで青年たちが裸で肉体を鍛えることが教育の重要な要素であったと指摘している。贅肉がなく強靱で均整のとれた理想的身体は，自らの意思で身体をコン

トロールする身体運動によって自ら作り上げるものであり，それは啓蒙的思考の現れであると同時に，市民階級の求める男性性のイメージに合致していた。ヴィンケルマン自身はホモセクシュアルであったにもかかわらず，彼が理想とした男性身体の理想像は，後の時代に強制的異性愛主義を基盤とした市民社会に「男らしさ」のステレオタイプとして広まっていく。

ヴィンケルマンに限らず，18世紀における啓蒙の思考は，身体運動と健康の関係への関心を高めた。ルソー(Jean-Jacues Rousseau)は『エミール』(1762)において「恒常的な身体運動は，青年を頑強かつ健康に育成する」と述べている。またフランスの医学者ティソ(S.A.A.D. Tissot)はオナニー有害説を唱えたことで知られるが，彼は医学の観点から運動の重要性を認め，1761年に出版された健康読本で「運動によって健康の維持と回復ができる」と主張している。これらの言説では，身体運動による青年の健全な身体の形成は，健全な精神の育成という目的と結びつけられている。外的な身体美と内的な徳性の一致は本来古代ギリシャの理想であるが，身心の健全な育成を目的として掲げた近代市民社会の体操教育の基盤となっていく(Mosse, 1996. 41)。

18世紀末から19世紀前半においては，身体運動を取り入れた教育改革の試みが行われるが，健全な男性身体の育成は次第に愛国主義との結びつきを深めていく。ドイツの教育学者グーツムーツ(J.F. GutsMuths)は，最初の体操教科書といわれる『青少年のための体育』(1793)を著した。この本は多くの言語に翻訳され，彼の体操教育の思想は広く流布する。彼は男性の身体美と道徳性とを関連づけ，道徳的健全性と精神的強さを兼ね備えた青年の育成をめざした。彼の著書『祖国の息子たちのための体操教科書』(1817)の題名からもわかるように，体操は国家の構成体としての男性身体の育成を念頭に置いたものであった。グーツムーツにとって男らしい身体と精神は，勇敢さと結びつくものであり，学校教育の改革の一環として体操を導入すべきだという彼のプロイセン政府に対する提案は，軍隊訓練の一部としての体育の必要性という観点から受け入れられた。

グーツムーツの影響を受けたヤーン(F.L. Jahn)の場合も，体操による男性身体の育成は愛国主義に基づくものだった。1806-07年のナポレオンによる侵攻を屈辱と感じたヤーンは，体操を対ナポレオン解放戦争に義勇軍として参加する若者たちを育てる愛国的教育と捉えていた。ただしこの時期の愛国主義は，国民国家の体をなさずに領邦諸国家が分立していたドイツの統一をめざす自由主義の運動であったために，ウィーン会議後の反動体制の中でヤーンは1819年に逮捕され，ベルリンのハーゼンハイデで1810年に結成された愛国団体と体操運動も禁止された。しかし身体運動を重視する医師や教師はヤーンの体操を再評価し，1837年からギムナジウムで体操の授業が導入される。

体操運動は，やがてスイス，オーストリア，イタリア，フランスにも広がりをみせる。1840年代にイタリアで最初の体操協会を設立したオベルマン(R. Obermann)は，体操は「女々しい」とされる柔弱さを予防し，男らしさを育成するものとみなした。それは規律訓練され，質素で忍耐力のある身体という，ヴィンケルマンが理想としたのと同様の理想形であるが，背景にはイタリア統一運動のために戦える青年の育成という目的があった。またスウェーデンでは1813年に，スウェーデン体操の創設者リング(P.H. Ling)が体操研究所を設立し，学校と軍隊への体操の導入を図る。彼によれば体操は，病気予防であると同時に，体操で学ぶ規律と服従は，祖国愛をもった国民の育成であり，また軍隊への準備でもあった。

一方イングランドでは，チームスポーツが青年教育の基盤となった。1830年代に改革されたパブリックスクールでは，まだ宗教の影響を強く受けた徳育が主であったが，1850年代からチームスポーツが組織化されるにつれて，スポーツはモラル教育の手段とされた。チームスポーツにおけるフェアプレイの精神は，寮生活を送る青少年の規律化と，将来のジェントルマンシップを担う青年たちが身につけるべき「男らしさ」の練習場となった(Mosse, 1996. 46)。

個々人で行う体操の場合も，チームスポーツの場合も，勇敢さ，忍耐力，自己規律を備えた「男らしさ」を規範化する役割を果たした。この男性性の規範は，市民社会の中で男性に付与された役割を果たしうる身体の基準となり，また国民国家の軍隊を担える身体と精神力を有することと同義であった。「健全な精神は，健全な身体に宿る」という言葉は，古代ローマの風刺詩人ユウェナリス(D.J. Juvenàlis)の詩の誤解から生じたのだが，それが身体運動の推進のモットーとして使われるようになるのも19世紀後半である。このモットーは，「健全さ」の基準を満たさずに「不健康」とみなされた身体を排除することになる。欧米のスポーツが次第に導入された明治時代の日本でも，このモットーが使用された記録がある。スポーツの流入とともに，同時期の欧米のスポーツ観とジェンダー観が同じように受け入れられたといえる。高等学校の運動部が設立された明治30年代には，運動と並んで精神修養に基づく自己抑制が重視され，また運動による勇敢さや忍耐の養成によって「良い国民」となるべき青年の育成が推奨された(谷口, 2007. 75)。

③ 女性の身体イメージと身体運動

18世紀以前までは，男性も女性も生殖器は同一であり，それが外面化しているかどうかの違いで説明をした1セックス論が強かったために，女性の身体運動は男性化をもたらすとして忌避されてきた。しかし18-19世紀には女性と男性を質的に異なったものとして区別する言説が主流となり，「男らしさ」「女らしさ」が実体主義的な身体観に基づいて「男性」と「女性」の身体に割り振られる。女性のためには男子向けの体操とは異なる身体運動が必要であると説いたスイスの体操教師クリアス(P.H. Clias)は，美容体操(calisthenic)の指導書を1829年に書いている。さらにライプツィヒ大学の教育学者で体操家であったヴェルナー(J.A.L. Werner)は，初めて女性のための体操読本『若い女性のための体操，あるいは健康，体力，優雅さのための女性の身体形成』(1833)を著した。ヴェルナーは，女性のための体操は「戦闘的なアマゾネスやスパルタ的女性」の育成のためではなく，しなやかで優雅な女性らし

い身体の形成を目的とし,「男性にとって魅力的な」丸みを帯びて繊細な女性的身体の維持のために運動を勧めている。女性の身体美の基準は,男性の視線によって決定され,女性の運動は産む性としての身体の健全さのために必要なものとみなされた。

19世紀半ばからは女性の権利拡大運動の広がりとともに,女性の身体の解放への意識も高まる。アメリカの初期女性運動で指導的役割を果たしたブルーマー（A. Bloomer）は,1848年に女性の活動と健康を阻害するコルセットや踝（くるぶし）丈のスカートに代わって,膝丈のスカートの下にふくらみのあるズボンをはく改良服を紹介した。当時は女性にも不評だったが,1880年代には自転車に乗る服として人気を博し,ブルーマー服の名で普及していく。またキャプリン（R.A. Caplin）は,身体を締め付けるのではなく,姿勢と呼吸を楽にする改良コルセットを1849年に発表している。1881年にはロンドンで「合理的衣服協会」が設立され,1884年にはロンドンのリバティー百貨店で改良服のコーナーが設置される（Merta, 2008. 269）。改良服は女性の側からの根強い反発もあったが,衣服改革は自由な身体運動の楽しさに女性の関心を向けることにつながった。

1890年代頃からは,体操協会への女性の受け入れも部分的に始まっている。しかしそれまで男性が行っていたスポーツに女性が入り始めると,女性の参加を禁止する言説が登場する。女子サッカーの例はそれをよく物語っている。最初に女子サッカーチームが1894年に結成されたイングランドでは,1921年にサッカーは女子には不適切という理由で,女子サッカーチームのスタジアム使用を禁止している。また1920年代に女子サッカーチームが結成されたドイツでは,ナチスにより女性にふさわしくないとの理由で禁止された。戦後再開されたにもかかわらず,ドイツサッカー連盟（Deutscher Fussball Bund: DFB）は1955年に女子サッカー部門を「女性らしい優雅さを失わせる」という理由で禁止した。DFBが女子部門を許可したのは1970年だが,試合時間は女性の「弱い体力」を考慮して各ハーフ30分とした。女性は男性と競合しないかぎりにおいて,同一

のスポーツへの参加が許されたのである。

1900年の第2回オリンピック大会（パリ）に女性が参加を許された競技が,ゴルフとテニスであったことも女性スポーツに対するジェンダー規制の強さを物語る。ゴルフとテニスでは踝までの長いスカートと長袖のブラウスの着衣がルールであり,また上流階層の社交の場でもあったために,特に若い男女の出会いの場として,女性らしさの規範を保ったまま行うことのできるスポーツであった。

④ 痩身の理想と身体トレーニング

19世紀末から20世紀初頭には,工業化と都市化の発展に伴い日常の身体運動が減少したことや,所得に余裕のある都市中間層が増えたことによって,肥満が医学や健康保険の観点から問題とされた。医者の診断での体重測定が一般化するとともに,駅や水泳場などの公共施設に体重計が置かれ,理想的身体は体重と密接な関係で捉えられるようになる。それに伴って日常的に行える身体運動への関心が高まる。デンマークのスポーツ選手であり学校教師だったミュラー（J.P. Müller）が1904年に著した『私のシステム,毎日15分の健康法』は,器具を使用せずに誰でも室内でできる運動ガイドブックで,24ヵ国語に翻訳されるほどの人気を博した。現代のフィットネス運動に似ている彼の「システム」は,子ども向け,女性向けのバージョンもあり,性別・年齢を問わず日常的運動への関心の高まりを示している。ふくよかな身体はもはや富の象徴ではなく,体重管理ができない意志の弱さの結果とみなされ,痩身を保つことが身体美の必須条件となる。この時期には日常的に個人でできる身体トレーニングガイドが多く出版されている。『女性の身体美─簡単で楽なシステムで手に入れ維持する方法』（1910年頃）を記したツェプラー（M.N. Zepler）,教育改革者で「痩身体操」を提唱した本『体操による女性の美と健康』（1908）の著者カルマイヤー（H. Kallmeyer）の2人は,いずれもスウェーデンのリング体操から影響を受けている。同じくリングの体操思想を取り入れ,女性のための体操システムを開発したメンセンディーク（B. Mensendieck）は,女性の権利獲得運動に積極的で,女性の身体運動を「自ら思考する」力に結びつけた。彼女はギリシャ彫刻の身体を理想とし,裸体で運動する姿を自分の著書『女性の身体文化』（1906）に載せている。これは自己の身体の意識化と身体表現が女性運動と密接に関係していたことを示すものである。1920年代のトレーニングガイドには細身の身体が標準体型として写真で掲載され,「痩身」という言葉が頻出する（Merta, 2008. 342）。ただし,トレーニングがめざす身体理想としては,男性の場合には筋肉質な身体,女性の場合には余分な脂肪がなくプロポーションのよい身体であった。

第一次大戦後に女性の社会進出が進むと,短いヘアスタイルと膝上丈のスカートという新しい女性ファッションが流行する。脚部をみせることへのかつての抵抗感は,ファッションによって解かれ,また痩身なファッションモデルやマネキンの体型が女性の理想的身体となる。痩身の理想化は1920-30年代に最初のピークを迎えるが,それはまた同時に女性の摂食障害（神経性無食欲症）が問題化される時期と重なる（Merta, 2008. 207）。運動する身体が理想化されるのとは逆に,ファッションによって作られた理想型に身体を作り上げることが運動の目的になるのもこの時代の特徴である。近代における身体の意識化とともに普及した体操やスポーツは,一方では旧来の身体観とジェンダー規範からの解放をもたらしたが,それと同時に,新たな規範化を生じさせる場でもあった。

参考文献

- 谷口雅子. 2007.『スポーツする身体とジェンダー』青土社
- Connel, R. 1987. *Gender and Power*. Polity Press.
- Merta, Sabine. 2008. *Schlank! Ein Körperkult der Moderne*. Franz Steiner Verlag.
- Mosse, George L. 1996. *The Image of Man, The Creation of Modern Masculinity*. Oxford University Press.

（大貫敦子）

ジェンダーイメージの形成におけるスポーツの影響　04.C.02

① スポーツと「男らしさ」

イメージとは，ある事柄や経験と別の事柄を間接的に結びつけたり（類推），比喩を示す際に用いられる心的および視覚的表象のことをさす。このイメージは，社会的な規範とかかわるものであり，イメージがさし示す事柄とイメージの表象内容との結びつきは恣意的である。また，表象＝代理（representation）がはらむ問題と重なりながら，社会的規範に根ざしたステレオタイプを強化し，「実態」を作り上げていくという側面もイメージはもつ。特に，二分化した身体的差異を前提とする性自認（ジェンダーアイデンティティー）を暗黙裡に要求される社会では，人々は，「女とは」「男とは」にかかわる先験的なイメージを自己に取り込み，主体形成を行っていくと考えられる。

身体的差異を二分化して行われるスポーツ（特に競技スポーツ）では，男性身体の優位性がメディアを通じて表象され，スポーツはとかく，「男らしさ」のイメージと強く結びつけられる。また男性身体の優位性を前提として，スポーツや身体活動は，これまで男性主導で行われることが一般的であり，スポーツと男性性の結びつきが，正統かつ本質であるように思われる。だが歴史を紐解くと，「男らしさ」のイメージが繰り返しスポーツに付与されて，今日のような男性中心のスポーツが誕生したことがわかる。

モッセ（G.L. Mosse）は，19世紀のドイツにおいて体育が，「男らしい男」を創出するために利用されたことを指摘している（ジョージ・L. モッセ『男のイメージ：男性性の創造と近代社会』細谷実ほか訳. 作品社. 2005）。「男らしい男」というイメージは，国家のために自己犠牲を厭わない軍事力となる身体と連帯精神を育成するために必要とされた。体育によって鍛錬された身体は，「高貴な魂」を具現化するものとみなされ，身体鍛錬が道徳的意義へと高められることとなった。

マクミラン（D.A. McMillan）も，19世紀の文明化したドイツ社会で，贅沢や享楽に溺れ依存的で受け身的な「女性化した」男性の増加を，当時の啓蒙主義者たちが憂慮していたと指摘する。マクミランによれば，そのような男性は愛国心が低下しているとみなされ，男性の「女性化」を防ぎ，国のために戦える身体と意思を有する男性の構築をめざすために，身体の鍛錬が奨励されたという（ダニエル・A. マクミラン.「スポーツと男らしさの理想」トマス・キューネ 編.『男の歴史：市民社会と〈男らしさ〉の神話』星乃治彦 訳. 柏書房. 1997）。

19世紀のイギリスでも，上流階級の男子のみで構成されたパブリックスクールで，それまであったスポーツを再編し，スポーツによる身体形成と人格形成に力が注がれた。このようにスポーツや身体活動を男性の資質と結びつける観念は，19世紀半ばから後半にかけてヨーロッパを中心に広がった。

世界記録をみる限り，「より速く，より高く，より強い」身体能力を有しているのは，いずれも男性の身体であり，したがって「男性の方が女性よりも体力がある」とする言説は，部分的には支持しうるだろう。しかし生理学的分類に則してみると，「体力」とは，身体的要素と精神的要素に分かれ，さらにそれぞれ行動体力と防衛体力に枝分かれしていく，人間の身体にかかわる総合的な能力を表す概念である。したがってスポーツ実践と関連する「体力」とは，行動体力の身体的機能に分類される一部の能力であり，さらに男性身体の優位を示すと想定されている「体力」は，同分類の柔軟性，平衡性，巧緻性を除外した，筋力，瞬発力，持久力をさすことが一般的である。つまり，男性の「体力」が総合的に女性よりも優れているのではなく，「男性の方が身体的にも社会的にも優位であるはずで，優位であるべきだ」とする価値が先行して，スポーツの実績に基づく一部の「体力」の優位性がことさら強調されているといえるだろう。

② スポーツの男性化と女性性の周縁化

先のモッセやマクミランは，19世紀のドイツで「男らしさ」のステレオタイプが構築される際に，異教徒や女性性が否定的なステレオタイプに分類されたことを指摘している。すなわち，スポーツと男性性の結びつきは，スポーツにおける女性の事実的排除や，女性の領域化，周縁化によっても強化されてきた。

男性が近代的主体となるために，スポーツによる身体形成が促進されていた19世紀は，上流階級を中心とする女性にも身体活動を行う機会があった。しかし，スポーツの男性化が強まる中で，女性がスポーツや身体活動に興じる姿は，当時の社会では受け入れられなかった。特にスポーツや身体活動から女性を排除する考えは，専門家（主に男性）の見解によるところが大きく，スポーツは女性の次世代再生産機能（妊娠・出産する身体的機能）に悪影響をもたらし，「女性らしい」容姿を損ねるといったことが広く強調された（Vertinsky, P. A. The Eternally Wounded Woman: Women, Doctors, and Exercise in the Late Nineteenth Century. University of Illinois Press. 1994）。実際に，中・長距離走は女性の身体には適さないとする神話が根強く，女性に門戸が開かれるまで長い年月を要した。

時代を経て，女性たちもスポーツへの参画機会を徐々に増やしていくが，女性は常に男性の「差異」として，スポーツ内部における周縁的な地位を与えられてきた。それは例えば，華麗さや柔軟性を競い合う種目（新体操やシンクロナイズドスイミングなど）を女性だけに用意されてきたことや，あらかじめ男性よりも短く，少なく設定された条件（距離やセット数など），およびそれらを理由にした低い賞金額などに顕著である。また「ママさんランナー」の活躍は，次世代再生産機能を有する女性身体の可能性を押し広げる一方で，「ママさん」という呼称を用いた女性アスリートの表象は，異性愛主義に基づく女性性の再強化にもつながっている。

女性のスポーツへの参画や活躍が高まっている一方で，ステレオタイプに基づくアスリートの表象やルール，観念を，メディアや体育授業，部活動での実践を通して，人々は女性を周縁化するスポーツ規範に基づくイメージを取り込むことになる。このことは，スポーツの男性中心主義をあえて前景化せずとも，スポーツと男性性の強固な結びつきは維持されることを意味する。

③ 性別判定検査がもたらしたもの

女性アスリートの女性性が強調され

るのは，女性を男性と差異化することで男性性を中心とするスポーツ文化を確立するためであった。しかしこのことは，スポーツ内部で女性アスリートの女性性を強調しなくては，女性と男性の差異化が困難であるということでもある。

運動生理学者のウェルズ（C.L. Wells）によると，解剖学的にも生理学的にも，女性と男性の身体的な差異は認められるものの，男女間の類似点も多くみられることを指摘している。また器官の大きさにおいては，男女差よりも個体差の方が大きいとウェルズは言及している（C.L. ウェルズ．『女性のスポーツ生理学』宮下充正 監訳．大修館書店，1989）。それではなぜ，様々にある「違い」の中で，男女差の2分類が特化される必要があったのか。つまりウェルズの見解から浮かび上がるのは，性別を女性と男性という2分類のみを前提とし，一部の身体能力を際立たせながら非対称な価値規範を付与するスポーツ構造であるといえよう。

しかしながら，「男性の方が女性よりも体力的に優位である」という前提に基づき，女性と男性を二分化する構造そのものの限界を実証してきたのも，実はスポーツであった。冷戦構造による政治的対立がスポーツ内部でも顕著になった1960年代に，女性選手に混じって男性選手が競技をしているという事態が生じた。これを受け，競技会における性別判定検査の導入が正当化されるようになったのだが，この検査が対象としたのは女性アスリートのみであった。

性別判定検査とは，髪の毛や頬の粘膜の組織から性染色体を調べ，「生物学的に女性である」ことを実証しうるものと考えられた。われわれは通常，自分や他人の性を染色体レベルで判断することはほとんどないが，女性と男性を区別することを「競技の公平性」とするスポーツの世界では，染色体レベルで性を調べ上げることを容認してきた。1996年の第26回オリンピック大会（アトランタ）まで性別判定検査を採用した国際オリンピック委員会（International Olympic Committee: IOC）は，Y染色体を有する女性アスリートを「女性ではない」と判断し，競技への出場権とともに「女性として生きる権利」までをも剥奪してきた。

このように性別判定検査は，非倫理的で暴力的な検査であったが，この検査の実施によって女でも男でもある（あるいは，女でも男でもない）アスリートの存在に直面したのも事実である。おそらく，男性アスリートにも同様の検査を実施すれば，二分化された性の分類にあてはまらないアスリートはさらに増える可能性がある。すなわち，そのようなアスリートの存在は，「女性か男性か」と2分類の性しか想定していない認識の限界と，それに基づいて男性身体の優位性を誇張するスポーツ構造の虚構性を照らし出してもいるのである。

④ ジェンダーイメージの弊害

「女性の時代」と呼ばれて久しいスポーツの世界でも，また性別の二分化に基づくスポーツ構造の虚構性が理解できても，スポーツと男性性は未だ根強く結びついており，それはスポーツ組織や指導現場，中枢的ポジションにおける男性比率の多さをみれば明らかである。

日本では毎年，「子どもの将来なりたい職業」に関する調査結果が発表され話題になるが，「スポーツ選手」がランキングの上位を占めるのは，今のところ男子に限られている。これは，生計を立て，名声を得ることのできるプロスポーツの多くが，男性スポーツに偏っているため，「スポーツができること」「スポーツで活躍・成功すること」はとかく，男性のジェンダーイメージとなり，「男性として」のアイデンティティー形成にプラスの影響を及ぼしていると考えられる。しかし，スポーツへの積極的関与や達成感が男性のジェンダーイメージと強く結びついているということは，逆に，「スポーツができない」「スポーツが不得意」な男子に葛藤やつまずきを経験させることにもつながる。

さらに，スポーツに関連する「男らしさ」のイメージは，男性アスリートに対しても危機をもたらす。ホワイトらによれば，スポーツにおける「男らしさ」の構成要素には，攻撃性やリスクを負うことも含まれ，怪我を負ってもその痛みに耐えることで「男らしさ」は担保されるという。逆に，痛みに屈し，感情を抑えられないことは「弱虫」のレッテルを貼られることとなり，「男らしさ」から逸脱する（White, P.G., et al. Sport, Masculinity, and the Injured Body. In Men's Health and Illness: Gender, Power, and the Body. Sage Publications. 1995. 158-82）。したがって，怪我の痛みを隠し，痛みに耐えることで「男らしさ」を装えるが，そうすることで怪我の損傷を致命的なものとし，長期のリハビリによる戦線離脱や競技引退を余儀なくされる事態にもつながるのである。

以上のようにスポーツは，近代社会が要請する男性性と強固に結びつくことで現代まで拡大・発展を遂げてきたが，スポーツと強固に結びついた男性性イメージに呪縛されることは，皮肉にも男性を自己破滅に向かわせることになる。

参考文献

- ジュディス・バトラー．1999．『ジェンダー・トラブル：フェミニズムとアイデンティティの攪乱』竹村和子 訳 青土社
- Connell, R.W. 2005. *Masculinities* (2nd Edition). University of California Press.
- Fausto-Sterling, Anne. 2000. *Sexing the Body: Gender Politics and the Construction of Sexuality*. Basic Books.

（山口理恵子）

性的マイノリティーのスポーツがもたらすジェンダーの揺らぎ

① スポーツ文化とジェンダー

現在，われわれが慣れ親しんでいるスポーツの多くは，近代に制度化が進んだいわゆる「近代」スポーツである。そして，スポーツが近代化する上で主要な舞台となったのがイギリス（イングランド）であった。当時（ヴィクトリア朝〔1837-1901〕前後）のイギリスは，男／女らしさというジェンダー区分が極端に強調されていた時期でもあり，この時代に学校教育を通じて制度化の進んだスポーツもまた，そのはじめからジェンダー化された文化であったといえる。

スポーツは，当時のエリート教育機関であったパブリックスクールや大学

を通じて，一種の徳育手段として用いられ，深く定着していくことになった。しかし，当時こうした学校や大学のほとんどは女子学生の入学を許可しておらず，したがって，そこで行われていた教育としてのスポーツは，男性のみを対象として実践されていた。スポーツに期待されていた徳育とは，発展しつつある近代の資本主義社会において，集団の中で自分の役割を責任感をもって達成できるような，将来のリーダーとなるべき人格を陶冶することであり，こうした価値観の人格化がスポーツマン，そしてスポーツマンシップであったといえる。

つまり，スポーツ"マン"という言葉からも明らかなように，男性のみを念頭において発達し，実践されてきたスポーツが育む好ましい価値観・人格とは，そのまま近代社会が望む好ましい「男らしさ」とも言い換え可能であった。事実，当時は上記のような学校教育機関以外で組織的なスポーツ活動を行う機会はほとんどなかったことから，女性によるスポーツ実践の機会自体が著しく制限されていた。さらに，スポーツに代表されるような活発な身体活動は女性にとって好ましくないものとみなされ，その実践は時に男女のジェンダー区分を越境する行いとして批判の対象となることもあった。

こうして，男性ジェンダー領域として発達したスポーツは，今日に至るまでそのジェンダー区分を強く保持している。現在でも，スポーツというイメージが，活発さやさわやかさ，力強さという連想を通じて男性的な資質に結びつけられやすいのもこのためである。その一方で，多くの研究が指摘してきたように，女性のスポーツ実践はフィギュアスケートや新体操など特定の領域（「女性的なスポーツ」として認識された領域）に囲い込まれがちであり，その他の競技においても，その競技力とは直接関係しない女性役割の強調（過剰に露出の多いユニフォームの設定や，母親役割，娘役割への過度の言及など）によって，男性領域としての「本流」スポーツを脅かさないように取り扱われている。

② スポーツ文化とセクシュアリティ

このように，近代におけるスポーツは男性ジェンダー化された文化として発達し，女性によるスポーツを些末化し，制度的にもその参加を阻むことでジェンダー上の序列を作り上げてきた。しかし，実際にはジェンダー以外にも，スポーツにおける大きな序列（差別）の要因とされてきたものがある。それはセクシュアリティである。

狭義のセクシュアリティとは性的指向をさし，スポーツにおいても他の社会領域と同様，セクシュアルマイノリティー（同性愛者，両性愛者，トランスセクシュアルなど）は差別を受け，参加の機会を阻まれ，その実践の価値は切り下げられてきた。これは，近代における百数十年のスポーツ史——特にプロスポーツ——を通じて，実際にセクシュアルマイノリティーであることを表明した人物がわずかであり，その数少ない事例ですら，競技キャリアの最後半から引退後に集中していることからも明らかであろう。

スポーツは，すでに19世紀におけるその黎明期からセクシュアルマイノリティー——なかでも特に男性同性愛者——を仮想敵としてきた。それは，近代という時代が求めた「男らしさ」というジェンダーの理想像（規範）が，そもそも男性同性愛者を排除することで成り立ってきたからであり，またスポーツは，こうした「男らしさ」の価値観を教育し，その理想像を具現化して社会に送り出す役割を担うという共犯関係にあったためである。つまり，男性性の理想というジェンダー概念は，実際には異性愛中心主義というセクシュアリティに関する規範をも含んだものであるといえる。

③ スポーツ文化とホモソーシャリティ

セジウィック（E.K. Sedgwick）は，近代イギリス文学の分析を通じて，こうした男性ジェンダーとセクシュアリティとの関係性を「ホモソーシャリティ」と定義した。ホモソーシャリティ，あるいはホモソーシャルな絆とは，ジェンダー的には女性嫌悪（ミソジニー）によって女性を排除し，セクシュアリティの上では同性愛嫌悪（ホモフォビア）によって男性同性愛者を排除することによって成り立つ，異性愛男性同士の排他的な権利関係をさす。つまり，男性優位の社会集団（近代社会≒資本主義社会）において，女性は男性にとっての交換財として劣位に置かれることでその利益集団から排除され，残る脅威としての男性同性愛者は，集団内に性愛の要素を持ち込むことによってその利益を損なうものとして排除される。こうして，セクシズム（性差別）とヘテロセクシズム（異性愛中心主義）を両輪とした近代の性機構の中では，その性的な理想像としての「男らしさ」とは，すなわち異性愛男性を示すことになる。

こうした要素を考えると，スポーツは近代から現代を通じて典型的にホモソーシャルな文化領域であり続けてきたといえる。そもそも男性領域として発達した近代のスポーツは，各競技のほとんどがジェンダー別に組織されており，特にプロスポーツなどの場合，男女混成でプレイすることは一部の例外を除いて制度的にありえないことからも，すでに女性排除が達成されているといえる。さらに，残るもう1つの脅威としての（男性）同性愛者に対する差別は先鋭化され，その参入を阻み，あるいはすでに内部に存在する同性愛者のカムアウト（表明）に対する抑圧も他の領域に比して高まる。事実，セクシュアルマイノリティーのプロ選手によるカムアウトは他の社会領域に比べても非常に少なく，また，こうした当事者たちはスポーツ界におけるホモフォビアの強さを異口同音に指摘している。スポーツは軍隊と並んで，現代に残された最もホモソーシャルな領域といえるだろう。

④ セクシュアルマイノリティーが照射するスポーツのジェンダー規範

ホモソーシャルな諸力の大きいスポーツ文化においては，同性愛者による明示的な活動の歴史は浅く，プロ選手のカムアウトの事例は1970年代からのごく少数にとどまっている。特に競技現役中のカムアウトは，女性選手を含めても現在に至るまで数えるほどである。しかし，1982年に開催が始まった同性愛者のオリンピックであるゲイ・ゲームスは，こうした状況を打開する組織的な活動の先鞭をつけた。

第19回オリンピック大会（メキシコシティ，1968年）のアメリカ代表選手であったトム・ワデル（Tom Waddell）の呼びかけで始められたゲイ・ゲームスは，アメリカ・オリンピック委員会（United

States Olympic Committee: USOC) による妨害でその名称から「オリンピック」の文字を削ることになるなど幾多の困難を乗り越えた末，現在では世界的なスポーツ競技大会となっている。これ以降，アウトゲームスや国際ゲイ・レズビアンサッカー協会 (International Gay and Lesbian Football Association: IGLFA) など，規模や地域，競技は多様ながら，様々なセクシュアルマイノリティーのスポーツ組織が存在している。

こうしたセクシュアルマイノリティーによるスポーツ活動の顕在化は，図らずも，近代以降のスポーツが前提としてきたジェンダーの枠組みを逆照射する契機となっている。特に，近代スポーツが具現化する「男らしさ」にとっての仮想敵であった男性同性愛者による"まっとうな"スポーツ実践の可視化は，それ自体が，異性愛男性に特権的とみなされてきた「男らしさ」の理想というジェンダー規範とホモソーシャルな関係性を相対化し，その恣意性を暴露する営みであるともいえる。

⑤ ジェンダー＞セクシュアリティ？：ゲイ・ゲームスにみるジェンダー問題

セクシュアルマイノリティーによる組織的なスポーツ実践が，近代的なジェンダーの価値観に対して一定の変更を迫る契機となっているのは確かである。しかしながら，その一方で従来のジェンダー役割を踏襲し，時にはそれを強化する側面を併せもっていることもまた事実である。1998年のゲイ・ゲームス（アムステルダム）で，開催国の実行委員会が社交ダンスのプログラムにおいて男女混合のペアで競技することを禁じたために激しい論争を巻き起こしたことは，その典型的な例といえよう。この決定により，あるレズビアン選手はパートナーであるゲイ男性選手とペアを組むことができなくなってしまった。つまり皮肉なことに，本大会の実行委員会は，異性愛中心主義社会へ向けてゲイ・ゲームスが果たすべき役割――同性愛者のスポーツ実践を顕示する――を重視するあまり，実際のセクシュアリティよりも，みかけのジェンダーの組み合わせを優先させたということである。

また，この"ジェンダー志向"の規定は，トランスジェンダーの選手に対し医師の公式証明書などを含む厳格な「ジェンダー移行完了」の証明を課し，ゲイやトランスジェンダーの人権団体・コミュニティからも批判を招くこととなった。これらが示す事実は，セクシュアルマイノリティーのスポーツ実践においても，依然としてジェンダーの規程力は強固であるということである。このような矛盾や相違が生じる原因は，すでに述べたように，スポーツという文化がそもそも男性ジェンダー化されていることにあり，この枠内にとどまるかぎりジェンダー的価値観の完全な解消は理論的に難しい。しかしながら，そもそもジェンダー化を免れ遂せる社会領域は存在しないともいえる状況の中で，少なくともジェンダー規範を相対化する議論を喚起し，時にその修正を迫る視野を提供することは，セクシュアルマイノリティーによるスポーツ実践の果たし得る大きな貢献の1つだろう。

参考文献　　　　　　　　　04.C.03

- イヴ・K・セジウィック．2001．『男同士の絆：イギリス文学とホモソーシャルな欲望』上原早苗，亀澤美由紀訳　名古屋大学出版会
- Johnson, K. 1998. GAY GAMES: Event founded to fight bias is accused of it. *The New York Times*, August 1.

（岡田 桂）

スポーツがもつジェンダーの脱構築の可能性　04.C.04

① スポーツ文化における「身体」再考

ジェンダーとスポーツという概念の組み合わせを考えるためには，もちろん，ジェンダーという言葉と同様に，スポーツという言葉にも，相応の準備が必要であろう。スポーツ概念の定義といえば，国際スポーツ体育協議会 (ICSPE) が1964年の東京会議で表明した「スポーツ宣言」の中でも知られるように，「遊戯性」「競争性」「身体活動性」の3つの要素からそれを構成するのが最も一般的なものである。もちろん，どの要素においても，社会変化の中でその周辺がぼやけてきているといった指摘はよくなされる。しかし，この3つの重なりあった点に焦点づけられて，現代社会ではスポーツという文化の「磁場」が確実に広がっている。

ところで，「ジェンダー」という概念がこのときに徹頭徹尾「身体＝主体」が課題となるものであるだけに，スポーツとジェンダーとの関係ではまず「身体活動性」と「競争性」にかかわってとりあげられることが多い。スポーツをめぐるジェンダー研究は，支配の正当化作用や疎外，あるいはスポーツという場での抵抗可能性等をめぐって多く積み重ねられているのも「身体」「競争」にかかわる事項が照準されるからである。このときに，スポーツにおける「身体」という問題がもつ位相については，いくつかの点を確認しておく作業が必要であろう。

身体は，「本質」ではない。端的にいえば，確認すべきことはこのことである。スポーツにおいて「身体」という言葉は，文化のレーゾンデートル（存在理由・存在価値）をなすほどのものでさえある。そしてそれは，だからこそ，逆に「みえない」作用をともなって，スポーツという文化を，価値的にも機能的にも，そして政治的あるいは研究的にも支え続けることになる。しかし，スポーツにおける「身体」は，むしろその行為やそれを捉えようとする意識の事後的な結果ないし成果であって，「本質」として先んじて存在しているものではない。このあたりの事情については，次のゲーレン (A. Gehlen) の議論を経由させることが，その意味をより明確に浮き立たせることになろう。

「欠陥動物」という言葉が，ここで取り上げたいゲーレンの議論の中核をなす概念である。哲学や社会学と動物行動学や生物学の垣根を取り払うことに務めたゲーレンは，人間には，ある環境下で生存するための能力が，「本能」という形で持ちあわせていない点に注目する。動物の目的は，行動学的にはおしべて生存することにあると捉えうる。このときに，人間以外の動物はある環境下で生存するための能力を，生得的に「本能」という形で与えられている。つまり，環境と器官形成が一致し，「ほとんどすべての動物がまったく特定の環境にその領界がっちりとしばられており，そこに『適応』している」（ゲーレン，1985. 29）。

ところが，人間は「毛皮はむろんのこと，天然の雨合羽もなければ，自然にそなわる攻撃器官もなく，逃げるに便利な体の造りすらない。たいがいの動物に較べて人間は感覚の鋭さでひけをとり，真正の本能としてみれば命とりといえるほどの欠陥をもち，乳児および幼児期は比較にならぬほどの長期にわたる保護を要する。いいかえれば，生まれついての自然条件にまかせていたら，人間は地表に棲みながら，逃げ足の速い草食獣，猛々しい食肉獣に伍することなく，必定とうの昔に滅びていたはずである」(ゲーレン, 1985. 31-32)。

このような「欠陥動物」であるにもかかわらず人間が残存しているのは，「労働能力または行為の才能すなわち手および知能をもってするほかない」(ゲーレン, 1985. 32)からである。つまり，環境への適応が欠如する分を補うべく，知覚が環境に対して異常に「開放」されており，発達した脳活動によって知覚の組み替えを行うために，環境とは独立した「適応的環境」＝文化的世界を自ら創りだして生活を可能にしている。こうして人間は，逆にどのような環境下においても生存できる，この意味で最も強い生物種となっている，とゲーレンは述べる。

つまりゲーレンは，すべてが脳活動によって生存のために「構築されたもの」＝文化として人間とその境界を捉えるために，そもそもよく知られた「自然／文化」「身体／精神」「感性／理性」といった二分法的，あるいはさらにそのどちらかを「本質」として仮定する人間理解そのものが成立しないと主張するのである。このようなゲーレンの観点からは，環境と一致しない器官形成が特徴となる人間の身体も，動物とは異なって，常にそれは「構築されたもの」＝文化であるほかはなく，知覚と脳活動によって常に作り続けられるものにならざるをえないということになる。

こうなると，自然科学的，あるいは社会・人文科学的研究という行為自体はもとより，われわれの日常生活のすべては，この意味で「身体」を構築する「知覚と脳活動」の実践にほかならず，もちろん，スポーツもそうした実践の1つでしかないということになろう。身体は，本質としてあるのではなく，人間においては常に，認識としてのみならず具体的な行動特性やさらにはその器質的特徴にまで及んで，括弧付きの「身体」としてしか作られざるをえない。スポーツにおいては，他の人間諸行為に比べて，その作り方のプロセスに，例えば「より速い身体を競う」など，なんのための身体の能力かを問わず，とにかく「より速い」という身体の能力自体を課題とするというように，自己目的性が強いなどいくつかの特色があるだけであろう。

このような，スポーツにおける「身体」という問題がもつ位相について確認しておくことは，スポーツがもつジェンダーの脱構築の可能性を考えるときにも，その土台を形作ることになろう。

② ジェンダーをめぐる言説・実践はいかに「ジェンダー」さえをも相対化しうるのか？

ところで，ここまでに述べたスポーツにおける「身体」の構築性という問題は，すでに近年のジェンダー論のトレンドと一定の親和性をもっている。特に，1990年代以降1つの理論的潮流として影響力を強めてきた「クィア理論」(「クィア(Queer)については後述あり)とのそれは論をまたないところがある。

1990年に出版されたバトラー(J. P. Butler)の『ジェンダー・トラブル』(Gender Trouble)は，今なお，ジェンダー研究の大きな礎となっている。ここで述べられた「セックスはすでにつねにジェンダーである」という有名なテーゼ(定立)は，従来の生物学的な差異としての性＝セックスと，社会的・文化的な差異としての性＝ジェンダーという区別とその因果性を完全に無化するものであった。アイデンティティーを保持し続ける「主体」というものの先験性・起源性を否定し，それはパフォーマティヴ(行為遂行的)な行為の結果であるとするバトラーの議論は，ジェンダーはそれ故に撹乱行為によって脱構築することが可能なのだという実践的主張へともつながっていく。

例えば，「両性具有」ともいわれる半陰陽者は，医学的には「性分化疾患」と呼ばれる。もちろん，それが「疾患」であるという位置づけられ方は，社会的な支援を一方ではたぐり寄せつつも，本質論を再生産するとともに差別や抑圧にも簡単に転移していく。しかし他方で，それを「半陰陽」あるいは「インターセックス」と，「第三の性」として言葉を与えた途端に，その多様性や多義性が失われるとともに，社会生活においては半陰陽者が男女どちらかの性自認をもっているにもかかわらず，そうした当事者性を抑圧してしまう。「性」という身体的な個性が積極的に特徴として示され，それが「主体」の形成や「社会」の編成に大きな役割を果してしまう近代社会の問題点を探ろうとするジェンダー研究においては，性の問題は「男女」という二項対立図式の中に，支配／服従といった権力性を生む「非対称性」の問題や，この図式の中に回収されてしまう「多様性」の問題の解決を欠くことはできない。そうだとすれば，ジェンダー研究というある種の言説や実践自体を常に相対化し続けなければ，これはただの，近代社会に対する「ガス抜き」になってしまう。

例えば，「女性のスポーツ」とか「性的マイノリティーのスポーツ」が確立されればよいというのではなく，そもそもそのように「ラベリング」してスポーツを研究したり行ったりしてしまう，その実践とそれにかかわる言説の相対化を行い続けることこそが重要なのである。「脱構築」という言葉で求められる内容は，このようなものをその内実としている。

こうした議論を可能にする，バトラーのパフォーマティヴな視点からなる先の主張は，クィア研究としても大きな影響を与えるものでもある。例えば「ゲイ」「レズビアン」「男性」「女性」「性的マイノリティー」など，性をめぐる言葉がその言葉のうちに含むはずの差異を，言葉自体が回収し一元化してしまう(例えば「ゲイ」といっても，「日本のゲイ」と「アフリカのゲイ」は違うし，「日本のゲイ」といってももちろんさらにその内部には膨大な差異が存在している)ことに対抗して，もともと「変態」を意味する「クィア」(Queer)という多様な性のあり方にアプローチする方法として概念化されたものがクィア研究であった。クィア的視点は，この点から「社会」や「言語」が逃れがたい状況として私たちに押しつけてくる二元論的思考やカテゴリー化に徹底的に対抗し，それらを崩す方向

性をもっている。そこでは，学問や研究的な行為がそもそもそれなくしてはなりたたない「一貫性」や「合理性」というものさえにも縛られずそれらをも相対化させて，「本質」や「起源」といったものを解きほぐすとともに，そのような行為自体が「性」のあり方を問い直す作用を社会に産出させようとしている。この意味で，スポーツにおける「身体」の構築性になにが関与しているのかを問い，その関係性を探る試みは，クィア視点からスポーツを問い直すこととほぼ同義であるといえるわけである。

③ **スポーツの遊戯性と「撹乱行為」**

このように考えたときに，スポーツがジェンダー構造を再生産するとともにさらにそれを強化し，また，逆にだからこそ，既存のジェンダー構造に抵抗する場ともなり得ることが研究され，その言説が社会にとっての作用点となり，例えば「男性種目」といわれていたスポーツに女性が同等に競争し激しくプレイしたり，スポーツ組織において女性の割合を高めたり，男性指導者と女性選手といったステレオタイプの呪縛から逃れようとしたり，メディアにおけるスポーツの「編集」のされ方にフェニズム的視点からの再編成を目論んだり，学校体育やスポーツ教育の場面において，ジェンダー的な「隠れたカリキュラム」を「みえる化」しその改革に取り組んだりすることは，おしなべて「身体の社会的再編成」をもたらすスポーツにおける撹乱行為として，ジェンダーが脱構築される可能性を含むものであることがよく理解できるところである。

しかし，一方でスポーツは「身体活動性」と「競争性」に焦点づけられる「磁場」としての文化であり，それは同時に，「本質＝主体」の存在と，勝利を求める行為によく付随する「結果主義」をすぐに引きよせる性質をもつものである。それだけに，スポーツにおけるジェンダー言説とその実践は，課題としていたはずの「本質主義」や「一義性」あるいは「カテゴリー化」や「二元論的思考」を，いとも容易く手元にたぐりよせる。このときに，バトラーも「笑い」の中に，本質や起源が存在しているという感覚が無化されることを強調した

ように，スポーツのもう1つの特徴である「遊戯性」に着目することは，スポーツにおけるジェンダー研究とその実践を撹乱行為として担保し，スポーツがもつジェンダー再構築の可能性をひらく契機となるように思われる。

スポーツは，その動詞に"play"が使われることからも，「遊戯＝遊び」の要素が行為の中心をなす文化である。そもそも「スポーツ＝sport」という言葉は，語源として〈dis（〜でない，という意の接頭語）〉＋〈port（荷役・労働）〉というラテン語にあることはよく知られている。つまり，「憂いを運び去る」「気晴らし」「遊び」「楽しみごと」といった語感の中にある言葉であり，J. ホイジンガやR. カイヨワが論じたように，遊びの1つとして生活を彩る文化でもあった。

この「遊ぶ」という態度には，独特の距離感覚を含み持つ意識の二重性ないし複数性がある。例えばサッカーのプレイヤーを考えてみよう。プレイヤーにとっては，例えば「手を使わない」というサッカールールは，「これは絶対的なことだ」と思い込まなければ，そもそもサッカーというゲーム空間が成り立たない。ところが，同時に「これは意図的に決めたことであって本来はどうでもよいことなのだ」ということも理解していなければ，もちろんサッカーはスポーツではなくなってしまう。つまりここには，「ほんとうだけれどもほんとうではない」という矛盾した2つの意識が同時に存在しなければ「サッカー」は成り立たない。これが「遊ぶ」という態度にある，独特の意識の二重性ないし複数性である。

このように考えたとき，「より速く」「より高く」「より遠く」を競おうと，世界で誰が最も強いのかを競おうと，本来，そのこと自体には何の意味もなく，つまり身体の卓越性をめぐって自己目的的にただ競うといった，われを忘れて夢中になるというスポーツをただ単に純粋に，そして目一杯楽しみ遊ぶことは，ジェンダーにかかわる「主体」や「起源」をも二重化ないし複数化していくことにもなるのではないか。

そもそも，スポーツを表す際に使用される"play"という動詞は，「演じる」とも訳される独特の様態を示す言葉でもある。ゴフマン（E. Goffman）は，このような「演じる」という行為を，われ

われの社会生活を成り立たせている根本的な行為として分析している。例えばわれわれは，社会生活の中で「係長」であったり「友人」であったり「母親」であったりなど，どのような場面での社会生活においても常にある「役割」を求められ演じている。社会生活におけるこのような対面的な相互作用状況をゴフマンは舞台にたとえ，役割の演出者であり印象を呈示しようとする側を「パフォーマー」，それを受け取る側を「オーディエンス」，またそこで演じられる内容を「ルーティン」と呼んだ。そして，このような観点から，社会的場面の構造を分析したのである。ゴフマンの視点は，われわれの社会生活が「みる−みられる」という関係から成り立ち，なにかをなそうとしたり何かを伝えようとしたりするとき，印象操作の演出，つまり「演じる」という戦略に頼らざるをえないということを，あらためてうまくいいあててくれている。

そうなると，社会生活を送る上では，同時に社会という舞台にすでに存在している「性」という「ルーティン」を前提にわれわれは演じざるをえない，ということにもなる。つまり，ジェンダーという拘束は，われわれが日々，パフォーマンスを演じる存在である以上，そしてそのことによってしか社会生活を送ることができない以上，そのパフォーマンスという社会生活の実践によってまさしく内発的に再生産されてしまうということになる。言い換えれば，ジェンダーという問題がもつ現実性は，「女/男とはこういうものである（ルーティン）−こういうものを女/男とみなす（パフォーマンス）」という，「演じること」の再帰性のうちに根拠をもっているということになろう。クィア的視点が問題視した，「社会」や「言語」が押し付けてくる，ジェンダーにかかわる無数の差異の一義化・一元化は，このような再帰性プロセスの帰結としても理解される。

このような事態に抗い，それを再構築するためには，「演じる」という行為を，日常生活の中にある「まじめな行為」としてではなく，日常生活とは相対的に独立した「遊びの行為」として，そのコンテクストを変更してしまう力に委ねることが，ジェンダーの撹乱行為としては大きなうねりを起こすことにな

ると考えたいのである。身体を自己目的的に遊びとして利用するスポーツには,「身体＝主体」としての本質性や起源性を,実は「超まじめ」にも「超ふまじめ」にも,日常を超えて「ズラす」ことから無化させてしまう面がある。だからこそ逆に,スポーツにかかわってなされる「マジメな」試みにはある種の限界がつきまとっていることも,同時に認識すべき地点にわれわれはいるように思える。むしろ言説や社会的実践としてかたちづくられてきたジェンダーという概念,それ自体に対する批判的な視点の確保を,「まじめとふまじめ」で成り立つ日常を「超えていく」という遊ぶ態度のうちに探ることも,スポーツであるからこそまた必要ではないのか。スポーツという文化の中に,「演技(play)として夢中になる」ことのもつ意味を,このような面から取り出す「パフォーマティヴィティ」が1つの大きな可能性を拓くように思われるのである。

スポーツはplayされるものである。だからこそ,夢中になりわれを忘れて遊びきるところに,既存の「身体＝主体」という自身のあり方からいったん抜け出て,無数の差異として実存する,自己や他者とその「襞」に触れ,自己や他者や環界として広がる社会関係をも,複眼的で多様に編み変えていく「生＝性」のエネルギーの蓄積がなされる可能性は高い。ただそのためには,「遊び」の精神が,常にスポーツにかかわる言説とその実践を彩っている必要があることを忘れてはなるまい。「身体の社会的再編成」をもたらす,スポーツにおける撹乱行為を,「遊戯性」への着目という視点からここでは特に強調しておきたい。

参考文献 04.C.04

- 伊藤公雄.1993.『〈男らしさ〉のゆくえ—男性文化の文化社会学』新曜社
- 井上俊.1988.『場面と体面』『社会学入門』日本放送出版協会
- カイヨワ,R.1990.『遊びと人間』多田道太郎 訳 講談社
- ゲーレン,A.1985.『人間—その本性および自然界における位置』〈叢書・ウニベルシタス〉平野具男 訳 法政大学出版局
- ゴッフマン,E.1974.『行為と演技』石黒毅 訳 誠信書房
- バトラー,J.1999.『ジェンダー・トラブル—フェミニズムとアイデンティティの攪乱』竹村和子 訳 青土社
- 松田恵示.2003.『おもちゃと遊びのリアル』世界思想社
- ———.2006.「演技する—人前で演じられる「男」と「女」—」伊藤公雄,牟田和恵 編『ジェンダーで学ぶ社会学(新版)』世界思想社

(松田恵示)

5章 スポーツと経済

スポーツの発展は,

スポーツ産業・スポーツビジネスを抜いては語れないほど,関係が深い。

スポーツを取り巻く経済的価値について俯瞰するとともに,

実際の経済活動を様々な視点や論点からまとめた。

スポーツのこれまでの発展を振り返りながら,

これからのスポーツと経済の関係について

より深く考える契機にしていただきたい。

スポーツと経済的価値

スポーツビジネスの誕生と成立

① スポーツとビジネスの歴史

[産業革命とスポーツ]

スポーツが人間の生活に必要な財貨を生産する営みとして，広く社会に認められるようになったのは，産業革命を経て，社会に高度な分業の仕組みが発達する頃からである。富の増大と平準化は，それまで社会の一部の有力者のパトロネージ（庇護者ぶった振る舞い）によってコントロールされていたスポーツを，自由主義経済のもとに引き出すことに成功し，スポーツをめぐっての資本の集中と蓄積が明確になってくるのである。

産業革命は18世紀後半のイギリスで始まり，近代スポーツもその多くが当時のイギリスで誕生した。近代スポーツは常に卓越を追求する文化（ある意味資本主義社会を象徴するもの）であり，そこに新興資本家の投資の目が向けられるのは，自然の成り行きだったと考えられる。しかしそのことが如実に現れるのは，その後のアメリカ社会でのことである。イギリスを中心としたヨーロッパ社会では，スポーツへの私的投資というより，むしろスポーツクラブという一種の共同体の経営に経済活動の主眼が置かれた。これに対して，伝統的な共同体の枠に縛られることのなかったアメリカでは，スポーツという商品それ自体がもつ交換価値を高めることに集中できたということである。こうした背景の中で，アメリカでは有力なスポーツ企業と興行師が続出することになる。

[スポーツビジネスの萌芽]

正確にスポーツビジネスのイノベーターとして分類され得るかどうかは別として，本格的なスポーツビジネスの時代を迎えるまでの導入部で主要な働きをした人物に，ウイリアム・フラー(William Fuller)とマイケル・フェラン(Michael Phelan)の2人の名が挙げられる。フラーは1824年，南カリフォルニアのチャールストンで，ボクシングを壮麗なショーとして売ることに成功した。一方，フェランは1846年，ニューヨーク市でビリヤードサロンを開業し，当時の男性バチェラー(bachelor: 独身)文化を背景に，自らのプレイ技術と設備を売ろうとした。これらはまだ，個別のスポーツイベントや地方の出来事に限定されたものではあったが，他のエンターテインメントビジネスの手法や一般的な製品・サービスのマーケティングテクニックが，彼らの手によって積極的に導入されたという事実が残っている。

スポーツビジネスが中世的な商人資本主義から完全に脱却して，近代的な産業資本主義に移行したかどうかの判断は，スポーツの生産手段を継続的に所有し得る組織（特に私企業）の存在がかなり明確になる必要がある。その意味では，スポーツビジネスの萌芽が正式に観察されるようになるのは，野球の商業化が始まる1850年代後半からである。1858年，ファッションコースで行われたニューヨーク対ブルックリンのオールスター戦シリーズで初めて入場料が請求された。以来，入場料の徴収は，費用の充当と選手への支払いの手段として確立していく。南北戦争の終わり頃までには野球選手たちは入場料の分け前を要求するようになり，野球が広くプロフェッショナルなものになる。そして1869年には，世界初のスポーツ企業として，シンシナティ・レッドストッキングスが創設される。これを契機に，野球が商売になると見越した各地の富裕者たちが続々とプロ球団を設立した。1876年にナショナルリーグが産声を上げ，現在のアメリカ大リーグ(Major League Baseball: MLB)の基礎が築かれる。また同年，このリーグの設立に貢献したスポルディング(A.G. Spalding)が800ドルの資本金によってスポーツ用品を製造する会社を設立している（岸野雄三ほか編『最新スポーツ大事典』大修館書店. 1987. 1124）。

イギリスで産業革命が始まった頃は，日本はまだ封建社会であった。もちろん，当時，日本固有のスポーツ文化に今日的な経済活動の素地が全くなかったのかといえば，そうではない。勧進相撲が庶民の娯楽とマッチし，営業本位になるのは元禄時代からであったと伝えられるし，剣術などの武術が実用の術から離れ，武士たちの生活を支える重要な教育商品となり始めたのもその頃からである。しかし，日本でのスポーツビジネスの実際上の萌芽（私企業としてスポーツの価値を組織的に創造し，増大させるような行為）は，アメリカから約1世紀近く遅れたと考えるのが妥当であろう。

明治を迎えると日本でも近代スポーツが相次いで輸入されたが，特に金銭的利害と強い関係をもったスポーツといえば，近代競馬である。それまでの神事としての競馬を一変させ，幕末から明治初期にかけての横浜で，すでに馬券が発売されていたという。明治後期になると野球などの球技スポーツがあちこちで実施されるようになり，その用品需要に応える形で，水野兄弟商会（現ミズノ）が1906（明治39）年に大阪で創業する。その後の大正から昭和初期にかけては，日本でもスポーツ産業の業界組織化が盛んに行われた時代である。

1926（大正15）年に財団法人大日本大角力協会（現日本相撲協会）が文部大臣の許可を受け，相撲興行が公にビジネスとして認められる。また，1934（昭和9）年には讀賣新聞社社長の正力松太郎が大日本東京野球倶楽部（現巨人軍）を設立し，その2年後には日本職業野球連盟が誕生する。さらには，元大相撲関脇の力道山が1953（昭和28）年に日本プロレス協会を設立し，今日の格闘技ビジネスの草分け的存在となる。この間，スポーツ用品企業も数多く登場し，メーカー，卸，小売りの3層の分化と明確化が始まり，スポーツ産業としての体制が整い始める。

なお，日本におけるスポーツビジネスの導入期には，一方で私的投資以上に公的投資が大きな役割を演じた点も見逃すことはできない。明治時代の競馬は射幸性の強いギャンブルスポーツにすぎず，その弊害もあって馬券発売が一時禁止されてしまうのであるが，1923（大正12）年に競馬法が制定され，勝馬投票券の発売が公認される。これは，その純益金がスポーツのみならず

地方自治体の財源に大きく寄与することを見越してのことである。その後，自転車競技法(1948，昭和23年)，モーターボート競走法(1951，昭和26年)なども制定され，いわゆる公営競技の基礎がこの時代に築かれた。このように，日本のスポーツビジネスは一部のスポーツで公的利潤の追求という特異な側面をももちつつスタートしたのである。

[スポーツビジネスの制度的発展]

スポーツビジネスの発展は，1スポーツ企業ないしは1人の興行師が採用するミクロなマーケティングテクニックなどによってのみもたらされるものではない。マクロな外部要因(社会的要因)の影響が大きい。それは市場の成長であり，テクノロジーの変化である。

1880年代はアメリカへの移民が最高潮に達する(人口爆発)時期である。併せて東部から西部への移住，都市部への人口集中，といった人の動きが市場の成長につながり，1880年から1920年の期間に，非農場労働者の年間所得は急速な割合で増加する。スポーツはこうした発展からの恩恵を受け，産業収益性はこの40年間に一気に増大する。1879年にはたったの86企業しかスポーツ用品を製造していなかったが，1921年には152社にまで増えた。同時期に製造された製品の総価値は，1879年の150万ドル強から1921年には3,470万ドルにまで増大した(United States Department of Commerce: Bureau of Census of Manufacturers, 1924)。1901年にはアメリカンリーグが生まれ，野球ビジネスが本格化する。また，1917年のナショナル・ホッケーリーグ(National Hockey League: NHL)の発足を皮切りに，他のスポーツも活性化する。

こうした市場の成長を後押ししたのが，生産能力，流通とコミュニケーションにおける革命である。大陸を渡る輸送ネットワーク(鉄道線路)が1880年代に完成した。1890年代には長距離通信ラインが開発され，電話が重要なビジネスツールとして台頭した。1890年代終盤には，野球用品を製造するためにベルトコンベヤー方式が採用されるなど，製造業者の生産能力が飛躍的に拡大する。また，1885年から1905年にかけては値段が安く誰もが買える"10セント雑誌"なども出現し，低コストでのスポーツ用品の広告が可能となる。これらにより，スポーツ企業は，生産や流通の単位あたりコストを下げること(規模や範囲の経済性)ができるようになり，競争優位性を獲得することができるようになった。1913年ウイルソン社(Wilson)が創設され，スポルディング社を凌駕する競争優位性を獲得することをねらいに，他企業を盛んに買収し始める。これに触発されて，アメリカ国内のスポーツ産業にM&A(Merger and Acquisition: 企業の合併・買収)が一般化することになった。

一方，日本でスポーツ産業の需要が拡大するのは，1960年から1990年の30年間である。1964(昭和39)年の第18回オリンピック大会(東京)開催は，日本の高度成長を象徴する出来事であった。これをきっかけに，様々なスポーツに関心が集まるようになり，1966(昭和41)年に新しい格闘技としてキックボクシングがビジネスに参入したり，1970年前後にはボウリングブームが起こったりした。ボウリングはファッド(fad: 一時的熱狂)型の流行に終わるが，国民の手軽な「するスポーツ」として受け入れられ，全国各地にボウリング場が乱立する盛況ぶりをみせた。

1979(昭和54)年には，日本オリンピック委員会(JOC)の「がんばれ！ニッポン」キャンペーンが始まり，選手強化のための資金を集める画期的システムとして内外の注目を集めるところとなった。現在ではシステムそのものが崩壊の危機に瀕しているが，これがその後の本格的な肖像権ビジネスに火をつけたことになる。そして，これに歩調を合わせるかのように，企業がトップ選手やトップチームを所有し，自社の宣伝広告媒体として活用する日本独自の仕組みが確立していくのである。

1980年代は，日本でフィットネスクラブ(fitness club)がもてはやされた時期である。日本でスポーツビジネスという用語が使用されだしたのも，まさに，このアメリカから輸入(1960年代後半)された新しいスポーツ商品(当初は「アスレチッククラブ(athletic club)」とか「ヘルスクラブ(health club)」と呼ばれていた)の成長がきっかけである。この時期，日本人のライフスタイルが明らかに変化した。単なる生涯スポーツへの関心だけでなく，ファッショナブルな身体活動のプログラムが求められるようになったのである。プール，トレーニングジム，スタジオというフィットネスクラブにおける「三種の神器」を基本とした複合型施設がそれとベストマッチし，全国の都市部に建設されるようになった。この時のリーダー企業がピー

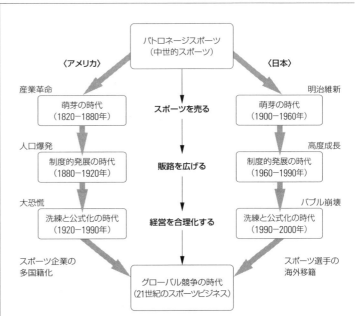

図1　スポーツビジネスの発展段階モデル：日米比較
スポーツを売る時代からその販路を広げる時代へ，そして経営を合理化する時代へと推移するが，影響を与えた社会経済要因の違いにより日米間で年代の区切りに大きなずれが生じることになる。

プル(現コナミ)である。これによりスポーツ市場全体の規模が増大し、同時に、ビジネスチャンスは都市型スポーツに限らず、多様なレクリエーショナル活動(パラグライダー、ヨット、カヌー、パラセーリング、ウインドサーフィン、ダイビング、マウンテンバイシクリング、乗馬、登山、キャンピング、等々)にまで拡大していった。1987(昭和62)年に総合保養地域整備法(通称リゾート法)が制定されると、スキー場やゴルフ場の急ピッチな開発が進み、スポーツビジネスは一気にレジャー志向へと移行する感があった。また、ゴルフ会員権などの売買による開発資金の集積方法が常態化し、このことがバブル経済を加速したともいわれる。

[スポーツビジネスの洗練と公式化]

スポーツビジネスにさらなる洗練と公式化の機会を与えたのは、1920年代後半から始まった経済不況である。1929年10月24日のニューヨーク株式市場(ウォール街)の株価大暴落に端を発した世界規模の恐慌は、スポーツ企業にとっても大きな試練となった。この時期、小売りチェーンの拡大を進めていたスポルディング社は、値崩れの原因となる小売支店を著しく削減するなど、独自の価格維持政策をとった。同社の政策は、全国産業復興法(1933年)などの後押しもあり、スポーツ用品産業全体から支持される。こうした経験を通して、スポーツ用品企業のビジネスはさらに洗練されたものになっていく。

一方、大恐慌によりプロスポーツリーグも大きな痛手を被ることになったが、スポーツ人気そのものは衰えを知らなかった。1933年にはMLBの第1回オールスターゲームが開催されたし、全米各地に散在していたバスケットボールやフットボールのリーグは公式化(規則や運営形態を統一して、公に定められたものとすること)の程度を高めるべく、着々と統合への足場を固めつつあった。第二次大戦終了後の好況期を待って、現在のナショナル・バスケットボール・アソシエーション(National Basketball Association: NBA)とナショナル・フットボールリーグ(National Football League: NFL)がスタートする(それぞれ1949年、1966年)。先行するMLB、NHLと合わせて、ここに北米4大リーグが確固たる地位を築くのである。ちなみに、ヨーロッパのプロサッカーリーグ(5大リーグ)が現在の形になるのも1920年代から1990年代にかけてである(イタリアの「セリエ・アー(Serie A)」とスペインの「リーガ・エスパニョーラ(Liga Española)」は1929年、フランスの「リーグ・アン(Ligue 1)」は1932年、ドイツの「ブンデスリーガ(Fussball-Bundesliga)」は1963年、イギリスの「プレミアリーグ(FA Premier League)」は1992年に発足)。

なお、この期間の後半には、アメリカ国内だけでなく世界のスポーツ産業に多大な影響を及ぼすビジネス革新がいくつも起こっている。1968年、ケニス・クーパー(Kenneth H. Cooper)が、「エアロビクス(aerobics: 有酸素運動)」が健康体力づくりに有効であるという研究結果を発表した。このことがフィットネスビジネスの製品形態に明確な方向性を与え、国際的な市場形成につながっていく(日本ではスポーツビジネスの制度的発展と密接に関連)。またこの時代は、テレビやコンピューターなど、より効果的なコミュニケーション形態によって、さらなる規模と範囲の経済性が可能になり、スポーツを通して様々な価値の交換が行われるようになった。1978年、フィル・ナイト(Phil Knight)が「ナイキ(NIKE)」ブランドを立ち上げ、ナイキブランドのシューズを履き、マーク入りのシャツを身につけて競技することを条件に選手と契約する新たな商法を開発した。これを契機に、スポーツ用品の大量生産−大量販売の時代に終止符が打たれ、スポーツビジネスにイメージ戦略が定着することになるのである。これは、スポーツの経済価値が生産手段の所有から情報の差異性に移る、ポスト産業資本主義時代の到来を意味する。

こうした流れを受けてビッグビジネスを成功させた人物として、ピーター・ユベロス(Peter V. Ueberroth)の名が挙げられる。彼が組織委員長を務めた第23回オリンピック大会(ロサンゼルス、1984年)は、民間資本の導入によって運営経費を編み出そうとした初めての大会として知られる。彼が用いた革新的なビジネス手法は、「独占放送権販売」「オフィシャルスポンサー(official sponsor: 公式協力社、近年ではマーケティング権の差別化を意図してオフィシャルパートナー(official partner)、オフィシャルサプライヤー(official supplier)、オフィシャルライセンシー(official licensee)などの格付けが行われている)制度」「商標使用権によるマーチャンダイジング(merchandising: 商品化計画)」の3つである。以後、スポーツビジネスの焦点は、単なるスポーツ興行や用品の販売から、権利ビジネスに大きくシフトしていくのである。

さて、日本におけるスポーツビジネスの洗練と公式化の流れであるが、1990年代に入ってからようやく始まった。これまですこぶる堅調だった景気も1991(平成3)年2月頃をピークに急速に悪化し、それまでの熱狂的な景気は異常な投機熱、すなわちバブルであったことが明らかになる。これによって、企業経営者はスポーツに厳しい目を向けるようになり、自社の選手やチームを一斉に手放し始める。このため、スポーツ選手やスポーツチームは、それまでの親会社依存の体質を見直し、自らが事業主となり、あるいは事業体を組織して、独自に(単体としての投資回収をめざして)経済活動を営む道を模索し始める。1991(平成3)年、川淵三郎を初代チェアマンとする公益社団法人日本プロサッカーリーグ(Jリーグ)が設立され、それが現実化する。1996(平成8)年に発表されたJリーグ百年構想は、企業スポーツの枠内から脱し、地域に根ざした新しいスポーツのあり方を提言したものであり、これが、日本での「地に足の着いた」スポーツ経営の流れをつくり出したといえる。1998(平成10)年には、時代に逆行するとの批判を浴びながらではあるが、サッカーくじ法(正式名称はスポーツ振興投票の実施等に関する法律: 通称toto)も成立する。またこの時期、キックボクシングや空手、プロレスなどの格闘技系団体は、K-1(1993年設立)、PRIDE(1997年設立)といった形に総合化し、ショーアップを図る。

2000(平成12)年にはスポーツ振興基本計画(文部大臣告示)が出され、スポーツクラブのNPO(Non Profit Organization: 非営利法人)化や、PFI(Private Finance Initiative: 民間資本・ノウハウの活用)によるスポーツ施設整備事業が促進されるようになる。また2001(平成13)年、高橋尚子(第27回オリンピック大会〔シドニ

一〕のマラソン金メダリスト)が，自由な商業活動ができるプロとしてスタートを切り，日本でもポスト産業資本主義時代のスポーツビジネスが徐々に浸透・確立していく。そんな中，2002(平成14)年にはFIFAワールドカップが日韓共同で開催され，国内に大きな経済効果をもたらす。サッカー型(地域密着型)のスポーツ経営は，その後，他のスポーツにも影響を及ぼし，野球では四国アイランドリーグ(2004年設立)や北信越ベースボール・チャレンジリーグ(2007年設立)が誕生する。バスケットボールは，2005(平成17)年に日本バスケットボール協会とたもとを分かつ格好でbjリーグをスタートさせている。

2005(平成17)年はまた，プロ野球の球団合併・買収(M&A)問題が顕在化した年でもある。大阪近鉄とオリックスが統合して「オリックス・バファローズ」となり，同時に「東北楽天ゴールデンイーグルス」が新規球団としてパ・リーグに参入した。さらには，福岡ダイエーを受け継いだ新生「ソフトバンク・ホークス」が誕生した。これらは，親会社である近畿日本鉄道やダイエーが，バブル期の過剰投資がたたって経営が悪化したことが原因だといわれる。一方，セ・リーグでは，球団の資産価値が効率的に管理されていないということを理由に，村上ファンドが阪神タイガースの株式上場を提案するなどの動きも起こった。2012年にはTBSホールディングスが保有していた横浜ベイスターズ株の大半がDeNAに譲渡され，商標変更により「横浜DeNAベイスターズ」が新たにスタートを切った。こうしてスポーツビジネスは，国民の大きな関心事となっていくのである。

[グローバル競争の時代]

スポーツビジネスの洗練と公式化は，一方で世界規模の産業形成へとつながった。1979年，イギリスのリーボック社(Reebok)がアメリカに進出した。一時はアメリカのメーカーを差し置いて，トップシェアを獲得するまでに至る(1986年)。その後，ドイツのアディダス社(Adidas)がこの企業を買収する(2005年)。アメリカのナイキ社(Nike)も，現在では完全な多国籍企業であり，国内に自社工場を1つも持たず，実際の生産は人件費の安いアジア諸国を中心としている。1997年にはすでに，アメリカ合衆国全体で24億3,000万ドルのスポーツ用品を輸出したのに対して，輸入が79億ドルにまで達するという事態を引き起こしている(Sporting Goods Manufacturers Association, 1998)。

また，スポーツ用品のみならずスポーツイベントにおいても，その国際化や多様な価値の交換に1国のスポーツ企業が単独でビジネスを処理できなくなってきたのも事実であり，1982年には，スイスのルッツェルンに国際スポーツビジネス会社(International Sports Culture & Leisure Marketing Agency: ISL)が誕生し，世界戦略に乗り出す。ISLはアディダス社のホルスト・ダスラー(Holst Dassler)と日本の電通が出資したものであり，ビッグイベントのエージェント権を立て続けに掌中に収めていった。この会社は，2002年のFIFAワールドカップでの放送権高騰のあおりを受けて経営破綻する。その後の国際的な代理人契約はマーク・マコーマック(Mark H. McCormack)が率いたIMG社(International Management Group)が一手に取り仕切ることになる。このグループは25ヵ国に64の営業所を持っている(2009年3月現在)。

スポーツがグローバル市場を形成することによって，最も資産価値を高めたのは，ほかでもない，スポーツ選手自身である。1995年，ベルギーのプロサッカー選手，ジャン・マルク・ボスマン(Jean-Marc Bosman)が移籍の自由を訴え，ヨーロッパ司法裁判所がこれを認める。以来，EU(ヨーロッパ連合)圏内での移籍が完全自由化する。この「ボスマン・ショック」は単に選手市場のオープン化を促しただけではなく，スポーツ選手が1企業内の労働者から実質的な事業主としての地位を固めるきっかけともなったのである。これにより選手の争奪戦が激化し，年俸や移籍金の高騰，ビッグクラブへの有力選手の集中などがみられるようになった。

プロ野球においては，1998年に日米間選手契約に関する協定が創設され，ポスティングシステム(posting system: 入札制度)がスタートする。2001年，シアトル・マリナーズが14億円でイチロー(オリックス)を落札した。これを皮切りに，2006年には松坂大輔(西武)が落札額60億円でボストン・レッドソックスへ，2012年，ダルビッシュ有(日本ハム)が39億8,000万円でテキサス・レンジャーズへと高額入札－落札が続き，話題となる。2012年6月には落札額の高騰を理由にMLB側がこの協定を破棄し，日米間で見直しの議論がもたれることとなった。交渉は難航したが，2013年12月，2,000万ドル(約20億円)を上限に日本の所属球団が譲渡金を設定するという新たな制度で合意がなされた。翌年，田中将大(東北楽天)はこの「新ポスティングシステム」でニューヨーク・ヤンキースに移籍するが，ヤンキースは田中本人と7年総額1億5,500万ドル(約161億円)の契約を結び，結果として日本選手に対して史上最高の投資を行ったことになる。これらはある面，国内の保護産業的な位置づけにあった日本のスポーツが，植民地化国際戦略に飲み込まれようとしていることの表れであるとの見方もできる。この動きは現在，プロサッカーにも波及しつつある。いずれにしろ，21世紀のスポーツは，グローバル経済における主要な構成要素であり，この環境内でビジネスをするには，それなりの準備を整えなければならないのは明らかである。

その一方，スポーツにおける拝金主義とか，オーナー絶対とか，短期利益追求とかいったことに対する警鐘にも耳を傾ける必要がある。折しも，2008年9月15日，158年の歴史をもつアメリカの大手投資銀行(および証券会社)リーマン・ブラザーズ(Lehman Brothers)がサブプライムローン(subprime lending: 低所得者向けに行ったローン)問題などの影響で経営破綻した。この「リーマン・ショック」は世界金融危機顕在化の引き金となり，世界経済に大きな影響を与えた。このため，日本のスポーツ界でも，ちょうどバブル崩壊時に経験したこと(チームの運営やスポンサーから手を引く企業が相次いだ問題)が再燃する事態となった。アイスホッケーの名門，西武がチームの解散を発表し，アメリカンフットボールの強豪オンワードも，30年近い歴史に幕を閉じるなど様々なチームが解散している。また，総合格闘技K-1の運営会社も2012年には破産に追い込まれている。もはやグローバル経済が順調に拡大していた時代ではなく，アメリカ型資本主義の

限界も見え隠れする。

このように，21世紀はグローバル競争の時代であると同時に，一部の金融資本に強く依存してきたこれまでのスポーツ経営に本格的な見直しを迫る時代でもある。多くの曲折を経て培われてきたスポーツビジネスの叡智も，今後は人間の共有財産（スポーツ文化）を守るという視座から，新たな組み替えを余儀なくされるものと思える。

② **スポーツマーケットの成立・特徴**
［スポーツマーケットの成立］

スポーツは様々な形で財貨を生産してきたが，当初からそれが独立した産業領域として一般に認知されていたわけではない。それは，スポーツ産業が製造業から各種サービス業にまたがる横断型産業であることもさることながら，スポーツに対する資本の投下が経済全体に及ぼす影響がそれほど大きなものではなかったからである。しかし近年に至って，その影響力は無視できないまでに拡大し，スポーツマーケット（sport market）という巨大な経済空間の存在が人々の意識に上り始める。

スポーツマーケットとは，スポーツが売買される範囲のことである。スポーツはその生産の過程で様々な価値（経済財）を産み出す。それらはスポーツプロダクト（sport product: 実際のスポーツ活動のほか，それに関連した商品，サービス，場所，人々およびアイディアのすべてを包括する概念）と呼ばれ，経済学的にはスポーツそれ自体の価値（最終生産物）に限定することなく，すべてがスポーツ生産の過程で新たに付け加えられた価値とみなされる。スポーツマーケットの規模は，したがって，スポーツの生産過程全般の市場評価額（通常は二重計算を避けるために省かれる原材料・中間財への評価もスポーツの場合は含められる）ということになる。具体的には国民・政府・企業がスポーツ消費やスポーツ投資で支出した総額である。ただし，この計算は，算出主体によって範囲の取り方がまちまちであり，単純には比較できない。

［スポーツマーケットの市場規模］

スポーツに経済学的な関心が注がれるようになったのは，ビジネスとして洗練され，公式化の程度を高めた1980年代から1990年代にかけてである。アメリカでは1988年に，ワートン経済予測センターがGNSP（Gross National Sport Product: 国民スポーツ総生産）の概念を提唱し，スポーツマーケットの規模を算出している。それによると，1987年のアメリカのGNSPは約502億ドル（当時のアメリカのGNP〔国民総生産：Gross National Product〕4兆5,243億ドルの1.1％）と算出されている（Sandomir, R. The 50-Billion Sports Industry. *Sports Inc.*, November 14, 1988. 14-23）。その後1997年に，ジョージア工科大学経済開発研究所のミーク（A. Meek）教授が1995年のGDSP（Gross Domestic Sport Product: 国内スポーツ総生産）を計算している。GDSPでは海外で付加されたものが除かれるが，約1,520億ドル（当時のアメリカのGDP〔国内総生産：Gross Domestic Product〕7兆2,650億ドルの2.1％）と算出されている（Meek, A. An Estimate of the Size and Supported Economic Activity of the Sports Industry in the United States. *Sport Marketing Quarterly*, 6(4). 1997: 15-21）。GNPとGDPといった指標の違いはあるものの，この期間のスポーツマーケットの急成長ぶりがうかがえる。ちなみに，1,500億ドル超という数値は，アメリカ国内の電信電話産業と肩を並べる大きさである。なお，最近のデータとしては1,946億ドルといった数値が示されており（*Sports Business Journal*, 4(47) March, 2002. 25-39），現在のアメリカでは，日本円にしておおよそ20兆円近い市場規模をもつものと推定できる。

一方，日本でのスポーツマーケットが経済指標として初めて登場するのは，1982（昭和57）年の『レジャー白書』（余暇開発センター刊；その後自由時間デザイン協会を経て，現在は社会経済生産性本部〔2009年からの呼称は日本生産性本部〕が業務を引き継いでいる）である。その額は2兆9,560億円であったが，その後順調な成長をみせ，10年後の1992（平成4）年には6兆530億円と，ほぼ2倍の規模に膨れあがった。しかしバブル崩壊後は，5兆円台は維持するものの漸減が続く。そして，21世紀には4兆円台にまで縮小した（2005年時点で4兆2,970億円）。ただ，この『レジャー白書』が推計するスポーツマーケットの規模は，スポーツ用品，スポーツサービス（スポーツ参加やスポーツ観戦）の個人消費の総額であり，スポーツイベントの放送権料やスポーツ・スポンサーシップ（sport sponsorship）などは除外されており，実際のマーケットサイズよりも小さな数字になっている。また，同じ個人消費でも，スポーツ観戦やスポーツ参加で移動するスポーツツーリズム（sport tourism）の要素や，スポーツ新聞・雑誌などスポーツ情報提供関連のマーケットが含まれていない。さらにいえば，競馬，競輪，競艇，オートレースなど公営競技の要素を含んでいないし，政府部門のスポーツ関連支出（主としてスポーツ施設の建設や管理運営に関わる支出）も含んでいない。

これらをまとめたデータはないが，1995（平成7）年時点のスポーツツーリズムやスポーツ新聞・雑誌購入費などを含むスポーツイベントの市場規模は5兆5,452億円と見積もられている（順天堂大学スポーツマーケティング研究室『日本のスポーツイベント市場』. 1997）。この中には公営競技の運営費，広告宣伝費なども含まれており，その要素は3兆9,738億円である。なお，このスポーツイベント市場のデータと『レジャー白書』ではスポーツ観戦料1,230億円が重複する。その一方，同年の政府部門（県レベルと市町村レベル）のスポーツ関連支出は9,057億円ある（上條典夫『スポーツ経済効果で元気になった街と国』講談社. 2002. 17-18）。したがって，1995年の時点での日本のスポーツマーケットは12兆円を超える規模に達していたと推定できる（図2）。ちなみにこの数値は，

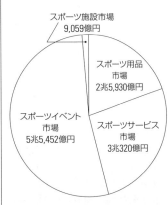

図2　日本のスポーツマーケットの規模
各サブマーケットの数値は1995年時点のものであり，スポーツサービス市場からはスポーツイベント市場と重複するスポーツ観戦料1,230億円が差し引かれている。1995年の推計総額は12兆761億円に上る。

国内の鉄鋼業の規模に匹敵する。また，現在ではサッカーくじ(toto)の売り上げも加算する必要があるだろうし，インターネットを活用したスポーツ情報サービス市場の要素なども無視できないものになってきている。ほかにも，スポーツ選手の試合参加やレジャースポーツ(スキーやゴルフのほか，多様なレクリエーショナル活動を含む)のためのスポーツツーリズムの要素，スポーツ医療(スポーツ選手の健康ケアやリハビリテーション)の要素，等々，これまでの規模計算から脱落していたものが多々ある。それらを考えると，日本におけるスポーツマーケットは現時点でも10兆円程度の規模は確実に維持しているとみてもよいだろう。

[日本のスポーツマーケットの構成]

日本のスポーツマーケットは，図2で示したとおり，おおよそ「スポーツ用品市場」「スポーツサービス市場」「スポーツイベント市場」「スポーツ施設市場」の4つのサブマーケットで形づくられているとみられる。2005(平成17)年の時点においては，スポーツ用品市場が2兆500億円を占めている(社会経済生産性本部『レジャー白書』2006)。その中では，ゴルフ用品，スキー・スケート・スノーボード用品，釣り具，スポーツウェアなどの市場シェアが大きい。この日本のスポーツ用品市場を支えているのは，ミズノとアシックスの2大総合メーカーである。そのほか，ウェアの総合メーカーとしては，デサント，ゴールドウイン，フェニックスの3社が中心となる。また，特定分野で強いメーカーも多く，ゴルフ用品ではブリヂストンスポーツがミズノと首位を争い，スキー用品ではサロモン＆テーラーメイドやフェニックス，ゴールドウイン，テニス用品ではヨネックス，ゴールドウイン，日本ダンロップが市場で優位に立っている。スポーツシューズでは，ナイキジャパン，月星化成がアシックスと争う。

なお，スポーツ用品の生産は，新しく技術を開発したり，生産設備をつくって生産するより，他社の技術と生産設備を使って生産し，その商品に自社ブランドをつけて販売する方がコストが安くつく。一方，生産を請け負う側も，生産設備を有効に活用できるというメリットがある。このため，OEM生産(Original Equipment Manufacturing：相手先ブランドによる生産)が増えている。野球・ソフトボール用品市場では，ゼット，エスエスケーといった卸ブランドが強い力をもってきている。小売業では，アルペン，上州屋，ゼビオ，ヴィクトリア，ヒマラヤなどのシェア(占有率)が高い(矢野経済研究所『レジャー産業白書』2001.)。さらには，海外のメーカーや小売業者の動向も注目されており，ナイキ以外にも，アディダスジャパン，キャロウェイゴルフ，ニューバランスジャパン，リーボックジャパン，サロモン＆テーラーメイドなどが，日本市場でのシェアアップをねらっている。こうした市場成長の背景には，近年，消費者がスポーツ用品を，実際にスポーツをするためだけではなく，スポーツをイメージする「ファッション品(アイテム)」として購入するケースが多くなったことが挙げられる。

2005(平成17)年時点のスポーツサービス市場の規模は2兆2,470億円である。うち1,340億円はスポーツ観戦料であるが，それを差し引いた参加型の市場だけでスポーツ用品市場を上回る。分野別では，ゴルフ場が飛び抜けて大きく，フィットネスクラブ，スイミングプールがそれに続く。全体的には縮小傾向にあるが，フィットネスクラブは好調に推移している。1980年代前半のフィットネスクラブの隆盛は若い女性層をターゲットにした経営戦略が功を奏したものであったが，近年の客層は，主婦，中年男性，高齢女性が多い。2007(平成19)年以降は団塊世代の大量退職もあり，シニア層，シルバー層のメインターゲット化はいっそう進むものと予想される。

その他，スポーツサービス市場の新しい動きとしては，テニスクラブ・スクールのフットサル場への「変身」が目立つ。その一方，テニスクラブ・スクール自体はキッズ市場が活性化している。また，天候や日焼けを気にせず，顧客本位の高いサービスが受けられる「インドア・テニススクール」が新しいビジネスモデルとして確立しつつある。ゴルフ場・スキー場などの従来型のレジャースポーツは長期的に伸び悩んでいるが，そんな中，外資や日本の資本による「再生ビジネス」が進んでいる。さらには，健康・癒やし志向の高まりの中，地域の医療機関と連携した運動療法プログラムを提供するサービスを開始する企業も登場し始めた。

スポーツ用品市場とスポーツサービス市場(スポーツ観戦は除く)を合わせたものをしのぐ規模をもっているのがスポーツイベント市場である。1995年の時点でも5兆5,452億円あり，中でも野球，サッカー，ゴルフが大きな市場を形成している。このスポーツイベントが創出する市場は，「ライブマーケット(live market)」「メディアマーケット(media market)」「イフェクトマーケット(effect market)」「フリンジマーケット(fringe market)」の4つに分類できる。

ライブマーケットは，主催者と観戦客およびスポンサーの間の金銭取引によって生じる市場であり，スポーツイベント市場の大半を占める。順天堂大学スポーツマーケティング研究室が推計する1995(平成7)年時点の規模は4兆2,107億円である。メディアマーケットは，メディアを通じて視聴者にスポーツイベントが提供されることによって生じる市場である(同，1,652億円)。イフェクトマーケットは，競技場への交通費，スポーツ新聞・雑誌の購入など，スポーツイベントの開催により波及的に形成される(同，1兆776億円)。そして，フリンジマーケットは，アスリートの肖像権やキャラクターグッズ購入料など，スポーツイベントの開催・放送につれて派生的に発生してくる各種権利が生む市場である(同，918億円)。競技分野との関係でいえば，ライブマーケットへの依存度が非常に高いのは相撲である。もちろん野球，サッカー，ゴルフも高い。メディアマーケットへの依存度が最も高いのは陸上であり，野球がそれに続く。イフェクトマーケットに強く依存するのはプロレスとゴルフであり，両方ともライブマーケットを上回る。フリンジマーケットで稼いでいるのはサッカーであり，他の競技ではこのマーケットへの依存度は低い。

現在日本には，23万9,660ヵ所ものスポーツ施設がある。その内訳は，学校体育・スポーツ施設が大学・高専を合わせて15万8,085，公共スポーツ施設が5万6,475，民間スポーツ施設1万6,814，職場スポーツ施設8,286である(文部科学省『我が国の体育・スポーツ施設』

2002)。施設の種類としては，体育館が最も多く，次いで多目的運動施設，水泳プール，庭球場，野球・ソフトボール場の順となっている。スポーツ施設市場の規模は概むね1兆円前後で推移しているが，これまではそのほとんどが政府部門の支出であった。しかし最近では，各地のドーム球場，ドームサッカー場など，民間セクターの手による建設も盛んである。このスポーツ施設建設に関する支出としては，当初の建設費（イニシャルコスト）以上に，建築設備更新・改修費，エネルギー費，保全費，警備費，清掃費など，ランニングコストの占める割合が非常に大きい。

また，2003（平成15）年の地方自治法の一部改正により，公の施設の管理運営の規制が緩和され，民間事業者が「指定管理者」になれるようになった。このことにより，公共スポーツ施設の運営を民間に委託する動きが活発になっている。そうした需要に応える形で，運営受託や指導員の派遣を行う会社が増加している。この指定管理者制度は，自治体が行うべき業務を民間事業者が代行する側面があるため，基本的には自治体が委託費を支払うことになる。この制度を利用すれば，トップスポーツチームやリーグ機構でも公共スポーツ施設の管理運営ができるようになったため，各リーグやチームの指定管理者への関心は高まりつつある。すでに，千葉ロッテマリーンズは「千葉マリンスタジアム（2011年からの呼称はQVCマリンフィールド）」の指定管理者となり，鹿島アントラーズ，横浜マリノスとアルビレックス新潟もホームスタジアムの指定管理者としてスタジアム経営を始めている。自治体側にとっても自らが所有するスポーツ施設の活性化のためには，住民が満足するマネジメント製品を購入しなければならない時代なのである。

③ スポーツコンシューマー

[スポーツコンシューマーという概念]

スポーツコンシューマー（sport consumer）は，スポーツ消費やスポーツ投資の詳細を知る上で必要となる概念である。スポーツマーケットは貨幣価値として表現されることが多いが，本来はスポーツプロダクトが販売・取引される場のことであり，スポーツプロダクトの購買者（＝スポーツコンシューマー）の集合という意味をもっている。スポーツプロダクトには様々なものが考えられるので，スポーツコンシューマーといった場合，それは単にスポーツ用品やスポーツサービスの「最終消費者（エンドユーザー：end user）」に限定されるわけではない。もしその企業がビジネス向けの製品を製造しているならば，標的市場は最終消費者ではなく，「ビジネス消費者（ビジネスコンシューマー：business consumer）」ということになる。最終消費者は実際のスポーツ活動を取引する際に生じる消費者であり，ビジネス消費者は企業間での取引において生じる消費者である。このように，スポーツコンシューマーは，大まかに2種類の消費者を内包する概念であり，このことが，現実の産業セグメントをより正確に理解する上で非常に重要な観点となっている。

スポーツの生産過程というものを単純に図式化して考えるならば，まず，あるスポーツ企業が自社のスポーツサービスを生産するために必要なヒト，モノ，カネ，情報といったスポーツ資源を調達することになる。現代におけるスポーツ資源は，それを手に入れるために何らの対価をも必要としない自由財（空気や川の水のようなもの）ではもはやなく，経済財としての重みは日に日に増している。スポーツ資源も明らかに取引が予想される製品であり，したがってそれを購入するスポーツ企業はビジネス消費者ということになる。次に，そのスポーツ企業が生産したスポーツサービスが最終消費者によって購入される。最終消費者によって「自家生産」され，同時に「自家消費」されるものがスポーツ活動である。そして，提供（販売）されたスポーツサービスがハイレベルのスポーツイベントであるような場合，そこに新たな価値（情報価値など）が生じる。それはメディア企業なりスポンサー企業なりが購買したいと思う製品になる。すなわち，最終消費者の自家生産物であるスポーツ活動は，時に放送用の情報コンテンツとして，あるいは企業のイメージアップ商品として，別のビジネス消費者に対して再販売が可能となるのである。その場合，放送する権利やプロモーションおよびスポンサーシップの管理企業が介在することがある。そうしたビジネス対ビジネス企業もまたビジネス消費者である。もちろん，そこで取引されるスポーツ情報などの製品は最終消費者を標的としている。このように，スポーツの生産には複雑な価値の連鎖が伴っている。それゆえ，スポーツマーケットを構成する個人や組織は，最終消費者ないしはビジネス消費者のどちらかに分類されなければならないのである。

[最終消費者とビジネス消費者]

最終消費者は，「スポーツ参加者（sport participant）」と「スポーツファン（sport fan）」の2つに分けて考える必要がある。スポーツ参加者とは，スポーツ活動に参加したいと思っている人々である。今日，多くのスポーツ，フィットネス，レクリエーション，レジャー，スポーツ体験のできる旅行などが消費者に提供されている。これら参加型のスポーツ活動に自己投資（金銭のみならず，時間や個人的エネルギーの投資も含む）しようとする人々が，スポーツ参加者として

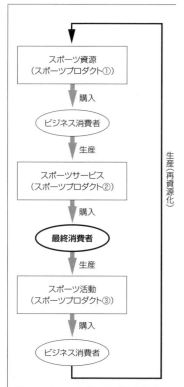

図3　スポーツの生産過程と消費者類型
スポーツはその生産の過程で，性質の異なった様々なプロダクトを産み出し，価値の循環を繰り広げている。スポーツの経済的価値を膨らませている最大の要因は，まさにこの連鎖構造（多様なスポーツプロダクトの購入＝生産）にある。

の最終消費者である。彼らは，運動者(エクササイザー：exerciser)と呼ばれたり，競技者(アスリート：athlete)と呼ばれたり，選手(プレイヤー：player)と呼ばれたりする。時にはゴルファーとかスキーヤー，ランナー，スイマー，サーファーといったように，特定のスポーツに限定された呼び方がなされる場合もある。このスポーツ参加者は，ハイレベルなスポーツパフォーマンスをめざす者ほど，消費者としての意識よりも生産者としての意識の方が強い。しかし，たとえそうであっても，自らがスポーツをする際に必要な用品やサービスは購入しなければならない。スポーツ参加者である限り，基本的には最終消費者なのである。ただし，プロスポーツ選手は，スポーツ活動に参加すること自体が目的ではなく，そこから新しい価値を産み出すことを目的に活動している人々である。したがって，最終消費者の範疇に完全にとどめ置くことはできない。彼らはある意味，事業主でもあり，スポーツに必要な用品やサービスを購入することはあっても，それはビジネス消費者が行う行為と同じ種類のものとみなされる。

そもそもスポーツ活動に対する主体的な価値創造の姿勢は，なにもハイレベルなアスリートやプロ選手に限ったものではない。もし，そのような姿勢を重視するならば，スポーツ参加者という概念は，単に商品やサービスの販売対象としての「消費者」というよりも，より包括的な「生活者(コンシューマー・シチズン：consumer-citizen)」という捉え方に立って理解される必要がある。その方が彼らの生活プランとの連帯を強調したスポーツ生産を考えやすい。同様の考え方は「プロ・シューマー(pro-sumer)」といった造語にも見受けられる。

最終消費者がスポーツ活動という製品を獲得・使用・廃棄していく一連の行動(消費者行動)の中には，自分の身体を動かすことのほかに，スポーツを他者の提供する催し物(興行イベント)として楽しむことも含まれる。そうした楽しみを享受したい(観戦型のスポーツ活動に自己投資したい)と思っている人々がスポーツファンである。スポーツファンとしての最終消費者には，他者のスポーツパフォーマンスをライブで楽しもうとする「観客」のほか，テレビ・ラジオの「視聴者」，新聞・雑誌の「読者」も含まれる。さらに細かくいえば，ビデオ，DVD，およびウエブ製品の購買者もスポーツファンである。また，様々なプロモーション用商品(ロゴ入り商品など)を購入する人々もいるし，スポーツ用品をファッション品として購入する人々もいるであろう。これらスポーツファンのうち，一部の熱狂的なファンは，「ファンクラブ」とか「サポーター」といった会員ビジネスの最終消費者にもなりうる。元来，スポーツファンというものはスポーツ参加者でもあったのであるが，現在では，スポーツを「する人」と「みる人」の区別が比較的明確につきやすい傾向にある。もちろん，スポーツ観戦といっても，スポーツファンの側の価値創造による共同生産を抜きにしては製品の体をなさない。すなわち，ここでもスポーツ参加者の場合と同様，コンシューマー・シチズンないしはプロ・シューマーという捉え方が必要視される。最終消費者(エンドユーザー)はあくまでも，スポーツ生産のマネジリアル(企業経営者による操作的)な側面に照準を合わせたい方に過ぎないのである。

ビジネス消費者もスポーツコンシューマーであるが，最終消費者のように個人的にスポーツによる「快楽消費」を試みる人々ではなく，あくまで「商取引」として様々なスポーツ資源を購入する人々(その多くは企業という形をとっている)である。ビジネス消費者は，ヒト，モノ，カネ，情報といった資源の性質に応じて類別できる。すなわち，「人的資源の購買者」「物的資源の購買者」「財務資源の購買者」「情報資源の購買者」である。人的資源の購買者としては，スポーツ選手と契約を結ぶプロの球団やスポーツイベント会社などがある。それらはスポーツ選手だけでなく，監督，コーチ，審判員なども雇用しなければならない。そのほか，フィットネスクラブやスポーツスクール，スポーツ施設など，多くのスポーツ組織がインストラクター，トレーナーといった指導者の確保に努めている。また，それらの人材を派遣・斡旋する会社もある。特にプロスポーツ選手と契約して代理業務をしている個人は「スポーツエージェント(sport agent)」と呼ばれている。

物的資源の購買者には，スポーツサービスを提供しているあらゆる組織が含まれる。スポーツ企業にとどまらず，学校や大学，教育委員会，競技団体，地域のスポーツクラブおよびレクリエーション事務所といった非営利組織もそうである。彼らは，施設・設備の使用料を支払う必要があるし，スポーツ用具，アパレル，人工芝，トロフィーやプロモーション素材用品などのビジネス商品も購入する。当然，そこには施設のメンテナンス，用具の修理といった無形のサービス製品の購入も伴うことになる。特殊な例として，スポーツイベントなどで，接待用にスタジアムの特別室(ボックスシート)を購入する企業もある。一方，スポーツ施設の建設会社やスポーツ用品の製造業者なども物的資源の購買者である。建設会社や製造業者はスポーツ施設を建設したり，スポーツ用品を製造するために，必要な土地や素材を購入しなければならない。特に施設建設をめぐっては，不動産会社などの仲介がある。また，製造されたスポーツ用品は，通常，多くの流通チャネルを通じて最終消費者に販売される。その過程で，小売業者や流通業者，卸売業者のような企業は，再販売することを目的にスポーツ用品を購入しているのである。製造業者はこれら再販売業者が店舗を構える地点まで商品を移送させなければならない。その場合，トラック，飛行機，鉄道による輸送など物理的なマーケティングチャネルのオプションがある。同様のことはスポーツツーリズム商品を販売している会社についてもいえることであり，ツーリスト輸送のオプション購入は避けて通れない。

スポーツ企業は，資金調達のため銀行など金融機関から融資を受け，利息を支払う財務資源の購買者である。なお，金融機関の中にはスポーツ企業の事業を証券化して販売するところもある。スポーツ企業の中には株式会社形態を採用しているところもあるわけであり，そうした場合，スポーツ企業の株式や債券などに投資する人々も，スポーツビジネスに関する財務資源の購買者と考えられる。その中には，一般投資家のほか，買収や経営権の取得をめざすような投資ファンドも存在して

いる。また，スポーツイベントなどの一般的な財源は入場料であるが，最終消費者へのチケット流通は，チケット販売業者やチケットブローカーからなる複雑なシステムを通じて遂行されていく。彼らもまた同じ種類のビジネス消費者である。

情報資源の購買者は，多種多様であり，まず，「運営ノウハウの購買者」と「権利製品の購買者」に整理する必要がある。運営ノウハウの購買者としては，政府や自治体がスポーツイベントの企画や公共スポーツ施設の管理運営を専門の会社に委託するケースが挙げられよう。スポーツ企業においても，経営コンサルティング会社などから，専門的なマーケティングサービスを買ったり，あるいは，業界誌を購入したりする。最近では，ウエブベースのビジネス製品（電子スポーツビジネス）を購入するケースも多い。権利製品の購買者には，スポーツイベントを放送する権利を購入するテレビやラジオといったメディア企業とスポンサーシップ製品を購入する企業がある。後者には，有名選手と肖像権利用やエンドースメント(endorsement: 自社製品の保証宣伝)契約を結んだり，スポーツイベントの主催組織やチームとライセンシング (licensing: 商標使用権)契約をする企業がある。さらには，スポーツ施設とネーミングライツ (naming rights: 命名権)の取引をする企業もある。なお，これらスポンサーシップ契約の相談に乗ったり，それを管理したりする企業として，広告代理店などがある。

このように，現実の産業セグメントは，最終消費者の分類だけでなく，ビジネス消費者をも含めた，より広範囲なスポーツコンシューマーの分類によって維持されているのである。

④ スポーツブランド
[情報資源としてのスポーツブランド]

スポーツ企業が自社の生産するスポーツプロダクトの価値を高めるために試みられる作業として，スポーツブランド (sport brand) の構築というものがある。スポーツ全般の経済的価値がここまで高まったことの背景には，スポーツのブランド化に向けられた企業各社の努力がある。スポーツブランドとは，スポーツコンシューマーが他のスポーツとは違う特徴と価値を認め，継続的に愛好する意向のある「顧客をもったスポーツ」ということである。特定のスポーツがシンボライズされ，さらになんらかの意味を帯びた時にブランドとなるわけであり，きわめて心理的な産物といえる。

スポーツブランドとおぼしきものを列挙するならば，「ナイキ」「アディダス」「プーマ」「リーボック」「ル・コック」「カンタベリー」「キャロウェイ」「ニューバランス」「オニツカタイガー」などのようなスポーツ用品に冠された商標のみならず，「MLB」「NBA」「NFL」「プレミアリーグ」「セリエA」「全英(全米)オープン」「ウインブルドン」「カンプ・ノウ」「甲子園」などのスポーツイベント名ないしはそれを提供する組織や場所の名前から，「ニューヨーク・ヤンキース」「シカゴ・ブルズ」「マンチェスター・ユナイテッド」「FCバルセロナ(バルサ)」「読売ジャイアンツ」「阪神タイガース」「FIFA」「IOC」といったスポーツチームやスポーツ競技の統括団体の名前，あるいは，「ジョーダン」「イチロー」「ベッカム」「メッシ」「クリスティアーノ・ロナウド」「タイガー・ウッズ」といった個人名に至るまで幅広い。サッカーやラグビーなどでは，「ブラジル」「ニュージーランド」といった国名すらスポーツブランドになる。また，体操や水泳，フィギュアスケートといった個人スポーツの分野では，過去に「ムーンサルト」「バサロ」「イナバウワー」など選手が使った技がブランド化された例もある。

これらスポーツブランドは，単なる商標や名前などではない。明らかにスポーツに差別的なイメージを与える。市場を行き交うこれらの商標や名前はしたがって多くの場合，情報資源の一部として取引される。スポーツブランドであるがゆえにスポンサーが付きやすく，また，スポンサーとなった企業も自社製品の顧客獲得が容易になったりするのである。実際，2008年の第29回オリンピック大会(北京)に関して最近行われた調査によると，「中国のスポーツファンの68％は，商品を購入する時の判断基準としてオリンピックの協賛でないブランドよりも，協賛ブランドを選ぶ」とされている（ダニエル・アレン「北京五輪で沸騰するグローバル・マネー」『クーリエ・ジャポン』3(8). 2007: 60-61)。

製品を市場に出すには名前が必要である。なるほど，近代スポーツにはすべて名前が付けられており，それに関連した商品，サービス，人々，場所およびアイディアにもそれぞれ固有の名前があり，時にロゴなど視覚的な工夫が凝らされたりする。しかし，だからといって，スポーツであればなんでもビジネスの対象とされるわけではない。特定のスポーツに買い手がつくということは，そのスポーツ自体がもっている製品としての魅力（製品力）以上の，なにか別の付加価値が購買対象となっているからにほかならない。したがって，それがスポーツブランドであるか否かは，そのスポーツと他のスポーツとを識別する名前があるかどうかと同時に，そのスポーツに付加価値を与えることができるかどうかによって判断されることになる。

[製品の価値構造]

一般に，製品の価値は，「基本価値」「便宜価値」「感覚価値」「観念価値」の4つからなっており（和田充夫ほか『マーケティング戦略』有斐閣. 1996. 341-42)，それぞれの価値創造は階層的である（図4)。例えば，基本価値が十分に提供されなければ便宜価値は創造されないということである。基本価値とは，この価値をもたなければ製品そのものが存在し得ないといった価値である。スポーツシューズという製品は，それがバ

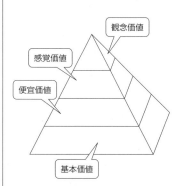

図4　製品価値の構造
スポーツの価値も，基本価値としてそのスポーツがこの価値をもたなければそのスポーツとはならない価値，便利に手近に利用できる価値（便宜価値)，楽しく消費できる価値（感覚価値)，そして意味をもち語りをもつ価値（観念価値）へと昇華していく。
（出典：和田充夫ほか『マーケティング戦略』有斐閣, 1996. 341より作成)

スケットシューズであろうがテニスシューズであろうが，走ったり跳んだりするのに適していなければスポーツシューズではない。したがって，ナイキ社製のシューズがいかにファッション性を強調しようとも，激しい肉体活動を支えるという価値がなければ，それはスポーツシューズではなくタウンシューズかビジネスシューズなのである。便宜価値とは，その製品を消費するに当たって便宜性を供与する価値である。例えば，そのスポーツシューズが他のスポーツシューズに比べて，履いたり脱いだりしやすい工夫がなされているとか，クッションを選択できたり，摩耗した靴底の取り換えが可能だったりするのがそうである。低価格もまた，その製品の入手を容易にするという意味で同じように便宜価値となる。

感覚価値は，商品の魅力をロゴやパッケージデザインによって訴えるものであり，視覚，聴覚的に心地よく楽しく消費し得る価値である。ナイキ社のスポーツシューズには「スウッシュ(swoosh)」と呼ばれる勝利の女神の羽をかたどったシンボルマークが入っており，消費者は格好いいと感じる。また，「Just do it (さあ，やろう)」，「There is no finish line (終わりはない)」といった宣伝文句も消費者の耳に心地よく響くというわけである。

観念価値とは，製品に対して製品の品質や機能以外の「ストーリー」を付加するものである。ナイキ社は非常に多くのアスリートをエンドーサー(endorser: 自社製品の推奨者)として起用しているが，中でもプロバスケットボール

図5　エアジョーダンシリーズ
エアジョーダンIIは1984年に発売された。当初はスウッシュマークがフィーチャーされていたが，後にマイケル・ジョーダンのダンクシュートをイメージしたロゴタイプに変化するなど，独自のモデルを形成していった。特にエアジョーダンVは，盗難事件が頻発して社会問題になるほどの人気を博した。写真は2011年にエアジョーダンXIの復刻版がアメリカで発売され，購入希望者が殺到した時のもの。(写真：AP/アフロ)

(NBA)のマイケル・ジョーダン(Michael Jordan)というスーパースターを神格化して商品開発，販売に結び付けたのが受けた。けっしてスポーツファンのすべてがジョーダンのファンであったわけではないが，彼のアグレッシブなスーパープレイの妙技はスポーツファンにとって共通の「憧れ」であり，ナイキはそれを自社製のシューズ購買者の自己概念にすり合わせようとしたのである。まさに，消費者にとって，プレイしている選手と共有できる唯一の品物がスウッシュマークということだったわけである。いわば，自分では容易に経験などできない，自由な身体世界とかスターの栄光とかいった夢ストーリーの「代用品」である。この例はさらに，「エアジョーダン」といったエンドーサー自身の名前を使った(企業ブランドを超えた)新しいブランド構築につながったことでも有名である。

[コモディティ化とスポーツブランド]

以上のように製品の価値を分類した場合，基本価値と便宜価値は本来ブランド価値とは無縁のものである。つまり，これら2つの価値は製品そのものがもつ価値，まさしく製品力なのである。真の意味でのブランド価値は製品の品質や機能を超えた付加価値にあるのであり，製品の価値構造を構成する感覚価値と観念価値の中にこそ存在するのである。現在，スポーツ企業に限らずあらゆる企業が自社製品に差別的な優位性を与えることを意図して，そうした価値の創造に躍起になっている。それは，今日の市場にはモノや情報が溢れており，多くの市場においてコモディティ(commodity: 差別化がなされていない代替可能な商品，日用品)化が進んでいるからである。

コモディティ化とは，どのブランドを取り上げてみても本質的な部分での違いを見出しにくい状況のことをいう(恩藏直人「コモディティ化市場における市場参入戦略の枠組み」『組織科学』39 (3)，2006：19-26)。ある時期，日本では野球そのものがスポーツブランドであったこともあり，テニスやゴルフがステータスシンボルであった時期もある。現在でも，ラクロスやアメリカンフットボールこそがキャンパスの華であると考える学生がいたり，フィギュアスケートや新体操がキッズスポーツのブ

ランドだと考える親たちがいたりすることもある。そのほか，それぞれの「マイスポーツ」に高いブランド意識をもっている愛好家たちがいることも確かである。しかし，全体としてみれば，なにをやってもスポーツはスポーツという考え方に傾いており，スポーツ市場もコモディティ化の時代だといってよい。

かかる時代にあっては，スポーツ種目の名称自体がブランド化する可能性は著しく低減している。野球やサッカーを消費するためには「イチロー」「ダイスケ(松坂大輔)」「ダルビッシュ」「マー君(田中将大)」「ケイスケ(本田圭佑)」「香川(真司)」などの選手名が必要であり，「長嶋」「王」「星野」「原」「ジーコ」「オシム」「ザック」などを冠したチーム名が必要である。スポーツは元来，規格大量生産による産物ではなく，個々のプレイヤーの身体活動による自家生産が基本である。したがって，多くの人々が生産工程にかかわる一般の商品と違って名品(優れたパフォーマンス)にはおのずと作者(プレイヤーや監督)の名前が残る。つまり，スポーツは比較的ブランド化が容易な商品ということになる。2006(平成18)年，44年ぶりの日本一に輝いた北海道日本ハムファイターズの戦略は，こうしたスポーツの特性を生かし，新庄，小笠原，森本といった選手1人1人のパーソナルブランディングを行っていくことで，ファンのロイヤルティ(loyalty: 忠誠心)を向上させた成功例として知られている。この例が示すように，「スポーツとは，こうあるべき」という固定観念に縛られず，選手1人1人のブランド力を生かしたエンターテインメント性溢れる試合は，時代のニーズにあった新しいスポーツの価値を提案することにつながる(原田宗彦「スポーツマーケティングの視点から日ハム成功の理由を考える」『宣伝会議』708，2007．32-33)のかもしれない。しかし，企業努力によってたとえどのようにエンターテインメント性が高められ，ブランディングされようと，消費者の価値観や規範と両立しない提案は一時の「ヒット商品」を生み出すことはあっても，長くブランドとしてのステータスを保ち続けられるかどうかはわからない。

確かにスポーツを1つの製品として

現代の市場に出そうとすれば，感覚価値や観念価値の創造は避けて通れない問題である。その際，独創的な名前をそのスポーツにつけることは，最もコストのかからない方法である。最近では日本代表チームにおいてすら，「侍ジャパン(野球)」「SAMURAI BLUE(サッカー男子)」「なでしこジャパン(サッカー女子)」「火の鳥NIPPON(バレーボール女子)」「さくらJAPAN(ホッケー女子)」「トビウオジャパン(競泳)」「マーメイドジャパン(シンクロナイズドスイミング)」「フェアリージャパン(新体操)」「クリスタルジャパン(カーリング)」などの愛称がある。しかしスポーツそれ自体は，宿命的にすべてが一過性の経験的な製品であり，いかに革新的な新製品であろうと，ライフサイクルは一般的に短いと考えなければならない。そのスポーツが一時の「ヒット商品」に終わるか「スポーツブランド」になるかを決めるのは，あくまでも消費者の記憶に刻み込まれる「名の価値」である。それは，時を超えた「感動の記憶」ともいえる。

参考文献 05.A.01
- 池田勝，守能信次 編．1999．『スポーツの経済学』(講座・スポーツの社会科学2)杏林書院
- 上條典夫 2002．『スポーツ経済効果で元気になった街と国』講談社
- 山下秋二．2011．「スポーツブランド考」有賀郁敏，山下高行 編『現代スポーツ論の射程－歴史・理論・科学－』249-74．文理閣
- Pitts, B.G. and Stotlar, D.K. 2002. *Fundamentals of Sport Marketing*. Fitness Information Technology (首藤禎史，伊象友章 訳 2006.『スポート・マーケティングの基礎』白桃書房)

(山下秋二)

スポーツ産業とスポーツビジネス 05.A.02

① スポーツ産業の分類
[スポーツ産業の拡大と分類]

　スポーツ産業(sport industry)というのは，スポーツ生産の営み全体が社会的な分業の1つとして明確に認知されだしたことによって発達した概念である。わが国では1990年に発行された『スポーツビジョン21』(通商産業省産業政策局 編，財団法人通商産業調査会 刊)において，スポーツを具体的に実現するための「モノ」「場」「サービス」を提供する産業と定義づけられている。それは，『日本標準産業分類』(総務庁，財団法人全国統計協会連合会 刊．1994)などで使用される産業のカテゴリーとは明らかに性質を異にする。すなわち，政府統計等で一般的な第1次産業(農林水産業)，第2次産業(製造加工業)，第3次産業(販売サービス業)のいずれにも属さない横断型産業であることが明白である。というのも，スポーツの生産にかかわるビジネスは多種多様であり，特定種類の商品を供給する企業グループをもってスポーツ産業と規定することがきわめて困難だからである。そのため，スポーツ産業の概念化にあたっては，スポーツコンシューマーの各種要求に対応するという観点から関係する産業を洗い出し，独自に新しい産業体系を構築していかなければならない。

　上掲書『スポーツビジョン21』に示されたスポーツ産業の領域は，広範囲にわたるスポーツ産業の体系化を最初に試みたものとして知られる。そこでは，スポーツ産業を「スポーツ製造業」「スポーツスペース業」「スポーツサービス業」の3つに分類している。スポーツ製造業は，スポーツ用品，スポーツ機器，スポーツ施設関連品等，スポーツ生産に必要な「モノ」に対応した業種である。スポーツスペース業は，都市型スポーツ施設およびリゾート型スポーツ施設の建設・開発等，スポーツの生産に必要な「場」に対応した業種である。スポーツサービス業は，スポーツ施設運営，スポーツスクール，スポーツカウンセリング，スポーツ人材派遣，スポーツイベント，スポーツ旅行，スポーツ保険，スポーツジャーナリズム，スポーツ情報ネットワークシステム，スポーツ金融，スポーツ用品販売(卸売りおよび小売り)，スポーツ用品レンタル，スポーツ用品宅配，等々，スポーツ生産に必要な「サービス」に対応した業種である。前2者はスポーツの「ハードウエア産業」，後の1つは「ソフトウエア産業」ともいえよう。

　しかし，それぞれの市場が成熟していくに従って，各領域が重なり合う部分でのビジネスが活発化し，上述の伝統的な区分が現実のスポーツ産業を正確に理解する上での障壁になる可能性が出てきた。こうした現状を踏まえ，原田はスポーツ製造業(スポーツ用品産業)とスポーツサービス業(スポーツサービス・情報産業)が重なってできた「スポーツ関連流通業」と，スポーツサービス業とスポーツスペース業(スポーツ施設・空間産業)が重なってできた「施設・空間マネジメント業」，および，3領域がすべて重なってできた「プロスポーツ(スポーツエンターテインメント産業)」や「スポーツツーリズム」などを「ハイブリッド(hybrid: 異種交配)産業」と表現し，より高度な産業複合体系としてスポーツ産業を捉え直すことの必要性を説いている(原田宗彦 編『スポーツ産業論 第4版』杏林書院. 2007. 9-13)。

　スポーツ関連流通業というのは，スポーツ用品などのメーカーが，単に「モノ」の生産にとどまらず，卸売業や小売業といったサービス業にも積極的に進出してきたことを受けての新たな領域形成である。しかも，そうしたスポーツ用品メーカーは，自社製品のイメージ戦略に多額の広告宣伝費を使う傾向が顕著であり，そのことが結果として人々のライフスタイル(特にファッション)に大きな影響を与えるまでになってきている。現代のスポーツ用品産業はもはや製造業とか，あるいはまた，単純な流通業といった枠を超えて，明らかに「情報」産業としての役割も担っているのである。施設・空間マネジメント業も，ハードウエアとしてのスポーツ施設やスポーツ空間の設置だけでは，もはやスポーツ生産に真に寄与する産業たり得ないという認識から生まれた領域である。スポーツ指導のプログラムや運営ノウハウ，マーケティングテクニックなどのソフトウエアとセットで考える必要がある。フィットネスクラブやテニスクラブに代表される「クラブビジネス」，そして，スイミングスクールやテニススクールに代表される「スクールビジネス」などは，そうした考え方に立った典型的な施設・空間マネジメント業である。また最近，公共スポーツ施設に指定管理者制度を導入し，運営を民間に委託する動きも活発化しているが，これなどもスポーツ産業の新しい領域形成をさらに促進していくものとなろう。

　プロスポーツのような完全なエンターテインメントビジネスともなると，関連する製品はさらに多岐にわたる。選手のスポーツパフォーマンスだけが

製品ではなく，スポーツイベント名やチーム名のロゴが入ったスポーツ用品，応援グッズや各種キャラクター商品，巨大スタジアム等々，多方面にわたって独自の製品を産出している。しかも現在のプロスポーツは，そうした通常の製品やサービスの生産からさらに発展して，企業のスポンサーシップとか，テレビ放送権，商標使用権，選手の肖像権，施設の命名権といったものまで製品化するに至っている。いまやプロスポーツは，数々の「権利」ビジネスの複合体としての感が強い。いずれにしろ，それらはすべて，単独では製品としての意味をなさないものであり，スポーツエンターテインメントという，「モノ」「場」「サービス」を統合する産業の存在が前提である。なお，ただ単に3領域の複合型ということであれば，近年成長が著しいスポーツツーリズムもその例に漏れない。確かにスポーツ参加や観戦のために海外を旅行する人々が増加し，その結果，目的地の観光資源，輸送機関や宿泊施設，そしてレストランや土産物といった異業種を取り込んだ新しい産業形態が成立していることは疑いのない事実である。ただ，前者（プロスポーツ）においては，生産主体を純粋なスポーツ企業として認識しやすいのに対して，後者（スポーツツーリズム）の場合，スポーツを直接目的としない企業（観光業者など）が，たまたま開催されるスポーツのビッグイベントに便乗するケースも多く含まれる。産業複合化の考え方はややもすると，そうした「アンブッシュ (ambush:待ち伏せ)産業」との区別が不明瞭になりやすい（アンブッシュ産業の可能性をもったものには，その他，スポーツ用品宅配業，スポーツスペース付のホテルやマンション経営，スポーツをイメージしたファッション品の製造・販売などがある）。

[製品機能による分類]

スポーツ産業の概念化という作業に望まれるのは2次的に経済効果がもたらされる産業分野を隙間なく取り込んで，市場拡大論議を延々と続けることではない。スポーツ産業はあくまでも純粋なスポーツ組織（営利組織のみならず，非営利組織も含む）を中心とした営みであり，一個の独立した「文化産業」として認識する必要がある。それは，安易なアンブッシュ産業と高度に統合されたハイブリッド産業との区別でもある。そのためには，産出される製品がスポーツプロダクトとしてどのような機能をもっているのかを明示する必要がある。なお，スポーツの生産過程において生じる様々な「情報」や「権利」までもが製品化している現状では，産業活動自体とその結果産出される製品を明確に区別することにさしたる意味はない。図1は，スポーツ産業の先進国アメリカで提示されているモデルである (Pitts, B.G. et al. Industry Segmentation Theory and the Sport Industry: Developing a Sport Industry Segment Model. *Sport Marketing Quarterly*. 3 (1), 1994: 15-24)。

そこではまず，スポーツ産業が，顧客に対して提供されるすべてのスポーツ関係製品と定義されている。それはそのままスポーツプロダクトの定義としてもあてはまるものであり，実際のスポーツ活動のほか，それに関連した商品，サービス，場所，人々およびアイディアのすべてがスポーツ産業の生産対象であることを示している。その範囲は先の『スポーツビジョン21』同様，非常に広いが，スポーツの直接取引に限定した立場をとっている。すなわち，スポーツコンシューマーの要求に無秩序に対応するといった考え方ではなく，「スポーツの生産」という供給サイドの視点に立ち返った定義となっている。したがって，その分類体系もスポーツと直接関係しない製品を極力排除する形となっている。もちろん，想定される購買者（買い手）の行動も「スポーツの消費」ないし「スポーツへの投資」である。具体的には，「スポーツパフォーマンス (sport performance)」「スポーツプロダクション (sport production)」「スポーツプロモーション (sport promotion)」といったスポーツプロダクトのタイプを明確に定義した上で，産業分類がなされる。スポーツ産業であ

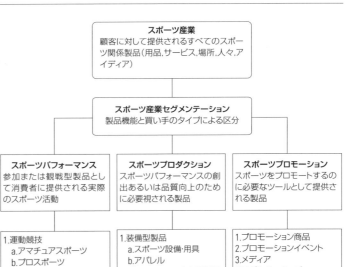

図1 スポーツ産業セグメント・モデル
スポーツ産業は多種多様なスポーツビジネス（スポーツを商品化し，その価値の増殖を図る組織的または個人的な営み）の複合体であり，個々のスポーツビジネスがどのような競争環境で，どのような消費者を相手にしているのかを知ることは非常に重要である。そのためには，製品機能によってこの産業全体を類別する試みが必要である。
(出典: Pitts, B.G. et al. Industry Segmentation Theory and the Sport Industry: Developing a Sport Industry Segment Model. *Sport Marketing Quarterly*. 3 (1), 1994: 15-24 より作成，加筆あり)

る限りは，その製品およびビジネスは上記3つのカテゴリーによって区別されたセグメントのいずれかに属することになるのである。

スポーツパフォーマンスという産業セグメントは，スポーツ活動そのものが製品であるということを示したものである。実際，スポーツパフォーマンスは参加型製品として，あるいは観戦型製品（エンターテインメント）として消費者に提供され得る。製品としてのスポーツパフォーマンスの中心は「運動競技(athletics)」である。より詳しくは，余暇活動として行われる運動競技（アマチュアスポーツ）と，職業として行われる運動競技（プロフェッショナルスポーツ）が区別される。ところで，スポーツパフォーマンスという製品は，個人やチーム単位のスポーツ活動のみで評価されるわけではなく，実際には，1つのまとまりをもった製品形態（イベントや組織）として評価され，消費や投資の対象とされることが多い。消費や投資の対象となるイベントには「民間資本によるビジネススポーツ（イベント）」だけでなく，「税金によって支えられたスポーツ（イベント）」もある。同様に組織の場合も，「メンバーシップ（会員制）によって支えられた（営利）スポーツ組織」もあれば，「非営利スポーツ組織（スポーツNPO）」もある。もちろん，なかには運動競技ではなく「スポーツ教育」や「フィットネス」「レクリエーション」といった活動形態をとっているものもある。

スポーツプロダクションという産業セグメントは，スポーツパフォーマンスの創出のために，あるいはスポーツパフォーマンスの品質向上のために必要視される製品である。これには「装備型製品」と「パフォーマンス産出型製品」の2種類がある。前者はスポーツ設備・用具や衣料あるいはシューズなどのアパレル製造である。後者には，コーチまたはフィットネストレーナー，医療的ケア，スポーツ施設，統括団体および審判団のようなものが含まれる。

スポーツプロモーションという産業セグメントは，スポーツをプロモートするのに必要なツールとして提供される製品である。この中には，ロゴ入り商品などの「プロモーション商品」，スター選手によるスポーツ教室やサイン会，ファン感謝デーなどの「プロモーションイベント」，スポーツ雑誌やテレビ・ラジオ局，インターネット企業などの「メディア」，スポーツイベントやチーム，連盟またはリーグに対する「スポンサーシップ」，そして，選手や監督・コーチ，チームあるいはスポーツ組織全体による「エンドースメント(CM契約)」などがある。なお，スポンサーシップには，企業単独での事業である場合もあれば，共同事業としてのものもある。また，CM契約にはスポーツを特定しないものもある。

[スポーツ取引の分類]

ところで，これまでいくつか示されてきた産業分類は，いずれも多様なスポーツビジネスの結果として生まれたスポーツマーケットや製品機能を類別したにすぎない。それらは現在のビジネス対象が何であり，それがどこまで影響を及ぼしているのか，その広範囲化かつ活発化の実態を認識する際におおいに役立つものではある。しかしそこからは，実際の市場や製品形成がどのような取引構造を介してのものであるかは，容易に知ることができない。情報化の進展に伴い，スポーツ産業はいまや，無数のビジネス主体による取引連鎖によって実現しているのである。21世紀のスポーツ産業を展望するにあたっては，したがって，スポーツ市場の分類やスポーツプロダクトの分類といった静態的な産業分析だけではなく，「スポーツ取引」の分類という動態的な産業分析の視点をもつ必要がある。

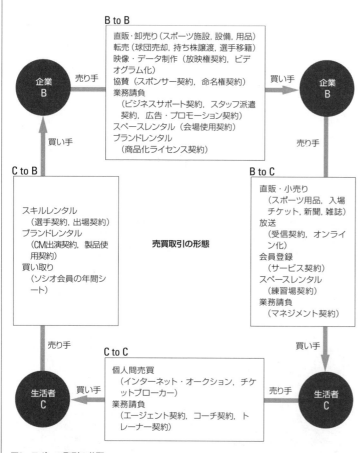

図2　スポーツ取引の分類
スポーツの買い手はもはや個々の生活者だけではない。多種多様な企業がビジネス消費者となってスポーツ市場を膨らませている。また，生活者にはスポーツプロダクトを最終的に使用するエンドユーザー（末端の消費者）だけでなく，スポーツ選手や監督，コーチ，トレーナー，エージェントなど，スポーツの生産者としての意識の高い個人も含まれている。これらの実態を正確に把握することなくして，現代のスポーツ産業を理解することはできない。
（出典：森田正隆「コミュニケーション・インターフェースに注目した取引構造の分析」『組織科学』41(1) 2007: 4-14で使用された図を利用）

スポーツ取引とは，商品化されたスポーツ(=スポーツプロダクト)の売買プロセスを作り上げる相互作用の集合である。この集合は，取引主体の組み合わせによって4つの部分集合に分けることができる。すなわち，売り手と買い手の双方が企業(business)である場合(B to B)，売り手が企業，買い手が生活者(consumer-citizen)である場合(B to C)，売り手が生活者，買い手が企業である場合(C to B)，そして，売り手と買い手の双方が生活者である場合(C to C)である(図2参照)。こうしたパターン構成は，一般にネット上のバーチャルビジネスなど，現代の新しいビジネスモデルや戦略を検討する際に有意義であると考えられている(森田正隆「コミュニケーション・インターフェースに注目した取引構造の分析」『組織科学』41(1)，2007: 4-14)。有形財(モノ，場)の生産を中心としたものから，無形財(サービス，情報，権利)の取引に大きくシフトしつつあるスポーツ産業においても同様であろう。

スポーツにおける取引主体の組み合わせが多様化してきているということは，その産業構造が，〈製造ー卸ー小売り〉などのように単純化して考えられなくなったということでもある。この構造はもともと有形財を中心にしたものであるが，現在では「卸売り」「小売り」のほか，「直接販売(直販)」「転売」「個人間売買」「買い取り」など多様な取引形態がみられる。そこに無形財が加わると，「業務請負」「賃貸(レンタル)」「会員登録」のような新たな分類が発生してくる。さらに近年では，メディアスポーツの巨大化に伴って，「映像・データ制作」「放送」といった個々のサービス行為自体や，「協賛」などの企業戦略もスポーツ取引の特殊な形態として認知せざるを得なくなってきている。

例えば，企業間(B to B)では，一般にスポーツ用品の取引のように「卸売り」のケースが多いが，新しいスポーツ施設の建設，設備投資などの取引形態の中にはビジネス対ビジネスの「直販」もある。一方，球団(株)売買とか選手の移籍にかかわる取引ともなると，「転売」という形が出てくる。なお，スポーツイベントの主催者とテレビ局やビデオグラム(DVDなどの映像パッケージ媒体)制作者との間で締結されるテレビ放映権契約やビデオグラム化権契約などは，「映像制作」の許諾が具体的な取引内容であり，エンターテインメントビジネスとしての特殊性が明白である。スポーツならではの特殊性という点では，単なる映像にとどまらず，最近では個々の試合の「データ制作」をビジネス化し，各クラブ，チームやメディアに販売する会社もある。またスポンサー企業は，スポンサー料の支払いや現物支給という形で，そのイベントに「協賛」することを前提に様々な権利(自社名やロゴの露出など)を得ている。この形態も企業間のスポーツ取引に特徴的である。最近では施設の命名権契約も盛んに行われている。スポーツイベントの総合マネジメント(ビジネスサポート)，美術・装飾の提供，スタッフの手配，スポーツツーリズム・パッケージの広告・プロモーション，等々は，いずれも企業間での「業務請負」という取引形態である。また，企業間の賃貸借契約としては，スポーツイベント主催者と会場所有者とで締結される施設利用契約や，製品にスポーツイベントの名称，シンボルマークなどを付し，製品の製造・販売目的でこれらを使用することを内容とした，マーチャンダイジング(商品化)に関する契約がある。前者は「スペースレンタル」，後者は「ブランドレンタル」として分類できよう。

これまでのスポーツ取引の主流とみなされていたのが，売り手が企業，買い手が生活者である場合(B to C)である。一般のスポーツファンを販売ターゲットとしたスポーツ用品，入場チケット，新聞，雑誌，等々は，「直販」ないし「小売り」の典型である。昨今では「放送」という形態も重要となってきており，特定のスポーツテレビ会社やインターネットスポーツ企業との間で受信契約やオンライン契約を結ぶ人々も増えている。さらには，スポーツクラブやサポーター組織(ソシオ)に「会員登録」し，自らのスポーツ活動の場を確保したり，イベント参加やレッスン受講，あるいはスポーツ観戦のための年間シート(シーズンチケット)予約など，諸々のサービスを受けることを希望する人々もいる。一流選手ともなれば，個人的に練習場を占有する必要も生じてくる。このようなB to Cのスポーツ取引には「スペースレンタル」の分類が対応する。また，スポーツ選手は，競技以外の様々な活動について，マネジメント会社に助言・サポートしてもらうことにより，自らの活動範囲やビジネスチャンスを拡大している。このマネジメント会社の「業務請負」に対して選手個人が手数料(マネジメント・フィー: management fee)を支払うという取引形態はかなり一般化している。

逆に，売り手が生活者，買い手が企業である場合(C to B)もある。プロスポーツ選手は基本的に競技することにより収入を得ているわけであり，プロ球団やスポーツイベント主催者は選手に対して，年俸，出場料，ファイトマネー，賞金，等々の形で対価を支払うことになる。この場合，選手の人身売買のようなことはできないので，取引形態は「スキルレンタル」ということになる。このスキルレンタルとは別に，現在C to Bの取引において大きな市場を形成しつつあるのが「ブランドレンタル」である。これは，選手が特定企業の商品・サービスの広告(CM)に出演し，その対価として広告会社が選手に契約料や出演料を支払うことを基本的な内容としている。その他，スポーツ選手がテレビ番組(報道番組，スポーツニュース，バラエティ番組，ドラマなど)に出演し，テレビ局から選手に出演料が支払われる例もある。また，スポーツ用品メーカーの中には自社製品の技術・品質の高さを世間にアピールするために，優秀なスポーツ選手と契約して製品を使用してもらうメーカーも多々ある。この場合，用品メーカーは選手にスポンサー料を支払う。これらはみな，一様にブランドレンタルの範疇としてよい。なお，C to B取引の特殊な例として，ソシオ会員が所有する年間シート(シーズンチケット)などを一括購入し，別ルートで再販売(転売)する「買い取り」などの行為もある。

売り手と買い手の双方が生活者であるC to Cの場合，スポーツ用品や入場チケット，ゴルフ会員権などの「個人間売買」が中心となるが，最近ではインターネット経由での交渉やオークションが活性化する傾向にある。この中には多くの場合，チケットブローカーや会員権業者などの取引仲介者が存在する。オークションサイトを運営する会社も多様に広がりつつある。こうした一般のスポーツ参加者やスポーツフ

ァンの間でみられる取引形態のほか，スポーツ選手が球団やイベント主催者との選手契約や出場契約に際し，代理人（エージェント）を立て交渉や契約の締結を行う例が増えてきている。また，一流選手の中には競技力を維持するために専門のコーチやトレーナーと契約するケースも多い。いずれもその選手にとって少しでも有利な条件を引き出すことを目的とした「業務請負」であり，スポーツ経済の新しい流れがそこに生まれつつある。なお，この種のCto Cにおいても，エージェントやコーチなどの選定をバックアップする取引仲介者が存在する（国際的にはIMG社などが有名）。

② スポーツプロダクトの構造
[スポーツプロダクトという概念]

スポーツ産業が活発化し，広範囲化してきているということは，別ないい方をすれば，取引対象とされる「スポーツ」が本来のスポーツ（サッカーやバスケットボール，テニス，水泳，陸上競技などのような個々の活動それ自体）とはかなり異なった意味合いをもってきている，ということでもある。事実，前項で議論されたように，ある種の企業をスポーツ産業として分類することは，必ずしもそれがスポーツそれ自体を販売していることを意味していたわけではない。スポーツの生産過程に関与するあらゆる種類のビジネスが含まれていたはずである。すなわち，スポーツ産業，スポーツビジネス，スポーツマーケティング，あるいはスポーツマネジメントといった文脈で用いられる現代の「スポーツ」は，集約的な名詞であり，より広く，スポーツ生産の様々な営みをも包含する概念なのである（Parks, J.B. et al. *Contemporary Sport Management*, Third Edition. Human Kinetics, 2007. 6-8）。もはや個々のスポーツ活動の集合体を意味する「スポーツ(sports：複数)」ではないので，厳密には「スポート(sport：単数)」と表記しなければならない。このように包含的な用語としてスポーツを理解する考え方は，日本でもスポーツビジネスの萌芽期からすでにあったようである（本事典「スポーツの語源」の項参照）。しかし，当時はまだ，スポーツ取引の形態も今日ほど多様化していたわけではなく，いわゆる「運動」以外の様々な「遊び」を包含する程度のものであったと考えられる。現在では新たな意味で「スポート」が必要ではあるが，日本語として混乱を招くことは必定である。そこで，少なくともビジネスの産出物であるスポーツを「スポーツプロダクト」と表現することによって，その混乱を避けようとしている。

[スポーツプロダクトにおける消費者ベネフィットの拡張]

ところで，このスポーツプロダクトという概念は，最近では，多様なスポーツ取引の結果として市場にたまたま出現したものというよりも，マーケター（marketer: 売買取引の参加者）によってあらかじめ意図的に計画された市場提供物という意味で理解されることが多くなった。確かに，現代の消費者が知覚するスポーツは，あるまとまりをもった「製品としてのスポーツ」である。では，スポーツマーケターたちはどのような製品概念でそれぞれのスポーツを市場に提供しようとしているのであろうか。この問題を解く鍵は，フィリップ・コトラー（Philip Kotler）の提唱する「顧客価値ヒエラルキー（customer value hierarchy）」にある（Kotler, P. *Marketing Management*, The Millenium Edition. Prentice-Hall, 2000. 394-96）。

多少比喩的にいえば，製品は単なるモノとしてではなく，様々な顧客の価値をパッケージ化して出来上がっている。実際，スポーツプロダクトにしても，現代の消費者が身体的な優位性を競い合う一連のルールや身体的スキル（純粋な意味でのスポーツ）についてのみを製品と考えるなどはきわめて稀である。消費者は個々それぞれに，そのスポーツは「こうだと自分に具合がいい，こういう感じがよい」というふうに，自分にとっての利益を思い描くことになる。このような消費者側の利益をさし示すものを，マーケティングでは一般に「消費者ベネフィット（consumer benefit）」と称している。いまや，消費者ベネフィットの拡張を検討することは，あらゆる産業分野でみられるごくあたりまえの製品政策なのである。コトラーの考え方はこの点を整理したものである。

もともと製品の価値にはいくつかのレベルが存在するが，それらを一定の方向に秩序づけようとするのがマーケティングの基本姿勢である。例えばブランド構築などのような場合，顧客間で語られコード化した価値を1つの「名」に統合しようとする（本事典「スポーツブランド」の項参照）。しかし一方では，現実に散在する顧客価値（＝消費者ベネフィット）の問題を解決するために製品概念を拡張して考える方向性も重要なのである。したがって，現代のスポーツ企業も自社の扱うスポーツを市場へ提供するに際しては，「ベネフィットの束（benefit bundle）」を幾重にも重ね合わせることを計画する。通常，この層が厚くなればなるほど顧客の価値も上がると考えられているのである（図3）。

サッカーは20世紀最大のヒット商品といわれ，顧客の数では他のスポーツを圧倒している（全世界でプレイヤーの数が約2億5,000万人，ファンの数はその5倍）。この顧客たちがなにを買っているのかということを最も基本的なレベルで考えるならば，サッカーでは日頃うっ屈している足が脚光を浴びて主役として活躍する，そのことへのある種のシンパシー（sympathy: 共感）を購入しているといえる。もともとサッカーは，支配階級の暇つぶしからきたスポーツではなく，労働者階級である大衆のゲームであったわけであり，足を使ったプレイは単純労働からの解放を最も象徴していたのである（日本サッカー協会 編.『最新サッカー百科大事典』大修館書店. 2002. 12-26）。こうした「身体による自由の表現」が，買い手が本当に探しているものであるとするならば，それがまさしく「中核ベネフィット（core benefit）」である。マーケターは常に，見かけではなく「製品が満たしている本当のニーズはなにか？」という設問に答えることができなければならない。サッカーマーケティングの成功は，どのプロダクトにおいてもこの答えにマーケターの揺らぎがなく，世界中の大衆の心を捉えたからにほかならない。

第2のレベルでは，中核ベネフィットを「基本製品（basic product）」に転換しなければならない。消費者の購買を引き起こすためには，実態としての製品が不可欠である。例えばサッカーの場合，この実態部分は消費者が目にする「ゲーム」であり，「プレイ」である。それらは，身体による自由の表現がし

やすいように，シンプルな「道具(ボール)」，シンプルな「施設(グラウンド)」，シンプルな「設備(ゴール)」，シンプルな「ルール(手を使わない)」によって成り立っている。ただしボールを扱う「身体的スキル」だけは，一番使いやすい手を使わないことによって非常に難しくなっている。しかしこのことが逆に顧客の表現価値を高めるのであろう。

スポーツは，それぞれ基本製品として個別な形態を整えている。しかし，それらを何の色づけもしないで(裸で)市場に出しても，買い手がつかない。したがって第3のレベルでは，「期待製品(expected product)」を用意しなければならない。つまり，消費者がそのスポーツを買い求める時に通常期待するであろうと思われる，様々な属性や条件を組み合わせて市場に出す必要がある。いまやスポーツファンにとって，そのゲームはしかるべき組織やリーグによって「権威づけられたイベント」でなければならないし，出場する「チームやクラブのブランド」も必需品と化している。大半のサッカーファンは，そのような条件のもと，「整備されたスタジアム」で，「スタープレイヤー」たちが「技の美しさ」を競い合うことを当然のように期待している。

そのスポーツがまだ発展途上にある国や地域では，上述のような期待製品のレベルでスポーツプロダクト間の競争が行われる。しかし，サッカーでも野球でもバスケットボールでも，そんなことはあたりまえ(最低限の期待に沿うものでしかない)ということになると，マーケターは消費者の期待をさらに上回る「膨張製品(augmented product)」を用意しなければならない。スポーツビジネスの先進国では，主にこの第4のレベルにおいて競争が生じている。いまやどのスポーツにおいても，ゲームのプログラムには様々な「式典」や「アトラクション」が組み込まれ，エンターテインメント的要素を増幅させる演出がなされる場合が多い。オーロラビジョンで好プレイをリアルタイムで再現してみせるようにしたり，チーム状況や試合結果をインターネット配信するなど，「情報サービス」にも力を入れている。食堂やレストランを整備し，「飲食サービス」に力を入れる場合もある。また，そのイベントをシンボライズしたロゴマークを用いて，キーホルダーやTシャツ，タオル，バッジ，ペンダントといった「グッズ販売」がなされたり，選手の「サイン会」が催されたりもする。これら付加的なサービスは，本来のスポーツ活動ではないが，他のスポーツプロダクトと差別化したり，顧客の満足をより膨らませるために必要となっている。

第5のレベルに「潜在製品(potential product)」がある。このレベルは，製品の最も外側を被っている層であり，消費者ベネフィットの拡張および転換のすべてを含む。特にここでは，顧客を満足させるベネフィットだけではなく，驚かせ喜ばせるようなベネフィットが加わる。スポーツはその目的達成の過程で，する人みる人に共通の感情が芽生えやすい。人々の不安やうっ屈した状態が解消し，「地域の活性」といった思わぬ効果をもたらすことがある。サッカーなどは，その点が結果として製品拡張につながった好例であろう。現代ではどのスポーツプロダクトにおいても，多かれ少なかれ，そうした将来行われる可能性にまで視野を広げて製品計画がなされる傾向が強い。すでにサッカーでは，「ソシオ会員間の親交」や「異文化間交流」など，より具体化した拡張ベネフィットを売りとしたマーケティングも行われている。さらには，観光旅行を組み込んだ「ツーリズムパッケージ」の製品化や，「チャリティ」などの福祉事業を兼ねるなど，従来のスポーツプロダクトからの革新的な転換例もある。

以上のようなスポーツマーケターの各製品計画への努力こそが，スポーツと経済の関係を拡大していく最も原初的なエネルギーなのである。

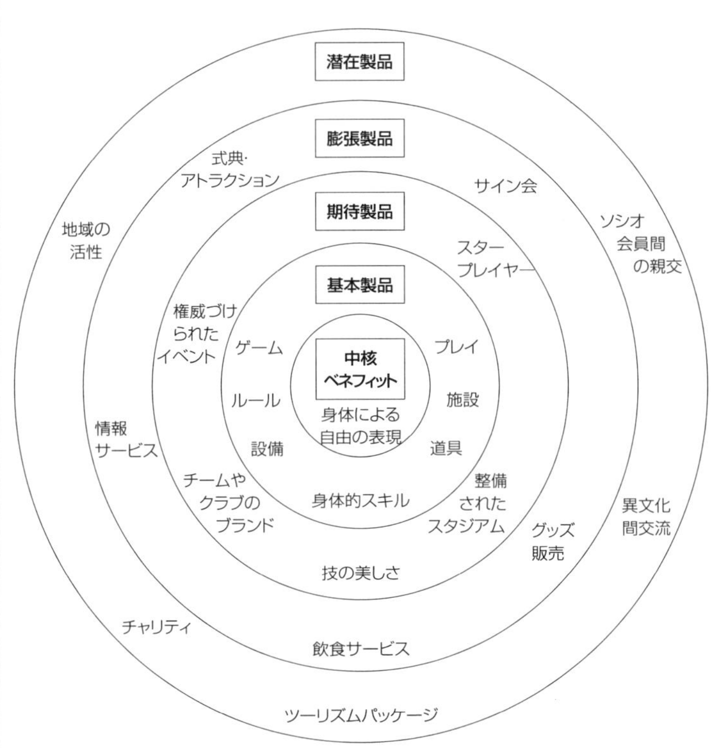

③ スポーツ資本とコーポレートガバナンス

[スポーツ経済の膨張への批判]

いうまでもなく，スポーツを商品化するためには元手(総じて「スポーツ資本」

図3　5つの製品レベル
中核ベネフィットは買い手が本当に求めているもの(触知不能な顧客の価値)，基本製品は中核ベネフィットを買い手に対してなんらかの実在する形によって示したもの(この部分によって初めて製品の姿がみえてくる)，期待製品はその製品を買い求める時に通常期待する属性と条件の一式(基本製品のあるべき姿)，膨張製品は期待を上回るような付加的サービス(本来のスポーツ活動には直接関係しない)，そして潜在製品は将来的に拡張しうる新たな機能(サプライズ的要素を含んだサービス)である。
(出典：Kotler, P. *Marketing Management*, The Millenium Edition. Prentice-Hall. 2000. 394に加筆)

と表現する)が要る。その運用に経済合理性を追い求める行為がスポーツビジネスということであるが、スポーツ経済が膨張するにつれ、次第に資本がひとり歩きするような事態も懸念されるようになってきた。元手であるはずの資本が目的と化し、所有者たちの勝手なマネーゲームに翻弄されるようなことにでもなれば、スポーツは正常な発展を遂げることができない。例えば、1人の資本家が金にものをいわせてスポーツを私物化してしまえば、スポーツと選手の関係を不幸なものにしてしまうだろうし、自分のチームが勝利するためだけに過度な選手集めをすれば、ゲームのおもしろみがなくなり、スポーツの商品価値はかえって低下してしまう。また、スタープレイヤーの傍若無人な振る舞いや慢心したプレイは、ファンとの関係を悪化させるばかりか、スポーツの伝統や文化的価値さえ損ないかねない。

21世紀に入り、日本でもプロ野球の再編・統合問題や株式上場提案、選手の年俸や移籍金の高騰がにわかに話題となるようになった(本事典「スポーツビジネスの歴史」の項参照)。また、新人選手獲得に絡んだ「裏金」が発覚し、オーナーが辞任するという不祥事も起きている(2004年、いわゆる一場事件)。さらには、ハンドボールで、いわゆる「中東の笛」といわれる不公正な判定をめぐってオイルマネーの影響が取りざたされたり(2008年、第29回オリンピック大会[北京]のアジア予選やり直し)、新弟子への暴行(2008年の時津風親方逮捕)や「横綱の品格」問題(2007年、朝青龍の巡業不参加)、野球賭博問題(2010年)、八百長問題(2011年)などで、きちんとした対応をとることのできない相撲協会に批判が集まったりしている。2011年には「清武の乱」といわれる読売巨人軍の内紛劇(渡邉恒雄取締役会長がコーチ人事に不当な介入を加えたと内部告発)まで話題となった。このためスポーツ界でも、これまであまりなじみのなかった「コーポレートガバナンス(corporate governance)」とか「コンプライアンス(compliance)」「内部統制」「CSR (corporate social responsibility)」といった言葉が盛んに飛び交うようになった。

コーポレートガバナンスとは、「企業統治」であり、企業の業績悪化や不祥事の発生を防止する機能をさす。要は、企業内において権限・権力が集中しやすい経営者を「監視」「牽制」「チェック」する仕組みと考えればよい。コンプライアンスは、一般に「法令遵守」と訳されることが多いが、法律や規則を遵守することはもとより、広く社会的規範、倫理を守るということである。内部統制は、業務が従業員によって適正に進められているかを経営者が管理するものである。CSRは、「企業の社会的責任」であり、経済面だけでなく、環境や社会に配慮した経営姿勢を意味している。こうした新しい言葉の登場は、スポーツビジネスの社会的影響力が非常に大きくなってきていることの表れであり、それだけスポーツ資本の運用には、きちんと品行方正さを求めていこうという動きが強まってきたということである。

[スポーツ企業のガバナンス]

ところで、実際にスポーツ資本を運用する組織体を「スポーツ企業(sport company, sport firm; sport support organizations)」と呼んでいるわけであるが、企業に関する法すなわち商法などで明確に規定される存在(株式会社や有限会社)である場合もあれば、そうでない場合もある。特に経済規模の大きい観戦型製品のような場合、企業としての実体が捉えにくくなる可能性が高い。それは、スポーツパフォーマンスを産出する企業というのは、元来、複数の組織の協働体系として成り立っているからである。そのような場合、それぞれの組織が個々ばらばらにルールを整備したところで、資本運用を正しく制御するなどとてもできない。したがって、まずはスポーツ企業というものを、単なる法的存在としてではなく、より実態に即したマクロ視点から捉え直してやる必要がある。スポーツパフォーマンスの産出を中心にそれを例示するならば、ある特定のスポーツ生産全般を取り仕切る「スポーツリーグ」、その下部組織としての「スポーツチーム」、そして、スポーツ選手、監督、コーチ、スカウトなどの「現場従業員」の3層から成り立っている(図4)。これら全体は明らかに、1つのまとまりをもった生産経済単位とみなすことができる。もちろんスポーツ企業と目されるものには、スポーツの種類や製品タイプ、市場規模などの相違によって、多様な形態が現実に存在する。しかし、それらを煮詰めてみれば、ほぼ似たような形態である。

経営機構としては、まず、スポーツ企業の所有者(オーナー)である「投資家」の存在がある。その投資家の委任を受けて、スポーツリーグの経営全般を取り仕切るのが「理事会」や「コミッショナー」などである。また、各スポーツチームの日常的経営業務を執行するのは「球団代表(社長)」や「ゼネラルマネジャー」などである。企業内部のガバナンスというのは、本来これら投資家や専門的経営者間の相互関係、すなわち監視・監督(モニタリング)と説明責任という、いたって単純な2つの機能をさすのである。しかし、実際にはこの仕組みがバランスよく機能しないケースが多い。その最大の理由は、投資家の目的がリーグの繁栄である場合とチームの繁栄である場合とがあるからである。

いきおい、スポーツガバナンスは「リーグ集権型」と「チーム分権型」に大別されることになる(種子田穣「球界は統治改革で変わる」『日本経済新聞』2006年5月5日付)。前者ではアメリカンフットボールのNFLや日本のJリーグ、後者では欧州サッカーや日本のプロ野球が典型である。プロスポーツビジネスのガバナンス目的が、なにはともあれ自らのドメイン(domain: 事業領域)を、明確に「エンターテインメントビジネス」として位置づける点にあるとするならば、単に自分のチームが勝利するためだけに球団やクラブを経営するような考え方は排除されなければならない。経済学的な観点からは「レベニューシェアリング(revenue sharing)」や「サラリーキャップ(salary cap)」といった制度が参考になる。いずれもリーグの権限・指導力が強いNFLのビジネスモデル(リーグ集権型ガバナンス)である。

レベニューシェアリングとは、すなわち各チームの収入を平準化するために、リーグの収入を各チームに等しく分配し、戦力の均衡を図ろうとする制度である。そのため、入場料収入や放送権収入、スポンサー収入、関連商品販売収入などがリーグで一括管理される。一方、サラリーキャップは、すべてのチームが選手に支払う給与総額の

上限を規定するもので，NFLの場合，リーグが一括管理する収入額に対する割合として定められている。これも，一部の金満チームによる戦力の不均衡化を未然に防ぐねらいがある。なお，戦力の均衡を直接コントロールするものとしては「ウェーバー(waiver)方式」などが有名である。これは球団やクラブの資金力と関係なく，公平に選手獲得の機会を与えるために，下位チームから順に希望する新人選手を指名できるようにしたものである。ウェーバーにはもともと「権利放棄」といった意味がある。

スポーツはスポーツでなければ(最初から結果がわかっていたり，大差のゲームが多くなったりすれば)市場価値をもたないわけであり，その意味では，「コンペティティブバランス(competitive balance: 戦力均衡)」はエンターテインメントビジネスの基本スタンスであるはずなのではあるが，実際には商品価値を下げてでも自チームに資金投入をしようとするオーナーが後を絶たない。経済合理性を超えた年俸や契約金を選手に支払う球団やクラブはもはや珍しいことではない。元来，スポーツチームのオーナーというものは，経済学的には非効率的な行動をとりがちであり，このことがスポーツガバナンスをチーム分権型に依存しなければならない現実を生み出しているといえる。しかし，この問題から脱却するためのアイディアが全くないわけではない。現在，新しいスポーツ企業のあり方として，「シングルエンティティ(single entity)」といった発想などが紹介されている(山下秋二・原田宗彦 編『図解スポーツマネジメント』大修館書店. 2005. 74-75)。これは，アメリカの比較的規模の小さいリーグで採用されている仕組みであり，球団(クラブ)間の競争的経営を避け，単一実体として市場をコントロールしようというものである。つまり，個々のチームはそれ自体，単独では法人格をもたず，リーグ内部の一事業部として位置づけられる。これにより，各チームの運営コストを抑制することができ，また，コンペティティブバランスを保ちながら，ゲームの品質向上に努めることもできる。また欧州サッカーでは，「ファイナンシャルフェアプレイ(financial fairplay)」などの規則を設け，赤字を出してまで選手を獲得するなどの無謀な投資を抑制している。

ところで，リーグ集権型であれチーム分権型であれ，スポーツ企業としての長期的な繁栄を図るためには，有能な専門的経営者を継続的に発掘・育成していかなければならない。しかし，日本のスポーツリーグにおいては，全権を委任されているはずの理事会やコミッショナーなどの経営トップが，その責任を十分果たしていないケースが目立つ。スポーツチームにおいてもまたしかりであり，プロ野球の球団代表や球団社長といったものは，名誉職としての感が強く，事実上の経営者たり得ていない。近年ではGM(general manager: ゼネラルマネジャー)といった制度も導入されているが，チーム運営とビジネスのすべてを統括する真に「ゼネラル」なポジションとしては未だ定着していない。これらはすべて，日本のスポーツ企業の多くが親会社依存の体質から完全に抜け切れていないことに起因している。独立したスポーツ企業として実効性のあるガバナンスを構築するためには，実質的なCEO (chief executive officer: 最高経営責任者)としての位置づけが急務であろう。

ともあれ，現代のスポーツ企業は明確な法的存在(legal entity)として展開しているが，それは同時に社会の中に1つの組織として存在する社会・経済的存在(socio-economic entity)でもある。その意味では，上述のような垂直的ガバナンスだけで事足りるわけではない。経営者は，様々なステークホルダー(stakeholder: 利害関係者)との間で，企業価値最大化についての利害の調整を行わなければならない。スポーツ資本の健全な運用に当たっては，したがって水平方向でのガバナンスもまた，うまく機能する必要があるわけである。その際，スポーツ資本イコール「金融資本」という狭い考え方ではステークホルダーの範囲を極端に狭めてしまう恐れがある。フランスの社会学者ピエール・ブルデュー(Pierre Bourdieu)も，市場に流通する様々な資本に注目し，

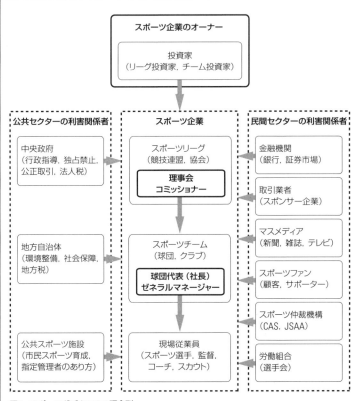

図4 スポーツガバナンスの理念型
垂直方向は企業内部ガバナンス，水平方向は企業外部ガバナンスを表す。→の方向はモニタリングの方向を示し，逆方向が説明責任の方向である。
(出典：土屋守章，岡本久吉『コーポレート・ガバナンス論』有斐閣. 2003. 105を改変)

金融資本以外の資本に「象徴資本」や「技術資本」の呼称を与えている（片岡栄美「芸術文化消費と象徴資本の社会学－ブルデュー理論からみた日本文化の構造と特徴－」『文化経済学』6(1), 2008. 13－20）。

まず、金融資本を守るという点からスポーツ企業をみれば、「金融機関」や「取引業者」との関係において水平的ガバナンスが構築されていなければならない。運転・設備資金の貸付債権者たる銀行や協賛契約を締結したスポンサー企業は、当然、経営成果・財政状態をモニタリングする機能をもっている必要がある。一方、スポーツ企業側には、適時・適切なディスクロージャー（disclosure: 経営公開）によって説明責任を果たす義務がある。スポーツ企業の多くの経営者は、もちろんスポーツの価値を永遠に発展させていくことを目標に、かかる資本市場から資金を調達するわけであるが、スポーツ市場の異常な膨張とも相まって、株式公開（売却）のみを目的とした心ない投資家が出現しないとは限らない。その意味では、今後、証券市場からのモニタリングも重要性を増すものと思われる。

さて、先にスポーツはスポーツだから価値があるというロジックを経済学的な観点から議論したが、より広く文化・社会学的な観点からみれば、スポーツ企業の身勝手な振る舞いは多々ある。現場従業員の中でも特にスポーツ選手はアイドルであり、ヒーローである。スタープレイヤーともなれば、特定チームのシンボルとしてのみならず、そのスポーツ界全体を支配するブランド（パワーブランド）にもなりうる。スポーツブランドとはある意味、人々の認知と承認に基づいて一種の「信用」として機能する資本（象徴資本）である（本事典「スポーツブランド」の項参照）。スポーツという商品は、いうなれば人々が抱く選手への敬愛心とか、その活動がもつ文化的価値への強い思い入れ（主観的な望ましさ）を元手として成り立っている「象徴財」でもあるわけである。それゆえスポーツ選手の行動が、倫理的な側面はいうにおよばず、そのスポーツの歴史や伝統といった側面からもモニタリングを受けるのは当然のことである。「マスメディア」とか「スポーツファン」といったステークホルダーはそうした役割を担っている。なお、

マスメディアは、スポーツ企業の側からすれば、格好の宣伝・PR機関でもある。しかし、近年では放送時間の都合からスポーツのルールが容易に改変されるケースが目立つ。スポーツ企業とマスメディアの「共謀」によってスポーツの価値が歪められないよう、常に監視が必要である。したがって、スポーツファンというステークホルダーの存在はひときわ重要である。

さらに、社会的な観点から守らなければならないスポーツ資本として、技術資本がある。これはスポーツそれ自体を直接動かすための元手となるものであり、スポーツ市場で直接評価される人間の能力、すなわち、スポーツ選手や監督、コーチの所有する体力や身体的スキル、知識や判断力、人間関係処理能力等々である。いわばスポーツ企業の現場従業員の労働力であり、「人的資本」と言い換えてもよい。スポーツ企業のオーナーとスポーツ選手との関係は、本来、「パトロン（patron: 庇護者）－クライアント（client: 依頼人）」の関係ではなく、「プリンシパル（principal: 本人）－エージェント（agent: 代理人）」の関係である（山下秋二「"スポーツビジネスがスポーツを亡ぼす"に反論する」『体育科教育』54(1). 2006: 16－19）。ここでいう本人とは、スポーツの主役（人的資本の所有者）たる選手たちであり、代理人はスポーツ企業のオーナーである。もちろん、スポーツビジネスが純然たる金融取引である場合には、プリンシパルは資金の貸し手であるオーナーであり、その借り手である選手の方がエージェントである。しかし、スポーツ技術という資本の運用を考えるという点からすれば、選手（人的資本の貸し手）が、信頼できるエージェントを選別し、あるいは取引継続に条件を付けてエージェントをコントロールする、といった考え方の方が適当であろう。そうだとすれば、スポーツ技術の所有者としての選手の

権利を保護する「社会的セーフティーネット」の整備が緊要である。こうした立場からのモニタリング機関として、スポーツ仲裁裁判所（Court of Arbitration for Sport: CAS）や日本スポーツ仲裁機構（Japan Sports Arbitration Agency: JASS）といった「スポーツ仲裁機構」がある。また近年、選手会という形をとった「労働組合」も大きな影響力をもつようになってきている。

以上は、スポーツ企業の水平的ガバナンスのうち、民間セクターの利害関係者について概観したものであるが、一方では公共セクターとの利害の調整も重要である。「中央政府」は主として産業調整という観点から行政指導を行い、独占の禁止、公正取引、法人税などを監視する。「地方自治体」は環境整備、社会保障、地方税などの観点から当該地域への貢献を求める。時には、「公共スポーツ施設」などが独自に、市民スポーツ育成に対して協力を要請したり、当該企業が指定管理者であるような場合には、そのあり方に注文を付けたりもする。これらのガバナンスは、特にスポーツが「公共財」である点を強調して経営の健全性を求めようとするものである。

図4はスポーツ企業の利害関係者の全体像とそれらの相互関連を鳥瞰図的にみたものであるが、複雑なスポーツ経済社会にあっては、こうした互いの「監視」や「牽制」の仕組みが確実に機能する必要がある。それはまた、「21世紀型スポーツカンパニー」の未来像でもある。

参考文献　　　　　　　　　05.A.02

- 原田宗彦 編. 2007. 『スポーツ産業論 第4版』杏林書院
- 山下秋二ほか 編. 2005. 『スポーツ経営学 改訂版』大修館書店
- Parks, J.B. et al. 2007. *Contemporary Sport Management*, Third Edition. Human Kinetics.

（山下秋二）

スポーツビジネスを取り巻く環境　05.A.03

① スポーツビジネスと株式市場
[スポーツ界と株式市場]

スポーツ界と株式市場は、スポーツの結果が株価に少なからず影響していると推察されるものの、一定の法則的関係が存在するようにはみえない。表1は、日本のプロ野球日本シリーズの結果と東証株価指数（TOPIX）の反応を示している。2007年までの傾向をみると、セ・リーグのチームが優勝した時には株価が下落し、パ・リーグのチームが優勝した時に上昇している。両

リーグのチームを支える親会社の特性からみると，パリーグに小売業や食品業で事業規模が大きい企業が多いことが関連しているようである。つまり，人気チームの勝敗よりも，親会社・関連会社の優勝セール開催やその消費者の反応を見越して株式市場が反応していると考えられる。しかし，2008年のリーマンショック後の反応は小さく，2005年の千葉ロッテ優勝時には43.5％上昇したものの，2010年の優勝時には1.0％の減少であった。

また，スポーツの結果に対するこのような株式市場の反応は一時的で，すぐに値を戻す傾向もある。日本のプロ野球の場合，多くのチームが親会社100％出資による子会社となっている。チームが優勝しても，公開されている親会社の株価への影響は小さく，一時的であることが多い。投資家からみると，チームが親会社から年間数十億の出資を得ていること，チーム成績の予測ができないこと，チーム成績と親会社の成長・発展との結びつきがみえないことなどが背景にあると思われる。

[プロスポーツチームと株式公開]

プロスポーツチームが株式市場からの資金を調達する試みは，新しいアイデアではない。表2に示すように，北米では1960年代から1970年代にかけていくつかのチームが株式を公開している。例えば，1960年にNFLのニューイングランド・ペイトリオッツ，1968年にNBAのミルウォーキー・バックス，1970年にはNBAのクリーブランド・キャバリアーズとMLBのボルティモア・オリオールズがそれぞれ株式を公開した。その他にも，1986年にNBAのボストン・セルティックス，そして，1996年にNHLのフロリダ・パンサーズが株式を公開している（鈴木，2012）。しかし，どのチームも5年後から15年後に株式を未公開にした。その具体的な理由は定かではないが，株価の動きの変化が大きく，資金調達手段としての不確定性があると思われる。また，敵対的買収のリスクや株式公開とIR（投資家向け広報）にかかるコストなどのデメリットの存在も指摘される（鈴木，2012）。

表3は，スポーツチームの株価に影響する外的・内的要因を示している。これらの要因は，一般的に株式会社の

表1　日本シリーズと株式市場

	セ・リーグ	パ・リーグ	優勝	TOPIX年間騰落率
1996年	巨人	**オリックス**	パ	▲6.8%
1997年	**ヤクルト**	西武	セ	▲20.1%
1998年	**横浜**	西武	セ	▲7.7%
1999年	中日	**ダイエー**	パ	58.4%
2000年	**巨人**	ダイエー	セ	▲25.5%
2001年	**ヤクルト**	近鉄	セ	▲11.3%
2002年	**巨人**	西武	セ	▲25.9%
2003年	阪神	**ダイエー**	パ	23.8%
2004年	中日	**西武**	パ	10.2%
2005年	阪神	**ロッテ**	パ	43.5%
2006年	中日	**日本ハム**	パ	1.9%
2007年	**中日**	日本ハム	セ	▲12.2%
2008年	巨人	**西武**	パ	▲41.8%
2009年	**巨人**	日本ハム	セ	5.6%
2010年	中日	**ロッテ**	パ	▲1.0%
2011年	中日	**ソフトバンク**	パ	▲17.2%

※ ソフトバンクは2004年以前は福岡ダイエーホークス
※ 下線太字は優勝チーム
（出典：週刊ダイヤモンド・ウェブサイト〔http://diamond.jp/articles/-/14679〕より抜粋して一部加筆）

表2　スポーツ組織の株式公開の影響の事例

チーム名	事例
ニューイングランド・ペイトリオッツ	1960年に1株＄5で株式公開し，1976年に1株＄15で未公開にした（Much, 1996）。
ミルウォーキー・バックス	1968年に，1株＄5で株式公開し，11年後に1株あたり＄12で未公開にした（Much, 1996）。
クリーブランド・キャバリアーズ	1970年に，1株＄5で株式公開したが，1982年には，1株＄0.50にまで下落した。このチームは，1984年に1株＄1.25で未公開にした（Much, 1996）。
ボルティモア・オリオールズ	1970年代に1株＄8から＄25.50までの範囲で，株価が急激に変化した。1979年には未公開となった。3年間で株主が得た清算価値は1株＄49.60であった（Much, 1996）。

スポーツ組織の株式公開の成否には，内的要因と外的要因がある程度かかわっている。
（出典：Fried, G. et al. 2003. *Sport Finance.* 166. Human Kinetics. より抜粋）

株価を左右するといわれる企業業績や利益，経済情勢などのマクロ経済，そして，配当金や株主優待，増資などのミクロ経済に加えて，スポーツチームの株価予測をより複雑にしている。近年では，マンチェスター・ユナイテッドが2012年8月にアメリカ・ニューヨーク証券取引所に上場して注目を集めた。しかし，上場初日は売り出し価格と同じ14ドルで終え，その後も低調が続き，期待通りの値動きはみられなかった（鈴木，2012）。上場したことで一時的な資金調達には成功したかもしれないが，今後，利益を上げて株主に利益を還元することは難しいかもしれない。そして，TV放映権（チームではローカルTVが中心）やスタジアムのネーミングライツ権など，複数年契約による権利の販売が安定した収入につながることから，株式上場による資金調達の必要性は低いと考えられる。

また，Jリーグ加盟クラブ（以下，Jクラブ）の場合，株式上場の実現は難しいと思われる。「Jリーグ規約（2014）」に

よると，Jクラブは「日本法に基づき設立された発行済み株式総数の過半数を日本国籍を有する者か国内法人が保有する株式会社であることまたは公益社団法人であること」（第12条「Jクラブの資格要件」）となっている。責任企業の株式保有率（あるいは議決権保有率）にもよるが，上場後にこの条件外の企業等が過半数の株式を所有し，資格要件を満たさなくなる危険性もある。また，未だ収益力の小さいJクラブが多い中で，利益を上げて株主に利益を還元するという株式会社の使命から考えても，上場することは得策ではないといえよう。

表3　スポーツ組織の株価に影響を及ぼす要因

外的要因
・反トラストと判断され，リーグに影響が及ぼされること
・労使紛争などによる選手の試合不参加
・環境規制によるアリーナへの影響
・職場の安全規則が変更されることによるチーム経営への影響
・職場での雇用慣例に関する新しい規則，例えば，売り子を独立した契約者としてではなく，社員として分類することなど
・ライバルのリーグの解散，あるいは，他のリーグの成功

内的要因
・スター選手をトレードするかどうか，あるいは，新しいコーチを雇うかどうか
・プレシーズンのゲーム数を増やすかどうか
・組織拡大あるいはより多くの株式を発行するために，融資を受けるかどうか
・配当金の支払いを発表するかどうか
・テレビの放映やラジオ放送を組織内部で統合するかどうか

（出典：Fried, G. et al. 2003. *Sport Finance*. 165. Human Kinetics. を筆者が作成）

② IT時代のスポーツビジネス

[インターネットを利用したビジネスの発展]

ITとは，情報技術(Information Technology)のことであり，主にパソコンや携帯電話を使ったインターネットが中心となっている。『情報通信白書』（総務省，2011）によると，インターネット利用率は急速に伸びており，2001年は43.6％であったものが，2002年には50％を超え，2011年は79.1％（推定9,610万人）となっている。また，利用者が使っている端末は，自宅のパソコンが62.6％，携帯電話が52.1％，自宅以外のパソコンが39.3％となっており，場所を問わずにインターネットにアクセスする人が多い。

インターネット利用者の増大はビジネス界にも影響を与えている。特に，企業による情報コミュニケーションツールとしての関心は，テレビやラジオ，新聞，雑誌といった伝統的なもの以上に注目を集め始めている。表4は，情報メディア別の広告費の推移を示している。2010年，最も多くの広告費の投資が推定されるのはテレビで2,045億5,900万ドル，インターネットはその3分の1の615億6,600万ドルに過ぎない。しかし，2006年から2010年の推移をみるとインターネットを利用したビジネスの発展がうかがえる。4年間の増加率は，テレビ126.6％，新聞105.9％，雑誌114.4％，ラジオ115.1％に対して，インターネットは232.2％であり，主要な情報メディアと比べても急速な増加がみられる。

Web上での広告は，動画やアニメーションによる魅力的な広告掲載が可能で，関心をもった消費者をクリック1つで自社サイトに導くことができる。また，オンライン決算によって自社製品やサービスを直接販売できるだけでなく，顧客情報を管理することによって顧客個々人とコミュニケーションをとることができる。これらの利点を生かしたWebシステムとビジネスモデルの発展は，スポーツビジネス界にも広がってきている。

[スポーツビジネスにおけるオンライン情報提供の現状]

インターネットは，スポーツ関連情報の提供ツールとして優れている。一般に，スポーツに関心のある人々は，試合の動向や勝敗に関する情報をリアルタイムで入手したい。テレビとラジオの電波媒体によるライブ中継にはかなわないが，新聞や雑誌などの印字媒体に比べてインターネットによるオンライン情報の更新スピードは速い。また，Webページからクリックを繰り返すことによって，新聞や雑誌よりも簡単に欲しい情報にたどり着くことができることも大きな利点である。

実際，今日のプロスポーツビジネスにおいては，インターネットによるオンライン情報の果たす役割が非常に大きい。図1は，Jリーグ観戦者のJリーグ情報の入手経路を示している。Jリーグ情報の入手先として最も大きな値を示したのは「クラブ公式ホームページ(66.0％)」であり，「テレビ(55.1％)」「新聞（一般紙）(44.0％)」「サッカー雑誌(30.0％)」の一般的なメディアを大きく上回っている。さらに，「J's GOAL(32.0％)」「Jリーグ公式ホームページ(27.4％)」「クラブ公式携帯サイト(26.4％)」「SNS系(12.5％)」「モバイルJ's GOAL(9.6％)」を合わせると，オンライン情報がJリーグに関する重要な情報入手先であることがわかる。

表4　世界情報のメディアに投資される広告費

年	テレビ		新聞		インターネット		雑誌		ラジオ		アウトドア看板		映画	
	US$ million	増加率 %	US$ million	増加率 %	US$ million	増加率 %	US$ million	増加率 %	US$ million	増加率 %	US$ million	増加率 %	US$ million	増加率 %
2006	161,633	100.0	122,795	100.0	28,818	100.0	53,795	100.0	35,834	100.0	26,802	100.0	1,882	100.0
2007	171,823	106.3	125,030	101.8	37,795	131.2	55,437	103.1	37,251	104.0	28,952	108.0	2,013	107.0
2008	184,212	114.0	126,327	102.9	47,544	165.0	57,151	106.2	38,587	107.7	31,676	118.2	2,197	116.7
2009	193,673	119.8	127,583	103.9	57,106	198.2	59,338	110.3	39,927	111.4	34,475	128.6	2,410	128.1
2010	204,559	126.6	130,070	105.9	66,903	232.2	61,566	114.4	41,246	115.1	37,330	139.3	2,700	143.5

※ 表中の金額は，2006年の為替レートをもとに算出。また，パーセントは2006年を基準とした増加率を示す。
（出典：John A. Davis. 2009. *The Olympic Games Effect: How Sports Marketing Build Strong Brands*. 301. John Wiley & Sons (Asia) Pte.Ltd. を加筆修正）

今後，注目すべき情報提供ツールはソーシャル・ネットワーキング・サービス(Social Networking Service: SNS)である。2011年のJリーグ観戦者のSNSによる情報収集率は12.5％に過ぎない。しかし，Facebookだけに限ってみても，Jクラブの公式Facebookページ開設・運営率は50％(2013年1月現在，「公式」と明記してあるもの)となっており，個人が開設した関連サイトと合わせて主要な情報源として成長する可能性がある。また，SNSはクラブからの情報提供機能だけではなく，クラブとファン，そしてファン同士の相互交流に優れたプラットフォームであることから，今後も発展を続けると思われる。

スポーツビジネスにとって，インターネットは最新の情報によって消費者の関心を高め，関心の種類や程度に応じたページに導き，商品・サービス購入の欲求を刺激し，実際に購入まで導くツールとして非常に優れた情報発信源といえる。

③ スポーツスポンサー

[スポーツ・スポンサーシップの現状]

現在では，スポーツに関連する多くの場面で企業名を目にすることができる。テレビで中継されるスポーツイベントの会場では，ユニフォームや看板，配布物等に多くの企業名が入っている。また，企業名を名前にもつスタジアムやアリーナも多く存在する。このように，企業がスポーツ組織やスポーツイベント，スポーツ施設に投資する活動を「スポーツ・スポンサーシップ」といい，その活動を行う企業を「スポーツスポンサー」という。

スポーツに限らず企業によるスポンサーシップへの投資は増加傾向にある。図2は，世界のスポンサーシップ市場規模の推移を示している。世界的に景気が低迷する中，2007年(379億ドル)から2012年(511億ドル)までの5年間で約35％成長し，2013年にはさらに4.3％成長して533億ドルの市場になると予想されている。

また，様々な活動に対して，金銭的・人的・物的な支援や投資を行う企業にとって，スポーツの組織・イベント・施設に対する関心は非常に高い。図3は，北米企業の支援・投資先の中でスポーツが占める割合(2013年予想)を示

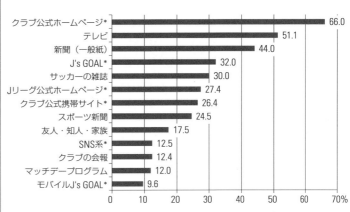

図1 Jリーグ観戦者のJリーグ情報と入手経路

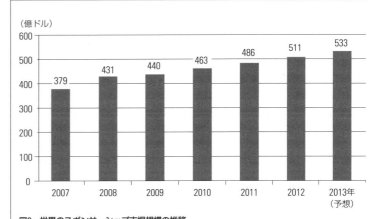

図2 世界のスポンサーシップ市場規模の推移
(出典：IEG Sponsorship Report, January, 7. 2013.)

している。2013年，北米の企業が支援・投資した199億USドルのうち，69％をスポーツが占めている。その他の「エンタテインメント」「社会活動」「祭り・イベント」「芸術」と比べて，スポーツ・スポンサーシップへの関心の高さがわかる。

[スポーツスポンサーが求めるメリット]

スポーツ・スポンサーシップは，スポーツイベントやクラブ，チームを経営するスポーツ組織と，それらに資金や資源を投資または支援する企業との相互交換関係と定義することができる(Copeland, et al., 1996; McCarville & Copeland, 1994)。つまり，両者の関係はともに同等の価値を交換する交換理論で説明でき，スポーツイベント等を通してスポーツ組織とスポンサー企業が互いにメリットを供給・享受できる関係を意味する(Stotlar, 2001)。

図4は，スポーツ組織とスポンサー

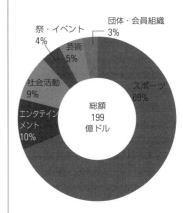

図3 北米スポンサーシップ市場におけるスポーツの割合(2013年予想)
(出典：IEG Sponsorship Report, January, 7. 2013)

との関係を示している。スポーツスポンサーは、スポーツ組織に対して契約料を支払い、企業としての戦略（商品の知名度アップやイメージの向上）の推進や積極的な資産運用、マーケティングパートナーとしての活用を期待する。一方、スポーツ組織は、スポーツスポンサーに対して様々な権利を提供し、その見返りとして資金確保やブランド構築の支援を期待するとともに、スポーツ経営への過度の干渉がないよう、その権利を限定化するよう求める。このように互いの存在と関係を尊重し、ともにメリットを高め合うことができるよう、サポートし合いながら活動を展開していくのが理想である。

スポーツスポンサーがスポーツに投資するか否かの意思決定の基準や、求める効果は多岐に及ぶ。例えば、「企業や自社製品・サービスの認知度の向上」「企業・製品イメージの改善と向上」「試験販売や直接販売の機会確保」「ホスピタリティ機会の確保」「特定の市場セグメントとの結びつきの強化」「地域との関係構築」「関連企業や顧客との友好関係の構築」「メディアでの露出増加」「製品やサービスの売り上げ向上」「他社との競合的優位性の構築」「ホスピタリティやエンタテイメント機会の確保」「権利やネーミングライツ権の確保」などである。スポーツ組織は、スポーツスポンサーが求めるメリットを理解し、ともに価値を高め合う「パートナー」としての関係構築に努めることが重要となっている。

④ スポーツエージェント
[スポーツのビジネス化とスポーツエージェントの誕生]

スポーツビジネス界におけるスポーツエージェント（代理人）の存在はよく知られている。日本においては、近年のプロサッカー選手とプロ野球選手の海外リーグへの移籍に関して、移籍チームの決定や移籍金、生活環境などの好条件を契約に盛り込むための交渉を行う人物として、多くのメディアで報道されている。

スポーツエージェント業務が発生・発展した背景には、スポーツのビジネス化がある。プロスポーツを中心とするスポーツの興行ビジネスは、放映権やスポーツ権利のビジネス化とともに巨大化した。スポーツ選手の契約や権利についてクラブ・球団と交渉を代理するスポーツエージェントは、スポーツ選手とクラブ・球団をつなぐ中間ビジネスとして確立してきたのである。

スポーツエージェント業務は、なぜスポーツ界で発展してきたのだろうか。興行ビジネスであるプロスポーツは、試合を基本製品（basic product）として人を集める集客ビジネスであり、それを支えているファンは選手の存在や活躍、人気などに影響を受けている。つまり、基本製品の品質（試合内容やプレイ）とファン獲得に選手が大きな影響を与えているのである。しかし、その

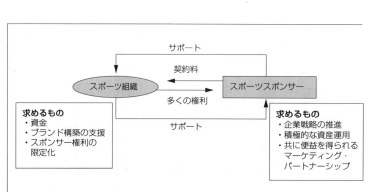

図4 スポンサーシップのパラダイム
（出典：原田宗彦、藤本淳也、松岡宏高. 2008『スポーツマーケティング』大修館書店、134から抜粋）

表5 4大プロスポーツにおけるエージェントに対する規制のまとめ

	MLB選手組合（MLBPA）	NFL選手会（NFLPA）	NBA選手組合（NBPA）	NHL選手組合（NHLPA）
規制対象となるエージェントの類型	MLB所属球団の40名の支配下選手名簿に掲載された選手を代理するエージェント	NFL所属球団の支配下選手および入団予定の新人選手を代理するエージェント	NBA所属球団の支配下選手および入団予定の新人選手を代理するエージェント	NHL所属球団の支配下選手および入団予定の新人選手を代理するエージェント
登録認可	必要（ただし、選手から代理人指定書の提出が必要）	必要*	必要	必要
年間登録料	不要	1200ドル	1500ドル	900ドル
倫理研修セミナーの開催	有	有	有	有
学歴、経歴等の個人情報の開示	必要	必要	必要	必要
標準代理契約書式による契約	不要	必要**	必要	必要
代理人報酬の上限	無	選手が受領する報酬の4%	選手が受領する報酬が 1. 最低報酬額のとき…2000ドル 2. 最低報酬を経過するとき…4%	無
保証金の拠出	無	無	無	無

* 1989年11月6日以降は任意的な認可登録
** 1989年11月6日以降は任意（ただし、標準代理契約書書式は有り）

（出典：山下秋二、原田宗彦 編著. 2005.『図解スポーツマネジメント』89. 大修館書店より抜粋）

影響力は選手によって異なるだけではなく，その影響の度合いを測定する評価尺度も曖昧である。スポーツエージェントは，選手に代わって彼らの活躍や貢献度，その将来性を評価し，チーム・球団に正当に評価を求めるための業務として存在しているといえる。

[スポーツエージェントの業務とその認定]

スポーツエージェントとは，クラブ・球団との選手契約交渉を行って選手のスポーツ環境を整備するための業務，そして本業のスポーツに専心するための生活環境を整備するための業務を選手の代わりに行う者である。

エージェントの認定は，スポーツ組織によって異なる。Jリーグでは，「Jリーグ規約」第95条において「Jクラブと選手との契約に関し，弁護士，FIFA加盟国協会が認定する選手代理人以外の者は，代理人，仲介人等名称のいかんにかかわらず，かつ，直接であると間接であるとを問わず，一切関与してはならない」としている。一方，プロ野球は，日本プロ野球選手会が弁護士，MLB選手会に登録したエージェント，そして選手会が実施する選手代理人資格検定試験に合格した者に資格を認めている。しかし，球団側は交渉の初回は選手が同席することや代理人1人につき選手1人しか代理できないなどの諸条件を求めており，運用面で合意しておらず，実質的に制度が整っているとはいえない。

アメリカの4大スポーツの場合は，エージェント資格を認定して登録するのは選手組合である。表5にその概要を示した。それぞれリーグによって若干の違いがあるが，どの選手組合も代理人を認定の条件整備を行っていることがわかる。

[スポーツエージェントの役割]

スポーツエージェントの役割は，1) 所属チームや移籍チームとの交渉を通じてのチームにおける選手価値のマネジメント，2) スポンサーやメディアとの交渉を通じての選手個人のブランド価値マネジメント，3) 選手との交渉を通じての選手のライフプラン・マネジメント，の3つである(図5)。

所属チームや移籍チームとの選手契約交渉は，主に契約金，報奨金，移籍金，契約期間，その他の環境などに関する事項について行われる。選手とチームとの契約においては，リーグでの統一契約書が用いられていることが多い。例えば，日本サッカー協会選手契約書(プロA契約書)には，主に次の事項が示されている。

・誠実義務：協会，リーグ，連盟，クラブなどの諸規則の厳守と契約の履行の誓約
・履行義務：クラブが指定する試合，練習，合宿，行事，地域活動への参加義務
・禁止事項：協会，リーグ，連盟，クラブにとって不利益となる行為の禁止
・報酬：基本報酬，変動報酬，その他の報酬の内容と金額
・費用の負担：交通費および合宿費の費用負担
・休暇：休暇取得時期と期間
・疾病および傷害：疾病と傷害の通知とその認定および費用負担
・選手の肖像等の使用：肖像権のクラブ所有とその取り扱い
・クラブによる契約解除：クラブが選

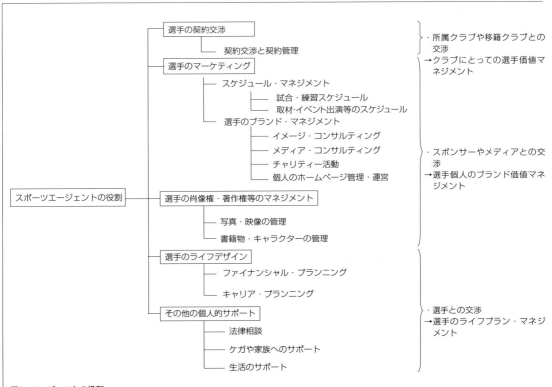

図5　エージェントの役割
(出典：山下秋二，原田宗彦 編著．2005．『図解スポーツマネジメント』91．大修館書店を加筆)

表6 2013年シーズンJ1所属クラブのファンクラブの現状

クラブ名	名称とカテゴリー	入会金(円)	年会費(円)
ベガルタ仙台	ソシオクラブ・レギュラー(個人)	1,000	5,000
	ソシオクラブ・レギュラー(ファミリー：4名まで)	2,000	10,000
	ソシオクラブ・ゴールド*	0	16,000－111,000
	ソシオクラブ・プラチナ(個人)**	0	50,000
	ソシオクラブ・プラチナ(ペア)**	0	95,000
鹿島アントラーズ	フリークスメンバー	0	5,000
	メガメンバー	0	10,000
	SOCIOメンバー(ロイヤル)*	0	1,000,000
	SOCIOメンバー(プレミアム)*	0	400,000
	SOCIOメンバー(ゴールド)*	0	170,000
	SOCIOメンバー(シルバー)*	0	120,000
	ファミリーメンバー	0	1,000
浦和レッズ	オフィシャル・サポーターズ・クラブ(ひとり)	0	1,000
	オフィシャル・サポーターズ・クラブ(3人グループ)	0	3,000
大宮アルディージャ	ファンクラブ(個人)	500	3,000
	ファンクラブ(ファミリー，会費は1人当たり)	500	1,000
	ジュニア(中学生以下)	500	1,000
柏レイソル	アソシエイツ	0	3,000
	BIGアソシエイツ**	0	16,000－82,000
FC東京	クラブサポートメンバー(個人1口)	0	1,000
	クラブサポートメンバー(法人・団体など30口から)	0	1,000
川崎フロンターレ	—	—	—
横浜F・マリノス	トリコロールメンバーズ	0	2,000
湘南ベルマーレ	ベルマーレ12(無料)	0	0
	ベルマーレ12(ブルー)	0	3,000
	ベルマーレ12(ブルージュニア)	0	1,000
	ベルマーレ12(ゴールド，大人・小中高・シニア)*	0	5,000－36,000
	ベルマーレ12(プレミア，大人・小中高)*	0	27,000－72,000
	ベルマーレ12(スーパープレミア)*	0	110,000
ヴァンフォーレ甲府	クラブサポーター(大人)*	0	23,000－55,000
	クラブサポーター(小中高)*	0	6,000－20,000
	クラブサポーター(協力会員：1口)	0	5,000
	法人サポーター(ブロンズ・シルバー・ゴールド・プラチナ)	0	90,000－330,000
アルビレックス新潟	サポーターズクラブ(個人)	1,000	3,000
清水エスパルス	—	—	—
ジュビロ磐田	サポーターズクラブ(個人)	1,000	4,000
	サポーターズクラブ(クレジットカード)	1,000	5,312
	サポーターズクラブ(ファミリー)	0	1,000
	サポーターズクラブ(ジュニア)	0	1,000
	法人会員コース	0	50,000
	法人プレミアム会員コース	0	100,000
名古屋グランパスエイト	ファンクラブカード会員	1,000	2,000
	オフィシャルカード会員(クレジットカード)	1,000	2,000
セレッソ大阪	クラブセレッソ(個人)	0	3,000
	クラブセレッソ(ファミリー：個人会員の家族)	0	2,000
サンフレッチェ広島	ファンクラブ(ゴールド)	0	10,000
	ファンクラブ(ファミリー)	0	6,000
	ファンクラブ(サンチェ)	0	5,000
	ファンクラブ(フレッチェ)	0	3,000
	ファンクラブ(キッズ)	0	0
サガン鳥栖	ファンクラブ	1,000	3,000
大分トリニータ	—	—	—

*　年間チケットの料金を含む
**　この価格に16,000－111,000円の年間チケット価格がプラスされる
※各クラブの公式ウェブサイトで公開されている情報をもとに筆者が作成

手の契約を解除できる事由
・選手による契約解除：選手がクラブとの契約を解除できる事由
・制裁：クラブが選手に戒告や制裁金を科すことができる事由
・有効期間および更新手続き：契約期間と更新に関する事柄
・紛争の解決：契約の解釈や履行に関して紛争が生じた時の解決方法

これらの事項はそれぞれ細かく明文化されている。つまり、選手とクラブとの契約内容の多くは、両者がサインをするかしないかの判断で契約が成立・不成立が決まる。この場合、エージェントの役割は報酬と有効期限（契約期間）に関してクラブと交渉することとなる。

次に、スポンサーやメディアとの交渉は、肖像権・著作権の使用や、取材やイベント参加などのスケジュールに関する事項である。これは、選手個人のブランドをどのように構築・強化していくかというブランドマネジメントでもある。エージェントは、選手ブランドのコンセプトを設定し、そのブランド価値を高めることのできるメディアへの登場や、肖像権の使用承諾先を決定する。また、Jリーグのようにリーグなどによって統一契約書が用いられている場合は、選手の肖像等の使用がリーグやクラブに認められていることが多い。

さらに、選手のライフプラン・マネジメントについては、選手個人と交渉し契約をする。選手は、個人でスポンサー契約、テレビ・ラジオ・イベント出演、取材などの活動をしていることが多い。特に人気のある選手ほどこれらの活動による「副収入」は大きいため、その財務管理や申告手続きなどを請け負うこともエージェントの役割の1つである。

このように、スポーツエージェントの役割は多岐にわたっており、選手の活躍や人気によってその業務量も大きく異なってくる。したがって、すべてのスポーツエージェントがすべての業務を担う能力をもっているとは限らず、選手も必要に応じて複数のエージェントと契約するケースもある（原田、2005）。

⑤ サポーター組織

サポーター組織とは、スポーツ組織がファン獲得やファンサービス、地域との関係構築などを目的に、経営戦略の1つとして直接運営するまたは協力関係にある会員組織である。サポーター組織には、大きく3つのタイプがある。

まず、クラブ内に事務局を置きクラブが直接管理・運営を行っている「ファンクラブ」や「サポータークラブ」である。表6は、2013年シーズンJ1所属クラブのファンクラブとサポータークラブをまとめたものである。各クラブは、個人、ファミリー、法人などの複数のカテゴリーで会員を募り、会員証の発行、クラブ情報の提供やチケット優待などの特典を会員に提供している。会費は比較的安価なものから、高額なシーズンチケットの購入がセットになっているものもある。また、クレジットカード会社と提携し、クレジット機能が付いた会員証を発行しているクラブもある。

次に、各クラブの「後援会」である。これは、通常ホームタウン内の支援者を会長とするクラブ外組織で、クラブとの協力関係のもとに会員サービスやイベント、支援活動などを行っている。例えば、川崎フロンターレ、清水エスパルス、そして大分トリニータは、ファンクラブやサポータークラブは存在しないが（表6参照）、後援会がそれらと同様の役割を果たしている。また、この3クラブ以外にも浦和レッズ、大宮アルディージャ、柏レイソル、ヴァンフォーレ甲府、アルビレックス新潟、ベガルタ仙台、そしてサガン鳥栖にも後援会がある。図6は、後援会がもつ機能の例を示している。後援会は、会員から会費を徴収し、地域活動や広報宣伝活動、クラブ活動支援を行っている。そして、会員はチーム情報の提供やチケットやグッズ購入の優待などの特典を得ている。後援会の役員はホームタウンの行政関係者や経済関係者が名を連ねるケースも多く、地域との関係構築・協会において特に大きな役割を果たしていると考えられる。

そして、「ソシオ」である。これは、クラブに対して会費を払う代わりに、総会参加の権利やクラブ役員の選挙権・被選挙権を得るなど、会員がクラブ運営に参加することのできる組織である。スペインのプロサッカークラブであるFCバルセロナやレアル・マドリードがソシオ制度を採用している代表的なクラブとして知られ、特にFCバルセロナは全世界に16万人のソシオ会員がいるといわれている（谷塚、2011）。同クラブは、サッカー以外に3種目のプロスポーツチームと、10のアマチュアチームを有する総合型スポーツクラブとしても知られ、クラブ理事会メンバーは4年に1度全会員による総選挙によって選ばれている（原田、2005）。わが国の「ソシオ」の事例はきわめて少ない。1999年、横浜FCはソシオ制度に基づく任意組織「ソシオ・フリエスタ」に財政面・運営面で支えられるクラブとして誕生した。当時、

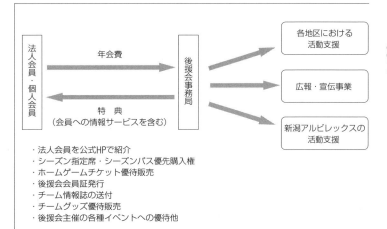

・法人会員を公式HPで紹介
・シーズン指定席・シーズンパス優先購入権
・ホームゲームチケット優待販売
・後援会会員証発行
・チーム情報誌の送付
・チームグッズ優待販売
・後援会主催の各種イベントへの優待他

図6　プロスポーツの後援会事務局の機能
※新潟アルビレックス（bjリーグ）の事例
（出典：山下秋二、原田宗彦 編著．2005．『図解スポーツマネジメント』87．大修館書店より抜粋）

Jリーグクラブで初めてソシオ制度による会員組織を導入した取り組みとして大きな注目を集めた。しかし，クラブ誕生とともに設立された横浜FCの運営会社である株式会社横浜フリエスポーツクラブとの間で経営方針などの相違により，約2年でその関係が崩れた。これは，クラブが法人格をもつことが条件とされ，そのほとんどのクラブが株式会社であるJリーグにおいて，利益を求める株式会社の経営に任意団体会員が参画することの難しさを示していると思われる。

参考文献 05.A.03

①
- 週刊ダイヤモンド・ウェブサイト（2011年11月2日）「中日，ソフトバンクいずれが日本一でも株価は上昇の公算」http://diamond.jp/articles/-/14679（2012年12月25日）
- 鈴木友也．2012．「香川真司所属のマンU株を買うのは損？ プロスポーツ球団による株式上場の損得勘定（上）」日経ビジネスONLINE http://business.nikkeibp.co.jp/article/manage/20120904/236372/?P=1&rt=nocnt（2012年12月12日）
- Fried, G., Shapiro, S.J. and DeSchriver, T.D. 2003. *Sport Finance*. Human Kinetics.

②
- Jリーグ．2011．「Jリーグスタジアム観戦者調査

2011サマリーレポート」
- 総務省．2011「情報通信白書 平成24年度版」

③
- 藤本淳也．2008．「スポーツ・スポンサーシップ」原田宗彦 編『スポーツマーケティング』133-54. 大修館書店
- Copeland, R. et al. 1996. Understanding the Sport Sponsorship from a corporate perspective. *Journal of Sport Management*, 10 (1) : 32-48.
- IEG. 2002. Sponsorship Report. 21 (5) *IEG, Inc.*
- McCarville, R., and Copeland, B. 1994. Understanding Sport Sponsorship through exchange theory. *Journal of Sport Management*, 8 (2) : 102-14.
- SportBusiness Group Ltd. 2009. *SPORT-BUSINESS IN NUMBER 2009-10*.
- Stotlar, D. 2001. Sport Management Library: Developing Successful Sport Sponsorship Plans. *Fitness Information Technology*, Inc.: 3.

④
- 日本プロサッカーリーグ．2010．『J.LEAGUE HANDBOOK 2007 社団法人日本プロサッカーリーグ規約・規定集』
- 原田宗彦．2005．「スポーツ・エージェント」山下秋二，原田宗彦 編著『図解スポーツマネジメント』88-90. 大修館書店
- 水戸重之．2007．「プロ契約とスポーツ・エージェント」原田宗彦 編著『スポーツ産業論入門第4版』228-39. 杏林書院

⑤
- 谷塚哲．2011．『地域スポーツクラブが目指す理想のクラブマネジメント：ソシオ制度を学ぶ』カンゼン
- 山下秋二，原田宗彦 編著．2005．『図解スポーツマネジメント』大修館書店

（藤本淳也）

スポーツの権利ビジネス 05.A.04

① 独占放送権

独占放送権とは，スポーツコンテンツをある特定の放送局が独占的に放映できる排他的権利のことであり，その価格はスポーツビジネスの発展とともに1980年代から上昇し，90年代以降は放送権バブルと呼ばれるほどの高騰をみせた。そのきっかけとなったのが1984年の第23回オリンピック大会（ロサンゼルス）であり，組織委員長を務めたピーター・ユベロス（Peter Victor Ueberroth）の手腕によって放送権料が大幅に引き上げられ，スポーツのビジネス化が大きく進展することとなった。90年代になると，衛星放送やケーブルテレビによるメディアの多チャンネル化と有料化によって，放送権料はさらに高騰する。その典型的な例が，イギリスのプレミアリーグである。

1992年に，ルパート・マードック（Keith Rupert Murdoch）率いる衛星放送BスカイBが，イギリスの人気サッカーチームを集めてプレミアリーグを結成し，独占放送権を獲得したことはよく知られている。当時のイタリア，スペイン，フランス，ドイツ，そしてイギリスのヨーロッパ5大リーグの市場規模には，それほど大きな違いはなかったが，プレミアリーグは，BスカイBから得た独占放送権料を梃子（てこ）にして，高額のスーパースターを集め，世界最高峰のリーグへと成長していった。

92/93シーズンから96/97シーズンの5年間は3億ポンドだった放送権料はその後高騰し，97/98シーズンから00/01シーズンの4年間では6.6億ポンドへと倍増した。その傾向はさらに続き，01/02シーズンから03/04シーズンの3年間は，11.1億ポンドへと急増した。しかしながら，BスカイBの独占を嫌うリーグは，04/05シーズンから土，日，月曜の試合の放送権を分割して1局支配の排除をねらったものの，ある曜日に他局が割り込むことによって起きる加入者の解約を恐れたBスカイBがすべてを買い上げることになった。しかし結局これが裏目に出て，04/05シーズンから06/07シーズンの3年間は，前回を下回る10億2400万ポンドでの契約に落ち着いたのである。

これは，新しい契約料は前契約料を上回るのが常識とされた世界のビッグイベントの放送権料市場にとっては異例のことであった。しかしBスカイBの放送権の独占も，EU委員会によって独占禁止法違反と指摘されたことにより，プレミアリーグは，07/08シーズンの国内生放送の放映権を分割競売（6つのパックに分割販売され，1つのテレビ局が6つ全部のパックを落札することはできない）することになった。そして10/11シーズンからBスカイBは，英国内のリーグ戦の放送権（3年契約）について，6組（1組23試合）に分けたうちの5組分（115試合）を16.2億ポンドで獲得したのである（guardian.com.uk, 2009）。これに海外向けの放送権を加えると，プレミアリーグが得た放送権料は10/13年シーズンで合計32億ポンドとなり，前回の契約に比べて額を倍増させた。

もう1つの例として，90年代以降に急上昇したFIFAワールドカップの放映権料がある。98年（フランス開催）には日本円にして135億円だった価格が，02年（日韓）には1,170億円，そして06年（ドイツ）に1,558億円，10年（南アフリカ）に1,969億円と12年（ブラジル）で14倍になった。しかしながら放映権料が巨額化するにつれ，放映権ビジネスに，混乱が生じることがある。例えば96年に，02年と06年のFIFAワールドカップの放映権を約2,455億円で買い付けた独キルヒメディアが資金繰りに窮し，02年の日韓ワールドカップ大会の直前に破産するという事件が起きた。また最近では，イングランドの1部から3部で構成するフットボールリーグの放送権をもつ英ITV社が，地上波デジタルの有料放送の加入者獲得に失敗して経営破綻するなど，サッカーバブルの崩壊といった事態も生じている。

② ライセンシング

[スポーツがもつ偉大な訴求効果]

企業がスポーツをスポンサードする大きな理由は，企業がスポーツのイメージやスポーツ選手のライフスタイルを通してターゲット（消費者）に製品メッセージを届けることができる点にあり，性別，人種，年齢，社会階層を問

わない訴求効果の大きさである。例えば、延べ400億人近い人をテレビの前に釘付けにするFIFAワールドカップ大会であるが、性別、人種、年齢、社会階層に関係なくこれだけの関心事を呼ぶ出来事やイベントは、スポーツを除けば大規模な戦争や紛争、あるいは世界的な事故や災害程度であろう。それゆえ企業のマーケティング担当者は、自分たちの製品メッセージとライフスタイルの中のレジャーであるスポーツ観戦経験をリンクさせることが、メッセージの伝達に効果的であることを熟知している。スポーツを観戦するスポーツ消費者は、リラックスした雰囲気の中でひいきのチームを応援しながら、(それが楽しく、エキサイティングな経験であるがゆえに) 企業が送る製品メッセージに対して「受容的な (receptive) 態度」をとるのである。この効果を期待して企業はスポーツをスポンサードするのである。

[ライセンシングの意味]

スポンサーシップとは、「組織がイベントに対して直接行う、もしくはイベントや活動に直接かかわるために交換条件として行う、財的、人的、物的資源の提供」のことであるが、特にスポーツの場合、イベントやチームと独占的に契約を結び、企業や製品名の直接的関与を強調する「プロモーショナル・ライセンシング」(Promotional Licensing) が重要な機能を果たすことになる。

ライセンシングとは、「財産の権利所有者 (property rights holder) である〈ライセンサー〉から、ライセンス商品の製造販売を行う〈ライセンシー〉企業に対して与えられる、商品やサービスに関するトレードマーク (商標) やトレードネーム (商標名)、そして著作権で保護されたデザインを使用できる権利」(Grahamら、2001) のことであるが、これをより具体的に、マーケティング活動に取り込んだ戦略をプロモーショナル・ライセンシングと呼ぶ。

バーナード・マリン (Bernard J. Mullin) らによれば、プロモーショナル・ライセンシングとは、「企業が企業名や製品をイベントに直接関連づけるために行う、イベント (スポーツや芸術) や社会問題 (教育的・環境的) を直接支援する様々な資源の提供である。ライセンスを獲得した企業は、この関係をプロモーションの達成や、マーケティング目標の実現を促進・支援するために利用する」(Mullin, B., Hardy, S., & Sutton, W. *Sport Marketing*. Human Kinetics Publishers, 1993. 208) のである。

[ポジティブな製品イメージの伝達]

スポーツの場合、商品としてのイベントは公衆の中で消費され、そこで得られた満足は、友人や家族といった社会集団の中で増幅される (Mullin, 1985)。そのため、スポーツをスポンサードする企業がイベントやテレビを通して伝える製品メッセージは、公共性を帯び、消費者の警戒心を解き、喜びや感動とともにポジティブなメッセージとして視聴者の心の中に浸透し、ポジティブなイメージとして堆積する。プロモーショナル・ライセンシングが有効なのは、それが〈製品-消費者コミュニケーション〉(product-audience communication) を強化するからであり、企業名や製品名がイベントの感動や思い出とともに、消費者の印象の中に長期間残留するからである。それに比べて広告 (アドバタイジング) は、テレビやラジオ、そしてポスターや看板に対する消費者の「偶発的な接触」に依存するところが大きく、無視されることや、聞き流されることが常である。それゆえ、街中に設置される看板ならば大きさや場所、そしてテレビやラジオで流されるCMならば、量 (回数) や長さが問われることになる。

③ ネーミングライツ

ネーミングライツ (施設命名権) とは、施設に企業の名前や製品などのブランド名といった名称を付与できる権利をさし、1980年代以降にアメリカで定着した。その当時、国からの補助金が少なくなった公共施設が安定した収益を求め、スポーツ施設の建設・運営資金調達の方法として考案された。アメリカでは、プロチームが使用する球場やスタジアムの5割以上、アリーナの7割以上にネーミングライツが導入されており、契約期間も20-30年と長く、金額も高額である。施設にネーミングライツを導入することにより、施設側は、施設の維持・管理資金の獲得を安定的に見込める一方で、権利を購入した企業は、ネーミングライツを活用し幅広いPR活動を展開できるといった双方にメリットがある。また、ネーミングライツを獲得した企業には、その施設で活動するプロチーム (アンカーテナント) の活躍によって施設名が広く認知される広告効果のほかに、従業員に対する無料チケットの割り当てといった福利厚生上のメリット、施設内のレストランや売店に商品を優先的に納入する権利、そして施設内でのイベントを通じた販促等のプロモーション機会など、様々な権利や機会が与えられる。

一般的に命名権の取引においては、1)〈施設所有者〉と〈スポンサー企業〉が直接取引を行うケースと、2) 施設所有者とフランチャイズ契約を結んだ〈プロチーム〉が〈スポンサー企業〉と直接取引を行うケースの2種類がある。日本では、現在のところ、施設所有者である自治体と企業が直接取引を行う前者のケースが多い。しかし、日本でネーミングライツが普及し出したのはここ10年ほどのことであり、歴史も浅く、法整備の状況も未成熟であることから、契約においても曖昧な法的解釈が適応されている。

わが国で初めて成立したネーミングライツ契約は、2002年11月に「味の素株式会社」と「株式会社東京スタジアム」の間で結ばれたものである。その背景には、スタジアムがめざす「スポーツなど豊かな生活文化を育み、地域に愛されるスタジアムづくり」と、味の素がめざす「食」と「健康」、そして明日のよりよい生活に貢献する」といった両者の基本的な考え方の一致と、相互のメリットになるという経営的な判断があった。当初の契約は、2003年3月1日から2008年2月末日までの5年間で12億円の合意が行われた。これによって「東京スタジアム」が「AJINOMOTO STADIUM」、そして敷地内にある補助フィールドが味の素の製品名を冠した「アミノバイタル・フィールド」に名称変更された。

しかしながらネーミングライツも、他のスポンサーシップと同様に景気の影響を受けやすい。2009年8月、横浜国際総合競技場の命名権のライツホルダーである日産は、経済情勢の悪化などを理由に、当時の条件では契約を更新しない旨を横浜市に通知した。その後、市は契約希望金額を引き下げてネ

ーミングライツの取得先を募集したが，応募する企業はみつからなかった。最終的に，年間1億5,000万円の3年契約で，2010年3月からも日産が引き続き契約することになり，名称もそのまま継続されることとなった。これまでは，命名権料とスタジアム使用料収入によってスタジアムの運営費（約6億円）は市の負担なく賄われていたが，契約金額が一気に3億2,000万円も下がったことで差額分を，市が負担することになった。

味の素は，この他にも，わが国におけるトップレベル競技者の国際競技力の総合的な向上を図るトレーニング施設として2008年1月に開所されたナショナルトレーニングセンターについても，2009年5月にJOCと4年間で3億2,000万円のネーミングライツ契約を結んだ。国立施設へのネーミングライツの導入はわが国では初めてのことであり，施設の新名称は「味の素ナショナルトレーニングセンター」となり，また，名称の変更だけではなく，味の素が保有する「食」「アミノ酸」の技術やノウハウを用いて，施設内においてオリンピック日本代表選手のサポートをJOCと共同で行うことも契約の中に盛り込まれている。

ネーミングライツの仕組みは，日本でも広く定着したが，そこにはいくつかの問題点が潜んでいる。第1は，都市公園法による規制である。例えば味の素スタジアムのネーミングライツは，施設が民間会社の所有であり，都市公園法のような規制を受けない施設であるため，「広告掲載権」という形で契約が交わされた。そのため，スタジアムの外部に「AJINOMOTO STADIUM」という看板を掲出することが可能であった。しかし，わが国にある大規模スポーツ施設の多くは，国の補助金によって都市公園の中に建設される。それゆえ，公園施設とみなされ，都市公園法の縛りを受けることになる。また，自治体が所有する施設については，行政財産の名称を第三者に売ることができるのかという問題がある。

2005年3月にネーミングライツを導入した横浜国際総合競技場では，それを法的に解釈が難しい権利と認めた上で，地方自治法238条1項5号の公有財産の範囲および分類の規定に基づき，「商標権に準ずる権利」と位置づけた。すなわち，新しい「日産スタジアム」という名称は，「横浜国際総合競技場」に代わる施設の正式名称であり，企業名は含んでいるが，企業の広告物には該当せず，したがって，都市公園法にも抵触しないという解釈を用いたのである（都市公園法には，公園の正式名称の公示は義務付けられているが，公園内の施設についてはその限りではなく，横浜市は正式名称を命名する権利を，市が保有する普通財産として，一般私法の適用を受けて売却したのである）。これは条例に定める「新横浜公園内の総合競技場」という行政財産の上に，無体の「商標権に準ずる権利」が付着しているという見解の適用である。

第2は，契約期間の短さである。ネーミングライツは本来，短期的・流動的なイベントの冠スポンサーと異なり，固定的なスポーツ施設の媒体価値を利用する，長期的・恒久的な企業名表示のスポンサーである。それゆえ，アメリカでは，通常20年から30年にわたる契約を結ぶことが多い。例えば30年契約の場合，スタジアムの寿命（耐用年数で約40年）を考えてみても，施設はその半生をネーミングライツとともに歩む。30年という契約期間中，企業名は，施設が発信する情報とともに外部に伝わり，これによって企業は，数百億円もする施設を所有するに等しい広告価値を手に入れることができることになる。しかしながら，日本のネーミングライツの場合，価格は安く，契約も短期間である。その原因の1つに，プロスポーツの人気が高いとはいえず，集客施設としての魅力が不足しているという問題がある。アメリカでは，7割以上のプロスポーツ施設がネーミングライツを導入しており，契約期間も20年から30年と長い。その一方，日本で導入しているのは4分の1程度で，契約期間も5年以下がほとんどである。

第3は，広告媒体としての人気低下と市場価格の低迷である。最近は，自治体などが所有する施設に対して命名権を公募するものの，売却が成立しないケースが全国で報告されている。

そもそもわが国の公共スポーツ施設は，これまで企業との関係が希薄であり，外部からのスポンサーマネーの導入についても消極的であった。その背景には，スポーツ施設の大部分が公共施設であり，広告や看板等の商業行為に対して法的規制がかかるとともに，社会教育施設として，商業的な色彩を排除しようとする暗黙の了解があった。企業が所有し，広告看板で溢れる甲子園球場や東京ドームなどは例外で，通常の公共体育・スポーツ施設には常設広告もなく，わずかながらの施設利用料収入と主催事業収入（年間運営費の10－30％程度）と，赤字を補填するための補助金による運営が基本とされた。しかしながら近年では，税収入の落ち込みと，収益性を重視した公共施設の経営に関心が集まる中で，明確な事業戦略もなく，赤字補填のような形で資産価値の低い施設にもネーミングライツを導入しようとするケースが散見される。

第4は，企業の不祥事や倒産による契約破棄に伴うリスクである。例えば2002年に起きたアメリカ・エンロン社の倒産によって，ヒューストン・アストロズの本拠地である〈エンロンフィールド〉の名称が宙に浮き，結局アストロズが倒産したエンロン社から一時命名権を買い戻して〈アストロフィールド〉に改名し，その後，コカ・コーラ社がネーミングライツを購入し，自社ブランド名を用いて〈ミニッツメイド・パーク〉に改名するなど，不測の事態が起きた。日本でも，派遣法違反が表面化した「フルキャスト」（楽天の本拠地である宮城球場）や，西武球場の命名権を獲得したが倒産した「グッドウィル」などの事例がある。ネーミングライツは，成立すれば施設所有者，権利取得者の双方にとってメリットの多いスポンサー契約であるが，日本でネーミングライツ契約が定着するまでには，法整備をはじめ，権利を取得した企業が不祥事を起こした際の対処や，公共の施設に企業名を付けることに対する住民の感情等，解決しなければならない問題も多々残されている。

④ **肖像権**

肖像権とは，人の肖像に人格的・経済的法益を認めることであり，通常「人格的肖像権」と「営利的肖像権」の2種類があるとされる。前者は自己の肖像を撮影されることを拒むか，写された

写真・映像を勝手に公表・利用されることを拒む権利のことをいう。スポーツ選手の肖像権は後者であり、芸能人やスポーツ選手が自己の名前や写真などの肖像を営利的に利用されることをコントロールする権利のことである。肖像権はもともと個人が所有するものであるが、これまで選手の大部分がアマチュアであった日本のスポーツ界では、選手は所属する競技団体に肖像権を預け、競技団体はそれを一括して日本オリンピック委員会(JOC)に委託し、JOCは「がんばれ！ニッポン」キャンペーンに協賛している企業にのみ選手の肖像権使用を許可してきた。このような日本独自の肖像権の一括販売方式によって、たとえマイナーな(規模が小さい)競技団体であってもJOCから交付金を得ることができたのである。しかし選手のプロ化の進展と選手の権利意識の高まりによって、この方式が緩和されるようになった。過去の事例を

みると、男子ハンマー投げの室伏広治選手が、JOCが協賛社以外の企業広告出演を認めた「特別認定選手・役員」(条件付き除外)の適用第1号となった。また高橋尚子選手のように、JOCの管轄を離れた「完全除外」指定選手は、自由にCM活動等を行うことができるが、スポーツ振興基金からの助成金は打ち切られるというケースがあった。

選手個人が肖像権の利用について結ぶ契約形態の1つに「エンドースメント」がある。エンドースメントとは、企業と契約を結んだ選手が、肖像権を利用して商品を推奨する仕組みであり、有名アスリートと商品のパーソナリティーが一致すれば、大きな効果を生むことが知られている。例えば2000年に、タイガー・ウッズと5年で1億ドルの契約を結んだナイキは、ゴルフ部門の売り上げを3倍の3億ドルに伸ばした。

アスリートのエンドースメント契約については、本来シューズやウェアなど、競技で使用する用具についての契約として扱われることが多かった(ゴルフの石川遼選手であれば、ゴルフクラブやゴルフウェア)。しかし、今日、スポーツとは直接関係のない企業のTVのCMにも多くのアスリートが起用されていることからもわかるように、アスリートによるエンドースメントは多様化している。世界的なアスリートともなれば、本業であるスポーツ選手として得る収入の何倍もの金額をエンドースメント契約によって稼ぐことになる。

参考文献　　　　　　05.A.04

- Graham, S., Neirotti, L. D., & Goldblatt, J.J. 2001. *Guide to Sport Marketing*. McGraw Hill.
- Mullin, B. 1985. Marketing Management. In G. Lewis and H. Appenzeller, *Successful sport marketing*. The Michie Company.
- Mullin, B., Hardy, S., & Sutton, W. 1993. *Sport Marketing*. Human Kinetics Publishers.

(原田宗彦)

スポーツと経済活動　05.B

プロスポーツの経済活動　05.B.01

プロスポーツは、「プロフェッショナルスポーツ」の略で、スポーツ競技をすることを職業とし、その価値に見合った報酬を受け取る選手や指導者等によって構成されるスポーツ組織・団体を意味する。日本では、プロ野球や大相撲が戦前から存在したが、1993(平成5)年には、日本で初の地域密着型プロスポーツを標榜するJリーグが開幕し、2005(平成17)年には、同じコンセプトで、男子プロバスケットボールのbjリーグがスタートするなど、新しい時代が到来した。

しかしながら、プロスポーツの産業規模はそれほど目立つものではなく、日本では約1.3兆円程度と推測される。ただしその大部分は公営ギャンブルである競輪(オートレースを含む)、競馬、競艇が占めるため、野球、大相撲、サッカー、バスケットなどのスポーツ興行団としてのプロスポーツの市場規模は約1,300億円程度である(澤井、2006)。その一方アメリカは、4大プロスポーツ(NFL、NBA、NHL、MLB)だけで約1兆円から1.5兆円程度と日本の約10倍程度の規模である。

世界的にみても、経済規模は小さいが、社会への訴求効果が大きいのがプロスポーツの特徴である。それゆえ、多くのファンが球場やスタジアムに詰めかけ、広告効果をねらう企業が協賛し、メディア価値が高まれば、そこには巨額の放送権料が発生する。このようなプロスポーツの経済活動について概説するために、以下ではまず、プロスポーツの全体像を把握するための類型化を試み、続いてJリーグ、野球、大相撲、bjリーグの経済活動に言及し、最後にヨーロッパにおけるプロスポーツについて若干の考察を施したい。

①プロスポーツの類型

プロスポーツでは、選手は個人事業主として経済活動(＝パフォーマンス)を行うが、競技の種目は多様であり、チーム種目か個人種目か、ボールゲームか格闘技系か、身体接触があるかないかなど、類型化の方法は多様である。

そこで視点を変えて、選手が獲得する報酬の源泉によって分類を試みると、以下の3つのタイプに分けられる。

第1は、観客の入場料収入、放映権料、スポンサーマネー等によってチーム、クラブ、財団等から契約金や年俸等の報酬を受け取るタイプである。その中には、プロ野球、サッカー、相撲、プロレスなどが含まれる。ちなみに、相撲には十両以上になると支払われる給料以外に賞金と懸賞金があり、野球には、2軍の年俸最低保証金(440万円)以外に、表彰受賞者はタイトル料という賞金を得ることができる。

第2は、観客の投機によって報酬を得るタイプである。その中には、競馬、競艇、競輪、オートレースといった公営ギャンブル競技が含まれる。競馬は騎乗手当と賞金の5～7％となる進上金、競輪は出場手当と賞金、競艇は出走手当と賞金、そしてオートレースは出場手当と賞金を受け取ることができる。

第3は、スポンサーの賞金やレッスンによる指導料、そして企業との契約金などによって報酬を得るタイプである。それらは、ゴルフ、テニス、ボウリングなどの個人競技であり、中には、ダンスのようにデモンストレーション

の謝金を受け取るものもある。

これら3つのカテゴリーに共通するのは，プロ選手の価値が，競技成績だけで決まらず，選手に備わっているブランド力や人気がスポーツ組織の収益向上に結びつくと判断された場合，その要因も報酬額に影響を及ぼすという点である。加えて，競技から得る収入以外のエンドースメント契約（テレビCM等の商品推奨者としての契約）による別収入も見込まれる。それゆえ近年では，引退後の生活のことも考慮に入れた，エンドーサーとしての選手の「価値向上」といったテーマにも関心が集まる時代となった。

②Jリーグと経済活動
[地域密着型経営と公益性]

Jリーグが，経済的な成功を収めた理由の1つとして，ホームタウン制度の採用がある。これまでの日本のプロスポーツには，地域で独占的に試合をすることを認める「フランチャイズ」の考えはあったが，地域と一体になってスポーツを育てようとする「ホームタウン」という概念はなかった。ヨーロッパのサッカークラブのように，地域に根を張って，地域のスポーツ文化の振興に寄与するようなプロクラブではなく，「地域を借りて」興行を行うというシステムをとってきたのである。

実業団リーグをプロ化したJリーグも，発足当時は，ある特定の企業がスポーツを丸抱えする「企業スポーツ」の色合いが濃く残り，チーム名から企業名を外すことに対して強い抵抗感を示すクラブもあった。しかしホームタウン制度を適用し，チームから企業名を外すことによってクラブと地域の一体感が増し，地域住民や自治体から有形・無形の支援を受けることが可能になった。さらにクラブをスポンサードする企業は，地域支援という社会貢献的なメッセージをマーケティングプランに取り込むことが可能となり，結果としてクラブ・スポンサーの多様化が進んだのである。

公益性が高く，自治体の協力を得やすい地域密着型のプロチームづくりは，浦和や新潟のような成功事例を生み出したが，リーグが発足して20年近い年月が流れた今，1つの曲がり角にきている。例えばJ1の平均観客数は，2008年の19,202人をピークに減少傾向にある。2010年は18,428人に減少したが，2011年シーズンは，開幕戦直後に東日本大震災に見舞われ，平均観客数は15,797人に落ち込んだ。2012年シーズンは，17,566人にまで回復したが，長期的な下降傾向には歯止めがかかっていないのが現状である。

営業収入に関しては，クラブ平均が2008年の34億5,100万円をピークに減少を続け，2010年は30億3,000万円となった。これによって営業収入40億円以上のクラブは，鹿島，浦和，名古屋の3つになり，クラブの縮小傾向に歯止めがかからない状況である。営業収入の減少は選手人件費にも影響を及ぼし，J1クラブ平均で，2008年の16億5,600万円は，2010年に14億2,400万円に減少した。

その一方で，リーグに加盟するチーム数は増加を続け，2012年シーズンにはJ1が18，J2が20チームの計38チームになった。その中で興味深いことは，Jリーグ創設以来19シーズン目で，J1を経験したクラブが26クラブあり，タイトルを獲得したクラブが16クラブもあるという事実である。すなわち，多様なクラブが降格と昇格を繰り返しつつ，財政的に裕福でない中小クラブが，常に団子レースをやっているのが今のJリーグの姿である。言葉を換えれば，低いレベルでの戦力均衡状態が維持されているといえる。ただしそのおかげで，トップリーグへの昇格や優勝といったJリーグの熱気が，広く日本全国に浸透していくという利点もある一方，現在のリーグ運営では，ビッグクラブが誕生しにくい状況下にある。世界的な人気を誇るプレミアリーグ（イギリス）やリーガ・エスパニョーラ（スペイン）では，限られた数のビッグクラブがリーグを席巻し続けており，Jリーグのビジネスモデルとは異なる。

[Jリーグと地域イノベーション]

地域密着型のプロスポーツは，ともすれば域内市場産業として小さなスケールでまとまることが多いが，中には，浦和レッズのように，熱狂的な地元のコアなファンをベースとして，全国的な知名度を獲得するに至ったクラブも存在する。Jリーグは，従来のプロスポーツ経営に，地域密着経営というイノベーション（新しい生産手段）を持ち込んだが，それはプロ野球にも伝播し，千葉ロッテマリーンズ（千葉）や北海道日本ハムファイターズ（札幌）は，親会社のイメージを払拭するとともに地域イメージを強化し，ファンの数を飛躍的に増大させた。

大規模スポーツイベントがもたらす効果には，「社会資本の蓄積」「地域イメージの向上」「地域連帯感の向上」「消費誘導効果」の4つがあるが（原田，2002），日本でも，これらの効果が顕著に示された地域がある。それが新潟である。かつては裏日本の豪雪地帯というイメージの強かった新潟であるが，2002（平成14）年のFIFAワールドカップ大会の開催を契機に，社会資本としての東北電力スタジアムを建設し，そこをホームとするJリーグのアルビレックス新潟を成功させた。現在は観客数が幾分減少しているが，多くのファンが集まるアルビレックスの試合は，新潟に対する誇り（プライド）を喚起し，地域連帯感を高揚する場所となっている。

さらにアルビレックス新潟の成功は，後述するbjリーグの新潟アルビレックスBBや，野球のBCリーグに所属する新潟アルビレックスBCの誕生の契機となり，北信越地域におけるスポーツのイメージを転換させた。加えて，観戦者による土産物購入や飲食，宿泊サービス，交通費への消費支出など，消費誘導効果を生み出す地域観光資源にもなるなど，新潟は，スポーツによる地域イノベーションが最大限実現した地域となった。

[Jリーグと社会貢献活動]

Jリーグに所属するクラブは，すべてが株式会社化されたスポーツ企業であるが，地域との関係を深め，ファンの獲得をめざすために，選手による社会貢献活動が義務づけられている。そのため，育成組織ないしは下部組織に関しては特定非営利活動法人（湘南ベルマーレ）や公益社団法人（モンテディオ山形），あるいは一般社団法人（セレッソ大阪）にしているところもある。「Jリーグ規約第87条の⑥」には，選手の履行義務として「Jリーグの指定する広報活動，ファンサービス活動および社会貢献活動への参画」が明記されている。具体的には，養護施設や高齢者施設へ

の慰問，学校への訪問授業，環境保護活動，ホームタウンイベントへの参加などを行い，協賛企業が重要視する「地域への貢献」を目にみえる形で（企業に）還元している。さらに2007（平成19）年には，公益財団法人日本サッカー協会と連携して，小学校で訪問授業を行う「こころのプロジェクト」の活動を各クラブでスタートさせるなど，社会貢献活動を強化している。

2009（平成21）年の1月から2月にかけ，Jリーグは J1・J2 所属の全36クラブに対して，選手，監督・コーチ，社長（理事長）が参加した社会貢献活動について調査を実施した。その結果，選手・監督・コーチが行った活動総数は年に2,417回であり，08年の2,220回，07年の1,672回を大きく上回った。また1クラブの平均活動回数は67.1回，そして月平均は5.6回であり，2007年の53.9回，月平均4.5回を大きく上回った。参加した選手総数は1,078人で，1人あたりの平均活動数は10.1回，平均活動時間は年に17.3時間であった。活動の内訳では，最も多いのがサッカー教室・サッカーイベントの18.2%，続いてファンサービス（15.1%），サイン会（12.6%），地元イベント（11.7%）が続く。これらの活動は，Jリーグがめざす100年構想に基づくもので，チームの社会貢献によってファンを増やし，リーグ全体の価値を向上させるために行っており，目的や方法は，通常の企業が行うCSR（Corporate Social Responsibility）と何ら変わりはない。

ここで注意すべきことは，CSRという概念の正確な把握である。CSRは，「経済的責任」「法的責任」「倫理的責任」「社会貢献的責任」といった4つの責任から構成され（Carroll, 1991），地域への奉仕活動だけがCSRではないということを理解しなくてはならない。Jリーグの場合だと，クラブとリーグは，個々の具体的活動によって「社会貢献的責任」を果たしつつ，モラルの強化に基づいた「倫理的責任」，ファンが求めるサービスやホスピタリティの充実による「経済的責任」，そしてクラブライセンス制度の導入によるリーグとチームのガバナンスの強化による「法的責任」を果たすことによって，クラブとリーグ自体のCSRを充実させるとともに，クラブとリーグのスポンサー企業が行

うCSRを支援する，「プラットフォーム」としての触媒の価値をさらに高めていく必要がある。

③プロ野球と経済活動
[セ・パリーグ人気の均衡]

プロ野球は長い間，球界の盟主として君臨した読売ジャイアンツとセ・リーグを中心に動いてきたが，21世紀になるとそのような構図は変化する。例えば人気のバロメーターを示す観客動員数であるが，2010年のデータでは，1位が阪神タイガース（301万人）で2位が読売ジャイアンツ（297万人）であるが，これに続くのが中日ドラゴンズ（219万人），福岡ソフトバンクホークス（216万人），北海道日本ハムファイターズ（195万人）であり，最も少ないのが，セ・リーグでは横浜ベイスターズ（121万人），パ・リーグでは東北楽天ゴールデンイーグルス（114万人）となっている。セ・リーグの観客動員数の合計は1,231万人であるが，パ・リーグも983万人を動員するなど，両者の差は徐々に縮まっている。

これまで球団の売上高には，放送権料が寄与してきた。例えばセ・リーグの球団においては，読売の中継試合で発生する1試合1億円以上の放送権料が，ゲームの主催球団の売り上げに大きく貢献してきた。しかし，現在の放送権料は半減しており，売り上げの多くを入場料収入に頼っている。明確な数字の裏づけはないが，これまで何年も継続して黒字化を達成しているのは，阪神，読売の2チームと，ローコスト経営を徹底している広島東洋カープに限定される。

朝日新聞GLOBEによれば，2011年の球団の売上高については，福岡ソフトバンクホークスが247億円で1位，読売ジャイアンツは218億円の2位である（朝日新聞GLOBE, 2011）。阪神タイガースの数字は公表されていないが，観客動員数をみても，おそらく1位と2位の近くに位置すると考えられる。反対に売上高が低いのは，セ・リーグでは横浜ベイスターズの85億円，パ・リーグは東北楽天ゴールデンイーグルスの82億円で，観客動員数と関係が深い。また選手の平均年俸に関しては，1位が阪神タイガースの5,546万円，2位が福岡ソフトバンクホークスの5,278万

円，3位が中日ドラゴンズの4,882万円で，読売ジャイアンツは4位の4,729万円となっている。その一方で，平均年俸が最も低いのは，セ・リーグでは広島東洋カープ（2,638万円），パ・リーグではオリックス・バファローズ（2,798万円）である。

[今後の球団経営について]

今後の球団運営を考えた場合，キーワードとなるのが「地域密着経営」と「球場との一体経営」である。

1つ目の「地域密着経営」であるが，パ・リーグの北海道日本ハムファイターズや千葉ロッテマリーンズが実践した地域密着型経営は，ロイヤルティの高いコアファンの数を増加させるのに効果的であった。北海道日本ハムファイターズは，2005年の136万人から，現在では200万人に迫る勢いであり，千葉ロッテマリーンズは，2004年に20億円だった売上高を，2010年には4倍の約80億円に伸ばした。地域密着化が著しい阪神タイガースをみればわかるように，観客の多くがコアファン化し，常時4万人以上の集客が見込める球団は，経営的にも安定し，黒字化を視野に入れることが可能である。

2つ目の「球場との一体経営」については，多くの課題が残されている。球団に球場の営業収入が入らず，しかも高額の球場使用料を請求される場合，球団経営は厳しさを増す。現在，親会社やグループ会社が球場を運営し，資本的にも一体化しているのは，阪神タイガースとオリックス・バファローズだけである。指定管理者制度を活用して，球場の営業収入が入る仕組みを確保したのは，千葉ロッテマリーンズ，広島東洋カープ，東北楽天ゴールデンイーグルス，埼玉西武ライオンズ，福岡ソフトバンクホークスの5球団であるが，その中でも，新設されたマツダスタジアムに移転した広島東洋カープは，自前でフルスペックの経営を行うことをやめ，専門的な知識が必要となるスポンサー獲得やフードサービスを三井物産のグループ会社に委託するアウトソーシング方式に切り替えた。2010（平成22）年には，広島色の濃い「広島風お好み焼き」や「広島風つけ麺」「かきめし」「尾道ラーメン」など，広島ならではのメニューを100種類提供し，会場初年度（2009年）比153%の20億円

を売り上げた。

また新球場は，観客動員数にも大きな影響を与えた。06年から08年の広島の観客動員数はそれぞれ101万人，113万人，139万人であったが，新球場に移転した09年には48万人増の187万人，年間売り上げはこれまで最高の117億円を達成した。観客数の前年比58.5％増は，2番目の福岡ドーム（28.2％）の倍以上となる過去最大の押し上げ効果となった。

④大相撲と経済活動

[大相撲の歴史的発展]

大相撲は，神社，仏閣の建立・修築の寄付集めに行われた勧進相撲の興行が，江戸で定期的に行われるようになった1751（宝暦元）年が起源とされている。1757（宝暦7）年からは江戸相撲として毎年興行が行われるようになり，1763（宝暦13）年になると年2回の本場所興行へと移行した。その後江戸時代の中頃より，相撲は寺社への寄進という勧進相撲の本来の目的から離れて，営業本位となる。これが現在のプロスポーツとしての大相撲の原型である。

このように，相撲は日本で最も古いプロスポーツであるが，それから250年を経た現在も，国民的スポーツとして多くの日本人に親しまれている。戦前から大阪国技館には2万人の観客が押し寄せるほどの人気を誇った。戦後も人気は続き，1989（平成元）年の11月場所から1997（平成9）年の5月場所まで，チケットがほぼ売切する「満員御礼」状態（95％以上の入場率）が666日も続いた。その後，若貴ブームがピークを過ぎた頃より，相撲人気は徐々に下降し始め，2002（平成14）年には5場所すべてにおいて大入りゼロという危機的な状況に陥った。2006（平成18）年になると，景気の回復とともに，朝青龍以外の外国人・日本人力士の活躍も目立ち始め，大入りの回数が増え始め，3月の大阪場所では9回の大入りを記録した。

[下降する大相撲人気]

しかしながら，組織のガバナンスに大きな問題を抱える相撲協会にはトラブルがつきまとい，力士暴行死（2009〔平成21〕年初公判），ロシア人力士大麻問題（2008〔平成20〕年），暴力団観戦（2010〔平成22〕年），そして野球賭博問題（2010〔平成22〕年）などが続き，公益法人としてのあり方が問われるようになった。特に野球賭博の余波は大きく，2010（平成22）年の名古屋場所（7月）ではNHKの生中継の中止や力士の大量謹慎などが決定され，これによって1985（昭和60）年から続けてきた名古屋場所初日の大入り記録が途切れることになった。ちなみに現在の大入りの基準は満席状態の90％にまで緩和されている。

年間を通して6つの場所がすべて大入り満員になり，チケットがプラチナ化した時代は過ぎ去った。大相撲が，人気の面で長期的な構造不況に入った背景には，不況による企業接待の減少や，他のプロスポーツやレジャー活動との競合といった外的な要因のほか，スタープレイヤーとしての人気力士の不在や，戦略的な集客マーケティングの不在，そして陰湿ないじめや八百長問題の顕在化といった内的な問題が存在する。さらに格式を重んじる伝統スポーツゆえに，狭い桟敷席の存在や相撲部屋による力士養成制度など，これまでの伝統がかえって足枷となって改革が進まないという運営上のジレンマも存在する。

このような問題が一気に噴出したのが2011（平成23）年である。八百長問題で春場所を取りやめ，5月に無料公開で技量審査場所を実施したために，チケット収入と放送権料が激減し，48億8,000万円の赤字を計上した。その中には，相撲案内所（相撲茶屋）や勧進元への補償などで発生した3億7,000万円も含まれている。

[復活する大相撲]

かつて大相撲が全国的なファン開拓に成功した理由の1つに，弟子のスカウトと地方への啓蒙活動を目的として行われてきた地方巡業という制度がある。これは，一種独特な厳粛な雰囲気の中で行われる猛稽古を，地方を移動しながらファンにみせる公開練習イベントで，日頃，テレビでしか相撲をみることのできない地方の人々に，初切，相撲甚句，髪結い，横綱の綱締め実演，土俵入り，幕内・十両力士の迫力ある取り組みといった伝統的な稽古を1日パッケージで提供する，いわば相撲のバックステージ（舞台裏）ツアーでもある。

地方巡業は1992（平成4）年の年間94日間をピークに減少を続け，2005（平成17）年には1958（昭和33）年以降最少の15日間にまで落ち込み，一時は中止という声まで聞こえたが，現在は自主興行から地元の勧進元に興行を売る「売り興行」に形を戻して再開した。2010（平成22）年には，前述の野球賭博事件の余波で地方巡業は中止となったが，2012（平成24）年4月に，相撲発祥の地とされる奈良県葛城市で再開された。海外巡業については，1993（平成5）年のアメリカ巡業を最後に中断していたが，13年ぶりの2006（平成18）年に再開され，台湾（同年），ハワイ（2007〔平成19〕年），ロサンゼルス（2008〔平成20〕年），モンゴル（同年）で行われた。その後，世界的不況の影響などで再度の中断となったが，2013（平成25）年にはジャカルタで巡業が再開されるなど，国際化に向けた努力がアジアで動き出した。

さらに，公益法人に移行した2012（平成24）年11月の九州場所では，1997（平成9）年以来となる5日間以上の大入りを記録した。その背景には，16場所ぶりに東西の横綱が揃ったことや，終盤戦の13日目が祝日だったという理由があるが，ファンの間には，底を打った相撲人気が再び上昇気流に乗り始めたという期待感も存在する。

⑤bjリーグ：第四のプロスポーツ

2013（平成25）年現在，日本には，プロ野球が12チーム，JリーグはJ1，J2，J3合わせて51チームあるが，プロチームと無縁の都道府県も多く残されている。そのような隙間を埋めるかのように，最近では，第四のプロスポーツとして，男子プロバスケットボールのbjリーグのチームづくりが活発化している。2005（平成17）年に6チームでスタートしたbjリーグも，2010（平成22）年には14チーム，そして2013（平成25）年には21チームに拡大する盛況ぶりである。最初は，東京，さいたま，新潟，大阪，大分，仙台を本拠地とする6チームで始まったが，その後，高松，富山（06/07シーズン参入），沖縄（07/08シーズン参入），浜松・東三河（08/09シーズン参入），宮崎，島根，秋田（10/11シーズン参入），さらに千葉，神奈川，岩手，長野（11/12シーズン参入），群馬（12/13シーズン参入），さらに青森，奈良（13/14

シーズン参入予定）など，県内にこれまでプロスポーツのチームやクラブがなかった地方にも伝播していった。

その背景には，Jリーグに比べて，雇用する選手やスタッフの数が少なくて済み，1チーム当たり約1.5億円から3億円程度の資金で運営できる利点がある。いずれの地域も，地元企業や行政がチームの立ち上げに熱心である。例えば10/11シーズンから参入した「宮崎シャイニングサン」（13/14シーズンは脱退）は，本拠地を置く都城市と協力して「雇用創造先導的創業等奨励金」（厚労省）を獲得したが，この動きからも，地元雇用を生む新産業に対する行政の期待が読み取れる。

一般に，地域密着型のプロスポーツは，数億円という事業規模に比べ，訴求効果が格段に大きいことが知られている。リーグの一員として，ホームとアウェーで全国のチームとゲームを行うが，上位チームに与えられるプレイオフ進出に絡む権利を得ることができれば，リーグ優勝という果実が視野に入る。地域名を冠したチームの活躍は，そのまま地域のブランド力の向上にもプラスに機能するなど，地域にとって投資効果の大きい事業となる。

⑥ヨーロッパにおけるプロスポーツと経済活動

［ヨーロッパにおけるプロスポーツ］

海外のプロスポーツといえば，MLBやNBAといった北米のプロスポーツを頭に思い浮かべるが，ヨーロッパにおいてもプロスポーツは巨大な市場を形成している。その中で人気・市場規模ともに最大のスポーツはやはりサッカーである。それ以外にもイタリア，スペイン，ギリシャで盛んなプロバスケットボールやプロバレーボール，ドイツのハンドボールや卓球，フランスや英国のプロラグビーなど，その種類は多彩である。

加えてテニスのウィンブルドン大会や，ゴルフの全英オープン，フランスのツール・ド・フランス（自転車），ル・マン24時間レース，そしてパリ－ダカール・レースに加え，サッカーの欧州選手権（ユーロカップ）やクラブ欧州一を決める欧州チャンピオンズリーグなど，世界的に著名なスポーツイベントも数多く開かれている。ただし，ヨーロッパで行われているメジャーなスポーツがすべてプロ化されている訳ではなく，プロとアマの境にあるスポーツも多い。その中には，リーグはアマチュアであるが，選手の一部はプロとして活躍しているという，わが国のトップスポーツリーグの状況に類似したケースも多い。

北欧で盛んなアイスホッケーがその典型的な例であり，リーグはアマチュアであるが，一流選手はアメリカのNHLに行くか，地元でプロ選手として活躍する。例えばフィンランドの場合，アイスホッケーは国内最大のチームスポーツであり，10のディビジョンに467のクラブ，そして6万人の登録選手がおり，これを500万人のファンが支えるなど，盤石の国内組織をもっている。

フランスのプロラグビーもよく知られている。その最高峰であるエリート1と呼ばれる1部リーグでは，8月下旬から翌年の6月中旬までリーグ戦が行われ，7月にファイナルチャンピオンシップが行われて優勝が決まるシステムである。シーズン途中にはカップ戦が加わり，フランスリーグの上位チームがヨーロッパカップに進出することになる。

日本ではマイナーな競技スポーツである卓球も，ドイツではプロリーグが存在する。ドイツの卓球リーグは1部から8部まであるが，そのうち1部と2部をブンデスリーガと呼び，1部は世界最強のプロリーグであり，世界から有数のプレイヤーが集まっている。ドイツのクラブは国からの補助金がないため，企業スポンサーが重要な役割を果たしており，競技成績がすべてという厳しい世界である。

［ヨーロッパにおけるプロサッカー市場］

ヨーロッパ最大のプロスポーツであるサッカー市場の場合，2010/11シーズンの市場の総額は169億ユーロ（1ユーロ115円として1.33兆円）という規模である。例えば日本の2大小売りチェーンであるイオンとセブン＆アイ・ホールディングスの連結総売り上げは，それぞれおおよそ5兆円なので，ヨーロッパのサッカー市場は，それぞれの5分の1程度の規模ということになる。しかし，前述したように，社会・文化への訴求力や，そこに生まれる「感情の総量」という点では，サッカーの影響力は無限である。

169億ユーロの欧州サッカー市場のうち，イギリス（プレミアリーグ），イタリア（セリエA），スペイン（リーガ・エスパニョーラ），ドイツ（ブンデスリーガ），フランス（リーグ・アン）の5大リーグ（ビッグ5）の国内トップディビジョンの総収入が最大の51％（86億ユーロ）を占める。最大規模がイギリスの25億ユーロであり，ドイツの18億ユーロ，スペインの17億ユーロ，イタリアの16億ユーロ，そしてフランスの10億ユーロが続く。

イギリスのプレミアリーグの巨額の収入を支えるのが放送権料であり，92/93シーズンから96/97シーズンの5年間は3億ポンドだった放送権料はその後高騰し，97/98シーズンから00/01シーズンの4年間では6.6億ポンドへと倍増した。その傾向はさらに続き，01/02シーズンから03/04シーズンの3年間は，11.1億ポンドへと急増した。しかしながら，BスカイBの独占を嫌うリーグは，04/05シーズンから土，日，月曜の試合の放送権を分割して1局支配の排除をねらったが，ある曜日に他局が割り込むことによって起きる加入者の解約を恐れたBスカイBがすべてを買い上げることになった。しかし結局これが裏目に出て，04/05シーズンから06/07シーズンの3年間は，前回の契約を下回る10億2400万ポンドに落ち着いたのである。しかしながら，その後，放送権料はさらに高騰し，13/14シーズンから3年間で，30億1,800万ポンド（1ポンド141円として約4,230億円）でBスカイB等と契約を結んだ。その理由の1つは，中国を筆頭とするアジア市場や中東市場におけるプレミアリーグ人気が支える海外マーケットの急成長である。

⑦プロスポーツがもたらす新しい価値

本項では，野球，サッカー，大相撲，バスケットボールの4つを対象として，プロスポーツの経済活動について論考を進めてきたが，北米の4大プロスポーツやヨーロッパのサッカー市場のように，世界には，日本のプロスポーツをはるかに上回る経営規模を誇るプロスポーツが存在する。日本のプロスポ

ーツの特徴は，内需頼みではあるが，地域と密接に連携した安定経営にあり，住民に対する「娯楽提供装置」としての役割のほかに，地域の産業振興や地域活性化を担う「触媒的装置」の役割を担っている点にある。さらに代表チームになれば，国民のプライド（誇り）を喚起し，2002（平成14）年FIFAワールドカップ日韓大会のように，隣国との関係を改善する「平和維持装置」としての役割も期待されるようになった。

このように，プロスポーツの経済規模と訴求力が増大するにつれ，プロスポーツに求められる役割は多様化し，地域に不可欠な「触媒的装置」としての存在感が増すようになる。わが国には，売り上げ規模が数千億円の企業は多く存在するが，それらが倒産しても，大多数の国民がショックを受ける訳ではない。しかし，もしプロ野球やJリーグが倒産のために消滅し，明日から野球やサッカーの試合をみることのできない状態が出現したら，暴動が起きる可能性もある。プロスポーツには，経済規模だけでは測れない，無限の価値が内包されている。

さらに，プロスポーツの経済的な影響力が大きくなるということは，プロスポーツに課せられる社会的使命と責任が重くなるということで，選手には，球場やスタジアムでのパフォーマンス以外に，社会貢献への積極的な参加が求められる。その意味からも，「社会貢献を通したプロアスリートの価値向上」も，これからのプロスポーツが取り組むべき重要な課題の1つである。

参考文献　　　　　　　　　　　　　　05.8.01

- 朝日新聞　GLOBE　No.70「プロ野球ビジネスどこへ？」（2011年9月4日付）http://globe.asahi.com/feature/110904/index.html（2013年1月4日）
- 澤井和彦．2007．「スポーツ産業の定義と可能性，江戸川大学スポーツビジネス研究所」『スポーツBIZガイド'07－'08』日経BP企画
- 原田宗彦．2003．『スポーツイベントの経済学』〈平凡社新書〉145．平凡社
- Carroll, A.B. 1991. The pyramid of corporate social responsibility: Toward the moral management of organizational stakeholders. *Business Horizons*, 34 (4): 39-49.

（原田宗彦）

スポーツと労働市場　　　　05.8.02

① スポーツの植民地化戦略

1990年代から自宅に居ながらにして，テレビやインターネットなどのメディアを通じて外国のスポーツ中継を楽しむことができるようになった。それまでは外国スポーツに関する情報は新聞や雑誌で得るしかなかったが，今では，海外からのスポーツ映像に日本人選手の活躍する姿をみることも少なくはない。

日本へ向けて放送されている外国のプロスポーツ中継は，スポーツ組織の市場拡大戦略の1つである。例えば，メジャーリーグでは日本から選手を輸入し，試合という商品に加工して日本に輸出している。これは日本で新たなファンを獲得することによって，収益に結びつけるという経営手段の1つである。これまで球団の本拠地だけでテレビ中継をしていたところを，外国でも試合を中継することで，外国のテレビ局からも放映権料を得ることができる。主に地域のファンを対象に販売していたライセンス商品の販売の市場を拡大することができる。また，外国から観光を兼ね，試合を観戦する人が出てくることなどの直接的な収入を得ることもできる。

このように，財政力や競技レベルで優るスポーツ組織は他国から選手を引き抜き，自国のスポーツ組織でプレイさせる。選手を引き抜かれた国は選手を失うだけではない。ファンごと引き抜かれる可能性がある。ファンは，ひいきの選手が抜けたスポーツに対する関心を失い，外国のよりレベルの高い試合をテレビやインターネットを通じて観戦するようになっていく可能性がある。

人気スポーツは200以上の国と地域へ向けて放送されている。素材である選手の輸入と，加工品としての試合の輸出を繰り返すことによって，他国のスポーツを"植民地化"するような現象が，多くのスポーツ種目でみられるようになってきた。選手を引き抜かれる側の組織では，外国のチームから支払われる移籍金や交渉権利金で自衛し，共存共栄をめざしているが，この繰り返しが行われることで外国のリーグの"下部組織"へと転化していく恐れもある。

"植民地化"や"下部組織化"の主な要因は次のようにまとめられる。それは1）外国にも中継できるテレビ中継技術の発達やインターネットの普及，2）国内市場の飽和感から他国へ市場拡大を求める動きの活発化，3）選手の年俸高騰化から，国と国との経済格差を利用して，他国からより安い契約金や年俸で選手を獲得する動きが強まった，4）契約交渉を代行して，契約金，年俸の一部を収入とする代理人のビジネスが確立し，選手の国境を越えての移動を促す存在になっている，5）フリーエージェントやボスマン裁定など選手の移籍に関する権利が保障されるようになったことである。

経営者側の経営努力と選手側のよりよい条件を望む両サイドの姿勢に，テレビやインターネットなどの技術の進歩が絡んで，"植民地化"や"下部組織化"が進んだものと思われる。

また，選手の輸入，試合の輸出だけでなく，プロスポーツの経営者側による中長期的な"植民地化"戦略と思われる事例もある。それは，その種目があまり根づいていない地域や外国で試合を開催するケースである。これらは当日の入場券販売による収入だけを目当てにしているものではなく，後にテレビ中継で試合を観戦し，関連商品を買ってくれるファン層を形成していく目的を兼ねている。スター選手がオフシーズンに外国に出向き，無料で子どもたちに指導をすることもある。これらも，外国の子どもたちが，将来的に戦力になることを期待してのコーチングではなく，子どものうちから試合を観戦してくれるファンを育成する意味合いが強いだろう。もちろん，外国で育成した選手が，自国の組織に入って活躍することになれば，すぐに外国へのテレビ中継や関連商品の販売につながることになる。

② アメリカのプロスポーツにおける市場拡大の事例

アメリカの4大プロスポーツであるメジャーリーグ（MLB），アメリカ・プロバスケットボール（NBA），アメリカ・プロフットボール（NFL），アメリカ・プロアイスホッケー（NHL）は他国のプロスポーツ組織に比べて豊富な資金を持ち，競技能力の高い選手たちを保有

する。

　移民で成り立つアメリカではスポーツ組織の創立当初から戦力補強を目的として外国出身の選手と契約してきた。古くから興行やスポーツの普及をめざして他国に遠征し，そこでの試合も開催してきた。しかし，1980年代頃から外国人選手との契約が急激に増加し，他国で試合を行う件数も目立って増えるようになってきた。ちなみに日本のプロ野球やプロサッカー，欧州プロサッカーには保有できる外国人選手数に制限があるが，アメリカの4大プロスポーツでは外国人数に制限はない。

　アメリカ・プロスポーツのなかで，最も早く，海外への市場拡大に成功したのはNBAである。NBAの成功に刺激され，他のプロスポーツも積極的に海外進出するようになった。

　NBAは1988年の第24回オリンピック大会（ソウル）では，アマチュア選手で編成された代表チームが銅メダルに終わったことから，1992年の第25回大会（バルセロナ）にはNBAのプロ選手による「ドリームチーム」を作った。このことで世界の舞台で米バスケットボールのスター選手の活躍が認識された。これとほぼ同時期の1988年，NBAはヨーロッパで試合を開催するようになった。前年度優勝チームが，ヨーロッパのクラブチームや代表チームとプレシーズン大会を行ってきた。1990–91年シーズンの開幕戦，フェニックス・サンズとユタ・ジャズのカードは東京で開催され，北米以外での公式戦として話題になった。この後，シカゴ・ブルズのジョーダン（M. Jordan）選手が世界的なスーパースターとして各国のファン層を拡大するのに大きく貢献した。

　2002年には中国からヤオミン（姚明：Yao Ming）を獲得した。ドラフトで指名したヒューストン・ロケッツと契約したミンは，ジョーダンに次ぐ経済効果をNBAにもたらしたといわれている。ヤオミンの入団翌年，ロケッツの観客動員は前年より17％増加した（Gems, G.R., Borish, L.J. *Sports in American History.* Human Kinetics. 2008. 306）。2004年にはヒューストン・ロケッツとサクラメント・キングスのカードを，中国でプレシーズンゲームとして行っ

ている。中国では6社のテレビ局でNBAの試合が放映されていた。中国ではバスケットボールは人気スポーツの1つであることから，中国でのNBA人気は高まり，市場開拓は今のところ成功したといえる。2008年，NBAでは人口の多いインドでもプロモーション活動を開始した。NBAが外国で販売する商品の売り上げ額は年間7億5,000万ドルに達する(http://www.time.com/world/article/0,8599,1558008,00.html)。

　また，NBAだけでなく，アマチュアであるアメリカの大学でも，外国にいる優秀な高校生をスカウトして自らのチームでプレイさせることがある。

　一方，NBAに次いで海外進出で成功しているメジャーリーグでは，創立間もない1920年頃地理的に近く，野球が定着していたキューバなどからの選手を獲得してきた。アメリカとラテンアメリカの国々との経済格差から，選手と安い金額で契約できるのが魅力だった。1980年代頃からは，メジャーリーグ各球団がドミニカ共和国やベネズエラにアカデミーと呼ばれる選手養成所を作り，そこから選手を供給するようになってきている。ドミニカ共和国やベネズエラは，メジャーリーグ傘下のマイナーリーグがあり，メキシコリーグもメジャーのマイナー傘下と公式に同等扱いされていることから，ほぼ完全に植民地化されているといっていいだろう。しかし，ラテンアメリカに対しては加工商品としての試合を輸出しても，購買能力がそれほど期待できないことから，良質で安価な選手の供給源とされている。

　1995（平成7）年には日本とメジャーリーグ間で流れを一気に変える出来事が起こった。当時，近鉄に在籍していた野茂英雄が任意引退して，メジャーリーグのドジャースと契約した。2001（平成13）年にはイチローがポスティング制度でマリナーズに入団した。この後も松井秀喜，松坂大輔ら日本球界を代表するスター選手が次々とメジャーリーグへ移り，2008（平成20）年には田沢純一が日本のプロ野球を経ずにメジャーリーグの球団と契約した。この間にもメジャーリーグは日本で開幕戦を開催しており，テレビ中継を通じて試合を輸出するだけでなく，現地に試合を調達して生でファンに観戦してもら

う機会を設けた。野茂以降の日本人選手の活躍で，日本におけるメジャーリーグ人気は定着し，市場拡大の戦略として成功を収めている。

　メジャーリーグはこのほかにも韓国球界や台湾球界からも選手を獲得している。最近ではインド人選手や中国人選手ともマイナー契約を結ぶ球団が出てきた。メジャーリーグは中国でオープン戦を開催し，公認の育成機関を作った。インド人や中国人選手が即戦力になるとは期待されていないが，野球人気につながるように種をまく戦略であるといえる。これらの国へスポーツを広めることは海外企業とスポンサー契約を結ぶ可能性にもつながる。

　また，NFLでは，アメリカでは最も人気のあるスポーツで積極的に海外市場を開拓する試みも行ってきた。1986年にはロンドンでアメリカン・ボウルを開催し，約8万6000人を動員した(http://sportsbiznews.blogspot.com/2007/10/globalization-of-north-american-major.html)。

　このほかにもスウェーデン，カナダ，日本，ドイツ，アイルランド，スペイン，オーストラリアなどで試合を行ってきた。1995年には選手の育成を兼ねるヨーロッパ・リーグを設立したが，ヨーロッパで人気を得るのには苦戦した。アメリカ生まれのスポーツはサッカーの人気に押され，NFLに選手を供給する源にはならず，3,000万ドルの赤字経営のため，2007年を最後に終了した。外国でのリーグ運営をあきらめ，多くの公式戦を外国で開催する方針に変更した。

　そして，一方でメキシコや日本，太平洋の島々では一定の成功を収めた。子ども向けにはフラッグフットボールと呼ばれるゲームが紹介され，日本は200近い大学チームがアメリカンフットボールかそれに類似する競技を行うようになった。収入にも競技の普及度が表れており，2002年時点で，NFLの国際収入は1億万ドルに達し，メキシコだけでもNFLの承認商品だけで1,600万ドルの売り上げがあったとされている（Gems, Borish. 2008. 306）。

　アメリカの4大プロスポーツの中でも，NHLは隣国カナダやヨーロッパと深くかかわっている。NHLを代表するスター選手はカナダ出身の選手が

多い。また，リーグ全体でもカナダに本拠地を置くエドモントンやトロントのチームがリーグの強豪であった時代もある。本来ならアイスホッケーには向かない温暖なカリフォルニアやフロリダにもチームが作られるようになった。もともとはカナダで人気を得ていたスポーツが，アメリカで広がっていったと考えるのがよいだろう。先に述べたように1980年代頃から，各種目で外国選手の獲得や市場拡大が盛んになってきたが，NHLではその傾向とともに東西の冷戦構造が終末を迎え，ロシアなど東欧の選手がアメリカに入ってくる流れができた。NHLではロシアのリーグ（KHL）と提携して，選手が両リーグを移籍できる仕組みができている。また，NHLにおいても日本は重要な市場とみなされ，1997年には東京でシーズン開幕戦を開催し，1998年には東京で，2000年には埼玉県でも試合を開催した。

③ヨーロッパのプロサッカーにおける市場拡大の事例

ヨーロッパのプロサッカーリーグでも，1900年代前半からヨーロッパ内の他国から選手を獲得し，南米からの選手と契約することは珍しいことではなかった。1933-34年のイタリアプロリーグにはアルゼンチンから22人，ブラジルから19人，ウルグアイから10人の選手がいた（Lanfranchi, P., Taylor. M. *Moving with the ball*. Berg. 2001）。かつてヨーロッパが中南米を植民地にしていた名残からヨーロッパから中南米に移住していった人たちが，サッカーを通じて祖国に戻っているケースも少なくない。

しかし，サッカーでも1980年代頃から国外チームへの移籍のニュアンスが変化してきている。それ以前は，外国チームに移籍するのは国際大会でのキャリアが終わりかかっている選手が多かった。移籍傾向の変化を表す象徴的な出来事としては，1986年のワールドカップではヨーロッパのプロリーグで活躍するマラドーナ（Maradona），ブルチャガ（Burruchaga），バルダーノ（Valdano）の3選手がアルゼンチン代表としてチームを牽引したことが挙げられる。マラドーナが22歳でバルセロナに移籍したように，1980年代頃から南米の選手たちは20歳代前半かそれ以前にヨーロッパのプロリーグに移籍し，ワールドカップでは母国の代表チームの一員としてプレイするようになっている。移籍年齢は年々若返っており，近年の例をみても，ブラジルのロナウジーニョ（Ronaldinho）は21歳でフランスのリーグへ移籍しているし，アルゼンチンのメッシ（Messi）にいたっては13歳でバルセロナの入団テストに合格している。

1989年にはスイスのグラスホッパーズがビンセンテという選手を移籍させるのに，ビンセンテの在籍していたブエノスアイレスのチームに移籍金として40万ドルを支払った。この金額はブエノスアイレスのチームの年間通じての入場券収入を上回るものだったという（Lanfranchi, P., Taylor. M. *Moving with the ball*. Berg. 2001）。南米のクラブチームは優れた素材（才能）をもつ選手をヨーロッパの強豪チームに移籍させることで，経営の重要な資金になる移籍金や補償金を相手側から得ていた。

アフリカの選手はヨーロッパ人のコーチからのスカウトなどによって，ヨーロッパのプロリーグと契約している。アフリカではいくつかの例外を除いてはプロチームが組織されておらず，ヨーロッパで活躍することがプロとして国際的な評価を得る唯一の道だとされている。アフリカの選手は，伝統的に安い金額で契約できるとされており，ヨーロッパのそれほど資金に恵まれていない中堅チームにとって重要な選手の供給源であるとみられている。

欧州プロリーグの強豪チームは，来日して日本チームと親善試合を行い，関連商品を販売することで市場を拡大している。また，テレビ中継の放映権料が主要な収入源となっている。お金を徴収して視聴者に番組を提供するペイパービューシステムがこれを支えていたが，欧州内では視聴料金が次第に高騰するなどで視聴者離れを招き，テレビ局の経営はもちろん，チームの経営にも大きな打撃をもたらす事態に陥ったことがある。

アメリカ4大スポーツと欧州プロサッカーは1980年代から外国への市場拡大と外国のスター選手獲得が増加している傾向は同じだが，外国人選手との契約に関して大きな違いがある。アメリカ4大スポーツには所有する外国人選手に制限はない。しかし，欧州プロサッカーにはそれぞれの国によって詳細な違いはあるが，EU加盟国外の外国人選手に制限を設けている。自国の選手の育成などを理由に，制限を強化するべきかなど，常に議論が続いている。

④スポーツ選手の獲得競争と報酬の高騰

世界に市場を広げたプロスポーツ組織は，世界中からファンを得るために，他チームより有利な条件を提示してスーパースター選手の獲得をめざす傾向

図1　アメリカ女子プロゴルフに出場中の福嶋晃子

図2　ドミニカ共和国の子どもたち

がある。

現在は巨額の報酬を得ることで知られるプロスポーツ選手だが，怪我や病気への保障もなく，巨額の報酬を得ることができない時代があった。1908年にメジャーリーグのホワイトソックスを舞台に起こった「ブラックソックス」と呼ばれる八百長事件は，事件に絡んだ選手たちが少ない報酬を不満としていたことも事件を誘発した要因だとみられている。本来ならば他のチームとの獲得競争のなかで選手の市場価値が決められていくのだが，オーナー間の共謀により，選手の年俸が低く抑えられていたこともあった。また，選手側が怪我や成績が悪くても報酬が保障される複数年契約の概念が定着するまでには長い時間がかかった。

選手らは選手会を設立し，法的な専門家を立てて，集団で支配者側と闘争し，各種の制度を勝ち取ってきた。選手の年俸に最も大きく影響した制度はアメリカではフリーエージェント制であろう。フリーエージェント制以前では，選手たちは最初に契約したチームが所有権を持ち，移籍の自由が得られなかった。アメリカ4大プロスポーツでは，戦力均衡を目的としてアマチュア選手の獲得に関してはドラフト制度を設けているが，この時点では選手の側にいわゆる「逆指名」と呼ばれるようなチームの選択権はない。メジャーリーグではメッサースミス（A. Messersmith）らが1975年に契約書にサインせず，1年間プレイしたあと，契約からは「フリー」であると主張したことがきっかけとなり，フリーエージェント制度が作られた。契約したチームに一定の期間，在籍すると他のチームと契約でき，所属球団が契約を破棄した場合や契約期限が終了した場合にもフリーエージェントになる。このことで，選手たちは自らの価値を市場に試すことができるようになった。これによりチーム間で選手の争奪戦が起こり，スーパースター選手たちは天文学的ともいえる巨額な契約を成立させていった。メジャーリーグでは2001年にロドリゲス（A. Rodriguez）が，フリーエージェントとして史上最高額の10年契約総額2億5,200万ドルでヤンキースと契約した。球団も買収できる金額として話題になった。2009年のプロスポーツ選手の報酬トップはプロゴルフのウッズ（T. Woods）で，NBAではボストン・セルティックスのケビン・ガーネット（K. Garnett）が年俸2,475万ドルで最高額だった。

ドラフト制は，新人選手の獲得過熱化を防ぐ目的があるが，ここでも契約金が高騰している。2009年にナショナルズと契約したストラスバーグ（S. Strasburg）投手は，代理人が有利な条件を得られない場合は日本球界でプレイすることも選択肢であると交渉し，史上最高額の1,510万ドルを引き出して契約を成立させた。

一方で，欧州サッカーでも選手の移籍を保障する制度ができた。1995年に，ベルギーのサッカー選手ボスマン（J.M. Bosman）が，移籍の自由を求めて，所属していたクラブを訴えた。一般の職業ではEU内の移動が認められていたこともあり，司法はヨーロッパサッカー連合の定める移籍金制度と外国人枠の制度は違法と判断した。これによりEUの国籍をもつ選手が所属クラブとの契約を終了した後の移籍には事実上制限がなくなった。また，ブラジルではペレ法が作られ，これまで選手はクラブと専属契約していたが，一般の労働者と同じように，契約期間が終了すると自由に移籍することができる。ただし，育成するクラブの権益を保護するため，期間内の選手の意思で契約を破棄する場合には，クラブ側が補償金を要求できる。

また，契約交渉を代行する代理人の存在が定着してきたことも選手の年俸高騰につながっている。これまでメジャーリーグでは，ラテンアメリカからのアマチュア選手はドラフト対象外であったため，各球団がフリーエージェントとして契約してきた。ラテンアメリカからの選手は伝統的に安い金額で契約できるとされてきたが，状況が変わってきている。代理人はこれまでアメリカ国内のアマチュア選手にしてきたのと同じ手法で，選手の代理人となり，よりよい市場価値を与えて，有利に契約交渉を運ぼうとする。ラテンアメリカの有望選手は，アメリカ国内の高校生のドラフト1位選手と同レベルという評価を受けて約400万ドルの大金で契約を結ぶ例が出てきた。東欧に人材を求めるNHLでも同じような現

図3　ドミニカ共和国のウインターリーグ

象が起きている。

また，経営者側が世界に市場を求めるため，選手の人気も世界規模のものとなり，用具や広告など企業との契約で得る収入も高額になっている。

一般の労働者と比較すると，大きな報酬を手にした選手たちは，これを慈善事業や社会貢献に還元することが多い。ただ，全選手が単純に「善意」だけで行っているとはいい切れない。暗黙のうちに社会への還元を求められている。税金の対策にもなり，なによりも自らのイメージをアップさせるのに役立つと考えている選手もいる。

高額な年俸は，それに見合う成績を上げなければオーナーはもちろん，入場券や承認商品を買うことで，間接的に選手の高額収入を支えているファンからも反発を買うことになる。先ほど述べたロドリゲスは，ドーピングを認めた時に「プレッシャーがあった」と発言している。また，メジャーリーグをめざすラテンアメリカ出身の選手たちにも一攫千金をねらうために，禁止薬物に手を出すものが多い。

スポーツ選手の得る高額な収入は，貧困な暮らしにある子どもたちの憧れである。国内はもちろん，ラテンアメリカからメジャーリーグ，東欧から北米アイスホッケー，アフリカから欧州サッカーをめざす少年たちが，夢の実現に敗れた時，不法滞在者として異国にとどまるなどの問題も引き起こしている。

図4 野茂英雄とカル・リプケン

⑤ 選手のキャリアプランの多様化

アメリカ国外の野球をする子どもたちは，テレビ中継や新聞報道などから情報を得てメジャーリーグでプレイしたいという憧れをもっていることが少なくない。日本では夢を実現させているイチローを始め，松井や松坂ら日本を代表する選手が活躍している。すでに松坂は高校生時代にドジャースと契約した野茂の活躍をみており，早い時期からメジャーリーグを意識していた。NBAフェニクス・サンズに所属していた田臥勇太も，NBAチームとの契約へ向けて準備をしていた。松坂は日本で実力を確かなものにし，メジャーリーグ球団と契約した。日本石油の田沢は日本のプロ野球界を経ずに，高い評価を金額であらわし，育成面でも綿密な計画を示したメジャーリーグ球団と契約した。彼らは最初から世界を意識している。

また，スポーツをするために大学に留学してくる選手もいる。アメリカでは大学スポーツがプロスポーツの予備軍としても一大勢力を形成していることから，大学がスポーツに秀でた外国の高校生をリクルートする。その留学生がそのままプロスポーツに入っていくケースもある。一般の労働者や学生と同じように，生まれ育った地域や国にとどまるのではなく，その時々の自分の実力に見合う，希望の場所でプレイする。

しかし，外国でプレイすることは容易ではない。言葉の壁のため，コーチやチームメイトとの意思疎通ができないと，戦術や起用法などの理解の障害になる。アメリカ女子プロゴルフではスポンサーが英語の苦手なアジア選手の大会出場に対して難色を示したことがあった。スポーツ選手に重要な食生活の違いにも適応しなくてはいけない。レッドソックスに入った松坂は，投げ込んでコンディションを作っていく調整法を球団に認められなかった。また，選手側でも母国の家族に問題が起こった時には，帰国を許可してもらえることなどを契約の条件に入れているケースがある。

外国で選手生活を過ごした選手たちは，キャリアの途中で母国に戻ってプレイを再開するケースもある。現役引退後は母国の指導者や，外国とのコネクションを生かして，母国の優秀な選手をスカウトして外国のチームやクラブと契約を助ける役割をする人もいる。

⑥ プロスポーツにおけるスポーツプロモーション活動

人気あるプロスポーツでは，そのスポーツの定着をめざして各地で「種まき」をしている。先にも述べたように野球とは無縁と思われる中国で，育成施設を作り，指導者を送り込んでいる。オフシーズンになると選手自らが外国へ出かけて，用具をプレゼントし子どもたちを指導するツアーも行われている。これらは長期的な見通しに基づくもので，後に利益を上げる地域への投資だといえるだろう。また，用具の無料提供は，スポーツ用品業界の世界戦略でもある。「種まき」の活動は常に営業と奉仕の両輪で運営されている。

スポーツを振興することで，貧困層を支援しているケースも多い。貧困層の子どもたちは治安の悪い地区に住んでいることが多く，犯罪に巻き込まれたり，子どもが犯罪者になってしまうことがある。これらをスポーツによって防ごうとする試みがある。アメリカのプロスポーツでは，各地に拠点となる育成センターにあたる施設を設け，用具を与えて，指導している。近年，これらの施設からはプロ入りを果たした選手も出てきている。

プロスポーツは観客からお金を徴収することで成り立っている。景気後退で経済状況が悪化すると，娯楽であるスポーツはすぐに影響を受ける。過去には収入の少ない労働者の娯楽だった時代があったが，現代では人気スポーツの人気カードの入場券は高額で，場内での飲食物などを含めると相当な出費となる。2008年からの景気後退により，スポンサーは軒並みスポーツ離れを起こし，アメリカ・プロスポーツでは，多くの種目で観客動員が減少する見通しとなった。各スポーツ，各チームが次々と入場券の値下げを発表し，これまで認めていなかった「弁当の持ち込み」を許可したところもある。ある経営者は「値下げをして収益が減っても，観客に足を運んでもらわないことにはどうにもならない」と話している。今後も海外に市場を求める動きは続くと思われるが，多くの地域のファンが球場やスタジアムに足を運び，試合を観戦してくれなければ，経営は成り立たないことを示している。

〔谷口輝世子〕

市民スポーツの経済活動　05.B.03

① 公共スポーツサービスと経済

公共スポーツサービスとは，国や地方公共団体の行政主体が，人々のスポーツ享受を充足させるための整備の総称である。サービス内容は公共に供することであり，それを経済的視点でみた場合，公共スポーツサービスが最小限の費用と資源から最大限の効用を引き出すというのは，単なる行政主体の財政上の効果（金銭的価値）を意味しない。住民の実際の生活レベルでの事象を社会経済的な効用として対象化しない限り，公共に供するということはあり得ないのである。公共スポーツサービスにはそうした固有の視点から論評を加える必要がある。

わが国の公共スポーツサービスが，国や地方公共団体の行政施策として，制度上明確に位置づけられるようになったのは，1961（昭和36）年のスポーツ振興法制定からである。法制定後は1964（昭和39）年の第18回オリンピック大会（東京）開催を契機にスポーツの大衆化現象が加速する。大衆化に伴う運動・スポーツ需要に応えるため公共スポーツサービスの整備は，行政の基本計画に基づいて進められた。

例えば欧米を中心にみると，アメリカの「野外レクリエーション計画」，西ドイツの「ゴールデンプラン」，イギリスの「スポーツのための計画」を始め，わが国では1972（昭和47）年の「体育・

スポーツの普及振興に関する基本方策について」が代表的なものである。21世紀を迎えた2000 (平成12) 年には，わが国初の「スポーツ振興基本計画」が発表された。こうした国の計画は，地方公共団体の計画策定にも大きく影響した。

このように1960年代から本格化したわが国の公共スポーツサービスは，その整備の財源が公的資金である以上，行政計画にも基づいた適正な資金活用が求められてきた。このため計画遂行の適正化と資金活用の公益性が論じられる中では，幅広い受益者の最大限の効用が想定されなければならなかった。ここに公共スポーツサービスの経済活動が成立する要素がある。

同時に，公共スポーツサービスは，組織的なスポーツ享受者から未組織的なスポーツ享受者までの幅広いスポーツ参加者をはじめ多くの住民の社会公益性に供することが求められる。それは，例えば「住む，費やす，働く，育てる，癒す，遊ぶ，学ぶ，交わる」のような指標で表されるQOL (Quality of Life：生活の質の向上) として，公共スポーツサービスの社会公益性を最大限に問うことでも十分である。

公共スポーツサービスの内容は，法整備のような無形のものからスポーツ施設整備のような有形のものまで多種多様である。図1に，具体的な公共スポーツサービスの内容として想定されるものを明示した。公共スポーツサービスは，国や都道府県，地方公共団体といった行政主体が行う内容だけではない。スポーツ享受層の基盤である個人は，自分自身の生活構造などの主体的条件や気候，場所などの物理的な条件と併せて，運動・スポーツ内容を選択していく。この選択過程において，運動・スポーツ欲求をもった人々が最低限のスポーツサービス (シビルミニマム) を享受できることが，公共スポーツサービスの重要な視点である。この基準が国や地方公共団体の行政主体はもちろん統括組織やクラブ・サークルの集団，個人，指導者，施設の管理主体によって維持される必要がある。

今後は行政が独占してきた公共サービスに民間企業やNPO等の民間主体を活用するPPP (Public Private Partnership: 公民パートナーシップ) を導入し，民間のノウハウ・創意工夫・柔軟性等を生かしていくことが不可欠である。このように公共スポーツサービスの主体間の協働は，費用対効果はもちろん市民主体の社会編成セクターを創造していく効用が期待される。公共スポーツサービスは，公的資金を適正に有効活用するために民間資本の強みを活用して，スポーツ享受のシビルミニマムを保証すると同時に，市民の社会公益性に供する「住む，費やす，働く，育てる，癒す，遊ぶ，学ぶ，交わる」のようなQOLと相対化していくことが経済的な意味での論点であろう。

② スポーツNPOの財源

スポーツNPOとは，スポーツの普及振興を通して社会公益的な活動を行う民間非営利組織の総称であり，NPOは民間非営利組織 (Non Profit Organization) の略である。この組織は，収益事業による営利を主たる使命としない。したがってNPOの活動は，国や地方自治体，民間企業など多様な供給先の資金が支えることになる。さらに，NPOが行う様々な事業は，広く社会公益的に供する。スポーツNPOの財源は活動資金の獲得と社会公益的な資金活用を併せて考える。

そもそもNPOは，広義には「民法34条法人」といわれる社団法人および財

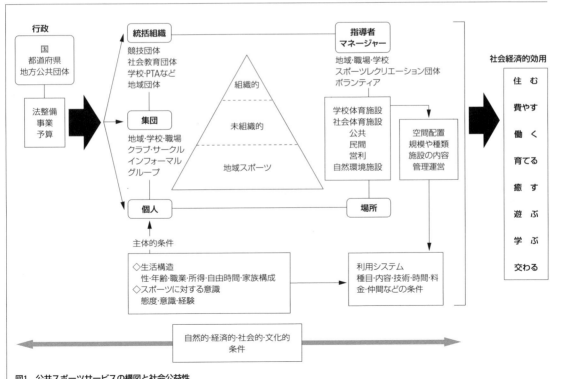

図1　公共スポーツサービスの構図と社会公益性

団法人のほか，特別法に基づいて設立される公益法人をも包括する。一方狭義には，1998（平成10）年12月，「市民が行う自由な社会貢献活動として特定非営利活動の健全な発展の促進」を目的とした特定非営利活動促進法（NPO法）の定めるところにより設立されたNPO法人（特定非営利活動法人）である。スポーツNPOの多くは，特定非営利活動法人格を取得した組織である。

日本のスポーツ振興は，公的セクターである国や地方公共団体が，スポーツにおける施策を計画化し，それに基づいて公共スポーツ施設整備を主とする多様な公共スポーツサービスを行ってきた。他方，主として競技スポーツの振興では，トップアスリートの育成母体に民間企業が重要なセクターとしてあった。スポーツNPOは，機敏性を生かして行政での対応が十分ではなかった公共スポーツサービス分野を補って社会公益性を担う。つまり，行政をはじめとした公的セクターと企業をはじめとした民間セクターに並んで，公共スポーツサービス分野を担う新しい社会経済セクターとして位置づくのである。

スポーツNPOは「行政」や「企業」からの事業委託費や補助金や支援者からの寄付金や会費などの活動資金を得る（図2）。さらに活動を支援するスタッフや他のNPOとの協働体制をとりながら，活動資金の効率的な活用方法や活動資金獲得のための収益事業を実施していく。こうした運営モデルは，スポーツNPOの社会公益的活動を支える多様なセクターとの関係を表している。同時に，それらの良好な関係によって効率的な協働体制が維持されれば，資金の獲得と効率的な運用を表す関係そのものにもなり得る。

また，図2に示した関係の構図は，スポーツNPOの財源の供給源によっても異なる。表1は，スポーツNPOの財源の供給源を7つに類型化したものである。スポーツNPOの財源は，7つの類型のうちどこにその主な供給源があるかによって，事業の内容や質が大きく左右される。さらに，スポーツNPOが設立される経緯や運営主体となる基盤組織，専従スタッフの供給先までも異なってくる。このようにスポーツNPOの財源の供給主体が，組織の性格を決定づける要素になり，組織内の自律性を大きく左右することにもなる。

公共スポーツサービスは，1964（昭和39）年の第18回オリンピック大会（東京）の開催を契機に本格化した。特に，国や地方公共団体は，国庫事業として公共スポーツ施設整備を盛んに行ってきた。それは国民体育大会の持ち回り開催に代表されるように全国規模のスポーツ大会招致を契機に競技会型施設の要件を備えるというものであった。こうした公共スポーツ施設は，市民の生活圏域から考えても拠点的要素が強く，多くのスポーツNPOの活動拠点として活用される可能性をもっている。

スポーツNPOの財源獲得では，公共スポーツ施設の「指定管理」に参入する方向が明確になってきた。「指定管理」とは，公共施設の設置目的を達成するために必要があると認めた法人やその他の団体に管理を行わせることである。こうした制度は「指定管理者制度」といわれている。スポーツNPOが「指定管理」の対象となることによって，安定的な財源基盤を整えることができるとともに，活動拠点が確保されることによって事業を多種多様に拡大できる可能性をもつ。一方，地方公共団体にとっては，施設管理コストを大幅に削減できると同時に，営業時間の弾力

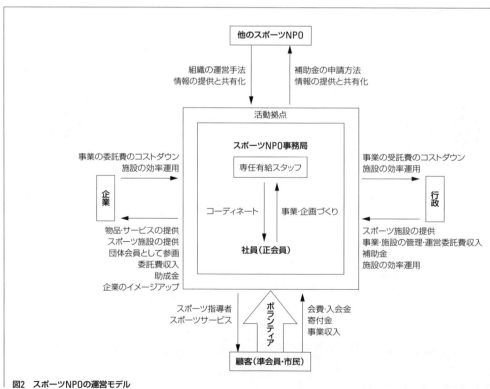

図2　スポーツNPOの運営モデル

的な運営やサービス向上が期待できるのである。

スポーツNPOの「指定管理」への参入は，スポーツ市場の競合的な関係が強まる中で，より経済活動としての組織運営が求められることを意味する。したがって，スポーツNPOの活動には，必然的に責任と評価が求められ，評価自体によっては公共スポーツサービスの市場から撤退していくことも十分に考えられるのである。

③ スポーツ保険

スポーツ保険とは，スポーツ活動中に偶然的な事故に遭遇する可能性がある人たちから任意に拠出させた掛け金を資金として，損害を受けたものに一定額の保険金を与えてその損害を補償する保険である。スポーツ活動は，事故防止のために万全の対策を講じることが必要である。しかし，スポーツはその身体活動の特性から常に危険が伴い，身体の損傷や物損などの事故に巻き込まれる可能性の高い活動である。こうした危険が，スポーツをする当事者や保護者の不安を生じさせる。不安はスポーツにかかわる当事者が様々な防衛手段を使って解消できる。スポーツ保険は金銭的な補償を事前に準備しておくことによって，その不安の一部を解消できるのである。

わが国では，公益財団法人スポーツ安全協会がスポーツ保険の保険契約事業者として，スポーツ活動中や社会教育活動中における総合的な補償制度を整えてきた。スポーツ安全協会が所管するスポーツ保険は，「アマチュアのスポーツ活動，文化活動，ボランティア活動，地域活動，指導活動などを対象にし，これらの活動を行う社会教育関係団体の構成員を被保険者とする傷害保険・賠償責任保険および共済見舞金制度を組み合わせた総合的な補償制度」である。傷害保険はスポーツ活動中および最も合理的な往復経路中に事故に遭遇して傷害・死亡した場合，また賠償責任保険はスポーツ活動中および最も合理的な往復経路中に不特定の相手方に損害を与えた場合，そして共済見舞金はスポーツ活動中および最も合理的な往復経路中において発生した突然で予期できなかった病死（心臓麻痺など）の場合に，それぞれ保険金が支給される。

表1　財源の供給源の類型化

類型	解説
補助金・助成金型	国や自治体の補助金や各種助成団体が財源の供給源になっている場合
自治会費型	自治会費の一部を体育振興費などの名目で徴収し，財源の供給源になっている場合
会費型	クラブ会員の会費が財源の供給源になっている場合
寄付金型	企業や個人などの寄付金が財源の供給源になっている場合
事業収益型	クラブの事業収益が財源の供給源になっている場合
企業依存型	クラブの運営母体が一企業であり，企業本体が財源の供給源になっている場合
施設管理受託型	公共施設を管理受託することによって得られる受託費が財源の供給源になっている場合

その他の保険契約事業者として，各種スポーツ団体や教育団体・福祉団体など様々な公益法人が保険事故補償制度を創設している。また1996（平成8）年4月の保険業法の改正により，同年10月から生命保険業務と損害保険業務の兼営が認められ相互乗り入れが可能となった。こうした保険制度の自由化の進展によって，民間の保険会社が様々な保険商品を創設している。それらの保険契約事業者と保険の種別は，30種類以上ともいわれている。

スポーツ保険における傷害事故には，保険事故性を決定づける要件がある。その要件は，生命保険契約に付帯されている災害特約では，「不慮の事故」と定めるケースが多いもので，「急激」「偶然」「外来」の3つが必要とされる。この要件を欠くような場合には，保険事故性を認定することができない。例えば，事故当事者が事前に事故の可能性を予知していて，それに対する対策を講じていなかったケースなどは認定されない。

まず，「急激」とは，事故原因が急激に発生して，そのことから回避することが困難であるような要件をいう。つまり，事故原因となる状況が，ゆっくりと事故当事者の周囲に生じており，あらかじめその原因を回避することができた状況下にあった場合には，保険事故性を欠くケースであるとされる。また，「偶然」とは，事故発生の因果関係を予知できなかったような要件をいう。この要件の場合，その事故が「偶然」だったのか，それとも故意によるものなのか，を証明する必要がある。その際の証明責任が，保険金の請求者側にあるか，保険契約事業者側にあるかによって保険金の支払いに大きな影響を与える。そして，「外来」とは，事故の原因が事故当事者の外部から作用したような要件をいう。つまり身体それ自身がもっている内在的要因が事故の発生の素因であった場合ではない。この要件の場合には，スポーツ活動前に健康診断や健康観察等を徹底して，事故防止に留意をして必要に応じた救急処置体制を整えておく必要がある。

スポーツ活動は，その文化的特性から集団で行うスポーツや個人として行うスポーツに大別される。しかしながら，実際の活動上では，個人の場合でもクラブに所属しながら競技団体に選手登録したり，学校や会社の管理下において選手登録をしたり，クラブやサークルとして団体登録する。つまり被保険者は，個人として単独で保険契約をするケースばかりではなく，多くの場合，学校や会社，クラブやサークルなどの団体の構成員（50名以上）として団体契約する場合が多い。これは傷害保険普通保険約款に「スポーツ団体傷害保険特約条項」を付帯して締結するものである。主として，学校や企業などの管理下にあって長期間にわたって活動するような団体を対象にしている。「スポーツ団体傷害保険特約条項」は，スポーツを継続的に行っている人たちには都合がよく，契約後は1年単位で契約を更新してくれるようになっている。

スポーツの活動中は，自分自身が受

傷する場合に限らず，不特定の相手方に損害を与えてしまうこともある。特に，スポーツを指導する立場の人たちは，スポーツの競技上の激しさから，回避することが困難で予知することも困難であるような事故例に直面することは多い。こうした事故の損害の補償や責任を追及された場合には，賠償責任保険が様々な損害補償等を包括的にカバーする。スポーツの大衆化の急速な進展により，職域や地域の中で様々なサークルやクラブが，指導者のもとで定期的に活動するようになった。こうした団体を保険契約者としたスポーツ保険には，「スポーツチーム総合保険」がある。これは傷害保険や賠償責任保険，共済見舞金を併せた総合保険である。

また，多くの公認スポーツ指導者を認定する公益財団法人日本体育協会では，1987(昭和62)年から「公認スポーツ指導者総合保険制度」を創設して，指導者が日常の活動に専念できるような体制を整えた。この制度では，損害賠償金の支払いに際して，その過失割合や責任割合から保険金額が決定される。スポーツ活動中の事故は，指導者の一方的な過失によるものは少なく，損害を被った被害者に過失のあるもの，不可抗力によるものが多い。このため指導者と被害者の両者の示談によって賠償金の決定をするが，自動車保険のように保険会社が代行することはないので，指導者自身で示談交渉を行う。このため損害賠償金には，弁護士報酬，争訴費用のほかに，逸失利益，治療費，休業補償費，慰謝料，修理費，応急手当などの費用が含まれ，幅広い負担に対応できる補償制度となっている。

スポーツ保険における保険事故性は，スポーツにおける安全管理が争点となる。例えば，損害賠償責任は，「体育館や運動場などの施設そのものの構造上の欠陥や管理の不備」があった場合には，安全配慮義務が尽くされていなかったとして，保険事故性が認定されない。このためスポーツ活動には，施設・用具，方法などについて，十分な安全指導と安全管理が尽くされなければならない。その一方で，スポーツに参加するものは，スポーツ活動中に起こり得る様々な事故や障害など「内在する危険」をあらかじめ想定しておく。

④ 健康づくり運動の経済効果

健康づくり運動は，日常生活において心身の健康を維持するために行う習慣的運動である。こうした運動習慣は生活習慣病予防においてきわめて重要である。生活習慣病予防は，一次予防とも呼ばれ，罹患率や受診率そのものを減らす疾患予防のことである。特に，糖尿病や高脂血症，心疾患，癌などの重大疾病の罹患を減らすために必要な生活習慣の改善である。

わが国における国民の健康づくり対策は，1978(昭和53)年からの「第1次国民健康づくり対策」と1988(昭和63)年からの「第2次国民健康づくり対策」，さらに2000(平成12)年には，2010(平成22)年を目標年度として「21世紀における国民健康づくり運動」(健康日本21)が策定されて，「第3次国民健康づくり対策」が開始されている。

第3次国民健康づくり対策の実施期間中には，2002(平成14)年8月に成立した「健康増進法」を皮切りに立て続けに健康・医療に関係する法改正が行われた。癌対策基本法と改正医療法などに代表される医療制度改革では，疾病そのものを予防する一次予防の対策がいっそう重視されるようになった。具体的には「21世紀における国民健康づくり運動(健康日本21)」において，生活習慣病予防を目的とした健康づくりや身体運動の数値目標が提示されたことに表れている。数値目標では，1)栄養・食生活，2)身体活動・運動，3)休養・こころの健康づくり，4)煙草，5)アルコール，6)歯の健康，7)糖尿病，8)循環器病，9)癌の9分野の生活改善目標が提示されたのである。

こうした生活習慣病予防における健康づくり運動では，個人の身体特性に合った運動内容を選択し，適正な運動所要量で行うことが必要である。このため2006(平成18)年7月には，生活習慣病予防のための身体活動量，運動所要量を示すものとして厚生労働省から「健康づくりのための運動指針(エクササイズガイド)2006」が公表され，2013(平成25)年3月には「健康づくりのための身体活動基準2013」及び「健康づくりのための身体活動指針〈アクティブガイド〉」が公表された。

こうした罹患予防・一次予防への取り組みには，生活習慣の改善や日常的な運動・スポーツ活動の習慣化によって，薬剤等の投与に頼らない代替医療としての運動療法が及ぼす効果への期待がある。これは直接には，生活習慣の改善を図ることで罹患率や受診率を減少させ，それを近因として医療費の増大抑制への期待からである。

2010(平成22)年度のわが国の国民医

表2 運動に関する勧告

	方法	勧告
運動を推進するための情報提供	地域ベースのキャンペーン	推奨に値する十分な根拠がある
	point of decision「階段の利用」	推奨に値する相応の根拠がある
	情報提供のための健康教室	有効性を支持する根拠は不十分
	マスメディア・キャンペーン	有効性を支持する根拠は不十分
	学校における健康教育	推奨に値する十分な根拠がある
	地域における社会的支援	推奨に値する十分な根拠がある
運動を推進するための行動的・社会的アプローチ	個人に適応した行動変容	推奨に値する十分な根拠がある
	テレビ・ラジオのゲームに伴う健康教育	有効性を支持する根拠は不十分
	大学レベルの健康教育	有効性を支持する根拠は不十分
	家族をベースとした社会的支援	有効性を支持する根拠は不十分
運動を推進するための環境・政策的アプローチ	運動を行うための環境整備	推奨に値する十分な根拠がある

(出典：Community Preventive Service, 2001)

療費は，前年度から1兆4,135億円増の37兆4,202億円となった。この数値は国民総所得の10.62％を占めて，2000（平成12）年度の8.11％から10年間下降する気配は全くない。このように国民医療費は今後も高齢人口の増加とともに増大し続けることは明らかであり，それを食い止める施策の決め手は乏しいのが現実である。しかしながら，前述したように昨今，相次いで環境整備や法整備が進んだ国民の健康づくり運動は，疾患予防への取り組みであり，医療経済効果に与える政策的な指針になっている。

例えば，日本臨床スポーツ医学会では，2004（平成16）年度の公開シンポジウムにおいて，「スポーツと医療経済－運動習慣は医療費を削減できるか－」をテーマに取り上げた。このテーマは，学会内の内科部会において2000（平成12）年度から取り組んできたものである。これにかかわる研究成果は，わが国の産官学民および国内外において公表されるようになり，昨今では，スポーツ産業における景気や雇用促進等を扱う社会問題として取り上げられる。また，日本医師会総合政策研究機構は，「小さいころから運動習慣をつけ，かつ生活習慣に気をつけていれば，2.7兆円の経済効果」を及ぼすという報告をしている。

アメリカ疾病予防管理センター（Centers for Disease Control and Prevention: CDC, アメリカ合衆国保健社会福祉省所管の感染症対策の総合研究所）では，2001年に地域住民の健康増進を高めるために，Guide to Community Preventive Services（コミュニティにおける予防サービスガイド）を公表した。このガイドラインは，運動・スポーツが健康増進に有効であることを解明した多くの学術論文を収集し，それらの論文それぞれの目的と科学的検証の有効性を系統的な基準に基づいてまとめたものである。表2は，CDCが勧告した運動・スポーツの推奨策とその効用をまとめた一覧である。ここでは運動・スポーツの習慣化を推進するための方策として，「地域ベースのキャンペーン」「地域における社会的支援」「学校における健康教育」は，「推奨に値する十分な根拠がある」とした。これら3つは，運動・スポーツの習慣化を促すための

推奨策が，学校や地域における青少年期からの教育・生活環境において，具体的な実践的環境を整備することを意味する。健康づくり運動は，外部経済的効果として地域活性化や青少年の健全育成など，社会公益的な効用が期待できるのである。

参考文献 05.B.03

- 池田勝, 守能信次 編. 1999.『スポーツの政治学』〈講座・スポーツの社会科学（4）〉杏林書院
- 伊藤文夫 2000.「スポーツ保険と労災」伊藤堯 編.『スポーツの法律相談』290-98. 青林書院
- 小笠原正, 塩野宏, 松尾浩也 編. 2005.『スポーツ六法』信山社出版
- 厨義弘 1975.「地域スポーツのための計画－序説－」『体育社会学研究』(4). 1-19. 道和書院
- スポーツ安全協会 http://www.sportsanzen.org/
- 水上博司. 2003.「地域スポーツクラブの自己決定権とクラブ権としての財源供給」『体育の科学』53 (9): 651-55
- 村山正博ほか編. 2004.「スポーツと医療経済：運動習慣は医療費を削減出来るか」日本臨床スポーツ医学会.『臨床スポーツ医学』21 (7): 775-802.
- 山崎利夫. 1995.「ヘルスプロモーションの経済効果」日本産業衛生学会労働者体力問題研究会編.『職場における体力・健康づくり』19-31. 労働科学研究所
- SSF笹川スポーツ財団, 特定非営利活動法人クラブネッツ 編. 2001.『スポーツNPO法人に関する調査報告』SSF笹川スポーツ財団

(水上博司)

スポーツイベントの経済効果 05.B.04

① スポーツイベントと経済波及効果
[経済波及効果とその限界]

ある産業に新たな需要が生じた時，その需要を満たすために行われる生産は，その産業だけでなく，原材料等の取引や消費活動を通じて関連する他産業にも波及していく。この過程のことを「経済波及効果」と呼ぶ。産業連関表には「逆行列係数表」という，あらかじめ経済波及効果を集計した便利な表（1単位の需要が発生した場合に，各産業において直接・間接に誘発される全ての生産額を示す値）があり，増加した需要額を把握し，逆行列係数表に掛け合わせれば，経済波及効果を求めることができる。その産業連関表による波及効果の測定を行うにあたっては次のような留意事項がある。それは，公共事業，工場立地，イベントなどによる経済波及効果の測定を行うにあたっては，最終需要額の与え方（波及効果を測定したい事業の具体的かつ詳細な内容）をどうするかを明確にし，それに伴い産業連関表のどの部門を対象にするかを決定する必要になるということである。また，均衡産出高モデル（ある最終需要が与えられたとき，その需要を満たすために直接的・間接的に必要とされる究極的な生産量を導き出せるモデル）による分析には，次のような限界があることに留意しなければならない。それは，「在庫を過剰に抱えている産業では，在庫を処分して需要の増加に対応するため，生産波及効果が中断する可能性があること」「生産波及効果の達成される時期が明確ではなく，必ずしも1年以内に生じるとは限らないこと」「第2次間接波及効果の対象としては雇用者所得や営業余剰が該当し，いずれもその一部が消費や投資にまわって新たな需要を喚起するが，営業余剰についてはその転換比率となる指標がないことから，雇用者所得だけを対象としていること」「県内の生産能力を上回る需要が生じた場合は，超過分は移輸入にも依存する可能性があること」「産業連関表は5年ごとに作成されているため，分析対象時点の産業構造と完全に一致するものではないこと。また，価格は推計年時点のものであること」である。

以上のように，産業連関モデルを利用する場合には，モデルの前提条件やその限界に留意する必要があるものの，波及効果を定量的に把握することは，行政施策を企画立案するうえで有意義なことと考えられる。

[経済波及効果の分析手順]

産業連関表を利用した経済波及効果の分析は，次のような手順で進める。

1) 増加した需要額を把握する
 調査結果などデータを組み合わせて，分析対象の増加した需要を予測する。分析にあたって需要額を把握することは，大切な作業となる。

2) 分析に利用する産業連関表の部門数を決める
 一般的には，大分類（32部門分類）で分析することが多いようだが，分析対象によって利用する産業連関表の部門数を決める。時には分析目的に応じて，ある部門，例えば宿泊部門や飲食部門を独立させるなど，産業

連関表そのものを組み直すこともある。
3) 分析に必要な係数を作成する
域内産品自給率（域内需要を満たすための域内生産の財貨・サービスの割合），付加価値率（産業の生産活動により新たに生み出された付加価値の域内生産額に対する割合），雇用者所得率（付加価値の一部である雇用者所得の域内生産額に対する割合），消費転換係数（実収入に占める消費支出の割合）など。また，需要の購入者価格を生産者価格にするために商業マージン（卸小売業の利益）や運輸マージン（輸送コスト）の比率も作成することになる。
4) 産業連関表を使用する
利用する産業連関表，つまり生産者価格評価表および逆行列係数表は同じ部門分類数でなければならない。
5) 分析結果を検証する
結果を検証するにあたり，経済波及効果には次のような限界（前提条件）があることを留意する必要がある。
1つ目は，産業連関表は5年ごとに更新されるということである。産業連関表は，様々な1次統計（いわゆる「国勢調査」のような規模の大きな調査から小さな調査まで多種多様）を産業連関表の概念に合わせて加工して，その結果を表のます目に1つ1つ埋めていくことで作成される。この収集・加工作業や利用調査の周期（通常，大きな調査は5年周期）等から，完成までに時間がかかり，分析の時点と比べて古くなるのだが，ある出来事の県経済への影響をマクロ的に計測するためには，有効な統計表とされている。

2つ目に，生産能力の限界が設定されていないことである。現実の経済活動を考えると，各産業の生産能力には限界があり，需要に応える生産余力がない場合も考えられる。また，ある産業に需要が生じても，その産業に在庫が十分にあれば，増産せずに在庫によって対応することも考えられる。しかし，経済波及効果分析では，在庫や設備投資の対応は考慮せずに，生産能力等には限界がないものとして計算される。ただし，これは，あくまでも域内産品自給率の範囲での対応であり，自給できない分は域外から移輸入されることになる。

3つ目に，波及効果の所要時間は，明確ではないことである。産業連関表の経済波及効果分析では，いつ頃，どの産業に，どの程度の誘発が及ぶかという時間的問題を明らかにすることはできない。

[スポーツイベントの経済波及効果の特徴]

スポーツイベントの市場は，図1のように大きく分けて2つから成っている。1つは「ライブスポーツ－ライブマーケット」であり，実際の試合等を観戦することで市場が形成されるものである。もう1つは「メディアスポーツ－メディアマーケット」であり，メディアを通じて観戦することで市場が形成されるものである。

このような市場構造をもつスポーツイベントによる経済効果は，大きく2つに分けることができる。1つ目は，短期的で直接的なもので，具体的にはスタジアムや道路などの建設投資に伴うものや観戦客の宿泊・移動・飲食・買い物等の消費支出に伴うものである。2つ目は，長期的で間接的なもので，例えばスポーツイベントの開催による知名度・地域イメージの向上や，公園・道路等の社会資本の整備拡充後の産業活動の活性化，企業立地の進展などである。

一般に，経済波及効果を推計する場合，前者の短期的，直接的なものを対象としている。この短期的，直接的な経済波及効果についても，上述のように，建設投資に伴うものと消費支出に

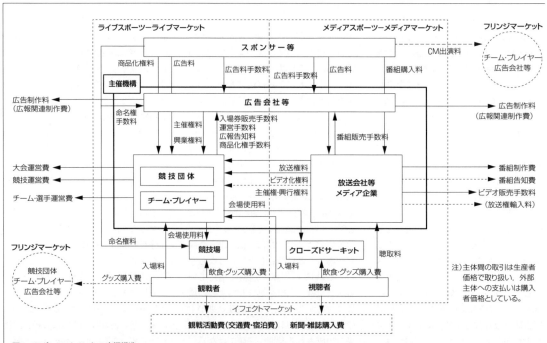

図1　スポーツイベントの市場構造
（出典：『スポーツイベント市場』に関する調査研究報告書』スポーツ産業団体連合会，1997，37を一部加筆修正）

伴うものの2つに分けられる。前者の建設投資の対象となるものは、次の2つの条件のいずれかを満たすものである。1つは、当該スポーツイベントのために特別に建設・整備されるものであり、もう1つは、当該スポーツイベントの開催に間に合うようにこれまでの計画や構想を前倒しして建設・整備されるものである。

消費支出については、当該スポーツイベントの主催機構(組織委員会など)や開催自治体の大会運営経費、国際放送機構(ホスト・ブロードキャスター)や放映権を有する放送機関による国際映像制作・伝送費、チーム・プレイヤーの事前キャンプ滞在費、観戦客の宿泊・移動・飲食・買い物等、および一般国民(家計)の当該スポーツイベント関連グッズ購入費・放送視聴機器関連購入費等に分けられる。

これらの需要が付加的に新たな価値を生み出すかどうかについては考え方により異なる。つまり、域外(海外含む)から来る観戦客の消費支出は、当該スポーツイベントの開催に伴い発生する需要であり、それが新たな付加価値を創出することに問題はないが、地域内の人々や家計の観戦やテレビ視聴に伴う消費支出等をどのように扱うかは意見の別れるところである。地域の人々や家計の消費支出は、それが当該スポーツイベントのために特別に消費されるもの、もっと具体的にいえば将来の消費支出を当該スポーツイベントのために支出するものが対象となる。オリンピックやサッカーのワールドカップのように半世紀に1度開催できるかどうかの大規模国際スポーツイベントのような場合には、人々は当該スポーツイベントのために将来の支出を先取りして使うものと想定し、経済波及効果の推計対象としてもそう異論はないと考えられる。

また、企業のマーケティング活動においても、オリンピックやサッカーのワールドカップのような世界最大の祭典を利用する際には通常の産業活動を超える特別な需要を生み出すと想定して、産業間の内生的な取引とせず、企業の家計外消費(交際費、福利厚生費、旅費・交通費などで、企業の消費的経費と呼ばれているもの)という扱いをしても問題ないだろう。

[2002年FIFAワールドカップ日本開催の経済波及効果]

この調査の分析対象期間は、基本的には2002年ワールドカップ招致が確定した1996(平成8)年5月末から本大会が終了する2002年6月末までとした。また、この調査は、わが国全域を対象とし、経済波及効果の推計には1995(平成7)年の全国産業連関表を使用した。したがって、この調査では、開催地域ごとの経済波及効果は推計していない。また、推計の期間の投資および消費は1995年価格に変換されており、経済波及効果も1995年価格表示ということになる。

産業連関表に基づく経済波及効果の推計、分析は、公共事業等の建設投資効果と観戦客等の消費拡大効果の2つに分けて実施した(図2)。

1) 建設投資効果の分析

建設投資効果については、スタジアム等競技施設や関連公共事業等を把握するとともに、これらの建設投資額がわが国の経済や産業に及ぼす効果(生産誘発効果、付加価値誘発効果、雇用者所得誘発効果等)を推計、分析した。

建設投資の波及効果の測定範囲は、投資→生産→付加価値(所得)→消費→生産→付加価値(所得)までの第2次間接波及効果までとした(図3)。

2) 消費拡大効果(キャンプおよび各種イベント開催効果も含む)の分析

ワールドカップ開催に伴う経済活

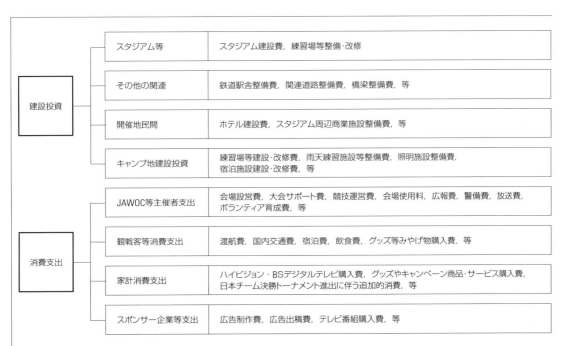

図2　2002年FIFAワールドカップ™日本開催における経済波及効果の推計対象
(出典:「2002年FIFAワールドカップ™日本開催の経済波及効果」電通総研、社会工学研究所、2001)

動，消費活動は多様である。例えば，主催者である日本組織委員会（JAWOC）や開催自治体の運営経費，キャンプ地自治体等の運営経費，各チームのキャンプ経費，国際映像制作グループの制作・国際通信経費，観戦客の移動（渡航）・宿泊・飲食・買い物等支出，一般国民（家計）のBS・CS放送等視聴機器，テレビ・ビデオ等家電製品，ワールドカップ関連グッズの購入，スポンサー企業等のマーケティング活動経費など，多様な主体によって多様な経済活動が展開される。

なお，海外の親戚や友人・知人の一般家庭での接遇費，また母国の応援に来た外国人サポーターとの国際交流を目的としたホームステイ等による接遇費などについては，今回の推計の対象外とし，宿泊を伴う観戦客は基本的にはホテル・旅館等の宿泊施設を利用するものとした。国内外を問わずサッカーファンやサポーターの一部（10%）は宿泊施設を利用せず，車中宿泊や野宿するものとした。このような主催者や開催自治体等の運営経費や観戦客の消費支出等の拡大による波及効果の測定範囲は，

消費→生産→付加価値（所得）→消費→生産→付加価値（所得）までの第2次間接波及効果までとした（図4）。

ワールドカップ開催に伴う建設投資額（直接効果）5,711億円は，第1次間接波及効果として5,681億円の生産を誘発するものと予測される。付加価値誘発額は3,063億円，うち雇用者所得誘発額は1,504億円となるものと見込まれる。

一方，ワールドカップに関連した総消費支出額（直接効果）8,478億円は，第1次間接効果として1兆5,139億円の生産を誘発すると見込まれ，付加価値誘発額は7,360億円，うち雇用者所得誘発額は4,002億円となるものと推計される。

この建設投資及び消費支出の合計（直接効果）1兆4,188億円は，第1次及び第2次間接波及効果を加えた総合効果として2.33倍の3兆3,049億円の生産を誘発するものと予測される。付加価値誘発額は1兆6,610億円，うち雇用者所得誘発額は9,200億円となるものと見込まれる。

② **チーム誘致の経済波及効果**
[チーム誘致による経済波及効果と実際]

各地域は，経済活動や人々の暮らしの活性化に寄与する，野球，サッカーやバスケットボールのプロチームの設立や本拠地の誘致に力を入れている。また，わが国のプロ野球やJリーグは，シーズンが春から始まることから，キャンプは温暖な地域で実施されている。そのキャンプ誘致にも，地域間の熱い競争が繰り広げられている。

近年では，プロ野球の日本ハムの札幌への移転，東北楽天ゴールデンイーグルスの仙台進出などが見られ，後者の東北楽天ゴールデンイーグルスの仙台進出について，その経済波及効果の推計結果が公表されている。

そこには，2つの面でおもしろい比較が可能である。1つ目は，宮城県と東北経済産業局が東北楽天ゴールデンイーグルスの仙台進出の経済波及効果を公表していることである。つまり，宮城県は県内を対象エリアとする産業連関表を，東北経済産業局は東北6県（青森県，岩手県，宮城県，秋田県，山形および福島県）を対象エリアとする産業連関表をそれぞれ利用して経済波及効果を推計している。その結果，宮城県の経済波及効果推計の対象は，県内における東北楽天ゴールデンイーグルスの1軍の活動に限定されるが，東北経済産業局の場合には山形県野球場を本拠地とする2軍チームの活動も含まれることになる。

2つ目は，両機関とも，東北楽天ゴールデンイーグルスの移転が決定した後の2004（平成16）年秋，つまり実際の活動が展開される前に経済波及効果を推計しており，また1年目のシーズン終了後にも経済波及効果を推計してい

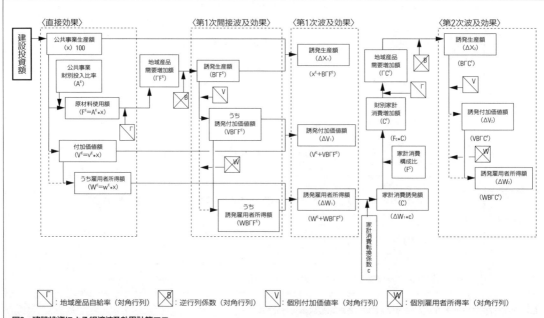

図3　建設投資による経済波及効果計算フロー

ることである。つまり，事前推計と事後推計の比較が可能となっているのである。

それらの結果をみると，2004年の事前推計では，宮城県推計の直接効果は78億円であり，その第2次間接効果を含む総合的な経済波及効果は127億円となっている。一方，東北経済産業局推計の直接効果の合計は131億円で，総合的な経済波及効果は208億円とな っている。後者の経済波及効果は前者を80億円も上回る結果となっている。この2つの推計結果が大きく異なるのは，前提条件の1つである球場改修費30億円を計上しているか否かにある。また，後者には宮城県外の東北5県における消費支出，例えば山形県野球場におけるイースタンリーグ主催試合の観戦客消費支出や東北5県から宮城県内までの観戦客の交通費などが影響し ている。

逆に，シーズン終了後の2005(平成17)年の結果を比較してみると，宮城県推計の直接効果は143億円，経済波及効果は236億円であり，東北経済産業局推計の直接効果は120億円，経済波及効果は195億円である。ここでもまた，前提条件である球場改修費の追加費用40億円を計上しているか否かが大きな差となって現れている。

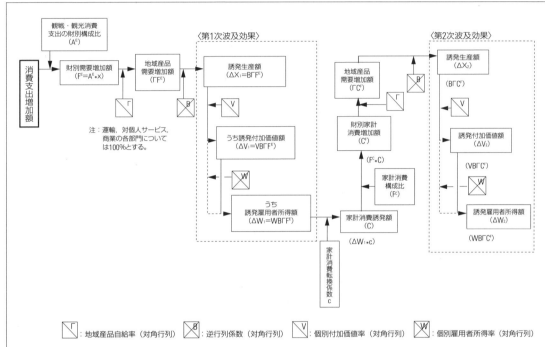

図4 消費支出増加による経済波及効果計算フロー

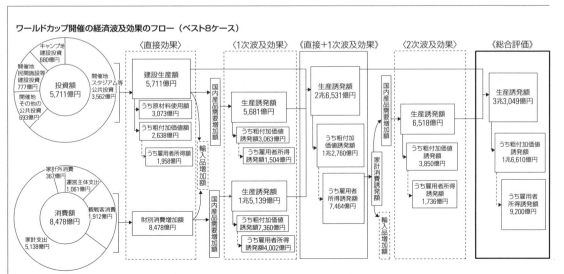

図5 2002年FIFAワールドカップ™日本開催における経済波及効果（日本ベスト8ケース）
(出典：「2002年FIFAワールドカップ™日本開催の経済波及効果」電通総研・社会工学研究所，2001)

このようにみると，前提条件をどのように設定するかで結果が異なることが理解できよう。この前提条件の作成については，両機関とも大きな問題を抱えている。つまり，この2つの機関は，直接効果として観戦客の消費支出を推計しているが，球団の消費支出を取り上げていない。球団には，観戦客が支払う入場料，グッズ購入費等のほか，スポンサー（親会社を含む）からの収入，放映権料収入等がある。それらの収入をベースとした事務所やチームの運営に必要となる支出があり，その域内（宮城県の場合は県内，東北経済産業局の場合は東北6県内）の支出を把握する必要がある。

もし，このような球団運営の支出が追加されれば，経済波及効果はさらに膨らむことになる。なお，球団運営の支出を経済波及効果の前提条件に加える場合には，球団運営の原資の一部となる観戦客の入場料支払を外すことになる。

今回は，事前推計と事後推計の結果をみることができた。2005年事後推計の場合には，実際の入場者数，1人あたり入場料が把握でき，また観戦客の消費支出もアンケート調査によって実態を推計できる基礎資料が入手可能となり，より精度の高い経済波及効果が計算できることになる。

なお，ここで，これらの経済波及効果を推計するにあたって使用する産業連関表が抱える問題を指摘しておこう。2004年事前推計には1995（平成7）年産業連関表が，2005年事後推計には2000（平成12）年の産業連関表が使われている。産業連関表は5年ごとに作成されること，またその作成には5年近く要することから，2004年事前推計ではおよそ10年前の経済・産業構造をベースとして推計していることになるという問題を抱えている。

[キャンプ誘致による経済波及効果]

また，プロ野球やJリーグのチームのキャンプをめぐる地域間の誘致合戦をみると，プロ野球については沖縄県への集中が顕著になってきた。

2007（平成19）年2月に沖縄県内で春季キャンプを実施した国内のプロ野球チームは，前年と同様，日本ハム，広島，中日，横浜，オリックス，ヤクルト，阪神，楽天の8球団であった。全球団の3分の2が県内でキャンプを実施した。

キャンプ期間中の観客数は，球団広報などの発表によると約22万7,400人（オープン戦含む）であり，県外からの滞在者は，りゅうぎん総合研究所の試算によると，選手，球団関係者が約840人，報道関係者・解説者が約2,300人，県外からの観客が約2万8,400人，合計で約3万1,540人と推計されている。

県外からの滞在者及び県民のキャンプ関連支出額（直接支出額）は，約35億5,900万円と推計され，その主な内訳をみると，宿泊費が10億1,800万円と最も多く，次いで飲食費7億5,800万円，土産品購入5億9,500万円などとなっている。

表1 東北楽天ゴールデンイーグルスの東北進出の経済波及効果

		2004年事前推計		2005年事後推計	
		宮城県	東北経済産業局	宮城県	東北経済産業局
前提条件	新球団事務所および本拠地球場	仙台市内	仙台市内	仙台市内	仙台市内
	2005年ホーム主催試合数	65試合	68試合	64試合	68試合
	1試合平均入場者数	18,000人	20,000人	14,681人	14,369人
	1人当たり消費額	6,768円	7,292円	7,784円	－
	平均入場料（1人当たり）	2,300円	2,300円	2,602円	－
	その他の消費（1人当たり）	4,468円	4,992円	5,182円	－
	観戦客の居住地構成・宿泊者比率	－	市内90%，遠距離（北海道，青森，秋田，関東以南）1%	観客宿泊率3.3%	仙台市およびその近郊85%　それ以外15%
	イースタンのホーム主催試合数	－	50試合	－	48試合
	イースタン1試合平均観客数	－	－	－	1,135人
推計結果	直接効果計	78億円	131億円	143億円	120億円
	一軍観客消費額	78億円	99億円	73億円	88億円
	二軍に係る直接経費	－	2億円	－	
	選手移住に伴う消費	－	－	－	2億円
	球場改修費（直接効果）	－	30億円	30億円	30億円
	球場再改修費（直接効果）	－	－	40億円	－
	経済波及効果（2次波及効果まで）	127億円	208億円	236億円	195億円
	分析道具（産業連関表）	平成7年宮城県産業連関表	平成7年東北地域産業連関表（46部門）	平成12年宮城県産業連関表	平成12年東北地域産業連関表（52部門）

（出典：東北経済産業局「プロ球団新設による東北経済への波及効果分析」（2004年10月20日公表。※宮城県の2004年数値は宮城県企画部企画総務課の公表資料による；「東北楽天ゴールデンイーグルスが宮城県に及ぼす経済波及効果について」（2005年9月21日公表。球団ヒアリング及び観戦客（有効回答855件）アンケート調査に基づく；東北経済産業局「東北楽天ゴールデンイーグルスによる東北地域への経済効果」（2005年10月18日公表。入場者居住地構成，交通費は東北運輸局調査などにより推計）

沖縄県産業連関表により試算した経済波及効果は約53億3,700万円となり，キャンプ関連直接支出額に対して約1.5倍の波及効果となっている。

このようなプロ野球キャンプは，経済効果だけでなく，PR効果や教育効果も大きいと分析している。

③ スタープレイヤーの経済効果
[スタープレイヤーの影響力]

スポーツイベントの開催やプロチームの誘致に伴う経済波及効果は，人気のあるチーム，強いチームの参加や，多くのスタープレイヤーの参加に大きく影響を受けるものである。

スタープレイヤー，とりわけ世界のトッププレイヤーの人間的可能性の追究に挑戦する姿や超一流のプレイ技術は，地域の人々が観ることによって大きな感動を共有し，自らのプレイスタイルや技術を改善する方向に刺激を与える。また，地域のスタープレイヤーは，地域の子どもたちに大きな夢と希望を与え，スポーツを始めるきっかけを与えることにも貢献する。このようにみると，地域のスタープレイヤーは，地域に根ざすチームと同様，地域の英雄や地域の誇りであり，地域アイデンティティーの形成にも寄与する。

[スタープレイヤーの経済波及効果の実際]

スタープレイヤーの経済効果はどのような形で現れるだろうか。現在のわが国が生んだ，最高のスタープレイヤー，MLBのイチロー（マリナーズ時代）を例に取って明らかにしてみたい。

イチローの場合，彼が所属するMLBのあるアメリカ，あるいはシアトル市にもたらした経済効果とともに，国籍のあるわが国にも多大な経済効果をもたらした。例えば，アメリカやシアトル市においては，以下のような効果があった。

- 観戦料収入（観客動員）の増加
- 日本からの観光収入（観戦客・観光客）の増加
- イチロー（ICHIRO）関連グッズ（最多安打新記録記念，オールスターMVP受賞記念などの直筆サイン入りグッズ）の収入
- MLB放映権料の増収（1ゲーム当たりの単価の上昇，放映ゲーム数の増加）
- 新聞・雑誌や書籍などの販売収入
- 鉄道・バス・タクシー・車など移動に伴う収入増

さらに，わが国における経済効果としては，以下のようなものがある。

- イチロー（ICHIRO）関連グッズの販売手数料
- イチローモデル（グラブ，手袋，バットなど野球用具モデル）の収入
- イチローのCMによる製品の販売増加
- イチロー（ICHIRO）を冠する書籍やDVDの販売収入（書籍は80冊以上）
- イチロー応援ツアー（旅行代理店，航空会社の自主企画ツアーのほか，イチローをCMに起用している新日本石油やNTT西日本がイチロー観戦ツアーなどのキャンペーンを実施している）。

その一方で，それぞれ国には負の経済効果も生まれる。アメリカにとっては，イチローのアメリカ国外での支出が，わが国では放映権料の支払，観戦参加者のアメリカ側への支払，家計のMLBグッズ購入（アメリカ側へのロイヤリティ支払）などが考えられる。

しかし，関連企業からのデータ収集の制約のほか，チームの一員として増収に寄与している場合にはイチローの貢献分を正確に把握することは困難であるといえる。

参考文献　05.B.04

- スポーツ産業団体連合会.1997.『スポーツイベント市場』に関する調査報告書』（プレス資料）
- 総務省.2004.『平成12（2000）年産業連関表（－総合解説編－）』
- 電通総研，社会工学研究所.2001.『2002年FIFAワールドカップTM日本開催の経済波及効果』（プレス資料）
- 東北経済産業局.2004.『プロ球団新設による東北経済への波及効果分析』（報告書）
- ───.2005.『東北楽天ゴールデンイーグルスによる東北地域への経済効果』（報告書）
- 宮城県.2005.『東北楽天ゴールデンイーグルスが宮城県に及ぼす経済波及効果について』（報告書）
- りゅうぎん総合研究所.2007.『沖縄県内における2007年プロ野球春季キャンプの経済効果』（報告書）

（酒井　均）

6章
スポーツとアカデミズム

スポーツの学問的研究について,

その始まりを古代ギリシャ・ローマにおけるスポーツ研究に求め,

その後の発展を論じた。

さらに,現在のスポーツ科学の構造を確認するとともに,

スポーツ諸科学の現在についてまとめた。

スポーツのアカデミズムの面を,

その構造を理解するとともに,

それを構成している分野の各論を知ることで,

スポーツについて

より深く考える契機にしていただきたい。

スポーツの学問的研究の始まり　06.A

古代ギリシャの養生術と体育術　06.A.01

① トレーナーと体育教師

　先史時代においても，病人や戦争による負傷者は治療を受けていた。しかし，市民や競技者の健康とスポーツとの関係については，主に史料が多い古代ギリシャや古代ローマに求めざるを得ない。ギリシャで健康（ヒュギエイア：hygieia）という用語が現れるのは紀元前7世紀初期であり，激しい戦闘やスポーツ競技を描写しているホメロス（Homeros）も，さらにヘシオドス（Hesiodos）もまだ使用していない。常に戦争の危機があるにもかかわらず，ポリスの生活がある程度安定するにつれて，健康の保持増進の問題が生じたために，このような用語が生まれたのであろう。古代ギリシャ・ローマにおいてスポーツと医術との関連について多く論じられるのは，トレーナー（パイドトリベース：paidotribes），トレーニング術（パイドトリビケー：paidotribike）と体育教師（ギュムナステース：gymnastes），体育術（ギュムナスティケー：gymnastike）についてである。後者はプラトン（Platon）の著書で初めて現れるので，紀元前400年頃までは前者が主に活躍していた。簡単に区別すれば，前者は実際にトレーニングを指導したが，後者はスポーツの医術的効果を指導しても，実際のトレーニングにはほとんどかかわっていなかった。トレーナーの語源は子ども（pais）にマッサージをする（tribein）者であるが，その後は青少年や競技者にスポーツを指導するようになった。一方，体育教師の語源は裸体の（gymnos）であり，総合スポーツ練習場や競技場において裸体でスポーツをするようになってから派生した用語である。同じ市民でも，手足を動かして仕事をする市民は身分が低かった時代であるから，医術的知識をもたないトレーナーも新語である体育教師と自称しており，両者の職域は混乱していた。

② 養生術の開拓

　プラトンと同時代人であり，医聖と呼ばれるヒッポクラテス（Hippokrates）は，病気や怪我を治療する医術だけでなく，病気を予防し健康を保持増進させる養生術（diaitike）を開拓した。この養生術では，健康は飲食物の摂取とスポーツによる消費との調和によって保持増進されると考えられている。したがって，スポーツの医術的効果も多く論じられている。当時のギリシャでは，スポーツ競技が異常なほど盛んに行われ，しかもボクシング，レスリング，パンクラティオン（前2者を合わせたような種目）の重量競技には体重別がなかったために，体重を増やした者が有利であった。このためにトレーナーは，勝つための技術や作戦だけでなく，食事の種類，睡眠時間，トレーニング時間，怪我の予防などまで指導するようになり，強制的に肉食を摂取させる方法も開拓された。またトレーナーは，競技者だけでなく一般市民にも指導していたために，彼らの健康保持増進に関する経験的知識をももつようになっていた。したがって，ヒッポクラテスがトレーナーの有益な知識を養生術に採用したのは当然のことであった。ただし彼は，重量競技者は健康ではないと厳しく批判している。紀元前5世紀，セリュンブリアのヘロディコス（Herodikos）は，医術と体育術を融合させることによって養生術に属する医術的体育術を開拓した。この体育術は，一般市民や虚弱者を散歩などのスポーツと栄養摂取により健康を回復し増進させるものであり，多くのポリスで行われるようになった。

　一方，プラトン（Platon）は体育術を2つの意味で使用している。1つ目は医術と同様に，スポーツの医術的効果に関する知識によって，市民の健康を増進させて健康の最善の状態である強壮（エウエクシア：euexia）を獲得させる技術として，2つ目はこのような医術的知識を前提としながらも，国家の教育を構成する音楽・文芸術と同等に位置づけられる技術としてである。前者は今日の予防医学，スポーツ医学，スポーツ生理学に，後者は教育学における体育学，スポーツ教育学に相当する。アリストテレス（Aristoteles）は，体育教師はスポーツの医術的効果に精通した専門家であり，トレーナーは実際にスポーツを指導するだけの専門家である，と両者を明確に区別している。紀元前4世紀には，新たなトレーナーであるアレイプテース（aleiptes）が登場した。この語はオリーブ油を塗る者を意味しており，もともとは公共浴場の使用人だったが，医術的知識を習得して，市民に健康の保持増進を指導するようになった。

（髙橋幸一）

古代ローマの衛生術と体育術　06.A.02

① 医師と体育教師

　紀元前3世紀の医師エラシストラトス（Erasistratos）は，実践的なトレーニング術よりも医術的な知識とかかわりのある体育術を取り入れて，養生術に代わる衛生術（hygieine）を確立した。衛生術の発展によって，健康の保持増進を指導するイアトラレイプテース（iatraleiptes）も現れた。当時は，資格試験もなかったので，競技出身で無教養の者から医者と同様の知識をもつ者まで，またスポーツの仕方を実際に指導する者から指導しない理論家までが，自分の好きな職を名乗ることができた。このために，特に体育教師やトレーナーは，医者と同様の仕事をするのか，病気の治療もするのか，医者とどこが違うのか，衛生術も担当するのか，スポーツとどのようにかかわっているのかなどについて，盛んに議論されるようになった。この論争に1つの決着をつけたのが，2世紀の古代ローマ時代の医者ガレノス（Galenos）だった。彼は，当時のギリシャ人が裸体で行う「野蛮な」競技を嫌悪して，医術，衛生術，体育術，トレーニング術の関係を次のように規定している。

　人間の病気や怪我を治療して健康を回復させ，さらにその健康を増進させて最善な健康の状態（エウエクシア）を獲得させるのは医術だけであり，体育術やトレーニング術ではない。一方，健

康を保持増進させるのは，医術における衛生術である。体育術はスポーツの医術的効果の知識（episteme）を知っているので，衛生術に貢献する。しかし，トレーニング術は体育術と違って医術的知識と無関係で，スポーツ技術を指導するだけである。したがって，健康の保持増進に貢献するためには，トレーナーは，体育教師の指示に従ってスポーツを指導しなければならない。

② フィロストラトス

さらに，3世紀に活躍したソフィストであるフィロストラトス（F. Philostratos）は『体育術について』（Peri gymnastes）を執筆した。彼は，ガレノスとは違って，当時のギリシャの競技を非難するだけではなく，改善しようとした。したがって，彼は体育教師に医術的知識だけではなく，実際に競技者を指導する方法，すなわちトレーニング術の知識をも求めた。フィロストラトスは体育術を次のように考えている。

哲学，幾何学，天文学は科学（sophia）である。しかし，戦術，医術，彫刻は，身体を動かすという点では職人的であるが，知識を必要とするという点では科学でもある。一方，体育術は，医術とトレーニング術から成り立つ科学である。トレーナーは，スポーツ競技の技術や作戦を実際に指導するが，体育教師もこのことの知識をもたなければならない。さらに体育教師は，余分な体液を浄化し過剰な物質を体内から除去し，乾いた体質の者を湿らせたり，身体のあらゆる部分を肥らせたり変形させたりする知識と技術をもっている（トレーニング科学）。ただし，体育教師は，食事，マッサージ，入浴などの衛生術的方法によって競技者を強化するのであり，注射，薬，外科手術によって健康を回復させる医者とは異なる。

③ 体育術の再生

イタリア・ルネサンス時代になると，理想とする古代ギリシャ・ローマにおける医術や体育術が研究されるようになった。この分野で有名なのは，16世紀の医者メルクリアリス（H. Mercurialis）である。彼は，主にガレノスに基づいて，医術，衛生術，体育術，トレーニング術との関係を次のように考えている。

医術には治療術と健康を保持増進させる衛生術がある。体育術には，正当な医術的体育術（gymnastica medica），軍事的体育術，競技者養成体育術がある。医術的体育術は衛生術に貢献しなければならない。したがって，体育教師は，あらゆる運動の医術的効果を知った上で，運動を指導する専門家である。

このように，古代ギリシャ以降には，健康を増進させて，最高の健康（エウエクシア）を獲得し保持するために，スポーツの医術的効果が研究されるようになった。この特徴は，健康を目標としても，その運動は日常的な運動，労働，スポーツであり，近代以降の鋳型化した人工的な体操とは異なるということである。その後，メルクリアリスの体育術の影響を受けた医者も，健康の保持増進のためにスポーツが必要であることを強調するようになった。

参考文献　06.A.02

- 高橋幸一．2003．『スポーツ学のルーツ』明和出版
- Jüthner, J. and Brein, F. 1965. *Die athletischen Leibesübungen der Griechen*. Hermann Böhlaus Nachf.

(高橋幸一)

体育学の誕生と発展　06.B

ナショナリズムと体操　06.B.01

① ドイツ体操

古代ギリシャ・ローマにおける医術，養生術，衛生術，体育術を「再生」した16世紀のイタリア・ルネサンス時代におけるメルクリアリス（H. Mercurialis）の体育術以降も，多くの医者が健康を保持増進させるためにはスポーツが必要であることを強調した。しかし，その後の近代国家における体育学の確立は，医学だけでなく，合理主義，ナショナリズム，教育学などの影響を受けながら試みられるようになっていく。ここでは，主にドイツにおける体育学の誕生と発展を検討してみたい。

18世紀末の汎愛主義者は，体育（Gymnastik〔独〕：gymnastics〔英〕）は健康を増進させるだけでなく，人間の完全な教育にも不可欠であると考えた。しかし，この体育の指導者であるグーツムーツ（J.C.F. Gutsmuths）にはすでに，人間の運動を物体の運動とみなして自然科学的研究の対象とする傾向がみられた。感覚訓練においても，個々人に合わせるのではなく，個々人を客観的な測定結果に合わせる訓練だった。このような「科学的立場」は，ナショナリズムの政策に適合した人工的な体操を生み出すこととなっていく。

19世紀初期のヤーン（F.L. Jahn）の「ドイツ体育」（Deutsche Turnkunst〔独〕）は，民族解放運動と密接にかかわっていた。ヤーン自身は，運動遊戯，ドイツの伝統的な運動，器械体操を重視し，さらにそれらを模範を示しながら指導することができた。彼によれば，体育教師には，科学とかかわる他の教師とは異なって，体育実技論（Turnkunde）が必要である。その指導法は，実践に役立つ理論的な知識に基づかなければならない。しかし，ヤーンの場合には，「理論的な知識」とはいっても，人間の運動を「科学的に」要素化したり，鋳型化することではなかった。

一方，1850年代以降，学校体操（Schulturnen）を支配したシュピース（A. Spieß）は，人間の運動を科学的（解剖学的）に可能な関節の運動へ細分化（要素化）して，その要素からリズムを無視した幾何学的な徒手体操，集団秩序体操を合成した。しかもその体操は，身体は精神の道具であり，個々人は国家の道具であるという当時のナショナリズムの政策にも適合したものであった。

② スウェーデン体操

19世紀初期には，科学的な根拠を強調するリング（P.H. Ling）のスウェーデン体操（Schwedische Gymnastik〔独〕：Swedish gymnastics〔英〕）が登場した。彼は解剖学と生理学を応用して合理的な体操を考案し，正しい姿勢の形成を強調した。この体操はロートシュタイン

(H. Rothstein)によってドイツに輸入された。彼は，「科学的な」体操に固執して，ドイツの伝統的で民族的なヤーンの運動遊戯や器械体操を追放しようとした。しかし，当時のナショナリズムの影響を受けて，ドイツ体操(Turnen〔独〕：German gymnastics〔英〕)は民族の生活自体の中から生まれたものであるのに対して，スウェーデン体操は理論的知識に基づいて筋力を強化するだけであると批判された。この結果，ヤーンの遊戯や器械体操が復活し，スウェーデン体操は排除された。多くの医師は，スウェーデン体操は非科学的であるとして否定し，一方，シュピース体操は科学的に健康を増進するだけでなく，市民の自由と自立の表現であり，命令に服従する軍隊を形成する，と擁護した。このように，当時の体操に関する科学論は，各国のナショナリズムとも深く関連していたために，ある国の科学的根拠は，他の国では科学的ではないと批判された。

体育の科学化の試み　06.B.02

① 体操科学

鋳型化した体操を改善すると思われたのは，プロイセンの文部大臣であるゴスラー(G.v. Goßler)が出した1882年の「遊戯奨励政令」(Spielerlaß)である。この主旨は，大学の研究者は「体操科学」(Turnwissenschaft)のあらゆる分野を開講しなければならないということだった。しかし，体操やフェンシングを得意とするゴスラーは，実際の指導に役立つ科学だけを構想していた。1890年にプロイセンの大学が体操コースを開講した時，体操科学とされたのは医学が多かった。この時期には，体操の熟練者が大学の講義を受けずに体操教員として採用されていた。1892年から1905年まで，ギムナジウムの体操教師として2,332人の応募者のうち732人が，大学の講義を受けていないのに合格している。それまでと同様に，体操教師養成においては，模範を示して指導できることと知識は同一であると確信されていた。したがって，鋳型化した体操を批判するような科学的研究は，ほとんど行われなかったのである。

③ 体操実践の重視

19世紀後期の体操教師養成所(Turnlehrer-Bildungsanstalt)では，医学の講座を開設するようになった。しかし，体操の実技に習熟することが最も重要なこととされ，医学的知識によって少しだけ補充されたにすぎなかった。解剖学，生理学，衛生学の理論も，実践に役立つことが前提とされていた。医学的な講義に参加した体操教師は，1870年の17％から1908年の33％へと増加したものの，その動機は，科学的な関心からというよりは，むしろ職業上の出世のためであった。一方，体操教師連盟は，スウェーデン体操を批判し(1861年)，軍事的体操との結合(1869年)を強化した立場を守り続け，アメリカのように，学校体操にスポーツを採用するというディーム(C. Diem)の提案を1914年に拒絶した。

（髙橋幸一）

② 体育の科学化

一方では，次のような委員会などの設置が，体操重視を改善する契機となった。1911年にドレスデンで「国際衛生学展覧会」(Internationale Hygiene-Ausstellung)が開催された。1912年に医師を中心として，「スポーツと体育運動を科学的に研究するドイツ帝国委員会」(Deutsche Reichskomitee zur wissenschaftlichen Erforschung des Sports und der Leibesübungen)，1917年に「ドイツ帝国体育運動委員会」(Deutsche Reichsausschuß für Leibesübungen)，1920年に「ドイツ体育運動大学」(Deutsche Hochschule für Leibesübungen)，1925年に「大学体育運動研究所」(Instituten für Leibesübungen an den Universitäten)が設立された。上記の体育運動は，ほぼ今日のスポーツを意味する。

しかも1920年代には，生の哲学や改革教育学の影響を受けて，ドイツ体操とは区別される体育(Leibeserziehung)という用語が登場した。学校教育では，精神的な授業だけが重視されるべきではなく，音楽，美術，体育も他の教科と同等の権利をもって指導されるべきであるという心身調和論が主張されるようになった。このような時期に，体育学(科学)(Wissenschaft der Leibeserziehung)，体育運動の科学(Wissenschaft der Leibesübungen)，さらにはスポーツ科学(Sportwissenschaft)に関する議論も行われるようになった。しかし，ドイツの大学に体育運動の教授職が少数設置されただけで，この専門分野の科学性が認められたわけではなかった。教師養成に関しては，教育科学研究所や独立した教育大学も設立されたが，体操教師養成に関しては，大学の教育課程が少し延長されただけであった。多様な可能性が生まれたにもかかわらず，民族性に根づいた体育運動は，科学的な研究とは相変わらずなじまないと考えられていた。

一方，1920年代には，オーストリアのガウルホーファー(K. Gaulhofer)とシュトライヒャー(M. Streicher)は，鋳型化された体操を批判して，生物学的・生理学的に正しい根拠をもち，自然で有意味な運動を行う自然体育(Natürliches Turnen)を確立した。「自然」とは，子どもの運動衝動から発生し，子どもの関心や発達に適合したスポーツのことである。これは，科学的研究に基づいた体育論であり，第二次大戦以降の体育学，スポーツ科学，運動学にも大きな影響を与えた。しかし，当時のヨーロッパにおける政治情勢の影響をも受けて，体育学の確立には至らなかった。特に1930年の国家社会主義専門大学規定によって，多くの改革の試みは突然中止させられることとなった。それまでの体操教師の志願者は，医学的証明書をもっていればよかったが，1934年以降には，ナチス突撃隊の訓練を受けていることとナチス突撃隊のスポーツ記章をもっていることを証明しなければならなくなった。

（髙橋幸一）

体育学とスポーツ科学

06.B.03

① 体育学

体育学（科学）が本格的に論じられるようになったのは1950, 60年代以降のことである。しかし，この時期の旧東西ドイツやオーストリアの大学には，体育と体育教授学の講座や教授職がわずかしか認められていなかったために，体育の科学化の議論は，現実的な講座や教授職の要求とも結びついていた。ドイツ語圏において伝統的に使用されてきた体育運動 (Leibes-/Körperübungen) は，遊戯，ドイツ体操 (Turnen)，体操 (Gymnastik)，スポーツを含む上位概念であった。またそれは，身体文化の現象形態であり，体育 (Leibes-/Körpererziehung) の主要手段であるとみなされた。ここでの下位概念としてのスポーツは，勝敗を確定するために競技する体育運動であると狭く把握される傾向が強かった。したがって，下位概念であるスポーツ科学ではなく，上位概念である体育運動の科学 (Wissenschaft der Leibesübungen) が構想されたのは，当然のことであった。

また，体育は，教育的な意図に体育運動の形態を利用する。特に旧西ドイツにおいては，第二次大戦以降，教育学の科学的性格が厳しく議論されたために，その影響をも受けて，教育学の一分野としての体育学（科学）(Wissenschaft der Leibeserziehung) の可能性も問われるようになった。当時の見解は次のとおりである。

* 体育学は，教育学の一部分であり，その対象は人間の運動である。
* 体育学は，広義の教育学の特殊科学あるいは専門分科学である。
* 体育学は，教育学の中で相対的に独自性をもち，その対象は，運動する人間，周界と対峙する行為的人間であり，この意味で運動学が重要な役割を果たす。
* 独立した体育運動の科学の対象は，人間の運動である。
* 体育は，教育学の一部分であり，独立したスポーツ科学は成立しない。スポーツ科学は，自然科学と精神科学との間に位置する横断科学であり，教育学の不可欠の分野である。
* 体育運動の科学は，人間の運動を対象とする個別科学である。

このように，1960年代中期までは，教育学の一分野としての体育学や体育運動の科学が構想されても，独立したスポーツ科学はほとんど提起されていなかった。しかも，多くの主張は，科学論に基づいたものではなかったために，体育学や体育運動の科学は，科学論に基づいて議論されるべきであるという正当な主張がなされるようになってくる。

② スポーツ科学

一方，スポーツは，1960年代中期以降，世界的な規模の社会現象となり，文字通り世界共通語 (Weltwort) となった。また，この影響を受けて，スポーツは，競技スポーツを中心としながらも，運動遊戯，体操，ダンス，レクリエーション，余暇活動をも包含するようになってきた。このために，体育やドイツ独特の体育運動を上位概念とし，スポーツを下位概念とすることも不適切になってきた。このような状況の変化によって，旧西ドイツでは，体育学や体育運動の科学が正式に確立される前に，体育運動の科学からスポーツ科学へ，体育学からスポーツ教育学への移行が始まったのである。

③ 日本における体育学

江戸時代の1713年に書かれた貝原益軒の『養生訓』では，自然な健康を増進させるための運動を含めた生活法が詳述されている。しかし，主に医学などの自然科学的研究が行われるようになるのは，1924（大正13）年の「国立体育研究所」の設立以降である。また1929（昭和4）年には，東京文理科大学（現筑波大学）教育学科に体育学専攻が設置された。しかし，本格的に体育が研究されるようになるのは，第二次大戦以降である。アメリカの影響をも受けて，1949（昭和24）年に大学の体育が必修となり，同年「日本体力医学会」が，翌年には「日本体育学会」（以下，体育学会と省略）が設立された。当時は，体育やスポーツはアカデミックな研究対象ではないとみなされていたにもかかわらず，体育学の先駆者の努力によって，すでに1962（昭和37）年には，日本学術会議から「科学研究費」が認められるようになっている。1960年代には，自然科学，人文科学，社会科学に基づいて研究する多くの専門分科会が認可され，さらに全国各地に地方支部が設置された。1964（昭和39）年の第18回オリンピック大会（東京）においては，国際スポーツ科学会議 (International Congress of Sports Sciences) が開催された。当時の正会員は2,000名以上，2007年時点では6,000名以上になっている。1976（昭和51）年には筑波大学に体育科学研究科（博士課程）が創設されて以降，多くの大学に設置されるようになっている。

ところで，体育学会では次の3点が重要な問題として議論されてきている。

1つ目は，大学体育問題である。大学体育については，1970（昭和45）年の中央教育審議会以降，何度か必修制から選択制にすべきであるという意見が出されていたために，体育学会では1989（平成元）年以降，この問題を取り上げ，さらに大学体育特別委員会を設置して，大学基準協会，大学審議会へ意見書を提出し，必修の存続を要望してきた。しかし，1991（平成3）年には，必修，選択，廃止は各大学の判断に一任されることとなった。この経過の中で，大学における体育学の研究成果と実践との関係が問われることにもなったが，この問題はスポーツ科学においても未解決である。

2つ目は，学会の名称問題である。1989年以降には，1960年代のドイツのように，学会の名称問題（体育学会からスポーツ科学学会あるいは健康・スポーツ科学学会へ）が議論されてきているが，名称は以前と同じである。しかし，2006（平成18）年には体育学会監修の事典が『最新スポーツ科学事典』として発行されている。編集委員長の勝田茂は「序文」で，『体育学・スポーツ科学事典』を仮題としていたが，「体育学をも包括する上位概念として『スポーツ科学』を位置づけ，これを冠とする『最新スポーツ科学事典』と名づけることとした」と述べている（日本体育学会 監修『最新スポーツ科学事典』平凡社．2006）。ただし，ここでは，例えば体育学会の専門分科会は「体育史」であり，国際的には「スポーツ史」であるために，別々に説明されている。また，体育学会の名称は「日 本 体 育 学 会」(Japan Society of ences）である。一方，体育学会における研究誌は「体育学研究」（Physical Education, Health and Sport Sciences）であり，その国際誌は「スポーツ・健康科学」（Sport and Health Science）となっている。また，月刊誌は「体育の科学」（Health, Physical Education and Recreation）である。体育学の体育は，競技スポーツ，遊戯，レクリエーション，狭義の体育をも包括する上位概念となる。一方，スポーツ科学のスポーツは，上記の運動や狭義の体育をも含む上位概念となる。後者では，教育学と関連する体育学はスポーツ教育学に属することとなる。国際的には，スポーツ科学が一般的である。

3つ目は，体育学研究の分化と総合問題である。1971（昭和46）年，特に1996（平成8）年以降，体育学会大会で「体育学（研究）の分化と統合（総合）」の問題が議論されるようになっている。しかし国際的にみても，専門分科学の論文が無数に発表されているが，実質的に単数表記に統合されたスポーツ科学が確立されているわけではなく，それぞれ定義の異なるスポーツをいろいろな科学的方法で研究されているのが実情である。

参考文献　　　　　　　　　　06.B.03

- 小林寛道 ほか. 2001.「特集：21世紀における体育・スポーツのビジョン」『体育の科学』51(1)：4-52.
- 高橋幸一. 2003.『スポーツ学のルーツ：古代ギリシア・ローマのスポーツ思想』明和出版
- 宮下充正 ほか. 1997.「特集：日本体育学会の半世紀を振り返る」『体育の科学』47(1)：4-53.
- 山本徳郎. 2006.『「大いなる身体」を求めて－21世紀オリンピズム構築への助走－』アイオーエム
- Bernett, H. 1986/87. Zur Entwicklungsgeschichte der deutschen Sportwissenschaft, Stadion, Ⅶ/Ⅷ: 225-40.
- Court, J./Meinberg, E. (Hrsg.) 2006. Klassiker und Wegbereiter der Sportwissenschaft. Kohlhammer.
- Röthig, P./Prohl, R. u. a. (Hrsg.) 2003. Sportwissenshftliches Lexikon. Hofmann.
- Schröder, S./Holzweg, M. (Hrsg.) 2007. Die Vielfalt der Sportwissenschaft. Hofmann.
- Willimczik, K. 1979. Wissenschaftstheoretische Beiträge zur Sportwissenschaft. Karl Hofmann.

（髙橋幸一）

スポーツ科学の誕生と発展　06.C

スポーツ科学の誕生　06.C.01

① 体育学とスポーツ科学

ここでは，主に旧西ドイツにおけるスポーツ科学を検討してみたい。1950年代以降の旧西ドイツでは，大学における教授職の要求とも関連して，教育学の一分野としての体育学（科学）（Wissenschaft der Leibeserziehung）や体育運動の科学（Wissenschaft der Leibesübungen）を確立するための試論が提起されるようになった。一方，スポーツは，1960年代中期以降，世界的な規模での社会現象となり，文字通り世界共通語（Weltwort）となった。また，この影響を受けて，スポーツは，競技スポーツを中心としながらも，運動遊戯，ドイツ体操，体操，ダンス，レクリエーション，大衆スポーツ，余暇活動をも包含するようになってきた。このために，体育やドイツ独特の体育運動を上位概念として，スポーツを下位概念とすることも不適切になってきた。このような状況の変化によって，従来の体育運動の科学や体育学に代わり，スポーツ科学（Sportwissenschaften）の可能性が議論されるようになってきた。この時期の著書や論文が，「体育運動あるいはスポーツ科学」「スポーツ科学（体育運動の科学）」「スポーツ科学」と表記されているのは，過渡期の混乱した状況を反映しているからである。

ただし，1960年代の大学は依然として，スポーツの科学的研究は無意味であるとみなしていた。さらに，多くの競技スポーツ関係者も，スポーツ実践は科学的な助言を必要としないと考えて，スポーツ科学の確立を期待していたわけでもなかった。しかし，この時期には，急激な経済復興に伴う工業化や都市化によって，運動不足に起因する病気の問題も深刻になってきており，健康の保持増進とスポーツとの関連が科学的に研究されるようになった。さらに，大衆スポーツ，学校体育，病気の予防やリハビリテーションとスポーツとの関連なども研究されるようになっていく。今日の日本においても，生涯スポーツと生きがいや病気の問題は，積極的に研究されている。しかも，当時の東西陣営の冷戦においては，競技スポーツの勝利は，資本主義国家あるいは共産主義国家の正当性を証明するものであるとみなされていた。1972年には，旧西ドイツのミュンヘンでオリンピックが開催されるために，国策として，スポーツの科学的研究も含めたあらゆる手段を利用して，競技力の向上が図られるようになった。このように，スポーツの科学的研究は，病気の予防，健康の保持増進，競技力の向上などという現実的な問題を解決するために行われるようになった。当時は，スポーツ医学，スポーツ心理学，スポーツ社会学が認知されつつあった。

また，先進諸国の学校体育においても，従来の体操に代わって，スポーツが中心的な教材として取り上げられるようになった。旧西ドイツにおいては，1970年前後にスポーツが多用されるようになってくる。大学の学部，研究所においてもスポーツ科学が使用され，またスポーツ科学の教授職，博士，学士が公認されるようになった。1970年には連邦スポーツ科学研究所が創立された。しかしこの時期には，複数表記のスポーツ科学（Sportwissenschaften〔独〕：Sports sciences〔英〕）が主流であった。この表記には，多様なスポーツに関する現実的な問題が，既存の科学（母体科学）によって，何の統一もなくばらばらに研究されているという実情が反映されていた。

② スポーツ科学の多様性

1970年前後には，単数表記の支持者も多くなってきた。単数表記のスポーツ科学（Sportwissenschaft〔独〕：Sports science〔英〕）は，1つの研究領域（スポーツ）が複数の専門分科学によって研究されるということを意味している。スポーツ科学が，このような学際的統合科学（An Interdisciplinary Integration Science）として確立されることを願って，1971年には，国際的な研究誌『スポーツ科学』（Sportwissenschaft）が単数表記で発行された。1972，75年には国際スポー

科学会議が開催され，旧東ドイツでもスポーツ科学という用語が定着した。1972年には，学校体育(Leibeserziehung in der Schule)の代わりに学校スポーツ(Schulsport)という用語が公的に使用されるようになった。1973年には，研究誌『体育』(Die Leibeserziehung)の表題が『スポーツ授業』(Sportunterricht)へ変更された。このような名称変更とともに，スポーツの概念も拡大されることとなった。体育運動の下位概念としてのスポーツは，それよりも上位概念となり，世界的に使用されるようになった。体育運動という用語が定着していた旧西ドイツにおいては，体育運動をスポーツに代えることに対してはかなりの抵抗があったにもかかわらず，1977年の『スポーツ科学事典』(Sportwissenschaftliches Lexikon)ではまだ不明確だったが，1983年版では，体育運動はますます国際的な概念であるスポーツに代えられていると明言されている。このように，体育運動の科学はスポーツ科学へと名称変更しただけであり，スポーツ科学が確立されていたわけではなく，まだ単数表記のスポーツ科学の可能性を模索している段階だった。1977年版では，体育運動の科学は学術語として評価されていないとされ，1983年版では削除されている。また，1977年版では，体育学も，スポーツ教育学に置き換えられるべきであるとされ，1983年版では削除されている。このようにして，旧西ドイツにもスポーツ関連用語が定着していった。

1960年代は，次のような専門分科学が主流だった。スポーツ教育学(Sportpädagogik〔独〕：sports pedagogy〔英〕)，スポーツ心理学(Sportpsychologie〔独〕：sports psychology〔英〕)，スポーツ社会学(Sportsoziologie〔独〕，sports sociology〔英〕)，スポーツ史(Sportgeschichte〔独〕：sports history〔英〕)，運動学(Bewegungslehre〔独〕：movement science〔英〕)，

スポーツ科学の発展　06.C.02

① 現状

1971年には，スポーツをあらゆる側面から研究し，その成果をスポーツ実践にも応用する研究誌『スポーツ科学』(Sportwissenschaft)が単数表記で発

トレーニング学(Trainingslehre〔独〕：theory of training〔英〕)，スポーツ医学(Sportmedizin〔独〕：sports medicine〔英〕)などである。

しかし，1970年代以降には，スポーツはさらに多くの科学によって研究されるようになった。スポーツ哲学(Sportphilosophie〔独〕：sports philosophy〔英〕)，スポーツ法学(Sportrecht〔独〕：sport law〔英〕)，スポーツ経済学，(Sportökonomie〔独〕：sports economics〔英〕)，スポーツ人類学・人間学(Sportanthropologie〔独〕：sports anthropology〔英〕)，スポーツ生理学(Sportphysiologie〔独〕：sports physiology〔英〕)，スポーツ栄養学(Sportnahrung〔独〕：sports nutrition〔英〕)，スポーツバイオメカニクス(Sportbiomechanik〔独〕：sports biomechanics〔英〕)，スポーツ倫理学(Sportethik〔独〕：ethics of sport〔英〕)，スポーツ情報学(Sportinformatik〔独〕：sports informatics〔英〕)，スポーツジャーナリズム学(Sportjournalismus〔独〕：sports journalism〔英〕)，スポーツ方法学(Sportmethodik〔独〕：methods of physical education〔英〕)，スポーツ教授学(Sportdidaktik〔独〕：sport didactics〔英〕)などである。伝統的な運動学は運動科学(Bewegungswissenschaft〔en〕)，スポーツ教育学は運動教育学(Bewegungspädagogik)，トレーニング学はトレーニング科学(Trainingswissenschaft)と呼ばれたりもしている。

単数表記のスポーツ科学を確立するという願望はあっても，現実には多様なスポーツがばらばらに研究されるようになったために，大学は1970年代に，それらをまとめて，単数表記や複数表記のスポーツ科学の専門学部を制度的に確立させたにすぎなかった。したがって，このような状況では，スポーツ科学を単数表記にするのか複数表記にするのかという議論は，全く無意味になってしまう。

(髙橋幸一)

行われた。この科学の設立やその後の発展に中心的な役割を果たしたグルーペ(O. Grupe)は，理論的研究成果を実践にも応用させようとして，自らスポーツ研究所長だけでなく，スポーツ協

会やオリンピック委員会の役員も務めたが，1986年にはスポーツ科学の学際性は失われてしまったと判断し，2005年にも，総合科学となることは困難であると指摘している。このように，スポーツ科学を単数で表記する統合理論は今日でも確立されてはいない。一方，個々の専門分科学は，多くの国際的な専門学会が開催されていることからも明らかなように，すでに確立されている。

グルーペは2007年にも，次のように述べている。スポーツ科学は，寄せ集めただけの名称(Sammekbezeichnung)であり，この科学を支える統一像があるわけではない。そのような統一像は，これまで発展しなかったし，おそらくはけっして努力されることもないであろう。スポーツ科学は，それほど長期間存在したわけでもないのに，スポーツ科学とはなにかを見出す前に，専門分科学へと細分化し，専門化してしまった。

② 課題

グルーペは，1991年に，次のような見解を述べている。マスメディアの支配，平均化した大衆消費の社会では，それらとは反対のこと，つまり人間の限界への挑戦が期待される。競技スポーツではルールが規定されていても，人間はその範囲内で無限の可能性をもっている。この競技(達成)理念は，進歩，自由，平等理念の一部分である。スポーツは，民族，政治，宗教，人種を超えて世界的に理解される共通言語である。しかし今日では，競技力を向上させるために，計画的な早期からのトレーニングが行われており，また，選手は，政治や企業やマスメディアの期待にも応えなければならない。このために，暴力行為，ドーピング，ルール違反への誘惑が増大している。スポーツ哲学者であるレンク(H. Lenk)は，選手の人間性を無視して，数量化された勝敗や競技記録だけを重視して人間を単なる機械やロボットとみなす傾向に警告して，「より速く，より高く，より強く」(citius, altius, fortius)という標語に，「より人間らしく」(humanius)が付け加えられるべきであると主張している。スポーツ科学者は，スポーツのこのような堕落を阻止するためにも積

極的な役割を果たさなければならない。このように，グルーペは，スポーツがばらばらに研究されても，スポーツという名のもとに生じた弊害を取り除くのは，スポーツ科学者と称する研究者の責務であると主張している。

ただし，医学，スポーツ医学，スポーツ生理学の専門家は，健康に悪影響を与えるという「科学的な根拠を理由」に，女性が持久力を必要とする中・長距離競走や筋力を必要とする激しい格闘技に参加すること，また障がい者がスポーツを行うことにも反対していた。しかし，このように反対されたにもかかわらず，女性や障がい者が競技スポーツに果敢に挑戦したからこそ，女性の競技種目が男性のものに近づきつつあり，またパラリンピックもオリンピックと同様に開催されるようになったのである。したがって，スポーツの実践場面において科学的助言が有益であるか，そうでないかを最終的に決定するのは，実践している選手やトレーナーやその関係者であり，科学者ではない。

グルーペは，2006年に，身体，運動，遊戯，達成，健康，フェアプレイ，ドーピング，競技力操作，連盟やオリンピックにおけるスポーツの発展，特に学校内外におけるスポーツに関する問題を，専門分科学の研究者は互いに協力しながら慎重に解決すべきである，と主張している。

参考文献　06.C.02

- 髙橋幸一．2003．『スポーツ学のルーツ』380-94．明和出版
- Court, J./Meinberg, E. (Hrsg.) 2006. *Klassiker und Wegbereiter der Sportwissenschaft*. Kohlhammer.
- Digel, H. 2002. Wohin soll die Sportwissenschaft gehen？ In: *Sportwissenschaft* 32.Jg: 3-15.
- Röthig, P./Prohl, R. u. a. (Hrsg.) 2003. *Sportwissenschftiliches Lexikon*. Hofmann.
- Schröder, S./Holzweg, M. (Hrsg.) 2007. *Die Vielfalt der Sportwissenschaft*. Hofmann.
- Willimczik, K. 1979. *Wissenschaftstheoretische Beiträge zur Sportwissenschaft*. Karl Hofmann.

（髙橋幸一）

スポーツ科学の構造　06.D

スポーツ科学論　06.D.01

① スポーツ科学論の必要性

1960年代中期以降，先進諸国においては，急激な工業化や都市化の弊害として，運動不足に起因する病人が多くなり，スポーツによる健康の回復や保持増進が医学的に研究されるようになった。さらには，このような消極的な意味だけでなく，余暇生活において，生涯にわたってスポーツ文化を積極的に享受するという傾向も強くなってきた。しかも，当時の冷戦の東西対立においては，競技スポーツの勝利は，資本主義国家あるいは共産主義国家の正当性を証明するものであるとみなされていたために，競技力の向上への取り組みが積極的に行われるようになった。このように，スポーツは，病気の予防，健康の保持増進，リハビリテーション，競技力の向上という現実的な問題を解決するために，科学的に研究されるようになった。スポーツ医学，スポーツ心理学，スポーツ社会学，スポーツ運動学，トレーニング学（科学）などが確立された。1970年代には，旧西ドイツの大学に，これらの専門学を集めて，単数表記や複数表記のスポーツ科学の学部が創設されるようになった。その後も，スポーツの科学的研究は細分化され，専門化されたために，当然のこととして，スポーツ科学とはどのような学問なのかという問題が，特に旧東西ドイツやその後のドイツにおいて議論されるようになった。しかし，結論からいえば，多くの専門分科学を統合するような単数表記のスポーツ科学論は提起されなかったし，今後も提起されることはないであろう。

② スポーツ人間学

単数表記のスポーツ科学の提唱者であり，国際的な研究誌『スポーツ科学』(Sportwissenschaft) の編集責任者でもあったグルーペ (O. Grupe) は，当然のこととしてスポーツ科学の確立に希望を抱き，スポーツ人間学によってスポーツの専門分科学を統合しようとした。

グルーペの見解は，次のとおりである。スポーツは，諸科学の研究対象となるが，それらの研究成果を寄せ集めただけで独立した科学が確立されるわけではない。スポーツ科学は，科学論に基づいて構築されなければならない。スポーツ科学は，横断科学 (Querschnittswissenschaften) や統合科学 (Integrationswissenschaften) であると主張されても，それの科学論を欠いていたのでは何の意味ももち得ない。スポーツ医学，スポーツ心理学が例証しているように，スポーツの科学化の第1段階は母体科学に依存することであり，第2段階はそこから相対的に独立することである。それでは既存の科学のいずれが，スポーツを研究対象とし，さらに諸専門分科学の研究成果を統一的な視点のもとに統合できるのであろうか。スポーツ医学，スポーツ心理学，スポーツ社会学は，例えば遊戯のそれぞれの一側面を明らかにするだけで，遊戯の全体の意味を明らかにすることはできない。スポーツや遊戯の意味を明らかにすることができるのは，人間学 (Anthropologie) に他ならない。

このようにグルーペは，すでに1965年に科学論に基づいたスポーツ人間学，スポーツ教育学の構想を発表している。グルーペによれば，「人間は，身体をもつと同時に身体でもある」。彼は，この一元論に基づいてスポーツ人間学の固有の対象である運動，遊戯，達成 (Leistung)，プラトン以来の伝統的な用語である強壮 (eueksia: Wohlbefinden) を考察している。しかし，スポーツはますます経験科学的 (自然科学的，社会科学的) に研究されるようになったために，グルーペのスポーツ人間学は，スポーツ科学の統合理論となることはできなかった。

③ 批判的合理主義

ヴィリンクツィーク (K. Willimczik) は1979年に，次のようなスポーツ科学論を発表した。スポーツ科学には，批判的合理主義の経験科学のモデルが適用される。この場合には，運動学，バイオメカニクス，スポーツ医学は経

験科学的方法で研究されなければならないし，さらにスポーツ史，スポーツ教育学，スポーツ心理学，スポーツ社会学もこの経験科学へと方向づけられなければならない。旧東ドイツのスポーツ科学とは違って，科学自体は，実践と無関係である。したがって，科学と実践とを関係させるためには，両者の間に工学が必要となる。この工学において理論的知識は，実践家が苦労せずに利用できるように処理される。このような科学論は，スポーツの社会科学的，自然科学的研究が多くなり，伝統的な人間学的，精神科学的体育論を失った状況には合っていた。しかし，この場合には，スポーツ哲学，スポーツ倫理学，スポーツ人間学などの人文科学的，現象学的な専門分科学は，ほとんど除外されてしまう。

④ 旧東ドイツのスポーツ科学

一方，旧東ドイツでは，マルクス－レーニン主義に基づくスポーツ科学が制度的に確立された。この科学の課題は，共産主義的人間の育成や世界のトップレベルの選手の養成に貢献することによって，共産主義国家の正当性を証明することであった。この課題は，具体的には，人間をトレーニングすることによって達成されるので，トレーニング科学が理論と実践との間で最も重要な役割を果たした。

⑤ 解放的スポーツ科学

1970年代の旧西ドイツでは，批判理論に基づく解放的スポーツ科学

（Emanzipatorische Sportwissenschaft）も提起された。この科学の課題は，社会政策的啓蒙科学を確立し，生産力の発展と人間の全面発達や人間の解放に貢献することである。したがって，科学者は，人間の解放に貢献するという道徳的責任をもたなければならない。ヴィリンクツィークはこの科学論の問題点を次のように指摘する。解放をめざす「理性的な社会」について抽象的な一致が得られても，この科学が奉仕しなければならない人間像に関しては，批判的理論家の間でも多くの異なる見解が主張されている。そのために，あるべき人間像の決定に際しては，絶対化の危険性を伴う。ヴィリンクツィークが批判するように，第三帝国と旧東ドイツは，スポーツの科学的研究を国策に利用して崩壊してしまった。しかし，この科学論に基づく近代スポーツ批判は，「批判的スポーツ理論」と呼ばれ，スポーツの研究に大きな影響を与えた。資本主義社会におけるスポーツ選手は，自分の自由意志で喜んで競技していると主張しても，実際は，労働と同様に，非人間的な競争原理に操作されているに過ぎない，と批判される。

これを契機として，スポーツと労働，疎外，遊戯，過剰トレーニング，政治，経済，マスコミなどとの関係が，スポーツ人間学，スポーツ哲学，スポーツ史，スポーツ心理学，スポーツ社会学によって本格的に研究されるようになった。

（髙橋幸一）

スポーツ科学の制度的確立 06.D.02

① 異なる研究法

スポーツ科学の専門分科学であるスポーツ運動学は，1960年代に旧東ドイツのマイネル（K. Meinel）によって確立された。マイネルの『運動学（Bewegungslehre）』（1960）は，出版後すぐに旧東ドイツだけでなく，ドイツ語圏全体に普及した。15年間で6版が発行され，そのうちの多くが旧西ドイツで購入されている。当時の旧東西ドイツのスポーツ科学において最も大きな影響を与えた古典的教科書の1つである。マイネルは，ボイテンデイク（F.J.J. Buytendijk）の『一般理論』（Allgemeine Theo-

rie der menschlichen Haltung und Bewegung; 1956）を唯物論的立場から心身二元論であるとして厳しく批判している。マイネルは，『一般理論』などの現象学や人間学から大きな影響を受けているにもかかわらず，運動形態学的分析は客観的な因果的説明で補完されるべきであると述べているように，共産主義国家における唯物主義の強制を受けていた。『一般理論』は，特に人間の運動を生理学的－唯物主義的に説明するモデルを批判したために，旧西ドイツのスポーツ科学に積極的に採用され，体育理論，教育学的運動学，遊戯

論に影響を与えた。1970年代，体育理論からスポーツ科学への自然科学的，社会科学的転換において，人間学的－現象学的パラダイムはその意義を失い，『一般理論』はスポーツ運動学の基本文献（1973, 1977）から削除された。マイネルの後継者シュナーベル（G. Schnabel）はバイオメカニクスを取り入れたために，1976年以降の全面的な改訂版では，『一般理論』は文献に挙げられているだけで，もはやその内容は議論されていない。

1980年代後期以降，スポーツ科学の運動研究において主体概念が復活して，『一般理論』も再発見された。現象学的，人間学的スポーツ運動学は，ドイツの研究者や日本の金子明友によって継承，発展されている。金子（1999）は，マイネルの遺稿である「運動の美学」とボイテンデイクの人間学的生理学との接点を指摘している。さらに，人間とスポーツ運動の現象学的，人間学的研究は，スポーツ人間学，スポーツ教育学，スポーツ哲学，スポーツ倫理学でも行われている。

一方，人間の運動は，スポーツバイオメカニクスのように，自然科学的にも研究されている。この場合には，力学系モデルである剛体系モデル，変形体系モデル，流体系モデルが使用されることが多い。現象学的，人間学的研究法と自然科学的研究法とは，全く異なるパラダイムに属している。

② 新科学哲学

スポーツ科学においては，専門分科学が多すぎるために，1つの独自の研究対象はあり得ない。スポーツという概念はあいまいすぎるし，多様な意味をもっている。新たに使用されている「運動文化」（Bewegungskultur）という用語がこの問題に貢献するかどうかは，同様に疑問である。なぜなら，専門分科学の母体科学によって対象の概念が，次のように決定されてしまうからである。バイオメカニクス：物理的運動，トレーニング科学：生理学的運動，スポーツ教育学，スポーツ運動学：現象学的，人間学的運動。このように，パラダイムが異なっているので，スポーツ科学は，厳密な意味において，「応用的，学際的」科学に必要な条件を満たすことはできない。

すでに概観したように，1970年代までの旧西ドイツにおいては，特に批判的合理主義と批判理論がスポーツ科学論に大きな影響を与えた。1990年代以降には，両者を批判した新科学哲学が登場してくる。スポーツ科学を行為論的に統合しようとする見解もあるが，多くの行為概念があり，統一された概念はない。意図的行為解釈と因果的行為説明が二元論的に別々に行われている。ドレクセル（G. Drexel）も，スポーツ科学におけるいくつかの本質的に異なるパラダイムを示している。バイオメカニクスの「結果−パラダイム」やスポーツ心理学の「行為−パラダイム」である。これらのパラダイムは，互いに内容的な関連をもっていないので，「通約不可能性」（incommensurability〔英〕）とみることができる。したがって，現在のスポーツ科学は，学際的な研究をすることができない「多数のパラダイムをもつ構造物」であると解釈することができる。せいぜい，そのうち発展させられるかもしれない新しいパラダイムにおいて，統合的なスポーツ科学が確立される可能性はあるだろう。ドレクセルのこのような見解は，今日の寄せ集めだけのスポーツ科学の実情には合っている。

一方，プロール（R. Prohl）は，行為論に基づく学際的スポーツ科学を提唱している。人間の行為は，生物学的，生理学的，バイオメカニクス的に把握される過程において生起する。しかし，この因果的な説明は，スポーツとの関連を有意味に記述しない限り，母体科学にとどまり，スポーツ的な意味を獲得することはできない。解釈学的，精神科学的認識と経験科学的認識は，同一の対象から得られるものである。行為概念によって，スポーツ科学は，初めて共通した1つの対象をもつ。「記述して行為を説明する」という意味で，理解的方法と説明的方法との統合が可能である。プロールは，スポーツ科学の基礎には，スポーツ人間学やスポーツ教育学による人間像が必要であるとしているが，その具体像は不明である。

ただし，解釈学的，現象学的，人間学的方法と自然科学的方法とを統合しようとする試みは，スポーツ科学ではなく，科学全体にかかわるものである。実際のスポーツ諸科学は，制度的にばらばらに確立されたものであり，それらを統一する科学論が提唱されても，実現することは不可能であろう。

③ スポーツ科学の問題点

グルーペ（O. Grupe）も，スポーツ科学という小さな分野で，精神科学と自然科学との関係について流行しているような議論を継続することではなく，私たちは，主要概念である「スポーツ」に責任をもち，また私たちの公的な職務に責任をもつということを前提として，スポーツの重要な問題について，学際的に研究することが重要なのである，と主張している。

一方，2002年にグルーペの教え子であるディゲル（H. Digel）は，スポーツ科学の現状を次のように指摘している。スポーツ科学研究所などは，科学的成果を実践に応用することに貢献してきている。しかし，スポーツ科学と称しても，実際には運動科学，健康科学，身体科学といわざるを得ないような論文が多い。肝心のスポーツにおける運動，健康，身体とはなにかが明らかにされていないので，スポーツ科学的研究とは認めがたい。また，論文の科学的なレベルが低すぎるし，無神経に技術的用語だけが多用されている。マスメディアに取り上げられるスポーツ科学の成果には，陳腐なものが多く，何十年も前の知識だったりする。ここ20年間，必読と評価される研究成果はほとんどなかった。したがって，大学では4,000以上もの専門分野が講義されていても，学生は戸惑うばかりである。ただし，スポーツバイオメカニクス，スポーツ医学，スポーツ心理学，トレーニング科学，スポーツ運動学，スポーツ社会学，スポーツ経済学は，競技スポーツの実践場面における問題解決に大きな貢献をしている。一方，人間性の尊重を重視するスポーツ哲学，スポーツ教育学，スポーツ人間学も，競技スポーツの意義や倫理，無制限のトレーニングから選手を守ること，政治や経済やメディアからの不当な要請を退けることを研究することによって，間接的に貢献している。しかし，実践に役に立つと標榜する論文が，相変わらず競技者やトレーナーによって拒否される場合も多い。これまでは，スポーツ科学以外の研究者が，スポーツ科学に貢献している場合も非常に多い。したがって，スポーツ科学とスポーツ実践との関係については，消極的な評価をせざるを得ない。しかし，スポーツ界には，競技力に影響を与える医学的操作，スポーツの社会的意義，タレント発掘やその競技力向上，健康，障がい者スポーツ，体力向上，スポーツと国家，宗教，芸術，財政，遺伝子工学との関係，学校スポーツなどの問題が山積している。これらは，人文科学，社会科学，自然科学が同等の権利をもって参加する学際的な研究によってのみ解決されることが可能である。

参考文献　06.D.02

- 金子明友 2009.『スポーツ運動学：身体知の分析論』明和出版
- 髙橋幸一. 2003.『スポーツ学のルーツ』380−94. 明和出版
- Court, J. /Meinberg, E. (Hrsg.) 2006. *Klassiker und Wegbereiter der Sportwissenschaft*. Kohlhammer.
- Digel, H. 2002. Wohin soll die Sportwissenschaft gehen? In: *Sportwissenschsft* 32.Jg: 3−15.
- Prohl, R. 1991. *Sportwissenschsft und Sportpädagogik*. Karl Hofmann.
- Röthig, P. /Prohl, R. u. a. (Hrsg.) 2003. *Sportwissenschftliches Lexikon*. Hofmann.
- Schröder, S. /Holzweg, M. (Hrsg.) 2007. *Die Vielfalt der Sportwissenschaft*. Hofmann.
- Willimczik, K. 1979. *Wissenschaftstheoretische Beiträge zur Sportwissenschaft*. Karl Hofmann.

（髙橋幸一）

スポーツと諸科学の現在 06.E

スポーツの人文・社会科学的研究の現在 06.E.01

① スポーツ哲学

[スポーツ哲学の展開]

運動競技や身体運動への哲学的関心は，人間の生やそのあり方を問おうとした古代ギリシャの哲学的思索にうかがうことができる。そうした哲学者や思想家の中でもプラトンやアリストテレスらによるギュムナスティケーへの言及は，古典的な価値を有している。

スポーツ哲学は，これらの思索を源流としながら，現代においてその確立をみるに至った。そのきっかけとなったのは，アメリカの哲学者ポール・ワイス (P. Weiss) である。彼は，1969年に"Sport: Philosophic Inquiry"（邦訳『スポーツとはなにか』）を出版し，その後，北米や英国の研究者を中心として1972年に設立されたスポーツ哲学に関する国際学会 (Philosophic Society for the Study of Sport: PSSS) の初代会長を務めている。その年次大会は，1973年から開催されているが，以後，1999年にInternational Association for the Philosophy of Sport (IAPS, 国際スポーツ哲学会) へ名称変更され，今日に至っている。この名称変更の背景として，北米や英国以外からの参加者（ヨーロッパ大陸の各国，アジアでは特に日本と台湾）の増加を挙げることができる。また，21世紀に入ってからは，年次大会を北米とそれ以外の諸国とでほぼ1年おきに開催しており，国際化の進展を物語っている。日本では，1985年，1995年，2008年に年次大会を開催した実績がある。

IAPSの会員となっている日本人をはじめとするアジアの研究者のほとんどが大学等高等教育機関の体育教員であるのに対し，欧米では，哲学研究の専門家も参画している状況が見受けられる。

また，IAPS以外の学会としては，2004年にイギリスで英国スポーツ哲学会 (British Philosophy of Sport Association: BPSA) が発足し，2008年にはヨーロッパスポーツ哲学会 (European Association for the Philosophy of Sport: EAPS) もスタートしている。このように，21世紀に入ってからは，ヨーロッパにおいてスポーツ哲学に関する学会が設立されていることがわかる。

こうしたヨーロッパでの学会設立の動きに先んじて，日本では，身体運動文化について現象学的に考究する研究集会が1977年に開催され，その翌年からは「日本体育・スポーツ哲学会」という名称で年次大会が開催されるようになった。会員は，当初，体育学における体育原理・体育方法学を専攻する者で占められていたが，その傾向は21世紀に入ってからも変わっていない。また，本学会は，2005年以降，中国，韓国，台湾の体育哲学・スポーツ哲学関連学会との連携を模索し，研究交流を開始している。

なお，哲学一般におけるスポーツ哲学の位置づけに関しては，1900年に国際哲学連合 (International Federation of Philosophical Societies) の国際会議が開催されて以降，2008年のソウルでの国際会議において初めてスポーツ哲学の発表セッションが設けられたことからわかるように，スポーツ哲学が一般的な認知を獲得したのは21世紀に入ってからだといえる。

[スポーツ哲学の研究内容]

スポーツ哲学の研究内容については，アリストテレスによる理論学，実践学，制作学という3つの体系から次のように把握することができる。

・理論学

実在する物事の存在を決定する根本的な原理を解明しようとする形而上学的アプローチをとり，物事の真偽にかかわる学問である。「スポーツとは何か」を問う概念論や本質論，スポーツがどのような文化や社会の中で捉えられ，どのような意味をもつかを問題にする認識論や意味論等が挙げられる。また，遊戯や労働の視点からスポーツのあり方を探究するスポーツの存在論は，人間の存在様態の探究に通ずる哲学的人間学へと連なる。

・実践学

スポーツにおけるプレイヤーの行為の是非を問う，人間の行為の善悪にかかわる学問である。スポーツマンシップやフェアプレイなどを扱うスポーツ倫理学や規範論がこれに該当する。それは，スポーツ選手のプレイ中の行為を対象とするだけでなく，アンチドーピング論が象徴するように，競争条件の遵守といった競技者としての態度・姿勢を問うもののほか，フーリガンにみられる暴力的な行為など観戦者の観戦行動にかかわる問題を提起する。さらに，オリンピック開催都市の招致活動をめぐるスキャンダルや審判員による誤審問題においては，競技団体や組織における役員の振る舞いが問題とされるように，スポーツに関与する様々な行為者の行為が考察対象となる。

・制作学

人間的所産の優劣にかかわる学問である。スポーツ実践者ならびに観戦者の美的体験などを扱うスポーツ美学はその典型である。それは，スポーツの芸術性を問題とするのみならず，スポーツ運動の合理性や機能性，競技者の生命力などに美を見出そうとする。また，スポーツの身体的体験を現象学的方法によって先入見を交えずに省察するアプローチもある。これらを含め，スポーツ一般のもつ価値を論ずる価値論では，スポーツが経済や名声，教育などに対してもつ外在的価値とスポーツ活動そのものが有する内在的価値とを区別した上で考察が展開される。

[最近の研究傾向]

・ドーピング問題

科学技術の発展に伴い，ドーピング技術が精巧になってきている。筋肉増強剤等の使用のみならず，ドーピング検査をすり抜けるために，その使用の痕跡を消す薬物が開発されている。また，自身の血液を事前に採取し，冷凍保存した後に競技開始前に体内に戻す血液ドーピングや，遺伝子治療法を応用し，特定遺伝子を筋肉細胞などに注入する遺伝子ドーピングの可能性が探られるなど，体外で生成された禁止薬物の摂取とは異なる方法の開発が進められている。こうした動きは，競技の平等性という視点を超えて，スポーツのフェアネスや本質への再考を促す問いを提起している。すなわち，スポーツや競技において人間のパフォーマンスの一体なにを測ろうとしているのか

が問われているのである。そして、このような研究テーマから、従来のスポーツのあり方、スポーツ観に対して科学技術の発達が見直しを迫っていることの表れをみてとることができる。人間がどのような条件のもとにあるべきかを問うという意味では、人間存在のあり方そのものに迫る問題であるといえよう。

・スポーツ構造

スポーツにかかわる態度として、例えば遊びとして、仕事として、競技としてわれわれはスポーツを行うわけであるが、では、様々な態度やそれとのスタンスをもって行われるスポーツとは一体なにか。それを概念的に把握するためには、スポーツを客観的構成体として捉えることが必要になってくる。また、ある特定のスポーツ種目の実施状況において立ち現れる一回性の運動現象（例えばサッカー選手が遂行するキックやシュート、ヘディングといった運動）とそのスポーツ種目そのものとを同一視することはできず、一回性の運動現象とその運動現象を生み出している体系（system）とを区別して捉える必要がある。それをスポーツ構造と呼ぶ。佐藤によれば、スポーツ構造とは、1）知的契機、2）身体的契機、3）感性的契機からなるもので、その具体的内容は次のとおりである。1）は個々の運動現象を発生させ、それぞれのスポーツ種目において許される運動とそうではない運動とを規定するスポーツルールや、それを理解し、戦略を立て、戦術を選択し、これらを遂行するためのトレーニング方法やスポーツ用具の開発といった知的営為、2）は各スポーツ種目を特徴づける運動様式や身体技法、3）はスポーツ種目やそれを行う国や地域が内包する価値観、すなわち美的あるいは倫理的にどのような行為を許容し、許容しないかを決定づける価値観、である。こうした構造に基づくことによって、例えば古代ギリシャにおけるギュムナスティケーやオリンピアを当時の思想や社会の様相、人々の生活などから考察すること、同様に近代スポーツの発展期における社会などと比較しながら複眼的・相対的視点からメディアスポーツの発達した現代社会におけるスポーツの位置づけや意味を考察することなどが可能となるだろう。し

かしながら、上記3つの契機がどのように関連し合い、構造化されているのか、といった点についてはさらなる探究を要する。

（深澤浩洋）

② **スポーツ史学**
[スポーツ史学の展開]

スポーツ史学(Sportgeschichtswissenschaft〔独〕: Sports History as Science〔英〕)は、スポーツ科学の一専門分科学であり、また歴史学の一専門分科学でもある。この科学では、身体、体育、体操(Gymnastik〔独〕: gymnastics〔英〕)、遊戯、ダンス、競技スポーツ、生涯スポーツ、障がい者スポーツなど、スポーツにかかわるあらゆる問題が研究される。

スポーツ史が本格的に研究されるようになったのは、1970年代以降である。この時期には、特に先進諸国における余暇時間の増加に伴って、スポーツが大きな社会現象となったために、スポーツという用語も世界共通語となり、多様な意味で使用されるようになった。このため、スポーツを科学的に研究することの意義も認められるようになってきた。確かに、近代競技スポーツは、18世紀初期から19世紀後期までにイギリスで確立され、西ヨーロッパや北アメリカへ、さらには全世界へと普及した。イギリス以外の国々では、このようなスポーツを正確に表記する自国語がなかったために、英語のsportが採用されている。しかも、競技スポーツだけでなく、それぞれの国々や民族における伝統的な競技や遊びやダンスもスポーツと表記されるようになってきた。したがって、近代以降だけでなく、自然民族、古代オリエント、古代ギリシャ、古代ローマ、中世の研究でもスポーツという表記が使用されるようになってきている。

日本や外国には、次のようなスポーツ史学会が設置されている。体育史専門分科会(The Historical Research Section of Japan Society of Physical Education, Health and Sport Sciences；1961年設立；1984年以降『体育史研究』発行)、日本スポーツ史学会(Japan Society of Sport History：1986年設立；1987年以降『スポーツ史研究』発行)、国際体育・スポーツ史学会(International Society for the History of Physical Education and Sport: ISHPES；

1989年設立)、イギリススポーツ史学会(British Society of Sports History: BSSH；1981年設立；1982年以降"Sport in History"、1984年以降"The British Journal of Sports History"、1987年以降前者の誌名を変更した"The International Journal of the History of Sports"発行)。ドイツでは、1975年以降"Stadion"、1987年以降"Sozial- und Zeitgeschichte des Sports"、2001年以降には前者を誌名変更した"SportZeit Sport in Geschichte, Kultur, und Gesellschaft"、さらに1988年以降には"Nikephoros"が発行されている。日本でも、日本や諸外国のスポーツ史が研究され、それらの成果は、『体育史研究』『スポーツ史研究』『体育学研究』に、それに若干は外国の『スポーツ史研究』に発表されている。しかし、外国におけるスポーツ史の研究成果は、日本ではほとんど紹介されていない。

[スポーツ史学の研究内容]

スポーツ史研究で重要なのは、研究対象である「スポーツ」は具体的にどのような運動を意味しているのかを明確にすることである。歴史学には、当然のこととして研究者の世界観や歴史観が反映される。しかし、歴史学においては、そのような仮説を、確実な史料を用いて実証しなければならない。「スポーツ」と無関係な論文は、たとえ歴史学に属しても、スポーツ史としては認められない。スポーツが研究対象となるからこそ、スポーツ科学もスポーツ史学も確立されたのである。スポーツ史学とスポーツ社会学などとの関連についての理論的な議論も、母体科学である歴史学の問題であって、スポーツ史学独自の問題ではない。オランダの古代スポーツ史研究者であるプレケト(H.W. Pleket)が1974年に発表した論文、「古代スポーツの社会学」(Zur Soziologie des antiken Sports. Mededelingen Nederlands Instituut te Rome 36：57-87)は、2001年の「ニケーフォロス」(Nikephoros)(14,157-212)に再録されている。彼女の論文が、30年後も高く評価されたからにほかならない。

外国においては、スポーツ史の論文や著書に対して厳しい専門的な批判(評価)が行われる。学術的と思われる著書が、スポーツ評論にすぎないと批判されたりもする。イギリスの産業革命

期に民衆スポーツは、「真空」「暗黒時代」だったのかについても、仮説の問題ではなく、実証の問題である。史料がなければ「真空」であり、その時代の民衆スポーツを「推測する」のはスポーツ史の課題にはならない。特に、古代スポーツを含む近・現代スポーツ史に対しては、厳しい批判が行われる場合が多い。マンデル（R.D. Mandell）は、1984年に『スポーツ：一つの文化史』（Sport. A Cultural History. Columbia Univ. Press.）を出版しているが、古代スポーツ史の研究者であるスキャンロン（T.F. Scanlon）は、マンデルの歴史的発展段階はアイヒベルク（H. Eichberg）の1973年の著書、『工業化文明へ向かうスポーツ』（Der Weg des Sports in die industrielle Zivilisation. Baden-Baden）に依存しており、17世紀以前の時代や文化に関する社会学的結論は、月並みであり不正確である、と批判している。一方、グートマン（A. Guttmann）は、1986年に『スポーツ・スペクテーター』（Sports Spectators. Columbia Univ. Press.）を出版しているが、古代ギリシャ史の専門家であるカイル（D.G. Kyle）は、意識的か無意識的かは別にして、近代の研究には史料の選択は本質的なものであるが、グートマンは近代に対する関心や類推を優先して、近代以前の少ない史料まで選択しすぎるのは疑問である、と批判している。また、近代スポーツ史の専門家であるアーデルマン（M. L. Adelman）も、史料選択の欠点を指摘して、素人には有益であるが、専門家は多くの問題点を見い出すであろう、と批判している。さらに、グートマンは、1989年に『儀礼から記録へ』（From Ritual to Record. The Nature of Modern Sports. Columbia Univ. Press.）において、近代スポーツの特性として「世俗化」を挙げているが、前近代のスポーツが宗教的・儀礼的であるとは限らないと批判されている。いずれの論文も非常に高く評価されているものであるが、このような批判的な論評を読まない場合には、日本における外国のスポーツ史理解に大きな誤解を招く可能性がある。

日本の体育・スポーツ史研究は、非常に高い水準に達している。単なる仮説だけでなく、史料によって詳細に実証する研究が行われている。しかし、諸外国が日本のスポーツ史に非常に高い関心を抱いているにもかかわらず、英語に翻訳した論文が外国の研究誌にはそれほど掲載されていないのが実情である。この点において、イギリスやアメリカにおける中国人留学生が、中国のスポーツ史を多く発表しているのとは対照的である。

古代スポーツ研究の専門誌である『ニケーフォロス』には、英語、ドイツ語、フランス語、イタリア語、スペイン語、ギリシャ語の論文が原文のまま載せられており、しかもこの分野を研究するには古代ギリシャ語、ラテン語などに精通している必要がある。日本においては、この分野のスポーツ史研究者はほとんどいない。したがって、最新の古代スポーツ史研究、例えば、古代エジプトの研究で評価の高いデッカー（W. Decker）の論文や著書もほとんど紹介されていない。このことは、100年以上の伝統がある古代オリンピックの研究にも妥当する。

[最近の研究傾向]

イギリスのスポーツ史研究は盛期を迎えている。スポーツ史の論文は、当該学会誌だけでなく、歴史学の専門誌（The Historical Journal; The English Historical Review; History）にも発表されるようになっている。確かに、The Sports Historianの論文は、1992年から2002年まで、人気のあるサッカーとクリケットが圧倒的に多い。しかし最近では、「北欧の歴史、社会、スポーツ」「競技による聖戦：フィリピンのスポーツと植民地主義」「サーフィンによる人命救助」「東ヨーロッパのスポーツ」「ラテンアメリカ諸国のスポーツ」「近代スポーツ：グローバルという妄想：政治、階級、宗教、ジェンダー；マンガンを称える論文集」「水泳の社会史」というタイトルから明らかなように、研究対象は多様な種目へ、さらには全世界へと拡大されている。アメリカでも、人気のあるアメリカンフットボール、バスケットボール、野球、近代オリンピックの論文が多い。女性の野球史においては、寄宿制学校の女学生が、校長が黙認している場合、結構盛んに行っていたことが明らかにされている。史料は、両親に知られると退学させられるので、女学生が、兄弟や姉妹に内緒で知らせた手紙類である。さらに、白人中心主義ではなく、自然民族、先住民、少数民族、カナダのエスキモーなどの研究も盛んに行われるようになってきている。ドイツ語圏における研究も同様の傾向である。最近では、女性のスポーツ史も盛んに研究されている。スポーツ史の著書では、「女性とスポーツ」という独立した章も設けられるようになっている。

イギリスに発生した近代競技スポーツは、この資本主義社会で、勝利至上主義を修正できるのか、あるいは修正できないで破滅するのか、近代競技スポーツは終焉し、民族的に特色のあるスポーツが盛んになっていくのか、スポーツの近代化はまだ進んでいるのか。これらの問題に対する見解は、スポーツ史の場合には仮説であって、史料によって実証されなければならない。

（髙橋幸一）

③ スポーツ社会学

[スポーツ社会学の展開・歴史・発展経緯]

スポーツ社会学的思考の発端は1890年代とされ、アメリカにおいてはプレイグラウンドに関する社会学的研究のほか、財力を誇示すべく金銭的な見栄を張ってスポーツや宗教儀式、そして政治さえ浪費の対象として暮らす人々の思考と実践をヴェブレン（Thorstein B. Veblen）が『有閑階級の理論』（1899）で著している。これは記号論を援用した消費社会論の嚆矢といえる。「スポーツ社会学」をタイトルにした著書は、ドイツにおけるリッセ（Heinz Risse, 1921）を嚆矢とする。彼はドイツの民族国家主義的イデオロギーを背景にして、競技スポーツが当時のドイツにみられた「心底まで腐敗した」近代都市生活に対抗する「身体文化（Körperliche Kultur）」であるとした。また、社会学的思考の萌芽として重要なのは、ホイジンガ（Johan Huizinga）による『ホモ・ルーデンス』（1938）である。日常－非日常、真面目－遊びの境界線がダイナミックに流動し、「遊びそのものが文化になる」という視点は、カイヨワ（Roger Caillois）に継承され、「聖－俗－遊」図式として文化社会学における一つの視座になっている（井上俊『遊びの社会学』世界思想社. 1977）。

日本における「スポーツ社会学」のタイトルは、第1回日本体育学会（1950）における林恵海（東京大学教授）の講演が

最初であり，『スポーツの社会学』と題した著書も東京大学教授の加藤橘夫(1951)が最初であった。一方，東京教育大学体育学部に体育社会学が開講され(1950)，大学でこの学問領域について学習し研究されるようになった。竹之下休蔵は，民主的な人間関係を構築するために，学級集団や児童の遊戯集団ほか，グループ学習に関する実証的研究を先導し，学会において数多くの議論がなされた。また，農村地域のスポーツ活動に関する調査研究がなされ，それらは1960年代における余暇時間の増加とともに企業や地域におけるレクリエーション研究に結びついた。日本体育学会に体育社会学を専門とする分科会が設置されたのは1962(昭和37)年であり，その後，研究誌として『体育社会学研究』(年刊) 1982 [昭和57] 年から『体育・スポーツ社会学研究』)が1972 (昭和47) 年に創刊されている。東京教育大学に大学院修士課程保健体育専攻が設置され (1965) ，研究者の養成がなされ，『体育学研究』と上記研究誌の刊行によって，アカデミズムの制度的側面が整えられていった。

1964年には国際スポーツ社会学委員会 (International Committee for Sociology of Sport: ICSS。現在はInternational Sociology of Sport Association: ISSA) は，国際スポーツ・体育協議会 (International Council of Sport and Physical Education) において承認されることで設置され，その研究誌『国際スポーツ社会学評論 (International Review of Sport Sociology)』(現在は，International Review for the Sociology of Sport: IRSS) が1966年に刊行された。国内的には，体育学分野の研究者と社会学を専門とする研究者とが接近して日本スポーツ社会学会が1991 (平成3) 年に設立され，1992 (平成4) 年に第1回大会が奈良女子大学で開催されている。研究誌『スポーツ社会学研究』は，1993 (平成5) 年に創刊 (2009 [平成21] 年より年2回刊) され，国内では『体育学研究』と2つの研究誌が並存して現在に至っている。

[スポーツ社会学の研究内容]
　スポーツという文化とは何か，どのようなシステムとして社会に存在しているのか，そして，人々はそれとどのようにかかわり，文化を構築しているのか。こうした思考は社会学の理論をベースにして形成される。多々納秀雄は，社会をパーソナリティー，社会，文化の各システムからなる行為システムと捉え，行為システムの構造‐機能分析を行ったパーソンズ (Talcott Parsons) を踏まえて，スポーツ文化の体系を構成しようとした (多々納秀雄『スポーツ社会学の理論と調査』不昧堂出版．1997)。また，マクロなレベルで制度論的に捉えつつ，個人がどのようにしてスポーツにかかわるようになるのかについて，ケニヨン (Gerald S. Kenyon) とマックファーソン (Barry D. McPherson) は，「個人的属性」「重要なる他者」「社会化の状況」の三要因から説明する因果関係モデルを設定した。(ジョン・W., Jr. ロイ，バリー・D. マックファーソン，ジェラルド・S. ケニヨン『スポーツと文化・社会』粂野豊 編訳．ベースボール・マガジン社. 1988)。スポーツへの社会化や参与形態に関する研究は，こうした機能主義的アプローチによってなされ，パス解析のほか，多変量解析などの方法が用いられてきた。

　第2のアプローチは，マルクス主義やカルチュラルスタディーズを基盤にし，スポーツの現象を通して，どのように権力的支配関係に抵抗し，新たな社会関係を築くことができるのかを問うクリティカルな視座である。1960年代後半から1970年代前半においては，資本主義社会における搾取の問題が明示された。ヴォール (Andrzey Wohl) は『近代スポーツの社会史』(1973；唐木国彦，上野卓郎 訳．ベースボール・マガジン社. 1980) において，ブルジョア階級のイデオロギーを基礎に近代産業社会に生起したスポーツを階級闘争の観点から批判的に捉えた。そして，1960年代後半の反植民地主義，市民権保護と反戦活動が繰り広げられる中で，エドワーズ (Harry Edwards) は，日常生活で差別され，国家の代表となればナショナリズムと人種統合の象徴と位置づけられ，しかしながら大多数のアスリートにとっては運動能力の搾取でしかない黒人アスリートの闘争を『スポーツの社会学』(1973) として著している。1970年代後半から1980年代後半においては，スポーツのクリティカル社会学がビーミッシュ (Rob Beamish) ，グルノー (Richard S. Gruneau) (1983；リチャード グルノー『スポーツの近代史社会学』岡田猛，菊幸一，多々納秀雄 訳．不昧堂出版. 1998) ，インガム (Alan Ingham) ，そしてカンテロン (Hart Cantelon) といったカナダの研究者によって先導された。彼らは古典マルクス主義を基礎にして，イデオロギーの力，疎外を生み出す諸勢力，場としてのスポーツの問題から国家とスポーツを批判的に論じた。そして，この期の後半になると，ポストマルクス主義としてグラムシ (Antonio Gramsci) のヘゲモニーと文化的闘争の概念を用いたカルチュラルスタディーズが隆盛した。その筆頭は，ハーグリーブス (John Hargreaves, 1986；ジョーン・ハーグリーヴズ『スポーツ・権力・文化』佐伯聰夫，阿部生雄 訳．不昧堂出版. 1993) であり，トムリンソン (Alan Tomlinson) ，ハーグリーブス (Jennifer Hargreaves) ，ワンネル (Garry Whannel) ，ローウェ (David Rowe) らは，スポーツや体育を闘争の場と捉え，人々の生きた実践，すなわち様々な要素の分節・節合による権力関係の中で，重層的に決定されるダイナミズムこそがイデオロギーであるとし，支配に対する抵抗など葛藤する実践を捉えようとした。サッカーにおけるフーリガン研究をはじめとするこの潮流は，吉見俊哉「運動会の思想」(『思想』845, 1994) ，ジェリー (David Jary, デービッド・ジェリーほか 編『スポーツ・レジャー社会学』道和書院. 1995) ，清水諭 (清水諭『甲子園野球のアルケオロジー』新評論. 1998；清水諭 編『オリンピック・スタディーズ』せりか書房. 2004) ，有元健や小笠原博毅 (有元健，小笠原博毅 編『サッカーの詩学と政治学』人文書院. 2005) につながる。1990年代後半からは，政治と経済とを結合し，グローバルに展開する資本主義的企業，そして人々の文化実践としてスポーツを捉えるに至っている。アンドリュー (David L. Andrews) やコール (C. L. Cole) らによる『スポーツとコーポレート・ナショナリズム』(2005) やカリントン (Ben Carrington) らによる『マルキシズム，カルチュラル・スタディーズ，そしてスポーツ』(2009) がある。

　第3のアプローチとして，歴史主義がある。エリアス (Norbert Elias) は，人間の暴力に対する内面的抑制，習慣の洗練化，社会関係に含まれる自己抑制や自己反省の増大などを一連の歴史的過程として捉え「文明化の過程」の概念

を示した（1939；ノベルト・エリアス『文明化の過程』（上・下）波田節夫ほか訳．法政大学出版局．1977・1978）。英国における近代スポーツは，「感情の抑制された中での脱抑制」と捉えられ，暴力の統制に関する自己規律化の象徴的装置として考えられる。エリアスの弟子だったダニング（Eric Dunning）らは，英国におけるラグビー・フットボールの前近代から現在への発展を『ラグビーとイギリス人』（1979；エリク・ダニング，ケネス・シャド．大西鉄之祐，大沼賢治 訳．ベースボール・マガジン社．1983）において著し，階級間の緊張や「男らしさ」について言及した。また，グットマン（Allen Guttmann）は，スポーツの伝播と受容の形態が単なる「文化帝国主義」ではなく，相互作用によってなされたことを様々な地域における史料から明らかにした（1994；『スポーツと帝国』谷川稔ほか訳．昭和堂．1997）。

日本においては，菊幸一がプロ野球設立に至る歴史を追いながら，いかにプロフェッショナリズムの精神が成立してきたのかを『近代プロ・スポーツ』の歴史社会学』（不昧堂出版．1993）で示している。

このほか，高津勝『日本近代スポーツ史の底流』創文企画．1994）や坂上康博『権力装置としてのスポーツ』講談社．1998；坂上康博，高岡裕之 編著『幻の東京オリンピックとその時代』青弓社．2009），井上俊ら（『スポーツとメディア・イベント』津金澤聰廣 編『近代日本のメディア・イベント』同文舘出版．1996），古川隆久．『皇紀・万博・オリンピック』中央公論新社．1998）は，政府・官僚，皇室関係者などがスポーツや武道をどのように意味づけ，権力装置として位置づけてきたのかについて，都市と農村を舞台に著している。

[最近の研究の傾向]

エリアスやダニングの研究も含まれるが，身体の社会学に関する研究が進んでいる。フーコー（Michel Foucault）の規律訓練の概念（1975；ミシェル・フーコー『監獄の誕生』田村俶 訳．新潮社．1977）は，身体の構築プロセスそのものである体育やスポーツに対して，微視的権力作用の側面から捉えることを可能にする。また，ブルデュー（Pierre Bourdieu）の一連の著作，特に『ディスタンクシオン』（1979；ピエール・ブルデュー『ディスタンクシオンⅠ』石井洋二郎 訳．新評論．

1989；『ディスタンクシオンⅡ』石井洋二郎 訳．藤原書店．1990）や『社会学の社会学』（1980；ピエール・ブルデュー，田原音和 監訳．藤原書店．1991）は，身体に焦点を当てた好みと慣習的行動を階級などを踏まえて，個々の実践と構造との関係をハビトゥスから捉えようとする視角をもたらした。ヴァカン（Loïc Wacquant）の研究（2004；ロイック ヴァカン『ボディ＆ソウル』田中研之輔ほか 訳．新曜社．2013）は，ボクサーとしての身体構築のあり様を彼らに接近し，その戦略的実践の様相を描いたエスノグラフィーである。また，甲斐健人は運動部員の社会移動について研究し（『高校部活の文化社会学的研究』南窓社．2000），倉島哲は武術教室でのフィールドワークから身体技法の構築について論じている（『身体技法と社会学的認識』世界思想社．2007）。さらに，渡正は障がい者スポーツの社会的イメージと実践者の解釈のズレをフィールドワークから示している（『障害者スポーツの臨界点』新評論．2012）。こうした身体の文化的社会的側面とともに，自己の身体を現象学的に究明する視座（例えば，亀山佳明『生成する身体の社会学』世界思想社．2012）を加味することで新たな研究の方向性がみえてくると思われる。

一方で，公共におけるスポーツ社会学の貢献を考えてみると，様々なスポーツ政策やイベント招致プロジェクトに対して，政策と人々が生きる現場を往還した研究が求められる。松村和則（松村和則 編『メガ・スポーツイベントの社会学』南窓社．2006）や石坂友司（石坂友司，松林秀樹 編著『〈オリンピックの遺産〉の社会学』青弓社．2013）の研究を今後も広く深く行っていくことが求められる。そして，官民セクターによる現在進行中のプロジェクトを批判的に捉えながら，スポーツを通した開発や平和構築にどのような貢献が可能なのか議論していく必要がある（Simon Darnell. *Sport for Development and Peace*. Bloomsbury. 2012.）。今後，スポーツ社会学は，方法論を磨きながら，グローバルな視点を共有し，人種，民族，ジェンダー，ナショナリズム，障がいなど身体にまつわる包括と排除の問題に対して，言説と身体とが絡まりあった思考と実践が期待される。

（清水 諭）

④ **スポーツ教育学**

[スポーツ教育学の語源と研究対象]

スポーツの教育学的可能性を研究する科学が，スポーツ教育学である。しかし，スポーツ教育学という名称は，すべての国で用いられているわけではない。例えば，日本では，体育の授業を対象とした学問は，体育科教育学（Pedagogy of Physical Education）と呼ばれる。これに対して英語圏ではそれが教育学（Pedagogy），あるいはスポーツ教育学（Sport pedagogy）と呼ばれ，ドイツ語圏ではスポーツ教育学（Sportpedägogik）と呼ばれる。そのドイツでは，スポーツ授業にかかわる科学はスポーツ教授学（Sportdidaktik）と呼ばれ，スポーツ教育学の一領域として位置付いているというのが現状である。

スポーツ教育学の起源は，ドイツのSportpädagogikに求められる。それは，1970年代初頭に，体育理論に代わって用いられるようになる。1）学校体育に限定されない研究領域を対象とした学問領域を提示すること，ならびに，2）スポーツ心理学，スポーツ社会学等のスポーツ科学の他の専門科学との識別をすることにあったことが，その理由であった。

その結果，スポーツ教育学の研究対象は，体育の授業を超え，すべての年齢，能力の人々に広がった。

日本体育科教育学会は，現在，研究対象を，1）カリキュラム論，2）教授・学習指導論，3）体育教師教育論，4）科学論，研究方法論に整理している。英語圏では現在，カリキュラム論，学習指導論ならびに教師教育論に整理されている。これに対し，ドイツ語圏では，スポーツ教育学の研究対象が，学校体育の歴史や体育授業以外でのスポーツの教授・学習過程等，より幅広く捉えられてきた。

なお，1980年代末，スポーツ教育学にはドイツ語圏と北米の2つの文化圏があるといわれた。ドイツ語圏の研究が，精神科学的，解釈学的手法に基づく研究が多くみられたのに対し，英語圏ではより行動主義的な研究が主流を占めていたためである。

[スポーツ教育学の科学としての設立時期]

スポーツ教育学の科学としての歴史は新しい。1970年代を境に，スポー

ツ教育学が科学として社会的な承認を受けていく。実際，ドイツで最初に「スポーツ教育学」を冠する著書が公刊されるのは，グルーペ(O. Grupe)の『スポーツ教育学の基礎』(1969)であったし，アメリカでも，1970年代には専門的なトレーニングを受けたスポーツ教育学の研究者は，ほとんどいなかったといわれる。

もっとも，他の学問領域に比べて，スポーツ教育学に関する国際的な学会組織の設立は遅い。その中で，代表的な組織として，体育国際連盟(International Council of Sport Science and Physical Education: ICSSPE，1958年設立)と健康，体育，レクリエーション，ダンス国際連盟(International Council of Health, Physical Education, Recreation, Sport, and Dance: ICHPER・SD，1958年設立)がある。また，スポーツ科学・体育国際連盟(ICSSPE)が自らの内部にスポーツ教育学国際委員会を設置したのは，1984年であった。その構成団体は，国際高等機関体育連盟(Association Internationale des Ecoles Superieures d'Education Physique〔仏〕，International Association for Physical Education in Higher Education〔英〕: AIESEP)，体育国際連盟(Fédération Internationale d'Education Physique〔仏〕: FIEP)，国際女性体育・スポーツ連盟(International Association of Physical Education and Sport for Girls and Women: IAPESGW)，国際障がい者スポーツ連盟(The International Federation of Adapted Physical Activity: IFAPA)ならびに国際比較体育・スポーツ学会(International Society for Comparative Physical Education and Sport: ISCPES)であった。

わが国では，1972年の日本体育学会で「体育科教育学の基本構想」をテーマとするシンポジウムが開催され，体育科教育学の確立をめざす動きが活発化していく。そして，1978年には，それまで同学会体育方法専門分科会にあった「体育科教育」に関する研究領域を体育科教育学専門分科会として分離・独立させることが総会で承認され，「体育科教育学」が体育学の専門分科学の1つとして正式に認知された。さらに，1995年には同専門分科会を母体として日本体育科教育学会が結成され，1996年9月にはその第1回学会大会が千葉大学で開催された。このような経過の背景には，1960年頃に節目を迎えたといわれる体育の授業研究の進展がみられた。これに対しスポーツ教育学会が設立されたのは，1981年であった。

[スポーツ教育学の研究成果]

もっとも，研究上の変化が1960年代にみられた点は，欧米でも同様である。なかでも，その過程を歴史的に検討する研究がみられるほど，アメリカの歩みはきわめて興味深い。1960年代以前のアメリカでは，体育は指導領域であり，学問ではないと考えられていた。そのため，体育のカリキュラムや学習指導に関する体系的研究プログラムもなければ，スポーツ教育学研究の専門家を育てていくための博士号取得プログラムも存在しなかった。しかし，1960年代には体育に対するイメージが大きく変化する。専門科学としての自立の動きがみられるようになるとともに，教育職以外の職業分野へと進出していく学生たちもみられるようになっていく。さらに，専門分野に関する知識体を適切に表現しようと，学問領域の名称変更も行われるようになっていく。そして，1970年代に入ると，学習指導の過程をプレッセージ，コンテキスト，過程ならびに結果という枠組みで捉えるプロセス－プロダクト研究が展開されていく。また，CAFIASやO.S.U.教師行動観察法といった観察法が開発されていく。

確かに，このような初期のプロセス－プロダクト研究は，体育科教育学を授業研究に焦点化させていった。しかし，その成果は，必ずしも首尾一貫したものではなかった。その原因は，研究方法論にあった。例えば，指導時間の短さや教師の能力の問題である。さらに，プロセス－プロダクト研究は，現象の因果関係を説明しにくいという問題を抱えていた。そのため，1970年代後半から1980年代にかけて教師行動研究が盛んに行われていた頃，その1つの代案として生徒の瞑想パラダイムが提案されていく。さらに，教師が特定の行動をとる原因を明らかにしようとする研究も進められた。その結果，教師が社会化の過程で自己の生育歴と社会システムの方向をコントロールしている積極的な存在であることが報告されていく。加えて，1980年代に入ると，教師や生徒の思考に焦点化した研究もみられるようになってくる。そこでは，専門家が教師行動やカリキュラムについてより豊富な構造化された知識を備えていること，しかし，広汎な知識の構成要素の記述のレベルを超えていかない限りは，その研究成果も実用的価値をもたないと指摘された。また，教師の主観的理論や信念が授業計画や意思決定に与える影響やそれらの信念が，個人内で育まれていることが指摘されるようになっていく。

この過程は，授業中にみられるイベントや行動を数量化する研究から授業を規定しているコンテキストを意識した，生徒や教師の視点からみた教授，学習過程の解明へと研究の関心が変化してきていることを示している。同時に，これらの研究の蓄積により，一般的なよい授業の探求から目的に対する効果的な授業の探求へと研究の関心が変化していった。

カリキュラムに関しては，隠れたカリキュラムを暴き出す試みもみられるようになる。例えば，学級内での社会的現実を再構成するためにエスノグラフィックな手法が用いられながら，ジェンダー，エスニシティー，社会階層といった要因に目が向けられていく。また，そのような研究者たちからは，研究の関心が学級内のコミュニケーションや意味形成に置かれるべきだと主張されるとともに，参与観察や事例研究，さらには他の質的研究法を用いた研究に移行すべきだと主張されていく。

他方で，アーノルド(P. Arnold)は，「運動に関しての教育」「運動を通しての教育」「運動の中の教育」という3つの領域を識別した。また，価値志向という概念により体育観の違いも指摘されていく。また，国際的な体育の危機を契機に，体育カリキュラムの国際的な実態調査が1990年代には報告されていく。それに対応し，アメリカでは「身体的教養を備えた人物(Physically Educated Person)」が提案されていく。

加えて，スポーツ教育論やフィットネス教育，戦術学習論等，多様なカリキュラムモデルや学習指導モデルも提案されている。同時にそれは，授業の方法にはオールマイティーはないという認識や学校こそがみんなのスポーツ

の実現を保証する唯一の場であるとの認識を生み出している。また，教科でめざすべき学力を人間像として提案する試みもみられるようになっている。さらに，カリキュラムが社会的に構成され続けることやカリキュラムの成果を規定する要因についても解明されてきている。教師の認識や専門的知識に関する研究や学習者の素朴概念に着目した学習指導研究はその例である。

（岡出美則）

⑤ スポーツ法学

[法的問題への関心の広がり]

「家庭や宗教に法は立ち入らない」といわれるように，スポーツに対しても国家法が関与することは比較的少なかった。その背景には，スポーツは本来，私的な自由な活動から派生したもので，それ自体は国家としての重要事項ではなかったからであった。さらに，スポーツ界そのものが自主的なルールや決まりをもっており，言い換えれば，不十分ではあるものの1つの部分社会として審判や制裁行為を含んだ法的システムをもっているからでもあった。

しかし，スポーツは20世紀の後半，先進諸国ではスポーツ・フォー・オールのスローガンのもとに国民にとっては身近な日常の関心事となり，教育的な意義ばかりでなく，健康に対する国民の意識の変化や福祉的意義，スポーツそのものの文化的価値の高まりや巨大産業としての経済的価値の増大，そして国家的威信の発露などの意味をもち国家の政策的課題となった。

わが国では2010（平成22）年7月に文部科学省から「スポーツ立国戦略」が示され，そして2011（平成23）年6月には，50年前に制定された「スポーツ振興法」を全面的に改訂し，新たな「スポーツ基本法」が成立したところである。このように，変化著しいスポーツの状況に即して，新たな立法が求められたこととともに，その背景には多くの法的なかかわりも見過ごせなくなってきた現実がある。近年では，国際大会への選手の選考や参加資格，プロ選手の海外への移籍，ギャンブル，トレーニングと暴力行為とのはざま，スポーツ団体の不祥事，スポーツルールとその著しい逸脱などの問題が噴出し，高校野球から大相撲まで，スポーツ界の規定ばかりでなく，法律にかかわる出来事がメディアでも多く取り上げられ注目されるようになった。そこで，これらの紛争を解決するためには，単に閉じられたスポーツ集団内の決定ではなく，一般社会からも承認されるような法的な視点や制度の必要性も求められるのである。

[研究組織の創設]

わが国ではそのような状況で，法学および体育・スポーツ科学の研究者，そして法実務家の中からスポーツと法的問題を扱う研究組織の設立を求める声があがり，1990年代になって研究組織が創立されることになる。

まず，1991（平成3）年に日本スポーツ産業学会内にスポーツ法学分科会，また翌年には日本スポーツ法学会が創立され，その後には，東京，愛知，大阪等で弁護士会を中心とした研究会が積極的な活動を進めている。これらの動向について国外に目を向けても，国際スポーツ法学会やアメリカスポーツ法学会などの設立は，おおむね日本の組織化と同時期である。さらにまた，日本，韓国，中国の学会がメンバーとなり，2005（平成17）年にはアジアスポーツ法学会が設立され，2009（平成21）年には東京で第3回の学会大会が開催された。

[研究対象，方法と具体的課題]

スポーツ法学の研究対象とする法は，スポーツ国家法とスポーツ固有法に大別される。スポーツ国家法は，憲法をはじめ，民法，刑法などの一般法からスポーツ振興法や基本法のような特別法がそれにあたり，一方，スポーツ固有法については，現在のところ，1）スポーツルール，2）スポーツ団体協約，3）スポーツ理念などを想定している。

イギリスの研究者であるグレイソン（E. Grayson）はこれらを分類しスポーツ法の領域を表1のようにまとめている。

表1に示した6つの領域に，スポーツ理念を加えれば，おおむねスポーツにかかわる法を包含できる。また，これらを研究する方法としては対象に応じて，スポーツ国家法はスポーツ固有法に基づきながら法解釈を行い，スポーツの固有法については固有法の分類・整理，法規範の特徴を確認し，体系化を図り，スポーツ国家法との相互の関係を明らかにすることとなる。これらの国家法および固有法と少なからずかかわる様々な法的な問題が具体的な課題として生じてきた。

スポーツ法学の問題領域について，わが国では，スポーツ振興法の成立時期の解説などを除けば，1960年代後半からスポーツ事故とその法的責任についての研究物が散見される程度であった。その後，1970年代半ばには，ヨーロッパを中心として各国に広がったスポーツ・フォー・オール運動の影響を受けて，根拠ともなるスポーツの権利性の主張がみられた。それらは，国際的にも先進国でスポーツの振興法規が成立し，その条件整備を国や地方公共団体に求めた憲章類が採択された時期でもあった。そして1980年代を過ぎて90年代に入ってから，プロスポーツをも含んで，対象となる問題領域は人権，契約，環境など著しく拡大してきた。

1992（平成4）年に創立された日本スポーツ法学会は，毎年テーマを決めて研究大会を開催しており，そこで取り上げられるテーマも，スポーツ事故関係から契約，企業スポーツ，プロスポーツ，ドーピング，女性スポーツ，環境，

表1 グレイソンによるスポーツ法の領域

	領域名称	内容
1	スポーツルール	スポーツ実行者の不公正・不正を禁ずるルール
2	スポーツ罰則	審判が現場で加える制裁
3	スポーツ制裁法	スポーツ団体の行う制裁処置
4	国家法	上の諸スポーツ法を規制し，民事・刑事の責任を課すもの
5	国際スポーツ団体法	
6	外国のスポーツ関係国家法	

（出典：千葉正士．2001．『スポーツ法学序説－法社会学・法人類学からのアプローチ』信山社）

仲裁，国際法比較，団体のガバナンス，基本法など多様なものとなっている（『日本スポーツ法学会年報』を参照）。

一方，スポーツ大国としてスポーツ法学研究の進んでいるアメリカの様子をみてみよう．表2は，2010年に出版されたウォン(G. Wong)による『スポーツ法の本質的要素』という書物の章立てである．これを眺めるとその広がりを確認できるだろう．

アメリカにおいてもスポーツ法学研究の始まりは，やはり事故や安全管理の領域からであり，充実した研究書が出版されるのは1970年頃からである．アメリカ社会特有ともいえる訴訟数の著しい増加と賠償額の高騰によって，その責任問題や対策が注目されてきた．この後70年代後半から80年代になると新たな視点で法律とのかかわりが論じられるようになった．そこでは，アマチュア選手の権利，差別問題やスポーツ組織のルールなどが論点となり，特に，性差別，障がいをもつ人への差別，人種差別に対する法的問題は社会的弱者とスポーツ機会の保障という意味で1つの領域として確立された．

これらと並んで，ビッグビジネスとしてのプロスポーツの問題も論じられるようになってきた．とりわけ，反トラスト法とスポーツ組織の問題は，競技スポーツのもつ本質でもある競争性や興行としての存立ともかかわって重要な課題となった．これらの他にも，トレードマーク，対外政策，ギャンブル，税金，刑事責任そして近年のインターネット等も法的研究の対象となっていった．

実用主義を尊重し，判例法主義をとるアメリカのスポーツ法学は，現実のスポーツ問題や紛争とともに発展してきた．すでにいくつかの点は，わが国でも取り上げられ論じられてはきているが，プロ野球改革にみられる一連の出来事やセクシュアルハラスメント問題などを例にとると，やはり以前，アメリカが経験してきたことをわが国も同様に経験しているようにも映る．スポーツ先進国で生じた新鮮な課題や視点は，それぞれ新しい研究分野として，重要な位置を占めることになるだろう．スポーツ事故から基本的人権，さらに契約，知的財産，放送，労働問題まで学ぶべき点は多くある．

[現在の成果と課題]

わが国において，先述した日本スポーツ法学会や研究会の活動，そして個人の優れた研究によって，その成果は，提言やいくつかのテキストや研究書の刊行として目にみえるものとなってきた（テキストとして：千葉正士，濱野吉生 編『スポーツ法学入門』体育施設出版．1995；小笠原正 監修．井上洋一ほか 著『導入対話によるスポーツ法学』不磨書房．2005；日本スポーツ法学会 編『詳解スポーツ基本法』成文堂．2011）．

また，1997年に日本スポーツ法学会は，諸外国の憲章やスポーツ法規を検討することを通して，わが国のスポーツ基本法を制定するためのその要綱案を政府および関連機関に提言してきたが，ようやく2011(平成23)年6月に「スポーツ基本法」が成立した．その背景には，近年のスポーツ立国論の盛り上がりや2016年および2020年のオリンピック・パラリンピック招致の動きが影響したことはいうまでもないことである．

そして，一方でスポーツにかかわる紛争が表面化し，マスコミなどでも取り上げられることが多くなってきた．その解決のために有効な機関として，2003(平成15)年，日本スポーツ仲裁機構が創設されたことも特筆すべきであり，今後のさらなる役割が期待される．

なお，これらに加えて日本体育協会の公認スポーツ指導者講習会に新たな科目として「スポーツと法」が位置づけられたことも，事故予防という意味ばかりでなく，スポーツ指導者の意識改革という点でも大変意義がある．

スポーツ法学の課題は，スポーツの変化とともにいま拡大している．それらは，リスクマネジメントはもとより，契約，人権，環境，仲裁などの問題として今後も新たな課題に直面するであろう．今日世間をにぎわす選手選考や参加資格，特待生，暴力問題，ギャンブルなど，わが国ばかりでなく世界各国で噴出する問題を公平・公正そして安全の視点で研究していくことが，まさに今後のスポーツ法学を形づくっていくことになるであろう．

〈井上洋一〉

⑥ **スポーツ経済学**

[スポーツ経済学の発展経緯]

スポーツ経済学(Sports economics)とは，スポーツの領域の中で発展した新しい経済学ではなく，経済学の領域において，スポーツの経済現象に興味を持った研究者が，経済学の理論を援用して現象の解明を行うことで発展してきた学問領域である．また経済学の教育という面から，経済理論を教える事例として，学生が興味をもつスポーツを用いてきたこともスポーツ経済学の発展を促した要因の1つである．

スポーツ経済学は，プロスポーツやスポーツビジネスが急速に発展した米国において盛んであるが，主たる研究対象であるプロスポーツは，小さな産業規模と大きな訴求効果という二律背反的な特徴をもっている．すなわち，産業規模は小さく，そこに経済学的な興味関心を喚起するテーマは少ないものの，巨大な社会・文化的インパクトと，多くのファンとステークホルダー(利害関係者)が関与する産業である点が，経済学者の関心を呼び起こす要因となっている．

アメリカのスポーツ経済学者であるジンバリスト(Zimbalist, 2012)は，米国経済の約11兆ドルに占めるアメリカの4大スポーツの総収入は，わずか100

表2 『スポーツ法の本質的要素』の章立てにみるスポーツ法の領域

	テーマ
1	アメリカ合衆国の裁判所，法システム
2	スポーツにかかわる不法行為法
3	競技団体にかかわる法律
4	競技者と憲法
5	薬物テストと政策
6	競技におけるジェンダー差別
7	契約法
8	反トラスト法
9	労働法
10	代理法
11	知的財産法
12	放送とマルチメディア
13	ビジネス法：ビジネス構造，税法，雇用法
14	その他の法的問題：暴力問題，違法なギャンブル，障がいのある者，HIVなど

(出典：Wong, Glenn M. 2010. *Essentials of Sports Law* (4th edition). PRAEGER.)

億ドルから150億ドル程度で，他のプロスポーツやカレッジスポーツを加えても300億ドル前後であると指摘する一方，金銭的な価値よりもむしろ社会・文化的な価値が際立つ特殊な産業であり，近代社会が失ったコミュニティ意識を醸成し，住民にアイデンティティーを与えるなどの役割を担っていることを強調した。さらに，自動車産業のように，トヨタ，GM，クライスラー，フォードが，市場のシェア拡大に向けて熾烈な競争を展開するのに対し，プロスポーツでは，チームが協力して戦力均衡を図り，リーグを盛り上げるという協力義務が業界（リーグ）に課せられていることがユニークな点だと指摘する。ヤンキースが一方的に勝利して，レッドソックスがリーグから消えるといった，自動車業界で起きるようなサバイバルゲームはプロスポーツのリーグには存在せず，大都市のチームと地方都市のチームに生じる様々な格差も，ぜいたく税やサラリーキャップ，そしてウェーバー方式といった制度によって補完される。このような，通常のビジネスの世界にはない，会社（チーム）の戦力均衡を維持する独自システムも，スポーツ経済学者の関心を集める要因の1つである。

北米においてスポーツ経済学の制度化が本格化したのは，スポーツに関心を抱く経済学者が，研究成果を公表する場として"Journal of Sports Economics"を創刊した2000年2月以降のことである。初代の編集者であるカーネ，アイソン，スタウダー (Kahane, Idson, Staudohar, 2000) は，新しいジャーナルの紹介において，プロスポーツからアマチュアスポーツ，そしてベースボール，アメリカンフットボール，サッカー，バスケットボール，アイスホッケーの5大スポーツと，それら以外にゴルフ，テニス，オリンピック等，幅広い競技スポーツをカバーしたいと述べており，方法論も実証的研究だけでなく理論的研究にも期待を寄せている。

[スポーツ経済学の研究内容]

スポーツ経済学の研究に関しては，前述したようにプロスポーツのリーグやチームを素材とした論文や書籍が多く出版されている。最近の出版物では，リーズとアルメン (Leeds & Allmen, 2012) の『スポーツの経済学』が参考になる。著者らはメジャーリーグを素材として，前半で「経済学の考え方」として，供給と需要，完全競争モデル，独占の理論といった基本的な経済理論を取り上げた。後半では，産業組織論の立場から，どのようにしてプロスポーツ組織が利潤の最大化を図るかについて，競争的市場と独占的市場，そして戦力均衡といった，プロスポーツ産業における特徴的な概念を援用して経済現象の分析を行った。さらに，公共財政論の立場から自治体のスタジアム建設費用の負担を，そして労働経済学の立場からプロスポーツの労働市場について分析を行うなど広い視野から考察を施している。

プロスポーツが発展途上にある日本では，スポーツ経済学の発展も滞ったままであり，研究成果を発表する学会やジャーナルが制度化される気配もない。これまでは，例えば樋口 (1993) のように，スポーツに関心をもつ経済学者が研究成果を書籍として単発的に出版する程度で，スポーツ経済学の研究成果を発表する場（学会）もなく，研究者による自主的な研究会の開催も低調である。その背景には，1) わが国のプロスポーツは経営規模が小さく，企業スポーツ的経営が色濃く反映されているために経済学的研究の対象とみなされていない，2) プロスポーツのチームやリーグに関する財務データや，他の経営情報（例えば有料観客者数など）の開示が不十分である，3) スポーツ経済学を専門領域とする研究者や大学教員が不足している，そして4) スポーツ経済学に関する専門知識を蓄積するためのジャーナルや，蓄積された知識を体系化した学生向けの教科書がない，といった，4つの理由が存在する。

[最近の研究動向]

前述のように，日本ではプロスポーツの経営情報が十分に開示されていないため，経済学的な分析を行うことが困難であった。その中で，情報開示が最も進んでいるJリーグに関して，経済学的な研究が散見されるようになった。例えば福原 (2008, 2009) は，2004年度から開示されたJリーグの財務データを駆使し，戦力均衡と観客数，そしてパネル分析（クラブ個々の変化の情報を含む時系列データと，クラブ間の違いに関する情報を含む横断面データから構成されるパネルデータを用いた分析。観察不可能なクラブ固有の異質性を表す効果が時間に対して不変のパラメータ［固定効果］であるのか，確率変数［ランダム効果］であるのかを判別することができる）を用いた勝率と利潤に関する一連の論文を発表している。また，クラブの成績が収入にいかなる影響を与えるのかを，パネル分析を用いて，クラブごとの固定効果の有無に焦点を当てて検証を試み，その結果，クラブの成績の向上が営業収入を増加させることを明らかにした (福原, 2009.11)。

その一方，プロスポーツの歴史が長く，クラブの情報開示が進んでいる欧米では，フットボール・ファイナンスに関する年次報告書 ("Sports Business Group at Deloitte") が毎年発行されている。ヨーロッパの5大リーグ（スペイン，英国，フランス，イタリア，ドイツ）に関する経済的データが蓄積されており，多様な経済学的研究に引用されている。例えばプロサッカークラブの収入と順位の関係に関する研究では，シマンスキー (Szymanski, 1998) やクーパーとシマンスキー (Kuper & Szymanski, 2009) の業績がある。また西欧におけるサッカークラブの財政危機に関する研究には，スペインのクラブの財政状況を分析したギド＆ガネパイン (Guido & Gagnepain, 2006) や，ヨーロッパの5大リーグについて包括的な議論を展開したラーゴ，サイモン，シマンスキー (Lago, Simmons and Szymanski, 2006) などの研究が知られている。

クーパーとシマンスキー (Kuper & Szymanski, 2010) の著書，『ジャパンはなぜ負けるのか』は，サッカーの不条理性を経済学によって解明した好著であるが，膨大なデータを統計的に分析し，データによってサッカーやスポーツビジネスの常識を打ち破ろうとした。例えばPKであるが，PKがあってもなくてもホームの勝率は変わらないことを明らかにする一方，「商品」の質が下がっても，忠誠心をもち続けるファンの存在がサッカーというビジネスのリスクヘッジになっているという指摘も行っている。

これまでの日本におけるスポーツの経済学的な研究としては，社会資本としての個人を対象にした費用便益に関

する研究（前田，1979）や，スポーツイベントの経済効果に関する論考（原田，2002）などがあるが，今後，プロスポーツの経営情報の開示が進むことによって，量的データを用いたスポーツ経済学の実証的研究が活性化することが望まれる。

（原田宗彦）

⑦ スポーツ人類学

[スポーツ人類学の展開]

「スポーツ人類学」の名称は，1985年にアメリカで出版されたブランチャード（Blanchard）とチェスカ（Cheska）の"The Anthropology of Sport: An Introduction"（Blanchard, K. and Cheska, A.T. 大林太良 監訳, 寒川恒夫 訳『スポーツ人類学入門』大修館書店）に由来する。著者のチェスカは体育学者，ブランチャードは社会学者・人類学者である。本書はスポーツを人類学的に研究するための全体像を初めて提供したものであった。またそれは，1974年にアメリカの体育学者と人類学者が合同で設立した「遊戯人類学会（The Association for the Anthropological Study of Play）」の活動の成果とも位置づけられる。他方で，「人類学」とは別の学名称を冠する同様の研究関心は，後述のように，ドイツにおいて先行していた。

もちろん，スポーツの人類学的研究が彼らに始まるというのではない。既に，19世紀後半から，人類学（民族学や民俗学を包含する）者は遊びや舞踊や競技などを論じていた。代表は人類学の父と称されるイギリスのタイラー（Tylor）で，彼は1871年に出版した"Primitive culture"の中で，遊びの残存（survival）起源を論じ，また1896年の"International Archives for Ethnography"誌に，インドの盤上遊戯のパトリがコロンブスのアメリカ大陸発見のはるか以前にオセアニアを渡ってメキシコに入り，パチシの遊戯を成したという遊びの伝播論を論じた「On American lot-games as evidence of Asiatic intercourse before the time of Columbus」という論文を発表している。またアメリカ人人類学者のムーニー（J. Mooney）は1889年9月に調査したチェロキー族のボールゲーム研究を1890年の"The American Anthropologist"誌第3号に寄せている。そして，こうしたアメリカインデイアンの土着伝承スポーツ（今日では民族スポーツと総称されるため，以下には，民族スポーツの名称を用いる）に関するムーニーのような調査報告・研究論文は，人類学者のキューリン（S. Culin）によってまとめられ，1907年に総ページ数846の大著"Games of the North American Indians"として公刊されている。イギリスでも，ゴム（A.B. Gomme）によるイギリスの子どもの伝承遊戯が"The traditional games of England, Scotland, and Ireland"と題して1894年と1898年に2巻に分けて刊行されていた。ドイツではダム（H. Damm）がインドネシアとオセアニア諸島民の民族スポーツの宗教機能や分布・伝播問題を論じた"Die gymnastischen Spiele der Indonesier und Südseevölkern"を1922年に公刊している。さらに，オランダ人のクロイト（A.C. Kruyt）はインドネシアのブランコと宗教の問題を論じて「Het schommeln in de Indische Archipel」にまとめ，これを1938年の"Bijdragen tot de Taal-, Land-en Volkenkunde van Nederlandsch-Indië"誌に発表している。

このように，ブランチャードとチェスカ以前に，既に，膨大な質と量の広義のスポーツの文化研究が蓄積されており，2人の1985年の著書もこうした先行研究の上に築かれたものであった。さらに，1947年にはアメリカ人のスタンプ（F. Stumpf）とカズンズ（F.W. Cozens）が「Hidden possibilities for research in physical education and recreation」と題する論文を体育専門学術誌の"Research Quarterly"に寄せ，体育・スポーツ研究における民族スポーツの人類学研究の重要性を指摘していた。"Research Quarterly"誌は，その後もしばらく，同様の論文を掲載している。またスタンプとカズンズは1951年に"American Academy of Physical Education. Professional Contributions, No.1"に論文「Implications of cultural anthropology for physical education」を寄稿している。

ブランチャードとチェスカ以前の研究状況を概観すると，人類学（より正確には文化人類学）では民族スポーツを文化の一部として取り上げ，文化の問題として，その調査・研究には関心を寄せるものの，これを独立した一個の学問領域に仕立てようとの企てはみられない。他方，体育学にあっては，これは体育学の発展には有用であるとの認識にとどまった。学的体系化を試みたのは，ブランチャードとチェスカが最初であったといえる。

もっとも，2人より先，ドイツにおいて1925年にその萌芽が現れている。ボーゲング（G.A.E. Bogeng）が編集した大著"Geschichte des Sports aller Völker und Zeiten"の第一章が「Ethnologie des Sports」（スポーツの民族学）と題され，ドイツで高名な民族学者のヴォイレ（K. Weule）が執筆した。ドイツで人類学（Anthropologie）といえば少し前の日本と同じく自然人類学を意味し，Ethnologieが民族学（文化人類学）を表示した。ヴォイレは，そこで，スポーツの起源について論じ，また世界のいわゆる未開人の民族スポーツを紹介し，それが宗教と緊密にかかわっていることを指摘したが，学的体系をめざしたものではなかった。

[スポーツ人類学の研究内容]

スポーツ人類学がもつべき研究内容について論じるのは，この学問領域の体系を論じることを意味する。この点，われわれは，ヴォイレと，ブランチャードとチェスカの2つの先行例をもっているが，そのためにも，19世紀から続く文化人類学分野におけるスポーツ研究を整理しておこう。

全体は通時的研究と共時的研究に分けられる。スポーツや遊びを，起源，伝播，変容など，時間軸の関心から論じるのが通時的研究で，上述したタイラーの2件の論文はこれに属している。20世紀前半までは，こうした通時的文化研究である歴史民族学や人類文化史が盛行し，スポーツ研究でも，クリッケベルク（W. Krickeberg）が1948年に"Paideuma"誌に寄せた「Das mittelamerikanische Ballspiel und seine religiöse Symbolik」という論文において，メキシコの生ゴムボールの南米起源と，メソ・アメリカにおけるその伝播問題を扱った。1950年代には新しい通文化的研究（cross cultural analysis）の手法が導入され，1959年にロバーツ（Roberts），アース（Arth），ブッシュ（Bush）による「Games in culture」（"American Anthropologist"）という論文が出

ている。この論文は，遊びやゲームの特定の種目が，他のどんな文化と相関するかを調べたもので，例えば，43の伝統的社会をサンプルに，チェスや将棋や囲碁など戦略的ゲーム（いわゆる盤上遊戯）と政治的統合度の間に高い相関関係が想定できるとする結論を導き出している。この手法には，なお問題が残るものの，盤上遊戯が古代文明（すなわち政治的統合度のきわめて高い社会）に発生するとの，これまでの知見を追証するものとして評価される。

共時的研究は，ラドクリフ・ブラウン（A. R. Radcliffe-Brown）やマリノフスキー（B. K. Malinowski）らがフィールド・ワークの成果に基づいて文化研究を始めた1930年代以降に盛んになるが，上掲のムーニーのように，それ以前から実践されていたものであった。そこでは，特定社会における文化の中で，その一要素たるスポーツはどのような役割を担うのか，社会の構造とスポーツのかかわりはどのようなものか，またスポーツの中にどういった文化が投影されているのかといった研究が，機能論，構造論，象徴論などの理論モデルによって行われた。シンボリズムはとりわけ関心が高く，ラオスのボートレースを論じたアーシャンボルト（Archaimbault, 1972, La course de pirogues au Laos）は，その代表である。

さて，上述したヴォイレの「Ethnologie des Sports」は，この章が人類スポーツ史の原始時代に相当する部分を担わされていることから，先史スポーツの再構成にならざるを得ず，それゆえ，「スポーツの民族学」と，一見，体系立った内容を想起させる名称をもつものの，その中身は，「Ethnologie des Sports」（スポーツの民族学）の節でスポーツの起源をグロース（Groos）の遊戯昇降説によって語り，「Ethnographie des Sports」（スポーツの民族誌）の節でいわゆる現住未開人の民族スポーツを紹介し，これを古代ギリシャスポーツや国際スポーツと比較して，宗教性がきわめて強いことを指摘するにとどまっている。

当時のドイツは歴史民族学のいわば牙城で，ヴォイレの「スポーツの民族学」も，そうした関心のもとに構想されていた。

これに対し，60年後のブランチャードとチェスカの体系は，スポーツ史とスポーツ社会学を総合する内容となっている。英語のanthropologyはnatural anthropology（自然人類学）とcultural anthropology（文化人類学）から成り，総称してgeneral anthropologyとも呼ばれ，それゆえ，anthropology of sportの表示では遺伝学や解剖学などnatural anthropologyを含めることになるが，ブランチャードとチェスカは，当分はcultural anthropologyを中心とすると宣言する。ここから，彼らのスポーツ人類学はスポーツの文化人類学の内容であることになる。文化は時代と社会を問わないという原則からは，過去のスポーツも今のスポーツも，民族スポーツも国際スポーツも，対象になる。こうした広範なスポーツ，別言すれば，人類が展開した一切のスポーツを分析するために，歴史学と社会学と人類学を動員するのが，ブランチャードとチェスカの考えである。古典的な人類学者が扱わなかったオリンピックやワールドカップサッカーなどが，国際政治やビジネス，またジェンダーや人種問題といった理論モデルを用いて考察されるのである。

彼らの構想は，その対象の広がりの大きさゆえに魅力的であるが，身体の問題を欠落させている点は指摘しておかねばならない。

特に体育学，体育科学，スポーツ科学に関心をもつ者にとって，こうした分野が蓄積してきた「身体にかかわる文化」は，古代ギリシャのgymnastikè，19世紀のphysical culture，20世紀のKörperkulturなどと概念化されている。こうした知的遺産からのアプローチで，ブランチャードとチェスカの構想を補完する必要がある。

[最近の研究の動向]

近年のスポーツ人類学研究で目立つのは，民族スポーツの観光（tourism）化研究である。特に少数民族が彼らの民族スポーツをよそ者である観光客に提供するに際し，どのような変容・創造を加えるのか，また観光化によって彼らの社会と彼ら自身がどのように変化し，アイデンティティー確認にどのように対応しているのかといった関心の研究が増えている。

他の1つは，身体の文化論，つまり西洋近代医学と生物進化論が創った科学的身体論に対し，それぞれの民族が独自に伝えてきた伝統的な身体論，これをエスノサイエンス（ethnoscience）身体論と呼び，その実態をグローバルに調査確認し，データベース化する研究が始まっている。日本舞踊や武道が稽古に用いる身体論，ヨーガや太極拳や導引や伝統的マッサージが健康担保のために用いる身体論は，科学的身体論とは微妙に，あるいは大きくずれたものである。こうした身体論は，WHOのアルマ・アタ宣言（すべての人にとって健康を基本的な人権として認め，その達成に「プライマリーヘルスケア」の大切さを明示した初めての国際宣言。1978年）のプライマリーヘルスケアに伝統医療も参入されたことが語るように，単に迷信や非科学として片付けられるべきものではない。それぞれの民族はそれぞれのエスノサイエンス身体論によって，今も，技の上達や健康管理を行っている。この分野は，一部，医療人類学とも重なるが，身体の文化問題を重視するスポーツ人類学にとって，不可欠である。

（寒川恒夫）

参考文献　06. E. 01

①
◆ 佐藤臣彦. 1991.「体育とスポーツの概念的区分に関するカテゴリー論的考察」『体育原理研究』22：1-12.

②
◆ 高橋幸一. 2003.『スポーツ学のルーツ：古代ギリシア・ローマのスポーツ思想』明和出版
◆ Adelman, M. 1987. Spectators and crowds in sport history. *Journal of Sport History* 14（2）：215-22.
◆ Guttmann, A. 1987. Response to Donald Kyle and Melvin Adelman (Essay Reviews). *Journal of Sport History* 14（2）：223-25.
◆ Kyle, D.G., Guttmann, A. et al. 1983. Special review issue: the promise of sport history: progress and prospect. *Journal of Sport History* 10（1）：7-106.
◆ ―――. 1987. Spectators and crowds in sport history. *Journal of Sport History* 14（2）：209-14.
◆ Mangan, J.A. 1997. Sport in society: the Nordic world and other worlds. *The International Journal of the History of Sport* 14（3）：173-97.
◆ ―――. 2007. The international journal of the history of sport, regional numbers. *The International Journal of the History of Sport* 24（3）：317.
◆ Park, R. J. 2003. An ever-widening sphere: J.A. Mangan's contributions to an increasingly 'global' history of sport. *The International Journal of the History of Sport* 20（4）：8-25.
◆ Pfister, G. 2010. Women in sport – gender relations and future perspectives. *Sport in Society* 13（2）：234-48.
◆ Register volume 1-30（1975-2004）2004. *Stadion* 30：1-243.
◆ Scanlon, T. 2009. Contesting ancient Mediterranean sport. *The International Journal of the*

a

History of Sport 26 (2): 149-60.
- Ulf, C. 1989. Rezensionen [Mandell, R.D. 1984. *Sport: a cultural history.* Columbia Univ. Press.] *Nikephoros* 2: 241-45.
- Weiler, I. 2003. Alle vier Jahre：Forschungen und Publikationen zu Olympia. *Nikephoros* 16: 235-72.

⑥
- クーパー&シマンスキー. 2010. 『「ジャパン」はなぜ負けるのか―経済学が解明するサッカーの不条理』森田浩之 訳 NHK出版〈Kuper, S. and Szymansky, S. 2009, Why England Lose: And other curious phenomena explained, HarperCollins Publishers Limited〉
- ジンバリスト・アンドルー. 2012. About the USA. Embassy of the U.S.in Japan. (『アメリカ早分かり』アメリカ大使館レファレンス資料室とアメリカンセンター・レファレンス資料室) http://aboutusa.japan.usembassy.gov/j/jusaj-ejournals-sports8.html [2013年1月4日]
- 原田宗彦. 2002. 『スポーツイベントの経済学』〈平凡社新書〉. 平凡社
- 樋口美雄 1993.『プロ野球の経済学』日本評論社
- 福מהd崇之. 2008. 「プロスポーツリーグにおける戦力均衡と観客数の関連性：J1リーグの場合」『青山経済論集』60 (2) :15-47.
- ―. 2009. 「プロサッカーリーグの勝率と利潤の関係：パネル分析による検証」『青山経済論集』61 (1) :1-22.
- ―. 2011. 「Jリーグクラブの順位と選手

b

年俸・収入のパネル分析」『経済研究』3：33-58.
- 前田信雄. 1979. 『保険の経済学』東京大学出版会
- リーズ&アルメン. 2012. 『スポーツの経済学』大坪正則 監修. 佐々木勉 訳 中央経済社〈Leeds, M. and Allmen, P. (2005) The Economics of Sports. Pearson Addison Wesley: Boston, USA〉
- Garcia-del-Barro, P. and Szymanski, S. 2006. Goal! Profit maximization and win maximization in football leagues, *International Association of Sports Economists Working Paper Series*, 6:21.
- Guido. A. and Gagnepain, P. 2006. Spanish Football. *Journal of political Economy*, 58: 211-21.
- Lago, U., R. Simmons., and Szymanski, S. 2006. The financial crisis in European football: An introduction, *Journal of Sports Economics*,7 (1) : 3-12.
- Sports Business Group at Deloitte .2012. Annual Review of Football Finance. *Deloitte & Touche LLP*.
- Szymanski, S. 1998. Why is Manchester United so successful? *Business Strategy Review*, 9 (4) : 47-54.
- Szymanski, S. and Smith, R. 1997. The English football industry: profit, performance and industrial structure, *International Review of Applied Economics*, 11 (1) :135-53.

スポーツの医科学的研究の現在

06.E.02

図1 オリンピック金メダリストのトレッドミルテスト
有線での心電図記録, 硫酸銅の入ったチューブによる呼吸曲線の記録風景。
第17回オリンピック大会（ローマ, 1960年）マラソン優勝のアベベの測定が実現したことは画期的であり, 測定結果と同時にスポーツ生理学の発展に貴重なものとなった。
（写真：東京大学教育学部体育学研究室, 1961年）

① スポーツ生理学
[スポーツ生理学の展開]

　スポーツ生理学の源流は, 医学・生理学分野における運動するヒト（人）のからだの研究にある。19世紀末から20世紀初頭, ヒル (A.V. Hill), バークロフト (H. Barcroft), クロー (A. Krogh) やモッソー (A. Mosso) によってイギリス, デンマーク, イタリアで行われた運動のエネルギー, 運動時毛細血管・循環調節, 筋疲労研究等がそれにあたる。アメリカのワシントン・カーネギー研究所やハーバード疲労研究所の疲労研究もこの分野の基礎となった。ディル (D.V. Dill) はその代表的研究者である。

　わが国における黎明期のスポーツ生理学は, 上記研究室へ留学した東龍太郎, 福田邦三, 西丸和義らが種をまいたものである。やがて, 教育学部や体育学部においても研究が始まり, 体育学におけるスポーツ生理学の基盤が築かれた。その後約50年間の研究動向は, 体育学会創立50周年記念にその概要がまとめられている（加賀谷凞彦・吉田博幸, 2005）。

　研究内容の変遷をみると, 1960年半ばまでは, 運動場面での生体情報取得の技術と研究手法の確立に努力が注がれた（トレッドミルや自転車エルゴメーター等の導入テレメトリー[無線搬送法]）。

c

ヘッティンガー (T. Hettinger) の筋力トレーニングの理論は大きなインパクトを与えた。

　オリンピックは競技力向上をめざした科学を発達させた（図1）。また, 第18回オリンピック大会（東京, 1964年）では, 世界の医学と体育の研究者を一堂に集めた初めての国際スポーツ科学会議が競技と科学の連携を実現させた。翌年に開かれた国際生理学会議は, 運動に関心をもつ世界の研究者の交流を盛んにした。イギリスのヒル(A.V. Hill)とわが国スポーツ生理学の牽引者猪飼道夫との交流もそれに当たる。また, 高所であるメキシコシティでのオリンピック（第19回大会, 1968年）開催は, 世界各国で高所における運動の生理学的研究を盛んにした。

　1960-70年代は, 最大酸素摂取量・最大筋力, 反応時間等の測定と運動の制限因子の解明が研究の主流であった。オストランド (P.-O. Åstrand) を中心とした北欧の研究者の貢献は際立っていた。筋の組織化学的研究が進み, 筋線維組成も主な課題となった。

　1970-80年は, スポーツ生理学が飛躍的に発展し, 大きな成果を上げた時期である。超音波法, 核磁気共鳴法 (MRI, MRS), 近赤外線分光法等の非侵襲的測定法や呼気ガス分析器の改善, コンピューターの発達・普及によるデータ分析やシミュレーション, 生体情報の画像化は研究に拍車をかけた。社会的には, 成人の心臓血管系疾患の増加に対して, 運動不足症 (Hypokinesia) が指摘され, 健康のための有酸素運動の研究が盛んに行われた。そして, 運動の強度基準として, 従来の最大酸素摂取量 ($\dot{V}O_2max$) にかわり, 無酸素性作業閾値 (Anaerobic Threshold: AT) や乳酸性閾値 (Lactic Threshold: LT), 換気性閾値を主軸に据えた呼吸調節の研究が脚光を浴びた (K. Wasserman)。骨密度の加齢変化と運動の効果, 等速性運動 (Isokinetic Exercise) もトピックスとなった。

　一般人の健康運動が盛んになるにつれて, スポーツ生理学の対象とする「運動」は広がった。生命科学分野の他の学問領域との境も低くなり, 対象の広汎化と同時に, 研究が深化し, 研究の細分化・専門化が進んだ。

　1990年以降は高齢化社会に直面し,

加齢に関する生理学的研究，特に健康という観点からの高齢者の運動と身体の研究が多くなされるようになった。

[スポーツ生理学の研究内容]

図2は，身体運動と運動を行う「からだ」に関与する要因を示したもので，これがそのままスポーツ生理学の研究内容になっている。すなわち，スポーツ生理学は，運動する身体の仕組みを，各器官，組織，細胞，分子，そして遺伝子レベルで解明しようとするものである。それに基づき，目的に即した効果的で安全な運動を生理学的に明らかにすることをめざしている。ここで対象とする運動は，日常的な生活活動に必要な身体活動から，人類の限界の能力に挑戦する競技スポーツまで含まれる。また，運動の目的も，介護予防や健康の維持増進から，体力向上，競技力向上など多様である。

[最近の研究の傾向]

最近のスポーツ生理学は，生理学や分子生物学，生化学，神経科学等の生命科学分野の他の領域の発展に影響を受けて，徐々に細分化されて研究が行われている。そして，動物実験を含めて，組織レベル，細胞レベル，分子レベルさらには遺伝子レベルの研究成果が上げられつつある。スポーツに対する社会的認識やニーズが高まり，エビデンスに基づくスポーツや運動プログラムの構築も大きな研究課題になっている。

具体的テーマをみると，運動遂行のための筋の構造と機能の関係（筋-腱複合体の振る舞い，筋肥大など），筋活動のためのエネルギー代謝（糖代謝，乳酸など），運動への呼吸機能の調節，中枢性・末梢性の循環調節，体温調節，自律神経系の調節，運動制御機構などが主である。国の施策として推進する生命科学の重要課題に，脳・神経系が取り上げられ，運動生理学分野においても，運動スキルにかかわる小脳の働きの解明や運動による海馬での変化などがある，特に運動（走運動）が海馬における神経細胞の新生を促進する（H. van Praag et al. 1999）ことも報告されている。脳の研究は，MRIの画像や電気生理学的手法（脳波）などに加えて，脳内各部位の血流変化からもみるという新たな方向の研究も進みつつある（N.H. Secher et al., 2008）。

先端的研究の最たるものとしては，運動にかかわる遺伝子の研究が挙げられる（Montgomery et al, 1998）。高い体力・運動能力をもつトップアスリートの遺伝子多型が取り上げられ，持久的能力やスプリント能力と関連するそれぞれの遺伝子も指摘されている。さらに，運動効果の個人差と遺伝子との関係についての研究も始められている。

末梢循環や血管形状に関する研究が増えたのも最近の傾向である。運動と血管のスティフネスに関する研究や脳への血流調整も注目を浴びている。

筋力トレーニングである加圧（Kaatsu）トレーニングやスロートレーニング（Slow training）の生理学的機序解明と各種運動への適用の研究も目立っている。また，高所トレーニング・低酸素トレーニング，さらには筋力トレーニングと有酸素性トレーニングの組み合わせによる効果の検証も進められている。

子どもたちの体力低下予防のために，運動能力の発達と環境との関係，日常的な身体活動量，年齢に応じた至

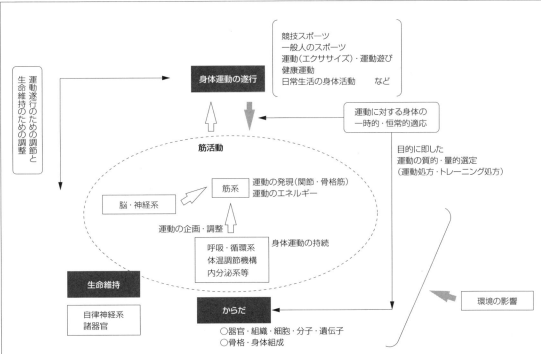

図2　スポーツ生理学の研究対象
「身体運動」，「からだ」，そして「身体の整合性維持（生命維持）」が対象となる。
また，運動による身体の適応（運動の効果）とそれを基にした質的・量的に適した運動の選定は中心的課題である。対象とする運動は日常生活の身体活動から競技スポーツにまで広がっている。
（加賀谷原図作成）

適運動量やスキル習得等の研究が行われている。子どもの発育発達，年齢別のトレーニング可能性などのエビデンスの集積が喫緊の課題である（日本学術会議健康スポーツ科学分科会提言「子どもを元気にするための運動・スポーツ推進体制の整備」2008年8月28日）。

高齢者の運動についての健康維持や介護予防をめざした生理学的研究が多くなったのは最近の特徴である。筋や骨，血管に加えて，運動の脳・神経系への効果についても新たな知見が出始め，それが認知症予防や改善につながるとの期待がもたれている。

スポーツ生理学では，専門分野における知的財産のよりいっそうの蓄積と，細分化された研究を統合して人を総合的に捉えようとする努力がなされている。

（加賀谷淳子）

② スポーツ心理学
[スポーツ心理学の展開]

スポーツ心理学は，心理学とスポーツ科学が融合した学問領域である。心理学的な理論と研究方法によって人間のスポーツ行動を解明するとともに，その知見をスポーツの実践現場へ応用することをめざしている。学会の設立という点からみれば，スポーツ心理学は比較的新しい学問である。1965年に国際スポーツ心理学会（International Society of Sport Psychology: ISSP）が設立されたのをきっかけに先進各国で学会設立の機運が高まり，1973年には日本スポーツ心理学会が発足した。しかし，現在のスポーツ心理学で研究されている事象の中には，例えば反応時間のように，科学的な学問として心理学が成立したとされる19世紀後半の時点ですでに研究されていた現象も含まれている。また，1913年には近代オリンピックの父として有名なクーベルタン（P. Coubertin）の提唱によって「スポーツの心理学と生理学」というテーマで国際学会が開かれた。このような意味では，スポーツ心理学は心理学の起源にまでさかのぼる長い歴史をもっている。

世界的にみると，スポーツ心理学に関する研究の発展にはいくつかの主要な流れがみられる。1つは身体運動そのものに焦点を当てた流れで，1920年代にドイツや日本で『運動心理学』という表題の著書が出版されている。もう1つは，競技スポーツに焦点を当てた流れである。1926年に『コーチングの心理学』，1928年に『競技の心理学』を出版し，アメリカでスポーツ心理学の父と呼ばれているグリフィス（C. Griffith）にさかのぼる。日本では，松井三雄によって1930年に出版された『体育心理学』という表題の著書にみられる学校体育に焦点を当てた流れがある。さらに最近では，健康を目的として行われる運動に対する関心が高まり，健康運動心理学と呼ばれる新しい流れが加わった。

狭い意味でのスポーツ心理学は競技スポーツを対象とした研究領域をさす。しかし，いうまでもなくスポーツは身体運動として行われる活動である。また，学校体育ではスポーツ教材が大きな位置を占めており，スポーツ教育という用語が使われることがある。さらに，健康のために広くスポーツが行われており，健康スポーツという用語も使われる。このような事実を考慮して，スポーツ心理学を競技スポーツに限定せず，上に述べてきたように広く捉えるのが一般的である。

[スポーツ心理学の研究内容]

それでは具体的にスポーツ心理学においてどのような事柄が研究されているのであろうか。最近のスポーツ心理学で扱われている領域をまとめたものを図3に挙げた。これはシンガー（R.N.

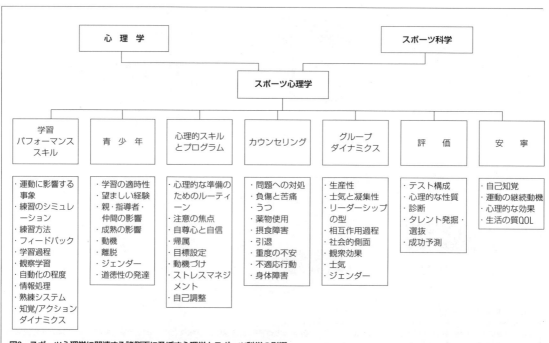

図3　スポーツ心理学に関連する諸側面に及ぼす心理学とスポーツ科学の影響
（出典：R.N. Singer et. al (Ed) 2001. Handbook of Sport Psychology. second Edition. xvii. John Wily&Sons, Inc.)

Singer）らが国際スポーツ心理学会の協力を得て編集出版した『スポーツ心理学ハンドブック』（Singer, R.N. et al. eds. Handbook of Sport Psychology. Second Edition. John Wiley & Sons, Inc. 2001. xvii）に掲載されているものである。日本においても，日本スポーツ心理学会の編集で『スポーツ心理学事典』（大修館書店．2008）が刊行された。これら2つを手がかりとして，現在のスポーツ心理学の研究の内容を簡単に説明しよう。

図3の一番左に挙げられているのが「学習」の領域である。運動学習・制御と呼ばれることもある。ここでは運動上達のメカニズムやそこで働いている知覚・認知的過程ならびにその初心者と熟練者の違い，効果的な練習方法などが研究されている。具体例を挙げると，ビデオなどをみせて状況判断や予測能力を向上させる認知的トレーニング，実際に運動することなく頭の中でイメージとして自分が運動しているところを思い浮かべることによって行うメンタルプラクティスなどがある。脳波のような生理学的手法や力学的測定を利用した実験室における基礎的な研究もあれば，実際のスポーツ場面で行われる応用的な研究もある。

次に挙げられている「青少年」と書かれている領域は「発達」と表記するのが一般的である。生まれてから死ぬまでの生涯にわたる運動の発達的変化とその特徴，運動遊びから競技スポーツへの参加と離脱，初心者から熟練に至り引退するといったキャリア移行，そこに関係する人間関係などが扱われる。運動が感情，自我，社会性，道徳性，知的能力の発達など，精神的発達に与える影響も注目されている。

「心理的スキルとプログラム」に挙げられている内容は，スポーツ心理学の事典では「動機づけ」と「スポーツメンタルトレーニング」という2つの大項目領域に分けられている。動機づけでは人間はなぜ運動するのか，運動好きや運動嫌い，運動の楽しさなどが問題にされている。メンタルトレーニングでは，もてる実力をいつでもどこでも最大限に発揮するための具体的な練習方法が研究され実践に応用されている。例えばイメージトレーニング，集中力のトレーニング，あがりを防ぐリラクセーション技法などである。競技種目別のメンタルトレーニングも研究・実践されている。

「カウンセリング」の領域は，スポーツ場面で生起するあるいはスポーツ選手が直面する様々な心理的トラブルの解明とその対処法を扱っている。燃え尽き症候群，スランプ，運動部不適応，スポーツ障害などが具体例である。スポーツ心理学の事典では大項目領域として「スポーツ臨床」が挙げられ，スポーツ選手ではない一般人の精神疾患をスポーツで治療するスポーツセラピーなども含まれている。

「グループダイナミックス」の領域では，集団の問題が研究されている。集団構造や生産性や集団規範などの集団過程，集団のまとまりとしてのチームワークや凝集性，リーダーシップなどが主な内容である。ジェンダーや社会的スキルの習得はここにも含まれる。

「評価」の領域には，スポーツ行動に関連する人間の様々な能力や精神的特徴を測定評価するテストの開発，尺度構成，それらを使った診断と指導やタレントの発掘が含まれている。具体的には，スポーツに対する態度，意欲・動機，競技不安などの感情，ストレス，運動有能感，イメージ，攻撃性，心理的スキル，運動部適応などの測定が含まれる。

「安寧」の領域は，ほぼ「健康運動心理」に対応し，スポーツと身体的・精神的健康の問題が含まれている。健康のためのスポーツに参加し継続させるための行動変容とその実践への介入，身体的・精神的健康に与える運動の効果などが主として成人と中高年者を対象に研究されている。

[最近の研究の傾向]

最近のスポーツ心理学の発展には目覚しいものがある。その1つは研究成果の実践への応用，実践的研究の増加である。特に，メンタルトレーニング，スポーツ臨床，健康運動心理の領域でこの傾向が顕著である。このことと関連して，先進各国でスポーツ心理学の専門家としての資格認定制度が制定されるようになった。日本スポーツ心理学会では2000（平成12）年に「スポーツメンタルトレーニング指導士」資格を，日本臨床心理身体運動学会では2004（平成16）年に「認定スポーツカウンセラー」の資格を発足させている。また，研究対象もスポーツ競技者から一般の人々，高齢者，障がい者，うつなどの精神的な問題を抱えた人へと広がってきている。これとともに，研究テーマと研究方法の多様化と複雑化が進み，生態学や認知科学や情報科学との関係も深まってきている。

（杉原　隆）

③ スポーツ医学

[スポーツ医学の展開]

スポーツ医学には，二面がある。1つは，医学のスポーツへの応用であり，もう1つは，スポーツの医学への応用である。

前者の最初の事例がいずれかは必ずしも明確ではないが，スポーツあるいは競闘に伴う傷害の記述は，旧約聖書の創世記のヤコブのレスリング試合後の大腿の傷害に伴う跛行の記載や古代エジプト（B.C.2000 – 2200）の外科の論文にスポーツ試合で発生した傷害の治療の記載があるとされている。

また，史上最初のスポーツ医学の実践家は，ソクラテスと同時代のヘロディクスといわれ，医用体操の開拓者とされ，アスレティックトレーニングの系統性とともに，運動と栄養のバランス，マッサージの有用性等を主張し，現代のスポーツ医学に通ずる先見性を示している。

後者のスポーツの医学への応用の面では，古代ギリシャの運動養生術と称される「ギュムナスティケー」を医学・医療に組み入れ，栄養と運動の調和するところに健康を位置づけた医聖ヒポクラテス（Hippocrates）の貢献が最初と考えられる。

古代ローマの医師クラディウス・ガレノス（Claudis Galenus）は，真のスポーツ医学の専門医と位置づけられる。闘技場で戦うグラディエーター（剣闘士）の医師を担当し，数多くの傷害の治療に当たり，その経験を出版するとともに，健康増進のために運動・トレーニング，体操の有用性を強調した。いわば，スポーツのチームドクターを務めつつ，その傷害治療の経験を論文や書籍にまとめるとともに，一般人の健康保持・増進のためには，運動も必要であると説く，現代のスポーツ医学の基本理念をすでにこの時代に確立し，実

践していたとみなされる。

このような古代ギリシャ，ローマでの運動と健康に関する先駆的な取り組みと理論を基盤に，スポーツ医学は，ヨーロッパ諸国を中心として歴史的発展を遂げてきた。

イタリア・ボローニャ大学等の教授を務めたメルクリアリス（Gerolamo Mercuriale）による最初のスポーツ医学の図版書籍"Artis Gymnasticae apud Antiquos Celeberrimae nostris Temporibus Ignoratae"（1569）の発刊，ドイツのフリードリッヒ・ホフマン（Friedrich Hoffmann）による"De motu corporis optima medicina"（医学的にみた適量の運動，1701）の発刊，フラー（Francisco Fuller）によるロンドンでの"Medicina Gymnastica"（医用体操，1705）の発刊等，16－18世紀の流れに連なる。

19世紀には，ドイツの生理学者デュ・ボワ＝レイモン（Du Bois Reymond）がスポーツ生理学の立場から，"Über die Übung"（運動について，1881）を上梓し，ラギュランジェ（Ferdinand Lagrange）は"Physiologie des exercises du corps"（身体運動の生理学，1888）を刊行し，次いで1890年には，『子どもと青年の運動衛生』と

いう書物も出している。

1892年にイタリアのモッソ（Angelo Mosso）が"La fatica"（疲労）を刊行し，シュミット（F.A. Schmidt）が，1899年頃に身体運動の価値についての書物を刊行している。

20世紀に入ると，スポーツ医学に関する学術図書の出版から組織の形成・充実・発展の経過をたどる。

1906年，ドイツのヌンツェ（N. Zuntz）が登山と高地の人体に及ぼす効果についての図書を刊行し，この頃，ブローレ（Wilhelm Braure）およびフィッシャー（Otto Fisher）が歩行の新しい撮影法に関する研究の著作を刊行した。

そして，スポーツ医学の組織の形成が始まる。1922年に，スイスで身体運動のためのスイス・スポーツ医学委員会，1924年に体育振興ドイツ医師連盟が結成された。その会員は，「スポーツ医師」の資格を有し，第一に人格的に非難のないこと，第二に実地医家としての資格を持つこと，第三にスポーツに理解のあること，第四にスポーツ医学の講習会の課程を修了すること，第五に走・跳・投・水泳・登山などの実技に相当の成績を上げたことの

五つの条件が付されており，現代のスポーツ医（スポーツドクター）の原型が，すでにこの時代に示されているのは興味深い。

1928年には第2回冬季オリンピック大会（サン・モリッツ）を機会に，33人の医師が集まり，国際スポーツ医学連盟（Fédération Internationale de Médecin Sportive: FIMS）が結成され，その年の夏に第9回オリンピック大会がアムステルダムで行われた時に，第1回の国際スポーツ医学会が開催された。

これが，スポーツ医学の国際会議，国際学会の始まりとなる。1949（昭和24）年に，わが国では，日本体力医学会が作られ，1954（昭和29）年にF.I.M.Sへの加盟が認められた。東俊郎と名取礼二が，その理事会メンバーとして参画した。

1964（昭和39）年10月，第18回オリンピック大会（東京）の直前に，東京で国際スポーツ科学会議が開催され，その中に第15回国際スポーツ医学会議が含まれていた。日本のスポーツ医学が世界のひのき舞台に立った瞬間だった。

このオリンピックの開催への準備と選手強化を契機に，日本のスポーツ医学は飛躍的に発展した。1965（昭和40）年それまでの学術的知見を集大成した『スポーツ医学入門』（児玉俊夫，猪飼道夫ほか 著，南山堂）が刊行され，それ以後のスポーツ医学の研究と教育・普及に多大な貢献をした。ちなみに本稿の歴史的記述の多くは，同書所収の「スポーツ医学の歴史と現状」（猪飼）によっている。

アメリカにおいては，1949年に全米アスレティックトレーナー協会（National Athletic Trainers' Association: NATA）が設立され，次いで1954年にはアメリカスポーツ医学会（The American College of Sports Medicine: ACSM）が創設され，1962年には，アメリカ整形外科学会はスポーツ医学委員会を設立した。そして，1969年にACSMは，定期学術雑誌の"Journal of Medicine and Science in Sport"を刊行し，1971年には，"Encyclopedia of Sport Sciences and Medicine"を出版した。

一方，わが国においては，スポーツ医学が医師の中，臨床医学の中，医療の中で確固たる地位を築くことが難しい状況が続き，各スポーツ競技団体に

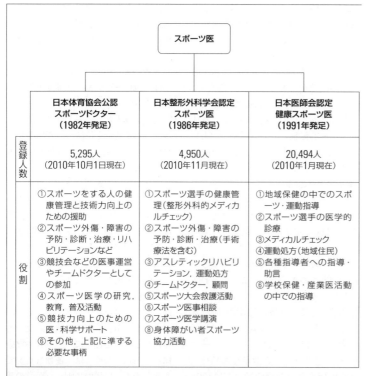

図4　スポーツ医の役割
（出典：日本整形外科学会『ケガをしたときのスポーツ医へのかかり方』ブックハウスHD，2005より改変）

かかわる医師の自発的活動に頼らざるを得ない時期が長く続いた。

1977(昭和52)年，日本体育協会(日体協)が，競技団体にかかわる臨床医の相互研修会を開催することを決め，その実績を基盤に，1982(昭和57)年より日体協公認スポーツドクターの養成制度が始まった。

次いで，1986(昭和61)年日本整形外科学会認定スポーツ医制度，1991(平成3)年日本医師会健康スポーツ医制度へと結びつき，カリキュラムの三者相互乗り入れを組み入れて，それぞれの役割と機能をもつ，わが国のスポーツ医制度へと発展した(図4)。

1975(昭和50)年より，高澤晴夫らが中心となって形成された整形外科スポーツ医学研究会を母体に，1987(昭和62)年日本整形外科スポーツ医学会が生まれ，さらに1990(平成2)年には各臨床系の医師が一堂に会することのできる日本臨床スポーツ医学会が発足され，日本のスポーツ医学の学術組織の形が整った。

この間の企画調整と組織化に当たって，国際オリンピック委員会医事委員を長年務めつつ尽力した黒田善雄とわが国初のスポーツ外来を関東労災病院に開設した中嶋寛之らの先達の労苦を多としたい。

このような古代ギリシャから始まったスポーツ医学の潮流は，着実に世界に広がり，わが国においても，様々な形で実を結びつつある。

[スポーツ医学の研究内容]

スポーツ医学の目標を一言でいえば，スポーツ・運動・身体活動にかかわっている人々の健康を守ることと，スポーツ・運動・身体活動そのものが健康であるように，それを推進していくことである。

スポーツ医学研究の対象は，乳幼児から高齢者まで，疾病・障がいのある人から一流スポーツ選手まで，性別，年代，健康度，競技レベルが多様である。したがって，医学的対応としては，次の3点が基本となる。

1) 個人の特性に応じた適正な運動・スポーツ・身体活動のあり方を検討し，具体的・実践的な指導・介入をすること
2) 運動・スポーツ・身体活動に伴う外傷・障がい・疾病の診断・治療・リハビリテーションを行うとともに，それらの予防を図ること
3) 運動・スポーツ・身体活動を通して，人々の健康と幸福と自己実現につながる保健・医療・福祉・教育・スポーツ・文化などの分野で，専門家としての発言と実践活動を行うこと

対象者の性別，年齢のX軸，健康度(疾病・障がいのある人，半健康人，健康人，一流選手)，競技レベル(リハビリテーションレベル，健康増進レベル，地域級競技レベル，国際級競技レベルなど)のY軸，運動・スポーツ・身体活動の種類のZ軸により構築される立体的なスポーツ医学の分野・領域に，それぞれの専門性・知識・技術・経験・立場をいかに活用するかによって，その研究方法・内容と研究課題，そして得られる研究成果とその実践的応用は誠に多様である(図5)。

基礎医学，臨床医学，社会医学，他の関連学術分野・領域を問わず，前述したように，医学のスポーツへの応用の面およびスポーツの医学の応用の面のそれぞれの研究の方向がある。

[最近の研究の動向]

世界中のスポーツ医学の研究成果，学術論文を収集・整理した"Year Book of Sports Medicine"という年報が毎年Mosby Year Bookから出版されている。

1990年の目次立ては，「1.バイオメカニクス 2.女性スポーツ 3.男性・女性患者における運動生理学と運動生化学 4.運動負荷試験，運動の仕方，運動トレーニング 5.栄養と肥満 6.環境と心理学的要因 7.ドーピング 8.内科的障害 9.アスレティック・トレーニング 10.傷害(疫学と予防，頭頚部，上肢と肩，下肢と膝，他の部位)」であった。

それ以後，オーバートレーニング，成長・加齢，女子スポーツ選手，血液学，免疫学，リハビリテーション，生活スタイル，フィットネス，障がい者，子ども，理学療法，慢性疾患，健康増進，傷害と疾病の予防，循環器疾患，骨粗鬆症等の項目が年ごとに掲げられるようになった。そして，2010年度版の同書の目次立ては，「1.頭頚部の傷害，病変の疫学と予防 2.他の運動器傷害 3.バイオメカニクス，筋力トレーニング 4.身体活動，呼吸循環生理と免疫学 5.代謝，肥満，栄養，ドーピング 6.呼吸循環器障害，7.他の内科的障害 8.環境因子 9.特別課題：高齢者，女性，子ども」となっている。運動器を中心としたスポーツ傷害の研究は，共通しているが，内科的障害，性・年代特性に伴う個別的課題，健康増進，予防への視点をもった研究への広がりを示している。

2005年6月，ノルウェーのオスロで第1回世界スポーツ外傷予防学会がバール(Bahr)とエンゲブレッセン(Engebretsen)の共同主催で開催され，スポーツ障害の「治療から予防へ」というスポーツ医学研究の大きな動向が高々と示された。

一方，"American Journal of Sports Medicine"に，1991年から1993年に掲載されたすべての論文と2001年から2003年のすべての論文とを，システマティックレビューの方法により，その研究の質を比較検討したブロフィ(Brophy)らの研究(Am J Sports Med. 33, 2005 所収)によれば，症例報告や記述的研究は有意に減少し，前向きのコホート研究や無作為化比較研究が有意に増えており，明らかに研究手法の質的向上が認められることが明らかにされている。

つまり，スポーツ傷害を中心とした長年変わらぬ臨床研究が実践されているが，その質的向上とともに，予防へのシフトという大きな動向が示されている。

(武藤芳照)

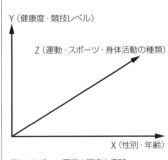

図5　スポーツ医学の研究と実践

④ スポーツ栄養学

[スポーツ栄養学の展開]

スポーツ栄養学は，競技力向上を支える学問領域の1つとして最近では認知されるようになったが，もともとは

運動生理学の一部であり，競技力向上のためになにをどのように摂取すべきかという疑問を解決するための研究領域である。広義としてのスポーツ栄養学では，健康増進を目的として運動する人やスポーツを行う子どもの栄養教育まで含んで捉えられている。

わが国では1964 (昭和39) 年の第18回オリンピック大会 (東京) 開催に向けて競技者強化計画が打ち出され，競技者の栄養摂取の大切さに初めてスポットライトが当てられた。1976 (昭和51) 年には『スポーツマンの食事の取り方』(日本体育協会スポーツ科学委員会 編，ベースボール・マガジン社) がまとめられ，1979 (昭和54) 年にはスポーツ栄養学を志す者にとってバイブル的存在となった『スポーツとエネルギー・栄養』(長嶺晋吉 編著，大修館書店) が出版された。また，1992 (平成4) 年にマックアードル (W.D. McArdle)，カッチ (F.I. Katch)，カッチ (V.L. Katch) により"Exercise Physiology" (Lippincott Williams & Wilkins.) の第2版が出版され，日本のみならず数ヵ国で翻訳されて世界の多くの大学でテキストとして使用されるようになった。この本は，他の運動生理学についての書籍の中で扱いが少なかった運動とエネルギーの産生およびその供給機構について論じられている。すなわち，競技力向上は主としてエネルギーを産生する能力によって決定されるということが主題であった。さらに，1999 (平成11) 年の同著者らによる"Sports & Exercise Nutrition" (初版，1991, Lippincott Williams & Wilkins.) の出版は，スポーツ栄養学という学問領域の体系化を示すものである。これらの書籍は，基礎理論のみでなく，実際的応用のバランスを考え，体育学，生理学，医学，栄養学の各分野での研究成果を踏まえた議論がなされており，スポーツ栄養学は広い視野で学ぶべき学問領域であることがわかる。

一方，栄養サポートの実践は第24回オリンピック大会 (1988年，ソウル) の頃から始まった。この頃は健康食品のブームであり，スポーツフーズの販売促進活動の一環として企業を中心としたサービスが実施された。第25回オリンピック大会 (1992年，バルセロナ) には日本陸上競技連盟が初めて管理栄養士を代表選手団に帯同させ，栄養学的コンディショニングに成功した。その後のオリンピックや国際大会では全日本柔道連盟，日本自転車競技連盟などいくつかの競技団体が海外遠征や国際試合に管理栄養士を帯同するようになり，スポーツ栄養サポートはトップレベルの選手の間で徐々に広がりをみせるようになった。このことから，スポーツ栄養学は栄養サポート活動を実践するために必要な手順についての知見も含んだ研究領域となっていった。

[スポーツ栄養学の研究内容，研究対象]

1970年頃の研究では，筋グリコーゲン蓄積量は糖質摂取量と関連があり，持久的能力に影響を及ぼすことが筋バイオプシー (筋生検) を用いて測定された。1980年代にはスポーツ選手のタンパク摂取法に関する研究も実施された。これらのデータを基に，選手の食事摂取方法を開発するための研究が行われてきた。国内では実施が困難な手法も用いられていたため，これらのほとんどは欧米で実施された研究であり，人種や性別を超えたスポーツ栄養学のエビデンスとして用いられている。

国内では，エネルギー消費量が大きいスポーツ選手向きの栄養摂取必要量に関する研究が求められた。この背景には，サポート担当者による試行錯誤や経験則による栄養指導や食事提供が行われていること，アスリートの栄養摂取基準値が明確でないこと，栄養状態の評価方法の共通認識がないこと，選手や指導者によるサプリメントなどの安易な利用など，栄養サポートを実施する上で処々の問題点があったためである。

そこで，1997-99年 (平成9-11年度) には日本体育協会のスポーツ医・科学研究として「アスリートのための最新の栄養ガイドライン策定に関するプロジェクト研究」が実施され，大学生以上のスポーツ選手を対象とした大規模調査や介入研究の結果から，スポーツ選手の栄養摂取の考え方がまとめられた。その成果は『アスリートのための栄養・食事ガイド』(小林修平 編著，2001，第一出版) として出版され，多くのサポート担当者の実践上役立つものとなった。2001年に国立スポーツ科学センター (Japan Institute of Sports Sciences: JISS) が開所すると，2004-05年 (平成16-17年度) に「アスリートのための食事摂取基準量に関するプロジェクト研究」が行われ，最新のエビデンスを踏まえたアスリートの食事摂取基準量の考え方が提示された。この頃にはスポーツ選手の栄養アセスメント方法についての認識も広まり，栄養サポートの手順も整理された。そして，健康な個人または集団を対象としてエネルギーおよび各栄養素の摂取量の基準を示す「日本人の食事摂取基準」(厚生労働省) を参考としながらも，スポーツ選手を対象としたわが国独自のスポーツ栄養の枠組みの考え方を提示するに至った。

しかし，エネルギーおよび各栄養素の必要量，目的別・競技別・年齢別の栄養摂取方法，栄養・食事管理と栄養マネジメントの方法，栄養教育方法などについて，さらなる研究が必要である。エネルギーおよび各栄養素の必要量に関する研究としては，エネルギー代謝のベースとなる基礎 (安静時) 代謝量，運動時のエネルギー源となる糖質や脂質の摂取量と摂取タイミング，競技特性やポジション別のタンパク質摂取と体づくりとの関係や身体組成の変化，コンディショニングに必要なビタミン・ミネラルの種類や摂取量などについての研究が行われている。目的別・競技別・年代別の栄養摂取方法に関する研究としては，増量や減量に適した食事方法，貧血予防や故障予防のための栄養摂取方法，試合前や遠征時の食事摂取方法，競技団体の競技者育成プログラムともリンクした競技別・年代別の栄養摂取方法の開発などが研究されている。栄養・食事管理と栄養マネジメントの方法に関する研究では，チームまたは個人を対象としたスポーツ栄養マネジメント，トレーニングプログラムを考慮したスポーツ選手に適した食事提供方法とそのシステム化，料理のポーションサイズ (1皿分の盛り付け量) の検討などに関して扱われ，水分補給やサプリメント摂取の効果に関しての研究も含まれる。栄養教育に関する研究では，年代別の栄養教育方法や教育ツールの開発に関しての研究が行われている。

一貫指導やタレント発掘の視点から，ジュニア選手を対象とした研究も必要である。2006-09年 (平成18-21

年度)に日本体育協会スポーツ医・科学研究において「小学生を対象としたスポーツ食育プログラム開発に関する調査研究」が実施され，わが国の競技者育成と子どもたちの健全な発育発達の両面に配慮した新しいスポーツ食育プログラムが作成された。この成果は『小・中学生のスポーツ栄養ガイド』(こばたてるみほか，2010，女子栄養大学出版部)として出版されている。今後はプログラム実施とその効果判定についての事例的研究も盛んになると考えられる。

[最近の研究の傾向]

研究と現場サポートの融合をめざした日本スポーツ栄養研究会が2004年に設立され，学会設立に向けての検討が始められている。また，2007年には日本体育協会と日本栄養士会による公認スポーツ栄養士の認定制度がスタートし，研究成果を現場に生かす専門家の養成も行われるようになった。

これまでの研究は，スポーツ選手の栄養摂取の現状を把握し課題を抽出することを目的として，身体組成，血液性状，栄養摂取状況，エネルギー消費量の評価などに関する横断研究が多く実施されてきた。上述した通り，わが国のスポーツ栄養学における研究はこの20年間で大きな進歩を遂げ，方法論の確立と今後解明すべき項目が抽出された段階といえる。最近では，スポーツ選手が増量や減量を実施した場合，あるいはなんらかの栄養摂取を行った場合の各パラメータの変化や，競技力およびコンディションとの関連などについての縦断研究が実施されるようになってきており，現場への応用をめざした研究へと発展がみられている。

また，測定方法も進歩してきている。例えば，栄養状態の指標の1つである身体組成の測定は，キャリパー法を用いた2コンパートメントから二重エネルギーX線吸収法(Dual Energy X-ray Absorptiometry: DXA)等を用いたマルチコンパートメントの考え方へと進歩し，さらには磁気共鳴映像法(Magnetic Resonance Imaging: MRI)を使用した組織・臓器レベルの分析にまで発展しつつある。食事管理を行う際にはエネルギー摂取量(Total Energy Intake: TEI)の設定が必要となるが，そのために行うエネルギー消費量(Total Energy Expenditure: TEE)の評価は，活動内容と時間を記録するタイムスタディー法から精度の高い二重標識水(Doubly Labeled Water: DLW)法へと変化し，心拍計や加速度計を用いた方法も利用されている。食事調査方法も被験者による記録法に加え，デジタルカメラや携帯電話等を用いた写真撮影法が併用され，食事調査の妥当性を向上させた。このような測定方法の進歩は栄養アセスメントの精度管理に役立ち，競技力向上と密接に関連するスポーツ栄養学研究のアウトカム評価(研究を行うことがスポーツ選手，国民にもたらす成果を評価する指標)にも影響すると考えられる。

欧米人と日本人では身体組成や生理的特性が異なることから，今後は進歩や改善がなされた測定方法を用いて，各年代の日本人スポーツ選手を対象としたデータの蓄積が必要不可欠である。そして，体育学，生理学，医学，栄養学の各分野を融合した研究成果が多数出されることにより，スポーツ栄養学のエビデンスを蓄積することが期待されている。

(田口素子)

⑤ スポーツバイオメカニクス

[スポーツバイオメカニクスの展開]

わが国におけるバイオメカニクス研究体制の起源は，1957(昭和32)年に設立された「キネシオロジー研究会」に求めることができる。キネシオロジー(Kinesiology)とは，その頃，主としてアメリカにおいて，ヒト(人)の身体運動の基盤となる筋骨格系の構造と機能にかかわる力学的研究(いわゆる機能解剖学)分野の名称として用いられていたものである。

1957(昭和32)年11月に久留米大学医学部で開催された第8回日本体育学会大会における部門別懇談会において「キネシオロジー研究会」の設立が提案され，同年12月，猪飼道夫(東京大学)と宮畑虎彦を代表とし，事務局を東京大学教育学部体育学研究室に置いて発足した。研究会の連絡通信誌として「ひろば」が発行され，1982(昭和57)年の113号まで続いた。

1961(昭和36)年，日本体育学会(1950年設立)初の専門分科会として，運動生理学，キネシオロジー，体育心理学の3専門分科会が設置された。キネシオロジー専門分科会設立の母体となったのが「キネシオロジー研究会」である。その後1978(昭和53)年にキネシオロジー専門分科会を母体として日本バイオメカニクス学会が設立され，それに伴って1979(昭和54)年から体育学会専門分科会の名称もバイオメカニクスに変更され，今日に至っている。

日本バイオメカニクス学会は，発足4年後の1982(昭和57)年7月から，1997(平成9)年2月の第16巻1号まで，ソニー企業の支援を得て学会機関誌「スポーツサイエンス」(英語名Japanese Journal of Sports Sciences: JJSS，年1巻毎月1号)を，1997(平成9)年7月から出版社を杏林舎に替えて，新機関誌「バイオメカニクス研究」(英語名Japanese Journal of Biomechanics in Sports & Exercise: JJBSE，年1巻4号)を刊行している。

学会大会としては，1972(昭和47)年にキネシオロジー研究会の主催で第1回キネシオロジーセミナーが名古屋大学で開催され，以後隔年に，東京大学，京都大学を回り，1978(昭和53)年3月に筑波大学で開催された第4回キネシオロジーセミナーにおいてバイオメカニクス学会への組織変更が決定され，第5回(1980大阪体育大学)以降はバイオメカニクス学会大会としてそれまで通り隔年で開催されている。

キネシオロジーからバイオメカニクスへの名称変更は当時の国際的な潮流に従ったものであった。もともとユネスコの諮問機関として設置された国際スポーツ体育協議会(International Council of Sports and Physical Education: ICSPE)の中にバイオメカニクス作業部会(部会長ヴァルテンヴァイラー〔Wartenweiler〕)があり，国際バイオメカニクスセミナー(International Seminar on Biomechanics)という国際セミナーを隔年で開催していた。この国際セミナーは，1967年にスイスのチューリヒで第1回が開催され，1969年オランダ・アイントホーフェン，1971年イタリア・ローマで開催され，ローマ大会において国際学会の設立をめざす決議が行われた。そして1973年にアメリカのペンシルバニア州立大学で開催された第4セミナーにおいて，正式に国際バイオメカニクス学会(International Society of Biomechanics: ISB)の設立が決定され，スイス連邦工科大学(独：Eidgenössische Technische Hochschule: ETH，スイス・チ

ューリヒ)のヴァルテンヴァイラーが初代会長に選出された。なお，第5回(フィンランド・ユベスキュラ)以降は国際バイオメカニクス会議(International Congress of Biomechanics)と名称を変えて今日に至っている。主にKinesiologyを使っていたアメリカが主にヨーロッパで使われていたBiomechanicsを用いるようになったのを受けて，日本でもキネシオロジーがバイオメカニクスに名称変更されるようになった。

その後1993(平成5)年に，日本バイオメカニクス学会も同学会の日本支部として正式に加盟することとなり，今日に至っている。その間，1981(昭和56)年(第8回)と1997(平成9)年(第16回)には，それぞれ名古屋(大会長松井秀治，事務局長小林寛道)と東京(大会長宮下充正・福永哲夫，事務局長深代千之・平野裕一)でISB学会大会が開催されている。

前述のとおり，バイオメカニクスはもともと，日本やアメリカにおいてキネシオロジー(Kinesiology)という名称で呼ばれていた研究領域である。Kinesiologyとは，ギリシャ語のkinesis(動き)と学を意味する接尾語-ologyを合成して作られた用語で，主としてアメリカにおいて「ヒトの身体の筋骨格系の構造と機能に関わる知識の総体」として，いわゆる機能解剖学を意味する用語として用いられていたが，次第に「ヒトの身体運動に応用できる力学的法則の研究がKinesiologyを構成する必須の構成要素」となっていった。しかしながら，この用語はやがてヒトの運動の研究に寄与するあらゆる科学を包括する用語として広く使われるようになり，遂には学問的研究領域を超えて，ヒトの動きにかかわる様々な職業や民間療法についても使われるようになった。そこで，純粋に動きの力学的な解析を行う分野としてKinesiologyよりも専門性が明確な用語が求められるようになり，anthropomechanics, anthropokinetics, biodynamics, biokinetics, homokinetics, kinanthropometry, bionetics など様々な代替用語が検討された結果，biomechanicsが国際共通語として最も多くの支持を集めて今日に至っている。

[スポーツバイオメカニクスの研究内容]

バイオメカニクス(Biomechanics)は「生物システムの構造と機能を力学的方法を用いて研究する学問分野」(Hatze, 1974)である。スポーツバイオメカニクスとは，特にスポーツ動作に焦点を当てたバイオメカニクス研究を意味する。日本バイオメカニクス学会，日本体育学会バイオメカニクス専門分科会は，いずれもスポーツ動作の力学的解析を主たる研究内容としている。しかし，欧米ではバイオメカニクスの研究内容は日本よりはるかに広範で，スポーツや日常動作の解析や整形外科などの純粋応用的研究をはじめ，生体運動の情報工学的シミュレーション研究，履物や衣服・地面表面の素材や生体を構成する素材の力学的特性に関する工学的研究などの基礎的研究が含まれている。そのため，応用研究の分野を，応用バイオメカニクス(Applied Biomechanics)ということも多い。国際バイオメカニクス学会(ISB)は，機関誌を，応用研究中心の"Journal of Applied Biomechanics"とし，基礎研究中心の"Journal of Biomechanics"など数種類のジャーナルを準機関誌として選定している。日本でも，整形外科医や理学療法士を中心として臨床バイオメカニクス学会(1974年整形外科バイオメカニクス研究会として発足，1994年学会設立)が組織されている。また，ISBから派生する形で，1982年からスポーツに特化した国際スポーツバイオメカニクス学会(International Society of Biomechanics in Sports: ISBS)が活動しており，機関誌"Sports Biomechanics"を刊行している。

バイオメカニクスの研究内容の中心である力学(Mechanics)には，その解析対象に応じて，静止状態の物体の力の釣り合いを対象とする静力学(Statics)と運動状態の物体を対象とする動力学(Dynamics)があり，動力学には動き自体を対象とするキネマティクス(Kinematics, 運動学)と動きの元である力を対象とするキネティクス(Kinetics, 運動力学)とがある。物体に力が加わるとその力に比例した加速度が生じ，その加速度によって速度が生まれ，速度によって位置の変化が生み出される。物体の動きを加速度，速度，位置変化によって記述するのがKinematicsであり，それらの元となる力を解析するのがKineticsである。

動きを計測するための装置としては，フィルムを用いる映画やビデオ画像記録装置がある。いずれも高速度カメラによって動きの特性を解析する。映画は，フィルムを現像してみないと成否がわからないが，ビデオはその場で再生確認が可能であり，失敗のリスクが小さい。当初はビデオは解像度が低く，1秒あたりの撮影可能コマ数も低かったため，データの精度に問題があったが，最近は性能も向上し，ビデオカメラを直接コンピューターに接続して画像をデジタルデータとして自動解析することができるなど，精度や利便性が高まっており，動作解析はビデオ解析が主流となっている。このほか，赤外線や磁気を用いるものなど，様々な動作解析装置が開発されている。

このほか，地面に加わる力を計測するためのフォースプレートや，力量計，加速度計，速度計，筋活動を計測する筋電図計測器など，様々な計測装置を使った分析研究が行われている。また，コンピューターの発達により，CGや複雑なモデルを使ったシミュレーション研究も行われている。

[最近の研究動向]

現在のスポーツバイオメカニクスは，その研究方法の進歩に伴って，オリンピックや世界選手権大会をめざすトップアスリートの動きの分析と障害の防止やトレーニング方法の開発に貢献する有用なデータを提供できるようになっている。また，このような一流選手の研究はそのまま一般人や障がいのある人の運動機能向上の方法開発のためのデータ収集にも応用可能であることから，最近の高齢者の増加や子どもの体力低下を改善するために，医学や工学・心理学・脳科学などの周辺諸分野と連携して，高齢者や障がいのある人の動きの特性の分析と動きの改善方法開発や，子どもの動きの発達の分析と指導法の開発などの研究も行われるようになっている。また，学校体育の現場における学校体育における動きの指導法の開発を視野に入れた研究も盛んに行われるようになっている。

(大築立志)

参考文献　06.E.02

① ◆ 加賀谷熙彦, 吉田博幸. 2005.「日本における運

a
- 動生理学研究50年の歩み」『体育学研究』50(3):323-38.
- 宮下充正. 2007.「スポーツ科学」『スポーツの科学』14-25. 日本学術協力財団

③
- 猪飼道夫. 1965.「スポーツ医学の歴史と現状」児玉俊夫 猪飼道夫ほか 著『スポーツ医学入門』1-9. 南山堂
- 黒田善雄. 2008.「スポーツ医学のながれ」『臨床スポーツ医学』22(1):1-4.
- 寒川恒夫 編. 1991.『図説スポーツ史』47-55. 朝倉書店
- 武藤芳照. 2005.「運動器と運動の大切さを知り, 健康と幸福を求めて」『クリニシアン』

b
(539):2-7.
- Brophy R.H, Gardner MJ, Saleem O, Marx RG. 2005. An Assessement of the methodological quality of research published in the American *Journal of Sports Medicine*. *Am J Sports Med*. 33(12):1812-15.
- Richard D. Swish a Richard Levandowski. 2004. The History of Sports Medicine. In *Sports Medicine For the Primary Care Physician (3rd Ed.)*, ed. Richard B. Birrer, Francis G., 5-8.

⑤
- 阿江通良. 2010.「バイオメカニクス専門分科会」. 浅見俊雄 編著.「日本体育学会60年記念誌」

c
186-87. 日本体育学会
- 金子公宥. 2005.「バイオメカニクス50年の回顧と展望」『体育学研究』50:61-78.
- 金子公宥, 伊藤章 ほか. 1993.「日本と世界におけるバイオメカニクス研究の動向」*Japanese Journal of Sports Science*, 12:398-408.
- Hatze, H. 1974. The meaning of the term "Biomechanics". *Journal of Biomechanics*, 7:189-90.
- Hay, J. G. 1993. *The Biomechanics of Sports Techniques, 4th ed.* Prentice Hall
- Nelson, R. and Morehouse, C. A. 1974. *Biomechanics IV*. University Park Press.

7章
スポーツと健康

われわれの生活とは切り離せない

「健康」

という語の起源や概念について,

WHOの健康概念をはじめ,

東洋・西洋の健康観・健康思想から読み解き,まとめた。

さらに国民の健康を求める各国の動向を,

欧米,

そして日本の事例を挙げながら

歴史的に論じることで,

健康について

より深く考える契機にしていただきたい。

健康の概念

健康の定義と国家

ここでは「健康」という語の概念について，次の2つの視点から解説したい。1つは，国際的に代表的な地位を占めている世界保健機関(World Health Organization: WHO。以下，WHO)の健康の定義に注目し，これがどのような概念であって，日本はこれをどのように受け止めてきたのかという視点である。そしてもう1つは，健康という語は，そもそも日本においていつ頃から使われ始めたのか，また近代化の過程で，どのような歴史的役割を果たしてきたのかという視点である。

ところで，「健康」とはなにかについて，その定義と概念を明確にする作業を始めるにあたって，これがスポーツ科学や医科学の研究上の基礎手続きとして必要であるというだけでなく，さらに重要な意義として，国家が行うべき政策上の基本方針を左右するほどの一大事でもあるという点について，あらかじめ触れておく必要があるだろう。

健康は，これがどのように定義されるにせよ，人々の個人的な努力のみによって獲得できるものではないことは自明である。なぜなら，人々が健康を獲得するにあたって，国家が広範囲にわたり事前に主要な役割を果たさなければならないからである。例えば，感染症の予防，適切な飲食料の供給や備蓄，食品の衛生や流通価格の管理，医療技術の開発とその全国的な配備などのように，国家的規模において実現される「基礎条件」が整備された後に，初めて人々は自らの個人的努力を投入して健康を獲得することが可能となる。

したがって，健康の定義を考えるにあたっては，人々の健康を獲得するために国家がどの程度まで熱心に「基礎条件」の整備にあたることができるのかという視点が不可欠となる。日本においては，この「基礎条件」の整備は，憲法第25条(「すべての国民は，健康で文化的な最低限度の生活を営む権利を有する。国は，すべての生活部分について，社会福祉，社会保障及び公衆衛生の向上及び増進に努めなければならない。」)によって国に義務づけられている。他国においても，同様の公衆衛生行政は，政府が果たすべき主要な任務の一角となっている。

では，この国家が整備すべき「基礎条件」とは，いかなる範囲にまで及ぶのだろうか。実は，この範囲の決定に深くかかわっているのが，ここで改めて注目する健康概念なのである。理論上，健康の概念が医学的に高度な水準に厳格化されればされるほど，国家がこれを保障するためにカバーしなければならない「基礎条件」の範囲は広くなる関係にある。例えば，予防医学的にみて理想的な状態に近づけるために，健康を「すべての感染症に対して免疫をもつこと」と定義したとしよう。するとこの場合，国家は「全国民に対してすべての感染症のワクチン接種が可能となる」ような「基礎条件」を保障しなければならないことになる。そうなれば，国家がこれを実現しようとした場合に，必要となる医学研究やワクチン配備に投じなければならない財政上のコスト負担は膨大になるだろう。現実的には，そこに国家の財政上の限界が存在することが予想される。このように考えると，健康概念は無制限に理想化したり，拡大できないことになる。

したがって，健康概念をどのように定義するかの問題は，単に医学的な理想状態を追求するという見地からのみで自由に決定できるものではないことがわかる。健康の定義は，国家が保障することができる「基礎条件」の範囲が財政上どこまで可能なのかといった議論にかかわる問題であり，場合によっては国家運営を左右する政策上の理念や方針を待たなければならない問題であるともいえるのである。

(北澤一利)

WHOにおける健康の定義

① WHOの健康概念

現在，広く知られている健康概念の定義は，1946(昭和21)年に設立されたWHOの憲章(Constitution)の冒頭に示されたものである。これによると，健康とは「身体的にも精神的にも社会的にも完全に良好な状態をいい，単に病気がないとか病弱でないということではない。(Health is a state of complete physical, mental and social well-being and not merely the absence of disease or infirmity.)」と定義されている。

それから後，半世紀以上が経過した今日に至るまで，この定義は国連に加盟する各国政府の保健行政において目標とすべき健康の理想的な概念を示す定義として広く引用されてきた。この定義の評価すべき点は，人々の健康は，単に身体上のコンディションに限定して改善されればよいのではなく，精神的，社会的なコンディションも含めて改善され，保護される必要があるとして各国政府の責任と注意を促したところにあった。

② WHOの健康概念に対する日本の反応

このWHOの定義は，「単に病気がないとか病弱でない」というだけでは健康と呼ぶに値しないとして，身体的にも精神的にも社会的にも「完全に良好な状態」であることをもって初めて健康と呼ぶべきであると定義したことから，健康の概念が，従来の世俗的な概念に比べより積極的な理念を含むことになり，さらに高水準の状態をめざす概念へと拡大する結果につながった。ここで健康の概念に「積極的な理念」が追加されたことは，世界史上における，きわめて画期的な出来事であったといえるであろう。

ところが，その後の20世紀後半の日本における公衆衛生行政や学校教育を振り返ってみると，このWHOの積極的な理念を表明する健康概念は，市民や学生が各自の個人的な努力をもって達成されるべき目標として，しばしば強調されることになった。そのため，人々が「身体的にも精神的にも社会的にも完全に良好な状態」である健康を獲得することができるかどうかは，政府の責任というよりもむしろ個人の責任であると理解される傾向があった。その結果，21世紀を迎えたわが国では，

このWHOの健康の概念の，まさにその画期的側面をめぐって，次のようないくつかの困難が指摘されるようになっている。

1つ目には，この概念が示すような「身体的にも精神的にも社会的にも完全に良好な状態」としての健康は，いくらがんばってみたところで，文字通りに達成することは「現実的には難しい」という点である。2つ目には，この健康の概念は，先天的かあるいは後天的かを問わず身体上または精神上になんらかの障がいをもつ人々に対して，差別的な社会的偏見や圧力を加えることはあっても，目標や希望を与える力は乏しいという点である。3つ目には，医療や看護介護技術が進歩している近年にあっては，病気や障がいが慢性化した人であっても社会生活を通常どおり行うことができるような設備環境が整ってきており，ここに「ノーマライゼーション」という新しい福祉の理念が重要視されるようになってきたため，身体的，精神的な病気や障がいと共存しながら達成できるような，新しい理念の健康概念が求められるようになったという点である。

これらの困難は，特に日本の国内において，医療機関や福祉施設などの実践現場で話題となることが多いが，他国においては問題として取り上げられることはさほど多くはない。なぜならば，これらの困難は，20世紀半ばに定義されたWHOの健康概念が示す「積極的な理念」を，個人的に努力を負担することによって実現するよう強調された日本において，特に医療や福祉の実践現場で齟齬が生じるようになり，21世紀を迎えた今日になって顕在化してきた結果であるからである。しかしこうした齟齬は，WHOの設立意図とその機関としての目的や機能を再確認することで，少なからず解消することができるであろう。

③ WHOの健康概念の意義と政府の役割

WHOの健康の概念は，第二次大戦後の国際秩序の回復をめざす時代において，国連が各国政府の保健行政の基本的な指針を定め，人々が等しく甘受することのできる健康がいかなるものであるのか，その最低基準を明記することによって，政府がけっして侵すことができない，人々の基本的な権利として保障されるべき努力目標を掲げたものであると考えることができる。したがって，WHOの健康の概念は，国民に対して個人的努力において達成すべき目標として課すために定められたものではなかった点に注意が必要となる。

このWHOの健康の定義がもつ理念を正確に理解するためには，WHOの憲章に掲げられた次の各条文を併せて読むことが助けになるだろう。憲章前文の理念（principle）には，冒頭で述べた第1項の健康の定義のすぐ後に続く第2項として次のように書かれている。「人種，宗教，政治的信条，あるいは経済的，社会的条件などの違いを超えて，人々が標準的な健康を最高度に獲得することの幸せは，すべての人間の基本的な権利の1つである。(The enjoyment of the highest attainable standard of health is one of the fundamental rights of every human being without distinction of race, religion, political belief, economic or social condition.)」。また，同憲章の第1条「目的」の条文には，「国際保健機関の目的は，すべての人々が可能なかぎり最も高い水準の健康を獲得することである。(The objective of the World Health Organization shall be the attainment by all peoples of the highest possible level of health.)」と記されている。

これらの条文を踏まえると，WHOの健康の定義は，各国の国民が等しく甘受し，政府に対して要求することができる健康を広く積極的に明記するものであり，またそれと同時に各国の政府に対して，これを妨げようとするいかなる制約や障害も発生させない努力を最大限に務めることを促すものであると理解することができる。したがって，半世紀前においてWHOが健康概念をより理想的な概念として積極的に定義したことは，当時の国際社会が各国政府に対して厳しい責任とかつてないほどの広い範囲の任務を果たすように要求したことを意味しており，第二次大戦終了時の，新しい国際秩序の回復に向けた各国の前向きな姿勢を読み取ることができるのである。

日本においては，このWHOの健康概念がもつ積極的な理念は，個人が努力すべき目標として受け止められることになった。そのため，この健康概念の理想的状態を実現できていない個人がいた場合，個人がその責任を感じたり，ある種の負い目を感じなければならなかった。その結果，いくら個人的な努力を費やしてみてもこれを達成することが難しい患者や障がい者が集まる医療や福祉の実践現場において，様々な困難が生じることになったのである。

ところが，WHOの本来の意図を尊重すると，様々な理由でこの健康概念を達成することが難しい人々が存在した場合，その達成のために必要な努力が義務づけられるのは，彼ら当事者ではなく国家であるということになる。

この点において，今日の日本の政府が行う公衆衛生行政が，WHOの健康概念がもつ意図を十分に反映し，その積極的な理念を達成するために必要な政策を実行してきたかどうかを再評価してみる必要があるだろう。国家は，すべての国民が現実的に負担可能な程度の個人的努力や責任を果たしたら，いつでもWHOが定義する健康が実現できるように基礎条件や体制を整備しなければならない。また，仮にある1人の国民が相応の努力を負担しているにもかかわらず，目標とする健康を獲得することができない事態に直面したならば，国家はただちにその不足を補うために必要なアクションを起こさなければならない。このような視点からみると，WHOの健康概念には，なお果たされずに残っている役割があるといえるのではないだろうか。

（北澤一利）

健康観の変遷

① 健康という語の起源

健康という日本語は，今日では日常的に広く使われているが，わが国でこの語が一般的に使われるようになるのは明治時代になってからであった。健康という語が使われ出したのは江戸時代後半のことであり，その当時の経緯はおよそ次のとおりである。

「健康」という語の初出は，荒川によると1796（寛政8）年に刊行されたオラ

ンダ語辞書『波留麻和解（はるまわげ）』である（荒川清秀「〈健康〉の語源をめぐって」『文学・語学』166. 2000. 72－82.）。『波留麻和解』は，大槻玄沢（おおつきげんたく）の『蘭学階梯』を読んで発憤した医師，稲村三伯（いなむらさんぱく）が作成したものである。この中で「健康」は，今日のオランダ語で「安全，安泰，幸福，繁昌，福祉」などの意味をもつwelstandやwelzynという語の訳語として使われている。しかし稲村三伯以後，「健康」という語が辞書以外の場所で，「安全」や「福祉」などの意味で使われた実例は確認できない。

「健康」という語が日本語として実際に「使用」されていることが確認される最も初期のものは，それからおよそ40年後の1830年代に書かれた生理学に関する2つの書物の中である。

1つは，1836（天保7）年前後に書かれたと思われる『漢洋内景説』の中で，シーボルト（Siebold）に学んだ高野長英（たかのちょうえい）が，身体の内部構造を詳しく観察し，「内外諸器官ノ景象，機関ノ巧ミ雖モ，繊毫ノ微ミ雖モ，各其形色・状態・官能・位置ソ相連属シ，相区別シ，以テ不測ノ妙用ヲ逞スル天機ヲ観察シ（テイ）（ココ），此ニ因テ，一ニハ能其平常健康ヲ保チ（ユエン）（タクミ），長ク生育有活スル所以ノ理ヲ（ワリ）悟る必要があるというくだりで「健康」という語を使っている（下線は著者加筆）。これと同じ頃（正確な完成年は不明），長崎に留学していた緒方洪庵は未公刊の『遠（おがたこうあん）（えん）西原病約論（巻二）』の中で，「凡ソ人身，（せいげんびょうやくろん）（オヨ）内外諸器常形ヲ全フシ，諸力常度ヲ守テ，運営常調ヲ失サルノ健康トシ，諸（ウシナワ）（マット）器諸力，孰レカ常ニ違フ所有テ，運営（イズ）常調ヲ失フヲ疾病トス」と，「健康」という語を使っている（下線は著者加筆）。

ところで，この健康という語の出自の経緯を知るためには，当時の西洋医学の移入に関する概略をみておく必要がある。杉田玄白（すぎたげんぱく）が『解体新書』を公刊したのが1774（安永3）年であった。この時期以降，解剖学を志す者が増加し，その後続いて作成された解剖図のいくつかが今日でも残されている。まもなく19世紀初頭になると，日本の西洋医学研究は解剖学を経て生理学へと進展する。蘭学者の関心が，解剖学から生理学に移っていく過程は，当時の解剖図の変遷にも反映されている。

当時の解剖図を比較すると，1770年代の杉田玄白の時代から1800年頃

までの解剖図は，解体された死体のみを写実していたのに対し，1819（文政2）年には，臓器の各部がクローズアップされ，解体された肺に竹筒で空気を送り込んだり，腎臓に伝わる血管に墨汁を流すなどの実験を模写した，まるで生きているような人間を描いた『解剖存真図』が刊行される。この解剖図は淀藩の医師，南小柿寧一によるものだが，当時すでに高名であった大槻玄沢などの蘭学者がこれに讃辞を寄せただけでなく，オランダ人医師シーボルト（P. F. B. von Siebold）もこれを高く評価する序文を送っている。こうした動きに触発されて，この頃，江戸，長崎，関西の多くの蘭学者が「生理学」に関心をもつようになり，彼らはできるだけ正確な生理学の専門書を出版しようと翻訳の腕を競い始めた。1830年代に「健康」という語が使われるようになったのは，このような時代背景の中でのことであった。

高野長英や緒方洪庵らの著作にある「健康」という語をみると，その起源において，「身体各部の諸器官が正常に機能している状態」という生理学的な概念を表現するために使われていたのがわかる。そしてこの語が使われる過程で注目すべきことは，まずなにより も日本人が解剖学に続いて生理学を学び，そこで西洋医学の概念体系と解剖学的，生理学的身体観を正確に習得していたこと，そしてその結果，身体各部の諸器官の運営が「正常に機能している」状態を，「失調している」状態から区別するために，適切な新語をつくる必要に迫られたことである。いずれも健康という語の起源には，生理学に対する理解の進行が深くかかわっていたことを示すものである。

この健康という新しい生理学的な概念は，古くから存在した「すこやか」「丈夫」などの日本語で代用したり，表現することはできなかった。なぜなら「すこやか」「丈夫」という語は，顔色，気分，活気などの人々の主観的状態を問題にしていたのに対し，「健康」は身体内部の器官や機能の客観的状態を問題にしているからである。健康という新しい語の誕生は，それまで身体の表面だけに注がれていた日本人の視線と関心が，身体内部の「構造」と「機能」へと移行したことを意味するものである。

西洋医学の移入をきっかけに，解剖学と生理学は日本人の身体イメージを根本的に変更することになった。この身体イメージの変更に伴って健康という語が創案されたのである（北澤一利『「健康」の日本史』平凡社. 2000. 34－38）。

現代の日本人はすでに詳細な生理学的知識を有するため，当時の蘭学者たちが「健康」という語を用いた時の興奮を理解するには鈍感になっている。彼らが「身体各部の諸器官が正常に機能している状態」という，今日の私たちからみると，きわめて素朴な「状態」を，あえて表現しなければならないと感じたのはなぜか。それは，初めて心臓と血液循環の機能や肺の構造と呼吸の仕組みを知った当時の蘭学者にとって，これらの精密で複雑な仕組みの1つひとつが無事に機能してようやく成り立っている「状態」は，あえて新しい言葉を補って表現するに値する，貴重で驚くべき「状態」であったのである。

高野長英や緒方洪庵によって「健康」という語が使われ出してから，他の蘭学者たちの間では，「健旺」（ケンオウ）「健運」（ケンウン）「健行」（ケンコウ）などの語が，「健康」と同じような生理学的概念を表現する語として使われていた。したがって，江戸時代末期の時点では，「健康」という語が，今日のように一般的に定着することが決まっていたわけではない。これら複数の候補の中から「健康」という語に収束するのは，これよりさらにのちの明治時代中頃まで待たなければならなかった。

② **日本の近代化と福澤諭吉の健康概念**

日本が近代化に向かって進み始めた明治時代になっても，健康という語がすみやかに一般的な日本人が使う言葉として広がったわけではなかった。八木によれば，明治時代の初期において，健康という語が使われた書物として，1872（明治5）年に緒方惟準が書いた『衛生新論』がある。これには「健康を保つには毎常食の配合に注意し」とか，「飲食の適度なるは健康を保つに要事たること」と書かれていて，健康という語が使われているのが確認できる（八木保，中森一郎「用語『健康』の由来を求めて」『保健の科学』40 (10). 1999. 841－46）。

ところが，同じ時期に出版された別の書物をみると，健康（ケンコウ）という語が必ず

しも定着していなかったことがわかる。緒方惟準の『衛生新論』と同年に出版された『啓蒙養生訓』をみると、「其身無病健全にして」「体力も強健となり生命も長く延びる」「身体を健康に保全けんには全体同等に温かなるべき」「肢体を労働かせば全身健質になりて」と書かれており、「健全」「強健」「健康」「健質」という4語が無差別で使われているが、これらの4語にすべて「たっしゃ」という振り仮名が振られているのである（八木、1999）。

これらの時期を経て、ようやく健康(ケンコウ)という語が一般的に定着したとみられるのは、1877（明治10）年前後である（北澤、2000.14-15）。健康が一般化する過程で、緒方洪庵の適塾で学んだ福澤諭吉の影響力は少なくなかった。福澤は、健康という語がまだ一般化する以前の1866（慶応2）年に、一般読者を対象に書かれた『西洋事情初編』や、1874（明治7）年に出版された『学問のすゝめ』の中で健康という語を使っている。福澤自身の言葉によると、『学問のすゝめ』は当時20万部以上売れ、これ以外に海賊版もかなり出回っていたという。

これらの書物の中で、当初の福澤は緒方洪庵と同じような意味で健康という語を使っていた。すなわち、天然に備わっている身体の生理学的機能の調和がとれ、諸器官が過不足なく正常に機能していることを「健康」といった。例えば『学問のすゝめ』の中で、福澤は「都て物を維持するには力の平均なかる可らず。譬へば人身の如し。これを健康に保たんとするには、飲食なかる可らず、大氣光線なかる可らず、寒熱痛痒外より刺衝して内よりこれに應じ、以て一身の働を調和するなり」（福澤諭吉『学問のすゝめ』1874.）と書いている。したがって、この時点での「健康」は、生理的機能のバランスや調和を重視していたようであり、医学的な概念の範囲を超えるものではなかった。

しかし、この後の福澤の書物にみられる健康という語の概念は、社会情勢に応じて変化していくのがわかる。以下、福澤の書物から時代を追って、2つの健康概念の例を挙げよう。

1つ目は、1878（明治11）年の『通俗民権論』にみられる。明治11年といえば、日本の政府は西南戦争直後の財政難に、人々は肺病（結核）やコレラなどの伝染病の高い死亡率、経済的貧困などの困難に直面していた頃である。そのため福澤は、人々にとって単に「各器官の機能の調和がとれた状態」や「病気のない身体」では、この時代を生き抜き独立を獲得するには不十分であると考える。この社会にある困難を克服するには、運動によって積極的に鍛え強くてたくましい身体をつくる必要があると考えたのである。そして、これが人々に向かって書かれた書物の中の健康概念を変化させるのである。

『通俗民権論』の第7章「身体を健康にする事」では、「抑も人間處世の路は甚だ難澁なるものにして、或は終夜寢(しょせい)(はなはだ)(あるいは)ずして心を苦しむこともあり、或は終日食はずして身を役することも」あるので、社会で生きるということは身体によいことばかりを選択することとは限らない。場合によっては、雨風の中で身を粉にして働かなければならないこともあるであろう。そのため福澤は、肝要なことは「吾身をして此不養生に堪ゆ可き程に鍛え付るの一事に」ある(わが)(たま)というのである。

ここで福澤が要求しているのは、社会の困難を克服するような前向きな態度であった。そもそも、「美味を喰ひ軽暖を着て適宜に運動するを以て最上の養生と思ひ、却って其適宜なるものは、己が懶惰なる身體に適宜にして、眞實の養生法に適さざる」を忘れている。(らんだ)「身を護るを消極の法と爲し、外物を犯して其刺衝に慣る、を積極の法とすれば」、後者の積極的な方法を行うべきである。それには日本の流儀に従い、「古來人の慣れたる剣術柔術角力遠足」などの、「兎にも角にも専ら荒々しき運動を勉む」べきである。その結果、(つと)福澤は「唯よく艱難に堪へて長壽する者を名けて身體健康なる人」と称する(かんなん)のである（福澤諭吉『通俗民権論』1878）。

2つ目は、明治20年代半ばの例である。福澤が人々に対して運動を呼びかけるようになって以来、日本国内では次第に柔道や剣道、あるいは西洋人が伝えたスポーツ競技が盛んになっていった。一高（現東京大学）を中心とした諸大学では野球やボートなどの対抗戦が過熱化し、学生の中にはいささか度を超えてこれらの運動を行うものが現れた。このような傾向に対して福澤は不快を示すようになる。1893（明治26）年の『時事新報』の「体育の目的を忘るゝ勿れ」の中で、福澤は「苟も腕力抜群の稱を得れば則ち能事終れり」となし、「唯自分の面白き遊戯に技量を現して、以て一時の快楽を得る」ために運動を行うに過ぎないといって批判している。

福澤は「書生の輩が体育を口実として漫に遊戯に耽り学業を怠り、剰さへ肉体の強壮なるに任せて有りとあらゆる不養生を行い、不品行を働き、独り得々たるが如きに至ては、実に言語道断の次第と云はざるを得ず」といって注意を促す。「例へば、彼の富豪の子弟などが他事を打ち忘れて遊猟、騎馬、舟漕等の諸戯に熟するが如き、是れに由て以て心身の健康を全ふし独立独行の生活を為さんなどの深意あるに非ず」という。すなわち、ここで福澤は、健康という語を「身体を強く鍛えて丈夫にする」だけではなく、「独立独行の近代的精神および品行などの倫理観や社会性」を含んだ概念として使うのである。

福澤の著作の中にみられる健康概念の変遷を振り返ると、健康概念が次第に拡大していったことがわかる。「身体内部の諸器官が過不足なく機能し調和がとれている状態」という生理学的な概念で健康が使われたのは初期の頃だけであった。それ以来、福澤は運動をして鍛えた強い身体という意味を追加したり、困難を克服する主体性を含めたり、独立の精神や品行、自制や節度をわきまえる倫理観を要求する健康概念を使うのである。健康概念にみられるこうした拡大は、近代化を進める日本にあって、福澤が国民の啓蒙を意図した上で、当時の政治的、社会的情勢に応じて行われたものである。

今日の術語で福澤が用いた健康の概念を整理するとすれば、明治時代初期の『学問のすゝめ』にみえる生理学的概念は最も狭義の健康概念であり、また「消極的健康」の概念であるといえる。そして、この概念が拡大していく過程で提出された明治時代中後期の複数の概念は、いわゆる「積極的健康」の概念の範疇に含めることができるだろう。

ところで、日本の近代化の過程で健康概念が積極的な傾向を帯びて拡大修正されていくのは、福澤だけにみられたことではなかった。健康に「忠孝」や

「信義」などの道徳的精神を追加した嘉納治五郎（北澤，2000. 213.）の例や，1930（昭和5）年から行われた健康優良児の表彰事業の際に，体格体力や運動能力，品行，遺伝病や家庭環境，経済状態などの項目まで拡大して「健康」の優劣を競い合った例にみるように，いずれの健康概念も，単に「病気ではない」という最低限の生理学的条件を満たしただけでは健康と呼ぶに値しないと考え，より積極的に拡大させることを理想とした点で共通している。

参考文献　　　　　　　　　07.A.03
- 北澤一利. 2000.『「健康」の日本史』平凡社
- ―――. 2003.『「健康」の誕生』「健康ブームを読み解く」58-99. 青弓社
- ―――. 2003.「日本の健康概念のこれまでとこれから」『体育学研究』48：49-56. 日本体育学会

（北澤一利）

東洋の健康観とスポーツ　07.B

中国における健康観とスポーツ　07.B.01

ここでは中国文化に深く根ざす健康法の中から代表的なものとして，気功と太極拳を取り上げて論じる。

① 気功にみる健康観

気功は，中国民族文化の伝統に根ざす健康法の1つである。体内の気を鍛錬して体質の強化を図るとともに，自己調整の力を身につけて心身の健康を保持増進し，病気を予防治療することを目的としている。気功鍛錬の方法は，姿勢・身体の調整，呼吸の訓練，身体各部への意識の集中とリラックスが重要な要素となっている。

[気功の歴史と発展]

気功の歴史は，はるか昔2000年前の文献や考古学の資料の中にその存在の証拠をみることができる。しかし気功という語が使用され出したのは比較的新しく，清の時代（1636-1912年）以降になり，それ以前は「導引」という名称で呼ばれていた。導引の語が文献上に現れるのは戦国時代（紀元前403-221年）の半ば頃からである。すなわち『荘子外篇』に現れて以来，『史記』『漢書』『黄帝内経』などの文献や医書に多数記載されている。それらによると，導引は道家の修養法や健康法として行われていたが，それが漢の時代になると，都市生活が盛んになるとともにそこに生活する人たちの間に過飲過食や運動不足，精神の過労が重なり，運動器病・頭部病・熱性病等を病む者が多くなってきた。その予防ないし治療の方法として導引按摩を行い血脈を通じ，筋骨を和らげ，気力を盛んにするのがよいと考えられた。

中国の伝統医学では，生命を支える根源として栄・衛の二気を考えていた。この二気が経絡の通路の流れに沿って体内のすみずみまでゆきわたって調和を保っている状態が健康であり，調和が崩れると病気になると考えた。導引は，そのための予防・治療法として古代を通じて広く行われていた。

隋唐時代（581-907年）までにまとめられた導引法の中では，『彭祖導引法』『老子導引法』『天竺按摩法』『婆羅門導引十二法』『華佗五禽之戯』『巣子導引法』などが医家の宝典として受け継がれた。近世においては，儒学の学理に基づいて『八段錦坐功法』『陳希夷二十四気導引坐功法』『六字訣』などの新しい導引法に再構成され，医書や養生書に収録されている。これらの古典気功は，現代の気功に受け継がれ現在も実践されている。

「気功」という言葉の最初の用例は，1300年代の道士許遜が著した『浄明宗教録』の中にあるといわれ，その後，道教や武術等の書物に用例をいくつかみることができるという。しかし，現代の気功の概念とは異った使われ方であり，現在の気功の内容を含んだ「気功」という名称が一般化したのは中華人民共和国の成立（1949年）後のことである。

清代末の約100年間というのは国力が衰微して振わなかった時代である。気功もあまり関心をもたれず沈滞期にあったが，中華人民共和国政府は国民体力の増強に取り組み気功養生法を奨励した。気功の伝統は復活し，年々盛んになり国民大衆に浸透していき，現在では全国で気功の愛好者の数は5,000万人に達するほどの盛況ぶりである。また，中国にとどまらず日本をはじめ世界各国においても気功は普及し，大きな広がりがみられる。

[気功の定義]

「気功」という名称の由来については諸説あるものの確説がない。この言葉のもつ意味をはっきり把握できないが，実際に行われている内容からみていくのが適当であろう。

馬済人は，気功を次のように定義している。気功は「姿勢調節，呼吸鍛錬，身心のリラックス，意念の集中と運用，リズミカルな動作などの鍛錬方法を行うことを通して，人体の各部分の諸機能を調節・増強させ，人体の潜在能力を誘導し，啓発することを目的」とする（馬済人・浅川要 監訳『中国気功学』東洋学術出版社，1990. 5.）。つまり，気功は，体内の気を練ることを主眼とする自己鍛錬法である。気をコントロールし，意識的に調節することによって全身状態の改善を図り，身体と精神のバランスと安定を図る方法なのである。気功は，運動不足病や肥満等の生活習慣病の予防や虚弱や高血圧等の慢性の病気の治療に適しているといわれ，感情が原因で起こる精神方面の疾病にも適用できるといわれている。

[気功鍛錬の基本原則]

気功鍛錬の基本原則は，「調身」「調息」「調心」の三調である。これは，「形体」「気息」「精神」の3つを能動的に融合させ，生体に総合的な影響を及ぼそうとするのである。

まず「調身」とは，坐位・臥位・立位の姿勢をとり，精神や肉体の緊張をほぐすことである。現代気功では立位や騎馬位をとることが普通である。腰に重心を安定させ，全身の力を抜いて正しい姿勢を一定時間保ち続けるとリラックスした状態になる。からだがリラックスすると全身の気血のめぐりがよくなり，精神の安定した状態になる。

また，からだを動かしてバランスを調える動作も調身である。からだを動かす方法には，両手を上に挙げて止め，

組んでブルブルッとしばらくの間力を入れて，肩をすぼめて両手を下におろすという系統の運動で収縮と弛緩の切り換えをしてほぐしていくものや，からだの部分部分を揺り動かす，回す，叩く，さするといった運動をゆっくりと繰り返すことによってリラックスするもの等がある。からだを動かすことでバランスを整える動作は，からだの経絡やツボに働きかけることで気血の循環をよくし，内臓の機能を活発化し，体内のバランスを調え，精神の安定をもたらすのである。

次に「調息」は，意識的に自己呼吸を調整することである。普通の自然な呼吸から段々と細く長く吐き出していく腹式呼吸を意識した鍛錬である。呼吸に熟達していて一定のレベルに達すると，自律神経の働きによい作用を及ぼし，体調を整え，リラックスした状態になる。「調身」と「調息」は必ず一緒に行われるものである。

そして「調心」は，意識的に身体をリラックスさせることである。人体のある部位を注意する。例えば，丹田といった，いくつかの重要なツボに雑念を去って意識を集中していくと，ある段階に達したとき，緩んだリラックスした状態を感じ取ることができるようになる。そして，そのリラックスした状態が別の箇所に波及していくような感じをもてるようになる。丹田へ意識を集中すると，気が下へ沈むような感覚をもつことができ，そのことにより頭がすっきりし，血圧が下がるという反応を引き起こすため，高血圧の治療によいとされる。

このような意識の積極的なコントロールがあって「調身」も「調息」も総合的な効果を発揮することが可能である。意識的に身体をリラックスさせるためには姿勢が安定し，自然でリラックスしている状態にあることが大切である。

[気功鍛錬の方法]

ここでは，古典気功の1つであり，現在も広く用いられている八段錦について，名称や動作と効果を挙げてみたい。

八段錦とは，八節の動作から編成されている気功法である。各節の動作は経絡を通じてそれぞれに対応した内臓によい効果をもたらす。

まず，姿勢は自然立ちか騎馬立ちで行う。

・第一段　双手托天理三焦：
両手で天を支え，三焦を理する
効果：胸腹部の内臓の強化，特に消化，排泄の作用を促進する。
・第二段　左右開弓似射雕：
左右に弓で雕（わし）を射る構えをとる
効果：胸部の筋肉を発達させる。呼吸が深くなる。胸部疾患によい。
・第三段　調理脾胃須単挙：
片手を挙げ，脾胃を調理する
効果：消化器官を強化する。
・第四段　五労七傷向後瞧：
五労七傷には後ろを振り返る
効果：腹部内臓の慢性病や泌尿・生殖・排泄系の下腹部の疾患に効く。
・第五段　揺頭擺尾去心火：
頭を揺り尾を振るは心火を除く
効果：足腰の強化，首・肩の緊張をほぐす。精神的なストレスの解消に役立つ。
・第六段　両手攀足固腎腰：
両手で足をつかみ腎腰を強くする
効果：腎腰を強化し，生命力を高める。
・第七段　攢拳怒目増気力：
拳を握ってにらめば気力を増す
効果：全身の筋骨を強くし気力を増す。
・第八段　背后七顚百病消：
背中を伸ばして踵の上げ下げをし身体を震わせ，百病をなくす。
効果：便秘や痔疾を治す。

②太極拳にみる健康観

太極拳は，中国文明の中心概念である〈太極-陰陽〉の世界観を基礎にして生まれた拳法であるが，健康法としても行われるようになった。心身を鍛錬して宇宙自然の根本原理と融合するのを目的とした，自然のままに流れる緩やかな円運動を特徴とする武術的な体育運動である。

[太極拳の発生と変遷]

「太極」の語は易学に発している。太極は万物の源となる本体で，ここから宇宙万物の対立概念である陰陽の二気が生まれた。陰陽の気の乱れと調和を求めて動く宇宙の現象は，気から創造された人間にも合理的に適用される。人間の健康も宇宙自然の秩序と同様に，陰陽のバランスで保たれるという。

「拳」は武器を持たないで，手や足で突き，打ち，蹴ることを主とした格闘技のことである。

「太極拳」という名称は清代の乾隆年間(1735-95)の文献にみられるが，太極拳の起源については諸説があり，定説に近いものとして，その頃に陳家から太極拳が生まれたとする説が有力である。史料によると，太極拳は明代の武将戚継光が著した『紀効新書』にある拳法三十二勢の技をもとに，易経の陰陽学説と中国医学の経絡学説を取り入れて陳家溝の陳王廷が創作したといわれる。陳一族は紅拳など武術をよくして伝えていた。陳王廷は三十二勢をもとに明代に流行した拳術の流派を参考にして太極拳を作ったと考えられている。そこから子孫に受け継がれ陳式太極拳の体系ができあがった。清代末に，陳家に武術の基礎を学んだ楊露禅は打撃動作を多く含んだ陳式を緩やかなものに代えることによって広く世間に太極拳を広めることができた。子や孫に伝わり三代を経る間に楊式太極拳に体系化された。この楊式太極拳の系統から，武式太極拳や呉式太極拳，孫式太極拳が生まれ，五大流派として存在している。太極拳には127あるいは108の複雑な型があったといわれている。

中華人民共和国の成立(1949年)後，党や政府の国民の健康向上，強化の方針や，民衆の体育運動への要求に応えるために，国家体育委員会は1956年楊式太極拳をもとに，誰にでも練習しやすいように24の型に簡略化した「簡化太極拳」を制定し，奨励した。その後も各流派の特長を生かして改良された太極拳も考案され，広く行われている。

中国では早朝，道路や公園で太極拳の練習を人々が集まって行っているのが全国的に見られる。太極拳は現在，気功とともに，中国の民衆が最も愛好する健康体操である。日本でも1972年に中国との国交が回復してから，太極拳を学習する人の数が急激に増えている。

[太極拳の基本原則と効果]

どの流派にも共通する練習の基本原則は，姿勢，呼吸法，意識の鍛錬に各種の身体運動を組み合わせて，気の循

環をよくし，身体と精神のバランスと安定を図ることである。

太極拳の効果は広範囲にわたる。全身の各筋肉群や関節を活動させ，気をよくめぐらし，新陳代謝を促進するのはもちろん，バランスのとれた深い呼吸と横隔膜運動を組み合わせていることによって，横隔膜，腹筋の血液循環をよくし，心臓や肝臓の機能を向上させる。また，円運動は関節部への潤滑効果があり，肩こり，腰痛，神経痛等も軽快する。さらに重要なことは，精神を統一集中しリラックスすることにより中枢神経系によい影響を及ぼすことである。

[太極拳の方法]

〈簡易太極拳〉の24の型の名称・動作は次のとおりである。
1) チーシー 起勢：起こりの姿勢
2) ズヨウイェマフェンゾン 左右野馬分鬃：左右から野馬のたてがみを分ける
3) バイフーリャンチ 白鶴亮翅：白鶴が羽を広げる
4) ズヨウローシーアオブ 左右搂膝拗歩：左右に膝を払い歩む
5) ショウホイピパ 手揮琵琶：手に琵琶を持つ
6) ズヨウダオジェンゴン 左右倒捲肱：腕を左右から後ろへまわす
7) ズランチュウェイ 左攬雀尾：雀の尾を左に抱える
8) ヨウランチュウェイ 右攬雀尾：雀の尾を右に抱える
9) ダンビェン 単鞭：1つの鞭
10) ズオユンショウ 左雲手：左雲の手
11) ダンビェン 単鞭：1つの鞭
12) ガオタンマ 高探馬：馬を探る
13) ヨウドンジャオ 右蹬脚：右足を突き出す
14) ズァンフェンズァンアル 双峰貫耳：双峰の耳を貫く
15) ズォシェンズオジャオ 転身左蹬脚：転身して左足を突き出す
16) ズオシャーシードゥーリー 左下勢独立：左下がりの姿勢で片足で立つ
17) ヨウシャーシードゥーリー 右下勢独立：右下がりの姿勢で片足で立つ
18) ズオヨウチァンスオ 左右穿梭：左右に梭をとおす
19) ハイディージェン 海底針：海底の針を拾う
20) シャントンベイ 閃通臂：すばやく腕を伸ばす
21) ズァンシェンバンランチュイ 転身搬攔捶：転身して相手を制する
22) ルーフォンスービィ 如封似閉：封じるがごとく閉じるようにする
23) シーズーショウ 十字手：手を十字に組む
24) ショウシ 収勢：収めの姿勢

起勢から収勢まで，簡単な動きから複雑な動きへと順を追うようになっている。動作はゆっくりと連続して，緩やかに舞うように行われる。正しい姿勢を保ちながら，柔軟でまろやかな円運動を基礎に，深くゆっくりした呼吸に合わせて，24の型を演じる。1つ1つの動作は意識をもってつなぐのである。楊名時は，動く時は「体重，呼吸，意識の〈虚実分明〉が必要」（虚実を明らかにすることが必要）であるという。「重心の位置をしっかりとらえ，体重がどの足にかかっているかの〈虚実〉をはっきりと意識し，その虚実を交互に変えて滑らかに動く。同様に呼吸の吐く息，吸う息，手にのっている意識にも〈虚実〉があり，これらが統一されないとバランスが崩れてしまう」（楊名時「太極拳」日本体育協会 監修『最新スポーツ大事典』大修館書店，1987. 726）と述べている。虚実は易の陰と陽に合致する。

参考文献　　　　　　　　　　　　07.B.01

- 津村喬. 1990.『気功への道』創元社
- 楊慧. 2007.『DVDで覚える健康太極拳』新星出版社
- 楊名時. 1986.『太極拳 健康は日々の積み重ねが大切』文化出版局
- ───. 1987.「太極拳」日本体育協会 監修『最新スポーツ大事典』725−26. 大修館書店

〔吉原　瑛〕

インドにおける健康観とスポーツ　07.B.02

① インド人の教養と養生思想

インド文明を考える時，考古学的にはインダス文明（紀元前3000年頃−紀元前1800年頃）から始まるが，文献学的にはヴェーダ時代（紀元前1500年−紀元前500年頃）に遡ることができる。

神々に捧げる讃歌を集成した『リグ・ヴェーダ』がもっとも古く，呪法を扱った『アタルヴァ・ヴェーダ』がそれに次ぐ。歌詠法を収録した『サーマ・ヴェーダ』，供儀の規定を扱う『ヤジュル・ヴェーダ』を加えて四大ヴェーダ（宗教文書。ヴェーダとは知識の意）とされ，紀元前1200年頃から集成されている。

すでに，『リグ・ヴェーダ』には医学的知識が記され，骸骨の数なども知られている。後のヨーガ哲学や伝承医学で発展する生理学的な理論もヴェーダ時代から練り上げられたものである。

紀元前800年頃から奥義書と呼ばれる『ウパニシャッド』の時代になり，その影響を受けて紀元前5世紀頃，シャーキャムニ・ブッダ（Śākyamuni, Buddha）の誕生を契機に仏教が成立する。

バラモンや王族（クシャトリヤ）が学ぶべきものは，まず，『ヴェーダ』であり，次いで『ウパ（福）・ヴェーダ』となる。

『ウパ・ヴェーダ』とは『アーユル・ヴェーダ（医学・薬学）』『ダヌル・ヴェーダ（軍事学）』『ガーンダルヴァ・ヴェーダ（音楽・芸能学）』『アルタ・シャーストラ（実利学）』のことである。なお叙事詩『マハーバーラタ』を第5のヴェーダと呼ぶこともある。

また，仏教僧は五明，つまり5つの知識体系を学ぶべきとされるが，それは声明（すなわち音韻学・文法学），因明（すなわち論理学），内明（すなわち形而上学・教理哲学），工巧明（すなわち建築・工芸技術），そして医方明（すなわち医学）である。

古代において医術と呪法は，ほぼ一体なので，『リグ・ヴェーダ』にも薬草の歌，疾病の歌，よき懐妊のための歌，雨乞いの歌，勝利を祈る歌などが集成されている。

一方，『アタルヴァ・ヴェーダ』には非常に多くの治病のための呪文，息災・長寿などを願う呪文が収録されている。アタルヴァの補助文献である『カウシカ・スートラ』には100種類を超す薬草の記述がみられる。『アタルヴァ・ヴェーダ』は非バラモン圏から出てきたものなので，第4のヴェーダとして最後に正統として認められた。

そこには呪術的な呪文，「病気を癒し，呪詛から解放されるための呪文」「咳を鎮むるための呪文」「出血を止むるための呪文」「骨折を癒すための呪文」「蛇・害虫の毒に対する呪文」「頭髪の成長を増長させるための呪文」「長寿と健康を得るための呪文」「男子を懐妊するための呪文」「悪魔に対する呪文」などが集成されている。

また，そこにはインドの哲学思想の萌芽がある。プラーナ（呼吸，気息）が一切の主宰者，最高原理と認められている。具体的な人間の気息と超越的な宇宙の風を同一視して，人間というミクロコスモスと，宇宙というマクロコスモスの対応関係を見出す。

『ウパニシャッド』の時代に入ると，もともと気息を意味したアートマン（自

身，我），万物に内在する力と，宇宙を成り立たせている根本原理であるブラフマン（梵）が同一であるとみなされる（梵我一如）ようになる。

② 古代インドの教養科目と競技種目

マウリヤ朝を創始したチャンドラグプタ王（在位：紀元前317－293年）の宰相カウティリヤに帰せられる『実利論』は岩波文庫で「古代インドの帝王学」という副題が付けられているように，王族の学ぶべき様々な情報が盛り込まれている。

そこで，王子は書き方と算術，ヴェーダ学と哲学，経済学，政治学，さらに武器・戦術についても学ぶべきであるとされている。また，治療法として魔術師は秘法によって，医師は薬によって，シッディを得た苦行者は鎮静法と呼吸法によって除去すべきであると書かれている。

紀元前後に成立した『実利論』より後に書かれ，増補された仏伝『ラリタヴィスタラ』にはさらに詳しく学ぶべき技芸が述べられている。シャーキャムニ・ブッダが妻をめとる時に，クシャトリアの伝統として武術などの競技で争って妻を獲得したことが記される。この仏伝はシャーキャムニ・ブッダの時代に書かれたものではないが，紀元後数世紀の時代の競技種目の様子などが網羅されて興味深い。

外薗幸一の翻訳から項目を取り上げると次のような種目が行われていたことがわかる。跳躍，書，計算，格闘，射芸，競争，競泳，渡河，乗象，乗馬，戦車術，箭弓術，堅強，強力，腕角力，用鈎術，用索術，進軍，退却，結拳，歩法，結髪，分断，突入，突破，急所射術，骰子芸，作詩，作文，絵画，彫刻，聖火の勤行，琵琶，器楽，舞踊，歌詠，読誦，諧謔，歌舞，演劇，道化，花輪の編み方，按摩，宝珠・衣類の染め方，幻術，鳥声占い，女相，男相，馬の相，象の相，牛の相，犬の相，儀軌論，語彙論，文学，叙事詩，ヴェーダ，文法，語源論，音韻論，祭式規則，天文学，サーンキヤ，ヨーガ，ヴァイシェーシカ，実利論，政治論，論理学，針仕事，葉の剪定，香合術……である。これらのすべてにおいて，シャーキャムニ・ブッダがライバルたちに優越したと記されている。

③ アーユル・ヴェーダにみる健康観

アーユルは「生命」，ヴェーダは「知識の集成」を意味する。つまり，アーユル・ヴェーダは，アーユスを扱う学問であり，長寿を得るための養生法という意味で，もともと予防医学のことである。ちなみに，知るという動詞vidに由来するヴァイディヤ，知識をもてるという語は，そのまま医者を意味する。

人間を宇宙の中に位置づけて，自然の移り変わりを観察しながら，大宇宙と対応する小宇宙たる人間という場をコントロールするものである。天体の運行と人間を関連づけて考える占星術と類似の発想がみられる。インドでは古典音楽も天体の運行，季節や時刻と結びつけて演奏される。

そして，単に身体の病気を扱うのみならず，病苦を取り除く，精神面での救済も含まれている。健康と倫理性が相関していると考えられ，清浄な行いブラフマチャーリン（梵行）が勧められている。

アーユル・ヴェーダの最も古い文献に『チャラカ・サンヒター』がある。2世紀のチャラカという名の医師の著作とされているが，チャラカとは動くもの，遊行者という意味なので，仏教，ジャイナ教などの修行者の一部が医術にかかわり，僧院で情報交換していた状況がうかがわれる。

『チャラカ・サンヒター』には内科的な記述が多く，それに次いで成立した『スシュルタ・サンヒター』には外科的治療法も多く扱われている。両者ともに4世紀頃には標準的な医学文献として取り扱われていた。6，7世紀には薬物に関する辞書もいくつか作られている。

アーユル・ヴェーダにおいては3つの生理的原理トリ・ドーシャ（ヴァータ，ピッタ，カパ）が心と体を動かしていると考えられている。ドーシャとは濁りを意味する。ヴァータは風，ヴァーユの語に由来し，軽さと動きの特質をもつ。力強く，風のようにかけめぐる力を表す。ピッタはタパス，熱と鋭さを意味し，消化，代謝を司る。カパは重さと安定性の特質をもち，細胞や身体の結合力，構造を示す。この3つのドーシャが調和していると健康で，バランスが崩れると病気になるとされる。

アーユル・ヴェーダではドーシャのバランスの回復を図る。病気の部位のみを治療するのではなくて，全体の関係性の修復をする医療体系である。肉体的なものばかりか心の状態が変われば健康状態も変わると考え，病気を制圧するのではなく，自然治癒力を働かせて，本来の健康を引き出すようにする。

パンチャカルマと呼ばれる身体浄化法では，薬草・食事療法，瞑想，運動，ライフスタイルの改善によってコントロールする。道徳違反は宇宙の法則リタに対する違反であって，その結果が身体機能の不調として現れると考えられている。

アーユル・ヴェーダには8部門の医学がある。内科，小児科，精神科（鬼神学），鎖骨より上部の専門科，外科，毒物科，強壮法科，強精法科である。

シャーキャムニ・ブッダ自身が医王と呼ばれ，教説のたとえ話には応病与薬などと医師のたとえが使われることが少なくない。

そもそも生老病死という四苦自体が医学の対象である。苦諦，集諦，滅諦，道諦の四諦は，病相を診断して原因を突き止めて滅し，健康体を得る治療法の段階を，宗教的な救いにあてはめたものであるとされる。

密教的色彩の強くなる「金光明最勝王経」の「除病品第二十四」にはアーユル・ヴェーダが取り扱われるなど，密教経典には，薬物・鉱物についての記述が少なくない。

随の時代の天台大師の著作『摩訶止観』は瞑想の指南書であるばかりか，インド的な仏教の治病法の書かれた書であるが，道教にも取り入れられ，今日の気功法の原典ともなっている。

奈良時代，天台を学んだ鑑真は経典のほか，多くの医薬品を中国からわが国に持ってきた医僧であった。僧院では医学も学ぶべき科目の1つとされ，かつてナーランダの僧院で学習され，その伝統は現代のスリランカやチベットの僧院にも残っている。

④ カラリパヤットにみる健康観

古代インドの伝統的な教養科目にあるダヌル・ヴェーダは，言葉としては弓の知識ということになる。古代的な弓術そのものは伝承されていないが，弓を引く時の足構えは密教的な図像に

みることができる。鉄砲の伝来とともに実用性が薄れたので，急速に弓は廃れたものと思われる。何事も型を大事に伝承する日本文化との違いがうかがわれる。

今日，インド武術はケーララ州のカラリパヤット，オリッサ州のパリカンダ，マニプリ州のターン・タという形で伝承されている。さらに，武術と密接に関係して発達したインド舞踊でも弓の基本的な足構えが踏襲されている。

戦争とともに発達する外科手術は，18世紀までヨーロッパよりインドの方が進んでいたともいわれる。カトリックでは伝統的に，肉体のまま復活するので火葬も禁じられ，死体解剖はタブーだった。インドでは肉体は束縛，死んだ後は魂が天に昇ると考えられ，死体は焼いて流すことができた。

戦いの技術とともに発達した整体法は，現在も武術とともにケーララ州のカラリと呼ばれる道場に伝承されている。オイル・マッサージで身体を調整する。アーユル・ヴェーダを学ぶためにはダヌル・ヴェーダとヨーガの知識が必要だともいわれ，三者は一体である。

昔は，ケーララのどの村にも必ずカラリ(道場)があった。カラリは古代的な建築学に基づいて建てられ，西南に祭壇が祀られる。

昔は農作業に出る前に練習したので，今でも出勤前，夜明けとともに練習が始まる。カラリに入るやまず，土を触って大地の神に挨拶し，祭壇に礼拝し，師が先に来ている時には師に礼拝する。

練習はストレッチングを主体とした足の訓練から始まり，ライオンや象の型などを練習する。それらの連続技である演舞の型メイパヤットは祭壇のバガヴァティー女神に奉納する祈りの形として行われる。2人1組となって棒，短丈，短剣，サーベルなどの稽古に移る。3ヵ月ごとに次の武器法を習得するシステムになっている。

武術の師は同時に神官であり，アーユル・ヴェーダの治療者でもあり，その技法は外科的な「スシュムナ・サンヒター」の系統といわれる。

武術としては馬や蛇，象，猪，ライオンなどの型をしなやかに地を這うように練習して，剣を持ってはひらりと飛翔するのが特徴である。柔軟性と跳躍力に秀でている。体型によっては大きな棍棒を習う。最後に特殊な武器や，素手で武器に立ち向かう技が伝授される。関節技で相手の武器を奪うような型もある。

中国拳法にも似た感じを受けるが，少林拳の伝説では，達磨大師が南インドのカンチーブラムから拳法をもたらしたとされる。また，タイ・マッサージの足を使った方法などもカラリの技術に基づくと思われる。

中国の拳法や健康法にも動物の形はあるが，呪術的な所作や舞踊の始原の多くはミミック(擬態)に始まる。動物の形や動きを真似してその力を得ようとするものである。同じケーララ州で発達したカタカリ舞踊劇の最初の役者は，王の軍隊から出たとされ，ライオンや象や蛇などカラリの技を発展させた踊りの型が認められる。

⑤ ヨーガにみる健康観

インダス文明の遺跡から発掘された神官とされる像の姿をみて，ここにヨーガの起源を求める説もある。仮に類似の呼吸法，座位が発生していたとしても，その時点ではヨーガの文化体系は形成されていない。

仏伝『ラリタヴィスタラ』に網羅された科目の1つにもヨーガの語があるが，これは今日理解されている座法アーサナを中心としたハタ・ヨーガのことではない。ヴェーダの権威を認める正統派として数え上げられる六派哲学，ヴェーダーンタ，ミーマーンサ，ニヤーヤ，ヴァイシェーシカ，サーンキヤ，ヨーガのなかの1つの学派をさす。様々な呼吸法や動物の形を真似する体位法の発達したハタ・ヨーガの成立は10世紀以降のことである。動物のポーズはけっしてアクロバティックなものではなく，身体の歪みを取り除くもので，気の流れをよくして呼吸法を正しく行えるようにするものである。

ヨーガで重視される呼吸法，瞑想法のようなものは人類の発生とともに自然に生得できるものであるが，紀元前8世紀頃の『ウパニシャッド』の哲人たちによってその技法を発達させられ，異端派の仏教にも共通に取り入れられている。サーンキヤ派，ヨーガ派は正統派の中でも少しはずれた位置にいる。無神論的なサーンキヤ哲学は仏教との関係もうかがわれる。

後にはヨーガ派といった枠，宗派・宗教を越え，また，修行に耐える体づくりという面から健康法として理解され，その技法はインド文化を代表するものとなっている。

ヨーガは，語源的にはサンスクリット語で馬などを杭に結びつけるという意味の動詞yujに由来し，心をくびきに結びつけるということから統御・統合を意味する。

仏教の成立と前後するいくつかの『ウパニシャッド』に記述があり，それは古典ヨーガ，ラージャ・ヨーガとして「ヨーガ・スートラ」(2-4世紀)にまとめられる。心の作用(チッタ・ヴリッティ)を統御し止滅(ニローダ)に至らせることをめざす。基本的には健康法というよりは，三昧に達して解脱をめざす行者の修行法である。

有名なヨーガの八支とは，禁戒(道徳的準備)，勧戒(ヨーガの精神・身体上の準備)，座法(ヨーガ実践の準備としての座り方)，調息(呼吸，気息プラーナの調整)，制感(対象よりの心の離脱)，凝念(特定の場における心の固定)，静慮(固定された心の進展)，三昧(客体ばかりとなった心)の八階梯である。

哲学的にはプルシャ(霊我)とプラクリティ(原質)の二原理を立てるサーンキヤ学派の理論体系に基づいている。原質はラジャス(激質)，サットヴァ(純質)，タマス(暗質)の三グナ(要素，徳)で構成され，この3要素の働き合いで現象界が展開される。これらサーンキヤ的な用語はしばしばアーユル・ヴェーダの文献の中でも用いられる。

10世紀過ぎには，より座法，体位法，呼吸法が発達し，13世紀のゴーラクナートがハタ・ヨーガを大成する。それは16，7世紀に『ハタ・ヨーガ・プラディーピカー』『ゲーランダ・サンヒター』という著作にまとめられる。前者では解脱をめざすだけでなくシッディ，すなわち超能力を得るということに力点が置かれる。

ヨーガはもともと治療法ではないのだが，現今ではアーユル・ヴェーダと一緒に対症療法的なプログラムを組んだりすることも行われるようになってきた。また，ハリウッド経由のファッショナブルなダイエットのためのヨー

ガ，中国整体や西洋医学，体操と合わせたようなピラティスも普及している。

参考文献　07.B.02

- カウティリヤ．1984『実利論：古代インドの帝王学』（上・下）上村勝彦 訳 岩波書店
- 外薗幸一．1994『ラリタヴィスタラの研究』（上巻）大東出版社

（河野亮仙）

日本の身体文化と健康思想　07.B.03

① 日本における身体を中心とした健康思想の概略

日本における健康思想は，大きく明治維新の前と後によって期を画する。明治前の健康思想は，おおむね上流階級としての公家・武家，あるいは富裕町人，豪農等から庶民階級まで広く普及していた「養生思想」と，武家階級の中でも特に武芸を修練していた層の中で共有されていた「鍛錬思想」である。前者も後者も今日に至るまで日常的に用いられているが，前者はいわば「防衛体力」的な日常の心身の健康を維持する思想・方法として理解されているのに対して，後者は階級文化としての武芸とそれによって維持されている武家階級の威信を維持するための心身強化の思想であるといってよい。鍛錬思想は無病や長寿とは必ずしも直結しないが，やがて「修養」論とも関連し，心身の訓練を通した人格形成論として大きな影響を及ぼすに至る。以下では「養生思想」を中心に，日本の健康思想と身体文化の関連を検討する。

② 養生思想と身体文化

「養生」は日本，中国，朝鮮といった極東アジアの文化的環境の中で作り出された健康を守るための生活の方法を意味する概念である。とはいえ，ラテン語でdiaetaと称される行為は，食の節制を中心とした養生をさし，diet（英），regimen（英），gesundheitspflege（独）とヨーロッパ社会でもそうした行為は早くから健康を維持する思想・方法として広まっていた。

東洋の心身調整の文化としての「養生法」は，健康を守るための生活の方法としての意義とともに，進んで無病で長生するための寿命延長の方法を意味する概念でもある。さらに，それは身体や健康の領域を越えて，人間自体の生き方そのもののあり方を示す思想として意味をもっている。養生についての論は「養生論」として古代中国において早くから成立していた。

「養生」の語は，古くは中国思想書である『荘子』『列子』『孟子』（『孟子』では養生とほぼ同義の「養性」も用いられている）『呂氏春秋』などに出てくる。また，いくぶん意味は異なるが似た概念として，「摂生」が『老子』の中で用いられている。これらの概念の成立時期については諸説あるが，およそ紀元前300年から紀元前200年ほどと推定される。古代中国の養生論のうち重要な著述は，三国時代の嵆康の『養生論』であろう。ここでは養生の本質についての向秀との論争（「養生論」論争）が名高い。このほか，東晋代には葛洪『抱朴子』，張湛『養生要集』，梁代には陶弘景『養性延命録』，唐代には孫思邈『備急千金要方』，宋代には蒲虔貫『保生要録』，明代には高濂『遵生八牋（牋）』などの著名な養生論が著された。これら多くの中国養生論のうち，宋代以前の養生論の主要な書の多くは，道教の経典集である『道蔵』に所収された。

中国養生論における養生法は内丹法とそれ以外に二分でき，後者はさらに大きく5つに分けることができる。「金丹（外丹）（鉱物製薬術）」「辟穀・服餌（穀類の不摂取と長寿食の摂取）」「調息（呼吸法）」「導引（運動法・自己按摩法）」「房中（性交術）」がそれである。「内丹」とは体内の「気」を錬成することによって不死に至ることをめざす方法である。その体内での「丹（内丹）」をつくる方法が「存思」と呼ばれる。これは一種の瞑想法であり，今日の「自律訓練法」にも通ずる要素を含んでおり，現在でも「内観法」と呼ばれる方法が行われている。

日本では20巻からなる養生書『摂養要訣』が，物部廣泉によって天長4(827)年に著わされたことが日本における養生論執筆の最初とされている。以後，元慶元(877)年に深根輔仁『養生鈔』，永観2(984)年に丹波康頼『医心方』の巻二十六「延年法」および巻二十七「養生」，寿永3(1184)年に釈蓮基『長生療養方』，

正応元(1288)年に丹波行長『衛生秘要鈔』，同時期刊年不詳の丹波嗣長『退年要鈔』，臨済宗の開祖明庵栄西による建保3(1215)年に『喫茶養生記』，康正2(1456)年に竹田昭慶『延壽類要』が撰述された。これら，古代から中世までの養生論の多くは中国養生論の理論や技法に依拠していた。

安土桃山時代では慶長4(1599)年には曲直瀬玄朔による『延寿撮要』，江戸初期の天和3(1683)年には「古医方」の創始者とされる名古屋玄医による『養生主論』が著された。さらに，正徳3(1713)年の貝原益軒による『養生訓』はその時点までの中国や日本の医学書や養生論を参考にしてまとめられた著作で，それまでの和漢の養生論の集大成であると同時に，益軒自身のいわば模範ともすべき生活の経験を交えて書かれた全8巻17項目からなる大作である。益軒の『養生訓』は今日に至るまで読みつがれている。その後，文化文政期には養生論に関連する書物の空前の刊行があった。養生法の大衆化とともに，その実践倫理にも寛容化がみられ，全体として無病長寿のための健康論から総合的な生活論・人間論への変化がみられるようになった。中神琴渓の『生生堂養生論』，鈴木朖の『養生要説』，本井子承の『長命衛生論』，水野澤齋の『養生辨』などがこの時期の著名な養生論である。

③ 養生文化としての「導引」

養生論の中でも特に重要な養生のための身体文化として重視されているのは「導引」である。今日では「服気(呼吸法)」と併せて「気功」として総称されることが多いが，歴史的な概念としては「導引」として独自に範疇化されるべきである。1973年に長沙において発掘された馬王堆3号漢墓から出土した「導引図」には44の導引の体勢が描かれていることからもわかるように，導引は古代から伝承された治病健身のための身体技法であった。導引は服気によって「吐納」する気を身体の隅々まで流通させることを目的とした技法であるので，その動きは呼吸と一体化されるべきものである。また，動物の動きを模倣したものが目立ち，魏の曹操の頭痛に鍼を用いた名医華陀の考案とされる「五禽戯」と名づけられた導引は，多くの養生論で

引用された。『抱朴子』『養性延命録』『千金要方』などの養生論にも多くの導引が紹介されている。『千金要方』には「天竺國按摩法」「老子按摩法」などの名称による導引法が引用されている。やがて「導引」だけを記述した「導引専書」と称される専門書も著されるようになった。唐代に著されたとされている『太清導引養生経』には、「赤松子導引法」「甯封子導引法」「蝦蟆行気法」「彭祖臥引法」「王子喬導引法」などの導引が解説されている。また、宋代になると「八段錦」「十二段錦」「十六段錦」などの導引が考案されている。

日本では、慶安元(1648)年に林正且が『導引體要』を著し、導引に関する解説を行った。その後、大久保道古の『古今導引集』(1707年)、宮脇仲策の『導引口訣鈔』(1713年)、喜多村利且の『導引體要及附録二巻』(1713年)と元禄・正徳期の養生論の盛行期に応じて導引専書が刊行された。貝原益軒も『養生訓』において「巻第五 五官」の中で「入門(李挻『医学入門』のこと)曰、導引の法は保養中の一事也。人の心はつねに静なるべし。身は常に動かすべし。『導引の法を毎日行へば、気をめぐらし、食を消して、積聚を生ぜず。」と養生における導引の効用を高く評価している。

④ 明治以降の養生思想と日本の身体文化

江戸時代後期以降、日本にも蘭学をはじめとする西洋諸学の移入が行われ、蘭方医学が次第に勢力を広げるようになる。明治維新以降、新政府は日本における公的な医学・医療制度について西洋医学、とりわけドイツ医学を採用することとした。これに伴い、健康に関する思想もそれまでの「養生」からHygieneの訳語としての「衛生」を採用することになる。これは、当時の衛生行政の責任者であった長與專斎による内務省衛生局の命名によって公的に認められるようになる。やがて、明治10年代になると、内務省衛生局および「大日本私立衛生会」による衛生思想の普及と医学教育における衛生学教育の開始と衛生学講座の開設によって、日本の公的な健康思想は「衛生」に転換していく。これは、衛生の普及によって文明開化を推進し、名実ともに近代国家を建設しようとする国家意思の表れであった。

しかしながら、従来の健康思想であった養生思想も命脈が絶たれたわけではなく、衛生思想と並行して、とりわけ民間の健康思想としては依然根強い影響力をもち続けた。例えば、岡本学の『現代名士の養生振』(1911年)は、当時の著名な政治家、軍人、学者、文化人らの健康法を紹介しているが、そこでは、静坐、呼吸法、乾布摩擦、断食、冷水浴など知識人階層が様々な健康法を実践し、それらが西洋医学由来のものよりは東洋的伝統医学由来の技法をもとにしていたことが示されている。

明治末期から大正初期以降、日本にはいわゆる今日「健康法」と称される心身の養生法が様々に提唱される。「食養法」(石塚左玄)、「岡田式静坐法」(岡田虎二郎)、「自彊術」(中井房五郎)、「西式医学」(西勝造)、「真向法」(長井津)、「野口式整体」(野口晴哉)、「肥田式強健術」(肥田春充)、「調和道丹田呼吸法」(藤田霊斎)など多くの健康法がこの時期以降昭和初期にかけて創始され、普及した。このほかにも、中村天風による大正中期以降のヨーガの普及など、大正期には多くの健康法がこの当時の日本の身体文化の特徴を示す現象として現れた。

日本における健康法は、創始者の個人的な経験の蓄積や神秘的啓示などの体験と密接に関連しており、単に健康の獲得や疾病の治療といった側面にその目的が限定されず、より総体的な生活改善や生活創造、人間形成などの機能を併わせもっている側面を有する。「野口式整体」の創始者である野口晴哉は、次のように述べている。「病を恐るゝな、病を避くるな、病を治さんと努力するな、病を理解せよ、而して理由なき恐怖より醒め、之を迎へよ、汝の健康は病によりてその完全を保障される、病は正しき健康を生む」。こうした生命と病の相対性とそれを止揚して1つの生命の理想的なあり方を追求する姿勢は、野口式整体以外の多くのこの当時に創始された健康法に共通している。

一方で、これらの思潮や運動は、「大正生命主義」と呼ばれている時代精神と密接に関連しているといえ、生命原理主義を唱え、生命のもつ崇高さと神秘性に高い価値を認め、これにいくぶん過度の可能性を見出すことによって、時に超越的な世界理解と結びつき、国家主義や全体主義と親和性を有しながら行動した集団も存在した。また、この過程で、前近代の武士階級が形成した「鍛錬思想」も付会され、独特の修養思想が派生した例もある。

以上のように近代日本の養生思想とそれに基づく身体文化の変遷をみてきた。その特徴としては次の点を指摘できる。1点目は、近代文明に対する対抗文化としての共通性、具体的には親東洋文化に象徴される世界観である。2点目は、科学と疑似科学の交錯が存在する点である。3点目は「自己」創出を課題とした自己形成の文化としての性格である。そして、4点目として疾患や虚弱という状態を創造的探求の糧とした負との共存の思想の存在である。それらの特徴は、養生思想やそれにかかわる身体文化が、健康や長寿の達成にとどまらない人間存在全体の完成への指向をもっていることを意味している。

今日の西洋近代医療のめざましい進展の一方で、日本の養生思想とそれをめぐる身体文化は、自己の健康管理や生活目的と健康とを調和させる点で、個人の価値観に応じた健康追求を行う上での思想的指針となり得る。また、フーコー(Michel Foucault)の「自己への配慮」に関する一連の研究以降、西洋思想においても人間の根本の生活様式としての養生の評価が盛んになりつつある。

今後の西洋近代医学の方法的多様化の一環として、東洋医学などの伝統医学や補完代替医療と西洋近代医学との統合が議論される中で、また、治療(キュア)に対して「ケア」および「ケアリング」の思想が評価されている現在、日本の養生思想とそれにかかわる身体文化は、新たな意義と論点を提供するものとなっていることは疑い得ない。

参考文献

- 島薗進. 2003.『《癒す知》の系譜－科学と宗教のはざま』吉川弘文館
- 瀧澤利行. 1993.『近代日本健康思想の成立』大空社
- ───. 1998.『健康文化論』大修館書店
- ───. 2003.『養生論の思想』世織書房
- 田中聡. 1996.『健康法と癒しの社会史』青弓社
- 吉元昭治. 1994.『養生外史 不老長寿の思想とその周辺』(中国篇, 日本篇). 真道の日本社
- ミシェル・フーコー. 1986.『性の歴史』2: 田村俶 訳 新潮社

◆ ———. 1987.『性の歴史』3: 田村俶 訳 新潮社

（瀧澤利行）

西洋の健康観とスポーツ　07.C

古代ギリシャの健康観とスポーツ　07.C.01

① ヒッポクラテスの健康論

古代ギリシャではパイドトリベース（paidotibes）と呼ばれるトレーナーが，一般市民や競技者にスポーツを自分の経験知に基づいて指導していたが，やがて栄養摂取にも注目し生活法全般を管理するようになった。また，健康の保持増進には，飲食物の摂取とスポーツによる消費が調和しなければならないことを発見した。前530年頃にこの分野に注目した最初の科学者は，サモスの哲学者ピュタゴラス（Pythagoras）であり，彼の学校では，心身の健康のために養生的な手段が利用された。前444年の古代オリンピックの5種競技に優勝し，後にトレーナーとなったタラスのイッコス（Ikkos）は，トレーニング中，節度のある生活を送り，女性にも少年にも触れなかったといわれている。同時代人のセーリュンブリアのヘロディコス（Herodikos）は，散歩などのスポーツも取り入れて医術的体育術を考案した。当時は，ペルシア戦争時の質素な生活は忘れ去られ，贅沢な生活による病弱や虚弱な市民が増加していたために，彼の体育術は全ギリシャ的に普及した。また，前400年頃，今日医聖と呼ばれているヒッポクラテス（Hippocrates）は，トレーナーなどの経験知を体液病理説によって体系化して，それまで医者に無視されてきた養生術（daitike），今日の衛生学，予防医学を確立した。ヒッポクラテスによれば，人体は血液，粘液，黄胆汁，黒胆汁から構成されており，これらが調和している場合には健康であり，そうでない場合には病気になる。これらの4つの要素に直接的な影響を与えるのが，火（熱と乾）と水（冷と湿）である。したがって，熱，乾，寒，湿が調和することによって健康は保持される。ヒッポクラテスのこのような理論に基づく養生術は，主に著書『養生について』（Peri diaites）において詳述されている。彼によれば，人間が健康を保持するためには，食物を摂るだけでなく，スポーツも行わなければならない。なぜなら，食物と運動はそれぞれ違った性能をもっており，相互に作用して健康をもたらすからである。このように，飲食物の摂取とスポーツによる消費との調和の上に健康は成り立っている。しかし，健康には，飲食物やスポーツだけでなく，地勢，気候，風向き，風の種類，入浴，塗油，マッサージ，睡眠，絶食，便通，疲労，季節，体液過剰，消化不良なども影響を与える。また，スポーツでは，その種類，季節，準備運動，主運動，整理運動を考慮しなければならない。

例えば，湿，冷の身体の人は，食物の消化不良から身体が痩せて病気になってしまう。それを予防するためには，朝食を少なくし，焼いたパンを葡萄酒につけて食べ，野菜は少なくする。また，早朝や食後に散歩を行い，走も徐々に長くする。レスリングは少しだけ行うが，マッサージも効果的である。入浴はしないで塗油をする。7日経った後，食事を2倍にし，その後嘔吐することによって食事を徐々に多くして平常に戻す。

ところで，ヒッポクラテスは，スポーツ（ponos）を「自然に即した運動」と「強制による運動」とに分類している。前者には，みたり聞いたりする感覚運動，発声（会話，朗読，歌）運動，思考運動が属している。これらを運動とみる立場は，イタリア・ルネサンス時代のメルクリアリス（H. Mercvrialis），18世紀末のグーツムーツ（J.C.F. GutsMuths）やフィート（G.U.A. Vieth）にも継承された。ヒッポクラテスによれば，発声運動は，魂を熱，乾にするので頭脳を明晰にする。思考すると魂が運動するので，熱，乾となる。散歩は前者と後者の中間に位置づけられる。例えば，早朝の散歩は身体を熱にし，口や鼻から湿が吐き出されて薄められるので身体を細くする。また，頭部からも湿を取り除くので視覚や聴覚が浄化され，頭脳が明晰になる。

一方，強制による運動には，様々な走運動，呼吸停止運動，腕振り運動（徒手，手具体操），立ち技のレスリング，寝技のレスリングなどがある。一般的にこれらの運動は，身体を熱，乾にし，身体から余分な湿を取り除き，身体を強化するので，飲食物の摂取と調和することによって，健康を保持増進させる。

このように，栄養の摂取とスポーツによる消費の調和によって健康は保持増進されるというヒッポクラテスの見解は，プラトン（Plato）やアリストテレス（Aristotle）だけでなく，古代ローマ，イタリア・ルネサンス，近代の体育論，現代の予防医学にまで継承されている。

② プラトンの体育論

ヒッポクラテスはトレーナーしか使用していないが，前400年頃には，スポーツの指導にかかわる新語，体育術（gymnastike）や体育教師（gymnastes）が登場してくる。プラトンは，この体育術と音楽・文芸術から成り立つ教育論を詳論している。プラトンにおいては，長期間の療養を必要とするような病人は，身体のことだけにかかりきりになるために，魂の徳を修めることができないという理由で，健康を回復させる医術の治療を受けることも生きることも許されないし，また，魂の面で邪悪に生まれつき，しかも矯正の見込みがない者も死刑に処せられる。したがって，市民は，医者や裁判官をほとんど必要とすることのないように，子どもは，胎児の時から音楽・文芸術と体育術によって教育されなければならない。このようにプラトンは，前4世紀の戦国時代を厳しく生き抜く国家論を展開している。

プラトンの前期著作である『ゴルギアス』によれば，医術と体育術は，健康を目標としているために，健康かそうでないかを判別できるし，どのような飲食物，着物，寝具，履物などが身体によいのか，悪いのかを知っている。ただし，医術の本来の仕事は，病気を治療したり，怪我を手術したりするこ

とによって健康を回復させることである。しかし、医術によって回復された健康は、この健康をさらに増進して得られる最善の状態、すなわち強壮（eueksia）には到達していない。また、身体の悪い状態は虚弱や醜さであるが、医術はこれらを矯正することはできない。体育術の本来の仕事は、医術がかかわらない健康な身体、健康を回復した身体、虚弱な身体、醜い身体に対して、スポーツや必要なだけの質素な飲食物などの生活法を指導することによって体力や肉体美、すなわち強壮を獲得させることである。ここでは、健康は栄養の摂取とスポーツによる消費との調和によって保持増進されるというヒッポクラテスの養生術が、採用されている。プラトンにおいては、健康体を前提としているために、健康を回復させるだけの医術よりも、強壮を獲得させる体育術の方が優れていることになる。このような体育術を指導するのは、体育教師ではなくトレーナーである。

プラトンの中期著作である『国家』における体育術も、『ゴルギアス』を継承して、身体の強壮を獲得させることが前提とされている。ただし、ここでは理想国の建設をめざしているために、外敵から国を守る戦士を養成する体育術となっている。また、後期著作の『法律』の体育術においても、強壮を獲得することが前提となっている。しかし、それは、『国家』と同様に戦士の戦闘能力を獲得させる技術であり、軍事訓練が詳細に説明されている。ただし、指導者は、『ゴルギアス』ではトレーナーだったが、『国家』『法律』では戦闘訓練の専門家になっている。

プラトンの場合には、農業から得られるだけの質素な食事と厳しい身体訓練によって、身体の強壮や戦闘能力が獲得される。しかし、スパルタやクレテで酒は完全に禁止されているのに対して、『国家』『法律』では葡萄酒を飲むことが許されている。このように、プラトンの体育術における食生活は、禁欲主義ではないが、健康に有益で質素なものだけから成り立っている。当然のこととして、スポーツ競技で勝つために過剰な食事を摂りながら訓練する競技者も、不安定な健康状態に陥ってしまい市民の義務を果たすことができないという理由で、さらには、健康を回復できないで、一生涯病気の治療をしながら過ごすことになるセーリュンブリアのヘロディコス（Herodikos）の医術的体育術も、プラトンによって厳しく否定されることとなる。

プラトンによれば、料理法は快楽だけを追求する技術であり、さらに化粧法は厳しい訓練を回避して貧弱な体をごまかすだけで本当の肉体美を無視する技術である。プラトンの場合には、優れた身体であっても、魂を優れた魂にするのではなく、むしろ反対に、優れた魂が自らのその卓越性によって、身体をできるかぎり優れたものにする。人間的な善（健康、肉体美、競走その他すべての身体的諸運動に役立つ強さ、富）が、神的な善（思慮、正義、節度、勇気）に依存しないで、前者が後者を支配するとすべてが奪われてしまう。つまり、体育術によって獲得された強壮、肉体美、強さ、戦闘能力は、もっぱら魂を善くするための奉仕としての役割を果たすだけであり、魂自体を善くすることはあり得ない。確かに、体育術において指導される者は、料理法などの快楽だけを追求しようとする欲望を抑制し、身体の訓練の労苦にも耐えなければならない。しかし、邪悪で不正な魂をもつ者も、これらのことを抑制し、耐えることができるのである。したがって、体育術は魂の節度や正義とは無関係である。このように、プラトンの体育術によって獲得される身体の善、身体の内なる調和は、知恵のある正しい人間に奉仕する場合にのみ有益であり、善である。しかし、邪悪で無知で不正な人間が、身体の善を獲得して国家を支配した場合には、すべてのことが最悪の事態に陥ってしまう。プラトンの『国家』によれば、魂は、理知的部分、欲望を感じて興奮する欲望的部分、さらに魂がそれによって憤慨する気概の部分の3部分から成り立っている。魂におけるこれらの部分の理想的な関連は、理知的部分の指令に気概の部分が味方して、無益な快楽や愛欲を抑制し、有益な苦痛には耐えることである。プラトンは、『ゴルギアス』では、魂が身体の監督をするのでなく、身体が自分で自分の監督をする、『国家』では、身体にかかわる様々な快楽、さらに『法律』でも、愛欲のことを、身体に愛着する、身体の欲望、身体が身体に堪能すると述べているので、欲望の部分は、身体自体に備わっているように錯覚される。しかし、プラトンの場合には、上記のような監督、快楽、愛欲、欲望は、身体がなければ生起し得ないが、究極的には、魂の欲望的部分なのである。『ゴルギアス』の強壮を前提としながらも、『国家』以降のプラトンの体育術を指導される者は、自分の魂の気概的な要素を目覚めさせ、無益な快楽を抑制しながら質素な食事を摂り、有益な身体の訓練の苦痛を克服しなければならない。確かに、音楽・文芸術には触れないで、体育術だけを偏重する者の魂は、気概の部分が支配的になるために、一時的に神的な善である勇気を獲得する。しかし、それだけの魂は、理知的部分を無知へと堕落させてしまい、内乱を起こしやすく、愛欲や快楽に打ち負かされてしまう。この意味において、プラトンの体育術は、魂の神的な部分、理知的部分に影響を与えることはない。

プラトンの一般市民に対する教育（paideia）の目標は、快楽と苦痛に関して正しく躾けられて、人生の初めから生涯の終わりまで、憎むべきを憎み、好むべきを好むようになることである。歌舞による性格形成が最も重視されている。神々の玩具である人間は、平和な生活の中で、神々の喜ぶ美しい遊戯をしながら過ごさなければならない。この遊戯の主要部分は、節度と勇気ある魂を表す歌舞である。主に歌舞によって獲得される節度や勇気は、理知的な部分、神的な善であり、気概的な部分を味方につけて、欲望や快楽を抑制する。しかし、音楽・文芸術を習得して正しい人間になっても不十分である。外敵との戦争に勝利を収めるためには、体育術を習得することによって戦闘能力を強化しなければならない。節度と勇気のある魂の獲得をめざし、さらに厳しい軍事訓練を克服することのできる人間が、神々に犠牲、歌舞、軍事的運動競技、模擬戦を捧げた場合に、そのような人間は、神々の恩恵を得て、平和な生活を送ることができ、さらに外敵との戦争に勝利を収めることができるのである。

（髙橋幸一）

古代ローマの健康観とスポーツ　07.C.02

① ガレノスの健康論

古代ギリシャでは，前400年代以降体育術(gymnastike)やトレーニング術(paidotribike)と医術(iatrike)や衛生術(hygieine)との関連が議論されていた。紀元後2世紀の古代ローマ時代の医者ガレノスは，それらの関連を明確に規定した。ガレノスは，主に『トラシュブロスに与える書－健康に関することは，医術と体育術のいずれに属しているのか－』『衛生術』『小球運動』において，体育術を論じている。ガレノスによれば，強壮(bonus habitus=eueksia)とは最善の健康が持続する状態であり，これが獲得されれば，同時に体力や肉体美も獲得される。健康を目標とする医術は，生産術における回復術(correctiva)に属している。しかし，病気を回復させるのは主に自然であり，医術は自然に奉仕するにすぎない。医術には，治療の部分と保護の部分(phylaktikon)あるいは衛生の部分(hygieinon)がある。ガレノスは，この衛生術を以下に示すように，さらに3区分している。

1) アナレープティケーの部分：病気をすでに回復している人々を2)へ進ませる。
2) 狭義の衛生術の部分：健康の安定状態を3)へ進ませる。
3) エウエクティケーの部分：強壮を持続させる。

1)から3)へ進ませる際には，身体の状況に応じて摂取にかかわる技術(食物，飲物)，排泄にかかわる技術(発汗，便通，尿)，外的影響にかかわる技術(空気，水，塩水，オリーブ油)，活動にかかわる技術(スポーツ，仕事，覚醒，徹夜，睡眠，愛欲，怒，心配，入浴，発声)という4つの技術が利用される。

ガレノスによれば，体育術は「活動にかかわる技術」に属し，衛生術に協力する小さな一手段にすぎない。体育術の主な知識は，活動の医術的効果である。ガレノスも，健康は栄養の摂取とスポーツによる消費との調和によって保持増進されるというヒッポクラテスの見解を継承している。しかし，プラトンが，医術と同様に体育術にも求めた栄養の摂取などにかかわるその他の3つの技術は，ガレノスでは，体育術とは別の技術となっている。したがって，体育教師は，栄養の摂取法を知っている医者や衛生家の管理下において，スポーツによる消費を指導することになる。つまり，ガレノスにおいては，健康や強壮を判断するのは，体育教師ではなく，医者と衛生家になっている。

また，ガレノスは，競技の強壮(athletike eueksia)を「自然に即したもの」と「自然に即していないもの」との2種類に区分している。昔は，本当の強壮をもった市民が，平和時，戦争時の仕事を十分に果たすことができただけでなく，レスリング，競走，槍投，弓矢，円盤投，戦車競走に参加し，一種目だけでなく複数の種目に勝利を収めていた。しかし，プラトンの少し前から，特にレスリング，ボクシング，パンクラティオンの重量競技者は，一種目だけに勝利を得るための強壮を獲得すべくトレーニングするようになり，体育術も，このトレーニングに深くかかわりをもつようになった。ガレノスは，このような競技の強壮は，病気にかかるだけでなく，実生活においてもなんの役にも立たないという理由から，競技的体育術を否定する。しかも，競技のトレーニングしか経験のない者が，突然体育教師として登場し，真の体育教師，衛生家，医者と同等の知識をもっているかのように振る舞っていた。このような偽体育教師を，ガレノスは厳しく非難している。

一方，ガレノスによれば，トレーナーは，スポーツの医術的効果に精通した体育教師と異なって，主にレスリングなどの格闘技を実際に指導するだけである。このためトレーナーは，パン職人，料理人と同じ身分に置かれている。なぜなら，彼らはなにが有益で，なにが有害であるかを理解していないからである。したがって，兵士が戦術の召使いであるように，トレーニング術も体育術の召使いであるならば，トレーニング術は体育術に少しだけ貢献することが可能である。

ガレノスによれば，運動した後に多くの呼吸をしなければならない場合，その運動はスポーツ(gymnasion)である。さらに，スポーツは，「本来のスポーツ」と「スポーツと同時に労働」とに分類される。前者には，レスリング，パンクラティオン，ボクシング，走，腕振り運動，シャドーボクシング，指相撲，幅跳，円盤投，球戯が，後者には，船漕ぎ，ぶどうの樹を切る作業，荷物運び，草刈り，旅行，狩猟，魚取り，職人の仕事，平和や戦争における仕事が属している。さらに，ガレノスは，スポーツを次のように分類している。

1) 遅い力運動：登山，懸垂，レスリング，握り拳を開かせること。
2) 速い運動：走，指相撲，小球運動。
3) 激しい運動：連続した力運動，重武器急速戦闘訓練。
4) 自動的運動：筋肉，腱，神経に固有な運動。
5) 外からの運動：航海，乗馬，運搬，乳母の腕にいる乳児。

また，ガレノスによれば，スポーツは一般的に次のような医術的効果をもっている。

1) スポーツに共通な効果は熱の増加であり，この熱は，温浴，日照，マッサージのように外から来るのでなく，内から生ずるものである。
2) 不必要なものを除去し，身体を強壮にする。
3) 激しいスポーツの場合には，器官を強化し，抵抗力と力強さをもたらす。
4) 熱の増加により，栄養が分配，改善され，硬が軟化され，湿が希薄化される。
5) 血管が浄化され，不必要なものが除去される。

このような一般的な効果だけでなく個々のスポーツ種目の効果も調べなければならない。歩行や走は，脚だけの修練なので，身体全体を修練しないし，男らしさにも寄与しない。レスリングの組み手やシャドーボクシングは手を修練する。重い物を持っての屈伸は腰部を修練する。啞鈴(アレイ)の運動は背中の中央部と側面部を修練する。乗馬は視力，頭部を修練する。深呼吸や大声は胸部，肺，横隔膜の下の内臓，発声器官を修練する。息こらえは胸郭，上腹部の筋肉を修練する。このようにガレノスは，個々の運動効果を検討した上で，本来のスポーツよりも，スポーツと同時に労働の方を高く評価しているが，最善のスポーツは「小球戯」であるとして，『小球運動』という論文を書いている。すべてのスポーツの中で，身体を修練

するだけでなく，魂を楽しませる運動が最善である．魂の方が身体よりも力をもっているので，多くの人々は，喜ぶだけで病気から解放されるが，怒をもっていると病気になってしまう．したがって，喜びと結合した小球運動は最善の運動である．しかも，安価であり，最も貧乏な者も楽しむことができる．身体のすべての部分を一様に修練し，さらに急速に，遅く，激しく，穏やかに運動することもできる．ボールが奪われないように努力する時，最大の激しい運動が生ずる．それは，レスリング的なホールド，ステッピング，サイドジャンプを必要とするので，頭，頸部，体側，胸，腹，腰，脚を修練する．また，ボールの動きをよくみる必要があるので，視力を修練する．パスの方向やディフェンスを考える必要があるので，判断力を高める．このスポーツは指揮官に適している．なぜなら，彼は，獲得した物を守り，失われた物を再獲得し，相手の意図を前もって知らなければならないからである．小球運動は，身体の健康，身体部分の調和，同時に魂の徳をもたらす運動であり，しかも危険がない．このように，ガレノスは小球運動を最も高く評価しているが，その具体的な実施法は，当時は自明のことだったらしく詳しくは説明されていない．

ガレノスによれば，スポーツは次の手順を踏んで行われなければならない．
1) 尿が完全に消化を示す時に脱衣する．
2) マッサージは，肢体を柔らかくするために行う．皮膚の花色の拡散は，肢体が柔軟になり，あらゆるスポーツに適していることを知らせる．
3) その後，身体が丸みを帯び，皮膚に花の新鮮さが現れ，運動が活発に，リズミカルになるまで，修練されるべきである．この間，汗が熱い蒸気と混合する．上記のことが1つでも変化した場合には，スポーツを中止すべきである．それ以上運動させると，乾，生長阻止，冷，空，衰弱の危険が生ずる．
4) 最高の運動を中止して立たせておく．息こらえによって，横腹を満たし，オリーブ油を注ぎ，回復のマッサージをする．ただし，未消化の食物がまだ体内に残っていると，スポーツによって全器官に吸収されてしまうので，スポーツは，昨日の食物が胃と脈管で消化し，次の食事の時間が近い朝に行われるべきである．また，強壮を保持しようとする人は，適度にスポーツしなければならない．なぜならば，強壮は変化させるのではなく，保持することが重要だからである．

② メルクリアリスの健康論

イタリア・ルネサンス時代に，ギリシャ語やラテン語の原典を研究した文献医者（Philologische Mediziner）は，健康の保持増進のためにスポーツの必要性を強調した．訳書では，ヒッポクラテスの『養生について』（Peri diaites）とガレノスの『保健』（De sanitate tuenda）が有名になった．一方，医者のメルクリアリス（H. Mercurialis）は，古典古代の体育術や医術や衛生術を詳細に研究して，『体育術』（De arte gymnastica）を1569年に出版した．メルクリアリスによれば，医術は，病気を追い出し，健康を保持増進することを目標とする．この医術は，1) 治療の分野（curativa pars），すなわち治療術，2) 保護の分野（conseruativa pars），すなわち予防術あるいは衛生術から成り立つ．前者は病気の治療を，後者は健康の保持増進を目標とする．彼は，衛生術の究極的な目標である強壮（eueksia）へ到達するために3つの段階を挙げている．第1段階では病弱体に健康を回復させ，第2段階では病気を予防させ，第3段階では強壮を保持させる．このような段階を経て，衛生術の目標を達成するためには，飲食物の「摂取」「排泄」「外的影響」「活動」が利用される．体育術が取り扱うのは「活動」だけである．このように，メルクリアリスも，体育術は医術における衛生術の目標である強壮へ到達するための一手段であると定義しており，ガレノスを継承している．また，健康は，栄養の摂取とスポーツによる消費の調和によって保持増進されるというヒッポクラテス以降の伝統的な見解も継承されている．メルクリアリスによれば，更新されなければ生命を簡単に滅ぼしてしまう粒子が身体から流れ出ているので，それを補うために飲食物を必要とするが，いかに洗練された食物が選ばれても無用な分泌物が残ってしまう．スポーツは，魂を爽快にし，身体の熱や乾を増加させ，発汗や呼気によって分泌物や余分な湿を除去し，身体に強壮をもたらす．スポーツもしないで怠惰にしていると，病気になってしまう．医術的体育術（gymnastica medica）とは，このような強壮を保持するために，スポーツ（exercitationes）の医術的効果を実践そのものによって指導する能力である．メルクリアリスによれば，「本来のスポーツ」は強壮を準備するために行われる呼吸の変化を伴う激しい自発的な運動であり，このような労苦によって強壮は保持される．一方，激しさのない呼吸停止，発声，朗読，笑い，泣くという運動は「一般的なスポーツ（運動）」である．最初に準備運動，次に主運動，最後に整理運動をしなければならない．体育教師は次のような運動効果に精通する必要がある．激しい立ち技レスリングは筋肉や精神力を強化するが，熱の身体には不適である．走は身体を痩せさせ，肉や湿を取り去る．肥満体は激しい急速なスポーツによって肥満を制止し，痩身はゆっくりとしたスポーツによって肉や脂肪を得ることができる．さらに散歩は，魂を元気づけ，胸を浄化し，呼吸を容易にし，感覚器官や胃を強化し，疲労感を取り除く．深い砂の歩行は体全体を強化する．歌は，魂を調和し，楽しさをもたらす．それは，荷物運搬の労苦を減少させる．なぜなら，魂が歌の快適さによって労苦から逸らされるからである．息こらえは胃と胸の筋肉を強化し，胸郭を浄化し，分泌物を追い出す力を強化する．

メルクリアリスは，著書の前半では過去の古典古代の体育術を明らかにし，後半では実践できるようにスポーツの医術的効果を詳論している．この構成法は，グーツムーツ（J.C.F. Gutsmuths）の『青少年の体育』（Gymnastik für die Jugend, 1773）にも引き継がれた．また，体育術は主にスポーツの医術的効果を指導する体育教師の理論的知識であり，グーツムーツが初めてギムナスティーク（Gymnastik）を体育運動やスポーツの意味で使用した．メルクリアリスの体育術は当時の市民に実践されることはなかったが，彼の著書は，17－18世紀の医者に，さらに汎愛主義者バセドウ（J.B. Basedow）の学校の教師ホッホハイマー（C.F.Aug. Hochheimer)に直接的な影響を与えた。また，イギリスのエリザベス朝時代に活躍したマルカスター（R. Mulcaster）は，その著書『提言』（Positions, 1581）の3割を教育の身体的側面に当てているが，彼はメルクリアリスから大きな影響を受けたことを明らかにしている。みる，聞く，発声，思考を「スポーツ（運動）」とみなすヒッポクラテス見解は，メルクリアリスを経て18世紀末のグーツムーツやフィート（G.U.A. Vieth）にまでも継承された。

（髙橋幸一）

近代ヨーロッパの健康観とスポーツ　07.C.03

① 体操にみる健康観

ヨーロッパにおいては，古代ギリシャから19世紀まで，健康を保持増進するために，スポーツ，労働する時の運動，声の運動（大声，歌，笑うこと，泣くこと）の医学的効果が研究されてきた。これらの運動は，日常的にみられる人間の運動であり，それらを人為的に変形させたりすることはほとんどなかった。しかし19世紀以降には，健康の増進を前提としながらも，人間の運動は国家主義の教育政策や合理主義の影響を受けることとなった。そのために，医学的に健康の増進に貢献すると称されるような運動においても，実際には健康や姿勢に有益でない運動も行われるようになった。

18世紀末，汎愛主義者は心身調和を目標とする学校教育の中にスポーツを採用した。その代表的な指導者であるグーツムーツ（J.C.F. GutsMuths）の体育（Gymnastik）は，健康を前提としながら，多くの楽しい運動遊戯を採用した。しかし，今日ではスポーツとみなさないが，古代ギリシャのヒッポクラテス（Hippokrates）から継承されてきた感覚訓練においては，すでに個人の視力を無視してそれを客観的な測定結果に合わせるという合理主義的な傾向が表れていた。一方，19世紀初期のヤーン（F.L. Jahn）の体育（Turnkunst）は，健康を前提として，運動遊戯，ドイツの伝統的な運動（陸上運動），技を開発する器械体操を重視したが，民族解放運動とも関連していたために禁止させられたり，復活されたりした。

しかし，このように人間の健康を増進させるだけでなく，心身の調和を目標とする体育は，その後のシュピース（A. Spieß）の体操館体操で大きく後退することとなった。彼は，健康の増進を前提としてはいたものの，スポーツの生理学的効果ではなく，むしろ人間の運動を解剖学的・生理学的に可能な関節の運動に要素化し，その要素から鋳型化した集団徒手体操と集団秩序体操を作り上げた。しかもこの体操と鋳型化した器械体操は，非衛生的な体操館で行われた。彼は，子どもは自由な遊戯を行う前に，服従することを学ばなければならないと強調したが，この見解は，臣民や軍人を養成するという当時の国家主義の教育政策にも合致するものであった。このように，戸外の遊戯をも無視した体操は，健康を標榜しても，それ以上に，身体は精神の命令に，また個人は国家の命令に服従するということを最も重視したものだった。このような体操を批判する契機となったのが，19世紀末の遊戯奨励運動（Spielbewegung）であった。体操館体操だけでは，健康にも軍事力の強化にも不十分であり，戸外運動が必要であると批判された。結局，グーツムーツやヤーンの伝統的な体操遊戯（Turnspiel）が復活させられることとなった。この体操遊戯は，ドイツ人の民族的な遊戯であり，勝敗を重視しないので適当なルールのもとに誰でも行うことができ，しかも，民族全体の体力を向上させるとともに民族意識を高揚させるとみなされた。19世紀末には，競技スポーツ（Sportspiel）と呼ばれるイギリスのスポーツも普及してきた。しかし，ドイツ体操教師連盟は，このスポーツに反対した。イギリスの競技スポーツは，勝敗だけを重視して，個々の専門家を養成するために，楽しく自由な感情を失わせるものであり，さらに，民族の体力も向上させないし民族意識も高揚させることができないとみなされたからであった。20世紀に入っても，シュピース体操を中心として，体操遊戯を補充する支持者が多く，スポーツへの移行は行われなかった。1930年代になっても，集団徒手体操と器械体操だけが重視されていると批判されている。

一方，19世紀初期に，スウェーデンのリング（P.H. Ling）は，政治的な民族解放運動とも関連したスウェーデン体操（Schwedische Gymnastik）を考案した。生理学的な運動効果に基づくこの体操は，健康の増進を前提として，医療，軍隊，教育，芸術の領域から成り立っていた。1813年には，王立中央体操研究所（以下，体操研究所と略す）が設立された。リングは，体操は身体各部を調和的に発達させるということを原則としたが，一方では，軍事訓練に効果的であるという理由から，命令に服従する集団徒手体操をも重視した。しかも，体操研究所の卒業生には軍人が多かったこともあり，体操は，健康の増進に貢献するというよりも，むしろ鋳型化し，軍人の緊張した姿勢を強調する体操へと変質してしまった。20世紀前後から，体操は，スポーツ奨励運動（Sportbewegung）の影響を受けた体操教師や医者から批判されたために，自然でリズム感のある運動や画一的でない自由な運動を取り入れるようになった。この体操は，北欧だけでなく，イギリス（1838年），ドイツ（1840年代），フランス（1847年），アメリカ（1883年），日本（1902年）など世界40ヵ国以上に普及した。ただしドイツでは，この体操はシュピース体操よりも健康に有益であると主張されたが，最終的には民族的なシュピース体操が主流となり，定着することはなかった。しかし，スウェーデン体操は，その後も改善されて今日でも多くの国々で楽しまれている。

一方，イギリスの中・上流階級は，19世紀中期以降，近代化しつつあった競技スポーツを楽しむようになった。このスポーツは，健康の増進や軍人養成のために科学的人工的に考案された体操ではなかった。しかし，1838年に，スウェーデン人のインデブトウ（G. Indebetou）がイギリスへスウェーデン体操を紹介して以降，この体操は海軍（1903年），学校（1904年），陸軍（1906年）に採用された。この結果，イギリスでは，中・上流階級の子弟が楽しむ競技スポーツと一般庶民の子弟の体操とに区別されることとなった。デンマークでも，ラスムッセン（N.H. Rasmussen）によってスウェーデン体操が紹介されて以降，この体操が小学校から大学ま

で採用された。これに対して，フランスでは，アモロス(F. Amoros)とクリアス(P. Clias)が軍事能力を高めるための体操を普及させようとしたが，その実施状況は低調だった。このように，ヨーロッパで「科学的」に考案された体操は，健康の増進を前提としながらも，国家主義の政治政策や合理主義に適合した集団徒手体操や集団秩序体操が主流を占めていた。したがって，医学的な根拠をもつと主張されても，個々人のリズムを無視して集団の運動に合わせ，当時の男性の理想像である軍人の姿勢を強制する体操が多かったのである。

1920年代以降には，子どもの自由や楽しさを無視する体操を改善する新たな体操が提唱されるようになった。このような近代体操(Moderne Gymnastik〔独〕：Modern Gymnastic〔英〕)は，衛生的な体操とリズムダンス的な体操の2つに分けられる。衛生的体操は，1920年代後期のメンゼンディーク(B.M. Mensendieck)女史の女性解放体操に代表される。彼女の体操は，衛生学の知識に基づいて身体の健康を増進させるものである。身体の欠陥をなくすために，身体のあらゆる部分が強化される。また，関節の解剖学的・物理学的法則性に基づいて足から首までの身体を引き締めることによって，正しい姿勢が形成される。文明化によって危険にさらされた人間は，日常生活で頑健な姿勢を保ち，身体を支配しなければならない。しかし，近代女性は，新たな生活課題を克服するために，身体のあらゆる部分や機能を支配しなければならないという理由から，女性の理想的な姿勢も男性のものと同じにされた。ここでは，直立，歩行，座位などの簡単な運動を鋳型化して厳密に訓練するために，自由な運動遊戯は除外されていた。しかしこの体操は，多くの国々で女性の解放や民族の健康の増進に有益であるとして高く評価された。

また，19世紀中期のシュレーバー(D.G.M. Schreber)の医療体操は，1910年代以降も継承されて，補償運動(Ausgleichsübung)，整形学校体操，学校特殊体操，補償作業(Ausgleichsarbeit)，補償体操(Ausgleichsgymnastik)と呼ばれ，身体の欠陥や虚弱を矯正する治療，疲労の回復，健康の増進などに利用され

た。しかし，男性の理想像とされた軍人の姿勢は，国家主義時代における一般的な傾向であり，科学的な根拠をもつものではなかった。このような(エレガントな)姿勢は，競技スポーツにおけるスキーの滑降，ジャンプの飛型，フィギュアスケート，馬術，フェンシング，体操競技にも強制されていた。健康の増進や姿勢矯正に医学的な根拠をもつとされた改革的な体操でも，実際には当時の常識的な姿勢の理想像に画一的に合わせる鋳型化した運動も，指導されていた。今日，世界的な規模で行われている女性の長距離走や障がい者スポーツも，医学的に健康を害するという根拠から反対されていたのである。このような体操は，問題はあったにしても，第二次大戦以降の医学的な体操に継承された。例えば，ホーマン(G. Hohmann)の整形体操(Orthopädische Gymnastik：1957年)は，病的な姿勢や運動器官を整形するものであり，姿勢教育とも呼ばれた。また，コールラウシュ(W. Kohlrausch)の治療体操(Krankengymnastik：1958年)は，病人に対する運動療法である。

一方，1920年代以降のオーストリアの自然体育(Natürliches Turnen)は，それまでの体操を批判して，生物学的に個々人の発達段階に合ったスポーツの指導を重視した。しかし，自然性を強調しすぎたために，反対に鋳型化した側面もあった。このような鋳型化は，オーストリアとフランスのスキー技術の極端な対立にもみられたものである。

② スポーツにみる健康観

イギリスの近代スポーツは，19世紀後期以降，ヨーロッパ諸国の富裕層によって楽しまれるようになった。しかし現実的には，工業化や都市化する社会において，国民の労働過剰による生産力の低下や病弱化が進行したのに対して，その反面，当時の国際情勢を反映して国防力の強化が求められるようになってきた。したがって，第二次大戦以前のスポーツ振興は，ヨーロッパの国々においても，健康の増進だけでなく，国防力の強化とも関連していた。一面的な精神的負荷に対して調和を与えるべきであるという心身調和の教育改革運動を反映して，スポーツは，運動不足を補償し，健康を増進させる楽

しい戸外運動であり，また，集団に埋没した個性を回復させ，抑圧された身体感情を再生させると主張された。しかし，体操が正当であり，スポーツは異国のものとみなされた場合も多かった。しかも，今日と異なり，スポーツは競技スポーツを意味するということが一般的な常識だった。したがって，スポーツは，技術化に対立するのではなく，むしろ合理的・経済的に勝利を追求する運動であり，補償機能としてはふさわしくないという反対意見もあった。当時は，体操館体操が主流であったために，スポーツ用の広い体育館や競技・遊戯場を建設し，指導者を養成し，さらにスポーツの有益性を啓発する必要もあった。それでも，20世紀以降，スポーツはヨーロッパ諸国の一般市民へも普及していくが，支配国，被支配国という政治的な問題もあるために，どの国家が健康スポーツの先進国であると断定することはできない。

1904年に設置されたスウェーデン体操連盟は，1907年には国民の体力を向上させるために，スポーツテストの合格者には記章を与えるようになり，1911年以降には「みんなの体操」(Gymnastik åt Alla)，その後スポーツも含めて「みんなの体操とスポーツ」(Gymnastik och Idrott åt Alla)を一般市民に普及した。先進諸国における「みんなのスポーツ」(Sport for All)よりも50年も早かった。1908年にはスポーツくじを始めていたが，1934年には本格的にギャンブルの収益をスポーツへ援助するようになり，この方式は多くのヨーロッパ諸国に採用された。1929年には体力を向上させる家庭の体操，1942年には背筋と下肢筋を強化することによって一面的な作業姿勢を矯正・補償する主婦体操が奨励された。ノルウェーでは，1850年代以降，イギリスのスポーツの影響を受けて，オスロを中心にスキーの距離やジャンプが盛んになり，国民スポーツとなった。1910年にノルウェースポーツ連盟(Norges Riksforbund for Idræt：1942年にスポーツ連盟Norges Idrettsforbundと改称)が設置され，スポーツを普及した。デンマークでは，プレイグラウンド協会が1891年に公共遊戯場を開設し，工業化，都市化の弊害を取り除くために，スポーツを奨励した。1910年代

以降には，競技とは関係ないスポーツ公園をつくり，1921年には体力向上のために，合格者には記章を与えるスポーツテストを実施し，1930年にはユースホステル協会と歩行クラブが設置された。1948年にはフットボールくじを導入して設備を拡充し，1938年には，20日間の有給休暇を保障する休日法が成立したことによって，スポーツがいっそう普及した。ドイツでは，1900年代初期以降，一般市民向けのスポーツ・遊戯場，体育館，プール，遍歴するためのユースホステルが建設されるようになった。イギリスでは，1887年に過重労働の弊害を少なくするために8時間労働が実現し，土曜半休日も一般化してきたが，一般市民のスポーツが普及するのは，1920年代以降である。この時期には，全国遊戯場協会（1925年），中央身体レクリエーション協議会（Central Council of Physical Recreation：CCPR，1935年）が設置され，また，公衆衛生法（1936年），身体トレーニング・レクリエーション法（1937年），有給休暇法（1938年）が成立し，レクリエーション指導者試験（1940年）も実施されるようになった。

（髙橋幸一）

参考文献 07.C.01-03

- 岸野雄三．1971．『ヒポクラテスの養生法：食養生と体操』杏林書院
- 髙橋幸一．2003．『スポーツ学のルーツ』6-98．明和出版
- ―――．2003．『スポーツ学のルーツ』121-36，145-82．明和出版
- 日本体育協会 監修．1987．『最新スポーツ大事典』大修館書店
- Bernett, H. 1967. *Grundformen der Leibeserziehung*. Karl Hofmann.
- Bös, K./Brehm, W. 1998. *Gesundheitssport-Ein Handbuch*. Schorndorf.
- Holt, R. 1989. *Sport and the British*. Oxford.
- Röthig, P./Prohl, R. (Leitung). 2003. *Sportwissenschaftliches Lexikon*. Karl Hofmann.

国民の健康とスポーツ 07.D

ヨーロッパにおける動向 07.D.01

① ドイツとヨーロッパにおける健康増進運動の変遷

ヨーロッパでは，すでに1800年代以降，国民の健康を保持増進するために多様な体操やスポーツが奨励されていた。しかし，健康とスポーツとの関連が本格的に問われるようになるのは，第二次大戦以降のことである。

旧西ドイツスポーツ連盟（Deutscher Sportbund：DSB，以下，スポーツ連盟）は，すでに1959年に，みんなのスポーツ（Sport für àlle〔独〕）を普及するためにスポーツの「第2の道」（Zweiter Weg des Sports）を提唱している。当時は，驚異的な経済復興による高度経済成長社会において，増加した肥満者や心筋梗塞をスポーツ活動によって減少させることが目標とされた。このことは，生活習慣病を予防するためにスポーツをするという先駆的な試みであった。しかし，このような問題が発生していたにもかかわらず，運動をしていない国民が多く，クラブの会員もほとんどが30歳以下であり，クラブのない地域もあった。さらに，55％のクラブが1種目の競技スポーツしか行っておらず，女性の会員は2.2％にすぎなかった。このような状況を改善するために，第2の道の目標は，それまでの伝統的な競技スポーツだけを重視する（第1の道）のではなく，余暇・自由時間において国民に多様な遊戯やスポーツを公的に支援すること（第2の道）であった。さらに，オリンピック委員会は，1960年に，15年間に及ぶスポーツ施設の建設計画，すなわちゴールデンプラン（Der goldene Plan）を政府，州，地方自治体へ勧告した。ここでは，国民の心身障がいの原因は運動不足にあると明言され，その対策として，施設の建設に63億マルク（5,500億円）が計上されている。これらの2つのスポーツ奨励運動と1970年以降のトリム運動（Trimm-Aktion）の成果によって，スポーツ連盟の会員は，1959年の510万人から1971年の1,080万人，1981年の1,760万人，1988年の2,050万人，1991年の2,310万人，さらに2000年には2,680万人へと増加している。

トリム運動は，1959年に旧西ドイツで開始された第2の道の影響を受けて，1967年にノルウェーで始められたものである。ドイツでは余暇スポーツ（Freizeitsport），イギリスではみんなのスポーツ（sport for all）と呼ばれている。1970年以降，このトリム運動の理念は，スポーツ連盟に採用され，さらに「スポーツによって体調をよくしよう」というスローガンのもとに，テレビなどのマスメディアによって普及された。このキャンペーンによって，8ヵ月後には国民の60％，31ヵ月後には93％がトリム運動の重要性を知るようになった。すでに1974年には，アンケートに対して，19％がこの運動から刺激を受けてスポーツをするようになったと回答している。上記の会員数から明らかなように，1970年代初期から1980年代後期まで会員数は倍増し，さらに1千万人が非組織的にスポーツを行っていた。トリム運動がこのように多くの成果を上げることができたのは，これまでにないキャンペーンを展開したからであり，また国民が潜在的にもっている健康，強健・強壮，フィットネス，社会的交流への欲求や関心に対して，具体的な遊戯的・スポーツ的活動を提供したからであった。例えば，次のような活動を行ってきている。走路付トリム公園，体づくりのトリム場，トリム遊戯場の建設および「フィットネスを改善するために1時間森を走る」（1974年以降），「体操や水泳の集い」（1978年以降），「遊戯祭やトリム祭典」の開催（1979年以降），「スポーツと健康のトリム130」の奨励（1983-86年），「一緒に活動しよう：クラブのスポーツはすばらしいよ」のキャンペーン（1987年以降）などがある。ドイツオリンピックスポーツ連盟（Deutscher Olympischer Sportbund：DOSB）は，2007年に，国民の半数がスポーツ的活動に参加し，国民の3分の1が連盟でスポーツをしているので，スポーツ記章（Sportabzeichen）獲得者が100万人以上になるように努力すると宣言している。

一方，第二次大戦後，アメリカにおいて青少年の体力を向上させるために行われるようになったフィットネス運動（Fitness Aktion〔独〕：Fitness Movement〔英〕）は，その後世界各国へ普及した。

スポーツ連盟では，フィットネストレーニングを「みんなのスポーツ」を奨励するトリム運動に属させている。過去のトレーニングは，フィットネステスト（クラウス・ウェーバーテスト，クーパーテスト）と関連していた。しかし，最近では，ジョギング，ウォーキング，自転車，スキーの距離などの勝敗を重視しない持久性スポーツによって，健康を増進させることと同様な意味でも使用されている。また，このトレーニングは，高齢者スポーツにも重要である。効果的なトレーニングは，一般的な持久力を改善させるために，週3，4回，筋力や柔軟性を向上させる体操と一緒に行うことである。包括的なフィットネスの概念は，1946年に世界保健機関（World Health Organization: WHO）によって定義された，健康とは身体的，精神的，社会的に完全に良好な状態であるという概念と同じ意味で使用されることも多い。

旧西ドイツでは，1970年代まで，3角形の底辺である大衆スポーツ（Breitensport〔独〕: popular sports〔英〕）の人口が拡大すれば頂点のチャンピオンスポーツのレベルも向上するという「ピラミッド理論」と大衆スポーツとチャンピオンスポーツは併存するという「2本柱理論」があった。しかし，1959年の第2の道，1970年のトリム運動を契機として，チャンピオンスポーツとは異なるスポーツが発展したために，1970年代後期になると，大衆スポーツの上位概念として，余暇スポーツ（Freizeitsport〔独〕: leisure sports:recreational sports〔英〕）という語が使用されるようになった。1980年代以降には，ピラミッド理論は成り立たないことが明らかになるとともに，余暇スポーツの領域が拡大された。余暇スポーツは，労働時間と日常生活を送るために必要な時間に含まれない自由時間帯に行われる。1970年代の余暇の考え方には，労働時間以外に補償や健康の意味で単にスポーツをするという量的消極的側面がみられたが，その後に確立された余暇教育において，スポーツは社会的，教育的，健康政策的に重要な意義を獲得するようになった。運動不足を補償するために，あるいは健康を増進するためにスポーツを行うということも，一面的な見解であるとされた。余暇スポーツにおいては，人間の権利が保障され，年齢，性，能力の異なる集団でも個々人が満足できるように工夫される。さらに，創造性，コミュニケーション，パートナーシップ，協力関係を豊富に経験することができる。この意味で，チャンピオンスポーツ用の施設は，余暇スポーツにとってはごく一部分にしか過ぎない。この余暇スポーツには，大衆スポーツ，ファミリースポーツ，フィットネス運動，健康スポーツ（予防医学やリハビリテーションとしてのスポーツ），生涯スポーツ（lifetime sport），国民スポーツが含まれる。しかしドイツでは，今日でも，大衆スポーツが上記の余暇スポーツの意味で使用されている。国際的には，余暇スポーツは「みんなのスポーツ」，日本では「みんなのスポーツ」「生涯スポーツ」「自由時間スポーツ」と呼ばれている。

一方，1980年代，スイスのイッリ（U. Illi）を中心とした教員は，学校での座位姿勢による弊害をなくすために，また自然な遊び場が少なくなったことによる運動不足に起因する健康問題を解消するために，運動しながら学ぶ学校（Bewegte Schule）を提唱した。この考えは，ヨーロッパの国々に普及して今日に至っている。特徴は，体育やスポーツの授業ではなく，他の授業などにおいて運動しながら学ばせるということである。最初の目標は，運動不足を補償して健康を保持増進させることだった。しかしその後，普通の授業においても，子どもたちを硬直した長時間の座位姿勢から解放するとともに，緊張とリラックスのリズムを取り入れて運動欲求を満足させることが，座位姿勢よりもはるかに大きな学習効果をもたらすということが，明らかにされた。手でつかんで（Greifen），理解する（Begreifen）ように，また字を書いたり絵を描くように，運動は学習の本質的な部分であると考えられている。最近では，真面目な宗教の授業においても，運動しながら学ばれている。

② みんなのスポーツの国際的奨励運動

健康の保持増進とかかわりをもつフィットネス運動やトリム運動は，全ヨーロッパ，アルゼンチン，オーストラリア，ブラジル，イスラエル，日本，カナダ，韓国，マレーシア，南アフリカ，アメリカにも普及した。1973年以降，国際トリム・フィットネス（Trim und Fitness International）の会議が定期的に開催され，1991年には，国際トリム・フィットネス生涯スポーツ協議会（Trim and Fitness International Sport for all Association: TAFISA）が創設された。TAFISAは，みんなのスポーツを世界中に普及するために活動し，世界スポーツ文化祭典を開催している。

ところで，1993年にEUが正式に発足したように，すでに1945年以降ヨーロッパを統合する傾向がみられた。1975年には，ヨーロッパ評議会（Council of Europe: CE）に加盟するスポーツ担当相会議は，「ヨーロッパみんなのスポーツ憲章（European Sport for All Charter）」を採択している。ここでは，工業化や都市化による生活習慣病を防ぎ，健康を増進させるためにスポーツが必要であること，さらに，孤立し細分化され疎外された労働や日常生活における間接的な経験に対して，余暇時間におけるスポーツにおいては，身体によって最初から最後まで直接的に経験し，自己実現し，文化的な活動ができること，この実現には国際的な協力が必要であることが，基本的な理念とされている。そして1992年には，ヨーロッパスポーツ閣僚会議において「ヨーロッパスポーツ憲章（European Sports Charter）」が採択された。その主な理念は，次のとおりである。ここでのスポーツは，身体的なフィットネスや精神的に良好な状態を表現する，あるいは改善すること，社会的関係を形成すること，能力に応じて競技結果の獲得をめざすことなどのすべての身体活動を意味する。スポーツは人間の権利であり，誰でも衛生的な環境のもとでスポーツや身体的レクリエーションに参加する機会をもてるように保障されなければならない。民間スポーツ団体を支援し，施設を整備し，プログラムを提供し，指導者を養成するためのあらゆる計画を策定する。また，スポーツをする人々を，政治的，商業的，財政的利得から，さらにドラッグ，セクシュアル・ハラスメントなどの有害な行為から守ることによって，スポーツに本来備わっている人間的な尊厳や安全を守り，向上させる。以上のような憲章は，2001年に改訂されたが，その基本的な理念

は同じである。2006年には，第1回ヨーロッパみんなのスポーツ会議(European Sport for All Congress)がスロヴェニアで開催された。ここでも，みんなのスポーツは市民の権利であることが再確認され，国家とスポーツとのかかわり方が多様であるにしても，国家による支援が要請されている。さらに，全国紙がみんなのスポーツを取り上げるのは3%以下であることが指摘され，メディアとの協力が強調されている。第2回会議は，2008年にバルセロナで開催された。

一方，IOCは，健康やフィットネスの奨励運動に影響されて，みんなのスポーツのためのワーキンググループを1983年に設置した。理由は，そのような活動に対して，オリンピック運動はどのような支援ができるのかを明らかにすることだった。ワーキンググループは，みんなのスポーツ委員会を設置するようIOC会長に諮問した。その最も重要な目標は，オリンピック憲章に基づいて，国際スポーツ連盟，国内オリンピック委員会(NOC)，国内スポーツ連盟を通して，特に発展途上国におけるみんなのスポーツの実現を支援することによって，社会のすべての人々に健康やスポーツの文化的な価値を保障することである。1986年以降には，IOCの後援を受けて，世界みんなのスポーツ会議(World Sport for All Congress)が開催されている。1994年以降にはWHO，1996年以降には国際スポーツ連盟によっても後援されている。1998年のバルセロナ会議以降，その会議の組織化はNOCに委任されるようになった。2007年のハバナでの第11回世界会議では，青少年の3分の1以下だけが健康なライフスタイル確保のために十分に活動していると報告され，発展途上国におけるみんなのスポーツの奨励が課題とされた。第12回世界会議は2008年マレーシア，13回はフィンランドで開催された。

このように，第二次大戦以降，ヨーロッパにおいては，急激な工業化，都市化による生活習慣病を防ぎ健康を増進させるためにスポーツの必要性が強調されてきている。ただしここで特徴的なのは，スポーツ本来の文化的な価値が最も重視されており，健康の増進は結果的にもたらされるという考え方

である。

参考文献 07.D.01

- 日本体育協会 監修. 1987.『最新スポーツ大事典』大修館書店
- Amberger, H. (Hrsg.) 2000. Bewegte Schule. Schulkinder in Bewegung. Schorndorf.

アメリカにおける動向 07.D.02

① 社会的取り組み以前の健康問題

アメリカにおける健康や体力問題への社会的関心は，産業革命の進行に伴って摩天楼とスラム街が同時に出現した19世紀後半の時代環境がその発端であり，公衆衛生や保健衛生の問題への社会的配慮の必要性を喚起させることにもなった。しかし，自由主義的な民主主義を標榜するアメリカでは，19世紀末に至っても，教育の問題をはじめ，保健や衛生そして体力の問題などは，概して個人的な課題と考えられていた。国民の健康を社会的な課題とみなす見識は，広く醸成されなかった。

この時期における健康への個人的な関心は，上層の家庭に体操場を開設させ，治療的意味合いや運動不足の解消のために，ローイングマシンや滑車付きのウエイトトレーニング機器，あるいはスチーム風呂を備えることなどを流行させた。この種の健康への関心と呼応する，家庭用マッサージ器具(鎖ブラシ)や磁気帯び製品(コルセットやヘアブラシなど)も宣伝され，雑誌などで情報化され始めていた。

勤勉に効率よく働くことが社会的命題になるような都市環境の中では，必然的に身体が虚弱になっていることへの懸念も広がりつつあった。それゆえに力強い男性礼賛の風潮も生じたが，こうした風潮は，当時の体操家に様々な活動の場を与えることにもなった。例えば，わが国で講道館柔道家の身体づくりにも影響を及ぼしたサンドウ(A. Sandow)は，筋肉隆々たる自らの裸体を写真ブロマイドで宣伝したことでも有名である。独自の身体鍛錬法を吹聴し，全国各地を講演する専門家が脚光を浴びる中，雨後の筍のようにボディビルディング風の体操が流行した。

② レクリエーション運動などの社会運動と健康問題

アメリカ初の体育専門職集団とみな されるアメリカ体育振興協会(American Association for the Advancement of Physical Education: AAAPE)は，1885年に結成された。当時この協会では，「人体計測学」に基づいた身体訓練が会員の注目を集めていた。2代目会長ブレイキー(W. Blaikie)は，もともとは青少年の健全育成に携わる弁護士であったが，1879年に世界の偉人たちの伝記に基づいて『いかに強健になるか』("How to Get Strong")を著して有名になった。当時の身体訓練への関心は，急変する都市の社会的環境の中で，青少年の健全育成を図るといった，社会改良に向けての教育的働きかけとも近接したものだった。

都市に住む青少年の不健康や非行化の防止，あるいはスラム街などの生活環境の整備・美化運動などと不可分に結びついていた。YMCAやYWCA，ボーイスカウトやガールスカウト，あるいはキャンプファイアーガールズのような，いわゆる青少年の健全育成をめざす教育活動が台頭したが，これらはまさに19世紀初頭への展開をみた，広義での社会改良の動向にほかならなかった。こうした動向の中で，健康問題とかかわって最も注目すべき運動は，いわゆるレクリエーション運動である。この運動は，今日の地方自治体による公共レクリエーションや，地域住民のコミュニティーレクリエーションの発展をもたらした。

例えばアダムス(J. Adams, 1931年にノーベル平和賞を受賞)が1889年にシカゴ市に創設したハルハウス(Hull House)は，下層社会の少年たちのスポーツ参加に，草分け的な役割を果たした。市に美化を要求した彼女への，市当局からのしっぺ返しの結果生じたとされるこのセツルメント(隣保館：スラム街住民などとの人格的交流をめざす地域福祉の施設)での活動プログラムでは，遊戯やレクリエーションが重要な位置

参考文献

- Dieckert, J./Wopp, C. (Hrsg.) 2002. *Handbuch Freizeitsport*. Schorndorf.
- Röthig, P./Prohl, R. (Leitung) 2003. *Sportwissenschaftliches Lexikon*. Karl Hofmann.

(髙橋幸一)

づけを得ていた。ハルハウスの体育館は，ダンスや運動競技のクラスで盛況だった。青少年の人格形成のため，衝動を抑え節制を守る訓練となり，ルールを守るという習慣形成の意味で奨励された。

レクリエーション運動は，通説的には1885年のボストン市における「砂場の開設」がその発端とみなされる。表1に示している7段階（ステップ）を経て，1920年頃までにコミュニティーレクリエーションの運動が形成されたとみなされる。砂場からコミュニティーへのサービスへと展開した過程は，この運動の対象が，子どもから大人へと広がっていったことを示唆するものでもある。1906年にアダムスとギューリック（L. H. Gulick），それにカーティス（H. S. Curtis）らの関係者によって，時の大統領ルーズベルト（T. Roosevert）を名誉会長とするアメリカ・プレイグラウンド協会（America Playground Association: APA）が結成された。この組織は5年後の1911年には「アメリカ・プレイグラウンド・レクリエーション協会」（The Playground and Recreation Association of America）と改称した末に，1930年には「全米レクリエーション協会」（National Recreation Association: NRA）へと発展した。

ともあれ19世紀初めには，地方自治体で市民のレクリエーションの場である運動公園やレクリエーションセンターをどのように確保するか，また学校施設をどのように開放するか，あるいは市民の健康に向けて，日常の余暇生活に運動をいかに機能させるかが，行政の先進的課題として問われるようになっていた。それ以降のレクリエーション運動の研究でも指摘されているように，第一次大戦時における「軍隊生活奉仕団」の組織や，1920年代末の大恐慌を契機に生じた「ニューディール」政策への時代的ニーズに伴って，さらに展開していった。

③「ニューディール」における国民の健康への公的取り組みの促進

スポーツやゲームを含めた市民への健康・福祉プログラムの提供は，こうした社会改良運動の性格を伴う働きかけの中で，いっそう公的なその意義を明確にすることになった。健康やスポーツの問題が，単なる個人の問題として個人の裁量の範囲で実施されるべきだと考える，伝統的な個人主義への修正は，おそらくは1929年以降の世界的な経済不況への「ニューディール政策」が，最も本格的でインパクトが強かった。

この政策が開始された1933年以後，一般市民の健康増進やスポーツ（レクリエーション）の環境整備に，公共による新たな責任が問われるようになった。不況時による個人の余暇関連支出の削減にもかかわらず，1926-36年の10年間にコミュニティースポーツ施設は次のように増加していた。例えば，野球場は2,972から3,568へ，海水浴場は276から516へ，プールは693から1,142へ，ピクニック場は1,417から2,065へ，アイススケートリンクは1,506から2,411へ，そしてテニスコートは6,254から10,029という具合であった。レクリエーション資源や施設の整備が，こうした公的な取り組みを前提に進展することになった。

④ 野外レクリエーション資源整備への行政による先進的取り組み

アメリカの野外レクリエーション資源の整備状況は，世界的にもきわめて高い水準にある。国立公園の広大で未開発な土地も公共利用のために保護するという「国立公園制度」は，世界に先駆けた資源整備への取り組みであり，野外レクリエーション資源やスペースの確保と維持については，多大な努力が払われてきた。こうした取り組みへのまさに草分け的な出来事は，1958年に連邦議会内に「野外レクリエーション資源調査委員会」（Outdoor Recreation Resource Research Committee: ORRRC）が設立されたことであった。

この委員会は1962年当初に，それまで3億ドルの費用を投入して実施した調査報告「アメリカの野外レクリエーション」を，時の大統領ケネディ（J. F. Kennedy）および連邦議会に提出した。このことがきっかけになって，同年4月に内務省に「野外レクリエーション局」が設置された。その後は「自然保護・レクリエーション局」と改称し，自然保護を原点とする施策が具体的に展開されている。そして最近の21世紀を見通した調査としては，1985年にレーガン（R. W. Reagan）大統領の提唱によって，「第二次野外レクリエーション資源調査委員会」（ORRRC PartⅡ）が発足した。

今日のアメリカの地方自治体では，住民の健康問題にかかわる体育・スポーツ施策を掌握する行政窓口は，いわゆる「公園・レクリエーション行政課」であり，「体育課」や「スポーツ課」といった窓口よりも包括的で総合的な取り組みがなされている。事業内容は，地方自治体それぞれの実情を反映してきわめて多様といわざるを得ないが，以下に述べるフィットネス運動の事業内容とも密接なかかわりをもっている。

⑤「大統領体力・スポーツ評議会」を通じての国民の健康づくり

第二次大戦後のスポーツと国民の健康問題は，アメリカの青少年の体力がヨーロッパ諸国の青少年に比較して著しく劣っているという調査報告が，その発端となった。すなわち1954年2月に体育雑誌「Research Quarterly」の誌上で公表された，筋力やその柔軟性を

表1 レクリエーション運動形成の7段階

	年代	発展段階
1	1885-1895	砂場（sand garden）の段階
2	1895-1900	モデル運動公園（model playground）の段階
3	1900-1905	小公園（small park）の段階
4	1905-1912	レクリエーションセンター（recreation center）の段階
5	1912-1915	市民の芸術と福祉（civic art and welfare）の段階
6	1915-1918	近隣組織（neighborhood organization）の段階
7	1918年以降	コミュニティー・サービスの段階

（出典：Rainwater, C.E. *The Play Movement*, The University of Chicago Press, 1922. 45-190.）

測る6種目の体力テスト（クラウス・ウェーバーテスト）を用いた調査報告がそれであった。当時のアイゼンハワー（D. D. Eisenhower）大統領をはじめ政治家や教育関係者などが大きなショックを受けたが，その結果1954年に「青少年体力大統領評議会」が結成された。

注目すべきことは，いわゆる「体力」(physical fitness)の概念が，人間の「全体的な適応能力」(total fitness)にかかわって考えられたことかもしれない。健康や体力の問題を，全面的な人間の心身の相関性の中で捉える思考方式は，すでにYMCAの体育を展開させたアメリカ人の間で以前から芽生えていたものでもある。それゆえに当初は体育関係者のほか牧師から心理学者や社会学者などを含む広範な人々の取り組みとして，この運動が展開されることにもなった。

この大統領評議会は，文明の豊かさの中にいる「ひ弱なアメリカ人」に対して呼びかけたものである。ケネディ大統領に引き継がれた後に，1968年3月にはこの評議会の名称が「大統領体力・スポーツ評議会」(President's Council on Physical Fitness and Sport)と改称されるなど，体力やスポーツ問題への傾斜がより鮮明に関係づけられるものになった。また，対象も青少年のみならず，広く国民全体を対象に組み込むようにもなっていった。

この評議会では，大統領から任命される15人の委員によって，諸事業を決定し推進するような体制がとられ，委員には往年の名選手や名コーチ，著名な医学者や実業家など，多彩な人材が登用された。また評議会には，それを補佐する諮問委員会があり，体育・スポーツ関係者，医師などの学識経験者100人に及ぶ人々から構成されている。主な事業としては，まず青少年，成人，婦人，高齢者，知的障がい者のための「体力テスト」の作成がなされている。さらには，一般労働者や警察官や消防士などの「運動プログラム」の作成も同様に行われている。次いで「大統領体力賞」や「大統領スポーツ賞」の制定，「全国体力・スポーツ週間」キャンペーン実施，スポーツクリニックの開催，関連セミナー，機関誌の発行や世界各国の情報誌の収集などが行われている。

⑥ 1980年代以降におけるフィットネス運動の広がり

「大統領体力・スポーツ評議会」を中心に展開されたフィットネス運動は，その後民間における健康スポーツへの試みを含めて，多様に展開している。1980年代は，そうした年代的な，1つの節目とみることができる。1980年代までには，アメリカ人のフィットネス運動への接近ぶりが一段と明白なものになったといえるかもしれない。成人の規則的な運動実施者は1961年時の数値（24％）と比較すると，およそ四半世紀後の1982年で47％，さらに1984年でも59％と倍増していた。これは18－30歳の若者だけを対象とするものではなく，60歳以上の高齢者までをも含めた数字である。

また昨今のジェンダースポーツ絡みの視野からみても，1975年の「タイトルⅨ」制定に向けての時代的動向などを含めても，健康づくりのためのスポーツ参加は，まさに性別を問わない生涯学習とみなすべきものになってきている。フィットネス運動はまさに，生涯を通じての「スポーツ・フォー・オール（Sport for All）」の時代の到来を自覚させる運動の広がりをみせるようになった。

この運動の広がりの一端として，早くも1974年には，評議会の下部組織として「全米企業フィットネス協会」(Association for Fitness in Business)が創設された。社会的責任という見地から，働く国民の健康問題へ積極的に取り組む必要性が，企業の側に広く自覚される機会となった。従業員への健康投資が，生産性の向上や欠勤の減少，あるいは職場への定着にとってプラスになり，また医療保険負担の軽減にも結びつくと認識されるに至ったのである。メディカルチェックや体力測定に基づいて，ひ弱なタイプや肥満タイプの従業員に対して，業務命令によって勤務時間中に「1回約1時間程度の運動を週に2，3回」実施させるような企業が1980年代以降増えることになった。

エアロビクス運動がブームとなったのも，当時の健康スポーツへの社会的盛り上がりを示す特徴的な事例にほかならない。すでに1967年にクーパー（K. H. Cooper）博士によって開発された12分間走テストのプログラムがその発端

であった。それ以後，ジョギングやサイクリングや水泳，それにダンスなどでエアロビクスが実施されるようになった。一大ブームになったダンス形式のエクササイズプログラムはソーレンセン（J. Sorensen）によって始められ，すでに1970年代には女性の間で普及していたが，1979年に映画俳優ジェーン・フォンダ（J. Fonda）がロサンゼルスのビバリーヒルズにスタジオ「ワークアウト」を開設するに至って，「エアロビックダンスエクササイズ」は爆発的に流行をするようになった。

ところでジョギングブームは，この健康法ブームの立役者フィックス（J. F. Fixx）によるところが多い。彼の著書「奇跡のランニング」（"The Complete Book of Running"）は世界的ベストセラーと称されるほどだが，この内容は彼自らの減量と健康増進の記録でもある。

彼はオバーリン大学を卒業して以降，30代半ばまでに体重が100kg近くまで増加した。そこでマイペースで毎日1kmのランニングを継続したが，その結果およそ30kg以上の減量に成功した。こうした肥満克服の体験は，アメリカが肥満大国であり，肥満したアメリカ人をアメリカ社会の貧困と結びつけて考えるような人たちにとっても，理想的事例を提供するものであった。

社会・文化的批判にも通じる昨今の肥満への考え方は，また同時に喫煙などを含む生活習慣の悪癖を改善するという広がりを伴って，自律的な生活行動を実践できる人間の証左とも考えられるようになっている。

⑦「スポーツ・フォー・エブリワン」と「ヘルシーピープル運動」

アメリカの健康問題は第二次大戦後から，青少年の体力低下を憂慮する「大統領体育・スポーツ審議会」の取り組みを通じて実践されてきた。そして生涯スポーツを標榜するあらゆる老若男女を対象にフィットネス運動を展開してきた。例えば，学校ではこれまでフィットネステストや成績優秀者へのメダル授与を実施してきた。しかしそれにもかかわらず，青少年のスポーツ振興はそれほど成果を上げてきておらず，同時に青少年の肥満率，糖尿病や高血圧などの生活習慣病の割合も増加し続けている。肥満を促進するよう

な食生活が，時代状況を反映する新たな家庭環境の中で加速化しているためとも指摘される。あるいは競技スポーツ偏重の学校教育が多くの青少年のスポーツ離れを起こしてきたことも，その理由として上げられている。

現在のアメリカの学校では，体育をすべての青少年のための時間として捉え直し，競技スポーツを上手に実施できること以上に，健康のためのレクリエーション的な運動に重点を置く体育授業が，いっそう論議の対象となっている。「みんなが楽しめるスポーツ」という意味での「スポーツ・フォー・オール」(Sport for All)ではなく，むしろ「スポーツ・フォー・エブリワン」(Sport for Everyone)というべき，運動能力の低い児童・生徒や障がいをもった児童・生徒も，それぞれが楽しめるフィットネス運動や健康づくりの運動に力点を置く方向性が強調される。

そして，コミュニティーの健康向上のためには「あなたのコミュニティーは健康ですか」と問いかけるような，新たな「ヘルシーピープル運動」(わが国における「健康日本21」提案のモデルとなった国民健康づくり運動)なども実践されている。例えば「ヘルシーピープル2010運動」の場合，ここでは健康的なコミュニティーでの協働を生み進めるための方法を学ぶとともに，自分自身のコミュニティーでの薬物乱用とか10代の妊娠，うつ病や感染症などの様々な健康課題に関する情報を得ることができるよう，呼びかけがなされている。また自らの変化を生み出すための地域の人々のQOL (Quality of Life: 生活の質)の改善を進めるべく，すべての住民に対して治療とヘルスケアサービスの提供などが謳われている。健康寿命の延伸と生活の質の向上，それに健康格差の解消をめざして，健康的なコミュニティーの創造する戦略が提起されているのである。

参考文献 07.0.02

- 小田切毅一．1984．「アメリカにおけるレクリエーション運動の展開」『現代体育スポーツ大系 第二巻 体育・スポーツの歴史』200−14．講談社
- Kern, S. 1977．『肉体の文化史』喜多迅鷹，喜多元子 訳 文化放送出版部
- National Recreation Association. 1949. *Community Sports and Athletics.* Heinemann.
- Newmeyer, M.H., Newmeyer, E.S. 1958. *Leisure and Recreation.* The Ronald Press.
- Rainwater, C.E. 1971. *The Play-movement in Nineteenth-century America.* The University of Chicago Press.
- U.S.Department of Health and Human Service. http://www.healthypeople.gov/（2007年9月10日）

（小田切毅一）

日本における動向 07.0.03

① 健康・体育（スポーツ）の大衆化

1924(大正13)年，日本における国の健康政策は，体育・スポーツと強い結びつきをみせて顕在化した。それ以前の衛生行政と健康政策は，文部省，内務省，商工省の各省がそれぞれの対象と守備範囲から，病因の追求・排除・管理に力を入れていた。同年は，それまでの疾病・衛生管理の中心であった二次予防(早期発見・早期治療)・三次予防(リハビリテーション)から一次予防(健康増進)へと政策を変化させる時期にあたる。特に課題とされていた結核の予防対策として体力に注目が集まり，体力向上に向けた政策が打ち出された。

具体的には，1924(大正13)年10月25日の体育研究所の設置，10月30日の第1回明治神宮競技大会の開催，11月3日の第1回全国体育デーの実施がそれである。

[体育研究所の設置]

体育研究所は，体育に関する調査・研究・指導・教授を目的としており，発足当初から全国の学校体操担任教師を対象として体育講習会を開催し，体育の普及活動を行った。

所員による全国各地での指導教授は多い年には年間60回，延べ日数290日に及び，全国へ体育を普及させる活動を行った。体育研究所は，大正末期からの研究と活動によって，体育の大衆化に寄与した機関として位置づけられる。

[明治神宮競技大会の開催]

明治神宮競技大会は，明治神宮競技場の築造を契機に，明治天皇の神前に奉納し，かつ国民の身体鍛錬と精神の作興を目的に内務省によって発案された初の全国的な体育・スポーツイベントであった。オリンピックの開催，極東オリンピックの開催により大衆の体育意識が一気に向上した時期でもあった。

[全国体育デーの実施]

体育意識の向上は，全国体育デーの実施によってさらに全国に広がった。この試みは，文部省の外郭団体である帝国学校衛生会の稟請にかかる実施要項に基づいて実施された。

全国体育デーは，体育を通して国民精神の向上を図る役割を有しており，学校を思想普及の装置と考えて全国で展開された。さらに，施行日を明治天皇の天長節(天皇誕生日の旧称)としたことにより実施を強化した。

全国体育デーは，学校，校友会，青年団，婦人会，市町村，在郷軍人会，体育会，宗教団体，工場，各種実業組合などの団体が全国各地で主催し，運動会，体操会，教練，武道，遠足，健康表彰，講演，ポスター配布，衛生訓練，展覧会などが行われた。第1回全国体育デーでは1万7,276件，第2回では2万7,111件，第3回では2万2,408件が実施された。

大正デモクラシーによる大衆文化の盛り上がりとともに展開された体育・スポーツイベントは，健康獲得の側面をもって全国へ普及した。昭和期に入ってからも，衛生デー，衛生博覧会，徒歩旅行，ハイキングなどのツーリズムは拡大をみせた。体育・スポーツの大衆化は，国民の娯楽として定着する一方で，公権力が介入する接点と総力戦体制構造(国民統合システム)の基盤をも準備していた。

② 保健衛生思想の拡大と身体管理の変化

明治の近代化以降，保健衛生思想の普及・拡大は，学校健康教育運動(以下，健康教育運動と略す)や健康優良児表彰事業，ラジオ体操，衛生展覧会などのイベントを通して行われた。これによって健康は国民が主体的に獲得するものであるといった健康観が形成された。

[健康観の変遷]

日本における健康観は，近世の「養生」から明治期に「衛生」へと変化し，さらに大正後期から昭和前期にかけて，「健康」の概念へと変遷をみせている。

学校教育において衛生管理から健康教育へと注目が集まるのは，大正末期

からである．それまでの学校衛生は衛生施設・設備の拡充(外的身体管理)を中心としており，この時期から，徐々に主体内部で機能する力(内的身体管理)の形成へ疾病管理構造が変化した．

健康は積極的に獲得するもの，つまり健康増進(一次予防)への方法として体育・スポーツに着目したことは，今日の健康観につながる価値観をこの頃，すでに形成していたことを物語っている．

[健康教育の導入 －健康教育と体育の接点－]

健康教育の普及は，1920(大正9)年に文部省の外郭団体として創設された帝国学校衛生会の存在が大きい．同会は，東京帝国大学医学部教授三宅　秀を会長に，同大学教授陣と文部省関係者を中心メンバーとしており，積極的に国内外の健康教育動向を調査した．この過程で，アメリカの健康教育に着目し，関係書物を翻訳・紹介したことが，昭和期健康教育運動興隆のきっかけとなった．

特にターナー(C.E.Turner)の影響は大きく，著書である"Principles of Health Education"(邦題『健康教育原論』)が翻訳されたことと，ターナーの来日にその影響をみることができる(図1)．ターナーの健康教育思想を受容したことは，ターナーに師事して渡米した体育研究所技師の吉田章信や東京帝国大学医学部小児科助手の野津　謙をはじめとして，文部大臣官房体育課学校衛生係長大西永次郎や同嘱託高橋喜一らに影響を与えた．健康教育の全国への普及は，大西や吉田が文部省学校衛生政策の立案と作成にかかわり，同時に外郭団体である帝国学校衛生会の中心メンバーとして，全国の学校や地方学校衛生会に指導・助言を行ったことが大きい．

健康教育が導入された当初は，指定学校を中心として，各学校が地域の実情に合わせたカリキュラムを学校独自に開発し，地域の健康問題を解決するために実践が行われた．その後，1941(昭和16)年の国民学校令によってナショナルカリキュラムの再編が行われると，体錬科体操の中に衛生の内容が位置づけられた．これにより，健康教育は全国の学校で行われることとなった．

大正末期より興隆した健康教育運動

図1　ターナーの来日(1936(昭和11)年4－5月)
左より，野津謙，ターナー，1人おいて，帝国学校衛生会副会長横手千代之助，吉田章信
(提供：埼玉大学教育学部七木田研究室)

は，学校衛生の教育的側面を内容的にも方法的にも深めながら体育との関連を強め，その帰結として体錬科の中に健康教育の内容が盛り込まれることとなった．戦後，保健科と体育科の合科型教科保健体育科が新設される基盤は，健康教育運動が展開される中で，健康と体育・スポーツの接点がより強固となることによって形成された．

[健康優良児表彰]

1930(昭和5)年，朝日新聞東京大阪両本社は，旧紀元節である2月11日に全国の小学校児童を対象に「健康日本一」の子どもを表彰する事業「日本一健康優良児」表彰制度を企画・発表した．この事業は，文部省の積極的な後援を得て進められた．

第1回の審査は尋常小学校第5学年児童を対象に行われた．審査基準は，身体発育について，発育概評，栄養ともに甲以上で均斉に発育した体格を有し，1)疾病の異常がない，2)運動能力は日本体育連盟制定競技検査第1テストに合格するか成績優秀である，3)学業成績および操行は平均以上の3点が定められた．評価カードの評価項目はさらに詳細であり，発育(身長・体重・概評・胸囲・座高)，栄養，疾病および異常の有無，運動能力(50m走タイム，走幅跳距離，ボール投距離)，病欠日数(第4・5学年分)，学業成績(10点満点平均)，操行(甲乙丙)，本人既往歴，家族既往歴(父・母系)，同胞の健否，家業，経済生活状況に及んだ．この審査は，身体的現況に加え，運動能力に重点を置き，学業成績や素行なども良好な子どもを探し出すことから「桃太郎さがし」と呼ばれた．1939(昭和14)年からは，優良児を養育した「母」も顕彰された．

表彰事業は終戦前後の6年間は中断され，1949(昭和24)年からは全日本健康優良児童表彰事業として再開された．1951(昭和26)年には，健康優良児童表彰に加え，健康優良学校表彰を実施し，「児童」と「学校」の2事業並行実施となった．全日本優良児童表彰は1978(昭和53)年に終了，健康推進学校表彰は1996(平成8)年をもって終了した．この事業を通しても健康と体育の接点をみることができる．

[ラジオ体操]

ラジオ体操は，1928(昭和3)年11月1日，昭和天皇の大礼記念行事として東京中央放送のローカル番組から始まり，翌年2月12日(紀元節の翌日)からは全国番組となった．ラジオ体操は，アメリカにおける放送にヒントを得て，逓信省簡易保険局，文部省，日本放送協会などが協力して企画・実施した．当時は「国民保健体操」と呼ばれた．

全国各地の町内会や青年団を中心にしてラジオ体操の会が組織され，内務省・文部省・在郷軍人会などが後援して，全国的な組織へと成長するとともにラジオ体操も全国に普及していった．1933(昭和8)年の夏のラジオ体操の会には延べ4,400万人が参加する国民的行事となった．

表1 体力章検定種目と合格基準

種目		初級	中級	上級
走	100m	16秒	15秒	14秒
	2000m	9分00	8分00	7分30秒
跳	走幅跳	4m	4.5m	4.8m
投	手榴弾投	35m	40m	45m
運搬	50m	40kg (15秒)	50kg	60kg
懸垂		5回	9回	12回

ラジオ体操は，体育の大衆化とともに保健衛生思想の拡大に大きな役割を果たした。

[衛生展覧会]

大正期半ばから日本各地において，様々な地方博覧会や展覧会が開催された。それらの博覧会や展覧会では，衛生をテーマにした展覧会やテーマ館が設けられた。展覧会の開催は，保健衛生知識の普及や保健衛生思想を拡大し，健康増進に結びつけるために実施された。大日本私立衛生会，日本赤十字社，内務省，文部省，自治体，新聞社，警察などが主催した展覧会には，「衛生参考品展覧会」「乳幼児保健展覧会」「栄養改善展覧会」「運動体育展覧会」「体育と衛生展覧会」などがあり，大正から昭和期にかけて，国民の保健衛生思想の普及・拡大に大きな役割を果たした。

③ 厚生省の新設と健康・体力政策

第二次大戦下において，健康と体育・スポーツはより強固な結びつきをもち，戦後体制の基盤を形成した。

[厚生省の新設]

1938(昭和13)年1月1日，内務省と陸軍省の強い要請により，厚生省が新設された。

厚生省には，内務省衛生局，同社会局，逓信省簡易保険局の業務が移管され，学校体育以外の体育運動についても文部省から厚生省に所管が移された。省内には，大臣官房のほか，体力局，衛生局，予防局，社会局，労働局と臨時軍事援護局，外局として保険院が設置された。政策は体力局を中心として策定され，国民体力法，国立公園法，体力章検定，健民運動などの国民体位向上策，国民体力の国家管理，国民生活の安定についての役割を担った。

体力局には，企画課（国民体力管理制度の企画や高い乳幼児死亡率への対策），体育課（体育運動），施設課（国立公園などの公園や体力向上施設を所管）の3課が置かれた。戦時下に至って，同局は1941(昭和16)年8月に「人口局」，1943(昭和18)年11月に「健民局」へと局を改組し，体力強化から人口増殖，健民健兵の創出など，政策の立案を行った。

文部省においても1941年1月8日に大臣官房体育課を体育局へ格上げするなど，時局の要請である体力の増進と兵力の確保へ向けて健康・体育担当組織の再編が行われた。

[国民体力法]

1939(昭和14)年7月，厚生大臣の諮問機関として保健衛生調査会・体力運動審議会・国民体力管理制度調査会を統合して国民体力審議会を設置した。この審議会設置の目的は，国民体力管理法案・国民優生法案（断種法案）を作成することであった。同法案は，1940(昭和15)年に国民体力法として可決された。同法は，満20歳未満の者に，市町村，学校，企業などが体力検査を実施することを義務づけた。検査項目には，身長，体重，胸囲，視力，色覚，聴力，既往歴，ツベルクリン反応，トラホーム，寄生虫病，脚気，栄養障害，齲歯，その他の疾病異常，運動機能（荷重速歩），概評が定められた。

体力検査は，1940(昭和15)年度は17-19歳の男子に，1941(昭和16)年度は15-19歳の男子に実施され，1942(昭和17)年度からは法改正により25歳の男子にまで拡大された。この検査で「筋骨薄弱」と認定された者は1週間の体力向上修練会への参加が義務づけられた。修練会では，参加者は体力検査と個別的生活指導，体力鍛錬方法の修練，作業，日常生活の指導と保健および精神の講話などが行われた。また，体力検査で結核や性病が発見された者には療養が義務づけられた。

[体力章検定]

厚生省体力局は，国民体力管理法と国民優生法（断種法案）の法案審議と並行して，1939(昭和14)年に第1回体力章検定を実施した。

検定は，15-25歳の男子，1943(昭和18)年からは15-21歳の女子にも拡大し，表1に示した合格基準で検定を行い，結果の判定により徽章を与えた。

検定の結果は履歴書に記載され，徴兵検査や入学・就職試験の際に体力証明とされた。

[余暇の国家管理 －厚生運動・健民運動・国立公園法－]

レクリエーションが厚生運動（体育大会，登山，徒歩旅行，音楽会，祭礼など）と改称される中で，国家は国民の余暇を体力強化と思想教化に活用した。厚生運動を行う場として考えられたのが国立公園であり（国立公園法は1931〔昭和6〕年3月成立），公園内には「徒歩旅行地（ハイキングコース）」などが設置された。1941(昭和16)年になると，ハイキングは「健歩会」と改称され，国民の余暇と娯楽に対して指導がなされた。国立公園は，新たに天孫降臨地高千穂に代表される「建国神話」の地などを公園に指定し，自然保護や行楽の場から，教化の場へ，さらに建国体操の導入によって心身の鍛錬の場「健民地」へと変化した。そして厚生運動は，1942(昭和17)年4月，厚生省人口局が決定した「健民運動実施要綱」に基づいて，精神作興運動・思想善導の官製運動としての健民運動として展開された。

参考文献　07.0.03

- 黒田勇．1999．『ラジオ体操の誕生』青弓社
- 瀧澤利行．1998．「健康優良・推進学校表彰事業の成立と展開」朝日新聞社/全日本健康推進学校表彰会 編．『健康優良・推進学校の軌跡』11-12．港の人
- 七木田文彦．2010．『健康教育教科「保健科」成立の政策形成－均質的健康空間の生成－』学術出版会
- 藤野豊．2000．『強制された健康』吉川弘文館
- 松井三雄．1971．「体育研究所の成立過程とその成果」『体育の科学』21(8):503-06．

(七木田文彦)

8章
スポーツと身体の文化

身体は

これまでどのように捉えられてきたのか,

その捉え方がどのように身体の文化としてのスポーツに反映されてきたのかについて,

「人間が支配する身体」

「人間の支配を超えようとする身体」

という2つの視点からまとめた。

前者では合理化され管理されビジネス化される身体を,

後者では身体の叛乱から, 自然との交流, 神との交信といった人間の支配を超えよう

とする事象

について紹介することで,

身体の文化としてのスポーツの一面を

より深く考える契機にしていただきたい。

身体と文化の関係性　08.A

身体の捉え方からの検討　08.A.01

① 理性に統御された身体

　まず，身体は人間が支配するものという捉え方がある。ここでいう人間とは理性的存在としての人間であり，その理性の道具として身体を位置づけたヨーロッパ形而上学の伝統に則ったものである。形而上学を代表するデカルトの言葉「われ思う，ゆえにわれあり」とは，「私は考える主体であるからこそ，私の存在が確認できる。これこそが人間の人間たる所以である」という意味であるが，人間の存在を決定するのは理性であって身体ではないという考え方が根底にある。理性に統御された身体は有用であり，理性との関係の中で身体の価値が認識されるが，理性と無関係に身体の価値が語られることはない。形而上学は，個別化された理性的主体を自己完結的に捉える。このような自己完結的な主体性の論理は，自己のために他者を自己の都合のよいように変えていくこと，つまり他者否定を自己実現と称して肯定する。

　近代社会は，この形而上学による身体の捉え方が様々な文化の形をとって噴出してきた。そもそも近代国民国家そのものがこの思考法を遺憾なく発揮するシステムなのである。近代国民国家は自国を中心に据え，自国の経済システムの中に他国を取り込んで，植民地化し，自国の勢力拡大に邁進する。つまり，国家という主体の自己実現である。国家はその自己実現のために，内にあっては国民の統制を，外に対しては征服を企てる。それゆえ，国民を道具と考え，国家の自己実現のために国民を都合よく作り変える。19世紀の英国エリート養成のパブリックスクールにおけるスポーツ教育やヨーロッパ各国の国民体操，ひいては20世紀ナチズムや旧東独における健康・スポーツ促進運動は，こういった国家による国民の身体の管理であったといえる。

　また，近代スポーツは「より速く，より高く，より強く」を標榜し，それらの追求はとどまるところを知らない。トレーニング法の改善，ルールの改定や用具の改善等により，近代スポーツはどんどん合理化され，高度化する。身体をとことんコントロールすることによって限りなく自己実現していくのが，近代スポーツの本質である。近代スポーツにおいて自由競争は善であり，予定調和を信じて，突き進んできた。しかし，現代ではその予定調和が必ずしも実現されないことが露呈してきている。例えば，ドーピング問題がある。ドーピングはあらゆる手段を投じて高度化をめざす近代スポーツの必然的結果であるにもかかわらず，それを近代スポーツから排除しようとするのは，一種の自己矛盾である。これは地球が有限であるにもかかわらず，近代国民国家が競って植民地を獲得し，無限の膨張運動に乗り出したあげく，世界戦争（第一次大戦，第二次大戦）が勃発したのと同じ原理である。

　冷戦終結後，世界はグローバル化へと向かっている。その中で経済が優先事項となって，スポーツは国家の境界を越えたビジネスの対象となってきた。スポーツのプロ化，ファッション化などはビジネスと密接に関係している。

② 理性による統御からはみ出す身体

　しかしその一方で，理性によるコントロールからはみ出す身体もある。暴力や引きこもりや摂食障害など現代の子どもたちが示す身体の叛乱は，このことを端的に示しているといえる。なるほど，歴史的かつ地理的に視野を広げてみると，形而上学的身体観とは別の身体観の上に立つ文化もある。人間中心主義ではなくて自然中心主義的な見方で実践される様々な身体活動である。また神が生きていた時代（そして現代でも神が生きている地域がある）には，人間は舞い踊ることによって神と交信しようとしたし，神に奉納する競技や舞踊は形の違いこそあれ，あらゆる民族にみられる現象である。近代科学が発達した現代では，そのような行為は迷信であり蒙昧であると片付けてしまうだろうが，現代にあっても集団が一緒になって舞ったり踊ったりすると，自己と他者の境界がなくなっていき，恍惚としてきて1つの生き物のように一体化してくる。神が生きていた時代には，これをまさに神との一体感であると感じたのであろう。スポーツのパフォーマンスが最高に達した時も，アスリートたちは身体が勝手に動き出したと感じ，恍惚感を味わうことが少なくない。いわゆる「ゾーン」という体験である。このような身体は理性のコントロールを超えたところで動き出す身体である。

　スポーツと身体の文化を考える際には，こういう側面もあることを念頭においてスポーツと身体と文化の関係を俯瞰する必要があるだろう。

（木村真知子）

人間が支配する身体　08.B

合理化される身体　08.B.01

① 合理という概念と身体

　「合理化される身体」とはなんだろうか。合理化とは，「対象（事象や行為）を，直感を廃して意識的に筋道立てて捉え，また，一定の観点（目的や価値）に準拠しつつ首尾一貫して整序し再編成してゆくこと」（廣松渉ほか編『哲学・思想事典』岩波書店，1998）とある。本稿でのテーマは「合理化される身体」というのであるから，その対象となるのは身体事象，身体の行為，身体の動きということになるだろう。「直感を廃す」「意識的に筋道立てる」，そして身体を「対象とする」ということから，「合理化される身体」という見立て自体に，「ヨーロッパ近代」が潜んでいる。なぜならその身体とは，モノとしての身体，客

体としての身体だからである。しかしいうまでもなく、人間の身体は「合理」の世界に安住してはいない。「合理化される身体」に対して、理屈にあわぬ、意に反した動きをする身体、すなわち「合理化されない身体」が時に反乱を起こす。理性や意識によるコントロールを超えて動き出す身体的存在こそが人間であるといえるだろう。「合理」という概念は、ラテン語のratioに由来し、「理性」に関連している。ヨーロッパ近代は、人間や人間性を重視するために「理性」や「合理」を提起した。しかしながら、それ以降、合理であることへの執着が、人間存在の意味をみえなくし、多くの問題を生じさせている。こうした危険性をあらかじめ了解した上で、「合理化される身体」というテーマに入っていこう。

冒頭に挙げた合理化の定義に沿って、まず「準拠する観点（目的や価値）」とはなにか、ここから始める。その1つには、医学的合理性がある。その内容としては、生理学的、解剖学的な合理性がある。以下では、医学医療が身体をどのように理解してきたのかについて初期整形外科の見解を示し、そして次に、それが現代のわれわれの周りにある「合理化される身体」の問題にどのように関連しているのかを示す。

② **矯正されるべき身体**

医学医療は身体をどのように理解しどのように扱ったか。そして、その身体観は体育やスポーツの領域にどのような影響を及ぼしたのだろうか。これを18・19世紀のヨーロッパに焦点をあてて述べると次のとおりである。

近代体育の成立には医学者たちの運動論が多大な影響を及ぼした。なかでも18世紀は多くの医学者が身体運動の治療的価値に注目しはじめた時代とされている。例えば、F.フラー、J.C.チッソ、F.ホフマン、B.C.ファウストらは、養生的な身体運動観を展開していた。次に取り上げるアンドレ（Nicolas Andry de Bois-Regard）もまたその時代に生きた医師であり医学者であるが、彼は養生的な考え方から一歩出て、身体運動の治療的な有効性を認めた。続いて、彼の仕事をみていくことによって、身体がどのように合理化されるようになったかをたどってみよう。

アンドレは「整形外科の創始者」「整形外科の父」とも呼ばれている。この「整形外科」の登場が、その後のヨーロッパの身体観に非常に大きな影響を及ぼした。現在われわれが「整形外科」と呼んでいる医学医療の一科目名の出自は、アンドレが1741年に著した"*L'Orthopédie*"（*L'Orthopédie, ou L'art de prevenir et de corriger dans les enfans les difformites du corps*, Le Veuvu Alix – Lambert Durand, Paris, 1741.『整形外科, 小児の変形の予防・矯正術』）にある。

その序文には「ここで提起する新領域の名称Orthopédieは、orthos（まっすぐな）とpaidion（子ども）という2つの語の合成語であり、子どもをまっすぐにするという意味である」とある。すなわち、子どもの身体の奇形を対象として、その予防と矯正を目的とする、ということである。

彼が提起したこの新領域「整形外科」は、患部の切除や瀉血を多用した当時の外科医（床屋医者）への批判から、非観血的方法による治療へと治療法を変換させた。その非観血的な治療法の1つとして身体運動が取り上げられていることは注目に値する。さらにここではこの「整形外科」が子どもの身体を対象としていることに着眼したい。そこでは、子どもの身体は守り保護するものではなく、むしろ、形成しかつ矯正していくべきものとみなされたのである。

アンドレは、まずはじめに子どもの「あるべき身体」を定義づけた。そのために、身体を関節ごとにパーツに分けて、その1つ1つについて、名称、形状、比率など細部にわたって詳細に提示した。これが各部分の「自然で完全なる基準」である。そして、全身にわたってこれを提示していき、理想的な人体のタブローを描いたのである。

もう少し詳しく説明すると次のとおりである。「身体は躯幹と四肢に分けられる。躯幹は頭部、胸部、腹部から、そして四肢は腕と脚から成っている。…たとえば…肩から手首に至る部分を腕と呼ぶ。腕はふたつの部分から成る…手首の先端は5つに分かれた手と呼ばれる部分が存在する…開いた時には手背には各関節の下に小さな窪みがある」という具合である。これと同様に順次、長さの変形、太さの変形、脚と足の異常、毛髪の変形、唇の変形、肌の色、声など、全身にわたって詳細な記述がなされている。そして「自然で完全なるもの」「標準的で望ましい身体」として基準となるべき身体を示し、そこからわずかでも逸脱する身体は厳格に異常・変形とみなし「矯正されるべき身体」とした。すなわち、そこには正常か異常かという二元論的な診断しか許さない厳格さがあった。

初期整形外科は、このように身体のわずかな変形をもみつけ出し矯正することを使命とした。このとき治療法として着目されたのが身体運動である。アンドレは医学的論拠に立って従来の体液論的治療論を超えようとし、形態の異常に対しては、体液への着目よりも、筋肉や骨格に直接働きかける治療法がより有効であるとした。運動時の筋肉の伸縮のメカニズム、運動による筋力の増強性と関節の柔軟性など生理学的な論拠に立って身体運動の有効性を述べている。そして、この科学的に信頼のおける身体運動を用いて身体の変形を予防し矯正することの意味を訴えたのである。繰り返すが、ここで身体を「守り保護する」ものとしてではなく、矯正し、よりよいものへと作り変え得るものと捉えていることが明確である。

ところで、フーコー（Michel Foucault）の『監獄の誕生』（Foucault, M., *Surveiller et punir-naissance de la prison*, Gillimard, 1975.〔田村俶訳『監獄の誕生－監視と処罰－』新潮社. 1977. 201.〕）において「矯正のシンボル」として示されている図の出自は、このアンドレの書『整形外科』にあり、若木を垂直な棒に結わえ付けた絵、伸びていくべき方向の指針を示したものであった（図1）。

18世紀末から19世紀に入って、前近代の公開処刑や残虐な身体刑は姿を消し、それに代わって監禁刑が登場する。つまり「監獄の誕生」である。この刑罰の変化は、一見、人間性を尊重するものとみえるが、実は、そうではないとフーコーは考えた。監獄での一望監視方式による監禁刑では、受刑者は常に監視の目にさらされ、従順であることが強要される。こうして新しい刑罰は、受刑者を精神的かつ道徳的に良識ある人間へと矯正する。みせしめにし、懲らしめる（懲罰）だけではなく、

図1 若い木がまっすぐ育つように―整形外科のシンボル―
(出典：Andry, N., 1741. L'Orthopédie, ou l'art de prevenir et de corriger dans les enfans les difformités du corps, Le Veuve Alix – Lambert Durand, vol.1, 282)

権力に有用なように人間を作り変える（矯正）ことが，監獄の，近代のもくろみだったのである。さらに，監視の視線を内面化して「従順な身体」を作り出す構造は，監獄だけではなく軍隊，工場，病院，学校にも組み込まれているというのである。このような論を展開するフーコーが「矯正のシンボル」として取り上げたものが，アンドレの初期整形外科の書によっていることの意味を押さえておく必要がある。

以上のことから，「身体の合理化」の源流の1つに，この「整形外科」の存在があるといえる。医学医療がこうして「身体の合理化」を先導した意味は非常に大きい。

③ 部分運動の組み合わせ

「身体は作り変えることができる」。この身体観は以降の医療や教育に大きな影響を及ぼすことになる。次に，取り上げるシュレーバー（Daniel Gottlob Moritz Schreber）は，アンドレのおよそ100年後，19世紀中葉ザクセン（ドイツの一領邦）に活躍した医学者であり，「整形外科体操所」の所長も務めた。また，彼はわが国にも大きな影響を及ぼした。というのは，彼の主著『医療室内体操』("Ärztliche Zimmergymnastik")は，1855年に初版が出されて以来，50年足らずの間に各国語に翻訳され40版を重ねている。オランダ語版から日本語にも翻訳された。そして原典に示された運動例が，わが国では「榭中体操法図」（明治5年）となって取り上げられ，やがてラジオ体操の原型となっていった。つまり，18世紀のアンドレの初期整形外科，19世紀半ばのシュレーバーの医療体操，19世紀末のわが国の学校体操，そして現在へと，大きな流れは連綿と続いているのである。その流れはなにか。

"Ärztliche Zimmergymnastik"に示された45個の運動は，腕の回旋，胴体の捻転，脚の開閉などと名づけられており，関節の運動，部分運動がほとんどである。その主要なものは現在のラジオ体操に継承されているといってよい。本書に記載された処方例をみてみると，疾病やその症度に合わせて，45個の部分運動の中からいくつかを組み合わせ，運動の順序と回数，注意事項（深呼吸の箇所，運動のポイント，禁忌など）を指示している。つまり，部分運動の組み合わせによって多様な疾病や患者に適用できるようになっている。こうした処方もまた，関節で区切られた部分運動，つまり，身体を部分に分けて考えるということの上に立っていることに注目しておきたい。部分の総合が全体であるという考え方が医学医療においても身体についても適用されているのである。

以上，2人の医師に着目して，18-19世紀の「整形外科」という領域において身体がどのように扱われてきたかをみてきた。注目すべきことは，そこでは「あるべき身体」が規定され，「矯正されるべき身体」が明確にされたということである。正常という鋳型へのはめ込みがここに始まっている。また，部分の総合が全体であるという身体観もみられた。

このような医学医療からの身体へのまなざしは，次に，近代国民国家を支える人間の育成とそのために有効な身体の形成へと転じられていく。そして，国防の担い手としての国民教育の必要性に呼応して，体育やスポーツの役割は方向づけられることになるのである。

④ 強健な身体をつくる ―国民体育―

19世紀初頭，イギリス・フランスなどの強国に対して，ドイツ・スウェーデン・デンマークなどでは，国家統一，国民国家形成への機運が高まっていった。

1806年，イエナの戦いでナポレオン軍に敗北したプロイセンでは，その後，1811年ヤーン（Friedrich Ludwig Jahn）がベルリン郊外ハーゼンハイデに体操場を開設し，トゥルネンによる青少年の教育に力を注ぎ，多くの賛同者を得て大きな運動が展開されていく。スウェーデンもまた，1809年にロシアとの戦いに敗れ，強力な国民国家を形成しようとしていた。ゴート連盟のメンバーであったリング（Pehr Henrik Ling）は，1813年王立中央体操研究所を開設し，スウェーデン体操の確立と指導者養成に乗り出した。そして，デンマークもまたイギリスとの戦いに敗れていた。汎愛派の体育を学んだナクテガル（Vivat Victorius Franciscus Nachtegall）は軍隊の強化，学校体育の確立に尽力し，デンマーク体操の基礎を築いていった。前節で取り上げたシュレーバーは，隣国プロイセンのトゥルネンの活動を横目にみて，ザクセンもまたトゥルネンによって国家を再興しようとその採用を国会に求めた。それが，『トゥルネンについて』"Das Turnen vom ärztlichen Standpunkte aus, zugleich als eine Staatsangelegenheit dargestellt"（1843）である。シュレーバーはそのほかにも，多数の書を著しており，彼の医師としての論理や実践が当時の公衆衛生，学校教育，社会教育等に与えた影響は大きい。

シュレーバーは，ウィーン会議直後の国家復興期のザクセンにおいて，国家再建のためには国民の身体の健全さや健康がなによりも必要であり，国家の最も基本的な問題であると考えた。そしてこれに対応するために，トゥルネンを教育の中に採用し位置づけるためのもろもろのシステムを整えるよう医師の立場から医学的合理性をもって州議会に提言したのである。

この時に彼は，当時の先端的な「科学」的論拠に立って説得しようとして

いる。はじめに彼はその根拠を筋肉の生理学的機序に求めた。筋肉の構造，筋繊維の収縮，それによって起こる筋肉運動のメカニズムなどから，筋肉活動が身体にどのような影響を与えるのかを説明していく。さらに，血液循環，栄養摂取，消化吸収，そして組織再生等の生理学的根拠から筋肉活動が身体を頑強にするのにいかに有効かを述べる。筋肉活動は身体の構造と機能にとって非常に有用であること，また，その筋肉活動が合理的に体系化されたものがトゥルネンであり，ほかの身体運動よりもより有効な方法であることを力説する。同時に，トゥルネンは身体だけではなく精神や道徳的側面をも強化し得るものであること，トゥルネンによって培われる意志力と行動力は，無気力と軟弱を克服し，時代が求める人間を形成し得ると訴えた。こうしてトゥルネンが形成するのは「全き人間」であると彼はいっている。

さて，このザクセンのシュレーバーはじめ，プロイセンのヤーン，スウェーデンのリング，デンマークのナクテガルらは，ほぼ同時代に生きている。彼らはそれぞれ異なる地域に生まれ，その地で生きたが，それぞれが置かれている当時の政治的・社会的状況は同様であった。当時の列強に対して，「自国」という意識に強く目覚めている。そして，強い国民国家を確立していくためにはそれを支える兵力，労働力の確保，つまり強い身体，効率的に動くことができる身体，規律正しく行動できる身体，集団行動が可能な身体などが必須であると考えた。そしてその結果，彼らはみな国民体育に関心をもち，その確立をめざした。ヨーロッパ近代，各国の体操促進運動はこのように展開されていった。

⑤ 近代スポーツ

ヨーロッパ近代は，それまでの多様なスポーツの形態の中から，近代の論理に合うものを継承発展させた。現在，われわれが目にする多くのスポーツはこうして作り出されたものである。つまり，前近代のスポーツがもっていた土着性，儀礼性，祝祭性などを放棄し，達成原理，競争原理，記録主義，優勝劣敗主義，合理主義，効率主義などの近代論理によって合理化され新しく編成されたものが近代スポーツである。フェアプレイの精神，統一ルール，規格化された用具・施設など，平等の条件のもとで展開される近代スポーツは，こうした近代論理の中で生まれ，育ち，成熟し，かつ近代論理をさらに推進することにもなった。

さて，この近代スポーツを支え実行するのは，近代的な身体であるといえる。つまり，ある目的に向かって真面目に努力し，目標を達成し，記録を更新し，そして競争に勝ち抜いていこうとする身体は，これまでみてきたような，医療によって基礎づけられ国民体育として教育の中で醸成されてきたもの，すなわち「作り変えられてきた」身体の延長上にある。

一方，これを逆に適用して，近代スポーツによって近代的な身体へと作り変え，そして近代的な論理を生きる人間を形成しようとすることもあった。これが，近代スポーツによる植民地教化策である。ヨーロッパ列強の植民地政策では，ヨーロッパ生まれのスポーツを植民地に持ち込みスポーツを普及することによって，現地住民がルールを守ること，守らなければ罰せられること，チームに貢献すること，など，近代社会の構成員として必要な資質を形成することに，スポーツが有効な手段となった。これもまた，合理化される身体の諸相の1つである。

⑥ 身体改造・健康ブーム

ヨーロッパ近代において，国民の健康問題や健康管理が国家の重要課題であったことは先に述べたとおりである。近代の合理主義的な発想からすれば，より効率的に働くことのできる健康な身体が求められることは当然である。さらに正常と異常という厳密な分類によって，異常な身体は矯正されるべきものとされたし，もっといえば，もし，矯正できないのであればそれは有用でないものとされたのである。こうした衛生思想による身体の国家管理に「体育」が多かれ少なかれ関与していたことは否定できない。健康で強い身体をもつことは，人間としての権利ではなく，むしろ義務となる。そして健康でなければならない，強い身体を保持しなければならない，という強迫観念を無意識のうちに受け入れるようになる。その延長線上に，現代の健康ブームがあるとするならば，それは非常に恐ろしい社会現象であるといわざるを得ない。確かに健康はよいことである。しかし，だからといって健康でないことが否定されるべきではけっしてない。また，それだけではなく，身体の自然をないがしろにするような人為的な操作，例えば，痩身，美白，アンチエイジングなど，さらにその向こうには臓器移植，人工授精などの生命操作があることにも着目しておきたい。

また，前述したように近代スポーツが近代的な身体を形成し，同時にまた近代的な身体が近代スポーツを推進するという相乗的な関係の中で，互いを際限なく賞揚してきた。その典型が過剰な競争主義や拝金主義に終始する現代の競技スポーツとアスリートの身体である。人間の自然（の視力）によっては判定不可能な100分の1，1000分の1秒を競うために，アスリートの身体はどこまでも作り変えられていく。それは，「科学」的トレーニングという名のもとでの身体改造である。そして，正確に，強く，速く，美しく，計算通りに動くマシーンへと近づくことが求められる。さらにはより高度でより確実なパフォーマンスを可能にするために「ドーピング」へと向かう，このような身体改造もまた近代論理が身体を合理化してきた例にほかならない。このように，近代が必要とし，また賞賛してきたものは，ある目的に沿うように意のままにできる合理的な身体，理性や意志（すなわち合理）によってコントロールし得る身体である。

以上のように，身体は時代や社会の要請に応じて様々に合理化されてきた。しかし，今，人間の意志の全能性を信じ合理を追求するあまりに人間存在の本質がみえなくなってしまうという問題状況が生まれている。これに対して，これまで隠蔽されてきた「合理化されない身体」へのまなざしがスポーツ学からも注がれ始めている。

参考文献

- 稲垣正浩，谷釜了正 編．1995．『スポーツ史講義』大修館書店
- 稲垣正浩，今福龍太，西谷修．2009．『近代スポーツのミッションは終わったか―身体・メディア・世界―』平凡社
- 寒川恒夫 編．1991．『図説スポーツ史』朝倉書店
- 松本芳明，野々宮徹，高木勇夫 編．2001．『近代ス

ポーツの超克-ニュースポーツ・身体・気-』叢文社
◆ 三井悦子. 2007.『正常と異状の身体-医療体操史研究ノート-』叢文社

(三井悦子)

管理化される身体

08.B.02

① 19世紀イギリスのパブリックスクールにおける身体

[階級と身体]

終戦直後から2年弱の間, ビルマ(現・ミャンマー)でイギリス軍の捕虜生活を経験した会田雄次は, その時の経験を著書に次のように記している。

「イギリスのブルジョワとプロレタリアは, 身体から, ものの考え方から, 何から何まで隔絶したものなのだ。イギリスの士官と兵はまったく同じ服装をしている。それなのに, 英軍の階級についてはとんど何の知識もない私たちにもはっきり見分けがついた。」(会田雄次『アーロン収容所』〈中公新書〉中央公論新社. 1973. 104-09)

会田によれば, その違いはまず「体格, 特に身長」であり, だがそれだけではなく, 士官たちは「動作が生き生きとして自信にみち, しかも敏捷であるのが目立つ」のだという。

「英軍の階級制度は日本とちがって一般の社会構成をかなり正確に反映している。……士官と兵隊が一対一で争うとする。たちまちにして兵は打倒されてしまうだろう。……士官たちは学校で激しいスポーツの訓練をうけている。フェンシング, ボクシング, レスリング, ラグビー, ボート, 乗馬, それらのいくつか, あるいは一つに熟達していない士官はむしろ例外であろう。そして下士官・兵でそれらに熟達しているものはむしろ例外であろう。」

会田の観察は, 彼のいうブルジョワをジェントルマン(支配階級), プロレタリアをノン・ジェントルマン(被支配階級)と読み替えれば, そのまま19世紀の状況にもあてはまる。旧帝国大学から学徒動員され,「万年初年兵」の辛酸をなめることとなった「青白きインテリ」を驚愕させた, 身体をめぐるこの圧倒的な階級差。それを生み出したのが, 19世紀イギリスのパブリックスクールであった。

ナポレオン(Napoléon Bonaparte)に席巻された大陸諸国では, 国民国家形成への希求とかかわりながら, トゥルネンをはじめとする国民体操ムーブメントが起こったが, イギリスではそのような動きはみられなかった。18世紀以降, フランスとの断続的な戦争に勝利して世界に広大な植民地帝国を形成していったこの国では, それゆえ逆に,「ジェントルマン」と呼ばれる伝統的な支配階層が社会の各方面で力をもち続けた。このことはイギリス国民の身体にも影響を与えた。身体文化に明確な階級性が持続したのである。

[パブリックスクール]

パブリックスクールとは, イギリスに独特のエリート教育機関である。ただし,「パブリック」といっても公立校ではない。基金と高額な学費によって運営される名門私立校である。政治家, 官僚, 軍士官をはじめとして, 19世紀イギリスの支配階層「ジェントルマン」は, 大部分がここから輩出された。世紀末までのパブリックスクールは男子校で, 一部通学生もいたものの, 寄宿舎生活がその根幹をなしていた。入学年齢も卒業年齢も定められておらず, だいたい8歳くらいから順次入学し, 20歳くらいまでに卒業することになっていた。小学生から大学生くらいまでの男子が共同生活を送っていたわけである。もともとパブリックスクールは, 聖職者や法律家を養成するために古典語(ラテン語・ギリシャ語)文法を教える「グラマースクール(文法学校)」の一種で, 19世紀になるもなお古典人文学教育がカリキュラムの中に圧倒的な比重を占めていた。

18世紀末の時点では, 生徒の大部分が貴族と地主(ジェントリ)の子弟で, 家産を相続できない次男以下に教育を施して安定した専門職に就けることを目的としていた。しかし, 後述する19世紀初めのトマス・アーノルド(Thomas Arnold)による改革以後, 中流階級の上層(とりわけブルジョア層)もパブリックスクールに子弟を送るようになり, 19世紀半ば頃には「パブリックスクール・ブーム」が起こった。伝統校は生徒数を拡大し, 新設校も次々に作られて, 世紀末までには, イギリス帝国を担う「規格化されたジェントルマンの製造工場」と揶揄されるまでになっていた。そしてそのような時代の流れと並行して, スポーツを通じての身体と精神の鍛錬が, 教育上の重要な位置を占めるようになっていったのである。

[パブリックスクール改革]

19世紀初めまでのパブリックスクールでは, 生徒たちの日常生活は「自治」という名の放任状態にあった。教師は基本的に聖職者, 学者であったから, 生徒の課外での行動にはほとんど関心を払わなかったし, 生徒は教師よりも高い社会階層の出身者がほとんどで, 往々にして教師を見下しがちだったといわれる。学校は多くの場合, 田舎や郊外にあったから, 生徒たちは気ままに校外にでかけ, 周辺の野山に遊んだ。木に登り, 鳥の巣を探して卵を盗むのは人気の遊びであったし, 密猟をしたり, 家禽に危害を加えたり, 農地に不法侵入するなどして周辺住民とトラブルとなることもしばしばであった。上級生ともなると近隣の町の居酒屋に出入りし, 酩酊して騒ぎを起こす者もいた。校内で暴動が起こり, 鎮圧のために軍隊が投入される場合すらあった。

このような状況の改革に乗り出したのが, ラグビー校の校長として赴任したトマス・アーノルド(在職1828-42年)であった。アーノルド改革の骨子は, 彼の考える「クリスチャン・ジェントルマン」の養成にあった。それは, 中世以来の荘園領主的心性をもったジェントルマンの子弟に, 勤労の尊さと社会的責任の観念を植えつけ, 福音主義的な倫理観を内面化した新しい時代のリーダーへと変えることであった。彼は, 校内のチャペルで熱心に説教を繰り返し, 逆らう者は鞭打ち, それでも駄目な場合には容赦なく退学処分とした。また, 生徒の上下関係に基づく伝統的な自治システム(プリフェクト=ファギング制)を利用して, 顔役的な少数の上級生(プリフェクト)を徹底的に自らの思想で感化し, 彼らに他の生徒や下級生(ファグ)を管理させた。アーノルドの改革思想は勃興してきた中流階級の支持を得て各パブリックスクールに影

響を与え，19世紀半ば以降のパブリックスクール・ブームの基礎を作った。

[アスレティシズム]

アーノルドには，運動競技をその教育に用いようとする考えはなかった。しかし，19世紀中葉，アーノルドの弟子世代の校長たちの時代に入ると，彼の教育理念を引き継ぎながらも，その実践においてスポーツを教育手段として用いる「アスレティシズム（athleticism）」の思潮がパブリックスクールを席巻するようになっていった。それは，スポーツ，特にクリケット，フットボール，ボートなどの集団スポーツを生徒の人格教育のための有効な方法として重視する態度のことで，それらを通じて男らしさ，忍耐，克己心，協調性，フェアプレイの精神，自己犠牲，集団への忠誠心などの徳目が涵養されると考えられるようになったのである。スポーツ教育の流れは，やがて巨大な奔流となって各校を飲み込み，1860－70年代にはパブリックスクール教育の一大特徴であるとみなされるようになった。校内試合や学校対抗戦が計画的に組織化され，運動設備の拡充が進められるとともに，ゲームマスターと呼ばれるスポーツ指導者も雇われるようになった。

アスレティシズムは19世紀末には「ゲーム崇拝（games worship）」と呼ばれるまでに高まり，パブリックスクール本来の古典人文教育よりも，ともすれば重視されるまでになっていた。1893年，ロレット校校長アーモンドは雑誌『19世紀』に「道徳の使者としてのフットボール」と題する記事を書き，次のように述べている。

「スポーツが，情熱と体力に恵まれたすべての少年たちによってかくも愛されているということは，この国にとって測り知れない恩恵である。その存在とそれが与える実際的教訓の価値は，若者の純真を説いた万巻の書物にも及ばない……要するに身体を強健に保つことは，今では一つの義務になっているということである。」

[身体とモラルの改革]

アスレティシズム下のパブリックスクールの身体は，19世紀というより大きな時代状況の一部でもあった。そこには，1830年代頃から急速に社会全体に広まった「身体強壮の思想」が影響していた。19世紀前半は工業化と都市化の進行によって様々な衛生問題が浮上し，大きな社会問題となっていた時期でもあったのだが，そのような中で衛生改革運動の担い手となった新興中流階級にとって，身体を健康・強壮に保つことは階級的な自意識であり，一種の強迫観念（オブセッション）でもあった。

身体強壮の思想はまた，伝統的な「男らしさ（manliness, masculinity）」の観念とも結びつけられた。オフィスワークに従事する男たちが急増する中，彼らの身体は支配階級でありながら都市化と文明化の中で柔弱化していると考えられたのである。19世紀初め，アーノルド時代の福音主義的価値観は，身体の強壮や「男らしいスポーツ」に大きな価値を置くものではなかったし，むしろそれにピューリタニズム的な抑制をかけた。しかし，19世紀中葉になって再び，身体強壮に加えて伝統的な「騎士道的男らしさ」を強調する「筋肉的なキリスト教（muscular Christianity）」の思想が広く影響力をもつようになった。「健全なる精神は健全なる身体に宿る」という言葉も，1860年頃から急速に人口に膾炙するようになる。

健康・強壮・衛生・清潔といった問題は，モラルとも結びつけて語られた。柔弱であることや病気への感染は道徳的堕落と関連づけて語られ，世紀末に向けて健康は義務であると考えられるようになっていった。身体とモラルとの結びつきによって，パブリックスクールでは「怠惰」や「色欲」の撲滅も課題とされるようになった。1864年のパブリックスクール調査委員会報告書に掲載されているイートン校校長エドモンド・ウォーの証言によれば，彼は生徒が「ボートに乗ってだらだらする」のを防ぐのに最善を尽くしてきたという。校長は，見張りを雇って近くの池や川に配置し，学生たちにボート遊びをさせないようにした。ボートの上で漫然と過ごすことは，ウォーにとってボートの最悪の使い道であった。ボートは「エネルギーを注ぎ込む」ためにあるもので，全力で漕いでこそ意味のあるものであった。ラグビー校の校医クレメント・デュークスは，1883年に出された『学校の健康』と題する著書の中で，怠惰な少年はどの学校でも悩みの種だとした上で，次のように述べた。

「試合に参加せず，そのくせ偉そうにあたりをぶらつくような生徒は，参加させるべく努力してみて，それでもだめな場合には，彼の怠惰とそれが生み出す悪癖が，他の生徒を腐敗させる機会を得る前に，雑草としてむしり取るべきである。」（クレメント・デューク『学校の健康』）

生徒たちの「色欲」，すなわち同性愛と自慰も，集団で寄宿舎生活を送る少年たちの性道徳上の最大の問題として根絶がめざされた。イートン校で助教師を務めていたエドワード・リトルトンは1883年，秘密裏に教師たちへの手紙による自慰行為に関する調査を行ったが，その回答は，「生徒たちの大半が中毒である」「80％」「100人中，罪なき者はたった10人」といったものであった。スポーツで生徒を徹底的に疲労させることは，そうした問題の解決策と考えられた。もっとも，リトルトンの調査結果は，アスレティシズム最盛期になっても，「色欲」の撲滅にスポーツが特に効果をもたなかったことを示しているともいえるかもしれない。

[ゲーム崇拝と帝国主義]

1880年代になると，折から帝国主義の風潮が高まるのと連動しながら，パブリックスクールでは競技スポーツ，とりわけ集団スポーツ熱が「ゲーム崇拝」と呼ばれるまでに高まっていった。スポーツは強制的に行われるようになり，学内外での競技会が頻繁に開かれた。スポーツで活躍する者が英雄視され，当時広く読まれるようになっていた少年雑誌などにも取り上げられた。そのような雑誌では，学校スポーツで活躍する少年を描いた小説も量産された。19世紀末には，パブリックスクールや大学でのスポーツの業績が，植民地行政官などへのリクルートにおいて有利に作用するまでになった。

このような教育のあり方には批判の声も多かったが，社会ダーウィニズム的価値観や，それに基づいて国家間の生存競争を説く言説の流布などの影響もあって，批判はほとんど力をもたなかった。身体の強壮は精神の強壮の証

しでもあり、イギリス社会が進化の階梯(かい てい)の最上層に位置することの証明であるとも考えられた。当時、イギリス人は「文明化の使命」「白人種の責務」の担い手をもって任じていた。植民地では現地人支配階層の子弟のための学校が創られ、アスレティシズム流の教育が模倣された。多くがパブリックスクール出身者だったキリスト教の宣教師も、海外の伝道学校でスポーツ教育を行った（「宣教師とスポーツ」の項を参照）。

[体操とスポーツ]

パブリックスクールにおける身体は、イギリス・エリートの自意識とも結びついていた。スウェーデン式体操が一部導入されたりはしたものの、大陸流の体操は、子どもを縛り、疲弊させるものであるとして重視されなかった。スポーツ、とりわけ集団スポーツこそが、イギリスの若者にふさわしい自由で自然な運動であると考えられた。しかし、大陸風の幾何学庭園とイギリス的な風景庭園との違いにも似て、19世紀パブリックスクールの身体も、「自然」を装ったイギリス流の管理のあり方であったといえるかもしれない。

第一次大戦では、アスレティシズム下のパブリックスクールで教育を受けたエリートたちが多数志願兵として従軍し、組織化されたドイツ軍を前に数多く死傷した。アスレティシズムへの批判は高まりをみせる。しかし、少なくとも第二次大戦後まで、このような教育思想は、イギリスのエリート教育と彼らの身体に多大な影響を与えた。ビルマの捕虜収容所で会田が目にした士官たちの身体は、このような歴史的過程の中から醸成されたものだったのである。

（石井昌幸）

② 近代国民国家と集団秩序体操

[近代国民国家の論理：政治革命]

1789年のフランス革命が最も劇的な例であろうが、ヨーロッパでは17世紀半ばから19世紀にかけて様々な形で絶対王政が廃止され、近代国民国家が構築されていく。近代国民国家は、基本的に国民の自由と平等を唱えるが、それと同時に国民に兵役の義務も負わせる共同体である。なぜなら絶対王政時代の戦争は王家の私有財産による戦争であり、王の臣下である騎士階級が戦いのプロフェッショナルであったが、近代国家ではそのような特権階級を廃止しており、いざ戦争という時にはもともとは農民や職人や商人であった人たちが、もはや領民ではなく国民となって自ら武器を手にとって「戦う人」にならなくてはいけないからである。国民国家による戦争は、いわば国民の国民による国民のための戦争であるから、王の私有財産をはるかに超える、規模の点でも質の点でもこれまでのものとは全く様相が異なる戦争である。いざ戦争となると国家は戦争一色となり、内に対しては国民の統制、外に対しては征服を企てるシステムを発動する。一国がこのシステムを採用すれば、当然他国も同じシステムを採用しなければ、太刀打ちできず、植民地にされてしまうのが、19世紀の帝国主義時代の特徴である。現に未だに王政であったドイツが、ナポレオンという名将を得たフランス国民軍と1806年イエナで戦った時には、フランス国民軍の強さに圧倒され、屈辱的な敗戦を味わっている。フランス国民軍は、折角手に入れた自由と平等を命がけで守らなければならないことを熟知しているフランス国民からなる軍隊であり、彼らは「自由か死か」を合言葉に戦ったのであり、これまでのように王の私有財産で雇われている軍隊とはまるで意識が違っていたのである。このようになるといちはやく国家規模で軍と財政を整え（富国強兵）、近代国民国家を樹立しなければ、先んじて近代化を図った他の国の支配下に置かれ、植民地化されるのは目にみえている。これが19世紀の帝国主義時代の弱肉強食の世界なのである。

周知のように、日本の場合は、フランスのように民衆が蜂起して近代国民国家を打ち立てたのではなく、アメリカ、イギリス、フランスなど強国の外圧により、もっといってよければ欧米列強国によって植民地化されるのを恐れて、明治維新と称される近代国民国家の構築がトップダウンの形で性急に遂行されたのである。

[近代国民国家の論理：産業革命]

上述のように、政治革命によって、それまで王家の私有財産規模で行われていた戦争が国家財政の規模で行われるようになったわけであるから、戦場での戦闘を背後から支える社会全体の生産力や潜在的活力を高めることが国家の最重要課題となる。そのためには、産業革命を起こして、手工業生産から大量工場生産へと変革しなければならない。

実際、イギリスでは17世紀半ばにクロムウェルの革命が起き、約100年後の1750年代から70年代に産業革命が始まる。フランス革命は1789年に起こり、その産業革命は1830年代頃から始まる。ドイツでは1848年の2月革命が起こり、その産業革命はだいたい1870年代からである。日本では1868年明治維新のあと、産業革命は1880年から90年にかけて始まっている。興味深いことに、どの国でも産業革命は政治革命のあとで起こっているが、両者の時差はイギリスで100年、フランスで40～50年、ドイツで30年、日本で20年と、あとになるほど縮まっている。

大量工場生産を可能にするには、大規模な製造工場をつくり、そこに労働者を配置する必要があるから、農村から都市へと人々が移動し、都市に大勢の労働者が集中することになる。それに伴い人口集中による保健衛生問題が浮上してくるのも、近代国民国家建設時の副産物であった。

[国民の身体の均質化と集団秩序体操]

以上のような近代国民国家の構築にかかわって、民衆は国民となる必要が出てきたわけで、とりわけ、兵士と工場労働者という、これまでの生活世界にはなかった役割が国民の身に降りかかることになる。

近代国民国家の兵士は、上述したとおり、武器を持って戦うことを職業としていない、いわば戦(いくさ)の素人であるので、昔の武士（西洋では騎士）のように自立した武士として武を磨き、勲を立てることは期待されていない。それよりも工場で大量生産される銃と同様、他と取り替え可能な集団の中の歯車としての訓練を受けることの方が大切である。繰り返すようであるが、兵士たちはもともと農民や職人や商人であり、それぞれが全く異なる独自の生活リズムをもっており、テレビ等のメディアのない時代では、言葉も習慣も大きな隔たりをもっている人間の集団であ

る。こういう今日では想像もつかないほどの異質な人々をまとまりのある集団に鍛え上げ，銃などの武器を持って戦えるだけの軍隊にしなければならないという難題を近代国民国家は背負っているのである。スポーツ史家のメール (E. Mehl) の見解によると，この難題に応えるには，運動の要素化と鋳型化が不可欠である (E. Mehl. Zur Geschichte des Kunststiles beim Geräteturnen. *Natürliches Trunen*. Jugend Verlag. 1956. 123)。つまり，兵士たちがそれぞれのやり方で勝手に動かないように，運動を関節ごとの運動に要素化し，それを上下左右を軸にした幾何学的な鋳型にはめ込み，指導者の号令一下，全員が一斉に，揃って，一糸乱れず運動するものであった。

また，近代の工場は，大量の均質な物品を生産すればよいわけであるから，かつての職人のように個人の技量や「腕のよさ」を発揮するのではなく，徹底的に非個性化した労働力が提供できさえすればよいのである。チャップリンの映画「モダンタイムス」に出てくる主人公のように，オートメーション化された工場の中で働く労働者は，決められた動きを機械に合わせて繰り返すだけの，いつでも他の労働者と取り替え可能なパーツである。このような労働者の多くはもともとは農村で作物の成長に合わせた自然のリズムで生活していた人たちであるから，都市の工場労働者としての生活は彼らにとっては全く異質のものであったに違いない。そういう状況下で，自己の身体の決められた部分を機械に合わせて他律的に動かす訓練が必要となったのである。これに適した運動が集団秩序体操だったということはいうまでもない。

まさに集団秩序体操は，近代国民国家の国民を，とりわけ均質な身体をもつ兵士や工場労働者として使いものになるようにするために編み出された身体運動文化である。さらに指導者の号令をもって他律的に動く訓練は，その身体を通じてその精神のありようまでも支配した。全体主義を徹底させるためには，身体を通じて服従的精神を植えつける必要があったのである。集団秩序体操は，まさに近代国民国家，特に遅れて近代化に踏み切り，その建設を急がなければならなかった国家には

図1 ドイツの体育教員養成所で行われた集団秩序体操 (19世紀後半)
(出典：木村真知子，中村敏雄 編『スポーツ技術・ルールの変化と社会I』創文企画. 1996. 114)

図2 スウェーデン体操系の集団秩序体操 (20世紀初頭)
(出典：木村真知子，中村敏雄 編『スポーツ技術・ルールの変化と社会I』創文企画. 1996. 114)

不可欠の身体運動文化だったのである。

[集団秩序体操の実施法]

集団秩序体操は，指導者の号令一下，集団が一斉に要素化・鋳型化された動きを行う体操である。軍隊では実際に銃を持って行うことがあったが，さすがに学校では銃は持たない。運動を関節ごとに区切り（要素化），幾何学的な型をはめ込んで（鋳型化），さらにそれらの運動を単純なものから複雑なものへと組み合わせるようにして行われた。その典型的な例が，ドイツ・プロイセンの小学校の体育指導書にみることができる（図3）。直立姿勢で足を直角に開き，号令に合わせて両腕を上が左右方向にまっすぐ伸ばすように規定されており，さらに「3年生の子どもたちは，腕の運動と脚の運動を別々に練習すること。そして4年生になって初めて腕の運動を結合すること」(*Leitfaden für den Turnunterricht in den Preußischen Volksschulen*. Berlin 1895. 38) と解説されている。

さらにそれを集団で斉一的に行うことで，個は全体の中のパーツであるという意識が徹底的に叩き込まれた。図4は，「ドイツ学校体育の父」と呼ばれたシュピース (A. Spieß) の手になる集

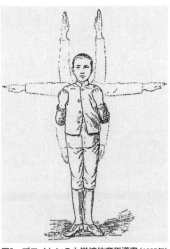

図3 プロイセンの小学校体育指導書 (1895年) における集団秩序体操の例
(出典：*Leitfaden für den Turnunterricht in den Preußischen Volksschulen*. Berlin. 1895. 38.)

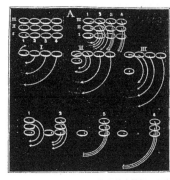

図4 シュピースによる集団秩序体操の図解 (1874年)
(出典：Spieß, A. *Die Lehre der Turnkunst*. Vierter Theil. Basel. 1874. 161.)

団秩序体操の図解である。集団が幾何学的な図形に合うように，号令によって整然と移動することが求められている。

同じく19世紀に盛んに行われた北欧のスウェーデン体操やデンマーク体操

は，保健的な発想で，当時の解剖学と生理学に依拠して身体各部の筋肉を伸筋と屈筋に分け，それらが調和的に発達するように運動を構成していた．図5のように，はじめのポーズと終わりのポーズ，そしてそれらとつなぐ運動路がきっちり定められたのである．

今日の観点からすれば，北欧体操が保健的発想に徹するならば，個人個人の違いに合わせて運動を処方してもよさそうなものであるが，指導者の号令に合わせて全員が一斉に同じ動きをすることが圧倒的に多かったのである．これは健康を個人の生き方とのかかわりで捉えるのではなくて，労働力や兵力を生み出す均質な国民の身体というレベルで考えられていたためであろう．

日本では，明治時代に初代文部大臣

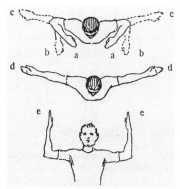

図5　スウェーデン体操の図解(1908年)
（出典：Törengren, L.M. *Lehrbuch der schwedischen Gymnastik.* Esslingen. 1908. 30.）

図6　小学隊列運動法の図解
（出典：飯塚勘蔵『小学隊列運動法』集英堂，1886．近代体育文献集成）

図7　兵式体操師範の図解
（出典：牧本精雅『兵式体操師範』真部武助，1888．近代体育文献集成）

森有礼の発案により露骨にも「兵式体操」という名の集団秩序体操が1886(明治19)年に学校の中に正式に取り入れられる（木下秀明．『兵式体操からみた軍と教育』．杏林書院．1982）．無論，明治初期より衛生的見地から体操は欧米諸国から取り入れられていたが，教師の号令一下，全員が同じ動きを斉一的に行う集団秩序体操は，明治，大正，昭和と濃淡の差はあれ，第二次大戦を敗戦で迎えるまで，日本の学校体育の主要内容だった．図6は1886(明治19)年の小学隊列運動法，図7は，兵式体操師範の図解であるが，図3や図4のドイツの図解と酷似している．

（木村真知子）

③ ナチズムの身体

1933年1月，アドルフ・ヒトラー(Adolf Hitler)は首相となり，国民社会主義ドイツ労働者党(Nationalsozialistische Deutsche Arbeiterpartei: NSDAP，以下「ナチ党」とする)はヒトラーのもとで政権をとる．ナチの政権掌握と同時に，ドイツは約12年間のナチス独裁体制が始まり，社会全体は「1つの民族，1つの国家，1人の総統」(Ein Volk, ein Reich, ein Führer)の標語に準じて民族共同体(Volksgemeinschaft)への強制的同一化(Gleichschaltung)の過程に入る．

1935年の徴兵再導入以降，社会全体の軍事化も始まり，戦争は外交の主な政策となる．強制的同一化につれて国民の身体が完全に国家，特に教育機関とナチ党の組織を通じて管理や支配されるようになるが，ナチの身体管理にかかわる人口政策の方針が初めて表れるのは，1920年の党綱領の中である．

本綱領の第4条において国民はドイツ民族に限られ，ユダヤ人は国民になれないと述べられている．また，第21条において国民健康の増進が問題とさ

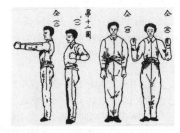

れ，母子の保護，少年労働の禁止，体操やスポーツを義務化する法律的基盤を作ることや青少年の身体教育にかかわる組織の支援が健康政策の主な目的とされている．ナチ党の綱領においては特に後にナチズムのイデオロギーの主な基盤となった優生学論の影響がみられる．

優生学(Eugenics)という用語はイギリスのフランシス・ゴールトン(Francis Galton)に由来している．優生学論は19世紀に始まり，人種遺伝の改善を目的とする方策の意味である．優生学は「積極的」と「消極的」優生学に分けられ，優秀遺伝素質の繁殖をめざす方策を積極的優生学，産児制限や断種法等を含む劣等遺伝素質の繁殖を防ぐ方策を消極的優生学という．

特にナチの身体にかかわるイデオロギーに影響を与えたのは，アルフレート・プレッツ(Alfred Ploetz)，カール・ビンディング(Karl Binding)，アルフレート・ホッヘ(Alfred Hoche)やフリッツ・レンツ(Fritz Lenz)等である．

ドイツにおいて優生学論を先導したプレッツは，『民族衛生学の基本指針』(1895年)において初めて民族衛生学(Rassenhygiene)という用語を優生学の意味で使用し，優生政策を実施している社会を描写している．また，プレッツの著作には北方人種を優位人種とする思想も現れる．

刑法学者ビンディングと精神科医ホッヘは『生きるに値しない生命の根絶の許容』(1920年)において安楽死の正当性を功利的に論じている．

レンツは，人種を「北方人種」「モンゴル人種」「黒人」「石器時代人」の4種類に区別し，「北方人種」をギリシャ文化から始まって西洋文化の創造者となった優位の人種という．レンツは，特に積極的優生政策を強調し，家族を重要視し，女性の役割を婦人と母親に限った．また，レンツがエルヴィン・バウアー(Erwin Baur)やオイゲン・フィッシャー(Eugen Fischer)と共著した『人類遺伝学と民族衛生学の概説』(1923年改訂増補版)はヒトラーの『我が闘争』に強く影響を与えたという．

ヒトラーは『我が闘争』において人種(Rasse)，育種(Zucht)と淘汰(Auslese)に定義されている身体を求め，人種衛生学を国民国家の責任とする．また，ヒ

トラーによると，国民国家には民族の人種の純一を保持する義務があり，国家は「子供を民族の最も貴重な財と宣言するべき」であり，子どもの出産を健常人のみに限る義務もあるという（Hitler, 1940. 446）。また，ヒトラーはアーリア人という言葉を文化を創造した優位の人種としてゲルマン人の意味に用い，アーリア人に対してユダヤ人を自らの文化がない民族とする。さらに，ヒトラーは，「人種の優位遺伝素質の保持，育成と発育」（1940. 451）を国家の第一課題とし，教育において身体健康を中心にしなければならないと述べ，「頑健な身体の育種」（前掲書. 452）をナチ教育の第一目的とする。『我が闘争』にみられる社会進化論や功利主義を踏まえた優生学論と反ユダヤ主義はナチの人口政策のイデオロギー的基盤となり，優生政策，学校教育とナチ党を通じた身体にかかわる管理政策として実施されるようになる。

ナチが政権を掌握した1933年において，ナチの消極的優生政策が同1933年に発布された「遺伝病子孫予防法」とともに始まる。「遺伝病子孫予防法」は，精神病や遺伝の身体障がいがある者の強制的断種の法的基盤となる。

また，同年の「役人職復興法」のユダヤ人排斥条例でユダヤ人の役人職からの排除が決定される。この「アーリア人条例」が発布されて以降，公務員として勤める人にはアーリア人の血統を少なくとも3世代前まで証明する家系検証（アーリア人検証書）が要求されるようになる。さらに「ニュルンベルク法」として知られるようになった1935年の「ドイツ人の血と名誉を守るための法律」と「帝国市民法」によって，国民は「ドイツ人および親類の血統をもつ者」と「ユダヤ人」の2種類に分けられ，ユダヤ人の祖父母3名以上をもつ者，ユダヤ教の信者，あるいはユダヤ人と結婚した者はユダヤ人と定義されるようになる。帝国市民としての権利がドイツ人と認められた者に限られるようになると同時に，ユダヤ人はドイツ国籍にもかかわらず政治的権利を失う。また，前者と後者の間での結婚が禁止される。ゆえに，「ニュルンベルク法」の発布以降，「アーリア人検証書」が入学，就職，結婚の条件とされるようになり，非アーリア人と判断された者は徐々に人権を失い，公的生活から排除されることになる。

以上の法律的基盤を踏まえ，ユダヤ人と非アーリア人だけでなく，ドイツ人であっても身体的あるいは精神的に障がいがある人も抜本的に民権を剥奪される。ナチの消極的優生政策は最終的にユダヤ人の大虐殺やT4作戦による障がい者の安楽死まで至っており，無数の人々がこの政策の犠牲者となる。

人種衛生政策の1つとして民族としての人種的純一性を保つため，ユダヤ人，他民族，障がい者等が国民の民族共同体から排除されると同時に，ドイツ民族の出生率を高めること，および国民健康の増進を目的とした積極的優生政策も行われた。

1933年の政権掌握後，1871年の「独逸帝国憲法」の「中絶禁止法」に加えて避妊具や避妊薬も禁止となり，多子家庭の経済的支援も導入される。1935年には，中絶を防ぐために，人種的に無欠と判断された未婚の妊婦を対象にしたレーベンスボルン（Lebensborn，命の泉）が親衛隊管理下の福祉機関として設立される。

親衛隊（Schutzstaffel: SS）はナチ党の主な治安組織で，アーリア人種のエリートを育種することをめざしていた。隊員採用はドイツ民族の血統の証明ができ，人種的や体質的に優れた男性に限られており，隊員の結婚相手にも同じ基準が要求されていた。

それとは別に，1934年から「母の日」がアーリア民族の存続を担保するドイツの母をたたえる祭日として祝われるようになる。また，1938年以降，ナチ党は4人以上の子どもを産んだドイツ人の母親をたたえる母親十字章を贈っている。母親十字章は，アーリア人検証書等でドイツ民族の証明ができ，品行に問題がないと判断された母親に子どもの数によって「銅」（4人以上），「銀」（6人以上），「金」（8人以上）の3段階に分けて授けられた。

優生政策に加えて，教育も個人の身体を管理する手段となり，学校教育とナチ党組織の双方において実施された。

学校教育は身体教育を最も重視し，ヒトラーの教育思想を踏まえて男子教育の目的を「兵士」，女子教育は「未来の母」とした。

1937年の「男子学校における身体教育に関する要綱」と1941年「学校における女子の身体教育に関する要綱」の発布に伴って身体教育が全国統一化され，1週間5時間で授業時間が最も多い必修科目となる。

1937年の「男子学校における身体教育に関する要綱」の中で男子の身体教育は「民族」（Volk），「防衛力」（Wehr），「人種」（Rasse）と「総統主義」（Führertum）の原理に従うとされ，「身体教育は集団教育」（RME, 1937. 7）であり，「男性の防衛力の身体的と身体的条件および自由時間の健康的生活習慣」（RME, 1937. 8）を作り，「身体運動を通じて人種遺伝を伝承する身体と精神」を形成し，また「人格形成」（RME, 1937. 8）でもあると定義されている。教育課程は年齢によって3段階に分けられ，内容は遊戯，基礎運動，体操，陸上競技，水泳，格闘技からなる。ヒトラーが強調したボクシングの教育的価値は特に重要視されている。したがって，男子の身体教育は身体と精神の鍛錬を目的とし，最終的に養兵教育の手段となった。

それに対して1941年の「女子の学校における身体教育に関する要綱」において女子の身体教育は「人種衛生」「運動教育」「生活習慣」「集団教育」として定義されており（RME, 1941. 7–9），授業は基本的に女子教員が担当するとされた。また，女子の身体教育の目的は「ドイツ人少女を将来母親と子供の教育者にする」準備に置かれた（RME, 1941. 8）。また，女子の身体教育の課程は年齢によって4段階に分けられ，内容は遊戯，基礎運動，水泳，体操，女子舞踊からなっていた。

学校における身体教育はナチのイデオロギーに従った身体づくりの手段にとどまらず，高等学校および大学への進学基準にもされた。1935年の「高等学校に関する選択令」において身体教育に対する態度および業績が不十分と判断された生徒は放校されるとされた。

1934年から大学では1年生と2年生を対象にした身体教育コースが必修科目として導入され，修了できない学生は放校されるようになった。このコースでは，基礎運動，陸上競技，球技，水泳と並んで野外演習と小口径の小銃の射撃が行われ，加えて男子はボクシング，女子は体操や舞踊が求められた。

学校教育とは別に，1936年に全国の青少年を統一する組織として制定されたヒトラーユーゲントも青少年の身体育成に努め，「国民社会主義の国家においては誰にも－特に青少年には－自らの身体の健康を保持する義務がある」(Reichsjugendführung, 1935. 18)と定められた。1939年の「青年奉仕令」は男女ともにヒトラーユーゲント(Hitlerjugend)における活動を義務化し，10－18歳の男子はヒトラーユーゲント，10－21歳の女子はドイツ少女団(Bund Deutscher Mädchen)において男女別に奉仕を行うことになる。

ヒトラーユーゲントの集団教育は指導者原理に従い，制服，軍隊の指令語，行軍等を教育手段とし，ドイツ青少年の身体の均一化を図った。また，男子は野外演習と小口径の小銃の射撃も行い，徴兵の予備教育を受けた。

学校やヒトラーユーゲントに加えて1935年から「国家労働奉仕団」(Reichsarbeitsdienst)が導入され，18－25歳の男子は義務，女子は志願制とされた。1939年，女子も義務化され，男女ともに大学への進学条件になった。男子の労働奉仕は徴兵の予備教育になり，銃に替えてスペートを使った練兵等も含めた基礎訓練にも手段化された。国防軍は男子の義務教育の最終段階と位置づけられた。

学校に加えて，ヒトラーユーゲントや国家労働奉仕団，突撃隊(Sturmabteilung: SA)，親衛隊等を含めたナチ党の組織は青少年の身体鍛錬や準軍事的教育に務めるが，社会全体の軍事化が進むと同時に，ナチ党の制服は日常生活化する。党大会等の大衆行事に制服姿の行進が行われ，制服は民族共同体の美学的象徴となる。ドイツ国民の身体は個人のものではなく，国家の身体，国民全体の身体(Volkskörper)となる。

青少年の教育とは別に，社会人の余暇活動もナチ党に管理されるようになる。一方，労働界においては1933年に被用者と雇用者を組織化したドイツ労働戦線(Deutsche Arbeitsfront)の管理下で設立された歓喜力行団(Kraft durch Freude)が，国家の補助金で労働者を対象にした様々な余暇活動を行い，労働力の回復や生産性の向上を目的とした。

さらに，民間のツルネンやスポーツクラブも強制的に同化され，スポーツ担当大臣ハンス・フォン・チャンマー・ウント・オステン(Hans von Tschammer und Osten)の管理下に置かれるようになる。これと同時に，体育やスポーツにかかわる組織においても指導者原理が導入され，民間の余暇活動もナチ政策の手段となる。

また，1936年の第11回オリンピック大会(ベルリン)が示すように，スポーツがアーリア民族の優位性を証明する手段にされると同時に，ナチスドイツの良さを海外に誇示する舞台としても使用された。

ナチズムの身体観は美術にも影響を与え，彫刻家のアルノ・ブレーカ(Arno Breker)，ヨーゼフ・トーラク(Josef Thorak)等に代表される身体を美化する傾向が表れるようになる。古代ギリシャの身体が美的理想とされ，訓練で鍛えられた身体はアーリア民族の優位性を示す象徴とされた。レーニ・リーフェンシュタール(Leni Riefenstahl)が第11回オリンピック大会(ベルリン)に際して撮影した映画「民族の祭典」もこの身体美学の例の1つである。

(ソリドワール・マーヤ〔Sori Doval Maja〕)

④ 旧東ドイツの身体

旧東ドイツの国名は正式にはドイツ民主共和国(独：Deutsche Demokratische Republik: DDR)と称した。東西ドイツの再統一は西が東を併呑する形で1990年10月3日になされ，これによって旧東ドイツはその建国から41年の歴史の幕を閉じた。それはベルリンの壁崩壊(1989年11月9日)からわずか1年を経ずしての出来事であった。

旧東ドイツといえば，オリンピックや世界選手権など，競技スポーツの分野において卓越した成果を残した国として，あるいは先進的なトレーニング法や理論を開発したスポーツ科学の先進国として人々の記憶にはとどめられているのであろうか。それとも全く逆に，組織的なドーピングや国家によるスポーツの政治道具化といったネガティブな評価が印象づけられているのであろうか。

こうした評価のそれぞれは，旧東ドイツにかつて存在したスポーツとそれに結びつけられた身体の一側面を確かにいい表しているであろう。ここでは特異な発展を遂げた旧東ドイツのスポーツ現象を概観することによって，この国の「身体文化」と「スポーツ」にあらわれた身体がいかなるものであったかを探る。

[労働と国防のための体育・スポーツ]

第二次大戦後のドイツは連合国4ヵ国(米・英・仏・旧ソ連)の分割統治のもとに置かれた。ドイツの東側ほぼ1/3に相当する地域は，旧ソビエト連邦共和国(以下，旧ソ連と略す)の軍政部によって統治されることとなった。このことが旧東ドイツにおけるスポーツの再編過程を，そして将来の発展を方向づけた。占領統治期の約4年間にはいくつかのスポーツ再建の動きがみられた。しかし，最終的にはソ軍政部と社会主義統一党(独：Sozialistische Einheitspartei Deutschlands: SED)のスポーツ政策を具現化するのに好都合な組織に集約されていった。ドイツスポーツ委員会がそれである。社会主義統一党の下部組織には14－25歳までの青少年を構成員とした自由ドイツ青年同盟(独：Freie Deutsche Jugend: FDJ)があったが，その中央集権的な組織制度をドイツスポーツ委員会は引き写しにしていた。

西と比較して徹底した非ナチ化・反ファシズム政策が採られた旧東ドイツでは，戦争に協力したスポーツ役員や体育教師は，彼らが属した組織や制度とともに排除された。そして社会主義国家建設という新たな目標の達成に貢献し得る組織の構築と人材の育成がめざされた。

旧東ドイツが新国家の宣言を行った1949年10月7日から4ヵ月後，「青年法」(正式には「ドイツ民主共和国建設への青年の参加と学校や職場における青年のスポーツ・レクリエーションの奨励に関する法律」)という名称の法律が制定された。この法律の骨子は次の2点にあった。1つはスポーツ促進運動の柱となるスポーツ能力章検定「労働と平和の防衛準備」を制定したことであり，もう1つは社会主義の理念に忠実な体育教師やトレーナーを養成するとともに，ソ連のスポーツ科学導入の窓口ともなる研究機関としての大学(＝ドイツ身体文化大学，独：Deutsche Hochschule für Körperkultur und Sport: DHfK，図8)の設置を定めたことである。つまりこの「青年法」は，スポーツを手段として国家建設に奉仕する

若い国民を育成するという，この時期にほぼ独占的な権力を手中にした党と政府の意志を宣言したものであった。そしてまた，根強く残る「自由意志によるスポーツ」や「スポーツの中立性＝非政治性」という西側のイデオロギーを払拭するねらいをもっていた。青少年・スポーツ政策の原則を示す青年法はこれ以後，1964，1974年と3次にわたって改定された。

[身体文化と愛国教育]

これに続く1952年7月24日には，旧東ドイツのスポーツ政策を決定する最高機関となる身体文化・スポーツ国家委員会が設置された。委員長には後にこの国のスポーツ界に大きな影響を与え続けることになるエヴァルト（M. Ewald）が就任した。一方，学校制度の改革によって義務教育学校である10年制の一般教育総合技術学校が1959年に導入された。この学校における体育教科の名称は「トゥルネン（独：Turnen）」であった。熱烈な愛国者でドイツ国民から「体育の父」と称されるヤーン（F.L. Jhan）の体育システムを意味する「トゥルネン」が用いられたのは，身体文化・スポーツ国家委員会において，当時閣僚会議議長代行で社会主義統一党中央委員会第一書記であったウルブリヒト（W. Ulbricht）が愛国教育の強化を求めたことの反映であった。若き国民には社会主義国家に対する帰属意識と，労働と祖国の防衛に貢献できる身体を形成することが学校体育の授業を通して求められた。

国内では最大のスポーツイベントといわれた「ドイツ体操・スポーツ祭」も1954年8月にその第1回が開催された。これは19世紀の中頃から全国的な規模で行われてきた「トゥルンフェスト」の伝統を受け継ぐ催しである。1989年までに前後9回開催されたが，メインスタンドの人文字の演技や大量の青少年を動員したマスゲームなどのプログラムは，社会主義を賛美し愛国心を涵養するための装置でもあった。

[社会主義スポーツ促進運動推進母体の誕生]

1957年に党や政府のスポーツ政策をより効率的に展開するための組織的な改編が行われた。4月のドイツ体育・スポーツ連盟（Deutscher Turn-und Sportbund: DTSB）創設がそれである。既設のドイツスポーツ委員会の業務を引き継ぐとともに，身体文化・スポーツ国家委員会の一部の業務をも取り込んだのがこのドイツ体育・スポーツ連盟であった。その組織構造は行政単位と同一に配置された地方組織に加えて，各種スポーツ団体をその傘下に収めていた。これによって民主的中央集権主義と称される，上意下達を可能にする統一的な全国スポーツ組織が誕生したのである。

連盟の役割は一言でいってしまえば，社会主義的身体文化を発展させることである。しかし，その内容はレクリエーショナルな大衆スポーツから学校スポーツ，国防スポーツ，そしてトップアスリートの活躍する競技スポーツの分野に対する指導・計画立案・予算配分と実に多岐にわたっていた。1961年からは，エヴァルトがベルリンの壁崩壊の前年までの27年間の長きにわたってその会長職にあった。

[レクリエーション・スポーツ権]

旧東ドイツにおける体育・スポーツの位置づけの高さを物語るものとしては，この国の憲法も挙げておかなくてはならない。1968年4月に改正された新憲法には，次のような条項が明記されている。

「身体文化，スポーツおよび旅行は社会主義文化の要素として市民の全面的な身体と精神の発達に貢献する」（第18条3項）

「すべての市民は文化的生活に参加する権利を有する。科学技術革命と精神的諸要求が高まっていく中においては，この権利は大きな意味を持つ。社会主義的人格の完全な具現化，および文化的関心と要求の完全な充足のために，市民の文化的生活，身体文化およびスポーツへの参加は国家と社会によって奨励される」（第25条3項）

「この権利（健康と労働力の維持）は，労働および生活条件の計画的改善，国民の健康，包括的社会政策，身体文化，学校および大衆スポーツそして旅行によって保証される」（第35上2項）

国民のレクリエーション・スポーツ権を認め，それを国家が保障することを宣言したこの憲法は他に類をみない先進的なものとして世界の注目を集めた（図9参照）。しかしながら，これらの権利は，当然のことながら労働と祖国の防衛といった国民の義務を果たすことによって認められるものであった。さらにまた，こうした理念を実現するにあたっては，社会的な経済基盤

図8　ドイツ身体文化大学（DHfK）正面入り口（1984年筆者撮影）

図9　東ベルリン市民でにぎわうレクリエーション・スポーツセンターのプール（1984年筆者撮影）

や生産基盤の充実や指導者の養成が不可欠であったはずである。だが，生産効率の悪い計画経済を選択した旧東ドイツにあっては，世界レベルのトップアスリートを量産するシステムとこの憲法に謳われた理念とをともに並び立たせることは困難であった。

[金メダルラッシュ]

国際競技スポーツにおける旧東ドイツ選手の活躍は確かに目を見張るものがあった。オリンピックでいえば，旧西ドイツとの統一チームで出場していた1956－64年では特に傑出した成績を収めていたわけではないが，両ドイツ個別の参加となった1968年を境に，メダル獲得数は増加していった（表1参照）。国土面積約10万km²，人口約1,600万人というヨーロッパ中部に位置する小国でありながら，米ソ両超大国に比肩し得る成果を上げたという事実がここにはっきり残されている。

旧東ドイツの政治指導者たちは，スポーツの国際大会での成功が，国内的には旧東ドイツ国民に社会主義体制への自信と信頼をもたらし，対外的には資本主義体制に対するその優位性を世界に示す効果的な手段だと考えていた。1952年の第15回オリンピック大会（ヘルシンキ）において，初参加ながらメダル受賞者数第1位のアメリカに次ぐ好成績を収め，その実力を世界に知らしめた旧ソ連の経験が彼らのスポーツ政策の模範であり，よりどころでもあった。

[スポーツ・エリート養成システム]

旧東ドイツのトップアスリートたちには「トレーニングウエアを着た外交官」として，社会主義国家の威信をかけて競技会に臨むことが求められた。彼らがその身体能力と技術を国際競技会において思う存分発揮し得たのは，その個人的な努力や精進以外に一般のスポーツ愛好家には望むべくもない国家による手厚い支援の手が差し伸べられていたからにほかならなかった。

上述のドイツ体育・スポーツ連盟は大衆スポーツの促進を業務としていたが，その一方では国際舞台で活躍するトップアスリートを養成するシステムの重要な役割も担っていた。つまり，傘下のスポーツクラブや青少年の国内総合競技大会シュパルタキアード参加者から将来が有望な児童・生徒を選び出し，学業とともに専門的なスポーツのトレーニングを行う青少年スポーツ学校などに入学させ一流選手に育て上げる，いわばタレント発掘・育成の役割を果たした。そして彼らが現役を退くと再び傘下のスポーツクラブのトレーナーやコーチとして呼び戻すなどして後進の指導と有望選手のスカウトにあたらせた。

設立当初においてすらすでに117万（18歳以下37万）人の会員を擁していたドイツ体育・スポーツ連盟は1988年には3倍を上回る366万（18歳以下150万）人を数える規模の大スポーツ組織となった。この数は旧東ドイツ全国民のほぼ23％にあたる。また，同年の国家予算の約9.6％がスポーツ関係に割かれているが，そのうちの約1/3にあたる34億マルクがこの組織に交付されていた。こうした数字は旧東ドイツにおいていかにこのスポーツ組織が重要視されていたかを物語っている。

[国家による身体の管理]

競技スポーツにおけるめざましい成果は，トップアスリートの個人的な生活，人間関係そして身体そのものを国家が管理することによって支えられていた。旧東ドイツの一般市民にとっては夢にしか過ぎなかった西側諸国への旅行であったが，世界選手権やオリンピックなど国際競技会に出場する選手やトレーナー，スポーツ役員たちはそうした夢が実現できた。しかし，こうした特権は国家による厳しい監視のもとでのみ許されたものであった。選手たちは海外遠征の機会に西側の人間，とりわけメディアに接する場合には，社会主義の優位性を示す広告塔の役割を果たすことが求められた。そうであればこそ，逆に社会主義社会で育った優等生が国家を裏切って亡命することなどあってはならないことであった。「トレーニングウエアを着た外交官」が国家の意思通りに職務を全うすることを陰から支えていたのは国家保安省（独：Ministerium für Staatssicherheit: MfS）であった。選抜チームや所属クラブなど，選手の行動範囲の様々な場所に相互監視の網の目が張りめぐらされた。多くの公然・非公然の協力者を使って個々の選手やトレーナーの言動を報告

表1 旧東ドイツ選手の獲得メダル数

年	冬季大会 都市	メダル獲得数 金	銀	銅	計	世界ランキング	アメリカ	ソ連	夏季大会 都市	メダル獲得数 金	銀	銅	計	世界ランキング	アメリカ	ソ連
1956	コルチナ・ダンペッツオ	－	－	1	1	12	7	16	メルボルン	1	4	2	7	18	74	98
1960	スコウバレー	2	1	－	3	8	10	21	ローマ	3	9	7	19	10	71	103
1964	インスブルック	2	2	－	4	7	6	25	東京	3	11	5	19	11	90	96
1968	グルノーブル	1	2	2	5	10	7	13	メキシコシティ	9	9	7	25	5	107	91
1972	札幌	4	3	7	14	2	8	16	ミュンヘン	20	23	23	66	3	94	99
1976	インスブルック	7	5	7	19	2	10	27	モントリオール	40	25	25	90	2	94	125
1980	レイク・プラシッド	9	7	7	23	2	12	22	モスクワ	47	37	42	126	2	－	195
1984	サラエボ	9	9	6	24	1	8	25	ロサンゼルス	－	－	－	－	－	174	－
1988	カルガリー	9	10	6	25	2	6	29	ソウル	37	35	30	102	2	94	132

（出典：*GDR Academy of Science: Information GDR*. Pergamon. 1989. s.682 より作成）

させ，生活の細部にわたるまで彼らをコントロールしていたことが，再統一後の国家保安省資料の公開によって明らかになった。

スポーツ科学の研究が精力的に進められ，その最新の成果がトップアスリートたちに応用されたことも，オリンピックにみられるこの国の金メダルラッシュの実現に貢献した。なかでも薬物によって通常以上の身体能力を発揮させるドーピングは，旧東ドイツだけにみられたわけではないとはいうものの，それが国家規模で組織的・計画的に行われたことが特異であった。選手本人にはなにも知らせないままに薬物が投与されていた例もあるといわれる。選手の意志や人権とは無関係に，物体としての身体のパフォーマンス向上だけがめざされたわけで，もはや身体は選手本人のものではなく，国家の管理する国家の所有物となってしまっていたといえよう。

西側との比較において相対的に不利な条件のもとでの出発を余儀なくされた旧東ドイツは，限定された人材や物資を効率よく組織して使用せざるを得なかった。そして国家再建のモデルとして旧ソ連を選択したことがこの国の体育・スポーツ文化を特徴づけた。国民の身体は労働と国防に寄与し得る限りにおいて有用なものとみなされ，学校や地域社会のクラブなどによって養護され修練され管理された。そして社会主義社会に生きる国民としての誇りをもたらしてくれるトップアスリートの国際的な活躍も，国家による彼らの身体の組織的・計画的なコントロールによって支えられたものであった。

（船井廣則）

参考文献

②
- 西谷修．1995『夜の鼓動にふれる』東京大学出版会
- 木村真知子．1996「集団秩序体操を生み出したもの－ドイツを中心として－」『スポーツ技術・ルールの変化と社会1』創文企画

③
- HITLER Adolf. 1940. *Mein Kampf*, Zentralverlag der NSDAP.
- REICHS- UND PREUßISCHES MINISTERIUM FÜR WISSENSCHAFT, ERZIEHUNG UND VOLKSBILDUNG. 1937. *Richtlinien für die Leibeserziehung in Jungenschulen*, Weidmannsche Verlagsbuchhandlung.
- REICHSMINISTERIUM FÜR WISSENSCHAFT, ERZIEHUNG UND VOLKSBILDUNG. 1941. *Richtlinien für die Leibeserziehung der Mädchen in Schulen*, Weidmannsche Verlagsbuchhandlung.
- REICHSJUGENDFÜHRUNG. 1935. *H.J. im Dienst. Ausbildungsvorschrift zur Ertüchtigung der deutschen Jugend*, Verlag Bernhard und Graefe.

ビジネス化される身体

① 見世物としての身体パフォーマンス

商業化された，みる対象の身体パフォーマンスとしては，第一にはプロ化した野球やサッカーなどのスペクテイタースポーツが挙げられる。しかし，スペクテイタースポーツの場合には，身体そのものよりも卓越した技術によって行われるゲームをみせるという要素が強い。また，西欧に伝統的にあるバレエや前衛的な舞踊もみる対象としての身体パフォーマンスの代表的なものである。しかし，芸術性を追求するこれらのパフォーマンスはエリートの文化であり，商業化された見世物としては捉え難い。一般に「見世物」という語彙には，より庶民的な娯楽のニュアンスがある。ここでは，庶民が享受した身体を駆使して行われた曲芸などの技能を見世物とした興行について歴史的に概観する。

人間の身体を用いての曲芸は，古代エジプトの時代より行われていた記録がある。それが大衆に対して大々的に娯楽として提供されたのが，古代ローマにおけるキルクスや円形闘技場である。キルクスにおいて最も人気を博したのは繋駕競馬のような戦車競走であったが，軽業師による曲芸などの見世物もあわせて行われていた。また「キルクス」は，軽業師などが曲芸をみせる代表的な見世物である「サーカス」の語源となった。

西ローマ帝国の滅亡後は，観衆を大規模に動員するシステムがなくなり，中世ヨーロッパでは定期市とともに都市や農村の街の広場や通りといった大道で芸を披露する放浪芸人による興行が行われた。これによって，ヨーロッパにおける大道芸的な伝統が形成されることになる。市での身体的見世物は，アクロバットと「フリーク（freak）」と呼ばれる奇形が主であった。いずれにしても，日常的には目にすることのないような身体技法や肉体の奇形をみせることで，変化に乏しい伝統的な共同体に非日常的な祝祭的時間と空間を供給するものであった。

18世紀以降，ヨーロッパから定期市が消滅するとともに，市で行われた芸と見世物は衰退していくが，その後1770年にロンドンの円形劇場においてフィリップ・アストレー（Philip Astley）が曲馬をみせたことが近代サーカスの誕生とされている。さらに19世紀中期のアメリカにおいて，曲芸の要素に加えて奇妙であやしげなものをみせる見世物的な要素をもったサーカスで大成功を収めた伝説的なサーカス・キング，フィニアス・バーナム（Phineas Taylor Barnum）が現れる。彼によってサーカスは巨大なショービジネスとなったが，日常的に手軽に楽しむことのできる映画やテレビなどの娯楽が台頭してくることにより，その勢いを失っていった。

現代においては，シルク・ドゥ・ソレイユがサーカスの伝統的な様式を取り入れながら，動物を使った曲芸を行わずに，演者としての人間を強調した「ヌーヴォー・シルク（新しいサーカス）」というスタイルで人気を博している。そこでは大道芸に伝統的な力技やジャグリングとともに，高度な器械体操や新体操の技能が挿入され，人間の身体の限界ともいえるきわめて高い技能が展開される。さらに，そこにオペラやロックの要素が取り入れられ，凝った

図1 豪華を極めたバーナムが主宰するサーカスのポスター（1912年）

図2 シルク・ドゥ・ソレイユにおける幻想的なパフォーマンス（写真：ロイター/アフロ）

図3 日本にミニスカートの流行とスレンダー志向をもたらしたツィギー（写真：読売新聞/アフロ）

衣装と演出で高い芸術性をもちながら，同時に幻想的かつ祝祭的な雰囲気を作り出し，各界から高い評価を得ている．

② ファッション化する身体

「ファッション」といえば主に服飾の流行を意味する．あるいは髪型や化粧などのスタイルのよそおいである．そのような身体に付着させるアイテムが，ある特定の社会や時代，世代の中で受け入れられ流行する特定的な様式が一般にいうところの「ファッション」である．

しかし，人は単に身にまとうもののみをファッションのアイテムにしているわけではない．例えばスポーツやエクササイズ，あるいは食事調整などのダイエットによって，自分の身体を「理想のからだ」へと変容させ修正していくことが盛んに行われている．ありのままの身体ではなく，「身体をデザインする」のである．それはある種の文化的実践であるといえる．

そのような文化は，現代の日本に限ったことではない．あらゆる時代のあらゆる社会の中でみることができる．そのため，「理想とされる身体」はそれぞれの社会の中で異なっている．美意識は，その社会的背景や性別，年代，人種などの規範によってそれぞれ多様に構築されるからである．とりわけ現代における身体のファッション化は，服飾のファッションブランドやメディアによる影響が大きい．「ファッション化された身体」とは，ある意味で「ビジネス化された身体」ということもできる．

そこで，戦後における日本女性の身体が，それぞれの時代の社会的背景によって構築された「理想」のもとにどのようにデザインされてきたのかをみてみる．

1945（昭和20）年，日本人は敗戦によってその価値観を大きく変えてしまった．当時は欧米に対して様々な事象で憧れと劣等感を抱く傾向にあった．身体に対する感覚も例外ではない．とりわけ女性においては敗戦前までは和装によってからだのラインを包み込み，からだは他の視線から「隠す」ものであったのに対し，逆にそれを「みせる」美意識へと転換したのである．

これはもともと1947年にパリのデザイナーであるクリスチャン・ディオール（Christian Dior）が，戦時中に欧米で主流であった実用性重視のミリタリースタイルを払拭するために，布地をたっぷりと使ったロングスカートをあしらって女性らしさを演出して仕掛けたモードであった．そこでは豊かなバストとヒップ，細くくびれたウエストという豊満な体形が理想とされたのである．それは，いわゆる「フィフティーズ・ファッション」として戦後日本のファッションにも多大な影響を与えた．

肉体的な劣等感をもっていた日本人であったが，1953（昭和28）年にファッションモデルの伊東絹子がミスユニバースで3位になるという快挙があった．伊東は欧米に劣らない均整の取れた「プロポーション」を日本人ももつことができることを提示した．それによって，伊東のようなウエストの細い体形を手にしたいと，多くの日本女性がウエストニッパーなどの補正下着を身に着けるようになったのである．

1955（昭和30）年以降，日本は高度経済成長期に入り，女性のからだの理想像はグラマラスであることが全盛期となる．欧米の映画では，マリリン・モンローやブリジット・バルドーがセックスシンボルとして神格化され，日本でも北原三枝の豊満な水着姿が人気を呼んだ．1959（昭和34）年には，グラマラスな肉体をもつモデルの児島明子がミスユニバースで1位になり，グラマーなからだに対する大衆の羨望が頂点を迎えることになる．

「グラマラスな豊満ボディ」至上主義を脱却し，現在にあるようなスリムな体形に女性の願望が転換したのは，ミニスカートの出現によるとされている．ミニスカートが日本で登場したのは1965（昭和40）年頃であるが，当初は，脚が綺麗ではない日本人には不向きで，一般には流行しないと否定的に捉えられた．しかし，1960年代後半には，広い世代にわたって大流行となった．ミニスカートの流行の引き金となった1つに，イギリスのモデルであるツィギーの来日が挙げられる．ツィギー（小枝の意味）のスリムな体形は，未成熟で中性的な少女らしいイメージをもち，グラマラスなセクシュアリティーよりも日本女性にとって受け入れられやすかったのである．

ミニスカートの流行は，新しい身体感覚を生み出した．脚を露出し他人からみられるものとなることで，より細くて美しい脚になりたいという願望をもたらすと同時に，肉体を「隠す」ということに象徴される前近代的な女性への拘束的規範から解放され，現代的な自立した存在となることを意識させたのである．

スリムな体形への願望が生み出された1960年代後半には，一方で健康で躍動的な身体に対する注目も生じてい

た。1964（昭和39）年の第18回オリンピック（東京）では，メディアによって流される世界中から集まったトップアスリートの伸びやかにスポーツする身体を目の当たりにし，「東洋の魔女」と呼ばれた日本の女子バレーボール選手たちの活躍を繰り返しお茶の間のテレビでみた。さらに1960年代後半から1970年代にかけてブームとなったボウリングでは，中山律子らのプロボウラーが人気を博した。それによって，運動し躍動する強い身体の美しさに羨望のまなざしを送るようになったのである。また同時に真っ黒に日焼けした身体が，健康美や野性美として羨望の対象となった。それを取り込んだのが，「太陽に愛されよう」というキャッチコピーとともにビーチでポーズをとる褐色の肌をした前田美波里の資生堂広告である。日本に伝統的にある，色白でおしとやか，そんな静的な女性のイメージとは対照的な女性的美がもてはやされるようになる。

1970年代後半，スポーツと健康に対する大衆の関心は一気に高まり，一大ブームとなった。このブームのきっかけもアメリカからもたらされたものである。アメリカでは1960年代後半から都市化による運動不足が問題となり，「フィットネス」のコンセプトが一般のものとなっていた。そこでは健康を保持・増進させるためにいかなる運動が効率的であるのか研究が進められ，「エアロビクス（有酸素運動）」が注目された。そのプログラムには歩行やジョギング，水泳や自転車などを含み，とりわけエアロビックダンスはレオタードなどのファッション性とあいまって，ダイエットとして多くの人々の関心を集めた。この風潮が経済成長に行き詰まりを感じ始め健康的な生活やからだを見直そうとする気運が高まっていた1970年代の日本に伝わったのである。

1970年代後半に巻き起こった健康志向のスポーツブームは，1980年代になると，よりシェイプアップされたからだに対する志向を強めていった。エアロビクスダンスやジャズダンスなどの流行で，音楽に合わせて効率的にエネルギーを消費しながらからだを引き締めていくことが，多くの女性の間で一般的に行われるようになった。主婦やOLは日常的にアスレチッククラブやフィットネスジム，もしくはテニススクールなどに通い，自分のからだを健康的に美しく保つことに専心したのである。

スポーツする健康的なからだに対する志向は，メディアによる影響が大きい。この当時出版されていた主に若者向けの様々な情報誌やファッション誌で，アメリカ西海岸のスポーツライフやスポーツファッションが取り上げられ，運動用のスニーカーや登山用の防寒具であったダウンジャケットなどがタウンウェアとして必須アイテムとなっていった。さらに身体をシェイプアップするエクササイズに関する特集を組み，雑誌の売り上げを伸ばしたのである。

フィジカルフィットネスの実践によって果たそうとした，とりわけ若い女性の健康志向や無駄な贅肉を持たないシェイプアップの願望は，経済的にバブル最盛期となった1980年代後半にはボディコンシャス・ファッションとも連関していった。

ボディコンは，身体にはりつくようにぴたりとフィットして身体を被う衣服によって，女性のボディラインの造形を際立たせるものであった。もともとボディコンは，パリのファッション・デザイナーであるアズディン・アライア（Azzedine Alaia）が，女性らしいボディを演出するために，女性のボディラインの柔らかさやふくらみを際立たせたデザインを提唱したのが由来である。日本のボディコンでは，「セクシーさ」や「強さ」が誇張された。アフターファイブにボディコンに身を包みディスコやカフェバーへと繰り出した女性たちは，日常的にフィジカルコントロールに気を配り，ボディコンに求められるフィジカルフィットネスを得るべく熱心にエクササイズに取り組んだのである。バブル経済によって拡大した消費社会の中で，ボディコンを身にまとったセクシーなボディは，その時代の象徴となった。

1990年代には，特定のブランドやそれが発信するスタイルが一世を風靡するのではなく，自分の価値観でスタイルを選択する風潮が女性にも浸透してきた。ファッションは自己を表現するツールとしての機能を高めたのである。多くのメディアが「自分らしさ」というコンセプトで様々なイメージを女性に提示し消費を煽った。

この時代における象徴的存在のひとりとしてアメリカのポップシンガー，マドンナがいる。マドンナは娼婦からヴァージン，尼僧，闘牛士に恋するカルメン，聖母エヴィータなど様々なイメージへと自らを変換させてきた。その間，マリリン・モンローのようなセックスシンボルから格闘家のように筋肉質な鍛え上げた肉体まで自在に身体を作り変えていった。イメージを自在に取り替えることで，一般にメディアが産出する欲望のイメージにゲリラ的な挑発を仕掛けたといえる。あらゆるものを均一にし，新しいものを礼賛するモードに埋もれることなく，むしろそれを従属させるような強い意志をみせたのである。強い自己主張とともに可塑的な身体を持ったマドンナは，単なる男性向けのアイドルではなく，とりわけ「自分らしさ」を求めて自らのアイデンティティーを探す女性のロールモデルとなったのである。

一方で女性は自分のからだの商品価値に対してより自覚的になってきた。宮沢りえのヌード写真集『サンタ・フェ』以降，ヌードは男性のためのセクシュアリティーとは限らなくなった。女性の「きれい」なボディは「いやらしい」ものではなく，同性の憧れの対象であり，「隠されるもの」ではなく，「みせるべきもの」へと変化したのである。

図4　可塑的な身体をもったマドンナ
（写真：Rex Features/アフロ）

2000年代後半に至っては，日本の歌手hitomiが自らのマタニティヌードをCDジャケットにし，多くの女性の共感を得，一般の女性でも妊娠中の大きなお腹のヌード写真を撮影する現象が起きた。

また1993（平成5）年頃，中高生が茶髪やサーファー風のメイクにルーズソックス，スカートをミニにして制服を派手に着崩す「コギャル」と呼ばれた若者風俗が出現した。コギャルの理想的なボディは，褐色の肌に茶髪，長い脚，均整のとれたスリムなからだである。そのボディを得るために彼女たちは日焼けサロンに通い，補正下着を身に着け，脚がスリムになるパンティーストッキングを買い求めた。また「ガングロ」や「ヤマンバ」と呼ばれた極端に黒い顔をしたファッションをする者まで現れた。しかし，コギャルたちのファッションや行動は利那的で商業主義に踊らされやすいと大人社会からは批判的にみられた。

戦後日本の女性の身体は，それぞれの時代の「美しい身体」のイデオロギーのもとに，日常的な実践として商品化されることにより，ファッション化されてきたといえよう。

③ 身体加工

身体をファッション化するようにデザインすることは，運動やダイエットによって体形を整えるだけではない。例えば，耳たぶにピアスを着けるための穴をあけたり，タトゥーを入れたりすることで，皮膚表面に凹凸を作ることもある。また外科的な手術によって美容整形することで，身体を加工もしくは変工していくことも行われる。

身体加工は近代化された社会に限ったことではない。例えば，髪を切る，抜く，ウェーブをつける，ひげや体毛を剃る，あるいは整える，歯を抜く，削る，爪を切る，纏足などで足を変形させるなど，伝統的に行われてきた。髪や爪などの形や長さは日常的な行動の妨げにならない限りは，それぞれの美意識によって決まってくる。その意味では，それぞれの時代や社会の価値観が身体加工という文化を生み出したといえる。人類が身体を加工する目的の主なものは，呪術や儀礼，医療，美容であるとされている。ここでは主に現代の日本における身体加工を取り上げる。

日本で耳に穴をあけピアスを着けることが一般的になったのはごく最近のことである。もっともピアスを含めたからだに直接着ける装身具は，古墳時代までみられたが，律令時代以降およそ1000年にわたって日本人はアクセサリー的なものを直接からだに着けることをしなかったという。明治以降，日本の西洋化の中でネックレスやブレスレットとともにイヤリングという形で耳にも装身具を着けるようになったが，直接身体を加工することはなかった。日本で若い女性を中心にピアスが普及し始めるのは，20世紀末である。

日本では親からもらった身体を傷つけることに対するタブーの感覚がある。それは儒教の影響であるといわれるが，孔子が親から受けた身体に傷をつけないように努めることは孝行の始まりであると説いたことに由来する。儒学が日本に広まったのは江戸時代以降であり，それによってからだに手を加えることへの抵抗感をもった日本人の身体観が形成されたと考えられる。

昨今，若い世代を中心にこのような身体観に変化がみられた。それによってピアスと同時に美容整形に関しても抵抗感がなくなってきた。

戦後，日本における美容整形は著しく発達した。時代とともに変化する美貌観に従って，目鼻立ちや顔立ち，体形などを外科的な施術によって美しいとされるものへと作り変えるのである。理想の美しさに作り変えたいとする志向は若い世代に多く，年齢が高くなるとともに，加齢による変化，例えば皮膚のたるみやシミ・シワを取り除きたいという願望が美容整形へと向かわせる傾向にある。また現在でも，加齢によって失われた若さを取り戻したいという美学は，生まれ持ったからだを理想通りに作り変えたいとする美学よりも一般的には肯定的に受け止められている。

また最近，タトゥーという名称でワンポイントの刺青をからだに装飾する若者の増加がみられる。このような名称が使われる背景には，かつての日本社会で刺青に対する偏見があったことが考えられる。刺青は悪風であると江戸幕府や明治政府が禁止令を出した経緯もあり，刺青を否定的にみる風潮が未だにあることは，否定できない。実際には日本に昔からある刺青と海外から入ってきたタトゥーには，絵柄や配色，大きさ，入れる部位など様々な違いがある。若者を中心とする身体観の変化とともに，アメリカから流入したストリートファッションの隆盛がタトゥーの普及を推しすすめた。

自分のからだを美しく作り上げるエステやダイエットは，現代においてはもはやブームという一過性の現象ではなく，日常的に行われるライフスタイルの一部となった。しかし，エステやダイエットの方法に関しては，めまぐるしく現れては消えるという現象を繰り返した。ディオールの「スヴェルト」という化粧品は，塗るだけで痩せるという謳い文句で，爆発的な売れ行きを上げたヒット商品となった。雑誌やテレビなどのメディアはこぞってダイエットを取り上げ，ダイエットによいとされた食品がスーパーの棚から消えるほどの売れ行きをしばしばみせた。痩身を目的としたダイエットは消費社会の中の様々な部門で多大な利益を生み出す一大産業となっているのである。

参考文献 08. B. 03

- エヴゲニイ・クズネツォフ. 2006.『サーカス—起源・発展・展望』桑野隆訳 ありな書房
- 成実弘至 編. 2003.『モードと身体』角川書店
- 鷲田清一. 1995.『ちぐはぐな身体』筑摩書房

（小澤英二）

人間の支配を超えようとする身体　08.C

身体の叛乱　08.C.01

① 身体の叛乱の概念定義

哲学者のハンス・レンク (Hans Lenk) は，主著『スポーツの哲学』の冒頭で次のように書いている。

オリンピック (1960年の第17回オリンピック大会・ローマ) の決勝レースのゴール寸前のところで，周囲の光景が一変してしまい，あらゆるものがスローモーションで動いているようにみえ，疲労困憊の極に達しているはずの身体は心地よい快感につつまれ，満足感に満ち溢れたままゴールするという，いわゆる「フロー現象」を体験した。

これは，トップアスリートが時折体験する，いい意味での「身体の反乱」の典型的な例の1つである。

そこで，まずは，この言葉の概念を定義しておこう。「身体の叛乱」とは，身体が自分の意思とは関係なく勝手に動きはじめること。自分の意思では制御できなくなる身体のこと。身体が意識的自己の〈外〉に飛び出すこと。意のままにならない身体。まつろわぬ身体。主体の持続が不可能となる身体である。

このように様々な定義が可能となる身体の様態のことをいう。しかも，厳密にいうと，どこからが「叛乱」を意味するのか，その境界線を明示することは困難である。

別のいい方をすれば，精神，あるいは主体，すなわち，意識や理性や知性の側からすれば，意のままにならない，誠に不都合な身体であるが，身体の側からすれば，なりゆきにまかせた，自然のままの，本来のあるべき身体の様態のことを意味する。

このような多様な意味をもつ身体の叛乱を，あえて分類してみると表1の6つのカテゴリーに整理することができる。

1) の「反社会的な身体の叛乱」とは例えば，フーリガンのように，最初は小さな暴力だったものが次第にエスカレートして，ついには理性では制御不能となる身体の叛乱，などである。2) の「病理的な身体の叛乱」とは主として，いわゆる生体防衛反応として身体が叛乱を起こすもの。食欲の低下，嘔吐，下痢，発熱，などはその初期的な病理現象としての身体の叛乱と考える。そして，さらに重篤な病変に至るまで，自らの生命維持のための，防御的な身体の叛乱と考えることができよう。つまり，恒常性維持 (ホメオスタシス) の外にはみだす身体である。3) の「体育・スポーツ的な身体の叛乱」については，のちに詳しく検討する。4) の「本能的な身体の叛乱」は説明不要であろう。これらは異常に本能的欲求が高まったときに起こる身体の叛乱である。5) の「祝祭的・宗教的な身体の叛乱」はきわめて重要な意味内容を含んでいるが，ここでは割愛する。6) の「薬物による身体の叛乱」も同様である。

次に，もう少し視点を変えて考えてみよう。例えば，デカルト的な心身二元論の立場では，身体 (からだ) は精神 (こころ) の下僕と考えられているので，身体は精神の意のままに動くことが理想とされる。したがって，この立場に立てば「身体の叛乱」は許されざることとなる。精神の命ずることに従わず，身体が勝手に叛乱を起こすというようなことは，あってはならないことといわねばならない。そのため，身体を精神の管理下に置くよう，様々な教育プログラムが考えられている。例えば，学校体育では児童・生徒の発育発達に合わせて，身体が叛乱を起こさないようにするための学習プログラムが，様々に工夫されている。

他方，心身一元論の立場に立てば，精神 (こころ) と身体 (からだ) は表裏一体のものと考えられている。したがって，精神 (こころ) を過剰に興奮させ，長時間にわたって身体を酷使すれば，1人精神のみならず，その負荷は必ず身体 (からだ) にものしかかってくる。逆に身体を長時間にわたって緊張の極限で酷使すれば，身体はもとより，その負荷は精神にも跳ね返ってくる。この両者のバランスが崩れた時に，心身のいずれか，あるいは両者に病的な現象が現れてくる。それを防止するためには，精神と身体は絶えず協調し合いながら1人の人間としての調和を保持していくことが肝要となる。

以上のように，いずれにしても，身体の叛乱とは，精神の過剰な要求に対して，それは不可能であるという身体の側からの応答である，ということができる。つまり，身体の側からすればきわめて正当な自己主張ということになる。このように，身体の叛乱は，もともとはごく自然な生命現象に過ぎないのだが，これが社会の秩序維持の面で，あるいは社会倫理の面でしばしばトラブルの原因になることがある。そのために，あえて身体の「叛乱」といういい方がなされる。

しかし，「叛乱」という言葉には特別の意味が籠められている。叛乱とは，文字通り，支配権力に対して激しく抵抗することを意味する。すなわち，支配権力である精神 (=文化) に対して，生物そのものとしての身体 (=自然) が激しく抵抗することは，秩序維持の体制論理からすれば，まさに「叛乱」以外のなにものでもなくなる。簡単にいってしまえば，私たちすべての人間が内包している理性 (文化) と本能 (自然) との葛藤の問題である。この「内なる他者」(自然) をいかにコントロールするかという問題は，まさに，ヨーロッパ近代の合理主義的な考え方や法治国家にと

表1　身体の叛乱の分類

	名称	例
1)	反社会的な身体の叛乱	暴力
2)	病理的な身体の叛乱	病気
3)	体育・スポーツ的な身体の叛乱	運動能力の低下現象，スーパー・プレイ
4)	本能的な身体の叛乱	性欲，食欲，睡眠欲
5)	祝祭的・宗教的な身体の叛乱	恍惚 (エクスターズ)
6)	薬物による身体の叛乱	酒，麻薬，ドーピング

っては，獅子身中の虫でもあったのである。しかし，それにしても，なにゆえに身体の「叛乱」などといういい方をするのか。

そこには，厳然たるヨーロッパ近代の形而上学的な主体性の論理が存在している，という点に注目すべきであろう。つまり，主体である精神（理性）がコントロールできない身体を社会的に容認することは，近代の法治国家の根幹を揺るがす大問題であるからである。したがって，身体の叛乱，すなわち，叛乱する身体は，そのほとんどは法律で規制するか，あるいは，病理として管理されることになる。しかし，身体の叛乱は，一定の条件つきで，社会的に容認されてもいる。また，身体の叛乱を最小限に喰い止めるために，教育もまたおおいに力を発揮している。さらに，近代の競技スポーツにあっては，身体の叛乱の取り扱いはきわめて微妙な問題をはらんでいる。これらの問題については，あとで詳しく取り扱うことにする。

まずは，大きく把握しておくと，身体の叛乱とは，この主体性の論理に対するアンチテーゼとして，根源的な問いを発している，といえる。

こうした主張の哲学的な背景には，ヘーゲル（G. W. F. Hegel）のいう「絶対知」の実現を世界史の究極の理想とする『精神現象学』的な考え方に立つ，ヨーロッパ近代の理性中心の「合理主義」的な人間観に対する根源的な疑念と問い直しがある，といえる。すなわち，理性に大きな信を置く主体性の論理だけで世界を制御することの諸矛盾が，ヘーゲル以後の時代に少しずつ露呈しはじめた，ということである。このヘーゲル哲学の土手っ腹に風穴を開けたのがハイデガー（Martin Heidegger）である（木田元 編著『ハイデガー「存在と時間」の構築』岩波書店，2000.）。ハイデガーは『存在と時間』の中で，現代社会に生きる人間の存在様態を詳細に分析しながら，人間の存在（あるいは，主体の存在）が日常性や時間性の中に拡散してしまうことを指摘し，それを「頽落」（Ver-fallen），「脱自」（エクスターゼ・Ekstase）という概念に集約して，明らかにしている。しかも，ハイデガーによってニーチェ（Friedrich Wilhelm Nietzsche）の思想が脚光を浴びるようになり，ニー

チェの主張する「神は死んだ」というテーゼは，同時に「主体的な人間の不在」をも明らかにすることになった。以後，フロイト（Sigmund Freud）の精神分析学もまた，主体性の論理の限界を明らかにし，むしろ，無意識にこそ人間存在の核心があることを指摘して，大きな影響を今日もなお与え続けている。さらには，ヘーゲルの「絶対知」に対して「非－知」という対極に位置する概念を提示し，主体が「エクスターズ」（extase・恍惚＝脱存）し不在と化すことを明らかにしたジョルジュ・バタイユ（Georges Bataille）の思想がある。バタイユは，まさに，この「身体の叛乱」こそが人間存在の根源様態であると主張し，そこから彼の思想・哲学を立ち上げている。このバタイユを筆頭に，フランス現代思想の大きな系譜が，いま現在，様々な展開をみせており，「身体の叛乱」はますます大きな哲学・思想上のテーマとなっている。今日の「身体論」の主流は，「主体なき身体」，すなわち「身体の叛乱」に向かっているといっても過言ではないだろう。

以上のように，身体の叛乱というテーマはかくも大きな思想・哲学的な背景をになっているということを確認した上で，次に，身体の叛乱はどのような様態として現象するのか，具体的に検討してみる。

② **叛乱の両義性**

身体の叛乱という概念は，実は両義性に包まれている。すなわち，プラスのイメージとマイナスのイメージの両方が常に同時につきまとう。つまり，その見方，考え方の立場によって，その評価が違ってくるということである。

例えば，「アメノウズメの踊り」という『古事記』に記述された日本最古の踊りがある。弟のスサノオがあまりに悪さをするので，姉のアマテラスが怒って天の岩屋戸のなかに隠れてしまったために，世の中が真っ暗になって困ってしまった。そこで神々が集まって一計を案じ，岩屋戸の前で酒宴を張り，飲めや歌えや踊れやの祝祭を展開した。ついには，アメノウズメが舞い踊りながらトランス状態（憑依）に入り，全裸に近い状態で踊り続けた。そのため神々はおおいに悦び，やんやの拍手喝采を送った。その騒ぎを聞いて，ア

マテラスが不思議に思い，そっと岩屋戸を開けて外を覗いたところをタヂカラオが，力まかせに岩屋戸を開いてアマテラスを外に引き出し，世の中が明るくなった，という話である。この時のアメノウズメの踊りは，トランス状態の中で展開されており，それはまさに身体の叛乱そのものといってよいだろう。

こうしたアメノウズメの踊りは，古代社会の祝祭空間においては，とりわけ，まつりごと（政＝祭）にあっては，きわめて正当なものとして考えられていた。しかし，現代社会の祝祭空間からは完全に締め出されてしまい，法の網の目をくぐり抜けたアンダーグラウンドな活動でしか存在しない。

このアメノウズメの踊りは，先ほど分類した領域でいえば，「5）祝祭的・宗教的身体の叛乱＝恍惚（エクスターズ）」に相当する。この問題については，もう一度，あとで取り上げることにする。ここでは，まずは，身体の叛乱という概念はきわめて両義的である，ということを確認するにとどめておこう。そして，主題である「3）体育的・スポーツ的身体の叛乱＝運動能力の低下，あるいは，スーパープレイ」の問題を考えてみることにしよう。このテーマも，その中身を，体育的身体の叛乱とスポーツ的身体の叛乱とに区別して考えてみたい。

③ **体育的身体の叛乱**

それでは，体育的身体の叛乱とはどういうことなのか。

体育の授業では，一般的に，ある運動課題が提示されて，それを習得するために生徒たちは努力する。教師は，生徒たちが新しい運動課題を習得しやすいように，様々に工夫を加え，運動を分節化して，提示していく。教師の工夫と生徒たちの運動レディネス（運動技能獲得の準備性）がうまく噛み合っている時には，学習がうまく展開していく。しかし，これが噛み合わないと，生徒たちの身体は叛乱を起こす。

例えば，鉄棒運動の「逆上がり」を考えてみよう。逆さ感覚がきちんと身についている生徒は，いとも簡単に，この運動を習得する。しかし，逆さ感覚が全く身についていない生徒の身体は，逆さになった瞬間に「叛乱」を起こ

す。つまり，逆さになった瞬間から，自分の身体がどのような状態になっているのか，自分で把握できなくなってしまうのである。このような生徒には，まずは，逆さ感覚を身につけるために教師はきめ細かに指導することが必要となる。

あるいは，跳び箱運動の「水平開脚跳び」を考えてみよう。助走をして踏み切り板を踏んでからの空中での一連の動作を身につけるのは実は容易ではない。そこで，まずは，低い跳び箱を跳び越えて，向こう側に着地することを練習する。教師の説明を聞き，友達が跳んでいる様子をみていても，自分の中に運動経過のイメージが掴めない生徒が時折いる。こういう生徒にとっては，すでに，助走の段階で身体の叛乱が起きてしまう。これは当然のことである。イメージの掴めない運動は，自分の身体をどのように制御すればいいのかわからない。だから，踏切板の前で立ち止まるのは，一種の生体防衛反応の表出であり，当然のことである。それを無理やりに突っ込んでいくとしたら，その方が異常である。こういう生徒をどのようにして導いていくかは，教師の手腕にかかっている。

初心者の水泳の授業も同じである。水の中に入るのも，水の中で眼を開くのも，実は大変なことなのである。だから，細心の注意が必要となる。ひとたび，どこかで手続きを間違えると，生徒によってはトラウマのように恐怖を抱いてしまうことがある。こうなるとあとが大変である。どんなに簡単な運動課題を提示しても，ただちに身体は叛乱してしまう。

人間が，新しい運動を習得していくということは，実は大変なことなのである。私たちは，みんな一度は，そういう関門を通過するために相当の苦労をしている。しかし，運動レディネスのできている生徒たちは，運動経過をみただけでイメージを掴み，すぐに見よう見まねでできてしまう。つまり，あっという間に粗形成ができてしまう。運動の応用ができる生徒である。あとは，少しずつ細かな修正をしていって，次第に精形成に向けて仕上げていけばいい。

こうした運動学習は，少し考えてみればすぐにわかるように，意のままに動かない身体を意のままに動く身体に作り替えていくことなのである。これを「身体的自由の拡大」といった人がいる。体育の授業の大きな目標の1つは，自分の身体を自由自在に動かすことができるようになることである。言い換えれば，いかなる状況に直面しようと，身体が叛乱を起こさなくて済むようにすることである。このように考えると，身体の叛乱は，運動学習の1つの目安として重要なポイントとなってくる。身体の叛乱は両義的である，ということの1つの根拠がこれである。

④ 日常的身体の叛乱

もう1つ，体育的身体の叛乱とはいささか性質が異なるが，あえていえば日常的身体の叛乱というテーマがある。例えば，ある運動生理学者が，毎日，通勤している駅の中に「動く歩道」があって，ある朝，これが故障していて止まっていた。が，通路なのでみんなその上を歩いていく。止まっているということを承知して，第一歩を乗り入れたところが，からだが前につんのめってしまった，という。そして，降りる時には，からだが後ろに引っ張られてしまった，という。頭の中では「動く歩道」は止まっているのだから，普通の平地と同じだ，とわかっている。にもかかわらず，身体は勝手な反応をしてしまった。このことがその日一日ずっと気になっていて，いろいろと考えてみた。ところが，どうしてもわからない。そんなことを考えながら帰路，同じ「動く歩道」のところにやってきた。まだ，修理が終わってなくて止まっていた。しめたと思って今度こそ，と意識を集中して「止まっている」ことを脳に伝える。そうして，第一歩を踏み入れた。やはり，朝と同じことが起こった。降りる時も同じだった。これは，どういうことなのか，と彼の研究が始まった。その結論は，筋肉組織の中に「自動化」が形成されたからだ，というところに落ち着いた。

これはどういうことを意味しているのか。つまり，毎日の通勤を繰り返しているうちに，「動く歩道」と脚筋肉の間に「自動化」が組織され，「動く歩道」をみただけですでに脚筋肉の方はそれに対応するための反応をしているのだ，という。それはある種の条件反射のようなものだという。つまり，「動く歩道」を歩く運動に習熟した結果，身体は勝手に反応して動き始めてしまう，というのである。この問題は，哲学の概念でいえば，ポイエーシスに相当する。古代ギリシャ時代から広く知られていた概念で，人間はものを制作するときに，自分の意思でものをつくっていると思っている。しかし，実際にはつくっているものにつくらされているのだ，という。つまり，主客の逆転現象が起こる。つくっているつもりがつくらされている。制作ということはそういうことなのである。それをポイエーシスと名づけた。この議論は，現在も続いていて，さらに理論的に深化し，最先端科学の研究成果とも結びついて，オートポイエーシスと呼ばれている。オートポイエーシスの第1世代，第2世代，第3世代という形で，現在も進化を続けている。

逆にいえば，ある運動にとことん習熟すると，ある条件反射的なシステムが構築され，ある特定の反応しかしなくなる，ということなのである。ある古武術の熟練者も同じことをいっている。冗談にでも私の顔の前に手を出さないでくれ，もし，そういう状態が起きたら，私の身体は，私の意思とは関係なく，あなたの急所を一撃するだろう，と。それは，もはや，止めようがないのだ，というのである。

これもまた，初心者とは真逆の，熟練者にみられる身体の叛乱といってよいだろう。ここにも，身体の叛乱の両義性をみてとることができる。

⑤ スポーツ的身体の叛乱

さらに，スポーツ的身体の叛乱について考えてみよう。

体育的身体の叛乱は初心者にその焦点を当てたので，スポーツ的身体の叛乱では，トップアスリートに焦点を当てて考えてみる。そのサンプルは，すでに述べてきた古武術の熟練者や，冒頭に挙げたレンクの体験したフロー現象にも，みてとることができる。このような話は，伝説的なトップアスリートには，ほぼ間違いなく残されている。サッカーのマラドーナの「6人抜きドリブル」や「神の手」もそうである。マラドーナが意識してやったプレイではなく，気がついたらそういうプレイをし

ていた，ということであろう。計算も打算もなにもない，意識が立ち現れる以前のプレイであり，意識的自己の〈外〉にはみだしたプレイなのである。1本の白いジグザグの線がみえたので，その線に沿ってドリブルしただけだ，とのちにマラドーナは語っている。

トップアスリートでなくとも，ランナーズハイを体験する人は多いという。ある時，突然，これがやってくる，という。これもまた，意識してそうなろうとしてもなれない，という。あるなにかの条件が整った時に，突然，ランナーズハイがやってくる。これもまた，身体の叛乱である。マラソンのレース中に，ランナーズハイに入ってしまった選手がいて，あまりに気持ちがいいのでオーバーペースになり，レースとしては大失敗に終わったという話も聞く。

これとは逆に，マラソンレースのために万全の準備をして，絶好調でレースに臨んだのに，突然の大ブレーキに襲われ，あえなく敗退したという話もある。いずれも，予期せざる身体の叛乱である。逆に，全くの無名の選手が，初マラソンでとんでもない記録を出して優勝するという例もある。からだが勝手にどんどん前に出たので，それにまかせた，という。いわゆるビギナーズラックと呼ばれるものの1つだが，これなどは，誠に結構身体の叛乱である。

⑥ 実在としての身体

以上，身体の叛乱ということを考えてきたが，これを筆者の言葉に置き換えてみると「わたしの身体がわたしの身体であってわたしの身体ではなくなること」，ということになる。この「わたしの身体である」と「わたしの身体ではなくなる」の境界領域に，実は大きな問題があることを指摘しておきたい。それは，哲学でいうところの「存在論」に通底していく，きわめて重大な問題である。つまり，物体が存在するということではなくて，生きる人間が存在するとはどういうことなのか，という問題である。

先述したハイデガーの「脱自」（エクスターゼ）の概念はこのことを真っ正面から取り上げたものである。つまり，「脱自」とは，私が私ではなくなる，と

いうことである。その考え方をさらに批判的に克服し前に進めた概念が，バタイユの「脱存」（エクスターズ・恍惚）である。バタイユの場合には，完全なる自己（主体）の不在を意味している。つまり，私ではなくなるという意識すらなくなる。ということは，トップアスリートの多くは時折「脱自」「脱存」しているということになる。

つまり，ここで注目しておくべき事柄は，ヨーロッパ近代が理想として掲げた主体性の論理から，離脱し，移動しようとする，脱主体性へのベクトルである。しかも，そのベクトルの先に「真の存在」＝「実在」が待っている，というのである。すなわち，理性でコントロールされた身体は実在ではなくて，そこから〈外〉に飛び出す身体，すなわち，身体の叛乱こそが実在なのだ，というのである。この点はおおいに注目すべきポイントである。

西田幾多郎は，その著書『善の研究』の冒頭で，意識が立ち現れる以前に，すでに経験するものがあると説き，それをウィリアム・ジェイムズ（William James）の『純粋経験の哲学』にヒントをえて「純粋経験」と名づけた。そして，この純粋経験が起こる「場」こそが人間が実在する場である，と説いた。ここから出発して，西田の哲学はますます深化していき，やがて，「行為的直観」という概念を提示して，行為と直観とはなんの矛盾することもなく同時に現象する，そこに「実在」をみる，という。すなわち，気がついた時にはからだが動いている，この時こそ，あるいは，これが起こる場こそ，実在の場である，というのである。これは，もはや，紛れもなくトップアスリートの経験する身体の叛乱の世界と変わらない。ということは，身体の叛乱とは実在に通底しているということであり，真の存在とは身体の叛乱の中にある，ということになる。

ジョルジュ・バタイユの思想的系譜に連なる哲学者にジャン＝リュック・ナンシー（Jean-Luc Nancy）がいる。彼は，心臓移植をした初めての哲学者で，その経験を哲学的に分析し，私の身体は誰のものであるか，と問う。つまり，心臓移植後を生きるということは免疫との闘いであって，自己を主張すれば他者である移植された心臓を拒絶する

ことになる，というのである。では，自己を可能なかぎり否定して，移植された心臓によって生かされている自己とはいったい何者なのか，と。そうして，彼は，「わたしの身体とわたしではない身体」とが1つになって私が存在する，と説いた。そこには主体性の論理は通用しない。いわゆる病理的身体の叛乱であるが，ここで提示されている問題の根は深い。

また，荒川修作は，「転ぶ身体」をテーマにした養老天命反転地や奈義の龍安寺，三鷹天命反転住宅，などの作品を残した。「転ぶ」ということは，からだから自己が飛び出すことだ，と荒川はいう。つまり，自己の意のままにならない身体，それが「転ぶ身体」である，と。すなわち，ここで問われているのは「主体の不在」ということであり，ここにこそ人間の「実在」を確認することができるのだ，というのである。

最後に，マルチン・ブーバー（Martin Buber）は「我と汝」（Ich und Du）の「間（あいだ）」こそが「真の存在」であると主張した。つまり，自己から〈外〉に出て，他者もまた自己の〈外〉に出て，互いの「間」で出会うことによって，真の出会い（実在）が可能となる，という。竹内敏晴は，ここにヒントを得て，さらに多くの実践と工夫を加え，「真の出会い」を可能とするレッスンを構築した。彼のいう「じかに触れる」という体験もまた，主体の〈外〉に出ることによって可能となる「実在」への道程だったのである。このように考えてくると，さきほどのジャン＝リュック・ナンシーの哲学の核心にある概念「パルタージュ」（partage）とも通底していることがわかってくる。すなわち，彼は「接触」によって起こる「分割／分有」こそが，人間の「実在」を確認することができる，1つの存在様態であると考えたのである。

以上が，体育・スポーツ的身体の叛乱を中心にした身体の叛乱に関する概要であり，その哲学的背景である。このように考えてくると，「身体の叛乱」とは，ヨーロッパ近代が理想とした「主体的身体」の呪縛を解き放ち，21世紀的身体の可能性を開く1つの重要な扉である，ということがわかってくる。

参考文献

◆ 荒川修作．1995．『養老天命反転地：荒川修作＋

マドリン・ギンズ　建築的実験』毎日新聞社
- 河本英夫 1995.『オートポイエーシス：第三世代システム』青土社
- 木田元 2000.『ハイデガー「存在と時間」の構築』〈岩波現代文庫〉. 岩波書店
- ジャン=リュック・ナンシー 2000a.『侵入者：いま〈生命〉はどこに？』西谷修 訳編. 以文社
- ———. 2000b.『無為の共同体』西谷修, 安田伸一朗訳. 以文社
- 竹内敏晴. 1988.『ことばが劈（ひら）かれるとき』〈ちくま文庫〉. 筑摩書房
- 竹内良知. 2002.『西田哲学の「行為的直観」』〈人間選書〉. 農山漁村文化協会
- 西田幾多郎. 1979.『善の研究』〈岩波文庫〉. 岩波書店
- ハイデガー, M. 1994.『存在と時間』(上・下)〈ちくま学芸文庫〉. 細谷貞雄 訳. 筑摩書房
- バタイユ, G. 1998.『内的体験：無神学大全』〈平凡社ライブラリー〉. 出口裕弘 訳. 平凡社
- ———. 1999.『非−知：閉じざる思考』〈平凡社ライブラリー〉. 西谷修 訳. 平凡社
- フロイト, S. 1997.『エロス論集』〈ちくま学芸文庫〉. 中山元 訳. 筑摩書房
- ヘーゲル, G.W.F. 1998.『精神現象学』長谷川宏 訳. 作品社
- 牧野尚彦. 1997.『ダーウィンよ　さようなら』青土社
- マルチン・ブーバー. 1979.『我と汝・対話』〈岩波文庫〉. 植田重雄 訳. 岩波書店
- Lenk, H. 2002. Erfolg oder Fairness? *Leistungssport zwischen Ethik und Technik*, Lit Verlag.

(稲垣正浩)

自然の一部としての身体　08.C.02

① 自然体育

自然体育とは，1920年代にオーストリアにおいて教育改革運動と連動して行われた学校体育の改革につけられた名称である。ガウルホーファー (K. Gaulhofer) とシュトライヒャー (M. Streicher) を中心に行われたこの体育改革では，それまでの学校体育を支配していたシュピース体操，つまり形式的で堅苦しい集団秩序運動を克服するために自然な運動，自然な指導法，自然な発達といった「自然性」を体育の中心テーマにしてその理念と実践が展開された。自然体育という名称の由来ともなったこうした自然性を強調した運動内容や指導法は，運動の要素化と鋳型化を特徴とするシュピース体操の徹底的な批判とそれからの脱却のために打ち出されたものであった。

シュピース (A. Spieß) は，1840年代を中心に活躍したドイツの体操家で，体育を学校の教科として導入したことや，運動の分類や系統化等において優れた功績を残している。彼の考案した体育のシステムは，運動の要素化と鋳型化をその特徴としたものであった。運動の要素化とは，運動の全体性を無視して恣意的に運動を分割することであり，胴体と手足の各部において可能な動きを形式的な個別運動として分割し，次にそれらを組み合わせて一連の運動へと並べていくものである。そして鋳型化とは，運動の仕方や運動中のからだの姿勢や手足の保ち方を直線的・幾何学的形態の中にはめ込んでしまうことであり，様々な姿勢および運動規定を設けることによって厳格にはめ込みがなされた。こうした要素化や鋳型化が考案された背景には，人間の身体を「物」や「機械」的な存在と捉えるデカルト的心身二元論や主知主義の思想の影響があったと考えられている（木村真知子『自然体育の成立と展開』不昧堂出版, 1989, 93‒103.）。

このようにシュピースの体操は，自然な生活空間から隔絶された抽象的な空間において，人間の身体を物的存在として捉えて構築された非自然的な運動のシステムであった。自然体育はこうしたシュピース体操を克服することを目的に始められたのであるが，ガウルホーファーとシュトライヒャーは1922年に出版した著書の中で，次のようなシュピース体操への徹底的な批判をしている。

「シュピースの体操は，可能な関節運動のすべてを練習対象とした人体の運動の徹底した人為システムであり，その際に中心的な思想としたのは身体の自然な運動法則ではなく幾何学であった。また，シュピースによって考え出されたほとんどすべての運動は，棒のように伸ばしきった手足を直線的に動かすものであった」(Gaulhofer, K., Streicher, M. *Grundzüge des österreichischen Volksschulturnens*. 1922. S.5‒6)。

また，彼らは，こうしたシュピース体操に対して人間の自然性を無視した体操体系であり，「関節人形体操 (Gliederpuppenturnen)」ともいえるものであると痛烈に批判をした。そして，体育を身体の側からの全人形成に向けた教育と捉え，自然な運動を自然な指導法で教える体育，つまり運動の生理学的価値や子どもの運動欲求を尊重し，子どもの発育・発達に応じた運動課題を設定して指導する体育を模索していったのである。

そうした自然体育の展開においてガウルホーファーとシュトライヒャーの思想的なベースとなったのが，当時の生物学の領域において新たに登場したユクスキュル (J. Uexküll) の「環境世界 (Umwelt)」説であった。彼らは，ユクスキュルの説に影響を受け，人間の運動を環境世界（環界）との対峙関係の中から生じる有意味なものとして捉える機能的な運動認識を中心にして，自然体育における運動の教材体系や指導方法を形づくっていったのである（木村, 1989. 197‒204）。

ガウルホーファーとシュトライヒャーは，当時ヨーロッパで盛んであった北欧体操やスポーツ普及運動や新体操運動といった身体運動文化に関する新たな潮流の内容も教育的意図というフィルターを通して学校体育の中に位置づけながら，「補償（矯正）運動」「形成運動」「達成運動」「巧技」という4領域からなる運動教材体系を確立していった。

補償（矯正）運動とは，柔軟性や弛緩や筋力の矯正など，体格の欠陥を改善したり運動障害を取り除くことをめざした領域である。また，形成運動とは，大きく運動形成と姿勢形成の運動群からなっており，個々人のよい運動形態や姿勢形態を形成することがめざされている。そこでは，シュピース体操のように形式的な要素化された運動ではなく，環界とのかかわりをもつ日常活動や労働活動の中での運動が扱われている。

次に，達成運動とは，個々人の達成能力（パフォーマンス）を最高レベルまで高めることをめざす領域であり，具体

図1　ガウルホーファーによる講習会の風景
(出典：Streicher, M. *Natürliches Turnen V*. 1959.S.48)

的にはヴァンデルン(山歩き)や競争遊戯，格技，スキーやスケートなどの冬期の運動，水泳，走・跳・投などの基本運動などが含まれている。また，巧技とは，運動欲求を美しさと驚異性の豊富な運動遊戯へと導くことをめざすものであり，大きく軽業的な驚異的巧技とダンス的巧技に分けられている。そこでは逆立ちや鉄棒での運動や民族的な踊りなど，美しさと技術性の豊富な運動遊戯が扱われている(木村, 1989. 222-46)。

自然体育では，こうした4領域からなる教材体系を指導する際に，運動を部分(要素)に区切った非自然的な形で教える(分習法)のではなく，運動全体を1つのまとまりのあるものとして教える(全習法)ことを原則としていた。さらに，その際に運動が環界とどのようなかかわりをもっているのかという情況を常に踏まえて教えることを原則としていた(木村，1989．251-53)。

このように，非自然的で形式的なシュピース体操からの解放を大きな課題としてガウルホーファーとシュトライヒャーによって始められた自然体育は，人間の身体と運動を常に自然(環界)と有意味な関係をもつ存在として捉え，身体の側面から全人形成に向けて教育することを目的として展開されたものである。そこでの身体は，前時代のシュピース体操における「物的・機械的」な身体ではなく，自然と有意味なかかわりをもつ生き生きとした身体であった。

(松本芳明)

② ヌーディズム運動(裸体主義運動)

[ヌードの定義]

一般的に「裸」を表す概念として，英語圏では「ヌード(nude)」と「ネイキッド(naked)」が存在する。どちらも裸体を意味するが，美術史家のケネス・クラーク(Kenneth Clark)は，その古典ともいえる著書"The Nude"(1956年)において，両者を明確に区別した。つまり，ネイキッドが単に服を脱いだ裸の状態であるのに対し，ヌードとは芸術的な意図の施された理想化された裸体であると定義したのである。そしてまた，このヌードという芸術形式は西洋文化に固有のものであったとされる。キリスト教文化においては，裸体を好ましくないものとする感覚が強く根づき，その道徳観の浸透，および近代的な価値観の広まりにつれて，裸になることの禁忌が人々の間に強く内面化されていった。そのため，芸術作品において裸体をその題材として用いるためには，それが単なる野蛮な裸ではなく，あえて美的に昇華された芸術的なものであると区別する必要に迫られ，ヌードという芸術様式が発達したともいえる。

こうした文脈で考えれば，そもそも意図的に裸になるという意味での「ヌーディスト」や「ヌーディズム(裸体主義)」もまた西洋的な文化の所産であり，さらには裸体をタブー視する価値観に対抗する非常にラディカル(急進的あるいは過激)な概念でもある。

[はじまり]

裸体(身体)を抑圧するという，中世からの永きにわたる西洋文化の伝統の中から，あえて明確な意図をもって裸になる——つまりヌードになるという試みが組織的に芽生えるのは，近代を迎えてからであった。1893年，ドイツ人のハインリヒ・プドーア(Heinrich Pudor)は『裸の人類：未来への跳躍』を出版し，ヌーディズムを思想的に唱道した。また，同じくドイツ人のリヒャルト・ウンゲヴィッター(Richard Ungevitter)は「ヌーディスト(裸体主義)運動の父」の1人とも呼ばれ，それを組織的に実践した。彼らに共通するのは，太陽の光を浴びて自然な状態で活動することは身体を健やかに鍛えることにつながり，都市化・人工化した不健康な人間生活の悪弊を克服するものだという広範な「生活の改良」運動の思想であった。こうした考えは，産業革命以降，急激な工業化を経験したヨーロッパ諸国に共通するものであり，不健康な生活環境の中で次第に身体が衰弱し，好ましくない資質が世代を超えて受け継がれることで退化してしまうのではないか，という社会ダーウィニズム的な恐れを背景にしたものであったといえる。

また，こうした裸体主義運動においては，当然ながらそれが猥褻な感情を惹起する裸(ポルノグラフィー)とは異なり，理性に基づいた道徳的な活動であると明確に区別する必要に迫られた。こうした要請に対して，プドーアは「裸体文化(ナクトクルトゥア)」という概念を提唱し，裸体主義はこの概念に基づいて自然や日光の下で意識的に行われる限り，その道徳的な目的を満たすことができると主張した。この後，ドイツにおける裸体主義運動は，ズーレン体操で著名なハンス・ズーレン(Hans Surén)などにも引き継がれ，大きなムーヴメントとなってゆくが，こうした国民・民族的な身体の理想と健康に対する意識の高まりは，同時に民族主義的なナショナリズムの昂揚と結びつくことにもつながった。

[ひろがり]

裸体主義運動は，ドイツ以外の地域においても同時期に広がりをみせていった。非常に早い例としては，1890年にインド在住のイギリス人男性3人によって「裸体同好会(Fellowship of the Naked Trust)」が結成され，その理念は，外気に身体をさらすことは健康の上で望ましく，さらには人間の裸体が本来美しいものであり，衣服で隠すことによって逆に不道徳な感覚が生まれてしまうというものであった。この団体は人数がわずかであり，また活動期間も2年と非常に短いものであったが，ドイツにおける組織的な裸体主義運動に先行するものであり，また，その理念も共通することから，こうしたヌーディズム活動が共通の時代背景と価値観に基づく共時的なものであったことを示している。

初期のヌーディズム運動は，既存の価値観への挑戦という側面をもつことから，性の解放や進歩主義的な思想と結びついて浸透していったが，その政治的・組織的な活動のピークは1930年頃といわれている。この時期には多くのヨーロッパ諸国においてヌーディズム運動の組織が設立されており，1930年にフランクフルトで開催された国際的な会合には，イギリス，フランス，オーストリア，オランダ，スイス，ギリシャから3,000人を超す参加者があったという。さらにこの時点までに，アメリカやカナダ，オーストラリアでもヌーディズム運動組織の存在が確認されている。

[大戦後から現在]

キリスト教的な価値観と近代社会の規範の双方から外れるヌーディズム運動ではあったが，特に第二次大戦後，ヨ

ーロッパ中心主義的な近代の価値観が揺らぐにつれて，そのあり方や実践も変化してゆく。戦後の自由な時代を迎えると，裸体を含めて身体そのものに対する禁忌が薄れ，その扱いを個人や人間の自由として捉える価値観も高まりをみせ始め，例えば以前であれば不作法だとみなされるような女性の水着姿での水泳や，肌を出すファッションなども市民権を得るようになっていった。こうした背景には，1960年代のヒッピームーブメントや女性解放運動，性革命，公民権運動など広い意味での民主主義的運動の広まりがあったといえる。また，西洋以外の文化圏で裸体が必ずしも忌避すべきタブーではなかった例など，文化を相対的に考える視点の醸成もこうした流れに寄与した。結果として，ヌーディストビーチなど，特定の空間においては全裸になることが権利の1つとして公的に認められるようにもなった。

こうした時代になると，ヌーディズムはその当初の大きな目的であった「健康を増進する」「理想の身体を取り戻す」という身体の機能を中心としたものだけではなく，あえて社会にショックを与えるための芸術手法（ハプニングなど）や，社会的抗議を表す手段，あるいはストリーキングのようにヌードになること自体を目的化したものなどへ多様化してゆく。現在においても，多くの国や地域においては，公共の場で全裸になることにはなんらかの規制がある場合がほとんどではあるが，例えばメディア空間におけるヌードの氾濫や，日常生活における肌の露出に対する受容の度合いを考えれば，現代は，ヌーディズムという観点からいえばこれまでになく寛容化している時代とみることもできる。

こうした状況は，1つには初期の裸体主義者が唱えた「ヌードを猥褻な感覚で捉えない」という道徳観が，少なくとも表面上は社会通念として浸透した結果であるともみなせるが（例えば水着や薄着の人物を不躾に眼差さないなど），一方で完全に全裸になることへの規制や，現実の流通とは解離したポルノグラフィーに対する建前上の規制などが存在することは，未だにヌードというものに対する根強いタブー観が温存されていることの証ともいえるだろう。

（岡田 桂）

参考文献 08.C.02

②
◆ 秋田昌美 1995.『裸体の帝国』水声社
◆ フィリップ・カー＝ゴム，2012.『「裸」の文化史』中島由華 訳 河出書房新社

自然と交流する身体 08.C.03

① ボディーワーク

「ボディーワーク」とは，広く捉えるならば，人間を身体と心と魂が1つに統合された全体性をもつ（ホリスティックな）存在として捉え，身体にアプローチしていくことによって人間の全体的な統合を図り，「人間のからだに備わっている治癒系をうまく働かせる方法，特に，身体の自然性を回復させる代替療法（alternative methods）に関わる身体技法」の総称である（山口順子「ボディワークの現在」『体育の科学』48(2). 1998: 92）。

人間をホリスティックな存在として捉える考え方は，古くから東洋のみならず世界の各地にみられた。ところが，欧米における近代化の流れは，このようなホリスティックな存在としての人間の捉え方から，身体と心を分け，特にスピリチュアルな部分を排除して，身体を「物」として捉える考え方を作り出していった。この考え方は自然に対しても当てはめられ，近代合理主義的な思考のもと，物としての自然と身体をいかに開発していくかという方向性において近代社会の進展がなされてきた。

こうした近代的な考え方の問題性は，20世紀の後半に様々な形で現れてきている。身体に関しては，社会が複雑化し様々なストレスが増えるにつれ，身体と心のアンバランスを拡大させ，その両方にひずみを引き起こし，心身ともに崩壊させかねない深刻な問題を生じさせてきた。また，自然に関しては，人間の社会に役立つように次々に人工的に開発を続けてきたことにより，自然破壊や汚染といった深刻な環境問題が起きてきた。こうしたことから，1960年代以降，近代的な思考法を見直そうとする動きが欧米を中心にして活発になってきたのである。

それは人間を，全体性をもつホリスティックな存在として捉えてその潜在的な能力を開発しようとする「ヒューマン・ポテンシャル・ムーブメント」，あるいはまた「ニューサイエンス」のムーブメントや「エコロジー運動」などといった，様々な形で生じた。こうした一連のムーブメントの中でボディーワークへの関心の高まりと広がりも生まれてきたのであるが，そのきっかけの1つとなったのは，1960年代以降に起こるアメリカ・カリフォルニアのエサレン研究所を中心としたヒューマン・ポテンシャル・ムーブメントであったという。そこでは人間の潜在的能力の開発を目的に数多くのボディーワークの方法が生み出されている（宝島編集部編『ボディワーク・セラピー』JICC出版局. 1992. 9-10.）。

ボディーワークには非常に多くの種類があり，広範囲に捉えるならば300

表1　ボディーワークの種類の例

西洋的なボディーワーク		東洋的なボディーワーク	
アレクサンダーテクニーク		中国伝統医療（鍼灸，指圧）	
グルジェフムーブメンツ		アーユルベーダ	ヨーガ
オイリュトミー	自律訓練法	チベット密教	
カイロプラクティック		気功・導引	太極拳
アロマテラピー		坐禅	合気道
リフレクソロジー		真向法	足心道
ソマティクス		操体法	野口体操
センサリーアウェアネス		野口整体	気楽体
フェルデンクライスメソッド		本山式経絡体操	
サイキックマッサージ		新体道	
ロルフィング	ヘラーワーク		
バイオエナジェティックス			
ラバンアナリシス			
ダンスセラピー	フォーカシング		

（出典：「ボディワーク・セラピー見取図」宝島編集部 編. 1992. 6-7より抜粋）

に及ぶ種類があるという（山口，1998：94）。そこには，センサリーアウェアネス，アレクサンダーテクニーク，ロルフィング，フェルデンクライスメソッド，ソマティックメソッドといった20世紀に欧米で生まれたもののほかに，古くからの東洋的な身体技法も含まれている。具体的にはヨーガ，気功，太極拳，坐禅などであるが，それらはいずれも身体の動きと呼吸と瞑想とが深いかかわりをもった身体技法であり，その中で「気」が中心的な役割を果たしている点では共通している。

「気」という概念は，古くから中国を中心とした漢字文化圏で取り上げられてきたものであり，一般的には，大自然に充満していて人間をはじめとした万物を生かしている未知の生命エネルギーであり，人間の心と身体を1つに結びつけるものとして捉えられている（湯浅泰雄『「気」とは何か』NHKブックス，1991. 4 - 5, 36.）。こうした考え方は，インドのヨーガにおける「プラーナ」にも共通している。それゆえ，気の充満している「生命体」としての自然と呼吸や瞑想を通して交流することによりホリスティックな存在としての人間を活性化させる東洋的な身体技法が，ボディーワークの方法として注目されてきたのである。

② 野外活動

こうした視点から考えるならば，自然との深いかかわりをもって行われるネイチャーゲームをはじめとした比較的新しく工夫された諸々の野外活動も，ボディーワークと近い関係にある活動と捉えられる。

野外活動とは，一般に，自然の中で，自然の影響を受けながら行われる活動の総称として用いられる。かつては，主に自然の中で行われる「スポーツ的活動」として捉えられていたが，現在ではより広く「自然環境を背景に営まれる諸活動の総称」として捉えられるようになっている（日本野外教育研究会編『野外活動　その考え方と実際』杏林書院．2001. 1 - 2)。

野外活動は，19世紀から20世紀にかけて始まったイギリスのボーイスカウト運動，ドイツのワンダーフォーゲル，ユースホステル運動などを通じて広まったものであり，日本には戦後にアメリカ経由で移入され広まった。初期は自然環境の中での体験を通した教育がねらいとされ，キャンピングがその中心的な活動内容であった。その後，野外活動の普及とともにハイキング，サイクリング，登山，遊泳，ボート，スキー，スケートなど，陸上・水上・氷雪上で行われる様々な活動が野外活動の中に含まれるようになった。

今日では，こうした身体的・スポーツ的活動だけでなく，自然環境の中で，自然を利用し，自然を理解し，自然に親しみながら展開される，さらに広範囲な諸々の活動をも含む広い概念として，野外活動を理解するようになってきている。つまり，郊外に出て楽しむ森林浴，自然公園の散策，名所旧跡めぐり等々，簡単な気晴らしをすることも野外活動として捉えるようになってきているのである（稲垣正浩「野外活動」『日本語論』2 (10). 1994. 100 - 01）。

このように野外活動が普及し広がってきた背景の1つには，1960年代以降に起きてくる身体や自然に対する近代的な思考の見直しの動きが関係している。その中の1つである「エコロジー運動」は，自然を単なる「物」としてではなく1つの生命体として捉え，それとの共生を考えようとするものであった。こうしたムーブメントや1970年代にアメリカで生じた，近代科学に対するカウンターカルチャーといわれる「ニューカルチャー」運動等の影響もあって，生命体としての自然という新たな自然観とそれとのかかわり方の模索がなされた。そうした中で，アメリカのナチュラリストであるJ. B. コーネル (Joseph Bharat Cornell) が1979年に創案した「ネイチャーゲーム」や森林浴といった新たな野外活動も現われてきた。

これらの活動は，生きた力に満ちた自然と交流し感応し合うことを通して，心身のバランスを回復させる可能性をもつものである。特にネイチャーゲームでは，人間のもつ様々な感覚を使って自然とじかに触れあう体験を通して，自然への気づきと自分の内面への気づきを促すことが目的とされている。

例えば，「大地の窓」というゲームでは，森の地面に仰向けに寝て体に落ち葉や枯れ枝をかけていき，自分と森との一体化を体験する（図1）。「私の木」というゲームでは，目隠しをした状態で木を触ってその特徴を感じる。これらは，森という自然を思考（理性）を通して知識として（観察の対象として）認識するのではなく，意識的なコントロールを超えたところで身体の感覚をあますところなく働かせてじかに体験し，自然との一体感をもって理解しようとするものである。こうした体験をすることにより，心身のバランスを回復させて内面的に変化する可能性を期待することができるという（ジョセフ・B.コーネル．『ネイチャーゲーム1　改訂増補版』日本ネイチャーゲーム協会監．2000. 柏書房）。

③ 癒しの身体

日本において「癒し」という言葉が登

図1　ネイチャーゲーム「大地の窓」
（出典：稲垣正浩ほか『図説スポーツの歴史』大修館書店. 1996)

場したのは1980年代のことである。この言葉は、バブル崩壊後の社会が混乱した90年代においてブームとなり、各種セラピーやヒーリング等の技法が現れ、商業主義的な流れとも相まって大流行するようになる。

「癒し」という言葉は英語のヒーリング(healing)の訳語として用いられたものであるが、『広辞苑』(第五版)には「癒す」という動詞しかなく、その意味は「病気や傷をなおす。飢えや心の悩みなどを解消する」となっている。また、『広辞苑』では「ヒーリング(healing)」は「治療。特に心の病いや疲れを癒すこと」と説明されている。

このように「癒し」は、一般に病気や苦悩を和らげたり治すことの意味に使われるが、特に「心」との関係に重きがおかれている。また、「治す」ということでは近代医療における治療と重なる部分もあるが、近代医療における治療は悪い部分に焦点を当てて治す、部分(要素還元)的なものであるのに対し、「癒し」は人間の存在全体を対象としたホリスティックなものであり、「生命」のエネルギーを高めていくことで病気や傷を治し、苦悩等を解消するものである(帯津良一『〈いのち〉の場と医療』春秋社. 2000. 211-14.)。

こうした癒し・ヒーリングの方法(技法)には非常に多くの種類があるが、代表的な例としては以下のようなものがある。例えば、アロマテラピーやアロママッサージ、ミュージックセラピーやアニマルセラピーといった、五感に刺激を与える各種セラピー系のもの。ロルフィングやヘラーワークといったヒーリング系のボディーワーク。アーユルベーダ(インド)や鍼灸・指圧(中国)といった東洋的な伝統医療、等々。

このうち後者2つの例に関しては、身体全体の歪みを調整したりブロックをほぐしたりすることにより気やプラーナ(ヨーガでの自然界における未知生命のエネルギー)の流れをよくし、自然治癒力や生命力を高めるようにすることがねらいとされている(宝島編集部 編. 1992. 11-12.)。また、このことによって、身体をリラックスさせ、余分な緊張と歪みをとり、身体のゆるみとともに心もゆったりとリラックスした状態がもたらされるという。

また、癒し・ヒーリングといった場合、一般に癒し手(ヒーラー、施術者)と癒され手(ヒーリー、クライアント)といった関係があって、受け身的に「癒される」印象が強い。しかし、英語の「heal」には「癒す」と「癒える」の2つの語義がある。現在の「癒し」ブームは、癒す側の「人と方法」の方に焦点があり、「癒える人」とその「癒える力」の方に注目することが少ない。そうした中で、長年「からだとことばのレッスン」を続けている演出家の竹内敏晴は、人間の身体に秘められた自ら「癒える力」について触れている。竹内がレッスンで重視しているのは、閉じ込められた「からだ」を解放し(ゆるめてやり)、からだの語ることばに耳を澄まし、人と人との響き合う関係をひらくということである。そのことが「癒える力」の発現にもつながるという(竹内敏晴『癒える力』晶文社. 1999.)。

こうした「癒し(癒す・癒える)」と身体ということを考えた場合、自分の「からだ」そのものに働きかける身体技法のほかに、自然との交流、つまり森林浴やアロマテラピーやイルカ療法など、自然の中の木や植物や動物などのもつ力とじかに触れあい、身体を通して感応し合うことも今後より重要になってくるといえる。

(松本芳明)

自他融合の身体 08.C.04

① ピークパフォーマンス

ピークパフォーマンスとは、競技においてスポーツ選手が自分のもてる力を最大限に発揮している状態のことをいい、「心・技・体」のすべてが最高に整えられた時に達成され得るものである。その場合に、最大限の力の発揮というのはその個人がもっている潜在的な能力もあますところなく発揮されている状態を意味している。

スポーツ心理学の知見によれば、こうしたピークパフォーマンスは覚醒水準(緊張状態)が最適な時に現れるものであり、その水準は中程度の時が最適であり、高すぎても低すぎてもパフォーマンスが低くなってしまうという(杉原隆『運動指導の心理学』大修館書店. 2003. 173)。その関係を示したのが図1である。しかし、中程度の覚醒水準がピークパフォーマンスを発揮するのに最適であるといっても、その水準は様々な条件によって微妙に異なるという。また、選手がそうした最適な状態を常に意識的にコントロールして作り出すことも、非常に難しい。そのことは、世界的なトップアスリートでさえもあらゆる試合において常にピークパフォーマンスを発揮することができるわけではない、という事実からも容易に想像できる。

実際の試合においては、選手は微妙な心の働きから起きてくる様々な精神状態・感情を経験することが多い。それは緊張、興奮、不安、迷い、欲、萎縮、あきらめ、無心などといった言葉で表されるものであり、それらの精神状態はパフォーマンスに大きく影響するという(杉原, 2003.173)。なかでも競技者にとって重要と位置づけられる試合ほど、大きなプレッシャーによって心の

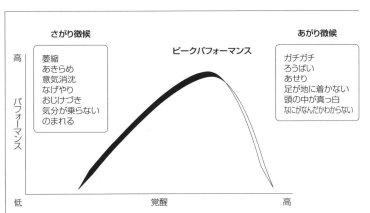

図1　逆U字型理論による覚醒とパフォーマンスの関係と、それに対応する精神状態
(出典:杉原隆『運動指導の心理学』大修館書店. 2003. 173)

揺れ動きが生じやすくなる。そうした大きなプレッシャーのかかる場面で心身の最適な状態を意識的に整えることは非常に難しいことである。ガーフィールド(C. H. Garfield)によれば，ピークパフォーマンスを経験したことのある競技者の多くは，その際の最適な精神状態は意識的にコントロールして作り出せたというよりも，自己のコントロールを超えたところでもたらされたといった内容のことを語っているという(チャールズ・A.ガーフィールド，ハル・ジーナ・ベネット.『ピークパフォーマンス』ベースボール・マガジン社. 1988)。

このことを考える上で，スポーツ心理学の研究者である杉原がその著書の中で書いている次の一文が示唆的である。ピークパフォーマンス時の「精神状態は無念無想，明鏡止水の境地，フロー，集中の繭，プレイの歓喜などと表現されてきた」(杉原隆, 2003. 178)。これは，昔から武道における最高の境地とされてきた心の状態とピークパフォーマンスの精神状態とがほとんど同じ地平にある，と考えることを可能にさせる。武道の精神性は禅の思想の影響を強く受けているが，そこでは人間(自己)と自然(他者)との調和を求めていかにして一体化するか，つまり「私」という意識をできるかぎりなくして(心を無にして)自己と他者の区別のない自他融合の境地，「無」の境地に到りつくことが目標とされてきた。そうした境地に到った時に初めて，人間の(意識的な)コントロールを超えて身体が自在に動き出し，それが最高の動きとなるというのである(湯浅泰雄『気・修行・身体』平河出版. 1986. 34－62)。

武道にせよ，近代的な競技スポーツにせよ，その道を究めて最高の能力(ピークパフォーマンス)を発揮する状態に到る時に，人間の支配を超える身体，つまり意識によるコントロールを超えたところで動き出す身体が現れるということは，近代的な「身体論」を見直していく上で非常に示唆的である。

② ゾーン

「ゾーン」とは，精神集中が極まった時に入るまさに非日常的で，神がかり的な状態であり，前項でみてきたピークパフォーマンスが発揮される時の心理状態を表す言葉として用いられる。

そこでは，「時間がゆっくり流れているように感じた」等，時間や空間や身体に対して日常とは異なる特別な感覚をもつことがあるという(山崎史恵「メンタルトレーニング」『スポーツの百科事典』丸善. 2007. 685)。こうしたゾーン体験については，これまでにいろいろな種目のトップアスリートたちが様々な表現を用いて語っている。

1981年の全米プロゴルフで優勝したデビッド・グラハム(David Graham)は，最高のプレイをしたその時の様子を「ゾーン」の状態に入ったと捉え，その感覚を次のように報告している。「あらゆることが夢見心地で静かに経過し，まるで催眠術にかかったような感じになり，そのくせ心も体も完全にコントロールされている」。また「精神的にも肉体的にもまるで自動操縦されているような感じ」であり，「バッグからクラブを引き抜き，ただスイングするだけで，イメージどおりの球が飛んでいくといった具合であった」(デビッド・グラハム『ゴルフのメンタルトレーニング』白石豊訳. 大修館書店. 1992. 126, 130)。

1996(平成8)年の第26回オリンピック大会(アトランタ)の中国戦において逆転勝利のシュートを決めた，当時の日本女子バスケットチームのエース・萩原美樹子の場合，「目の前で起こっているプレイに集中できて…，その時なにを考えていたのか全く覚えていません」(白石豊『実践メンタル強化法』大修館書店. 1997. 219)と語っている。また，天才的なバッティングセンスをもつメジャーリーガーのイチローの場合も「頭では打たないと決めているのに，体が打てると思ってバットを振ってしまうんです」(小松成美『イチロー・オン・イチロー』新潮社. 2002. 125)と，類似した体験を語っている。

これらトップアスリートの体験に共通するのは，頭(意識，理性)のコントロールを超えて動き出す身体が現れるということである。そうしたゾーンに入った時の状態については，多くのトップアスリートを対象にそのピークパフォーマンスの体験について調べたガーフィールドも，多くの選手が「忘我の境地」「恍惚状態でのプレイ」「自動操縦のように動く」「動きに身をまかせる感じ」などといった，同様な独特の感覚を語っていると報告している(チャールズ・A.ガーフィールド，ハル・ジーナ・ベネット『ピークパフォーマンス』ベースボール・マガジン社. 1988. 28－36)。

また，ガーフィールドはその調査結果からピークパフォーマンス時の心理的特徴について8つの特徴を抽出し，それに基づいてピークパフォーマンスに到るためのメンタルトレーニング・プログラムを提唱している。そして，その中で「心を自由にする」ことを特に重視している。つまり，ピークパフォーマンスが発揮されるゾーンの状態に入るためには，心と身体に対する意識的なコントロールをなくし，直感や無意識に従って身体が自動的に動くように準備することが特に重要と捉えているのである(同前掲書. 173－74, 193－211)。

彼はそうした状態に到るための具体的な方法として，多くの心理学的研究成果に基づいた方法を用いるとともに，武道やヨーガといった東洋的な身体技法における瞑想や呼吸法にも大きな価値を置いて取り上げている。このことは，人間の意識的なコントロールを超えて身体が自在に動き出す状態(ゾーンの状態)に入るためには，自他融合の境地(無心の境地)をめざした，武道やヨーガ等の身体技法が大きな価値をもっていることを示唆している。

③ 瞑想系身体技法

「瞑想系身体技法」とは，ヨーガや道教(タオイズム)や禅などに共通した修行法である「瞑想」を主軸にして展開される様々な身体技法の総称である。宗教のみならず様々な分野で多種多様な瞑想系身体技法が考案され伝承されているが，「呼吸法」はそれらのほぼすべてに共通した技法となっている。

「瞑想」とは，一般に心を静めて神に祈ったり心を1つに集中させることにより，考え思うことを超越して理性や思考によっては到達できない境地に到ること，あるいは無念無想(無心)の状態で神仏や自然との合一体験をしたり悟りを得ることを目的としたものである(瞑想情報センター 編『現代瞑想の世界』. 自由国民社. 1982)。そこでは，深い瞑想状態に入るために呼吸法が大きな役割を果たしている。

呼吸は，その緩急長短を意識的にコントロールすることもできるし，また

熟睡状態にある時のように無意識下でも行われるものである。また，呼吸は単に空気の出し入れだけではなく，気功においては「気」と呼ばれヨーガにおいては「プラーナ」と呼ばれる，自然界における未知の生命エネルギーの身体内への出し入れを行うものでもある。こうした意識と無意識の両方にかかわる「呼吸」を媒介にして意識・無意識と身体を1つにつなげ，身体内での気（プラーナ）エネルギーの流れを整え，それによって人間のもつ潜在能力を引き出すことを目的として考案された技法が「瞑想系身体技法」である（稲垣正浩『身体論－スポーツ学的アプローチ』叢文社. 2004. 132－38）。

瞑想系身体技法の具体的な種類としては，大昔から今日までの長い歴史の中で様々なものが工夫されてきている。シャーマニズムにおけるシャーマンの瞑想ダンスから，ヨーガや仏教の坐禅や修験道の御籠りなどの宗教的行そのものとしての瞑想系身体技法，そしてそこから派生した多種多様な武術や舞踊や健康法としての瞑想系身体技法がある。後者の具体的な例としては，中国の太極拳や少林拳や気功，日本の剣術や弓術などの武術，アメリカで考案されたメディテーション系の身体技法であるボディーワークやダンスセラピー等々まで数多くのものが挙げられる。

近年においては，こうした瞑想系身体技法をメンタルトレーニングの方法に利用しようとする動きもある。先述したように，多くのトップアスリートたちが注目する「ゾーン」の状態は，まさに坐禅において深い瞑想状態に入った時の「無念無想（無心）」の境地に類似したものである。先に挙げたガーフィールドやガルウェイ（W.T. Gallwey）などのように，競技スポーツのメンタルトレーニングの中に瞑想や呼吸法といった禅やヨーガの身体技法，あるいはその思想までをも取り入れたものがあるのもそのためといえる。日本でも，多くのプロスポーツ選手やアマチュアのトップアスリートのメンタルトレーニングにおいてヨーガの思想と技法を取り入れて指導している例もある（白石豊，脇ս幸一『スポーツ選手のための心身調律プログラム』大修館書店. 2000）。

また，フリーダイビング（素潜り）の限界に挑戦し，人類史上最初に水深100mを超える閉塞潜水に成功したジャック・マイヨール（Jacques Mayol）も，そのトレーニングの中に瞑想や呼吸法といった坐禅とヨーガの技法を取り入れていた（図2）。そして，実際に深く潜る際には，まず船上で瞑想系身体技法（呼吸法・瞑想）によって身体を整えてからゆっくりと海に入っていったというが，それは自らを自然（海）と一体化させるために彼が編み出した創意工夫だったという（成田均「思い出の言行録」竹谷和之 編著『ジャック・マイヨールの遺産』叢文社. 2007. 133－35）。

上述してきた瞑想系身体技法によって身体の可能性を開発していく方法は，合理的・科学的にコントロールさ

図2　コルサロ湾で，潜水前にプラナヤマ（ヨガの呼吸法）を実践するジャック・マイヨール
（出典：ピエール・マイヨールほか 著，『ジャック・マイヨール．イルカと海へ還る』岡田好惠 訳，講談社. 2008）

れた最先端のスポーツトレーニングの方法とは大きく異なるものであるが，人間の潜在能力を引き出す上では注目に値するものである。

（松本芳明）

神々と身体の交流　08.C.05

[スポーツの始原]

前近代の代表的なスポーツが狩りであったように，狩猟は古今東西で行われていた。フランスのラスコーやスペインのアルタミラを代表とする旧石器時代の洞窟壁画にも，中心的なテーマとして描かれる。

それは獲物となる動物を捕らえ，安定的に食料を得ることを願うものであった。そのイメージを具体的に絵の具で洞窟に描き，獲得する所作を象徴的に演技する呪術，祭儀を行っていたものと思われる。瞑想的心理状態で精霊や神々の住む世界と交流する祈りであると同時に，そのボディワークは遊戯であり，スポーツの始原でもあった。

白川静『字通』によると，「游」または「遊」の字は「もと神の出遊をいう字であったが，神を奉じて行くことをいい，神のように自由に行動することをいう」とある。神の世界とかかわる時に，人もともに遊ぶことができた。また，『字通』の「戯」の項に「戯弄の意は，虎頭のものを撃つ軍儀としての模擬儀礼から，その義に転化したものであろう」とある。戯というのは，もと，戦いに向かうための所作事であり，予祝の儀礼として行われ，劇や舞踊の発生に連なる。

インドの古典サンスクリット語には，遊戯を表す語，リーラーという概念がある。ヒンドゥー教の哲学でシヴァ神は自身の喜びのために自発的に戯れて，世界の顕現という創造行為をなす。世界の創造はシヴァ神のリーラーである。スポーツも同じように相手と調和しつつ，自己の充実を図る行為であって，敵を打ち負かすのが目的ではない。

[古代都市で行われたスポーツ]

古代文明の開花した都市の考古学的遺跡からは，陸上競技，水泳，体操，舞踊，レスリング，ボクシング，アクロバット，剣術，弓術，戦車競技，馬術，球技，さらに盤上競技などの存在が知られている。

紀元前4000年紀中頃，初期シュメール期の「ウルクの円柱」には，弓と槍を持って王家がライオン狩りをする姿が描かれている。前3000年紀中頃には，馬が引く二輪，あるいは四輪の戦車が登場している。その技術はメソポタミアからエジプト，あるいはインド・イランにも伝播している。

エジプトの高官プタハ・フテプの墓（前2300年頃）のレリーフには，ボクシングや，パピルスの茎でフェンシングに興じる姿が描かれる。レスリングなどの格闘技や舞踊は，儀礼性をもつゆえ墓や神殿に描かれていた。

また，古代エジプトにおいて，言語の上からスポーツという単語，スポーツをするという概念はなく，魚釣りを楽しむ，従事するといった表現が用いられる。

中王国時代のベニハッサンの400も

の壁画に描かれるレスリングは，遊戯的で，後のギリシャのパンクラチオンにみられるような激しさはない。

[ギリシャとローマのスポーツ]

オリンピックの起源とされるギリシャのオリュンピア祭は紀元前776年に始まる。神々の王であるゼウスを称える4年に1度の競技大会であり，死をも恐れぬ強い精神と鍛えた肉体によって美を競った。心身を整え，美しい調和のとれた身体をめざして神々に近づこうとした。

初期のキリスト教徒はローマにおいて迫害を受けながらも，基盤を固め，391年にキリスト教はローマの国教となる。すると異教を排して，ギリシャの神々の信仰を弾圧し，オリンピック競技会も393年に禁止された。

一方，ギリシャの文化自体は高く評価される。ギリシャの神々への信仰から切り離されて，もともと土着の宗教，祭典と結びついていた各地の遊戯や競技が普遍化されていく。

[印欧語族の神話とスポーツ]

紀元前5世紀のギリシャの彫刻家，ミュロンは円盤投げの彫刻を制作したが，オリジナルは失われ，2世紀のローマ時代のコピーが残されている。古代インドにおいても，円盤はチャクラと呼ばれる武器であり，ヴィシュヌ神の持ち物として知られ，日本の仏像の手にもしばしばみられる。

古代のインドとイラン，ギリシアは印欧語族として言語的に近い関係にあり，神話構造にも共通性がみられる。古いサンスクリット語で詠まれたバラモン教の聖典『リグ・ヴェーダ』と古代イラン語のゾロアスター教の聖典『アヴェスター』の最古層である詩編「ガーサー」は非常に近い。

『リグ・ヴェーダ』が詠まれた紀元前1500年から前1200年頃の娯楽として，狩猟，戦車競走，賭博，音楽・舞踊などの存在が知られる。また，『アヴェスター』の「ヤシュト」には馬に関する記述が多く，騎士や戦闘についても述べられている。第19章にはイラン最古の英雄伝説が描かれており，『王書』と呼ばれている11世紀成立の『シャー・ナーメ』にも反映されている。

『シャー・ナーメ』と古代インドの叙事詩『マハーバーラタ』，ホメロスの『イーリアス』『オデュッセイア』にも共通の神話構造を認めることができる。『マハーバーラタ』の英雄，弓の名手であるアルジュナはアキレウスに，怪力無双で棍棒を振り回すビーマはヘラクレスに相当する。ビーマは『シャー・ナーメ』の英雄ロスタムに似ているという。

[イスラーム教徒とスポーツ]

イスラーム教文化において，音楽・舞踊やスポーツは一般的に奨励されない。遊びは，来世への準備をすべき現世において，真剣な生活を送るべきイスラーム教徒には適さないとされる。

スポーツの中でも，有効性と目的の真剣さゆえ，戦争に備えて馬術や徒競走，格闘技は行われる。イスラーム騎士道も発達した。

イスラーム教国のどこでもコーランは翻訳されることなくアラビア語で朗唱される。そこには，歌になりきることのない朗詠で，音楽性をできることなら排除しようという傾向がみられる。そんな中でもシーア派のスーフィーと呼ばれる神秘主義者の間では葦笛ネイなどが取り入れられた。

ルーミーが始めたメヴレヴィー教団ではトルコの古典器楽合奏を伴奏として神秘主義的な詩を斉唱する。そして，神の名を伴う唱句ズィクルを繰り返して旋舞を舞い，深い瞑想状態に入った。

ズィグルとは，神の名を含む章句を反復して唱えるとともに，呼吸法を取り入れた前後への屈伸など，時には激しい身体動作を伴う。数時間行って，瞑想状態，あるいは陶酔状態に入っていく。旋回舞踊によって限りなく神に近づくことができると彼ら，神秘主義者は考えている。

[仏典にみるスポーツ]

仏教経典や仏伝にもスポーツに関する記述は散見する。漢訳『方廣大荘厳経』に相当するサンスクリット語の仏伝『ラリタヴィスタラ』には，王子である釈尊が，王族として学んだ学問，技芸，娯楽，スポーツの数十種目が数え上げられている。釈尊はそのすべてに卓越し，婿選びの競技に勝利したと伝えられる。

その中でスポーツ的なものには，跳躍，格闘，弓術，水泳，乗馬，乗象，戦車術，力比べ，拳法があり，さらに，音楽・舞踊，演劇，按摩，サイコロ，各種の占い，針仕事，編み物などが挙げられている。

本生譚と呼ばれる釈迦の前世の物語『ジャータカ』にも様々な記述がある。ベナーレスのバラモンの子がタキシラに武術を学びに行って腕を磨き，帰国して王に召し抱えられ，弓術を披露する話が語られる。狩猟は王族の代表的なスポーツであった。レスリングや見世物，演劇が紀元前後から興行のように行われていたこともわかる。

[近現代のインドのスポーツ]

近世の細密画にも虎狩りや鹿狩りが描かれる。また，チェスの起源といわれるチャトランガ（シャトランジ）や双六，ガンジーファと呼ばれるカード遊び，凧揚げ，ブランコ遊びの流行が知られる。ポロやホッケーのような遊び，また，今日テレビでも紹介されるようになった，レスリング道場の柱によじ登ってアクロバットを披露するマッラカンブも描かれる。インド発祥のスポーツであるカバディもアジア大会の正式競技として採用されている。

競技ではないが，ラテン語でデポルターレ，日常生活からの脱出という意味でのスポーツとして今日流行しているのはヨーガとインド舞踊である。

シヴァ神はヨーガの主ヨーゲーシュヴァラであり，6世紀以降の密教時代になると，武術的なターンダヴァという力強い踊りを踊ることによって世界を創造する神ナタラージャ（舞踊王）の名でも知られた。シヴァ神はいくつも武器を手に持つ。密教時代，仏像にも武術的な構えが多く取り入れられる。

ヨーガでは瞑想的な身体技法を開発して神に近づくことをめざす。インド舞踊は武術的な厳しい身体訓練を取り入れながらも，心身を整えて美を追究する。競技でこそないが，古代ギリシャのスポーツにみられるように審美的であって身体訓練と精神修練の調和が求められる。

参考文献 08.C.05

◆ 寒川恒夫 編著．1994．『スポーツ文化論』〈体育の科学選書〉．杏林書院
◆ ひろさちや 監修．松浪健四郎，河野亮仙 編．1991．『古代インド・ペルシァのスポーツ文化』ベースボール・マガジン社
◆ ベラ・オリボバ．1986．『古代のスポーツとゲーム』岸野雄三 監修，阿部生雄，高橋幸一 共訳 ベースボール・マガジン社
◆ A．D．トウニー，S．ヴェニヒ．1978．『古代エジプトのスポーツ』滝口宏，伊藤順裕 訳 ベースボール・マガジン社

（河野亮仙）

9章
スポーツと医科学

世界的規模で発展したスポーツにとって,

医科学研究の存在は大きなものである。

日本における

戦前・戦中・戦後の医科学研究を振り返るとともに,

グローバルな視点からも発展を振り返るための,

視点や論点をまとめた。

さらに,医科学の研究成果によるスポーツの発展を考えるため,

「スポーツ現場への応用」

「日常生活への応用」

「学校体育への応用」

という枠組みで論じることで

スポーツと医科学の関係について

より深く考える契機にしていただきたい。

スポーツ医科学のあゆみ　09.A

戦前・戦中の身体をめぐる医科学研究の動向　09.A.01

① スポーツ医科学の夜明け

江戸時代には，積極的な身体観はまだみられない。1713(正徳3)年『養生訓』で貝原益軒は，「労働」「運動」に保健を期待して「体力」の消費を戒めていた。

明治時代になると，欧米から，文明の後進性だけでなく，劣等な身体をも意識させられるようになった。

文部省は，教育顧問モルレー(D. Murray)から，知的教育の成果を実現する日常的「体力」の必要性を教えられ，学校に体操科(体育科の前身)を設けた。1878(明治11)年設立の体操伝習所のお雇い教師リーランド(G. A. Leland)は，体操の身体的効果を医科学的に説明し，「活力検査」を紹介した。この検査は，肺結核問題を背景とした身体測定(身長，体重，3状態の胸囲，肺活量，上・前腕囲)を主体に筋力測定(懸垂，握力)を加えた発育検査であった。したがって，基礎代謝以外の活きる力(vitality)を意味する広汎な概念が「活力」であった。しかし，活力検査を実施したのは国立の学校だけであった。

医科学的研究能力がなかった体操伝習所は，1883-84(明治16-17)年の剣術柔術の利害調査の際，東大医学部の三宅秀，ベルツ(E. Baelz)らを起用した。国が体育に医科学的研究の道を開いたのは，第一次大戦後，1924(大正13)年の文部省所管の体育研究所設置が最初である。

1913(大正2)年の学校体操教授要目の構成はスウェーデン体操の医科学的理論に基づくものであり，陸軍も1916(大正5)年にスウェーデン体操を採用した。肺結核が念頭にある発育期の健康問題から，体操には医科学的合理性が求められていた。

明治時代には，特殊社会である軍隊と学校での公衆衛生が「軍陣衛生」「学校衛生」として整備された。「身体検査」はその一環である。

陸軍は，1873(明治6)年から徴兵検査で「身体検査」を実施した。その目的は，軍隊教育に必要な体力を有し，かつ伝染性疾患罹患者でない青年の選別であった。検査は，身体測定と医師による検査(医科学の進歩等で頻繁に変更)であった。運動機能検査は関節運動の視認だけだったから，体力判定は身体測定でなされたことになる。判定区分を「体格等位」と称した。「身体検査」が「体格検査」と呼ばれたゆえんである。

学校「身体検査」(「健康診断」の前身)は，1897(明治30)年から国立の学校で「活力検査」に代わって実施され，1900(明治33)年からすべての学校に広げられた。学校教育成立の前提となる学校衛生に資するため，身体測定と医師による検査で発育状態を把握したのである。

20世紀になると，運動に関する医科学の概念化が始まる。『理論実験競技運動』(武田千代三郎, 1904)はその1編に「運動生理」を設け，『生理衛生学摘要』(陸軍戸山学校, 1909)は，運動の基礎医科学である「運動生理学」とその応用医科学である「運動衛生学」の2篇で構成された。後者には「運動の反応時間」の項もある。

しかし，医科学的関心は，依然として身体測定，体格に向けられた。『日本人の体格及体育』(陸軍戸山学校, 1914)は軍医の共同研究報告である。

本格的運動医学書の最初は『運動生理学』(1916年)で，陸軍戸山学校軍医の吉田章信が外国文献と実験測定による研究成果をまとめたものである。彼は，1924(大正13)年開所の体育研究所で運動生理学と体格・体力の統計的研究を展開し，体育的医科学研究の先達的役割を果たした。

1920年代には，競技スポーツの興隆とともに，運動医科学による競技記録向上の支援が始まった。その先達が東龍太郎(のちの東京大学薬理教授，日体協会長, IOC委員, 東京都知事)である。彼は，英国留学で運動中の身体の医科学的研究に従事し，帰国後の講演と執筆活動によって，競技記録と体力問題を中心にスポーツ生理学の啓蒙普及に貢献。1927(昭和2)年にスポーツ医事研究会を設立，1938(昭和13)年には日本医学会体力医学臨時分科会設立の中心となった。

なお，1910(明治43)年頃には，東洋的精神性と切り離せない呼吸健康法が台頭した。西洋の医科学や体操が「国民病」ともいうべき肺結核に対して無力だったからであろう。その中で，二木謙三(のちの東京大学内科教授, 学士院会員, 文化勲章受章)提唱の医科学的論拠を有する腹式呼吸法は，桜井恒治郎(九州大学解剖学教授)がスウェーデン体操を解剖学的に深めた『所謂紳士体操図解』(1919年)などでも採用された。

② 第一次大戦後の体力テストの開発とその運用

第一次大戦(1914-18年)後の総力戦時代の列強は，現役兵補充源である青少年にまで戦場運動能力を要求した。医科学とは無関係な運動成績基準を示したバッテリーテストの始まりである。

そして，その普及とともに，本来人間(ヒト)の動物的生理機能である運動能力や植物的生理機能である環境・疾病への順応力や抵抗力など，あらゆる負荷に対処する身体能力を意味する「体力」は，主に運動能力を意味するようになる。

陸軍の『体操教範草案』(1922年)は「体力発達の状況」把握の必要性を指摘し，陸軍戸山学校は，研修中の軍人を被験者に，「運動能力」種目の研究を開始し，試行錯誤を重ねた。その結論が1937(昭和12)年「運動能力検定」6種目(100m走, 1500m走, 走幅跳, 手榴弾投, 懸垂屈臂, 扛挙)である。

この1500m走を2000m走，扛挙を重量物の運搬に替えたのが，1939(昭和14)年厚生省制定「体力章検定」で，合格者にはバッジが与えられた。半里相当の2000m(2km)に延長したのは，1500mでは短距離のように走って失速する例が多発したからで，運搬に替えたのは差し挙げるだけの扛挙では非実用的だからであろう。医師による身体検査である「国民体力法」(1940年)に採用された唯一の運動種目が，室内用に修正された運搬である。運搬は他国に例をみない運動能力測定種目であった。

民間では，東京高等師範学校体育関係者中心の日本体育連盟が，1925(大正14)年に学校での実施を念頭に「競技検査」を発表した。これは戦場運動を

スポーツに置き換えた米国Athletic Badge Testの直訳で，1931(昭和6)年全日本体操連盟に引き継がれ，1937(昭和12)年には陸軍の「運動能力検定」種目を勘案した「体力検査」と改称し，在村青年主体の青年団「体力検査」へと修正されて，上述の厚生省体力章検定に吸収される。運動能力が「体力」の最大関心事となったからである。

第一次大戦で航空機の軍事利用が始まると，搭乗員養成の前提として，戦場運動能力とは異質の身体能力が必要視された。1920(大正9)年には生理的・病理的・心理的検査からなる「陸軍航空勤務者身体検査規則」が制定され，1921年に東大附属から独立した航空研究所の研究課題に「航空員の適性考査」が位置づけられた。「適性考査」は1940(昭和15)年には「適性検査」と改称された。また，1943(昭和18)年(推定)には『航空適性体育要綱案』が作成された。学習至難な身体能力を，学習容易な運動能力である「体力」とは異質とみて，「適性」として概念化したのである。

なお，体育研究所を中心とする民間では，医科学的身体機能，医科学とは無関係な運動能力，および両者併用の測定研究が試みられ，試行錯誤が重ねられた。

③ 体力測定の変遷にみる体力の意味

「体力」は「身体の能力」という抽象概念の熟語である。ところが，体力の一部しか具象化できない測定法に冠された名称が，体力に関する概念を形成してきた。

「活力検査」は肺結核を念頭に置く測定であるから，「活力」は日常的な活きる能力(vitality)を意味する体力の広汎な抽象概念である。

「身体検査」の別称「体格検査」は教育の身体的前提に関する検査であるから，「体格」は日常的な活きる能力を意味する体力の広汎な具象概念である。

「運動能力検査」は運動成績の測定だから，「運動能力」は非日常的な行動体力を意味する狭義の体力の具象概念である。「競技検査」は，非日常をスポーツに限定した「運動能力検査」の別称である。

「体力検査」「体力章検定」は「運動能力検査」の別称であるから，「体力」は，非日常的な行動体力である運動能力を意味する狭義の体力の抽象概念である。

「適性検査」は「運動能力検査」「体力検査」とは異質の身体能力検査であるから，「適性」(physical fitness)は学習可能な「体力」「運動能力」(physical ability/strength)とは異質の，学習困難な特定の環境や状況への適応性・能力を意味する体力の新しい抽象概念である。

したがって，「体力テスト」を"physical fitness test"と英訳するのは，測定内容の同一性からみて妥当であるが，「体力」を"physical fitness"と英訳するのは妥当とはいえない。

戦後の身体をめぐる医科学研究の動向　09.A.02

① 戦後日本のスポーツ医科学

第二次大戦後，国の制度は変革され，軍事色が一掃された。スポーツ医科学関係者は新しい構想によって日本体力医学会を設立し(1949〔昭和24〕年)，その翌年，体育科学研究者たちは日本体育学会を結成した。官公私立の医学専門学校は1920(大正9)年に医科大学に昇格し，医学研究の体制は確立されたが，現在に至るまでスポーツ医学の講座は開かれていない。

日本体力医学会は体力・スポーツに関心をもつ医学研究者の集まりであり，会員は基礎医学または臨床医学の研究室を主体としていた。

体力問題に興味をもつ体育関係の自然科学研究者の医学的知識は，基礎または臨床のどちらかに偏りがちの傾向があり，これは医学者側からの批判の対象となった。一方，体育研究者側からは，医学者たちは体力問題については本業の片手間に研究をしているという陰口が囁かれることもあった。名取礼二はこのような，基礎研究と臨床現場，医学と体育の対立を解消し，遺伝的発育に対する「後天的変更過程である教育すなわち人間づくり」における人の心身能力に関する知識を付与する「医学を基礎とした人間科学」として体力医学を体系化することに尽力した(名取禮二「体力医学の役割」『体力科学』40.1-6, 1991)。

スポーツ実践の現場では，戦後多くの種目で競技記録が更新され，国際的な視野も拡大してますます"勝つスポーツ"に専念する傾向が大きくなった。それに従って，スポーツ科学研究の必要性が高まりをみせた。

終戦前後に次のような体育医学や生理学関係の出版物が相次いで刊行された。

1) 『運動の生理学 ─筋の働きを中心として─』名取礼二，1944(昭和19)年，青山書院
2) 『スポーツ医学概論』斉藤一男・佐藤宏，1949(昭和24)年，文光堂
3) 『体育生理学』猪飼道夫，1949(昭和24)年，日本スポーツ出版協会
4) 『体育医学』白石鎌作・吉川春寿・熊沢清志，1950(昭和25)年，南山堂
5) 『体育の生理学』猪飼道夫，1951(昭和26)年，第一出版
6) 『体育に必要な運動の生理』猪飼道夫，1953(昭和28)年，杏林書院

以上が代表的なものである。このうち，2)と4)の著者は文部省体育研究所に所属し，斉藤は整形外科，白石は内科の臨床医で，斉藤は"スポーツは勝利を追う運動形態で激しい運動を行うもの"とし，一方，白石は"自由な意志で運動を行う体育は自らの体力・気力に見合った運動を選ぶ"としてスポーツを体育に包含するというように，"スポーツ"に対する考えを異にするものの，ともに理論的の援助を必要とするとした。

また，1)の名取と3)の猪飼は筋収縮に始まる生理学的課題を追究するが，互いに対照的な運動をねらう。名取は生理学研究の常道であるミクロな対象を先鋭的に追究した。筋線維の収縮機構のさらなる解明である。名取は筋線

参考文献　09.A.01

- 飯島茂 1943.『日本選兵史』開発社
- 小野三嗣 1991.『日本における体力医学研究の歴史と展望』大修館書店
- 木下秀明 1959.「『活力検査』の教訓：体育測定のあり方について」『新体育』29(4)：53-57.
- ─────. 1995.「いわゆる『運動能力テスト』の系譜と『体力章検定』」『研究紀要』49(日本大学人文科学研究所)：169-86.
- ─────. 1996.「いわゆる『運動能力テスト』に関する陸軍戸山学校の系譜と体力章検定」『研究紀要』51(日本大学人文科学研究所)：145-66.
- ─────. 2006.「吉田信config」『体育の科学』56(3)：207-11.
- ─────. 2006.「東龍太郎」『体育の科学』56(5)：379-84.
- 日本体力医学会 編. 1964.『日本におけるスポーツ医学研究』明治生命厚生事業団

(木下秀明)

維の細胞膜である筋鞘を取り除き，筋原線維の収縮機構の解明に成功する。この筋鞘を除去した筋線維(skinned fiber)は「名取ファイバー」といわれ，世界的に名高い(1950年頃)。

一方，3)の猪飼の研究は"体育"に向けられた。"体育活動には生理学の範囲を超えた教育技術"が介在する。しかも身体運動には部分運動や全身運動があり，協和作用が働く。したがって部分運動の"和"がそのまま全体運動にはならない。そこで，協和作用を"身体運動の統合作用(Integrative action of the body)"という，神経支配の作用として解析した。彼の上記の著書で扱われる運動・動作は戦時中からの体育教材の解明の積み上げであり，現在ではほとんど行われていない運動が多くある。例えば土嚢の挙上・持ち下げ，背負っての水平運搬走や重量物の投てき動作などが含まれている。

以上が，第二次大戦終了から第18回オリンピック大会(東京，1964年)までのわが国のスポーツ医科学研究の概要である。

② 第18回オリンピック大会(東京)をめぐるスポーツ医科学

科学の世界は世の中の動きと無縁だといわれるが，オリンピックという国家的行事で，専門領域にかかわりがあり，全面的な協力が請われると，学者としても放置するわけにはいかない。特にわが国の選手の強化への協力援助であればなおさらである。しかし，スポーツの実践現場と科学者との間には隙間があり，密接な接近が急がれたが，身体運動についての情報交換の用語が皆無に近い。まして親密な関係にあるコーチと選手の間に通じる言葉が不足しがちである。新しい動作技術の感覚伝達となると，多少の言葉に添えて身ぶり・手ぶりを加えたり，全身の運動・動作では，感覚的に捉えている不完全な運動を表現する。このコミュニケーションの不一致は，コーチ・選手側と科学者側の協力のためにはまず第一に解かねばならない問題点であった。

戦後のスポーツの医学や生理学の出版は先に挙げた著書のあと，しばらく停滞した。研究者たちが新しい研究資料を得るために研究室に籠ったためと推測される。これまでの出版物で注目

された猪飼は1958-59年の1年間渡米し，スタインハウス(A.H. Steinhaus)やカルポビッチ(P.V. Karpovich)の研究室で共同研究を行う。スタインハウスは最大筋力の限界値発揮に関与する神経系の統合作用を追い，カルポビッチとは筋持久力を追い，相対負荷法を測定に用いた。帰朝後，東京はオリンピック招致の活動が激しく，運動生理，スポーツ医学の研究者たちへの協力要請が激しかった。そのような慌ただしい中で4冊の著作が刊行された。

1)『スポーツの生理学』猪飼道夫・杉本良一・石河利寛，1960〔昭和35〕年，同文書院
2)『体育生理学序説』猪飼道夫，1961〔昭和36〕年，杏林書院
3)『運動の生理学(Physiology of Muscular Activity. by Karpovich, P. V.)』猪飼道夫・石河利寛 訳，1963〔昭和38〕年2月，ベースボール・マガジン社
4)『運動生理学入門』猪飼道夫，1963〔昭和38〕年12月，杏林書院

このうち，1)の著書の刊行に当たっては，著者らと陸上競技のコーチ会議メンバーの6人および，医学領域以外の科学者3人が4年間を費やして研究会を開くなど，類例のない企画体制がとられた。

2)は絶版になっていた前掲の『体育の生理学』を骨子をそのままに研究資料を新しく入れ替えたものである。3)はカルポビッチの出版物の訳本である。

次いで『スポーツ科学講座』(全10巻)が刊行される(大修館書店，1965〔昭和40〕年)。各巻のタイトルは「近代トレーニング」「スポーツと体力」「運動の生理」「スポーツと疲労・栄養」「スポーツ適性」「スポーツの心理」「スポーツと健康管理」「スポーツとキネシオロジー」「スポーツマンの体力測定」「スポーツの社会学」である。スポーツ科学を広範囲に捉え，また，体力とは別の意味で"スポーツ適性"がスポーツ種目の選び方として組み入れられる。

一方，オリンピック招致対策の一環として，国は"スポーツ振興法"を成立させた(1961〔昭和36〕年)。また日本スポーツの総本山である日本体育協会(日体協)は医事部と日本体育学会を動員して"スポーツ科学研究委員会"を立ち上げ，医科学者や心理学者の協力を促した。その後次第に競技種目別の強化対

策がとられることとなり，医科学者や心理学者の個人的な配置が行われた。これらの人々を"トレーニングドクター"と呼び，強化コーチとの協力が求められた。対象となる競技種目はオリンピック競技で外国選手と対抗できる種目，例えば，重量挙げ，射撃，水泳，ボート，ホッケー，体操競技，レスリング，バレーボール，陸上競技などであり，既に強化コーチを中心に4-5年間の実践が行われていた。

科学委員会はこれを統括する役割を担い，猪飼はその中心の1人として活躍した。現場との結びつきをさらに強化するために日体協主催のコーチ会議や講習会を開き，国外からも積極的に講師を招いた。アメリカからキュアトン(T. K. Cureton)，スタインハウス，西ドイツからヘッティンガー(T. Hettinger)らである。

さらに猪飼は統合的基礎体力を筋力・持久力・巧緻性に分類し，その"スタミナ養成"に努めた。スタミナとは体力を高水準で持続する能力である。加えて，精神面におけるトレーニングの必要性を強調した。

国内の多くの医科学者や心理学者には中央での協力はもちろんのこと，各競技団体ごとの伝達講習会や，さらに各競技ごとの専門種目にまで強化コーチとの協力・応援が要請された。

③ 日本におけるスポーツ医科学研究史

産業革命に伴って工場での集団労働が盛んになると，その労働・生活環境による健康障害が目立つようになった。この対策のために倉敷紡績は労働科学研究所を創設し(1921〔大正10〕年)，労働科学研究所は集団・個人衛生の研究を進めた。所長は暉峻義等で東京大学医学部生理学の出身であった。猪飼は彼の10年後輩だが，人間の基準の状態を「動く状態」が正常だとし，労働生理と運動生理は近隣の関係にあると考えていた。1927年にはアメリカのカーネギー財団がハーバード大学に疲労研究所を設置した。最初の研究者はヘンダーソン(L.J. Henderson)で，本来生化学者であったが，"動くからだ"を基礎に労働環境の生理学と長時間運動の生理学を統合した。この研究所はトレッドミルなどの新しい研究機器などを

開発するなど，その豊かな構想で有名になった．文部省の体力テストにも含まれている踏み台昇降テストは，この研究所で開発されたハーバードステップテストを日本人向けに改良したものである．

デンマークのオーガスト・クロー(August Krogh)は3名の若い生理学者をハーバードに留学させ，北欧に運動生理学を開花させた．彼の名はコペンハーゲン大学のオーガスト・クロー研究所の名称となって今日に至っている．英国ではヒル(A.V. Hill)が「筋の熱産生」でノーベル賞（生理学医学賞）を受賞(1922年)した後，ユニバーシティカレッジロンドン大学(University College London)の教授になり(1923年頃)全身運動の生理学の研究を開始した．そこへ日本から東龍太郎と古沢一夫らが留学した．東は東京大学医学部で学生時代ボートの選手であった．古沢は大阪大学医学部の学生で，退学してヒルのもとへ移り，8年間を過ごした．

わが国の運動生理学は吉田章信の『運動生理学』(1916〔大正5〕年，南江堂)に始まる．本書出版当時はわが国での研究はほとんどなく，海外の文献に頼ったが，強調する部門は運動の効果であった．吉田独自の研究領域は「日本人の形態(体格)」であり，その測定値の集積が膨大で，現在でも貴重な資料となっている．

イギリスの運動生理学の対象はスポーツ運動であり，スポーツは教育の手段でもあったので体育学に結びつけやすかった．東や古沢を通じて英国の影響を受け，わが国でも人間の生存と活動の基礎としての「身体的・精神的能力」を高めることが運動生理学の重要な目的となり，一般国民の身体能力，労働者の作業能力および体力や運動能力などが体系的に研究されるようになる．その結果，次第に体格だけでなく体力が一般にも注目されるようになっていく．

運動機構はエネルギーの生成によって支えられる．ヒルは「競技記録の生理学的根拠」を調べるために，陸上競技競走種目と競泳競技について，世界記録などの国際記録から平均速度を算出し，競技記録(競技持続時間)を横軸，平均速度を縦軸にとって，競技ごとに速度・持続時間関係をグラフに表した．

両競技とも，短距離種目から長距離種目へと移動距離が増加するにつれて移動速度は指数関数的に低下していくが，低下量の絶対値は水泳競技の方が陸上競技より小さい．その理由は，水泳では，浮力が重力を受け止め，しかも身体が水平なため，地上立位では下肢に滞留する血液が全身に均等に分布すること，水の冷却効果で皮膚血管が収縮して中心血流が増加することなどのため，心臓から拍出される血液量が多くなることである．しかしながら，速度と所要時間，あるいは競技距離と所要時間を両対数グラフにすると，競技，男女にかかわらず同じ傾きをもった直線関係が得られる．このことから，ヒルは人間(ヒト)のエネルギー産生の上限は対数関係で表される基礎的生理学的機構によって支配されていることを初めて示したのである．これは，人体運動の限界点の鳥瞰図である．

この頃，古沢はヒルの指導で異なった速度の運動の酸素消費量を測定し，活動筋内の乳酸の蓄積量を見積もる研究を行った．この研究は，後にランドリー (F. Laundry) らによる，短距離ではATP・CP系，中距離では解糖系，そして長距離では酸化系というエネルギー供給機序の解明(1978年)につながってゆくことになる．

東や古沢が日本に導入したスポーツ科学研究は，第二次大戦によっていったん途切れたが，その後東京大学医学部第一生理学講座教授(在任：1937-57)の福田邦三に受け継がれ，さらに福田の門下生である猪飼道夫(在任：1950-57 お茶の水女子大学教授，1957-72 東京大学教育学部教授)などによって今日へと続くスポーツ医科学の基盤が確立されていった．福田は生理学の立場から人間(ヒト)の運動の科学的研究を通じて衛生看護学の確立に尽力するなど，基礎と臨床を結ぶ幅広い研究を推進した研究者であり，体力の分類に防衛体力と行動体力という用語を初めて用いたことでも知られている．猪飼は福田の体力分類にさらに身体的要素と精神的要素を加え，体力の4カテゴリー分類を提唱した．

前述のとおり，第二次大戦が終わるとすぐに日本体力医学会(1949〔昭和24〕年)と日本体育学会(1950〔昭和25〕年)が相次いで設立されて，わが国のスポーツ医科学研究の最初の学術的基盤が成立し，第18回オリンピック大会(東京，1964年)を契機として飛躍的な発展を遂げて今日に至っている．その嚆矢となった東龍太郎はイギリスから帰国後1934(昭和9)年に東京帝国大学医学部教授となり，終戦後日本体育協会会長，日本オリンピック委員会(JOC)委員長，IOC委員，東京大学教育学部体育学健康教育学科教授，茨城大学学長，東京都知事などを歴任，都知事として第18回オリンピック大会(東京)を開催した．東龍太郎の弟である東俊郎は順天堂大学教授としてスポーツ医科学の研究発展に尽力し，日本体力医学会の初代理事長として1970(昭和45)年まで22年間活躍した．第2代理事長は名取礼二で，9年間在職した．その後7名の理事長を経て2012(平成24)年度から9代目下光輝一理事長に引き継がれて現在に至っている．

ちなみに，東とともにヒルに学んだ古沢一夫は1930(昭和5)年に帰朝，大阪大学医学部講師・労働科学研究所所員，京都大学医学部講師，神戸医科大学教授として，『スポーツと体力』『疲労と休養』などの著書を出版するなど，筋生理学，産業医学の研究の発展に尽力した．

日本体育学会は1961(昭和36)年に専門分科会制を取り入れ，まず最初に運動生理学，キネシオロジー，体育心理学というスポーツ医科学分野の3専門分科会が発足した．2014年現在では専門分科会は15を数えるまでになっている．第18回オリンピック大会(東京)後のスポーツ医科学研究の発展の流れの中で，専門分科会を母体として体育学会とは独立した専門学会を設立する動きが活発化する．1973(昭和48)年に体育心理学専門分科会を母体として日本スポーツ心理学会が発足，続いて1978(昭和53)年にはキネシオロジー専門分科会を母体として日本バイオメカニクス学会が設立され，同時に専門分科会名も，バイオメカニクス専門分科会と改称された．運動生理学専門分科会は，ずっと遅れて1992(平成4)年に日本運動生理学会を設立した．その他の専門分科会もその多くが順次独立学会を設立し，現在に至っている．

医学関係では，体力医学会のほかに，1975(昭和50)年に日本整形外科スポー

ツ医学会，1989（平成元）年に日本臨床スポーツ医学会などのスポーツに特化した学会が設立されている。

また，オリンピックなどの競技選手の強化に特化した研究施設として2001（平成13）年に国立スポーツ科学センターが発足し，2007（平成19）年に併設されたナショナルトレーニングセンターとともに，スポーツ医科学を生かした競技力向上に貢献している。

（石井喜八）

世界のスポーツ医科学

09.A.03

① スポーツに特化した自然科学の成立

スポーツに特化した自然科学としてのスポーツ科学は，生理学，心理学，物理学，工学，栄養学など，多様な基礎的学問領域の部分領域として始まり，スポーツにおける身体の動きのメカニズムを探り，パフォーマンス向上への手がかりを得る応用科学として近年急速に発展を遂げつつある。人間（ヒト）は動物の一種であるから，身体の動きを引き起こす生体システムの構造と機能は，ヒトを含む動物に共通している。したがって，まず動物としてのヒトの動きの基礎的理解に立脚した上で人間特有の動きの特性を明らかにすることが必要である。そのため，上記の基礎領域とスポーツ〇〇学との間には，スポーツ以外の身体運動にも共通する「運動〇〇学」がある。

また，スポーツに特化した医学としてのスポーツ医学は，スポーツという日常生活以上の強度の身体運動を必要とする行為における外傷や疾病，それらに起因する障害の治療を目的とした医学の一分野として位置づけることができる。

スポーツに対する医学およびその周辺の関連諸科学とのかかわりについては，スポーツや科学の定義によってその内容は異なるが，ここではいわゆる近代スポーツとして体系化されている競技スポーツのみならず健康増進や楽しみのためのレクリエーションスポーツを自然科学的に研究する主要な学問領域について，その発生・発展の経過を中心に解説する。

② スポーツ医学

スポーツ医学は20世紀初頭にヨーロッパにおいて発生し，近代オリンピックと結びついて発展してきた。1896年の近代オリンピック開催に伴ってスポーツ選手の医学的ケアの必要性が認識され，ドイツやフランスを中心としてスポーツ・体育の科学研究が盛んになり，1912年にドイツで国内スポーツ・体育科学会議が，1913年にフランスで体育科学の国際会議が開催された。また1913年にはIOC本部のあるスイスのローザンヌで最初のオリンピックスポーツ科学会議が開催された。1928年スイスのサンモリッツで開催された第2回冬季オリンピック大会において20ヵ国の参加によるスポーツ医学の国際連合組織（Association Internationale Médico-Sportive: AIMS）が設立され，同年夏にアムステルダムで開催された第9回オリンピック大会において第1回の国際会議が開催された。AIMS はその後FIMS（国際スポーツ医学連盟，1934年に，Fédération Internationale de Médecine Sportive，1998年に，現名称Fédération Internationale de Médecine du Sport）と改称し，世界各国のスポーツ医学学会やスポーツ連合団体を会員としてIOCとの連携を保ちつつ今日に至っている。日本では日本体力医学会が会員学会となっている。

ヨーロッパ以外の国がスポーツ医学に注目するようになったのは，第二次大戦後のことである。スポーツは日常生活に必要な水準を超える強度の身体運動を必要とするため，障害や疾病のリスクも大きく，かつまた競技生活への復帰のためには，日常生活への復帰をもってよしとする通常の医療では不十分である。わが国においても，かつてはこのようなスポーツへの医学的配慮はなされておらず，スポーツ中の事故によって日常生活へは復帰できてもスポーツ選手としての生命は絶たれてしまうケースが多かった。しかし，スポーツが一般市民の間に広く普及するにつれて，医学界にもスポーツへの復帰をめざす医療への取り組みがみられるようになり，専門の学会が設立されるようになった。

そのような動きの中で特記すべきはアメリカスポーツ医学会（American College of Sports Medicine: ACSM）である。同学会は，1954年にニューヨークで開催された全米健康体育レクリエーション連合（American Association for Health, Physical Education, and Recreation: AAHPER）において，喫煙および運動不足のライフスタイルが健康に与える影響を懸念するアメリカの体育教育関係者および医師によって設立された。設立当初の名称はスポーツ医学連合（Federation of Sports Medicine）であったが，翌年現在の名称に変更された。ACSMは，2013年現在，医学のみならずその周辺関連領域に所属する世界90ヵ国の70職種に及ぶ45,000人の会員を擁する世界最大のスポーツ医科学学会である。1969年に機関誌 "Medicine and Science in Sports" が発刊され，1980年に "Medicine and Science in Sports and Exercise" と改名して今日に至っている。

わが国では，体力医学会（1949年設立），臨床スポーツ医学会（1989年設立），整形外科スポーツ医学会（1975年設立）などの学会がスポーツ医学研究を推進している。

③ スポーツ生理学

身体運動の生理学的研究は，運動生理学（Exercise Physiology）として発展してきた。これには，エナジェティクス（Energetics）とサイバネティクス（Cybernetics）という大きな2つの潮流があり，2人のノーベル賞学者をその源流とみることができる。エナジェティクスは，身体活動の生理的メカニズムをエネルギー収支の観点から追究するもので，その嚆矢となったのがイギリスの生理学者ヒル（A.V. Hill）である。ヒルはカエルの骨格筋の収縮と熱産生の関係の研究から，筋収縮のエネルギーが解糖によって産生され，副産物である乳酸は酸素によってグリコーゲンに再合成される（ヒル・マイヤーホフ反応）ことや，短縮性収縮における負荷抵抗と筋収縮速度との間には直角双曲線関係（ヒルの特性式）が成り立つことなどを発見し，1922年にノーベル生理学医学賞を受賞した。彼はヒトのスポーツ運動を対象として，酸素摂取量，酸素負債，パワー，効率などを初めて測定し，現在の筋・呼吸循環系運動生理学

およびバイオメカニクスの基礎を築いた。ヒルのスポーツ運動の研究は、彼のもとに留学した古沢一夫や東龍太郎(後に東京都知事として第18回オリンピック大会・東京を開催)を通じて福田邦三、猪飼道夫へと受け継がれ、日本の運動生理学の基礎の構築に大きく貢献した(前項参照)。

エナジェティクス系の運動生理学は、運動する人体に興味をもった研究者たちによって、ヒル以前(18世紀末から20世紀初頭)から行われており、Physiology of Muscular Activity(筋活動の生理学)あるいはPhysiology of Muscular Exercise(筋運動の生理学)と呼ばれていた。代表的な研究者としては、イタリアのモッソ(A. Mosso)、デンマークのクロー(A. Krogh)、イギリスのベインブリッジ(F.A. Bainbridge: 1919年"The Physiology of Muscular Exercise"を刊行)などがいる。ヒルがスポーツ選手を用いて行った研究方法はその後ヨーロッパに広まったが、その主たる応用の対象はスポーツにおける身体運動というよりは労働作業であったことから、例えばドイツ語ではArbeitsphysiologie、英語ではWork Physiologyという呼称が多く使われるようになった。第二次大戦後、1950年代に入ってスポーツが盛んになるにつれて、SportphysiologieやSports Physiologyが使われるようになった。しかし、1960年代に入り、機械化文明生活の歪みから健康生活の基盤としての身体運動の生活化がクローズアップされるようになると、労働やスポーツ活動を含む生活全般における人間の活動状態にかかわる身体機能を生理学的、生化学的に研究する自然科学領域の総称として、最も一般的な運動の呼称であるexerciseを用いたExercise Physiologyが使用されるようになったのである。

この領域におけるヒル以降の主な研究者としては、デンマークのアスムッセン(F.A. Asmussen)、スウェーデンのオストランド(P-O. Åstrand)、イギリスのウィルキー(D.R. Wilkie)、イタリアのマルガリア(R. Margaria)、アメリカのカルポビッチ(P.V. Karpovich)、スタインハウス(A. Steinhaus)、ホーバス(S.M. Horvath)、ホロツィー(J.O. Hollosy)などが挙げられる。著名な研究機関としては、イギリスのユニバーシティカレッジロンドン大学生理学教室、スウェーデンのカロリンスカ研究所、デンマークのオーガスト・クロー研究所、アメリカのハーバード大学疲労研究所などが挙げられる。ハーバード大学疲労研究所は1942年頃、現在の踏み台昇降持久力テストの原型であるハーバードステップテストを開発したことで有名である。

もう一方の潮流であるサイバネティクスとは1948年にウィナー(N. Wiener)が動物の神経系と人工通信機器の信号制御の類似性に着目して提唱した生体通信制御理論である。運動生理学におけるサイバネティクス的研究とは、要するに身体運動を神経系の働きから解析する領域である。その起源となったのは、同じくイギリスの神経生理学者シェリントン(C.S. Sherrington)である。彼は動物実験により、屈曲反射、伸張反射、相反神経支配など、運動にかかわる重要な脊髄反射機構を解明し、身体運動における神経筋協調のメカニズムを初めて体系的に明らかにし、1932年にノーベル生理学医学賞を受賞した。彼の研究は教え子のエックルス(J.C. Eccles)やグラニット(R. Granit)(いずれもノーベル生理学医学賞受賞)、ペンフィールド(W. Penfiled: ヒトの大脳皮質の機能局在を発見した)らをはじめとする多くの世界的研究者を経て、世界の神経生理学の発展に貢献し、伊藤正男をはじめとする日本の運動神経生理学者の育成にも貢献した。このような神経系による運動の調整に関する研究は、工学のシステム制御理論や情報理論などを取り入れながら、運動制御(Motor Control)という呼称の元に広く研究されるようになっていった。上述の猪飼は、これらの動物実験を主とした神経生理学研究の手法や理論をヒトの随意運動に適用し、エナジェティクス系の運動生理学と組み合わせることによって、運動の巧みさのメカニズムを解明しようとしたわが国最初の研究者でもあった。

今日のスポーツ生理学は、エナジェティクス、サイバネティクス両面の生理学的メカニズムを明らかにし、スポーツパフォーマンスの向上の方策をめざす応用科学としてスポーツの発展に貢献している。

「スポーツ生理学」に特化した国際学会や国際学術雑誌はまだないが、スポーツを含む運動生理学については"Journal of Applied Physiology"、"European Journal of Applied Physiology (旧Arbeitsphysiologie)、Journal of Sports Sciences"、"Medicine and Science in Sports and Exercise"など、多数の応用生理学研究雑誌が刊行されている。

④ スポーツ心理学

心理学は、人間の行動を規定する心の働きを研究する広範な学問領域であるが、その主たる研究対象は、性格や感情、思考や判断、記憶や学習といったいわゆる情緒的知的営為であり、これらの営為を実際の行動に変換する身体の運動自体にはあまり考慮がはらわれてこなかった。しかし、第二次大戦中に、アメリカで戦闘機のパイロットを急遽育成する必要から、適性テストの開発や操縦技能の訓練法の開発が心理学者に要請されたことから、戦争という極度の緊張状態の中での作業の成績を向上させるための心理制御能力に関する研究や、移動する敵機という標的に弾丸を命中させるという、認知機能に基づいた困難な身体操作(運動制御)能力に関する研究が盛んになっていった。前者の流れは、心理学の本流である伝統的な理論の実生活への適用といえるものであり、後者の流れは従来あまり重視されてこなかった、行動の実行器としての身体の仕組みに着目し、それと感覚や思考などの心の仕組みとが相互に密接に関係し合っているという事実を重視して、身体の動き自体の制御の仕組みを追究しようとする新しい動きとして発生してきたものである。

現在の欧米では、運動心理学(Exercise Psychology)、スポーツ心理学(Sports Psychology)という呼称は、特に前者の心理制御研究の流れ、すなわち心理テストや性格テスト、メンタルトレーニングなどのように、運動やスポーツと心理状態の相互関係を研究する分野を意味している。後者の運動制御研究の流れは、心理学からの分派として、人間の運動行動(motor behavior)を研究対象とする「Motor Control and Learning」(運動制御と学習)という分野名で呼ばれる独立した研究分野を形成している。このMotor Controlという言葉は神経生理学と共通しており、問題意識

もほぼ共通しているが，心理学分派の研究はやはり人間の行動のマクロ解析に主眼があり，運動神経生理学の研究は動物実験を基盤とした身体内部のメカニズムの解明に主眼があるのが現状である。

このような第二次大戦終了(1945年)後の身体運動に関する心理学研究の発展のキーイベントをみると，「Sports Psychology」分野においては，1965年にイタリアのローマで第1回国際スポーツ心理学会が開催され，1973年の第3回大会で国際スポーツ心理学会(International Society of Sport Psychology: ISSP)が設立された。1968年にはヨーロッパスポーツ心理学連合(European Federation of Sport Psychology)が設立されている。

「Motor Control and Learning」分野の発展の基礎を築いたのはアメリカ・カリフォルニア州立大バークレー校の体育学者ヘンリー(F.M. Henry)である。ヘンリーは1964年に「学術研究領域としての体育」という重要な論文を発表し，生涯に120篇に及ぶ学術論文を発表，多くの博士院生を育てるなど，体育の科学的基礎の確立に尽力した。彼とその仲間は，1973年に北米スポーツ・身体活動心理学会(North American Society for the Psychology of Sport and Physical Activity: NASPSPA)，1977年にカナダ心理運動学習・スポーツ心理学会(Canadian Society for Psychomotor Learning and Sport Psychology: SCAPPS)を設立した。その他の主要な貢献者としては，アメリカのフィッツ(P.M. Fitts；1954年，標的が小さくなるとそれをキャッチするまでの動作時間が遅くなる，いわゆる速度正確さトレードオフ現象を対数方程式で表現したフィッツの法則を発表)，アダムス(J.A. Adams；1970年頃運動学習のクローズドループ〔Closed-loop〕理論を発表)，シュミット(R.A. Schmidt；1975年に行動はいくつかの基本的な図式によって決定されるといういわゆるスキーマ理論〔Schema theory〕を提唱。テキスト"Motor Control and Learning"を刊行，1969年国際学術誌"Journal of Motor Behavior"を創刊)，イギリスのナップ(B. Knapp；1963年Motor Behaviorに特化した心理学書"Skill in Sport"を出版)，ホワイティング(H.T.A. Whiting；1969年の著書"Acquiring Ball Skill"で，ボールキャッチに連続視覚情報は不要なことを証明。1972年国際学術誌"Journal of Human Movement Studies"，1982年"Human Movement Science"を創刊)，ロシアのベルンシュタイン(N.A. Bernstein；1967年にロシア語の原書の英訳版"The Co-ordination and Regulation of Movements"が発刊され，その中に書かれた身体運動の制御と学習における「自由度問題(Degrees of freedom problem)」が，欧米の研究者に大きな影響を与えた)などが挙げられる。

ベルンシュタインの影響を受けたラタッシュ(M.L. Latash)らは，国際運動制御学会(International Society of Motor Control)を設立し，1997年から隔年で国際会議Progresses in Motor Controlを開催，同年から機関誌"Motor Control"を刊行している。また，視覚心理学者ギブソン(J.J. Gibson)とその学派は自然な運動をありのままに研究する「生態学的心理学(Ecological Psychology)」を新たに提唱し，複雑系理論や計算論，力学系解析などの最新の数理解析理論を用いて運動制御システムを研究している。

⑤ スポーツバイオメカニクス

身体運動の物理学的研究分野として今日最もよく知られているのは，バイオメカニクス(biomechanics)である。バイオメカニクスはもともと，キネシオロジー(Kinesiology)という名称で呼ばれていた研究領域である。Kinesiologyとは，ギリシャ語のkinesis(動き)と学を意味する接尾語-ologyを合成して作られた用語で，主としてアメリカにおいて「ヒトの身体の筋骨格系の構造と機能にかかわる知識の総体」として，いわゆる機能解剖学を意味する用語として用いられていたが，次第にヒトの運動の研究に寄与するあらゆる科学を包括する用語として広く使われるようになり，遂には学問的研究領域を超えて，ヒトの動きにかかわる様々な職業や民間療法についても使われるようになった。

そこで，学問の専門高度化の潮流の中で，「ヒトの身体運動に応用できる力学的法則の研究」という純粋自然科学を重視するキネシオロジー研究者たちの間で，Kinesiologyよりも専門性が明確な用語が求められるようになり，1960-70年代頃，anthropomechanics, anthropokinetics, biodynamics, biokinetics, homokinetics, kinanthropometry, bioneticsなど様々な代替用語が検討された結果，biomechanicsが国際共通語として最も多くの支持を集めて今日に至っている。

Biomechanicsという用語は力学的観点から生物を研究する学問として，ヨーロッパでは古くから用いられていたものである。前述のヒルは"Adventures in Biophysics"という著書で彼の力学的研究を紹介している。もともとユネスコの諮問機関として設置された国際スポーツ・体育評議会(International Council of Sports and Physical Education: ICSPE)の中にバイオメカニクス作業部会(部会長ヴァルテンヴァイラー〔Wartenweiler〕)があり，国際バイオメカニクスセミナー(International Seminar on Biomechanics)という国際セミナーを隔年で開催していた。この国際セミナーは，1967年にスイスのチューリヒで第1回が開催され，1969年オランダ・アイントホーフェン，1971年イタリア・ローマと続き，ローマ大会において国際学会の設立をめざす決議が行われた。そして1973年にアメリカのペンシルバニア州立大学で開催された第4回セミナーにおいて，正式に国際バイオメカニクス学会(International Society of Biomechanics: ISB，機関誌"Journal of Applied Biomechanics")の設立が決定され，スイス連邦工科大学(Eidgenössische Technische Hochschule: ETH，スイス・チューリヒ。アインシュタインの出身校としても有名)のヴァルテンヴァイラーが初代会長に選任された。なお，第5回(フィンランド・ユベスキュラ)以降は国際バイオメカニクス会議(International Congress of Biomechanics)と名称を変えて今日に至っている。主にKinesiologyを使っていたアメリカが主にヨーロッパで使われていたBiomechanicsを用いるようになったのを受けて，日本でもキネシオロジーがバイオメカニクスに名称変更されるようになった。しかしながら，キネシオロジーという言葉は身体運動に関する様々な研究を包括する用語であるため，北米では一部の大学の学部や学科の名称として今なお使われ続けている。また，ISBの分科会的な位置づけで，1982年からスポー

ツに特化した国際スポーツバイオメカニクス学会（International Society of Biomechanics in Sports: ISBS, 機関誌"Sports Biomechanics"）が独自に活動している。

⑥ スポーツ医科学の未来

スポーツ医科学は，その発展過程において既存の学問領域の枠組みの中で個別に研究を進めるしかなかったのはやむをえないところである。しかしながら，人間の日常生活活動の根幹をなすあらゆる行為は，自由意志に基づいて発動される神経筋活動による随意運動であるという事実を認識すれば，心理学，生理学，力学，医学など，身体にかかわるあらゆる科学が相互に補佐し合うことが必要である。

すでに，生理心理学，心理生理学，整形外科バイオメカニクス，体力医学，臨床スポーツ医学など，個別の領域の枠を超えた学際的な（interdisciplinary）研究体制構築の試みはある程度なされている。しかしながら，internationalとuniversalあるいはglobalとの対比のように，学際（interdiscipline）とは確固とした個別の専門領域があっての相互交流を意味しているのであって，人間を研究するという観点からみれば，それぞれの専門分野の方法を用いて人間の身体活動をいわばコマ切れに解析せざるを得ず，個々の専門領域単独では解決しきれない課題が領域間の隙間として残ってしまうという問題がある。

それでは統一体としての人間の理解は不可能である。

個々の専門領域の知見を筋や心臓などの人間の身体の構成パーツとするなら，それらをうまく組み合わせ，調整することによって効果的な身体活動を生み出す脳・神経系のように，現行の諸分野が有機的に融合した，新しいglobalな「スポーツ科学」という専門領域が構築されることが必要ではないだろうか。そのためには，既存の分野が拮抗し合うのではなく補助し合う交流体制を作る必要がある。他分野の研究を理解するために他分野の研究を実際に経験する教育体制や，同一トピックに対する異分野が一堂に会して議論を交わすことができるような場の設定も必要であろう。

スポーツにおける激しい全身動作は，動物が生存するために本来備えている機能であり，ヒトの脳も骨格も筋肉も，そのような動きを前提として進化してきたものである。したがって，スポーツを科学的に研究することは，動物としてのヒトの機能を明らかにするためにもきわめて重要な学問的意義を有するものといえよう。

今後，スポーツはますます，QOLを高めるために人間の生活に欠かせないものになってゆくであろう。進化したスポーツ科学はそのために最も重要な科学の1つとして揺るぎないものとなるであろう。

参考文献　09.A.03

- Adams, J. A. 1968. Response feedback and learning. *Psychological Bulletin*, 70: 486–504.
- Adams, J. A. 1971. A closed-loop theory of motor learning. *Journal of Motor Behavior*, 3: 111–50.
- Åstrand, P-O. and Rodahl, K. 1970. *Textbook of Work Physiology*. McGraw–Hill.
- Bainbridge, F. A 1919. *The Physiology of Musculra Exercise*. Longmans, Green.
- Bernstein, N. A. 1967. *The Co-ordination and Regulation of Movements*. Pergamon Press.
- Falls, H. B. (ed.) 1968. *Exercise Physiology*. Academic Press.
- Fitts, P. M. 1954. The information capacity of the human motor system in controlling the amplitude of movement. *Journal of Experimental Psychology*, 47: 381–91.
- Fitts, P. M. 1964. perceptual-motor skill learning. In: A. W. Melton (ed.), *Categories of human learning*, 243–85. Academic Press.
- Fox, E. L. 1979. *Sports Physiology*. W. B. Saunders.
- Hay, J. G. 1993. *The Biomechanics of Sports Techniques*, 4th ed. Prentice Hall.
- Henry, F. M. 1964. Physical education: An academic discipline. *Journal of Health, Physical Education, Recreation*, 35: 32–69.
- Hill, A. V. 1931. *Adventures in Biophysics*. University of Pennsylvania Press.
- Johnson, R. E., Brouha, L., and Darling, R. C. 1942. A test of physical fitness for strenuous exertion. *Rev. Canad. Biol.*, 1: 491.
- Karpovich, P. and Sinning, W. 1971. *Physiology of Muscular Activity*, 7th ed. W. B. Saunders.
- Knapp, B. 1963. *Skill in Sport*. Routledge & Kegan Paul PLC.
- Latash, M. L. and Lestienne, F. (eds.) 2006. *Motor Control and Learning*. Springer.
- Schmidt, R. A. and Lee, T. D. 2005. *Motor Control and Learning*, 4th ed. Human Kinetics.
- Whiting, H. T. A. 1969. *Acquiring Ball Skill – A Psychological Interpretation*. G. Bell & Sons.
- Wiener, N. 1948. *Cybernetics: or Coordination and Communication in the Animal and the Machine*. John Wiley & Sons.

（大築立志）

医科学のスポーツ現場への応用　09.B

スポーツ選手の機能向上とスポーツ医科学　09.B.01

① スポーツへの諸科学の導入と機能の向上

スポーツ選手に必要な機能は，その選手が専門とする競技種目に応じて異なる。例えば，陸上競技の投てき種目では，ハンマー，やり，砲丸などの物体に与えられる運動量を，手から離れる瞬間までにできるだけ大きくする機能が必要であり，走幅跳，走高跳，棒高跳では，跳躍寸前までに自分のからだに与えられる運動量を大きくする機能が必要である。これらに類似した競技種目としては，体操，飛込，スキーのジャンプなどがある。

一方，トラック種目では，一定距離を移動する間に，できる限り大きなパワー（時間あたりのエネルギー量）を発揮し続けられるという機能が必要である。これは，競泳，スピードスケート，クロスカントリースキー，ボートなどにも当てはまる。

球技種目では，さらに複雑な機能が要求される。それは，ボールを打つ，あるいは，ボールを蹴るのに要求される正確な方向へ速いスピードを物体に与えるための力強さとスキルという機能と，競技する時間の間にからだを動かし続ける持久性（継続的ではないが，断続的な速いスピードの動きを最後まで保持できるという持久性）機能である。同様な競技種目としては，フィギュアスケート，シンクロナイズドスイミングなどが挙げられる。

これらの機能の向上をめざして，スポーツの分野に導入された科学は，科学分野の発展とともに，21世紀においては多岐にわたっている。ここでは，細胞レベルから個体レベルの順に解説する。

最近の分子生物学は，運動遂行の主役である筋細胞（筋線維）の核にあるDNAの遺伝情報がメッセンジャーRNAに転写され，核の外へ出てリボゾームで4つの塩基配列が3つの塩基の

配列コドンとなり，翻訳されて20種類のアミノ酸を1つ1つ作り出してタンパク質を合成していく過程（遺伝子発現）を明らかにしている。このDNAの塩基配列には1,000個に1個の割合で個人差がみられ，タンパク質合成（遺伝子発現）に影響することがわかっている。それは生得的であって変えることはできない。しかし，DNAからメッセンジャーRNAへの転写の割合や大きさは，トレーニングによって変えることができる。そこで，遺伝子発現を誘発するトレーニングの様式（運動生理学，運動生化学），加えて必要となるアミノ酸の摂取，タンパク質合成に要するエネルギーや不足する栄養補助食品の補給（栄養学）といった諸科学が必要とされるのである。

運動生理・生化学は，筋線維は大きく分けて2種類（タイプIとタイプII）あり，それらの構成割合に個人差があること，さらに，線維ごとに活動するのに関与するエネルギー供給機構（解糖系，酸化系，ATP-CP系）に差異があることを明らかにしている。そして，トレーニングの強度，頻度，持続時間，継続期間によって，効果に違いが出てくることを明らかにした。特に，運動強度が最も重要であって，目的に応じて最大筋力の何%，あるいは，最大酸素摂取量の何%が適当であるかも明らかにしている。しかし，先に遺伝子配列に個人差があると述べたように，同じようなトレーニングを実践してもその効果には大きな個人差が現れてくる。

栄養学は，栄養素や栄養補助食品の摂取についての知識を提供する。例えば，筋活動を担う収縮要素であるアクチンとミオシン，エネルギー合成の場であるミトコンドリアなどを構成するタンパク質は絶えず分解と合成を繰り返していて，運動は分解を促す。したがって，不足するタンパク質を補給するアミノ酸の摂取と合成にかかわる酵素の重要性が指摘され，関連する製品が販売されるようになっている。

筋の活動がそれぞれのスポーツの目的に合致しているかを判断するためには，圧力板，高速ビデオ，コンピューターシミュレーションなど，情報の採集と分析にかかわるバイオメカニクス，スポーツ工学，情報科学などの測定方法が導入されている。その結果，望ましいフォームは明らかにされたが，遂行する選手には四肢の長さ，体型，筋力・筋パワーの発揮能力に違いがあるため，個人個人の望ましいスタイルは異なる。そのため，個人に当てはめた解析が必要となる。現在ではトップレベルの選手個々人に合わせた情報分析が行われ始めている。

最後に，トレーニングに励む心構え，競技会に向けての安定した精神状態の保持，競技会その場での気分（あがり）が選手のパフォーマンスに大きく関与することを無視することはできない。この点については心理学が必要である。しかし，それぞれの選手がもっている遺伝的特性とそれまでの環境がもたらした特性とに応じて，適切に対応することが求められているといえる。

以上のように，スポーツには様々な科学が導入され，基本となる事象が明らかにされているが，それらを応用して実際に個人個人の機能を向上させるためには個人差を考慮した取り組みが不可欠である。

（宮下充正）

② 機能向上をめぐるドーピングとスポーツ医科学

[スポーツにおけるドーピング]

医薬品は文字通り，医療において疾病や外傷等の治癒や補助を目的として使用すべきものである。しかしながら，スポーツ界では医療目的に使用されたことが証明されなければ「ドーピング」とされ，成績は無効になる。ドーピングは健康な体を害し，「ill-health（病める健康）」を導くことになるからである。これはオリンピックなどの国際大会レベルのエリート選手のみならず，ハンディキャップの有無，プロアマ，競技レベル，年齢にかかわらず，すべての競技者に適用される。

ドーピングはスポーツパフォーマンスを作為的に向上させるための手段として禁止されており，禁止物質や禁止方法は世界アンチ・ドーピング機構（World Anti-Doping Agency: WADA）により禁止表国際基準に定められている。ドーピングの歴史は，1865年アムステルダムの運河で行われた水泳競技に端を発し，1886年の自転車競技6日間レースではトリメチルによる死亡例が報告されている（岡田晃，黒田善雄「ドーピングの現状・現実を語る」『Sportsmedicine Express』1, 1990: 84-85）。その後，ドーピング禁止物質も興奮作用を示すものからタンパク同化薬へと変遷を遂げ，1960年の第17回オリンピック大会（ローマ）ではタンパク同化薬による死亡事故を起こす結果となった。さらに，対象物質は血液ドーピング効果をもたらすエリスロポエチン等のESA（赤

表1 ドーピング禁止物質により期待される機能向上

ドーピング禁止物質	期待される効果
タンパク同化薬	筋力強化や筋肉量の増加によって運動能力を向上させ，同時に闘争心を高める。
赤血球新生刺激物質ESA	エリスロポエチン（EPO）などに代表される物質で，赤血球増加作用があり酸素運搬能力を高めて持久力を増強する。
インスリン	グルコースの利用とアミノ酸の合成・貯蔵を促進し，タンパク合成を刺激する。
ベータ2作用薬	交感神経刺激作用とタンパク同化作用による筋組織量を増やす。
ホルモン拮抗薬と調節薬	抗エストロゲン作用があるため，ホルモンバランスを相対的に男性ホルモン側に傾ける。
利尿薬と他の隠蔽薬	禁止物質の排泄を低下させる，尿中検体の禁止物質を隠蔽する，あるいは血液のパラメータを変化させる可能性がある。また，一過性の体重減少をもたらす。
興奮薬	中枢神経を刺激して集中力や敏捷性を高め，精神を高揚させる，あるいは競争心を高める。
麻薬	鎮静作用や陶酔感・多幸感を与える。
カンナビノイド	麻薬と同様に多幸感・高揚感，幻覚や錯乱等の有害事象を引き起こす。
糖質コルチコイド	高揚感や陶酔感を目的に使用される。また糖質やタンパク質代謝，脂質代謝などのエネルギー代謝にも影響を与える。

球新生刺激物質)へ移行し，遺伝子治療の発展に伴い，ミオスタチンに代表されるような遺伝子操作による遺伝子ドーピング，あるいは本来，デュシェンヌ型筋ジストロフィーの治療薬として使用すべきであるミオスタチン阻害薬等への拡大ととどまるところを知らない。

主なドーピング禁止物質により期待される機能向上を表1に記載する。

[インスリンによる機能向上]

ここで一例としてインスリンによる機能向上を取り上げる(図1)。インスリンは，糖・脂肪・タンパク質の代謝に重要な役割を果たし，医薬品として糖尿病の治療などに用いられる。しかし，医療目的とは別に，筋肉のグルコース利用とアミノ酸の貯蔵を促進し，タンパクの合成を刺激し分解を抑制するために用いることは禁止されている。

さらに詳しく説明すると，インスリンは膵臓のβ細胞から分泌されるペプチドホルモンであり，肝臓・筋肉・脂肪を主な標的組織としている。インスリンの作用は血糖を下げる働きに加え，栄養素やグルコース，アミノ酸，脂肪の細胞内への取り込み・合成・貯蔵(同化過程)合成，さらにグリコーゲン，タンパク質，脂肪の異化過程(分解)の抑制が挙げられる。

筋肉では，グルコース利用を促進して，エネルギー産生を増加させる。また，アミノ酸からグルコースへの変換を抑制することで，アミノ酸の筋肉内貯蔵を促進するとともに，タンパク生合成の活性化を行うことで，結果として筋肉増強や傷ついた筋肉の修復が期待できることになる。

血糖を下げるという効果が医薬品としてのインスリンに期待されるべきだが，医療行為である証明ができなければ，タンパク合成促進や分解抑制を目的としたドーピングとみなされる。

[禁止物質摂取以外によるドーピング]

ドーピングは物質の摂取ばかりではなく，方法によってもその効果が期待されている。

血液ドーピング等，輸血で赤血球量を増やして酸素運搬能力を強化する方法がある。化学的・物理的操作では，ドーピング・コントロールにおける尿検体のすり替えやカテーテル使用などが該当し，また静脈内注入は原則，禁止されており，医療行為であればその証明が必要となる。また，遺伝子ドーピングでは，競技能力を高めるために遺伝子を改変する。遺伝子治療により期待される効果を表2に記載した。

医療目的で使用したとしても，同時にスポーツにおける機能向上を来してしまう場合がある。さらに使用した薬物の有害事象のために，頻脈や徐脈といった循環器系の副作用，注意力の低下，不眠等を生じ，トレーニング計画を乱す可能性も十分に考えられる。スポーツパフォーマンスを向上させるために薬物を使用することはドーピングという規則違反であり，スポーツにおける薬物使用はあくまでも医療目的のみであり，競技者にはそれを証明する医学的記録が必須となる。

(笠師久美子)

参考文献

②
◆ 公益財団法人　日本アンチ・ドーピング機構．2012．『公認スポーツファーマシスト認定プログラムテキスト2012年版』

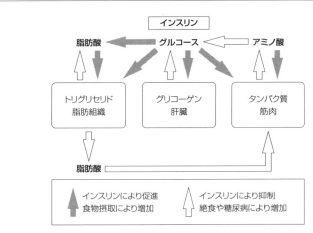

図1　インスリン作用の概要
(出典：グッドマン，ギルマン 編『第XII編　ホルモンおよびホルモン拮抗薬』『グッドマン・ギルマン薬理書：薬物治療の基礎と臨床(下)』第10版，廣川書店，2003．2156．)

表2　遺伝子治療からみた機能向上の例

期待される効果	対象となる遺伝子
持久力向上 (Endurance Genes：持久力遺伝子)	EPO PPARD PPARGC1A PPARGC1B Mitochondrial gene
血管新生 (Angiogenic Genes：血管新生遺伝子)	VEGF FGF HGF
筋肉増大 (Muscle growth Genes：筋肉増大遺伝子)	IGF-1 (筋肥大促進因子) MGF FGF and HGF Myostatin (GDF-8：筋肥大抑制因子) and follistatin GH and GHRH
骨折修復 (Fracture Repair Genes：骨折修復遺伝子)	BMP LIM IGF FGF TGF-β VEGF

オリンピックとスポーツ医科学

① 記録向上にみるスポーツ医科学

　世界のスポーツ医科学はオリンピックとともに発展してきたといっても過言ではない。その始まりは，1952年の第15回オリンピック大会（ヘルシンキ）で，オリンピック史上初の長距離3種目（5000m，10000m，マラソン）に優勝したチェコのザトペック（E. Zátopek）が用いたインターバルトレーニングに関する研究であった。ザトペックはフィンランドの中長距離走者ヌルミ（P. Nurmi）たちが行っていた自然環境の中での緩急をつけたトレーニング法を改良して，トラックでの100－400mの短い距離を用いたインターバルトレーニングを世界に知らしめた。

　そのトレーニングに興味を持ったドイツのラインデル（H. Reindell）とコーチのゲルシュラー（W. Gershler）がこのトレーニングの有効性を科学的に裏づけたことによって，インターバルトレーニングは世界に認知されるに至った。

　このようにスポーツの世界では，スポーツ医科学の研究の成果として新しいトレーニング法が生まれるのではなく，オリンピックに優勝するような優れた選手が特に用いていたトレーニング法や機器等が世界にアピールされた後，理論的に証明される，いわゆるスポーツ医科学の追随型の構図が主流であった。

　例えば，1960年の第17回オリンピック大会（ローマ）では，それまで全く無名であったエチオピアのアベベ（Abebe Bikila）が驚異的なオリンピック新記録で優勝し，世界を驚かせた。それはまた同時にエチオピアの高地（標高2,000－2,300m）におけるトレーニングが長距離，マラソンのような持久性を競う種目に有利に作用することを予期させるものであった。特に優勝後のインタビューでの「地元のアジスアベバには私のような選手はいくらでもいる」という彼の談話は，その独特の風貌とあいまって高所環境でのトレーニングへの神秘性と未知の魅力を感じさせるものであった。

　そして，高所トレーニングの有利性を決定的にしたのは，アベベが第17回大会（ローマ）に続いて第18回大会（東京）でも世界新記録でマラソン2連覇を成し遂げたことであった。次回オリンピックが高地メキシコシティ（標高2,300m）で開催されることも相乗作用し，高所トレーニングの是非，具体的なトレーニング法，最高の記録を出すためのノウハウなどに関する国際的なスポーツ医科学的論争が一気に開花した。そして今日，持久性を競う陸上長距離，マラソンだけでなく，水泳，スキー・スケート，自転車競技等々多くのスポーツ選手があたりまえのように高所トレーニングを実施している。

　スポーツ医科学はあくまで指導者や選手をサポートする立場での研究が主体である。例えば，スポーツ外傷・障害の予防や治療，アスレティックコンディショニング，スポーツ栄養（サプリメントなど），タイムラグ（時差）やサーカディアンリズムの影響，暑さ対策と熱中症予防，スポーツ施設や用具およびトレーニング機器の改良や開発，メンタルトレーニング，測定のための医療機器の開発，高速ビデオや動作解析装置・ソフトの改善・開発などの研究が行われ，スポーツトレーニングの現場に生かされている。例えば，第29回オリンピック大会（北京）直前に話題になったイギリスのスピード社が開発した最新水着「レーザーレーサー（LZR）」はスポーツ医科学の研究が結実した成果である。

　現代のスポーツ医科学は長足の進歩を遂げており，マクロ的研究からミクロ的研究へと進化している。例えば，前者のマクロ的研究がスポーツ人類学や行動科学にあるとするならば，後者は遺伝子工学や分子生物学の分野であろう。このように，スポーツ医科学の広がりと深まりは直接的，間接的にスポーツの競技力向上に大きく貢献している。

　しかしながら，スポーツ医科学の研究成果はまだまだスポーツの現場に十分には生かされていない。それは次の原因による。

　自然科学の分野では科学する際には最低2つの条件，第1に客観化（定量化）すること，第2に再現性に富むこと，が求められる。前者は多種多様に混在する事象から科学的手法を用いてなんらかの現象を定量化することであり，定量化されたものは統計的な処理が求められる。統計的処理を行うためには，対象となる事象のある程度の数あるいは人数が必要である。さらに，統計的に処理することによって，すべてが平均値で評価され，個性が埋没する危険性がある。オリンピックは，世界のスポーツ界の超エリート選手の集合体である。さらに，そこでメダルを取るのは特に傑出した力と技をもった一握りの選手である。したがって，スポーツ医科学的手法で得た原理・原則が必ずしもそのまま超エリートに適用できるとは限らない。また，とかく科学（定量）が重要視されればされるほど，非科学的（定性），例えば，感性や経験，あるいは科学することが困難な隠れた能力（センスとか予見能力など）が軽視されることになる。

　一方，後者の再現性であるが，スポーツはオープンシステム（開放系）で競われるのに対して，科学が提供できるのはクローズドシステム（閉鎖系）から得られたデータである。すなわち，スポーツは気候（温度，湿度，風向，風力など）や天気（雨，曇り，晴れなど），競技場のコンディションや道具，競技相手など，様々な偶発的外的条件によって左右される。科学では再現性が求められるため，実験は人為的に再現可能な一定の条件下（測定器具や方法，温度や湿度等の環境条件，サーカディアンリズムなどの時間条件）で実施される。そのためスポーツの現場と実験で用いられる運動様式や環境条件は必ずしも一致しない。したがって，閉鎖的システムで得られた知見がそのまま開放的な場で生かされるとは限らないのである。

　科学者も現場の指導者も，「スポーツ科学の現場への応用には限界がある」ことを知っている。そこで，自然発生的に生まれたのが，第28回オリンピック大会（アテネ，2004）を前にして結成された水泳の「チーム北島」である。すなわち，コーチの平井伯昌を中心に画像解析担当，トレーナー担当などで構成され，北島康介という超エリート選手だけに限定して，スポーツ医科学の知識を結集する新しい試みであった。その取り組みは見事成功し，北島は第28回大会，第29回大会（北京，2008）両オリンピック大会において，100m平泳ぎと200m平泳ぎの2種目で

金メダルを獲得した。

② オリンピックにおけるスポーツ医科学のグローバル化

わが国のスポーツ医科学は東京でのオリンピック(1964)開催が決定した1960(昭和35)年から始まった。その年に「東京オリンピック選手強化対策本部」が設置され，その中に「スポーツ科学研究委員会」が発足した。その内部組織として，選手を側面からサポートするトレーニングドクター制度が採用され，陸上競技，水泳など20種目に適用された。発足当初のトレーニングドクターは必ずしもその種目に精通しているとは限らず，どちらかといえばトレーニングの現場と研究の場を結びつけるパイプ役の使命を帯びたものであった。しかし，選ばれたドクターが積極的に指導者や選手と意見交換することによって，期待された以上の成果を上げることができた。この貴重な体験は1972(昭和47)年の第11回冬季オリンピック大会(札幌)にも生かされ，トレーニングドクター制度(10種目)が受け継がれた。この制度は，1978(昭和53)年に始まった日本体育協会認定スポーツドクター制度の確立や，現在スポーツ種目ごとに恒常的に設置されているトレーニングドクター制度の基礎となるものであった。

1984年の第23回大会(ロサンゼルス)における日本選手の不振は，心理的問題に一因があるとの考えから，日本体育協会スポーツ医科学委員会において，スポーツ選手のメンタルマネジメントに関する研究が取り組まれるようになった。また本大会から日本選手団に混じって参加していたトレーナーの数が徐々に増え，1992年の第25回大会(バルセロナ)のトレーナー派遣を契機に，1994年にようやく日本体育協会公認指導者制度の一環としてアスレティックトレーナー制度が確立し，競技選手のテーピング，スポーツマッサージ，ストレッチングなど怪我の予防と早期現場復帰などを担う人材養成が軌道に乗った。

しかし，オリンピックを含む国際大会での日本選手の不振は慢性化し，これを打開するためにはナショナルトレーニングセンターの早期建設が不可欠であるという声に押されて，スポーツ医科学研究とスポーツマンの診療などに取り組む国立スポーツ科学センター(JISS)が，2001年に開所した。そこに併設して，2007年からはナショナルトレーニングセンター(NTC)が順次整備された。2008年の第29回大会(北京)の際には多くの競技団体が最終調整や合宿を同センターで実施し，名実ともに研究とスポーツの場が一体となっている。その成果は，大会での好成績によって実証されている。

また近年の少子高齢化時代到来とともに，各大学は生き残りをかけて学部・学科・コースなどの設置や改組を積極的に行っている。なかでも，体育・スポーツ・健康に関する学部・学科・コースが雨後の竹の子のように乱立し，スポーツ医科学を学ぶ若者が急増している。その背景には，スポーツ人口や日常的運動実施者の増加がある。いまや，スポーツは競技者だけのもの(Sports for Athletes)ではなく，すべての人のためのもの(Sports for All)となり，スポーツ人口の拡大がスポーツ医科学のグローバル化をいっそう推進させている。

1964年の第18回オリンピック大会(東京)開催時には体育・スポーツに関する学会は日本体育学会や日本体力医学会などわずかであったが，現在では日本学術会議に登録されている体育・スポーツ・健康等の関連学会は36学会を数え，2008年にはこれらが大同団結して日本体育スポーツ健康科学学術連合を結成した。これらの学会の多くが，研究・教育だけでなく社会貢献の一環として，各学会が有する知的財産や人的財産を駆使して指導者養成に取り組んでいる。

このようにスポーツ人口の底辺の拡大や医科学研究の隆盛が医科学書・論文あるいはマスコミを介することによって，あるいは各競技団体や学会が積極的に指導者養成を図ることによって，スポーツ医科学のグローバル化を促進している。それがオリンピックを頂点とする種々の国際スポーツ大会での日本人の活躍の屋台骨になっていることは疑う余地がない。

(山地啓司)

性とスポーツ医科学研究の動向　09.B.03

① 男性アスリートと女性アスリートの違い

男性アスリートと女性アスリートの違いを，スポーツ医科学では競技記録から推察することが多かった。1992年に過去70年間の陸上トラック競技の動向を分析した研究において「女性ランナーの記録の伸びがこのまま続けば，いずれ男性に追いつく可能性もある」と示唆されたことがある(Angier, N.『Woman女性のからだ不思議』下巻. 中村桂子ほか 訳. 集英社. 2005)。しかし，最近の陸上競技100mの男女世界記録をみても，2000年以降の男女差はむしろ拡大傾向にある(図1)。2012年における陸上競技記録の男女比は，100m種目で女性は男性の91.3％，800mでは89.1％，マラソンでは91.2％であり，限界近くまでトレーニングを積んだアスリートであっても歴然とした相違があり，男女差は消えていない。

② これまでの研究の歴史

スポーツ医科学における性差の研究は，身体組成や体力要素における違いや月経周期の影響に関する研究が主体であったといえる。また産婦人科等の医学的視点から，女性アスリートに特有の問題が性差の研究として取り上げられてきた。これらの主な知見は次のような内容である。

[身体組成の性差]

女性は第二次性徴期を過ぎると脂肪組織が急激に増大する。日本人成人の体脂肪率(全体重に占める脂肪重量の比率)の平均値は女性22.8％，男性12.6％である。女性の除脂肪体重(全体重から脂肪重量を除く重量)は男性の約76－82％である(福永哲夫，金久博昭『日本人の体肢組成』朝倉書店. 1990. 21－34)。さらに全身の骨格筋量を比較すると女性は男性の約61％となる(金久博昭「骨格筋量および筋力における性差」『体育の科学』62. 2012. 905－13)。

[筋力における性差]

一般成人男女の身体各部の筋力を，絶対値で比較すると女性は男性の40－70％程度である。腕，胸，肩などの上肢や体幹の筋力は，下肢の筋力に比べて性差が大きい。また筋力を体重あた

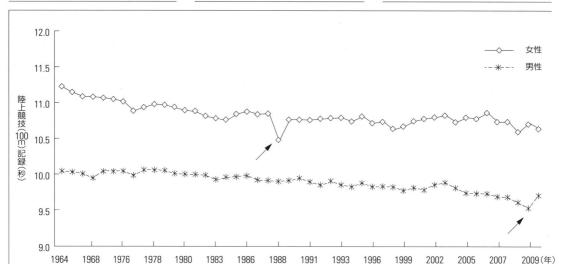

図1 陸上競技100m記録（その年のベスト記録）における性差の推移（出典：国際陸上競技連盟ホームページの競技記録から作成）
矢印の極端なタイム短縮はジョイナー（1988年）とパウエルとボルト（2007-09年）の記録による。2000年頃から男女の記録にみられる性差はそれ以前に比べ拡大傾向にある。

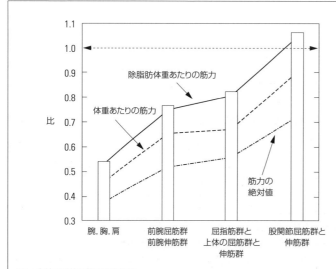

図2 女性の男性に対する筋力比
（出典：Wilmore. *Med Sci Sports* 6, 1974: 133-38より一部改変）

りおよび除脂肪体重あたりに換算して比較すると，性差が徐々に縮まる（図2）(Wilmore, J.H. Alterations in strength, body composition and anthropometric measurements consequent to a 10-week weight training program. *Med Sci Sports*, 6. 1974. 133-38)．それでもなお残る差異は，質的な相違を表す筋線維組成や筋線維の動員パターンの違いに起因するといわれる．なお，筋線維組成に性差がないとする説が多いが，遅筋線維の占有率は女性が高いとする研究もあり確定されていない（金久, 2012）．

[全身持久力における性差]
全身持久力の指標である最大酸素摂取量（$\dot{V}O_2max$）の性差も第二次性徴を過ぎると明確になる．一般若年男女における$\dot{V}O_2max$の絶対値は男性2.5-3.0 L/分，女性1.5-3.0 L/分であり，女性は男性の値の59-78％に相当する．これは体重あたりの値（単位：ml/kg/分）で比較すると68-86％となり，さらに除脂肪体重あたりで比較すると84-99％になる．それでもなお残る$\dot{V}O_2max$の性差は，ヘモグロビン濃度の相違（男性で約15g/dl，女性で約13.9g/dl）に起因する（定本朋子「女性の循環系の特性と運動」加賀谷淳子 編『女性とスポーツ-動くからだの科学-』朝倉書店. 1998. 87-102）．$\dot{V}O_2max$は，最大動静脈酸素較差（血液から酸素を抜き取る力の指標）と最大心拍出量（心機能の指標であり，心拍数と1回拍出量の積）で決まるが，最大心拍出量における性差が$\dot{V}O_2max$における性差の主因となる（Ogawa, T. et al. Effects of aging, sex, and physical training on cardiovascular responses to exercise. *Circulation*. 86. 1992. 494-503）．一般成人の最大心拍出量は男性が約21 L/分，女性が15 L/分であり，女性は男性の72-74％となる．また，この最大心拍出量の性差は最高心拍数ではなく最大1回拍出量の差，つまり心容積の差に起因する（定本, 1998）．

[トレーナビリティーにおける性差]
トレーニング未経験者の男女が同一プログラムのレジスタンストレーニングを行った場合，筋力の増加率を比較すると，女性は男性と等しいか，男性よりも大きい（Wilmore, J.H., 1974; Wilmore, J.H. et al. Physiological alterations consequent to circuit weight training. *Med Sci Sports* 10. 1978. 79-84; Cureton, K.J. et al. Muscle hypertrophy in men and female. *Med Sci Sports Exerc*. 20. 1988. 338-44）．持久性トレーニングの効果も同様である．一般若年男女における$\dot{V}O_2max$の増加率は，女性では最高25％に達するが，男性では15％以下である（図3）（加賀谷淳子「女性の呼吸器系の特性と運動」加賀谷淳子 編『女性とスポーツ-動くからだの科学-』朝倉書店. 1998. 65-86）．この女性の増加率の高さはトレ

ーナビリティーの性差を示すのではなく，低い初期値のためという解釈(トレーニングに伴う変化が開始前の初期値に依存するので，概して女性の初期値は男性より低いため増加率が大きくなる)が有力であるが，決定的とはいえない。

[月経周期の影響]

若年および中高年の女性において，「正常月経の群」「閉経した群」「月経が不定期な群」「ホルモン治療中の群」のいずれであっても，握力，脚伸展等尺性筋力・伸展パワーには統計的な差がなく，月経に伴う性ホルモンによる影響がないと報告されている(Bassey, E. et al. Lack of variation in muscle strength with menstrual status in healthy women aged 45－54 years: Data from a national survey. Eur J Appl Physiol. 73. 1996. 382－86; Janse de Jonge, X.A. Effects of the menstrual cycle on exercise performance. Sports Med. 33. 2003. 833－51)。筋持久力は卵胞期(排卵前後)の持久時間が長く黄体期に短いという周期的変動がみられる。この変動が経口避妊薬(ピル)服用により消失することも報告されている(Petrofsky, J.S. et al. Isometric strength and endurance during menstrual cycle. Eur J Appl Physiol. 35. 1976. 1－10)。また$\dot{V}O_2$maxに対する月経周期の影響はないとする研究が多数を占めるが決定的ではない(加賀谷淳子, 1998)。$\dot{V}O_2$maxの測定値は，動機づけ，測定環境条件，運動経験など様々な因子が関与するので，結論を得るには詳細な検証が必要である。

[女性特有の諸問題]

女性アスリートには初経遅延，稀発月経，無排卵性月経，無月経といった月経異常を有する選手が多い。競技レベルが高く，トレーニング量が多いほどその出現率が高い(目崎登『女性スポーツの医学』文光堂. 1997; Wells, C.L.(宮下充正監訳)『女性のスポーツ生理学』大修館書店. 1985)。これらの月経異常を招く要因として，女性ホルモンの生成に必要な体重や体脂肪率が臨界値より低下するという説がある。また，運動(ストレスの一種)に伴い上昇する脳内オピオイド(β-エンドルフィン等)が，視床下部から放出される性腺刺激ホルモンの分泌を抑制し，その結果黄体化ホルモンの分泌が抑制されて月経異常になるという説もある。さらに，運動刺激に伴う

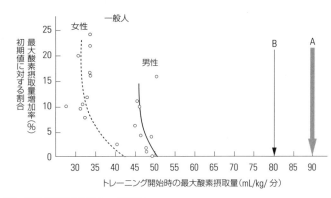

図3 最大酸素摂取量のトレーナビリティー
(出典：加賀谷淳子 編『女性とスポーツ』朝倉書店．1998. 65－86より引用)
A：諸資料から考えられる男性の上限，B：女性の上限

プロラクチンや神経伝達物質(ドーパミン)の増大に起因するという説もある。そのほかにも諸説あるが，各々に批判があり決定的ではない(中村泉「女性の内分泌系の特性と運動」加賀谷淳子 編『女性とスポーツ－動くからだの科学－』朝倉書店. 1998. 103－20)。スポーツ傷害に関する調査から，筋力不足と関節の動揺性が高いため，女性の方が男性よりも靱帯損傷や脱臼等の関節外傷を生じやすいことが示されている(Wells, C.L., 1985)。また，内科的問題として女性アスリートは男性よりも鉄欠乏性貧血が多く，月経による鉄損失に加えて栄養不良や過剰なカロリー制限による貧血が多いことも指摘されている(Wells, C.L., 1985)。

③ 現在の研究動向とこれから

現在の研究の流れとして，新たな計測技術の導入によりこれまでよりも詳しい性差の検討ができることである。例えば身体組成の測定では，二重X線吸収法(DXA)や核磁気共鳴画像法(MRI)の適用により，従来の脂肪量と除脂肪体重という2分法から骨，筋，脂肪に3分された測定値が，身体部位別で計測されるようになっている。このような計測技術の向上が種々の性差に関する評価をより明確にさせると考えられる(Midorikawa, T. et al. Predicting total fat mass from skinfold thickness in Japanese prepubertal children: a cross-sectional and longitudinal validation. Asia Pac J Cli Nutr. 20. 2011. 426－31)。また，女性アスリートに特有の問題を多面的に検討する流れもできている。例えば無月経の問題のみを検討するのではなく，「無月経」「摂食障害」「骨粗鬆症」の3つが連動して起こる女性アスリートの三主徴(Female athlete triad，図4)として取り扱うようになっている(Nattive, A. et al. American College of Sports Medicine position stand. The female athlete triad. Med. Sci. Sports Exerc. 39. 2007. 1867－82)。このように，女性アスリートの月経異常が，精神ストレス，エネルギー代謝，および骨代謝から検討されると，その成果が一般の高齢女性や摂食障害をもつ有疾患者にも適用できるという発展性をもつことになる。さらに，既に公表された複数の個別データを活用する研究の流れがある。疫学的研究手法の適用である。例えばメタアナリシスを用いた性・年齢別全身持久力($\dot{V}O_2$max)はその一例である(表1)。これは性差の研究を意図したものではないが，一般成人の全身持久力の性差を明確にすることに貢献している。このようなアプローチは，生物学的要因に加えてライフスタイルや生活環境や社会環境などの影響を受ける性差を包括的に研究する上で今後重要になる。しかし，性差に関するスポーツ医科学研究を学術的に発展させるには，「一過性運動およびトレーニングに対する種々の生理反応に及ぼす性ホルモンの影響」について一般人およびアスリートの男女を対象とした高質な基礎資料を，これまで以上に多角的に集積することが不可欠と思われる。

参考文献　　09.B.03

◆ 加賀谷淳子. 1998.「女性の呼吸器系の特性と運

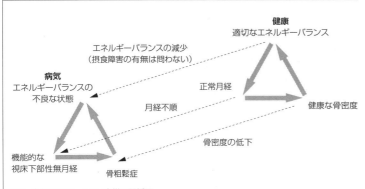

図4　女性アスリートの三主徴の関係図
(出典：Nattive et al. 2007より引用改変)
エネルギーバランス，月経機能，骨密度の3つのコンディションにおける健康と病気の状態を示す。個人の食事や運動習慣の変動によりエネルギーバランス，月経機能，骨密度がスペクトラム上(細い線)を変動することによって徴候やコンディションの状態が変動することを示す。

表1　性・年齢別の全身持久力(最大酸素摂取量)の基準

年齢	18－39歳	40－59歳	60－69歳
男性	39mL/kg/分	35mL/kg/分	32mL/kg/分
女性	33mL/kg/分	30mL/kg/分	26mL/kg/分

(出典：厚生労働省『健康づくりのための身体活動基準2013』2013. 8より一部改変)

- 動」加賀谷淳子 編『女性とスポーツ－動くからだの科学－』65－86. 朝倉書店
- 金久博昭. 2012. 「骨格筋量および筋力における性差」『体育の科学』62: 905－13.
- クリステイン・ウェルス. 1985. 『女性のスポーツ生理学』宮下充正 監訳 大修館書店
- 定本朋子. 1998. 「女性の循環系の特性と運動」加賀谷淳子 編『女性とスポーツ－動くからだの科学－』87－102. 朝倉書店
- 中村泉. 1998. 「女性の内分泌系の特性と運動」加賀谷淳子 編『女性とスポーツ－動くからだの科学－』103－20. 朝倉書店
- 福永哲夫, 金久博昭. 1990. 『日本人の体肢組成』21－34. 朝倉書店
- 目崎登. 1997. 『女性スポーツの医学』文光堂
- Janse de Jonge, X.A. 2003. Effects of the menstrual cycle on exercise performance. Sports Med. 33: 833－51.
- Nattive, A. et al. 2007. American College of Sports Medicine position stand. The female athlete triad. Med. Sci. Sports Exerc., 39: 1867－82.
- 厚生労働省『健康づくりのための身体活動基準2013』
  http://www.mhlw.go.jp/stf/houdou/2r9852000002xple.html (2013年3月18日)

(定本朋子)

遺伝とスポーツ医科学研究の動向　09.B.04

① 世界記録からみるアスリートの競技力と遺伝

ウサイン・ボルト(U. Bolt)が歴史的な世界記録(9秒58)を出した第29回オリンピック大会(2008年, 北京)の陸上競技男子100m走では，決勝出場者8人全員がアフリカ系の選手であった。近年，陸上競技の短距離種目でアフリカ系以外の選手が決勝に残ることは難しくなっている。また，男子マラソンにおいてもアフリカ系の選手が活躍し，上位8人中7人がアフリカ系の選手であり，男子10000mでは上位8人全員がアフリカ系の選手であった。

このように，今日の陸上競技においては，アフリカ系選手の活躍が際立っている。このような現象を目のあたりにして，アジア系の選手(またはヨーロッパ系の選手)とアフリカ系の選手では，いわゆる「DNAに刻まれたなにかが違うのか？」と多くの人が感じるだろう。

男子の短・中・長距離種目の世界記録をみると，ある興味深いことに気づく。100mから400mまでの短距離種目では西アフリカを起源とする選手で，800mからマラソンまでの中・長距離種目では東アフリカを起源とする選手で占められている(表1)。アフリカ系の選手が強いといっても，競技種目(距離)により東西がはっきりと分かれているのである。これは，その国における文化的な背景が影響している可能性は否定できないものの，西アフリカを起源とする選手と東アフリカを起源とする選手との間でも「もって生まれた身体能力」が違うとも考えられる。

オリンピックで上位に入賞するレベルの選手を対象として筋線維組成を解析すると，100m走で優れた成績を収めた選手では速筋が，マラソン競技で優れた成績を収めた選手では遅筋が占める割合が高いことはよく知られている。

トレーニングによる筋線維組成の変化は小さいと考えられているので，この競技力の違いは，部分的には遺伝的に説明できるであろう。このように，究極の身体能力を発揮するアスリートにとって，生まれながらにしてもった素質(両親からの遺伝)もトレーニングや食事と併せて重要であると現在は考えられている。

② 運動能力の遺伝率

持久的運動能力の指標である最大酸素摂取量や，瞬発的運動能力の指標である筋力・筋パワーは，複数の遺伝要因と環境要因によって決まる多因子遺伝形質(複数の遺伝子と環境因子の影響を受けて決まる形質)である。それでは，具体的に最大酸素摂取量や筋力といった運動能力に個体がもつ先天的な体質，すなわち遺伝要因はどの程度関与しているのだろうか。

これを調べる方法として，家族研究という疫学研究がある。これは，親子や兄弟(一卵性双生児・二卵性双生児)を対象として，ある表現型に対する遺伝率を算出する手法である。遺伝率は，多因子遺伝形質における遺伝要因の貢献度の指標として用いられる。運動能力の遺伝形質は，複数の遺伝子と環境要因からなる多因子遺伝形質なので，この遺伝率について知ることは遺伝要因の詳細な検討のために重要である。

最大酸素摂取量は，長距離走やクロスカントリースキーといった持久的な競技能力と密接な関係がある。最近の研究により，最大酸素摂取量の遺伝率は約50％であることがわかっている。この研究において，遺伝率は父親よりも母親の影響が大きいことが示唆された。これは，母性遺伝するミトコンドリアDNA(後述)の影響を受けている可能性がある。

筋力・筋パワーは，短距離走や柔道・重量挙げといった瞬発系・パワー系の競技能力と関連している。また，加齢性筋肉減弱症(サルコペニア)の観点からもこの能力は重要視されている。筋力・筋パワーの遺伝率は50－60％程度と見積もられており，持久的運動能力よりもやや高い遺伝率を示す。日本

人を対象とした研究において、握力の遺伝率は77%と見積もられている。持久系の競技よりも瞬発系の競技の方が遺伝率は高く、瞬発系の競技はどちらかというと「努力よりも才能」が重要といえるかもしれない。しかしながら、持久系・瞬発系どちらの競技もトレーニングや食事といった環境要因も重要であることはいうまでもなく、遺伝的要因だけでは競技力は決まらない。

③ 運動能力に関連する核遺伝子多型

遺伝子を構成しているDNAの配列には、個体差がある。この塩基配列の違いが集団において1%以上の頻度で生じている場合を、遺伝子多型という。ある特定の遺伝子多型は、生体の機能に影響を及ぼすことが明らかになっている。モンゴメリー(H.E. Montgomery)らは、アンジオテンシン変換酵素(ACE)遺伝子の挿入/欠失(I/D)多型が人間(ヒト)の持久系運動能力に関連することを報告した(Montgomeryら, 1998)。この研究は、運動能力と遺伝子多型との関連について世界で初めて報告された論文として注目を浴びた。

ACE遺伝子のI/D多型は、これまでに最も多く研究されている運動能力に関連する多型である。しかし、現在用いられている検出方法の信頼性は高いとはいえず、これまでに追試された結果の中には、この多型の運動能力に与える意義を疑問視する声も多い。なぜなら、このI/D多型の検出には、I/D多型を含むDNA領域をPCR法によって増幅し、その増幅DNA断片のサイズの違いを電気泳動法によって確認するという方法が一般的であるが、この方法は高い確率で鑑別ミスが生じるためである。ACE遺伝子I/D多型と運動能力との関係については今後、検討し直す必要があるだろう。

現在のところ運動能力に最も強く影響するとされているのは、αアクチニン3(ACTN3)遺伝子のR577X多型であろう。ACTN3遺伝子は速筋線維のZ膜の主要な構成成分であるαアクチニン3を作る遺伝子であるが、その能力の欠如したR577Xという変異型が存在する。通常、子は両親の遺伝子を1個ずつ受け継ぐため、両親とも通常型(RR型)、両親とも変異型(XX型)、一方の親のみ変異型(RX型)の3種の多型が存在

表1　陸上競技男子100mからマラソンまでの世界記録

種目	記録	名前	国籍	起源
100m	9秒58	ウサイン・ボルト	ジャマイカ	西アフリカ
110mハードル	12秒87	デイロン・ロブレス	キューバ	西アフリカ
200m	19秒19	ウサイン・ボルト	ジャマイカ	西アフリカ
400m	43秒18	マイケル・ジョンソン	アメリカ	西アフリカ
400mハードル	46秒78	ケビン・ヤング	アメリカ	西アフリカ
800m	1分41秒01	デイヴィッド・レクタ・ルディシャ	ケニア	東アフリカ
1000m	2分11秒96	ノア・ヌゲニ	ケニア	東アフリカ
1500m	3分26秒00	ヒシャム・エルゲルージ	モロッコ	北アフリカ
3000m	7分20秒67	ダニエル・コーメン	ケニア	東アフリカ
3000m障害	7分53秒63	サイフ・サイード・シャヒーン	カタール	東アフリカ
5000m	12分37秒35	ケネニサ・ベケレ	エチオピア	東アフリカ
10000m	26分17秒53	ケネニサ・ベケレ	エチオピア	東アフリカ
ハーフマラソン	58分23秒	ゼルセナイ・タデッセ	エリトリア	東アフリカ
マラソン	2時間3分38秒	パトリック・マカウ	エチオピア	東アフリカ

(出典：国際陸上競技連盟ホームページより引用・改変、2012年3月9日現在)

する。XX型ではαアクチニン3が欠損しており、遅筋線維で多く発現しているαアクチニン2が代償的に速筋線維においても発現している。ヤン(N. Yang)らはオリンピック出場経験者を含むオーストラリア人トップアスリートを対象とした研究において、XX型は持久系トップアスリートや健常一般人で多数検出されるのに対し、パワー系トップアスリートでは1例も検出されないことを報告した(Yangほか, 2003)。その後、フィンランド人を対象とした研究においても、同様の結果が報告された(Niemiほか, 2005)。最近、膳法らは、日本人中高年者において、この多型と大腿四頭筋断面積について検討したが(Zempoほか, 2010)、R577X多型で筋量の違いを説明できるのは約3%であった。

このように、個々の遺伝子多型が表現型に与える影響はわずかであると考えられるため、複数の遺伝子多型の影響を検討する必要があるだろう。そこで、福らは、70人のエリート中・長距離選手および96人の一般人を対象として、持久的運動能力との関連が報告されている複数の遺伝子多型の影響を検討した。これまでに、持久的運動能力または持久的運動の力に関連する表現型に影響を及ぼす遺伝子多型は、約40種類報告されている。この中から、日本人において多型頻度が高い(10%以上)

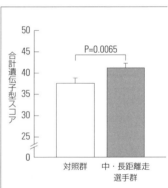

図1　エリート中・長距離走選手の遺伝子多型の複合プロファイル

14多型を解析し、エリート中・長距離走選手の遺伝子多型の複合プロファイルを検討した。すべて最適な遺伝子多型を有していた場合を100点としてスコア化(=合計遺伝子型スコア)した結果、コントロール群に比較して中・長距離走選手群で有意に高かった(図1)。つまり、競技特性に関連する最適な遺伝子多型をより多く有することが、高いパフォーマンスを発揮するために重要であることを示唆している。

④ 運動能力に関連するミトコンドリア遺伝子多型

ミトコンドリアは、ほとんどすべての真核細胞が持つ細胞内小器官であり、核とは別に独自のDNA(ミトコンドリアDNA：mtDNA)がある。ミトコ

ンドリアは多様な機能を有するが，その主要な役割は生命活動の直接のエネルギー源であるATP（アデノシン3リン酸）を有酸素的に合成することである。したがって，mtDNAの個人差，すなわち個体間におけるmtDNA塩基配列の相違は，持久系の運動能力のようなエネルギー代謝に関連する表現型に影響を及ぼす。

村上らは，mtDNAの制御領域における多型が，若年健常者の最大酸素摂取量や骨格筋のmtDNA含量（すなわちミトコンドリアの量）に影響を及ぼすことを報告した（Murakamiほか, 2002）。mtDNAの制御領域は，mtDNAの転写や複製を制御しているので，この領域における多型はミトコンドリアの量を変化させることにより持久的運動能力に影響を及ぼすと考えられる。

三上らは，国立スポーツ科学センターと共同でオリンピック出場経験のある日本人トップアスリートを対象に，mtDNA制御領域の塩基配列を決定した。その結果，持久系／ミドルパワー系運動能力と瞬発系／パワー系運動能力に関連する多型があることが明らかになった（Mikamiほか, 2012）。

また，互いに連鎖したmtDNA多型のセットをハプログループというが，ミトコンドリアハプログループと運動能力との関係について検討したところ，ミトコンドリアハプログループFの頻度は，コントロール群に比較して瞬発系／パワー系の選手群で高かった。一方，ハプログループG1の頻度は，コントロール群に比較して持久系／ミドルパワー系選手群で高かった（Mikamiほか, 2011）。

さらに最近，福らは479人の日本人一般成人を対象として，ミトコンドリアハプログループと筋力との関連性を検討し，マクロハプログループNが脚伸展パワーや垂直跳びの能力と関連することを報告した（Fukuほか, 2012）。先に述べた瞬発系／パワー系運動能力に関連していたハプログループFは，マクロハプログループN系統に属する。以上のことから，有酸素的なATP産生を担うミトコンドリア内にあるmtDNA多型は，持久的運動能力だけでなく瞬発系の運動能力にも関連していることが明らかとなった。

⑤ スポーツ科学分野における遺伝子多型研究の応用への展望

mtDNA遺伝子多型は運動能力に大きな影響を与えるが，mtDNAだけで運動能力に関連する遺伝要因のすべてを説明することはできず，核ゲノム多型がmtDNA多型と同等またはそれ以上に重要であると考えられる。今後は，核ゲノム多型と運動能力に関する研究も加えて，mtDNA多型と核DNA多型の両面から検討する必要がある。

核DNA多型の網羅的な解析を実現するために，国際ハップマッププロジェクトの成果ならびにそれを応用したtagSNP（ハプロタイプブロックを代表する多型マーカー）の技術を使い開発した新しいゲノムワイド遺伝子多型解析法Infiniumアッセイ法を用い，ヒトゲノム上に点在する約"75万-500万の遺伝子多型"を分析する方法が考案されている。

今後，このゲノムワイド関連解析や次世代シークエンサーを用いた全ゲノム塩基配列決定によって，「真に運動能力に関連する遺伝子多型はなになのか」を検討し，その多型と運動能力とをつなぐメカニズムを解明することが必要である。

最終的には，運動能力に及ぼすmtDNAと核ゲノムの研究を統合し，生まれながらにして向いている競技種目（持久力系や瞬発力系など）やトレーニングに対する適応メカニズムを科学的に解明することがスポーツ科学における遺伝子多型研究の目標である。これが達成されれば，「適性種目やポジションの選択」や「各個人に合ったトレーニング方法の確立」に役立ち，その結果として，日本人の競技力向上に寄与できるようになるかもしれない。

参考文献 09.B.04

- 福典之. 2011.「連載：運動能力を引き出す遺伝と多様性の科学『遺伝子多型とは』」『体育の科学』61（4）：289-96.
- ———. 2011.「連載：運動能力を引き出す遺伝と多様性の科学『運動能力に関連する遺伝子多型研究の現状と課題』」『体育の科学』61（12）：945-51.
- Bouchard, C. 2011. Overcoming barriers to progress in exercise genomics. *Exerc Sports Sci Rev*, 39（4）：212-17.
- Fuku, N. et al. 2012. Mitochondrial macrohaplogroup associated with muscle power in healthy adults. *Int J Sports Med*. [E-pub]
- MacArthur, D.G. and North, K.N. 2004. A gene for speed? The evolution and function of α-actinin-3, *BioEssays*, 26: 786-95.
- Mikami, E. et al. 2011. Mitochondrial haplogroups associated with elite Japanese athlete status. *Br J Sports Med*. 45（15）：179-83.
- ———. 2012. Polymorphisms in the control region of mitochondrial DNA associated with elite Japanese athlete status. *Scand J Med Sci Sports*. [E-pub]
- Montgomery, H. E. et al. 1998. Human gene for physical performance. *Nature*, 180（21）：1307-12.
- Murakami, H. et al. 2002. Polymorphisms in control region of mtDNA relates to individual differences in endurance capacity or trainability. *Jpn J Physiol*, 52（3）：247-56.
- Niemi, A. K. et al. 2005. Mitochondrial DNA and ACTN3 genotypes in Finnish elite endurance and sprint athletes. *Eur J Hum Genet*, 13（8）：965-69.
- Yang, N. et al. 2003. ACTN3 genotype is associated with human elite athletic performance. *Am J Human Genet*, 73（3）：627-31.
- Zempo, H. et al. 2010. ACTN3 polymorphism affects thigh muscle area. *Int J Sports Med*, 31（2）：138-42.

（福　典之）

スポーツの医・科学研究所の設立とその役割 09.B.05

① 日本体育協会・スポーツ科学研究室

スポーツマンの健康管理や医事相談等のために，1947（昭和22）年，公益財団法人日本体育協会（Japan Sports Association: JASA）に「体育医事相談所」（後のスポーツ診療所）が設けられた。医・科学をスポーツ現場へ応用するための日本初の本格的な組織である。1960（昭和35）年になると，第18回オリンピック大会（東京, 1964）の選手強化のためにJASAにスポーツ科学研究委員会（現在のスポーツ医・科学専門委員会）がつくられ，翌年「スポーツ科学研究室」が設けられた。こうして，各競技団体に科学者が配置され，医師がスポーツ現場を巡回する，といった選手強化のためのサポート活動が進められることになった。その一方，スポーツ科学研究委員会が中心となり，スポーツ現場での問題についてプロジェクト型で研究し，結果を再び現場へ戻す方策がとられた。初年度である1960（昭和35）年の研究テーマは以下の3件であった。

・あがりの研究

・スポーツマンの形態学的適性について

・栄養調査報告 ―報知陸上講習会―

翌1961（昭和36）年度になると，「ス

ポーツにおける精神面のトレーニング」といった競技横断的な研究テーマに，「水泳中の筋電図研究」といった競技力向上をめざした競技種目別の研究が加わり28件にその数が増えた。選手強化が目的であったため，当初はすべて競技スポーツにかかわる内容であった。冬季競技種目がテーマとして加えられたのは，1972（昭和47）年に開催された第11回冬季オリンピック大会（札幌）の5年前，1967（昭和42）年度であった。

現場での要求が高く，解明に時間のかかる問題は長期間のプロジェクトになる。5年以上に及んだ内容は以下のとおりであり，それぞれのテーマの後ろには関連するコメントを記した。

・「高地トレーニングに関する研究」（1961〔昭和36〕年度から7年間）：1968（昭和43）年に高地での第19回オリンピック大会（メキシコシティ）が開催された。
・「東京オリンピック記念体力測定」（1968〔昭和43〕年度に始まり2012〔平成24〕年度まで12回実施）：1964（昭和39）年に開催された第18回オリンピック大会（東京）に参加した選手のその後の健康・体力を4年ごとに追跡調査している。
・「競技種目別体力トレーニング処方（後に競技力向上）に関する研究」（1977〔昭和52〕年度から23年間）：種目別の研究テーマを競技団体で設定し，競技団体の医・科学組織の育成をめざした。
・「スポーツ選手のメンタルマネージメントに関する研究」（1985〔昭和60〕年度から17年間）：これまで散見されてきた心理に関する研究を，スポーツ選手の精神の自己管理と称して総合的なプロジェクトにした。
・「青少年の体力に関する日中共同研究」（1985〔昭和60〕年度から6年間，2005〔平成17〕年度から3年間）：日本人青少年の体力を中国との比較から検討した。
・「国体選手の健康管理（後に医・科学サポート）に関する研究」（1990〔平成2〕年度から12年間）：都道府県の体育協会と連携を保ちながら，選手，指導者に対する医・科学サポートを推進した。都道府県の医・科学組織の育成をめざした。

・「JOC高所トレーニング医・科学サポート」（1991〔平成3〕年度から11年間）：競技スポーツ選手を対象に，種目ごとに高所トレーニングを検討した。

1968（昭和43）年の第19回オリンピック大会（メキシコシティ）が終わり，1969（昭和44）年度になると，「日本人のPWC$_{170}$」「幼児の体力・発達の追跡的研究」といった国民スポーツを振興するための研究が含まれるようになった。かつてJASAで「全日本競技連合」への改称問題が生じた折，「競技だけでなく，国民体育もあり」という嘉納治五郎の主張が研究でも具現化されることになったわけである。第11回冬季オリンピック大会（札幌）後の1972（昭和47）年度になると，研究テーマに「社会体育」という言葉が入り始め，競技種目名を記した研究テーマは消失した。

対象に応じた研究も進められるようになり，次の4件について研究が行われた。

・「発育期のスポーツ活動が心身に及ぼす影響」（1976〔昭和51〕年度から5年間）
・「中高年のスポーツと健康に関する研究」（初出1976〔昭和51〕年度）
・「女子のスポーツ適性に関する研究」（初出1981〔昭和56〕年度）
・「ジュニア期の体力トレーニングに関する研究」（1992〔平成4〕年度から4年間）

さらに，スポーツ指導者の資質向上をめざして，これまでの研究成果を「医・科学ガイドブック」「安全指導ガイドブック」といった指導者用テキスト・書籍にわかりやすくまとめて，その普及に努めてきた。1996（平成8）年からつくられた「医・科学ガイドブック」の内容には，以下のものがある。

・スポーツ活動中の熱中症予防ガイドブック
・夏のトレーニングガイドブック
・ジュニア期のスポーツライフマネージメント
・ジュニア期の体力トレーニング
・スポーツ活動と防衛体力
・高地トレーニング －ガイドラインとそのスポーツ医科学的背景－
・国体選手における医・科学サポート

とガイドライン

以上のように，JASAスポーツ科学研究室は，オリンピックを1つの契機として研究内容を更新しながら，「スポーツ指導者の育成」「国民体育大会」「スポーツ少年団」というJASAの中心的な事業を見据えた研究を進め，スポーツ現場へ戻してきた。特に日本オリンピック委員会（Japan Olympic Committee: JOC）がJASAから独立した1991（平成3）年以降は，「国民スポーツの振興」「ジュニア層選手の育成」「ドーピング防止活動」をより積極的に進めている。

② **日本スポーツ振興センター・国立スポーツ科学センター**

1986（昭和61）年のアジア大会（ソウル）において，日本の金メダル獲得数は中国，韓国に続く第3位に転落した。この結果を受けて首相の私的懇談会である臨時教育審議会は，国際競技力の長期的な低迷を打破するための施設として国立のスポーツ医・科学研究所とナショナルトレーニングセンターの設置を提言した。そのおかげで1990（平成2）年，国立スポーツ科学センター（Japan Institute of Sports Sciences: JISS）を日本体育・学校健康センター（現在の独立行政法人日本スポーツ振興センター）内，東京都北区西が丘に設置することが決定された。その一方で，2000（平成12）年，文部省は「スポーツ振興基本計画」を策定し，その後10年間にメダル獲得率を3.5％に倍増する目標を立て，達成のためにはスポーツ医・科学を活用することを重視し，JISSにその中核的な役割を果たすことを期待した。開所準備として，日本と同様な経緯で設立されたアメリカのオリンピックトレーニングセンター（United States Olympic Training Center: USOTC），フランスの国立体育・スポーツ研究所（L'Institut National du Sport et de l'Education Physique: INSEP），オーストラリアのナショナルトレーニングセンター（Australian Institute of Sport: AIS）などを調査し，医・科学研究とサポート活動の体制と内容を固めた。JISSの特長は，スタッフが研究もサポート活動もするので，スポーツ現場での課題を研究へと吸い上げやすく，研究成果を現場へ応用しやすいこ

とである。そして2001（平成13）年10月にJISSは開所した。

JISSでは，国内外の研究者や研究機関と連携・協力しながら，日本の国際競技力向上に資する医・科学研究を行い，得られた成果を各競技団体や研究機関に広く還元するとともに，各競技団体や選手へのサポート活動をはじめとするJISSの諸事業に活用することとしている。当初は，1）トレーニング・コーチング，2）評価，3）戦略・戦術という3つの分野のシステムに関する研究として，以下の6テーマを立て，4年間を原則とした10のプロジェクト型研究を実施した。

1）トレーニング・コーチング：
(a) 競技力向上のための先端的トレーニング方法の開発と実践
(b) 国際競技力向上のためのメディカルサポートシステムの確立に関する研究
2）評価：
(c) フィットネス・スキルチェックの質的改善とフィードバックシステムの構築
(d) 競技者のコンディション評価に関する研究
3）戦略・戦術：
(e) 強化戦略策定におけるゲーム分析・タレント発掘 ―競技者セレクション・タレント発掘評価システムに関する研究
(f) 広域移動を伴うスポーツ種目のための動作解析システムに関する研究

その後，2度の研究テーマ変更を経て現在に至っているが，変更の折には研究内容の要望を各競技団体に調査している。以下に示すのは，2009（平成21）年度からスタートした11のテーマ（研究課題）である。

1）国際競技力向上に有用なコンディション評価方法の開発と応用
2）低酸素トレーニングの有用性に関する研究
3）身体運動及び人間・用具・環境系の挙動の最適化に関する研究
4）競技パフォーマンスの診断システム構築に関する研究
5）トップアスリートに対する個別心理サポートの適性判断
6）競技者の栄養評価に関する研究
7）スポーツ外傷・障害の治療および予防のための医学的研究
8）トップアスリートにかかわる内科的問題点の診断・治療・予防に関する研究
9）国際競技力向上のための情報戦略のあり方に関する研究
10）センサーを利用したトレーニングアシストシステムの開発
11）映像を利用したトレーニングアシストシステムの開発

いずれもJISSでのサポート活動で活用することをめざした医・科学研究テーマであるが，スポーツ現場へ応用できるようにするためにはそれぞれの現場とのやり取りが不可欠である。その意味で2008（平成20）年にJISSに隣接して開所したナショナルトレーニングセンター中核拠点，全国各地で中核拠点とネットワーク化されつつあるその他競技の強化拠点の存在意義は大きい。ナショナルチームや代表選手が集うので，強化活動だけでなく研究内容においてもスポーツ種目を超えて議論ができるようになったからである。さらに今後は，「スポーツ少年団」「国民体育大会」といったジュニア層の選手育成を見据えたJASAスポーツ科学研究室の研究と，国際競技力向上のためのトップ選手にかかわるJISSの研究との連携を強化して，選手の成長に即した育成をサポートする必要がある。

（平野裕一）

医科学の日常生活への応用　09.C

フィットネスムーブメントとスポーツ医科学　09.C.01

① フィットネスムーブメント

本項では，「フィットネスムーブメント」（身体活動の実践による健康体力つくりの社会的運動）が，第二次大戦後の世界の諸国において，20世紀の後半以来の国家政策的な1つの運動として生起し，そして21世紀に入って現在に至るまで，スポーツ競技の進展による競技力の向上の必要性および座業的生活習慣による慢性疾患の増大を背景として，1つの社会的運動（流行の状況）として展開してきている事実を，その時代的・社会的背景および身体運動（スポーツ）医科学の発展を視野に入れながら解説する。

フィットネス（fitness）は一般に「適性」の意味をもつが，体育・スポーツの分野では，多くの場合「体力」を意味する言葉として使われる（厳密に英語でいえば「フィジカル・フィットネス」〔physical fitness〕である）。近年においては，フィットネスは「スポーツ関連体力」および「健康関連体力」の2つの側面から論じられている。

1954年に発表された「クラウス＝ウエーバーテスト」（K-Wテスト）による体力の国際比較研究の結果は，アメリカの青少年のフィットネス（体力）のあまりの低さに，アメリカ国内に大きな反響を呼び起こした。1960年に大統領に選出されたケネディ（J.F. Kennedy）は，この事実に加えて，兵役検査における不合格者の多さおよび成人人口における冠動脈性心疾患による死亡者数の増大の事実を基に，1961年に「ソフトアメリカン」と題する論文を発表した。彼はこのような国民の一般的な体力の不足が国際的な緊張状況におけるアメリカ国民の尊厳と国力の維持にとって脅威であることを表明し，国力の増進のためにアメリカ国民が体力にいっそうの関心を向けるよう要望した。

平和回復への兆しの中で，当初は児童・青少年の体力低下に対する危惧から，またオリンピックを頂点とする各種スポーツの国際的な競技力の向上の必要性から，学校体育プログラムの再構成の必要性が強く認識された（行動体力またはスポーツ関連体力）。例えばイギリスでは，戦後の学校体育の運動内容を改善するねらいをもって，1953年にモーガン（R.E. Morgan）とアンダーソン（G.T. Anderson）によって開発された「サーキット・トレーニング」が発表された。その後，これは競技力向上のためのスポーツの基礎トレーニングプロ

ソ連ではすでに1930年以来，青少年の体力の向上と防衛力の増強のために国家的なG・T・O（体力章検定）が実施されてきており，1960年初頭からは，ドイツの黄金計画（ゴールデンプラン），イギリスのスポーツ振興計画，北欧諸国のトリム，アメリカの大統領青少年体力審議会の設置，日本のスポーツ振興法など，各国において健康・体力づくりの政策的なキャンペーンが実施された。これらの運動は，その後1970年代に開催された「体力」を主題にした国際会議などに反映されている。それらの中で重要な成果は，ユネスコ（United Nations Educational, Scientific and Cultural Organization: UNESCO）のスポーツ憲章「スポーツ・フォア・オール（Sports for All）」の声明である。

1968年に，当時宇宙飛行士の訓練プログラムの開発に従事していたクーパー（K.H. Cooper）は，「エアロビクス」と名づけた体力づくりの運動プログラムを発表した。これは世界的に広く受け入れられ，一般の人々の健康・体力づくりの方法として大きな反響を呼び，世界的なジョギングブームを巻き起こした。

わが国では，1965（昭和40）年に政府によって内閣府，総務省などの9府省庁および官民団体，各自治体を構成員とする「体力つくり国民会議」が発足し，その後財団法人「健康・体力づくり事業財団」（現在は公益財団法人）が設立されて，健康・体力増進に関する調査，指導者の養成，講習会による情報の伝達および実際の運動行事の開催など，具体的な推進活動を行ってきている。

わが国の青少年の体力は，1970（昭和45）年代に入って戦後の疲弊から脱却したようにみえたが，それ以降今日に至るまで，特に持久力において全般的に下降傾向にあるようにみえる。これらの諸傾向を察知して，1970（昭和45）年に文部省所轄の体育科学センターが設置され，当初学童期の体力を中心として研究調査が進められ，以後1999（平成11）年まで成人を含む体力の現状の把握と具体的な対処策を検討し，「健康づくり運動カルテ」など，いくつかの出版物によってその成果を公表してきた。

1970年代以降，クーパーの「エアロビクス」に触発されて始まったジョギングを中心としたフィットネスムーブメントは，国内外において劇的に進展し，日本国内では一時期，室内で運動するためのステップカウンター機器が開発されて普及し，アメリカでは筋力や全身持久力（スタミナ）を養う機器が開発され，都市を中心にして各地に健康・体力のための商業的トレーニング施設が次々に開設された。このような健康・体力づくりのためのトレーニング施設は，現在に至るまで世界各地で新設される傾向にある。

また，市民参加のマラソン大会は，1897年に開始されたボストンマラソンが有名であるが，日本国内では1967（昭和42）年に第1回青梅（おうめ）マラソンが開催され，毎年約13,000人が参加している。1980年代になると，世界各地（特に大都市）で市民参加のマラソン大会が開催されるようになり，2008年には10ヵ国以上，15以上の都市で開催された。これらの大会では1度に数万人が参加している。2009（平成21）年の東京マラソンでは，市民ランナーと競技選手を合わせて約35,000人が参加した。北欧諸国では広くクロスカントリースキーの大会が行われ，また近年は，環境意識の高まりを反映して，国内外の各地でウオーキングラリーが開かれるようになってきている。

② **運動不足病とスポーツ医科学**

運動不足による負の健康効果および日常的な運動による正の健康効果については，古くはギリシャ時代から，ヒポクラテース（Hippocrates）やガレノス（Galenus）らによって指摘されてきた。そして近年（20世紀後半以降）では，文明病（あるいは，書斎病，運動不足病，成人病，生活習慣病）と呼ばれる日常的な運動不足やストレスによる慢性疾患が，各国において社会的な問題として取り上げられている。そしてメラロヴィッチ（H. Mellerowicz）やオストランド（P-O. Åstrand）らの多くの運動科学者や，クラウス（H. Kraus），ラープ（W. Raab）やポラック（M.L. Pollock）など多くの先見性をもつ医科学者たちによって，現代の慢性的疾患の予防や健康体力保持のための日常的な規則的運動実践の必要性が強調されてきている。

1940年代の終わりから50年代の初めにかけて，ガストン（S. Gaston, 1947年），クラウス（1952年）やその他の研究者たちは，当時多くの人を悩ませた腰痛症に関する調査研究を実施し，その主要な原因が筋肉不足にあることを明らかにした。また1940年代以降先進諸国においては，重大な死亡原因としての虚血性心疾患（心不全，狭心症，心筋梗塞）が，心臓医および疫学者たちの注目を浴びるようになった。このような状況の中で，1953年に発表されたモリス（J.N. Morris）らの，バスの車掌と運転手および郵便配達員と事務職員に関する2つの比較研究は，虚血性心疾患の発症と日常的な身体活動が有意に逆相関関係にあることを明らかにした（Morris, J. N. et al. Coronary heart-disease and physical activity of work. *Lancet* 262 (6795): 1053-57, 1953）。

クラウスとラープは，日常的な運動不足（座業的生活様式）に起因すると考えられる病気について，それまでの医科学的な知見を総合的に検討して，その成果とそれらに基づく彼らの見解を「運動不足病」（1961年）と題して発表した。取り上げられた病気の主なものは，腰痛，肩こり，高血圧症，心臓血管系疾患，体重過剰，情緒の不安定などであった。特に狭心症や心筋梗塞を含む虚血性心疾患に関しては，アメリカでは1920年代後半以来，そして他の先進諸国では1940年代後半以降，それらが主要な死亡原因であり続けていることから，その原因についての疫学的な研究に関心が向けられた。アメリカの心臓医ホワイト（P.D. White）らは，1937年にいち早くこの原因を突き止めるべく疫学的研究に着手したが，当時はまだ運動不足をその原因の1つとして予測していなかった。

1960年代の終わりから1970年代において，虚血性心疾患の関連危険諸要因（身体的不活動を含む）を明らかにするために，また1980年代には心疾患とそれに関係する危険諸要因間の関連を明らかにするために，さらにまた1990年代には身体活動と他の関連危険諸要因（肥満，糖尿病，高脂血症，高血圧，動脈硬化症，ストレスなど）との関係における身体活動の健康効果を明らかにするために，数多くの疫学的な調査および統計的な相関分析的研究がなされてき

た．特に1980年代から1990年代においては，日常の身体活動レベルが他の多くの慢性諸疾患の危険諸要因とも関係をもち，しかもそれらのいくつかの危険諸要因に対して逆の相関（予防的効果）をもつことが明らかになった．すなわち，日常的な中等度の身体活動は，虚血性心疾患の危険因子である血中の脂質，コレステロール，グルコース，動脈硬化症，高血圧症，肥満，糖尿病などの慢性的状態に対して予防的および治療的効果をもつのである．

わが国では，死亡原因としての虚血性心疾患は，欧米に比較して発生数が少ない（1/2か2/3程度）が，国内的には1970年に死因の第2位となり，1990年代に入って頂点に達しいったん下降したが，2000年代に入りまた上昇しかけている．高血圧症を含む心臓血管系疾患，肥満や糖尿病等の慢性的諸疾患は，わが国では従来「成人病」と呼ばれていたが，1970年以降これらを正式に「生活習慣病」と呼び変えて今日に至っている．

1972年にアメリカ予防医学会は機関誌『予防医学』（Preventive Medicine）を創刊した．当初の多くの論文は冠動脈性心疾患の危険諸要因の疫学的研究に焦点を当て，なかでも日常的な身体活動（運動）の実践の有無に注目していた．また研究者たちは，身体的不活動を含む危険諸要因が明確になるにつれ，これらの危険諸要因と発病状況との関連について，長期間の縦断的な疫学的研究を実施するようになってきた．

1976年の第21回オリンピック大会（モントリオール）開催時に開かれた国際身体運動科学会議以降，カナダでは，いくつかの専門科学学会，国の機関および企業が，挙って国民の体力の増進を図ってきており，特にスポーツ・身体運動医科学の面で，「身体活動，健康と体力」に関する国際会議を主催して，スポーツ医科学における共通見解を整理しまとめ上げる努力をしている．

1966年のシェパード（R. Shepherd）の先駆的発想を受けて，カナダのスポーツ・身体運動に関連する専門学会の主要な指導者たちは，1988年に「運動，体力および健康に関する国際的共通理解会議」を主催し，また1992年には世界的な権威者たちを集めて，2つの会議，すなわち「第2回身体活動，体力お

よび健康に関する国際共通理解シンポジウム」および「身体活動，体力および健康に関する会議（活動的生活会議）」を開催した．その成果は1994年に「身体活動，体力および健康：国際会議録および共通理解表明」と題して，スポーツ・身体活動医科学の知識による問題解決策の共通認識として発表された．

さらに，2000年9月の「量－反応シンポジウム」（Dose-Response Symposium）に続き，2001年に「ウイスラー2001：身体活動および健康メッセージの伝達－科学から実践へ－」というシンポジウムが開催された．そこでは「生活習慣病」（『運動不足病』）予防のために，身体活動の医科学知識をどのように実践に活用できるか－個別の慢性疾患あるいはその危険諸要因を防止するために，運動の種類と量（強度×時間または回数）および頻度をどのように行えばよいか－が討論された．

アメリカでは保健社会福祉省（United States Department of Health and Human Services: HHS）が国民の日常生活状況のデータと医科学的研究の成果を総合的に検討して，国民の健康を計画的に改善するために，1990年に「Healthy People 2000」（健全な国民2000年）と題して，国民の健康を増進するための具体的な達成目標を設定し公表した．この中で，主要な健康指標の第一に日常的な規則的身体的活動の実践（実践者数の増加と活動水準の向上）の推進を挙げている．このような具体的な達成目標を設定する考え方は，ただちにわが国の厚生関係機関や研究機関の専門家にも取り上げられた．この事業は，2000年にはHealthy People 2010，2010年にはHealthy People 2020と10年ごとに更新されて継続している．

「生活習慣病」の予防を目的とするこのような政策を支援し，その実施効果を客観的に評価するための資料を提供することができるのは，大規模集団を対象として長期的・縦断的に身体運動に関する追跡調査を遂行する疫学的研究という，スポーツ医科学研究の新しい分野にほかならないであろう．

③ 寿命と運動をめぐるスポーツ医科学

アメリカスポーツ医学会（American College of Sports Medicine: ACSM）は，1975年に「運動テストおよび処方の手

引」（ACSM'S Guidelines for Exercise Testing and Prescription）を発表し，2000年にその6回目の改訂版を発表した．そのはしがきの中で，以下の事項を列挙している．

- 身体的不活動は，合衆国における主要な健康問題である．
- 男女ともに，すべての年齢において，規則的な身体活動から利益を得ることができる．
- 身体活動は，慢性疾患や障害をもつ人の治療において，非常に有効である．
- 習慣的に座業的な人は，中等程度に活動的になることにより，健康，体力および健全な状態をよりいっそう改善することができる．
- 健康効果を上げるためには，身体活動は激しくする必要はない．
- 身体活動の量（強度，持続時間あるいは頻度）を増加することにより，いっそう大きな健康効果を上げることができる．
- 身体活動は，全死因および心臓血管系疾患による死亡の危険性および特に冠動脈性心疾患，肥満，高血圧症，肺と直腸癌および糖尿病の危険性を減らす．
- 身体活動は，精神的健康状態を改善し，また筋肉，骨格および関節の健康にとっても重要である．
- 運動テストは，機能的能力，身体的努力の安全性，種々の介入効果の評価において貴重な情報を提供する．さらに，検査結果は，罹病と死亡に関して，長期的な予測診断的な意味をもっている．

スポーツ医科学における上記のような見解表明は，寿命と運動に関連してスポーツ医科学のあり方と意義を考える上で貴重であると思われる．日常的に身体活動を規則的に実践することによって，個人の寿命を実質的に延ばすことができるかどうかは，まだ必ずしも明らかではない．その理由は，個人の自然な寿命は大きく遺伝子によって規定され，個人の生活環境諸条件によっては直接的には大きく左右されないようにみえるからである．しかし，日常的に適度な身体活動を規則的に実践することによって，個人の生活活動能力（Activity of Daily Life: ADL）は高く維

持され，その結果個人の身体的パフォーマンス水準は高く保持されると考えられる。それゆえ，罹病の危険性は減少し，また早期の死亡の危険性も低くなると考えられる。

また，それ以上に，日常的な適度の運動の実践によって，個人のパフォーマンスレベルが高く維持されることは，個人的にもまた社会経済的にも非常に意味のあることである。適度な規則的身体活動によって，生活活動レベルは60−70歳まで高く保たれるといわれている。

パッフェンバーガーJr. (R.S. Paffenbarger, Jr.) らは，1998年に，17,815名のハーバード大学卒業生を対象にして，1977年から1992年まで追跡調査をした結果，余暇の身体活動によって週あたり2,000kcal以上消費する男性は，1,000kcal以下しか消費しない同輩の男性より，1.19年長生きすることを示した (Paffenbarger, R. S., Jr. & Lee., I.-M. 1998. A natural history of athleticism, health and longevity. *Journal of Sports Sciences*, 16: 31−45)。

また，クーパーによって1970年に設立されたエアロビクス研究所では，臨床検査，運動実施および研究調査の3部門を設置し，以来現在に至るまで，同研究所の運動プログラム参加者のデータを蓄積してきており，それらに基づいてスポーツ・身体運動の医科学の面で学術的に非常に高い水準の縦断的資料およびその分析結果を提供している。2000年に報告されたブレア (S.N. Blair) らによる「エアロビクス研究所縦断的研究」(Blair, S.N., and Wei, M. Sedentary habits, health, and function in older women and men. 2000. *American Journal of Health Promotion* 15: 1−18) では，トレッドミルによる随意疲労困憊時間によって男女の被験者の体力を低位・中位・高位に3区分した時，男女ともに体力中位者の死亡の危険性は低位者の50%であることを示した。また体力の高位者は中位者よりさらに10−15%少なかった。

このような実証的研究報告はまだきわめて数が少ないが，将来的には，様々な危険諸要因に対する介入的・実験的調査研究が綿密に企画され，さらにそれらが長期的に追跡され，またその結果が統計的に正しく処理されるように

なれば，身体活動と個別の生活習慣病（あるいはそれらの危険諸要因）との間の"量−反応関係"(dose-response relationship) 等が明確になり，運動の日常的実践と平均寿命の延長に関しても十分に信頼のおける情報が得られるであろう。

（石川　旦）

健康づくりとスポーツ医科学　　09.C.02

高齢化が進行する現代のわが国においては，健康を，個々人が満足できる生活を生涯を通じて実現するための条件と位置づけ，個々人が主体的にその維持増進を図ることが重要となる。このような健康の維持増進（健康づくり）には，疾病予防や日常生活の自立能力維持による生活の質 (Quality of Life: QOL) の確保といった個人的な成果とともに，医療費の削減や介護費用の抑制といった医療経済的な成果も期待されている。このように，現代の健康づくりには多様な成果が期待されており，今後のわが国における豊かな高齢社会づくりの重要な対策の1つとして位置づけられている。

①現代の健康づくりの考え方

現代の健康づくりはヘルスプロモーション (Health Promotion) の考え方を基本理念として実施されている。ヘルスプロモーションは1986年の第1回世界保健機関 (World Health Organization: WHO) Health Promotion国際会議において，健康実現のための新しい理論として採択され，「人々が自らの健康をコントロールし，改善することができるようにするプロセスである」（ヘルスプロモーションに関するオタワ憲章；WHO Ottawa Charter for Health Promotion) と定義された。

その内容は従来の医学モデルとは異なり，個人が主体的に問題解決に取り組むことを重要視する新たな健康づくりの理念を示すものであった。その後，健康づくりの現実的な内容に即した定義として「健康につながる行動や生活様式を実現するための教育的な支援と環境整備を行なうこと」（ローレンスW.グリーン『ヘルスプロモーションPRECEDE−PROCEEDモデルによる活動の展開』神馬征峰 訳. 医学書院. 1991) と再定義がなされた。

ヘルスプロモーションは「すべての人々があらゆる生活の場で健康を享受することのできる公正な社会を創造する」ことを目標とし，その実践における基本原則として次の5つを重要視する。

〈ヘルスプロモーションの基本原則〉
・特定の疾病を有する人々のみならず，日常生活を営んでいるすべての人々を対象とする。
・健康を規定している条件や要因に目を向けた実践を行う。
・相互に補完的な多種類のアプローチや方法を必要とする。
・住民参画による個人あるいはグループによる実践を必要とする。
・その発展は，プライマリ・ヘルス・ケア (primary health care) の分野における保健医療の専門家の能力に大きく依存する。

また，ヘルスプロモーションの実践活動においては，次のような5つの活動領域を重視し，それらを有機的に連携させることが重要とされている。
〈ヘルスプロモーションの主要活動領域〉
・健康的な公共政策づくり
・健康的な環境づくり
・地域活動の強化
・個人技術の開発
・ヘルスサービスの転換

以上のようにヘルスプロモーションは，従来の医学モデルに基づく個人を対象とした健康づくりの領域を超え，地域や社会をもその対象とした社会医学モデルに基づく健康づくりといえる。その意味でヘルスプロモーションは個人のライフスタイルに直結した健康に対する生活戦略と地域社会の健康政策に直結した政治戦略からなる包括的な健康戦略といえる（図1）。

このヘルスプロモーションの政治戦略における重要な考え方として，1988年オーストラリアのアデレードで開催された第2回ヘルスプロモーション国際会議で健康的公共政策論 (healthy public policy) が提唱された（健康的公共

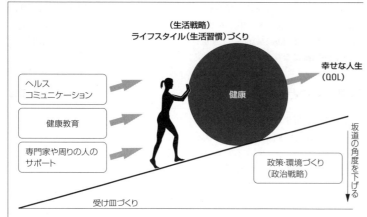

図1 ヘルスプロモーション活動の概念図
(出典：WHO『ヘルスプロモーション入門』島内憲夫 訳, 垣内出版, 1996 より改変)

政策におけるアデレード勧告：WHO the Adelaide Recommendations)。この会議では、「健康とは基本的人権であり、社会的投資に値するものである」とし、健康上での社会的公平性と健康増進のための投資の重要性が強調された。そして、ヘルスプロモーションに基づく健康づくりを推進するためには、住民参加と社会のあらゆる部門間の協力やプライマリ・ヘルス・ケアを強調した新しい健康政策（健康的公共政策）が重要であるとされた。

健康的公共政策の主要な目的は、健康づくりの支援的環境を創造し、人々が健康的な生活を送れるようにすることである。そして、その推進においては、すべての政策分野が健康やその公平性についての明確な関心をもち、それぞれの分野の政策形成においてそれらを十分に考慮する必要があるとされた。また、各政策分野は政策決定の結果としての健康上の影響について、その責任を有することが明記された。

②身体活動と生活習慣病の予防

第二次大戦後欧米を中心として、運動や身体活動と疾病発症との関係についての疫学研究(運動疫学研究)が数多く実施されてきた。そして近年、それらの多くの研究結果についてシステマティックレビュー(systematic review)を行い、それらの結果に基づくより質の高い結論を得るメタ分析(meta-analysis)研究(ある研究テーマに関する先行研究を網羅的に収集し、質的評価を行い、一定水準の評価が得られた研究を抽出し、それらの研究で用いられているデータを統合し、統計解析を行い、新たなより真度の高い結論を得る研究手法)が行われるようになった。そして、それらの研究の多くが、運動や身体活動の不足状態が動脈硬化性疾患や一部の癌の危険因子(risk factor)であることを指摘している。

[身体活動と脳卒中]

身体活動と脳卒中に関するメタ分析研究の結果、長期縦断的観察研究であるコホート研究の多くにおいて、最も活動的な者の脳卒中発症率は非活動的な者に比べて15－43％低い(相対危険：0.57－0.85)と報告されていることが明らかとなった(表1)。また、症例対照研究では非活動的な者に対する活動的な者の相対危険は0.32－0.52とさらに低い値が報告されている。しかし、症例対照研究については研究報告数が少ないことやデザイン上コホート研究よりもバイアスの影響を受けやすいことなどから、その結果の解釈については注意が必要である。脳卒中のタイプ別では、コホート研究の結果、最も活動的な者の出血性脳卒中の相対危険は0.67、0.74、虚血性脳卒中では0.57、0.77、0.79と報告されている。そして、このような身体活動による脳卒中発症に対する抑制効果は身体活動量が中等度でも認められ、その効果は身体活動量が多いほど大きいと報告されている。なお、身体活動の脳卒中発症に対する予防効果は女性よりも男性において明確であるとされている。

[身体活動と心血管疾患]

身体活動と心血管疾患との関係についてはこれまで多くのコホート研究が行われ、それらの論文についてのメタ分析研究が報告されている(表2)。その結果、非活動的な者に対する最も活動的な者の心血管疾患発症の相対危険は0.53－0.88の範囲とされ、冠動脈心疾患に限定した場合でもほぼ同じ範囲の相対危険が報告されている。しかし、総身体活動量と歩行や、男性と女性との間にはいずれも相対危険に差が認められていない。これらのメタ分析研究においては、いずれも身体活動水準と相対危険との間には量－反応関係が認められており、心血管疾患発症に対する抑制効果は1週間あたり3時間程度の歩行から認められるとされている。

[身体活動と癌]

身体活動と癌との関係については、1990年代からコホート研究の結果が報告されるようになり、それらについてのメタ分析研究も報告されている(表3)。これまでに最も多く報告されているのが結腸癌についてであり、非活動的な者に対する最も活動的な者の相対危険は0.76－0.89と報告されている。しかし、直腸癌については明らかな抑制効果は認められていない。なお大腸全体での癌では0.78－0.87といった相対危険が報告されている。肺癌に関しては、7編のコホート研究と2編の症例対照研究の論文についてのメタ分析研究の結果が報告されている。その結果、余暇時に非活動的な者に対する最も活動的な者の肺癌発症についての相対危険は0.70であり、中等度に活動的な者では0.87と報告されている。膵臓癌についても2つのメタ分析研究が行われ、0.72－0.94といった相対危険が報告されているが、いずれも採択された論文数が少なく明確な結論には至っていない。また、卵巣上皮癌についても報告されているが、身体活動との関係については未だ明確ではない。そのほかに、前立腺癌や乳癌についても、最近身体活動との関係についてのコホート研究の結果が報告されており、身体活動によるこれらの癌発症に対する抑制効果が一部報告されている。しかし、身体活動とこれらの癌との関係については研究報告が未だ少なく、明確な結論は出ていない。

③身体活動と生活習慣病危険因子

運動・身体活動による疾病の発症や死亡の危険性が改善されるメカニズム

表1 身体活動と脳卒中に関するメタ分析論文

著者	発行年	掲載誌	身体活動	比較カテゴリー	相対危険（対象疾病）	研究デザイン：論文数	備考
1) Reimers CD, Knapp G et al.	2009	Dtsch Arztebl Int.; 106 (44) :715−21.	身体活動	活動的 vs 非活動的	0.75（全脳卒中）	コホート研究：33	男性
				活動的 vs 非活動的	0.67（脳出血）	コホート研究：33	男性
				活動的 vs 非活動的	0.71（他の脳卒中）	コホート研究：33	男性
				活動的 vs 非活動的	0.32（全脳卒中）	症例対照研究：10	男性＋女性
2) Wendel-Vos GC, Schuit AJ et al.	2004	Int J Epidemiol.; 33 (4): 787−98.	仕事時の身体活動	高活動 vs 低活動	0.57（虚血性脳卒中）	コホート研究：31	
				高活動 vs 中活動	0.77（虚血性脳卒中）	コホート研究：31	
				中活動 vs 低活動	0.64（全脳卒中）	コホート研究：31	
			余暇時の身体活動	高活動 vs 低活動	0.78（全脳卒中）	コホート研究：31	
				高活動 vs 低活動	0.74（脳出血）	コホート研究：31	
				高活動 vs 低活動	0.79（虚血性脳卒中）	コホート研究：31	
				中活動 vs 低活動	0.85（全脳卒中）	コホート研究：31	
3) Lee CD, Folsom AR, Blair SN	2003	Stroke.;34 (10): 2475−81.	身体活動	高活動 vs 低活動	0.75（全脳卒中）	コホート研究：18	1996−2002年
				中活動 vs 低活動	0.83（全脳卒中）	コホート研究：18	
				高活動 vs 低活動	0.36（全脳卒中）	症例対照研究：5	
				中活動 vs 低活動	0.52（全脳卒中）	症例対照研究：5	
				高活動 vs 低活動	0.73（全脳卒中）	コホート研究＋症例対照研究：23	
				中活動 vs 低活動	0.8（全脳卒中）	コホート研究＋症例対照研究：23	

表2 身体活動と心血管疾患に関するメタ分析論文

著者	発行年	掲載誌	身体活動	比較カテゴリー	相対危険（対象疾病）	研究デザイン：論文数	備考
1) Zheng H, Orsini N et al.	2009	Eur J Epidemiol.; 24 (4) :181−92.	歩行	高活動 vs 低活動	0.81（冠動脈心疾患）	コホート研究：11 無作為比較対照試験：1	
2) Sofi F, Capalbo A	2008	Eur J Cardiovasc Prev Rehabil.; 15 (3):247−57.	余暇時の身体活動	高活動 vs 低活動	0.73（冠動脈心疾患）	コホート研究：26	
				中活動 vs 低活動	0.88（冠動脈心疾患）	コホート研究：26	
3) Hamer M, Chida Y	2008	Br J Sports Med.; 42 (4):238−43.	歩行	高活動 vs 低活動	0.69（心血管疾患）	症例対照研究：15	全データ
				高活動 vs 低活動	0.68（心血管疾患）	コホート研究：7	男性
				高活動 vs 低活動	0.69（心血管疾患）	コホート研究：7	女性
4) Oguma Y, Shinoda-Tagawa T	2004	Am J Prev Med.; 26 (5): 407−18.	身体活動	高活動 vs 非活動	0.61（冠動脈心疾患）	コホート研究：5	4カテゴリー
				中活動 vs 非活動	0.53（冠動脈心疾患）	コホート研究：5	4カテゴリー
				低活動 vs 非活動	0.78（冠動脈心疾患）	コホート研究：5	4カテゴリー
				高活動 vs 低活動	0.78（心血管疾患）	コホート研究：6	3カテゴリー
				中活動 vs 低活動	0.82（心血管疾患）	コホート研究：6	3カテゴリー

表3 身体活動と癌に関するメタ分析論文

著者	発行年	掲載誌	身体活動	比較カテゴリー	相対危険（対象疾患）	研究デザイン：論文数	備考
1) O'Rorke MA, Cantwell MM	2009	Int J Cancer, Oct 23.	身体活動	高活動 vs 低活動	0.72（膵臓癌）	コホート研究：5	（余暇＋通勤）時身体活動とは有意な関係なし
			仕事時の身体活動	高活動 vs 低活動	0.75（膵臓癌）	コホート研究：4	
2) Harriss DJ, Atkinson G et al.	2009	Colorectal Dis.; 11 (7): 689−701.	余暇時の身体活動	高活動 vs 低活動	0.80（結腸癌）	コホート研究：15	男性
				高活動 vs 低活動	0.86（結腸癌）	コホート研究：15	女性
3) Huxley RR, Ansary-Moghaddam A	2009	Int J Cancer. 1; 125 (1): 171−80.	身体活動	高活動 vs 低活動	0.76（結腸癌）	コホート研究：27	男性＋女性
				高活動 vs 低活動	0.81（横行結腸癌）	コホート研究：27	男性＋女性
				高活動 vs 低活動	0.78（横行結腸癌）	コホート研究：27	男性
				高活動 vs 低活動	0.87（横行結腸癌）	コホート研究：27	女性
4) Wolin KY, Yan Y et al.	2009	Br J Cancer. 24; 100 (4): 611−6.	身体活動	高活動 vs 低活動	0.83（結腸癌）	コホート研究：28	男性＋女性
			身体活動	高活動 vs 低活動	0.81（結腸癌）	コホート研究：11	男性
			身体活動	高活動 vs 低活動	0.89（結腸癌）	コホート研究：10	女性
			仕事時の身体活動	高活動 vs 低活動	0.85（結腸癌）	コホート研究：15	男性＋女性
			余暇時の身体活動	高活動 vs 低活動	0.82（結腸癌）	コホート研究：16	男性＋女性
5) Bao Y, Michaud DS	2008	Cancer Epidemiol Biomarkers Prev.; 17 (10): 2671−82.	身体活動	高活動 vs 低活動	0.76（膵臓癌）	コホート研究：4	有意差なし
			仕事時の身体活動	高活動 vs 低活動	0.75（膵臓癌）	コホート研究：3	
			余暇時の身体活動	高活動 vs 低活動	0.94（膵臓癌）	コホート研究：14	有意差なし
6) Olsen CM, Bain CJ et al.	2007	Cancer Epidemiol Biomarkers Prev.; 16 (11): 2321−30.	レクリエーション活動	高活動 vs 低活動	0.79（卵巣上皮癌）	症例対照研究	
				高活動 vs 低活動	0.81（卵巣上皮癌）	コホート研究	有意差なし
7) Tardon A, Lee WJ et al.	2005	Cancer Causes Control.; 16 (4): 389−97.	余暇時の身体活動	高活動 vs 低活動	0.70（肺癌）	コホート（7）＋症例対照（2）：9	男性＋女性
				中活動 vs 低活動	0.87（肺癌）	コホート（7）＋症例対照（2）：9	男性＋女性

としては，それらの疾病発症にかかわる種々の危険因子が運動・身体活動の継続的実施により改善されることによるものとされている．短期間の運動介入により，肥満，高血圧，高脂血症，糖尿病といった動脈硬化性危険因子が改善されることが，多くの無作為化比較対照試験のメタ分析研究によって報告されている．なお，肥満者を対象とした減量効果は運動だけでは少なく，食事制限と組み合わせることにより，より大きな効果が得られる．

血圧に対する運動の介入効果に関するメタ分析の結果，収縮期血圧は全体平均で4.6 mmHgの低下，高血圧者では7.0 mmHgの低下，拡張期血圧はそれぞれ3.6 mmHg，5.7 mmHgの低下が報告されている．このような運動の降圧効果は有酸素運動のみならず，レジスタンス運動でも認められているが，その大きさは運動の強度，時間，頻度とは関係がないとされている．

一方，血中脂質に対する有酸素運動の効果はそれほど大きくはないが，総コレステロール（0.10 mmol/L 減），LDL-コレステロール（0.10 mmol/L 減），中性脂肪（0.08 mmol/L 減），HDL-コレステロール（0.05 mmol/L 増）で有意な改善が報告されている．しかし，レジスタンス運動では明確な効果は認められていない．

さらに，糖代謝に関しては，HbA1cの有意な低下（0.66％の低下）が報告されており，その効果は有酸素運動，レジスタンス運動，およびそれらを組み合わせた運動では差がないとされている．

④ スポーツ医科学研究と健康政策

これまでに蓄積された健康に関するスポーツ医科学の基礎的研究から実践的研究までの多くの研究成果は，公衆衛生における疾病予防のための身体活動の意義と重要性を確立する上で大きく貢献してきた．また，身体活動に関するガイドラインや勧告などは，1990年以前においては主に運動生理学の研究成果を根拠として作成されていた

が，1990年代に入るとそれまでに蓄積された運動疫学研究の成果を主な根拠として作成されるようになった。

その節目となったのが1995年に発表されたアメリカ疾病コントロールセンター（Centers for Disease Control and Prevention: CDC）とアメリカスポーツ医学会（American College of Sports Medicine: ACSM）による合同のガイドラインである。そして，1996年にはアメリカの公衆衛生における大きな転換の起点となった公衆衛生長官報告（A Report of the Surgeon General "Physical Activity and Health"）が発表された。

一方，わが国においては，1980年代までは身体活動に着目した運動疫学研究の報告は少なく，1990年代になって次第に質の高い研究報告がなされるようになった。しかし，現在でもわが国の運動疫学研究の成果はまだ十分には蓄積されていない状況にある。したがって，わが国における公衆衛生活動にとって重要な身体活動に関する指針や所要量の作成においては，欧米の運動疫学研究の成果を利用せざるを得ない状況にある。

そのような状況の中，2006年に厚生労働省は生活習慣病の予防を目的とした「健康づくりのための運動基準」を設定し（図2），具体的な運動の実践方法を「健康づくりのための運動指針（エクササイズガイド2006）」として公表している。その要点は，身体活動強度を安静時代謝の何倍かを示すメッツで表し，これに持続時間（単位：時間）をかけたものをエクササイズと名づけて身体活動量の指標とし，「週23エクササイズの活発な身体運動（強度3メッツ以上の運動および生活活動，そのうち最低4エクササイズは高強度の運動を行う）」を健康づくりのための身体活動量の目標としている。なお，最近注目されている内臓脂肪を減少させるために必要な運動量は10エクササイズ以上／週とされ，30分間の速歩（4メッツに相当）を週5回行うことによって達成できる。

わが国の中高年者の身体活動は全体としては低い水準にあり，その状況は過去数年にわたって改善されていない。したがって，今後はより多くの国民が生活習慣病の予防に有効な運動やスポーツあるいは身体活動を実践し，その長期継続を可能とする健康づくり

①身体活動量：23エクササイズ／週
 ・強度が3メッツ以上の活動 ⇒ 約60分／日
 ・普通歩行（3メッツ）中心の活動 ⇒ 8,000〜10,000歩／日
 （健康日本21の目標値：男性 9,200歩，女性 8,300歩）

②運動量：4エクササイズ／週
 ・速歩（4メッツ）で60分，ジョギングやテニス（7メッツ）で約35分
 ・運動習慣が全くない人 ⇒ 2エクササイズ／週
 ・すでに4エクササイズよりも運動量が多い人 ⇒ 10エクササイズ／週

③最大酸素摂取量（ml/kg・分）の基準値

	20歳代	30歳代	40歳代	50歳代	60歳代
男性	40	38	37	34	33
女性	33	32	31	29	28

図2 健康づくりのための身体活動量基準値
（出典：厚生労働省「健康づくりのための運動指針2006（エクササイズガイド2006）」より）
「エクササイズ＝メッツ×時間」
強度1メッツの身体活動を1時間行う時の運動量（単位：メッツ・時）を1エクササイズという。
なお，この指針では，安静時以上の強度のすべての動きを「身体活動」，身体活動のうち体力の維持向上を目的とする計画的な身体活動を「運動」，運動以外の身体活動を「生活活動」としている。

の方法に関する研究開発が望まれる。

参考文献　09.C.02

- 荒尾孝. 2000. 「身体活動と高血圧に関する疫学研究」『日本臨床』58: 360−65.
- Boule, N.G. et al. 2001. Effects of exercise on glycemic control and body mass in type 2 diabetes mellitus: a meta-analysis of controlled clinical trials, JAMA, 286（23）: 2941−42.
- Halbert, J.A. et al. 1999. Exercise training and blood lipids in hyperlipidemic and normolipidemic adults: a meta-analysis of randomized, controlled trials, Eur J Clin Nutr., 53（7）: 514−22.
- Thompson, P.D. et al. 2003. For a statement from the Council on Clinical Cardiology and the Council on Nutrition, Physical Activity, and Metabolism: Exercise and physical activity in the prevention and treatment of atherosclerotic cardiovascular disease, Circulation, 107: 3109−16.

（荒尾　孝）

加齢とスポーツ医科学　09.C.03

わが国の現在の状況では，地方の方が依然として大都市圏に比べて高齢化率は高い水準を維持している。しかしながら，高齢化の伸び率では，埼玉県や千葉県が上位を占める。さらに，この状況に追い打ちをかけるのが，人口減社会の到来である。わが国全体の人口が減少する上に，高齢化が加速する。わが国は人類未体験社会の入り口に立ったともいえよう。しかし，超高齢化・人口減社会の克服法が科学的に解明されていないため，このままでは，経済は衰退し，社会保障制度は維持できず，わが国は非常に厳しい社会状況に陥る恐れがある。

その解決法の一方策として，健康づくり，特に生活習慣病予防や介護予防効果の拡大が，国レベルでみても期待されている。一方，この期待される効果をなし得るためには，全国の国民に科学的な根拠に基づく，運動や食事のプログラムの処方を可能とする社会システムを構築することが求められる。

本項では，これからわが国が迎える超高齢化人口減社会がもたらす様々な社会的課題に対して，1）加齢による機能低下の予防策として重要なエビデンスの紹介，2）今後さらなる検討が必要であると考えられる健康と環境との関係，3）そして，これらの知見が実社会で現実的に活用されるためのシステムのあり方について概説する。

① 運動による老化や生活習慣病予防のためのエビデンス

生活習慣病の予防に対する運動の効果については，世界中で多数のエビデンスが出されている。特に，ウォーキングを代表とする有酸素性の運動効果は，地域や職域における指導現場において一般的になりつつある。

しかしながら，ここ10年において運動による予防効果に関する新たな成果として注目すべき点は，加齢に伴う筋肉量の低下が転倒の誘発のみではなく，メタボリックシンドローム（MetS），ひいては生活習慣病の発症に一定の影響を及ぼしていることが明らかとされ

たことであろう．さらに，加齢に伴う筋肉量の低下は，高齢者であっても筋力トレーニングにより抑制効果があることも示されている．

[筋力・筋量が生活習慣病に与える影響]
　これまでに筋力は主に総死亡率（事故や病気などさまざまな原因による早期死亡を合計した死亡率）との関係性が検討され，低い筋力は早期死亡の危険因子となることが示されてきた．最近では大規模な横断研究や前向き観察研究によって生活習慣病と筋力の関係性が検討されるようになり，研究数は少ないものの，筋力の高低が生活習慣病やメタボリックシンドロームの出現に独立して影響を与える要因となることが示唆されている（Silventonien et al. 2009; Jurca, 2005：図1）．

　筋量については，DEXA（Dual Energy X-ray Absorptiometry）等の直接的な手法で評価した筋量と2型糖尿病やMetS因子との関連性を示した横断研究（Atlantis et al. 2009; Park et al. 2009），あるいは尿中クレアチニン量等の間接的な筋量指標と心血管系疾患の関係を示した前向き観察研究が報告されている（Oterdoom et al. 2009）．筋量指標と生活習慣病との直接的な関係を検討した研究はまだないものの，総死亡リスクとの関連性が報告されている（Szulc et al. 2010）．これらの研究は，未だ研究数は少ないものの概ね筋量が低いことが生活習慣病や総死亡リスクを高めることを示している．

　日本人の筋力・筋量と生活習慣病の関係性を検討した研究においても，欧米の研究と類似した見解が示されている（南島ら，2010; Harita et al. 2009）．田辺らは若〜中年者を対象として，膝関節筋力，上体起こし回数，大腿部横断面積，および生体電気インピーダンス法で計測した全身筋量とメタボリックシンドロームの関係を検討し，特に男性でメタボリックシンドロームリスクを多く保有する者は筋力・筋量が低い可能性を示唆した（田辺ら，2009：図2）．しかしながら，日本人を対象とした研究は欧米に比べて非常に少なく，日本人の筋力基準を作成するためにはより多くの研究が必要である．

[生活習慣病予防・改善のための筋力トレーニング]
　筋力トレーニングが生活機能に好影響をもたらすことが科学的に証明されたことで，介護予防や寝たきり予防を目的とした筋力トレーニングが一般に推奨されるようになった．一方，前述のように筋力や筋量を高く維持することは生活習慣病予防に有効となる可能性が示されたことも手伝って，生活習慣病予防を目的とした筋力トレーニングの効果やそのメカニズムについての研究が進められている．

[筋力トレーニングと糖代謝]
　インスリン誘導性の糖取り込みの多

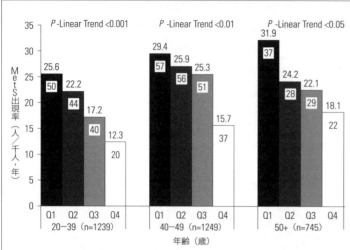

図1　筋力がメタボリックシンドローム（MetS）の出現におよぼす影響（出典：Jurca et al, 2005）
年代に関わらず，ベースラインの筋力（ベンチプレス1RM+レッグプレス1RM）が最も低い群（Q1）は平均観察期間6.7年間におけるMetS出現率が最も高い．

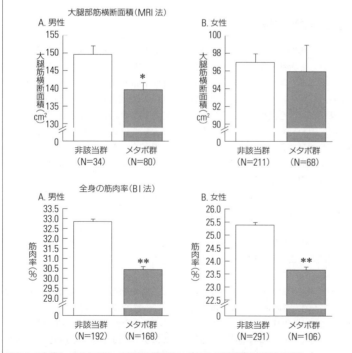

図2　メタボリックシンドロームリスク保有群（メタボ群）と非該当群の筋量の比較
（出典：田辺ら，2009）
平均値±標準誤差，*p<0.05, **p<0.01 vs 非該当群
MRI：magnetic resonance imaging（核磁気共鳴画像），BI：Bioelectrical Impedance（生体電気インピーダンス）
【上図】男性においてメタボ群（MetS群＋予備群）は非該当群に比べてMRIで計測した大腿部筋横断面積が小さい．
【下図】男女ともにメタボ群は非該当群に比べて生体電気インピーダンス法で計測した全身筋肉率が低い．

くが骨格筋で行われること，およびインスリンが筋タンパク合成を刺激し分解を抑制すること，さらに，インスリン抵抗性が筋へのインスリン誘導性タンパク取り込みを阻害し，筋張力の低下を誘発することなど，筋力や筋量と糖代謝の関連が示唆されており，筋力トレーニングが糖代謝に好影響をもたらすことが期待されている。

筋力トレーニングが糖代謝に及ぼす単独効果として，インスリン感受性の向上，または血中糖質成分の改善が生じ，これらの適応は2型糖尿病患者でも健常者でも生じることが報告されている (Ishii et al. 1998; Miller et al. 1994)。ホルテン (Holten) ら (2004) は，筋力トレーニング後に筋肥大が生じなくても筋のインスリンアクションが改善され，さらに筋血流量増加，筋内のGLUT4，インスリン受容体等の関連タンパク量の増加がみられることを報告している。これは，筋力トレーニングによる適応反応として，筋の量的増加だけでなく筋の質的改善が糖代謝の改善に影響を及ぼす可能性を示している。

どのくらいの強度と頻度でトレーニングを行えば上記のような適応が生じるのか，性別，年齢，肥満度によって効果が異なるのかについては今後なお検討の余地があるが，筋肥大を誘引するほど激しいトレーニングでなくとも，糖代謝の改善が期待できることから，特にサルコペニアが亢進する中高齢者において，糖代謝異常の予防や改善のための一手法として筋力トレーニングを取り入れることが推奨される。

[筋力トレーニングと脂質代謝]

一過性のレジスタンス運動は全身の脂質酸化，血漿グリセロール量，および総エネルギー消費を増加させ，脂質分解を促す成長ホルモンを増加させることから，筋力トレーニングは糖代謝のみならず脂質代謝にもなんらかの影響を与えると考えられている (Ormsbee et al. 2009)。

筋力トレーニングの単独効果として，内臓脂肪量の減少やLDLコレステロール等の血中脂質成分の改善が報告されている (Treuth, 1995; Hurley, 1988)。ポラック (Polak) ら (2005) は，筋力トレーニングが肥満男性の腹部皮下脂肪におけるインスリン感受性とカテコラミン誘導性脂質分解の感受性を増加させることを報告している。

これらの適応メカニズムが脂質代謝の改善に影響を与える可能性があるが，筋力トレーニングが脂質代謝に及ぼす影響については不明な点が多いため，より多くの研究蓄積が必要である。

また，体脂肪量の減少には食事エネルギー摂取制限が最も有効であるが，減量時に生じる筋量減少を抑制するという点で筋力トレーニングが有効であることも報告されている (田辺ら, 2009)。このように，脂質代謝に対しては筋力トレーニング単独での改善効果だけでなく，食事による減量時に生じるデメリットを抑えるという視点で筋力トレーニングの効果を捉えるという視点も重要である。

[筋力トレーニングと血圧]

中心動脈のスティフネスは心血管系疾患の罹患率と正の関係性にあることが知られているが，高強度の筋力トレーニングは中心動脈のスティフネスを増加させるとされている (宮地, 2005)。一方で，持久性トレーニングとの併用により，その増加は抑制されることが示唆されている (宮地, 2005)。ゆえに，高強度の筋力トレーニング時には持久性トレーニングを併用することや，心・脳血管疾患の既往歴がある者，高血圧または動脈硬化を有する者には高強度の筋力トレーニングを回避することが推奨されている (宮地, 2005)。一方，最近の横断研究で全身持久力と独立して筋力と中心動脈スティフネスの間に負の相関関係があることが報告されている (Fahs et al. 2010)。また，吉澤 (Yoshizawa) ら (2009) は，中年女性に対して中強度の筋力トレーニングを行わせたところ，筋力が有意に増加したものの，中心動脈スティフネスは変化しないことを示唆している。ゆえに，レジスタンス運動が血圧や血管に及ぼす負の影響を対象者に理解させることを前提として，生活習慣病予防のために中強度の筋力トレーニングや持久性トレーニングを併用した運動プログラムを付与することが推奨される。

[筋力トレーニングとメタボリックシンドローム]

メタボリックシンドロームをアウトカムとして筋力トレーニング単独の効果を検証した研究は少ない。いくつかの研究で体組成や糖代謝の改善が認められているが，顕著なメタボリックシンドローム改善効果は示されていない (Banz et al. 2003)。一方，食事摂取制限や持久性トレーニングと筋力トレーニングを組み合わせたプログラムは，メタボリックシンドローム改善効果をもたらすことが報告されている (Stewart et al. 2005)。田辺ら (2009) も筋力トレーニングに食事コントロールと持久性トレーニングを組み合わせたプログラムにより，メタボリックシンドローム改善効果，減量に伴う筋量減少を抑制する効果，内臓脂肪量の減少，およびアディポサイトカインの改善がみられたことを報告しており (図3)，メタボリックシンドローム改善・予防においては筋力トレーニング単独より

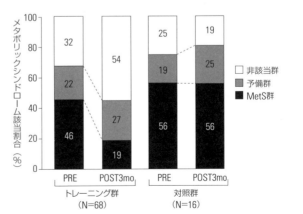

図3 筋力トレーニングを含む複合的な健康増進プログラムがメタボリックシンドローム (MetS) に及ぼす影響 (出典：田辺ら, 2009)
χ^2検定：介入群p<0.05, 対照群n.s.：中年者を対象として筋力トレーニング，身体活動量増加および食事コントロールを促す健康増進プログラムを与えた結果，介入3ヵ月後にメタボリックシンドローム該当者の割合が59％減少した。

も複合的な運動と食事コントロールを組み合わせたプログラムが推奨される。

② 身体活動増大による生活習慣病の予防と環境的要因との関係

[生活習慣病と環境要因]

近年,身体活動量の増加を国民レベルでもたらすための重要な要因の1つとして,居住地周辺の近隣環境のあり方が着目されている(井上,2008; Owen et al, 2004; Inoue et al. 2009; 石井ら,2010)。これは,長期的に人々の行動に影響を与える環境に着目し,自発的に,あるいは物理的な強制により身体活動量が増加するような環境整備を行うことにより,公衆衛生の領域で限られたアプローチ法しかもたなかったポピュレーションへのアプローチが,現実的に可能になるためであると考える(Inoue et al. 2009)。井上(2008)は,環境と身体活動,および生活習慣病との関係を整理している(図4)。ここで重要なのは,環境要因が直接生活習慣病にかかわるのではなく,悪環境が身体活動不足という生活習慣の悪化をもたらし,生活習慣の悪化が,結果的に肥満,高血圧,糖尿病,および脂質異常症などの生活習慣病を引き起こすという図式である。

[移動時における交通手段と生活習慣病リスクとの関係]

日常生活,特に通勤や買い物などに用いられる主要な移動手段の違いによって,生活活動量としての身体活動量の相違が,生活習慣病における発症リスクとの関連が明らかにされつつある(縄田ら,2006; Hayashi et al. 1999; Puterbaugh, 2009)。アメリカの通勤における徒歩や自転車利用の割合と肥満の関係を検討した研究では,徒歩や自転車で通勤する人は1960年の10％から減少し続けており,2000年には3％強であることが示された(Puterbaugh, 2009)。また,その研究では,それに呼応するように肥満者の割合は1960年の13％から増加し続け,2000年には32％まで上昇している。さらに全米において,徒歩や自転車で通勤する人の割合が高い州は,肥満者の割合が少ないことも示されている(図5)。

日本人の勤労者における通勤中の身体活動と生活習慣病の関係を検討した研究においても,通勤時の歩数が多いほどBMIが低い(縄田ら,2006),通勤時歩行時間が20分以上である者は20分未満の者と比較して高血圧症の発生率が低い(Hayashi et al. 1999)など諸外国と同様の結果が示されている。さらに,筆者らは47都道府県すべての都道府県庁所在地および各県における主要都市に支店や出張所をもつ大企業の男性社員を対象とし,勤労者の通勤手段,通勤時間,職種,および残業の有無などの就労環境要因と生活習慣病リスク有無との関連を検討した(吉澤・久野, 2009)。その結果,通勤時において車使用の者は,そうでない者に比べて生活習慣病になるリスクが2.35倍高いことが示された(表1)。この結果は,日常生活において身体活動の時間を確保することが難しい勤労者にとって,通勤における歩行時間をいかに確保するのかという視点が必要であることを示唆するものである。なぜならば,一般に勤労者の多数は,生活習慣病の予防における運動の重要性を理解しながらも,それを実施することができずにいるからである。

一方,通勤方法の選択には,本人の意思の問題だけではなく,地域における公共交通のインフラの充実度も影響することが考えられるため,今後健康という点からも公共交通のあり方を検討することが求められる。

[身体活動を促す都市環境のあり方]

これまで,都市計画および交通分野等,地理学や都市計画学などの専門家が中心となって近隣環境と都市計画や交通機関との関係に関する研究が行わ

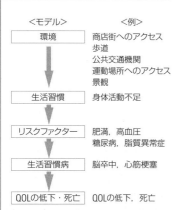

図4 環境要因と身体活動および生活習慣病との関係(出典：井上,2008)

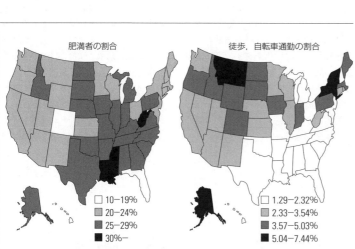

図5 アメリカの通勤に歩行か自転車を使う人の割合と肥満度(出典：Puterbaugh, 2009)

表1 就労環境要因と生活習慣病リスクとの関係(出典：吉澤・久野, 2009)

	オッズ比(OR)	95%信頼区間	P値
職種(営業：0,事務：1)	1.91	1.12－3.27	0.02
通勤時車の使用の有無(あり：0,なし：1)	2.35	1.61－3.44	0.01
残業(あり：0,なし：1)	1.42	0.96－2.09	0.07

※従属変数：生活習慣病リスクの有無(n=663)
※調整変数：年齢,役職,婚姻状況,運動習慣の有無
※投入変数：就労環境要因(職種,通勤時車の使用の有無,残業有無,通勤時間30分未満/以上)
※オッズ比(OR)：特定事象(生活習慣病リスク)の2つの条件下での生起確率比

れてきた(Cavill et al. 2008)。しかしながら，前項で述べたようにインフラの整備状況によって交通手段の選択が制限される可能性が強いことから，公衆衛生や医療関係の専門家の間でも地理学や都市計画学の専門家の協力のもと，歩行に関連した居住地周辺の環境要因の研究が最近増加している(Owen et al. 2004; Wendel et al. 2007)。欧米諸国における歩行量と居住地周辺の環境との関係に関する研究(Owen et al. 2004)，および成人の身体活動に対する環境要因に関する研究(Wendel et al. 2007)では，居住地周辺の環境の景観の美しさ，歩くための歩道の利便性，目的地，特に商店街などへのアクセスのしやすさ，および交通量が少ない，などの環境要因が歩行による身体活動量と一定の関係にあることが示されている。

一方，西洋諸国とは文化や地理的環境が異なる日本人を対象とした身体活動と居住地周辺の環境との関連を検討した研究では(Inoue et al. 2009)，住居密度が高いこと(オッズ比OR= 1.82)，スーパーや商店へのアクセスがよいこと(OR=1.82)，および歩道があること(OR= 1.65)が週150分以上の歩行と有意に関連があり，スーパーや商店へのアクセスがよいこと(OR =2.32)，自転車レーンがあること(OR =1.57)が中等度あるいは高強度の身体活動と関連があることを認めている。また，歩行による身体活動だけでなく，通勤中の身体活動(徒歩，自転車，公共交通機関による通勤)に関連する居住地周辺の環境要因との関連を検討した研究では(石井ら, 2010)，住居密度が高いこと(OR =2.28/3.08：OR =男性/女性)，自宅周辺にスーパーや商店(OR= 2.03/3.06)，バス停や駅(OR= 1.65/3.06)へのアクセスがよいこと，歩道(OR= 1.42/1.77)，レクリエーション施設(OR= 1.31/1.44)があること等が示された。それゆえ，スーパーや商店へのアクセスがよいこと，住居密度が高いこと，および歩きやすい歩道があるといった環境は，勤労者を含めたその地域に生活する人の身体活動量を増加させるために重要な要因であることが示されている。

居住地周辺の環境要因が身体活動量だけでなく，大都市地域における高齢者の5年生存率にも影響しているという研究がある(Takano et al. 2002)。この研究の結果では，居住地周辺に散歩空間(公園や並木道)がある地域に住む高齢者の5年生存率は73.8%であるのに対し，ない地域に住む高齢者は55.7%と有意に低い値であることが示されている。このことからも歩きやすい居住地周辺の環境は身体活動量を増加させるだけでなく，生きていく上でも重要であることがうかがえる。

[ソーシャルキャピタルと環境的要因]

安全で歩きやすい居住地周辺の環境が，身体活動量や高齢者の5年生存率に影響するだけでなく，地域の人と人との関係性やつながりのあり方を示すソーシャルキャピタルと関係していることも報告されている(Leyden, 2003)。ソーシャルキャピタルについては，多くの研究者が様々な定義を提案し，いろいろな角度から見解が述べられているが，代表論者の1人であるパットナム(R.D. Putnam)は，ソーシャルキャピタルを，「協調的行動を容易にすることにより社会の効率を改善しうる信頼，規範，ネットワークのような社会的組織の特徴」と定義している(宮川ら, 2008)。居住地周辺の環境要因とソーシャルキャピタルの関係を検討した研究では(Leyden, 2003)，歩行者重視であり，すべての日常ニーズと娯楽施設に少し歩けば行くことができる地域で生活している住民は，自動車重視で歩いて行ける場所にスーパーや買い物をする場所がない郊外の新興住宅地で生活する住民に比べ，ソーシャルキャピタルが高いことが示された。具体的には，歩行者重視の地域はそうでない地域に比べ，住民が隣人を知っており(OR=1.88)，住民の政治参加が増え(OR=1.83)，他人に対する信頼や信用が高まる(OR=1.79)のであった。歩いて生活できるということは，住民同士が偶然「ばったり出会う」，挨拶や一見とるに足らないような短い会話をする

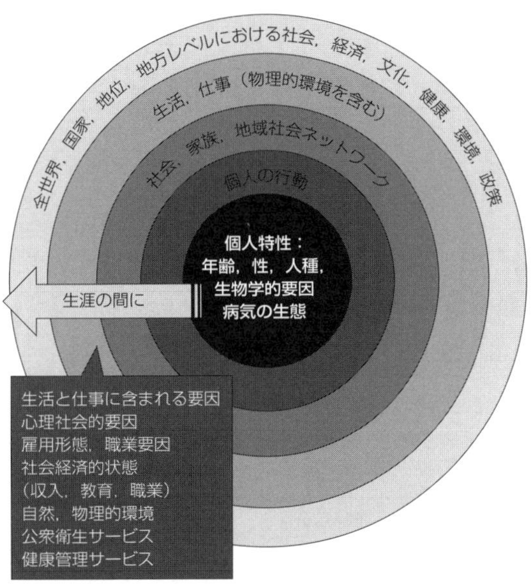

個人の行動：
　全ての領域の身体活動（レジャー，職業，交通，家事）
　不活動（テレビ，およびコンピューター使用時間，車の運転）
社会，家族，地域社会ネットワーク：
　家族と一緒に活動する，友人からの励まし，
　身体活動のモデリング，地域社会や所属団体の方針とプログラム内容，社会規範，文化的価値観
生活，仕事（物理的環境を含む）：
　レクリエーション施設へのアクセス，およびプログラムのタイプと質
　歩きやすい地域社会（歩道や自転車道へのアクセス）
　身体活動プログラム，仕事でのインセンティブ
　公衆衛生サービス，および健康管理サービス
　雇用形態・職業要因
　社会経済的状態（収入，教育，職業）
全世界，国家，地位，地方レベルにおける社会，経済，文化，健康，環境，政策：
　マスメディアで取り上げる身体活動
　活動対不活動の経済的インセンティブ
　健康管理提供による報酬
　身体活動システムの紹介団体
　身体活動促進の介入とスタッフの教育
　身体活動増進のための財源
　身体活動の社会基盤のための財源

図6　エコロジカルモデルの身体活動への適用(出典：King et al. 2009)

機会があり，それが人々の間や居住地域における信頼感と結びつく感覚を高めていることが推察される。

これまでの研究から居住地周辺の環境が安全に歩きやすい環境であることは，日常の身体活動量を増加させるだけでなく，ソーシャルキャピタルを高め，高齢者の5年生存率を高めることができることが示されてきたが，個人の力だけでは環境を変えることは難しいことが容易に想像できる。このような問題点に対し，注目を集めているモデルがエコロジカルモデルである（King et al. 2009）。これは，人間の行動は，個人・個人間・組織・コミュニティ・環境・政策といった複数のレベルの要因によって決定されることをうまくまとめている（図6）。このモデルが示すように，国，地方自治体，および民間も含む社会全体が個人と社会全体の「健康」に投資する環境，特に意識することもなく身体活動量が増加する都市環境が，生活習慣病の予防という観点から求められている。

③ 2030年までの超高齢化・人口減社会を克服するための方向性

これまでのわが国の高齢者施策は，1) 高齢者は弱者である，2) 早期発見，早期治療という疾病対策が重要であるという基本的スタンスで進められてきた。今後もこの方針は堅持されるべきであり，現在厚労省が進めているメタボリックシンドローム予防やハイリスク者およびその予備軍を中心とした介護予防施策は，さらにパワーアップされるべきであろう。このような，病気にならないことを目標とする政策を，「preventive focus」と定義したい。

最近のいくつかの統計データでは，高齢者の約7，8割は元気高齢者であり，次の10年間においても絶対数は増加するが，その割合は変わらないとする予測が示されている。政府が，セイフティーネットの側面からも，これまでハイリスクおよび虚弱層を中心とした対応策を進めてきたことは，社会のニーズから考えても当然である。しかしながら，冒頭で述べたように，これからわが国はこれまでに経験したことのない超高齢化・人口減という社会構造を克服して，いきいきとした社会を確立していかなければならない。そのためには，今後高齢者全体の7割を占め，一定の健康状態を維持しているとされる元気高齢者層の健康状態をいかに継続的に高く保つのかという視点が，今まで以上に重要になると思われる。

[生活機能の維持・増進の重要性]

高齢者の生活機能をいかに維持していくのかについては，生活機能の定義が重要となる。松田（2010）は，生活機能の要素を3つに分類し（図7），その中に社会参加を位置づけている。健康の状態を従来の医科学的な要因のみならず，社会とのかかわり，特に役割があることとしたことは，非常に意味がある。つまり，高齢者における望ましい健康な状態とは，社会的役割をもち続けることであると定義できるからである。それゆえ，社会参加，すなわち就労やボランティア活動などをできる限り長くし続けられる環境を地域にどのように構築していけるのか，そしてその活動を支えるための重要な要素として，体力の維持が求められることになるため，高齢者ができる限り長期間社会参加できる体力を維持できる地域の体制構築が必要となる。

そして，この考え方は，健康づくりとは，単に病気にならないようにするのみではなく，その目的を「生きがい」に定め，それをいつまでも可能とする努力をする，あるいはそれを支援する地域システムを促進していくことを「promotion focus」と定義したい。

この発想は，特にこれからの地域の健康施策を策定していく上で，意味あるものと考える。なぜならば，前述したように高齢者全体の7割が一定以上の健康状態を維持し，今後高齢化は加速するものの，この割合は大きく変わらないことが予想されているため，絶対数も含めて多数を占めるこの元気高齢者層への取り組みは，ポジティブ効果を生みやすいものと考える。さらに，preventive focus的なハイリスク者へのアプローチのみでは，いくら課題がある高齢者への対策が功を奏しても，年々新しい高齢世代が誕生するわけであるから，自治体や企業は永遠に減少しないハイリスク者数への対策をし続

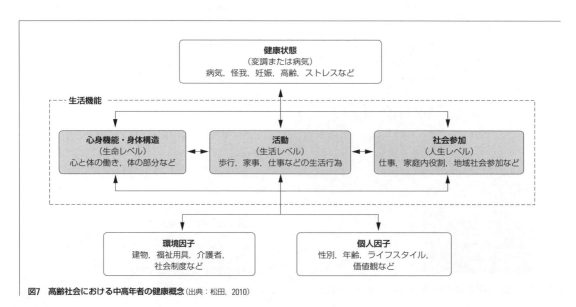

図7　高齢社会における中高年者の健康概念（出典：松田，2010）

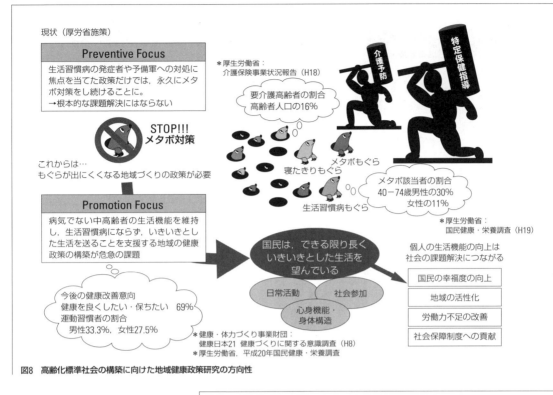

図8 高齢化標準社会の構築に向けた地域健康政策研究の方向性

けなければならないことになる。これを筆者は，「モグラ叩き式予防」と名づけた（図8）。この意図は，指導をし続けても，毎年ほぼ同数の新しいハイリスク者（もぐら）が出てくることを比喩したものである。これからの新しい健康づくりのための地域・職域システムは，現在のハイリスク者への対策を充実させると同時に，新しいハイリスク者を生まないようにする仕組み，すなわちpromotion focus的な施策も同時並行で進めていくことが，よりスマートな戦略といえるであろう。

[老いる日本が抱える課題解決のためのICT利用]

経済産業省（2010）が発表した「産業構造ビジョン2010」に今後の高齢化の課題が複数示されている。特に，今後の課題となるのが，独居世帯数の増加である。2010年現在では，夫婦世帯数が独居世帯数を約70万世帯上回っているが，10年後に両者はほぼ同数になり，さらに5年後（2025年）には逆に約70万世帯独居世帯数が上回ると予想されている（図9）。

これまでの公衆衛生学の知見において，独居高齢者は夫婦世帯の高齢者に比べてより健康度が低いことはよく知

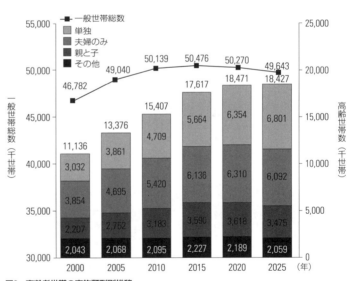

図9 高齢者世帯の家族類型別推移
（出典：「介護保険制度下におけるシルバーサービスの振興ビジョンに関する調査研究事業報告書〔18年度〕」）
※高齢者世帯：世帯主が65歳以上の世帯

られる事実である。したがって，独居高齢者が増加することへの対策は，重要な地域の健康課題である。しかしながら，依然として有効な解決方法がみつかっていないのが現状である。

さらに，図10の右側に兵庫県豊岡市の例を示したように，これからの10年間において，市内総生産が約8％低下し，その額は約224億円にも上ることが試算されている。さらに，この減少要因の大部分が人口減に起因していることが示されているので，人口減はほぼ確実に生じるため，「座して死を待つだけ」といった態度では，全く解決しないことを意味している。

一方，同じく図10の左側に示したよ

地域の担い手である住民が，生涯にわたって健康を維持し社会参加でき，地域の活性化をもたらす，「新しい地域健康施策」が求められている

国民は，社会保障や高齢社会への対応を求めている

今後，政府が力を入れるべきと思う事項（複数）

事項	2009年	2006年	2003年
医療・年金等の社会保障構造改革	**第1位**	**第1位**	**第2位**
景気対策	第2位	第3位	第1位
高齢社会対策	**第3位**	**第2位**	**第3位**
雇用・労働対策	第4位	第4位	第4位
物価対策	第5位	第8位	第5位

（内閣府「国民生活に関する世論調査」，2009，2006，2003）

多くの住民が健康であることは，社会参加による消費の増加，地域経済の活性化に寄与する可能性

■このままの状況で推移すると，H31年度には市内総生産がH19年度（2,801億円）比で少なくとも約8.0%（224億円）減少する。

	地域経済の変化要因	付加価値誘発額（百万円）
人口減少	**消費減少**	**▲18,660**
人件費等	公務員人件費（公共サービス需要額含む）の減少	▲3,219
公共事業	公共事業の減少	▲479
全体効果額（減少額）		▲22,358

（兵庫県豊岡市，2010）

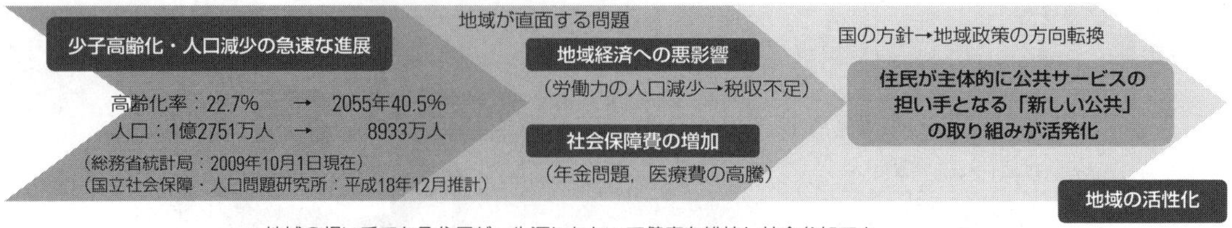

図10　地域におけるこれからのニーズと課題

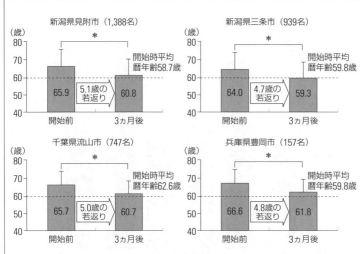

図11　サービスサイエンスによるICT化と人材育成によるユニバーサル効果（体力年齢の若返り効果）（出典：筑波大学，久野研究室）

うに，国民の強いニーズは，健康がかかわる要因であることは明白である。つまり，国民はこれからの超高齢化・人口減社会の到来に関して漠然とした不安をもっており，これに関する対策を求めているということを，研究者側も強く認識する必要があるであろう。この今後増加の一途をたどる独居高齢者対策などは，ICT（Information and Communication Technology: 情報通信技術）を利用した健康サービスの成立が最も期待される領域といえよう。

ICTを利用した健康サービスは，いくつかの自治体において一定の成果をあげている（図11）。また，このような取り組みは，医療費の適正化にも一定の効果がある可能性も示唆されている（図12）。しかしながら，これらのICTを利用した健康サービスを普及させていくための課題として，総合的健康づくり政策の中に位置づけることの重要性を指摘したい。図13（352頁）に示したように，地域の健康づくりをよりよい方向にもっていくためには，複数の課題が示されている。図に示した2つの要因に関しても，それぞれ解決するためには相当の知恵と労力が必要となろう。

このような社会を成立させるためには，以下の3点が今後の課題になる。

・便利さを追求し，それに慣れ親しんだ国民の意識を変える必要がある。
・高齢者は弱者であるという固定観念から抜け出し，弱者の側面をもちつつ，一方で老化に逆らって機能増大できるポテンシャルも併せもつ存在である。
・より健康になれるICTを利用した健康サービスの整備と同時に，都市そのものを変化させることで，住民の健康状態が改善する。

④ 健康とまちづくりの一体化 －Smart Wellness City 構想－

急速な高齢化・人口減社会を迎えるわが国において，今後，地域社会・経済活力の低下，および社会保障コストの増加を回避し，医療費・介護費の低

減を図るために，われわれは，地域における健康づくりをこれまでのような医学的視点を中心に個人へアプローチするという捉え方のみではなく，経済などを含めた地域活性化および地域の環境という視点も入れた上で健康づくりを総合的に捉える，すなわち健康とまちづくりを一体的に進めていくことの重要性を提示した（久野，2010）。

このような課題に対し，自治体の首長と大学の研究者等が中心となって「Smart Wellness City首長研究会（SWC）」が2009年11月に筑波大学で発足した（経済産業省，2010）。SWC研究会は，「わが国の超高齢・人口減社会によって生じる様々な社会課題を，自治体自ら克服するため，この危機感を共有する首長が結集し，健康＝健幸をこれからのまちづくりの基本に据えた政策を連携しながら実施することにより，3年後を目処に最新の科学技術や科学的根拠に基づく持続可能な新しい都市モデル［Smart Wellness City］の構築をめざす」という宣言のもとに活動がなされている（田辺，2010）。この研究会では，地域を中核とした総合的健康づくり施策により，健康寿命の引き上げが可能であるとの仮説を立て，これを実現するための課題が整理されている。その課題とは，1）地域において将来の医療・介護予防費削減にも一定の効果が予想される運動を中核とした健康づくりを促進させるインセンティブの不足，2）これまでの地域の健康づくりは，健康意識が高いうえに健康状態も良好な住民を対象として実施。しかもその事業規模は，財政へのインパクトは全くないレベルのものがほとんどである。3）大学は個々の学問としてのエビデンスをもつが，地域において実際に実践できる総合的健康づくり施策を構築するためのエビデンスが不足，4）地方自治体において，総合的健康づくり政策を企画，実行できる人材の不足，である。

そして，この解決策として，1）地域で総合的健康づくりによる実証実験のプロセスおよびアウトカム評価，2）地域で総合的健康づくりが普及するための政策パッケージの開発，および総合的な健康づくりを推進できる人材の育成システムの構築が挙げられている（田辺，2010；清水・吉澤，2011；吉澤・久野，

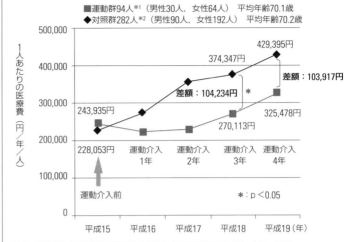

図12　見附市における運動継続者1人あたりの医療費の推移（出典：久野，2008）
※1　継続者139人中5ヵ年継続で国民健康保険の被保険者であった者
※2　運動群と比較のために性・生年および平成15年度の総医療費を合わせ，国民健康保険5ヵ年継続加入者から3倍の人数を抽出

2010）。

参考文献　09.C.03

- 石井香織ほか．2010．「日本人成人における活動的な通勤手段に関する環境要因」『体力科学』59: 215-24.
- 井上茂．2008．「身体活動と環境要因」『日本公衆衛生学雑誌』55: 403-06.
- 久野譜也．「次の10年間に向けた介護予防のストラテジー－老いる都市の今後のまちづくりの視点から－」『臨床スポーツ医学』27: 773-80.
- 経済産業省　産業構造ビジョン2010　http://www.meti.go.jp/committee/summary/0004660/index.html#vision2010 (2010年)
- 清水美紗子，吉澤裕世．2011．「第2回Smart Wellness City 首長研究会傍聴記」『体育の科学』61: 67-71.
- 田辺解ほか．2009．「筋肉の量的，質的維持がメタボリックシンドロームの予防に及ぼす効果に関する研究－具体的な筋力トレーニングプログラムの開発－」平成20年度厚生労働科学研究費補助金研究報告書，厚生労働科学研究成果データベース（文献番号：200825015A）: 1-76.
- 田辺解．2010．「Smart Wellness City 首長研究会・発起人会傍聴記」『体育の科学』60: 199-205.
- 縄田敬子ほか．2006．「首都圏在住の男性勤労者における歩数とBody Mass Indexの関係」『日本産業衛生学雑誌』48: 176-82.
- 松田晋哉．2010．「生活機能の維持を目的とした地域システムのあり方 (4)－健康づくりの社会的インフラとしての街づくり」『臨床スポーツ医学』27: 437-42.
- 南島大輔ほか．2010．「日本人成人男性における脚伸展筋力とメタボリックシンドロームに関する横断的研究　仙台卸商研究」『体力科学』59: 349-56.
- 宮川公男ほか．2008．『ソーシャルキャピタル現代経済社会のガバナンスの基礎』19-26. 東洋経済新報社
- 宮地元彦．2005．「中高齢者の健康増進を目的としたレジスタンストレーニング指針の作成」『健康医科学研究助成論文集』20: 131-43.
- 吉澤裕世，久野譜也．2009．「勤労者における就労及び近隣環境が日常身体活動量に与える影響」平成21年度筑波大学大学院人間総合科学研究科修士論文
- ―．2010．「住環境と介護予防」『体育の科学』60: 680-86.
- Atlantis, E. et al. 2009. Members of the Florey Adelaide Male Ageing Study. Inverse associations between muscle mass, strength, and the metabolic syndrome. *Metabolism*, 58: 1013-22.
- Banz, W.J. et al. 2003. Effects of resistance versus aerobic training on coronary artery disease risk factors. *Exp Biol Med* (Maywood), 228: 434-40.
- Cavill, N. et al. 2008. Economic analyses of transport infrastructure and policies including health effects related to cycling and walking: A systematic review. *Transport Policy*, 15: 291-304.
- Fahs, C.A. et al. 2010. Muscular strength is inversely associated with aortic stiffness in young men. *Med Sci Sports Exerc*, 42: 1619-24.
- Harita, N. et al. 2009. Lower serum creatinine is a new risk factor of type 2 diabetes: the Kansai healthcare study. *Diabetes Care*, 32: 424-26.
- Hayashi, T. et al. 1999. Walking to work and the risk for hypertension in men: the Osaka health survey. *Ann Intern Med*, 130: 21-26.
- Holten, M.K. et al. 2004. Strength training increases insulin-mediated glucose uptake, GLUT4 content, and insulin signaling in skeletal muscle in patients with type 2 diabetes. *Diabetes*, 53: 294-305.
- Hurley, B.F. et al. 1988. Resistive training can reduce coronary risk factors without altering VO_2max or percent body fat. *Med Sci Sports Exerc*, 20: 150-54.
- Inoue, S. et al. 2009. Association of physical activity and neighborhood environment among Japanese adults. *Pre Med*, 48: 321-25.
- Ishii, T. et al. 1998. Resistance training improves insulin sensitivity in NIDDM subjects without altering maximal oxygen uptake. *Diabetes Care*, 21: 1353-55.
- Jurca, R. et al. 2005. Association of muscular strength with incidence of metabolic syndrome

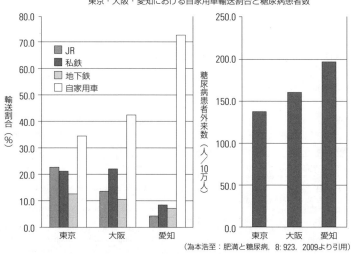

図13 地域の健康づくりは比較的健康状態がよい少数の住民を中心としている
(出典：為本，2009に筆者データ追加)
ヘルスリテラシー，住居環境，地域のソーシャルキャピタルなど健康づくりを促進する要因を考慮した総合的な施策が行われていないため，健康づくり無関心層を含めた多くの住民は依然として健康づくりに取り組んでいない。

in men. *Med Sci Sports Exerc*, 37: 1849-55.
- King, A.C. et al. 2009. Why and how to improve physical activity promotion:Lessons from behavioral science and related fields. *Pre Med*, 49: 286-88.
- Leyden, K.M. 2003. Social capital and the built environment: The importance of walkable neighborhoods. *American Journal of Public Health*, 93: 1546-51.
- Miller, J.P. et al. 1994. Strength training increases insulin action in healthy 50- to 65-yr-old men. *J Appl Physiol*, 77: 1122-27.
- Ormsbee, M.J. et al. 2009. Regulation of fat metabolism during resistance exercise in sedentary lean and obese men. *J Appl Physiol*, 106: 1529-37.
- Oterdoom, L.H. et al. 2009. Urinary creatinine excretion, an indirect measure of muscle mass, is an independent predictor of cardiovascular disease and mortality in the general population. *Atherosclerosis*, 207: 534-40.
- Owen, N. et al. 2004. Understanding environmental influences on walking. Review and research agenda. *Am J Prev Med*, 27: 67-76.
- Park, S.W. et al. 2009. Health, Aging, and Body Composition Study. Excessive loss of skeletal muscle mass in older adults with type 2 diabetes. *Diabetes Care*, 32: 1993-97.
- Polak, J. et al. 2005. Dynamic strength training improves insulin sensitivity and functional balance between adrenergic alpha 2A and beta pathways in subcutaneous adipose tissue of obese subjects. *Diabetologia*, 48: 2631-40.
- Puterbaugh, J.S. 2009. The emperor's tailors:the failure of the medical weight loss paradigm and its causal role in the obesity of America.*Diaberes, Obesity and Metabolism*, 11: 557-70.
- Silventoinen, K. et al. 2009. Association of body size and muscle strength with incidence of coronary heart disease and cerebrovascular diseases: a population-based cohort study of one million Swedish men. *Int J Epidemiol*, 38: 110-18.
- Stewart, K.J. et al. 2005. Exercise and risk factors associated with metabolic syndrome in older adults. *Am J Prev Med*, 28: 9-18.
- Szulc, P. et al. 2010. Rapid loss of appendicular skeletal muscle mass is associated with higher all-cause mortality in older men: the prospective MINOS study. *Am J Clin Nutr*, 91: 1227-36.
- Takano, T. et al. 2002. Urban residential environments and senior citizens' longevity in megacity areas: the importance of walkable green spaces. *J Epidemial Community Health*, 56: 913-18.
- Treuth, M.S. et al. 1995. Reduction in intra-abdominal adipose tissue after strength training in older women. *J Appl Physiol*, 78: 1425-31.
- Wendel. W. et al. 2007. Potential environmental determinants of physical activity in adults: a systrmatic review. *Obesity Reviews*, 8: 425-40.
- Yoshizawa, M. et al. 2009. Effect of 12 weeks of moderate-intensity resistance training on arterial stiffness: A randomized controlled trial in women aged 32-59. *British Journal of Sports Medicine*, 43: 615-18.

〔久野譜也〕

医療とスポーツ医科学

① 医療へのスポーツ医科学の応用

スポーツ医科学が医療に直接的，間接的に応用される例は整形外科，リハビリテーション医療の現場において多くみられる。例えばスポーツバイオメカニクスは，スポーツ傷害との関連から，整形外科医療の理論的基盤をなすといえる。リハビリテーション医療もまた，傷害後のリハビリテーションとトレーニング科学など，スポーツ関連科学との関係が密な領域である。

また，パラリンピックの発祥が傷痍軍人のリハビリテーションにスポーツを取り入れたことがきっかけであることに象徴されるように，障がいのある人々のリハビリテーションとスポーツ，スポーツ科学との関係は古くから強いものがあった。以下では，スポーツ科学と整形外科，リハビリテーションとの関係を中心にして，スポーツ医科学の医療への応用について述べる。

[整形外科医療におけるスポーツ医科学]

整形外科領域においては，運動器の傷害が医療行為の主たる対象となる。スポーツによる傷害は，大きな割合を占めることから，スポーツ傷害はスポーツ医学領域において古くからの中心的課題であった。スポーツ医科学をスポーツ傷害の医療に積極的に応用した医師の中では，アメリカのジョーブ（F.W. Jobe）が有名である。彼と彼の医療チームは，バイオメカニクスの技術を駆使し，例えば大リーグの投手や日本のプロ野球選手の診察，手術にそのデータを用いていたことがよく知られている。彼らは古くから，プロスポーツ選手の動作解析や筋電位解析（ワイヤー電極など侵襲的方法も時には用いている）を動作の特徴や傷害のメカニズムとの関係性を理解するために利用してきた。ジョーブらのチームはまさにスポーツ科学を診療行為に利用したさきがけであったといえる。

近年のモーションキャプチャーや簡単な画像解析技術の進歩は，スポーツ傷害のメカニズムを動作解析的に明らかにしようという研究を後押ししている。図1はバスケットボール選手に好発する膝前十字靭帯損傷のメカニズムに迫ろうとする実験の場面である。膝前十字靭帯損傷の約70％がスポーツ活動中に発生している。さらに，スポーツ活動中の受傷の約70％が非接触型の損傷であり，急激な減速，着地，切り返し時に発症しているという（Nagano et al., 2009）。図1の実験は，膝前十字靭帯損傷が好発する動作を実験室内で再現し，その際の脛骨，大腿骨等の動きを三次元的に定量化し，前十字靭帯への負荷を明らかにしようとするものであった。この実験では特に，ポイントクラスター法という新しい方法を用いている。この方法は図にあるように皮膚の上に多くのマーカーを貼付し，大腿骨の動きを正確に推定することを可能としている。

[リハビリテーションとスポーツ]

医療行為の一環としてリハビリテーションにスポーツを取り入れた最初の試みは，今から70年近く前のイギリス，ロンドンのストークマンデビル病院で始まったとされる。ストークマンデビル病院は1944年，イギリス政府の要請により，軍隊所属の医療施設としてロンドン郊外のアイレスベリーに設立された。この地でスポーツを治療およびリハビリテーションの一環として取り入れ，当時としては驚異的な治療成績を収めることに成功したのが，グットマン（L. Guttmann）をリーダーとするリハビリテーションチームであった。

グットマンは脊髄損傷者の急性期処置からリハビリテーションに至る当時としては画期的な一貫した治療とリハビリテーションシステムを作り，その中に車椅子スポーツを取り入れたのである。彼は身体障がい者がスポーツを行う意義として，治療的，レクリエーション的効果のほかに，障がい者が社会の成員として再び復帰することを促すのにスポーツが大きく貢献できるとしている（市川，1983）。

彼は車椅子ポロあるいは車椅子バスケットボールなどのチームスポーツは障がい者も健常者も同じルールのもとに競い合うことができることから，互

図1 膝前十字靭帯損傷のメカニズムを明らかにするための動作解析実験の様子（出典：Nagano et al., 2009）

いが理解し合い，また障がい者が自信を深めるのに最適と考えたのである。

ストークマンデビル病院ではスポーツを医療行為の一環として取り入れたことが大成功を収めたため，毎年開かれるスポーツフェスティバルとしての競技会をこの地で開催するようになった。第1回は1948年7月28日，第14回オリンピック大会（ロンドン）の開会日と同じ日に行われた。これはストーク・マンデビル競技大会と呼ばれ，四肢麻痺（まひ）者のためのスポーツ競技会であった。第1回の参加者はイギリスの退役軍人男性14人，女性2人の計16人であり，競技種目はアーチェリー競技のみであった。1952年にはオランダの退役軍人の参加も得，この大会が国際化するとともに国際ストークマンデビル競技委員会が設立された。そして，毎年7月末にストークマンデビル病院運動場で競技会を開催すること，オリンピック開催年にはオリンピック開催地で開催することが決定された。

こうして障がい者のための初めての国際的スポーツ競技会が発足したのであった。これが現在のパラリンピックのルーツである。つまり，パラリンピックは一病院のリハビリテーション医療に導入されたスポーツ競技会がやがて発展し今日の姿となったのである。パラリンピックを頂点とする，障がいのある人々のためのスポーツ競技会が対象となる人たちの励みとなり夢や希望を与えていることは間違いない。今日では，オリンピック同様，パラリンピックのアスリートにも，そのパフォーマンスを上げるためにスポーツ科学が様々な形で貢献している。なかでも，義足の性能は義足ランナーのパフォーマンスに直結するため，その役割は重要である。

障がいをもつ人々のスポーツが広く知られるようになった一方で，それらの人々の二次的障がいが大きな問題となりつつある。身体の一部に障がいがあると，多くの場合，日常の身体活動はかなり制限され，必然的に運動量は少なくなる。このことが廃用性機能低下を引き起こし，いわゆる生活習慣病を高い確率でもたらすことにつながる。事実，障がいがある人の生活習慣病罹患率が一般健常者に比べて高いことが報告されている。このように，身体に障がいがある人の二次的障がいの予防は，今日の障害者福祉・医療における大きな課題であるが，その解決にスポーツ医学・体力医学が果たす役割は非常に大きなものがある。これらの領域において培われてきたトレーニングが様々な身体機能に与える効果，運動時の呼吸循環応答，筋生理などの研究成果はいずれも障がいのある人々の二次障がい予防に応用される重要な資料となろう。

スポーツ科学と整形外科，リハビリテーションとの関係を中心にして，スポーツ医科学の医療への応用について概説した。これらの領域においては今後スポーツ医科学との連携がさらに密になることが予想される。

（中澤公孝）

② アダプテッド・スポーツへのスポーツ医科学の応用

どのような障がいがあってもわずかな工夫をこらすことによって，誰でもスポーツに参加できるようになる。例えば，ツーバウンドでボールを打ち返す車いすテニスや，1チームに高さの違う2個のバスケット（1.2mと3.05m）を設置した重度障がい者（頸髄（けいずい）損傷者など）の車椅子ツインバスケットボールは，その典型である。あるいは，障がい者と健常者が一緒になって競技する車いすダンスや盲人マラソンがある。健常な伴走者とロープを握り合って走る盲人マラソンは，1本のロープが障がいのある人と，ない人とのバリアーを取り除く手段になっている。

このようなスポーツは，障がいのある人が主役であっても，「必ずしも障がい者に限定したスポーツではないこと」「国際的に障がい者といった包括的な表現を用いない傾向にあること」などから，アダプテッド・スポーツ（adapted sports）と呼ばれている。具体的には，スポーツのルールや用具を実践者の「障がいの種類や程度に合わせたスポーツ」，あるいは「その人に合ったスポーツ」という意味である。このような手だてによって，障がい者はもちろんのこと，高齢者やリハビリテーション過程の低体力者であってもスポーツを楽しむことが可能になる。したがって，アダプテッド・スポーツとは，障がい者（部分的な機能低下）や高齢者（全体的な機能低下）などの身体能力の低い人を対象としたスポーツ（主体的な身体活動）である。

アダプテッド・スポーツの対象である障がい者の数は，『平成20年版障害者白書』によると，約723.8万人（人口比5.7%）と推計されている。障がい別にみると，身体障がい児・者は366.3万人，知的障がい児・者が54.7万人，精神障がい者は302.8万人である。人口1,000人あたりでみれば，身体障がい者29人，知的障がい者4人，精神障がい者24人といった構成になる。なお，ここでの精神障がい者数とは，医療機関を利用した一過性の精神疾患患者数である。

年齢別にみた身体障がい者数（在宅）は，人口1,000人あたり20歳代の4.1人から年齢の上昇とともに増加し，50歳代では24.4人，60歳代後半が58.3人，70歳以上は94.9人に達するなど，高齢になるにつれて増加する傾向にある。このように身近な障がい者や高齢者のQOLの向上や，加齢に伴って発生する障がいの軽減および予防を支援することがアダプテッド・スポーツの目的である。

このような障がい者や高齢者を対象とするアダプテッド・スポーツは，健常者（児）を対象とする体育・スポーツと同様に，身体活動を通じて人間の健康と体力の維持増進に働きかけることを目的としている。なかでもQOLに直結する体力・運動能力を向上させること，いわば体力トレーニングは重要な任務といえる（図2）。

障がい者や高齢者に対してトレーニングを実施する際は，リハビリテーションにおける次の2つの観点を理解すると効果的である。1つは「事故や疾病によって低下した機能を回復させること」，つまり社会に復帰するという観点である。もう1つは「生来，正常な体力，運動機能をもたない者が運動機能や適応能力を獲得する」というものである。いずれも身体活動を用いる点は共通しており，アダプテッド・スポーツの範疇で実施される体力トレーニングは，この両者を包括するものである。

アダプテッド・スポーツによる体力トレーニングの効果については「筋系の体力（muscular fitness）」「呼吸循環系

の体力(cardio-respiratory fitness)」「神経系の体力(neural fitness)」の3つの観点から紹介する。

まず，筋系の体力特性であるが，脊髄損傷者を例にすると，日常行動は下肢の運動まひを伴うために車いすに頼らざるを得ないが，その操作や移動にあたっては上肢の筋力の大きいことが求められる。車いすを駆動する上肢筋の横断面積を脊髄損傷者と健常者について比較すると，上腕屈筋に両者間の差異はみられないが，上腕伸筋では車いす常用者の方が有意に高い値を示す。このように，日常の身体活動は，多くの場合に動的筋力に依存しているため，活動的な脊髄損傷者ほど，上肢の最大筋力と等速性筋力は高い値を示す。なかでも一流のスポーツ選手では高速度における筋発揮に優れている。したがって，脊髄損傷者のQOLを向上させるためには上肢の筋力増強が必須の条件ということができる。

次に，呼吸循環系の体力特性であるが，障がい者スポーツが医学的リハビリテーションの一環として発展してきた経緯から，呼吸循環系に関する体力研究は特に多くなされている。例えば，脊髄の高位損傷による頸髄損傷者では，上・下肢の運動機能はきわめて低いが，低位損傷の腰髄損傷者の上肢の運動機能は健常者と変わるものではない。しかし，頸髄損傷者の最高心拍数や最大酸素摂取量は，腰髄損傷者に比較してきわめて低い値を示す。両者の差異を車いすマラソンの記録で比べると，頸髄損傷者の記録は腰髄損傷者に比べて約1時間も遅い成績である。

また，習慣的にスポーツを実施している頸髄損傷者の大腿動脈は萎縮を呈するが，わずかに運動可能な上腕動脈の内径とコンプライアンス率は健常者と同等の値である。つまり，習慣的に運動を行うことで限られた上肢の筋活動であっても，上腕動脈の構造と機能は維持されることは明らかである。

最後に，神経系の体力特性であるが，知的障がい者を例にすると，光刺激に対する全身反応動作を筋電図学的にみると，筋放電様相からみた個人内変動は大きく，しかも協働筋間（大腿直筋と内側広筋）の同期性放電の乏しいことが報告されている。この全身反応時間は，精神年齢の発達とともに有意に短縮するが，反応時間の個人内変動は精神年齢6－7歳で急激に減少する。つまり，精神年齢6歳以下では反応動作は遅く，ばらつきも大きいが，精神年齢7歳になると個人間および個人内変動は減少するのである。その背景には，協働筋に同期性放電が発現する時期との対応関係がみられる。したがって，全身反応動作に関する認知，判断，企画，決断などの情報処理能力は精神年齢6－7歳で確立するものといえる。

また，緊張型アテトーゼを主徴とする重度脳性まひ児の膝伸展動作を筋電図学的に検証すると，伸展開始時の主動筋の筋放電に集中性はみられず，反応動作の開始時点も明らかでない。しかし，試行回数の増加とともに筋放電に集中性がみられ，伸展動作開始時点は明確になる。このことは，重度脳性まひ児の運動機能改善の可能性を示唆するものである。

（矢部京之助）

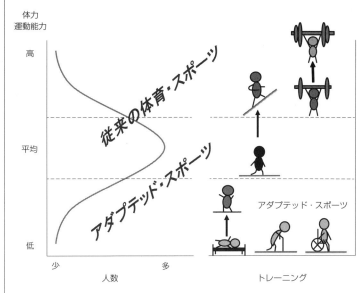

図2　アダプテッド・スポーツの立ち位置

参考文献　09.C.04

①
- ルードヴィッヒ・グットマン．1983．『身体障害者のスポーツ』市川宣恭 監訳 医歯薬出版
- Nagano Y, Ida H, et al. 2009. Biomechanical characteristics of the knee joint in female athletes during tasks associated with anterior cruciate ligament injury, *Knee* 16 (2): 153–58.

②
- 内閣府．2008．『平成20年版障害者白書』
- 矢部京之助，草野勝彦，中田英雄 編．2004．『アダプテッド・スポーツの科学－障害者・高齢者のスポーツ実践のための理論』市村出版
- 矢部京之助．2006．「アダプテッド・スポーツとパラリンピック」『学術の動向』11：54－57.
- 矢部京之助，福嶋利浩，三木由美子．2006．「障害者のトレーナビリティ」『保健の科学』48：570－74.

スポーツとホメオスタシス　09.C.05

① 運動ストレスとホメオスタシス

ホメオスタシス(homeostasis: 恒常性)とは，生体の内部や外部の環境因子の変化にかかわらず，生体の内部環境が安定した一定の状態に保たれる働きのことをさす。ホメオスタシスは，体温，血圧，血流量，血糖値，体液の浸透圧や水素イオン指数(pH)などの調節，ウイルスや細菌などの病原体の排除，創傷の修復などによって維持される。

日常，私たちは生活する中で多くのストレッサー(stressor)に曝されている。ストレッサーには，暑さ寒さや騒音などの外的刺激，不眠や不快感などといった内的刺激がある。ストレス応答(stress response)は，各種のストレッサーによる刺激に対する生体の全身的・局所的な生体防衛反応を意味する。ホメオスタシスが維持されるためには，生体の内部環境がストレッサーによって乱された時に，その乱れ(ストレス，stress)を最少にして元の状態に戻そう

とする作用が働く必要がある。その作用を主に司っているのが大脳にある視床下部で，これが自律神経機能や内分泌機能を調節している。視床下部には，体温調節中枢，下垂体ホルモンの調節中枢，浸透圧受容器など，ホメオスタシスの維持に重要な役割を果たす機能が集中している。ストレッサーによって内部環境に乱れが生じると，それらを感知したセンサーから視床下部に情報が伝わり，視床下部・自律神経系，視床下部・下垂体・内分泌系および免疫系が情報伝達物質を介して相互に作用して調整しあうことで，内部環境のホメオスタシスが維持される（図1）。

運動時においては，筋活動のエネルギー産生のために糖や脂質の異化と酸素消費が増大して乳酸，二酸化炭素，熱などが産生される。これらは体液のpHや電解質，体温などを変化させることから，運動は内部環境を乱すストレッサーとして作用する。運動由来のストレスによる内部環境の乱れの情報は，視床下部に伝わり，視床下部－自律神経系，視床下部－下垂体－内分泌系および免疫系が相互に伝達物質を共有し，密接に関連し合ってホメオスタシスが維持される。運動を行うことで自律神経系（交感神経）が刺激を受け，副腎髄質からカテコールアミンが分泌され，免疫系に作用する（視床下部－自律神経系－免疫系）。また，運動により下垂体から副腎皮質刺激ホルモン（adrenocorticotropic hormone: ACTH）が分泌され，副腎からグルココルチコイドが産生され，免疫系に作用する（視床下部－下垂体－内分泌系－免疫系）。

運動を行うと骨格筋に微小な筋損傷が生じる。この損傷部位に動員されたマクロファージは，炎症性サイトカイン（インターロイキン1：IL-1；インターロイキン6：IL-6；腫瘍壊死因子α：TNF-αなど）を産生する。これらの炎症性サイトカインは免疫系に加えて，神経系や内分泌系に作用することが知られている。炎症性サイトカインであるIL-1，IL-6，TNF-αは，視床下部の体温中枢の血管内皮細胞に作用して発熱を誘導する。さらに，視床下部に作用して下垂体からACTHを分泌させ，結果的に副腎皮質からグルココルチコイドが産生されることで炎症反応が抑制される（免疫系－自律神経系－内分泌系）。

過度な運動を行った場合，運動ストレスが繰り返し生じることによって適応の限界を超え，これらの調節系に機能障害が生じる。この状態がオーバートレーニング症候群であると考えられている。過度な運動による自律神経系，内分泌系および免疫系の機能異常は様々な症状を引き起こし，パフォーマンス発揮の低下の原因になると考えられている。

② 運動ストレスと免疫系

免疫系は，全身免疫系と局所免疫系（粘膜免疫系）に大別される。全身免疫系は主に白血球によって営まれ，免疫系の制御や体内に侵入した異物や病原体の除去にかかわる。また局所免疫系は，直接的に外界に曝露されている粘膜面の存在する場，例えば口腔や鼻腔，腸管などで営まれ，異物や病原体の体内侵入を防ぐ。本項では，全身免疫系の主体である白血球および粘膜免疫系の要として活躍する分泌型免疫グロブリンAに着目し，運動ストレスとの関係について説明する。

[運動ストレスと白血球]

白血球は免疫系の主体であり，顆粒球，リンパ球および単球に分けられ，免疫系の調節や異物の排除等，それぞれ異なった役割をもつ。末梢血中における白血球の数や割合の変化，さらに好中球（顆粒球のサブセット）や単球の貪食能やリンパ球の幼若化能（分裂促進物質による刺激に対する増殖能）などの機能の変化は，生体内の白血球の分布や免疫系の活性状態を知るための重要な指標となる。多くの研究において，ストレスが血中の白血球の絶対数や相対的な割合，機能を大きく変動させることが示されており，交感神経によるカテコールアミンおよび副腎皮質より分泌されるグルココルチコイドなどのホルモンの応答が関与すると考えられている。

顆粒球には好中球，好酸球，好塩基球の3種のサブセットがあり，好中球は運動などの各種ストレスへの感受性が高いとされ，急性運動の継続時間に対してほぼ直線的に増加すると考えられている。末梢血中の好中球数の増加は，運動による血流量の増加，運動由来のカテコールアミンの上昇による好中球の辺縁プールから循環プールへの移動，および運動由来のグルココルチコイドの上昇による好中球の骨髄プールからの動員促進と辺縁プールから組織への遊出の抑制が原因であると考えられている。

末梢血中のリンパ球は，高強度運動によって一時的に増加するが，その後大幅に減少する。これは運動に伴うグルココルチコイドの増加がリンパ球上のケモカイン受容体の発現を増強する結果，末梢血から各組織へとリンパ球が移動することで末梢血においてみかけ上の減少が生じることが原因として考えられている（Okutsu et al., 2005）。また，運動によって高まった酸化ストレスによるDNA損傷がリンパ球のネクローシス（necrosis: 壊死）を招くことによる絶対数の減少も原因の1つと考えられている（Tanimura et al.,

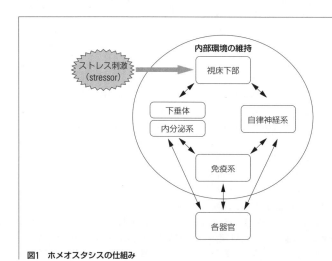

図1　ホメオスタシスの仕組み

2008)．さらに，高強度運動はリンパ球の増殖能の低下やサイトカイン産生能（分裂促進物質による刺激に対する産生能）の低下を生じさせる．このように高強度運動によって，リンパ球の細胞数の減少やリンパ球機能の低下が一時的に生じる現象は，免疫機能の低下につながるという観点から，"病原体に開放的な状態"を意味する"オープンウィンドウ"という例えでよばれている．

リンパ球にはT細胞，ナチュラルキラー（natural killer: NK）細胞，B細胞の3種類のサブセットが存在する．T細胞にはTh（helper-T: Tヘルパー）細胞とTc（T-cytotoxic: 細胞傷害性T）細胞が存在し，Th細胞にはさらにTh1およびTh2のサブセットが存在する．Th細胞は主に免疫応答の調節，Tc細胞は主にウイルス感染細胞の排除の機能を有する．末梢血中のTh細胞およびTc細胞は，高強度の急性運動によって運動直後には一時的に増加し，その後大幅に減少することが示されている（オープンウィンドウ状態）（Nieman et al., 1994）．さらに，高強度運動の繰り返しによって安静時のTh細胞が減少した状態が継続することが示されている（Hoffman-Goetz et al., 1990）．

一方で，適度な運動は免疫系を亢進させると考えられている．中等度強度の持久性および抵抗性の複合トレーニングを継続的に行うことによって，中高齢者のTh1細胞の増加やT細胞の活性に関与するCD28受容体を発現したT細胞の増加が生じることが示されている（Shimizu et al., 2008）．これらのT細胞関連の指標は加齢によって減少することから，適度な運動トレーニングは加齢による免疫機能の低下を抑制する効果を示す可能性があると考えられる．

次に，NK細胞は癌化細胞やウイルス感染細胞の除去に働く．末梢血中のNK細胞数は，高強度運動によって運動直後に一時的に増加し，その後は大幅に減少する（オープンウィンドウ状態）．また，中等度の運動トレーニングによってNK細胞数の増加やNK細胞活性の亢進が生じることが認められており，中等度運動の実施はNK細胞の機能を高めると考えられる．

また，B細胞は抗体を産生して病原体や異物の排除に寄与する．末梢血中のB細胞数は，高強度運動によって増加するという報告もあれば変動しないとする報告もある．B細胞が産生する抗体である免疫グロブリン（immunoglobulin: Ig）については，末梢血中のIgG，IgM，IgAは一過性の運動で増加するという報告もあれば変動しないとする報告もあり，見解が一致していない．これは運動によるリンパ液の還流や脾臓の収縮，また脱水による血漿量の減少などによるみかけ上の増加が影響していると考えられている．

末梢血における単球数は運動によってあまり変動しないと考えられている．しかしながら，体重階級制種目における短期間の急速減量（高強度運動トレーニング・食事摂取制限）による極度の身体的ストレスによって，末梢血中のリンパ球とともに単球も減少し，貪食能も低下することが報告されている（Kono et al., 1988；Shimizu et al., 2011）．

[運動ストレスと分泌型免疫グロブリンA]

唾液中に存在する分泌型免疫グロブリンA（secretory immunoglobulin A: SIgA）は口腔より侵入する病原体などに対して特異的に結合することや中和作用を示すことで，粘膜への侵入を防ぐ役割があり，口腔内粘膜免疫系の主体であると考えられている．唾液SIgAは口腔咽頭粘膜において働き，上気道感染症（風邪やインフルエンザ等）の感染防御に重要であると考えられており，唾液中のSIgA分泌が少ないと上気道感染症への罹患率が高まると考えられている（Gleeson et al., 1999）．

唾液SIgAは，運動によって変動するストレスマーカーとしても知られている．高強度の急性運動によって，唾液SIgA分泌の低下が示されている（秋本ほか，1998a）．一方で，中等度や低強度の急性運動では，唾液SIgA分泌は変動しないとされている．また，高強度の運動トレーニングを継続して行った場合，安静時の唾液SIgAの低下状態が続くことが示されている（秋本ほか，1998b）．さらに，体重階級制種目における短期間の減量は，激しい運動トレーニングとともにエネルギー摂取や水分摂取の制限を伴い，唾液SIgAを低下させる（清水ほか，2007）．このように，過度な身体的ストレスによって唾液SIgA分泌は低下する．一方，中等運動トレーニングでは，唾液SIgA分泌の上昇が若年者や中高齢者で認められている（赤間ほか，2005；Klentrou et al., 2002；Shimizu et al., 2007b）．さらに，毎日の生活の中で適度な歩行量を維持することで，唾液SIgA分泌を高く保持できることが報告されている（Shimizu et al., 2007a）．

スポーツ現場においては，継続的に唾液SIgAを測定することで，競技選手のコンディションの維持に役立つ可能性が考えられる．また健康スポーツの観点からいえば，免疫系の変動をさし示すことで運動実施の動機づけやモチベーションの維持に役立つ可能性もある．唾液は非侵襲的に採取でき，対象に負担をかけず簡便に採取することが可能である．したがってスポーツ現場においては，唾液SIgAは免疫系の評価やストレス測定のための指標として有用であると考えられる．現段階においては，個人差が大きいことや定量方法が複雑で時間を要することなど，実施上の問題点はいくつかあるが，少量のサンプルで迅速な測定を可能とする機器の開発も進められている（田中・鳴石，2008）．

参考文献

- 赤間高雄，木村文律ほか．2005．「42ヶ月間の運動継続による中高年者の唾液分泌型免疫グロブリンAの変化」『スポーツ科学研究』2: 122–27．
- 秋本崇之，赤間高雄ほか．1998a．「持久性ランニングによる口腔局所免疫能の変動」『体力科学』47（1）: 53–62．
- ―――．1998b．「高強度トレーニングによる安静時唾液中分泌型IgAの変動」『体力科学』47（2）: 245–52．
- 清水和弘，相澤勝治ほか．2007．「唾液中SIgAを用いた全日本トップレスリング選手の急速減量時のコンディション評価」『日本臨床スポーツ医学会誌』15（3）: 441–47．
- 田中喜秀，鳴石奈穂子．2008．「マイクロチップ電気泳動技術を用いたオンサイト唾液ストレス計測システムの開発」『薬學雑誌』128（11）: 1595–1604．
- Gleeson, M., McDonald, W.A. et al. 1999. Salivary IgA levels and infection risk in elite swimmers, *Med Sic Sports Exerc*, 31（1）: 67–73.
- Hoffman-Goetz, L., Simpson, J.R. et al. 1990. Lymphocyte subset responses to repeated submaximal exercise in men. *J Appl Physiol*, 68（3）: 1069–74.
- Klentrou, P., Cieslak, T. et al. 2002. Effect of moderate exercise on salivary immunoglobulin A and infection risk in humans, *Eur J Appl Physiol*, 87（2）: 153–58.
- Kono, I., Kitao, H. et al. 1988. Weight reduction in athletes may adversely affect the phagocytic function of monocytes, *Phys Sportsmed*, 16（7）: 56–65.
- Nieman, D.C., Miller, A.R. et al. 1994. Effect of high- versus moderate-intensity exercise on lymphocyte subpopulations and proliferative

response. *Int J Sports Med*, 15 (4): 199-206.
- Okutsu, M., Ishii, K. et al. 2005. Cortisol-induced CXCR4 augmentation mobilizes T lymphocytes after acute physical stress. *Am J Physiol Regul Integr Comp Physiol*, 288 (3): R591-99.
- Shimizu, K., Kimura, F. et al. 2007a. Effect of free-living daily physical activity on salivary secretory IgA in elderly, *Med Sci Sports Exerc*, 39 (4): 593-98.
- Shimizu, K., Kimura, F. et al. 2007b. Effects of exercise, age and gender on salivary secretory immunoglobulin A in elderly individuals, *Exerc Immunol Rev*, 13: 55-66.
- Shimizu, K., Kimura, F. et al. 2008. Effects of moderate exercise training on T-helper cell subpopulation in elderly people, *Exerc Immunol Rev*, 14: 24-37.
- Shimizu, K., Aizawa, K. et al. 2011. Influences of weight loss on monocytes and T-cell subpopulations in male judo athletes. *J strength Cond Res*. 25 (7): 1943-50.
- Tanimura, Y., Shimizu, K. et al. 2008. Exercise-induced oxidative DNA damage and lymphocytopenia in sedentary young males, *Med Sci Sports Exerc*, 40 (8): 1455-62.

(清水和弘)

医科学の学校体育への応用　09.D

学校体育とスポーツ医科学　09.D.01

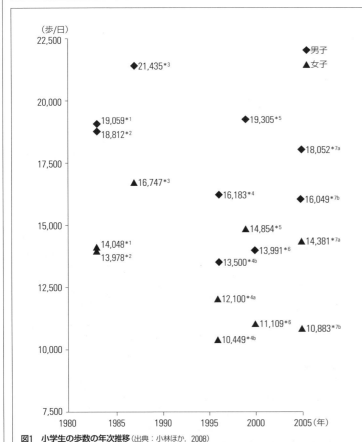

図1　小学生の歩数の年次推移 (出典：小林ほか, 2008)
*[1]愛知教育大学体育教室, *[2]鬼頭ら, *[3]星川ら, *[4]加賀ら(a：体育授業あり, b：体育授業なし), *[5]中村ら, *[6]浜崎ら, *[7]小澤ら(a：東京, b：釧路)

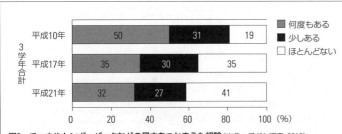

図2　チョウやトンボ, バッタなどの昆虫をつかまえた経験 (出典：子ども調査, 2010)

① 遊びと身のこなし

文部科学省による「子どもの体力・運動能力の調査」によれば1980年代まではそれらは上昇傾向にあったもののそれ以後は低下傾向にあり, 2010年以降も顕著な回復傾向を示していない. 低下傾向の背景には, 学校教育における体育授業の質や量の変化があるが, 生活環境における周辺機器の電子化や交通手段の発達に代表されるような社会構造の大きな変化に伴う子どもの生活習慣の変化がある.

その代表的なものが子どもの遊びである. 1日の歩数についての調査からは子どもの歩数は年々減少しており(図1), 身体活動量は減少している. 幼児に関する調査でも, 1日の歩数は8,000-9,000歩程度で, けっして多いとはいえない. その原因として, 通園や外出の移動手段は約9割の子どもが自家用車によることと, 外遊びが少ないことが挙げられる. 小学生を対象とした歩数調査からは, 登校時に約1,800歩, 昼休みの外遊びで約1,600歩であり, この時間帯の活動が子どもの身体運動量を下支えしていることがわかる. 外遊びの例として昆虫をつかまえたり海や川で泳いだりすることなどがあるが, こうした自然体験は年々減少しており(図2), 一方, 家庭内での遊びは増加傾向にある. テレビ視聴時間は2時間以上の小学生が約半数, 幼児でも1-3時間が全体の9割近くを占めている.

このように子どもの生活の変化に伴って, 体力・運動能力は低下してきたとみることができる. 文部科学省の調査によれば, 遊んだり運動したりスポーツをしたりする時間や空間(場所)がなく仲間もいない子どもほど体力が低いことが判明しており(図3), 身のこなしも悪くなっている. こうしたことから, 中央教育審議会は, 1)スポーツ・外遊び・自然体験活動等, 子どもがよりいっそう体を動かし, 運動に親しむ

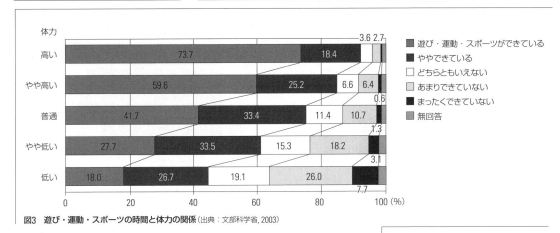

図3 遊び・運動・スポーツの時間と体力の関係 (出典:文部科学省, 2003)

ようになるための方策, 2) 子どもの体力向上のための望ましい生活習慣を確立するための方策, を提言している。

国土らの調査によれば, 子どもたちが答えた遊びの第1位は「おにごっこ」であり, 以下,「ドッジボール」「サッカー」「縄跳び」「バスケットボール」「かくれんぼ」「野球」「キックベース」「どろけい」「鉄棒」の順で続く。また,『遊戯大事典』(1957年刊)には約3,000の遊びが紹介されており, またニュースポーツとされているスポーツも約1,000にも上り, 身体運動を伴った遊びは無数といっても過言でない。これらの遊びは, 歩く・走る・立つ・座る・跳ぶ・転がる・腕を回すなど多くの基本動作にボール・縄・棒などの道具が用いられ, さらに各種の約束事が加えられて成り立っているが, これら遊びには人間(ヒト)が有するあらゆる「身のこなし」が含まれているという意味において, 食事・睡眠などと同様に, また人間として成長する上で子どもにとって発育発達上欠かせないものといえる。スキャモンが示した発育発達曲線にみられるように, 乳幼児期から小児期にかけては, とりわけ神経系を発達させる遊びを主とした多様な生活が不可欠である。

遊び要素を取り入れた運動プログラムによる子どもの身体支配能力の変化をみた研究では, 片足立ち時間の延長, ジグザグ連続ジャンプ遂行時間の短縮(図4)などの例にみられるように, 遊びが子どもの身のこなしの発達に不可欠であることは言を俟たない。子どもたちに日常生活では十分な身体運動量を保証できない社会構造となった現代に

おいては, こうした遊びを取り入れた運動プログラムが幼児体育, 学校体育における教育現場でこそ展開されることが求められている。

しかし, 杉原らが指摘するように, 一斉保育中心より自由遊び保育中心の方が身体活動量は多く, 獲得される運動能力も高いことから, この時代の子どもたちの指導は子どもの内発的な運動欲求を十分満たすように留意しなければならない。文部科学省による学習指導要領には,「体ほぐし」と「体力を高める運動」からなる「体つくりの運動」が明示されているが, 幼児期から中高校生年代にまで確実に展開されることが, 子どもが長い人生を豊かに生きていくための「身のこなし」の能力の獲得に不可欠である。

② 発育発達とスポーツ医科学

学校における体育授業をはじめ, スポーツ少年団や部活動でのスポーツ, 運動会や体育祭あるいはマラソン大会・球技大会などの体育的行事や課外スポーツなどは, 本来安全かつ効率のよい教育的効果を得るために, スポーツ医科学の根拠に基づいてプログラムされるべきものである。体育学・スポーツ医科学に関連する諸科学領域では, そのような考え方に立って多くの研究が行われてきた。

日本における運動生理学的研究史でみれば1960-70年代に活発に行われた最大酸素摂取量測定により, 成長期の酸素摂取量の様相はほぼ明らかにされ, 以後はこうしたデータがユース年代の有酸素的能力のトレーニングにも生かされている。1998年から実施さ

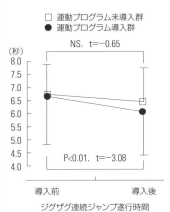

図4 JPクッションを用いた運動プログラムの効果 (出典:木塚, 2008)

れている新体力テストのシャトルランにもこれらのデータは活用され, 技能関連体力だけでなく健康関連体力の獲得のためにも運動, とりわけ持久的な運動が重要なことを体育授業で説明するためのよい根拠となっている。

猪飼らによれば, 筋持久力のトレーナビリティーは中学年代が最も高く, その後高校段階に入ってより大きな筋力を獲得していく。福永らは成長期の子どもの筋断面積や筋力を計測することによりその発達の様相を明らかにした。1980年代からは自転車エルゴメーターなどの測定器によりパワーを簡便に測ることが可能となったため, 成長期のパワーの発達の様相も明らかとなった。またこの年代には乳酸測定による研究も多く行われ, 現在でもトレーニング強度を決定するための指標としてLT(乳酸閾値)やVT(換気閾値)などが活用されている。また, 超音波による骨密度測定器はDEXA法などの被曝の問題が回避されたため成長期の子ど

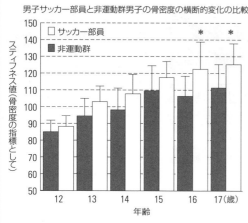

図5 成長期の骨密度（出典：小澤, 1999）

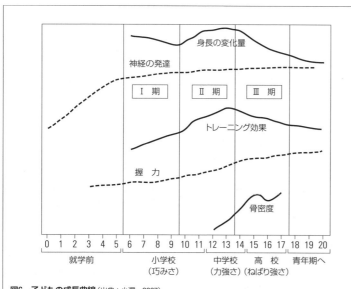

図6 子どもの成長曲線（出典：小澤, 2007）
文部科学省, 2006, 時実, 1969, 猪飼, 1970, 小澤, 1998のデータより作図

もの測定も可能となり、骨密度の発達やスポーツ種目との関連も明らかとなった（図5）。

こうしたスポーツ医科学の知見は、これまでの「発達段階における運動は巧みさ、力強さ、ねばり強さの段階を経て行うことを推奨する」という運動指針（宮下）を裏づけるものでもあり、こうした根拠に基づいて現在は子どもの運動指導が行われている。また、学校体育の内容を規定する学習指導要領においても、単に小・中・高の学校種ごとの運動のあり方で分けるにとどまらず、図6にみられるような発達段階の特徴に応じた4・4・4の段階に分けた体育学習のあり方の展開が求められることとなった。

スポーツ医学の分野では手のX線像から骨年齢が算出され、さらに最終身長の予測式も考案され、成長期のタレント発掘や発達段階に応じたトレーニング課題を見出すことも可能となっている。藤井によれば、4-6月生まれで早熟の子どもにスポーツ選手として成功する場合が多いことが報告されており、発育速度曲線を用いた分析による成長期の指導も有効な方法となっている。

また、ウォームアップが筋温を上昇させ筋の内部抵抗を低くさせるため、筋の収縮スピードが上がり、結果として走スピードも速くなることや、筋のミルキングアクションによる静脈環流を高めるためのクールダウンが筋肉中に発生した疲労物質の化学的分解を促進するなどの科学的事実は、保健体育の教科書でも扱われており、教育現場でも役に立っている。

また、運動による過剰な熱産生を抑え、スポーツパフォーマンスを上げるだけでなく熱中症を防ぐためには、適切な水分摂取が必要なことも、スポーツ指導現場では常識となってきた（図7）。さらには、筋量を増やす時の食事、持久力を高めるための食事などスポーツ栄養学の科学的知見も学校体育における教育の場面では活用されており、こうしたスポーツ医科学は発育発達期におけるスポーツライフマネジメントとして定着しつつある。

レジスタンストレーニングやインターバルトレーニング、あるいはスピード・アジリティー・クイックネスを高めるトレーニング、近年はコーディネーショントレーニングなどスキルを高めるような各種のトレーニング法も中学・高校で活用され、トレーニング科学に基づいた指導が展開されている。また、運動部活動の成果を上げるためにトレーナーを置いたりトレーニングルームを設置したりする学校も増えつつある。

参考文献

- 明石要一ほか. 2010.『子どもの体験活動の実態に関する調査研究』国立青少年教育振興機構
- 小澤治夫. 1999.「成長期の骨量と運動」『カルシウム』
- ———. 2007.「子どもの発達段階から体育カ

リキュラムを構想する」『体育科教育』(5):14-17.

- 小澤治夫ほか. 2009.『子どもの生活リズム向上のための調査研究－先進地域の調査研究－』子どものアクティブライフ委員会(文部科学省)
- ———. 2009.『子どもの生活リズム向上のための調査研究－乳幼児期の調査研究－』子どもの元気アップ委員会(文部科学省)
- 木塚朝博. 2008.「子どもの遊具と身体への利用効果」『子どもと発育発達』
- 小林博隆, 小澤治夫ほか. 2008.「生活活動の運動量」『子どもと発育発達』(6) 2
- 小林寛道ほか. 2003.「子どもの遊び」『子どもと発育発達』
- ———. 2008.「子どものスポーツ英才教育」『子どもと発育発達』
- 高石昌弘ほか. 1999.『現代高等保健体育』大修館書店
- 野々宮徹. 2000.『ニュースポーツ用語辞典』遊戯社
- 文部科学省.2003(−2010)『体力・運動能力調査報告書』

(小澤治夫)

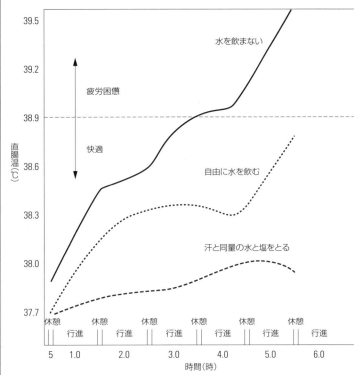

図7　運動したときの水分の補給と疲労の現れ方 (出典：ピッツらによる；高石ほか，1999より作図)
水を飲まずに運動すると，「自由に水を飲む」「汗と同量の水と塩をとる」群に比べ，直腸温が早く高くなり疲労困憊も早くなる。

健康教育史にみるスポーツ医科学　09.D.02

① 健康とスポーツ医科学の接点 －感染症から生活習慣病対策へ－

医科学の学校体育への応用として、学校体育の一領域、または一分野として形成されてきた日本における学校健康教育について、スポーツ医科学とのかかわりの中でその位置を確認する。

第二次大戦後、日本における疾病構造は、感染症から生活習慣病へと変化した。結核をはじめとする感染症は、衛生環境の改善、十分な栄養摂取による抵抗力の向上、医科学の発展による治療や予防法の進歩などによって改善された。しかしながら、これと入れ替わるように台頭してきたのが生活習慣病である。

生活習慣病は、長年にわたる偏った食生活、飲酒、喫煙、睡眠、運動などのライフスタイルが動脈硬化等の不可逆的な状態を生み出し、慢性疾患へと進行する。そのため、予防対策として、幼少期からのバランスのとれた食事や摂取カロリーのコントロール、運動・スポーツによるカロリー消費等、生活習慣の継続が注目を集めることになった。特に、運動・スポーツによる摂取カロリーの消費、心拍の上昇、基礎代謝量の維持などが生活習慣病の予防と関連づけられ、また、高齢者の転倒防止を目的とした運動プログラムなどの成果も生涯自立した生活を維持する(健康寿命)ための健康状態を獲得する一手段として、広く認識されるに至った。

本項では、運動生理学、スポーツ栄養学を中心としたスポーツ医科学が、学校における健康教育とどのような接点をもってきたのか、過去との対話から概観する。

② 近代日本における「学校衛生」概念の形成 －「身体教育」概念との関連において－

学校における健康教育の本格的導入は、1920年代の学校衛生改革と健康教育運動にもとめられる。同改革は、体育やスポーツ医科学と少なからず接点をもちながら進められ、さらに、それ以前にみられた「学校衛生」概念の新たな認識を形成する改革でもあった。その前史として、近代日本の学校における衛生の導入、すなわち「学校衛生」概念は、体育との関係の中で概念形成がなされていることから、「学校衛生」概念の形成過程について振り返っておく必要がある。

1872(明治5)年の「学制」以降、日本の学校に導入された衛生の概念は、「学校衛生」の名で全国へ普及した。明治期の「学校衛生」概念は、形式的には身体教育を意味する「体育」の手段に関する一概念として位置づけられながらも、実質的には教育全体に関するあらゆる衛生問題を対象とした概念であった。つまり、「学校衛生」概念は、その発足時点において、二重性を有していた。前者の考え方は、「学校衛生」を運動とともに身体教育の手段として位置づけ、「身体教育としての学校衛生」という意味での「体育的学校衛生観」ともいうべき立場を形成し、後者の受け止め方は、衛生学的観点から「学校衛生」

を捉え,「体育」を含む学校教育全体の基礎(先行条件)として位置づけた「衛生学的学校衛生観」を形成していた。

明治10年代後半から明治20年代初頭にかけてみられたこれら2つの「学校衛生」概念は,一般的な概念の確立にまでは及んでおらず,東京帝国大学病理学教授で後に帝国学校衛生会理事長となる三宅秀に代表される医学関係者がとった立場は,「学校衛生」を学校教育全体の基礎(『衛生学的学校衛生観』)として,教育家が専門的に扱えない領域であることを強く主張するものであった。

こうした立場は,1891(明治24)年に文部省が医学士三島通良を「学校衛生事項取調嘱託」に任命して以降,具体的施策として,1897(明治30)年の「学校清潔方法」「学校生徒身体検査規程」,翌年の「学校医職務規程」「学校伝染病予防及消毒法」等に反映された。

一方で,文部省が1878(明治11)年に設立した体操伝習所とそれに伴う運動教科体操科の議論と実態は,「学校衛生」を学校教育全体の基礎として位置づけようとするだけではなく,「運動」と「衛生」を手段とした身体教育を意味する「体育」の実現を期待していた。文部省は「運動」と「衛生」を並列に位置づけた立場に理解を示しつつ,1894(明治27)年に「小学校ニ於ル体育及衛生ニ関スル件」,いわゆる文部省訓令第六号を発した。

「学校衛生」は,実質的には体育を含む学校教育全体の基礎として位置づけられた概念であったが,形式的には,身体教育を学校衛生と運動教育とで実施するという点で単純化されつつ,折衷的に関係づけられた。ここに,学校における健康の取り扱い(『学校衛生』)と体育を中心としたスポーツ医科学の成果が接点を結ぶ素地が形成されたとみることができる。

③ 身体機能の向上と健康の積極的獲得

健康教育史にみるスポーツ医科学は,1920年代以降,上述の「体育的学校衛生観」の考え方と密接な関係をもちながら学校教育に位置づけられた。その改革は,先にみた明治期以降の学校衛生が,身体検査等のデータを管理・蓄積しながらも,その結果が子どもの身体の発育や健康に結びつけられていないことへの批判から生じている。

身体検査結果の積極的活用は,発育発達期に身体を訓練することで,強健な身体を形成・獲得できるとする考え方へと接続された。その訓練方法は,学校体育(運動生理学やスポーツ栄養学等を中心とした研究成果)の機会と接点をもちながら進められ,同時に,第二次大戦へと向かう戦力確保の考え方と相まって,より強化されつつ学校教育へ位置づけられた。

学校教育へのスポーツ医科学の導入については,1924(大正13)年の体育研究所の設置が大きな機会となっている。その中心的役割を担った一人が運動生理学,体育衛生学を専門とした吉田章信である。吉田は,文部省学校衛生官(学校衛生課体育運動係長)を経て体育研究所技師(衛生学部長)となり,健康教育とスポーツ医科学をつなぐ中心的な人物であった(図1)。

吉田の記した次の文章がその内容を端的に現している。「身体の運動は,これを欠乏すれば身体の正常な発育と健康と運動能力とを障碍し,これを長く廃することは極めて困難且つ不快であり,これを適度に行へば,発育を促し健康を高め,且つ心に愉快と満足とを感ずる等,其の過不足及び適度の人身に及ぼす影響は,飲食や睡眠のそれと同様で,人の生命並に活力保存上,飲食及び睡眠と共に欠くべからざる本能的ものである。而して身体の適切な運動は,ここに保健上欠くべからざるものである」(吉田章信.『体育運動生理衛生学提要』右文館.1924.)。

この文章に表現されているように,「身体の運動」は,「身体の正常な発育と健康」に密接に関係し,「これを適度に行へば,発育を促し健康を高め,且つ心に愉快と満足とを感ずる」として,「身体の運動」を「保健上欠くべからざるもの」として重視した。さらに,発育発達期の「身体の運動」は「心身の発育及び鍛錬の一の重要なる因子であるといふことは,人の運動量が身体及び精神の発育の最も旺盛な児童及び青年期に最大で,発育を停止した後,ことに老年期に至って大いに減ずるのに因って之を察することができる」(吉田,1924)として,発育発達上の観点から「身体の運動」と健康の関係に注目した。

明治期以降の学校衛生関係者が学校環境衛生設備・備品の整備といった衛生管理面を重視した一方で,1920年代以降,吉田の考え方に代表されるように,身体への働きかけ(『身体の運動』)を通して積極的に健康を獲得するといった身体へのかかわり方が「健康教育」として主張された。これが1920年代以降に展開された学校健康教育運動(以下,健康教育運動と略す)のムーブメントとなった。

体育研究所における研究成果(スポーツ医科学の成果)は,北豊吉が所長に就任して以降,文部省大臣官房体育課課長を務めた岩原拓や戦時下文部省の体育局長の小笠原道生らが体育政策の中心に位置しながら,直接的に文部省政策へ反映させている。彼らは医師で

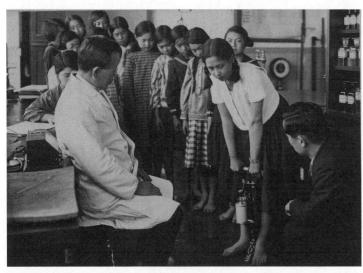

図1 背筋力測定を行う吉田章信(1929(昭和4)年)(埼玉大学教育学部七木田研究室所蔵)

ありながら，それまでの医師や文部省関係者が主張した学校環境衛生の整備（『衛生学的学校衛生観』）だけではなく体育（『体育的学校衛生観』）をも重視した。その政策化への反映の一端が，1941（昭和16）年の国民学校令および同施行規則により新設された体錬科体操の内容として「衛生」が位置づけられたことにみることができる。

体錬科体操「衛生」は衛生訓練としてナショナルカリキュラムに位置づけられ，具体的内容は「身体ノ清潔」「皮膚ノ鍛錬」「救急看護」の3つが選択された。同内容は，「身体ヲ鍛錬シ精神ヲ錬磨シテ闊達剛健ナル心身ヲ育成シ献身奉公ノ実践力ヲ培ヒ皇国民トシテ必要ナル基礎的能力ノ錬磨育成ニ力ムベシ」とした体錬科の教授方針により，「強靱ナル体力ト旺盛ナル精神力トハ国力発展ノ根基ニシテ特ニ国防ニ必要ナル所以ヲ体認セシメ健全ナル心身ヲ鍛錬シ以テ尽忠報国ノ信念ニ培フベシ」として，「強健なる身体をつくるための錬磨」を体錬に求めた。

文部省が身体を錬磨するといった体位・体力を重視した背景には，1938（昭和13）年に新設された厚生省の体力政策との関係を考慮しての政策決定があった。文部省は厚生省との相対的関係によって健康管理よりも教育的側面を重視せざるを得ず，予防概念や体力概念を強調した身体への働きかけ（『身体の運動』）としてスポーツ医科学の成果に支えられた体錬（体育）を重視した。

以上のように，1920年代から1940年代に至るスポーツ医科学の健康教育への接点は，発育発達期の「身体の運動」を重視することで，強健なる体位・体力を獲得し，これによって予想される疾病を予防するという考え方が導かれたことである。戦時下においては，促進（プロモーション）という概念が，鍛錬することによって積極的に身体の機能を向上し，健康を獲得できるという考え方と親和性をもった。健康は「身体の運動」によってコントロールできると考えられたのである。スポーツ医科学は，運動負荷に対する心肺機能等の応答についての研究成果を健康の維持・増進のために活用し，健康との関係における科学的側面を支えた。しかしながら，その活用の側面においては，思想的に皇国民錬成の考え方と相まって，第二次大戦における総力戦をも支えることとなった。

④ 戦後の展開　－つながりの強化－

戦後文部省の内部組織は，戦時下の体育局体制が維持されたことから，学校における体育と健康の密接な関係が継続した。戦後の方向性は，戦後教育改革の指針として出された「第一次米国教育使節団報告書」（1946年）が起点となっている。保健体育に関しては同使節団員として来日したマックロイ（C. H. McCloy），各種委員会，文部省体育局の折衝により方向が定められた。マックロイは，リハビリテーションの専門家でもあったことから，体育運動と健康獲得の考え方について一定の理解を示し，政策への助言を行った。その一端は，「学校体育指導要綱」（1947年）にまとめられ，大学カリキュラムにおいては，一般教養科目における保健体育の必修化として顕在化した。

教育使節団は，大学寄宿舎における大学生の劣悪な生活環境を改善することを強く要請し，今後の日本を支える若者たちの学習環境として環境衛生設備を充実するとともに衛生（健康）の涵養が性急に必要であるとした。このような考え方は，「身体の運動」を通して，健康な身体を獲得するようデザインされたカリキュラムの基盤ともなっており，衛生（健康）の涵養と身体への働きかけによって健康な生活をコントロールするといった発想へとつながっている。小・中・高等学校においても同様の発想で保健体育が位置づけられ，保健と体育は保健体育科という合科型教科としてナショナルカリキュラムに位置づけられた。

近年の学習指導要領においても，「健康の保持増進と生活習慣病の予防には，食事，運動，休養及び睡眠の調和のとれた生活を実践する必要がある」（文部科学省．『高等学校学習指導要領』2009）と明記され，運動生理学やスポーツ栄養学の視点を取り入れたスポーツ医科学の内容が導入されている。

以上に概観したように，健康教育史にみるスポーツ医科学は，古くは明治期の「学校衛生」概念と接点をもち，1920年代から展開された健康教育運動ではアメリカのターナー（C.E. Turner）の影響を受けた吉田章信らが「身体の運動」と健康を意識した研究と普及活動を行った。ちなみに，「ターナー・システム（Turner System）」と呼ばれたHealth Education体系は，Health Protection，School Health Administration，Health Training，Health Instruction，Physical Education，Health Examination，School Sanitationが有機的連関によって機能するようにデザインされ，アメリカ・モルデン市において実験的に実践と長期的評価が行われている（『モルデン・スタディ』）。同システムにHealth Training，Physical Educationが位置づけられているように，1920年代においても健康教育とスポーツ医科学が，密接な接点をもっていたことがうかがえる。

さらに，1970年代においても，アメリカ・カリフォルニア州アラメダ郡においてブレスロー（L. Breslow）らが行った疫学調査研究（『アラメダ・スタディ』）において，7つの健康習慣が平均寿命に大きな影響を与えることが明らかにされた。その健康習慣には「定期的な激しい運動」「朝食摂取」「睡眠時間」等が挙げられ，運動生理学やスポーツ栄養学の知見がエビデンスとされた。

以上のように，健康教育とスポーツ医科学は密接にかかわりをもちながら今日に至っている。

参考文献

- 木下秀明．1971．『日本体育史研究序説：明治期における「体育」の概念形成に関する史的研究』不昧堂出版
- 七木田文彦．2010．『健康教育教科「保健科」成立の政策形成：均質的健康空間の生成』学術出版会
- Berkman, L.F. & Breslow, L. 1983. *Health and Way of Living: The Alameda County Study*. Oxford University Press.
- Turner, C.E. 1932. *Principles of Health Education: first edition*. D.C.Health Company.

（七木田文彦）

体操とスポーツ医科学

① 体操の教育への導入

「体操」という用語は，1868（明治元）年，西周によって作られた訳語といわれている（大場，1991）。原語は，gymnastiek（オランダ語），gymnastics（英語），gymnastique（フランス語）のいずれかで

あろうといわれる。蕃書調所（ばんしょしらべしょ）の教授手伝並（てつだいなみ）を経て，1862（文久2）年幕命で榎本武揚らとオランダへ留学した彼は，帰国後1865年徳川家の側近として活動を始める。維新動乱の中，徳川慶喜は静岡藩に移ったが，藩は沼津に兵学校を開設し初代校長に西を招いた。体操の訳語は，1868年10月，この江戸から沼津への道中記に認められているという（大場, 1991）。

時を同じくして幕臣の子弟教育機関として設置された「代戯館」（だいぎかん）は，沼津兵学校附属小学校として沼津兵学校に組み込まれ，わが国最初の本格的な初等教育機関となった。西を中心として作られた兵学校および附属小学校の「掟書」には「同校の学科区分は，素読，手習，算術，地理，体操，剣術，乗馬，水練及び講釈聴聞となっており（中略）学校創立当初から体操をはじめとする運動教科の位置づけが明瞭である」（鈴木, 1984）という。

彼はまた，津和野藩主亀井茲監の要請を受けて同藩の学校制度の構想を「文武学校基本並規則書」にまとめ，体操，剣術，水練の導入とその目的についてドイツの例に触れながら述べている。「体操ハ171生身体之強健ヲ保候為ニ是ヲ設ケ，兼而練兵之基礎ヲ立チ他日皆兵トナスヘシト申候独国之制習候積ニ御座候，是ハ午後三時ヨリ四時迄休日外ハ日々調習致シ候事……剣術ハ壹週二時位ニ而童生之勇気ヲ助ケ文弱之弊ヲ矯候為ニ御座候」（鈴木, 1984）。

石見国（いわみ）津和野藩御典医を父にもつ彼は漢学の素養を身につけ蘭学を修めるとともに，西欧の法学，思想等の研究を続け，後に東京学士会院（現日本学士院）の第2代，第4代会長や獨逸（どいつ）学協会学校の初代校長などを務めた。西洋語から「哲学」「藝術」「理性」等多くの翻訳語を作ったことでも名高い。「西周伝」の著者森鴎外は従甥にあたる。

このように，近代学校制度への体操という教科導入の契機の1つは，兵卒訓練の基礎となる身体訓練（体操）に対する期待であったということができる。また範となった西欧の体操は，前5世紀頃の体操術（he gymnastike techne）に遡るものである。ギリシャ語の「ギュムナスティケーは，ヘー・ギュムナスティケー・テクネーの略語であり（中略）裸での身体修練にかかわりを持つ

体操家の術知を意味する」また「体操術は，その目的により3つに分類することが可能で（中略）医術的体操，プロ競技的体操術，教育・軍事的体操術である」（高橋, 2003）という。

18世紀後半，近代の公教育制度の先駆けとなった汎愛主義の教育者や，近代学校体育の創設者といわれるドイツのグーツムーツ（J.C. GutsMuts）らが影響を受けたのは，イタリア・ルネサンス期の文献医学者メルクリアリスである。彼は「前5世紀に活躍したギリシャのヒポクラテスや古代ローマのガレノスの研究に着目し，最初の近代的な体育論を展開するに至った。彼は体操術を治療学と衛生学の一部と考え，身体運動の必要性と効果を研究すると同時に，その分類を通じて運動実施の順序と方法を示し，さらには運動の施設・用具についても言及したのである」（岸野ほか, 1987）。

1776年，汎愛教育家のバールト（K.F. Bahrdt）が，スイスのマルシュリンズで公表した「汎愛教育計画書」には，身体の完成に関する教育内容として，「(1)動物解剖による解剖学的知識，人体の各部分の状態や構造や傷害に関する教育，(2)一般的な病気の名称と症状に関する教育，(3)病気のさいとるべき理性的処理の教育，(4)救急処置の教育，(5)迷信と偏見に関する教育，(6)健康を害する悪習に関する教育，(7)人間の健康に関する，情緒，空気，食事，活動，睡眠，排泄，分泌などの養生に関する教育，(8)身体の鍛錬の手段や効果に関する教育」が示されている。これらは，最終的には実現に至らなかったといわれているが，このような教育内容は，汎愛教育者の中では最も初期のもので，グーツムーツらの先駆けとなった体系的な提案であったといわれている（成田, 1984）。

各国の事情により違いはあるものの，18世紀後半に至り近代市民や国民のための体操が提案されるようになる。だが，近代市民社会の到来はまた，それまでの傭兵や職業軍隊の役割を国民に移行させることになるのである。対外的国民軍の養成は近代国民国家の中心課題となった。その後の約1世紀半，西欧の体操改革の大きな流れのひとつが，近代市民兵の身体修練に向けた「目的体操（Zweckgymnastik）」（Erbach,

1960）化を押し進めることになる。

これはまた，体操を育み活用した国々に限らずイギリスにおいても，制度的には「パブリックスクールが軍事教育の代替制度である」（清水, 1984）という歴史認識にも通ずる。幕末に，主として文献や見聞を通して蘭学者や洋学者，進歩的士族などによって紹介された体操は，この時期のオランダやフランスあるいはこれらの国々を介した欧米諸国の医学や軍学と密接に結びつく形で移入されたのである。

②　**健康体操（デンマーク体操，スウェーデン体操）の普及**

健康増進のための体操として世界的に有名なのがデンマーク体操とスウェーデン体操である。国民体育として，その名を広めたデンマーク体操やスウェーデン体操は，19世紀半ばから20世紀初めにかけて大きな改革が行われた。この改革の主題は，国防の担い手ばかりではなく，子どもや女性，障がい者，様々な環境下で働く人々，治療を必要とする人等すべての人にとっての体操を展開していこうという精神であった。象徴的な例として，1911年にスウェーデン体操連盟が掲げた「みんなの体操（Gymnastik åt alla）」の標語の登場を挙げることができる（野々宮, 1991）。

両体操の祖国における展開の様子からは，新旧，あるいは複数の論争が繰り広げられたことがわかる。デンマークにおける旧来の体操からの変化は，「若き牧師ラスムッセン（N.H. Rasmussen）が，スウェーデン体操を学び，国民高等学校で指導を始めた1884年頃から加速する。当代一流の科学者であったラ・クール（P. la Cour）も，その著書『人体構造と生命活動』の中で，よい姿勢と良好に発達した身体の持ち主は，天体最大の宝物の所有者であると述べ，合理的なスウェーデン体操を推奨した。彼の影響を受け，スウェーデン体操を学んで帰国したクヌッセン（K.A. Knudsen）は，1904年民間人として（デンマーク）初の学校体育視学官に任命される」（桑原, 1984）。その後，新しいデンマーク体操の代名詞にもなったデンマーク基本体操を携えて，1931年わが国にも赴いた考案者ブック（N. Bukh）らの活躍が続く。

彼らが学んだスウェーデン体操は，創始者リング（P.H. Ling）が1839年に現職のまま世を去った後の大きな改革の渦中にあった。リングは王立中央体操研究所を設立して校長となり，体操の体系を医療体操，軍隊体操，教育体操，芸術体操で構想し，ヒポクラテスやガレノスの物理療法や治療運動に学び，医療体操に力を注いだ。医療体操のテーマの1つである姿勢矯正は，教育，軍隊体操の共通の基盤をなすものであった。

1864年，国防上の要求の高まりから，王立中央体操研究所は，医療体操，軍隊体操，教育体操の3部制となり，教育体操部門をリードした息子ヤルマール（Hjalmar Ling）は，1866年これら3つの領域にまたがる教程を整え「健康体操総覧（Tabelleri Friskgymnastik）」(Holmberg, 1939)を刊行した。個々の運動の生理学的厳密性を要求する彼の教育体操は保守性を高める結果となり，後に「リング主義」と評された。

一方，体操に規制をあまり加えるのではなく，動きの自然な方法を強調するスポーツ派というべき「自然的方法」グループが登場した（Lindroth, 1979）。リング主義と自然的方法との対立は，体操を楽しむことは二次的なものとし，生理解剖学的に考えられた厳密な姿勢規定を伴う体操を追求するグループと，体操をスポーツ的な考え方に基づいて普及していこうとするグループとの違いであった。ヤルマールの後任となったのは，後に同研究所第4代（1887－1907）校長を務めるテルングレン（L.M. Törngren）であり，「自然的方法」の旗手は，提唱者ニブレウス（G. Nyblaeus）の後継者で第5代（1907－09）校長となるバルク（V. Balck）である。

1902（明治35）年頃から，ボストンに学んだ川瀬元九郎や井口阿くりらによって紹介されたポッセ（N. Posse）のスウェーデン体操や1905年スウェーデンに赴いた，永井道明が持ち帰ったテルングレンのテキストは「リング主義」のものであったことが理解できる。

スウェーデン近代スポーツの父といわれ，IOCの創立メンバーの1人であり，第5回オリンピック大会（ストックホルム，1912）を招致したバルクら「自然的方法（スポーツ派）」の活動は，主として地域スポーツクラブの中で拡大していく。1869年イエーテボリに初のフリーヴィリグ・ジムナスティーク（frivillig gymnastik）のクラブが誕生する。フリーヴィリグとは，自由意志で行う（ボランタリー）という意味である。まさに，余暇時間に自由意志で行う体操の総称である。

クラブとは本来，自主的な活動組織であるはずであるが，当時は，体操をレクリエーションとして，スポーツ的に取り組む時代ではなかった。例えば，川瀬らがポッセのスウェーデン体操を紹介した頃の，アメリカでの体操の位置づけについて次のような指摘がある。「我々はこの際，当時のアメリカの教育界の空気を理解しなければ，何故アメリカで，遊戯ではなく体操が重んぜられたかを知ることができない。当時のアメリカでは，授業とは遊びではなく仕事であり，レクリエーションではなく教育であるという意見が優勢であった。ポッセの体操にも，この精神が基礎になっている。即ち体育とは，スポーツやゲームの行き過ぎを矯め，一般児童生徒の合理的健康増進法として，その価値が認められていた。したがってポッセも体育を遊戯やレクリエーションと対立的に語っている」（岸野，1959）。

このような風潮の下，体操の主体性，多様性の拡大や各種スポーツの普及促進が図られ，その勢いは19世紀後半から1912年の第5回オリンピック大会頃まで一気に加速することになる。フリーヴィリグ・ジムナスティークの動きはその後着実に，体操がみんなのものとなるような展開をみせる。

発展の方向は大きく次の4つに分けることができる（Westergren, 1958）。1）家庭婦人のための体操や工場などの作業に適した体操，事務系の職場に適した体操など，各種の運動欲求を満たすことをねらいとした体操（Motionsgymnastik），2）技術的に優れた者ないしはこれをめざす者たちのための体操，エリートチームによる実演等によって，人々に体操への興味や関心を育むことをねらいとした体操（Elit-och tävlingsgymnastik），3）青少年のために楽しみや満足が得られるように特別に工夫された体操（Ungdomsgymnastik），4）一般にコンディショニング体操，補償運動といわれている領域の体操（Specialgymnastik）。

このような新しい体操への取り組みが，1900年に「幼児の体操」を発表したデンマークの医師サドリン（F. Sadolin）や1904年に家庭の体操「私の方法」を発表したミュラー（J.P. Müller），1920年オレロップ国民高等学校を創立後，そのエリート体操チームを率いて世界各地で新デンマーク体操のデモンストレーションを展開したブック（N. Bukh）らの活動を生んだといってよいであろう。

「ミュラーの家庭の体操は，ラジオ体操のアイディアを生み出すもととなった」（桑原，1984）といわれる。わが国のラジオ体操は，1925年アメリカのメトロポリタン生命保険会社（2000年メットライフ社に移行）が，健康増進・衛生思想の啓蒙を図る目的で広告放送として始めたものをヒントに，逓信省簡易保険局などが中心となって導入し，1928年11月から開始された。

③ 学校体育での体操のもつスポーツ医科学的意義

解剖・生理学的合理性に基づく運動可能性の追求は，軍隊体操のような目的体操にあっては，その形式性を極端に深化させることになる。このような方向に異を唱えた例のひとつが前述（②）の「みんなの体操」である。それはまた，運動を行う人一人ひとりの意志を尊重することによって，スポーツとしての楽しみのための，より高い成果や芸術性を求め，欲求充足のために行う運動としての体操を再生させることにもなった。

スポーツの科学的研究は，1912年の第5回オリンピック大会の際に，開催国スウェーデンのスポーツ医たちによってスポーツ医学とその関連領域にわたる国際的な会合がもたれたのを機に前進する。「みんなの体操」の標語登場の翌年のことである。2度の大戦の後，1970年代初頭から学校体育の教科名としてドイツ語圏で，それまでの体育（Leibeserziehung）に代わってスポーツ教育（Sporterziehung）が用いられている。スポーツ科学の新たな領域であるスポーツ教育学に，その学問的基盤が求められるようになった。スポーツ教育は，わが国では1977（昭和52）年に始まる改訂学習指導要領などに反映さ

れている。生涯スポーツと体育科の結びつきが強く意図され，スポーツを単なる手段としてではなく目的として位置づけ，社会の変化に対応した国民の運動要求にも応えるものとなった。その後の体育科・保健体育科における体操(体操相当領域)については，次のように捉え，取り組むこともできるであろう(野々宮, 2000)。1) ねらいを身体強化(からだづくり)と運動形成(うごきづくり)とする。2) 運動内容は，健康と楽しみのために，また単純で困難と危険なしに行えるよう人為的に工夫された運動から，広義のスポーツ運動まで包含する。3) 主体的な目標は，想定される必要充足の運動(生活を維持していくために基本的に学習しておくべき運動)レベルから欲求充足の運動(運動の技術的達成性や芸術性等が追求される，欲求に基づいて行われる運動)に至る広がりの中から選定する。

そして，取り組みに際しては，教科の課題や他者との関係を考慮することは前提であるが，主体的にねらいと運動の内容を定め，目標に沿って取り組むようにする。その際，自らのからだに対する気づきや運動内容の理解，学習方法の検討，実施後の変化や結果，成果に対する評価の仕方等々，一般的専門的スポーツ医科学的成果活用のための学習が求められる。学校体育での体操は，生涯発達の時代におけるスポーツ医科学的成果に学びながら，生命の道のりや自らの身体とはなにかを問いかけることにもつながる。

参考文献

- 大場一義 1991.「『体操』起源考」大場一義先生退官記念講義資料, 筑波大学体育史研究室：1-20.
- ―――. 1991.「『体操』起源考」大場一義先生退官記念講義資料, 筑波大学体育史研究室：15
- 岸野雄三 1959.『近代日本学校体育史』62. 東洋館出版
- 岸野雄三, 谷釜了正 1987.「スポーツ科学」日本体育協会 監修『最新スポーツ大事典』537. 大修館書店
- 桑原一良 1984.「デンマーク体操」『現代体育・スポーツ体系』(2). 847. 講談社
- 清水重勇 1984.「近代軍隊における身体訓練」『現代体育・スポーツ体系』(2). 112. 講談社
- 鈴木敏夫 1984.「近代学校制度の成立と身体教育」『北海道大学教育学部紀要』(44)：3.
- 高橋幸一. 2003.『スポーツ学のルーツ〜古代ギリシア・ローマのスポーツ思想』6, 99. 明和出版
- 成田十次郎 1984.「ヨーロッパ近代体育の成立」『現代体育・スポーツ体系』(2). 81-82. 講談社
- 野々宮徹 1991.「標語スポーツ・フォア・オールの源流」『体育科教育』39 (2)：54-55.
- ―――. 2000.「ニュースポーツとは何か」『ニュースポーツ用語事典』252-53. 遊戯社
- Erbach, G. 1960.Kleine Enzyklopädie-Körperkultur und Sport, 183. DHfK.
- Holmberg, O. 1939. Den Svenska Gymnastikens Utveckling, 75, Natur och Kultur.
- Lindroth, J.1979. Lingianism and the natural method in Swedish Gymnastics1864-1891, 8th HISPA, 25.
- Westergren, R.o.E, 1958, Motionsgymnastik, 7.

(野々宮徹)

10章
スポーツとメンタリティー

スポーツを取り巻くメンタリティーにかかわる事象として,

スポーツ選手やスポーツ集団の心理的特性や

スポーツをする人としない人のメンタリティーの違い,

さらにはメディアやブーム・トレンドといった事象など,

スポーツと社会とのかかわりにおける

メンタリティーに焦点をあてて論じた。

さらに,現在のスポーツとメンタリティーの関係性を

より深く考えるために,

スポーツパフォーマンスとの関係性,

健康スポーツとの関係性

について論じることで,

スポーツとメンタリティーを

より深く考える契機にしていただきたい。

スポーツと社会のメンタリティー 10.A

スポーツ選手の精神性　　10.A.01

① スポーツ選手の精神性の研究概要

「スポーツ選手の精神性」に関しては，心理的側面としての個人の行動特性であるパーソナリティー，スポーツに対する興味，態度や価値観，スポーツマンシップや行動規範，さらには競技に関連する意欲，精神力，心理的競技能力などが問題にされてきた。

スポーツ選手の精神性を語るには，上述の側面を取り上げないわけにはいかないが，ここでは古くからスポーツ心理学の重要な関心事として注目されてきた「スポーツマン的性格」を解明するとともに，「スポーツ心理適性」を評価する目的で進められてきたパーソナリティー研究を中心に取り上げ，それ以降問題にされてきた競技に関連する意欲，心理的競技能力の研究成果をまとめる。

具体的にはスポーツを行うことによるパーソナリティーへの影響，またパーソナリティーの競技種目選択への影響，優秀選手に共通するパーソナリティー，またパーソナリティーのパフォーマンスの発揮の仕方への影響について各種性格検査などを用いて検討された研究の成果を整理してみる。

② スポーツを行うことによるパーソナリティーへの影響

スポーツによるパーソナリティーへの影響を明らかにするために，わが国ではY-G(矢田部ギルフォード)性格検査やMPI(モーズレイ)人格検査など，アメリカでは16PF人格検査やMMPI(ミネソタ多面的人格検査)やCPI(カリフォルニア人格検査)などが多く用いられてきた。

丹羽(1966)はわが国の文献を整理して，競技者に共通するパーソナリティー特性として以下のようにまとめている。
1) 抑うつ性や神経質的傾向や劣等感，深く思索する傾向が少なく，明朗であるといった情緒安定性。
2) 社会的外向，活動性，男性的，支配的などの積極性。

アメリカでも種々の検査で調べた結果，スポーツ選手は非スポーツ選手に比べて外向性傾向が強く，情緒的安定性，積極性および活動性が高いという日本の文献とほぼ同様な差異を認めている。

さらにこれらの結果を支持する具体的な観点で比較した研究報告をみてみよう。

橋本(1985)は，男子大学生について1週間平均の運動の実施程度を調べ，Y-G性格検査の結果を比較して，運動の実施程度が多い者ほど情緒的には抑うつ性や劣等感が少なく，社会の外向でのんきで，支配性大の傾向がみられたことを報告している。

また，縦断的にみた徳永(1981)の研究では，小学校5年生から中学校3年生まで継続的にスポーツクラブに所属していた者は全く所属しなかった者に比べると，男子では攻撃性，活動性，女子では気分の変化，劣等感，神経質，支配性，社会性に顕著な差がみられ，5年間のいずれの年齢を比較しても，スポーツクラブに所属していた者ほど男女共通して情緒安定，社会的適応，積極性の傾向を示したことを報告している。

以上の研究報告は，研究対象や測定方法，運動の参加の仕方などに違いがあるが，運動参加の多い者ほど「スポーツマン的性格」といわれる特性をもつ傾向がみられ，もともと備えている特性がスポーツに向かわせていることも考えられるものの，運動参加がプラスの効果をもたらす可能性を示唆している。

一方で，上述の結果とは異なる報告として徳永(1975)は，優秀な成績を収めている高校選手は一般高校生と比べて抑うつ性大，気分の変化大，劣等感大，主観的などの情緒的不安定傾向があり，なかでも経験年数が長い選手ほど情緒不安定で，内向傾向であったことを報告している。

これらの成果を総合的に解釈すると，運動やスポーツは適度な行い方をすれば情緒面や行動面にプラスの効果をもたらすが，競技経験の内容や過度の練習量，度重なる緊張や不安やプレッシャー，プラトーやスランプ，成功や失敗，勝利や敗北などの数多くの経験を通して，個人の自己概念や自己効力感，自信の形成にとってプラスにもマイナスにも影響する可能性があることを示唆している。

要するに，パーソナリティーは遺伝と環境の相互作用によって形成・変容されるといわれており，選手の取り巻く環境は競技生活だけに限らず，日常生活や学校生活など他の環境要因が微妙に影響を及ぼす可能性が高く，この問題を解決するためには条件統制がきわめて困難といえる。したがって，今後の研究の方向としては事例を取り上げてパフォーマンスとパーソナリティーの変容を継時的に追跡するような質的な研究がよりいっそう求められるであろう。

③ パーソナリティーの種目選択への影響

その種目をなぜ好み，選択し，行っているかは形態的，運動能力的な特性が大きく影響していることは容易に理解できる。また集団・個人種目，ぶつかり合う直接型，身体を触れ合わない平行型種目といった選択もパーソナリティーが影響していることは経験的にもうなずけるであろう。

パーソナリティーと種目の関係を検討した研究は，適性研究として位置づけられるが，代表的なものを紹介する。

バット(Butt, 1976)はそれまでの研究成果と競技場面で要求される心理的要因の分析を通して，スポーツ選手のパーソナリティー特性を2つの次元を想定して以下のように4つの象限で位置づけている。
1) 外向・安定タイプ：主に集団スポーツ選手。
2) 外向・不安定タイプ：情緒面で問題を抱えるタイプ。問題行動が処理されれば，外向・安定へ移行。
3) 内向・不安定タイプ：個人スポーツの一部の選手。成功経験によって外向・安定への移行も考えられる。
4) 内向・安定タイプ：主に個人スポーツ選手。

その中で，シュールら(Schurr et al.,

1997）の研究では，競技者と非競技者の間にはほとんど違いがなかったものの，集団種目と個人種目では不安と向性に大きな違いを示し，集団種目の選手の方が不安傾向が高く，外向的であったことを報告している。

また，集団，個人および接触型，平行型あるいは競技時間の長短など，様々なスポーツ集団を比較した結果，特に直接型のスポーツ選手は非スポーツ選手より外向性傾向および自主性傾向が高く，平行型のスポーツ選手は非スポーツ選手より不安傾向および自主性が低いという結果が報告された。

これらの報告は，スポーツ選手と非スポーツ選手間の特性，種目の特性の差異が明らかにされたものといえる。しかしながら，研究成果としてのその違いはそんなに単純なものではなく，一貫して説明できるものではないというのが現状である。

④ スポーツで優秀になるために必要なパーソナリティー

ここでは優秀な競技選手に共通するパーソナリティー特性を明らかにするためのスポーツ適性研究として行われた研究を紹介する。

当初は競技的成功を収めたスポーツ選手のパーソナリティーを検討したものが中心であった。先駆的なものとして，タッコとオグリビー（Tutko & Ogilvie, 1966）の研究が代表的である。その結果，優秀な選手に共通する性格特性として，「攻撃性，コーチ可能性，誠実性，決断力，意欲，感情の統制，罪悪感傾向，リーダーシップ，精神的な強さ，自信，および信頼感」という11の特性が報告されている。さらにスポーツ選手のパーソナリティー研究を概観して，優れた競技力に関与する要因を整理して，「達成動機，忍耐力，ストレスに対する抵抗力，支配性，リーダーシップ，コーチする能力，内罰的・苦痛に耐える能力，自信・大胆さ，知能」の9つの特徴を挙げている。

一方，日本では，パーソナリティー特性を明らかにする研究も多く試みられてきたが，結論からいうとスポーツ適性の立場からは，様々な性格検査が用いられてきたため，競技に適したパーソナリティー特性を特定することはなかなか困難であった。それゆえ競技意欲や精神力や心理的競技能力の尺度が構成され，一流になるための心理的特性が競技レベルや経験年数などの要因から検討されてきた。

具体的には競技意欲（TSMI尺度）や心理的競技能力（DIPCA尺度）が作成され，その能力を診断し，高めるための手段として用いられてきた。TSMI尺度は147項目からなる17の側面を測定し診断できるが，選手にとってはあまりにも負担がかかり使いにくいものとなった。最近は国立スポーツ科学センター（JISS）のトータルスポーツクリニックでチェックされる心理尺度として，52項目からなる徳永幹雄が1991年に作成した「DIPCA-3」が用いられている。その尺度は5つの側面（競技意欲，精神の安定・集中，自信，作戦能力，協調性）と12の因子（勝利意欲，協調性，自己実現意欲，自己コントロール能力，リラックス能力，集中力，自信，決断力，予測力，判断力，闘争心，忍耐力）で診断できる。

徳永（1990）を中心とした研究では，競技レベル，経験年数，実力発揮度などとの関連また性差などが検討され，なかでも競技レベルの要因がきわめて大きく影響することが明らかにされている。

⑤ パーソナリティーのパフォーマンスの発揮の仕方への影響

ここまで取り上げたスポーツ選手におけるパーソナリティー研究は，主に性格検査を用いて行われ，競技者と非競技者，優秀選手と平均選手を分けるパーソナリティー特性，種目の選択との関連などを解明しようとし，ある程度の成果は収められたといえるが，各種検査法によって結果も解釈も異なることが問題にされることが多い。

そこで，むしろスポーツ選手がもっているパーソナリティーが行動の仕方，パフォーマンスの発揮の仕方に影響を及ぼすことが予想され，個人差に応じた実力の発揮の仕方を明らかにする研究が現場の指導に貢献できるものとして行われるようになってきた。日本人選手が国際試合で実力を発揮できないといわれていた理由を，欧米選手が運，偶然，運命，自然，社会など自分の力や行為とは無関係な外部の力に原因を求める外的統制型であるのに対して，成功や失敗を自分自身の能力や努力の程度に原因を求める内的統制型であること，指導が自己効力感を高める方向で行われてこなかったことも一因として挙げられている。

パーソナリティー特性とスポーツ行動との関係を予測する研究では，多くの変数を用いて実験的に検討されてきたアイゼンク（Eysenck, 1967）の向性と神経症の2つの特性で説明される性格理論があり，特に向性がパフォーマンスの発揮の仕方を規定すると仮定する。その理論がスポーツ場面でも適用できるかに関心が向けられ，勝部（1992）が挙げている以下のような仮説のもとに検証が行われつつあるのが現状である。これらの成果は，個人差を問題にした現場の指導に役立つものとして期待されている。

1) 外向的な人は緊張度の高い時に，内向的な人は緊張度の低い時によいパフォーマンスを示す。
2) 外向的な人は力強い大筋活動に，内向的な人は細かい正確な動きを必要とする小筋の活動に適している。
3) 外向的な人はスピードを志向し，内向的な人は正確性を志向する。
4) 外向的な人は個人内変動が大きく，内向的な人は小さい。
5) 外向的な人は社会的に動機づけられやすく，内向的な人は達成動機が高い。
6) 外向的な人はいろいろなメニューを変化させながら上達をめざす「螺旋階段方式」を好む傾向があり，内向的な人は納得するまで1つのことをやり抜こうとし，階段を踏んでいく「積み上げ方式」を好む傾向がある。

参考文献

- アイゼンク, H.J. 1967．『人格の構造：その生物学的基礎』梅津耕作，祐宗省三ほか 訳 岩崎学術出版社
- 上田雅夫 監修．2000．『スポーツ心理ハンドブック』実務教育出版
- 勝部篤美．1992．「スポーツに対する心理的適応（1）」日本体育協会 編『C級教師教本』96-97.日本体育協会
- 徳永幹雄．1975．「運動経験と発育・発達に関する研究：高校運動部選手について」『体育学研究』20（2）：109-16．
- ────．1981．「運動経験と発育・発達に関する縦断的研究」『健康科学』3：3-14．
- ────．1990．「スポーツ選手の心理的競技能力の診断とトレーニングに関する研究」平成2年度文部省科学研究費（一般研究B）
- ────．編著．2002．『健康と競技のスポーツ心理』100-16．不昧堂出版
- 丹羽劭昭．1966．「スポーツマンの性格」松田岩男 編『スポーツの心理』84-112．大修館書店
- 橋本公雄．1985．「スポーツ行動とパーソナリテ

ィー」徳永幹雄ほか,『スポーツ行動の予測と診断』120-22. 不昧堂出版
- 松田岩男, 杉原隆 編著. 1987.『新版運動心理学入門』203-28. 大修館書店
- マット・ジャービス. 2006.『スポーツ心理学入門』工藤和俊, 平田智秋 訳 9-33. 新曜社
- Butt, D.S. 1976. *Psychology of Sport. The behavior, motivation, personality and performance of athletes.* Van Nostrand Reinhold Company.
- Schurr, K.T., Ashley, M.A., & Joy, K.L. 1997. A multivariate analysis of male athlete characteristics: sport type and success. *Multivariate Experimental Clinical Research, 3*: 53-68.
- Tutko, T.A., & Ogilvie, B.C. 1966. *Athletic Motivation inventory.* San Jose, Institute for the Study of Athletic Motivation.

(石井源信)

スポーツ集団のメンタリティー　10.A.02

① スポーツ集団の発達

スポーツチームはスポーツを目的として結成された集団である。キャロンら (Carron et al., 2005) はこれを「共通のアイデンティティーをもち,共通の目的や目標をもち,運命を共有し,成員のコミュニケーションは構造化されたパターンを示し,集団構造について共通の理解をもち,個人的にも方法的にも相互依存し,メンバーは互いに魅力を感じ,自分たちを集団だと考える,2人以上の人の集まり」と定義している。

成り立ちによって,様々なチームの様相がみられる。球技などの集団競技がチームの代表的なもので,国を代表する各年代のナショナルチームは多くの選手の中から選抜される。中学校,高等学校の運動部は子どもの身近なチームであり,地域に根ざしたプロスポーツのチームは地域の社会に大きな影響を与えている。親睦を目的にするスポーツの同好チームも増えている。また近年は,個人種目でも陸上競技チームなど,個人よりも集団の力で試合に臨むという傾向がみられるようになった。

それぞれのチームは独自性をもったユニフォームを決め,集団所属意識を高める努力をしている(図1)。

集団は発達と変革を繰り返す。様々な成員の加入により,集団は発達変化する。古川(1993)は,集団が斉一化,標準化,構造化していくことが集団の発展であると指摘した。さらに,意図的に集団構造を修正したり変更しないかぎり,硬直化し衰弱する。スポーツ集団では恒常的な成員の入れ替わりにより,集団構造が変化する特徴があるので,集団の斉一化,標準化を繰り返すと考えられる。

集団には効果的な大きさがある。集団のサイズ(人数)の問題は,集団に影響を与える変数として様々な研究がなされている。キャロンら(Carron et al., 1989)は,集団の理想の人数,多すぎる人数,少なすぎる人数を表1のように示している。種目によって適正な人数が異なることがわかる。

② 集団成果を引き出すメンタリティー

集団が効果的であるために,ザンダー (A. Zander, 1996) は,4つの特徴を挙げている。それは「集団成員が相互作用する」「成員が互いに依存する」「成員が集団にとどまろうとする」「必要な社会的勢力をもつ」というものである。

集団成員の相互作用で,チームワークを高めることができる。チームワークは,スポーツチームが協同作業することである。サッカーの日本代表監督 (2006年ワールドカップ当時) のジーコ (Zico) は母国ブラジルの強さの秘訣について「その卓越した個人技のおかげではなく,チームプレイを徹底的に叩き込まれているからである。どれほど天才的なプレイヤーがいても他の10人の協力なしには敵のゴールを奪うことができない」と述べている。

チームワークは集団圧力ではなく,チームメンバーを生かしながら目的を達成するという戦術的なもので,目標,戦術,コミュニケーション,さらにスキルが含まれる。

バンデューラ (A. Bandura) は社会的学習による知識がどのように自分の行動に結びつけられるかを,自己効力の学習で説明している。この自己効力感は,個人の問題であるが,集団の努力が変化をもたらすような集団の問題に私たちが直面することも明らかにして

図1　ユニフォームで試合に臨む

表1　スポーツの集団サイズの認識　(人)

種目	試合の基本人数	登録選手の理想の数	多すぎる登録人数	少なすぎる登録人数
バスケットボール	5	11.9	15.1	8.7
バレーボール	6	9.8	12.6	7.4
サッカー	11	16.3	19.7	12.7
アイスホッケー	6	16.1	20.5	12.9

(出典:Carron et al., 1989)
基本人数に対する理想,多すぎ,少なすぎと考えるチーム登録者数の平均値を示したもの。理想の人数の±25%くらいが多すぎ,少なすぎの人数であった。

いる。ザッカロら（Zaccaro et al., 1995）は，集団効力感（collective efficacy）を「状況の要求に上手に集中した反応で，自分の能力を配分し，調整し，統合する人々で共有する集団的能力を意味する」と定義し，集団効力感に関連する要因を図2のようにまとめている。

社会的勢力としては，リーダーシップが挙げられる。ある個人（リーダー）がチームの目標達成やチームの維持・強化のために影響力を行使する過程と考えられている。マートン（R. Martens, 1991）はリーダーのなすべき仕事を「状況の見通しを立て，筋道を描き，他者に指示する方法を知り，目標達成に適切なチーム文化を作り上げること」とまとめている。

偉大な優れた人物がリーダーになると考えるよりも，リーダーという役割に期待される役割行動がリーダーシップと考えられるようになった。したがって，リーダーシップをトレーニングすることが可能になった。

マートンはリーダーシップが効果的に機能するために図3に示した4要因を挙げている。これらがどのように影響し合うかが大切である。

リーダーの特性では，共感（empathy）できること，つまり他人がどのように感じているかを理解できることが第一に求められている。

状況の要因では，チームが解決しなければならない課題と，スポーツの種類（個人スポーツかチームスポーツか）が問題となる。勝つことが課題であればそれに伴ってリーダーシップのスタイルを変えなければならない。またチームスポーツの方が指導者の支配が強いことが求められるのはメンバーの選択や組織的練習が必要とされるからである。

フォロアーとは，リーダー以外のメンバーをさすが，フォロアーの特性とは，選手のパーソナリティーや価値観を意味する。選手の発達段階やスキルレベルもかかわる。プロ選手がやる気がない場合と高校生がやる気がないのとは，意味が違うのである。

リーダーシップのスタイルは，専制型と民主型に分けられる。専制型は課題中心指向で，民主型は選手中心指向である。リーダーは自分の指導哲学によってどちらに重点を置くかを考えて選択すべきである。

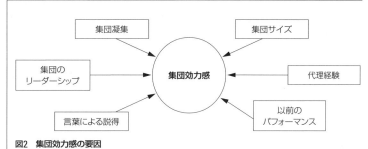

図2　集団効力感の要因
（出典：Zaccaro et al., 1995）

③ 集団凝集性

集団凝集性は，レヴィン（K. Lewin）によって用いられた集団のまとまりを示す概念である。キャロンら（Carron et al., 1982）はスポーツ集団における凝集性を「目標を遂行するため，もしくはメンバーの情緒的満足をもたせるために集団が結束し，団結を維持する傾向に影響をうけるダイナミックな過程」と定義した。そして「課題－社会」「個人－集団」という2次元から凝集性を捉える尺度が考案された（集団環境尺度 Group Environment Questionnaire: GEQ）。

集団凝集性は集団の目的達成の重要な要因であったが，スポーツチームではシーズンの前の凝集性は試合成績を予測できないことが見出された。ここから，凝集性は競技成績に関与する要因ではあるものの，「課題－社会」「個人－集団」という2次元から個人がチームへどのようにかかわるかという集団環境を明らかにするものといえる。

つまり，チームは目的のために行動するので，集団の中の個人が集団をどのように感じ，どのように行動するか，その選択基準に凝集性がかかわるのである。

④ 社会的アイデンティティー

集団のまとまりについて，集団凝集性とは異なる観点からのアプローチが社会的アイデンティティーである。

ホッグとアブラムス（M.A. Hogg & D. Abrams, 1995）によれば，社会的アイデンティティー理論は次のようなモデルに基づいている。

社会は，相互に勢力と地位関係をもつ社会的カテゴリーの異質な集まりである。社会的カテゴリーの力動性は，経済と歴史によって規定される。人々は，所属する社会的カテゴリーからア

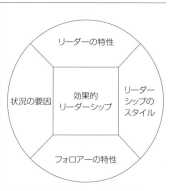

図3　効果的リーダーシップの4要素
（出典：マートン, R. 1991.『メンタルトレーニング』猪俣公宏 監訳, 42. 大修館書店）

イデンティティー（自己または自己概念）の大部分を引き出す。したがって，集団は個人内に存在している。

人は他者を分類する時に，自分との類似性と異質性を基礎にする。そこでは，自分と同じ集団の成員（内集団成員）か，自分とは異なる集団の成員（外集団成員）かによって，他者をみているのである。この場合，自分をどのようなカテゴリーに分類するか（自己カテゴリー化）が重要となる。

個人は自己を含む社会的カテゴリーによって社会的アイデンティティーを得ているので，「内集団ひいき」の方向に評価を歪め，次第に集団間の差異が大きくなり，外集団に対する葛藤が生じるという。集団間の偏見，民族主義，性差別，政治的暴力など多くの葛藤は，カテゴリー化による集団間の葛藤である。

スポーツファンの研究では，自分の大学のチームに強いアイデンティティーを感じているファンは，弱いアイデンティティーのファンよりシーズンを通して応援する傾向がみられ，他方，強いチームのファンは弱いチームのファンよりも自分のひいきのチームを好ましいと評価した（Dietz-Uhler & Murrell, 1999)。

高校野球で自分の出身地域のチームへの熱狂的応援，サッカー・ワールドカップでの自国選手への熱狂は，スポーツチームというカテゴリーだけでなく，県，国といった社会的カテゴリーへの同化を表すものである。

⑤ 集団極性化

集団行動は好ましいものばかりではない。そのことは極性化によって示されている。

集団で合議することで危険がより高い方法を選択したり，またはより慎重な方法を選択するというように，集団の決定が極端な方向に変化することを集団極性化という。

閉鎖的なスポーツ集団内でのトレーニング内容のエスカレートや，集団で規則を破る，スポーツでのしごき事件などは，内集団への強い同調によって没個性化が生じたと考えられる。他方，社会的に許される方向での極性化は，集団の効率や成果を高める効果もある。

⑥ チームビルディング

行動科学の知識や技法を用いて組織力を高め，外部環境への適応力を増し，チームの生産性を向上させるなどの介入方略をチームビルディングという。

スポーツチームの場合は，チームワークの向上や競技力の向上を目的とする。アプローチの方法は直接的アプローチと間接的アプローチがあり，介入者が直接チームメンバーにかかわるものが直接的アプローチで，監督などメンバー以外にかかわるものが間接的アプローチである。チームビルディングの具体的内容では，リーダーシップの改善，目標の設定，問題解決法，冒険キャンプなどがある。これらは認知的行動変容を意図しており，集団への介入という視点が新しい。

参考文献　　　　　　　　　　10.A.02

- ザンダー，A. 1996.『集団を活かす』黒川正流ほか訳．北大路書房
- 古川久敬．1993.「第7章イノベーションとコミュニケーション」原岡一馬，若林満 編著『組織コミュニケーション』120-39．福村出版
- ホッグ，M.A.&D.アブラムス．1995.『社会的アイデンティティ理論』吉森護，野村泰代 訳 北大路書房
- マートン，R. 1991.『コーチング・マニュアル メンタルトレーニング』猪俣公宏 監訳．大修館書店

- Carron, A.V. 1982. Cohesiveness in sport groups: Interpretations and considerations, *Journal of Sport Psychology*, 4: 123-38.
- Carron, A.V. et al. 1989. Perceptions of ideal group size in sport team, *Perceptual and Motor Skills*, 69: 1368-79.
- Carron, A.V. et al. 2005. Group dynamics in sport (3rd Eds.) 13. Fitness Information Technology.
- Dietz-Uhler, B. & Murrell, A. 1999. Examining fan reactions to game outcomes: A longitudinal study of social identity, *Journal of Sport Behavior*, 22-1: 15-27.
- Zaccaro, S.J. et al. 1995. Collective efficacy. In J. Maddux. Self-efficacy, adaptation, and adjustment. *Social Psychology Quarterly* 50: 257-63.

（阿江美恵子）

スポーツ選手の攻撃性　　10.A.03

① 攻撃の特徴と分類

攻撃（aggression）とは，対人行動の1つであり，人を傷つける意図をもった，身体的あるいは言語的行動と定義される（大渕，1997）。攻撃性は，攻撃行動，攻撃的性格，攻撃の内的プロセスなど多様な意味で使われる。一般的には，攻撃性が高いということは攻撃行動を起こしやすいということを意味する。攻撃性を理解するためには，外顕の行動としての攻撃性と内面としての攻撃性の両方からみることが重要である。

ある行動を攻撃とみなすためには，相手を傷つける意図，人に対する行動であること，攻撃を受ける人がそれを回避しようとすることが条件とされる（Baron, 1977）。これらは攻撃行動の条件としてきわめて重要である。また，攻撃は，結果が未遂となっても行動が実行されれば攻撃とみなされる。攻撃の形態や内的プロセスは多様であり，様々な視点で分類されている。「身体－言語」「直接－間接」「積極－消極」という基準による8つの分類，さらになにかを獲得するための手段として実行される「手段的攻撃」と，怒りの感情を伴い相手を傷つけることが主な目的である「敵意的攻撃」という分類がなされている。

それでは，人はなぜ攻撃するのだろうか。攻撃プロセスの理論は，大きく3つに分類される（大渕，1997）。1つ目は，精神分析のフロイト（S. Freud）や比較行動学のローレンツ（K. Lorenz）などに代表される考え方で，攻撃が本能によって必然的に生じるとする内的衝動説である。2つ目は，欲求不満などの不快情動を発散させるために攻撃が生じるとする不快情動発散説であり，これには欲求不満によって攻撃が生じると仮定する欲求不満攻撃仮説が含まれる。3つ目は，攻撃を対人行動の1つと捉え，対人関係における葛藤解決の手段とみる社会的機能説である。攻撃の機能としては，防衛，強制，報復，印象操作が仮定されている。さらに，多くの研究成果によって，個人的要因，状況的要因，生物学的要因が攻撃に関係することが明らかにされ，攻撃のプロセスについては，認知と感情を含めたより緻密なモデルが提唱されている。

② スポーツにおける攻撃の捉え方

攻撃は他者を傷つけようとする意図的行動であり，スポーツフィールドにおける選手同士の乱闘，審判への暴行などは典型的な攻撃の例である。これらに加えて，いくつかのスポーツでは社会生活で攻撃とみなされるような行動がルール上プレイとして認められている。例えば，格闘スポーツでは殴る，蹴るなどの行為によって相手にダメージを与え，能力の優劣を競い，勝敗が決定される。また，チームコンタクトスポーツにおいてもタックルにみられるように，コンタクトプレイが相手に直接ダメージを与える。

このような相手プレイヤーに対する激しい行為を攻撃とみなすかどうかについては，多くの議論がなされてきている。その中で，攻撃（アグレッション）と自己主張（アサーション）という概念が提唱されている（Tenenbaum et al., 2000）。自己主張とは，相手を傷つける意図をもたず，ルールの範囲内で，強い力が行使された行動と定義される。例えば，テニスのスマッシュ，サッカーやラグビーでの合法的な激しいタックルなどがその例とされる。それに対して攻撃は，相手を傷つける意図をもった非合法な行動と定義される。この定義は国際スポーツ心理学会（International Society of Sport Psychology: ISSP）の立場として発表されているが，妥当性およびアサーションという名称の非現実性という点で批判がある。カー（Kerr, 2005）は，

チームコンタクトスポーツにおける攻撃を容認される(sanctioned)攻撃と容認されない(unsanctioned)攻撃の2つに分類し，攻撃はそれらのスポーツ種目に内在する特性であるとし，タックルなどのプレイは攻撃であると主張している。スポーツにおける攻撃を広く捉える見方では，「機能的攻撃－非機能的攻撃」「規範的攻撃－反規範的攻撃」という分類が提唱されている（Varca, 1980; 杉山, 2007）。

このようなスポーツにおける攻撃の見解の違いは主として，傷つける意図の捉え方による。特に問題となるのは，どのくらい相手が傷つくかということくらいである。身体的ダメージの程度は軽いものから重いものまである。また，ネット型のスポーツでは，対戦相手が嫌がるプレイをすることは心理的なダメージを与えることになる。攻撃によって傷つく状態に軽度なダメージを含めるか，重度なダメージに限定するのかによって，スポーツの攻撃を捉える範囲は異なる。さらに，攻撃の見解の相違についてのもう1つの問題は，攻撃される側の回避の問題である。攻撃は回避しようとする人に対する行動である場合に攻撃とみなされる。対戦型のスポーツでプレイヤーは，相手のプレイによって身体的あるいは心理的なダメージを受けることが多くある。プレイヤーがそれらを回避しようとしているとみるのか，それとも受け入れているとみるのかという違いも，スポーツの攻撃の見解にかかわる。広く捉える場合，多くのスポーツは攻撃的な活動とみなされることになる。

多くの場合，ルールで認められている激しいプレイに対しては防御の技術ができている。しかし，ルールを著しく逸脱したプレイに対しては，防御不可能なことがありうる。実際には，対戦するプレイヤー同士はルールを超えた暗黙のルールの範囲での攻撃によって互いにプレイすることがある。プレイヤーが暗黙のルールを逸脱する場合が典型的な攻撃となる。

③ スポーツ活動と社会生活の関係

スポーツの攻撃性に関する最大の関心事は，スポーツ参加により攻撃性が増加するのか，あるいは減少するのかというテーマである。さらにはスポーツ参加が社会生活の攻撃に影響するのかという問題である。攻撃の内的衝動説と不快情動発散説では，攻撃の実行は攻撃本能あるいは攻撃的動因を低下させ，後の攻撃を減少させるというカタルシス（浄化。抑圧されていたものが，感情表出体験によって解消されること）が仮定される。スポーツの攻撃によるカタルシス効果を検証しようといくつかの研究が行われたが，スポーツによって日常生活の攻撃行動が明らかに減少したという点について，因果関係を証明した研究はない（杉山, 2000）。カタルシスはスポーツ以外でも支持しない研究が多く，仮説自体の問題点も指摘されている。非行との関連でスポーツのカタルシス効果を指摘する意見があるが，攻撃的衝動の発散という視点による効果は否定される。つまり，攻撃性のコントロール能力の育成は，スポーツとのかかわり方次第であるといえる。

カタルシスとは逆に，社会的学習理論に基づくとスポーツでの攻撃経験やモデリングによって攻撃性の上昇が仮定された。これまで，男性競技者の女性への性的・身体的攻撃の研究（Marchell, 1988），競技者とレイプとの関連性（Caron, 1997），学校スポーツの攻撃行動への影響（Robinson, 1999），武道の攻撃行動への効果（Anderson, 1999）などの報告があるが，スポーツにおいて学習された攻撃が異なるタイプの攻撃や社会生活にまで汎化（はんか）するのかについて，因果関係は実証されていない。

スポーツでの攻撃性と日常生活全般における特性としての攻撃性との関係をみた研究では，類似の攻撃については中程度の相関がみられる。この結果は，状況による行動の多様性を仮定するパーソナリティーの相互作用モデルに基づき，スポーツ場面の攻撃と日常の攻撃とが必ずしも一致しないと解釈されている（杉山・杉原, 1987）。報告はきわめて少ないが，チームコンタクトスポーツにおいて，選手の中には精神疾患の結果，異常な攻撃に没頭するケースがあることが指摘されている（Kerr, 2006）。

④ スポーツにおける攻撃性

スポーツの攻撃性と関連する個人的要因には，正当性の認知，道徳判断，目標志向性などがある。動機づけの達成目標理論に基づく目標志向性の研究は，自我志向性が非スポーツパーソンシップ，攻撃性に影響することを示唆している（Rascle, 1998; Duda, 1991; 杉山, 2007）。また，チームコンタクトスポーツについては，スポーツの攻撃と動機づけ状態について，リバーサル理論に基づく分析がされている（Kerr, 2006）。そこでは容認される攻撃の動機づけの状態は，楽しみ優先－順応－支配・優勢志向－自己志向あるいは他者志向であり，容認されない攻撃については，目標優先と支配・優勢志向が影響することが指摘されている。また，選手たちは容認される攻撃で楽しさを感じ，容認されない攻撃については，目標達成の手段として戦略的に攻撃が使われること，プライドを保つために報復することが示唆されている。

プレイヤーの攻撃は，相手プレイヤー，チームメイト，審判，観客，コーチとの間にみられ，状況別にみると，インプレイかアウトオブプレイ，フィールド内とフィールド外，試合中と練習中，スポーツ活動以外のチーム活動，個人か集団かに分類され，それぞれの攻撃の意味づけや評価は生じた状況や攻撃のプロセスによって異なる。フィールド内での攻撃についてみると，相手の挑発に対して，回避，報復が動機となることが明らかにされている（杉山, 2000）。また，スポーツの攻撃において，印象操作が機能することも示唆されている。

⑤ 攻撃性のコントロールの重要性

スポーツでは，ルールを著しく超えたコンタクトプレイにより訴訟となるケース，長期の出場停止処分となるケースが生じている。世界的なスポーツイベントで選手同士の言葉による攻撃が相手の身体的攻撃を引き出し，退場処分の結果，ゲームの流れに影響を与えたケースもみられる。ルールあるいは暗黙のルールの範囲内，範囲外の身体的攻撃だけではなく，差別発言など言語的攻撃の内容も問題となる。スポーツにおける攻撃性のコントロールはスポーツ選手にとってきめて重要な課題であるといえる。

（杉山哲司）

スポーツの楽しさ

① 楽しいという感情

レクリエーションで行われる場合はいうまでもなく，体育授業で行われる場合も，健康のために行われる場合も，スポーツは楽しく行うことが大切とされる。勝敗を重要視する競技スポーツでさえ，楽しくプレイしたいという選手は少なくない。スポーツには様々な楽しさがあり，人によって，状況によって感じる楽しさは異なる。楽しいというのは感情の一種である。したがって，スポーツの楽しさを理解するためには，どのような時に感情が生起するのかを知る必要がある。

感情はある対象を経験したり思い浮かべたりした時に生じる〈快-不快〉の軸をもった精神状態である。楽しい，うれしい，好きなどは快の，怖い，嫌い，恥ずかしいなどは不快の感情の例である。感情は一種の評価システムであり，快の感情は対象を自分にとってよいもの有益なもの，不快の感情は悪いもの有害なものと判断した時に生じると心理学では考えている。そしてこの評価は，自分のもっている欲求がその対象によって満たされるか阻止されるかによって大きく左右される。楽しいという感情は自分の欲求が満たされる時に生じる快感情の代表的なものである。

自分はこうしたいとかこうありたいという欲求のことを，心理学では動機づけ（モチベーション motivation）という概念で研究してきた。動機づけとは行動を起こし持続させる精神的なエネルギーを供給する心の働き，わかりやすくいえば意欲のことである。そして，個人のもつ動機づけが満足されると一般的には快の感情が生じるとともに，動機づけが高まることが明らかにされている（動機づけの強化機能）。スポーツについていえば，その人がスポーツに対してもっている動機づけがスポーツをすることによって満足されると，スポーツは楽しいといった快の感情が生じ，もっとスポーツをやりたいという意欲が高まる。したがって，スポーツに対してどのような動機づけをもつかによって人が感じるスポーツの楽しさは違ってくることになる。

② スポーツの楽しさとスポーツ参加

楽しいという感情は人々をスポーツに参加させ継続させる最も重要な要因である。多くの人がスポーツに対してもちやすい動機づけと，それが満足される楽しさの関係を表1に示した（杉原隆『新版運動指導の心理学』大修館書店．2008．140）。スポーツをすることによってこれらの動機づけが満足されるに違いないという強い期待をもつ人がスポーツに参加する。動機づけは大きく外発的動機づけと内発的動機づけに分けられる。外発的動機づけとは，例えばお金のためにスポーツをするといったように，行動（スポーツ）が外的報酬（お金）を獲得する手段となっている場合をいう。この場合，お金がスポーツをする意欲を生み出している。これに対して内発的動機づけの場合は，行動（スポーツ）に報酬が内在している。すなわち，行動（スポーツ）することそれ自体が報酬となり，意欲を引き出すように働くのである。

③ 外発的動機づけが満足される楽しさ

どのような動機づけでスポーツを行うかは人によって異なる。まず，外発的動機づけに注目してみよう。これまでの調査によれば，優越の動機づけが満足される〈競争して勝つ楽しさ〉，承認の動機づけが満足される〈他者に認められ褒められる楽しさ〉，親和動機づけが満足される〈友達を作り仲よく心を通わせる楽しさ〉などが多くの人によって挙げられている。このほか目立ったり有名になったりする楽しさ（顕示動機），他者を攻撃する楽しさ（攻撃動機）なども挙げられる。われわれは1つの動機づけだけでスポーツをすることは稀で，通常，複数の動機づけによってスポーツを行う。これが人によってスポーツの楽しさが異なるとともに，いろいろな楽しさを感じる理由である。例えば，顕示動機でスポーツをしている人はテレビに出たりして多くの人に注目されると楽しいと感じる。しかし，ほかの動機でスポーツをしている人は，注目され目立っても楽しさは感じないといった具合である。

④ 内発的動機づけが満足される楽しさ

内発的動機づけが満足される楽しさは，行動に内在する報酬とはなになのかを明確にすることによって明らかになる。この点について，行動に内在する報酬とは「自己決定と有能さの認知」であるとするコンピテンス理論が有力であり，われわれが感じるスポーツの楽しさをうまく説明してくれる。この理論では，人間は生まれつき能動的に環境と相互作用する傾向を有しており，その行動において自己決定的で有能でありたいという欲求をもつと考える（E.L.デシ『内発的動機づけ』誠心書房．1980）。自分らしく個性的に自分の可能性を追求して能力を向上させたいという動機づけといっていいだろう。スポーツについていえば，自分たちで工夫して目標や練習方法を決め努力してやり遂げる楽しさ，"できた"とか"やった"という喜びの叫びに代表される能力を向上させる楽しさ，全力を発揮して自分の思いどおりにプレイする楽しさなどである。これらは運動有能感と呼ばれている。それぞれのスポーツに

表1　内発的動機づけと外発的動機づけが満足された時生じる運動の楽しさの違い

内発的動機づけが満足される楽しさ	外発的動機づけが満足される楽しさ
・今もっている自分の全力を出して運動する ・運動が上達する（できなかったことができるようになる） ・新しいやり方や難しいやり方に挑戦してやり遂げる ・自分で運動のやり方を工夫し決めてやる ・その運動のもつ独自の楽しさを味わう 例：ドッジボール 　　相手にボールを当てる 　　投げられたボールをかわす 　　味方にボールをパスして当てさせる 　　当てられないところに逃げる 　　ボールを持って相手を追いかける 　　いろいろな投げ方でボールを投げる　など	・指導者や親や仲間に褒められる（承認動機） ・友達と一緒に仲よく協力して運動する（親和動機） ・競争して勝つ（優越動機） ・人から注目される・目立つ（顕示動機） ・ご褒美をもらう（獲得動機） ・自分の意見が受け入れられる（支配動機） ・人から励まされ支援される（救護動機） ・人を援助し助ける（養護動機） ・ルールに従って相手を攻撃する（攻撃動機） など

（出典：杉原隆『新版運動指導の心理学』大修館書店．2008．140）

よって運動有能感の中身，すなわち具体的な目標や練習方法，プレイする能力やプレイの仕方は大きく異なる。このことがそれぞれのスポーツがそれぞれ異なった独自の魅力・醍醐味をもつ理由である。サッカーにはサッカーの，柔道には柔道の，水泳には水泳の，他のスポーツでは味わい難い独自性の高い楽しさがある。これが内発的動機づけが満足される楽しさであると考えられる。有能感を追求する内発的動機づけはまた，最適のチャレンジを追求し征服するという行動を引き起こす。単調な繰り返しを避け新規なプレイを追求し挑戦する楽しさ，自分の能力ぎりぎりのところでプレイしたり危険なプレイでスリルを味わったりする楽しさなども内発的動機づけが満足される楽しさに含まれると考えられる。

⑤ **運動嫌い**

楽しさの対極にあるのが嫌だとか怖いなどといった不快の感情である。一般的には，ある動機づけでスポーツに参加したのに，その動機づけが満足されないとつまらないとかおもしろくないとか嫌だといった感情が生起する。このほかに，実験的に検証された根拠をもつ，非常に強い嫌悪や恐怖を生み出すメカニズムがある。1つは苦痛経験の条件づけである。例えば，溺れて水を飲んで死ぬかと思うほど苦しい思いをすることにより，それまで好きだった水泳が大嫌いになり，時には水をみただけで怖くなるといった場合がそれである。もう1つは，学習性無力感（Learned Helplessness: LH）である。人はなんらかの意図や期待をもって行動する。しかし，いくら一生懸命努力してもそれが報われないという経験をすると，意図・行動とその結果の非随伴性の認知が成立してしまう。スポーツ場面において学習性無力感が生じる過程を図1に示した（杉原隆『新版運動指導の心理学』大修館書店．2008．159）。できるようになりたい，上達したいと思ってがんばって一生懸命練習する。しかし，一向に上手にならない，できるようにならないという経験を繰り返すと，自分には能力がないからいくら努力しても無駄でどうしようもないのだという無力感が生起する。つまり，意欲がなくなり，嫌い・惨めといった不快の感情が生じ，劣等感が高く消極的な性格になってしまう。これまでの研究で，運動嫌いの人は劣等感が高く消極的であるなどの性格特性をもつことが明らかにされたことから，その性格が原因で運動嫌いになるという指摘がなされていた。しかし，学習性無力感の理論からすればそうではなく，嫌いという感情と無気力性格は両方とも，行動と結果の非随伴性の認知によって引き起こされたものと解釈される。

（杉原　隆）

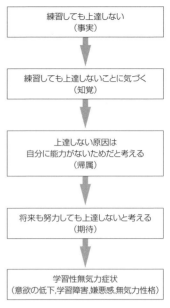

図1　運動場面で学習性無力感が生じる過程
（出典：杉原隆『新版運動指導の心理学』大修館書店．2008．159）

スポーツとメディアのメンタリティー　10.A.05

① 好きなスポーツ

近年の「健康志向」ブームもあってか，スポーツへの関心が高まっている。大別すると，スポーツには「するスポーツ」と「みるスポーツ」がある。NHK放送文化研究所が2007年3月に実施した世論調査『日本人の好きなもの』によれば，「するスポーツ」の上位5つは，ボウリング，野球，卓球，バレーボール，バドミントンであった。他方，「みるスポーツ」については，プロ野球，高校野球，フィギュアスケート，マラソン，駅伝の順であった。これを1983年10月に実施された前回の調査と比較すると，順位の変動が大きかったのは，「みるスポーツ」であった。例えば，「フィギュアスケート」は前回の9位から3位に，「駅伝」は13位から5位に，「サッカー」は20位から6位へ，「シンクロナイズドスイミング」は20位以下から10位へ，といった具合であった（表1，表2）。

② みるスポーツとマスメディア

「みるスポーツ」には，観衆（見物人）が付き物である。古代オリンピックが開催されたオリンピアにも，ギリシャ各地から大勢の見物人がやってきた。近年の研究によると，スタジアムの収容人数は4万から4.5万人であった。そうした彼らは競技者・審判とならんで，祭典の重要な構成員であった（師尾晶子．「競技者・審判・観客—オリンピアに集う人びと—」桜井万里子，橋場弦　編『古代オリンピック』〈岩波新書〉．岩波書店．2004．90–106）。これに対して近代スポーツは，「祭儀から記録へ」（From Ritual to Record）と要約されるように，競技の世俗化を進めることで，競技者と観衆の役割を明確に区別した（Guttmann, A. *From Ritual to Record: The Nature of Modern Sports.* Columbia University Press. 1978）。

またその一方で，近代スポーツは新たなタイプの観衆を作り出した。競技の場に立ち会うことなく，マスメディアを介して競技の結果に一喜一憂する人々である。彼らはスポーツ競技とのかかわり方において，スポーツファン（sport fan）とスポーツ観戦者（sport spectator）に分けられる。ワン（Wann）らの定義によれば，「前者のスポーツファンは，スポーツそのもの（もしくは特定のチームや選手）への関心や愛着が持続的であるのに対して，後者のスポーツ観戦者はそうしたこだわりをもたずにスポーツを単なる娯楽（もしくは消費）の対象の1つとみなしている人々」のこと

表1 するスポーツで好きなものベスト20

今回（2007実施）

順位	種目	割合(%)
1	ボウリング	28
2	野球	25
3	卓球	21
4	バレーボール	20
5	バドミントン	19
6	水泳	18
7	釣り	17
8	テニス	17
9	ゴルフ	16
10	スキー	14
11	ソフトボール	14
12	サッカー	12
13	バスケットボール	10
14	登山	9
15	ダンス	9
16	ジョギング	9
17	サイクリング	8
18	ヨガ	6
19	スノーボード	6
20	マラソン	5

前回（1983年実施）

順位	種目	割合(%)
1	卓球	28
2	野球	27
3	バレーボール	26
4	ボウリング	25
5	テニス	24
6	ソフトボール	24
7	水泳	22
8	バドミントン	22
9	釣り	19
10	スキー	18
11	ゴルフ	15
12	ダンス	14
13	スケート	14
14	登山	13
15	バスケットボール	13
16	サイクリング	13
17	体操	10
18	サッカー	8
19	ジョギング	8
20	マラソン	7

（出典：NHK放送文化研究所世論調査部 編『日本人の好きなもの：データで読む嗜好と価値観』NHK出版. 2008.）

である（Wann, D. L. et. al., *Sport Fan: The Psychology and Social Impact of Spectators*. Routledge. 2001. 2-3）。

しかしながら，現実問題として両者を峻別することは難しい。クロフォード（Crawford）は，全く関心がなかった状態から熱烈なファンに変身するまでの移行は段階的であるとし，「一概にファンといっても，段階が異なれば同じではない」と批判する（Crawford, G. *Consuming Sport: Fans, Sport and Culture*. Routledge. 2004）。

マスメディアとスポーツとの関係は，競技の結果をいち速く伝えることに始まり，実況放送，同時中継へと進んできた。その担い手もまた，雑誌・新聞といった活字媒体からラジオ，テレビ（地上波放送，ケーブル放送，衛星放送），インターネットへと主役を交替させてきた。今日では「みるスポーツ」といえば，こうした「メディアスポーツ」が大半であり，なかでもテレビの比重は大きい。

③ テレビスポーツの功罪

スポーツ中継が，テレビ番組を編成する上で不可欠なコンテンツとなったのは，次のような理由からである。1) 視聴者は生中継を好むが，なかでもスポーツ中継は最後まで結果が予測できない点で，視聴者の興味や関心を惹きつける。2) スポーツ競技は年間のスケジュールがあらかじめ決まっており，番組編成がしやすい。制作コストもドラマなどと比べて割安である。3) スポーツ競技は視聴者にとって言葉の壁が低く，特別な読み書き能力を必要としない。4) 政治絡みの話題とは異なり，人々は概してスポーツ競技には好意的である。5) 競技の性格上，視聴者が宣伝や広告を無視することが難しい（Bellamy, R. V. Jr. Sport Media: A Modern Institution. In Raney, A. A. & Bryant, J. (eds.) *Handbook of Sport and Media*. LEA. 2006. 63-76）。

他方，スポーツ団体にとってテレビ中継の影響は，1) 地域性の強かったスポーツ競技の認知度を全国レベルにまで高め，ファン層を拡大したこと，2) 近年の放映権の高騰により，スポーツ界に大金をもたらしたこと，である。それによって選手の待遇は大幅に改善され，彼ら彼女らの社会的地位もまた向上したのである。バスケットボールのマイケル・ジョーダン（Michael Jordan），サッカーのディヴィド・ベッカム（David Beckham），ゴルフのタイガー・ウッズ（Tiger Woods）といったスター選手は，スポーツの枠を超えた社会的名士（Celebrity）である。

しかしながら，こうした「テレビスポーツ」に対しては，スポーツの本質を歪め，スター選手が主役のショービジネスにしてしまったとの手厳しい批判がある。

④ ケーブルテレビとインターネット

アメリカでは，有料となるケーブルテレビの視聴者数が，地上波放送テレビのそれを上回ることになった。なかでもESPN（Entertainment and Sports Programming Network）やFSN（Fox Sports Net）といったケーブルテレビは，24時間スポーツ番組を放送しており，取り上げるスポーツ競技もまた多岐にわたる。競技人口の少ないスポーツやテレビ主導で作られたスポーツ（例えば，室内型アメリカンフットボール「アリーナフットボール」），さらにはサブカルチャー的な色合いの強いエクストリームスポーツ（Extreme Sports. 例えば，インラインスケートやスノーボード）にまで及ぶ。

ケーブルテレビは，視聴者にとって番組の選択肢を増やすことになったが，放送時間中はテレビの前に釘づけにされる点では，これまでのマスメディアと同様，時間的・物理的な制約があった。それに対して，インターネットは，「いつでも，どこでも，好きなものを，好きなように」をキャッチフレーズにして，上記の制約を取り除いたの

である。ESPN.com, Yahoo! Sports, AOL Sports, SI.comといったウェブサイトは，有料ではあるが，ファンの求めに応じて様々なサービスを提供してきた。また各種スポーツ団体および傘下の所属チームもまた自前のサイトを開設しており，あらゆる記録や過去の試合の名場面が閲覧可能である。

こうしたサイトにアクセスするのは，若い男性が大半であるが，彼らはインターネット上のサイトを利用して相互に情報や意見交換を行ってきた。ファン雑誌（fanzine）の電子版であり，ファンが構成する疑似コミュニティであった。時にはそれが，球団の利益本位の本拠地移転やファンを無視した営利行動に抗議する草の根運動の母体に発展することもあった。

⑤ テレビ観戦者の属性

一般に「男性はスポーツをするのが好き」といわれるが，それは「みるスポーツ」においても同様であろうか。前掲のNHK放送文化研究所が実施した『日本人の好きなもの』調査では，男女別・年齢層別の結果が報告されている。それによると，各年齢層ともに男女の相違よりは，類似性の方が大きかったのである（表3）。

それにもかかわらず，男女の違いがはっきり現れたのは，男性がボクシングを，女性がシンクロナイズドスイミングを好むことであった。また年齢を考慮すると，男性の場合，若年層（16−29歳）と中年層（30−59歳）が自動車レース，総合格闘技といった興奮度の高いスポーツを好み，中年層と高年層（60歳以上）が自らの趣味に照らしてゴルフを好んだことである。一方，女性の場合は年齢にかかわりなく，シンクロナイズドスイミングや新体操といったテレビ映えのするスポーツの視聴に積極的であった。そこには，プロの技を盗んで自らの趣味に生かそうといった下心はなく，純粋に競技そのものを楽しんでいたのである。

この点に関して，クーパー・チェン（Cooper-Chen）は入手し得た国々のデータに基づき，男女によってスポーツの好みに違いがあること，「女性は個人競技を好み，なかでも動きが優雅で，身体的な接触の少ない競技を好む」ことを指摘したのである。例えば，アメ

表2　みるスポーツで好きなものベスト20

今回（2007実施）

順位	種目	割合(%)
1	プロ野球	45
2	高校野球	39
3	フィギュアスケート	36
4	マラソン	33
5	駅伝	32
6	サッカー	31
7	バレーボール	30
8	相撲	23
9	ゴルフ	18
10	シンクロナイズドスイミング	16
11	ボクシング	15
12	スキー・ジャンプ	15
13	柔道	14
14	体操競技	13
15	総合格闘技	13
16	テニス	12
17	陸上競技	12
18	競泳	11
19	自動車レース	10
20	新体操	10

前回（1983年実施）

順位	種目	割合(%)
1	高校野球	59
2	プロ野球	52
3	バレーボール	42
4	相撲	40
5	マラソン	36
6	体操競技	33
7	ボクシング	28
8	プロレスリング	25
9	フィギュアスケート	25
10	スキー・ジャンプ	25
11	ゴルフ	23
12	テニス	22
13	駅伝	22
14	陸上競技	22
15	スキー	21
16	新体操	19
17	競泳	19
18	ボウリング	16
19	柔道	16
20	サッカー	15

（出典：NHK放送文化研究所世論調査部 編『日本人の好きなもの：データで読む嗜好と価値観』NHK出版. 2008.）

リカ人女性の好みはスケート，水泳，飛込（diving），体操であり，ノルウェー人女性の好みは水泳と体操であった（Cooper-Chen, A. Global Games, Entertainment and Leisure: Women as TV Spectators. In P. J. Creedon (ed.) *Women, Media and Sport: Challenging Gender Values.* Sage Publications. 1994. 257−72）。

テレビ観戦者は，競技場での観戦者と区別され，ともすると「カウチポテト」と卑下されてきた。しかしテレビの前であっても，彼らはチームの勝利と選手の活躍を願って熱く燃えていることには変わりはない。なかには競技場にいないという臨場感の乏しさを補うためか，一連の儀式を済ませてからテレビの前の指定席に腰を据える人もいる。また気休めと思っても，験担ぎに走る。試合経過によっては，相手選手への罵声，味方選手への叱咤激励，時にはテレビ画面に向けて紙つぶてを投げつける。試合終了後は，疲労困憊で息も絶え絶えのありさまである。テレビの前であっても試合経過に一喜一憂するのはファンたるゆえんであろうし，時には監督になりかわって，敗戦の責任を一身に負う心情にもなる。熱烈なファンであれば，その行動に，男女の違いはみられない。

参考文献

- NHK放送文化研究所世論調査部 編. 2008. 『日本人の好きなもの：データで読む嗜好と価値観』NHK出版
- 三井宏隆，篠田潤子. 2004. 『スポーツ・テレビ・ファンの心理学』ナカニシヤ出版
- Raney, A. A. & Bryant, J. eds. 2006. *Handbook of Sport and Media*. Lawrence Erlbaum Associates.

（三井宏隆）

表3 みるスポーツで好きなもの 男女年齢層別

男性 16－29歳

順位	種目	割合(%)
1	サッカー	49
2	プロ野球	47
3	高校野球	36
4	総合格闘技	24
5	ボクシング	19
	バスケットボール	19
7	フィギュアスケート	17
8	自動車レース	16
9	バレーボール	14
	テニス	14
	駅伝	14

男性 30－59歳

順位	種目	割合(%)
1	プロ野球	63
2	高校野球	41
3	サッカー	40
4	マラソン	33
5	駅伝	30
6	ゴルフ	27
7	ボクシング	26
8	総合格闘技	24
	自動車レース	24
10	フィギュアスケート	23

男性 60歳以上

順位	種目	割合(%)
1	プロ野球	72
2	マラソン	59
3	高校野球	57
4	相撲	57
5	駅伝	54
6	ゴルフ	34
7	サッカー	32
8	柔道	29
9	ボクシング	29
10	バレーボール	26

女性 16－29歳

順位	種目	割合(%)
1	フィギュアスケート	46
2	バレーボール	38
3	高校野球	34
4	サッカー	28
5	シンクロナイズドスイミング	24
6	プロ野球	16
7	総合格闘技	12
8	バスケットボール	11
9	駅伝	11
	新体操	11
	スノーボード	11

女性 30－59歳

順位	種目	割合(%)
1	フィギュアスケート	55
2	バレーボール	38
3	高校野球	31
4	マラソン	26
5	駅伝	26
6	シンクロナイズドスイミング	25
7	プロ野球	24
8	サッカー	22
9	体操競技	17
10	新体操	16

女性 60歳以上

順位	種目	割合(%)
1	駅伝	45
2	プロ野球	43
3	マラソン	41
4	フィギュアスケート	39
5	バレーボール	37
6	高校野球	36
7	相撲	34
8	サッカー	24
9	体操競技	22
10	シンクロナイズドスイミング	21

(出典：NHK放送文化研究所世論調査部 編『日本人の好きなもの：データで読む嗜好と価値観』NHK出版．2008．)

スポーツにおけるブーム・トレンドのメンタリティー

① ブーム・トレンドの定義

ブームあるいはトレンドは，われわれの日常生活における行動様式や生活様式にかかわる外面的なものから，ある種のものの考え方や思想，芸術などのより内面的なものに至るまで，社会のあらゆる領域に見出すことができる流行現象といえる。

このような現象に最も頻繁に論及してきたのは社会心理学者である。斎藤(1959)や川本(1981)の流行の定義に基づきながら，ブーム・トレンドは次のように定義づけられよう。

「個々人の新しい社会的行為が他者やマスメディアとの間で互いに影響し合いながら，新しい行動様式，思考様式が社会や集団のメンバーに普及していく過程であり，その結果，一定の規模となった一時的な集合現象」である。

② ブーム・トレンドの展開過程

スポーツの新しい行動や思考の様式も他分野の行動や様式と同様に，ブーム・トレンドとなるためには，その発端から終端までいくつかの段階を経る（図1）。

第1段階は，新しい様式の伝達・知覚期である。現在では多くの場合，マスメディア，あるいはパソコン・携帯電話を通じたインターネットからそれを知覚しているといえる。一般に現代社会においては，パブリシティーキャンペーンといわれる大量生産と大量消費のメカニズムに基づいた新しい様式に関する情報提示がなされる。毎年春にはウインタースポーツウエアの発表会やファッションショーが開催され，秋口には来春夏に向けてゴルフウエア

や水着等に関する同様のショーが開催されている。それは，服飾関連ファッションの送り手のうち半数近くが，流行は人為的に操作できると実感している（川本，1981）ことにも象徴されるように，第1段階では自然発生的なものよりも，マスメディアを核にした人為的な操作が大きく影響しているからである。

第2段階は，街頭や繁華街，あるいは身近な友人の中に実際に新しい様式を採用している人をみかけるようになる検証・試行期である。この段階では新しい様式が慣習や集団規範や価値基準に照らされながら，それを採用するか否かが，マスメディアやインターネットの情報のみならず，インターパーソナル・コミュニケーションによっても検証される。

第3段階は，普及期である。すなわち，第2段階で検証された様式がよりいっそう進行する時期である。慣習や他の規範などに抵触し，批判を浴びるような新しい様式が，この段階に至ることは稀である。ブーム・トレンドはこの時期に最盛期を迎える。

第4段階は，消滅・終息期である。この段階ではブーム・トレンドとなった行動や思考に対して飽き，採用していた様式を廃棄する者が多くなり，次第に消滅するのである。しかし，この時期に至っても消滅しないで定着するものがあり，それは「慣習化」したことになる。

③ 社会・文化的背景とスポーツにおけるブーム・トレンド

ブーム・トレンドはその時々の社会的・文化的背景を反映する。第二次大戦後から10年近く経過するとテレビ放送が始まり，そのキラーコンテンツとして最も人気を博したのがプロレスであった。戦後はアメリカに敗戦した痛手を背負いつつ復興を図っていたため，プロレスにおいて日本人レスラーがアメリカ人レスラーを相手に活躍する様は，驚異的な視聴率を獲得したのである。特に力道山は日本の国技である大相撲出身であり，彼が東洋的神秘を感じさせるカラテチョップをもって鬼畜米英とばかりに，シャープ兄弟やルー・テーズらを打ち負かす試合は，街頭テレビに映し出されるたびに，当

図1 ブーム・トレンドの展開過程
スポーツに限らず，新しい行動や思考の様式には，①メディアを介した伝達・知覚期，②身近に新しい様式をみかけるようになる検証・試行期，③より進行し，最盛期ともいえる普及期，そして④採用されていた様式に飽き，廃棄する者が増え，次第に消滅に至る，もしくは定着して「慣習化」する消滅・終息期というライフサイクルで展開する。

時アメリカに対して少なからずコンプレックスを抱いていた日本人の鬱憤を晴らし，留飲を下げ，大きな共感を呼び，空前のプロレスブームを巻き起こしたのである（図2）。

1960年代に入ると，「黄金の60年代」という流行語に象徴されるように，高度経済成長期に突入する。この時期の生活において，貴重な余暇は仕事から解放され，休養に充てるものという考え方が強く，スポーツでエネルギーを消耗することなどは考えられなかった。このような状況においてボウリングだけは仕事から解放され，比較的少ない運動量で手軽に楽しめるスポーツとして最適であった。特にピンが飛び散る時の破壊の感覚は，大量生産を強いられている者にとってはたまらぬ解放感を味わわせてくれるものだったのである。また，このブームを根底から支えていたのは生活における中流意識である。ボウリングをすることによって人並みであることの確認ができ，コミュニケーションにおける話題を得ることができたのである。換言すれば他者との同一化を求める他人志向社会を象徴していたといってよい。

一方，高度成長下での競争社会の厳しい現実を肯定し，忍耐強く立身出世の夢を追うメンタリティーを反映した『巨人の星』に代表される『根性もの』『出世もの』のスポーツマンガもブームとなった。戦後復興の象徴といわれた1964（昭和39）年の第18回オリンピック大会（東京）においては，過酷な鍛錬の末に女子バレーボールチームが金メダルを獲得したが，これは「根性」や「忍耐」という価値をいっそう増幅させ，テレビでも『サインはV！』『アタックNo.1』等のスポーツにおける根性を題材にした，いわゆるスポ根ものが高視聴率を誇ったのである。

しかしながら1960年代後半に入ると，高度経済成長の歪みが顕在化し，

図2 街頭テレビでプロレス中継に興じる人々
（写真：読売新聞／アフロ）

特に伝統的な価値に懐疑・反発する動きが全共闘の学生を中心に表面化する。そこでは反社会的な価値をデフォルメするカウンターカルチャーとしてのスポーツマンガ『あしたのジョー』が学生を中心に人気を博すようになる。この作品で主人公の矢吹丈（ジョー）は徹底したアウトローとして描かれており，体制，反体制といった二分法によって構造化されていた当時の社会的背景とも交響しながら，人々は自己のアイデンティティーをジョーに求め，現実のカタルシスを経験していたのである。

1970年代半ばを過ぎると，モータリゼーションの進展や公共交通機関の発達により人々の運動量が低下し，運動不足が原因と考えられる疾病の増加や仕事のストレスから健康を損なう現象が顕著になってくる。健康とスポーツ，健康と運動に関する雑誌が大量に出版され，「ぶら下がり健康器」や「ルームランナー」が爆発的に売れ，トレーニング設備の整ったアスレティッククラブの増加がそのことを象徴的に表している。しかしながら，低成長期を迎えていたこの時期，人々はより手軽に買える健康法を望んでいた。それがジョギングであった。この有酸素運動が健康を維持増進するために有効であるという科学的根拠が明らかにされ，関連する著作が相次いで出版され，さらにアメリカ大統領がこれを自身のイ

メージ向上に利用するなど，ジョギングによる健康回復は社会の大きなトレンドになった。そして各地に希望者が気軽に参加できる市民マラソン大会が誕生したのである。このような健康とスポーツの強固な結びつきについて上杉(1990)は，人々の健康に対する不安がその要因であるという。健康のためのスポーツが社会目標となり，みんながスポーツへと動き始めると，人はスポーツをしないことに不安を感じるようになる。スポーツをすれば健康になるという根拠などどうでもよく，人々はこの不安から逃れるために，なんとなく身体活動としてのスポーツを選んでいるのであるという。特にこの時期のジョギングに関しては上記のようなメンタリティーのもとでブームを招いたことは想像に難くない。

1980年代後半に入ると社会・経済は過剰に活性化し，いわゆるバブリーな高景気時代へと突入する。それに伴いテニスやエアロビクスのようなファッション性が高くオシャレ感を味わえるようなスポーツが台頭してくる。この頃，街にはワンレングスのヘアスタイルにミニスカート，ハイソックスで小脇にテニスラケット，肩には大きめのブランドバッグといったいでたちの若い女性が溢れた。またアスレティッククラブのスタジオではカラフルなレオタード姿でリズムに合わせて鏡の前で踊るエアロビクスが全国でみられた。このようなブームの背景には時代のメンタリティーが個人主義(自己)へシフトしてきたことが挙げられよう。つまり，われわれのスポーツにかかわる目的が国のため，会社のため，神のため，名誉のため等から自己を魅せるため(ファッション)へと変化してきているといえる。

バブルが弾け，不況・低成長の時代に突入すると，一部の金持ちと多くの貧困層という格差が顕著となり，1990年代後半からは自殺者数が年間3万人を超えるなど，社会全体に閉塞感が漂うようになる。このようないわば抑圧された社会においては，その抑圧から逃れようとするメンタリティーが広がる。昔から祭やカーニバルは，抑圧された民衆が1年(あるいは複数年)に1度だけ日常の秩序を転倒させたり無礼講で騒ぐことで，鬱積した不満やフラストレーションを安全裡に解放する機能を担っていた。1990年代半ばのJリーグや2002(平成14)年日韓FIFAワールドカップ大会の異様な盛り上がりも同様のコンテクストにおいて理解されよう。また近年，仮装を施したランナーが多く参加するフェスティバル(祭)指向の市民マラソン大会が増加していること等もこのような意味において理解されるのである。

参考文献　10.A.06

- 上杉正幸. 1990.「不安としての健康」亀山佳明編『スポーツの社会学』160-61. 世界思想社
- 川本勝. 1981.『社会心理学選書1 流行の社会心理』(20). 42. 勁草書房
- 斎藤定良. 1959.「流行」戸川行雄ほか 編『現代社会心理学4 大衆現象の心理』184. 中山書店

（橋本純一）

スポーツパフォーマンスのメンタリティー　10.B

運動上達のメンタリティー　10.B.01

運動技能とは，入力である知覚情報を手がかりに，目的に合うように出力である運動をコントロールする能力のことで，この運動技能が向上していくプロセスを運動上達，あるいは運動学習という。ここでは，知覚情報と遂行する運動をうまく協応させていくプロセスにおいて重要な役割を果たしている心理的要因(注意，状況判断，予測，フィードバックや運動イメージ)，つまり上達に伴う心の変化について論じる。

① 注意
[内発的注意と外発的注意]

内発的注意とは，相手の動きを先読みして，その場所にあらかじめ注意を向けておくなど，本人が意図的に操作する注意で，能動的注意ともいわれている。これに対し，外発的注意とは，突然ボールが飛んでくると思わずそちらに注意を取られるなど，意識にかかわらず目立った刺激の方へ強制的に向いてしまう注意で，受動的注意ともいわれている。

[注意における3つのスタイル]

この内発的注意には3つのスタイルがあり，それぞれの状況においてどのスタイルを採用するかが，運動上達に関係することがナイデファー(Nideffer, 1986)によって示されている。その3つのスタイルとは，1)同時に広く味方や相手やボール位置に注意を払う，広い外的注意，2)いろいろな可能性を考慮してプレイを選択する，広い内的注意，3)必要に応じて注意の幅を狭くすることができる，狭い注意の集中，であり，状況に応じて適切に，これらの注意のスタイルを採用することが必要とされている。

広い外的注意は，正確ですばやい状況判断に必要とされる能力で，この注意スタイルを巧く制御できないと，周囲の状況によって注意が散漫になりうる傾向がある。広い内的注意は，自分の考えを系統立てたり，予測する際に必要とされる能力で，この注意スタイルを巧く制御できないと，1度に多くのことを考えすぎて混乱してしまう傾向がある。狭い注意の集中は，必要に応じて注意の幅を狭くする能力で，この注意スタイルを巧く制御できないと，1つの考えに固執しすぎて失敗する傾向がある。

[注意の向け方と運動上達]

学習者が，自分の動きに意識を置くことが運動上達に重要であると思われがちであるが，最近の注意の向け方に関する研究ではそうでないことが明らかにされてきている。ボールを蹴った時の足の感覚などの，自分自身の動きに注意を向けさせる内的焦点(internal focus)よりも，蹴ったボールが飛んでいく様子などの，環境に運動が与える影響に注意を向けさせる外的焦点(external focus)の方が，運動上達を促進することが明らかにされている。

② 状況判断

状況判断能力は，球技などのオープンスキルのパフォーマンスを決定する重要な要因である。状況判断には，必

要となる情報に注意を向けて情報を収集し，自分自身の置かれている状況を認識し，今後の状況を予測する知覚的過程と，そこからどのような運動を選択するかという意志決定過程が含まれる。この状況をすばやく正確に認識する能力は，動体視力，視野の広さ，奥行き知覚といった視機能と反応時間といった基礎的な能力の発達に関連することが報告されている。しかし，それ以上に，状況判断能力は，複雑な場面をどのようにみるかという認知的要因によってより大きく左右される。豊富なゲーム経験とトレーニングを通して，選手は，熟達するにつれて，ゲーム場面を意味のある構造として捉えられるようになり，複雑に入り組んだ多くの情報を効率的に処理できるようになる。この認知的能力を試合という実経験を通してではなく，ビデオ機器等を用いて高めようとする方法が，認知的トレーニングであり，近年の研究ではその有効性が示されている。

③予測
[データ推進型情報処理と概念推進型情報処理]

予測は，相手の体勢やボールなどの外的刺激を受け入れて，それらを解釈するという，末梢の感覚器官から中枢へという方向のデータ推進型情報処理と，プレイスタイルや戦術に関する知識に基づいて，手がかりとなる外的刺激に注意を向けるように知覚を誘導するという，中枢から末梢へと進行する概念推進型情報処理という，2つの処理が相互作用することによって成立する。このような予測の学習を効率的に進めるために工夫されたのが認知的トレーニングである。認知的トレーニングは，予測の手がかりとなる外的刺激がなにかを理解し，それを見分けて必要な反応を選択できるようにする練習方法のことである。

[受容器予測と効果器予測]

運動を巧みに行うためには，前述したように，耳や目からの情報に合わせて，次になにが起こるか，あるいは，次に自分はどのような行動をとる必要があるかという受容器予測とともに，最適な時間に，最適な場所に，行動を遂行するために必要な自分自身の動作時間を見積もる効果器予測をも高める必要がある (Poulton, 1957)。例えば，野球のバッティングにおいて，次にどのような球種でどのようなコースにボールが来るという受容器予測がいかに正確であっても，自分自身のスイングが早すぎたり，遅すぎたりして，効果器予測が正確でないと，巧みな運動は成立しない。ブーツマら (Bootsma & van Wieringen, 1990) による卓球熟達者のフォアドライブに関する研究によると，スイング開始位置がばらばらであっても，打球時にはすべて一定の角度になっており，打球点までの時間が長いとスイング速度は遅く，時間が短いとスイング速度は速く調整されていた。これらの調整が，わずか0.2秒で遂行されており，予測に基づきながら，知覚－運動連関によって運動が遂行されていることを意味している。

④フィードバック制御
[運動上達を促すフィードバック]

運動が巧くなるということは，目標とする運動についての正確で明瞭な内的基準を形成することである。例えば，非常に運動経験の少ない人に，「閉眼で腕を水平に上げてください」と指示したところ，水平よりも少し上下にずれることがある。その時，本人は腕の感覚に基づきそこが水平と感じている。すなわち，内的基準が正確ではないために誤差が生じる。そこで，開眼させ腕の位置を確認(誤差検出)させた後，再度閉眼で水平位置を再生(誤差修正)させると，以前よりも水平に近くなっていく。そのプロセスを数回繰り返していくうちに腕は水平に上がるようになり，内的基準は正確になる。このように，自分の実行した運動を視覚的情報や筋運動感覚的情報などとして取り入れ，次の運動を修正する手がかりとして利用するという働きのことをフィードバックという。

[効果的なフィードバックの与え方]

学習者をできるだけ早く上達させるためには，指導者が，できるだけ早く，できるだけ頻繁に，できるだけ正確に，フィードバックを与えることがよいように思われがちであるが，実はそうではない。

運動が終了した直後に与えられる即時的フィードバックは，運動終了後数秒経ってから与えられる遅延フィードバックに比べて，成績が劣る。この理由は，学習者が筋感覚などの内在的フィードバック情報を処理する前に付加的フィードバックが与えられてしまうため，学習者が内在的フィードバック情報を処理しなくなり，誤差を感じ取る能力が向上しないためと考えられている。したがって，学習者が内在的フィードバック情報を処理するように，わざと数秒遅らせて付加的フィードバックを与える方が有効である。

毎回付加的フィードバックが与えられる群(100%群)と，2回に1回フィードバックが与えられる群(50%群)を比較すると，100%群の成績が大きく劣る。この理由も，学習者が筋感覚などの内在的フィードバック情報よりも付加的フィードバックに頼りすぎてしまい，誤差を感じ取る能力が向上しないためと考えられる。したがって，学習が進むにつれて，筋感覚などの内在的フィードバック情報に注意を向けさせるために，付加的フィードバックを与える割合を徐々に減少させていく漸減的フィードバックが有効である。

10%を超えた誤差に対してのみフィードバックが与えられた10%幅群と，5%を超えた誤差に対してのみフィードバックが与えられた5%幅群と，完全に一致しないかぎりフィードバックが与えられた0%幅群の3群を比較すると，フィードバックを与えない幅が広い条件ほど成績が優れている。人間が行う運動制御では，細かな誤差に対しても適切な修正を超えた過剰修正をしてしまうことが多く，細かすぎる誤差情報は，動作の安定性を阻害してしまう。

⑤運動イメージの形成
[運動上達を促す運動イメージ]

実際には運動していないにもかかわらず，運動している時と同じような準知覚的な経験が生じている状態を運動イメージという。ランニングのイメージであれば，足や腕の動きや呼吸の感覚，地面から受ける衝撃や足音，風圧や周囲の景色の変化などを，頭の中で思い浮かべている状態である。すなわち，この運動をすればこのような感じがするであろうという，期待されたフィードバックといえる。この運動イメージを，入力である知覚と出力である

運動との協応関係を高めるために用いて，運動技能を高めようとするのがメンタルプラクティスである。2012年の第30回オリンピック大会（ロンドン）の体操競技個人総合の金メダリスト，内村航平が，年少の頃から独学でこのメンタルプラクティスを行っていたことは有名な話である。同じように運動イメージを利用するものの，その運動イメージを試合等での実力発揮のために用いる場合には，イメージトレーニングといわれ，メンタルプラクティスとは区別されている。

[効果的なメンタルプラクティスの用い方]

運動上達を目的としたメンタルプラクティスを行うにあたり，次の4つの効果的な用い方がある。

1）自分が遂行しているイメージを浮かべる

他人が遂行しているのをみているような視覚中心の受動的なイメージではなく，自分が実際に遂行している筋運動感覚を中心とした能動的なイメージを想起することが重要である。例えば，山頂からスキーで誰かが滑っているのを正面からみているイメージではなく，自分自身が山頂に立って，風圧や雪面からの抵抗を感じながらスキーのターンをしていくイメージを描くことが重要になってくる。

2）身体練習と組み合わせる

身体練習とイメージトレーニングを交互に組み合わせて行うと効果が大きい。実際の動きがうまくいった時にその感覚を覚えさせたり，うまくいかなかった時にうまくいった時との違いを区別したりすることが重要である。

3）5分以内

正確な運動イメージを想起することはかなりの努力を必要とする。長く行うと不正確で不明瞭なイメージになってしまい，効果が期待しにくい。そのため，1回の想起時間は5分以内にとどめるべきとされている。

4）いつでも，どこでもイメージを描ける

メンタルプラクティスは実際にはほとんど身体を動かさないので，怪我をしている時や極度の疲労状態でも行うことができる。また，電車やバスの中などでも行うことができる。

参考文献 10.B.01

- 杉原隆．2008．『新版運動指導の心理学』大修館書店
- Bootsma,R.J., & van Wieringen,P.C.W. 1990. Timing an attacking forehand drive in table tennis. *Journal of Experimental Psychology: Human Perception and Performance*, 50: 21-29.
- Nideffer, R.M. 1986. Concentration and attention control training. In Williams,J.B. (Ed.) *Applied sport psychology*, 257-69. Mayfield
- Poulton,E.C. 1957. On prdediction in skilled movement. *Psychological Bulletin*, 54: 467-78.
- Wulf, G. 2010.『注意と運動学習―動きを変える意識の使い方』水藤 健, 沼尾 拓訳. 市村出版

（筒井清次郎）

稽古と修行のメンタリティー 10.B.02

① 稽古

「稽古」「修行」などの言葉は体育・スポーツなどの分野であまり使われることはなく，むしろ古典芸能や宗教上の研鑽，武道などで用いられることが多い。武道系ではあえて練習，トレーニングとは称さず，稽古という呼称にこだわる指導者も少なくない。

「稽古」の意味は「いにしえ（古）をかんがえ（稽）る」であると説明される。つまり，自らなした過去の試行錯誤を鑑み，その功を活かし拙を改め，さらなる向上を期する営みを「稽古」と称したのである。そこには単なる動作の反復やより高い負荷に耐えるだけにとどまらない精神的な働きや自己観察が必然的に伴うものと理解されている。一方，「練習」や「トレーニング」の用語・用例にも「結果の知識」を的確にフィードバックさせる重要性は謳われており多少なりと「稽古」のような精神性は含まれるが，身体能力や技術獲得より上位に精神性を置くところに「稽古」の特徴があり，その表記には日本的文化性を垣間見ることができる。

例えば武道は，日本の伝統文化の1つとして位置づけられ，競技的な優劣・勝敗の結果よりも，稽古において「心技体」というような能力的要因に加え，形や心構え，結果を得るまでの過程，精神的成熟までをも重んじる点で，他のスポーツ種目とは異なる特徴が指摘される（もっとも，柔道など現代武道の多くは競技スポーツ性を前面に出しているが）。

古くは，武道（武術）は戦闘に実用的な技芸そのものを意味していたが，「武」の作字が「戈を止める」という成り立ちであることから，江戸時代に武を論じる諸説では，単に闘争の手段としてのみの修行・修練にとどまるものでなく，「知，仁，勇の徳を以て武の本とす」というような徳性が強調されている。実は「武」の作字については，「止」は「足」を意味し，したがって「武」とは，武器あるいは身につけた技能をもって力強く前進することの意であるというのが真説なのだが，いずれにせよ，自己の能力によりよい方向性を付与していく過程が武道における「稽古」であると解釈できよう。

② 修行

「修行」は一般的に，仏教における精神の鍛錬をさし，財産・名誉・性欲といった人間的な欲望から己を解放し，生きていること自体に満足感を得る状態を追究することとされる。元はかつて武士が，闘いに臨み生死の極で狼狽えない不動の心を獲得するために仏教の手法を鍛錬に援用したのが，今のスポーツ界でも時に引き合いにされる「修行」の始まりといえるだろう（宗教上の「修行」と，技芸的な習い修めを表す語である「修業」とが混同されているとの指摘があるが，ここでは宗教的な詳述は置くこととする）。

現代においては生命を脅かすほどに自らを追い込む厳格さを求められることはまずないにしても，精神的な安定や集中力を磨く方法として「修行的」手法がなんらかの効果をもたらし得ないだろうかといった科学的な模索は続いている。しかし本来は，精神的な安定や集中力を「獲得したい」という欲望から離れることこそが「修行」の本質であるはずで，肉体的苦行を課せばそれらが得られると考えるのは短絡に過ぎる。また修行においては，怒り・怨み・妬み・憎悪といった否定的感情も破棄しなければならない。加えて修行の成果とは他者との相対的比較ではなく，過去の自分からどのように変化し得たのかを自らに問い続けることで見出されるとされる。したがって，日常においてこれらを達成しようとすることはきわめ

て困難であると想像されよう。

先人はそこで非日常的かつ過酷な環境に修行の場を求めた。いわゆる「達人」と讃えられた人物の経歴にはその非日常的修行の先例を見出すことができる。しかし，現代人はそれを非科学的に踏襲する愚を避けなくてはならない。集団において本質を逸れた方法論だけが独り歩きすると，因襲や「しごき」などに変質し事故や事件に至る恐れがあるのはこれまでも繰り返し指摘されてきたことである。それほどまでに，実は「修行」の絶対的な方法論は未だ確立していない。

ひるがえって，現代社会では日常生活さえ複雑であることを思うと，その日常を地道に全うすること自体が「修行」そのものであるとはいえまいか。競技スポーツへの即効性を期待するのではなく，練習・トレーニングの場を離れたところで理想の自己を追究し人格陶冶することを「修行」と捉えたい。かつて宮本武蔵が『五輪書』で「今日は昨日の自分に勝つ，明日は今日の自分に勝つ」と述べた修行観は，現代に至ってもけっして陳腐ではない。今日尊敬を集める多くのスポーツヒーローにみられるように，日常を大切にする努力こそ現代の「修行」にふさわしい。

③ 守破離

これは，世阿弥が『風姿花伝』で示した(異説あり)とされる，いわば稽古・修行の過程を表現した言葉である。元は茶道の修行段階を教えたものであったのが，転じて日本の諸武芸においても修行の段階を説明する言葉となった。

その意味するところについては哲学的で難解な諸説があるが，誤解を恐れず概略すると，「守」とは，師の教えに一切の疑問・不平を挟むことなくそれを正確かつ忠実に守り，技芸の基本作法，礼法，技術を寸分違わず身につける「学び」の段階。次の「破」とは，「守」の段階で獲得した技法をさらに洗練させ，師の水準に到達あるいは突破し，自らの個性創造が始まる段階。そして「離」とは，さらに発展して独自の境地を確立させる最終段階，ということになろう。

現代における競技スポーツ一般では考えにくいが，「稽古・修行」の世界ではひとたび「入門」したならば師以外の教えを取り込むことは許されず，弟子はひたすら師の教えに従うしかなかった。したがって，修行者は「正師につく(最良の指導者を探す)」ことが最初の最重要課題で，一方，師は入門を許す以上は，その後の弟子の一切に責任を負うものとされた。つまり弟子を取るのも一大覚悟だったわけで，師弟関係というのはそう簡単には形成されなかったのである。このような時代は，教えを受けること自体が非常に貴重な機会であったため，師の教えの忠実な再現のためにわずかな情報で自ら努力工夫することが必然的に求められた(さもなくば「破門」の憂き目にあう)。現代の一般的な教育・指導環境とは異なるシステムが機能していたといえるだろう。

この時代の「稽古」では，師の教えとはあくまで「ヒント」であり，その教えをどう解釈し，修得し，後進に継承するかは，偏に修行者の努力とプライドに委ねられていた。あえて多様な指導者から様々な指導を得ない環境下での稽古は，保守的・排他的となり他流の価値否定や進化の妨げにもなったが，自己学習力や問題解決力を鍛えた効果は評価されてよいと思われる。

④ 師弟同行

一般に，指導者は外から指示をするのみで，競技者と同じ場でともにプレイをする状況は珍しいが，「稽古」では立場に関係なくともに「修行」に励むことが当然とされる。もちろん体力差，体格差，年齢差，性差などがあって，同等な「練習」内容を課すことは不適切だが，状況に合った条件設定をすることで，誰が誰とでも有意義に稽古することは可能であるという考え方をとる。したがって，体格・体力に勝る者が，力まかせに子どもや高齢者を吹っ飛ばすような稽古しかできない者は，「不心得者」として蔑まれることになる。

一方，指導する立場にある者は「稽古」を要しないという考えもとらない。練習で競技者と互角に競い合うことは考えにくいが，「稽古」では指導者がともに稽古場に立ち，熟練した技能を直に体現してみせることは可能である。なにより，指導者自身が「修行」を継続することが自らの指導力向上に寄与し，それは確実に弟子の範となる。武道では，稽古場で高齢の指導者が若手の猛者をいともたやすく制し，若手だけが息を荒らげているような光景は珍しくない。「師弟同行」は「稽古」の基本的な姿でもある。

「稽古」「修行」の理念を単純に競技スポーツにおける練習・トレーニングと同等に解釈しようとすると，その本質を見落としかねない要因があることを上記からも理解しておきたい。一般に競技スポーツでは体力の衰え，技術的確性の低下をもって「引退」するのが常識的だが，武道や古典芸能などにはそのような概念はなく，肉体は衰えてもなお発展する精神性を求めて自己を磨くことをよしとする。

例えば，段位制，流派ごとの免許制などの階級制度は，単に競技力の優劣を評価するものではなく，一定の修業年月を経て精神的高揚を会得できたかが問われる体系で，競技スポーツとの相違を示す好例といえよう。ちなみに剣道の最高位は八段で，制度上からも取得可能なのは早くて46歳以上，七段取得後10年以上の修業経験を要求される。年2回実施される審査会での合格率は1％程度でありながら，80歳を超える受審者も少なくない。競技適齢だけでは終わらない世界が，現在でも「稽古」「修行」の中に存在するのである。

参考文献

- オイゲン・ヘリゲル，1981．『弓と禅』(改版) 福村出版
- 甲野善紀，1987．『武術を語る』壮神社
- 國學院大學人間開発学部健康体育学科 編，2011．『教養としてのスポーツ・身体文化』(改訂第二版) 大修館書店
- 佐江衆一，2006．『剣と禅のこころ』〈新潮新書〉新潮社
- 中村民雄 編，1994．『剣道事典—技術と文化の歴史—』島津書房
- 藤原稜三，1993．『守破離の思想』ベースボール・マガジン社
- 湯浅泰雄，1986．『気・修行・身体』平河出版社

(植原吉朗)

"あがり"の心理

① "あがり"とは

あがりという言葉はスポーツ以外の日常生活でもよく使われる。大勢の人前でのスピーチであがってしどろもどろになってしまったとか，試験や面接であがってしまい普段の力が出せなか

ったといった具合である。スポーツでも試合，特に大きな試合や重要な試合になると，普段の練習でできているプレイができないとか，最近自分が出した記録にはるかに届かないなど，いわゆる実力が発揮できないことがしばしばある。病気や怪我や体調など身体的な原因ではなく，精神的な問題でもてる力が発揮できない状態が一般的にはあがりといわれている。

② **心理学からみたあがり**

心理学では古くからねずみの学習実験で同様の現象を見出していた。すなわち，何回も学習してすばやく目的地に走っていける能力を獲得したにもかかわらず，ねずみはいつもすばやく迷路を走るとは限らないことが観察されたのである。そこで，学習によって習得した能力と実際に遂行される行動とは区別する必要があると考え，後者をパフォーマンスと呼んだ。スポーツについていえば，運動技能の学習や体力トレーニングによって獲得した運動能力(いわゆる実力)と区別して，実際に遂行された運動の途中経過や最終的な結果を運動パフォーマンスと呼んでいる。つまり，あがりとは練習によって身につけた運動能力がパフォーマンスとして発揮されていない状態ということになる。そして，運動能力が運動パフォーマンスとしてどの程度発揮されるかに関与する要因には，気象条件や施設用具やウエアなどの物理的な要因，体調などの生理的な要因もあるが，運動している時の精神状態という心理的要因が関与している状態をあがりと呼んでいるのである。

③ **覚醒と運動パフォーマンス**

それでは，なぜこのような現象が起こるのであろうか。以前は一般的に，動機づけが高くなるほど学習効率も高くなると考えられていた。ところが動物の学習実験の結果，ある程度までは動機づけが高くなるにつれて学習効率も向上していくが，高くなりすぎると逆に学習効率が低下することが見出された。つまり，学習の効率には最適の動機づけの水準があり，低すぎても高すぎても学習が効果的に行われない。この関係をグラフに描くとUの字を逆にしたような形になることから，これを逆U字型理論という。

動機づけとは，行動を開始し維持するのに必要な精神的エネルギーを供給する働きのことで，日常の言葉でいえば意欲のことである。近年の研究で，従来，動機づけと呼ばれてきた心の働きには2つの異なった側面があることが明らかになってきた。1つは比較的長期にわたって安定した個人の特徴という側面である。もう1つは，特定の行動を遂行している時の短時間で変化しやすい精神状態としての側面である。動機づけの後者の側面は，脳の神経細胞の活動状態である意識の水準をさす用語として使われてきた覚醒と同じ意味であることから，最近では覚醒という用語が使用されるのが一般的である。そして，覚醒と運動パフォーマンスの関係にも逆U字型理論が当てはまることが確認されている(図1)。また，高い不安をもつ個人の場合は，覚醒が最適の水準を超えた場合パフォーマンスが徐々に低下するのではなく，急激に低下するというカタストロフィー理論を提唱する研究者もいる。

④ **あがりのメカニズム**

覚醒とパフォーマンスの間になぜ逆U字型の関係が認められるのかについては，脳の情報処理能力という点から説明される。運動場面では多かれ少なかれ様々な情報処理が行われる。野球を例に挙げれば，いいバッティングをするには投げられたボールのスピードやコースや球種だけでなく，これまでの打席の状況やカウントやランナーの有無や投手の癖や調子等の非常に複雑な情報を適切に処理し，それに応じてバッティング運動を微妙にコントロールする必要がある。脳の神経細胞の活動状態すなわち覚醒水準が低いと，神経細胞間の情報伝達が十分行われないために情報が不足し，適切な運動が行えない。また逆に，覚醒水準が高すぎると雑念といわれるような運動の遂行に関係のない不必要に多くの情報が飛び交い，脳の情報処理能力を超えて運動が混乱してしまう。覚醒水準が高すぎも低すぎもしない中程度のところで最も効率よく情報処理が行われ，最適の運動を遂行することができるのである。このように逆U字型理論からすると，もてる能力が十分に発揮できない状態には，覚醒水準が低すぎる場合と高すぎる場合の2つの異なった状態が想定される。

⑤ **あがりの兆候**

あがりの兆候については，以前から数多くの研究が行われてきた。その中でよく挙げられてきたのは"心臓がドキドキする""喉がつまったような感じがする"といった交感神経系の緊張を示す兆候である。しかし，交感神経系の緊張は運動に対する準備としての適応反応であり，運動パフォーマンスに対して有利に働くと考えられる。にもかかわらず，あがりの兆候とされてきたのには研究方法上の問題が指摘される。以前の調査では，選手にただ，あがった時どのような状態になるかを尋ねていた。自己新記録で優勝した選手がインタビューで「あがりました」と答えたり，「少しくらいあがった方がい

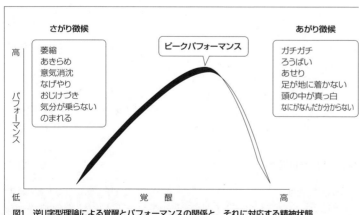

図1　逆U字型理論による覚醒とパフォーマンスの関係と，それに対応する精神状態
(出典：杉原隆，『運動指導の心理学』大修館書店, 2008. 185)

い成績が出る」といったりするコーチもいる。選手やコーチはあがりを必ずしも実力が発揮できていない時の状態だけに限定して考えていない。あがりを普段の練習とは異なった緊張感のようなものと思っているのである。このことは，従来の研究では実力を十分発揮した時の精神状態も，あがりの兆候に含まれてしまっている可能性があることを意味している。

あがりを精神的な原因で実力を発揮できない状態であることを明確にした上で行われた最近の研究では，逆U字型理論を支持する2つの異なった兆候が認められている。覚醒水準が低すぎる場合と高すぎる場合では兆候が異なるだけでなく，実力を十分に発揮するための対処の方法も全く異なる。低すぎる場合は覚醒水準を高めること（サイキアップ）が，高すぎる場合はリラックスして下げることが求められる。このことから両者を同じあがりという言葉で呼ぶのではなく，高すぎる場合を"あがり"，低すぎる場合を"さがり"と呼んで区別してはどうかという提案がなされている（杉原，2008．180-90）。

⑥ あがりの原因

覚醒水準を上げたり下げたりする主要な要因は2つある。1つは外的な刺激である。強い刺激，変化する刺激，新奇な刺激は覚醒水準を上げるように働く。逆に，弱い刺激，単調な刺激，慣れた刺激は下げるように働く。大観衆やその応援などは覚醒水準を上げる刺激の代表的なものである。思いもかけない試合展開，外国のように普段の練習とは全く異なった場所での試合，これまで当たったことのない全く新しいタイプの相手との対戦なども覚醒水準を上げる。しかし，これらも熟練し慣れることによって覚醒水準を上げる力は弱くなっていく。いつも聴いている好きな音楽を聴いたり，いつも行っている同じ動作をしたり，試合でいつも同じものを身に着けたりすることは，覚醒水準を低下させる効果をもつ。このように慣れること，熟練することは有力なあがり防止対策になる。

覚醒水準に関係するもう1つの要因は自分自身の思考・感情である。大観衆や自分の大切な人がみていると勝たなければという思いが強くなるように，思考は外的刺激によっても喚起される。しかし，同じ刺激がいつも同じ思考・感情を引き起こすわけではないこと，夜寝る時いろいろなことを考えて興奮して寝られなくなることがあるように，外的刺激がなくても思考や感情は生起するので，別の要因と考えた方がよい。運動を遂行している時，選手は勝ちたい，負けたらどうしよう，またミスした，チャンスだ……といったように実に様々なことを意識し，考える。雑念と呼ばれるこのような思考や感情が覚醒水準を上げたり下げたりし，パフォーマンスに影響するのである。

⑦ あがりと個人差

このようにあがりは外的刺激と思考・感情によって引き起こされるので，これらと関連する性格によってあがりやすさには大きな個人差が生じる。例えば同じ大観衆という刺激に対しても，それに敏感に反応して興奮しやすい人と，感受性が鈍くあまり興奮しない人がいる。このようなあがりやすさと関係する性格として，不安傾向と向性がある。不安傾向とは心配や恐れの感情を抱きやすい性格のことで，特に競争場面で不安を喚起しやすい競技不安の高い人があがりやすいことが明らかにされている。向性は内向性-外向性の軸上に位置づけられる。内向性とは内省的，物静か，まじめなど，外向性は衝動的，活動的，社交的などの行動傾向で特徴づけられる性格であり，大脳皮質の興奮と抑制の強さの個人差から生じるとされている。内向性は外向性より興奮しやすく制止が弱い。そのため同じ強さの刺激であっても，内向性の方が外向性より覚醒水準が上がりやすい。すなわち，内向性の人は外向性の人よりあがりやすく，外向性の人の方が大きな試合やここ一番といった状況に強いのである（図2）。

⑧ あがりと運動課題の性質

最適の覚醒水準はまた，課題の複雑さと関係することが明らかにされている。すなわち，複雑な課題は単純な課題より最適水準が低いところにあるのである（図3）。この両者の関係は最初に発見した研究者の名前を取ってヤーキーズ・ドッドソン（Yerkes-Dodson）の法

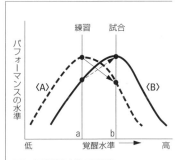

図2 最適覚醒水準の個人差
（出典：杉原隆『運動指導の心理学』大修館書店 2008．190を一部改変）

例えば，覚醒水準"a"は普段の練習，"b"は試合だと仮定する。高い不安をもつ〈A〉は，試合"b"になると覚醒が高くなりすぎパフォーマンスが低下する。不安傾向の低い〈B〉は，普段は覚醒が低く力が十分発揮されないが，試合"b"になると覚醒が高まって最高の力を出す。

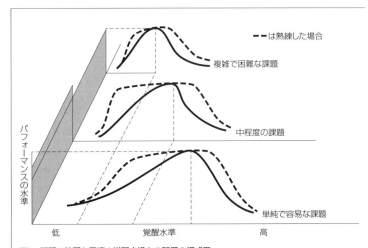

図3 課題の性質と最適の覚醒水準との関係の模式図
（出典：松田岩男・杉原隆『新版運動心理学入門』大修館書店．1987．66）

則と呼ばれている。運動にはゴルフのパットやボウリングやカーリングのように複雑で微妙な情報処理とそれに基づく正確で細かい運動がパフォーマンスを大きく左右するものと，重量挙げやマラソンや砲丸投のように筋力や持久力や瞬発力といったエネルギー生産力が大きくパフォーマンスに関与するものがある。エネルギー生産力は主として筋肉や呼吸循環器といった末梢の器官の機能で，比較的単純である。一方，情報処理は脳，特に大脳皮質の機能で，記憶や状況判断や予測などを含む複雑な心の働きである。そのため，前者のような複雑な運動は覚醒水準が高くなることによって情報処理能力を超えてしまいやすく，後者のような単純な運動より最適水準が低くなるのである。情報処理とエネルギーがほぼ同じくらいの割合で必要とされるその他多くの運動の最適水準は，これら両者の中間に位置づけられることになる。

⑨ メンタルトレーニング

いつでもどこでももてる力を最大限に発揮するために，運動している時の思考や感情をコントロールすることによって覚醒を最適な水準に保つことができるようにする練習法をメンタルトレーニングという。詳細はメンタルトレーニングの項を参照されたい。

参考文献　　　　　　　　　　　10.B.03

◆ 杉原隆. 2008.『新版運動指導の心理学』180-90. 大修館書店

（杉原　隆）

メンタルトレーニング　　　10.B.04

① スポーツにおけるメンタルトレーニング

これまでの伝統的な日本の競技スポーツにおいて根性や精神力といった心理的能力は非常に重要な競技力の要素であると考えられ，心技体の中でも特に「こころ」の要素が重要視されてきた。しかしながら，そのような「こころ」はどのように捉えられ，どのように強化するかについては必ずしも明確で具体的なトレーニング方法があったわけではない。強いていえば，過酷な状況に耐え忍ぶこと，禅などの修行を積み重ねることといった伝統的な武道の流れを汲む方法などが挙げられよう。これらの方法は今日のいわゆる科学的・合理的トレーニングとは異なり，トレーニングの目的が「人間としての修行」といったより広い概念で捉えられ，またその内容も抽象的なものであったといえよう。

しかしこのような考え自体はけっして否定されるべきものではないが，競技やスポーツ科学の視点からみるとトレーニングの目的の具体性，トレーニングに要する期間，あるいはその効果の実証性などの点で多くの問題点が指摘されよう。これに対し，昨今のメンタルトレーニングの考え方はまず，トレーニングの対象としての「こころ」を訓練可能な要素と不可能な要素に区別した上で訓練可能な要素について合理的・科学的な手法によってトレーニングし，それらの要素を強化していくという基本的な考え方に立っている。また，このような考え方に立ったトレーニングは，深刻な心理的問題を抱えた競技者への臨床心理的対処法とは一応区別されたものである。すなわち，バーンアウト，スポーツ傷害に伴う鬱や神経症的不安，拒食症や過食症などの摂食障害の問題などは精神医学，あるいは臨床心理学の専門家が取り扱う問題であるとし，いわゆるメンタルトレーニングの対象としての心理学的問題は競技力強化，あるいは競技パフォーマンスの促進をめざした心理的スキル，またそれらの基盤をつくる精神的に良好な状態（well being）を維持増進するための心理的スキルなどの訓練を中心に考えることが今日の一般的な傾向である。

このような心理的スキルはビジネス，芸能，医学などの領域で幅広く活用されるようになってきているが，特にここではスポーツの領域で取り扱う心理的スキルを扱うことになるのでスポーツメンタルトレーニングとしての定義について考えてみたい。この用語に関連して，日本体育協会のスポーツ医科学委員会の心理班では長らく，メンタルマネジメントという用語を使用してきた。この用語は基本的に精神面の自己管理を意味し，そのねらいは競技の場において競技者自身が自らのもっている潜在的能力を最高度に発揮することである。このような自己管理のための技能が心理的スキルであり，代表的なものとして，緊張や心理的ストレスのコントロールスキル，イメージスキル，集中力のスキル，目標設定のスキル，コミュニケーションスキルなどが挙げられよう。これらのスキルはいずれも競技の場で自己の潜在的能力を最大限に発揮するための自己管理のスキルであり，パフォーマンスを促進するために必要不可欠なものであり，また一定のトレーニングによって習得されるものである。

スポーツメンタルトレーニングはこのような競技力を向上させるための心理的スキルのトレーニングとして捉えられ，具体的な例を挙げれば，呼吸法，筋弛緩法，および自律訓練法などのリラクセーショントレーニング，イメージトレーニング，様々な集中力トレーニング，コミュニケーショントレーニングなどが挙げられよう。しかし，このような直接的，狭義のトレーニングの意味に加え，先述したメンタルマネジメントの概念である自己管理を包摂した広義のメンタルトレーニングの捉え方もある。特に日本スポーツ心理学会のスポーツメンタルトレーニング指導士認定資格制度における教本では広義のスポーツメンタルトレーニングの概念が導入されている。したがって，スポーツメンタルトレーニングの定義は統一的なものとして使用されているものではなく，研究者，文献によって異なっているのが実情である。

② メンタルトレーニング発展の系譜

スポーツ心理学発展の経路をたどってみると，1930年代にはすでにコールマン・グリフィス（Coleman Griffith）によるプロ野球チームのシカゴ・カブスに対するメンタルトレーニングのパイオニア的な事例などを挙げることができる。また1950年代に入ると，旧ソ連におけるプーニ（Avksenty Puni）らを中心とした試合のための心理学的準備をめざした体系的なメンタルトレーニングが開始され，旧東欧の東ドイツ，ブルガリアなどにおいてもオリンピック選手などに対する強化方法の1つとして利用されるようになった。わが国

においては1964年の第18回オリンピック大会（東京）に対する選手強化対策の一環として「根性」の養成問題が大きく取り上げられ，日本体育協会スポーツ医科学委員会の心理班によってあがりの対策に関する研究班が立ち上げられ，臨床心理的技法（自律訓練法，催眠法）を中心としたメンタルトレーニングの研究や実践的活動が進められた。特に日本体育協会スポーツ医科学委員会研究報告書にみられる報告例を列挙すれば次のとおりになる。
・あがりの研究－中間報告－〔質問紙調査〕(1960)
・射撃選手の精神統一のための自律訓練法及び漸進的筋弛緩法に関する報告 (1961)
・スポーツにおける精神面のトレーニング (1961)
・精神的コンディションの整え方に関する生理心理学的根拠の探求－射撃選手について－ (1962)
・スポーツマンの精神的自己鍛錬の方法に関する研究 (1962)
・神経筋のRelaxationによる技術及びコンディションの調整〔ライフル射撃選手について〕(1963)
・「あがり」に関する基礎的研究 (1968)
・「あがり」防止法についての研究－スポーツにおける心理的コンディショニング－ (1971)
・「あがり」防止の臨床心理学的研究 (1972)

以上のようにわが国は国際的にみて旧ソ連に次いで比較的早くからメンタルトレーニングの組織的研究や実践が行われたといえよう。しかし，トレーニング対象として取り上げられた競技種目は射撃，水泳，体操など一部の種目に限られ，またトレーニング方法も自律訓練法，筋弛緩法，催眠法，イメージリハーサル法などいわゆる臨床心理学的な手法が大勢を占め，今日のような幅広くかつ競技種目を考慮したトレーニングの内容にはなっていなかった。また北米においては，1976年の第21回オリンピック大会（モントリオール）後の1982年にはアメリカ・オリンピック委員のもとに11人の心理学者によるエリートアスリートプロジェクトがスタートし，本格的なメンタルトレーニングの研究や実践が行われるよう

になった。さらに1985（昭和60）年には一時途絶えていたわが国における研究プロジェクトが新たに発足し，松田岩男らを中心に全国的な規模で研究者が参加し，メンタルマネジメントに関する研究が進展した。この研究プロジェクトはその後，第18回冬季オリンピック大会（長野, 1998）に至るまで4期17年間にわたり継続され，わが国におけるメンタルトレーニングの基盤が作られた。これらの研究プロジェクトの経過（概要）は以下のとおりである。
・第1期 (1985－88)：国際調査，およびオリンピック選手などを対象とした総合的なトレーニングプログラムの試作と実践
・第2期 (1989－92)：チームスポーツのためのメンタルトレーニングの開発とオリンピック選手の心理的サポートの実践
・第3期 (1993－95)：ジュニア期の選手のためのメンタルトレーニングプログラムの開発と実践およびビデオ作成などによる普及
・第4期 (1996－99)：冬季種目のためのメンタルトレーニングの開発と長野オリンピック参加選手の心理的サポート

この間の国際的な動向としては1986年にはアメリカにおいて競技現場へのスポーツ心理学の応用を理念とした応用スポーツ心理学会が発足し，メンタルトレーニングや心理的サポートに関する研究や実践が数多く発表されるようになり，1989年にはメンタルトレーニングの専門家としてのコンサルタント認定制度が確立された。わが国においても2000（平成12）年にはスポーツメンタルトレーニング指導士認定制度が発足している。またこの学会は1996年には国際学会として新たに国際応用スポーツ心理学会を設立し，現在，北米をはじめ，ヨーロッパ，アジア，オセアニアなど30ヵ国以上から参加者が集まり，メンタルトレーニング，心理的サポートに関する国際的な情報交換が行われるようになっている。国際学会としてはさらに，1989年に現場における臨床実践を重視した国際メンタルトレーニング学会（International Society for the Mental Training and Excellence：ISMTE）がスウェーデンのウネスタール（Un-

estal）らを中心に発足し，第1回大会が1991年に開催され（4年に1回定期的に開催），スポーツを含む幅広い分野におけるメンタルトレーニングの国際的な情報交換が行われている。このように1980年代後半から，わが国をはじめ，ヨーロッパ，北米などを中心にメンタルトレーニングの研究，実践活動が急速に進展し，専門家の養成などを含めたスポーツにおけるメンタルトレーニングの体制が確立されてきているといえよう。

③ メンタルトレーニングにおける心理的スキルの分類

この領域における知識が一般的に普及するにつれてしばしば用語の混乱がみられたり，また自称専門家が現れ，独りよがりの経験論や巷の知識を基にした指導をしている例も多くみられるようになってきた。このような問題の背景にはメンタルマネジメントやメンタルトレーニングにおける実践や応用が強調される一方で，それらの概念やそれらを構造的に捉える科学的な理論的モデルの検討が十分になされてこなかったという問題点が指摘されよう。

まず，ここでは基本的な視点として「なにをトレーニングするのか」というメンタルトレーニングの対象に絞って考えてみることにする。先述したようにメンタルトレーニングは潜在的な能力を最高度に発揮するための自己管理に必要な心理的スキルを向上させることである。この心理的スキルは大きく分けて2つのスキルに分類される。一方はパフォーマンスを直接促進させるための心理的スキルであり，他方は競技者個人の人間的発達をめざした心理的スキルである。これらの2つのスキルの概要は以下のとおりである。

1) パフォーマンスを直接促進させるための心理的スキル

このスキルには様々なスポーツスキルの遂行の際に必要とされる意思決定，効果的な視覚情報の処理，予測，集中のための注意のコントロール，イメージの利用などの認知的スキルと緊張や不安，あるいは覚醒を最適に維持するための情動のコントロールスキルなどが挙げられ，パフォーマンス促進スキルとも呼ばれている。特に競技力向上の立場に立つ指導者や専門家によ

って強調される。

2）人間の発達をめざした心理的スキル

これは高い競技水準に達するためには，明確な自己概念，精神的な健康状態，良好な人間関係などの人間的要素が必要不可欠であり，これらの要素を発達させるための心理的スキルがメンタルトレーニングの重要な対象になるという考えを背景にしている。これらのスキルにはアイデンティティーの確立のための自己尊重，良好な心理的状態の維持などが含まれ，また適正な人間関係を維持するための対人関係スキルなども含まれる。これらのスキルのトレーニングは一般的にカウンセリングを中心とした臨床心理学的アプローチを重視する専門家によって強調されている。

ここでは大きく分けて2つの対照的な心理的スキルについて説明を加えたが，実際の競技の場における効果的なメンタルトレーニングにおいてはこれら2つの異なるスキルモデルが融合された形でトレーニングやメンタルマネジメントが実践されている。

④ **代表的なメンタルトレーニングの内容**

[緊張のコントロールスキルのトレーニング]

最も一般的なスキルは競技パフォーマンスにとって最適な水準（逆U字型理論）に緊張をコントロールするスキルである。これは最適な緊張水準をオーバーしたケースでは緊張を下げるリラクセーションのトレーニングが，また緊張が最適水準より不足しているケースでは緊張を上げるサイキングアップのトレーニングがそれぞれ必要になる。代表的なリラクセーショントレーニングとしては呼吸法，自律訓練法，漸進的筋弛緩法，バイオフィードバック法などが挙げられる。またサイキングアップとしては同じく呼吸法，運動法，ミュージック活用法などが挙げられる。

[イメージトレーニング]

このトレーニング法は文字通り，イメージ，特に運動イメージを中心にしたトレーニング法であり，トップレベルの選手において最も高い頻度で利用されている。特にそれぞれの競技者が抱えているパフォーマンスの課題と直接かかわる形で行われている。体系的なトレーニングプログラムとしてはスイン（R. Suinn）のVMBR法（visuo motor behavior-rehearsal）などが挙げられる。また近年，イメージトレーニングにおける運動イメージの特質に関する基礎的研究が脳科学の分野で発展し，実際の運動とその運動イメージの間に脳の機能的等価性が認められるようになり，両者の間の共通性が強調されるようになった。このため，従来のトレーニング準備のためのリラクセーションに代わり，むしろ，一般の練習と共通したウォーミングアップがケースによって必要になることが示唆されてきている。また，このトレーニングは技術練習の補助としての利用だけでなく，不安や緊張のコントロール，やる気など様々な情動のコントロールのために利用されるなど，その利用法も多様化している。

[集中力スキルのトレーニング]

競技における集中力を構成する要素は複雑であるが，大きく分けて基礎的な要素とそれぞれの競技に特有な特殊要素に分けられる。基礎的な要素としてはその競技に対する意欲や価値観，適正な緊張水準，環境的妨害に対するトレランス（tolerance: 耐性）などが挙げられる。また特殊要素としては各競技種目や技能遂行に必要な選択的注意のコントロールなどが挙げられよう。これらのトレーニング法としては基礎的なトレーニングとして，動機づけ訓練，先述したリラクセーションやサイキングアップのトレーニング，さらには競技の場における妨害に対するトレランスを強化するためのモデルトレーニングなどが挙げられるだろう。また競技種目や技術遂行に特殊な注意のコントロールスキルのトレーニングとしては一般的な技術練習を工夫して注意の幅や方向，またそれらの調節や速度に負荷のかかる条件を設定し，トレーニングする方法などが挙げられる。これらの方法は一定の計画のもとに集中力のトレーニングとして統合的に行っていくことが求められる。

[チームワーク向上のためのトレーニング]

上述したトレーニングは個人を対象としたトレーニングであったが，チームスポーツにおいては特にチームワークを向上させるための集団を対象としたトレーニングが必要になる。これらの主なトレーニングとしてはリーダーシップスキルの強化をめざしたトレーニング，メンバー相互間における自己開示訓練，自己主張訓練（アサーショントレーニング），コミュニケーションスキルトレーニングなどが挙げられる。

以上，ここでは紙幅の制約で代表的なトレーニングのみを挙げたが，このほか動機づけトレーニング，ライフスキルトレーニング，ストレスマネジメント，心理的コンディショニング，あるいは遠征のためのトレーニングなど多様なトレーニングの内容が挙げられる。

⑤ **メンタルトレーニングの発展におけるこれからの課題**

過去30年間にわたり，スポーツにおけるメンタルトレーニングの研究や実践は著しく発展してきたといえよう。しかし，残されている課題も多岐にわたっている。ここでは解決すべき6つの課題について述べる。

・トレーニング効果に関する実証的研究
・パフォーマンス促進スキルと人間的発達をめざしたスキルの融合されたトレーニングプログラムの開発
・メンタルトレーニングと身体的トレーニング（体力，技術）を統合化したトレーニングプログラムの開発
・メンタルマネジメント，メンタルトレーニングを含む心理的サポートをナショナルレベルで実施するための組織の構築
・最新のテクノロジーの進歩を導入したシミュレーショントレーニングの開発。特にCG（コンピューターグラフィックス）などの視覚情報の効果的利用を含むトレーニング法などの開発
・メンタルマネジメント，メンタルトレーニングの専門家の養成をめざしたスポーツ系大学，学部におけるカリキュラム，専攻コースの構築

以上，残されている主な課題について簡略的にまとめてみた。これらの課題のうち，一部はすでに解決に向かって実行されている部分もあるが，さらなる発展に向けてこれらの課題ができ

るだけ早い機会に達成されることを期待したい。

参考文献 10.B.04

- 猪俣公宏 編.1998.『選手とコーチのためのメンタルマネジメントマニュアル』大修館書店
- 猪俣公宏.2008.「メンタルトレーニングの理論的背景」『体育の科学』58（8）：585－89.
- 猪俣公宏：日本体育協会，JOCにおける「メンタルマネジメント研究プロジェクト班」の取り組み
- 松田岩男ら.1986.「スポーツ選手のメンタルマネジメントに関する研究—第1報—」『昭和60年度日本体育協会スポーツ医科学研究報告』日本体育協会（この報告を最初として以後17年間の本プロジェクト研究報告書が同じタイトルで『日本体育協会スポーツ医科学研究報告』として毎年発刊されているが，紙幅の関係で本稿では省略した）
- Dosil, J. (ed.) 2006. *The sport psychologists handbook*. John Wiley & Sons.

（猪俣公宏）

健康スポーツのメンタリティー 10.C

身体活動・運動と心理的ウェルビーイング 10.C.01

① これまでの研究内容

身体活動・運動（以下，運動と略す）が気分，感情をはじめ様々な心理的側面にポジティブな影響をもたらすとの信念から，これまで調査研究，観察研究，介入研究が行われ，両者の関係が調べられてきた。なかでも介入研究は因果関係を明らかにするのに重要であり，健常者や非健常者（精神障がい者を含む）を対象として，エアロビクス運動（ランニングやウォーキングなど）やノンエアロビクス運動（筋力トレーニングや柔軟運動など）を用いた短期的運動（一過性運動）と長期的運動で，様々な運動による心理的恩恵が調べられている。その内容としては，1）情緒的ウェルビーイング（状態－特性不安，ストレス，緊張，特性－状態の鬱，怒り，情緒混乱，活力，活気，ポジティブ感情，ネガティブ感情，楽観性），2）自己知覚（自己効力感，自己価値，自尊感情，自己概念，ボディイメージ，身体的体力感，マスタリー感，統制感），3）身体的ウェルビーイング（痛み，身体症状の知覚），4）包括的な知覚（生活満足感，全体的ウェルビーイング）と多岐にわたる（Netz et al., 2005）。ここでは，情緒的ウェルビーイング（不安，鬱，ポジティブ感情）と，全体的ウェルビーイングのQOL (Quality of Life) に関する運動の効果を概観し，今後の課題を提示することとする。

② 身体活動・運動の不安への効果

不安には，一時的な情動状態としての状態不安と，比較的安定したパーソナリティー特性としての特性不安があるが，これらの不安に対する運動の効果を明らかにした研究は膨大な数に上り，レビュー論文も多数存在する。特に近年では，研究結果を統合し統計的手法を用いて効果サイズ (Effect Size: ES) を算出するメタ分析が行われ，運動の不安低減効果が調べられている。

ペトラツェロら (Petruzzello et al., 1991) は，状態不安，特性不安，生理心理学的応答の3つの不安についてメタ分析法によって運動の効果を調べた。状態不安に関しては，全体的な平均ESは0.24と小さいが，短期的運動も長期的運動も不安を低減する効果があり，運動時間では21－30分が状態不安の低下に大きな効果をもたらすことが明らかにされている。一方，特性不安については，全体的な平均ESは0.34と小さいが，運動の不安低減効果がみられ，特性不安を変容させるのに10－12週間は運動を継続する必要があり，16週間以上になるとより大きな効果が得られることが指摘されている。また，無作為化比較試験（Randomized Controlled Trials: RCT）による介入は非RCTより大きな効果を示すことが明らかにされている。

そこで，ウィプフライら (Wipfli et al., 2008) はRCTを用いた質の高い49編の論文だけでメタ分析を行った。その結果，全体のESは0.48であり，運動群の不安低減は中等度の効果をもち，他の治療群と比較して効果は大きいことが明らかにされている。また，運動頻度では週3－4回が他の運動頻度より効果は大きく，運動時間では61－90分が1－30分や31－60分に比べて大きな効果があることが見出されている。興味深いことは，運動量とESの関係は直線的ではなく，有意ではないが二次曲線となることを明らかにし，量反応関係をみていかなければならないことを指摘していることである。

近年，不安障がい者を対象にした運動の不安低減効果のレビュー論文も散見される。ヘリングら (Herring et al., 2010) は1995年から2007年までの40編の論文を調べ，全体的な平均ESは0.29と低いが，運動の不安低減効果を明らかにしている。運動実施機関ではなぜか3－12週間の短期間の運動が12週間以上の長期間運動より大きな効果がみられ，運動時間では30分以上が10－30分以下より効果は大きいことが見出されている。デボアら (DeBoer et al., 2012) は不安障がい者を対象とした調査研究と，非臨床的不安者や臨床的不安障がい者を対象とした介入研究のメタ分析から，すべての研究で一貫して運動の不安低減効果がみられるとしている。しかし，これまでの研究は不安障がい者のための治療法として運動の効果を調べた研究自体が少なく，多くの研究が少人数で，適正な統制群に欠け，量反応関係への注意がなされていないなど，多くの方法論的問題が指摘されている (Asmundson et al., 2013)。

③ 身体活動・運動の鬱への効果

鬱は近年増加傾向にあり，現代社会における大きな健康問題の1つとなっているが，鬱に対する運動の効果を調べた研究は不安研究より歴史は古い。しかし，本格的な研究が行われ始めたのは不安低減効果の研究同様，1970年代に入ってからである。ノースら (North et al., 1990) は1969－89年に刊行された80編の論文についてメタ分析を行った。その結果，鬱への運動の効果は中等度 (ES=0.53) であり，事前に鬱であった人にも非鬱であった人にも運動の効果はあるが，鬱患者にはより大きな効果があることが示されている。また，短期運動も長期的運動も臨床的鬱を軽減することが見出されている。このように運動の抗鬱効果は，初期のレビューでは観察研究や統制群のない研究が多い中で認められている。

クラフトとランダーズ (Craft & Landers, 1998)はメタ分析法を用いて鬱障がい者と他の精神疾患に伴う鬱症状を有する者を対象とした30編の論文で臨床的鬱に対する運動の効果を調べた。分析の結果，全体的な平均ESは0.72とやや高い運動の効果が見出されている。また，事前の鬱のレベルが低度から中等度より，中等度から重度の者に，運動の種類（エアロビクス運動とノンエアロビクス運動）に関係なく運動の効果が得られることが明らかにされ，実施期間では，8週間以内より9-12週間の運動で効果があることが指摘されている。しかしこのレビューには，観察研究と非RCTでの研究が含まれている。そこで，鬱患者を対象にしたRCTの研究手法を用いた14編の論文だけでみると，運動介入は非治療に比べて全体の平均ESは1.1であり，より大きな効果が得られている(Lawlor & Hopker, 2001)。

デイリー(Daley, 2008)は1990年から2007年までに刊行された鬱への運動の効果を調べた観察研究と，RCTを用いた研究のシステマティックレビューと，メタ分析のレビューを再レビューした。その結果，初期の報告では，鬱への運動の効果は中程度から大きな効果があるとされているが，システマティックレビューやRCTを用いたレビューでも，同様の結果が得られている。運動は鬱に対し非運動処方よりは効果があり，伝統的な鬱治療と同等の効果があるようである。しかしながら，不安研究同様ここでもRCTを用いた長期的効果の欠如や治療効果の過剰見積もり，方法論的な質の問題などがあることが指摘されており，他の治療法と併用して適正な運動を用いることが推奨されている。

④ 身体活動・運動のポジティブ感情への効果

近年，北米を中心として心理学の分野でポジティブ心理学運動が起こっている。ポジティブ心理学とは「精神病理や障がいに焦点を絞るのではなく，楽観主義やポジティブな人間の機能を強調する心理学の取り組み」であり，21世紀の心理学の方向性として提唱されたものである(Seligman & Csikszentmihalyi, 2000)が，ポジティブ心理学では，ポジティブ感情に関する研究は主要な研究課題の1つとなっている。ポジティブ感情は仕事や人間関係をうまく遂行していくことと関係しており，身体的・心理的な健康に関連するウェルビーイングの一要素としてみなされているのである(Reed & Buck, 2009)。

健康運動心理学の領域においても，ポジティブ心理学の影響を受けて，運動に伴うポジティブ感情の変化に関心が寄せられている。リード(Reed, 2006; 2009)はポジティブ感情に及ぼす短期的と長期的なエアロビック運動の効果を調べた研究をレビューし，今後の研究の方向性を探っている。リードとワンズ(Reed & Ones, 2006)は一過性のエアロビクス運動によるポジティブ感情−活性(Positive Affective-Activate: PAA, 感情の円環モデルの第一象限)の効果に関する研究のメタ分析を行い，運動終了直後にポジティブ感情は増加し，30分以上は続くことを明らかにしている。特に，低運動強度，35分以上の運動時間，低度−中等度の運動量(強度／時間)，運動前の低いPAAで効果がみられると報告している。また，リードとバック(Reed & Buck, 2009)は，長期的なエアロビック運動のPAAに及ぼす影響に関するメタ分析を行い，エアロビクス運動プログラムはPAAの好意的な増加をもたらすことを明らかにするとともに，PAA向上のための最適な運動様式の組み合わせとして，1回30-35分の低強度運動を週3-5日，10-12週間実施することを提案している。

⑤ 身体活動・運動のQOLへの効果

QOLは生活の質，人生の質，生命の質と訳されるが，個人の目標と願望の調和のとれた満足感のことをさしており，主観的ウェルビーイング，幸福感，生活満足感と同義と考えられている。QOLの下位概念に健康関連QOL (Health Related QOL: HRQOL)があり，測定尺度としてはSF-36 (Short Form 36-Item Health Survey. Ware & Sherbourne, 1992)がよく用いられ，わが国でも日本語版が作成されている(福原，鈴鴨, 2005)。日本語版SF-36は身体機能，日常役割機能(身体)，体の痛み，全体的健康感，活力，社会生活機能，日常役割機能(精神)，心の健康の8つの下位尺度からなる多次元尺度である。

運動のHRQOLへの影響に関しては，ロックスら(Lox et al., 2003)が広い範囲の臨床的疾患者(高齢の虚弱者，心臓リハビリテーション受診者，肺癌患者，II型糖尿病患者)を対象にした研究で運動の介入効果を報告している。しかし同時に，HRQOLの要素への運動介入効果の相違や介入前のHRQOLのレベルによる相違(低い者には運動の効果は顕著である)などが指摘されている。HRQOLへの運動介入効果は，このような非健常者だけでなく，健常者においても同様の結果が得られている。しかし，エアロビクス運動や筋力トレーニングのような高強度の運動が低強度の運動(ピラティス)よりもHRQOLが高く，運動様式によって異なることが指摘されている(McGrath et al., 2010)。

また，シューフ(Schuch et al., 2011)は，QOLと鬱の概念的な相違があり，それぞれに運動の効果がみられるが，鬱患者のQOL向上に運動の効果があるかを明らかにするため，先行研究をレビューしている。その結果，抽出した4つの研究では運動を処方した鬱患者のQOL(身体的，心理的な側面)に鬱の改善効果が見出されている。

体力の向上はHRQOLに関係していないとの指摘もある(Lox et al., 2003)が，高齢者を対象とした時，HRQOLと体力水準に有意な関係がみられる(中村ら, 2008)ことから，今後の研究では，HRQOLへの運動の効果のメカニズムを解明するためにも体力の改善などの媒介変数となる要因の解明を進める必要があるだろう。

以上，不安，鬱，ポジティブ感情，QOLに関する運動の心理的ウェルビーイング効果について概観してきたが，ネッツとウー(Netz & Wu, 2005)は臨床的な障がいのない高齢者を対象として，ウェルビーイング(情動，自己知覚，身体的ウェルビーイング，包括的ウェルビーイング)に対する36編の介入研究についてメタ分析を行い，運動の効果を調べた。その結果，運動介入群(ES=0.24)は統制群に対して約3倍の効果サイズをもっていた。エアロビクス運動は最も効果があり，中等度強度の活動が最も効果的なレベルであるということが明らかにされている。また，不安，鬱，ポジティブ感情に対する運動の効果は認められているが，それ以上に包括的

なウェルビーイング，自己効力感，身体的症状などへの効果が認められている。

⑥ 今後の展開

これまでに示したように，運動の心理的ウェルビーイング効果は様々な側面で明らかにされているが，研究方法の質の問題も問われている。よって，今後は健常者だけでなく非健常者を対象としたRCTを用いた研究で運動の心理的恩恵を明らかにするとともに，効果的な運動処方（運動強度，時間，頻度）を確立していくことが重要となる。しかし，この運動の心理的恩恵を受けるのは運動を継続している者だけである。つまり，運動の継続がなされなければ，様々な心理的ウェルビーイング効果が明らかにされたとしても研究の意義は半減する。よって，今後の研究では，情緒的ウェルビーイングのポジティブ感情をもっと調べていく必要がある。なぜならネガティブ感情の軽減・改善がなされたとしても運動の継続には寄与しないかもしれないが，ポジティブ感情の増加は継続と関連する可能性は高いからである。また，多くの研究が相対的運動強度（%VO_2max, HRmax）を用いているが，この強度で運動の効果が明らかにされても継続には関係しない。運動後にポジティブ感情が醸成される自己選択的な主観的運動強度（「好みの運動強度」：Dishman，1994；「快適自己ペース」：橋本，2000）を用いた研究を行う必要があるだろう。その理由は，指定されたプログラムより自己選択のプログラムの方が教室への参加率は高いからである。

このように，今後の運動心理学研究は運動の効果だけに目を向けるのではなく，運動の継続という視点をもって効果をみていくことが重要と思われる。この意味で，運動の心理的ウェルビーイングの改善・向上効果の研究では，様々な切り口があり，今後のさらなる研究の発展が期待される。

参考文献 10.C.01
- 中村容一，田中喜代次ほか．2008．「健康関連QOLの維持・改善を目指した地域における健康づくりの在り方―高齢者の体力水準に着目して―」『体育学研究』53（1）：137-45．
- 橋本公雄．2000．「運動心理学研究の課題―メンタルヘルス改善のための運動処方の確立を目指して―」『スポーツ心理学研究』27（1）：50-61．
- 福原俊一，鈴鴨よしみ．2005．「健康関連QOL尺度」『医学のあゆみ』213（2）：133-36．
- Craft, L.L. & Landers, D.L. 1998. The effect of exercise on clinical depression and depression resulting from mental illness: a meta-analysis. *Journal of Sport & Exercise Psychology*, 20: 339-57.
- Daley, A. 2008. Exercise and Depression: A review of reviews. *J Clin Pschol Med Settings*, 15: 140-47.
- DeBoer, L.B., Powers, M.B., Utschig, A.C., Otto, M.W., and Smits, J.A.J. 2012. Exploring exercise as an avenue for the treatment of anxiety disorders. *Expert Rev Neurother*, 12(8): 1011-22.
- Herring, M.P., O'Connor, P.J., Dishman, R.K. 2010. The effect of exercise training on anxiety symptoms among patients. *Arch Intern Med*, 170(4): 321-31.
- Lox, C.l., Martin, A.M. & Petruzzello, S.J. 2003. The psychology of exercise: Integrating and practice. Holcomb Hathaway, Publishers, Inc..
- Netz, Y., Wu, M-J., Becker, B.J. & Tenenbaum, G. 2005. Physical activity and psychological well-being in advanced age: a meta-analysis of intervention studies. *Psychology and Aging*, 20(2): 272-84.
- North, T.C., McCullagh, P. & Tran, Z.V. 1990. Effect of exercise on depression. *Exercise Sport Science Review*, 18: 379-415.
- Petruzzello, S.J., Landers, D.M., Hatfield, B.D., Kubitz, K.A., & Salazar, W. 1991. A meta-analysis on the anxiety-reducing effects of acute and chronic exercise: outcomes and mechanisms. *Sports Medicine*, 11(3): 143-82.
- Reed, J. & Ones, D. 2006. The effect of acute aerobic exercise on positive-activated affect: A meta-nanalysis. *Psychology of Sport and Exercise*, 7: 477-514.
- Reed, J. & Buck, S. 2009. The effect of regular aerobic exercise on positive-activated affect: a meta-nanalysis. *Psychology of Sport and Exercise*, 10: 581-94.
- Schuch, F.B., Vasconcelos-Moreno, M.P., Fleck, M.P. 2011. The impact of exercise on quality of life within exercise and depression trials: A systematic review. *Mental Health and Physical Activity*, 4: 43-48.
- Wipfli, B.M., Rethorst, C.D., & Landers, D.M. 2008. The anxiolytic effects of exercise: a meta-analysis of randomized trials and dose-response analysis. *Journal of Sport & Exercise Psychology*, 30: 392-410.

（橋本公雄）

スポーツにおける性格形成 10.C.02

① 性格特性

われわれは，優しい人，わがままな人，活発的な人など個人の特徴について様々な分類を行っている。その際の指標となるものが，パーソナリティーまたはその訳語の性格である。性格に関する研究は大きく分けると，主にドイツで発達した「人をいくつかのタイプに分類して理解しよう」とする類型論と，アメリカやイギリスなどで発達した「人のもつ様々な特性を単位として性格が形成される」とする特性論の2つに分類される。

オールポート（G.W. Allport, 1977）は，特性論の立場から性格を「その人の特徴的な行動と思考を決定する心身システム（特性）で構成される個人内の動的組織である」と定義している。性格は行動を決定するために個人のもつ，身体的かつ精神的な習慣・態度・感情などの特性であり，絶えず変化・発展するものとみなすことができる。また，宮城（1971）によると，性格には先天性が高く環境によって変化しにくい部分と，後天性が高く環境によって変化しやすい部分があり，それらは階層構造をなしているとされている。すなわち，気質，狭義の性格・人格，習慣的性格・態度，役割性格という4つの階層があり，気質は最も変化しにくく，次第に変化しやすくなり，役割性格は環境に応じて大きく変わるものと捉えられている。

性格を評価するために，多くの性格検査が開発されてきた。スポーツ場面で多く用いられてきた心理検査として，矢田部－ギルフォード（Y-G）性格検査，内田・クレペリン精神作業検査，モーズレイ性格検査などが挙げられる。また近年では，5つの特性概念で説明するビッグ・ファイブという5因子説が提案されている。

これまでどのような性格のスポーツ選手が一流選手になれるのか，という観点から研究が数多く行われてきた。競技の心理的適性としての性格を明らかにするために，Y-G性格検査などを用いて一流スポーツ選手の調査が行われた。そして優れた選手の特徴として，外向性，協調性，支配性などの特性を有していることが示されてきた。しかし，一般的な心理検査で評価することには，限界があることが指摘されるようになった。そこで心理的適性を明らかにするためには，スポーツ状況を考慮した評価が重要であるとされ，体協競技意欲検査（TSMI）や心理的競技能力診断検査（DIPCA）などが開発されている。

スポーツを経験することで性格が変容すると考えられることから，性格に及ぼすスポーツ経験の有無や経験の長さの影響などについて古くから研究されてきた。そしてスポーツ経験者は未

経験者よりも協調性や社会性が高いことなどが報告されてきたが，これらの結果を一般化することは困難であるとみなされている。その理由として，スポーツを行うことにより性格が変容したのか，もともとそのような性格の人がスポーツを行ったのかという，スポーツと性格の因果関係を明確にする困難さが挙げられる。また，性格が幅広い内容を包括している概念であるため，スポーツによる変容を明確にすることが難しいとも考えられている。そのため，近年ではスポーツ活動と関連の深い自己概念，社会的スキル，道徳性などに焦点を当てて研究がなされている。

② **自己概念**

自己概念は，自分自身の性格，能力，身体的特徴などについてどのように思っているか，という自分に対するイメージのことである。すなわち，自己概念は自分の様々な特徴に対する認知であり，発達段階や環境の影響を受けて形成され，どのように行動するかということに影響を及ぼしている。初期の研究においては，自己概念は一元的なモデルとして扱われていたが，次第に自己概念の多面的な階層性が指摘され，社会的，情動的，身体的側面など複数の領域で成り立つとみなされるようになった。また，人が幼児期，児童期，青年期と発達することに伴い，自己概念が様々な領域に分化することが明らかになっている。

幼児期や児童期の自己概念の中心は，身体運動的な自己概念である。この自己概念は，運動の上達や成功の体験からもたらされる運動に対する有能さの感覚であり，運動有能感とも呼ばれる。幼児期や児童期の運動経験は自己概念に影響を与えやすく，運動場面における技能の獲得や，指導者や仲間との社会的な相互作用によって自己概念は大きく変容する。

杉原(1989)は，幼児期の運動経験と自己概念の関連について，運動経験が自己概念に影響し，自己概念もまた運動経験に影響を及ぼすという循環モデルを提示している(図1)。このモデルでは，もともと積極性があり活動的で運動の好きな子どもは，いろいろな場面で積極的に運動して，運動が上手にな

り，そのことを先生や親に認めてもらえると，運動有能感が高まり，運動に対してより積極的に取り組むようになることを示している。反対に，消極的で運動嫌いな子どもは，運動をする機会を避けることが多いが，そのために運動が上手にならず，また周囲からも評価してもらえないため，無力感を味わいやすく，運動へのかかわりもさらに消極的になってしまうことを示している。

青年期以降においても，キャンプやスキーなどの野外活動で技能獲得の体験をすることにより自己概念が肯定的に変化することが示されている。また運動有能感が高い人たちはスポーツ活動を長く継続するなど，スポーツと自己概念の関連が確かめられている。

また，スポーツ場面で技能を向上させることが肯定的な自己概念の形成につながるだけでなく，生活の満足感やストレスへの対処能力など日常生活の心理面に肯定的に影響することが示されている。一方，スポーツで努力しても上達しないといった経験が否定的な自己概念に結びつき，さらに不安感情や鬱感情などを高めてしまうことも指摘されている。このように，スポーツと自己概念は正と負の関係の両方をもち合わせており，スポーツ活動の中でどのような経験をするかが自己概念の形成にとって重要になる。

③ **社会的スキル**

社会的スキルは，他者との関係や相互作用を巧みに行うために，練習して身につけた技能と定義される(相川, 2000)。これは，人間関係や個人と集団の相互作用に関係するものであり，具体的な内容としてはコミュニケーションスキル，感情処理スキル，ストレス処理スキル，集団行動スキル，援助スキルなどが挙げられる。この社会的スキルと関連する概念に，ライフスキルがある。WHO(1997)は，これを日常生活で生じる様々な問題や要求に対して，建設的かつ効果的に対処するために必要な能力と定義している。社会的スキルとライフスキルは同様の概念とみなされる場合もあるが，ライフスキルのうち，特に社会的な内容を中心としたものを社会的スキルとみなすことができる。

スキルという用語が使用されるようになってきた背景として次のことが挙げられる。1つは，運動の技能は練習によって向上させることができるのと同じように，対人関係を円滑にすることも練習によって身につけられるという考え方が重視されだしたことである。また，教育やスポーツの場において，性格や人格などは教育・研究にしにくい概念であるのに対して，スキルは教育や研究をしやすい概念であることも関係している。スキルはあくまで対処技能・能力といった人間の表層的な行為を示すものであり，人格などの人間的深さを示すものではないということに注意を払う必要もあるだろう。

スポーツの社会的スキルへの影響に関して，上野と中込(1998)は高校の運動部活動に参加している生徒の社会的スキルが参加していない生徒よりも高いことから，スポーツにより社会的スキルが高まる可能性を示すとともに，指導者の働きかけの重要性を指摘している。また，体育授業やキャンプを対象とした研究においては，活動後に社会的スキルが向上することが示されている(西田ほか, 2002；石倉, 1999)。このように，スポーツ活動が社会的スキルを向上させる可能性が示されている。

スポーツを通して社会的スキルを獲得するプロセスについて，杉山(2004)は3つの段階を指摘している。まず第1段階は，スポーツパフォーマンスを向上させるために，適切な社会的スキルが必要とされ，実際に用いられる段階であり，これはスキル獲得の前提条件となる。次の第2段階では，スポーツ場面で有効な社会的スキルを頻繁に使用することによって，社会的スキルが獲得されることになる。そして，第3段階では，スポーツ場面で獲得した社会的スキルが，日常場面でも用いられるようになり，その結果として社会的スキルが獲得されることになる。このようなプロセスで，スポーツ場面で獲得した社会的スキルが日常場面の社会的スキルに般化・転移すると考えられる。しかし，スポーツ場面でスキルを身につけても日常場面で用いられるとは限らない。そのため，日常場面への般化・転移を促進させる条件を明らかにし，そのような条件を整えることが重要になる。

④ 道徳性

行為の選択が善悪の基準に基づいて行われる時，その行為の質が道徳性といわれる。その時の善悪の基準を提供する規範が道徳である。この道徳には，道徳を社会現象として捉えた社会的な道徳という意味と，社会的な道徳を受け入れるか拒否するかについて自主的な判断を行い，その行為が決定されるという個人を中心とした意味の2つが含まれる。後者は心理学の対象となり，道徳意識，道徳判断，道徳的態度，道徳性の発達などについて検討されている。

道徳性の発達に関して，コールバーグら（Kohlberg et al., 1987）は6つの段階からなる発達段階説を提唱している。それによると，まず，1) 罰を避け，人やものを傷つけないようにし，権威に従う（罰と服従への志向）といった他律的な道徳性がみられ，2) 人の興味や要求に役立つ時には規則に従うようになり（手段的相対主義者への志向），そして，3) 自分と密接な関係にある人々の期待に従って行動するようになる（人間関係における協調への志向）。さらに，4) 社会や集団の法と秩序を守るように行動するようになり（法と秩序への志向），5) 生活や自由に関する権利を理解しながらも，社会の価値や規則は社会的な契約であるため守るべきという意識を高め（社会契約的な遵法主義への志向），最後に6) 普遍的な倫理原理に従うことの重要性を理解して行動するようになる（普遍的な倫理原則への志向）。このような道徳の発達段階は，他律的な道徳性から自律的な道徳性への段階として解釈される。また，発達段階を理解することは，道徳教育に資するとともに，体育やスポーツの道徳性への影響を理解する上でも重要となる。

道徳性に及ぼすスポーツの役割は古くから認められてきた。代表的な例として，19世紀イギリスのパブリックスクールにおける学校スポーツの理念が挙げられる。そこでは，スポーツは人格を形成し，道徳的に価値のあるものとして捉えられ，フェアプレイの精神とスポーツマンシップの概念として具現化されてきた。

スポーツの場において重要となる道徳性は，スポーツの規則や秩序などに基づいて行動することであり，そのよ

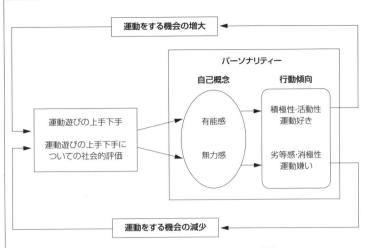

図1　運動経験と自己概念およびパーソナリティーの関係についての模式図
（出典：杉原，1989）

うな行動は当然であるとされる。一般に，スポーツマンには高い道徳性が求められ，またそのような道徳性を有していると考えられている。しかし，勝利を追求するあまりに相手に対し，故意に怪我を負わせようとするラフプレイをしたり，禁止薬物を用いてドーピングを行ったりと，道徳的でない行動も見受けられる。このように，スポーツへの取り組み方によっては道徳を逸脱した行動がみられる。すなわち，道徳性は単にスポーツに参加することによって発達するものではなく，スポーツの場でどのような経験をするかが道徳性の発達にとって重要となる。

学校体育において教師が道徳的に望ましいことについて模範を示したり，賞罰などの強化を用いたりすることで道徳性を教えることができる。しかし，このような指示的な教え込みの方法だけでは，道徳性の獲得は難しいとされる。ヴァンデン-オウェールら（Y. Vanden Auweele, et al., 2006）は，体育場面で対話や仲間との相互交流に考慮した活動方法の工夫によって，道徳性が発達することを指摘している。つまり，体育は身体接触を伴い，他者への配慮，対話，役割受容，協調など仲間との相互作用がみられる活動であり，その場の経験の質により道徳性の発達が異なる。例えば，運動技能の学習をする際の個人学習とペア学習という2つの方法を比較すると，ペア学習が用いられた場合は，他者への援助行動と社会的関係の発達が大きいことが示されている。また，体育場面で道徳的なジレンマを経験することも有効だとされる。他者との相互作用の中で生じた解決可能な様々な葛藤状況は，道徳性の発達に大きく影響している。

参考文献

- 相川充 2000．『人づきあいの技術－社会的スキルの心理学－』サイエンス社
- 石倉忠夫 1999．「D大学体育実技を受講している新入生の社会的スキルの変化」『同志社保健体育』38: 23–44．
- ヴァンデン・オウェール，Y.ら 2006．『体育教師のための心理学』スポーツ社会心理学研究会 訳 大修館書店
- 上野耕平，中込四郎 1998．「運動部活動への参加による生徒のライフスキル獲得に関する研究」『体育学研究』43: 33–42．
- オールポート．1977．『人格心理学』（上）今田恵 監訳 誠心書房
- 杉原隆．1989．「子どもの心と体の健康」近藤充夫 編著『保育内容・健康』建帛社
- 杉山佳生．2004．「スポーツとライフスキル」日本スポーツ心理学会 編『最新スポーツ心理学』69–78．大修館書店
- 西田順一，橋本公雄，徳永幹雄 2002．「組織キャンプ体験による児童の社会的スキル向上効果」『野外教育研究』5: 45–54．
- 宮城音弥 1971．『性格』岩波書店
- Kohlberg, L., Devries, R., et al. 1987. *Child psychology and childhood education, a cognitive-developmental view*. Longman.
- WHO 編 1997．『WHO・ライフスキル教育プログラム』川畑徹朗，西岡伸紀，高石昌弘，石井哲也 監訳 112. 大修館書店

（磯貝浩久）

スポーツと行動変容

健康増進を目的とした運動・スポーツの開始および継続に役立てるための行動変容理論は，これまでにも数多く提唱されているが，ここでは，近年，スポーツにおける行動変容において特に注目されているトランスセオレティカル・モデル（Transtheoretical Model），自己決定理論（Self-determination Theory），およびソーシャルマーケティング（Social Marketing）という3つの理論・モデルについて概説する。

①トランスセオレティカル・モデル

現在，行動科学の分野で，最も注目され活用されている理論・モデルの1つがこのトランスセオレティカル・モデル（以下，TTM）である。TTMは，米国ロードアイランド大学のプロチャスカ（Prochaska）らにより提唱され，「変容ステージ」「変容プロセス」「セルフエフィカシー」，および「意思決定バランス」の4つの要素から構成される複合的モデルである。これら4つの構成要素のうち，変容ステージおよび変容プロセスは，プロチャスカから自らが構築した概念であるが，セルフエフィカシーおよび意思決定バランスに関しては既存の理論からの援用である。

まず，変容ステージとは，人間（ヒト）の行動変容の段階を行動に対する準備性（レディネス）の観点から5つに分類し説明したものである。行動変容における最初の段階は「前熟考ステージ」と呼ばれ「行動を起こしてもおらず，起こすつもりもない」状態をさす。そこから順に「熟考ステージ（行動を起こしてはいないが，起こすつもりはある）」「準備ステージ（不定期に行動している）」「実行ステージ（定期的に行動しているが，まだ始めたばかり）」と続き，最後に「維持ステージ（行動が習慣化している）」に到達する。運動・スポーツにあてはめてみると，「現在，運動・スポーツを行っておらず，今後行うつもりもない」状態は前熟考ステージに，「6ヵ月以上，定期的に運動・スポーツを行っている」状態は維持ステージに相当する。また，ステージ間の移行は，直線的で不可逆なものではなく，ステージ間を行ったり来たりしながら螺旋状に進行していくと考えられている。そのため，いったん，維持ステージに到達しても，前のステージに後退することもありうる。

2つ目の変容プロセスとは，人が行動変容を起こす際に用いる方略のことであり，具体的には「意識の高揚」「感情的体験」「自己再評価」「環境再評価」「社会的解放」「反対条件づけ」「援助的関係」「強化マネジメント」「自己解放」，および「刺激コントロール」の計10の方略をさす（表1）。このうち，前者の5つの方略を経験的プロセス（もしくは，認知的プロセス），後者の5つを行動的プロセスと呼ぶ。どの変容ステージ間でどの方略を用いることが有効であるかについて厳密に対応させることは困難であるが，一般的に前期ステージ間（前熟考－熟考－準備）の移行に関しては経験的プロセス，後期ステージ間（準備－実行－維持）の移行については行動的プロセスを用いることがより効果的であると考えられている。

3つ目のセルフエフィカシーとは，特定の状況下での行動遂行に対する見込み感のことであり，バンデューラ（Bandura）が提唱する社会的認知理論の中の中心的概念として，人の行動変容を予測する際のきわめて重要な変数であることが知られている。TTMの中では，特に，行動を妨げる要因（バリア）の克服に対するセルフエフィカシーについて扱われることが多い。例えば，天気の悪い日や，時間がない時，仕事で疲れている時でも，自分は運動・スポーツを行えるとどの程度感じているか（見込みをもっているか）に焦点を当てる。これまでの研究で，セルフエフィカシーの増加は，変容ステージの後期への移行につながることが報告されている。

最後に，4つ目の意思決定バランスとは，ジャニスとマン（Janis & Mann）による意思決定理論の主要な概念であり，行動の意思決定に関与する行動の恩恵（プロス）と負担（コンズ）の知覚のバランスをさす。人は，行動を起こすことの恩恵と負担を天秤にかけて，恩恵の方が大きいと判断した際に行動を起こすと考えられ，変容ステージとの関係をみても，後期のステージほど恩恵の知覚が強く，負担の知覚が低い。これまでに，「前熟考ステージ」のものを後期ステージに移行させるための手続きとして，まず，恩恵の知覚を強化させることにより前熟考ステージから熟考ステージに移行させ，熟考ステージに移行した後に，負担の知覚を減少させることが効率的であることが明らかにされている。

以上，TTMの4つの構成要素についてそれぞれ説明したが，TTMの全容を把握する際には，行動変容に対する準備性を表すものが変容ステージであ

表1　変容プロセスにおける10の方略

経験的（認知的）プロセス	内容
①意識の高揚	行動に関する情報を収集し，気づきを高める
②感情的体験	問題行動が引き起こす重大な結果に対する不安や恐怖など，負の感情を体験する
③自己再評価	行動を変容させることで，自分自身にどのような恩恵があるかを評価する
④環境再評価	行動を変容させることで，周りにどのような恩恵があるかを評価する
⑤社会的解放	自分を取り巻く社会的環境がどのように変化しているかに気づく
行動的プロセス	
⑥反対条件づけ	問題行動に替わる代替行動を取り入れる
⑦援助的関係	行動変容のために周りからのサポートを得る
⑧強化マネジメント	行動変容が成功した際に報酬を受け取る
⑨自己解放	周囲に行動変容することを意思表明する
⑩刺激コントロール	容易に行動変容できるように環境を操作する

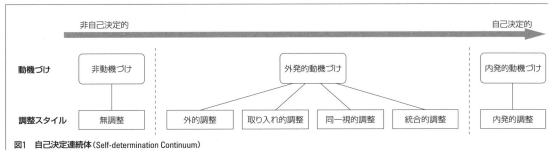

図1　自己決定連続体（Self-determination Continuum）

り，その変容ステージをより後期のステージに移行させる（行動を習慣化させる）ために，操作・活用すべき変数が，残りの3つの構成要素であると考えると理解しやすい。

②自己決定理論

自己決定理論は，デシとライアン（Deci & Ryan）が認知的評価理論や有機的統合理論を発展・統合させて導いた人の動機づけを説明する理論である。自己決定理論の独創性は，従来，一元的に捉えられていた外発的動機づけに関して4つに分類した点と，内発的動機づけを促進するためには，自律性の欲求，有能感の欲求，および関係性の欲求を満たす必要があることを明らかにした点にある。

従来の動機づけ研究では，内発的動機づけと外発的動機づけの関係は，自律的と他律的という対照的な概念として位置づけられてきたが，自己決定理論では，外発的に動機づけられている行動であっても，行動することの価値の内在化の過程を通して自律的な動機づけに変化しうると仮定した。彼らは，従来の外発的動機づけについて価値の内在化の過程における自己決定の程度（行動の価値を理解し自律的に行動を選択している程度）により，「外的調整（external regulation）」「取り入れ的調整（introjected regulation）」「同一視的調整（identified regulation）」，および「統合的調整（integrated regulation）」の4つの自己調整スタイルに分類した（図1）。例えば，親や学校の教師によって運動・スポーツの価値を理解せず無理やりさせられている状態は外的調整に分類される。親や教師の期待に沿わねば申し訳ないという義務的な理由により運動・スポーツを行っている状態は取り入れ的調整にあたり，自分の価値観の中で運動・スポーツの重要性を理解して行っている状態は同一視的調整になる。もっとも，自律性の高い統合的調整は，自分の中で運動・スポーツに対し高い価値を置きながらも他の価値観と対立することなく無理なく行えている状態をさす。

また，この理論では，自律性，有能感，および関係性の3つの欲求が満たされることにより，内発的動機づけが促進すると考えられている。つまり，運動・スポーツ場面に適用すれば，自らの興味により運動・スポーツの実施を自己決定し（自律性），仲間や指導者から肯定的な評価を受けて，自分の上達を実感でき（有能感），他者と実質的，感情的に結びつき，「自分は受け入れられている」という感覚をもつこと（関係性）により，人は内発的に運動・スポーツに参加すると考える。

③ソーシャルマーケティング

国や自治体など大規模なレベルから人の行動変容を促す際にはソーシャルマーケティングに基づいた介入計画を立てることが効果的である。アンドリーセン（Andreasen）によれば「ソーシャルマーケティングとは，個人および社会福祉の向上のため，標的採用者の自発的行動に影響を与えるようにデザインされたプログラムの分析，計画，実施，評価を行う際に商業分野のマーケティング技術を適用することである」と定義されている。主に，禁煙，薬物乱用防止，性感染症予防，肥満防止など公衆衛生的観点からのキャンペーンに適用されており，その中の1つに，運動・スポーツへの参加を促すキャンペーン（例えば，アメリカの疫病対策センター〔CDC〕が若年層〔9～13歳〕を対象に身体活動の維持・増進を目的にした大規模キャンペーンであるVERBキャンペーンなど）も含まれる。

アンドリーセンや英国ソーシャル・マーケティング・センターは，ソーシャルマーケティングの要点を「顧客志向（customer oriented）」「行動（behavior）」

表2　ソーシャルマーケティングの8つの基準

基準	内容
①顧客志向	対象者のニーズを探り，行動変容につながる効果的なメッセージの発信を心がける
②行動	行動の変容を目的とし，測定可能で特異的な行動目標を設定する
③理論	理論に基づいた働きかけを行う．その際，1つの理論にこだわる必要はなく，様々な理論を統合して用いる
④洞察	質的調査により対象者の動機づけについての深い理解を得ることに重点を置く
⑤交換	行動を起こすことの恩恵の知覚が負担の知覚を上回るようなインセンティブを用意する
⑥競争	行動変容に際し，ライバル行動（例えば，運動・スポーツに対する座位活動など）を抑制するための方策を講ずる
⑦セグメンテーション	対象者の特性に合わせた個別介入を可能にするために，対象者を特定の基準（性別や準備性など）により細分化する
⑧メソッドミックス	他の様々な介入も考慮しながら，マーケティングミックス（4つのP）を活用し全体的な効果を高める

「理論(theory)」「洞察(insight)」「交換(exchange)」「競争(competition)」「セグメンテーション(segmentation)」，および「メソッドミックス(method mix)」の8つに絞り，ソーシャルマーケティングの操作的な基準を定めている(表2)。

上記の8つの基準の中でも，「メソッドミックス」に含まれている「マーケティングミックス」の考え方はその中核概念に位置づけられている。マーケティングミックスとは，Product(製品)，Price(価格)，Place(場所)，Promotion(宣伝)の頭文字である「4つのP」を効率的に組み合わせることにより，人々の行動変容を促す考え方である。

例えば，運動・スポーツへの参加を促す場合，1つ目のProductは，運動・スポーツといった「行動そのもの」になる。Productの目的は顧客(対象者)のニーズを満たすことにある。運動・スポーツへの参加が健康増進だけではなく，女性にとっては美容，忙しいサラリーマンにとっては日常生活の中の一服の清涼剤になることなどを前面に打ち出し，うまくProductのコンセプトチェンジを図ることも，このProductの部分では重要になる。

2つ目のPriceは，「対象者が勧められた行動変容を起こす際に生じる心理的，経済的，時間的負担」であり，実際に行動変容を促すためには，これらの負担を背負ってでも行動したいと対象者に思わせる必要がある。このように，ProductとPriceの間には，「この商品には，これだけの代金を払うだけの価値がある」と思わせてはじめて商品が売れるという「交換」の原理が働くため，商品そのもの(運動・スポーツそのもの)だけに着目させるのではなく，「核となる商品」や「付随する商品」についてもしっかり売り込む必要がある。運動・スポーツで考えるならば，「核となる商品」は体力増強や健康増進で，「付随する商品」はスポーツ仲間との交流などに相当する。

3つ目のPlaceは，「対象者が望まれる行動を起こす場所，対象者がサービスにアクセスする場所，対象者がその問題について考える場所」である。運動・スポーツを実践させるための教室などを開催する際には，教室の開催場所は近場か，教室の開催日時は適切か，会場までの公共交通機関の利用は可能か，など対象者が行動を実践しやすい場所や時間帯などを考慮する必要がある。その他にも，夜遅くまで働いているサラリーマンに運動・スポーツを実践させる場合にも考慮すべき事項であり，会社帰りに利用できる施設を紹介したり，会社内の階段利用を勧めることなども重要である。

最後，4つ目のPromotionは，「対象者に行動変容を促すための宣伝」であり，冊子，ポスター，口コミ，インターネットなど様々な手法により情報を伝達したり，イベントを開催することにより行動変容のきっかけを作り，運動・スポーツへの参加を促すことなどがこれにあたる。

ソーシャルマーケティングの適用手順に関しては，各種機関からいくつかの方法が報告されているが，事前調査，戦略，プログラム開発，実行，および評価の順で5つの段階に分けて行うことが一般的である。

参考文献　10.C.03

- Andreasen, A.R. 1995. *Marketing social change*: *changing behavior to promote health, social development, and the environment*. Jossey-Bass.
- Bandura, A. 1986. *Social foundations of thought and action: A social cognitive theory*. Englewood Cliffs.
- Deci, E.L. & Ryan, R.M. 1985. *Intrinsic motivation and self-determination in human behavior*. Plenum Press.
- Janis, I.L. & Mann, L. 1977. *Decision making*: *A psychological analysis of conflict, choice and commitment*. Collier Macmillan.
- National Social Marketing Center 2007. Big pocket guide Social marketing (2nd Ed.) http://www.snh.org.uk/pdfs/sgp/A328463.pdf (2012年10月15日).
- Prochaska, J.O., DiClemente, C.C., & Norcross, J.C. 1992. In search of how people change. Applications to addictive behaviors. *Am Psychol*, 47：1102-14.

(上地広昭)

スポーツ選手の精神的トラブルと対処　10.C.04

スポーツ選手の心理サポートでは，競技力向上を主たる目的としたメンタルトレーニングと，競技生活の中で選手が抱えた心理的問題・課題の解決をサポートするスポーツカウンセリングがある。臨床現場で選手の心理サポートを担当していると，両立場を明確に区別できないこともある。競技力向上を目的とした選手であっても，心理的問題の対応が必要となることもあれば，心理的問題の解決が競技力向上につながることもある。

ここでは，カウンセリングに訪れるスポーツ選手の心理的問題を，運動部不適応，スポーツ傷害，バーンアウト，食行動異常，競技引退を取り上げ概説していく。

①運動部不適応

運動部不適応は，「運動部の環境や活動にうまく応ずることができず，その中で自らの欲求を満たすこともできず，葛藤や不安が生じている状態」(竹之内, 2008)と定義されている。

所属する運動部に対して不適応感を抱き，競技継続の迷いや退部を訴えて相談室を訪れる(来談する)スポーツ選手がいる。その多くは，部内での人間関係の不満，競技に対する興味や価値観の低下，他の関心事との両立(勉強とスポーツ活動)困難などを主な理由と訴え，調査研究においても同様の結果が得られている(例えば，青木，1989)。勉強とスポーツの両立の困難さによる問題は，大学年次の学生選手よりも中学高校年代のスポーツ選手に多いようである。

指導現場では，選手の訴えを受容的に傾聴し，不適応の原因となっている要因を見極め，それに基づいて人間関係，練習内容・量，指導方針等の改善を目的とした介入(環境調整)が図られる。近年は，問題を抱えた選手を取り巻く「重要な他者」(例えば，指導者，チームメイト，親)によるソーシャルサポートの活用の有効性が注目されている。

高いレベルで長期にわたって競技継続を果たしてきた者が不適応感を高めると，パフォーマンスの低下，スポーツ傷害の発症，さらには運動部から離脱(退部)する場合もある。退部はその多くが，競技離脱(ドロップアウト)につながり，選手にとってそれはそれまでの自分の重要な支えを失うことを意味し，アイデンティティーの混乱を来す可能性がある。したがって，離脱後の支援についても考えねばならない。また，上述のような理由のいずれかで運動部不適応を訴えたとしても，さらにその背景には，別の解決すべき心理的

問題が潜んでいる場合がある。スポーツ選手が心理的問題を抱えた時，運動部不適応や運動部離脱という形で問題として顕在化しやすいように考えられる。したがって，カウンセリングの中では，背景にある心理的問題・課題が主要な話題となっていくことが多いようである。

細川ら（2000）は，運動部不適応を問題として来談してきた5人のスポーツ選手の風景構成法による描画作品を分析し，その時の心理状況を明らかにしている。作品に共通して認められた特徴ならびにその意味づけとして，全体的な構成の不整合さによる「周辺環境の位置づけの問題」，奥行き感のなさや山・川の描写特徴による「将来の見通しのなさ」，人や動物等の関係性による「人間関係の希薄さ・疎通性のなさ」，そして不自然な田の構成より「自己実現の場の未確立」等が明らかにされている。高い競技レベルでしかも長期に継続してきたスポーツ選手の運動部不適応には，人格発達につながる課題や問題が内包されていると考えられる。

②スポーツ傷害

スポーツ選手の怪我は身体的な問題だけにとどまらず，心理学的な問題としても注目されてきている。ヘイルらは『スポーツ傷害の心理学』(John, Heil. *Psychology of Sport Injury.* Human Kinetics. 1993)，そしてパーグマンらは『スポーツ傷害の心理学的基礎』(David, Pargman. ed. *Psychological Bases of Sport Injuries.* Fitness Information Technology. 1993)のそれぞれ一書を編纂しており，またスポーツ医学領域から著されたスポーツ傷害の著書の中で心理学的側面を扱った章が取り上げられている。そこでは，大雑把に捉えると，怪我による心理的影響，受傷に影響する心理的要因，そして負傷したスポーツ選手のリハビリテーション過程での心理的介入等の内容について記述されている。

スポーツ選手の受傷後の心理的反応として，緊張，抑鬱，怒り，混乱などの否定的な情緒経験が報告されている。なかでも，キューブラ・ロス（Elisabeth Kübler-Ross）によって明らかにされた臨死患者の告知後に認められる一連の情緒反応（臨死5段階モデル）を適用した研究結果は，受傷後の心理面からの介入を行う上で手がかりを与えている。心理サポートの現場では，怪我をきっかけとしてスランプ，競技意欲の低下，バーンアウト，そして先述したような運動部不適応に陥った選手の来談がある。これらに共通するのは，受傷によって派生した心理的問題の解決を目的としていることである。三輪ら（2005）は重篤な怪我を経験したスポーツ選手の面接調査により，選手の訴える「痛み」には，身体的な痛み，心理・社会的痛み（例えば，不安，焦燥感），実存的（スピリチュアル）痛み（競技継続への迷い）といった多層にわたる意味が内包されていることを明らかにしている。これらは表層から深層へと位置づけられ，身体的痛みの訴えが，心理・社会的そして実存的辛さを代弁していることがある。このような研究からも，スポーツ傷害を抱えた選手の心理サポートにおける心理面への配慮が重要となっていることが裏づけられる。

スポーツ傷害に影響する心理要因としては，競技ストレスならびに広義のパーソナリティー変数に注目した報告が多くなされている。傷害発生頻度や受傷の程度と競技ストレス，つまり，ストレスを多く抱えているスポーツ選手において傷害頻度の高いことが認められている。また，傷害予防の視点から，ストレス軽減においてソーシャルサポート資源の活用が有効であるといわれている。さらに，オジルヴィ（Ogilvie）が提唱した「負傷頻発選手」(injury-prone athlete)のパーソナリティー特徴を検討した上向ら（1994）は，高い要求水準，対人関係における疎通性の低さ，洞察力や現実検討能力の低さなどを明らかにしている。これらの特徴は，不自然な怪我の発生や訴えをする選手の心理的背景を理解する上で手がかりとなる。

負傷選手の治療やリハビリテーションの効果促進ならびにその取り組みへの専心性を高める上で，心理面からの介入が効果を上げている。前者では，認知行動技法（イメージ，リラクセーション，カウンセリング，ほか）の適用による有効性，そして傷害の「受容」が回復過程において重要な要因となり，リハビリテーションへの専心性を高めているようである。

③バーンアウト

スポーツ選手のバーンアウト研究では，精神分析医のフロイデンバーガー（Freudenberger）による「長い間の献身が十分に報いられなかったことによる情緒的・身体的消耗」といった定義を援用する者が多い。当初は看護師，教師，ソーシャルワーカーそしてアスレチックトレーナーやスポーツコーチ等の対人援助専門職に従事している人たちの心理的問題行動として注目されてきた。ところが，1980年代中頃から，記録の停滞，試合での敗北，怪我等により，無気力や抑鬱状態に陥った一部のスポーツ選手に対してもこのバーンアウトの概念が適用されるようになった。

スポーツ心理学領域でバーンアウト研究が行われるようになった背景には，競技スポーツの高度化に伴い，情緒的な問題を訴える選手の増加のほかに，先行したスポーツ医学領域でのオーバートレーニングに関する報告の影響がある。白山（1990）は「バーンアウトは競技場面での個人的問題のほかに，指導者や仲間との対人的な問題が絡んでいる心理的概念であるのに対して，オーバートレーニングは過剰なトレーニングによる慢性疲労状態であり，医学的・生物学的概念として捉える」と，両者の相違を説明している。したがって，研究や心理サポートでは，オーバートレーニングをバーンアウト発症における状況要因の1つとして位置づけ，問題発症における個人差やその問題のもつ意味が扱われる。

岸・中込ら（1988）は，対人援助専門職を対象にして開発されたバーンアウト尺度を参考にして，スポーツ選手版のバーンアウト尺度(Athletic Burnout Inventory: ABI)の作成を行っている。そこでは，バーンアウト選手の特徴（状態像）として，「競技に対する情緒的消耗」「個人的成就感の低下」「チームメイトとのコミュニケーションの欠如」「競技への自己投入の混乱」といった4つの側面を明らかにした。この尺度の開発により，バーンアウトの程度を大まかに捉えられるようになり，操作的研究を進めることを可能とした。しかしながら，上述の特徴は，スポーツ選手が広義の心理的問題を抱えた場合，共通して高い得点を示すことがあり，サポー

ト現場でバーンアウトを診断するには不十分といわねばならない。つまり、状態像だけでなく、問題発症に至るまでの過程情報を加える必要がある。そこで中込と岸(1991)は、バーンアウトの発症過程を「成功経験→熱中→停滞→固執→消耗」と同定し、事例の分析を通して発症機序を明らかにしている。

バーンアウトの発症過程ならびにその機序より、バーンアウトを「燃え尽き」と受け止めるよりも、その背景では「くすぶり」「不完全燃焼」といった心理状態にあることが了解される。また、バーンアウト選手のパーソナリティー特徴から、彼ら彼女らが競技現場において、熱心、まじめ、完璧さを求めるなどの競技態度が考えられ、指導しやすい選手と周囲には映るはずである。したがって、予防的視点に立つならば、注意を要する選手となる。

④食行動異常

食行動の異常は、食べることを拒否する「神経性無食欲症」と過食をコントロールできない「神経性大食症」の2つに大別できる。スポーツ選手の場合、体重に基づく階級制のある種目(柔道、レスリング、ボクシング)、身体美が評価にかかわってくる種目(新体操、バレエ)、そして低体重の方が有利と受け止められている種目(長距離ランナー)において、食行動問題を発症する頻度がほかの種目より高いといわれている。これらの種目の選手は、体重のコントロールが競技成績を左右する重要な要因であるとの捉え方が強い。したがって、日頃から食行動への関心や配慮がほかよりも高いようである。

精神科領域で用いている診断基準(例えば、DSM-IV-TR)をスポーツ選手の食行動問題に適用した場合、上述の2つの摂食障害として医学的診断が下されるような重篤な例はそれほど多くはなく、特定不能な摂食障害あるいは軽度な食行動異常の範疇に含まれるようである。直接、食行動問題を主訴として来談する選手は少なく、相談が進んでいく過程で食行動の異常にまつわるエピソードに言及することが多い。これらのケースでは、来談当初の心理的問題が軽減していく中で、比較的短期間で食行動の改善がなされていく。しかし、競技スポーツではいうまでもなく、身体的消耗が激しいことから、診断的に軽度な食行動異常ではあっても心身に与える影響は大きいと考えねばならない。特に女性スポーツ選手においては、過度なトレーニングと結びついた慢性的なカロリー制限、あるいは不適切な栄養摂取による「女性競技者の三徴」(Female Athlete Triad: FAT、具体的には摂食障害、月経不順、疲労骨折)と呼ぶ健康阻害が注目されている。

摂食障害の発症要因については様々な見解がある。山崎(2003)は、食行動異常を呈したスポーツ選手に対して、「身体感覚の乖離や、否定的で自我違和的な身体経験・身体像が存在し、自我が自らの不安定な身体に沿うことが困難な状態にある」と説明している。また、バートン(Burton, 1999)は、トレーニング科学の進歩によって、スポーツ選手が「身体の対象化」を図るようになり、自身の身体を操作の対象となる「もの」として把握するようになったと指摘している。スポーツ選手の食行動異常の理解を深める上で、選手の身体経験に上記のような特徴が認められるようである。

⑤競技引退

競技引退を主訴として来談するスポーツ選手は今のところ少ない。しかし、長期にわたった心理サポートの中では、間接・直接に引退が話題となることがある。また、競技期の終盤を迎え、それまでの競技生活をカウンセラーとともに振り返ることなども、引退の準備につながる心理的作業となっている。スポーツ選手にとって競技引退は、「アイデンティティーの再体制化」の課題が突きつけられる。豊田ら(2000)はそのプロセスとして、1)引退のきっかけとなる出来事、2)選手としての自分の歩みの再吟味と引退への方向づけ、3)競技からの移行、4)職場への傾倒、を元オリンピック代表選手の面接調査から明らかにしている。さらに、「社会化予期」が競技から新たな社会生活への移行を促進し、「時間的展望」がアイデンティティー体制化における課題解決に影響を与えていると主張している。

生涯発達の視点から、最近は、「競技引退」よりも「キャリアトランジッション」といった名称を多くが用いている。そこでは、競技引退を非連続的な出来事として考えるのではなく、発達や成長につながる1つのプロセスと捉えている。競技者としての生活から新たな生活への移行をスムーズに実現する(ソフトランディング)ために、支援プログラムが開発され、実施されている。その例として、オーストラリアのAthlete Career and Education Program (ACE)、アメリカのCareer Assistance Program for Athlete (CAPA)、そしてわが国の取り組みとして、Jリーグキャリアサポートセンター等がある。

どのような状況で競技引退を迎えたかによって、選手の受け止め方やその後の対処は多様となる。長期にわたって競技に専心してきた選手は、引退によって競技者としてのそれまでの人生の中で「生きられなかった部分」をその後の新たな人生の中でどのように「生き直すか」といった課題に直面しているといった見方が必要である。競技引退はスポーツ選手にとって、生涯発達の過程で意味のある重要な時期にさしかかっており、引退を発達のチャンスとするようなサポートが求められる。

以上、スポーツ選手における5つの精神的トラブルについて述べた。これらの問題はどの水準でみるかによって、相互の関連性が異なってくる。また、それらは選手のパーソナリティー発達や個性化過程の視点から受け止めると、問題の発症に内的必然性や意味を認めることがある。したがって、心理サポート、特に、心理療法の立場からは、問題の軽減だけに終始するのではなく、選手が自身の精神的トラブルを発達のチャンスとして生かせるようなかかわりがなされることになる。

参考文献

- 青木邦男. 1989.「高校運動部員の部活動継続と退部に影響する要因」『体育学研究』34: 89-100.
- 上向貫志ほか. 1994.「『負傷頻発選手』の心理的背景」『筑波大学体育科学系紀要』17: 243-54.
- 岸順治、中込四郎ほか. 1988.「運動選手のバーンアウト尺度作成の試み」『スポーツ心理学研究』15: 54-58.
- 白山正人. 1990.「精神面からみたオーバートレーニング −バーンアウトを含めて−」『臨床スポーツ医学』7: 543-47.
- 竹之内隆志. 2008.「運動部不適応」日本スポーツ心理学会編『スポーツ心理学事典』607-09. 大修館書店
- 豊田則成、中込四郎. 2000.「競技引退に伴って体験されるアスリートのアイデンティティ再体制化の検討」『体育学研究』45: 315-32.
- 中込四郎、岸順治. 1991.「運動選手のバーンアウト発症に関する事例研究」『体育学研究』35:

313-23.
- 細川佳博，中込四郎．2000．「部活動での不適応を訴えた事例の風景構成法の検討」『臨床心理身体運動学研究』2: 41-52.
- 三輪沙都子，中込四郎．2005．「負傷競技者の体験する"痛み"の事例的研究－Total Pain概念による事例の分析を通して－」『スポーツ心理学研究』31: 43-54.
- 山崎史恵．2003．「摂食問題を抱えた競技者の心理的背景としての身体」筑波大学大学院体育研究科博士審査論文
- Burton, R.W. 1999. Mental illness in athletes. Begel, D.& Burton, R.W.(Eds.) *Sport Psychiatry: Theory and Practice*, 61-81. W.W. Norton & Company.

（中込四郎）

11章
スポーツと組織

1つの集まりが

クラブに

そして統括組織,

さらには世界的規模で統括する組織に

発展していくスポーツの組織について,

歴史的視点を軸に, 様々な視点や論点をまとめた。

さらに, 現在のスポーツ組織の多様性を

体系的に,

また具体的に紹介することで,

これからのスポーツと組織の関係についても

より深く考える契機にしていただきたい。

スポーツ組織論　11.A

近代以前のスポーツ組織　11.A.01

① 古代社会のスポーツ組織

　古代社会でも身体訓練や競技などのスポーツが盛んに営まれていたことは，発掘された壺絵や壁画等に描かれていることから明らかである。しかし，どのような組織が存在していたかは，明確な資料がなく，現在はまだ不明である。スポーツ組織の具体像が明確に分かるのは古代ギリシャ文明においてである。競技をその文化と社会においてきわめて重要視した古代ギリシャでは，市民を育成する教育組織の中核に裸体で運動することを意味するギムナシオンを位置づけ，その中にボクシングやレスリングの練習を行うためのパライストラや球技室，図書室や会議場等を設置した。16歳以上の市民はそこで日常的に競技の練習に励み，その成果をそれぞれの都市国家の守護神に捧げる奉納競技会で試したのである。こうした競技会の代表的なものの1つが古代オリンピック競技会である。

　古代ローマでは，スポーツの教育性は弱まり，娯楽性が強くなった。市民のための組織としてテルマエと呼ばれる浴場を中心とした社交のための公共複合施設が設けられ，競技やマッサージ，水泳や談笑，各種の娯楽を楽しむことができた。こうした市民のスポーツとは別に，5万人の収容力をもつコロシアム（円形競技場）での剣闘士による競技がサーカスと呼ばれるスペクタクルとして組織されていた。剣闘士の多くは，戦争捕虜もしくは奴隷出身で，興行主の剣闘士養成所で訓練を受け，その剣闘士団に所属する形で組織されていた。こうしたサーカスは，キリスト教の国教化による廃止に至るまで，為政者や富者が市民の人気を得ようとして年間100を超えるほど催されたのである。

　古代日本では，弓は特別な霊力をもつと解されて重視された。奈良時代には弓術の披露が儀礼化され，宮廷武官が徒歩で弓を射る射礼や馬上から弓を射る騎射が宮廷行事となっていた。また相撲も特別な宗教的な意味をもち，公式な宮廷行事として相撲節会が催され，それを運営するために式部省（後に兵部省）の中に抜出司（後に相撲司）という臨時の役職が定められていた。聖武天皇の天平時代（729-49年）にはこの3つは毎年7月7日に催される七夕の節会として統合化し，大々的な宮廷行事となっていた。

　このように古代社会では，スポーツは軍事訓練としての武技あるいは身体訓練による教育として捉えられて組織化されるとともに，武運や豊穣を祈る宗教的な意味を帯びた儀礼的な競技としても組織化された。古代ローマの剣闘士によるサーカスは古代ギリシャの奉納競技会が世俗化し，殺し合いを組織化した見せ物に堕落した姿であった。

（佐伯年詩雄）

図1　ジュースト（シュテッヘン）の様子
（出典：Neuendorff, Edmund, Geschichte der neueren deutschen leibesübung vom Beginn des 18. Jahrhunderts bis zur Gegenwart. Bad.1. Wilhelm Limpert, Ohne Jahr [1930], S. 41.）

② 中世社会のスポーツ組織

　中世のヨーロッパでは「ギルド」のような経済的団体や「兄弟団」のような相互扶助的な団体などと並んで，スポーツを目的とする団体も存在した。例えば，中世後期（15-16世紀）のドイツには「トーナメント団体」や「射手団体」，そして「剣士団体」が存在していた。これらの団体の団員は，トーナメント団体が貴族を団員としているように，当時の封建的身分と密接に結びついていた。以下では，これらの団体の成立事情と活動内容を概観し，最後にこれらのスポーツ団体の「中世的特徴」について考察することにする。

[トーナメント団体]

　封建社会における貴族は「戦う人」，すなわち騎士でもあった。彼らは戦争においては鎧甲に身を固めて騎馬に乗り，長槍と剣を武器にして戦った。このため，騎士にとって長槍を手にして騎馬で闘う「馬上競技」は重要な訓練の場であった。その様子は多くの騎士文学で取り上げられ，中世全体を通して最も華麗なスポーツの1つであった。この馬上競技の競技方法が成立したのは，11世紀後半であった。すなわち，騎士身分の成立，騎士道の確立，重武装による重い長槍の使用を可能にした「鐙（あぶみ）」の一般化などを背景にして，スポーツとしての馬上競技が成立した。馬上競技は，2つの集団が戦う「トーナメント」と1対1で戦う「ジュースト」（図1）という2つの類型に分けられ，騎士叙任式や貴族の結婚式などの機会に開催された。しかし，14世紀後半になると，銃や大砲の出現による戦闘方法の変化，あるいは貴族の経済的没落による封建社会の変質によって，馬上競技は軍事訓練的な模擬戦から見せ物へと変質していった。

　ドイツでは14世紀半ばになると，馬上競技の主催を目的とする騎士たちの「トーナメント団体」が結成されるようになった。例えば，神聖ローマ皇帝カールⅣ世は1355年にニュルンベルクで「フュールスパンガー騎士団」と称する団体を創設した。また，1361年にはバイエルン地方の騎士たちがトーナメント団体を結成した。これらの地域的な団体は，馬上競技の開催と参加資格を定めた「トーナメント規則」を制定していた。こうした規則は当該団体の

構成員である騎士だけに適用された。しかし，15世紀後半になると，地方全体の馬上競技に適用されるような統一的な規則が制定されるようになった。最初の統一的な規則は1478年にバンベルクで制定された。1485年にハイルブロンで制定された規則は，その後，ラインラント，フランケン，シュバーベン，バイエルンの4つの地方に適用される規則になった。

1485年にハイルブロンで制定されたトーナメント規則は，次のような内容から構成されている。1）貴族証明（4世代にわたって貴族であり，「市民」でないこと），2）武器使用（棍棒あるいは剣の使用），3）参加資格（市民あるいは犯罪者の排除），4）服装（参加者および同伴女性の服装と装飾品の制限）。しかしながら，この統一規則には，残念ながら団体の「組織」に関する条項は含まれていない。

[射手団体]

城壁に囲まれた中世都市は，諸侯や教会の支配から自律した自治都市であった。このため，都市の防衛は住民自らの手に委ねられていた。特に，14世紀半ばに都市統治の担い手が「都市貴族」から「手工業者」に移行すると，都市防衛を担う「市民軍」は「ツンフト」が中心となった。市民軍の主要な武器は，12世紀以来使用されていた「弩」と，14世紀に使用されるようになった「銃」あるいは「砲」であった。しかし，都市には強制的あるいは義務的な武器訓練の制度は存在しなかった。このため，都市当局は弩あるいは銃の訓練を奨励するために，射撃訓練場を公費で設置し，毎週日曜の射撃大会や大規模な公開射撃大会を開催した（図2）。また，当局は次のような特権を与えることによって，弩射手や銃射手の団体（射手団体）の活動を援助した。1）武器携行の権利，2）射撃訓練時の事故に対する免責，3）ユニフォームの着用，4）夜警などの賦役の免除，5）税の免除，6）ビールやワインの小売り権，など。

射手団体は13世紀末頃にフランドルで成立し，ドイツでは弩射手の団体が15世紀前後に，銃射手の団体が15世紀半ば以降に出現している。これらの射手団体の規約を概観すると，次のような内容から構成されている。1）団員間の争いの仲介，2）団体幹部の選出方法と幹部の義務と権利，3）入会金，4）

図2　チューリッヒでの弩射撃大会（1504年）
（出典：Vögelin, Anton Salmon, Das Freischießen von 1504. In: Neujahrblatt. Hg. von Stadt bibliothek in Zürich auf das Jahr 1867. S.1–9.）

図3　16世紀ドイツの剣術学校
（出典：Neuendorff, Edmund, Geschichte der neueren deutschen leibesübung vom Beginn des 18. Jahrunderts bis zur Gegenwart. Bad.1. Wilhelm Limpert, Ohne Jahr [1930], S. 61.）

衣服，5）会員資格，6）都市当局による団体への援助，7）宗教的祝祭，8）射撃訓練，9）団体の財産管理，など。射手団体への入会にあたっては，射撃能力が優秀であることはもちろんであるが，「人格上の高潔さと品行方正」が不可欠であり，「市民権」の保持も要求された。

[剣士団体]

13世紀の英雄叙事詩にみられるように，貴族の子弟に剣術や馬術などの武芸を教えたのは騎士である「武芸師範」であった。しかし，14世紀後半には，都市当局の許可を得て「剣術学校」（図3）を開設し，報酬を得て貴族や市民に剣術を教える「市民」身分の剣術師範が登場した。15世紀半ばになると，剣術師範たちは「聖母マリア兄弟団」と「聖ヨルゲン兄弟団」という団体を結成した。これらの団体の組織や運営あるいは活動内容は不明であるが，団員同士の「兄弟団的相互扶助」を目的としていた。これら2つの兄弟団は，その後「聖母マリア・聖マルクス兄弟団」（以下，マルクス兄弟団）として1つの団体になった。この団体の成立年は不明であるが，この団体の『備忘録』には「1474年」からの記録が残されている。

マルクス兄弟団は，1487年8月10日に神聖ローマ皇帝フリードリヒⅢ世より，ニュルンベルクにおいて「特許状」を得た。この特許状は，マルクス兄弟団の団員だけに対して次のような特権を承認するものであった。1）「剣術師範」の呼称権，2）「剣術学校」の開催権，3）報酬を得ての剣術の教授権。1491年の断片的な規程によれば，この団体の本拠はフランクフルト（フランクフルト・アム・マイン）の教会に置かれた。団長は年に1回（秋）死亡した団員のためにミサを挙げ，また墓の準備をする義務があった。兄弟団会計への収入は分担金や罰金あるいは剣術学校の授業料の一部などであった。その後，1566年に改正された規約は次のような内容から構成されている。1）団長の選出方法，2）団員の決闘の際の助力，3）団員の間の争いの仲裁，4）剣術学校の開催権，5）入会費と年会費，6）道徳規程，7）死亡時の退団手続き，など。マルクス兄弟団に入団するためには，まず団員から剣術師範に相応しいことを証明する「師範証書」を得た上で，フランクフ

ルトにおいて剣術試合による入団試験に合格し入会費を納める必要があった。

[中世的特徴]

馬上競技の開催を目的とする「トーナメント団体」では，地域的な団体が地方的な団体へと統合された。射撃訓練を目的とする「射手団体」は，各都市で結成され，他都市の団体と統合されることはなかった。また，剣術興行の開催を目的とする「剣士団体」は，最初から「全国的な」団体として組織された。しかし，このようなトーナメント団体と射手団体は，現代のような「全国的な統括組織」としては組織されなかった。

他方，各々の団体規約が示している

ように，規約の内容は参加資格や活動目的に重点が置かれており，団体の組織や運営に関する規則を欠いていた。しかも，現代のわれわれが興味を抱くような「競技方法」，あるいは「勝敗」に関する規則は見当たらない。さらに，近代以前には，現代の国内的あるいは国際的なスポーツ団体のような個々の団体を統括するスポーツ団体は存在しなかった。こうした団体の組織化は，19世紀を待たなければならなかった。

参考文献 11.A.01

- 楠戸一彦．1998．『ドイツ中世後期のスポーツ－アウグスブルクにおける「公開射撃大会」－』不昧堂出版

（楠戸一彦）

近代スポーツの組織 11.A.02

ここでは，イギリスを中心としたヨーロッパにおける近代スポーツの組織化動向を，「クラブ」から国内競技連盟(National Federation: NF)としての「アソシエーション」「ユニオン」，そして国際競技連盟(International Federation: IF)へという組織の広がりからみていく。それを通じて，1800－1945年の間，近代スポーツが多様な政治・社会・文化動向の中でどのように新たなスポーツ組織を創出したのかを確認する。なお，日本については近代スポーツの受容に際してどのような組織基盤が形成されたのかに焦点を当てて論ずる。

①近代スポーツ組織の形成と発展
[クラブの形成]

「クラブ」（club）の語源は，ラテン語で「人の集まり」を意味するキルクス（circus）にまでさかのぼれる。このラテン語は「サークル」の語源でもある。またcleave（ぴったりくっつく）やclump（群がる）の語源と同根で，人が寄り集まる様を表現する言葉に由来する。動詞のclubが「共通のことに分担して金を出し合う」ことを意味するようになったのは17世紀初期の頃である。17世紀末から18世紀初期にかけてイギリスでは「クラブ」の源流となる「コーヒーハウス」が隆盛する。1650年，イギリスで最初のコーヒーハウスが開かれ，その2年後にはロンドンで最初のコーヒーハウスが出現した。アディソン(J. Addison)は1711年に『ザ・スペクテータ

ー』紙で人間を「社会的動物」と規定し，夜に仲間と集まる組織を「クラブ」と呼んだ。18世紀イギリスを代表する文人ジョンソン(S. Johnson)も1755年に自らの英語辞書(A Dictionary of the English Language, 1755)の中でclubを「ある規則のもとに集まる親しい仲間内の寄り合い」と定義した。また，このように規約をもち，共同負担を原則とした仲間との「趣味的」結合組織という「近代的」な組織形態がスポーツと密接に結びつき始めたのは18世紀頃からであった。

[スポーツクラブの形成]

イギリス支配階級の貴族やジェントルマンのお気に入りのスポーツは，競馬や狩猟等のフィールドスポーツであった。競馬では1750年にジョッキークラブが結成されイギリス競馬の統括団体となった。狩猟会も「コーシング」(coursing)と呼ばれる犬を使用した追跡狩りを競技化する場となり，1776年に設立されたスワッファムクラブがその先導を担った。そのほかにも1781年には王家の庇護を受けて王立弓術協会が設立され，1785年にはウッドマン・アーデン協会も結成された。18世紀はイギリスの近代スポーツの誕生期であった。市民階級も多くのスポーツという趣味活動を「クラブ」という組織基盤で行うようになった。

漕艇，クリケット，陸上競技，フットボール等のスポーツは市民の趣味としての「クラブ」的活動となり，パブリックスクールやオックスブリッジ（オッ

クスフォード大学とケンブリッジ大学）の学生たちによって日常的に行われる「競技」へと変化した。表1のオックスフォード対ケンブリッジの対抗戦の開始一覧は、その動向の一端を示してくれる。

[ギムナスティークとトゥルネン]

フランス革命の影響とナポレオンの侵略の中でロマン主義と民族主義が興隆する「疾風怒濤」の時代を迎えたヨーロッパ諸国では、イギリス人のスポーツと異なる身体運動のシステム（ナショナルシステム）が発達した。それはイギリスやフランスなどの大国支配から自らを防衛し、固有の身体運動を体系化して国力を増強し、自民族の国民国家を形成しようとする大きな潮流であった。

ドイツではシュネッペンタール（Schnepfenthal）の汎愛学校における体育実践を基に、グーツムーツ（J.C.F. GuthsMuts）が『青少年の体育』(1793)や『遊戯書』(1796)等の著作を通じて「ギムナスティーク」の教育体系を構築した。このグーツムーツの汎ヨーロッパ的な「ギムナスティーク」(gymnastik)は、ドイツではヤーン（F.L. Jahn）の「トゥルネン」、フランスではアモロス（F. Amoros）の「ジムナスティーク」、デンマークではナハテガル（F. Nachtegall）、そしてスウェーデンではリング（P.H. Ling）の「ギムナスティーク」などに引き継がれ、異なる社会・文化状況のもとで国民教育の教科へと成長を遂げるナショナルシステムの形成を促した。

ヤーンは1811年にハーゼンハイデに体操場を設立した。領邦国家に分裂しているドイツを統一へと導く民族主義の社会装置として「トゥルン・フェライン」（Turun Verein）を結成し、愛国主義的なトゥルネン運動を創始した。リングもまた「ゴート主義」への回帰を構想して「ギムナスティーク」を体系化しようとした。スペイン人のアモロスはフランスに帰化してフランスの軍事訓練システムを改革した。

ウィーン会議後(1815)の復古的な正統主義のもとで、領邦国家体制を超越する「ドイツ統一」を掲げ自由を求めるヤーンのトゥルネン運動は、1820年にプロイセン政府から「トゥルネン禁止令」(1842年まで)を発令されるほどの民族（国民）運動に成長を遂げた。デンマークではナハテガルが王立陸軍体操学校を設立し、1814年の学校令で体操を必修化させた。スウェーデンではリングが王立中央体操学校を設立し、そこを中心にしてスウェーデン体操を形成した。こうした国民国家を形成する身体運動システムは趣味的活動に重点を置くイギリスのスポーツとは異なるものであった。イギリスのスポーツは市民的、ボランタリズム、アマチュアリズムの伝統を強くもち、一方、ギムナスティークやトゥルネンは民族的統一、国民国家形成をもたらす活動として存在し、それぞれ異なる系統として発展を遂げた。特にトゥルネンは、その後独立して国民国家を形成していくヨーロッパや東欧諸国の民族解放、民族自決・民族統一のための身体運動のモデルを提供した。

[国内スポーツ統括組織の結成]

イギリスのスポーツが国内に伝播・普及するにつれて「アソシエーション」や「ユニオン」というスポーツのための全国規模の統括組織が結成され始めた。この傾向は、イギリスに限らずヨーロッパの各国にもみられた。表2はイギリス、フランス、ドイツ、アメリカ、スウェーデンの主なスポーツ統括組織の結成年を比較できるようにまとめたものである。

イギリスでは18世紀半ば頃から競馬(1750)、ゴルフ(1754)、アーチェリー(1781)、クリケット(1788)、登山(1857)、ポロ(1875)等において先導的な有力クラブが権威主義的な統括機能を備え始めた。19世紀半ば頃から射撃(1860)、サッカー(1863)、水泳(1869)、ラグビー(1871)、ホッケー(1876)などのスポーツでアソシエーションやユニオン等のクラブ間の連携、調整、合意形成という民主的な機能をもつ統括組織が作られ始めた。イギリスが複数のスポーツ統括団体を束ねるコンフェデレーション組織を立ち上げたのは、1935年のレクリエーション的身体訓練中央審議会(CCRPT、1944年には身体的レクリエーション中央審議会：CCPRと改称)によってであった。

ヨーロッパ諸国では「体操」（トゥルネン、ギムナスティーク）を核とする国民的な規模の総合的な統括組織を結成した。ドイツでは、射撃(1861)と競馬(1867)等の団体の結成に次いで1868年にドイツ・トゥルネン連盟(DT)が設立され、トゥルネンや陸上競技等の複数スポーツ的活動が統括された。

フランスでは、競馬(1833)、漕艇クラブ(1853)、ヨット(1867)、フランス体操連盟(1873)、ディナール・テニス・クラブ(1878)、フランス徒競走協会(1887)等の結成に次いで、陸上競技、ラグビーやサッカー等の複数スポーツ種目の連合組織でクーベルタン（P. de

表1　オックスブリッジ対抗競技開始年度

年	種目	年	種目
1827	Cricket	1891	Water Polo
1829	Boat Race	1892	Swimming
1855	Racquets (Doubles)	1895	Bandy
1858	Racquets (Singles)	1895	Skating
1859	Tennis	1897	Boxing
1863	Steeplechasing	1897	Fencing
1864	Athletics	1900	Ice Hockey
1872	Rugby	1900	Lacrosse
1874	Soccer	1908	Gymnastics
1874	Bicycling	1913	Epee
1878	Golf	1922	Winter Sports
1878	Polo	1923	Table Tennis
1880	Cross Country	1925	Squash
1881	Lawn Tennis	1925	Fives
1890	Hockey		

表2 各国におけるスポーツ統括組織の成立時期（試作）

注1：ドイツのスポーツ例は、第一次大戦前後、第二次大戦前後、また第二次大戦期、特にナチス時代にはスポーツから孤立、国際スポーツから孤立。また第二次大戦期、特にナチス時代にはスポーツ団体は国家社会主義帝国体育同盟（NSRL）に統合された。
注2：国際スポーツ統括組織の名称の略記は前列に記載した。
注3：本表は試案である。より正確な対照表が今後編まれる。

	イギリス (UK)	アメリカ	ドイツ	フランス	スウェーデン（種目名のみ）	IF
競馬	1750 Jockey Club (JC) 1993 英国競馬公社 (BHB) 2007 英国競馬統括機構 (BHA)	1894 ニューヨーク・ジョッキークラブ (NYJC)	1867 ウニオン・クラブ (UC)	1833 フランス馬事改良奨励協会 (CSEARCF) 1995 フランス・ギャロ (FG)	1899 スウェーデン・ジョッキー・クラブ	1961 国際競馬統括機構連盟 (IFHA)
ゴルフ	1754 ロイヤル・エンシェント・ゴルフクラブ (Royal Ancient Golf Club: RAGC) 1901 プロフェッショナル・ゴルファー協会 (PGA)	1894 全米ゴルフ協会 (USGA)	1907 ドイツゴルフ協会 (DGV) 1949 西ドイツゴルフ再発足 (DGV) 1990 東・西ドイツ統合	1912 フランス・ゴルフ連盟 (FG)	1904 ゴルフ	1958 国際ゴルフ連盟 (IGF)
アーチェリー	1781 弓術協会 (Toxophilite Society) 1847 ロイヤル協会 (Royal Toxophile Society) 1861 グランド・ナショナル・アーチェリー協会 GNAS/Archery GB	1879 全国アーチェリー協会 (NAA)	1861 ドイツ射撃協会創建 (DSB 英国ではドイツ射撃スポーツ・アーチェリー連盟GSAF)	1928 フランス射術統轄連盟 (FFTir)	1940 アーチェリー	1931 国際射撃連盟 (FIT) 2011 世界アーチェリー連盟 (WA)
クリケット	1788 マリルボン・クリケット・クラブ (Marylebone Cricket Club: MCC) 1968 クリケット評議会 (The Cricket Council: CC) 1997 イングランド・ウェールズ・クリケット・ボード (ECB)	1965 アメリカ合衆国クリケット協会 (USACA)	1988 ドイツ・クリケット連盟 (DCB)	1998 フランス・クリケット協会 (AFC), ICCに加盟	1991 クリケット	1909 帝国クリケット会議 (ICC)→ 1965 国際クリケット会議 (ICC) 1989 国際クリケット評議会 (ICC)
射撃	1859 英国ライフル協会 1901 全英スモールボアライフル協会 National Small-bore Rifle Association (NSRA)	1871 全米ライフル協会 (NRA) 1995 USA Shooting	1861 ドイツ射撃協会 (DSB) 1951 英国ではドイツ射撃スポーツ・アーチェリー連盟GSAF	1928 フランス射術統轄連盟 (FFTir) (DSB 英国ではドイツ射撃スポーツ・アーチェリー連盟GSAF)	1943 射撃	1907 国際射撃スポーツ連盟 (ISSF)
フットボール（サッカー）	1863 サッカー協会 (The Football Association: FA) 1873 スコットランド・サッカー協会 (The Scottish Football Association: SFA) 1876 ウェールズ・サッカー協会 (The Welsh Football Association: WFA) 1880 アイルランド・サッカー協会 (The Irish FA. IFA. 北アイルランド) 1921 アイルランド・サッカー協会 (FA of Ireland: FAI, アイルランド共和国)	1913 全米サッカー連盟 (USSF)	1900 ドイツ・サッカー協会 (DFB) 1949 東・西ドイツ・サッカー連盟 (復活) DFB 1950 東ドイツ・サッカー連盟 (DFV) 1990 DFBに統合	1919 フランス・フットボール連盟 (FFF)	1904 フットボール	1904 国際サッカー連盟 (FIFA)
ラグビー	1871 ラグビー・ユニオン (Rugby Union: RU) 1873 スコットランド・ラグビー・ユニオン (SRU) 1879 アイルランド・ラグビー・フットボール・ユニオン (Irish Rugby Football Union: IRFU) 1881 ウェールズ・ラグビー・ユニオン (Welsh Rugby Union: WRU)	1876 大学フットボール協会 (ICFA, アメリカンフットボール) 1975 USA Rugby	1901 ドイツラグビー連盟 (DRV) 1952 東ドイツ・ラグビー連盟 (DRSV 東ドイツ) 1990 東・西ドイツ統合, DRV	1920 フランス・ラグビー連盟 (FFR)	1932 ラグビー	1886 国際ラグビー評議会 (IRFB)
陸上競技	1880 英国アマチュア陸上協会 2010 UK Athletics 2005 AAA-England Athletics	1888 アマチュア競技連盟 (AAU) 1978 国際アマチュアスポーツ陸上競技連盟 (USFCP) 1991 The Athletic Congress (TAC) 1992 USA Track and Field (USATF)	1898 ドイツ陸上競技連盟 (DLV) 1933 ドイツ帝国陸上競技部 (RFLA) 1949 東ドイツ陸上競技連盟 (DLV) 1990 東・西ドイツ統合, DLV	1887 フランス体操競技連合 (USFCP) 1889 フランス・スポーツ・スポーツ競技連盟 (USFSA) 1920 フランス陸上競技連盟 (FFA)	1895 陸上競技 1925 女子陸上競技連盟	1912 国際陸上競技連盟 (IAAF)
体操	1886 アマチュア体操協会 (Amateur Gymnastics Association: AGA) 1888 アマチュア体操・フェンシング協会 (Amateur Gymnastics and Fencing Association: AGFA) 1897 イギリス・アマチュア体操協会 (British Amateur Gymnastics Association: BAGA) → British Gymnastics	1963 アメリカ体操連盟 (US Gymnastics Federation) 1970 アマチュア競技連盟 (AAU) 1978 国際アマチュアスポーツ陸上競技連盟 →AAU方式によりAAUから自立 1980 USA Gymnastics	1848 ドイツ体操連盟 (DTB) 1868 ドイツアマチュア体操 (ATB) → ドイツ統一 1883 1919 労働者ドイツ・スポーツ連盟 (AT1SB)→消滅, 1947 ドイツ再建 (DAT) 労働党消滅 (DRA) 1917 新たにドイツ体操連盟 (DTB)	1873 フランス体操連盟 (FFG)	1904 体操	1881 国際体操連盟 (FIG)
水泳	1869 メトロポリタン水泳クラブ (Metropolitan Swimming Clubs Association: MACA) 1875 アマチュア水泳協会 (Amateur Swimming Association: ASA) 1888 スコットランド・アマチュア水泳協会 (Scottish Amateur Swimming Association: SASA) 1897 ウェールズ・アマチュア水泳協会 (Welsh Amateur Swimming Association: WASA) → British Swimming	1888 アマチュア競技連盟 (AAU) 1900 アマチュア・スイミング→AAU方式によりAAUから自立 1946 United States Swimming (USA Swimming)	1886 ドイツ水泳連盟 (DSB) 1900 ドイツ・シュヴィムマー・ボント (DS) 1946 政変により解散 1948 新たなDSV 1958 ドイツ水泳スポーツ連盟 (DSSV) 東ドイツ 1990 東西統一, DSB	1920 フランス水泳連盟 (FFN)	1904 水泳	1908 国際水泳連盟 (FINA)
ポロ	1875 ハーリンガム・クラブ (Hurlingham Club: HC) 1925 ハーリンガム・ポロ協会 (Hurlingham Polo Association: HPA)	1890 アメリカ・ポロ協会 (USPA)	1972 ドイツ・ポロ連盟 (DPV)	1880 フランス・ポロ連盟 (FPP)	2003 ストックホルム・ポロクラブ	1925 ハーリンガム・ポロ協会 (HPA)
漕艇	1879 メトロポリタン漕艇協会 (Metropolitan Rowing Association: MRA) 1882 アマチュア漕艇協会 (Amateur Rowing Association: ARA) 1890 全英アマチュア漕艇協会 (National Amateur Rowing Association: NARA) → British Rowing	1872 全国アマチュア漕手協会 (NAAO) 1982 US Rowing	1883 ドイツ漕艇連盟 (DRV) 1949 新たなDRS 1958 DRS (東ドイツ) 1990 東・西ドイツ統一, DRV	1890 フランス漕艇連盟 (FFSA)	1904 漕艇	1892 国際ボート連盟 (FISA, IRF)
ヨット	1815 ヨット・クラブ (Yacht Club: YC) 1823 王立ヨット隊 (Royal Yacht Squadron: RYS) 1875 ヨットレース協会 (Yacht Racing Association: YCA) 1953 英国ヨット協会 (Royal Yachting Association: RYA)	1897 北米ヨットレーシング・ユニオン (NAYRU) →アメリカ・セーリング (US Sailing)	1888 ドイツヨット協会 (DSV)	1867 ヨット連盟 (FYV) 1946 フランス・ヨット連盟 (FFV)	1905 ヨット	1907 国際ヨットレーシング連盟 (IYRU) 1996 国際セーリング連盟 (ISAF)
ローンテニス	1877 全英クロッケーとローンテニス協会 (All England Croquet and Lawn Tennis Association) 1888 ローンテニス協会 (Lawn Tennis Association: LTA) → British Tennis	1881 合衆国テニス協会 (USTA)	1902 ドイツテニス連盟 (DTB) 1958 ドイツテニス連盟 (DTV) 東ドイツ 1990 東・西ドイツ統合, DTB	1888 フランススポーツ協会連合会テニス部門→そのテニス専門部部門後にフランス・ローンテニス連盟となる 1920 1976 フランス・テニス連盟 (FFT)	1906 テニス	1913 国際ローンテニス連盟 (ILTF) 1977 国際テニス連盟 (ITF)
自転車	1878 ナショナル・サイクリスト・ユニオン (National Cyclist's Union: NCU) 1878 王立サイクリスト・ツーリングクラブ (LAB) 1888 ロードレーサーズ協会 (Road Records Association: RRA) 1959 英国サイクリング連盟 (British Cycling Federation: BCF)	1880 合衆国自転車競技連盟 (USCF) 1920 アマチュア自転車リーグ→1994 アマチュア・バイシクリング・リーグ (LAB) 1975 合衆国自転車連盟 (USCF)	1884 ドイツ自転車競技連盟 (BDR) 1933 ドイツサイクリスト連盟 (DRRV)→ドイツ帝国自転車競技連盟 1958 ドイツ自転車競技連盟 (DRSV) 東ドイツ 1990 東西統合, (BDR)	1901 フランス自転車連盟 (FFC)	1900 自転車	1892 国際自転車連盟 (ICA)

この画像は日本語の縦書きレイアウトで、スポーツ組織の設立年表を示した表です。画像の品質と複雑な縦書きレイアウトのため、正確な転写は困難ですが、以下に主要な内容を示します。

11A スポーツ組織論

スポーツと組織

分野	国内組織	国際組織
スケート	1879 イギリス・アイス・スケート協会 (National Ice Skating Association: NSA)	1892 国際アイススケート連盟 (ISU)
	1887 全国アマチュア・スケーティング協会 (NASAUS)、アメリカ国際スケーティング連合 (ISUA)、アメリカスケーティング協会 (USFSA)、1921 US Figure Skating	1908 国際アイスホッケー連盟 (IIHF)
ラクロス	1879 北部イングランド・ラクロス協会 (North of England Lacrosse Association)、1880 南部イングランド・ラクロス協会 (South of England Lacrosse Association)、1892 イングランド・ラクロス連合 (English Lacrosse Union: ELU)、1997 イギリス・ラクロス協会 (English Lacrosse Association: ELA)	1928 国際アマチュア・ラクロス連盟 (IFAL)、1974 国際ラクロス連盟 (ILF)
	1931 合衆国女性ラクロス協会 (USWLA)、1998 US Lacrosse	2008 フランス・ラクロス協会 (AFL)
ボクシング	1880 アマチュア・ボクシング協会 (Amateur Boxing Association: ABA)、英国ボクシング統制調査 (British Boxing Board of Control: BBBC)、1891 ナショナル・スポーティング・クラブ (National Sporting Club: プロ)	1946 国際アマチュア・ボクシング協会 (AIBA)
	1888 アメリカ・アマチュア・ボクシング協会 (USABF)→USA Boxing	1920 ドイツ・アマチュア・ボクシング連盟 (DABV)、東・西ドイツ統合・東ドイツ (DABV)、1990 ドイツ・ボクシング・スポーツ連盟 (DBSV)
ホッケー	1876 ホッケー・ユニオン (Hockey Union)、1886 ホッケー・アソシエーション (Hockey Association)、1887 ナショナル・ホッケー・ユニオン (National Hockey Union, 後にCHAに統合)、2003 イングランド・ホッケー (England Hockey: EH)	1924 国際ホッケー連盟 (FIH)
	1922 (USAFHA)、1993 USA Field Hockey	1909 ドイツ・ホッケー連盟 (DHB)、1958 ドイツ・ホッケー・スポーツ連盟 (DHSV 東ドイツ)、1990 ドイツ統合 DHB
バドミントン	1893 バドミントン・アソシエーション (Badminton Association: BA)、バドミントン・イングランド (Badminton England: BE)、2006 バドミントン・イングランド (Badminton England: BE)	1934 国際バドミントン連盟 (IBF)
	1936 アメリカ・バドミントン協会 (ABA)、1978 アメリカ・バドミントン協会 (USBA)、1996 USA Badminton	1953 ドイツ・バドミントン連盟 (DBV)、1958 ドイツ・バドミントン連盟 (DBV 東ドイツ)、1990 ドイツ統合 DBV
フェンシング	1896 アマチュア体操フェンシング協会 (Amateur Gymnastic and Fencing Association: AGFA)、1902 アマチュア・フェンシング協会 (Amateur Fencing Association: AFA)、1996 英国フェンシング (British Fencing Association: BFA)	1913 国際フェンシング連盟 (FIE)
	1891 アマチュア・フェンシング連盟 (AFLA)、1981 US Fencing Association	1911 ドイツ・フェンシング連盟 (DFB)、1949 DFB、東・西ドイツ加盟連合再結成 (DFV 東ドイツ)、1990 東・西ドイツ統合 DFB
卓球	1902 テーブルテニス協会 (Table Tennis Association, 12/12設立)、ピンポン協会 (Ping Pong Association, 12/16設立)、1903 テーブルテニス・ピンポン協会、1927 英国テーブルテニス協会 (Table Tennis Association: TTA 再興)、2013 Table Tennis England	1926 国際テーブルテニス連盟 (FITT)
	1933 合衆国テーブルテニス協会 (USTTA)、1994 USA Table Tennis	1925 ドイツ・テーブルテニス連盟 (DTTB)、1958 ドイツ・テーブルテニス連盟 (DTTV 東ドイツ)、1990 東・西ドイツ統合 DTTB
野球	1987 英国ベースボール・ソフトボール連盟 (British Baseball Federation: BBF)	1938 国際ベースボール連盟 (IBAF)
	1871 ナショナル・アソシエーション (NA)、1876 ナショナルリーグ (NL)、1882 アメリカン・アソシエーション (AA)、1900 アメリカンリーグ、1978 USA Baseball	1950 ドイツ・ベースボール・ソフトボール連盟 (Baseball・Bundesliga)
	1902 アメリカ山岳会 (AAC)	1984 ドイツ野球ブンデスリーガ
登山	1857 アルパイン・クラブ (The Alpine Club)	1932 国際登山・クライミング連盟 (UIAA)
		1869 ドイツ山岳連盟 (DAV)、1874 ドイツヴァンデルン、クラブ連盟 (DWBO 東ドイツ)、1996 ドイツ・アルペン・クラブ連盟 (FCAF)、2004 ドイツ・登山・クライミング連盟 (FFCAM)
柔道	1918 武道会 (Budokwai)、1948 英国柔道協会 (British Judo Association: BJA)	1951 国際柔道連盟 (IJF)
	1952 アマチュア柔道協会 (AJA)、1978 アマチュア・スポーツ法によりAAU合衆国柔道協会設立 (USJA)	1946 ドイツ柔道・未和連盟 (DAV)
バスケットボール	1936 イギリス・バスケットボール協会 (English Basketball Association: EBA)、1960 英国バスケットボール連盟 (The British and Irish Basket Federation: BIBF)、1972 (National Basketball League: NBL)、2003 イギリス・バスケットボール・リーグ (English Basketball League: 1972)、1987 英国バスケットボール・リーグ (British Basketball League: BBL)、2010 BasketballUK	1932 国際アマチュア・バスケットボール連盟 (FRBA)
	1896 アメリカ・バスケットボール協会 (NBL)、1926 アメリカ・バスケットボール・リーグ (ABL)、1946 アメリカ・バスケットボール協会 (NBA)、1974 合衆国アマチュア・バスケットボール協会 (ABAUSA)→USA Basket ball	1949 ドイツ・バスケットボール連盟 (DBB)、1958 ドイツ・バスケットボール連盟 (DBV 東ドイツ)、1990 東・西ドイツ統合 DBB
バレーボール	1955 英国・北アイルランド・アマチュア・バレーボール協会 (Amateur Volleyball Association of Great Britain and Northern Ireland)、1980 英国バレーボール連盟 (The British Volleyball Federation: BVF)	1947 国際バレーボール連盟 (FIVB)、1961 バレーボール（ヨーロッパ・リレー連盟加盟年度）
	1888 AAUがVBを統括、1928 合衆国バレーボール協会 (USVA) USA Volleyball	1951 東ドイツのバレーボール委員会 (DVV)、1955 ドイツバレーボール連盟 (DVV)、1958 ドイツバレーボール連盟 (DSVB 東ドイツ)、1990 東・西ドイツ統合 DVV
全国的競技組織	1935 レクリエーション肉体中央審議会 (Central Council of Recreative Physical Training: CCRPT)、1944 身体的レクリエーション中央審議会に改称、1974 スポーツ・カウンシル (The Sports Council: SC)	1903 スウェーデン体操・スポーツ連盟 (USFSA)、1947 スウェーデン・スポーツ連盟 (RF)
	1888 アマチュア競技連合 (AAU)、1906 合衆国大学体育協会 (IAAA)、1910 全米身体リクリエーション協会 (NASH)	1889 フランス・スポーツ競技連盟 (USFSA)
		1868 東ドイツのドイツ体育連盟 (DT)、1938 身体運動ドイツ帝国連盟 (DRL)、1948 ドイツ体操連盟 (NSRL)、1957 ドイツ・トゥルネン・スポーツ連盟 (DSB)、1990 東・西ドイツ統合、2006 ドイツ・オリンピック・スポーツ連盟 (DOSB)
IOC	1905 英国オリンピック協会 (British Olympic Association: BOA)	1894 国際オリンピック委員会 (IOC)
	1894 プラテオリンピック大会参加ドイツ委員会 (KBDOSA)→オリンピック委員会ドイツ帝国委員会 (DRAOS)、1917 身体運動ドイツ帝国委員会、1925 ドイツ・オリンピック委員会 (DOA)、1949 ドイツ・オリンピック委員会 (NOCG)、1951 西ドイツ、1965 ドイツ民主共和国オリンピック委員会、2006 ドイツ・オリンピック・スポーツ連盟	1894 フランス・オリンピック委員会 (CNOSF)、1895 アテネオリンピック（SOK）
	1894 合衆国オリンピック委員会 (United States Olympic Committee: USOC)	

0391

表3 イギリス近代スポーツ統括組織の形成過程（概略図）

種目	統一ルール・全国大会を統括したクラブ	Association, Union等への移行
競馬・障害物競馬	c.1750 Jockey Club (JC)	(JC) → 1866 Grand National Hunt Committee (GHC) → National Hunt Committee (NHC) (1967 JCに併合) / 1993 英国競馬公社 (BHB) → 2007 英国競馬統括機構 (BHA) →
猟犬による狩猟（コーシィング）	1858 National Coursing Club (NCC)	
ゴルフ	1744 Honorable Company of Edinburgh Golfers (HCEG) / 1754 Royal Ancient Golf Club (RAGC)	1892 Ladie's Golf Union (LGU：アマ) 1952 English Women's Golf Association (EWGA：アマ) / 1924 English Golf Union (EGU：アマ) → England Golf / 1901 Professional Golfer's Association (PGA)
アーチェリー	1676 (Royal) Company of Archers / 1781 (Royal) Toxophilite Society / 1785 Woodmen of Arden	→1861 Grand National Archery Society (GNAS) → Archery GB (GNAS)
クリケット	1788 Marylebone Cricket Club (MCC)	→1898 Board of Control for Test Matches at Home →1904 Advisory County Cricket Committee (ACCC) → Imperial Cricket Conference →1909 International Cricket Council →1965 International Cricket Conference → 1968 theTest and County Cricket Board. 1968 Cricket Council →1989 International Cricket Council / 1996 England Wales Cricket Board (ECB)
ヨット	1815 Yacht Club → 1820 Royal Yacht Club → / 1820 (Royal) Cork Yacht Club	→1833 Royal Yacht Squadron →1875 Yacht Racing Association (YRA) →1953 Royal Yachting Association (RYA)
漕艇	1818 Leander Club / 1828 Cambridge Univ. Boat Club / 1829 Oxford Univ. Boar Club / 1838 (Royal) Chester Rowing Club / 1856 London Rowing Club / 1860 Thames Rowing Club / その他	→1879 Metropolitan Rowing Association (MRA) →1882 Amateur Rowing Association (ARA) → / 1890 National Amateur Rowing Association (ARAと対立) (1956 ARAに併合) / 2009 British Rowing
リアルテニス・ラケッツ	1853 Old Prince's Club	→1907 Tennis Rackets Association →Tennis, Rackets and Fives Association (TRFA) / Tennis Rackets Association (TRA)
ファイブズ	1887 Queen's Club	→1927 Rugby Fives Association / →c1930 Eton Fives Association
射撃		1860 British National Rifle Association (BNRA) / 1893 Inanimate Bird Shooting Association (IBSA) →1903 Clay Bird Shooting (CBS) →1922 British Trapshooting Association (BTA) →1928 Clay Pigeon Shooting Association (CPSA) / 1901 National Smallboa Rifle Association (NRA) / 2006 National Association of Target Shooting 統一化議論不調
フットボール（サッカー）		1863 Football Association (FA) (1888 Football League) →1907 Amateur Football Association (AFA)
ラグビー		×1871 Rugby Union (RU) / ×1895 Northern Rugby Union (RUから分裂) →1922 Rugby League
陸上競技	1866 Amateur Athletic Club / 1866 London Athletic Club	×1879頃 Northern Athletic Association (AACと対立) / ×1880頃 Midland Athletic Association (AACと対立) / →1880 Amateur Athletic Association (AAA) →1991 AAA of England
水泳	1837 National Swimming Society / 1869 Metropolitan Swimming Club	→1875 Amateur Swimming Association (ASA) → 2008 The ASA
ローンテニス・クロケー	1869 All England Croquet Club (AECC) →1877 Merylebone Cricket Club (MCC)	All England Croquet and Lawn Tennis Club (AECLTC) →1882 All England Lawntennis and Croquet Club (ALTCC) / 1888 Lawn Tennis Association (LTA) / 1897 The Croquet Associatn (CA) / 1974 The Scotish Croquet Association (SCA)
ホッケー	1861 Blackheath Football and Hockey Club (BFHC) / c.1874 Teddington Hockey Club（クリケットクラブの冬季練習としてこの頃Hockeyを導入）	→ BFCCはTHCと競合 → ×1887 National Hockey Association （1895 HAIに併合） / →1875 最初のAssociation (7年間) → 1886 Hockey Association
ポロ	1871 Hurlingham Club (HC)	→1925 Hurlingham Polo Association (HPA)
自転車	1878 National Cyclists' Union / 1878 Cyclists' Touring Club	→1892 International Cyclist Association (ICA) →1900 Union Cyclyste Internationale (UCI) / →1959 British Cycling Federation (BCF) → Thr British Cycling / 合併 — 1942 British League of Racing Cyclists (BLRC) / →1888 Road Record Association →1922 Road Racing Council →1937 Road Time Trials Council
ラクロス	1876 Montreal Clubチーム渡英し試合を披露	→1879 North of England Lacrosse Association →1880 South of England Lacross Association / 1997 English Lacrosse Association ← 1892 English Lacross Union
アイススケート	1842 London Skating Club	→1879 National Skating Association — 1990 National Ice Skating Association
ボクシング	1885 Queensberry amateur championships → / 1891 National Sporting club	→1888 Amateur Boxing Association / →1929 British Bord of Control (BBB of C)
ボウルズ	1892 Scotland Bowling Association	→1882 Northumberland and Durham Bowling Association →1895 London and Southern Counties Bowling Association →1895 Midland Counties Bowling Association →1901 London Parks Bowling Association →1903 English Bowling Association (EBA) →2008 Bowls England (BE)
体操	1860 Army Physical Training Corps	→1888 Amateur Gymnastics and Fencing Association (AGFA) →1963 British Amateur Gymnastics Association (BAGA) →1997 British Gymnastics
フェンシング	1848 London Fencing Club	→1888 Amateur Gymnastics and Fencing Association (AGFA) →1902 Amateur Fencing Association (AFA) →1949 British Academy of Fencing (BAF：プロの団体) →1996 British Fencing Association (BFA)
バドミントン	1870年代「poona」として普及	→1893 Badminton Association (BA：14クラブにより結成) →1899 Badminton Union of Ireland / 1911 Scotish Badminton Union →1928 Welsh Badminton Union →1934 International Badminton Federation (IBF) BAはBadminton Association of England (BAE) に改称 → Badminton England
テーブルテニス	1901 Table Tennis Association (TTA)	→1901 Ping Pong Association (PPA) →1903 United Table Tennis and Ping Pong Association (UTT & PPA) →低迷 →1922 English Table Tennis Association (ETTA) →1926 International Table Tennis Federation (ITTF) →2013 Table Tennis England (TTE)

（出典：J.Arlott. Oxford Comanion to Sports & Games, Oxford Univ. Press, 1975；J.A.Cuddon, The International Dictionary of Sports and Games, Shocken Books 1980；日本体育協会監修『最新スポーツ大事典』大修館書店, 1987. ほかより作成）

表4　国際競技連盟（IF）の設立とオリンピック，世界選手権

設立年	IF	オリンピック	女子	世界選手権	女子
1881	国際体操連盟（FIG）	1896	1928	1903	女子団体 1934
1892	国際漕艇連盟（FISA）	1892	1976	1962	1974
1892	国際スケート連盟（ISU）	1924	フィギュア 1924	1893	1906
1900	国際自転車競技連合（UCI）	1896	1984	1893	1958
1904	国際サッカー連盟（FIFA）	1908	1996	1930	1991
1905	国際ウエイトリフティング連盟（IWF）	1896	2000	1891	1987
1907	国際射撃連合（UIT）→1998　国際射撃連盟（UIT）と改名	1896	1984	1897	
1907	国際ヨット競技連合（IYRU）→1996　国際セーリング連盟（ISF）	1900	1924	2003	
1908	国際アイスホッケー連盟（IIHF）	1920		1930	1990
1908	国際水泳連盟（FINA）	1896	1912	1973	1973
1912	国際陸上競技連盟（IAAF）	1896	1928	1983	1983
1912	国際レスリング連盟（FILA）	1896	2004	1904	1987
1913	国際庭球連盟（I'F）	1896	1900	デビスカップ 1900	フェドカップ 1963
1913	国際フェンシング連盟（FIE）	1896	1928	1921	フルーレ 1929
1920	国際アマチュアボクシング連盟（FIBA）→1946　国際ボクシング協会（AIBA）　1990　女子国際ボクシング連盟（WIBF）	1904	2012	1974	2001
1921	国際馬術連盟（FEI）	1900	1928	1913　／　1953	
1923	国際ボブスレー・トボガニング連盟（FIBT）	1924	2002	1930	スケルトン 2000
1924	国際カヌー競技代表機関（IRK）→1946　国際カヌー連盟（ICF）	1936	1948	スプリント　1938 スラローム　1949	1938
1924	国際ホッケー連盟（FIH）　1927　国際女子ホッケー連盟（IFWHA）→FIH，IFWHAを統合	1908	1984	1971	1974
1924	国際スキー連盟（FIS）	1924	1936	ノルディック　1925 アルペン　1931	アルペン 1931
1926	国際卓球連盟（ITTF）	1988	1988	1927	1927
1928	国際アマチュアハンドボール連盟（IAHF）→1946　国際ハンドボール連盟（IHF）	1936	1976	1938	1957
1931	国際アーチェリー連盟（FITA）→2011　世界アーチェリー連盟（WA）	1900	1904	1931	1933
1932	国際バスケットボール連盟（FIBA）	1904	1976	1950	1953
1947	国際バレーボール連盟（FIVB）	1964	1964	1949	1952
1951	国際柔道連盟（IJF）	1964	1992	1956	1980
1953	国際近代五種・バイアスロン連合（UIPMB）→1993　国際バイアスロン連合（IBU）と国際近代五種連合（UIPM）に分離独立	1912	2000	1949	1981
1957	国際リュージュ連盟（FIL）	1964	1964	1955	1955

注：本表は，主に1945年までのスポーツを対象にして作表した。　①オリンピックへの参加は初参加を重視してその年代を示した。　②テニスではデビスカップとフェドカップを世界選手権の項に記載した。　③戦前を対象にした表であるが，関連する場合は戦後の年代も記載した。

Coubertin）が事務局長を務めたフランス・スポーツ競技連盟（USFSA,1889）が結成された。ちなみに，国際オリンピック委員会（IOC）が創設されたのは1894年のことであった。

スウェーデンがスポーツの組織化に取り組み始めたのは陸上競技（1895），競馬（1899），自転車競技（1900）に次いで，1903年に設立されたスポーツ種目の連合組織，スウェーデン体操・スポーツ協会連合によってであった。フットボール，ゴルフ，水泳，漕艇などのスポーツがこの連合組織の傘下に入った。

アメリカではドイツから亡命したトゥルナー（トゥルネンを愛好していた者）たちによって全米ドイツ体操連盟（1850）が結成されたほか，野球（1858），射撃（1871），漕艇（1872），フットボール（1876），

表5　近代スポーツの組織の結成動向

項目	国	年	記事
教育とスポーツ組織	英	c.1820	18世紀末葉~19世紀前葉にパブリックスクールや大学でクリケット、漕艇やフットボール等が課外活動として興隆し始める。
		1828	ケンブリッジ大学ボートクラブ(CUBC)結成。
		1829	オックスフォード大学ボートクラブ(OUBC)結成。
		1870	初等教育法成立。翌年に体操を教科に認める教育条項。
		1864	イギリス、クラレンドン委員会報告書はパブリックスクールの課外活動を奨励。
	仏	1880	体操が義務教科となる。
		1881	イギリス式スポーツを愛好する学生のスポーツ団体結成。
		1882	第三共和制政府初等教育の無償制義務化。翌年、児童の義務教育制度化。
		1887	多種目のスポーツを行う市民クラブやパリ・レーシングクラブが結成。
		1889	フランス徒競走協会(USFCP)結成。
			フランススポーツ競技連盟(USFSA)設立。
	独	1868	ドイツ体育連盟(DT)設立。ドイツの伝統的遊戯を再評価する遊戯促進運動(Spielbewegung)を要請。
		1872	教会と学校の分離を定めた初等教育制度を制定。一般諸規定の制定。
		1870年代末	ギムナジウムでフットボール、漕艇、クリケットなどのスポーツを「午後のゲーム」として導入し始める。
		19世紀末	シューピース(A. Spieß)の優れた学校体育管理論があったのか学校レベルでのトゥルネンの必修化は19世紀末。
	米	1852	マサチューセッツ州で就学義務規定制定。
		1866	カリフォルニア州で体育が必修教科となる。
		1872	全国アマチュア漕手協会(NAAO)結成。
		1876	プリンストン、ハーバード、マサチューセッツ、コロンビアの大学によって大学フットボール協会(IFA)結成(ラグビー)。
		1888	アマチュア競技連盟(AAU)結成。
		1910	全米大学競技協会(NCAA)結成。
アマチュア・プロフェッショナルスポーツ組織	英・米	1839	(英)ヘンリー・ロイヤル・レガッタによる最初のアマチュア規定制定。
		1863	(英)フットボール・アソシエーション(FA)設立。
		1866	(英)ブリックウッド(E.D. Brickwood)、身分、職業、学校などで参加資格を分ける差別的アマチュアの定義。「アマチュアは、貴族、紳士、陸軍、海軍の士官、公務員、医者、法律家のメンバー、オックスフォード、ケンブリッジ・・・等の大学のメンバー、あるいはまた、商人や職人などできる既存のクラブや、グランドチャレンジカップ、シルバーコップなど開催されるようなクラブのメンバー」と規定。
		1869	(米)すべてのプレイヤーが野球で給料を得るプロチーム、シンシナティ・レッドストッキングス結成。
		1870	(英)ロンドン・アスレティック・クラブ(LAC)結成。商人に開かれていないクリケットや漕艇のクラブが開催している競技会で競技に出場したLACのメンバーをクラブから除名。
		1871	(英)ラグビー・フットボール・ユニオン(RU)設立。
			(米)全国プロ野球人協会(NAPBP)結成。
		1872	(英)LAC、アマチュア規定を制定。当クラブが後援する競技会への参加をあらゆる陸、海軍の士官、アマチュア・アスレチック・クラブ(AAC)のメンバー等以外の参加者にはLACの会員2人の推薦と委員の承認を必要と規定。
		1873	(英)ロンドン・アスレティック・クラブ、大学、パブリックスクール、フットボールクラブの会議を開催し、13ヵ国の代表を集めアマチュア規定を定める。以降、各種の国際競技連盟(IF)がアマチュア規定を採用していくことになる。
		1876	(米)野球のナショナルリーグが開始。
		1880	(米)アマチュア・アスレティック・アソシエーション(AAA)設立。アマチュアとはオープン競技会に出場したことのない者……と規定。
		1885	(英)FA：休業補償(broken-time payment)を公認する。
		1888	(英)全国フットボールリーグ(broken-time payment)創始。以後、フットボールクラブの株式会社化する動向が加速化し、プロプレイヤーも増加。
		1894	(仏)クーベルタン(P. de Coubertin)、オリンピックのためにパリ会議を開催し、13ヵ国の代表を集めアマチュア規定を公認。
		1895	(英)ノーザンラグビー・フットボール・ユニオン(NRFU)結成。休業補償を求める北部22クラブがRUを脱退してNRFUを結成。1922年にはRugby Football Leagueに改称。
		1896	(英)RU：ゲームからの個人的収入を禁じることを規定。
		1900	(米)野球のアメリカンリーグ(AL)設立。
		1907	(英)FAのプロ化に反対してアマチュア・フットボール・アソシエーション(AFA)結成。
		1920	(米)アメリカン・プロフェッショナル・フットボール・アソシエーション(APFA)結成。1922年にはナショナル・フットボール・リーグ(NFL)と改称。

11A　スポーツ組織

分類	国	年	内容
民族主義的スポーツ組織とナショナルな大会	英	1800年頃	スコットランドでは1800年代初期から復興されたブリーマー競技会 (Breamer Gathering) に代表される伝統的なハイランド・ゲームズを復興する複数の組織が19世紀半ば頃に設立。
		1838	カルドニアン・カーリングクラブ (CCC) により民族的なカーリングを組織。
		1850	ブルックス (W.P. Brookes) によって創始されたマッチウェンロックオリンピックの創始は、伝統的ローカル・アイデンティティーの再興をも兼ねていた。
	独	1860	ドイツ・トゥルンフェスト創始。ヤーン (F.L. Jahn) の主唱したドイツ統一をめざす意図をもっていた。
	チェコ	1862	「ソコル (鷹の意)」は1862年にドイツのトゥルンフェストで学んだティルシュ (M. Tyrsh) により結成された民族的、集団的、総合的な体育運動会。オーストリア・ハンガリー帝国の支配下にあったスラブ民族の連帯を求める運動体としての性格を強めた。1908年にはスラブのソコル連盟が設立されてスラブ諸国の統括組織となった。
	英	1884	インドランドの指導ゲーリック競技協会を設立。1921年に自由国家成立後してイギリスの支配を脱却 (ホッケーに類似したスティックゲーム、ゲーリックフットボール、アイリッシュハンドボール、イギリスのラウンダーズのファイナルズ) を確立した。
	ユダヤ	1932	祖国をもたない世界のユダヤ人は、同じ民族の国際総合競技大会、マカビア競技大会 (Maccabiah Games) を1932年に創始した。
国際スポーツ組織の創始と大会	国際	1894	クーベルタンの国際オリンピック委員会 (IOC) を創設。1896年の第1回オリンピック競技大会 (アテネ) の参加国・地域は14、競技者は245人。1936年の戦前最後となった第11回大会 (ベルリン) は、49の国と地域、競技者は4,066人。平和にスポーツを促進するオリンピック・ムーヴメントの理念が広く理解されるには時を要した。
		1913	極東選手権競技大会創始。YMCAのブラウン (E.S. Brown) は、オリンピック・ムーヴメントを支援しつつ国際的な地域の安定と親善を深めるように各地域競技会の1つとして、東アジアの極東競技会、南米国際競技大会、東ヨーロッパ競技会、インド帝国競技会を構想していた。
	ロシア/ソ連	1928	ロシア革命 (1917) はソ連という世界で初の共産主義国家をもたらし、オリンピック・ムーヴメントに対抗的なスパルタキアード (または/スパルタキアーダ) を開始し、ソ連は第1回インターナショナル労働者スパルタキアードを開始した。1928年以後、オリンピック・ムーヴメントに対抗的なスパルタキアーダ (または/スパルタキアーダ・ギャザリング) や、1911年にはジョージ5世の戴冠式を記念して行なわれた「帝国内スポーツ大会」がある。いずれも大英帝国の宗主国として計画された競技会であった。
	英	1930	大英帝国競技会 (British Empire Games、今日のCommonwealth Games) 創設。その前提として、イギリスのクーパー (J.A. Cooper) が構想したアングロ・サクソン・オリンピアード (または/パン・ブリタニック・ギャザリング) や、1911年にはジョージ5世の戴冠式を記念して行なわれた「帝国内スポーツ大会」がある。いずれも大英帝国の宗主国として計画された競技会であった。
帝国主義時代の若者組織とスポーツ	英	1860	イギリスのパブリックスクールに志願兵団を導入。
		1883	ボーイズ・ブリゲード (1883)、ネイビー・リーグ (1895)、帝国デー運動 (1896)、青少年教練協会の結成 (1899)、ベーデン=パウエル (Baden Powell) によるボーイ・スカウト運動の創始 (1908) 等の準軍事的な若者組織が出現。
		1929	キーフィット運動が高まる。身体訓練レクリエーション法 (1937)、カウンティーバッジ (体力・運動能力検定) 制定 (1939)。
	伊	1922	1922年にムッソリーニ (B. Mussolini) のファシストが政権を掌握し、1925年に労働者文化の余暇として、ドーポラボーロ (「労働の後に」全国労働事業団) を設立。
		1926	ファシスト党の青少年組織、バリッラを設立。青少年を集め、鍛える。
	独	1933	ヒトラーのナチスが政権掌握。
		1936	第11回オリンピック大会 (ベルリン) 開催。オリンピック諸国体制が弾圧。ヒトラー・ユーゲント法制定。労働者の余暇時間を組織的に統制。
		1938	ナチス全国体育連盟設立。体育スポーツ諸団体も統制、統合。連盟へ吸収。
	仏	1909	民間による男子義務兵事教育の組織化と、軍事体力検定の制度化
		1930年代	ラグランジュ (L. Lagrange)。青少年、スポーツ、余暇関係の統合改善策を打ち出す
	ソ連	1918	1917年のロシア革命後、1918年には共産主義青年団のコムソモール、1922年にはその少年団組織、ピオネールが設立された。
階級・労働者スポーツ	米	1885	YMCAのスプリングフィールド校訓練部がアメリカの国際的スポーツ組織化。第1インターナショナル設立。ネイスミス (J.A. Naismith) がバスケットを開発 (1891) し、1895年にはモーガン (W.G. Morgan) によりバレーボールが開発された。YMCAインターナショナルが1889年として設立。第1次大戦後には労働者トゥルネン・スポーツ連盟に再編。
	国際	1862	ヨーロッパの労働者と社会主義者のためのスポーツの国際組織、第1インターナショナル設立。ソビエト連邦の成立にともなって第3インターナショナルはコミンテルンとして知られた。
	独	1893	「労働者トゥルネン連盟 (Arbeiterturnbundes) が世界で最初のプロレタリア体育・スポーツ組織として結成される。
	英	1895	社会主義者たちによるサイクリングクラブ・インターナショナル (SASI) 設立。設立地にちなんでルツェルン・スポーツインターナショナル・スポーツインターナショナルとも呼ばれる。第1次大戦後には労働者トゥルネン・スポーツ連盟に再編。
	英	1920	社会主義労働者スポーツ・インターナショナル (SASI) 設立。設立地にちなんでルツェルン・スポーツインターナショナル (CCC) が結成される。
	独	1921	赤色スポーツ・インターナショナル (RSI) 設立。第3インター (コミンテルン) によって導かれる国際スポーツ組織。
	英	1923	コミンテルン系の英国労働者スポーツ連盟設立。1930年にBWSFに対抗する国際労働者と労働者連合による全国労働スポーツ協会 (NWSA) が結成。
	国際	1925	SASI、国際労働者オリンピック大会を開催。第1回大会 (1925)、第2回大会 (1931)、第3回大会 (1936) と開催されたが、第4回大会 (1943) は戦争で中止となった。
		1928	RSI、第1回国際スパルタキアード大会を開催。定期化させる。
	仏	1934	フランス労働者スポーツ体操連盟 (FSGT) 設立。
女子スポーツと組織	英	1891-1945	終戦 (1945) までのイギリスでは、全英ラクロス協会 (1891)、女子ゴルフ連盟 (1893)、全英クリケット競技協会 (1912)、女子アマチュア陸上競技協会 (1922)、女子クリケット協会 (1926)、女子アマチュアフェンシング協会 (1930) 等が設立された。
	国際	1921	国際女子スポーツ連盟 (FSFI)。ミリア (A. Milliat) により設立。国際アマチュア陸上競技連盟 (IAAF) とIOCがマラソン、ジャンパーや投擲者等陸上競技から排除しようとしたのに対し、オリンピック・プログラムにそれらの女性種目の採用を求める。
		1922	FSFI、独自の女子オリンピックびらで開催。以後、第2回大会 (ゲッゲリーグ)、第3回大会 (プラハ)、第4回大会 (ロンドン) を開催。
		1928	IOCは、ようやく第9回オリンピック大会 (アムステルダム) で女性の陸上競技を採用した。

表6　戦前に設立された主なスポーツ団体

創立年	種目
1905	日本山岳会
1916	日本ゴルフ協会
1920	日本漕艇協会
1921	大日本蹴球協会
1921	日本庭球協会
1922	日本乗馬協会
1924	日本ホッケー協会 大日本水上競技連盟
1925	全日本スキー連盟 全日本陸上競技連盟 日本軟式庭球連盟
1926	全日本アマチュア拳闘連盟
1927	大日本排球協会 日本ラグビー協会
1929	大日本スケート競技連盟
1930	大日本バスケットボール協会 大日本体操連盟
1931	日本卓球協会
1932	日本アマチュアレスリング協会 大日本ヨット協会
1934	日本自転車連盟
1937	日本重量挙競技協会
1938	大日本射撃協会 日本アマチュア・フェンシング協会 日本送球協会

（出典：日本体育協会 編，『スポーツ八十年史』1959．より作成）

アーチェリー(1879)，ローンテニス(1881)，スケート(1887)，そしてスポーツ団体の連合組織であるアマチュア競技連合(AAU, 1888)や全米大学体育協会(NCAA, 1910)が設立された。

このように，多くのヨーロッパ諸国では，イギリスと異なり，国民国家の形成に有用な「体操」の組織化が先行し，そこを基盤にして複数の「スポーツ」を総合的に統括するコンフェデレーション組織を形成するという道筋をたどった。

[国内スポーツ統括組織形成の経緯：イギリスの事例]

国内スポーツ統括組織の結成には様々な問題から対立や紛擾，時に分裂が伴った。この点をイギリスの事例に即して簡単に整理しておこう。表3にみるように，近代スポーツ形成期の19世紀イギリスでは，クラブを統括する

ための権力機構としての「アソシエーション」や「ユニオン」を形成する過程で様々な対立や抗争が惹起した。その多くは，1) 学閥や指導的クラブ間における統一ルールをめぐる問題，2) 産業化を遂げてスポーツの大衆化と民主化を進めていた北部と，伝統的(貴族，上・中流階級)な態度を保守しようとする南部との対立，3) スポーツの大衆化に伴って生じる競技会参加資格や「アマチュア」をめぐる理念的，階級的対立(賞金，休業補償，職工条項，ほか)などから生じた。統括組織の名称にはイングランド，スコットランド，ウェールズ，(北)アイルランド，ブリティッシュ，グレートブリテン，ユナイテッド・キングダム等といったものが付けられており，そこにはイギリスの民族的な多様性と重構造のもたらす対立が生じやすい社会的・文化的背景が反映していると考えられる。しかし，総じて，イギリスの国内スポーツ統括組織は「アマチュア」を冠するジェントルマン・アマチュア主導のものであった。

[国際競技連盟の設立]

表4が示すように，国際競技連盟(IF)は1880年以後から結成され始め，20世紀初頭に整備された。このことは多くの国々で各種スポーツの統括組織を備え，統一ルールを標準化してIFが主催する世界選手権やIOCのオリンピック等の国際大会に参加する段階に至ったことを意味している。それはまた，20世紀初頭からスポーツが国際的な共通文化となり，各国の文化水準を推し量る分野，また帝国主義競争の国力を推し量るツールとして機能し始めたことをも意味している。こうして近代スポーツの国際コード(大会開催や運営規定，ルールの統一化，アマチュアリズム遵守，プロフェショナル排除，スポーツマンシップの倫理綱領，等)がIFによって形成された。そして，国際オリンピック委員会(IOC)という国際平和をめざす国際スポーツ機関が1894年にクーベルタンの努力によって設立され，以後，近代，現代のスポーツに重要な役割を果たすことになった。

[近代社会の求めたスポーツ組織]

近代社会が当面した多くの問題は多くの新たなスポーツ組織を必要とした。ここでは第二次大戦終了時までの間に登場した多くのスポーツ組織を, 1)

教育とスポーツ組織, 2) アマチュア・プロフェッショナルとスポーツ組織, 3) 民族主義・ナショナリズムとスポーツ組織, 4) 国際競技大会の創始とスポーツ組織, 5) 帝国主義期の若者組織とスポーツ, 6) 階級, 労働者スポーツとスポーツ組織, 7) 女子スポーツとスポーツ組織, といった側面から年表形式で整理した(表5)。

近代のスポーツ組織の形成を簡略な年表によって確認してきたが，このほかにも多くの側面から近代スポーツ組織の諸問題を問わなければならないだろう。しかし，年表化により，近代スポーツの組織が時代・社会・文化の複合過程の中で新たな機能と構造をもって出現してきたことをみることができる。フランス革命による市民の台頭，自由・平等・博愛の理念の自覚，産業革命に伴う労働者階級の登場，民族主義と国家主義の高まり，労働運動と社会主義の興隆，帝国主義と民族自決の不和，国際主義の必要性と困難，2度の世界大戦，全体主義の猛威と清算，そして女性の権利の芽生えと自覚，こうしたすべてが近代のスポーツ組織の機能と役割と構造とに関係していた。現代のスポーツはそうした近代スポーツの組織化の成果と問題点を引き継いでいる。

（阿部生雄）

② 日本の近代におけるスポーツ組織の形成と発展

[スポーツの組織化と国内スポーツ統括組織の結成]

欧米から招聘されたお雇い外国人教師や帰国した留学生によって日本国内にスポーツが伝えられると，高等教育機関を中心にスポーツの組織化が進んだ。1886(明治19)年，ストレンジ(F.W. Strange)によって，校友会組織である「運動会」が東京大学で結成された。この後，学校を中心にスポーツが普及するのに伴って，大学や公私立の諸学校にも「運動会」や「校友会」「体育会」が組織され，学校間の対抗競技会が盛んになっていった。

一方，日清戦争を契機に，日本古来の各種武芸を保護・奨励し，国民の士気を高揚させることを目的に，1895(明治28)年に京都に大日本武徳会が設立された。各府県に支部を置き，知事を支

部長とする半官組織となり，巨大な勢力をもつ団体へと成長していく。

国際社会における日本の存在が高まったことを背景に，1909(明治42)年，東洋初のIOC委員となった嘉納治五郎はオリンピック大会への選手派遣を目的に，1911(明治44)年に大日本体育協会を設立し，翌年の第5回オリンピック大会(ストックホルム)に2名の選手を派遣した。大日本体育協会は，全国的な種目別スポーツ団体が結成される前の設立であったため，加盟競技団体をもっていなかった。そのため，陸上競技や水泳競技などのオリンピック種目となる競技会を直接運営しながら，スポーツの普及を図る組織であった。

[国内スポーツ統括組織の発展]

大正期になって，高等教育機関以外の学校や青年団などにもスポーツが普及し競技大会が盛んになると，種目ごとの全国統括団体が次々に設立された(表6)。これらの団体と大日本体育協会の間で，国際競技連盟への加盟代表権や国際的な競技団体への派遣代表権について調整が必要となった。そこで，1925(大正14)年に大日本体育協会は機構改革を行い，種目別全国統括団体の連合体となって，国際スポーツ界に対する日本の代表としての地位を維持した。

野球は国民的に人気が高く，各種大会が開催されていた。1925(大正4)年に東京六大学野球連盟が結成されると，1931(昭和6)年に東都大学連盟，関西六大学連盟も発足し，大学野球の組織化が進む。

第一次大戦後，自由主義や社会主義の思想問題を危惧した内務省は，青年団のスポーツ政策に着手した。1924(大正13)年に全国的総合競技大会である明治神宮競技大会を主催し，1926(大正15)年にはその後の主催・運営していく民間団体となる明治神宮体育会が結成されている。

1930年代はスポーツの組織化が進み，国際舞台での活躍も顕著になっていった。そして，1940(昭和15)年に東京でオリンピック大会が開催されることになった。

しかし，1931(昭和6)年に始まる日中戦争の長期化・泥沼化に伴って，1938(昭和13)年，オリンピック大会開催を返上することになる。そして，スポーツ組織は様変わりしていく。民間団体は官制団体に姿を変え，国家統制の下に組み込まれていく。

1941(昭和16)年12月，大日本学徒体育振興会が文部大臣を会長として結成され，学生競技界は一元的に政府によって支配されることになった。

翌1942(昭和17)年3月には，皇族梨本宮守正王を総裁，内閣総理大臣東条英機を会長とし，文部，厚生，陸軍，海軍，内務の各大臣を副会長とする武道総合団体である大日本武徳会が政府の外郭団体として新たに設立され，伝統の柔道，剣道，弓道に加えて銃剣術と射撃を加えた「五武道」として戦時体制に合わせた。

同年4月には，大日本体育協会が改組・強化され，政府の外郭団体として大日本体育会が設立された。会長は内閣総理大臣で，副会長は厚生大臣，文部大臣，大政翼賛会事務総長であった。各加盟競技団体は部会として包摂され，各府県に支部が新設された。政府のスポーツと体力政策の一元的な実施機関が誕生し，スポーツ界は国家総動員体制に組み込まれた。しかし，急速に悪化する戦局の中で，用具の不足，生徒や学生の勤労動員や出征，本土空襲の激化，食糧不足などで，スポーツは行われなくなり，やがて1945(昭和20)年8月15日の敗戦を迎える。

1946(昭和21)年1月23日，大日本体育会は改組して部会を解消して独立させ，各種目別スポーツ団体を加盟団体とする統括団体に復帰する。9月13日には大日本武徳会が解散した。

1948(昭和23)年11月13日，大日本体育会は日本体育協会と改称して，戦後の歩みを始める。

(清原泰治)

現代スポーツの組織　　11.A.03

第二次大戦後のスポーツ組織は，資本主義対社会主義という政治・経済体制の対立に大きな影響を受けながらも，植民地から独立した新興国の台頭をエネルギーにして，国際化の道をいっそう進めた。1952年にソ連が第15回オリンピック大会(ヘルシンキ)に参加し，一時，スポーツはイデオロギー対立を超えたかにみえたが，欧米中心のスポーツ体制を批判するアジア・アフリカの新興国は，インドネシアを中心にスポーツの政治的活用を容認する立場から，独自の新興国競技大会(The Games of New Emergency Force: GANEFO)を組織した。しかし，国際オリンピック委員会(International Olympic Committee: IOC)と主要な国際競技連盟(International Federation: IF)の強固な反対とインドネシアの政変によって，GANEFOはあえなく消滅した。こうして戦後世界のスポーツは，IOCとIFを中心にする国際的な組織化をますます発展させるのである。

① 国際競技会の発展とスポーツ組織の世界化

1974年にIOCがオリンピック競技大会(以下，オリンピック大会)参加資格規定からアマチュアの名辞を削除して以来，スポーツは地理的にも社会的にも急速に拡大した。その価値と意味を教育的世界にのみ閉じ込めていた近代スポーツイデオロギーの足かせから解放され，スポーツは政治的・経済的・社会的にきわめて重要な機能を発揮するようになったからである。こうしたスポーツの地理的・社会的拡大の背景には，競技者の世界的な移動を可能にした交通や，テレビに代表されるスポーツ情報を世界に配信するメディア等の急速な発達が，さらには世界政治や世界経済の発展等いわゆるグローバリゼーションの諸要因が存在する。それは，グローバリゼーションによるスポーツの世界化であると同時に，スポーツによるグローバリゼーションの促進でもあった。

国際競技大会に示されるように，スポーツの国際化は，ヨーロッパとアメリカを中心として，すでに19世紀末から始まっていたが，1970年代には地理的規模を著しく拡大し，20世紀末までに世界全体を範域とする世界選手権大会に発展していった。こうした世界選手権大会に示される競技スポーツ制度の世界化は，それを統括し，その威信を担保するスポーツ組織の世界化と表裏の関係であった。

例えば，すでに1908年に国際水泳連盟(Fédération Internationale de Natation:

FINA)を創設していた水泳競技は，1973年にベオグラードで47ヵ国の代表競技者を集めた初めての世界選手権大会を開催したが，2009年の同大会（ローマ）には185の国・地域の参加を得るまでに発展した。これに伴って，当初，わずか8ヵ国でスタートしたFINAも，2014年現在，203の国・地域（アフリカ51，アメリカ41，アジア44，ヨーロッパ51，オセアニア16）を束ねる組織に成長したのである。この間，同大会で競技される種目数も増加し，当初の37種目は1991年には41に，そして2013年には68へと増加している。これは水泳の世界的規模での競技の組織化を意味すると同時に，FINAの組織力の増大でもあった。こうしたFINAの統括力は，事務局のほかに，技術委員会，マスターズ委員会，高飛込委員会，スポーツ医科学委員会，施設・設備委員会，ドーピングパネルとドーピングコントロール・レビューボード，規律パネル，倫理委員会，競技委員会，コーチ委員会，メディア委員会，各国連盟関係委員会，法規委員会，水泳着評価委員会の15部局によって構成され，行使されている。2012年の第30回オリンピック大会（ロンドン）で騒然たる話題となった圧縮型スイムスーツの使用禁止措置は，FINAのグローバルなガバナンス力を明示したものであった。

② グローバル・スポーツ組織としてのIOC

さて，FINAに限らず各競技のIFは，世界選手権大会の開催を通じて，それぞれの競技の世界的組織化に大きな役割を果たしたわけであるが，それをいっそう促進し，先導してきたのは世界的な総合競技会としてのオリンピック大会を取り仕切るIOCである。1894年にわずか16名のメンバーでスタートしたIOCは，2012年現在，ヨーロッパ47，アジア24，パンアメリカ20，アフリカ15，オセアニア5の計111名の委員によって構成されており，オリンピックムーブメントとオリンピック競技の世界的普及・促進を担う組織として発展した。加えてIOCは，現在，それぞれ15名以下の各国オリンピック委員会（National Olympic Committee: NOC），IF，そしてオリンピック競技者からのメンバーを含む構成をとって

おり，IOC統括力の範域をますます拡張している。しかもIOCの組織的統括力はオリンピックのみにとどまるわけではない。IOCは，28のオリンピック競技のほかに，クリケットやボウリングなどのIOCが承認するIFからなるIOC承認国際競技団体連合と，さらに3大陸40の国・地域以上（冬季競技は2大陸25の国・地域以上）に組織をもつ93のIFと，パラリンピック，ワールドゲームズ，ワールドマスターゲームズ，ユニバーシアード，スペシャルオリンピックス等の国際総合競技大会主催組織等109の国際スポーツ組織からなるスポーツアコード（旧国際スポーツ連盟総協会）を傘下に置き，グローバルなスポーツガバナンス体制を構築しているのである。その意味でIOCは，地理的にも競技的にも，現代の競技スポーツをグローバルに統括する最高組織になっているといえよう。

IOCのこの強大な組織力の源は，オリンピック大会が，4年に1度の総合競技会という希少性によって，その勝利にスポーツ界における最高権威を与えることによるだけではない。古代オリンピックのエケケイリア（オリンピック休戦）の継承とともに，スポーツの力を人類の平和と友好に結びつけようとするオリンピックビジョンがオリンピック大会に独特の聖性を付与し，超越的な威信を与えているからである。そして，この聖化された絶対的で公正な優劣のステージとなるオリンピック大会は，その象徴性を政治的，経済的，社会的に利用しようとするグローバルなエネルギーを集約し，多様に発現する巨大なメディア装置となる。こうしてオリンピック大会は，国を挙げてメダル獲得に励むナショナリズムをはじめとする集合意識の政治的闘争の，また，オリンピックパートナーとなるために200億円あまりを拠出するグローバル企業によるブランド競争の，まさに際立ったステージとして存立している。IOCのグローバルなスポーツガバナンスの力は，こうしたオリンピック大会におけるスポーツ，政治（ナショナリズム），経済（ブランド）の3つのゲームのダイナミズムにもよるのである。こうした競技スポーツのオリンピックモデルは，すぐにIFによって採用され，先に述べたワールドカップ等の組織化を先

導する結果となった。

③ 障がい者スポーツの組織

20世紀の後半から，障がい者スポーツの組織化も急速に進んだ。すでに1924年に国際ろう者スポーツ委員会（International Committee of Sports for the Deaf: ICSD）が聴覚障がいのある人の国際的なスポーツ組織として誕生したが，現在は総合的世界競技会であるデフリンピックを主催するまでに発展している。1968年には知的発達障がいのある人のスポーツを国際的に推進するスペシャルオリンピックス（Special Olympics）が組織された。1986年には，そこからアスリートとしての最高成績をめざす者が分離し，国際知的障がい者スポーツ連盟（International Sports Federation for Persons with Intellectual Disability: INAS-FID）が組織された。さらに1989年には，各国の身体障がい者スポーツ統括団体（National Paralympic Committee）を統括する国際パラリンピック委員会（International Paralympic Committee: IPC）が組織され，IOCと密殺な連携を取りながら身体障がい者スポーツの世界的な発展を担っている。

④ スポーツ専門組織の発達

こうしたスポーツの政治・経済化は，スポーツの急速な社会的拡張に伴う問題を生み出し，結果として，それに対応する新たな専門的な組織体制の整備を必要とする。その代表的なものがドーピング問題と世界アンチ・ドーピング機構（World Anti-Doping Agency: WADA）である。競技者が一時的に競技能力を向上する目的で禁止薬物等を使用するドーピングは，1960年の第17回オリンピック大会（ローマ）の自転車競技におけるレース中の死亡事故から公的な問題となり，当初はIOC医事委員会によって対処されていた。しかし，薬物の禁止指定と新薬開発のイタチごっこやドーピングカルチャーの蔓延などのきわめて深刻な事態に対処するために，IOC主催の世界アンチ・ドーピング会議で，その撲滅のためにはスポーツ組織から独立した専門の機関を設置すべきとするローザンヌ宣言が採択され，それに基づき，1999年にWADAが設置された。WADAは，禁止薬物の指定リストの作成，検査と分析の手続きと方

法などの国際的なドーピング検査基準の作成，違反に対する罰則規定の作成と統一化，アンチ・ドーピング活動等を組織的に展開している。ドーピングの判定基準や罰則規定は，オリンピック競技以外では必ずしも統一しておらず，とりわけプロスポーツでは個別の基準をもつところが少なくないが，近年ではその信頼性の高まりから，WADAの基準を受け入れるスポーツ組織が多くなっている。またWADAは，その下部組織として地域および各国アンチ・ドーピング機関を置き，IF，IOC・NOCと国際・国内パラリンピック委員会，主要国際競技会主催団体等の世界の主なスポーツ組織を束ねるほか，各国政府担当部局，ユネスコ，検査研究機関，製薬業界，そしてスポーツ仲裁機関と強固な連携体制を築いている。ある意味でWADAはIOC以上の統括力をもつグローバルな組織となっているのである。

さらに現在，世界的なスポーツ組織として注目されているのがスポーツ仲裁裁判所（Court of Arbitration for Sport: CAS）である。1984年，IOCは一般法による判断が不適当なスポーツをめぐる紛争を処理するためにCASを設置したが，組織の中立性を保証するために独立した機関として新たにスポーツ仲裁国際理事会が設立され，CASを運営することになった。80ヵ国にわたる150人以上のスポーツに理解の深い法律家が仲裁人となり，競技者や競技団体の訴求に応じて裁定する。ドーピング違反や代表選手選抜の紛争が多いが，その裁定は一審のみの絶対的裁定であることからきわめて高い信頼性を確立しており，世界スポーツ界における法的組織化の強力な推進力となっている。2003年には日本版のCASである日本スポーツ仲裁機構（Japan Sports Arbitration Agency: JSAA）が設立され，国内紛争の仲裁裁定を行っている。

このほか，国際スポーツ科学体育協議会（International Council of Sport Science and Physical Education: ICSSPE）のような世界の約300のスポーツ関係の学会や政府組織が加盟している科学者と教育者の組織，プロ野球選手会や世界オリンピアンズ協会（World Olympians Association）のような競技者の組織，スポーツ指導者協会のような指導者の組織，日本スポーツプレス協会のようなジャーナリストの組織，スポーツ健康産業団体連合会のような業者の組織等が専門的組織として発展している。また，スポーツ推進の行政的な組織として開発と平和のための国連スポーツ局（United Nations Office on Sport for Development and Peace: UNOSDP）をはじめ，国や自治体においてスポーツ省・庁，スポーツ推進部局等の設置が進められ，専門的な組織化が進行している。

⑤ 市民スポーツ組織の発展

他方，現代スポーツで注目すべきは社交や楽しみ，あるいは健康のための市民スポーツの隆盛である。こうした市民スポーツの分野には無数の愛好者組織が存在し，恒常的な組織性をもつものもあるが，市民スポーツ祭のようなイベント開催時に集合する臨時的組織性のものも少なくない。前者では，総合型地域スポーツクラブのように法人格をもち，組織として公益性のあるスポーツ推進に携わるものもある。こうした組織は，競技会制度の発達とは別に，主として豊かな生活の一部としてのスポーツ推進に連携・協力するための組織化を発展させており，スポーツ・健康・福祉行政と強い連携をもつものが多い。

世界的には国際スポーツ・フォア・オール協議会（The Association For International Sport for All: TAFISA）が2009年に100ヵ国以上のスポーツ推進組織によって設立され，国際チャレンジデーなどのスポーツ推進イベントを主催している。日本からは文部科学省スポーツ青少年局，日本体育協会，日本レクリエーション協会，笹川スポーツ財団によるTAFISA Japanが加盟している。そのほかに，地域の伝統的なスポーツや少数民族に固有のスポーツを継承・保存する組織や，ゲイ・ゲームスやワールド・アウトゲームズのような性的マイノリティーの国際競技会なども組織されている。

まとめてみると，現代スポーツの組織過程には統合化のベクトルと多様化・分化のベクトルの両方がみられる。競技界ではIOCやWADAへの統一化と選手会やジャーナリスト協会のような専門分化が，市民スポーツ界ではTAFISAのような統合化と流動的なフットサルチームのような多様化が共存する。現代スポーツでは，これらがダイナミックに関連し合いながらその組織過程を展開しているのである。また組織ガバナンスでは，競技界系組織では厳格な規則統治型が，市民スポーツ系組織では柔軟な文化統治型が特徴的である。「NPO法人クラブネッツ」のようなネットをメディアとする柔らかなスポーツ組織の出現も現代スポーツ組織の新たな特徴である。

参考文献　11.A.03

- 国際オリンピック委員会公式サイト
  http://www.olympic.org/ioc　（2014年6月15日）
- 国際水泳連盟公式サイト
  http://www.fina.org　（2014年6月15日）
- 国際スポーツ科学・体育協議会公式サイト
  http://www.icsspe.org/　（2014年6月15日）
- 国際スポーツ・フォア・オール協議会公式サイト
  http://www.tafisa.net　（2014年6月15日）
- 国際パラリンピック委員会公式サイト（Sports Federation for the Persons with Intellectual Disability）
  http://www.paralympic.org/the-ipc　（2014年6月15日）
- 国連　開発と平和のための国連スポーツ局公式サイト　http://un.org/wcm/content/site/sport/（2014年6月15日）
- 佐伯年詩雄, 2006.「国際化時代のスポーツ～グローバリゼーションの光と影」『現代スポーツを読む』198-205. 世界思想社
- ――――, 2014.「現代オリンピック考～モンスターイベントに群がるビジネスと政治～」『現代スポーツ評論』30: 69-79.
- スペシャルオリンピックス公式サイト
  http://ja.wikipedia.org　（2014年6月15日）
- スポーツ仲裁裁判所公式サイト
  http://www.tas-cas.org　（2014年6月15日）
- 世界アンチ・ドーピング機構公式サイト
  http://www.wada-ama.org　（2014年6月15日）
- デフリンピック公式サイト
  http://www.deaflympics.com/icsd.sp　（2014年6月15日）

（佐伯年詩雄）

スポーツ組織の近未来　11.A.04

① 変化の兆し

20世紀末に，日本におけるスポーツの動向に大きな変化が現れた。スポーツ用品用具の市場構成が変化し，それまでの球技スポーツ用品に代わって，山岳・海洋性スポーツ用品が年間スポーツ用品・用具の売上額で第1位に躍り出たのである。その後もこの傾向が引き続いていることから，これは日本スポーツのトレンドの変化を示す注目

すべき転換点とみられる。つまりそれは，日本全体のスポーツが学校運動部を中心とする競技スポーツ・メジャーから，一般市民のレジャーにおけるアウトドアスポーツ・メジャーに転換したことを意味するのである。この変化はスポーツ組織にとっても大きな意味をもっている。

近代スポーツをモデルとする20世紀までのスポーツ組織は，競技会システムとそこに参加する競技者の所属するクラブシステムによって構築され，多くの場合，スポーツ種目の競技会と種目クラブの連合体である種目連盟をコアにして世界組織にまで発展してきた。明治以後の日本でいえば，中学から大学までの学生競技大会と学校運動部，それに企業運動部が加わる全国選手権大会という強固で安定したスポーツ体制がスポーツ組織の中心を占めてきたのである。しかし，1980年代に入ると，経済の高度成長を背景にしてスポーツの大衆化が進み，学校外の市民スポーツが急速に台頭する。だが，市民社会にも地域にも非競技志向のスポーツ愛好者を受け入れる組織的土壌はなかったので，これらの一部はフィットネスクラブ等の商業クラブ等によって緩やかに組織化されることになった。

そして先述したように，1990年代にアウトドアスポーツがゆっくりと伸び，スポーツの新しいトレンドを生み出す。新しいトレンドのスポーツ，アウトドアスポーツは基本的に競技会制度と無関係で，必ずしもチームやクラブを必要とせず，個人や気の合った仲間で気ままに気楽に享受できるということをその魅力にしている。いわば組織を必要としないスポーツなのである。

② エコロジカルスポーツの「ゆるやか」スタイルのスポーツ組織

このようなアウトドアスポーツは，マッキントッシュ（P.C. McIntosh）が自然への挑戦に注目して克服スポーツと名付けたものとは幾分異なり，むしろ自然との交流を楽しむことを重視するもので「エコロジカルスポーツ（以後，エコスポーツ）」と呼ばれる。もちろん競技化することもできるが，一般にはそれぞれがマイペースで楽しむスタイルが中心になっている。これは，一見して組織性と無関係で組織化の必要性をもたないようであるが，むしろそこから近未来の新しいスポーツ組織のイメージが浮かび上がる。

エコスポーツには，競技ルールのようなその行動を規制する共通の基準はない。しかし，エコロジーの理念を尊重し，エコロジーの原則を遵守して行うことがその享受における共通のスタンダードとなっている。ここからエコロジカルスポーツの組織化の意味と可能性が浮かび上がる。それはエコロジー文化の共有によるゆるやかな連携組織の可能性である。例えば，自然を楽しむといっても，どこへ行ってもどこでやってもよいというわけにはいかない。フィッシングにはフィッシングの，パラグライダーにはパラグライダーの，それぞれに適した享受拠点が作られる。新しい拠点でエコスポーツを享受しようとする時，その拠点にいるエコスポーツ愛好者や組織と連携すれば，なにに気を配り，なにに配慮し，なにを尊重すればよいかがすぐにわかるだろう。場合によっては一緒に行ったり，サポートやガイドを受けたりすることもできよう。ここに，競技スポーツが失ってしまったスポーツ享受の理念とその文化を共有することによって，ゆるやかに連携し，無理なく支援し合うコーポレーティブなスポーツの組織が展望されよう。こうした新しいタイプのスポーツ組織が，野鳥の会等のエコロジー組織や自然保護団体等とより広いネットワークを構成するようになれば，「ゆるやか」なスポーツの連携が豊かな社会的パワーをもつようになることも期待されるのである。

③ スポーツ享受の多様化と「つながり」スタイルのスポーツ組織

行うことを中心にしながらも，スポーツをみることや支えること，さらに書いたり描いたり撮ったりして表すことなど，スポーツの楽しみ方は実に多様化している。20世紀までのスポーツが，その教育的価値重視と青少年中心の営みであったことから，行うことを中心に捉えられてきたのに対して，少子高齢社会における長寿人生を背景に，高齢者のスポーツ組織のような世代別組織等とともに，スポーツを生活享受のための文化資源として捉える視点から，多様なスポーツ享受スタイルが現れ始め，それぞれの組織化を進めるようになってきている。

例えばサポーターと呼ばれる熱烈な応援型観戦者組織は，古くからライブスポーツにおいて存在するものであるが，現代のみるスポーツの組織は，みせるメディアの発達を通じて急速に変貌し，発展している。イングランド名門サッカークラブのマンチェスター・ユナイテッドFCのファンは，約6億5千9百万人と推定されており，世界中に広く存在する。こうしたファンはテレビで観戦するだけでなく，インターネットを介して感想を述べ合ったり，思いを出し合ったりして交流し，まさに「ネット」ワーク網を通じて，サポーターの強固な組織性と対照的な，おだやかな「つながり」を形成している。こうした「つながり」スタイルの組織は，普段は「つながり」それ自体に意味をもち，それ自体を享受するものであるが，時と場合によっては大きな連携・協力のネットワークとなり，スポーツの市民力を発揮する豊かな可能性を秘めているのである。

このような「つながり」スタイルのスポーツ組織の可能性は，書く・描くスポーツや撮るスポーツなどの表すスポーツ享受にも広がっていく。作品の合評会や展覧会などのイベントを通じたり，ネット上での作品の公開交流を通じたりして，おだやかなつながりが生まれ，互いのスポーツ享受を高め合うのである。

支えるスポーツも同様に，サポート経験の交流を通じておだやかなつながりを作り，その享受を高め合う組織を構成するであろう。しかし，例えば障がいのある人のスポーツのボランティア・サポーターのような専門的な能力と経験が求められる場合のように，支える内容によっては専門的組織が形成されていくと思われる。また，オリンピックやワールドカップのようなビッグイベントのボランティアには，テロ対策と関連して，特定の条件が付与されたり選抜されたりするといった特別な組織性が求められることもあろう。

④ イベント参加と「間に合わせ」スタイルのスポーツ組織

これまでのスポーツ組織のイメージでは，スポーツ施設やクラブハウスを

所有し，歴史と伝統をもつしっかりしたスタイルの組織が浮かび上がる。しかし近年のフットサルに代表されるように，インターネットで場所と時間を指定し，そこに来場した者同士で即席のチームを組み，そこでのゲームを楽しむだけといったイベント参加者による「間に合わせ」スタイルのスポーツ組織が頻繁に出没するようになるだろう。これは，ホノルルマラソンに参加して完走することを夢みて，同じ志の仲間と一緒に励まし合って練習を重ね，挑戦するというような，ミニアスリートチームタイプのスポーツ組織とは異なり，その時のゲームを楽しむためだけの臨時の組織なのである。もちろん，この種のイベントを計画し，ネットにその情報を流して集客し，運営するためのプロ的な事業組織もある。しかしそれはあくまで裏方で，ここでの主役はこうしためぐり合いのチャンスを生かす「間に合わせ」スタイルの組織性を享受する人たちである。

市民スポーツ大会に，仲間を誘って飛び入り参加するケースは，ある意味ではこれのプロトタイプ（原形）でもあるが，それは「たまたま」の偶然型の参加であり，「間に合わせ」の場合は「そのつもり」のチャンス型の参加であるから，これは1つの新しいスタイルを構成しているといってよい。それは，練習して挑戦する従来型のスポーツライフスタイルではなく，チャンスに応じて楽しむという新しいスポーツライフスタイルを表現する組織性でもある。近代スポーツの初期には，練習を仕事とみなすほど強固なアマチュアリズムが支配していたから，スポーツはゲームそれ自身を楽しむことであり，そのためだけに集まるのがスポーツのクラブライフであった。その意味では，この「間に合わせ」スタイルはある種の原点回帰でもあろう。

近年のヨーロッパでは，スポーツクラブの強固な組織性を好まない若者が増えて，青少年のクラブ離れが心配されている。多様なネットワークをもつ現代の若者たちにとっては，スポーツ組織にアイデンティティーをもつことや，忠誠心すら要求するような会員制度に象徴される固定的な従来型スポーツ組織は，むしろ時代遅れに映ると思われる。そのような視点からみれば，「多様な楽しみ方と多様なかかわり方」が望ましいスポーツスタイルとなり，前述してきた「ゆるやか」なネットワーク的組織性が新しいスポーツの組織スタイルとして浮かび上がるのである。

⑤ **バーチャル空間におけるスポーツ組織**

コンピューターグラフィックスの急速な発達により，PC画面におけるスポーツ行動の自在な操作が可能となったことから，様々なスポーツを題材とするシミュレーションゲームが開発され，バーチャル空間に「スポーツゲーム」という新しいスポーツのジャンルを生み出した。多くは，PC上に構成されるバーチャルアスリートを操作するアクションゲームであり，ボクシングや空手等の格闘ジャンル，F1や競馬等のレースジャンル，ゴルフやテニス，野球やサッカー等の競技ジャンルに分けられる。主流は，プレイヤーがバーチャルアスリートとなって競争するものであるが，監督やコーチとなってアスリートを一流に育て上げる育成シミュレーションものや，チームオーナーになって事業を行う経営シミュレーションものもある。

こうしたスポーツゲームは，もともとはリアルなスポーツのための導入や，スポーツ技術練習のためのシミュレーションゲームとして開発され，専用ソフトとゲーム専用機によって行われるものであったから，当初は，スポーツ愛好者というよりはマニアックなゲーム愛好者が中心であった。しかし21世紀に入ると，インターネットの急速な発展に伴って，スポーツゲームは，特定のアプリケーションを利用すれば，誰もがオンラインで楽しむことができるものへと急成長した。この過程で，PCの成長とともにデータ処理能力が著しく向上し，バーチャルアスリートのそれぞれに対して，蓄積されているデータに基づく個性的な能力を発揮させることが可能となった。こうしてスポーツゲームは，きわめて知的な楽しみになり，戦術的・戦略的ゲームへと発展し，スポーツ愛好者を惹きつけるものとなったのである。

また当初は，実在のリアルアスリートには肖像権があることから，バーチャルアスリートにはよく似た偽名が使われていた。しかし近年では，ゲーム業者がリアルアスリートと肖像等使用契約を取り，リアルアスリートやリアルチームの名称やデータをスポーツゲームで使えるようになっている。こうして現代のスポーツゲームはバーチャルとリアルの融合性をもつのである。こうしたスポーツゲームに代表されるバーチャル空間でのスポーツは「オンラインリーグ」などのバーチャルリーグによって組織化され，オンライン上でメンバーや参加者を募集し，オンラインイベントとして行われている。

また，バーチャル空間のスポーツとは別なジャンルであるが，PCゲームを複数のプレイヤー間の対戦競技として行うe-sport（エレクトロニックスポーツ）は，すでに5,500万人の愛好者をもち，各種の選手権大会が行われており，年収1億円を超えるプロゲーマーが存在する。こうした新たなコンピューターグラフィックス系スポーツは，オンライン性という超空間・超時間性をもつことから，全く自由な浮遊性と一瞬の即時性を併せもっており，近未来に新たなスポーツの組織性を生み出すだろう。

⑥ **スポーツエスタブリッシュメントとスポーツ組織のCSR**

さて，スポーツ組織の近未来において，IOCやFIFAはどうなるのであろうか。もちろんこうしたスポーツエスタブリッシュメント（既成の支配的組織）は，競技体制とスポーツ集団の双方の支配権を握り続け，様々な問題を抱えながらも，競技界におけるヘゲモニー（権力上の優位性）を維持しているだろう。しかし，例えば国際スキー連盟（Fédération Internationale de Ski: FIS）と国際スノーボード連盟（International Snowboarding Federation: ISF）のように，若者愛好者の市場をめぐって競合し，必ずしも協力的な関係にないものがあるように，IF間，NF間の覇権闘争は絶えることなく続くと思われる。そして，たとえあるスポーツ組織がスポーツ界で絶対的な覇権を確立したとしても，その正当性について公明な説明責任が問われることになる。

現代は，営利組織である企業にさえ企業の社会的責任（Corporate Social Responsibility: CSR）が問われる時代である。スポーツ組織が自己利益のためだ

けの組織であることはもはや許されない。IOCは「スポーツを通じた社会的発展」を掲げ，日本体育協会と日本オリンピック委員会(JOC)は「スポーツによるグローバル課題の解決への貢献」を21世紀のスポーツミッションとして掲げている。FIFAをはじめとする各IFは，暴力や差別主義への反対を明言する。21世紀，まさにグローバルな時代において，スポーツもその存在理由をグローバルな視点から捉えることが求められており，スポーツ組織はそのことを自覚し始めているのである。この自覚が，従来型スポーツ組織の覇権主義的性格を内発的にイノベート(革新)する可能性をもっているのである。

⑦ スポーツ組織の社会的性格と位置

スポーツエスタブリッシュメントにおける内発的イノベーションの1つの可能性は，それらが非政府組織(Non Govermental Organization: NGO)的性格をもつ組織になることである。20世紀のスポーツ組織は，国民国家の政治システムとグローバル資本主義の経済システムと融合して発展してきた。そのため，国益間の矛盾やパートナー企業間の競合に巻き込まれ，そのフレームを破ることができないできた。しかし例えば，IOCやIFが国民国家システムを超えるNGOとして機能するならば，国益や企業益を超えて，人類益に貢献する組織的活動が可能となり，それが21世紀スポーツをリードすることになろう。

また，20世紀のスポーツ組織は，スポーツの発展とスポーツ組織の発展を同一視し，自己発展のために，時には政治と同盟し，時には経済と癒着してきた。しかし健全な社会が，政治(権力)と経済(資本)と市民社会(文化)の適切なバランスによって構成されるとすれば，スポーツは間違いなく市民社会に位置する。近代のスポーツ組織が，血縁や地縁を超えた自発的な結社であるクラブとして誕生したことは，まさにスポーツとその組織が近代市民社会のシステムとして工夫されたことを意味するのである。したがって，スポーツ組織の近未来は，こうしたスポーツのレガシー(遺産)を継承し，現代化し，発展させようとするスポーツ組織自身のビジョンによって拓かれねばならない。

参考文献   11.A.04

- 佐伯年詩雄. 2006.「21世紀のスポーツビジョン」『現代スポーツを読む』304-19. 世界思想社
- ———. 2012.「ドイツにおける企業のスポーツ支援とCSR」大崎企業スポーツ事業研究助成財団
- ———. 2014.「スポーツクラブと市民社会/地域～スポーツ組織の歴史社会学～」黒須充, 水上博 編.『スポーツ・コモンズ』34-45. 創文企画
- 日本体育協会・日本オリンピック委員会100周年記念事業組織委員会. 2012.「スポーツ宣言日本～21世紀におけるスポーツの使命～」
- 余暇開発センター. 1991.「レジャー白書90」

(佐伯年詩雄)

スポーツ組織の現在   11.B

スポーツサービス組織の発展   11.B.01

① スポーツサービス組織の定義

スポーツサービスは，人々がスポーツをするために必要な場や機会を提供する過程，あるいはスポーツ活動が生起するための基本的な条件とその場や機会のことである。スポーツサービスには，エリアサービス(施設の整備)，プログラムサービス(スポーツプログラムの提供)，クラブサービス(スポーツ集団の育成)の3つがある(中川保敬「スポーツサービスの基本カテゴリー」山下秋二ほか 編.『スポーツ経営学』大修館書店. 2000. 122-23)。また，スポーツサービスをプロダクトとしてみるならば，これら3つの「エリアサービス財」「プログラムサービス財」「クラブサービス財」に加えて，高度なスポーツパフォーマンスをみせることで，多くの人々に感動，楽しみなどを提供する「観戦型サービス財」が存在する(中西純司・行實鉄平「スポーツマーケティング・マネジメント学の展望」『福岡教育大学紀要』55(5). 2006: 49-60)。スポーツサービス組織とは，こうしたサービスを人々が享受するところの組織であり，通常スポーツ組織はスポーツサービスを提供することによって，スポーツ実践者(スポーツ消費者)のニーズや欲求を満たす。スポーツ組織が人々に提供するスポーツサービスの内容や様態は，それが存在する時代や社会情勢に影響されて様々に変化する。

② スポーツ教育組織の展開

スポーツサービスが教育的な意味合いをもって行われた歴史をさかのぼると，イギリスにおいて19世紀初頭に成立したパブリックスクールのスポーツ教育に行き着く。寄宿寮対抗や学校間の対抗試合として行われたスポーツは，徳性陶冶の手段として，大英帝国指導者の養成というパブリックスクールの課題に貢献するものであった。また，クラブの組織化，合議制，共同負担という生徒による自治的運営は，今日のクラブ活動を中心とした課外教育としての性格をもつスポーツ教育の基本的形態の原型となった(阿部生雄「イギリス中等教育におけるスポーツ教育の成立」影山健 ほか 編.『スポーツ教育』大修館書店. 1978. 28-94)。

明治維新以降，欧米の先進資本主義国から日本に輸入されたスポーツの受け皿は，近代学校教育制度下における高等教育機関であり，その課外活動としてスポーツは定着していった。明治政府が招聘した外国人教師や海外から帰国した留学生によって紹介されたボート，陸上競技，フットボール，ベースボール，テニスなどのスポーツは，明治中期から後期にかけて，帝国大学，高等師範学校，第一高等中学校，慶應義塾などの学校で競技として実施されるようになり，校内スポーツ大会や対抗競技が盛んに行われるようになった。そして，1886(明治19)年の学校令公布以降，中等教育機関の制度的な整備が全国的に進むとともに，中央の学校に籍をおく学生が地方の中学校の校友会運動部の学生にスポーツを伝授し，全国にスポーツが広まっていった(加賀秀雄「中等・高等教育機関のスポーツ」成田十次郎 編.『スポーツと教育の歴史』不昧堂出版. 1988. 61)。当時，中学校以上の

学校は兵式体操を実施するために2-3千坪の運動場，高等小学校でも千坪の運動場を用意することが法令で定められていた。校友会運動部のスポーツの中でも，野球，陸上競技，蹴球等は広いスペースを必要とするが，学校がエリアサービスとしてこれらの活動場所を提供することとなったのである。このようにして，黎明期の日本のスポーツは，学校という教育組織がスポーツサービス財の供給母体となり普及，発展した（谷釜了正「学校とスポーツ」寒川恒夫 編．『図説スポーツ史』朝倉書店．1991．152-53）。そして，学校運動部活動は，単一種目専攻，強固な凝集的集団性，没入型参加，競技成績重視といった日本の伝統的なスポーツ享受モデルを形成した（佐伯年詩雄 監修．『スポーツプロモーション論』明和出版．2006．98）。

第二次大戦後，明治以来各学校に存続してきた運動部とは別に，教育課程に特別教育活動あるいは特別活動として位置づけられたクラブ活動が学校において行われるようになった。1998（平成10）年の中学校学習指導要領と1999（平成11）年の高等学校学習指導要領において，「クラブ活動」は廃止されて必履修の拠りどころを失い，自由参加が原則の「部活動（運動部）」だけになったものの，2012（平成24）年度の全国中学校体育連盟に加盟している生徒数は約229万人（加盟率：男子75%，女子53%），全国高等学校体育連盟に加盟している生徒数は約121万人（加盟率：男子46%，女子26%）である。また2012（平成24）年度から全面実施された中学校学習指導要領には，部活動について初めて「学習意欲の向上や責任感，連帯感の涵養等に資するものであり，学校教育の一環として，教育課程との関連が図られるよう留意すること」と記されたことから，今日においても，学校運動部活動が果たす教育的役割は大きいといえる。しかし，近年の問題点として，少子化による学校規模の縮小や生徒数の減少によって，運動部の数が減少し生徒たちが選択できるスポーツ種目が限定されることや，部員不足によりチームが編成できず大会に参加できないことが指摘されている。また，指導者に関しても，顧問教員の高齢化や不足，顧問教員がそのスポーツを専門的に指導できるとは限らないこと，教員の学校異動などで恒常的な顧問確保ができない等の問題がある。

学校以外のスポーツ教育組織として，スポーツ少年団がある。これは，日本体育協会が，創立50周年の記念事業として1962（昭和37）年に創設したものであり，小学生がスポーツをする主要な場の1つとなっている。1986（昭和61）年には団員数が112万人を超えていたが，その後登録数は減少傾向を示し，2011（平成23）年度の登録団数は約3万5千，団員数は約83万人となっている。創設当初，スポーツ少年団は選手を養成するのではなく，スポーツに親しむ機会の少ない少年少女にその機会を提供することを主眼とし，練習試合や数団体の間で競争的にならない親睦的な共同行事が行われる程度で十分であるという考え方がなされていた。しかしながら，勝利志向の指導者や親の過度な期待を背景に，青少年の健全育成という原則から逸脱し，勝利志向の競技スポーツのジュニア版となり，スポーツする子どもとしない子どもの二極化現象を生じさせている。

③ 地域におけるクラブサービスの展開

戦後の日本のスポーツ振興はスポーツを教育の手段とする考え方に大きく影響され，鍛錬型・競技型のスポーツが，主に学校と職域（企業）において行われてきた。およそ1960年代まではスポーツの発展がスポーツの高度化の側面のみから捉えられ，学校の部活動と企業がエリートスポーツを支えていた。1970年代になると，1973（昭和48）年の総理府調査で中流意識が90%を超えたことに示されるように，人々の生活にゆとりが生まれ，時間・金銭消費型のレジャーが大衆に広まった。スポーツにおいてもこれまでの高度化とは異なる形で，スポーツの大衆化が進みスポーツ参加人口が増加した。市町村レベルのスポーツ行政においては，スポーツ教室からスポーツクラブへの移行が進められる等の施策がなされた。その典型的な事例として，東京都三鷹市では体育指導委員協議会が中心となり，スポーツ教室からのクラブづくりが推進され，1974（昭和49）年までに36のクラブ（会員総数1,146人）が結成された。また，スポーツ教室から作られたクラブの連合組織として，家庭婦人バレーボール連盟や家庭婦人軟式庭球協会が結成された。こうしたクラブづくりの方法は，「三鷹方式」と呼ばれ，スポーツ教室によって日常的スポーツ活動を定着させるモデルとして高く評価された（團琢磨「スポーツ教室の開設と運営・指導法」平沢薫，粂野豊 編．『生涯スポーツ』プレスギムナスチカ．1977．225-45）。

1990年代初めのバブル経済の崩壊とともに，経済の安定成長期は終わり，低成長期の時代となった。その結果，税収も減少し，それまで公的なスポーツ振興を支えていた財源が不足するようになった。また，日本のスポーツ振興を支えていた両輪の1つである学校運動部活動には先述した問題が生じており，もう1つの企業スポーツにおいても，不景気の中，経営困難にある企業の多くは所有するチームやクラブを休・廃部にすることとなった。こうした状況下にあって，これまでの学校や企業に頼ったスポーツサービスのあり方とは異なる自立的な地域スポーツ組織の形成が求められるようになった。

それまでは，安定した経済成長に支えられ自然成長的なスポーツ振興が可能であったが，1990年代になると現状の課題を解決するために，明確なビジョンに基づくスポーツ振興が必要となったのである（佐伯ほか，2006）。1961（昭和36）年に制定されたスポーツ振興法の第4条に「文部科学大臣は，スポーツの振興に関する基本的計画を定めるものとする」とあるが，この法律が制定されて40年近くたった2000（平成12）年にようやく「スポーツ振興基本計画」が策定された。この計画において，地域におけるスポーツ環境の整備充実方策として総合型地域スポーツクラブの全国展開が記されている。その到達目標は，2010（平成22）年までに，全国の各市区町村において少なくとも1つは総合型地域スポーツクラブを育成することとなっている。

スポーツ振興基本計画に先駆ける形で，文部科学省（当時は文部省）では，1995（平成7）年度から「総合型地域スポーツクラブ育成モデル事業」を展開した。2002（平成14）年度からはスポーツ振興くじ（toto）助成による「総合型地域スポーツクラブ創設事業」と「総合型地域スポーツクラブ活動支援事業」が展

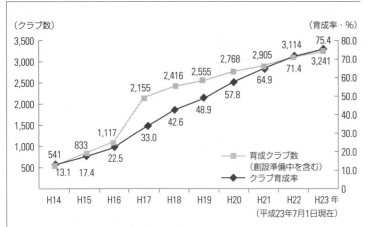

図1 総合型地域スポーツクラブ育成状況推移（平成14－23年）
平成23年の岩手県，宮城県，福島県は，東日本大震災の影響により調査の実施が困難であるため，前年度（平成22年度）のデータで処理している。

開され，2004（平成16）年度からは財団法人日本体育協会が育成事業を受託し，全国的な支援体制を整えている（図1）。

総合型地域スポーツクラブは，1) 地域住民の主体的運営，2) 自主財源を主とする運営，3) クラブとしての理念の共有，という基本的理念に基づいている。そして，下記の特徴をもつクラブとして定義されている。1) 単一種目だけでなく，複数種目が用意されている。2) 地域の誰もが年齢，興味・関心，技術・技能レベルに応じて，いつまでも活動できる。3) 活動拠点となるスポーツ施設をもち，定期的・継続的なスポーツ活動を行うことができる。4) 質の高い指導者がいて，個々のスポーツニーズに応じた指導が行われる。5) スポーツ活動だけでなく，できれば文化活動も準備されている（黒須充「地域スポーツの未来を考える」黒須充，水上博司 編．『ジグソーパズルで考える総合型地域スポーツクラブ』大修館書店．2002．1－9）。

総合型地域スポーツクラブは，オルタナティブなスポーツサービス組織のあり方を提示するものである。つまり，これまでスポーツサービス組織として依存していた学校や企業から離れ，さらには行政の庇護からも離れて，地域の中で自立して事業を展開する組織づくりが，総合型地域スポーツクラブには求められているのである。ただし，自立しつつも孤立するのではなく，地域の学校，企業，自治体と対等な立場で連携協力することによって，有機的なネットワークに基づく開かれたスポーツサービス組織が望まれている（黒須充「総合型地域スポーツクラブの基礎知識」『総合型地域スポーツクラブの時代1』創文企画．2007．9－26）。

総合型地域スポーツクラブは，経済不況や財政問題が顕在化する時代にあって，「民間でできることは民間で」という構造改革の流れの中で，スポーツ行政の縮小化に伴って提示されたスポーツサービス組織であるという見方も可能であろう。また，それは，そうした市場原理に基づく民間活動の活性化という側面を有するだけではなく，人々が公益性に基づいて自立的なスポーツサービス組織を形成・維持するという市民社会進展のモデルであるともいえる。これは，税金によって賄われていた公的スポーツサービスから，公共的スポーツサービスへの移行として解釈される。

④ フィットネスクラブの進展

日本の20歳以上の男女を対象とした全国調査によると，スポーツクラブや同好会・チームに加入している人の割合は18.1％であり，そのうち，地域住民が中心となったクラブやチームが47.1％であり，次いで，民間の会員制スポーツクラブやフィットネスクラブが20.5％となっている（SSF笹川スポーツ財団『スポーツライフ・データ2010』2010．80）。フィットネスクラブは，営利を目的とした会員制の運営形態をとり，トレーニング室，ダンススタジオ，プール等を備え，専任の指導員が常駐し，提供されるスポーツサービスを会員が享受するものである。

日本のフィットネスクラブは，1980年代中頃から90年代にかけて，若い女性をターゲットとしたエアロビクスブームとともに急増し，年間200ヵ所の出店があった（図2）。バブル経済崩壊後には，大手クラブが地域密着型の低料金の施設をオープンさせ，主婦を中心に幅広い年代層が利用するようになり，出店数も1997（平成9）年以降微増し，2000（平成12）年以降3,000億円を超える市場となり，2005（平成17）年以降の市場は4,000億円を超えている（社会経済生産性本部『レジャー白書2008』2008．86－87）。民間のフィットネスクラブは，日本におけるスポーツサービス組織として一定の役割を果たしているといえる。

先述した総合型地域スポーツクラブは，地域住民の主体的運営を特徴とする市民社会的なスポーツサービス組織のモデルであったが，フィットネスクラブは大衆消費社会における個人主義を反映するスポーツサービス組織である。1970年代以降のスポーツの大衆化は，スポーツを通した新たな社会的紐帯の形成をもたらす一方で，スポーツの個人化をも進めることとなったのである。機能分化し，多文脈的で多中心的な現代社会において，常に人々は周りの人との違いによってアイデンティティーを確立することを余儀なくされる。こうした状況にあって，身体と個人化は強い親和力をもつこととなる。というのは，個人は身体を通して，ユニークさを獲得し，他者との微妙な違い（subtle differences）を表現できるからである。人々は自らの身体を唯一確かなものとして見出し，他者のものとは異なる比類のない自分の身体によって自己確認をする。フィットネスクラブは，深入りしない人間関係の中で，健康，美しさ，痩身，若々しさを求めてトレーニングに励み，理想の身体をつくる機会を人々に与えるのである（Bette, K. Sport and Individualization. *International Sociology of Sport: Contemporary Issues*, eds. K.Bette and A.Rütten. 1995. 33－43. Verlag Stephanie Naglschmid.）。

⑤ サービス組織としてのスポーツ興行組織

これまで主に「するスポーツ」のスポーツサービス組織について論じてきたが，現代社会において「みるスポーツ」は「するスポーツ」と並ぶスポーツ享受のあり方であり，スポーツをみること・みせることに特化し，「観戦型サービス財」を人々に提供するスポーツ興行組織も重要なスポーツサービス組織であるといえる。

コトラー（P. Kotler）は，有形財だけでなく，サービス，経験，イベント等も市場に提供される製品であるとしている。そして，製品には5つのレベルがあることを示した（フィリップ・コトラー『コトラーのマーケティング・マネジメント基本編』ピアソン・エデュケーション，2002. 225-27）。その5つのレベルに基づいて「みるスポーツ」のサービス財を分類すると以下のようになる。最も基本的なレベルにある「中核的ベネフィット」には，「ゲームをみる楽しさ」というスポーツをみることでしか得られない経験が位置する。第二の次元である「基本製品」は中核的ベネフィットを満たす基本的条件であり，中心的なプロダクトである。ここには「観戦しやすい会場」といった物的環境がそれに相当する。第三の次元である「期待製品」はプロダクトの基本部分に新たなプロダクトを付加させ，プロダクトを魅力的に変容させるものであることから，応援やハーフタイムショーなどの「エンターテインメント」や「チームへの地元意識」を醸成する情報や状況等が位置づく。第四の次元は「膨張製品」であり，製品の膨張に伴ってコストが上乗せされる。それは，メインであるゲーム自体とは直接的な関連性はないが，ゲーム全体の満足度を上げる要因となり得るものであり，「飲食サービス」や「応援グッズ」等がここに位置づくだろう。第五の次元は「潜在製品」である。潜在製品は既存のプロダクトの価値を増大させるなど，新たな機能や可能性を秘めている部分であり，「みるスポーツ」を通じた「社会貢献活動」等がこれに相当するだろう。

「中核的ベネフィット」や「基本製品」は，「みるスポーツ」において不可欠なサービス財であり，例えば明治期に多くの観客を集めた大学野球や，大正期

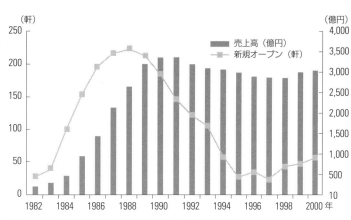

図2　フィットネスクラブの売上高と新規オープン施設数の推移

や昭和初期のプロ野球においても提供された製品であった。第二次大戦後，いわゆるスペクテータースポーツが興行として産業化され，何千何万人も観客を集めるメガイベントが恒常的に実施されるようになると，周辺的な製品である「期待製品」「拡張製品」「潜在製品」が提供されるようになるのである。例えば，プロ野球のオリックス・ブルーウェーブは2000（平成12）年に「ボールパーク構想」を発表し，食事をしながら数人で観戦できるテーブル付きの「ファミリーシート」や，グラウンドと同じ高さの「フィールドシート」を設置した。2005（平成17）年に設立された男子バスケットボールのbjリーグでは，NBAをはじめとしたアメリカメジャースポーツのやり方を参考に「スポーツエンターテインメント」の提供を重要視している。

こうした周辺的な製品は話題性があり，大衆の興味を引くことはあるが，「みるスポーツ」における「中核的ベネフィット」は選手やチームの高度なパフォーマンスに依存しており，ここに他の市場に提供される製品にはないスポーツサービス財の文化性があるといえる。高度で人間性溢れるパフォーマンスの供給は，観客の文化享受レベルを高めるとともに，充実感と満足の体験を与えて，「みるスポーツ」の需要を高めることにつながる（文部省競技スポーツ研究会『「みるスポーツ」の振興』ベースボール・マガジン社. 1996. 71-72）。高度なスポーツ技術と表現力を備えた人材の確保は，スポーツ興行組織において不可欠なのである。例えば，2005（平成17）年に日本バレーボール協会が設立した「JVA貝塚ドリームス」，サッカーのエリート選手を養成する「JFAアカデミー福島」（2006〔平成18〕年開校），2009（平成21）年にナショナルトレーニングセンターに開設された卓球とレスリングの「JOCエリートアカデミー」などは，「みるスポーツ」における中核的ベネフィットの供給主体である競技者を養成するための組織であり，スポーツ興行組織の発展に寄与するものであるといえる。

参考文献

- 黒須充，水上博司 編. 2002.『ジグソーパズルで考える総合型地域スポーツクラブ』大修館書店
- Bette, Karl-H. 1995. Sport and Individualization. *International Sociology of Sport: Contemporary Issues*, eds. Bette, Karl-H and Rütten,Alfred. 33-43. Verlag Stephanie Naglschmid.

（髙橋豪仁）

スポーツ興行組織とその多様化

① スポーツ興行組織

スポーツ興行組織とは，観客を集め，入場料をとってスポーツを主催または主催者から委託され実施することを主たる事業とする組織のことである。総務省の日本標準産業分類（2007〔平成19〕年改訂版）では，生活関連サービス業，娯楽業の中の「演芸・スポーツ等興行団」に該当し，スポーツ関連では，相撲部屋，ボクシングジム，プロ野球団，

表1 プロ野球の連盟構成球団，専用球場，保護地域

連盟構成球団	専用球場	保護地域
<セントラル野球連盟>		
㈱読売巨人軍	東京ドーム	東京都
㈱ヤクルト球団	神宮球場	東京都
㈱横浜DeNAベイスターズ	横浜スタジアム	神奈川県
㈱中日ドラゴンズ	ナゴヤドーム	愛知県
㈱阪神タイガース	阪神甲子園球場	兵庫県
㈱広島東洋カープ	MAZDA Zoom-Zoomスタジアム広島	広島県
<パシフィック野球連盟>		
㈱北海道日本ハムファイターズ	札幌ドーム	北海道
㈱楽天野球団	日本製紙クリネックススタジアム宮城	宮城県
㈱西武ライオンズ	西武ドーム	埼玉県
㈱千葉ロッテマリーンズ	QVCマリンフィールド	千葉県
オリックス野球クラブ㈱	京セラドーム大阪	大阪府
福岡ソフトバンクホークス㈱	福岡ヤフオク！ドーム	福岡県

（出典：日本野球機構『日本プロフェッショナル野球協約2013』より）

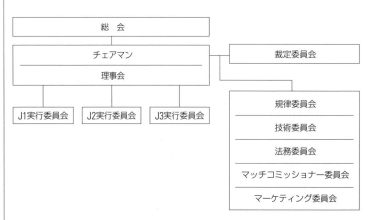

図1 Jリーグの組織（出典：日本プロサッカーリーグ『Jリーグ規約』より）

プロレス協会やプロサッカー団が事例として挙げられている。スポーツ興行には多くの組織が関与しているが，例えばプロボクシング試合を認可・監督する(一財)日本ボクシングコミッション(Japan Boxing Commission: JBC)のような統括団体，広告宣伝の対価として資金を提供するスポンサーなどは含まない。一般的には，プロスポーツ球団のように営利法人（株式会社など）が多いが，大相撲を主催する日本相撲協会のように公益法人の形態をとっている組織もある。

また，日本相撲協会のような伝統的な組織だけでなく，後述するような野球の独立リーグやプロバスケットボールのリーグ，さらにはショーとしてのスポーツ事業など，スポーツ興行組織は多様化してきている。

② **大相撲**

文部科学省スポーツ青少年局競技スポーツ課所管の(公財)日本相撲協会（以下，協会と略す）は本場所として年6回の興行を主催している。協会の構成員は，力士を引退して年寄名跡を継承した年寄のほか，力士，勝負を裁く行司，土俵の構築や力士の呼び出しなど競技の進行をつとめる呼出，力士の髪を結う床山，場内整備にあたる若者頭，大道具にあたる世話人も協会に所属している。したがって，力士の養成は各部屋が中心となっているが，本場所の運営は，協会が単一事業体（シングル・エンティティ）として統括している。本場所のほか，巡業として海外や国内各地で相撲興行も開催している。一時期，巡業は協会直営になったが，2003（平成15）年から協会が勧進元（地方の主催者）に興行権を販売する方式に戻っている。

③ **プロ野球**

各球団は，セントラルとパシフィックという2つの野球連盟（いわゆるリーグ）と文部科学省が所管する(一社)日本野球機構(Nippon Professional Baseball: NPB)に加盟している。NPBに参加する球団は，発行済み資本総額1億円以上（外国籍のものの総持ち株比率は，49％以下）の，日本国の法律に基づく株式会社でなければならない（ただし，1980〔昭和55〕年1月1日時点での既存球団はこの資金に関する制限から除外される）。一部の試合を除いて，各球団は，NPBから与えられる独占的な販売・営業権を有する保護地域（フランチャイズ）において，シーズン試合といわれる年度連盟選手権試合を主催している。2013（平成25）年度の連盟構成球団，専用球場，保護地域は表1のとおりである。NPBは，日本選手権シリーズおよびオールスター試合のほか，日米野球などの国際試合やチャリティ試合のような特別試合を主催する。

④ **Jリーグ**

1991（平成3）年に設立し，1993（平成5）年に開幕された(公社)日本プロサッカーリーグ(Japan Professional Football League: 略称Jリーグ)では，理事長であるチェアマンが，Jリーグを代表するとともに，業務を管理統括する役割を担っている。リーグは，トップのJ1とその下部のJ2に分かれており，2014（平成26）年からはJ3リーグが作られた（図1）。リーグの公式試合はJリーグが主催し，ホームゲームの主管をJリーグの正会員である各クラブに委譲している。各クラブは，Jリーグ規約に定められた活動区域においてホームゲームを主管している。各クラブは，日本法に基づき設立された公益法人または発行済み株式総数の過半数を日本国籍を有する者が保有する株式会社であること，もしくは内国法人であることと定められている。

⑤ **公営競技**

国が定める特別な法律に基づいて，自治体などが開催することが認められた，いわゆるギャンブルとしてのスポーツを公営競技といい，中央競馬，競輪，ボートレース（競艇），オートレースがある。中央競馬は農林水産省が所管する日本中央競馬会(JRA)が主催している。競輪，競艇やオートレースは単独の自治体や複数の自治体が作る組

合が施行者（主催者）となっている。実際の運営は，経済産業省が所管する（公財）JKAの統括のもとに，競輪については前自転車振興協会と前小型自動車振興協会が合併した（公財）日本自転車競技会が，オートレースについては（一財）東日本小型自動車競走会・（一財）西日本小型自動車競走会が，自治体などの施行者から委託を受け実施している。競艇は国土交通省が所管する（一財）日本モーターボート競走会が競技実施指定機関となり，その支部組織とともに実施している。

⑥ 格闘スポーツ

大相撲以外では，プロレスとプロボクシングが興行として行われる伝統的な格闘スポーツである。プロレスでは，興行組織のことを団体と呼ぶ。団体としては，戦後絶大なる人気を博した力道山の日本プロレスリング協会（1953〔昭和28〕年設立）が，1972（昭和47）年に，故ジャイアント馬場が立ち上げた全日本プロレスリング㈱とアントニオ猪木が立ち上げた新日本プロレスリング㈱に分裂した。その後プロレスは，団体の分裂や離合集散を繰り返し，みちのくプロレス（みちのくエンタテイメント有限会社）のように地方に拠点を置いた団体や女子プロレスなど，企業でいえば小規模零細の多数の団体が存在している。

一方，プロボクシングの興行は，（一財）日本ボクシングコミッション（JBC）がライセンスを認めたプロモーターによって主催される。クラブ（ジム）のオーナーは，選手のマネジャーかプロモーターのどちらかを兼ねることができる。2008（平成20）年には，JBCにより女子プロボクシングのライセンスが認められた。

⑦ アメリカ4大プロスポーツ

プロフットボール（NFL），メジャーリーグベースボール（MLB），プロバスケットボール（NBA），プロアイスホッケー（NHL）のことをアメリカ4大スポーツと呼ぶ。NFL（National Football League）はAFC（American Football Conference）とNFC（National Football Conference）の2つのカンファレンス，32チームで構成されている。米国の内国歳入法（IRC）で法人税が非課税となる共益団体として認定されている。

MLB（Major League Baseball）はアメリカンリーグ（AL）とナショナルリーグ（NL）の2つのリーグからなり，カナダを含む30チームで構成されている。

NBA（National Basketball Association）とNHL（National Hockey League）はともに東西2つのカンファレンスがあり，カナダを含む30チームで構成されている。すべての試合をリーグが一括契約し，各チームに分配する方式をとっているNFLを除き，これらのプロスポーツの興行は，レギュラーシーズンの試合を各ホームチームが主催し，入場料とローカル放送権料をチームが，全国ネットの放送権料については統括団体が得るという仕組みになっている。またアメリカでは，4大プロスポーツのほか，野球ではNational Association of Professional Baseball Leagues（NAPBL）が統括するマイナーリーグがあり，2007年には，50リーグ・400チーム以上，年間4,280万人の観客を動員し，大リーグの下部組織というだけでなく，地域のスポーツ興行として大きな役割を担っている。野球だけでなくほかのスポーツでも，多数の独立リーグがあり，地域に密着したスポーツ興行を行っているのが特徴である。

⑧ イングランド・プレミアリーグ

1992年に設立されたプレミアリーグ（Premier League）は，イングランドのプロサッカーの最高峰のリーグである。下部組織として，チャンピオンシップ・リーグ，リーグ1，リーグ2があり，年度の成績によってチームの入れ替わりがある。プレミアリーグは，所属する20クラブにより所有され，株式会社として運営される。会員であるクラブは，株主として，重要なルールの変更や契約の決定について投票権をもっている。1992年から2008年までに，イギリスのGDPの伸び率が5.4%だったのに対して，プレミアリーグのトップ20クラブの収入は，年率16.4%増加した。2007/2008シーズンでも26%増加した。これは入場料収入が頭打ちになる中，テレビ放送権が19億3,200万ポンドで契約されたことによる。一方で，選手報酬や移籍にかかわる費用も高騰し，2007/2008シーズンでは，12億ポンド（対前年比23%増）に達した。し

かし，世界的な金融危機の影響もあり，ビッグクラブの借入金と合わせて，よりいっそうコスト管理に注目する必要も指摘されている。

⑨ 独立系リーグ（野球とバスケットボール）

従来のスポーツ統括団体やプロスポーツ組織から独立した興行組織が運営するリーグを独立（系）リーグと呼ぶ。日本にも野球やバスケットボールの独立系リーグがある。野球では1990年代に，企業が所有する多くの社会人野球チームが休部や廃部になった。そこで野球の底辺拡大と選手の育成，地域貢献を目的として，2005（平成17）年四国4県にチームを置く四国アイランドリーグが誕生した。2008（平成20）年からの福岡と長崎のチームが加入するのに伴い，四国・九州アイランドリーグとなった。当初，㈱IBLJがシングルエンティティ（単一事業体）として運営していたが，分社化された各球団に興行権が委譲された。また，2007（平成19）年からは，長野，新潟，富山，石川の4県にチームを置く北信越ベースボール・チャレンジリーグが設立された。2008（平成20）年からは群馬と福井の2チームが加わり，上信越と北陸の2地区制となり，名称もベースボール・チャレンジリーグとなった。リーグは，㈱ジャパン・ベースボール・マーケティングにより運営されている。2009（平成21）年シーズンからは，2つの独立リーグの交流戦やプロ野球2軍との交流戦も開始された。1試合1万人を超える観客動員も記録しているが，まだ歴史も浅く，財務や人材など経営上の課題も多いといわれる。

一方，バスケットボールのbjリーグは，日本バスケットボールリーグ（JBL）から独立する形で2005（平成17）年に，新潟，埼玉，仙台，東京，大阪，大分，富山，高松の8チームで開幕し，東西2つのカンファレンスに21チームが加盟している（2014年3月現在）。㈱日本プロバスケットボールリーグが運営し，チーム運営会社とともに共同事業組合を組織し，シングルエンティティとしてリーグ戦その他の興行を行っている。

⑩ スポーツショー

スポーツや身体技能をルールに則っ

た競技としてではなく，演出された見せ物として提供するスポーツショーという興行も存在する。伝統的なサーカスや雑技団と異なる点は，スポーツの要素を取り入れ，現役や引退したアスリートが出演していることである。1978(昭和53)年に，フィギュアスケートとエンタテインメントを融合させたわが国初のアイスショーが興行され，2014(平成26)年現在もプリンスアイスワールドとして継続している。㈱プリンスホテルが主催し，東海テレビ放送㈱が制作を担当している。

また，2001(平成13)年には，「筋肉で音楽を奏でる」というコンセプトで初演されたマッスル・ミュージカルは，海外公演を行い，常設劇場を有するまでになっていた。テレビ番組『筋肉番付』のプロデューサーであった樋口潮が創業した㈱デジタルナインが提供していた。

世界的に展開しているスポーツショーとしては，1984年ラリベルテ(G. Laliberté)によって創設されたシルク・ドゥ・ソレイユ(Cirque Du Soleil)がある。ジャック・カルティエのカナダ上陸450周年記念式典のイベントとしてケベック州に誕生したシルク・ドゥ・ソレイユは，5,000人のスタッフ(内1,300人以上のアーティスト)が働き，2012年には約1,500万人の観客を動員する世界でも有数のエンターテインメントとして発展した。複数の演目を有し，ラスベガスやロサンゼルスなどの常設劇場(レジデントショー)をはじめ，世界中でツアー公演を行っている。50ヵ国以上のアーティストが参加し，日本からも体操競技やシンクロナイズドスイミングの元選手など，多数の元アスリートが舞台に立っている。

参考文献 11.B.02

- シルク・ドゥ・ソレイユ
  http://www.cirquedusoleil.com/ja/ (2012年10月31日)
- 総務省「日本標準産業分類2007〔平成19〕年11月改訂」
  http://www.stat.go.jp/index/seido/sangyo/19index.htm (2009年9月7日)

(木村和彦)

生涯スポーツの発展と組織　11.B.03

① 生涯スポーツの発展

生涯スポーツ(life-long sport)の定義に明確なコンセンサスはないが，「幼児期から高齢期に至る各ライフステージにおいて，個人の年齢，体力，選好に合った運動・スポーツを楽しむこと(スポーツ)」(山口泰雄 編『健康・スポーツの社会学』建帛社. 1996. 56)と定義できる。生涯スポーツは，すべてのライフステージにおけるスポーツを意味することから，青年期や成人期などにおける高度なパフォーマンスを求めるものも含む。

「生涯スポーツ」は，誰もが楽しむことができる施設・環境とプログラム整備を進めようとする社会的ムーブメントである。国際的な"スポーツ・フォー・オール"(Sport for All)の発展したものである。スポーツ・フォー・オールという概念は，1960年代初めのイギリスで誕生し，ヨーロッパを中心に世界へ広がった。わが国では，"みんなのスポーツ"や"スポーツ・フォア・オール"として紹介され，"みんなのスポーツ全国研究会"や全国スポーツ推進委員連合機関誌の"みんなのスポーツ"として知られている。生涯スポーツの社会的背景は，世界的な"スポーツ・フォー・オール"ムーブメントと，当時の学校教育から生涯教育への移行が存在する。ラングラン(P. Lengrand)がユネスコ(UNESCO)において，「生涯教育」を提唱し，体育・スポーツの重要性を強調したことから，生涯スポーツ(life-long sport)が注目されるようになった。

また，直接的には1990(平成2)年の中曽根内閣の臨時教育審議会が提唱した「生涯学習」を受け，そのスポーツ版として広がった(佐伯年詩雄 監修．『スポーツプロモーション論』明和出版. 2006. 2-3)。

② 生涯スポーツに関連する国際組織

生涯スポーツに関連する国際組織には，国際スポーツ・フォア・オール協議会(The Association For International Sport for All: TAFISA)と国際スポーツ・フォー・オール連盟(International Sport For All Federation: FISpT)の2団体がある。また，国際オリンピック委員会(International Olympic Committee: IOC)ではスポーツ・フォー・オール委員会(IOC Sport for All Commission)が，4年に1回，国際会議を開催している。FISpTは，2008年の総会以来，活動が停滞している。また，1981年，世界にスポーツ・フォー・オールを広げる目的で設立された各国スポーツ団体国際会議(International Assembly of National Organizations of Sport: IANOS)は，活動が停滞していたことから，2009年にTAFISAに吸収・合併された。

TAFISAは，1991年に設立された。設立当初は，48ヵ国54団体で発足したが，現在ではすべての大陸の130ヵ国，200団体を超える組織に成長している。TAFISAの前身である国際トリム・フィットネス会議(International Trim and Fitness Congress)は，健康・体力づくりに関する啓発事業と情報交換を1969年から行ってきた。以後，2年に1回，ヨーロッパを中心に開催され，生涯スポーツの普及と拡大に強い影響を与えてきた。1989年に開催された第11回会議(カナダ・トロント市)において，スポーツ・フォー・オールの国際統括機関を設立する機運が高まり，1991年の第12回会議(フランス・ボルドー)の総会で，恒常的な国際組織としてTAFISAが設立された。

TAFISAは，2年に1回，メインテーマを掲げ国際会議を開催している(表1)。国際会議には，加盟各国のスポーツ・フォー・オール団体や政府のスポーツ担当官が集まり，基調講演やシンポジウム，ワークショップ，展示などを行っている。また，4年に1回，総会において，「1国1票」というルールのもと，役員選挙と，コングレス開催地，公認イベント開催地などの選考が実施される。

TAFISAは，IOCや世界保健機関(World Health Organization: WHO)，国際スポーツ科学・体育協議会(International Council of Sport Science and Physical Education: ICSPE)，国連などと連携し，国際イベントを開催している。主要イベントとしては，国際チャレンジデー，世界ウォーキングデー，TAFISAスポーツ・フォー・オールゲームズ(旧国際伝統スポーツ祭)，3AC(Active Cities, Active Communities, Active Citizens)などである。1992年から始まった国際チャレンジデーは，毎年5月の最終水曜日になんらかの運動・スポ

ツを最低15分間以上実施した住民の参加率を，人口規模が類似している市町村の間で競うイベントである。いわば，スポーツ参加率の年対抗戦ともいえる。

TAFISAスポーツ・フォー・オールゲームズは，1992年の国際伝統スポーツ祭が前身であり，伝統スポーツだけでなく，ニュースポーツやe-sports（対戦型ビデオゲームを用いた競技で，スポーツの電子ゲーム）を加えたものである。2008年には，韓国の釜山で開催され，世界から103ヵ国，8,300人のアスリートが参加した。日本からは，弓道や太極拳，ローンボウルズ，ゲートボールなどの選手が参加し，大会を盛り上げた。2012年には，第5回大会がリトアニアのシャウレイ県で"Active People, Better World"のテーマで開催され，世界から60ヵ国，約7,000人が参加した。第6回大会は，2014年，インドネシアのジャカルタで開催された。

アジアにおける生涯スポーツに関する統括団体としては，アシアニア・スポーツ・フォー・オール協会（Asiania Sport for All Association: ASFAA）がある。ASFAAは，TAFISAの地域組織として，1991年に発足した。ASFAAは，アジア・オセアニア地域において，スポーツ・フォー・オールの発展のために，情報交換や人的交流を行うことを目的にしている。事業としては，2年に1回のASFAAコングレス，毎年の総会（TAFISAコングレス時にも開催），ASFAAニュースレター，研究誌（JASFA）の発行，TAFISAイベントへの協力などである。

ASFAAの事務局は，これまで日本，韓国，中国に置かれ，現在はマカオスポーツ開発局に置かれている。理事は，中国，日本，韓国，オーストラリア，マレーシア，イスラエル，イラン，台湾，インド，マカオの代表が選出されている。第9回ASFAAコングレス（2006年）は，フィリピンのマニラ，第10回（2008年）は韓国の釜山で開催された。第11回（2010年）は，イスラエルのテルアビブにおいて，「現代社会における肥満への挑戦」というテーマで，第12回（2012年）は，インドのデリーで，「現代社会の健康，教育，文化とスポーツ」というテーマで開催された。

③ 日本における生涯スポーツの発展と組織

表2は，わが国の生涯スポーツの歩みを示している。プログラムライフサイクル分析を適用すれば，1960年代は「萌芽期：体力つくり政策」，1970年代は「導入期：社会体育・コミュニティスポーツ政策」，1980年代は「発展期：スポーツ・フォー・オール政策」，1990年代は「発展期：生涯スポーツ，スポーツ文化」，2000年代は「成熟期：制度化政策」と分類することができる。

特に，1988（昭和63）年には，文部省のスポーツ課が，「生涯スポーツ課」と「競技スポーツ課」に分課した。また，同年には，楽しむことを目的にした「全国スポーツ・レクリエーション祭」（通称，全国スポレク祭）が文部省，都道府県やスポーツ団体の主催により始まり，生涯スポーツの普及の大きな契機となった。それゆえ，1988（昭和63）年は，『生涯スポーツ元年』といえるだろう。

1995（平成7）年には，単一種目，同一世代といった地域スポーツクラブの会員数が減少してきたことなどから，生涯スポーツの新たな組織として，総合型地域スポーツクラブ育成モデル事業が文部省によってスタートした。総合型地域スポーツクラブは，「多種目，多世代，多目的，自主運営」といった特徴をもっている。1998（平成10）年に

図1 国際スポーツ・フォア・オール協議会（TAFISA）のロゴマーク

表1 国際スポーツ・フォア・オール協議会（TAFISA）の会議の開催地とメインテーマ

開催年	開催地	メインテーマ
第1回（1969）	オスロ（ノルウェー）	トリムの発祥
第2回（1971）	アーネム（オランダ）	みんなのスポーツの広報
第3回（1973）	フランクフルト（西ドイツ）	新たな国での発展
第4回（1975）	ワシントン（アメリカ）	コミュニティーとトリム
第5回（1977）	パリ（フランス）	動機づけ
第6回（1979）	リスボン（ポルトガル）	みんなのスポーツとゲーム
第7回（1981）	ミューレン（スイス）	休暇とトリム
第8回（1983）	ストックホルム（スウェーデン）	都市とスポーツ
第9回（1985）	アイスル島（イギリス）	クオリティ・オブ・ライフとスポーツ
第10回（1987）	オスロ（ノルウェー）	不活発な場所での開発
第11回（1989）	トロント（カナダ）	みんなのスポーツの質的側面
第12回（1991）	ボルドー（フランス）	みんなのスポーツの新戦略
第13回（1993）	千葉（日本）	21世紀を展望した生涯スポーツ振興施策
第14回（1995）	ナタニア（イスラエル）	みんなのスポーツにおけるプログラムの役割
第15回（1997）	ペナン（マレーシア）	みんなのスポーツと青少年
第16回（1999）	リマソール（キプロス）	新世紀とみんなのスポーツの挑戦
第17回（2001）	ケープタウン（南アフリカ）	地域形成の装置としてのみんなのスポーツ
第18回（2003）	ミュンヘン（ドイツ）	みんなのスポーツにおけるボランティア
第19回（2005）	ワルシャワ（ポーランド）	みんなのスポーツの平和への貢献
第20回（2007）	ブエノスアイレス（アルゼンチン）	ソーシャルキャピタル構築の挑戦
第21回（2009）	台北（台湾）	アクティブな世界をめざして
第22回（2011）	アンタルア（トルコ）	連携・協働によるかけ橋の構築

は、「スポーツ振興投票法」が策定され、スポーツ振興くじ助成（通称、toto助成）が始まり総合型地域スポーツクラブの創設や育成事業に充てる財源の確保ができるようになった。

21世紀に入ってから、わが国初のマスタープランである「スポーツ振興基本計画」が2000（平成12）年に策定され、その財源として『スポーツ振興くじ助成』が実際に始まった。スポーツ振興基金による助成は特に競技力の向上に充てているが、スポーツ振興くじ助成は総合型地域スポーツクラブの創設・自立支援やグラウンド芝生化など、生涯スポーツの振興に充てられている。

2011（平成23）年には、スポーツ振興法が全面改正され、新たに「スポーツ基本法」が制定され、8月に施行された。スポーツ基本法の基本理念は、「スポーツは、これを通じて豊かな生活を営むことが人々の権利であることに鑑み、国民が生涯にわたりあらゆる機会とあらゆる場所において、自主的かつ自律的にその適性及び健康状態に応じて行うことができるようにすることを旨として、推進されなければならない」（第2条）とされ、まさに生涯スポーツ社会の推進が基本理念といえる。

2012（平成24）年に策定された「スポーツ基本計画」は、スポーツ基本法の理念を具体化し、今後のわが国のスポーツ政策の具体的な方向性を示すものとして、国、地方公共団体およびスポーツ団体等の関係者が一体になって施策を推進していくための重要な指針である。その基本理念は、「年齢や性別、障害等を問わず、広く人々が、関心、適性等に応じてスポーツに参画することができるスポーツ環境を整備」すること、すなわち生涯スポーツ環境の整備にある。

総合型地域スポーツクラブは、2011（平成23）年の文部科学省調査によれば、全国で3,241クラブ（準備中を含め）が設立されている。その中で、NPO法人格を取得しているのが369クラブと1割強にとどまっている。また、指定管理者になっているクラブは120クラブで、スポーツ基本計画において指摘されるように、今後はNPO法人格の取得と専任のクラブマネジャーの育成が課題である。

わが国では、生涯スポーツの関連組織は多様であるが、日本の代表組織となっているのが「TAFISA Japan」（日本スポーツ・フォー・オール協議会）である。

TAFISA Japanは、1991（平成3）年にTAFISAがボルドーで設立される前に、国内の4団体（〔公財〕日本体育協会、〔公財〕健康・体力づくり事業財団、〔公財〕笹川スポーツ財団、〔公財〕日本レクリエーション協会）が文部省に集まり、わが国の代表組織として設立された。TAFISA-Japanの事務局は日本体育協会に置かれている。

日本体育協会（Japan Sports Association）は、1911（明治44）年、オリンピックへの参加を契機に嘉納治五郎を初代会長として創立（当時は大日本体育協会）された。1946（昭和21）年には国民体育大会を開催し、1962（昭和37）年には日本スポーツ少年団を創設した。1964（昭和39）年には第18回オリンピック大会（東京）を開催し、以来、スポーツ指導者の育成、生涯スポーツの振興、国際スポーツ交流、スポーツ医・科学の研究などの事業を推進している。

健康・体力づくり事業財団（Japan Health Promotion & Fitness Foundation）は、1981（昭和56）年に、財団法人健康づくり振興財団と社団法人国民健康づくり運動協会が合併して設立された。同財団では、国民の健康・体力づくりについての正しい知識の普及啓発のため、月刊誌やインターネットを通じた広報活動を行っている。また、健康・体力づくりの指導者研修や指導者の審査・証明事業を行い、各種の出版事業や調査研究も行っている。

笹川スポーツ財団は、1991（平成3）年にスポーツ・フォー・オールの振興組織として設立された。「誰でも・どこでも・いつまでも」スポーツに親しむことができるよう、スポーツ団体への助成をはじめ、スポーツの振興に関する調査研究、国際交流、スポーツイベント開催などの事業を行っている。チャレンジデーの普及やスポーツ白書の発行、またスポーツライフに関する

表2　わが国の生涯スポーツの歩み

```
＜萌芽期：体力つくり政策＞　　1960年代
　・「文部省・体育振興課」1946年　　・「保健体育審議会」1949年
　・「スポーツ振興法」1961年制定　　・「文部省スポーツ課」1962年
　・「体力つくり国民会議」1965年　　・「体育の日」1967年

＜導入期：社会体育・コミュニティスポーツ政策＞　　1970年代
　・「保体審答申：体育・スポーツの普及に関する基本方策」1972年
　・「（社）全国体育指導委員連合」「派遣スポーツ主事」1975年
　・「学校施設開放事業」（文部省）1976年
　・「日本協公認スポーツ指導者養成」1977年　・「国際トリムシンポジウム」1978年
　・「みんなのスポーツ」全国体育指導委員連合（現・全国スポーツ推進委員連合）機関誌の発
　　行 1979年

＜発展期：スポーツ・フォー・オール政策＞　　1980年代
　・「生涯スポーツ推進指定市町村」（文部省）1982年
　・「社会体育指導者認定制度」（文部省）1987年
　・文部省スポーツ課（1988）が、「生涯スポーツ課」「競技スポーツ課」分離・独立
　・「全国スポレク祭」、「ねんりんピック」1988年
　・日本協からJOCが独立　1989年
　・「保体審答申：21世紀に向けたスポーツの振興方策」1989年

＜発展期：生涯スポーツスポーツ文化＞　　1990年代
　・「生涯スポーツコンベンション」1990年
　・「総合型地域スポーツクラブ育成モデル事業」（文部省）1995年
　・「保体審答申：生涯にわたる健康・スポーツ・振興」1997年
　・「長野パラリンピック」（障がい者スポーツの認知）
　・「スポーツ振興投票法」1998年　　＊財源の確保

＜成熟期：制度化政策＞　　2000年代
　・初のマスタープラン「スポーツ振興基本計画」2000年
　・「スポーツくじ助成」のスタート2002年
　・「中教審答申：子どもの体力向上方策」文科省2002年
　・「日本スポーツ振興センター」2003年
　・「中教審：第2次スポーツ振興基本計画」（仮称）文科省2010年
　・「スポーツ基本法」成立・施行　2011年
　・「スポーツ基本計画」策定（文科省）2012年
```

（出典：山口泰雄，「わが国のスポーツ政策の動向と研究課題」第60回日本体育学会大会　体育社会学専門分科会シンポジウム発表資料，2009を改変）

全国調査も実施している。

日本レクリエーション協会は，1947（昭和22）年に，レクリエーション活動の普及と，それを楽しむための仕組み・組織づくりを目的に設立された。具体的には，レクリエーション指導者の育成と認定，全国レクリエーション大会の実施，レジャー・レクリエーション研究所の運営，機関誌や研究誌などを発行している。

上記の生涯スポーツ関連団体以外にも，様々なスポーツ団体が活動している。

中高年者の生涯スポーツ団体としては，日本マスターズ陸上競技連合が1980（昭和55）年に創立されている。男性35歳以上，女性30歳以上から入会でき，5歳刻みのクラス別で競技が行われている。また，1984年に設立された日本マスターズ水泳協会は，18歳から24歳のクラスから，25歳以上では5歳刻みのクラスで競技が行われている。両団体ともに，主催大会，公認大会があり，国際大会にも参加している。陸上と水泳ともに最高齢クラスは，男女とも100歳（100-104歳）になっている。

参考文献

- アシアニア・スポーツ・フォー・オール協会（ASFAA）http://www.asfaa.org （2013年2月12日）
- 国際スポーツ・フォア・オール協議会（TAFISA）http://www.tafisa.de （2013年2月12日）
- 佐伯年詩雄 監修 2006『スポーツプロモーション論』明和出版
- 山口泰雄 編．1996．『健康・スポーツの社会学』建帛社
- ―――．2002．「世界の生涯スポーツの潮流」池田勝 編．『生涯スポーツの社会経済学』杏林書院

（山口泰雄）

スポーツ参与の多様化と組織

① スポーツ参与の多様化

スポーツ参与（sport involvement）とは，人々がスポーツに対してどのようなかかわり方をしているかということであり，スポーツの社会化研究における基礎概念とされる。人間とスポーツの関係を役割によってモデル化したケニヨン（G.S. Kenyon）によれば，スポーツ参与は，直接的（一次的）参与および間接的（二次的）参与に分類される（表1）。このうち直接的参与には，競技者，選手，プレイヤーなどスポーツを「する」人が含まれる。間接的参与は，消費者と生産者（プロデューサー）に分けられる。消費者には，直接的消費者であるライブスポーツの観客（観戦者），間接的消費者としてのスポーツ番組の視聴者やリスナー，スポーツ紙・雑誌などの読者というように，スポーツを「みる」「きく」「よむ」人が含まれる。そして，生産者（プロデューサー）は，指導者，調整者，事業者に分類され，それぞれの具体的な役割が例示されており，そこにはスポーツを「おしえる」「ささえる」「つくる」人が含まれている。

表2は，人間のスポーツに対するかかわり方という観点からスポーツに関連する組織・集団を分類したものである。これをみると，スポーツに関連する組織は非常に多岐にわたることがわかる。特に，プロスポーツやスポーツビジネスの発展を背景としたスポーツを「みる」ことに関連する組織，ボランティア組織に代表されるスポーツを「ささえる」組織など，われわれを取り巻く社会やスポーツをめぐる状況の変化とともに新たに登場したり，注目を集めるようになった組織・集団が多数みられる。

② 総合型地域スポーツクラブ

一般に，クラブはスポーツを「する」場として認識されているが，総合型地域スポーツクラブにおける人とスポーツのかかわり方は，することのみに限定されない。すなわち，自らスポーツを「する」ことはもちろんのこと，仲間の活動を「みる」，他のメンバーに「おしえる」，クラブ運営への参画によって「ささえる」，会員でイベントを「つくる」など，多様なスポーツ参与のタイプが想定される。この点，主として運動・スポーツを「する」ことに力点が置かれる学校運動部などとは大きく異なる。総合型地域スポーツクラブの「総合性」は，会員の属性や事業・サービスの特徴として理解されているが，会員個人のスポーツ参与の多様性という意味で捉えなおすこともできる。

③ サポーター

スポーツのファンの呼称は，野球は「ファン」，ゴルフは「ギャラリー」というように種目によっては若干異なることもあるが，「サポーター」という名称は，主としてサッカー（とりわけJクラブや日本代表）において用いられる。わが国では，Jリーグの開幕（1993〔平成5〕年）以降，特定のクラブチームを熱烈に応援してサポートする（ささえる）人々をさしてサポーターと称するようになった。ファンとサポーターを区別するものとしては，第一にサポーターが地域という準拠集団をもっている点，第二に期待される活動や行動が異なる点が指摘される。クラブがサポーターに期待する活動や行動とは，「帰属（準拠集団をもつ：価値基準の共有）→所属（準拠集団の一員として所属する：責任と権利）→活動（準拠集団の一員として活動する：目的と成果）」という一連のプロセスにおいて，クラブと同じ側に立つ主体ないし当事者としての活動や行動ということができる。一方，ファンの場合，クラブの側に立って活動や行動をするということは必ずしも期待されていない。いずれにしても，「帰属意識」がサポーター組織を理解するための鍵といえるだろう。

このサポーター組織に関連して，近年，ソシオ（socio）にも注目が集まっている。ソシオとは，仲間，会員，会員組織を意味するスペイン語であり，ソ

表1　スポーツ参与に関連する役割の種類 （ケニヨン，1969）

様式	直接的（一次的）	間接的（二次的）				
		消費者		生産者（プロデューサー）		
		直接的	間接的	指導者	調整者	事業者
役割	競技者 選手 プレイヤー	観客	視聴者 リスナー 読者	インストラクター コーチ マネジャー チームリーダー	スポーツ団体役員 ルール委員 レフェリー アンパイア 記録員 その他役員	用具製造者 プロモーター 卸売業者 小売店主

表2　人とスポーツのかかわり方とスポーツ関連組織・集団の例

かかわり方	スポーツ関連組織・集団
する	フィットネスクラブ，大学運動部，総合型地域スポーツクラブ，スポーツツアー団体ほか
みる	テレビ局，情報サービス関連企業，サポーター組織，総合型地域スポーツクラブ，スポーツツアー団体ほか
よむ	出版社・新聞社，情報サービス関連企業，ミニコミ誌ほか
ささえる	種目団体・統括団体，サポーター組織，ソシオ，スポーツボランティア組織，総合型地域スポーツクラブ，スポーツ行政組織，人材派遣企業，職業選手組合ほか

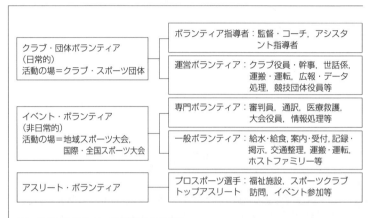

図1　スポーツボランティアの種類とその役割
（出典：文部省．『スポーツにおけるボランティア活動の実態等に関する調査研究報告書』．2000を改変）

シオ制度とは，この会員の出資によって組織を運営する方式をいう。サッカースペインリーグの強豪FCバルセロナは，ソシオによって運営される代表的なクラブであるが，ソシオになると4年に1度行われるクラブの会長選挙での投票権を得ることができ，また年次総会にも参加できる。現在わが国では，JクラブのFC東京が年間チケットを購入したファンをクラブメンバー（名称：ソシオ）として登録しているが，スペイン流のソシオ制度とは根本的に異なるものである。

④ スポーツボランティア

スポーツ活動の多様化とスポーツ人口の拡大に伴って，スポーツを「ささえる」活動としてボランティア活動が注目を集めるようになってきた。わが国では，1995（平成7）年の阪神・淡路大震災における復興支援活動を契機としてボランティア活動が社会的に大きな注目を集め，広く認知されるようになった。一般に，ボランティアの構成要素としては「自発性」「無償性」「公益性」の3要素（3原則）が挙げられるが，これらに「先駆性」「継続性」を加えて5原則とする見方もある。このような条件に特徴づけられた活動をする人，つまり他人から強制されることなく自分から進んで，金銭的報酬を目的とせずに，社会のための活動を継続的に行う人をボランティアと呼ぶ。ボランティアには，福祉，文化，医療，環境，教育など様々な活動領域が存在するが，スポーツにかかわる社会的活動およびその行為主体をスポーツボランティア（sport volunteer）という。スポーツボランティアは，上述の構成要素（原則）と活動の特性を踏まえて，「地域におけるスポーツクラブやスポーツ団体において，報酬を目的としないで，クラブ・団体の運営や指導活動を日常的にささえたり，また，国際競技大会や地域スポーツ大会などにおいて，専門能力や時間などを進んで提供し，大会の運営をささえる人のこと」（文部省『スポーツにおけるボランティア活動等の実態に関する調査研究報告書』2000．9），あるいは「『スポーツ』という文化の発展のために金銭的報酬を期待することなく，自ら進んでスポーツ活動を支援する人のこと」（日本スポーツボランティア学会 編『スポーツボランティア・ハンドブック』明和出版 2008．27）などと定義されている。

スポーツボランティアの種類とその役割は，1)クラブ・団体ボランティア，2)イベント・ボランティア，3)アスリート・ボランティアに大別される（図1）。1)は，地域スポーツクラブやスポーツ団体におけるボランティアのことであり，日常的・定期的な活動といえる。具体的には，地域のスポーツ少年団やママさんバレーなどでの「ボランティア指導者」や，そこでの運営を担当する役員や世話役などの「運営ボランティア」に分けられる。2)は，地域における市民マラソン大会や運動会，さらには国民体育大会や国際大会において大会を支えるボランティアで，非日常的・不定期的な活動といえる。2)は，審判員や通訳，医療・救護，データ処理などの「専門ボランティア」と「一般ボランティア」に分けられる。3)は，スポーツ選手やスポーツ団体によるボランティア活動をさす。地域スポーツや少年スポーツの世界においても，プロスポーツ選手や一流競技選手による社会貢献活動としてのボランティア指導が期待されている。また，プロスポーツ選手は，スポーツの分野に限らず，その知名度などを生かして，福祉や青少年の健全育成などの幅広い分野においても，ボランティア活動を行うことが期待される。また，1)と2)を合わせて「スポーツへのボランティア活動」，3)を「スポーツからのボランティア活動」として分類することもある。

スポーツボランティアは，「する」「みる」という従来からのスポーツ活動に「ささえる」あるいは「てつだう」といった新たな参与の仕方を提案した活動ともいえ，それまでスポーツとは全く縁のなかった人が，スポーツを「ささえる」ことを通じて喜びややりがいを見出すようになるなど，新たなスポーツ文化創造の契機として期待されている。

⑤ スポーツツーリズム（スポーツツアー）

一般に，ツーリズムは，「レジャー活動である」「定住しない」「営利を目的としない」「出発地に戻る」といったいくつかの原則によって定義づけら

れ，放浪などの無目的な活動，出稼ぎや行商といった商業的行為とは明確に区別される．世界観光機関(World Tourism Organization: WTO)によると，2001年に国際観光を行ったツーリストが6億9,200万人だったのに対し，2005年には8億800万人と4年間で約1億人もの伸びを示しており，今後もその数は増加すると予測されている．世界的な発展をみせるツーリズム産業の中で，最も成長著しい領域がスポーツ参加(する)やスポーツ観戦(みる)を目的とするスポーツツーリズム(sport tourism)である．近年では，従来からの「参加型(する)」や「観戦型(みる)」とともに，都市のシンボリックなイメージをつくるスポーツ施設やミュージアム見学などの「訪問型(おとずれる)」を加えた3つのタイプが提起されている．わが国のツーリズム産業の最大の特徴は，日本から海外へ出かける「アウトバウンド市場」(1,699万人：2011〔平成23〕年)と海外から日本を訪問する「インバウンド市場」(621万人：2011〔平成23〕年)との格差にあるといわれるが，スポーツツーリズムにおいても同様の傾向がみられる．ホノルルマラソンなどのイベント参加，本場のアウトドアスポーツ体験，MLB (Major League Baseball：アメリカ大リーグ)観戦ツアーなど活況を呈するアウトバウンド市場に対して，インバウンド市場の開拓がわが国の大きな課題といえよう．

総合的なスポーツ観光の推進によって，インバウンド市場の拡大および国内観光振興を図ることが必要との認識から，2010(平成22)年には関係省庁・関係団体が連携してスポーツ観光に関する総合的な推進方策について調査・検討を行う「スポーツ・ツーリズム推進連絡会議」が発足した．さらに2012(平成24)年には短期的・長期的取り組みを産官学民で持続的に進めていくために，関連する団体・企業・大学・自治体の連携を推進すべく，「一般社団法人 日本スポーツツーリズム推進機構」(Japan Sport Tourism Alliance: JSTA)が設立された．

(作野誠一)

参考文献 11.B.04

①
◆ 作野誠一．2009．「スポーツ関連組織のマネジメント」原田宗彦，小笠原悦子 編．『スポーツマネジメント』50-53．大修館書店

◆ 体育社会学研究会 編．1977．『スポーツ参与の社会学』道和書院
②
◆ 日本体育・スポーツ経営学会 編．2004．『テキスト総合型地域スポーツクラブ[改訂版]』大修館書店
③
◆ 高橋豪仁．2006．「スポーツ・ファン」日本体育学会 監修．『最新スポーツ科学事典』502-04．平凡社
◆ 武藤泰明．2006．『プロスポーツクラブのマネジメント』232-43．東洋経済新報社
◆ FC東京．「チケット」 http://www.fctokyo.co.jp/home/index.phtml?cont=ticket/yearly 2012 (2012年10月28日)
◆ FC BARCELONA (日本語公式サイト)．「FCバルセロナのソシオになろう」 http://www.fcbarcelona.jp/socio/ (2012年10月28日)
④
◆ 新出昌明．2006．「スポーツボランティアの組織化」山下秋二 ほか 編．『改訂版スポーツ経営学』296-301．大修館書店
◆ 日本スポーツボランティア学会．2008．『スポーツボランティア・ハンドブック』明和出版
◆ 山口泰雄 編．2004．『スポーツ・ボランティアへの招待』2-9．世界思想社
⑤
◆ 日本スポーツツーリズム推進機構(JSTA)．「設立趣旨」 http://sporttourism.or.jp/outline.html (2012年10月28日)
◆ 日本政府観光局(JNTO)．「年別 訪日外客数，出国日本人数の推移」 http://www.jnto.go.jp/jpn/reference/tourism_data/pdf/marketingdata_outband6411.pdf (2012年10月28日)
◆ 原田宗彦．2007．『スポーツ産業論[第4版]』254-65．杏林書院

スポーツと社会組織 11.C

スポーツと政党・政治組織 11.C.01

① 明治・大正期までのスポーツと政治

奈良時代には，宮中行事として相撲節会と呼ばれる相撲大会が行われ，それを担う相撲司という役職が置かれていたように，昔からスポーツと政治は互いに密着してきた．鎌倉時代には死を賭して主君に奉公する武士階級が，戦闘技術の行使や精神的忠誠を通じてその時代の権力者(主君)・権力機構を支えた．そして民衆がこのような武士階級を上位に仰ぎみることで，権力者による統治が成立した．

開国によって欧米のスポーツ(近代スポーツ)が日本に導入された明治時代には，一定のエリート層の集まりである大学を中心とする政治とは乖離したスポーツ活動が盛んとなり，大衆へのスポーツの浸透もみられるようになった．そして政治・文化・社会のいずれにおいても自由を重んじる気風・思潮(大正デモクラシー)が高まった大正時代は，政治によるスポーツへのコントロールは比較的少なかったといえる．しかし，1924(大正13)年には内務省の主催による明治神宮競技大会がスタートし，政府によるスポーツ利用が強まってゆく．

② 国家統治手段としての戦時期のスポーツ組織

昭和の時代に入ると，スポーツと政治は急速に密着する．満州事変(1931〔昭和6〕年)，日中戦争(1937〔昭和12〕年)，太平洋戦争(1941〔昭和16〕年)が勃発し，終戦(1945〔昭和20〕年)に至る「十五年戦争」と呼ばれる戦時期において，スポーツは政治によって，「修練」や「錬成」を標語とする国家総動員体制の手段・道具に位置づけられた．

例えば，厚生省体力局の設置(1938〔昭和13〕年)は，戦場に赴く兵士や「銃後」の国民の体力増強，さらには予防医学的な効果をねらったものであった．徴兵適齢の男子を対象に体力を測定した体力章検定の実施，さらには学校や職場で一斉に実施させた大日本国民体操など，戦争遂行という政治目的に国民を邁進させるためにスポーツ(国民体育)が利用された．

当時のスポーツ団体や組織は，こうした国家目的のための統治を地域の末端にまで浸透させる手足の役割を果たした．例えば，1895(明治28)年に創設された大日本武徳会は「武徳の涵養とそのための武術の奨励，それによる国民の士気を振興」することを目的とし，その全国的な普及(武道教員の養成や道府県支部の結成)を図った結果，1931(昭和6)年に学校体育の必修科目となり，戦時期には国家的武道の担い手となった．1941(昭和16)年には厚生省体力局に武道課の新設が決定された．1942(昭

和17)年に大日本武徳会は，厚生・文部・陸軍・海軍・内務の5省が共管する政府の外郭団体（柔道・剣道・弓道・銃剣道・射撃道の5部門）となり，武道団体の統括組織として，国家主導による武道振興の中心的存在となった。

1911（明治44)年創立の大日本体育協会を改組する形で，1942(昭和17)年に発足した大日本体育会は「体育を振興して国民体力の向上を図り似て皇国民の錬成に資する」ことを目的に掲げた。大日本体育会は，厚生省と文部省が共管し，野球，水泳，陸上その他30あまりの各種スポーツ団体を包摂・統合・一元化する全国統括組織であった。このように，国家総動員体制の戦時期において，スポーツはその名称も含めて，戦争遂行という当時の政治の意図に操られる存在であった。

③ 戦後のスポーツ組織の変容

戦後，スポーツ活動の自由が認められ，市民レベルでも競技者レベルでも戦時期とは180度転換した。明治神宮体育大会は国民体育大会（第1回は1946〔昭和21〕年に，大日本国民体操はラジオ体操（放送開始は1928〔昭和3〕年）に，体力章検定は体力テスト（1964〔昭和39〕年制定，1999〔平成11〕年に改訂）へと変容した。以来，競技力の向上や心身の健全な発達，健康増進，身体運動の楽しさ自体が，スポーツ活動の中心的な価値となったことは間違いない。先述の大日本武徳会は1946(昭和21)年に解散し，その後，全日本弓道連盟，全日本剣道連盟，全日本柔道連盟などといった政治色を排した民間の団体となり，大日本体育会は1945(昭和20)年に加盟団体組織に改組され，1948(昭和23)年に日本体育協会に改称，純粋にアマチュアスポーツを振興する統一組織となった。

④ オリンピック大会と政府

それでは，戦後民主主義の考えのもと，今日に至るまでの間，スポーツへの政治の関与は断ち切られたのであろうか。そうではない。国家主導による戦争統制の歯車にスポーツ組織が取り込まれた戦時期とは異なる形で，政治がスポーツを原動力にして，日本の国際社会での認知，経済復興，国民の一体感の醸成などを図ろうとしたのである。1964(昭和39)年開催の第18回夏季オリンピック大会（東京）がまさにその好例であり，大会の招致と運営の成功はスポーツ界のみならず政治の悲願でもあった。そして，東京を中心とするインフラ整備を促進し，高度経済成長への転機となった。

一方で，政治の介入が平和の祭典としてのオリンピックに影を落としたのが，1980年第22回大会（モスクワ）への日本を含む西側諸国のボイコットであった。当時の日本オリンピック委員会(JOC)は政府・与党の圧力に抗しきれなかった。また，2020年夏季大会の東京招致運動では，マドリード（スペイン），イスタンブール（トルコ）といったライバル候補市との競合において，政府や東京都が一致団結して取り組む政治力が問われた。このようにスポーツと政治との関係を切り離すことはできない。

⑤ スポーツ振興と政党・政治組織

国会におけるスポーツ振興へのかかわりでは，例えばスポーツ議員連盟の存在が挙げられる。超党派の国会議員からなる集まりで，2009(平成21)年5月には，スポーツ振興法(1961〔昭和36〕年）に代わるスポーツ基本法の制定をめざして国会への提出を決定した経緯がある。同案は，2009（平成21）年7月，審議されないまま衆議院解散となり廃案となる。しかし，2011(平成23)年6月，超党派のスポーツ議員連盟から提出されたスポーツ基本法案は国会で全会一致で可決された。

政党では，日本共産党が長らくスポーツ政策に真正面から取り組んできた実績があるが，この時は自民党のスポーツ立国調査会が上記スポーツ基本法案作成を主導した。2009(平成21)年，衆院選での自民党のマニフェストでも「国家戦略としてのスポーツ・文化芸術の振興」と題して，スポーツ基本法の制定，スポーツ庁の創設，トップレベル競技者の育成・強化や地域スポーツの振興，2016年東京オリンピック・パラリンピックの国を挙げての招致などが明記された。一方，政権党となった(2009〔平成21〕年9月当時)民主党のマニフェストにはスポーツ振興に関する記述はなかったものの，政策集の中で，地域社会の取り組みを尊重したスポーツ政策の実施とその趣旨を土台としたスポーツ基本法の制定，地域密着型クラブスポーツの振興，地域スポーツリーダーの育成などが盛り込まれた。

2011年6月に成立(同年8月に施行)したスポーツ基本法は，1961(昭和36)年制定のスポーツ振興法以来，50年ぶりの全面改正であり，こうした自民党案と民主党案の合体版ともいえる。

2012年の第30回オリンピック大会（ロンドン）での好成績は国の直接強化事業によるとの評価が定着し，2020年東京オリンピック・パラリンピック招致運動とも相まって，政治のスポーツに対する影響力が増大しつつある。

一方，先述の大日本武徳会を例に挙げれば，戦後の武道振興において，政治色は前面には出ないものの，「広く一般に武道を振興し，特に青少年に対する柔剣道を推奨すること」を目的とした武道議員連盟が存在する。この議員連盟の働きかけにより，文部科学省では，2008(平成20)年3月に中学校学習指導要領の改訂を告示し，新学習指導要領で中学校保健体育における武道を必修化した(2012〔平成24〕年度から要領の完全実施)。

⑥ スポーツと政治の関係はどうあるべきか

以上のような諸事例に焦点を当てた歴史を振り返れば，スポーツと政治の関係は，総じて後者が前者を飲み込む形で密着してきた。はたしてスポーツは政治から離れるべきであろうか。

この問いに対する答えは一様ではないであろう。しかし，スポーツと政治は切り離せない事実がある。たとえ，草の根レベルの身近なスポーツ活動であっても，個々の人間の考えや働きかけの相互作用あるいは摩擦調整作業といった「政治」は，組織が人間関係で成り立っている以上，必ず存在する。巨額の財源が用いられ，利害関係が複雑に錯綜する国際・国家レベルのスポーツでは，政治のスポーツに対する関与や介入は不可欠であり，政治がスポーツを翻弄することも多い。政治とは無縁のスポーツ社会やスポーツ世界を確立できるというのは事実認識としては幻想であり，その意味でスポーツが政治から切り離されることはないであろう。

そうだとすれば，スポーツと政治と

の関係性の内容，すなわちスポーツのガバナンス（統治：governance）こそが，論じられるべきである。あるべき両者の関係は，政治利害関係のベクトルが一方的にスポーツを貫いたり，スポーツのそれが政治を貫いたりといった類いのものではない。スポーツがその社会や世界を実りあるものとするために，スポーツ内外における他の領域に対する価値認識，目配り，調整，協力，貢献を行いつつ，政治からの支援や後押しを求め，政治を活用していく。政治はスポーツの社会や世界を尊重しつつ，政治を豊かなものとする1つの構成要素として，スポーツの支援や振興にかかわっていくべきであろう。

（中村祐司）

スポーツと企業・産業組織　11.C.02

① 職場スポーツの誕生と発展

[生産性向上のための職場スポーツ]

日本におけるスポーツと企業のかかわりは100年以上前にさかのぼる。『スポーツ八十年史』に載るボートの歴史には，高商（東京高等商業専門学校／現在の一橋大学の前身）が明治29（1896）年に開いた競漕会に，三井，三菱，日本郵船の企業クルーを招待してレースを行ったと記されている。明治初期，海員（海軍）と在留外国人の間で盛んに行われていたボート遊びが，当時のエリート層であった学生の間でも流行り，漕艇を運動（スポーツ）として愛好した者が卒業後も就職企業（銀行・海運・貿易）において厚遇され，運動（スポーツ）を続けることが福利厚生的にサポートされていたことがわかる。

大正に移ると，国家と企業は，日清，日露戦争を経て最後の帝国列強の仲間入りを果たすべく，すでに外貨獲得産業であった生糸・綿糸紡績業と軍事目的の強い鉄鋼・造船・電力などの重工業部門の発展を推し進める。しかし，それらの職場は低賃金と過酷な長時間労働の中，衛生設備も悪く労働環境は劣悪であった。このため企業は生産性低下を防ぐべく，労働者の健康維持管理と勤労意欲向上を目的として，職場体育（スポーツ活動）の奨励と推進に取り組む。

第一次大戦（1914〔大正3〕年）後には，労働者の階級的自覚の高まりとともに全国各地の職場において労働条件改善を要求する労働争議・ストライキが頻発する。1920（大正9）年には，当時の八幡製鐵所の労働者2万人余が労働組合リーダーの首切り反対と賃上げを要求，さらに8時間労働制導入を求めて溶鉱炉の火を消す大争議が起きた。この労働時間短縮要求は，技術革新によって進行する労働者の機械の従属から肉体的・精神的な人間性回復と解放を望む要求でもあり，経営者側に対して職域における文化・体育（スポーツ・レクリエーション）活動の推進と支援，施設環境の整備を要求するものでもあった。

こうした中，企業経営者側はスポーツ・レクリエーションの効用を認識して「生産性の向上のための体力増進・向上と思想健全化」をめざし，労務対策としての企業内スポーツの普及を積極的に推し進めていく。

[内向きから対外的な活動に発展]

野球は1916-17（大正5-6）年頃には国民的スポーツとして急速に社会人にも普及してきた。なかでも男性労働者が大半を占める造船・製鉄・鉄鋼・鉄道などの基幹産業の職域では人気スポーツとして次々と職場チームが誕生していった。八幡製鐵所はストライキの起きた1920（大正9）年に，溶鉱炉・製鉄所ごとにある職域のチームを集めた第1回社内野球大会を開いている。多くの洋服技工者をもつ三越百貨店でも，ストライキが起きた翌年の1921（大正10）年に従業員のための野球場を造った。この年には，すでに全国中等学校野球大会（1915〔大正4〕年）を主催し拡販事業として成功していた朝日新聞が，各企業の代表チームを集めた全国実業団野球大会を開催した。その地域大会をみると，東京実業団大会には36チーム，神戸大会には12チーム，大阪浪華実業団大会には10チームが参加し，そのほか，横浜，名古屋，九州でも開催されるほどの盛況ぶりであった。その中で優勝争いをしたのは，古河合名会社，増田貿易，阪神電鉄会社，三菱造船の4チームで，阪神電鉄会社を破った増田貿易がチャンピオンとなった。さらに，1927（昭和2）年に第13回全国中等学校野球大会がラジオ中継放送されると野球人気は不動のものとなり，東京日日新聞（現・毎日新聞）が実業団野球を組織化して優勝争いをする全国都市対抗野球大会を開催する。そうした中，企業チーム単独で優勝したのは1936（昭和11）年第10回大会の門鉄（門司鉄道管理局）であり，翌11回大会では八幡製鐵（現・新日鉄）がそれに続いた。

それまで，多くの企業の職域で展開されるスポーツ・レクリエーション活動は内向きなもので，職場単位で労働者同士が興じるものであったが，野球の勝敗とチーム・選手の活躍が新聞紙上やラジオ放送などで大きく報じられるようなると，次第にチームが企業プライドに目覚め，対外的に覇を競い合う競技スポーツへ発展したのは自然の成り行きであった。

[職場と女性スポーツ]

明治から大正にかけて，もう1つの主力産業であった繊維・紡績産業の発展は女工哀史ともいわれた「低賃金と長時間労働」の女性労働者によって支えられていた。そのため健康を害する者が多く，女工の健康管理を目的とした健康安全対策の1つとして，職場スポーツ・レクリエーション活動（余暇対策）が導入され始める。しかし，その内容は娯楽室の設置や気候の厳しい時期の休憩時間の延長，そして提供されるプログラムは慰安的な遠足や運動会，娯楽的な映画や観劇などが大半で，日常的なスポーツ活動といわれるものはきわめて少なかった。このほかの女性労働者が主力の職場であった，デパート，電話局，銀行，専売公社（たばこ・塩）などにおいても，労務対策として職場スポーツ・レクリエーション活動（余暇対策）の導入が積極的に進められる。

女性の職場スポーツのシンボルとして，バレーボールがある。競技スポーツとしての女子バレーボール（当時は9人制）では，授業に取り入れた高等女学校が圧倒的に強く，職場では昼休みに工場の中庭でボールをパスやトスを用いてラリーに興じる程度であった。しかし，地面にコートを引き支柱にネットを張れば簡易にできるバレーボールは，瞬く間に大勢の者がゲームに熱中できる職場スポーツとして普及し，その後，職域代表チームは対外試合に進

出していく。

1933(昭和8)年に開かれた全日本選手権大会では，初めて学生チームの愛知淑徳高女を破り，神戸中央電話局が優勝した。その後は，広島専売局，大日本紡績尼崎工場と前述の女性労働者が主力の企業(実業団)チームが覇権を握り，戦後の1950年代(昭和26年頃)になると紡績工場(鐘紡淀川・同四日市，日紡足利・同貝塚，倉紡万寿・同津・同倉敷)が高校バレーボールの優秀選手を集めて，女子バレーボールの黄金期を築き上げ，今日の女性企業スポーツを代表する地位を確立する。

このほかのスポーツでは，1937(昭和12)年に開かれたバスケットボール第8回全日本女子選手権で東京簡易保険局が新潟高女を破り，企業チームとして初めて優勝する。日本でバスケットボールの普及を担ったのはYMCAであるが，男女とも体育館をもつ学校が強いチームを擁していた。東京簡易保険局の女子チームが優勝したことは，高等女学校でのバスケットボール経験者を採用して，なおかつ体育館を有していたためであろう。いずれにしても，ボールゲームが学校から職場にも入っていく中で，女性労働者の間においてもレクリエーション的に愛好されてきたことを示す事例である。しかし，第二次大戦の戦時下に入ると，スポーツは敵性文化として抑圧を受けて，学校はいうに及ばず職場からもその活動の息吹は途絶えた。

② 企業スポーツの隆盛と衰退
[戦後の企業スポーツ]

1945(昭和20)年，敗戦・戦争終結を迎えた日本の戦後復興の中で，いち早く復活したのがスポーツであった。翌46年11月には京阪神地区を会場に第1回国民体育大会が開催され，陸上競技，バレーボール，バスケットボール，サッカーの全日本選手権，都市対抗野球が再開された。しかし，戦後の職場スポーツの主流はアメリカ軍の占領政策によって，レクリエーション目的の民主的で健康的な交流プログラム(フォークダンスやハイキングなど)で，若年層労働者を多く抱える企業の工場や独身寮を舞台に展開された。この背景には，レクリエーションを有力な武器に左翼的な青年運動の組織化への対抗策と，急速に進む工場のオートメーション化による人間疎外状況の解毒剤として，若年層の職場への定着化を図る労務政策があった。

こうした中，1950年代から朝鮮戦争特需を機に戦後復興の足掛かりを築いた鉄鋼，繊維，石炭といった基幹産業の活況により，戦後の職場スポーツが新たに競技化し，チャンピオンスポーツとして発展する。これら主要な製造業は全国から良質な労働力を集めるためにスポーツのもつ効用を活用した。それは明るい健康な職場をイメージさせ，生産性向上のための「士気の高揚」「職場の一体感」の醸成に大きな役割を果たした。戦時中は休眠を余儀なくされた各競技の実業団組織が再結成されると，それに合わせて企業スポーツは「レクリエーション」から高度な競技力を備える「チャンピオンスポーツ」として発展し，各企業チームは全社的支援体制を受けて全日本のタイトルを激しく争うようになった。

なかでも，前述した繊維業界の女子バレーボールや，鉄鋼・製鉄，電気，自動車などの戦後経済を牽引した各企業と3公社(国鉄，専売，電信電話)が，野球，バスケットボール，バレーボール，サッカー，ラグビー，マラソン，柔道，などの種目に有力な高校，大学チームから競技者を迎え入れて強化を図った。これら実業団スポーツは，1953(昭和28)年に本放送を開始したテレビの最適コンテンツとして迎えられ，中継番組，ニュース番組においてチーム名が連呼され，企業にとっては知名度を高める宣伝力となった。同時に全社的な応援スタイルは，社員・従業員のモラルアップと愛社精神の醸成に最大の効果を発揮する。

そして，1964(昭和39)年の第18回オリンピック大会(東京)を前に，八幡製鐵，リッカーミシンなど有力なチーム・選手を抱える企業は日本代表の強化に協力し，オリンピック大会において活躍する社会人(実業団選手・チーム)代表選手を数多く輩出した。

以来，各競技の実業団リーグは次々と「日本リーグ」を発足させ，企業スポーツは名実ともに日本のトップスポーツを支える屋台骨となる。

[経営環境に左右される企業スポーツ]
日本社会は第18回オリンピック大会(東京)の開催を契機に，右肩上がりの経済発展を遂げていくが，第1次(1973〔昭和48〕年)，第2次(1978〔昭和53〕年)のオイルショックに見舞われると，たちまちのうちに輸出依存型の企業は不況に追い込まれ，その傘下にある企業スポーツチームも休・廃部に追い込まれた。1975(昭和50)年，女子バレーボールの名門チームを擁するカメラメーカー「ヤシカ」は輸出不調と経営問題で経営破綻に陥り，チームは1978(昭和53)年に解散した。当時，企業スポーツの廃部が大きくメディアに取り上げられ話題となった。

1980年代に入ると時代は高度経済成長期に入り，企業スポーツチームの活躍と隆盛は新聞紙面を飾り，確実に広告媒体としての価値を獲得していく一方で，グローバル化が進む世界経済の中，生産コスト高や業態転換に対応できない企業では生産縮小や倒産が相次ぎ，所属のスポーツチームは否応なく休・廃部を迫られた。特に1980年代後半から1990年代にかけて大量消費時代に入ると，日本企業も安い労働力と技術力を求めて生産拠点をアジア各地に移し，国内の空洞化が進んだ。そのため，各事業所，工場など生産現場に活動拠点を置く企業スポーツチームは，生産設備形態の変容，人員配置転換や工場設備の取り壊しによる合宿施設やスポーツ施設使用への影響等により廃部を余儀なくされていった。

なかでも，1993(平成5)年から始まったバブル経済の崩壊は，大手金融機関の破綻や不良債権拡大などの金融不安を招き，日本企業を次々と経営危機に陥れた。その結果，業種・業界を問わず企業の経営再建合理化による経費削減，リストラが始まり，それに伴う企業のスポーツ活動も一気に休・廃部が進み，いよいよ日本の企業スポーツの衰退期に入った。

㈱スポーツデザイン研究所が調べた，1991(平成3)年から2000(平成12)年までの日本のトップスポーツ(日本リーグ・社会人リーグ・実業団大会・日本選手権大会等々出場)で活動する企業スポーツチームの休・廃部は累計で210を数えた(表1)。この中には，かつてオリンピックでメダルを獲得した代表チームを構成した名門チームや，多くの国際大会に代表選手を輩出してきたチー

ムが数多くあり，その撤退のニュースが多くのメディアで衝撃的に報じられた。

そして，2008年の第29回オリンピック大会(北京)後に起きたリーマン・ショック(同年9月)に端を発した金融危機は世界経済を混乱させ，日本のトップスポーツの多くの企業チームを抱えるトヨタが，2009(平成21)年3月期に4,610億円の営業利益の赤字を出したと伝えられ，日本トップリーグ機構関係者を震撼させた。この経済環境の悪化によって，日産自動車は，ゴーン社長がかつて「都市対抗野球は，日本の企業文化」と賛辞した野球部と陸上競技部，卓球部の休部を決めた。このほか，バレーボール・プレミアリーグ男子のNEC，ラグビートップリーグのワールド，沖電気工業グループのOKIスポーツ(陸上競技部)等々，強豪チームが休・廃部となった。

2012(平成24)年9月，国際競争力を失い急速に経営状況が悪化し過去最悪の赤字(7,721億円)を計上した電機大手のパナソニックは，日本リーグに所属するバスケットボール部と2012年の第30回オリンピック大会(ロンドン)に代表選手を送ったバドミントン部の休部を決めた。また，同年8月末には食品大手のエスビー食品が，経営合理化のため陸上競技部の2013(平成25)年3月末の廃部を発表した。いずれのケースも，これまでの企業スポーツの撤退劇とは異なる深刻な経営環境が影響している。

[企業スポーツチームの休・廃部と撤退の理由]

なぜ，企業はスポーツから手を引くのか。その第一の理由に経営問題を挙げるが，それを後押しする大きな要因は企業スポーツのもつメディアバリューの低下といわれる。2002(平成14)年にVリーグの人気チーム富士フィルムは成績不振とバレーボール人気の衰退による宣伝広告効果・価値低下を理由に廃部に追い込まれた。この背景にはサッカーのJリーグ人気に食われ，2002年日韓ワールドカップ大会開催(富士フィルムは2002年FIFAのワールドカップ大会オフィシャルパートナー)の熱気の中で，バレーボールのメディアバリューの低下とその費用対効果を勘案した冷徹な経営判断があったといわれ

表1　企業(実業団)スポーツの歴史

年	出来事
1896(明治29)	高商が開いた競漕会に招待された，三井，三菱，日本郵船の企業クルーがレースを行う。
1909(明治42)	札幌鉄道管理局で野球チームが誕生する。以後全国各地で国鉄野球チームが結成され鉄道野球として，JRに民営化するまで隆盛を誇る。
1916(大正5)	第1回全国実業団庭球大会開かれる(主催：大阪高等商業学校)。
1920(大正9)	第1回全国実業団野球大会開かれる(主催：朝日新聞社)。
1921(大正10)	八幡製鐵が職場野球大会を開催。
1922(大正11)	呉海軍工廠バレーボール部創部。
1927(昭和2)	第1回都市対抗野球大会開かれる(主催：毎日新聞社)。
1928(昭和3)	第2回都市対抗野球大会で大連実業が優勝(満州国＝当時)。
1931(昭和6)	バスケットボール実業倶楽部選手権が発足。大蔵省広島専売局バレーボール部創部。
1932(昭和7)	日本鋼管が男子バスケットボール部創部。
1933(昭和8)	バレーボール全日本女子選手権大会にて「神戸中央電話局美東里会」が初優勝。バスケットボールの関東百貨店連盟設立される。明治神宮体育大会(1924年から開催)ボートで北海製錬倉庫が優勝。
1934(昭和9)	呉工廠バレーボール部が全日本総合選手権で優勝。富士フィルムバレーボール部創部。
1935(昭和10)	明治神宮体育大会男子バスケットボールで大同電気製鋼所が優勝。
1936(昭和11)	バレーボール全日本女子選手権大会にて錦華紡績金沢本店が優勝。西日本工場相撲連盟が設立される。後に全日本実業団相撲連盟に発展。
1937(昭和12)	バレーボール全日本女子選手権大会にて日本紡績尼崎工場が優勝。
1938(昭和13)	全日本女子バスケットボール選手権大会にて東京簡易保険局が優勝。日本製鐵バレーボール部創部。
1940-1945(昭和15-20)	日本は戦時体制に入り，あらゆるスポーツが休止状態に至る。
1946(昭和21)	都市対抗野球が再開される。
1947(昭和22)	第1回バスケットボール全日本実業団選手権大会開催。
1948(昭和23)	第1回全日本実業団サッカー選手権大会開催。第1回労働組合体育大会開催。バレーボール東レ九鱗会発足。久光製薬鳥栖工場バレーボール部発足。
1951(昭和26)	第1回全日本実業団卓球選手権大会開催。第1回全日本勤労者柔道選手権大会開催。
1952(昭和27)	第1回全日本実業団バドミントン選手権大会開催。
1953(昭和28)	第1回全日本実業団対抗陸上競技選手権大会開催。
1960(昭和35)	第1回全日本実業団ハンドボール選手権大会開催。
1962(昭和37)	第1回全国実業団対抗テニス大会開催。
1964(昭和39)	第18回オリンピック大会(東京)開催。
1965-1992(昭和40-平成4)	日本サッカーリーグ発足。Jリーグ発足により廃止。
1966(昭和41)	日本アイスホッケーリーグ発足。
1989(平成元)	企業スポンサーチームを中心に日本女子サッカーリーグ発足。
1993(平成5)	Jリーグ(日本プロサッカーリーグ)発足。
1994(平成6)	Vリーグ(日本バレーボールリーグ)発足。
1998(平成10)	WJBL(女子バスケットボール日本リーグ)発足。
2001(平成13)	JBLスーパーリーグ(男子バスケットボール日本リーグ)発足。
2003(平成15)	アジアリーグアイスホッケー発足。日本リーグは休止。
2005(平成17)	日本トップリーグ連携機構発足。バスケットボールbjリーグ発足。
2008(平成20)	リーマンショックを受けて，7社10クラブが休廃部。
2009(平成21)	リーマンショックは企業スポーツを直撃。日産自動車を始め18社20クラブが休廃部を決める。
2011(平成23)	東日本大震災による福島第1原発事故の影響を受け，東京電力は女子サッカー「マリーゼ」を休部。
2012(平成24)	経営状況悪化により，家電メーカ大手のパナソニックが企業スポーツクラブの大半から撤退を決める。
2013(平成25)	四国電力が伊方原発全面廃止による業績悪化に伴う経営合理化を理由に男女陸上競技部を廃部。
2014(平成26)	東北パイオニアは，経営建て直しを理由に女子バレーボール部を廃部。経営再建中のルネサスは，第30回オリンピック大会(ロンドン)銀メダルの垣岩令佳らが所属するバドミントン部を再春館製薬所に譲渡。日本代表選手を輩出する「高崎女子ソフトボール部」は，家電量販大手のビックカメラに移管。バスケットボールは企業チームを中心としたNBLとプロリーグのbjの統合が暗礁に乗り上げ，FIBAよりペナルティーを通告される。

(出典：スポーツデザイン研究所調べ)

る。それは，プロ化した男女サッカーのワールドカップ大会，オリンピック大会での活躍がメディアバリューを飛躍的に大きくしていることが証明している（2012〔平成24〕年の日本における年間テレビ番組視聴率ベスト10の上位7位までがサッカー）。

また，社内的にはリストラ対象部門の社員・従業員への企業スポーツ存続の意義と効果，スポーツ選手の雇用待遇（正社員・契約社員）などの明確な説明力が低下し，社外的にはCSR（企業の社会的責任）の意識・意欲の希薄化が進行する中，メディアバリューを失った競技種目は企業経営の中での存在意義を保てなくなった。

これは，スポーツへのスポンサーシップバリューの低下が証明している。その一端がテレビ映えのしないスポーツ，視聴率の獲れないスポーツ中継からのスポンサーの撤退である。テレビ中継が減ったJリーグでは，チームのユニホームスポンサーの獲得が年々難しくなり，経営破綻状態に追い込まれるJ2チームが目立ち始めた。前述のパナソニックのケースもメディア露出の少ない競技種目から手が付けられた形跡がみられる。エスビー食品の場合も，元日の全日本実業団対抗駅伝出場から10年あまり遠のき，正月スポーツの画面から姿を消して久しい。特にテレビの多チャンネル化が進み，魅力的な世界のボールゲームがみられる時代を迎えた現在，日本の企業スポーツチームが覇権を競うボールゲームの映像露出は減る一方であり，コスト削減と費用対効果を考える企業にとっては，そこからの撤退理由はきわめて明快である。

③ 企業スポーツの現在
[チーム存続と地域密着クラブ化の試み－所有から支援へ]

いま，企業スポーツの多くが，チーム存続のために地域密着のクラブ化へ取り組み，1つの企業の所有から複数の企業や行政からの支援を取り込んで生き残りを図っている。その好例は全国6ヵ所の製鉄所に7つのチームをもっていた新日本製鐵（以下新日鉄）である。八幡（福岡県）・広畑（兵庫県）・名古屋（愛知県）・君津（千葉県）に硬式野球部，堺（大阪府）に男子バレーボール部，釜石（岩手県）にラグビー部，広畑に柔道部を所有していた．これらのスポーツチームを廃部にせず，会社が全額出資してそれぞれのチームに運営会社を作った。そして，新日鉄のほか地元の複数企業や行政から支援を受けて，地域住民のスポーツサービスを担いながら活動を継続していく方式である。堺のバレーボール部は「堺ブレイザーズ」，釜石のラグビー部は「釜石シーウェイブスRFC」に，名古屋と君津の野球部はそれぞれ「新日鐵住金東海REX」と「新日鐵住金かずさマジック」と企業合併を経て，選手も複数企業の混成の広域複合チームに形を変えて生き残っている。

このほか，本社が広島にある中堅スーパー「イズミ」の女子ハンドボールチームは，イズミを中心に地元企業23社と500人のサポーターが共同出資したNPO法人広島女子スポーツクラブ「広島メイプルレッズ」を設立し，クラブ化に成功した。2000（平成12）年には大昭和製紙北海道が地元白老町の行政・町民一体となってクラブチーム「ヴィガしらおい」（現・WEEDしらおい）を結成し存続している。

また，地域スポーツクラブと地元企業との融合によって衣替えした「名古屋フラーテルホッケーチーム」や，「NPO法人トリッキーパンダース」に活動舞台を移したNTT西日本の女子バドミントン，さらには日立甲府女子バスケットボール部はマジシャン「プリンセス・テンコー」（2代目引田天功）のスポンサードを受けて広域クラブ化し，2009（平成21）年に「一般社団法人山梨クィーンビーズバスケットボールクラブ」として再スタートした。

これらのチームは，企業の所有から新しい支援体制を地域の中に構築しながらクラブ化を図り，「総合型地域スポーツクラブ」として新しい形のスポーツ組織の形成に取り組んでいる。しかし，この状況においてスポーツチームをもつ企業の社会的責任を問う姿勢も大切だが，それに乗っかるだけでスポーツ団体・組織が自ら価値を創出し，発展する努力を怠ってきたスポーツ側の責任も大きい。こうしてみると，日本独自のスポーツとして発展してきた従来型企業スポーツは経営環境の変化とともに崩れ去ろうとしており，スポーツと企業の新しい関係が模索されている現在である。

参考文献 11.C.02
- 石川弘義 ほか．1991．『大衆文化事典』弘文堂
- 高津勝．1994．『日本近代スポーツ史の底流』創文企画
- 日本体育協会 編．1958．『スポーツ八十年史』日本体育協会

（上柿和生）

スポーツとメディア 11.C.03

① スポーツとメディア組織

メディアという概念でスポーツを捉え，その意味や機能が論じられるようになったのはそれほど昔のことではない。それは，テレビや新聞に代表されるマスコミュニケーションの発達とスポーツの発展の相互作用の結果，マスメディアにおけるソフトとしてのスポーツの重要性が非常に大きくなり，ライブスポーツのメディア化が広範囲に生じたこと，換言すればメディアスポーツがポピュラーカルチャーとして成長したことにある。

そこではスポーツ情報を様々な形式で扱うメディア組織が生じているが，電子メディア系の組織とプリント（活字）メディア系の組織の2つの組織に分けることができる。

電子メディア系組織で最も影響力をもつのがテレビである。わが国においてテレビは，コンテンツを製作し，それを全国に提供するキー放送局と，その受け皿となると同時にオリジナルコンテンツを作成・提供するローカル放送局が存在する。これらはその財源と性質から公共放送（NHK：日本放送協会）と民放とにも分けられる。これらの放送局は60年以上にわたり地上アナログ放送を主体としてきたが，2011（平成23）年からは地上デジタル放送をそのメイン事業として展開し，同時に衛星を用いたデジタル放送（BS放送やCS放送）を展開している。また，BSデジタルに特化したWOWOWやCS専門のスカイパーフェクTV等があり，やはりスポーツや映画をキラーコンテンツとしながら有料視聴（契約）者を獲得している。

また，近年急速に拡大しているメディア組織がインターネットである。ウェブページの「MLB.com」はスポーツにおいて世界有数の人気サイトであるが，MLB（大リーグ）に年間400億円（2007年）もの収入をもたらしていて毎年右肩上がりの成長を続けている。

さらに，新聞のウェブ版がその勢いを加速させている。各新聞社は紙媒体の販売が伸び悩む中，速報性やヴィジュアル性で優るウェブ版の充実に力を注いでいる。しかし力点をウェブに移せば移すほど，本紙の販売が滞るという二律背反的状況に悩んでいるのが実情である。またウェブ上のバナー広告等による収入にも限界があり，サイト閲覧を有料化する動きもたびたび出ている。

また，映画製作会社もスポーツをモチーフにした映画を多数製作している。スポーツを中心的素材として製作しているわけではないが，スポーツものの人気は邦画洋画ともに根強く，製作本数も増加傾向にある。

一方，プリントメディア系組織では，1870年代に『東京日日新聞』が相撲や水泳の報道を行って以来，新聞とスポーツとの結びつきが非常に密接になった。明治30年代には長距離走や水泳の競技会が新聞社主催で開催されるようになり，特にエリート層による野球の輸入・紹介後は，朝日新聞社が夏の甲子園大会（1915〔大正4〕年），毎日新聞社が春の選抜大会（1924〔大正13〕年），読売新聞社がプロ野球（1934〔昭和9〕年）を主催者あるいは創設者として順次立ち上げた。これ以降，メディア組織体が独自でスポーツイベントを主催したり，スポーツ団体の所有者となるわが国独特の関係が定着していく。

戦後，朝日新聞系列のスポーツ専門紙『日刊スポーツ』が誕生（1946〔昭和21〕年）したのをきっかけに『スポーツ・ニッポン』『報知新聞（現・スポーツ報知）』『サンケイ・スポーツ』『デイリー・スポーツ』などが相次いで創刊し，日本の新聞界におけるスポーツ報道は一般紙とスポーツ紙に二分された。そのコンテンツは伝統的に国内野球や大相撲がメインであったが，一般紙においては海外スポーツ情報の充実，スポーツ紙においては競馬や競艇などのギャンブルから，釣り，芸能から風俗（ポルノ）

情報に至るまで，その内容の多様化が特徴となっている。

プリントメディア系組織では雑誌，単行本，事典なども視野に入れなければならない。『Number』（文藝春秋）や『Sportiva』（集英社，現在はweb版のみ）は様々な競技を扱う総合スポーツ情報誌といえる。さらに各種目ごとに多数の専門雑誌が，週刊または月刊で発行されている。そのほか『体育科教育』（大修館書店），『体育施設』（ぎょうせい），『体育の科学』（杏林書院）などが月刊の専門誌として長期にわたって定期刊行されている。

しかしながら2010（平成22）年に「iPad」の発売があり，雑誌や単行本等の書籍もデジタル化の波にさらされており，今後の動向が注視される。

② スポーツメディア組織の変容と課題

スポーツ（マス）メディア関連の組織は世界的に寡占化の傾向にある。アメリカではスポーツ関係メディアの度重なる合併によって，巨大なメディア/エンターテインメント・コングロマリット（複合企業体）が生み出されていて，これに警鐘を鳴らす研究者もいる。特にディズニー，ニューズ・コーポレーション，AOLタイムワーナー，ヴィアコム，バーテルズマンAG，ヴィヴェンディ・ユニバーサルの6社が寡占化の中心的存在である。これらの主要なコングロマリットは，自らの持つ株子会社間のみでプロモーションの循環を巧妙に行い，また，これら6社は互いにライバルであるにもかかわらず，いくつかの状況では巧妙にジョイントベンチャーを立ち上げて結びつき合い，カルテル的状況を形成しているのである。スポーツメディアに特化すれば，ディズニーはESPN，AOLタイムワーナーはターナースポーツ，ヴィアコムはCBSスポーツ，バーテルマンAGはUFAスポーツ，ヴィヴェンディはカナル・プラスをそれぞれ傘下に入れ，ESPN（スポーツ専門チャンネル）やCBSスポーツなどは複数のコングロマリット間で出資し合って運営され，他企業の新規参入が非常に困難になっている（Law, A. et al. The global sport mass media oligopoly, *International Review for the Sociology of Sport* 37－3/4: 279－302. 2002）。今後も，たとえなんらかの規

制が設けられるにせよ，スポーツメディアの消費者（視聴者，聴取者，購読者）が寡占的グローバルメディアのターゲットから抜け出すのは容易なことではないだろう。

世界的なスポーツメディア組織の編制において「有料衛星放送網」の台頭を見逃すわけにはいかない。ヨーロッパでは，最も人気のあるスポーツであるサッカーが各国放送網の中核的プログラムを形成してきた。その意味でのヨーロッパのテレビ放送網は確立されていた。しかし1980年代以降，新たにこれまでの公共放送事業者に代わって，有料ケーブルまたは衛星放送を展開する事業者がその放映権を独占的に取得するケースが顕在化している。イギリスでBスカイB，フランスでカナル・プラス，ドイツではRTLと，それぞれが各国トップレベルのプロリーグの独占放映権を破格の放映権料によって獲得し，視聴者は，追加の料金を支払わなければ，これまで親しんできた格安または無料のテレビスポーツ観戦から閉め出されてしまう状況となっている。

例えばヨーロッパ，オセアニア，アフリカ等でメディア王と呼ばれ独自の有料衛星放送網を敷く世界戦略を展開するマードック（K.R. Murdoch）のニューズ・コーポレーションはヨーロッパ・スポーツの支配を目論み，それぞれのリーグスポーツの放映権を獲得し，さらにそれにとどまらず，よりメディアバリューの大きいスーパーリーグを構築し放映しようと試みた。具体的には高額放映権料を餌にして，マンチェスター・ユナイテッドやレアル・マドリッド等の各国の代表的な名門クラブによる「スーパーリーグ」の新設を試みたのである。この構想の実現のための第一段階としてマンチェスター・ユナイテッドの51％の株を取得して，その運営権を掌握しようとした。この目論見はイギリス議会が「ユニバーサル・アクセス権」（国民的行事となっているスポーツへの無料アクセスの保障）を議決したことと，ヨーロッパ各国リーグの猛反対にあったことによって失敗に終わった。しかし，ニューズ・コーポレーションと各国既存メディアとの競争は放映権料の著しい高騰を招いて「メディアバブル」と揶揄され，その競

争の熾烈さに耐え切れずドイツ大手の「キルヒメディア」，イギリス大手の「ITVデジタル」などが相次いで倒産の憂き目に遭遇している。

わが国のマスメディアにおいては，そのメディア・プラットフォームとコンテンツを通して展開されるプロモーション状況から読売新聞系列，朝日新聞系列，フジサンケイ系列等と区分されるが，このような組織(体制)は，その新聞購読料の均一性，記者クラブ制度の閉鎖性等をみるかぎり，健全な競争原理に背を向け，巧妙に新参者の参入を妨げてきているようにみえる。

またそれが抱えている大きな問題として，「巨大メディア組織体がスポーツイベントの主催者や球団のオーナーになること」がある。その典型が読売新聞グループである。読売新聞社は読売ジャイアンツのオーナーである。読売グループの保持する電波メディア(日本テレビ，日テレNEWS24，日テレG+HD，BS日テレ等)はもちろん，系列ネットの地方局と一体となり，組織を挙げてジャイアンツ戦至上主義報道を展開している。全国ネットのテレビ局が他球団の試合を無視して巨人戦ばかりを放送し，日本一の発行部数を誇る全国紙が「巨人が勝たなければプロ野球はつまらない」というスタンスで報道し続けた結果，巨人ファンは全国に増え，一時はプロ野球ファンの70%が巨人ファンで平均視聴率が20%という時代も長く続いたのである。そこでは，リクルーティングにおける完全ウェーバー式ドラフト制度導入や戦力バランス税導入などに関する議論(それはとりも直さず各球団戦力の均衡化というプロ野球界全体が発展するための議論である)が欠落することになった。

朝日新聞社主催の夏の高校野球大会と毎日新聞社主催の春の選抜高校野球大会においても，過密日程による投手の投球過多，不祥事の際の連帯責任，軍隊を連想させる入場行進，服装や頭髪に関する厳しい規定などが議論されなくてはならないが，主催・報道するメディアにおいてそれらの望ましいあり方に関する議論の場が設けられることは稀である。要するに問題はメディアがスポーツ大会を主催したりスポーツ団体を所有したりすると，ジャーナリズム(自由な批評)が阻害されること

である。これは野球に限ったことではなく，バレーボール(フジサンケイ系)，高校サッカー(日本テレビ系)，ボクシング(特に亀田兄弟絡みでTBS系)，大相撲(NHK)，箱根駅伝(日本テレビ系)等，一定の人気があるスポーツ全般にあてはまる問題である。

また，スポーツメディアの中でも特に新聞社の組織が抱えている大きな問題がある。組織内における政治的パワー(権力)の偏在である。特に運動部と呼ばれるスポーツ担当部門スタッフの男女構成比は圧倒的に男性が多く，その責任者も男性がほとんどである。そこでは報道対象とすべきライブスポーツの評価選択に大きな影響(偏り)が生じるケースが頻出している。それはスポーツ新聞の紙面構成において「表紙(一面)をなにするか」という政策決定過程において典型的に顕在化する。例えば，2000年第27回オリンピック大会(シドニー)女子マラソンにおいて高橋尚子が優勝した翌日の新聞の編成である。ほとんどの大手スポーツ新聞各社では夕方までに翌日の一面をこの出来事にすることをほぼ決めていた。と

ころが同夜に読売ジャイアンツがセ・リーグ優勝を決めると，日本女子陸上界史上初めての金メダル獲得という歴史的快挙は，プロ野球のリーグ優勝という毎年起こる出来事に翌日の一面を取って代わられたのである。編集部局におけるメディアテクノクラート(メディアにおける専門知識の所有者で，組織での意思決定に大きく参与する人々)の発言力という政治的パワーからすれば，最もパワーをもっているのはデスクと呼ばれる編集責任者であり，多くの場合男性である。そこに従事するスタッフの数も圧倒的に男性が多い。このようなパワー関係の脈絡において高橋尚子の快挙は(少なくともスポーツ新聞では)日の目をみることがなかったのである。この事例はまさに日本のスポーツメディア組織(この場合，紙面制作・編成現場)の現況を象徴している。報道の公平性，批評性，啓発性というジャーナリズムの観点から，組織内メディアテクノクラートの属性(性，年齢)や思想性の偏向や拡販という商業主義のみにとらわれない紙面構成と経営が課題といえる。

(橋本純一)

スポーツと学習・教育組織　11.C.04

① 近代スポーツの誕生はパブリックスクールから

今日，慣れ親しんでいるスポーツは，イギリスの中・上流階級の子弟たちが通っていた私学の寄宿制学校であるパブリックスクールという教育組織によって「近代スポーツ」として誕生した。それまでのスポーツは，例えばサッカーとラグビーの原型であるモブ・フットボールにみられるように，非常に野蛮で暴力的であり，むしろ教育にとってマイナスの効果しかもたらさない，やっかいな禁止の対象としてしかみられていなかった(野々宮, 1999)。これを180度逆転させてルールを整備し，安全で非暴力的性格に変えることに成功したのが，近代ラグビーを誕生させたことで有名なラグビー校校長であったアーノルド(T. Arnold)であったといわれている。今日のスポーツは，学習・教育組織の存在なしには生まれなかったといえよう。

しかし，ここでのスポーツと教育組織の結びつきは，規律訓練を前面に押し出して当時の生徒たちに無理やりこれを守らせようとする関係ではなかった。あくまで生徒たちのスポーツ欲求を満足させ，この楽しさをなるべく時間的に延長させるための工夫が，結果として生徒たちが自らルールを守り，対戦相手の安全を自発的に確保しようとする倫理的態度を生み出すことにつながった。こうしてスポーツは，それをプレイすること自体に教育的価値が見出されることになる「スポーツ教育」として捉えられるようになり，近代社会を成立させる学習・教育組織にとって重要な人間形成教育として位置づけられることになった。

ただ，ここでのスポーツ教育の扱いは，生徒たちの自発性を出発点とする歴史的出自から，教育の強制的性格をなるべく排除する方向性が求められた。したがって，エリート教育を担うパブリックスクールでは，生徒たちのスポーツに対する自由性や自治性を保障する仕組みとして，特別なカリキュラム，すなわち放課後の課外活動とし

てまとまった時間をスポーツ活動に与えるという方法を採用することになる。その教育成果は，イギリス紳士が備えるべき資質や能力の一環として評価され，アスレティシズム（athleticism）というスポーツ礼賛の社会的ムーブメントまで引き起こすようになる。「ワーテルローの戦いはイートン校の運動場で勝ち取られた」とする名言は，当時の教育組織にとってスポーツがエリート教育の一環として，いかに社会的に高く評価されていたかを示すものであろう。

エリート教育の一環としてのスポーツ教育の成功は，当時の後進国の日本にとって，まさに近代国家を担うエリートを促成栽培する必要があった高等教育のあり方に，強く影響を与えないではいられなかった。明治20年代以降，次々に結成された校友会組織は，野球をはじめ陸上競技，漕艇，水泳などのスポーツを主な活動内容とし，学校管理下でスポーツが教育組織の目的を達成する手段として位置づけられるモデルを形成したのである（菊，1993）。その教育的成果を試す場が競技会であり，この教育組織に支えられた競技会制度は，現在のわが国におけるスポーツ観やスポーツのあり方に未だに大きな影響を与え続けている。例えば，学校期という短い時間（中学校3年間，高等学校3年間）に限定された競技会開催と競技結果への短期的圧力がもたらす（性急な勝利至上主義などの）教育的功罪や，スポーツ施設の学校への集中と独占がもたらす生涯スポーツへの功罪などが，スポーツと学習・教育組織の関係のあり方として今日，問われなければならない時代状況になってきているといえよう（菊，2013）。

② **スポーツの学校組織への依存の功罪**

確かにわが国のスポーツは，近代社会を形成する明治期以降，教育組織にその活動を依存する形で発展し，同窓会組織を中心としてその後のスポーツ活動をも支える仕組みを構築することに貢献してきた。また，学校はスポーツの教育的価値を社会的に発信していく拠点にもなった。その意味で「体育・スポーツ」という表記が，今日でも当たり前のように受け止められるのは，わが国のスポーツが体育と一体化して捉えられてきた証左であろう。

しかし，教育組織に依存して発展してきたスポーツは，ここにきて様々な社会問題を噴出させている。その背景には，スポーツの大衆化と高度化というスポーツの現代化と社会的展開（ダイナミズム）に対して，これまで教育モデルとして機能してきたスポーツがもはや対応しきれない現代的状況が存在している。

現代スポーツにおける大衆化現象は，超高齢社会における生涯スポーツモデルを要求している。学校スポーツは確かに発育発達モデルとして重要ではあるものの，人間の生涯（ライフ）における1つのステージでしかあり得ない。そこでは，むしろ学校では完結しえない「生涯にわたる自己開発享受」を実現するライフスタイル・スポーツ論が求められており（佐伯，2005），自発的なスポーツ活動を支える自立的なスポーツ組織のあり方が模索されなければならない。これに対して，現代スポーツにおける高度化現象もまた，もはや学校がその高度化を支えたアマチュアリズムの時代が終焉し，グローバルなレベルで競争するためのエリートスポーツ体制を構築する新たなスポーツ組織が必要とされている。それは，必然的にプロフェッショナルなスポーツ組織にならざるを得ず，そのための自立性と自律性が要求されることになる。

このように，わが国のスポーツは現在，これまで歴史的に刻まれてきた，いわば教育組織への過剰な依存関係から脱皮する移行期にさしかかっていると考えられよう。それゆえに，スポーツは学習・教育組織としての学校によるコントロールから離れて，あるいはその教育目的を逸脱して半ば暴走する傾向がみられるようになってきている。あるいは見方を変えれば，これまであまり問題とされてこなかったスポーツ状況が，教育組織に依存したスポーツの発展の結果，マスコミを通じて社会の中での「問題」として取り上げられるようになってきたというべきかもしれない。現代社会の中でスポーツの意味や価値が重要になってくれば，そのような社会的パラダイムの視点からスポーツのあり様が評価され，批判されることになるのは当然のことであろう。教育的パラダイムではなんとなく許容されていた「体罰」が，社会的パラダイムにおいては「暴力」として批判され，強く非難の対象となるのは，教育組織に依存したスポーツがその「依存」に甘える体質を抜け切れないでいるからである。そこには，スポーツ関係者が社会の中のスポーツのあり様を適確に捉え，評価し，発展させていこうとするビジョンのもてない組織体制（依存体質）の問題が横たわっている。

わが国のスポーツをめぐる課題は，学校運動部の暴力問題をはじめとして，大衆化レベルでは子どもたちの間に広がるスポーツ好きとスポーツ嫌いの二極化や，生涯スポーツにつながらない体育授業・運動部活動のあり方などの問題，高度化レベルではスポーツから早期にリタイアするバーンアウト現象や私立学校を中心とするスポーツを利用した過剰なコマーシャリズム（宣伝・広告の手段としての利用）などの問題が挙げられよう。いずれにしても，このような問題を解決していくためには，教育組織に依存するスポーツ＝学校スポーツという構造的な課題である依存「関係」それ自体の可能性と限界を冷静に考えていく必要がある。また，この教育組織に依存するがゆえに発生するスポーツ問題を解決していくために，教育の中のスポーツをコントロールする第三者的なスポーツ統括組織の存在が考えられなければならない時期にきているようにも思われる。ますます複雑化する社会とスポーツの関係において，学習・教育組織は，これまでのように必ずしもスポーツの健全な発展や方向性を保障してくれる組織ではなくなる一方で，スポーツに対する社会からの影響力はいっそうパワーアップし，その対応が難しくなっているからである。

③ **スポーツと学習・教育組織のこれから**

人生80年あるいは90年の人間の一生にとって，むしろ教育組織としての学校がスポーツライフスタイルを一義的に形成してしまう限界は，必修科目としての体育や半ば強制された運動部活動によってスポーツを経験した子どもたちが，学校期以外の長い人生において多様なスポーツライフスタイルを構築できないどころか，そのモチベー

ションさえ失ってしまうところにみられる。このことがいわれて久しい学校体育では，生涯スポーツの一環としての体育学習が，1980年代以降今日まで学習指導要領の目標レベルにおいて強調されてきた。しかし，その成果はどの種目別スポーツ組織においても，登録者が学校卒業後激減してしまう現状や登録メリットが明確に見出せない（鈴木，2006）ところからも理解されるように，なかなか実感できない。なによりも，自らスポーツを学びたい，学ぼうとする学習欲求を育てる多様な学習組織のあり方とスポーツとの関係がみえてこないからである。

スポーツ需要を量的に増加させ，質的に深めていくスポーツと学習・教育組織の歴史を振り返れば，それは生徒の自発性と自治性を育成しようとしたかのパブリックスクールにおけるスポーツ教育の自由性に行きつく。近代教育を急ぐあまり，わが国のスポーツは教育組織の手段として機能してきたが，生徒が自ら進んでスポーツを楽しみ，学ぼうとする学習を（時間をかけて）組織化することはしてこなかったように思われる。まずは，学校体育におけるスポーツ欲求を起点とする学習の組織化を支える仕組み（例えば，自発的学習を促す体育授業やカリキュラムのあり方，あるいはシーズンスポーツを取り入れた運動部活動のあり方など）を再検討していく必要がある。また，生活者の素朴な潜在的スポーツ欲求を掘り起こしていくようなネットワーク型の学習組織が，ICT（Information and Communication Technology）を活用した形で出てくることが予測される。日常生活の中でスポーツを文化的に享受し，その課題に応える学習・教育組織のあり様は，今後，モノ（施設）や場所を必要とする従来のハード型組織から情報ネットワークに支えられたソフト型組織まで，いっそう多様化していかざるを得ないであろう。

参考文献

- 菊幸一．1993．『「近代プロ・スポーツ」の歴史社会学』不昧堂出版．
- ───．2013．「体罰の問題点と課題」本村清人，三好仁司 編．『体罰ゼロの学校づくり』24-33．ぎょうせい
- 佐伯年詩雄．2005．「現代社会とスポーツ」日本体育協会 編・発行『公認スポーツ指導者テキスト共通科目Ⅱ』14-16．
- 鈴木守．2006．「NFの組織化の現状と課題」佐伯年詩雄 監修．『スポーツプロモーション論』100-14．明和出版
- 野々宮徹．1999．「スポーツ政策の展開」池田勝，守能信次 編．『スポーツの政治学』12-30．杏林書院

（菊　幸一）

スポーツと地域組織

① わが国の地域組織とスポーツ

地域住民全般を対象とした運動会や各種スポーツ大会などは町内会や自治会が中心となり，夏休み・冬休み等に行われる子どもおよび親子向けのキャンプやスキー教室などは，青少年育成委員会や子ども会が中心となることが多い。また，女性向けのフラダンス教室や健康体操教室などは婦人会で，グラウンドゴルフ大会やゲートボール大会などは老人クラブで行われるというように，様々な取り組みが地域の中で行われている。

また，ライオンズクラブやロータリークラブなど，スポーツや文化，ボランティア活動を通して地域に貢献している組織や団体も，スポーツに関連した行事や催しを行っている。

② わが国の地域スポーツ組織の特徴と問題

まず，わが国における地域スポーツ活動を推進する主な団体や組織の特徴からみてみよう。

[地域のスポーツクラブ]

日本スポーツクラブ協会が1994（平成6）年に実施した「スポーツクラブ実態調査」によると，公共スポーツ施設（学校開放施設を含む）を拠点として活動しているわが国の地域スポーツクラブの総数は約37万クラブ，その形態は単一種目型クラブが34万クラブ（92％），複合種目型クラブが2万9,600クラブ（8％）である。1クラブあたりの平均会員数は31.2人，年間活動回数は47.4回（ほぼ週1回），1回の活動時間は約2時間で，平日の夜間に活動するクラブが多い。また，指導者を有する割合は65.6％，残り約1/3のクラブには指導者が存在していない。

わが国の地域スポーツクラブは，単一種目で大会志向型，人数的には少人数のクラブである場合が多く，規約もなく組織化も不十分であることから，クラブというよりもチームとしての色彩が強い。また，チームとしてはまとまりがあるものの，その反面閉鎖的で，それぞれのクラブが個々バラバラに活動していることから，地域とのつながりも薄い。さらに，その活動は技術の高い者が中心になってしまうことが多く，リーダーや世話役がいなくなると一気に活動は停滞し，廃れてしまうこともあるという特徴がある（大橋美勝「地域スポーツクラブの現状と生涯学習への対応」團琢磨，大橋美勝 編．『学校五日制と生涯スポーツ』不昧堂出版．1994．91-102）。

[市町村体育協会と種目別競技団体]

市町村体育協会は，市町村内のスポーツ団体の統括組織であり，当該地域における運動会や体育祭などの行事を行うほか，スポーツの振興や住民の健康体力の向上を図ることを目的に，ほぼすべての市町村において組織されている。しかし，事務局の多くが教育委員会内または教育委員会が所轄するスポーツ施設内に置かれており，市町村体育協会と市町村の体育・スポーツ行政とは，ほとんど一体化している場合が少なくない。

また，種目別競技団体の現状について，根強い「大会至上主義」が存在し，「選手中心主義」が当然視されているとし，これまでの殻を破り，市民社会型のより多くの多様なスポーツ愛好者を取り込むシステムづくりと，魅力ある組織への改革が待たれるという指摘もある（鈴木守「NFの組織化の現状と課題」佐伯年詩雄 監修．菊幸一，仲澤眞 編．『スポーツプロモーション論』明和出版．2006．100-14．）。

③ 組織からみたわが国におけるスポーツの普及・発展の特徴

わが国のスポーツは，明治初期に外来文化として受け入れて以来，学校運動部や企業スポーツ（実業団）を中心に発展してきた。その後，1970年代頃からは，ママさんバレーボールや早朝野球など地域のスポーツクラブが盛んになり，さらに1980年代に入って，いわゆるフィットネスブームが到来し，商業スポーツクラブが次々と開設

され，スポーツ活動の基盤が拡大していった。

このように，わが国のスポーツは学校，企業，地域，民間の4つのタイプのスポーツ組織を活動基盤として普及・発展してきたといえる(表1)。

④ ドイツの地域スポーツ組織の特徴

日本における地域スポーツ組織の多くが，組織化に際しては上から下へ，中央から地方へという流れを形成してきたのに対し，ドイツにおける地域スポーツの組織化は，文字通り，下から上へ，地方から中央へとボトムアップに積み上げながら作り上げられてきた。

[体育クラブからスポーツクラブへ]

今日もなお存続する最古のクラブが，1816年にハンブルクに創立された体育クラブである。創立者はベネッケ(W. Benecke)という青年商人で，ベルリンでヤーンの徒弟をしていた時にハーゼンハイデで体育に出会い，ダンスとフェンシングを教えていたニコライ(G. Nicolai)とともに，1816年にハンブルク体育クラブ(Hamburger Turnerschaft von 1816)を創立した。

19世紀末になると，イギリスで行われていたスポーツがドイツでも普及するようになる。会員たちの多種目に対する関心に応じて多くの体育クラブに，サッカーや陸上競技，水泳，ハンドボールなどの種目に関する競技スポーツ部門が形成された。

スポーツクラブの主な目的は，一緒にスポーツをする機会を作ること，中でもスポーツを楽しみ，競技を行う機会を作り出すことであった。体育クラブと異なって，社会教育的理念や国民教育的理念がスポーツクラブにとって大きな意味をもつことはなかった。そこではむしろイギリス流スポーツの，特別な目的とは無縁な1つの自由時間の過ごし方という性格が強調された。

ワイマール共和国時代(1919-33)になると，新たに多数のクラブが生まれ，体育クラブでもスポーツクラブでも会員数が著しく増大した。体育とスポーツが大衆現象になり，ますます公共の生活の一部を形成するようになる。国民のあらゆる階層が組織されたスポーツに関心を抱くようになり，女性および青少年の会員数も増えていった。当時の統計によれば，1920年代に存在したクラブ数は8,500に及んだ。

[第二次大戦後から現在]

第二次大戦直後はスポーツクラブが禁止された時期があったが，1945年の夏には再び第1回スポーツ競技大会が開かれた。スポーツの新しい組織化はそれゆえまず「下から」，スポーツクラブの「再」設立を通して始まった。その後に郡レベル，地区レベル，州レベルで競技団体の統合が起こり，1950年にようやくフランクフルトにスポーツクラブを統括する組織としてのドイツスポーツ連盟(Deutscher Sportbund: DSB)が創立された。

1970年代と1980年代には特に多数のクラブ新設があり，この時期までにドイツの全地域に余す所なくスポーツクラブができる。また，多数のクラブが競技スポーツの奨励と並んで，スポーツに対する異なった関心と，年齢，性別，社会層の違いを超えてすべてのグループに開かれた，みんなのスポーツに選択の幅を広げていった。さらに多数の会員を擁する大規模クラブでは専任のスタッフが雇われ，会員に対するサービスを担当する事務局が設けられていた。

表2は，DSBが発足した1950年以降のドイツのスポーツクラブ数と会員数の変遷を示したものである。1950年のクラブ数は1万9,874クラブであったが，2006年には9万0,467クラブと約4.5倍に増え，その会員数も約320万人から約2,700万人へと約9倍に増加している。ドイツ国民(人口約8,200万人)のおよそ3人に1人は，身近な地域のスポーツクラブに所属し，生涯を通してスポーツに親しんでいる様子がうかがえる。以前は，競技スポーツが主流であり，青少年を中心とする男性によって占められていたが，徐々に中高年層や女性などにも門戸が開かれ，ドイツのスポーツクラブは，文字通り，「人生の伴走者」(Begleiter durch das Leben)としての地位を不動のものとした。

表1 スポーツ活動基盤の特徴

	長所	短所
① 学校スポーツクラブ	・伝統的，精神的背景がある ・学校単位の競技が多く，目標設定が容易である ・施設，指導者が存在する ・選手の経済的負担が少ない	・伝統的，経験主義的トレーニングになりがち ・目前の試合の勝敗に捉われ促成栽培になる ・進学に伴う一貫性の欠如 ・コーチが学校教員である場合が多く，その負担(肉体的，経済的)が大きい ・クラブ活動が減少の方向にある ・体育のカリキュラムとの連携が少ない
② 企業(実業団)スポーツクラブ	・伝統的背景がある ・経済的援助がある ・練習時間がとりやすい ・施設が完備している	・企業の方針が優先する ・ナショナルチームの合宿，遠征と企業との関係が複雑である ・引退後の選手の処遇が難しい ・既成選手を採用する傾向が強い ・ジュニア期からの一貫強化が困難である ・競技種目が偏っている
③ 地域スポーツクラブ	・一貫指導が容易である ・地域と一体化したスポーツ環境がつくりやすい(地元の協力) ・経済的負担が少ない	・資金面での苦労が多い ・指導者がボランティアであるケースが多い ・練習時間，施設等に制約がある ・地域クラブの競技会開催が少ない
④ 商業スポーツクラブ	・一貫指導が容易である ・指導者がプロ，専任である ・施設が完備している ・最新のトレーニング方法を採用しやすい	・営利企業である ・経済的負担が大きい ・優秀選手の争奪がある ・種目が偏っている

表2 ドイツのスポーツクラブ数および会員数の推移

年	クラブ数	会員数(人)
1950	19,874	3,204,005
1960	29,486	5,267,627
1970	39,201	10,121,546
1980	53,451	16,924,027
1990	67,984	23,777,378
2000	87,717	26,812,757
2003	89,307	26,909,924
2006	90,467	27,315,184

参考文献

- Breuer,C.(Hrsg.).2007.Sport-entwicklungsbericht 2005/2006:Analyse zur Situation der Sportvereine in Deutschland,Strauss.
- Nagel,S.2006.Sportvereine im Wandel: Akteurtheoretische Analysen zur Entwicklung von Sportvereinen.hofmann.

(黒須　充)

スポーツと環境団体

① 冬季オリンピックにみる自然保護問題

　スポーツと環境問題のかかわりについて知りたい時，最もよい方法は，冬季オリンピック大会について調べてみることだろう。主要な競技の1つであるスキー・アルペン競技は一定の傾斜のある長大な斜面を必要とするため，コース新設に伴って豊かな自然に手を加える事態がしばしば生じ，それが，自然保護という観点から人々の関心を集め，環境団体や組織による批判や非難の対象となってきたからである。

　例えば，1972（昭和47）年の第11回大会（札幌）では，同市郊外の恵庭岳に滑降コースが新設される際，原生林を伐採することをめぐって自然保護が大きな問題となった。また，1976年大会の開催が決定されていたデンバーでは，水源地のエバーグリーン山をアルペン競技会場にすることに自然保護団体が反対し，住民投票の結果，史上初めて開催地を返上（1972年）した（中条一雄『危機に立つオリンピック』朝日新聞社．1984. 214）。

　にもかかわらず，国際スキー連盟（Fédération Internationale de Ski: FIS）および国際オリンピック委員会（International Olympic Committee: IOC）の姿勢は，1984年の第14回大会（サラエボ）では，滑降コースの高度差が9m不足したため，人跡未踏のヘレシュニツェ山頂にレストランを建て，4階の屋上をスタート地点にするという愚挙を行ったが，それに象徴されるように，環境問題に目を向けているとはとても言い難いものであった。

　しかし，そうした姿勢も次第に変化・転換していく。「環境オリンピック」を謳った1994年の第17回大会（リレハンメル）は，それを明確にするものであった。背景には，第15回大会（カルガリー）でのアルペン競技会場のアラン山開発に対する激しい抗議や，第16回大会（アルベールビル）開会式における抗議運動など，自然保護に対する環境団体

の厳しい姿勢があったのである。

　さらに，環境問題をめぐる世界的動向およびそれに対するIOCの対応も指摘しておく必要があろう。すなわち，1992年にリオデジャネイロで開催された国連環境開発会議（United Nations Conference on Environment and Development: UNCED）において採択された「持続可能な環境と開発のためのグローバルな行動計画（「アジェンダ21」）」を受け，これをスポーツ分野にも広く適応，敷衍することを志向し，1994年には，スポーツ，文化とともに環境をオリンピズムの「第3の柱」とする「オリンピックムーブメントアジェンダ21」を提案した。それは，環境問題に関する世界的動向が，IOCの姿勢転換を強く後押ししたことを如実に物語っていよう。

② 第18回冬季オリンピック大会（長野）と環境団体

　1998（平成10）年の第18回大会（長野）は，自然保護問題をめぐって環境団体の活動が活発に展開され，多くのマスコミがこぞって取り上げたことによって，その影響力が軽視できないものであることを広く知らしめた。

　1987（昭和62）年12月に招致・開催計画が発表されると，「信州の自然と生活を守ることを目的」（長野県自然保護連盟．「連盟のあゆみ」http://www.asahi-net.or.jp/~bi7a-mti/league/history.htm〔2009年9月4日〕）とする長野県自然保護連盟（1973〔昭和48〕年結成）が，自然保護を内容とする要望書を長野県知事に提出した。他方，県オリンピック招致委員会内には自然保護専門委員会が設置された。焦点は，やはり滑降コースであり，その建設対象となった岩菅山開発の是非であった。以後，長野県自然保護連盟によるシンポジウム等の開催や，自然保護専門委員会による会場予定地の視察や審議などの多彩な取り組みがなされた。

　1988（昭和63）年6月の国内候補地決定後も問題は続き，わが国で最も早く

設立された（日本自然保護協会．「日本自然保護協会とは」http://www.nacsj.or.jp/nacs_j/index.html〔2009年9月4日〕）日本自然保護協会（1951〔昭和26〕年設立）が，「長野冬季オリンピック招致計画に関する岩菅山山域の保護についての意見書」を提出した（1988〔昭和63〕年）。IOCに正式に立候補届が提出された1990（平成2）年2月前後には，同協会が「『新たな開発は大きな問題』との声明を発表（「毎日新聞」1990年1月27日）し」，「法人団体とは異なり，環境保護のための純粋な市民運動団体の連合体」（全国自然保護連合．「全国自然保護連合とは」http://www006.upp.so-net.ne.jp/junc/syokai.html〔2009年9月4日〕）であるとする全国自然保護連合（1971〔昭和46〕年設立）は，オリンピックの開催そのものに反対する決議文を環境庁（当時）や文部省（当時）に送るなどした。

　そうした動きの中で，全日本スキー連盟（Ski Association of Japan: SAJ）がスタート地点を30m下げる変更案を提示するものの，自然保護団体には受け入れられなかった。さらに，100を超える国々で活動する世界最大の自然保護NGO（非政府組織）である（世界自然保護基金日本委員会．「WWFのご案内」http://www.wwf.or.jp/aboutwwf/index.htm〔2009年9月4日〕）世界自然保護基金日本委員会（1971〔昭和46〕年設立）が，コース新設を中止し既存施設の利用を検討するよう求める「要望書」を招致委員会およびIOCに送付した。ここに至って，志賀高原に固執していた招致委員会も，既存の白馬八方尾根スキー場の利用へと，方向転換を余儀なくされたのである。

　1991（平成3）年6月の開催決定を受けて設置された長野大会組織委員会（Nagano Olympic Organizing Committee: NAOC）は，「自然と共存した長野五輪」「環境にやさしいオリンピック」を大会理念として掲げる。いうまでもなく，それは，ここにみた自然保護団体との厳しいやりとりを教訓化したものであり，環境問題に関する世界的動向への対応を志向するIOCの動きをも反映したものであった。

③ スポーツの否定，そして共存・共生へ

　以上，第18回冬季大会（長野）招致・

開催計画時の環境団体の動向を概観したが，その際，全国自然保護連合や「オリンピックいらない人たちネットワーク」などの対応にみられたように，オリンピックの開催，あるいはオリンピックそのものを否定する論調があったことを指摘しておく必要があろう。

それは，1980年代後半の第3次ゴルフブームの際にみられた，いわゆる「ゴルフ悪玉論」に通底している。ブームの中で次々に造成されるゴルフ場とそれに伴って引き起こされる自然破壊や土壌汚染，そして地域破壊などの環境問題を，会員権制度や利益優先の造成のあり方などではなくゴルフそのものに求め，その存在自体を否定するのである。例えば，「…ゴルフをやることは自然破壊につながると。ゴルフをやって緑を守ろうというのは，とんでもないと。まずゴルフをやめよう」(ゴルフ場問題全国連絡会 編『リゾート開発への警鐘』リサイクル文化社.1990.121)といったことが，一定の広がりをもって受け入れられていた。そうした論調が，ゴルフを愛好する一千数百万人の人々を無視するものであり，また，オリンピズムの意義と遺産，そして環境重視に転換しつつあったIOCの姿勢に全く目を向けないものであることは多言を要さない。

IOCが，様々な要因・背景の中で環境重視の方向に姿勢を転換してきたことは，既述のとおりである。そして，2年に1度開催する「世界環境会議」を通じて，オリンピック種目ではない各競技団体にも環境問題の重要さを周知し，その実践をリードしている。例えば，国際自動車連盟 (Fédération Internationale de l'Automobile: FIA) が自動車レースの最高峰であるF1レースでバイオ燃料使用を促進したり，Jリーグがスタジアムでの試合開催時にマイカップやリユースカップを使用し，ゼロ・エミッション活動を展開するなどといったことも，その一端である。十分とはいえないまでも，スポーツ界の環境問題への取り組みは確実に広がりつつある。

スポーツ分野における環境問題について自覚的に取り組んでいるスポーツ愛好家の組織も存在する。スポーツマンシップの一環として『エコプレー』の実践を呼びかけているスポーツ愛好家の世界的ネットワーク（グローバル・スポーツ・アライアンス，「グローバル・スポーツ・アライアンス (Global Sports Alliance: GSA) とは」http://www.gsa.or.jp/about/index.shtml〔2009年9月7日〕)であるグローバル・スポーツ・アライアンスは，1999年に設立された，スポーツイベントを通じた地球環境保全に関する啓蒙活動やスポーツ用品のリサイクル，スポーツ施設の環境改善等を通じて，「地球環境と共存するスポーツ文化の創造に寄与する」ことを目的に掲げる組織である。活動の一環として，GSAは国連環境計画 (United Nations Environment Programme: UNEP) と共同し，気候変動問題の改善等について100余のスポーツ関係団体の代表者が議論し，その成果を宣言 (アリカンテ宣言，2008年) として公表するなどしている。

④ 関係団体・組織の連携・協力の必要性

そうした取り組みの成果が今後どのような形で具体的に現れるのか，注目していくことが求められる。と当時に，野鳥の保護と調査活動などを通じて国民の間に自然尊重の精神を培い，もって人間性豊かな社会の発展に資することを目的とする日本野鳥の会 (1934〔昭和9〕年創立) が取り組んでいるカンムリウミスズメ保護活動などにも目を向ける必要がある。国指定天然記念物であり環境省のレッドデータブックで絶滅危惧種に挙げられているカンムリウミスズメが，近年の釣りブームや海洋レジャースポーツの拡大などによって大幅に減少しており，それに対して同会は，養生調査や目撃情報の収集等に取り組み，その保護に努めているのである。愛好者が何気なく楽しんでいるスポーツ，とりわけ，釣りや登山，海中ダイビング等のように自然の中で行う諸活動が，時として環境に大きな負荷を与え環境問題を引き起こす可能性があり，実際に起こしていることを，それは教えている。

こうしてみてくると，個々のスポーツ関係者や愛好家が自覚的かつ主体的に環境問題に目を向け取り組むとともに，スポーツ関係団体・組織と環境関係団体・組織が相互に連携・協力して情報交換や保護活動などに取り組むことが，なによりも重要であることが理解できよう。

参考文献

- 公益財団法人 日本野鳥の会「当会について，目的」http://www.wbsj.org/nature/kisyou/sw/about.html（2012年10月7日）
- 佐藤誠. 1990.『リゾート列島』〈岩波新書〉岩波書店
- 町田和信. 1991.『ドキュメント志賀高原・岩菅山の2000日』新日本出版
- チェルナシェンコ. 1999.『オリンピックは変わるか』小椋博, 松村和則 編訳. 道和書院

（等々力賢治）

スポーツとマイノリティー組織　11.C.07

① マイノリティーとは

マイノリティー (Minority) とは，その言葉のとおり少数派ということである。したがって，なにを基準にするかによって，マイノリティーという概念に含まれる範囲も変化する。例えば，スポーツが男性中心の文化であると考えれば，女性のスポーツ組織全般は1つのマイノリティーだと捉えることもできる。また，規模の小さい国のスポーツ活動や組織を，その規模に応じてマイノリティーと区分することもできるだろう。しかしながら，ここでは昨今の動向を踏まえて，より顕在化の度合いを高めている以下の3つの区分を中心として説明したい。

② 民族スポーツの組織

世界には，われわれが慣れ親しんだ近代のスポーツ以外にも，民族スポーツ，あるいはエスニックスポーツといわれるものが数多く存在する。これらの多くは，世界各地に伝統的に存在した様々な遊びや身体活動のうち，近代スポーツとして制度化されずに生き残ってきたものである。現存する民族スポーツは，スペインにおける闘牛やバリの闘鶏など動物を用いたものや，世界各地に伝わる棒・丸太投げ，力自慢，あるいは後の近代スポーツのひな型となった民衆フットボールやラクロスなど，多岐にわたる。

これらの民族スポーツは，一種の伝統技芸として現在まで残っていることが多く，現代においてはスポーツの中

のマイノリティーといえる。現代社会において身体運動という文化の多様性が非常に狭まり，組織化された身体運動というものが，事実上，学校教育や競技における近代スポーツの寡占状態にある中で，民族スポーツの実践機会は非常に少なく，またその担い手である組織も小規模であることが多い。スペインの闘牛や日本の相撲，韓国のシルムなどのように，観光化や商業化することで組織の規模を拡大・維持していくものがあるが，依然として多くの民族スポーツ組織は，地域の伝統文化維持として公共からの援助を受けたり，ボランタリーな活動を通じて運営を維持しているものがほとんどである。

こうした民族スポーツに関する組織の中で代表的な一例としては，アメリカのアラスカ州で行われるワールド・エスキモー・インディアン・オリンピック（World Eskimo-Indian Olympics）の主催団体である，NPO法人ワールド・エスキモー・インディアン・オリンピックInc.などが挙げられ，一時期衰退しかけた地域の伝統文化である様々な民族スポーツ種目の維持・発展にあたっている。

③ 障がいのある人のスポーツの組織

スポーツ参加の機会均等という問題意識が高まるにつれて，身体の条件にかかわらずより多くの人々がスポーツ活動に参加できるような環境を整備することが課題となっている。そうした流れの中で，障がいのある人々のスポーツ活動を支援する組織も誕生し，活動を続けている。

[身体障がいとスポーツの組織]

障がいのある人々のスポーツ活動組織としては，すでに1888年にドイツにおいて聴覚障がい者のためのスポーツクラブが創設されており，後には同じくドイツで聴覚障害者スポーツ協会が創設（1910年）された。その後，第一次大戦後には，戦傷者の社会復帰に伴いイギリスでゴルフや自転車の競技団体が組織された。しかし，身体に障がいのある人々のスポーツ参加が大きく進展したのは第二次大戦後であるといわれている。近代スポーツの誕生以降，その理念は「健全な身体」という理想像を中心に築かれており，こうした“基準”を満たさない人々のスポーツ参加はそもそも想定されておらず，障がいのある人々のスポーツ実践には高い壁が存在した。そうした状況にあって，組織的な活動として障がいのある人々のスポーツ参加を促進したものとして，パラリンピックが挙げられる。

もとは，第二次大戦における脊髄損傷者を中心として，当時の治療拠点であったイギリスのストーク・マンデビル病院において行われたスポーツ大会（1948年）がパラリンピックの源流とされる。「ストーク・マンデビル競技大会」と称されたこの大会は，後に組織された国際ストーク・マンデビル競技連盟（International Stoke Mandeville Games Federation: ISMGF）によって主催されていたが，その後ほかの組織（国際身体障害者スポーツ機構，International Sport Organization for the Disabled: ISOD）との連合などを経て，現在では国際パラリンピック委員会（International Paralympic Committee: IPC）の主催によるパラリンピックとして，国際的な大会に成長している。

しかし，パラリンピックが国際オリンピック委員会（International Olympic Committee: IOC）主催のオリンピック大会と連携して行われる公式競技会になるまでには様々な紆余曲折も存在した。そもそもIOCは，当時から現在に至るまで「オリンピック」という名称の使用を認めておらず，パラリンピックの主催団体である国際ストーク・マンデビル競技連盟との間には長きにわたる諍い・調整の歴史があった。ストーク・マンデビル大会の当初より，「脊髄損傷者のオリンピック」の愛称として「パラリンピック（paraplegic Olympic）」が用いられていたが，IOCは「オリンピック」という名称の使用を許可せず，ようやく1985年に，かろうじて「パラリンピック（Paralympics）」の使用に同意したという経緯がある。今でこそ，オリンピック大会に併走する大会として認知されているパラリンピックだが，スポーツ大会の最高峰，つまりは最大のマジョリティーであるオリンピックという名称の使用が最終的に認められないということは，図らずもそのカテゴリー（メジャーなスポーツ）とパラリンピック（マイナーなスポーツ）の関係性を明らかにしているともいえる。

また，パラリンピックの組織化と競技化が進むにつれて，その競技力指向（より高いスポーツパフォーマンスの達成が目標となる）と障がいの程度による序列化に対して，障がいのある人々自身の間からも疑問があがるなど，マイノリティーのための組織であった内部でさらにマイノリティーを生み出すという困難な問題も指摘されている。

[知的障がいとスポーツの組織]

身体に障がいのある人々と同じく，知的発達障がいのある人々にとっても，スポーツへの参加には社会的に高い障壁があった。こうした状況を打破するために，ケネディ（J.F. Kennedy）大統領の妹にあたるユニス・ケネディ・シュライバー（E.K. Shriver）とケネディ財団が中心となって1968年「第1回スペシャルオリンピックス国際大会」を開催し，同年12月アメリカにNPO組織スペシャルオリンピックス（Special Olympics）が設立された。以降，現在に至るまでその規模と活動は拡大し，世界的な大会として，また大会以外の日常における様々なサポートを通じて，多くの知的障がいのある人々にとってのスポーツ活動の場となっている。

先述したパラリンピックとの対比でいえば，スペシャルオリンピックスはその当初より，組織として順調に歩み出したといえる。すでに1971年にはアメリカオリンピック委員会（United States Olympic Committee: USOC）より「オリンピック」という名称の使用が許可され，1988年にはIOCとの間にも名称使用と相互協力についての取り決めがなされている。こうした経緯についての理由は明らかにされていないが，パラリンピックおよび後述するゲイ・ゲームス（Gay Games）の事例を考え合わせてみると，同じくマイノリティーのスポーツ活動であっても，オリンピックを頂点とする近代スポーツのメインストリームにとって，その価値の承認の過程は恣意的であることがうかがえる。

④ セクシュアルマイノリティーとスポーツの組織

同性愛者や両性愛者，トランスジェンダー／セクシュアルといった性的（セクシュアル）マイノリティーにとってのスポーツ活動が組織化され始めたのは，公民権運動によって様々なカテゴ

リーの人々の人権獲得が活発化して以降のことである。なかでも象徴的であったのが，ゲイ・ゲームスであろう。第1回ゲイ・ゲームスは，1982年に第19回オリンピック大会（メキシコシティ，1968年）の金メダリストであるワデル（T. Waddell）によって，セクシュアルマイノリティーが自由に競技できる場をめざしてアメリカで開催された。以降，現在に至るまでゲイ・ゲームス連盟（Federation of Gay Games: FGG）の主催で4年に1度開催され，世界的なスポーツ大会となっている。しかしながら，組織の承認という観点からいえば，パラリンピックと同じく，その滑り出しは多難であった。

当初，ワデルらは「ゲイ・オリンピック・ゲームス」という名称で大会を準備していたが，USOCが「オリンピック」という名称の使用を差し止めるための訴訟を起こしたため，急遽「ゲイ・ゲームス」へ変更せざるを得なくなった。その後も訴訟は継続し，裁判所はUSOCに「オリンピック」の排他的使用を認めたため，結局「ゲイ・オリンピック・ゲームス」の名称は幻のままである。

また，障がいのある人のスポーツ組織と同じく，セクシュアルマイノリティーのスポーツもその組織化，大規模化の過程で内的な矛盾に直面している。具体的には，ゲイ・ゲームスによる，トランスセクシュアルの場合は医師による明確な性別変更完了の証明が必要とされたり，ペア競技においては同性（同じジェンダー）同士の組み合わせしか認められないなどのジェンダー優先の開催方針に対して，トランスジェンダー／セクシュアルの人々から異論があがり，マイノリティーによるマイノリティー差別であるとの見解が示され，新たに組織を分かつ形で「ワールド・アウトゲームス」（World outgames: 2006年第1回開催）が生まれている。そのほかにも，セクシュアルマイノリティーによるサッカーのチャンピオンシップ主催組織である国際ゲイ・レズビアン・フットボール連盟（International Gay and Lesbian Football Association: IGLFA）や，ヨーロッパ版ゲイ・ゲームスといえる「ユーロ・ゲームス」主催組織など，近年その数は増している。

（岡田 桂）

スポーツと組織論の課題　11.D

スポーツは，その語源が示すように，気晴らしや娯楽の1つとして気軽に楽しまれるものであった。その意味では，厳格な規則や定められた役割などの組織的性格はその本来の姿に実に不似合なものであろう。もちろん，中世期における貴族のトーナメントやジュースト（集団で行われる馬上槍試合はトーナメント，一騎打ちの決闘を模倣したそれはジュースト）などは儀礼化した組織性をもっていたし，狩猟も身分制度と結びついて厳しく制度化された側面を有していたが，スポーツ行為そのものでは，力，度胸，偶然の要素が優越していた。この，伝統的には偶然の要素を含む競争の楽しみを気楽な社交の中核にしていたスポーツが，現代では，なぜ，どのような過程を経て，全く真逆の性格である強く厳しい組織性をもつようになったのか，そこに「スポーツと組織」論の基本的な課題がある。

① スポーツの組織化過程

19世紀後半から，イギリスのパブリックスクールで，力と運まかせの勝負事から知的・技術的な競技へと洗練されたことにより，スポーツは組織化への道を歩むことになった。それは，勝ち負けは優劣の証明になり，計画的な練習や役割を組み合わせる戦術や戦略がそれを左右する重要事項になったからである。また当初は，学校仲間の楽しみと社交の集まりであったスポーツクラブは，血縁や地縁を超える新しい集いの場として重要になり，宮廷貴族に代わる新しい社会のリーダーとなりつつあった産業資本家たちの社会集団となっていった。こうして近代スポーツは，プレイスタイルの組織性とクラブという社会集団としての組織性を併せもつ，独自の社会制度を形成していく。スポーツの組織化は，この2つの組織性が相補的な関係をもちながら急速に地域的な広がりをみせ，全国，国際，そしてついに世界へと拡大するのである。

競技の結果が才能と努力という人間的優劣を表示することになったことから，学校対抗やクラブ対抗で始まった近代スポーツは，優越性の証明範囲を地域的には地方から全国へと，また社会的には中産階級から労働者階級へと広げ，優れた者を選び出し，その威信の範囲を広げるために競技会の規模を拡大しながら急速に発展していく。それに伴って，ルールや競技の行い方も統一化に向かう。

ルールは競技において許容する行為を制限したり，用具や施設設備，競技の環境条件を定めたりするから，当然，競技の成果に大きな影響を与える。だから客観的な基準としての共通ルールが優劣の比較にとって絶対的に必要となる。加えて，参加者の同意に基づいて自発的に遵守されるスポーツのルールは基本的に慣習的なものであるから，その統一には社会的権威が重要な働きをする。こうして，伝統をもち社会的に有力なクラブを中心にしてルールの統一と社会組織の連携が進められ，スポーツの組織性は競技会と社会集団の双方を結び付けながら進展したのである。

例えばラグビーとサッカーは，イギリスで中世期から行われていた民衆のフットボールを共通の先祖としているが，これを洗練したパブリックスクールの熱心な各校が集まってルールを統一化する協議が行われた際，パスを制限してキック重視のゲームを主張するイートン校派と，キックを制限してパス中心のゲームを主張するラグビー校派が分化し，前者がアソシエーション式フットボール（サッカー）の組織を，後者がラグビー式フットボール（ラグビー）の組織を作ったのである。後日，前者の愛好者は国際サッカー連盟（Fédération Internationale de Football Association: FIFA）を，後者のそれは国際ラグビー評議会（International Rugby Board: IRB）を組織化し，それぞれが世界一を選び出す競技会を運営するルールと組織を統括しワールドカップという世界選手権大会を主催するまでに発展した。

② スポーツ組織の発展と組織論的課題

世界統括組織化への成長は，結果としてスポーツ組織の巨大化を生じさせる。例えば世界最大のスポーツ組織の1つであるFIFAは，206の各国連盟を傘下に収め，2億6,500万の競技者，500万人の審判・役員を統括する巨大な"モンスター"組織になっている。その事務局は，渉外広報局，競技局，法・規則局，加盟国・開発局，財務局，TV・マーケティング局からなり，35ヵ国出身の約400人のスタッフが働いており，2007－2010期の収入は約5,000億円に達する。

FIFAに典型化されるこうしたスポーツ組織の巨大化は，組織体自体のマネジメントとスポーツのガバナンス（統括）をめぐる組織論の基本的な課題を提起することになる。前者では，役割の専門分化と意思決定の集中という組織体運営の合理化に伴う官僚制的性格の台頭や組織体内部における権力闘争などが，後者では外部社会との交渉の増大と様々な利害関係の侵入による逸脱行動の発生や統治力強化のための規則の厳密化と罰則の強化等が課題である。

例えば，FIFA第8代会長ブラッター（Joseph "Sepp" Blatter）は，理事会総会における投票によってヨーロッパサッカー連盟会長を破って選出されたが，ヨーロッパ系対非ヨーロッパ系の争いを背景にして，アフリカにおけるワールドカップ開催を条件にアフリカ票を獲得することに成功した結果とされる。また，イタリア・セリエAやドイツ・ブンデスリーガで生じた審判員買収による不正試合工作，2022年のFIFAワールドカップ・カタール開催に関する贈収賄問題の発生等，スキャンダルが絶えない。この状況は，スポーツ界が，その組織の拡大と厳しい規則の整備にもかかわらず，膨張するスポーツを制御できないでいることを意味する。こうした組織論の課題は，ドーピングをめぐるスポーツ状況に象徴的に示される。

③ スポーツ組織とガバナンス

当初，わずか数行で示された禁止薬物リストは，ここ数十年の間に1冊の本になるくらいに増大したといわれる。一時的に心身機能を高める新薬の開発とその発見・摘発法の開発競争は際限なく続き，さらには利尿剤利用等による薬物使用痕跡消去法の開発，血液ドーピング等の摘発不能手段の開発へとエスカレートしているからである。これに対抗して世界アンチ・ドーピング機構（World Anti-Doping Agency: WADA）は，薬物使用痕跡の消去対策を徹底するために，これまで競技会前後に集中的に行っていたドーピングチェックを，無条件・抜き打ちで競技場外でも行えるように変更し，トップアスリートに対して，ホテルの部屋番号までを含む「いつ，どこに居るか，もしドーピングチェックを受けるとすればどこを指定するか」をインターネットを通じて申告する「居場所情報提供」を義務づけている。

このような厳格な監視・管理の規則化は，アスリートのプライバシーを侵害するだけでなく，アスリートがドーピング疑惑を避けるために過剰に薬物使用を避け，日常的な疾病の初期治療が遅れがちになるという問題を生み出している。競技における公正と平等の確保と並んで，アスリートの健康保護をその重要な目的の1つ，また検査理由の1つに掲げるドーピングコントロールが，むしろアスリートの健康保護に対してネガティブに作用するという自己矛盾の事態になっているのである。これに示されるように，現代スポーツの組織では，厳罰・規則主義的ガバナンスが表面的な機能とは裏腹に，自家撞着（自分で自分の言行に反することをすること）を呈する状況となっている。

④ テクノロジカルな組織化の進展と課題

これはスポーツの道徳的・倫理的性格にかかわる組織化が生起する課題であるが，スポーツのテクノロジカルな組織化の側面についても同様な課題が生じている。昨今，大きな話題となったプロ野球における公認球の反発力係数の問題はその象徴的な事例である。

もともとは手作りであった野球のボールは，ボールの自動製造化によって統一され，それによってチーム間だけでなく競技者個人の成績の比較が可能になり，プロ野球の発展を導く重要な働きをした。直接対決以外の優劣は，客観的な評価基準があって初めて成績の比較が可能になるからである。それでも日本のプロ野球では，2010（平成22）年まで，基準を満たす条件で複数のメーカーによって作られたボールを使っており，球団はその中から好みに応じて選択的にボールを使用していた。しかし，ワールドベースボールクラシック（WBC）のような国際大会に対応するためにという理由で，日本プロ野球機構はメーカーを1社に限定し，すべてのゲームにおいてそれを使用するようにした。ところがこの統一化が，むしろ大きな混乱のもととなったのである。2013年シーズン初めに「ボールが飛びすぎる」という意見が競技者や球団関係者から出され，データ的にも1試合の平均本塁打数が前年度比約1.5倍となっていた。結局，前年度の投手が強く，打者が弱い"投高打低"傾向がゲームの魅力を低下させ人気に悪影響が出ることを心配したプロ野球機構が，メーカーに要請してボールの反発力を高める操作が行われていたのであった。

これは，一見すると単なる用品基準の厳格性の問題に思えるが，それだけではない。この状況は，一定の基準の中での「現実的な多様性」を前提にした競技とそこにおける優劣を愛でるスポーツ観が衰弱し，全く同じボールを使わなければならないとする「絶対的客観性を基準」にする競技とそこにおける優劣を重視するスポーツ観が優越する状況の反映なのである。いまやドーム型スタジアムどころの話ではない。例えば，スピードスケートは室内競技化し，記録は風の影響よりも室温と製氷品質に左右されることになった。さらには，スキージャンプの室内競技化さえ話題になっている。ここにみられるのは，優劣の絶対性と必然性への欲望が客観的基準の確立要請となり，スポーツの人工的組織化を促進する事実である。その結果，スポーツはテクノロジカルで画一的な完全な必然の過程として組織化され，天衣無縫の英雄的営みから遠く離れていくのである。

⑤ スポーツの組織化とスポーツの文化

ドーピング問題における厳罰規則主義による組織化がアスリートの健康危機を生み出すことに典型的に示されるように，組織化の過剰な進展は自縄自

縛の結果となる。というのも，すでにマックス・ウェーバー（M. Weber）が指摘したように，組織の巨大化・緻密化は組織運営の技術的合理性を徹底させ，それによる部分的合理化を高進し，次第に官僚制的性格をもつ組織のための組織となり，その存在意義を喪失するようになるからである。グローバルなスポーツの組織化は，絶対的な優越性の証明を求めるテクノロジカルなプロセスと，それをオーソライズする組織体の覇権主義的なガバナンスの拡張として達成された。つまり，オリンピック競技会と国際オリンピック委員会（IOC），サッカー・ワールドカップとFIFAにみられるように，スポーツのグローバルな組織化は競技のテクノロジーとガバナンスの覇権主義を「Citius, Altius, Fortius」（より速く，より高く，より強く）という勝利至上のイデオロギーで統合する三位一体体制として構築されたのである。

スポーツの組織的発展がここに至った1つの理由に，組織化過程におけるスポーツ文化論の不在がある。アマチュアリズムの崩壊以後，国民国家の政治イデオロギーとグローバルビジネスのコマーシャリズムに癒着したスポーツは，例えばプロフェッショナリズムの成熟に向かうような新たなスポーツ思想を醸成することなく，覇権主義的な膨張路線を一途に歩んできたのである。摘発と厳罰の徹底化によってドーピングを撲滅することが不可能であるのは，現代スポーツが勝利に至上の価値を与える組織体制を構築し，そのためのテクノロジーを開発し，ヤヌスの顔（ローマ神話の門の守護神で，前後をみる2つの顔をもつ）としてのドーピングカルチャーを胚胎してきたからであろう。その意味では，今，スポーツと組織論の最大の課題は，テクノロジーへの依存を弱め，新たなスポーツ思想に基づくスポーツ文化の復権であり，スポーツの文化によるガバナンス力の回復なのである。

スポーツの近未来を展望する時，この重要性はますます高まる。IT技術と送受信機器の驚異的な発達を背景に，スポーツコミュニケーション状況は劇的に変化するであろう。そのような状況の中で，地球上の20億人を超えると予測される多様なスポーツ愛好者を組織化する可能性は，従来の公式的な競技会制度にはない。なぜならば，厳格な規則による締め付け的なガバナンスでは，多様で広大なスポーツ界を1つに束ねることは困難だからである。20億のスポーツ愛好者が相互に自立しながらも緩やかなネットワークを構成し，時に応じて連携・協力するためには，ネットに流出するスポーツ言語の共通性であり，そこに偏在するスポーツの意味がポイントになるであろう。つまり，近未来のスポーツがトータルな組織性をもちうる可能性は，スポーツが，いかにしてどのような，世界の共通文化になりうるかどうかにかかっているのである。

参考文献

- ウェーバー, M. 2006.『支配の諸類型』世良晃志郎 訳 15-32. 創文社
- 佐伯年詩雄. 2006.「現代スポーツの課題」『現代スポーツを読む』295-303. 世界思想社
- 「統一球問題：NPB事務局，対応に追われる」毎日新聞（2013年6月12日最終web版）

（佐伯年詩雄）

12章
スポーツと宗教

世界的規模で伝播・普及していったスポーツにおいて，

宗教との関係性は無視できないものがある。

そこで，キリスト教，

イスラム教，

ヒンドゥー教

を取り上げ，それぞれのもっている身体観や健康観等にも触れながら，

スポーツとの関係をまとめた。

さらに，東アジアにおけるスポーツと宗教の関係を紹介するために，

仏教はもちろん，

道教，

そして神道

との関係性についても紹介することで，

スポーツと宗教の関係について

より深く考える契機にしていただきたい。

キリスト教とスポーツ　12.A

フッタライトと遊び　12.A.01

① 「遊び」を拒むフッタライト

人は古来より，それぞれの自然環境や社会環境に応じた楽しみごとを，遊びとして行うことで生活の営みに彩りを添えてきた。ホイジンガ(J. Huizinga)は，まさに遊びの創造性に言及し，遊びは文化より古く，「遊びの中に遊びとして」文化が発達するとすら述べている(ホイジンガ『ホモ・ルーデンス』高橋英夫 訳．中央公論新社．1973．355)。このことは，様々な遊びが信仰や生業とうまく折り合いをつけながら，人々の暮らしに彩りを与えてきたことを知ればうなずけよう。しかし，ヨーロッパの中世以降，特に宗教改革を境に，キリスト教社会においての「遊び」の認識は一転する。時に信仰を妨げ，また労働と競合し勤労精神を蝕みかねない，不真面目なものというレッテルを貼られ，堕落へと導く悪者として排斥の標的となっていった。

まさにこの宗教改革の時に結成された再洗礼派に属するフッタライトと呼ばれる人々は，厳格な禁欲的な生活を実践しながら現代に至っている。その禁欲生活は，現代社会の北アメリカの地方都市にほど近い空間に身を置きながらも，人間の欲を満たすような世俗の「遊び」などを排除し，信仰に忠実であろうとする。常に聖書の教えに立ち戻りながら，まさに信仰に寄り添うように暮らす。彼らは，「コロニー」と呼ばれる自らの居住地区を形成し，約100人前後の親族からなる成員で暮らしながら独自の宗教的価値観に基づく文化を展開してきた(図1)。彼らの生活においては，「遊び」はそれこそ宗教改革時の価値観を色濃く反映し，信仰を脅かす排除すべき対象となっている。16世紀から引き継がれている彼らの教義には，カード遊びや楽器演奏などは明確に禁止されており，また現代においてはラジオやテレビなどを視聴することも禁じられている。

しかしながら，前述のホイジンガになぞらえると，遊びが様々な文化を発展させてきたとするならば，信仰に基づく禁欲的生活を送ることで遊びを排除してきた彼らの文化は，彼らが宗派を結成したまさに16世紀の宗教改革時から綿々と変わることなく，昔のままの姿を留めていることになる。これまでのフッタライト研究においても，彼らの生活がいかに信仰に基づいた厳格な禁欲生活を実践しているかという側面に焦点を当てるがために，遊びは否定されていることのみが述べられてきた。

しかし，文化人類学的な参与観察を通じてフッタライト社会を眺めてみると，否定されているはずの遊びが日常生活の中の随所に組み込まれていることがわかる。彼らは，「教義で否定される遊び」と「日常生活で容認される遊び」のずれを生じさせながらも，矛盾することなくそのずれを解消するため，遊びの合理的な解釈がなされる。かたくなに遊びを拒むのではなく，柔軟に遊びを受け入れる文化の柔らかな構造こそが，世俗を遮断し，自らを外界から隔離しながらも，450年以上にもわたってフッタライトの文化が維持され続けてきた要因であったと考えられる。

② フッタライトとは

そもそもフッタライトとは，英語表記ではHutterites，日本語では「ハッタライト」や「フッター派」とも表記される。フッタライトは，キリスト教のプロテスタントから派生したアナバプティスト派(再洗礼派)と呼ばれる一派である。現存するアナバプティスト派には，今日でも電気や自動車などのいわゆる「文明」を否定し続けるアーミッシュがいる。

16世紀の宗教改革時に北イタリアのチロル地方の指導者，ヤコブ・フッター(Jakob Hutter)という人物により創設され，その名をとりフッタライトと称されるようになった。彼らは，幼児洗礼を否定し，成人に達した段階で自己の意志により信仰を告白する成人洗礼を実践した。神からの救済は兄弟(姉妹)の群れによりなされるという聖書の教えを信じ，共有財産制の生活を営んだ。

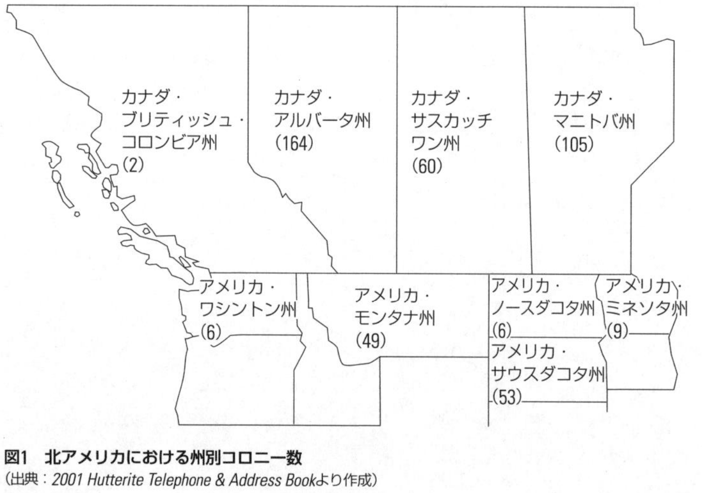

州（国）	コロニー数
アルバータ州（カナダ）	164
マニトバ州（カナダ）	105
サスカッチワン州（カナダ）	60
サウスダコタ州（アメリカ）	53
モンタナ州（アメリカ）	49
ミネソタ州（アメリカ）	9
ノースダコタ州（アメリカ）	6
ワシントン州（アメリカ）	6
ブリティッシュ・コロンビア州（カナダ）	2
計	454

図1　北アメリカにおける州別コロニー数
(出典：*2001 Hutterite Telephone & Address Book*より作成)

こうした動向が，当時のカトリックやプロテスタントの他宗派からの反感を招き，度重なる迫害を受けることになった。フッタライトの徹底した平和主義の立場から，彼らは迫害を逃れるように，ヨーロッパ各地を転々としながら，19世紀末に北米大陸へ移り住んだ。北アメリカ大陸に移住した当初は，40家族，250名あまりであった人口が，2007年時点で5万人に達する勢いで増加している。

フッタライトは，現代においても原則的に私有財産を認めておらず，共有財産制をとっている。彼らは，コロニーに暮らし，農業や畜産などからの収益をコロニーの財源としている。生活に必要な物品は成員たちに分配され，日に3度の食事も決まった時間に食堂にて一堂に会してとる。性別および年齢による役割分担も明確に定められている。男性は農業や畜産に従事し，またコロニー内の主要な責任者(「コロニーボス」と呼ばれるいわば村長の役割)もすべて男性が行う。女性は主に家事に相当する仕事(調理，洗濯，掃除など)を担う。3歳に達した子どもは，コロニー内の幼稚園に入る。それにより母親たちは共同作業に専念することが可能となる。6歳から15歳までの子どもは，コロニー敷地内の学校に通う。

もともと，フッタライトとしての集団を創設した理由の1つであった聖書至上主義は，現代の暮らしにおいてもなお息づいている。日常生活における規範や規律も，聖書に基づきフッタライトが解釈した教義『フッタライト派信仰告白』(リーデマン，榊原訳，1977．平凡社)に則った行動をとる。例えば，フッタライトの服装は，男女ともに統一のとれた伝統的にシンプルな装いであり，一般の北アメリカ社会に生きる人々とは明らかに異なる。

既婚の男性は顎ひげを生やし，冬であれば黒のスラックスにジャケット，帽子も黒で統一されている。女性は聖書の教えに従い，入浴や就寝時を除いては，一日中スカーフをまとう(図2)。また，絶対的な平和主義を貫く姿勢は，兵隊の服装をイメージさせるようなベルトやボタンなどを使用しないことにも，その徹底ぶりが表れている。

こうした聖書至上主義を支えているのは，直接的には毎夕や日曜の午前中の教会での祈りの時間であり，また間接的には言語と教育といえよう。彼らは16世紀から変わらずに宗教にかかわる言語として「高地ドイツ語」を使用している。日々読まれている聖書や教義，教会での説教，賛美歌などはすべて高地ドイツ語が使われている。あるフッタライトの古老は，「たとえ場所を移動してきたとしても変わらず1つの言語を守り通すことは，普遍的な宗教理念を信じ続けること」と同じであると語る。こうした語りは，信仰と言語は一体であることを象徴している。高地ドイツ語での信仰を可能にするのが，彼らの独自の教育システムである。6歳から洗礼を受ける年齢(おおむね20歳前後)まで，高地ドイツ語による「ジャーマンスクール」と呼ばれる信仰のための学校に通う。こうした徹底した信仰教育は特に重要視され，教義の中でも「われわれの子女教育は，子供たちが自分のかたくなな意志に固執し，肉欲に走るのをおさえることを旨とする」と記され，神に対して従順な姿勢と信仰が叩き込まれる(リーデマン，1977．184)。

フッタライトは，コロニーといういわば外部社会から物理的にも精神的にも自らを遠ざけた居住地で信仰に基づいた生活を守り続けようとしているが，外部社会とのつながりと無縁ではない。特に農作物や畜産物等の取引などは，コロニーへの主要な財源となるため，外部社会との活発な経済活動が展開されている。また日用品の購入や病院にいくために近隣の町へ出かけることも多い。そのため，教育に関しては，ジャーマンスクール以外に6歳から15歳までの子どもたちは，外部から派遣された教師による英語での普通教育も行われている。外部社会とのかかわりは，英語の必要性の高まりとともに，少なからず日常生活とその基盤である信仰にも影響を及ぼしてきた。その1つに挙げられるのがここで取り上げる遊びであろう。

③ 教義書において「否定される遊び」

聖書至上主義的な生活を営むフッタライトは，日常生活における自らの行動についての善し悪しを，聖書およびその釈義としての教義に基づいて判断する。特に教義では，「神を喜ばせる行為」と「肉を喜ばせる行為」という2つの価値基準が示されている。

前者は，従順にキリスト教的な生活に従う行為を意味し，具体的には祈りや賛美歌，神のための祝祭などが挙げられている。

一方，後者は，「身体を喜ばせる行為」とも呼ばれ，自己の欲望に基づく行為全般をさす。教義では，新約聖書から引用し，「肉の業」としての「姦淫，わいせつ，好色，偶像崇拝，魔術，敵意，争い，そねみ，怒り，利己心，不和，仲間争い，ねたみ，泥酔，酒宴，その他のたぐいのもの」(リーデマン，1977．51)を挙げている。加えて，「神よりもより多く愛するもの」(例えば妻子，家屋，田畑，貨幣，財産，自分自身)や花の刺繍などの手芸，「肉の快楽を求め」るような「美しい音調のため」に歌うこと，「誘惑され酒にのまれてしまう」こと，「邪悪で，破廉恥な」世俗的な祭り，「表面上の快楽を求めて」着飾ることを「肉を喜ばせる行為」として明確に否定する(リーデマン，1977．69, 158, 174, 178, 181, 189)。

ホイジンガは，遊びは「自己目的的」であり自らの欲望に基づいた活動であると遊びの特徴を述べている。彼の遊びの定義に倣うならば，遊びはまさに「肉を喜ばせる行為」といえる。つまり，フッタライトの信仰における価値基準に照らし合わせた場合，遊びはまさに否定されるべき行為の対象となるのである。事実，トランプなどのカードを使った遊びやダンス，楽器演奏，テレビ・ラジオの視聴，音楽鑑賞などは，教義に照らし合わせた解釈の上で，彼ら自身が禁止されているとの認識をもつ。

図2 16世紀のフッタライトの装い
(出典：Hofer, S. The Huttereite: Lives of a Communal Peopleより)

④ 日常生活において合理的解釈により「容認される遊び」

本来否定され禁止されている遊びは，実際には彼らの日常生活に様々な形で組み込まれている。特徴的な点は，年齢に応じて遊びの解釈が異なり，遊びを柔軟に受け入れる用意が社会的になされていることである。本来否定されるべき遊びと日常生活にみられる遊びのずれは，彼らの教義に則った解釈に擦り寄ることで解消されていく。ここでは，子どもの遊び，若者の遊び，大人の遊びに大別し，それぞれの年齢集団にみられる遊びとその合理的な解釈についてみていく（図3）。

[子どもの遊び（shpil）]

フッタライトの子どもとは，幼稚園に通う3歳から学校での教育が終了する15歳ぐらいまでをさす。フッタライト語の「遊び」に相当する単語は「shpil」であるが，これは子どもの遊びに限定される。子どもの遊びは多様で，男女とも活発な遊びが好まれる。コロニー内には，子どもたちのための遊び場が設置してあり，鉄棒やブランコなどの遊具を積極的に使う。また，子どもたちの遊びの中で多くみられるのが「ごっこ遊び」である。フッタライト社会では男女の分業が明確であることは既に述べたが，子どものごっこ遊びにもこうした社会的特徴が随所に反映されている。10歳前後までの男児の場合には，トラクターやトラックなどのミニカー，女児は人形を使ったままごと遊びなどが好まれる。10歳を過ぎる頃には，女の子は編み物，男の子は木工製作に熱中するなど，徐々に大人の模倣から，より現実的な役割習得へと変化してくる。そして，子どもにとっての遊びの延長線上に大人の仕事が位置づけられてくるのである。

本来否定されるべき「shpil」としての遊びは，第1に子どもは宗教上，未洗礼であるために一人前の「人」としてみなされておらず，肉の欲求による行為は仕方がないという解釈がなされる。教義においても，「子供は善悪を知らない」（リーデマン，1977．96）と記されている。第2に，子どもたちの遊びには，性別による役割を習得する文化化が展開される。大人の労働作業をみながら，遊びの中で模倣をして知らず知らずのうちに男女の決められた役割を担う一員となっていく。したがって，大人たちは子どもたちの遊びに関しては，文化化・社会化の過程として，むしろそれを奨励するのである。

[若者の遊び（lust）]

若者とされる時期は，15歳から洗礼を受けるまでの通常20歳前後までをさす。15歳になるとコロニー内での教育は終了し，日中は大人と同様に働くようになる。ただし，洗礼前であるために，日曜の午後には引き続き信仰についての見識を深めるためにジャーマンスクールに通う。

若者期の遊びの特徴は，なによりも逸脱とされる遊びが多いことである。ラジオやテレビを隠し持ち視聴したり，装飾品に心奪われたり，また若者たちの深夜にわたって繰り広げられるパーティーなどの遊びは，「lust」，つまり罪とみなされ，これまでの子どものような大人たちからの囲い込みもなく，まさに自己の欲求に基づいた自由かつ自発的な遊びが展開される。かつて自身もフッタライトであり，現在はコロニーから脱退して一般カナダ社会で暮らすホーファー（Hofer）は，具体的な遊びについて，ラジオや楽器，流行歌を歌うなどの音楽を楽しむことや，小動物の狩り，喫煙なども若者期の教義に逸脱した遊びとして挙げている。また，デートなどにおいて時には性的な関係をもつに至ることもあるとしている（Hofer, Samuel. *The Hutterites: Lives and Images of a Communal People*. Hofer Publisher. 1998. 51）。

さらに，この時期に特徴的な遊びとして，ある一定期間，無断でコロニーを抜け出し，一般社会での暮らしを味わう経験をもつことも報告されている。"weggelufene（離コロニー）"と称される行動で，フッタライトたちは「ちょっとした旅」と表現する。一般社会での暮らしを味わいたいという好奇心に基づくこうした行動では，大方の若者たちは一定期間が過ぎるとコロニーに戻るという。

本来，罪とされるこうした若者たちの遊びに対して，驚いたことに周囲の大人たちはたいていの場合，「見て見ぬ振り」をする。こうした黙認は，子どもの遊びへの対応と同様に，まずもって「いまだ洗礼前であり一人前の人ではないため」仕方がない，という解釈によるものともいえる。

しかし，それ以上に，逸脱である遊びをあえて黙認することをある種の意図的な了解として捉えることができる。若者たちは，フッタライト社会において重要な儀礼の1つである洗礼を目前に控えている。洗礼を受ける際には，彼らはこれまでの罪とみなされる行為について，説教者に告白しなければならない。つまり，逸脱とされる遊びも当然のごとく罪として告白しなければならない素材となるわけである。罪は告白することで浄化され，告白後の洗礼を受けることで，フッタライト社会における「人」として認められるのである。こうした過程における遊びという行為は，なによりも彼ら自身の内省を促すとともに，信仰心の再生産の機能をもつと考えられる。

[大人の遊び（shpas）]

洗礼を受けることにより，フッタライトの大人は宗教的にも社会的にも「人」として認められると同時に，罪を犯すことは許されない存在となる。子どもと若者の遊びの場合には，彼らが洗礼前であるために，容認・黙認された。では，洗礼を経た大人たちは一切遊びはなくなるのか。答えは「ノー」である。そこには，新たな遊びの解釈が展開される。大人の遊びは，それが「神を喜ばせる行為」として解釈されうるかぎりにおいては，自分の欲に従うのではなく，最終的に「滅私服従」に即した信仰に矛盾なく受け入れられる「shpas」という概念が用意され，容認される。

一方で，自己の欲求，つまり「肉を喜ばせる行為」としての遊びであれば，それは「lust」として禁止される。大人がこの禁忌を犯した場合には，コロニー内のボスをはじめとする執行部による協議会や，事の重大性によってはフッタライトの上層組織での審議会で諮られ，社会的制裁が下される。制裁の種類は逸脱の程度により異なるが，コロニー内での一定期間の隔離という制裁を受けた後に，コロニーメンバーの面前で懺悔を行うといった個人にとって孤独状態という精神的な苦痛と屈辱を受けることになる。最悪の場合にはコロニーから追放され，事実上，破門となる。

日常生活における遊びには，彼らの

「共同体」という生活スタイルの延長線上に位置づけられるように，集団の単位で行われることが多い。特に雑談などは頻繁にみられ，女性の場合には食事の話題や他のコロニーの噂話などをすることが多い。また，結婚式に伴う祝宴のように，コロニー全体で公然と遊ぶ機会や，また訪問や葬式にみるように「集う」こと自体を楽しむことをも含む。祝宴では，飲酒を伴っての歌唱やジョーク，時には野球やバレーボールなどがみられることがある。

どのような遊びが「神を喜ばせる行為」であるかという判断は，時代と社会背景により変化しているであろう。しかし，教義に明記されているような事項，例えばダンスなどは祝宴においても一切みられない。一方，明確な記述がなされていないような遊びに関しては，その都度彼らの価値基準に照らし合わせ解釈が成されていると考えられる。

⑤ 近年の変化と遊びの合理的解釈の限界

近年，フッタライトが外部社会の影響を受け，様々な側面において変容していることが研究者らによっても報告されている。最新機械やコンピューター管理下での農業や畜産業は，これまでにない効率化によって生産性も著しく向上している。しかしながら，そうした機械化やコンピューター化によって，かつてのような労働力は必要としなくなってきた。必然的に，労働にあたる人の数も少なくなる。これまでは，勤労・勤勉であることが「神を喜ばす行為」として積極的に行われてきたが，近年の変化は，勤労を示す機会が奪われ，その結果，世俗のものに関心を向け始めている。本来，生業に利用していたコンピューターは，コンピューターゲームやネットへの接続により世俗の情報を簡単に入手したりすることへと流用され始めている。こうした情報化時代という変化に伴い，信仰上での遊びの解釈と日常での合理的な解釈のずれも，これまで以上に大きな隔たりが生じかねない。勤労によって「神を喜ばす」ことが難しくなりつつある中，いつまで遊びの合理的な解釈が有効であり続けるだろうか。あるいは，新たな合理的な解釈を用意するのかもしれない。

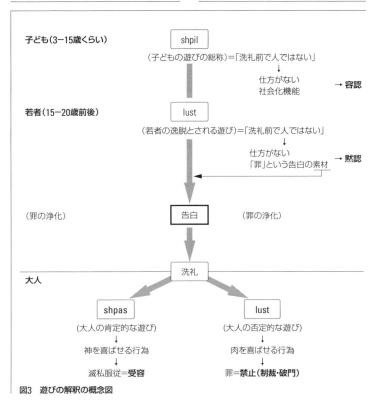

図3 遊びの解釈の概念図

参考文献

- リーデマン，ペーター．1977．『フッタライト派信仰告白』榊原巌訳 平凡社
- Hofer, Samuel. 1998. *The Hutterites: Lives and Images of a Communal People*. Hofer Publisher.
- Hostetler, John A and Huntington, Gertrude Enders. 1996. *The Hutterites in North America*. Harcourt Brace College Pub.

（田里千代）

イギリスのキリスト教とスポーツ

① イギリスにおけるキリスト教

今日，イギリスでキリスト教はどのような状態にあるのだろうか。イギリスの宗教の趨勢からみてみよう。2001年と2011年におけるイギリスの宗教別人口比を示した表1が示すように，イングランドにおけるキリスト教徒の割合は，それぞれ71％と59.4％で，キリスト教徒は大幅な減少傾向にある。これは多民族国家の抱える宿命かもしれない。範疇を「イングランド」，そして「グレートブリテン」（イングランド，スコットランド，ウェールズ），さらに「連合王国」（グレートブリテンと北アイルランド）と拡大しても，同様の傾向がみられる。同じ「キリスト教」ではあっても，アイルランドはカトリック，スコットランドは長老派（新教），ウェールズはイギリス国教会を基調とする民族的に異なる宗派性をもっている。イングランドの「国教」はイギリス国教会（またはイギリス聖公会，Anglican Church, The Church of England）で，16世紀の宗教改革でローマ・カトリックからも，プロテスタントとも一定の距離を保とうとする"Via Media"（ヴィア・メディア：中道）を特色とする「アングリカニズム」の立場を形成している。その系譜は，図1のように示すことができよう。宗教一般にいえることだが，キリスト教も教義・信仰，習慣・生活方法，倫理，世界観等の相違により，分派や新しい宗派が作られたり，深刻な対立をもたらしてきた。しかしその一方で，キリスト教は，歴史的に多くの人々の人格形成を担ってきた，という共通認識も形成してきた。ここでは，イギリス，主にイングランドの「キリスト教」が近

表1 イギリスの宗教人口比

年	イングランド				グレートブリテン(GB)				連合王国(UK)			
	宗教		人	%	宗教		人	%	宗教		人	%
2001年	キリスト教徒		35,251,244	71.7	キリスト教徒		40,633,031	71.2	キリスト教徒		42,079,417	71.6
	イスラム教徒		1,524,887	3.1	イスラム教徒		1,589,183	2.8	イスラム教徒		1,591,126	2.7
	ヒンドゥー教徒		546,982	1.1	ヒンドゥー教徒		557,985	1.0	ヒンドゥー教徒		558,810	1.0
	シーク教徒		327,343	0.7	シーク教徒		335,930	0.6	シーク教徒		336,149	0.6
	ユダヤ教徒		257,671	0.5	ユダヤ教徒		266,375	0.5	ユダヤ教徒		266,740	0.5
	仏教徒		139,046	0.3	仏教徒		151,283	0.3	仏教徒		151,816	0.3
	その他		143,811	0.3	その他		177,694	0.3	その他		178,837	0.3
	非キリスト教徒の合計		2,939,740	6.0	非キリスト教徒の合計		3,078,450	5.4	非キリスト教徒の合計		3,083,478	5.2
	無宗教の人		7,171,332	14.6	無宗教の人		9,103,727	15.9	無宗教の人		no data	
2011年	キリスト教徒		31,479,876	59.4	キリスト教徒		36,093,374	58.8	キリスト教徒		37,583,962	59.5
	イスラム教徒		2,660,116	5.0	イスラム教徒		2,782,803	4.5	イスラム教徒		2,786,635	4.4
	ヒンドゥー教徒		806,199	1.5	ヒンドゥー教徒		833,012	1.4	ヒンドゥー教徒		835,394	1.3
	シーク教徒		42,196	0.8	シーク教徒		432,213	0.7	シーク教徒		432,429	0.7
	ユダヤ教徒		261,282	0.5	ユダヤ教徒		269,233	0.4	ユダヤ教徒		269,568	0.4
	仏教徒		238,626	0.5	仏教徒		260,583	0.4	仏教徒		261,584	0.4
	その他		227,825		その他		255,726	0.4	その他		262,774	0.4
	非キリスト教徒の合計		4,614,244	8.7	非キリスト教徒の合計		4,614,244	7.9	非キリスト教徒の合計		4,848,384	7.7
	無宗教の人		13,114,232	24.7	無宗教の人		13,114,232	26.1	無宗教の人		16,221,509	25.7

(出典：1. UK Census, 2. Labour Force Survey, 3. British Social Attitudes Survey, 4. European Social Survey. 〔from Religion in the United Kingdom, from Wikipedia〕より)

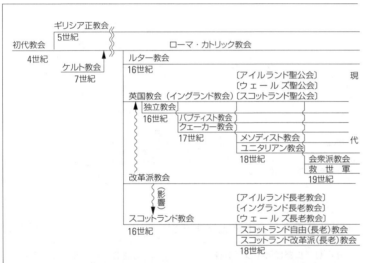

図1 イギリスにおける主な教会系図 (出口保夫 案)
(出典：安東伸介,小池滋,出口保夫,船戸英夫 編,『イギリスの生活と文化事典』研究社出版, 1982. より)

代スポーツの道徳，倫理，人格形成の理論をどのように発芽させたのかに注目する。したがって，大英帝国時代に近代のスポーツモデルを世界に提示したヴィクトリア時代までを取り上げることにする。

② 宗教改革以前のキリスト教とスポーツ

[中世のキリスト教とスポーツ：イギリス・スポーツの基層]

・ローマ支配

ブリタニアがローマ帝国の属州に降ったのは紀元43年からのことであった。2世紀後半にはケルト民族のドルイドを抑圧しつつキリスト教が伝播していた。314年，アルルの宗教会議には3人の代表が出席したといわれる。410年，西ローマ帝ホノリウス(Honorius)はローマ軍のブリタニアからの撤退を命じ，ここにイギリスにおけるローマ支配は終わりを告げたが，初期キリスト教はケルト教会の形成をもたらした。

・アングロ・サクソン七王国

ケント，サセックス，エセックス，イーストアングリア，マーシア，ウェセックス，ノーサンブリアからなるアングロ・サクソンの七王国は6世紀末までに建設された。596年に教皇グレゴリウス1世(Gregorius I)は，西ローマのアンドレアス修道院長であるアウグスティヌス(A. Augustinus)をイングランドのケント州に派遣した。翌年にはカンタベリーに聖堂が建てられ，アウグスティヌスが大主教となり，大司教座が置かれるキリスト教の中心地となった。一方，ローマからの伝道団とスコットランドやアイルランドの修道院(ケルト教会)との関係を調整するホイットビー会議(664年)がもたれ，ローマ教会に歩調を合わせる方向が採られた。735年には北部のヨークにも大司教座が置かれた。キリスト教は7世紀半ばにはノーサンブリア，マーシア，イーストアングリア，8世紀にはウェセックスなどで受け入れられた。

・デーン人の侵攻

イングランドでは829年にウェセックス王のエグバート(Egbert)がマーシアを征服し，他の王国を従えて全イングランドの宗主権を確立した。その孫のアルフレッド大王(Alfred the Great)は，頻繁にイギリスを襲来し始めたデーン人との戦いに勝利し(878年)，デーン人の首長グスラン(Guthrum)をキリスト教徒に改宗させるほどの宗教家でもあった。彼はデーン人の侵攻によって被った教会と学問の衰退に対する復興に努めた「大王」であった。しかし，デーン人は激しい襲来を繰り返し，イングランドはデンマーク王スヴェイン1世(Sweyn I)の手中に帰した。息子のクヌート(Cnut, 位1016-35年)は，アングロ・サクソンとデーン人を平等に扱い，

キリスト教徒に改宗し，王国会議を開催してデーン・ロー(Dane Law)の遵守を誓約させ(1018年)，長年の戦乱で荒廃した教会の復興に努め，デンマーク王を兼務した。しかし，彼の築き上げた海上帝国は，1042年にアングロ・サクソン朝の復活により崩壊した。

・ノルマン支配と封建制

アングロ・サクソンとデーンとの争いの虚を衝いて，ウェセックス王家の遠縁にあたるノルマンディー公ウィリアムがイングランドを征服してウィリアム1世(William Ⅰ, 位1066-87年)となってノルマン朝を開いた。いわゆるノルマン征服である。ノルマンの支配はイギリスに封建制度の成熟をもたらした。すでにアルフレッド大王の頃には主従関係が土地の授受を媒介とするものに移行し，一方，多くの農奴が生み出されていた。ノルマン征服後，国王の諸部族首長に対する地方分権的支配，荘園制の発達，兵農の分離，農奴の発生，騎士階級の発生という封建制の特徴が明確となる。

ノルマン征服後，ローマ・カトリック教会の影響が強くなった。イングランドでも「カノッサの屈辱」(1077年)と同様，ローマ教皇(教権)と王権(俗権)による司教や修道院長の任命をめぐる「叙任権」闘争が存在した。聖職を国家主権のもとに置こうとして「クラレンドン憲章」(1164年)を出したヘンリー2世(Henry Ⅱ)は，ローマ教皇への服従を強制しようとしたカンタベリー大主教のトマス・ベケット(T. Becket)を暗殺した。また，対外政策の失敗からフランスにあった所領地を奪われたジョン王(John, 位1196-1216年，欠地王)は，カンタベリー大主教の選任で教皇イノケンティウス3世(Innocentius Ⅲ)と対立し，王位を否認されてイングランド全土を教皇に献じ，改めて封土として受ける屈辱を喫した。一方，ローマ教会に疑義を呈したジョン・ウィクリフ(J. Wycliffe)のロラード派の思想は14世紀の農民一揆に影響を与えると同時に，ルネサンス期のプロテスタンティズムの主張を先取りするものであった。

・騎士階級の身体文化

十字軍の遠征(1096-1291年にわたり8回)は，異教徒からの聖地奪回というキリスト教への献身によりヨーロッパ諸国におけるキリスト教の普及を促進し，「騎士道」の結晶化をもたらした。叙任は国王への誓約と神への信仰を前提とした。イギリス中世における騎士階級の身体文化は，「騎士の七芸」と呼ばれた馬術，剣闘技，斧，馬上槍試合，弓術，レスリング，水泳等によって構成された。馬上槍試合を内容とするトーナメントはイギリスに12世紀頃に伝えられた。トーナメントに対する姿勢は多様であった。1135年，ノルマン朝のスティーブン王(Stephen, 位1135-54年)は許可したが，プランタジネット朝のヘンリー2世は禁止した。リチャード1世(Richard Ⅰ, 位1189-99年)は騎士のトーナメントを奨励し，5ヵ所の開催場を設けた。トーナメントに加えて，ジュースト，ティルティング，クインテイン，リングなどの多様な馬上の槍術があった。

・狩猟

貴族や騎士，高位聖職者は狩猟に対して特権を有した。アングロ・サクソンの時代から，狩猟や鷹狩りは高貴な身分のスポーツとされた。僧侶の狩猟は「教会法」(Canon Law)により禁止された。960年の教会法は，司祭の狩猟，鷹狩り，賭博を禁じている。しかし，高位聖職者には「チェイス」(chase)と呼ばれる猟場の所有や，王の猟園での狩りの同伴が許された。エセルレッド2世(Ethelred Ⅱ, 位約968-1016年)の頃に「狩猟法」(game law)が制定され，「御猟地法」(forest law)とともに狩猟を取り締まる法が整備され始めた。王の御猟地は拡張され，一時にはイングランドの3分の1を占めるに至ったという。しかし，次第に地方郷紳の猟園所有を認める傾向が生まれ，狩猟法の重要性が増した。獲物にランクがあり，鹿と猪は王の獲物とされ，狐，ウサギ，穴熊，カワウソ等は郷紳たちの獲物とされた。庶民に残された獲物は狼だけであった。狩猟は世俗権力，教会権力の重要な監視領域であった。1381年，ウォット・タイラー(W. Tyler)やジョン・ボール(J. Ball)の率いる農民一揆は，教会財産の分配や，狩猟と釣りの自由を要求し，ロビンフッド(Robin Hood)を英雄に仕立て上げた。1389年には年間10ポンド以下の収入の司祭や僧侶，また10シリング以下の非聖職者に対して，犬を飼ったり狩猟網を使用することを禁じる法律が出された。

・遊戯統制

修道院を監督し社会道徳を指導する教会権力は，ゲーム，スポーツ，レクリエーションの合法性を監視した。中世教会の典型的なレクリエーション観は，聖ヨハネ・クリソストム(Chrysostom)の「キリストは礫にされた，されば汝等は笑うのか?」という禁欲主義に規制されていた。休日以外のレクリエーションに比較的寛容であったトマス・アクィナス(T. Aquinas)も，休日のレクリエーションを認めなかった。ウィクリフは，日曜は神を思索し，神に語りかけ，神を崇める安息日遵守を重んじた。神学者たちは軍事訓練や食物を得るための狩猟以外に一切の身体運動を認めなかった。休日に対する正統派の見解は，休日はすべて神に奉仕するものであった。イングランドの指導的な教会法学者リンドウッド(W. Lyndwood)によると，日曜日はもっぱら聖歌で過ごすべきであった。自治体やギルドも安息日遵守を規程し，教会権力の機能を補強した。1448年の「日曜市場法」は，日曜日の「市」の開設を禁止した。中世は国防，治安，道徳的退廃等の理由から，スポーツやゲームの禁止令，統制令が頻繁に公布された(表2)。

・教会暦と農耕暦

教会は庶民の娯楽を撲滅しようとするよりも，異教の神々をキリスト教に取り込み，異教的崇拝を聖人への崇拝に置き換えようとした。しばしば「聖人日」は教区の異教的徹夜祭と結合した。教会は多様なキリスト教の祝日や聖人日を準備した当事者であった。キリスト教の祝日は，異教的，農耕的な暦と融合し，一種の季節的リズムと共同体の結束をもたらした(表3)。イギリス中世の民衆スポーツの基盤は祭日スポーツにあった。アルフレッド大王の頃の法律によると，自由民は聖母マリア生誕祭の12日間，受苦日，聖ジョージの日，復活祭前後の14日間，聖ペテロの日，聖パウロの日，聖ブライスの日，万聖節，聖職按手節(四季の斉日)の4つの水曜日に仕事を休むことが規程されていた。12世紀にフィッツスティーブン(W. Fitzstephen)は，告解火曜日に闘鶏が行われたり，冬には牛いじめや熊いじめが行われ，収穫祭にはレスリングが恒例で行われ，その他に剣

表2 イギリス中世における主な遊戯・フットボール統制令および言及

年	主な遊戯・フットボール統制令および言及
1280	聖三位一体の祝日（トリニティー・サンデー）にアファム（ノーサンブランド）で球技の最中に起こった死亡事故に関する報告が伝わっている。フットボールの可能性の高い「球技」であるが，特定はできない。
1287	エクセター（デボンシャー）の教会会議で教会構内でのスポーツを規制。
1303	ボーン（リンカンシャー）のロバート・マニングは「罪悪論」の中で教会構内でのスポーツを神聖冒涜として批判。
1314	エドワード2世の治世，ロンドン市長ニコラス・ファーンドンの任期中（1314年頃），治安維持のためフットボールを禁止する布告が出される。
1321	アヴィニョン幽閉中の教皇ヨハネ22世がショウルダム（ノーフォーク）のセンプリンガムのギルバート修道院所属の律修司祭ウィリアム・ド・スポールディングに対して，フットボール中で在俗の友人を死に至らしめた事故を特免状で咎なきものとする。
1331/32	エドワード3世治世第6年にフットボールを禁止する命令が出された。
1364	①エドワード3世治世第38年には，イーリー（ケンブリッジシャー）の教会会議は，聖職者がすべての世俗的競技に参加することを禁じる。 ②「ロンドンの執行官（シェリフ）に告ぐ。当市の身体強健なる全男子は祝祭日には，余暇ありて運動をなすに際しては，弓矢または石玉または太矢を用いるように布告し…石投げ，ロガット（杭の一番頂殻にピンなどを投げた者が勝つ遊戯）および鉄輪投げ，ハンドボール，蹴球（pilam pedivam）または他の何の価値もなき無益なる遊戯に手を出すことを禁止し，この近世に遵背せば投獄すべきこと。国民は，貴賤を問わず，これまで遊戯をなすに際しては上述の技を行い来たり，されば神の御助けにより戦いにおいて王国は名誉し，国王は優位をかち得しなり。さるに，今や上述の技は全く廃れたるに等しく，国民は先述の遊戯および他の不名誉にして不経済ないしは無益なる遊戯に取り，ために王国には射手失せなんとす。」
1365	6月12日布告。国防上の措置でロンドンで蹴球が禁止された。
1384	1384年没のジョン・ウィクリフ，説教の中で比喩として蹴球に言及。「当節ではキリスト教徒は時には教皇に，時には司教に，時には枢機卿に，また時には司教の下の高位聖職者にと蹴り回されている。この連中はまるで蹴球でもしているかのように靴を懲戒罰で繕うのだ。」
1388	（リチャード2世の治世第12年）フットボール禁止令。 「されどかかる使用人・労働者は安息日，その主日曜日および祝祭日に用いるべく，ハンドボールたると蹴球たるとを問わず（a la main comme a piee），あらゆる球技を止め，鉄わむ義，さいころ遊び，石投げと世場るる他の遊戯，またはこれに類する他の嘆かわしき遊戯を止むべきなり……」
14世紀後半	チョウサーの時代。中西部の著述家，リリシャル（シュロップシャー）のジョン・マークは「教会司祭への指図」の中で教会構内でのスポーツを批判した。「彼らがそこではいいままに軸棒や石を投ぐるを放置するべからず，球技や鬼ごっこやこれに類する遊戯を閉め出すべし。」マークは特に蹴球に言及しているわけではないが，彼の作品のオックスフォード大学所蔵本で，ほぼ同時代の注釈者は「ダンス，ボーリング，テニス，ハンドボール，蹴球，ストゥールボール，および他のあらゆる種類の遊戯」と付け加えている。
1409	ヘンリー4世の治世第10年には，ロンドンで婚礼の際に蹴球のための金を徴収することを禁じる布告が出された。
1410	ヘンリー4世の治世第11年，リチャード2世の治世第12年（1388年）に定められた蹴球を禁じる法令が守られなかったことから，このような軽罪の行われた都市の首長や執行吏に対して，従来の6日間の禁錮刑20シリングの科料が加えられた。
1414	ヘンリー5世の治世第2年（5月4日）には蹴球を禁じ，弓術の練習を命じる新たな布告が出された。
1421-1423	ロンドン醸造業組合の記録集第1巻（収支明細および他の記録1418-1440）における1421-23年度の明細の一項として，最初に「上記2年度わが組合の会館を賃借した職業組合と親睦団体の名称，およびその支払いたる金額」が掲載されており，ついで第6項に「蹴球競技者より二度納入……20ペンス」とされている。
1425	顕現日（エピファニー）の後に召喚されたジョン・ヘンディマンは，故ウィリアム・セルウィンの洗礼の日付を思い出した。 「というのは，その日（1403年8月24日）の聖バルトロマイの祝日に，セルムズトン（サセックス）で，上述のウィリアムの洗礼の直後に他の仲間たちと蹴球をしていて，その最中に左脚を骨折したからである（Mgoun, p13）。 同年1425年12月13日，チダム（サセックス）のジョン・クームズは，チダムのロバート・トークの洗礼の日（1404年，9月23日）を，全く同じように思い出すことができた（Magoun, p13）。」 11月25日の殉教者聖カタリナ（アレキサンドリアの処女，310年頃の祝日に蹴球（ludentibus ad pilam pedalem）が，ビスター（オックスフォードシャー）の修道院地殻で数名の人によって行われた。
1448	安息日遵守は行政やギルドによって取り締まられた。今日まで残る最古の安息日遵守法である安息日市場法（1448年）は，「現世の貪欲」から日曜の市場を閉鎖することを拒否する人々の支持によって通過した。
1450	4月20日，ハリファックス（ヨークシャー）で全協区民に対して「何人といえども，以後，さいころ遊び，ボーリング，または蹴球，もしくは他の不法なる遊戯をなすべからず，これを犯したる時は，個々の罪科につき12ペンスの罰金を課すものとす」という布告が発せられている。
1454	蹴球（sphera）を罰金4ペンス増額して禁止。この命令に従わなかった数名の者が告発され逮捕された。
1467	10月22日，レスターの条例。 「当市またはわが国の何人といえども，法令および議会によって禁止せられたる不法なる遊戯，すなわち，さいころ遊び……テニス……蹴球……を当市の管轄区域内にて行うを得ず。而して，これらの遊戯が行われたる家屋，庭園または屋敷の所有者は，その行われたる事実の発覚したるにおいては，収入役に4ペンスを，また各遊戯者は同じく収入役に6ペンスを，また書く遊戯者は同じく収入役に6ペンスを，共同体の用に供すべく支払うべきものとす。」この地方制定法は，上位にある全国法と同様に不首尾に終わったのだが，1488年6月5日に再び公布された。
1474	エドワード4世の治代14年，5月28日召集の議会で弓の価格が高いために弓術が阻害され，民衆が禁じられた遊戯に走っていることが報告された。
1477	エドワード4世の治世第17年法令第3号では，蹴球がはっきりと名指しで禁じられており，その代わりに弓術が奨励されている。「1．わが国の法律によれば，何人といえども，さいころ遊び，鉄輪投げ，蹴球，蹴球の如き不法なる遊戯をなすべからず，身体強健なる者は皆，国防は射手に依ること大なれば，弓術の習練を行うべきものとす。」この法令は1477年にもう一度繰り返されている。
1478-1479	エドワード4世の治世第19年3月16日に，ロンドン市長により，蹴球（foteball）に関連して，弓術の練習を優先すべきという特別布告が出される。
1496	ヘンリー7世の治世第11年，職人・労働者・召使に対して，クリスマス以外のいかなる時にもすべての不法な遊戯（蹴球は特に名指しされていないが）をすることを禁する新しい法令が発布されている。
1514	アレグザンダー・バークレーの「牧歌」第5歌「アミンタスとファウストゥス」にフットボール描写。 「どの時節にも喜びや楽しさがある。街景を見よ，幼い少年たちを見latteいよ，果実のなる季節に彼らは楽しさに歌いかつ跳ね，春には各々が独楽回しに余念なく，今や冬ともなれば，厳寒にもめげず，裂けてぼろぼろになった服を着ている。大人たちが肥えた豚を屠殺するのに忙しい時，彼らはご馳走にありつけるものと期待して大喜びし，膀胱を貰って大きく膨くなるまで膨らませ，その殻の発覚にたるしたる），たくさんの豆をその中に入れる。空中高く投げ上げると，それはじゃらじゃらと音を立て，きらきらと美しく輝く。各人が競って手や足で，膀胱の袋を叩いては大いに楽しむ。それが地面に落ちると，再び突き上げるが，このように苦労するのを何とも思わない。走ったり跳ねたりして寒を吹き飛ばすのだ。元気で強くて勇敢な逞しい農夫は，蹴球ボールを押し進めることで冬に打ち勝ち，骨の折れるのも，何度となくひどく転んだことも忘れる。」
1519	①文芸復興期には蹴球をする一連の修道士が見られる。 ホーリッジ（バッキンガムシャー）の聖マリア教会の助司祭（chapellanus）であるが，蹴球をしたことで司教の激怒を買った。彼はシャツ姿での競技をした（ludit ad pileam pedalum in camisia sua）といわれており，早朝にチェシャム（バッキンガムシャー）の教会まで大急ぎで行き，そこでは愛好する娯楽の時間を多く取るために，終課を含むその日の聖務日課を全部読んでしまうことをしていた。罪の深さをいっそう大きくした。彼は速やかに聖職禄を剥奪された。 ②同年にウィンチェスター校の校長（1495-1501）で後（1502-1535）にイートン校の校長兼評議員であったウィリアム・ホーマンの著した教科書「ウルガーリア」に学校での蹴球に関する初期の言及がある。
1533	告解火曜日のフットボールに関する最初の記録は1533年。

（出典：E.P.マグーンJr.『フットボールの社会史』〈岩波新書〉［忍足欣四郎 訳］，岩波書店，312より作表）

表3　教会暦およびその他の祭日

教会暦・その他の祭日				農民生活の12ヵ月
降臨節	Advent	12月3日-24日	クリスマス直前の期節で，11月30日に最も近い日曜日から4つの日曜日を含む。顕現日に行う洗礼の準備の断食日の意味をもっていた。8世紀から教会暦の1年の初めの時とみることになった。主イエスの受肉来臨すなわちクリスマスを迎える心の準備をするとともに再臨の準備の時でもある。	12月脱穀
降誕日	Christmas Day	12月25日（英新式） 1月6日（英旧式）	キリストの降誕記念日。12月25日に祝った最古の記録は336年で，ローマの「フロカルスの暦」にみられる。この日にキリストの降誕を祝ったのは異教の〈太陽の誕生〉の祭りに対抗して〈義の太陽〉の出現を祝うためにローマから広がったと考えられている。 冬節季。四季支払勘定日（Quarter Days）の1つ。	
顕現日	Epiphany	1月6日	異邦への救い主の顕現を祝う日。クリスマスから12日後（1月16日）。東方教会で3世紀から始まったもので，当初はキリストの受洗の祝日であった。4世紀頃，西方教会では星に導かれて東方の博士がキリストを礼拝に来たことを，異邦人に対する主の顕現として祝うようになった。	1月犁耕
顕現節後 第1月曜日	Plough Monday	1月9日	キリスト降誕日より12日目，すなわち1月6日の顕現節後第1月曜日で，この日をもって耕作を始める。	
聖燭節	Candlemas Day	2月2日	聖母マリア清めの祝日（Purification of the Virgin Mary）で，蝋燭行列を行う。	2月剪定
懺悔火曜日 大斎始日	Shrove Tuesday Ash Wednesday	2月28日 3月1日	大斎第一主日前の水曜日で，〈灰の水曜日〉とも呼ばれる。中世から西方教会では懺悔者が灰をかぶったことからこの名がある。聖公会では断食日として，また大斎懺悔式を行う。	
大斎節	Lent	3月5日- 4月15日	四旬節，レント，受難節とも呼ぶ。復活日の6主日を除いた40日間。起源は2世紀頃にみられ，復活日前夜に洗礼を受ける志願者が，その前に教育を受け，断食，祈祷して準備した時期。40日という期間は，キリストの荒野の誘惑に先立つ40日の断食に由来する。このことから克己，修養，懺悔の特別の期間と考えられてきた。	3月砕土
み告げの 祭り	Lady Day （Annunciation Day）	3月25日（英新式） 4月6日（英旧式）	春節季。四季支払勘定日（Quarter Days）の1つ。「み告げ」とは天使ガブリエルが聖母マリアにキリストの受胎を告知したこと。	4月宴飲
復活前主	Palm Sunday	4月9日	棕櫚の主日，枝の主日とも呼ばれる。復活祭直前の日曜日。イエスのエルサレム入城を記念する日曜日。この日は聖週間が始まり，7世紀頃から西方教会で一般的になった。この日には棕櫚の枝が教職や信徒に配られた。	
聖週	Holy Week	4月9日-15日	受難週ともいう。棕櫚の主日から復活日の前日までの1週間。受難に関する行事が行われるようになったのはエルサレム教会からで，4世紀頃の文書には受難に関する様々な行事が記録されているという。	
復活前 木曜日	Maundy Thursday	4月13日	受難週の木曜日。聖餐（主の晩餐）が設定された日として記念される。この日には国王・主教・修道院長等が貧しい人々の足を洗って贈り物をした慣習があったことから洗足木曜日とも呼ばれる。	
受苦日	Good Friday	4月14日	受難日，聖金曜日とも呼ぶ。キリストが十字架に磔となった日。初代教会の時代からキリストの受難と死を追悼する特別の日。17世紀以来，主の十字架上の3時間を忘れぬよう，3時間の礼拝を守ってきた。	
復活日	Easter Day	4月16日	キリストの復活を祝う最も重要な祭日。教会暦中で最古の祝日でユダヤ教の過越しに由来する。Easterの語源はゲルマンの春の女神〈Austro〉から来ているといわれ，春分の日に行われていたので，キリスト教とアングロ・サクソンの習俗が混合したと考えられている。春分の日の最初の満月の次の日曜日に祝われる。ユダヤ暦のニサンの14日に復活を祝う教会と，その次の日曜日に祝う教会とがあり，この復活日論争はニカイア総会議（325年）がもたれ，春分の次の満月の次の日曜日を復活日とすることが決められた。ユダヤ教でニサンの月は正月を意味し，大麦の収穫の始まりを祝う月でもあった。	
五朔節・ 五月祭	May Day	5月1日	山櫨の花枝を森林から採集し，村一番の美少女をメイ・クイーンに選んだり，メイ・ポールを立ててその周りで踊ったり楽しんだ。	5月牧羊
昇天日	Ascension Day	5月25日	キリストの昇天を祝う日。4世紀には復活の40日目（木曜）が昇天日として守られた。	
聖霊降臨日	Whitsunday	6月4日	復活日から50日目，昇天日の10日後の日曜日。聖霊が使徒達の上に降臨した日とされ，降誕日，復活日とともに教会の三大祝日である。西方教会ではこの日は復活祭の前夜に次ぐ先例の機械と考えられていた。祝祭はこの日から1週間連続して行われるのが慣例であった。	6月乾草つくり
三位一体 主日	Trinity Sunday	6月11日	聖霊降臨日後の最初の日曜日。キリストの生涯と聖霊降臨を記念し，三位一体の神を仰ぐ日。教皇ヨハネ22世の頃から（1334年）守られるようになった。	
バプティス マのヨハネ の祭り	Midsummer Days	6月24日（英新式） 7月6日（英旧式）	夏節季。夏至。四季支払勘定日の1つ（Quarter Days）。バプティスマのヨハネの祭日は，St. John's Dayとも呼ばれる。	7月伐木
収穫祭	Lammas Day	8月1日	八朔。四季支払勘定日の1つ（Quarter Days）。	8月刈り込み
ミカエル祭 日	Michaelmas Day	9月29日（英新式） 10月11日（英旧式）	秋節季。四季支払勘定日（Quarter Days）の1つ。収穫と納税の日。ミカエルマス祭には鷲鳥を食する。	9月養豚 10月鷹狩り
諸聖人の日	All Saints' Day	11月1日	固定祝日。すべての聖人の祭日。古くは「万聖節」と呼ばれていた。カトリック教会に限らず，聖公会や正教会でも設けられている祝日。Hallowmas（10月31日）の前夜をHalloween。HallowmasはAll Saints'の旧称。動詞 hallow には神聖なものとする，あがめる等の意味があり，名詞には聖人の意味がある。	11月焚き火

注：教会暦には固定祝日と移動祝日があり，ここでは1995年度の聖公会の場合を想定している。

（出典：『キリスト教大事典　改訂新版』　教文館，1968を参照して作成）

術やボウルズが庶民に広く浸透していたことを伝えている。また，マコナヒー(M.W. Maconahey)は中世後期におけるイギリスとフランスにみられるスポーツ種目を表にまとめているが(表4)，これらの多様な中世の民衆スポーツは，封建的身分秩序，共同体規制，教会支配という中世的構造のなかにあって，根強い民俗性と祭日制度，農耕暦と教会暦を基盤に，近代へと通流するスポーツの豊かな底流を形成していたことを教えてくれる。

③ 宗教改革期のキリスト教とスポーツ(1500-1600年)

[テューダー朝：宗教改革とイギリス国教会の確立]

大陸では，ルター(M. Luther)によってローマ教皇の免罪符濫売に対する95か条の抗議書によって宗教改革の狼煙が上げられた(1517年)。イングランドの場合，宗教改革の端緒はヘンリー8世(Henry Ⅷ)の離婚問題にあったが，目的はローマ教会からの分離独立を意味する国王至上法(1533年)を制定し，「イングランド教会における唯一の最高の首長」を宣言して聖・俗を掌握する絶対王政を確立することにあった。ヘンリー8世によるイギリス国教会の確立は，必ずしもイングランドの順当なプロテスタント化を意味したわけではない。小修道院の解散(1536年)，大修道院の解散(1539年)と絶対王政の強権をふるったが，「六か条」の制定(1539年)で化体，一種聖餐，司祭の独身，貞操の誓い，個人ミサ，聴罪告白を残し，ルター派やカルヴァン(Calvin)派と一線を画した。

エドワード6世(Edward Ⅵ, 位1547-53年)の短い治世の間に，国教会は急速にプロテスタント化した。幼き王を助けたのがカンタベリー大主教クランマー(T. Cranmer)とエドワード6世の伯父サマセット公(Duke of Somerset)であった。サマセット公は「六か条」を廃棄し，クランマーの祈祷書の使用を強制して，プロテスタンティズムをもたらした。1553年には信仰の基準を示す「四十二か条」を定め，完全な新教国へと舵を切った。

エドワード6世が16歳の短い生涯を閉じ，ヘンリー8世の最初の妃の娘であるメアリ1世(Mary Ⅰ)が王位を継承した。女王は熱烈なカトリック教徒であった。ヘンリー8世とエドワード6世時代の反ローマ教会的立法をすべて破棄し，イギリス国教会のローマへの復帰を宣言し，異端弾圧によって多くの新教徒を処刑した。

1558年にメアリ女王が病死すると，異母妹のエリザベスが王位を継承した。エリザベス1世(Elizabeth Ⅰ, 位1558-1603年)は，1559年に国王を国教会の主権者としてローマ教皇の主権を否定する「首長令」と「礼拝統一法」を発布し，1563年に「四十二か条」を修正した「三十九か条」を制定した。聖書を唯一の拠り所とし，予定説を採用するなど，カルヴァン主義に近いものであった。しかし，カトリシズムに近い主教制度を残した。国教会は，フッカー(R. Hooker)の唱えるアングリカン神学に沿って，カトリックとピューリタンの両極端を排除する「ヴィア・メディア」(中道)をとる「アングリカニズム」(イギリス国教会の教義)を確立した。

・スポーツ

宗教改革期にスポーツはまだ中世の余韻を引きずっていた。中世に見出された遊戯統制はテューダー朝でも見出された。いまや国王はローマ教皇やカンタベリー大主教を凌ぐ「聖」を司る頂点に立った。1383年の浮浪者取締法は，1495年になると浮浪者にとどまらず，奉公人や徒弟たちのバックギャモン(ボードゲームの一種)，テニス，クロシュ(格闘技の一種)，ダイス，カード，ボウルズなどの「非合法ゲーム」をクリスマス以外に行うことを禁止するものとなった。こうしたゲーム統制は，1536年，1589年と繰り返された。大衆娯楽の商業化が進展し，熊いじめ，牛いじめ，闘鶏などの闘技場や賭博場も増加した。こうした動向に対応して，貧しい者の賭博を禁止する法律が1542年に出され，「彼らの怠惰と放蕩」防ぐために，テニス，テーブル賭博，カード，さいころ賭博が禁止された。王の特許状を得て独占化する傾向もあった。1540年には，スペイン人やイタリア人によるフェンシングの学校が開かれ，ロンドン防衛術協会に特許状が交付された。1597年，ベディングフィールド(Bedingfield)は，ロンドンとウェストミンスターで10ポンドの加入金を取るテニス，ボウリング，カード，ダイスなどの経営独占権を申請して許可された。1541年の法令では，ボウルズのアレーは，富裕階級のみに所有が許された。こうした一連の遊戯統制は，人々の道徳を管理し，国と地域社会の治安を維持する最も重要な政策でもあった。

農村部では，中世以来伝承される地方次元の競技会が残っていた。多くは，中世以来の教会暦や農耕暦の宗教的，季節的リズムを保持していた。地方競技会には，よく知られているグロスターシャでの聖霊降臨節に行われるコッツウォルド・ゲームズがある。エリザベス時代にはすでに復活されて行われていたこの大会は，ジェームズ1世の許可を得て復興されたもので，やり投げ，ハンマー投げ，フェンシング，コーシング，乗馬，競走，跳躍，ダンス，レスリング，馬跳び，シンキックス(フットボールの一種)などの種目をもつ広域の人々に公開された競技会であった。このほかにも，スミスフィールド，ブライドウェル，エリーパレス等の地方でも競技会があった。

・体育・スポーツの思想

テューダー・ルネサンス期には血腥い宗教改革を伴ったが，比較的バランスのとれた人文主義者たちのスポーツ観が披瀝された。1516年，ヘンリー8世の離婚問題で犠牲になったカトリック教徒のトマス・モア(T. More)は，『ユートピア』(1516年)で，虚飾，虚妄によって生じる快楽，博打などの放蕩無頼の遊び，狩猟や鷹狩りなどの冷酷な心情を増長させる遊びを許さず，将棋や算数ゲーム，音楽や知的快楽を推奨した。しかし，「健康は快楽そのもの」であり「人間最大の快楽，いわばあらゆる快楽の根源」と考えていた。メアリー1世の宮廷教師をしたことのあるスペインの人文主義者でカトリック教徒のヴィヴェス(J.L. Vives)は，『学校対話篇』(1539年)で，遊びを時期，仲間，種類，賭け金，作法，時間の6つの要点から分析し，遊びを楽しく行うために小額の賭けを認めた。イギリスの人文主義者トマス・エリオット(T. Elyot)は，『統治者論』(1531年)で，統治者となる子どもの教育におけるレクリエーションと道徳との関連に注目し，「生まれのよい本質と性格をもつ子どもが，喜ばしい才能とともに徳においていかに訓練」されるべきかを論じ，

「勉強と，真面目で適当なスポーツやレクリエーションを取り混ぜる」ことが重要であると主張した。幼いエドワード6世とエリザベス1世の子ども時代の家庭教師を務めた著名な人文主義者アスカム(R. Ascham)は，『弓術論』(1545年)で，「真剣に取り組まれる仕事は真面目な余暇によって活気づけられるべきである」と述べ，カードやダイスが「悪事を卑劣に覆い隠す夜」という教師をもつのに対して，弓術は「日光」「戸外」という決して悪事に導かない教師をもつと述べた。また『教師論』(1570年)では，「的確に馬に乗り，ジューストやリングで正しく馬を走らせ，あらゆる武器を操作し，弓や鉄砲を正しく撃ち，活発に棒高跳びをし，走り，跳び，格闘し，泳ぎ，上手にダンスをし，優雅に歌い楽器を演奏し，鷹狩りをし，テニスをするなど，労苦と結びつき，戸外や日中に行われ，戦時にも平和時の楽しみにも用いられるこうしたあらゆる気晴らしは，適当かつ上品であるだけでなく，宮廷紳士が用いるのに非常に必要なものである」とした。1561年にマーチャント・テイラーズ校の初代校長となったマルカスター(R. Mulcaster)は，『提言』(1581年)で，「精神が子どもの最善に向かって教授されるように，肉体もまた，子どもの最善に保たれる」として，イタリアの文献医学者メルクリアリス(Mercurialis)の『体操術』(1569年)から古代ギリシャのギュムナスティケーを学び，先進的な体育論を展開した。彼は多くの論者によって酷評されたフットボールを筋肉を引き締め，虚弱な脚によい運動とし，ゲームに審判を置き，プレイヤーを少人数にし，サイドを分け，ポジションを設けることによって，このゲームが健康的な訓練に値する運動となることを主張した。

④ ピューリタン革命期のキリスト教とスポーツ (1600－1660年)

[スチュアート朝とピューリタン革命：絶対王政から共和制へ]

1603年にエリザベス1世が没し，スコットランドのジェームズ6世がイングランドのジェームズ1世(James Ⅰ，位1603－25年)としてスチュアート朝を興した。ピューリタンの「千人請願」を受けた王は，ハンプトンコート会議で「主教なくして国王なし」としてイギリス国教会優遇を宣言した。一方，1605年のカトリック教徒による王の殺害を計画した火薬陰謀事件の発覚により，カトリック教徒への弾圧が強まった。

1625年，王権神授説を持ち込んだジェームズ1世の後を継いだのは，第二子のチャールズ1世(Charles Ⅰ，位1625－49年)で，カトリックであった。議会からの「権利の請願」を無視して，11年間にわたる厳しいピューリタン弾圧を推し進めた。イングランドが敗北したスコットランドとの「主教戦争」，短期議会と長期議会の攻防をはさんで，チャールズ1世は議会の指導権を失った。議会はオリヴァー・クロムウェル(O. Cromwell)の独立派が主導権を握った。

クロムウェルは国王の失政を列挙した「大抗議書」を長期議会に提出することにより，王党派と議会派との対立が決定的になった。1642年，王党派(騎士党)・国教徒と，議会派・ピューリタンとの武力闘争となった。議会派はスコットランドの援助を得るため「ウェストミンスターの宗教会議」(1643年)を開き，長老派教会主義(プレズビタリアニズム)でイングランドの宗教を改革することを誓った。議会派は1644年にクロムウェルの鉄騎隊の働きにより王軍をマートン・ムアに破った。

1649年にチャールズ1世は処刑され共和制に移行した。王党派はチャールズ1世の嗣子チャールズ2世(Charles Ⅱ)

表4 イングランドとフランスの中世後期における庶民のスポーツ

遊戯の種目	イングランド	フランス
バックギャモン（ダブル）	○	○
バンディーボール（クロス）	○	○
ビリヤード（クロケー）	○	○
ボウルズ	○	○
ボクシング	○	－
クリーグ（クロズィール）	○	○
ダイス	○	○
フットボール（スール）	○	○
ナインピンズ（ギーユ）	○	○
ジムナスティックス	－	○
ハンマー投げ	○	○
ハンドボール	○	○
ハーリング	○	－
跳	○	○
ロガッツ	○	○
メレーユ	○	○
クォータースタッフ	○	－
鉄輪投げ	○	○
漕艇	○	○
走	○	○
シャトルコックス	○	○
スケート	○	○
スキトルズ	○	○
ティップキャット	○	○
トラップボール	○	－
重量挙げ	○	○
重量投げ	○	○
レスリング	○	○

を擁立して新政府に抵抗したが，1653年，統治章典としての成文憲法が成立し，クロムウェルが共和制で至上権をもつ護国卿(プロテクター)に就任した。1654年には聖職者の資格審査を行う審査委員と聖職者の資格を剥奪する資格剥奪委員が設けられ，教会統制が行われた。こうした独裁と統制は，1658年のクロムウェルの死により崩壊し，三男のリチャードが護国卿を継いだが，1660年に王政は復古した。

・スポーツの書

ランカシャーでは，安息日を厳格に守ろうとするピューリタンと，比較的レクリエーションに寛容なカトリック教徒を含む人々とが，安息日のスポーツとレクリエーションをめぐる争いを起こしていた。ランカシャーを巡幸していたジェームズ1世(James Ⅰ)が，この問題に関してチェスター主教トマス・モートン(T. Morton)と相談して，ランカシャーの住民のために布告したのが，1617年に出された『スポーツの書』として知られている「スポーツについての布告」(Declaration of Sports)であった。1618年，同じ内容の「布告」が全国に再公布された。これらの布告は，安息日や休日(Holy-days)の午後の説教や礼拝の後に，「合法的なレクリエーション」(lawful recreations)や「合法的なスポーツ」(lawful sports)をすることを認めるものであった。その理由はもしそのような機会を認めなければ民衆から「リフレッシュ」のためのレクリエーションの機会を奪い，彼らを飲酒・怠惰に走らせ，戦争の折に役立つ運動から遠ざけるからであった。「合法的」なレクリエーションやスポーツには，安息

日の夕方の礼拝後に行うダンス(男性，女性双方の)，弓術，跳，棒高跳び，その他の害のないレクリエーションや，五月祭のゲーム，聖霊降臨祭のお祭りやモリス・ダンスがあり，またメイ・ポールを立てて行うスポーツや，女性が伝統に従って教会献堂式で教会を灯心草で飾ることが挙げられている。こうした布告は，異教の偶像崇拝につながるとして，ピューリタンによって強く反対された。さらに，テューダー朝の「スポーツ令」と同様，安息日の熊いじめや牛いじめ，そして弓や戦争の鍛錬に差し支えるボウルズの禁止を再確認するものであった。それ以上に，この「布告」は，ピューリタンの政治的進出を阻止する意図があった。1633年，チャールズ1世は，ジェームズ1世の1618年版に付言を添えただけのものを『利用すべき合法的なスポーツに関する臣民への国王陛下の布告』(1633年)と称しスポーツの書として再公布した。教会で読み上げることを拒否した約800名の牧師が追放された。1642年にはメイ・ポールや演劇が禁止となり，1643年には『スポーツの書』は，ピューリタンたちの手によって焚書となった(図2)。

1644年には日曜日の商売やスポーツ・ゲームが禁止された。後には闘鶏や競馬も禁止され，賭博や飲酒の規制が強化された。ピューリタンは祭日を減少させるよう圧力をかけ，クリスマスは特に攻撃の対象となった。1647年に長期議会は従来の聖人日の代わりに学生，徒弟，召使のレクリエーションのために第2火曜日を設けた。1649年，チャールズ1世の処刑により君主制が

廃止され共和制に移行したが，すでにピューリタンが掌握した長期議会と共和制による清教徒政治の貫徹は，共和制の色調を決定していた。1650年には姦通罪は死刑とされ，異教徒のクリスマスを祝うことに対する住民監視と摘発，葬式の時のバグパイプの禁止，賭け事の禁止，メイ・ポールやモリス・ダンスの禁止，劇場や酒場などの閉鎖など，恐怖による快楽の抑圧は，民衆生活から陽気さと楽しみを奪うものであった。

・ピューリタンの体育思想

ピューリタン革命期の教育の目的と特色は，ウェブスター(Webster)の研究によると，「学問の虚飾を社会奉仕に置き換え，よい共和国民をもたらす」こと，「知識の価値を判ずる基準はその有用さ，実用性の度合い」に置くこと，であったといわれる。ピューリタンの体育思想は，感性的，消費的な遊びやレクリエーションの忌避という消極的側面にとどまるものではなかった。神からの「召命」(calling)が天職，職業となるように，ピューリタンは，勤勉な生活の組織化によって，神によって選ばれし存在となることが大切であった(救済予定説)。ミルトン(J. Milton)の『教育論策』(1644年)とデュリー(J. Dury)の『改革学校』(1648年)にみられる体育的なカリキュラムはその傾向を反映している(表5)。また，ピューリタンの学校教師，ブリンスリー(J. Brinsley)は『グラマースクール論』(1612年)の中で「学生のあらゆるレクリエーションやスポーツは，紳士にふさわしいものであることが望ましい。滑稽なスポーツや危険なスポーツ，金のために行われるスポーツは決して行われるべきではない」とし，快楽や感性的喜びは抑制された。また，この時期の教育論におけるスポーツやレクリエーションに関しては，近代的な認識論と理神論を推進したロック(J. Locke)の『教育論』(1693年)を挙げることもできよう。彼の「健全な精神は健全な肉体に宿る」というテーゼ，そして経験論と医学的知見の教育への導入はその後の紳士階級，市民の体育論の典型となった。一方，王党派であったことから長期議会によって追放されたフール(C. Hoole)は，王政復古の年に『旧学校教育法の新発見』(1660年)を出版した。彼の教育論で主張さ

図2　ピューリタンによる「スポーツの書」焚書
(出典：J.A.R. Pimlott. Recreations. より)

れる体育は，ピューリタンのそれと対照をなす。フールは初歩学校に遊び場が必要であり，上級のグラマースクールにも広い遊び場と雨宿りの場所が必要であるとした。レクリエーションのためには，週1度，半休日の「プレイデー」を火曜か木曜に与えるように主張し，学生の遊びに規則を導入して教師の監督を奨励することによって遊び時間の円滑な運営を保障しようとした。

⑤ 王政復古後のキリスト教とスポーツ(1660－1820年)

・王政復古と非国教徒への抑圧

1660年，ピューリタンの築いた共和制は10年で潰えた。チャールズ1世の子，チャールズが亡命先から帰国し，チャールズ2世(位1660－85年)として即位した。サヴォイ会議(1661年)を開いてピューリタンと国教会の調停を試みたが失敗した。騎士議会は「クラレンドン法典」と呼ばれる，ピューリタンを抑圧する4つの法律を成立させた。それは地方自治体法(1661年：公職を国教徒に制限することを目的)，統一令(1662年：イングランドの聖職者と教師に国教会の祈祷書の承認を義務づけるもの)，集会条例(1664年：非国教徒が5人以上集まる宗教的集会の禁止)，5マイル条例(1665年：非国教徒の聖職者は教区の5マイル以内に居住できない)である。そして，1672年に，カトリックのチャールズ2世は，カトリック教徒を擁護する信仰自由宣言を発し，翌年に非国教徒を公職から追放する審査法を発布した。

1682年にチャールズ2世が亡くなると，カトリックの弟ジェームズ2世(James Ⅱ)が王位を継承した。王はクラレンドン法典を厳しく適用し，多くの非国教徒を弾圧し，1687年にカトリック聖職者の復帰を許可する「信仰の自由宣言」を布告した。トーリー党もホイッグ党も，王のカトリックに傾斜した反動政治に危機感を募らせた。ジェームズ2世に男子が生まれると，カトリックの永続を恐れる貴族が，オランダのオレンジ公ウィリアムに使者を送りイングランドの統治を要請した。その結果，ジェームズ2世の娘でプロテスタントのメアリ2世(Mary Ⅱ, 位1689－94年)とウィリアム3世(William Ⅲ, 位1689－1702年)の共同統治が実現した。この名誉革命によって，議会に提出した「権利宣言」(1689年)は「権利章典」として法制化され，国民の自由と権利が保障され，王位継承もカトリック教徒が即位できないように定められた。

1702年，ウィリアム3世が没し，メアリ2世の妹のアンが女王(Anne, 位1702－14)に即位した。アン女王は確固とした国教徒であった。1707年には，スコットランドとの合同法が議会を通過し，大ブリテン王国が成立した。1714年には，トーリー党主導の議会で「教会分裂行為禁止法案」を制定し，非国教徒から子どもの教育を取り上げ，子どもたちを国教会主教の免許を受けた教師の手に委ねることを規程した。そのことから非国教徒の多くの優れた学校が閉鎖され，学校では国教会の教理問答しか教えられなくなった。

・ハノーヴァー朝

アン女王の没後，「王位継承法」に基づいて，ドイツ選帝侯ジョージがイギリス王に即位しハノーヴァー朝(1714－1901年)を開いた。議会はホイッグ党が政権を掌握し，1760年頃まで全盛時代を画す。この頃，イギリスの商業，工業，貿易が活発に展開され，産業革命を準備した。しかし，教会史的にはジョージ1世(George Ⅰ, 位1714－27年)とジョージ2世(George Ⅱ, 位1727－60年)の時代は沈滞と衰微の時代であった。ハノーヴ

表5 ピューリタンの体育思想 －ミルトンとデューリー－

①ミルトンの「教育論策」のカリキュラム

第1段階――ラテン文法，例話と解説による徳と学問への情熱や愛国心の鼓吹(修身科的なもの)，算術(四則)，宗教(聖書の話－夜間)。

第2段階――農業("彼等をして将来祖国の農耕法を改良し，土地改良を行うことに関心を持たせ，それを可能にするために")地理，自然学(鉱物学，植物学，動物学，解剖学)ギリシャ語初歩，三角法，築城法，建築術，機械学，航海術，医学(彼等は必要に応じてしばしば狩猟，鷹狩り，漁労，牧畜，園芸，薬種業，解剖家の経験をする)，詩の鑑賞。

第3段階――倫理学，経済学，政治学("彼等が共和国の危険に，激動期に当って最近われわれの大政治家たちが露呈したような，草のように頼りない人間でなく，国家の確固とした柱石となるために")法律学，神学と教会史(日曜日にやる)，歴史，英雄詩，ギリシア悲劇，政治演説。

第4段階――論文試作，演説術，そのために論理学，修辞学，詩学。

体育

刀，剣による保身術，攻撃的な武器の正確な操作，レスリングのあらゆる組手，騎兵の訓練，戦陣，行進，野営，築城術，包囲，様々な都市や町に馬で遠のりし，商業・貿易などを実際に見聞するし。航海訓練，海戦の実際的な知識を身につける。海外旅行，質素で健康的で適度な食事。

②デューリーの「改革学校」のカリキュラム

段階	学科	内容
第1段階 (4・5歳 ｜ 8・9歳)	母国語	話すこと，読むこと，書けること
	図形	定規，コンパスを用いて様々な事物の線図形を描けること。
	算数	あらゆる数字の意味，目，耳，手によって数，部分量，大きさ，均衡，不均衡など事物の相違を観察する。
	観察	感覚に訴えるあらゆるものの観察と説明できる力。
	歴史	聖書の歴史的教授問答。
第2段階 (8・9歳 ｜ 13・14歳)	作文と図画	印象にあるものの文章化と絵画化。
	観察	この世に現存する自然的・人工的なあらゆる事物を観察することによって想像力を一定の方法へ導くこと，商業，手工業のなりたちとその理解。
	古典語	様々な事物の名詞をラテン語，ギリシャ語，ヘブライ語で学習。
	地理	地理の説明と平面図や地球儀を用いて各国を知る。
	代数	たし算，ひき算，かけ算，わり算，分数の約分，比例。
	幾何	幾何の原理と土地測定の実習。
	農業	農業，造園の観察，野鳥捕獲，釣りの観察，とそれらの一般的法則を学ぶ。
	医学	模型，絵による肉体の諸部分と解剖学的知識の獲得。
	歴史	国史，教会史
	古典語文法	ラテン語，ギリシャ語，ヘブライ語の文法と基本的規則。
第3段階 (13・14歳 ｜ 19・20歳)		農業，自然史，建築術，機械術，築城術，のろし，武器，軍事的鍛錬，航海術，ギリシャ語，ラテン語，市民政府の原理，経済原理，自然法，衡平法，数学，光学による時間測定，会計，医学，化学実験，薬剤学，外科学，論理学，修辞学，作詩法。人間の生活を統治していくための知と思慮分別を獲得するために観察されるべきことと，あらゆる人間の歴史を勉強すること。音楽，歌唱，器楽演奏，等。

(出典：中村敏雄 ほか『スポーツ教育』〈シリーズ・スポーツを考える(3)〉大修館書店．1978．41－42)

ァー朝の前半，ジョージ1世からジョージ3世（George Ⅲ, 1760-1820年）までのおよそ100年間を俯瞰すると，王権が次第に弱まり，2大政党と内閣の存在が大きくなり，イギリスの植民地獲得戦争の拡大・増加・激化，金融資本の充実，マニュファクチュアの発達と市場の拡大，第2次エンクロージャーと産業革命の進展，世界の工場化による市場制覇，労働と階級問題の台頭，といった諸問題が生じていたことを知ることができる。

・王政復古後のスポーツ

王政復古が実現すると，ヨーク公はロンドンのストランド地区に巨大なメイ・ポールを立てた。劇場が再開され，熊いじめが復活し，イギリスの伝統的な食事も戻ってきた。しかし，元の日々に戻ることは不可能であった。特に都市では伝統的休日が衰微し続けた。ピューリタンの安息日はイギリス人の生活習慣の一部となり始めた。1625年と75年の安息日遵守法は日曜の旅を禁じていたが，18世紀には眉を顰（ひそ）められるものとなった。日曜の演劇や民衆音楽やダンスは禁止され，日曜の商売も法律によって禁止されたままであった。しかし，居酒屋やティーガーデンで楽しむことは禁止されなかった。ジョンソン博士（S. Johnson）は「多くの幸福が，（人間によって作られた）よい居酒屋や旅籠によって与えられる」としたアメニティー空間はコーヒーやココアを楽しむクラブの流行と重なり，次第に趣味としてのスポーツの組織的な受け皿となる。ジョンソン博士時代のロンドンはジャーナリストや作家のクラブ，その他に政治，討論，ヨット，牛いじめや簸などのクラブがあった。貧しい階級にはパブがあった。また，18世紀にはピューリタンの時代には信じられなかったようなプレジャー・リゾート，医学的理由よりも楽しみのための温泉旅行，海水浴や海浜での楽しみ，といったブームが生じた。

一方，フィールドスポーツは相変わらず貴族階級の主たる戸外レクリエーションであった。1671年の騎士議会の法律は，年間100ポンド以下のフリーホルダーは自分の土地で獲物をとることを禁止した。借地農にはさらに高い制限が設けられた。こうした制限の厳しさはエンクロージャーの進展と地方の貧困，18世紀後期における獲物保護によりさらに進んだ。ハノーヴァー朝において出された狩猟法の数はきわめて多い（表6）。ジョージ1世の1723年の狩猟法は密猟者を厳しく取り締まるために，最高刑を死刑に定めたものであった。この法律は福音主義者の反対もあり，1831年のウィリアム4世（William Ⅳ, 位1830-37年）の1831年法によって緩和された。

牛いじめ禁止の試みは「人道的な理由を奨励するのと同様に，怠け，暴動，酔っ払いを抑止」しようとする法案であったため，1800年と1802年に失敗に帰した。熊いじめと牛いじめは市民革命以前の人気を回復することはなかった。ブラッド・スポーツはストラッツ（J. Strutt）が『イングランド人のスポーツと娯楽』（1801年）に書いているように「現代人の中にある行動様式の洗練と人道主義の広がり」によりますます廃れた。しかし闘鶏は少々例外で，依然として「流行している娯楽」であった。18世紀に，闘鶏はあらゆる階級を惹きつけ，巨額が賭けられ，全国的に告知された娯楽であった。

・非国教派の体育思想

ピューリタン革命期と共和制期の体育とスポーツは，明らかに低迷した感がある。ピューリタンの体育思想は，バクスター（R. Baxter）の穏健なピューリタニズムにより命脈を保った。感性の監視という点では，エキセントリックな否定の態度を抑制し，運動から効能を引き出そうとしている。「嫌いなスポーツを行っている人々を非難するよりも，自分のレクリエーションにおいて自ら規制することに厳しくしなければならない」のであり，「あなたが怠惰な学生や紳士であったなら，歩くこと，乗馬すること，射撃すること，真面目な肉体労働をすることは，あなたの楽しみと利益に結びつく適した運動ではないだろうか」と語りかけた。こうした潜在化したピューリタニズムは，次第に非国教派アカデミーに浸透した。チャールズ2世の時代にモートン（C. Morton）によって設立されたニューイングトン・グリーン・アカデミーには庭とボウリング・グリーンが備えられていた。モートンは「人間における技能や力の運動，獣の怜悧さ，勇気，敏速，その他の卓越は，みるのに楽しく，罪のないものである。被造物における神の知恵や賜物に驚嘆し，賞賛する機会を与えてくれる」と考えていた。このほか，フィリップ・ドッドリッジ・アカデミーやジョン・ジェニングス・アカデミーでは解剖学が教えられていた。非国教派アカデミーの伝統は，「神聖な知識の習得や仕事のための禁欲にあったのではなく，現実の職業に生徒をよりよく適応させる」ことにあった。こうした姿勢は，ベーコン（F. Bacon）の『学問の進歩』（1605年）とハーヴィー（W. Harvey）の『血液循環論』（1628年）を経て，フランシス・フラー（Fuller）の『医学的運動論』（1704年）につながる系譜を形成する。

・福音主義運動とスポーツ

17世紀後期から18世紀にかけて，メソジストや福音主義による「信仰覚醒運動」が興隆した。この時期には1647年にフォックス（G. Fox）のクエーカー（キリスト友会），1740年頃にチャールズ・ウェスレー（C. Wesley）とジョン・ウェスレー（J. Wesley）の兄弟によるメソジスト，1742年にリンジ（T. Lindsey）のユニテリアン，といった社会問題に高い関心を抱くイギリス国教会から分離・独立したキリスト教宗派が生まれた。さらに重要なことは，イギリス国教会も国教会覚醒運動を起こし，トーリー党のウィルバーフォース（W. Wilberforce）らが奴隷貿易廃止促進協会（1787年）の活動に取り組み，人道主義者ハナ・モア（H. More）たちのクラパム・セクトのメンバーとして多くの博愛主義的な活動と社会改良に乗り出した。ケンブリッジ

表6 主な狩猟法改正の年度（1717-1831年）

	年度
ジョージ1世	1717年，1718年，1719年，1722年，1723年
ジョージ2世	1737年，1753年，1755年，1756年
ジョージ3世	1762年，1765年，1770年，1773年，1776年，1784年，1785年，1791年，1796年，1799年，1800年，1802年，1803年，1804年，1808年，1810年，1812年，1816年，1817年，1818年
ジョージ4世	1825年，1826年，1827年，1828年
ウィリアム4世	1831年

（出典：阿部生雄『近代スポーツの誕生と成長』筑波大学出版会，2009. 29）

大学も，シメオン(C. Simeon)によって福音主義(Evangelicalism)の拠点の1つとなった。さらに，イギリスの植民地拡大により国内宣教に劣らず海外宣教の役割が大きくなった。キリスト教知識普及教会(1698年)，福音普及教会(1701年)，アフリカ・東方宣教会(1799年，改称して1812年にイギリス聖公会宣教協会)などが結成された。福音主義者は直接的，間接的に，多くの社会改良に貢献した。国教派，非国教派を問わず，良心を社会の中で形にし，その常識を共有し，社会改良にエネルギーを注ごうとした(表7)。

しかし，マーカムソン(R.W. Malcolmson)の優れた研究，『英国社会の民衆娯楽』(1973年)が指摘するように，産業革命と労働規律，福音主義の育む近代個人主義のエトスが，現実からの一時逃避，日常の抑圧を解禁するはけ口，非日常性の中で仮面性を享受する機会，性的放縦の容認，祭りの寄り合いで地方の有力者が権威を誇示する機会，個人的・共同体的宿根を晴らす機会，共同体的結束や帰属意識を強化する機会，といった民衆娯楽のハビトゥスと多様な社会的機能を限りなく希薄化し始めたという指摘を忘れてはならないだろう。

⑥産業革命期とヴィクトリア時代のキリスト教とスポーツ(1820-1900年)

[近代スポーツの精神の形成]

・産業革命と自由主義

1760年頃から始まる産業革命時代は，約70年間にわたるトーリー党支配が続いた。アメリカに殖民した人々は本国からの独立を決意し，1776年に独立宣言を発した。フランス革命(1789-95年)とその後のナポレオン(Napoleon Bonaparte)の周辺諸国への蹂躙はイギリスに大きな不安を与えた。エンクロージャーと農業革命は小作農やヨーマンの労働者階級への階層分解をもたらし，機械制大工業に伴う熟練労働者の失業，悲惨な労働条件，深刻な幼児労働と労働問題，貧困の大量現象が一挙に噴出した。一方，産業社会で新興の中産階級は新たな自由放任主義と功利主義の哲学を掲げて上昇を遂げていく。ジョージ4世(George Ⅳ)が，精神を病んだ父親のジョージ3世の摂政となったのはこうした産業革命のさなかの1811年であった。自由主義思潮の興隆の中で，結社禁止法を廃止し労働組合の組織を合法化した(1824年)。また，国教徒を抑圧していた「審査法」と「地方自治体法」が廃止され(1828年)，「カトリック教徒解放法」(1829年)が成立した。その後，ウィリアム4世(William Ⅳ，位1830-37年)の時代には187人の貴族と大地主が全議席の658のうち487人の代議士の指名権をもつという状態で「選挙法改正法」が成立した(1832年)。1833年には，自由主義の急激な成長に危機感を抱いた国教会の高教会派の人々は，国教会の権威を再建しようとしてオックスフォード運動を開始した。小冊子の発行を通じてイギリス国教会(アングリカニズム)の伝統，儀式，サクラメントの重要性を訴えた。オックスフォード運動の中心的存在であったニューマン(J.H. Newman)はイギリス国教会の権威の根源を追及することから，ローマ・カトリックに改宗(1845年)するという宗教界ではきわめて大きな事件が生じた。

・ヴィクトリア時代と大英帝国

ヴィクトリア女王の時代(1837-1901年)の時代にも，福音主義者や社会改良家のムーブメントは，いわば社会常識となって存在した。都市労働者の身体退化と道徳的敗退に対して，スポーツやレクリエーションは，特に効果的な対抗策と目された。1836年の土地囲い込み法は大都市付近の共有地の囲い込みを制限し，民衆のための公園やオープンスペース用地の確保に乗り出した。1865年には共有地保存協会が結成され，こうした動向を実効あるものとするように機能し始めた。1871年と1875年の一般公休日法は，産業化の中で著しく減少した休日に歯止めをかけ，クリスマスデー，ボクシングデー，復活祭翌日の月曜，聖霊降臨祭翌日の月曜，8月の最初の月曜を公休日に定めた。この頃，土曜の半日休日制の浸透がみられ，また1週間の有給休暇も

表7　福音主義運動・社会改良運動のもたらした主な影響

年	事象
1787	W.ウィルバーフォース，ズーチの働きかけで，不道徳，飲酒，賭博，安息日違反に対する王室声明が出される。
1802	悪徳の撲滅と宗教・徳行奨励のための協会，結成。
1809	動物虐待防止協会，結成。
1824	動物愛護協会，結成。
1831	主の日遵守協会，結成。
1835	動物虐待防止法，成立。 公道法により路上でのフットボール規制される。
1836	土地囲い込み法，大きな土地の共有地を囲い込むことを制限。
1847	10時間労働法。1802，1819，1825，1831，1833年の工場法を経て。
1855	全国日曜連盟，結成。
1859	レクリエーション用地法。
1865	共有地保存協会，結成。
1871	一般公休日法，制定。

(出典：執筆者作成)

図3　イギリスの日曜日(安息日)遵守
(出典：J.A.R. Pimlott. Recreations. より)

1880年代の各種産業で一般化し始め，1938年に立法化をみた。ピューリタニズムの厳格な安息日遵守主義は，長いこと保守されてイギリスの光景となったが，日曜の営業を緩和する法律が成立したのは1994年のことであった（図3）。

一方，労働運動と社会主義運動が「慈善」を超えて権利運動として興隆した。労働者階級は，彼らを排除した1832年の選挙法に怒りを示し，普通選挙権法の実現を求めて「人民憲章」を掲げたチャーティスト運動を起こした。1848年に鎮圧されたが，1867年には第二次選挙法改正法案により都市労働者に選挙権が与えられ，1884年の第三次の選挙法改革では農業労働者と鉱山労働者にまで拡大された。教会や福音主義者や社会改良家の「慈善」は，国民の義務と権利の問題に移行した。カール・マルクス（Karl H.Marx）の「宗教アヘン」論は，その実際の影響を別にして，社会問題を宗教によってではなく，哲学，政治，経済の問題として解決する方向を示唆した。それは世俗主義への転換を象徴する言葉であった。労働条件，経済条件の改善を目的とする労働組合主義が台頭し，1871年には労働組合法が制定された。1880年代後半から未熟練労働者を組織する動きが生じた。社会主義への動きも興隆した。チャーティスト運動以後，国際労働者協会（第一インターナショナル，1864年），民主連盟（1881年），社会民主連盟（1884年），フェビアン協会（1884年），キリスト教社会連盟（1889年），労働教会（1891年），独立労働党（1893年），労働代表委員会（1900年，後に労働党と改称）などが結成された。

ヴィクトリア時代において，イギリスの植民地は拡張し，1884年から1902年にかけて新たに647万平方キロの領土を支配したといわれる。大英帝国の植民地権益を維持するため積極的な外交を展開した。第一次・第二次アヘン戦争（1840-42年）により香港と九龍島を中国から略取し，クリミア戦争（1854-56年）でフランスとトルコと組んでロシアの南下政策を抑止し，セポイの反乱（1857-58年）を契機としてインド法案を制定し東インド会社を廃してインドを直轄領とし，カナダ法制定（1840年），その新統治法（1867年）により広大なカナダ自治領の成立を導き，南アフリカでのボーア戦争（1899-1902年）ではオレンジ自由国とトランスヴァールを併合した。ヴィクトリア女王は1877年にインド女帝となり，大英帝国の支配力の象徴となった。

・アスレティシズムとキリスト教

イギリスの上・中流階級の子弟のパブリックスクールでは，運動競技を礼賛するアスレティシズムが興隆した。海外の植民地経営，近代産業に求められる生存競争を勝ち抜く体力と精神力，指導者としての資質，健全な体と倫理観の育成が，その興隆の背景にあった。生徒の自ら組織するスポーツ活動を，学校のキリスト教的雰囲気の中で実践することによって，スポーツ活動固有の精神と倫理を作り上げた。クリケット，フットボール，陸上競技などの競技が，イギリス人の若者の道徳と倫理を育成するものとして再発見されていくことになる。そうしたスポーツ精神を覚醒するのに「筋肉的キリスト教」が大きな役割を果たした。国教会牧師で文学者のキングズリ（C. Kingsley）は，『酵母』（1848年），『オールトン・ロック』（1850年）といった社会小説の中で，当時のキリスト教愛によって社会問題や労働問題を解決しようとして，モーリス（F.D. Maurice），ヒューズ（T. Hughes），ラドロー（J.M.F. Ludlow）らとともにキリスト教社会主義を起こした。キングズリは『酵母』で農村問題を取り上げ，農民が村祭りに行うスポーツを擁護し，また『オールトン・ロック』では都市の衛生と健康問題，学生スポーツの健全さを主張した。またヒューズは『トム・ブラウンの学校生活』（1857年）でパブリックスクールでのスポーツが男らしさ，チームスピリット，キリスト教ジェントルマンの資質を育むものと主張し，『白馬の祭り』（1859年）で民衆スポーツの健全さとそれを通じて身につけるスポーツマンシップを主張した。特にヒューズは，モーリスやラドローとともに働く若者のための夜間の労働者カレッジ創設に貢献し，ボクシングを生徒に教えるなど体育活動の組織化に努力した。こうした若者教育と若者組織にスポーツ活動の重要性を認識させる1つのきっかけとなった。このほかにも，社会教育の一翼を担うキリスト教的若者組織が誕生した。

筋肉的キリスト教徒のアスレティシズムは，浸透性のある「競技の精神」「スポーツの精神」の言説をスポーツの実践の場で生んだ。例えば，イートン校，ハロー校，ウィンチェスター校のクリケット三校対抗戦が定期化したのは1834年からであったが，1855年にウィンチェスター校長の圧力により，ロンドンで開催される三校対抗戦から抜けることを強制された。ウィンチェスター校のOB（同窓生）は「もし生徒が，学校を単にクリケッターの苗床だけでなく，クリスチャン・ジェントルマンの教育の場にするのは自らの手に懸かっているという信条をもつならば，まさしく試合は道徳訓練の手段となるであろう」と主張し，校長の干渉に反発した。また，1850年代には，新，旧の設立にかかわらず，国教派，非国教派，私立学校を問わず，キリスト教とアスレティシズムはイギリス人の精神を育成する手段となった。1847年に設立されたラドレー校の創設者の1人，シーウェル（W. Sewell）校長は1858年に学校でのゲームを「神の鍛錬」とし，「キリスト教徒の目からすると，君たちの対抗し合うゲームはきわめて重要であり，神聖であり，尊厳のあるものなのである。それらは私にしてみると宗教的な崇拝に匹敵するものなのである。それらなくしてこのような競い合いを，それゆえに人生の大きな競争の中で，しっかりと自らを行動させるように教えられていないと，君たちの教育は偏った不完全なものとなろう」と述べている。このイギリス・スポーツ，アスレティシズムと，「スポーツは性格を形成する」という信念が，大英帝国の躍進とともに世界に伝播した。

「YMCA」（キリスト教青年会）は，ジョージ・ウィリアムズ（G. Williams）によって1844年にロンドンで組織された。当初，若者の間の人格的な触れ合い，共同の祈り，聖書研究を目的とした組織であった。しかし労働者カレッジと同様，会員の健康とレクリエーションを重要な柱とする若者組織に成長した。また，「ボーイズ・ブリゲード」はグラスゴーでスミス（W.A. Smith）によって，「神の王国を少年たちの間に促進する」ことを目的に準軍事的若者組織として1883年に設立された。こうしたヴィクトリア時代の若者組織は，いずれも，スポーツや体育的活動を重視するものであった。したがってこの延長

線上にベーデン・パウエル (R.S.S. Baden-Powell) によって1907年に創始したボーイ・スカウト運動を挙げることもできる。

・キリスト教と近代体育

　国民教育の普及と「体操」の導入に関してもキリスト教は重要な働きをもった。すでに国教会はキリスト教知識普及教会 (1698年) を組織し, 教区での慈善学校の設立に乗り出していた。また, 国教徒のレイクス (R. Raikes) によって創始された日曜学校等が民衆児童の教育の重要な基盤であった。19世紀初頭に国教会の援助を受けたベル (A. Bell) の国民教会と, 非国教徒の支援を背景にしたクエーカーのランカスター (J. Lancaster) の内外学校協会は, それぞれ助教法による大量教授システムを普及した。ベルとランカスターの助教システムは慈善学校や日曜学校に浸透した。1833年には両協会を通じて学校設置の補助金を支出することになり, こうした民衆学校に体操が導入され始めた。1839年には枢密院の教育委員会に教育局を置き, 視学官が各学校のレクリエーションや運動の準備を督励するように指令され, 既存の運動場を視察し, 体育の授業を行う教生の能力について報告するようにした。1870年の教育法は, 教区に公立学校を設置して初等教育を義務化するためのものであったが, その任意法規 (1871年) で教練と体操を補助金対象の教科体育として認めることになった。1870年教育法は, 主に教会によって担われてきた民衆児童の教育を, 義務, 無償, 世俗という近代公教育の方向に転換するものであったが, ボランタリズムの機能する余地も大きかった。バーミンガム競技協会 (1866年設立) や南ロンドン学校フットボール協会 (1885年設立) は, 1880年代から日曜学校や公立小学校で, 課外ゲームや学校間対抗競技を組織化し始めた。また, この時期に教会や日曜学校を起源にしたフットボールクラブ (以下, FC) が存在した。クイーンズ・パークFC (1867年) はグラスゴーのYMCAによって, ボルトン・ワンダラーズFC (1874年) はランカシャーのクライスト・チャーチから, エヴァートンFC (1878年) はリヴァプールの日曜学校のクラブから, アストンヴィラFC (1888年) はバーミンガムの労働教会のクラブとして派

生してきたものであった。

[イギリス・スポーツとキリスト教]

　イギリスのパブリックスクールで発芽したスポーツを通じて身体と, 人格と道徳を形成する「筋肉的キリスト教」とスポーツ教育の思想は, 近代オリンピックの創始者クーベルタン (P. de Coubertin) の「スポーツ信仰」(sport-religio) や「競技信仰」(religio athleae), そして「オリンピズム」に継承された。クーベルタンの創始したオリンピック・ムーヴメントは, 「世界」の若者を肉体と人格と道徳の形成へと誘う教育となり始め, もはやキリスト教やアングリカニズムによる人格と道徳形成の独占物ではなくなった。また, 近代化と世俗化への動向も, キリスト教的な人格, 道徳形成の理論的基盤を侵食した。そうした中で, 1910年にエジンバラで世界宣教会議が世界教会運動 (Ecumenical Movement) が開始された。その動向が示唆するように, イギリスのスポーツとアスレティシズムは, イギリス国教会 (The Church of England：イギリス聖公会) という「ナショナル」なキリスト教の領域を凌駕し, 「世界」をキリスト教に繋ぎ止めようとするエキュメニカルな動きと連動し始めたことも確かなのである。

参考文献 12.A.02

◆ 浅見俊雄, 宮下充正, 渡辺融 編. 1984. 『体育・スポーツの歴史』〈現代体育・スポーツ体系 第2巻〉講談社
◆ 阿部生雄. 2009. 『近代スポーツマンシップの誕生と成長』筑波大学出版会
◆ 安東伸介, 出口保夫 ほか 編. 1982. 『イギリスの生活と文化事典』研究社出版
◆ 大野真弓. 1984. 『イギリス史 (新版)』山川出版社
◆ 影山健, 中村俊雄, 川口智久, 成田十次郎 編. 1978. 『スポーツ教育』〈シリーズ・スポーツを考える 3〉大修館書店
◆ 小嶋潤. 1988. 『イギリス教会史』刀水書房
◆ 日本キリスト教協議会文書事業部・キリスト教大事典編集委員会 企画・編集. 1968. 『キリスト教大事典 改訂新版』教文館
◆ 日本体育協会 監修. 1987. 『最新スポーツ大事典』大修館書店
◆ 浜林正夫. 1987. 『イギリス宗教史』大月書店
◆ Arlott, John. 1975. *The Oxford Companion to Sports & Games*. Oxford University Press
◆ Dennis, Brailsford. 1969. *Sport and Society. Elizabeth to Anne*. Routledge & Keagan Paul
◆ Hole, Christina. 1949. *English Sports and Pastimes*. B.T.Batsford LTD.
◆ Malcolmson, Robert W. 1973. *Popular Recreations in English Society 1700-1850*. Cambridge University Press (川島昭夫, 沢辺浩一, 中房敏朗, 松井良明 訳 1993. 『英国社会の民衆娯楽』平凡社)
◆ Pimlot, J.A.R. 1968. *Recreations*. Studio Vista
◆ Strutt, Joseph. 1903. *The Sports and Pastimes of the People of England*. Methuen & Co.

（阿部生雄）

アメリカにおけるスポーツとキリスト教 12.A.03

① 植民地による抑圧と受容

　後にアメリカ合衆国へと発展を遂げる北米イギリス植民地。その起源の一端は, 当時のヨーロッパ諸国を席巻していた宗教改革による思想的, 文化的な大変動に求めることができる。とりわけ北部のニューイングランド地方は, イギリス国教会によって厳しい迫害を受けていたピューリタン (清教徒) による植民活動がその母胎であった。それゆえ同地方における, いわゆるスポーツ的な娯楽・余暇行為も, ピューリタニズムによる統制や抑圧を免れることができなかった。

　一方, 16世紀前半にカトリック教会による破門を契機として成立したイギリス国教会は, 娯楽・余暇的な身体運動や競技に対して比較的寛容であったことで知られる。テューダー朝のイングランドでは競馬が奨励され, テニスが愛好された。ヘンリー8世 (Henry VIII) やエリザベス1世 (Elizabeth I) は, いくつものラケットを所有していたといわれる。このような寛容さは, 1618年のジェームズ1世 (James I) による布告にもみることができる。その中で国王は, ダンスやアーチェリーなどを「合法的なレクリエーション」として奨励した (Riess, S. A. *Major Problems in American Sport History*. 22−23. Houghton Mifflin. 1997)。イギリス国教会派が勢力を拡大した南部植民地は, こうした伝統を継承した。したがって, とても親英的なスポーツ文化を開花させた。また, オランダ人による植民を起源とするニューヨーク植民地や, クエーカー教徒が建設したペンシルヴェニア植民地でも, 宗教的な拘束が不在であったか, それほど厳格ではなかった。それゆえ, 独自のスポーツ文化を発達させた (「アメリカ史におけるスポーツ」参照)。

　ニューイングランド地方では, カルビニズムによる禁欲主義によって, 信徒による身体的快楽の追求は厳しく戒められた。したがって, ダンスやトラ

ンプなどの遊戯，飲酒，華美な服装の着用などは禁じられた。神聖政治の下で，娯楽や余暇は弾圧の対象にほかならなかった。プリマスやマサチューセッツなど，ニューイングランドの初期植民地の指導者層は，娯楽や余暇に対する否定的な姿勢を固持した。彼らは娯楽・余暇行為に伴う身体的活動を「悪魔の仕業」とみなして厳罰に処した。マサチューセッツ植民地の初代総督ウィンスロップ（J. Winthrop）が，庶民の飲酒を厳しく戒めた事件を記述する文書も残されている（Struna, N. L. *People of Prowess*. 59. University of Illinois Press. 1996）。

しかし，やがて2, 3世代目の時代になると，ピューリタン共同体でも，戒律が次第に緩和された。その結果，スポーツ的な活動を「非合法的」と「合法的」なものに二分することによって，その一部を容認するという妥協がみられた。「非合法的」活動とは，不道徳的，あるいは有益な目的に結びつかないとみなされた余暇や娯楽のことである。具体的には，ダンス，飲酒，売春，暴力的な遊戯，みだらな祝祭などをさす。これらは，神への献身や新しい国家の建設を妨害する行為と考えられた。ピューリタンの指導者たちはなお，安息日の遵守を徹底させようとし，安息日に狩猟した者をむち打ちに処した。また，イギリス国教会を批判する立場から，テニスやフェンシングを禁止した。そのうえ，カトリック的な祝祭を否認し，牛掛け，熊掛け，闘鶏などを動物に対する虐待であるとして，厳しく取り締まった。

これに対し「合法的」活動とは，子どもや若者に行わせる特定のレクリエーションをさす。それは，健康と頑強な身体をもたらすがゆえに有益，有徳的で，神に承認されたものとみなされた。アーチェリー，水泳，散歩，釣り，狩猟などがその具体例である。これらは労働の疲れを癒やし，勤労意欲を高める活動として奨励された。新世代の指導者マザー（C. Mather）は，運動は，労働するために必要な心身を鍛えるものであると主張した。彼は，自ら手がけた釣りに関して詳細で好意的な記述を残している（Rader, B. G. *American Sports*. 7-9. Prentice Hall. 1999）。

世代交代を重ねるにつれて，回心経験が無くても教会員となることを認める「半途契約」制度が導入された。このことも手伝って，ピューリタン共同体の規律はさらに弛緩した。それに伴って，スポーツ的な娯楽はなおいっそう愛好されるようになった。そんな風潮に危機感を覚えた保守的な指導者層は，1730年から数十年に及んだ「大覚醒」運動を引き起こした。その中では，スポーツ的な活動が新たな攻撃に晒された。競馬は厳しく批判され，飲酒や賭博と結びつきやすいあらゆる娯楽は非難を浴びた。また，そうした行為に興ずる人々は「肉体的快楽におぼれる豚」とけなされた。

② 近代社会の成立と「筋骨たくましいキリスト教」

独立革命を経て19世紀になると，アメリカでは「第2次大覚醒」と呼ばれる改革運動が巻き起こった。第1次が保守反動的な運動であったのに対し，第2次は新しい思想との協調や連携を基軸に展開したことが特徴的である。それまで，キリスト教会は，身体的な力や活動の評価に消極的で，往々にして否定的でさえあった。しかしこれを契機に，身体運動を積極的に奨励する主張がなされるようになった。この新しい潮流を生み出した1人，ヒギンソン（T. W. Higginson）は，「聖徒と身体」と題する随筆を『アトランティックマンスリー』誌で発表した。その中で彼は，強健な身体が深い信仰心と両立し得ることを説いた（Higginson, T. W. Saints, and their bodies. *The Atlantic Monthly*. 1 (5). 1857）。当時は，近代スポーツが黎明を迎えようとしていた時代であった。まさにこの時代に，キリスト教徒がスポーツを奨励する運動を開始したことは注目に値する。信仰と身体運動の両立をめざす人々は後に，「筋骨たくましいキリスト教徒」と呼ばれるようになった。

「筋骨たくましいキリスト教徒」の原型は，英国人ヒューズ（T. Hughes）による小説『トム・ブラウンの学校生活』に見い出すことができる。ヒューズはその中で，古典教育を受け，信心深く，なおかつ運動競技を通して身体を鍛える若者の群像を克明に描き出した（トーマス・ヒューズ『トム・ブラウンの学校生活』前川俊一訳．岩波書店．1989）。この小説はアメリカでも広く読まれ，ヒギンソンにも大きな影響を与えた。ヒューズやヒギンソンが描き出した「高貴で，理想に溢れ，かつキリスト教を信仰する運動選手」というイメージは，19世紀中葉のアメリカでキリスト教徒に広く支持された。スポーツは，ピューリタンの土地にもしっかりと根を下ろしたのである。ヒギンソンは，少年期の野外活動が健全なる成人への発育を促すと主張したソロー（D. Thoreau），高齢者にもスポーツの効用を説いたホームズ（O. W. Holmes）ら改革者とともに，スポーツを学校教育や社会教育に導入する上でも大きな貢献を果たした。

しかし，「筋骨たくましい」イメージが認められたのは，男性にとってのみであった。この時代の女性はなお，家庭が女性の領域であるとするイデオロギーに拘束されていた。男性に強い体力がないと世の中で成功できないとする主張は，19世紀中葉までに広く浸透した。その点で，ピューリタン的な倫理からの飛躍的な変化が認められる。だが，女性のスポーツ参加が公然と認められるには，さらに1世紀もの歳月が必要であった。

ヒギンソンやホームズが「筋骨たくましいキリスト教」を広めた代表的人物とするなら，同じ役割を体系的に推し進めた組織は，キリスト教青年会（Young Men's Christian Association: YMCA）である。YMCAは1844年にイングランドで創設され，1851年にアメリカへと広がった。当時急速に成長する都市に流入する若年層を対象として，キリスト教による徳育と，スポーツによる体育を実践することをめざしていた。やがて，都市の歓楽街が発達すると，ダンスホール，酒場，ビリヤード場などからの誘惑や，犯罪，売春，賭博などの悪徳から若者を護るために，さらに活動に力を入れた。YMCAの体育館は，都市の人口に健康的な娯楽を提供する重要な拠点となった。

19世紀後半になるとグーリック（L. H. Gulick）ら指導者によって，スポーツはなおいっそう重視された（図1）。YMCAの活動が拡大するに伴って，身体観の劇的な転換が起こった。身体はもはや罪や欲望の宿る場ではなく，活力や身体力を必要とする精神が宿る場となった。しかし多くの都市では，

YMCAの施設も人種的に分離されたままであった。身体運動によって魂を救済しようとする聖域にも人種の境界が設けられたのは，19世紀という時代の限界であった。

③ 安息日の存続と廃止

安息日とは，キリスト教では1週の第7日目にあたり，一切の労働や業務を停止しなければならない日とされる。植民地時代は，安息日が広く遵守され，またそれが良き行いであると信じられていた。キリスト教会がスポーツに比較的寛容であった南部も例外ではなかった。例えば1741年に，ノースカロライナ植民地の法廷はその順守を促すために，安息日に禁止する活動を列挙した。違反者には，10シリングの罰金を科した。その活動には，釣りや狩猟など，ピューリタンが「合法的」とみなしたレクリエーションも含まれていた。

19世紀後半になっても，安息日はなお南部および南部以外の地域の中産階級のプロテスタント教徒の，スポーツ活動をたびたび妨害した。しかしドイツ系やアイルランド系移民のカトリック教徒が急増した中西部の新興都市では，安息日に反対する声が高まった。1855年には，シカゴにおいて，市長が日曜日の酒場経営を禁止しようとしたことを機としてラガービール暴動が発生した。シカゴでは，住民投票の結果，安息日が廃止された。他方，ボストンのような東海岸の古都では，アイルランド系移民の急増にもかかわらず安息日法は存続した。1920年まで，日曜日のプロ野球試合は認められなかった。初期のオリンピック大会でも，安息日によって競技種目の進行がしばしば妨げられた。例えば1900年の第2回大会（パリ）では，日曜日の競技への参加を拒否するアメリカ人選手が続出した（Dyreson, M. *Making the American Team: Sport, Culture and the Olympic Experience.* 66–69. University of Illinois Press. 1998）。

④ スポーツ振興者としてのキリスト教組織の発展

近代スポーツが確立し，「筋骨たくましいキリスト教」が指導者に唱道されるようになって後，キリスト教組織は，スポーツの振興母体として多大な貢献を果たすようになった。

キリスト教女子青年会(Young Women's Christian Association: YWCA) は，1855年にイングランドで創設された。その3年後には，アメリカでも設立された。19世紀後半を通じて，生活の領域はジェンダーによって分化されていた。そのような社会の中で，YWCAは，女性の必要に応じたプログラムを提供した。例えば，女性向けにギリシャ起源の体操法(calisthenics)なども導入した。

20世紀への転換期になると，南欧や東欧からのいわゆる「新移民」が到来した。これを受けてYMCAやYWCAは，文化的出自が大きく異なる青年男女のアメリカ化運動を推進した。1890年代には，YMCA関係者のネイスミス(J. Naismith)とモーガン(W. Morgan)が，それぞれバスケットボールとバレーボールを考案し，教育カリキュラムに導入した（図2）。いずれの競技もプレイへの参加の機会が均等な点で「アメリカ的」であり，かつ安全性が高いことを特徴とする。これらの球技はやがて世界各国で愛好されることになった。

プロテスタント的な倫理に基づくYMCAやYWCAに対する，カトリック教徒からの批判や抵抗も存在した。その意味では，スポーツという活動の舞台が，宗派間の対立や抗争の場であったとみることもできる。しかしイタリアやポーランドなど南欧や東欧のカトリック系移民には，プロテスタント的な価値観を拒否し，民族的な信仰や生活様式を保持しつつ，スポーツ関連施設を積極的に利用する傾向もみられた。

それゆえカトリック教徒からは，信仰面で抵抗しながら，独自の制度や人脈を通じてアメリカスポーツの発展に大きく貢献する者も出現した。その典型は，ノートルダム大学のロックニー(K. Rockne)である。彼は，無名だったインディアナ州のカトリック大学でフットボールチーム「ファイティング・アイリッシュ(Fighting Irish)」を結成し，全米にその名をとどろかせるほどの強豪に育て上げた。同チームの熱狂的なファンが，カトリック教徒を中心として急増した。しかしながら，ファイティング・アイリッシュは，ポーランド系，ドイツ系，アイルランド系，さらにはプロテスタントやユダヤ教徒を含

図1 YMCAの代表的体育指導者グーリック
（出典：Robert W. Peterson, *Cages to Jump Shots: Pro Basketball's Early Years.* University of Nebraska Press. 1990. 29）

図2 「バスケットボールの父」ネイスミス
（出典：Robert W. Peterson, *Cages to Jump Shots: Pro Basketball's Early Years.* University of Nebraska Press. 1990. 16）

む，様々なエスニシティや宗派の選手からなる混成チームでもあった。1930年代から1940年代にかけてプロ野球界で黄金時代を迎えたニューヨーク・ヤンキースは，多様な人種・民族を出自とする選手から編成される「人種のるつぼ」軍団として知られる。しかしスポーツにおいて「エスニックアメリカ」を実現した元祖は，ヤンキースに先駆けて，大学フットボールで混成チームを実現させたロックニーにこそ求められるべきであろう。ただし，そのノートルダム大学にあっても，人種の壁は厳然と存在していたことに留意したい。ヨーロッパ移民の範囲内という時代の限界を背負っていたにせよ，ロックニーは，「アメリカの夢」の体現者としてカトリック系の高校や大学にロールモデルを提供した。その功

績は，きわめて大きいといわなければならない（Steele, M. R. *Knute Rockne: A Bio-Bibliography*. Greenwood Press, 1983）。

1940年代にノートルダム大学は全国大会を4度制覇し，再び王朝を築いた。この時代にチームを率いたリーヒー（F. Leahy）は107勝13敗9引き分けという見事な戦績を残している。第二次大戦中にリーヒーは志願して海軍に入隊し，チーム選手たちにも出征を促した。多くの選手たちがこれに応えて兵役に身を投じたのは，フットボールと軍隊にイデオロギー的な親和性があるからとする指摘もある。いずれにせよ第二次大戦への出征を通じて，かつて新参の移民集団として差別を被ってきたカトリック教徒は主流派へと自らを組み入れる契機を獲得したのである。

1930年に設立されたカトリック青年団（Catholic Youth Organization: CYO）が，ボクシングの発展に果たした役割も見落とすことができない。CYOはボクシングのシカゴにおけるゴールデングラブ大会の創設に尽力し，有力な選手を次々に送り出した。CYOは，長くエスニック・マイノリティーとして排斥されてきたカトリック教徒に，ボクシングを通じて出世の階梯を提供し，社会の主流派に融合させる上で大きな役割を担った。

かくしてキリスト教は，19世紀前半の第二次大覚醒運動以後，プロテスタントかカトリックかを問わず，アメリカスポーツの発達に大きく貢献してきたといえる。しかし他方で，キリスト教徒のイスラム教に対する不寛容さゆえに，アスリートの人権が侵害される事態を招いたこともある。1960年の第17回オリンピック大会（ローマ）で金メダルに輝き，その後プロに転向してヘビー級世界王座に君臨したアリ（M. Ali）は，イスラム教に入信したために，社会的な圧力や批判を一身に浴びるようになった。そして1960年代後半には，ベトナム出征に対する忌避を理由にタイトルを剥奪された（図3）。その背景には，市民の大多数を占めるキリスト教徒の，イスラム教に対する懐疑や嫌悪が働いていたといわれる。

⑤ 現代社会における互恵的関係

今から1世紀以上も前に，社会学者ヴェブレン（T. Veblen）は，「神を信じる心とスポーツに対する愛着は，同じような気質（temperament）に基づいている」と述べ，その気質とは「他人より抜きんでたいという欲望と，神の祝福（あるいは単なる幸運）を信じようとする衝動」であると特徴づけた。そして，さらにこう続けた。「スポーツに対する愛着が，敬虔な信仰を実践することに満足するような性質を発達させるのである」と。ヴェブレンの主張は卓見というべきである。現代アメリカ社会におけるスポーツとキリスト教の結びつきの強さを予見したかのような含蓄に富んでいるといえるだろう。歴史学者ベーカー（W. Baker）は，ヴェブレンに依拠しつつ，こう解説している。キリスト教とスポーツの類似点を指摘するのは容易である，いずれも神話のもとに生まれ，儀式によって実践され，信念と忍耐に報酬をもたらし，鍛錬を通じて制御された情熱によって繁栄するのであると（Baker, W. J. *Playing with God: Religion and Modern Sport*. Harvard University Press. 2007）。

また今日，アメリカ人の間で流通するジョークに次のようなものがある。これも，キリスト教とスポーツの関係を象徴的に示唆しているといえよう。ある時，神は人間にこう語った。「我は天地を創造し，すべてを思うままに動かしている。その天地で汝ら人間は，生きるか死ぬかでもがいている。だが結局汝ら人間は，みな死に至るのだ。その命に何の意味があろうか」と。すると人間は，神にこうやり返した。「主よ，あなたの創造された天地に，私たち人間は『スポーツ』という小世界を創造しました。だがスポーツになんの意味があるのか，私たちにはわかりません。それでも私たちは，生きるか死ぬかをかけて，一生懸命戦うのです」。人のスポーツ界に対する位置づけは，神の人間界に対する位置づけに比肩しうるのだろうか。いずれにせよ，アメリカ人のスポーツへの傾倒ぶりをうかがわせる小話として興味深い。なるほど，スポーツへの愛着を信仰心に例えたヴェブレンの説に頷けるというものである。

21世紀の最初の10年間を終えた現在でも，多元主義，多文化主義を標榜するアメリカ社会にあって，キリスト教のスポーツに対する影響は，なお衰えるところを知らないかのようである。教会と，フィールド，アリーナ，スタジアムなどの運動競技場はいずれもアメリカ的生活様式の一画を占め，日常的な風景として庶民の生活と切っても切れない関係にある。フットボール，ベースボール，バスケットボールなど人気の高い競技の対抗戦では，高校でも大学でも，試合前に祈祷が捧げられるのが一般的である（図4）。そして，その様子はテレビ番組やハリウッド映

図3　黒人イスラム教徒の大会で演説するアリ
（写真：AP/アフロ）

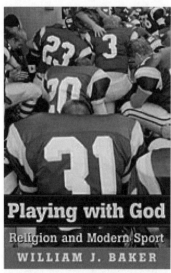

図4　試合前に祈りをささげるフットボール選手たち
（出典：William Joseph Baker, *Playing with God: Religion and Modern Sport*. Harvard University Press. 2007）

画などの主要メディアによって全国，全世界へと紹介されている。

確かに，少数派の宗教を信仰する選手が，キリスト教による祈祷の場から席をはずしたり，自己の信仰を実践したりする権利は認められているともいわれる。だが，いずれにせよ，キリスト教が主要スポーツを競技する空間に重要な位置を占めていることは否めない。キリスト教の信仰を暗示する行為は，祈祷だけに限られているわけではない。高校・大学のアマチュアやプロの選手が，タッチダウンやホームランの際に天を指さす行為には，神への畏敬と感謝が込められているともいわれる。

むろん，教会とスポーツ界の関係は友好的なものばかりではない。教会は，スポーツ界をむしばむ暴力や麻薬の問題に対する批判や改善要求の拠点として，広範かつ積極的に活動している。

最近では，教会とスポーツが新たなビジネスのパートナーシップによって連携するという現象が目立っている。「フェイス・ナイツ（Faith Nights）」という企画は，その典型例である。これは，観客動員による増収を図る球団オーナー側の思惑と，信仰の実践と布教のために魅力ある行事を計画したいという教会側の要求が結びついた成果である。その名のとおり「信仰のための夜」に，教会員はマイナーリーグの試合を観戦するために球場に集う。そして，そこでゴスペルミュージックの演奏，聖書の配布，聖人たちのボブルヘッド人形の配布など，いくつものサービスや特典を受けることになる。地元出身の野球選手による信仰体験の告白が加わることもある。

フェイス・ナイツは，2001年にシュナイダー（M. Snider）がテネシー州ナッシュヴィルで始めたといわれる。シュナイダーは，観客増員という球団にとっての利益と，周辺の地域にある3,000にも上る教会の信徒が娯楽を求める気持ちとは一致すると主張して，地元のマイナーリーグ球団副社長を説得した。その後，同様の企画は急速に増加し，ベースボールからフットボールへと拡大を遂げた。現在では南部だけでなくニュージャージー州やワシントン州にまでおよび，44もの都市で実現をみるに至っている。

（川島浩平）

宣教師とスポーツ　　12.A.04

① スポーツと伝道（ミッショナリ）

19世紀末から20世紀初めを中心として，イギリスから海外伝道に向かったキリスト教宣教師たちの中には，その布教活動にスポーツを用いる若者たちが数多く含まれていた。彼らは聖書とともにフットボールやクリケットのバットを携えて任地に赴き，世界各地へのスポーツ伝播に一定の役割を果たした。多くが「アスレティシズム」下のパブリックスクールで教育を受けた経験をもつこのような人々を，ここでは「スポーツマン宣教師」と呼んでおきたい（第8章B02①「19世紀イギリスパブリックスクールの身体」の項目を参照）。

宣教師とスポーツは，もともと相性のよい存在ではなかった。18世紀末以降，いわゆる「福音主義復興（evangelical revival）」の中で，様々な民間伝道団体が設立されたが，こうした団体にとって，当時イギリスの民衆に人気のあったスポーツの多くは改良すべき対象であった。というのも，19世紀初め頃までのスポーツは，伝統的な民衆フットボールにしても，素手によるボクシング（ピュジリズム）にしても，およそキリスト教とはそぐわない粗暴なものであったし，様々な「動物いじめ」（これも人気の「スポーツ」であった）は，宣教師にとって撲滅をめざすべき残虐な行為と映ったからである（第15章B「イギリス・スポーツ史」の項目を参照）。

しかし，そうした古いスポーツの世界が19世紀半ば頃までに衰退し，かわってアスレティシズムの高まりと筋肉的キリスト教の影響によってサッカー，ラグビー，クリケット，漕艇などがその近代的な形を整えると，教会が基盤となってサッカークラブが作られるような例も出てきた。リバプールのエバートンやバーミンガムのアストンビラはそのようなクラブの代表である。カトリックでも，1888年にスコットランドのグラスゴー・セルティックが，神父アンドリュー・ケリンズ（Andrew Keins）によって，町の貧民救済基金を立ち上げるための手段として設立された。

一方，19世紀末になると，パブリックスクールや大学時代にスポーツで心身を鍛えた若者を伝道団体が宣教師として積極的にリクルートする例も出てきた。例えば，ケンブリッジ大学で行われたある説教会には，のちに海外伝道に加わる多くのスポーツマンが集まった。ケンブリッジ大学クリケット・チームのキャプテンのC・T・スタッド（C.T. Studd），漕艇選手のスタンリー・スミス（S.P. Smith），ラグビーのモンタギュー・ビーチャム（M.H.P. Beauchamp）らをはじめとする7人は，やがて中国内陸伝道に参加し「ケンブリッジ・セブン」と呼ばれることになる。同じ会場には，サッカーボールを携えて，自転車でアフリカ大陸を走って任地へと向かったピルキントン，陸上選手で中央アフリカ伝道に赴いたダグラス・フーパーらの姿もあった。漕艇選手のシドニー・スワンはオックスフォード大学からこの説教会に駆けつけた。彼は後年，日本で布教活動を行う。そこには，のちに詳しく触れるティンダル＝ビスコーも参加していた。

スポーツマン宣教師の活動の背景には，19世紀末から20世紀初頭の欧米諸国における海外伝道熱の高まりがあった。例えば，1800年から1860年までには，いずれの10年間をとっても9件を超えることのなかったアフリカ伝道活動は，1861−70年に12件，1871−80年に23件，1881−90年に32件，1890−1900年に54件に増加し，1901−14年には62件となっていた。海外布教へのイギリス社会の関心も，19世紀初頭にはほとんどみられなかったのだが，19世紀を通じて次第に認知度が高まり，寄付金も増加した。例えば国教会系の代表的伝道団体チャーチ・ミッショナリ協会（Church Missionary Society: CMS）の歳入は，1814年には1万3千ポンドだったが，世紀中葉頃から急増し，1899年には21万2千ポンドになっていた。

② スポーツマン宣教師たち

スポーツマン宣教師の最も古い例の1人は，1861年にメラネシア主教となったジョン・コールリッジ・パトソンであろう。イートン校時代に様々なス

ポーツに参加した彼は、「勇気に満ち溢れ、いつでもグラウンドの最も危険な場所にいて、倒されたり、殴られたりしても常に静かに、勇敢に、男らしく立ち上がった」という。卒業後、オックスフォード大学に進み、1855年からメラネシア地域で布教活動（途中、ニュージーランドにも赴任）を行い、派遣先で殉教した。1866年、パトソンは伝道学校を開いたが、「学校は1－2年で優良パブリックスクールのようになった。……チャペルで毎日礼拝が行われ……（生徒たちは）午後のほとんどを運動場で過ごした」という。

イーストボーン校からロンドン大学を経て、その後外科医となったセオドア・レイトン・ペネルは、1892年にCMSのメンバーとなり、インド北西辺境地帯で医療活動に従事するかたわら、布教を行った。彼はバンヌに伝道学校を開いたが、そこではパターン人、ヒンドゥー教徒、イスラーム教徒、シク教徒などがともに学んだ。ペネルはこの学校で、イギリスのパブリックスクールを忠実に模倣した。彼は自伝の中にこう書いている。

「古い秩序は変容し、新しいそれに場を譲った。単純な土着のゲームは、クリケットとフットボールという優れた娯楽に次第にその座を渡しつつある。そして、地方の学校同士のトーナメントが、イングランドを今日そうあらしめるのに多大な貢献を成してきたこれらのスポーツの魅力に、この辺境の人びとをひきつけるのに……貢献しているのである」

A・G・フレイザーも、ウガンダ、セイロン島、ゴールドコーストで活動し、同時に現地の若者たちにスポーツ教育を行った。彼は1900年にウガンダに渡ったが、そこにフットボールを持ち込み、現地人サーヴァントとプレイした。フレイザーは、ウガンダの首長たちの子弟向けの学校キングス・スクールの創設に主導的役割を果たしたが、この学校には「美しい運動場」が完備されていた。フレイザーは1904年から24年にかけてセイロン島のトリニティ・コレッジに移ると、ここでも熱心にスポーツを奨励した。彼はいつも朝礼の際に、前日の試合の反省会を行

った。特に、生徒がフットボールでボールを持ちすぎたり、クリケットで下手な守備をした場面について、彼は1つ1つそれを指摘した。フレイザーが公然と酷評したのは、技術不足や判断ミスではなく、チームよりも自己を優先させたために起こった（そう彼の目に映った）ミスであった。1924年、アフリカのゴールドコーストにアチモタ・コレッジが開校したのに伴って、フレイザーは校長として赴任した。この学校には、大きなクリケット場が2つと、フットボール場が4つ、ホッケー場が1つあり、それでもさらにスポーツ施設の増設が続けられた。

③ 現地文化との軋轢と受容

宣教師によるスポーツ教育は、現地文化と深刻な軋轢を生む場合もあった。カシミールのCMS伝道学校で校長を務めたセシル・アール・ティンダル＝ビスコー（以下、ビスコー）の事例は、その最もショッキングなものであろう。

ビスコーは、1890年から1947年の約60年にわたって、CMSの宣教師としてカシミール地方スリナガールの伝道学校で地元のバラモン階級の子弟教育に従事した。オックスフォードシャーのジェントリ（地主）の家に四男として生まれた彼は、ブラッドフィールド校からケンブリッジ大学へと進んだ。小柄な彼はケンブリッジ大学でボートチームのコックスを務め、1888年にはオックスフォード大学との定期戦に出場して勝利している。幼い頃にアフリカ伝道を夢みていたという彼は、1887年に聖職者資格を得て、CMSのアフリカ伝道団に応募したが不合格となった。結局ビスコーは、1890年にカシミールの伝道学校に派遣された。

ビスコーは、様々なスポーツを伝道学校の教育に持ち込んだ。そのどれもが大なり小なり現地文化と齟齬をきたしたが、特にサッカーは大きな問題を引き起こした。皮のボールを足で蹴って走り回るという行為は、バラモンの若者たちにとって想像を絶する愚行であり、宗教的規範に触れるものだったからである。

初めてサッカーが行われた日の様子を、ビスコーは伝記に詳しく記している。その日の午前中、ビスコーは教室で生徒にボールをみせながらルールを

説明した。ボールが皮でできていることを知った生徒たちは、サッカーをすることを激しく拒んだ。しかし、ビスコーは強硬であった。現地人教師たちに命じて生徒を無理やり近くの空き地まで連れて行かせ、配置につかせた。周囲には大勢の見物人が集まってきた。キックオフを命じられた少年は、なかなかボールを蹴ろうとしなかった。牛の皮に触れることは、タブーに触れたからだ。両方のゴールラインには、棍棒で武装した現地人教師たちが並んでいた。ビスコーは秒読みを開始した。秒読みが終わってもキックオフが行われない場合、教師たちが棍棒を振り回しながらグラウンドになだれ込むことになっていた。こうして、カシミール初のサッカーの試合が、強制的に開始された。

「突然、苦痛と戦慄の叫び声がして、試合が中断した」。ある生徒の顔面にボールが当たったのだった。泣きじゃくる彼は、他の生徒に連れられて近くの入江に顔を洗いに行った。結局、生徒たちは時間になるまでボールを蹴り続けたが、このことは大きな波紋を巻き起こした。例えば、キックオフをした若者は、「邪悪なこと」に手を染めたとの理由で帰宅を許されず、親戚から貸し与えられた家でしばらく暮らすことになった。後日、ヒンドゥーの高僧たちは、サッカーは邪悪なゲームだとの裁定を下した。CMSの本部に苦情の手紙を送った者もいた。

ビスコーは、サッカー以外にも、クリケット、漕艇、スケート、登山、水泳、ボクシング、綱引きなど、様々なスポーツを伝道学校に持ち込んだ。スポーツ教育は、大きく3つの点で現地社会の価値規範に抵触した。第1に、現地の支配層にとっては、書物を通じての学習が最も重視されており、「遊び」が教育の手段になるとは考えられていなかったこと。第2に、ヒンドゥーの文化においては、筋肉は肉体労働に従事する者、すなわち低位にある者のしるしであって、バラモンが筋肉をつけることは社会的地位の否定につながったこと。第3に、サッカーやクリケットのボール、ボクシングのグラブ、スケート靴、オールの柄など、ビスコーがもたらしたイギリス・スポーツのほとんどで、その用具に動物の（特に牛の）

皮が用いられていたが，これがヒンドゥー教のタブーに触れたことである。

しかし，カシミール初のサッカーから10年を経る頃，スポーツ教育は次第に受け入れられるようになっていた。「公立学校」も「サッカーを高位カーストの紳士が行うにふさわしいゲームと考えるようになり」，続いてヒンドゥー教徒やイスラーム教徒の学校でもサッカーが始められて，学校対抗戦も行われるようになったのである。ビスコーは伝記にこう記している。

「今日，スリナガールのさまざまな学校のすべてにサッカー・チームがあり，町中のいたるところで少年たちが間に合わせのボールを使ってサッカーをしているのを見かける。今年，私はクラス対抗戦を観たが，その試合は最高に真剣に行われていた。レフリーは教師ではなく生徒であった。判定に対する抗議は一度たりともなく，選手が言い争うこともなかった。それは，ほんとうにスポーティングな試合だった」

また，漕艇も普及し，1909年には公立学校，ヒンドゥー教徒学校，イスラーム教徒学校，CMS伝道学校による2マイル対抗競技が開始された。ビスコーが赴任して30年の1920年頃までには，CMS伝道学校ではビスコーが持ち込んだ様々なスポーツが盛んに行われるようになっていた。

④ スポーツとキリスト教と「文明化の使命」

ビスコーの例はいささか極端なものだったようで，CMS本部も彼の強硬さには手を焼いていたらしいが，ビスコーがもっていた信念は大なり小なり他の宣教師たちにも共有されていた。その信念とは，「文明化の使命(civilizing mission)」と呼ばれるものであった。東田によれば，文明化の使命とは，ヴィクトリア時代のイギリスに顕著にみられた「自らを最高の文明国と見なしつつ，自余の世界を『未開』・『野蛮』と断じ，それ故にそこに自らの高度な文明を分け与えることが義務だとする……観念の総体」であった。「ヴィクトリア時代の目覚ましい対外膨張は，経済の発展が必然ならしめたというだけのものではない……それは，イギリスの非ヨーロッパ世界への『道徳的義務』とも観念されていた」のである (東田雅博『大英帝国のアジア・イメージ』ミネルヴァ書房, 1996)

自らを文明化の使命の担い手とする観念は，宣教師のみならず植民地行政官をはじめ世界各地で暮らす様々なイギリス人に共有されていた。実際，宣教師の中には聖職者であると同時に，医療，農業，土木，建築，工芸，印刷などの技術者である者も多く，そうした技術(=文明)を現地に伝えながら，神の福音を説いた例は数多くみられた。19世紀末から20世紀はじめにかけて，イギリス人は自分たちの帝国をしばしば古代ローマ帝国になぞらえており，文明化とキリスト教化は矛盾なく帝国主義と連動した。例えば，1917年に書かれた『帝国の要請』という冊子に収録された「帝国的キリスト教」という文章には，以下のようにある。

「帝国主義という観念のなかには，高い理想主義がある。帝国主義者たちを真に動機づけているのは，自分たちの属する人種は最も高貴な人種であり，自分たちが遵奉している文明と理想は至高のものであり，世界中がそれを受け入れるべきはずのものであるという信念である。」

もっとも，現地社会の側では，こうした技術文明が外来の新しい魔術・魔法のように受け止められ，その神秘的な力の源，奇跡の秘密がキリスト教にあると考えられる場合もあったようである。

文明化の使命を遂行する上で，宣教師たちにはたくましく，「男らしく」あることが求められた。それはしばしば理念化された「中世カトリック的」な修道士のあり方と対比された。修道院にこもって祈りを捧げているばかりの柔弱で「女性的」な聖職者では，世界に文明の光をもたらすことはできない。ビスコーは，1920年に出された著書『カシミールにおける人格形成』の中で次のように書いている。

「キリスト教(Christianity)は，生きるという実践でなければならない。救世主イエスは，神であると同時に完全な「男」であった。だから，キリスト者たるためには，人は完全なる男らしさをもって奮闘しなければならない。すなわち，身体の強壮，知の強壮，魂の強壮が必要なのである。そしてその強さを，弱者に対する実践的な同情によって示さねばならない。理想人(Ideal Man)を正しく認識することができるのは，真の男である者たちだけなのである。理想への希求を，作り出してやらなければならない者もいる。そしてそれは，語り合うことによっては成しえない。少年たちの前に，われらが偉大な模範，救世主イエスを置くことによって，そして彼らに，イエスの生涯を，その奉仕の生涯をたどってみるために，一緒にやらないかと問うてみることによって成しうるのである」

その実践においてビスコーのような極端にして強硬な態度で臨んだかどうかはともかく，この一節には19世紀末から20世紀初め頃のスポーツマン宣教師の観念が要約されているように思われる。それは，世紀初めにトマス・アーノルド(Thomas Arnold)によってエリート教育に持ち込まれた福音主義的キリスト教が，世紀中葉にチャールズ・キングズレー(Charles Kingsley)ら「筋肉的キリスト教徒(muscular Christian)」によって身体の強壮，実践・行動の重視，「男らしさ」の強調と結びつき，帝国主義と文明化の使命の観念を背景に展開された究極の姿であった。ホブソン(J.A. Hobson)がいったとおり，まさに「筋肉的キリスト教から帝国主義まではほんの一歩」だったのである。

(石井昌幸)

イスラーム教とスポーツ　12.B

　ムスリム(Muslim＝イスラーム教徒)がいて，なんらかの形でイスラームが意識される空間があれば，そこは「イスラーム世界」であるとみなすことができる。イスラーム世界は，国を問わず，地域や時代によって異なる様相をみせながら地球上の至るところに繰り広げられてきた。

　したがって，ここでは，イスラーム度(戒律を守る度合い)やそれに伴う文化の違いによって，多様な生活を営むムスリムが世界中にいることを前提とした上で，イスラームを背景として形づくられた様々なスポーツ事象，スポーツ観，身体観，余暇観などを読み解いていく。それらは，必ずしも「すべての」イスラーム世界に通じる普遍的な行動や意識を示すものではなく，時に，国・地域・集団・個人・過去・現在等によって切り取られた「個々の」イスラーム世界にみられる個別的・断片的なスポーツおよび身体文化の諸相を示すものである。

　イスラームは「文化の総体」ともいわれ，すべての生活の中に浸透していて，暮らしと宗教は一体化している。そこで，文化解釈の基盤として，まず，イスラームの諸要素(誕生の経緯，呼称と意味，啓典，地域と宗派，多様なムスリム等)を概観することとする。

（荒井啓子）

イスラーム概観　12.B.01

① イスラーム世界の誕生

　イスラームは，610年，メッカにおいて，一般市民であったムハンマドという人物が，アッラー(神という意味のアラビア語)の啓示を受けて創唱した一神教である。ムハンマドは預言者(神からの言葉を預かった者)として614年に伝道を開始し，622年にメディナに移住し共同体を作り上げていった。ムハンマドの死後，新たな指導者によってイスラーム共同体は急速に広がりをみせ，7世紀半ばまでにアラビア半島全域をイスラームとし，さらに当時ビザンティン帝国の支配下にあったエジプトをも征服した。その後，8世紀初めには北アフリカ，イベリア半島，そして東南アジアの島々にまで世界を拡大していった。2009年現在では，西アジア，アフリカ，インド亜大陸，中央アジア，東南アジアを中心に，14億前後ともいわれるムスリムがいる。

②「イスラーム」の意味と呼称

　イスラーム(Islam)とは，アラビア語で「引き渡すこと」や「委ねること」を意味しているが，それは唯一神「アッラー」への絶対的服従という行為をさしている。アッラーとは，「神」という意味のアラビア語の普通名詞であり，特定の人物や神を表すような固有名詞

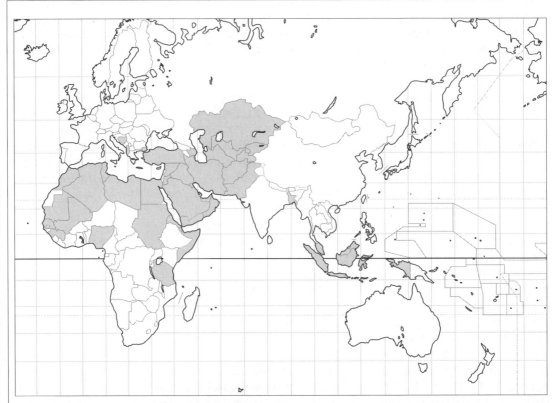

図1　イスラーム諸国　（イスラーム教系の国々をグレーで示した）
(出典：『データブックオブ・ザ・ワールド2006年版』二宮書店より作図)

ではない。このことはイスラームが偶像崇拝ではないことを明確に示している。

アッラーからの言葉を集めたものが根本聖典『クルアーン』である。ムハンマド(Muhammad)が神から受けた啓示の書である。全114章からなり，ムスリムの生活は，この『クルアーン』に恭順することによって形成されている。

また，日本語ではこれまで，「イスラーム」ではなく「イスラム」という伸びない音や表記が一般的に使われてきたが，現在では，よりアラビア語に近い「イスラーム」という表記および呼称が用いられている。さらに，イスラームという言葉の中には，すでに，「神の教え」という意味が内包されているので，「イスラーム教」と「教」を付ける必要はないとされる。このような捉え方をもって，ここでは「イスラーム」と表記する。

③ イスラーム諸国と多様なムスリム

イスラームを国教としている，あるいは国民の大多数がムスリムである国々が，イスラーム諸国とされている。また，一国の全人口に占めるムスリムの割合が80％以上の国(1994年現在，約30ヵ国)(岡倉徹志『イスラム世界のこれが常識』PHP研究所．1994．256-58)や，イスラーム諸国会議機構(Organization of Islamic Conference : OIC)に加盟している国(2002現在，57ヵ国，他オブザーバー3ヵ国．片倉もとこ ほか 編．『イスラーム世界事典』明石書店．2002．108の「イスラーム諸国会議機構加盟国一覧」に基づく)もイスラーム国家と呼ばれている。

しかし，イスラーム諸国と呼ばれる国々の中でも，ムスリムの「イスラーム度」は様々である。イランやサウジアラビアのように国家形成の基盤がイスラームにあるという憲法や法律をもつ国以外は，必ずしも戒律の厳しい敬虔なイスラーム社会であるとは限らない。1人1人のムスリムを眺めた場合，敬虔なムスリムもいれば，「西欧近代化」を意識し志向するムスリム，そして「世俗的」と形容されるムスリムもいる。このように多様な国家，多様なムスリムによって，多様なイスラーム文化が展開されている。

④ 宗派と居住地域

イスラームの宗派は，ムスリム全体の9割を占める多数派の「スンニ派」と，1割の「シーア派」に大別される。預言者ムハンマドの死後(632年没)，誰を後継者とするかをめぐり内乱が続いた。その結果，661年にムアーウィヤを指導者とするウマイヤ朝が開かれ，その体制を支持した多数派が「スンニ派」であり，現在は多くのアラブ諸国，トルコ，東南アジア，中国，アフリカ諸国に主に居住している。

他方，「シーア派」は，ムハンマド没後の指導者をアリーと主張しウマイヤ朝を支持しなかったグループである。「シーア」とは分派という意味である。イラン，イラク，レバノン，パキスタン，アフガニスタン等に居住している。

『クルアーン』は神からの啓示の言葉であるが，それを受けてムハンマドが実践したことを記録したものが『ハディース』であり，伝承という意味のアラビア語である。スンニ派では，それを「ムハンマドのいったことや行ったこと」としているが，シーア派では「ムハンマドとその血統である後継者＝イマーム(シーア派の祭政一致の最高指導者)のいったことや行ったこと」としている。

両派は，共同体の指導権をめぐって対立した意見をもったが，イスラームの基本的な教義や規程行為は共通していて同じモスクでともに礼拝を行うこともでき，教義上は大差がないといわれる。

(荒井啓子)

イスラームの身体観・スポーツ観・余暇観　12.B.02

① イスラームの身体観
[シーア派の身体観を表す祭―「タージャ」]

イランなどのシーア派の多い地域では，3代目のイマーム(指導者)であったフサインが，680年のアーシューラーの日に，現在のイラクのカルバラーにおいてウマイヤ朝軍と戦って戦死したこと(「カルバラーの悲劇」)から，この日に「タージャ」と呼ばれる盛大な哀悼の行事を行っている。アーシューラーとは，アラビア語で10を意味しているので，ヒジュラ暦(イスラーム暦)の1月の第10日目をさす。また，タージャとは，弔意・哀悼を意味するアラビア語である。

アーシューラーの数日前から，殉教劇などの一連の行事が行われるが，当日は，フサインの死を嘆いて，男たちは，手・棒または鉄の鎖などで(現在では刃物の使用は禁止されている)自分の身体を傷つけながら，町中を練り歩く。フサインの苦しみを追体験して哀悼の意を表す葬列行進である。これは，フサインを見殺しにしてしまった自分たちを責める自虐的な行為と示されるが，これによりシーア派の心情が確立されたとみられている。また，子どもがこの血を浴びると元気に育つといわれていて，自分の子どもを行進する男性たちに向けて差し出す女性もみられるという。「これらの行事は非イスラーム的要素に由来するとみられている」(佐藤次高 ほか 編．『新イスラム事典』平凡社，2002．47)ともいわれるが，今日のシーア派諸国に顕著にみられる行事である。

[男性の身体観とスポーツ]

イランには，古代ペルシャの時代から伝統的に受け継がれてきた「身体鍛錬」の場がある。「ズール・ハーネ」(ペルシャ語で「力の家」の意)と呼ばれるトレーニング場である(図2)。

男性であれば誰でも参加することができ，平日の夜9時頃から，仕事を終えた一般の人々が集まり1時間から1時間半ほどトレーニングを行う。休日(金曜日)は，昼頃から始める。

建物の規模は都市や地域によって異なるが，内部には「ゴウド」と呼ばれる八角形のトレーニングフロアが用意されている。「ゴウド」とは，「一段低くなった場所」という意味があり，「力のあるものはそれだけで脅威であるから低い場所で控えめな気持ちをもつべきである」というイスラームの考え方に則ると説明される。その「ゴウド」を見下ろすように，2-3mほどの高い位置に男性が座り，鐘や太鼓を叩きながら歌うように聖句を唱える。その歌と掛け声によって「ゴウド」内の10人ほどの人々(少年から中高年まで)が輪になって踊るようにウォームアップを行い，4種類の手具を代わる代わる操りなが

ら体操を行う。器具は，ミリィ，タフテ・シュナ，サング，キャバデという，30－40kgの重量の木製の棍棒や盾などを用いる。

「ズール・ハーネ」は，カルチャーセンターのように同好の人々が集まって伝統的なトレーニングを楽しんでいるようでもある。場所によっては，観光客向けのパフォーマンスも行っている。イスラームの厳しい教義に則り，女性の入場は禁止されていたが，近年，観光客も含めて女性にも公開されている。

「ズール・ハーネ」の歴史は，イスラーム以前にさかのぼるともいわれるが，古代ペルシャの強靭な軍事力の裏側に，兵士たちの強靭な身体があったことがうかがわれる。また，少年から老年までの男性の集いの場として，ムスリムの共同体としての結束の精神が流れているようにも映る(図3)。「ズール・ハーネは単に技を競うばかりでなく，精神を磨く道場であり，都市の若者組の伝統を受け継いだものである」(本田實信『イスラム世界の発展』．講談社．1997. 225)と解される。

[女性の身体観とスポーツ]

イスラームにおいては，地域や時代による程度の差はあるが，女性のヴェール着用が義務づけられている。それは，『クルアーン』の「第24章『光り』メディナ啓示31節」において，女性は親族以外の男性に自分の肌(顔と手以外)をみせないように，という記述があるためである。イランやサウジアラビアでは，国家レベルでこれを厳守している。

イスラームでは，日常生活の中で，男女が肌をみせて接触していると，性的誘惑に負けやすいので，男性も女性も長い衣服を身に着けことになっている。特に，女性は髪の毛まで覆うヴェールを着けることが義務化または習慣化されている。

このようなヴェール文化の中で，1993年，イランの首都テヘランにおいて「第1回イスラーム諸国女性スポーツ大会」(1st Islamic Countries' Women Sports Games：ICWSSC)が開かれた。そこでは，選手は，軽快なスポーツウエア姿を親族以外の男性にみせられないため，観客はもちろん，大会にかかわる審判・役員・取材記者などがすべて女性に限られていた。「身体の解放性」や「非服飾性」という特性をもつ現代スポーツと，身体をヴェールで覆うイスラーム文化とが，どのような関係性で折り合いをつけていくかという，文化の独自性や普遍性を考えなければならないものであろう。

[からだの声]

イスラームでは，からだの調子の悪い人に，「からだの声もきいてやらねばならないのよ。からだにも権利があるのだから」(片倉もとこ『イスラームの日常世界』岩波書店．1995. 170)と語りかける。『ハディース』に「あなたの眼にも耳にも権利がある。あなたの周りにあるすべてのものが権利を有している」という一節があり，そこからこのような日常生活における互いのからだに対する思いやりの言葉掛けがあるという。「心ばかり，意志ばかりさきばしりさせて，からだを酷使してしまうのは，からだのもっている権利をふみにじっていることになる」(片倉，1995. 170)というこの考え方は，イスラームの心身共存の思想や人間観を示すものと捉えることができる。

② イスラーム世界におけるスポーツの諸相

[イスラーム団結スポーツ大会]

2005年4月，サウジアラビアにおいて，イスラーム・アフリカ諸国による「イスラーム団結スポーツ大会」(Islamic Solidarity Games：参加国38ヵ国，参加選手数約7,000名)が開催された。男性のみで行われた大会で，競技種目は，サッカー，バスケットボール，バレーボール，空手，陸上競技などであった。開催国であるサウジアラビアは，「イスラームで尊重される寛容の精神を前面に打ち出し，ホスト国としての役割を十分に発揮して高い評価を得た」とされる(武藤弘次「イスラームとスポーツ」中村覚 編．『サウジアラビアを知るための65章』明石書店．2007. 187)。開催テーマに「イ

図2 ズール・ハーネの現在
(写真：筆者撮影)

図3 イスラーム世界のレスリング
(出典：稲垣正浩 ほか．『図説スポーツの歴史』大修館書店．1996. 28〔Sports and Pastimes, Norah M. Titley, 1979〕)

スラーム諸国の団結」を掲げたことによって，スポーツを通じて宗派を超えてイスラーム諸国の交流を深める意味をもっていたと考えられる。

[サウジアラビアと男性スポーツ]

サウジアラビアは，厳格なイスラーム国家であり国民のほとんどがスンニ派である。戒律の厳しいワッハーブ主義が社会的な影響力をもつといわれ，一般的娯楽やエンタテインメントは厳しく制限されているが，スポーツは若い男性の間で特に親しまれている。

スポーツやその他の文化の普及事業を管轄しているのが，1974年に設立された「青年福祉庁」である。この機関は，青少年のスポーツ活動参加を奨励し，各種スポーツ連盟やスポーツクラブに対しての財政支援を行っている。もともと，学校教育におけるスポーツ活動を管轄する教育省の内部組織であったが，サウジアラビアにおけるスポーツ振興の中心的な役割を担い，独立機関となった。サウジアラビアは，先進的な科学技術をもちスポーツ施設も充実している。「青年福祉庁」が建設した13ヵ所のスポーツセンターを起点に，様々なスポーツ活動が展開されている。

このような国家レベルでの支援によって多様なスポーツが志向されているが，とりわけサッカーへの国民の関心は高く，中東地域の競技大会だけでなく，1984年からはアジアカップ，1994年からはワールドカップ等の国際大会にも参加している。また，サッカーなどの近代スポーツの国際化に尽力する一方，鷹狩り，競馬，駱駝レースなどの伝統スポーツの存続にも力を注いでいる。

ちなみに，サウジアラビアでは，「シャリーア」（イスラーム法＝クルアーンに基づいた宗教規範や法的規範）の解釈上，公教育において女子の体育授業が導入されていないが，近年，健康や肥満の問題を懸念する声もあり，導入についての議論が続いている。

[ムスリム女性の誇りと連帯—「イスラーム諸国女性スポーツ大会」]

男性と同様，イスラームの女性たちも競技スポーツへの志向性は高く，前項で示したように，1993年には第1回の「イスラーム諸国女性スポーツ大会」（参加国11ヵ国，参加選手546名）が開催された。その4年後には第2回大会（参加国は25ヵ国，参加選手数748名）も開かれ，スポーツによるイスラーム女性同士の交流が推し進められた。いずれもイランの首都テヘランで開催された。

第1回大会のスローガンは，「Friendship & Unity（友情と統一）」であり，第2回大会では，当時のラフサンジャーニー大統領が，「イスラーム女性にとってスポーツの成果や規範は家族の健康や子どもの教育のために重要である」と奨励した。さらに，ファーエゼ・ハシェミICWSSC会長からは「ムスリム女性が，この大会を通して，イスラーム諸国における温かな協力と深い文化交流を行う。女性は権利を実現することができるが同時に，われわれのもつ神聖なる義務をしっかりと心に留めてそれを追求することが大切である。スポーツは，われわれムスリムの心と体を正すものである」と述べられ，ムスリム女性としての生き方が強調された。これらのスローガンや理念は，イスラームのルールを遵守するムスリム女性であることを大前提としており，「友情・統一・交流・家族・健康・教育・連帯」というイスラームの生活理念をスポーツの中に見い出している。イスラーム女性のスポーツ行動は，国際大会への参加という課題は残すものの，アイデンティティーを確認しつつ，「女の世界」で伸びやかに行われているとみることができる。

③ 生活文化と余暇とスポーツ

[ピクニックの楽しみ]

イラン暦では，3月21日が元日（ノウルーズ）にあたり，新年が始まる。ノウルーズは，イランのシーア派にその影響が残っているゾロアスター教に由来する祝祭日である。この元日の前後には様々な年末年始の行事が催される。

新年最初の13日目は「13日の外出日」（シズデ・ベダール）といわれ，人々は行楽を兼ねて戸外に出かける習慣がある（図4）。これは「13」という数字が不吉であり家に籠っているとよくないと信じられているためである。多くの家族連れが公園に集まり，芝生の上で祝宴を開く。春の訪れを喜び，収穫を祈りながらピクニックを楽しむのである。子どもたちはバドミントン，男たちはサッカーに興じる。宗教的な背景をもつ新年の行事であるばかりでなく家族団欒を楽しむレクリエーションの1つになっている。

ピクニックは，新年や13日に限ったことではない。イランの人々は，暖かい季節や休日になると家族揃って近くの公園に出かけ，木陰に敷いたシートの上でご馳走を広げて楽しんでいる。

[祭典とスポーツ—駱駝レース]

駱駝は古くからイスラームの人々の生活を支えてきた。特に乾燥気候を特徴とする西アジア地域では，羊・馬・牛等とともに駱駝の飼育を生活の基盤としてきた。駱駝は，運搬用・乗用で

図4　ピクニックの楽しみ（写真：筆者撮影）

図5　ジュナドリーヤ・フェスティバルでの駱駝レース
（出典：サウディアラビア王国情報省『サウディアラビア』，在日サウディアラビア王国大使館・日本サウディアラビア協会．2002. 133.）

あるとともに毛皮は衣服や住居に用いられ，遊牧民族の生活全般にわたり有用な動物であった。他の「動物のスポーツ」と同様，品種改良を経た発展過程において，「駱駝レース」が生活文化からスポーツ文化へと成熟したことが推測できる。

また，遊牧民族騎馬兵は，弓射，狩猟，騎馬等を特技とし，それらは「フルーシーヤ」（騎士道精神）の一端として重要視されてきた。サウジアラビアは「駱駝隊」や「騎馬隊」による進攻の歴史があり，騎士道精神とともに「駱駝レース」が伝統スポーツとして残されていると考えられる。

サウジアラビアにおける「駱駝レース」は，1974年から1984年までリヤド市近郊のジャナドリーヤにおいて，ファイサル国王のもと「国王の駱駝レース」という名称で年に1回開かれていた。それによって，競馬場と兼用であったレース場は独立し「駱駝レース」専用の競技場が建設された。1985年，ファハド国王の発案で「ジャナドリーア文化祭典」を開催することになり，以後，「駱駝レース」はその祭典のオープニングイベントとされた（図5）。

この祭典の正式名称は「国家遺産と大衆文化」であるが，地名をとって「ジャナドリーア文化フェスティバル」と呼ばれ，詩の朗読，演劇，講演会，シンポジウム等の催し物をはじめサウジアラビアにおける伝統文化や芸術などが紹介されている。「国家警備隊」が組織・運営している。

[レジャーとスポーツ]

イラン都市部には，いくつかのスポーツセンター（＝フィットネスクラブ）がある。1979年のイラン・イスラーム革命以前には富裕層だけで行われていたスポーツが，革命後には多くの国民に奨励され，スポーツ施設も徐々に充実してきている。日常生活の中に，健康やレクリエーションを意識したスポーツ活動が取り入れられている。スポーツセンターには，プール，サウナ，トレーニングジムが備えられ，水泳やエアロビクス等を楽しみ，運動後はジャグジーバスやスチームサウナで寛ぐという。1つのスポーツセンターを，午前と午後，あるいは曜日を替えて，男女で別々に使用する。

近年，イラン南部の観光地であるキーシュ島では，男女ともにボートなどのマリンスポーツを楽しむ様子が報じられている。キーシュ島は「自由区」とされ，服装などの規制は比較的緩やかな限定地域である。サウジアラビアにおいても，週末や長期休暇を利用して「イスティラーハ」と呼ばれる簡易別荘を借り，サッカーや水泳などを楽しむ若者たちの姿があるという。いずれも新たなライフスタイルである。

[ラーハ]

日本人を「エコノミック・アニマル」と表現したのはムスリムであったという。産業革命以来，近代西欧社会では生産性を高めることに価値がおかれた。しかし，イスラーム世界の中でも特にアラビアの人々の間では労働を重視しない。アラビア半島の人々は，荒野や砂漠の中で過酷な自然環境と向き合いながら遊牧生活を続けてきた。彼らには自分たちの能動的な行為では得ることのできない「自然の恵み」を待つという時間が重要であり，なにかを生産するために毎日休まずに働くという文化をもたないといわれる。

このような労働に対する価値観は，余暇時間と労働時間を区別しない「ラーハ」という概念にみることができる。これは「休息」と訳されるが，眠る・祈る・寛ぐ・友人としゃべる・詩を吟じる・瞑想する・勉強する等々，各人の価値観に基づいて心地よい・楽しいとされる行為のすべてをさしているようである。

英語圏を中心に生み出された近代レクリエーションの概念をイスラーム世界に照らすことは難しい。しかし，現代社会における文化構造は複合的であり，イスラームにおける生活文化の中に，「自己実現」「気晴らし」「休息」「楽しみ」といった近代レクリエーションの諸要素を垣間見ることもできる。

参考文献　12.B.02

- 青柳かおる．2007．『面白いほどよくわかるイスラーム』日本文芸
- 岡倉徹志．1994．『イスラム世界のこれが常識』PHP研究所
- 片倉もとこ．1995．『イスラームの日常世界』184-85．岩波書店
- ――――編．2002．『イスラーム世界事典』明石書店
- 加納弘勝．1992．「イスラムの女性とイスラムのスポーツ」『体育の科学』42 (9)
- サウジアラビア王国情報省．2002．『サウディアラビア』在日サウディアラビア王国大使館・日本サウディアラビア協会
- 佐藤次高．2009．『イスラーム・知の営み』山川出版社
- ――――ほか編．2002．『新イスラム事典』平凡社
- 塩尻和子，池田美佐子．2004．『イスラームの生活を知る事典』東京堂出版
- 本田實信．1997．『イスラム世界の発展』講談社
- 武藤弘次．2007．「イスラームとスポーツ」中村覚編．『サウジアラビアを知るための65章』明石書店

（荒井啓子）

ヒンドゥー教とスポーツ　12.C

① ヒンドゥー教文化に描かれるスポーツ

インドの人口の約8割がヒンドゥー教徒である。イスラーム教徒のように，馬術，レスリングなど，戦争に役立つ技術以外のスポーツや遊びが奨励されないということはないし，女性の社会進出が望ましくないという概念もない。それにもかかわらず，ヒンドゥー教の教えとスポーツ競技の結びつきはない。

もっとも馬術やレスリングなどは戦争のために必要というより，イスラーム教の成立以前から遊牧民の文化として盛んだったもので，アーリア人の古代インドとも共通する。インドレスリングも北インドではヤーダヴァと呼ばれる牛飼い，牛乳屋の伝承する芸で，おそらく牛馬や羊の関節をとってあしらう技術と密接に関係して発達したものだろう。

また，一部の富裕層以外では食事も十分ではなく，施設が貧弱で用具等も不足するため，インドでは一般にクリケット以外のスポーツで遊ぶことは少なく，独自に発達したスポーツというとカバディくらいのものである。そのため，ここではスポーツ競技に限らず，広く舞踊なども含めて，そこにインド的特質を認めることができるかを検討してみよう。

ヴェーダを中心とした古代インドの宗教はバラモン教と呼ばれる。ヴェーダの祭式は，世界を支配している宇宙秩序(リタ)の正しい進行を促し，その秩序の地上での発現によって豊饒をもたらすとされる。

紀元前1500年頃，アーリア人が西北からインド亜大陸に進出し，インダス河，ガンジス河流域から，さらにヴィンディヤ山脈を越えて南へとバラモン教の文化圏を広げていく。と同時に土着要素を吸収して変容し，ヒンドゥー教と呼ばれるようになる。その時期についても諸説あり，仏教の成立と平行して考えることもあるが，ここではインド文化の花咲くグプタ朝が栄えた4，5世紀とする。

その頃にはインド六派哲学の根本経典や『ラーマーヤナ』『マハーバーラタ』の2大叙事詩が成立している。ヒンドゥーイズム，あるいインド教と呼んでその中にバラモン教も含めることもある。特定の創始者のいない宗教であり，単一ではない神格が認められ，生活様式を含めた総体をさしてヒンドゥー教という。

当時開催されていたヴェーダ的な祭式，ヴァージャペーヤ祭では戦車競走が行われた。儀礼の施主である王は，妃とともに着飾って馬車に乗り，他の16台とともに円形の馬場を走って競争に勝たないといけない。車のめぐりは太陽の運行を表し，駆けめぐることによってエネルギーを増大させる。王を勝利させることによって祝福し，永遠回帰する宇宙，王と王国の順調な繁栄が約束される。

王の即位式の時に行われるラージャスーヤ祭でも儀礼的な競争が呼び物となる。戦車競走や競馬は叙事詩『マハーバーラタ』においてもしばしば述べられ，10世紀頃の文献にも，ポロやホッケーに似た競技について記述されている。

イスラーム王朝の時代になるとアラブ馬が西より輸入され，賭けを伴う競馬が始まる。ムガル朝第4代ジャハーンギール帝が諸侯とともに楽しんだことが知られている。

近代的な概念であるスポーツに相当する言葉はインドの古典サンスクリット語にはないが，遊戯を意味するリーラー(lila)，クリーダー(krida)，あるいは技芸を意味するカラー(kala)などが相当する。

世界は神のたわむれ，リーラーによって開展，創造されたと考えられる。ヒンドゥー神話によれば，この世界はクリシュナ神が牧女とたわむれる姿，あるいはシヴァ神の踊る姿である。シヴァ神自身の喜びのために自発的に世界の顕現という創造的行為がなされたと考えられる。

シャーキャムニ・ブッダの前世の物語を集めた『ジャータカ』(5世紀までに成立)にも様々な競技が登場する。弓術や狩猟，闘牛，アクロバット，水泳，さいころ賭博などである。レスリングの試合でリングや座席が設けられる準備のこと，レスラーがのっしのっしと歩き回り，跳びはね，叫び，手を叩いて威嚇する様子などが生き生きと描かれた。

『マハーバーラタ』の英雄ビーマはレスラーであり，ガダと呼ばれる大きな棍棒を振り回す。法華経にもレスラー(マッラ)，拳闘家(マウシュティカ)の語があり，当時から職業として確立していたことが分かる。もともと相撲という言葉は古代インドのレスリングをさすために経典翻訳者が作った語であり，文字通りには「あいなぐる」という意味である。日本の相撲もスポーツ化される以前は当て身，蹴り，関節技まで含む合戦の技であった。南インドの古代詩文学シャンガムにもレスリングは描かれている。

② アカーラーの文化とスポーツ

西南インドのケーララ州の武術カラリパヤットの道場はカラリと呼ばれたが，北インドの道場はアカーラーと呼ばれる。カラリと同様に足で踏むマッサージもあり，医学知識をもつ者も少なくない。

レスリングの道場はヴィヤーヤーマ・シャーラ(精進の舎)とも呼ばれる。かつては王侯たちがスポンサーとなっていた。屈強のレスラーは王権の象徴でもあり，中世のヴィジャヤナガル王は1,000人のレスラーを擁していたという。王や貴族自身もレスリングで身体を鍛えていた。

今日では財閥がスポンサーにつく有名な道場もあるが，親たちや地元の有力者が牛乳や精製バターのギーなどの食料を援助して支える。道場には日本の相撲部屋のように各地から集められた青少年が何十人も寄宿する。7，8歳から25歳くらいまでの間，映画をみることも禁止され，食事はベジタリアンであるほどの禁欲生活を送る。アーユル・ヴェーダでは寿命を長くする秘訣はアヒンサー(不殺生)であるとされ，肉食して精力をつけることは考えない。冬は温めた牛乳だが，夏にはタンダーイと呼ばれる，卵抜きのアーモンド・ミルク・シェーキを栄養剤として飲む。苦行して熱力タパスを蓄えるという古代的な考え方を継承しているよ

カラリの道場にバガヴァティー女神の祭壇が祀られたように，ドゥルガー女神などが祀られるが，毎朝，守り神であるハヌマーン神に祈りを捧げてからトレーニングが始まる。近年では祭壇のない道場もあるが，一般に弟子たちは神々に礼拝し，次に師匠の足に礼拝してから練習を始める。師から師へとさかのぼってたどると古代神話の英雄や，神々に連なることになっているので，師匠は神に等しい存在である。

30－90cm程度に盛り土した土俵のような四角いアカーラーで稽古する。土壌の関係で南インドなどでは土の表層を掘った道場になる。ヒンドゥー教・仏教の聖地として知られる都市ベナーレスでは掘り起こした土にガンジス河床の泥を混ぜて，ターメリックの粉末と芥子油を注ぐ。湿布材的な天然の軟膏であり，多少の擦り傷や打ち身はそれで治る。

道場で行われるレスリングは足を取ってよいフリースタイルであり，オリンピックのみならず，プロレス界にも伝説的なガマ・シン，ダラ・シン，タイガー・ジェット・シンなどを輩出している。

レスラーは日々，様々なトレーニングを行っている。アカーラーを鍬で掘り起こすといったトレーニングもあるが，基本的にはヒンドゥースクワット，腕立て伏せ，腹筋，ロープ登り，ダンベルワーク，平行棒，組み手，投げ技である。地味で根気のいるトレーニングで精力を蓄え，精神性を高めて健康を増進するのが目的なのである。

東北インドのビハール州，西ベンガル州，オリッサ州にわたるパンチャ・パルガルニヤ地方にもアカーラーがあり，そこでの武術はパリカンダ（楯と剣を意味する）と呼ばれる。合わせてヨーガのような柔軟体操，アクロバットや雑伎も修練する。このように，それぞれ地方色があり，セライケラ・チョウ，プルリア・チョウ，マユルバンジ・チョウと呼ばれる舞踊劇（前二者は仮面劇）の身体の動きの基本となっている。

例えば，オリッサ州の古典舞踊はオリッシーと呼ばれるが，その技術もまたアカーラーで鍛えた柔軟体操や足腰の鍛錬法に基づくので，美しく官能的な踊りの内実は格闘技そのものである。

また，インド東北の辺境部マニプリ州ではポロやホッケーなども行われ，武術，格闘技も盛んだ。レスリングも行われているが，モンゴル相撲に近いとされる。

詩聖タゴール（Rabindranath Tagore）によって紹介され，世界的に有名になったマニプリーダンスの男踊りはターン・タ（剣と槍）と呼ばれる武術に基づく。ターン・タには打楽器の伴奏をつけて練習する。演舞の間にフットステップで描くべき軌跡が定められている。その図形は一種のマンダラであり，世界が凝縮される。一定のステップを踏んで剣や槍を使うことは世界の創造と結びつけて考えられる。

③ タゴールとインドのスポーツ

1913年にノーベル文学賞を受賞したタゴールは文学のみならず，絵画や音楽も手がけた。西ベンガル州の州都コルコタから北にあるシャーンティニケータンに，1901年，野外学園を設立し，イギリスに植民地化されて，自国の文化に自信を失っていた時代に教育文化活動を行った。1921年に大学に改組され日本からの留学生も多い。

タゴールは少年時代に，朝暗いうちから家にレスリングの先生が来て，続いて骨格を教える医学生，さらに数学，自然科学，ベンガル語，サンスクリット語の先生が来てみっちり仕込み，その後10時から午後4時半まで学校へ通った。帰宅後は体操，絵画，英語の家庭教師が訪れるというエリートの詰め込み教育を受けた。

その反動からか，後にウパニシャッドの時代の庵での教えを理想に，自然と調和する教育を志すようになった。全人的教育の一環として柔道やレスリングのみならず，棒術やカバディを民衆に奨励した。伝統的な舞踊を学び自らの作詞作曲でタゴール・ダンスを創作し，自らの戯曲の公演活動にも力を入れてインド中を回り，民族の誇りを顕揚した。

当時のカルカッタ（現コルコタ）には有名な片目のレスラーがいたという。また，ラーティーという竹や木の棒に鉄のたがをはめ込んだ棍棒を習う道場も流行っていた。ラングーパーという竹馬も学園で行わせた。

タゴールは1916（大正15）年に初来日

し，その後，岡倉天心に柔道教師をインドに派遣してもらうことを依頼した。インドがイギリスに対抗するためには「柔よく剛を制す」という柔道の極意が必要だと考えたのである。この時，選ばれたのは慶應義塾大学英文学教授の佐野甚之助であり，タゴール家の家庭教師となり，タゴールの学園で柔道と日本語を教えた。1905年から1913年まで滞在し，後には南インド，当時のマイソール王国の警察，軍隊の顧問となった。また，1925年には講道館五段（のちに国際部九段）高垣信造がシャンティニケータンに赴く。高垣はカナダのコロンビア大学に学んだ後，カナダに柔道場を作り3年間教えたという経歴の持ち主で，その間に他流試合で怪力無双のデック・デビュートを破り国際的に知られるようになっていた。

高垣はインド各州から集まった体育教師にも柔道を教え，練習生は最盛期には400名にも達するまでになった。後にカルカッタ，さらにネパール，アフガニスタンへと赴き国際柔道のパイオニアとなる。

④ カバディにみるヒンドゥー教

カバディは，もともと日本でいえばケンケン相撲，イギリス発祥といわれるドッジボールのような子どもの遊びを起源としていると思われる。インド各地にハトゥトゥ，チェドゥグドゥ，カウンバダなどの名で呼ばれる遊戯があり，統一ルールを作って競技化された。

呪文のように「カバディ，カバディ」と一息で唱えるキャントの間だけ，相手コート内に入り攻撃を続けられるが，これはある意味スポーツ的ではないルールである。もともとハトゥトゥとかグドゥグドゥとか唱えるゲームだった。これはヨーガのプラーナーヤーマ（呼吸法・調気法）に基づくという。

カバディの試合では1人の攻撃手（レイダー）が相手コートに侵入して，7人の防御手（アンティ）にタッチして自軍に戻るとタッチした人数分だけ加点される。自軍に戻れない時には相手方にポイントが入る。

カバディは敵に対しての挑戦を意味するカウンバダという語に由来するともいうが，カバディという言葉自体は意味がない造語である。

叙事詩『マハーバーラタ』の少年戦士アビマニュが，1人で7人の待ち構える敵陣に必死で踏み込んでいったという故事に倣ったものである。そこには，当時，インドが大英帝国から独立しようという気概が込められ，タゴールのみならずガンディー(M. Gandhi)やネルー(J. Nehru)も愛好したという国民スポーツである。

1990年に北京アジア大会の正式種目に加えられてから，国際大会もしばしば行われている。現在，インド亜大陸からアジアへ広がり，中近東や欧米でも行われるようになった。

スポーツ化されたといっても息の長さによって攻撃を終えるなど，気息プラーナを尊重するというヨーガの伝統を継承する。一度コートから出されても，再び戻れる点など輪廻転生の世界観を表すとも説明されている。今日では靴を履いて室内大会も行われるが，基本的には土の上における素足の技術であり，ヨーガと同じくなんら道具を必要としないのもインド的である。

インドにおいてカバディをする時は，コートに入って地面に手を触れて大地の神に挨拶する習慣やナンバを基礎とした身体技法が用いられるなど，インド武術やインド舞踊との共通項がある。

⑤ インド舞踊にみるヒンドゥー教

インド舞踊の起源をインダス文明に求めることもあるが，地理的な意味で古代のインド亜大陸に舞踊が存在したとしても，歴史文化的にはインド舞踊と呼ぶことはできない。

最も古く起源を求めるなら，紀元前に製作されたヤクシー像が，樹木の蔦に絡まりながら身体をくねらせており，現代のインド舞踊のポーズ，トリバンギを思わせる。より本格的に舞踊の存在を予想させる像はアジャンタの壁画やエローラの彫刻などにあり，5，6世紀以降のことになる。12世紀頃にカルナータカ州のホイサレーシュヴァラ寺院などに描かれた舞踊像をみると，かなり現代のインド舞踊に近くなっている。

舞踊家ナタの言葉が文法書などに現れるのは紀元前5世紀頃のことである。紀元前2世紀にはナタが暗誦と唱歌に従事し，男であって女に扮するものをブルークンシャと呼んだことが分かっている。それが戯曲に基づく演劇であったかどうかの確証はないが，当時，なんらかの芸能の興行が行われていたことが分かっている。

仏典にも様々な記述がある。2世紀の詩人馬鳴の戯曲『シャーリプトラ・プラカラナ』の断片が残されている。仏伝の『ラリタヴィスタラ』(2世紀から6世紀の成立)に王族の学ぶべき教養として様々な技芸が列挙されているが，その中に次の10種の芸能がある。

1)ヴィーナー：弦楽器の演奏，2)ヴァーディヤ：楽器，鳴り物の演奏，3)ヌリティヤ：舞踊，4)ギーター：歌，5)パティタ：朗誦，6)アーキヤーナ：語り，7)ハースヤ：お笑い芸，8)ラースヤ：女性的な舞い，9)ナーティヤ：演劇，10)ヴィダムビタ：ものまね芸。

バラタ作とされる『ナーティヤ・シャーストラ(戯曲論)』(6世紀前後成立)には，文学理論，音楽・舞踊に関する理論が集大成されている。

ここに初めてシヴァ神が踊ったという勇壮な男踊りターンダヴァの語が用いられている。残された図像からもターンダヴァの出現は5世紀以降である。女舞ラースヤはシヴァ神妃パールヴァティーの踊りとされる。

(河野亮仙)

東アジアの宗教とスポーツ　12.D

仏教とスポーツ　12.D.01

スポーツが仏教とかかわる時，その中心的な役割を担ってきたのは武道である。ここでは武道と仏教のかかわりに関する研究史を中心に取り上げる。また，武道といってもここでは江戸時代に成立，展開した武芸流派と仏教のかかわりが検討の中心である。

明治時代になり，柔道や剣道の競技化が進んだ後も，各選手らが座禅を組むことで試合前の緊張や不安を解消していった事例は散見される。また武道の関係者のみならず，野球選手などが座禅を組むことは今日においても珍しくない。その場合の野球選手もおおむね，昔日の剣豪が座禅によって無心の境地にたどり着く，イメージに導かれて行っているように見受けられる。さらに，現在では座禅や調息などの仏教の行法を心理学的生理学的に検討する研究も盛んである。こうした仏教の行法にスポーツ選手や研究者らが注目する前提には日本の身体文化の根底に仏教が横たわっているためである。

武道・スポーツの人文社会科学的な研究史の中で「スポーツと仏教」あるいは「武道と仏教」というテーマで進められてきた研究はほとんど見当たらない。仏教や武道に関する研究が進む中で結果的に両者の関連が深いという事実が分かってきたというのが実情であろう。そのため，ここでは武道と仏教の歴史的背景を概観し，さらにどのような研究史を構築できるのかを提示する。

① 武芸の成立と仏教
[中世・戦国時代の武芸の概況]

16世紀の中頃から17世紀にかけては，日本の武芸諸流が続々と成立していく揺籃期であった。日本の武芸のうち流派として最も早く成立したのは騎射，馬術であった。14世紀末，室町幕府の武家式法，年中行事の確立過程のうちに弓の小笠原流，馬の大坪流などが成立する。15世紀後半には下総香取の飯篠家長威奇家直が正真正伝神道流を唱えて登場する。これに次いで，のちに近世の武芸諸流の源流となっていく伊勢出身の愛洲移香の陰流，鎌倉寿福寺の僧念阿弥慈音の念流，および中条兵庫助の中条流が現れる。

応仁の乱(1467年)を皮切りに戦国時代に入り，1543(天文12)年種子島に鉄砲が伝来すると，それまでの戦闘法が大きく変化していく。従来の騎馬中心の戦闘法は衰退し，一番は銃隊，二番は弓隊，三番は長柄槍隊，そして最後は白兵戦という戦闘法の再編成が進ん

だ。鉄砲を扱う一番隊の足軽でも重厚な甲冑を着た敵大将を撃ち倒せる状況となり，装備は軽量化し機動性を確保することが求められるようになって，武芸も体力に依存する技法から機敏さを要するものへと変化していった。また，戦国時代には津田流，田布施流などの鉄砲術も生まれている。

さらに，剣術においては飯篠の系統から塚原卜伝（鹿島新当流），有馬豊前守（有馬流）が，愛洲の流れを汲む上泉伊勢守秀綱は新陰流を創始し，柳生但馬守宗厳（柳生新陰流），丸目蔵人佐長恵（タイ捨流），疋田豊五郎景兼（疋田流）が現れ，中条の流れからは戸田勢源（戸田流），鐘捲自斎（鐘捲流），伊藤一刀斎景久（一刀流）などが登場する。

こうした戦国時代末期に成立した流派は「兵法（へいほう，ひょうほう）」と呼ばれ，実戦本位の武技であり，剣，長刀（なぎなた），槍，棒，捕縄，柔術などの諸芸を包含する総合武芸であった。しかし，やがて禅や儒教の思想を取り入れられるようになると技法（わざ）と理（理論，心法）の両面の深化，体系化が図られ，総合的であった諸流も独立した武芸に特化されてそれぞれの相伝体系の整備が図られるようになる。

こうした中，禅や他芸能とのかかわりから流儀の概念化，体系化に成功したのが柳生新陰流である。江戸時代に成立した武芸流派の中には，柳生新陰流を源とするものが少なくない。ここからは柳生新陰流の伝書形成過程をたどりながら，禅がいかに武術流派の成立に影響したのかをみていく。

[柳生新陰流の形成と禅語]

前述のとおり，柳生新陰流は，16世紀に上泉伊勢守秀綱の開いた新陰流を柳生家が工夫を加えて伝えたものである。新陰流の流祖上泉は藤原秀郷の支流で京都の一色家の流れであり，曾祖父義秀から上州（群馬県）に下った名門の出であった。大胡城主秀継の子として父の跡を継ぎ関東管領上杉憲政に属した。1551（天文20）年に小田原の北条氏康に攻められた後，箕輪城主長野業正の配下となったが，1564（永禄7）年に甲斐武田信玄の侵入により主家廃絶に遭う。この時，信玄の招きを断り，以後兵法者としての道を歩むこととなった。上泉は1566（永禄9）年の影目録の第一「猿飛（えんぴ）」の序で新陰流創始の経緯について次のように述べている。「中古，念流，新当流，亦また陰流有り。其の外は計るにたえず。予は諸流の奥源を究め，陰流において別に奇妙を抽出して，新陰流を号す」。上泉は陰流から「奇妙」を抽出し，それを基に新陰流を興したのである。

さて，廻国修行を始めた上泉は1564（永禄7）年に奈良に赴き，柳生石舟斎宗厳と初めて出会っている。宗厳は古くから大和の柳生庄の領主であったが，若くから新当流を学び，畿内随一と評されていた。宗厳もまた腕に覚えのある剣士であったが，上泉の弟子意伯と2度立ち合ったが敗れ，ただちに新陰流に入門したという。翌1565（永禄8）年4月に再度柳生庄を訪れた上泉は，宗厳の技の進歩をみて「一国一人」の印可を与えた。同時に「無刀」の課題も授けた。この後，宗厳は生涯をかけて「無刀」とはなにかを問い続けることとなる。

柳生家にとっても新陰流にとっても転機となったのは，1594（文禄3）年のことである。この時，徳川家康に招かれて宗厳は技を披露した。家康は「上手なり，向後師たるべし」と述べて，宗厳に誓詞を出したという。これ以後，五男の柳生又右衛門宗矩が家康の下に出仕することになった。こうして柳生家は徳川方につき，1600（慶長5）年には関ヶ原の戦いもともに戦った。この合戦に勝利した家康は宗厳に柳生旧領を与え，翌1601（慶長6）年にはさらに千石加増し，世子秀忠も新陰流へ入門した。1603（慶長8）年2月，家康は征夷大将軍の宣旨を受け，江戸幕府を開くこととなる。同年，柳生家においても宗厳の孫の兵庫助は加藤清正の熊本藩に，その弟・権右衛門は伊達正宗の仙台藩に招かれ，一族の全国的な発展の兆しがみえた。

このように柳生家の発展がみられた1600年前後であったが，宗厳は新陰流の研究も怠らなかった。技法の上では上泉から伝わる「三学」「九箇」「天狗抄」という勢法のほかに「極意六箇条」「二十七箇条截合」「八箇必勝」を附け加えている。また上泉以来，兵法においては技法や戦術に加えて心のあり様もまた大事であることが伝えられてきたが，晩年の宗厳はこの心の問題をよりいっそう重視していたようである。宗厳はいう。

「兵法を頼り，世渡り候条，大形にては，各御同心有る間敷きと在る寄り，無刀の工夫，心の道に付事を思い案じ仕る」。

ここには無刀の工夫に加え，それに至る心の道の付事の重要性が示されている。さらに晩年の宗厳は自身が至った技法と心の問題をいかに体系化するのかに心を砕いた。

こうした中，宗厳の新陰流の体系化に影響を及ぼしたのは能の金春大夫家の金春七郎であった。七郎は能の修行の傍ら，武芸も好んで行い，七郎は宗厳より新陰流を学んだ。宗厳もまた柳生新陰流の伝書を形成する上で金春家に伝わる禅竹の哲理的能楽論から様々なヒントを得たといわれる。その伝書形成上の特徴として，渡辺一郎は「1. 伝書の表現文章の平易化，時文化，2. 心理的表現の多様化（例.心底ノ作，兵法之病など），3. 禅の古語の挿入，4. 音楽的用語の援用（調子，拍子，間など），5. 美的感覚の導入」の5つを挙げている。この中で重要なのは，2番目の心理的表現の多様と3番目の禅語の使用であろう。上泉も禅語を用いて技法名を示している。例えば，参学円太刀といわれる新陰流の勢法には一刀両段，斬釘截鉄，半開半向，右旋左転，長短一味といった名称がそれぞれ付けられているが，これらは臨済宗の最も重要な仏教書である『碧眼録（へきがんろく）』から援用されたものである。しかし，宗厳以降の新陰流では技法のみならず，より剣士の心のあり様にかかわるかたちで禅語が使われ出すのである。例えば，「柳生家の一大事西江水（せいごうすい）」という教えがあるが，西江水もまた『碧眼録』から採られたものである。その内容は切合極意心持の1つであり，後に宗矩は「この心持，石火の機と申し候」と述べている。

こうした宗厳の技法上，心法上の工夫もあり，新陰流は上泉の新陰流から柳生新陰流として発展していくのであった。

[柳生宗矩の『兵法家伝書』と沢庵の『不動智神妙録』]

宗厳が逝去した後，最も活躍した柳生家の人物に宗矩がいる。前述のように，宗矩は関ヶ原の戦の後，徳川家で柳生新陰流の指南をするようになっ

た。1615(慶長20)年，大坂夏の陣には，宗矩は秀忠の本陣にあって，木村重成一族の木村主計が不意打ちをしかけてきた時，7人を斬ったという。柳生新陰流が実戦的であったことを物語るエピソードである。1620(元和6)年，宗矩は将軍世子・家光の兵法師範となった。若い家光からは，再三極意を書き上げよと命じられ，1622(元和8)年「玉成集」「新陰流兵法円太刀目録外者」，翌年「兵法截相心持の事」，1626(寛永3)年「新陰流兵法心持」「外の物の事」と口伝書をたびたび呈上している。そして秀忠が亡くなり，家光の親政となった1632(寛永9)年9月には『兵法家伝書』三巻を呈上したのである。

『兵法家伝書』は，宗厳以来の教えを基本的には踏襲しながらも，その内容の説明には禅僧沢庵宗彭の教導から得た独自の心法論を展開している。沢庵は江戸初期の臨済宗の僧である。父は但馬(兵庫県)出石城主山名宗詮の家臣の秋庭綱典であり，10歳で出石の浄土宗唱念寺に入る。その後，東福寺派宗鏡寺塔頭勝福寺の希先，大徳寺派の董甫宗仲，春屋宗園，大安寺文西の下で修行を重ね，春屋の印可を受け，37歳で大徳寺153世の住持となった。その後，1629(寛永6)年には幕府の宗教行政に抵抗し流罪となる。いわゆる紫衣事件である。1632(寛永9)年7月に沢庵は流罪から解き放たれた後，将軍家光の帰依を受け品川に東海寺を創建した。また同じ頃に沢庵は宗矩と親交が深くなり，剣禅一如の境地を述べた『不動智神妙録』を書き送ったといわれる。

『不動智神妙録』の要諦は何事にも心を留めないことである。これには次のように記されている。

「貴殿の兵法にて申候へば，向より切る太刀を一目見て，其儘そこにて合はんと思へば，向より斬る太刀に其儘心が留まり候て，手前の働が脱け候て，向の人に切られ候，是を留ると可申候，向より打太刀を見る事は見れども，そこに心をとゞめず，向の打太刀の拍子に合せて打たうとも思案分別にも染めず，ふりあぐる太刀を見ると否や，心を卒度も留めず，其儘つけ入て向の太刀にとりつかば，我を斬らんとする刀を我方へ押取って，還て向をきる刀と可成候，

禅宗には是を還て把槍頭倒刺人来と申候」。

ここでの「貴殿の兵法」とは宗矩の柳生新陰流のことと考えられるが，沢庵は柳生新陰流の斬り合いの技法を念頭にこうした何事にも心を留めない術理を書き記したのである。『兵法家伝書』にも次のように記されている。

「其所に心があとを残さずして，こぎ行く舟のあとのしら波と云ふごとく，あとはきてさきへ転じ，そっともとまらぬ処を，転処実に能く幽なりと心得べし。幽なりとは，かすかにて見えぬ事也。心をそこにとゞめぬと云ふ儀也。」

このように宗矩は沢庵の『不動智神妙録』から心法を取り入れたが，「乱れたる世を治める為に，殺人刀を用ゐて，已に治まる時は，殺人刀すなわち活人剣ならずや」と，実戦の術ではなく，武士の人格形成に資することをも『兵法家伝書』の中で説いていた。さらに，剣術のみならず竹内流や起倒流といった柔術などにも不動智の思想は浸透していった。不動智の思想には普遍性があったのである。

こうして沢庵からの影響を受けた宗矩の心法重視の剣術は，しかし合戦経験のある細川忠興などから「新陰は柳生殿(宗矩)よりあしく成申候」という批判もされた。また，『不動智神妙録』や柳生新陰流の他流への影響などから心法を説く武芸流派は増大したが，そうした心法重視の風潮は他方で武芸の形の華法化をもたらした。こうした状況を受けて，剣術では実戦的な技の修練という「本来の姿」に立ち返るために実際に竹刀によって打合う「竹刀打込み稽古」，あるいは「撃剣」と呼ばれる稽古の台頭を促したともいわれる。また，柔術においても起倒流では「残り合い」という形稽古が18世紀中頃にみられ，取の技が効かない時は受が反撃に転じてよい，という約束稽古が行われた。

[柳生新陰流以降]

18世紀以降撃剣は隆盛したが，今度は実戦的な技の修練という当初の目的を逸して，もっぱら試合の勝敗を競う競技としての発展を遂げていくこととなる。今日の剣道の源流はこの撃剣にさかのぼるが，一方では禅由来の心法

重視の剣術もまた続いていく。例えば，中西派一刀流は撃剣を行う剣術流派であったが，門人である寺田宗有は剣術界に竹刀・防具による撃剣が主流となっていく中でこれに反発し，もっぱら木刀による形稽古を基盤とした組太刀の研究に打ち込んだといわれる。また，組太刀のかたわら禅機・練丹の重要性に着目し，白隠慧鶴の高弟・東嶺円慈に参禅している。大悟して天真翁と号し，ここから天真一刀流の流派を興した。また天真一刀流2代目の白井亨は白隠の『夜船閑話』に記された内観法を行い，練丹を重視した。しかし，その内容が撃剣全盛の当時の剣術界に合わずに流派は衰退したといわれる。

また，幕末から明治にかけて活躍した剣士に山岡鉄舟がいる。鉄舟は幕末には旗本であり，明治時代に入ると天皇の侍従を務めた人物であるが，剣においても秀で，一刀正伝無刀流を興している。鉄舟は中西派一刀流の出であるが，先輩である浅利又七郎義明との立ち合いを所望し対峙したが，鉄舟は義明の気迫に押されて負けてしまった。鉄舟は明治維新後，明治天皇の侍従をする傍ら，義明を超えるべく剣術や禅の修行を続けていたが，1880(明治13)年，禅の三昧の境地に達し，義明を招いて立ち合いをした。義明は鉄舟に相対すると「もう及ぶところではない」と剣を収め，中西派一刀流の印可を授けた。こののちも鉄舟は修行を続け，1885(明治18)年に一刀流小野家第9代の小野業雄を訪ね，肝胆相照らし，一刀流正統の証となる伊藤一刀斎以来小野宗家に伝来した瓶割刀を引き継いだ。鉄舟は小野派一刀流の流儀に一切手を加えないという意味をもって，一刀正伝無刀流を名乗ったといわれる。このように柳生新陰流成立以来，明治時代に入った後も禅と武芸流派の関係は続いたが，禅の武芸流派とのかかわりは心法を問題するところで交錯していたようである。

② 「武道と仏教」の学説史

武道に関する研究は戦前にも鈴木大拙による『禅と日本文化』(岩波書店，1940年)など有名なものがあるが，ここでは戦後の学説史に絞る。

戦後，初めて武道と仏教の関係に注目したのは文化人類学者のルース・ベ

ネディクト（R. Benedict）であった。彼女はその書『菊と刀』（1946年）の中で，意志と行為の間に隙間が無い「無我」の境地へ至るために日本人はあらゆる修養を行うと述べ，剣術家の禅の修行に論及し，日本人の無我の境地について説明している。ベネディクトは次のようにいう。

> 「剣術家の禅の修行はこのことのよい例証となる。むろん剣客は剣の正しい使い方を学び，またそれをたえず練習せねばならない。しかしながら，いくら剣術がうまくなっても，それは単なる『能力』の領域に属する事柄である，彼はその上にさらに『無我』になることを学ばねばならない。彼はまず最初に，たいらな板の上に立たされ，彼の身体を支えるわずか数センチの床の表面に精神を集中するように命ぜられる。彼の足場であるこのごく狭い面積がだんだんと高められてゆき（中略）少しもあぶなげなしにその柱の上に立てるようになった時，彼は「悟り」を得る。もはや彼の心は，目まいを感じさせたり，転落の恐怖を抱かせたりして，彼を裏切るようなことはなくなる」

こうして戦後の「武道と仏教」研究は文化相対主義の下で開始されたのである。

武芸が日本的独自性を獲得していく上で仏教から心の哲学を導入していったことは画期的であった。現にある心の状態をあるべき状態へと高めていくことをめざした心法は，自身をあるべき人間像へと自己変革する論理に深くかかわる。武芸心法論の意義は武士としてあるべき心性を概念的に明示することであった。こうした心法論を広く「日本文化と日本人の性格形成の関わり」の問題として考察したのが，源了圓の『型』（創文社，1989年）である。

さらに日本を越えて，より広く東洋的心身論の具体的展開として武道を論じたのが湯浅泰雄の『気・修行・身体』（平河出版社，1986年）である。湯浅によれば「日本武道の考え方は，古代仏教の常行三昧（運動的瞑想）の修行法の伝統をついで」いるとし，武道の目標は身体訓練を通して無心に達することという。こうした武芸心法論研究は，前林清和の『近世日本武芸思想の研究』（人文書院，2006年）によって集大成される。

しかし，これらの研究はいずれもベネディクト以来の文化相対主義の枠組みを脱しきれず，豊かな議論内容も西洋対日本（東洋）の二分法的枠組みの中，ナショナリズムやオリエンタリズムに回収されがちである。事実，源や湯浅の書はデカルト（R. Descartes）に代表される心身二元論の克服をモチーフとしているが，デカルトに西洋近代を仮託させるのは一面の真理を突いているとはいえ，偏った見方であろう。

最後に，こうした二分法的枠組みに回収されない研究として大保木輝雄の論文「武芸心法論についての一考察－事的世界の解釈をめぐって－」（『日本武道学研究』，島津書房，1988）を紹介し，「武道と仏教」研究の今後の可能性を探りたい。

大保木は「武芸者こそ勝負の場を介して死と対決した人間であり，単に相手を切り殺すといった即物的なことに終始したのではなく，勝負の問題を介在させながら極めて切実な生への希望と自己の絶対肯定の提唱者であった」と考える。

そして大保木は，沢庵の『太阿記』では

> 「蓋し兵法者は，勝負を争はず。強弱に拘はらず，一歩も出ださず，一歩も退かず。敵我を見ず。天地の未だ分かれず，陰陽の到らざる処に徹して，直ちに須らく功を得べし。夫れ通達の人は，刀を用ゐずして人を殺し，刀を用ゐて人を活かす」

と兵法の基本理念を打ち出すのである。そして自己の生命より以上の大きな生命（気）の立場から殺→活，活→殺を自由にあやつる兵法者の姿が描き出されるのである。

「敵我を見ず。天地の未だ分かれず，陰陽の到らざる処」は二元論以前の未分化な世界を示している。沢庵の考える兵法者は未分化な世界に徹し，「生死の理」を究明する存在者といえるだろう。仏教を武道へ取り入れた歴史的意義は以上の点にあると大保木は主張するのである。

このような大保木の議論は，西洋における自然哲学とも共鳴するだろう。自然哲学は自然や生命の生成原理を問う哲学の1つであるが，禅の実践としての武道を研究することは，"生命"をテーマに自然哲学との共通基盤を模索しつつ，その東西の差異を追うことにつながる。それは昨今の環境問題や分子生物学が突きつける"生命とはなにか"という21世紀の原理的課題に，一石を投じることにつながると考えられる。

参考文献　12.0.01

- 魚住孝至．2006．「東アジアにおける武術の交流と展開」『武道・スポーツ科学研究所年報』11：294-334．
- 渡辺一郎．1972．「兵法伝書形成の一試論」西山松之助，渡辺一郎，郡司正勝 編，『日本思想大系61－近世芸道論－』岩波書店

（中嶋哲也）

道教とスポーツ　12.0.02

① 道教と仏教と儒教

道教は中国生まれの宗教である。しかし，早くから日本に伝わり，強く日本文化に影響を与えてきた。3世紀前半の倭国の女王卑弥呼が，それによって諸国をよく束ねたという「鬼道」は道教と考えられているし，天皇の政治を呪術的に支えた官庁である陰陽寮で行われたのも道教であった。それに，そもそも天皇という言葉自体が，道教が宇宙の最高神をいうのに用いた「天皇大帝」（もともとは天の世界で唯一動かないとされた北極星の神格化）に由来するのである。

しかし道教は，その成立が儒教批判，すなわち統治の学であり政治倫理の思想であった孔子の儒教への批判として成立した事情もあって，儒教を正学とした日本では正統の学としては認知されなかった。われわれが日常，何の違和感もなく道教の習慣の中に暮らしながら，とりたてて道教の名前を口にしないのは，このためである。

しかし，非正統とはいえ，その影響は広範にわたった。各種の占い，不老不死や仙人の観念，「お元気」「気が滅入る」「気に入る」「気前が良い」「気にかける」など「気」の概念，また芸道や

武道の重要なターム（専門用語）である「無」「幽玄」など，これらも道教の用語であった。さらには，柔術や柔道の「柔」も道教の思想に発している。以下には日本のスポーツ文化に与えた道教の影響をみていく。

道教の思想は『老子』『荘子』『抱朴子（ろうし）（そうし）（ほうぼくし）』を代表的著作として，その全体が膨大な『道蔵（どうぞう）』にまとめられている。古代中国の宗教には，他に，儒教と仏教とがあったが，道教は仏教と特別に深いかかわりをもっている。仏教はインドから伝来したもので中国人にとっては新しい宗教であったが，インド仏典が漢訳された時，翻訳作業にあたった者の多くは道教に造詣の深い者であり，重要な仏教語が道教の概念によって意訳された。仏教の最重要概念である「悟り」を意味するインド仏典のbodhiに「道」の字が当てられたのは，その例である。ちなみに「菩提」は音訳である。道教の最終目標である，存在の根源たる「道」との同一化は，まさに釈迦が説く「悟り」に対応すると理解されたのであった。このほかにも，道教と仏教の間には思想的対応のあることが指摘されている。

② 道教の身体観と健康観

道教の思想は，その基底に，宇宙生成論をもつことを特徴とする。森羅万象の一切は，宇宙の根源物質である気から生じたもので，それゆえに，互いに感応する。人間も例外ではなく，その身は気からできていて，しかも宇宙と同じ構造をもつ。道教のコスモロジー（宇宙論）は，天は円，大地は方（矩形）と表現したが，人間の頭が丸いのは天を，足裏が方であるのは大地をかたどるためであり，さらに四肢は東西南北の四方位，両目は太陽と月，人体の360のツボは太陰暦の1年すなわち360日を表している。つまり，人間の身体は宇宙そのものであり，それゆえに小宇宙として大宇宙と対応する。

気でできたこうした身体には，呼吸によって，宇宙の気が導かれ，体内の360のツボを一定の速さで緩やかにめぐり，再び体外へと出ていく。そして気が滞ることなく，穏やかに体内を流れる状態が健康，しかしなんらかの理由で流れが滞ると不調をきたし，病が生じる。

健康と病気は，このように，気の流れ方によって説明された。説明がつけば，あとは，気が順調に流れるよう注意する，つまり滞った気が再び流れるよう働きかければよいことになる。そのために，特別な呼吸法が開発され，さらに「運気」「行気」といって体内の気の巡回をイメージする内観（ないかん）という技法が案出された。また，導引という健康体操も創られた。これは一種の徒手体操であり（時に棒などを用いることもあった），長沙馬王堆（ちょうさまおうたい）3号漢墓から発見された帛画（はくが）には，男女44人の導引ポーズが描かれている。導引は一定の呼吸法を伴って行われたもので，後漢の著名な医師であった華佗（かだ）は，虎・鹿・熊・猿・鳥の動きをまねた方法を推奨している。導引は古代中国の宇宙論的世界観の中に位置づいたものであり，体内の気の流れの難所をできるだけ広げて気が通りやすくするために行われた。

紀元前一千年紀中葉の戦国時代の頃にはすでにかなり広く行われていたとされる健康体操の導引は，その後も引き続き中国で行われ，また古代の日本にも伝わったが，中国，日本ともに近代に西洋から伝来した医学によって非科学・迷信とされ，下火となる。しかし近年，WHOのアルマアタ宣言(1978年)が民間医療をプライマリーヘルスケアとして認知したことを背景に，再び盛行をみている。

③ 武術と道教

武術は人を殺傷する技術であるが，日本の場合，道教と深くかかわった歴史をもっている。とりわけ江戸時代の武術家は，その技術上達のための心得を文字化したいわゆる武術伝書を数多く残しているが，その中に，道教の思想が色濃く反映する。

佚斎樗山（いっさいちょざん）の『猫の妙術』(1727年)は，そのよい例である。これは，勝軒という剣術家の家に現れた大ネズミを退治するのに，日頃ネズミ取りの修練を積む3匹の猫が挑むが，ことごとく失敗し，その後でヨボヨボの老猫がいとも簡単に食い捕らえてしまうというコミカルな話ながら，みごと剣術の極意について語っている。さて，その夜，不覚をとった猫たちは老猫を上座に据え，そのお手前の解説を請う。老猫は3匹の猫に日頃の稽古の内容を尋ねる。

1匹は技，次の1匹は技と気，次の1匹は技と気と心の修練に努める旨を答える。そこで老猫は，それぞれにアドバイスを与えるが，樗山は最後の猫に敵と和する心を修練すると語らせる。しかし老猫は，この猫に，「和」そうとする作為のあることを指摘し，それが大ネズミに不覚をとった原因であると諭す。ここからは勝軒も座に加わり，話題は剣術の極意に移る。老猫は心に思うところなく，つまり無の状態において敵と一体になる心こそ「和」であると語り，「我あるが故に敵あり。我なければ敵なし」と剣術の究極を教示する。

ここには我と敵つまり自他の解消が説かれるが，この心は道教がことのほか重視したものであった。道教では，存在の根源たる「道」との同一化を最終目的としたが，まさに自他が解消する心こそ「道」との合体を果たした心とされた。

自他解消は，水練や馬術においても求められた。馬術の『大坪流 好玄記（おおつぼりゅうこうげんき）』の江戸時代の注釈書には，"乗る人は天にして円，馬は地にして方，人馬合体して泰の卦（六十四卦の1つで天地交わり百事通じる安泰の卦）となる"と記され，人馬一体，人馬一如が極意と語る。また，水練においても，徳川幕府の御船手組（水軍）の組頭であった向井家の『向井流水法秘伝書』には「それ，水は大極なり。分かれて両儀（天と地，また陰と陽）となる。平水は陰なり。動きて陽となる。身体は陽なり。陽は陰中に入りて和合す。故に遠游游泳はこれを本とす」とあって，人が水に入り泳いで陰陽和合し，水人一体となる位が極意であると説いている。

こうした道教的な「和」の心は，容易に仏教の主客解消（沢庵の「不動智」や柔術起倒流の「本体」に表現された心）と対応するものであり，武術の極意として種目を問わず江戸時代に広く行われたものであった。

④ 相撲と道教

日本では，天皇の中央集権体制が一応の確立をみた8世紀（つまり大宝律令によって天皇統治を法的に，また古事記と日本書紀によって天皇統治をイデオロギー的に宣言した）から，相撲の全国大会である相撲節（すまいのせち）が毎年宮中において催されている。これは，7月7日の天皇天覧のた

めに全国から集められた男たち(『相撲人』)が相撲をとったもので，武家政治の始まる12世紀末まで続けられた。毎年の春，宮中では親王を長に実行委員会が組織され，徴収する相撲人の国名と人数，それにそれぞれの国に相撲人召し出しの勅を奉じて赴く部領使を決定する。部領使は宮中警護を務める左右の衛府の役人があたったもので，左衛府の召し連れた相撲人は左衛府チーム，右衛府の召し連れた相撲人は右衛府チームとされ，それぞれの衛府で練習(『内取り』)をし，「最手」を最強位とする実力順に番付に名が記され，毎年40人ほどが，天皇の前で，それぞれの位ごとに対戦することになっていた。

当時は，まだ土俵はなかった。相撲は，天皇が北の紫宸殿に臨御し，その南庭に東から左衛府チームが，西から右衛府チームが登場し，相撲人はそれぞれ衛府ごとに控えて自分の番が来るのを待った。この，天皇は北，左衛府相撲人は東，右衛府相撲人は西という方位取りは，中国の道教に発している。上述のように古代中国では道教的な"大宇宙と小宇宙の対応観念"に則って，現世(小宇宙)の統治者である王(皇帝，天子，天皇)は，大宇宙の主たる北極星と同じように，臣下に対し北として振る舞うことが要請された。北である天皇の，その左手は東(左衛府チーム)となり，右手は西(右衛府チーム)となる。

宮中で相撲がとられた空間は，東西南北の宇宙論的方位によって意味づけされた道教世界を成していた。

この伝統は相撲節廃絶の後も，民間に残った。江戸時代に初めて土俵が現れた時，その屋根を支える柱は四本と定められ，東西南北に建てられた。さらに，北の柱には黒の布，東の柱には青の布，南の柱には赤の布，西の柱には白の布が巻かれたが，これは道教が東に青，南に赤，西に白，北に黒の色を配したことにちなんでいる。さらに土俵そのものは四方位の中心として黄とされたが，これも道教のシンボリズムによっている。さらに，近代に入って柱が撤去されてのちも，吊り屋根の東西南北の角にそれぞれの色の房を下げる形で今日にまで残っている。また，土俵が円，基壇が正方形というのも，古代の上円下方墳と同じ，天地を合体させた道教的宇宙の現出である。

土俵のコスモロジーとともに，力士の東西対戦制も道教の影響であるが，1909(明治42)年に両国に国技館が建設された時，その内部設計は確かにかつての宮中の道教に則っていた。天皇が親御される貴賓席は，かつての相撲節の紫宸殿と同じく，北に設けられたのである。

⑤ 蹴鞠と道教

蹴鞠は中国伝来のボールゲームで，日本では日本書紀の644(皇極3)年の条に出る中大兄皇子と中臣鎌足の例が初見とされる。4人あるいは8人が協力し合って，1個のボール(鞠)を地に落とさないように蹴り続ける遊びである。蹴鞠を好み，その技の上達に励んだ公家は数多くいたが，わけても12世紀の大納言藤原成通はその筆頭で，「我鞠を好み，……病気の時は伏しながらも鞠を足にあて，大雨の時は大極殿に行って蹴った」と日記に記すほど熱心で，そこで，当代きっての名人とうたわれたその妙技は，清水寺の舞台の高欄を蹴鞠沓を履いたまま鞠を蹴りつつ渡ったとか，高く蹴った鞠が雲に入ってみえなくなったなどという逸話の形で伝わっている。成通と同時代人の藤原頼輔からは蹴鞠の2つの家元(難波家と飛鳥井家)が現れ，今日に伝わっている。

このように，蹴鞠は平安時代の宮中において技術的に整備され，『蹴鞠口伝集』など文字化も進み，この時期に蹴鞠文化が一応の確立をみる。

蹴鞠の家に伝わった蹴鞠は，技術，装束，心構えなど細部にわたって決ま

りが設けられたが，蹴鞠を行う鞠場(鞠庭)の設計に道教のコスモロジーが反映している。鞠場は6〜7.5間四方の方形とし，その四隅に桜，柳，楓，松の樹を植えるが，方位は桜が艮(東北)，柳が巽(東南)，楓が坤(西南)，松は乾(西北)とする。桜の艮は「鬼門」と呼ばれる方位で，日本では悪霊の侵入する道として呪的防御の対象となり，恐れられるが，日本以外では，鬼は死者の意で，それゆえ，死者界・祖先界とされる。逆に，楓の坤は「人門」と呼ばれ，人間界をさす。松の乾は「天門」，柳の巽は「地門」であり，蹴場はすなわち，天界と地界，生者界と死者界が現出する宇宙となる。この時，用いられる鞠には白鞠と燻鞠とがあり，白鞠は陰の鞠で秋と冬，燻鞠は陽の鞠で，春と夏に使うことになっている。道教では，1年は陽の気と陰の気の戦いと観念され，春と夏は陽の気が優り，秋と冬は陰の気が優ると考えられた。春と夏に燻鞠を蹴るのは陽の気をますます盛んにし，また秋と冬に白鞠を蹴るのは陰の気をいっそう元気にし，陰と陽が争う宇宙にあって，それぞれの季節の自然の秩序に則った穏やかな推移を実現させるためであった。蹴鞠は道教的スポーツなのである。

参考文献　12.0.02

- 今村嘉雄，石岡久夫，老松信一，島田貞一，入江康平 編. 1982. 『日本武道体系』(全10巻) 同朋舎出版
- 小野沢精一，福永光司，山井湧 編. 1978. 『気の思想』東京大学出版会

(寒川恒夫)

神道とスポーツ　12.0.03

① 神道国教化策

幕末の水戸藩にはじまった廃仏=神道国教化の運動は，1868(明治元)年3月28日の「佛語ヲ以テ神號ト為ス神社ハ其事由ヲ録上セシメ及佛像ヲ以テ神體ト為ス神社ヲ改メ社前ニ佛像佛具アル者ハ之ヲ除却セシム」(内閣官報局 編『法令全書・第1巻』原書房. 1974復刻. 77)により，全国各地に廃仏毀釈を巻き起こし，寺院・仏具の破壊活動が激化した。その後，1870(明治3)年1月3日大教宣布の詔が発せられ，ここに天皇中心の新しい信仰教義に基づく国民教化が打ち出された。また，翌1871年5月

14日に出された「伊勢両宮世襲ノ神官ヲ始メ大小ノ神官社家ヲ改正補任セシム」(内閣官報局編『法令全書・第4巻』186)により，伊勢神宮を国家の総本山とする神道国教化策が矢継ぎ早に実行されていった。

こうした一連の神道国教化策は，それまで民衆の間に受け継がれてきた氏神や産土等の村の鎮守を伊勢神宮の末社と位置づけ，祖先崇拝を巧みに利用して天皇崇拝へと導く敬神崇祖を基軸とする国体の教義が打ち出されたものである。その背景には，薩摩・長州を中心とする明治政府が，東照大権現

としてまつられている神君以上の権威を天皇に求めたこと，また欧米の侵略をくい止め，国民統一のシンボルに天皇の権威が必要であったことによるものである。こうして，天皇を現人神とし，天照大神をはじめとする天皇の祖先への信仰は，日本人が長年親しんできた土着の神様と外来の仏様とを共存させた信仰形態を否定した上で，国家の宗祀としての神道（これを「国家神道」という）に一元化していった。

② 祝祭日の制定と儀式

江戸時代から1871(明治4)年の廃藩置県が断行されるまで，諸藩には「藩校」という教育機関があった。そこでは儒学による藩士教育が行われ，孔子をまつる「釈奠」「釈菜」の儀式が行われていた。また，庶民の教育機関である「寺子屋」では，天神講や七夕祭が行事として行われていた。しかし，こうした伝統的な儀式・行事は，1873(明治6)年10月14日の「年中祭日祝日ノ休暇日ヲ定ム」（内閣官報局 編『法令全書・第6巻ノ1』. 520-21）により，公的な場から外されてしまった。

1889(明治22)年の大日本帝国憲法の発布，翌1890(明治23)年の教育勅語の渙発や御真影の下賜に呼応して，1891(明治24)年6月17日「小學校祝日大祭日儀式規程」が公布された。その第1条で「紀元節，天長節，元始祭，神嘗祭及新嘗祭ノ日ニ於テハ學校長，教員及生徒一同式場ニ参集シテ左ノ儀式ヲ行フヘシ」（内閣官報局 編『法令全書・第24巻ノ2』. 280-81）とされ，教育勅語の奉読や御真影に対し「最敬礼」することが定められた。また，この儀式の補足説明として同年7月3日，総務局長より各府県へ「小學校祝日大祭日儀式規程最敬禮式ノ件」が通牒され，「最敬禮ノ式ハ帽ヲ脱シ體ノ上部ヲ前ニ傾ケ頭ヲ垂レ手ヲ膝ニ當テ敬意ヲ表スルモノトス」（文部省普通学務局.『文部省例規類纂』. 1893. 38-39）と，その礼法が定められた。

ここで通牒された最敬礼の仕方は，天皇や皇室をまつる学校行事・儀式の基本的な礼法となり，やがて，日本におけるスポーツ儀礼の元となっていくのである。

③ 大日本武徳会と武徳殿

1895(明治28)年4月17日，平安神宮の造営を機に大日本武徳会（以下，武徳会と略す）が創設された。この武徳会は，796(延暦15)年に桓武天皇が武徳殿を造営し，武芸を叡覧したという故実に基づくものである。武徳会の主な事業は「平安神宮ノ邊リニ武徳殿ヲ造営スル事」「毎年一回武徳殿ニ於テ武徳祭ヲ擧行シ神霊ヲ慰メ奉ル事」「武徳祭ニハ全國ノ武道家ヲ會シ武道ヲ講演シ以テ武徳ヲ永遠ニ傳フル事」（『明治二十八年改正 大日本武徳會設立趣旨及規則』. 1895. 4）からなっており，10月25日には第1回武徳祭が挙行され，翌日から3日間大演武会が催された。

この第1回武徳祭は，全国から集まってくる武道家に大演武会が単なる公開演武の場ではなく，「神霊ヲ慰メ奉ル」ものであることを自覚化させるため「假武徳殿に神壇を設くる事」（『京都日出新聞』. 明治28年10月4日付）が決められた。このように武徳会は，創設当初から神道国教化策と一体となって武道普及に乗り出していったことがわかる。1899(明治32)年3月，本格的に竣工した武徳殿には中央に玉座が設けられた。これがのち，各道府県に武徳会支部が設置され武徳殿を創建する時のモデルとなったもので，正面に貴賓席，その奥に神殿を附設する形式が定着していった。

④ 神殿・神棚と三節の礼

1904-05(明治37-38)年の日露戦後，財政的に疲弊した農村を立て直し，国家の経済的・人的基盤を担う行政町村を再編成するために始められた地方改良運動は，神社をその中心に据えた行政組織の再編であった。また，1908(明治41)年10月に発布された「戊申詔書」は，神社と地域住民の結合を強化し，行政区画の一村に一社という「神社合祀」を強行するものであった。これ以降，児童・生徒の神社参拝が日常化していった。

こうした中，剣道界では武道場に「武の祖神」をまつることが流行り出した。また，それに対する礼法も「一者武の祖神に対する禮，二者師に対する禮，三者生徒相互間の禮」（内藤高治「剣道講義」『武之世界』1(2). 1912. 73-74）とし，これを「三節の禮」といって厳格化していった。例えば，1912年10月に制定された「大日本帝國剣道形」は，「打太刀仕太刀劍ヲ提テ立禮ニ始ム」としか記されていなかった。それが，1917(大正6)年9月には，「禮ハ先ツ正座（玉座又ハ神前）ニ向テ敬禮ヲ為シ後相互ノ禮ヲ為スモノトス」（『大日本帝國剣道形・加註』大日本武徳會本部. 1917. 1-2）と加註され，形の礼法も「三節の禮」に倣って確定されていった。そのことにより，江戸時代から受け継がれてきた蹲踞礼は，試合開始時の蹲踞姿勢にそのなごりをとどめ，軍隊式の「気をつけの姿勢」とお辞儀を併せた和洋折衷の新しい立礼方式が「伝統」として再構成されていったのである(中村民雄「中学校武道必修化について－武道の礼法－」『武道学研究』43(2). 日本武道学会. 2011：1-11)。また，これを機に，武徳殿内における礼法も

図1　大日本武徳会北海道支部武徳殿内の神殿（1931年落成）

「玉座ニ對シ奉リ相當ノ敬禮ヲ行ヒ苟モ不敬ニ渉ル行爲アルヘカラス」(『(大日本武德會)例規集』大日本武德會本部. 1935. 111)と定められた。

剣道の「三節の禮」は，1941(昭和16)年に国民共通の礼法として編纂された『文部省制定禮法要項』(北海出版社. 1941. 1-4)の最敬礼(約45度)に合わせて，神前への礼は45度とした。また，敬礼(約30度)に合わせて師への礼は30度とし，会釈(約15度)に相当する相互の礼は15度と定められた。これが，今日に引き継がれている剣道の立礼方式である。

⑤ 教育機関への神棚設置

1931(昭和6)年の満州事変の勃発後，学校を中心とする教育機関で神道の問題が大きく取り上げられたのは，キリスト教系の学校における「信仰の自由」と「神社参拝は国民的儀礼である」とする配属将校との対立であった。1932(昭和7)年5月5日，配属将校に引率された上智大学の一部学生が信仰上の理由で靖国神社参拝を拒否するという事件が起こった(『上智大学史資料集・第3集』学校法人上智学院. 1985. 74)。また，1935(昭和10)年6月1日，今度は同志社高等商業学校において，「一部の剣道部員は六月一日夜，無断で神棚を安置し，また一部柔道部員もこれに同調しようとした」(『同志社百年史・通史編2』学校法人同志社. 1979. 1097-98)事件が起きた。いずれも，配属将校が引き揚げをちらつかせながら，一般学生に与えられる幹部候補生10ヵ月在営の恩典と引き換えに学校側の譲歩を迫ったものである。この事件は，恩典のなくなることを懸念した学校側が配属将校の要求を受け入れ，神社参拝や神棚の設置は「国民的儀礼」として受け入れることを表明して決着した。なお，この同志社事件については，沖野岩三郎が『神社問題』(教文館. 1939. 142)と題する自著において，「近くは同じ京都で基督教(キリスト)の學校へ夜陰に乗じて神棚を安置して校長を苦しめた者がある。そんな陰謀めい

た事をして持ち込んだ神棚に神の来給(はず)ふ筈はない。神棚とさへ名がつけば，必ず神様の坐し給ふ所だと思ふ考には大きな錯誤がある」と警鐘をならしている。

そうした動向に対して，文部省は1936(昭和11)年5月5日，体育運動主事会議に「學校ニ於ケル剣道，柔道ノ實施ニ關シ特ニ留意スベキ事項如何」を諮問した。その答申「設備ニ關スル事項」の中で，「道場ニハ神棚ヲ設クルコト」(『自大正13年度・至昭和14年度 體育運動主事會議要録』文部大臣官房體育課. 1940. 197-209)が盛り込まれたことにより，道場に神棚があってあたりまえという状況が作り出されていったのである。そのことはまた，塩谷宗雄が「武道の教育的考察」(『師範大學講座 體育・第2巻』建文社. 1935. 57)において，1932(昭和7)年当時の全国の中学校550校に調査用紙を配布し，534校から得た回答からも明らかである。柔道場に神棚を設置する学校は211校(39.5%)，剣道場は252校(47.2%)であり，神棚設置率が50%にも満たない状況であったことがわかる。

さらに，教育・スポーツ界に大きな足跡を残し，来る1940(昭和15)年のオリンピック大会の東京招致に尽力していた嘉納治五郎が館長を務める講道館においても，時代の波に抗しきれず，1937(昭和12)年1月10日，鏡開式を機に神棚をまつったことが公表された(『柔道』8(3). 1937：巻頭)。

⑥ 神殿・神棚と日本国憲法

1945(昭和20)年の終戦とその後の占領下において，明治以来推し進められてきた神道国教化策は大きく軌道修正せざるを得なくなった。1945(昭和20)年12月15日，信教の自由と政教の分離をより厳密に示した「國家神道，神社神道ニ對スル政府ノ保證，支援，保全，監督竝(ならび)ニ弘布ノ廢止ニ關スル件」が発せられ，「全面的乃至部分的ニ公ノ財源ニ依ツテ維持セラレル役所，學校，機關，協會乃至建造物中ニ神棚ソ

ノ他國家神道ノ物的象徴トナル凡テ(すべ)ノモノヲ設置スルコトヲ禁止スル」(『終戦教育事務処理提要・第一輯』文部大臣官房文書課. 1945. 46)措置がとられた。また，翌1946(昭和21)年1月1日には，「朕ト爾(なんじ)等國民トノ間ノ紐帯(ちゅうたい)ハ，終始相互ノ信頼ト敬愛トニ依リテ結バレ，單ナル神話ト伝説トニ依リテ生ゼルモノニ非ズ。天皇ヲ以テ現御神(アキツミカミ)トシ，且日本國民ヲ以テ他ノ民族ニ優越セル民族ニシテ，延テ世界ヲ支配スベキ運命ヲ有ストノ架空ナル觀念ニ基クモノニモ非ズ」(『官報』號外. 1946. 1. 1)という詔書が発表された。こうした考えは，日本国憲法第20条「信教の自由，国の宗教活動の禁止」に明記されることとなった。

国家神道と結びつきが強かった武徳会は，1946(昭和21)年1月12日，「神殿神棚等撤廃ニ関スル件」において，「本會支部及分會等ノ武徳殿，道場ニ奉安セル神殿神棚及一切ノ神道ニ関スル象徴ハ直チニ撤廃」(中村民雄 編『大日本武徳会研究資料集成・第7巻』島津書房. 2010. 251)することを通達した。ただし，同年11月9日，内務省令第45号をもって武徳会そのものが解散(中村．前掲書，389)させられ，全財産が没収されてしまったので，武道関係者にこの趣旨がどこまで徹底されたかは疑問の残るところである。

今日，神道とスポーツのかかわりは，大会やキャンプイン前の「必勝祈願」にみることができる。この儀式は願かけの風習が習俗化したもので，祝詞やお祓いを受けること自体問題ないが，玉串料を公金から支払った場合，「公の財産の支出又は利用の制限」を規定した憲法第89条に抵触する恐れがあるので注意したいものである。

参考文献

- 中村民雄. 1986. 「武道場と神棚(1)」『福島大学教育学部論集-社会科学部門-』(39)：35-51.
- ―――. 1987. 「武道場と神棚(2)」『福島大学教育学部論集-社会科学部門-』(42)：1-17.

(中村民雄)

13章
スポーツと技術・戦術

スポーツの発展は,そのスポーツ種目に特有の技術や戦術の発展と歩みをともにしてきた。これまでのスポーツにおける技術研究と戦術研究についての概要を知るために,様々な視点や論点をまとめた。さらに,「身体知」を軸に,技術・戦術,そしてスポーツとの関係を論じることで,スポーツにおける技術・戦術の今日的意義についてより深く考える契機にしていただきたい。

スポーツにおける技術・戦術　13.A

① スポーツへの技術概念の導入

　体育・スポーツの世界で技術という言葉が注目されるようになるのは1896年にアテネで行われた第1回近代オリンピック大会以降のことである（金子明友「運動技術論」『序説運動学』大修館書店. 1968. 98）。この大会では，100m走の決勝でアメリカ人のバーク（T. Burke）がただ1人クラウチングスタートを用いて優勝したことに象徴されるように，アメリカとヨーロッパの選手の間で運動の仕方の違いが目立ち，運動経過の合目的的な形態が競技結果を左右するという認識がもたらされた（Meinel, K. *Bewegungslehre*, Volk und Wissen Volkseigener Verlag, 1960. 41）。このような背景のもとで，体育研究に長い伝統をもつドイツ語圏では，シュネル（H. Schnell）が1897年に，当時アングロサクソンで"trick"と呼ばれていた，経験によって確かめられた，熟練した運動形態を"Kniff"（コツ／策略）と訳して体育の専門文献において取り上げた。さらにブルストマン（M. Brustmann）が1910年に，「戦術」（Taktik）と「体力トレーニング」（Training）に結びつけて初めて「技術」（Technik）という言葉を用いたことによって，体育・スポーツの領域にこの概念が持ち込まれるようになった（Bernett, H. *Terminologie der Leibeserziehung*, 4. Auflage, Verlag Karl Hofmann, 1968. 126）。それゆえ，今日では，スポーツの技術は，第一義的には，実践の中で発生し，検証された「スポーツの運動経過の最も合目的的な形態」と解される（Meinel, K. *Bewegungslehre*, Volk und Wissen Volkseigener Verlag, 1960. 242）。

② 技術研究の展開

　技術という言葉が用いられてはいなくても，運動経過の合目的的形態というものは，18世紀末に汎愛派の先人たちが近代体育を創始して以来，科学的研究の対象となっていた（Bernett, H. *Terminologie der Leibeserziehung*, 4. Auflage, Verlag Karl Hofmann, 1968. 126）。教科としての体育を始めるにあたって，当時はなによりもまず学習内容を具体的に提示することが求められたからである。しかしこの時代には，やっている端から消えてしまう運動を客観的に記録する方法はまだ存在してはいなかった。このために，近代体育の創始者たちは学習内容を，つまり学習目標となる運動を，言語と図版を通して知識化することを試みたのである。

　これに対して，イギリスの写真家マイブリッジ（E. Muybridge）が，24台の固定カメラを一定間隔に並べて順番にシャッターを切るという方法で，人や動物の運動の連続写真を撮ることに成功したのは1882年のことである。しかし，いわゆる映画が運動の分析に用いられるようになるのは20世紀に入ってからであった。20世紀の初頭には，テーラー（F.W. Taylor）を始祖とする工員作業の科学的管理法の研究の中で，ギルブレス（F.B. Gilbreth）が光跡撮影と映画撮影の方法を用いて工具の作業を記録し，これに基づいて作業を単純な要素動作に分解し，そこから無駄な動作を取り除いて動作の標準化を行う方法を開発した。フェッツ（F. Fetz）によれば，20世紀の初頭に体育・スポーツの領域で用いられるようになった「技術」という表現はこの労働科学からの転用であり，これによって運動経過の科学的分析に基づいて運動の効率化がめざされたのである（Fetz, F. *Beiträge zu einer Bewegungslehre der Leibesübungen*, Österreichischer Bundesverlag, 1964. 121）。

　この労働科学における動作分析にいち早く注目したのが，旧ソビエトで生まれたスポーツバイオメカニクスであった。1958年にロシア語で出版されたドンスコイ（D.D. Donskoi）の『体育運動のバイオメカニクス』では，1950年代に入って飛躍的に進歩した写真撮影や映画撮影の方法が主要な研究法として位置づけられている。さらに1960年代に入ると，映像データから直接様々なキネマティクス的データを得ることが可能になり，これらのデータに動力学的データや生理学的データが組み合わされるようになって，バイオメカニクス的運動分析の方法は驚異的な発展を遂げることになる。また，1970年代にはビデオが登場し，その後のコンピューター技術の発展と相まって，今日では，運動に関する映像データは即時に，3次元で，他の計測データと組み合わせて提供できるようになっている。

　このようなバイオメカニクス的運動分析の発展と平行して，1960年代にはスポーツ運動学の領域で運動学習に関する研究が次々と発表された。これをベースにして，1970年代に入ると「コーチング論」（Trainingslehre）の領域で技術トレーニングが独立した問題領域として取り上げられるようになり，その後相次いで運動技術の習得プロセスを様々な学習理論に基づいて説明しようとする研究が発表されている。

　しかし，バイオメカニクス的運動分析を通して学習目標に関する客観的な知識を提供し，学習理論に基づいてそれを獲得していく手順を説明すれば，できない運動がたちどころにできるようになるというわけにはいかない。スポーツの技術研究における「知る」ことと「できる」ことの間のこのクレバスに橋を架けるために，金子は，現象学的運動感覚論の立場から，運動技術を「われわれのコツ」，すなわち間主観的運動感覚図式として捉えなおし，その発生と構造を分析する方法を提示している（金子明友『わざの伝承』明和出版. 2002. 282–83）。この「われわれのコツ」を個別事例の研究を通して確認していく作業こそが，今後のスポーツにおける技術研究の中核的課題となっている。

③ 戦術研究の展開

　近代の軍事科学では，兵学を構成する不可欠の成分として，「戦略」「作戦」「戦術」という概念が用いられている。これらの概念がヨーロッパの競技スポーツ，とりわけ球技の領域で取り上げられるのは1940年代の終わり以降のことである。しかし，この時期のスポーツの戦術論は種目固有の戦術や戦略を個人的な見解に基づいて論じたものばかりで，そこに共通性を見出すのは難しい。

　これに対して，旧東ドイツでは，1959年にシュティーラー（G. Stiehler）が，1965年にはマーロ（F. Mahlo）が球技における一般戦術論構築の必要性を訴える論文を発表している。さらに

1969年には，ハレ(D. Harre)が『コーチング論』を発表し，これを契機にして旧ソビエトのマトベーエフ(L.P. Matwejew, 1977)，旧西ドイツのマルチン(D. Martin, 1977)らによって次々と競技スポーツのトレーニングに関する一般理論が発表され，その中でスポーツ種目全般を対象とする戦術トレーニング論の領域が確立されていった。しかし，この時期の戦術トレーニングに関する章は，量的にみれば，体力トレーニングに関する章のおよそ1/13程度でしかなかったという(Roth, K. *Taktik im Sportspiel*, Karl Hofmann, 1989. 2)。その後1970年代の終わり以降には，個々の種目で戦術に関する研究が次々と発表され，これらの多様な戦術研究をベースにして，1988(昭和63)年にはシュティーラーらが球技の一般戦術論をまとめ，さらにロート(K. Roth)は『球技の戦術』(1989)を，ケルン(J. Kern)は『スポーツの戦術入門』(1989)を発表して，一般戦術論の内容は徐々にその厚みを増すようになっていった。

このような一般戦術論構築の歩みと並行して，1980年代に入ると，ビデオ機器とコンピューター技術の飛躍的な発展に基づいて，特に球技を中心にして，様々な種目でゲーム観察に基づく戦術パターンの抽出や定量的なゲーム分析の方法が開発され，さらにリアルタイムの戦術評価や予測が可能になった。今日の競技スポーツでは，スカウティング活動に基づく戦術情報の収集と分析は競技結果を左右する不可欠の要素となっている。

プレイヤーの戦術行動は，「ゲーム状況を知覚し分析する」→「戦術課題を(頭の中で)思考を通して解決する」→「戦術課題を運動によって解決する」という3つのステップを経て実現される(Harre, 1969. 206 –)。それゆえ，これまで戦術トレーニングでは，戦術に関する知識や情報を提供し，これに基づいてゲーム状況を評価する能力を高めることに，さらには戦術行動を展開するのに必要な体力と技術を身につけさせることに力点が置かれてきた。しかし，これだけでは，相手の行為や状況の展開を先取りして即座に適切な戦術行動を展開できる能力，すなわち「戦術力」を高めることはできない。戦術力は「応答的同調」の能力であり，この能力は相手の行動を感覚・運動的に同一化する「同型的同調」をベースにして初めて成立するからである(市川浩『精神としての身体』勁草書房. 1975. 186 – 92)。

このために，特に球技では，典型的なゲーム場面を設定し，そこで実現すべき行為を繰り返し反復させるというトレーニングが行われる。しかし，この種のトレーニングを通してプレイヤーが一定の状況下で一定の行動パターンを実行できるようになったとしても，そのことがただちに多様に変化する状況に適切に対応できる戦術力の獲得を保障し得ないところに，今日の戦術トレーニングの問題性が浮き彫りになっている。それゆえ，戦術トレーニングに関する今後の研究では，種目固有の戦術力を構成している「運動感覚能力」を体系化し，これに基づいて個々のプレイヤーに不足している運動感覚能力を診断し，それをトレーニングする具体的な方法を提示することが求められる(金子, 2002. 499 – 507)。

参考文献　13.A.

- Donskoi, D. D. 1961. *Biomechanik dem Körperübunegen (Übersetzung aus dem Russischen)*. Sportverlag.
- Harre, D. (Red.) 1969. *Trainingslehre*. Sportverlag.
- Kern, J. 1989. *Taktik im Sport*. Karl Hofmann (朝岡正雄ほか訳.1998. 『スポーツの戦術入門』大修館書店)
- Mahlo, F. 1965. Theoretische Problem der taktischen Ausbildung in den Sportspielen, *Theorie und Praxis der Körperkultur*, 9, 809 – 15.
- Martin, D. 1977. *Grundlagen der Trainingslehre*. Karl Hofmann.
- Matwejew, L.P. 1981. *Grundlagen des sportlichen Trainings*. Sportverlag.
- Roth, K., 1989. *Taktik im sportspiel*, karl Hofmann.
- Stiehler, G. 1959. *Zur Taktik in den Sportspielen, Pädagogische Dissertation*, DHfK Leipzig.
- Stiehler, G. u.a. (Red.) 1988. *Sportspiele*. Sportverlag.(唐木国彦 監訳.1993. 『ボールゲーム指導事典』大修館書店)

(朝岡正雄)

スポーツにおける技術　13.B

スポーツ技術の特性　13.B.01

① 機械技術と運動技術

「科学を実地に応用して自然の事物を改変・加工し，人間生活に役立てるわざ」(新村出 編『広辞苑』第3版, 岩波書店, 1983)という一般的な意味での「技術」は，近代の機械文明の基盤である。技術の発達によって人間の生活はますます快適になり，自動車の発明以来，人間の歩行距離は大幅に減少してきたように，特に身体の負担の軽減が進んできた。また機械の発達は，器用な手さばきなど人間の身体的能力の格差を埋めるように進められる。つまり，誰にでも容易に使用できることが技術発達のねらいとなる。

これに対して，「ある一定のスポーツの課題をもっともよく解決していくために，実践のなかで発生し，検証された仕方」(K.マイネル／金子明友 訳『スポーツ運動学』大修館書店, 1981. 261)としての運動技術は，行われる運動の高難度化・複雑化に伴って，その内容は次第に高度なレベルを要求されるようになってきている。例えば，バレーボールのジャンプサーブの習得は，単純なオーバーハンドサーブあるいはフローターサーブなどと比べてはるかに多くの技術因子を備えていなければ実現できない。つまり，新しい運動技術を習得するには一定の技能レベルが前提となる。

このように，機械技術の発達は人間の動作介入の減少へ向けられるのに対し，スポーツにおける運動技術の発達は，より洗練された動作の習得が条件となるという点に本質的相違がある。したがって，スポーツにおける運動技術の概念は，一般社会的通念としての機械技術の概念から導いてくることは不可能で，固有の研究領域が形成される。

② 運動モデルとしての運動技術

運動課題の最良の解決法である運動技術は，練習対象となる具体的な運動形態として提示され，1つの「理想的なモデル」(グロッサー・ノイマイヤー／朝岡

正雄ほか 訳『選手とコーチのためのスポーツ技術のトレーニング』大修館書店, 1995. 2)となる。これは、その時点での運動の最良形態ともいえるが、運動技術と認められるためには様々な条件や制約がある。また、実際にその技術を適用する際には、以下のような特性に留意しなければならない。

[合理性]

合理性は、「経済性」と「合目的性」の原理に基づく。

経済性では、最小のエネルギー消費によって最大の成果を引き出す動きの効率が問題となる。しかし、あくまでもスポーツ事象という場の諸条件に適合していること（合目的性）が前提となる。経済性は、特に長時間にわたる運動で持久性が要求される場合に重要である。

合目的性は、スポーツの場合には特に競技ルールから大きく影響を受ける。例えば、いくら効率がよくても、水泳のスタートで水中を無制限に進むことはルールで禁止されている。

また、目標とされる技術は、学習者の運動発達の程度に応じて変化する。世界のトップアスリートの技術をそのまま初心者の練習対象とするわけにはいかない。この場合、習熟度や年齢などにふさわしいものが合目的的な運動となる。

[習熟性]

技術を習得するのには、一定の習熟度が要求される。つまり、その動きを身につけるのが誰にでも容易で、特別な練習が不要な場合にはあえて技術とはいわない。あるいは、その動きを身につけることが、さらに上位の技術につながっていく可能性をもっていることが重要である。走幅跳の助走を1歩増やしても技術開発とはいえないが、ハンマー投げのターンを3回から4回にすることは、その成果とターン増加の難度から考えて大きな技術革新であったといえる。

[適時性]

理想的な動き方（運動モデル）としての運動技術も、不変の運動形態と考えられてはならない。より合理的な技術が開発された時には、もはや技術とはみなされなくなるものも少なくない。例えば、スキージャンプではかつて、スキー板を平行に揃え、腕を前に伸ばして飛んでいたが、やがて腕を体側につける技術が現れ、さらに今日ではスキー板をV字形に開くようになった。このように、運動技術はその時点における有効な動き方にすぎず、絶えず改良の契機を含んでいる。選手、あるいは指導者は常に新しい運動技術に関する情報を得る努力を怠ってはならない。

また、バットやラケット、ゴルフクラブなどのボールを打つ道具、あるいは陸上競技の砲丸やハンマー、棒高跳のポールなどの素材の変化、シューズの改良、体操競技の器械の高弾性化など、スポーツ用具がパフォーマンスの向上に果たす役割は近年ますます大きくなってきている。用具の特性に合わせて、運動技術も変容を余儀なくされる。

カービングスキーの登場によってスキーのターン操作の技術は大きな変化を遂げたように、用具の特性に動き方を適合させることができるかどうかが、近年のスポーツの勝敗の決め手になることも少なくない。

[階層性]

運動技術は、かつて球技などにおいて「集団技術」とも呼ばれた「戦術」とは明確に区別されるようになったが、なおその概念にはかなり両義的なところがある。つまり、技術は「目的のための手段」であること、そして「人間の行為」であるというハイデッガーの見解に従えば、その目的をどこに置くかで技術の内容も階層的に変動する（ハイデッガー／小島威彦・アルムブスター 訳『技術論』理想社, 1974. 18)。

運動技術の概念の最上位には、いわゆる「技(わざ)」と呼ばれる運動形態が位置づけられる。逆上がりとかアンダーハンドパス、背負い投げ、インステップキックなどである。これらは、鉄棒の上に上がること、低い位置のボールをうまくパスすること、相手を投げること、サッカーボールを遠くまで蹴ることなどが目的とされ、その目的の最良の達成のための手段として特定の技（運動）が選ばれている。

しかし、目的のための手段として新しい道具などが開発されたりするが、道具そのものが技術ではないように、「技」そのものを技術とみなすことは適切ではない。三枝は「技術は過程としての手段」（三枝博音『技術思想の探求』こぶし文庫, 1995. 23)であり、「新しさ」「試み」といった意味を含んでおり、それが新しい「方法であったという意識が人間の生活意識の中から消え失せる程度」の時には、技術の意味を失うと述べている（三枝, 1995, 32)。

今日ではよく知られた名称をもつ様々な技も、はじめから存在していたわけではなく、それぞれの目的を最もよく達成しようという努力の中で生まれ、改良され、伝承されてきたものである。水泳のバタフライは、今日では正式な競技種目として位置づけられているが、その運動形態の発生は、平泳ぎの新技術として開発されたことに由来する（*Der Sport-Brockhaus* F.A. Brockhaus, 1979. 85)。最初は平泳ぎの技術であったものが、その後平泳ぎとは異なる固有の技としての地位を得たのである。

このような例からわかるように、技と運動技術は截然と区別できるものではなく、競技ルールや技能レベル、時代様式など多様な要因によって変化する可能性がある。

したがって、技や技術の概念は固定的に考えるのではなく、解決すべき運動課題に応じて階層的に理解すべきである。この技術概念の階層性について、水泳の平泳ぎを例に図式化したものが図1である。

今日の平泳ぎにおいては、「ストローク」では「フォーマルストローク」「ナチュラルストローク」「ウェーブストローク」が、また「キック」では「ウェッジキック」「ウィップキック」が区別され（日本水泳連盟 編『水泳指導教本』大修館書店, 2009. 136-38)、それぞれ固有の

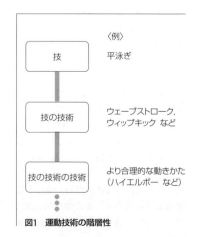

図1 運動技術の階層性

技術として認められている。これらは「技（平泳ぎ）」の「技術」である。さらにこれらは手や足などの動き方に常に改良が加えられて変化していく。つまり「技の技術の技術」への発展である。

このように解決すべき課題の合理的な達成法とみなされる技の習得にかかわって「技の技術」，次に「技の技術の技術」，さらに「技の技術の技術の技術」というように，どのようにすればそれができるのかを重層的に問いかけていくところに，スポーツに「技術」概念を導入する意義が見出される。

③ 共通感覚的図式技術
[個人技術の発生]

新しい合理的な動き方がみつけ出されるのは，常に実践の現場である。ある特定の選手が直面している運動課題に対して，自分の体力や体型，さらに用具や状況に適合した最善の解決策として，それまでに知られていた運動形態とは異なる新しい動きが開発される。この時点では，新しい運動の仕方は他の選手たちにも有効かどうかはわからない。特殊な体型の持ち主でしか実現できない動き方であるかもしれないし，特徴的だと思われていた動きが単なる個人的な"癖"の可能性もある。したがって，この段階では個人技術，あるいは個人技法の次元にあるといえる。

新しい運動の仕方の出現に対して，それが模倣すべき技術性を内包しているのか，あるいは単なる個人的特徴であるのかを判別することが重要である。かつての名打者だった王貞治選手の「一本足打法」は，ホームランの世界記録を樹立するほどの成果を上げた打ち方だったにもかかわらず，その当時も，またその後も同じような動きをみせる選手はほとんどいない。そのため，現在のところ，この打ち方を運動技術として若い選手たちに指導することはない。

王の「一本足打法」やイチロー選手の「振り子打法」など，卓越した技能に現れる個人的特徴は「運動様式」と呼ばれ，運動技術と区別される。マイネルが，様式は「完全にマスターされた技術の中に，統一的に個性が一回限りとして浮き彫りになること」(マイネル，1981. 270)で，「個性的な優美さあるい

は婉美さと同様に，直接に訓練することはできない」(マイネル, 1981. 269) といっているように，若い選手などの練習目標となるものではない。

[動き方の図式化]

課題達成に成果を上げた個人技術は，他の選手たちにもその成果が試され，有効性が検証されると，一般妥当的な運動技術と認められるようになる。つまり，他の選手たちが動きの模倣を試みる中で，課題達成にとって重要な動きだけを抽出し，非本質的な動きを排除していく作業を経て，1つの動きのかたちが確認されるようになる(技術の伝播)。これが指導の対象となる動きの原型となり，誰にでも適用可能な動き方の図式化が行われる(図式技術の定立)。

[共通感覚的図式技術]

実践の場で技術として検証・伝播される土台には，多くの人間のキネステーゼ的共通点がある。ギリシャ語を合成して作られた術語「キネステーゼ」(Kinästhese) は，現象学者フッサール(Edmund Husserl) の用語で「運動感覚」を意味するが，物理的刺激を受容する生理学的意味での感覚とは異なり，「私が自由に処理しうるもの，自由に抑制でき，自由に繰り返し演出できる意識」(E.フッサール／山口一郎ほか訳『受動的総合の分析』国文社, 1997. 28) である。この語に関して金子は，「運動感覚能力」あるいは「動感」という訳語を用い，発生論的運動学の鍵概念の1つだと述べている(金子明友『わざの伝承』明和出版, 2002. 2)。

金子は，運動学習，トレーニング，あるいは指導の実践を通して伝えられてきた運動の図式技術を「共通感覚的技術」(gemeinsinnmäßige Technik) と呼んでいる (Kaneko, A. Prolegomena zur Methodik der sporttechnischen Neugestaltung,『筑波大学体育科学系紀要』8, 1985. 101-13)。これは，運動技術を単なる動きの外形的特徴や物理的メカニズムから区別するためである。

他者とのキネステーゼの共通点があるという前提の上で初めて，ベルネットが提唱した「指導内容としての技術」(Bernett, H. Terminologie der Leibeserziehung 4. Auflage Karl Hofmann, 1968. 128) が措定されることになる。このことは，技術情報が実施する人間のキネ

ステーゼと直接かかわっていない場合には，運動技術とはなりえないことを意味している。

この点において，運動技術と機械技術の間には相違点がある。例えば，コンピューターシミュレーションによって可能とされた運動経過があったとしても，それが実際に人間の動きとして実現されていない時点では運動技術を語ることはできない。

④ 図式技術の確立からコツの伝承へ
[コツの伝承]

図式技術は多様な現象形態の中から本質的な動きかたを取り出した，いわば抽象的な運動形態であり，固定した動きのかたちと考えてはならない。実際にこの図式技術が指導される際には，学習者の体型や体力などの個人的特性に応じた変容が生じる。

図式技術が学習者に伝えられる場合には，具体的な動きの「コツ」として作用する。コツは実施する時の主観的な「動きの感じ」で表されるので，その内容に客観性を求めることはできない。外的にみれば全く同じ運動事象であっても，それを実施している人間の感覚は多様である。多様ではあるが，全くの混沌というわけではない。他者とキネステーゼの共通点がある以上，コツの捉え方を共有できる感性を人間は備えている。それゆえに，個人ごとに異なる感覚内容であっても，コツは指導者から選手に，あるいは選手同士の間でも伝えることができ，これによって運動指導が可能になる。

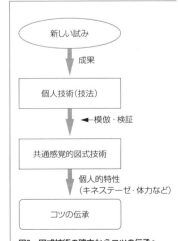

図2 図式技術の確立からコツの伝承へ

しかし，他者のキネステーゼを的確に把握できる感性は誰にでも備わっているわけではない。コツを指導する際に重要なことは，指導者が学習者のキネステーゼを共感的に理解することである。つまり，目標とする運動にはどのようなキネステーゼが要求され，学習者のキネステーゼ的レディネスはどこまで進んでいるのかといった運動発生論的視点からの洞察が不可欠なのである。

また，動きのコツをつかむには，それ以前の類似の運動経験が大きな役割を果たす。それは，以前の動きの感じが運動感覚的類似性をもつキネステーゼ・アナロゴン（金子明友 監修，吉田茂・三木四郎 編『教師のための運動学』大修館書店，1996. 9）となって，新たに習得しようとする運動の感覚の獲得に作用するからである。

したがって，学習者のキネステーゼ・アナロゴンとなりうる予備運動をどのように処方できるかが指導者の力量である。このような能力は，指導者の技能レベルの高さや運動経験の豊さだけで形成されるものではない。指導者自らがつかんだコツは，自分自身にとっては有効なものであっても，他の者に同じように動きを発生させるとは限らないので，指導者は自分のコツだけでなく，他の者も共有できる共通感覚的図式技術に基づいてコツを伝える努力をしなければならない。それには，学習者の運動感覚の世界に自ら入り込んで理解しようとする指導者の志向的態度が不可欠である。

参考文献　　　　　　　　　13.B.01
- 金子明友 監修．吉田茂．三木四郎 編．1996．『教師のための運動学』大修館書店
- 金子明友．2002．『わざの伝承』明和出版
- 三枝博音．1995．『技術思想の探求』こぶし文庫
- K.マイネル．1981．『スポーツ運動学』金子明友 訳 大修館書店

（佐藤　徹）

運動技術のバイオメカニクス的分析　　13.B.02

① 運動のバイオメカニクス的分析法

スポーツバイオメカニクス（Sport biomechanics）は，スポーツにおける運動，人，用具・施設の振る舞いを力学的観点から研究するスポーツ科学の基礎的領域の1つで，バイオメカニクス的な手法を駆使して，体育・スポーツ運動を力学的に分析したり，理論的に考察することによって各種の研究課題を解決する。最近における運動のバイオメカニクス的分析は，「量的分析」「質的分析」「予測的分析」に大別できるが，通常，運動のバイオメカニクス的分析とは量的分析のことをさすことが多い。

量的分析では，まず研究対象の特徴を質点モデル，質点系モデル，剛体モデル，剛体系モデル，粘弾性モデル，筋骨格モデルなどにモデル化する。次に後述する各種のバイオメカニクス的手法を用いて，運動に関する量的情報を得る。量的分析による研究は，時間や労力がかかるという短所はあるが，詳細な客観的情報を蓄積でき，パフォーマンスの制限要因や技術的な要点が究明できるなどの多くの長所がある。この研究例としては，技能水準の異なる選手や被験者間のバイオメカニクス的比較，競技会における一流選手の動作分析，運動における身体各部のパフォーマンスへの貢献度の研究などが挙げられる。

一方，質的分析とは，高度な測定装置を用いずに，主として運動パターンの観察により運動を分析し，パフォーマンスを制限する要因や技術的欠点を究明するものである。最近，分析には「モデル技術法」「動きの最適化あるいは改善ループ法」「ブロックダイアグラム法」などが用いられる。モデル技術法は，優れた選手の動作をモデルとして技術を評価するものであり，多くの指導者が意識的あるいは無意識的に用いている方法である。この方法では，モデル技術をどのように選択するかという問題が残る。次に，最適化ループ法は，動きを観察して評価・診断することによって，制限要因や技術的欠点を見出し，動きを改善するものである（図1）。この方法においてもモデルをどのように選択するかという問題が残る。最後に，ブロックダイアグラム法は，バイオメカニクス的観点からパフォーマンスの制限要因をブロック図にまとめて示し，相関分析などの統計的手法によりパフォーマンスと要因間の関係を明らかにして，重要な要因を抽出する方法である。図2の走幅跳の例では，踏切4歩前の身体重心の水平速度が大きければ，踏切初速度も大きくなるので，大きな飛距離そして跳躍距離が得られることを示し，この水準の選手では踏切4歩前が重要であることがわかる。この方法では，統計的分析に必要な量的データを収集する必要があるが，要因が抽出された後は詳細な量的データを利用しないため，質的分析に含めることが多い。なお，この方法の欠点は，動きのパターンが示せないため，球技などの動きには適用しにくいことなどである。

② バイオメカニクス的手法の発達

運動技術をバイオメカニクス的に分

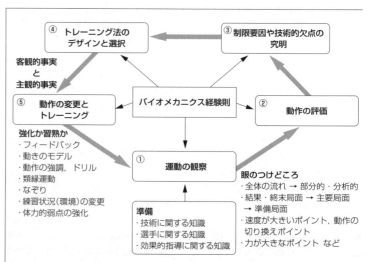

図1　スポーツ技術の最適化ループ

析するには，まず運動に関するバイオメカニクス的情報（動き，動きの原因となる力やモーメント，筋の活動状態）を得る必要がある。

図3は，運動に関するバイオメカニクス的情報を収集する手法の発達をまとめたものである。スペインのアルタミラの洞窟壁画には動物や狩猟してい

る人々が，ギリシャの壺には疾走しているアスリートやレスラーなどが描かれている。このことは，人類が古くから身体の動きを記録することに興味と関心をもっていたことを示すものである。当時では，画家の肉眼と感覚により動きに関する情報を収集し，それを絵として表現するという手法がとられ

ていたが，その後，多くの先駆者たちが記録手法を開発し改良してきた。そして，今日，「動作（動き）を測るキネマティクス」「動きの原因となる力やモーメントを測るキネティクス」「筋の活動状態を測る筋電図法」がバイオメカニクス的手法として用いられるようになった。さらに，今後は第4の手法と

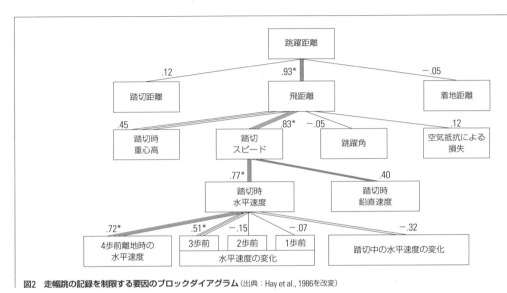

図2　走幅跳の記録を制限する要因のブロックダイアグラム（出典：Hay et al., 1986を改変）

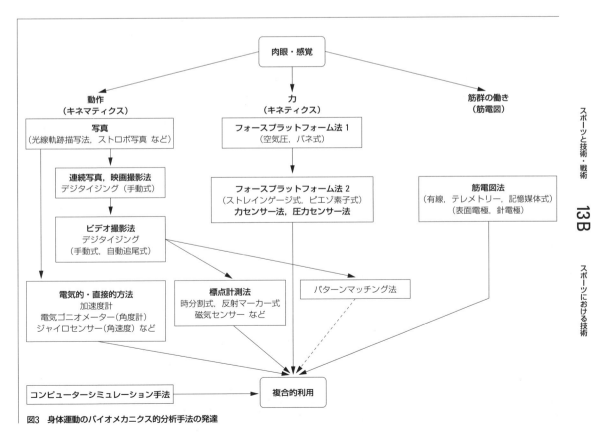

図3　身体運動のバイオメカニクス的分析手法の発達

して最適の動きやパフォーマンスを予測する手法である「コンピューターシミュレーション」が用いられるようになるであろう。

まず，動作（動き）の測定手法（キネマティクス，kinematics）だが，人間の動きを静止画ではなく，動画として最初に映画撮影したのは19世紀のマイブリッジ（E. J. Muybridge）とされている（金子公宥「バイオメカニクスの成立」『バイオメカニクス—身体運動の科学的基礎』杏林書院. 2004. 2-5）。彼は，競馬走路に12台のスチールカメラを並べ，馬が通過する時にシャッターに結びつけた糸が切れるような仕組みを作り，連続写真を作ることに成功した。また彼は人間や動物の動きを映画撮影している。その後，ストロボ写真や光線軌跡描写法（シャッターを開放して豆ランプなどの光源を装着した測定点の光線軌跡を撮影する方法）なども用いられたが，運動技術の分析に最も役立ったのは，16mm映画カメラを用いる映画撮影法である。この方法では，撮影した16mmフィルムを動作分析装置（デジタイザー）にかけ，測定点の座標を読み取り，コンピューターに入力して各種の力学計算を行う。現在では，16mmカメラに代わって通常型ビデオカメラや高速度ビデオカメラが用いられるが，多くの場合は手動で測定点の座標を取得することが多い。一方，特殊なカメラを用いたり，測定点にセンサーを装着してその座標を自動的に得る技術も1980年頃から精力的に開発・実用化され，1990年頃から実際の動作分析に頻繁に用いられるようになった。これらは，いずれも標点計測法と呼ばれ，最近の装置（Vicon, Visual3Dなど）では反射マーカーを用いるものが主流となっている。また，ビデオカメラで撮影した画像から計測点を自動で追尾する技術も開発され，実用に供するようになってきている。さらに，標点を計測するのではなく，あらかじめコンピューターに入力した身体各部や物体の形状データと，カメラで捉えた形状との一致度を計算し計測物体の位置情報などを収集する方法（パターンマッチング法）も研究されているが，実際のスポーツ運動を計測した例はまだないようである。上述したように動作を測定する最も有効な手段は画像情報

に基づくものであるが，ほかにも実験的条件では装着した部分の加速度を計測する加速度計法，関節角度の変化などを計測するゴニオメーター法，角速度を計測するジャイロセンサー法，計測点の座標計測が可能な磁気センサー法などが用いられている。

次に，力の計測手法（キネティクス，kinetics）だが，運動中の力の計測を最初に行ったのは，マレー（E. J. Marey）であるとされている（金子, 2004）。彼は，空気圧を利用して移動運動中や跳躍の踏切における足の圧力を測定した。アメリカのフェン（W. O. Fenn）はバネ式のフォースプラットフォーム（力量台）を用いて疾走時に足に作用する地面反力を測定し，同時に撮影した走者の高速度映画から収集した身体各部の座標と合わせて計算し疾走中の力学的仕事を算出した（金子, 2004）。また最近では，ストレインゲージやピエゾ素子（圧電素子）を用いたフォースプラットフォーム（圧力板）が用いられ，運動分析には不可欠な装置となっている。また，靴の中敷きに組み込んだ圧力センサーにより足圧分布を測定したり，ストレインゲージをバット，ゴルフクラブに組み込んで動作中の手部に作用する力やモーメントを精度よく測定することも可能になっている。

最後に，筋群の働きの測定手法（筋電図法）だが，運動における筋活動の状態を電気的に測定ができる筋電図法は，20世紀初頭から急速に開発・改良が進み，運動技術のバイオメカニクス的分析手法の1つとなった。筋の活動電位が流れて筋が収縮して力が発揮されるが，筋電図法はこの活動電位を記録するものであり，筋電図情報を分析することによりどの筋が活動したか，筋がどのようなタイミングや強さで活動したかを知ることができる。筋電図法には，用いる電極（針電極，表面電極など），電極で捉えた筋電情報の記録方法などに様々なものがあるが，動作分析には表面電極を用いた有線法やテレメーター法のように直接的に記録するもの，SDカードなどの媒体に一時的に記録し，それをコンピューターに取り込むものが用いられるが，最近では記録媒体を利用したものが多くなっている。筋電図法では筋電信号の処理法も重要である。筋活動の大きさ（振幅）

や量を知るには，筋放電量を積分した積分筋電値，複数回の試技の筋電図を加算し平均した加算平均値，筋電信号を高速フーリエ変換することによって得られる周波数分析（パワースペクトラム分析）などが用いられる。筋電図の定量的分析には，電極位置，筋放電と力の出力の時間的ずれ（Electro-mechanical delay），疲労などの各種要因が影響することが知られている（西薗, 2004）。しかし，測定技術の進歩は目覚ましく，また国際的な標準化が進められており，今後有効なバイオメカニクス的方法となるであろう。

ここでは，3つのバイオメカニクス的手法について概観してきたが，最近ではこれを単独で用いるよりも，組み合わせて利用することが多くなっている。さらに，進歩の著しいコンピューターシミュレーション手法をこれらに加えることによって運動技術のバイオメカニクス的分析が飛躍的に進むであろう。

③ バイオメカニクス的分析法とその成果

図4は，最近における主要なバイオメカニクス的分析法とバイオメカニクスの研究課題との関係を示したものである。主要な研究法は，ビデオから得られた画像による「DLT法」「3次元自動動作分析システム（測定点の座標情報，地面反力などの力情報，筋電図情報が同時に収集できるシステム）」，身体の座標情報，力情報，筋電図情報を筋骨格モデルに入力して筋力などを推定する「筋骨格モデル手法」，身体部分間の力やモーメントの相互作用を分析する「マルチボディ・ダイナミックス手法」「コンピューターシミュレーション手法」である。また上述したように，最近では，多角的なデータ収集が行われるようになり，データの蓄積も進んできたので，今後はこれらの手法で得られた成果が動作のバイオメカニクス的評価と診断に活用されるであろう。さらに，運動における感覚や動きの意識，運動やスポーツの指導へのバイオメカニクス的アプローチも可能になるであろう。

まず，競技会における選手の3次元動作分析を行う場合を考えてみる。スポーツの計測では，計測範囲が広く，

計測環境が多様(室内，屋外，雪上，氷上，水上，水中，競技会など)であり，動きのスピードが速く，動きが複雑で，身体接触や人との対応が不可欠な場合(柔道，球技など)が多いなど，計測の環境はきわめて過酷である。そのため，スポーツバイオメカニクスではビデオカメラを用いた撮影により得られた画像による分析が多く用いられるが，最近は3次元画像分析法によるものが多い。これまでに用いられてきた3次元画像分析法には以下のようなものがあるが，最近は(b)あるいは(d)の方法が用いられることが多い。

(a) カメラ直交法：光軸が直交するように2台のカメラを設定する方法。
(b) 固定DLT法：カメラ直交法に比べてカメラの設定に関する制約が少ない。スポーツの試合の3次元分析には最適である。
(c) MDLT法(Modified DLT法)：レンズのひずみなどを考慮した方法。
(d) パンニングDLT法：カメラをパンニングしたり，ティルティングするDLT法で，広い計測範囲に適している。

DLT法とは，Direct Linear Transformation methodのことで，実空間座標と画像上の座標との関係を表す定数(カメラ定数，DLTパラメータなどと呼ばれる)をあらかじめ求めておき，これらの定数を含む変換式に画像から得られた計測点の座標を代入して実空間座標を再構築する方法である。画面上の座標(U, V, デジタイザ座標)と実空間座標(X, Y, Z, 計測点の3次元座標)の関係を示す基本式は以下のものである(池上康男「写真撮影による運動の3次元的解析法」*Jpn. J. Sports Sci.*, 2(3), 163 – 70; Walton, J. S. Close-range cinephotography. In *Science in Biomechanics*, 69 – 97, Academic Pub.)。

$$U = \frac{AX+BY+CZ+D}{EX+FY+GZ+1}$$
$$V = \frac{HX+JY+KZ+L}{EX+FY+GZ+1}$$

上式の11個の係数AからLまではDLTパラメータあるいはカメラ定数などと呼ばれ，カメラ位置，光軸の傾きなどに関するパラメータをまとめたものである。実際には，空間座標が既知の6点以上のコントロールポイントを撮影した画像の座標から最小二乗法によりDLTパラメータを推定する。

固定DLT法では，一度DLTパラメータを算出すると，計測中にカメラの位置や設定を変えなければ，精度よく計測点の3次元座標が算出できる。しかし，計測範囲が大きい場合には，分解能が低下したり，分析対象が小さくなるので，計測精度の低下を引き起こすことになる。そのため，大きな計測範囲(例えば，スピードスケートやスキージャンプ)では計測範囲を複数に分割して各区間に固定DLT法を適用するなどの工夫が必要である。このような固定DLT法の短所を補うために開発されたのが，パンニングDLT法と呼ばれるものであり，様々な方法が開発されている。高松ら(1997)は，計測範囲が5m以下であれば画像分解能に顕著な差はないので，固定DLT法でも精度よく3次元座標の収集が可能である，それ以上の計測範囲ではパンニングDLT法が望ましい，基準点は計測範囲内に固定することが望ましいと述べている。

図5はDLT法によって捉えた一流短距離選手の疾走フォームを示したものである。ルイスのものは第3回世界陸上競技選手権大会(1991)で世界記録を樹立した時のフォームであり，ゲイおよび朝原のものは第11回世界選手権大会(2007)で得られたものである(福田ほか, 2008)。一般には，短距離走では支持足の離地時には膝や足関節が伸展され，回復脚の大腿が高く上がっていることが望ましいとされてきた。しかし図5に示した一流選手のフォームは必ずしもそうではなく，むしろその逆

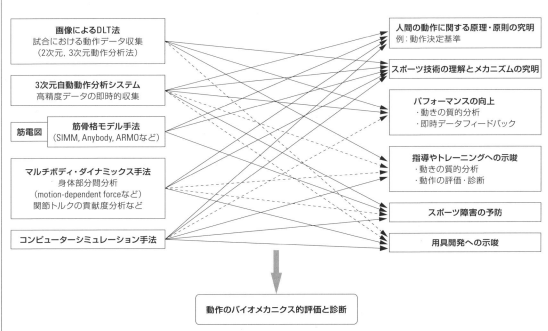

図4　最近の主要なバイオメカニクス的分析法と研究課題

であることがわかる。また伊藤らは，このようにして得られた世界一流選手のフォームを日本一流選手，大学陸上選手と詳細に比較している（伊藤章ほか「世界一流スプリンターの技術解析」『世界一流陸上競技者の技術』ベースボール・マガジン社，1994，31-49）。そして，疾走速度と有意な相関がみられたのは接地直前の股関節を中心とした脚の振り戻し速度であり，腿上げの高さや離地時の膝や足の伸展速度とは関係がないことを見出し，トレーニングで用いられている様々な動き作りの運動については再考すべきであることを提言している。

この例のように，陸上競技，水泳，スピードスケート，バレーボールなどでは，DLT法を用いて競技会における一流選手の動作を分析し，技術のみでなくトレーニング法に関しても多くの知見や示唆が得られている。

このようにDLT法などの画像による動作分析法には，被験者に大きな制約（マーカー貼付，電極やケーブルの装着など）を加えずに動作を測定できたり，競技会における一流選手のありのままの動作を分析できるなど，多くの長所がある。一方，分析に多大な時間と労力を要するという短所があり，画像をそのまま被験者や競技者にフィードバックする以外には，得られたバイオメカニクス的情報を即時的に技術分析やトレーニングに活用することは難しい。しかし，計測技術の進歩によって，身体表面に貼付したマーカー位置の3次元座標をほぼリアルタイムで収集し，分析に利用できる各種の3次元動作分析システム（カメラを用いるものは光学式3次元モーションキャプチャーシステムと呼ばれるが，磁気センサーを用いるもの，パターンマッチング技術を利用したものなどもある）が開発され実用化されている（Vicon，Visual3Dなどが体育・スポーツ分野ではよく用いられる）。それが，3次元自動動作分析システムである。本システムの最大の長所は，3次元座標データが即時的に得られること，地面反力や筋電図などとの同時測定が可能なこと，計測精度が高いこと，省エネ・省時間・省労力のため多くの被験者や試技のデータが収集できること，データ表示ソフトウェアが優れていることなどである。短所は計測条件に制約が多く，計測範囲が比較的小さい，屋外での計測が難しい，公式競技会などには適用できない，システムが非常に高価であることなどである。しかし，最近では，体育・スポーツ分野に徐々に導入されるようになり，上述した長所が生かされるようになってきている。例えば，国立スポーツ科学センターでは，一流選手の動作をViconを用いて計測し，即時的に動作パターンを表示して，技術の問題点を指摘したり，技術トレーニングにおける動作情報のフィードバックに用いて成果を上げている。ある大学球技選手では，2ヵ月練習してもまだ十分に習得できていない技術（動き）をViconとVTRカメラを併用してデータを即時フィードバックしながら練習させたところ，1時間たらずで動きのコツをつかんだという例もある。このように，3次元自動操作分析システムは，本来は研究用の測定装置として開発されたものであるが，今後は技術トレーニングにおける即時フィードバック手段としても活用されていくであろう。

次に，剛体リンクモデルによる逆動力学的分析であるが，例えば下肢には多数の筋があるが，これらの筋がどれくらいの大きさの力を，どのようなタイミングで，どのような組み合わせで発揮しているかを知ることは，身体運動の力学的メカニズムを明らかにする上で不可欠なことである。しかし，下肢に関する運動方程式の数と筋の数を比較すると，未知数である筋の数の方が多いため，数学的には解が一意的には定まらない。そこで，摩擦のない関節で剛体が連結されたモデル，すなわち剛体リンクモデルを考え，関節運動を生じるモーメントを算出し，これを筋が関節まわりに発揮した正味のモーメント（トルク）と仮定して，筋の関節トルクを推定することになる。このようにして筋が関節まわりに発揮したトルクを推定する方法を剛体リンクモデルによる関節トルクの推定と呼ぶ。さらに，関節トルクと関節角速度の積から関節パワーを算出したり，それを時

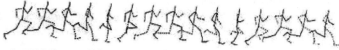
ルイス選手（9秒86，1991年）

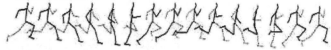
ゲイ選手（9秒85，2007年）

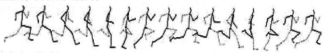
朝原選手（10秒14，2007年）

図5　DLT法で捉えた競技会における一流短距離選手のスティックピクチャー
（出典：福田ほか，2008）

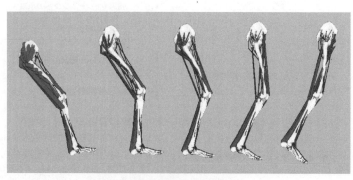

図6　走幅跳において踏切脚筋群が発揮した推定筋力の可視化例

間で積分して関節モーメントによってなされた力学的仕事を求め，これらを疾走速度と関連づけることによって，疾走速度の増大にどの部分の筋群が貢献するかなどの研究がある。最近では，投動作，テニスのストロークやサーブ，サッカーのキックなどの3次元運動における関節トルクなどが計算されるようになり，多くの知見が得られるようになっている。

また，運動中に発揮された筋力や関節トルクの地面反力やパフォーマンスへの貢献度がマルチボディ・ダイナミックス手法により計算されるようになった。これらの分析において得られた身体部分や関節の貢献度は，地面反力，速度などへの直接的貢献度を示したものであり，そのまま技術分析やトレーニングに適用する前に注意深い考察を必要とする。この点に注意して分析結果を活用すれば，運動のメカニズムの究明，トレーニング法改善への示唆，スポーツ用具開発への示唆などが得られるであろう。

また，筋骨格モデル手法であるが，運動中の筋出力を知るには，骨格や筋の解剖学，筋の力学的特性，運動神経の活性状態などの解剖学的・生理学的情報をもとに筋骨格モデルを構築し，身体の冗長性などに起因する各種の不定問題をいくつかの仮定のもとに解かなければならない。コンピューターシミュレーション手法の進歩，筋に関するバイオメカニクス的知見の蓄積などにより，1980年代から筋骨格モデル手法が急速に改良され，運動における筋出力(筋の発揮した力やモーメント)を推定し，可視化できるようになってきた。

図6は，実験における一流走幅跳選手の踏切局面における踏切脚の筋出力を推定し可視化したものである。これらの筋力はある評価関数を最小あるいは最大にする最適解を計算するという仮定に従って推定したものであり，この手法には，評価関数が異なると異なった結果が得られる，身体運動に最適の評価関数が不明であるなどの問題がある。しかし，筋の出す力やその運動への効果を知ることは，身体運動のメカニズムを究明するばかりでなく，運動技術を分析したり，パフォーマンスを向上させるために有用である。

われわれの運動は筋群によって発揮された力が関節を介して骨格に作用して生じる。しかし，一度，運動が生じると，必ずしもその部分に筋力が作用していなくても，重力のほかに，角速度や角加速度によって生じる求心力，接線力，コリオリ力，隣接部分から伝達される力を受けたり，逆に隣接部分に力を作用させたりする場合がある。このような力，特に部分の角速度や角加速度などのキネマティクス的要素によって生じる力をmotion-dependent force（運動依存力）と呼んでいる(Putnam, 1991, 1993)。

図7は，ランニングやキックなどの脚のスイングにおいて膝関節に作用する力の要素をモデル的に示したものである。このモデルでは，股関節は前方に加速されており，大腿と下腿はともに角速度および角加速度をもっているとする(反時計回りを正)。角速度ωおよび角加速度αをもつ物体には求心力$mr\omega^2$と接線力$mr\alpha$が作用するので，図7に示したように膝関節には，下腿の重力に対する力W_s，股関節の加速度による力F_hのほかに，大腿や下腿の角速度や角加速度による力の6つの力が作用する。

これらの力の大きさや方向は，股関節の加速度および大腿と下腿の角速度と角加速度の大きさと方向，部分の長さ，質量，姿勢により決まる。実際には，これらの6つの要素をすべて考慮しなければならないので，部分の動きによる関節に作用する力への影響を詳細に知るにはデータをもとに計算する必要がある。

図8は，投球動作のバックスイング局面における体幹の動きによって肩関節に作用する力を示したものである。

(a)は体幹を上方からみた場合で，体幹の角速度および角加速度により，肩関節には求心力F_p(体幹の中心方向に作用)と接線力F_t(投げ方向に作用)が作用する。このうち，F_pは上腕を投げ方向に回転させるモーメントを生じるが，F_tは後方に回転させるモーメントを生じる。したがって，投球動作において上腕を水平外転させて「ため」をつくるには，この局面では体幹の角加速度の大きいことが重要なことがわかる。

(b)は上腕，前腕，ボールを側方からみた場合である。この時点では肩の加速度および上腕の角加速度によって肘関節に投げ方向の力が作用すること

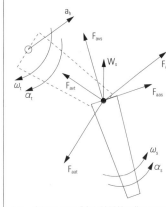

図7　脚のスイング中に膝関節に作用する運動依存力(モデル例)
F_{ah}：股関節の加速度による力，F_{aas}：下腿の角加速度による力，F_{avs}：下腿の角速度による力，F_{aat}：大腿の角加速度による力，F_{avt}：大腿の角速度による力，W_s：下腿の重量，a：加速度，ω：下腿・大腿の角速度，α：下腿・大腿の角加速度，s：下腿，t：大腿，h：股関節

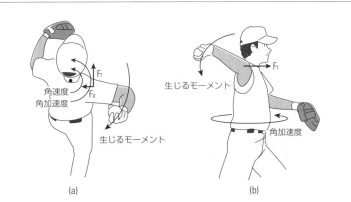

図8　投球動作のバックスイングにおいて肩に作用する体幹の運動依存力(モデル例)

になり，この力は前腕およびボールを後方に回転させるモーメントを生じ，肩関節を外旋させて腕に大きな「ため」を作るのに役立つ．このように投球動作において大きな「ため」をつくるには，バックスイング局面において体幹あるいは上腕の角加速度が重要であることがわかる．

内藤と丸山（2006）は，野球の投球動作における投球腕の関節トルクおよび運動依存トルクが手先の速度や運動連鎖へ及ぼす影響を上腕，前腕，手の3部分間の相互作用という観点から1名の大学野球選手について研究した．その結果，関節トルクによる最大手先速度への貢献は92％になること，上肢の角速度依存成分や体幹の運動依存成分は手先，手首，肘の最大速度に貢献していること，近位部の速度が減少し遠位部の速度が増すという運動連鎖では，近位部の角速度依存トルクが遠位部を加速するとともに，遠位部の角速度依存トルクが近位部を減速することによって生じることを明らかにした．このことは，運動依存力やトルクなどの部分間分析によって，各種の技術に内在する運動の原則やメカニズムが解明できることを示したものである．

最後に，コンピューター上で仮想的な運動を発生させて身体運動を研究したり，最適動作を推定したりする方法として，コンピューターシミュレーション手法がある．この手法はコンピューターの発達（ハードウェア，ソフトウェアとも）とともに進歩してきており，現在では多くのバイオメカニクス的研究に用いられている．体育・スポーツにおける身体運動シミュレーションの目的は，1）筋力の推定：身体の動きが変化した時に，生体内に作用する力や筋力がどのように変化するかを明らかにする．これは逆動力学的分析に基づくものであるが，例えばフォームを変化させることによって，生体に作用する負担を小さくできるかなどを検討できる，2）運動の力学的原則の理解，3）動作決定基準の究明：人間がある運動課題を達成するために様々な運動パターンをとることができる（身体の冗長性という）．しかし，実際にはなんらかの基準に従って運動パターンを決定しているはずであり，その決定基準を明らかにするためにコンピューターシミュレーションを用いることができる，4）最適動作の究明および新しいスポーツ技術の開発，競技成績の向上：コンピューターシミュレーションにより最適動作，例えば跳躍距離を最大にする動作を推定したり，新しいスポーツ技術を開発したり，競技成績を向上させるための動作の改善点を明らかにできる，5）用具の最適設計：スポーツ用具のバイオメカニクス的分析とコンピューターシミュレーションを組み合わせることによって最適な用具の設計を行うことができる（阿江と藤井，2002）．

また，中島（2008）は，水泳中に全身に作用する流体力の推定，それをもとにした水泳動作のコンピューターシミュレーションが可能なソフトウェアSWUM（Swimming Human Model）を開発し，泳動作の力学的分析（身体各部の推進力への貢献，バタ足の効果の解明，自己推進時抵抗の算出，泳者の身体のロール運動の特性，推進効率の算出など），腰痛原因の解明などに用いている．

参考文献　13.B.02

- 阿江通良，藤井範久．2002．『スポーツバイオメカニクス20講』朝倉書店．
- 池上康男．1983．「写真撮影による運動の3次元的解析法」『Jpn. J. Sports Sci.』，2（3）：163-70.
- 伊藤章ほか．1994．「世界一流スプリンターの技術分析」『世界一流陸上競技者の技術』31-49．ベースボール・マガジン社．
- 金子公宥．2004．「バイオメカニクスの成立」金子公宥，福永哲夫編『バイオメカニクス-身体運動の科学的基礎』2-15．杏林書院．
- 高松潤二ほか．1997．「大きな計測範囲のためのパンニングDLT法の開発」『体育学研究』42：19-29.
- 内藤耕三ほか．2006．「野球の投球腕速度を生成する運動依存トルク解析のための3次元上肢動力学モデル」『バイオメカニクス研究』10（3）：146-58.
- 中島求．2008．「流体力の推定に基づく全身泳動作のコンピュータシミュレーション」『バイオメカニクス研究』12（1）：42-48.
- 西薗秀嗣．2004．「筋電図」金子公宥，福永哲夫編『バイオメカニクス-身体運動の科学的基礎』444-51．杏林書院．
- 福田厚治ほか．2008．「世界一流スプリンターの疾走動作の特徴-世界陸上東京大会との比較から-」『バイオメカニクス研究』12（2）：91-98.
- Hay, J. G., Miller J.A. and Canterna R.W. 1986. The techniques of elite male long jumpers. *J. Biomech.*, 19: 855-66.
- Putnam, C.A. 1991. A segment interaction analysis of proximal-to-distal sequential segment motion patterns. *Med. Sci. Sports Exerc.*, 23 (1): 130-44.
- ———. 1993. Sequential motions of body segments in striking and throwing skills: Descriptions and explanations. *J. Biomech.* 26 (Suppl): 125-35.
- Walton, J.S. 1979. Close-range cinephotography: Another approach to motion analysis. In *Science in Biomechanics Cinematography*, 69-97. Academic Publishers.

（阿江通良）

技術力の指導　13.B.03

① 身体知としての技術力

身体知と呼ばれるものは，われわれのスポーツの世界においては，選手や学習者が当該の運動ができるようになって，最終的にその選手や学習者の中に蓄積されている動き方の知である．つまり，例えば「自転車に乗ることができる」「泳ぐことができる」「逆上がりや宙返りができる」「ボールを上手にドリブルすることができる」といったことを可能ならしめ，実際に選手や学習者に運動が「できる」ことを保証しているものが一般に身体知と呼ばれる．

このような身体知は基本的に，動きの技術との関連性をもっている．この場合の動きの技術は，村上によれば，プラトン（Platon）がアテクノスやトリベーとしてテクネー概念から区別したものに相当する．それは絵画や彫刻，料理法などのように，経験の積み重ねから得られる「因果的な自然の本性に関する把握なしの，つまりは《alogos》の性格」（村上陽一郎「技術を考えるための予備的考察」村上陽一郎編『知の革命史7　技術思想の変遷』朝倉書店．1981. 14）をもっているし，また直観ときわめて緊密な関連性をもっている．つまり，基本的に言語化できないものである．このような身体知は，プラトン流にいえば，エピステーメ（科学知＝自然の中に本来的に存在する因果的な関係の知的な把握）と結びつけられるテクネー（技術）概念には含まれず，「知」のレベルにないことになるが，村上は，例えば職人層における技術（われわれの問題としては動きの技術である）のような身体で覚えた「熟練」であっても，そこに「知」の側面を無視することはできないと主張している．それゆえ，スポーツの世界でいわれる（動きの）技術は，本質的に言語化されなくても，確かに選手の中に獲得・蓄積されて，選手の動き方を規定している行為（運動）にかかわる体験知，すなわち身体知というべきものであり，発

生運動学の立場からいえば，動感意識とは切り離しては捉えられない。

この意味の技術はエピステーメと結びついた，また科学的な理論的裏づけをもつことを前提とした「技術」概念とは本質的に異なる。すなわち，スポーツの技術は身体知，実践知，経験知といった地平にある"やり方"を意味している。例えば，通常われわれは，宙返りを練習していて，また苦労の末に，宙返りをどう行えばいいかというその"やり方"が体験を通してわかった（と思った）時のその"やり方"を「技術」といっていることが多い。この場合，そこでいわれている「技術」は，実際に運動をする時に，行為として「どうやるとできるのか？」また「そう"やる"と―"できる"」というようにして，身体化された経験則としての"やり方"であって，それはフッサール（Husserl）のいう「絶対零点」（金子明友『わざの伝承』明和出版，2002. 353）から取り上げられる"やり方"である。その"やり方"の妥当性は科学的な理論の裏づけに基づいているのではなく，行為として「そう"やる"と―"できる"」という身体化された身体知の地平で問われるものである。職人の熟練から生まれる技術もまさにそうしたものであり，その技術は身体知としての"やり方"を意味する。

また，われわれが「技術」という言葉を用いる時，生きる技術や考える技術，書く技術，学び方の技術，翻訳の技術，スキーの技術等々，その使われ方は実に多様である。この場合，それらは必ずしも因果律知識としてのエピステーメと結びつけていわれているのではなく，まさに経験の積み重ねから抽出され重要視されるようになった生き方，考え方，書き方，学び方等々の技法，経験則，やり方をさしているのであり，それはまさに身体知の問題なのである。

さらに，能力表現としての日本語の"できる"は，その基本義の「出で来」との関係でいえば，"できる"ことがわれわれに能力として発生してくることだと解することができる。つまり，この基本義の「出で来」が"できる"と解される場合には，古代ギリシャ人の考えていたテクネーの地平にある概念となる。ただこの場合のテクネーは，少なくとも「作り出す」という場面で「物事をうまく処理する」という場合の"でき

る"であり，プラトンとは別の，アリストテレスのテクネー概念で問題になる"できる"である。アリストテレスはこのテクネー概念の勝義を実践知として，人がものを作り出す時の仕方，すなわち"やり方"に捉えている。この場合，そのものを作り出すやり方は「〈ああしてもよい〉し，〈こうしてもよい〉」（金子，2002. 384-85）もので，1つのやり方に限定されるものではないという。こうしたアリストテレスのテクネー概念（"やり方"）は，われわれがスポーツの現場で用いる技術概念と合致するのである。

われわれがスポーツでよく口にする「技術」，例えば，ジャンプの技術やけ上がりの技術，宙返りの技術，はずしの技術，バッティングの技術，踏み切り技術等々は，因果性の自然科学的知識としてのエピステーメを背景にしていわれるようになったものだとは言い難い。それらの多くは経験によって取り出されまとめ上げられた経験則（実践知ないし身体知）としての性格をもつ，まさに運動や技を行う際の「技法」というべき"やり方"であり，そこには行為者の考え方や意識のもち方に関係した内容が含まれている。つまり，この場合にわれわれがいう技術は，行為者がなにかをする際の注意すべき点あるいはその要領，また自らのように行動ないし運動をしたらいいか，という時の行為者が取り上げるべきその"仕方"や"やり方"，すなわち"コツ"にほかならない。この"やり方"が技術であるとする認識は，まさにアリストテレスの技術概念を基底にして初めて成立するものである。

このように，"やり方"としての技術は，身体知としての"コツ"を起点として問題化される。発生運動学としてのスポーツ運動学では，金子によって，このスポーツの技術は図式技術として，コツと関連性をもつ「超越論的な動感身体知としての間動感性をもつ公共的技術」（金子明友『身体知の形成－上－』明和出版，2005a. 224）と解されるようになり，さらに今日では，その身体化の問題である「技術力」という概念が主題化されるようになってきている。

この技術力は，体力や戦術力と一体となって〈競技力〉を構成している要素であり，体操競技やフィギュアスケー

トなどの評定競技においては特に前景に立てられる要素である。しかし，技術力は，本質的にはどのスポーツ種目においても欠かすことのできない競技力を支える不可欠な要素である。

金子によれば，この技術力は「単に無色透明な生理学的調整力」（金子明友『身体知の形成－上－』明和出版，2005a. 224）ではない。すなわち，技術力は「制御能力や適応能力などの協調能力を意味しているのではない。それは，現時点でもっとも新しい対私的な運動感覚図式の意味核を完全に身体化したその個人のわざ」（金子，2002. 441），あるいは「現時点でもっとも有効な〈図式技術〉を私の動感身体で思うままに駆使できる能力」（金子，2005a. 224）であり，〈図式技術〉が私の技術として身体化された身体知なのである。つまり，それは「現時点で有効な運動技術がその選手に身体化されている動感身体知の現れ」（金子，2005a. 244）であり，端的に図式技術の動感身体知と表すことができる。こうして，技術力は「技術を習得した能力というよりは，時間性と空間性を動感身体に取り込んで同化した身体知」（金子，2005a. 244）を意味することになる。

このように技術力は身体知と理解されるが，しかしそれは単なる身体知というよりは，自己中心化された対私的なものであることから，「コツ身体知」（金子，2005a. 340）と呼ばれる。このコツ身体知としての技術力は自己中心化身体知として発生論的な地平構造をもち，選手たちに身体化されているという意味で，「発生論的概念」（金子，2005a. 224）と解される（図1）。

このように，技術力は発生論的な〈コツ身体知〉としての〈知〉を意味している。しかしこの知は「身体に関する単なる知識ではなく，新しい出来事に対して適切に判断し解決できる身体の知恵が意味されて」（金子，2005a. 2）いる。

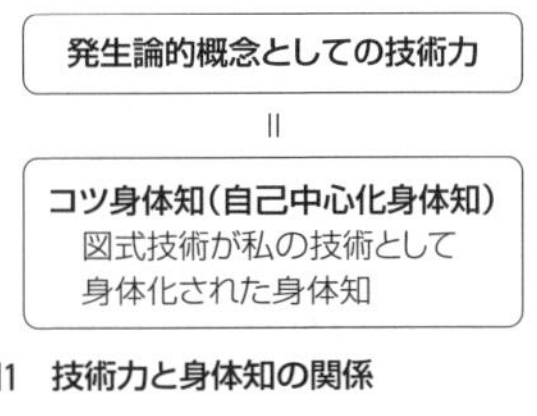

```
┌─────────────────────────┐
│  発生論的概念としての技術力  │
└─────────────────────────┘
            ∥
┌─────────────────────────┐
│  コツ身体知（自己中心化身体知） │
│  図式技術が私の技術として    │
│    身体化された身体知        │
└─────────────────────────┘
```

図1 技術力と身体知の関係

すなわち，それは単なる知識や知能ではなく，「そう動ける」知恵が意味されているのである。いうまでもなく，この場合の〈身体〉は物質的，物体的身体ではなく〈生命的身体〉であり，それは動きつつ感じ，感じつつ動ける身体（動感身体）を意味している。この生命的身体（動感身体）に動感身体知としての間動感性をもつ公共的技術，すなわち，図式技術が身体化されると，その動感身体でその技術が実現されることになる。この場合，この技術の実現は"できる"という状態を発生させる。

例えば，倒立をするにはバランスをとることが必要であるが，この倒立ができる人というのは自らの動感身体でバランスをとっているのであり，この動感身体は身体の動揺に対して平衡を保つよう微調整をその都度している。まっすぐに倒立姿勢を維持できている時には立ち続けようとし，姿勢が乱れ倒れそうになれば，指に力が入ると同時に身体を反らせたり肘や腰を曲げるなどして立て直す。このような倒立姿勢の維持や対処は，どのように身体を動かしたらいいのかという運動のやり方や動き方，すなわち運動感覚図式の意味核としての"コツ"が身体化されているからこそ可能なのである。この場合，倒立が何秒も静止できる，倒れそうになっても倒れない，あるいは倒立歩行ができるということは，学習者が練習を積み重ねることによって図式技術を身体化させたコツ身体知ないし技術力の発生を意味している。

② 技術力の構造

このように発生論的概念としての技術力は「コツ身体知」を意味する。このコツ身体知は動きの意味核（コツ）が身体化された知であり，「覚える身体知（動感創発身体知）」（金子明友「わざを支える身体知の伝承」『日本女子体育大学第4回研究フォーラム「わざを支える21世紀の身体」報告書』. 2006. 7）の中の形態化身体知（形づくりの身体知）の中にカン身体知（情況投射化身体知）と並んで位置づけられる自己中心化身体知である（図2）。すなわち，コツ身体知（技術力）は，実際に運動を行っていく過程で，どんな点に注意して動作を行ったらいいかという動き方の意味核（モナドコツ）（金子明友『スポーツ運動学』明和出版. 2009. 259-60）が動感意識上でわかるという，図式技術が統覚化された身体知を意味している。例えば，鉄棒のけ上がりを行う場合，振動で振れ戻る際に脚部を鉄棒に近づけるようにして足を鉄棒に寄せた後，腕を伸ばした状態で肩角を減少させるようにするというやり方（図式技術）の感覚，すなわちその動き方の動感意味核（コツ）が統覚された身体知がコツ身体知であり技術力なのである。

このコツ身体知としての技術力は，「触発化能力」「価値覚能力」「共鳴化能力」「図式化能力」（金子明友『身体知の形成-下-』明和出版. 2005b. 31-43）に支えられている（表1）。これらの能力は「コツ統覚化身体知」（金子, 2005a. 340）とも呼ばれる。

[触発化能力]

動き方への関心や動機づけを背景にして自分の動く感じを知ろうと意図的

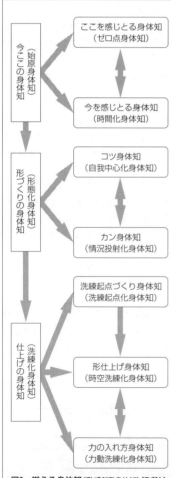

図2 覚える身体知（動感創発身体知）におけるコツ身体知の位置づけ

表1 形態化身体知の領域

コツ身体知	
コツ統覚化身体知	触発化能力
	価値覚能力
	共鳴化能力
	図式化能力
コツ洗練化身体知	（起点的洗練化能力）
	調和洗練化能力
	解消洗練化能力
	分化洗練化能力
	（時空的洗練化能力）
	局面洗練化能力
	再認洗練化能力
	優勢洗練化能力
	（力動的形態化能力）
	リズム洗練化能力
	伝動洗練化能力
	弾力洗練化能力

に努力する際に働く，形態発生を動機づける動感意識の働き，またコツの発生への努力を支えてくれる身体知のこと。あるいは，空虚な動感意識を私に触発化を促すことができる身体知のこと（フッサールによれば，この触発化は「自己に与えられる直観を求めての努力」であり，「対象をより詳しく考察して知ろうと努力する」作用のこと）。この触発化能力は動感差（動く感じの違い）への動機づけを促し，その違いを埋めようとして運動反復を起こさせる要因ともなっている。この動感差を前提として，触発化能力が働き始め，「私はそう動けない」から「そう動きたい」という動感意識への志向努力を生じさせることになる。触発化能力は，いわば何回も反復させることのできる能力でもある。

[価値覚能力]

雑然と集められた個々の動感素材（動く感じないし動ける感じの素材）に対して，そこに1つの秩序を形づくるには，能動的に類比作用を機能させ，どれがコツの成立に有効な動感素材なのか，どれがコツから離れている動感素材なのかという価値判断をしなければならない。すなわち，動感運動の価値を問わなければならない。この場合，そうした動感運動の価値は，運動が完了した後の作業成果が問われているのではなくて，今ここで私が動きつつある中で，動きながら感じ取る動感意識の良し悪しのことである。この動感運動（動感志向が息づいている自我運動）の価値を経験直下で感じ取る統覚化身体知のこ

と（これはフッサールでは価値覚能力，クリスティアンでは価値意識に相当する）。この価値覚は評価作用をもち，この価値覚による評価作用によって，どのように身体を動かしたらいいかが了解されることになる。この価値覚能力は，例えば，凧を揚げる際に紐を巧みに引ける能力に代表される。

[共鳴化能力]

価値覚能力の評価作用によって，コツの形成に有効な生きた動感素材が収集されるようになるが，それがコツの発生に至るには，その動感素材の中に新しい動感メロディー（私が動きつつある中で，こんなリズム感でどのように動くのかという，動く感じが統一的に時間化された流れに乗って，私の中で奏でられる統覚化身体知のこと）が流れ出し，統一化の作用が顕在化してこなければならない。この動感メロディーが生み出されるために動感素材の中に働く作用が共鳴化と呼ばれ，その共鳴化を可能にする身体知が「共鳴化能力」と呼ばれる。すなわち，共鳴化能力とは，雑然と集められた動感素材を類似性という視点から関連づけ（連合作用），動感感覚的に結びつけられた統一（動感メロディー）をもたらす身体知といえるものである。この時，コツ身体知は1つのまとまりをもつ「志向的形態」として姿を現す。この共鳴化能力の例としては，キネグラムや連続写真をみてそこに動感メロディーを流せる能力などが挙げられる。

[図式化能力]

共鳴化能力によって雑多な動感素材の中に見出された調和化された動感メロディーの意味核を浮き彫りにするために，動感形態の外延構造を確認していく身体知のこと。この場合の動感形態の外延構造の確認は，いわゆる「消去法」によって行われる。すなわち，この図式化能力は，大切な要素を意図的に行わないことによって（消去法），その要素，すなわち動感メロディーの意味核の不可欠さを浮き彫りにできる能力である。例えば，意図的に失敗できる能力は図式化能力に優れていることを意味する。

これらの能力は，動き方の意味核（コツ）を統覚化させ，図式技術を身体化させるためには不可欠な能力であり，これらなしにはコツ身体知あるいは技

術力の発生は不可能である。

このように，コツ身体知はこれらの下位能力に支えられているが，このコツ身体知はさらに洗練化身体知によって再統覚が行われ，よりよい動感形態の発生に向かわせることになる。この洗練化身体知には，(a)起点領域として「調和化能力」「解消化能力」「動感分化能力」が，(b)時空領域として「局面化能力」「再認化能力」「優勢化能力」が，また(c)力動領域として「リズム化能力」「伝動化能力」「弾力化能力」がある（金子，2005a．340）。

(a)起点領域
・調和化能力：動き方全体の調和している快感情をわが身で感じ取れると同時に，気持ちの悪い動き方を価値覚能力で評価し，調和したよい動き方を自身の身体で了解できる能力。
・解消化能力：いったん身につけて習慣化した動感意識を解除し，消し去ることのできる能力。
・動感分化能力：毎回異なる動感の意識作用の微妙な差を鋭敏に捉えることのできる能力。

(b)時空領域
・局面化能力：局面構造の3局面（準備－主要－終末）ないし2局面（主要－中間）を動感意識の中で構成することができる能力。
・再認化能力：前に経験した動きと類似している動感意識を再び感じ取ることのできる能力。
・優勢化能力：動き方の中で右か左かのどちらか片側の動感運動の優勢を構成化できる能力。

(c)力動領域
・リズム化能力：自らの動感運動をリズム的視点で構成し，その動感差をもって自らの動き方を修正し，洗練させていくことのできる能力。
・伝動化能力：ある身体部分の勢いを他の身体部分へ移そうとする時の，動きの力点化（アクセント）と制動化（ブレーキ）を動感意識の中で構成できる能力。
・弾力化能力：ある動き方をする時に体全体を柔らかく，また弾力的に動かすことのできる構成化能力。

これらの洗練化身体知は，触発化能力，価値覚能力，共鳴化能力，図式化能力によって発生したコツ身体知をさ

らによりよい洗練されたものへと方向づけている。すなわち，コツ身体知としての技術力は，よりよい動き方をめざそうとするために働く努力志向性を前提として，そこにどの動き方がよいかを評価できる価値覚が機能するとともに，志向的形態に動感メロディーが流れ，さらに動き方の諸要素の重要度を差異化することができる能力というコツ統覚化身体知と，さらに日々の練習を積み重ねる中で，それを洗練させるための，すなわち技術力を高めるための諸能力（コツ洗練化身体知）に支えられている。

このように，コツ身体知としての技術力は，コツ統覚化身体知とコツ洗練化身体知からなる構造を有している。運動ができるということ，またその動きが巧みにできるという技術力は，このような多様な能力構造をもつコツ身体知の問題性である。したがって，このような技術力の構造認識から，例えば，価値覚が働いているか，意図的に失敗できるか，動感メロディーが流れているか，類似した動感意識を感じ取れるかを確認することを通してその時々の技術力の査定が行われることになる。

③ 指導のための前提条件

コツ身体知としての技術力を指導するということは，言い換えれば，指導者が学習者の動感創発身体知（形態化身体知／コツ身体知）の発生を促すことである。この場合，指導者には「教える身体知（動感促発体知）」（金子，2006．7）をもち，それによって学習者の動感創発身体知を分析（発生分析）できる分析能力を身につけることが要求される（図3）。

この動感促発身体知は，大きく，動感素材化身体知（「素材づくりの身体知」〔金子，2006．7〕）と動感処方化身体知（「処方できる身体知」〔金子，2006．7〕）に分けられる。このうち，動感素材化身体知は，観察能力（動きを見抜ける能力＝テクスト構成化，形成位相観察能力など），交信能力（動感を訊き出せる能力＝テクスト先行理解能力，二声共鳴化能力，動感借問能力など），代行能力（学習者に代わって動感意識をもてる能力＝代行動感世界構成化能力，代行統覚構成化能力など）に（表2），また動感処方化身体知は，道しるべ構成化能力

(道しるべを立てることができる能力＝方向形態構成化能力，目当て形態構成化能力），動感呈示構成化能力（動感を示せる能力＝動感言語構成化能力，動感呈示媒体構成化能力など），促発起点構成化能力（促発を決断できる能力＝起点形態構成化能力，待機形態構成化能力など）に分けられる（表3）．

指導者がこれらの動感促発身体知をいずれも有していることは，学習者に技術力（コツ身体知）を発生させ，またそれをよりよい方向へと方向づけていくためには不可欠な前提条件である．なかでも動感素材化身体知の領域において観察による動感の「テクスト構成化」（金子，2005b. 153；金子，2009. 325）ができること，動感交信による「動感借問」（金子，2005b. 198；金子，2009. 331）ができること，「代行分析」（金子，2005b. 202；金子，2009. 326-33）による動感世界を構成できることは，技術力（コツ身体知）の指導において指導者に要求されるまずもって不可欠な前提的能力である．

[観察による動感のテクスト構成化]

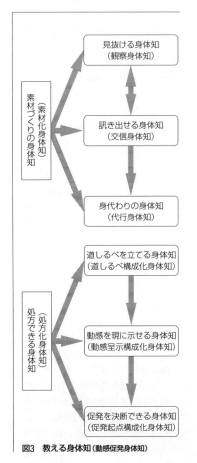

図3 教える身体知（動感促発身体知）

動感テクストとは，観察を通して取り出される，一連の動感運動から今まさに問題となっていて，学習ないし指導対象として取り組むべき有意味な動感志向形態のことである．指導の際には学習者のどんな動感志向形態を取り上げ問題にするか（動感テクストの構成）が重要になってくる．例えば，走高跳で学習者の助走の仕方や踏み切りの仕方に注目する，鉄棒の懸垂振動（スイング）における学習者の鉄棒の握り方に注目する，ひねり宙返りでひねる時の腕の操作の仕方に注目するなど，この場合の学習者の動き方ややり方への「注目」は，それらの一連の運動の中から解決ないし改善すべき動きの課題，すなわち練習や指導の対象を取り出す（選び出す／発見する）ことを意味している．この問題解決のために焦点の当てられる動感志向形態を取り出すことが動感テクストの構成化である．

この動感テクストの構成化を指導者が誤ってしまうと，その指導の方向性までもが変わってしまう．例えば，学習者の動感テクストが勢いをつけるというところに重きが置かれるべきとこ

表2　動感素材化身体知の領域

観察能力	1. テクスト構成化能力
	2. 形成位相観察能力
	3. 始原身体知観察能力
	4. 形態化身体知観察能力
	5. 洗練化身体知観察能力
交信能力	6. テクスト先行理解能力
	7. 二声共鳴化能力
	8. 動感借問能力
代行能力	（代行世界構成化能力）
	9. 代行動感世界構成化能力
	10. 代行原形態構成化能力
	（形態構成化能力）
	11. 代行統覚構成化能力
	12. 代行洗練構成化能力
	13. 代行適合構成化能力

表3　動感処方化身体知の領域

道しるべ構成化能力	14. 方向形態構成化能力
	15. 目当て形態構成化能力
呈示構成化能力	16. 動感言語構成化能力
	17. 動感模倣構成化能力
	18. 呈示媒体構成化能力
起点構成化能力	19. 起点形態構成化能力
	20. 即座形態構成化能力
	21. 待機形態構成化能力

ろを，その勢いをつけることとは全く関係のない姿勢や体勢のことばかりを注意することになれば，動感テクストの構成は間違いであり，その技術力の指導は的はずれとなる．

この動感テクストを構成する能力は，その意味でも，指導者に要求される，技術力の指導上きわめて重要な能力である．指導者がこの動感テクストを構成することができるためには，動感形態を観察できる身体知，すなわち指導者自身のコツ身体知としての技術力ないし動感創発身体知が必要である．どのような動感テクストを発見し構成できるか，すなわち学習者の有意味な動感形態のどんな視点から，どのような動感テクストを取り出すかということ（目のつけどころ）は，技術力の指導上，指導者に求められる重要な能力である．

[動感交信による動感借問]

指導者は動き方の指導の際，学習者とのやりとり（動感交信）の中で動感内容を問題にする．この動感交信では指導者はいろいろな視点から学習者に質問をすることになるが，指導者は学習者からの回答を受けて，新たにいろいろな角度，視点から次々にたたみかけるようにして質問を出すことが効果的である．このような次々とたたみかけるようにして質問を出すという借問能力は指導者が身につけておくべき重要な能力であり，この借問を通して，学習者自身も指導者自身も動感内容や動き方の意味核（コツ）を整理することになる．

例えば，「今の腕の振り上げはどうだった？」「いいリズムを感じた？」「脚は伸びていたと思う？」「できそうな感じがあった？」「何でバランスが崩れてしまうのだろう？」など，指導者から次々に出される問いかけに，学習者は自らの動きを覚知して自分の動感内容を整理することになるし，指導者自身も質問する時には，コツ発生に向けて動感素材を整理せざるを得ない．

技術力の指導では，この動感借問ができることは必要不可欠であるが，そのためには指導者は動感素材を数多く持っていなければならない．動感素材が不足していると，次々に質問できないばかりか，学習者になにを聞いていいかわからなくなってしまい，学習者

との動感交信は途絶えてしまう。結局，この場合には実質的な動感指導はできなくなる。その意味でも，指導者が動感借問ができるには，指導者自らが自らのコツ身体知による形態化発生の分析をわが身で体験すること，また学習者の動感世界に共生しようとすることが大切になる。

[代行分析による動感世界の構成]

代行とは，学習者が行う動きを，指導者自身がその学習者と同じような動感意識をもって行うことである。ただしこの場合，代行は実際に身体を動かすというのではなく，動感意識の中で潜勢的に動いてみるということである（潜勢的な代行＝「潜勢自己運動」〔金子, 2002. 527〕)。

指導者自身が学習者の動感世界を構成しようとして行うこの代行は，指導者が学習者の置かれた状況を理解しようとして行うもので，学習者に図式技術あるいは動き方の意味核（コツ）の発生を促す上できわめて重要になる。すなわち，技術力の発生を促す指導において，学習者にどんなアドバイスを与えたらいいかの方向性が，指導者のこの代行から得られることになる。技術力を指導していく場合に指導者から出される有効な助言やアドバイスは，学習者の動きをみることなしに出されることも，単に外からみた感じから出されるのでもない。言い換えれば，有効な助言やアドバイスは，潜勢的な代行（＝潜勢自己運動）を行い，指導者が動感意識や動き方の意味核の発生様相を学習者に代わって模擬体験することによって初めて出されるものである。

このような動感素材化身体知によって動感素材が集められると同時に動感の素材づくりがなされた後，次に指導者にはその動感素材の提供の仕方が問題になる。動感の素材集めと素材づくりは，それをどう提供したらいいかという動感処方の仕方がうまくできなければ，学習者の動感発生は促されない。

動き方（技術力）の指導の場合，指導者は，例えば観察を通じて動感素材を集め，それをもとに動感意味核（コツ）の発生のための有効な動感素材づくりをし，学習者がどの方向に向かってどのような方法で練習に取り組んでいったらいいかの道しるべを用意して課題となる具体的な目標像を構成したり（道しるべ構成化能力)，その目標像を示範や映像資料，動感言語などを用いてわかりやすく提供すること（呈示構成化能力）が必要になる。さらに技術力の指導では，そうした道しるべや目標像をいつ，どんな時に提供していくのか，あるいは動感の内容をいつ，どのように与えるのか，また助言やアドバイスがいつ，どんな時に，どんな言葉で与えられたらいいかという，その処方の起点を熟知していることも重要になる（起点構成化能力)。例えば，指導者は学習者の動きをみて思ったこと感じたことを，ただいえばよいのではなく，その時期をいつにするか，しばらくなにもいわないでおくべきか，ただちに次の学習内容を開始させるべきかなどがわかる起点能力を身につけることが大切である。実際の指導現場で果たすこの起点能力の役割はきわめて大きい。

④ 技術力の発生分析

技術力の発生分析とは，学習者のコツ身体知の身体化の状態を動感地平の視点から分析することである。つまり指導者が動感促発身体知をもって，発生目的論的立場から，学習者の動き方（動感志向形態）を観察してそのコツ身体知を，あるいは学習者が図式技術をどのように身体化させているのか，またそれがどのような状態なのかを捉えようとすることである。これによって，動きが「できる-できない」という状態を，動感地平の問題として浮き彫りにすることができる。

このような発生分析は，基本的には，現場のコーチや教師が日常的に行っているごく普通の動きの観察分析である。例えば，学習者の動きを観察して，「A君の踏切は，体重が後ろにかかってしまっている！」あるいは「助走スピードが生かされていない！」というようにして，その学習者の動き方の問題を取り上げることが，発生運動学としてのスポーツ運動学では発生分析を意味している。指導者は自らの動感促発身体知に基づく発生分析を起点として，学習者になんらかの有効な助言やアドバイスをするのである。

このように指導者が直接観察によって，すなわち指導者の「観察眼」によって学習者の動き方を観察する場合，その観察対象は学習者の動感志向形態に向けられるが，その観察を通して学習者のコツ身体知を分析することが発生分析である。いい換えれば，発生分析は，目的あるいは取り組んでいる課題の視点から，学習者の動感志向形態を観察し，コツ身体知の諸能力の機能状態を捉えることである。このような発生分析によって，学習者の動きの技術問題（形態化の状態）が浮き彫りにされる。指導者が学習者に対して与える助言やアドバイス，また練習内容・方法の提示，さらには練習の方向づけは，本質的にこの発生分析に基づく。この意味で，技術力（コツ身体知）の発生分析は指導上不可欠な作業であり，また学習者の動感地平の技術力を正当に評価するためにも重要なものとなる。

技術力の発生分析は，現場では実際には総合的に行われているものであるが，その分析の中心となるものは，まずもって形態発生分析，すなわちコツ統覚化領域の身体知の分析である。

これはすでに②において挙げた「触発化能力」「価値覚能力」「共鳴化能力」「図式化能力」の発生分析である。これらの能力が実際，動感志向形態としての「できる動き方」を成立させているからである。ただしこの場合，発生分析は，「図式統覚化形態, 共鳴統覚化形態, 価値覚統覚化形態, 触発統覚化形態の流れで遡源的に」（金子, 2005b. 184）進められる（図4)。すなわち，動感メロディーの意味核（コツ）を把握しているか（図式統覚化），次いで，取り組んでいる動き（志向形態）に動感メロディーを生

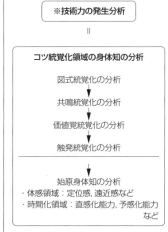

図4 技術力の発生分析の流れ

み出すことができているか（共鳴統覚化），次に，価値覚が機能し，自らの動きがよい動きとして価値づけ評価することができているか（価値覚統覚化），そして最後に，動感意識が空虚でなく，「そのように動きたい」という動感志向性が機能しているか（触発統覚化），というように分析が進められる。

例えば，動感メロディーが流れてそれなりの動きができていても（共鳴化能力はある），うまくできたりできなかったり安定性に欠ける場合には，まぐれ当たりの形態発生の位相であり，図式化能力が十分に機能していないレベルにあることになる。また，自分の動きがよいのか悪いのかがわからずに動いている状態では（価値覚能力の欠落），おそらくその学習者は動きの意味核の把握にはほど遠いところに位置しているといえよう。さらに，うまく動けないということが，そもそも動感意識が身につけようとしている動きに向かっていないということによって起こっていることもある（触発化能力の欠落）。

このようにコツ統覚化能力を発生分析していくことで，学習者の置かれた状態，すなわち技術力（コツ身体知）のレベルを捉えることができる。ただし，コツ身体知の発生にかかわる最初の動機づけである触発化能力が欠落し，「動感志向性が機能していないときには，さらに始原的な身体知として」（金子，2005b, 185），定位感能力や遠近感能力などの体感領域，直感化能力や予感化能力などの時間化領域にまで遡源して発生分析していく必要がある（表4）。

- 定位感の発生分析：自己（絶対ゼロ点）を基準として前後左右上下などの空間の状態をどのように，どの程度捉えることができているか？
- 遠近感の発生分析：感じながら動き，動きながら感じる〈遠い〉や〈近い〉といった，自己を起点として生じる距離感がわかるか？
- 直感化能力の発生分析：過ぎ去った

表4　始原身体知の領域

A. 体感身体知	1. 定位感能力
	2. 遠近感能力
	3. 気配感能力
B. 時間化身体知	4. 直感化能力
	5. 予感化能力
	6. 差異的時間化能力

ことを〈この瞬間〉に引き寄せることができるか，あるいは自己の動きを今ここで流れる動感メロディーとして捉えることができるか？

- 予感化能力の発生分析：これから起こる動感意識に探りを入れ触手を働かせることができるか，あるいは現在の状態を来るべきものへと方向づけることができるか？

技術力の発生分析では，これらの始原身体知の能力も分析対象になる。結局，指導者が練習などにおいて学習者の動きを観察して，「今の動きはいい！」「腕の振りをもう少し大きくするとよい！」などとして感じ取る内容は，単なる感じとして取り出したのではなく，本質的にコツ統覚化身体知や始原身体知の能力の発生分析をすることによって可能になっているのである。

ただし，このような技術力の発生分析は，「学習者の形態形成のプロセスの分析」（金子，2005a, 64），すなわち，以下のような動感形成位相の分析と相補的な関係にある。したがって，技術力の発生分析をするには，結局のところ，学習者の動感形成位相分析も併せて行う必要がある。

(a) 原志向位相の分析

「動感世界に心情的になじめる」「自ら運動することに違和感がない」「いやな気分はしない」などといわれる原志向位相では，受動的ななじみの地平が問題になる。この位相では，身体状態感や全身感覚などの始原身体知の芽ばえが伏在しているので，技術力の発生分析では，このなんとなくといった雰囲気的な気分，また全身で感じ取る状態の感情が芽生える学習者の原志向性のあり様を観察し，なじみの地平分析として，動感形態の発生しつつある学習者のいま置かれている状態を捉えておく必要がある。

(b) 探索位相の分析

探索位相では，学習者自らの動感志向性のまなざしが，1つのまとまりある動感形態に向けられる営みが息づき始め，おぼろげながらでも，それまでもっている動感アナロゴンを駆使して「探り入れ」をするようになる。またこの位相では，まだ頼りない「動感触手」を伸ばして，雑多な動感素材を統一して形態化するための探索を始める。したがって，技術力の発生分析との関係

でいえば，この位相において，学習者が自らどんな身体知に向けて頼りない動感触手を伸ばそうとしているかを観察すること（動感触手の観察）が必要になり，技術力の発生指導をするためには，学習者が唯一頼りにしている動感触手がどの程度のレベルにあるのか，その予感的探り入れが妥当なものなのか，あるいは全くの的はずれなのか，などに目を向けることが大切になる。

(c) 偶発位相の分析

学習者は動感触手を伸ばしてその動感志向の統覚化を試みようとする段階になると，「まぐれ当たりの成功」を特徴とする偶発位相の段階に入る（偶然に出現する動感形態）。しかしこの場合の「まぐれ」が出現するには，その前提に，学習者には試行錯誤の中でコツやカンの足音が聞こえてくるようになり，生き生きとした動感メロディーが発生していることが必要である。したがって，この位相における技術力の発生分析は，学習者の身体知に近づいてくる「まぐれの足音」を聞き取り，「まぐれの動感質」を見分けつつ行う必要がある。

(d) 形態化位相の分析

偶発位相に次ぐ形態化位相では，多様な動感素材が1つの形態にまとめ上げられるようになり，図式を統覚化する「図式統覚化位相」，身体知の統一が破壊される「分裂危機位相」，粗形態をさらに上位の動き方ができるように欠点を改善する「洗練化位相」，成功の幅を広げる「わざ幅位相」が問題になってくる。したがって，技術力の発生分析をする際には，学習者が偶発位相から脱しているかどうか（図式統覚化はどのような状態なのか），動感志向に狂いが出ているのかどうか（分裂危機はどうなのか），動きが調和しているか，生き生きしたよいリズムなのか（洗練化の状態はどうなのか），動き方の成功に幅（「ゆとり幅」）があるかどうか（わざ幅の度合いはどうなのか）を取り上げることが重要になる。

(e) 自在位相の分析

自在位相では，習練の末に状況の変化に対応して生じる，「即興的に」最善かつ適切な動き方（自在化可能な動感形態／非人称的身体知が作動する即興形態＝理に適った無理のない自然な動き方）が可能になる。したがって，この位相における技術力の発生分析は，動きに冴えが

あるか，洗練された動きなのかなど，動きに動感質を見分けることも必要になってくる（金子，2009. 268-72）。

技術力の発生分析は，学習者に技術力の発生を促す指導をするために行われ，まずもって学習者のコツ身体知の形態発生分析であるが，それは動感形成位相の分析を前提にして行う必要がある。

参考文献 13.B.03

- 金子明友．2002．『わざの伝承』明和出版
- ―――．2005a．『身体知の形成（上）』明和出版
- ―――．2005b．『身体知の形成（下）』明和出版
- ―――．2006．「わざを支える身体知の伝承」『日本女子体育大学第4回研究フォーラム「わざを支える21世紀の身体」報告書』3-7（日本女子体育大学）
- ―――．2009．『スポーツ運動学』明和出版
- 村上陽一郎．1981．「技術を考えるための予備的考察」村上陽一郎 編『知の革命史7 技術思想の変遷』1-26．朝倉書店

（佐野 淳）

スポーツにおける戦術 13.C

球技における戦術の発達 13.C.01

① 球技における戦術

球技における戦術は，最もよいゲーム結果を得るために，相手の行動やゲーム状況に応じて自らの行動を調整し，個人で，または味方と協力して行う具体的・実践的な行為もしくは行為の事前計画と捉えられる（會田宏「球技の戦術」日本体育学会 監修『最新スポーツ科学事典』平凡社．2006. 178-79）。

特に，球技では，チームのボール所有の有無によって「攻撃戦術」と「防御戦術」に，プレイ状況の解決に携わる選手の数によって「チーム戦術」「グループ戦術」「個人戦術」に戦術が分けられる。チーム戦術およびグループ戦術は，それぞれチームおよびグループの戦術課題を解決するために組織化され，個々の選手の行為を規定する上位の約束事である。これらは，複雑で多様なプレイ状況においても選手の役割を明確にし，「プレイ状況の分析」「プレイの選択」「味方との時間的・空間的調整」「動作の遂行」といった個人の戦術行為に一定の方向性を与えるという機能をもち，自分たちに有利で相手に不利な状況を計画的・意図的に作り出すのに役立つ。それによってチームは，選手の自分勝手なプレイや無理なプレイを抑制すること，スピーディーで，力強く正確なプレイを展開することが可能になる。

② 球技における戦術の発生メカニズム

「（私たちの）一生をどのように生きていくか？」という問いに対する基本的な考え方を「人生観」とすれば，「どのようなゲームを行うか？」というゲームの戦い方に関する最も基本的な考え方や立場は，「ゲーム観」（Döbler, H. Grungbegriffe der Sportspiele. Sportverlag Berlin, 1989. 164）という言葉で表すことができる。このゲーム観は，スピード豊かなゲームをめざす，パワーで押し切るゲームをめざすなど，コーチによって様々であるが，いずれもチームの進むべき方向を示す。例えば，スピード豊かなゲームをめざすコーチは，スピードが生かされる戦術を選択し，そのための技術・戦術トレーニングおよび体力トレーニングを行い，ゲーム場面ではスピーディーなプレイへと方向づける指揮を行う。

ゲーム観を実現するには，ゲームの戦い方の具体的な構想が必要になる。これを「ゲーム構想」（Döbler, 1989. 170-71）という言葉で表すと，このゲーム構想は，人生観から導かれる具体的な生き方の計画，すなわち人生設計に例えることができる。ゲーム構想は，攻撃構想と防御構想に大きく分けられ，それぞれは，チームの構成メンバーの身体的，精神的，技術・戦術的発達段階に大きく影響される。例えば，サッカーやバスケットボールにおいて，際立ったエースストライカーやポイントゲッターがいないチームでは，グループやチーム戦術中心の攻撃構想が採用され，コンビネーションプレイが多くみられる。また，機動力に優れたチームでは，その特徴を生かすために積極的な防御構想が採用され，ゾーンプレスやオールコートプレスなどの戦術が行われる。このように，ゲーム構想は，自己の短所を広く補償し，長所を効果的に発揮するように計画される（Döbler, 1989. 170-71）。

しかし一方で，ゲーム構想および戦術は，相手の長所をできるだけ抑え込み，短所を効果的に利用するように，計画されるという性質ももっている（Döbler, 1989. 170-71）。したがって，消極的な防御を行うという構想をもっていたとしても，対戦相手のロングシュート力が非常に優れることを予想すれば，ロングシュートの効果を失わせる，より積極的な防御戦術を採用しなければならない。特に，ターゲットとするゲームでは，対戦相手の個人の技術的特徴とチームの戦術的特徴などのスカウティング結果を考慮して，相手の戦術とその習熟度を予想することが重要になり，自分たちの基本的なゲーム構想をもとにして，対戦相手に応じた個別の戦術が計画される（Stiehler, Konzag et al., 1988. 96-101）。

このように球技における戦術は，自らのゲーム観およびゲーム構想を背景に，勝利に対して合目的的に発生する（図1）。そこでは，攻撃と防御という目的が相反する2つのゲーム局面の対峙の中で，対戦相手の競技力との相対的な関係が考慮される。また，1つ1つの攻撃および防御戦術は，それぞれに長所と短所をもっており，1つの絶対的な戦術が現れることはない。これらのことは，戦術が発達する主な要因である。特に，世界選手権やオリンピックのように，競技レベルが高く，競技力が拮抗している状況では，どのプレイヤーも技術的，体力的，精神的にかなり高度にトレーニングされている。したがって，トップレベルのチームでは，競技力を向上させるために，各プレイヤーの個人の戦術力を向上させると同時に，相手チームの攻撃および防御戦術に対して，有効な防御および攻撃戦術を選択することが必然となる。

③戦術の発達

球技における戦術は，ある1つの攻撃戦術を守る適切な防御戦術が展開され，その防御戦術を攻める効果的な攻撃戦術が生まれていく中で発達する。このような戦術の発達を確認するのに，世界選手権やオリンピックのような国際競技会は最高の舞台である(Döbler, 1989. 67-68)。そこでは，既成の戦術がより洗練されると同時に，それまでにみられなかった新たな戦術が現れる。トップレベルの大会が連続していく中で形づくられる戦術の発達の過程は，それぞれの球技種目における戦術の系統発生そのものである。新たに観察された戦術は，何年か遅れて，各国内のシニアチーム，ジュニアチーム，さらに中程度の競技レベルのチームでも現れるようになる(Späte, D. und Wilke, G. *Antizipatives Abwehrspiel*. Philippka-Verlag, 1989. 9-23)。例えば，バレーボールにおける「Bクイック」は，1965年に創案されたコンビネーションによる速攻の攻撃戦術であるが(松平康隆・豊田博ほか 編著『バレーボールのコーチング』大修館書店，1974. 18-31)，今や基本的なグループ戦術の1つとして広く指導されている。また，ハンドボールにおける「センタースリーの攻撃(3：3攻撃)」は，日本では1970年代半ばに登場したチーム戦術であるが(日本ハンドボール協会 編『ハンドボール指導教本』大修館書店，1992. 19-23)，現在では代表チームから小学生のミニハンドボールに至るまで，あらゆる競技レベルにおいて採用されている。これらのことは，トップレベルにおける戦術の発達の歴史が，その後のそれぞれの球技種目における個体発生の実践的な見本になることを示唆している(Döbler, 1989. 90；瀧井敏郎「学習の適時性に合ったサッカーの内容」『学校体育』(11)，1988, 23-28)。

球技における戦術は，競技力を決定する最も重要な要因の1つである(Döbler, 1989. 190; Roth, K. *Taktik im Sportspiel*, Verlag Karl Hoffmann, 1989. 6-8)。したがって，トップレベルにおける戦術の発達の要因や過程を理論的・実践的に明らかにすることは，個人およびチームの習熟段階や発達の方向を理解したり(Döbler, 1989. 67-68)，長期的な視点をもって指導するのに役立ち(Ehret, A. und Späte, D. Leitlinien der neuen DHB-Rahmentrainingskonzeption für Kinder und Jugendliche. *handballtraining*. 3/4, 1994. 3-11)，コーチングおよびトレーニングの場に有用な知見を提供できる。

図2には，球技における戦術発達の具体例として，1970-80年代におけるハンドボールの攻撃および防御戦術の発達様相が示されている。

(a)戦術役割の専門化(1970-81年)

ハンドボールが，オリンピックの正式種目になったのは，1972年の第20回大会(ミュンヘン)からである。当時は，現在のハンドボールの前身である11人制ハンドボールの影響を大きく受け，攻撃では「8の字ローリング」等の比較的スローテンポで自由な戦術が，防御では「6：0防御隊形」であまり前に詰めず，各自のマークする相手に方向づけられたリアクションの戦術が展開された(Späte und Wilke, 1989)。その後，攻撃では，プレイヤーを各ポジションの役割に専門化させ，ポジションを変化させないで攻める戦術が用いられるようになった。この攻撃戦術は，前に詰めない消極的な防御を撃ち抜くのに有効であり，ゲームメイクするバックコートプレイヤーの重要性が高まって

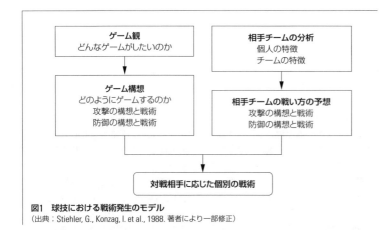

図1 球技における戦術発生のモデル
(出典；Stiehler, G., Konzag, I. et al., 1988. 著者により一部修正)

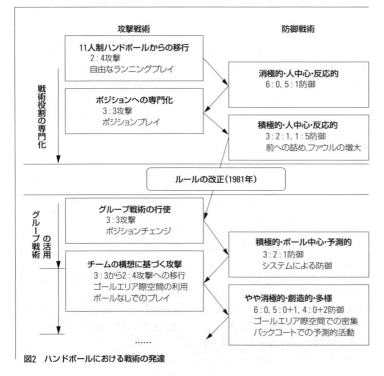

図2 ハンドボールにおける戦術の発達

いった(Späte und Wilke, 1989)．これに対して，防御では，攻めてくるバックコートプレイヤーに対して，早い時期に，前に詰めて積極的にアタックする戦術が生まれた．1972年から1978年までの世界選手権およびオリンピックの優勝チームは，いずれも相手バックコートプレイヤーの勢いを止める積極的な防御戦術を採用している(Späte und Wilke, 1989)．

このような戦術の発達傾向，すなわち，攻撃における各ポジションのスペシャリストの養成および防御における積極的活動の指向は，バスケットボール(笈田欣治・水谷豊ほか「アメリカ・バスケットボールの技術発達史－近代バスケットボールを築いたコーチの系譜－」『関西大学文学論集』40(4), 1991. 79-159)およびサッカー(Stiehler, Konzag et al, 1988. 258-59)など，他の球技種目においても，戦術が発達する過程における1つの段階として認められる特徴であり，様々な球技種目に共通するものである．

しかし，このような攻撃および防御戦術の展開によって，プレイヤーはより大型化し，ゲームにおいてファウルが大きな役割を演じるようになった(Pokrajac, B. Die Weiterentwicklung des Handballs. Trainer- und Schiedsrichter-Symposium 1989 der Internationalen Handball Federation in Portugal. unveröffentliches Refarat, 1989)．1980年の第22回オリンピック大会(モスクワ)における東ドイツとソビエトの決勝は，「技術的な要素は台なしになり，かなり力によって支配されるゲーム」(Pokrajac, 1989)であり，プレイというよりもボクシングまたはレスリングという表現が用いられたほどである(Späte, D. und Wilke, G. Zu Rolle und Bedeutung des Foulspiels im Olympischen Handball-Endspiel. handballtraining. 5, 1980. 3-8)．そこで，1981年に国際ハンドボール連盟は，相手に対する動作がルールに違反した場合には，罰則が「フリースロー→警告→退場→失格→追放」へと段階的に適用されるようにルールを改正し，テクニックに優る選手が1：1に勝つようなゲームへと発展傾向を導いた．その結果，防御は，腕でなく脚(フットワーク)で守られるようになり，攻撃プレイヤーは非常に自由に活動的になった．球技におけるルールと戦術は密接に関連しているために，このルール改正は，攻撃および防御戦術を大きく発達させた．

(b) グループ戦術の活用(1982-87年)

この時期の攻撃戦術における発達の大きな特徴は，各プレイヤーがシュートやフェイントのレパートリーを習得し，個人戦術がバリエーション豊かになったこと，および2, 3人のプレイヤーによるグループ戦術が多く用いられるようになったことである．これらのことは，「プレイヤーの活動範囲が広がり，役割が重なり合うようになったために，プレイヤーに複合的なプレイ能力が要求され」(Stiehler, Konzag et al, 1988. 258-59)，ポジションのスペシャリストからオールラウンドプレイヤーの養成がめざされるようになったことを意味している．

バスケットボールにおいても，ハンドボールと類似した発達傾向が認められ，1960年代以降は大型プレイヤーに加えてオールラウンドプレイヤーが活躍している(笈田欣治・水谷豊ほか，1991)．さらに，近年，サッカーでは，「オールラウンドであると同時に各ポジションにおいてはスペシャリストであること」(Stiehler, Konzag et al, 1988. 258-59)が要求されている．これらのことは，球技において，トップレベルで活躍するプレイヤーを育成するには，それぞれの種目において要求される一般的な技術・戦術および体力とともに，各ポジションに必要な専門的な技術・戦術および体力の養成が重要であることを示唆している．

一方，防御戦術における発達の大きな特徴は，予測的な防御戦術が誕生したことである(Späte und Wilke, 1989)．これは，積極的ではあってもリアクションの防御戦術では，バリエーション豊かな個人戦術およびグループ戦術を展開する攻撃に対応できなくなったために必然的に発生した防御戦術である．予測的な防御戦術では，防御プレイヤーは，攻撃の展開を知的に予測し，積極的な防御活動を早い時期に組み立てることによって，ダイナミックな攻撃活動やすばやいパスワークの効果を失わせることに成功した．このような予測で積極的な防御戦術は，トップレベルの様々なチームで採用されるようになった(Jans, W. Handball-offensiv verteidigen. Sportverlag Berlin, 1992. 14-16)．

(c) 戦術の多様化(1988年以降)

予測的で積極的な防御戦術に対して，1988年以後になると攻撃隊形を3：3から2：4へと移行するチーム戦術が用いられるようになる(Späte, D. Die neue Komponente im internationalen Handball. handballtraining. 11, 1988. 4-13)．これは，ボールを持っていないサイドプレイヤーやバックコートプレイヤーが，ゴールエリア付近に走り込むことで，積極的な防御隊形の裏にできる空間を利用することをねらいとした戦術である．その結果，シュート成功率の高いゴールエリア付近でのシュートが増え，防御戦術は再び消極的へと変化せざるを得なくなったが，これは単なる消極的なものでなく，積極的なバリエーションをもった防御であった(Pollany, W. Abwehrkonzeption bei der A-WM '90. handballtraining. 8, 1990. 11-15)．したがって1988年のオリンピック(第24回，ソウル)以降には，消極的な防御戦術が再び多く使われるようになったのである(Späte, 1988)．これに対して1990年の世界選手権および1992年のオリンピック(第25回，バルセロナ)では，各チームとも創造的な防御のバリエーションをもつようになり，対戦相手に応じた特殊な防御戦術も展開されるようになっている(Späte, D. Analyse des Olympischen Handball-Turniers 1992 (1.Teil). handballtraining. 9, 1992. 3-17)．

ハンドボールにおける戦術の発達において，防御戦術に着目すると，まず消極的なものから積極的なものへと変化し，さらに消極的なものへと変化するゆらぎの過程が認められた．ただし，ゆらぎの中で戻ってきた消極的な防御戦術は，以前の消極的な防御戦術とはプレイの内容が異なっていた．このことは，球技における戦術が，2つの矛盾した概念がさらに高い段階で調和・統一されること，前の段階の要素が常に後の段階のより大きな総合体の中に組織化された形で残っていくことを意味しており，戦術の発達がいわゆる「新築」ではなく「増改築」であることを示唆するものである(山口實『生命のメタフィジックス』TBSブリタニカ．1993. 145-

46)。

このように，球技における戦術は，理論的には相手との相対的，対立的な関係の中で，合目的的にその発生を繰り返すことによって，相手がどのような戦術を採用しようとも，自らの攻撃および防御を自由に行えるように，言い換えれば，ゲームにおいて自由を獲得するために，多様化し，段階的に発達していく。

参考文献 13.C.01

◆ 會田宏. 1994.「ボールゲームにおける戦術の発達に関する研究」『スポーツ運動学研究』7, 25－32.
◆ Döbler, H. 1989. *Grungbegriffe der Sportspiele*. Sportverlag Berlin.
◆ Stiehler, G., Konzag,I., and Döbler,H. 1988. *Sportspiele*. Sportverlag Berlin（唐木國彦 監訳 1993.『ボールゲーム指導事典』大修館書店）

（會田　宏）

戦術からみたゲームパフォーマンスの発達 13.C.02

① ゲームパフォーマンスの系統発生と個体発生

わが国におけるボールゲームの系統学習に関する初期の研究は1960年代にみられる。佐々木は，小学生から中学生を対象としたボールゲームのプレイ構造について観察し，それらのゲームの発展していく様相を写真撮影し，それらを分析して，「ボールゲームは，特定の指導なくとも長期にわたるひたむきな練習によって，そのゲームの発展の歴史をかなり忠実にたどりながら，組織化をつづけるものである」（佐々木久吉『ボールゲームス指導の設計』黎明書房. 1966. 167）と述べている。このことから，系統学習の考え方は，ヘッケル（E.H. Haeckel）の「個体発生は系統発生を短縮して繰り返す」という生物発生原則やペスタロッチ（J.H. Pestalozzi）の「個体は種族の文化史的な発達を短縮させた形式で繰り返す」という理論の影響を強く受けていることが理解できる。

それゆえ，以下では，球技におけるゲームパフォーマンスの発達を史的発達と学習過程における発達という2つの観点から比較することによって，この2つの発達過程に共通の原理が働いていることを明らかにしていきたい。この目的のために，ここでは具体例としてサッカーのゲームパフォーマンスの発達を取り上げる。

サッカーの母国イギリスでは，ウェイド（A. Wade）が，1967年にイングランドサッカー協会（Football Association: FA）における指導者養成のために作成したテキスト“The FA Guide to Training and Coaching”の中で“Principal of Play”（チームプレイの原理）を示している（図1）。この原理は，集団で行うサッカーのゲームにおいて「今，なにをすべきか」についての原理を攻守に対応させ，さらにその優先順位に従って示したものである。

1960年代，時を同じくして行われたわが国におけるボールゲームの系統学習に関する研究成果（子どもたちのゲームの発達；以下，サッカーの個体発生という）とチームプレイの原理，さらにサッカーの系統発生，それら3者の関係を示すと図2のようになる（瀧井敏郎『ワールドサッカーの戦術』ベースボール・マガジン社. 1995. 30）。図2からは，サッカーの個体発生は，ほぼサッカーの系統発生の道筋をたどり，サッカーの個体発生とサッカーの系統発生は，ともにチームプレイの原理のほぼ優先順位に従って発達を遂げることが推察される。これらは，チームプレイの原理が，ゲームにおいて「今，なにをすべきか」の一瞬の判断基準となる原理としてのみ位置づけられるものでないことを意味している。すなわち，FA創設以来100年間以上にわたり攻守における経済性・合目的性を求め続けてきたサッカーの発達過程の中で，チームプレイの原理は，その有効性が認識され定着し，サッカーの発達を系統的に促してきた戦術認識をその長い時間軸に沿ってまとめたものと考えられるべきなのである。

そこで，以下では，戦術（チームプレイの原理）からみたサッカーのゲームパフォーマンスの系統発生と個体発生について具体的に検討していくことにする。

② ゲームパフォーマンスの系統発生

FAが創立（1863年）された1860年代は，技術水準が低いうえに，ボールよりも前方にいる味方へパスすることは許されなかった。したがって，攻撃方法は個人でのドリブルや集団でのドリブル（マスドリブル）により，相手の守備を突破しようとするものであった。プレイヤーたちの役割分担は明確化されておらず，必然的にボールに群がり（密集化），ひたすらに相手ゴールをめざし，守備側プレイヤーの背後にボールを運び込もう（突破）とするものであった（1－1－8システム；図3）。

その後，最初のルールの制定から3年後の1866年，オフサイドのルールが改定された。相手ゴールラインと前方に位置する味方プレイヤーとの間に3人以上の守備側プレイヤーがいればオフサイドにはならないとする3人制オフサイドルールにより，ボールよりも前方にいる味方プレイヤーへパスすることが許されるようになった。しかしながら，すぐにボールを意図的にパスするという発想は生まれなかった。ここでの攻撃の方法は，ゴールへ直線的に，もしくは前方のスペースへボールを蹴り込みラッシュするというもの（キック・アンド・ラッシュ戦法）であった。したがって，プレイヤーたちはピッチ上に縦に分散し，縦長のゲーム様相（攻撃の厚み）となっていたと考えられる（1－2－7システム；図4）。

そして，3人制オフサイドルールへの改定から約10年後の1870年代の終わり頃，スコットランドのクインズ・パークというクラブが，味方の1人に明確な意図をもってパスをするという全く新しい攻撃方法を用いた。「その結果，フィールドの使い方に広がりが

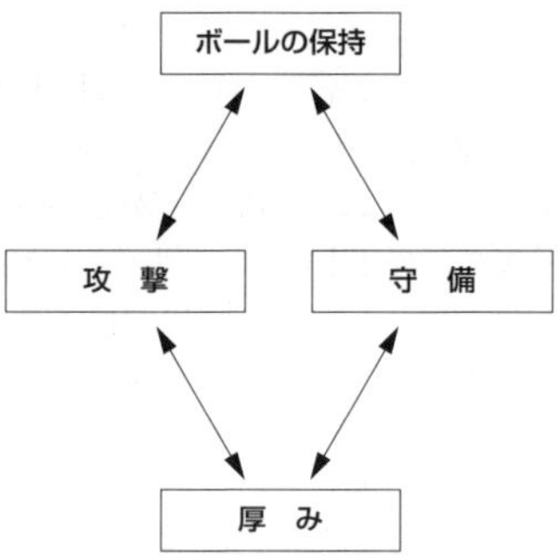

・守備ラインの突破	・攻撃を遅らせること
・幅広い攻撃	・守備の集結
・攻撃の活動性	・守備のバランス
・臨機応変の攻撃	・守備における自制

図1　チームプレイの原理（A.ウェイド）

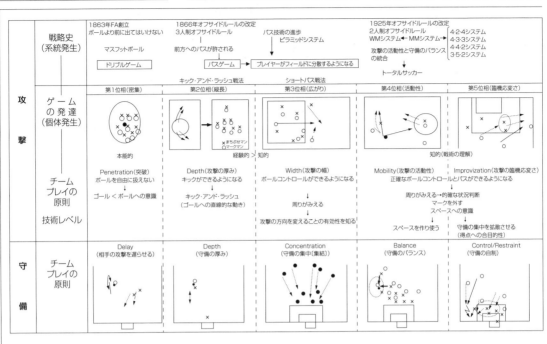

図2　サッカーにおけるゲームの系統発生，個体発生，チームプレイの原則の相互関係

でき，選手が分散するようになった。それまで一団となって前後に突進していた選手が，それ以後は散開せざるをえなくなった。」（デズモンド・モリス『サッカー人間学』小学館．1983．71）。

このようなパスの技術の進歩による攻撃力の向上は，守備の人数を増加させていった。ショートパス戦法を得意としたイングランドのプレストン・ノース・エンド・クラブは，1880年代に入ると2－3－5システム（図5）を開発した。このフォーメーションにより攻撃プレイヤーと守備プレイヤーの人数が同数になったことから，それまでの守備戦術であったゾーン・ディフェンスから効率のよいマンツーマン・ディフェンスへと変化していった。

1925年にオフサイドルールが現行の2人制に改定され，攻撃プレイヤーは相手ゴールにより接近してボールを受けることが許されるようになった。

1930年代，アーセナルFCは，WMシステム（図6）による強固な守備と速攻を武器に黄金時代を築いた。WMシステムはヨーロッパを中心に約30年間にわたり主流となった。しかしながら，次第に強固なマンツーマン・ディフェンスが守備の基本戦術となり，プレイヤーの役割分担はより明確化され専門職化していった。

1953年，国際試合で無敗であったイングランド代表チームは，ハンガリー代表チームに6対3で敗れた。この試合でハンガリーは，図7aのようにセンター・フォワード（CF）を下げること（深いCF）によって守備の中心であるセンター・バックを引きずり出すことで相手のゴール前にスペースをつくり，そのスペースにインサイド・フォワードを走り込ませ，イングランドの守備を混乱させた（図7b）。この時，ハンガリーの採用したシステムは，MMシステムであった（図8）。

イングランドの厳重なマンツーマン・ディフェンスのリスクを突いたハンガリーのFWによる意図的なポジションチェンジは，チームレベルで計画された攻撃の活動性（モビリティー）としてサッカーの戦略史上初の顕著な例であり，その後のサッカーの発達に大きな影響を及ぼしたと考えられる。なぜなら，1970年のワールドカップ（メキシコ）でブラジルが採用した変則的な4-3-3システムによる左サイドのスペ

図3　1－1－8システム（1860年代）

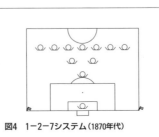

図4　1－2－7システム（1870年代）

図5　2－3－5システム（1880年代）

図6　WMシステム（1930－60年代）

a

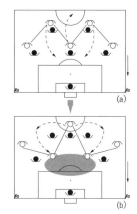

図7　ハンガリーのポジションチェンジ

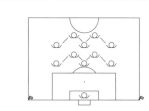

図8　MMシステム（1950年代 ハンガリー）

b

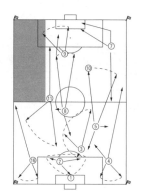

図9　1970年大会ブラジルの4－3－3システム（出典：O.ジュルマン，1975）

図10　オランダのモビリティー（渦巻き戦法）

c

図11　4－2－4システム（1950年代後半）

ースづくり（図9），さらに1974年のワールドカップ（西ドイツ）でオランダが採用した渦巻き戦法（図10）は，1958年の対イングランド戦におけるハンガリーの深いCFによるゴール前でのスペースづくりと同様に，チームレベルで計画された攻撃の活動性をもっているといえるからである。

1954年，ワールドカップ（スイス）に参加したブラジルは，ヨーロッパのチームに打ち勝つことはできなかったが，試合を映画やスケッチに記録して持ち帰りあらゆる面から研究した。そして，4年後，ワールドカップ（スウェーデン）に参加したブラジルは，相手のFWの大きなポジションチェンジ（攻撃の活動性）に対して，守備のバランスを保つために4人のDF間でFWのマークを受け渡すゾーン・ディフェンスを守備戦術とする4－2－4システム（図11）を採用し初優勝を遂げた。

「4：2：4システムのあとに，いろいろなシステムが登場してきた。4：3：3とか，3：3：1：3とか，1：3：3：3などである。まるで数字の並びかえのようであるが，その背後に隠されているのは，戦略の計画にほかならない」（オルドジック・ジェルマン『世界サッカー史』，ベースボール・マガジン社．1977．264）といわれるように，様々なシステムが登場し，サッカーは急速に戦略的に高度に組織化されていった。

今日の世界の主流となっているプレッシング・フットボールでは，高度に組織化された守備に対して，一瞬の隙を見逃さず突破する高度な技術と戦術能力が要求されている。さらに，後退した強固な守備組織を突破するために，守備側プレイヤーの予測を上回る高度な技術に裏づけされた臨機応変で創造的なプレイが要求されている。

③ ゲームパフォーマンスの個体発生

以下の内容は，小学校5年生の正課の体育授業におけるサッカーのゲーム観察からゲームパフォーマンスの個体発生を検討した研究（瀧井敏郎「サッカーにおける戦術学習の視点に基づくゲームパフォーマンスの評価」『スポーツ運動学研究』16．2002．37－48）に基づいている。

当初，子どもたちはゴールをねらうということよりもボールを蹴りたいという欲求の方が強い。ボールを自由にコントロールすることができないことから，明確な役割分担がないまま，団子状態（密集）の中で，ボールを前方に進めようとする（図12）。

その後，得点を経験した子どもがゴ

図12　「突破」：子どもたちの団子状態に密集したゲーム（キックオフ直後）

図13　待ち伏せマン対マークマン

ール前で待ち伏せするようになり（待ち伏せマン），待ち伏せマンをマークするマークマンが現れ，ボールを蹴り合うようになる（図13）。結果として，縦長に分散したゲーム様相となる（図14）。

ゲームが進むと子どもたちは，縦長に分散したゲームからサイドにボールがこぼれるとチャンスになることに気づくようになる。また，スポーツ少年団等でサッカーやバスケットボールを経験している子どもたちからは「固まるな」や「サイドを使って」といったような指示の声が出るようになる。その結果，オープン攻撃が意図的にできるようになり，攻撃に広がりをみせるようになる（図15）。

さらに，チーム内のサッカー経験者の間でのコンビネーションプレイにのみ，わずかに意図的なポジションチェンジによるスペースを創って使う動きが観察できるようになる。また，サッカー経験者がボールをもった時には，スルーパスなどによる創造的で臨機応変なプレイの意図がみられたが，サッカーやバスケットボール経験者以外の子どもたちは，そのプレイの意図を理解するレベルにはなかった。

以上の授業観察から，子どもたちのサッカーにおけるゲームパフォーマンスの発達（個体発生）は，ほぼサッカーの系統発生の道筋をたどるということができる。しかしながら，小学校5年生の正課の授業では，意図的な「攻撃の活動性」や「攻撃の臨機応変さ」といった認識をもったプレイについては，サッカーやバスケットボールを経験したことのない子どもたちには困難であるということもわかった。

参考文献　13.C.02

- 瀧井敏郎．1990．「Lec. 6　戦術の運動学的認識」金子明友，朝岡正雄　編．『運動学講義』76-87．大修館書店
- Stiehler, G. 1959. Zur Taktik in den Sportspielen, In: *Teorie und Praxis der Körperkultur*.（谷釜了正，稲垣安二　訳 1980．「ギュンター・シュティーラーの《球技戦術論》」『新体育』50(7).)
- Worthington, E. 1974. *Teaching Soccer Skills.* lepus.

（瀧井敏郎）

図14　「攻撃の厚み」の認識：縦長に分散したゲーム

図15　「攻撃の広がり」の認識：オープン攻撃

定量的ゲーム分析　13.C.03

① ゲーム分析とその発展

ゲーム分析とは，球技の試合で達成されたパフォーマンスを特定の項目を定めて数量的に分析することをさし，正確にいうと，ゲームパフォーマンスの数量的分析ということになる。

この研究手法は，球技の実践現場で広く用いられているだけでなく，球技の重要な研究の1つとして古くから行われてきた。公表された学術研究としては1931年のメッサースミスとコーレイによるバスケットボールの研究（Messersmith, L.L. and Corey, S.M. The distance traversed by a basketball player, *Research Quarterly*, 2.1931.57-60）にまで遡ることができる。しかし，ゲーム分析に関する研究が本格的な発展をみせたのは1980年代の後半に入ってからで，特にScience and Footballの第1回国際学会大会（1986年）の開催が大きな端緒になったと考えられている（Hughes, M. Foreword. *Notational Analysis of Sport I & II*, eds. UWIC. 1997）。その後，記述分析（notational analysis）という名称を使って，ゲーム分析に特化した国際学会が1992年に発足し，ゲーム分析がスポーツ科学における研究分野の1つとして国際的に認知されることになった。この学会は，現在ではバイオメカニクスとの連携を視野に入れて国際パフォーマンス分析学会（International Society of Performance Analysis: ISPA）と名称変更し，ゲーム分析に関する研究の国際的な拠点になっている。

最近では，ウェールズ大学にあるパフォーマンス分析センター（The Center of Performance Analysis: CPA）やわが国の国立スポーツ科学センター（Japan Institute of Sports Sciences: JISS）のような競技団体と連携をもつ組織が各国で

次々と設立され，その中でゲーム分析に関する実用的な研究が盛んに行われている。

② ゲーム分析法の発展

ゲーム分析法は，近年，各球技でプロ化が進み，国代表同士の競争はもちろんのこと国内のプロチーム同士の競争が激化したことと並行して発達した。それは，自チームや相手チームのゲームパフォーマンスを適切に評価することがチームの強化に大きな意義をもつことが共通の認識として広まったからである。

ゲームパフォーマンスを評価するためのゲーム分析法の発達は，最初は紙とペンによる分析 (hand notation) システムの開発で始まり，その後，データの入出力と処理に関してコンピューター化されたシステムが開発されるようになった。そして最近では，このような数量的なデータ分析に加え，ビデオ映像の編集機能を併せもったコンピューターシステムが開発され，すでに何種類も商業化されている。

ゲーム分析法は，分析の即時性という見地からも，大きな発展を遂げた。初期のゲーム分析法ではデータの入力や処理に時間がかかるために，分析はもっぱら試合とは別の時間に別の場所で行われた。しかし最近では，パーソナルコンピューターの発達により，試合会場においてリアルタイムで分析を行うことが可能になった。この結果，試合の最中に，特にタイムアウト時やハーフタイム時にゲーム分析の結果がコーチや選手にフィードバックされ，その後の戦術変更や技術的修正に役立てられることも多くの球技種目で普通に行われている。また，アナリストやテクニカルという名称でゲーム分析を専門に行うスタッフがチーム内に置かれるようになったことも，ゲーム分析法の発達がもたらした最近のスポーツシーンにおける大きな変化である (星野明宏・中川昭「わが国のラグビートップチームにおけるテクニカルスタッフの現状と課題」『トレーニング科学』17, 2005. 219 – 31)。

③ ゲーム分析の目的と意義

ゲーム分析は様々な目的をもって行われるが (図1)，主要な目的の1つは，試合で現れたゲームパフォーマンスをプレイヤーあるいはチームの立場から評価することである。このようなゲームパフォーマンスの評価を目的にしたゲーム分析は，プレイヤーあるいはチームの強化サイクルの中で非常に重要な意味をもつ (図2)。すなわち，トレーニングは単にそれを行えば強化が進むとはいえず，試合で現れたゲームパフォーマンスを適切に評価し，その評価結果を基にトレーニング内容が吟味され，計画されて行かない限り，強化は促進されないことを図2は示している。

球技において，ゲームパフォーマンスをなんらかの形で数量化して，プレイヤー個人やチームが達成したゲームパフォーマンスを評価することはけっして目新しいことではなく，優れたコーチが実践現場で古くから行っていることである。しかし，それぞれの球技におけるゲームパフォーマンスの構造は単純ではなく，多面的で複雑であることから，ゲームパフォーマンスを精確に評価するとなると，それは簡単なことではない。それゆえ，ゲームパフォーマンスの評価方法の研究が，球技における重要な研究テーマの1つになるのである (Hughes, M.D. and Bartlett, R.M. The use of performance indicators in performance analysis, *Journal of Sports Sciences*, 20. 2002. 739 – 54)。最近では，ゲームパフォーマンスの評価方法の研究は競技スポーツの立場からだけでなく，教科体育の立場からも行われており (例えば，リンダ・グリフィン. 高橋健夫・岡出美則 監訳『ボール運動の指導プログラム』大修館書店. 1999)，これらの研究の成果が実践現場に反映されている。

ゲームパフォーマンスは，プレイの主体であるプレイヤーあるいはチームが能力としてもつ競技力が試合で発揮された結果，生起したものである。したがって，複数の試合を通じて総合的にゲームパフォーマンスを評価することによって，プレイヤーあるいはチームの競技力 (チーム力) を評価することができる。

通常，パフォーマンスの測定評価は分析的に行われるが，競技力といった

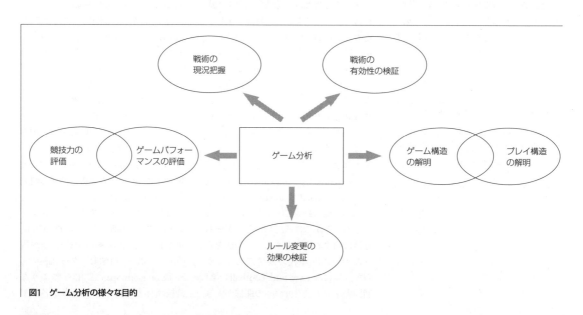

図1　ゲーム分析の様々な目的

能力の評価の場合には，より統合的なアプローチが望まれる（稲垣敦「競技力評価のための攻撃力－守備力モデル」『体育学研究』45．2000．719－38）。このような考え方から，ゲームパフォーマンスの測定値に多変量解析を適用して総合的に競技力の水準を推定する方法が研究されている。例えば，ブレイスウェルはラグビープレイヤーの競技力を評価するために，広範なゲームパフォーマンスの測定値に基づき「Eagle Rating」と名づけられた単一の指標を求める方法を開発している（Bracewell, P.J. Monitoring meaningful rugby ratings, *Journal of Sports Sciences*, 21. 2003. 611－20）。このような競技力の単純な指標が開発されると，それによってプレイヤー間あるいはプレイヤー内での競技力の比較が容易にできるようになることから，実践現場で高い価値があると考えられるだけでなく，チーム経営やジャーナリズムの分野へも用途が広がる可能性がある。

一方，試合でのプレイヤーのパフォーマンスをプレイの観点から評価するのではなく，歩行やスプリントといった単純な運動に還元して，その頻度や持続時間などを分析・評価する研究がある。このような研究は，サッカーを対象にしたライリーとトーマスの研究（Reilly, T. and Thomas, V. A motion analysis of work-rate in different positional roles in professional football match-play. *Journal of Human Movement Studies* 2. 1976. 87－97）がひな型となって様々な球技を対象として発展し，現在では，「タイム・モーション分析」（time-motion analysis）として1つの研究領域が形成されるまでに至っている。このタイム・モーション分析として位置づけられるゲーム分析は，各球技で要求される専門的体力を明らかにするために価値ある情報を提供するものであり，専門的体力に関するトレーニングプログラムの構成や測定評価方法の開発に生かすことができるという実践的意義がある。

ゲーム分析のもう1つの主要な目的は，ゲームを構成するプレイ事象間の関係性を明らかにし，各球技におけるゲーム構造の解明を進めることである。このようなゲーム分析によって，もし意味のあるプレイ事象間の関係性が明らかにされたら，それは実践現場

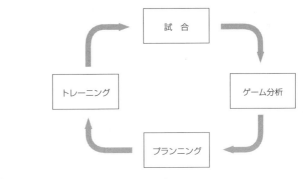

図2 球技におけるプレイヤー／チームの強化サイクル
（出典：河野ほか「競技団体・ナショナルチームにおけるスポーツ医科学サポートの現状　ラグビー」『臨床スポーツ医学』17（10）．2000．1255－58を改変）

に大きな意義をもつことになる。

その1つの古典的例証として，サッカーにおけるリープとベンジャミンの研究（Reep, C. and Benjamin, B. Skill and chance in association football, *Journal of the Royal Statistical Society, Series A (General)* 131. 1968. 581－85）がある。彼らは1953－68年に行われた計3,218試合をゲーム分析した結果，様々な年代の多様なレベルの試合においていくつかの項目の確率値が非常によく似ていることを指摘した。そこでは，得点の80％は3回以下のパスの連続から生じていること，得点の50％は相手陣でのボール獲得を起点として生じていること，約10回のシュートで1回の得点を得ていることなどが示されている。その後，彼らによって提示されたデータは，何人かの研究者によって追認され戦術的な解釈が加えられた結果，「できるだけパスを少なくして直線的に相手陣に入っていく」戦術（Direct/Longball method）の有効性を示す根拠と考えられるようになり，イングランドのサッカー界に大きな影響を与えた（McGarry, T. & Franks, I.M. The science of match analysis. T. Reilly & A.M. Williams eds., *Science and Soccer*. Routledge. 2003. 265－75）。

この種のゲーム分析によって，これまで，試合時間と得点の関係，インプレイ時間とアウトオブプレイ時間の分布，得点や勝敗に結びつく要因などが明らかにされている。これらの知見は各球技のゲームに内在する法則性と捉えることもでき，ゲーム構造を解明するために意義をもつだけでなく，実践

現場における指導の拠りどころとして意義をもつ。例えば，ゲーム分析によってラグビーの試合の最初10分の時間帯での得点が勝敗と密接に関連していることが示されると（中川昭ほか「ラグビーゲームにおける時間帯別得点に関する研究－勝敗との関連からの分析－」『トレーニング科学』17．2005．201－10），この分析結果は，コーチが試合のスタートの時間帯でチームが高いパフォーマンスを達成できるよう精力を傾けることに対する1つの根拠となる。最近では，コーチングにおけるこのようなアプローチを「エビデンスに基づく実践」（evidence-based practice）と称し，重要視している（Franks, I.M. Evidence-based practice and the coaching process, *International Journal of Performance Analysis in Sport*, 2. 2002. 1－5）。

ゲーム構造を決定する要因の1つとして，各球技固有のルールがある。ルールによってゲームの目的が定められ，ゲームで許容されるプレイが規定される。その結果，ゲームの目的のもとにそれぞれのプレイ事象が関連し合って1つの仕組みが形成され，このような仕組みの中でゲームパフォーマンスが発揮されることになる。したがって，理論的には，ルールが変わればゲーム構造が変わり，ゲームパフォーマンスに変化が起きることになる。

各球技ではこれまで，プレイヤーの安全性を高める，ゲームをより魅力的なものにする，新たな技術や戦術に対応する，といった目的を達成するために，ルール変更がしばしば行われている。このようなルール変更は，実際に

は，必ずしもいつも成功するとは限らないことから，その効果を客観的データに基づいて確かめることが必要となる。ゲーム分析は，このようなルール変更の効果を検証するために有効な方法であり，これまでも各球技で重要なルール変更が行われるたびにゲーム分析の結果が報告されている（例えば，伊藤耕作ほか「サッカー競技の罰則強化によるルール改正の影響」『トレーニング科学』17. 2005. 69-75）。

④ 戦術研究へのゲーム分析の適用

球技において戦術に関する問題はきわめて重要である。しかし，戦術に関する研究はこれまで活発に行われてきたとはいえず，他の競技力構成要素である体力や技術と比べて大きく立ち遅れている状況にある。その理由として，戦術は各チームのいわば機密事項であり，研究の対象としてなじまないからであるという論がある。しかし，これは技術とて同じであり，このような論に立つなら，競技力向上にかかわるすべての事柄がスポーツ科学の研究対象になり得ないことになる。戦術に関する研究がこれまであまり発展してこなかった真の理由は，それを実証的に研究する有効な方法論が確立されてこなかったところにあると考えられる。このことはバイオメカニクスという研究手法の普及とともに，技術に関する研究が飛躍的に発展した経緯からも推察できるであろう。このような状況の中で，ゲーム分析は，戦術を実証的に研究するための1つの手法として大きな意義をもっている。

ゲーム分析を適用して行われる有意義な戦術研究の1つとして，オリンピックやワールドカップなどの世界トップレベルの大会が行われた時に，そこでどのような戦術が使われているかについてゲーム分析を通して明らかにする研究がある。例えば，男子ハンドボールの世界選手権大会が終わった後，ベスト3のチームを対象にしてゲーム分析が行われ，当時の世界トップレベルのチームが実行したセットオフェンスの戦術が詳細に報告されている（大西武三「ハンドボールにおける世界のトップレベルチームの戦術について」『筑波大学体育科学系紀要』21. 1998. 63-76）。最近では，このような世界のトップレベルを対象にした戦術の現況分析が各競技団体内の研究部門で実施されることも多く，例えば日本サッカー協会ではワールドカップがあるたびに「JFAテクニカルレポート」として技術・戦術の現況分析の結果を発表している。スポーツにおける戦術が日進月歩であることを考えると，世界のトップレベルにおける戦術の現況を絶えず分析し，把握しておくことは，厳しい国際競争に勝ち抜くためには不可欠な条件であるといえるであろう。

球技の戦術研究にゲーム分析が効果的に適用できるもう1つの領域は，戦術の有効性に関する検証である。戦術の有効性に関しては，これまで経験的に論じられることはあっても，客観的なデータに基づいて議論されることが非常に少なく，ゲーム分析手法を適用した研究の意義は大きい。最近では，既存の戦術を取り上げて，それらの有効性を検証するだけでなく，新しい戦術を開発して，その有効性についてゲーム分析を通して検証する研究も行われている（例えば，廣瀬恒平，中川昭「ラグビーのキックオフ及び50mリスタートキックプレイに関する新戦術の考案とその有効性の検証」『スポーツ運動学研究』19. 2006. 29-44）。

ゲームパフォーマンスは，図3に示すように，戦術を実行するチームとそれに対抗する相手チームが，天候やピッチなどの特定の外部環境条件の下で競い合った結果として現れたものである。それゆえ，戦術の有効性をゲームパフォーマンスの分析を通して適切に評価するためには，戦術を実行するチームの特性，相手チームの特性，そして外部環境要因の条件を研究の中で適切に統制する必要があり，このことは研究が実践的価値をもつために欠かすことのできない要件となる。

ゲーム分析を適用したこれ以外の研究として，ある特定のプレイのプロセスをいくつかの要素に分割し，それぞれのプレイ要素でのパフォーマンスと最終的なプレイ成功との関連性を数量的に分析することによって，対象とするプレイでの成功を高める要因を明らかにしようとする研究がある。このようなプレイ分析の例として，ラグビーのキックオフプレイでボール獲得成功率を高める要因が検討され，レシーブ側のリフトプレイ使用がない状況でキック側が空中で争う（コンテストする）ことが重要な要因になることが明らかにされている（Nakagawa, A. and Hirose, K. Factors to highten success of ball acquisition in kick-off and 50 m restart kick play in rugby football, *International Journal of Sport and Health Science*, 5. 2007. 135-46）。プレイ分析の結果は，対象とするプレイの構造的理解を深めることに意義をもつだけでなく，戦術の有効性を検討しようとする研究に重要な示唆を与える。すなわち，このラグビーのキックオフプレイの場合では，ボール獲得の見地からキックオフ戦術の有効性を検討する際には，レシーブ側が効果的にリフトプレイを使えない状況を

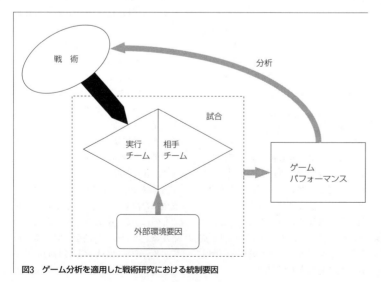

図3 ゲーム分析を適用した戦術研究における統制要因

いかに作り出せるかが重要なポイントになることが示唆される。

参考文献

- 宮尾正彦ほか. 2001.「スポーツ・ゲーム分析学会(PASS.COM カンファレンス)報告」『体育の科学』51: 817–19.
- Cobri, Jan and Arajo, Duarte (eds.) 2005. *Science anf Football Ⅴ: The proceedings of the fifith world congress on science and football.* 3–12. Routledge.
- Hughes, Mike and Franks, Ian M. (eds.) 2004. System for better coaching and performance. *Notational analysis of sport* (2nd Ed.) Routledge.

(中川 昭)

スカウティングとリアルタイム情報の活用　13.C.04

① アメリカンフットボールにおける情報活用の実際

　アメリカンフットボールのコーチは，ゲーム中にリアルタイムで流れてくるプレイ情報を事前情報との関係の中で分析し，時間的制約の中で目標遂行に向けた的確な戦術を選択していかなければならない。特にプレイヤーのポジショニングや具体的な動き，さらには攻撃や守備の戦術パターンを詳細に把握することが，適切な戦術選択において重要な要因となる。そのためにも，対戦する相手チームのゲームを事前に偵察し，有効なゲームプランを立案することを目的としたゲーム観察は不可欠である。そこで，ゲーム前に行われる相手チームに関する情報収集活動であるスカウティングとゲーム中での情報活用の実際を述べることとするが，まずは「情報活用」という点で外すことのできないアメリカンフットボールの競技特性を「コーチングスタッフの組織化」および「セットプレイ」という観点からまとめてみる。

[アメリカンフットボールの競技特性]

　アメリカンフットボールのチームには，数多くのコーチが存在する。これには，アメリカンフットボールの特徴であるポジションの専門化と分業化が理由として挙げられる。プレイヤーは攻守ともに11人であるが，ポジション特性としてラインメンとバックスに大別され，個々に細分化が進んでいる。攻撃チームでは，ブロッキング専門の攻撃ラインメン(OL)，ボールを持って走るランニングバック(RB)，パスを受けるレシーバー(WR)，OLとWRの両方を兼ね備えたタイトエンド(TE)，作戦司令塔であるクォーターバック(QB)である。一方，守備チームは，ランプレイへの対応として最前線で陣取る守備ラインメン(DL)，パスプレイへの対応として最後方に位置する守備バック(DB)，DLとDBの中間的存在としてのラインバッカー(LB)から構成される。図1は，アメリカの大学アメリカンフットボールチームにおけるコーチングスタッフの組織図である。全米大学体育協会(National Collegiate Athletic Association: NCAA)の規則に基づき，10人のコーチたちが組織化され，いずれの大学においてもほぼ同様の形態をなす。その内容は，ヘッドコーチをトップに攻撃および守備チームに二分され，攻守のまとめ役である攻撃コーディネーター，守備コーディネーターを中心に，前述した各ポジションによるアシスタントコーチが存在する。コーチングスタッフを組織化する上で大切なことは，各コーチへの権限委譲および意思決定権の所在の明確化である。特にゲーム中での具体的なプレイ決定における意思決定権は，攻撃チームであれば攻撃コーディネーターであり，守備においては守備コーディネーターが担う。ヘッドコーチは，チーム全体の責任者としてその任務をまっとうする。このように，数多くのコーチたちが関与するこのスポーツにおいて，情報の共有化ならびに伝達の迅速化のためにもコーチングスタッフの組織化は大変重要であり，ここにゲーム中におけるコーチの役割分担が明確となる。

　また，アメリカンフットボールのプレイがすべてセットプレイであることは，情報活用の実際という観点から大変興味深い。セットプレイには，プレイの始まりと終わりが明確で，結果が明快であるという特徴がある。さらに，プレイとプレイが中断するため，その間に作戦時間の保証がなされている。図2は，試合中での作戦会議(ハドル)の様子であるが，まさにセットプレイの特徴をいかんなく発揮している状況といえる。すなわち，攻撃コーディネーターが決定した次のプレイをQBからすべてのプレイヤーに伝達している場面であり，ここにおいて，決定されたプレイにおける各ポジションの役割分担を確認することができる。また，セットプレイであるということは，その中断した時点での試合を取り巻く様々な設定条件が明らかとなる。例えば，得点差，残り時間，フィールド上でのスタート位置や直前に行われたプレイの結果などである。このような設定条件を考慮し，的確なプレイ選択を行っていくことが試合中に繰り返されていく。このような，アメリカンフットボールの競技特性であるセットプレイが，過去およびリアルタイム情報の活用を容易にしているといえよう。

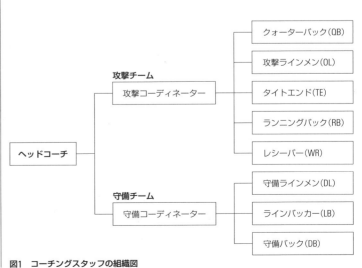

図1　コーチングスタッフの組織図

[情報活用の実際]

それでは，次に情報活用の実際について，「スカウティング」「ゲームプランの立案」「ゲーム中の情報活用」の観点からそれぞれ解説を加えていく。

まず，スカウティングの作業は，相手チームのビデオ撮影から始まる。この場合，少なくとも2台のビデオカメラを用いるのが一般的である。1台は，プレイヤー全員の動きを把握できるように広角で撮影が行われる。この映像からは，パス攻撃におけるWRのパスコースや守備の具体的な方法としてのLBやDBの動きなど，パスプレイ時のプレイヤーのポジショニングや役割行動が読み取れる。もう1台のビデオカメラでは，OLやDLといった攻守のラインメンに関するポジショニングやその動きについて，ズームアップして録画される。具体的には，ランニング攻撃中のOLの役割およびRBの走路，ラン攻撃に対する守備チームとしてのDLやLBのポジショニングや役割行動を撮影することになる。いずれのビデオカメラも，プレイが開始される直前から完全にプレイが終了するまで，録画が行われる。撮影者は，プレイスタート時点のフィールドポジション，ダウン数(何回目のプレイか)，残りヤード数，得点や時間，あるいはそのプレイ中で特に気づいたこと，例えば負傷した選手や交代して入ってきた選手など，様々な情報を音声にてビデオ撮影とともに録音していく。

1ゲームの攻撃回数はおよそ70プレイになるが，録画・録音された情報は，すべてのプレイについて，ゲームを構成するプレイ関連項目をあらかじめ作成した上で，1プレイごとに整理されていく。代表的なプレイ関連項目は試合時間，得点状況，フィールドポジション，ダウン数，残りヤード数，プレイ時のフォーメーション，プレイ名，獲得ヤード数などであり，各項目については内容を記号化した上で，攻守別に用意されたワークシート中に記入されていく。なお同時に，選手のポジショニングや役割行動については，俯瞰図として図示される(図3)。

ワークシートに収集されたデータは，チーム別および攻守別にスカウティングデータベースとして蓄積されていく。この際に，市販のデータベース用ソフトウェアを用いたり，あるいはアメリカンフットボール専用のスカウティングソフトウェアを使用したりする。特に，スカウティング情報のローデータ (raw data: なにも処理を加えていないデータ) でもある映像をデジタル処理にて映像データベースとして保存し，プレイ関連項目であるテキストデータとのリンクが容易にできるようになってきたことが近年の傾向である。これにより，過去の試合におけるチーム傾向について統計的な見地から探ることができると同時に，関連する過去のプレイ映像を瞬時に取り出すことができ，コーチングの現場において実用性

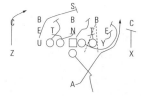

図2 セット間の作戦会議(ハドル) (写真：©NFL JAPAN)

no	Ball	D	&D	Hash	TE	Initial-Formation		MO/SIFT	Final Formation		R/P	St/We	Play Call
1	80	1	10	R	R	GUN TWIN	両HB		GUN TWIN	両HB	R		M.C.
2	79	2	9	R	L	GUN (左) W-W	A		GUN (左) W-W	A	P		Side screen
3	62	1	10	R	R	GUN DOUBLE	B		GUN DOUBLE	B	P		CB3
4	57	2	5	L	L	GUN DOUBLE	B		GUN DOUBLE	B	R		S-opt. keep
5	47	1	10	R	L	GUN (左) ISLAND	D		GUN (左) ISLAND	D	P		O.T.(f) pass
6	52	2	15	R	L	GUN (左) W-W	A		GUN (左) W-W	A	R		W-Trap
7	50	3	12	M	L	GUN (左) W-W	B		GUN (左) W-W	B	P		CB3
8													T.F.P/O

図3 スカウティングワークシートとプレイの俯瞰図の一例

の高いスカウティングデータベースが構築されるようになってきた。

次に，作成されたスカウティングデータベースをもとにして，複数のゲーム関連項目を用いた条件検索を行い，対戦チームの攻撃方法および守備方法のより詳細な傾向を探っていく。例えば，「ゴール前20ヤードで3ダウン残り5ヤードという状況下において，具体的なプレイはどのような傾向にあるのか？」といったような，より詳細なゲーム状況場面を設定することで，相手チームの戦術行動を明らかにすることができる。このように，ゲーム中に予想される状況を予測し，過去のデータから相手チームの攻守の傾向を洗い出したスカウティング情報が，ゲーム前のコーチおよびプレイヤー間で共有化されていく。この情報こそが，ゲームプラン立案のための基礎的資料となる。

ここで大切なことは，このスカウティング情報は，あくまでも過去のデータからの予測であり，不確かな情報であると認識しておくことである。スカウティング情報は，そのもととなるデータベースのデータ数が多いほど信頼性は増すものの，設定条件そのものがプレイの再現性というものを解決できないままに行われているため，あくまでも参考資料として扱われるべき性質のものである。しかし，過去の試合において無秩序にプレイが行われていたわけではない。そこには必ず攻撃チームであれば攻撃コーディネーター，また守備チームであれば守備コーディネーターの基本的な戦術理念が存在している。この戦術理念の解読が真の意味でのスカウティング情報である。したがって，ゲーム中にプレイ決定という意思決定権をもつ攻守コーディネーターは，いずれの場面においてもすみやかなコーチ行動が取れるよう，相手チームの行動予測をその戦術理念に照らし合わせながら分析・準備し，次に起こりうる現象をスカウティング情報といった不確定情報を手がかりとして，絶えず先取りしていくことが求められる。

ここに攻守ともに有効なプレイリストが完成していく。これは，相手チームの傾向を分析した上で導き出されたものであり，相手チームの戦術理念に対応可能なゲームで使用するプレイ一覧のことである。攻撃チームであれば，フォーメーション別に分類され，全体で数十種類のプレイリストが準備される場合もある。なお，これらのプレイにおいては，ロングゲインやロスゲインの可能性をできるだけ少なく，比較的安定してゲイン可能なプレイがリストとして挙がり，プレイヤーおよびコーチ間で共有化されていく。

ゲーム前の練習では，プレイリストに挙がった1つ1つのプレイについて，そのポジショニングと役割行動の確認から始められる。攻守ともに自チームのプレイであり，得意とするプレイであるものの，相手チームの戦術行動を加味して，ポジショニングの間隔，スピードやタイミングの時間感覚の微妙な調整が試される。実際の練習の中では，通常のプレイスピードに比べて，スピード自体を遅くし，ゆっくりとした時間の中で役割行動の確認を行っていく。このような練習を一般的には「ウォークスルー」と称し，戦術行動の確認において，ゲーム前練習で繰り返し行われる。

プレイ調整が整った段階において，スカウティングチームに対する試合的練習を行う。これを「スクリメージ練習」と呼ぶ。スクリメージ練習では，パスプレイに限定する場合，ランプレイに限定する場合，さらには，通常のゲームに近い形で行われる場合とに分かれる。いずれの場合においても，ゲーム場面状況を詳細に設定し，予想されるプレイが試されていく。もちろんこの際には，相手チームの戦術行動をあらかじめ，スカウティングチームにプレイリストとして渡しておく。このスクリメージ練習を通し，プレイヤーはスカウティング情報を行動レベルまでインストールし，自チームのゲーム戦略およびそれに伴う具体的な戦術行動の獲得へと洗練させていく。

また，攻守それぞれのコーディネーターは，練習中でのプレイヤーのゲームパフォーマンスを評価しながら，ゲーム自体を予測し，ヘッドコーチの示したゲーム戦略に基づくゲームプランを立案していく。具体的には，攻撃コーディネーターであれば，攻撃戦術の大枠を戦術パッケージとして数種類に分類して捉え，使用可能なプレイリストをその戦術パッケージに即して整理し，まとめていく。最終的には，様々な条件を想定したシミュレーションを行う中で，ゲーム中におけるプレイ決断というコーチ行動がすみやかに行えるよう，事前に情報を整理する。例えば，ファーストダウンやセカンドダウンで使用するプレイリスト，サードダウンで残り15ヤード以上でのプレイリスト，サードダウンで残り5ヤードから10ヤードでのプレイリスト，あるいは残り3ヤード以内でのプレイリスト，また，ゴール前での得点を取りにいくプレイリストなど，よりゲーム場面における具体的な状況設定を作成した内容において，プレイ選択のヒントとなりうるプレイコール・シートを作成し，ゲームに備える。

さらに，ゲーム時において最も大切なことは，コーチの役割分担の徹底である。特にプレイ選択にかかわる責任の所在は明確にしておくべきである。一般的には，攻撃チームであれば攻撃コーディネーターであり，守備チームであれば守備コーディネーターである。それぞれのコーチは，攻守ごとに連携を保つ。特に情報が錯綜しないようゲーム前のスカウティング情報の徹底とゲーム中に発生する事実としての情報を常に共有化しておく必要がある。そのために，コーチたちはイヤホンとマイクが一体となったヘッドセットをゲーム中に装着している。このヘッドセットの連携は，ヘッドコーチと攻守コーディネーター，および攻撃コーチ間，守備コーチ間となる。そのコーチの中には，ゲーム中にスタジアムの上層階に陣取って，ゲームの流れを観察するコーチがいる。これを「スポッター」という。スポッターの存在は，このスポーツの最も特徴的なことといえよう。スポッターは，プレイを俯瞰的にみることができるので，サイドラインにいるコーチたちでは見落としがちなプレイヤーの戦術行動そのものが観察可能である。また，スタジアム内にスポッター席として一般観客からは隔離されたブースの中にいるため，比較的冷静に戦況を捉えることができる。まさに，ゲームの進行に伴いながら，ゲーム中の戦術行動に関する情報収集・整理を行うスカウティングチームといってよい。ただし，スポッター席からのビデオ撮影は禁止されている

図4　プレイ決定を伝えるコーチ
(写真：©Kyoko Watanabe/NFL JAPAN)

ので，プレイ直後の即座の分析能力が必要である。

ゲーム中におけるプレイ決定からプレイ遂行までの情報伝達経路は，次のようになる。攻撃チームの場合，プレイ終了とともに攻撃コーディネーター(図4)からQBに対し，次に行うプレイが，選手の入れ替えやシグナルサインによって伝えられる。当然のことながら，この情報は，ヘッドセットを通じてすべてのコーチに同時に伝達される。特にスポッターにとっては，まさにこれから起こりうる現象をフィードフォワード的に捉え，プレイ観察ができることになる。QBに伝わったプレイは，セット間に行われる作戦会議(ハドル)にて，すべての選手に伝わり，次のプレイのねらいと各自の役割行動がチーム内で確認され，プレイの遂行となる。プレイ遂行後，そのプレイはある結果をもって終了となる。その結果は，数値的に何ヤード前進したのかという客観的データであるが，その結果の原因となったプレイヤー個々の戦術行動についてスポッターが分析し，次のプレイ選択へのフィードバック情報として，情報整理を行う。この一連の情報伝達の中において重要なことは，ゲーム中のリアルタイム情報としての事実の把握であり，けっして，予測が入ってはならないことである。

まとめると，意思決定権の所在を明らかにした情報伝達経路を確保した上で，過去の不確定な情報とゲーム中の

リアルタイムな確定的情報を照らし合わせ，コーチおよびプレイヤー間で生きた情報を共有化していくところに，アメリカンフットボールの情報活用の実際があるといえよう。

(松元　剛)

② バレーボールにおける情報活用の実際

[スカウティング情報の収集と活用方法]

バレーボールは非常に確率論的性格の強いスポーツである。例えば，サーブレシーブの成功，不成功がそのまま得点につながりやすい。サーブレシーブがうまくセッターに返球されれば，多彩なコンビネーション攻撃を成功させることが可能になる。一方，サーブレシーブがうまくセッターに返球されなければ，単調なオープン攻撃になり，攻撃の成功率は低下する。

バレーボールにおいて統計的情報は，大きく分類すると3つに分けることができる。第1は「マスメディアに選手やチームのパフォーマンスデータを提供するための公式記録としての技術統計」である。この統計結果を利用して競技会におけるスパイク賞やブロック賞，サーブ賞などのベストプレイヤーが選出される。第2は「相手チームのスカウティング(誰のサーブレシーブが弱いか，どんな攻撃をどこで，誰がするかなどの調査)のための技術情報」である。これは相手チームに勝つための戦略的・戦術的準備をするために，相手のチームや選手個人の特徴，強い点や弱点を明らかにするための情報である。この種の情報の収集は相手チームのみではなく，自チームや自チームの選手に対して行われることがある。自チームの選手の場合は，現在の技術レベルを客観的に把握する手段となり次の練習目標をつくるために活用することができる。第3は，「バレーボール競技のゲーム構造を研究するために収集された確率論的情報」である。この一例として，テクニカルタイムアウトは一方のチームが8点，16点を獲得した時点で発生する。8点を先取したチームの勝率は，その時点でどれくらいあるのか，16点先取ではどれくらいの勝率があるのかといった得点の経過とともに勝率がどのように変化するかを研究するものである。このように莫大なデー

タを収集して，バレーボール競技のゲーム構造を明らかにしようとするものである。

このような統計的情報のうち，バレーボールにおいても，ゲームに勝つために，次に対戦する選手やチームのパフォーマンスに関する「スカウティング情報」を収集することが不可欠である。以下では，このスカウティング情報の収集と活用について述べておきたい。

まず，試合前の情報収集として最も基本的な方法は，自由観察に基づく手書きによる数値の集計や攻撃と守備の特徴を図化することにより情報を収集することである。現在では，ビデオ撮影等による情報収集も一般的になっている。さらに，トップレベルのチームではパソコンを導入し，バレーボールのゲーム分析ソフトを利用して情報を収集している。分析ソフトを利用してパソコンにリアルタイムで情報を打ち込む方法は，誰にでもできるわけではない。通常，「アナリスト」と呼ばれる専門的に訓練されたオペレーターによって，試合中の情報が瞬時に時系列に沿ってパソコンに入力される。

次に，どのような内容の情報を収集するかであるが，大きく次の7つの項目に分けることができる(図5)。

試合中にはこのような内容(情報)が収集されるが，これらの主観的情報や客観的情報は蓄積され，処理され，次の試合のための貴重な情報となる。この段階の情報を「素材情報」と呼んでいる。この情報に基づいて相手チームの印象や特徴を説明した文章を作成し，監督やコーチ，選手に渡されることもある。

また，素材情報は，サーブレシーブ，サーブレシーブからの攻撃，ラリー中の攻撃，ローテーションごとのサイドアウト率のように，カテゴリー別に分類され，統計的に処理される。このように収集された素材情報を適切に処理することで，価値のある有効な情報を得ることができる。この段階の情報を「インテリジェンス情報」と呼ぶ。しかし，このインテリジェンス情報の中には，価値のあるものとないものが混在している可能性があり，そのままではチームにフィードバックする量があまりにも多くなってしまう。したがって

「インテリジェンス情報」は，アナリストから監督やコーチに渡された段階で，監督やコーチによって精査され，チームに必要な情報だけがチームや選手にフィードバックされることになる。この段階で情報をできるだけ少なくすることは，非常に重要なことである。それは，限られた時間で情報を処理する量には限界があるからである。多すぎる情報はそれがないよりも混乱の原因になる。この精査された情報を「フィードバック情報」と呼ぶ。

監督やコーチあるいはアナリストは，このフィードバック情報に基づいて，ミーティングを開催し，プレゼンテーションを行う。プレゼンテーションでは，まずゲーム分析ソフトを用いて編集された相手チームのローテーション別の統計学的データ，ローテーション別の攻撃を編集したビデオ画像などを利用して，相手の情報を選手全員がよりよく理解することがめざされる。さらに次に対戦する相手に対する戦術について，監督やコーチから説明が行われる。その内容は「サーブのねらい目」「ブロックの跳び方」「ブロックのマークの仕方」「レシーブの位置やコースの確認」「サーブレシーブからの攻撃の仕方」「カウンターアタックの時の攻撃の仕方」などである。

チームはミーティングで確認された戦術を確実に実行できるように，練習を計画し，可能な限り仮想チームを作って，周到に試合の準備を行う。

サーブレシーブの評価は以下のとおりである：

A：セッターに正確に返球された
B：セッターが移動するが，コンビネーション攻撃の組み立てが可能である
C：サーブレシーブが乱れ，オープン攻撃のみ可能である
D：サーブレシーブが乱れ，返球するだけである
SP：サービスエース

図6はサーブレシーブがセッターに返球された時(評価A・B)のコンビネーションパターンを示している。これに対して，図7はサーブレシーブのねらいを明らかにするために，サーブレシーブがうまく返球されなかった時(評価C・D・SP)を示している。

図6の①には，スターティングポジションが示されている。○はフロントプレイヤー(前衛の選手)，□はバックプレイヤー(後衛の選手)である。図6②は第1ローテーション，図6③は第2ローテーション，図6④は第3ローテーションを示している。

まず，サーブレシーブがセッターに返球された時のコンビネーションパターンをみてみる。図6②はフロントプレイヤーだけの攻撃である。C^1，OP，L^1の矢印は各々，C^1はライト側からセンターへ移動し速攻へ，OPはセンターから移動しC^1と交差してライトの平行トスへ，L^1はレフトの平行トスを打つことを示している。出現率が表記されているのは，第1ローテーションで，この攻撃パターンが53回中39回実行され，このパターンが実行される確率が73.6％であることを示している。

C^1，OP，L^1の上の数字は，39回の攻撃中にC^1が19回，OPが14回，L^1が6回実際に行われたことを示している。C^1の矢印の下にあるAはAクイックを示している。39回の攻撃の中で，C^1がどのように速攻を使いこなしているか示したものである。

以下，図6③④も同様である。図6④では，OPがバックスパイクをライト側から仕掛けていることがわかる。

本来は6ローテーションすべてに，このような図を作成するが，ここでは紙面の都合により3ローテーションだけを示した。これらの図から，ローテーションごとに攻撃の特徴が観察できる。第1ローテーションはC^1の速攻が中心であり，第2ローテーションはOPのライトからの攻撃，第3ローテーションはL^1のレフトからの攻撃が中心であることがわかる。

次に，サーブレシーブがセッターにうまく返球されなかった時のコンビネーションパターンをみてみる。図7①は第1ローテーション，図7②は第2ローテーション，図7③は第3ローテーションのサーブレシーブフォーメーションを示している。スターティングメンバーは図6①と同様である。

図7①は，C^2に代わりL(リベロ)が入り，フロントプレイヤーのL^1がバックに下がり，L^2とともにサーブレシーブに参加している。図の上の53/75は，75本のサーブをレシーブしてA，B評価のサーブレシーブを53本返球したことを示し，その確率はA＋B％＝70.7％であることを示している。以下，図7②，図7③ではC^1がL(リベロ)に代わってサーブレシーブに参加している。

これらの図から，フロントプレイヤーであるL^1はC，D，SPの評価が少ないので，サーブレシーブがかなりうまい選手であることがわかる。

そこでサーブのねらいは，L^1を外し，L^2のバックプレイヤーのエースか，リベロのどちらかに決めることになる。

[スカウティング情報の収集と活用の実際]

スカウティング情報の収集と活用方

①相手チームの構成に関する項目
　スターティングシックスと控えのメンバー構成，ローテーションオーダー(セッター，スパイカー，ブロッカーは誰か)，等。
②技術・戦術力におけるサーブに関する項目
　サーブの得手不得手，サーブのタイプ，最高のサーバーや弱いサーバー(彼らはどのような特性をもっているのか，サーブのスペシャリストはいるか)，サーブのスペシャリストの交代のタイミングや交代相手，等
③技術・戦術力におけるサーブレシーブに関する項目
　第1ローテーションから第6ローテーションまでのサーブレシーブフォーメーション，ローテーションごとのサーブレシーブの成功率と失敗率(誰が強いか弱いか)
④技術・戦術力におけるトスに関する項目
　攻撃システム(4-2，5-1，またはそれ以外)，パターンやスタイル(それらはどんな状況で用いられるのか，オープントスなのか，クイックなのか，ツー攻撃をするか)，セッターを混乱させる方法，クイック攻撃を防ぐ方法，等
⑤技術・戦術力におけるスパイクに関する項目
　主な攻撃プレイ，最も効果的なコンビネーション攻撃，最も危険なスパイカーと特性，弱いスパイカーとその理由，スパイクのタイプとそのコース，フェイントの有無，戦術的打法やブロックアウトを好む選手，スパイクに対し効果的なブロックシステム，効果的なブロックカバー，等。
⑥技術・戦術力におけるブロックに関する項目
　ブロックパターン，最も強いブロッカー，強いブロッカーを機能させない方法，ブロックの弱点(低い，遅いブロック，技術的・戦術的に弱いプレイヤー)，効果的な攻撃，等
⑦技術・戦術力におけるコート守備に関する項目
　守備でのフォーメーション，弱点(低いブロック，弱いプレイヤー，空いている場所)，等

図5　情報収集の種類

法の概要についてはすでに述べたが，それでは，実際の現場ではどのような方法を用いて，情報の収集・活用が行われているのだろうか。現在，トップクラスのチームはアナリストと呼ばれるデータ収集の専門家を必ず帯同している。世界的にトップレベルのチームに普及している分析ソフトは，「データバレー」「データビデオ」というデータプロジェクト社（イタリア）のソフトウェアである。最近では，日本製の操作しやすい簡便なソフトが市場に出ている。代表的なものとして，バレーボール作戦ソフト「VSCT」（ミカサ：広島大学協力），バレーボールスカウティングソフト「ITバレー」（スリーブックス），バレーボール戦術支援システム「タッチバレー」（江崎修央，重永貴博：鳥羽商船高等専門学校）などがある。

アナリストは相手チームの特性や選手個人の特徴の詳細な観察を行い記録し，ミーティングでコーチや選手にその情報を提供する。それは試合前だけにとどまらず，試合中にも無線でベンチと交信し，相手チームのプレイ傾向に関する情報を提供する。アナリストの無線によるベンチとの交信は，試合が始まってすぐにできるわけではない。実際には，試合が開始され，2セット目の中盤を過ぎ，ある程度試合中の情報が集積され，有効と考えられる情報が入手されてから交信が始まることが多い。以下に試合中に行われる情報活用の具体例を示しておきたい。

・例1．マークするアタッカーの指示をローテーションごとに変更する場合：

実際の試合では，事前にミーティングで指示したブロックのマークがうまくいかないことはしばしば起きる。ここで示した例は2007－08のVプレミアリーグのある試合（TO対TG）で実際に行われたものである。

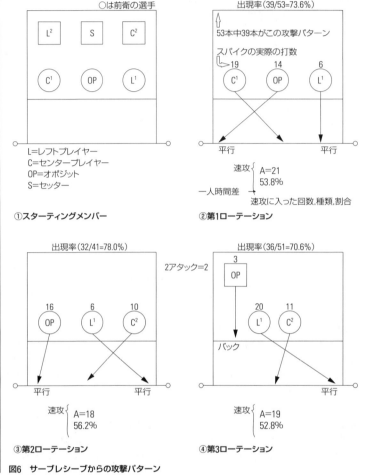

図6　サーブレシーブからの攻撃パターン

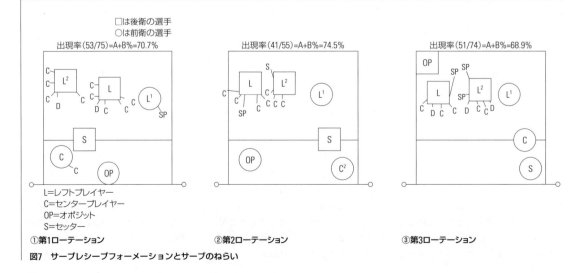

図7　サーブレシーブフォーメーションとサーブのねらい

図8はレフト，センター，ライトの各ゾーンからの攻撃分析を示したものである。上段がフロントから，中段がバックからの攻撃を示している。各ゾーンの左上の数字は試技数を，右下の数字は各ゾーンから攻撃する割合を示している。したがって，セッターがフロントレフトに位置するS in 4で，レフトから3本-60％，センターから2本-40％攻撃していることがわかる。

上段の3ローテーション（S in 4, S in 3, S in 2）は，セッターがフロントにいるので，フロントアタッカーは2人である。スーパーエースのバックスパイクの打数が少なく，全スパイク数13本のうち11本（85％）がフロントのスパイクであることがわかる。このことから，クイックが使えるサーブレシーブが入った時は，バックスパイクは捨てて，フロントの2人のスパイカーにブロックを絞り込むように，2セット終了時に指示が出された。

・例2. ミーティングで指示したサーブでねらう選手が予想外に崩れないために，他の選手にねらいを変え，戦術を変更する場合：

この例も例1同様に実際の試合であったものである。

試合前のサーブ戦術は「リベロ3番Sを外して打つ」ことであった。しかし，2セット目終了時でのスキル別の統計表（表1）に基づいて，9番Kがジャンプフローターサーブのア＋B返球率が12/12, 100％であるのに対して，3番Sはジャンプフローター，ジャンプサーブの返球が乱れていることがわかった。このリアルタイムのデータをもとに3セット目から「3番Sをねらっていく」という戦術に変更された。

・例3. ミーティングで事前に指示したスパイクをブロックでねらう選手が予想外に抑えられないために，他の選手にねらいを変え，戦術を変更する場合：

この例も例1同様に実際の試合であったものである。

試合前に行ったTOの対策は，TG4番F選手のライトバックアタックにはブロックでクロスコースを抑えることであった。なぜならTOのアナリストは，4番F選手は，強力なスパイカーであるがストレートのスパイクをミスにするという印象があったからである。

図9はF選手のライトバックアタックの第2セット目までのコースを示している。このデータからは，クロスをブロックで抑えストレートのミスを誘発させるということには成功しているが，ブロックのストレート側を抜ける打球が多く，その強力さゆえ，レシーブが困難であったことがわかる。したがって，次のセットからはストレートのスパイクをブロックで抑える作戦に変更された。

・例4. 第1セットのローテーションごとのサイドアウト率を調べ，前半のある特定のローテーションだけが極端に低いために相手とのマッチアップを考慮してローテーションを変更する場合：

この場合には，以下に示したように，相手とのマッチアップを考慮してローテーションを変更する必要がある。弱いローテーションは後半においた方がよい。その理由は後半のローテーショ

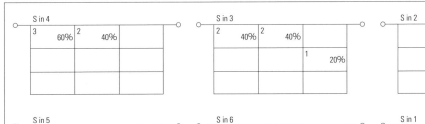

図8　ゾーン分析　TGレセプションアタック（AorBサーブレシーブ時）　2セット終了時点

表1　選手別サーブレシーブ成功率　2セット目終了時

		A	B	C	D	SP	計	A%	A+B%
ジャンプフローターサーブ	チーム	8	7	1	0	1	17	47	88
	3番S	2	1	1	0	1	5	40	60
	9番K	6	6	0	0	0	12	50	100
ジャンプサーブ	チーム	9	3	3	3	1	19	47	63
	3番S	2	1	2	1	1	7	29	43
	9番K	1	0	0	2	0	4	50	50
	16番M	5	2	1	0	0	8	62	77

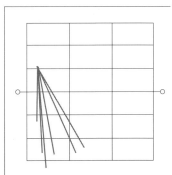

図9　ディレクション分析　ライトバックアタック　2セット目まで

ンの方が確実に頻度が低いからである。したがって，この場合は，第1ローテーションを第6ローテーションにすることによって，弱いローテーションを前半に1つにすることができる。

・第1ローテ：38%（15/39）
　　　　　　　　　→第6ローテ
・第2ローテ：55%（12/22）
　　　　　　　　　→第1ローテ
・第3ローテ：39%（13/33）
　　　　　　　　　→第2ローテ
・第4ローテ：59%（13/22）
　　　　　　　　　→第3ローテ
・第5ローテ：55%（17/31）
　　　　　　　　　→第4ローテ
・第6ローテ：58%（14/24）
　　　　　　　　　→第5ローテ

[情報分析の限界]

　最後に，情報分析の限界に触れておきたい。統計的分析によって選手やチームのパフォーマンスを完全に表示することはできない。統計的分析によって捉えられない，評価できないパフォーマンスの要因はたくさんある。例えば，ボールを扱わない時の動作は統計的分析情報に含めることが困難である。また精神的要因なども評価することは難しい。さらに，最高のデータを有する選手が，試合に勝つために最も重要であるとは限らない。

　それゆえ，統計的分析情報は経験豊かなコーチによって慎重に解釈する必要がある。データはあくまでも過去のものであり，未来のものではない。つまり，試合を決定するのは，すばらしいファイティングスピリットであり，コーチや選手たちの，その場でのすばらしい判断によるところが大きいからである。

（都澤凡夫）

③ **情報活用の可能性と限界**

　今日では300とも500ともいわれるスポーツの種類は，勝敗決定の方法に基づいて，陸上競技や水泳競技に代表される「測定競技」，体操競技やフィギュアスケートに代表される「評定競技」，バレーボールや柔道に代表される「判定競技」という3つの競技類型に大別することができる。戦術の重要度は競技類型によって異なるが，特に判定競技では，戦術は競技の勝敗を左右する重要な要素（ファクター）であり，

競技会への準備を開始するにあたって，自らのチームもしくは選手に関する情報だけでなく，対戦するチームや選手に関する情報が戦術を決定する上できわめて重要な役割を果たしている。

　今日では，コンピューターの発達によって，過去の試合におけるチームや選手に関する様々な数値データが蓄積されており，それらの分析を通してゲーム展開を予想し，予想される状況ごとのプレイをシミュレーションして有効な対処法を構想し，対戦前にその習熟を高めることが戦術トレーニングの主流となっている。

　しかし，これらの数値データそれ自体は過去に起こったことであり，この種のデータをいくら集めても，そこから対戦するチームや選手の行動を完全に予測することは難しい。この欠点を補うために，対戦するチームや選手を試合直前にスカウティング（偵察）することを通して様々な情報を収集し，これに基づいて，生じる可能性の高いプレイ状況に対してあらかじめ有効な対処法を決めておくということも行われている。例えばプロ野球では，専属のスカウトがゲーム前に対戦相手のデータを収集し，相手チームの投手や打者の特徴をまとめた詳細な「スカウティングレポート」を作成し，それをもとにコーチが作戦を練り，チームでゲームプランや戦術に関するミーティングを行うことはよく知られている。このスカウティングレポートの中身は企業秘密で公開（オープン）にはなっていないが，様々な情報源を駆使した膨大なデータが用いられているにもかかわらず，選手とのミーティングで与えられる情報は傾向と対策の形でわかりやすくまとめられているという。なぜなら，多すぎる情報の提供はチームや選手に混乱をもたらすだけだからである。膨大なデータを整理し，意味のある情報だけを選択して選手に提供するのがスカウティングスタッフの仕事であり，そのためには，スタッフに過去の豊富な実戦経験と判断力が求められる。

　同様に，アメリカンフットボールやバレーボールでは，対戦するチームや選手に関するスカウティング情報を市販のゲーム分析ソフトを用いて分析し，これに基づいて予想される個々のプレイ状況に対する対処法を事前に練

習することはトップクラスのチームにおいて一般化している。しかし，どのようなゲーム分析ソフトを用いたとしても，スカウティング情報を得るためのゲーム観察では，個々のプレイをどのカテゴリーに分類するのかは観察者の判断に委ねられているので，得られたデータの分析結果は情報収集する人の観察能力と判断力に左右されることになる。しかも，こうして収集されたデータを総合し，そこから対戦相手の行動特性や戦い方に対する理念を読み取り，相手の行動を予測するという仕事はコンピューターにはできない。そこにはどうしても，経験知に基づいてデータに意味を付与できる有能なコーチやアナリストの存在が必要になる。

　さらに今日では，ビデオ機器の性能の向上によって，ゲーム全体の経過を映像として捉える以外に，決定的な場面のプレイをズームアップして映像資料として提供することができる。これによって，対戦チームのキー・プレイヤーのプレイスタイルや特徴をあらかじめつかむことができ，有効な対処法を事前に準備し練習しておくことが可能になった。しかし，この場合にも，どのような流れの中でどの選手のどのプレイをキー・プレイヤーの特徴的な映像として提示するのかは，アナリストやコーチの判断力に依存せざるをえない。

　加えて今日では，インターネットなどの通信機器の発達によって，様々な競技において競技中の「即時情報」が戦術決定の重要な手がかりとして活用されている。この競技中の即時情報の重要性は競技類型によって異なり，「評定競技＜測定競技＜判定競技」の順にその重要度が高くなり，判定競技の中でも，特に攻撃と防御が時間的に分離されて行われるチームゲーム，例えば野球，バレーボール，アメリカンフットボールなどで有効に活用されている。しかし，アメリカンフットボールではスタジアムの上層階でゲームの流れを観察しているスポッターの席からビデオを撮影することは禁止されているというように，即時情報の収集には種目によって一定の制限が設けられている場合もある。さらに，攻撃と防御が入り乱れて行われる侵入型ゲームでは，攻撃と防御の交代が不規則に瞬時

に起こるため，獲得された即時情報を戦術の決定や修正に生かすことはハーフタイムや作戦タイムなどのきわめて限定された場面でしか可能ではない。

これまで述べてきた戦術決定の方法は，相手チームもしくは選手の過去のデータに基づいて統計学的に確率の高い行動パターンを予測し，それが生じた場合の最善の対処法を構想し，この机上プラン的戦術構想を反復訓練することによって，情況の変化に瞬時に対応できる戦術力を身につけることができるという前提に立っている。この場合には，しかし，相手の戦術構想は，いわゆる常識破りの奇策を含めて，千変万化しうるので，これに対応する自らの戦術構想も無限に変化させなければならない。統計学的確率予測には絶対ということはないので，あらゆる情況の変化に臨機に対応できる戦術力を身につけようとすれば，予測される相手の行動とそれに対応する行動パターンは必然的に膨大なものとならざるをえない。つまり，「こうなれば－こうする」という戦術のカタログを，練習を通して次々に詰め込んでいくという方法では，相手の出方次第で対応できなくなってしまうのである。ここでは，相手の行動プランにどのように対応して戦うのかという机上のプランを構想し，その行動プランを反復して身につけることによって，実戦の中で相手の動き方に即応して臨機応変に動ける能力を身につけようとしても，そこにはおのずと限界があることを確認しておかなければならない。

金子によれば，そもそも生きた「戦術力」とは，どのような情況の変化，相手のとっさの動きの変化にも間髪を入れずに同時に対応行動を繰り出すことのできる，対人もしくは対情況の即興能力であり，情況の変化を感じると同時に動ける能力，すなわち「カン身体知」と捉えられなければ，その本質構造を明らかにすることはできないという。優れた選手やコーチというものは，対戦相手の選手や味方の選手の動きを，今目の前で起こっている動きとしてみるということを通して，あたかもそれを自分自身がやっているかのように共振して捉え，それを今ここでわが身に起こっている運動として感じとると同時に，これから起こる動きの

予感も感じとって，それに即応する動作を瞬時に繰り出すことができる能力をもっているのである。しかも，この意味の運動感覚能力を発揮するには，情況の意味を生身に感じとれる情況解釈能力というものが前提となっていて，この能力は情況の空間関係を把握する能力（伸長統覚化能力），時間関係を先取りして捉える能力（先読み統覚化能力），そしてその時々の情況を体感を通してシンボル化して捉えその意味に従って分節化できる能力（シンボル統覚化能力）という3つの能力から構成されているという。

さらに，この情況解釈力としてのカン身体知が実践的戦術力として機能しうるには，常にこのカン身体知の背後でコツ身体知が作動していなければならない。コツ身体知とカン身体知は，一方が現れている時には他方は意識の背後に退いていて同時に意識の表面には現れることはない（相互隠蔽の原理）。しかし，この2つの運動感覚能力は同一の運動感覚意識の中で同時に発生していて，一方が働いている時には他方が常に意識の背後で機能していなければならない。そうでなければ，コツ身体知を意識した途端に情況とかけ離れた場違いな動きとなったり，カン身体知を意識した途端に動けなくなるということが起こってしまうからである。

スポーツの競技力は技術力と戦術力に分節化して捉えることができる。しかし，この2つの運動感覚能力のそれ

戦術力の指導 13.C.05

① カン身体知としての戦術力

わが国における「戦術」（tactics, Taktik）という用語の辞書的な意味は，「戦闘実行上の方策，1個の戦闘における戦闘力の使用法」であり，一般に「戦術より広範な作戦計画」である「戦略」（strategy, Strategie）に従属するものと考えられている。また，概念規定に厳密なドイツ語圏では，「戦術」は「戦闘中の部隊の指揮の術（Kunst），巧みで，計画的なやり方」を意味している。シュティーラーら（G. Stiehler, u.a.）によると，「戦術」はギリシャ語のtaktike techne（部隊編成術）という表現がすでにその概念の軍事的な由来を示しているように，スポーツに独自のものでは

ぞれを別々にトレーニングして，後で足し合わせれば，より高い競技力が得られるというわけにはいかない。情況解釈能力と捉えられる戦術力は，一定の技術力を身につけているという条件のもとで初めて意味をもつ。言い換えれば，身につけている技術力が異なれば，情況の変化のなにに気づき，それにどのような意味を付与するのかも異なってしまう。つまり，選手個人がもっている技術力の査定を抜きにして戦術トレーニングを行うことは不可能なのである。

以下では，この意味の戦術力の指導を運動感覚論の立場から取り上げることになる。

（朝岡正雄）

参考文献 13.C.04

①
- トム・バス. 1997.『NFLに学べ フットボール強化書』ベースボール・マガジン社
- 松元 剛. 1998.「集団スポーツにおける戦術－ゲーム中のポジショニングを中心として－」『バイオメカニクス研究』2(3): 182-86.
- ────. 2000a.「サンディエゴ州立大学におけるアメリカンフットボール・チームの現状」『大学体育研究』22: 79-87.
- ────. 2000b.「アメリカ合衆国における大学アメリカンフットボールの現状－春季練習プログラムについて－」『筑波大学運動学研究』16: 49-57.

②
- 大澤清二. 1986.「社会統計学的体育統計の構成」『統計学』(51): 44-58.
- 都澤凡夫. 2002.「スポーツ技術の統計分析」大澤清二 編『スポーツの統計学』151-63. 朝倉書店

③
- 金子明友. 2005.『身体知の形成（上）』255-60. 明和出版

ない（ギュンター・シュティーラーら『ボールゲーム指導事典』唐木國彦 監訳. 大修館書店. 1993. 74）。総じて，「戦術」は「戦略」とは区別され，戦い方から指揮の意味までも含む。

しかし競技スポーツの世界では，両概念は常に明確に区別されて使われているとは限らない。ケルン（J. Kern）によると，1960年前後に東ドイツで球技の一般戦術論の構築がめざされて以来，球技の戦術は，今日に至るまでスポーツ科学における戦術研究の中核部分を形成している（ヤーン・ケルン『スポーツの戦術入門』朝岡正雄ほか 訳. 大修館書店. 1998. 14-22）。しかし，スポーツの一般戦術論の研究はまだその緒につい

たばかりである。これまでの東ドイツを中心とする球技に関する理論（以下，球技論という）では，「戦術」は「試合における選手の個人的，および集団的な行動方法，行為，措置の総体」と規定されている。それは，自己の達成力の前提条件を十分利用し，敵や味方の行動，ルールおよび外的条件を考慮して，最善の試合結果をめざすことである。また「戦術」のもう1つの意味は，「効果的に試合を形成する合法則性，可能性，手段および形態の理論と教え（Lehre）」である（Döbler, H. (Red.) Grundbegriffe der Sportspiele. Sportverlag. 1989. 190）。このように「戦術」は，狭義に捉えるとゲーム情況を解決するための実際の行為であり，広義に捉えるとその手段や形態の理論および指導の意味が含まれる。一方「戦略」は，「一定の成果を収めるという目標をもった行為の計画と決定方法のシステムに基づいて，あるチームを長期的に準備すること」（H. Döbler, 1989. 188）と規定されている。つまり戦略は，チームの活動を支える全体計画のことである。この場合「作戦」（operations, Operation）は，戦術を戦略に不可分に結びつけるものとされる（ヒューゴー・デブラー『球技運動学』谷釜了正訳．不昧堂出版．1985. 337）。しかし「戦略」は，球技の理論書では使用されてはいるが，実践では「戦術」との区別がはっきりしていないために，一般的な概念とはなっていないという（シュティーラら，1993. 75）。球技の実践の深まりとともに，「戦術」の概念は広がりをみせ，「戦略」や「作戦」の意味を包み込む形で，「ゲーム構想」（Spielkonzeption）という用語まで出現している。それは，「戦術的な構想の特殊な形式であり，ゲームを形成するために思考された草案，計画」（Döbler, 1989. 170–71）と規定される。

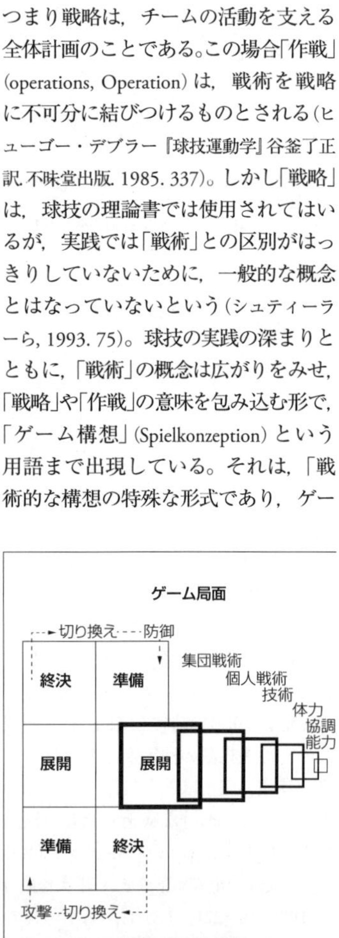

さらに競技スポーツの世界では，1960年代以降，東ドイツを中心に，いわゆる「競技力」（sportliche Leistung）の構成要因として戦術や技術を構造的に捉えようと試みられてきた。そこでは戦術は，戦術力として，技術力や体力と並んで「競技スポーツにおいて達成を左右する構成要素」（ケルン，1988. 17）の1つとされている。これらの構成要素は，球技論における戦術の視点から，複合的なゲーム情況を構成する要因として階層的に捉えることができる（図1）。まず，ゲームの空間的・時間的な経過に現れる攻防の特徴的な分節は「ゲーム局面」（Döbler, 1989. 220）と呼ばれている。各局面の捉え方は様々であるが，それぞれに課せられた戦術的な要求に応じて個人や集団の行動が機能する。また，「運動課題の合理的，経済的な解決の仕方」を意味する「技術」は，「成果の豊かな個人戦術の前提条件であり，それと緊密に結び」つく（Döbler, 1989. 191–92）。それゆえ球技論では，個人戦術と技術の不可分の関係を示すために，「技術−戦術的」という表記が多用されている。したがって個人戦術とは，情況に応じて技術を使いこなすことと考えられる。さらに順調に高められた体力，および協調能力が技術−戦術を支えている。

この場合，球技論では，技術−戦術的行為の習熟過程が，主にサイバネティクスを援用した感覚運動モデルによって，つまりインプットされた知覚刺激情報がいかなる情報処理過程を経て運動行為としてアウトプットされるのかによって分析される。すなわちサイバネティクス的行為理論では，「行為する人間は，情報を受容し処理する（自己制御や自己調整する）システム」（エーリッヒ・バイヤー〔E. Beyer〕『スポーツ科学辞典』朝岡正雄 監訳．大修館書店．1993. 146）として把握される。

これに対して金子は，現象学的人間学に基礎を置く発生論的運動学の立場から，競技力の中核的な能力として，技術力と戦術力を厳密に捉えなおしている。これまでは技術や戦術について，抽象的な概念規定は議論されても，それらが「選手たちにどのように身体化されていくのかの発生分析や，技術力や戦術力という動感身体知の構造分析はほとんど見過ごされてきた」という。そして，「現時点でもっとも有効な図式技術を私の動感身体で思うままに駆使できる」能力を「コツ身体知」としての「技術力」と捉えている。一方，「投企された有効な図式戦術をとっさに私の動感身体で感じ取り，情況の意味構造を瞬間に読み切って，適切な先読み行動ができる」能力を「カン身体知」としての「戦術力」と定義している（金子明友『身体知の形成（上）』明和出版．2005. 224）。

ここでいう「身体知」は，フレデリック・ボイテンデイク（F.J.J. Buytendijk）が「運動の人間的なるもの」を示す「身体知」の概念に基礎をおいている。これを「運動感覚身体知」や「動感身体知」，あるいは「運動感覚能力」といっても同じ意味である。金子は，「わざの今ここでの運動感覚世界における能力発生の様態」を明らかにし，「運動感覚能力として身につけた私の動きかたを他人に伝える」（金子明友『わざの伝承』明和出版．2002. 2）という運動伝承論の構築をめざして，まずもって「運動感覚能力」をキーワードにした。この場合の「運動感覚」は生理学的な概念ではなく，エドムント・フッサール（E. Husserl）の造語による運動感覚（キネステーゼKinästhese）のことである。そしてこの語が，「運動（キネーシスkinēsis）と感覚（アイステーシスaisthēsis）の不可分の結合」を表す点と，「私の身体」の運動感覚の「能力性」（Vermöglichkeit）とに着目して，「運動感覚能力」と表現している。フッサールによるこの「キネステーゼ能力性」は，まだ生起しない未来に向かって運動感覚意識を投射して私の運動を先読みし，すでに過ぎ去った動く感じを生化させる能力を蔵した私の運動感覚身体の能力のことである（金子，2005a. 317）。

運動感覚図式としての「動きかた」は，この運動感覚能力によってしか把握されない。例えばハンドボールのジャンプシュートは，初心者にとって，跳んで・投げるという運動組み合わせの融合局面をスムーズに解決するのが難しい。この運動を能力として身につける（できる）ということは，エルヴィン・シュトラウス（E. Straus）のいう意

図1 ゲーム情況の階層的構造

ゲーム局面

- 切り換え - 防御

終決	準備	集団戦術 個人戦術 技術 体力 協調 能力
展開	展開	
準備	終決	

攻撃 - 切り換え

味の「動きかた」(Bewegungsweise)，つまり「分割できない運動メロディーをもった統一的な運動感覚図式」(運動形態) が一気に発生することである。しかも「動きかた」は，私が動くという「今ここ」の運動認識に基づいて理解されなければならない。「今ここ」は，幅のある現在としてのわれわれの時間意識であり，今直下の「原印象」，来るべき原印象を捉えようとする「予感」，原印象から離れようとするものをつなぎ止める「直感」の三位相からなる。この場合，運動感覚世界の「私の運動」には，「対私的な動きかた」として「私は動ける」(技術力)という側面と，「情況的な動きかた」として「私は応じられる」(戦術力)という側面がある。両者は表裏一体の関係にあり，「差異化現象」として，動いている時の意識には同時には現れてこない(金子, 2002. 2-4)。ジャンプシュートを打つ場合，組み合わせを滑らかに融合させようとする時は対私的な動きかたが前景に立ち，とっさに防御者をかわそうとする時は情況的なかかわりかたが立ち現れる。

これに関連して金子は，黒田亮の「勘(カン)」の捉え方を分析し，「動きかたのポイントをとらえるカン」を「コツ」といい，「情況判断におけるカン」をそのまま「カン」と呼んで区別している。そして両者の間にある絡み合い構造を分析することが重要であるという(金子, 2002. 229-30)。例えばハンドボールのゴールエリア前の攻防場面で，私は味方が私に合わせて走り込んでくるだろうという情況をカンで捉えて，ある仕方でどのくらいの強さでボールを投げるかというコツを使ってパスをする。このように，球技のゲームでは，味方と敵のコツとカンが複雑に絡み合う構造が出現する。

② 指導のための前提条件

「行動とは人間もしくは動物とその環境との有意味な関わり方の現象様式である。観察者は，常に情況からのみ行動を理解する」(ボイテンデイク.『人間と動物』浜中淑彦 訳. みすず書房. 1970. 30)。さらに人間の行為は，一義的な行動をとる動物と違ってパトスの世界にあり，「行為する人間はなさんと欲すること，なさねばならぬこと，なすことを許されたこと，なすべき責務の

あること，なすかもしれぬことといったものを選択を通じて決断しなければならない。人間の関係系は経験と決断とに附随する価値的性格のうちに創り出される。人間の行為は達成である」(ボイテンデイク, 1970. 79)。したがって，ゲーム情況とかかわる選手の運動や行動を考察する際には，「主体」という概念を導入することは避けられない。すなわちわれわれの運動世界では，「主体と環界があって，その積極的な対峙の中で運動が生まれる。主体があって，その主体がある意味と意図をもって何かをなそうとする。そしてそこであるやり方に価値を見出したからこそ選択が行なわれ，あることを決断してそれを実行していく」(金子明友「スポーツ運動学の今日的課題」『スポーツ運動学研究会設立に関するご案内』スポーツ運動学研究会. 1987. 3-4)。それゆえ運動を実践する者が，どれほど多くの内容を「体験空間」や「体験時間」の中に捉えているのかを欠落させてはならないという。運動伝承論では，「現場の運動発生に深く関わる指導者こそ，現象学的な運動分析の実践的研究者として称揚できる」(金子, 2002. 454-55)のである。

運動実践における運動発生は，創発と促発という2つの契機をもつ。「創発」は運動者としての私が，私の新しい運動図式(キネステーゼ構造)を形成する営みを意味し，「促発」は指導者としての私が，君や君たちに運動の創発を促す営みを意味する。金子は，その伝承論において，指導者が身につけなければならない促発能力を次の4つの対象領域(金子, 2002. 514-32)に区分している。

(a) 観察能力

運動感覚共鳴によって，選手の感覚意味構造を読むことができる能力(そこになにを読み解くのか，なにを情況から見分けるのか)。1) テクスト発見能力，2) 対私的意味構造の観察能力，3) 情況的意味構造の観察能力からなる。

(b) 交信能力

共振しながら選手の運動感覚世界に潜入し，その図式化しつつある世界の情報を収集できる能力。1) 共鳴能力，2) 先行理解能力，3) 借問能力からなる。

(c) 代行能力

選手に代わってその運動感覚を構

成化できる指導者の能力。1) 住み込み能力，2) 代行達成能力からなる。

(d) 処方能力

選手が運動感覚の図式化に成功するために，直接的な処方内容を選手に戻してあげられる能力。1) 道しるべ設定能力，2) 運動感覚呈示能力，3) 促発開始能力からなる。

この場合，(d) 処方能力は，(a)-(c)で感覚素材として集めたデータを選手の個性や運動感覚能力のレベルに合わせて処方し，一連の運動分析やゲーム分析の成果を本人に戻さなければならないという点で，指導者の決定的な能力といえる。また(a)の3)の観察能力について，球技では周囲の情況を敏感に把握する運動感覚能力の大切さには誰しも異論はないが，それを実践現場で発見できる指導者の観察能力そのものが発生分析の対象にならなかったという(金子, 2002. 522)。優れた球技指導者の観察能力について，その構造の発生分析が求められている。

一方，指導者が分析しなければならない運動者の創発能力の発生様態について，伝承論に基づいて，特に次の4つの対象領域(金子, 2005a. 335-42)に区分して説明する。

(a) 体感領域

運動感覚身体の原点を起点にして，全体で感じ取れる運動能力の領域。1) 定位感能力，2) 遠近感能力，3) 気配感能力からなる。

(b) 時間化領域

過去の動く感じと未来の動く感じとをともに現前に引き寄せる能力の領域。1) 直感化能力，2) 予感化能力，3) 差異的時間化能力からなる。

(c) コツ統覚化領域

運動感覚身体に住む対私的な動きかたの意味核を捉える能力の領域。1) 触発化能力，2) 価値覚能力，3) 共鳴化能力，4) 図式化能力からなる。

(d) カン統覚化領域

私の運動において情況の意味構造を読み取る能力の領域。コツの発生に情況的な有意味性を与える決定的な重要性をもつ。1) 伸長能力(付帯伸長能力，徒手伸長能力)，2) 先読み能力(予描先読み能力，偶発先読み能力)，3) シンボル化能力(情況シンボル化能力，情況感能力)からなる。

(a)と(b)は形態発生の始原的な能力

の領域である。(c)と(d)は形態を統覚化する能力の領域であり，さらにそれぞれの形態を洗練化していく能力の領域の起点となる。

③ 戦術力の構造分析の意義

促発指導者がある運動を指導しようとする時は，運動の構造分析によって，達成目標を決めると同時に，練習の目標となる運動像も把握することになる。しかしその場合，「伝承価値をもつ動きかたの価値判断が，スポーツ種目のそれぞれの競技構造におおきく支配されているとすれば，各種スポーツ競技力の優劣を決める判断基準」(金子明友，2002. 431)をまずもって確認しておく必要がある。金子は，各競技スポーツにおいて類的普遍化を求める操作を行いながら，勝敗決定の方式を基準として，次の3つの領域を措定している(金子，2005a. 230-31)。

(a) 測定競技領域
　陸上競技，水泳競技，スケート競技など。客観的時間・空間の測定値によって勝敗を決定。
(b) 評定競技領域
　体操競技，フィギュアスケートなど。演技の出来映えを採点し評定値を算出して勝敗を決定。
(c) 判定競技領域
　バスケットボール，サッカー，柔道など。二者択一の価値判定をするレフリーの介入の中でゴール数やポイント数を加算して勝敗を決定。

各領域では，技術力，戦術力，体力という競技力の構成要因は「絶縁的」にではなく，そこに「親和性」をもって存在する。こうしてわれわれは，競技力をどのように認識し，どのような目標像を掲げ，伝承レベルに耐えうる図式技術や図式戦術をいかに形成すべきかを検討することができる。そこでは類的に普遍化され，承認された運動構造が確認されなければならない。

例えばハンドボールは判定競技であり，「敵陣突破型」の球技である(佐藤靖ほか「『球技』の特性と分類に関する研究」『スポーツ教育学研究』17(1). 1997. 1-14)。とりわけ攻防が対峙する突破の場面では，レフリーが身体妨害に関する違反の有無を判定できるかどうかは，専門家としての観察能力に依存する。彼は常に二者択一的な価値判定を迫られる。それゆえ判定競技では，評定競技のように運動経過の構造の類似性を1つの技として練習対象にすることは難しい。判定競技は，相互に千変万化を許す対人構造を本質的特性とするので，相手にどのように対応して戦うかという発生論的概念としての戦術力が重要となる。こうして多彩な情況の中で即興的な動きかたが意図的に訓練されるが，戦術力は「そう動ける」という身体知，つまり「自我中心化作用」と「情況投射化作用」との反転的な差異化現象をもつ運動として現れる。この戦術力は，技術力と同一の動感運動の地平に息づき，同時発生を始原とするので，即興を本質とする動感運動にその発生をさかのぼることになる(金子，2005a. 255-58)。

ボイテンデイクによれば，「即興力」というものは様々な反応実験からは明らかにされず，スポーツ選手の場合，その特性を表すためには，「身体知」と同義の「感覚運動知」と名づけるしかないという(Buytendijk, F. J. J. Reaktionszeit und Schlagfertigkeit. Rudolf u. Meister. 1932. 21)。彼はテニス競技と格闘するマングースとコブラの運動分析の例証を挙げ，2つの生命体が相互に関係して，あたかも1つの有機体が動いているかのように生起する時，そこに運動形態の先も後もない同時発生を意味する「ゲシュタルトクライス」の概念(ヴィクトーア・フォン・ヴァイツゼッカー(V.v. Weizsäcker).『ゲシュタルトクライス』木村敏ほか訳.みすず書房. 1975. 221)を認めている。例えば，1対1でボールをもらおうとする単純な練習(図2)でも，攻防の運動の総体は，両者が互いにそれぞれのなかに基礎を見出しながら結びつくことで機能する。両者においてみることと動くことは一体である。こうして運動形態は，単純なものから高度なものまで，すべて運動感覚能力によって即興される。しかも生きものは，初めは空虚でも，練習によって無限に充実する学習可能性をもつ(金子，2002. 510)。したがって，優れた選手の即興能力の中に蔵(かく)されているものを発生の始原までさかのぼって分析する必要がある。このような身体知の構造が解明されて初めてわれわれは，競技力へと構造化するための練習対象を体系化することができる(金子(上)，2005. 259)。

さらに金子によれば，戦術力を本質とする球技にはシンボル的意味構造をもった運動形態，つまり行動の「象徴的形態」(モーリス・メルロ=ポンティ〔M.Merleau-Ponty〕『行動の構造』滝浦静雄ほか訳.みすず書房. 1964. 181-85)が顕在的に出現するという。シンボルとしての運動感覚図式は，その差異化された意味構造の捉え方によって，様々な階層が区別できる。例えばハンドボールの運動分析では，多彩なチームワークから生み出されるシュートに至るまでの一連の行動(図3)の中に，オフェンスとディフェンスの織りなす有意味な行動を対象にする必要がある。シンボル形態の有意味な行動を支えているのは味方同士の「運動感覚的共鳴」による息の合った連係プレイであると同時に，敵の動きかたさえも運動感覚的に

図2　1対1

(出典：クラウス・フェルトマン(K. Feldmann), 学校体育ハンドボール検討専門委員会 訳『マンツーマン・プレーから学ぶ』日本ハンドボール協会, 2005. 21)

先読みする能力を遮断することはできない。このような差異化現象の分析なしには、生命ある運動の意味構造は成立しない。しかし、分割不可能な「モナド」としてのコツの発生を支える運動図式のシンボル形態の意味分析を浮き彫りにする場合は、情況的なシンボル形態をもつ意味構造の分析を背景に沈めるしかない（金子, 2002. 271-72）。

ここで「戦術力の構造分析として、実践から貴重なデータを得ること」（金子, 2005a. 257）ができる。球技で実践されているゲーム分析である。それはゲーム経過を観察し、完了データを定量的に記述していく方法が主流とはいえ、そこから得られたデータは特別な運動感覚能力をもった分析者にしか意味をもってはいない。「ゲーム経過の記録は、技術 - 戦術的な達成とゲーム経過の力動性についての陳述を可能にする」（Döbler, 1989. 178-79）。それゆえ、運動の二面的な所与性を考慮した観察分析として、「主体的ゲーム分析」とそれを包含する「共同的ゲーム分析」が提案されている（佐藤靖「ハンドボールにおける意味構造の例証分析的一考察」『伝承』(2). 2002. 78）。前者では、選手の立場から、ゲームの流れを印象分析し、ゲーム情況の意味構造を観察する。そこではゲームの遂行者自身の運動とボール、空間、時間そして他者（味方、敵）との関係を「体験し、中から知覚すること」（クルト・マイネル（K. Meinel）『スポーツ運動学』金子明友 訳 大修館書店. 1981. 107）に基づいて記述する。後者では、指導者の立場から、他の観察者とともにゲームの流れを印象分析し、ゲーム情況の意味構造を共振的に観察する。さらに伝承論の立場から、指導内容としての技術や戦術を「間キネステーゼ」（金子, 2005a. 308）によって確認、記述し、普遍化しようとする。

この場合、形態学的な運動分析における運動感覚意識の時間性の概念を踏まえると、身体知は競技における敵や味方の動きも、「すべて今ここの現前の動きのなかで共振しながら観察し、直感につながった動感運動を想起し、予感につながった動感運動を先読みしながら観察する」（金子, 2005a. 257）ことを可能にする。

④ 戦術力の発生分析のあり方

促発指導者は、選手に身につけさせるべきわれわれの運動図式を確認した後で、選手の戦術力がどのように発生してくるのかという様態をあらかじめ知っておかなければならない。すなわち促発能力として、観察能力を発揮するにしても、選手のどの創発能力が、どこの形成位相に位置づいているのかを明確にしておく必要がある。運動形成の位相は、(Ⅰ)原志向位相、(Ⅱ)探索位相、(Ⅲ)偶発位相、(Ⅳ)形態化位相、(Ⅴ)自在位相の5つに区別できる（金子, 2005a. 64-67）。指導者は、分析対象について、選手が気づかない受動的な発生を育む「なじみ」の地平構造（Ⅰ）を視野に入れて観察分析し、さらにそれが能動的に運動感覚を統覚していく位相、つまり探索（わかるような気がする）、偶発（できるような気がする）、形態化（形態統覚化・形態洗練化）、自在の諸位相（Ⅱ-Ⅴ）のどこにあるのかを見抜いておかなければならない。例えば選手の伸長能力を、まぐれの偶発位相で観察するのと形態化位相で観察するのとでは大きな違いがある。

ここでは戦術力の発生分析のあり方について、特にカン創発能力を形態統覚化する3つの能力を中心に概説する。

(a) 伸長能力の発生分析

「伸長能力」は私の運動感覚の意識が皮膚を超えて、その図式が伸長していく能力である。それは対象に向かって運動を投企するという「運動の志向」（メルロ=ポンティ, 1964. 57）を統覚化する。またステッキでなにかを探る時のように、自我中心化の作用をもち、この働きが次の「先読み能力」へと転化しうる。伸長能力には運動感覚の意識が遠く離れた対象物にまで及ぶ「徒手伸長能力」と、肉体に付帯する物や道具にまで伸長する「付帯伸長能力」がある。両者の「運動志向性」は、能動的に常に対私的な動きかたか情況的なかかわりかたに裏打ちされていなければならない。しかも対象に投射する伸長能力は、来るべき動きかたに探りを入れる予感化能力にいつでも回帰できることが求められる（金子, 2002. 500-02）。

それゆえ、今ここに運動を現前化する能力への回帰性を含んだ伸長能力の発生様態の把握こそ重要となる。例証として、ゴールを守ろうとするキーパーのミート動作、サイドシュートの際にけっしてラインクロスをしない選手の踏み切りなどが挙げられる。

(b) 先読み能力の発生分析

「先読み能力」は、パトス的な運動世界において、私が対私的にどう動くのか、どのように情況にかかわっていくのかを先読みする運動感覚能力である。それは受動的な伸長能力の延長上にあり、体感としての遠近感能力と切り結ぶ。金子は、ヴァイツゼッカーが名づけた「プロレープシス」の問題圏を踏まえ、これから起こるであろう運動感覚図式の対私的な意味構造や情況的な意味構造も同時に読み切れなければ運動実践に生かせないと考え、それを始原的な「予感の先取り」と区別し、「先読み能力」と呼んでいる。しかし先読み能力は、予感化能力に裏打ちされて

図3 きっかけ・継続・突破・シュートの連係プレイ（数的優位の創出）
実際右サイドにいる攻撃選手は映っていない。

いるとしても，「以後の動きかたの選択決断と実現可能性」を読み切れる運動感覚能力こそ主題化される必要がある。そして，動きかたの選択から実現への移行は，運動メロディーとして共時化されているから，伸長能力と先読み能力は，截然と線を引くのは難しいという(金子, 2002. 503-04)。例えばハンドボールのセットプレイでのボール回しでは，位置どりをしながら自らの運動感覚はディフェンスとの間に伸長する。この場合，敵との間合いを取る伸長能力と敵の一瞬の隙を見抜いて間髪を入れずに突破走に転じるというパトス的先読み能力は差異化現象の世界にある。金子によれば，この先読み能力の発生様態は単なる映像の表象ではなく，未来の動きかたの発生可能性を予描できるという「予描先読み能力」に支えられなければならないという。これを前提に，他者の運動感覚の図式に潜入したり，情況の中に潜む意味構造を一瞬にして読み解くことが求められる。また，予感化能力は常にメロディー化された運動感覚意識を捉える直感化能力に基礎づけられるので，先読み能力を発生分析するには，運動現前化を把握することがその前提になるという。つまり，直感化能力と予感化能力はコツの源泉であると同時に，先読み能力の肥沃な大地をなす。それゆえ，突発的に情況が変化しても，それに即興的に対応しなければならない時に働く「偶発先読み能力」(即興としての先読み能力)に注目することができる(金子, 2005b. 49)。

こうして，実践に堪えうるたくましい先読み能力を育てるために，コツの源泉を射程に捉えた戦術トレーニングのあり方が，次の2つの形態に類化されて問われている(金子, 2002. 504-05)。

1) 個人競技：偶発的な運動メロディーの変化に対して，臨機に即応できる能力の創発トレーニング(わざ幅，スキーのリカバリー能力など)。2) 対人競技：相手の気ままな運動感覚の図式を一瞬にしてどのように読み解くか(フェイント現象など)。チーム競技：敵と味方を問わず，複数の相手の未来の動きかたなどのように私の身体が先読みできるかの問題圏。

(c) シンボル化能力の発生分析

「シンボル化とは，動感運動の情況からキャッチする視覚的，聴覚的な感覚情報から，その類似の意味構造を読み取り，そこに共通する原理を見つけること」(金子, 2005b. 50-51)である。特にチーム競技において，刻々と変化するゲーム情況に即興的に対応するためには，その中から「シンボル化された意味，つまり構造の構造」を読み取る能力の働きが決定的となる。金子はメルロ＝ポンティの表現(1964. 188)を借りて，「今」は未来の行動を巻き込んで先取りしながら，過去の様々な模索を要約し，経験の特殊な情況を「類型的情況」に転化し，現実に有効な反応を1つの能力に転化して身につけるのが「シンボル化能力」と呼ばれることを強調している(金子明友『スポーツ運動学』明和出版. 2009. 231)。したがってシンボル化能力は，体感領域や時間化領域と結びつき，コツ統覚化領域を不可欠の基盤とし，伸長能力と先読み能力が絡み合って統一的な志向形態を形成する。

このようなシンボル化能力を発生分析すると，それは差異化される運動形態において両義性をもつことが注意されなければならない。すなわち，「情況の意味」を読むことと，「情況の感覚」を把握することである。前者は，「情況シンボル化能力」によってなされる。それは，「周界情況との交流の中で，情況との関わり方の動感記号をシンボル化して，情況の意味構造を原理として生身で生き生きと感じ取れる」能力のことである(金子, 2005b. 51)。さらに後者は，「情況感覚能力」によってなされる。そこでは周界から与えられる「気分」や「気配」などの情報は，体感領域を通じて全身で感じ取られるが，実際にはそれだけにとどまらず，今ここで私が動くというパトス的な情況判断とそれに応じた即興能力が求められる。したがって運動感覚的に情況を把握できるという能力については，それが体感領域，時間化領域，伸長能力，先読み能力などの多くの運動能力と絡み合って実践されるように，これらの能力が私に身体化されていなければならない。ここでは「そんな感じがする」「そんな気配を感じる」という受動地平から，能動的に，情況に最適な動きかたそのものを決断し，遂行できる能力が求められている(金子, 2005b. 52)。

このような発生分析論から，生きた情況を把握する能力というものが浮き彫りになる。例えば現場でいわれる「ゲーム感覚」である。それは，リードオフマンに典型的に要求されるように，ゲーム情況の今ここの流れを私の運動感覚身体が感じ取り，移ろいやすい異質時空系においても，即座に最適な動きかたを出現させる能力のことである(金子, 2002. 506)。

したがってわれわれは，どんな競技力をもち，明快な戦術を構想しても，ここでいう情況を見抜き，身体で感じ取る判断力と決断力を育てていなければすべて水泡に帰してしまうことになる。抜群の情況把握能力を身につけている選手，あるいはそのような名選手を育てた指導者の生きた経験は，すべて原意識の深層に沈んだままに放置されているという(金子, 2002. 507)。それゆえ，情況把握能力の発生始原にまでさかのぼった厳密な発生分析が不可欠となる。

参考文献

- 金子明友. 2002.『わざの伝承』明和出版
- ―――. 2005a.『身体知の形成(上)』明和出版
- ―――. 2005b.『身体知の形成(下)』明和出版
- ―――. 2007.『身体知の構造』明和出版
- ―――. 2009.『スポーツ運動学』明和出版
- 新村出 編. 1998.『広辞苑』岩波書店
- Döbler, H. (Red.) 1989. *Grundbegriffe der Sportspiele*. Sportverlag
- Wahrig, G. 1981.『現代独独辞典』駿河台出版社

(佐藤 靖)

スポーツにおける技術・戦術の今日的意義

身体知としての技術力・戦術力

① 競技力の構造

「競技力」は個々の競技あるいは種目の達成課題を満たすことができる個人もしくはチームの能力と解され，この能力の度合いは第一義的には競技会で示された成績や記録によって評価される。この意味の競技力をそれを構成する複数の下位能力に分け，個々の下位能力のトレーニング法を確立して競技力の向上をめざしたのが，1960年代以降に東ヨーロッパを中心にして発生した「コーチング論」(Trainingslehre)である。そこでは，競技力は複数の個別的能力からなる複合的達成力と捉えられ(図1)，これらの下位能力に応じてスポーツのトレーニングは「技術トレーニング」「戦術トレーニング」「体力トレーニング」「メンタルトレーニング」に分けられ，個々のトレーニングの最適化が模索されるようになった。しかし今日では，絶縁的なトレーニングによって獲得された個別の下位能力を競技力という複合的達成力に統合することはきわめて難しいということが明らかになり，改めて競技力向上の方法が問われるようになっている。

例えば，体力トレーニングでは，体力を構成している筋力，瞬発力，持久力，柔軟性，調整力，スピードなどの下位能力は，トレーニング手段として用いられる運動の種類には無関係に高めることができる(トレーニング手段の非特異性の原則)，無色透明の能力とみなされている。しかし近年では，「トレーニング効果のトレーニング手段への依存性」が確認され(金子公宥『パワーアップの科学』朝倉書店．1988. 156)，ある運動を用いて高められた体力因子が異なった種類の運動パフォーマンスの向上を引き起こすことはきわめて稀であることがわかってきた。また，個々のスポーツ種目の技術特性から絶縁された，いわゆる「一般的体力」を均一に，しかも高度に発達させることは「専門的体力」を高めることと両立しないばかりか，時には競技力の向上にマイナスの影響さえ及ぼす(L.P. マトベーエフ『トレーニングの原理』江上修代 訳．白帝社．1985. 91)。このために，今日では，個々の種目の技術特性や戦術特性を無視した体力トレーニングは競技力の向上にはつながらないという認識が一般化して，種目固有の専門的体力をトレーニングする方法の開発に主要な関心が向けられるようになっている。

同様に，技術トレーニングの一部とみなされる調整力トレーニングの領域でも，あらゆる種目に対応できる調整力の存在そのものに疑問が投げかけられ(Fetz, F. *Bewegungslehre der Leibesübungen*, Österreichischer Bundesverlag, S.289f., 1989)，さらにトレーニングが進むにつれてエネルギー系体力と調整力の向上の間に乖離が現れることも確認されている(Mattausch, W.-D. *Zu eigen Problem der begrifflichen Fixierung der konditionellen und koordinativen Fähigkeiten*. Theorie und Praxis der Körperkultur, H.9, 1973, S.853)。

したがって，ここでははじめに，あらゆるスポーツに共通する競技力向上の方法といったものは存在しないということを確認しておかなければならない。しかし，各種目の競技力はそれぞれが固有の構造をもっているとしても，そこには類として共通する普遍的な構造を認めることができる。このような競技力の構造の類的普遍性に基づいて，金子はスポーツ種目に「測定競技」「評定競技」「判定競技」の3領域を区別し，それぞれの領域において技術力と戦術力は固有の絡み合い構造を形成していることを指摘している(金子明友, 2005a. 222–31)

② "knowing that" と "knowing how"

技術トレーニングには，個々の種目の行動課題を解決するのに用いられる固有の運動の仕方を習得すること(習得トレーニング)と，習得した運動を多様に変化する条件下で応用できるようにすること(応用トレーニング)の2つが含まれる。この場合，個々の種目にはどのような運動技術(現時点で最も有効だと考えられる動きかた)があるのか，個々の運動技術はどのような構造をもっているのかに関する知識は確かに技術トレーニングに不可欠の前提をなしている。しかし，技術トレーニングの本来の目的は運動技術に関する情報の獲得にあるのではなく，技術を習得しそれを応用できる能力を身につけることにある。同様に，戦術トレーニングでは，種目固有の戦術に関する知識や机上で新しい戦術を考え出す能力が不可欠の前提をなしている。しかし，戦術トレーニングでも，最終目標は個々の戦術を具体的なゲーム場面で用いることができる能力，言い換えれば，運動を通して戦術課題を達成できる個人やチームの能力，つまり戦術力を獲得することにある。

すなわち，スポーツのトレーニングでは，単に知識の獲得にとどまらず，獲得された知識を技能(達成力)に変換

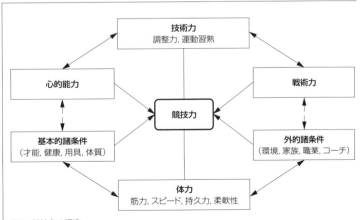

図1　競技力の構造
(出典：Ehlenz, H. et al., *Krafttraining*, blv sportwissen, 1985, 12)

することが求められる。しかもこの場合，これから身につけようとしている技術や戦術に関する知識をたとえどれほど正確にもっていたとしても，このことを通して，技術課題や戦術課題を自らの身体を通して達成できるという能力の獲得が保証されるわけではない。技術や戦術を客観的に知っていてそれを説明できるということ(knowing that)と，どうすればできるのかを知っていること(knowing how)は異なる次元に位置づけられる能力なのである(G. ライル『心の概念』坂本百大・宮下治子ほか 訳 みすず書房. 1987. 27-33)。

例えば，自転車に乗る，ハサミを使う，サッカーでリフティングを行う，鉄棒で上がりを行うという場合，できないうちは，道具や自分の身体は意識的な操作の対象となっている。しかし，できるようになると，それまで客体として操作されていた道具や身体は運動主体と一体化されて，歩いている時と同じように，ただ道や障害物，切るべき対象，ボールや鉄棒を意識するだけで思うようにひとりでに動けるようになる。このようにその時々の事態を適切に判断してなにかを行うことができるという能力を，オランダの現象学者ボイテンデイクは，われわれの身体に備わっている知恵という意味で，「身体知」(Weisheit des Leibes)と呼んでいる(Buytendijk, F.J.J. Das Menschliche, K.F. Koehler Verlag, 1958. S.186)。スポーツのトレーニングで獲得がめざされる技術力と戦術力は，このボイテンデイクの意味の身体知とみなされる能力にほかならない。

③ 技術力と戦術力

いわゆる「身体知」をわれわれは言葉でうまく説明することはできない。それゆえ，イギリスの哲学者ポラニー(M. Polanyi)はこの種の知を「暗黙知」(tacit knowledge)と名づけている(M. ポラニー『暗黙知の次元』佐藤敬三 訳 紀伊國屋書店, 1980, 11-47)。例えば，ネクタイを結ぶ場合には，「はじめにこうして」と実際にその体勢をとってみれば，次に「こうなって，こうなって，こうなって……」というように，その動作を一連のまとまりとして展開することができる。つまり，われわれは日常生活において何気なく動いている時でさえ，「今ここで現に動きつつ感じ，感じつつ動いている」という自らの運動体験の繰り返しの中で，その遂行を形作っている一連の運動感覚的意味核を捉えることによって，運動の遂行をシンボル(図式)化して把握することができる(金子明友, 2002. 270-75)。こうしてシンボル化された運動遂行上の意味核を意識するだけで情況に応じた運動や行動を行うことができる能力が「身体知」である。

さらに，この意味の「身体知」は，その現れ方に応じて，対私的な動き方の一連の意味核(例えば，人目を気にしてスマートに歩こうとする時にシンボル化して捉えられる運動感覚図式)を用いて意のままに動ける能力(『コツ創発能力』)と，情況へのかかわり方の一連の意味核(例えば，人混みを急いで通り抜けようとする時に用いられる運動感覚図式)を用いて情況に即応して動ける能力(『カン創発能力』)の2つに分けられる(金子明友, 2002. 467-68)。すでに述べた技術力はこの意味のコツ創発能力を中核にして形成される身体知であり，同様に戦術力もまたカン創発能力を中核にして形成される身体知にほかならない。

さらに，この2つの身体知は，それを実際に個人の能力として発揮する場合には，一方の能力を発揮している時には他方は背景に沈んでその姿を隠してしまうという相互隠蔽の関係にあることを確認しておかなければならない(金子明友, 2007. 25-26)。例えば，誰かにみられていることを気にして歩く時には，どのように歩くのかについてのコツ創発能力の働きが前景に出てきて，その緊張の度合いが過ぎると右足と右手が同時に前に出たりしてうまく歩けなくなってしまうといったことが起こるのに対して，急いで人混みを抜けようとしている時には自分がどのような格好で歩いているのかは全くわからないというように，同じ運動でも，それを行おうとする時の意図に従って，コツ創発能力とカン創発能力の間で運動感覚図式の反転化が引き起こされるのである。

（朝岡正雄）

スポーツと身体知　　13.0.02

① トップアスリートの身体知

日常生活では，どのような動きかたをするのかをあまり意識しないまま，ただ反復しているうちにある動きかたがいつの間にかできるようになることも少なくない。これに対してスポーツでは，意識的に新しい動きかたの習得がめざされ，多層的な形成プロセスを経て，日常的な運動とは明確な対照をなす，驚異的な運動達成力が獲得される。

図1には，このような動きかたの形成位相が示されている。最初の「原生成の位相」では，「原志向位相」(なじめそうな気がする段階)，「探索位相」(わかるような気がする段階)，「偶発位相」(できそうな気がする←→まぐれでできる段階)の間を行きつ戻りつする(相互浸透)プロセスが繰り返される。続いて，「形態化の位相」では，「形態統覚化位相」(一応できるという段階)，「洗練化位相」(上手にできるという段階)，「わざ幅志向位相」(変化条件に対応できる段階)へと順次に習熟度を高めていくが，その際には，「原生成の位相」への回帰を伴う「分裂危機位相」を繰り返し経過することになる。こうして，最後に「自在位相」(思うままに理にかなって動ける段階)に到達すると，そこでは一分の隙も無駄もないすばらしい動きかたで情況に即興的に対応して動けるようになる(金子, 2005a. 158-68)。

スポーツでは技術も戦術も日進月歩の勢いで変化していく。このために，アスリートは自らの運動を常に修正することを余儀なくされる。この場合，人間の動き方は部分的に修正するということを許さない。動きかたの修正では，たとえそれが部分的なものであったとしても，常に新たな運動感覚図式の発生を伴うという意味で，古い動きかたを捨てて新しい動きかたを新たに作り出すことが求められる。しかも，トップアスリートの世界では，運動が定着し安定化の段階に達していても，常にそのパフォーマンスを高めようとする限り，自らの動きかたに果てしない改善の努力が注がれ，終わりのない形成位相が繰り広げられる。

② 教えるために学び直す

　一般に，ある動きかたができるようになると，その動きは次第に習慣化されて，無意識のうちに行われる。例えば，靴紐を結ぶというような習慣化された動作は，それに必要な動作をいちいち思い浮かべなくても，実際に靴紐を両手で持ち，結ぼうとさえ思えば，即座に行うことができる。しかし，この動作を，紐なしで，両手を眼の前に挙げてやろうとすると，どのようにしていたのかを正確に再現することは難しい。実際に両手で紐を引っ張っているという意識を遮断した状態で紐を結ぶ動作を行うには，この動作を行う時のステップ・バイ・ステップを改めて意識的に作り出すことが必要になる。このように無意識の状態で働いている運動感覚図式を改めて意識させる方法を，現象学では「解体」(Abbauen)，もしくは「消去法」と呼んでいる（山口一郎『現象学ことはじめ』日本評論社．2002．147-51）。

　同様に，単純な機械的反復の中で気づかないうちにある運動ができるようになってしまったアスリートや難しい運動をたちどころに身につけてしまう天賦の才に恵まれたトップアスリートの場合にも，動きかたは習慣化されていて，端からみていると難しいと思われる動きかたでさえ，単にやろうと思うだけでできてしまう。このような人の運動感覚図式は意識下に沈んでいるので，それを他人に伝えることはきわめて難しい。「名選手必ずしも名コーチならず」ということが起こるのもこのためである。つまり，ある運動ができるということとそのやり方を心得ているということは異なる次元に属している能力なのである。

　動きかたを把握するには，やる前にこれからやろうとしている動きかたの運動感覚図式を頭の中で投企し，さらに遂行の後に，やっている時の運動感覚図式を確認することが不可欠である。したがって，このような運動感覚的体験がないまま卓越した動きかたを身につけてしまった人が他者にそれを伝えるには，自らが運動感覚を図式化していく体験を内観を通して把握しながら，その動きかたを改めて学習し直すことが必要になる。

③ 感覚潜入による身体知の把握

　われわれは他者の運動の観察を通してその動作をやっている時の感じを捉えることができるということを表すために，ポラニーは「潜入」(indwelling)という言葉を用いている（M. ポラニー，1980．51-54）。このような観察に基づく他者の運動の感覚的理解は，自分自身の運動遂行を感覚を通して分析することがその基礎をなしている（金子明友，2005a．36）。つまり，他者の運動に感覚潜入するには，自らが運動を繰り返す中で運動感覚を図式化していくプロセスを内観を通して把握しながら運動を習得していくという体験が不可欠なのである。こうして獲得された感覚潜入の能力に支えられて，われわれは，まだやったことのない運動の場合にも，それ以前の運動経験を引き合いに出してきて，その運動をやる時の感じを頭の中で組み立て，それを頭の中でやってみることができる。このように，これからやる運動を，実際にはやらないで，頭の中でやってみることを，金子は「潜勢自己運動」と呼んでいる（金子明友，2002．527）。

　運動感覚能力の高い運動者の場合には，この感覚潜入に基づいてまだやったことのない動きの運動感覚図式を構成し，潜勢自己運動の遂行を通してその動きを身につけることができる。同様に，有能な指導者は，学習者の運動に感覚潜入し，それを頭の中で潜勢自己運動として遂行することによって，学習者の運動感覚図式を代行し，その自己観察を通して学習者が習得すべき運動感覚を具体的に提示する能力を備えている（金子明友，2005b．527-31）。言い換えれば，スポーツにおける技術力と戦術力の指導では，指導者は，自らの身体で学習者の運動感覚世界に潜入し，その世界に共生することによって，学習者の運動感覚図式の今の構成化の様相を把握し，不足している運動感覚能力の形成に向かって学習を導い

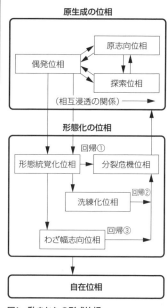

図1　動きかたの形成位相

ていくことが求められるのである。

　しかし，身体知としての技術力と戦術力の指導に関する研究はまだその緒についたばかりである。今後は，個々の種目において技術力と戦術力の発生分析を行い，これに基づいてトレーニング対象となる運動感覚図式の構造を明らかにし，さらに個々の運動感覚図式の形成に必要な運動感覚能力を特定し，その能力を身につけさせるトレーニング法を開発することによって，これまでもっぱら情報として提供されていた技術・戦術を実践力としての技術力・戦術力に変換する道を開くことが期待される。

参考文献

- 朝岡正雄．1989．「わが国における体力トレーニングの現状と課題」『スポーツ運動学研究』2：13-21．
- ―――．2003．「バランスのトレーニング」『体育の科学』53（4）：253-57．
- 金子明友．2002．『わざの伝承』明和出版
- ―――．2005a．『身体知の形成（上）』明和出版
- ―――．2005b．『身体知の形成（下）』明和出版
- ―――．2007．『身体知の構造』明和出版
- ―――．2009．『スポーツ運動学』明和出版

（朝岡正雄）

14章
スポーツと学校体育

学校における体育・スポーツの取り扱いの変遷，さらに学校体育が置かれている現状を世界規模で紹介するとともに，わが国における学校体育分野の研究の発展とその成果，加えて課外活動における学校とスポーツの関係をまとめた。学校体育とスポーツの関係から，学校における体育・スポーツの成立・発展を知ることで，学校体育研究の多様性とその必要性についてより深く考える契機にしていただきたい。

学校体育におけるスポーツの位置づけ

近代学校体育の成立と体操

① 身体の教育とドイツ，スウェーデン，デンマーク体操

フランス革命とそれに続くナポレオンによるヨーロッパ全土の席巻は，各国にナショナリズムの高揚をもたらし，国民国家の形成を促進させた。その結果，国民には国家防衛のための兵役義務が生じ，国民の身体形成のための体操を中心とした近代学校体育を成立させることになった。代表的な体操にドイツ体操，スウェーデン体操，デンマーク体操がある。

[ドイツ体操]

1811年ドイツのヤーン(F. L. Jahn)がハーゼンハイデに体操場を開設して実施した体操をいう。ヤーンは青年時代をフランス支配下のドイツで過ごした。当時のドイツではナショナリズムが芽生え，祖国解放を担う愛国的な青少年の育成が国家的な課題であった。ヤーンは身体運動を中心とした活動により，この要求に応えようとしたのである。彼はその活動をドイツの言葉で表すため，「ギムナスティーク」(Gymnastik)ではなく「トゥルネン」(Turnen)と呼んだ。

トゥルネンでは歩行，走，跳躍，木馬，平均台，水平棒，平行棒，登攀，投擲，引き，押し，持ち上げ，運搬，伸展，格闘，輪跳び，綱跳び，その他の運動が行われた。その活動は学校教育とは直接関係なく，学校が終わった水曜日と土曜日の午後に行われた。活動は大きく2つに分けられ，前半は各自が自由に練習内容を決めて行い，後半はリーダーの指導のもとに班別に体操の学習を行うという方式がとられた。

トゥルネンは1814年のドイツ解放戦争の勝利を契機に全国に広がりをみせ，多くの体操場が開設された。しかしながら，政治性を帯びたその活動に対し，国家が弾圧を加えるようになり，1819年にハーゼンハイデの体操場が閉鎖され，ヤーンは逮捕された。さらに翌年にはドイツ連邦におけるトゥルネンは公には禁止された。その後，1842年に体育は男子の教育に必要な要素として正式に認められ，学校教育に導入されることになったが，1848-49年の革命的事件後の反動政権により再び弾圧されることになった。それは多くの体操家が市民層の要求を支持したため，危険視されたからである。それ以降，トゥルネンは政治性をなくして活動していくことになる。

[スウェーデン体操]

19世紀初頭，スウェーデンのリング(P. H. Ling)によって構想された体操である(図1)。1808-09年のロシアとの戦争に敗れ，フィンランドを割譲することになったスウェーデンでは，ナショナリズムが高揚し，国力増強のために体育の必要性が叫ばれた。リングは王立中央体操研究所の初代校長に就任し，体育の指導者養成が行われた。その体育理論は彼の死の1年後に刊行された『体育の一般的原理』(1840年)にみることができる。リングは体操を教育体操，兵式体操，医療体操，美的体操の4つの領域に分けている。それぞれの体操の要点は次のとおりである。

1) 教育体操

リングは教育体操の目的を「身体を自分の意志の支配下に置けるようにすること」とし，教材として，徒手運動(身体の一部で行う運動である「単純な運動」と身体の多くの部分，また全体で行う，すなわち平均運動，歩行，跳躍，水泳といった「複雑な運動」)と，器械運動(挙上運動，登攀運動，梯子運動，器械による体そらしと体のばし運動，負荷による狭い平面上での平均運動，木馬・乗馬運動，体育遊戯)の2つを挙げている。

2) 兵式体操

リングはこの体操で武器操作の土台となる身体の形成を意図していた。具体的には武器を速く，正確に，強く，持久性を伴って操作できることであった。なお，兵式体操の基本には教育体操が想定されており，その中でも徒手体操が重視されていた。

3) 医療体操

リングは医療運動を，1) 病人が動かずに座って，あるいは寝て行う「完全に受動的運動」，2) 病人が立って，座って，あるいは寝て行う「半受動的運動」，3) 病人がひざまずいて，脚を開いて，あるいはその他の姿勢で行う「能動・受動的運動」の3つに分類した。

リングは，病気とは身体部分の異常による不調和であり，この異常とは自然な作用の低下ないしは過大を伴うものであるから，他からの働きかけによる運動によって正常，自然な状態に戻す必要があると考え，受動運動を重視した。

4) 美的体操

リングは，立，歩，座，臥の4姿勢と，前，後，右，左，上，下の6方向の組み合わせで人間の内なる思想が表現されると考えた。しかし，それを可能にするには，まず有機体そのものの中に思想を表現する能力がなければならな

図1　日本で行われたスウェーデン体操(肋木使用の上体後屈運動)
(出典：鈴木鐐太郎『体操学理一般』都村有為堂出版部．1920)

い。また，美的法則に従って動きで表現するためには，それを可能にする身体形成がなされている必要があった。そのため，美的体操の基礎として教育体操が想定されていた。

[デンマーク体操]

デンマークは，いわゆるナポレオン戦争に参戦したことにより，結果的にノルウェーをスウェーデンに割譲するという損失を被った。このような国難の状況下で，ナハテガル(F. Nachtegall)は世界に先駆けて国民体育の制度を確立させた。このデンマークの体育は隣国のスウェーデン体操の創始者リングに影響を与えたといわれている。20世紀初めに体操への要求が一段と高揚すると，これに応えてニルス・ブック(Niels Bukh)が基本体操を発表した。「デンマーク体操」は，一般的にはこのブックの基本体操をさして使われることが多い。

ブックは基本体操の目的を青年男女が現代生活から得た姿勢上の種々の欠陥と不足とを除去し，治療すること，さらに進んでそれに再び生来の調和的美と本来の体力と均斉とを与えることとした。また，この体操の特質としては次のようなことが挙げられている。1) 運動形式を工夫し，競技における有用な運動を採用して競技によって得られる内容を得る。2) 運動類型を限定せず多様な練習様式を採用する。3) 運動と休息を交替して行う。4) 運動範囲に限界を設けず拡大する。5) 付着点および体重の槓桿作用（てこの原理と同じ）として四肢を使用する。6) 負荷を増すために肋木または幇助者の支持を用いる。7) 運動を律動的に連続させる。8) 強直または緊張を除去する。9) 運動の自己試練的要素を重視する。

わが国においては，三橋喜久雄，小原國芳らが中心となってブック招聘の動きが起こり，1930(昭和5)年に「ニルス・ブック体操研究会」が組織された。ブック一行は翌年9月から10月にかけて約40日間日本に滞在し，各地で講習・講演を行った。

② **わが国の体操科の成立**

1871(明治4)年に文部省が設置され，翌1872(明治5)年の文部省布達第13号別冊で公布された「学制」第27条で，尋常小学の下等小学と上等小学の教科として「体術」が規定された。次いで1873(明治6)年，文部省布達第57号の「学制二編追加」第198条で，外国語学校の下等および上等の教科としてそれぞれ第4級から第1級までに「体操」が設けられた。また，第199条から207条で獣医学校，商業学校，農学校，工学校，鉱山学校，諸芸学校，理学校，医学校，法学校の教科が規定され，それぞれの予科に「体操」が設けられ，本科にも体操等を付すことが規定された。さらに同年に改正された「小学教則」では「毎級体操ヲ置ク体操ハ一日一二時間ヲ以テ足レリトス樹中体操法図東京師範学校板体操図等ノ書ニヨリテナスヘシ」(教育史編纂会『明治以降教育制度発達史Ⅰ』復刻版. 教育資料調査会. 1964. 438)とされた。「樹中体操法図」はドイツの医学者シュレーバー(Daniel Gottlob Moritz Schreber)の『医療的の室内体操』(Aerztliche Zimmer-Gymnastik)の巻末付録を翻訳したものであり，「東京師範学校板体操図」はアメリカ人メースン(Samuel W. Mason)の『体操便覧』(Manual of gymnastic exercises)の挿絵だけを原典の順番どおりにまとめたものであった。

1878(明治11)年，文部省はわが国に適した体育法を選定し，体操科教員を養成する目的で体操伝習所を開設し，アメリカ人リーランド(G. A. Leland)を教師として招いた。リーランドがわが国の学校体育の教材として選択したのは「少力運動」「軽運動」「軽体操」「普通体操」などと呼ばれた体操で(図2)，参考にしたのはダイオ・ルイス(Dio Lewis)の体操であった。その効用について次のように述べている。

「少力運動ハ余リ筋力ヲ要セザルモノタレバ其利益モ亦些少ナルガ如クナレドモ決シテ些少ノ利益ニ非ズ故ニコノ運動ハ何人ニ限ラズ総テ適用スベキモノニシテ最モ壮健ナル者ト雖モ猶ホ其利益ヲ受クベシ況ヤ柔弱生徒ノ如キニ至リテハ其得ル所ノ利益豈ニ浅少ナランヤ」(リーランド「体操伝習所訓導米人リーランド氏ヨリ同所長伊沢修二ニ呈セル意見書」『教育雑誌』94. 1879: 27-28)

体操伝習所は軽体操の解説書として『新撰体操書』(1882年)と『新制体操法』(1882年)を刊行した。『新制体操法』は体操の目的について「脆弱者ヲシテ稍ク健ナラシム壮健者ヲシテ益盛ンナラシメテ常ニ活発ノ状態ヲ保タシムルニアリ又此ノ術ハ病ヲ療スルノ具足ラザルモ疾病ヲ予防シ体中ノ悪質ヲ変換セシムルニ於テ著明ノ功効アルベキコト復疑ヲ容レサル所ナリ」(体操伝習所『新制体操法』金港堂. 1882.1)と記している。また，『新撰体操書』もその効用について「身体の健康なる者は益々以て健康なるべく薄弱多病なる者も此演習の方法其宜しきを得るときは亦屡々強壮の体に復することあり」(体操伝習所『新撰体操書』金港堂. 1882. 3)と述べている。これらのことから，この体操は保健的な性格を有していたということができる。

このように体操伝習所では主に軽体操(普通体操)の指導と教員養成が行われたが，その一方で歩兵操練科の研究も行われるようになった。1880(明治13)年に歩兵操練科を設けて毎週3回，6ヵ月の演習を行い，翌1881(明治14)年には教規を改正して歩兵操練の教授を正式に加えるようになった。1883(明治16)年になると徴兵令が改正され，「現役中殊ニ技芸ニ熟シ行状方正ナル者及ヒ官立公立学校(小学校ヲ除ク)ノ歩兵操練科卒業証書ヲ所持スル者ハ，其期未タ終ラスト雖モ帰休ヲ命スルコトアル可シ」(第2章第12条)と，歩兵操練科の履修者は徴兵期間が短縮されることになった。そのため，文部省は翌1884(明

図2 普通体操（棍棒演習）
(出典：体操伝習所『新撰体操書』金港堂. 1882)

治17）年，体操伝習所に対し，官立公立学校における歩兵操練科の程度，施行の方法および小学校における施行の適否等について調査，具申するよう通達した。体操伝習所はこれを受けて調査，研究を行い，同年歩兵操練科課程表甲乙2票を編成し，次のような意見を添えて復申した。

「本科ノ順序ヲ生兵学，柔軟演習，号令，中隊学開設ノ五款ニ分チ其程度ハ中隊学第一部第二章即チ成列中隊運動ヲ修了スルヲ以テ最高ノ程度トナシ其修業期限ヲ大約四ケ年ニ過程セリ（中略）又小学校ニ於テ歩兵操練科施行ノ適否ニ関シテハ（中略）基本術中特ニ児童ノ演習ニ適切ナル運動ヲ採用シテ適宜ニ之ヲ課スレハ効益アルモ蓋シ障害ナカルヘシ」（『体操伝習所第6年報』『文部省第12年報附録』1886. 582）

この体操伝習所の調査結果に基づき，文部省は歩兵操練科を導入することとした。すなわち，1886（明治19）年の学校令により諸学校の学科およびその程度が定められ，小学校には「隊列運動」が，また尋常，高等の中学校，師範学校には「兵式体操」が導入されたのである。これは徴兵令の改正に対応し，徴兵期間短縮のために導入された軍事予備教育とみることができるが，文部大臣の森有礼はこれを徳育の手段としても位置づけていた。彼は1885（明治18）年に埼玉県尋常師範学校で行った演説で次のように述べている。

「近時東京師範学校ニテハ兵式体操トイフモノヲ施行セリ，（中略）此兵式体操ハ決シテ軍人ヲ養成シテ万一国家事アルノ日ニ当リ武官トナシ兵隊トナシテ国ヲ護ラシメントスルカ如キ目的ヲ以テ之ヲ学科ノ中ニ加ヘタルモノニアラス，兵式体操ヲ以テ養成セントスル者ハ第一ニ軍人ノ至要トシテ講スル所ノ従順ノ慣習ヲ養ヒ，第二ニ軍人ノ各々伍ヲ組ミ其伍ニハ伍長ヲ置キ，伍長ハ一伍ノ為メヲ思テ心ヲ労シ情ヲ厚クシ，第三ニ隊ヲ結ヒテハ其一隊ノ中ニ司令官アリテ之ヲ統督シ其威儀ヲ保ツカ如ク，生徒ニモ交互兵卒トナリ伍長トナリ或ハ司令官トナリテ各々コノ三気質ヲ備具セシムルノ地ヲ作サシ

メントスルモノニテ，斯クスレハ必ラス利益アルヘシト信シ之ヲ施行スルコトヲ始メタルナリ」（森有礼「埼玉県尋常師範学校における演説」大久保利謙 編『森有礼全集 第一巻』宣文堂書店. 1972. 484－85）

このように森は兵式体操によって，従順，友情，威儀の三気質の養成を説いた。学校への兵式体操の導入は軍人を養成するためではないといっているが，森自身が演説の中で述べているように，この三気質は軍人の気質にほかならなかった。1886（明治19）年以降，明治期の終わりまで，わが国の学校体育は保健目的の普通体操と，軍事予備教育としての兵式体操の二本立てで実施されることになった。したがって，この時点でわが国の近代学校体育は制度的には成立したとみることができる。

③ **戦争と体錬科**
[人的資源の養成と体錬科]
1931（昭和6）年の柳条湖事件をきっかけとして関東軍が満州全土を支配下に置き，翌年日本の傀儡国家（名目上は独立しているが，実態は事実上の支配者である外部国家によって統治されている国家）である満州国を建国させた。これによって日中間の対立は深まり，1937（昭和12）年の盧溝橋事件をきっかけに全面戦争へと進展していった。このような状況下で1938（昭和13）年，国民の体力向上や結核等伝染病への罹患率低下を目的に厚生省が設立され，さらに翌年，国民体力法が制定されるなど，国家による国民の体力管理が強化されていった。1941（昭和16）年3月，国民学校令および同令施行規則が公布され，同年4月1日から実施された。これによって小学校は国民学校に，また体操科は体錬科に名称を変え，「皇国民ノ道ニ則リテ，初等普通教育ヲ施シ，国民ノ基礎的錬成ヲナス」（第1条）ことを教育の目的としたのである。

初等科は国民科，理数科，体錬科，芸能科の4教科で，また高等科はこれらに実業科を加え，5教科で構成されていた。体錬科の教授方針として8項目が挙げられ，その最初に「身体ヲ鍛錬シ精神ヲ錬磨シテ闊達剛健ナル心身ヲ育成シ検診方向ノ実践力ニ培ヒ，皇国民トシテ必要ナル基礎的能力ノ錬磨

育成ニ力ムベシ」（国民学校体錬科教授要項）と記された。戦火が拡大していく中で，国が求めたのは高度国防国家の建設であり，学校にはその根幹を担う人的資源の養成が期待されたのである。体錬科もそれに応えようとしたのであった。

国民学校における体錬科の教材は，次のとおりであった。
〈国民学校〉
体錬科体操
・体操及遊戯競技（姿勢，呼吸，徒手体操，歩走，跳躍，転回及倒立，懸垂，投擲，運搬，力格，球技，音楽遊戯，水泳）
・教練（徒手各個教練，徒手部隊密集教練，礼式，指揮法，陣中勤務，銃剣術，其ノ他）
・衛生（身体ノ清潔，皮膚ノ鍛錬，救急看護）
体錬科武道
・剣道（基本，応用，稽古，講話）
・柔道（基本，応用，稽古，講話）

また，中等学校（男子）では，国民学校の教材のほかに，体錬科武道で剣道，柔道に銃剣道が加えられた。他方，中等学校（女子）では，国民学校の教材のほかに，体錬科武道で剣道，柔道に替えて薙刀（なぎなた）が教授された。師範学校の男子と女子においては中等学校とほぼ同様の教材であった。

[航空体育と体錬科]
太平洋戦争下では，航空戦力の増強が課題となり，航空機搭乗員の養成が体錬科の教授内容にも変化をもたらすことになった。すなわち，戦争末期の1944（昭和19）年には「学徒制空体錬実施要項」が公布され，航空搭乗員の訓練の一部が学校で実施されることになったのである。空中での方向感覚を養うため，鉄棒やマットによる回旋や回転運動に加え，回転器や操縦器を用いた運動などが行われた。生理学や物理学や衛生学に基づいて行われたこのような体育を「航空体育」と呼んだ。航空機搭乗員としての訓練を終える前に戦争が終結したため，国民学校でこの体育を経験した児童が実際に航空搭乗員として戦争に動員されることはなかった。しかし，戦時下の体錬科では，早くから航空機搭乗員に向く児童を見出し，陸軍や海軍の航空機搭乗員訓練機関へ送ろうとする政策が実行されたのである。

参考文献　14.A.01

- 稲垣正浩．1987．「ドイツ体操」日本体育協会 監修『最新スポーツ大事典』849-53．大修館書店
- 井上一男．1970．『学校体育制度史』大修館書店
- 今村嘉雄．1968．『学校体育の父―リーランド博士』不昧堂出版
- 木村吉次．1964．「兵式体操の成立過程に関する一考察―とくに徴兵制との関連において―」『中京体育学論叢』5（1）：23-78．
- 桑原一良．1987．「デンマーク体操」日本体育協会 監修『最新スポーツ大事典』849-53．大修館書店
- 齋藤巖雄ほか．1940．『国民学校体錬科要義』目黒書店
- 成田十次郎．1977．『近代ドイツ・スポーツ史Ⅰ―学校・社会体育の成立過程―』不昧堂出版
- ―――．1981．「リングの体育の一般的原理」松田岩男，成田十次郎 編『身体と心の教育』〈シリーズ人間の教育を考える〉65-91．講談社
- 日本体育学会編集部．1932．「ニルス・ブック氏を招聘するまで」日本体育学会 編『丁抹と基本体操』213-28．日本体育学会
- 能勢修一．1995．『明治期学校体育の研究―学校体操の確立過程―』不昧堂出版
- 野々宮徹．1984．「北欧の体操」浅見俊雄ほか 編『現代体育・スポーツ体系』88-96．講談社
- ―――．1987．「スウェーデン体操」日本体育協会 監修『最新スポーツ大事典』849-53．大修館書店
- 三橋義雄．1932．「ブック氏の体操と我が学校体育の将来」宮田覚造 編『思想と実際より観たる我国の体操とブックの体操』184-95．日本体育学会
- 柳田享．1931．『デンマーク体操』三省堂
- 山本徳郎．1979．「ドイツ国民体育の確立-ヤーン-」岸野雄三ほか 編『体育・スポーツ人物思想史』205-20．不昧堂出版
- ―――．1984．「ドイツの体操」浅見俊雄ほか 編『現代体育・スポーツ体系』88-96．講談社

（大熊廣明）

学校体育のスポーツ化　14.A.02

　スポーツは，現在では体育授業においても，課外の部活動や体育行事においても児童・生徒にとってなくてはならない活動である。しかし，近代の教育制度が成立し，体育が位置づけられた当初（1886年，学校令）からスポーツが体育の教材であったわけではない。洋の東西を問わず，近代学校体育は「身体形成」を主たる目的として出発し，体操を中心に行われてきた。このことはわが国も同様で，普通体操，兵式体操，スウェーデン体操，デンマーク体操というように，時代の要請に応じて様々な体操が採用されてきたが，体操を中心とした体育が行われてきたことに変わりはなかった。このような体操中心の体育が，いつ，なぜスポーツ中心の体育に変貌したのであろうか。その答えは，19世紀末のアメリカ体育にさかのぼって考察する必要がある。なぜなら，日本での体育のスポーツ化は，第二次大戦後のアメリカ占領軍の指導のもとで進められたからである。

① 20世紀のアメリカ体育とスポーツ
[19世紀の学生競技スポーツの発展]

　劇的な変化は，19世紀後半から20世紀初頭のアメリカで起こる。アメリカの体育も体操を中心に始まったが，地域によってはスウェーデン体操，ドイツ体操，デンマーク体操など，彼らの母国の体操が好んで採用され実施された。しかし，このような傾向はアメリカのナショナリティー（国民性）を確立していく上で好ましいことではなかった。

　体操中心の体育に変化が生じるのは，学生の自発的課外活動として発展したスポーツ活動の影響であった。19世紀のアメリカは近代化・都市化が著しく進行し，これに合わせてレクリエーションムーブメントが台頭するようになり，YMCAを中心にバスケットボールやバレーボールなどの新しいアメリカ型のスポーツが生み出された。このような社会的背景のもとで，大学生を中心に課外活動はきわめて活発に行われるようになる。それまで課外での単なる自発的活動として楽しまれていた学生のスポーツ活動は，19世紀後半になるとカレッジ単位でまとまりをもつクラブ活動に発展し，大学間の対抗競技が一般化するとともに，そのための組織も設立されるようになる。

[体育のスポーツ化の過程]

　大学当局がスポーツ競技の教育的意義を認めるようになるのは，1901年から1916年までの期間であるといわれている。この時代に，大学の管理者たちは，それまで学生の娯楽活動とみなしていた競技スポーツを教育の手段として意義づけ，「競技は教育である（Athletics are educational）」と宣言するに至る。そして，大学の責任のもとで競技を位置づけ管理していく方策を打ち出すようになる。これによってスポーツ施設も充実し，大学や中・高校段階のスポーツは急速に発展する。

　しかし，このような学生や生徒のスポーツ熱にもかかわらず，大学や学校でこれらのスポーツを指導する者がほとんどいなかった。当時の体育教師は，もっぱら医学的関心から体操だけしか指導できなかったのである。そこから，管理者たちは，学校のすべての身体活動の指導に当たれる指導者を要求するようになる。

　続く1917年から1937年の〈スポーツ・フォア・オール〉の時代になると，大学における体育部門（physical education department）と競技部門（athletic department）の管理的統合が実現されるとともに，その双方の指導に当たれる教師の養成が求められるようになり，教師養成大学・学部のカリキュラムの改革が始まった。当初は，競技部門の指導に当たれる指導者の養成に応えるために，体育教師養成学部は正規のカリキュラム以外に各種のコーチングスクールを開校し，これによって橋渡しの役割を果たそうとした。しかし，学位をもったコーチへの要求が高まるにしたがって，次第に大学の学部のプログラムにコーチングのコースが組み入れられるようになった。1919年にイリノイ大学で最初にコーチングコースが開設され，以降多くの大学で同様のコースが設置されるようになった。このようにして，1920年代の大学の体育教師養成カリキュラムは，ある学部は競技スポーツを中心にしながら体操を組み入れるという形態をとり，他の学部では従来通り体操を中心にしながら競技スポーツを加味するという形態で展開されるようになったといわれている。以降，次第にスポーツ中心のカリキュラムが主要部分になっていったが，このような教師養成課程を卒業した人たちが大学や高校の教員として採用されるようになると，彼らは体育の授業でも好んでスポーツを指導するようになり，体育科のカリキュラムも次第に体操中心からスポーツ中心へと変容することになった。

　以上のように，競技スポーツが大学や学校で教育的地位を確立し，様々なスポーツを行う上で必要な施設・用具・指導者が充実していくとともに，教師養成のプログラムが変質していき，ひいては学校の体育カリキュラムのスポーツ化が実現されていくことになったのである。

[スポーツ中心のカリキュラムを基礎づける体育理論]

　学校での体育カリキュラムが変化し

始めると，スポーツ中心の体育に根拠を与える体育思想が登場する。時あたかもデューイ(J. Dewey)の経験主義教育が花を開いた時代であり，この思想との関連で，運動遊びやスポーツは単なる身体への刺激(exercise)ではなく，全人形成のための経験(experience)としての意義が強調されるようになった。

すでに1893年に，ウッド(T. Wood)は，体育は単なる「身体の教育」ではなく，「身体トレーニングと完全な教育との関係の中に存在する」と主張したが，この考え方を発展させ，「新体育(new physical education)」として基本的枠組みを構築したのはヘザーリントン(C.W. Hetherington)であった。彼は1910年に発表した「基本教育」と題する論文において，遊戯，ゲーム，競技，ダンス，体操を含む身体活動の教育的可能性を「器官教育」「運動教育」「性格教育」「知的教育」の4側面から考察した。これらは「体力」「技能」「社会的態度」「知識・理解」の言葉に置き換えることができるが，これら4つの教育的可能性が，基本的に体育科の目標として今日まで継承されることになった。

一方で，体操を中心とする古い体育観による抵抗も強く長く続いたが，1930年にウイリアムズ(J.T. Williams)の有名な論文「身体による教育(education through physical)」が発表されるに及んで，体育の社会的・心理的目標を強調するスポーツ中心の体育の方向に異議を唱える人たちは沈黙するようになったといわれている(D. Siedentop, 1972)。

「身体による教育」の概念は多様な考え方を受け入れる柔軟な傘概念であり，この概念のもとで，著しく異なった体育観が提案されてきた。例えば，マックロイ(C.H. McCloy)は体力つくりを，そしてウイリアムズは社会性の育成を強調した。またナッシュ(J.B. Nasch)はレクリエーション生活の充実を最も重要な目標として位置づけた。このように「身体による教育」の概念のもとで強調される目標は人によって異なり，またかなり異なったカリキュラムモデルが提案された。しかし，研究者たちは脆弱な体育の制度的位置づけのもとにあって，「身体による教育」の概念のもとに結束したといわれている(D. Siedentop, 1972)。

このような傘概念のもとで，もう1つ注目すべきことは，1935年にステーリー(S.C. Staley)が，スポーツ中心の体育に「スポーツ教育」を提唱し，イリノイ大学でスポーツ教育カリキュラムの実践化を図っていることである。

[多目標・多種目プログラムの確立]

「身体による教育」の概念のもとで，スポーツ中心の体育カリキュラムが展開されるようになったが，そのカリキュラムの特徴は，一言で「多目標・多種目プログラム」と表現できる。「身体による教育」とは，身体活動を通して人間の多様な発達的側面に働きかける教育的営みを意味したが，当然そこでは様々な発達目標の実現がめざされた。また，このような多目標を実現するという観点から，多種多様なスポーツ種目が教材として評価された(la-Porte, 1937)。特に身体的目標の観点から体操，器械運動，陸上運動，水泳といった個人的運動が，また社会性の目標の観点からサッカー，バレーボール，バスケットボールといった集団的な球技が評価された。

このような多目標・多種目プログラムが，体育カリキュラムや体育授業の定型的なパターンを作り上げていった。多目標を実現しようとする意図から，年間に数多くスポーツ種目が導入されることになり，そこから「小単元」や「細切れ単元」が定着することになった。また，同じスポーツ種目(教材)を毎年実施する「繰り返し単元」があたりまえのようになった。加えて，体育の授業についても，体力目標の観点から授業の始めや終わりに補強運動が行われ，技能目標の観点から多くのスポーツの技能学習が重視されるようになった。さらに，社会的態度の目標の観点から，集団的スポーツが重視されるとともにフェアプレイやルールを順守することが強調された。

② 日本の体育とスポーツの位置づけ

[「運動による教育」の導入]

このようなアメリカの体育思想がわが国に導入されるのは戦後になってからのことである。米国教育使節団の来日によって，軍国主義体育が否定され，体操中心の体育はスポーツ中心の体育に一変することになった。そこから戦後の体育は，多様なスポーツを中心教材(体操，スポーツ，ダンスなど)とし，多面的な発達目標の実現をめざす多目標・多種目プログラムが定着することになった。また，この立場のもとで，特定のスポーツを学習活動のまとまりとする「単元」が構成されるようになり，しかも，小学校から高校までほぼ同様のスポーツ種目をスパイラル的に学習する「繰り返し単元」が定着するようになった。

このようなアメリカで生まれた「身体による教育」の考え方が積極的に翻訳・導入されたが，わが国では「運動による教育(education through physical activities)」の概念で広がり，この立場は，1970年代の後半までしっかり定着することになる。とはいえ，わが国においても時代ごとの社会的要求に応じて体育の中心的な目標は大きく変化してきた。まず，1) 戦後の学校教育は民主的人間形成がめざされたことから，体育においてもスポーツを通しての民主的な社会的態度の形成が目標として重視された。その後，2) 学校と生活との結びつきが大きな関心になったことから，「生活体育」が標榜され，子どもの運動生活の合理化と充実をめざす体育のあり方が探求された。そこから，体育行事を中心に体育授業や自由時の運動遊びを組織化する「行事単元」が推奨された。そして，3) 第18回オリンピック大会(東京)の開催に向けて，スポーツ文化(運動文化)の系統的指導が課題となり，また，基礎的運動能力(体力)の育成やスポーツの技能育成が強調されるようになった。さらに，4)ポスト・オリンピックの時代には，高度経済成長下で国民の健康問題や子どもの体力の低下問題が浮上し，体力つくりに焦点を合わせた学校体育のあり方が検討された。

[「スポーツの教育」の提唱]

1970年代になると，先進諸国においてスポーツ中心の体育の考え方に大きな変化が生じた。「工業社会から脱工業化社会への転換」「レジャー時代の到来」「生活の質(QOL)」「生涯教育」「生涯スポーツ」といったコンセプトが社会の関心事になり，これらの社会的課題との関連で体育のあり方が論じられるようになった。これまでの体育においては，スポーツは子どもたちの発達に寄与するということから，その外在

的価値（extrinsic value）が評価されてきたが，この時代になると，スポーツを自己目的的に学習することの意義が認められるようになり，スポーツの内在的価値（intrinsic value）に関心が集まった。このような立場に立って，各国の研究者たちは表1のような体育の目的概念を提唱するようになった。

このような国際的な流れに沿って，わが国でも「スポーツ分野の主体者形成」「主体的運動実践人の形成」「スポーツに自立する人間の形成」といった体育の目的概念が提案されるようになった。多少の表現の違いはあっても，生涯にわたって継続的に運動やスポーツに参加する人間を形成しようと企図していることや，スポーツの内在的価値を評価している点では共通している。このような新しい体育の概念は総じて「スポーツの中の教育」あるいは「スポーツの教育」と規定された。

ちなみに，スポーツの内在的価値は，スポーツ文化の客観的側面（技術，戦術，規範，知識など）と主観的側面（スポーツ参加によって得られる「意味のある経験」や「楽しさ経験」）の2つの側面から理解することができるが，わが国では，プレイ論に立脚して，スポーツに固有の楽しさを経験させるための教育のあり方が探求されてきた。

特に1977（昭和52）年の改訂学習指導要領から，カリキュラムにおいては生徒の欲求を尊重した選択制授業が中学校段階から導入された。また，プレイ論的観点から「運動の特性」（競争，克服，フォームの達成，記録の達成，表現）に対応した学習指導が探求されるとともに，子どもの自主的・自発的な学習過程のモデル（スパイラル学習，ステージ学習）が普及していった。しかし，その立場のもとで，習得すべき学習内容が不明瞭になりがちで，確かな学習成果が上がっていないという批判が生じるようになった。

③ 新しい体育とスポーツの教育
[「スポーツの教育」と「スポーツによる教育」]

生涯スポーツの実現をめざす体育の基本方針は，その後2回にわたる学習指導要領の改訂（1998年，2008年）にもしっかり継承されている。しかし，近年の子どもたちを取り巻く生育環境が大きく変化したことから，体育に対する様々な社会的・教育的要求が高まった。特に1998（平成10）年の改訂に際しては，引きこもり，登校拒否，学級崩壊，いじめ，暴力事件など「子どもの心」が大きな社会問題になっていたほか，子どもたちの運動生活や体力の二極化現象が生じていることが問題にされた。このような子どもたちに生じている心と体の問題を体育の立場から積極的に受け止め，体育科の目標の冒頭に，「心と体を一体としてとらえ」という表現が加えられた。また，このような課題を具体的な体育の内容として引き取るために，「体つくり運動」領域の中に，

表1　体育の多様な目的概念

目的概念	提唱者
スポーツの行為能力の形成	ドイツのノルトライン・ヴェストファーレン州の学習指導要領
スポーツ活動への参加を促し，スポーツ活動の能力を与えること	スイスのK.ウィドマー
競争的で，表現的な運動をプレイする性向や能力を育成すること	アメリカのD.シーデントップ
スポーツ参加者の役割に向けて社会化すること	アメリカのL.L.ベイン
運動文化への参加に向けた建設的・批判的な社会化	オランダのB.クルム

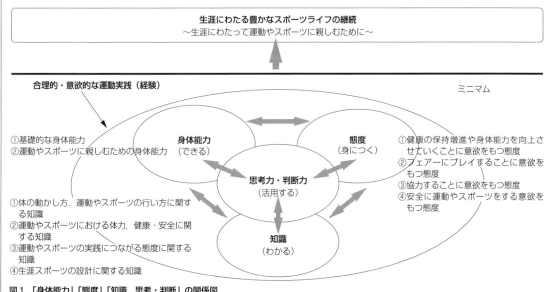

図1　「身体能力」「態度」「知識，思考・判断」の関係図
（出典：文部科学省「健やかな体を育む教育の在り方に関する専門部会：体育分野ワーキンググループにおける審議検討について」平成20年3月11日）

体への気づき，体の調整，仲間との交流をねらいとした「体ほぐしの運動」が位置づけられることになった。同様に，2008(平成20)年の改訂においても，子どもたちの生活環境の変化にかかわって体育のもつ教育的可能性に大きな期待が寄せられ，中央教育審議会の答申において，「体を動かすことが，身体能力を身に付けるとともに，情緒面や知的な発達を促し，集団的活動や身体表現などを通じてコミュニケーション能力を育成することや筋道を立てて練習や作戦を考え，改善の方法などを互いに話し合う活動などを通じて論理的思考力をはぐくむことにも資することを踏まえ」て，体育の学習指導の改善に取り組むべきことが確認された。このように，体育はスポーツの内在的価値を尊重した「スポーツの教育」に加えて，スポーツの外在的価値の実現をめざす「スポーツによる教育」の位置づけが再確認されたといえよう。

[生涯スポーツの実現に向けたカリキュラムの構築]

2008年の改訂学習指導要領に際して，学校教育のアカウンタビリティーや学力保証が重要な課題となり，体育においても学習内容の明確化とその確かな習得が重要な課題にされた。そこから，体育科の目標・内容の枠組みが，生涯スポーツに向けての価値的態度の育成に向けて，1)身体能力，2)態度，3)思考・判断，4)知識の4つの観点から構成された。特に，身体能力や態度，思考・判断のベースとして知識が位置づけられた点が大きな変化であった。

また，生涯スポーツの実現に向けてカリキュラムの系列化が図られた。小学校の1年生から高校3年生までの12年間のカリキュラムが，4年ユニットの系列で捉えられ，1年生から4年生までの4年間は「基本的な動きや遊び方を身につける基礎学習の時期」，5年生から中学校2年生までは「典型的なスポーツ種目(多種目プログラム)を一通り学習し，自分の興味や能力に適したスポーツを発見する探求の時期」，最後の中学校3年生から高校3年生までは「自分に適したスポーツを選択し，専門化を高め，生涯にわたって楽しみ続けることができる能力や態度を育成する時期」とされた。

加えて，体力の低下傾向に歯止めをかけることをねらいとして，これまで小学校の高学年段階からであった「体つくり運動」が小学校の1年生から高校3年生まで一貫して位置づけられ，すべての学年で必ず履修することになった。また，体力の育成は，体つくり運動領域だけでなく，すべての運動領域の課題として位置づけられるようになった。このことも大きな変化である。

さらにスポーツリテラシーを備えた人間を育成する観点から，「体育理論」の指導がいっそう重視され，中学校では毎学年必ず3時間以上を，高校では毎学年6時間以上を配当して指導するように示唆された点も注目に値する。

[種目主義を超える球技のカリキュラム]

もう1つの大きな変化は，ボール運動・球技の分類である。かつては「世界三大学校球技」という言葉が存在したように，バスケットボールとサッカー，バレーボールが体育の中心的教材であったが，生涯スポーツの時代になって多種多様なマージナルスポーツやニュースポーツが登場し，様々な球技が明確な論理を欠いたままに体育教材として採用されるようになっている。このような状況のもとで，これまでの種目主義を克服し，改めてボール運動や球技の学習内容の広がり(スコープ)と，発達段階に見合った学習内容の系統(シークエンス)を考慮した説得力のあるボール運動・球技のカリキュラムの編成が求められた。そのため，改訂学習指導要領では国際的に広く受け入れられるようになった「ゴール型」「ネット型」「ベースボール型」「ターゲット型」(ターゲット型は高校体育科コースのみ)の4つの分類論を採用し，それぞれのカテゴリーの中に発達段階に見合った典型的なボール運動や球技を例示することになった(表2)。

以上のように，今日のわが国の体育は，「スポーツの教育」に焦点を置きつつ，「スポーツによる教育」にも配慮して，そのカリキュラム編成が検討され

表2 学習指導要領(解説)に例示された学年段階別のボール運動・球技の広がり

学年段階	ゴール型	ネット型	ベースボール型
高校	○バスケットボール ○ハンドボール ○サッカー ○ラグビー	○バレーボール ○卓球 ○テニス ○バドミントン	○ソフトボール
中学校3年生	※種目の例示なし	※種目の例示なし	※種目の例示なし
中学校1,2年生	○バスケットボール ○ハンドボール ○サッカー	○バレーボール ○卓球 ○テニス ○バドミントン	○ソフトボール
小学校高学年	簡易化されたゲーム ○バスケットボール ○サッカー ○ハンドボール ○タグラグビー，フラッグフットボール	簡易化されたゲーム ○ソフトバレーボール ○プレルボール	簡易化されたゲーム ○ソフトボール ○ティーボール
小学校中学年	○ハンドボール，ポートボールなどを基にした易しいゲーム ○ラインサッカー，ミニサッカーなどを基にした易しいゲーム ○タグラグビーやフラッグフットボールを基にした易しいゲーム	○ソフトバレーボールを基にした易しいゲーム ○プレルボールを基にした易しいゲーム	○攻撃側がボールを蹴って行うゲーム ○手やラケットなどでボールを打ったり，止まったボールを打ったりして行うゲーム
小学校低学年	**ゲーム** ○ボール投げゲーム(転がしたり，投げたりする的当てゲームやシュートゲーム，ドッジボール) ○ボール蹴りゲーム(ボールを蹴って行う的当てゲームやシュートゲーム，ベースボール) ○鬼遊び(一人鬼，二人組鬼，宝取り鬼，ボール運び鬼)		

てきた。　　　　　　　　（髙橋健夫）

スポーツ手段論から目的論へ

① レジャー社会の出現と学校体育

　1980年代を境に，人々の生活の過ごし方に大きな変化が現れ始めた。これまでの仕事中心の生活から，レジャーを楽しむというように余暇時間の過ごし方に関心を寄せたレジャー志向型の生活スタイルの台頭である。そもそも日本においてレジャーとは，1960年代の高度経済成長期以後，英語のleisure（レジャー）が余暇として紹介されたところに始まる。ここでの定義は余暇と同義で「仕事や毎日の家事以外の時間」のこと，または「自由時間」のことを表していた。しかしながら，leisureは次第にアクティブな自由時間の過ごし方，つまり，積極的な活動を行う自由時間の過ごし方を表すことが多くなってきた。
　例えば，1991（平成3）年の世論調査（総理府）によると「生活に充実を感じるときはどんなときですか」という質問に対し，「スポーツに夢中になっているとき」と答えた人が33.3％と報告されている。こうした傾向は，仕事中心から自分の個性や生き方を大切にする生活重視型への転換を意味するものである。そしてこれまでは，単なる遊びとして，あるいは上手な人が行うものというように一部の人の独占物として捉えられていたスポーツが，多くの人々の生活の充実にとって，かけがえのない重要な意味をもっているとともに，様々なライフスタイルを形成している人々とのスポーツを通しての交流は，生活文化の質を高める大切な内容であるという認識の高まりが起こってきた。こうした運動・スポーツ欲求の高まりをもたらした社会的背景として，1)時間的・経済的ゆとりによるスポーツの可能性がもたらす運動・スポーツ欲求の高まり，2)身体的労働の減少による運動不足や仕事の合理化によるストレスがもたらす運動・スポーツの必要性の高まり，3)都市化やモータリゼーションの進行による運動不足に基づく運動・スポーツの必要性の高まり，4)生活の質の向上を求める欲求の高まりに起因する生きがい観の変化がもたらす運動・スポーツの必要性の高まり，5)高齢化社会における生きがいのある老後生活を支える健康・体力への関心がもたらす運動・スポーツの必要性の高まり，などが考えられる（細江ほか『体育の学習』教師用指導書，光文書院，2006）。
　このような状況にあって，学校体育は，質の高い生活（QOL）の実現をめざす重要な教科として，社会的な役割を担う方向へと歩むことになる。

② スポーツの教育

　これまで述べてきたように，1980年代を境に，運動・スポーツの行われ方は，急激に変化してきた。人々は欲求充足としての楽しみと，健康のための運動を求め，それは生活内容の一部として，またある人にとっては中核として，固有の領域を得てきたのである。そのことは，運動・スポーツ需要が生活の手段でなく，重要な内容となり，市民生活の文化的内容を構成するまでに至っていることを示している。こうした運動・スポーツ需要に対応する「運動・スポーツ」と「人間」とのかかわりを学習させようとする学校体育では，運動・スポーツはもはや教育の手段にとどまらず，教育の目的であり，また内容として位置づくものである。ここに運動目的・内容論の体育が登場してきた。それは，運動・スポーツの教育的手段としての働きにも配慮しながら，「運動・スポーツを生活における重要な文化的内容として取り上げ，豊かな賢い運動生活を営むための人間と運動・スポーツとの関係について基礎的な学習を組織する体育」（佐伯／下線部筆者）と定義されよう。いわゆる，スポーツの教育である。ここでは，例えば競争スポーツにおいて，「競争」に真正面からぶつかる体験を学ぶことが重視される。しかし，競争は勝者を作り出す代わりに必ず敗者も作る。そのことが能力の序列化を促進させたり，身体の卓越性を助長させたりすることが往々にしてあり，人間性の喪失につながりかねないことがある。しかしながら，競争スポーツの学習が，相剋性に脱することなく，相手を認め，思いやり，互いに力を高め合う相似性に止揚される可能性は十分含まれる。その教育的可能性，スポーツの内在的意味・価値を十分に保障することがスポーツの教育の特徴である。

③ 楽しい体育論

　1980年代を境に，レジャー社会（生涯スポーツ）に向けた新しい運動・スポーツ需要に対応するために，「運動・スポーツ」と「人間」とのかかわりを目的・内容として位置づけ，学習させようとする体育の考え方が台頭してきた。こうした運動目的論の考え方に依拠する体育を「楽しい体育」と呼んでいる。「楽しい体育」とは，「運動の機能的特性に依拠し，運動の欲求つまり楽しさと必要の充足を求めて，内発的動機づけを大切にしながら，学習を自発的・自主的なものとなるよう組織する」体育の考え方・進め方のことである。具体的にその手続きは，運動の機能的特性が明確で，児童生徒がその運動の特性に触れやすく，自発的・自主的に学習を広げ，深めることができる，豊かな内容をもつ運動を原則として単独単元として取り上げることから始まり，その学習過程は，今もっている力でできることから始め（めあて①），できそうな新しいことがらに挑戦する（めあて②）という学習をスパイラルで構成し，内発的動機づけを大切にする点を特徴としている。それは，生涯スポーツに向けて，楽しさ（心理的エネルギー）を中心的な内容に据える考え方によるものである。
　ところで，運動にはそれぞれ固有の性質がある。体力を高めることを直接ねらって行われる運動や，対戦相手や記録・技などに挑戦することを目的とする運動，あるいは挑戦というよりも踊ること自体を目的とする運動というように，運動は，それぞれ意味があって行われており，この性質によって他の運動と区別することができる。このように，他の運動と区別することができるこの性質のことを「運動の特性」と呼んでいる。ちなみに，1967（昭和42）年の学習指導要領では，運動領域が，「個人的種目」「団体的種目」「レクリエーション的種目」という運動分類から，「体操」「スポーツ」「ダンス」という運動の特性論を背景にしたダイナミックな領域編成で示された。つまり，それ

ぞれの運動が有する性質を中心にその教育的意義を明確にすることを意図するものであり，いわゆる「運動の特性論」の始まりである。運動目的論を標榜する「楽しい体育」の構想は，そもそもここに起点を置くと解釈できる。

そこで，こうした運動の特性の観点から，体育の考え方の歴史的変遷をたどることもでき，さらには運動文化論の項目（次項）とかかわることから，特性論の考え方（図1）に立ち入って「楽しい体育」論との論点を明らかにしてみることにしよう。

例えば，わが国では，体力の向上や精神の形式陶冶など，運動が心身の発達に与える効果の側面に重きを置き，実践が行われてきた長い歴史をもつ。この特性の捉え方を「効果的特性」といい，この特性を中心とした授業の考え方や実践を「体力中心主義の体育」と呼んでいる。一方，昭和30－40年代に入ると，運動の形式や技術の仕組み・構造の側面に着目し，その形式や構造を主に学習することを中心にしてきた流れがある。この特性の捉え方を「構造的特性」といい，この特性を中心とした授業の考え方や実践を「技術中心主義の体育」と呼んでいる。さらに，平成元年に入って，運動が行う人にとってどのような意味をもつかという側面に着目し，その意味を，運動を行う人にとって楽しさや喜びをもたらす欲求充足としての機能および体力などの必要性を充足する機能として捉え，楽しさとしての欲求や必要の充足それ自体と，そのねらいを求めて，学習の仕方を学び，生涯にわたって運動やスポーツを楽しむことができる資質や能力を育むことを大切にする考え方が台頭してきた。この特性の捉え方のことを「機能的特性」といい，この特性を中心とした授業の考え方や実践を「楽しい体育」と呼んでいる（表1参照）。

ちなみに，志水（2005）は，教育はいつの時代にあっても変わらない内容もあれば，その時代の社会的要請を受けて大きく変わったり，改めて重視されたりするものもあるとしながら，教育改革のうねりを，知識・技能を重視する伝統的な教育の極と，「生活」を視座に，一人ひとりの子どもの個性や認め合いを大切にする態度重視の極との二極に相対化し，うねりはこの二極をおよそ20年のサイクルで振り子現象のように表出すると説明している（図2参照）。

結局，運動が有する固有の性質すなわち運動の特性論に着目した授業の考え方・進め方は，その特性の捉え方によって教育的意義が大きく左右されることがわかる。いうまでもなく，この運動の機能的特性の側面に重きを置く特性論の考え方が，2008（平成20）年改訂の学習指導要領においても基本的に踏襲されている。また，運動の機能的特性に着目した運動分類は表2に示すとおりであり，こうした運動分類論が，学習指導要領解説書（体育科編）における，各運動領域における学年の「目標」の提示に反映していることを理解しなければならない。

しかしながら，平成20年の改訂では「運動の特性や魅力に応じて，身体能力や知識・技能を身に付けることができるようにする。」と示している。「楽しさ」に加えて「運動の魅力」に触れる観点である。このことは，運動の特性の広がり，運動の本質に触れることを示すものであり，それは，平成20年の改訂の一方の強調点でもある技能の重視とともに，特に技能の学び方をどう工夫したらよいかにかかわることとして注目しなければならない。

そのためには，「確かな学力」を求めて，知識・技能の確実な習得と，生涯にわたって運動に親しむ資質や能力の育成という教育的課題を二項対立的に捉えるのではなく，両者の融合を考えなければならない。それには，「楽しい体育」の考え方や進め方を弾力的に考えることが必要となってきている。

④ 運動文化論

カリキュラム改革の振り子（図2参照）で示したように，1953（昭和28）年の学習指導要領では，体育の学習を日常生活の中で活用させる生活化の理論に沿って学習指導法が強調され，体育の学習形態は画期的な変化をとげた。体育の授業は，教師中心の授業から児童中

図1 運動の特性の分類

表1 体育の考え方の変遷

年代		
戦前－昭和20年代（－1945年－）	Education by sport	体力中心主義の体育（運動手段論の体育）
昭和30年代（－1955年－）	Education through sport	技術中心主義の体育（運動手段論の体育）
昭和50年代（－1975年－）	Education in sport	楽しい体育（運動目的・内容論の体育）

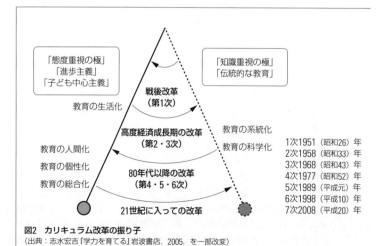

図2 カリキュラム改革の振り子
（出典：志水宏吉『学力を育てる』岩波書店，2005. を一部改変）

心の学習へと構造転換することになった。また，体育科の目標が「身体的」「社会的」「生活的」目標の3つの側面から整理され，この目標と運動を具体的に結びつけるために「学習内容」という概念を明確に打ち出した。この時に，体育科では「何」を学習させるべきかの「内容」を問題にする体育へ転換したのである（宇土，1993）。

こうした社会的状況にあって，当時，丹下保夫は，生活体育論を主張した。生活体育論では，教育の手段として位置づけられた運動（身体活動）を歴史性・社会性をもった独自の文化であると捉え，「体育とは，運動文化の継承・発展を自己目的的とする教育である」と唱えた。運動文化論とは，このように戦後日本の生活体育論を発展的に継承する中から，丹下を創始者とする学校体育研究同志会によって提唱された体育教育についての考え方である（久保，1995）。

さらに，1958（昭和33）年に改訂された小学校学習指導要領は，体育科の目標について，発達に関する目標（総括的目的）と学習内容を方向づける目標（運動技能，社会的態度，健康・安全の態度）とで構成している。つまり，「運動技能」が学習内容として明確に位置づけられたのは1958（昭和33）年ということである。この頃を境に，内容構造論や中間項理論，運動技術の系統性研究が熱を帯び始めた。いわゆる運動文化論の最盛期である。

ここで運動文化とした理由は，1) スポーツがいわゆる「近代スポーツ」として狭く捉えられているのを，歴史的に普遍的なものとして捉えなおす，2) 身体運動が知的でなく程度の低いものとして捉えられているのを，文化的価値の高いものとして捉えなおす，3) スポーツ・レクリエーション・遊び・体操を統一的に共通なものとして捉えなおす，4) それを広範な国民大衆の生活内実を豊かにする未来の文化に変革・創造していく，などの点にあったとされている。ここからもわかるように，運動文化論とは，国民的な運動文化とその体制の創造という構想の中に学校体育を位置づける理論であった（久保，1995）。

運動文化論では，1960年代から70年代にかけて，「運動文化の中核は運動技術である」（技術中核説）と捉え，「ドル平泳法」や「2人でのコンビネーションによる攻撃(2:0)」などに代表される，技術指導の系統性研究が展開された。

ここでは，運動技術を要素に分けて指導するよりも，それを構成する最小単位として指導すべきであると考えられ，基礎技術が，1) その運動文化の本質（特質）を構成する最小単位の技術，2) 最初に練習し最後まで発展する内容をもつ技術，3) その運動文化の習得に際して誰もが必ず体験し，習得しなければならない技術，4) ある程度の運動量を有し，児童生徒が興味をもって容易に習得できる技術，と定式化され，それを出発点とする技術指導の体系が構築された。また，ここでは，単に「できる」だけでなく，「わかる」ことが重視され，両者の統一が追求された（久保，1995）。

このことからわかるように，2008（平成20）年改訂の学習指導要領を踏まえたこれからの体育授業は，こうした運動文化論研究にみられる歴史的実績を十分に生かした授業展開が期待されることになろう。

表2　運動の機能的特性と運動分類

1.欲求の充足を求めて行われる運動		
(1) 挑戦の欲求に基づくもの 〜スポーツ	①他人へ挑戦し，勝ち負けを競い合うことが楽しい運動〜「競争型」 ア．個人対個人　イ．集団対集団	
	②自然や人工的に作られた物的障害へ挑戦し，それを克服することが楽しい運動〜「克服型」	
	③記録やフォーム等の観念的に定めた基準に挑戦し，それを達成することが楽しい運動〜「達成型」	
(2) 模倣・変身欲求に基づくもの 〜表現運動・ダンス	①リズムを手がかりにし，それに対応し，自由に動くことが楽しい運動〜「リズム型」	
	②リズミカルな動きを自由に工夫し，イメージ・対象を模倣，表現することが楽しい運動〜「創作型」	
	③構成されているリズミカルな動きで変身し，イメージ・対象を模倣，表現することが楽しい運動〜「バレエ・民族舞踊型」	
	④構成されているリズミカルな動きで変身し，相手と対応することが楽しい運動〜「フォークダンス型」	
2.必要の充足を求めて行われる運動〜体つくり運動（体操）		
体の必要の種類に応じて分類される　例）ストレッチ体操・エアロビックス		

参考文献

- 宇土正彦．1993．『体育授業五十年』大修館書店
- 久保健．1995．「(3) 運動文化論と体育授業」宇土正彦 監修．阪田尚彦．高橋健夫．細江文利 編．『学校体育授業事典』67．大修館書店
- 志水宏吉．2005．『学力を育てる』岩波書店
- 細江文利ほか．2006．『体育の学習』教師用指導書．光文書院

（細江文利）

スポーツ教育の台頭

①ドイツ語のスポーツ教育の成立と展開

[体育からスポーツ教育へ：名称変更の理由]

「体育」に代えて「スポーツ教育」の用語が採用されたのは，1970年代初頭の旧西ドイツの体育界であった。同時期に改定された各州の学習指導要領においても，教科名「体育 Leibeserziehung」は「スポーツ Sport」に変更された。なぜ変更する必要があったのか。名称変更の背景には，西ドイツの複雑な事情があった。

第一の背景として，当時の西ドイツでは，体育はLeibeserziehung（生命体としての身体の教育），東ドイツではKörpererziehung（物質的な身体の教育）と表現されたように，東西ドイツで厳しいイデオロギー的対立がみられ，その打開策が求められていたということがあ

る。しかも、「そのようなイデオロギー的嫌疑のある概念は、高尚な専門用語としてのみ用いられ、一般的な用語としては、ほとんど受け入れられてこなかった」(H. Bernett, 1973, Sportunterricht) といわれていた。

第二に、体育に関連した科学的研究の急速な発展に伴い、この専門科学分野を、専門職分野を表す体育とは異なった用語で表示する必要があったということがある（この点は、わが国では「専門科学としての体育」に対して「体育学」という便宜的な用語を作り上げてきたため理解が難しいところである）。とりわけドイツ語圏では、大学における体育の学問的位置づけが明確ではなく、またこの分野に対する教授職制が与えられてこなかったため、専門職分野を意味する体育ではなく、専門科学分野としての体育にふさわしい名称を採用することへの切実な要求があった。このような事情から、専門科学分野に対して「スポーツ科学(Sportwissenschaft)」が、そして、専門職分野に対しては「スポーツ教育(Sporterziehung)」の用語が採用されることになったのである。

第三に、スポーツという用語の受け止め方が変化したことが挙げられる。ベルネットは、「ヤーンの時代にはツルネンが身体活動の上位概念として用いられたが、現代では、スポーツのもとでプレイ、ツルネン、体操、体操競技も位置づいており、身体活動と同義で理解されている」という前提のもとで名称変更が行われたと述べている (H. Bernett, 1973)。

第四に、名称変更は社会変化に対応して生じた国民のスポーツ需要の拡大という現象であった。西ドイツでは1960年以降、スポーツのゴールデンプランに続いて第2の道運動、トリム運動が展開されてきたが、学校がその方向に沿ってスポーツ教育をさらに発展させていくべきだという考え方が支持を得た。実際、1972年に改定されたノルトライン・ヴェストファーレン州(以下NRW)の学習指導要領の前文において、「生徒は喜びをもって自発的にスポーツに参加し、スポーツを一生の生活の中に取り入れ、実践させる」ことが重要なねらいであったと謳われている。

加えて、これまでの体育の基本的な考え方に対する批判があったことも強調しておかなければならない。このことにかかわってベルネット(1973)は、「『体育(身体による人間教育)』という、自ずから問題になる概念は今日では古風なものとみなされている。……新しい概念を生み出そうとする意図が、反駁しえない教育原理としての人間の発達に注意を向けることを忘れてはならないが、スポーツ教育の概念はこのことをあえて声を張り上げて強調することはしない。スポーツ教育は、不明瞭で論議の余地のあるプログラムの用語を、この領域にとって客観的な表記に置き換える。そして、その概念の中に、自ら教育的でスポーツ的な活動を具体的に表現する」と述べている。同様に、シュミッツ(J.N. Schmitz, *International Journal of Physical Education*, 1979)が「従来の体育の目的・目標は、教育の一般論から借用したものであって、スポーツおよびスポーツ分野がその構造や機能によって実現しうるのかどうかを科学的に証明されたものではなかった」と述べたように、スポーツ文化の特性に基づいてスポーツの教育的位置づけを構築しようとするものであった。さらに、スポーツ科学辞典 (P. Röthig ed. *Sportwissenschaftliches. Lexikon*, 1976) は、名称変更の理由について、スポーツを用いることによって、「社会的・文化的現象としてのスポーツと教科との関係を強調し、教授学的概念の結果から生み出された身体的発達の教育的準備という意味合いを少なくしたい」と説明している。

[スポーツ教育のカリキュラム]

西ドイツのNRWの学習指導要領 (1972) によれば、スポーツ教育の目的は、「スポーツの行為能力」の育成にあるとされている。これは、スポーツの外在的価値を実現するための手段としてスポーツを位置づけようとするのではないし、また、単に生涯スポーツへの参加につなげることだけを目的とするものでもない。この学習指導要領では、スポーツの行為能力の概念のもとで、一般目標として、1) 健康、2) 自己－世界経験、3) 生涯スポーツの3点を挙げている。さらに、具体的目標として 1) 他の生徒と共同・対抗して遊ぶことができるべきである、2) 各運動領域の基礎的経験をもつべきである、3) 競技に参加することができるべきである、4) 運動を造形し、運動によって自己を表現することができるべきである、5) スポーツ理論の知識を得て、これを応用することができるべきである、6) スポーツへの主体的立場を獲得すべきである、の6点を挙げている。前者は遠い目標、後者は近い目標として理解することができる。近い目標は、まさに「スポーツの中の教育」の概念で捉えることができ、スポーツの経験によって直接習得されるものである。そして、それらの総和として遠い目標(「スポーツによる教育」)の実現がめざされたのである。

その後、この「スポーツの行為能力」をめぐって様々な論議が展開されてきた。岡出(1995)はその過程を分析し、当初の「スポーツの多様な意味経験の保証を求めた段階」から、「スポーツを行うための能力と意味経験との関係が追及される段階」に移り、第3の段階では「実技能力の他に、認識能力や人間関係を築く能力が必要であると確認されるようになっていった」と指摘している。

1990年代に入り東西ドイツが統一され、これを期に各州で学習指導要領が改訂されたが、そこではスポーツ科の授業時間数がこぞって削減されるようになり、週3時間の授業時間数が確保できなくなった州が多くなった。研究者の間で学校スポーツの危機意識が強まったが、これを受けて1999年の改訂学習指導要領では、スポーツ科の目標や内容領域編成においてかなりの軌道修正がみられるようになった。各州に共通して、「スポーツの中の教育」に加えて、「スポーツによる教育」の側面の意義が強調されるようになった。多くの州の学習指導要領は、目標としてスポーツ文化を啓蒙することに加えて、発達の促進や人格の形成を強調している。具体的には、身体の経験や表現、冒険、達成、共同、健康といったスポーツの多様な意味を挙げるとともに、それらの多様な意味をもつスポーツが自己の身体やモノ、他人とのかかわりを通して個人の人格の形成に寄与することを明言している(岡出、2001)。

1999年のNRWの学習指導要領は、基礎学校(小学校)からギムナジウム上級段階(高校段階)までを一貫して、表1に示す内容領域に基づき実施された。

また，学習内容のスタンダードづくりが進められる中で，2008年には基礎学校の改訂版学習指導要領が公布されたが，そこでは，期待される学習成果が明記されるようになる。しかし，内容構成の大枠は，1999年のそれが維持されている。

ここで注目すべきことは，1) わが国と異なり保健領域が独立した内容ではないこと，2) 運動領域の学習内容に教育学的視点を反映させることが強調されていること，3) スポーツの種目単位ではなく，スポーツの意味をテーマとする教科内容領域編成が可能になること，4) レスリングのような領域が設定され，フェアに戦うことや相手を尊重する学習が位置づけられたこと，等である。

② アメリカのスポーツ教育の展開

アメリカにおいて「スポーツ教育」という言葉が用いられるようになったのは最近のことではない。1920年代に提唱された「身体による教育(education through physical)」の概念のもとで，ステーリー(S.C. Staly,1935)は，スポーツ中心のカリキュラムを構想し，これを「体育」に替えて「スポーツ教育」の名称を用いてイリノイ大学で実践化を図っている。しかし，これはあくまでも，スポーツを全人的発達を図るための手段として活用したものであり，「身体による教育」の概念的枠組みの中での提案であった。

1960年代後半になると，人々の生活におけるプレイやスポーツの意味や価値が大きく変化するようになり，「運動による教育」の立場は厳しく批判されるようになる。その立場に代わって，運動(スポーツ)それ自体の内在的価値を人間的・文化的視点から評価し，運動を自己正当なものとしてカリキュラ

表1　NRWの学習指導要領(1999)で示されたギムナジウム上級段階で重視される教育学的視点と内容領域編制

教育学的視点	内容領域編制		
	領域名	下位領域名	内容を扱う上での教育学的視点
知覚能力を向上させ，運動経験を広げること(A) 身体でなにかを表現し，運動を作り出すこと(B) なにかを冒険し，責任をもつこと(C) 達成を経験し，理解し，評価すること(D) 共同すること，競技すること，気持ちを通じ合わせること(E) 健康を向上させ，健康意識を高めること(F)	運動領域とスポーツ	走・跳・投－陸上運動	(D), (F), (E), (A)
		水中での運動－水泳	(D), (C), (A), (F)
		器具での運動－器械体操	(D), (B), (A), (C)
		創り，踊り，再現すること－体操／ダンス，巧技	(A), (B), (D)
		ルールの中ならびにルールを用いてプレイする－球技	(E), (D), (F)
		滑り，乗り物にのって走り，回転する－ローラースポーツ，ボートスポーツ，ウィンタースポーツ	(E), (D), (F)
		レスリングと格技－対人スポーツ	(E), (D), (C), (F)
		身体を知覚し運動能力を培う	
		プレイを発見し，プレイ空間を活用する	
	専門的知識(領域Ⅱ)	自分自身がスポーツを行えるために必要な知識 社会的コンテキスト内におかれたスポーツ行為 社会的現実の一部としてのスポーツ	
	自主的学習を促す方法と形態(領域Ⅲ)	方法論的，戦略的学習 社会的，コミュニケーション的学習	

(出典：MSWWF. Sekundarstufe Ⅱ Gymnasium Gesamtschule Richtlinien und Lehrlanne Sport. 1999)

表2　NRWの学習指導要領(2011)で示されたギムナジウム中等段階Ⅰで重視される教育学的視点と内容領域編制

目標	内容領域編制		
	期待される能力領域	内容領域	運動領域とスポーツ領域
運動，プレイならびにスポーツを通して発達を促すこと，ならびに運動文化，プレイ文化ならびにスポーツ文化の世界を開くこと。	運動能力と知覚能力 学び方の能力 評価能力	運動文化と運動学習 運動の構成 冒険と責任 達成 協同と競争 健康	身体を知覚し，運動能力を習得する 遊びをみつけ，プレイ空間を活用する 走・跳・投－陸上運動 器具での運動－器械運動 構成すること，踊ること，再現すること－体操／ダンス，巧技 ルールの範囲内でのゲームとルールを用いたゲーム－球技 滑る，乗って走る，回転する－回転スポーツ，ボートスポーツ／ウィンタースポーツ レスリングと闘争－対人スポーツ
目標実現の基盤となる教育学的視点			
知覚能力を向上させ，運動経験を広げること(A) 身体でなにかを表現し，運動を構成すること(B) なにかを冒険し，責任をもつこと(C) 達成を経験し，理解し，評価すること(D) 協同し，競技し，互いに理解し合うこと(E) 健康を促進し，健康に対する自覚を培うこと(F)			

(出典：Ministerium für Schule und Weiterbildung des Landes Nordrhein-Westfalen. 2011. Kernlehrplan für das Gymnasium-Sekundarstufe Ⅰ in Nordrhein-Westfalen)

ムに位置づける考え方が台頭する。それは，端的に「運動の中の教育」として表現される。ロック(L. Locke,1973)は，この概念の意義を次のように述べている。

「一般的にみて，スポーツは制度化されたゲームである。したがって，スポーツはそれ自体で制度化された学習としての認可証をもっている。プレイヤーは，スポーツの中で教育されるのである。第一に，スポーツの技術的遺産を構成するスキルの獲得という慎重な意味でそうであり，第二に，プレイヤーに要求される規範や役割，伝統的儀式様式，道徳的価値に向けての社会化といったいっそう広い，しかし同様に重要な意味でそうである。……スポーツは人間的で美的で，それ自身で十分意味深く，また不条理であるからこそ愛好したり，教えたりするのだが，不思議にもそのような考え方は否定されつづけてきた。」

[シーデントップのプレイ体育論]

シーデントップ(D. Siedentop, 1972)は，このような「運動の中の教育」の立場を，プレイ体育論として実現させた。そこではまだ「スポーツ教育」という言葉を使っていないが，まさしくスポーツ教育論というべき内実を備えていた。彼は，これまでの様々な体育の考え方（身体による教育論，フィットネス論，運動教育論など）を批判的に検討し，それらが共通して運動（身体活動）の外在的価値を実現するための手段として位置づけていることを問題にした。彼は，運動を「プレイの種」として捉え，プレイとしての運動の自己正当的な教育価値を強調した上で，体育の目的を「競争的・表現的運動をプレイする人間の

性向や能力を向上させること」と規定し，この目的を実践に具体化するための目標を図1のように捉えた。

第1層の目標は「運動への志向性の向上」である。それは，子どもたちの現在の能力に影響を与えるだけでなく，将来にわたって彼ら彼女らが運動に参加し続けていくような態度に影響を与えようとすることがめざされる。第2層の目標には「技能の向上」と「プレイ環境への社会化」が位置づけられる。特に技能目標は運動への志向性の向上に直結するものであり，最も重要な実践的目標として重視される。この目標を実現するために，運動参加のためのレディネスを整えたり，子どもたち個々人の興味や適性に見合った運動を発見させるための「カウンセリング」が目標として位置づけられる。一方，「プレイ環境への社会化」を図るために，そこで求められる「知識」と「社会的行動」が第3層の目標として位置づけられている。これらのすべての目標は，運動の内在的価値を習得することに集約されている。

シーデントップは，このような目標論を踏まえて，これを実現するためのカリキュラム構造を提言した。まず，運動への志向性を高める観点から，小学校の体育授業の重要性を強調するとともに，特に5，6学年次には「多種目活動プログラム」を採用し，児童の適性に見合った運動を発見させることが大切であるとしている（カウンセリングの時期）。続いて中学校段階から徐々に選択制を導入していき，高校段階では，完全な選択制を導入し，個々の生徒の適性に見合った運動を大量の時間をかけて深く学習させ，専門化を図るべき

だと示唆した。

[スポーツ教育の実践モデル]

このようなシーデントップの「プレイ体育論」は世界の体育思想界に大きなインパクトを与えたが，それはあくまでも理論上のことであって，アメリカにおいてさえ，体育の授業実践にストレートに影響したわけではなかった。また，1990年代になると世界的に学校体育の危機が叫ばれ，体育のアカウンタビリティーが厳しく問われるようになると，体育のナショナルスタンダード（全米スポーツ・体育協会：National Association for Sport and Physical Education：NASPE）が発表されるようになった。そこでは体育の概念が「身体的に教育された人間の育成」という言葉で表現されるとともに，多様な立場を包摂する目標や学習内容が位置づけられるようになる。一元的な体育カリキュラム論によって覇権を競い合う時代から，多様なカリキュラムモデルの併存を認め，子どもの要求，地域の要求，さらに教師の力量に応じて最適なモデルを方略的に選択していく時代へと変化したといってよい。

このような時代の潮流を反映させて，シーデントップは体育の中の1つのカリキュラムモデルとして「スポーツ教育モデル」を提案した。スポーツ教育モデルは，これまでの体育に置き代えるべきモデルではなく，「フィットネス教育」や「ムーブメント教育」「戦術学習」「アドベンチャー教育」などの多様なモデルの1つとして提案されたのであり，他のモデルとの併存を許容する立場をとったのである。実際，アメリカでは低学年段階では，ムーブメント教育モデルが採用され，小学校の高学年段階や中等教育段階でスポーツ教育モデルやフィットネスモデルが広く採用される傾向がみられる。またスポーツ教育モデルは，アメリカだけでなくイギリスやオーストラリア，ニュージーランドなどの英語圏で，大きな実践的影響力を与えている。特にニュージーランドでは高校の学習指導要領にも採用されている。

スポーツ教育モデルは，「みんなのためのスポーツ」「生涯スポーツ」の実現をめざして，オーセンティックなスポーツの魅力に触れさせることに最大限の努力を払っている。地域社会で行

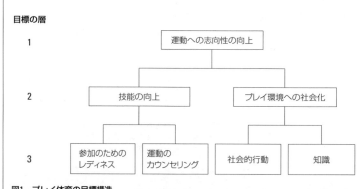

図1　プレイ体育の目標構造
（出典：ダリル・シーデントップ，髙橋健夫 訳『楽しい体育の創造』大修館書店，1981．274．より一部改変）

われるスポーツには，「シーズン制」「チームへの所属」「記録の保存」「公式試合」「クライマックスのイベント」「祭典制」といった特性がみられるが，スポーツ教育モデルは，このようなスポーツの特徴を授業の中に純化した形で取り込もうとする。

スポーツ教育の目的は「有能なスポーツマン（技能と知識）」「賢いスポーツマン（倫理的行動）」「情熱的なスポーツマン（文化の保護と発展）」を育成することと規定され，さらに，この目的を実現するために図2のような具体的目標が設定される。

スポーツ教育モデルは，スポーツの諸特性を最大限に授業に導入するために，スポーツイベント（祭典）を中心に位置づけ，大きな単元（シーズン制）を構成し，固定的なグループ（チームへの所属）で学習が展開される。特にスポーツイベントを企画・準備し，運営する活動がすべて子どもたちに委ねられる。一種のミニオリンピックが教師の支援を得ながら子どもによって実現されていくのである。各チームのフラッグづくり，イベントに向けたポスターづくり，チームのキャラクターや取り組みを報告する新聞づくり，ルールの修正会議，チームのゲーム分析や作戦づくりなどの活動が行われる。日本の総合的な時間で行われる学習活動であるが，このような組織・運営にかかわる活動を含めて授業が展開されるため，子どもたちの学習意欲が高まり，授業以外の場面での自発的な学習が鼓舞される。

さらに，このスポーツ教育モデルでは，スポーツの規範教育が強調される。これまでの体育（運動による教育）においても「社会的な態度」の育成は一貫して位置づいてきたが，その位置づけはきわめて観念的・形式的で，それがどの程度実現されたのか評価不可能であった。スポーツ教育モデルは，スポーツ規範を理念的に強調するだけでなく，第三者が評価可能な行動目標に具体化し，その達成度を厳密な評価システムに組み入れている。例えばフェアプレイについていえば，フェアプレイに該当する約束事が明確に規定される。そして，シーズン（単元）はじめに各チームにフェアプレイポイントが与えられ，チームのフェアプレイ行動やアン

○それぞれのスポーツに特有の体力や技能を向上させることができる。
○それぞれのスポーツに特有の戦術を理解し，実行できる。
○個々人の発達段階に見合ったレベルのスポーツに参加できる。
○スポーツの経験を計画し，運営できる。
○責任あるリーダーシップを発揮できる。
○グループの共通目標の達成に向けて役割を果たすことができる。
○それぞれのスポーツに意味を与えている儀式や習慣を大切にできる。
○スポーツの諸問題について合理的に判断する能力が発揮できる。
○審判やトレーニングについての知識を身につけ，実行できる。
○放課後，自律的にスポーツ活動に参加できる。

図2　スポーツ教育モデルの具体的目標
（出典：ダリル・シーデントップ，髙橋健夫訳『新しい体育授業の創造』大修館書店，2003．17．より一部改変）

フェアプレイ行動に対してポイントが加点されたり，減点されたりする。そして，シーズン終了時のポイント合計やクラスの投票によって，「フェアプレイ賞」を与えられる。このようなシステムによってフェアプレイが自覚的に実行されることがめざされる。シーデントップは，このモデルを発展させて，平和と国際協力を理想とする「オリンピック教育」を実現させる方法を具体的に提唱している。

もう1点，スポーツ教育モデルでは，子どもの自律的学習が推奨される。発達段階にもよるが，次第に授業の担い手が教師から子どもへと積極的に移行させていくことが推奨される。最終的には，チーム編成，役割分担，シーズン中の試合の形式やルール，練習の内容や方法，試合のオーダー，授業外の活動など，すべての決定権を子どもたちに与えていくことを推奨している。

（髙橋健夫）

学校体育の危機　14.A.05

① ヨーロッパにおける体育の危機

ヨーロッパは，1970年代に体育の「黄金期」を迎えたといわれる。また，マーストリヒト条約以降，1980年代のヨーロッパは，教育的観点からみてよりバランスのとれた，個別国家を超えた，ヨーロッパ的な新たな体育のスタンダードが提案されるようになった。その中で中核を担った，1) 体育の文化的伝統を維持する立場，2) スポーツ教育，3) 運動教育，4) 健康教育のコンセプトが，1990年代に入り，各国の体育カリキュラム上でバランスよく統合されるようになっていく。しかし，その背景には，体育の危機と呼ばれる状況が存在したことも見過ごせない。実際，1980年代には教育関連予算の削減や教師の雇用率の低下，授業時間数の削減や政策や経済状況の変化，社会にみられる価値観の変化に伴い，学校教育内における体育の地位は凋落していく。それは，授業時数の削減という形で学校体育関係者に現実を突きつけることになる。その結果，体育が危機に瀕しているとの認識が生み出されるとともに，その流れに歯止めをかける試みが積極的に展開されていくことになる。

例えば，オランダでは，教育予算の削減に伴い，1980年代初頭に教育改革が議論されるようになる。そのスローガンが「基礎への回帰」であった。その結果，既存の教科の地位が揺らぐことになる。その際，存在を疑問視された教科の1つが，体育である。実際，この論議過程においては，体育は教養科目ではないといった指摘や，体育は学外のスポーツクラブ等に移管した方が好ましいのではないかと指摘されたという。あるいは，体育授業の質や学習成果に対する批判が示された。加えて，文部省が小学校での体育専科教員の廃止と中等教育の体育の時間数削減を提案することになる。そのため，1984年末には，オランダ体育教師連盟，オランダスポーツ協会，文部省ならびに教師連盟のメンバーで構成される諮問委員会が設置され，1) 体育の授業と学校スポーツ，学校外のスポーツとの好ましい関係を提案すること，2) 日常展開されている体育授業ならびに体育教師教育の問題点を明らかにすること，3) 体育ならびに学校教育に関する政策策定のための基本的提案を行うこ

と，という3つの課題が設定された。その結果1986年には，クルム(B. Crum)による報告書がまとめられ，体育は，社会的，文化的にみて重要な教授・学習領域として位置づけられることになる。そこでは，スポーツという概念を離れ，運動文化(movement culture)という概念を用いながら，運動文化に対する公的支援の必要性が明確に指摘されている。同時に，その公的支援を可能にする制度としての学校に期待できる機能が明示されることになる。

② 体育の危機回避に向けた世界体育サミットの開催

しかし，この試みにより体育の危機をめぐる状況が，世界レベルで改善されたわけではない。例えばラルフ(Ralph)は，学問領域としての地位の低下，アイデンティティーの危機，専門職としての意識の低下，将来展望をもったリーダーシップの欠落，教育領域からの脱却能力の欠如といった世界的な体育の危機を前に，体育の将来展望を検討するために世界規模の調査を実施した。そして，1998年に体育が自分たちのみならず，様々な制度に有意味なメッセージを伝えることに失敗していると指摘していた。

このような動きにより，教科としての体育の位置づけが世界的にみて危機的状況に陥っているという認識が，体育関係者に生み出されていく。それを端的に示したのが，1999年11月3-5日に国際スポーツ科学・体育評議会(International Council of Sport Sciences and Physical Education: ICSSPE)がベルリンで開催した，第1回世界体育サミットであった。そこには，80を超える国から250人の体育・スポーツ関係者が参加した。また，そこでの論議を方向づけたキーワードは「体育授業に期待される教育機能」と「対費用効果を意識した，確かな学習成果に対する説明責任」の2つであった。

この世界体育サミットでは，ベルリン・アジェンダが採択された。同アジェンダでは，良質の体育授業の実現が，良質の教師とカリキュラム上の時間保障によって可能になること，体育教師を育成するために初任者教育ならびに現職教師教育に投資すること，良質の体育授業の効果を高めるための研究を支援すること等が謳われた。同時に，政府や体育，スポーツ関係大臣によるその実現に向けての行動を促した。

また，この世界体育サミットでは「グローバルなコンテキスト内で実施した調査からみた体育の地位と現状」が報告された。それは，体育の現状に対する危機意識を国際的に醸成するために設定された基調報告であった。この世界規模での調査の対象は，126の国家ならびに教育に関する自治権を有している地域等であった。この基調報告では，ユネスコの体育とスポーツに関する国際憲章(International Charter of Physical Education and Sport, 1978)において，体育・スポーツに対する人間の基本的権利が謳われたにもかかわらず，実質的にはそれ以降の20年間でカリキュラムからの体育の削除や時間数削減といった厳しい状況がみられたと報告された。調査を担当したハルトマン(Hardman)は，このような報告の最後に，良質の体育の授業や体育教師養成カリキュラムは確かに存在しているし，それを見過ごしてはならないことも併せて指摘している。そのうえで，体育が守勢に追い込まれていること，しかもその原因が，カリキュラム上の時間数の削減，不適切な物的・人的資源を生み出している財政上の問題，教科に対する低い評価にあることを指摘している。

③ 第3回体育・スポーツ担当大臣等国際会議の開催

この世界体育サミットを受けて1999年11月30日-12月3日に開催された第3回体育・スポーツ担当大臣等国際会議(MINEPSⅢ)では，ICSSPEによりベルリン・アジェンダを含めた世界体育サミットの成果が紹介されるとともに，ユネスコによりプルタ・デル・エステ宣言が提案されている。

実は，体育・スポーツ担当大臣等国際会議は，体育・スポーツに関する適切な政策と実践の推進を目的とし，1999年以前は概ね10年ごとに開催されていた。第1回(MINEPSⅠ)は1976年にパリで，第2回(MINEPSⅡ)は1988年にモスクワで，ソ連体育・スポーツ国家委員会の協力のもと，ユネスコの主催で開催され，ユネスコ加盟の115ヵ国が参加した。日本は，その委員会にオブザーバーとして最終日のみ参加している。第3回会議は，ユネスコの第156回常務理事会(パリ，1999年3月25日)での決定を受けて開催された。この3回の経過を確認したい。

第1回体育・スポーツ担当大臣等国際会議(MINEPSⅠ)は，ユネスコ主導により開催された。ユネスコは，体育・スポーツが教育に不可欠であり，現代のヒューマニズムと調和のとれた心身の発達を促す核となる文化の一部であるとの認識に立ち，体育・スポーツの国際的な発展戦略をスタートさせた。

この第1回会議では，新たな国際的なスポーツ秩序に関連する問題が主たる論点であった。これに対し，第2回会議は，国内ならびに国際レベルでみられるようになった，みるスポーツの発展によって生み出された問題の重要性やスポーツが直面している危機について論議された。45人の大臣クラスの参加者を含めた104の加盟国代表が，モスクワでの会議に参加した。さらに，非加盟国からのオブザーバーに加えて，1つの解放運動組織，2つの国際的な国家を超えた組織がこの会議に参加した。「オリンピック運動」と「国際オリンピック委員会」にかかわる部門の代表は，IOC会長が兼ねた。この第2回会議は，実に広範な問題について検討するとともに，体育・スポーツの発展を意図した一連の勧告を採択した。そこでは，解決策を実施していく際に必要な基金がみつかるであろうという希望がもたれていた。実際，資金不足のために生じている環境条件や時折みられる活動の停滞は，この会議で宣言された数多くの崇高な意図の実現を妨げていた。

その後，1994年と1995年には，1983-93年の間に採用された経験ある教師による授業を紹介するために，また，総会が表明した体育・スポーツ分野でのユネスコの行動に強力で新たな動きを生み出したいという要望，特に，第4期中間計画の枠組み内で検討されてきた，この領域での活動に関する外部評価が実施された。その結果，この期間中，実施された行動が期待していた結果を生み出していないことが報告されるに至った。

このような経過を経て開催された第3回会議には，各国体育・スポーツ担

当省庁の大臣および上級職員，その他政府関係機関，関係国連機関および国際機関，国際オリンピック委員会（IOC）およびその他NGO等が参加した。同会議の最終報告書には，同会議の運営委員会を構成した副会長の1人に，日本代表のMr. Hiroyasu Hasegawaがなっていることも記されている。この会議では，進歩の程度を評価することや抱えている困難や直面している問題がいかに難しいのかをリストアップすること，さらには新たな目的を設定すること，特に，21世紀の最初の10年間のためにそれをしていくことの意義が指摘された。同時に，第3回会議は，ユネスコ加盟国ならびに任意のスポーツ組織に対して，共同して，率直かつ寛容に論議し，体育・スポーツ国際憲章（International Charter of Physical Education and Sport），オリンピック憲章ならびにそれら以外の国際的な提案で示された諸原理を実施に移していくために必要な，現実的で実践的な提案を作成する最高の機会を提供した。

これら一連の動きは，体育の地位保全に向けた行動を起こす必要性に対する共通認識を世界レベルで生み出す必要性があり，そのためのプロモーションを積極的に進めなければならないという認識に基づいた試みでもあった。同時にそれは，学校という制度のもつ経済的効果を体育関係者に明確に意識させることになる。例えば，肥満対策を含め，生活習慣病の予防対策についての啓蒙活動を学校外で実施することも可能である。しかし，すべての人々にそれを行うために必要な対費用効果という観点からすれば，学校に勝る機関は他には存在しないという論理構成である。確かに，教員の力量等を踏まえれば，学校に任せて本当に効果が期待できるのかという疑問を提示することも可能であろう。しかし，この点を認めたとしても，これはきわめて説得的な論理であろう。しかも，このIC-SSPEの動きはIOC，ユネスコ，国連を巻き込んだ形で展開されている。その意味では，危機意識を醸成し，それへの対処を求める動きを実質的に機能させるシステムが稼働し始めたといえる。

体育の危機をめぐるこれら一連の論議において，子どもの権利としてスポーツを位置づけることが確認され，その実現を保障しやすい場として学校が位置づけられていること，また，世界的にみられる体育の危機や教育制度内におけるスポーツの位置づけ後退の原因として，国家の経済状態とともに，スポーツそのもののもつ価値の低下が指摘されていることは重要であろう。健康を切り口としてスポーツの経済的効果や平和への貢献がいくら主張されようとも，教育的な価値という観点からスポーツに対する疑念が示されているのであれば，スポーツを学校教育内に位置づけることは難しくなるためである。逆にいえば，スポーツのもつ教育的な価値や可能性を誰もが納得できる形で提示できなければ，世界的な体育の危機を乗り越えられないということになる。体育の危機への対応は，スポーツの生き残り戦略としても重要であり，その実現には学校が決め手になるとの認識が，体育の危機を通して醸成されていったといえよう。そのために，オリンピック教育をも含めた，スポーツの教育的な可能性をアピールないし啓蒙する活動が，積極的に展開され出しているといえる。また，上記の論議そのものに示されているように，事態改善に向けて，体育教師の待遇改善や養成システムそのものの改善が求められることになる。

④ 世界体育サミット以降のフォローアップ行動

なお，ベルリン・アジェンダのフォローアップ行動の中で実践改善の道を探る試みも展開されていく。初等，中等段階の体育を特にターゲットとしているヨーロッパ体育連盟（European Physical Education Association: EUPEA）の試みは，その例である。

EUPEAは，ヨーロッパ内の20ヵ国の国内連盟の連合体として，1991年に設立されている。ここでは1つの試みとして，加盟国に対してベルリン・アジェンダとプンタ・デル・エステ宣言の出版ならびにそこで示された諸原理実現に向けての方途を探るよう促している。他方で，専門職自身が継続的に成長していくことをも求めている。例えば，良質の体育と判断する基準や子どもたちが体育授業から得ることができるものの検討を進めている。さらに，一連の試みの中で特に関心がもたれているのが，カリキュラム評価であり，そのための具体的なプロジェクトがいくつも展開されている。例えば，デンマークでは通常授業に加えて600校の子どもたちが週2時間，体育の授業を受けているという。そして，授業時間数の増加が認知能力や技能に与える影響について研究者によって調査されている。また，オランダでは，体育の授業の目的の達成度を診断，評価するための双方向的なシステムが開発されている。それは，体育の授業で学習する12の学習領域の内容と中核的な目標を示したものである。その延長線上で体育授業の評価システムが出版されるに至っている。

ヨーロッパ諸国では，スポーツ団体との双方向的な交流も展開されている。例えば，スペインでは体育教師が地域で指導できる道が開かれている。ベルギーのフラマン語圏では学校に在籍している才能ある子どもたちに，より好ましい機会を提供していくために，スポーツ団体と教育関連部門との関係改善が図られている。加えて，現職教師教育，特に小学校段階のそれが良質の体育授業実現の鍵を握るとの認識も明確になっている。また，現職教師間のネットワークづくりの必要性も認識されるようになっている。EUPEAは，また，実践家の育成をより促進する方向で良質の実践が展開されていくために，上述した方略以外の方略も検討しているという。また，オーストラリアにおいては体育授業の質保証に向けた具体的なフォローアップ行動がとられている。

これら一連のフォローアップ行動は，現在でも継続されている。例えば，国連総会は2003年11月，2005年を「スポーツと体育の国際年」と設定した。この設定はまた，2005年を機会に，8つのミレニアム開発目標（MDGs）を達成するための取り組みの強化や連携を図るための呼びかけを意図したものであった。

この「スポーツと体育の国際年」の成果は，ユネスコのインターネットに集約されている。それは，スポーツの振興に関して実に多様な試みが数多く展開されていることを示している。しかし，これらは，あくまでもスポーツの一般的な可能性を論じた指摘である。

しかし，体育の危機回避に関連してICSSPEが一貫して主張してきたことは，学校という制度がスポーツのもつ可能性を実現していくきわめて効率的な手段であるということである。このような発想に立つがゆえに，カリキュラム上の時間確保と教員の資質向上が，ベルリン・アジェンダで求められたといえる。この点に関しても，継続的な取り組みが展開されている。

実際，2004年アテネでの第4回体育・スポーツ担当大臣等国際会議（MINEPSⅣ）を受け，2005年3月に開催されたユネスコによる良質の体育に関するセミナー（Seminar on the Quality of Physical Education）では，良質の体育を評価するための指標が提案されている。同セミナーで議論された問題点は多岐にわたる。しかし，その論点の1つが，体育・スポーツ政策がみんなの教育（Education for All: EFA）の達成と関連していることであった。つまり，そこでは体育に関する政策が一般教育政策の一部分として取り扱われなければならないことや，教育改革と体育・スポーツ政策が関連しなければならないことも指摘されている。

また，スイスのマグリンゲンで2005年12月2-3日に第2回体育世界サミットが開催され，マグリンゲン・コミットメントが採択されている。また，2006年9月にはセネガルのサリにおいてユネスコによる良質の体育に関するセミナーが開催されている。

このように，ベルリンでの世界サミット以降も，体育・スポーツの振興策が国際的に積極的に展開されていった。上記以外では，ユネスコラウンドテーブル（2003），発達と平和のためのスポーツに関する国連タスクフォース，WHOによるダイエット，身体活動ならびに健康に関する世界戦略，体育・スポーツの役割に関する研究プロジェクト（SpinED），第4回体育・スポーツ担当大臣等国際会議（2004）がある。

なお，このような状況の中で，2010年6月7-8日には体育・スポーツ政府間委員会（Intergovernmental Committee for Physical Education and Sport: CIGEPS）会議がユネスコ本部で開催された。そこでは，体育・スポーツ政府間委員会が学校教育のカリキュラム内での体育，スポーツの位置づけの促進に対し重要な役割を果たすことや，体育，スポーツが特に学力向上，健康促進ならびに公式，非公式の場で若者たちの学習にとって重要なツールとなることが確認された。

そして，翌2011年6月6日にはユネスコ本部においてスポーツのパワーを最大にする特別イベントならびに良質の体育に関するシンポジウムが開催された。また，続く6月7-8日のユネスコ総会では，開会に際し，良質の体育を評価する国際的な指標開発ならびにスポーツの社会的，経済的貢献に対する調査に関するプロジェクトの概要が紹介された。そこではまた，ICSSPEの体育に対する立場ならびにそれに対するユネスコの支援声明（International Position Statement and UNESCO Support Statement on Physical Education）が紹介されている。それは，トレーニングされた教師や適切な資源，空間，用具の支援への財政支出を促すとともに，掲げられている体育に関する政策と現実とのギャップの解消を求めるものであった。体育・スポーツ政府間委員会からのUNESCO総会へのこの提案は，世界的にみられる体育の危機克服に向け，広範な社会的，経済的目標の達成に向けてスポーツ，特に体育への政府の財政支出の提案を意図したものであった。

なお，同会議では，第5回体育・スポーツ担当大臣等国際会議（MINEPS V）の企画についても検討されている。その結果，2013年5月28日から30日にかけてドイツ・ベルリンで開催されることとなった。そこでは，1) スポーツの高潔さを維持するための腐敗やドーピングへの対応，2) 特に障がい者の権利を踏まえ，女性のよりいっそうのスポーツ参加を促すスポーツへの参加とスポーツを通しての参加，ならびに3) 体育，スポーツプログラムへの投資と長期的視点に立ったスポーツイベント展開のためのスタンダードづくりが論点とされた。その意味では，体育の危機からの回復に向けた試みは，現在もまた，ユネスコを核にして継続的かつ精力的に展開され続けているといえる。

もっとも，世界体育サミット以降のこれら一連の提案で，体育の危機をめぐる状況が一気に改善されたわけではない。実際，世界体育サミット以降も，「体育は教育的ではない」「楽しみの活動だ」といった認識や学問的な教科ではないといった認識がみられたり，女子の体育・スポーツへの参加に対する制約がみられたという。あるいは発展途上国には状況の変化がみられなかったことや，北米では医学的な支援があるとはいえ，体育の意義を州や地域の教育省に承認させることが難しい状況が報告されている。そのため，これら諸提案を形にしていく試みも地道に展開されている。それが，上述してきた様々な試みであった。また，現在，稼働し始めている世界スポーツ機構（World Sport Allinance）といった間政府間組織をめぐる動きも，フォローアップとしては重要である。青少年に対する学校卒業後の教育プログラムの開発とその実施のメディアとしてスポーツを活用することを意図した間政府間組織である世界スポーツ機構の稼働に伴い，すでに2007年にはミレニアム目標達成に向けて同機構内にワールドセンター・オブ・エクセレンス（World Centre of Excellence SPEL-MDGs）の設置が国連の経済・社会委員会（Economic and Social Council）において要請され，モロッコではそれが実現される段階に入っている。

これら体育の危機をめぐる議論は，体育の必要性を誰に対して，どのような根拠をもとに，どのような手続きを踏んで主張するのかという問いを体育関係者に突きつけたといえる。また，自らの主張の現実的な達成手続きの提案，実行も求められたといえる。その意味では，スタンダードづくりを通した，良質の体育授業の実現に向けた試みは，体育に対する社会的信頼の創出という観点からみて重要である。しかも，学校体育の危機は，スポーツの社会的評価に連動していることと同時に，教育制度内におけるスポーツが学校教育の目標と不可分であることを多くの人々に認識させたことも見過ごすことはできない。

参考文献

◆ ICSSPE. 2002.『世界学校体育サミット：優れた教科「体育」の創造をめざして』日本体育学会体育問題検討特別委員会 監訳．杏林書院

（岡出美則）

学校体育と学習指導

学習指導要領の変遷と学習指導

① 内容の変遷

学習指導要領の内容の変遷、特にその骨格がどう変わってきたかについては、その時々の学習指導要領の基本的な考え方を押さえる必要がある。戦後の学習指導要領等はおおよそ10年サイクルで改訂がなされており、まさに「体育は時代とともにある」ということができる。

戦後の各年代の学習指導要領等は、表1のような特徴をもっており、各年代の体育がそれぞれどのようなねらいをもっていたのかを端的に把握することができる。

表1に示された各年代の体育の特徴と内容の変遷をどのように関連づけていくことができるであろうか。それには、各年代の学習指導要領にみられる運動領域の押さえ方を理解する必要がある。

図1は、その運動領域の押さえ方の視点から5つの考え方を示したものである（松田・宇土、1988）。

図1の5つの考え方に学習指導要領の内容の変遷、特にその骨格の変化を読み取ることができる。

Ⅰは、「昭和31年改訂の高等学校学習指導要領・試案（保健体育科）」にみられるものである。前述のように、体育において運動を内容として捉えることは「昭和28年改訂の学習指導要領・試案（小学校体育科）」以後であることから、「昭和31年改訂の高等学校学習指導要領・試案（保健体育科）」には、その特徴が示されている。

すなわち、Ⅰは、運動領域の押さえ方が、運動の選別が教育の立場から特徴的に扱われている1つの例（松田・宇土、1988、40）とすることができる。ここでは、体育の目標を「個人的発達」「社会的発達」「レクリエーション」として生活に生かす能力の3つとし、それぞれの目標を達成するために3つの領域に運動種目を整理したことになる。個人的発達は徒手体操や巧技（器械運動）、陸上競技などの個人的種目でのねらいとされている。同様に、社会的発達はバレーボールなどの団体的種目でのねらいとされ、レクリエーションとして生活に生かす能力は、水泳、スキー、テニスなどのレクリエーション的種目のねらいとされたことになる。

このように、図1のⅠの考え方は運動を教育の手段として位置づけているということができる。

Ⅱは、学習指導要領が文部省告示としての性格を有し始めた時期（『昭和33年改訂の学習指導要領（小学校体育科・中学校保健体育科）』）の運動領域の捉え方である。

この時期の学習指導要領改訂の特徴は、運動自体の構造を重視するとされているが、運動種目のもつ意味が大きく後退した形をとっており、いずれの運動においても共通の角度から内容が押さえられることになる（松田・宇土、1988、40）とされている。

Ⅲは、「昭和43年改訂（小学校体育科）・44年改訂（中学校保健体育科）・45年改訂（高等学校保健体育科）の学習指導要領」での運動領域の捉え方である。このⅢの大きな特徴は、各運動領域を運動の本質的な特性から「体操」「スポーツ」「ダンス」として大きく3つに区分したことである。この区分について小学校指導書体育編（昭和44年）では、「身体のはたらきの維持増進を直接のねらいとする合理的な運動としての「体操」、運動そのものを楽しみ、運動技能を競うことをねらいとする自然発生的な運動としての「スポーツ」、人間の感情を律動的な運動によって表現することをねらいとする運動としての「ダンス」の3つに大別し、……」としている。体育の内容を「体操」「スポーツ」「ダンス」の3つに区分する考え方は平成10年文部省告示の学習指導要領にも引き継がれており、約40年間のわが国の体育の基本的な骨格として存在していることになる。

Ⅳは、「昭和52年改訂（小学校体育科）の学習指導要領」で示された運動領域の考え方である。このⅣの特徴は、Ⅲの基本的な骨格を維持しながら、特に小学校において学習者の発達的特性から運動領域の押さえ方を検討したことである。具体的には、「体操」や「器械運動」「陸上運動」などの機能的な特性（その運動の魅力や楽しさ）に触れることが可能な学年を示し、それ以前の学年では未組織的な運動遊びとしての「基本の運動」と「ゲーム」の2つで運動領域を構成したことである。こうした運動領域の考え方も平成10年文部省告示の学習指導要領に引き継がれ、特に低学年・中学年の体育への固有の関心や

表1　戦後の学習指導要領等の変遷

体育の特徴	年	
1. 運動を「発達刺激」として強調する体育	昭和22 昭和24 昭和26	学校体育指導要綱 （小）学習指導要領（試案） （中・高）学習指導要領（試案）
2. 運動を「内容」として捉える体育	昭和28 昭和31	（小）学習指導要領（試案） （高）学習指導要領（試案）
3. 運動自体の構造を重視する体育 （これ以後「文部省・告示」）	昭和33 昭和35	（小・中）学習指導要領 （高）学習指導要領
4. 運動の本質的な特性（「体操」・「スポーツ」・「ダンス」）を重視する体育	昭和43 昭和44 昭和45	（小）学習指導要領 （中）学習指導要領 （高）学習指導要領
5. 生涯体育（スポーツ）を志向する体育	昭和52 昭和53	（小・中）学習指導要領 （高）学習指導要領
6. 個に応じた指導を重視する体育	平成元	（小・中・高）学習指導要領
7. 心と体を一体とした指導を重視する体育	平成10 平成11	（小・中）学習指導要領 （高）学習指導要領
8. 教える内容を明確にすることを重視する体育	平成20 平成21	（小・中）学習指導要領 （高）学習指導要領

a _____ b _____ c _____

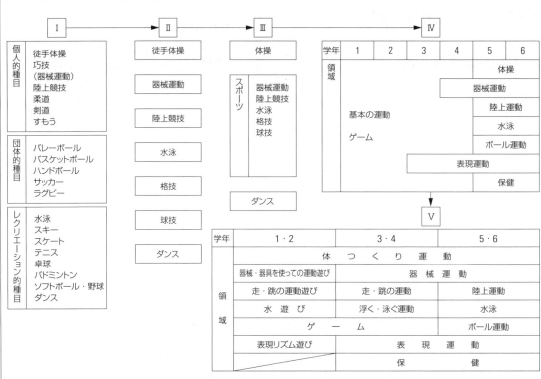

図1 運動領域の5つの考え方
「Ⅳ」は，「昭和52年改訂（小学校体育科）の学習指導要領」に示された運動領域を追加して記載している。
（出典：松田岩男，宇土正彦『保健体育 スポーツ指導選書・体育科教育法』大修館書店，1998．39を改変・加筆）

表2 学習指導要領の変遷と比較

年	学習指導要領全体の変遷	体育科の学習指導要領の変遷
昭和20年代	（第1次）教育の生活化	（昭和20年代後半）運動を「内容」として捉える
昭和30年代	（第2次）教育の系統化	運動自体の構造を重視
昭和40年代	（第3次）教育の科学化	運動の本質的な特性を重視
昭和50年代	（第4次）教育の人間化	生涯スポーツへの志向を重視
昭和60年代	（第5次）教育の個性化	個に応じた指導の重視
平成10年代	（第6次）教育の総合化	心と体の一体化の重視

表左は，表右の体育科の学習指導要領の変遷に合わせて，年代を修正し，記述の一部を略して示したものである。
（出典：志水宏吉『学力を育てる』〈岩波新書〉岩波書店，2005，28を改変，加筆）

指導方法の検討・改善がなされることとなった。

なお，同時期に改訂された中学校保健体育科・高等学校保健体育科の学習指導要領においてもⅢの基本的な骨格は維持されているが，「スポーツ」を「個人的スポーツ」と「集団的スポーツ」「格技」の3つに分けている。

Ⅴは，「平成20年改訂（小学校体育科）・（中学校保健体育科），平成21年改訂（高等学校体育科）」での運動領域の考え方である。このⅤでは，教える内容を明確にすることを重視する体育の特徴を示すために，Ⅳでの「基本の運動」と「ゲーム」を廃止して，各運動領域への発展を小学校低学年から意識した考え方をとっている。また，体力の向上を重視する観点から，「体つくり運動（従前の体操の名称を変更した）」を低学年から位置づけている。

このように，学習指導要領の変遷を内容の骨格という視点から整理すると，ⅠからⅤまでの考え方としてまとめることができる。このⅠからⅤは，その時代の教育的な背景を踏まえた体育へのリクエストに応えるために検討されたものということができる。

② 学習指導法の変遷

前述の学習指導要領の内容の変遷は，学習指導法の変遷とも密接に結びついている。

体育の学習指導法に関しては様々な整理の仕方があるが，ここでは，「系統性の強い学習指導法（運動技能や体力の向上に向けて教師が指導性を強めて授業を進めていく）」と「課題解決的な学習指導法（学習者の運動への興味・関心を重視して自ら学ぶ学習を主体に授業を進めていく）」の2つに区別しておくこととする。

この「系統性の強い学習指導法」と「課題解決的な学習指導法」との2分は，体育に限らずすべての教科に共通的にあてはめることができる。そして，その両者の指導法は学習指導要領の変遷と密接に結びついていることになる。

表2は，「教科全体の学習指導要領の変遷」（志水，2005，28）と「体育科の学習指導要領の変遷（前述の表をまとめたも

の）」を比較して示したものである。

表2からは両者が同じような内容の変遷を示していることがよくわかる。同時に，「教科全体の学習指導要領の変遷」からは，前述の2つの学習指導法がどのように強調されてきたかを理解することができる。

例えば，昭和20年代の戦後第1次の学習指導要領は「教育の生活化」が特徴とされているが，その指導法は戦前期の教師中心・教え込み中心の反省に立った「問題解決学習」をキーワードとしている（志水，2005，28）とされており，「課題解決的な学習指導法」といえるものである。その学習指導法が昭和30年代，40年代の「教育の系統化」「教育の科学化」に呼応して「系統性の強い学習指導法」へ転換していくことになったと思われる。そして，昭和50年代以降は「教育の人間化」「教育の個性化」「教育の総合化」と教育の方向が変化することによって，再び自ら学ぶ力の育成をめざす「課題解決的な学習指導法」が主流となった。

この学習指導法の転換は「カリキュラム改革の振り子」として図2（志水，2005，30）のようにも示されている。図2では，右側を「知識重視」の極，左側を「態度重視」の極としているが，右側を「系統性の強い学習指導法」，左側を「課題解決的な学習指導法」と読み替えることが可能である。

表2，図2での指摘は，体育の学習指導法の変遷とも一致している。すなわち，「教育の系統化」や「教育の科学化」に対応した昭和30年代，40年代の体育では，運動技能や体力の向上に向けて教師が指導性を強めて教えていくこと（系統性の強い学習指導法）が一般的であったと思われる。

そして，「教育の人間化」が特徴である昭和50年代に入り，体育では生涯スポーツを志向した，いわゆる「楽しい体育」が登場し，運動への興味・関心を重視して自ら学ぶ学習を主体に授業を進めていく「課題解決的な学習指導法」へと関心が向けられていくこととなる。この「課題解決的な学習指導法」は，その後，昭和60年代の「個に応じた指導の重視」や平成10年代の「心と体の一体化の重視」を意図した体育においても引き継がれている。その中でも，学習者の興味・関心・意欲などに

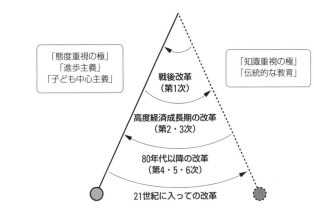

図2　カリキュラム改革の振り子
（出典：志水宏吉『学力を育てる』〈岩波新書〉，岩波書店，2005，30）

力点を置いた「新しい学力観」や自ら学ぶ力などの「生きる力の育成」に対応するために，体育では「めあて学習」が注目されることとなった。

この「めあて学習」は「課題解決的な学習指導法」の体育での固有の名称として運動領域全般の学習の進め方を示しており，「学習者の自発性の重視」と「めあての自己決定の重視」の特徴をもっている（文部省，1995，105）。具体的には，各運動領域において次の3つのめあての中身をもち，学習者が自ら考えたり工夫したりしながら活動を進めていくことが求められている。

1) 目標を設定する。例）自分ができるようになりたい技をみつける。
2) 課題を解決する。例）その技ができるようになるために解決する課題を選ぶ。
3) 活動を決定する。例）その課題を解決するための活動の仕方を決める。

（文部省，1995，103）

このような「めあて学習」は，学習者の自主性を重視するあまりに，教師の指導性を後退させたり，できないことを見過ごしたりしているとの批判を受けることがある。しかし，「めあて学習」はけっして教師の指導性を否定しているわけではなくて，学習者の状況に応じて適切な指導を行っていくことは当然の活動である。この「めあて学習」は，「みんながいっしょ（教師の指導性を強めた一斉的な活動）」からスタートして「みんなが違う（学習者一人ひとりの自主的な活動）」へと移っていく学習の進め方を踏まえることによって，よりその効果が発揮できるものである。

今まで述べてきたように，学習指導法は「系統性の強い学習指導法」と「課題解決的な学習指導法」の二者択一的な捉え方をする場合が多かったと思われるが，2005（平成18）年2月に示された「中央教育審議会・初等中等教育分科会・教育課程部会　審議経過報告」では，両方の学習指導法を総合的に検討していくための考え方が示されている。

この報告書では，学力に関する考え方として，基礎的・基本的な知識・技能の育成（いわゆる習得型の教育）と，自ら学び自ら考える力の育成（いわゆる探求型の教育）とは，対立的あるいは二者択一的に捉えるべきものではなく，この両者を総合的に育成することが必要である，としていることである。また，基礎的・基本的な知識・技能を実際に活用する力の育成（活用型の教育）も併せて重視していくとしている。

今後はこのような学力に関する総合的な考え方を踏まえて，実際の学習指導法も「系統性の強い学習指導法」と「課題解決的な学習指導法」の両者を学習者の状況や運動領域・種目によって柔軟に活用していくことが必要である。

参考文献

- 志水宏吉．2005．『学力を育てる』〈岩波新書〉岩波書店
- 松田岩男，宇土正彦．1988．『保健体育スポーツ指導選書・体育科教育法』大修館書店
- 文部省．1995．『小学校，体育，指導資料・新しい学力観に立つ体育科の授業の工夫』東洋館出版社

（池田延行）

体育の教材づくりの発展

① 教材および教材づくりの考え方の変遷

[教材概念の変遷]

体育科教育において、「教材」概念が授業論的な視点から検討され始めるのは、およそ1960年代以降といえる。さらに、教授＝学習過程の中での「教師の意図的な働きかけの構造」に則した一連の教授学的連関（概念システム）における理論的対象として捉えられるようになるのは1980年代以降である。それ以前の「教材」概念は、主として体育における「運動の意味づけ」に関連して語られており、「教科論」的なレベル、つまり、この時代の体育を規定してきた「運動（身体活動）を通しての教育」、および「運動の教育」の考え方における諸目標と運動の関係性において把握されていたと考えられる。

・「運動を通しての教育」という体育観と「教材」概念

戦後、新体育の基本的特徴は、民主的な人間形成に向けて体育目標が拡大され、児童中心主義・生活経験主義の教育が重視されたことに加えて、遊戯・スポーツ種目の大幅な導入にみられるが、この時期には「教材」概念を基本的に問い直す議論は活発ではなかった。そこで、学習指導要領に現れてきた教材をめぐる記述を概観しておくことが適切であろう。

1949（昭和24）年の小学校体育編では、「健康で有能な身体を育成する」「よい性格を育成し、教養を高める」という2つの目標観のもとで、「教材は教師の指導の下に児童生徒がそれによって学習する材料あるいは活動である」とされた。また、1951（昭和26）年の中学校・高等学校体育編では、「体育の目標を達成するためには、そのために必要な理解を深め、態度や技能の発達に役だつ学習活動が必要である。…（中略）…これらの学習活動は、しかしながらわれわれの長い歴史的生活の中で組織だてられてきたスポーツやその他の運動、あるいはそれに関連したものが大部分である。この組織だてられた経験のまとまりを、体育の立場からわれわれは教材と呼んでいる」とする説明がなされている。

この時期、「教材」という用語は、「身体的発達」「社会的性格の育成」といった「発達的目標」に対して意味づけられていた。そして、「教材」とは、1) 目標達成のための手段（機能的側面：概念の内包）であり、2) 学習活動を組織するための各種の運動（実体的側面：概念の外延）として把握され、「運動を通しての教育」における〈運動の手段性〉と渾然一体のものとして解釈されていたといえる。

・「学習内容」という用語の登場と「教材」概念

1953（昭和28）年の小学校学習指導要領では新たに「学習内容」という概念が導入されるが、それにより「教材」概念の変質が読み取れる。運動（教材）が発達の目標を達成するための手段であると同時に、それ自体が学ばれるべき対象として学習内容の一部に包み込まれるものとして提示されたからである。それにより、「体育において運動は手段でもあり内容でもある」という運動の教科論的な位置づけと同様な意味で、「教材は手段でもあり内容でもある」という表現形式がとられ始める。

このことは1958（昭和33）年の小学校および中学校学習指導要領において、それまで「教材」として扱われてきた運動領域（種目）が「内容」という名辞のもとに示されたことにより助長されていく。そのため、「運動を通しての教育」という側面では、〈運動の手段性〉を含意させた「教材」という名辞が当てられつつ、他方、「運動の教育」という観点からは「内容」と「教材」が同義的に把握される概念的な「ねじれ現象」（〈運動種目＝教材＝内容〉といったイメージの浸透による〈教材〉と〈内容〉との相互関係の理解上の混乱）を示すようになる。そして一般的には、「個々の運動種目（教育の立場から選ばれた運動文化のこと）を教材とし、その中の個々のいっそう具体的な技術や要点を取り出したもの、すなわちいわゆる具体的な学習内容のことを、単に学習内容と呼ぶ」（竹之下休蔵ほか、1965）という理解が浸透していく。

・「教材づくり論」を促す「教材」関連の概念システム

しかしながら、このような教科論レベル（運動の意味づけの側面）での「教材」の意味把握から脱皮し、授業論的なレベルで「教材」概念を再考していくための足掛かりは1960年代から1970年代前半にかけてみられた。代表的なものを挙げれば、学校体育研究同志会にみられた教材論、高田典衛の教材づくり論、佐藤裕の教材研究論などである。また、1980年代には、教材をめぐる「概念システム」が検討の対象とされるようになる。江刺幸政、井芹武二郎らの論考がその端緒になったといってよいであろう。両氏にみられた論述の主要な意図は、「教育内容」（教科内容・学習内容）との区別を前提にしながら、「教材」をまさに教育的行為の目的意識性において把握することであった（岩田、1997）。

このような経緯を通して1980年代の後半、岩田靖（1987）が、従来、体育科教育において運動文化財のレベルで「教材」の名辞が付与されていることの問題性を取り上げ、「教材構成論」の理論的展開を妨げていることを指摘した。そこでは、「素材−教科内容−教材」を区別することにより、「教材」の「手段的・媒介的性格」を明瞭にすべきことを論じ、「教材」概念を「教科内容を学習者に習得させるための手段であり、その教科内容の習得をめぐる教授＝学習活動の直接の対象となるもの」として規定している。これらの諸概念の区別の積極的意義として、1) 一般に教師の「教材研究」として捉えられている研究領域を、「素材研究」「教科内容研究」「教材構成」「指導過程研究」に分節化して捉えることが可能になること（教材構成が狭義の教材研究であり、教材研究の中心であること）、また、2) 体育科教育において語られてきた「教材価値」や「教材解釈」論の意味内容やその対象を吟味し、整理する視点を与えうること、さらに、3) 構成された教材の有効性とともに、その限界や短所を論じる可能性が開かれることを掲げている。

[教材づくりの考え方]

「教材研究」というのは授業以前に行う教師の仕事をさしているが、そこには、1) 授業の目標の検討、2) 教材の背景となる素材の構造・機能の分析、3) 教科内容（学習内容）の選択・抽出、4) 学習者の主体的諸条件や、指導に必要な時間的問題、施設・用具などの物理的条件の考慮、5) 教科内容を教えるための教材・教具の構成、教授＝学習（授業）の展開過程の検討が含まれている。

先のように，「教材」をその「手段性・媒介性」において捉えるとすれば，上記のうち，5)が教材研究の中心であり，教材づくりの仕事となる。したがって，教材づくりの主要な関心は学習者にその習得が期待される学習内容を内在させた学習（運動）課題を創出することに向けられる。その際，特に次の2つが教材づくりの基本的条件となる。

・その教材が，習得されるべき学習内容を典型的に含みもっていること。
・その教材が，学習者の主体的な諸条件に適合していること（子どもの学習意欲を喚起できること）。

このうち前者は，教材づくりの「内容的視点」，後者は「方法的視点」として説明することができる（図1）。

なお，作られる教材の大きさやレベルに従って，「単元教材」「単位教材」（あるいは「下位教材」）という用語で特定の教材が説明される場合がある。また，作られる教材が担う学習内容の違いに応じて，「練習教材」や「認識教材」といった形式が生み出される。

例えば，ハードル走の指導において，同じ距離のハードル走と短距離走における自己のタイム差を競争することを単元の目標とした教材づくりがある。これは「単元教材」として位置づけることができる。しかしながら，このことが自動的にハードル走の力量を向上させうるわけではない。当然ながら，この単元教材に取り組む学習過程において，ハードル走の課題性を解決していくために必要な技術認識を引き出し，技能習熟を促進させていく「単位教材」（認識教材や練習教材）が仕組まれなければならない。具体的には，ハードルをクリアランスする際の踏み切り・着地位置を確認させたり，着地後の第一歩のストライドを強調する練習課題などである。実際の単元展開，授業展開の中においてはこれらの教材が階層的・構造的に位置づけられていく必要がある。

② **教材づくりの発展**

教材づくりの基本的視点は先に挙げたとおりであるが，そのことは実は，運動がうまくできない子ども，つまりついてしまう子どもにこそ焦点を当て，そこから学ぶことが最も大切になる。そのことはこれまでの教材づくりの成

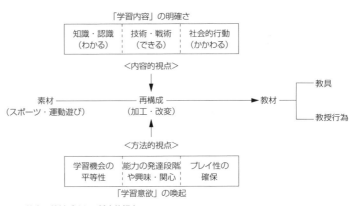

図1 体育の教材づくりの基本的視点
教材づくりは，既成のスポーツ種目や運動遊びを素材として，学ばれるべきものはなにかといった内容的視点の検討を踏まえながら，同時に子どもの学習意欲を喚起していくという方法的視点からも工夫される必要がある。
（出典：岩田靖「教材づくりの意義と方法」高橋健夫 編『体育の授業を創る』大修館書店．1994．31）

果，また典型教材とも呼びうる教師の共有財産に共通するものだといってよい。そこでは，子どもにとって抵抗になる部分の解釈から学ぶべき本質的内容を抽出し，具体的な学習対象に翻案することが大切になる。さらに，優れた教材では，子どもの学習意欲をおおいに喚起することへの周到な配慮がみられる。

以下では，特に1970年代以降に蓄積されてきた教材づくりの発想や事例について，いくつかの個別運動領域の中から取り上げてみる。

[器械運動]
1980年代以降，この領域の教材づくりにはスポーツ運動学の成果がおおいに反映されてきている。特に，これまでやったことのない新たな動きを発生・形成(gestalten)していく感覚運動系の学習が問題にされているからである。「運動ファミリー」や「運動のアナロゴン」といった用語が日常的に普及してきたのもその証左であろう。

ちょうどその理論的動向が学校の体育授業，また体育科教育学の世界に紹介され始めた頃のトピックとして，「教育技術の法則化運動」が生起する契機となった「跳び箱論争」があった。斎藤喜博を批判したことに端を発した向山洋一の開脚跳び越しの指導法に対する様々な議論である。この中で特に，『現代教育科学』誌上においてなされた向山洋一と小林篤による論争は教材づくり論の視点から読み直す必要がある。この指導法をめぐる論争は，実は開脚跳び越しの動きの習得過程における中心的な運動技術（学習内容）と子どもが直接チャレンジする課題（教材）との関係を問い直す文脈で理解する時，よりよく整理できる。跳び箱が跳べない子は「腕を支点とした体重移動の体感」を味わう必要があるという向山(1982)の指摘は，学習内容の鮮明化を意味していたといえる。

しかしながら，向山の指導法は「またぎ越し」のレベルにとどまっているものであり，「支持跳躍運動」という跳び箱運動の本質的な観点から学習内容の再検討とそれに対応した教材づくりの必要性を提示したのは髙橋健夫(1993)であった。髙橋は，「腕を支点とした体重移動」に加えて，「第1飛躍局面における体の投げ出し」「助走と跳躍の結合」を学習内容に位置づく技術ポイントとして設定し，具体的な教材を意味する運動課題として「連結跳び箱の開脚座支持渡り」「うさぎ跳び」「その場両足跳躍からの円椅子跳び越し」などを提示している。これらは新たな動きを生み出していく学習において，「下位教材」群を創出・選択していくことの重要性を浮き彫りにしている。

ここでは運動の類縁性・発展性に着目しながら，課題の明確な学習のスモール・ステップを図っていくことが，最低限の技能保障の視点から大切にされる。これらの下位教材群の学習において，例えばゲーム化などの方策を取り入れ，段階的な達成感を味わいうる挑戦的なプロセスを導いていく仕掛け

が大きな成果を残している。

　なお，器械運動のような基本的に個人で完結する運動でありながらも，それを集団的な課題に作り変えていく手法は今日的におおいに評価されている。その端緒として，出原泰明の「集団マット運動」を掲げることができる(出原，1995)。

[陸上運動(陸上競技)]

　ここでの運動学習の特性は，走・跳躍といったすでに習得している動きの達成の度合いを高めていくところに求められる。この領域の運動におけるパフォーマンスは現時点での子どもの走力や跳躍力に大きく依存している。したがって，ここでの教材開発の1つの前提・土台は，個々の子どもが今もっている自己の力量を前提に積極的なチャレンジ(努力と達成)を促すところにある。

　このようなところから1970年代頃より顕著に試みられてきたのは，学級(クラス)としてすべての子どもが同一の課題に取り組みながらも，子どもの能力差を前提にした個人の目標設定を可能にする「単元教材」レベルの工夫である。その典型としてまず，山本貞美による「8秒間走」や「ねらい幅跳び」といった教材を掲げることができる。

　例えば，「8秒間走」(山本貞美，1982)では，「遅い子」にもみんな，「『全力疾走』とはこんなにもすばらしく，また気持ちのよいものだということを実感させたい」という強烈な願いから，短距離走という種目の時・空間を反転させ，個人の現時点での走力を出発点にしたスリリングな挑戦課題に仕立てているが，このような工夫は教授学における「統一と分化の原理」の視点から評価されてもいる。同様な発想は，個人の短距離走のタイムを前提にしたハードル走やリレーの学習，走力や身長などを指標とした「めやす表」を利用した跳躍運動(走幅跳・走高跳)の授業にも応用されている。

　さらに，この領域でも「個人的運動の集団化」の視点が教材づくりの1つのテーマとなろう。実際に，走り幅跳びや長距離走，3種競技などの単元で大きな成果を残した授業実践が報告されている。

[ボール運動(球技)]

　この運動領域では，ボール操作にかかわる運動技能に加えて，ゲームにおける「状況の判断」や「行動の選択」といった認知的な側面が重要な役割を果たす。したがって，一般的に集団で取り組むことの多いこの領域の特性は，ゲーム状況の意図的・選択的な判断に基づく協同的なプレイの探究に求められるといってもよい。それは，「無意図的なゲーム」「偶然のゲーム」から脱していくことである。そこでは，とりわけ大人が楽しむために作られた複雑なゲームの本質的なおもしろさを，いかに子どもたちの能力の範囲で実現可能なゲームに修正するのかがまさに教材づくりのポイントである。

　その意味で，1980年代後半に高橋(1989)によって提唱された「課題ゲーム」(task-game)づくりが広がりをみせている。ただし，多くの工夫が認められるものの，ゲームの修正の視点がそのゲームに要求される「運動技能の緩和」にとどまっている傾向が強いのも確かである。つまり，状況の判断に基づいた戦術的課題の解決といった側面から子どもに適合するゲームを提供することがさらに強調されなければならない。

　この際に，大きな手がかりを与えてくれるのがイギリスにおける「理解のためのゲーム指導」論の中から生み出されたゲーム修正の視点論である。ソープら(R.Thorpe, 1986)は図2にみられるような「発達適合的再現」と「誇張」といった2つの視点の組み合わせによってゲーム修正がなされることを指摘している。とりわけ，「誇張」というのは戦術的課題をクローズアップすることを通して，ゲームの中で「なにをしたらよいのか？」についての子どもの戦術的気づき(判断)の学習を焦点化させていくことに貢献するものである。

[表現運動(ダンス)]

　ここでは創作系につながる表現指導の分野を取り上げてみることにする。端的にいって，「人間の身体でないものを人間の身体で表現する」ところにそのおもしろさと課題性が存在していると考えてよい。表現対象となる世界の身体による抽象化，いわば「模倣」の行為にその特質があり，これを媒介するのが「イメージ」である。この「イメージ」はきわめて身体性を帯びたものであり，実際には「身体で感じて動く」ところに表現の核心が潜んでいる。したがって，原理的にはこの自由な感じ取り(対象世界の切り取り方)の個人的多様性こそが個性的表現の発露であり，その意味でここでの「模倣」とは，きわめて「創造」的なものなのである。

　ところが，表現(ダンス)についての見通しが生まれていない段階では，「イメージをもって自由に動きなさい」という教師の言葉ほど，子どもにとっては不自由な状況を生み出してしまう。

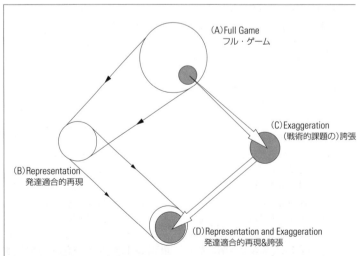

図2　ソープらによるゲーム修正の段階
大人によってプレイされる既存の種目を，コートや用具を調整し，発達段階に即したプレイができるように工夫したり(B)，複雑なゲーム状況の判断の対象を焦点化し，その選択肢を減少させることで課題をクローズアップさせる工夫(C)によってプレイする主体にふさわしいゲーム形式が創出される(D)。
(出典：R. Thorpeら，A Change in Focus for the Teaching of Games. M. Pieron and G. Graham (eds.)，*Sport Padagogy: The Olympic Congress Proceedings*, Vol.6. 163-69, Human Kinetics.)

むしろ子どもたちにはこの「模倣」の活動を方向づける手がかりが必要なのである。さらに、この活動にみられる子どもの気恥ずかしさをいかに払拭していくかということも大きな課題である。

これらの課題を想起する時、特に、この領域において「ダンス課題学習」論を展開してきた日本女子体育連盟の授業研究グループ考案による「新聞紙(しんぶんし)」の授業は、典型的な教材づくりの1つとして掲げることができる。そこでは、新聞紙の動きを即座に感じ取りながら、模倣の原型としての活動が強調されるとともに、「表現性を生み出す源泉」としての対極の動きを含んだ「ひと流れ」の学習へと導びかれていく。

参考文献 14.B.02

- 岩田靖. 1987.「体育科教育における教材論(Ⅰ)」『スポーツ教育学研究』7 (2)：27-40.
- ―――. 1994.「教材づくりの意義と方法」高橋健夫 編『体育の授業を創る』26-34. 大修館書店
- ―――. 1997.「体育科の教材づくり論」竹田清彦ほか 編『体育科教育学の探究』223-53. 大修館書店
- 出原泰明. 1995.「出原泰明の『集団マット運動』」阪田尚彦ほか 編『学校体育授業事典』653-56. 大修館書店
- 髙橋健夫. 1989.「新しい体育の授業研究」89-97. 大修館書店
- ―――. 1993.「運動技能と学習指導」『体育科教育』41 (12)：15-18.
- 竹之下休藏ほか. 1965.『体育の学習指導』185-86. 光文書院
- 日本女子体育連盟授業研究グループ. 1995.「課題『しんぶんし』実践研究」『日本女子体育連盟紀要』94 (2)：20-71.
- 向山洋一. 1982.『跳び箱は誰でも跳ばせられる』12. 明治図書
- 山本貞美. 1982.『生きた授業をつくる体育の教材づくり』19-79. 大修館書店
- R. Thorpe, D. Bunker. and L. Almond. 1986. A Change in Focus for the Teaching of Games. In M. Pieron and G. Graham (eds.), *Sport Padagogy: The Olympic Congress Proceedings,* Vol.6. 163-69, Human Kinetics.

(岩田　靖)

学習指導法の展開 14.B.03

① 体育学習指導法の考え方の変遷

学習指導法(teaching method) とは、一般には、ある特定の教科内容を学習者に学ばせるための意図的・計画的な方法をさし、教授法とも呼ばれる。すなわち、「学習者になにを学ばせるのか」ではなく、「いかにその内容を学習者に学ばせるか」、または「いかにその内容を学習者に届けるか」という方略や技術を問題としている(Rink, 2009)。

わが国における体育の学習指導法に関する論議は、戦後に告示されてきた学習指導要領とその背後にある教育思想や学力観などによって大きな影響を受けて変遷してきた。学習指導要領については、1947(昭和22)年の学校体育指導要綱に始まり、現行学習指導要領まで、およそ10年に1度の割合で改訂されてきたが、そこでの体育科の学習目標と取り上げられる指導内容の変化も、体育の学習指導法に大きな進展をもたらした。例えば、1950-60年代の生活単元論や、グループ学習の学習形態論、1970年代以降の「めあて・ねらい学習」の学習過程論といった体育独自の学習指導論が展開されてきた(近藤, 2011)。

また一方で、1980年代後半以降、欧米の体育科教育学における学習指導法に関する研究成果がわが国にも紹介され始めると、優れた教師の相互作用行動やマネジメントなどの教授技術についての実証研究が活発に行われ、モストン(M. Mosston)の提唱する学習指導スタイル論や学習指導ストラテジー論などにみられるように体系的構造的に学習指導法を捉えるようになった(長谷川, 2011)。さらに1990年代後半から2000年以降は戦術学習モデル、スポーツ教育モデル、協同的学習モデルなどの学習指導モデル論の新しい学習指導法の考え方とそれに基づく授業実践が、わが国においても活発に展開されるようになってきた。

[戦前の身体的訓練から学習者中心の問題解決的な学習指導法]

戦前の体操を中心とした体育は、身体発達のための手段として運動を用い、合理的な訓練を図ろうとしたもので、学習者は教師の動きを忠実に模倣することが求められた。そこでの運動はもっぱら発達への刺激を意味しており、今日のような関心・意欲・態度、思考・判断、知識・理解、技能といった多様な学力観や教育的目標が強く意識されることはなかった。訓練的な授業では、教師やリーダーによって「示範」された技術や動きを模倣することが学習であり、それを反復練習-習熟というドリル形式で行うことが原則とされた。戦前の体育では、軍国主義的な時代背景のもとで、教師の「号令」「命令」による画一的・形式的な教授法で学習者の動きが統制される授業が多く展開された。

しかし、戦後、日本の教育にはアメリカの経験主義教育が導入され、1947(昭和22)年要綱、1949(昭和24)年および1953(昭和28)年の学習指導要領に反映されることとなった。体育科の学習目標には新たに民主的人間形成という社会的目標が規定され、戦前の体育を「身体の教育(education of physical)」とすれば、新しい戦後の体育を「運動による教育(education through physical activities)」とする体育概念の転換が起こった。これに伴って教科内容には「体操」に加えてより多様な「スポーツ種目」が扱われることになり、学習指導法は画一的・形式的な一斉指導から、学習者中心の「問題解決学習(problem solving learning)」の指導法を取り入れる試みがなされた。

問題解決学習とは、学習者が現実の生活の中での問題意識に即して諸問題を捉え、それに対して主体的・科学的に取り組み、解決の方法を探求させようとする学習指導法である。この学習指導法の考え方は、デューイ(J. Dewey)の問題解決の過程についての5段階説を理論的基盤とした。つまり、1) 問題に気づく、2) 問題を明らかにする、3) 解決のための仮説を提案する、4) 仮説の意味を推理する、5) 仮説を検証するという問題解決の過程に基づいて、子ども自らが学習を進めていくというものである。

問題解決学習の考え方は体育における単元学習という学習過程の組み方やグループ学習という学習形態の方式の中に取り込まれ、実践された(近藤, 2011)。代表的な例として、丹下は、子どもの自主的・自発的な学習活動を推進させるために、子ども自身が計画、運営、実行、反省していく「生活体育」を考案した(前川, 1973)。そこでは、学校での体育諸活動は、教科体育を基礎学習として、ホームルームや児童会を問題解決学習の場として位置づけ、学校行事、自由時間、クラブ活動の場を生活実践とする三層構想から捉えて連動させ、学校体育と子どもの運動生活の統合をめざした。これを体育におけ

る今日の「総合的な学習の時間」の先駆的な実践とみることもできる。ここでの学習指導法は、教師が作成した学習資料を、子どもが主体的に活用するもので、科学的な系統的指導と子どもの自発的な運動学習の二重の課題を解決させようとした。

また、竹之下はグループ学習を用いた学習指導法のあり方を追求した（竹田ほか，1997）。学習者の自主性・自発性を前提として「知覚–思考–練習」の流れで捉えて、運動技術を学習する際には、単なる運動学習だけでなく、学習者が内容を認知し、思考するという問題解決学習の過程が必要であるとした。これ以降も学習組織にかかわるグループ学習論と授業・単元の展開方法にかかわる学習過程論の議論は活発に行われることになり、これらは日本における学習指導法を考える上で重要な特徴とみることができる。

[体力づくりや運動技術を重視した系統的な学習指導法]

生活中心の経験主義教育のもとでは基礎学力の低下が問題視されてきたが、冷戦下のソ連が1957（昭和32）年に人類初の人工衛星の打ち上げを成功させた、いわゆるスプートニクショック以降、教育思想は科学的知識の体系を重視する系統主義教育へと大きな転換が行われた。

体育の分野では問題解決学習やグループ学習に対する「話し合いが長い」「基礎体力や基礎的運動能力が育たない」といった批判が出されており、58年要領や68年要領では体育の教科の系統を運動技術として、体力づくりと基礎的な運動能力や運動技能の向上をめざす技能的目標が強調された。ここには戦後、日本が国際スポーツに復帰し、1964（昭和39）年の第18回オリンピック大会（東京）の選手強化体制づくりを求める当時の国民世論が追い風となった。

体育の学習指導法は、運動文化の体系や系統が重要視され、1960年代後半には、それぞれの運動の特性に応じて合理的に学習が進むような教材の系統・配列や学習過程が提案されるようになる。例えば、体力づくりを直接めざした授業では、インターバルトレーニングやサーキットトレーニング、ウエイトトレーニングなど科学的・合理的な練習法が取り入れられた。また、

器械運動のマット運動を例とすれば、倒立回転系の運動の発展的学習を保障するために「川跳び側転→側方倒立回転→ホップ回転→側転前捻り→ハンドスプリング」といった教材の系統が提唱されたり、球技においては、部分練習と全体練習の組み合わせが探求され、「オリエンテーション→試しのゲーム→技術オリエンテーション→グループ学習→中間のゲームと反省→グループ練習→終わりのゲーム」といった学習過程のパターンが設定されたりした。

これらでは教師により考案された教材を学習者が個人や仲間と段階的に学習できるプログラム学習の指導法が用いられた。プログラム学習は、学習教材を少しずつ学習者に提示できるように細かく分割し、学習しやすいように配列した順序に沿って学習を進めるもので、系統的学習を合理的に進める1つの典型的な方法である。プログラム学習の考え方は、これ以降も運動課題に応じた個別化学習を進める教材開発や学習カードなどの学習支援の資料づくりに取り込まれていった。

[生涯スポーツと運動の機能的特性（楽しさ）を重視した学習指導法]

1970年代になると高度経済成長期による余暇時間の増大と質の高い生活の追求から、ゆとりある充実した教育の実現が求められるようになる。また旧来の学力観が知識や技能を偏重していたとして、児童・生徒の思考力や問題解決能力などを重視し、児童・生徒の個性を重視する「新学力観」が89年要領に採用されると、体験的な学習や問題解決学習が再び用いられるようになり、評価についても「関心・意欲・態度」「思考・判断」「知識・理解」「技能」の4観点が示された。それに伴い教師の役割は、それまでの指導から支援・援助の姿勢へと転換が求められた。

体育に対しては生涯スポーツをめざす教育が求められ、運動やスポーツを手段としてなにかに役立てるという「運動による教育」から、生活を明るく楽しくする文化的活動として運動・スポーツそれ自体の価値を承認する「運動・スポーツの教育(education in movement)」という新しい体育概念が着目されるようになった。この体育の捉え方は、「楽しい体育」論と呼ばれた。77年

要領、89年要領では体力や運動技能の目標、社会的目標は従来同様に重視されながらも運動に対する愛好的態度や生涯スポーツを志向することがより重要な目標として設定された。98年要領ではさらに「心と体を一体としてとらえる」ことを強調するとともに、生涯スポーツにつながる能力を育成するために自らがめあてをもって学ぶ「運動の学び方」の学習が重視された。

「楽しい体育」における学習指導の考え方は、1991（平成3）年の小・中学校指導資料に例示された「めあて・ねらい学習」の学習過程論と88年要領以降に中学校・高等学校に導入された「選択制授業」に盛り込まれ、体育の学習指導法に大きな影響を与えた。

「楽しい体育」では、生涯にわたる主体的な運動実践者を育成することをねらいとし、単に技能の成果だけではなく、学習者が学習過程の中で競争、達成、克服、表現などの欲求の充足（運動の機能的特性に触れることに伴う楽しさ体験）を追求するスパイラル型・ステージ型学習過程モデル、いわゆる「めあて・ねらい学習」が考案された（文部省，1991a, 1991b）。この特徴は、学習者が自らの力に応じて設定しためあてやねらいによって学習過程を構成するというものであった。

スパイラル型の「めあて学習」は、毎授業時間、学習者に楽しさを経験させるように技能や経験、学習のペースなどの個人差（チーム差）に対応できることをめざした。その原則は、学習者は授業の前半では、「今もっている力」でできる学習課題で運動の楽しさや喜びを十分に味わい、授業後半では「工夫した力」が必要となる学習課題に挑戦するように、毎授業時間の学習過程をらせん的・発展的に進めるというものである。一方のステージ型のねらい学習は、単元の学習過程に複数のステージ、つまり「ねらい1」「ねらい2」を設定して段階発展的に学習を進めるというものである。ここで1つのステージとは、1）受け入れ・反応段階（目の前にある運動に対して注目し意欲的に行動して、楽しさや喜び、満足感などの反応を示す段階）、2）発展段階（一生懸命に練習するというような行動を示す段階）、3）飽和段階（今もっている自分の力と課題のバランスが均衡を保つようになり、その状態がしばら

く連続するとやがて飽きの状態が訪れる段階）という学習のまとまりのあるサイクルとした。

中学校・高等学校において導入された選択制授業では，生徒の主体性や個性を尊重する指導法として，学習者に種目選択の機会を与えて重点的に学習できるようにしたこと，また，より発展的には教師の指導のもとに学習者が主導的に学習計画を立案して，学習を展開する方式も採用されるようになった。また，選択制授業の運用上，複数教師で授業を展開するチーム・ティーチングや，男女共修の学習組織が用いられるようになった。

[「生きる力」を育むバランスのとれた教育をめざす多様な学習指導法]

98年要領以降，社会の激しい変化に対応して問題を解決する「生きる力」を育てることが強調されたが，ゆとり教育のもとで学習者の自主性を尊重するあまり，学力低下を招くといった懸念が起こった。そこで，続く2008年要領では，「生きる力」を育むという理念のもとで，それまでの「ゆとり」「詰め込み」という二項対立の教育ではなく，基礎的・基本的な知識・技能の習得とともにこれらを活用する思考力・判断力・表現力などの育成を重視することが打ち出された。そのため，系統的な学習指導法と課題解決的な学習指導法を指導内容や学習者の特性，また発達レベルに応じてバランスよく適用することが求められる。

体育の「めあて・ねらい学習」においても，いくつかの問題点が挙げられていた。例えば，学習者の目標設定を優先するあまり，段階的な学習によって効果的な基礎・基本の技能を学習者が習得できないままに困難な課題を選択してしまったり，教師が間接的な支援に徹しすぎて，積極的な助言やフィードバックを実施しなかったりといったことである。

特に，こうした問題点の指摘は，1980年代後半からわが国に紹介されてきた学習指導法に関する考え方（Grahamほか, 2009; Metzler, 2006; Mosstonほか, 2002; Rink, 2009; Siedentopほか, 2000など）や，期間記録や教師相互作用行動記録などの組織的観察法を用いた教師行動と学習指導法に関する一連の授業研究から積極的に提言されるようになる（髙橋, 2000）。それらの主張するところは，学習者の学習成果を高めるためには，唯一万能の学習指導法が存在するのではなく，様々な学習指導方略や教授行動を計画的・意図的に教師が選択する必要があるということである。

また，1990年後半以降には，諸外国から理論的基盤が明確で実証研究・実践例が豊富に行われている「学習指導モデル（instructional model）」が紹介されるようになる（Metzler, 2011）。学習指導モデルとは，特定の学習目標と内容，それに応じて学習指導法がパッケージ化した一種のカリキュラムモデルをさす。そこでは技能目標だけでなく，認識目標や社会的行動目標，情意目標に応じて，学習課題の設定・選択方法，学習組織の組み方，発問の活用法，学習過程などを計画的に設定することを教師に求める。わが国の体育においても実証研究・実践例が多いものには，ボール運動・球技の指導を対象とした「戦術学習モデル」（Griffinほか, 1999），体ほぐしの運動に活用できる「協同学習モデル」（Gloverほか, 2000），生涯スポーツや運動文化の学習をめざした大単元のスポーツ指導に適用できる「スポーツ教育モデル」（Siedentopほか, 2003）などがある。こうした学習指導モデルには，学習指導法についての一定のガイドラインが設けられているが，教師はそれらを授業の実態に応じて変更することができる。

② 学習指導法の構造

体育の学習指導法の体系的・構造的理解は，1966年にアメリカの体育教育学者ムスカ・モストン（M. Mosston）が学習指導のスタイルが連続していることを明確にしたスペクトラム論（連続体モデル）を提唱して以降，活発に行われてきた。彼の著書はその後も改訂され続ける中で（Mosstonほか, 2002），多くの言語に翻訳されて，体育の学習指導法に関する最も影響を及ぼした理論となり，その後の体育科教育学者の学習指導法の考え方に大きな影響を与え（Grahamほか, 2000; Metzler, 2011; Rink, 2009; Siedentopほか, 2000），体育教師教育プログラムに取り込まれた。

ここでは学習指導法の構造を理解するために，まず意思決定の所在を中核に，体系的・構造的に解説した学習指導スタイル論を取り上げる。その上で選択された学習指導スタイル（あるいはストラテジー）とそれらを実行するために必要な効果的な教授スキルとの関係について述べる。最後に，学習指導スタイルや教授スキルなどの学習指導法に関する様々な次元と要素をより包括的に捉えたメッツラー（Metzler）の学習指導モデルの考え方を紹介する。

[学習指導スタイル論]

モストン（2002）の学習指導スタイル論は，授業の準備段階，実行段階，評価段階のそれぞれで行われる教師と生徒の行動にかかわる意思決定が，教師主導であるか，生徒主導であるかの程度に基づいて，一連の学習指導スタイルを概念化したもので，「誰が，なにを，いつ，意思決定するか」から11の代表的な学習指導スタイルを区分している（表1）。スタイルAに近いほど意思決定の所在は教師に，スタイルKに近いほど生徒に移行する。意思決定の具体的な内容としては，次の事項がそれぞれ挙げられている。

授業の準備段階では，1) 学習目標，2) 学習指導スタイルの選択，3) 予想される学習者の学習スタイル，4) 対象となる学習者，5) 教材の選択，6) 指導の時間（開始時間，ペースとリズム，継続時間，停止時間，間隔，終了），7) コミュニケーションの方法，8) 発問の方法，9) 学習組織の調整（用具，空間，時間），10) 指導の場所，11) 隊形（立ち位置），12) 服装と容姿（安全，衛生），13) 諸変数，14) 授業の雰囲気，15) 評価方法・資料など。

実施段階では，1) 準備段階での決定事項の実行，2) 決定事項の調整など。

そして評価段階では，1) 学習者のパフォーマンスに関する情報収集，2) 評価規準に対応した評価，3) 学習者へのフィードバック，4) 発問の方法，5) 選択した学習指導スタイルの評価，6) 予想された学習スタイルの評価，7) 決定事項の調整など。

ここで，スタイルAの「命令型」からスタイルEの「課題選択型」までは，「再生産クラスター」と呼ばれ，過去の知識，モデルの模倣，運動技能の練習を主に目標とする場合に効果的とされる。一方で，スタイルFの「誘導発見型」からスタイルKの「自己教授型」までは，「生産クラスター」と呼ばれ，学習者や教師，時に社会にとって，新しい考

表1 学習指導スタイルの特徴

スタイル	内容
スタイルA 命令型（command style）	学習者は手がかりに従って正確なパフォーマンスを再現する。すべての意思決定を教師が行う。
スタイルB 練習型（practice style）	学習者は，個別のフィードバックを教師から受けながら，記憶/再生課題を個々人で練習する。 教師は内容と計画，評価を決定して，実施段階では学習者が練習に関する意思決定を行う。
スタイルC 相互学習型（reciprocal style）	教師が準備した明確な規準により，学習者は他の仲間と相互にフィードバックを与え合う。 学習者は行為者と観察者という役割を交互に学習することで社会的相互交渉を発達させる。
スタイルD 自己チェック型（self-check style）	教師が準備した明確な規準に基づき，学習者は記憶・再生の課題を個別に練習，自己評価をする。
スタイルE 課題選択型（inclusion style）	技能水準の異なる学習者が，多様な難易度の課題に参加できるようにする。 学習者は練習・実行する難易度を選択することができ，初めの段階，課題の調整なども決定できる。
スタイルF 誘導発見型（guided discovery style）	教師は論理的に連続する発問を設計して，学習者がまだ獲得していない概念，関係性，ルールを発見できるように導く。 教師は内容・教材，発見させる概念，一連の発問のすべてを準備する。学習者の役割は答えを発見することである。
スタイルG 収束的発見型（convergent discovery style）	学習者が以前には経験したことのない問題に対して，想定された解答を生み出すことである。 教師は内容・教材，発見させる概念，一連の発問のすべてを準備する。 学習者の役割は，推論・自問しながら内容につながる解答を論理的につきとめることである。 もし学習者が以前のQ&Aで解答を知っているのであれば，スタイルBの練習型となる。
スタイルH 拡散的発見型（divergent discovery style）	学習者それぞれが単一の質問，状況あるいは問題に対して多様な反応を生み出し，発見することである。 教師は内容・教材にかかわる主題と特別の質問，そしてそれを学習者にどのように順序だてて発問するかを準備する。 学習者の役割は，その問題に対する多様な計画，解決策，反応を発見することである。
スタイルI 学習者による個別プログラム型 （learner-designed indivisual program style）	学習者それぞれが自立して，幅広い問題・論点を調査し，テーマを決定し，実施可能な詳細な計画・プログラムを作成する。 教師は学習者のための一般的な内容を決定するのみで，多くの意思決定が学習者に移行する。 学習者は，提示された内容の調査方法，特定のテーマの絞り込み，課題を設定して，成果を評価する規準を作成する。
スタイルJ 学習者主導型（learner's intiated style）	教師による主導ではなく，学習者の主導で学習が起こる。個々の学習者は自ら進んでこのスタイルで学習を始める。 生徒の役割は，学習の経験で自分が下した決定事項について教師に報告することである。
スタイルK 自己教授型（self-teaching style）	学習者自らが学習経験を作り上げたいという強い欲求によるスタイルである。 このスタイルは教師からの介入を全く受けず，もはや学校や教室には存在しない。

（出典：Mosston & Ashworth, 2008）

や未知の事象に触れる機会を提供し，技能面だけでなく，認知面，情意面の学習目標を達成する場合に効果があるとされる。

学習指導スタイルは，一授業単位，一単元単位で決まるのではなく，授業の中の1つ1つの指導場面ごとに，最も有効なスタイルを適用すべきであると提案されている。例えば，ある体育教師のテニスの授業は，準備運動やストレッチングの部分は「命令型」，その後の数分間はサーブの反復練習をする「練習型」に移行する。次の学習課題には，「自己チェック型」が用いられ，生徒は自分の技能レベルを自己評価する。授業の終わりでは，テニスのサーブについての認知的な知識の理解を促すために，「発見型」のスタイルを用いて，授業の反省やまとめが行われるといったものが想定できる（長谷川，2011）。

[学習指導法と効果的な教授スキル]

学習指導スタイルは，学習指導ストラテジーとも同義的に呼ばれることもあるが，いずれのスタイルにも共通する複数の教授スキルに関する意思決定を含んでいる。授業中の生徒の学習の可能性を高めるためには，「教師が何をすべきか」より以上に「教師は生徒に授業で何をやらせるか」が問題となる。したがって，どのような学習指導法が適用されたとしても，効果的な教授スキルに関する意思決定と実行が重要となる。そこには，学習成果に応じた学習指導スタイルや学習指導ストラテジーを選択することも，優れた教師が身につけるべき効果的な教授スキルとみなされる。1990年代後半には効果的な教授スキルとして次のような総括がなされている（Silvermann, 1996, 175-92）。

1）よい練習に時間を費やした生徒は，より多くを学習する。授業では，学習に必要な時間が十分保証されなければならない（時間マネジメント，説明場面の縮小）。2）学習目標や個々の生徒に即した練習を行う（課題選択，個別化システム）。3）挑戦性を備えつつ難しすぎない課題を設定する（成功体験の保証）。4）学習者のわかり方を重視する（認知的活動，学習カードの活用）。5）学習に適した環境を整え，生徒行動をモニターし，生徒が課題に責任をもつようなシステムや方法を作り出す（積極的巡視，安全管理，生徒の責任）。6）上手にコミュニケーションを営む（コミュニケーション，学習資料・掲示物の活用）。7）教師のフィードバックは，単なるパフォーマンスに関する情報提供にとどまらず，生徒を動機づけ，練習へと焦点化させる機能

をもつ（具体的情報を伴う肯定的・矯正的フィードバック，動機づけ方略）。8）学習者に適した教科内容を組織し，双方向的な意思決定の過程を通して教科内容を開発していく（教材構築，修正されたゲーム開発）。9）直接指導を用いる。教科内容が高度に構造化され，生徒になにを学習させたいのかを教師が明確に記述できる場合には，直接指導が適切である（学習指導ストラテジーの選択）。

[学習指導モデル論と検証研究]

メッツラーによれば，学習指導モデルとは，学習理論，長期の学習目標，学習環境，内容（教材），授業マネジメント，学習指導ストラテジー，学習過程の検証，学習評価を同時に包括的に考慮した学習指導の考え方であり，「カリキュラム（長期の教育課程）を構成し，学習資料を設計し，教室等での学習指導をガイドするために使用される計画」と定義されている（Metzler, 2011, 5-12）。そして彼は，計画・実行・評価を含めた学習指導モデルは，学校体育プログラムにおける多様な指導内容によるバランスのとれた学習成果を目標とするためには，最も有効な方法であると主張した。そして学習指導モデルの条件として，強力な理論的基盤を有しており，モデル構築までに多くの実証的研究が積まれているもので，教室の授業において主に認知領域と情意領域の学習成果に対応して使用されたモデルであっても，体育の授業の運動領域の学習にも適用できる学習指導モデルとして次の8つを選定した。

1）直接的指導：教師が学習指導を先導する。
2）個別指導システム：生徒は自分のペースで学習を進めることができる。
3）共同学習：生徒は仲間とともに支え合いながら学習する。
4）スポーツ教育：有能で教養があり熱意のあるスポーツパーソンを育てる。
5）ピア指導：「私があなたを教え，次にあなたが私を教える」。
6）発問指導：学習者は問題解決者である。
7）戦術学習：ゲームを理解するための指導法。
8）個人・社会的責任学習：社会性・道徳性の育成。

さらに，学習指導モデルを活用するために，体育教師が知っておかなければならない理論的な概要として，1）体育授業の基礎的知識，2）学習指導ストラテジー，3）効果的な教授スキル，4）指導計画，5）学習評価を挙げている。個々について解説すると，体育授業の基礎的知識には，教師の知識構造の各要素などの理解が含まれる。学習指導ストラテジーは，マネジメントとインストラクションの大きく2つに分けられ，前者には，問題行動を未然に予防する計画と状況に応じたマネジメント対処法について，後者は，学習課題の提示，学習課題の手順と実行，学習活動の選択，学習課題の進度，安全管理，授業の反省・まとめのストラテジーが含まれる。教授スキルは，指導計画，時間と授業マネジメント，学習課題の提示と学習課題の手続き，コミュニケーション，指導助言の提供（手がかり，提案，フィードバック），発問の活用，授業の反省・まとめの7グループに分けられる。指導計画は，まず，単元計画の立て方（学習環境の分析，内容・教材の分析とリストアップ，学習目標の設定，学習指導モデルの選択，マネジメント，学習活動，評価と評定，単元での教師の役割，生徒の役割），そして授業計画の立て方（学習目標，時間／場所のマネジメント，学習活動，学習課題の提示と手順，評価，反省とまとめ）である。最後に，生徒の学習評価は，運動パフォーマンス，発問回数などの数量的な指標だけでなく，生徒の感想文や仲間との交流など質的な指標が用いられ，指導と評価が一体となったオーセンティック評価を理解することを求めている。

学習指導モデルの実施手順については，それぞれの理論的基盤（学習理論，学習指導の前提，主要テーマ，学習目標領域の優先性，生徒の発達条件，モデルの妥当性），教師の指導と生徒の学習の特徴（主導性と包括性，学習課題，学習の従事パターン，教師と生徒の役割・責任，指導プロセスの妥当性，学習成果の評価），実行の条件と調整（教師の技量，キーとなる教授スキル，学習環境の条件，選択と調整）が述べられている。

直接的指導と戦術学習を例にその内容の一部を簡単に述べると，直接的指導の理論的基盤は，反復練習によるシェーピング（正しい行動を生じさせる訓練）やモデリング（模範的な人物や行為をまねることによって望ましい行為を生むとする行動形成法），強化の理論にある。他方，戦術学習は，ラフバラ大学のTGfU理論にある。学習領域の優先性は，直接的指導が運動，認知，情意となるのに対して，戦術学習では発問法を用いて戦術的な気づきを重要視するため，認知，運動，情意となる。

学習指導過程の特徴の主導性は，7つのパラメーター（内容の選択，マネジメントの統制，学習課題の提示，学習従事パターン，指導の相互作用，学習のペース，学習課題の進度）の意思決定が教師の側や生徒の側のどちらに位置づくかによって，他のモデル間との違いが特徴づけられる。

指導プロセスの妥当性としては，教師がモデルに基づいて実施したかをチェックするための教師行動と生徒行動それぞれのベンチマークが設定されており，それによってモデルによる授業の再現性と有効性を検証することが可能となるとしている。直接的指導では，例えば，「教師は肯定的・矯正的フィードバックを頻繁に与えているか」「生徒の学習従事を高めているか」などの8項目，戦術学習では，「教師は生徒が戦術的な問題解決をできるような誘導的な発問をしているか」などの8項目の教師ベンチマーク，「修正されたゲームは生徒の発達レベルにふさわしいか」などの6項目の生徒ベンチマークが設定されている。

メッツラーは学習指導モデルの利点として次の点を挙げている。モデルは，1）学習指導過程の全体的な計画を提供する，2）学習目標領域の優位性と関係性を明確にする，3）主要な指導テーマを設定する，4）教師と生徒に授業の学習の見通しを理解させる，5）理論的な枠組みを備えている，6）研究で支持されている，7）教師に共通の技術的用語を用いることを促す，8）指導と学習との関係を検証できる，9）複数の適切な学習の評価法を容認する，10）統一の枠組みでの教師の意思決定を奨励する，11）特定の到達基準や学習成果を直接的に高める。

学習指導モデルはそれぞれ，統一の枠組み（理論や技術的用語）での検証手続き（ベンチマーク）を定めているため授業の再現性を高め，期間記録，イベント

記録，タイムサンプリングなどの組織的観察法の量的データや質的データから効果検証が行われてきた。さらに近年，欧米において優れた体育教師を養成する教師教育プログラムの質保証が求められると，学習指導モデルに関する知識は，体育教師が備えるべき基本的知識として位置づけられ，その活用マニュアルや教師教育のためのテキストが多数出版されるようになっている（長谷川，2011）。

参考文献　14.B.03

- 近藤智靖.2011.「日本にみる学習指導論」日本体育科教育学会 編『体育科教育学の現在』99－106. 創文企画
- 髙橋健夫.2000.「子どもが評価する体育授業過程の特徴：授業過程の学習者行動及び指導行動と子どもによる授業評価との関係を中心として」『体育学研究』45:147－62.
- 竹田清彦，髙橋健夫，岡出美則 編.1997.『体育科教育学の探求』大修館書店
- 長谷川悦示.2011.「英語圏にみる学習指導論」日本体育科教育学会 編『体育科教育学の現在』75－90. 創文企画
- 前川峯雄 編.1973.『戦後学校体育の研究』不昧

堂出版
- 文部省.1991a.『小学校体育指導資料：指導計画の作成と学習指導』東洋館出版社
- ─────.1991b.『中学校保健体育指導資料：指導計画の作成と学習指導の工夫』東山書房
- Glover,D. & Midura, D. 2000.『チャレンジ運動による仲間づくり：楽しくできる「体ほぐしの運動」』髙橋健夫 監訳 大修館書店
- Graham, G., Holt/Hale, S. & Parker, M. 2009. Children moving: A reflective approach to teaching physical education (8th ed.). McGraw-Hill.
- Griffin,L., Oslin, J. & Michell, S. 1999.『ボール運動の指導プログラム：楽しい戦術学習の進め方』髙橋健夫 監訳 大修館書店
- Metzler, M. 2011. Instructional models for physical education (3rd ed.) Holcomb Hathaway, Publishers.
- Mosston, M & Ashworth, S. 2002. Teaching physical education (5th ed.). Benjamin Cummings
- Rink, J. 2009. Teaching physical education for learning (6th ed). McGraw-Hill.
- Siedentop, D. & Tannehill, D. 2000. Developing teaching skills in physical education (4th ed.). McGraw-Hill.
- Siedentop, D. 2003.『新しい体育授業の創造：スポーツ教育の実践モデル』髙橋健夫 監訳 大修館書店
- Silverman,S.J. et. al. (Eds.). 1996. Student Learning in Physical Education. Human Kinetics:Champaign.

（長谷川悦示）

授業研究の方法と研究成果　14.B.04

① 体育授業研究の方法論

体育授業研究とは「教授－学習過程の実践を対象として，事実を記述・分析したり仮説の検証を行う研究」（髙橋，1992）と定義される。このような体育授業研究には，量的研究と質的研究による研究課題へのアプローチの方法がある。量的研究は，記述研究，相関関係的・予測的研究，実験的・準実験的研究および応用行動分析に分けられ

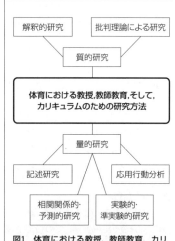

図1　体育における教授，教師教育，カリキュラムに関する一般的な研究方法
（出典：Silverman, 1996）

る。他方，質的研究は，解釈的研究および批判理論による研究に分類される（Silverman, 1996. 図1）。

[記述研究]

体育授業では，様々な現象が観察される。例えば，教師が授業の目標や教えたい運動技術について児童・生徒（以下，「学習者」という）に説明したり，教師が個々の学習者に話しかけたり，学習者が運動したりする等がある。

量的研究としての記述研究は，体育授業で観察されるこれらの現象について，数値化して説明することを目的としている。その一般的な手続きは，1) 説明したい現象を特定する，2) 多数の体育授業を観察し，その現象が出現した頻度や時間を記録する，3) その頻度や時間を，授業時間を単位とした出現頻度（回）や出現割合（％）に換算する，4) 1単元の出現頻度や出現割合の平均値を算出したり，運動領域間の出現頻度や出現割合を比較したり，新任教師と熟練教師等といった教師間での出現頻度や出現割合を比較したりする，5) 体育授業においてその現象はどのように生じているのかを説明する，である。

[相関関係的・予測的研究]

記述研究は，体育授業で観察される様々な現象を数値化するが，数値化することによって，現象と現象の間の関係，あるいはある現象から他の現象の出現予測を数量的に示すことが可能になる。このような研究が，相関関係的・予測的研究である。例えば，学習者に対する教師の言葉掛けと学習者の運動への取り組みの関係を調べてみるとする。両者を分析することによって，学習者の運動への取り組みを促すためには，教師にはどのような言葉掛けが求められるのかを検討することができるのである。

このように，相関関係的・予測的研究は，2つの変数間あるいは，多くの変数間の関係を説明することを目的にしている。

[実験的・準実験的研究]

例えば，ある指導法を開発し，その指導法は従来の指導法と比較してどの程度効果があるのか，あるいは，教師は運動に対して否定的な態度をもつ学習者よりも肯定的な態度をもつ学習者とより多くかかわるのではないかといったことを検討してみる。前者に関してはある指導法と従来の指導法による授業を受けたグループ間の学習成績に差異はあったのか，後者に関しては運動に対して肯定的な態度と否定的な態度をもつ児童のグループの間に，教師のかかわり方に差異はあったのかというおのおのの変数の比較が行われる。このように，グループ間の差異を明らかにする研究が，実験的・準実験的研究である。

[応用行動分析]

このほか，例えば教師がある学習者個人に対して運動技術獲得に関する具体的なフィードバックを与えることによって，当該の個人の学習に対する取り組みに変容がみられるか等を検討してみる。このような介入の効果を明らかにする研究が，応用行動分析である。

実験的・準実験的研究はグループを対象として研究を進めるが，応用行動分析は個人を対象として研究を進める。そこに，研究の違いがある。

これらの研究は量的研究に位置づけられるが，一般に量的研究は，体育授業で生じる様々な現象を数値化し，統計処理を行い，それらの現象について，数量的に把握しようとするところに共通点がある。

[解釈的研究]

他方，質的研究としての解釈的研究は，研究を行っている人の見方から，体育授業における状況，あるいは，体育授業で生じている現象を深く理解しようとすることを目的として行われる。

例えば，体育授業では，運動技能の高い学習者と低い学習者が，同じように体育学習に取り組んでいるとは考えられない。すなわち，運動技能の低い学習者は，その高い学習者と比較して，体育学習への取り組みは量的に少ないと予想される。この現象は，記述的研究，あるいは，実験的・準実験的研究によって，明らかにすることが可能である。しかしながら，運動技能の低い学習者は，なぜ体育学習に取り組む時間が少ないのかという現象の理由については，量的研究で明らかにすることは難しい。このような課題を明らかにする研究が，質的研究としての解釈的研究である。

解釈的研究では，対象とする学習者等を観察者が注意深くかつ長期にわたって継続的に観察し，体育授業における行動の様子を詳細に記録する。写真，状況図，観察記録，あるいは，インタビュー等の様々な方法によって，詳細に，記録が収集される。数値化することになじまない内容が，詳細に記録されていく。記録が詳細に収集されるため，記録は分厚い記述となっていく。これは解釈的研究の特徴の1つである。

[批判理論による研究]

最後に批判理論による質的研究であるが，多くの批判的研究者は変化を与える目的で，政治的試みとして彼らの研究にアプローチするといわれている。すなわち，彼らは社会を変革しようと考え，自分たちの試みを政治的試みと位置づけて研究を進める，ということである。例えば，「自己責任のための道具を利用している体育活動への参加は，彼らの生をコントロールするような力を参加者に与えるか」（Silverman, 1996）といった課題が検討される。

これら2種類の質的研究の相違について，トーマス（J.R. Thomas）とネルソン（J.K. Nelson）はベイン（Bain）の主張を引用して，次のように説明している。「二つのアプローチの間の大きな相違点は研究が目指すところの最終目的にあるという。解釈的研究は，言ってみれば価値観にとらわれないが，批判理論研究は価値に根ざしたものである。言い換えれば，批判理論研究では，研究対象に対して，彼らの生活を改善するための選択に不可欠な洞察を与えることが目的である」（トーマス＆ネルソン，1996）。いっそう具体的にいえば，批判理論による研究として，個々の学習者が，体育の学習過程あるいは体育の学習成果に関して，いかに不平等であるかを明らかにすることを通して，学習過程の平等性あるいは学習成果の平等性を，教師，学校，自治体に求め獲得する，等の研究が挙げられる。

[研究の前提と様式]

さて，これらの量的研究あるいは質的研究による授業研究は，研究の前提（Maykut & Morehouse, 1994）および研究の様式（佐藤, 1997）が大きく異なる。

研究の前提に関していえば，量的研究では，1) 世界の実在は1つである，すなわち，世界はすべて数字で記述することができると考える，2) 知る人は，知られることの外側に立つことができる，3) 研究は価値自由である。つまり，価値判断に立ち入ってはならない，という立場である，4) ある出来事が，他の出来事に先立つなら，ある出来事は，他の出来事を引き起こしたといえる，また，因果関係に関心を寄せる，5) ある時間，ある場所からの説明が，他の時間，他の場所に対して一般化される，6) 問題の確認や証拠を得ようとする，というところにその前提がある。つまり，量的研究とは，実証主義的アプローチによる研究なのである。

他方，質的研究では，1) 世界には多数の実在が存在する，2) 知る人と知られることは相互依存的である，3) 研究の価値は，それら両者の間に生じる，4) 相互に形づくられていくものとして出来事をみており，多方向的な関連は，状況の中で発見されうる，5) ある時間，ある場所に対する仮の説明だけが可能である，6) 問題をみつけたり，あるいは暴露しようとする，というところにその前提がある。つまり，質的研究とは，現象学的アプローチによる研究なのである。

また，研究の様式に関していえば，次のような相違がある（佐藤, 1997）。量的研究は「どの教室にも通用する一般的な技術的原理（一般方法論）を探究する」という立場から「技術的実践」を志向する「授業の科学」という様式をとり，質的研究は「ある1つの教室の1つの出来事や1つの方法の意味を検討したり，ある1人の教師や1人の子どもの1つの活動や経験の意味を探究する」という立場から「反省的実践」を志向する「授業の探究」という様式をとる。

これらの2つの様式による授業研究は「哲学も原理も様式も方法も異にして」いる。数量的研究，すなわち量的研究は，自然科学的・工学的な認識を前提として「法則・原理・技術の一般化を志向して客観的な『パラダイム的認識』（命題としての認識）を追求し，システムやプログラム，技術の開発へと向かう。それに対して，質的研究は，人文社会科学的・文学的な認識を規範とし，特定の教室に生起する個別具体的な経験や出来事の意味の解明をめざして，主観を尊重した『物語的（ナラティブ）認識』を追求し，教師の実践的な見識の形成と教室における経験の意味と関係の編み直しへ」と向かう。

このように，体育授業研究の方法論には，前提も様式も異なる量的研究と質的研究が存在する。現在の体育授業研究では，どちらかに限定して体育授業研究を行うのではなく，これら両者の方法論を受け入れて行うことが必要である（Silverman, 1996; 髙橋, 1992）。なぜならば，体育授業の改善に向けて異なった観点からの問題設定が可能であるからであり，また，研究する対象，あるいは理解しようとする対象が多様な側面を有しているからである。

② 体育授業研究の研究成果

わが国における体育授業研究の研究成果は主に，1) 教師の指導行動の研究，2) 学習者行動の研究，3) 体力や運動能力に焦点を当てた授業研究，4) 指導法に関する研究，5) 学級経営と体育授業の関係に関する研究に整理できる（髙橋ほか, 2005）。

[教師の指導行動の研究]

教師の指導行動の研究では，体育授業における効果的な教師の指導行動のあり方に関する研究成果が産出されている。例えば，わが国の体育授業では，主として教師は4つの行動をとることが明らかにされた。それらは，児童・生徒に直接指導する「直接的指導」，体

育学習を進めるための用具や場の準備等の「マネジメント」、児童・生徒の体育学習の様子を観察する「巡視」、児童・生徒と個別にやりとりを交わす「相互作用」であった。多くの研究者により直接的指導およびマネジメントが体育授業で占める割合と学習者による授業評価の間には負の相関関係、相互作用とそれとの間には正の相関関係にあることが明らかにされた。

また、単元レベルにおける学習者に対する教師のフィードバック行動の推移と学習成果に及ぼす影響について、成功を示した授業は、毎時間の授業に対する学習者の授業評価が徐々に高まり、直接的な指導場面およびマネジメント場面の割合が徐々に減少し、逆に運動学習場面が徐々に高まる。そして、教師の児童に対する相互作用行動が増加する、という共通した特徴を示すことが明らかにされた。

さらに、教師の学習者に対するフィードバック行動およびそれに対する児童の受け止め方は、学習者の授業に対する評価に強く影響することが明らかにされた。

[学習者行動の研究]

また、学習成果に直結するのは学習者自身の行動であるという考え方から、体育授業における学習者行動に関する研究も積極的に進められている。この研究では、体育授業における学習者の行動の時間的割合が明らかにされた。学習者は体育授業において、運動に取り組んだり教師の技術に関する説明を聞いたりする等の学習活動に従事することが求められる。例えば、バレーボールの授業中、相手コートにアンダーハンドサーブを入れる練習場面を想定した場合、サーブ練習をしている学習者は、学習に従事していることになる。この時、サーブが相手コートに入った場合、成功裡に従事していることになり、サーブが相手コートに入らなかった場合、従事しているが失敗したことになる。

このように体育授業を分析した場合、成功裡に従事していた時間は授業時間全体の30％程度、運動活動を伴って成功裡に従事していた時間は授業全体の10％程度、その日の体育授業の中心的な運動に関して運動活動を伴って成功裡に従事していた時間は授業全体の7-8％しかないことが明らかにされた。そして、これらの学習者行動と学習者による授業評価の間には正の相関関係にあることが明らかにされた。

さらに、学習従事行動と課題からはずれた行動から構成される「学習の勢い」および肯定的・否定的人間関係行動と肯定的・否定的情意行動から構成される「学習の雰囲気」は、学習者の授業評価に対して、75％という大きな規定力をもっていることが明らかにされた。

[体力・運動能力に焦点を当てた授業研究]

そして、体力や運動能力に焦点を当てた授業研究では、体力を高める体育学習のあり方、各種スポーツの運動能力を向上させるための体育学習の方法が検討されている。近年、学習者の投能力の低下が指摘されているが、小学生児童を対象に、児童の興味を惹きつけつつ、オーバーハンドでの投能力を向上させるための学習プログラムが開発され、その効果が実証されている。このほか、持久走、走り幅跳び、短距離走等の能力を高めるための学習プログラムが検討されている。

なお、近年、球技の授業研究も活発に行われるようになっている。一般に戦術学習モデルといわれるが、学習者が、球技を理解することをねらったアプローチを適用し、そのモデルによる授業の効果が実証されてきている。

[指導法に関する研究]

指導法に関する研究では、一斉学習による指導で体育授業を受けた学級と、グループ学習による課題解決的な指導で体育授業を受けた学級を対象に、児童の体育授業に対する態度を比較検討した研究等がある。

[学級経営と体育授業の関係に関する研究]

学級経営と体育授業の関係を検討した研究も報告されている。体育授業をうまく指導できる先生の学級経営はよいという経験的認識について検討し、体育授業をうまく指導できる先生とその学級における学級経営は強い相関関係にあることが見出されている。

③ よい体育授業の条件

さて、このように、体育授業研究は、研究者の関心、実践者のニーズ等から、授業実践の改善に向けて行われている。そして、それらの研究成果から、よい体育授業を成立させる条件がモデル化され、体育授業改善に向けた具体的な提案がなされている（図2）。

よい体育授業を実現するためには、授業の基礎的条件および内容的条件を整える必要がある。

授業の基礎的条件とは「授業の目標・内容・方法の考え方や形式に関係なく、すべての授業に常に要求される条件」である。これらには、次の4つの

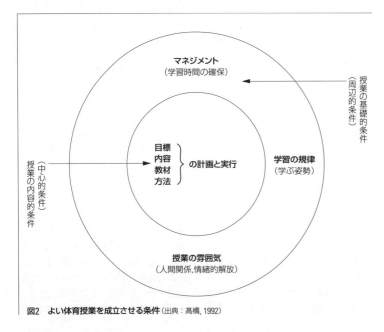

図2　よい体育授業を成立させる条件 (出典：髙橋, 1992)

下位の条件が指摘されている（髙橋，1994）。

第一に，学習従事時間が確保されていること。授業の中心的な課題に児童・生徒が取り組む時間が実際に十分に確保される必要性を示している。

第二に，学習の規律が確立していること。積極的な学習を進めるためには，準備・片付けや学習の手順等が明確であり，教師はそれらを整理して学習者に示し，学習者はそれらを理解し，行動する必要がある。

第三に，教師の肯定的な働きかけがみられること。教師行動に関する研究成果では，教師の肯定的な働きかけの有効性が一貫して支持されてきた。児童・生徒に対する教師の肯定的な働きかけが，授業によい雰囲気をもたらし，学習成果を高めることが示されている。

第四に，学習者の情緒的解放や学習集団の肯定的かかわりがみられること。授業場面で，学習者が肯定的で協力的な関係にあること，学習者から歓声があがり，喜びが表現されていること，これらの行動がみられる授業は，学習者から高い評価を得る。

他方，授業の内容的条件とは授業成果をめざして「なにを，どのように教授－学習するのか」という授業の論理（目標，内容，方法）と，これらと切り結んだ教師・生徒行動の質的側面を問題にしている。学習者から高い評価を得る授業には，授業の内容的条件について，ある共通性が認められることが指摘されている。

第一に，学習目標（めあて）がはっきりしていること。学習者が，なにを学習するのか，明確に理解していることが大変重要である。

第二に，教材や場づくりの工夫がみられること。子どもたちの学習意欲を喚起し，挑戦してみようという気持ちを起こさせる教材や場づくりを工夫することも，大変重要である。

第三に，学習方法の形式は多様であること。画一的な学習方法が，常に最善の成果を生み出すとは考えられない。様々な授業状況に応じた学習方法が，検討される必要がある。

第四に，教師の指導性が明白であること。教師が，指導内容や指導方法を明確にしていることが，大変重要である。

体育授業研究は「この20年間に次第に研究量が増えてきたものの，いまだ氷山の一角を崩し取ったレベルにある。…（中略）…総じて組織的観察法による量的研究を通して，効果的な教師行動や求められる学習行動の全体的傾向がおぼろげに見えてきた段階に過ぎない。…（中略）…国際的には授業の質的研究の重要性が指摘されているが，わが国においてはいまだ納得のいく研究成果は発表されていない。」（髙橋，2005）と指摘されている。体育授業研究における量的研究のいっそうの拡大，そして精緻な質的研究の実施，さらには実践的研究のいっそうの蓄積，学校種ならびに運動領域に関する研究対象の拡大が望まれている。

参考文献 14.B.**04**

- 佐藤学．1997．「授業という世界」稲垣忠彦，佐藤学『授業研究入門』13－139．岩波書店
- 髙橋健夫．1992．「体育授業研究の方法に関する論譲」『スポーツ教育学研究』特別号：19－31．
- 髙橋健夫，岡澤祥訓．1994．「よい体育授業の構造」髙橋健夫 編『体育の授業を創る』9－24．大修館書店
- 髙橋健夫，岡出美則ほか．2005．「体育学研究における体育科教育学研究の成果と課題」『体育学研究』50（3）：359－68．
- トーマス，J.R．ネルソン，J.K．1999．『最新体育・スポーツ科学研究法』宮下充正，片岡暁夫監訳 443．大修館書店
- Maykut, Pamela & Morehouse, Richard. 1994. Before Beginning Research: A philosophic Perspective. In *Beginning Qualitative Research: A Philosophic and Practical Guide*. 7－24. The Falmer Press.
- Silverman, Stephen J. 1996. How and Why We Do Research. In *Student Learning in Physical Education: Applying Research to Enhance Instruction*, eds. Silverman, Stephen J.and Ennis, Catherine D. 35－51. Human Kinetics.

（大友 智）

課外におけるスポーツ教育 14.C

課外スポーツの成立と発展 14.C.**01**

① パブリックスクールにおけるスポーツ教育

[課外活動から課外「教育」へ：エリート教育と課外スポーツ]

イギリスのパブリックスクールで「課外」における「遊び」が，「教育」的活動として学校当局によって認められ，学校で公認されたスポーツやゲーム活動として「課外教育」の重要な構成要素になり制度的枠組みを整えたのは，19世紀中葉頃のことであった。19世紀前・中葉における多くのパブリックスクールは，産業革命を契機に台頭した新興の中産階級の教育要求を背景に，ロンドンや各地方都市で成長を遂げた。古い基金をもつグラマースクール（文法学校）は，そうした教育需要を背景に，次第に「パブリックスクール」という国から独立した独特の「私立」学校を形成し始めた。パブリックスクールで，授業外に行われていた生徒の未組織で，黙認ないしは放任状態にあった遊びや趣味的活動は，次第に教科外の「教育」としての「課外教育」や「課外スポーツ」に変質し始めるのだが，どのような経緯，段階を経て形成されてくるのかを確認することにしよう。ここではその事例を1つ1つの学校に即して論ずることはできないので，まず，いくつかのイギリスのパブリックスクールにおける課外スポーツの組織化の動向を確認する（表1）。

[パブリックスクールにおける課外スポーツの形成]

パブリックスクールにおいて「課外スポーツ」は，18世紀後半から19世紀にかけて，いくつかの段階を経て形成されたと考えることができる。

第1の段階（18世紀後半－19世紀前葉頃）は，「課外」（放課後やパブリックスクールに固有な半日休み等の授業以外の時間）で遊びや自由な活動が行える一定の自由時間とそうした活動を行える環境と場が存在していたという前提条件の上で，生徒たちが次第に子どもの伝承的な「遊び」という子ども文化的な枠組みを逸脱して大人の一般社会や地域で行われていたスポーツやゲーム（大人の余暇形式と遊戯形態）を模倣していく段階である。しかし，教師や学校当局はそうした生徒のスポーツやゲーム活動に対して，無関心，否定，黙認，放任といった姿勢が一般的で，「遊び場」を設け

表1　18世紀末から19世紀中葉にかけてのパブリックスクールにおけるゲーム活動とその組織化

年代	クリケット	ボート	フットボール	陸上競技
1790-1799	1792 イートン対ウェストミンスター戦 1796 イートン対ウェストミンスター戦	1793 イートン，ボートを始める		
1800-1809	1805 イートン対ハロー戦 1808 イートン対マリラボンクリケットクラブ(MCC)戦			
1810-1819	1815 アッピンガム対オークハム戦 1818 イートン対ハロー戦	1813 ウェストミンスター，ボートを始める 1815 オックスフォード学寮対抗戦 1818 イートン対ウェストミンスター戦中止		
1820-1829	1820 ケンブリッジ・クリケットクラブ創設 1821 イートン対ハロー戦禁止 1822 イートン対ハロー戦定期化 1825 ハロー対ウィンチェスター戦 1826 イートン対ウィンチェスター戦 1827 オックスフォード対ケンブリッジ戦	1822 オックスフォードでバンピングレース 1825 オックスフォード，バンピングレースをルール化 1826 ケンブリッジでバンピングレース 1827 ケンブリッジ，ボートクラブ創設 1829 イートン対ウェストミンスター戦	1820 ウェストミンスター，回廊のフットボール禁止 1823 W. エリス，ラグビー校でボールを持って走る	1828 ラグビーのアーノルド，ヘアハントを禁止
1830-1839	1835 新ルール，イートン対MCC戦で採用 1835 ウィンチェスターのワーズワース，クリケット奨励 1836 シュルーズベリのケネディ，クリケット奨励 1838 オックスフォード対ケンブリッジ戦定期化	1831 オックスフォード対リーンダークラブ戦 1835 ウィンチェスターのワーズワース，ボート奨励 1835-37 イートン対ウェストミンスター戦 1838 イートン対ウェストミンスター戦中止 1839 オックスフォード，ボートクラブ創設 1839 シュルーズベリのケネディ，ボートを正式に承認	1839 ラグビーのアーノルド，アデレイデ女王を試合に案内 1839 ラグビー方式，ケンブリッジに導入	1837 ラグビー，「クリックラン」制度化 1837 イートン，競技会を開催
1840-1849	1840 ラグビー校，ローズで最初の試合 1845 アッピンガム対ケンブリッジ戦	1840 イートンのケート，ボートを正式に承認	1845 イートンでレフェリー導入 1846 ウェストミンスターOBのフットボールクラブ設立 1846 ラグビーでルール成文化 1847 イートンでルール成文化 1848 ケンブリッジ，フットボールルール起草	1840 シュルーズベリで障害物競走 1845 イートン，障害競走，ハードル走定期化
1850-1859	1850 ラグビー，プロコーチ任用 1850 ハロー，プロコーチ任用 1851 ウィンチェスター，プロコーチ任用 1853 マールバラ，プロコーチ任用 1855 チャーターハウス，プロコーチ任用 1855 マールバラ対ラグビー戦 1856 マールバラ対チェルトナム戦 1858 イートン，プロコーチ任用	1854 シュルーズベリでレガッタ 1856 シュルーズベリ，寮対抗レガッタ 1856 オックスフォード対ケンブリッジ戦定期化 1857 ウェストミンスター対リーンダークラブ戦	1852-63にかけて ウェストミンスター，ハロー，チャーターハウス，イートン，ウィンチェスターで対抗間試合が慣例化 1855 オックスフォード対ケンブリッジ戦 ケンブリッジでルール改正 1857 アッピンガムのE. スリング，ルールを起草 1858 ラグビーのOB，ブラックヒース設立 1859 ハローのOB，オールドハロヴィアン設立	1850 オックスフォードのエグゼダーで秋季競技会定期化 1850 イートン，定期的競技会開始 1853 ハロー対チェルトナム戦定期化 1856 オックスフォードのベイリオール等，競技会開始 1856 ラグビーで定期的競技会開始 1857 ウィンチェスターで定期的競技会開始 1857 ケンブリッジで定期的競技会開始 1859 アッピンガムで定期的競技会開始
1860-1869	1869 クリフトンカレッジで校内対抗戦	1866 シュルーズベリ，ボートクラブ創設 1868 ウィンチェスター，レースを創始 1869 オックスフォード対ハーヴァード(アメリカ)戦	1862 アッピンガムのJ.C. スリング，ルールを起草 1862 ケンブリッジでオルドイートニアン対オールドハロヴィアン戦 1863 ケンブリッジ大学ルール起草 1863 ウィンチェスターのフットボールルール成文化 1864 マールバラ対クリケット戦，ルールの相違でもめる 1867 ラグビー，最初の対外試合 1869 オックスフォード，RFC設立	1861 ウェストミンスター，チャーターハウスで競技会定期化 1864 オックスフォード対ケンブリッジ戦定期化
1870			1872 ケンブリッジ，RFC設立 1872 オックスフォード対ケンブリッジ戦(ラグビー)定期化 1872 オックスフォード，AFC設立 1872~3 ケンブリッジ，AFC設立 1874 オックスフォード対ケンブリッジ戦(サッカー)定期化	

(出典：阿部生雄「19世紀イギリス近代スポーツ組織化に関する年表(試作)」，『宇都宮大学教養部研究報告』15(1)，1982より作成)

ていたとしても，一般的に特定のスポーツやゲームのための「施設」を設けるまでには至っていなかった．

第2の段階（19世紀前葉－中葉頃）は，いくつかのパブリックスクールの生徒たちが，学校の教育上の管理や統制に対する一種の対抗的な活動として，自ら組織する自治的な活動形態を作り上げ，課外で日常的，恒常的な活動を行い始める段階である．課外における伝統的な生徒間の関係では，体力や暴力の強弱が生徒間の支配・被支配関係を決定していた．しかし，ラグビー校のトマス・アーノルド校長は，最高学年のプリーフェクト（監督生）に下級生の風紀を取り締まる権限を与えた（プリーフェクト・ファギング制）ことから，課外の活動を生徒自身が統治するという慣習が形成された．この胎生段階の課外スポーツやゲーム活動においても「キャプテン」が存在していた．未だ学校当局の推奨や公認を得ていない課外のゲームやスポーツ活動に，生徒の一種の既得権，つまり「自治」が萌芽し始める．

第3の段階（1830年頃－1850年頃）は，生徒のゲームやスポーツ活動に明確な権威関係が発生し，「ゲーム委員会」等の生徒自身によって運営される学内のスポーツやゲームのための統括機構が生徒たち自身によって形成され，その権威機構が次第に学校当局によって承認され，奨励されていく段階である．この時期には「スクールゲーム」という考えが成立し，特にクリケット，フットボール，漕艇等のゲームやスポーツのチームやクラブが組織され，キャプテン，サブキャプテン，会計係等の運営体制が整備されていく．課外のゲームやスポーツは，生徒の日常的，恒常的な活動として重視され，寮対抗戦，定期的な学内対抗戦，他校との定期戦といった競技スケジュールが学年暦を占める重要な学校行事となり始める．「アスレティシズム」と呼ばれる競技礼賛が発生し始める段階である．

第4の段階（1850－1900年）は，19世紀中葉頃から「アスレティシズム」と呼ばれる競技礼賛がはっきりと興隆し始めた段階である．この時期には，各校でゲームやスポーツに成文化された固有の競技ルールが現れる一方で（フットボールやファイヴズ），同じルールを採用

する学校同士の対戦というゲームやスポーツの系列化が進展する．生徒たちは学校内の各種ゲームやスポーツの対抗戦を数多く組織すると同時に，地域のクラブや，他の学校や，OB・大学等，学校外の相手と対抗戦を組織し始める．また，競技的なゲームやスポーツが学校における注目度の高い活動となり，学校当局から教育的価値（健康・体力の保持，勉学を補う気分転換やレクリエーション，道徳的鍛錬，団体精神等）を促進する活動として承認，奨励されるようになり，専用の施設的基盤（フットボール場，クリケット場，陸上競技場，ファイヴズ・コート等）が整備され始める．学校のゲームやスポーツの活動報告は校友会雑誌の記事を構成する重要なジャンルとなり，学校内部だけでなく，OBや他校，広く社会にまで学校スポーツやゲームの動静が注目されるようになる．そうした「スクールゲーム」の活況の一面は，1900年頃に有名パブリックスクールの間で普及していた対校戦に見出される（表2）．

第5の段階は，第4の段階の時期に重複するが，パブリックスクールの課外スポーツが，本国を超えてイギリス帝国圏やアメリカ，ヨーロッパ，アジアの国々に伝播する段階である．イギリスの課外での競技スポーツの発達は世界に広く受け入れられ，特にフランスのピエール・ド・クーベルタン（Pierre de Coubertin）はイギリスのパブリックスクールを研究して「競技教育」という概念をフランスに紹介し（1887年），フランスの中等教育改革に取り組んだ．その取り組みの中から古代オリンピック競技会復活が提唱され（1892年），国際オリンピック委員会（IOC）が誕生した（1894年）．日本の若者は，1875（明治8）年に来日したイギリスの英語教師，フレデリック・W・ストレンジ（Frederick W. Strange）によってイギリス流アスレティシズムの洗礼を受けた．彼は東京大学予備門，東京大学3学部（法，理，文）の合同運動会を東京大学で初めて組織し（1883年），また陸上競技や漕艇を熱心に指導した．その指導を受けた武田千代三郎は，ストレンジの指導した課外スポーツを「室外教育」と呼んだ．このように第5の段階では，イギリスのパブリックスクールを超えて，世界の多くの国々で，学校教育の一領

域として課外スポーツが導入され始めていく．

第6の段階では，今までの競技スポーツ礼賛（アスレティシズム）に対する批判と反省が生じる．1つは学校の課外スポーツが生徒の社会性や道徳を養うという信念体系（イデオロギー）の普及に伴って生じた知性軽視の動向であり，もう1つは第一次大戦におけるパブリックスクール生の大量の戦死を学校スポーツが煽ったという批判からであった．第一次大戦以後，学校の課外スポーツを重要な基盤としたアスレティシズムは，その水位を下げ，その再生が困難となり始めた．

以上，パブリックスクールにおける課外スポーツの発生と成長の経緯について述べたが，次いで，第二次大戦以後の課外スポーツの動向を概観しておこう．

[課外「教育」から「文化」へ：スポーツ・フォー・オール，地域，スポーツ文化]

イギリスにおいて，近代スポーツ形成の重要な牽引役を務めたパブリックスクールと高等教育の課外スポーツ活動は，今日もそれぞれの教育機関で重要な教育領域を保持しつつも，スポーツ文化における先導的な地位を大衆化し多元化した地域スポーツや学校外スポーツに譲りつつあるように思われる．また，エリート教育と密接なつながりをもった上・中流階級子弟のための課外スポーツ活動は，特に20世紀への転換期頃から生じた「中等教育をすべての者に」（Secondary Education for All）という漸進的な教育改革の進展とともに，次第に階級的に拡大された教育的活動に変化した．「バルフォア教育法」（1902年）はそうした動きを意識しながらも，グラマースクールへの入学を部分的に労働者階級に保障するにとどまり，複線型の教育制度を保持した．また，「バトラー教育法」（1944年）はすべての者に中等教育を保障したが，私立のパブリックスクールを温存する一方，公立の中等教育機関をグラマースクール，テクニカルスクール，モダンスクールに分け，イレヴンプラスという進学試験の結果によって児童をそれぞれの中等教育機関に振るい分けるという複線型の教育制度を維持した．

しかし，第二次大戦後になると階級

表2 パブリックスクールにおける「スクールゲーム」とその対戦校

パブリックスクール	種目	対戦校
Charterhouse	クリケット，サッカー，ファイヴズ(E)，ラケッツ，水泳，ライフル射撃	(クリケット)Westminster，Wellington／(サッカー)Westminster／(ファイヴズ)Eton／(ラケッツ)Winchester／(水泳)Harrow
Cheltenham	クリケット，ラグビー(R)，漕艇，ラケッツ，ファイヴズ(R&E)	(クリケット)Marlborough，Clifton，Haileybury／(ラグビー)Rugby，Haileybury／(漕艇)St.Paul's
Clifton	クリケット，ラグビー，ファイヴズ，ラケッツ	(クリケット)Marlborough／(ラグビー)Cheltenham
Dulwich College	クリケット，ラグビー，ファイヴズ(R)	(クリケット)Bedford，St.Paul's，Tonbridge／(フットボール)Haileybury，Bedford，St.Paul's，Tonbridge，Merchant Taylor's／(ファイヴズ)St.Paul's
Edinburgh Academy	クリケット，ラグビー，ファイヴズ(R)	(クリケット・フットボール)Fettes，Loretto，Merchiston，Glenalmond，Blair Lodge，George Watson's Collge
Eton	クリケット，フットボール(Wall，Field，Association)，ファイヴズ(E)，漕艇，ラケッツ，ビーグル犬	(クリケット)Harrow，Winchester
Fettes	クリケット，ラグビー，ファイヴズ，ホッケー	(クリケット・ラグビー)Loretto，Edinburgh Academy，Blair Lodge，Merchiston，Glenalmond／(ファイヴズ)Loretto／(ホッケー)Loretto
Haileybury	クリケット，ラグビー，ファイヴズ(R&E)，ホッケー	(クリケット)Wellington，Uppingham，Cheltenham／(ラグビー)Bedford GS，Cheltenham，Dulwich，Merchant Taylors'
Harrow	クリケット，フットボール(Harrow Game，Association)，ファイヴズ(E)，スカッシュ，ラケッツ	(クリケット)Eton
Kings College School	クリケット，ラグビー	(クリケット・ラグビー)Dulwich，Merchant Taylors'，Christ's Hospital，University College School
Lancing	クリケット，サッカー，ファイヴズ(R)，漕艇	(クリケット)Brighton，St.Paul's，Hurst College／(サッカー)Brighton，Bradfield，Felsted
Loretto	クリケット，ラグビー，ファイヴズ，ホッケー	(クリケット・ラグビー)Fettes，Merchiston，Glenalmond，Blair Lodge，Edinburgh Academy／(ラグビー)Sedbergh，Watson's College／(クリケット)Rossall
Malvern	クリケット，サッカー，ファイヴズ(R)，ラケッツ	(クリケット)Repton，Uppingham／(サッカー)Repton，Radley，Shrewsbury
Marlborough	クリケット，ラグビー，ホッケー，ラケッツ，スカッシュ・ラケッツ，ファイヴズ	(クリケット)Cheltenham，Rugby／(ラグビー)Clifton，Wellington／(ラケッツ)Cheltenham，Wellington
Merchant Taylors'	クリケット，ラグビー，ファイヴズ(R)，漕艇	(クリケット)Tonbridge，Bedford Grammar & Modern School，Felsted／(ラグビー)St.Paul's，Bedford GMS，Dulwich，Haileybury／(ファイヴズ)St.Paul's，Bedford
Radley	クリケット，サッカー，ファイヴズ(R)，ラケッツ，漕艇	(クリケット・サッカー)Bradfield／(サッカー・ラケッツ・ファイヴズ)Malvern／(ファイヴズ)Bradfield
Repton	クリケット，サッカー，ファイヴズ(R)	(クリケット)Malvern，Uppingham／(サッカー)Shrewsbury，Malvern
Rossall	クリケット，サッカー，ホッケー，ファイヴズ(R)，ラケッツ	(クリケット)Loretto，Shrewsbury／(サッカー)Stoneyhurst
Rugby	クリケット，ラグビー，ファイヴズ(E&R)，ラケッツ，ラン	(クリケット)Marlborough／(ラグビー)Cheltenham／(旧式ラグビーは年に3回のみ学内)
St.Paul's	クリケット，ラグビー，ファイヴズ(R)，漕艇	(クリケット・ラグビー)Bedford GS，Dulwich，Sherborme／(クリケット)Brighton，Lancing／(ラグビー)Haileybury，Merchant Taylors'，Tonbridge／(漕艇)Cheltenham／(ファイヴズ)Bedford，Dulwich，Merchant Taylors'
Sedbergh	クリケット，ラグビー，ファイヴズ(R)	(クリケット・ラグビー)Giggleswick／(ラグビー)Loretto
Shrewsbury	クリケット，サッカー，ファイヴズ(E)，漕艇，ラン	(クリケット)Rossall／(サッカー)Repton，Malvern／(漕艇)Bedford GS／(ファイヴズ)Uppingham
University College School	クリケット，ラグビー，ファイヴズ(R)	(クリケット・フットボール)Whitgift GS，Christ's Hospital，Royal Naval School／(クリケット)Kinga's College School，City of London，St.John's School，Leatherhead／(ファイヴズ)City of London，Merchant Taylors'
Uppingham	クリケット，ラグビー，ファイヴズ(E)，ホッケー	(クリケット)Repton，Haileybury，Malvern
Wellington	クリケット，ラグビー，ラケッツ，ペーパーチェース，ファイヴズ(E)	(クリケット)Charterhouse，Haileybury／(ラグビー)Marlborough／(ラケッツ)Marlborough
Westminster	クリケット，サッカー，ラケッツ，ファイヴズ(E)	(クリケット・サッカー)Charterhouse
Winchester College	クリケット，フットボール(Winchester Game)，ラケッツ，ファイヴズ，漕艇	(クリケット)Eton

注：種目名に示したEはイートン方式，Rはラグビー方式を表す。

表3　パブリックスクールにおける課外スポーツの形成

段階	時期	特徴	学校等の反応
第1段階	18世紀後半－19世紀前葉	生徒は大人のスポーツやゲーム活動を模倣していく段階	学校や教師は黙認
第2段階	19世紀前葉－19世紀中葉	生徒らの活動集団が組織化されていく（自治が萌芽する）段階	学校や教師は黙認
第3段階	1830年頃－50年頃	明確な権威関係が発生する段階	学校や教師は生徒のスポーツやゲーム活動を認め，生徒の日常的・恒常的な活動として重視し始める
第4段階	1850年頃－1900年頃	競技スポーツ礼賛（アスレティシズム）が発生し始める段階	生徒らのスポーツ活動は学校から教育的価値を認められ，奨励されるようになる
第5段階	1850年頃－1900年頃（第4段階に重複）	英国を超えて各国に課外スポーツが伝播する段階	英国のパブリックスクールを超えて世界各国で学校教育の一領域として課外スポーツが導入され始める
第6段階	19世紀後半－20世紀初期	競技スポーツ礼賛（アスレティシズム）に対する批判と反省が生まれる段階	知性軽視への反省と，大戦での戦死者増の促進への反省から，これまでを批判・反省するようになる

制度温床の場としての中等教育を改革しようとするより明確な方向性が現れた。労働党は第二次大戦後，そうした3つに分けられる複線型教育制度を，地域という単位で統合して，単線型の教育制度の象徴としてのコンプリヘンシヴスクールを提唱した。保守党のグラマースクールと労働党のコンプリヘンシヴスクールの教育政策をめぐる抗争は，1960年代－1970年代まで激しさを増した。保守党は教育における親権の優位を，労働党は教育の機会均等を唱えて対立した。

1979年に成立した保守党のサッチャー政権は，イギリスの公教育の質的向上を唱え，増加するコンプリヘンシヴスクールをグラマースクールに切り替える政策を展開しようとしたが，結果としてコンプリヘンシヴスクールの増加傾向をとどめることはできなかった。今日のイギリスでは，コンプリヘンシヴスクールが中等教育の主要なセクターとして存在し，私立のパブリックスクール，公立のグラマースクール，テクニカルスクール，モダンスクールは少数派に属している。

通学制の学校が標準的な中等教育の教育形態となったイギリスの中等教育における課外スポーツは，学校の教育的活動として教育上の重要な地位を保証されつつも，地域スポーツとの連携という，従来の学校での課外スポーツ活動という自己完結的な性格を弱めて，地域社会や地域スポーツ組織との連携という新たなスポーツ政策と歩調を揃える傾向が強まっている。

こうした地域のスポーツ組織や施設との連携という動向は，1960年にウォルフェンデン委員会報告書によるスポーツ・フォー・オールに向けた福祉的スポーツ施設の拡充政策，1962年に初のスポーツ大臣の任命，1966年にスポーツの福祉路線を推進するための政府機関としてスポーツカウンシルの設置（環境省），という一連のスポーツに関する国家関与の動向と関連している。地域社会のスポーツの再編という動向の中で，学校の課外スポーツは地域のスポーツセンター，各種競技協会の地方支部，スポーツカウンシルやCCPR（身体的レクリエーション中央審議会）の地方支部等との連携が重視されてきている。体育・スポーツの競技中心主義から福祉路線への転換も生じており，学校教科の体育（P.E.）を通じて生後18ヵ月の幼児から18歳までの若者の発達を支援することを目的としたユース・スポーツ基金が設置された（1994年）。中等教育の課外スポーツと体育の機能も変化しつつある。

また，パブリックスクールはトップアスリートの養成に対してもその中心的役割を担う存在ではなくなっている。1993年に国営宝くじ法が制定されてその売上金の約3割がスポーツや芸術に充当されるようになり，そうした財源をもとにイギリスのスポーツは教育や環境の領域からはっきりと文化領域に位置づけられた。制度的には1997年に成立した労働党のブレア政権のもとで，スポーツは文化・メディア・スポーツ局の所轄とされ，同年にはイングランド，スコットランド，ウェールズ，ノーザンアイルランドという連合王国（United Kingdom）で選手強化を図るための体制，UK Sportが王室憲章によって基礎づけられた。選手強化はもはや地域や学校単位ではなく，ましてやパブリックスクールや中等教育機関の専権でもなく，国家的事業となり始めている。2012年の第30回オリンピック大会（ロンドン）が中等教育の課外スポーツにどのような課題をもたらしたのか，選手強化の視点だけでなく，広範化したスポーツ教育との関連から注目されねばならない。

（阿部生雄）

② カレッジスポーツの発展と体育

アメリカのカレッジスポーツでは，アメリカンフットボールのリーグ戦に10万人以上の観客が集まったり，男子バスケットボールの学生選手権が全米中でテレビ放映されたりと，その規模は日本の大学の部活動に比べてはるかに大きい。このようなカレッジスポーツの発展を支えてきたのが，全米大学体育協会（National Collegiate Athletic Association: NCAA）と各大学の競技スポーツ局（Department of Athletics）の存在である。

1906年にIAAUS（Intercollegiate Athletic Association of the United States）が創設され，1910年に現在の名称であるNCAAとなった。NCAAの目的は，大学競技スポーツをフェアに，安全に，公平に，そしてスポーツ人らしいマナーに沿って統治し，学生アスリートの

教育的経験を最重要課題として，カレッジスポーツを高等教育と調和させることである。現在，1,273の関連組織・団体（大学，カンファレンスなど）が所属し，43万人の学生アスリートのサポートを行っている。

NCAAは，所属大学を条件に合わせて3つのディビジョンに分けている。2012年現在では，ディビジョン1（DⅠ）に340大学，ディビジョン2（DⅡ）に290大学，ディビジョン3（DⅢ）に436大学が属している。最もレベルの高いDⅠの所属条件には，男子競技種目，女子競技種目，それぞれ7つ以上（男子6種目，女子8種目でも可）と2つの男女共通種目の保有・支援が含まれている。さらに，アメリカンフットボールチームをもつ大学は，"Football Bowl Subdivision（旧Division Ⅰ－A）"と"Football Championship Subdivision（旧Division Ⅰ－AA）"に分類され，前者の大学にはアメリカンフットボールのホームゲームの平均観客数が1万5,000人以上という条件を満たすことが求められている。

NCAAは，カレッジスポーツが公正に実施されるために，多くのルール，ガイドラインを設けている。競技に関するルールはもちろんのこと，学生アスリートの学業成績，奨学金，練習時間，高校生のリクルート，そして暴力的行為や倫理問題に至るまで，詳細なルールが定められている。特に，学業成績に関する規則は重要視されており，単位取得状況やGPA（Grade Point Average）によって，競技を継続できなくなる可能性もある。このように，NCAAは教育的な配慮を規則の上で示しているが，実際には，特定の種目の選手たちの卒業率が低いなど，大学教育上の問題も少なくない。

そしてNCAAのルールに従って，各大学の中でカレッジスポーツを支えているのが競技スポーツ局である。これは，日本の運動部活動を支えている学生課，学友会や体育会などとは全く組織構造が異なり，多くの専任職員によって運営されている。組織内には，メディカルサービスやストレングス＆コンディショニングなど，学生アスリートに対する直接的なサポートを担当する部署だけでなく，マーケティング＆プロモーション，チケットオフィスや施設管理などというマネジメントを担当する部署がある。

このような部署が必要となっているのは，カレッジスポーツがビジネスとして発展したためである。競技スポーツ局の使命には，学生アスリートに優れた教育および競技の機会を提供することだけでなく，カレッジスポーツのエンターテインメント性を利用して財源を確保し，組織および活動を成立させることを含んでいる大学も多い。特に大きな収入源となっているアメリカンフットボールと男子バスケットボールの強豪チームをもつ大学の競技スポーツ局の予算は，平均で約2,000万ドル（約20億円）にもなっている。

このように，カレッジスポーツはビジネスとしても多くの注目を集めているが，一方で，大学のカリキュラムとしての体育やスポーツ，そして楽しみや健康のために行うスポーツの環境も，大学内には整備されている。アメリカのほとんどの大学において，一般教養としての各種スポーツが自由選択科目として準備されている。大規模な大学になると選択種目は幅広く，アウトドア活動から，球技，武道，ダンス，そしてフィットネスやストレングス＆コンディショニングに関する科目までもが準備されている。

また，学生および教職員が，一生涯続けることができるような日常的なスポーツ活動をサポートするのが，レクリエーション・スポーツ局（Department of Recreational Sports）などの名称で呼ばれる組織である。学内のスポーツ施設を管理するだけでなく，フィットネスなどのプログラム提供も行っている。また，スポーツ関連の同好会やサークルを取りまとめ，リーグ戦や大会の企画，運営も行い，一般学生のスポーツ活動を促進する役割を担っている。

（松岡宏高）

参考文献 14.C.01

②
- 松岡宏高．2005．「アメリカの大学体育はどのように行われているのか」『体育科教育』53（9）：44-47．
- Howard, D. & Crompton, J. 2004. *Financing Sport* (2nd ed.). Fitness Information Technology.
- NCAAホームページ http://www.ncaa.org/（2012年10月30日）

日本における大学スポーツの成立と発展 14.C.02

① 大学スポーツの起源

日本の近代スポーツは，明治時代初期に欧米スポーツを移入した大学スポーツとして始まったといってもよい。東京大学の前身は，大学南校-南校-第一大学区第一番中学-開成学校-東京開成学校とめまぐるしく変わったが，1872（昭和47）年南校で運動場をつくり，フランス式軍隊体操の系統の体操器械を設置していたとみられる。同年4月福島惟成らの体操教師は，フランス式の軍隊体操（器械体操を含む）を教えた沼津兵学校付属小学校の「体操教授方」や「体操世話方」だった。1876（明治9）年東京開成学校入学の三宅雪嶺は「大学は開成学校当時から外国流の運動が入り込んだ。……幕末の変動で大して撃剣を学ばず，或いは全く学ばぬけれど，事があれば差し違える意気がある。……運動場に種々の器械を備え，ある部分はこれで遊び戯れ，或いは三々五々遠足したりもするも，団体的に運動するようなことがない」と回顧している（三宅雪嶺『大学今昔譚』我観社，1946. 46-47）。

野球は，1872年米人教師ウィルソン（H. Wilson）が第一番中学で学生に教えたのが最初だとされるが，三宅は「外国流の運動は大学で数学受け持ちのウィルソンが世話したこともあるが，それよりは東京英語学校，後の大学予備門の教師ストレンジというのがあり，これが熱心に教え，そこで学んだのが後に大学に入って運動を盛んにしたことになる」と，ストレンジ（F. W. Strange）の方を高く評価している。ストレンジは，1882（明治15）年秋，陸上競技種目を指導し，翌1883（明治16）年6月「アスレチックスポーツ」（のち運動会と呼ばれる）を開催した。さらに，1884（明治17）年10月「走舸組（そうかぐみ）」を組織して学内のボートレースも行った。

工部省所管の工部大学校は，前身の「工学寮」の時から「体操」は学科目ではなく，生活日課に位置づけていたが，1878（明治11）年12月改正の規則では「体操」の内容が体操科目（陸上競技的種目とスイミング）と遊技種目（フットボー

ル，シンティ，ラウンダース，ベースボール，クリケット，ローンテニス，ボウルス，ファイブス，ゴルフなど）で構成されていた。実質的な校長であったダイアー（H. Dyer）は，読書中心の学生でなく，実際に仕事をする健康な技術者を養成することが課題だとしてスポーツを奨励したのである。この学校の教師は体操教師（沼津兵学校で体操方だった）と漢学教師を除いてはすべてイングランド，スコットランド，アイルランドの大学出身者であったので，それらの教師に指導させようと考えていた節がある。しかし，1882（明治15）年の改正規則では，体操運動のほか，フットボール，クリケット，ラウンダース等の遊戯も行うと種目を縮小した。実際に指導できたのはフットボール（サッカー），シンティ，クリケット，テニス，ベースボール，ボートなどに限られていた。ともあれ，工部大学校も近代スポーツ移入の1つの大きな窓口の役割を果たしたとみられる。この学校は，1886（明治19）年3月東京大学工芸学部と合併して帝国大学工学部となったため，残念ながらそのユニークなスポーツ教育は終焉を迎えた。

② 在来スポーツの継承と再編

近代大学の創設期に欧米からのお雇い外国人教師が大学生の指導に当たったことが，彼らの文化的背景からしてそのライフスタイルである運動（スポーツ）が学生に必要だと考え，スポーツの奨励を行ったのである。しかし，翻って考えてみると，日本にも在来の運動が存在したわけで，特に武士階級は水泳，剣術，柔術，弓術などの武術で青少年を鍛錬してきた。明治維新の変革で文明開化の時代に武術は旧弊とみる人達も多かったため，ほとんど廃絶の危機に瀕したが，他方ではこれを継承し，保存していた人もいた。武術の修練が武士階級のライフスタイルになっていたことがこれを継続させる要因となっていた。明治の初期の学生は，士族出身者が多かったのでそうした武術にも自然と関心を向ける者がいたと考えられる。そうした学生たちによって武術が継承され，欧米スポーツの論理を取り入れながら近代スポーツとして再編したことも，また注目されるべき事実である。

東京大学では開成学校と称した時期の1883（明治16）年9月制定の生徒日課表に「水泳」を配した。いつから実施されたかは不明だが，早い時期から実施しようとしていたことは確かである。水練は，幕末各藩の藩校などで広く取り入れられていた武術であったが，その銷夏法・健康法としての価値から考えて，1871（明治4）年には早くも向井流の笹沼勝用が隅田川に遊泳場を設けた。この後各地に武術修練から離れた水泳（水練）場がみられるようになる。開成学校の水泳もこうした動きの延長線上に構想されたもので，実施が確認できるのは，東京大学となった1877（明治10）年7月からである。この時，隅田川の千年渡し場下流に水泳場を開設し，小艇2艘を購入し，水泳教師（神伝流）を雇って実施した。水泳規則を定め，学生は鑑札の提示と出席簿記名をし，水泳場ではすべて教師の指示に従うべきこととした。最終には「競游」をするなど，全体としてきわめてよく組織された水泳練習を確立していた。

剣術は，西洋式の軍制の採用によってその価値がほとんどなくなったかにみられ，このため1873（明治6）年にはもと講武所剣術師範役の榊原健吉らが撃剣会の興行を行ったりする有様だった。しかし，1877（明治10）年の西南戦争における抜刀隊の活躍が契機となったとされるが，剣術の評価が変わり，警察関係において奨励されていく。1882（明治15）年東京大学は学生の「運動」のため榊原健吉に剣術教師を嘱託し，学生の剣術指導に当たらせたいと文部省に届けた。1883，84（明治16, 17）年も嘱託の記録がある。東京大学ではこうした早い時期に剣術の「運動」としての価値を認識し，学生に実施させていた。

③ 運動会の設立 ―大学スポーツの成立

東京大学の場合，学生のスポーツ活動に大学当局がかなり積極的にかかわっていたことは明らかである。そうして学生の間に定着してきたスポーツ活動を恒常的かつ安定的に支えていくための組織が求められた。1886（明治19）年学生等が相謀って「帝国大学運動会」を設立する。会員は，教員，卒業生，在学生からなり，会費は1ヵ年30銭とし，会の趣旨は「会員ノ心身ヲ強壮快活ナラシメ兼テ交互ノ親睦ヲ謀ル」ことで，この目的を達成するための運動法として「一，漕艇，二，水泳，三，陸上ノ諸運動」が掲げられた。会員制でスポーツ活動を恒常的に行い，また相互の親睦を図るための組織，この「運動会」の誕生をもって大学スポーツが成立したとみることができよう。最初は漕艇，水泳，陸上運動の3部であったが，4年後には球戯，柔道，弓術も加え，さらに1897（明治30）年からは撃剣も加えた7部の活動に拡大している。東京大学に運動会が設立されたことが他の高等教育機関にも波及し，それぞれ運動会・体育会・校友会などが組織される。1887（明治20）年東京高等商業学校に運動会，1889年学習院補仁会，1890（明治23）年第一高等中学校校友会，1891（明治24）年第五高等中学校竜南会，1892（明治25）年慶應義塾体育会，1896（明治29）年東京高師運動会と次々に学生のスポーツクラブを統括する組織がつくられていき，これがスポーツ活動を盛んにし，学校間の対抗試合を活発化させた。校友会組織は意外に早く中等学校でも設立され，1890年には東京高師附属中，東京府尋常中，1892年秋田県尋常中，大阪府尋常中，1893（明治26）年愛知県尋常中などに学友会（校友会）が組織される。そして，大学や高等・専門学校の学生が休暇中などに出身中学運動部の後輩の練習を手伝ったり，指導したりする関係ができあがってくる。また，そこから先輩が在籍する高専，大学に進学するような選手の供給ルートもできあがっていく。

運動会・校友会が普及していく時期，一高対明治学院，一高対慶應，五高対山口高などの野球試合，一高対高商，三高対同志社などのボートレースのように2校間の対抗競技が行われるとともに一高対府下連合チーム（明治学院・農学校・慶應），一高対明治学院・同志社チームなど連合チームとの対抗試合も見出されるのはスポーツ普及の初期的現象といえよう。なおこの時期にはまだ競技連盟や協会が組織されていなかったので，上級学校が競技会を主催した。1887（明治20）年帝国大学第1回端艇大競漕会には一高・高商・高師の招待レースが含まれたが，後には1911

(明治44)年京大主催で全国高等専門学校野球大会も行われた。

また，明治30年代の野球にはじまり，ボート，水泳，ラグビー，サッカー，ホッケーなどで一高，慶應，早稲田，高師の学生が盛んに横浜在住の外人チームと試合して腕試しを行ったことも注目される。これを踏み台にして1905(明治38)年早稲田野球チームの渡米，1907(明治40)年慶應のハワイ野球団招待，翌年慶應野球ハワイ旅行，1909(明治42)年ワシントン大学野球チーム来日などと，日米野球からの大学スポーツの国際化が始まった。

④ マスコミの関与とスポーツの弊害問題

学生のスポーツ活動が活発化してくると，新聞社や雑誌社が競技会を主催し，それを報道することによって読者の関心を惹き，新聞・雑誌の販売拡張に結びつけようという手法が生まれた。1901(明治34)年時事新報主催の不忍池畔全12時間長距離競走，同年大阪毎日新聞(以下，大毎と略す)主催の堺大浜8時間競走，1905(明治38)年大毎主催の大阪湾10マイル大競泳会，1910(明治43)年博文館主催の全国学生大競走会などが学生のスポーツ競技参加の機会を増やしていった。

マスコミの関与が強まり，早慶野球のアメリカ遠征などが行われた時期に，いわゆる「野球害毒の論争」が起こった。1911(明治44)年東京朝日新聞が入場料徴収，野球渡米，学校宣伝，興行化などを野球の弊害として非難し，教育界の有力者の野球に対する批判的な意見を連載したことが大反響を呼び，他紙もこれを取り上げ論争の様相を呈した。批判の矛先が私立大学に向けられていた感があり，論者によっては反対に野球の利益を説く意見もみられた。

⑤ 大学スポーツの発展と「13校問題」

こうした時期に日本のオリンピック初参加の道が開かれ，1912(大正元)年第5回大会(ストックホルム)に陸上短距離に三島弥彦(東京帝大)，マラソンに金栗四三(東京高師)の2学生が参加した。大正期に入ると東洋オリンピック(後に極東選手権大会)にも参加し，国際化が一段と進む。高等教育機関の大増設があり，学生スポーツは拡大した。1919(大正8)年第4回極東選手権大会不参加を大日本体育協会が決めたのに反発して開いた連合競技会がインター・カレッジの母体となり，全国学生陸上競技連合が誕生した。1924(大正13)年，オリンピック派遣選手選考に反対して大日本体育協会(以下体協と略す)組織の改組があるまで体協主催の競技会に参加しないと全国学生陸上競技連盟が申し合わせたため，体協が関係する明治神宮競技大会にも早大など13校が東京帝大など7校と対立して不参加を貫く「13校問題」に発展し，結局全国的な競技団体で組織するものへと体協を変化させた。日本のスポーツが大学スポーツに大きく依存していたことを露呈した。

⑥ 大学スポーツの発展と統制

1925(大正14)年東京帝大も加盟して東京六大学野球連盟が成立し，野球熱の高まりを背景にして神宮外苑野球場(2万9千人収容)が完成した。1927(大正16)年にはラジオの中継放送も始まり，専属審判員の設置(1928〔昭和3〕年)，1日2試合制採用(1929〔昭和4〕年)，外苑野球場の拡張(1931〔昭和6〕年)と大学スポーツの「みる・聞くスポーツ」化が起こった。そうした発展の反面には弊害がつきまとっているので，1926(大正15)年文部省訓令「体育運動ノ振興ニ関スル件」は，スポーツを一部愛好者の専有に任せ，徒に勝敗にとらわれ，スポーツマンシップを閑却していると批判して，その合理的な実施を求めた。1932(昭和7)年にはいわゆる野球統制令が出され，教育者側の管理強化，入場料徴収の制限，褒賞や応援に関する規制等を行ったが，これも野球が最も広く関心がもたれ，競争が過熱化しやすかったからだと考えられる。

昭和戦前期，運動部活動は大学・高専生のライフスタイルとして定着していた。1932(昭和7)年第10回大会(ロサンゼルス)，1936(昭和11)年第11回大会(ベルリン)の両オリンピック大会には多数の学生選手，OB選手が送られ活躍し，金メダルも獲得した。しかし，満州事変，日中戦争と進むにつれて，スポーツから自由主義的要素が排除されようとし，用語も無理に日本語化したり，国防競技を作るなど国家主義・軍国主義化の道をたどり，対米英戦開始後は軍事教育の強化，校友会の学校報国団(隊)への改組，学徒勤労動員の実施などが行われて，スポーツ活動は困難となり，ついには1943(昭和18)年9月学生のスポーツ大会禁止の事態に立ち至った。

⑦ 大学スポーツの再生と拡大

第二次大戦に敗れた3ヵ月後，野球の早慶戦が早くも復活した。高専も学制改革で大学に昇格し，さらに新設大学が多数誕生して大学スポーツは拡大発展を遂げる。野球の例でいうと各地域にリーグが生まれ1952(昭和27)年から全日本大学野球選手権大会が開かれるようになった。しかし，他方では旧来の運動部を好まず同好会で活動を楽しむ学生や新制大学で必修(1991〔平成3〕年大学設置基準の大綱化)となった保健体育の授業を履修するだけの学生も多数存在した。ただし，男女共学や多数の女子大学が出現し，戦前とは比較にならない多数の女子の大学スポーツ活動がみられるようになった。

1957(昭和32)年から学生のオリンピックといわれたユニバーシアード大会に参加するようになったが，オリンピックの方は高度化したため，代表は実業団選手にウエイトが移った。しかし，スポーツ選手のトレーニング法の開発が大学の研究者に求められ，スポーツ科学が発展してきたことと近年健康運動の指導やスポーツマネジメントの需要が増加したことなどから，従来体育学部がなかった大学にも続々スポーツ科学部や健康スポーツ学部などが設置され，スポーツ科学が幅広く社会に受け入れられてきている。

(木村吉次)

日本における学校運動部活動の成立と発展　14.C.03

① 運動部の設立と発展

1870年代以降，招聘(お雇い)外国人教師や，海外からの帰国者によって，様々なスポーツが日本の大学に紹介された。その影響を受けて，学内に運動部活動が設立され始めた。すでに，

表1　学習指導要領（中学校，高等学校）におけるクラブおよび部活動の位置づけ

改訂年	学習指導要領の名称	位置づけられた領域	実施方法
1947	学習指導要領一般編（試案）	自由研究（選択必修の教科活動）	異学年の同好者集団であるとともに，学習を進める組織。
1951	学習指導要領一般編（試案）	特別教育活動	自由参加の自治集団活動。
1958 1960	中学校学習指導要領 高等学校学習指導要領		
1969 1970	中学校学習指導要領 高等学校学習指導要領	特別活動（中学校） 各教科以外の教育活動（高等学校）	必修クラブ。 （必修クラブと課外活動［部活動］の差異化。必修クラブの時間外に行われる活動は，教育課程外・超過勤務手当の対象外の活動）
1977 1978	中学校学習指導要領 高等学校学習指導要領	特別活動	必修クラブ。 （必修クラブとともに，部活動も適切に実施する）
1989	中学校学習指導要領 高等学校学習指導要領	特別活動	必修クラブ。 （必修クラブと部活動の選択を認める。課外の部活動に参加することによって，必修クラブへの参加とみなす「代替措置」を認める）
1998 1999	中学校学習指導要領 高等学校学習指導要領	――	記載なし。 （必修クラブおよび部活動に関する内容の削除）
2008 2009	中学校学習指導要領 高等学校学習指導要領	各領域ではなく［総則］に位置づけられる	生徒は自主的，自発的な参加により行われる部活動については，スポーツや文化および科学等に親しませ，学習意欲の向上や責任感，連帯感の涵養等に資するものであり，学校教育の一環として，教育課程との関連が図られるように留意すること。その際，地域や学校の実態に応じ，地域の人々の協力，社会教育施設や社会教育関係団体等の各種団体との連携などの運営上の工夫を行うようにすること。

1877（明治10）年には東京大学にボートクラブ（舟行組）があったといわれている。その後，他の大学にも様々な運動部活動やその連合組織（運動会・交友会）がつくられていった。また，これらの大学運動部（員）は，競技を追求するだけでなく，スポーツの解説書を書いたり，中学校に出向いて技術指導や大会を行った。さらに，自ら教員となってスポーツ振興の役割を担うようになる。その結果，中等教育にも運動部活動は広まり，対外試合も活発になっていった。

戦後においては，1948（昭和23）年6月に全国高等学校体育連盟，1955（昭和30）年7月に全国中学校体育連盟が結成され，今日まで対外試合を運営する役割を担ってきた。

② 学習指導要領上のクラブおよび部活動

戦後，クラブおよび部活動は，学習指導要領の中で教育的意義や実施方法が示されてきた（表1）。1947（昭和22）年学習指導要領一般編（試案）においては，「自由研究」（教科活動の1つ）にクラブが位置づけられた。その後，1949（昭和24）年の「『新制中学校の教科と時間数』の改正について」で「自由研究」が廃止されたことを受けて，1951（昭和26）年学習指導要領一般編（試案）においては，教科と対等の教育活動として「教科以外の活動」（小学校）と「特別教育活動」（中学校，高等学校）が新設された。その中にクラブ活動も位置づけられるとともに，自治集団活動が重視されるようになり，その方針は1958（昭和33）年改訂の学習指導要領にも継承された。

1969（昭和44）年中学校学習指導要領からは，すべての生徒に集団活動を経験させるために，また，すべての教師に勤務時間内の指導を行わせるために，クラブ活動が必修となり，時間割に組み込まれるようになる。かねてから，教師に対する超過勤務手当の支払いが裁判で争われていたが，必修クラブの制度化によって，教師がかかわらなければならない時間・範囲が明確になり，理論上は超過勤務が発生しなくなった。この時から教育課程内の必修クラブと，選手の発掘・養成を目的とする課外の運動部活動が教育制度において区別されるようになった。

しかし，その後の裁判でも，勤務時間外の部活動で事故が発生した際に，学校や教師の管理責任が問われることも多かった。また，上で述べたような，必修クラブと運動部活動の区別は，教育現場に浸透していなかった。それを受けて，1977（昭和52）年中学校学習指導要領においては「学校において計画する教育活動でクラブ活動と関連の深いものについても，適切に実施できるように配慮する必要がある」こと，そして，1978（昭和53）年高等学校学習指導要領において「特別活動との関連を十分考慮して文化部や運動部などの活動が活発に実施されるようにする」という方針が示され，課外の部活動が必修クラブの関連領域として位置づけられるようになった。しかし，そのことにより両活動の違いは曖昧になり，教育現場に新たな混乱をもたらすことになった。

さらに，1989（平成元）年に改訂された学習指導要領では，部活動への参加をもってクラブ活動の一部または全部の履修に替えることができる「代替措置」が認められた。その背景には，判例の変化があった。1983（昭和58）年2月18日に最高裁は，部活動指導に関して「顧問の教諭は個々の活動に常時立ち会い，監督指導する義務までは負うものではない」と判断していた。そも

そも，必修クラブは教師の立ち会い義務を明確にする意図があったが，部活動に「常時立ち会う義務がない」のであれば，必修クラブと部活動を区別して実施する必要性はなくなっていたのである。

その後，学校（公教育）の役割を軽減し，地域や民間の教育力に期待する「学校のスリム化」政策の影響もあり，1998（平成10）年中学校学習指導要領，1999（平成11）年高等学校学習指導要領において必修クラブは廃止された（1998〔平成10〕年小学校学習指導要領においては残された）。それに伴い，関連領域であった部活動に関する記述もなくなるに至る。

③ 2008（平成20）年中学校学習指導要領と部活動

学習指導要領から削除された部活動であったが，再び2008（平成20）年に改訂された中学校学習指導要領（高等学校は2009〔平成21〕年）の「総則」の中で部活動について記述され，教育課程と関連づけて実施することになった（表1）。この改訂に先立って，中央教育審議会で部活動のあり方について議論がなされ，「多くの生徒にとって楽しみの場であり，重要な教育的活動である」ことが承認された。これに関連して，学習指導要領解説（保健体育編）の中で，「運動部の活動は，スポーツに興味と関心をもつ同好の生徒が，より高い水準の技能や記録に挑戦する中で，スポーツの楽しさや喜びを味わい，豊かな学校生活を経験する活動であるとともに，体力の向上や健康の増進にもきわめて効果的な活動である」と意義づけられた。加えて，「好ましい人間関係を育てるよう適切に指導すること」「生徒の自発性を尊重すること」「勝つことのみを目指した活動にならないように留意すること」「生徒の個性の尊重と柔軟な運営に留意すること」「生徒のバランスのとれた生活や成長のためにも休養日や練習時間を適切に設定すること」等を示唆している。基本的に，競技主義の観点からではなく，生涯スポーツの実現をめざす観点から，運動部活動の充実と発展をめざしているのである。

しかし，このような部活動の復活の背景には，前回の改訂の後に生じた様々な問題や課題に対応する意図があ

ったのではないかという見方もできる。

まず，第一に，多くの学校では，部活動の地域移行が進展しなかったため，教師が勤務時間外に自発的に指導することが多かった。だが，事故が発生した際に，依然として学校や教師の管理責任が問われることもあった。例えば，2006（平成18）年3月13日の最高裁判例においては，高等学校の生徒が課外の部活動（サッカー）中に落雷により負傷した事故について，引率兼監督の教師に注意義務の違反があると判断された。このような状況において，教育現場からは部活動指導にかかわる条件整備が求められていたのである。

第二に，子どもの体力低下の問題が挙げられる。その問題は，2002（平成14）年の中央教育審議会答申「子どもの体力向上のための総合的な方策について」や，2006（平成18）年の「スポーツ振興基本計画」の改定（文部科学省）の際に指摘されるとともに，体力を高める場として運動部活動が注目されるようになったのである。

第三に，新教育基本法が制定され（2006〔平成18〕年），部活動が道徳教育の場として注目されるようになったことがある。具体的には改訂された学習指導要領において，学校教育全体で道徳教育を実施する方針が示され，運動部活動も「責任感，連帯感の涵養」の場として位置づけられたのである。

第四に，前回の学習指導要領改訂後，従来の学区を越えて公立中学校を選択・入学できる制度が，一部の自治体で認められるようになり，問題が発生していたことがある。中学校選択の理由として部活動が認められることも多く，その結果，運動部活動の充実した学校に生徒が集中し，学校間の格差が広がったのである。このような状況を背景に，「総則」で部活動について記され，公的な責任が示されるに至った。

最後に，学習指導要領には，地域の組織と連携しながら部活動を実施する方針も示されている。その背景には，運動部活動を取り巻く環境が徐々に変化してきたことがある。Jリーグ開幕後（1993〔平成5〕年），プロ球団の下部組織で選手を養成したり，あるいは，特定非営利活動法人（NPO）や総合型地域スポーツクラブがスポーツ振興にかかわるようになった。その結果，これま

でのように学校，教師だけが選手養成やスポーツ振興にかかわる状況ではなくなったのである。

④ 運動部活動とナショナリズム

運動部活動は，ナショナリズム形成の場として機能してきた一面がある。

例えば，国際試合における日本人（チーム）の勝利が，スポーツの次元を超えた国の戦い・勝敗として捉えられてきた。戦前から，学校のボート部や野球部を皮切りに国際試合が行われるようになり，多くの観衆を熱狂させた。戦後も，国際大会における日本人選手の活躍が，敗戦国の復興と重ねて把握されるようになり，運動部活動においても国際舞台で活躍できる選手の発掘・養成が期待されるようになった。

また，運動部活動は軍国主義教育に利用されてきた一面もある。満州事変後，国際情勢が緊迫化するなか，「国民精神総動員ニ関シ体育運動ノ実施ニ関スル件」（1937〔昭和12〕年）や，「学生生徒ノ運動競技試合ニ関スル件」（1939〔昭和14〕年）が通知され，対外試合を精神修練の場にすることが強調された。その後，文部省が各学校に学校報国隊の編成を指示し，運動部活動を「鍛錬部」と「国防部」に分けるようになる。さらに野球，庭球，籠球，排球，蹴球等は敵性スポーツとして廃止されるに至った。そして対外試合の種目も，戦技訓練に直接関係のある基礎訓練に重点が置かれるようになった（1943〔昭和18〕年「学徒体育訓練実施ニ関スル件」）。また，厳しい上下関係を基盤にした軍隊の組織運営の方法が，運動部活動において模倣されるようになり，教師や上級生に対する服従や，彼らからの暴力が日常的になった。このようにして，運動部活動は戦争に向けた挙国一致体制に組み込まれたのである。なお，戦後においては，「交友会新発足ニ関スル件」（1945〔昭和20〕年）において，部活動は軍国主義からの脱却が求められた。しかし，戦前と同様の封建的な組織運営は今日まで一部の運動部活動で継承されており，マスコミで批判されることも少なくなかった。

⑤「対外試合基準」の緩和と勝利至上主義の問題

日本は諸外国とは異なり，学校から

地域へとスポーツが広がった。そのため，選手の発掘・養成も，長い間，学校教育に依存してきた。しかし，そのことによって，就学期間中の勝利や選手養成が目的化し，指導，練習，および応援が過熱化するようになった(表2)。そして，このような問題を解決すべく，戦前から対外試合の規制が進められてきた(表3)。

例えば1932(昭和7)年の「野球ノ統制並施行ニ関スル件」の中では，試合の実施基準だけでなく，入場料や応援等，選手を取り巻くあらゆる問題について言及されている。それは，運動部活動に対する国家統制でもあったが，そのような統制が必要なほど野球部が過熱化していたことも事実である。

戦後においても，対外試合にかかわる通牒によって，規模，回数，主催者等を厳しく規制し，勝利至上主義にならないようにしてきた。しかし，オリンピック等の国際舞台で活躍できる選手の発掘・養成を求める競技団体の要請によって，1954(昭和29)年に基準が緩和された。その後も同様の要請により，大会の規模が拡大されるとともに回数も増やされ，全国大会や国際大会にかかわる年齢制限も緩和された。1969(昭和44)年に必修クラブが制度化された時には，学校と地域における「対外試合基準」が設けられたが，それぞれの大会に学校内外のクラブおよび部活動が参加しており，結果的にはこれまで以上に試合数が増加することになった。そして，2001(平成13)年には「基準」そのものが廃止されるに至る。だが，このように運動部活動における選手の発掘・養成が進むにつれて，戦前と同様に勝利至上主義や封建的組織運営の問題が発生するようになった(表2)。

このような運動部活動をめぐる問題は，単なる過去の事例ではなく，きわめて現実的な問題である。競技志向の部活動と楽しみ志向の部活動を学校教育においてどのように位置づけていくのか，しごきやいじめのない民主的な運動部活動集団をどのように育成するのか，また，そもそも運動部活動が学校の管理責任のもとで行われる教育活動(特別活動)として位置づけられるのか，といった諸々の課題を解決し，教育活動として望ましい運動部活動を構築する必要がある。

表2 運動部活動の問題に触れた戦後の通牒および答申

年	名称
1957	中学校，高等学校における運動部の指導について(文部省)
1965	学生の課外活動について(文部省)
1966	学校の体育行事等における事故防止について(文部省)
1968	中学校，高等学校における運動クラブの指導について(文部省)
1970	学生の課外活動における暴力行為の防止について(文部省)
	児童生徒の体育活動による事故の防止等について(文部省)
1972	体育・スポーツの普及振興に関する基本方策について(保健体育審議会答申)
1989	21世紀に向けたスポーツの振興方策について(保健体育審議会答申)
1996	21世紀を展望した我が国の教育の在り方について(中央教育審議会 第一次答申)
1997	生涯にわたる心身の健康の保持増進のための今後の健康に関する教育及びスポーツの振興の在り方について(保健体育審議会答申)
1998	中学校及び高等学校における運動部活動について(文部省)
2000	スポーツ振興基本計画の在り方について―豊かなスポーツ環境を目指して―(保健体育審議会答申)
2005	暴力のない高校野球を目指して(日本高等学校野球連盟)
2006	「スポーツ振興基本計画」の改定について(文部科学省)

参考文献

- 内海和雄 1998.『部活動改革－生徒主体への道－』不昧堂出版
- 神谷拓 2007.「必修クラブの制度化と変質過程の分析：クラブ，部活動に関する『判例』を中心に」『スポーツ教育学研究』26(2)：75－88.
- ――― 2009.「部活動の教育課程化に関わる論議過程の分析－2001年から2008年までの中央教育審議会の議論に注目して－」筑波大学人間総合科学研究科学校教育学専攻 編『学校教育学研究紀要』(2)：21－39.
- ――― 2010.「『部活動を理由とする公立中学校の選択』をめぐる論議過程と現状の問題点」筑波大学人間総合科学研究科学校教育学専攻 編『学校教育学研究紀要』(3)：19－36.
- ――― 2011.「対外試合の歴史と課題」大野貴司ほか 編『体育・スポーツと経営－スポーツマネジメント教育の新展開(初版)』47－53. ふくろう出版

(神谷 拓)

表3 対外試合に関する通牒および答申

年	名称
1907	「各学校ニ行ハルル競技運動ノ利害及ビ其弊害ヲ防止スル方法如何」(文部省の諮問)に対する全国中学校長会議の答申
1923	「競技運動ニ関シ学校衛生上留意スベキ事項如何」(文部大臣の諮問)に対する全国連合学校衛生会総会の答申
1926	体育運動ノ振興ニ関スル件(文部省)
	明治神宮競技学生生徒児童ノ参加支障ナシ(文部省)
1927	運動競技会学生生徒児童参加ニ対スル処置方(文部省)
1927	「国民体育振興上運動競技会ノ実行ニ関シ留意スベキ事項如何」(文部大臣の諮問)に対する全国連合学校衛生会総会の答申
1932	野球ノ統制並施行ニ関スル件(文部省)
1946	学校交友会運動部の組織運営に関する件(文部省)
1947	文部省訓令第六号(文部省)
	学生野球の施行について(文部省)
	学校体育指導要綱(文部省)
1948	学徒の対外試合について(文部省)
1949	学徒の対外試合について(文部省)
1954	学徒の対外競技について(文部省)
1957	学徒の対外運動競技について(文部省)
1961	学徒の対外運動競技について(文部省)
1969	児童生徒の運動競技について(文部省)
	児童生徒の参加する学校教育活動外の運動競技会の基準(青少年運動競技中央連絡協議会)
1979	児童・生徒の運動競技について(文部省)
1987	中学生の国民体育大会への参加について(文部省)
1994	中学生の国民体育大会への参加について(文部省)
2001	児童生徒の運動競技について(文部科学省)
2005	中学生の国民体育大会の参加について(文部科学省)

体育的行事の成立と発展

① 体育的行事とは

「体育的行事」という表記は学習指導要領の中で使用されている用語である。その最初は1977（昭和52）年7月の『小学校学習指導要領』の「特別教育活動」の一環として「学校行事」の1つに掲げられたことに始まる。この学校行事には「体育的行事」以外にも、「儀式的行事」「学芸的行事」「遠足・旅行的行事」「保健・安全的行事」「勤労・生産的行事」が掲げられているが、実際にそれらの行事は単独で実施されるだけでなく、他の行事と連携して実施される場合も少なくない。「体育的行事」の場合も例外ではなく、他の行事との連携を図って実施するケースもみられる。

「体育的行事」の表記は1989（平成元）年3月の改訂の折に「保健・安全的行事」と重ね合わせて「健康安全・体育的行事」としてまとめられ、1998（平成10）年12月の改訂においてもこの新しい表記が用いられている。

1977（昭和52）年の『小学校学習指導要領』での「体育的行事」の内容は「心身の健全な発達と体力の向上に資し、公正に行動し、協力して責任を果たす態度を育てることができるような活動を行うこと」として示された。また、「保健・安全的行事」の内容は「心身の発達、健康の保持増進などについての理解を深め、安全な行動が体得できるような活動を行うこと」として提示された。これら2つの内容は1989（平成元）年の「健康安全・体育的行事」の表記のもとで、「心身の健全な発達や健康の保持増進などについての関心を高め、安全な行動や規律ある集団行動の体得、運動に親しむ態度の育成、責任感や連帯感の涵養、体力の向上などに資するような活動を行うこと」と整理され、これが1998（平成10）年の改訂に引き継がれている。

一方、「体育的行事」の活動内容からその他の行事をみると、「遠足・旅行的行事」が体育的行事と関係が深いことがわかる。この行事は1989（平成元）年の改訂では「遠足・集団宿泊的行事」の名称に改められた。その目的とするところは「校外において見聞を広め、集団生活のきまり、公衆道徳などについての望ましい体験を積むことができるような活動を行うこと」から、「平素と異なる生活環境にあって、見聞を広め、自然や文化などに親しむとともに、集団生活の在り方や公衆道徳などについての望ましい体験を積むことができるような活動を行うこと」へと変更されている。これによって「遠足・集団宿泊的行事」は、徒歩旅行としての遠足のみならず、修学旅行としてのスキー、登山、およびキャンプ活動を通して「体育的行事」の一端を担うこととなった。「体育的行事」の用語は中学校（1977〔昭和52〕年）および高等学校（1978〔昭和53〕年）の学習指導要領においても同様の表記が用いられたが、1989（平成元）年の改訂において「保健・安全的行事」と併せて「健康安全・体育的行事」に改められ、1998（平成10）年の改訂に引き継がれている。一方、1977（昭和52）年の『小学校学習指導要領』において「遠足・旅行的行事」が学校行事の1つとして示されたが、これは平成元年の改訂によって「遠足・集団宿泊的行事」に改められた。中学校や高等学校の場合には、その行事の名称は当初（1977、1978〔昭和52、53〕年）、「旅行的行事」であったが、1989年の改訂では「旅行・集団宿泊的行事」に変更され、1998（平成10）年の改訂においても継承されている。

以上の考えに従えば、「体育的行事（健康安全・体育的行事）」は運動会（体育祭）、校内スポーツ大会（球技大会、マラソン大会等）などの代表的な行事のほかに、「遠足（旅行）・集団宿泊的行事」として行われてきた、臨海学校、林間学校、遠足、キャンプ、登山、スキー、長距離歩行訓練などの行事も含まれることになる。もちろん、学校の行事として行われるのであるから、年に1回あるいは2回であったり、月に1回あるいは2回であったりするが、定期的に行われ、しかも全校あげて、学年全体で、あるいは学級単位で行われる。

このように「体育的行事」がその名称のもとで学校行事として行われてきた歴史は浅いが、学校の行事としての体育行事は、日本の場合、明治期までさかのぼることができる。その代表は「運動会」（体育大会）であり、学校外での「集団宿泊的野外活動」である。

なお、体育的行事はイギリス、ドイツ、スウェーデン、デンマーク、フランス、オーストリア、などのヨーロッパ諸国や、アメリカなどの学校で行われていた体育やスポーツに関連する行事をモデルにしたものであると考えられるが、日本のスポーツの振興の拠点が学校に置かれてきたこともあって、「体育的行事」は諸外国に比して日本的特色が強く醸されたものとなった。

そこで、以下において体育的行事を日本の代表的な学校行事に限定してその概要を提示する。

② 運動会の誕生と発展、役割

運動会は、西洋由来の学校行事としての体育行事として始まった。その契機となったものは、「athletic sports, athletic meeting, sports tournament, また maipole のような子どもの遊戯会や、あるいはフレーベル (F.W.A. Froebel) の提唱による学校、幼稚園での体育・遊戯行事などにあるといえる。」（木村吉次「学校体育・スポーツ行事」日本体育協会 監修『最新スポーツ大事典』大修館書店, 1987, 174-77）という。しかし、その体育行事は日本的変容を遂げ、諸外国にはみられない独自の発展を遂げていく。

日本における「運動会」の始まりは1874（明治7）年に海軍兵学寮で実施された「競闘遊戯会」であるとされるが、1878（明治11）年には札幌農学校で「力芸会」が開かれ、1883（明治16）年に東京帝大と予備門の合同運動会が開かれている。このように運動会の萌芽は高等教育機関に求められるのであるが、初等教育では体操伝習所系の体操演習会にあったといわれている。その最初は1882（明治15）年の体操伝習所における「連合体操会」で、軽体操の練習の成果や、運動遊戯の発表の場として実施されている。1886（明治19）年に森有礼初代文相が『学校令』を発布し、学校に兵式体操・隊列運動を奨励したことによって、その頃から「運動会」の名称が一般化していく。森は兵式体操と運動会を強く奨励したことから、1880年頃から全国各地の師範学校、中学校、小学校などで運動会が開催されることになったという。しかし、その頃は就学率や出生率が低かったことや、学校

に付置する運動場が狭隘であったために，学校ごとでの運動会の開催は難しかった。そのため，運動会は複数の学校が参加する「連合運動会」の形式がとられた。運動会の会場は練兵場，海浜，社寺の境内，大きな河原が選ばれたが，各校の児童は遠足をかね，会場まで少なくとも2－3里（8－12km）歩いたという。児童の会場までの往復に長時間を要するために，その分だけ運動会の開催時間は短縮され，演技種目も少なく抑えられている。

このように運動会は1887（明治20）年を前後した頃から全国の学校で「学校行事」として行われるようになり，「学校における国民身体の訓育装置」（吉見俊哉「運動会の思想」『思想』845（11），1994）として機能していったという。その後，出生率と就学率の向上は就学児童を増大させたが，このことと1891（明治24）年の『小学校設備準則』で児童1人あたり1－1.5坪以上の運動場の広さが規定されたことと相まって，学校の屋外運動場は広くなり，各学校では運動会を実施し得る運動場スペースが確保されるようになった。この行事が学校単位で開催されるようになった理由はそこにある。以来，"村の学校"の運動会は村の祝祭文化としての地歩を占めていくことになるのである。

1891（明治24）年6月，文部省は「小学校祝日大祭日儀式規程」を制定して，学校儀式としての運動会の開催を奨励している。すなわちそこでは「祝日大祭日ニ於イテ便宜ニ従ヒ学校長及教員，生徒を率キテ体操場ニ臨ミ若クハ野外ニ出テ遊戯体操ヲ行フ等生徒ノ心情ヲシテ快活ナラシメンコトヲ務ムヘシ」「市町村長其他学事ニ関係アル市町村吏官ハナルヘク祝日大祭日ノ儀式ニ列スヘシ」「式場ノ都合ヲ計リ生徒ノ父母親戚及其他市町村住民ヲシテ祝日大祭日ノ儀式ニ参観スルコトヲ得セシムルヘシ」などが規定されている。そのことから，当時の運動会は「国家の祭りとしてあっただけでなく，村の祭りとしても存在した」（吉見，前掲書）とみなすことができよう。明治も末期になると，運動会の村祭りとしての役割は次第に大きくなっていった。それは内務省が神社の統廃合政策を推進させ，村の鎮守を統合させるためでもあった。そのため村の祭りは行政町村神社

の祭りとなり，かつての村の祭りの躍動は薄れ，祭りそのものがどこかよそよそしくなった。これを補ったのが村の学校の運動会であったという（佐藤秀夫「運動会」日本体育協会 監修『最新スポーツ大事典』大修館書店. 1987. 94－97）。運動会の娯楽化のはじまりである。すなわち，「学校単位で運動会を実施する場合には，他校選手の招待レースに力を入れ，経費捻出のためには寄付や売店を当然と考えるありさまであった」（木下秀明「運動会の変遷」岸野雄三 編著『体育史講義』大修館書店. 1984. 217－20）というわけである。

日中戦争－太平洋戦争の期間に運動会は実施を見送られた。しかし，1945（昭和24）年頃から，運動会は復活する。各学校での運動会は戦前に培った村の運動会の様相を呈しながら，村の祭りの機能の一部を担っていったのである。

③ 集団宿泊的野外活動の誕生と役割

既に述べたように，集団宿泊的野外活動の中にも「体育的行事」とみなすことのできる活動は少なくない。遠足，林間学校，臨海学校，スキー旅行，キャンプなどがそれである。

遠足は教師が児童生徒を集団で引率する徒歩旅行であるが，わが国における歴史は1887（明治20）年以降にヘルバルト（J.F. Herbart）らの実験学校で実施されていた徒歩旅行が，移入されたことに始まる。その当初は長距離を歩くことによって身体の鍛錬を図ることがねらわれたことから，連合運動会の会場まで徒歩で行くことが「遠足」の名のもとで行われている。大正期になってから郷土教育の一環として郷土の名所旧跡や神社仏閣を目的地とする遠足が学校行事として行われるようになっ

た。昭和期には自然に親しみ，自然を観察することが目的にされるようになり，さらに歩行力と意志力の鍛錬を目的にした遠足が行われるようになる。しかし，戦争が激化してからは実施されなくなり，戦後，平和な時代の到来とともに再び実施されるようになった。1977（昭和53）年に改訂の『小学校学習指導要領』において「特別活動」の一環としての「遠足・旅行的行事」が学校行事に組み入れられてからは各校が「遠足」を実施している。体育的行事ではないにしても，遠足にはその方面からの期待が寄せられ，1学年には5－6km，2学年には7－8km，3学年には9－10km，4学年には11－12km，5学年には13－14km，6学年には15－16kmが歩行能力の限度を尽くすには適当であると考えられている（浅見俊雄ほか『現代体育・スポーツ大系第5巻（学校体育・スポーツ）』講談社. 1984. 46）。

林間学校や臨海学校も戦前から行われてきた学校行事であるが，これらは体育的行事として行われる側面を有している。前者には登山が，後者には海水浴や遠泳がプログラミングされる場合が多いからである。また，近年では旅行・集団宿泊的行事としてスキー旅行やキャンプが実施されるようになり，その実際は「体育的行事」と連携して行われるようにもなった。

運動会を体育祭として実施することのほかにも，校内球技大会，校内マラソン大会，校内持久型歩行会などがこのグループに入る。これらは戦前から実施されてきたものであるが，学校独自の行事として継承されてきたものも少なくない。

（谷釜了正）

学校運動部活動の現況　14.C.05

① 学校運動部の現状

[学校運動部活動の位置づけの変遷]

学習指導要領における部活動に関する記載は，1977（昭和52）年改訂（中学校）の特別活動において「クラブ活動については，毎週実施できるように配慮する必要がある。また，学校において計画する教育活動でクラブ活動と関係の深いものについても，適切に実施できるように配慮する必要がある」（傍点筆者）といった表記で，クラブ活動に関連する活動として記載されたことが初出である。

次に，1989（平成元）年改訂（中学校）では，保健体育において，特別活動において，「部活動に参加する生徒については，当該部活動への参加によりクラブ活動を履修した場合と同様の成果があると認められるときは，部活動への参加をもってクラブ活動の一部又は

全部の履修に替えることができるものとする。」(4章特別活動第3の4,傍点筆者)と記載されている。

また,1998(平成10)年改訂(中学校)では,保健体育において,「学校における体育・健康に関する指導の趣旨を生かし,特別活動,運動部の活動などとの関連を図り,日常生活における体育・健康に関する活動が適切かつ継続的に実践できるよう留意すること」(傍点筆者)と記載されている。一方,特別活動における「クラブ活動」については,教育内容の厳選の流れを受け廃止されている。

2008(平成20)年1月中央教育審議会答申では,部活動について,「生徒の自発的・自主的な活動として行われている部活動について,学校教育活動の一環としてこれまで中学校教育において果たしてきた意義や役割を踏まえ,教育課程に関連する事項として,学習指導要領に記述することが必要である」との指摘を踏まえ,初めて学習指導要領における部活動そのものへの記載がなされた。

2008(平成20)年改訂の中学校学習指導要領では,次のように規定されている。

中学校学習指導要領 第1章 総則
第4 指導計画の作成等に当たって配慮すべき事項

(13) 生徒の自主的,自発的な参加により行われる部活動については,スポーツや文化及び科学等に親しませ,学習意欲の向上や責任感,連帯感の涵養等に資するものであり,学校教育の一環として,教育課程との関連が図られるよう留意すること。その際,地域や学校の実態に応じ,地域の人々の協力,社会教育施設や社会教育関係団体等の各種団体との連携などの運営上の工夫を行うようにすること。

この記載は,次の3点について述べたものであるといえる。
・スポーツや文化および科学等に親しませ,学習意欲の向上や責任感,連帯感の涵養等に資するものであること。
・学校教育の一環として,教育課程との関連が図られるよう留意すること。
・各種団体との連携などの運営上の工夫を行うようにすること。

このことによって,部活動の意義,留意点が明確となるとともに,学校教育活動としての位置づけが明確化されることとなった。

[スポーツ振興基本計画における位置づけ]

2000(平成12)年に策定されたスポーツ振興基本計画では,運動部活動の改善・充実の方策として次のような記載がなされている(一部抜粋,省略)。

運動部活動の改善・充実
・現状と課題
　運動部活動は,学校の指導のもとにスポーツに興味と関心をもつ同好者で組織し,部員同士の切磋琢磨や自己の能力に応じてより高い水準の技能や記録に挑戦する中で,スポーツの楽しさや喜びを味わい,豊かな学校生活を経験する活動であり,学校教育活動の一環として位置付けられている。運動部活動では,教員は顧問や監督など指導者として重要な役割を果たしている。
・今後の具体的施策展開
1) 複数校合同運動部活動等の推進
2) 運動部活動の運営の改善
ア) 勝利至上主義的な運動部活動の在り方を見直すなど,児童生徒の主体性を尊重した運営に努める。
イ) 競技志向や楽しみ志向等の志向の違いに対応したり,一人の児童生徒が複数の運動部に所属することを認めるなど,柔軟な運営に努める。
ウ) 学校段階に応じて,年間を通じての練習日数や1日当たりの練習時間を適切に設定する。
エ) 学校や地域の実態等に応じ土曜日や日曜日等を休養日とするなど,適切な運営に努める。
オ) 合同練習や定期的な交流大会で異校種間も含めた学校間の連携を図るなど,運動部活動の活性化に努める。

[運動部活動の現状]

2009(平成21)年度の中学校,高等学校における運動部所属生徒数は,中学校で約234万人,高等学校で136万人である。運動部数は,最近5年間では,中学校でほぼ横ばい,高等学校でやや減少している。

部員数は,最近5年間では,少子化等に伴い,中学校で約9万人,高等学校で約5万人減少している。しかし,参加率は,中学校男子75.5%,女子53.8であり,全体で64.9%となっている。高等学校では男子54.5%,女子26.5%であり,全体で40.7%となっている(図1)。

中学校と高等学校の運動部活動加入率は,男子で20.9%,女子で27.3%,全体で24.2%の減少がみられる。

このことは,生徒の興味・関心の多様化によって,部活動を継続しない生徒の存在があることがうかがえる。

少子化の中で,参加数は減少しているものの部活動加入率の年次推移では,ほぼ横ばいで推移していることから,子どもたちが参加しやすい部活動運営の工夫が行われていると推察されるが,指導者の確保の難しい小規模校などでの複数合同運動部活動(中学校269校,高等学校589校:平成17年11月文部科学省スポーツ青少年局調べ)や総合運動部活動(小学校1416校,中学校607校,高等学校42校。平成16年5月:文部科学省スポーツ青少年局調べ)では,少数の取り組みにとどまっている。

また,教員の全体の年齢層が高くなっている状況や社会全体で教育に参画する方向性の中で,外部指導者等のいっそうの活用が求められるが,中学校・高等学校の外部指導者の活用状況は,22%程度であり,外部指導者の怪我等の保障や位置づけなどの条件整備などが求められる。

② 運動部と教員の勤務時間
[教員の勤務時間についての調査]

教員の労働時間に関する調査は,1966(昭和41)年に実施された「教職員の勤務状況調査」のほか,群馬県,山形県,鳥取県,静岡県,岩手県,島根県,宮崎県などの各教育委員会,日本教育経営学会科学研究費共同研究班による調査などが行われているが,ここでは,平成18年度文部科学省委託調査「教員勤務実態調査(小・中学校)」報告書および「同(高等学校)」報告書の概要を中心に教職員の勤務実態について述べる。

[勤務実態の概要]

本調査では,教員の業務を朝の業務,授業,授業準備,学習指導,成績処理,生徒指導(集団),生徒指導(個別),部活動・クラブ活動,児童会・生徒会指導,

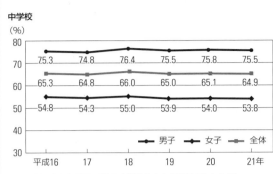

図1 運動部活動加入率の推移

表1 勤務日・1日あたりの平均残業時間・持ち帰り時間量

	残業時間量		持ち帰り時間量		残業時間＋持ち帰り時間	
	平日	休日	平日	休日	平日	休日
小学校	1時間49分	28分	47分	2時間18分	2時間36分	2時間46分
中学校	2時間26分	1時間50分	25分	1時間47分	2時間51分	3時間37分
高等学校（全日制男性教諭）	1時間49分	1時間27分	26分	1時間31分	2時間15分	2時間58分

注：高等学校は，校種・職種により，実態が異なるため全日制男性教諭を提示した。

表2 勤務日，休日におけるおもな業務内訳の平均残業時間（持ち帰り含む）

業務内訳	成績処理	部活動・クラブ活動	授業準備	事務・報告書作成	学校経営	学年・学級経営
小学校	62.3	0.6	53.3	18.7	12.0	7.2
中学校	41.8	110.0	36.5	17.8	2.0	0.8
高等学校（全日制教諭）	30.7	95.7	52.7	4.3	5.7	2.3

注：小学校・中学校は，7/3−12/17（6期），高等学校は，10/16−12/10（3期）。
注：比較のため，おもな共通項目の平均を示した。
注：高等学校は，校種・職種によって実態が異なるため全日制教諭に限定した。

学校行事，学年・学級経営などの児童生徒の指導にかかわる業務，学校経営，会議・打ち合わせ，事務・報告書作成，校内研修などの学校の運営にかかわる業務，保護者・PTA対応，地域対応，行政・関係団体対応などの外部対応，校務としての研修，会議などの校外対応，移動などのその他の業務，休息・休憩などのその他のカテゴリーに分けて調査を実施している。

また，調査期間は，小学校・中学校では，第1期から第6期（7月3日−12月17日）であるが，第2期を除く通常期と第2期を長期休業期としての分析も行われている。

高等学校では，10月16日から12月10日までの3期によって調査が行われているが，課程や教科，職種が多様なため，個々の属性に応じた分析を行っているのが特徴である。

ここでは，課外におけるスポーツ活動につながる内容に焦点を当てて実態を紹介する。

報告書によれば，残業時間と持ち帰り時間は，小学校で平日2時間36分，休日2時間46分，中学校で平日2時間51分，休日3時間57分であり，高等学校（全日制の男性教諭）では平日2時間15分，休日2時間58分となっており（表1），恒常的な時間外勤務の実態が明らかになっている。

また，同集計によれば，小中学校の通常期における1日あたりの休憩・休息時間は，小学校の教諭で9分（7月），9分（9月），6分（10月），6分（11月），中学校の教諭で10分（7月），11分（9月），7分（10月），7分（11月）となっており，事前に割り振られているはずの休憩・休息時間が，子どもたちへの指導等があるため，結果として十分に取れていない現状があると指摘している。

[勤務実態にみる中学校教員の特徴]

通常期における中学校教員の残業では成績処理や授業準備も小学校と同様に主要な業務の1つであるが，特に部活動・クラブ活動が主要な業務となっていることが特徴的である。部活動・クラブ活動は各期10−30分程度行われている。そのほかには，授業準備は第2期を除く各期で20分前後行われている。事務・報告書作成は，第2期を除く各期で10−15分程度行われている。長期休業期前である第1期と第6期には，成績処理が約30分と他の時期に比べて長くなっている。また，第2期にはその他の校務が上位に入っていることは，長期休業期には基本的に授業や試験などがないこと，また，教員が研修などに参加することが多くなることを反映していると考えられる。

[勤務実態にみる高等学校の実態]

高等学校では，次のような特徴が挙げられている。
・性別では男性の残業時間・持ち帰り

時間量が長いこと
・年齢別では30歳以下の若い年齢の教諭ほど勤務日の残業時間量，休日の持ち帰り時間量が長いこと
・職階別では勤務日は教頭・副校長の残業時間量が長く，休日は教諭の持ち帰り時間量が長いこと
・主任別では生活・生徒指導主任の勤務日の残業時間量，研究主任の勤務日・休日の持ち帰り時間量が長いこと
・部活動顧問の有無別では運動部の顧問の残業時間量，休日の持ち帰り時間量が長いこと
・担当教科別では農業，商業などの専門教育の教諭の勤務日の残業時間量が長いこと，公民，地理歴史などの普通教育の教諭の休日持ち帰り時間量が長いこと
・保健体育の教諭は残業時間量は長い一方，持ち帰り時間量は短いこと

[校種別の業務内訳の比較]

表2は，おもな業務内訳について，小中学校6期分，高等学校3期分の平日および休日の残業時間と持ち帰り時間の総時間数を校種別に平均化して比較したものである。

小学校では，成績処理，授業準備のためのウエイトが高く，中学校，高等学校では，これらに加えて部活動に使われる時間が多い。成績処理については，小学校では，高等学校の倍の時間が使われているが，小学校では担任制によって，処理する教科数が多いためと考えられる。

また，小学校に比べ，中学校や高等学校では部活動に使われる時間が多いが，高等学校では，教科の内容が専門的となるため，授業準備に使われる時間が中学校に比べて多い。小学校での授業時間は，高等学校とほぼ同様の時間が使われているが，扱う教科の多さから，授業準備の時間を要していると考えられる。

参考文献　　　14.C.05
◆ 文部科学省．「教員勤務実態調査」平成19年5月23日
◆ 文部科学省．「クラブづくりの4つのドア」平成13年4月

（佐藤　豊）

15章
スポーツと歴史

スポーツを人類の歴史との関係でみるために,

「スポーツの始まり」

「初めの豊かな社会のスポーツ」

「古代のスポーツ」

「近代スポーツ」

「国際スポーツ」

という枠組みを立ててまとめた。

さらに,近代スポーツの発祥の地であるイギリスのスポーツ史,

現在の国際スポーツに大きな影響を与えたアメリカのスポーツ史,

さらには日本,中国,韓国のスポーツ史

についても紹介することでスポーツと歴史の関係を

より深く考える契機にしていただきたい。

人類スポーツ史

歴史を語ることの限界

歴史には2つの意味がある。人について生起した過去の出来事の全体という意味と，この全体の中から遺物や文字などなんらかの手掛かりによって認識可能となった部分の過去という意味である。われわれが学校で習ったり，歴史家が提供するのは後者の方である。ここに取り上げる「人類スポーツ史」も同様である。

われわれは今のところ，認識を言語によってしか行えないことからすれば，歴史は認識主体の認識の仕方いかんに依拠するといわざるを得ない。誰がみても同じ歴史がそこに存在するわけではないのである。歴史は原則的に認識主体の作品といえる。言語によってしか過去を再構成できない歴史学の宿命である。

同じことは時代区分についてもあてはまる。過去をいくつに区切り，それぞれをどのように意味づけ表現するかは歴史家の意思と思想に委ねられている。ただし，時代区分は，今とはなにかの問題意識から出発する。いかように過去が分けられようとも，結局，それは，"今とはなにか"の問いに答える仕掛けといえる。

ここに人類スポーツ史を論ずるにあたり採用した時代区分は4つであり，それぞれの時代のスポーツが「初めの豊かな社会のスポーツ」「古代のスポーツ」「近代スポーツ」「国際スポーツ」と表現された。「国際スポーツ」が今の時代である。「初めの豊かな社会のスポーツ」は人類の初めの時代であるが，スポーツの始まりとは別である。始まりを問う作業はしばしば歴史学の方法を超え出るからである。

次節に「スポーツの始まり」を置いた。一切の文化は始まりをもつ。スポーツも例外ではない。始まりを問うことは，スポーツを定義することから始まる。それは定義次第で答え方が違ってくるからである。まずスポーツの概念を示し，筆者の立場を明らかにすることから始める。

(寒川恒夫)

スポーツの始まり

① スポーツの概念

スポーツの概念については，研究者が研究上の分析概念として自由に意味を付与するエティク(etic)のレベルと，語源のように社会に共有されるイーミック(emic)なレベルの二様が区別されるが，ここでは，後者のイーミックなレベルの概念を採用する。

日本語のスポーツは英語sportのカタカナ音訳語である。今日のわれわれはスポーツといえば，サッカーやマラソンなど運動競技を中心に，舞踊や武道，さらに心身の健康をめざすヨーガや太極拳，エアロビクスまでをも思い浮かべ，さらに，将棋やチェスなど盤上遊戯までをも含めようとする傾向にある。しかし日本人がスポーツをこのように広く理解するのは近年のことであり，スポーツという言葉を日常語(国語)として使い始めた昭和の初め頃は，スポーツはもっぱら運動競技をさしていた。このように日本のここ1世紀の間でも，スポーツの語義は変わっている。事情はsportという言葉をつくったイギリスでも同じであった。

sportの語源研究は，その祖語が古代ローマ人のdeportare(動詞)であり，これが古フランス語でdesporter(動詞)，desport(名詞)の形を成し，12世紀頃に英語に入り，16世紀にsport(動詞，名詞)の形を得たとする。問題は語義である。古代ローマ人が使ったラテン語deportareはde(away)とportare(carry)の合成語で，はじめ「運ぶ，移動する」，のちに「つらいこと，いやなことなどから離れる」つまり「気晴らしする，遊ぶ」を意味した。どんなことでも，例えば酒を飲んでも，おしゃべりしても，魚釣りしても，ギャンブルしても，異性と交わっても，かけっこしても，それで楽しくなればdeportareであった。動詞のこの意味はその後一貫して今日まで変わらないが，古フランス語でdesportの名詞がつくられると，"遊び方"が注目され，数ある遊びに順番がつけられるようになる。そこで，16世紀のイギリス人がsportといえば，それは第一に，貴族とジェントルマンが行う狩猟をさした。彼らは自身が所有する広大な田園・山野で狩りを楽しんだが，当時の狩りは，狩りできる人を収入と身分で制限する狩猟法(game laws)によって守られた特権的楽しみであった。権利をもたない者の狩猟は密猟であり，厳しく罰せられた。狩りをスポーツの語義の第一位とすることはその後も続いたが，19世紀になると変化が現れる。スポーツといえば，パブリックスクールの生徒やオックスフォード大学・ケンブリッジ大学の学生，そしてそのOBたちが行うフットボールやボートレースや陸上競技など，各種の運動競技をさすようになったのである。イギリスの植民地ネットワークやオリンピックによって世界に広まり国際語となったスポーツは，この意味の運動競技であり，日本人が昭和時代に理解したスポーツも，この段階のものであった。

sportの語義史に従えば，スポーツは「遊び(遊ぶ)」と「競技」の二義を，その核にもつといえる。そこで，スポーツの始まりを論じるとは，人類の遊びと競技の開始について考えることになる。

② 残存起源説

スポーツを運動競技と理解するのに慣れている今日のわれわれにとって，スポーツの始まりとしてまず頭に浮かぶのは，サッカーや柔道やマラソンなどスポーツ種目(sports)のルーツである。こうした種目の始まりは，歴史学(スポーツ史学)が答えてくれる。例えば柔道なら1882(明治15)年に嘉納治五郎が考案したのが始まりとなり，サッカーなら，イギリスにフットボール協会が1863年12月に結成され，その時にイギリス国内統一ルールが創られたのが始まりとなる。このようにスポーツ種目の開始は，実年代をもって比較的明瞭に答えられるが，しかし，大抵の種目は長い前史をもっている。柔道なら

江戸時代の柔術である。そこで，柔道の始まりを嘉納の創意で満足しない人は，その前史，さらにその前史と追いかけることになる。その時，スポーツ史学は，証拠として資料（文字で記された史料など）を用意するが，柔道も戦国時代より古くなると，もう史料にみえない。フットボールもイギリスの史料では14世紀に初出し，それ以前は不明である。考古学の古い遺物や絵画も重要な資料であるが，これらは文字と違って陳述資料でないため，その物が遊びや競技で使われたか（またその行為が遊びや競技であったのか）を判断するのはきわめて困難である。

種目の始まりを明らかにするべく，その前身，前身と追いかけていって，もはや資料のないところまで来ると，つまり歴史学の考察対象からはずれると，その先は推測に頼ることになる。そうした推測されたルーツとして，これまで挙げられていたのが，日々の労働や神事であった。これはイギリスの人類学者タイラー(E.B. Tylor)が1871年に出版した『原始文化』の中で提唱した残存(survival)概念を用いたものであった。一般に文化は，時間が経つと，もとの意味が消えて，まるで退化器官の盲腸のように，ただの遊びや競技になってしまう。狩猟民が使った狩りの道具の弓矢は，今は子どもの玩具かアーチェリー競技の道具となり，また神意を占ったサイコロはギャンブル道具になったとタイラーはいう。これは歴史民族学的といってよい説明方法である。よく耳にする実用術から遊び・競技へという発展説は，結局，この残存説に発している。この説明は，競技は，元はおふざけや楽しみごとではなく，真面目な生産活動や儀礼であったとするもので，まじめ(industry)を時代精神とする近代産業社会における遊びやスポーツの存在を正当化するのにおおいに役立ち，大変もてはやされた。ドイツのカール・ディーム(C. Diem)の大著『世界スポーツ史』は，その代表である。今日目にする遊びや競技と似た形態の労働や儀礼を伝統的社会や未開社会に（ルーツとして）探し出す数多くの調査・研究がなされた。しかし，残存説は非"遊び・競技"から"遊び・競技"の発生を扱ったため，当然，それでは古い人類は子どもも含めて遊ばなかった

のか，といった反論が出された。そこで，スイスの人類学・心理学者のグロース(K. Groos)は，子どものオモチャが大人によって儀礼具に取り上げられ，のちに再び玩具となったという，いわば昇降説を提唱する（『動物の遊び』1896，『人間の遊び』1899）。この説は1925年のボイレ(K. Weule)の「スポーツ民族学」（ボーゲング 編，『すべての民族と時代のスポーツ史』，1925）にも採用されている。人類学者のクローバー(A.L. Kroeber)などは，そもそも道具の発明は，今日のように，"必要は発明の母"に代弁される計画的かつ社会的ニーズから意図的になされたのではなく，遊びながらなされたものであったとさえいう。そうすると弓矢はもとから遊び道具だったことになる。さらに，オランダのホイジンガ(J. Huizinga)は，タイラーが遊びのルーツとした儀礼を含めた文化そのものが，逆に，遊びの中に発生したことを，同じく歴史民族学的方法によって詳細に証明している（『ホモ・ルーデンス』1938）。いずれにしても，残存起源説は，1) 有効性と限界をもつこと，2) 遊びや競技の始まりを動物ではなく初期人類の行動に求め，これを人間に固有としたこと，3) 遊びや競技は，初めは遊びや競技でなかったという立場に立っていたことを確認しておこう。

③ メタ・コミュニケーション説

アメリカ人人類学者のベイトソン(G. Bateson)は"遊び"でなく，"遊ぶ"について論じた。人類はなぜ遊ぶことが可能であるかを論じたのである。タイラーが名詞形の遊びの始まりを扱ったのに対し，ベイトソンは動詞形について論じたといえる。その結果，"遊びは初めから遊びであった"の命題が定立されることになった。また，始まりも人類を超え出て，動物に求められることになった。ベイトソンはいう。

人が遊べるには，これは遊びであるという了解を自分自身と取り付けておく必要がある。他人と遊ぶ時も同様で，あらかじめ互いにこれは遊びであるという合意を取り付けておく必要がある。動物も同じで，猿の子どもの噛みつきごっこも，この噛みつきは食物を食べる時の本当の噛みつきでなく，そのふりですという合意の上に成り立

つ。こうした情報交換システムを彼はメタ・コミュニケーションと呼んだ（『精神の生態学』1972）。このシステムはとても弱いもので，もし一方が夢中になって本当に噛んでしまったら，それは"ごっこ遊びはこれで終了"の意思表明となり，噛まれた相手は約束が破られたと理解し，怒って噛みつき返し，ケンカとなる。

メタ・コミュニケーションは人類の遊ぶ・遊びの発生のみならず，競い合う・競技の発生説明にも有効である。2頭の雄ライオンが雌ライオンの群れをめぐって闘う時，そこには，目的は群れの主にふさわしいのはどちらかを決めることであるという了解がとられている。それゆえ，一方が負けを認め敗走すると，勝った方は相手を追いかけて殺すことはしない。ライオンは2通りの闘いを区別している。相手の命を奪う捕食（狩り）としての闘いと，同種間で行う優劣を決める闘いである。後者の闘いは生命を保証した安全なもので，人類の競技・競争のルーツとしてよい。ホイジンガもベイトソンに先立って動物に遊びを認めていたし，ドイツの民族学者のレオ・フロベニウス(L. Frobenius)も人間の闘いを戦闘（人狩り）と決闘に分け，それぞれ戦闘を動物の狩り，決闘を動物の同種間の順位決め行動の展開とする考えを提唱していた（『人狩りと決闘』1902）。もちろん，両者ともベイトソンのような理論構築（コミュニケーションの生物進化論）は行っていないが，人間の遊びや競技・競争のルーツを動物に求める発想は，このように，20世紀前半にすでに認めることができる。

われわれは，ベイトソンのメタ・コミュニケーション説によって，人間の競技が人間固有の行動でなく，動物も共有するとても古い根源的営みであることを知る。また，これによって，スポーツのルーツは戦争や狩りであるという，スポーツの質をバイオレンスに置こうとする言説にも対抗できよう。こうした説は，殺人や戦争を人間の進化論的本性とみる狩猟仮説(hunting hypothesis)に属するものである。ここでは，血なまぐさい闘いではなく，紛争を平和的に解決しようとする知恵として生命の安全を保証し合って行った動物の優劣判別の問題解決行動に，競技

のルーツを認めることにしよう。

初めの豊かな社会のスポーツ

15.A.03

　サルとの共通祖先から分かれ，直立二足歩行によって独自の文化を築いた現生人類ホモ・サピエンスの最初の社会を，ここでは「初めの豊かな社会」と名づける。この名称は，アメリカの人類学者マーシャル・サーリンズ（M.D. Sahlins）に倣ったものである。

　これまでこの時代は原始時代と呼ばれ，野蛮や未開のイメージで語られることが多かった。原始人は石器や弓といった不十分な道具によって食料を調達する必要があったため，日がな1日食べ物探しに追われていたのである。数百万年にもわたって狩猟採集という文化の停滞状況にあったのも，彼らに文化を創造する時間的余裕がなかったためであると説明されることもあった。食料探しに追われる貧しき原始人というイメージは，主に考古学に基づいてつくられたものであった。

　サーリンズたちは，世界に展開する熱帯・亜熱帯の狩猟採集民のもとでフィールドワークを行い，そこで，人々はなにを食べ，食料探しにどのくらいの時間をかけるのか，摂取カロリーはどの程度なのかを調査した。その結果，男性の狩りと女性の採集を平均した食料集めの時間は1人1日2－3時間，家族1人の平均摂取カロリーは1日2,200kcal，そして食料の割合は狩りの獲物である肉が2－3割，採集される植物性食物が8－7割という結果を得た。男性の狩りはいつ獲物が捕れるとも知れない効率の悪い経済であり，いきおい生活は女性の手による安定した採集に頼ることもわかった。こうした生活では，1日24時間のうち，食料を調達するための2－3時間を除いた残りすべてが，自由時間となる。サーリンズは，この調査をもとに，彼らの社会を「初めの豊かな社会」と名づけたのであった。

　この時代，人類は動物段階で手に入れた平和的な優劣判別行動を，他の動物にはみられない形に多様に展開した。これを，民族学の資料によって次に概観しよう。人気があったのは，ボールゲーム，走・跳・投の競い合い，水の上，雪の上，氷の上のスポーツ，格闘技などで，動物スポーツとモータースポーツを除けば，すべてが揃っていた。

　格闘技は動物がぶつかり合った優劣判別行動に由来するものだが，人類はこれを相撲やボクシングなど素手で行うものと，棒・棍棒・槍などの武器を用いて行うものに発達させた。相撲はまだ土俵のないもので，始めから組んでとるものと，立ち合いのあるものとがあった。ボクシングは，左手を盾のように前に出し，右手は後方に引いた半身の姿勢で闘った。ボールゲームに用いるボールには，ふくらませ球，詰め球，編み球，巻き球，削り出し球，鋳型球の6種類があり，これは今日まで変わっていない。ふくらませ球に用いたのは，動物の膀胱や胃袋で，これに息を吹き込んだ。補強のために革のカバーをかけることも行われた。詰め球は革の巾着袋に毛や苔をぎっしり詰めて作った。編み球はセパ・タクローのように籐などの表皮を丸く透かし編みしてある。巻き球は芯の周りに細長く切った革や植物の柔らかい茎をぐる巻きつけて球体にしたもので，木や石を削ったり，こすったりして球体にしたのが削り出し球，鋳型球はゴムなど樹液を丸い鋳型に流し込んで作った。こうしたボールをゴールへ運んだり（手や足で，またスティックを使って），あるいはコートで打ち返し合って楽しんだのである。

　この時代のスポーツの特徴として，スポーツが神とかかわったことが挙げられる。なにかもめごとが起き，どちらの言い分が正しいかを決められなくなった時，よく格闘技が行われ，勝者の言い分が採用された。これを神明裁判というが，神は正者を勝たせるとの信仰を背景にしていた。スポーツの勝ち負けは神の意志のメッセージであると理解されたのである。格闘技に限らず，勝敗を伴うスポーツが占いに用いられたのも，同じ考えからであった。あらかじめ，こちらが勝つと狩りはこうなり，あちらが勝つと狩りはこうなると決めておき，いずれが勝つかで狩りの成否を知ったのである。さらに，同じことをすれば同じことが起きるという呪術的思考から，狩りの前に見事獲物を仕留める踊りを踊ることも広く行われた。

（寒川恒夫）

古代のスポーツ

15.A.04

　人類が都市を築き，これに集住する段階を古代と呼ぶ。旧大陸ではメソポタミア，エジプト，インダス，黄河の文明が有名である。文明"civilization"は都市を意味するラテン語のcivilitasからとられたもので，"都市化"が古代の重要な特徴とこれまで考えられてきた。もちろん，古代文明は都市のほか，階級分化，家畜飼養，文字，犁耕，発達した天文学といった要素をもち，これらによってそれ以前の社会とは区別されるが，そうした新要素はスポーツにおいても表現された。

　家畜飼養からは動物スポーツが生まれた。牛同士を闘わせる闘牛，さらに闘羊，闘馬，闘鶏，闘犬，また鷹狩など，また馬に戦車を引かせ競走する戦車競走，さらにそののち人類が馬に乗るようになると，競馬，ポロ，騎射（日本で流鏑馬），馬上から槍を投げる中近東のジャリッド，頭を切り落とした羊や仔牛をボール替わりに奪い合いゴールにもたらすのを競う中央アジアのブズカシなども，動物スポーツを構成する。

　発達した天文学からは，チェスや将棋など盤上遊戯が生まれている。地上の出来事は天命によってすでに決定しており，その天命をなんらかの手立てによって知り，その命にあらがうことなく対応すれば安寧が保障されるとする考えが古代世界に広まっていた。そうした天命を推し量るのに天空図上に星のコマを動かす方法があり，サイコロは，いろいろな種類のものが，すでに「初めの豊かな社会」で使われていたが，図形の上にあるコマを，一定のルールで動かすために使われるようになった。これが盤上遊戯を生んだ。

　階級分化は支配する者と支配される者のほか，軍人，祭司，官僚，商人などといった職業分化を生み出した。こうした人々のうち，祭司や官僚など多

く座業に従事する者，また支配者側にいる女性などに運動不足や栄養過多が原因の肥満と健康障害が生じるようになった。狭い空間に多くの人が住む都市という環境も，これに拍車をかけた。中国に導引，インドにヨーガ，ギリシャにギュムナスティケーという健康運動システムが生まれたのは，こうした状況においてであった。身体を動かすことが健康によいという説明は，しかし今日のような科学ベースのものではなかった。盤上遊戯を生み出したのと同じ考え，つまり人間の身体は小宇宙として天と対応しているというコスモロジカルな思弁的なものであった。宇宙の根源物質である気が一定の速さで体内の一定のルートをうまくめぐっている状態が健康であって，なんらかの理由で気の流れが滞ると病気になると導引は説く。これに対し古代ギリシャ人は，気に相当するト・アペイロンから生まれた熱・寒・湿・乾の4つのデュナミスのアンバランスが病気で，運動は小さくなった熱と乾を高めるのに効果があると説明し，走・跳・投，格闘技，散歩など様々な運動を処方した。今日の運動処方のルーツが，ここにはある。ヘーロディコス（Herodikos）というスポーツ科学者（ギュムナステース）は，アテネの人に60kmのウォーキングを勧めていたのである。運動処方や競技で勝つためのコーチングとトレーニング，それに市民教育としての体育について論じる，今風にいえばスポーツ科学が構築されたのも古代であった。

みるスポーツの専門家が現れたのも，古代のことであった。ハラハラドキドキを演出する綱渡りなどアクロバティックなものから，命がけの競技まで様々なものがあった。クレタ島のクノッソス宮殿で行われた牛跳びは，疾駆してくる牛の角に両手をかけ，牛が頭を振り上げるのを利用して宙に跳ね飛び，牛の背中を飛び越えて後方に着地するもので，これを女性が行った。古代ローマのショースポーツの代表はキルクスの戦車競走であった。4頭立ての戦車で楕円形のトラックを周回するもので，今日のようなベアリングをもたない戦車の構造は回転をことのほか難しいものにし，そのためトラック両端の回転所での事故が絶えなかった。それだけに人気は高く，有力者は

自身のチームをもち，シンボルカラー（赤，白，緑，青）によって区別した。これに雇われる駁者は高額の契約金を手にし，またチームを移動し，死後，墓碑に自身の活躍を刻ませた者も多かった。同じくローマ人を興奮させたものに剣闘士（グラディアトーレン）の競技があった。多くは，一方が死んで倒れるまで戦い続けた。剣闘士を養成する学校とトレーナーがいたことも知られている。

階級分化に伴う恒常的な軍事集団の登場は，兵士の身体訓練という文化を生み出した。兵士の身体訓練そのものは，民族学者が古代文明の直前に位置づけた酋国（chiefdom．ハワイ王国やズール王国など）においてすでに知られていたが，古代文明のそれは質と量においてはるかに凌駕していた。エジプトの場合，われわれはピラミッドに残る壁画に，そうした兵士がレスリングや木剣技や弓射などによって鍛えられる様をみることができる。

発達した天文学は，スポーツに宇宙論的意味を与え，これを宗教体系の中に組み入れた。新大陸のマヤやアステカで行われた生ゴムを使ったボールゲームは，光の神と闇の神の天空における戦いと解釈され，その結果，勝者（あるいは敗者とする研究者もいる）の主将は首をはねられた。

（寒川恒夫）

近代スポーツ　15.A.05

古代スポーツは世界の文明地にまず展開し，そこから周辺地域に広がり，その後それぞれの土地でさらに，例えば日本なら武士のスポーツ，ヨーロッパなら騎士のスポーツや都市民のスポーツなど，多彩なスポーツ文化を生んだ。その中で19世紀のイギリスにおいて，人類スポーツ史にとってきわめて重要な変化が起きている。それは今日のスポーツ状況を直接的に導き出した近代スポーツの誕生である。

近代スポーツの担い手は，パブリックスクールの生徒とオックスフォード大学・ケンブリッジ大学の学生，それにそのOBたちであった。担い手が男性であった点も重要である。彼らは，社会階層ではイギリスの支配層を成したジェントルマン出身で，12歳ほどでパブリックスクール（パブリックは"公立"でなく，"すべての身分と地域に開かれている"の意）に入学し，大学進学の18−20歳まで寄宿制の学園生活を送った。パブリックスクールは都市の郊外にあり，広大な敷地をもっていたが，そこでは，ジェントルマンの本来の生活圏である田園での楽しみごと，すなわち狩猟や釣りなどをそのまま行うことはできず，また都市のフットボールもそのままの形で校内で行うには無理があった。なにしろ，当時のフットボールはゴールの場所のみを決めてあるだけで，プレイ場の広さ，参加人数，試合時間などは定めがなかった。ゴールとゴールの間は数km離れているのが普通

で，プレイ中の暴力や店舗破壊はつきもので，そのためにしばしば禁止令が出されていた。こうした乱暴なゲームを，厳しい秩序が支配する校内で展開するには，ルールによってその形を変える必要があった。もちろん狩りは禁止されたが，フットボールはエンドラインとサイドラインでプレイグラウンドを区切り，ゴールとゴールの距離を数百mに縮めれば，十分に校庭で楽しむことができた。また，ラフプレイで体を壊さないようルールで安全化も図られた。こうしてパブリックスクールとオックスフォード大学・ケンブリッジ大学で進行した近代化整備によってフットボールは，1863年にまずサッカーが，次に1871年にラグビーが，それぞれ協会を立ち上げる。走跳投の陸上競技も校内で実施可能なようにトラックと，これに囲まれたフィールドを構想することで，1866年にはアマチュア・アスレチック・クラブが生まれる。このようにして，イギリスの19世紀後半には，大抵の競技種目で国内統一組織が作られた。登山が1857年，水泳が1869年，ヨットが1875年，自転車が1878年，スケートとボートが1879年，ボクシングが1884年，ホッケーが1886年，テニスが1888年，バドミントンが1895年，フェンシングが1898年といった具合である。

国内統一組織と競技ルールの成文化は近代スポーツの特徴であるが，さらに"スポーツは社会と個人にとって価

値ある行動である"と認める精神文化が醸成されたのも重要な特徴であった。それまでイギリスでは、スポーツに楽しみごと以上の意義が認められることはなかった。変化をもたらしたのは、1850年代の大ベストセラー小説『トム・ブラウンの学校生活』の著者ヒューズ(T. Hughes)や、『2年前』を書いたキングスレー(C. Kingsley)をはじめとする"筋肉的キリスト教徒"と、一部識者から揶揄された人たちであった。彼らは運動競技(とりわけチームスポーツ)こそが、たくましい心と体をもつ敬虔にして男らしいキリスト教徒をつくると主張する。ここで重要なのは、競争という行為に新しい日の光が当たったことである。当時イギリスに流行した社会進化論は植民地政策を合理化するためにも歓迎されたが、その生存競争(struggle for survival)や優勝劣敗の思想がスポーツの競争を背後で支えた。さらに、選手が勝利のために行うチームへの奉仕(自己犠牲)は、容易に国民の社会と帝国への奉仕へとシフトされた。スポーツの勝者は国や民族や社会の優秀性を可視化するものと理解されるようになった。

国内統一の組織と国内統一の競技ルールに加え、スポーツを運動競技としてプラス評価する思想、すなわちアスレティシズムやスポーツマンシップやアマチュアリズムなどの精神文化を備えたスポーツ文化を形成したのは、19世紀イギリス社会をおいてほかにはない。この文化はイギリスから世界に広がり、今日の国際スポーツの基礎を成したゆえに、近代スポーツの尊称が与えられる。しかしなお、イギリス文化にとどまっていた。

（寒川恒夫）

国際スポーツ　15.A.06

イギリス人のためのイギリス文化(それも男性の文化)であった近代スポーツを世界の文化としたのは、フランス人のクーベルタン(P. de Coubertin)であった。彼は20歳の時、かねてテーヌの書で感動したパブリックスクールのスポーツ教育を確認すべく渡英し、帰国後、スポーツによる青少年教育を政府に進言し、またフランスの近代スポーツ構築に奔走する。ここでもクーベルタンが評価したのはスポーツの競技性がもたらす教育効果(特に道徳教育効果)であった。彼は1894年に国際オリンピック委員会(International Olympic Committee: IOC)を組織し、2年後に第1回オリンピック大会をアテネで開催するのに尽力する。

今日のわれわれがイメージするスポーツは総じて近代スポーツのものであるが、クーベルタンはこれに世界平和という新しい価値を付与し、近代スポーツをグローバルな国際スポーツへと変容させた。

IOCとその傘下の国内オリンピック委員会(National Olympic Committee: NOC)と国際競技連盟(International Sports Federation: IF)というオリンピック組織が活発に活動する中から、女性スポーツ、スポーツビジネス、障がい者スポーツ、民族スポーツといったスポーツの新しい形が出現する。

女性スポーツは、早くも近代スポーツが産声をあげる1850年代に、男性文化と女性文化の折衷ファッションたるブルマーによって最初の抵抗の声をあげていた。しかし、イギリスの弱体を社会の女性化とみる強い思想の流れは近代スポーツを男性文化の復権と捉え、女性の参加を阻止する力となっていた。男性と家庭に縛られる女性という伝統的なイメージを、女性スポーツは国際スポーツの中で徐々に破壊していく。

オリンピック参加をNOC単位と定めた第4回大会(ロンドン)以降、スポーツは国民の優秀性を目にみえる形で国際的に表現するイベントとなり、国家はこぞってスポーツに国家予算を投入するようになった。これがのちのスポーツの隆盛をもたらし、また"限界への挑戦"という観念がスポーツの普及と人気に一役買った。こうしてスポーツビジネスのマーケットが形成されるにつれて、オリンピックの参加条件からアマチュアの文字が消え、青少年教育とはベクトルを違えた方向にIOCは動き出すことになった。

オリンピックは世界共通のスポーツ文化(すなわち国際スポーツ)を形成し、これによって政治体制や宗教、風俗・習慣を違えた世界の人々が優劣を競うことを可能にした。こうした流れはグローバリゼーションとも呼ばれるが、オリンピックはNOCを単位とすることから、現実にはスポーツによる近代国民国家の国際交流イベントである。他方、国際スポーツは同一の国際ルールと同一の国際精神文化を参加者に強要するのに対し、世界各地に民族単位で伝承されてきたスポーツによって、対抗文化として自身のアイデンティティーを担保しようとする動きが生じた。これは近代国民国家を構成する多数民族と少数民族の双方にみられるもので、質において国際スポーツと違っている。そうしたスポーツは民族スポーツ(ethnic sport)と呼ばれるが、これも、国際スポーツの形成過程で創造された新しいスポーツ文化である。

（寒川恒夫）

イギリス・スポーツ史　15.B

イギリス・スポーツ史を語るにあたって　15.B.01

21世紀のイギリスは、多くの人にサッカーの「プレミアリーグの国」として知られている。しかし、同時にこの国が、「近代スポーツの母国」であることを知る人も多いだろう。サッカーをはじめ、ラグビー、陸上競技、漕艇、テニス、ホッケー、卓球、バドミントン、水泳、ゴルフ、ボクシング、アーチェリーなど、様々なスポーツが、主として19世紀後半にこの国で今日の形態を整えた。なぜ、それほど多くのスポーツがイギリスで生まれたのだろうか。なぜ、それは19世紀という時代に起こったのか。そしてイギリス・スポーツは、その後どのような歴史を経て、21世紀という時代を迎えているのであろうか。

近代スポーツというものを，仮に「ルールや組織の整備によって社会化・制度化された真面目な遊び」と定義するなら，イギリスがそこに歩み出す契機は，まず17世紀におけるこの国の娯楽をめぐる状況の中にみてとることができる。この時代に台頭してきたピューリタニズムが，ヨーロッパ各地に共通する伝統的娯楽世界の一部だったイギリス文化に，変革への最初のインパクトを与えた。続く18世紀，植民地帝国の成立を背景に都市文化を開花させたこの国では，娯楽の初期商業化が進行した。そして19世紀，産業革命によって勃興した中流階級（とりわけブルジョワ層）の躍進に伴って，ピューリタニズム的価値規範が「福音主義」の名で再び力をもち，その影響下で，抑制的価値観と階級的な自意識に支えられた「真面目な遊び」としての近代スポーツが生まれた。しかし，やがて20世紀を迎える頃から，帝国の衰退とジェントルマン支配の後退に伴って，イギリス的なアマチュアスポーツの世界はゆっくりと歴史の後景に退き，かわってメディア資本とグローバル化の影響を受けた新たなスポーツ文化が展開されながら，21世紀を迎えている。以下では，この国の300年にわたる経験を概観してみたい。

（石井昌幸）

17世紀：ピューリタニズムと伝統的娯楽　15.B.02

①『ブック・オブ・スポーツ』

　1618年，国王ジェームズ1世（James I. 在1567-1625）によって，『ブック・オブ・スポーツ（King's Book of Sports）』（以下『遊戯教書』）と呼ばれる布告が出された。この当時，まだ「スポーツ」の語は，競技だけでなく狩猟やダンス，盤上遊戯なども含む娯楽や気晴らし一般を意味していた。布告には「わが善良なる臣民の罪のないスポーツを妨害したり抑圧したりすることを禁じる」ことが宣言されていたが，それはこの頃に台頭していたピューリタン（清教徒）に対する国王からの牽制であった。

　プロテスタント（新教）の厳格派であるピューリタンは，娯楽の世界においても中世カトリック（旧教）的なものを否定しようとした。彼らは，聖書の教えを日常生活の中で字義通りに実践することを重んじ，死後の霊の救済を人生の目的と考えたが，そんな彼らにとって，宗教改革以前，すなわちイギリスがまだカトリックだった時代から綿々と続く民衆のスポーツ（娯楽）は，「古い異教」の習慣の残存であり，非キリスト教的な迷信に根ざす悪弊，現世的快楽によって人々を惑わせる「悪魔の罠」であると映った。実際，四季折々の祭りの場で行われたそのようなスポーツでは，民衆が競走や投擲や格闘技で汗を流すだけでなく，飲酒や賭け事，「動物いじめ」と呼ばれる残虐な見世物などが楽しまれ，男女が歌い踊って夜の闇に消えていくのが常であった。それは農閑期に設定された民衆のささやかな祝祭空間だったが，ピューリタンはそのような「ふしだら」で「粗野」な伝統的娯楽の世界を，暴飲暴食，暴力，色欲といった宗教的大罪の誘因として攻撃した。とりわけ安息日である日曜日には，いかなる娯楽も許されるべきではなかった。

　『遊戯教書』は，「罪のない娯楽」を民衆の慣習的権利として擁護するものであったが，国王が自らの権威のよって立つ基盤でもある，いにしえからの慣習的世界を擁護することでもあった。ジェームズの跡を継いだ息子のチャールズ1世（Charles I. 在1625-49）は，1633年に父王の布告を再発布した。チャールズはこの時，すべての教区教会で『遊戯教書』の朗読を義務づけ，その周知徹底を図ったため，ピューリタン的思想をもつ多くの司祭たちは，布告の朗読を拒否して失職した。ピューリタン革命（1642-49）として知られる史上未曾有の内戦の前夜，教義や典礼上の問題に加えて，イギリスという国では国王派とピューリタンが，スポーツのあり方をめぐっても対立していたのである。

② コッツウォルド・オリンピック

　今日，観光名所として日本人にも人気の高いイングランド西部コッツウォルド地方では，毎年春に開催される伝統行事「コッツウォルド・オリンピック」が呼び物となっている。観光用パンフレットやガイドブックには，おおむね次のような起源譚が書かれている。この競技会の創設年は1612年で，競技会を始めたのはロバート・ドーヴァーという名の弁護士であった。彼は聖霊降臨節にジェームズ1世から下賜された服をまとい，王の寵臣であるエンディミオン・ポーターを伴って，現在競技会が行われている丘（こんにち「ドーヴァーの丘」と呼ばれている）の上に現れ，「開放感のある場所で若者が身体を鍛えることを目的に」競技会の創始を宣言した。

　実際には，この伝承を裏づける同時代の史料はほとんどない。ドーヴァーの競技会をはっきりと示したほぼ唯一の史料は，1636年にごく少数印刷された『アンナーリア・ドゥブレンシア（ドーヴァー年代記：Annalia Dubrensia）』と題する詩集である。そこでは，ドーヴァーとその競技会が古代オリンピックになぞらえて賛美されているので，競技会自体は本当に行われていたらしい。詩集には，マイケル・ドレイトンやベン・ジョンソンといった同時代の著名な文筆家も作品を寄せているし，シェイクスピアが競技会のことを知っていたとする説もある。詩人たちは，「この憂鬱な鉄の時代に，黄金時代の栄光を蘇らせた」としてドーヴァーを賛美している。それは遅れてきたルネサンスの一形態でもあろうが，同時に詩集の中にはピューリタンの娯楽抑圧への痛烈な怨嗟の念と，「正直な娯楽」や「罪なき浮かれ騒ぎ」の擁護と礼賛が溢れている。また，『アンナーリア』の口絵には，ジェームズの服をまとい馬にまたがったドーヴァーを取り巻いて，様々な娯楽や競技に興じる人々が描かれている。それは，狩猟やダンスのほかに，両足跳びや槍投げ，ハンマー投げ，レスリング，棒試合などであるが，それらは『遊戯教書』で「罪のない娯楽」として擁護されたものと，おおよそ共通しているようにみえる。ドーヴァーの競技会は，王党派がその牙城の1つだったコッツウォルドで，『遊戯教書』を実践に移したピューリタンに対する示威行為であったと思われる。

③ ピューリタニズムとイギリス的娯楽観

　結局，ピューリタン側は内乱に勝利

し、『遊戯教書』の朗読を強制した国王チャールズ1世は1649年に処刑された。クロムウェル(O. Cromwell)の共和政下では極端な禁欲策が次々に打ち出された。安息日(日曜日)には演劇や音楽はもとより外出さえ制限され、祭日の伝統的娯楽は厳しく禁圧された。ささいな罪で多くの人が処罰される中、ドーヴァーの競技会も途絶えた。

ここで注意しておきたいのは、『遊戯教書』にしても『アンナーリア』にしても、ピューリタンへの牽制や反発を示してはいたが、しかし中世以来の伝統的娯楽をそのまま擁護したわけでもなかったことである。例えば、民衆の間で人気のあったフットボールや動物いじめなどの荒々しい娯楽は、どちらにも取り上げられてはいない。ドーヴァーが競技会の開会を宣言したとされる丘の上では、もともと同じ季節にウェイク(徹夜祭り)と呼ばれる中世以来続く村祭りが行われていたが、それはピューリタンが批判してやまない「カトリック的」ないしは異教的なものの代表であった。ドーヴァーがそれを、「若者が身体を鍛えることを目的」とする「罪なき娯楽」として再編しようとしたのだとすれば、それはスポーツにおける中世から近代への、最初の一歩だったといえるかもしれない。

いずれにせよ、17世紀半ばにいったん1つの頂点に達した宗教的禁欲主義による娯楽抑圧と、国王および王党派の貴族・地主による慣習としての世俗的娯楽擁護との対立と、一方での折衷案の模索という図式は、その後のイギリス・スポーツ史の展開に1つの方向性を与えたと考えられる。のちにそれは、19世紀になって近代スポーツが生まれる際の思想的端緒として復活するからである。

(石井昌幸)

18世紀：スポーツの初期近代化

① 伝統的支配体制と民衆娯楽

ピューリタン政権が倒れて1660年に王政が復活すると、娯楽への抑圧は急速にその勢いを失った。伝統的娯楽は、各地で復活した。ピューリタニズムは広範な支持を得ることができなかった。彼らの禁欲的理想は、次第に勃興してきた個人主義的で都市的な感性と親和性の高いものであり、聖書に忠実であれとの教えは、文字の読める人々の思想でもあった。しかしそれは、「早すぎた感性」だった。17‐18世紀のイギリスは、依然として圧倒的に農村社会であった。大部分の人々は、土地と農業を基盤とし、季節の移ろいとともに労働の時間と娯楽の時間とが交替するような慣習的暮らしを営み、父祖伝来の口承の世界を生きていたのである。

そのような社会を地域レベルで支配していたのは、ジェントリー(gentry)と呼ばれる各地の大地主たちであった。彼らは、広大な所領の経営だけでなく、そこでの行政と司法をも一手に担う荘園領主であり、同時に民衆の教育や慈善、娯楽などにも関与する地域の名望家でもあった。内部完結的に閉じられた固定的な階層秩序の中では、各階層が「分をわきまえて」生きるかぎり、支配者は家父長的(パターナル)な存在として民衆に様々な恩恵を施し、支配される側は自分たちの慣習的権利が守られていると感じるかぎりは恭順の姿勢を崩さなかった。祭りは、こうした社会において欠かせない潤滑油であった。ジェントリーは民衆の娯楽を後援し、なかにはそれに参加する者さえいた。娯楽やスポーツを共有することは、村という小宇宙に暮らす人々の連帯を確認し、民衆の鬱積した不満を定期的に吐き出させてガス抜きをし、また伝統的な秩序を若者たちに教え込むことによって、既存の支配体制を維持していく重要な機能を担っていたのだった。

② 都市の成長と18世紀的スポーツ文化

一方、すでにクロムウェルの時代から、イギリスは海外進出への地歩を築き始めていた。18世紀に入ると、度重なるフランスとの戦争に勝利しながら、イギリスは着々と植民地を拡大していった。この時代はまた、前世紀から始まった都市の成長がいっそう加速した時代でもあった。とりわけ首都ロンドンの急成長は、そこに都市的な文化を開花させた。常設の娯楽施設(劇場や集会場、公園など)が次々に作られ、そこに集って流行のファッションや海外事情などの情報にひたり、煙草や砂糖、コーヒー、茶、綿布など、植民地からもたらされた様々な物産を消費するという、それまでなかった「都市的消費文化」が誕生したのである。文化の発信源は、中世以来の宮廷や貴族の屋敷から、都市の商業的施設や会員制クラブへと移り始めた。

都市の魅力に魅せられた貴族やジェントリー(総称してジェントルマンと呼ばれた)は、1年の一定期間、所領を離れてロンドンに集まり、社交を行うようになった。これが、「社交季節(シーズン)」と呼ばれる習慣の成立である。彼らはロンドンや温泉保養地であるバースに別宅を構え、舞踏会や観劇、公園の散策、パーティー、そして賭博に明け暮れるようになっていった。社交季節の成立によって、大部分が農村生活者だったジェントルマンは、都市と農村との二重生活者へと変わり、1年のほとんどの期間、所領を空ける者さえ現れるようになった。彼らが享受した都市的消費文化の中から、今日につながるいくつかのスポーツ文化が初期の発展をみた。その代表的なものが、競馬、クリケット、ピュジリズム(素手で行うボクシング)であった。

競馬は古くから国王や貴族の後援を受けて次第に発達したが、クロムウェル時代の禁止をはさんで、王政復古以降に急速に発展した。18世紀には、常設の競馬場で定期的に開催され、組織化が進む。1727年には『レーシング・カレンダー(公式競走成績書)』が初めて発行され、18世紀中頃にはロンドンの新聞が開催予告と結果を載せるようになった。1750年頃には競馬を愛好するジェントルマンたちによって「ジョッキークラブ」が作られた。従来の一騎打ち(マッチレース)方式が、複数出走により勝者が賞金を総取りするスウィープ・ステイク方式へと変わったのもこの時期である。セント・レジャー(1776)、オークス(1779)、ダービー(1780)、2000ギニ(1809)、1000ギニ(1814)などのいわゆるクラシック・レースが相次いで創始され、18世紀後半頃からは次第に民衆も大挙して観戦や賭けに加わるようになった。競馬場の規模も拡大し、大人数を収容するスタンドの建造も行われて、競馬は大規模

な賭けの対象として18世紀を代表する観戦型スポーツとなった。

もともとイングランド南東部の農村の娯楽であったクリケットも，18世紀を通じてロンドンに持ち込まれ，ジェントルマンの賭けスポーツとして再編された。ロンドンでクリケットが行われたという記録は，17世紀の間にはほとんどみられないのであるが，18世紀に入ると「ロンドンのジェントルマン対サセックスのジェントルマン」「ケント対サリー」といったようなクリケット試合の告知が新聞などに散見されるようになる。試合の告知は賭け金の予告を伴うのが通常で，その額は次第に高額となり，1回1,000ポンド(小規模地主の年収に匹敵)にのぼるような法外なものも出てきた。観客も，多い時には1万人が集まるほどになった。

クリケットの社会的地位を決定的にしたのが，1787年のメリルボーン・クリケット・クラブ(MCC)の設立であった。このクラブは，バッキンガム宮殿近くにあって当時高級クラブ街として知られていたペルメル街の会員制クラブ「スター・アンド・ガーター」を母体として生まれたものである。皇太子(のちのジョージ4世)を終身会長とし，会員の多くを大貴族が占める「スター・アンド・ガーター」は，18世紀半ばまでにロンドンのスポーツと賭博に多大な影響力をもつようになっていた。競馬のジョッキークラブもこのクラブを母体としていたし，1744年にクリケットのルールを成文化したのも同クラブのメンバーたちであった。

もともと村祭りの呼び物の1つだったピュジリズムも，18世紀になって貴族やジェントリをパトロンとして，賭博を伴う都市の興行スポーツとなった。その基礎を作ったのは，ジェイムズ・フィッグ(J.Figg)だった。彼は，ロンドン，サザックのフェア(雇用市：伝統的な祭りでもあった)で名を挙げ，1719年に現在のオックスフォード・ストリートに棒術，剣術，ピュジリズムを教える学校を開いて，自らチャンピオンであることを宣言した。このことは，祭りの娯楽が常設のスポーツに変わる姿をよく表している。その後，ピュジリズムの部分が独立し，フィッグの弟子たちを中心にピュジリストと呼ばれるプロボクサーが数多く登場する。フィッグの弟子ジャック・ブロートン(J.Broughton)は，1743年にトットナム・コート・ロードに自らの小屋を開設し，同じ年にブロートンズ・コードと呼ばれる初のボクシング・ルールを発表した。彼はまた，「マフラー」と呼ばれるグラブも開発している。

競馬，クリケット，ピュジリズムなどの18世紀的スポーツは，農村の伝統的娯楽の祝祭性を残しつつも，それが都市に持ち込まれ，大規模に組織化・興行化されたものであった。またそれらは，いずれも賭博文化の一部であった。ジョッキークラブやMCCのような組織ができ，ルールが成文化されたのも，基本的には社交と賭博のためであった。ほかにも，闘鶏，長距離競歩，駅馬車競走，動物いじめ，カードやルーレットなど，当時のジェントルマンたちは，様々なものに賭けた。植民地貿易網の確立によって「商業革命」を成し遂げたイギリスでは，ロンドンを中心に投機的な雰囲気が蔓延していたと思われる。公債や貿易会社株への投資も一種の賭けといえなくないが，そうした社会環境の中でスポーツほど賭博に適したものはなかったであろう。

③ スポーティング・ワールド

18世紀的スポーツの世界はまた，都市的な喧騒と猥雑さが横溢する世界でもあった。「スポーティング・ワールド」と呼ばれたこの世界は，ジェントルマンの華やかな自己顕示の舞台であったが，同時に下層民衆がその周辺に集い，スリや物乞い，娼婦たちが活躍する場でもあった。そのような世界の中心を闊歩していたのは，富裕で享楽的なジェントルマンたちで，「スポーティング・マン(あるいはスポーティング・ジェントルマン)」「ファンシー」などと呼ばれた。彼らは上流階級でありながら，あえて粗忽さを気取り，御者のような格好にドレスダウンし，安酒場に出入りして下層階級とともに酩酊し，娼婦と戯れ，賭博に熱狂する，いわば商業革命のあだ花のような存在であった。

この時期，初期の娯楽プロモーターとでもいうべき人々が登場したことも注目に値する。彼らは，ジェントルマンをクライアント(顧客)とし，そのスポーツ＝娯楽にまつわる煩雑な業務を代行することで富を得た。例えば競馬では，ジェームズ・ウェザビがジョッキークラブの各種事務業務の請負と『レーシング・カレンダー』の発行によって成功を収め，リチャード・タタサルは競走馬・狩猟馬のオークションを開くとともに，その会場にジョッキークラブの専用室を設け，料理を供するなどして財を成した。MCCに土地とパブを与えられてクリケット場を運営したトマス・ロードは，プロのクリケット選手から身を起こし，クラブの実務を請け負って，MCCの本拠地ローズ・クリケット場に名を残した。彼らは，多くの場合ジェントルマン階級の出身ではなかった。ウェザビは事務弁護士の子であったし，タタサルはヨークシャの羊毛商人の家に生まれた人物である。ロードはプロのクリケット選手だったし，ピュジリズムの興行主でもありジェントルマンに教えもしたブロートンは，もともとテムズ川の船頭であった。

初期のスポーツ報道も登場した。代表的なのは，ピュジリズムについて書いたピアス・イーガン(P.Egan)であろう。彼の著書『ボクシアーナ』は数多くの試合をリポートして絶大な人気を博し，彼が創刊にかかわった雑誌『ベルズ・ライフ』は様々なスポーツ記事を掲載して，今日でも当時のスポーツを知るための貴重な史料となっている。当初，社交界の情報やゴシップの雑誌だった『スポーティング・マガジン』は，やがて狐狩りを中心とする狩猟スポーツをリポートするようになった。

④「古き良きイングランド」の解体

一方，伝統的な農村社会は，ゆっくりと解体に向かっていた。「都会の魅力」に惹かれたジェントルマンたちは，農村での家父長的な義務を負担と感じるようになり，18世紀後半頃から共同体的な娯楽の後援から次第に撤退した。囲い込み(エンクロージャー)による高度集約農業(ハイ・ファーミング)で効率化が図られた企業的農地が増加し，農村的娯楽の基盤であった共同地は次第に姿を消していった。

17世紀のピューリタン政権時に一方の極に振れた娯楽をめぐる価値観は，18世紀の都市化と商業化の中でいったん正反対の極に振れたようにみえる。ところが，19世紀が始まろうとする頃

から，そのような18世紀的娯楽文化に，再びピューリタン的価値観がインパクトを与えるようになるのである。

(石井昌幸)

19世紀：近代スポーツの誕生と展開　15.B.04

①「改革の時代」とスポーツ

18世紀末から始まる産業革命と，それによる工業都市の成長の中，中流階級，とりわけブルジョア層の力は無視できないものとなってきた。19世紀前半は，彼らの権利要求を背景とした「改革の時代」である。また，18世紀終わり頃から，王政復古以来下火となっていたピューリタン的価値観が再び台頭した。勤労の尊さ，節約・節制，家庭の美徳，安息日遵守などを重んじるこの思想を，「福音主義復興(evangelical revival：以下，福音主義)」と呼ぶ。それはいわば17世紀のピューリタニズムの再来であったが，台頭してきたブルジョア層の思想として，謹厳実直で禁欲的な「ヴィクトリア時代(1837-1901)的価値観(以下，ヴィクトリアニズム)」の基調となっていった。

福音主義は，奴隷貿易廃止協会(1788)や動物虐待防止協会(1824)などの慈善(フィランソロフィー)団体の設立にも大きな影響を及ぼした。残虐さや公共の秩序などに対する，人々の社会通念の変化が進行していった。1835年には熊いじめなどの「動物いじめ」を禁じる動物関連法が成立し，同年に制定された「公道法」は，「公道のいかなる部分においても，フットボールやその他のなんらかのゲーム」を行って「通行に支障を与えた」者に罰金を科すことを定めた。闘鶏や動物いじめはもとより，ピュジリズムに対する批判の声も高まった。ピュジリズムは，すでに18世紀にもその違法性が取り沙汰されていたが，有力者の支持を背景に存続し，摂政期(1811-20)には一大ブームにすらなっていた。しかし，19世紀前半になってそうした有力者が次第に後援から撤退し出すと，摘発される例も増加し，衰退に向かっていった。やがてそれは19世紀後半になって，グラブをつけて行う近代ボクシングに変わっていくことになる。

福音主義による圧力，工業化と都市化による生活の変化，伝統的農村構造の解体などは，それまでのスポーツの世界を大きく変え始めていた。この変化はしかし，一気にイギリス中を変えたというわけではなく，地域的な差異をもちながら緩やかに進行した。19世紀を通じて，古いスポーツ文化と新しいスポーツ文化とがモザイク状に共存しながら，ゆっくりと交替しようとしていたのである。闘鶏や動物いじめは，比較的早い段階で姿を消すか，局地的に秘密裏に残存した。公道法により禁じられた伝統的フットボールは各地で衰退したが，開催地を町の中心部から周辺部へと移動することで継続される場合もあった。シェフィールド周辺では，1840-50年代に年一度の伝統的フットボールは依然として行われていたし，サリーのドーキングでも，1888年になっても依然としてそれは公道で行われていた。

一方，競馬，漕艇，競歩，クリケットなどは，19世紀前半にも継続的に発展した。雑誌『ベルズ・ライフ』は，1840年代まで，1,000人を超える観客が集まるスポーツイベントを毎年40以上リポートしており，観客は時に数万人に達することもあったらしい。すでに18世紀末頃からは，ジェントリにかわってパブ(居酒屋)やイン(宿屋)の店主，小売店主，地方実業家などの中から，民衆の娯楽を後援する者が現れるようになってもいた。彼らが期待したのは，地域での威信だけでなく，直接的・間接的な収益であった。

② パブリックスクール改革とアスレティシズム

18世紀末から19世紀初めにかけての改革への圧力は，イギリスの伝統的エリート教育機関である「パブリックスクール」にも大きな変化をもたらした。そしてこのことが，結果として19世紀後半の近代スポーツ形成に思想的基盤を与えることになる。

1828年，名門パブリックスクール，ラグビー校に校長として赴任したトマス・アーノルド(T. Arnold)は，「アーノルド改革」の名で有名な学校改革(1828-42)に着手した。中流階級出身で福音主義者であったアーノルドが「目にみえる悪」と呼んで敵視したのは，18世紀的スポーツの世界を闊歩したスポーティング・ジェントルマンの予備軍たる若者たちであった。アーノルドにとって彼らは，放埒で無責任きわまりない未来の支配者たち以外の何者でもなかった。

改革の骨子は，このような「旧きジェントルマン」の卵たちを，彼の考える「クリスチャン・ジェントルマン」へと変えることにあった。クリスチャン・ジェントルマンとは，勤労の尊さと社会的責任の観念を植えつけられ，福音主義的な倫理観を内面化した新しい時代の支配階級のあり方であった。それはいわば，パブリックスクールという伝統的なジェントルマン教育の場に，勤勉，節制，忍耐などのブルジョア的倫理観を接ぎ木することであった。「人格教育」を教育の最重要課題とするアーノルド流教育は，時代の流れに合致して他のパブリックスクールでも次第に取り入れられ，19世紀半ば以降，中流階級が大挙パブリックスクールに殺到する「パブリックスクール・ブーム」を導くことになる。

しかし，アーノルド自身は，もっぱらチャペルでの説教によるキリスト教教育にしか興味がなく，スポーツに教育上の意義を見出すことはなかった。彼がスポーツ教育を始めたという「アーノルド神話」は，19世紀半ばに出されたトマス・ヒューズ(T. Hughes)の小説『トム・ブラウンの学校生活』(1857)によって，また世紀末にラグビー校を何度も訪問し，その教育に感銘を受けたクーベルタン(P. de Coubertin)によって，のちに広められたものである。

ところが，19世紀中葉，アーノルドの弟子世代の校長たちの時代に入ると，クリスチャン・ジェントルマン養成の理念は引き継ぎながらも，クリケット，フットボール(学校ごとに形態が異なった)，漕艇などの競技スポーツ(『ゲーム』と総称された)を，そのための人格教育の手段として用いる「アスレティシズム(athleticism)」の思潮がパブリックスクールを席巻するようになっていった。19世紀後半のパブリックスクールでは，校内試合が計画的に組織化され，運動設備が拡充され，ゲームマスターと呼ばれるスポーツ指導者が雇われるようになった(8章B02-①「19世紀イ

ギリスのパブリックスクールにおける身体」の項を参照）。

1880年代頃からは，折からの帝国主義の風潮の高まりと連動する形で，パブリックスクールでは競技スポーツ，とりわけ集団スポーツ熱が「ゲーム崇拝(games worship)」と呼ばれるまでに高まっていった。すでに1866年のある雑誌には，スポーツ熱の高まりによって，生徒たちがパブリックスクール本来の教育である古典人文教養に無関心になること，「運動競技全般に，システムと組織の精神が注入」されつつあることを危惧する記事が掲載されている。このように，アスレティシズムには常に疑問や批判の声もあったものの，多くの場合大きな支持を得た。スポーツへの参加は19世紀末までには各校で事実上強制となった（ただし，時代を通じて課外活動という位置づけであった）。

③ ヴィクトリア時代と強壮な身体

アスレティシズム勃興の背景には，空前の「パブリックスクール・ブーム」があった。豊かになった中流階級が，19世紀中葉頃からこの種の学校に殺到したのである。伝統校は定員を増大し，従来パブリックスクールとみなされなかったグラマースクール（古典語文法学校）も寄宿舎や運動場を整備してパブリックスクールに格上げされ，新設校も次々と作られて，この需要に対応した。

中流階級，わけても新興のブルジョア層は，19世紀前半には選挙権をはじめとする階級的諸権利の獲得をめぐって旧来の地主層（貴族とジェントリ）と闘争を繰り広げたのだが，19世紀中葉までにそれらの権利を獲得し，また豊かになって消費能力が拡大するにつれて，むしろ旧来の支配階級への同化，すなわち「ジェントルマン化」を志向し始めた。商工業などの実業で成り上がった新興ブルジョアは，しかし経済的な力だけでは支配階級たるジェントルマンの一員とはみなされなかったからである。その列に加わるためには，「文化」が決定的な意味をもった。すなわち，ジェントルマンに特有の文化と教養を身につけ，馬車，屋敷，使用人などの社会的道具立て（パラファネリア）を揃え，またジェントルマン同士の人的

ネットワークの中に参入しなければならなかったのである。子弟をパブリックスクールに送ることは，そうした意味で不可欠であった。アスレティシズム下の学校で，同じスポーツに汗を流した経験をもつことで，ブルジョアの子弟は貴族やジェントリの子弟とひとつの文化を共有することができた。乗馬や狩猟などのフィールドスポーツと違って，クリケットやフットボールなどの競技スポーツは学校において習得される文化であったから，伝統的な文化的資本をもたない階層にとっても参入が容易だったであろう。

また，ヴィクトリア時代の後半頃から，身体を強健・健康・清潔に保つことはジェントルマンであり，「恥ずかしくない身分であること（レスペクタビリティ）」の必須項目となった。それは19世紀末に向けて，折からの社会ダーウィニズム的思潮とも重なりながら，新しいエリートにとっての一種の強迫観念（オブセッション）ともなっていた。

思想史的にみるなら，アスレティシズムとは，伝統的・ジェントルマン的な騎士道文化およびルネサンス以来のギリシャ・ローマ的身体強壮の思想と，中流階級的なピューリタニズム的倫理との折衷であった。生徒たちの自治的娯楽であったクリケットやフットボールを支配階級の人格教育の一部として取り込み，同時にそこに禁欲的な倫理性と集団精神を付与していこうとする思想。遊びを身体鍛錬として位置づけ直し，その中に様々な暗黙の様式や規範を持ち込む態度。ここに，17世紀には挫折した「真面目（禁欲的）な遊び」が，ブルジョア階級をも併呑した新たなジェントルマン文化としての競技的スポーツ，すなわち近代スポーツとして生まれる思想的基盤が整ったのである。

④ ルールと組織

アスレティシズムは，様々な近代スポーツの形成へと結びついていくが，ここでは一例として，フットボールをみておきたい。もともと，伝統的な名門パブリックスクールにおいては，フットボールは各学校独自の形態，ルール，呼称をもっていた。例えば，ラグビー校でスクラムと呼ばれた行為は，イートン校ではブリー，ハロー校ではルージュ，ウィンチェスター校ではホ

ットと呼ばれていた。19世紀半ばまで，フットボールの試合は校内対抗戦が普通で，対外試合は行われなかった。大きくいえば形態的に似通っていても，それを「わが校独自の伝統」として差異化することは，各学校のアイデンティティーとかかわっていた。

しかし，パブリックスクールが増大し，生徒数も増えると，ラグビー校の1845年を皮切りに，それまで口頭と実践によって伝えられていたルールが，各校で成文化され始めた。やがて卒業生の中から，大学や社会へ進んでからも，クラブを組織してフットボールを続ける者が現れ，出身校を超えてプレイするための共通ルールが求められるようになった。ケンブリッジ大学では，すでに19世紀半ばに何度か共通ルールが試作されたが，名門校の出身者にとってはフットボールのルールは学校のプライドにかかわる問題であったから，共通ルールの策定は容易ではなかった。結局それが広く受け入れられることはなく，依然として種々の方式が混在していた。当時は同じ学校の出身者たちが，同窓生クラブ内だけで試合をすることがなお一般的で，異なった学校の出身者がともにプレイする場合には，前半と後半で互いの方法を交互に行うなど，その都度ルールを調整していた。

1863年の秋，共通ルール策定のための会議が，ロンドン周辺クラブの代表者によって6回にわたって開かれた。会議のメンバーは「フットボール協会(FA)」と名乗り，統一ルールづくりを進めたが，協議を続ける中で長くくすぶっていた問題が顕在化した。ボールを「持って走る」ことと「ハッキング（すね蹴り）」を認めるかどうかである。メンバーのほとんどは2点の禁止で最終的に合意したが，ラグビー派のブラックヒース・クラブだけがこれに強硬に反対してFAを離脱した。

ブラックヒース脱退の理由は，主としてハッキングの禁止が「男らしさを損なう」という点であったが，FAルール策定におけるこの対立の背景には，伝統的な支配階級と新興勢力との緊張関係もまた存在した。ボールを「持って走る」というゲームは，「アーノルド改革のラグビー」のイメージと相まって新興校で多く採用されていた。実際，

こうした学校の教師にはラグビー校出身者やその元教師が雇われる場合がしばしばみられ，生徒には新興富裕層の子弟が多かった。これに対してイートンをはじめとする伝統校には，貴族や地主の子弟が依然多かったため，すでに中流階級を数多く入学させていたラグビー校（設立は1567年と古いのだが）や新興校を見下す雰囲気があった。

FAの会議は，当初ラグビー派が優勢であったが，回を重ねるごとに次第にイートンやハローの出身者が主導権を握っていった。ラグビー校を旗頭とする新興勢力にとって，改革の象徴ともいえるフットボールで伝統校に与することは，受け入れがたいことだったであろう。もっとも，ラグビー校以外の学校でも今日のモールやスクラムに類似するプレイは一般的であったし，飛んできたボールを両手でキャッチする「フェアキャッチ」も認められていて，各校にはまだまだ共通点も多かった。実際，FAルールは当初あまり支持を集めることができなかった。しかし，1872年に開始された全国トーナメント「FAカップ」と，シェフィールドFAという地方の独自組織からコーナーキックを導入するなどの改革を経ることで，1880年代頃からサッカーは急速に全国に普及を開始した。

一方，1871年1月，先述のブラックヒース・クラブをはじめとするラグビー派21クラブの代表がロンドンで会合をもち，「ラグビー・フットボール・ユニオン（RFU）」を結成した。組織を主導したのは，ラグビー校のOBたちであった。ここに至って，様々だったフットボールは，2つの方式に収斂していくことになる。1872年には31に過ぎなかったRFU加盟クラブは1893年には481にまで増え，ラグビーもまた着実にその普及を進めていた。

フットボールの組織化以降，各種の競技団体が次々に生まれ，ルールが整備されていった。すなわち，1869年水泳，1875年ヨット，1878年自転車，1879年漕艇，スケート，1880年陸上競技，ボクシング，1886年ホッケー，1888年テニス，1895年バドミントン，1898年フェンシングなどである。こうして近代スポーツは，19世紀後半に順次，その社会的実体を確立した。

⑤ スポーツの概念

ただし，スポーツ（sport）という言葉の意味範囲そのものは，19世紀を通じてそう大きく変わったわけではない。上に挙げた近代スポーツは，当時そのほとんどが「男らしいゲーム（manly games）」とか「健康な娯楽（healthful recreation）」などと呼ばれることが一般的であった。すでに1852年には，これらをさして「アスレティック・スポーツ」と呼ぶ例もみられるが，運動競技をスポーツとする考えがイギリスで一般化するのは（地域差もあるが）だいたい1880-90年代になってからで，それでもなお「スポーツ」という言葉の意味範囲は19世紀を通じて圧倒的に狩猟，銃猟，釣りなどの「フィールド・スポーツ」と競馬であった。

1868年に出版されたアンソニー・トロロープの『イギリスのスポーツと娯楽』は，過渡期の状況をよく表している。そこに収録されたのは，競馬，狩猟，銃猟，釣り，ヨット，漕艇，アルプス登山，クリケットであった。トロロープによれば，この時点でピュジリズムは，すでに取り上げなくても全く問題がないほど人気を失っていた。フットボールは，「狩猟や銃猟と肩を並べるには，あるいはクリケットと漕艇に並ぶのにさえ，十分な威厳を持つところまで進歩したとは，いまだ言い難い」ために収録されなかった。ゴルフはまだ，それを行う人の数が限られているし，クローケー（ゲートボールに似た球技）は「あまりにデリケートで，あまりに可愛らしく，あまりに洗練されている」ために除外された。テニスとラケッツは，「スポーツというよりもゲーム」であり，陸上競技には，「必要とされる威厳が足りない」とトロロープは述べている。

19世紀末に出された『スポーツ百科事典』の項目も，依然としてフィールドスポーツが圧倒的な比重を占めているし，同じ頃に出されたスポーツ百科全書『バドミントン叢書』も，最初に企画・配本されたのは狩猟，銃猟，釣り，競馬などであった。しかし同時に，前者ではすでにフットボールやテニスをはじめとする競技が詳しく紹介されるようになったし，後者でもサッカーとラグビーが，陸上競技と同じ巻ではあるが1巻をなしている。スポーツという言葉の意味範囲は，19世紀末になって急速に拡大した。

⑥ 労働者階級とフットボール

産業革命以後に急成長したイングランド北・中部の工業都市やスコットランドのグラスゴー周辺などには，労働者階級が多数居住していたが，1870年代になると，労働時間の短縮や可処分所得の増加，土曜半休日の実現などによって，これらの地域の工場労働者の中に，特に熟練工（アーティザン）を中心にスポーツを行うものが出てきた。彼らは，職場，教会，行きつけのパブなどといった既存の社会的結合の場を基盤に，サッカー，ラグビー，クリケットなどに親しむようになった。教会は労働者への布教活動や信徒の禁酒・節酒運動の一環として，工場は工員の健全な娯楽としてスポーツを後援し，パブは顧客拡大をねらってクラブに資金や場所を提供した。

現在イングランドのプロサッカー・リーグで上位を占めるクラブの多くが，この頃に生まれた労働者階級のクラブである。マンチェスター・ユナイティッド（1878年設立）は，マンチェスターの貨車製造工場で働く労働者たちが作ったチームを母体にしているし，バーミンガムのアストンビラ（1874年設立）やリヴァプールのエヴァートン（1878年設立）は，非国教系チャペルに集まる信徒たちによって作られたチームである。サッカークラブの数は，1860年代には全国で50以下であったが，1899年には北部の中規模工業都市シェフィールドだけで880ものクラブがあったという。

労働者チームは急速に力をつけ，1882年にはサッカーの全国トーナメントFAカップで北部労働者階級のチーム，ブラックバーン・オリンピックがエリート・パブリックスクール，イートン校のOBチームを破って優勝した。1872年に15のアマチュアチームが参加して始められたこの大会は，1878年には参加43チーム，1882年には参加100チームとなっていたが，そこには多くの労働者チームが含まれていた。1884年から1886年にかけては，同じくブラックバーンの労働者チーム，ブラックバーン・ローヴァーズ（1875年設立）がFAカップに連続優勝し

た。観客も大衆化した。1872年にFAカップが開始された時、決勝戦に集まったのは約2千人であったが、1900年には6万9千人、1901年には11万人となった。

このような中、1884年、FAは労働者チームの強豪プレストン・ノースエンドをプロ選手の雇用を理由にFAカップで出場資格停止とした。実際、1880年代までには労働者階級の選手の中に、練習や試合で仕事ができなかった際に、賃金分をクラブから補填してもらう方式（ブロークンタイム・ペイメント）によって収入の一部を得ている者がいたし、場合によっては賃金分以上の報酬を得る者も出ていた。プレストンの出場停止に猛反発した北部の主要36クラブはFAを脱退し、同年「ブリティッシュFA」を結成した。結局、翌1885年FAはFAカップへのプロ参加と北・中部クラブのプロ化（リーグ設立）を容認することで分裂を回避した。といっても、FAがプロの参入に好意的であったわけではない。FAは、むしろ彼らを取り込みながら、それを賃金上限制などのルールで厳しく管理・統制する方向を選んだのだった。

1888年、マンチェスターで会議が開かれ、北・中部のプロ12クラブにより「フットボール・リーグ（FL）」が結成された。FLは1892年に28クラブ（1部16チーム、2部12チーム）に拡大した。クラブの多くは、すでに入場料から収入の多くを得ていたのだが、FAカップなどのトーナメント戦方式では、安定した試合数が見込めなかった。ホーム＆アウェー方式の総当たり戦は、この問題を解消した。実際、例えばサンダーランドFCは、1880-81年シーズンには年間6試合しかしていなかったが、1889-90年シーズンには55試合を行っていた。FLの平均観客数は、1889-90年に5千人前後、1899-1900年に1万人前後で、同じ時期のカウンティ対抗クリケット（国内クリケットの最高峰）の推定観客数1,500-2,000人を大きく上回った。全国2ブロックからなる3部リーグが誕生する1921年までには、リーグ加盟クラブは88となっていた。地域の伝統的な紐帯をもたない新興工業都市において、サッカーは住民の都市アイデンティティーと結びついて急激に発展した。当時日曜日が安息

日であることは厳しく守られていたから、サッカーは土曜日の午後から日暮れまでのわずかな余暇を埋める「民衆のゲーム（People's Game）」として、労働者階級の新たな文化となっていった。

しかし、プロサッカー選手の待遇は、けっして恵まれたものではなかった。1893年以降、リーグは選手の賃金上限制を導入し、1897年には移籍制限（移籍決定権は所属クラブがもつ）を定めた。多くのプロ選手の収入は、熟練労働者のそれとそう大きく変わらなかった。選手寿命は短く、1893-94年シーズンを起点とした場合、250人いたプロ選手のうち、翌年も契約を更新した選手は約半数、3年目も継続した選手は2割で、4シーズン目にも契約した選手はわずか12名であった。

プロサッカーのクラブ経営は、非営利的な性格を強くもっていた。クラブには発足当初から株式会社制をとるものが多かったが、それは基本的にスタジアム建設などの経費捻出のためであった。株式配当金は額面価格の5％までとされ、経営者への報酬支払いは禁じられていた。リーグ（FL）が統括団体として強い権限をもち、そのガバナンスにおいて最も重視されたのは、クラブ経営者の利潤ではなく、プロリーグという共同体の維持・存続であった。賃金上限制と移籍制限も、コスト抑制とクラブ間の均衡維持のためで、結果として多くの選手の雇用を可能にした。サッカークラブの株主となったり、その経営に参画することは、特にビールや煙草の製造業者などにとっては間接的な利益をもたらしたが、同時に地域の名望家として住民の娯楽を後援することで威信を誇示したり、同じスポーツの愛好をみせることで支持を取り付けるといった、伝統的なジェントルマン流パターナリズムを引き継ぐ側面も強かった。

ラグビーも1870年代以降、特に北東部ヨークシャの労働者の間に広まり始めていた。1877年、ヨークシャでは、州内のクラブによるトーナメント大会、ヨークシャカップが開始され、これを皮切りに北部各地で大会が開かれるようになったが、そこには多くの労働者たちの姿がみられた。この頃までにはラグビーでもプロ化が進み、これに伴い多くの北部クラブが入場料をと

るようになっており、ファンの暴徒化や、激しいプレイにより選手に死傷者が出るなどの問題も多発していた。労働者階級の流入とゲームのプロ化・興業化を快く思っていなかったRFUは、1879年に選手への直接的報酬の支払いを禁じようとしたが、それでもブロークンタイム・ペイメントは黙認していた。

しかし、1886年になってRFUは、旅費や宿泊費も含めて選手へのあらゆる金銭の支払い禁止に踏み切る。それは、FAがプロを容認した翌年のことであった。ラグビー側からみれば、FAの選択は明らかに失敗であると映った。RFUの決定を不服とした北部諸クラブは、1895年に「北部ユニオン」を結成してRFUと袂を分かった。当初22クラブであった北部ユニオン加盟クラブは、1899年には100を超えていた。この団体は1922年にラグビーリーグと改名し、プロスポーツとしてイングランド北部の労働者の間で人気を獲得し、今日私たちが知るユニオン式とは選手数も形態も異なる、もう1つのラグビーとして独自の発展と普及を遂げた。また、オーストラリアやニュージーランドにも広まって、現在でも人気スポーツとなっている。逆に、1893年には481あったRFU加盟クラブは、分裂の翌年に381に減り、1903年までには244となっていた。ここにイングランド・ラグビー衰退の一因をみる人も多い。

⑦ アマチュアとプロ

「プロ・アマ問題」は、イギリスの階級社会を直接的に反映していた。もともと、アマチュアとはジェントルマン階級のことであり、プロとは労働者階級のことであって、両者はいうなればマスター（主人）とサーヴァント（奉公人）の関係にあった。プロはあくまで、ジェントルマンの遊び＝スポーツを手助けする一種のサーヴァントであった。実際、19世紀初め頃までのクリケットのプロ選手の中には、ジェントルマンの屋敷の庭師や猟場番を務める者がいた。クリケットでは、彼らはプレイヤーと呼ばれたし、ボクシングではピュジリスト、競馬の騎手はジョッキー、狩猟ではハンツマンなど、それぞれが個別の名称で呼ばれた。プロの中には、

スポーツでそれなりの大金と縁故を得たのちパブやイン（宿屋）などの経営者におさまって一定の社会的上昇を遂げる者もいた。しかし，例えばクリケットでは，同じピッチ上でプレイしても，彼らが「スポーツマン」とみなされることはなかった。プロは，競技場への入り口も，更衣室も，試合後の食事の場所もアマチュア＝ジェントルマンとは別であった。

一方，アマチュアたちは，どのようなスポーツを行う場合でも「スポーツマン」または「ジェントルマン」の名で呼ばれ，個別のスポーツ名で呼ばれることはなかった。これには，エリート文化の担い手たるジェントルマンが，基本的にルネサンス的な教養人たることをもってその矜持としていたことが影響している。彼らは，1つのことに特化することを嫌った。夏はクリケット，冬はフットボールを行い，その合間に陸上競技やテニス，休暇中には馬を駆り，狩猟や釣りに興じるジェントルマンたちは，同時にピアノを弾き，男声合唱団や演劇のサークルで活動し，社交ダンスをたしなみ，つたない詩を詠む「万能人」であった。しかし，そのいずれにも極端に秀でることは，むしろ求められなかった。必死の練習によってなにか1つに秀でることには，少なくとも表向きは価値が置かれなかった。プロとアマとの壁は，単にスポーツから金銭を得るか否か以上の階級文化上の問題であった。

19世紀末に労働者たちが自分たちのクラブを作ってサッカーやラグビーを行い出した時，そのあり方は，かつてのクリケットや競馬やボクシングとは違っていた。いまやスポーツは，彼らにとっても余暇の活動であり，少なくともサーヴァントとしてのそれではなかった。その意味でそれはジェントルマンの行為と変わらなかったが，むしろだからこそ，この時代になって彼らが「真のアマチュア」であるかが問題となったのである。アマチュアという社会的立場が「アマチュアリズム＝金銭を得ない」という主義として強調され出すのは，この時代のことである。

プロ・アマ問題には，地域構造上の背景もあった。サッカー協会（FA）やラグビー・ユニオン（RFU）をはじめ，上にみた各種スポーツ統括団体を作ったのは，貿易と金融で潤う首都ロンドンを中心とし，イングランド南部に基盤をもつアマチュア＝ジェントルマンたちであった。一方，サッカーとラグビーの「リーグ」加盟チームは，当初はほぼすべてが北・中部の工業都市に住む労働者階級によるもので，クラブのオーナーには工場経営者が多かった。

⑧ **新しいスポーツ**

19世紀末葉になると，都市の巨大化と鉄道の発達に伴って，郊外に一戸建てをもち，都心に通勤する比較的富裕な人々が増大した。彼らの多くは，新旧パブリックスクールの出身者であった。これに伴って，スポーツの世界にさらなる流れが生まれた。郊外生活者を顧客として，成人後も気軽に楽しめるスポーツが普及するのである。こうしたスポーツは，当初レクリエーション的な側面が強く，男女がともに楽しむことができ，社交としての役割の大きいものであった。また，特許を取得した上で，用具がセットにして売り出されるものもあった。

代表的な例がローンテニス（現在のテニス）である。ローンテニスは，1873年にウォルター・ウィングフィールド（W. C. Wingfield）が考案し，「スファイリスティク（Sphairistike）」というギリシャ語風の名前で売り出した新商品であった。王侯貴族の遊びであった宮廷テニスを簡便化したこのゲームは，ウィングフィールドによれば「いかなる年齢の人でも，両性ともに，いかなる天気でも戸外でプレーできる」ものであった。セットは「学校・軍隊向け」の3ポンド15シリングの廉価版，5ポンドの中級版，6ポンドの最高級版の3種類に分かれていた。豊かな郊外住宅地では，自宅の庭でティーパーティーをしながら，男女がミックスダブルスに興じる光景がみられるようになった。

クローケー（ゲートボールに似た球技）も人気を博し，早くも1866年には第1回トーナメントが開催された。翌年，この大会で優勝したウィットモアという人物は，この競技の「オール・イングランド・クラブ」を創設した。程なくして，クラブはロンドンの西の郊外ウィンブルドンに土地を購入する。このクラブがのちにテニスを導入したことによって生まれたのが，現在のウィンブルドン大会である。バドミントンや卓球も，同じような背景から生まれた家庭での社交用ゲームが次第に競技化したものである。

ゴルフは，中流階級男性を魅了するようになった。その発祥の地とされるスコットランドで，セント・アンドリューズにクラブができたのは18世紀であるが，デヴォンシャのウェストワード・ホにイングランド初のコースができたのは1870年代のことである。ゴルフのクラブと協会は，1850年時点でイギリス全体に17しかなかったが，1880年代後半から急速に普及し，1898年には1460のクラブができていた。

1870年代頃から始まった自転車人気は，1890年代にピークに達した。初期の自転車乗りたちは奇妙な乗り物にまたがる変人のようにみられていたが，タイヤにゴムチューブがつけられるようになると，事態は一変した。1878年に「自転車旅行クラブ（Cyclist Touring Club）」が設立された時，その会員数は142名だったが，1899年には実に6万人になっていた。自転車は，馬を持つことのできない人々の「鉄製の馬」として，風を切って走る楽しみを与え，競技会も開かれて，世紀末の中流階級の象徴的スポーツとなった。

テニス，ゴルフ，クローケー，自転車，卓球などの新しいスポーツでは，わずかではあるが女性の姿がみられるようになったことも重要である。

⑨ **女性とスポーツ**

もともと伝統的な村の祭りでは，ダンスはもとより競走や力比べ，球戯などにも女性の参加がみられたし，上流階級の中には狩猟や鷹狩りに加わる女性もいた。18世紀には女性同士のクリケットやピュジリズム（おおむね見せ物的であったが）も行われた。しかし，ヴィクトリア時代に入り，産業社会の中で男女の役割分化が強化されると，女性の余暇は家庭の内に限定されることがほとんどとなった。女性は「デリケートな性」として運動には向かないと考えられるようになり，そのことが医学や生理学などによって「科学的」に根拠づけられるようになった。女性の余暇は読書や裁縫，文通などによって過ごされるべきであり，運動はせいぜい散歩や軽い体操がふさわしいと考えら

れるようになったのである。「男らしさ」が強調された近代スポーツの成立プロセスにおいて，女性はスポーツから排除されていった。

しかし，1860年代頃から，女子学生に徒手体操など一定の運動をさせるべきだと考える者が教育者や知識人の中に現れるようになった。といっても，そうした人々も，多くは女性の解放を考えていたわけではなかった。すでに述べたように，この時期には身体強壮の思想が社会に流布していたが，そのような中で少女たちは将来の母胎として，健康な身体を作ることを期待されたのである。19世紀末になってやっと，女性たちは少しずつスポーツの世界に参入し始める。

男性のスポーツがパブリックスクールを中心に組織化されたのに対して，女性スポーツをリードしたのは大学であった。すでに1869年，ヒッチン女子校では，体操や遠足に加えて，クローケー，ファイヴズ，クリケットなどがレクリエーション的に行われていた。1873年に移転した同校は，ケンブリッジ大学初の女子学寮，ガートン・コレッジとなるが，以後この学校は後発のニューナム・コレッジと並んで女子スポーツの中心地となる。まず盛んになったのはテニスで，1883年にはオックスフォード大学との対抗戦も開始された。これらの学校では，1890年代以降，ホッケー，ラクロス，自転車などのクラブも作られた。また，卒業生たちが教師として赴任したことによって，新たに生まれ始めていた女子パブリックスクールでもスポーツが行われるようになった。

なかでも盛んになったのはホッケーであった。1895年には，ガートン校生とその卒業生が中心となって全イングランド女子フィールド・ホッケー協会（All-England Women's Field Hockey Association）が設立されている。ホッケーよりはやや人気が劣ったものの，ラクロスも女子スポーツとして人気があった。女子ラクロス協会（Ladies' Lacrosse Association）が作られたのは1912年で，翌年には，これに7つのクラブと70の学校が加盟した。オックスフォード対ケンブリッジ対抗戦も，同年に開始された。

女子の中・高等教育機関では，ほかにも，乗馬，ランニング，水泳，アーチェリー，ラウンダーズ，ファイヴズ，ネットボールなどが導入されるようになるが，女子スポーツは依然として批判の対象となったり，好奇の目に晒されたりすることが多かった。

（石井昌幸）

20世紀：帝国の黄昏からグローバル化まで　15.B.**05**

① 後退する帝国とアマチュア

「真面目な遊び」としての近代スポーツは，イギリス人の自意識と深くかかわってきた。遊びでありながら，独特の禁欲的な規範が重視され，勝敗を争うものでありながら，社交や洗練された様式が必須とされたのである。スポーツは，イギリス帝国に散らばる「アングロ＝サクソン」を結ぶ「文化の紐(cultural bond)」として，アイデンティティーの確認手段となった。メルボルン，カルカッタ，ポートオブスペイン，ケープタウン，シンガポールなど，イギリス人の行くところにはどこにでも「クラブ」とクリケット，ラグビー，サッカー，テニス，ゴルフなどの施設が作られた。とりわけクリケットは帝国のシンボルとして特別な意味をもった。「クリケットのバチカン」と呼ばれたメリルボーン・クリケットクラブは，「帝国最高の制度」とも呼ばれ，その歴代会長には国を代表する名士たちが名を連ねたのだった。

しかし，世界に広大な帝国を築きながら，イギリスという国は，その文化性において非常に「島国的」な一面をもってもいた。スポーツは自国文化だと信じる彼らは，世界へのスポーツ普及にさほど積極的ではなかった。1904年にフランス人のロベール・ゲラン(R. Guérin)らが中心となって国際サッカー連盟(Fédération Internationale de Football Association: FIFA)の設立が提案された時，イギリスの反応は冷淡であった。サッカーが世界に広まったのなら，それらはすべてFAの傘下に入ればよいと考えていたからである。しかし結局，翌1905年，イギリスはイングランド，スコットランド，ウェールズ，北アイルランドをそれぞれ別々に承認することを条件にFIFAに加盟した（第一次大戦後，ドイツ再加入に反対して脱退，第二次大戦後まで復帰しなかった）。オリンピックのサッカーにも，ロンドン大会(1908)とストックホルム大会(1912)には出場（ともに優勝）したものの，2012年のロンドン大会まで，「イギリス」として合同チームを作ることを拒み，出場しなかった。「コモンウェルス・ゲームズ(英連邦競技会)」は，もともとイギリス帝国の祭典の一部として構想されたスポーツ競技会であるが，それへの関心は今日でもオリンピックに劣らないほど高い。

文化としてのこだわりは，国際的競技におけるイギリスの進歩を遅らせもした。19世紀末から20世紀前半頃までのイギリス・スポーツ史は，イギリスが，自らが生み出したスポーツで世界に敗れ続ける歴史であったともいえるだろう。すでに1882年には，イングランド代表がクリケットの「聖地」ローズ・クリケット場でオーストラリアに敗れ，20世紀初頭には，陸上競技，漕艇，ヨット，ポロなどでアメリカに勝てなくなってきていた。1905年に初めて渡英したラグビーのニュージーランド代表（いわゆる「オリジナル・オールブラックス」）は，代表戦5つを含む35試合を戦ったが，イングランド，スコットランド，アイルランドをはじめ，州代表，強豪クラブを総なめにして，敗れたのは遠征終盤にメンバーを落として臨んだウェールズ戦だけであった。オリンピックでも，イギリスはメダル獲得数で他国の後塵を拝することが多くなった。「帝国の黄昏」は，フィールドの上でも進行していたのである。それは，ジェントルマン文化としてのイギリス・スポーツが，歴史の表舞台からゆっくりと後退していくことでもあった。ヴィクトリア時代的社会規範と帝国繁栄の象徴だったクリケットは，旧きエリート主義と堅苦しさの象徴として，とりわけ若者の支持を低下させ，英豪対抗戦（テストマッチ）は，第二次大戦後から1960年代半ばにかけて，少しずつ国民的関心事ではなくなっていく。

それでも，プロ選手が代表チームを構成したサッカーでは，イングランドは強豪であり続けていた。エリザベス女王戴冠式が行われた1953年，その

中継をみるためにテレビが大規模に普及したが、同年のFAカップ決勝はテレビ中継されて約1千万人に視聴されたといわれる。会場でスタンレー・マシューズ（S. Matthews）のプレイに喝采を贈る人々の中には、即位まもない若き女王の姿もあった。この時点でサッカーは、クリケットに匹敵するイングランドの国民文化となっていた。しかし、同じ年の11月、イングランド代表は同じ「聖地」ウェンブリー・スタジアムで10万人以上の観客を前にハンガリーに3対6で敗れた。史上初のホームでの敗北に続いて、翌1954年、雪辱を期してブダペストに乗り込んだイングランドは、1対7で惨敗した。この歴史的大敗は新聞紙上で大きく取り上げられ、ついにサッカーにおいても、自分たちが「教える側」ではなくなったことを国民に認識させたのだった。

1966年サッカー・ワールドカップでの自国開催優勝は、スエズ危機以降、次第に実感されるようになっていた国際的威信の低下の中で、自信回復の象徴となった。大衆紙各紙は、この勝利を「自然の摂理の回復」であるかのように書き立てたが、逆にそのためにサッカー界の刷新は遅れ、その後も国際大会で上位に進出することが激減した。

② 1960年代

仮に20世紀の前半を、19世紀的なイギリス・スポーツ文化の緩やかな終焉の時代と位置づけるなら、現代につながる新しい時代は、1960年代頃から始まったといえる。それは、アマチュアリズムの後退、テレビの登場と娯楽の多様化の影響、国家によるスポーツへの政策的介入などによって特徴づけられるであろう。

1963年、クリケットにおける「ジェントルマン（アマチュア）」と「プレイヤー（プロ）」との区分が撤廃された。サッカーでも、FAの登録上プロとアマの区分がなくなる。1968年には、ウィンブルドン大会がオープン化された。ラグビーと陸上競技は、1990年代まで依然として名目上アマチュアスポーツであったが、「疑似アマチュア（shamateur）」の存在は自明のものとなっていた。

1960年代には、テレビマネーの力もあって、年間10万ポンド以上を稼ぐ競馬のジョッキーが10人程度出るようになっていたが、それは同時代の首相の年俸に匹敵する額であった。ゴルフでもすでに賞金年総額が3,000ポンド前後の選手が10人ほどおり、その中には5,000ポンドを稼ぐ者もいた。ボクシングでも多額の賞金を稼ぐ者が出ていた。1シーズン（夏期の5ヵ月半）のクリケット選手の収入は1950年代後半の時点で、700-800ポンド、1960年代後半では約1,000ポンドであった（ちなみに、この競技では1983年になっても、トップクラスのプロ選手の15％がパブリックスクールやオックスフォード・ケンブリッジ両大学の出身者だった）。

一方、サッカー選手の賃金制限は、1947年の改善によっても、シーズン中で最高わずか週12ポンド、最低は5ポンド（21歳以上）に過ぎなかった。1958年には、シーズン中20ポンド、オフシーズンが15ポンドに上がったが、この額を手にすることができた選手は全体の約3割であった。賃金のほかに、例えばある選手は1960年に勝利4ポンド、引き分け2ポンドの手当てを得ていたが、当時の工場労働者の平均賃金は週15ポンドだったから、サッカー選手はまだまだ一般労働者にとって身近な存在であった。ほとんどのプロ選手は、バスや徒歩でグラウンドに通う、近隣のパブの常連客の1人だった。

しかし、そのような状況も1960年代に変化を始める。プロサッカー選手組合は、1957年（この年にプロサッカー選手協会と改称）以降、賃金上限制撤廃に向けて本格的に動き出していたが、1961年、選手スト決行3日前にして、ついにFLが賃金上限制撤廃に合意した。これにより、フラムのジョニー・ヘインズ（J. Haynes）は初の週給100ポンド選手となった。5,000ポンドにのぼった彼の年収は、一般選手の7.5倍であった。ただし、移籍制限の撤廃には、1978年を待たねばならなかった。

③ テレビ時代の幕開け

BBCがプロサッカーのラジオ中継を始めたのは、1927年のことである。1939年には、800万台のラジオが普及していたが、BBCの試算によれば、そのうちの約半数がサッカーとクリケットの中継を聴いていたという。1948年には、サッカーの試合結果を伝える土曜日夕方の30分番組『スポーツ・リポート』の放送が開始され、それは今日まで続いている。それでもスポーツは、なお圧倒的に「みに行くもの」であった。1948年、アーセナル対マンチェスター・ユナイテッドの試合には8万2,000人が詰め掛けたし、同年に1部昇格を果たしたニューカッスルのホームでの平均観客数は5万6,000人を超えた。

1939年、サッカーが初めてテレビで録画放送（イングランド対スコットランド戦およびFAカップ決勝）された。この時にはテレビ保有数は全国で数千台に過ぎなかったが、初のFAカップ決勝（アーセナル対リヴァプール）生中継が行われた1950年、すでにテレビは約25万台普及していた。この頃からプロリーグも中継されるようになったが、放送された地域では観客数が減少したため、FAもFLもテレビ中継には消極的であった。しかし、視聴者の強い要望によって、ダイジェスト番組が放送されることになり1964年に生まれたのが、今日でもイングランドを代表する人気番組『マッチ・オブ・ザ・デー』である。

この時期には、むしろテレビ放映に積極的であったゴルフ（1950年代から1970年代に賞金が10倍に増加）や競馬が、テレビコンテンツとして躍進した。場外馬券販売が許可された1960年代以降は、売り場でのテレビ中継は不可欠なものとなった。富裕層の「するスポーツ」だったテニスは、その象徴であるウィンブルドン大会をBBCが連日中継することで、夏の到来を告げる国民的な観戦イベントになった。

④ 産業構造と消費形態の転換

戦後、イギリスの産業は製造業からサービス業へとその中心を移していくが、これに伴って工場・炭坑労働者たちの社会的凝集性も次第に力を失っていった。プロサッカーの世界は、男性労働者コミュニティと不可分のものであったから、そのような産業構造が崩れるのに合わせて、衰退に向かってもいた。

一方で、1950年代以降、イギリス社会全体の生活水準は急速に上昇していった。もちろん、経済の国際的競争力は低下の一途をたどっていたし、1950年代には1.7％ほどであった平均失業率は、1979年には5.7％となっていた。それでも、国民の豊かさは、少

なくとも物質的側面においては未曾有の成長を遂げた。テレビの普及はもとより，映画や音楽といった新しい娯楽の普及と多様化は，若い世代の，とりわけ男性労働者にサッカー場以外の楽しみを教えた。家族の重要性の増大と女性の社会進出による家事労働負担の要求の高まりにより，土曜の午後は男たちの特権的な時間ではなくなってきた。プロサッカーの年間観客動員数は，1948–49年シーズンの4,100万人をピークに，1960年代半ばに3,000万人を割り，1970年代には約2,000万人に減少していた。

観客数の減少に追い打ちをかけたのが，フーリガン問題であった。1970年代後半から1980年代にピーク（1960年代頃からすでにみられたが）となったこの現象は，産業革命以来の伝統的労働者コミュニティの規範が弛緩する中での，世代的反抗という一面をもっていた。頭を剃り込み，反社会的な小集団を作ってサッカー場で事件を起こすフーリガンたちの登場は，整髪料で髪をなでつけ，労働組合に加入し，レスペクタブルな労働者の一員たることを自負する父親世代の行動様式が，もはや階級文化としての拘束力を失い始めたことを示していた。一方で，スキンヘッドにワークブーツを履いて右翼的な言動を誇示する若者たちの行動を，同世代の高等教育を受けた中流階級の若者たちが，ロングヘアで反戦運動やヒッピー・ムーヴメントに情熱を燃やすことで世代的反抗を示したことと対置して，それを彼らなりの階級文化の表現であったとみる説もある。

老朽化したスタジアムでは，発煙筒の持ち込みなどによって火災が起きたり，スタンドの一部が崩落するなどして死亡事故も起きていた。1985年以降，サッチャー（M. H. Thatcher）政権はFLに対策を講じるよう求めていたが，そのような中で1989年，いわゆる「ヒルズボロの悲劇」が起こる。これは，立ち見席（テラス）に許容数を超えるファンがなだれ込み，客席とピッチとを隔てる防護柵に押し付けられて90人以上が圧死，700人以上が重軽傷を負った大惨事である。サッカースタジアムはいまや「危険な場所」とみられるようになった。

翌1990年に出された政府諮問委員会の調査報告書（テーラー報告書）は，合計76項目の勧告を挙げ，その大部分が履行されることとなった。最も大きかったのは，ピッチとの間の防御柵を撤去し，かわりに全スタジアム（イングランド1部・2部リーグ，スコットランド1部リーグ）で立ち見席を廃止し，椅子席に替えるというものである。当初サッチャーは，ファンへのIDカード携帯義務づけも検討していたが，テーラー報告書はこれには反対した。現在，座席は全席指定席化され，チケット購入には住所登録などが必要となっている。スタジアムには多くの監視カメラが設置され，試合後に大量の警備員がグラウンドを取り囲む風景は，いまやありふれたものとなった。

ただし，フーリガンが時代を通じて極端な少数派であり，スタジアムに足を運んだファンの大部分は，サッカーとクラブそのものを愛する普通の人々であり続けたことも忘れてはならないであろう。

⑤ 移民

1950–60年代にかけて，特に西インド諸島（カリブ海諸国）と南アジア（インド・パキスタン）からの移民が数多く流入した。これに伴って1970年代頃から，移民2世がスポーツ界で少しずつみられるようになってきたが，1980年代以降，とりわけサッカー，陸上競技，ボクシングにおいて，カリブ系移民の活躍が目立つようになってきた。

1980年代，サッカーではヴィヴ・アンダーソン（V. A. Anderson），ジョン・バーンズ（J. C. B. Barnes）といった第1世代の黒人選手が活躍するようになった。1980年代後半から2000年にかけて，主としてクリスタルパレスとアーセナルで活躍したイアン・ライト（I. E. Wright）は，ロンドンの黒人コミュニティーの英雄となった。同じ頃にリヴァプールでプレイしたポール・インス（P. E. C. Ince）は，イングランド代表で初の黒人キャプテンとなるとともに，プレミアリーグ初の黒人監督となった。しかし逆に，南アジア系のプロサッカー選手はほとんど出ていない。南アジア系住民は，むしろクリケットへの関心が高い傾向にある。

同じ時期に，陸上競技でも黒人選手が台頭し始めた。1992年の第25回オリンピック大会（バルセロナ）男子100m金メダリストのリンフォード・クリスティ（L. Christie）は，7歳の時にジャマイカから移民した。80年代を中心に活躍したボクシングのフランク・ブルーノ（F. R. Bruno）の両親もカリブ系移民である。

一方，ゴルフやテニス，水泳などでは長い間，人種的マイノリティーは非常に少ない。スタジアムはいまも圧倒的に白人の世界である。フーリガン問題が最も深刻だった1980年代にプレイした黒人選手たちは，苛烈な差別的チャントや野次に耐えなければならなかったし，人種差別問題はいまでも完全には解消されていない。しかし，イギリス・スポーツは，もはやマイノリティーを抜きには語ることはできないのである。

⑥ 政府

スポーツの世界においても，イギリスは長い間「自由放任（レッセフェール）」の国であった。スポーツは私生活の領域に属するものであって，政府がかかわる問題ではないと考えられていたのである。しかし，すでにみたスポーツ界での国際的威信の低下と，戦後の福祉国家政策下での健康・レジャーへの関心の高まりによって，これも1960年代頃から変化し始めた。

1957年，オックスフォード大でホッケー選手として活躍し，名門パブリックスクールの校長を歴任したジョン・ウルフェンデン（J. Wolfenden）が委員長となって，「身体的レクリエーション中央委員会（Central Council of Physical Recreation）」が設立された。1965年には，ウィルソン（J. H. Wilson）労働党政権の諮問機関として「スポーツカウンシル」（Sports Council）が設立される。この組織は，続く保守党政権のもとで役割が強化され，1972年には，国のスポーツ予算を差配する正式の政府機関となった。スポーツカウンシルは，4つの目標を掲げた。1)「スポーツと身体的レクリエーション」の重要性の認識を社会全体で高めること，2) スポーツ施設の水準を上げること，3) スポーツへの一般の参加率を高めること，4) 国際大会での成績を向上させること，である。すでに欧州評議会は「みんなのスポーツ（Sport for All）」をスロ

ーガンに，スポーツを一種の社会権と考える動きを進めていたが，スポーツカウンシルは，この動きに呼応するものでもあった。また，1975年の『スポーツ・レクリエーション白書』は，スポーツの普及が，国民の心身の健康に寄与するだけでなく，若者のフーリガニズムや非行の減少にも貢献するとした。

このように，政府が政策として，大規模にスポーツに介入するようになったことも，イギリス・スポーツ史上の大きな変化である。これにより，例えば1972年時点で全国に27ヵ所しかなかった多目的スポーツセンターは，1981年には770となり，夜間照明付きの全天候型トラックをもつ競技場も各地に作られた。地方自治体も協力し，1971年から1989年までの間に約1,000ヵ所のスポーツセンターと700ヵ所のプールが建設された。だが一方で保守党政府は，1987年から1995年までの間に全国で約5,000の公立学校の校庭売却を進めもした。

しかし，参加率は期待されたほど伸びなかった。すでにみてきたように，イギリス人にとって，スポーツとは「上から与えられる」ものではなかった。スポーツをするかしないか，なにをどのように行うかは，長い歴史の中で自生的に生まれた文化であり，政府の関与すべき問題とは考えられなかったのである。それがいかに社会的格差を背景にした不平等なものであっても，それこそが彼らにとってのスポーツであった。彼らにとってそれは，社会権というよりは，むしろ自由権の範疇に属するものであるのかもしれない。

スポーツカウンシルは，1994年に改編されてスポーツの普及事業から撤退し，トップスポーツの振興に集中することになった。同年，「ナショナル・ロッテリー（宝くじの一種）」の収益から，多大な予算が選手強化の財源に充てられるようになった。時の首相メジャー（J. R. Major）は，すべてのスポーツを強化すべきだとしながらも，「われわれの偉大な伝統的スポーツ，すなわちクリケット，ホッケー，水泳，陸上競技，サッカー，ネットボール，ラグビー，テニス」を特に中心とすると述べた。彼は，1996年の第26回オリンピック大会（アトランタ）で，総メダル獲得数が参加国中36位，金メダル1つという結果に終わった時，選手団長を首相官邸に呼んで説明を求めた。スポーツカウンシルは，1997年，UKスポーツと改称して現在に至っている。

⑦ 1990年代以降の激変

1960年代頃から次第に進行してきたイギリス・スポーツ界の変化は，1990年代に入ってさらに新たな局面を迎えた。衛星放送企業の参入とグローバル化の波がその要因である。1992年，サッカー協会（FA）は，メディア王ルパート・マードック（K. R. Murdoch）率いる衛星放送会社BSkyBが提示した多額の放映権料を背景にサッカーリーグ（FL）の上位クラブを引き抜き，FA直轄の「プレミアリーグ」を立ち上げた。それは，1888年にジェントルマンが支配するFAが，一種のプロ興行組織としてのFLと妥協して以来の，国内サッカーをめぐる激変であった。アマチュアリズムのもとで商業化を抑制してきたはずのFAが，FL以上の商業化路線に打って出たのである。FLが統括する1部リーグは，FAが統括するプレミアリーグのもとに置かれることとなった。

1980年代の終わりに民放連合ITVがプロサッカーの独占生中継とダイジェスト番組の放映権をFLにもちかけた時，その提示額は，4年契約で4,400万ポンドであった。しかし，1992年にプレミアリーグがスタートした時，Bスカイビが独占放送のために支払った金額は5年契約で3億4百万ポンドであった。巨額の収入は，選手の移籍金と年俸に注ぎ込まれ，プレミアリーグには世界のトッププレイヤーが集うようになった。入場料は高騰を続け，人気カードはシーズンチケット保有者でなければ入場が難しくなった。ビッグクラブは株式を公開し（すでに1983年にはトットナム・ホットスパーが持ち株会社制を導入し，株式上場することで，旧来の制限は崩れていた），グッズ販売のほか，スタジアムへのレストランやカフェの付設，イベント開催，クレジットカードの発行なども行うようになった。クラブはサッカーを，富裕層を対象にした家族で楽しめるレジャー商品と考えるようになった。「民衆のゲーム」は，もはや多くの民衆には手の届かないものとなったといわれる。

クラブ間の格差も広がった。1996-97年シーズン，プレミアリーグのクラブは平均約800万ポンドの収益を得たが，プレミア以外のリーグ全体の3分の2のクラブは赤字であった。最も恩恵を受けたのは，マンチェスター・ユナイテッドであろう。プレミアリーグ発足初年，このクラブのマーチャンダイズ収入は，ほぼ倍増した。デロイト社の調査によれば，1997年の世界での総売り上げは約8,900万ポンドで，2位のバルセロナよりも3,000万ポンド多く，他の国内トップクラブの約2倍であった。ギャラップ社による1999年の調査では，イギリス人の約2割がマンチェスター・ユナイテッドのサポーターだと答えたという。

一方，1990年代末からは，海外資本による人気サッカークラブの買収が活発化し，それがファンの抵抗運動を生んでもいる。富裕なサポーターを中心にクラブ株を購入して持ち寄り，経営に参画しようとする「サポーターズ・トラスト」はその代表であろう。近年，外資によるマンチェスター・ユナイテッド買収に反発するサポーターたちが身に付けている黄色と黄緑色のマフラーは，19世紀末に鉄道貨車工場の労働者たちが作ったアマチュアクラブ，ニュートンヒースFCのチームカラーである。このクラブは，資金難から地元のビール醸造業者に支援を仰ぐかわりに，彼の指示によりユニフォームの色を赤に替え，マンチェスター・ユナイテッドと改称したのだった。

衛星放送メディア参入による大規模な商業化は，他のスポーツにも大きな影響を与えた。ラグビーでは，すでに1970年代から5ヵ国対抗戦が，特にウェールズの活躍によってテレビで人気を得ていたが，アマチュアリズムの牙城であったこのスポーツも，1995年についにアマチュア規定を撤廃した。北部の小規模なプロスポーツだったリーグ・ラグビーは，1990年代半ばにBスカイBが参入することによって衛星放送のコンテンツとなり，ユニオンとの選手交流も行われるようになった。クリケットでも，テレビ向けに試合時間を短縮するために，総投球数制限を設けた「トゥウェンティ・トゥウェンティ（20/20）」と呼ばれる方式が導入された。

⑧ 変化を続けるイギリス・スポーツ

「近代スポーツの母国」から「プレミアリーグの国」への変化は、「真面目な遊び」としての近代スポーツのルール・組織・規範を生み出し、そのグローバル化の端緒をつくったこの国が、逆に今日、新たなグローバル化の波にさらされているという点で興味深い。1997年の『フィナンシャル・タイムズ』によれば、いまやスポーツ・レジャー産業は、この国で11番目に大きな産業である。そこでの消費支出は年間100億ポンド、75万人が雇用され、3億5千万ポンドの税収をもたらしている。

また、近年の調査によれば、過去4週間に少なくとも1回、30分以上のスポーツ活動を行った人（16歳以上）の割合は、50％前後であるが、その内訳は、フィットネス・クラブ、水泳、サイクリングなど、個人で行う健康づくりやレクリエーションが上位3項目を占め、合計約4割で、4位のサッカー（少人数で行うものも含む）は6.7％に過ぎない。団体スポーツで上位10位に入っているのはサッカーだけで、その中でチームに所属して定期的にプレイしている者は2割しかない。

しかし、イギリスのスポーツ文化のすべてが、根こそぎ変わったわけではない。2005年、かつてジェントルマン・スポーツの代表だった狐狩りが禁止されたが、狩猟、銃猟、釣り、競馬などをスポーツと呼ぶことは、この国では現在でも有効である。グローバルな人気クラブとなったマンチェスター・ユナイテッドには、ライアン・ギグズやポール・スコールズのような地元出身選手がいるし、代々このクラブを応援し続けてきた家族も依然として存在している。サッカー場に女性が増えたといっても、それは観客数の10-15％に過ぎない。クリケット、ラグビー、テニス、ゴルフなどの競技場の雰囲気は、サッカー場のそれとは明らかに異なる。サッカーを除くと、テレビ視聴においても、労働者階級はレスリング、ダーツ、ボクシングなどを好み、中流階級はラグビー、スキー、テニス、ゴルフなどを選ぶ傾向が根強いという。現代のイギリス・スポーツを取り巻く風景の中には、古い文化と新しい文化とが地層のように堆積し、しかもそれぞれが新たな時代に対応しながら、21世紀に入った今も変化を続けているのである。

（石井昌幸）

アメリカ・スポーツ史　15.C

近代の黎明におけるスポーツ的実践の多様性　15.C.01

① 17世紀植民地における展開

アメリカ合衆国（以下、アメリカと略す）は、ヨーロッパ諸国が、ルネサンスや宗教改革を経て近代の幕開けを迎えた17世紀初頭に、イギリスの北米植民地として誕生した。かくして近代の曙に生まれたアメリカでは、歴史的、文化的出自を異にする3つの集団が遭遇することとなった。すなわち先住民（インディアン）、イギリス人を中心とするヨーロッパ人、そしてアフリカ大陸から肉体労働の担い手として強制的に連行されたアフリカ人である。「近代スポーツ」が存在しなかったこの時代に、これら3集団は、それぞれが独特な身体的活動を実践し、「スポーツ的な伝統」を築き上げた。

先住民によるスポーツ的な伝統は、考古学的資料やヨーロッパ人入植者による観察録が明らかにしてきた。先住民は、泳力、長距離走力、弓術に長けていたとされる（7歳にして飛ぶ鳥を射落とす幼少の名手を目撃したとの証言も残されている）。集団競技としては、儀礼的、宗教的色彩の強いラクロスを行った。他方、女性は主としてシーニー（フィールドホッケーに類似した球技）やダブルボール（2つのボールあるいは2つの棒を1本のヒモで結びつけたものをスティックで操作するラクロスのような球技）に参加した。これは、先住民文化にジェンダーによる領域分化が存在したことを示唆する。

1607年のジェームズタウン建設によって本格的に始まるイギリス植民地では、イギリスのジェントリー的価値志向の強い南部、ピューリタニズムによる禁欲主義に拘束された北部ニューイングランド、その中間に位置した中部において地域色豊かな展開がみられた。イギリス上流階級の生活様式を模範とした南部人は、娯楽として競馬、闘鶏、狩猟、釣り、クリケットなどを愛好した。禁欲的なピューリタンは、一般にレクリエーション的な活動を堕落につながるものとして抑圧した。しかし次第に、自衛や食糧確保の手段として、弓術、釣り、野鳥狩り、狩猟などを容認するようになった。中部植民地の1つペンシルベニアでは、絶対平和主義のクェーカー教徒が軍事訓練を

図1　植民地時代のアメリカでスキットルスに興じる酒場客
（出典：Benjamin G. Rader, *American Sports: From the Age of Folk Games to the Age of Televised Sports*（Upper Saddle River, NJ: Prentice-Hall, 1999 [fourth edition]）.13）

禁止した。また，ピューリタンと同じ理由から釣り，狩猟などを奨励し，さらには健康的な娯楽としてアイススケートや水泳などを承認した。もう1つの中部植民地ニューヨークは，1624年にオランダ植民地として開かれた。それゆえ，オランダ人が好んだコルフ（ゴルフとアイスホッケーを併せたような球技）が根づいた。コルフは，1664年にイギリス支配が確立してからも入植者によって愛好された。

北米イギリス植民地は階級社会であり，貧富の差がスポーツ的実践に色濃く反映していた。南部のジェントリー的な余暇（とりわけ競馬や乗馬）は富裕者のみに許された贅沢だった。しかしやがて，上流のたしなみとして地域を超えて中部，北部にも浸透した。貧しい移民として流入し肉体労働を提供した人々は，酒場に集まり，スキットルス（ボウリングの原型，図1），トランプ，ギャンブルに興じた。

南部プランテーションの奴隷として酷使されることになる黒人は，アフリカ文化の遺産である独特の舞踊や音楽を伝承した。また，ヨーロッパ人をはるかに凌ぐ泳力を有していたとされ，主人の命令で鮫や鰐と闘ったとの記録も残されている（Kevin Dawson, "Enslaved Swimmers and Divers in the Atlantic World," *The Journal of American History* 92.4. 2006: 1327-55）。

② 18世紀における社会・文化変容

18世紀へと時代が移行するにつれて，植民地人のスポーツ的な実践に大きな影響を与える2つの動きがみられた。その1つは，西欧諸国における啓蒙思想の普及と浸透である。人間の理性と創造力を信頼し，自己の力で運命を切り開くことを促した思想は，人間の運命はあらかじめ決定されているとするピューリタンの運命予定説に基づく世界観を動揺させた。そして，欲望や罪の宿る場としての否定的身体観から人々を徐々に解放した。人間の身体は，自然界を開拓し，改善する力の源泉としての魂を宿すものとして，肯定的な評価を受けることとなった。その結果，身体の鍛錬が強く要求されるに至った。

植民地を代表する啓蒙思想家の一人フランクリン（B. Franklin）は，自ら身体を鍛え，自己の水泳力を自慢し，若者に体育を勧めた。医学の振興に尽力したラッシュ（B. Rush）や，辞書の編集で知られるウェブスター（N. Webster）も体育奨励者として知られ，乗馬や水泳の効用を説いた。こうした思想家や教育者の影響を受け，一握りのエリートを育成した大学でも身体の鍛錬が重視された。

植民地の旧秩序を動揺させたもう1つの動きは，経済的なものである。この時代までに，貿易商人は欧州やアジアとの貿易によって富を蓄積したが，貧困層の移民も継続した。このため，世代を経るにつれて階級分化が進み，余暇や娯楽を求める空間にも階層が形成された。こうした活動の中心に位置した酒場にも，上層・下層それぞれを顧客とする店舗が出現した。上層の顧客は，下層の人々による飲酒，賭博，遊戯の弊害を憂い，批判しつつ，自らも同様の余暇を楽しんだ。

「大覚醒」と呼ばれる信仰復興運動は，こうした思想的，経済的変化に対する宗教界からの反動として位置づけることが可能である。その渦中で聖職者エドワーズ（J. Edwards）は，酒場での賭博，遊戯，そして闘鶏のような動物を虐待する余興を，信仰心を失った罪人のなせる業として激しく批判した。しかし，酒場での娯楽が衰えることはなかった。

信仰復興運動の波が及ばない西部の辺境地域には，大西洋岸とは著しく異なる身体的な意識や作法が浸透した。そこでは，住民同士の格闘が恒常的に意思決定の機能を果たしていたとされる。目玉をくり抜いたり，性器を噛みちぎったりするような暴力行為が日常茶飯事であった。東部からの来訪者は，その光景に驚愕したという。独立開拓農民という自律的な人間像の原点には，こうした野蛮な決闘も存在した（Elliott J. Gorn, "'Gouge and Bite, Pull Hair and Scratch': The Social Significance of Fighting in the Southern Backcountry," *American Historical Review* 90（February 1985）: 18-43）。

植民地時代の幕を閉じた独立革命の祝典や祭祀では，クリケット，「ファイブズ」と呼ばれる球技，ボウリングなどが好んで行われるようになった。これらは，アメリカ・スポーツの伝統に新しい流れをもたらした。「建国の父」ワシントン（G. Washington）は，乗馬や狩猟の能力に長けたスポーツマンとして表象されるようになった。ワシントンの表象は，新しい時代の身体観に大きな影響を与えた。

独立革命はまた，新しい女性観を醸成した。女性は，新生共和国を支える有徳の市民を育てるための「共和国の母」としての役割を担うことを期待された。そのために，家庭を出て，教育，慈善，布教といった公的領域において貢献することがますます求められるようになった。それでもなお女性は，スポーツ的な余暇活動とは無縁だった。スポーツに参加する女性の出現は，次の世紀を待たなければならない。

（川島浩平）

近代スポーツの出現　　15.C.02

① 近代スポーツ誕生前夜の動向

近代スポーツは19世紀にイギリスで誕生したといわれる。19世紀になるとアメリカでも，イギリスの新しい変化を受け入れる条件が徐々に整備された。

その条件として，まず多様なエスニック集団からなる移民の増加が挙げられる。移民の増加は，排外主義運動を高揚させるという負の結果を招いたことで知られる。当時科学とみなされた一連の学問体系は，「人種」の境界線を確定し，移民を貶める秩序や構造を構築した。特にアイルランド系やユダヤ系は，ヨーロッパ人でありながら「非白人」として扱われた。しかし移民の増加は，アメリカ的なスポーツ文化を開花させた重要な要因でもあった。

19世紀前半に流入した移民の大半は貧困層であったため，職を求めて都市部に集中した。オルコット（W. Alcott）ら中産階級の改革者は，貧者の健康状態や不衛生な生活環境を憂慮し，運動の実践や食生活の管理の大切さを訴えた。こうした改革熱の高まりは，体育教育のみなおしを促し，スポーツ文化の基盤を固めていった。

この動きに連動したのが，性差による「弱者」とみなされた女性を対象とす

る健康増進運動である。この運動は，独立革命後の「共和国の母」イデオロギーによる，女性を公共空間へ導き出そうとする動きの延長上に位置づけられる。ビーチャー（C. Beecher）は，子どもを健全に育てるために女性自身が健康である必要を痛感した改革者の一人である。彼女は，都市生活が女性に与える害悪を憂慮した。そして，中産階級女性は肉体労働からの疎外ゆえ，労働階級女性は劣悪な労働条件ゆえ不健康に陥っていると主張し，農村女性の生活に理想を見出した。

身体運動を妨害する服装，とりわけ裾の長いスカートも改革の標的だった。当時，特に冬場に，着脱の困難な重い衣服に引火し，焼死する女性も少なくなかった。ブルーマー（A. Bloomer）は，動きやすい服装としてトルコズボン風の衣服の着用を提唱した。人々はこのズボンを彼女の名前をとって「ブルマ」と呼んだ。ブルマは，当初根強い反対や批判を浴びたが，次第に浸透していった。

移民コミュニティの中からは，ドイツ系による体操（ターナー），スコットランド系による民族競技（ハイランドゲーム），アイルランド系による（素手の）拳闘など彩り豊かなエスニックスポーツの文化が芽生えた。アフリカ系は，自由黒人という一部の例外を除いて，奴隷制の軛（くびき）に束縛されていた。しかし，主人の命でボクシング試合に出場し，勝者として与えられた賞金で自分の自由を買い取る者もあった。先住民は，連邦政府によって西への移住を強制されるという非運の時代にあった。それでも，「ディアフット（Dear foot）」の異名をとるベネット（L. Bennett）のように，全米にその名を轟かせる長距離走者も現れた。

② 近代スポーツの誕生

グットマン（A. Guttmann）は，近代スポーツが成立した条件として，世俗性，平等性，合理性，官僚制度，計量性，記録へのこだわりなどの諸特徴を挙げている（"Capitalism, Protestantism, and Modern Sport," *From Ritual to Record: The Nature of Modern Sports*. Columbia University Press. 1978. 57-89）。スポーツ的活動は，植民地時代から各地方で，人種・民族，階級，ジェンダーなどによって制約されながら展開してきた。しかし19世紀中葉になると，こうした諸条件を整えつつ，いよいよ近代スポーツへと発展を遂げた。その主たる舞台は，移民増加によって拡大を続ける都市であった。主たる担い手は，やがて女性の参加が実現するとはいえ，男性であった。

大規模化する都市社会の中で，上流階級の市民が集った社交クラブは，近代スポーツの温床の1つである。会員たちはイギリスのアマチュアリズムを信奉し，スポーツを通じて相互の絆を強化しようとした。その1人，スティーブンス（J. Stevens）は，1844年にヨットクラブを設立したが，閉鎖的な入会規則によって会員を社会的地位や価値観を共有できる者にのみ限定した。会員たちは，ヨット競技の本場イギリスとの対抗戦などを通して，結束を固めた。現在まで続く国際ヨットレースのアメリカズカップは，ここに始まる。漕艇もまた，エリートによる近代スポーツの典型であり，とりわけ男性らしさを象徴する競技とみなされた。漕艇は，最も早く始まった大学スポーツの1つでもある。ハーバード大学やイェール大学では1840年代前半にクラブが設立され，両者の間で1852年にアメリカ初の大学スポーツ対抗戦が開催された。ラケットスポーツも，上流階級に愛好されたスポーツとして見逃すことはできない。この競技は，19世紀後半にテニスへと進化を遂げた。

中産階級や労働階級のスポーツ愛好者は，それぞれのネットワーク（フラタニティ）を組織し，酒場はその制度的中心であった。労働階級の独身者や夜の憩いを求めて家庭を抜け出した既婚者，あるいは階級的規範にこだわらない上流・中流出身者が，男性であることを絆として，サブカルチャーを形成した。（素手の）拳闘は，男性のフラタニティを拠点として発展した典型的な競技である。初期はアイルランド系が中心であったが，やがてエスニシティーの境界を超えて広く支持され，労働階級を代表する競技へと成長を遂げた。

同じ時期に誕生し，「国技（ナショナル・パスタイム）」としての地位に昇り詰めることになる球技が，ベースボールである。その起源については諸説あるが，1842年にニューヨーク市の上層労働階級市民によって始められ，1845年にカートライト（A. Cartwright）が規則を明文化したとされている。クーパスタウンを起源とする説は虚構であることが明らかにされている。ベースボールは，1850年代に国家分裂の危機に瀕してナショナリズムが高揚する中，アメリカ生まれのスポーツとしてイギリス伝来のクリケットを凌ぐ人気を獲得した。南北戦争の駐屯地でも行われ，戦後，除隊された兵士によって全国に伝えられた（図1）。

大学スポーツの対抗戦も次々と行われた。1852年の漕艇戦に続いて，1859年には初のベースボール大学対抗戦が実施され，アマーストがウィリアムズを73対32で破った。イギリスのパブリックスクールで行われていたフットボールも，この時代にアメリカのキャンパスに導入された。1869年の初の大学対抗戦では，ラトガースがプリ

図1　南北戦争中，南軍の捕虜収容所でベースボールをする北軍兵士
（出典：Benjamin G. Rader, *Baseball: A History of America's Game*. Urbana, Ill: University of Illinois Press. 1992. 98）

図2 「フットボール」ではなく「フットブラウル（乱闘）」ではないかと皮肉る挿絵
（出典：Michael Oriard, *Reading Football: How the Popular Press Created an American Spectacle*. Chapel Hill, NC: University of North Carolina Press. 1993. 196）

ンストンを6対4で破った。

③ 近代スポーツの発展

　近代スポーツは，19世紀の後半を通じて着実に成長を遂げた。社会の上層を占めたエリートは，これまでに築き上げた制度と人脈をさらに発展させ，ヨットやラケットスポーツなどからポロやクリケットまで，高価な服装や道具を必要とする競技にいっそう身を入れるようになった。その活動の拠点は階級的に閉ざされた社交クラブだった。1866年に設立されたニューヨーク・アスレチック・クラブは，入会に推薦制など厳しい条件を課して人種・民族的マイノリティを排斥した。この時代を代表する人物ベネット（J. Bennett）は，ヨット競技の英雄で，イギリスからポロを紹介した。また，陸上競技，テニスなど数々のスポーツ競技・大会を主催し，アメリカで最初のスポーツプロモーターとして社交界に君臨した。

　上流社会への登竜門であった諸大学でも，競技熱はさらに高まった。漕艇は，イギリスの名門校との対抗戦や，ハーバード対イェールのような国内対抗戦でおおいに盛り上がり，学生生活を華やかに演出した。陸上競技は，漕艇試合に付属するかたちで始まった。しかし人気の高まりに応じて，独立した大会を開催するようになった。ベースボールでは，1879年に設立された全米大学ベースボール協会（American College Baseball Association: ACBA）がプロ選手に対する規制を試みたが，なかなかうまくいかなかった。

　そのような中，大学スポーツNo.1の地位に収まったのは，アメリカンフットボール（以下，フットボールと略す）である。これは，1870年代を通じて，キャンプ（W. Camp）率いるイェール大学を中心として東北部名門校の学生たちが，ラグビーとフットボール（以下，サッカーと略す）を融合させるかたちで作り上げた競技である。フットボールは南部，西部の大学へと広まったが，防具が不十分であったにもかかわらず乱暴なプレイが横行した（図2）。

　一方，増え続ける移民による民族スポーツも開花した。チェコ系のソコル，ポーランド系のファルコンクラブなどは，ドイツ系のターナーをモデルとして独自の活動を展開した。アイルランド系は拳闘のヘビー級王者サリバン（J. Sullivan），ベースボールの強打者ケリー（M. Kelly）ら名選手を輩出した。しかし，アフリカ系に対する差別は依然として厳しかった。1896年の連邦最高裁における「プレッシー対ファーガソン」判決は，人種分離主義の動きに拍車をかけた。その結果，19世紀末までにベースボール，競輪，ボクシングなどで次々と黒人選手の排斥が徹底された。サリバン，コーベット（J. Corbett），ジェフリーズ（J. Jeffries）ら歴代ヘビー級ボクシング王者は「カラーライン」にこだわり，有力な黒人選手の挑戦を無視し続けた。

　スポーツ文化の成熟に伴い，スポーツを手段として富を蓄積するものが出現し，20世紀スポーツビジネスに先鞭をつけた。その一人スポルディング（A. Spalding）は，巨大なスポーツ製品事業王国を築いた。チャドウィック（H. Chadwick）やフォックス（R. Fox）らは，スポーツジャーナリストとして健筆を振るった。この頃から，タブロイド紙の発行も始まった。実業界では，福利厚生としてスポーツやレクリエーションの施設を充実させる企業も現れた。鉄道車両の製造で有名なプルマン社は，その代表例である。

〈川島浩平〉

現代スポーツの諸相　15.C.03

① 改革運動の対象・舞台・手段として

　時代は20世紀へと突入し，近代スポーツはアメリカにおいて爛熟期を迎えた。この世紀の初頭までに，スポーツは今日的特色のほとんどを兼ね備えるようになった。その意味で，20世紀を「現代スポーツの時代」と呼んで差し支えないであろう。現代スポーツの特徴としてまず挙げられるのは，改革運動との深い結びつきである。19世紀から20世紀への転換期は，アメリカ史上「革新主義」と呼ばれる改革の時代にあたった。この時代にスポーツは改革の対象として，舞台として，そして手段として様々な役割を帯びるようになった。

　改革の対象となった競技として特筆すべきは大学スポーツの華，フットボールである。その試合模様は，男らしさの象徴として称揚される一方で，ラフプレイ溢れる肉弾戦と化した。アメリカ史上，南北戦争が終結した1865年から米西戦争が勃発した1898年までは戦争不在の時代であった。巷では，その代わりに「フットボールが戦場になった」と囁かれたほどである。闘いの激烈さは，競技場における死傷者数が物語っている。1905年に死者18人，重傷者159人，1909年には死者だけで33人を数えた。男らしさにこだわり「精力旺盛な」生き方を唱道したセオドア・ルーズベルト（T. Roosevelt）大統領でさえ，この事態を深刻に受け止め，諸大学の学長に改革を要請した。これを受けて68大学の代表が1905年に結

集し，対策に乗り出した。この時に成立した組織は，5年後に改名して全米大学体育協会（National Collegiate Athletic Association: NCAA）となった。

他の指導者は，スポーツを改革すべきものというより，改革のために利用すべきものとみなした。心理学者ホール（G. Hall）や教育哲学者デューイ（J. Dewey）は，19世紀末に消滅した地理的なフロンティアにかわり，スポーツを教育的に利用する可能性に新たなフロンティアを見出した。これらの知的指導者は，社会の主流派と民族的，文化的背景を大きく異にする「新移民」が大挙して押し寄せる現実を目の当たりにした。そして，新参者を「アメリカ化」するための手段として，スポーツに多くを期待した。教育的配慮のもとに発明された競技の典型は，バスケットボールとバレーボールである。前者は1891年にキリスト教青年会（Young Men's Christian Association: YMCA）の教師ジェームズ・ネイスミス（J. Naismith）が，後者は1895年にYMCA卒業生のウィリアム・モーガン（W. Morgan）が考案したものである。バスケットボールは，若者によって熱狂的に迎えられ，教育現場に急速に普及した（川島浩平「バスケットボールと『アメリカの夢』―組織からみるアメリカンスポーツの形成と変容」久保文明・有賀夏紀 編『個人と国家のあいだ〈家族・団体・運動〉』ミネルヴァ書房．2007．157－79)。

新移民をアメリカ化する試みは，都市の貧困層に対して教育や娯楽を提供することを目的としたセツルメントハウス運動や，その子どもに健康的な遊戯空間を確保しようとするプレイグラウンド運動にもみることができる。こうした運動を，中産階級的な価値観の移民に対する押しつけとみなす解釈もある。確かに，スポーツ教育には，子どもを政治的に急進化する親世代から切り離そうとする配慮に裏打ちされた面があったことは否めない。セントラルパークのような，都心に位置する憩いの空間を構築しようとする動きも，同様に批判に晒されてきた。先住民の子女を対象としたカーライル校は，西洋文明の伝授によって生徒を「白人化」することを目的として掲げた。

しかし，こうした改革を通じてスポーツを学んだ世代から，成功者が次々と誕生し，階級的な上昇移動のロールモデルとして，次の世代に希望を与えたこともまた事実である。カーライル校出身のソープ（J. Thorpe）は，やがて「20世紀前半の最強のアスリート」と称えられるほどの業績を挙げた（図1）。ジョンソン（J. Johnson）は，1908年にバーンズ（T. Burns）を破ってアフリカ系初のボクシング・ヘビー級王者となった。フォスター（R. Foster）は野球選手としての輝かしい現役生活の後，ニグロリーグを立ち上げた。このリーグは，第一次大戦後の保守反動を切り抜け，1920年代に黄金時代を迎えた。

中産階級市民の間では，身体を快楽とエロティシズムの源泉とみなす，新たな身体観が芽生えていた。療養所（サニタリウム）のような施設が開発され，完璧な身体をめざす人々の間で人気を博した。現代的な感性と身体意識は，厳しい道徳律と行動規範に縛られた女性を解放する作用も果たした。新世代の女性「ニューウーマン」はスポーツを愛好し，その服装はさらに軽く，行動的になった。

② 英雄的アスリートの出現

現代アメリカスポーツの第2の特徴は，他の活動に先駆けて，階級や人種・民族的に不利な地位に置かれた者にも，目覚ましい成功と高い地位を保証し得る領域として機能したことにある。アメリカ社会は，優秀なアスリートに名誉と地位を与えることにきわめて寛容だった。

「国技」ベースボール史上，国民から最も愛されたといわれる豪傑ベーブ・ルース（B. Ruth）は，こうした特徴を有するスポーツ界の最大の受益者であったといえるかもしれない。彼は，不幸な境遇に生まれ，孤児院に預けられたが，そこでベースボールを学んだ。まず投手として頭角を現したが，プロ入り後，打者に転向してから，持ち前の怪力を生かして本塁打を量産し，ニューヨーク・ヤンキースの主軸打者として1920年代に黄金時代をもたらした。国民的英雄として「階級の壁」を克服したルースに対し，「人種の壁」を打破した功績はロビンソン（J. Robinson）に帰せられる。ロビンソンは，ブルックリン・ドジャース会長リッキー（B. Rickey）に見出され，1947年にデビューを

図1　1912年第5回オリンピック大会（ストックホルム，1912年）に出場したジム・ソープ
（出典：Joseph B. Oxendine, *American Indian Sports Heritage*. Lincoln, NB: University of Nebraska Press. 1988. 235）

果たし，アフリカ系選手に対して長く閉ざされていたメジャーリーグの扉をこじ開けたのである（次頁 図2）。ルースからロビンソンに至る時代には，ドイツ系のゲーリック（L. Gehrig），イタリア系ディマジオ（J. DiMaggio），ポーランド系ミュージアル（S. Musial）なども見事な記録を残し，選手層のエスニシティはますます多様化した。ベースボールの試合におけるエスニック集団の連携と協力は，多文化主義時代の到来を予兆するかのようであった。

人種・民族的少数派に英雄をもたらしたのはベースボールだけではない。ボクシングでは，1920年代にはアイルランド系のデンプシー（J. Dempsey）が，1930年代にはユダヤ系のロス（B. Ross）が，1940年代にはイタリア系のラモッタ（J. LaMotta）が王座に就き，エスニックプライドを高揚させた。バスケットボールでは，アフリカ系巡業チームのニューヨーク・レンズとグローブ・トロッターズが快進撃をみせ，黎明期のプロフットボールではポラード（F. Pollard）やロブスン（P. Robeson）が人気を集め，後継者を育成した。

1930年代にオーエンス（J. Owens）とルイス（J. Louis）は，アメリカスポーツの国際化に大きく貢献した。オーエンスは1936年の第11回オリンピック大会

図2 B.リッキーと契約書に署名するJ. ロビンソン（左）
（写真：Everett Collection/アフロ）

図3 テニスコートにおける男女平等のために闘ったB.J. キング
（写真：AP/アフロ）

（ベルリン）で4つの金メダルを奪取し，「アーリア人の優越」を証明しようとするナチス・ドイツの野望を打ち砕いた。ルイスはシュメリンク（M. Schmeling）とのヘビー級タイトルをかけた2度の試合を通じて，アフリカ系の「優越」を国内外にみせつけた。

20世紀前半に英雄的地位を築いた女性アスリートも，枚挙にいとまがない。1920年に始まるチアリーディングは，女性を応援者として取り込み，伝統的役割分担を強調する側面を有していた。しかし主役として，競技者としての女性が次第に目立つようになったことも事実である。1931年に女性投手ミッチェル（J. Mitchell）は，非公式試合でルースとゲーリックを三振にとって話題をさらった。第二次大戦中，男性選手不足への対抗措置として開幕した全米女性野球連盟（All-American Girls Baseball League: AAGBL）の活動は，長く記憶にとどめられ，1990年代にハリウッド映画となって再びブームを巻き起こした。ディドリクソン（M. Didrikson）は，バスケットボール，陸上競技，ゴルフなどで多才さを誇示し，20世紀前半の女性アスリートNo.1に推挙された。タスキーギ大学出身の黒人女性陸上選手はオリンピック代表チームの常連であった。

20世紀前半には，競技場の英雄たちの報道を担当するメディア産業も著しく発展した。1920年代のプロフットボールにおけるグランジ（R. Grange）や，ボクシング・ヘビー級王者デンプシーは，メディア時代の申し子であった。高まる人気を受けて，スポーツ主催側も施設の拡充や組織の整備に余念がなかった。大規模な競技場の建設に惜しみなく資本が投下された。フットボールでは全国フットボール連盟（National Football League: NFL）が新参の全米フットボール連盟（All-America Football Conference: AAFC）を吸収して勢力を拡大し，バスケットボールではアメリカバスケットボール連盟（Basketball Association of America: BAA）が全国バスケットボール連盟（National Basketball League: NBL）を合併して，全国バスケットボール協会（National Basketball Association: NBA）が誕生した。

③ 政治的抗争とマスメディア

現代スポーツの第3の特徴は，政治とスポーツとのかかわりの深まりである。政治による干渉や介入は，冷戦下の米ソ対立の中で顕著になった。運動競技の国際化に伴って，民主主義・資本主義国家の盟主アメリカが，スポーツの実践と政治とを切り離すことは事実上不可能となったのである。例えば，オリンピック競技種目はメダル争いの場と化した。1979年のソ連によるアフガニスタン侵攻後，アメリカ率いる西側諸国の一部が1980年の第22回オリンピック大会（モスクワ）をボイコットすると，ソ連を中心とする東側諸国は，アメリカによるグラナダ侵攻に抗議し，1984年の第23回大会（ロサンゼルス）をボイコットすることによって応酬した。1968年の第19回大会（メキシコシティ）では，陸上男子200mの1位，3位に輝いたスミス（T. Smith）とカーロス（J. Carlos）が国内の人種差別に抗議して，表彰台で拳を高く掲げ，ブラックパワーを誇示するパフォーマンスを行った。

国際社会の緊張が高じる中，スポーツ組織は，国内の統合と安定のために，マイノリティを積極的にリクルートする必要に促された。ロビンソンの鮮烈なメジャーリーグデビューの後，アフリカ系だけでなく，他マイノリティ集団の選手が続々採用された背景には，このような事情があった。ユダヤ系投手のコーファックス（S. Koufax）は剛球で三振の山を築き，ヒスパニック系外野手クレメンテ（R. Clemente）はオールラウンドな活躍をみせ，リトアニア系のフットボール選手バトカス（D. Butkus）は，ラインバッカーとして攻撃陣をなぎ倒した。

公民権運動が最盛期を迎えた1960年代にも，マイノリティー選手の台頭は続いた。1964年の第18回オリンピック大会（東京）の陸上男子10000m走で金メダルを獲得した先住民の血を引くミルズ（B. Mills）は，引退後先住民の政治運動に心血を注いだ。アフリカ系では，ギブソン（A. Gibson）やアッシュ（A. Ashe）が，プロテニスの主要大会でたびたび優勝を飾り，プロフットボール選手ブラウン（J. Brown）は輝かしい記録を残して引退した後，俳優への華麗な転身を果たした。プロバスケットボール界ではラッセル（B. Russell）とチェンバレン（W. Chamberlain）という2人の巨人の対決が話題を呼んだ。華々しく活躍するこれらのアスリートは，公民権運動で揺れる社会に，人種統合の可能性とビジョンを提示した。ボクシング界では，ヘビー級王者アリ（M. Ali）が，1967年にベトナム戦争への徴兵を忌避したために，タイトルを剥奪された。

女性スポーツにおいても，性差別撤廃をめざしてアスリートは躍動した。競技人口が増加し，主要スポーツの地位を築きつつあったテニス界では，男女間の賞金額の不平等に抗議するボイコットが頻発した。その中で指導的地位にあったキング（B. King, 図3）は，1973年に元王者の男性選手リッグス（B. Riggs）に対する「世紀の男女戦」で圧勝した。キングの勝利は，リッグスが最盛期を過ぎた相手であったとはいえ，女性の実力をみせつけ，世論を動かす1つの契機となった。通常「タイトルIX」と呼ばれる，1972年に制定された教育修正法第9篇によって高等教育の場での男女平等が保障されると，女性スポーツの環境も次第に改善へと向かった。中等学校における女性スポーツ人口は，1970年代初頭に30万人に

満たなかった。しかし1970年代末には200万人に近づくまで増加した。大学競技では女性選手のための大会が次々と開催された。

スポーツのメディア報道にも大きな変化がみられた。第二次大戦前まではトップアスリートを英雄視し、私生活に立ち入らない暗黙の了解が存在した。しかし戦後になり、『スポーツイラストレイティッド』など新たに創刊された雑誌は、アスリートの「人間的」側面にも取材のメスを入れる方針を打ち出した。また、テレビが普及し、その報道に占める地位が飛躍的に高まるにつれ、テレビと最も相性のよい競技であるフットボールが、人気ナンバーワンの座をベースボールから奪いとった。プロバスケットボール界は、1954年に「24秒ルール」(24秒間にシュートしないと攻撃権を失う)を導入するなど、テレビ放送向けのルール修正を行った。テレビとスポーツは互恵的な関係のもとで、巨大産業へと発展を遂げた。

④ グローバリゼーションの時代へ

今日、アメリカ・スポーツはグローバリゼーションの時代を迎えた。1979年に誕生したスポーツ専門放送局(Entertainment and Sports Programming Network: ESPN)が高い視聴率を獲得すると、他局もこぞってスポーツ放送枠を拡大した。インターネットの開発と普及も手伝って、いまやアメリカスポーツの各競技団体は、全世界を対象とする市場戦略に沿って、広報活動を展開している。

アメリカ・スポーツが海外市場で人気を集めたのは、外国の有力選手を積極的にリクルートする戦略が功を奏した結果でもある。1981年にメジャー(Major League Baseball: MLB)入りを果たしたベネズエラ出身のヴァレンズエラ(F. Valenzuela)は、快刀乱麻を断つ活躍をみせ、「ヴァレンズエラ」旋風を巻き起こした。この頃からMLBではヒスパニック系の選手が急増するが、1990年代後半になると野茂英雄、21世紀に入ると鈴木一朗、松井秀喜、松坂大輔らがメジャー入りを果たし、アジア人有力選手の流入が顕著になった。NBAは、1980年代から90年代に一世を風靡したマイケル・ジョーダン(M. Jordan)の引退後、ヨーロッパや中国の有力選手を獲得し、ファン層の拡大に成功を遂げた。NFLもヨーロッパにリーグを創設したり、日本の強豪大学と提携したり、次々と海外戦略を打ち出して現在に至っている。

⑤ 現代アメリカ・スポーツの課題

産業として飛躍的な成長を遂げたスポーツ界は、多くの課題にも直面している。

タイトルⅨ後、確かに女性のスポーツ参加は飛躍的に増加し、ロールモデルとなる女性選手も多数登場した。しかし、スポーツアリーナでどこまで男女平等を追求できるかについては合意をみていない。1999年女子サッカーW杯決勝アメリカ対中国戦で、決勝ゴールを決めたチャスティン(B. Chastain)が上半身スポーツブラだけの姿になって歓喜を表現した時、全米の保守派から激しい非難の声があがった。この事件は、服装や身だしなみについて、社会に男女に対する異なる期待や価値観が根強く残っていることを明らかにした(Michael A. Messner, *Taking the Field: Women, Men and Sports.* Minneapolis: University of Minnesota Press. 2002. 91-133)。

勝利至上主義は、薬物汚染という深刻な副産物をもたらした。現役選手や引退後の選手の間での暴力事件は後を絶たない。1990年代に全米を震撼させたオー・ジェイ・シンプソン(O.J. Simpson)裁判、マイク・タイソン(M. Tyson)裁判はいずれも、アスリートの暴力行為に端を発している。賭博もスポーツアリーナに依然として暗い影を落としている。アフリカ系クオータバックのヴィック(M. Vick)が闘犬賭博にかかわり実刑判決を受けた事件は、なお記憶に新しい。同性愛者に対する不寛容さや、アスリートの性的不摂生なライフスタイルに対する批判も根強い。マイノリティー選手に特定のポジションを割り当てる「スタッキング」、黒人アスリートの身体能力を「天性」や「遺伝的」とみなす言説の浸透など、人種差別的な慣行や表象行為に対する告発もやむことがない。ゴルフにおけるタイガー・ウッズ(T. Woods)、テニスにおけるウィリアムス(Williams)姉妹など、マイノリティー選手の輝かしい業績に期待を寄せる人も少なくないが、人種主義の拘束から解放されるまでの道のりは、なお険しいままである。

こうした多くの課題を残しつつ、現代アメリカ・スポーツは国際的な注目の中で、さらなる発展への道を歩み続けている。

(川島浩平)

日本スポーツ史 15.D

前近代の日本スポーツ 15.D.01

考古学の遺物や史料等によって確認できる最も古い日本のスポーツの代表は相撲である。5-6世紀の各地の古墳から力士像(図1、埴輪や土人形、また石製もある)が多数出土するのである。その分布は畿内を中心に関東一円、中国地方、それに北九州に及んでいる(図2)。力士像が地方豪族の墳墓のみならず天皇陵からも発見されることは、相撲が古代日本の支配階級の葬礼文化として定着していたことをうかがわせる。古墳時代のこうした葬礼相撲は、そののち形を変えて、8世紀に宮中の年中行事となる。

① 宮中のスポーツ

日本古代のスポーツを象徴するのは宮中のスポーツである。宮中は、その地理的空間は狭小ながら広大な支配圏への命令センターであるゆえに、スポーツが集約的に展開した場であった。宮中には正月元日の四方拝から12月晦日の追儺まで月ごとに数多くの行事が執り行われたが、その中にスポーツ行事があった。開催日は時代により移動がみられるが、1月17日の射礼、5月5日の騎射、7月7日の相撲であり、いずれも天皇が親御した。射礼は建礼門前

図1 力士埴輪
(出典：大林太良 編『日本の古代第13巻心のなかの宇宙』中央公論社, 1987. 21.)
和歌山県和歌山市井辺八幡山古墳から出土されたもの。和歌山県立博物館所蔵。

```
● 力士埴輪
▲ 装飾付須恵器
× 石製力士像
①大阪府高槻市昼神車塚古墳
②大阪府堺市触松南高田遺跡
③奈良県橿原市四条古墳
④和歌山県和歌山市井辺八幡山古墳
⑤和歌山県和歌山市大谷山22号墳
⑥静岡県細江町陣内平3号墳
⑦埼玉県行田市酒巻14号墳
⑧埼玉県秩父地方出土
⑨群馬県富岡市芝宮79号墳
⑩群馬県群馬町（現・高崎市）保渡田Ⅶ号墳
⑪茨城県土浦市高津天神山古墳
⑫茨城県東海村石神小学校古墳
⑬福島県泉崎村原山1号墳
⑭関東地方出土
⑮石川県出土
⑯岡山県牛窓町鹿忍出土
⑰兵庫県龍野町（現・たつの市）西宮山古墳
⑱島根県浜田市めんぐろ古墳
⑲福岡県八女市岩戸山古墳
⑳鳥取県倉吉市志津野口1号墳
㉑兵庫県小野市泰田町勝手野古墳群6号墳
㉒千葉県市原市御座目浅間神社古墳
㉓大阪府高槻市今城塚古墳（継体天皇陵）
```

図2 古墳時代の力士像分布図
(出典：寒川恒夫『遊びの歴史民族学』明和出版, 2003. 183)

の射場で親王以下五位以上の官人と衛府役人が的を射たもので，騎射は武徳殿前庭で行われ，衛府の役人による騎射のほか競馬や打球(ポロ)が行われた。相撲は射礼や騎射とは様子が違っていた。北は陸奥の国から南は大隅の国まで，つまり当時天皇が統治権を行使しえた域内各地から相撲人が勅令によって召し出され，彼らが天皇の前で相撲をとったのである。裁いて勝負を決するのは，宮中の官人・役人であった。集められた相撲人はおよそ40人，これに宮中楽人等を加えた総勢三百余人の入場行進は贅を尽くしたもので，宮中の一大イベントであった。節会相撲は正月の朝賀と対を成す天皇による地方支配再確認のための象徴的国家儀礼という性格をもっていた。

また，年中行事ではないが，宮中では蹴鞠や鷹狩も人気があった。蹴鞠は官女の清少納言に「さまあしけれど鞠もをかし」(『枕草紙』)と揶揄されたものの，藤原成通のような熱心家を得て技術の体系化と宗教的権威化が進められ，後の鎌倉時代初めには難波，飛鳥井，御子左の家元を生んでいる。

蹴鞠は17m四方の鞠場に，その中心の7m四方に4本の木(柳，桜，楓，松。これらを掛(かかり)という)を植え，そこに4人が位置して鞠を空に蹴り続けたもので，剪定された枝の間をくぐるように鞠を蹴ったり，また枝にかかってイレギュラーに落ちてくる鞠にうまく対応するなど，4本の木は美観でなく，蹴鞠の技をより高度にするための工夫であった。

一方，鷹狩は古墳に埴輪が納められるなど相撲と並ぶ古いスポーツである。これを宮中で専門に管理する部署として兵部省に主鷹司(放鷹司)が置かれ，鷹の調教に当たった。のち，西園寺家や持明院家など鷹の家が現れる。

宮中では春先に鶏を闘わせて春陽の気を招来する闘鶏も行われ，さらに碁や将棋や双六，また投壺や小弓など，室内で行う遊びも盛んであった。

② 武士のスポーツ

中世を拓いたのは武士であり，この時代と近世の日本スポーツは武士のスポーツによって語られる。

武士はそもそも武(戦・殺傷術)によって天皇に仕えた専門職能者であり，官位を得て朝廷や国衙に勤仕し，長く宮中のスポーツとかかわっていた。宮中のスポーツは武士が政権を執った鎌倉時代以後は節会相撲など廃絶したものもあったが，蹴鞠や鷹狩など武士に引き継がれたものが多くあった。武士は宮中育ちのスポーツや遊びを好んだが，独自のスポーツ文化を創造していた。それは，武とかかわるものであった。

統治者としての武士の基盤は彼らの武の力にあり，そのため常日頃，武を心に当て，武の技に通じて，いざ鎌倉に備えることを要請された。流鏑馬，笠懸，犬追物，牛追物といった騎馬で行う的当てスポーツ，巻き狩り，通し

矢，剣・槍・棒など近接武器を使った武術，無手の柔術などである。これら殺傷捕縛の技術は当時，武芸，武術，武道，武の道，武士の道，兵法などと総称された。

武士が行う場合，例えば同じ狩りでも，遊楽性は捨象された。四方から囲い込んで中心に獲物を追い立てる巻き狩りは，獲物を敵軍とみたてた軍事演習として実行された。また水泳も，魚貝捕獲のため裸体で沈潜する海人とは違って，武具甲冑に身を固めて水中を移動したり鉄砲を撃ったりする技術が求められ，そのための特別な技が開発された。武術としての水泳であり，各地にそれぞれの地形水流に合わせた独特の技をもつ流派が形成された。

武術は種目ごとに家元・流派をもち，それぞれの流派に固有の技が師から弟子に伝承された。技の伝承は一定の教育体系のもとに展開したものであったが，技とともに，あるいは技以上に精神性が重視された。武士は多くが読み書きができなかったが中世には文武兼備・文武両道の思想のもとに次第に文の世界すなわち儒教・仏教・道教の東洋哲学世界に接し，これをわが物として近世には膨大な量の武術伝書を残している。伝書の多くは禅僧沢庵の「不動智」に収斂する心法を流派の技の基礎づけに求めたもので，いかなる状況に置かれても己の技を十全に発揮して敵を斃す殺しの心を仏教の悟りである「不執着」によって陶冶する内容が語られている。こうした特異な武術は心法武術と呼ぶべきものである。

③ 民間のスポーツ

庶民のスポーツは，古代の『年中行事絵巻』や中世・近世の諸種の絵巻物・絵画に様々な形のものが描かれていて豊かであったことが知られる。12世紀に編まれた『梁塵秘抄』の有名な句「遊びをせんとや生まれけむ　戯れせんとや生まれけん　遊ぶ子供の声聞けば我が身さへこそ動かるれ」からは，その仏教的含意とともに，遊びが日々の暮らしの中でいかに大きなものと捉えられていたかがうかがえる。石合戦（印地打ち），闘犬，闘牛，相撲，水泳，竹馬（高足，ホビーホース），ホッピング（一足），毬杖，振り振り，独楽まわし，小弓，力石，鬼ごっこ（子を取る子とろ），手毬，羽根つき，凧揚げ，走り高跳び，神輿競走，船競漕，綱引き，将棋，囲碁，双六，カルタなどなどは，その一部である。近世には，公にはご法度であった武術も村の鎮守の古くからの祭礼という名目で歩射や流鏑馬が行われ，棒術や剣術も踊りに変形して楽しまれた。また豪農や豪商は蹴鞠さえ行っている。もっとも，いかに多彩であっても，庶民の場合，江戸時代の公許興行相撲を例外として，武士が武術に精進したように特定の種目に専門化したというのではない。季節ごとにめぐり来る祭りの機会に，また日頃の慰みに行ったものであった。

前近代の日本には，東アジア大陸部からもたらされた多くのものを含め，十分に日本化したきわめて豊かなスポーツ文化が展開していた。それは，次項で扱われる西洋からもたらされる洋式スポーツの受け皿となり，またその批判的文化基盤として機能した。

（寒川恒夫）

近・現代の日本スポーツ　15.D.02

① 洋式スポーツの受容と展開
[洋式スポーツの受容と普及]

洋式スポーツとは，西洋諸国発祥のスポーツのことである。これが日本に受容されていくようになったのは，幕末から明治初頭の時期であった。幕末・維新期における国内外の軍事的圧力に伴う西洋式の軍事訓練の導入や，貿易等による西洋諸国との人的交流の増加，明治新政府の文明開化の方針などにより，西洋の文化や習慣が日本に持ち込まれ，スポーツもその中の1つとして日本に受容されることとなったのである。

洋式スポーツの受容において，中心的役割を担ったのは西洋諸国から来日したお雇い外国人教師や軍人，貿易商，および日本から留学や視察などで洋行する機会を得た学生や官史らであった。この中で洋式スポーツの受容の最初のルートとなったのは，軍人であった。1841（天保12）年，江戸幕府が洋式調練の導入に際して体操を行ったのを皮切りに，軍隊では1867（慶應3）年のフランス式の「新体術教練」や，1874（明治7）年の「体操教範」など，様々な体操が導入された。また，1873（明治6）年にイギリス海軍のダグラス（A.L. Douglas）少佐が日本の海軍軍人にサッカーを指導し，1911（明治44）年にはオーストリア人のレルヒ（T.E. von Lerch）少佐が陸軍人にスキーを指導し，これらが日本でも行われるようになった。

幕末期，幕府によって西洋諸国と通商条約が締結されたことにより，横浜や神戸などに外国人居留地が出現した。そこでは競馬やダンスなどが娯楽として行われた。また，横浜クリケット・クラブでは，クリケットや野球が行われた。留学帰国者としては，1877（明治10）年に鉄道技師の平岡熙は，アメリカからの帰国に際して野球用具やローラースケートを持ち帰り，1891（明治24）年にアメリカから帰国した新渡戸稲造はスケート靴を持ち帰り，これらのスポーツを日本に伝えた。

様々なルートの中でも，洋式スポーツの受容に最も重要な役割を果たしたのは学校であった。1872（明治5）年，アメリカ人教師ウイルソン（H. Wilson）が生徒に野球を教え，1878（明治11）年に文部省の招きで来日した体操伝習所の教官，リーランド（G.A. Leland）はボートやテニスを伝えた。

学校が果たした役割は，洋式スポーツの受容のみにとどまらない。1880年代後半以降には，洋式スポーツの組織化が進むが，そこで中心的な役割を果たしたのが高等教育機関の学生たちであった。学生の大半は中流階級以上の出身で経済的に余裕があり，放課後の自由な時間や校庭という自由に使える場所が存在したからである。

1891（明治24）年に第一高等中学校で校友会，1892（明治25）年に慶應義塾で体育会などの組織が設立され，その中に武道とともに野球，ボート，テニス等の運動部が作られた。校友会運動部は設立当初，校内競技大会の組織・運営を行っていたが，次第に近隣の学校間での対校試合に重点を置くようになり，1890（明治23）年にボートの一高・高商戦，1903（明治36）年に野球の早慶戦が創設された。

洋式スポーツの普及を語る上では，運動会も欠かすことはできない。日本

初の運動会は，1874（明治7）年に海軍兵学寮で行われた競闘遊戯会であった。1885（明治18）年からは，東京大学で運動会が定期的に開催されるようになった。1880年代後半からは，集団訓練や体位向上を目的に小中学校でも運動会が実施されるようになった。明治末期には，運動会は各地の学校の年中行事として，全国ほぼすべての学校で行われるようになった。

[競技団体・大会の組織化とオリンピックへの参加]

1911（明治44）年，翌年に開催される第5回オリンピック大会（ストックホルム）への選手派遣を目的として，日本初の全国的競技団体として大日本体育協会が設立され，初代会長に嘉納治五郎が就任した。第5回大会には，三島弥彦（陸上短距離）と金栗四三（マラソン）の2名が参加した。以後，日本は戦前期を通じてオリンピックに選手を派遣し続け，熊谷一弥（テニス），織田幹雄（男子陸上三段跳），人見絹枝（女子陸上800m），前畑秀子（女子水泳平泳ぎ200m）などのメダリストが誕生した。

1910年代後半から20年代にかけて，洋式スポーツの普及を背景として，全国的な大会・競技団体の組織化が進展した。陸上競技会（1913年）や全国中等学校優勝野球大会（1915年）等の大会が毎年定期的に開催されるようになり，その中には新聞社の支援・協力を受けるものもあった。1924（大正13）年には，全国的な総合競技大会である第1回明治神宮競技大会が創設され，多くの洋式スポーツが実施された。

1920年代になると，第一次大戦が国家総力戦となったことで，国民の体位・体力の向上が政治課題となり，工場や炭鉱等での労働争議が多発した。これらを背景として，青年団員や労働者の体位向上，慰安厚生，労働争議の抑制等を目的にしたスポーツが行われるようになっていった。そこでは運動会や野球，バレーボールなどが行われることが一般的であったが，一部の種目やチームで競技化が進み，1927（昭和2）年には全日本都市対抗野球大会が設立された。

1930年代には，新聞のスポーツ報道に加え，ラジオでスポーツ中継も行われるようになり，大規模なスポーツ大会は社会的に大きな関心事となっていった。スポーツへの関心の高まりを背景として，プロスポーツ興行も行われるようになり，2度にわたりアメリカのメジャーリーグチームが来日（1931，1934年）したり，1934（昭和9）年には第1回全日本プロ・ボクシング選手権大会が行われた。1934年のメジャーリーグチームの来日に際して，大日本東京野球倶楽部が結成され，1936（昭和11）年には日本職業野球連盟が成立し，プロ野球のリーグ戦も行われるようになった。

[戦時期の洋式スポーツ]

1937（昭和12）年7月，日中戦争が勃発すると，洋式スポーツは苦難の道のりを歩むこととなる。1936（昭和11）年，ベルリンで開かれたIOC総会において，第12回大会を東京で，第5回冬季大会を札幌で開催することが決定した。しかし，日中戦争の勃発とその長期化により，1938（昭和13）年7月，政府は両大会の開催返上を閣議決定した。

日中開戦以後，対米英関係の悪化を背景にして，西洋文化に対する社会の批判も強まっていたが，オリンピック返上は，それに拍車をかけることとなった。その結果，洋式スポーツは競技名や用語を日本語化され，ラグビーは「闘球」，ホッケーは「杖球」，スキーは「雪滑」へと名称が変更された。用語では，野球のストライクが「よし」，ゴルフのパーは「基準数」，ボクシングのストレートは「直打」等の呼称が定められた。

明治神宮大会は1939（昭和14）年に明治神宮国民体育大会，1942（昭和17）年には明治神宮国民錬成大会へと名称変更された。大会では，ホッケー，卓球，ボクシング等の洋式スポーツが廃止される一方で，国防競技や戦場運動が導入された。

1941（昭和16）年，学校報国団の結成に伴って，学校の校友会運動部は報国団の下部組織に位置づけられた。これを契機に複数の競技部を整理・統合したり，洋式スポーツを行う部が廃部となる学校もあった。

第二次近衛文麿内閣のもとで新体制運動が展開すると，1941（昭和16）年に学校運動部を統括する組織として大日本学徒体育振興会（学体振）が設立された。1942（昭和17）年には大日本体育協会は大日本体育会へと改組して政府の外郭団体となり，学体振はその下部組織となった。

1943（昭和18）年以降，戦局の悪化による物資の欠乏や，学校での軍事教練の重視を背景に，洋式スポーツは衰退していき，11月に開催された第14回明治神宮国民錬成大会を最後に，戦前期の洋式スポーツの全国大会は終止符を打った。プロ野球は軍への召集や勤労動員で選手や試合数を減らしながらも活動を続けたが，1944（昭和19）年でリーグ戦を終えることとなった。

[洋式スポーツの戦後復興と高度成長期の2つのオリンピック]

終戦後，日本を占領統治した連合国軍総司令部は，日本からの軍国主義の一掃を目的とした占領政策の中で，学校での武道の禁止や武徳会の解散を指示した。一方，1946（昭和21）年に文部省が発した「学校校友会運動部の組織運営に関する件」では，運動部を民主主義的体育振興の原動力と位置づけ，校内競技を中心にした洋式スポーツが奨励された。

敗戦直後の1945（昭和20）年秋から，散発的に洋式スポーツの試合は行われるようになっていったが，本格的にリーグ戦や大会が実施されることとなったのは，1946（昭和21）年に入ってからである。同年，職業野球や全国中等野球大会が再開され，第1回国民体育大会（国体）も京阪神地方で開催された。第1回の国体では，23種目の競技が行われたが，相撲を除く22種目はすべて洋式スポーツであった。

日本国内では，洋式スポーツが重視されたものの，占領期には国際舞台への復帰は認められず，日本が戦後オリンピックに参加するのは，1952（昭和27）年の第15回大会（ヘルシンキ）からであった。オリンピック復帰とともに，水泳をはじめとした競技団体を中心に競技力向上の要望が強まっていき，占領期に定められた対外競技基準は，その後次第に緩和されていった。

1959（昭和34）年，IOC総会で1964（昭和39）年に開催される第18回大会を東京で開催することが決定すると，国と競技団体が一体となって競技力向上政策を推進した。その結果，日本は本大会で女子バレーボールやレスリング等で，16個の金メダルを獲得した。1972（昭和47）年には，第11回冬季オリンピック大会が札幌で開催された。「日の丸飛

行隊」と呼ばれたスキージャンプ陣は、金銀銅メダルを独占する活躍をみせた。

第18回オリンピック大会（東京）の様子は、1953（昭和28）年から始められていたテレビ放送を通じて、日本全国および世界中に中継された。特に、この大会を契機にカラーテレビが普及し、その後もプロ野球やプロレス等のスポーツ番組は、高度成長期における日本の一般的な娯楽として、高い人気を博した。

高度成長期には、社員の一体感の醸成、会社の知名度拡大、イメージアップ等を目的として、企業が優秀な選手を社員として採用し、育成・強化する企業スポーツが拡大した。日紡貝塚女子バレーボールチームは「東洋の魔女」の母体となるなど、企業スポーツは日本のアマチュアスポーツの競技力を支える基盤ともなった。

高度成長期には、日本経済の成長によるスポーツ施設の整備や可処分所得の増加などの要因を背景として、大衆的なスポーツ活動も一般化した。ボウリングやスキー、ゴルフなどのスポーツが広く行われるようになり、国民のスポーツ権をうたう新日本体育連盟が1965（昭和40）年に創設された。1970年代以降には、スキューバダイビングやスノーボード等のニュースポーツも日本に紹介され、多様な種目が多様なレベルで行われるようになっていった。

[洋式スポーツのプロ化・グローバル化・女性の参加拡大]

1990年代以降のポストバブル期における日本の洋式スポーツの特徴として、プロ化、グローバル化、女性の参加拡大という3点を挙げておきたい。

1993（平成5）年、日本サッカーリーグの改組が行われ、10チームからなる日本プロサッカーリーグ（Jリーグ）が創設され、その初代チェアマンに川淵三郎が就任した。地域密着によるスポーツ文化の振興を「百年計画」として打ち出したJリーグは、各地で新規参入チームを生み出し、2014（平成26）年3月現在で3部52チームにまで拡大した。

一方で、バブル崩壊後の不況とそのもとでの企業再建の中で、多くの企業スポーツが休廃部となった。企業スポーツが競技力向上や、プロ選手輩出の基盤となっていた種目では、競技団体や有志による新リーグの再編、立ち上げが行われた。バレーボールのVリーグ（1994年）、ラグビーのトップリーグ（2003年）、バスケットボールのbjリーグ（2005年）や野球の四国アイランドリーグ（2005年）などである。

プロ野球やJリーグなどの日本のプロスポーツでは、外国人選手は「助っ人」として来日することが一般的であった。しかし、1990年代の半ば以降、多くの日本人選手が海外でプレイするようになっていった。野球では、1995（平成7）年にアメリカメジャーリーグへ移籍した野茂英雄、サッカーでは1998（平成10）年にイタリアセリエAに移籍した中田英寿らがきっかけとなり、その後多くの選手が海外でのプレイを選択することとなった。来日するプロスポーツ選手の国籍も多様化し、韓国やベネズエラ出身の野球選手や、ブラジル人以外のサッカー選手も多くなっている。

こうした現象は、テレビを中心としたメディア主導のプロスポーツのグローバル化と、そのもとでの選手の移動の活性化・多様化、プロリーグの再編と軌を一にして発生している。この傾向は、今後も拡大していくものとみられるが、一方で、外国人選手に対する国籍・人種差別等の新たな問題も浮上している。

1990年代以降、世界的な動向としてそれまで男子のみで行われていた種目に女子が参加するようになり、競技人口も著しく増加していった。女子のマラソンやレスリング、サッカーなどがオリンピック種目となり、世界大会も行われるようになっていった。日本人でも、2000（平成12）年の第27回オリンピック大会（シドニー）で優勝したマラソンの高橋尚子や、2011（平成23）年の女子サッカーワールドカップでは日本代表が優勝し、中心選手の澤穂希は国際サッカー連盟（Fédération Internationale de Football Association: FIFA）の年間最優秀選手を獲得するなど、多くの女子選手が活躍するようになっている。近年では、日本のオリンピック派遣選手団のほぼ半数を女性が占めるなど、女子スポーツの拡大とレベルの向上が顕著になっている。

（中村哲也）

② 武道の創造と国際化

[武道の創造]

・日本の近代武道史

今日、武道とは「古武道を源流としながらも、一定のルールのもとで、主として勝敗を争う競技となっている」のに対して「古武道は概ね明治時代以前に必殺の技として生まれた武技を、それぞれの流儀のもとで独特の形として大切にながく継承して来た古流」と一般に考えられている（入江康平・加藤寛 ほか『日本史小百科〈武道〉』東京堂出版, 1994. 216）。すなわち、武道は明治期以

図1　崩しの説明を行う嘉納治五郎（1937）
（出典：上村春樹 編『講道館百三十年沿革史』講道館, 2012）

図2　大日本武徳会武徳殿
（出典：『大日本武徳会武道専門学校史』1984）

図3　武徳祭演武会
（出典：『大日本武徳会武道専門学校史』1984）

降に古武道がスポーツ化して成立したという歴史認識である。ここでは日本スポーツ史において大きな要素を占める武道の近代史について，武道の歴史認識の形成過程からみてみたい。

・武道の成立と展開

江戸期の武術では形の稽古を通した殺傷捕縛術や心法の修練が重視されていたが，同時に幕末には撃剣や柔術の試合も行われていた。明治期に入ると，近代国家の担い手たる（武士でも貴族でもない）国民を形成するため，それまで多種多様な発展を遂げてきた武術は国民文化として再編成されることになる。これが武道の誕生である。その先鞭をつけたのが講道館柔道であった。

柔道は，1882（明治15）年，嘉納治五郎（図1）によって創始された。柔道は知育・徳育・体育の三育主義の立場から柔術を再編したものといわれ，富国強兵を担う国民の身心を，安全に壮健に育成することに加え，江戸期から続く柔術との連続性によって愛国心を育成することがめざされた。また，明治期初頭の柔術は一部興行化して，技の華法化や柔術イメージの低俗化を招いたが，嘉納は柔術のイメージ刷新と，勝負の原理を体得し，それを社会に役立てることが重要と考え，「柔道」という言葉を選んだ。

嘉納によるこうした名称変更は他の武術にも浸透していった。特に武術から武道への変更については西久保弘道（図4）の役割が大きかった。1894（明治27）から1895（明治28）年にわたる日清戦争後，ナショナリズムの高揚とともに武術復興の気運が高まり，1895（明治28）年4月に戦前最大の武道振興団体である大日本武徳会（図2, 3）が設立される。

1919（大正8）年1月に大日本武徳会副会長に就任した西久保（図4）は，武道の目的を試合の勝敗ではなく，日本人の身心の鍛錬にあると主張した。この西久保の主張に基づき，大日本武徳会では1919（大正8）年に会の規約に記された「武術」という名称を「武道」と改め，柔術，剣術，弓術もそれぞれ柔道，剣道，弓道と改められた。

西久保は学校における武道教育の拡充にも熱心だった。学校ではすでに1911（明治44）年7月に中学校および高等中学校，翌1912（明治45）年6月には師範学校でそれぞれ「撃剣」「柔術」が体操科の選択教材として加えられていた。しかし，西久保は体操科から武道を独立させ武道科という科目を新たに創設しようと企てたのである。1919（大正8）年9月2日，西久保の主導で武徳会は文部省へ建議書を提出し，剣道・柔道への名称変更と「武道科」の独立を要請した。また1924（大正13）年6月に武徳会は2度目の建議書を提出し，「武道科」独立要求の正当性を，武道は体操やスポーツではない「実践的修身科」であるためだと述べた。さらに西久保は，

1925（大正14）年3月には帝国議会貴族院にも学校武道拡充の活動を展開し，嘉納らとともに「剣道及柔道普及ニ関スル建議案」を提出した。こうした西久保らの働きかけを受けて政府は1926（大正15）年4月に中学校・師範学校令施行規則の改正，5月に学校体操教授要目の改正を行い，撃剣，柔術は剣道，柔道に改称した。

しかし，武道は体操科から独立した教科にはならず，1931（昭和6）年1月には体操科教材として必修化されることになる。1929（昭和4）年5月4・5日の「御大礼記念武道大会」の成功を受け，大会直後の5月29日，文政審議会諮問第11号特別委員会は中学校武道（剣道・柔道）の必修化を「希望事項」として決議する。そして1931（昭和6）年1月に武道は国民精神を育む体操科教材として中学校で必修化されることになるのである。

・武道のスポーツ化

このように武道（剣道・柔道）は嘉納，西久保らによって学校教育に位置づくようになったが，他方で学校部活動における対校戦によって柔道のスポーツ化が展開された。京都帝国大学は西日本の旧制高校柔道部を一堂に会し，1914（大正3）年に「全国各高等学校柔道大会」，いわゆる高専柔道を開始した（図5）。これはチャンピオンシップを目的にした初めての団体戦での柔道大会であった。高専柔道は，極端に腰を引いて相手の投技を防ぐ防御姿勢や，延々と寝技で攻防する独特の競技スタイルを確立した。

嘉納はこうした高専柔道の競技スタイルでは実戦的な武術としての柔道を洗練させられないと考え，1924（大正13）年7月に講道館の審判規定を改正し，寝技への引き込みを禁じた。こうした講道館の方策に高専柔道側は反発し，「帝国大学連合主催全国高等専門学校柔道優勝大会規定」を成文化する。高専柔道側はこの審判規定を核として1928（昭和3）年5月には東京帝国大学が主導して京都帝国大学，九州帝国大学，東北帝国大学らと帝大柔道会を結成した。帝大柔道会は「全国高等専門学校柔道優勝大会」を開催し，高専柔道を全国的な大会へと拡大した。

剣道のスポーツ化を象徴する事件としては，1929（昭和4）年5月に済寧館で

図4　西久保弘道
（出典：牛山栄治『巨人西久保弘道』春風館，1956）

図5　高専柔道大会
（出典：高専柔道技術研究会 編『文集高専柔道と私』1985）

図6　1929年の昭和天覧試合
（出典：宮内省 監修，大日本雄弁会講談社 編『皇太子殿下御誕生奉祝昭和天覧試合』大日本雄弁会講談社，1934）

図7 松本学
(出典：伊藤隆・広瀬順晧 編『松本学日記』山川出版社, 1995)

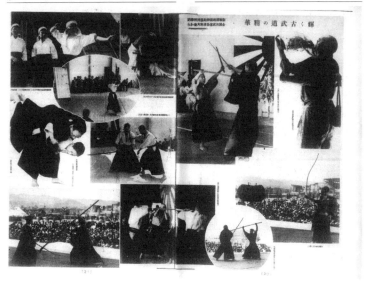

図8 戦前の古武道の演武
(出典：『週刊朝日』6月26日号, 朝日新聞社, 1938: 20-21)

表1 武道の国際連盟等の一覧

国際組織の名称	結成年度	発足時の加盟国数	2006年現在の加盟国数
国際柔道連盟	1951	11ヵ国	199ヵ国・地域
国際剣道連盟	1970	17ヵ国・地域	47ヵ国・地域
世界空手道連合(現・世界空手連盟)※	1970	33ヵ国	173ヵ国・地域
少林寺拳法世界連合	1974	15ヵ国	31ヵ国
国際合気道連盟	1976	29ヵ国	42ヵ国・地域
国際なぎなた連盟	1990	7ヵ国	13ヵ国
国際相撲連盟	1992	25ヵ国	77ヵ国・地域
国際弓道連盟	2006	17ヵ国	17ヵ国

(出典：『武道論集Ⅱ―グローバル時代の武道』, 国際武道大学武道・スポーツ研究所, 2012, 37より。※は筆者加筆)

図9 外国人に指導する嘉納治五郎
(出典：上村春樹 編『講道館百三十年沿革史』, 講道館, 2012)

開催された宮内省主催の「御大礼記念武道大会」が挙げられる。武徳会では剣道(武道)はスポーツではないという立場から全国チャンピオンを決定するトーナメント方式の選手権大会を一度も開催したことがなかった。剣道の全国的な選手権大会は昭和戦前期に3度開催されたが、それらは皇室にかかわる国家的な祝賀行事の一環として昭和天皇が出席する昭和天覧試合であった。

1929(昭和4)年5月の御大礼記念武道大会は最初の昭和天覧試合であったが(図6)、この大会について諮問があった際、開催に強く反対したのが武徳会の剣道教師であった内藤高治であった。宮内省主馬頭の西園寺八郎が「おそれ多くも勅命でありますぞ」と反対をさえぎると、内藤は「それならばいたしかたございません」と述べ、反対を取り下げたが、京都に帰った内藤は「これで日本の剣道はほろびる」と嘆いたという。

御大礼記念武道大会以降、武徳会が運営する武道専門学校ではそれまで禁じられていた対外試合が認められるようになった。武道専門学校の学生は1928(昭和3)年から全日本学生剣道連盟の主催で開始された全国大学高等専門学校剣道優勝大会にも出場するようになったのである。ここには学生を主体とした剣道のスポーツ化がみられるだろう。

・「古武道」の誕生

1920年代以降、武道のスポーツ化は武道の真正性が問われる問題になっていた。こうした中、柔剣道の試合は明治維新によって「武道が西洋の競技化した」(日本古武道振興会「財団法人日本古武道振興会要覧」中村民雄 編『史料近代剣道史』島津書房, 1985, 65-66)結果であり、「スポーツ化して武道の真髄たる精神が、漸次廃れつゝある」と主張する者が現れた。日本古武道振興会設立者の松本学(図7)である。松本は1935(昭和10)年に会を設立すると、古武道という概念を提唱し、武道の試合を否定し、奉納演武を日本各地で開いた(図8)。松本は西洋化を経験していない明治維新以前の武術諸流の再興をめざしたのである。しかし、それは江戸期から続く試合の伝統を忘却させることにつながった。ここに冒頭でみた歴史認識が成立した。

[武道の国際化]

・東アジアから世界へ

東アジアでは前近代から武術の国際交流が盛んであった。16世紀中葉の中国明代の書物『紀効新書』には戚継光が討伐した倭寇から得た「影流目録」が掲載されており、また李氏朝鮮では

16世紀末に豊臣秀吉が攻め込んできた際に明から援軍として派遣された将軍が持っていた『紀効新書』をもとに作成された『武芸諸譜』(後に改訂増補し18世紀末に『武芸図譜通志』となる)などが確認されている。他方，17世紀には中国の文人，陳元贇によって日本にも中国武術が紹介され，柔術の発展に影響を与えている。

ただし，欧米諸国を含むグローバルな国際化が本格化するのは20世紀のことであり，とりわけ1964(昭和39)年の第18回オリンピック大会(東京)の開催以後である。以下，表1をもとに近現代の日本武道の国際化についてみてみたい。

・第18回オリンピック大会以前(－1964)

各種武道の普及に先駆けてグローバル化したのは柔術である。柔術は19世紀から20世紀への世紀転換期を中心に欧米へ伝播している。柔道も柔術のあとを追って世界に伝播した。1904(明治37)年から1905(明治38)年にわたる日露戦争後のジャポニズムという欧米での日本ブームが柔術・柔道の受容を後押ししたのである。小国日本が大国ロシアに勝つ。欧米の人々はその縮図を小よく大を制する柔術・柔道に見出したのである。

柔道の国際的普及にあたっては嘉納の12回に及ぶ海外渡航が大きかった(図

図10　冨名腰義珍(写真：毎日新聞社/アフロ)

図11　ブルース・リー(写真：Globe Photos/アフロ)

9)。嘉納は渡航先で柔道の技を科学的に説明することで欧米人の関心を惹きつけていったのである。また，ブラジルに伝播した柔道はブラジリアン柔術として独自の発展を遂げることになる。

こうして柔道はヨーロッパを中心に広まった。1948(昭和23)年にはイギリス，フランス，イタリア，オランダの4ヵ国で欧州柔道連盟が結成される。その後，ヨーロッパ以外からの加盟要望もあり，1951(昭和26)年には国際柔道連盟が発足した。日本は1952(昭和27)年に国際柔道連盟に加盟し，第3代講道館館長の嘉納履正が会長に就任している。1964(昭和39)年の第18回オリンピック大会(東京)には27ヵ国から74名の選手が参加したが，以後，柔道は国際スポーツとして各国に定着し，現在に至る。

・第18回オリンピック大会以後(1964－)

第18回オリンピック大会(東京)における柔道の正式種目への採用は他の武道種目の国際化にも影響を与えた。表1にあるとおり，柔道以外の武道種目はこの大会以後に国際組織を立ち上げている。注目すべきは空手であろう。空手はオリンピック種目ではないにもかかわらず，柔道に次ぐ加盟国数を誇っている。ここでは空手を中心に戦後の武道の国際化についてみていきたい。

空手は沖縄の武術「唐手」に起源をもつ。本土へは1922(大正11)年に文部省主催の第1回体育資料展覧会，および講道館での公開演武会で冨名腰義珍(図10)が紹介したことで一般に知られるようになった。

その後，剛柔流と糸東流の空手家らが上京し，冨名腰の開いた松濤館流や冨名腰の弟子である大塚博紀が柔術の技法を加えて創始した和道流などが活動を開始した。唐手から空手への名称変更は慶應義塾大学の空手部では1929(昭和4)年のことであったことが確認されているが，概ね昭和前期に改名されたものと思われる。

空手の国際化は戦後，急速に展開する。1950(昭和25)年から1953(明治28)年にわたる朝鮮戦争の頃，米軍基地に駐留する者の間で護身術として柔道や合気道のほか，空手が稽古されたが，これが国際化のきっかけになった。1970年代以降，ブルース・リー(B. Lee,図11)の影響で，空手を中心に東洋の

格闘技をモチーフにした映画やドラマが世界的な人気を博した。こうした大衆メディアの影響によって空手を習い始める人々が世界各国で増えていった。

また，空手は20世紀の東アジア間での日本武道のグローバル化を特徴づける好例でもある。韓国での空手の受容をみてみよう。韓国では日本統治期に伝播した日本の空手がテコンドー(跆拳道)という名称に改められ，1959(昭和34)年に大韓跆拳道協会が創立された。技術体系も1960－70年代に空手にはないテコンドー型やハングル語での名称が整えられていった。また，1973(昭和48)年に創立された世界跆拳道連盟は1975(昭和50)年にIOCが管轄する「国際競技連盟」に加入し，テコンドーの国際スポーツとしての位置を確立することになる。そして，2000(平成12)年の第27回オリンピック大会(シドニー)よりテコンドーは正式種目となった。

一方，表1にみられるように，弓道は2006(平成18)年に国際弓道連盟が設立されたばかりであり，国際化は比較的遅れている。弓道の伝播を考える上でドイツの哲学者オイゲン・ヘリゲル(E. Herrigel)は見逃せない。ヘリゲルが阿波研造から伝授された弓禅一味の境地は『弓と禅』(英訳1953年)を介して世界に知られるようになるが，同時に日本の弓道が国際的に知られるきっかけともなった。英訳の序文を書いた鈴木大拙が同書を禅への入門書と記しているように，弓道はその宗教的性格が評価されて国際化した面も大きかったと思われる。今後，弓道は競技化や宗教の問題などと向き合いながらさらなる国際化に向かっていくものと思われる。

(中嶋哲也)

③ **民族スポーツの登場**

近代化がもたらした国際化の中で「日本人とはなにか」「日本文化の独自性とはなにか」という問いかけが始まり，これにスポーツ分野で答えたものとして民族スポーツが現れる。

もっとも，問いそのものはすでに古代に存在していた。それは先進国中国に対したもので大和心や和魂漢才といった物言いによって対応したものであったが，このたびの西洋に対しては大

和心や和魂はそのままに漢才を洋才に代える戦略がとられた。和魂にせよ大和心にせよ，それは日本人の独自性（別言すれば優秀性）を精神性に求めたものであり，スポーツの世界では日本固有なる武道という言説を生んだ。日本神話が語る皇祖尚武精神に由来する修行道として20世紀に剣道，弓道などの武道が創造されたが，こうした国家がかかわる次元の民族スポーツとは別に，地方には地域の（アイヌやウチナンチューを含め）アイデンティティーを体現する民族スポーツが北海道から沖縄まで多様に展開した。

しかし，地域の民族スポーツといえども国際化や近代化と無縁ではない。むしろ国際化や近代化が突き付ける問題状況の中で村おこし・町おこしとして，従来のものを民族スポーツに再編する動きが顕著である。それらは，グローバリゼーションの国内版である国内標準化という波に飲み込まれて地域の独自性が消滅することへの抵抗運動であり，また，地域の生活文化を持続可能な観光資源として利用するエスニック・ツーリズムのスポーツ現象であった。

そうした新しい意識のもとに行われる地域民族スポーツとして，10月10日に行われる沖縄の那覇大綱引きをはじめ，沖縄の糸満のハーリー競漕，青森の国際流鏑馬大会，徳之島や新潟小千谷などの闘牛，岡山の会陽，広島厳島の玉とり，福岡博多の追い山などなどが挙げられる。

これらは近世から受け継がれたものであるが，近代になって新しく創られたものもある。例えば，福島の相馬野馬追祭に出る神旗争奪や甲冑競馬，北海道のばんえい競馬，京都醍醐寺の力餅上げ，また山形の花笠踊りや高知のよさこい踊り，さらに北海道のよさこいソーラン踊りなどである。

民族スポーツは自己を生んだ社会に閉じられているという特性をもっているが，他方で，異なる社会に解放されているといった特性もある。むしろ解放されることで，自己をアピールできるのである。観光は解放の形の典型であるが，他の社会に競技参加を募る形で，これが通文化性あるいは国際性を生んでいる。民族スポーツは近代化，国際化，グローバリゼーションの申し子といえる。

（寒川恒夫）

参考文献 15.D.02

②
◆ 国際武道大学 編. 2012.『武道論集Ⅲ—グローバル時代の武道』国際武道大学武道・スポーツ研究所
◆ 坂上康博. 1990.「大正期における大日本武徳会—その政治的・軍事的機能の検討を中心として—」『体育史研究』7: 37-51.
◆ ―――. 1998.「剣道の近代化とその底流—三本勝負を中心に—」中村敏雄 編『日本文化の独自性』155-94. 創文企画
◆ 坂上康博 編. 2010.『海を渡った柔術と柔道』青弓社
◆ 寒川恒夫. 1994「柔道一斑並ニ其教育上ノ価値」講演にみる嘉納治五郎の柔道体系論」『講道館柔道科学研究会紀要』7: 1-10.
◆ 中嶋哲也. 2010.「対抗文化としての古武道—松本学による古武道提唱と日本古武道振興会の活動を中心に—」『スポーツ人類學研究』12: 51-73.
◆ ―――. 2013.「高専柔道大会の成立過程：競争意識の台頭と試合審判規定の形成過程に着目して」『体育学研究』58 (1): 257-76.

中国スポーツ史 15.E

長い歴史と豊かな内容をもつ中国スポーツは，世界とアジアのスポーツ文化の典型といえる。中国におけるスポーツの歴史は，古代，近代，現代の3つの時代に分けられる。

中国古代のスポーツ（先史－1840年） 15.E.01

中国の古代スポーツは先史から1840年までをさすが，中国を支配した王朝に合わせて，さらに次のように分けることができる。先史時代（－前2070），夏（前2070－前1600年），殷（前1600－前1046年），西周（前1046－前771年），東周（前770－前256年），秦（前221－前207年），漢（前206－220年），三国（220－280年），晋・南北朝（256－589年），隋（581－618年），唐（618－907年），五代十国（907－960年），宋（960－1279年），遼（907－1125年），金（1115－1234年），元（1206－1368年），明（1368－1644年），清前期（1616－1840年）。

マルクス主義の歴史発展段階論では，人類の祖先は約300万年前にはすでに地球上で生活しており，この長い歴史の中で，先史時代が全体の99.9％近くを占めているという。この時代は，社会組織からみると，血縁家族社会，母系氏族社会，父系氏族社会の3つの発展段階があり，経済と生産性からすると，採集狩猟経済の旧石器時代と農業と牧畜を主とした新石器時代に分けられる。先史時代の中で，原始形態のスポーツ活動が，日々の生産活動の中から次第に時間的・空間的に乖離することで生まれ，これが歴史時代のスポーツを導き出していく。

中国史上初の奴隷制王朝である夏が誕生した紀元前2070年から，秦王朝が建国される紀元前221年までの間に，古代中国は，夏，殷，西周，東周（春秋戦国）の4つの段階を経過した。これは中国文明の形成と発展にとってきわめて重要な時期であった。農業・牧畜・手工業の進歩は，中国文明社会の経済的発展の強固な基盤になった。政治的には，諸民族が融合して華夏をつくり，中華民族の形成とその拡大に決定的な影響を及ぼした。さらに，頻繁に勃発した戦争，学校の始まり，宗教祭祀の出現などが，華夏文化の重要な構成要素である古代スポーツの内容を豊富なものにした。特に，戦国時代の百家争鳴の諸学説の中に，スポーツと体育の思想の萌芽をみることができる。こうした変化の中から，競射，騎射，戦車競走，水泳，競走，武術，相撲，雑技，導引，蹴鞠，投壺，将棋などの種目が現れ，またスポーツ・体育思想が形成された。これが，中国古代のスポーツのひな型となった。

続く，秦王朝の成立から晋の滅亡までの時期に，中国の社会・政治・文化はとても大きく変化した。特に，農業・手工業・商業の発展は都市の繁栄と科学の発達をもたらした。一方，とりわけ晋の時代に民族交流が活発になったことで，それぞれの民族のスポーツに新しい内容が加えられることになった。

その後，中国は封建社会が繁栄する隋唐五代十国の時代に入る。封建体制

と，そのもとで展開した経済的繁栄そして外来文化の吸収は，スポーツの発展にとても有利に作用した。軍事訓練の重視と武挙制度の実施は，武術の発展を促すとともに，軍事訓練としてのポロ・騎射・蹴鞠などの普及にも貢献した。都市の繁栄と宮廷娯楽の発達は伝統スポーツの多様化をもたらし，ポロ，揰丸（中国式ゴルフ）, 盤上遊戯などへの女性の参加も活発であった。スポーツはこの時期に，中国古代史上の黄金時代を築く。

そののち，五代十国，宋，金が興るが，13世紀にはモンゴル族の元が王朝を立て，中国を統一する。この時期，スポーツは多岐にわたって発展する。民族の争いが激化する中，武術はさらに発達し，そして各民族のスポーツにそれぞれの特徴が強く現れるようになる。さらに，都市の拡大に伴って，都市部の健康運動と娯楽スポーツ活動がいっそう活発になる。蹴鞠，ポロ，相撲，水泳，龍船競漕，囲碁，中国将棋，モンゴル将棋などは人々の最も喜ぶものとなった。健康運動については，古くに書かれた導引養生史料の編集・整理が行われ，大量の導引養生関係書が世に現れた。文人・儒者，仏教徒，道家などによる導引養生に関する研究は，この時期に大きく進歩した。また，諸外国とのスポーツ交流も頻繁かつ広範囲に行われた。

明朝と清朝は中国封建社会の絶頂期とみなされる。社会は相対的に安定し，それが経済と文化の発達に有利に働いた。この時期，古代スポーツはさらなる繁栄を遂げた。民間における宗教組織と秘密結社の勃興により，武術は民間に広く普及し，それぞれ異なる特徴と体系をもつ多くの流派が形成された。養生スポーツについては，さらに古典が整理され，注釈が施され，体系化されていった。蹴鞠，ポロ，揰丸などのスポーツは，競技性が弱いため徐々に廃れる一方で，相撲，龍船競漕，将棋，ブランコ，凧揚げ，重量挙げ，羽根けり，氷すべり，空竹（ディアボロ），綱引き，独楽まわし，縄跳びなどが民間に流行した。少数民族も種々なスポーツ活動を展開した。

中国の古代スポーツは素朴であり，また，儒教思想の影響を受けて和諧，中和，寛容の精神を理想としてもち，競技においては，西洋の対抗性の強いものとは全く異なる礼儀と実用性を重んじる傾向がある。また，華夏民族がもつ無欲，自然帰一，天人合一，和諧共存の理念は，アジアの諸スポーツ文化に共通性をもたらす基となった。

〔崔 楽泉〕
（訳：村橋俊之）

中国近代のスポーツ（1840－1949年） 15.E.02

中国近代のスポーツは1840年から1949年の間に行われたスポーツをさすが，2つの内容から成っている。1つは，古代から伝えられた中国固有の伝統スポーツであり，もう1つは，西洋から伝わった近代スポーツである。近代スポーツには，清朝末期のスポーツ，中華民国初期と北京政府の時期のスポーツ，抗日戦争前の南京政府のスポーツ，抗日戦争後の南京政府のスポーツ，共産党指導のもとの新民主主義革命基地（延安）のスポーツが含まれる。清朝の国情は西洋にはるかに及ばない状況にあった。そして，アヘン戦争の後，中国は西洋の近代スポーツと接触を始め，スポーツ近代化の過程をゆっくりではあるが，確実に歩み始める。

1840年のアヘン戦争で，帝国主義列強は武力によって閉鎖的な中国の門をこじあけた。その結果，中国人には反植民地，反封建社会の意識が生じ，また帝国主義が引き起こした民族・階級矛盾が顕在化した。中国人の中には，西洋に救国の原理を求めて，西洋の科学技術・政治・文化・教育を学ぼうとする者が現れた。西洋の近代スポーツはこうした状況の中で中国にもたらされた。それは，洋務派による体操導入が先鞭をつけた。清朝末期の民主主義信奉者たちは，体操が軍事と教育に貢献するという特性を利用し，革命のための軍事力を体操によって育てようとしたのである。一方，清朝末に日増しに盛んになったキリスト教の布教活動は，西洋スポーツが伝わる重要なルートになっていた。

西洋近代スポーツの中国への伝播事情は，運動種目によって異なる。まず軍隊体操が入り，これに陸上競技，水泳などが続き，球技は少し遅れて伝わった。男子の種目が女子のそれよりも多く，沿海地区には内地よりも早く伝わった。スポーツの普及過程をみると，まず西洋式の軍隊と西洋式の学校へ，次に教会学校，次にYMCA，次に普通の学校へと伝わり，その後で一般社会に普及した。具体的な時期については，1860年代からドイツ式の兵式体操と器械体操が伝わり始め，続いて，日本化したドイツ体操とスウェーデン体操，その後，アメリカ式のドイツ体操・スウェーデン体操・デンマーク体操が入ってくる。陸上競技，水泳，各種の球技，その他の種目は19世紀後半に中国にもたらされた。

西洋スポーツの受容は，清という古い封建帝国が弱体化していく中で，国を強くすることで国を救おうとして取られた欧化政策に伴って生じたものであった。しかし，他方，この現象はスポーツによる西洋文化の移植，すなわち文化帝国主義のスポーツ版といえよう。いずれにせよ，伝来した西洋スポーツは中国のスポーツに近代化を促し，また中国が先進諸国と交わるのにおおいに役に立った。

西洋の近代スポーツが大量に導入されたにもかかわらず，伝来のスポーツは依然として民間に広く行われた。特に伝統武術は，軍事教練に取り入れられたこともあって，伝統スポーツの中ではとりわけ重視された。導引などの伝統的健康スポーツや将棋，および，その他の民間伝統スポーツも変わることなく行われた。また，少数民族が中華民族の一員とみなされたことにより，少数民族のスポーツも中国伝統スポーツの重要な構成要素となった。これらは，中国スポーツの近代における顕著な特徴であった。

1911年の辛亥革命によって封建君主専制制度は葬り去られ，国民は民主主義思想に覚醒する。特に，1915年の新文化運動と五四愛国運動は，中国の思想文化に大きな変革をもたらした。こうした状況は，中国近代のスポーツにも大きな変化を引き起こした。例えば，学校では，体操を中心とした体育カリキュラムが，球技や陸上競技などスポーツ中心のカリキュラムへと変化した。そのために，新たに多くの

体育教師の養成が必要となった。またアジア大会の前身である極東選手権競技大会(The Far Eastern Championship Games：The Far Eastern Olympic Games，以下極東大会とする)の影響により，競技スポーツの制度が全国規模で整備されていく。競技を管理する組織と審判も，徐々にその担い手を外国人から中国人へと移すことに成功する。

1927年以降になると次第に，国民党が全国的統治を確立し始める。1937年の抗日戦争勃発までの10年間は，経済と文化がある程度の発展をみたことも手伝って，スポーツも著しく発展した時期であった。中央政府教育部は「体育組」などの専門的スポーツ管理組織を設け，中国史上初のスポーツ法と，これに関連する諸法令を定める。競技スポーツは，この時期に空前の発展を遂げ，全国，省，市などのレベルで競技会が催され，またオリンピックへも参加するようになった。理論面では，西洋のスポーツ思想が流入し，この影響で，種々なスポーツ観が国内に展開した。学校体育の制度が整えられたのも，この時期である。

とりわけ強調されるべきことは，中国共産党革命基地のソビエト区において，ソビエト区スポーツ，農民・労働者スポーツ，共産党軍スポーツなどが新民主主義スポーツと定義され，初歩的な発展を始めたことである。中国共産党とその指導のもと，人民と人民解放軍は，困難な条件にもかかわらず，過疎地に至るまで彼らのスポーツの普及に努め，それは相当の成果を上げ，その結果，新民主主義スポーツが中国近代のスポーツの中心的地位を占めるようになった。

1937年，抗日戦争が全面的に始まり，中国は新しい歴史段階に入る。この複雑に錯綜した社会環境の中で，社会的性質の異なる3つの地域が現れた。つまり，日本の占領区，国民党の支配地域，中国共産党の指導する抗日基地である。発展途上にあった近代スポーツも3つの類型に分けられる。つまり，日本占領区の植民地スポーツ，国民党支配地の戦時スポーツ，それと共産党抗日基地の新民主主義スポーツである。戦争状態の中，中国共産党の指導する新民主主義スポーツは，革命戦争に従事するために，多くの人民・群衆の参加を重視し，全く新しいスポーツ文化を形成していった。特に3年にわたる解放戦争中，スポーツは軍事訓練に取り入れられ，そのようにしてスポーツが軍隊と人民の中に深く浸透していった。この新しいスポーツ文化は，中国共産党の指導のもと，解放区スポーツとして普及し，のちの新中国社会主義スポーツの礎となった。

スポーツ組織の整備と国際競技会への参加は，中国が世界へ打って出る重要な一歩となった。

中国近代のスポーツ史上最も早くに成立したスポーツ組織は1910年の「全国学校区分隊第1回体育同盟会」であり，その結成は中国で初めて挙行された競技スポーツの全国大会「第1回全国運動会」の開催期間中においてのことであった。その後に設立された重要なスポーツ組織に，1922年4月3日成立の「中華余暇運動連合会」，1924年成立の「中華全国体育協進会」などがある。後者は，1931年にスペインのバルセロナで開かれた国際オリンピック委員会(IOC)第30回会議において，国際オリンピックの正式会員として認められた。1922年からは，王正廷，孔祥熙，董守義などがIOC委員に就任した。「中華全国体育協進会」の設立と中国人IOC委員の誕生は，中国が完全にオリンピック世界の一員となったことを示すものであった。

この時期の特に重要な出来事は，極東大会とオリンピックへの参加である。極東大会は，20世紀初頭，フィリピンが主唱し，これに中国，日本などが応じて開催された局地的国際競技会であり，最後の2回にはインド，インドネシア，ベトナムなども参加した。これは，世界で最も早く開催された大陸レベルの国際大会であった。極東大会は，1913年の第1回大会に始まり，フィリピン，中国，日本がそれぞれ主催し，1934年の第10回大会まで21年間続いた。競技種目は，陸上競技，水泳，バスケットボール，バレーボール，サッカー，テニス，野球，ボクシング，自転車などであった。中国は第2回大会において総合得点で1位になった。また，サッカーは第1回大会で2位であった以外は，すべて優勝している。

中国は極東大会を主催し，またこれに参加するとともに，オリンピックにも参加を始める。1928年，第9回オリンピック大会がオランダのアムステルダムで挙行されると，中国体育協進会は宋如海を開会式に派遣する。

1932年，第10回オリンピック大会がアメリカのロサンゼルスで開かれると，中国はこれに初めて選手を送る。その選手とは，当時，東北地方の大学生であった劉長春である。1936年，第11回オリンピック大会がドイツのベルリンで行われると，中国は69人の代表団を派遣した。第二次大戦のため1940年の第12回大会と1944年の第13回大会は行われず，第二次大戦が終わった3年後の1948年に，イギリスのロンドンで第14回大会が挙行された。この大会に中華体育協進会は33人の選手を派遣する。

1932年から1948年まで，中国は計3回のオリンピックに参加した。当時は国力が著しく衰退しており，獲得メダルはゼロであった。しかし，中国のオリンピックへの参加は，中国国内において，各種競技会とスポーツ活動を活性化させ，スポーツ施設の標準化を促し，各種スポーツ組織の設立と発展に寄与し，国民のスポーツやオリンピックに対する意識を高めるのにおおいに貢献した。これらは，現代中国スポーツの隆盛を導く発展の基礎となった。

(崔　楽泉)
(訳：村橋俊之)

現代中国のスポーツ（1949年から今日）　15.E.03

中国の現代スポーツは，1949年の中華人民共和国の成立以後，今日までの中国スポーツをさす。この時期のスポーツは，中国の特色ある社会主義の歴史的表出といえる。

中華人民共和国の成立は，スポーツにとって魂を揺さぶるような歴史的大変革をもたらした。当初のスポーツ界の主たる任務は，古いスポーツを批判改造して，新しいスポーツを作り上げることにあった。

中華人民共和国誕生以前の段階では，新民主主義スポーツ思想は，中国共産党が指導する解放区のスポーツ実

践の中にのみ体現されていた。中華人民共和国の誕生は、新民主主義思想が全国的に定着する有効な条件となり、スポーツは新民主主義、さらには未来の社会主義社会建設のための不可欠な要素とみなされた。

1949年9月、中国人民政治協商会議は、「共同綱領」に国民スポーツを促進すべき旨を規定した。同年10月、国家副主席の朱徳は、中国人民政府と人民革命軍事委員会を代表して「全国体育総会」準備会において、スポーツは「文化教育工作と、衛生保健の一部分である」と宣言した。彼は、また、「過去のスポーツは多くの人民から乖離しており、現在のわれわれのスポーツ事業は、人民に奉仕しなければならない」と指摘した。馮文彬（共産党中央党校副校長）は、さらに一歩を進めて、新民主主義スポーツは、民族、科学、大衆に基づかねばならないと主張し、「スポーツと新民主主義文化建設とを結びつけ、スポーツのためのスポーツ、人民から乖離したスポーツには反対する。……人民の健康のために、また新民主主義の建設と人民の国防のためにスポーツは発展させるべきである」と述べた。1952年、毛沢東主席は、「スポーツを発展させ、人民の体質を増強させる」という標語を発表し、中華人民共和国（以下、中国とする）のスポーツがもつべき性格と目的を明らかにした。

1953年から社会主義的改革が続々と実施される中、毛沢東の「ソ連に学べ」のスローガンは、スポーツ界にも影響を与えた。この時期、ソ連のスポーツ書が大量に翻訳され、またソ連のスポーツ専門家が盛んに中国を訪れた。そうした書籍や講義などを通して、中国のスポーツ理論はソ連モデルとなり、これが広く普及した。この動きは、しかし、成果を急ぐ功利主義を生み出すことになった。例えば、1958年に作成された「スポーツ発展のための10年計画」には、10年以内に4,000万人の労衛制度、800万人の等級運動員、5,000人の運動健将を創る等々が記されていた。この時期、スポーツ事業は左派思想の影響と経済的制約とによって停滞する。

一方、1952年、40人からなる中国代表団がヘルシンキで行われた第15回オリンピック大会に参加した。中華人民共和国になって初めてのオリンピックであった。代表団は参加に際し、中国人民は平和を愛し、世界の人々と固い友好関係を築く意志をもっていることを表明した。

しかし、国際オリンピック委員会（IOC）の中には、中国に対して非友好的な委員もおり、西側諸国の反中国政策によって、中国はIOCから排除され、1958年にはIOCとの関係を断った。この状態は21年間にわたって続き、中国のスポーツの発展にとって大きな損失となったばかりでなく、IOCに取り返しのつかない欠陥を露呈させることになった。世界の人口の4分の1を占める中国人民の不参加は、IOCの正当性とオリンピック競技の普及に対して、大きくその意義を低下させることになったのである。

文化大革命によって、中国スポーツはさらなる被害を被った。偏った文化統制が敷かれたために、スポーツ思想は極度にねじ曲げられた。極左的なスポーツ観が現れ、スポーツは政治に奉仕すべきであるとする考えが絶対化され、競技スポーツや学校体育は急激に衰退した。しかし、文化大革命の特殊な社会背景と極左思想に支配された形式主義は、長続きしなかった。

1976年、文化大革命を指導した4人組が打倒されると、党中央は全国の人民を正しく導くために根本的な改革を行った。これが改革開放政策である。これによってスポーツは古い思想の呪縛を打ち破り、中国スポーツ史上最も隆盛を極める時代を開くことになる。

現代スポーツ史の中で、1980年代は開拓性に富んだ時期となった。1979年、IOCは中国の代表権を中華人民共和国に与える決定を行い、その結果、中国はその他の国際スポーツ組織においても合法的地位を回復し、世界のスポーツ界に再登場して強い影響を与えることになった。国内では、改革開放の進捗に合わせたスポーツ発展戦略が定められ、挙国体制のもと、スポーツ諸制度の改革が進められた。

改革開放政策を提唱・主導した最高指導者の鄧小平の一連の重要講話が1992年に発表されると、経済改革はさらに進み、同時にスポーツ改革も深化して、中国スポーツは新しい段階に入る。これは、新しいスポーツ政策に象徴される。例えば、1995年の「スポーツ産業発展要項」『全民健身計画要項』「オリンピック計画要項」「中華人民共和国スポーツ法」などである。

また、1990年のアジア競技大会（北京）を成功させた中国は、百年来抱いてきたオリンピック開催を新しい目標に定め、1993年に、2000年オリンピック大会の北京開催を申請する。だが、これは2票差で否決される。しかし、改革開放的社会主義経済の著しい発展と国際政治における中国の地位の向上と、それに伴う国際的影響力の増大は、北京市に再度オリンピック開催を申請せしめ、遂に、2008年の第29回オリンピック大会（北京）開催を勝ち取らせる。

1984年の第23回オリンピック大会（ロサンゼルス）は、射撃選手の許海峰が中国初のメダルを取り、中国スポーツが世界の頂点に君臨する序曲となった。この大会で中国は15の金メダルを獲得し、金メダル獲得数で4位となり、世界を驚かせた。その後、中国はオリンピックで目覚ましい活躍をみせ、金メダル獲得競争では、第25回大会（バルセロナ、1992年）と第26回大会（アトランタ、1996年）で4位、第27回大会（シドニー、2000年）で3位、第28回大会（アテネ、2004年）で2位、そして第29回大会（北京、2008年）では1位となった。中国の競技スポーツはかつてない高い水準に到達した。

アジアにおいては、ニューデリーで行われた1982年のアジア大会で中国の金メダル獲得数はアジア1位になった。これ以降、アジア大会で中国は2010までに8回続けて金メダル第1位の地位を保っている。

2009年末までに、中国選手は世界大会で2,310個の金メダルを獲得し、世界記録を1,195回打ち立てた。

特に言及されるべきは、2008年8月8~24日の間、北京で行われた第29回オリンピック大会が成功を収めたことである。この大会では、中国選手は党と人民の期待を背負い、639名の選手が28の団体競技と262の個人競技に参加して、51の金メダル、21の銀メダル、28の銅メダルを獲得した。そして、4種目で世界記録を出し、オリンピックの金メダル獲得数で1位、総メダル数で2位となり、中国競技スポーツの水

準の高さを世界に示した。これは，中国スポーツが成し遂げた壮大な快挙であった。

（崔　楽泉）
（訳：村橋俊之）

注：中華人民共和国の自国史の時代区分は，中華人民共和国成立の以前と以後の2区分法を原則としている。ここでは基本的に2区分法の立場をとりながら，スポーツ史の特徴として，中華人民共和国成立直前の1世紀を西洋からの近代スポーツ受容の時代とする3区分法を提示している。

（編者）

韓国スポーツ史　　15.F

開港（1876年）以前のスポーツ　　15.F.01

① 神と興の韓民族スポーツ

　古代韓国は鬼神を崇拝する国として知られ，中国の史書にこれらに関する記事が載せられていた。高句麗の東盟，夫余の迎鼓，濊の舞天，馬韓の踏舞祭などはその代表的事例である。天神と祖先神あるいは農耕の豊饒を祈るこの祭りは，巫（シャーマン）が主導していた。これらの祭りには神を楽しませるための歌舞，民族遊び，勝負を争う身体運動が伴っていた。神（シィン）と興（フゥン）とはこれらの祭りにおいて生まれたシャーマンの言葉で，韓国民族遊びと勝負を争う身体運動を含む伝統スポーツの1つの特徴であるといってよい。韓国語の神（シィン）とは興味と熱心が生じて気分が非常によくなることを総称する。ヒトが神（シィン）の状態に入って自分の体が力動的に働くことが興（フゥン）である。韓国においてこのようなシャーマン的な用語は現在もいろいろな分野にその影を残しているが，特にスポーツの領域に顕著である。神と興の表出する祭礼競技においてスポーツに近似した民族遊びとしては，シルム（相撲），投壺，弓射，そして現在は行われていない石戦，蹴鞠などを挙げることができる。

② シルム

　シルムは，2人が徒手で相手の帯を取って力を比べながら，妙技を出して相手を倒す素朴な競技形式の遊びである。この遊びは農耕時代に祭礼行事として挙行されたと主張する学者もいるが（羅絢成．『韓国遊戯史』百象文化社．1977. 39），7世紀中葉までの三国時代の文献にはシルムについての記録がない。韓国のシルムに関する資料として最も古いものは，高句麗の旧都であった丸都で発見された角抵塚の壁画である。大きな木の下で2人の男が上半身裸で半ズボンにサッパ（ふんどしの一種）を締めて手は相手のサッパを握り，頭と頭をぶつけ合って力を入れている。1人は肩に力を入れて下を向いており，相手は上を向いた口を開いて荒い息をしている。雄壮な体躯の2人の力士の躍動する体勢が見事に描写されているのである。2人の力士がぶつかり合っているそばには，杖で体を支えて見物する白髪老人と，前脚を立てて喉が渇いた表情の黄犬が2匹座っている。老人は2人の力士の審判の役割を担当している様子である（金基雄．『朝鮮半島の壁画古墳』六興出版社．1980. 47）。壁画古墳のこの資料以外に三国時代のシルムに言及したものはまだ発見されていない。しかし「先輩（先人あるいは仙人）を臣蘇塗壇の前の競技会で選び，学問に励ませ，手打，撃剣，射芸，テッキョン（片足で相手の足を蹴って倒す韓国伝統武芸），騎馬，アンガムジル（片足跳び），シルム等各種の技芸をやらせ，遠近の山水を探険し詩歌と音楽を習う」と記して，すでにシルムが三国時代の以前に存在していたことを示唆する学者もいた（申采浩．『朝鮮上古史下』．三星文化文集100. 1977. 262）。残念なのは彼の引用した基礎資料がどのようなものであったのかがいまだ明らかにされていないことである。

　現代のシルムが三国時代の5世紀頃の高句麗壁画古墳でみられるものと同じであるといっても，その方法が果たして現在行われているものと同じであるかを立証する資料を私たちは持っていない。文献資料としては『高麗史』の忠粛王3月条に角力という語がみられ，また角觝戯という語が1443年の2月条に現れるのがもっと早い。角觝という語は力でぶつかり合うという意味をもち，『古今事物原始』には「両手を地面につき頭でぶつかり合う」とあり，角をもつ獣の戦いの様子を模倣したものと思われる。これが唐の初期には「ふたりの力比べ（角力），弓射，騎馬の技芸を比較するのを角觝とした」とあり，力比べが変化したものであることがわかる（崔常壽．『韓国のシルムとグネ（鞦韆）の研究』．省文閣．1988. 17）。

　『高麗史』にみられる角觝，角力がいつ頃からシルムと呼ばれるようになっていたかはわかっていない。19世紀に完成した『東国歳時記』の5月端午条に角力に関して，およそ次のように記録されている。すなわち若者たちが南山の倭場あるいは北岳の神武門に集まって角力の勝負をする。その方法は2人が互いに向いあってしゃがみ，それぞれ右手をもって相手の腰の紐をつかみ，左手をもって相手の右股にかけた紐をつかむ。2人が一時に起きあがりながら，相手を持ちあげて組み伏す。倒れて組み伏された者が負けとなる。内局，外局，輪起（背負いなげ）等いろいろな技があった。19世紀においても現在のシルムと同じ競技を漢字で角力と表示しているのに注目したい。20世紀の初めに出た『海東竹枝』にはシルムという言葉が確実に現れている。しかしながら，シルムという言葉が20世紀に発生したとは考えられない。言語学的側面の研究が待たれる。崔常壽は，嶺南地方の方言に互いに力で争うことをシルンダというが，これが名詞化してシルムになったと主張している。

③ 投壺

　『旧唐書』に，高句麗人たちは囲碁，投壺を好み，特に蹴鞠をよくしていたと記されており，『北史』には百済人も投壺を実施していたことが書かれている。新羅においての投壺の記録は見当たらないが，高句麗，百済，新羅が同じ文化圏に属していたことからも，新羅にもこの遊びがあったと考えられる。

　投壺は中国において紀元前11世紀頃

にできた周の時代に始まっていたとされるが，韓国にいつ輸入されたのか確かではない．三国時代に投壺が中国から伝来したとすれば漢と晋からであると推察されるが，当時どのような方法で実施されていたのかを伝える文献がない．中国ではすでに漢代(紀元前228-紀元後8)において成立した『礼記』に，投壺に関する子細な規定がなされていた．研究によると，投壺の規定は時代によって若干の変化が認められる．初めの矢は桑の木で作ったが，漢代に入ると竹で作られた．周の時代には矢4本で勝負を決したが，漢の時代には5本，晋(3世紀)では12本で行われていたし，壺に2つの耳を付けて競技の興味を高めたのもこの時代であった(文栄鉉．「投壺遊戯に関する史的考察および遊技法」『韓国体育学会誌』10. 1975：121)．

韓国において投壺は，三国時代を経て高麗，朝鮮王朝に至るまで主に貴族と両班階級の間で実施され，現在は正月あるいは秋夕などの名節に子どもたちの遊びとして楽しんでいる．投壺の教育的な主要意味は，単純な身体運動でありながらも主と客の礼節を教える点にある．さらに投壺が，儒教の五経の1つとして重視されている『礼記』に載せられていることも，この運動の教育的価値をいっそう高めている．敬の哲学を展開させた朝鮮王朝の儒学者退渓は自ら投壺を行い，投壺神中の境地にまで達しており，彼の弟子たちにも投壺の教育を実施していた(李鎮洙．「『投壺』にみる韓国の儒教とスポーツ」稲垣正浩・谷釜了正 編著『スポーツ史講義』大修館書店. 1995. 230-34)．

④ **弓射**

韓民族の史料には，善射者が神あるいは王様であるという記録が多くみられる．弓の名手として高句麗の東明聖王，高麗の太祖であった王建，朝鮮王朝の太祖である李成桂などが伝承されており，上記のことを証している．これらのことは現代において韓国のアーチェリーが世界の頂点に君臨しているのが偶然でないことを物語っている．高句麗の始祖東明聖王について『三国史記』『三国遺事』には次のように記されている．

「始祖である東明聖王の姓は高氏，名は朱蒙である．年齢が7歳にな

ると気骨の卓越して凡人と異なっていた．自ら弓矢を作って射ると百発に百中であった．国の風俗に善射者を朱蒙としたので彼はそのように呼ばれた．」

7世紀までの韓半島は新羅，百済，高句麗の三国が鼎立した時代であり，また戦争状態にあったので三国は皆弓術を重視していた．当時の状況からみて，武術に優れていた人が人材登用の最優先順位にあったはずである．しかし，剣や槍などほかのものより弓術で人材を登用していたという事実は韓半島にみられる1つの特徴である．新羅，高句麗，百済も弓術を重んじたことは多くの史料においてみられる現象である．『三国史記』には，新羅の元聖王4年の春に読書三品科を定め読書力の試験で人材を登用する以前には，弓箭をもって人を選んで登用していたことが記されている．

韓国において弓射を教育課程として採択したのに高句麗がある．5世紀頃の韓半島の状況を記す『旧唐書』に「風俗に書冊を愛す．局堂という家屋を築き未婚の男子を集めて読書と弓術を習得させた」とある．局堂とは村落共同体に存在していた未成年の集会所が変化したもので，その設置年代は5世紀頃であったと考えられる．中央に設置された大学が貴族子弟たちの教育機関であったのに対して，局堂は一般の平民たちの教育機関であった(李基白．「高句麗の 局 堂」『歴史学報』35. 36合集. 1967：52)．

当時の韓半島の全域では騎射が重んじられ盛行していた．騎射とは馬を走らせながら射る弓術である．特に高句麗の古墳壁画には騎射狩猟図が多く描かれている．高句麗は常に春3月3日に楽浪の丘に集まり，狩猟大会を開催してその日に獲った山猪，鹿をもって天と山川の神に祭祀した．この日に獲った獣が多い人は官吏に登用された(三国史記．列伝．温達條)．5世紀初頭に築造された徳興里古墳壁画の騎射図には審判がおり，騎射を実施している選手各個人の成績を記している姿が描かれている．弓を持って騎馬した4人の男と平服の3人，標的は5個ある．壁画の右に馬射戯という文字が明確にみえる．平服を着た1人の男が成績を記録して

いる．高句麗においては騎射に優れていることが立身揚名の基本条件であったのだ(崔南善．『六堂崔南善全集巻3』玄岩社. 1975. 524)．

新羅における騎射を伝える遺物としては，慶州で発見された狩猟文塼の騎馬狩猟図文がある．この文塼は現在慶州国立博物館に所蔵されている．馬で走りながら弓を射る騎馬武士の姿を写実的に描写したものである．走る馬の上から標的めがけて力強く弦を引く模様は新羅人の騎射の実力をみせつける．百済の騎射を伝える遺物はいまだに発見されずにいるが，中国の史書である『後周書』には「俗重騎射」と記され，百済の人々に騎射が重んじられていたとある．

朝鮮王朝(1392-1910)においても騎射は武士選抜の試材になり武科の重要科目の1つであった．朝鮮後期には各地に射亭が建てられ両班たちの便射が始まった．便射とはチームを作って競射するもので，この伝統は現在行われている朝鮮国弓に残され，オリンピックのアーチェリーとは異なる国弓大会が別に開催されている．

⑤ **蹴鞠**

韓国において蹴鞠は弄珠とも呼ばれ三国時代から行われていた．「旧唐書」には「彼らの風俗は囲碁と投壺を好み蹴鞠を能くする」と書かれていた．『北史』には「投壺，樗蒲，弄珠，握槊等の雑戯あり，その中において奕棊を最も尚ぶ」と書かれている．『三国史記』と『三国遺事』には金庾信と金春秋(新羅の太宗大王)が金庾信の家の前で蹴鞠を行っていたことを載せている．

元来，蹴鞠は中国大陸から発生して韓国に伝来され，また日本にも伝播されたものである．蹴鞠の日本における記録の初見は『日本書紀』皇極3年であって韓国とほとんど同じ時代に行われている．三国時代における蹴鞠の方法を知らせる資料は現在残されていない．ただし，19世紀末に完成した『東国歳時記』に次のような記事が載せられていて，その方法の大略がわかる．

「成人すると子供たちが一緒に蹴鞠の遊びをする．鞠の大きさは大弾丸と同じく，その上に雉羽を挿す．ふたりの人が相対して足で蹴りつつ鞠を落とさない方が勝

大弾丸は現在陸軍士官学校にその実物が保管されているが，その大きさはサッカーボールと同じである。それほど大きな球に雉羽を挿していたのである。一方，20世紀に完成した『海東竹枝』には「相互の技術を争う時に人が4人いれば四方毬と称し，3人なら三角毬，2人は雙峰毬とも呼んでいた」とある(崔永年．『海東竹枝』俗楽遊戯蹴鞠雉毬條．奨学社．1925)。韓国の蹴鞠は，場所や人数に制限がなく自由に行われており，球も自由に変形され結局は子どもの遊びに変化していったと判断されるのである。現在において実施されている子どもの遊び「ジェキチャギ」の原型がこの蹴鞠であると思われる。しかし，いくら蹴鞠の形式が変化したといっても競技の基本である球を落とさないで継続して蹴り上げ続けることは変わっていない。日本の蹴鞠が家元制度によって保存され，その方法が現在にも残されており，参考になる(渡邊融・桑山浩然．『蹴鞠の研究』東京大学出版会．1994)。

⑥ 石戦

19世紀末，石戦を初見した外国人は次のように記録していた。

「早春になって対戦する村の大人たちはまだ凍っている野原に集り石戦をおこなう。頭を保護するため藁で作ったヘルメットを覆り，石を投げながら前進するのである。先頭を補佐する後方勢力は山腹から下に走りながら相手に石を投げる。韓国人は石投げにたけている。近所の山頂には数千人の観客が集まるがその安全も維持することができない。死亡者2，3人は普通であり，重傷者も多い。石戦に参加した選手の1人が私の病院に来たが前頭骨が砕かれて，その下に脳髄が見られるほどであった」(申龍福訳．『朝鮮見聞記』博英社．1979)。

「石戦」という用語は純粋な韓国語ではない。韓国における集団遊びの言葉には「サウム」という言葉が多く付けられている。漢字を借りるとだいたい「戦」と書く。石は韓国語で「トル」である。したがって「石戦」を韓国語でいう

と「トルサウム」になる。『高麗史』には石戦戯という言葉で表記されており，『朝鮮王朝実録』には擲石戯という言葉をみることができる(金在輝．朝鮮石戦에 關한 体育的考察．『韓国体育学会誌』22(2)．1983：9)。

韓国におけるトルサウムに関する最初の記録は『隋書』高句麗伝にみられる次の記事である。

「毎年の初めに大同江上で群れをなして遊ぶ。王は馬車に乗って親衛隊の査閲を終えた後，衣服を着たまま水中に入る。左右2つに組を分け，水と石を相互に擲げ，喊声を揚げながら追撃したり後退したり，2，3回して止まる」。

大同江で群れをなして行った遊戯がどんな理由をもって実施されていたのか知られていないが，全体の記事の内容からみて，この遊びは王や貴族階級だけのものではなく一般大衆の遊びであって，王は馬車に乗ったまま護衛兵たちの見守る中，見物していたと推測される。江の遊戯が熾烈な石戦であったため，王は羽儀を張り威厳をみせつける必要があったのであろう。観覧を終えると王や貴族たちは水の中に入って大衆の石戦を形式的に真似したのであろう。年初の大同江は大変寒いのだが，当時の高句麗の支配階級がこのような行事を実施していたことは，この遊びのもつ意義の大きさを物語っている。この行事の意義はどのようなもの

であったのかは明確ではないが，高句麗人の尚武精神の1つの表現手段であったと思われている。『三国史記』には石戦を専門にする軍隊であった石投幢について記されている。三国時代には石が重要な武器として大きな役割を果たしており，新羅は石投幢を設置したのであった。その年代はおおよそ7世紀の後半における韓半島の統一直後であったと思われ，当時，石投が軍事上大きな意義をもっていたことを立証している。後代に入ってもこの伝統は生き延び，高麗王朝(918-1392)においては石投班，石投軍として，朝鮮王朝(1392-1910)では擲石軍という名で存続していた。近代に入り鉄砲の発達によって投石の武術的効用性がなくなり，軍制においては消失したが，遊びとして民衆に残されたのである(李鎮洙．『韓国古代スポーツ研究』教学研究社．1996)。しかし，民族抹殺政策を施した日本が民衆の力の集団化を防ぐため軍隊を派遣して，鉄砲まで発射しながら強力に石戦を禁止したので今では絶えてしまった。日本は石戦だけでなく，共同体意識と韓民族の尚武精神を鼓舞する綱引，地神踏み，たいまつ戦などの集団遊びを多衆集会の禁止という名分で禁じた。韓民族の団結力がこれらの遊びを通して表出されることを恐れていたからであった(林在海．『韓国民俗と今日の文化』乙酉文化社．1994)。

(李　鎮洙)

開花期(1876－1910年)における西洋スポーツの導入と展開　15.F.02

隣の国，日本はすでに明治維新を遂げ，その国力は朝鮮に向けられていた。1876年，日本は修好という名目ではあったが強圧的脅威によって江華島条約を朝鮮に締結させた。釜山，仁川，遠山港が開放され，朝鮮は日本の大陸進出の橋頭堡となった。近代化を促進しようとする反封建主義と日本に対抗する反帝国主義運動は，この時期，朝鮮における大きな課題であった。1884年に親日開化派によって起こった甲申政変，1905年の乙巳保護条約は日本に対する韓国民の危機意識を高揚させることになった。その危機意識は韓国民の意識を変え，今まで疎忽にしていた学校体育とスポーツの重要性を認識

させたのであった。

① 陸上競技

1896年，英語学校大運動会において300歩，600歩，1350歩競走，投砲丸，走幅跳，走高跳，2人3脚競走，12人綱引などが行われたのが最初である。指導はハッチソン(W.D. Hutchson)とハリファックス(T.E. Halifax)の外国人教師らが担当していた。当時の新聞には「各国の公使，政府の国務大臣とその他，高官，外国紳士が招待されており，多数の観覧客によって大盛況をなした」と記されている。これが発展して各級学校連合運動会となった。学校の運動会は，地域社会における住民た

ちに近代スポーツの価値を理解させ参加させる契機となったのである。

② 蹴球（サッカー）

1890年，官立外国語学校の外国人教師たちによって紹介され，1896年，外国語学校の運動会の種目として採択された。同年，宮内府参里らと外国留学から帰国した御前通訳官たちが主導して大韓蹴球倶楽部を発足させた。最初の蹴球試合の記録は1899年5月，ソウルの郊外三仙坪において皇城基督教青年会と五星学校が英国人教師の指導で行ったものである。1902年の培材学堂の特別活動に関する記録には，当時の蹴球競技の状況が次のように記されている。

「亜式蹴球で人員の制限もなしにゴール門の幅や高さも明確な規定がなかったためゴールキーパーの身長を標準にしたのであった。時間の制限も設定されず，技法は球を出来るだけ青空高く蹴上げることを最高の技術とした」。

③ 野球

1905年，アメリカ人宣教師であり，皇城中央基督教青年会の初代総務であったジレット（P. Gillet）によって皇城基督教青年会員たちに紹介された。当時の名称は打毬であった。1906年2月，ソウル東大門近辺において皇城基督教青年会とドイツ語学校の対戦が行われ，ドイツ語学校チームが勝利した。これが韓国における最初の野球試合であった。1909年には夏休みを利用して帰国した東京留学生野球団とチームを構成した韓国チームが西洋宣教師チームと対戦し，19対9で勝利したことがきっかけとなり，野球に対して世間から大きな関心が集まった。留学生チームは試合を終えた後，平壌，安岳，鉄山等各地にて野球を紹介し，指導した。留学生チームは次のような運動歌を各地域に伝播した。

「鋼鉄骨格少年男子たちや，愛国精神を奮発しよう，只今はわが国に少年運動時代が到来した。身体を発達させ競争心と力を養成しよう，良い空気に満ちた広闊な演技場へ活発に進撃せよ，万人対敵，練習して後日の戦力を立てよ。私たちの目的は絶世英雄の大業！」。

④ 籠球（バスケットボール）

野球同様，アメリカ人宣教師ジレットによって国内に紹介された。1907年夏休みで帰国した東京留学生チームと基督教青年会チーム（西洋人との混成）の対戦がソウルの東大門にある訓練院において挙行されたのが最初である。

⑤ 庭球（テニス）

庭球の最初の導入は米国の初代公使であったフート（L.H. Foote）による。1884年の甲申政変の勃発以前から米国公使館員と開化派人士たちは庭球を楽しんでいた。当時は庭球を擲球と呼び，金玉筠が庭球場にて国を売っていると誹謗された。1900年以後の庭球普及には日本人の役割が大きい。1910年代以後，日本選手団が韓国に遠征し，活気をなしたのである。1911年11月には京城日報社主催の京籠庭球大会が龍山で挙行され，龍山鉄道チームが勝利している。このような新聞社における競技会主催は庭球競技の発展を促進させた。

⑥ 柔道

1906年，内田良平によって伝来した。1908年，武官学校長の李凞斗の努力によって武官学校では兵式訓練の教育内容として教えられた。1916年，五星学校において柔道部が設置され学校スポーツとして発展した。しかし，1920年の朝鮮体育会創立以後においても，反日感情もあって柔道は日本のスポーツであるということで大衆には歓迎されなかった。体育会の関心種目も陸上競技，蹴球，籠球，野球にとどまっていた。

⑦ スケート

1890年代後半，開化文物に好奇心をもった当時の皇帝高宗と明成皇后のために，アメリカ公使アレエン（H.N. Allen）夫婦が景福宮内にある香福亭の池で氷足戯を施演した。しかし，真昼から男女が互いに手を握ってスケートすることは礼に反し卑しいと拒否された。その後1908年2月，日本人が平壌大同江にて氷上運動会を開催した。1910年2月，朝鮮日出新聞社主催の漢江氷上運動会が行われ，数万の人が集まって観覧した。ようやく1915年2月，漢江にて学生氷上運動会が開催されることになる。この競技が比較的遅く大衆化されたのはスケートが開化文物であってその購入が難しかったからであった。

⑧ 競輪

最初の競輪は1906年4月，陸軍参尉権元植と日本人吉川某が訓練院で行ったものである。1907年6月には京城内の自転車商会主催の競輪大会が訓練院において外国人観客も参席して行われた。1913年4月に京城日報と毎日申報社の共同主催による全朝鮮自転車競技大会が仁川，龍山，平壌において開催された。招請日本人選手4名と韓国選手の激烈な優勝争いの末，韓国選手が勝利したので国民は歓呼し，その感激は絶頂に達した。乙巳条約以後，日本の侵略野望を前に国運の衰退を嘆息していた韓国民に，この大会は民族的一体感と自矜心を鼓舞したのであった。当時優勝した選手，厳福童は当代の英雄として称頌された。

⑨ 射撃

1904年，将校たちの再教育機関である陸軍研成学校において小銃射撃大会が行われた。競技種目は立射，伏射，坐射であった。この大会は韓日合邦と同時に廃止された。

（李　鎮洙）

植民地時代（1910－45年）のスポーツ　15.F.03

1910年代は日本の憲兵と警察による苛烈な武断統治の時代であった。教員にも制服に剣を着用させた。単純な集会も禁止され，ハングルで製作した新聞が廃刊された。大部分のスポーツの主導権は日本人が掌握しており，韓国人たちは彼らが主導する競技に付随的に編入させられた。朝鮮教育令を制定し，日本人と差別して朝鮮人には兵式体操を配当せず，私立学校を徹底的に弾圧し，運動会を禁止することによって民族主義的な体育運動を抑圧したのであった（西尾達雄．『日本植民地下朝鮮における学校体育政策』明石書店．2003．580）。

その中においてスポーツ活動を比較

的活発に展開することができたのは，宗教団体であるYMCAであった。野球や排球，蹴球，籠球，陸上競技，柔道等はYMCAを中心にして展開された。1916年には韓国で最初のYMCA室内体育館が竣工された。これは3階建ての煉瓦建築で，ニュージャージー州カムデンYMCA会員と青少年たちの寄付金によって建設されたものであった。この体育館はたちまち長安の人々の興味の的になり，開館7ヵ月後の報告によると来場者の延べ人数は成人17万7,668名，少年2万4,756名に達する盛況ぶりであった。ここで毎週2回，外国人宣教師や医師，教師，実業家，外交官たちが集まってスポーツを行った。日本人との正規試合も企画されていたし，市内の各級学校とYMCA会員間にも競技が行われた。

1919年2月，日本人の体育団体である朝鮮体育協会が発足した。この協会は朝鮮における15の庭球団が集まって1918年に結成した京城庭球会と，1919年1月に結成した京城野球協会が統合したものである。朝鮮体育協会は庭球部と野球部を置き，朝鮮における庭球と野球の試合を主催したり，月刊の機関紙『朝鮮体育界』を発行した。主管した大会としては，朝鮮新聞社主催全鮮庭球大会，大阪毎日新聞社寄贈優勝旗争奪全鮮庭球大会，朝鮮新聞社主催京龍対抗野球戦などがある。

1919年3月1日，日本に抵抗して挙族的な韓民族の独立万歳運動が起こった。これをきっかけにして植民地統治は「日鮮融和，一視同仁」の文化政策に転換された。東亜日報と朝鮮日報といったハングルによる新聞の発刊が許可された。1920年7月には朝鮮人の体育を指導し奨励するという目的で朝鮮体育会が創設され，11月に培材学校運動場において第1回全朝鮮野球大会が行われた。以来，朝鮮体育会は日本人が創設した朝鮮体育協会と拮抗しながら当時のスポーツ界を主導し，1921年2月には第1回全朝鮮蹴球大会，同年10月に全朝鮮庭球大会，そして1924年6月には全朝鮮陸上競技大会，さらに1925年1月に第1回全朝鮮氷上競技大会などを東亜日報や朝鮮日報の後援を得て開催した。その後，1929年に京城運動場にて行われた第10回全朝鮮競技大会は野球と庭球と陸上競技を包含し，総合競技大会に発展した。

この時期はスポーツを通しての克日思想が積極的に現れた時期であった。1924年7月，徽文と敬信両学校の選手で構成されたハワイ遠征YMCA野球団の内部誓約には，日本人に絶対服従しないこと，日本選手と対戦する時は死んでも必ず勝つことなどがあった。YMCAにおけるスポーツ活動が反日闘争の1つの方法として展開されたのであった。YMCAスポーツ活動は野球，蹴球，排球（バレーボール），籠球，陸上競技，器械体操，拳闘（ボクシング），柔道など外来スポーツだけではなく，韓民族伝統競技であるシルムと弓術を含む多方面で展開された。YMCAは1924年11月の第1回全朝鮮学生基督教青年連合会蹴球大会，1925年10月の全朝鮮中等学校籠球選手権大会と全朝鮮中等学校排球選手権大会，1927年の全朝鮮器械体操大会，1928年の全朝鮮アマ拳闘選手権大会，第1回弓術大会，全朝鮮卓球選手権大会，全朝鮮シルム大会，そして1929年には全朝鮮団体柔道大会を開催した。

1937年，中日戦争が始まり，戦時体制に突入し，国民総動員法が布告，実施された。1938年，朝鮮体育会は強制解散させられ，韓国スポーツ界は1945年の光復（筆者注：日本による植民地支配からの解放，8月15日のこと）を迎えるまで暗黒時代に陥ったのである。

（李　鎮洙）

現代（1945年―）のスポーツ

太平洋戦争において日本は敗れ韓国は解放されたが，北はソ連軍，南は米軍が占領して軍政を敷いた。国内は左右理念の争いが熾烈を極めたが，1948年にようやく大韓民国が樹立された。しかし1950年に朝鮮戦争が勃発し，全国土は廃墟になってしまった。韓民族の中興を指向した1960年の軍事革命から1988年の第24回オリンピック大会（ソウル）までの韓国は，政治的混乱と経済的繁栄をともに経験した時期であった。

1946年，アメリカのボストンで開かれた第51回マラソン大会において徐潤福が優勝して，韓国旗である太極旗を前に快挙を成就させた。1948年，第14回オリンピック大会（ロンドン）にも初めて自主独立国として参加し，韓国スポーツにおける新紀元を成し遂げた。当時は光復直後の米軍政下に置かれていたので参加経費の調達が難しかったが，国民の募金によって参加することができた。1952年の第15回オリンピック大会（ヘルシンキ）においては朝鮮戦乱中であったにもかかわらず40人の選手を出戦させてマラソン，ボクシング，重量挙げで銅メダルを獲得し，韓国スポーツの命脈を維持した。

1954年，大韓体育会が発足し，学校体育と社会体育を本格的に振興することになった。大韓民国という国号にちなんで従来の朝鮮体育会の朝鮮を大韓としたのであった。1957年の第38回全国体育大会からは，地方の体育を発展させるため地方巡回の方式をとった。

1962年，国民体力の増進と健全な精神を涵養して幸福で明朗な国民生活を営為させることを目的とした国民体育振興法が公布された。この法によって学校と職場に体育振興管理委員会が設けられ，各道に国立総合競技場が建設され，国民の参加意識を鼓舞した。

1963年には翌年に控えた第18回オリンピック大会（東京）の準備として選手たちの合宿所が設けられ科学的な強化訓練が行われた。1966年，エリートスポーツの揺籃である泰陵選手村が竣工された。1976年の第21回オリンピック大会（モントリオール）においてはレスリングの梁正謨が建国以後最初の金メダルを獲得する快挙を成し遂げた。1984年の第23回大会（ロサンゼルス）では柔道で河亨柱，安炳根，レスリングで金原基，柳寅卓，ボクシングで申俊燮，アーチェリーで徐香順が金メダルを取った。オリンピックを頂点とする韓国スポーツの発展は1988年の第24回大会（ソウル）によって華やかになったのである。大会の成績は世界第4位に上り，韓国スポーツの優秀性を世界に知らしめた。これは経済状況の好転はもちろん，それまで閉ざされていた東欧圏の諸社会主義国家との交流の門を開く契機となり，韓国の国際的地位を向上させる役割を果たした。

1972年，第1回全国スポーツ少年大会が開催された。これは大韓体育会が毎年開く全国体育大会の規模が膨張したので，初等学校上級班と中学生だけが参加する大会を創設したのである。この大会は1986年，地域別種目別に開催されたのを最後にその幕を閉じたが，国民体育底辺拡大とエリートスポーツの基礎に至大な貢献を残したと評価された（李学来 ほか．『韓国体育史』知識産業社．1994）。

　そして，1980年代に入るとプロスポーツが開化し始めた。1982年にはプロ野球が開幕し，6チームがリーグで戦った。このリーグの年間観客数は1993年度に400万人，翌年には540万人に達するほどの盛況ぶりをみせた。1998年には外国人選手の参加が認められ，12人の外国人選手が参加し，さらに人気を博することになった。

　一方，1983年に2つのプロサッカーチームに3つの実業団チームが加わってプロサッカーリーグが開催された。これはアジアで最初のプロサッカーリーグであった。5チームから始まったが1997年には10チームに増え，リーグの年間観客数は200万人を突破した。2002年には日本と共同開催したFIFAワールドカップ大会において4位になる快挙を成し遂げた。さらに，1997年には8チームによるプロバスケットボールリーグも始まるなど，多くのスポーツにおいてプロ化が進んでいる。

〔李　鎮洙〕

16章

スポーツと民族

世界的規模で発展したスポーツだが,

W杯やオリンピックで行われている国際スポーツとは異なる

民族スポーツ（エスニックスポーツ）も存在する。

ここではその民族スポーツに焦点をおいて,

民族スポーツにみられる民族問題や

国際スポーツにみられる民族問題を

様々な視点や論点からまとめた。

さらに，民族スポーツを

現代において行う意義を論じるとともに,

現在行われている各国の民族スポーツの事例を紹介することで,

スポーツと民族の関係について

より深く考える契機にしていただきたい。

スポーツにみる民族　16.A

グローバリゼーションとスポーツ　16.A.01

① グローバリゼーション

　グローバリゼーションは，ある地域あるいはある国のある文化が別の地域に伝わり，遂には地球規模化し，その結果，世界がその文化において1つの体系と化した現象をいう。歴史的には，17世紀のいわゆる地理上の発見に続いたヨーロッパ人による非ヨーロッパ世界の植民地化を背景に，19世紀に出現した資本主義経済のグローバルネットワークが最初のものであった。

　もっとも，文化が，これを生んだ社会から別の社会に移動する現象は古くからごく普通のもので，なかでも，イタリア半島に発したローマ文化が帝国の版図拡大に伴って西ヨーロッパ全域と地中海世界に広まったことや，また中国文化が東・東南アジア世界へ拡大したのは，比較的規模の大きい例である。

　しかし，これらはいずれも限定的なもので，新大陸や五大陸に及ぶものではなかった。特定社会の文化が他の諸社会に伝わり受容されるという過程そのものは同じながら，グローバリゼーションは，それが初めて地球規模に及び，かつ，そのことで地球全体が大なり小なり相互依存の関係に組み込まれ，そしてそうした状況が直接に今日の人類の生活を規定するがゆえに，重要なのである。

　経済において実現したグローバリゼーションは，その後，他の分野にも及んだが，スポーツについては，国際組織である国際オリンピック委員会（International Olympic Committee: IOC）が展開するスポーツすなわち国際スポーツに，その実現をみた。

② 国際スポーツ

　国際スポーツはIOCとその傘下の国際競技連盟（International Sports Federation: IF）が展開する複数国家間で行うスポーツをさすが，これは19世紀のイギリスに生まれた近代スポーツを母体としている。近代スポーツは，サッカーやテニスや陸上競技などわれわれが普通にスポーツとしてイメージするものだが，より正確には次のようにいえよう。すなわち，イギリス国内に通用する統一競技規則と，この規則によって行われる競技会を運営する国内統一組織とをもち，その営み全体がスポーツマンシップやアマチュアリズムやアスレティシズムなどの精神文化によって意味づけられ，社会内存在が保証される，そうした形のスポーツである。近代スポーツの形成過程についての詳細はスポーツ史に委ねるとして，ここで注意すべきは，この近代スポーツは詰まるところイギリス人のためのイギリス文化にとどまったことである。別言すると，近代スポーツは世界平和といった国際的な理念はもっていなかったのである。

　イギリス人の手になる近代スポーツは，19世紀中にヨーロッパ大陸部や北アメリカに伝わり，また植民地のネットワークを通して世界の各所に知られるようになっていたが，これを国際スポーツとするのに貢献したのはフランス人のクーベルタン（P. de Coubertin）であった。スポーツに堪能であった彼は，同国人テーヌ（H.A. Taine）の『イギリス・ノート』に記された"先進国イギリスのエリート教育の中核を占めるのはスポーツである"に触発され，1883年に渡英し，これを確認して帰国すると，スポーツの競争がもつ道徳教育性を高く評価し，これを初めはフランスに，しかし後に世界に広めるべく，1894年にIOCを立ち上げる。IOCはオリンピックの理念を世界平和と定め，ここに高らかに国際スポーツの誕生を宣言する。

　その後の国際スポーツは，IOCが運営するオリンピックと，下部組織のIFが運営する各種ワールドカップ大会の人気によって次第に地球規模化し，今日では国連加盟国数より多い200を超す国家・地域がIOCに登録している。

　グローバリゼーションは，各国が外来文化を受け入れることから始まる。スポーツにおいてもIOCの定めるもろもろの決まりごと（これは競技規則や参加資格のほか，世界平和やスポーツマンシップといった理念までを含めているため，ここでは簡潔に"IOCスポーツ文化"と呼ぶ）を，まずは各国が受け入れることがグローバリゼーションのスタートとなる。こうした受容は，グローバリゼーションを文化帝国主義とみる立場からするなら，世界の多様なスポーツ文化を一元化するものであり，土着のスポーツ文化を変容させ，また消滅させる可能性をはらんだ営みであるともいえる。グローバル経済が地域経済を破壊するとしてグローバリゼーションの負の面が糾弾される状況は，スポーツについてもあてはまる。もちろん，IOCスポーツ文化を受け入れることが負であるばかりではない。これがプラスとマイナスの両面をもつことを，われわれは知っている。プラスの面としては，政治や宗教や風俗習慣を異にする世界の人々が互いに交流し，そしてその結果として，世界平和の構築が期待されることが挙げられる。国際社会の一員であることをスポーツによって体験することは，国際スポーツのおおいに評価される面である。

（寒川恒夫）

エスニシティーとスポーツ　16.A.02

① エスニシティーと民族スポーツ

　近代国民国家の中にあって，出自と文化的アイデンティティーを自覚的に共有し，またそのような存在として他の集団からも認知されている人々の集まりを民族集団（ethnic group）と呼び，そうした人々が表出する性格の総体をエスニシティー（ethnicity）という。この概念は比較的新しいもので，1970年代頃から用いられた。

　近代国民国家は多かれ少なかれ内部にアイデンティティーを違えた複数の民族集団を抱えて生まれ，またその後も植民地活動や移民の受け入れなどによって外部から多くの異文化人を迎えたこともあり，エスニシティー的に単一とはいえない状態にある。こうした国家は多民族国家や多文化国家と呼ば

れるが，諸集団は現実には平等ではない。政治や経済へのかかわり方に差がある。そこで国家経営や国家経済を直接的に担う人口も比較的に多い集団を主要民族(majority)，これ以外を少数民族(minority)と分けることが行われる。

民族スポーツは，主要民族と少数民族とを問わず，そうした民族集団に固有のスポーツをいう。それは古くから彼らに伝えられたもので，また大なり小なりわれわれのものという意識を伴うもので，この点において，IOCスポーツ文化から生まれた国際スポーツとは質を違えている。

こうしたスポーツは，これまで伝統スポーツ (traditional games, jeu traditionnels)，伝承スポーツ・民俗スポーツ (folk games, Volksspiele)，土着スポーツ (indigenous games) などと呼ばれたが，民族スポーツはこれらの総称である。

民族スポーツには，当該民族の伝統的な文化が深く刻印されている。人々は民族スポーツにかかわる中でエスニシティーを内面化し，民族集団を維持してきた。民族スポーツに刻印された，そうした民族の文化を次に示そう。

② **民族スポーツに刻印された民族の文化**

[沖縄の大綱引]

沖縄の人々は，かつて王国を形成し，長らく日本と中国から政治的中立を保った経緯から，日本人を「ヤマトンチュー」，自身を「ウチナンチュー」と称するアイデンティティーをもっている。旧暦の6月から8月にかけて沖縄は稲の収穫祭を行う時季にあたり，そのため，かつてはこの時に伝統新年を祝った。この時季，沖縄各地に綱引が催される。綱は，雄綱，雌綱と名づけられた2本の綱を用意し，これを1本に結び合わせて引き合うもので，長さ20m，太さ50cmが普通で，それぞれの先端は直径2mの輪につくっている。雌綱の輪は雄綱の輪より大きめにしてあり，雌綱の輪の中に雄綱の輪をさし入れ，出てきた雄綱の輪に太い棒(カヌチ棒)を差し込んで2つの綱が離れないようにする。この綱を，地域を東西に二分する東チームと西チームとが引き合うのである。勝負は，西の勝利が地域全体に幸福(ユガフー)をもたらすとされて待望される。沖縄には，神々が

はるか東の海上のニライカナイに住み，1年に1度，人々を訪れ，ユガフーを授けて帰るという伝承がある。綱引に先立つ儀礼では，東チームからミルク(弥勒)，ガナシ(神)，西チームからは農婦が出る。こうした象徴的状況の中で行われる綱引は，雌雄綱の結合が呪的アナロジーによって稲の豊穣と人々の多産をもたらし，さらに東のニライカナイからミルクガナシが農婦にユガフーを与え祝福するという，沖縄独特の伝統文化を表現するものとなっている。

[ラオスのボートレース]

ラオスの1年は4月から10月までの雨季と11月から3月までの乾季に2分され，主生業である稲作は雨の季節を待って始められる。メコン川沿いに住む人々は，雨季が乾季に移る時期に盛んにボートレースを行う。ボートは長さが30m，幅1mの大きさで，密林に生える大樹を選んで切り出し，幹を割り出した丸木舟である。これに40人を超す人々が乗り込み，メコン川とその支流で速さを競う。舟には，舳先(へさき)にナーガの頭，艫(とも)にナーガの尾を装着し，船体に波打つナーガの胴を描き，舟全体を1頭のナーガとしている。ナーガはインド伝来の蛇体の水神である。レースは，メコンの支流からスタートし，本流をゴールとするコース取りで行われる。この地域には，水神ナーガは乾季にメコン川に住み，田植えが始まる頃にそこを出て，メコン支流をさかのぼって内陸の水場に入り，田に水を供給し，稲を育てると信仰されている。しかし，稲が開花し，穂がはらみ始めた10月になると，役目を終えて，再びもとのメコン川に帰る。10月に行われるメコン本流に向けてのボートレースは，ボートに見立てた水神ナーガの内陸水場からの引き上げを促す行事である。ナーガが水場にとどまり続ければ，せっかく実をつけた稲は水の中で立ち枯れてしまうからである。ボートレースは，水神ナーガの季節的去来神話を可視化するイベントといえる。

[ブラジル・ティンビラ族の丸太リレー競走]

ブラジルの東部森林地帯に住む焼き畑耕作先住民のティンビラ族は1年の様々な祭りの機会に100kgを超える丸太を担ぎ，これを順に渡して，全長5

−12kmを2チーム対抗で競走するリレーを行う。ゴールは村の広場で，着くと選手たちは丸太に腰を下ろして少しばかりの休息をとると，身体を激しくマッサージし，その後で川に入り，水を浴びる。競走は過酷で，それだけエキサイティングであるのに勝利へのこだわりはみられない。要は各人が最善を尽くすことと教えられるからである。肩に担ぐ重い丸太は，ただの丸太ではない。彼らの死んだ祖先と考えられていて，疲労困憊の中で選手が祖先と交わることが大事とされた(このリレーにはアスレティシズムは存在しないのである)。

祭りによってチーム編成は異なる。雨季の祭りでは，雨季半族のカマクラ(広場つまり村の人)とアトクマクラ(外から来た人)とが対戦する。半族とは，共同体全体が，ある意図のもとに2分割された，それぞれの集団をさす。しかし半族はただの人間集団の2分というのではなく，それぞれに対立的な宇宙論的価値が付与されたシンボル体となっている。カマクラには「太陽・東・昼・乾季・火・土・赤・トウモロコシ・マニオク」，一方，アトクマクラの側には「月・西・夜・雨季・薪・水・黒・サツマイモ・ヒョウタン」が属している。別の祭り，例えば成人式のペプエ祭，ケチュアエ祭，テプヤルクワ祭では，村の方位的地域半族，つまり村の東半分の男と西半分の男とが対戦する。

このように，丸太リレー競走は，ティンビラ族の神話が語る様々な形の半族が対抗する形をとって行われる。競争は，つまり，人間が代行する宇宙の諸力の戦いを象徴させているといえる。

[北米インディアン・スー族のホッケー]

平原インディアンであるスー族はタベガシと呼ぶ彼らのホッケーを様々な機会に行うが，祭りで行う時には，必ず半族対抗のチーム編成にするのが決まりであった。スー族のオマハ部族なら，村の北半分に住むインシュタツンダ(空の人)半族と，村の南半分に住むホンガシェヌ(地の人)半族とに分かれ，インシュタツンダには「太陽と男」，ホンガシェヌには「月と女」の価値が付与されていた。オマハ部族の重要な行事，つまり野牛狩りやトウモロコシ栽培や雨乞いなどの儀礼，それに部族会議や葬儀は，2つの半族が共同して行うこ

とになっていた。結婚も同じで，インシュタツンダの男はホンガシェヌの女と，またホンガシェヌの男はインシュタツンダの女を妻にしなければならなかった。こうした事情の理由を彼らの長老は次のように説明する。「はるかな昔，主神ワコンダは世界の秩序を定めた。宇宙を分かって天父と地母とし，太陽と昼に男性原理を，月と夜に女性原理を与えた。かくして生命と世界の存続は，この宇宙的二原理の結合によって保証されることになった。以来，われわれは，地上のすべての現象を，この原古の営みにのっとってあらしめなければならない」と。つまり，半族が協力するのは，天父と地母が原古において行った結合を再現するものなのである。儀礼的なボールゲームのタベガシも，こうした宇宙半族の競争的共同作業にほかならず，これによって世界の存続が保証された。

こうした競技は，日頃は意識の底に眠っている彼らの世界観を覚醒し，可視化し，再認識させ，そのことで，彼らを彼らたらしめている文化を強化し再生産する装置となっている。

③ 民族スポーツと固有性

民族スポーツは特定の民族集団に固有に担われるスポーツをさすが，似たようなものが広域にわたって複数の民族集団に行われることがある。この現象は民族スポーツの伝播と変容によって説明される。

伝播とは，ある文化がある社会から別の社会に移ることをいい，変容とは，そうした文化が新しい社会の文化に合うように形と内容を変えて定着することをいう。中国西南山地焼畑耕作民に発したスシ（発酵スシ。鮒を使った滋賀のナレズシはその例である）が古代日本に入り，しかし江戸時代に酢飯生魚スシ（今日寿司屋で普通に食するスシ）に変容したこと，またアメリカ発のハンバーガーが日本でテリヤキバーガーと化したのは，その例である。

ここでは事例に，分布が大きいブランコを取り上げよう。

ブランコは今日では世界中で行われる。なかには韓国や中国のように競技化したものもある。韓国では旧暦の端午の節句に全国No.1を決定する大会が開かれ，10mの高さから下げたブランコを1人でこいで，誰が一番高く上がることができたかを競う。ただし，参加は女性に限られている。中国ではブランコは，4年に1度開催される中国全国少数民族伝統体育運動会の競技種目に入っていて，2人が向かい合わせに板の上に立って，協力してブランコをこぎ，7mを越える高みに張られた縄に結びつけた鈴を，一定時間内に何度鳴らすことができたか，その数で優勝者を決定する。ここでも乗り手は女性である。

ブランコはお祭り雰囲気の年中行事としても行われる。インドや東南アジアでは稲作が始まる春先に女性たちが野外でブランコをするのが習わしである。タイには，ブランコが稲作に必要な雨をもたらすという次のような神話が伝わっている。昔，天上のウマ女神は，下界で人間の女性が乗るブランコを男性が押して楽しんでいる様子をみているうち，この甘美な遊びがしたくなり，夫のシバ神にブランコをこしらえてくれるよう哀願した。シバ神はこれを容れ，2つの山に大蛇である1匹のナーガを括り付けてブランコを作った。ウマ女神はこれに乗って心地よく揺れていた。すると神々があわててやってきて，「どうかブランコをおやめください。ブランコが揺れるたびに天の水が下界に落ちて洪水となり，人間どもが困っております」と奏上した。シバ神とウマ女神は，そこで，これからは人間が水を欲しい時にブランコをすることにしようとおっしゃった。ブランコをすれば雨が降る。雨季と稲作の始まる春4月に女性たちがブランコするのは，このためであるという。

同様の宇宙論的ブランコは中近東にも知られ，そこでは太陽神はブランコに乗る娘を結婚のために空へ引き上げるという伝承をもっている。もちろんヨーロッパにも年中行事のブランコがあり，バルト海に面したエストニアでは夏至の祭りに若い娘たちがこれに乗って楽しむ。さらに，かつてブランコはクリスマスの行事であったことも知られている。12月25日は，4世紀にローマ教会がこの日をイエス生誕の日と決定するまでは，キリスト教がヨーロッパに侵入するはるか昔から続く冬至の祭り日であった。冬至は夏至と並んで太陽を祭る時で，主役はイエスでなく太陽神であった。衰弱の極みにある冬至の太陽に女性たちがブランコによって力を与え，よみがえりを願ったのである。

ブランコの人類学的研究は，これがオリエントのどこかで太陽信仰とかかわる女性の遊びという文化の形を整え，その形で，そこから東西に広がって夏至ブランコや冬至ブランコ，また春先ブランコや端午ブランコの分布状況を作り出したことを明らかにしている。

民族スポーツは，これを担う集団に固有のようにみえる。しかし，もともとは存在せずに伝播の結果その集団にもたらされ，そののち，その民族集団にふさわしい形に変容した場合が多い。アメリカの人類学者のリントン（R. Linton）は「世界のどの民族をとっても，その民族が発明した文化が文化全体の1割を超えるところはないであろう」と述べて，伝播の重要性を説いたが，これは民族スポーツにもあてはまる。ブランコは今や世界に行われるものの，なおもそこに，乗り手は女性，ブランコは宇宙論とかかわるなどの観念が共有される状況は，いかに伝播の力が強いかを教える。もちろん，こうしたライトモチーフとしての共通性以外に，個々の民族において細部の特殊化が行われていることは事実であり，この特殊化をもって民族固有と呼ぶことは正当である。

"民族に固有"という物言いは，純粋にその民族集団の発明という意味と，外来文化を自身に適するように独自に解釈し直し，変容させたという意味の双方を含んでいる。そして，リントンもいうように，変容である場合が圧倒的に多いのである。

〈寒川恒夫〉

民族の主張とスポーツ

民族集団がスポーツによって自己主張を行うことは，国際スポーツと民族スポーツのそれぞれの場にみられる。

①国際スポーツにおける自己主張

国際スポーツにおける例として，1968年第19回オリンピック大会（メキ

シコシティ)での陸上男子200m表彰式事件がある。1位のスミスと3位のカルロスの2人のアメリカ人黒人選手が星条旗に背を向け，黒い手袋をはめた拳を突き上げた。17世紀のイングランド移民にさかのぼる主要民族のワスプ(WASP: White Anglo-Saxon Protestant; アングロ・サクソン系プロテスタントの白人)が長らく黒人に対しとってきた過酷な差別に対するアフリカ系民族集団の抗議行動であった。1992年の第25回大会(バルセロナ)ではカタルーニャ人が民族の意思表示をした。スペインは3つの民族，すなわち，スペイン語を母語とする主要民族であるカスティーリャ人，北部のバスク人，東部のカタルーニャ人によって構成されるが，第25回大会はカタルーニャ人の州都バルセロナで開催された。この時，閉会式で，カタルーニャ人のソプラノ歌手アンヘレス(V. de los Ángeles)がカタルーニャ語でカタルーニャ民謡の「鳥の歌」を歌い，そして歌い終わると同時に聖火が消えた。この演出は，この大会がスペインでなくカタルーニャの大会である印象を強く世界に与えた。カタルーニャ人はバスク人とともに，特に20世紀前半のフランコ政権時代に，民族文化の弱体化と解体を迫られた経験をもっている。「鳥の歌」はフランコに抗議して海外に逃亡した民族主義者で著名なチェリストのカザルス(P. Casals)がカタルーニャの自主自由と平和を訴えるために好んで演奏した楽曲であり，その意味でこの歌は世界に広く知られていた。カタルーニャの世界的サッカーチームFCバルセロナが関係者の追悼に際し流すのも決まって「鳥の歌」であり，この曲は内外ともにカタルーニャ文化のシンボルとなっていた。大会組織委員会は閉会式においてきわめて象徴的にカタルーニャ・エスニシティーを表現したのである。カタルーニャ州の自治権獲得が大会13年前の1979年であり，また当時のIOC会長のサマランチ(J.A. Samaranch)がカタルーニャ出身であったことも，かかわっていよう。

しかし，第19回大会(メキシコシティ)の例にしろ第25回大会(バルセロナ)の例にしろ，民族集団の主張は，表彰拒否行動や音楽によってであり，直接にスポーツによるものではなかった。入場行進に民族衣装を着たり，またサム

ライブルーやサムライジャパンのスローガンをメディアに流してエスニシティーを顕示するのと同様である。

主要民族が国際スポーツの場において，民族スポーツによって自己主張を行うことがある。2008年の第29回オリンピック大会(北京)の開会式は中国の著名な映画監督チャン・イーモウ(張芸謀)のプロデュースによるものであった。彼はそこで2つのこと，つまり漢民族の優秀性と，多民族国家中国の民族融和の成功の様を発信したが，前者のアトラクションに太極拳が組み込まれた。太極拳は古代中国の漢民族の大極思想をはらみ，これを今日に伝える漢民族の重要なパフォーマンス文化であるとの理解からであった。

振り返ってみると，1988年の第26回オリンピック大会(ソウル)の開会式に大綱引きが行われ，また1998年の第18回冬季オリンピック大会(長野)の開会式に大相撲の力士が出場していた。国際スポーツと違って民族スポーツは，そのままで，民族文化を発信し得るのである。

②民族スポーツにおける自己主張

民族スポーツにおける例としては，アラスカの世界エスキモー・インディアンオリンピック(World Eskimo Indian Olympics: WEIO)，イギリス・スコットランドのハイランドゲーム，フランスとスペインに居住するバスク人の民族運動会，南米ブラジルの先住民スポーツ大会，中国の全国少数民族伝統体育運動会などが，その代表である。

ただし，WEIOの場合，当初はツンドラに住むエスキモーの参加だけで世界エスキモーオリンピック(World Eskimo Olympics)として始めたが，その後で，彼らの南側のタイガに住むインディアンも加わって今日の名称となり，その結果，アラスカ先住民という新しいアイデンティティーを主張するイベントとなっている。ブラジルの場合も，100を超える民族集団が参加するものの，大会は全体としてのブラジル先住民という，これまたそれまでなかったアイデンティティーを掲げる場になっている。これに対しイギリスのハイランドゲームはスコットランド人のみによって運営される。1947年に結成されたスコットランド・ゲーム協会(Scottish Games Association)が，スコットランド各地の大会を統括するのである。イギリス国内の主要民族であるイングランド人に併合された同じ過去をもつウェールズ人やアイルランド人と共同で展開しようとする動きはみられない。

このように，少数民族が民族スポーツによって存在をアピールする場合，そこには，民族集団が単体で行う場合もあれば，連合して行う場合もある。そして民族集団が連合する場合，個々のエスニシティーはむしろ捨象され，全体としての先住民(近年ではfirst peopleの語も使われる)アイデンティティーで主張がなされる傾向がある。主張が向けられる先はそれぞれの国家，よりうまくいえば，地理上の発見以後に渡来してきたヨーロッパ系移民を先祖にもつ主要民族である。もちろん主要民族と全面対決というのではない。あくまで国民国家を構成する諸民族集団の一員として，正当な庇護を求める社会運動の枠内にある。国家もこのことに気がついていて，ブラジルの場合，大会そのものを国家が援助している。

この意味で興味深いのは中国である。全人口の1割に満たない非漢民族が55の少数民族として認定され，民族団結のスローガンのもとに国家から厚遇されるようになったのは，中華人民共和国成立後の程ない時期のことであった。その後，多民族国家を担保する「中華民族思想」のもとに少数民族運動会が開催されたが，それは，国家中枢の民族事務委員会と国家体育運動委員会の共同事業として，完全に主要民族である漢民族の国家管理下に展開したものであった。大会は，55少数民族集団の健在ぶりと，その健在を生み出した国政の優秀性とを内外にアピールする絶好の機会であった。もちろん，少数民族の側もこの機会を自身の地位向上におおいに利用したのはいうまでもないことであった。2011年に貴州省貴陽で開かれた第9回大会では，変化がみえた。少数民族伝統体育運動会とはいえ，それまで漢民族も参加し上位を占めていたが，出場は文字通り厳格に審査された少数民族出身者に限るというルールが初めて導入されたのである。上位入賞者には様々な形の資金とステータスの提供があり，4年に1度の大会はプロ化の兆しをみせていた。大

会は，国家と少数民族とが，それぞれの思いをきわどく均衡させる場であった。少数民族の側は生活・経済・エスニシティー上の実利を，国家の側は改革開放がもたらした格差社会の矛盾を大会の民族融和によって覆い隠し，「和諧社会」政策が実を結んでいることをアピールするシンボルとしたのである。大会の様子は，膨大な国家予算が投入され，アトラクティブに構成された開会式と閉会式を中心に，大々的に中国全土にテレビ中継された。他方，国家が大会につける予算が増大する状況は，民族問題とは別の現象を引き起こしている。開催地が開発の遅れた地域の場合，投下される予算にインフラ整備が伴うようになったことから，招致活動が激しくなったのである。今や全国少数民族伝統体育運動会は，かつて改革開放時代によくいわれた「経済という舞台の上でスポーツが踊る」標語のとおり，エスニシティーを内容としながらも，国際スポーツの場合と同じ開発現象を呈している。

③ エスニシティーとツーリズムと文化創造

少数民族が民族スポーツによって自己を主張する今日最も普通の形は，観光である。かつて西洋近代人から「前近代」「野蛮」「未開」と蔑視された彼らの文化と生活そのものが，今日，観光化しているのである。マスツーリズムに代わるもう1つの観光として近年盛行するエコツーリズムやエスニックツーリズムの中に，少数民族の民族スポーツが位置づくようになった。外からの資本導入に頼らない自前の持続可能な(sustainable)観光資源としてである。この資源には，競技や遊び，ダンス(歌舞)，武術，さらにマッサージやヨーガなど健康・癒やし系までが含まれる。

インドネシアのバリ島の住民はインドネシアの人口の大半がイスラム教徒である中でヒンドゥー教を信仰する特異な宗教的少数民族であるが，今日，観光の島として世界に知られる。バリ島の観光化については，長らくこの島嶼地域を植民地としたオランダが，20世紀初頭にバリ島民に行った虐殺行為に対する世界の非難を払拭する意図から，島全体をいわば"生きた伝統博物館""地上の楽園"として観光化する政策に発したものだが，この過程で異国人にみせるためのダンスが創造される。それが有名なケチャである。1920年代に島に滞在していたスイス人画家のシュピース(W. Spies)はウブド村の村長の依頼を受けて，インド伝来のラマヤナ物語と古くから伝わる悪霊払いの舞踊(サンギャン・ドゥダリ)を組み合わせた舞踊劇ケチャを創案する。これは1931年にパリで開かれたパリ植民地博覧会で公演され大好評を博し，バリ島の特異な民族舞踊としてたちまち世界に知られることになり，今日に及んでいる。

ここで注目すべきは，ケチャは古くからバリ島民に伝承されたものではなく，新しく創造されたものであることである。歴史家ホブスボウム(E.J.E. Hobsbawm)の"伝統の創造"のよい例がここにある。ケチャに限らず，観光資源化した民族スポーツには，多かれ少なかれ創造の手が加わっている。中国・貴州省の鳳凰県勾良苗村に住む少数民族のミャオ族の武術も同様である。ミャオ族は漢民族の同化政策に長らく抵抗してきた歴史をもち，武術にたけた民族として知られていたが，改革開放政策の延長上に発せられた2000年の「文化産業発展第10次5カ年計画綱領」により，村に観光開発公社が設けられたことを受けて，それまで伝承されてきた彼ら独自の武術に道教の儀礼と漢民族の武術を加えた「ミャオ族伝統武術」を創造し，これを彼らの歌舞とともに観光客に提供することを始めた。計画は成功し，村には村民の子弟がこれを公演できるよう，ミャオ族伝統武術を学ぶ学校が設けられた。この学校の武術の先生の多くは漢民族武術の専門家で，その動きは，派手で観客の目を引きつけるものが期待されている。村はいまや立派な公演ステージと武術学校を備え，宿泊施設やレストラン，特産品ショップなどを擁する一大テーマパークと化している。

もちろん，こうした現象は少数民族に限らない。中国北京市の紅劇場で2004年から公演が始まった少林寺武術劇である『功夫伝奇』は漢民族の例である。この劇の素材は漢民族の文化である少林寺武術であるが，この武術はすでにハリウッドの映画スターであるブルース・リーによってカンフーとして世界に知られていた。プロデューサーの曹はアメリカでショービジネスの経営を学んだ人物であったが，帰国後，西洋人が喜ぶ武術劇の創作に着手し，比較文学研究者のサイード(E.W. Said)が『オリエンタリズム』で描き出した西洋人が好む"東洋を劣性とみる眼差し"を逆手に取った構成を発案し，『功夫伝奇』としてまとめる。そこには，母に伴われた1人の少年の少林寺への入門に始まり，厳しい修行の中，時に思春期の性の目覚めと葛藤しつつ，遂には寺の住持となり，天に召されるまでが描かれるが，随所に，武術が深い禅の悟りと結び合った中国の伝統文化であることが語られ，そしてそこに，西洋の合理主義では理解不可能な東洋の神秘性を漂わせることを忘れない。徹底的に西洋の眼差しを分析したセルフ・オリエンタリズムともいえるしたたかな戦略が，そこに認められるのである。『功夫伝奇』は，いまや，世界中を駆け回って中国の伝統文化を振りまいている。観客は劇の中に身を置くことで，しばし，自身に心地よいオリエンタリズムの中国伝統文化世界に浸るのである。

ここで，本物論争，本質論争が生じる。明らかに，こうして創造された民族スポーツは当該民族文化にとって本物とは言い難い。それは既存のものと連続しているとみせるべく手を加えて作った，いわばまがいものである。しかし，時間の経過とともに，やがてこのまがいものが本物とみなされ，自身の文化に本質化されようことをわれわれは，上述したスシの場合のように，知っている。

創られた民族スポーツの例は枚挙にいとまがない。福島県の相馬野馬追祭りに出る「神旗争奪」は，日本の例である。数百騎が待ち構える中に，花火によって神旗が空高く打ち上げられる。落ちくる神旗を，手にした鞭でもって絡み取り，丘を駆け上って総大将に献上するのを競うのである。鎧兜に身を固めた騎馬武者がみせる争奪戦は，いかにも武家時代から続くようにみえて，しかし実は明治時代になって考案された行事であった。中国では，中国全国少数民族伝統体育運動会の人気種目となっている満族の珍珠球がその例で，2チーム対抗で，それぞれのエン

ドラインの外に立つ味方チームのキーパーにボールを渡す（キーパーは手にした網でボールをキャッチする）のを競うもので，バスケットボールのネットをキーパーに見立てている。この競技は，満族が行う淡水真珠の採取活動に由来すると説明されるが，運動会以前には存在しなかったもので，運動会のためにバスケットボールを参考にして作られたものであった。

こうした民族スポーツの創造行為は，今後も続くことであろう。しかし，この営みは非難されることではない。なぜなら，新しい伝統づくりの第1歩であるからである。

（寒川恒夫）

グローカリゼーションとスポーツ　16.A.04

① グローカリゼーション

近年，グローカリゼーション（glocalization）という言葉が使われるようになった。グローバリゼーションとローカリゼーション（localization）を結合した言葉である。グローバリゼーションが文化の地球規模化をいうのに対し，ローカリゼーションはそうした文化が個々の社会において土着化することを意味する。グローカリゼーションはこうした2つの過程を連続するものとして切り取るための概念である。

グローバリゼーションは一般に世界の同質化をもたらすものと考えられているが，現実はそう単純ではない。確かに標準化傾向は認められるものの，細部はその社会ごとに変容が生じている。すなわち，受け入れ側の社会は発信地の文化をまるまる入れるのではなく，自身の文化に適するように変容させるのであり，そうした各社会ごとの土着化（つまり，ローカリゼーション）の総体がグローバリゼーションを現出させていると考えた方がよい。グローバリゼーションは常にローカリゼーションを伴うのである。グローカリゼーションは人類学の文化の伝播と変容理論の現代展開形といえる。文化人類学者のグッゲス（K. Guggeis）が著書『Fussball』（2000）の中で「サッカーが世界を征服した。世界もサッカーを征服した」と叫んだのは，その例である。

② 国際スポーツのグローカリゼーション

国際スポーツは，19世紀のイギリスで生まれたイギリス文化である近代スポーツがIOCの中で国際文化化し，そしてIOCが運営するオリンピックによってグローバル化した。国際スポーツのグローバリゼーション過程については，これまでにスポーツ史を中心に研究の蓄積があるため，ここではローカリゼーションについて論じる。国際スポーツの土着化変容で目につくのは，競技ルール以外の部分である。いかに巧みに新来文化の国際スポーツを自文化化するのか，その例をグローバル度が最も高いサッカーについてみてみよう。

西アフリカのガーナでは，人が死ぬと，遺体は柩に入れられて町中を巡回する習わしである。死者は葬式の様々な儀式によって現世と別れ，あの世に入るが，そこで生前と同じ生活を送ると信じられている。生者の生前の生活を象徴するために柩は死者の職業にちなむ形につくられる。柩に死者固有の形を与えることは比較的新しい習慣で，1950年代に首都で始まったものだが，農民ならカカオ豆，漁師ならマグロの形といった具合である。1970年代からサッカーシューズの柩が流行るようになった。死者がサッカー選手か否かにかかわらず注文が入るのである。サッカーは世界，富，名声へ通じるチャンネルであり，サッカーシューズの柩に入ることで，来世における豊かな生活が保障されると考えられている。

仏教国のタイには，イギリス人のサッカースターであるベッカム（D. Beckham）の像を備えた寺がある。タイ中部のワット・パリバス寺で，その巨大な祭壇の一隅に，中腰で両手を両膝に置いたお決まりの試合前ポーズをとるベッカムが彫り出されている。祭壇の上にはブッダが座り，これを，諸仏・諸神と人間が幾段かに分かれて支える構造である。ベッカムは向かって右の奥隅の，地獄絵の近くに陣取るが，このお堂の建立寄進に大きく貢献した人物は，ベッカムより高い段に彫り出されている。

サッカーがその国の絵画・文芸・映画など表現文化と習合する現象は，よくみられるところである。中国映画の『少林サッカー』や日本の漫画『キャプテン翼』などはその代表で，そこでは，生国のイギリスでは考えられないような中国文化化や日本文化化を果たしている。アフリカのタンザニアでは風刺漫画家のキパンヤ（A.M. Kipanya）の1コマ漫画にサッカーが出てくる。試合は国会議員の与党チームと野党チームが対戦するもので，今まさに選手がベンチから登場する様子が描かれる。丸々太ってあたりを威圧する風体の大柄の与党党首は，右手にボール，左手に線審の旗，口に審判のホイッスルをくわえている。これに対し，野党チームの党首たちは小柄で，びくびくした顔をし，おまけに裸足である。右端に小さく描かれたネズミの審判は，本来彼が持つべき道具をすっかり取られて困惑顔である。キパンヤがサッカーに託したメッセージは明らかである。サッカーにおいても政治においても，戦う前から勝負は決しているということである。

ヨーロッパでもサッカーのローカリゼーション現象は生じている。ドイツではサポーターのためにクラブがスタジアム内に教会を設け，洗礼や結婚式や葬儀を執り行う。熱狂的ファンのために遺灰をグラウンドに撒いたり，死後もチームのサッカーを見続けられるようスタジアムを望む近郊の丘に墓地をつくったところもある。サッカーとスタジアムはサポーターにとって，生死を超越する聖なる空間なのである。

さらに，地域対立の構図にもサッカーは取り込まれる。イタリアは南北の経済・政治格差が著しい所で，南イタリアは長らく北イタリアからヨーロッパの中のアフリカと蔑まれてきた。北の有力なクラブである首都ローマのASローマが，エンブレムにローマ建国神話にちなむオオカミの乳を飲むレムスとロムルスを選んだのに対し，南のナポリはあえてヨーロッパの伝統文化では頑固とのろまの代名詞であるロバを選択し，北への対抗心をあらわにしている。南北クラブのサッカー対戦は，イタリア人が描くイタリア地域文化を可視化し，それぞれの地域アイデンティティーを再生産する。アルゼンチン

人のマラドーナ (D.A. Maradona) がナポリに移籍し，ナポリを初めてリーグ優勝に導いた時，ナポリは彼を聖人とみなし，彼の礼拝場を設けたのである。

このようにサッカーが地域対立の劇場と化した所は，スペインなど世界各地にみられる。

③ 民族スポーツのグローカリゼーション

民族スポーツもグローバル化する。民族スポーツの中でグローバル化を果たした最初のものは，柔道である。嘉納治五郎が1882年に創造した柔道は，1948年にヨーロッパ柔道連盟，1951年に国際柔道連盟を結成し，1964年の第18回大会（東京）以降，オリンピック種目となっている。柔道のこのグローバル化の成功が形成刺激となって，それ以後，日本の剣道や弓道や相撲や空手道，また韓国のテコンドー，中国の武術やドラゴンボートレース（龍舟競漕），インドネシアのシラット武術など民族スポーツがグローバル化する。

こうした民族スポーツがグローバル化する場合，問題となったのは，民族スポーツが内包する民族文化性である。民族スポーツは，これを生み・創り・育んだ当該民族のアイデンティティーとかかわる文化性をはらんでいる。文化を違えた世界の諸民族にグローバル化する時，そこに文化の衝突が生じるのは当然のことであった。柔道の場合，日本式の礼法，柔道着という日本服飾文化，さらに「始め」「止め」「一本」などといった日本語，しかしこれら以上に抵抗を感じられたのが柔道着の白に込められた文化性であった。日本人は柔道に，相手と優劣を決する勝負以上に，自分自身との戦いすなわち克己を重くみて，この精神修養性が柔道着の白に表現されると考えていた。実際，白は，古くから神とかかわったり，自分を深くみつめる時に好んで着用された衣の色であった。ヘーシンク (A.J. Geesink) の提案するカラー柔道着は，こうした日本式柔道理解を根底から覆すものであり，柔道着を他のスポーツ種目と同様に，競技展開を選手よりむしろ観客によりよくわかってもらうためのスポーツウェアとすべきであるという提言であった。これは，柔道の文化的無色化つまりカルチャーロン

ダリング (Culture laundering: 文化洗浄) を意味した。

カラー柔道着問題は，柔道のグローバル化の過程で生じたローカル化の例でもある。しかし，このローカル化は，特定の地域や民族にとどまらないで，国際柔道連盟というグローバル組織を通して，再びグローバル化したのである。

カラー柔道着にみるように，民族スポーツのグローバル化には，大なり小なり，これを創り・送り出した民族の側に，痛みが伴うのである。

他方，受け入れ側は，相当に自由に，民族文化性と国際性を使い分けることができる。インドネシアは，建国後，スハルト (Soeharto) が第二代大統領となった時，共産革命による政府転覆をもくろんだとして国内の華僑に，公の場における漢字と中国文化（歌舞音曲，宗教儀礼などを含めて）の表出を長らく禁じる政策をとった。この時，海軍はドラゴンボートレースのチームをもっていた。試合に用いる舟は船首と船尾に龍の頭と尾を装着し，胴に龍のウロコを描いた明らかに中国式龍舟であった。彼らはこの矛盾を，このスポーツ種目はすでに国際化していて，もはや中国文化ではないと説明したのであった。

（寒川恒夫）

エスニシティーへの外からの挑戦：民族スポーツと国際倫理　16.A.05

① 動物愛護の要求

民族スポーツは，その多くがグローバル化することなく，特定の共同体や地域で行われるものが多い。しかし，国際社会とは無縁にみえて，国際社会から鋭い注文が入ることがある。動物スポーツに対する動物愛護団体からのクレームは，その例である。

三重県桑名市の多度神社では毎年5月に「上げ馬神事」が行われる。地元の7地区の中の6地区がそれぞれ3頭ずつ馬を出し，これに人が乗って急坂を駆け上るのを競う。緩やかな坂の長い助走の後，ほぼ垂直の2m坂を，見事駆け上った地区は，その年豊作と占うもので，江戸時代から続く伝統行事である。三重県の無形民俗文化財に指定され，県内外から多くの観客を集めるイベントとなっている。成功率は3割ほどで，転倒して脚を折った馬が処分されることもある。馬を元気づけ興奮させようと，手にした棒で馬を打つこともある。こうした行為を動物虐待とみて，愛護団体は県や市に中止や改善を求める。実際，2012年の祭りでは，関係者8人が三重県警から書類送検された。

馬のジャンプを競うものにオリンピックの障害飛越があるが，その場合，障害物の高さは1.7m（幅2m）を越えてはならないルールであり，障害自体も馬を転倒させない工夫が施されており，また競技中は鞭(むち)の携帯を禁止するなど，馬への配慮がみられる。

スペインは闘牛の盛んな所で，人と牛とが対決する闘牛は国技として長らく民族の誇りとされてきた。主役はマタドール（闘牛士）で，手にした剣の一突きで，牛を殺す。しかし，この主役の見せ場に先立って，牛は，槍で突かれ，背中に飾り剣を刺されるなど数段階の弱らせの後で，初めてマタドールと対決する。闘牛に，これまで多くの文学者や哲学者が論じたように，屠殺以上の意味を見出すことは可能である。しかし無益な動物虐待の見世物であると解する人も多い。ポルトガルやフランス・プロバンス地方などが，剣による引導渡しをやめて，牛の角に手をかけて制止する形に変えたのは，動物愛護が動機であった。当のスペインでも1991年にカナリア諸島で闘牛が禁止されたのに続いて，2010年にはスペイン第二の都市バルセロナを州都とするカタルーニャ州の州議会が禁止法を可決した。ここでも法案成立に中心となって動いたのは，地元の動物愛護団体であった。

上げ馬神事や闘牛の例は，古くから続いてきた伝統行事とはいえ，もはや伝統という理由だけで無制限の存続が許されるという状況にはないことをわれわれに教える。その際，廃止や改善要求の根拠となっているのは動物愛護の精神であり，さらにその精神からする批判が伝承者内部からも起きている現実がある。こうした現実は国や県などの文化財認定と動物愛護のバランス

という新しい問題を発生させる。同様な批判にさらされた鷹狩は，世界の愛好者の団体である「国際鷹狩・猛禽保護協会（IAF）」がユネスコに鷹狩の世界文化遺産登録申請を行い，2010年に認定を受けている。しかし，こうした国際調停機関の認定も，動物愛護からの批判に対し最終の免罪符となる保証はない。

② 普遍的な倫理の確立

問題は，動物と人間はどのような関係に立つべきかの倫理について，世界の諸民族に通用する普遍的な形のものが未だ構築されていないところにある。動物とのかかわり方の文化は，古くから，それぞれの民族のもとで，それぞれに独自な形のものが形成されていた。旧約聖書のエデンの園でアダムとイブに動物の管理が神から委ねられたことが，かつてイギリスで，闘鶏や牛いじめや熊いじめなどの動物スポーツに対する批判の反論根拠に用いられたことがあった。動物に対する管理権が万事に優先するとの論理であるが，同様の言説はボルネオのダヤク族にもみられる。インドネシアのボルネオ島に住むダヤク族は，首狩りを正当化するのに，対象部族の人たちの祖先はかつて自分たちが飼っていた1匹の犬と1匹の猿であったと語る。首狩りは人ではなく動物に対してとった当然の所有権の行使であるという弁明の中に，動物に対する人間の絶対優位が認められる。

この問題は動物スポーツに終わらない。薬や化粧品の開発にかかわる動物実験や高級食材のフォアグラの生産プロセスへの批判といった様々な分野に及んでいる。フォアグラの独占的生産国フランスの政府は，フォアグラをフランスの伝統食文化と決定することで批判をかわそうとした。EUの条例では，伝統食文化は動物愛護の対象外と定めているからである。しかしもちろん，この保護政策にかかわらず，フォアグラ反対運動は一向に収まっていない。

民族集団が他の民族集団の思惑とは別に守り伝えてきた文化が，グローバリゼーションの中で，廃止を含めて修正を迫られる時代状況の中にわれわれは生きている。民族スポーツといえども，グローバル文化やよその文化と無関係に存在し得るという状況にはないのである。

（寒川恒夫）

参考文献　16.A.01-05

- 寒川恒夫 1984.「遊戯」大林太良ほか 編『日本民俗文化大系7　演者と観客』439-59. 小学館
- ―――. 2003.『遊びの歴史民族学』明和出版
- 寒川恒夫 監修. 1995.『21世紀の伝統スポーツ』大修館書店
- 馬 晟 2011.「苗族武術の観光化変容」早稲田大学博士論文
- 村橋俊之 2011.「中国武術の文化産業化：少林寺武術を事例にして」早稲田大学博士論文
- Archaimbault, C. 1972. *La course de pirogues au Laos: Un complexe culturel*, Artibus Asiae Publishers.
- Guggeis, K. (hrsg.). 2006. *Fussball: Ein Spiel - Viele Welten*, Arnoldsche.
- Hye-Kerkdal, K. 1956. Wettkampfspiel und Dualorganization bei den Timbira Brasiliens, in: *Die Wiener Schule der Voelkerkunde*, 504-33.
- Sogawa, T. 2006. Ethnic sport, it's concept and research perspectives, *International Journal of Sport and Health Science*, 4: 96-102.

民族スポーツ大会　16.B

民族スポーツ大会の意義　16.B.01

① 少数民族が民族スポーツ大会を行う理由

少数民族とは，近代国民国家の中にあって，国家の中枢を担う多数民族（あるいは主要民族）に対し，人口比でもまた政治・経済パワーにおいても劣位にある人々をさしている。こうした人々が彼らの民族スポーツを公開するには，いくつかの理由が考えられる。

その1つは，自身の存在証明である。圧倒的パワーをもって少数民族を抑え込み，究極的には解体・吸収しようとする傾向をもつ多数民族に対し，いかにあらがって民族のアイデンティティーを担保するか，そのための民族文化保存運動の一環として民族スポーツが行われる。イギリスでは，多数民族のイングランド人に対し，スコットランド人が夏にハイランドゲームを催すのは，その例である。民族衣装に身を包んだ人々が集い，民族楽器のバグパイプの伴奏で民族舞踊のスコティッシュダンスが踊られ，当日は会場全体がスコットランド文化で満たされる。

少数民族は先住民である場合が多い。アメリカ・アラスカ州のエスキモーとインディアンが毎年7月に開く「世界エスキモーインディアンオリンピック（World Eskimo-Indian Olympics: WEIO）」は半世紀以上の歴史をもち，新大陸では最も古いものの1つである。大会はもともとエスキモーが行っていたが，しばらくして彼らの南に暮らすインディアンも加わり，協力してアラスカ先住民のアイデンティティー作りに努めている。

少数民族が民族スポーツ大会を行うもう1つの理由としては，観光が挙げられる。インドネシアのバリ島では，バリ・アガ族が先住民で少数民族の立場にあるが，彼らは政府の許可のもと，その住む村落全体をテーマパークとし，入村料を徴収し，日々の伝統的生活を観光客に提供する。毎月のように行われる祭礼も観光対象であり，その中に一種の剣術ムカレカレが行われる。

民族意識の醸成と観光は，少数民族が民族スポーツ大会を行う主要な動機である。しかしこの2つの動機は，互いに独立しているようにみえて，実は合体している場合が多いのである。

（寒川恒夫）

各国の民族スポーツ大会　16.B.02

① 世界エスキモーインディアンオリンピック

[大会概要]

世界エスキモーインディアンオリンピック（World Eskimo-Indian Olympics：WEIO）は，1961年の第1回大会から毎年開催されている「エスキモー」および「インディアン」と総称される先住民の競技大会である。もともとは，アラスカ州のフェアバンクス市の後援により

開催された大会で，2006年の第45回大会まではフェアバンクス市で行われていた。2007年の第46回大会はアンカレッジでの開催となり，初のフェアバンクス以外の場所での開催となった。当初は，エスキモー（イヌイット）の大会として始まったため「世界エスキモーオリンピック」としていたが，1973年に北米先住民のインディアン（現在では「ファースト・ネーションズ」という呼称を使うことが多い）を含む「世界エスキモーインディアンオリンピック」と改称した。1976年以降は，非営利団体である「世界エスキモーインディアンオリンピック」を組織し，イベントの企画から運営までを担っている。

WEIOのシンボルは，五輪ならぬ六輪であり，それぞれの輪は主要な参加民族を象徴している（図1）。シンボルの左の輪から，北西沿岸イヌイットと称される「ハイダ」，極北のツンドラ地域に暮らしてきたイヌイットとユピックの総称である「エスキモー」，北西沿岸インディアンの中でも最北に住む「トリンギット」，アラスカ半島に暮らす「アラスカーアリュト」，亜極北文化圏に属する「アサバスカン」，先のトリンギットと同じ北西沿岸インディアンに属する「ツィムシアン」と並ぶ。

大会規定に定められている参加資格は，アラスカ，グリーンランド，シベリア，カナダのエスキモー，アリュト，インディアン語族またはアメリカインディアンとの血を4分の1以上受け継いでいることと定められている。つまり，参加者の祖父母の出自がイヌイットおよびインディアンの先住民であることが，参加資格として定められている。

大会では多種多様な競技が繰り広げられ，その多くはいわゆる国際スポーツでの身体競技とは異なる文化的独自性をもつ。特に厳しい自然環境とその中で日々繰り広げられる狩猟という生業スタイルが，バラエティーに富むスポーツ競技を生んでいる。それらの競技に共通するのは，狩猟を可能にする体力はもちろんのことであるが，氷から氷に跳び移るなどの敏捷性や，獲物を何時間でもひたすら待ち続けるなどの忍耐力が必要とされることである。さらに，こうした競技は，冬場の屋内における娯楽としても継承されてきた。したがって，きわめてコンパクトな敷地で，さほど用具を必要としない競技が多くみられる。

[競技概要]

・こぶし跳び／アザラシ跳び（Knuckle Hop / Seal Hop）

腕立て伏せの姿勢で手は握りこぶしをつくり，こぶしと胸を床につけた状態で肘を曲げて身体の横につける。スタートの合図ですばやく肘と胸を床から上げ，つま先とこぶしで跳ぶように前に進み，つま先とこぶし以外の部位を床につけないよう前方に跳び続け進んだ距離を競う。こうした動作は，アザラシの動きを真似たものといわれ，特にアザラシ猟の際に獲物に逃げられないように工夫をしたものと伝えられている。イヌイットが暮らす厳しい自然環境の中で，アザラシ猟は特に忍耐と体力を要する作業である。こぶし跳びは，そうした彼らの生業とそれに伴う忍耐・体力を試す格好の競技といえよう。

・4人運び（Four Man Carry）

その名称どおり，競技者は，自分の身体の前，後，右横，左横にしがみついている4人の男たちをバランスよく支えながら，1人も落とさずに前に進めるか，その距離を競う。これは狩猟で獲物を担いで移動するための体力とバランス力，耐久力を養うための競技とされる。

・耳重量挙げ（Ear Weight）

約7kgの錘をつけた紐を片方の耳にひっかけ，ゆっくりと身体全体で錘を持ち上げ前に進み，その距離を競う。錘の重さで耳はうっ血し，引きちぎられんばかりの様は，耳さえも凍りつくほどの極寒の冬を何とか耐え抜く姿勢へとつながっている。

・耳引き（Ear Pull）

2人の競技者が向かい合って座り，輪になった麻の紐を互いの右耳であれば右耳，左耳であれば左耳に引っ掛けて身体を浮かせないようにして引き合う。痛みに耐え，引き続けた方が勝者となる。耳重量挙げと同様に，厳しい自然と対峙して生きる彼らに忍耐力を授ける1つの方法であるといえる。

・爆弾落とし（Drop the Bomb）

競技者は床にうつ伏せし，両手を真横にまっすぐ伸ばし，両足を揃えた姿勢をとる。3人の「偵察員」は各競技者の足首，腕を支え，競技者を床から30cmほど持ち上げる。その際，競技者は姿勢を崩さないように，そして支えている「偵察員」たちは「フロアーからの司令塔」役の指示に従いながら歩く。胴体や腕などが沈み始めたら，競技者は「爆弾を落とした」とされ，そこまでの距離を測る。最も長い距離を進んだ者が勝者となる。

・片足高蹴り（One-Foot High Kick）

競技者は，上方にぶら下げられている球状の的をめがけて，両足で踏み込みジャンプをするが，的は片足で蹴り上げ，着地も蹴り上げた方の足である。蹴り上げることのできる的の高さを競う。この競技では，ジャンプ力とともに柔軟性とバランス力が求められる。もともとは，鯨が捕獲されたことやカリブー（トナカイの一種）が近くにいることを周囲の仲間に知らせるための合図として足を高く上げていたという。この競技は，WEIOの人気競技であり，毎年記録更新が注目されている。ちなみに2007年の大会では，106インチ（約2m70cm）の的を蹴り上げ，記録を更新している。

・両足高蹴り（Two-Foot High Kick）

競技者は，上方にぶら下げられている的をめがけ，両足で床を踏み切り，両足を揃えたまま的を蹴り上げ，そしてバランスよく両足同時に着地することが求められる。蹴り上げる的の高さを競う。片足高蹴りと同様に，もともとは鯨を捕獲したことを知らせる合図として，村へのメッセンジャーが走りながらそうした動作を行ったことがこの競技の由来とされる。

・片手高つかみ（One-Hand Reach）

片手を床についた状態で身体全体を支えながら，腕以外の身体は床に平衡な位置に保ち，床についていない手を上方の的に伸ばし触れることのできる高さを競う。なお，触れた後も手以外

図1　WEIOのシンボル（六輪）

の身体の部位が床につかないように，バランスを保たなければならない。この競技は，体力はもちろんのことであるが，バランスや身体能力が試される。

・アラスカ式高蹴り（Alaskan High Kick）

競技者は，片手を床につけ，もう一方の手で床面についている手と同じ側の足をつかむ。手以外は床から離し，フリーとなっている足を蹴り上げ上方の的に当て，再び片足でバランスを保ちながら着地する。その動作は，片手で逆立ちをするような姿勢で蹴り上げた同じ足で着地をするため，相当な筋力とバランス力が求められる。

・膝跳び（Knee Jump）

競技者は正座の姿勢から，両腕を前後に揺らしながら勢いをつけて前方に向けてより遠くに跳び，バランスを崩さずに両足で膝を曲げた姿勢で着地する。より距離を跳ぶためには，瞬発力とバランス力が必要とされる。この競技は，氷が割れた際にすぐさま他の氷に跳び移るために必要な俊敏な動作に由来する。

・インディアン式棒引き（Indian Stick Pull）

長さが約30cm，最も太い箇所で直径4cmほどの両端が次第に細くなっている棒に油を塗り，2人の競技者がその棒を握り引き合う。その際，競技者は棒を急に引いたりねじったりすることなく，まっすぐに引き合う。先住民の伝統的な漁法であるフィッシング・ホイール（水流を利用した捕獲方法）の魚を取り出す動作から生まれた競技である。

・エスキモー式棒引き（Eskimo Stick Pull）

競技者は向かい合って床に座り，膝をやや曲げた状態で互いの足の裏を合わせる。次に，直径約3cmの棒を横にして1人は内側を，もう一方は外側を両手で握る。スタートの合図で足と腕，背中の力，そして握力でもってその棒を自分の身体に引き寄せるように引く。勝負は，相手を棒ごと引っぱるか，棒を相手の手から離すことで決まる。この競技は，氷の穴からアザラシを引っぱり上げるなどの腕力と体力を養うためのものであった。

・つま先蹴り（Toe Kick）

競技者は，決められたラインの位置に立ち，ジャンプしながら前方にある直径約3cmの棒を両つま先で後方へ蹴る。膝跳びと同様に，この競技は，もともと氷が割れた際，他の氷に跳び移るための敏捷性とバランス力を養うものであった。

・腕引き（Arm Pull）

競技者は互いに向かい合って床に座り，片足を相手の足の上に置き，もう片方はまっすぐ伸ばすことで相手の足が上にかぶさる。互いの同じ側の腕（右と右，左と左）を肘で組み合い，スタートの合図で引き合う。こうした腕力を試す競技は，氷を切り出す作業に必要な体力を養うとされている。

・ブランケットトス（Blanket Toss／Nalakatuk）

セイウチの皮をつなぎ合わせたシートの中央に競技者が立ち，シートの周りを取り囲むようにしてグリップを引く「引き手」たちとタイミングを合わせてトランポリンの要領で上方に高く跳ぶ。勝敗は，高さとスタイル，着地時のバランスによって決まる。もともとは鯨などの獲物をみつけ出すための動作ともいわれており，地域により鯨の収穫を祝うための祝祭のイベントとしても行われている。

・ハサミ幅跳び（Scissor Broad Jump）

競技者はラインに合わせ両足を揃えて立ち，そこから両足で踏み切るが，片足でバランスよく着地し，その次に，もう片方の足を前に振り出すようにジャンプし，さらにもう一度その動作を繰り返し着実に両足で止まる。この競技は，かつて狩猟を行っていた際，氷が割れるなどの事態にいかに氷から氷に跳び移るかという身体動作に由来しており，俊敏性とバランス力を競う。

・トーチ競争（Race of the Torch）

5kmの距離を最も速く走りきった男女それぞれに，開会式でオリンピックランプに火を灯すことができる権利が与えられる。

・油棒渡り（Greased Pole Walk）

油の塗られた棒の上を，滑らないように渡っていく競技で，棒から落ちずに進んだ距離を競う。

・鯨の脂肪と皮の早食い競争（Muktuk Eating Contest）

競技者は，与えられた量の鯨の脂肪と皮を食べきる速さを競い合う。

・アザラシの皮剥ぎ競争（Seal Skinning Contest）

いかに速くアザラシの皮を剥ぎ取るかを競争する。

・魚さばき競争

魚の中骨をきれいに取り除き，おろし身の部分を乾燥に適した形に仕上げるまでの速さと手際のよさが競われる。

・先住民ダンス競技

イヌイットとネイティブインディアンのそれぞれの出場チームが，独自の伝承や物語を表すダンスを披露し，コンテスト形式で競い合う。

・その他

ミスWEIOコンテスト（Miss World Eskimo Indian Olympics Pageant），先住民の赤ちゃんコンテスト（Native Baby Contest），先住民正装コンテスト（Native Regalia Contest）なども行われる。

［大会の展望］

今後もWEIOは，今までのように自らのアイデンティティーの発揚の場として先住民に求められるであろう。その一環として，先住民の暮らしに暗い影を落としているような若者に増え続ける無就労というライフスタイルやドラッグ，アルコール中毒の問題への対策としても，WEIOの果たす役割は大きい。事実，2007年の大会での標語として「WEIOはドラッグ・アルコールのないイベント」であることを掲げている。

近年，北米における先住民の位置づけも大会開始当初からは随分とその様相を変えてきた。特にカナダの先住民にとって最も大きな進展となった出来事には，1999年に先住民が政治的な主導権を握るヌナブト準州が認められたことであろう。WEIOは，先住民の伝統文化を，身体を通して自らがアイデンティティーを確認・創造する場であるとともに，こうした社会的な先住民の権利を獲得するための1つの足がかりとなることは確かであろう。加えて，経済的な資源としての観光とのかかわりも，近年，戦略的に実施されているようである。年に1度，参加者が開催都市に落とすお金もそうだが，観戦のために訪れる観光客による収入も期待できる。経済側面への期待は，これまで慣例であったフェアバンクス市での大会の開催を2007年に初めてアンカレッジで行ったことにも表れている。

今後も，WEIOは民族再生，文化復

興，政治・経済活動と，様々な役割を担うスポーツ大会として期待されている。また，こうした先住民のためのスポーツ大会は，WEIOのほかに「北極冬季競技会（Arctic Winter Games）」なども1969年から開催されている。近年では，開催種目を伝統的なスポーツに限定することなく，むしろ国際スポーツである野球，バスケットボール，サッカーなど16種目の競技を競い合う北米先住民競技会（North American Indigenous Games）が1990年より開催されている。2006年にアメリカのデンバーで開催された大会では，約9,000人の参加者が集ったという。北米先住民が自らの民族のアイデンティティーをみつめ，民族としてのプライドを再興させるためにも，こうした特定の民族集団が集うスポーツ大会は重要な役割を担っているのである。

（田里千代）

② ハイランドゲーム

[大会概要]

スコットランドの北西部に広がる高地地方，いわゆるハイランド地方では毎年夏にハイランドゲーム（Highland Games）と称される民族スポーツ大会が開催されている。ハイランドゲームは元来，高地地方の諸氏族（clans）が年に1度集い伝統的なスポーツや遊戯を行っていたものを，1800年代に入って今日のような競技会の形式に整えたもので，ハイランドギャザリング（Highland Gathering）とも呼ばれる。また，ハイランドゲームとは呼ばれないまでも同様の競技会は高地地方以外のスコットランドでも確認されており，スコットランドのほぼ全域で行われる夏の風物詩といえよう。

なかでも最も有名な大会の1つは，9月初旬にアバディーンシャー州で開かれるブレマーギャザリング（Braemar Gathering）である。ブレマーギャザリングは1832年に始まり約180年の歴史を有するが，1848年にビクトリア女王の後援を受けてから人気が高まった。以来，歴代の英国国王がその任を受け継ぎ，経済的な支援にとどまらず，王室メンバーが自ら競技会に臨席するという姿勢は，イングランド人に古くから根強くもたれていたスコットランド人に対する「粗野で野蛮」という偏見すら変える機会を提供することとなった。

このハイランドゲームでは重量競技（The heavy events）と総称される，ケイバー投げ（Tossing the Caber），ハンマー投げ（Throwing the Hammer），錘投げ（Throwing the Weight），石投げ（Putting the Stone）などの投てき競技やレスリング（Wrestling）が行われる。また，スコットランドの伝統的な楽器であるバグパイプの競演，そしてそれを伴奏楽器とするハイランドダンシング（Highland Dancing）も重量競技やレスリングなどと並ぶ人気で呼び物の1つとなっている。各競技への参加者には公式規則により民族衣装のキルトを着用するよう義務づけられており，競技会はスコットランドの民族文化に彩られる。

ハイランドゲームで行われる競技の概要は以下のとおりである。

[重量競技の概要]

・ケイバー投げ

ケイバーとはゲール語で「丸太」のことである。丸太は大会によって異なるが，直径10〜20cm，長さ4.5〜7m，重さ70kg前後のものが使用される。競技者は身体の正面で丸太を垂直に抱えた状態から助走をつけて前方に投げ放ち，回転させた丸太を投てき方向からみて正面にいかにまっすぐ倒すかを競う。切り倒した木の幹を谷間や河川に投じて橋を架ける方法として始まったともいわれており，どこの村でもハイランドゲームのメインイベントとなっている高難度かつスペクタクルな競技である（図2）。

競技開始にあたっては丸太を補助役が直立させ，競技者はいったん肩で担いで立ち上がり，次いで丸太の下端を両手で下から支えるように持つ。この丸太を保持した姿勢から助走により勢いをつけて投てきする。丸太の上端が地面に着地し，保持していた下端が投てき方向から奥へ倒れるようにするため，助走の勢いだけでなく投げ上げる高さも求められる。投げられた丸太は大きく弧を描いて先端部分から着地し，一瞬倒立した状態となってからゆっくりと倒れる。丸太を真正面に倒すことに成功した場合には，時計になぞらえて"twelve o' clock turn"と呼ばれる。しかし，投擲により丸太を垂直に倒立させ，そこからさらに奥へ半回転させて倒すのは容易でなく，手前側に倒れてしまうこともしばしばある。そうした際には着地後の丸太の角度により評価がなされる。

・ハンマー投げ

ハンマーを投げてその飛距離を競う。使用されるハンマーの形状は現在の陸上競技で使用されるものとは異なり，長さ1mほどの木製の柄の先端部分に鉄球が固定された，文字通り工具のハンマーを彷彿させるものである。競技者はつま先に剣状の金具の付いた革靴を履き，競技場に背を向け，その金具を地面に突き刺して両足を固定した姿勢から投てき動作を開始する。ハンマーの柄の下端を両手で握り，全身を用いてハンマーを大きく振り回して勢いをつけ，身体を捻りながら背面に放り投げる（図3）。

図2　ケイバー投げ
（写真提供：早稲田大学スポーツ人類学研究室）

図3　ハンマー投げ
（写真提供：早稲田大学スポーツ人類学研究室）

図4　錘投げ
（写真提供：早稲田大学スポーツ人類学研究室）

・錘投げ

持ち手の付いた錘を投げてその飛距離を競う。または，頭上に渡したバーを越えさせるように錘を放り上げてその高さを競う。競技に使用される錘は，円柱状の錘に持ち手が付いたものや鉄球状の錘に短い鎖で持ち手を結んだものなど，競技会によって様々なものが存在する。飛距離を競う種目では，錘を片手で持ち，身体を大きく回転させながらその勢いを利用して放り投げる。高さを競う種目では，陸上競技の棒高跳のように高さを調節できるバーの下から，競技者は股下で振り子のようにして反動をつけて錘を放り上げ，バーの前から後ろへと錘を越えさせる（図4）。

・石投げ

各競技場に伝わる石を投げてその飛距離を競う。競技者は投射方向に背を向け，片手で保持した石を顎下につけた構えから突き出すようにして投げる。もともとは川床から滑らかな大きな石を運び込み，その石を投げて飛距離を競うものであったが，今日では石に代えて鉄球を用いている競技会もある。投てき動作は陸上競技の砲丸投のグライド投法（オブライエン投法）ときわめて類似しており，競技者によっては回転投法で投射する者もいる。

・石運び（Stone carry）

大きな石を持ち上げて一定距離を運ぶか，その運んだ距離を競う。地域によってはウィスキー樽の上に大きな石をのせる競技もある。

[レスリングの概要]

レスリングはハイランドゲームの主要な競技の1つである。このレスリングは，現在のオリンピックなどで採用されているグレコローマンスタイルやフリースタイルとは異なる伝統的なスタイルであり，スコティッシュ・バックホールド・カンバーランド・スタイル（Scottish Backhold Cumberland Style）と称される。この名称はスコティッシュ・バックホールド（スコッツ〔Scotts〕とも呼ばれる）とイングランド北西部にみられるカンバーランド・アンド・ウェストモーランド（Cumberland and Westmorland）という2つのスタイル名が組み合わされたものであるが，この両スタイルはほぼ同様のものである。このレスリングの最大の特徴は競技者同士の組み方にみられる。握手を交わした両競技者はスタンディングポジションにて互いに左腕を相手の右肩の上から，右腕を相手の左脇下から差し回し，相手の背中でクラッチして組んだ状態から試合が開始される。「バックホールド」の名はこれに由来する。このクラッチは両手指をカギ型にして指先を引っ掛けるようにして組むインディアングリップであり，指や手首をつかむことや指を交差させて組むことは禁じられている。また，組み合う際の駆け引きにより両競技者の下半身に適度な間合いが保てない場合には，人をはさんだ状態で再度組み合い直す（図5）。

競技は時間無制限の3本勝負で行われ，2本先取した方が勝者となる。主審の「ホールド」の掛け声により競技が開始され，競技者は組み合ったまま互いを投げようと試みる。クラッチした手を離すか，足裏以外の身体の一部が地面につくと負けとなる。ただし，相手を投げる動作中にクラッチが解けてしまった場合はこの限りでない。柔道の足技のように足（脚）を刈る，払うといった下半身への攻撃も認められている。

[ハイランドダンシングの概要]

ハイランドダンシングは高地地方の諸氏族により始められ，民衆の間に広まったスコットランドの伝統的な舞踊である。ハイランドゲームでは他の競技や音楽演奏とともに主要な競技種目の1つにもなっており，競技により洗練され今日に至っている。かつては諸氏族によりダンサーが養成されていたが，現在では幼少期よりダンスの専門教育を受けた者が競技に出場している。

最も代表的な演目であるソードダンス（Sword Dance）は，その名称に象徴されるように剣を使ったソロ舞踊で，戦闘に先立ち戦意を鼓舞するために行われたとされる。図6のように舞台の床面に2本の剣をクロスさせて置き，4等分されたスペースを反時計回りにステップを踏む。

（幸喜　健）

③ **中国少数民族伝統体育運動会**
[大会開催に至る経緯と大会概要]

中国は，人口の約9割を占める漢民族と少数民族から成る多民族国家である。1949年の中華人民共和国成立後，民族識別工作が行われ，当時認定された少数民族の数は55にのぼる。しかし，少数民族として認められず「族」ではなく「人」という呼称で呼ばれている人たちが未だにいるのも事実である。またチベットおよびチベット文化圏や新疆ウイグル自治区では分離独立を求めて大小の暴動が今日でも頻発しているように，中国政府は国家誕生時点から大変複雑でデリケートな問題を抱えているため，民族融和政策として少数民族の文化を尊重し，その伝統スポーツも重視するという姿勢を示した。

・第1回大会

1953年11月8日から12日まで天津市において全国規模のスポーツの祭典が開催されたが，本来の名称は「全国民族形式体育表演及競技大会」であった。その後，1984年に国家体育運動委員会（現国家体育総局）と国家民族事務委員会は，この大会を「第1回全国少数民族伝統体育運動会」と定め，これ以降，少数民族の伝統体育運動会を4年に1度開催することとした。

第1回大会には漢族を含めた13の民族から395人の選手が参加した。彼らは華北区，東北区，西北区，中南区，西南区（チベットを含む），内モンゴル自治区，解放軍および鉄道局など9つの団体である。大会は天津民園体育場で開催され，開幕式には中央人民政府政

図5　レスリング
（写真提供：早稲田大学スポーツ人類学研究室）

図6　ハイランドダンシング
（写真提供：早稲田大学スポーツ人類学研究室）

務院副総理兼文化教育委員会主任の郭沫若や衛生部部長の李徳全らが出席し，スピーチを行った。

大会は競技，エキシビション，特別招請エキシビションの3つに分けられた。競技は重量挙げ，拳闘，相撲，短兵歩射，エキシビションは武術（棒術と器械等383種），民間体育（石担ぎ，登り棒等22種），馬術（馬上技巧エキシビション9種），特別招請エキシビションは馬球（モンゴル式ポロ），モンゴル式相撲，獅子舞，雑技等であった。その中で特にウイグル族の「ダワズ」（高空綱渡り），モンゴル族の相撲，朝鮮族の板跳び，回族の武術，内モンゴル騎兵の馬術等は，その高度な技でみる人々を感動させた。競技種目の中で10人の重量挙げ選手が国内新記録を出した。全国各地から天津市を訪れた観衆は，大会公式ホームページの回顧録によれば，その数12万人に及んだという。運動会の閉幕後，さらに選抜された90人の優秀な選手が北京におもむき31回もの実演を行って，多くの観衆から歓迎を受けた。大会の意義は単に初めて開催された少数民族形式の運動会というばかりでなく，諸民族が平等に団結し，歴史的に迫害され蔑視されてきた少数民族が初めて自らの民間伝統スポーツを披露した点にある。

[その後の発展]
・第2回大会

第1回大会から30年後に第2回大会が開催されたのは，1966年から10年にもわたって国内を混乱に巻き込んだ文化大革命が原因している。

第2回大会は1982年9月2日から8日まで内モンゴル自治区のフフホト市で開催された。この7日間にわたる大会には，29の省，自治区，直轄市の56の民族から863人の選手，コーチが参加し，そのうち593人が少数民族の選手であった。中国内外の記者，フフホト在住の学生，教師，中国内外の旅行者，市民が開幕式と競技を観賞した。大会は大きく分けて競技とエキシビションの2つであった。競技は弓射，中国式相撲の2種目である。弓射では勝敗を争った内モンゴル自治区，新疆ウイグル自治区，チベット自治区，青海省の5つの民族，24人の選手が特に優れた成績を収めた。相撲では15の省，自治区，直轄市の13の民族，56人のアマチュア選手が4つの階級別中国式相撲の試合に参加してその技を競い合った。エキシビションは68種類あった。26の省，自治区，直轄市の46の少数民族，800人以上の選手が参加した。朝鮮族のブランコ，回族の闘牛，ウイグル族の「ダワズ」，モンゴル族のラクダ競走や競馬等である。このような民族の伝統エキシビションは民族それぞれの生活に根ざしたものであり，民族の特色を表していて，大会公式ホームページの記載によると当時80万人以上の観客の前で披露されたという。大会期間中に「全国少数民族伝統体育活動写真展覧会」が同時開催され，1万2,000人が参加する親睦パーティーも盛大に開催された。パーティーでは各民族の選手たちが篝火を囲んで歌い踊って親睦を深めた。

・第3回大会

1986年8月10日から17日まで，新疆ウイグル自治区ウルムチ市で開催された。この大会には，台湾を除く全国29の省，自治区，直轄市の55の民族の選手，コーチ，審判，代表の計1,097人が参加した。そのほかに29の省，自治区，直轄市で組織された視察団，ならびに特別招請代表，中国内外の記者，香港とマカオの華僑，外国人等2,000人あまりが参加し，総数は3,704人に達し，前大会を超えた。大会では7つの競技と115種類のエキシビションが行われた。競技は前大会の相撲や弓射のほかに競馬，ブズカシ（アフガニスタンの呼称で羊を球代わりに使う騎馬ラグビー），弩射（クロスボウ），搶花炮（中国式ラグビー），ブランコの5種が新たに加えられた。中でも「ブズカシ」は初めて民族運動会の正式競技種目となったものであった。少数民族運動会の記章と旗も，この大会から使用された。

・第4回大会

当初第4回大会は1990年の開催予定であったが，その前年1989年に国を揺るがす大きな事件が起きた。民主化を求めるデモ隊と軍や警察が衝突し多くの死傷者を出したいわゆる天安門事件である。このため国は混乱に陥り，大会も延期を余儀なくされた。

大会は1991年11月10日から17日まで広西チワン族自治区南寧市で開催されたが，馬の競技だけは8月4日から7日まで内モンゴル自治区フフホト市で行われた。これは当時の道路や鉄道事情では馬を輸送することが現実的でなく，そこで，日頃から馬と暮らす民族が多く居住するフフホト市が環境が整っていると判断されたためであった。全国30の省，自治区，直轄市の55の少数民族の選手，コーチ，関係者，中国内外の記者等3,000人あまりが参加した。特記すべきは，台湾のドラゴンボートレースチームと原住民伝統歌舞芸術団が初めて参加したことであった。南寧の会場ではドラゴンボートレース，搶花炮，ブランコ，弩射等9つの競技と120種類のエキシビション種目が行われた。開幕式では1万2,000人の青少年による「民族の光」と題した大型歌舞のショーが上演された。また本大会で初めて大会ソング「愛我中華」が発表され，チワン族出身の歌手韋唯が歌った。

・第5回大会

1995年11月5日から12日まで雲南省昆明市で開催された。全国各省，自治区，直轄市の55の少数民族の選手とコーチ，審判員，要員，視察員，少数民族体育先進地区の代表，報道記者等9,000人が参加した。特筆すべきは中国人民解放軍と新疆生産建設兵団が初めて団体で観戦したことである。さらに，台湾のチームがドラゴンボートレースに参加したこと，また大会が相互研究を目的として香港，マカオ，台湾からゲストを招いたことが大々的に報じられた。前大会に続き台湾から参加があったことは，台湾を自国の一部とする中国にとっておおいに面目を保つことであり，当時まだ英国領の香港（1997年返還），マカオ（1999年返還）からゲストを招いたのは，近々香港・マカオが返還されることを見据えてのことであった。運動会のエキシビションは134種類，競技はドラゴンボートレース，ブランコ等11種類であった。その中で競馬ではハタ拾い（騎乗したまま地面に置いたハタを拾う），「ブズカシ」等の馬上競技と速度を競う2種類があり，相撲はモンゴル族式，チベット族式，彝族式，ウイグル族式，回族・満族式の5種類があった。

・第6回大会

本大会は中国にとって非常に大きな

意味のあるものであった。開催された1999年は中国建国50周年にあたり，チベットの「民主改革」から40周年という節目の年であったからである。そのため，第5回大会終了後には早くも国家民族事務委員会と国家体育運動委員会(当時)が第6回大会の日程について協議を始め，大会開催2年前の1997年にはラサ市で大会のための第1回計画準備会議も開かれた。そして1999年9月24日から30日まで北京で本大会を行い，しかしそれに先立って，8月18日から28日まで分大会をラサ市で行うこととなった。これには，首都北京から遥か遠く離れた地であっても国家はその存在を軽視していないという意味も込められていた。また北京は首都であり，国慶節の間際に全国各地から少数民族の選手が一堂に会して祭典を開くことは，国内外に政府の民族融和策の成功をアピールする絶好の機会であった。本大会は31の省，市，自治区と解放軍，新疆生産建設兵団等33の団体の4,000人あまりの選手が参加し，その中には香港とマカオの少数民族の選手も含まれていた。13種類の競技と100種類のエキシビションが行われた。

インターネットの普及に伴い，本大会から公式ホームページが作られるようなった(中国語のみ)。その内容は大会の概要，歴史，各少数民族および競技種目の紹介，大会日程等であった。

なお，2000年代に入って中央民族大学，西南民族大学，広西民族学院，湖北民族学院，貴州民族学院，雲南民族学院，吉首大学，大連民族学院，河北体育学院，山東済南大学，青海民族学院，天津体育学院，北京体育大学等の高等教育機関において，民族体育学科や民族体育の講座が行われるようになったのは，少数民族に関心をもつ漢族の増加とも関連があるかもしれない。

・第7回大会

2003年9月6日から13日まで寧夏回族自治区銀川市と石嘴山市で開催された。台湾の少数民族代表団を含む全国から34の代表団，56の民族の選手およびコーチ3,900人が参加した。大会はドラゴンボートレース，竹馬競走，民族式相撲等14種類の競技と124種類のエキシビションが行われた。試合会場の入場は自由だが，開会式，閉会式など大きなセレモニーは関係者と招待客にのみ入場が許されていて，会場の周囲はたくさんの警官が警備していた。なお筆者は閉会式の際，パスポートを提示することを条件に会場に入場することを特別に許されたが，座席には空席が目立ち，前大会と比べると地元の関心は低いと思われた。本大会公式ホームページには競技日程は掲載されていたものの，開催される日，競技名，試合会場名という大まかな内容だったので，あらかじめ開始時間などの詳細を知ることは困難で現地入りした後に寧夏日報，寧夏広播電視報，銀川晩報等の地元紙を購入してチェックするしかなかった。この点においても開催当局がホームページ制作に特に力を入れず，それに比例するように地元の人々の関心も低かったといえる。

・第8回大会

2007年11月10日から18日まで広東省広州市で開催された。31の省，自治区，直轄市と解放軍，新疆生産建設兵団および台湾地区の34の代表団6,400人以上が参加した。大会競技はブランコ，ドラゴンボートレース，民族式相撲等15種類が行われ，エキシビションは民族健康体操，競技類，技巧類，総合類と大きく4つにカテゴライズされ150種類にも及んだ。会場は18ヵ所の競技場と3つの大型施設(麓湖公園，国際ボートセンター，本大会のために建設された競馬場)が使われた。大会競技会場の多くが，中山大学，広州大学等々の体育館やグラウンドであり，大学キャンパスの集まった地区だったため，大会が準備した揃いのシャツおよび身分証を首から下げた学生ボランティアの姿が多く見受けられた。開会式の入場券は会場外にダフ屋がいて購入が可能だった。入場する際のチェックがこれまで以上に厳しく，各ゲートには入場券と携帯品のチェックをする係員と警官がいて，その背後には没収されたペットボトル入り飲料が山積みだった。式典では最後の聖火ランナーが発射装置を背中に背負い，数メートル飛んで聖火台に火を点し，また騎乗した少数民族の選手たちが会場を疾走してみせるなど，大掛かりで派手な演出がなされていた。大会開催中の15日の昼間には，郊外の遊園地で選手と関係者が集う懇親会が開かれた。また大会の公式ホームページが以前にも増して充実してきた。試合日程の詳細はもとより，その日開催された試合結果が同日中に掲載されていた。そして，選手，コーチ，記者，大会関係者以外の人々を意識したものになっていた。大会に関する様々な基礎情報以外に，新たにスポンサーの地元企業名が載り，広州市の食，宿泊施設，観光地が紹介されていた。国内富裕層の観光誘致のみならず，広東省は香港，マカオと隣接する地理的要因もあって，これら住民と台湾・シンガポールなどの華僑や華人に，少数民族運動会という「祭り」観戦を兼ねた観光誘致をアピールするねらいもあった。それは，まさに翌年に控えた第29回オリンピック大会(北京)という世界レベルの観光イベントを意識したプレ・オリンピックの意味合いもあった。

・第9回大会

2011年9月10日から18日まで貴州省貴陽市で開催された。全国から34の代表団，6,773人の選手により16の競技種目，188のエキシビション種目が行われた(図1)。これまで少数民族伝統体育運動会という名称ではあったものの，これまで実際には漢族選手も参加していたが，本大会には漢族選手の参加はなかった。それを裏づけるように大会公式ホームページの「第九届民族運動会総規程」の選手資格は中華人民共和国の少数民族公民と明記されていた。また同サイトでは，前大会を踏襲する形で試合の日程，競技内容や結果等以外に大会開催地である貴陽市のグルメ，宿泊施設，観光スポットおよび日帰りツアー，名産品の紹介と，他の地域から訪れる旅行者を意識した内容のものになっていた。

[大会が抱える課題]

少数民族伝統体育運動会はもともと民族融和のための政策の一環として開催されてきた。鄧小平が唱えた改革開放政策は確かに成功したが，その結果として，富める沿海部と貧しい内陸部という図式が生まれた。富める沿海部に住む人々の圧倒的多数が漢族であり，貧しい内陸部に住むのが少数民族にほかならない。実際，少数民族の居住地域は西部に集中している。そこでこの経済格差を埋めるべく考え出されたのが，「西部大開発」と呼ばれる開発政策である。ここでいう西部とは四川省をはじめ甘粛省，貴州省，寧夏回族

自治区，青海省，陝西省，チベット自治区，新疆ウイグル自治区，雲南省，重慶市，さらに新たに内モンゴル自治区と広西チワン族自治区を加えた計12省区をさす。2000年にこの政策が決定され，少数民族運動会の開催地選びにも反映されている。少数民族の多く住む開発の遅れたところが選ばれているのである。2003年に開催された第7回大会の開催地は，前述のように寧夏回族自治区であり，2011年の第9回大会は中国人が「中国一貧しい省」という貴州省であった。また次の第10回大会（2015年予定）は内モンゴル自治区で開催されることがすでに決まっている（2014年現在）。省レベルではなく国家レベルの少数民族運動会の開催地となれば，アクセスを容易にするため，道路や空港の整備，競技関連施設の新設計画をはじめ各種のインフラ整備工事も行われる。また，それによってもたらされる経済波及効果もおおいに期待できるのである。富裕層が急増して少数民族の祭りを見物するなど観光がブームとなっている昨今においては，大会を観光化しようとする主催者側の思惑が見え隠れする。しかし現実にはまだその知名度は低く，これまでは開催地のごく一部が盛り上がっているという状況であった。外国人観光客にとっても広大な中国をあちこち移動しなくとも，大会に来れば様々な民族の伝統スポーツを一挙に観戦することができ，魅力的であるのは間違いない。

第1回大会から第8回大会までは「全国少数民族伝統体育運動会」という名称ながら漢族も参加したが，しかし第9回大会では，漢族を除外して少数民族だけとした。少数民族の希少性を強調し，その民族スポーツ大会の魅力を国内外に伝えようとする，したたかな戦略の第一歩であろう。

〈鈴木みづほ〉

④ **ナーダム**
[文献にみるナーダム]

モンゴル語の「ナーダム」（Naadam, Наадам）は，広義では「遊び」を意味するが，狭義にはブフ＝モンゴル相撲，競馬，弓射の男子三種競技（エリーン・ゴルバン・ナーダム：Эрийн гурван наадам）が行われる伝統的行事をさす。司馬遷の『史記』「匈奴伝」によれば，紀元前3世紀頃から匈奴は，1) 毎年正月に軍団長らが単于（匈奴の長）の本営で小規模の会合を開き，祭りをし，2) 5月には龍城で大集会を開いて，祖先や天地神を祭る大規模な祭祀活動を行い，3) 秋には，蹛林で大きな会合を催し，そこで人民と家畜の数を調査したという。蹛林とは，「林を蹛（まわ）る」という意味で，天神地祇を祭る祭殿をさす（江上波夫『騎馬民族国家』〈中公新書〉.中央公論新社.1967. 72–73）。つまり，1) は軍事的会合と鍛錬を中心とし，2) は先祖，天地神の祭祀で，3) は国勢または社会調査に相当するものである。これは，今日のナーダムの原形であり，古代のナーダムが有する基本的要素であろう。現在では，1) の軍事的意味は失われ，国家的または公的な祝賀行事に代わったが，2) と 3) の要素は，とりわけ地方におけるナーダムなどに色濃く残っている。軍事鍛錬の場合は，三種競技が個別に行われる場合もあったが，祭祀の際はほとんど同時に行われていた。『後漢書』(巻119，南匈奴伝)にもほぼ同じ記録があるほか，「馬や駱駝を〔競〕走させて楽しんだ」というより具体的な記述がみられる。カブル・ハーン時代 (1101–48?) になって，ブフと弓射は東西二手に分かれて競技するようになり (R.ガリンデヴほか『エリーン・ゴルバン・ナーダム』ウラーンバートル.1978. 4)，男児の技量を競い合う場となった。しかし，この時代の文字記録として残っているのは，1224年に成立したとされている『イスンゲ紀功碑』である。チンギス・ハーンがホラズム遠征からの帰りに遠矢の大会を催した時，その甥のイスンゲが優勝したことを伝えている（松川節『図説モンゴル歴史紀行』河出書房新社.1998)。ブフと競馬が同時に開催されたかは定かではないが，弓射競技に関する最古の記録である。ナーダムが競技名称としていったいいつ頃から定着したのかは不明だが，『モンゴル秘史』には「モンゴルのジャルガラン（愉楽の意）は大地を踏みならし，喜び，楽しむことであった」という記述がある。それは今日のナーダムが有する「遊び」の要素を多分にもっていたようである。1206年，チンギス・ハーンの即位に際し，ナーダムが開催された可能性が高いが，『モンゴル秘史』等の文献には記載はみられず，次のような民間伝承が伝えられている。「1206年に最初の国家大ナーダムが盛大に開催され，ブフ大会には，999人の力士が力を競い合い，ホトクト・イデルの息子イグネンバートルが優勝したので，大モンゴル国バートル・ブフ（英雄なる力士）称号を授与された。競馬では9,999頭の馬を競走させ（中略），弓射には900人が99チョルボル（手綱の意）の距離を射的した…」。ラーシド・ウッディンの『集史』（『集史』第2巻．商務印書館．1997. 29）によると，1229年の2代目のオゴデイ・ハーンの即位に際しても，大ハーンに推戴する前に左右両翼の王侯たちがオノン河の畔で集まり，「三昼夜にわたり遊戯，集合，娯楽を行い，その後国事および即位について協議した」と記している。

[代表的なナーダム]

・ドローン・ホショー（七旗）・ダンシグ・ナーダム

1640年，モンゴルのハルハ部において，チベット活仏の転生とされた，トゥシェート・ハーンの息子ザナバザルを5歳の時に初代ボグド（法王）に推戴した。そしてトゥシェート・ハーン部の七旗共同でボグドの長久（ダンシグ）を祈願し，奉納ナーダムを催した。これは事実上ハルハ部全体のナーダムとなり，1913年までの280年間続いた。同ナーダムでは活仏のお抱え力士が優勝を約束される習わしがあった。優勝および上位入賞力士には，アルスラン（獅子），ザーン（象），ナチン（隼）のような称号が与えられた。同ナーダムは，当初は年3回行われたが，活仏の他界，即位，祝寿などの際にも行われ，次第に年1回開かれるようになった。1,000人程度のブフ・トーナメントが行われるのが一般的であった。そのほか競馬，弓射の競技も行われた。今日のナーダムはおおよそこの頃に制度化されたのである。

・アルバン・ザサギーン（十領地）・ナーダム

史料の初出年は定かではないが，18世紀中頃からトゥシェート・ハーン部の10ザサグ旗長（分封領主）が，曼荼羅供に似た形で活仏の長久を祈願する目的で始めた。1772年から，トゥシェート・ハーン部，ツェツェン・ハーン部，3つのシャビ領地（活仏領地）が「ボ

グド・ハン山，ヘンティ山祭ナーダム」として共同で行うようになったが，従来の「アルバン・ザサギーン・ナーダム」という名称で呼ばれてきた。これも事実上全国的なナーダムであるが，ダンジグ・ナーダムに比べて規模が小さく，モンゴル人民共和国独立後の1924年まで続けられた。競馬と弓射のほかに130人程度のブフ・トーナメントが行われた。

・国家大ナーダム

1921年にモンゴル人民革命が勝利を収め，モンゴルは独立した。ナーダムはそれ以来人民革命勝利記念祝典として開催されてきたが，1922-32年には，「ツェリギーン（義勇軍）・ナーダム：Цэргийн наадам」として行われた。そして，1930年からそれまでアイマグ（日本の県に相当）以上の行政レベルで行われていたナーダムが全国のソム（市町村）でも一斉に行われるようになった。それは「国家大ナーダム（ウンドゥスニー・イフ・バヤル・ナーダム：Үндэсний Их Баяр Наадам）」と称された。それは「国家ナーダム」と通称で呼ばれ，他の一般的なナーダムと区別される。2003年6月19日，『モンゴル国・国家大ナーダムに関する法律』が採択され，「国家大ナーダムはモンゴル国の独立，全権状態を象徴する国家の伝統的な祭典である」と明記し，人民革命祝典および国家的儀礼として位置づけられている。

国家ナーダム（Улсын баяр наадам）は，毎年7月11日，12日の2日間，首都ウランバートル市をはじめ全国の市町村で一斉に開催される。ウランバートル市近郊のイフ・ツェンゲルデフというスタジアムで行われるナーダムは「大ナーダム」と呼ばれる（図7）。10日にはプレ・ナーダムとして，国家首脳らがウランバートル市にある建国先駆者であるスフバートル記念碑に献花し，それから特別音楽祭やパレードなどの儀式が行われ，次第に大ナーダムへの雰囲気を盛り上げていく。

国家ナーダム初日の午前11時，モンゴル国大統領が大ナーダムの開幕を宣言する。大ナーダムでは通常512人でのブフのトーナメントが行われるが，記念すべき節目の年には倍の1,024人のトーナメントが開かれる。例えば，大モンゴル帝国建国800周年，人民革命勝利90周年などである。ブフのほかに，競馬と弓射の競技が別々の場所で同時に行われるため，観客の移動ははなはだしくなる。1998年から，国家ナーダムには，もう1つの伝統ゲームである，「シャガー弾き」（シャガーは羊のくるぶしの骨）とモンゴル民族の中の一氏族であるオリヤンハイ，ブリヤートの弓射競技を正式種目として取り入れている。

国家ナーダムでは，三種競技の上位入賞者に対し，国家称号（オルスーン・ツォル：Улсын цол）を与えるのが特徴的である。

512人のブフ大会で16位以上に入賞した力士には，次の条件で国家称号が授与される。

・5回戦進出（16位以内入賞）：ナチン（隼）
・6回戦進出（8位以内入賞）：ハルツァガ（大鷹）
・7回戦進出（4位以内入賞）：ザーン（象）
・準優勝：ガルディ（伝説上の巨鳥ガルーダ）
・優勝：アルスラン（獅子）
・優勝2回：アヴァラガ（巨人，大相撲の横綱に相当する地位）
・優勝3回：ダライ（偉大なる）・アヴァラガ
・優勝4回：ダヤン（世界の）・アヴァラガ
・優勝5回：ダルハン（聖なる）・アヴァラガ

そのほかに地方，軍隊と市町村レベルの称号がある。例えば，アイマグと軍隊では，アヴァラガ称号はなく，アルスラン（優勝者），ザーン（準優勝者），ナチン（3-4位入賞）の称号が，ソムでは，ザーン（優勝者），ナチン（準優勝者）の称号がそれぞれ与えられる。つまり，行政レベルにより称号力士の地位が大きく異なるのである。称号をもつ力士には，3回戦以降（4，6回戦を除く），称号順によって対戦相手を指名できる特権がある。

ブフの競技では，力士は，ジャンジン・マルガイ（帽子），絹製のゾドグ（チョッキ）とショーダグ（パンツ），革製のブーツを着用する。相対峙して組み手争いを行うことから始まるが，取り組みの流れで四つに組むことや足を取ることができる。頭，背中，肘，膝のいずれかが地面につけば負けとなる。国家称号は力士個人の名誉であると同時にその出身地域の名誉であるため，毎年どの力士が国家称号を取り，どの力士がランクを上げるのかが国民の話題を呼ぶ。決勝戦の両力士および競馬，弓射の上位入賞者を大統領が表彰し，大ナーダムは閉会する。

大ナーダムの競馬レースは，近代的な周回コースと異なり，馬の年齢別に直線コースで行われる。距離は地方により若干異なるが，2歳馬（ダーガ）で10km，3歳馬（シュドレン）で15km，4歳馬（ヒャザーラン）で20km，5歳馬（ソヨーロン）と種馬で25km，7歳以上の馬（イフ・ナス）では30kmが一般的な目安である。騎手はすべて7歳以上の少年少女である（図8）。国家ナーダムの競馬レースの優勝回数または5位以内の入賞回数（5位入賞の馬にはその頭，背中，尻尾に馬乳酒を掛け，清めるので，アイラグダホ айрагдах，つまり馬乳酒を掛けられた馬と呼ばれる）によって，その調教師（Уяач）には次の国家称号が贈られる。

・優勝4回または5位以内入賞8回：国家名調教師（Улсын алдартуяач）
・優勝6回または5位以内入賞12回：国家優秀調教師（Улсын манлайуяач）
・優勝10回または5位以内入賞20回：国家最優秀調教師（Улсын тод манлайуяач）

アイマグ（県）以下の地方では，成績によって「名調教師」の称号が与えられる。

図7　モンゴル国家大ナーダム

図8　少年競馬
（写真提供：井上邦子）

大ナーダムの弓射競技は，男女個人戦と団体戦に分かれる。男性の射手は75m，女性の射手は60mの距離から，地面に積み重ねたソル（сур）という皮を編んで作った筒状の的に向かって，男性40本，女性36本の矢を射て，的中した本数を競い合う（図9）。ソルの並べ方には2種類がある。260－300個ほどの筒状のソルを6－8段に積み上げ，最上段に球状のソルを置き並べ方はハナ（壁）・ソルという。団体戦の場合，1団体あたり48本ずつ矢を射るが，そのうちの33本でハナ・ソルを射て，的中率を競い合う。残りの15本の矢と，33本の矢の射当てられなかった本数だけのソルを加えて，上記の要領で再びソルを積み上げ直し，的中率を競い合うことをハサー・ソル（引きソル）という。ハサー・ソルの場合，両チームの外した矢の多寡に基づき，的中率の高いチームが自分の射ったソルの数を相手チームの当てられなかったソルから引いていき，決着するまで競技を続ける。また8歳から18歳までの子どもは，男子は「年齢×4m」，女子は「年齢×3m」の距離となる。成人競技で優勝した射手にはその成績により次のような国家称号が与えられる。

・優勝1回：国家のメルゲン（賢者，Улсын мэргэн）
・優勝2回：国家の優越したメルゲン（Улсын хошой мэргэн）
・優勝3回：国家の傑出したメルゲン（Улсын гоц мэргэн）
・優勝4回：国家の超絶したメルゲン（Улсын гарамгай мэргэн）
・優勝5回：国家の名高く冠絶したメルゲン（Улсын даяар дуурсах мэргэн）
・優勝6回：国家の神聖なるメルゲン（Улсын дархан мэргэн）

アイマグ以下の地方では，成績によってメルゲンの称号が与えられる。

[その他のナーダム]
・内モンゴルにおけるいくつかの大規模ナーダム

中華人民共和国内モンゴル自治区（以下，内モンゴル）では，定期的な大会は少ないが，古来活仏の転生，ザサガ王（世襲的な領主）の即位などに際し，不定期的に行われていた。

1666年，清の康熙帝（在位1661－1722）に奉納したナーダムで1,024人でのブフのトーナメントが行われた。1706年，2代目章嘉呼図克図（ジャンジャー・ホトクト）が康熙帝によって漠南モンゴル諸旗の宗教的領袖に封じられ，「普善広慈大国師」の称号を授与された奉祝ナーダムでは1,024人でのブフのトーナメントが行われた。それは現在の内モンゴルの正藍旗のヒーブンという所であったことから「ヒーブンギーン・ナイル」と称され，1903年までに数回行われた。そのナーダムには，当時のハルハ諸部の力士も参加する場合が多く，事実上のモンゴル高原のナーダムであった。1947年に内モンゴルの設立後から今日まで10周年ごとに政府主催の記念祝賀ナーダムが開催されている（図10）。

1999年以降，内モンゴルにブフの商業化の動きが起こり，企業主催のナーダムも増加の傾向にある。しかし，内モンゴルでは，男子3種競技のうち，弓射はすでに廃れてしまい，事実上ブフと競馬のみが行われている。1983年頃から，女子のブフが登場し，現在では，各大会の正式な競技種目になっている。モンゴル国と内モンゴルとではブフのスタイルもルールも異なるが，内モンゴルでは，ブフ大会と競馬において，称号を与えることはなく，政府主導ではあるが，天候や牧草の状況を見定めながら不定期的に行うため民間行事としての意味合いが強い。

1949年から2012年までに参加力士が1,024人以上のブフ大会が計13回開催されている。

近年，世界に住むモンゴル民族の間でナーダムを共有する目的で，各地でモンゴル国のハルハ・ブフを競技種目とした大会が開かれている。2009年4月にウランバートル市，同年8月に内モンゴルのシリンホト市，2010年7月，2011年8月にロシア連邦ブリヤート共和国ウラン・ウデ市，トゥバ共和国クズル市でそれぞれ行われた。ここ20年間，日本，アメリカ，ロシアなどで民間レベルでのブフ大会が行われ，定着しつつある。

（富川力道）

⑤ ストンガスペレン
[大会概要]

ストンガスペレン（Stångaspelen）の開催地，ゴトランド（Gotland）は，スウェーデン王国（Konungariket Sverige：以下，スウェーデンと略す）に属する同国最大の島であり，首都ストックホルムより海をはさみ200kmほど南方，バルト海中央に位置する。スウェーデンの地方行政区分では，21ある県（län）のうちの1つ，ゴトランド県（Gotlands län）とされる。その歴史的背景や地理的条件，また言語的差異などからスウェーデン本土や他の北欧諸国・諸地域とは異なる独特の文化を育んできている（図11）。

島民は自らをゴトランド人「ギューター（Gutar）」と呼称し，スウェーデン本土や大陸をファストランド（fastland）ということからも，彼我を区別する意

図9　弓射（写真提供：iNET.mn）

図10　内モンゴル・シリンゴルのナーダム（2011）

図11　スウェーデンとゴトランド
中央下の矢印で示した島がゴトランドである。

識が強いことがうかがえる。ゴトランドでは古くから数多くの民族スポーツが行われており、それらはスウェーデン本土では見ることのできない島特有のものといわれる。島民はそれら「ゴトランド民族スポーツ (Gutnisk idrott)」を独自の伝統的な文化であると捉えており、ゴトランド独特の方言「ギュータモール (Gutamål)」とともにゴトランドの文化的アイデンティティーを構成する上で非常に重要な要素とみなしている。こうした意識は組織的な活動としても現れており、1912年に設立されたゴトランド競技連盟 (Föreningen Gutnisk Idrott: FGI) がゴトランド民族スポーツの発展と維持に努めている。

ストンガスペレン (Stangaspelen) は、そうしたゴトランド民族スポーツを一堂に会した競技大会である。「ストンガ (Stånga)」は地名・村落名、「スペル (spel)」はスウェーデン語で競技やゲームを意味する。大会の運営組織により英訳された大会プログラムや公式ホームページでは「ストンガゲームス (Stånga Games)」と表記されている。大会は、島の中心都市であるヴィスビーの南方50kmほどにあるストンガという小さな農村で毎年「7月の第2祝祭日 (ANDRA HELGEN I JULI)」に開催される。当初は日曜日1日だけの開催であったが、大会への参加者数の増加などから徐々に期日が増え、現在では7月第2週木曜日から日曜日にかけての4日間の日程で行われるようになってきた。

村の中心部には13世紀に建てられた教会が現存するが、大会が行われる競技場「スタングマルメン (Stangmalmen)」はこのかたわらに位置する。スタングマルメンは村の共有地でサッカーのフィールドが同時に19面もとれるほどの広さである。

ストンガスペレンの開催は1924年からであるが、島内においてそれ以前の19世紀半ばからゴトランド民族スポーツを包含した競技大会は行われていた。ただ、競技種目がごく限られたものであったり、開催が不定期であったりした。そのため毎年開催への要望が高まり、その結果としてストンガスペレンが開催されるに至った。開催当初から大会運営の中心となっていた組織はFGIであるが、1995年からは運営主体をストンガスペレン文化連盟 (Kulturföreningen Stångaspelen) に移し、FGIはその支援にあたっている。

大会では種々のゴトランド民族スポーツや娯楽的要素の強い伝統的な遊戯が行われているが、「ペルク (Pärk)」「ヴァルパ (Varpa)」「ストング投げ (Stångstörtning)」といった競技が主となっている。ペルクとヴァルパは、ともに「ゴトランドのナショナルスポーツ (Gotlands nationallidrott)」とされ、ゴトランドの人々に重視されている。

[競技概要]

・ペルク (Pärk)

ペルクはボールゲームの一種であり、スウェーデン本土や他の北欧諸国にはみられない、唯一ゴトランドのみで行われている競技である。ペルクという名称は、攻撃側のサーバーがサーブを打ち込む、防御側の領域に設置された4本の棒で囲まれた枠「ペルケン (pärken)」に由来する。境界線をはさんで配置された2チームが互いにボールを打ち合い、ワンバウンドもしくはノーバウンドのボールを手のひらで打ち返したり、回数に制限はあるが足で蹴り返したりする (図12)。

ストンガスペレンで行われるペルクには2種類の競技があり、それぞれ「バックペルク (bakpärk)」と「フラムペルク (frampärk)」と呼ばれている。主要なルールは3つあり、それらはどちらの競技にも共通する。それは、1) ボールは地面につく前にボレーで、もしくは地面についてワンバウンドした後に、手で打つか足で蹴るかのどちらかを行う。2) 競技中にボールが2バウンド以上した場合、ボールはその地点で「デッド (död)」の状態になったものとみなされる。3) 競技中に同一のプレイヤーが2回連続してボールに触る、もしくは同じチームの2人以上のプレイヤーが連続してボールに触れた場合、ボールはデッドになったものとみなされる。

競技は攻撃側であるアウトチーム「ウテラーグ (utelag)」のサーブから開始される。サーブは「フッグ (hugg)」と呼ばれ、開始線からペルケンの枠内に入るように打たれる。10m近く離れたペルケンの枠内に打ち込むため、ボールを正確にサーブする技術が要求される。サーバーが放ったボールがペルケンの枠内に入り、それを防御側のインチーム「イネラーグ (innelag)」のバッター「ペルクカール (pärkkarl)」が打ち返すことでラリーの応酬が始まる。そして、ボールがデッドになった地点で陣地の獲得が行われる。競技の攻防は、野球でいうところの1回の表・裏のように1つのピリオドで行われ、アウトチームとインチームが攻守交替した後に、その獲得した陣地の防衛に成功するか、失敗するかによって得点の獲得が生じる。規定の点数に達したチームが試合に勝利する。

かつてゴトランドの村落は離れた場所に点在しており、他教区の住民と交流する機会は限られていた。ペルクのチームは教区ごとに編成されていたので、ペルクの競技会を行うことは近隣教区の住民同士が交流するよい機会とされており、試合終了後はパーティーを催して互いの親睦を図った。また、同様にゴトランド独特の教区対抗試合「ヴォーグ (våg)」においてもペルクが含まれるのが常であった。このようにペルクはゴトランドの文化に古くから根ざしているものだということがうかがわれる。

・ヴァルパ (Varpa)

ヴァルパは、同名の金属製の円盤を標的となる杭「モールピンネ (målpinne)」をめがけて投げ、その距離の近さを競う。競技者の年齢・性別・ハンディキャップの有無に合わせて距離 (10−20m) や重さ (0.5−5kg) などを細かく調節でき、老若男女を問わず誰もが競技に参加できる。通常、競技は1対1の個人戦、もしくは1チーム3人からなる2チームが競い合う団体戦で行われる。競技には「クールカストニング (kulkastning)」と「センチメーターカストニング (centimeterskastning)」という2種類の競技方法がある。前者は、全競技者中でモールピンネに最も近く投てきした者に1点が与えられ、個人

図12　ペルク競技風景
(写真提供：早稲田大学スポーツ人類学研究室)
写真中央の枠が「ペルケン」。

戦では12点先取した者が，団体戦では3人のプレイヤーの得点の合計で，12点を先取したチームが1つの「クーラ(kula)」を得る。競技は最大3つのクーラで行われ，2クーラ先取した方の勝利となる。後者においては，円盤が投げられるごとにその着地点とモールピンネの最短距離が測定される。競技を行う2チームの各プレイヤーは2回の投てきを行い，個人ごともしくはチームごとの距離を合計し勝敗を競う。競技は，ヴァルパを目標にどれだけ近づけるかという正確性を競うので，投げた後に地面でバウンドして転がらぬよう，高い弧を描くように下手で投げる。また，手首を固定した状態で投じ，指をかける穴を利用して円盤に回転を与え，できるだけモールピンネのそばに突き刺さるようにして投げるのがよい投法とされている。かつて同競技はゴトランドに特有の競技であり，スウェーデン本土ではみられなかった。しかし，1900年代に入りストックホルムやイエーテボリなど本土の都市部に広まり，全国的に普及した。現在では国内選手権大会の「ヴァルパ・スウェーデン選手権大会 (SM i Varpa)」が開催されるまで発展している(図13)。

・ストング投げ (Stångstörtning)

ストング投げは，ゴトランド独特の棒投げ競技である。同様の棒投げがスコットランドで「ケイバー投げ (Tossing the caber)」として行われており，かつて2つの地域の間でなんらかの交流が

もたれていた名残であると考えられている。ストング投げにおいても，スコットランドのケイバー投げのように抱え上げた丸太を下手から投げる。スコットランドでは丸太の倒れた角度を競うのに対し，ゴトランドでは投てきした丸太の飛距離を競う。ストンガスペレンの「ストング投げ世界選手権大会 (VM i stångstörtning)」では長さ4.5m，重さ26kgの棒が使用される。投法としては，丸太を抱えるようにして直立させた後，直立した丸太に片方の肩を当て，その下端に両手を組み合わせて支え安定した姿勢で丸太を保持する。そのような姿勢で丸太を保持したまま，投てきの境界線まで勢いをつけて走って行き，下手から組み合わせた両手を一気に持ち上げるようにして投てきを行う。投てきは丸太の上端が地面に着いて直立した状態になった後に，1回転する形で下端が投てき方向の奥へ倒れなければならない。このため記録として測定される距離を出すために遠くへ投ずるだけではなく，丸太を投げる高さも要求される。しかし，高く投げすぎると距離が伸びずによい記録が出ない。それゆえ，投てきの距離と高さのバランスが問われ，熟練と高度な技術が要求される競技となっている。投てき後，丸太の上端が地面につけた跡の内側の端から投てきの境界線に対して垂直に最短距離が測定される。投てきは境界線を越えて足が踏み出された場合，もしくは丸太の下端が倒れた後に投てき方向からみて45度(つまり左右に22.5度)以上逸れた場合に無効とされる。ストンガスペレンのストング投げでは各人3回ずつ投てきが認められており，その中で棒を最も遠くまで投てきした者が優勝する(図14)。

(幸喜 健)

⑥ブラジル先住民スポーツ大会
[大会概要]

国立インディオ保護財団(Fundação Nacional do Índio: FUNAI)のまとめによれば，現代のブラジルでは215の専用居住地域に約35万8千人の先住民が暮らし，180以上の言語が使用されている。また，都市部を含めたそれ以外の地域で暮らす先住民が10万人から19万人いると推計されている。さらに，現代文明や他の先住民社会からも隔絶した生活を送るおよそ55の集団の存在が確認されている。

先住民を対象とした全国規模のスポーツイベントを開催するという構想がその実現に向けて動き出したのは1980年代前半のことである。1990年代の後半に入ると，その動きは一気に加速し，1996年10月にゴイアス州(図15)の首都ゴイアニアで第1回のブラジル先住民スポーツ大会(Jogos dos Povos Indígenas)が開催された(図16)。以来2005年に至るまで都合8回の大会が行われている。表1に示すとおり，可能なかぎり毎年の開催をめざしているが，1997年は実施計画段階での準備不足のため，また翌年はフランスでのサッカーワールドカップの影響を考慮して開催されなかった。開催期間はおおむね10月から11月にかけての1週間程度である。また参加民族数には増減がみられるものの，出場選手数は着実に増加している。

この大会の開催に公的機関が果たす役割はきわめて大きい。国家機関であ

図13 ヴァルパ競技風景
(写真提供：早稲田大学スポーツ人類学研究室)
投てき開始前の姿勢。

図14 ストング投げ競技風景
(写真提供：早稲田大学スポーツ人類学研究室)
下端に手をかけてテコの要領で丸太を直立させる。

図15 ブラジルとゴイアス州
アミかけ部分がゴイアス州を示す。

るスポーツ省(Ministério do Esporte)と各州のスポーツ局(Secretaria de Esporte)が連携して大会の運営にあたる。開催都市の行政機関(Prefeitura)がこれに加わることもある。財政面に着目すると，第5回大会の場合，4,000名以上を収容できる観覧席，28棟の選手用宿舎，報道センター，大食堂などが設営されたが，それにかかわる資金のうち70％は国庫から支出され，残りの30％を州および開催都市が負担した。また大会への参加登録に関する事務作業はFUNAIが一括して担当した。一方で先住民の側からは，部族間委員会(Comitê Intertribal)が参画し大会の活動方針の策定や実施種目の決定に深く関与した。

「大切なのは競うことではなく称え合うことである」という標語を掲げるこの大会の主たる目的は以下のようなものである。1)多様なスポーツ活動を通じて異なる先住民同士の出会いと交流を促進すること，2)先住民以外の人々に先住民文化への理解を促すこと，3)結果として先住民としての誇りを確認し，彼らを取り巻く状況の改善につなげること。このような趣旨から，ルールを共有して勝敗や順位を競うスポーツに加え，参加する民族に固有の伝統スポーツを公開実演により紹介することが大会の重要な内容となっている。また大会期間中に先住民の人権擁護に関する専門会議が開かれるほか，彼らの伝統儀式を再現した歌やダンスが披露されることもある。イベントの規模と周囲からの注目度を考慮すれば，この大会が先住民統合の象徴として果たす役割はけっして小さくない。

ブラジルの先住民が行う伝統スポーツの一般的な特徴として以下のような点を挙げることができる。1)遊びの要素を伴うこと，2)それぞれの民族の物的世界や精神世界が反映されること，3)神や精霊を喜ばせるため，あるいは多産，降雨，食料獲得，疾病治癒，戦勝などを祈願して儀式の中で行われること，4)子どもから成人への移行，集団構成員の社会化や協力あるいは戦士の養成などをめざして行われること，5)特定の時期と場所を選んで行われること，6)特別な身体訓練や戦術，あるいは運が求められること，7)ルールは弾力的に決められること，8)参加のための年齢が特に制限されないこと，9)勝者と敗者が区別されず，名声以外になんらの報賞も求められないこと，10)参加それ自体に意味があること。

[競技概要]

これまで8回の大会で実施されたスポーツ種目を抜粋して(表2)に示した。この表では，各種目の競技特性に着目して全体を6つの類型(ⅠからⅥまで)に分類してあるが，大会におけるこれらの種目の成立過程を基準にすると，それとは異なる次の3つの類型に再分類できる。1)外来のスポーツ種目をほぼそのままの形で導入したもの(100m走やサッカー)，2)各民族が行う伝統スポーツの類似性に着目し，共通のルールを設けて競技スポーツ化したもの(丸太運びやカヌー)，3)特定の民族に限られているため，あるいは民族ごとの実施方法が多様であるために，ルールを統一しての競技スポーツ化が難しいもの(頭突きサッカーやレスリング)。

専用居住地域近辺の都市化や見境のない伐採が引き起こす森林破壊などにより，ブラジル先住民の生活環境は否応ない変化を余儀なくされている。生活環境の変化は彼らの社会や文化にも少なからぬ影響を及ぼす。そのような状況下で消滅の危機にある，あるいは元来の社会文化的意味合いを失いつつある伝統スポーツも少なくない。それぞれの民族に固有の生活環境や精神世界と密接に結びついた伝統スポーツを，大会というそれとは異なる脈絡に位置づけようとする努力は，先住民にとってのスポーツ文化の意味を今日的に問い直そうとする試みといえるかもしれない。

（神戸　周）

⑦ 台湾原住民スポーツ大会

[台湾と台湾原住民]

・台湾における原住民

台湾原住民とは，中国大陸から漢族系が移住してくる以前から台湾島およびその周辺の島嶼部に居住していたオーストロネシア系先住民の総称である。台湾の人口約2,300万人の約98％は漢族系が占め，残りの約2％が原住民である。

台湾は17世紀後半以降，中国大陸からの漢族の移住・開拓によって，少数先住民を内に含む漢族優勢社会が形成されてきた。台湾原住民はもともとインドネシアやフィリピン方面から渡来してきたとされ，独自の文化を形成してきた。一方で漢族が増加してきた18－19世紀に至って平地に住み漢化する集団も現れてきた。日本統治下においては「日本人」，そして中華民国政府のもとでは「中国人」としてアイデンティティーの危機にさらされ続けてきた。

図16　第1回ブラジル先住民スポーツ大会にスポーツ特命相として出席した「サッカーの神様」ペレ

ペレは大会の実現に向け尽力した。

表1　ブラジル先住民スポーツ大会の開催状況

回数	開催都市	州（開催期間）	参加民族数	出場選手数
第1回	ゴイアニア	ゴイアス州(1996/10/16－20)	29	約400
第2回	グアイラー	パラナー州(1999/10/14－20)	25	約500
第3回	マラバー	パラー州(2000/10/15－21)	34	約900
第4回	カンポグランデ	マットグロッソドスル州(2001/10/20－27)	40	約850
第5回	マラバニン	パラー州(2002/9/14－21)	55	約1,100
第6回	パルマス	トカンチンス州(2003/11/1－8)	47	約1,100
第7回	ポルトセグーロ	バイーア州(2004/11/21－27)	34	約1,200
第8回	フォルタレーザ	セアラー州(2005/11/18－26)	42	約1,300

注：ブラジルスポーツ省のホームページ等，オンライン文献の情報を総合して作成した。

表2 ブラジル先住民スポーツ大会の実施種目例

類型	種目名	実施方法
Ⅰ	100m走	男性の部と女性の部に分かれ，各民族は男女とも2名までの選手を登録できる。予選各組1位の選手のみが上位のレースに進出できる。
	5000m走	男性のみが参加。登録選手数の制限はない。走路は大会ごとに決定される。
	リレー競走(Akô)	パラー州に暮らすガヴィアン・キカテジェ族の伝統スポーツ。周回コースを使って2チーム（既婚者と独身者）により競われる。各チームは4名の走者からなり，竹のバトンを受け渡しながら交代する。
	丸太運び	男性のみが参加。ブリティヤシの幹から切り出された2本の丸太を用いて2チームにより競われる。各チームは10名の走者と3名の予備走者からなり，肩に担いだ木片をリレー形式で運ぶ。最終的な勝利チームが決定するまで，勝ち抜き戦を繰り返す。
	競泳	男性および女性の部に分かれ，各民族は男女とも2名までの選手を登録できる。屋外の水場（川，池，海）で行われ，泳ぐコースや距離は大会ごとに決定される。
	カヌー	マットグロッソ州に暮らすリクバツァ族が製作したカヌーを用いて屋外の水場で行われる。各民族は2名の選手からなるチームを1つ登録する。予選各組1位のチームのみが上位のレースに進出できる。
Ⅱ	やり投げ	男性のみが参加。各民族は2名までの選手を登録できる。選手は3回ずつ投げる。やりを最も遠くまで投げた者が勝者である。大きさと重さを統一したやりが大会組織から選手に貸与される。
Ⅲ	弓矢	男性のみが参加。各民族は2名までの選手を登録できる。選手は各自の弓矢を持参し，およそ40m離れた的をめがけて3本の矢を放つ。的は動物や魚を描いた絵であり，その各部位に得点が与えられている。予選の上位15名により決勝が行われる。
	吹き矢	アマゾナス州に暮らすマチス族とコカナ族によって行われる。30mほど離れた的（三脚に吊されたスイカ）に命中した回数を競う。吹き矢は長さおよそ2.5mの木製の管であり，15cmくらいの長さの矢を仕込む穴を開けてある。
	チイモレ(Tihimore)	マットグロッソ州に暮らすパレシ族の女性たちによって縦10m×横1mの細長いコートで行われる。コートの両端にトウモロコシの穂が1本ずつ立てられ，相手チームの穂をめがけてマルメロの実を投げる。チームは2名ないし4名で構成され，全選手が2回ずつ投げ終えたところでその命中数を競う。
	カゴット(Kagót)	パラー州に暮らすカヤポ族によって行われる。2つのチームに分かれて行われるが，人数は決められていない。2チームは歌い踊りながら互いに接近していき，すれ違いざま，標的になっている相手チームの選手めがけて矢を投げつける。より多くの矢を当てたチームの勝利である。
Ⅳ	サッカー	大会に参加するすべての民族が男女それぞれのチームを派遣するのが原則である。国際ルールに従って行われるが，競技時間は前後半25分ずつである。
	ロンクラン(Ronkrã)	パラー州に暮らすカヤポ族が2チームに分かれて野原で行う伝統スポーツ。チームは10名以上の人数で構成される。選手はそれぞれ手にした長さ約1.3mのスティックで相手チームのコートめがけて球（ヤシの実）を打ち返す。球が相手コートの最終ラインを越えると得点になる。
	頭突きサッカー(Xikunahity)	マットグロッソ州に暮らすパレシ族やエナウェネ・ナウェ族の男性が行う伝統スポーツ。2チームに分かれ，踏み固めた地面の上で行われる。マンガベイラの樹液を固めて作った直径15cmほどの球を頭部だけを使って打ち返す。相手チームが打ち返しを断念した時，得点が与えられる。
Ⅴ	レスリング	レスリング形式のスポーツはパラー州，マットグロッソ州，トカンチンス州などに暮らす先住民の間では男女を問わず広範に行われている。立った姿勢で組み合うものや膝を地面に着けて組み合うものなどその実施方法が多様であるため，ルールを統一しての競技スポーツ化は実現していない。
Ⅵ	綱引	各民族は男性チームと女性チームの2チームを登録できる。チームは10名の選手と2名の予備要員で構成される。1本の綱を握って引き合い，相手チームを自分たちの側に引き込んだチームの勝利である。勝ち抜き戦を繰り返して最終的な勝利チームを決定する。

注：分類の基準は，Ⅰ：移動のスピードを競う，Ⅱ：投てき距離を競う，Ⅲ：投てきなどの正確さを競う，Ⅳ：球を用いる，Ⅴ：格闘を伴う，Ⅵ：力強さを競う，である。
下線を付したものは公開実演種目である。
ブラジルスポーツ省のホームページ等，オンライン文献の情報を総合して作成した。

・台湾の民主化と原住民

　1980年代半ばからの国民党独裁の瓦解，民主化，自由化の進展という政治体制の変化は台湾住民の間に広く「台湾意識」を醸成した。このような社会趨勢の中で，台湾の最も古い住民である原住民族の存在に社会全体の関心が集まるようになった。

　1996年には中央政府の行政院（日本の内閣に相当）に国家予算に基づいて福祉，教育，文化振興などの原住民族行政を担う専門部局「原住民委員会」が設置された。原住民族集団の追加認定，原住民名による戸籍登録の自由化など，原住民を取り巻く社会状況が大きく変化してきた。この過程は原住民の民族意識の覚醒へとつながり，社会的地位の向上と文化，民族アイデンティティーの再確認へとつながった。それまで台湾社会に埋没していた原住民が自らを表象すること，自らの歴史や文化を外部へ発信する時代となったのである。

　台湾は1971年以来，国連に加盟していないが（2014年現在），このような「台湾意識」の醸成は1993年の「国際先住民年」や1994−2004年「先住民族の

国際10年」といった国際的な背景とは無縁ではないであろう。

先住民の呼称について中華圏では「少数民族」，日本語では「先住民族」が一般的であるが，台湾では「原住民」あるいは「原住民族」とされている。なぜなら，台湾の公用言語（いわゆる北京語）において「先住民」には「すでに滅んでしまった民」の語意があるためであり，「もともとの住民」をさし，差別感を含まない新語「原住民」を自称としたことによる。

「原住民」あるいは「原住民族」は，10年間にわたる原住民運動（先住民としての民族自覚，権利回復運動）の成果によって憲法増修条文に公式名称として定められたものである。

・原住民とスポーツ

台湾で盛んなスポーツの1つに野球がある。代表チームは，中華人民共和国との外交関係上，「中華民国」の呼称は使用できず，国際大会では「中華台北」（チャイニーズ・タイペイ）と呼ばれる。なお，オリンピックには公開競技時代を含め5回（公開競技：2回　1984，1988。正式競技：3回　1922，2004，2008）出場し，1992年の第25回大会（バルセロナ）では銀メダルを獲得している。

1960年の第17回大会（ローマ）の十種競技で銀メダルを獲得し，「アジアの鉄人」と名をはせたアミ族出身の楊傳廣(ようでんこう)選手など，原住民のアスリートとしての特質を評価する声は高い。

[大会概要]

・全国原住民運動会のはじまり

全国原住民運動会のさきがけとされる「台湾省原住民運動会」は行政院体育委員会，同原住民族委員会（2002年に改称）の企画立案，桃園県の主管によって1999年に開催された。成功裏に終えたことを受けて，行政院体育委員会はこの大会の正式名称を「中華民國○○年全國原住民運動會」（○○には民国暦による年号が入る。中華民国が成立した1912年を元年とする紀年法である）として，2年ごとに開催することとした。実施競技は原住民において盛んな国際スポーツのほか，原住民の伝統文化と競技性を融合させた伝統スポーツも採用されている。

大会の参加資格は中華民国国籍を有する原住民であり，直轄市と各県ごとのチーム編成となっている。

表3　第1-6回全国原住民運動会の概要

回数	開催年	期間	開催地	実施競技
第1回	1999	3月5-7日	桃園県	陸上競技，ロードレース，綱引，伝統弓射，丸太切り，野球，ソフトボール，相撲，俵担ぎリレー，伝統舞踊
第2回	2001	3月22-24日	屏東県	陸上競技，ロードレース，綱引，射撃，伝統弓射，伝統相撲，パワーリフティング，バレーボール，サッカー，卓球，柔道，俵担ぎレース，伝統舞踊
第3回	2003	3月29日-4月1日	苗栗県	ソフトボール，ロードレース，綱引，団体リレー，伝統弓射，伝統相撲，爬樹，バレーボール，サッカー，ゲートボール，伝統綱引，俵担ぎレース，伝統舞踊
第4回	2005	3月25-28日	高雄市	陸上競技，ロードレース，綱引，柔道，団体リレー，伝統弓射，伝統相撲，バレーボール，ソフトボール，ゲートボール，重量挙げ，伝統綱引，俵担ぎレース，伝統舞踊
第5回	2007	3月30日-4月1日	宜蘭県	陸上競技，ロードレース，綱引，柔道，伝統弓射，バスケットボール，サッカー，レスリング，狩猟，俵担ぎレース，伝統舞踊
第6回	2009	3月28-30日	桃園県	陸上競技，綱引，バスケットボール，野球，伝統舞踊，俵担ぎリレー，丸太切り競争，伝統綱引，ソフトボール

第1回から第6回大会の概要は表3のとおりである。

なお，これとは別に直轄市や県市郷などの様々なレベルでの原住民スポーツ大会も各地で開催されている。

・1998年全国原住民運動会

「'98全国原住民運動会」は行政院体育委員会，行政院原住民族委員会の共催，桃園県政府の主管により，2009年3月28-30日の3日間にわたって桃園県立体育場を中心に開催され，直轄市および県市からの20選手団が参加した（図17）。

参加資格は原住民戸籍を有する満10歳以上の男女で，連続6ヵ月以上居住している地域からの出場となる。

実施競技は「運動競技部門」として陸上競技，綱引，バスケットボール，野球，「原住民伝統運動・レクリエーション部門」では伝統舞踊，俵担ぎリレー，丸太切り競争，伝統弓射，伝統綱引，ソフトボールの合計10競技であった。なお，競技によっては年齢による区分として，17歳以下を青少年組，18歳以上を公開組とし，さらに男子，女子に分けて実施された。

[競技概要：運動競技部門]

・陸上競技

公開組男女，青少年組男女のカテゴリーごとに，ロードレース（男子10.5km，女子7km），走高跳，走幅跳，やり投，円盤投，砲丸投，100m走，

図17　大会会場の県立桃園体育場正面に掲げられた横断幕

200m走，400m走，800m走，1500m走，リレー（4×100m，4×400m），女子100mハードル，男子110mハードルといった，国際スポーツが実施された。

特徴的な種目として，男女各10人合計20人による団体リレーがある。女子が各100mを走った後に，男子にバトンをつなぎ各200mを走ってタイムを競う。

・綱引

綱引は中華民国綱引運動協会および国際綱引連盟競技規則によって，1チーム8人の合計体重によってカテゴリー分けがなされ，青少年組男子（520kg以下），青年組女子（480kg以下），公開組男子（600kg以下），公開組女子（520kg以下），公開組男女混（560kg以下）が実施された。試合では先に2勝をあげたチームが勝利となる。

・バスケットボール

　バスケットボールは原住民のみならず，台湾の若者にとっての人気スポーツである。青少年男子組，青少年女子組，公開男子組，公開女子組でそれぞれ実施された。

・野球

　野球は原住民のあいだで最も人気の高い国際スポーツである。戦前の甲子園(中等学校野球大会)で活躍したチーム「嘉義農林(かぎのうりん)」，近年では元中日ドラゴンズ投手の郭源治など，原住民の活躍例は枚挙に暇(いとま)がないほどである。青少年組と公開組，それぞれで実施された。

[競技概要：原住民伝統運動・レクリエーション部門]

・伝統舞踊

　青少年組男女混合，公開組男女混合の30－50人編成のチームによって競われた。

　舞踊の振り付け，音楽，服装などの構成はそれぞれの伝統文化をモチーフとして，12分の演技時間で実施された。

　採点基準は，主題内容および特色30％，技術20％，儀容および参加人数20％，表現15％，音楽10％，時間5％となっている(図18)。

・俵担ぎリレー

　男女5人ずつが1チームとなり，重さ20kgの土嚢(どのう)を担ぎ，10×100mリレーを行う(図19)。陸上競技の日程終了後に実施され，アトラクション的な位置づけであった。

・丸太切り競争

　男女3人ずつが1チームとなり，鋸(のこぎり)を用いて丸太1本を6分割する速さを競う(図20)。

・伝統弓射

　団体戦は1チーム8人の選手が，1人6本の矢を4分間で射放ち，上位3人の成績で競う。

　個人戦は団体戦に出場したチームからの成績優秀者16人によって争われ，個人戦と同様に4分間に6本射る。

　弓矢は大会本部が準備したものを使用する。弓は竹を半分に割り，持ち手を付け，ナイロン製の紐を弦として張ったものである。標的は10m先に貼られたイノシシの絵であり，部位によって点数が異なる。これは，実際の狩猟において仕留めるのにふさわしい部位を高得点としている(図21)。

・伝統綱引

　1チーム20人(男子12人，女子8人)編成で選手の体重については問わない。3回勝負で先に2勝をあげた方が勝ちとなる(図22)。

　特筆すべきは，選手の多くが原住民の嗜好品であるビンロウ(煙草のニコチン同様に興奮，刺激，食欲の抑制などの作用を引き起こすとされるヤシ科の植物檳榔(ビンロウ)の種子)を普段以上に噛み続けながら競技を行っていたことである。これは「ドーピング」(doping)の原語である「ドープ」(dope：アフリカ東南部の先住民カフィール族が祭礼や戦いの際に飲む強いお酒"dop")に類似するものであり示唆深い。

・ソフトボール

　スローピッチルールにて，青少年組男子，公開組男子が実施された。1試合最長60分の7回イニング制で，7回の裏終了時点で決着がつかない場合，8回からは無死二塁の状態から始まるタイブレーカーを用いた延長戦を行う。

(渡邉昌史)

⑧ バスク民族スポーツ大会

[バスクとバスク民族]

　現在「バスク」といわれる地域は，ピレネー山脈西端のスペイン北部とフランス南西部にあり，スペインはバスク州(アラバ，ビスカヤ，ギプスコア県)とナバラ州(ナバラ県)，およびフランス3地方のラブール，低ナバラ，スール(ピレネー・アトランティック県内)で構成されている。日本の四国を一回り大きくしたほどの面積であり，約280万人が居住している。現在の境界外でもバスク文化の影響が散見され，その領域が可変的であったことが判明している(図23)。

　ナバラ州都パンプローナ市は，ローマ時代ここに軍事拠点を置いたポンペイウスの名が付けられた。英雄叙事詩『ローランの歌』のピレネー山麓ロンズヴォーの戦いでローランが敗れた相手はバスク人であった(本文では「サラセン人」として描かれている)。そして，西ゴート族，フランク族，イスラムなど常に外部勢力との接触があった。

　歴史叙述でスペインやフランスという括りであっても，細部をみればバスクが浮上してくる。キリスト教布教のフランシスコ・ザビエル，ザビエルに影響を与えたイエズス会始祖者イグナチウス・ロヨラ，そしてマゼラン死後の世界1周を成就したエルカノ船長，さらには音楽家サラサーテやラベルなどはバスク人であり，またピカソが描いた「ゲルニカ」はヒトラー率いるドイツ軍に空爆されたバスクの村の様子であり，またイエズス会カンドウ神父は

図18　アミ族による伝統舞踊

図19　俵担ぎリレーにおける「俵」のリレー

図21　伝統弓射

図20　丸太切り競争

図22　伝統綱引

日本で大学を創建した。さらに最近ではETAという過激派の行動がメディアなどに登場している。このような断片的事実をバスク史として捉えられるようになったのは19世紀に入ってからである。

バスクだけでなく19世紀ヨーロッパにおいても各国および地域のアイデンティティーが模索されていた。バスクではカルリスタ戦争(1833-39)を契機にスペイン中央政権の強化でバスク内が二分し，また他地域からバスクへ労働者が流入してバスクアイデンティティーの危機が唱えられていた。バスクは海・山バスクといわれているが，それ以外に里バスクつまり商工業を中心とするバスク人もいた。従来のバスクに関する記述は「伝統」をかたくなに守るバスク人の特徴を明確にするために，海・山バスクが強調されたのである。しかし，「バスク」が最も強調されたのは，スペイン市民戦争(1936-39)後にフランコ専制政治がバスクの文化，とりわけバスク語やカーニバルを封じ込めてバスク弾圧を強行したことによる。この禁止令により対中央政府への反発と自文化への意識が台頭するのである。

土着の文化としてバスク語，バスク舞踊(音楽)およびバスク民族スポーツがよく取り上げられる。バスク語はヨーロッパの言語(アングロサクロン系，ゲルマン系，ラテン系，スラブ系など)と全く関係を有していない。舞踊はリズムの速い音楽に合わせた跳躍系のステップや旋回を中心とした技法が多い。そして労働などから派生したスポーツはバスクを代表する文化の1つとして考えられている。

[大会概要]

少数民族が保持するスポーツの数はあまり多くはないのだが，このバスク民族に限っては驚くほど多い。基本的に2者(または2グループ)間の競争であるが，近年その対戦形式に多様化が認められる。また近代スポーツと同様に組織化が進行し，選手はスポーツ連盟への登録が義務づけられている。大別してバスクスポーツ連盟，漕艇連盟およびペロタ・バスカ連盟という3つの連盟がある。バスクスポーツ連盟はスペイン・バスク州やナバラ州のみの適用であり，他州には存在しない。漕艇連盟内にはスカルやエイトなどの近代スポーツとともにバスク特有のレガッタ競技が含まれる。またペロタ・バスカ連盟はほぼスペイン全土に広がっている。一方，フランスバスクにはスポーツ連盟は存在せず個人参加の形式がとられている。

この代表的なスポーツ以外に祭りのプログラムとして年1回実施される行事としてのスポーツ文化も存在する。これは儀礼としての役割はもはや失せており，守護聖人祭の娯楽やイベントとして民衆に親しまれている。

[バスクスポーツ連盟の競技概要]

・丸太切り

規定の丸太をどれだけ早く切れるかを競う。同じ丸太，異なる丸太の組み合わせなど大会によって異なる。数は多くないが，2者による賭けも実施される。その場合，バスクスポーツ連盟が中心に進める。近年世界選手権が実施されるようになった。この競技はピレネー山脈などから造船用や炭用に木を切り出していたことに関係している(図24)。

・石担ぎ

基本的に規定時間内に担ぎ上げる回数を競うが，重さの新記録(現在370kg)をねらう場合は1回だけ担ぎ上げる。石の形は4種類あり，立方体，直方体，円筒形，球形である。また片手のみで担ぐこともある。いわゆる伝統的な石はエキシビションなどで使用されるが，近年は規定内の石であれば各自で用意して競技に臨むことが多い。

・草刈り

1区画が25m²四方の草を1時間にどれだけ刈るかを競う。一区画が終われば，次の区画へと移動できる。これはただ刈るだけの競技ではなく，刈った草の量を競うのである。したがってかき集める人，束ねる人など合計8人がグループを形成する。家畜用の草刈りが競技に進展したものである。

[漕艇連盟の競技概要]

・レガッタ

3種類の船があり，最も大きなトライネラスは13人乗りである。一般的には3マイルのタイムを3,4チームで競う。海況に左右されるため，波や風，流れの読みが重要になる。また狭い水路のエリアで実施される場合は，1艘ずつ競われる。これは漁を終えた船が

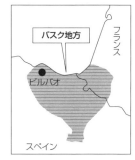

図23　バスク地方
上図のアミ掛け部分が下図に対応している。

図24　丸太切り

図25　ペロタ・バスカ

市場へ早く戻れば値が高くついたということが発端とされる。

[ペロタ・バスカ連盟の球戯の概要]

ペロタとはスペイン語で「丸いもの」や「ボール」の総称であり，バスク地方という限定を設けてペロタ・バスカと呼ばれる。バスク語ではピロタという。この球戯には異なるコートが3種類（プラサ，フロントン，トリンケテ）あり，また使用される用具とボールもコートに合わせられる。用具は素手，グアンテ，パラ，パレタ，シャーレ，レモンテ，セスタ，ラケタなどであり，これらの用具は必ずしも3コートすべてで使用されるとは限らない。ボールは用具とセットになっており，大きさ，重さ，硬さは種目ごとに異なる。

基本的なルールは，2者（あるいは2グループ）間でボールをノーバウンドまたはワンバウンドで返球することである。プラサでは互いに向き合い，テニスのようにボールを相手コートへ返球する。フロントンやトリンケテではコート内に敵味方が混在し，前壁に交互に返球する。ラリーポイント制の種目は22点，30点などと規定されており，またチェイス制度を設けている種目（パシャカ，レボーテ）は，テニスと同様にゲーム取得（9ゲーム，13ゲーム）で実施される（図25）。

現在は国際ペロタ連盟を中心にして世界中の20の国と地域に連盟を組織し，4年ごとに世界大会が実施されている。

[地域限定のバスク民族スポーツの競技概要]

・ガンソ

ロープに吊されたガチョウやアヒルの首を引きちぎる競技である。

・バキーリャ

干潮時にできる砂浜を利用して実施される。闘牛用の若牛を一定区画に放ち，その間に垂直に立てられた柱を利用して5人の人間トーテムポールをつくる。一番下の若者が牛の角に引っ掛けられないように牛の気を散らすことが求められる。

・クカーニャ

港で実施される競技である。海に突き出た油が塗られ傾斜した柱の上を歩き，先端に取り付けられた旗を取る。

[バスク民族スポーツ文化変容]

ここではバスク民族スポーツのほんの一端を紹介したが，数え切れないほど多くのスポーツ文化が残存している。これらのスポーツ文化が認識され始めたのはごく最近である。1976年スペインのサン・セバスティアン市でアギーレ・フランコ（Aguirre Franco）が中心となってバスク全土に呼びかけられ，バスクスポーツ連盟が組織された。それ以来，この連盟が中心となってスペインやフランスの大会運営を引き受けてきたのである。折りしもフランコ専制政治が終焉を迎えた1975年の1年後である。また他の近代スポーツと同様の位置づけを獲得するために組織が近代化された。近代化が不可能なスポーツ文化は地域にとどまり，当該構成員間で実施されている。

さらにフランスバスクでは観光代理店と地域の祭り委員会が協力し，年間スケジュールに観光客誘致のプログラムを組み込んでいる。農業以外に観光が唯一の産業であるフランスバスクでは，「バスク」のイメージをスペクタクル（大規模なショー）として売りに出す。ここでも民族スポーツは主役であり，フォルス・バスク（force basque）という新たな名称を獲得して「バスクの力」を披露している。

（竹谷和之）

⑨ メキシコ先住民スポーツ大会
[メキシコと先住民政策]

・メキシコの概要

1810年，北米大陸の南に位置するヌエバ・エスパーニャが宗主国であったスペインから独立することでメキシコは誕生した。現在，この国の正式名はメキシコ合衆国（Estados Unidos Mexicanos）であり，その名が示すとおり，31の州と1つの連邦区から構成されている。日本の面積の約5倍にあたる196万4,000km²の国土に，1億2,233万人が暮らしており，そのうちの約60％はメスティソ（先住民とスペイン系白人の混血），約25％が先住民，約15％がスペイン系白人であるとされている。多くの先住民を抱えるこの国は，2001年以来，自らを多文化国家と規定している。主だった先住民としては，マヤ族，ミシュテコ族，チョンタル族，トトナカ族，オトミ族，サポテコ族などが挙げられる。公用語はスペイン語であるが，このほかにナウアトル語，ユカタン・マヤ語，ミシュテコ語，サポテコ語など65以上の先住民言語が話されている。

ところで，「先住民」という言葉を明確に定義することは容易ではない。歴史的な経緯を踏まえれば，この言葉は16世紀以降にこの地に入植して来たスペイン人とその子孫たちが自分たちと土着の人々を分けるために用いて来た恣意的な概念といえるかもしれない。しかし，上述のとおり，現在では混血が進み，純粋の先住民（indígena pura）の人口は少なくなっている。こうした中，近年では言語分類や文化情報などに加えて主観的な帰属意識が先住民であるかどうかを確認するために導入されている。

・複数文化主義と先住民政策

すでに述べたとおり，メキシコ政府は2001年より自らを多文化国家と規定し，これによって先住民が自らの文化を国内において自由に行使する権利を保障した。こうしたことは21世紀になって盛んになってきたわけではなく，先住民に対する関心と先住民擁護運動（インディヘニスモ）はメキシコ誕生以来，為政者や知識人たちにとっての知的課題であり続けてきた。特に，20世紀以降は先住民をいかにメキシコ国民へと統合していくかが国家政策の中で重要な位置を占めてきたといえる。

20世紀前半には先住民に関係する公的組織の設置と改変が相次いで起きている。主なものを挙げれば，1921年に先住民文化担当部が公教育省に付設され，1936年に先住民関係局が創設された（後日，公教育省に合併）。1937年にはメキシコ人類学会が創設され，1938年に国立人類学歴史学校が創設，1939年に国立人類学歴史学研究所が創設された。1946年には先住民関係局が公教育省に付設され，そして1948年に局が庁に格上げされた大統領直属の国立先住民庁（Instituo Nacional Indigenista）が創設された。それ以来，この国立先住民庁は具体的な政策を立案，実施することを通じて先住民の国民統合に従事してきた。

先住民に対する関心はすなわち，先住民文化への関心でもあった。国立先住民庁や，その政策を支える考古学者や人類学者たちは，先住民を近代的な国民生活に参入させるために，まず彼

らの伝統的な生活や慣習を知ろうとしたのである。それゆえに最初の頃，メキシコ政府は先住民文化を保護の対象とまでは捉えていなかったといえる。こうした傾向に変化がみられるのが1970年代以降である。カナダやオーストラリアといった国で採用された多文化主義の思想がメキシコにも影響を及ぼした。複数文化主義の到来とともに，先住民文化も変容の対象ではなく保存と持続の対象になっていった。

このような背景のもとに，それぞれの先住民の歴史とアイデンティティーを表象するとされる先住民伝統スポーツ (Deporte Autóctono y Traditional) への関心が高まっている。ここで紹介する先住民伝統スポーツおよび先住民伝統スポーツ大会は多文化国家へと舵を切ったメキシコのこれからを映す鏡としての役割を担い始めているといえよう。

[メキシコの先住民伝統スポーツ]

メキシコの先住民伝統スポーツ，とりわけボールゲームについて触れておく。もちろんボールゲーム以外にも多くの先住民伝統スポーツが現在に伝わっているが，それらについては後述する先住民伝統スポーツ大会に譲る。

メキシコの代表的な先住民伝統スポーツはボールゲームである。ボールゲームについて遺物から確認できる最古の年代は紀元前に求められ，これまでにオルメカ文明の遺跡の一部からゴムでできたボールらしきものが発見されている。また，ボールゲームを行っていたと考えられる石造の球技場はメキシコの各地で1,500カ所ほどみつかっている。ボールはゴムで作り，競技者がこれを腰で打ち返し合った。スティックを使用したボールゲームも確認されている。ボールゲームは現代でも人気の先住民伝統スポーツの1つである。なかでも，スティックを操るペロタ・プレペチャは全国大会が開催されるほどである（図26）。

メキシコ北部の高地に住むタラウマラ族が行うボールゲームはとりわけ過酷なゲームとして知られている。参加者は2チームに分かれて，野球のボールほどの木製のボールを足で蹴り，ボールの落ちた箇所まで走り，またそのボールを蹴る。こうしてうまく蹴り，そして走り続け，決められたゴールに先に着いたチームが勝ちとなる。勝負はときには2日がかりになる。

ミシュテコ族が行うボールゲームで使われるグラブはとても手の込んだものとして有名である。厚手の皮でできたグローブの手のひらの側の表面には鋲が打ち込んであり，そこにボールが当たるようにする。グローブの重量は4－6kgにもなる重いものである。ミシュテコ族のボールゲームはプエブラ州，ベラクルス州，メキシコ連邦州などで行われている。

ひとくちにボールゲームといっても，民族ごとに大きく異なっており，とても1つにまとめることができない。いうまでもなく，スペイン人の入植以前と以後でもその様相は変化しており，メキシコのボールゲームは通時的にも共時的にも複雑な文化ネットワークの上で今日まで発展してきた。むしろこうした多様性こそメキシコのボールゲームの最大の特徴といえるだろう。

[メキシコ先住民伝統スポーツ大会]

メキシコにはメキシコ先住民伝統スポーツ連盟 (Federación Mexicana de Juegos y Deportes Autóctonos y Tradicionales A.C.: FMDJAT) が存在している。この組織は1989年に設立され，現在メキシコで開催されている先住民伝統スポーツ大会はこの組織によって運営されている。大会の主な目的は次のようなものである。

1) 多様なスポーツ活動を通じて，先住民同士の出会いと交流を促進すること。
2) 先住民以外の人々に先住民文化への理解を促すこと。
3) 開催を通して先住民としての誇りを確認し，彼らを取り巻く状況が改善されるよう働きかけること。

表4にあるとおり，1995年に第1回大会がオアハカ州で開催された後，2011年までに14回の大会が開催されている。これら全国大会のほかに，いくつかの地方大会も開催されている。ここでは2010年にタバスコ州で開催された第2回南東部先住民伝統スポーツ大会の概況を紹介する。

この大会には，メキシコ南東部に位置するカンペチュ州，タバスコ州，ユカタン州の3つの州が参加した。参加メンバーの多くは子どもたちである。現在メキシコでは学校体育のカリキュ

図26　ペロタ・プレペチャ南東大会

図27　アバニコを行う子どもたち
（写真提供：國寶真美）

ラムの中に先住民伝統スポーツが取り込まれており，また部活動でも積極的に先住民伝統スポーツが行われている。FMDJATが開催する先住民伝統スポーツ大会は学校体育との連携の中で実施されてもいるのである。

大会では，合計21種目の先住民伝統スポーツが行われた。代表的なものを以下に紹介する。

a) カンペチュ州

・アバニコ (Abanico)

植物の葉で編んだラケット（アバニコ）を使ってボールに触れずに風圧で転がし合う競技である。ゴールはメンバーの1人が支えて持っている籠であり，この中にボールを入れることで得点となる（図27）。主にナカフカ (Nakajuka town) という町で行われているという。

・ティンボンバ (Timbomba)

40－60cmの木製の棒と，同じく木製で5－10cmの，両端を尖った形に削られた独楽のようなものを使用する。独楽のようなものを地面に置き，棒でその端の部分を叩き，独楽のようなものを空中に浮かせる。そして空中に浮いた状態の独楽のようなものを棒で打つという競技である。

b) タバスコ州

・フエゴ・デル・コロソ (Juego Del Corozo)

乾燥させたヤシの葉をラケットに見立て，そのラケットでボールを取り合

図28 フエゴ・デル・コロソを行う子どもたち
(写真提供：國寶真美)

図29 カレラ・デ・サコスを行う子どもたち
(写真提供：國寶真美)

図30 ロン・シンタを行う子どもたち
(写真提供：國寶真美)

う競技である(図28)。メンバーの1人が籠のゴールを持っており，その中へボールを入れると得点となる。1チーム5人で行われる。

c) ユカタン州

・カレラ・デ・サコス (Carerera De Sacos)

下半身の腰から下が袋の中に入った状態でジャンプしながら進み，その速さを競う競技である(図29)。

・ロン・シンタ (Lon Cinta)

10cmほどのリボンの先にプラスチックの輪がついたものを，競技者の身長より少し高い位置に張ったロープにくくりつけた状態で競技が始まる。競技者は細い棒を持ち，それをリボンの先に付いた輪に通し，そのリボンをロープから引き取る。いち早くリボンを取れた者が勝者である(図30)。

[メキシコ先住民伝統スポーツ大会の特徴]

メキシコ先住民伝統スポーツ大会の1つの大きな特徴は，それが学校体育と協調しながら，主に子どもを担い手に設定し，先住民伝統スポーツの維持と保存を行おうとしている点である。これは，メキシコ社会における子どもの肥満問題とその解決策としての体育の強化という問題とも関連している。メキシコ先住民伝統スポーツ大会のケースは，スポーツと民族の関係がアイデンティティーの形成という側面だけに限らないことを示唆している。近代的なスポーツや体育では達成し切れない社会生活に必要な能力，すなわち「ソーシャルスキル」の獲得や健康の維持・増進の知恵を民族スポーツが補完し得る可能性をここにみることができるのである。

(小木曽航平)

(資料提供：ソコロ・アルバレス〔Alvarez Socorro〕)

⑩ 大韓民国の民族スポーツ大会

[国家が主催する全国大会の大会概要]

韓国では近代スポーツ種目での世界的な活躍を収める一方で，様々な民族スポーツが国の保護を受けて行われている。ここでは，特徴的なものとして，韓国民俗芸術祭と全国体育大会について説明する。

まず，韓国民俗芸術祭(旧全国民俗芸術競演大会)だが，1958年に始まり，全国の市・道(韓国の行政単位)を持ち回りで開催され，2009年で50回を迎えた行事である。この芸術祭は他の全国大会には類のない特徴があり，歌，踊り，仮面劇だけでなく，民族スポーツ大会も含まれている。それゆえ，この芸術祭を通して，これまで数多くの民族スポーツが国や市・道の無形文化財(これまで21種目の民族スポーツが国の重要無形文化財)に指定され，保存，継承されている。国からお墨付きを受けることが，発展していく契機となるため，その影響力は大きく，民族スポーツの普及と現状を知る上で非常に重要な存在である。

一方，全国体育大会だが，2009年で90回を迎えた行事である。ここでは主に近代スポーツ種目だけが大会種目として選定されている。なお，実業団チームが存在するシルム(韓国式の相撲)と弓道の民族スポーツも含まれており，これらは独立した正式種目として編成されている。また，各道単位で開催される道大会では，民族スポーツとして，ブランコ，チェギチャギ，ユンノリ，力持ち(ウェイトリフティング)などを種目に取り入れている。この大会を通して，数多くの民族スポーツが韓国全土に紹介されている。

表4 メキシコ先住民伝統スポーツ大会開催状況

回数	開催年月	開催都市	参加州	人数	参加ゲーム
第1回	1995年10月	オアハカ州 オアハカ市	14	285	31
第2回	1997年3月	首都 メキシコシティ	22	273	51
第3回	1998年10月	サン・ルイス・ポトシ州 サン・ルイス・ポトシ市	14	321	36
第4回	2000年9月	ケレタロ州 テキスキアパン市	20	373	61
第5回	2001年10月	チアパス州 サン・クリストバル・デ・ラス・カサス市	10	198	34
第6回	2002年10月	ベラクルス州 ベラクルス市	16	370	38
第7回	2003年10月	サカテカス州 グアダルペ市	18	420	75
第8回	2004年10月	コリマ州 コリマ市	14	450	80
第9回	2005年12月	カンペチェ州 カンペチェ市	14	432	54
第10回	2007年11月	オアハカ州 オアハカ市	18	341	70
第11回	2008年11月	タバスコ州 ビヤエルモサ市	16	350	80
第12回	2009年11月	ゲレロ州 アカプルコ市	14	260	62
第13回	2010年11月	ハリスコ州 ワダラハラ市	18	490	77
第14回	2011年11月	チワワ州 チワワ市	13	280	69

a

[地方自治団体が主催する全国大会とその種目の概要]

特に全国的な協会や大規模な同好会といった組織はないが，地方自治団体（市・郡・道といった韓国の行政単位）が直接主催したり，あるいは地域祭りの一環として行われている民族スポーツの全国大会もある。こうした大会には，協会を通じて参加するより，地域の中の小規模な同好会や個々人が参加する場合が一般的である。例えば，板跳びやブランコといった種目が行われている。

・板跳び

主に女性たちによって行われる民族スポーツで，踏み板を交互に踏みつけ，反動を用いて板から跳び上がる高さを競い合う（図31）。個人種目という性格上，広く普及しているが，全国的な規模の大会はほとんどなく，同好会や協会も存在しない。そのため，板跳び大会はほとんどが地域祭りの一部として組み込まれることが多い。ただ，馬山（マサン）市長杯の全国板跳び大会は例外である。

・ブランコ

板跳びと同じく，女性たちによって行われる民族スポーツであり，協会や同好会といった組織はない。しかし，ブランコは端午祭の時，全国各地で大会が開催されるなど板跳びよりも大会の数は多い。例えば，馬山（マサン）市長杯の全国ブランコ大会や江陵（カンヌン）端午祭におけるブランコ大会，南原（ナムウォン）ブランコ大会などがある（図32）。

・ユンノリ（擲柶）

市町村単位の地域社会において住民の親睦を高めるために行われる民族スポーツである。昔は地面やむしろ，現在は円盤あるいは四角盤を用い，その中に十字に29個の点を記し，手の指ぐらいの太さの木の枝を縦割りにした4つの木片（ユッ）を投げて，表と裏の数字に応じて4つの駒を進める双六（すごろく）である（図33）。元々は山農と水郷のふた手に分かれて，その年の作物の豊凶を占ったものであり，地域祭りの一部として大会が開かれる場合もある。しかし，この場合の名称は全国大会というものの規模や参加者の数がそれに及ばないことが多い。現在では，国際ライオンズクラブや農協，赤十字協会などが主催する大会もある。

b

[プロおよびアマチュア中心の全国大会種目の概要]

プロあるいはアマチュアの全国的で大規模な協会や同好会といった組織が直接主催して行われている民族スポーツの全国大会もある。例えば，シルムや弓道といった種目である。

・シルム

韓国式の相撲であり，韓国の民族スポーツの中で最も広く普及している種目の1つである。シルムはここ10年ほど前までは8つのプロチーム，2つの実業団チームがあるほど活発に大会が開催されていた。ところが，1998年の国際通貨危機以降，プロチームが徐々に解散し，廃れていく。その結果，2009年現在，プロの大会は開催されなくなっている。しかし，実業団チームや同好会を中心としたアマチュアの大会は地方自治団体を中心に活発に行われている。2008年には全国大会が6回，2009年には10回も開催されている。また，2009年現在自治団体が後押ししているアマチュアのチームは33団体にのぼっており，国民生活体育協議会傘下の国民生活体育全国シルム連合会では生活体育の一環として同好会を中心に，各市・道大会および全国大会を開催している。最近，脚光を浴びている女性によるシルム（女子シルム）もこの団体主催の全国大会が開かれている。2008年に発足し，2009年からは本格的な事業を展開している世界シルム連盟はシルムのオリンピック登録に向け，働きかけており，シルムの世界化の動きもみられる。

・弓道

国内競技団体である大韓弓道協会を中心に活発な全国大会を開催している。また各地域にある弓道場に所属する同好会の活動もさかんであり，各市・道でも実業チームが構成され，全国大会に参加している。最も規模が大きい大会は全国弓道種目別選手権大会であり，今年で43回目を迎えている。団体戦である市・道対抗戦をはじめ，老年部，女子部，壮年部，実業団チームに分かれて大会が開かれている。また同じ時期に全国男女弓道昇段大会を開催し，同好会会員たちの実力増進および普及に努めている。さらに各自治体ではそれぞれ全国規模の弓道大会を開催しており，各地域祭りの中で全国

c

図31　板跳びの様子

図32　ブランコの様子

図33　ユンノリの様子

図34　弓道の様子

規模の大会が開かれることもある。国民生活体育協議会傘下の全国弓道連合会ではアマチュアチームのための全国規模の大会を毎年行っている(図34)。

[同好会中心の全国大会種目の概要]

国民生活体育協議会に所属しているテッキョンを除けば，国武道，綱引，腕相撲，凧揚げなどの民族スポーツは実業団チームもなければ，国体の正式種目でもないが，アマチュアの同好会によって，全国大会が開かれている。

図35　テッキョンの様子

図36　綱引の様子

図37　凧揚げの様子

図38　闘牛の様子

・テッキョン

国の重要無形文化財76号に指定され，韓国の代表的な武芸として知られている民族スポーツである(図35)。これは，朝鮮半島で古くから行われている武器を使わず主に足による攻撃で相手を倒す武術である。テッキョンの組織は大韓テッキョン連盟，結連テッキョン協会などに分かれており，それぞれの団体において開催する大会が異なる。大韓テッキョン連盟の場合，会員数34万7千人あまりの団体で全国に198の道場，108の大学同好会，120の職場同好会，その他120あまりの団体をもっている。また全国結連テッキョン大会，全国ちびっ子テッキョン競技大会，全国大学結連テッキョン大会，蚩尤旗(チウ)全国大会，天下テッキョン名人戦など全国規模の大会を年に数十回開催しており，地域大会は各市・道支部単位，市・郡・区単位の試合が年間100回以上も実施されている。またカナダ，モンゴル，日本，アメリカ，カザフスタン，メキシコなどに巡回公演をしており，アメリカ，カナダ，フランス，ブルガリア，カザフスタンにはテッキョン協会支部を設けている。結連テッキョン協会は宋徳基(ソンドゥギ)(初代テッキョン技能保持者)からテッキョンを学んだ弟子たちを中心に設立した団体である。この団体は2005年からは「テッキョンバトル」という大会を毎年開催している。

・国武道(クッムド)

自然の摂理と理知を根幹とし，東洋の陰陽五行と八卦(はっけ)を基にした武術で構成されており，精神修養のための礼法と呼吸法を重視している。陽の剛術と陰の柔術によって構成された技術は，体を使う「身術(シンスル)」と武器を用いる「器術(そうじゅつ)」に分けられる。身術は手技，足技，投技からなり，武器術は剣術，棒術，槍術，弓術に分かれ，さらに剣術は基本術，歩法，剣式，剣の型，投剣術などからなっている。また，棒術は短棒術，中棒術，長棒術，棒の型など，槍術は基本術，槍式，歩法，槍の型，投槍術などがある。弓術は基本術，静射法，動射法などがある。

現在，国民生活体育競技会傘下の所属で幼少年大会，連合会長杯大会，協議会長杯大会など年齢別，種目別に分かれ，地域大会および全国大会が開催されている。

・綱引

全国綱引連合会が中心となり，スポーツ綱引全国大会を開催している。スポーツ綱引は8人制の国際ルールに則った綱引大会で選手8人の体重を合わせ，階級を定め，競い合う大会である(図36)。全国大会としては会長杯全国綱引大会と国民生活体育祭綱引大会があり，2008年からは毎年伝統的な綱引で有名な機池市(ギジ)綱引き杯全国スポーツ綱引大会を忠清南道唐津郡にて開催している。またアジアスポーツ綱引大会にも参加している。

・腕相撲

韓国腕相撲協会を中心に多くの同好会が集まり，大会を開催している。腕相撲は比較的簡単な設備と場所さえ確保できれば，大会が開催でき，老若男女を問わず，誰でも参加できるため，広く普及している。13年前から毎年韓国のお正月やお盆休みの時に全国大会を開催しており，地域のお祭りの中に組み込まれた形で開催される全国大会は30回を超える。また地域大会，各種の民族スポーツ大会や伝統文化体験のイベントなどにも組み込まれ，これまで500回あまりの大会が開催されている。さらに2009年からはアジア腕相撲大会にも参加している。

・凧揚げ

韓国凧協会，韓国凧揚げ保存会，韓国民俗創作凧協会などを中心に大会を開催しているが，各地域祭りの一環として行われるのが一般的である。地域で全国大会を開催しているのは釜山(プサン)国際凧揚げ大会，義城(イソン)全国凧揚げ大会，漢城(ハンソン)全国凧揚げ大会などがある。こうした凧揚げ大会は1回で終わるのではなく，地域の順位や個人の成績をつけ，同好会同士や個人間の大会を開いたりもしている(図37)。

・ドラゴンボートレース

最近中国から伝播された民族スポーツである。韓国ドラゴンボート協会を中心に全国大会が開催されており，またこの団体は国際大会にも参加している。全国大会の例としては，ソウル市内を流れる漢江(ハンガン)にて開かれる全国ドラゴンボートレース大会，釜山(プサン)市長杯全国ドラゴンボートレース大会，仁川(インチョン)市全国ドラゴンボートレース大会などがある。国際大会としてはチェコで開か

れる世界ドラゴンボートレース大会，中国寧波市にて開催される寧波市国際大会などがある。大会には主に大学生が中心に参加しており，在韓外国人や青少年，一般人を対象に体験イベントおよび教育を実施し，普及活動に力を入れている。

・闘牛

全国民俗闘牛連合会を中心に大会が開かれている(図38)。2009年には13回目を迎えている。また各地域にある闘牛保存会において独自の全国大会を開く場合がある。具体例としては晋州，晋陽，宜寧，昌寧，密陽，金海など12の地域である。これらの地域ではそれぞれの地域名を挙げて，全国大会や地域大会を開催している。

[韓国における民族スポーツ大会が果たす役割]

民族スポーツ大会の開催は，日本の植民地支配，朝鮮戦争などによって途絶えていた民族スポーツが復活するきっかけとなった。民族スポーツ大会を通して発掘，再現された民族スポーツは何百種にものぼる。この大会を通して民族スポーツが発掘されるとともに，それに対する社会の認識を変えた役割も大きかった。これらの大会は韓国人としてのアイデンティティーを強化させる文化装置として位置づけられている。

(李　承洙)

参考文献　16.B.02

①
- Kelley, M. 1986. *Heartbeat: World Eskimo Indian Olympics*. Fairweather Press.
- 2007 World Eskimo Indian Olympics COAST MAGAZINE http://www.nativevillage.org/nativevillage%20Rabbit%20Bear/Miscellaneous/WEIO2007.pdf (2008年12月4日)
- World Eskimo-Indian Olympics. Fairbanks 2007 Eskimo-Indian-Olympics http://www.weio.org/index.htm (2007年7月31日)

②
- 木内明．1998．「スコットランド」大林太良，岸野雄三，寒川恒夫，山下晋司 編『民族遊戯大事典』637－44．大修館書店
- ―――．1998．「スコットランドのエスニシティとハイランドゲーム」『体育の科学』48: 184－91．
- 早稲田大学スポーツ人類学研究室．2001．「The Loch Lomond Highland Games 2000 調査報告」『スポーツ人類学研究』3: 55－62．

③
- 大林太良ほか 編．1998．『民族遊戯大事典』大修館書店
- 銀川晩報　2003年9月7日，11日付
- 新消息報　2003年9月11日，14日付
- 中国体育博物館・国家体委文史委員会 編．1990．『中華民族伝統体育志』広西民族出版社
- 寧夏広播電視報　2003年9月3日付
- 寧夏日報　2003年9月11日付
- 新華網 http://news.xinhuanet.com/zhengfu/2001-05/16/content_39961.htm (2012年9月23日)
- 第9回大会公式ホームページ http://www.9mzydh.gov.cn/ (2012年9月23日)
- 中共中央統一戦線工作部 http://www.zytzb.org.cn/zytzbwz/nationxxdl/80200511040845.htm (2012年9月23日)

⑤
- 桑原一夫，野々宮徹．1988．「北欧のスポーツ」日本体育協会 監修『最新スポーツ大事典』1169－74．大修館書店
- 幸喜雅．2005．「ゴトランドの民族スポーツに関わる組織の変遷」『スポーツ人類學研究』6: 45－69．
- 野々宮徹．1988．「ボウルズ」日本体育協会 監修『最新スポーツ大事典』1164－69．大修館書店
- 古川まゆみ．1998．「スウェーデン」大林太良ほか 編『民族遊戯大事典』630－63．大修館書店
- Föreningen Gutnisk Idrott. 1999. *Stångaspelen 75 år 1999*, Risbergs Tryckeri AB.
- Hellspong, M. 1989. Traditional sports on the island of Gotland. *Scandinavian Journal of Sports Sciences*, 11 (1): 29－34
- Yttergren, L. 2000. Varpastriden—Gotland, fastlandet och kampen omvarpan. *Idrott, Historia och Samhälle*: 326－343. Svenska idrottshistoriska Föreningen.
- ―――. 2000. Varpan, Svenska varpaförbundet och den gotländska identiteten. *HAIMDAGAR*, 3/2000 (88): 17－20. Hellvi, Haimdagar.
- Föreningen Gutnisk Idrott. 「Stångaspelen」http://gotland.net/stangaspelen (2007年8月31日)

⑥
- Ferreira, Maria Beatriz R. 2006. Jogos dos Povos Indígenas: Tradição e Mudança, *Revista Brasileira de Educação Física e Esporte*, 20: 50－52.
- FUNAI. "Jogos dos Povos Indígenas" http://www.funai.gov.br/indios/jogos/jogos_indigenas.htm (2007年6月29日)
- Ministério do Esporte. "Jogos Indígenas" http://portal.esporte.gov.br/snee/jogos_indigenas/ (2007年6月29日)

⑦
- 笠原政治．2004．「台湾の民主化と先住民族」『文化人類学研究』5 (早稲田文化人類学会): 31－47．

⑧
- Aguirre Franco, R. *Enciclopedia general ilustrada del País Vasco - Juegos y deportes vascos*, Auñamendi, 1979.
- Equipo de Nosotros los vascos, *Nosotros los Vascos juegos y deporte vascos* I－V, Lur Argitaletxea, S.A., 1990

⑨
- 黒田悦子．1998．「メキシコ」大林太良ほか 編『民族遊戯大事典』533－38．大修館書店
- ―――．2013．『メキシコのゆくえ—国家を超える先住民たち』勉誠出版
- 吉田栄人 編．2005．『メキシコを知るための60章』明石書店
- Federación Mexicana de Juegos y Deportes Autóctonos y Tradicionales, A.C. 2005. *Juegos y Deportes Autóctonos y Tradicionales de México*.

⑪
- 韓国民俗芸術祭推進委員会．2008．『2008第49回韓国民俗芸術祭，第15回全国青少年民俗芸術祭白書』，文化体育観光部
- 民族スポーツ関連団体ホームページアドレス (2010年5月1日)
- 大韓シルム協会 http://www.ssireumtraining.com
- 韓国シルム連盟 http://www.ssirum.or.kr/
- 国民生活体育全国シルム連合会 http://www.sportal.or.kr/vm/ssireum/
- 大韓弓道協会 http://kungdo.sports.or.kr/gungdo/index.jsp
- 全国弓道連合会 http://archery.sportal.or.kr/
- 大韓テッキョン連盟 http://www.taekkyon.or.kr/
- 結連テッキョン協会 http://www.taekyun.org/yui/
- テッキョンバトル http://www.tkbattle.com/web/
- 全国テッキョン連合会 http://taekkyon.sportal.or.kr/
- 国武道 http://kookmoodo.sportal.or.kr/
- 全国綱引き連合会 http://rope.sportal.or.kr/
- 大韓腕相撲協会 http://www.caa.or.kr/
- 韓国凧揚げ協会 http://www.kokfa.or.kr/
- Kitekorea http://www.kitekorea.net/
- 大韓ドラゴンボート協会 http://www.kdba.or.kr/korean_index.html
- 国民生活体育協議会 http://www.sportal.or.kr/
- 韓国民俗芸術祭 http://www.kfaf2008.or.kr/
- 全国体育大会 http://90sports.daejeon.go.kr/

17章
スポーツと思想

「スポーツマン(パーソン)シップ」や「フェアネス」といった言葉をスポーツにおいて見聞きするが，スポーツは様々な思想と寄り添いながら，世界的規模に発展してきた。特に，近代スポーツに大きな影響を与えたイギリスのスポーツ思想，そして国際スポーツに大きな影響を与えたアメリカのスポーツ思想を中心に，近現代のスポーツ思想を多様な視点からまとめた。さらに，現在のスポーツに見え隠れするポストモダンのスポーツ思想についても紹介することで，スポーツと思想の関係についてより深く考える契機にしていただきたい。

近現代のスポーツ思想

イギリスのスポーツ思想　　　17.A.01

① 思想と現実

　近現代のイギリスにおけるスポーツ思想にみられる歴史的特徴は，スポーツを肯定する思想であれ，それを批判する思想であれ，思想と現実との間には常に一定の隔たりがみられたということである。したがって，この時代に特徴的なスポーツ思想を理解する上でも，その考えがどのようなスポーツを念頭に置いて語られたものだったのか，また，それがどのような現実との関係において，誰がどのような意図で主張したものだったのかということを冷静に読み取る必要がある。

　例えば，スポーツマンシップという用語の初出は1749年に刊行された小説『トム・ジョウンズ』においてであるが，その文脈では狩猟が念頭に置かれていたことから，訳者はその語を「狩猟家の妙技」と訳している（フィールディング．朱牟田夏雄訳『トム・ジョウンズ』〈岩波文庫〉岩波書店．1951）。というのも18世紀のイギリスでは，当時の支配階級であるジェントルマンにとって狩猟が最も重要なスポーツであり，そこで求められる一定の素養，すなわち猟馬を巧みに乗りこなせたり，猟犬を統制したり，猟場で的確な判断を下せたりする能力を備えた人物が理想的なスポーツマンと考えられていたからである。それに対し，この用語にフェアプレイを中心とする一種の倫理的な規範の遵守を表す要素が付与されるようになったのは19世紀末から20世紀初頭にかけてのことである。

　このように，初期の意味は徐々に変化したとしても，スポーツマンシップの思想は基本的にはスポーツを許容ないしは肯定する意図をもって語られることが多かったといえる。だが，近現代のイギリス社会には，それと同時に，スポーツに対して批判的な思想も存在したことを忘れてはならない。

　イギリスにおいて最も批判的なスポーツ思想が歴史の表舞台に登場したのは，第一次内乱に始まるピューリタン革命期（1642-59年）のことだった。ピューリタンは人間のあるべき生活の中心を「労働」と「祈り」に求めた結果，「休息」の意義は認めていたものの，特に「快楽」を求めるスポーツはすべからく「怠惰」に結びつくものとして批判したのである。ピューリタンによる共和政府が短命であったため，その後のイギリスでは様々な伝統スポーツが息を吹き返し，18世紀にはさらなる歴史的展開をみせる。だが，この時期にもたらされた安息日遵守法とその考え方は後代まで維持されたため，そのことがイギリス人の日曜日の過ごし方に大きな影響を与えることとなった（川島昭夫「イギリス人の日曜日」『経済評論』32(10)．1983: 52-63）。

　近現代のイギリスにおけるスポーツ思想は，その後も宗教・経済・政治といった人々の生活に直接かかわる重要な側面における歴史的変化とも密接な関係を有しながら展開されることになるが，いずれのスポーツ思想についても，その内容を理解する上で常に留意しておかなければならないことがある。それは，近代のイギリス社会が中流階級の上層あたりを境にしてジェントルマンとノン・ジェントルマンに二分される階層社会であり，そこには一種の文化的な身分制が存在していたという点である。また，それはこの時代のイギリス社会にほぼ一貫して認められる歴史的特質でもあった（村岡健次，川北稔編著『イギリス近代史〔改訂版〕』ミネルヴァ書房．2003．131-32）。

② ジェントルマンのスポーツ思想

　イギリス史の知見によれば，ジェントルマンとは元来，貴族やそれに準ずる准爵・騎士の称号をもたない地主層を意味し，16世紀以降，イギリス社会の支配層に躍り出た新興勢力であった。貴族と異なるのは，彼らが必ずしも古くからの名門の出自とは限らなかった点である。いったんジェントルマンの地位に達した家系は「生まれながらの支配者」として自分たちの血統を誇ることができたが，ジェントルマンであることの要件とされた所領や家紋，官職などは金銭で購入することができたことから，十分な資産をもつ者であればそれらを購入してジェントルマンの地位に参入することができた（村岡，川北．前掲書．2003．106-08）。

　また，彼らは絶対王政的なくびきからは自由だったものの，四季裁判所など以外には固有の権力装置をもたないまま地域の司法ならびに行政を担わなければならなかった。そのため，ノン・ジェントルマンともスポーツを共有したり，職業的な選手を庇護したりすることが平穏な社会関係と安定的な地代収入を確保するための重要な手段だったのである（松井良明『ボクシングはなぜ合法化されたのか』平凡社．2007．131）。

　そういったジェントルマンが特権的に享受したスポーツは，一般にフィールドスポーツと呼ばれる野外スポーツであり，その代表格が狩猟であった。

　イギリスの伝統的な狩猟方法は，獲物ごとにそれぞれ専門に訓練された複数の猟犬に獲物を追跡させ，捕獲するというもので，人間が直接獲物を仕留める場面は限定されていた。しかしながら，獲物は猟犬の追跡を振り切るために，生け垣に飛び込んだり，においを消すために川に飛び込んだりする。獲物を追いかけるためには，スピードのみならず，持久力とジャンプ力に優れた専用の馬を用いる必要があり，またその馬を巧みに操る乗馬技術が必要とされた。したがって，狩猟においては一定以上の筋力と精神力が必要とされたのである。これが18世紀のイギリスにおけるスポーツマンシップの内実であった。

　だがその一方で，狩猟を行う権利は一連の狩猟獲物法によって一定以上の収入と身分を有するジェントルマンにのみ認められた排他的な特権だった。そのため，特別に参加が許される場合を除き，ノン・ジェントルマンが彼らだけで狩猟を行えば，それはスポーツではなく，「密猟」という名の「不法な遊戯」とみなされ，発見されれば厳罰が下された。ジェントルマンにとって，狩猟を行う権利は生まれながらの権利（生得権）であり，「イギリス人の自由」に基づく活動にほかならなかったが，こと法律をみるかぎり，その権利はノン・ジェントルマンには認められてい

なかったのである（川島昭夫「狩猟法と密猟」村岡健次ほか編『ジェントルマン：その周辺とイギリス近代』ミネルヴァ書房．1987．156-93）。

これに対し，18世紀のイギリスにおいては，ジェントルマンとノン-ジェントルマンに共通してみられる特徴的なスポーツ形態の組織化が進行した。ギャンブルスポーツである。

体育史家マッキントッシュ（P.C. McIntosh）がこの時期にいち早く組織化されたスポーツとして挙げた競馬，ゴルフ，クリケットはいずれも賭博を不可欠とするギャンブルスポーツであった（ピーター・C・マッキントッシュ『現代社会とスポーツ』寺島善一ほか訳．大修館書店．1991．170）。

スポーツ史の立場からこの点をいち早く指摘した研究者はポーランドのスポーツ学者ヴォール（A.Wohl）であった。彼は「パトロンスポーツ」（patronized sports）を歴史的スポーツ形態の1つと捉え，この形態がスポーツの近代化に果たした歴史的役割を重視するとともに，「パトロンスポーツ」の興隆が次のような新たな契機をもたらしたと述べている。すなわち，「第1に競争が賭け金によって非常に促進されたこと，第2にそうしたスポーツがますます魅力的な形式をそなえてきたこと」である（アンジェイ・ヴォール『近代スポーツの社会史：ブルジョア・スポーツの社会的・歴史的基礎』唐木國彦，上野卓郎訳．ベースボール・マガジン社．1980．54）。

また，マーカムソン（R. W. Malcolmson）はそういったギャンブルスポーツにジェントルマンが参加することで，より形式が整えられた点を指摘しているが，その意味で賭けの魅力がジェントルマンとノン-ジェントルマンとが共有する独特のスポーツ思想を育んだともいえる（ロバート・W・マーカムソン『英国社会の民衆娯楽』川島昭夫ほか訳．平凡社．1993）。

それはある種の平等性に関する考え方であり，ルールの遵守と階級性の導入を伴った。特定のスポーツで賭けが成立するためには結果の不確実性が必要不可欠であった。ある程度結果が予想しやすい場合も賭けをすることはもちろん可能であるが，そこから得られる興奮はさほど大きなものとはならない。そのため，ギャンブルスポーツが

もたらした形式は，賭けの条件を揃えることで結果の予想を難しくする方法であった。例えば，ハンディキャップの思想がそうである。また，闘鶏，闘犬などではある程度の条件を揃えるために体重の計量が行われるようになり，そこから生まれたのが階級制の発想であった。

さらに，この時期のスポーツに認められる共通したスポーツ思想としては，「持久力」ないしは「耐久力」の重視が挙げられる。例えば，当時の拳闘では，特に時間制限が加えられることがなかったことから，1つの試合が数時間に及ぶことも珍しくはなかった。また，すでに18世紀半ばに開発されていたグラブが正式の試合で用いられるようになるのは19世紀後半のことであり，それまではあえて使用されなかったことが知られてもいる。この背景には，「耐久力」を有する者を賞賛する独特のスポーツ思想が存在したからだと考えられる（松井良明『近代スポーツの誕生』〈現代新書〉講談社．2000）。

このようなスポーツ思想に対し，かつてのピューリタニズムの再来ともいわれる批判的なスポーツ思想が再び強まり出したのが18世紀後半から19世紀前半にかけてであった。「合理的娯楽」運動として展開された社会改良主義の思想がそれである。かつてのピューリタンとの違いは，その思想の基盤が福音主義に由来するもので，保守的な傾向を内包していた点にある。この運動は，伝統的なスポーツが「浪費」的かつ「非合理」なものであると批判した。だが，そこでの攻撃対象はもっぱら労働者階級のスポーツに対して向けられ，ジェントルマンのスポーツ活動については直接的な攻撃は行われなかった。特に工業化と都市化の進展が進む中で台頭してきた中流階級の価値観を具現化していた社会改良主義者たちは，ジェントルマンの中にも存在し，彼らと協働して労働者や下層民のスポーツに対する批判を展開したのである。その結果，19世紀前半に成立する動物虐待防止法や公道法などには，伝統的な動物闘技やストリートフットボールを違法とする規程が盛り込まれ，19世紀を通じて禁圧の対象とみなされるようになった（川島昭夫「19世紀イギリスの都市と『合理的娯楽』」中村賢二郎編『都市の社会史』

ミネルヴァ書房．1983．294-318）。

その間もジェントルマンの社会的地位そのものは脅かされなかったが，工業化と都市化の進展はイギリスの支配体制にも一定の影響を及ぼしていた。その1つが，19世紀半ばに進展した教育改革であり，具体的には寄宿制の私立中等学校であったパブリックスクールにおける諸改革であった。その中から生み出されたのが，特にチームゲームを中心とする運動競技を性格陶冶の手段として礼賛するアスレティシズムの思想であった。

③ 疑似ジェントルマンのスポーツ思想

工業化と都市化の進展は中流階級の社会的な台頭をもたらしたが，彼らは社会的上昇，すなわちジェントルマン化を希求して自らの子弟をパブリックスクールへ送るようになった。その結果，1830年代以降，パブリックスクールの数が飛躍的に増加した。そこでの重要な教育課程は古典語およびキリスト教教育だったが，19世紀後半にはそこに課外教育としてのスポーツが加わることになった。

アスレティシズムはスポーツを通してエリート養成を行うための教育イデオロギーであり，1850年代から1860年代にかけて成立した。その背景には，スポーツを通して広く社会の関心を引こうとしたことと，生徒を校内に引き止めることで周辺住民とのトラブルを避けようとする校長の思惑があったが，そこが学校であることから，スポーツの奨励を正当化するための教育思想が求められてもいた。そこで新たに生み出されたのがアスレティシズムであり，身体壮健を礼賛する教育思想であった。

背景には1830年代以降に展開された都市部を中心とする衛生改革運動やそこから派生した人種優生論，社会ダーウィニズムなどがあったが，校長たちの精神的な動機という点では，身体の壮健をキリスト教によって正当化しようとする「筋骨たくましいキリスト教」の思想が大きな後押しをしたことが知られている。トマス・ヒューズ（T. Hughes）の『トム・ブラウンの学校生活』やチャールズ・キングズリ（C.Kingsley）の『二年前』といった小説を通し，この思想は，丈夫な身体の礼賛，運動競技

の推奨，男らしさの宣揚，英雄崇拝の是認といった内容をさし示す言葉として流布したが，それは同時に，容易に帝国主義へつながる危険性を内包してもいた（村岡健次「『アスレティシズム』とジェントルマン：19世紀のパブリック・スクールにおける集団スポーツについて」村岡健次ほか編『ジェントルマン：その周辺とイギリス近代』ミネルヴァ書房．1987．228-61）。

アスレティシズムは近代オリンピックを提唱したピエール・ド・クーベルタン（P. de Coubertin）にも大きな影響を与えているが，彼が影響を受けたもう1つのイギリスのスポーツ思想がアマチュアリズムであった。そこでアマチュアリズムの基本的な考え方を，キングズリの論敵でもあったニューマン（J.H. Newman）の『大学の理念』（ニューマン, J. H.『大学で何を学ぶか』田中秀人訳．大修館書店．1983．14-22）からみておこう。

ニューマンにとって伝統的なジェントルマンの理念はあくまでもルネサンス以来の人文主義の教養であり，実用性をもたないギリシャ語やラテン語などに代表される「自由学芸」にほかならなかった。また，彼が特に強調したのが，その行為が常に結果から独立し，いかなる目的も志向しないリベラルな営みであるかどうかということだった。そして，彼は「男らしい競技，技の競技，あるいは武勇といったものは，肉体的ではあってもリベラルと考えているようである」と述べている。ただし，現実的な意味でのアマチュアリズムは，当初はノンジェントルマンを排除する目的で用いられていた。例えば，1866年に成立したアマチュア・アスレティック・クラブが採用していた「アマチュア規定」とは次のようなものであった。

「アマチュアとは，プロとともに出場するオープン競技に参加しない，また賞や金銭のために競技しないジェントルマンのことである。そして，彼はいかなる時期においても，生活の手段として競技を教えたり手伝ったりしたことのない人たちのことである。また，機械工や労働者であってはならない」（グレーダー，E. A.『アマチュアリズムとスポーツ』四国スポーツ研究会

訳．不昧堂出版．1986．88）。

つまり，当初考えられていた「アマチュア」とは，支配階層であるジェントルマンその人を意味していたのである。またそれに加え，19世紀後半に興隆するプロスポーツに関しても，それらの商業化に反対するジェントルマンたちによって運営されていたことから，いわゆる「紳士的な振る舞い」とスポーツマンシップとが理想として掲げられていたのである。だが，例えばサッカーのルールに「非紳士的な行為」が反則として規定されていることが示すように，思想と現実との間には多くの隔たりが存在していたことも事実であった。

④ノンジェントルマンのスポーツ思想

近代のイギリス社会におけるノンジェントルマンが抱いていたスポーツ思想の特徴の1つは，実はかつてのジェントルマンが抱いていたスポーツ思想とも共通するもので，それはスポーツが「個人の自由」に基づく活動であるという思想であった。そのため，彼らはイギリス政府や社会改良団体などの介入には根強く抵抗したことが知られている。ただし，ノンジェントルマンのスポーツ思想は，古くからみられた伝統的かつ保守主義的な側面を引きずっていた点に大きな歴史的特徴が認められる。すべてのノンジェントルマンがスポーツを好意的にみていたというわけではなかったはずだが，例えばマーカムソンは伝統的な民衆スポーツには次のような社会的機能が認められたことを指摘している。

「規制の解除，敵意の表現，地

位の転倒，個人的反感のはけ口，集団的敵愾心の表現，団結，個人的能力の顕示」（マーカムソン，前掲書．1993．164-89）

こういった機能を体現していた民衆スポーツが，19世紀における中流階級的価値観と衝突するものであったことはいうまでもない。そして，第一次大戦が始まる頃には，もはや18世紀にみられた民衆スポーツはそのほとんどが姿を消すか，あるいはその参加形態を大きく変化させていくのである。

19世紀に生まれた最も特徴的なスポーツ思想がアマチュアリズムであり，スポーツマンシップであったとすれば，20世紀において大きく成長したのは勝利至上主義であった。もっとも，それがナショナリズムと強く結びつくことになるのは特にイギリス以外の国々であり，その背景には，イギリスが世界に冠たる帝国であったということ，そしてこの国の支配階層が，どちらかといえば個人主義的なジェントルマンたちであり，リベラリズムを保持していた点が挙げられる。

最初に述べたように，近現代のイギリス社会には常にスポーツを肯定する思想と批判的な思想とが共存してきた。また，1983年の統計によれば，なんらかのスポーツ団体に加入しているイギリス人は630万人に過ぎず，残りの4,850万人は加入していなかった。つまり，イギリスにおけるスポーツは依然として少数派による活動であるということを改めて確認しておく必要があるように思われる（トニー・メイソン．『英国スポーツの文化』松村高夫，山内文明訳．同文舘．1991．123）。

（松井良明）

アメリカのスポーツ思想　　17.A.02

①アメリカのスポーツにみられる脱フェアプレイ指向

イギリスが「近代スポーツの母国」とみなされるのに対して，アメリカはそのスポーツを「現代的な競技スポーツとして発展・改変させた国」だと関係づけられる。こうした関係性は，近代スポーツ思想という視座から，アメリカのスポーツを特徴づけるいかなる論議を提起させるものだろうか。

グットマン（A. Guttmann）がイギリスの慣用句"It's not cricket"（礼儀作法にかなわない，フェアではない）に対照させて取り上げた語句"Nice guys finish last"（ナイスガイが最後を飾る）は，アメリカにおける民間伝承の逸話に由来する。もとより前者イギリスの慣用句は，フェアな立ち振る舞いを理想とする紳士（ジェントルマンアマチュア）の生き方と不可分である。必然的に，スポーツマン

シップに立脚する人間形成の可能性を自覚させる。

後者アメリカにおける民間伝承は，初期のプロ野球における薄暮試合の一件に由来する。すなわちセンター（外野手）が，9回裏に敵が打ったホームランを，高くジャンプして好捕した振りをして審判を欺き，試合の終了を宣言させた。ここには，逆転を阻止したトリックプレイへの評価が，一種の詐欺的な絶妙なルール破りへの憧れとか，機転をきかせたナイスガイ（プレイヤー）への礼賛と一体となっている。

アメリカのスポーツの思想には，近代スポーツの思想的原点というべきスポーツマンシップやフェアプレイからの離脱の方向性がうかがえる。紳士的なフェアプレイに執着し，紳士的に試合を進めることを，むしろ決着への詰めの甘さとみなすような，勝利主義への合理化の側面ともかかわる方向性かもしれない。

② 近代スポーツの改変・考案の思考方式

アメリカは多くのスポーツを改変・考案した国である。例えば「的当てゲーム」である「輪投げ」に関しては，スコットランド地方などの「鉄環投げ」（quoits）に対して，アメリカでは「馬蹄投げ」（horseshoe pitching）が一般化した。こうした事例でも明らかなように，イギリスをはじめヨーロッパ旧世界のスポーツを新世界アメリカで再現する際に，アメリカ人は彼らの生活環境に応じ臨機応変にスポーツを改変させたのである。

野球やアメリカンフットボール，バスケットボールやバレーボールなどは，さしずめアメリカで考案され，アメリカ的なスタイルを生み出してきた代表的種目であり，「アメリカスポーツ」と呼ばれる。

「アメリカスポーツ」に共通な特徴（共通な考え方）に関しては，また同時にイギリス生まれの「イギリススポーツ」との比較論からも，次のように指摘されている。すなわち第一に，選手交代に基づいたベストなメンバー構成によってゲームが進行される。第二に，自己主張が認められ，審判への抗議も許される。第三に，勝利への執着が強く，手段を選ばぬ勝利至上へと合理化がい

っそう進んでいる。第四に，機動力溢れるスピーディーなゲーム展開が好まれ，それらがゲームの構造自体に反映されている。第五に，情動的な表現に寛容であり，独特のプレイヤーと観衆とを結ぶ興奮状態が発揮される…等々。

こうした「アメリカスポーツ」に共通する思考方式は，多様な民族を融合させるナショナルなレベルでの「コスモポリタニズム」もしくは「折衷主義」とでもいうものである。現代社会におけるスポーツの普及は，多様な国家や民族をその対象としており，グローバルスタンダードといった考え方とも結びついている。アメリカでのスポーツの発展は，まさにナショナルレベルでの，これに先駆けた歴史的体験によるものであった。

これらの見解は，いうまでもなくアメリカ社会が多民族の異文化によって構成される，多元的文化を有する国であるという事実に根ざすものである。アメリカスポーツ史の中で確認される融合に向けての思考方式は，都市化や産業化などに伴う社会的変化を背景に，いわゆる近代的アメリカ人の性格の中核をなした中産階級が，体育・スポーツ現象の中心の担い手として台頭することに結びつく動向でもある。この種の文化的融合への思考は，模式的にはA＋B＋C＝Dとして特徴づけられよう。

一例として1891-92年にかけてYMCA（キリスト教青年会）で考案されたバスケットボールに着目すると，1894年当時にYMCA学校でバスケットボールコーチをしていたバン（J. W. Bann）によれば，このゲームの考案者ネイスミス（J. Naismith）は，現存する諸要素の新たな結びつけや修正によってこのゲームをルール化しようとした。すべての一見して新しいものは，すでに現存している諸要素の改作を助ける，単なる結びつけや修正だと考えられた。

また，アメリカにおけるスウェーデン式体育導入とかかわる歴史的出来事「ボストン会議」（1889年）では，当時指導的立場にあったサージェント（D. A. Sargent）が，アメリカが最も必要とする体育について，ヨーロッパ諸国民が実践して試みているものが，その適切な組み合わせだと主張していた。

とはいえ現代に至るスポーツの改変や考案は，単にアングロ・アメリカン系の単一文化を指向する枠組みに，容易に同調するものではなく，ブラックパワーも含めたいっそう多様な，諸民族の文化的融合が意識されてきた。この場合の文化的融合は，実際にはむしろ，A＋B＋C＝A＋B＋C として自覚されざるを得ない性質のものにほかならない。

③ スポーツの歴史的・思想的風土としての優勝劣敗主義

「アメリカスポーツ」では，考え方や生活習慣の異なる多様な人々を対象に，禁止事項や罰則などを含めたルールを徹底させることによって，明確な勝ち負けの場を確保しようとする意向が，より明白に反映されていると理解されてきた。

「アメリカスポーツ」が確立された19世紀末から20世紀初頭の，当時のアメリカ社会にみられた個人主義の思潮は，百万長者の出現と彼らへの富の集中を，生存競争にまつわる自然淘汰の考え（ダーウィニズム）や，財産権を神聖な神の啓示によるものとみなす考え（神授説）などによって正当とされるものだった。誰もがぼろ儲けに奔走したこの時代の民主主義は，コネのある者や早い者勝ちによる自由放任に基づいた機会均等の考え方を優先させるものでもあった。

歴史的・思想的風土としてのこの種の優勝劣敗主義は，スポーツについても例外ではない。スポーツは個人の社会的・経済的な成功の度合いと歩みをともにする形で，美的で消費的な閑暇への取り組みの中で許容された。アスレティッククラブの流行も，まさに社交の制度の中核になった。入会金や会費を値上げし，高価なクラブハウスを建て，会員制を設けるなどして，貴族主義的で閉鎖的色彩を強めた。実質的な競技への興味に惹かれて入会した会員を圧迫させる一方で，クラブの競技力の体面を守るための，入会金や会費を免除された卓越した選手の抱え込みなども必然的に一般化した。

スポーツにおける競い合いが，クラブ対抗という形式で普及するにつれ，必然的にその競い合いの前提を公平にすることにも目が向けられた。アマチ

ュアへの社会的関心がイギリス同様に生じたが，1880年代当時のアマチュアリズムの受け止めは，スポーツを純粋に受け止め，勝つことを名誉とみなす考え方をあまり重視するものではなかった。アマチュアである選手が名前を変えてプロの競技会に参加したばかりでなく，プロモーターもまた，選手を惹きつける賞品の宣伝をし，競技会が終了するといち早く姿をくらませるなどした。あるいは厳格にアマチュア精神を謳う反面で，実際には勝者のトロフィーを金と交換してやることも例外ではなかった。

アマチュアへの自負は，むしろ自らのクラブでのスポーツ行為を社会的に承認させようとする組織化をめぐる抗争や，競技上の合意を得ようとするルールや運営規程などに関する執着と，必然的に結びついた。例えば1888年におけるアマチュア競技連盟(Amateur Athletic Union: AAU)の結成も，全米競技協会(National Athletic Association: NAA)との組織間の抗争を伴って生じたものだった。この抗争はAAUの傘下にない競技会に参加することを許さず，それらの競技会に参加した競技者をAAUの競技会から除外するという，徹底した戦略の末に終結した。

都市に生じたスポーツ愛好者間のクラブの組織化や連合化の進展も，アメリカ社会に醸成されつつあった勝利至上の風潮を敏感に反映した姿であったといえるかもしれない。スポーツ史上でおよそ19世紀末の30年間は「組織化の時代」と呼ばれる。この間に当時現存した多数の種目で全国的な統括機関が結成された。

優勝劣敗主義は現在に至るまで，アメリカのスポーツを特徴づける歴史的・思想的風土となってきたように思われる。例えば現代というべき，1978年11月制定の「アマチュアスポーツ振興法」(American Sport Act)をみても，「前文」でアマチュア選手の権利を認めることや，国内競技団体間の葛藤や対立や紛争を解決することが明記されている。

④ アメリカン・ドリーム，スポーツヒーロー，そしてビジネス化へ

アメリカは世界に先駆けて，スポーツを「ショー」や「スペクタクル」として発展させた。今日ではアメリカのスポーツ競技会は，プロ・アマを問わず，テレビ放映と一体となって運営されている。その結果，他の番組は，必然的にスポーツ番組の都合に応じて編成される。こうした動向は，ビジネス化に通じるスポーツの商業主義的な側面ともかかわりながら進展したものである。

スポーツはいまや，最も有望なビジネスとして期待されている。こうしたスポーツのビジネス化は，かつて成功を夢みて移住してきた人々の，アメリカン・デモクラシーへのイメージに後押しされてきたものでもある。例えば野球については，早くも20世紀初頭の10年間に，今日のようなワールドシリーズの方式を実現することによって観衆を急増させ，まさに国技としての発展をみた。このゲームの発展史を特徴づけることは，むしろプロ野球の興行的な問題意識に先導されながら，野球のルーツをアメリカのものと自任したいとする国民感情が高められたことであった。当時は，1905年の野球起源調査委員会の報告が示すように，アメリカにおける野球の受け止めが，一種の神話を決定づけるほどに盛り上がりをみせた時期であった。

往年の名選手スポルディング(A.G. Spalding)は，またスポーツ用品を人々に提供する起業家としても，いずれにせよ野球絡みで人生に成功した人物である。彼は野球を，よりよい人間に育て上げ，少年に冷静さや独立心や自信や礼儀などを身につけさせ，本当の意味での積極的果敢さや男らしさを教えるものだと賛美し続けた。これにより移民として入国する外国生まれの青少年に，アメリカ人とはなにかを教える最も有効な手段は野球だと，広く信じられるようになった。

野球をはじめとするアメリカスポーツは，いずれも1920年代以降に数多くのヒーローを生んでいる。例えばホームラン王ベーブ・ルース(G. H. Babe Ruth)やボクシング100万ドル試合で有名になったデンプシー(J. Dempsey)，あるいはターザン映画の主人公になった水泳のワイズミュラー(J. Weissmuller)らは，代表的存在にほかならない。1920年代は，まさにヒーローの「黄金期」とみなされる。また人種的偏見をも乗り越えて成功し，社会的階段をのぼる成功者としてのヒーローの存在は，古くからのフロンティア学説にも呼応して，スポーツを機会均等のデモクラシー実現のための，一種の社会的安全弁とみなす見解などをもたらした。

アメリカンデモクラシーとヒーローの関係は，まさしくスポーツビジネスとしてのその後のアメリカスポーツの隆盛を約束するものになった。だが，それゆえにスポーツをナショナルなイデオロギーと強く縛りつける結果となったことは，一種の皮肉でもある。かつてプロ野球メジャーリーグを見習って制度化されたと指摘されるサッカーの，今日におけるグローバルな普及ぶり(国際サッカー連盟：FIFA)と比較すると，むしろ野球におけるこの種の動向(ワールド・ベースボール・クラシック：WBC)は，明らかに遅れをとるものとなった。

⑤ イギリス風「競技礼賛」の思想的系譜への注目

アメリカのスポーツが近代スポーツの母国イギリスから引き継いだ思想性に目を向ける場合，イギリスのパブリックスクールにおける競技礼賛(athleticism)と同根の，いわゆる「筋肉的キリスト教徒を志向する啓蒙的思潮」(Muscular Christianity Movement)を度外視できない。早くも1860年代の東部の諸大学には，確かに初期のスポーツの定着がみられた。作家であるとともに牧師でもあったヒギンソン(T. W. Higginson)は，奴隷制廃止や節制(禁酒)や健康の問題への改革を熱心に主張した人物である。1858年に「神聖さと肉体」や「身体的勇気」を誌上に公表した。前者では，神聖さと肉体とが二者択一のものでないことを主張し，後者では，勇気と力と徳を備えた古代オリンピック競技者を賞賛していた。

そして，その後YMCAにおける体育活動がこうした思潮を継承したと指摘される。YMCAは，バスケットボールやバレーボールを考案する一方で，文字通りクリスチャン的な人間像に基づいた身体やスポーツ活動の意味を見出すオールラウンドな視点に基づいて，アメリカ社会へ多大な貢献をした。YMCA体育を確立したギューリック(L. H. Gulick)が活躍した1880年代以降には，社会的，宗教的，知的，身体的

な各々の状態の改善をめざそうとする全人間的なバランスの中で独特の教育がめざされた。

1887年秋にスプリングフィールドの指導者養成学校（1890年にYMCA訓練学校と改称）に体育部が置かれた後，事業も本格化した。例えば1900年には224人の指導者と21人の助手が491の体育館におり，およそ8万人の成人と2万人の少年がその体育のサービスを受けていた。YMCAで実践されたアスレティックリーグなどは，その後ニューヨークをはじめ，各地の学校体育にも重要な影響を与えた。

いわゆる遊戯論に根ざす教育的な問いかけがなされたが，それは当時のスポーツ制度の外にいた一般の子どもにアマチュアリズムの考え方を普及させることにもなった。「ゲームをプレイすること，それは至高至善な人生そのものであり，追求に必要な規則や制限された条件下において，理想を追求することである。追求これ自体が目的である。人生のゴールはいかなる快楽の獲得の中にも見出されない」（Gulick, L. H. *A Philosophy of Play*. Charles Scribners Sons. 1920. 274）。YMCAの指導者は，社会問題化する競技への批判にもかかわらず，遊戯に根ざすスポーツに「善なるもの」「全人的な教育の可能性」を見出した人たちだった。

⑥ 新体育論とスポーツ思想

新体育とは，当時デューイ（J. Dewey）らが提唱していた新教育の理論に呼応して，人間形成という教育目標を達成する1領域として，体育を位置づけようとした思潮で，一般にはウッド（T. D. Wood）やヘザリントン（C. W. Hetherington）やウィリアムズ（J. F. Williams），さらにはキャシディ（R. Cassidy）やナッシュ（J. B. Nash）らの思潮によって系譜づけられる。それ以前の，形式体操を中核とする身体づくりの体育を批判し，子どもの興味や関心を中心に置いた遊戯やスポーツを重視した体育であった点で，まさに新しい現代の体育の源流となった実験主義体育であった。同時にこの思潮は，すでにYMCAの体育指導者が推進した遊戯教育論とも同根の，遊びやレクリエーションを通じてのパーソナリティーの発達に着目していたことを見逃すべきではない。

ちなみにウッドとキャシディとの共著による『新体育』（1927）では，対象とされる8領域の教材が示されている。器械運動に相当する「自己試しの活動」や，「個人的な矯正のための練習」といった体操系の教材のほかは，「自由遊戯やゲーム」，ボーイスカウトやキャンプファイア・ガールズのような団体活動を含めた「競技やスポーツ」，野外での趣味活動やキャンプでの活動を含む「社会奉仕活動および職業訓練的活動」などが主な内容だった。そして「毎日の生活での自然な諸活動」，自然なダンスやオペラ風ダンスやフォークダンスなどを含む「演劇的表現」，そして大人向けの「レクリエーション的活動」も教材の対象に含まれていた。

教育とはなによりも，子どもが日々満ち足り，満足のいく生活を経験するための，その後の人生に最善の準備となるような，生活経験の過程とみなされた。そして体育とは，心と身体とが相関している活動や運動（psycho-motor activities or movements）によって，子どものその完全な教育に寄与するものだった。新体育論は，こうした考え方を，合理的なプログラム論や方法論として具体的に系統立てようとしたものだった。

ここで注目すべきことは，YMCA体育が，心や身体に及ぶ人間の全面的な発達を問題視していたのと同様な，心身相関の視野を強調させる，遊戯に根ざす「自然運動」（natural movement）という考え方が，従来の形式体操の動きを「不自然で作為的な運動」とみなす

ことに対置させて，近代的な科学論に支えられて強調されたことである。

一例を挙げると，ウッドはnaturalized activity（自然化された活動）という用語を用い，natural activity（自然な活動）という表記と区別した。スポーツで用いられる，走ったり跳んだりする活動は，その種目固有の目的に準じて「自然」とみなされる活動ではあるが，本来的な意味での自然な運動を意味する概念ではないと考えたためである。

新体育論では心と身体との関係性を強調する様々な専門的用語が造語され，種々用いられていた。遊戯に根ざすスポーツ運動が人間の発達にとって「自然」な運動であると解釈する新体育論者の主張は，「身体を通しての教育」というウィリアムズの考え方に集約されていった。そしてまた同時に，運動教育論をはじめとする新たな時代の体育論として，種々の展開をみせることにもなった。

参考文献

- Guttmann, A. 1988. *A Whole New Ball Game. - An Interpretation of American Sports -*. Chapel Hill.
- Newman, W.M. 1973. *American Pluralism, A Study of Minority Group and Social Theory*. Harper & Row.
- Rader, B.G. 1983. *American Sports - From the Age of Folk Games to the Age of Spectators -*. Prentice Hall.
- Weston, A., 1962. *The Making of American Physical Education*. Appleton-Century-Crofts.
- Williams, J.F. 1964. *The Principles of Physical Education*. W.B. Saunders Co.
- Wood, T.D., Cassidy, R. 1927. *New Physical Education*. Macmillan.

（小田切毅一）

日本のスポーツ思想

ここでは，近代日本のスポーツ思想を「スポーツの〈快〉」をめぐる思考として整理する。

① 「運動競技」の教育化と〈快〉の功利主義的利用

近代日本に新しい「スポーツ」という文化が流入した明治初期，まだそれが「運動競技」と呼ばれていた時代，それは物珍しい西洋の「娯楽」であり「児戯」であった。そうした状況の中で，「運動競技」はまずは「教育」と結びつけられることで単なる「娯楽」からの離脱を成し遂げていく。

その最初期の例を福沢諭吉にみることができる。福沢が慶應義塾に運動場を設け遊戯具を設置したことは知られているが，彼自身は「運動」を「運動」として楽しむという発想はなかったようである。彼が「運動」を推奨するのは，「身体を練磨して無病壮健ならしむれば随て精神も亦活発爽快なる可きは自然の法則にして，心身ともに健全なる者は…独立の生活を為すことを得るの利あるが為めのみ」なのであって，「運動」は「人をして不羈独立の生活を得せしむるの手段」として，その有用性から価値づけられることとなる。福

沢は，それゆえに，世の運動選手たちが手段を目的と取り違え「自分の面白き遊戯に技倆を現わして，以て一時の快楽を得る」ことに熱心であると批判もするのである（福沢諭吉「体育の目的を忘る，勿れ〔初出1893年〕」『福沢諭吉全集十四巻』岩波書店.1961.18－20）。

では，次にわが国の「スポーツの父」といわれる嘉納治五郎をみてみよう。嘉納は学生時代に，柔術以外に，ボート，ベースボールなど多くの「運動競技」を行い，その〈快〉を味わった（嘉納治五郎「柔道家としての私の生涯」『嘉納治五郎著作集第三巻』五月書房.1992.25－26）。それゆえに，「競技運動は興味のあるという点においては甚だ勝れたもの」（嘉納治五郎「精力善用国民体育」『嘉納治五郎著作集第二巻』五月書房.1992.302）などとその〈快〉が体を動かすことへのよい動機づけとなることを繰り返し語る。嘉納はこのように，運動のもつ〈快〉を功利主義的に活用しようとする。

では，それはいかなる方面で有効に活用されることとなるのだろうか。嘉納が最も重視したのは「国民」の「身体教育（体育）」であった。彼は「運動競技」が，必ずしも科学的に体系立てられているものではなく，それゆえに，全人的な教育には向かない面があるといい（嘉納治五郎「我が一般国民に施す可き体育」『体育』237.1913），また福沢同様に過熱化や過美化に対して「見世物体育」であるとの批判を行う（嘉納治五郎「運動会」『国士』38.1901）。嘉納は「運動競技」の〈快〉を知るゆえ，それを人々の運動への自発性を引き出す契機として重視する点で福沢と異なるが，しかし最終的にはそれ自体がいかに「身体教育」に有用であるか，という功利主義的な視点からの評価を常に下しているのである。そもそも嘉納は柔術についても，それを「教育」として再構築する有名な講演「柔道一班並ニ其教育上ノ価値（1889）」以来常にそれを合理的な説明可能なものとして語っているのであり，これは嘉納に一貫する合理的・科学的な思考ということができる。

こうした，福沢や嘉納にみられるスポーツの身体教育化は，スポーツを単なる「娯楽」から連れ出すことに成功している。それはしかし，スポーツを功利的に，合理的に評価することでもあり，その〈快〉が「自発性」への誘引を

超えて非合理な「快楽」にまでなることは許されていないのである。

② 「苦行」としての「運動競技」

では次に，福沢や嘉納によって批判された，当時「運動競技」を独占的に享受したエリート学生たちをみてみよう。

まず，無類の野球好きであった正岡子規である。子規は野球を「壮健活発の男児をして愉快と呼ばしむる…者ただ一つありベース・ボールなり」「ベース・ボールほど愉快にてみちたる戦争は他になかるべし」と語り（正岡子規「Base-Ball〔初出1888年〕」『筆まかせ抄』岩波書店.1985.43），その〈快〉を明確に肯定する。

しかし，第一高等学校（以下一高と略す）から帝国大学（現・東京大学）での熱心な運動家であった武田千代三郎はわが国で最も早い総合的なスポーツの理論書において「『運動は心身鍛錬の目的を達する手段なり』。故に『運動の為に運動する』ことは厳に戒めなければならぬ。」（武田千代三郎『理論実験競技運動』博文館.1904.609）といい，また「本書の目的」を「人らしき人を養成する目的を達する手段の一として，競技運動の真価を明らかにせん」（同上.627）と，嘉納と似た議論をするのである。

ではここで，こうした彼らの思想を少しカッコに入れて，学生たちの具体的な実践に目を向けてみよう。周知のように一高の運動部は，精神修養，自己鍛錬，剛健勇武，などを標語とし，雨の日も雪の日も繰り返される激しい練習に代表されるように，「愉快」という言葉を超えたなにか過剰なものをはらんでいる。もはや「苦行」とでも名づけるべきこの実践は，単なる「娯楽」ではないのはもちろん，功利主義的な「有用性」や「合理性」からも遠い。子規と武田は，おそらくこうした場所，すなわち「快楽としての苦行」で一致しうる。

このような学生たちの実践は，最終的には「武士道としての運動競技」として概念化される。飛田穂洲に代表されるこの思想は，過剰なまでの鍛錬主義／修養主義をアマチュアリズムや教育と結合させ，スポーツを聖別しようとする論理として現在もまだ生き残るが，これは嘉納や福沢が批判したような〈快〉とは別種の〈快〉をはらんだロマン主義的スポーツ思想といえるだろ

う。

③ 新しい〈快〉の思想の出現

こうしたロマン主義者たちの中で最も影響力があったのは，飛田が薫陶を受けた押川春浪を中心とする天狗倶楽部であろう。1911（明治44）年の野球害毒論争では朝日新聞を相手に春浪が中心となって野球擁護の論陣を張ったことは有名である。

春浪は野球を単なる娯楽ではなく，また単なる教育の道具でもないなにものかであると語る。「今日一部士人間には，野球は一遊戯のみ…などと軽薄極まる言辞を弄するものあり。…斯くの如き根性似ては，野球に何らの崇高なる意気をも発見する能はず」「余輩は確信す。野球は決して単なる運動遊戯にあらず。…全身全力を尽して戦ふべき也。斯くてこそ野球競技は音に体育に止まらず，精神修養の為にも大なる効果あるに至るなり。」（押川春浪「野球を武道とせよ〔初出1910年〕」『蛮勇豪語』九十九書房.1914.318－20）。春浪はその崇高なる意気の向かう先を「国家」であると語り，過剰な鍛錬による「苦行」としての「運動競技」がこうした超越的なものに還元されることを，以下のように常に「壮快」「愉快」と形容するのである。「壮快なる健児原，鉄棍を打ち振り熱球を飛ばし大にしては国家尚武の為め…勇壮に熱心に体育奨励をやって居る」（押川春浪「運動会の鼠輩を誅せよ〔初出1911年〕」『蛮勇豪語』1914.336）。しかし一方で，天狗倶楽部からはこうした論理とは異なった〈快〉を肯定する論理をも見出すことができる。

「理由も糸瓜もない…愉快だから愉快だというのである。天狗倶楽部には云ふに云はれぬ愉快な空気が篭って居る。」（小狂鰐生「天狗放談」『運動世界』33.1911:66）とメンバーの1人である弓館小鰐が語る時，そこには，「運動競技」の〈快〉をロマン化せずにそのまま肯定するまなざしを読み取ることができる。「運動競技」を他のどんな領野にも従属させず，なにか超越的なもので基礎づけることもなく，個人が感じる〈快〉をそのまま自己言及的に肯定する言説こそ，わが国においてスポーツが自らを自律的に価値づける論理が語り始められた瞬間といえるだろう。

明治20年代より国家尚武のための

「運動競技」なる思想の牙城であった一高においても同様の変化は確認できる。夭折の哲学青年魚住影雄の運動部批判/国家尚武の校風批判に始まるいわゆる「校風論争」(1905〔明治38〕年)をきっかけに，国家主義的なバンカラ運動部員に代わって，個人主義的な煩悶する文学・哲学青年たちが学生の中で勢力を増していくこととなる。そうした中で，魚住に近い場所にいた安倍能成は，自分たちの運動部批判は「運動競技」のみを，校風を代表するものとして聖別し特権化することに対するものなのであって，「趣味」の1つとしての「運動競技」や「オールを握ってそこに無限の快味を感ずる如き運動家」を否定するものではないと語る(安倍能成「我が校風観」『第一高等学校校友会雑誌』152. 1905)。ここにもまた，個人の〈快〉を超越的なものに還元せずにそのまま肯定することで「運動競技」を価値づけようとする思考の始まりが確認できる。

④ 遊戯論とスポーツ思想

では，こうした〈快〉を意味づける論理はどこからもたらされたのだろうか。

少し時代は下るが，天狗倶楽部メンバーである橋戸信の『運動と競技』(誠文堂，1927)は興味深い構成をとる。各種スポーツを網羅したこの技術書の冒頭を飾るのは，大正期に「恋愛至上主義」を主張した英文学者の厨川白村による「遊戯論」なる文章の引用なのである。「人間が自由に自己を表現し，適度に自己の生命力を外に発することに無限の快感が伴う」「要するに遊戯とは，純一無雑なる自己内心の要求から出た活動である。周囲や外界の覊絆に煩はされず，金銭とか義務とか云ふ社会的関係からの強制束縛を超越して，純真なる自我の生活を建設し創造することである」(同上，4)。このように，個人の〈快〉をそのまま肯定していくための理論的背景にあったのは当時注目された「娯楽」や「遊戯」についての新しい議論であった。

例えば，日本で最初期の娯楽の社会学者である権田保之助は「娯楽」を「行為それ自らが目的である」(権田保之助『民衆娯楽論〔初出1931年〕』『権田保之助著作集第二巻』文和書房，1974. 196)ものとし，河上肇の文章「行為そのものが直ちに欲望の満足にして，行為そのものに依りて満足せらるる処の欲望以外に目的とする処の欲望あるに非ず」(同上，203)を引用しながら，娯楽を労働と分かつのはこうした自己目的的な形式性であるとする。

そして，このような遊戯論でのスポーツの価値づけは，スポーツの商業化，プロ化やスポーツによる思想善導など，あらゆるものによるスポーツの利用を拒否する点で，アマチュアリズムの思想的な根拠となる。「すべての事柄はそれが他の事柄の手段として考へられるときに堕落の一歩を踏み出す。スポーツが…健康増進乃至精神修養手段として考へられるときに於いてすらも…スポーツそれ自身の本質的要素たる勝敗闘争の手段と考へられてさえ最早正道を外れるのである。スポーツは唯スポーツの為にのみスポーツされねばならない」(末広厳太郎「正しきスポーツ」『婦人公論大学 スポーツ編』中央公論社，1931. 1)。「広い世間にはスポオツが人格を陶冶するなどと大真面目に言ふ人もあるが，嘘の皮である。…スポオツの快感はスポオツ自体に存するので若しスポオツを何かの善導に資せんとしても徒労に了るであろう」(辰野隆「スポオツと勉学」〔初出1933年〕『スポオツ随筆』文壽堂出版部，1947. 7)。

⑤ 中井正一と阿部知二

だが，これらの思想はスポーツをその形式的な自己言及性によって定義しているのみである。それに対して，スポーツの〈快〉そのものを理論化しようとしたのが中井正一であった。中井による「スポーツの美的要素(1930)」「スポーツ気分の構造(1933)」「スポーツ美の構造(執筆年不明)」の三部作(中井正一『中井正一全集第一巻』美術出版社，1981)は，「遊戯並びにその快感をもって一つの本能」に還元し，そこで思考を停止する多くの遊戯論を次の段階に進める目的(同上，408)で構想された。

ここで中井はハイデガーの「気分」概念を手がかりに「競争性の快感」や「筋肉操作の美感」(同上，それぞれ410, 413)を言語化しようとする。「張切った白いテープに近づく胸が，ついに，最後に快い音を立て，切去った時ほど純粋に数学的なる『到達』のもつ無限観，深い緊張のもつ弛緩に似通い得るものがあり得ようか」(同上，429)。「一本一本のオールを流さないこと，誤魔化さないこと，それはむしろ，いわるべき言葉ではなくして，筋肉によって味覚さるべきものである。疲労った腕が尚も一本一本のオールを引き切って行くその重い気分は，人生の深い諦念の底の澄透れる微笑にも似る」(同上，402)。これは，これまで問いの対象とならなかった〈快〉，まさに「オールを握る快」を対象化し，その「美感」を身体の内面に探っていく試みなのである。

「筋肉が，筋肉自らの行為をその内面の神経をもって評価し，そこに深い快適性をもって端的なる反省をなすこと，ここに『自然の技巧』への真に純粋なる直観があるというべきであろう。…すべての『創作』の内面にはあらゆる外なる『自然の技巧』が，内なる『自然の技巧』を通って，そこに新しき美の現象が生ずるのである」(同上，415)。

このように，三部作において中井はスポーツの〈快〉を「美」という概念のもとで把握する。主観的であり，語りえないものであり，時には悪とすらされてきた〈快〉がこうして論理的に「美」という概念で把握されたという点で，これらは画期的な論考群ということができるだろう。

だがしかし，まさに同時代に，全く新たなスポーツ経験が怒涛のように溢れ出していたことが次に注視せねばならない事柄である。それを端的に象徴するのは，中井の論文に近い1930(昭和5)年に発表された阿部知二の短編小説「日独対抗競技」(阿部知二ほか『昭和文学全集13』小学館，1989)である。

「二百米のピストル。彼女はもはやあらゆるものを忘却した。ただ激しく小刻みな戦慄がその両膝にあった。…エルドラヘルの短い胴。純白な長い脚。彼は魚のように滑ってテイプを切る。』再びヒルシェフェルトの肉体。肩―，胸鎖乳頭筋，闊頸筋，三角筋，大胸筋，僧房筋，下肢。―四頭股筋群，腓腸筋，下腿伸筋群。大腿屈筋群。あらゆるものが爆発する前のように蠢動する。だが，ワイスのしなやかな肉体の回転は，どんな舞踊よりも美しい」(同上，315-17)。

同じようなシーンが描き出されながら，中井と阿部で決定的に異なるのはその視点である。中井が競技者の身体感覚を内省する中からその〈快〉を描き

出したのに対して，阿部の小説で描き出されるのは身体の表層であり，それは外側から「スポーツする身体」をみる〈快〉なのである。

「運動競技」という言葉にかわって「スポーツ」という言葉が使われ始めた大正末期以降とは，「消費」の対象としてのスポーツが浮上してきた時代である。中井の思想がスポーツを実践したエリート学生たちによる「競技運動」の〈快〉の思想の到達点であるとすれば，映画の影響も指摘される阿部のまなざしは，ラジオの時代を飛び越して，テレビの時代に先駆けた，大衆化したスポーツをみて消費する〈快〉の思想の始原なのである。

⑥ スポーツをみる〈快〉の思想

では，最後に，こうしたスポーツをみる〈快〉についての考察が新たなスポーツ思想に結実する1980年代までを一瞥しておこう。

雑誌『思想の科学』は1964（昭和39）年9月に「スポーツの思想」なる特集を組んでいるが，そこにおいて梅原猛は，スポーツがもっぱら「観る快楽」の対象になってしまったとし，「スポーツはあくまで，自分の肉体でもってするものであるはずなのに肉体性がここでは喪失している」（梅原猛「スポーツの思想序説」『思想の科学』30. 1964: 5-6）という。しかし，すでにその同じ号には「見るスポーツの大衆化」という文章も掲載され，そこではスポーツをみるという経験が「スポーツの一存在形態であるよりも，文化の一形態」であり，別の独自の領域を構成するということが語られている（江藤文雄「見るスポーツの大衆化」『思想の科学』30. 1964: 30）。そして，江藤のいうように，これ以降の優れたスポーツの思想の多くはこうしたみる人々の立場から発せられていく。

例えば，1980年前後から市民権を獲得し始めたスポーツ・ノンフィクションは，そうしたみる側からのスポーツ思想を物語の形で表現したものだと考えられる。その代表的な作家の沢木耕太郎は「『視る』者にとっていかに愉しむか，大事なことはそれだけである」というが（沢木耕太郎「視ることの魔」〔初出1976年〕『紙のライオン』〈文春文庫〉文藝春秋. 1987. 22），それは，テレビであらゆるものが可視化されるからこそ語り

える，不可視の内面の物語であり，ゲームをみるだけではみえないなにかを，旧来のジャーナリズムの選手の伝記のようなスタイルではなく，むしろプレイする選手の身体のダイナミズムに即しながら，観戦者として記述していくのである。

これに対して，1980年代後半以降「スポーツ批評」といわれる一群のスポーツ論が登場する。蓮實重彥は「二十世紀は，まったく新たな消費の対象を人類に発見させてくれました。自ら『運動』するのではなく，他人が『運動』している光景を，しかも金を払ってまで見るという未知の楽しみを，時間のすごし方の1つとして提示してくれたのです。」（蓮實重彥『スポーツ批評宣言―あるいは運動の擁護』青土社. 2004. 240）と，観客の〈快〉の時代を明確に宣言し，「スポーツ批評」の方法論を語る。「『批評』に必要とされるのは，そこでいま目の前で起きていることを『運動』としてとらえる動体視力のようなものにほかなりません」（蓮實. 前掲書. 2004. 36）。「われわれが球場に足を運ぶのは，より多くの打点，より多くのアウトを律儀に数えたてるためではない。あくまで選手たちのプレーを見に行くのだ」（蓮實. 前掲書. 2004. 109）。スポーツ・ノンフィクションが，ゲームの背後にある不可視のなにかをみようとするのに対して，スポーツ批評はむしろ目の前で起こっているプレイに注目する。

「サッカーになってしまった本を書きたいと思った。サッカーと同じスピードと同じリズム，同じ生理と同じ組み立てを持った書物を出してみたいと思った」（細川周平『サッカー狂い』哲学書房. 2001. 240）。ここで試みられているのは，目の前で展開されるプレイに身体ごとシンクロするような観戦者の感覚の言語化である。それはもとより新聞記事のようにゲームの進行や勝敗を客観的に記述するものではないし，外側からの観察者に徹するノンフィクションの方法でもない。そこに描かれているのは，客観的なプレイをみ，観戦者が直観的に把握し，また身体ごと共感するような，観戦者の美感の詳細な記述なのである。「スポーツが『美しい』運動だということの原点に立ち返る必要がある。」（細川. 前掲書. 109）と蓮實がいうとおりなのである。

そして，まさにこれらと時を同じくして，蓮實のいう「原点」に立ち返ったスポーツの思想が生まれている。中井を継承しながら，哲学的な方法論によって構築された樋口聡の『スポーツの美学』（不昧堂出版, 1987）である。樋口は「競技場のつくりの機能性や運動のリズム，力動性，あるいは実践者の心的感情，そしてそれらの奥にある生命力や人格性など」のスポーツの美的対象は「観戦者の表象のうちに産出された観念的な非実在物」であり「観戦者の主体の作用によってはじめて成立する」が，しかし一方で観戦者は完全に現象から自由というわけではなく，それらの美への直観／共感はそこで行われているスポーツ実践なしには発生しない，こうした「二層的な根本構造」をもつのだ，という（樋口. 前掲書. 239-42）。スポーツ批評が取り組んだのは，まさにこの「二層構造」をそのまま描き出そうとする試みにほかならない。目の前に展開する客体としてのプレイをみ，共感し，そして自らのうちに湧き出す主観としての美感を，今度は客観的なプレイの描写として言語化していくこと。そこには「二層構造」の絶え間ない緊張関係が見出せる。これこそスポーツ批評の方法なのではないのだろうか。

同時期に誕生した，理論的達成としての『スポーツの美学』と，その現場における実践ともいうべき「スポーツ批評」。これらは両者相まって，スポーツをみる〈快〉の思想のひとまずの到達地点ということができるであろう。

参考文献

- 井上俊. 2004.『武道の誕生』吉川弘文館
- 木下秀明. 1971.『日本体育史研究序説―明治期における「体育」の概念形成に関する史的研究―』不昧堂出版
- 坂上康博. 1998.『権力装置としてのスポーツ―帝国日本の国家戦略』講談社
- 疋田雅昭, 日高佳紀 ほか 編著. 2009.『スポーツする文学 1920-30年代の文化詩学』青弓社
- 樋口聡. 1994.『遊戯する身体 スポーツ美・批評の諸問題』大学教育出版
- 吉見俊哉, 白幡洋三郎 ほか. 1999.『運動会と日本近代』青弓社

（鈴木康史）

スポーツと覇権主義

① スポーツにおける覇権

スポーツは，国際協調や国際協力のシンボルとして捉えられることが多い。オリンピックや各種目の世界大会などは，世界中がスポーツを通して競い合うことで，国家や民族の間の友好を促進し，平和的な交流を生み出す。大規模なイベントだけでなく，草の根的なスポーツ交流も，平和的な相互交流に貢献するところが大きい。しかし，現代のスポーツ界を成立させている枠組みそのものの来歴を問う時，そこには国家間や地域間の力の不均衡がみられることも事実であろう。

ある国が，その外交，軍事，産業，技術，流通，金融などの力を通して，ほかの広範な国や地域との間に支配＝従属関係を構築しようとする場合，これを「覇権主義」と呼ぶことがある。また，そのような影響力を行使する側の国のことを「覇権国家」という。覇権国家は，その影響下にある国や地域に対して，同時に文化的な力をも及ぼすことが多い。古くはローマ帝国の版図において，キリスト教やローマ字，公衆浴場や円形闘技場などが広まったことが想起されよう。

サッカー，ラグビー，陸上競技，テニス，卓球，水泳など，今日，世界中で行われているスポーツの多くはイギリスで組織化され，野球，アメリカンフットボール，バレーボール，バスケットボールはアメリカで生み出された。体操競技の起源はドイツのトゥルネンに求めることができるし，学校で行われる体操のいくつかはスウェーデンやデンマークで考案されたものである。また，ノルディックやアルペンのスキー競技は，その名のとおり北欧やアルプス周辺を発祥の地としている。逆に，世界各地で古くから親しまれてきた様々な「エスニックスポーツ」で，世界的に行われているものは非常に少ない。総じていうなら，現代スポーツの多くは，欧米に起源をもち，これを世界中が受け入れる形で成立したのである。スポーツの国際組織の成立においても，国際オリンピック委員会（International Olympic Committee: IOC）や国際サッカー連盟（Fédération Internationale de Football Association: FIFA）のように，ヨーロッパ主導で成立したものが多く，そうした組織における欧米の覇権は今日でも大きな影響力をもっている。

② 文明としてのスポーツ

このような状況の成立には，特に19世紀末葉以降の世界の状況が深くかかわっていた。すでにみたように，今日，世界中で行われているスポーツの多くがイギリスで形成されたことと，当時の覇権国家がイギリスであったこととは，偶然の一致ではない。例えばクリケットは，イギリスの植民地であったオーストラリア，南アフリカ，南アジア，西インド諸島などに広まったが，このことはイギリス帝国の植民地支配と明確な関係をもっている。サッカーが南米に広まるに際しても，イギリス人の貿易商人や技術者の影響が知られているし，日本に野球が広まったのも，特に第二次大戦後に覇権国家となっていくアメリカの影響が大きい。

もちろん，スポーツを始めとして，文化的な営みは必ずしも強制によって普及したわけではない。むしろ，覇権国家の文化的影響力は，多くの場合その影響を受けた側の人々によって自発的に受け入れられた。しかし，その背景には「近代性（モダニティー）」というものが，達成されるべき目標のように捉えられていた時代状況があったことを見逃してはならないだろう。産業資本主義やそれに伴う消費文化，科学技術，自然開発などに代表される近代性は，社会の先進性を測る進歩の尺度として，すなわち「文明」と同義のものとして認識された。世界は，文明化の度合いという単一で直線的な価値尺度によって発展段階論的に序列化できると信じられていたのである。このような認識の背景には，19世紀後半以降の欧米社会で確立された社会ダーウィニズム（進化論）的な価値観が大きな力をもっていた。近代スポーツもまた，そのような西洋文明の一部として，世界中に受容されたのである。

③ 近代スポーツ批判

第二次大戦後，アジア・アフリカ諸国の独立や敗戦国の復興・経済成長に伴って，社会進化論や19世紀的な進歩史観に基づく西洋中心主義的文明観に次第に疑問が唱えられるようになり，代わって，世界各地域の文化に固有の価値を認める文化相対主義的な考え方が広く受け入れられるようになった。また，ソ連を中心とする共産主義圏の確立によって，近代文明の「ブルジョワ的」な側面を批判する声も高まった。

このような状況の中，近代的なスポーツ文化に対する批判的な見解が提起されるようになる。その代表的論者の一人であるヘニング・アイヒベルグ（Henning Eichberg）は，近代スポーツが内包している価値観そのものを問題にした。彼は，絶えざる勝利の追求や，オリンピックに代表される「より速く，より高く，より強く」という理念は，西洋近代型産業社会のモデルをそのまま踏襲したもので，本来多様で豊かなものであったはずの世界の身体文化を，資本主義的な価値観の下に一元化したと批判した。アイヒベルクはまた，世界の伝統的身体文化がもっていたカーニヴァル的世界の祝祭性を称揚し，これと近代スポーツの生真面目さや画一性を対置した。

オランダの社会学者ルート・ストークフィス（Ruud Stokvis）は，スポーツの世界的普及においては「世界システム内の諸国家のなかで，その国が経済的・政治的にいかなる位置にあるか」が大きく影響したと論じた。つまり，裕福で力のある国のスポーツが，その強国の影響下にある力の弱い国々に受容されたのである。マルクス主義的な観点からスポーツを批判的に論じる研究者らからは，スポーツの世界的普及は，欧米の覇権主義によるその他の世界への「文化帝国主義」の一形態であるとする考えも主張された。

④ 文化帝国主義と文化ヘゲモニー

文化帝国主義が，政治や経済の面で支配した側から従属させられた側への，文化の一方通行的な伝播モデルであるのに対して，アレン・グットマン（Allen Guttmann）は文化伝播の双方向性を強調し，「文化ヘゲモニー」という概念を提起した。グットマンによれば，政治や経済と違って文化の領域においては，従属側の文化が支配側に影響を与えるような逆方向の伝播もあった

し，スポーツの世界では共通の土俵の上で競い合うことから，受容（従属）した側がほかならぬそのスポーツで支配側を倒すということも可能なのであった。たしかに，例えばイギリス・スポーツの歴史は，近代スポーツを生み出したイギリスが，様々なスポーツにおいて世界各国に敗れ続ける歴史であったともいえよう。グットマンによれば，スポーツの世界では，政治や経済とは異なる次元で，個別のヘゲモニー（覇権）争いが繰り広げられてきたと捉えるべきなのである。また，文化は結果的に多くの混淆物（ハイブリッド）を生み出す力をもっており，仮に近代スポーツの多くが欧米から世界へ発信されたものであったとしても，世界はそれを人類が共有可能な文化へと昇華させる可能性をもつのである。

しかし，いずれにせよ文化帝国主義論も文化ヘゲモニー論も，スポーツの伝播を世界の文化が均質化していくプロセスとして捉えているという点では共通の前提に基づいていたといえるであろう。

⑤ グローバリゼーション

現代のスポーツ文化研究は，グローバル化の中でより複雑化する各地の文化を，個別の実相の下で捉えようとする方向に進んでいるように思われる。そこでは，個々の文化がどこに起源するか，本来どのようなものであったかという，いわば文化の正統性（オーセンティシティー）よりも，それが種々の混淆を経て，現在どのようになっているか，すなわち文化の雑種性（ハイブリディティー）の方に目を向ける傾向にある。

たしかに，特に現代の消費文化などの場合，覇権国家の文化は必ずしも一方的な支配＝従属の関係を生み出すわけではない。食文化を例にとると，日本にハンバーガーの大手チェーンが進出したとしても，例えば「和風バーガー」のように現地市場を意識した商品を作らざるを得ないし，日常的な食生活がただちに外来の食文化によって席巻されるわけではない。スポーツにおいても同様で，ベースボールは「野球」となって日本に定着し，サッカーはブラジルでは「フチボル」，ドイツでは「フースバル」，イタリアでは「カルチョ」として，もともと現地にあった文化と習合する形で「土着化」を経験した。同じ競技をしていても，そのことがもつ文化としての意味や位置は必ずしも一様ではないのである。

文化人類学者アルジュン・アパデュライ（Arjun Appadurai）はグローバル化を，エスノスケープ，メディアスケープ，テクノスケープ，ファイナンスケープ，イデオスケープという5つのスケープ（地景・景観）が矛盾と分裂をはらみながら展開する重層的過程として捉えている。それは，中心＝周縁ないしは支配＝従属といった二元論モデルでは捉えきれない，諸次元のトランスナショナルなフロー（流動）が乖離的に結びつき，錯綜し，動きゆく複合体である。実際，スポーツ選手の国境を越えた移動（スポーツ移民）のフロー，海外でビッグゲームを観戦したり，リゾート地でアウトドアスポーツに興じたりするスポーツツーリストたちのフロー，衛星放送メディアやインターネットを通じたスポーツ情報のフロー，スポーツ用具やファッションの製造・流通のフロー，それらを通してやりとりされるスポーツマネーのフロー，オリンピズムや競技ルール，フェアプレイ，レガシーなどのスポーツをめぐる理念や規則生成のフロー，IOCやFIFAなどの国際組織だけでなくスポーツ関連のNPOやNGOなどをめぐるトランスナショナルなフロー等を想起するなら，それらはもはや国家間関係だけでは捉えることのできない人，グローバルにうごめく技術，資本，情報などの動態的で多元的なスポーツスケープを形成しているとみるべきであろう。

このように現代では，スポーツのグローバル化をめぐる議論は，もはや「覇権主義」のような定方向的で単線的な視点では捉えることができず，そうした状況についての，より個別的で実証的な研究が求められているのである。

参考文献　17.A.04

- アルジュン・アパデュライ.2004.『さまよえる近代：グローバル化の文化研究』門田健一 訳 吉見俊哉 解説. 平凡社
- アレン・グットマン.1997.『スポーツと帝国：近代スポーツと文化帝国主義』谷川稔，石井昌幸 ほか訳. 昭和堂

（石井昌幸）

スポーツにおける達成の思想　17.A.05

① 達成をめぐる議論

達成（Leistung〔独〕，achievement〔英〕）の概念は，ドイツ語圏のスポーツ科学において重要な概念として扱われてきた。ハーグ（H. Haag）はスポーツにおける達成の問題は，次の7つの分野にわたって追求されてきたとしている。それらはすなわち，1) スポーツ医学，2) バイオメカニクス，3) スポーツ心理学，4) スポーツ教育学，5) スポーツ社会学，6) スポーツ史学，7) スポーツ哲学である（Haag, H., Strauß, B. G., Heinze, S.〔Red.〕Theorie - und Themenfelder der Sportwissenschaft. Karl Hofmann. 1989. 105）。この中でスポーツ思想としての達成論は，スポーツと達成に向けられた批判に対する反論を中心に展開されてきた。

ドイツにおけるスポーツ思想の流れの中で，1960-70年代にかけて達成批判がなされた。代表的な議論のみを取り上げてみる。リガウア（B. Rigauer）は1969年の Sport und Arbeit. という著書の中で，スポーツと労働を同一視する手法によってスポーツ批判を行っている。ベーメ（J. O. Böhme）をはじめとする当時の学生たちは，Sport im Spätkapitalismus（1971.『後期資本主義社会のスポーツ』唐木国彦 訳. 不昧堂出版. 1980）を著し，その中で達成や競争を批判している。当時，これらの社会批判ないしスポーツ批判の理論的支柱となっていたのがマルクーゼ（H. Marcuse）であった。これら経済的および社会的な視点から達成と競技スポーツを批判する立場に対して，人間学あるいは教育学の視点に立った主張が反論としてなされた。

アダム（K. Adam）は「スポーツにおける達成行為を一般的な意味で達成行為の1つのモデルとして」（Adam, K. Nichtakademische Betrachtungen zu einer Philosophie der Leistung. Lenk, H. et al. Philosophie des Sports. Karl Hofmann. 1973. 22) 解釈しようとした。つまり，数量化できない人間の達成行為をスポーツというモデルを通して考えようとしたのである。クロコフ（C.G. Krockow）は

外部から強制され規定された達成と自由意志に基づいて自ら決定した達成を峻別した（Krockow, C. G. Leistungsprinzip und Herrschaft. Lenk, H. et al. *Philosophie des Sports*. Karl Hofmann. 1973. 112）。クロコフによれば，人間は自ら成し遂げることによって，工業化された社会が生み出す支配や欠乏感から解放されるのである。

② ハンス・レンクの思想

一連の達成をめぐる議論の中心的な役割を果たし，なおかつ哲学者の立場から独自のスポーツ思想を展開したのがレンク（H. Lenk）である。レンクは1935年にドイツのベルリンで生まれた哲学者である。1969年からカールスルーエ大学で哲学の正教授を務め，現在は名誉教授である。1991-93年までドイツ哲学会の会長を務め，2005-08年の任期で世界哲学アカデミーの会長に選出されている。

だが，彼のスポーツ哲学はこのような哲学者としての経歴のみで形づくられたのではない。1960年の第17回オリンピック大会（ローマ）の時に，ボート競技のエイトで金メダルを獲得したことが深く影響している。彼のスポーツ哲学に決定的な影響を及ぼした人物がアダムである。アダムは当時の西ドイツにおけるボートの指導者であった。レンクはアダムについて，「彼はスポーツを，自ら決定した人間的で模範的な達成のために用いた」（Lenk, H.〔Hg.〕*Handlungsmuter Leistungssport*. Karl Hofmann. 1977. 14）と述べているように，アダム自身が達成の哲学者であった。

そのような背景をもって形成されたレンクのスポーツ哲学における主要概念が「独創的達成（独：Eigenleistung）」である。それは，「自由意志によって選びとられた達成」「創造的な企てとしての達成」を意味する。この概念は，人間の達成を否定するマルクーゼら社会批判論者への反論でもある。「独創的達成」が人間にもたらす機能的役割について，レンクは「自己確認と達成の幸福感を媒介する」（Lenk, H. *Eigenleistung*. Interfrom. 1983. 47）と述べる。人が生きていてよかったと感じる時，その実感をもたらすのが「独創的達成」である。その意味で，「独創的達成」は人間が生きることにかかわる概念である。

レンクによれば，本来的な生とは，個性的な行動，独自の行為なのだという。その中で，スポーツは「その語源的意味からみて，行動するための，生きるための，きわめて手近な方法，あるいは媒体」（Lenk, H. Toward a philosophic anthropology of the achieving being. 佐藤臣彦 訳「スポーツ哲学における人間学」『体育・スポーツ哲学研究』4・5. 1983：25-34）なのだとされる。われわれの生きる現代社会は，至るところでシステム化が進み，それに応じて管理された世界になっている。このような状況の中で，スポーツは人間の本来的な自己を取り戻す有効な媒体になる。

スポーツは，かつての社会批判論者たちが主張したように，達成を強要する非人間的な領域ではない。むしろ，スポーツにおける達成は，自由意志，創造性の源泉である。これが，レンクが主要概念を通して主張したかったことである。

③ 競技者への視線

スポーツにおける達成思想は，必ずしもトップレベルの競技に限定されて展開されているわけではない。しかし，近現代のスポーツ現象は競技者という存在を抜きにして語ることができない。競技者を哲学的に解釈した先駆けは，ワイス（P. Weiss）である。彼は，競技者を「卓越する存在」と解釈した（Weiss, P. *Sport: a philosophic inquiry*. Southern Illinois University Press. 1969）。レンクは1970年代から今日まで，一貫して競技者についての思索を続けている。それは競技者という存在をどのように捉えるかという問題である。

まず，レンクは競技者をギリシャ神話のヘラクレスとプロメテウスになぞらえて解釈した（Lenk, H. *Leistungssport: Ideologie oder Mythos?* Kohlhammer. 1972）。ヘラクレスは強さの象徴であり，プロメテウスは知恵の象徴である。競技者は単なる肉体的存在ではなく，知的存在でもあるとレンクは考える。

次に，彼は競技者の1つの理想像として「成熟した競技者」という概念を提起した。「成熟した競技者」とは，もちろん発育発達の観点で測られる競技者像ではない。その意味するところは，「自立した」「啓発的な」「独立した」「分別のある一人前の」競技者である。

レンクの達成思想から導き出される競技者像は，「メダル製造マシーン」でもなければ「筋肉マシーン」でもない。「独創的達成」をめざす競技者は，それらとは対極に位置する存在といえる。

近年のオリンピック大会は，テレビをはじめとするメディアの影響を受けている。レンクはメディアによるスポーツの支配を「テレクラシー（telecracy）」と名づけて批判している（Lenk, H. An Anthropology of the Olympic Athlete. 畑孝幸，関根正美 訳「オリンピック競技者の人間学」『体育・スポーツ哲学研究』28（1）. 2006：119-34）。競技者は人々の理想を実現する存在と同時に，そのような存在であり続けるための保護を必要としている。近年のレンクの競技者についての考えは，「擁護されるべき存在」との傾向を強めている。

④ スポーツの哲学

古来，哲学者たちは運動競技や身体に関心をもち，断片的な考察を試みてきた。プラトンは当時の有名なレスラーであったし，「クセノパネスの競技者批判から，近代作家のスポーツ論にいたるまで，そこには長い歴史がある」（岸野雄三「スポーツ科学とは何か」水野忠文ほか 編著『スポーツの科学的原理』大修館書店. 1977. 90）。だが，古くからスポーツ哲学が存在したとは言い難い。レンクは著書の中で，シェーラー（M. Scheler）の言葉を引きながら，スポーツ哲学は未だ端緒についたばかりであると述べている（Lenk, H. *Die achte Kunst*. Interfrom. 1985. 7）。むしろ，古代，中世，近代の身体や競技に関する諸思想を体系づけながら，スポーツ哲学の分野は確立されつつあるといえる。その意味で，スポーツ哲学は現代の哲学である。

スポーツ哲学の任務は必ずしも単一ではない。それはまず，包括的な学問として，スポーツ諸科学の存在を基礎づけることである。また，規範の学として，スポーツの現実に異議申し立てを行うことである。最近の傾向として，この立場をとるスポーツ倫理学研究者の存在が多くみられる。さらにスポーツ現象を多角的に解釈することで，人間や社会の問題を考察することも重要な任務である。

これまで取り上げてきた人物以外に

代表的な現代のスポーツ哲学者を紹介しておこう。英米圏では，モーガン(Morgan)，マクナミー(McNamee)，クレッチマー(Kretchmar)らが活躍している。ドイツ語圏では，レンクの影響を受けたゲバウア(Gebauer)やフランケ(Franke)らが，さらに若い世代でクールト(Court)，カイサ(Caysa)，パブレンカ(Pawlenha)，シュールマン(Schürmann)などが活躍をみせている。

現代スポーツは世界的規模で大衆化された。その反面，ドーピングなどのアンフェアな行為が蔓延している。スポーツの哲学は，スポーツの教育的効用を主張したり，スポーツの魅力を語る段階を過ぎている。現代においてスポーツを哲学することの意義は，スポーツを考察することで人間本来の生きる道を示すことにあるといえる。

(関根正美)

スポーツ思想の諸相　17.B

福音主義とスポーツ思想　17.B.01

① スポーツとキリスト教

かつて国の代表としてオリンピック大会に参加し，しかも金メダルが有力視されながら，その競技種目に出場しなかった選手がいた。映画『炎のランナー』の主人公にもなったエリック・リデル(E. Liddell, 図1)である。彼は，1924年の第8回オリンピック大会(パリ)に参加しながら，100m予選が日曜日に行われるという理由からその種目に出場しなかった。

スコットランド人の宣教師の息子であり，後に自らも中国へ宣教師としておもむくことになる彼は，聖書の教えに従い安息日(旧約聖書出エジプト記20章の十戒の1つ。週の7日目は神のために聖なる日とすること)を守ったのである。安息日遵守という習慣は，福音主義が社会全体，そしてスポーツに及ぼした大きな痕跡であった。

図1　エリック・リデル
(写真：©Underwood & Underwood/CORBIS/amanaimages)

このようにスポーツの発展は，キリスト教と不可分の関係にある。近代スポーツが内包する論理，具体的には合理主義，禁欲主義，平等主義，そしてスポーツに付与された人間形成機能は，キリスト教を信奉する担い手たちの価値観を反映したものである(中村敏雄ほか 編『現代スポーツ論序説』大修館書店, 1977)。また，スポーツマンシップやフェアプレイなどのスポーツ規範の醸成は，キリスト教の影響によるところが大きい。

イギリスにおいてスポーツが近代化する18世紀から19世紀にかけては，信仰復興運動として福音主義が隆盛した時期にあたる。福音主義こそは，近代スポーツの担い手たちの行動規範であり，近代スポーツの論理の根幹を成す思想であった。それは，16, 17世紀頃のイギリスに広まったピューリタニズムを受け継ぎながら独自の思想として発展した，聖書に基づく生活と個々人の内的宗教体験を重んじる宗教思想のことである。

それゆえここでは，ピューリタニズムとそれを受け継ぎながら発展した福音主義を取り上げ，スポーツとの関係をみていくことにする。

福音主義は，概ねスポーツに次のような影響を及ぼした。

第一に，冒頭でも述べたが安息日遵守の考え方をもたらし，第二に，18世紀以前から盛んに行われていた伝統的なスポーツを合理化し近代スポーツとして再構成した。さらに第三に，近代スポーツの形成過程でスポーツマンシップやフェアプレイというスポーツ規範を醸成した。

ここでは，なぜピューリタニズムや福音主義が近代スポーツに影響を及ぼしたのかという疑問がわく。それは同時に，なぜカトリック教会やイギリス国教会の教えではなかったのかという疑問と対をなす。

この疑問に答えるために，ピューリタニズムとはなにかということについて確認しておきたい。

② ピューリタニズム

ピューリタニズムとは，16世紀後半以降，イギリス国王による宗教改革に反対したピューリタン(清教徒)たち，そしてその流れをくむ人たちの生活態度や価値観をさす。それは，長老派，敬虔派，メソジスト派，再洗礼派，クェーカー派など，組織形態や教理の強調点の違いから起こった諸教派を含むが，共通した特徴として禁欲的生活態度がみられた。

ピューリタニズムの起源は，ヨーロッパ大陸全土に広がる宗教改革にある。それは，ドイツの神学者ルター(M. Luther)がローマ・カトリック教会の免罪符の販売に抗議したことから始まる。彼が主張した信仰義認と聖書主義は，ピューリタニズムの禁欲的生活態度の礎をつくった。

信仰義認とは，人は信仰によってのみ救われるとする教理で，善行による救いを説くローマ・カトリック教会の教理と対立した。また聖書主義とは，信仰の拠りどころを聖書のみとする教理で，ローマ・カトリック教会内にあった聖職者の階層性などを否定する原因となった。これらの教理は，信者一人ひとりに神との直接的な対話をもたらし，個人として自立した近代人を誕生させた。

イギリスの宗教改革は，ヨーロッパ大陸のそれとは異なりもっぱら政治的な理由から行われた。それは，チューダー朝(1485-1603)の国王ヘンリー8世(在位1509-47)の離婚問題に端を発

し，ローマ・カトリック教会から独立したイギリス国教会が樹立された。イギリスでは国王主導のもと宗教改革が行われ，これが，聖書に基づく徹底した教会改革を切望するピューリタンたちの反感をかった。彼らの思想的背景は，ルターの信仰義認と聖書主義，そしてカルヴァン主義である。

特にカルヴァン主義を教理としていたことが，スポーツの近代化の流れにも影響を及ぼす原因となった。ウェーバー（M. Weber）が『プロテスタンティズムの倫理と資本主義の精神』で明らかにしたように，教理は，時として人の心を支配し，個々人の生活態度を方向づける起動力となる。

この教理とは，ある者は救いに，ある者は滅びに予定されているとするカルヴァン（J. Calvin）の予定論である。救いがあらかじめ定められているのだから，人は，自分は救いに予定されているのか，それとも滅びに予定されているのかと不安になる。この不安を解消するために，つまり「救いの確信」を得る手段として，生活全体を聖書に基づき合理化する。その結果，神の召しとしての職業に打ち込み，禁欲的な生活態度を送るという禁欲主義が誕生したのである。

禁欲とは自己を捨て，神からの使命の遂行を目的として，その使命を中心に生活を組織し編成する態度のことである。このような態度は，中世では非世俗的な修道院の中で求められたが，近代では世俗的な日常生活の中で求められる。ここに勤勉，倹約，時間の遵守，誠実，謙遜，自制などの徳性を備えた近代人が誕生した。

さて，スポーツとの関係はどのように説明されるのであろうか。ここでは，ピューリタニズムの厳格な安息日遵守がスポーツに及ぼした影響をみていこう。

17世紀頃のイギリスでは様々なスポーツが行われていた。主に上流階級は，狩猟，鷹狩，釣り，馬術，射撃，弓術，レスリングなどを楽しんでいた。民衆も，教会暦の祝日や農事暦の祭りの際に，熊がけ，牛がけ，闘鶏，拳闘，フットボール，九柱戯，鉄輪投げ，棒投げ，ハーリング，レスリング，剣術，チェス，羽つき，ビリヤード，カード，ダンスなど，実に様々なスポーツに興じていた。それらの中には，賭けや騒擾を伴い，野蛮で血なまぐさいものもあった。

一般的にピューリタンたちは，その禁欲的生活態度のゆえに，賭けや騒擾を伴い，野蛮で血なまぐさい先述のスポーツを禁止したと考えられている。賭けや騒擾を伴わなくても，野蛮で血なまぐさくなくても，そもそもスポーツは彼らにとって怠惰で時間の浪費でしかなかった。特に彼らは，日曜日や教会暦の祝日に行われるスポーツを攻撃した。彼らにとって日曜日は聖なる日で，世俗的な活動は一切許されず，午前中は礼拝を守り，午後からは自宅で聖書を読んだり，宗教的な集いに参加したりして過ごすべき日だったからである。また，教会暦の祝日の多くはカトリック教会の教義に基づいたのでピューリタンはそれを否定した。

日曜日と祝日のスポーツを批判したピューリタンに対抗して，国王は2度にわたって『スポーツの書（Book of Sports）』を公布した。それは，安息日を遵守するピューリタンたちを抑えるべく，日曜日の礼拝のあとに行われる合法的なスポーツを承認するものだった。1度目は1618年にジェームズ1世（在位1603-25）が，2度目は1633年にチャールズ1世（在位1625-49）が発布した。ここでは，弓術，モリス・ダンス，メイポール・ダンス，聖霊降臨祭の酒宴などが合法的なものとされた。

『スポーツの書』の公布にみるまでもなく，ピューリタンたちの攻撃はむなしく，クリスマス，告解の火曜日，復活祭，五月祭，聖霊降臨祭のような祝日は長く祝われた。民衆のお祭り騒ぎや楽しみの機会であるフェアは廃れることはなかったし，熊がけ，牛がけ，闘鶏，拳闘などの野蛮で血なまぐさいスポーツも19世紀まで衰退することはなかった。

このような民衆娯楽については，17世紀に行われたピューリタンの改革は失敗に終わったといえよう。しかし，ピューリタニズムの社会道徳，具体的には勤勉，倹約，時間の遵守，誠実，謙遜，自制などは，18，19世紀に引き継がれ近代スポーツ形成の大きな力となった。

③ **福音主義**

ピューリタニズムの社会道徳は，ジョン・ウェスレイ（J. Wesley）に始まるメソジスト運動に引き継がれた。メソジストは，聖書に基づく厳格な生活を重視し，日課を区切る規則正しい生活方法（メソッド）を重んじた。「メソッド」を重んじることから「几帳面屋（メソジスト）」とあだ名がつけられたほどである。メソジストは，イギリス社会全体に大きな影響を及ぼし，19世紀には福音主義運動に発展し，道徳改革に寄与することになった。

ここで，18世紀以前から盛んに行われていた伝統的なスポーツが合理化され，近代スポーツとして再構成される過程について述べていこう。

19世紀頃のイギリスには，大別して2つの宗教思想があった。1つは伝統的なスポーツに比較的寛容だったイギリス国教会であり，もう1つはピューリタニズム同様，伝統的なスポーツを怠惰と時間の浪費として否定した福音主義である。これらの状況を勘案すると，スポーツの近代化に寄与したのは，伝統的なスポーツを否定した福音主義ではなく，それらに寛容なイギリス国教会の方だったと考えるのが順当であろう。しかし，スポーツの近代化の原動力となりえたのは，伝統的なスポーツを否定した福音主義の方だった。伝統的なスポーツの合理化には，そこにみられる2つの態度の克服が必要で，なによりも福音主義がそれを可能にしたのである。

克服されるべき伝統の1つは，スポーツを単なる快楽として行う態度であった。伝統的なスポーツでは，貴族階級は無為な時間を過ごすために，民衆は労働の苦しみを忘れるために行ったにすぎない。

もう1つは，勝利に対して無頓着な態度であった。賭博興行だった競馬や拳闘などの一部のプロ選手は別として，伝統的なスポーツでは，勝利することは現代におけるほどそう重大なことではなかったのである。

伝統的なスポーツには，スポーツを合理的に行う，競争条件を平等にする，道徳教育の手段として利用するなど，近代スポーツ特有の論理はみられない。スポーツは快楽の対象でしかなく，日常から解放された無意味な遊びでしかなかったのだから当然である。むしろ大事なのは，理性とは真逆にある感

情，心の内から湧き上がる喜び，興奮，眩暈，酩酊などを十分に堪能することであり，近代スポーツが強調したように真面目に理性的に取り組めば，そのような感情は興ざめしただろう。

福音主義は，その禁欲主義のゆえに，スポーツを無意味な遊びとして否定したが，禁止や抑圧があまり成功しないことは，17世紀のピューリタニズムの失敗によって明らかである。禁止する代わりに，否定すべきものの中に道徳教育の手段としての意味や価値を見出したのである。

冒頭でも述べたが，映画『炎のランナー』では，敬虔なキリスト教徒であるエリックは，走ることに次のような大義名分を見出す。単なる気晴らしや楽しみとして走ることは，神の教えに背くことである。敬虔なキリスト教徒であればあるほど，このような罪深いことは避けなければならない。そこで，単なる楽しみとしてではなく，「神の栄光のために」走るという新たな理由づけを導き出すのである。同様に競争で勝つことにも「神の栄光のために」という正当な理由が付加された。勝利は，伝道（人々に神様のことを伝えること）にプラスになると理解された。

しかし，彼らの直接的な目的はただ勝利することではない。生活全体を神に喜ばれるものに合理化し禁欲的に励むことである。当然，スポーツにも禁欲的に打ち込む。それが予期せぬ結果として勝利をもたらす。直接的に追求しないが，勝利を生むという逆説である。ウェーバーが明らかにしたようにプロテスタンティズムの倫理の禁欲が，予期せぬ結果として利潤追求に結びつき資本主義の精神を生じたように，予期せぬ結果としての勝利は神からの祝福としてキリスト教徒たちに受け入れられた。ここに近代スポーツ特有の禁欲主義や鍛錬主義が形成された経緯をみるのである。

また福音主義者たちは，スポーツを神に喜ばれるものとして合理化し始めた。それは，無意味な「遊び」を神に喜ばれる有益な「スポーツ」に作り替える努力であった。

まず，ナショナルレベルで統一ルールがつくられ，種目別に総括団体が組織され，競技大会が実施されるようになった。それまでの多人数で行う乱暴な競争は，人数などの競技条件が平等化し，ルールに基づく整然とした競争に変化した。荒々しい行為が抑制され，規律あるプレイが行われるようになった。そこでは福音主義者としてふさわしい，神に喜ばれる行為が求められた。これがスポーツマンシップやフェアプレイといわれるスポーツ規範である。

以上のようにして，近代スポーツの論理である合理主義，禁欲主義，平等主義，スポーツマンシップやフェアプレイなどのスポーツ規範が醸成されたのである。

ただ注意しておきたいのは，やがて「神の栄光のために」という宗教的な動機が忘れさられ，勝利を禁欲的に追求する態度のみが残ることになる。これが現代スポーツにみられる過剰な鍛錬主義や勝利至上主義を生み出したのである。

④ 筋骨たくましいキリスト教徒 —男らしさと思慮深さ—

特にスポーツの近代化は，大英帝国の支配層を養成するパブリックスクールやケンブリッジ大学，オックスフォード大学でなされた。そこでは，スポーツは，単なる遊びではなく，支配層の資質能力の育成手段としておおいに利用された。具体的には，スポーツと道徳や倫理が結びつけられ筋骨たくましいキリスト教という理念が醸成されたのである。

そこで学びその理念を身につけた実在した2人の代表的な福音主義者を取り上げたい。彼らこそ，スポーツマンシップやフェアプレイというスポーツ規範の醸成を担った人物である。

1人目は，インドで莫大な財産を作った引退農場主の父をもつスタッド（C. T. Studd）である（図2）。

彼は，イートン校，ケンブリッジ大学でクリケットチームに所属し，大学では主将を務めたスポーツマンであった。熱心な福音主義者でもあり，後に著名な宣教師であるテーラー（J. H. Taylor）とともに中国伝道で活躍した7人（ケンブリッジ・セブン）の1人である。

もう1人は，富裕な醸造業者で奴隷貿易廃止運動を推進したトーマス・フォーエル・バックストンを祖父にもつ熱心な福音主義者バックストン（B. F. Buxton）である。

彼は，ハロー校在学時代の5年間，ファイブズ競技に学寮代表として出場し毎年優勝している。クリケットの試合では主将を務め，ケンブリッジ大学では，ローンテニスのシングルスで2度優勝するほどの腕前のスポーツマンであった。大学卒業後宣教の召使を受け来日した。

2人に共通していることは，優れたスポーツマンであること，熱心な福音主義者であること，中国や日本という当時のイギリス人にとっては未開拓の土地へ宣教に出向いていることである。イギリス内にとどまったならばエリートとしての将来が約束されていたにもかかわらず，それをなげうって異国に宣教におもむくという自己犠牲の精神を2人にみることができる。

当時，パブリックスクールや各大学で学んだ支配層たちは，大英帝国を担う植民地統治者としてインドなどに出向いていった（浜渦哲雄『英国紳士の植民地統治』〈中公新書〉中央公論新社. 1991）。未知で未開の土地におもむくには，「肉体的，精神的にタフで，リーダーシップがとれ，決断力があり，孤独に堪えられる」（浜渦, 1991）人材育成が必要であった。このような人材として，スポーツとキリスト教が結びついた筋骨たくましいキリスト教徒が要請されたのである。

スポーツは，どんな過酷な生活にも

図2　スタッド兄弟（中央がC.T.スタッド）
（出典：Grubb, N.P. 2003. *C.T. Studd Cricketer and Pioneer*. The Lutterworth Press）

耐えうる体力，強靭な肉体をつくった。そして，リーダーシップ，団結心，忠誠心，勇気，忍耐力，決断力，判断力，公正さ（フェアプレイ）を養った。一方，キリスト教の教えは，思慮深さ，誠実さ，自制心，親切，寛容で柔和な態度を身につけさせた。

この2つが合わさることで，男らしくて思慮深い筋骨たくましいキリスト教徒の誕生をみるのである。それは，同時に，近代スポーツの中では，スポーツマンシップやフェアプレイなどのスポーツ規範として具現化するのである。

参考文献 17.B.01

- 安藤英治 1977．『ウェーバープロテスタンティズムの倫理と資本主義の精神』有斐閣
- 宇田進 1993．『福音主義キリスト教と福音派』いのちのことば社
- 梅垣明美 2003．「スポーツの近代化と良心の近代的形成に関する研究序説－ブルジョアの宗教倫理に着目して－」『人間文化研究科年報』18，291-99．
- ―――．2006．「筋骨たくましいキリスト教徒のスポーツに対する態度に関する研究－福音主義を中心として－」『浅井学園大学生涯学習システム学部研究紀要』6：185-96．
- ―――．2007．「筋骨たくましいキリスト教徒の身体観について」三井悦子，池田恵子編『いま奏でよう，身体のシンフォニー』叢文社．160-75．
- ケアンズ，E. E. 1987（初版1957）．『基督教全史』聖書図書刊行会．いのちのことば社
- 中村敏雄ほか編．1977．『現代スポーツ論序説』大修館書店
- 浜渦哲雄．1991．『英国紳士の植民地統治』〈中公新書〉．中央公論新社
- ピーター・マッキントッシュ．1991．『現代社会とスポーツ』寺島善一編訳．大修館書店
- マックス・ウェーバー．1981（初版1962）．『プロテスタンティズムの倫理と資本主義の精神 上・下』梶山力，大塚久雄 訳．岩波書店
- ムアマン，J. R. H. 1991．『イギリス教会史』八代崇ほか訳 聖公会出版
- Grubb, N. P. 2003. *C.T. Studd Cricketer and Pioneer*. The Lutterworth Press.
- Malcolmson, R. W. 1973. *Popular Recreations in English Society 1700－1850*. University.（川島昭夫ほか訳 1993．『英国社会の民衆娯楽』平凡社）

（梅垣明美）

マルクス主義とスポーツ思想　17.B.02

① スポーツ領域におけるマルクス主義の影響

社会思想としてのマルクス主義は，20世紀の人文社会科学すべてになんらかの影響を与えている。ソ連・東欧の社会主義崩壊後の今日においても依然としてその影響力は強く，とりわけ新自由主義的なグローバル化が進行し，貧困や格差が世界規模で進んでいる今日，再び着目される傾向も現れている。

しかし，マルクス自身が未完のままその作業を終わらせたことにも起因し，マルクス主義といわれるものの内実は多様である。典型的には旧ソ連で生まれたスターリニズムといわれるマルクス主義にみられるように，様々な政治勢力との結びつきの中で，教条主義的にその思想が展開され，その混乱が現在でも尾を引いていることも事実である。マルクス主義は本来政治的変革をめざす実践的な思想であるため，このような動向は必然的に現れざるを得ないともいえる。

他の思潮との多様な影響関係の中では，特に近年，スポーツの領域ではイギリスから生まれ出たカルチュラルスタディーズとの結びつきが最も強くみられる。『ファイブ・リング・サーカス―オリンピックの脱構築』（柘植書房，1984）などの邦訳で知られるイギリスの社会学者トムリンソン（A. Tomlinson）や，『スポーツ・権力・文化』（不昧堂出版，1993）のハーグリーヴス（J. Hargreaves）もこの立場の代表的な研究者である。ここではイタリアのマルクス主義者であるグラムシ（A. Gramsci）の影響を強く受け，歴史主体の能動的役割を強調する立場や大衆文化をはじめとする文化の影響力や役割を再検討していく傾向がみられる。このような「転換」が生じたのは，カルチュラルスタディーズ自身が1950年代のイギリス共産党の分裂に端を発し，マルクス主義の陥っていた機械論的な思考を問い直す機会を得たことがきっかけになっていると考えられる。

他にも階級概念の再検討の議論の中でフランスの思想家ブルデュー（P. Bourdieu）との結びつきや，公共圏の問題を介してドイツの思想家ハーバーマス（J. Habermas）との結びつきもみられるが，これらもスポーツの最近の研究に反映されている（清野正義，山下高行ほか編『スポーツ・レジャー社会学―オールターナティヴの現在』道和書院．1995）。さらに近年のグローバル化を捉える理論的枠組みの中では，中心が周辺を搾取するという像を提示する現代マルクス主義の研究者であるウォーラーステイン（I. Wallerstein）の世界システム論との結びつきが強くみられる。これまでも世界の支配的枠組みを捉えるために，マルクス主義の立場から提起された従属理論や文化帝国主義論なども多く影響を与えていたが，現在は世界システム論が主要なものとなっている。グローバル化するスポーツについての研究の世界的な第一人者であるマグワイア（J. Maguire）も，エリアス（N. Elias）に依拠しながらも現代的マルクス主義の，このウォーラーステインの枠組みに大きな影響を受けている（*Global Sport, Polity*. 1999）。いずれにせよマルクス主義は20世紀の思想のほぼすべてになんらかの影響を与え，それを介してスポーツ研究にも導入されているが，その解釈はきわめて多様で，一口にマルクス主義といってもいろいろな考え方があるといえる。

さて，ここでは論点が拡散しないように，やや狭く，主にマルクス・エンゲルスの議論に沿って展開している研究を中心に，マルクス主義がスポーツの研究に与えた影響をみてみたい。それは大きく分けると，哲学的な角度からのものと，社会科学的分析にかかわるものとがある。例えば哲学的なものとしては，労働過程論や全面発達の考え方からスポーツはどのようなものなのかをみていくことを挙げることができる。他方，社会科学的分析としては，スポーツの社会史的展開を，マルクス主義の基本的な柱の1つである史的唯物論を土台に社会経済的要素と結びつけて考えていくこと，そこでの変革主体としての労働者階級とスポーツとのかかわりを浮き彫りにすること，階級社会としての資本主義社会という枠組みで現在のスポーツを分析すること，などを挙げることができる。しかし，前者の哲学的な考え方は後者の社会科学的分析の前提になっており，両者は別々のものとして切り離されることはできない。なぜそうなのかということを含め，次に労働とスポーツの結びつきについて，マルクス主義のスポーツについての哲学的理解について述べたい。

② スポーツと労働

1969年に出版されたリガウアの『ス

ポーツと労働』(B. Rigauer. *Sport und Arbeit*. 1969) について，イギリスの著名な歴史家のメイソン (T. Mason) は，従来対立して捉えられることの多かった労働とスポーツとの関係を，むしろその類似性の方に焦点を置いて描いた点に特徴があるとしている (『英国スポーツの文化』同文舘出版. 1991)。リガウアは近代批判を焦点とするフランクフルト学派から出てきた研究者であるため，類似性の方に焦点を置いたのは近代スポーツがまさに資本主義的な合理性や競争性によって支配された，資本主義を再生産する文化装置になっていることを示すためであった。

しかし，このように労働とスポーツを対立せずに捉えることはマルクス主義においてはむしろ正当である。労働は人間にとって根源的な行為であり，人類の再生産の条件という意味にとどまらず，労働を通して人間は人類の発展を遂げてきた。その意味で労働は人間存在の本質的な契機であると捉えられるからである。労働は人が自然に働きかけ，それを加工し，人間の再生産に役立つ物にしていく「自然との物質代謝」の過程であり，その過程の中で自分自身の身体と運動を発展させ，同時に対象と自己に関する認識を深めていく。また，そのことが共同の作業によって行われることで，言語などのコミュニケーションや共同性の発展も行われ，獲得した認識はこの共同作業の中で対象化され，他者に伝えられるとともに，言語などを使った知識の蓄積として人類の発展の契機となってきた。マルクスの盟友エンゲルス (F. Engels) の著作『猿が人間になるにあたっての労働の役割』で示されているように，まさに労働は人間の発展の欠くことのできない条件として捉えられている。

しかし労働は，本来このように人間の発展にとって欠くことのできない肯定的なものであるにもかかわらず，それが資本主義社会の中では人間にとって対立的で，否定的なものとして現れる。マルクスはそれを疎外された労働として表現している。この見地は『経済学・哲学手稿』としてまとめられている初期の研究の中にすでにみられ，『資本論』においても貫かれているマルクス主義の中でも重要な考え方の1つ

である。本来人間にとって発展的契機であった労働が，資本主義社会の中では自己を否定するものとして立ち現れる。そうすると労働は苦役として感じられ，労働者は「労働を離れたところで初めて人間的であると感じる」(『経済学・哲学手稿』)。こうなると余暇が人間性を回復するものとして現れ，労働は否定的なものとして捉えられるようになり，労働と余暇の対立的な考え方が生み出されてくるようになる。マルクスは，そうなるのは労働そのものの本性からではなく，それがどのように社会的に存在しているかによるとみるのである。

さて，マルクス主義のスポーツ論ではスポーツは労働から派生して現れたことが述べられ，労働過程論からスポーツが語られる。疎外された労働のもとで対立的，否定的に労働をみる論調の中では，それは奇妙にみえるのかもしれない。しかし，スポーツを労働と結びつけて考えていくのは，第一にスポーツが人間の労働行為の中から派生し発展していった身体文化であるとみるからである。第二にそのことからスポーツは人間の発達に対してこの労働過程の特徴と同じ意味をもち，人間の全面発達において不可欠な契機の1つとなり得ると考えるからである。マイネル (K. Meinel) はその著書『運動学』の中で，スポーツが長い間の人類の労働過程の蓄積から基礎を得て現れ，生産という目的性から離れることによっていっそうの発展を得たことを示している。しかし人間の発達に対する意味は，この労働過程の特徴と同じものを保持しているとしている (『マイネル・スポーツ運動学』大修館書店. 1981)。

ハーグリーヴスは，初期の左翼運動の中で，スポーツは労働者の社会的不満を逸らすものとして「スポーツ＝アヘン論」が主張され，スポーツが否定的に捉えられたことを記している。それと同様，近代否定論と結びついた近代スポーツの否定論もスポーツの批判理論の中では現れている。しかし，マルクス主義がそのような見方をとらないのは，スポーツが人間の全面発達にもつ可能性を肯定的に捉えるからであり，その論拠がこの労働過程論の中にあるからである。そう考えるならば，近代スポーツを否定的に捉えるのではなくて，むしろ疎外された労働論と同じように，その肯定的な面がどのように歪んで＝疎外されて現れているのかを明らかにしていくことこそが必要なのである。マルクス主義からのスポーツ論としては，おそらくスポーツの社会的位置づけや批判論の方が目立っているように思えるが，実は労働過程論から発する，スポーツを人間の発達過程に位置づけた肯定的なスポーツ論を提起している点こそが重要なのである。また，そこを基準として，疎外されたスポーツを浮き彫りにする試みは，スポーツの社会運動においても重要な影響を与えているといえる。

資本主義社会の中では，その構造から人間も文化も疎外されたものとして現れる。「疎外を克服するための疎外の批判には，疎外されざる理念が疎外された現実に対する批判の基準としてたてられなければなりません」(岩佐茂ほか 編著『グローバリゼーションの哲学』創風社. 2006. 23)。このような考え方から，マルクス主義では人間の根源的な活動として労働を捉え，その肯定的な性格を明らかにしている。同じようにスポーツにおいても，それがどのように人間の可能性を開示し得るのかをこの根源的な活動＝労働との関係でみていく。そのことによって，逆にそれが否定されていく側面も浮き彫りにし得ると考えるからである (森川貞夫『スポーツ社会学』青木書店. 1980；伊藤高広『芸術・スポーツと人間』新日本出版社. 1974；内海和雄『スポーツ研究論』創文企画. 2009 など参照)。

さて，スポーツにおける疎外も資本主義という機構により生み出される。それゆえマルクス主義は，この疎外ということを軸に資本主義とスポーツの関係を問うことになるのである。次にそれを述べる。

③ 社会構成体の中のスポーツ

マルクス主義がスポーツ研究に与えた影響の中で最も大きいものの1つは，スポーツを社会歴史的な構造の中で捉えることである。マルクス主義は人間の歴史の発展段階に応じてそれぞれ特殊で歴史的な社会構成体が形成されると考えるが，特にスポーツが成立した近代社会を資本主義社会として捉えていく。そこは資本＝賃労働関係を基本

とした，互いを前提条件としながらも対立関係をもたざるをえない，弁証法的な矛盾関係をもつ資本家階級と労働者階級により構成された階級社会である．その関係は「搾取－被搾取」として表されるが，その関係を再生産するためには，国家などの諸機関や，文化やイデオロギーを使った，人々の抑圧・支配という権力的，政治的関係が形成されざるを得ない．アルチュセール（L. P. Althusser）やミリバンド（R. Miliband）という著名な政治学者も，そのことからスポーツはその関係を再生産するための重要な文化装置になっていると指摘している．藤井によれば，ドイツではすでに1924年，『ブルジョアスポーツと労働者スポーツ』という著作が出版されている（藤井政則『スポーツの崩壊』不昧堂出版．1998）．それだけ早くからスポーツは支配構造を維持するための文化装置として使われてきたとみることができる．またそれに対して，逆に労働者階級の中でスポーツを介した対抗的な運動がいくつも起こってきていたことがわかる．このような動きは，労働者スポーツ運動，あるいはプロレタリアスポーツ運動という実践的な運動となって現れていった．伊藤によると，このような動きは1920年代から30年代にかけて，日本でもプロレタリアスポーツ同盟の準備として現れたし，その時期にいくつかプロレタリア運動にかかわる雑誌の中にスポーツに関する論考が現れている（伊藤高弘「日本のプロレタリアスポーツ運動」『国際労働者スポーツ』民衆社．1988）．そこでは階級闘争の1つとしてスポーツ領域の戦いが位置づけられ，日本のスポーツ情勢の分析が行われているのをみることができる（沢田敏雄『プロレタリア・スポーツ必携』同人社．1931）．

マルクス主義のスポーツの捉え方は，このように対立を含んだ資本主義社会の中で，スポーツはどのような役割を果たすかを実践的にみていくことをまず課題としていった．

そのような実践的課題をもとに，マルクス主義からスポーツを社会とかかわらせていく試みは主に，以下の方向から行われてきた．1つはマルクス主義の基本的な考え方の1つである史的唯物論という歴史観に基づき，身体文化の階級的性格を捉えていくことである．特に近代スポーツがどのように資本主義の社会構造を反映しているかを明らかにしていくことである．そのような試みは，戦後いち早く1950年にアマチュアリズムの制度とイデオロギーの階級的性格を明らかにした山本正雄の研究（『スポーツの社会・経済的基礎』〔復刻版〕道和書院．1975）や，1964年にその初稿が公刊され，後に『近代スポーツの社会史』として，当時の社会主義諸国で教科書的位置を占めるに至ったアンジェイ・ヴォール（A. Wohl）の研究にその例をみることができる（ベースボール・マガジン社．1980）．

もう1つは，資本主義社会におけるスポーツが，どのように階級間の闘争の中に組み込まれその役割を果たしているかを社会史的に明らかにする研究である．この場合，起点は被抑圧階級である労働者階級に置かれることはいうまでもない．この代表的な研究として邦訳でみることができるものの中では，先に挙げたハーグリーヴスの研究や，カナダ社会とスポーツを扱ったグルノー（R. Gruneau）の研究が挙げられる（『スポーツの近代史社会学』不昧堂出版．1998）．さらに，現代スポーツに現れている問題を現代資本主義社会という規定のもとで捉え，解き明かしていく研究も進められている．「中心による周辺の搾取」という観点から現在のグローバル化するスポーツを捉えるのもその1つの例である．いずれにせよマ

図1　"フットボールは労働者階級には単なるゲーム以上のものだ"
エンゲルスも住んでいたイギリス・マンチェスターのPeople's History Museumにて．（写真：筆者提供）

ルクス主義のスポーツ研究は，スポーツと社会の関係を捉える上で重要な視点を提供してきたといえる．とりわけそれらは，社会一般ではなく資本主義社会という規定や，階級関係とそのことを基盤とした，「搾取－被搾取」「抑圧－抵抗」の関係を含んだ社会においてスポーツが存在していること，この中でトムリンソンが指摘しているように，スポーツも闘争のアリーナの1つとして存在していると捉え，その実践的変革を考えていくことなどである．

④ マルクス主義の総合性

マルクス主義は社会科学としてのみ捉えられるが，本来は自然科学的なものと社会科学的なもの，主体的なものと客体的なものを別個としてではなく，統一して考える視点をもった総合的な思想である．それは物事を対立物の統一とその発展の中で捉える，弁証法的唯物論という見方に貫かれているからである．このことはスポーツ研究においても同じである．例えば，自然科学的な書とみられるマイネルの『運動学』と純然たる社会史の著作のヴォールの『近代スポーツの社会史』をわれわれが読み比べた時に，しばしば重なり合う議論を見出すのも偶然ではなく，それはこのような見地（＝ものの見方）を共通にもつからといえる．したがって，マルクス主義のスポーツ論は，身体運動の次元からそれがグローバル

化の過程でどのように現れているかまで本来的に幅広い射程をもっている(以下の著作を参照：伊藤高弘，草深直臣，上野卓郎ほか編『スポーツの自由と現代』(上・下). 1986；芝田進午『人間性と人格の理論』青木書店. 1961)。

さて，その結びつきの核心は，これまで述べたように疎外論と実践的唯物論として考えることができる。本来人間の発展を促す契機である労働やそこから派生したスポーツなどの身体文化が，階級社会の中で歪められ，人間にとって時には対立的なものとして(=疎外されたものとして)現れる。マルクス主義のスポーツ論はそのからくりを批判的に明らかにしていき，それだけではなく，その否定的な現れ方の中に同時に発展していく肯定的な契機を見出し，能動的に克服していこうとする営為も含めて，単なる批判論だけにとどまらない，発展を見据えた見方で捉えようとするものだといえる。このように，マルクス主義のスポーツ論は本来そのように総合性を志向し，また実践性をうちに含んだものといえるのである。

(山下高行)

ファシズムとスポーツ思想　　17.B.03

① ファシズムとは

「ファシズム」(英 fascism，伊 fascismo)は，もともとはイタリア語の「ファッショ(fascio：束，集団，結束の意)」を語源とするが，一般的には第一次大戦後のイタリア，ドイツ，日本などに共通する「全体主義」的政治体制とその国家を支えたイデオロギーをさす言葉である。資本主義との関係では「金融資本の最も反動的な，最も排外主義的な，最も帝国主義的な要素による公然たるテロリズム独裁である」(ディミトロフ：G. Dimitrov)という1935年の第三インター第7回大会の「規定」が有名であるが，問題はファシズムがなぜ「資本主義の高度に発達した段階で，恐慌による経済的混乱，労働運動の尖鋭化による圧力などによって全般的危機にさらされた時に出現した」のか，そのような「危機状況の中で，資本家階級は，自己の経済的支配を確保するために自由民主主義的な議会主義を放棄し，それをファシストになぜゆだねたのか，中間層を含めた多くの国民がなぜそれを支持したのか，そしてとりわけ文化やスポーツはどのような機能・役割を果たしたのか」が問われる。

これまでのファシズム研究では「ファシズムは雑多な諸理念を混合させつつ，非合理的なナショナリズムや共同体思想」「国民生活に対する『強制的同質化』，一党制，大衆操作や動員といった支配様式」などから「政治体制のイデオロギーとしての全体主義」と「体制の支配的構造様式としての全体主義」の2つにかかわっては，「自由主義，個人主義，そしてデモクラシーと基本的に対立する」ことが指摘されている。すなわち「個人に対して全体あるいは国家を優先させ，つまるところ個人の私的生活を挙げて全体としての国家権力の統制下におく」ことになり，この場合の「全体」は「国家」に置きかえられ，「国家」は多くは「共同体」幻想を国民に強制的・半強制的に抱かせる。それはイタリア・ファシズムでは「組合協同体主義(コーポラティズモ)」であり，ナチス・ドイツでは「人種主義や民族共同体(血と土)」，そして日本では「農本主義，家族主義，東亜共同体」，あるいは「天皇中心の家族共同体」理念である。

② スポーツとファシズムとの融合

近代スポーツは，中世から近代への資本主義的発展の中で新たに支配者となった新興ブルジョアジーの意識・態度をスポーツに反映させた「対等平等」の条件のもとでの「競争=勝敗」性を中核とする文化である。スポーツにおける「競争」が成立するためには競技を進行するための「共通のルール」と競技大会および選手を「統括する組織」(競技団体の成立)が必要不可欠であり，そこには公正性・平等性が前提となり，同時に持続的に安定して競技が行える社会的条件としての「平和な社会」(平和主義)が基本となる。

しかしその「競争=勝敗」性は，時に勝った者は優れ，負けた者は劣るという「優勝劣敗主義」と結びついて「弱肉強食」の意識や社会を肯定することになる。また，勝利者を過大に賞賛することから英雄主義・エリート主義を生むことになる。またオリンピック大会やサッカー・ワールドカップをはじめとする国際的なスポーツイベントから各種レベルの対抗試合に至るまで「競争=勝敗」を争うスポーツ競技には選手や観衆に特別の興奮と感動を呼び起こす。このような要素が意図的にあるいは政治的・政策的に利用されることによって偏狭なナショナリズムや愛郷心・愛国心と結びつきやすく，それが人種差別主義や排外主義とつながることになる。

第二次大戦前のイタリア・ファシズムにおいては「黒シャツ」隊，ドイツ・ナチズムズにおいては「ヒトラー・ユーゲント」(B.R.ルイス『ヒトラー・ユーゲント 第三帝国の若き戦士たち』原書房. 2001参照)，「歓喜力行団」(Kraft durch Freude: KdF)が組織され，また1936年の第11回オリンピック大会(ベルリン，別名ナチ・オリンピック，ベルリン・オリンピック記録映画『民族の祭典』，R.マンデル『ナチ・オリンピック』ベースボール・マガジン社. 1976など参照)ではナチス(ドイツ国家社会主義)のプロパガンダにスポーツとオリンピックが最大限に利用されたことは特に有名である。

③ 日本における国家総動員体制の成立と体育・スポーツの変容

日本では1931(昭和6)年に始まる中国とのいわゆる「15年戦争」のきっかけとなった満州事変以後，急速に国を挙げての戦争体制=国家総動員体制が進んだ。「15年戦争」は「皇国ノ道」に則った「大東亜共栄圏」の確立をめざす「聖戦」とみなされ，そのために国民はこぞってこの戦争に協力することが当然視され，もし仮にそれに従わない場合には「非国民」としてレッテルを貼られ社会から抹殺されかねない状況が創り出された。

1937(昭和12)年7月7日の盧溝橋事件(日中戦争)を契機に一気に国内は戦争体制に進み，翌年の「国民精神総動員実施要綱」の閣議決定後，全国的な国民精神総動員が推進され，さらに1938(昭和13)年の「国家総動員法」の制定によって文字通り「国家総動員体制」が成立した。スポーツも例外ではなくこの時期のスポーツは，すべてが国家

的使命に従属するという理念で貫かれた。すなわち「国民精神総動員ニ関シ体育運動ノ実施ニ関スル件」(発体69号,昭和12年12月16日,文部省)では以下のように指示した。

「心身一体ノ鍛錬ニ依リ国民ノ体位ヲ向上セシメ其精神ヲ振作シ国民ヲシテ克ク国家ノ使命ニ応スベキ健全有為ナル資質ヲ具ヘシムルヲ本旨」とし,その実施にあたっては「身体ノ修練ヲナストトモニ特ニ精神訓練ニ重キヲ置キ,就中挙国一致,堅忍持久,進取必勝,困苦欠乏ニ耐フルノ精神ヲ錬磨」し,団体訓練として「合同体操,体操大会,団体行進等」を重視し,「開会式,閉会式等ヲ一層厳重ニ行ヒ宮城遙拝,国旗掲揚,国歌斉唱ヲ励行シ国家意識ヲ昂揚振作スルコト」

ここにみられる「体育運動=スポーツ」は,蘆溝橋事件を契機に軍部と政府筋の思惑とは異なり,日中全面戦争へと突入し,長引く戦局をにらんで文字通り総力戦体制における人的資源論を前提とした「国民の体力」向上を目標とした精神主義的体育運動政策といえよう。

したがって,この時期におけるスポーツ競技やスポーツ組織はすべて国家的統制のもとに収斂されていった。すなわち1940(昭和15)年9月の橋田文部大臣による学校校友会組織の統制への着手,それは「在来ノ校友会其ノ他ノ校内団体ヲ再組織シテ現下重要ナル諸種ノ修練施設ヲ加ヘ学校長ヲ中心トシ教職員生徒打ッテ一丸トスル団体タラシメ以テ其ノ活力ヲシテ一元的且有機的タラシメントス而シテ此ノ団体ノ指導精神トスルトコロハ自我功利ノ思想ヲ排除シテ報国精神ニ一貫スル校風ヲ樹立セントスル」(「修練組織ノ強化ニ関スル件」昭和15年9月)ものであり,これはやがて学校だけではなくその他のすべてのスポーツ団体の国家統制へと進んでいった。

すなわち,翌1941(昭和16)年5月,「体育新体制樹立ニ関スル件」によって「政府ハ体育国策ヲ樹立シ,国民体力錬成ノタメ,全国的ナ官民一体ノ体育体制ヲ確立スルコト」でもってまずは学生スポーツ団体の「大日本学徒体育振興会」への統制,次いで大日本体育協会を含むすべてのスポーツ団体は「大日本体育会」へ再編され,武道関係団体は「大日本武徳会」を改変して再発足することになったのである。

競技スポーツも大日本体育協会とその傘下の競技団体によって開催されていたが,1939(昭和14)年には総合的な国内スポーツ大会であった明治神宮競技大会は,民間団体主催ではなく第10回大会以降は,国家の統制下で開催されることになった。もともとは明治神宮体育大会は明治天皇のご威徳を偲ぶ大会として当初は内務省の呼びかけで始まったものの,実質は大日本体育協会がその担い手であった。かくして国家統制下での大会は「総力を挙げて大東亜共栄圏の建設に邁進せる時に」「特に体育の国家的意義の発揚を旨とし悠々熾烈なる剛強真摯なる国民の意気と訓練の実を昂揚せしめ真に高度国防国家の要請に即応したる挙国的大体育祭典たらしめん」ことが目的として掲げられ,内閣総理大臣が名誉会長に,厚生大臣が所管大臣として会長にと「挙国的事業」としての形式を整えただけではなく,競技内容も戦時体制に呼応して「手榴弾投げ」や「弾薬袋運び」あるいは敵陣にはしごをかけて駆け上がる障害レース,匍匐前進などを取り入れた「国防競技」が加わるなど,それはスポーツ競技というよりは「戦場運動」そのものへと変貌し,選手という呼称も「選士」へと変わり,1942(昭和17)年には「明治神宮国民錬成大会」と改称され,それは戦争の激化に伴う大会中止になるまで続いた。

いずれにしても明治の初めに外来文化として日本に輸入・紹介されたスポーツは当初もっていたヨーロッパ的な「自由・自治」の思想も特権的な学生選手とそのOBたちに担われていた時期を除けば日本の歴史的社会的状況の進展とともに国家の統制に組み込まれ,軍国主義的スポーツへと容易に変えられていったといえる。

それは必ずしもスポーツの思想として内在していたのではなく,スポーツを受容する日本社会の歴史的社会的条件のもとで「スポーツにおける自由・自治」が日本社会に根づく間もなく支配されていったということを示す。戦時体制下のスポーツの軍国主義的・ファッショ的再編への抵抗は全くといっていいほどみることはできないが,わずかに1920年代後半から1930年代半ば頃までの無産青年運動や労働運動の中にかすかに国際的な労働者スポーツ運動の影響を受けた理論と情報が伝えられたが,実態はなきに等しい。この点ではドイツ,イタリア,あるいはスペインなどのヨーロッパ諸国のそれ(プロレタリア・スポーツ運動,国際労働者スポーツ運動)とは異なる。

④ ファシズム体制下のスポーツとスポーツマンの抵抗

スポーツにおけるファシズムへの抵抗と反ファシズムの闘いの歴史は主にドイツを中心とするヨーロッパ(フランス,イタリア,ベルギー,イギリス,フィンランドほか)で発展したが,アメリカにおいても一部みることができる。

ファシズムに対するスポーツマンの闘いの前史には1840年代に始まる労働者の体育・スポーツ運動がある。特に1848年のフランス二月革命,ドイツの三月革命における民衆の蜂起は当時ツルナー(体育人)と呼ばれた人たちにも大きな影響をもたらし,ドイツでは労働者組織の教育機関に体育局を設けたり,民主的な体育組織を結成させた。これらの運動が愛国的なツルネン(ヤーンの体育・体操)運動と結びついて後の労働者体育・スポーツ運動へと発展した。

1893年には初めての労働者体育・スポーツ組織であるドイツ労働者体育連盟(Deutscher Arbeitaer Turnerbund: A.T.B.)が創立された。第一次大戦の頃には戦火を超えてさらに組織的運動はヨーロッパ各国に広がったが,ロシア革命後には国際的労働運動の分裂とともに1920年には第二インターの流れをくむ社会主義労働者スポーツインターナショナル(ルツェルン・スポーツインター),1921年にはモスクワで労働者農民スポーツ体育団体国際連合(赤色スポーツインター)が結成された。その後両者の統一のための運動も取り組まれたが,特に1925年7月,ドイツ・フランクフルトで開催された第1回国際労働者オリンピックには地元ドイツを中心にソビエト,イギリス,フランス,オーストリア,スイス,ベルギー,フィンランド,チェコスロバキア,ポーランド,ラトビアなど,2つの組織を

超えてヨーロッパ各国の労働者スポーツマンが参加し，また15万人の大観衆が集まり，「ふたたび戦争を繰り返すな！」というスローガンで会場を圧倒したという。

また，ドイツにおけるヒトラーの登場によって反ファシズム統一戦線結成をめざす労働者スポーツの取り組みも活発に行われたが，その中では特に1936年の第11回オリンピック大会(ベルリン)に対する労働者スポーツマンの運動は「反オリンピック委員会」を組織し，「幻のオリンピック」となった，スペイン・バルセロナでの「バルセロナ人民オリンピアード」(川成洋『幻のオリンピック』筑摩書房．1992参照)，1937年のアントワープ「労働者オリンピアード」などへの準備，参加へと結集したが，やがて第二次大戦中におけるヒトラーとナチスの強力な弾圧によって壊滅的な打撃を受けた。

ここで注意しなければならないのは，なぜ恐怖と弾圧のファシズムがドイツ，イタリアなどで強力な支配と統制を可能にし，独裁体制を築くことができたかということである。ファシズムは必ずしも強面の「上から」の支配強化の側面だけではなく，広範な「世論」あるいは「大衆」の支持を得るために「下から」の浸透を容易にする，「同意の文化」を組織し得たのである。「スマイリング・ファシズム」あるいは「柔らかいファシズム」ともいわれるイタリアの余暇組織(「ドーボ・ラボーロ」)については，V. デ・グラツィア『柔らかいファシズム　イタリア・ファシズムと余暇の組織化』有斐閣．1989参照)の果たした政治的役割は現代社会にも通じる大衆支配の，高度に政治的な(脱政治化された大衆を底辺にしてファシスト支配への同意を生み出す)システムと機能を十分に理解する必要がある。

こういうファシズム支配下でスポーツマンがどういう状況に置かれるか，どのようにファシズムの支配強化に組み込まれていくか，あるいはいかに抵抗しうるかの分析と研究は今後の課題となる(G.フィッシャー，U.リントナー『ナチス第三帝国とサッカー――ヒトラーの下でピッチに立った選手たちの運命』現代書館．2006参照)。

⑤ スポーツにおける暴力・体罰・しごき

スポーツの世界では熱狂的なサポーターによる相手チームのサポーターたちへの暴力的威嚇・威圧や集団的力の鼓舞を肯定するグループが形成されてスタンドや街頭で騒動を起こすなど，いわゆる「スポーツにおけるフーリガニズム」がある。イングランドの「サッカー・フーリガン」は大きな社会問題であるが，1985年5月29日，ベルギー・ブリュッセルで行われたUEFAチャンピオンズカップ決勝において39人が死亡した事件(「ヘイゲルの悲劇」)は特に有名である。このような熱狂的な集団が生まれ，またファナティシズムと右翼的な勢力とが結合して人種差別主義や排外主義を増長させ，さらにネオ・ファシズムとの結びつきなど，その危険性は今も継続している。ときに警察当局の取り締まりや監視・警備体制の強化など，このようなスポーツにおける非暴力・平和主義とは相入れない社会的病理現象の増大が懸念される。

日本では未だスポーツにおける暴力・体罰・しごき事件などが社会問題化しているが，改めてスポーツにおける「生命の尊重」「人間の尊厳」性をスポーツ文化の本質との関係で問い直されなければならない。国際サッカー連盟(FIFA)が試合ごとに「フェアプレイ」旗を掲げて入場し，選手だけでなくスタンドの観衆にもアピールし，また「FIFAフェアプレイ賞」を制定して表彰しているが，日本国内の試合でも同様なセレモニーが定着しているのは周知のとおりである。

このようなスポーツにおける暴力・体罰・しごき等の問題は，スポーツにおける精神主義＝根性論などとも関連している。かつての日本軍隊における全人格的隷属を強いた絶対的支配＝服従の関係は，一方で「軍隊家族主義」を成立させ「同じ釜の飯を食った」という独特の「仲間意識」を生み出したが，スポーツの世界でも合宿所・寮生活・部活動などを通してこれに似た「人間関係」が醸成され，先輩・後輩の，上下の関係が生じる。したがって先輩・監督・指導者などに批判を許さない絶対服従の精神などは未だ払拭しきれていない日本スポーツ界の負の遺産であろう。

(森川貞夫)

平和主義とスポーツ思想　17.B.04

① スポーツと平和

平和主義とは，一般的には「平和を理想として一切を律する思想上・行動上の立場」(『広辞苑』5版)と理解されているが，その思想的系譜も考え方も多様である。スポーツとのかかわりでいえば「スポーツと平和」「オリンピックと平和」というように対句で使われることが多い。特にこれまでオリンピックといえば決まり文句として「平和と友好の祭典」と表現されてきたように「オリンピックの理想・理念」がマスコミによって「神話」化されてきた傾向がある。

しかし「スポーツと平和」の関係は，理想・理念として語られるほどには「スポーツと平和」をめぐる歴史的事実はなく，逆のケースの方が例示しやすい。例えば過去のオリンピック競技大会の歴史を紐解けばすぐに理解されることであるが，第一次・第二次大戦期間中のオリンピックは第6回大会(1916年，ベルリン)，第12回大会(1940年，東京)，第13回大会(1944年，ロンドン)と，いずれも戦争のために中止もしくは開催できず「幻のオリンピック」大会に終わった。

これは「スポーツと平和」の関係が自明あるいはアプリオリ(先天的)にあるのではなく，それが成り立つ前提に「平和なくしてスポーツなし」という当然の論理が歴史的事実として示されているといえよう。また，国際的なスポーツ大会における各国スポーツマンが競い合う状況は，非軍事的な手段による競争であり，したがって諸国民の友好と平和共存の1つの「状態」を示しているといえるが，同時に「競争＝勝負の競い合い」の激化が，かえって対戦する選手・チーム同士のナショナリズムを刺激し，各国間の覇権競争に利用される危険性もある。時に代理戦争と呼ばれるゆえんであるが，さらにはスポーツの試合あるいは大会によって対立する国同士が戦争にまで発展したという事例も過去にはある。

したがって「スポーツと平和」の関係は，第一に，スポーツは平和にも戦争にも有用になりえるが，しかし，スポーツが存在し続けるためには世界平和が維持・発展されていかなければならないということである。

第二に，しかしだからといってスポーツは現実の世界平和を無条件に創り出しているわけではないし，それを保障するものではない。このことからスポーツがいかなる意味で平和に貢献・寄与できるかを厳密に問う必要が出てくる。

第三に，スポーツにおける競争を実人生における競争や諸国間の覇権競争に至らしめないための自制力，ないし平和との対概念である戦争や暴力と結びつけないためのスポーツにおけるより高度な政治性についても十分に留意する必要がある。

かつて近代オリンピックの創始者クーベルタン（P. de Coubertin）はスポーツが平和にも戦争にも奉仕することを認めた上で，「戦争の機会を減らすことに努力する」ことが大事だと述べたが，こうした彼の考えは今日ではオリンピック運動の目的として次のように定式化されている。「オリンピズムの目標は，スポーツを人間の調和のとれた発達に役立てることにある。その目的は，人間の尊厳保持に重きを置く，平和な社会を推進することにある」（オリンピック憲章2004年版「オリンピズムの根本原則」2）。ここに「スポーツを通して平和な世界の建設に寄与する」というスポーツにおける平和主義の精髄が示されている。

② スポーツにおける平和主義の取り組みとその可能性

オリンピック運動に示された「平和な社会を推進する」という「平和主義」をスポーツ全体に広げてその力を発揮するためには，次のようなことが求められる。第一には，スポーツ活動やスポーツイベントの中に現出する「非平和」的事象の排除であり，第二には，国際的なビッグスポーツイベントに対する「非平和」的な政治主義の排除，そして第三には，すべてのスポーツ運動を通してオリンピック運動の理念としての平和思想に基づく「オリンピック」的選択と創造を行うことである。ここで特に問われているのは第三に関連してであるが，現実の国際政治とのかかわりでいえば，第二次大戦後今日までの国連をはじめとする様々な非政府機関における世界平和への働きかけ，世界各国の人々による様々な平和のための努力，あるいはいろいろな形態による平和運動の前進に対して，オリンピック運動をはじめ「スポーツと平和」の運動が孤立してあるのではなく，これらの運動と連帯・連動することによって助長されるであろう「平和」への可能性についてである。

スポーツを通じて広く人々の心に平和と友好の感情と意識を創り出していくこと，これがスポーツによる平和への「可能性」である。例えば国家間の対立あるいは敵対があったとしても，スポーツの大会に集まったスポーツマン同士が競技を行うことによって，対立・敵対を緩和させ，相互に理解し合うことは可能である。これまでもオリンピックやサッカー・ワールドカップなどにおいて「敵対」する国のチーム・選手が競技場で相対することがあった。またドイツ分裂にもかかわらず東西統一チームによるオリンピック参加，あるいは南北朝鮮統一チームが実現したこともあった。さらにはかつて「ピンポン外交」という異名をとったが，国交のなかったアメリカと中国との「対話・交流」にスポーツが一役買ったことはことに有名である。

このような事例を考えてみるまでもないが，もし仮にスポーツマンが相互に「高度な政治性」（平和への意識）を発揮し，緊張緩和へ努力し，友情を深め合うことができれば，それは世界平和の環境を創り出すことに貢献するということにつながる。事実これまでも「スポーツと平和」のための取り組みが行われた。

第二次大戦の苦い経験を経た1948年の第14回オリンピック大会（ロンドン）はドイツと日本の参加は認められなかった。しかし次の1952年の第15回大会（ヘルシンキ）を前にフィンランド平和委員会は「オリンピックを平和のために」の運動を展開し，また北ヨーロッパ平和会議は世界のスポーツマンへのアピールを出し著名なスポーツマンもその運動に呼応したため，ドイツと日本のオリンピック参加が認められた。

このようなスポーツマンによる「平和への取り組み」は，冷戦体制下のスポーツマンのロールモデルとしていくつかの取り組みが紹介された。さらに原水爆などの核兵器の脅威が高まる中では，より積極的な平和な世界の形成に向けての呼びかけが行われた。例えばイギリスの国務大臣を務めたこともあるノーベル平和賞受賞者ノエル＝ベーカー卿（P. J. Noel-Baker）は1960年にユネスコ・国際スポーツ・体育協議会（International Council of Sport and Physical Education: ICSPE）を設立，スポーツによる国際理解と平和・友好の促進に貢献した。彼は1980年の第22回オリンピック大会（モスクワ）を前にしたアメリカのカーター（J. E. Carter, Jr.）大統領によるボイコット事件が起きた時にも，イギリス・サッチャー（M. H. Thatcher）首相の同意声明にもかかわらずオリンピック・ボイコットを拒否して参加を激励した。当時広島を訪れたノエル＝ベーカー卿は「この核の時代に人間にとって大きな希望は，オリンピック運動があることだ」と語ったが，この考えは今も世界中の「スポーツと平和」の運動を励ましている。

ヨーロッパでは核ミサイル配備に反対して1983年に「平和のための国際スポーツ祭典」が開催され，2年後の1985年の祭典には開催国西ドイツだけでなくアメリカ，イギリス，オーストリア，オランダ，カナダ，デンマーク，フィンランドに加え，ソ連，ブルガリアなど旧東側諸国も参加し，日本からも「スポーツと平和を語る」運動の代表が参加した。

その後，「ベルリンの壁」が崩壊し東西対立からの解放による国際情勢の変化は「スポーツと平和」の取り組みにも新しい変化をもたらした。特に国際連合による「オリンピック休戦」決議が1993年10月25日，第56回国連総会で採択された意義は大きい。これは翌年の第17回冬季オリンピック大会（リレハンメル）を前にしてボスニア紛争の解決を求めて開催国ノルウェーの提案によって行われた。

③ オリンピック休戦

この「オリンピック休戦」は，古代オリンピア競技における「エケケイリア（オリンピック休戦）」に由来する。それは，

ゼウスの神を讃える古代オリンピアの祭典を前に都市国家(ポリス)に布令を出して, オリンピック期間中はギリシャ国内のポリス間の戦争を停止させてオリンピア競技を開催したという故事である。実はこの故事にならって1992年の第25回大会(バルセロナ)の前年, 旧ユーゴスラビアの崩壊と武力紛争を前にして国連安全保障理事会は「オリンピック休戦」を提案し, 同時に制裁委員会を設置してユーゴスラビアに対しオリンピックをはじめとする国際競技会参加などの制限を加えたことがある。

しかし, スポーツの側は国連によるスポーツ制裁提案とは逆に「オリンピック大会の保護, オリンピック運動の結束強化, 選手のオリンピック参加への関心の擁護」を呼びかけ, 国連安全保障理事会に対しても積極的な働きかけを行った。その結果, 旧ユーゴスラビア選手のオリンピック個人参加の承認とボスニアヘルツェゴビナ・オリンピック委員会のIOC加盟の仮承認によるオリンピック参加を実現させた。この勢いを得てIOCは, 1993年に国連事務総長ガリ(B. Boutros-Ghali)に184の国・地域のNOCによる「オリンピック休戦」決議文書の署名を提出し, 国連総会による賛同・決議採択を求めた結果, 第56回国連総会で「スポーツとオリンピック理念を通じて平和でよりよい世界の建設を」と題する決議が承認された。以後, この「オリンピック休戦」決議は2年おきに繰り返し採択されてきた。第28回大会(アテネ)の前年2003年11月, さらに2005年11月には第20回冬季大会(トリノ)を前に190ヵ国によって満場一致で承認・採択された。

このような「オリンピック休戦」運動

図1 「オリンピック休戦」バッジ
(撮影:筆者)

の拠点としてIOCは「オリンピック休戦センター」を設立した。それはまず1998年, 新ミレニアムを前にオリンピックの平和思想をより強固にしようというギリシャ政府の呼びかけに始まり2000年7月には国際オリンピック休戦財団と国際オリンピック休戦センターを設立し, 財団本部はローザンヌ, 休戦センター事務局はアテネに置いた。

確かにこれはオリンピック休戦の呼びかけを世界に向けて行おうというねらいで設立されたのだが, スタッフ, 財政等の問題で十分な活動が行われているとは言い難い。しかし青少年向け

平和主義とスポーツ・フォー・オールの思想　　17.B.05

① スポーツ・フォー・オールとは

スポーツ・フォー・オールとは, 資本主義社会における第二次大戦後の福祉国家政策の一環として, すべての国民(地域住民を含む:以下同様)のスポーツ参加を国や地方自治体が保障する思想や政策の総体を意味する。

ここには2つの背景がある。第一は, スポーツが国民の健康政策と対応して考えられた点である。ますます進行する労働や生活場面の省力化とそれによる国民の運動不足やストレスの増加, そして食事の高栄養化は, 生活習慣病を発生させ医療費を高騰させた。また医科学・技術の発達は医療費を低下させるどころか, これまでは見過ごしてきた疾患をつぶさに発見して治療し始めた。そのことで, 医療費のいっそうの高騰を招き, 国家予算を圧迫し始めた。こうした医療費対策としても国民のスポーツ参加促進は国家政策として喫緊の課題であった。第二は, 1950年代以降の市民権や社会権の高揚に伴い国民の文化・スポーツへの参加を権利として認識し始め, その条件整備を国や地方自治体に義務として要求し始めたことである。これが「スポーツ権」である。

国や自治体がスポーツを保障する時代に入り, 「スポーツ・フォー・オール」は「スポーツ権」「スポーツの公共性」と関連して議論されるようになった。

② スポーツ・フォー・オールの起源

スポーツ・フォー・オールは第一次大戦と第二次大戦の戦間期に発生し,

の絵本『オリンピック休戦物語』の刊行やロゴ入りのシャツ, バッジ(図1)の制作の取り組みのほかにも, オリンピックを教材にした教育プログラムの開発, ユースキャンプの開催などを通してオリンピック休戦精神の普及に努めている。日本からは理事に元国連事務次長明石康が加わっており, 2004年の第28回大会(アテネ)の時にはJOC会長竹田恆和・JOA会長(当時)猪谷千春らとともに「日本からオリンピック休戦の呼びかけ」を行った。

(森川貞夫)

大きな進展をみせた国民へのスポーツ普及の中で生まれた。第一次大戦では, 先進資本主義国(例えばイギリス, フランスなど)がその帝国主義化により, 世界の発展途上国を植民地化した。そこに後進資本主義国のドイツが植民地の再分割を要求して強引に参入し, 戦争となった。これが第一次大戦の本質である。当初は比較的短期に終了すると考えられたが, 1914-18年の5年間という長期戦となり, 各国ともに総力戦を強いられた。資本家が政権をとる各国ともに, 当時高揚しつつあった労働運動や社会主義勢力にある程度の譲歩をしつつ, 彼らをも取り込んで戦争に勝利することが至上課題となった。それゆえにこれまで軽視してきた国民の福祉を重視する必要があった。こうして, 戦争中そして戦争による疲弊した戦間期もヨーロッパ諸国での国民の福祉は相対的に進展した。

とはいえ, この時期, スポーツ界はオリンピックをはじめとして, 各国際競技連盟(International Sports Federation: IF), 国内競技連盟(National Sports Federation: NF)ともにアマチュアリズムで席巻されていた。それはスポーツをブルジョアジー(資本家階級)が独占し, 高度化においても大衆化においても, 労働者階級を排除するものであった。したがって, ヨーロッパ各国の労働運動と社会主義政党は「労働者スポーツ運動」を組織し, 「ブルジョアスポーツ」の競争中心に対抗して, マスゲームの娯楽性をも内容に多く含んだ活動を展開した。ドイツ・ナチスによって組織

された1936年8月の第11回オリンピック大会(ベルリン)に対抗して，同年の7月にスペインのバルセロナで「人民オリンピック」を計画した。この大会は開始日の7月19日の朝，フランコ(F. Franco)率いるファシズム勢力の内乱によって中止となったが，この計画はアマチュアリズムによる労働者階級差別の「ブルジョア」オリンピックへのオールタナティブ(選択肢)であった。

また，アマチュアリズムは中産階級以上の男性中心の思想であり，女性のスポーツ参加を差別しているとして，女性の権利に最も敏感であったブルジョアの女性たちからの対抗にも遭った。それは女性オリンピックの開催となって実現した。

この時期，人種差別は厳しかったが，被差別者たちの対抗的なスポーツ運動は実現しなかった。先進国内の民族的少数者たちは，一般の労働者階級の福祉水準さえ十分には獲得しきれていなかったからである。さらに発展途上国の人々は多くは植民地化の中で，植民地支配者の独占物であったスポーツには参加できなかった。この人たちのスポーツ参加は，先進国内においては戦後のスポーツ・フォー・オール政策によって，そして発展途上国においては1960年代以降の植民地の独立によってである。

戦間期に諸権利が進展した理由はもう1つある。それは第一次大戦末期の1917年に起きたロシア革命による社会主義政権「ソビエト連邦」の誕生である。国民の福祉を強調し，1日8時間労働制を実現したので，西ヨーロッパ諸国への影響は必至であった。

また，この戦間期は「みるスポーツ」つまりプロスポーツ，特にサッカーがヨーロッパ諸国で大きく普及した。各国内にリーグが結成され，そして数ヵ国間の対抗戦の多くもこの時期に生まれた。そして1930年には，サッカー・ワールドカップ(1930 FIFA World Cup Uruguay™)も開始された。

しかし，1933年1月に政権を獲得したヒトラー(A. Hitler)率いるナチス(国家社会主義ドイツ労働者党)は，ユダヤ人虐殺を始め，やがて国内のみならずヨーロッパ諸国への侵略を開始し，民主主義を抑圧していった。これにより労働者スポーツ運動，女性スポーツ運動ばかりでなく，オリンピック自体も開催不能となり，許容されたのはファシズムを高揚させるための競技会だけであった。そして再び世界大戦(第二次)へと突入した。

ともあれ，この戦間期の諸権利獲得の一環として国民のレジャー，スポーツ参加の権利も従来の抑圧された状態からは大きく進展したのであった。そして「するスポーツ」「みるスポーツ」ともに，大きく普及し，「スポーツ・フォー・オール」への基盤は大きく形成されつつあったがファシズムによって抑圧されてしまったのである。

③ 福祉国家・レジャー権・スポーツ権

第二次大戦中から戦後の新たな国家のあり方として，西ヨーロッパ諸国では福祉国家が志向された。それでも戦争の疲弊からの復興に追われ，当初は医療，教育，住宅などの基礎的な生活課題が政策の中心であった。しかし，1950年代中頃からの高度経済成長によって，福祉の対象は次第に文化・レジャー分野にも及ぶようになった。つまり，文化・芸術・スポーツなどへの参加を保障する条件整備をある程度国が保障し，国民，地域住民の生活向上をめざした。

福祉国家とは，原則としてすべての国民がある水準以上の福祉を享受できるよう，国としても政策的な保障をする国家体制である。スポーツ・フォー・オールもその一環として，すべての国民を対象として，そのスポーツ参加を保障しようという思想と政策である。

1966年に欧州審議会(Council of Europe)が加盟国の意向を集約して「スポーツ・フォー・オール」として提起し，加盟国に実施を呼びかけた。

同じ頃，こうした動向を反映して，国際レクリエーション協会(International Recreation Association: IRA，1973年に世界レジャー・レクリエーション協会〔World Leisure and Recreation Association: WLRA〕に改称)もまた，1970年に「レジャー憲章」を提起した。その前文で次のように述べている。

「レジャーとレクリエーションとは今日の生活様式によって人間が当面する多くの欲求を保障する基盤をつくり出すものである。更に重要なことに，これらは身体の休養やスポーツに参加することや美術，科学，自然を享受することなどによって生活を豊かにする可能性を提供してくれる。‥‥中略‥‥レジャー活動は人間の天賦の才(意志力，知力，責任感や創造能力の自由な発現)を伸ばす機会を提供してくれる。レジャーは自由な時間であり，その時間に人間は1人の人間として，又その属する社会の生産的な一員として自己の価値を高揚することが出来る。」

そして「第1条　レジャーに対する権利」は次のように述べる。

「人はすべてレジャーに対する権利を有する。この権利には，合理的な労働時間，正規の有給休暇，好ましい旅行条件及びレジャー活動の有効性を高めるために施設，場所，設備などを利用する正当な機会を与える妥当な社会的計画が含まれる。」

当時の西欧ではこうした思考に基づいて，福祉国家政策の一環として，国民のレジャー参加の条件保障(Leisure for all)，「レジャー権」の実現に大きな進展をみた。

さて，スポーツ領域では，欧州審議会により1976年に「ヨーロッパスポーツ・フォー・オール憲章」(European Sports for All Charter)が採択され，加盟各国の具体的施策として要求された。各国もそれに応え，さらに国内需要の一環としても，スポーツ施設建設を重点に推進した。これによって各国のスポーツ施設建設は飛躍的に発展した。

この政策の先進性に学んだ国連の「教育科学文化機構」(United Nations Educational, Scientific and Cultural Organization: UNESCO)が「体育・スポーツ国際憲章」(The International Charter of Physical Education and Sport)を1978年に採択し，世界各国のスポーツ振興の理念とするべくその普及を開始した。こうして，スポーツ・フォー・オールは全世界でスポーツ普及のスローガンとなり，その後，国際オリンピック委員会(International Olympic Committee: IOC)もスポーツ・フォー・オールへの援助をその活動の一環に含めるようになった。

この両憲章ともに，第1条は「スポー

ツはすべての人にとって基本的権利である」と規定し，スポーツ権そしてスポーツ・フォー・オールの世界史的な到達点を示している。

とはいえ，国民の恒常的なスポーツ参加は，日常生活の福祉水準の向上と無関係に達成されるものではない。この場合の福祉とは，狭義の生命・健康領域ばかりでなく，広義の文化・教育領域をも含めた意味であるが，そうした福祉の全体的な水準の一要素として進展するものである。したがって，スポーツ・フォー・オールの達成もまた，全体の福祉水準と並行して検討されなければならない。

④ 日本のスポーツ・フォー・オール

日本でも，1964(昭和39)年の第18回オリンピック大会(東京)の翌年に，「新日本体育連盟のよびかけ」が発表されて，アマチュアリズムによるのではなく，もっと大衆的なスポーツ普及を意図したスポーツ運動が誕生した。その冒頭は次のようである。

「体育・スポーツが少数の人の独占物である時代は過ぎました。それは万人の権利でなければなりません。」

これは日本におけるスポーツ権の初めての主張であり，運動である。この点ではヨーロッパの動向にひけをとらなかった。しかし，福祉国家としての思想と福祉水準の低さが，日本のスポーツ権の実現にとって一貫した困難となった。また，先の「レジャー憲章」におけるレジャー権も，日本ではその趣旨を受け入れる団体は存在せず，普及しなかった。

それでも，1960年代の高度経済成長の中で，国民の福祉要求の高まりと政策的な遅れとの矛盾が，1960年代後半から各地に噴出し始めていた。地方政治の革新化に伴い，中央政府も1973(昭和48)年には「福祉元年」を宣言した。この一環として，通商産業省は外郭団体として「余暇開発センター」を設置し，国民の余暇・レジャーの研究，情報収集に対応するようになった。しかし同年に始まったオイルショック等によって，「福祉2年」は来なかった。それでも，国民のレジャー要求はますます高揚した。

1972(昭和47)年の保健体育審議会答申「体育・スポーツの普及振興に関する基本方策について」は，日本におけるスポーツ普及の条件であるスポーツ施設の圧倒的な不足を憂えて，人口比の必要施設数を算定した。確かに，福祉2年は来なかったが，先の答申の影響もあり，その後は従来に比べれば施設建設は増加した。しかし，1985(昭和60)年段階でも50%程度の達成率でしかなかった。1990年代以降のバブル経済崩壊で国民の消費能力が落ち，民間スポーツ施設の倒産により日本のスポーツ施設の絶対的不足はいっそう深刻になった。新自由主義による公共施設の民営化が進められたが，中小の自治体の有する大きな施設，例えば陸上競技場，野球場，サッカー場，体育館などは民営化できなかった。施設の維持・管理費を民営として賄うには膨大な使用料を徴収しなければならず，それでは地域にスポーツクラブは育たない。そうすればその地域ではスポーツ文化は退化することになる。

日本は，1970年代にスポーツ権が広く議論されたが，スポーツ・フォー・オールないしスポーツ権が国の政策として具体化されることなく現在に至っている。

⑤ スポーツ・フォー・オールの課題

現在，日本では1980年代以降の新自由主義の導入によって公共スポーツ施設は増えず，民間施設も減少し，頼みの学校施設開放も限界にきている。さらに国民の生活の不安定，格差の拡大の中で，国民のスポーツへの参加数も減少している。

同じように新自由主義的政策を採用したかつての福祉国家であるイギリスでも同様な格差を生みつつある。しかし，従来の福祉国家としての蓄積をもとに社会包摂(Social Inclusion)として，貧困層を再び社会に包摂しようとする試みも復活しつつある。スポーツ・フォー・オールもその一環として再び活気を取り戻しつつある。

ますますスポーツが国民全体に求められる社会において，スポーツ・フォー・オールの真の実現は，歴史的必然の課題であろう。ある程度の条件，つまり施設建設を中心として，指導者や地域スポーツ組織の育成等はあくまでも公共が行わなければならない課題である。そこを市場化に任せると，スポーツ参加における階層間の格差がいっそう拡大し，社会全体として不健全になることはこれまでの歴史が示している。こうした公共的保障はスポーツにおけるセーフティーネットとしての必然的要請であろう。

(内海和雄)

ポストモダンのスポーツ思想　17.C

近代スポーツ批判　17.C.01

① 近代スポーツの特徴

スポーツ社会学研究者のアイヒベルグ(H. Eichberg)は，祝祭的なスポーツ(伝統的ゲーム)から規律・訓練的なスポーツへの移行にスポーツの近代化をみている(表1)。祝祭的なものの繰り返しという「時間」のパターンは，未来へと向かう直線的な「進歩」へと変わり，ローカル・アイデンティティーを生み出していた「空間」は日常生活環境から分離し，「専門化」され「標準化」された。そして，身体の力強さへの興味は「スピード」や「速度」の魅力に取って代わられ，「結果の生産」が重要視された。この業績原理の支配のもとで「より速く，より高く，より強く」が求められ，トーナメントと選手権の「ヒエラルキーシステム」が作り上げられた，と彼は考える(アイヒベルグ『身体文化のイマジネーション』清水諭 訳．新評論．1997. 122-71)。

アイヒベルグが指摘するように，近代スポーツは近代オリンピックの標語「より速く，より高く，より強く」に象徴される「達成」へと方向づけられたものである。そのため，スポーツといえ

ば，野球やサッカーのように競い合うものを思い浮かべるのが一般的である。そこには，その競い合いの結果としての「勝敗」が生じ，その「勝敗」が近代スポーツを特徴づける重要な二元的コード（ベッテ，シマンク『ドーピングの社会学』木村真知子 訳．不昧堂出版．2001. 24–32）であると同時に，ドーピングに代表されるような近代スポーツの諸問題の源泉となっている。

② スポーツと競技スポーツ

キーティング（J.W. Keating）はスポーツマンシップを論じる中で，スポーツにおける本来的な目的は「楽しみ」であり競技スポーツのめざすものとは相入れないとし，この両者に「勝敗」という単一の行動コードを当てはめて概説することを批判している（J.W. Keating. Sportsmanship as a Moral Category, Ethics. LXXV. 1964. 10）。つまり，「勝敗」という二元的コードを「スポーツ」すべてに当てはめるべきではなく，「スポーツ（Sports）」と「競技（Athletics）」を分けて考えることを主張するのである。しかしフィーゼル（R. M. Feezell）は，競技スポーツにおいても勝利を追求する活動のうちに楽しさを追求することが可能であるとし，「スポーツ」と「競技」を分けるというキーティングの主張に反論している（R.M. Feezell. Sportsmanship, Journal of the Philosophy of Sport. XIII. 1986. 5）。

近代スポーツが，「楽しみ」というスポーツの本来の意味を目的とするか否かに関しては多くの議論があるが，業績原理が支配し「達成」へと方向づけられている近代スポーツは，その「勝敗」がゆえの問題を生じさせているのは確かである。キーティングはスポーツの倫理的問題が「勝敗」によって生起することを指摘し，次のように述べている。

「競技スポーツにおけるモラルの問題のほとんどは，高度に競争化された性格という唯一の根源にたどり着くことができる。……（中略）……勝利への欲求が度を過ごしたものになるにつれて，勝利の探求に不道徳な手段を用いるようになる。その時，このモラルの問題が起きてくる」（J.W. Keating. The Ethics of Competition and its Relation to Some Moral Problems in Athletics. In *The Philosophy of Sport*, ed. Osterhoubt, R. G. et al. 1973. 170）。

③「結果（勝利）」なのか「過程」なのか

近代スポーツは「勝敗」という二元的コードによって特徴づけられるものであるが，そこにおいて重要なのは「結果（勝利）」なのか，それとも「過程」なのか，という問題である。

スコット（J. Scott）は結果としての勝利を絶対視することを，生産に方向づけられたシステムを支えているアメリカの伝統的な倫理と捉え，それを「ロンバルディアンの倫理（Lombardian Ethic）」と呼んでいる。「ロンバルディアンの倫理」とは，神様と呼ばれたプロフットボールコーチのヴィンス・ロンバルディ（Vince Lombardi）の考え方に基づいて命名されたものである。ロンバルディは「あなたにとって勝つことはすべてか」という問いに対して，「勝つことはすべてではない。それは唯一のものである（Winning isn't everything, it's the only thing.）」と述べたとされている。スコットはこの「ロンバルディアンの倫理」を次のように要約している。

「かいつまんでいえば，ロンバルディアンの，あるいはアメリカの倫理は，優れた生産物を作り上げるという生産に方向づけられたシステムを支えている。このシステムは多くの献身者の犠牲とハードワークを要求し，それを受け取る。スポーツにおいて秀でる1つの方法は，勝利はすべて（everything）ではなく，唯一のもの（the only thing）であると信じることによって発展してきた。優秀な対戦相手は，勝利をつかむためには打ち破るべき障害物であり最悪の敵であるとみなすことは驚くに値しない」（J. Scott. Sport and the Radical Ethic, *Quest*, 19. 1973: 71–77）。

つまり，「『勝利は唯一のものである』という教義は目的が手段を正当化することを意味する」（D. S. Eitzen. Conflict Theory and Deviance in Sport. *Int. Rev. of Sociology of Sport*. 23. 1988: 197）のであり，その勝利のために人間を道具として扱ったり，試合中のごまかしやルール違反などの倫理的な問題を生むのである。

この「ロンバルディアンの倫理」と対照的な，「結果ではなく過程（どのようにプレイしたか）」を重要視し，スポーツはスポーツそれ自体として楽しむべきであり，非本質的な報酬である勝利を求めるべきでないとする立場を「カウンターカルチャーの倫理（Counter Culture Ethic）」とスコットは呼んでいる。カウンターカルチャーの提案者たちは，活動の価値はその過程から生まれるもので，生産物（結果）からではないとし，結果を否定することによって「競争と協同とを置き換える」ことを提言するのである。スコットは，このカウンターカルチャーの一部の提唱者たちが，生産物（結果）を否定するがゆえに，得点を廃止することを提案したことを取り上げ，「勝つことなどどうでもよいということは，勝つことが唯一であるということと同じぐらい間違っている」と述べ，「カウンターカルチャーの倫理」がスポーツを成立させている社会の価値を理解しておらず，スポーツの本質とその制度上の現れを区別して

表1　スポーツの近代化の要素

	祝祭的なスポーツ（伝統スポーツ）	規律・訓練的なスポーツ（近代スポーツ）
時間		直線的な「進歩」／「未来」に向かうこと
空間		「専門化」「標準化」「隔離」
エネルギー		「スピード」や「速度」の魅力
客観性		「結果の生産」「業績」「数量化」
人間の相互関係		「階級制」「平等性」 新しい家父長制的–筋肉的支配
価値・理念		「より速く，より高く，より強く」
制度		トーナメントと選手権の「ヒエラルキーシステム」

（出典：アイヒベルグ『身体文化のイマジネーション』清水諭 訳．新評論．1997. 171. を一部改変）

いないところに間違いがあると批判している。

そしてスコットは，スポーツにおける競争は本質的な価値のある人間活動であるとし，結果による卓越は重要であるが，それを成し遂げる道筋はさらに重要であるとする「ラディカルな倫理（Radical Ethic）」を提唱している（Scott. 1973: 71-77）．これに対してキュー（F.C. Kew）は，「競争的ゲームのラディカルな倫理は，主としてゲームをプレイすることにある教育学的機能から帰結したものである」（F.C. Kew. Values in Competitive Games, Quest, 29. 1978: 105）と述べ，スポーツがそれ自体ではなく，他の目的のために用いられる点を批判している。

このように「結果（勝利）」を絶対視することによって，勝利のためには手段を選ばない行為や，結果が手段を正当化することが生じる。また反対に，「過程」のみを強調し，結果（勝利）の追求を否定することは「試合（試し合い）」が成立しないことになり，競技スポーツ自体の存在理由が消滅することになる。さらに「結果（勝利）」と「過程」をともに強調することも功利主義的な主張となってしまうのである。近代スポーツはこの「勝敗」という二元的コードがゆえに，その内に多くの矛盾を抱えているのである。

フレイリー（W.P. Fraileigh）はこのスポーツにおける「勝敗」を，異なる角度から論じている。彼は試合の勝敗の5つの意味を検討し，「試合結果に基づく〈勝敗〉」がなくともよい試合は可能であると論じる（表2）。そして「勝つことと，勝とうと試みるという2つの意味を一緒にして，勝つという言葉が一般的に使われている」ことを混乱の原因としている（フレイリー『スポーツモラル』近藤良享ほか 訳．不昧堂出版．1989）。

近代スポーツは，アイヒベルグが指摘した「トーナメント」に代表されるように，一方が勝てば相手が負けるという「ゼロサム・ゲーム」であり，最終的に勝利を得るものは最後まで勝ち残った者のみである。しかし，初戦で敗退し「勝つこと」ができなかった者も，このフレイリーのいう「勝とうと試みること」はできたのである。

④ 近代スポーツの諸問題

確かに，「勝とうと試みること」はすべてのスポーツ参加者に可能ではある。しかしながらスポーツは，「一般的文化パターンの中に組み込まれた社会的制度」（H. Lenk. *Social Philosophy of Athletics*. Stipes Publishing Company. 1979. 56）であり，「勝とうと試みること（勝利の追求）」はその社会的な背景によって強調され，現実には様々な問題を引き起こし，そこに多くの批判がなされている。

例えば，セイジ（G.H. Sage）とアイツェン（D.S. Eitzen）は次のように述べている。

「アメリカの国民は，それが学校の中であれ，ビジネスの世界，あるいは政治の世界，スポーツにおいてであれ，勝利者を求めている。スポーツにおいてわれわれは勝利者を要求するのである。コーチたちは成功しなければ解雇される。チームは引き分けでは非難される」（G.H. Sage. and Eitzen, D.S. *Sociology of American Sport*. Wm. C. Brown Company Publishers. 1980.

表2 勝敗の5つの意味

	勝敗の意味	解説
1	完結した試合としての勝敗 (Winning and Losing as a Functional Aspect of the Complete Sports Contest.)	試合が終了するという意味での勝敗
2	特定の終結状況としての勝敗 (Winning and Losing as a Specified End State of Affairs.)	ここにおいて試合の勝者と敗者とが確定する
3	試合の中に設定されたねらいの達成という意味での勝敗 (Winning and Losing as Achievement or Nonachievement of Some Goal Within the Contest.)	個人的な目標の達成という意味での勝敗
4	試合の勝敗結果が外在的な目的達成にかかわるという意味での勝敗 (Winning and Losing Some External Objective Due to Winning or Losing the Sports Contest.)	試合の勝敗に基づく結果，例えば名誉や賞金などの獲得などの試合そのもの以外の目的達成を意味している
5	試合で勝とうと試みる，もしくは負けようと試みるという意味での勝敗 (Winning and Losing as Trying to Win or Lose the Sports Contest.)	行為の目標としての意味での勝敗

（出典：Fraleigh, W.P. *Right Action in Sport*. Human Kinetics. 1984. 51-54, 67-70, およびフレイリー『スポーツモラル』近藤良享ほか 訳．不昧堂出版．1989を基に作成）

表3 身体文化の三元論

	業績スポーツ	フィットネス・スポーツ	身体経験
価値	結果の生産	健康と幸福	社会的な肉体的感覚
方向性	ヒエラルキー化	秩序・教育学的修正	肉体感覚の経験
例	トラックレース	健康的ランニング	「内的」ランニング
空間	基準化された空間	衛生学的な直線性	曲線の文化
場所	競技場	フィットネスセンター	野外・街角の空間
エキスパート	アスリート・科学者	生理学者・教育学者	親方・曲芸師・道化師
類似性	効率的な社会	同意の社会	脱中心化の社会

（出典：アイヒベルグ『身体文化のイマジネーション』清水諭 訳．新評論．1997. 32. を一部改変）

67)。

また，コークレイ（J. J. Coakley）は次のように述べている。

「『勝利は唯一のものだ』『負けることは死ぬより悪い，なぜなら負けを引きずって生きていかなければならないからだ』といった観念に，多くの人々が全面的な賛同を示さないにもかかわらず，競争的な成功が強調される」（J.J. Coakley. *Sport in Society*. The C. V. Mosby Company. 1982. 39-41）。

このような勝利者を求める社会背景によって近代スポーツは，「勝とうと試みること」よりもその結果，生産物であるところの「勝利」を重要視することとなるのである。

また，近代スポーツのこのような業績原理は，ビジネスの論理とも一致する。セイジは大学スポーツを取り上げ，次のように述べている。

「この大学スポーツの姿の歴然たる特徴は，競技スポーツが市場の原理によって厳密に組織化されているという点にある。つまりそれは，学生のための個人的，社会的ニーズとしての身体的レクリエーションを満足させることではなく，資本の蓄積の追求である。要するにビジネスなのである」（G.H. Sage. High School and College Sports in the United States. *JOPERD*, 61 (2) 1990: 61）。

このような市場の原理によって組織化されたスポーツ集団における疎外を，セイジは次のように批判している。

「多くのコーチたちはチームのメンバーを，完全な行動をすることよりむしろ道具となる行動が強調される機械的環境の中の1つの対象とみる傾向がある。したがって，選手たちは他者（コーチ）の道具となり，組織された集団の目的や目標に到達するために用いられる。彼らは組織という機械の歯車となる」（G.H. Sage. The Coach as Management: Organizational Leadership in American Sport. *Quest*,19. 1973）。

競争的な社会背景によって加速された近代スポーツは，教育的な観点からも多くの問題を引き起こす。例えばトーマス（C. E. Thomas）は次のように述べている。

「われわれはスポーツを，競争的行動を教える手段として価値あるものと考えてきた。子どもたちは競争することを教えられるが，また同時に勝つことは重要であり勝利者は敗者よりもなんとなくよいということを認識し社会化される。……（中略）……子供たちは早い時期に，何を目指して努力することが重要なのか？よい階級，よい教育，よい仕事，権力，地位，名声，多くの友人，立派な家？を知り，社会化される。そしてこの社会においては，『世間に出てそれを勝ち取る』ようにしなければならないと教えられるのである」（トーマス『スポーツの哲学』大橋道雄ほか訳 不昧堂出版．1991. 100-101）。

このような競争を強調する社会的状況において，子どもたちがスポーツの競争に勝つことに専念できるように指導者たちがすべてを決定し，世話をするという現状をトーマスは次のように批判する。

「卓越と教育の名において，そしてヒーローを求める欲求において『スポーツ馬鹿たち（athletic brats）』が残される。彼らは，干渉主義的な競技スポーツの温床（paternal athletic nest）の快適な範囲から離れた時には，自分自身を知ることもおぼつかなく，自分自身に関心をもつこともできそうにない」（C.E. Thomas. and K.L. Ermler. Institutional Obligations in the Athletic Retirement Process. *Quest*, 40. 1988: 139）。

このように近代スポーツの「勝敗」というニ元的コード，「達成」への方向づけは，まさに近代を特徴づける達成社会と密接に関連しているのであり，近代スポーツへの批判は，近代から現代に至る社会のあり方への批判でもある。

⑤ 近代スポーツを超えて

アイヒベルグは，エリートスポーツと大衆スポーツ，競技志向のスポーツとレジャースポーツというような二元論的論議を批判し，三元論的アプローチを主張している（表3）。彼は，近代スポーツに代表される「勝利」へと方向づけられた「業績スポーツのパターン」，みんなのスポーツや福祉スポーツに代表される「健康」「教育」へと方向づけられた「フィットネス・スポーツのパターン」，それに対する第三のモデルとして，民衆スポーツの古い形式の中で表現されているものの中見出すことのできる「身体経験と社会的官能性」を提示する（アイヒベルグ，1997. 3-38）。

この第3の視覚の提示は，従来の「近代スポーツ批判」への批判となっている。競技スポーツに対する楽しいスポーツ，エリートスポーツに対するみんなのスポーツ，現実的な現象はこのように二元的に区分され，対立するものではない。アイヒベルグが指摘するように「ただひとつしかオルターナティブ（既存の支配的なものに対するもう1つのもの：筆者補足）な方向性をもたないというのではない」（アイヒベルグ，1997. 37）のであり，「ポスト近代」へ向けてのスポーツは多元的な視覚において考察されることが必要とされるのである。

参考文献

◆ 久保正秋 1998.『コーチング論序説』不昧堂出版
◆ フレイリー，W. P. 1989.『スポーツモラル』近藤良享ほか訳 不昧堂出版

（久保正秋）

ポストモダニズムとスポーツ思想

① いま，スポーツの思想を語るとは

スポーツに「思想」はあるのか。スポーツの「哲学」を提示した人はいる。すでに類書もかなりの量が出版されている。しかし，スポーツの「思想」を真っ正面に据えて語った人は管見ながらまだ承知していない。ただ，アフォリズム的にスポーツの「思想」（警句に近いものではあるが）を語った人はいる。その点，日本の伝統的な武術に関しては，その精髄となる「思想」を中軸に据えた伝書が数多く残されている。武術の「思想」という点では，実に多くの蓄積を残している，といってよいだろう。し

かし，スポーツの「思想」となると，いささか苦慮せざるをえないのが現状である．

では，もう一度，問い直そう．スポーツの「思想」とはなにか．そして，スポーツに「固有」の思想とはなにか．この問いの背景にあるものは，スポーツをある特定の思想家の思想に依拠しながら，スポーツの「思想」を語ることは可能であっても，それは借り物の「思想」ではないか，スポーツに固有の「思想」を明らかにしていくこととは別のことではないか，という疑念である．スポーツにはスポーツに固有の論理があるはずである．しかし，それを「哲学」として語ることはあっても，それを「思想」のレベルで語ることは，きわめて困難なことである．

なぜなら，「哲学」は，ヨーロッパの「形而上学」としての長い歴史の蓄積をもっており，その多くは，観念論的に論理の整合性を追究していく．したがって，スポーツの「哲学」もまた，「形而上学」の論理に則り，物事の「理」(ここでいえば「スポーツの理」)を明らかにすればそれで1つの役割を果たすことができる．

しかし，「思想」はそうはいかない．「思想」とは，その人の生き方の根底を規定する，確たる世界観に基づいた「思考内容」のことを意味し，現実的な人生や社会や国家などに対して具体的な1つの道しるべを提示することである．したがって，たぶんに，イデオロギー的な色彩が強くなる．そのため，スポーツの「思想」を語ることはよりいっそう困難を伴うことになる．と同時に，スポーツをそこまで追い込んで考える必然性も，これまではあまりなかったという歴史過程もある．あるいはまた，どこかに，スポーツは政治的に中立である，という幻想的な呪縛が働いていたようでもある．こうして，結果的には，スポーツの「思想」を語ることはどことなく忌避されてきた節がある．

したがって，「ポストモダニズムとスポーツ思想」を問うということは，いよいよそれが必要な時代を迎えたということでもある．つまり，スポーツは現代社会にあって必要不可欠なきわめて重要な「文化」として広く認知された，ということである．見方を変えていえば，21世紀を生きるわれわれにとって，スポーツとはなにか，そして，どうあるべきか，もう一度，原点に立ち返って考え直さなくてはならないところに，ようやく立ち至った，ということでもある．

このような認識に立って，初めて「ポストモダニズムとスポーツ思想」というテーマと真っ正面から向き合うことが可能となろう．そうだとすれば，1つ時代をさかのぼって，では，「モダニズムとスポーツ思想」は存在したのか，という問いが必要になろう．

② **スポーツにおけるモダニズム**

さて，モダニズムについては，断わるまでもなく，実に多くの議論があり，それを語るのはそれほどの困難はない．しかし，モダニズムに対応する「スポーツ思想」を語るとなると，容易ではない．なぜなら，はたして，近代スポーツに固有の「思想」は存在したのか，という前述の疑念が残るからである．つまり，近代スポーツが再編された時になされたことは，前近代のスポーツ文化の地域性や土着性，土俗性や宗教性を可能なかぎり削ぎ落とし，国際性や無宗教性を前面に打ち出し，なによりも，近代的な「合理性」に支えられたルールの決定や民主的な管理・運営の仕方を重んじる，ということであった．いってしまえば，前近代のスポーツ文化，すなわち，各地域に伝承されてきた伝統スポーツのもつ「バナキュラー性」(土着性，土俗性，宗教性など)を極力排除し，限りなく「無色透明」なものにすることであった．したがって，それは，必ずしも，スポーツに固有の論理に基づくものではなくて，むしろ，ヨーロッパ近代が求めた「近代論理」(近代的価値観)に追随し，近代合理主義というフィルターによって濾過された要素だけをとりまとめて「近代スポーツ」として再編したものであった．もっといってしまえば，ヨーロッパ近代の価値観という「ものさし」によって，強引に取捨選択がなされ，その結果として新たに立ち現れたもの，それが「近代スポーツ」であった，ということである．そこには，スポーツに固有の論理は，ほんの一部しか残らなかった．その1つは，剥き出しの「競争原理」であった．ここには，近代スポーツに固有の「思想」があった，とはとても考えられない．

③ **ポストモダニズム**

そうだとすると，「ポストモダニズムとスポーツ思想」を語ることの困難さが，いかほどのものであるかは容易に推測できよう．第一に「ポストモダニズム」とはなにか．第二に，ポストモダンを生きる人間にとってスポーツとはなにか，21世紀を生きる人間のための道しるべとなるべきスポーツの「思想」とはなにかという二重，三重の困難が待ち受けているからである．それを承知で，あえて前に進む冒険に挑むとすれば，以下のようになろうか．

まず，ポストモダニズムとはなにか．一般的には，1960年代に建築の世界を筆頭に始まり，アートの世界(絵画，音楽，文学など)や思想・哲学の分野で起こった，モダニズムに対する一連の批判と実践の運動と理解されている．その実態は，ヨーロッパの伝統的な啓蒙主義の考え方や，自由競争原理による進歩発展主義や経済の資本主義(この思想の背景には優勝劣敗主義がある)，あるいは科学的実証主義など，いわゆるヨーロッパの近代論理の行き過ぎ(過剰評価)に対する反動という形で展開された．すなわち，モダニズムによって切り捨てられてきた前近代のよさ，例えば，素朴に生きる人間，土着性，風土性，地域性，などのよさをもう一度復権させようという意思がそこには認められる．

われわれに最も身近で，わかりやすい例は荒川修作の仕事であろう．彼は，アヴァンギャルドのアーティストとしてスタートしつつも，やがて建築に向かい，数多くの作品を残した．例えば，養老天命反転地や奈義の龍安寺，三鷹天命反転住宅，などの作品を通して，彼の思い描くポストモダンのイメージを具象化した．「転ぶ」をテーマにしたテーマパーク「養老天命反転地」は，入場者が予想以上によく転び，怪我をする人が続出することで話題になった．管理している自治体は慌てて一部「修繕」を施し，荒川を激怒させたというエピソードまである．あるいは，岡本太郎の仕事も同様である．大阪万博の折に制作した「太陽の塔」はいまでもその跡地にモニュメントとして屹立している．岡本太郎はパリ留学中に，シュ

ールレアリスムの洗礼も受けたし，ジョルジュ・バタイユ（G. Bataille）やカイヨワ（R. Caillois）らとも親交があり，一緒に彼らの主催する「社会学研究会」にも参加し，思想・哲学の上でも大いなる影響を受けている。まさに，ポストモダンをアーティストとして生きた人である。

このほかにも，ポストモダンを主張して仕事を展開した人の例は枚挙にいとまがないほどにあるが，しかし，それらの仕事を通してモダンの思想や制度を超克することができたかと問えば，答えはノーである。つまり，1つの主張や運動体としては大きな影響を及ぼしたが，最終的にはモダンの中の，ある特殊な異分子として吸収されてしまったかのようにみえる。もちろん，現在も，ポストモダンの主張とともに様々な世界での興味深い試みは継続して展開されている。

④ スポーツにおけるポストモダニズム

それでは，スポーツの領域において，ポストモダニズムはどのような展開をしたのか。

残念ながら，建築やアートの世界で展開されたような具体的な成果を上げ得ていない，というのが実情である。なぜなら，近代競技スポーツを支える理念・理想を超克する，それに取って代わるような，多くの人を巻き込むだけの力をもった，新たな理念・理想を提示することができないままでいるからである。

とはいえ，オリンピックやワールドカップにみられるように，近代競技スポーツがますます過剰な競争原理に巻き込まれていく現状と，スポーツイベントの巨大化とともに経済原理が最優先されていく現状に対しては，数多くの批判が提示されている。加えて，ドーピング問題の浮上とともに，素朴なヒューマニズムやアンチドーピング運動のレベルを超えた議論が必要であることも，明白になりつつある。

こうした情況の中で，スポーツにおけるモダニズムを超克しようとする，ポストモダニズム的な運動や提言がなかったわけではない。そして，そこに共通している理念は，「過剰な競争原理を極力コントロールする」新しいスポーツ文化の創生であった。モダンが「競争」を求めたとすれば，ポストモダンでは「共生」がそれに取って代わるべき理念として掲げられた。しかし，それとても時代の要請する理念の1つをスポーツの領域に持ち込もうというだけの，きわめて表層的なアイディアでしかなかった。だから，近代競技スポーツに代わる新しいスポーツの時代を切り開くほどの大きな力にはなり得なかった。

ではいったい，モダンの近代スポーツの論理を超克してポストモダンのスポーツの論理を切り開くための，全く新たなスポーツの「思想」はいかにして可能となるのか。そのための方途をいくつか探ってみたい。

今福龍太は『ブラジルのホモ・ルーデンス―サッカー批評原論』（月曜社，2008）の冒頭で「サッカーを批評することは世界を批評することだ」と高らかに宣言している。そして，サッカーが内包している固有の論理を浮き彫りにしつつ，本来のサッカーのありようを疎外する「世界」をまるごと批評の対象としていく。ここでいう「世界」とは，われわれが今日生きていくための前提条件となっているすべての環境世界のことを意味している。とりわけ，ヨーロッパ近代の価値観が，いかにわれわれの今日の生き方そのものを疎外しているか，サッカーのあるべき姿（理想のサッカー）を通して，徹底的に批評している。断っておくが，今福のいう「批評」は「評論」ではない。批評とは「クリティック」のことであって，単なる「コメント」（評論）ではない。つまり，批評とは，その人固有の思想に基づいてなされる，全体重のかかった言論活動なのだ。ここに，ポストモダンの視座に立つ「スポーツ思想」の1つの萌芽をみる。

『エーコとサッカー』（ピーター・P・トリフォナス，富山太佳夫 訳 岩波書店，2004）という書籍がある。記号論学者で作家でもあるウンベルト・エーコ（Umberto Eco）がサッカーをどのように考えているかを論評した，まことに意表を突くまなざしが魅力である。「なぜサッカーは観衆を熱狂へと駆り立てるのか」と問いつつ，その興奮と喧騒のコードを読み解いていく。巻末に付された今福龍太の解説によれば，エーコはサッカーが嫌いだといい，勝った負けたしか話題にしない人々の顔をみるのも嫌だ，と。にもかかわらず，10年ごとに合計3本のサッカーに関する重要なエッセイを書いている。そこにエーコの「サッカー思想」を垣間見ることができる，という。

『近代スポーツのミッションは終わったか　―身体・メディア・世界』（稲垣正浩，今福龍太，西谷修 著，平凡社，2009）では，3人の論者がそれぞれスポーツ史，文化人類学，現代思想の3つの立場から徹底した近代スポーツ批評を展開している。書名からもわかるように，いまや，近代スポーツを批評することは，身体を批評することであり，メディアを批評することであり，世界を批評することだと3人の論者はそれぞれ異なる立場を超えて口を揃える。近代スポーツのミッションとはなにであったのか，それを見極めていくことが，来るべきポストモダンの新しいスポーツ文化の創生につながる道であるはずだし，そこと連動することなしに新しい「スポーツ思想」を立ち上げることは不可能であるだろう，というのである。

⑤ 21世紀のスポーツの意味・意義

21世紀を生きるわれわれにとって「スポーツとはなにか」という問いに答えうる全く新しい「スポーツ思想」の可能性について，検討しておこう。

ジャック・デリダ（J. Derrida）は「脱構築」（ディコンストラクシオン：déconstruction）という概念を提示して，近代の呪縛からの脱出を図る方途を探ったことはよく知られているとおりである。この概念装置は一時流行語のようにして，アカデミズムの多くの分野で用いられ，近代的なアカデミズムの壁を突破して，ポストモダンの新たな知の地平を開くべく，様々な試みがなされたこともよく知られている。稲垣もまた，『スポーツ文化の脱構築』（叢文社，2001）という著作を通して，ポストモダンのスポーツ文化の可能性を世に問うている。

しかし「脱構築」は，近代が構築した制度や組織などの諸矛盾を鋭く指摘することはできても，それに代わる新たな制度や組織を提示するという点では，いま1つ力不足であったことは否めない。したがって，現段階で到達し

ている方法と思考内容について検討しよう。すなわち、ポストモダンの「スポーツ思想」を構築するための現段階での理論仮説である。

それは主として、近代スポーツの進展の中で過剰に機能し始めた「競争原理」のルーツは、いったいどこに求めることができるのか、その起源を探ることから始まる。なぜなら「競争原理」こそ、スポーツ文化に固有の論理であり、その1つの重要な核心部分を占めるからである。しかし、この仮説はあえなく潰え去った。その理由は、「競争原理」とは、ヨーロッパ近代に顕著に現れた資本主義の考え方と巨大化する市場経済や植民地拡大のための「自由競争原理」を通して正当化されたものであって、近代スポーツもまた、こうした時代をリードする大きな時代の動向と歩調を合わせたにすぎない、ということが明らかになってきたからである。しかも、近代の切り開いた市場経済社会もまた、長い人類史的なスパンで考えると、きわめて特殊なものであることが、経済人類学者カール・ポランニー（K. Polanyi）などの著作を通して明らかになったからである。

では、市場経済社会が成立する以前は、どのような経済活動が行われていたのか。この問いには、マルセル・モース（M. Mauss）の『贈与論』（吉田禎吾、江川純一 訳 筑摩書房. 2009）が応答している。経済活動の原点は物々交換、つまり等価交換にある、とわれわれはいつのまにか刷り込まれている。しかし、それよりも前には、今日の市場経済社会とは全く異質の経済活動が行われていたことを、モースは明らかにしたのである。すなわち、「贈与」という経済活動である。別のいい方をすれば「ポトラッチ」（potlatch, チヌックジャーゴン語で贈る、贈り物を表す言葉が由来）である。例えば、バンド社会のリーダーは、余剰となった富を隣接するバンド社会のリーダーに「贈与」する。なにゆえに、このようなことをするのか。それは「名誉のために」である。そして、受け取ったリーダーは名誉の負債を受けることになる。そこで、このリーダーは、さらに富を追加して、他のバンド社会のリーダーに「贈与」する。こうして、一巡して、元のリーダーのところに「贈与」が戻ってくる時には、最初

の何倍もの富となって戻ってくる。しかし、これを私物化することはない。今度は、この巨大な富（この中には牛や豚などの飼育動物も含まれる）を、惜しげもなく公衆の面前で破壊したり、焼却したり、殺したりして「消尽」してみせるのである。なぜ、このようなことをするのか。それは、ポトラッチというシステムが生み出される以前の慣習行動としての「供犠」に由来する、とモースは指摘する。

この「消尽」と「供犠」という行為に鋭く反応し、その理由・根拠に有力な仮説を提示したのはバタイユであった。それらは、彼の著作『呪われた部分・有用性の限界』（中山元 訳）や『宗教の理論』（湯浅博雄 訳 いずれも、筑摩書房）を通して知ることができる。バタイユによれば、「消尽」こそが自然の大法則である、という。例えば、太陽は、なんの計算も打算もなく、ただ、ひたすら巨大なエネルギーを「消尽」し続けている。生物もまた、生命維持に必要な分だけを「消尽」する。人類が生産活動を始めるまでは、すべては「消尽」そのものであった。したがって、この「消尽」こそがあらゆる経済活動の原点にある、というのである。

それでは、「供犠」とはなにか。原初の人間は、野生の動物や植物を「有用性」という考え方のもとに飼育・栽培することを始めた。もともと自然存在であったものを、人間の都合で自然存在から切り離して、飼育・栽培することによって人間の「事物」（ショーズ）にしてしまった。このことに人間は当初から（自然界に対して）負い目を感じていた。そのため、「事物」と化した飼育動物や栽培植物を定期的に自然界に送り返すことによってその「負い目」を解消しようと考えた。それが「供犠」である。したがって、この「供犠」を行うには特別の時空間が必要とされた。すなわち、「祝祭」という時空間である。こうして「供犠」を執り行うための「儀礼」が、当初から「まつりごと」（祭りごと＝政治）と密接に連動していたことが明らかになる。つまり、支配統治の論理と「祝祭」空間で執り行われる「儀礼」とは当初から密接にリンクしていたのだ、というのである。

ここまで考えた時に、古代オリンピアの祭典競技にも同様な時空間が認め

られるだろう。祭典の初日には、必ず、「供犠」に捧げる「牛」を先頭にした選手・役員の行進が行われ、「牛」の首をはね、血をゼウスの祭壇に塗りたくり、その肉を「共食」する。こうした「祝祭」という時空間の中で「競技」もまた「儀礼」の1つとして執り行われたのである。しかも、この「儀礼」のメインは、飼育していた牛を本来の自然界に送り返すことにある。つまり、飼育していた牛を「内在性」の世界に送り返すこと、そして、人間もまた「内在性」の世界に接近するために「競技」が執り行われたのである。

つまり、この「供犠」を執り行う人間たちもまた、目の前で展開する「供犠」の強度に触れることによって犠牲牛とともに「内在性」の世界に回帰していくのである。こうして、本来、自然界に生きていた動物・植物たちを人間の「有用性」のために「事物」化してしまったという日常的な負い目を、定期的に清算するということが「供犠」の始原となっている。それを執り行う人間もまた、もともとは自然界の内在性の中に生きていたヒトから離脱し、人間への道を歩み始めることによって、自らを「事物」化してしまったという負い目を負っている。だから、人間を「供犠」として捧げた時代・社会も存在した。バタイユは、その典型的な事例として古代メキシコの「儀礼」をかなり詳細に紹介している。「供犠」に捧げられる人間は特別の方法で選別され、巨大な祭壇であるピラミッドを登る。その頂上で首をはねられる。もちろん、神話で語り継がれてきた太陽信仰との習合がその背景にはある。しかし、その内実は、人間の自然界への回帰、すなわち、内在性への回帰願望がその根底に秘められている。このことを見逃してはならない。

ヒトが人間になる時、いったい、なにが起きたのか、ここを明確にする必要がある。いわゆる「生きもの」の要請としての「理性」の誕生の問題である（西谷修『理性の探求』岩波書店. 2009）。それによって、人間は「有用性」の世界に大きく踏み出すことになるのだが、同時に、大きな負債を背負うことになった。つまり、自然への回帰願望、すなわち、「内在性」の世界への回帰願望である。このことと「スポーツ的なるもの」（スポーツの始原）とは、どのように結びつ

いていたのか，この問題にある程度の展望が得られた時，初めて「スポーツ思想」への可能性が開かれると考えられる。

　スポーツ文化の歴史を踏まえない「スポーツ思想」はありえない。と同時に，「スポーツ思想」とリンクしない「スポーツの歴史」もまたありえない。21世紀という時代は，そういう時代なのである。ポストモダニズムと「スポーツ思想」とはそのような相補関係にある（21世紀スポーツ文化研究所 編『スポートロジイ』みやび出版, 2012）。

〔稲垣正浩〕

18章 オリンピック

近代オリンピックの成立とその発展を多様な角度から紹介するとともに,特にオリンピックの光と影に焦点をあててまとめた。さらには,現在のスポーツにおいて見過ごすことができない政治や人種問題との関係についても具体的な事例とともに紹介した。オリンピックを知ることで,現在のスポーツをより深く考える契機にしていただきたい。

オリンピックとオリンピズム　18.A

近代オリンピックの成立と発展　18.A.01

① 19世紀のオリンピック競技会

今日行われているオリンピック競技大会の創設は，フランス人貴族，ピエール・ド・クーベルタン（Pierre de Coubertin）によるものであるが，実は，クーベルタン以前にも，各国で古代のオリンピック競技会復興の試みがなされ，それらを土台にして，クーベルタンが近代オリンピックを築いたのであった。

ルネサンス時代以降，ヨーロッパの人々は古代ギリシャに思いを馳せるようになり，古代オリンピックが行われていた聖地オリンピアへの憧れを抱くようになった。

古代オリンピックは，ギリシャのペロポネソス半島のオリンピアで，紀元前776年から紀元後393年まで，記録上行われていた。およそ1200年もの長きにわたって，4年に1度の祭典が行われていたことは，特筆すべきことである。オリンピアの競技祭は，ゼウス神を祀る祭典ということで，宗教的な意味を保ち続けたこと，そこにギリシャ人としての帰属意識を感じていたことが，長く続いた理由とされる。

古代のオリンピアの祭典が終焉しても，ヨーロッパに住む人々にとって，オリンピアへの郷愁は途絶えることがなかった。各地で行われていた祭り，娯楽などのイベントにオリンピアの名をつけて開催する例がルネサンス期以降からみられる。なかでも，1776年にイギリス人チャンドラー（R. Chandler）がオリンピアの遺跡を発見すると，古代オリンピックを意識した競技会がヨーロッパ，北米などで開催されるようになった。

これらのうち，近代オリンピックの成立に影響を与えたのは，イギリスのマッチ・ウェンロック（Much Wenlock）で開催されたオリンピア競技祭とアテネで開催されたオリンピア競技祭である。

前者は，ブルックス（W. P. Brookes）という医者が，労働者階層の人々の教養と社会的立場の向上をめざしたチャーチスト運動にかかわり，その一環で，運動競技の競技会を毎年行い，賞を授与したのが始まりであった。1850年に始められ，当初は古代オリンピックを意識したものではなかったが，1860年以降，競技会の名前を"オリンピア競技祭"とし，やり投や五種競技を取り入れるなど，古代オリンピックの復興を意識した。

やがて規模も大きくなり，イギリスオリンピア協会を1865年に設立した。協会の規約には，大会の開催都市を持ち回りにすることや委員会の設立，国際的な競技会にすること，芸術競技の実施などが盛り込まれていた。ブルックスはアテネで国際オリンピア競技祭を行う計画を発表し，ギリシャ側と交渉した。実施には至らなかったが，10年後の1890年10月，ブルックスはクーベルタンをマッチ・ウェンロックのオリンピア競技祭に招待し，クーベルタンに夢を託した。クーベルタンは競技会の雰囲気に感動し，マッチ・ウェンロックのオリンピア競技祭が古代オリンピックを継承したもので，ブルックスがその組織化と普及に努力していることを称えた。クーベルタンのオリンピック復興の着想に影響を与えたと思われる。

ギリシャでの第1回オリンピア競技祭は1859年に開催された。19世紀初めに，オスマントルコからの独立戦争が起こり，1832年に独立を勝ちとると，それを契機に，ギリシャ人たちの中から街づくりや芸術などで古代の文化や伝統を復活させ，古代オリンピックの復興をめざす動きが現れた。貿易商人ザッパス（E. Zappas）が，財産を提供したことで，ギリシャ人によるオリンピア競技祭が，アテネの公園で1859年に行われた。400年ぶりに独立を果たしたギリシャ人が古代の文化にアイデンティティーを求めた行動であった。

当時のギリシャ政府は，経済力に富む近代国家の建設をめざしていたため，スポーツの競技会ばかりではなく，産業製品のコンテストに重点を置く産業博覧会も行った。1870年に第2回オリンピア競技祭が，復元されたパンアテナイ競技場にて開催され，3万人の大観衆が集まり成功を収めた。この大会から，競技祭の目的が，産業振興のみならず，「身体的な活力」と「ミューズの崇拝」が主張され，身体的な競技と芸術や知性のトレーニング，それらと産業との統合による社会の発展がオリンピア競技祭の理念とされた。そして第3回オリンピア競技祭からは，競技に参加する青少年の育成という視点が盛り込まれ，さらには，オリンピア競技祭による民族を超えての平和意識の醸成ということもこの時に考えられた。1889年に第4回オリンピア競技祭，それ以降，全ギリシャ競技会が1891年と1893年に開催された。これら一連の競技会は，1896年の第1回近代オリンピック競技会（以下，オリンピック大会）の人材や組織の下地となった。第1回大会の組織委員会の多くはオリンピア競技祭の関係者であり，メダル授与と芸術競技はオリンピア競技祭ですでに行われていた。古代オリンピックの復興は，当のギリシャですでになされていた。クーベルタンは，第1回大会の終了後に，古代オリンピックがギリシャ民族に限られていたのに対して，近代のオリンピックは全世界の民族に開かれていることを強調した。クーベルタンは，古代オリンピックの復興ではなく，近代オリンピックの創設者という方がふさわしいといえる。

② クーベルタンによるオリンピックの復興

クーベルタンは，1863年にフランス貴族の三男としてパリで生まれた。少年時代にはイエズス会系の私立学校でギリシャ・ローマ文明に魅了された。20歳の時にはイギリスのパブリックスクールを訪問し，スポーツが青少年の教育に重要な役割を果たしているのを目の当たりにした。やがて社会学者ルプレ（F. Le Play）の社会改革運動に影響を受けたクーベルタンは，23歳の時に，教育の中へスポーツを導入することで社会を変革できると主張した。

オリンピックの復興という発想は，古代ギリシャに関する教養，スポーツの教育的な役割への注目，ルプレの影響のほかに，ドイツにより発掘が始め

られたオリンピア遺跡への関心の高まりという社会状況も影響した。それらを背景として，1890年におけるブルックスとの出会いにより，オリンピック競技会復興の直接的な誘因になったと思われる。これ以降，クーベルタンはオリンピック競技会について言及を始めたのであった。

第1回オリンピック大会の開催地にアテネが選択されたのは，1894年6月16日から24日までパリのソルボンヌ大学で行われたパリ・アスレティック会議においてであった。主催者はクーベルタンで，この会議は後に「オリンピック復興会議」とも呼ばれた。

会議ではアマチュア身分に関する議題とオリンピック競技会の復興について話し合われた。道徳性や国際化の視点から，オリンピック競技会の復興をめざすことが決議された。開催の周期は4年とし，第1回の競技会を1896年に行うことが決定された。開催地については，6月23日にアテネで行うことが満場一致で可決された。こうして，第1回オリンピック大会がアテネで1896年の春に開催された。

③ 初期のオリンピック大会

第1回大会は1896年にアテネで開催され，9競技43種目，14の国と地域から241人の選手が参加した。2008年の第29回大会（北京）は，28競技302種目，204の国と地域から10,500人の選手が参加したので，第1回大会と比べると競技種目数は約7倍，参加国・地域数は約15倍，選手数は約44倍にも膨れたことがわかる。

第1回大会では，陸上競技のトラックは今とは逆の右回りであった。水泳はプールではなく，海上（ゼア湾）で沖から岸に向かって泳ぎ，体操は屋外で行われるなど，現在と異なる様相であった。マラソンは古代の「マラトンの戦い」の勇者の故事（戦勝の報告をいち早く伝えるために走った若者）にちなみ，マラトンからアテネまでを競走し，ギリシャ人のルイス（S. Louis）が優勝して大会を盛り上げた。なお，女性の参加は1900年の第2回大会（パリ）からで，テニスとゴルフのみであった。

初期のオリンピックは個人やクラブ単位で参加したため，飛び入り参加の選手もいた。国内オリンピック委員会（NOC）ごとの参加になったのは1908年の第4回大会（ロンドン）からであった。これ以降は，ナショナリズムを背景に参加国も増えたが，金メダル獲得をめざした国同士の争いが生じた。陸上の400mや綱引きで判定などをめぐり，アメリカ選手とイギリス選手が激しく対立するなどした。

「オリンピックで重要なことは勝利するより，参加したことであろう」。各国選手団を前にペンシルベニアの主教が諭した言葉は，クーベルタンにより紹介され，オリンピック精神を示すものとして有名になった。

ナショナリズムの高揚を象徴的に示した大会が，1936年の第11回大会（ベルリン）であった。ヒトラー率いるナチスドイツのもとに開かれたオリンピックでは，ドイツ民族の優秀さを示そうと，10万人収容できるメインスタジアムが建築された。さらに，次の事柄が新しく始められた。

・オリンピアで採火された聖火を青少年のリレー形式で，ベルリンのメインスタジアムまで運ぶ，聖火リレーが始められた。
・女性監督レニ・リーフェンシュタール（L. Riefenstahl）による記録映画『民族の祭典』が製作された。
・写真判定装置やフェンシングでの電気審判器なども開発され，科学技術の導入が本格化していくことになった。

第11回大会（ベルリン）におけるナショナリズムの高揚は，各国のメダル獲得競争にも波及し，オリンピック競技会の意味を問いかけることとなった。

④ 日本におけるオリンピック大会の受容と展開

日本のオリンピックへの正式な参加は第5回大会（ストックホルム，1912年）からで，1909（明治42）年，講道館柔道創設者で東京高等師範学校（現・筑波大学）校長であった嘉納治五郎に，アジア初のIOC委員就任の要請が届いたことがきっかけである。嘉納は受諾し，1912（大正元）年の第5回大会（ストックホルム）に，日本選手団団長として参加した。選手は，金栗四三（東京高師学生）と三島弥彦（東京帝大学生）の2名で，マラソンと短距離走に出場した。

それ以来，日本は，高等教育の学生や卒業生を中心に，オリンピック競技会に積極的に参加した。その背景には，嘉納による，教育としての体育・スポーツの普及が挙げられる。

嘉納が，オリンピックを受け入れた理由は，「国際オリンピック大会選手予選会開催趣意書」（1911年）の中で，「古代オリンピックがギリシャ民族の精神性を築いたように，世界各国民の思想感情を融和し，世界の文明と平和を助くる」ことや「勝敗を超越して，相互に交流を深めて，相互の親善関係を深める」ことに共感したからであると述べている。

一方，嘉納は中国（清朝）からの留学生を1896（明治29）年から受け入れた。後に宏文学院（「弘文学院」とも書く）という学舎を建て，そこで本格的な教育を施すようになる。日本語や自然科学を学びつつ，柔道や長距離走などの課外活動を行うことも奨励した。嘉納は，中国人と日本人はともに手を携えて世界の文化の発展に寄与すべきである，と述べている。運動会を春・秋の年2回開催し，宏文学院に運動部（庭球，弓術，遠足）を設置した。柔道にも力を入れ，1903（明治36）年に宏文学院を講道館牛込分場に認定した。そこには，帰国後文豪となる魯迅などが入門した。宏文学院卒業後，嘉納が校長を務める東京高等師範学校に入学する者も多く，そこでも留学生は運動会に参加し，サッカーのチームを作って他の学校のサッカー部と対外試合を行っていた。嘉納が受け入れた中国人留学生は1896（明治29）年から1919（大正8）年までの23年間，宏文学院と東京高等師範学校とで合わせて，約8,000人にも上る。留学生にスポーツや柔道を取り入れて日本人と積極的に交流させ，体育・スポーツによる国際教育を，オリンピックにかかわる以前からすでに実践していた。

嘉納は，オリンピックムーブメントを統括する団体として，日本オリンピック委員会ではなく，大日本体育協会を設置した。これは，嘉納がエリート選手の養成以上に，一人ひとりの体育・スポーツの振興を第一に考えていたからであった。

さらに嘉納は，オリンピック理念と，武道（柔道）的な考えとの融合を考えていた。欧米のオリンピックを，世界の

オリンピックにするには，オリンピック精神と武道精神とを渾然と一致させることである，と嘉納は晩年に述べている。武道精神とは，精力善用・自他共栄の考えのことであった。

嘉納は，欧米のスポーツやオリンピックムーブメントを彼の体育・スポーツ観を通して受け入れ，さらに西洋のスポーツ文化に，身体と心を練る武道精神を加味することを構想していたといえる。

⑤ オリンピックの肥大化と商業化

第二次大戦後，オリンピック大会は回を追うごとに拡大した。参加選手の資格であったアマチュア（スポーツによる報酬をもらわない選手）という用語が，1974年にオリンピック憲章から削除された。1984年の第23回大会（ロサンゼルス）で組織委員会が成功させたテレビ放映権料と1種1企業にロゴマークの使用を認めるスポンサーシップをIOCが取り入れたことにより，大会が赤字になる危険性は薄れた。しかしながら，アスリートよりも，スポンサーやメディアの発言力が増したことで，大会の運営にも少なからず影響を与えるようになった。テレビ映りのよいように競技のルールが変更されたり，決勝時間の変更などの問題が指摘されるようになった。

肥大化と商業化の中で現在，いかにオリンピックムーブメントを進展させる取り組みができるかが問われている。

（真田 久）

オリンピックムーブメントの推進　18.A.02

① IOCの取り組み

国際オリンピック委員会（International Olympic Committee: IOC）は，クーベルタンが1894年6月，パリのソルボンヌ大学に招集した会議で設立された。この会議では2年後の1896年に第1回の近代オリンピック大会をギリシャで開催すること，その後は4年ごとに大会を世界各地で開くことが決定された。初期のIOCは一種の私的なクラブで，規則もクラブの会則の域を出なかったが，第一次大戦後の1921年に理事会が設置され，次第に組織の形を成すにつれて会則も整備され，現在のオリンピック憲章ができあがった。

オリンピック憲章には，IOCはオリンピックムーブメントの最高機関であると規定されており，オリンピックムーブメントの目的は「オリンピズムとその諸価値に従い，スポーツを実践することを通じて若者を教育し，平和でよりよい世界の建設に貢献すること」とある。

また，IOCの主な役割として以下の項目が挙げられている。

1) フェアプレイの精神を広める
2) スポーツを人類に役立て平和を推進する
3) ドーピングと闘う
4) スポーツや選手の政治的・商業的悪用を防ぐ
5) 選手の社会的職業的な将来の保証を考える
6) 差別に反対する
7) 環境問題に関心をもちオリンピック開催に際し持続可能な開発を促進する
8) スポーツを文化や教育と融合させる試みを支援する
9) 国際オリンピックアカデミー（IOA）やオリンピック教育にかかわる団体の活動を支援する

また，IOCの最も重要な役割は，夏・冬のオリンピック大会の開催地を選定し，地元の組織委員会を指導し大会を実行に移すことである。

IOCは法律上の組織としては，スイス国内に本拠をもつスイス法に基づく非営利法人である。IOCは国際的な性格をもってはいるものの，国際連合やその他の国際条約に基づいて設立された機関とは基本的に性格が異なり，委員の指名方法などに未だに創立当初の私的なクラブという側面を残している。

IOC委員は合計115人が定員（上限）であり，そのうち個人の委員は70人以下，国内オリンピック委員会の代表が15人以下，国際競技団体の代表が15人以下，選手代表が15人以下と決まっている。日本からは嘉納が1909年に初のIOC委員になって以来，現在の竹田恆和委員まで13人がIOC委員になっている。委員の定年は70歳だが，1966年以前選出の委員は定年がなく，また1999年以前選出の委員は80歳が定年である。

IOCの構成は，委員全員が集まる総会（IOC Session）が最高機関であり，その決定は最終的なものとされる。通常は年に1回開かれ，夏季・冬季のオリンピックがある時には，開会式の直前にその都市でも行われる。理事会は会長，副会長（4人），理事（10人）で構成され，会長の任期は1期目が8年，2期目が4年で最長2期まで。副会長と理事は任期4年で，会長に選ばれた場合を除き，連続しては最長2期まで。ただしその後2年の空白期間を置けば再度立候補できる。

IOCの本部は，第一次大戦の際に中立国であったスイスのローザンヌに移って以来，現在もそこにある。IOC本部で働いているのはIOC委員ではなく事務局員で，事務総長の下に大会，国際協力，競技，各国委員会連絡，技術，広報，放送・マーケティング，薬事，財務，オリンピックソリダリティーなどの部がある。

かつて，IOC委員は自由に開催候補地を訪れることができたが，開催候補地からの過剰接待が買収の温床になったため，現地訪問が禁止された。またIOC改革で決められた開催都市の選定方法は，事前審査でいくつかの立候補都市を承認した後，評価委員会の報告を受けて，全IOC委員の投票で開催地が選定されるようになった（現在は候補都市のうち，1つの都市が委員の投票数の過半数を獲得するまで続けられ，1回の投票ごとに1つの都市が脱落する方式）。

② オリンピックムーブメントとオリンピック教育

[オリンピックにおける教育活動]

オリンピックムーブメントを普及するためには，オリンピックムーブメントの意義や価値を青少年に理解させることが必要で，各国においてオリンピック教育が推進されなければならない。オリンピック教育を世界に普及させるために創設されたのが国際オリンピックアカデミー（International Olympic Academy: IOA）と各国オリンピックアカデミー（National Olympic Academy: NOA）である。

IOAは，オリンピズムの普及・教育

とオリンピックについての研究を主な目的とする法人格をもつ国際機関である。1920年代の後半，近代オリンピックの創始者クーベルタンの考えに触発されて，オリンピックムーブメントに関心をもったギリシャ人イオアニス・クリサフィス (Ioannis Chrysafis)，続いてドイツのカール・ディーム (Carl Diem) とギリシャのイオアニス・ケツェアス (Ioannis Ketseas) がIOAの運営計画を策定した。1938年，ギリシャ・オリンピック委員会 (Hellenic Olympic Committee: HOC) がこの計画を受諾し，IOCは1949年，IOCの支援のもとでHOCがIOAを設立することを承認した。

IOAの目的は，古代オリンピアにおいてオリンピックの理念の保護と普及にあたる国際的な知的センターの設立と運営，オリンピックムーブメントの教育的・社会的原理の研究と活用，オリンピックの理念科学的基盤，世界各国の国内オリンピックアカデミー (NOA) の設立と運営に関する調整および業務の監督，オリンピックの理想の普及に関する国際教育セッションと会議の開催である。

IOAは，1961年に教育活動を開始した。IOAの施設は，古代オリンピックが行われていたギリシャのオリンピア (Olympia) の遺跡のすぐそばにあり，古代遺跡や考古学博物館に徒歩で行ける。今日では会議室やスポーツ施設，図書館などの近代的な設備を整え，1) 青年，2) 大学院生，3) 教育者，4) スポーツ組織の役員，5) ジャーナリスト等を対象にした各種セッションが開催され，毎年，約2,500人がIOAでの教育活動に参加している。

IOA青年セッションのプログラムは，次の4つの活動を軸に構成されている。
1) 学術的なトレーニング (講演，講演を伴う討論，討論会，オリンピックメダリストによる発表，参加者による簡単な発表)
2) 芸術活動 (セッション期間中に絵画，彫刻，舞踊，音楽，詩歌，文学，写真のワークショップを開催)
3) スポーツ活動 (男女とも共通のスポーツ活動，伝統的な競技，地方や国内の知られていない運動に参加)
4) 懇親活動 (様々な国の伝統的な舞踊，歌謡，衣装を紹介)

こうした活動を通して，参加者はオリンピズムの原理を体験し，他の市民へと伝えるための備えができる。

オリンピック教育プログラムの支援のため，便覧「Keep the Spirit Alive」(1995年) が刊行され，また小・中学生，教師向けの教育図書が，2004年第28回大会 (アテネ) のオリンピック組織委員会およびギリシャ教育省と共同で開発された。

オリンピックの理想を各国に普及させるために，IOAの支援のもとで130を超える国や地域にNOAが設立され，活動を続けている。日本では1978 (昭和53) 年に日本オリンピックアカデミーが設立された。IOAはNOAと共同でアートコンテストやオリンピック作文コンテストを世界規模で開催している。また，IOAは大学院生の国際セミナーを通じて，世界中の大学とも連携を推進してきた。国際セミナーの受講生が終了時の試験に合格すれば，イギリス・ラフバラ大学の30単位を取得できるシステムとなっている。また，近年では，ギリシャのペロポネソス大学と連携して，オリンピック研究の大学院コースが設置された。

また2010年から，14歳から18歳を対象とするユースオリンピック競技会 (YOG) が始まっているが，ここでは，競技のみならず，青少年の交流とオリンピック教育の学習も行われている。

[日本におけるオリンピック教育のさきがけ]

オリンピック教育が各国で行われるようになるのは，1970年代以降であるが，日本ではそれにさきがけて，1964年の第18回大会 (東京) を契機にすでに行われていた。この大会では，「オリンピック国民運動」が総理府，JOC，文部省，民間団体などの協力のもとに実施された。この運動は，オリンピック理解，国際理解，公衆道徳高揚，商業道徳高揚，国土美化，健康増進をめざした運動であった。国を挙げてオリンピックムーブメントを展開するとともに，オリンピック開催のための市民教育の場でもあった。オリンピック展覧会が各都市を巡回して開催され，公民館などの社会教育施設において，オリンピック大会に関する講演会などが実施された。

文部省は学校におけるオリンピック国民運動として，児童・生徒に「オリンピック精神を培い，日本人としての自覚に立ちながら，国際親善と世界平和への態度を養う」目的で，『オリンピック読本』を作成し，小・中学校に配布した。

このようなことを背景とし，各市区町村では様々な試みがなされた。例えば東京都千代田区では，オリンピック学習委員会を設置し，区内の小・中学校でオリンピック学習を展開した。同委員会では，"オリンピック学習の手引き"という副題のついた「オリンピックと学校」(1964年5月) を発行した。その中でオリンピックを学習する意義について，次のように説明している。

「近代オリンピック精神は，創始者の悲願ともいうべき国際親善と世界平和への熱意がその根底にあり，しかも公正で不撓不屈の運動精神が支柱となっていることはいうまでもないことである。これに加えるに国際社会人としての基本的行動様式とか，文化的国家の国民として身につけるべき道徳的要素等を強調するなど，いくつかの具体的な教育内容を抽出することができうるであろう。」

そして，オリンピック学習の目標として次の4つが挙げられている。
1) 国際親善に尽くす心，世界平和に貢献する素地
2) 人間尊重の理念や態度，日本人としての自覚と誇り
3) オリンピックの起源・意義，オリンピック精神の理解
4) 運動・競技に対する関心，すすんで参加する態度

今日でも通用する立派なオリンピック教育であった。

また，千代田区の小学校においてオリンピック学習として行われた具体的な内容は次のようなものであった。

社会科4年：〈交通のむかしと今〉の単元では，「すすむ交通」を学習する時，鉄道の電化，東海道新幹線などがいずれもオリンピックをめざして，着々と準備されていることに気づかせる。

社会科6年：〈世界の平和についての

学習〉では，オリンピック精神について調べ，平和への努力と平和への願いは人類の願いであることを理解する。

体育高学年では，オリンピック種目と関連させて器械運動，陸上運動，ボール運動，水泳などを指導する。リズム運動では開会式（入場行進，聖火入場，点火，沸き上がる歓呼）や種々の競技（スタート，演技，決勝，表彰，国旗の掲揚），オリンピックに伴う工事（起重機の動き，ロードローラーの動き）を表現する。オリンピックの歴史，織田幹雄，西田修平，大江季雄ら選手などについて学ぶ。そして，道徳低学年では，外国人に親しみの情をもつ。外国の選手に対しても心から応援できる。外国の子どもと仲よくすることができる。

さらに，学習発表会では国際理解やオリンピックの歴史についての研究発表をする，第18回大会（東京）の準備状況を理解させるものに取り組む，音楽会ではオリンピックの歌を歌う，運動会ではオリンピック種目を一部取り入れる，映画観賞会ではオリンピック関係のフィルムを鑑賞する，などである。また生活指導として手身近な緑化運動や花いっぱい運動に協力させる，毎月10日の「首都美化デー」に参加させる，などが示されている。

これらのオリンピック学習を通して，オリンピックの理念を学ぶとともに，近づきつつあるオリンピック大会を迎える心構えも教育した。アジアで初のオリンピック大会を迎える際に，オリンピックの理念やオリンピックムーブメントを広く国民に理解させようとしたとともに，嘉納以来，スポーツを教育として扱ってきたレガシー（遺産）であったといえよう。

[世界に広がるオリンピックムーブメント：一校一国運動]

1998年の第18回冬季オリンピック大会（長野）開催に先立って，長野市ではユニークな取り組みが行われた。それはオリンピックやパラリンピックに参加予定の国や地域と，子どもたちが交流を深める目的で，長野市内の小中学校，特殊学校（特別支援学校）など約75校で行われた「一校一国運動」であった。長野オリンピックの基本理念の中に「子どもたちを主役にする」という考えがあることに着目した長野国際親善クラブの小出博治会長の提唱が発端と

なって，1996（平成8）年から具体化した。各学校で交流相手国を決め，その文化や歴史を調べたり，相手国の人たちと交流したり，語学を学んだり，手紙やビデオレターを送るなどの活動が展開された。オリンピック期間中には，選手村の入村式に参加したり，選手団を学校に招いて交流会を開催する学校もたくさんみられた。これらの活動は，国際理解や平和の尊さ，環境保全意識の向上など，オリンピックの理念を子どもたちに理解させるのに大きく役立った。

長野市の学校では，国際理解教育の1つとして，開催から10年を過ぎた現在でも一校一国運動を続けているところがある。それらの中には，こうした活動が生徒たちの自主的な地雷撲滅運動に発展した例もある。一校一国運動に参加した児童の中には，それをきっかけにして国際理解や異文化理解に興味をもち，オリンピック大会の開催地での交流を積極的に行いつつ，大学で文化やスポーツ方面の分野に進んだ人たちも多い。これらは，オリンピック教育のレガシーということができ，重要な成果である。

その後，この運動は2002年の第19回冬季オリンピック大会（ソルトレークシティ）でも，ユタ州の小中学校で"One School One Country Program"としてオリンピック教育の1つとして広く実施され，また，2006年の第20回冬季大会（トリノ）でもこの一校一国運動は実施された。2008年の第29回オリンピック大会（北京）を開催した中国でも「同心結プログラム」という名称で，北京市内の200校を超す学校で一校一国運動が展開された。

さらに，シンガポールで行われた第1回ユースオリンピック競技会（YOG）でも，"Twinning program"として，一校一国運動の流れを汲んだ活動が展開された。これはシンガポール内の学校と，各NOC内の学校とが交流するプログラムで，日本からは東京都内の2校が交流活動を行った。

③ オリンピックムーブメントとオリンピック研究

[オリンピック研究センター]

1993年にローザンヌに設立されたオリンピックミュージアムには，オリンピック研究センター（Olympic Studies Center）が併設されている。オリンピックムーブメントやオリンピズム研究の情報を収集しているのがこの研究センターで，奨学金制度を用いてオリンピックについての学術的な研究を推進するとともに，オリンピズムを子どもたち，若者やアスリートたちに教える手立てを考えることも重要な使命としている。また，オリンピックムーブメントとIOCの歴史に関する書籍やDVD等も出版している。

また同センターの図書館のアーカイブズには，多くの歴史的史料が保管されている。IOC総会，理事会の議事録をはじめ，クーベルタンやIOC委員の書簡等が収められている。

また，ヨーロッパ各国では，大学に設置されたオリンピック研究センターで，オリンピックムーブメントの研究が進められてきた。これらの研究の多くは，歴史学や社会学的な手法で研究されてきたものが多い。現在活動を続けている各国のオリンピック研究センターには次のものがある。

[バルセロナ自由大学オリンピック研究センター（スペイン）]

1989年に設立。国内や国際的なスポーツ組織と協力してオリンピックムーブメントを研究することを目的としている。特にオリンピズムとスポーツについて，人文科学や社会科学の視点で研究している。

[ウエスタンオンタリオ大学国際オリンピック研究センター（カナダ）]

1989年に設立。オリンピックムーブメントに関して，人文科学や社会学的な立場からの研究を行う。研究誌"OLYMPIKA"(International Journal of Olympic Studies)を1992年から毎年刊行している。

[北京体育大学オリンピック研究センター（中国）]

1993年に設立。オリンピックムーブメントと国際スポーツに関する研究と中国におけるオリンピック教育教材の作成を行う。またオリンピック研究者の養成も行う。

[トリノ大学オリンピック・メガイベント研究センター（イタリア）]

2003年に設立。トリノ大学の政治，経済，社会学部の研究者で構成された研究組織。オリンピック大会の経済的

影響，ピエモンテ州のコミュニケーションとアイデンティティー，ツーリズムとオリンピック，第20回冬季オリンピック大会（トリノ）と都市の環境レガシーなどについての研究を行う。

[ラフバラ大学オリンピック研究センター（イギリス）]

2004年に設立。オリンピズムとオリンピックムーブメントの学術的な研究の促進とオリンピズムに内包される理念と諸価値の普及をめざして設立された。イギリスオリンピック協会やイギリススポーツ連盟，さらにはIOAや各国のオリンピック研究機関とも提携している。人文科学や社会科学的な手法でオリンピズムを分析し，セミナーや会議を開催している。

[オーストラリアオリンピック研究センター（オーストラリア）]

2004年に設立。ニューサウスウェールズ大学のオリンピック研究センターを引き継ぎ，2004年にシドニー所在の工科大学レジャー・スポーツ・ツーリズム学部内に設立された。みんなのスポーツに関する研究や第27回オリンピック大会（シドニー，2000年）の環境・教育面でのレガシーなど，オーストラリアにおけるオリンピック研究を主導的に進めている。

[ケルンスポーツ大学オリンピック研究センター（ドイツ）]

2005年に設立。大学におけるオリンピックムーブメントに関するカリキュラムの検討とともに次の3部門に分かれて研究を進めている。

1）オリンピックティーチング部門：
研究者や学生に，オリンピックのトピックスについての一次資料と二次資料を提供する。オリンピックコングレスやIOC理事会の議事録，IOC総会議事録などの資料がある。

2）オリンピック相談部：
ジャーナリスト，学術プロジェクトや博物館展示について，学問的なアドバイスを提供する。

3）オリンピック研究部：
歴史学的，社会学的，哲学的，ジャーナリズム的な視点からオリンピックムーブメントについて研究する。

なお，日本では，大学でオリンピック研究を本格的に推進する機関はないが，東京へのオリンピック・パラリンピック大会招致活動を機会に，2009（平成21）年に設立された「嘉納治五郎記念国際スポーツ研究・交流センター」で，オリンピック教育やアンチドーピング活動とともに，オリンピズム研究が行われようとしている。ローザンヌにあるオリンピック研究センターや，各国の研究センターと連携して，本格的なオリンピック研究が行われ，オリンピックムーブメントの進展に貢献することが，同センターに望まれる。

（真田　久）

バリアフリーとオリンピック　18.A.03

① オリンピックと女性

オリンピックへの女性参加拡大の歴史は，その各時代の社会通念や障壁（バリア）に立ち向かい，時には意志を砕かれ，時には小さな風穴をあけた，無数の人々が紡いだ歴史でもある。オリンピックはある意味で，そうした変化を歴史に刻む舞台となり，一部の女性や男性たちに行動を起こさせる理由ともなった。

[クーベルタン男爵の反対]

1894年，国際オリンピック委員会（International Olympic Committee: IOC）の創設と，近代オリンピック大会の創始を決めたクーベルタン（P. de Coubertin）は，1896年から1925年までの29年間，第2代IOC会長を務めた。クーベルタンは，最後まで女性のオリンピック参加に異議を唱え続けたことでも知られている。

自らジャーナリストとしても健筆を振るったクーベルタンは，IOCの機関誌などで「オリンピック大会への女性参加は，非実用的で退屈で不適切だ」（1912年），「女性の参加に，私は強く反対する。女性競技の増加は私の意に反したものだ」（1928年），「オリンピックの真の英雄は，個人競技の男性のみだ。女性やチームスポーツは除外すべき」（没年前年の1936年）などと論評を続けた。6人の息子全員が，組織の手伝いも含め全員オリンピックに参加したとして，スウェーデンの女性を，「オリンピック精神にふさわしい」と表彰したとの逸話もある。

クーベルタンと初期のIOC幹部の信条には，当時の社会風潮や女性スポーツへの見方が反映している。当時中・上流階級の男女の間では，女性が人前で肌を出したり，汗をかいたり，必死に競争をしたりするのははしたない，との見方があった。また，女性がスポーツや勉学で余計な運動や緊張をすることが，女性の「本来の機能」である出産に悪影響を与えるという医学界の通説も，19世紀末にはまかり通っていた。当時女性が参加したテニスなどの競技は，足首までを覆う長いドレスを着用し，パラソルを片手に，もしくはスカートを摘みながらプレイする社交目的のイベントに近かった。

[近代オリンピック初期の女性参加]

このため，1896年にアテネで開かれた第1回オリンピック大会に，女性の参加は認められなかった。地元ギリシャの女性が，組織委員会から参加を断られ，非公式にマラソン競技に参加し完走したという武勇伝が残るのみである。

1900年の第2回大会（パリ）は，パリ万博の一環として変則開催されたため，IOCが直接の決定権をもてなかった。このため6ヵ月にわたり様々な競技が開催され，テニス，ゴルフ，クロケー，ヨットなど数競技に20人程度の女性が初参加した。しかし，どの競技をオリンピック競技と認定するかは，現在も説が分かれる。女性のみが参加した競技で，史上初の女性金メダリストとなったのは，テニスの勝者であるイギリスのクーパー（C. Cooper）で，その会場は皮肉にも，クーベルタンも会員のテニスクラブだった。

その後，何回かのオリンピックでは，確立された女性競技はなく，テニス，ゴルフ，アーチェリーなど，手足を覆

図1　19世紀末のテニスのゲーム（ミックスダブルス）
（出典：日本体育協会　監修『最新スポーツ大事典』大修館書店．1987．842）

った衣服でもプレイが可能な「女性向き」の1, 2競技が行われ, 数人から数十人が参加した。開催国の女性のみが参加した大会もあり, その時々の事情がこれを決めた。

しかしその一方, 女性にも投票権を与えるべきだとする参政権運動の機運が, 20世紀初頭のイギリスなどで高まっていた。また, 1914-18年の第一次大戦時, 女性が「男性の仕事」に進出したことなどから, 社会の女性に対する意識改革が進んだ。女性の側からのオリンピックやスポーツへの参加拡大や, 規制緩和の要求が, 形になって現れるのはこの頃からである。

[水着論争]

女子水泳競技は, 水着の丈の論争と社会通念との戦いから始まった。

水浴が健康法として注目されたイギリスなどでは, 19世紀の中頃まで, 中・上流階級の女性が人目を避けて海に入れるよう, 「水浴車」が盛んに使われた。窓のない木の小屋に車輪が付いた構造で, そのまま海辺まで乗り入れ, 女性がその中で着替えて裏から海に入れるよう工夫されていた。当時の水着は, 体の線を出さないよう, 厚手のウールなどの素材で作られた通常の衣服に近いものだったが, これでさえも男性の目につくのはタブーとされたためである。

1907年には, オーストラリア出身の水泳選手で, アメリカで水中ショーのスターとなったケラーマン (A. Kellerman) が, ボストンの海岸で, 体にフィットし, 手足を露出した水着を着たために逮捕される事件が起きた。しかしケラーマンは, 法で禁じられていたのが肌を出すことだと知り, この水着に

図2　1928年第9回オリンピック大会 (アムステルダム) 女子800mのゴール直前で, 死闘を繰り広げたラトケと人見絹枝 (左端の2人) (提供：小原敏彦氏)

ストッキングなどを縫いつけた「新規格」を考案, 論議を巻き起こした。

1912年の第5回オリンピック大会 (ストックホルム) では, 初めて女子の水泳競技が実施されたが, この時の水着も大きな論争の的になった。時の選手が多く着用したのは, 膝上までの長さのブルーマーだったが, アメリカオリンピック委員会は, 選手が長いスカートを着用しないのは不道徳だと主張した。これに反発したアメリカ女子競泳陣がボイコットを表明し, 他競技の女子選手も同調したため, 結局アメリカは女子の参加を取りやめる事態となった。

水泳競技自体が「レディーらしくない」という批判を受けながらも, これ以降, 女子種目として定着していくことになる。

[IOCと対決した女性]

水面下で競技中の表情などがみえにくい水泳に比べ, 陸上での競技は, より大きな障壁に直面した。女性が汗をかき, 肌を出し, あえぎながら競争をする姿が道徳的でないとされたことと, 陸上競技が医学的に女性の体に悪影響を及ぼすという先入観が残っていたためである。

しかし, 1917年にフランスで, 「フランス女性スポーツ連盟」が結成され, 初の女性による陸上競技の大会が開かれると, 欧州各国で同様の動きが起きた。この連盟の創設メンバーだったミリア (A. Milliat) はIOCに, 1920年の第7回大会 (アントワープ) に女子種目を加えるよう要望したが, 拒否されると, 翌年国際女子スポーツ連盟を創立して会長となり, 1922年には第1回「女子オリンピック競技大会」のパリ開催を実現させる実力行使に出た。

5ヵ国65人の選手が参加, 18の世界記録が認定された同大会は, 多数の観客を動員し, 評判を呼ぶ成功となり, IOCにとって頭痛の種となった。1926年の第2回大会 (イエテボリ) には, 日本から人見絹枝も参加し, 走幅跳など2種目で優勝した。

IOCはミリアに, 第2回大会での「オリンピック」の名の使用をやめることを要求, 1924年の第8回オリンピック大会 (パリ) での女子陸上実施も却下するなど, 対決姿勢をとっていた。しかし1925年, クーベルタンに代わりベ

ルギー人のラトゥール (H. de B. Latour) が第3代IOC会長となると, 時流に押される形で, 国際陸上競技連盟とともに, 1928年の第9回大会 (アムステルダム) で, 女子陸上競技5種目を試験的に初実施することを決めた。

[女子800m誤報事件]

第9回大会 (アムステルダム) の陸上競技女子種目は, 100m, 800m, 走高跳, 円盤投, そして4×100mリレーだった。このうち最長距離として注目されたのが800mである。当時は女性の「体力の限界」ともされ, 体に悪影響を与えるとする反対意見も根強かった。

こうした先入観も手伝って, 予選と決勝のレースを伝えた英米などの新聞は, 選手たちが苦痛の表情をみせ, 疲労困憊し, ゴール後倒れ込む者が続出したとセンセーショナルに報じた。一例を挙げれば, ニューヨーク・タイムス紙は「この距離は, 女性の体力にとって過酷すぎる。ゴール後, 6人が完全に疲れ切って頭から倒れ込んだ。数人は運び出されねばならなかった」などとしている。

報道を受けてIOCは, オリンピックでの女子800m種目の廃止に踏み切った。以後陸上競技のトラックレースの女子の最長距離は200mとなり, 800mがオリンピックで再び復活するのは, 32年後の1960年の第17回大会 (ローマ) でのことになる。

現在では, この時の報道には, 事実認識の誤りや, 誇張があったことが明らかになっている。9人が完走した決勝は, 優勝したドイツのラトケ (L. Radke), 銀メダルを獲得した人見絹枝, 3位のスウェーデンの選手がすべて従来の世界記録のタイムを切る高レベルのレースとなった。倒れ込んだのは, オリンピック直前から故障を抱えていたカナダのトンプソン (J. Thompson) 1人だった。

「1924年パリ大会の陸上男子100mで優勝, 映画・炎のランナーのモデルともなったイギリスのエイブラハム (H. Abrahams) は, アムステルダムオリンピックの女子800mを観戦していた。『(報道で) 描写された, 選手が倒れ込むような状況は目にしなかった。2, 3人がやや辛そうだったのは事実だが, 肉体的というより精神的なものだと感じた。敗北したら落胆して当然ですから』

と語っている」(Daniels, S. & Tedder, A. *'A Proper Spectacle' Women Olympians 1900-1936*. ZeNaNA Press and Walla Walla Press. 2000)。

[近年の女子種目増]

　第二次大戦後，欧米などで女性の社会参加が進むにつれ，オリンピックでの女子種目の数，女子選手の参加人数も急増した。

　夏季オリンピック大会の種別・種目では，1964年の第18回大会(東京)で女子バレーボールが初実施され，日本代表が栄冠を手にし，東洋の魔女と呼ばれた。女子マラソンが初めて行われたのは1984年の第23回大会(ロサンゼルス)で，この頃には「長距離競技は女性の体力の限界を超える」などという議論は成り立たなくなっていた。女子柔道は1992年の第25回大会(バルセロナ)，女子サッカーは1996年の第26回大会(アトランタ)から導入された。

　最後のフロンティアとなっていた競技も，その後相次いで実施が決まった。2000年の第27回大会(シドニー)での女子重量挙げ，2004年の第28回大会(アテネ)での女子レスリング，そして2012年の第30回大会(ロンドン)での女子ボクシングである。ボクシングの導入で，夏季オリンピックで男子のみで実施される競技はなくなった。

　冬季競技でも，1998年の第18回冬季大会(長野)で女子アイスホッケーが，2002年の第19回冬季大会(ソルトレーク)で女子ボブスレーが実施されたことで，7競技すべてが女子種目をもつようになった。

　一方，女子参加選手の数と，全体の参加選手に対する比率も上昇を続けた。女子の比率が参加選手の10％を超えたのは1952年の第15回大会(ヘルシンキ)で，20％を突破したのは1976年の第21回大会(モントリオール)であった。1980年代以降，第7代IOC会長にサマランチ(J.A. Samaranch)が就いてからは，さらに急カーブで上昇し，2000年の第27回大会(シドニー)では38.2％，4,000人の大台を超えた。2004年の第28回大会(アテネ)では40％を突破し，2012年の第30回大会(ロンドン)では44.2％と半数に近づいてきている。

　女子種目・選手参加数の増加には，社会通念の変化と女性のスポーツ参加への意識変化が反映している。加えて，サマランチが推進したオリンピックの商業化も，重要な影響を与えている。

　IOCの収入の大きな柱でもあるオリンピックのテレビ放映権料の導入で，例えばアメリカでの体操やフィギュアスケートのように，女子選手の活躍する競技で視聴率が支えられる実績を無視できなくなってきた。またスポンサー企業にとっても，例えばスポーツ用品の購買者の7割近くが女性という数字があるように，女子選手の活躍が，広告やイメージ戦略としても大きなメリットとなる側面が出てきたためである。

　2001年に第8代IOC会長となったロゲ(J. Rogge)は，今後オリンピック実施種目入りをめざす競技は，女子種目をもつことが条件だと示唆している。

表1　オリンピック大会への女性選手の参加人数の変遷

オリンピック夏季大会

年	競技	種目	参加人数	％	年	競技	種目	参加人数	％
1896	—	—	—	—	1960	6	29	611	11.4
1900	2	2	22	2.2	1964	7	33	678	13.2
1904	1	3	6	0.9	1968	7	39	781	14.2
1908	2	4	37	1.8	1972	8	43	1,059	14.6
1912	2	5	48	2.0	1976	11	49	1,260	20.7
1920	2	8	63	2.4	1980	12	50	1,115	21.5
1924	3	10	135	4.4	1984	14	62	1,566	23
1928	4	14	277	9.6	1988	17	72	2,194	26.1
1932	3	14	126	9	1992	19	86	2,704	28.8
1936	4	15	331	8.3	1996	21	97	3,512	34.0
1948	5	19	390	9.5	2000	25	120	4,069	38.2
1952	6	25	519	10.5	2004	26	125	4,329	40.7
1956	6	26	376	13.3	2008	26	127	4,637	42.4
					2012	26	140	4,676	44.2

オリンピック冬季大会

年	競技	種目	参加人数	％	年	競技	種目	参加人数	％
1924	1	2	11	4.3	1976	3	15	231	20.6
1928	1	2	26	5.6	1980	3	15	232	21.7
1932	1	2	21	8.3	1984	3	16	274	21.5
1936	2	3	80	12	1988	3	19	301	21.2
1948	2	5	77	11.5	1992	4	26	488	27.1
1952	2	6	109	15.7	1994	4	28	522	30
1956	2	7	134	17	1998	6	32	787	36.2
1960	2	11	144	21.5	2002	7	37	886	36.9
1964	3	14	199	18.3	2006	7	40	960	38.2
1968	3	14	211	18.2	2010	7	41	1,044	40.7
1972	3	14	205	20.5	2014		7	49	

(出典：IOC. FACTSHEET-WOMEN IN THE OLYMPIC MOVEMENT. 2013)
※男女混合競技を含む

2016年，2020年大会の実施競技入りが決まったラグビー(7人制)とゴルフも，実施競技の選考過程では，女子種目の普及度を強くアピールしている。

[イスラム女性のオリンピック参加]

ロゲIOC会長は2009年，名指しは避けながらも，未だオリンピックに1人の女子選手も参加させていないイスラム圏の国があることに「懸念」を表明した。

イスラム圏諸国での女性のスポーツ参加は，それぞれの国での規制や社会通念に照らしながら行われてきた。親族以外の男性に肌をみせてはならないという規範の下，競技服の工夫や，水泳など競技によっては男性を閉め出して行うなどの方策もとられている。

2004年の第28回大会(アテネ)では，アフガニスタンの女子選手が陸上競技や柔道に参加した。2006年にカタールのドーハで開催されたアジア大会では，イスラム女性が，手首まで覆う衣服を着用し，ボート，射撃，陸上競技，柔道やテコンドーなどで活躍した。

しかし一方で，スポーツで活躍したり，スポーツ活動を推進する選手や女性指導者が，脅迫を受け，居場所を隠し続けなければならない現実もあり，オリンピックへのイスラム女性の参加は，次元の異なる問題を抱えている。

[意思決定への参画]

オリンピックへの女子選手初参加から遅れること80年，1981年にIOCに初の女性委員が誕生した。1986年にIOC委員，1997年に女性初の副会長となったアメリカのデフランツ(A. Defrantz)は，長年「女性とスポーツ」委員長を務めた経験も踏まえ，「多くのスポーツ組織は長い間，閉じられた男性社会だった。本当の男女平等を達成するには，理事会など，スポーツ統括団体の意思決定機構に，女性が互角に参画できる状況が必要」だと語った。

IOCは，「2005年までに理事会などでの女性比率を20%に」との大号令を，国際競技連盟や各国オリンピック委員会など各種スポーツ組織にかけた。しかし，理想と現実の違いは大きく，IOCでさえも2009年現在，理事は15人中1人，委員も107人中16人が女性と，20%には届かない。スポーツ組織で達成しているのも全体の3割程度である（図3）。各国オリンピック委員会からは，「女性を理事に引き上げても，すぐに辞めてしまう(ので無駄だ)」などという指摘まで出ている。

女性競技者が，その後コーチなど指導者として，さらに統括組織の幹部として活動を続けていけるような環境づくりが1つのカギを握る。それには，スポーツ組織の内外で，男性そして女性自身がもつ，女性に対する社会通念や役割意識の先入観などでの，さらなるバリアフリーを達成することが不可欠だろう。

オリンピックへの女性参加問題は，時代と社会を映す鏡でもある。スポーツは，人間の心と体がなし遂げる行為への賞賛と感動が，国境や人種を超えるその同じ理由で，社会通念を破り，障壁を乗り越える象徴ともなってきた。

オリンピック憲章は，「オリンピズムの根本原則」の中で「スポーツをすることは人間としての権利である。すべての人間は，いかなる差別も受けずにスポーツを行える可能性をもてなければならない」と規定している。また，こうも記している。「人種，宗教，政治，性差などによるいかなる差別も，オリンピック運動とは相いれない」。真のバリアフリーは，このような理念の延長線上にある。

（結城和香子）

② パラリンピックの現在

近代スポーツは，イギリスを中心としたヨーロッパ圏で青年期男性のための身体文化として誕生した。そのため，女性や黒人選手等その範疇の外にいる人たちがスポーツを享受できるようになるまでにはかなりの時間を要した。女性がスポーツ進出するには女性解放のためのムーブメントに加え，スポーツを行うことの安全性が科学的に証明される時間が必要であった。また，黒人選手は各地での人種差別撤廃の運動と有無をいわせないスポーツパフォーマンスの高さによってスポーツをわが物とした。

障がいのある人たちはスティグマ化され，かつ，無能力だと思われてきた。障がい者が障がいのない人と同じ人間として広く社会に認知されるためには，黒人がはね返してきたいわれのない差別と，女性がはね返してきた無能力のレッテルの両方と闘わなくてはならなかった。スポーツの世界においてそれは実現されつつある。しかし，さらに障がい者スポーツ，そしてパラリンピックが確固たるものとして今後も存在するためには，人間の多様性を認め，スポーツにおける多様な人間の参加の可能性を追求することこそが重要である。

[パラリンピックの理念]

パラリンピックの誕生には第二次大戦が大きく影響している。戦前のイギリスでは身体障がい者は社会の負担と考えられていた。戦争前には障がいのない体で，地位と名誉を得ていた傷痍軍人もその例外ではなかった。そのため，彼らに対する心理的・身体的ケアが必要となり，その拠点となったのがストーク・マンデビル病院の国立脊髄損傷者センターであった。それまで脊髄損傷者にはギプスをはめ，ベッドに固定するのが一般的な治療の方法であった。その結果，尿路感染や褥瘡(じょくそう)等の2次障害が現れることがしばしばであった。

これらを改善するため，センター長

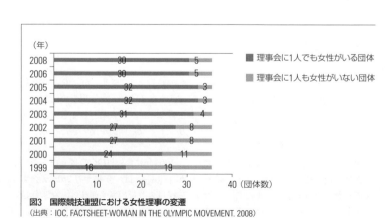

図3　国際競技連盟における女性理事の変遷
(出典：IOC. FACTSHEET-WOMAN IN THE OLYMPIC MOVEMENT. 2008)

のルートヴィッヒ・グットマン(Ludwig Guttman)はスポーツを取り入れたリハビリテーションを提唱，実施した。スポーツにより腹筋を鍛えることで排泄を促進し，尿路感染の予防にもつながるからである。また，退院後の継続的なリハビリテーションを考えてもスポーツを習慣づけることが必要であった。ここでのリハビリテーションが発展し，1948年に病院内競技大会へ，1952年にはオランダからの選手を交えた国際大会(第1回国際ストーク・マンデビル競技大会)に，そして，1960年の第17回オリンピック大会(ローマ)後に開かれたストーク・マンデビル競技大会を後に，第1回パラリンピック大会と呼ぶようになった。このように，パラリンピック大会は戦争により脊髄損傷となった人の社会復帰を目的としたリハビリテーションに動機づけられて開催されるようになった。

その後，スポーツはリハビリテーションの手段として大きな効果を発揮した。それまでは脊髄損傷を負うと寝たきりの生活が続き，死を待つような生活といわれていた。しかし，スポーツを取り入れたリハビリテーションを施すことで入院後6〜8ヵ月で退院，退院後約85％の人が職場復帰を果たしたといわれている。しかし，スポーツが障がい者にとってリハビリテーションの手段のみにとどまっている期間は非常に短かった。リハビリテーションの手段としてスポーツが取り入れられてから数年後にそれは障がい者にとってのレクリエーションスポーツ，そして，互いに競い合う競技スポーツとして実践され，国際的な競技大会へと発展したのである。

パラリンピックには，第1回大会(ローマ，1960年)から第4回大会(ハイデルベルク，1972年)まで，脊髄損傷者のみが参加していた。パラリンピック(Paralympic)が対麻痺者(paraplegia)のためのオリンピック(Olympic)と呼ばれたゆえんである。第5回大会(トロント，1976年)には切断および視覚障がいの人が，第6回大会(アーヘン，1980年)には脳性まひの人が，そして，第8回大会(ソウル，1988年)にはその他の肢体障がいの人も参加するようになり，パラリンピックは障がい者の総合的な国際大会へと発展した。多様な障がい者が参加することでクラス分けや大会運営に関して様々な調整を行う必要が生じ，国際調整委員会(ICC)が発足した。その後，1989年に地域および各国代表を加える形で国際パラリンピック委員会(International Paralympic Committee: IPC)が設立された。

当初，IPCは「エクセレンス」をモットーとしつつ，パラリンピック等の国際大会を開催すること，国際オリンピック委員会(IOC)との関係づくり，障がいのある人のスポーツを障がいのない人のための国際スポーツ運動に統合させること，政治，経済的理由，性別，人種によって差別することなく，障がいのある人のスポーツ実践を促進することなどをミッションとしていた。つまり，競技の普及と高度化をめざすことに加え，パラリンピックを障がい者の特別なスポーツ大会とするのではなく，一般の競技スポーツの1つとして認めさせることを大きな使命としていた。

このような経過を経て2000年，第11回パラリンピック大会(シドニー)の際，IOCとIPC両者の将来的な関係に関して基本合意を得るに至った。これ以降，パラリンピックはエクセレントスポーツを標榜する，正にもう1つ(parallel)のオリンピックとして新たな段階に入った。

2003年，IPCは新たなビジョン(To Enable Paralympic Athletes to Achieve Sporting Excellence and Inspire and Excite the World)とモットー(Spirit in Motion)を発表した。この中で，従来どおりパラリンピックムーブメントを進めていくことに加え，初心者からトップレベルの選手まですべての競技者のためのスポーツの機会拡大と大会を支援すること，アンチドーピングの推進，パラリンピックの独自性を保ちつつもその価値をより高めていくことなどが謳われた。IOCとの関係が強化される中，IPCはパラリンピックの競技レベルを引き上げ，より洗練された，エクセレントスポーツとすることで価値を高め，スポーツ界での地位を確固たるものとしようとしている。

パラリンピックのシンボルマーク(図4)はこうしたIPCのビジョンと指針，モットーを象徴している。マークに使われている赤，青，緑は各国国旗に最もよく使われている色で，世界中の国々を表している。IPCの字の下のマークは3つのAgito(ラテン語で動くという意味)を示している。IPCのビジョンである自己決定を通じて選手がエンパワーメント(empowerment)していく環境をつくること，スポーツによる自己達成，そして世界を刺激し動かすことの3つである。この3つのAgitoによりIPC自身の前進する精神(Spirit in Motion)を表している。

リハビリテーションスポーツとして産声を上げたパラリンピックは，一貫して障がい者へのスポーツの普及と障がい者スポーツの地位向上を求めてきた。それは，障がいがあっても無能力者などではなく，競技スポーツにおいても有能で，差別されるべきものでもないことを国際的に認知させるプロセスでもあった。その中でパラリンピック大会自体はリハビリテーションスポーツから，レクリエーションスポーツ，競技スポーツとなり，IOCとの関係が深まる中でエリートスポーツ，エクセレントスポーツを標榜する大会へと変貌した。

[パラリンピックとオリンピズム]

こうしたIPCのビジョン推進の大きな力となっているのが，IOCとの関係強化である。2000年10月，第11回パラリンピック大会(シドニー)の期間中に両者は将来的な関係のあり方に基本合意した。これによりパラリンピックに対するIOCの支援は大きく進展した。2001年6月，両者はオリンピック開催国はオリンピック大会終了後パラリンピック大会を開催すること，オリンピック組織委員会がパラリンピック大会も担当すること，IOCがパラリンピック大会開催に際して財政的援助を行うこと，パラリンピック選手および役員の大会エントリー費を無料にする

図4　国際パラリンピック委員会(IPC)のシンボルマーク
左から順に赤色，青色，緑色となっている。

こと，パラリンピック大会放映権は開催国オリンピック委員会が有することなどを内容とした契約を結んだ。

この契約内容は2008年の夏季大会(北京)，および2010年の冬季大会(バンクーバー)から履行予定だったが，2002年の第19回冬季大会(ソルトレークシティ)，2004年の第28回夏季大会(アテネ)から実質開始された。2003年には大会組織委員会がIPCに対して大会放映やマーケティングに関連して経済的支援を行う内容が追加された。そして2006年，この契約は2014年の冬季大会(ソチ)と2016年の夏季大会(リオデジャネイロ)まで継続されることになった。また，IPCとIOCは互いの委員会にそれぞれの代表を参加させることができることも約束されている。

IPCはこうした支援をIOCから受けられるようになった一方で，競技種目数や参加人数に上限を設けることや，競技性を高めるためにクラス分けをできるだけ少なくするよう努力することが求められている。

オリンピック憲章にはオリンピズムの根本原則として「スポーツを行うことは人権の1つである。各個人はスポーツを行う機会を与えられなければならない。そのような機会は，友情，連帯，そしてフェアプレイの精神に基づく相互理解が必須であるオリンピック精神に則り，そしていかなる種類の差別もなく与えられるべきである」ことが謳われている。また，IOCの使命と役割として「スポーツ・フォー・オールの発展を奨励，支援すること」が言及されている。オリンピック憲章には一般的なレベルでのスポーツの普及については述べられているものの，特に障がい者に言及した項目はみあたらない。女性に関しては「男女平等の原則を実行するための観点から，あらゆるレベルと組織における女性の地位向上を奨励，支援すること」という項目があるのとは対照的である。

IOCはIPCをパートナーとすることでこれまで十分ではなかった障がい者のスポーツの奨励，支援をも含んだ形でオリンピックムーブメントを推進できる。そのパートナーの条件として「スポーツの普及と高度化を指針とすること」と「オリンピックの価値を下げることのない大会内容」が必要であった。

IPCはパラリンピック大会を「障がい者のための特別な大会」から，オリンピックに並ぶ「エクセレントスポーツの大会」とし，障がい者と障がい者スポーツをスポーツの世界にメインストリーミングさせるためにはIOCの支援が必要不可欠であった。パラリンピックの競技レベルを高め，障がい別クラス数を減少させることはそうした両者の思惑の象徴的な出来事といえる。

[パラリンピックの課題]

2008年の第13回パラリンピック大会(北京)女子800m弱視(T12・13)クラスの優勝者の記録2分3秒21は，同年の日本選手権女子800m優勝者の記録を上回っている。男子全盲クラス，陸上競技100m優勝者の記録は11秒03，200mは22秒48であった。IPCとIOCの関係が強化された第11回大会(シドニー，2000年)以降パラリンピックの競技レベルは急激に高まってきている。その要因としては，義足や車いすなど使用用具の進歩，トレーニング方法の改善，選手に対する支援体制の確立，向上，障がい別クラス数の減少などが挙げられる。中でもクラス数の削減の影響は大きい。

第8回パラリンピック冬季大会(ソルトレークシティ，2002年)の金メダル総数は276個，第9回冬季大会(トリノ，2006年)では174個と大幅に減少している。また，第12回パラリンピック大会(アテネ，2004年)の金メダル総数は515個，第13回大会(北京，2008年)は472個である。ボート競技が加わり競技数は20競技となったが，メダル数は約10%減っている。これは，障がい別クラスの統合が行われたためである。第13回大会(北京)では同一クラスに参加する選手数が少ないクラスの統合が行われた。陸上競技男子円盤投は第12回大会(アテネ)では17クラスだったものが第13回大会(北京)では10クラスに減らされている。統合されたクラスの選手の記録はクラスごとに係数が決められ，実際の記録に係数をかけた結果で他のクラスの選手と競い合う。

冬季大会のアルペンスキー，ノルディックスキーは各種目とも立位，座位，視覚障がいの3つのカテゴリーに統合された。ここでもクラスの違う選手同士が実際の記録に係数をかけて競い合う。例えば，全盲クラスの選手がアルペンスキー回転で計算上1分の記録を出すためには1分54秒84で滑らなくてはならない。

クラス数を減らし，金メダルの数を減らすことで，メダルの価値を上げることはIOCとの約束でもあり，パラリンピックが卓越性を追求するエクセレントスポーツの大会へと発展するために必要なことである。しかしながら，順位を決める際に使われる係数は本当に選手の実態を反映し，平等を担保しているかどうかという疑問も生じる。さらに，同じクラス内でも障がいの重い人が不利になるという問題も残る。競技性を高めつつ，いかに平等性を保つか，難しい課題である。

競技レベルが上がるにつれ，パラリンピックでもドーピングに関する問題が浮上してきた。1992年の第9回パラリンピック大会(バルセロナ)では車いすバスケットボール優勝チームの選手がドーピングをしていたとしてメダルを剥奪された。また，2000年の第11回大会(シドニー)では12人が，2004年の第12回大会(アテネ)では7人が，2008年の第13回大会(北京)においても少なくとも4人がドーピング検査で結果陽性を示したと報告されている。

第11回大会(シドニー，2000年)では知的障がい者クラスのバスケットボールに，障がいのない選手が多数出場していたとして，優勝したスペインチームの金メダルが剥奪された。これ以降，知的障がい者はパラリンピックに出場できなくなっている。国によって認定基準が違う知的障がい者をどのように参加させていくのかが課題である。

ドーピングにせよ他の不正行為にせよ，競技レベルとメダルの価値向上に伴い生み出される不正に対しては，IPCと連携して毅然とした態度で臨むことを内外に示すことが重要である。

パラリンピック特有の課題として，国家間の格差の問題がある。選手や役員のパラリンピック大会への参加料はIOCとの契約により無料である。しかし，途上国の中には選手の渡航費を出すより，そのお金で病院や施設を作る方が先決だという国もある。さらに，選手のパフォーマンスは使用する用具や道具に影響される。科学の粋を結集した数百万円もする義足や車椅子を使用している選手と，日常用の義足や車

椅子を使っている選手では明らかに差がある。これは「もう1つのドーピング問題」と呼ばれている。IPCをはじめとして諸団体が協力し，途上国の選手を支援するシステム作りが必要であろう。

最後に，ピストリウス（O. Pistorius）の出現で明らかになった義足等高性能の義肢装具に関する課題がある。これはパラリンピックの課題というよりはスポーツ界全体の課題として取り組まなければならないものである。両下肢義足のピストリウスは400mを46秒25で走る。足首の関節が効きにくい彼はスタートダッシュやカーブにおいては不利であるが，乳酸のたまることのない下腿（かたい）はレースの後半になればなるほど有利である。彼の脚は新たなドーピングか否か？ その後，ピストリウスは2012年の第30回オリンピック大会（ロンドン）に出場を果たしている。しかし，さらに進化した足関節も使える義足が登場した時はどうなるのか？ スポーツ界だけでなく，法律，教育，福祉，人権等様々な分野にかかわる難しい問題である。

[これからのパラリンピックの意義と役割]

IOCとの関係強化によりパラリンピックスポーツの高度化，オリンピック化ばかりに目が奪われがちである。しかし，IPCのミッションにはパラリンピック大会の開催，運営のほかにも「初心者からトップレベルの選手まですべての競技者のためのスポーツの機会拡大と大会の支援」や「とりわけ女性や重度障がいのある人のスポーツ支援を行なうこと」「パラリンピックムーブメントのメディアを通じたグローバルな推進と展開」「パラリンピックスポーツが独自の存在価値をもちつつ，スポーツ界全体の中で重要な位置を占めることのできるようにすること」「政治，宗教，経済，障がい，性，性的志向性による差別なくパラリンピックスポーツを推進すること」などがある。これらをパラリンピックムーブメントとして推し進めていくことがIPCの使命である。

パラリンピックスポーツが高度化し，オリンピックに近づけば近づくほど，オリンピックとの違いが明確になる。それは障がいのある選手は障がいのない選手より速く泳いだり，走ったり，高く跳んだり，力強く格闘することはできないという事実である。障がい者が乗り越えられない壁でもある。もちろん例外は常に存在する。過去に障がいのある選手がオリンピックでメダルを獲得した例も事実ある。「より速く，より高く，より強く」を追求することはIOCから課せられた課題でもあり，パラリンピック大会がオリンピックと同等の価値あるスポーツ大会であるための必要条件であるがパラリンピックが存在するための十分条件ではない。

速さや高さや力強さを人間の限界まで極めようとすることは人間のスポーツの「卓越性」に対する可能性の追求である。これはオリンピックの価値であり，人類の発展を支えてきた価値に通じるものである。

しかしながら，もう1つ忘れてはならない価値がある。片腕のない人がどうやって平泳ぎをするのか？ どのように効率よく息継ぎをするのか？ 片脚のない人がバランスよくどのように走るのか？ 下半身の不自由な人がどのようにすれば円盤を遠くへ飛ばすことができるのか？ 電動車いすに乗り，言語によるコミュニケーションが十分にとれないような重度障がいのある人がどのようにすればスポーツに参加できるのか？ これらはスポーツにおける人間の「多様性」に対する可能性の追求である。これこそパラリンピックがもつ独自の存在価値であり，パラリンピック存在のための十分条件である。これにより，IPCのミッションでもある初心者からトップクラスの選手のスポーツの機会拡大も可能になる。また，スポーツ界の中で他の組織にない独自の存在価値をもつ組織となるであろう。その意味で重度の障がい者に対するスポーツ支援はIPCにとって非常に重要なミッションといえる。

オリンピックが縦の軸で人間の卓越性を追求し，パラリンピックは縦軸に加えて人間の多様性という横軸に対する可能性も追求していくところに価値がある。そう考えるならば将来的に，オリンピックの価値により近い競技種目のいくつかがオリンピックの正式競技となることがあるかもしれない。しかし，重度障がい者のスポーツなどオリンピックと価値の相いれない競技は，パラリンピック独自の種目，人間の多様性を追求する種目としてパラリンピックで競技されるべきであろう。

（藤田紀昭）

参考文献　18.A.03

- 阿部崇. 2008.「雑誌『The Cord』に見るグットマンの理念と国際ストーク・マンデビル競技大会の発展－アーチェリーに焦点を当てて－」『障害者スポーツ科学』6（1）: 15－25.
- （財）日本障害者スポーツ協会. 1996.『国際パラリンピック委員会総会等開催報告書』
- 藤田紀昭. 1998.『ディサビリティ・スポーツ－ぼくたちの挑戦』東林出版社
- ─────. 2008.『障害者（アダプテッド）スポーツの世界』角川学芸出版
- 毎日新聞／2008年9月3日（東京朝刊）

オリンピックの現在　18.B

オリンピックと記録　18.B.01

① 記録とその意味

2008年の第29回オリンピック大会（北京）が終了して約2ヵ月後，アメリカ・スタンフォード大の生物学者，デニー（M. W. Denny）が陸上競技の記録をめぐる研究結果を発表した（M. W. Denny. Limits to running speed in dogs, horses and humans. *Journal of Experimental Biology*, 211. 2008: 3836－49）。過去の記録を統計学に基づいて分析しながら，陸上男子100mの世界記録は「9秒48」が限界になると予測し，これまで記録更新を続けてきた陸上競技のタイムは人類の能力から無制限に伸び続けることはない，と指摘したのである。

第29回大会の男子100mではジャマイカのボルト（U. Bolt）が「9秒69」の世界新記録をマークして金メダルを獲得した。ボルトは圧勝の余裕のためか，最後のフィニッシュ手前で両手を大きく広げ，胸を叩きながら流すようなフォームでゴールを切った。もし，このような行為をせずに全力疾走で駆け抜

けていたとしたら，いったい何秒の記録を作ったのだろうか。

AP通信が配信した記事(The Associated Press. 2008年11月1日付)によると，ノルウェーの物理学者，エリクセン(H. Eriksen)は「9秒55」は可能だったと述べている。9秒55という世界記録がマークされていたら，デニーの「9秒48限界説」まであと100分の7秒，ということになる。

オリンピックにおける男子100mの記録をみてみたい(表1)。1896年の第1回大会(アテネ)で優勝したのは，アメリカのバーク(T. Burke)という選手だった。記録は「12秒0」。2位にはドイツ選手，3位にハンガリー選手が入ったが，当時の写真をみると，スタート時，両手を着いた形のクラウチングスタートをしているのはバークだけである。他の選手は左足を前にしたスタンディングスタイルのスタートで，バークは各国選手や観客の大きな注目を集めていたという。これらの事実は，当時，クラウチングスタートが最新の珍しい技術であり，短距離走の技術がまだ確立されていなかったことを物語る。技術の工夫や体力の向上次第で，記録はまだまだ伸びる可能性をもっていたといえる。

12秒0から9秒69，つまり，男子100mの記録は1896年の第1回大会(アテネ)から2008年の第29回大会(北京)までの112年間で2秒31短縮されたことになる。単純計算すると，1年あたり約0.02秒。しかし，コンスタントに記録が縮められてきたわけではない。

第1回大会(アテネ)の4年後，1900年の第2回大会(パリ)の優勝タイムは11秒0。1908年の第4回大会(ロンドン)では10秒8というように，12秒台から10秒台への記録短縮に時間はかからなかったが，10秒台前半に入ってからは記録の伸びが鈍化した。戦前の1932年の第10回大会(ロサンゼルス)でアメリカのトーラン(E. Tolan)が10秒3を出したが，その後は第二次大戦をはさんで変化のない時代が続いた。しかし，1964年の第18回大会(東京)で同じくアメリカのヘイズ(R. Hayes)が10秒0をマークし，この頃から9秒台がやっと現実味を帯びてきた。

そして，「人類の夢」とさえいわれた9秒台に突入したのが1968年の第19回大会(メキシコシティ)で，世界新記録で優勝した米国のハインズ(J. Hines)の9秒95。しかし，その後は10分の1秒を縮めるだけでも時間を要するようになる。

オリンピック以外の大会も含めた世界記録の変遷をみると，史上初の9秒8台は1991年の世界選手権(東京)でのアメリカのルイス(C. Lewis)の9秒86。ハインズが初めて10秒の壁を突破してから23年がかかった。初の9秒7台は1999年のアテネ国際グランプリでのアメリカのグリーン(M. Greene)の9秒79，9秒6台は2008年の第29回大会(北京)のボルトの9秒69というように，0秒1短縮するのに10-20年前後を要している。

こういう状況を考えると，前述の「9秒48限界説」に届くには，あと20-30年はかかるとみるのが妥当かもしれない。しかし，ボルトが余裕を残して9秒69を出したことを考慮すれば，その

表1 オリンピックにおける陸上男子100mの優勝者と記録

年	開催都市	選手名	国・地域名	記録
1896	アテネ	T.バーク	アメリカ	12秒0
1900	パリ	F.ジャービス	アメリカ	11秒0
1904	セントルイス	A.ハーン	アメリカ	11秒0
1908	ロンドン	R.ウォーカー	南ア	10秒8
1912	ストックホルム	R.クレイグ	アメリカ	10秒8
1920	アントワープ	C.パドック	アメリカ	10秒8
1924	パリ	H.エイブラハムス	イギリス	10秒6
1928	アムステルダム	P.ウィリアムズ	カナダ	10秒8
1932	ロサンゼルス	E.トーラン	アメリカ	10秒3
1936	ベルリン	J.オーエンス	アメリカ	10秒3
1948	ロンドン	H.ディラード	アメリカ	10秒3
1952	ヘルシンキ	L.レミギノ	アメリカ	10秒4
1956	メルボルン	B.モロー	アメリカ	10秒5
1960	ローマ	A.ハリー	東西統一ドイツ	10秒2
1964	東京	R.ヘイズ	アメリカ	10秒0
1968	メキシコシティ	J.ハインズ	アメリカ	9秒95
1972	ミュンヘン	V.ボルゾフ	ソ連	10秒14
1976	モントリオール	H.クロフォード	トリニダード・トバゴ	10秒06
1980	モスクワ	A.ウェルズ	イギリス	10秒25
1984	ロサンゼルス	C.ルイス	アメリカ	9秒99
1988	ソウル	C.ルイス	アメリカ	9秒92
1992	バルセロナ	L.クリスティ	イギリス	9秒96
1996	アトランタ	D.ベイリー	カナダ	9秒84
2000	シドニー	M.グリーン	アメリカ	9秒87
2004	アテネ	J.ガトリン	アメリカ	9秒85
2008	北京	U.ボルト	ジャマイカ	9秒69
2012	ロンドン	U.ボルト	ジャマイカ	9秒63

時間が短縮される可能性もあるだろう。

「人類の限界」を予感させる記録の伸びの鈍化が，将来のスポーツ界になにをもたらすのか。特に陸上男子100mの決勝に出てくるファイナリストたちの顔ぶれに変化が起きていることは注目したいことである。

100mのレースといえば，第1回大会（アテネ，1896年）からアメリカが上位に君臨してきた。過去26回の夏季オリンピックでアメリカ選手が優勝したのは16回。しかし，第29回大会（北京，2008年）ではアメリカに代わるかのように，ジャマイカをはじめとするカリブ勢がレースを席巻した。決勝に残った8人の顔ぶれは，アメリカ2人に対し，ジャマイカ3人，トリニダード・トバゴ2人，オランダ領アンティル1人。ジャマイカのボルトが世界新記録で話題を独占する中，アメリカはディックス（W. Dix）が3位に入ったが，影の薄さは否めなかった。

女子の100mもジャマイカ勢が圧勝した。フレーザー（S. A. Fraser）が1位でゴールを切ると，シンプソン（S. Simpson）とスチュワート（K. Stewart）が同タイムで2位。男子のボルトだけでなく，女子でもジャマイカ勢がメダル独占で旋風を巻き起こした。

ジャマイカ出身の選手は以前から活躍していたが，多くは親の海外移住や自身の留学によって国籍を変えてオリンピックに出場するケースが多かった。1988年の第24回大会（ソウル）で1位になりながらもドーピング違反で金メダルを剥奪されたジョンソン（B. Johnson：カナダ），1992年の第25回大会（バルセロナ）100mの金メダリスト，クリスティ（L. Christie：イギリス），1996年の第26回大会（アトランタ）の100mを制したベーリー（D. Bailey：カナダ）らである。しかし，最近は母国での競技環境も整い，地元の大学に通いながら世界トップレベルのランナーに育つ選手が増えてきた。ボルトの前に世界記録を保持していたパウエル（A. Powell）もジャマイカの首都にあるキングストン大学の学生である。

ところで，これとは逆にアメリカ選手の退潮はなにを意味するのだろうか。

元広島大教授の中村敏雄は，記録の限界について次のように記している（中村敏雄．『近代スポーツの実像』創文企画，2007. 5-6）。

「新記録が出たとはいっても，たとえば100分の1秒の記録の向上は，これを100メートル走に当てはめると僅か3ミリくらいの差でしかなく，これを新記録というには恥ずかしいほどの結果でしかない。」

「この3ミリの差の争いの中で選手たちは何を，どれほど〈犠牲〉にしているのか，この〈犠牲〉はどういう意味や価値をもつのかということなどを人びとが考え始めたということもある。」

そのように指摘した中村は「いろいろな種目に表れ始めている白人選手の減少傾向は，彼らが，特に近年のアフリカやアジアの選手の台頭を前にして，これまで以上に多くの〈犠牲〉を払うことの無意味さに気づいたからということもできなくはない」とも述べている。

スポーツが高度化するにつれ，より専門的環境でのトレーニングが要求される。仕事や学業との両立が困難なほど競技に専念しなければ，好結果は達成できない。あらゆる競技の実質的なプロ化に伴い，その特徴は顕著になり，競技者はまさにスポーツ以外の生活を切り捨てるような〈犠牲〉を強いられる。だが，近代スポーツを発展させてきた白人たちは，この〈犠牲〉が生み出す結果に価値を見出さなくなってきた，とはいえないだろうか。

さらにいえば，第29回オリンピック大会（北京，2008年）でカリブ海の選手たちがトップに躍り出た状況をみると，こうした風潮は，アメリカの白人だけでなく，アメリカの黒人にも広がりつつあるのではないかと推測することもできる。話を野球に変えてみても，いまやメジャーリーグの中心となっているスター選手たちはアメリカ出身ではなく，ドミニカ共和国やプエルトリコ，ベネズエラなどの中米・カリブ海諸国の出身が多く，さらに日本や韓国のアジア出身選手が進出している。競技のグローバル化に商業主義が結びつき，巨大なビジネス市場がさらなる競技の高度化を要求する。しかし，その陰で〈犠牲〉と〈結果〉のバランスが崩れ，高度化を追求し続ける勝利至上主義がスポーツの価値を後退させている。

② 世界新記録とその意味

陸上競技などで記録の伸びが鈍化しつつある一方で，水泳やスピードスケートでは世界記録を更新し続けている。いずれも用具の改良による助力によって記録が伸びており，新しい用具が登場してきた段階では大きな騒動になった。

第29回オリンピック大会（北京，2008年）を前に，水泳界を震撼させたのがイギリス・スピード社が開発した水着「レーザーレーサー（LZR Racer，以下LR）」である。スピード社がアメリカ航空宇宙局（NASA）やニュージーランド，オーストラリアなどの研究機関とともに開発したこの高速水着は，縫い目がなく，強い締め付けによって体の凹凸を少なくして水の抵抗を受けにくいことが特徴だった。

2008年2月にスピード社がこの新型水着を発表し，その直後からLRを着た選手が次々と世界記録を更新した。このことに対し，国際水泳連盟（Fedaration Internationale de Natation: FINA）が次のように緊急声明を発表した（FINA「Press release18 2008/4/16」http://www.fina.org/project/index.php?option=com_content&task=view&id=1005&Itemid=586 2009年3月21日）。

「FINAは水着の承認に関して常に問題を調査している。しかし，我々の知識の及ぶ限りでは，スピード社の水着を含むFINA承認のどの水着においても，浮力優位性を証明する客観的な科学的証拠はない。」

日本国内でも大きな議論を呼んだ。日本水泳連盟が契約していたのはミズノ，アシックス，デサントの3社であり，日本代表選手はこれらの水着を着用することが義務づけられていた。しかし，世界記録を次々と出すLRに比べ，3社の水着には記録の向上がみられない。選手たちからは不満が漏れるようになり，日本水泳連盟は3社に水着の改良を要求した。3社は改良型の水着を発表し，選手たちもスピード社のものと比較して試用する機会が与えられた。

しかし，同年6月のジャパンオープンではスピード社のLRを着た選手が

日本新記録を連発した。17の日本新記録のうち，16がLRによるものだった。このため，日本水泳連盟は第29回オリンピック大会（北京，2008年）でのLR着用を認めたのである。

結局，男子平泳ぎの北島康介ら主要選手が軒並みLRを着て第29回大会（北京）に臨み，北島は100m，200mで第28回大会（アテネ，2004年）に続く連覇を果たした。同大会では25の世界新記録が樹立され，このうち23はLRを着用したものだったという（産経新聞，2008年8月18日付）。また，2008年中には世界記録が100回以上も更新され，例年の3倍にも上ったという報道もある（朝日新聞，2008年12月29日付）。

冬季競技に目を向ければ，スピードスケートでも同じような現象が1998年の第18回冬季大会（長野）前に起きた。1996-97年シーズンに欧州で登場したスラップスケートは次々と記録を塗り替えていった。

氷を蹴った後に踵部分のブレード（刃）が外れ，1歩ごとに推進力を生むスラップスケート（以下スラップ）は，スケート王国であるオランダで開発された（正確には，オランダではクラップスケートと呼ばれていた。しかし，英語では「クラップ」が性病を意味する俗語であるため，手を叩く音を意味する「スラップ」が世界的に用いられるようになった）。

オランダでは当初，スケート選手に起きる向こうずねの筋肉痛を取り除くための研究が進められていた。研究の結果，スケーティング中に足首を伸ばさないことが疲労の原因だとわかってきたという。氷を蹴った後，膝や足首が伸び切る前にスケートの刃が氷から離れてしまうからで，キックの後も刃が氷に残っていれば，膝や足首は伸びる。筋肉痛の予防だけでなく，より多くの力を氷に伝えられるという結論に達した。

発明されたのは1983年だが，すぐに広まったわけではなかった。しかし，1994-95年シーズン，オランダのある地域のジュニアスケーター11人がスラップを履くようになり，翌年にはその中からオランダのジュニアチャンピオンが2人誕生した。そこからシニアの選手にも波及したといわれている。

国際スケート連盟（International Skating Union: ISU）の規定では「ブレードを加熱することは禁止する」とあるだけでスケート靴に細かな制限はなかった。その後，ドイツやアメリカからも規制を求める声が上がり，ISUは「滑り自体を補助する構造は禁止する」との1項を加えたが，スラップそのものが禁止されたわけではなく，オランダのスケート靴メーカー「バイキング社」が開発したスラップが世界的にも広まっていった。

第18回冬季オリンピック大会（長野）の前年シーズンに登場したスラップに対し，日本代表チームは当初，「公平性に疑問がある」との立場をとっていたが，オランダ製の靴を科学的に調べたところ，滑りを明らかに補助しているとはいえず，ISUが規制する可能性は低いとして日本もスラップでオリンピック本番に臨むことを決定した。オランダ製がなかなか入手できないことから，日本の「サンエス・スケート」というメーカーが，他の精密機械メーカーなどと共同で日本製スラップの開発に取り組んだ。踵部分の着脱やつま先のバネの強度など微妙な調整箇所が多く，オリンピック直前まで試行錯誤が続いた。

結局，オリンピック本番では北朝鮮（朝鮮民主主義人民共和国）を除き，すべての国・地域のスケーターがスラップを履いていた。しかし，これで公平性が確保されたというわけではなかった。オランダがさらに次の手を打ってきたのである。

初日の男子5000mではオランダのロメ（G. Romme）が自らの世界記録を8秒以上も縮める6分22秒20の驚異的な記録で優勝した。前年に長野の同じ会場（エムウェーブ）で開かれた世界選手権の優勝タイムは，ベルギーのフェルトカンプ（B. Veldkamp）による6分43秒26で，これを20秒以上も上回ったのである。北朝鮮を除く全選手がスラップを履いている状況で，これほどの結果が出るとは考えにくい。レース後，衝撃の事実が明らかになった。

実は，オランダの選手たちはレーシングスーツに工夫を施していた。頭部と両足すねの外側にジグザグ状のテープを張り付けていたのである。これにより，空気抵抗を軽減させることができるのだという。ISUにはオリンピック開幕3日前に許可を受けたばかりで

あった。スケート王国，オランダの「執念」ともいえる技術開発に他のチームは驚嘆するほかなかった。

メダル獲得数ではオランダが金5，銀4，銅2の計11個と，2位のドイツに合計数で5個の差をつけた。日本も清水宏保の金を含む計3個と健闘したが，スラップを開発したオランダの圧勝という感は否めなかった。そして，この大会では全種目でオリンピック記録が塗り替えられ，5種目で世界記録が更新された。

このように，高速水着とスラップスケートは競技の歴史，オリンピックの歴史を大きく変えてしまった。記録を争う競技は本来，人間の能力を競い合う場だったはずである。しかし，近年の記録系競技では用具開発が大きな比重を占めるようになってきた。ここで取り上げた2つの用具開発はその象徴的な例である。その他の競技をみても，陸上競技の棒高跳のポールは木，竹，金属の時代を経てグラスファイバー製となった。より軽く，しなりがあり，長いポールを求めて用具開発が進められてきた結果である。スキーのジャンプでは風の抵抗を受けて浮力を推進できるジャンプスーツの素材，開発が進められている。マラソンでは競技者の足に負担をかけず，より軽量化されたシューズの開発に余念がない。

FINAは緊急声明を発表した時，その中で「メーカーは承認された新しい水着がすべての競技者に利用可能であることを保証しなければならない」と述べている。誰でも入手できるものであれば，公平性は確保されるという理由である。水泳だけでなく，用具開発はスポーツ用品メーカーが世界的に販売することによって公平性を維持し，競技団体もそれを認めてきた。しかし，用具が次々と改良されることによって，競技者の能力を過去と比較することは困難となり，意味をなさなくなってきたといえる。

記録向上に関係してくるのは，用具だけではない。人体に直接働きかける薬物の使用は長くスポーツ界の水面下に潜み続けている。1988年の第24回オリンピック大会（ソウル）陸上男子100mで優勝したベン・ジョンソン（Benjamin Sinclair "Ben" Johnson：カナダ）が筋肉増強剤の使用で金メダルを剥奪

されただけでなく，2004年の第28回大会(アテネ)陸上の男子ハンマー投げでは1位となったアヌシュ(Annus Zsolt Adrián: ハンガリー)にはドーピング検査の際に尿のすり替え疑惑が浮上した。アヌシュは国際オリンピック委員会(International Olympic Committee: IOC)の再検査要請に応じず，金メダル剥奪が決まり，2位だった室伏広治が繰り上がり優勝となった。これらはオリンピックの歴史に残るドーピング違反の象徴的事件であるが，一方で，なにを違反とみなし，なにを違反でないかと判断する線引きが不明確になってきた点も見逃せない。

2008年の第29回オリンピック大会(北京)を前に，日本オリンピック委員会(Japan Olympic Committee: JOC)は，選手が疲労回復に利用する「酸素カプセル」(図1)の使用を自粛することを決め，日本選手団は北京の選手村にカプセルを持ち込まなかった。サッカーのイングランド代表，ベッカム(D. Beckham)が使用したことから通称「ベッカムカプセル」とも呼ばれ，2006年夏の高校野球で全国制覇した早稲田実業の選手たちが利用したことで国内でも有名になった。

2008年6月，日本アンチ・ドーピング機構(Japan Anti Doping Agency: JADA)は次のような見解を発表した。

「高圧酸素カプセル(hyperbaric oxygen chamber)については，酸素摂取や酸素運搬，酸素供給を人為的に促進する可能性があることから，WADA健康・医学・調査委員会において，WADA禁止表に定める禁止方法(M1・2項)に該当するという結論が示されているため，現時点では使用を控えるべき方法と考えます。」(日本アンチ・ドーピング機構「高圧酸素カプセルについてのJADA見解 2008/6/25」http://www.jshm.net/JADA20080625.pdf, 2009年3月21日)

世界アンチ・ドーピング機構(World Anti Doping Agency: WADA)の規定，M1・2項では「酸素摂取や酸素運搬，酸素供給を人為的に促進すること」が禁止手段にあたると明示されている。カプセルもこれに該当するとJADAが判断したことで，国内では使用自粛の

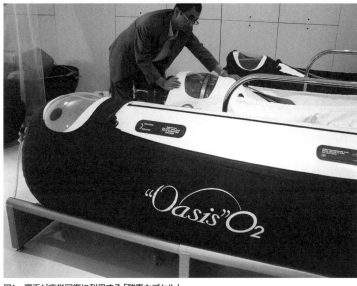

図1　選手が疲労回復に利用する「酸素カプセル」

動きが広がり，JOCだけでなく，日本高校野球連盟も加盟校に自粛を通達した。

だが，厳密にいえばカプセルには2つのタイプがある。通常の空気を加圧するだけの健康増進用である「高気圧カプセル」と，酸素濃度を高めて加圧する医療用の「高圧酸素カプセル」である。高気圧カプセルはリラクセーション目的だが，高圧酸素カプセルは脳梗塞急性期や一酸化炭素中毒の治療に用いられる。

「ベッカムカプセル」や「酸素カプセル」と一般的に呼ばれ，スポーツ選手に広まっていたのは前者の高気圧カプセルだった。しかし，JADAが発表した「見解」には2つを区別する記述はどこにも盛り込まれず，スポーツ界では「カプセル＝ドーピング」の風潮が広まった。

2つの違いを指摘したのは，国内のカプセル販売業者でつくる「日本国際健康気圧協会」である。同協会はWADAに直接問い合わせ，第29回オリンピック大会(北京)後の2008年11月，次のような回答をメールで受け取った。

「高気圧カプセルが競技力を向上させるという証明はなく，禁止される手段と考えられる基準は満たしていないと結論づけた。高気圧カプセルは禁止しない。」(日本国際健康気圧協会「高気圧カプセル問題なし2008/11/20」http://www.kenkou-kiatu.com/news_18.html, 2009年3月21日)

しかし，JADAが公式に高気圧カプセルを認めるという見解を発表しないため，日本にカプセルを輸出していたアメリカの業者が提訴する動きをみせた。最終的にはJADAも2009年3月の理事会でWADAの見解を報告した。これによって，高気圧カプセルは問題なしという判断がなされ，業者も提訴を見送った。

それにしても，酸素濃度を高めた高圧酸素カプセルに入った選手と，通常空気を加圧した高気圧カプセルに入った選手を見分けることは可能なのだろうか。

血液検査で調べてもまずは無理だろう。血流量やヘモグロビンの量だけで，どのカプセルに入ったかがわかるわけではない。高地トレーニングをした選手や，低酸素室で一定期間生活した選手も血中の酸素運搬量が増大するといわれる。また，高気圧カプセルでも，器具を調整すれば酸素濃度を高めることも可能なのである。では，違反カプセルに入っている選手を「現行犯逮捕」するしかないのか。現実的には不可能な話といえる。

おそらくWADAもそこまでは考えているわけではなく，あくまでトレーニングではない人為的方法で人間の能

力を変えることに警告を発しているといえる。しかし，その境界線はあいまいである。

WADAは非常に厳しく詳細に禁止規定を作成し，毎年それを更新している。以前のように禁止薬物を摂取した選手の尿検体を調べるというだけで違反者を摘発することは，困難な時代になってきた。WADAでは，赤血球を増やすエリスロポエチンを作る遺伝子や筋肉を増強するホルモンにかかわる遺伝子を操作する，いわゆる「遺伝子ドーピング」の研究も進められている。

いろいろな手法で競技力を高めようとする動きがあり，それをどこまで認めるか，どこまでを禁止とするか簡単に判断できるものではない。ただ，スポーツが人間の身体能力を純粋に競うものではなくなってきたことは確かである。その延長線上には勝利至上主義があり，スポーツにまつわる商業主義もある。

③ 非記録系競技のオリンピック参入

2006年の第20回冬季オリンピック大会（トリノ）で，テレビ視聴者を熱くさせた新種目がある。スノーボードクロスである。

スノーボードは1998年の第18回冬季大会（長野）から採用された競技で，当時は2人が並んで滑って競う「パラレル大回転」と，パイプを半分に切ったような形状の中でエア技などの演技を披露する「ハーフパイプ」があった。そこにスノーボードクロスが加わった。

原則的に1組4人の選手がアップダウンや急カーブのあるコースを同時スタートで滑る。ルールは，旗門の内側を滑るということと，故意に他の選手を妨害してはならないという2点で，早くゴールした者が勝ち，というわかりやすいスポーツでもある。危険が伴うとはいえ，転倒あり，衝突ありのエキサイティングさも魅力である。オートバイのモトクロスのスノーボード版という形で新種目に採用されたのだが，思いの外，高い評価を受けた。

さらに2010年の第21回冬季大会（バンクーバー）では，スノーボードと同様の方式で「スキークロス」という競技が新種目となった。アルペンスキーの日本のエース，佐々木明が本職のアルペンだけでなく，スキークロスでも同大会をめざし，日本のトップレベルの選手としては初の挑戦として注目された。そして，2014年の第22回冬季大会（ソチ）では，スキーとスノーボードで障害物やジャンプ台などが設置されたコースを滑り，採点により勝敗を決める「スロープスタイル」という競技などが新たに加わった。

スピードスケートでは団体追い抜きという種目が第20回冬季大会（トリノ，2006年）から採用された。1組3人でチームを作り，2組がリンクの対角からスタート。3人は入れ替わりながら空気抵抗を避け，最後の3人目がゴールしたタイムで勝者が決まるという競技方法が用いられる。タイムを競うとはいえ，記録よりは，両チームの対戦で勝者を決めるところにおもしろさがあり，同大会の決勝はイタリアがカナダを破って「初代王者」となった。

夏季競技でも同様の傾向がみられる。第29回オリンピック大会（北京）から自転車競技の1つとして加わったのは，「BMX（バイシクルモトクロス）」という種目である。レースは最大8人が同時にスタートし，円形コースで高さ5m以上のジャンプ台を跳び超えたり，急斜面のコーナーで抜きにかかる。スノーボードクロスやスキークロスと同じく，転倒や接触を伴う危険なスポーツであるが，スリル感に満ちた競技である。

これらの競技に共通するのは，記録を競うという概念とは一線を画していることである。競技は単純明快で，観客やテレビ視聴者にわかりやすいという側面をもっている。さらにスピードスケートの団体追い抜きを除けば，転倒や接触が絶えずあり，人間の身体能力だけでは予測できない番狂わせが起きやすいという意外性も併せもつ。

IOCがこのような種目を積極的に採用している点に注目すると，オリンピックが記録を競う競技よりも，より観衆が興奮するようなエキサイティングなスポーツを重視し始めたということも推測できる。その背後ではテレビ視聴率のアップを求めるIOCの戦略が見え隠れする。テレビ放映権収入がIOCの重要な財政基盤を支えているだけに，よりテレビ映えし，テレビ局が放送しやすい競技を取り入れていくのは近年のオリンピックの趨勢といってよい。

記録系競技をみると，水泳やスピードスケートのように記録が大きく塗り替えられるものもあるが，その多くは新しく改良された用具による部分が大きく，人間の純粋な能力によって記録が更新されているとは言い難い。また，新記録を樹立した選手がのちにドーピング違反者として摘発されるケースも多くなっている。ドーピングの手口は巧妙となり，ドーピングかどうかの線引きも複雑になっている。

近代オリンピック大会は「Citius（より速く），Altius（より高く），Foltius（より強く）」を求める競技大会として成立し，発展してきた。しかし，記録を競う競技は，その高度化ゆえに限界に近づきつつあり，新種目の採用状況をみていると，オリンピック競技そのものにも変化が生じてきているように思われる。

参考文献 18.B.01

- 石田雄太 1998.『メダルへの伴走者 スポーツ用具開発に携わる者たちの熱きドラマ』出版文化社
- 滝口隆司「スポーツアドバンテージ ハイ「スピード」水着と公平性の確保2008/4/18」http://www.sportsnetwork.co.jp/adv/bn_writer_2008/takiguchi/vol397-2_col_takiguchi.html (2009年3月21日)
- 日本オリンピック委員会 監修. 1994.『近代オリンピック100年の歩み』ベースボール・マガジン社
- ヘンリー・W・ライダー．1984．「スポーツの記録はどこまで伸びるか」栗本閲夫 原訳 日経サイエンス編集部 編『日経サイエンス』
- 毎日新聞　1997年5月13日，14日付
- 毎日新聞　1998年2月9日，21日付

（滝口隆司）

オリンピックのメガ化　18.B.02

① 大会規模の推移からみたメガ化

2012年に開催された第30回オリンピック大会（ロンドン）には204の国・地域から10,931選手が参加し，26競技302種目で覇を競った。1904年の第3回大会，第二次大戦後初の1948年の第14回大会に次ぐ3度目のオリンピックを迎えたロンドンは，子どもたちへのスポーツの夢の継承と，開発の遅れた北東地域を主会場とする都市再整備をテーマに掲げた。史上最大規模の称号こそ2008年の第29回大会の北京に

譲ったが，すべての参加国・地域から男女選手が出場した初のオリンピックという栄誉を得た。

[オリンピックの揺籃期]

オリンピック参加国・地域は国際連合加盟国数をしのぎ，地上最大規模の集合体となって久しいが，1896年に古代オリンピックの母国ギリシャのアテネで第1回大会が開かれた時は，14ヵ国・地域から241選手（一説には13ヵ国，311選手）が参加，8競技（陸上，水泳，テニス，レスリング，自転車，フェンシング，射撃と体操。ウエイトリフティングは体操競技の1種目として実施）43種目が行われたに過ぎなかった（表1, 2）。

参加国の大半は近代オリンピックを提唱したピエール・ド・クーベルタン（Pierre de Coubertin）の母国フランスなど欧州勢で，欧州以外からの参加はアメリカとチリ，連邦として独立国家になる前のオーストラリアだけであった。地理的な問題に加え，宣伝不足が大きな要因だった。近代スポーツ発祥の地を自負するイギリスは，実施競技の大半が英国発祥であったにもかかわらず，IOCと開催国ギリシャからの根回しがなかったことを理由に個人資格での参加にとどまった。

また当時，ギリシャも開催翌年の1897年にトルコとの間で戦争が起きるなど，政情は不安定。経済的にも戦争準備やオスマン帝国からの独立戦争の際の賠償問題などを抱え，緊急財政を余儀なくされていた。開催に賛否両論がある中，王室が開催を支持し，エジプトに住むギリシャ出身の富豪ゲオルギオス・アヴェロフ（Georgios Averof）の多額の寄付によって，ようやく開催にこぎつけるありさまだった。アヴェロフは「ギリシャ国家と国民のために」と121万ドラクマ（ギリシャの旧通貨単位）を寄付した。これは大会の全収入233万ドラクマの半分を超える額で，刺激された国内外の団体，個人からの寄付が相次いだ。アテネ市は10万ドラクマを支出し，道路の舗装や清掃，ガス灯の設置や民宿の整備など環境整備を行った。つまり，国民の支持と財政基盤の確立が開催に欠かせない要因であることは，今日と同様である。

1900年第2回大会（パリ）は財政基盤の弱さから，フランス政府が準備していた万国博覧会の付属国際競技大会に組み入れられた。参加国・地域数は24，参加選手数も997に伸びたが，開会式も閉会式もなかった。4年後の第3回大会はスポーツ先進国となっていたアメリカで開催された。立候補した2都市から国際オリンピック委員会

表1 近代オリンピック大会（夏季）開催年表

回	開催都市	開催年	競技数	種目数	国・地域数	選手数
1	アテネ	1896	8	43	14	241
2	パリ	1900	16	95	24	997
3	セントルイス	1904	16	91	12	651
4	ロンドン	1908	23	110	22	2,008
5	ストックホルム	1912	15	102	28	2,407
6	ベルリン	1916	第一次大戦のため中止			
7	アントワープ	1920	23	154	29	2,622
8	パリ	1924	19	126	44	3,088
9	アムステルダム	1928	16	109	46	2,883
10	ロサンゼルス	1932	16	117	37	1,334
11	ベルリン	1936	21	129	49	3,963
12	東京→ヘルシンキ	1940	第二次大戦のため中止			
13	ロンドン	1944	第二次大戦のため中止			
14	ロンドン	1948	19	136	59	4,104
15	ヘルシンキ	1952	17	149	69	4,955
16	メルボルン	1956	17	145	67	3,155
	ストックホルム（馬術のみ）		1	6	29	159
17	ローマ	1960	18	150	83	5,338
18	東京	1964	20	163	93	5,152
19	メキシコシティ	1968	19	172	112	5,516
20	ミュンヘン	1972	21	195	121	7,234
21	モントリオール	1976	21	198	92	6,084
22	モスクワ	1980	21	203	80	5,179
23	ロサンゼルス	1984	21	221	140	6,829
24	ソウル	1988	23	237	159	8,397
25	バルセロナ	1992	25	257	169	9,364
26	アトランタ	1996	26	271	197	10,318
27	シドニー	2000	28	300	200	10,651
28	アテネ	2004	28	301	202	10,625
29	北京	2008	28	302	204	11,193
30	ロンドン	2012	26	302	204	10,931
31	リオデジャネイロ	2016				
32	東京	2020				

表2 冬季オリンピック大会開催年表

回	開催都市	開催年	競技数	種目数	国・地域数	選手数
1	シャモニー・モンブラン	1924	4	16	16	258
2	サン・モリッツ	1928	5	14	25	464
3	レークプラシッド	1932	4	14	17	252
4	ガルミッシュ・パルテンキルヘン	1936	4	17	28	646
5	サン・モリッツ	1948	5	22	28	669
6	オスロ	1952	4	22	30	694
7	コルチナ・ダンペッツオ	1956	4	24	32	821
8	スコー・バレー	1960	4	27	30	665
9	インスブルック	1964	6	34	36	1,091
10	グルノーブル	1968	6	35	37	1,158
11	札幌	1972	6	35	35	1,006
12	インスブルック	1976	6	37	37	1,123
13	レークプラシッド	1980	6	38	37	1,072
14	サラエボ	1984	6	39	49	1,272
15	カルガリー	1988	6	46	57	1,423
16	アルベールビル	1992	6	57	64	1,801
17	リレハンメル	1994	6	61	67	1,737
18	長野	1998	7	68	72	2,176
19	ソルトレークシティ	2002	7	78	77	2,399
20	トリノ	2006	7	84	80	2,508
21	バンクーバー	2010	7	86	82	2,566
22	ソチ	2014	7	98	88	2,800以上
23	平昌	2018				

(出典：IOCホームページより作成)

(IOC)が選んだのはシカゴだったが，アメリカのセオドア・ルーズベルト(Theodore Roosevelt)大統領の裁可でセントルイスの開催になった。財政の見通しが立たないシカゴと比べ，セントルイスは，アメリカがフランスからルイジアナを購入して100周年を記念する万国博覧会が後ろ盾にあった。このため，大会では「人類学の日」と呼ぶ少数民族によるレースや，女性のボクシングなど見せ物扱いの催しが挙行された。参加国・地域数は12，欧州からの参加選手は極端に少なく，ギリシャのデメトリウス・ビケラス(Demetrius Vikelas)の後をうけ，第2代IOC会長となっていたクーベルタンも渡米していない。

[形成・確立期]

1908年の第4回大会は当初，ローマ開催が予定されていた。しかし，ベスビオ火山の噴火などで財政が悪化，1906年に返上を申し出た。窮地に際し，イギリスオリンピック協会(BOA)は，同年開催予定の英・仏博覧会の協力を取り付け，ロンドン大会を開いた。

ただし，BOAは独自性を強調するとともに，過去3大会にはなかった参加者はすべて国内オリンピック委員会(NOC)を通すという明確な基準を設けた。22ヵ国・地域から2,008選手の参加と大幅に拡大，競技数も23競技110種目と過去最大となった。

今日のオリンピックの原型は，第4回大会(ロンドン，1908年)と次の第5回大会(ストックホルム，1912年)で整えられた。大会にはボヘミア(現・チェコ共和国西部)やフィンランドが参加したが，ボヘミアはオーストリア・ハンガリー帝国の一部，フィンランドはロシア自治領だったため，開会式ではそれぞれの国旗を掲げることができず，国旗をめぐる「論争」が起きた。国旗をめぐるトラブルはその後もIOCを悩ませた。IOCは初めて「スポーツ領域は政治上の領域とは異なる」との見解を明確にした。

日本が初参加したのは，この第5回大会(ストックホルム，1912年)であった。東京高等師範学校(現・筑波大)校長の嘉納治五郎を団長に，大森兵蔵監督のもと，陸上短距離の三島弥彦(東京帝大生)とマラソンの金栗四三(東京高師生)が参加した。前年7月，NOCとしての大日本体育協会を創設，同11月に予選会を行った後，2人の代表選手が選考された。アジアから初のオリンピック参加だった。一方で，陸上十種競技に優勝したアメリカのジム・ソープ(Jacobus Franciscus "Jim" Thorpe)が野球のマイナーリーグの試合に出場し，金銭を得ていたとして金メダルを剥奪された。これが，アマチュア規定違反第1号である。

1932年の第10回大会(ロサンゼルス)は1929年の世界恐慌の影響と，西海岸が欧州から遠いことが原因で参加数が減ったが，ハリウッドの映画産業界の支援などで大会は成功した。これが1936年の第11回大会(ベルリン)に結びつく。

アドルフ・ヒトラー(Adolf Hitler)が政権を握ったのは1933年1月，当初はオリンピックを「ユダヤ主義に汚れた芝居」と決めつけ，開催には反対だったとされる。しかし，ゲッベルス(Paul Joseph Goebbels)宣伝相の説得と第10回大会(ロサンゼルス，1932年)の成功によって方向転換を行った。オリンピックの「プロパガンダとしての利用」に思い至ったとされる。

過去，類をみない10万人収容のスタジアムが権力誇示の象徴として，約2,700万マルク(ドイツの旧通貨単位)をかけて完成，1万6,000人収容の水泳場，2万人収容のホッケー場など国力誇示のための施設が建設された。それらを

結ぶ道路網を整備し，初めて25台の街頭テレビによる中継も準備された。49ヵ国・地域から3,963選手が参加し，第二次大戦前最大の大会となった。

[復興と東西冷戦]

第二次大戦による2回の中止を経て，戦後初の第14回大会（ロンドン，1948年）は，戦争責任から日本とドイツが招かれなかったが，59ヵ国・地域から4,104選手が参加。イギリス放送協会（BBC）が世界初のテレビ放映を行うなど，復興とその後の普及を告げる大会だった。

日本の戦後初参加は1952年の第15回大会（ヘルシンキ）である。日本は前年，サンフランシスコ講和条約に調印し，国際社会への復帰を果たしていた。戦後分断国家として再出発したドイツは，いち早くIOC再加盟を果たした西ドイツだけが参加した。東西両ドイツはその後，第7回冬季大会（コルチナ・ダンペッツォ，1956年）から第18回大会（東京，1964年）まで冬夏6大会，統一チームとして参加している。

第15回大会（ヘルシンキ，1952年）ではババマ，ガーナなどが初参加し，69ヵ国・地域，4,955選手に参加数が広がった。この大会には東西冷戦時代の一方の旗頭，ソ連が初参加した。ソ連スポーツ界の国際デビューは，1946年オスロで開かれた欧州陸上選手権である。国際陸上競技連盟（International Association of Athletics Federations: IAAF）に未加盟で参加資格がなかったが，強引な参加だった。その後，1951年にはNOCを設立し，IOCにも加盟申請した。オリンピックを「資本主義のお祭り」と否定してきたソ連の心変わりは，第11回大会（ベルリン，1936年）成功を分析し，プロパガンダとしての価値をみつけたからだとされる。

ソ連はこの大会で金22，銀30，銅19個のメダルを獲得し，アメリカに肉薄した。スポーツ界における東西冷戦の始まりを告げた。初めてオセアニア開催となった1956年の第16回大会（メルボルン）は67ヵ国・地域3,155選手に参加が減少した。地理的な遠さに加え，ソ連が軍事介入したハンガリー動乱に絡んでオランダ，スイス，スペインが参加を取り消し，スエズ動乱でのイギリス・フランス両軍とイスラエルの軍事介入に抗議するエジプト，レバノンが開幕直前に不参加を決めるなど，東西冷戦構造の影響が表面化した。

アジアで初めて開催された1964年の第18回大会（東京）には，93ヵ国・地域から5,152選手が集まった。インドネシアと北朝鮮は，1963年の新興国スポーツ競技会に出場した選手の参加をめぐって開会式直前にボイコットした。ここでも冷戦の影が色濃く映った。

日本は「国家的なプロジェクト」として，準備段階から本番までの7年間に約1兆円の費用を投じた。施設建設費が165億8,800万円，東海道新幹線建設，地下鉄整備，道路整備や衛生対策，通信施設整備など関連経費が9,608億2,900万円。「そこまで費用をかけなければならないのか」と反対勢力から批判もあったが，投資額の80％を占めた交通網の整備が，日本のその後を大きく変えた。また，開会式が史上初めて人工衛星を通じてテレビ中継されてテレビの前の観衆を飛躍的に伸ばすなど，東京の都市整備がモデルとして，それ以降のオリンピック招致と都市整備が結合される契機となった。

[苦難の時代を経て]

オリンピックは第18回大会（東京，1964年）後，飛躍的に規模を拡大させた。1968年の第19回大会（メキシコシティ）は112ヵ国・地域と初めて参加数が100の大台に乗り，1972年の第20回大会（ミュンヘン）は，121ヵ国・地域から7,234選手を集めた。

しかし，第19回大会は，開催前にアメリカで起きた黒人運動指導者マーチン・ルーサー・キング（Martin Luther King, Jr.）牧師の暗殺などに抗議する黒人運動のうねりに巻き込まれ，第20回大会はアラブ・ゲリラ組織によるイスラエル選手団宿舎襲撃で血塗られた。1976年の第21回大会（モントリオール）は世界的なオイルショックに直撃されて，当初予算を10億ドルも超える赤字を計上し，地元住民は2006年まで税負担を強いられる状況を招いた。

さらに1980年の第22回大会（モスクワ）は，前年暮れに起きたソ連軍のアフガニスタン侵攻に抗議するアメリカ，日本をはじめ西側諸国がボイコットした。続く1984年の第23回大会（ロサンゼルス）は逆に東側がボイコットするなど，オリンピックは招致に乗り出す気運も薄れ，存続の危機を迎えた。そんな沈滞ムードを払拭したのが，第23回大会（ロサンゼルス，1984年）の民間活力を導入した成功だった。

1988年の第24回大会（ソウル）で東西両陣営が3大会ぶりに顔を揃え，159ヵ国・地域から8,397選手が参加した。その後，1989年のベルリンの壁崩壊，1991年のソ連崩壊によって東西冷戦構造が終結すると，オリンピックは一気に拡大の急カーブを描いた。1996年の第26回大会（アトランタ）で初めて参加選手数が1万人を超え，2000年の第27回大会（シドニー）の参加国・地域数は200の大台に乗せた。1980年に就任した第7代IOC会長ファン・アントニオ・サマランチ（Juan Antonio Samaranch Torello）が主導する商業主義によって経済基盤を確立，発展途上国への援助と普及もあって，より巨大化する道を突き進んでいった。

一方でロサンゼルスの成功後，オリンピックは儲かるとの神話が生まれ，招致をめぐる争いが激しさを増していく中，1998年暮れ，第19回冬季大会（ソルトレークシティ）招致をめぐってIOC委員のスキャンダルが起きた。招致決定の投票権をもつ一部委員が，招致委員会から金品や便宜供与を受けていたことが発覚した。IOCに蔓延する金権体質が指摘され，IOCの屋台骨はおおいに揺れた。行きすぎた商業主義など21年間におよんだサマランチ体制への批判が噴出し，IOCは体質改善を余儀なくされた。また，巨大化の一途をたどるオリンピックのありようにも警鐘が鳴らされ，2001年の第8代ジャック・ロゲ（Le comte Jaques Rogge）会長就任後，参加人数の削減，実施競技・種目の削減が検討され，この問題は2013年に就任した第9代トーマス・バッハ（Thomas Bach）会長に引き継がれた。

② 放映権料，スポンサー料からみたメガ化

2005年3月，2004年の第28回オリンピック大会（アテネ）組織委員会は大会収支が1億3,060万ユーロの黒字になったと発表した。20億9,840万ユーロの収入に対し，支出は19億6,780万ユーロだった。同様に2008年の第29回大会（北京）組織委員会は収入205億元に対し，支出は193億4,300万元で10億元の黒字，2012年の第30回大会（ロンドン）組織委員会は収入24億1,000万

ポンド，支出23億8,000万ポンドで3,000万ポンドの黒字決算だったとそれぞれ翌年に発表している。これらはいうまでもなく，放映権収入とスポンサー収入の恩恵を受けたものだった。

[飛躍的に高騰する放映権料]

第28回大会（アテネ，2004年）のアメリカでの独占放映権を獲得したNBCの支払った金額は，7億9,300万ドル。さらにNHKと民放各社が組んだ日本のジャパン・コンソーシアム（JC）は1億5,500万ドルを支払うなど，放映権料の総額は14億9,400万ドルにおよんだ。一方，第29回大会（北京，2008年）の放映権料総額は17億3,900万ドル。アメリカの放映権をもつNBCが8億9,400万ドル，JCが1億8,000万ドル，さらに欧州連合（EU）での放映権をもつ欧州放送総連合が4億4,300万ドルを計上するなどした。IOCの「オリンピック・マーケティング・ファクト・ファイル」によると，2009－12年の放映権料総額は38億5,000万ドルとされる。うち2010年の冬季大会（バンクーバー）が12億7,950万ドルと伝えられており，第30回大会（ロンドン，2012年）分は25億ドル以上ということになる。この数字がいかに莫大なものかということは，過去の歴史をたどれば理解できるだろう。

テレビの中継放送が登場したのは，1948年，第二次大戦後初めて開かれた第14回大会（ロンドン）である。その際，放送を独占したイギリス放送協会（BBC）が支払った金額は3,000ドルに過ぎなかった。まだ放映権という概念もなく，放送機材の座席占有料などの名目だった。

テレビ中継の拡大とともに，放映権料も増えていき，各大会の財政を潤していった。例えば，人工衛星を使った世界初の開会式の衛星中継やマラソンのフル中継など，画期的なテレビの技術革新をみせつけた1964年の第18回大会（東京）では，アメリカのNBCが100万ドル，日本のNHKが50万ドルの放映権料を払った。1972年の第20回大会（ミュンヘン）となると，アメリカのABCが支払った金額は1,350万ドル，NHKは105万ドル。大幅な放映権料増加の背景には，テレビの普及と視聴率の上昇がある。スポーツのもつドラマ性，劇的な場面やスター選手の活躍が，テレビの前の視聴者を魅了し，テレビ人気につながっていった。

東西冷戦下，ソ連軍のアフガニスタン侵攻に抗議したアメリカや日本，ドイツなどがボイコットした1980年の第22回大会（モスクワ）では，アメリカのNBCが8,500万ドル，初めてNHKに代わって独占中継を志向したテレビ朝日が850万ドルを支払った。政治の分野ではボイコットしながら，結果的には，高騰する放映権料が第22回大会の財政面をおおいに潤す「矛盾」となって表れた。しかし，それでも現在と比べたら，けっして高額とはいえない。

1984年の第23回大会（ロサンゼルス）は，州政府から公的資金の使用を凍結された。民間資本導入より手段が残されていなかった大会組織委員会会長ピーター・ユベロス（Peter Victor Ueberroth）は，オリンピックがテレビにとって格好のコンテンツであることを確信し，アメリカの3大ネットワークが競っていたところに目をつけた。権利を得るためには2億ドル以上，しかも銀行利子をねらって前金でなければならないとの前代未聞の条件をつけた。

それにもかかわらず，ABCは，2億2,500万ドルという法外な価格で応じた。ABCはさらに，放送施設費として別途7,500万ドルも支払い，ホスト放送局となった。それだけテレビにとってオリンピックが有効なコンテンツとなっていた証明で，日本でもNHKと民放によるプール方式で，1,850万ドルに跳ね上がった放映権料に対処した。気がかりは，ソ連の報復ボイコットによる視聴率の低下であった。しかし，アメリカ選手の相次ぐ活躍で視聴率は過去最高を記録，ABCはオリンピック番組で多大な広告収入を上げて潤った。その決断は，アメリカの広告市場に大きな影響を与え，IOCの収益活動に大きな変化をもたらした。

IOCは第23回大会（ロサンゼルス）の直前，アメリカ3大ネットワークを本部のあるスイス・ローザンヌに呼び，1988年の第15回冬季大会（カルガリー）の放映権の入札を行った。11時間にもおよんだ入札では，まずCBSが脱落，途中から公開方式に変更し，最後はNBCが提示した3億400万ドルに500万ドルを上乗せして，ABCが落札した。「ユベロス商法」にヒントを得たIOCは，ねらいどおりの高額契約を実現，以後，この方式が定着していった。

そうした一方，テレビ局は高額の放映権料を支払う代償にオリンピックにおける発言力を増した。高額な支払いを可能にするためには，高額な契約料を支払ってくれるスポンサーを獲得しなければならない。そのためには高い視聴率確保が必要だと，テレビ映えする方策や演出を要求し，オリンピックのあり方に口をはさむようになっていった。

なかでも，総放映権料の半分以上を負担するアメリカのテレビ局の意向が尊重されたのは，いうまでもない。放送局の事情に大会日程が合わせられた。例えば，1988年の第24回大会（ソウル）では開会式が午前中に行われた。1998年の第18回冬季大会（長野）の開会式も昼の時間帯，すべては，アメリカのテレビ局の最大視聴者が存在するアメリカの東部時間に合わされた。

また，オリンピックをパフォーマンス発揮の最高の舞台とすることで，視聴率を獲得しようとするねらいが実行された。すでにIOCは，1974年にオリンピック憲章を改正し，参加資格からアマチュアの文言を消していた。第23回大会（ロサンゼルス，1984年）以降は，積極的にプロ選手の参加を促した。テニス，サッカー，バスケットボール，野球，アイスホッケーに加え，陸上競技のプロも生まれた。2012年の第30回オリンピック大会（ロンドン）で野球が公式競技から外されたのは，プロの頂点にあるメジャーリーグが参加に消極的だったことが大きな要因といわれる。

テレビ映りを意識し，ビーチバレーやマウンテンバイク，スノーボードなどみる者を惹きつけ，テレビ映えがする競技の積極的な導入を図る一方で，確実に地味でテレビ映りの悪い伝統競技がやり玉に挙がり，レスリングが閉め出されようとしたこともあった。そして，時間の短縮をめざしたバレーボールのラリーポイント制や，わかりやすさを意識したカラー柔道着の導入など，テレビの影響力がオリンピックのあり方，競技の根本を変えていった。

IOCはまた，1992年の第16回冬季大会（アルベールビル）の2年後に第17回冬季大会（リレハンメル）を開催した。こ

れまで冬季，夏季大会は同一年に行われてきた。それを2年ごとの開催に変更したことで，テレビ局のスポンサー集めは，より容易になったといわれる。

IOCは一方で，確実な放映権料確保のため，放映権のパッケージ販売にみられるように，考えられるだけの手段を講じていく。2000年の第27回大会（シドニー）と2002年の第19回冬季大会（ソルトレークシティ）の放映権をNBCと一括して契約，初の夏・冬大会一括契約を実現させた。さらにNBCとの間では2004年の第28回大会（アテネ）から2006年の第20回冬季大会（トリノ），2008年の第29回大会（北京）と3大会一括の放映権契約も行った。この契約時にはまだ，2008年の開催都市も決まっていない状況だった。それにもかかわらず，NBCが契約に踏み切った背景には，他社に渡したくないオリンピックのコンテンツとしてのうまみがあったと思われる。

実際，この複数年契約にはフォックス・ネットワークを率いるルパート・マードック（Keith Rupert Murdoch）の動きが絡んでいた。アメリカ，イギリス，オーストラリアの新聞，放送を押さえるマードックはコンテンツとしてのオリンピックに着目し，IOCに複数大会一括契約を打診した。それがNBCを動かしたわけで，IOCはさらに安定した収入の道を確保した。この方式は，テレビ局に対して落ち着いたスポンサー探しと，放映権料高騰を抑えると喧伝されたが，競合ネットワークとの競争によって，放映権料高騰が抑えられたわけではなかった。

2003年6月，NBCは新たに2010年冬季大会，2012年夏季大会の放映権を一括契約した。この時もまだ2012年はおろか，2010年大会の開催都市も決まっていなかった。入札に参加したABC，フォックス・ネットワークとの価格競争で，放映権料総額20億100万ドルを提示した上，親会社にあたる米国インフラソリューション大手のGE（General Electric Company）がさらに2億ドル払って，オリンピックの国際スポンサーであるTOP（The Olympic Partner）メンバーとなることを条件にした。放映権獲得の新たな手法だった。

放映権にスポンサー契約をプラスした複合契約は，第27回大会（シドニー，2000年）以降に，登場したインターネットに対する課金とともに，新たなビジネスモデルとして期待は大きい。

[TOPが支えるオリンピック]

オリンピックの物販は1912年の第5回大会（ストックホルム）での写真撮影権やハンドブックの発売が最初だったといわれる。また，コカ・コーラ社は1924年の第8回大会（パリ）に広告を出し，1928年の第9回大会（アムステルダム）ではアメリカ選手団とともに1,000箱のコーラを船に積み込んで販売拡張につなげた。スポーツ用品メーカーのアディダスを創始したアドルフ・ダスラー（Adolf Dassler）の息子で2代目のホルスト・ダスラー（Horst Dassler）は，1956年第16回大会（メルボルン）で有力選手に無償で3本線のシューズを提供し，彼らの活躍によってアディダス社製シューズが脚光を浴びる仕組みを作り上げた。

当時もオリンピックとビジネスは無縁だったわけではない。しかし，かつてその大半は協賛金方式，いわゆるお祭りの奉加帳形式で，運営を左右する財源とはなり得なかった。例えば，大赤字となった1976年の第21回大会（モントリオール）には，628社もの企業協賛があった。しかし，いずれも低額で，急騰した運営費用を賄えるものではなかった。

第23回オリンピック大会（ロサンゼルス，1984年）組織委員会会長のユベロスは財源確保にあたり，スポンサー料収入に目をつけた。競合する同業各社の中から1業種1社に限って，大会のマークやロゴ，マスコットの独占的使用を許す代わり，高額の費用負担に応じてもらう方式である。これは，アメリカプロフットボールリーグ（NFL）が実践し，大きな成功を上げていた方式であり，ユベロスはNFLモデルのオリンピックでの採用を躊躇しなかった。

この時，コカ・コーラ社はソフトドリンク分野での権利をペプシコーラ社と争い，1,260万ドルの契約料の支払いに応じた。写真フィルム分野では，組織委員会の要請を断ったコダック社に対し，権利を得た日本の富士写真フィルム（現富士フイルム）社がアメリカでのビジネスに積極的に活用し，アメリカ国内でのシェアを3％から9％に伸ばした。1社最低400万ドルもの巨額契約料ながら20数社がこれに応じ，結局，放映権料収入と合わせて，公的資金の投入を禁じられた大会は約2億1,500万ドルもの黒字を生み出した。

この方式を注視したのが，IOC会長のサマランチである。サマランチは旧知のホルスト・ダスラーの助言もあり，オリンピックのマークやロゴなどをビジネスに活用することを決め，アディダス社や日本の広告代理業最大手・電通が出資した代理店ISL（International Sport and Leisure）社を通し，オリンピックビジネスに乗り出した。それが1985年から始まり，「ジ・オリンピック・プログラム」（The Olympic Programme）と呼ばれていたTOP（現・ジ・オリンピック・パートナー，表3，4）だった。

「TOP I」は1985年から1988年まで，1988年の第15回冬季大会（カルガリー）と第24回大会（ソウル）のスポンサー契約が対象となった。1業種1社に限ってオリンピックのロゴや大会のロゴなどを使い，全世界で宣伝に活用できる権利を有する代わり，1社あたり4,000万ドルのスポンサー料契約を求めた。オリンピックのビジネス活用の利点をかねてから理解していたコカ・コーラやVISA，3M，そして日本の松下電器（現パナソニック），ブラザーなど9社が応じた。世界市場での販売拡張をねらう企業，知名度上昇をめざす企業にとっては，世界中の注目を集めるオリンピックは格好の宣伝の機会であり，VISAや3Mなどは上手にオリンピックをマーケティング戦略の中核に据えて伸張していった。

TOP Iは結局，9,600万ドルの収入をオリンピックにもたらした。次の第16回冬季大会（アルベールビル，1992年），第25回大会（バルセロナ，1992年）対象の1992年までの4年間の「TOP II」は，1億7,500万ドル，さらに次の4年の「TOP III」では3億7,600万ドルへと収益が増大した。

期を追うごとに契約額は増大，2002－04年の第19回冬季大会（ソルトレークシティ，2002年），第28回大会（アテネ，2004年）の「TOP V」は6億6,300万ドル，2006－08年の第20回冬季大会（トリノ，2006年），第29回大会（北京，2008年）を対象とした「TOP VI」は8億6,600万ドルになり，明らかに第29回大会（北京，2008年）のスポンサー収入がアテネ大会

表3 ワールドワイドパートナー(The Olympic Programme：TOP)の期間と収入

プログラム名称	期間(年)	収入
TOP I	1985-88	9,600万ドル
TOP II	1989-92	1億7,500万ドル
TOP III	1993-96	3億7,600万ドル
TOP IV	1997-2000	5億7,900万ドル
TOP V	2001-04	6億6,300万ドル
TOP VI	2005-08	8億6,600万ドル
TOP VII	2009-12	9億5,700万ドル
TOP VIII	2013-16	11億ドル

を凌駕していることがわかる。

続く「TOP VII」では，9億5,700万ドルに跳ね上がり，「TOP VIII」は11億ドルを見込む。スポンサーがスポーツ，とりわけオリンピックがもつ注目度の高さ，宣伝媒体としての価値を高く評価していることの証明である。そして，IOCもまた積極的に後押ししていった。

IOCは，TOP発足後，ISL社を通していたビジネス契約を1990年代後半からIOCマーケティングとして直轄下に置き，その後傘下の専門エージェント，メリディアン・マネージメント社による管理としていった。入場券配布の優先やオリンピック関連施設での宣伝・販売などの優遇から，権利保護のための競合他社製品の徹底排除，使用権料を支払わずにオリンピックを連想させる物を作ったり，意味をもたせたりする便乗商法「アンブッシュ・マーケティング」の取り締まり強化には，税関や自治体警察など公的機関を利用するまでになった。すべては，スポンサー保護のための方策であり，こうした姿勢が，商業主義至上と映り，IOC批判に油を注いだことはいうまでもない。

[巨大化に伴う警備費の増大]

拡大する商業主義の恩恵で巨大化したオリンピックは，一方で多額の財政負担を開催都市，開催国に強いてもいる。それは開催のための都市基盤整備に力点が置かれたが，特に近年では，警備費の増大が顕著となっている。

オリンピックにおける最大の惨事は，1972年の第20回大会(ミュンヘン)開催中に起きた急進的なパレスチナ・ゲリラ組織によるテロ事件である。同年9月5日早朝，「ブラック・セプテンバー(黒い9月)」と名乗り，機関銃と手榴弾で武装した5人のゲリラが，選手村のイスラエル選手団宿舎を襲撃し，選手，コーチ2人を射殺，9人を人質に立て籠もった。イスラエル国内に拘留されている政治犯の釈放とアラブへの移送が彼らの要求だった。

結局，事件は飛行機に乗り込む直前に特殊部隊の投入によって犯人は制圧されたが，人質全員が殺される事態を招いた。大会は一時，競技が中断されたものの，続行された。テロに屈しない姿勢の表れではあったが，簡単に選手村の壁を乗り越えられ，イスラエル選手団宿舎を特定されるセキュリティーの甘さが指摘された。大会には西ドイツ国内から約2万人の警察官が動員されたものの，多くは拳銃を所持せず，簡単なチェックのみで施設出入口の通行はできた。この時の警備費用は200万ドルだった。

オリンピックはこれ以降，警備を強化，とりわけVIP宿舎と選手村の警備は厳重なものとなった。しかし，1996年の第26回大会(アトランタ)ではプレスセンター近くに特設されたオリンピ

表4 ワールドワイドパートナー(TOP)に契約した企業一覧

企業名（国名・業種）	TOP I	II	III	IV	V	VI	VII	VIII
コカ・コーラ（アメリカ・ノンアルコール飲料）	○	○	○	○	○	○	○	○
VISA（アメリカ・個人支払いシステム）	○	○	○	○	○	○	○	○
パナソニック（日本・音響・映像機器）	○	○	○	○	○	○	○	○
マクドナルド（アメリカ・フードサービス）				○	○	○	○	○
サムスン（韓国・無線通信）				○	○	○	○	○
オメガ（スイス・時計，計時）					○	○	○	○
アトス・オリジン（フランス・IT）					○	○	○	○
GE（アメリカ・一般電気製品）						○	○	○
ダウ・ケミカル（アメリカ・化学）							○	○
P&G（アメリカ・パーソナルケア，家庭用品）							○	○
ACER（台湾・コンピューター機器）							○	×
KODAK（アメリカ）	○	○	○	○	○	○	×	
マニュライフ（カナダ）				○	○	○	×	
ジョンソン&ジョンソン（アメリカ）						○	×	
LENOVO（中国）						○	×	
TIME（アメリカ）	○	○	○	○	×			
ゼロックス（アメリカ）				○	○	×		
IBM（アメリカ）	○	○	○	○	×			
UPS（アメリカ）			○	○	×			
ボシュロム（アメリカ）			○	×				
3M（アメリカ）	○	×						
ブラザー（日本）	○	×						
リコー（日本）	○	×						
MARS（アメリカ）	○	×						
フィリップス（オランダ）	○	×						
合計	9	12	10	11	11	12	11	10

注：○は参加，×は不参加。

ック公園で爆弾騒ぎが起き，騒然とした空気に包まれた。続く1998年の第18回冬季大会(長野)は厳戒態勢が敷かれ，全国から警察官，機動隊員が警備に投入された。2000年の第27回大会(シドニー)では，イスラム過激派による襲撃への懸念から，施設が集中したオリンピックパーク一帯の交通網を遮断，主要会場は有刺鉄線で囲まれた。費用は3億ドルといわれる。

警備費が大きく跳ね上がったのは，いうまでもなく，世界中を震撼させた2001年9月11日に起きたアメリカ同時多発テロである。半年後に開かれた第19回冬季オリンピック大会(ソルトレークシティ)では，出入国の窓口となる国際空港をはじめ，各所で厳重な警戒のもと入念なチェックが繰り返され，アメリカ政府は3億1,000万ドルの警備費を投入した。

2004年の第28回大会(アテネ)では北大西洋条約機構(NATO)軍の出動を仰ぎ，アテネ湾を軍艦が警備するものものしさだった。当然，警備費用は大きく10億ユーロに跳ね上がった。2006年の第20回冬季大会(トリノ)は9,000万ユーロ，直前にチベットでの弾圧騒ぎが起きた2008年の第29回大会(北京)では120万人の警察官と20万人の軍人が警備にあたり，275億元が費やされた。2012年の第30回大会(ロンドン)では14億ドルの警備費が計上され，戦闘機等の出動準備に加え，民間マンションの屋上に地対空ミサイルが設置されたり，2万3,000人に及ぶ警備員が投入されるなど厳戒態勢が敷かれた。また，2014年の第22回冬季大会(ソチ)はロシアの火薬庫と呼ばれる北カフカスに隣接する場所にあたり，チェチェン・ゲリラに対する厳しい警戒が続く中での開催となった。

オリンピックはテレビやスポンサーが巨額の投資を惜しまない地上最大のイベントとなって久しいが，一方でその注目度の高さは，武力による威嚇行動で世界に自分たちの主張をアピールしたいと目す過激派にとっても格好なターゲットとなった。IOCは国連と同一歩調をとり，平和をアピールする行動をとっているが，過激派のターゲットとされる危険は常に隣り合わせであり，今後さらに警戒強化と警備費の増大が予測されよう。

③ メガ化による功罪，そして未来

IOCの「ソリダリティー(連帯)事業」は，主に発展途上国のスポーツ環境整備に対する財政的な支援で，選手・コーチの強化やスポーツ医学の発達支援，次代を担う子どもたちを対象にした教育の拡充など，オリンピックとスポーツの普及を目的としている。すでに，この制度から育った途上国の選手がオリンピックに出場し，メダルを獲得している。

いまや国連加盟国をはるかに上回る国・地域がオリンピックに参加している背景には，巨大な放映権料とスポンサー料を財源にした豊かなIOC財政がある。IOCにとって発展途上国への普及拡大は，批判され続ける商業主義への反論材料である。

テレビの普及と商業放送による無料テレビ中継は，世界で60億人ともいわれる視聴者を獲得した。価値観が多様化する現代にあってオリンピックは，世界を結ぶ手段でもある。広がりを利用して，国連との関係強化による「オリンピック休戦」も含めた平和運動体としての活動は，さらに大きなうねりとなる可能性がある。同時に，世界最高水準にあるスポーツにテレビを通して触れることは，子どもたちの夢を育む。

1998年の第18回冬季大会(長野)が端緒となった，開催都市の学校単位で1つの国を応援する「一校一国運動」は，その後の大会にも引き継がれ，開催国の小学生を中心に世界の国々を理解する手段となっている。子どもたちの教育と国際理解を深めることは，広がりをもったオリンピックの効用といってよい。

オリンピック開催はまた，都市再開発や基盤整備に大きく貢献している。巨大な規模の大会開催が，都市機能を変える。古くは1964年の第18回大会(東京)がそうであり，2000年の第27回大会(シドニー)，2004年の第28回大会(アテネ)，2008年の第29回大会(北京)も同様である。そして2012年の第30回大会(ロンドン)は，オリンピック開催によって取り残されていたロンドン北東部が開発された。

第30回大会のロンドン開催が決まったのは，2005年7月のIOCシンガポール総会である。当時のトニー・ブレア(Tony Blair)首相がシンガポールに乗り込み，国を挙げた支援を公約したことが，劣勢といわれていた招致合戦を勝利に導いた要因の1つになった。ロンドンは当時，経済好況から，開催関係費のうち70億ポンドを民間活力導入によって賄う計画だった。ところが，2008年，アメリカのサブプライムローンの破綻に端を発した世界的な金融危機のあおりを受け，5億ポンドを予定していた選手村建設費調達に問題が生じ，その年の暮れ，国の財政出動を仰いだ。

巨大化したオリンピックの開催には，国家の財政支援が不可欠である。IOCは大会開催が休止に至るという不測の事態に備え，巨額の開催保険に加入している。これは，「9・11」以後，テロ勃発による休止に備えた措置だが，経済破綻による休止も考慮する必要がある。そのため，招致にあたって立候補都市に政府保証を求めるようになった。必ずしも財政支援を意味していないが，イギリスのような対応を期待していることは間違いない。2020年にオリンピック・パラリンピック大会(東京)開催が決まった日本でも，政府の後押しが招致成功に大きく貢献した。招致活動に備えて2011年に制定されたスポーツ基本法は，国際競技大会招致等における国の責務を明文化している。

規模拡大で，IOCは，民間資本導入によって黒字を計上した1984年の第23回大会(ロサンゼルス)のような事態はもはやあり得ないと認識し，それゆえに政府の裏づけを求めている。今後は2008年の第29回大会(北京)のように名実ともに国家の呪縛から逃れられなくなり，単位を都市，個人に求めるオリンピックの理想からより遠ざかっていく可能性は否定できない。

開催都市には選手，コーチ，関係者，スポンサー，報道関係者，そして観客など，期間中，10－15万人が集中するといわれる。1つの都市の中に，さらに中規模都市が現れるわけで，競技施設や交通網整備と合わせ，関係者のための生活環境整備，治安の安定は不可欠となる。近年，大会関係費の中での警備費の増大が指摘されているが，それを可能にできる都市以外での開催は，より難しくなってきた。

実際，2012年の第30回大会招致の決選投票に臨んだのは，ロンドンのほか，ニューヨーク，パリ，マドリード，モスクワと，世界を代表する大都市ばかりだった。続く2016年の第31回大会の招致都市も，東京，シカゴ，マドリード，リオデジャネイロといった世界に知られた4都市であり，また2020年の第32回大会の招致においても同様な都市（東京，マドリード，イスタンブール）であり，中小都市が招致に名乗りを挙げる可能性は低い。

　未だ，アフリカ大陸でのオリンピック開催はなく，南米や中東といった地域でも開かれていない。IOCは，それら地域での開催に向けて財政基盤のさらなる安定が必要だとしているが，背後に市場とインフラの伴わない地域での開催には，高額な財源を保障するテレビ局やスポンサーが同意しないだろう。

　これらの現象は夏季大会に限ったことではなく，冬季大会でもノルウェーの人口2万足らずの山間の街での開催だった1994年の第17回冬季大会（リレハンメル）以降は，1998年の長野，2002年のソルトレークシティ，2006年のトリノ，2010年のバンクーバーと背後に冬季リゾートを控えた中規模以上の都市での開催であった。2014年の第22回冬季大会（ソチ）は前4大会よりは規模の小さい街だが，こちらは経済伸張著しいロシアの，国を挙げた支援が前提となっている。

　一方で，開催都市には環境問題もついてまわる。中規模都市の出現が大量のゴミ処理や温室効果ガスの排出に対処しなければならず，行政を圧迫しかねない。また，施設建設に伴う環境破壊も大きな問題である。とりわけスキー競技など自然と共存する冬季大会でそれは顕著である。規模が小さい間は適正な施設で対応できたはずが，規模拡大とともに新たな施設づくりが求められ，環境に影響を及ぼす。例えば，ジャンプ台の拡充や，ボブスレー，リュージュ会場の設営は常に環境破壊と隣り合わせであり，すでに地球温暖化の影響で高地化が進むアルペンスキー会場の問題とともに，開催都市の限定化につながりかねない。IOCが21世紀を迎え，環境問題をムーブメントの柱に据えた理由である。

開催に多額な公的資金の注入を余儀なくされることから，住民は税負担の上昇，地価高騰，物価の上昇，福祉予算の削減などといった不利益を被りかねない。税負担の上昇についての弊害は，1976年の第21回大会（モントリオール）に代表されるが，その後も大会組織委員会が黒字を計上するそばから，恒久的な施設の維持，管理費が住民を圧迫しているとの指摘もあり，住民による招致反対の要因ともなっている。

　発展し，巨大化し続けたオリンピックを支えてきた豊かな財源は，一方で行きすぎた商業主義として批判も招いた。その一例が，1998年暮に発覚した第19回冬季大会（ソルトレークシティ，2002年）の招致委員会によるIOC委員への便宜供与というスキャンダルだった。複数の委員が追放，資格停止に追い込まれた。存在意義を問われたIOCは倫理委員会を設け，1999年以降，招致都市へのIOC委員の訪問は禁止した。しかし，浄化にはまだ時間がかかる。

　同様に「ドーピング（禁止薬物使用）」を指摘しておく。オリンピック，スポーツ競技大会の注目度の増加とともに，選手を広告塔に使いたいスポンサーが支援し，契約料収入は選手の競技生活を安定させたが，一方で薬物を不正使用しても勝利を志向する風潮を蔓延させた。東西冷戦時代，東ドイツを中心とした共産圏の国々は国を挙げて興奮作用や筋肉増強作用のある薬物を開発，不正に使用していた。それは国威発揚目的だったが，冷戦構造崩壊とともに世界中に拡散，勝利至上主義に結びついていった。IOCは1999年11月，各国政府や各国際競技団体などと図って世界アンチ・ドーピング機構（WADA）を創設，取り締まり強化に乗り出した。しかし，ドーピングはその後もますます巧妙化し，摘発とのイタ

チごっこが続いている。勝利が高額報酬を呼ぶことが背景にある。

　また，放映権をもつテレビ局の動きは前項で指摘した。テレビマネーはオリンピック普及の大きな柱として，規模を拡大し，あり方も変えた。

　大会規模の拡大はもはや限界だとの認識は，IOCも共有している。第8代ジャック・ロゲ会長のもと，IOCは参加選手数の上限を約1万人と定め，実施競技数の削減に乗り出した。一方で，ゴルフや空手など，まだ多くの国際競技団体がオリンピック参加を希望しているし，野球やソフトボールなど，外された競技も復活をかけている。チェスや囲碁といった文化競技まで参加を望む現実がある。

　競技普及のためには，オリンピックは最高の舞台だという考えは依然，スポーツ界に根強い。しかし，すべての競技を平等に処遇することは不可能である。IOC内部には，まだ枠に余裕のある冬季大会を拡大し，バレーボールやバスケットボールといった屋内競技を移そうとする動きもみられる。しかし，冬季大会は雪と氷の競技からなるとオリンピック憲章に定められており，正式に検討されるなら，オリンピックの根本が問われかねない。

　フランス人貴族，クーベルタンが創始して以来，1世紀を超えて，創始者の想像を超えた影響力をもった半面，巨大化は様々な摩擦をも生んでいる。その一方で，IOCは次代を担う子どもたちのスポーツとオリンピズムへの関心を保つべく，14歳から18歳の若者を参加対象としたユースオリンピック競技会（YOG）を2007年に創設した。夏と冬，教育と友好を観点にしたYOGの取り組みがオリンピック復興活動となるのか，おおいに注目したい。

（佐野慎輔）

商品としてのオリンピック

① 商品的価値からみた国際オリンピック委員会の課題

[開催招致と贈収賄スキャンダル]

　1984年の第23回オリンピック大会（ロサンゼルス）を機にオリンピックは，莫大な経済効果をもたらすスポーツイベントになった。立候補する都市が少なく，開催さえも危ぶまれた1970年代後半と異なり，近年では常に複数の都市が立候補し，熾烈な招致合戦を繰り広げている。

　オリンピック開催都市の招致にかかわる贈収賄スキャンダルの事実が明るみに出たのは，1998年11月24日のことであった。ソルトレークシティの放送局KTVXテレビ（ABC系列局）は，ソ

ルトレークシティの招致委員会が開催都市決定の投票権をもつ国際オリンピック委員会（IOC）委員に奨学金という名の金銭供与を行っていたと報道した。開催都市決定に関する贈収賄の噂は以前から指摘されてはいたが，この事件は「オリンピック史上，最大の危機」（マイケル・ペイン，2008. 338）と振り返られるほど大きな事件に発展した。メディアからの批判，投票で敗退した都市からの損害賠償請求，スポンサー企業からの懸念，そしてサマランチ（J. A. Samaranch）会長（当時）の辞任要求など，IOCのあり方そのものも問われる出来事となった。

これに対応して，IOCは事件に関連した6人の委員を除名すると同時に，改革案を発表した。IOC関係者以外のメンバーで構成される倫理委員会の設置，21世紀に向けてIOCがどのような方向に向かっていくべきかを検討するIOC2000委員会の設立，と具体的な行動を始める。特にスポンサー企業への配慮は手厚く，IOCの上級管理者が改革の進捗状況を毎日のように報告し，改革への意見や提案をスポンサー企業側にも求めることで，危機をともに乗り越えていこうというメッセージを明確にした。

スポンサーの撤退によるオリンピックムーブメントの縮小や終焉といった最悪の事態を免れたIOCは，開催都市の運営能力を公明に審査するため，1回の投票で選考するこれまでの方式から，1) 立候補申請，2) 質問に対する回答・申請ファイルの提出，3) 候補都市として承認，までの一次選考と，4) 立候補ファイルの提出，5) 評価委員会の視察，6) 開催計画説明会，7) 総会において投票，までの2次選考という2段階方式に改めた。このプロセスでは，贈収賄や過度な接待を防ぐためにIOC委員個人が現地視察することを禁止しており，代わりに評価委員の作成する報告書によって投票を決めるという新しい手続きが導入された。しかしながら，2020年夏のオリンピック・パラリンピック大会の開催が決定した東京の招致活動予算が75億円に及ぶなど，招致に多額の費用がかかる現実に未だ変わりはない。

[テレビ放映権料の高騰]

商業主義化するオリンピックにおいて，テレビ放映権料の高騰も大きな問題である。第23回大会（ロサンゼルス）ではこれまでの公益性重視から方針を変え，放映権を情報商品として捉え，その市場価値を追求していった。組織委員長のピーター・ユベロス（Peter Victor Ueberroth）はオリンピックによるテレビ局の広告収入を算出して，そこから放映権料2億ドル以上，放送に必要な設備費7,500万ドルという価格を設定，入札を行った。また，1990年代中頃から顕著になった契約の長期化も放映権料の高騰に影響を与えている。2008年に開催された第29回大会（北京）のテレビ放映権契約は1995年に結ばれていたものであり，2004年夏季，2006年冬季，2008年夏季の3大会合計で23億ドルという巨額長期一括の契約であった。

テレビ放映権料の高額化には「テレビによるスポーツへの介入を許すことにならないか」という批判がある。しかし，テレビマネーによってIOCが財政的に自立し，各国オリンピック委員会（NOC）への分配金も増加する。また，テレビ局も高額で購入した放映権料の収支を合わせるために，可能なかぎり多くの時間をオリンピック中継にあてる。これまでのスポーツとテレビの関係はスポーツを供給する側，享受する側，メディア各々にとってけっしてマイナス面ばかりではなかった。ただし，このテレビ，スポーツ，視聴者の良好な関係も，臨界点を迎えつつある。衛星放送やインターネットの出現は放送と通信の垣根をより曖昧にし，両者が融合することでマルチメディア・マルチチャンネル化を推し進める。そして，人々の関心が高いスポーツイベントは激しさを増したチャンネル間競争に勝利するためのキラーコンテンツとして，これまで以上の価格上昇が予測される。現在のところ，IOCは「無料放送という基本原則」を守ってきてはいるが「有料でなければオリンピックが視聴できない」という事態も今後は想定される。わが国でも「誰もがみたいスポーツをみる権利」として，ユニバーサルアクセス権についての議論が急がれる。

② オリンピックという商品

「オリンピックは商業主義に陥っている」との批判がある。その多くは高騰するスポンサーシップや放映権の契約を指摘し，資本の論理によって「守るべきオリンピック精神」を喪失してしまったという論調である。商業主義化するということは，オリンピックが商品として捉えられることであるが，ではそもそもオリンピックとはどのような構造，特性をもった商品なのだろうか。そして，その商品としてのオリンピックは，どのような社会環境において生成し，時代とともに変容してきたのだろうか。

[オリンピックのマーケティング]

オリンピックが商業主義路線へ大きく転換したのは1984年の第23回大会（ロサンゼルス）であった。ユベロスはオリンピックをマーケティングの対象物として捉え，1) 放映権料，2) 入場料収入，3) スポンサー収入，4) ライセンス料の4点において，徹底的な収益拡大方策をとった。特に1) の放映権料と3) スポンサー収入については「権利」という概念の本質を活用し，テレビ放映権における独占放映権方式，スポンサーシップにおける1業種1社方式という新しい制度を導入した。その結果，テレビ放映権料は前回大会のおよそ3倍にあたる2億2,500万ドルに跳ね上がり，スポンサー収入においても大幅な収益拡大を得ることになった。

オリンピックという商品は，競技関連団体（IOCなど）あるいは競技種目ごとの出場チームや選手が，スポーツファン・メディア・スポンサー企業を対象にその興行権と肖像権およびそこから派生する諸権利を販売するという構造で成立している。このメディア商品としてのスポーツが他のメディア商品と比べて際立っている特性は，1) リアリティー，2) ビジュアリティー，3) 広い訴求対象の3点といわれる（広瀬，2002）。1) リアリティーとは，スポーツは報道という側面ももつためテレビのニュースや新聞で取り上げられることも多く，量的にも質的にも露出を確保できるという点，2) ビジュアリティーとは，スポーツは動きが大きく，ダイナミックなため映像向きのソフトであるという点，3) 広い訴求対象とは，スポーツは視覚に訴えやすいためノン・バーバルコミュニケーションとして言語，国境，人種の壁を超えること

が容易であるといった点である。
[オリンピックのスポンサーシップ]
　第29回大会（北京，2008年）のスポンサーシップ構造は5段階のレイヤー（層）に分かれていた。最上位はオリンピックパートナー(The Olympic Partners: TOP) (12社／約50億円)でIOCと契約を交わす。TOP以下のスポンサーは第29回大会（北京）組織委員会が大会の運営資金を調達するために獲得したオリンピック・オフィシャルパートナー（11社／約50億円以上），同オフィシャルスポンサー（10社／約20億円），同エクスクルーシブ・サプライヤー（15社／4-5億円），同サプライヤー（16社，排他権なし／2-3億円）の4つのレイヤーで構成される。通常，オリンピックのスポンサーシップはIOCと契約するワールドワイド・パートナーと開催都市の組織委員会が集めるスポンサーの2つの形態があり，組織委員会によるスポンサーシッププログラムは通称「ローカルプログラム」と呼ばれ，マーケティング権の範囲が開催国内に限られている。
[TOP]
　TOPとは，スポンサー企業がIOCと契約を結び，世界規模でのビジネス機会を提供する最も代表的なスポンサーシップシステムである。4年間（夏季＆冬季オリンピック）を契約期間単位としたこの商品パッケージは，1988年の第24回大会（ソウル）と第15回冬季大会（カルガリー）を対象としたTOP Iからスタートした。コカ・コーラ，コダック，VISA，松下電器産業（現・パナソニック）など10社が最初のワールドワイドパートナーとして契約した。これらのTOP企業には「あらかじめ与えられた商品カテゴリーでの独占的なマーケティング権利と機会が与えられ」（原田，2004），例えばコカ・コーラであればノンアルコール飲料，コダックであればフィルム全般といったように1業種1社の方式を採用し，企業のスポンサーメリットを厳重に守っている点が特徴である。パートナー企業は世界規模でのマーケティング機会を得る対価として，契約期間の4年間で約50億円以上のスポンサー料を支払う。具体的に行使できる権利については（表1）にまとめた。
　スポンサー企業数9社，協賛総額9,600万ドルで始まったTOP I (1985-88年)は，2009-12年のTOP Ⅶにおいてスポンサー企業数11社，協賛総額9億5,700万ドルまでに成長した。またIEG社の調査では，世界中のスポンサーシップ投資額の約7割がスポーツに使われているとの報告もあり，このデータからもメディア商品としてのスポーツが「気づき・認知度の向上」や「ブランドロイヤリティーの向上」といった項目で，他の芸術やエンターテインメント産業以上の商品価値を有していることがわかる。スポーツスポンサーシップは，現在，単なる広報・宣伝活動の域を超え，企業の包括的マーケティング戦略の一翼を担う重要な存在として位置づけられている。

③ スポンサーシップの歴史的変遷
[権利（責任）主体の変遷]
　オリンピック大会の経費の責任主体，あるいは契約の権利主体は第23回大会（ロサンゼルス）以前，本大会，本大会以降でそれぞれ異なる形態をとっている（表2）。第23回大会以前は開催都市と政府が運営費用の大半を賄う方式であったが，民間資本のみで運営を余儀なくされた本大会では，組織委員会が直接テレビ放映権やスポンサーシップの契約主体となった。本大会は2億ドル以上の黒字を計上する財政的に成功した大会となったが，この成功を境にIOCが積極的かつ系統的なマーケティング活動を開始する。1985年に各国オリンピック委員会(NOC)が所有していたオリンピックマークの商業使用権をIOCに帰属させたことを手始めに，自らを権利主体としたスポンサーシップシステムを開発し，財政基盤の強化を図っていった。
[スポンサーシップ・レイヤーの変遷]
　TOPがスタートした第24回大会（ソウル，1988年）から第29回大会（北京，2008年）に至るまでIOCの基本的なスポンサーシップ戦略に大きな変更はないが，スポンサーシップのレイヤー（層）は開催地の経済・社会状況に応じて，変遷を重ねてきている。例えば，TOP以前の第23回大会（ロサンゼルス）では，公式スポンサーとサプライヤーというシンプルな構造であったが，TOP Ⅳ (1997-2000年)の第18回冬季大会（長野，1998年）になると，世界的な広告宣伝活動ができるワールドワイドパートナー，日本国内のマーケティングプログラムで最高位に位置づけられるゴールドスポンサー，主に物品サービスの提供によって大会に協賛するオフィシャルサプライヤー，大会エンブレムやマスコットを利用して商品化を行うオフィシャルライセンシーと4つのレイヤーに増加した。また，TOP Ⅵ (2005-08年)の第29回大会（北京）では，すでに述べたとおり5段階のレイヤー構造に分かれていた。
　複数のレイヤーを設定し，協賛条件に選択肢をつくることで，より多くの企業参入を促すことができる。このような方法は収入の最大化を実現するために，開催地の組織委員会によって検討・採用されることが多い。
[スポンサーメリットの変遷]
　スポンサーメリットとは，スポンサーシップが契約した企業にもたらす権利や特典のことである。このスポンサーメリットは，以下の4つの意味に分

表1　TOP企業の主な権利と機会

内容
・オリンピック関連商標の使用権
・ホスピタリティー機会の提供 　（企業ホスピタリティー用レストランの開設）
・放映番組への優先的な広告掲出権
・会場での商品販売と商品展示機会
・アンブッシュ・マーケティング対応 　（広告スペースの管理，世界中のテレビ中継の監視）
・幅広いプログラムを通しての告知

表2　権利主体の歴史的変遷

	第23回大会以前	第23回大会（ロサンゼルス）	第23回大会以降
権利内容	・チケット ・放映権	・チケット ・放映権 ・スポンサーシップ ・マーチャンダイジング（商品化権）	・チケット ・放映権 ・スポンサーシップ ・マーチャンダイジング（商品化権）
権利主体	（開催都市と国）	組織委員会	IOC（収入を組織委員会と分配）

類される（海老塚, 2007）。
1) ルール系：スポンサーシップの根底をなす独占排他権のこと。この権利を前提として，公式マークの使用やスポンサー呼称の活用が許諾される。
2) 露出系：競技場内のアドボード（広告，看板）が典型的である。そのほか，選手ユニフォームへのロゴプリントや公式プログラム内の広告スペースなど，活用される種類は多い。
3) 販促系：ゲスト招待用のホスピタリティーエリアやブースの提供，無料招待チケットや駐車場優待券の提供，競技場内でのサンプリングなどがこれに相当する。
4) 名誉系：ロイヤルボックスへの招待や表彰式の列席といったものから，副賞の提供などもこの領域に入る。

1980年代，特にアメリカにおいて生成され，成長したスポーツスポンサーシップは，当初「ブランド認知の向上」や「ブランドイメージの改善」といった露出系のスポンサーメリットの提供が中心であった。しかし，1990年代に入りそのノウハウが蓄積されていくにつれて，販促・名誉系のスポンサーメリットを含めた「スポンサーシップの多目的利用」という動きが加速している。

[スポンサー企業の変遷]
TOPスポンサー企業は，高額のスポンサー料にもかかわらず，ほとんどの企業が継続してスポンサー契約を更新している点が大きな特徴である。しかし，第Ⅰ期（TOPⅠ）から契約を継続していたコダックが第Ⅵ期（TOPⅥ）で撤退した。デジタル技術の進歩により，これまでのスポンサーカテゴリーでは，メリットを見出せなくなったことも撤退理由の1つであった。産業構造の変化もまた，スポンサー企業の顔ぶれを変えていく。

④ 商品化するオリンピックの社会的意味

オリンピックが商業主義化するという社会現象は，社会の中でオリンピックが経済活動の1つとして捉えられているということであり，すなわちそれは，商品として位置づけられているということにもなる。商品とは『大辞泉』（小学館）によると「市場で取引されるもの。財貨・サービスなど」，また『社会学小辞典』（有斐閣）によると「交換・販売を目的として生産された生産物のこと。有形の財だけでなく，労働力・サービス・情報など」とある。そこに「化」という「そのような事，モノ状態に変えること」を付け加えると，オリンピックの商品化とは「オリンピックをサービスという交換可能なものにすること」と定義できる。資本主義社会とは，この「交換」を基本システムに成立している。資本主義とは「交換の動機づけとなる欲求を自己創出する動的システム」（北田暁大．『広告都市・東京 その誕生と死』廣済堂出版．2002. 18）であり，その「交換」はなんらかの「差異」によって駆動する。言い換えれば「差異」によって「交換」が創出され，その「交換」によって「利潤」が発生する，これが資本主義の基本枠組みである。

資本主義の普遍原理は「差異性」であり，資本主義社会に生きるわれわれはこの「差異」を意識的に作り出していかなければならない。一方でスポーツ（近代スポーツ）の本質は競争であり，競争は必然的に「差異」を生み出す。つまり，スポーツは「差異性」そのものであり，資本主義との相性が非常によい存在であった。ここでは「スポンサーシップ」について述べてきたが，企業もまた「差異性」なくして生き抜くことはできない。スポーツのもつ卓越性や大衆性は，最大多数の消費者に商品購入を説得しようとする広告にとって，なにものにも代えがたい特性である。スポンサーシップの発展期には，スポンサー企業はスポーツという商品の特性を十分に生かして，認知度の向上やイメージの改善を図っていった。

しかし，1980年代の黎明期から1990年代の発展期を経験して様々なノウハウを蓄積した企業は，投資対効果の観点からパートナーとして歩んでいくスポーツ組織を取捨選択するようになってきた。それに応じてスポーツ組織もまた（ここではIOCになるが），企業の実効的な経営上の解決策を提供すべく自らの有するすべての価値を消費対象に広げていこうと努めている。

スポーツと企業の関係も企業がスポーツスポンサーシップへの投資対効果をより厳密に求めるようになってきたことで，変化の兆しがみられている。

参考文献　18.B.03

- 岩井克人．1997．『資本主義を語る』〈ちくま学芸文庫〉筑摩書房
- 海老塚修ほか．2007．『バリュースポーツ』132-34．遊戯社
- 原田宗彦．2004．「オリンピックとスポンサー」『ライトナウ』45．税務経理協会
- 広瀬一郎．2002．『新スポーツマーケティング～制度変革～』創文企画
- マイケル・ペイン．2008．『オリンピックはなぜ，世界最大のイベントに成長したのか』保科京子ほか 訳 338．サンクチュアリ出版
- メディア総合研究所 編．2006．『新スポーツ放送権ビジネス最前線』〈メディア総研ブックレット11〉花伝社
- International Olympic Committee. 2012. *Olympic Marketing Fact File 2012 Edition.*

（田島良輝）

日本におけるオリンピック　18.B.04

オリンピック大会は，オリンピックの理念（オリンピズム）を広く社会に普及させる運動であるオリンピックムーブメントの中で，最も重要な活動として展開されるものである。

日本ではこれまでオリンピック大会を，夏と冬を合わせて，3回開催している。2020年に開催される第32回大会（東京）を加えれば，夏冬2回ずつ開催することになる。2020年までに限ってみると，夏と冬を複数回開催した国（NOC）は，アメリカとフランス，そして日本のみである。その意味で日本はオリンピックムーブメントに深くかかわってきたといえる。

ここでは，オリンピック大会の開催に際して，オリンピック理念をどのように伝えてきたのか，ということを中心に，日本のオリンピックムーブメントについて歴史的に概観する。

①オリンピックと日本人のかかわり

[1896年の第1回オリンピック大会（アテネ）と日本]

日本がオリンピック大会と最初にかかわったのは，1896（明治29）年の第1回大会（アテネ）であった。この大会の射撃委員会より，世界の銃の展示会をオリンピックで行うので日本の伝統的な銃を送ってほしい，という要請が

1895（明治28）年に届き，村田連発銃1丁と銃弾30発が陸軍省よりギリシャへ送られた。ただ，これが実際にオリンピックの会場で展示されたかどうかは定かではない。射撃の競技に関する展示が行われたという記録の確認がとれていないためである。

また，平和の祭典であるオリンピックとの最初のかかわりが陸軍であったというのは興味深い点である。

[1904年の第3回大会（セントルイス）と日本]

次に日本人がオリンピックにかかわったのは，アメリカのセントルイスで行われた1904（明治37）年の第3回大会である。この大会はルイジアナ州併合100周年記念博覧会（Louisiana Purchase Exposition）の付属としてオリンピックが行われ，博覧会には世界の少数民族が集められた。日本にもシカゴ大学の人類学教授スタール（F. Starr）が来日して人選し，子ども2人を含む9人のアイヌを連れていった。セントルイスでは，少数民族たちの競技がオリンピック競技として行われた。そこにアイヌ男性4人が参加，アーチェリーや砲丸投に出場した。彼らが日本人初のオリンピアンであると考えられる。その根拠は次の4点である。

1）彼らはすでに日本国籍を持っていたアイヌの中で指導者的な立場にあったこと
2）日本政府，北海道庁の許可を得ており，アイヌ個々人とも契約書を交わしていたこと
3）当時の国際オリンピック委員会（IOC）は，競技種目の選定は組織委員会に委ねていたこと
4）IOC会長が第3回大会（セントルイス）の組織委員会の一員で人類学競技の提案者サリバン（J.E. Sullivan）に対して感謝の意を表したこと

[1906年アテネ中間大会と日本]

日本とオリンピックとの出会いの3度目は，1906年にアテネで行われた中間オリンピック大会（Intermediate Olympic Games）への招待であった。ギリシャの委員クリサフィス（I. Chrysafis）から，日本体育会という国民体育の振興を目的とする団体宛てに，日本人の参加要請の依頼状が届いた。日本体育会は検討した結果，経済的な理由とエリート選手の養成はしないという理由で参加を拒絶したのであった。

[嘉納治五郎によるオリンピックムーブメントの受容]

4度目の日本とオリンピックとのかかわりは，1909年であった。駐日フランス大使が，クーベルタン（P. Coubertin）の意を受けて，日本におけるオリンピック委員会の設置とIOC委員の就任を講道館柔道の創設者で東京高等師範学校（現・筑波大学）校長の嘉納治五郎に要請した。嘉納はそれを受け入れ，1912年の第5回オリンピック大会（ストックホルム）に日本代表選手を連れて参加した。

ただし嘉納は，IOCの要請にそのまま応じて日本オリンピック委員会をつくるのではなく，大日本体育協会（Japan Amateur Sport Association）を1911（明治44）年に設置し，オリンピック委員会の機能をもたせることにした。これは嘉納が国民レベルで体育・スポーツを発展させたいという考えを強くもっていたからであった。この点はオリンピックムーブメントの日本的な受容というべきもので，あくまでも国民レベルで体育・スポーツを奨励し，普及させるというねらいをもって，オリンピックムーブメントに参加しようとしたのであった。

嘉納は競争形式を伴う体育の実践を，すでに1890年代から東京高等師範学校内で行っていた。柔道はもちろん，水泳，長距離走などを全生徒に行わせていた。また柔道部，撃剣部，弓技部，器械体操部，相撲部，ローンテニス部，フットボール部，ベースボール部，自転車部を作り，全学生はそのうちの数部に所属して，毎日運動することを嘉納は義務づけた。競争性をもった運動は，当時の学校で行われていた体操に比べて，若者に興味をもたせながら，技術の向上を図ることができること，さらにそのような運動は，学生たちにも勇気，忍耐，礼儀，相互扶助などの精神面を発達させ，教育者，指導者としての資質の形成に役立つ，と考えていた。

このような考え方は，スポーツ教育の考えに近く，それゆえ，オリンピックムーブメントの話を聞いた時，嘉納は自身の経験から，積極的に理解することができたのであろう。また，嘉納は欧米のスポーツをそのまま導入するのではなく，柔道や水術にみられるように日本の伝統的なスポーツを近代的に改編して国民スポーツにする，ということも忘れなかった。

オリンピックを通して国民体育を振興するとともに，スポーツによる青少年を育成するという嘉納の理論は，1940年の第12回大会の招致活動の際に，多くのIOC委員を説得する材料になり，1936年7月のIOC総会で，1940年開催予定であった第12回大会の東京招致に成功したのであった。

日本国内では軍部の力が強くなる中，嘉納はあくまでも，彼自身の構想した考えをもとにオリンピックを構想したが，1938（昭和13）年5月，78歳で逝去，その2ヵ月後，1938年7月に東京市は第12回大会開催の返上を決定した。

つまり，戦前の日本においてオリンピックムーブメントは嘉納により国民レベルでの体育・スポーツの普及と人間形成をめざして推進されたものの，日本人の共有の価値にはならなかったといえる。

② 第18回オリンピック大会（東京，1964年）の開催

[大会の準備－オリンピック国民運動－]

アジアで最初のオリンピックとして，第18回大会が東京で開催されることが決まったのは1959年5月，ミュンヘンでのIOC総会においてであった。この時，招致委員会側から説明に立った外交評論家の平沢和重は，小学校6年生の日本の国語の教科書を手にとって，日本ではこの教科書でも挙げられているとおり，義務教育の段階から誰もがオリンピックを学び，知っていると力説した。その後，投票の結果，58票中34票の過半数を上回る得票に結びつき，東京開催が決定した。

東京での大会開催が決まると，「オリンピック国民運動」が総理府，JOC，文部省，民間団体などの協力のもと実施された。これは文字通り，国を挙げてオリンピックムーブメントを展開するという運動であり，具体的な活動は次のものであった。

・オリンピック展覧会の巡回

オリンピックの意義と第18回大会の内容を国民に広く知らせる目的で，

1962年度から1964年度にかけて，オリンピック展覧会が全国各地を回った。出品物は秩父宮記念スポーツ博物館に所蔵されている，オリンピック関係物品，および東京大会関係物品であった。3ヵ月で23都市，開場日数180日，観覧者数は30万人に達した。

・オリンピック教育の展開

文部省は，学校におけるオリンピック国民運動として，児童・生徒に，「オリンピック精神を培い，日本人としての自覚に立ちながら，国際親善と世界平和への態度を養う」目的で，オリンピック教育が各学校で実施されるように促した。小中学生向けに「オリンピック読本」が各学校に配布された。

東京都千代田区の教育委員会では，オリンピック学習委員会を結成し，区内の小・中学校でオリンピック学習を展開した。"オリンピック学習の手引"という副題のついた『オリンピックと学校』という本を1964（昭和39）年春に発行しているが，オリンピック学習の目標として次の4つを身につけることが挙げられている。

1) 国際親善に尽くす心，世界平和に貢献する素地
2) 人間尊重の理念や態度，日本人としての自覚と誇り
3) オリンピックの起源・意義，オリンピック精神の理解
4) 運動・競技に対する関心，すすんで参加する態度

小・中学校の具体的な教科における展開例を2，3挙げてみたい。

社会科4年の〈交通のむかしと今〉の授業では，鉄道の電化，東海道新幹線などがいずれもオリンピックをめざして，準備されていることに気づかせる。

体育高学年では，オリンピック種目と関連させて器械運動，陸上運動，ボール運動，水泳などを指導する。リズム運動では開会式や競技，オリンピックに伴う工事（ロードローラーの動き）を表現する。オリンピックの歴史，織田幹雄（日本初の金メダリスト），西田修平と大江季雄（棒高跳での友情のメダル）などについて学ぶ。

道徳低学年では，外国人に親しみの情をもつこと，外国の選手に対しても心から応援できること，外国の子どもと仲良くすることなどについて学ぶ。

また，学習発表会では，国際理解やオリンピックの歴史についての研究発表や，第18回大会の準備状況を理解させるものに取り組む，音楽会ではオリンピックの歌，運動会ではオリンピック種目を一部取り入れる，映画観賞会では，オリンピック関係のフィルムを観賞する，などである。また生活指導として，身近な緑化運動や毎月10日の"首都美化デー"に参加させる，などが示された。

これがどの程度実施されたのかについて，詳細には明らかになっていないが，筆者も第18回大会の時には都内の小学生であり，毎日，登下校で学校周辺のゴミを拾い，東京の美化運動に努めたことを覚えている。

1964年にオリンピック教育が行われたことは国際的にもかなり早かったといえるが，このような取り組みは第18回大会の終了後には実施されなくなってしまった。

・オリンピック記録映画の団体観覧（1965年）

大会終了後には，記録映画『東京オリンピック』（東宝株式会社）を小学校3年生から高校生までの児童・生徒に鑑賞させる機会が提供された。この趣旨は，児童・生徒に「オリンピックを通じてスポーツ精神の理解を図り，日本人としての自覚を深め，国際親善と世界平和への信念と態度を養う」というものであった。

[大会の概要]

第18回大会（東京）は，1964（昭和39）年10月10日に国立霞ヶ丘競技場で開会式が行われた。大会の規模は20競技163種目に93の国と地域から，5,152名の選手（男性4,474名，女性678名）が参加した。日本は選手355名（男子294名，女子61名），役員82名ですべての競技に参加した。日本が獲得したメダルの数は金16，銀5，銅8で，日本のオリンピック史上最多の金メダル数となっている。

大会の名誉総裁には天皇陛下の就任が決まりIOC憲章に則り開会式で大会の開会宣言を行った。

オリンピックトーチ（聖火）リレーは，8月21日，ギリシャのオリンピアで採火され2万3千kmにわたって10万人を超すランナーによってリレーされた。そして，開会式で聖火台に点火する最終走者は坂井義則が務めた。坂井は1945（昭和20）年8月6日，広島に原爆が投下された日に広島県に生を受けた青年であった。戦後復興と平和の祭典を祝うという意味を込めた聖火台への点火であった。

大会3日目，ウエイトリフティング・フェザー級の三宅義信が世界新記録で優勝し日本に金メダルをもたらした。また，レスリングでは快進撃をみせ，フライ級で吉田義勝，バンタム級で上武洋次郎，フェザー級で渡辺長武，グレコローマン・フライ級で花原勉，同・バンタム級で市口政光など5個の金メダルを獲得した。体操男子でも個人総合で遠藤幸雄が，また団体総合（小野喬，遠藤幸雄，鶴見修治，山下治広，早田卓次，三栗崇）でも優勝した。種目別ではつり輪で早田，跳馬で山下，平行棒で遠藤が優勝した。この大会から登場した柔道では軽量級で中谷雄英，中量級で岡野功，重量級で猪熊功が優勝したが，注目の無差別級ではヘーシンク（A. Geesink）と神永昭夫の決勝となり，ヘーシンクが勝利した。日本の選手が金メダルを独占できなかったことは，柔道の国際化に拍車をかけることにつながった。

ボクシング・バンタム級では櫻井孝雄がボクシング界で初の金メダルを獲得した。

大会終盤では女子バレーボールの決勝戦，ソ連対日本の試合に注目が集まり，河西昌枝，宮本恵美子，谷田絹子，半田百合子，松村好子，磯辺サタ，松村勝美，篠崎洋子，佐々木節子，藤本佑子，近藤雅子，渋木綾乃からなるチームがバレーボール第1号の金メダルを獲得した。チーム監督の大松博文は「鬼の大松」と呼ばれたが，この大会を機にバレーボール熱が国中で一気に盛り上がった。このほか数多くの名勝負があり，陸上競技の棒高跳でアメリカのハンセン（F. Hansen）と西ドイツのラインハルト（W. Reinhardt）の8時間半の熱戦，マラソン円谷幸吉の銅メダル，陸上競技男子100mアメリカ代表ヘイズ（R. Hayes）の初の9秒台突入等，多くの世界的話題を集めた。

また，オリンピック史上初のフェアプレイ賞が設けられ，スウェーデンのヨット競技フライングダッチマン級レースのキエル兄弟に授与された。それ

は次の理由による。レースは10月12日から江ノ島のヨットハーバーで行われたが，3日目の海上は瞬間風速が15mにも達する荒天になり，沈没・故障する艇が続出した。しかしその中で，スウェーデンのラース・キエル／スリグ・キエルの兄弟が操縦する艇は先頭グループを好調に追い上げていた。しかしその時，前を走るダウ／ウィンター組のオーストラリア艇が突風により大きく揺れ，ウィンターが海へ投げ出されてしまった。それに気づいたキエル兄弟は，レースを中断して100m逆走し，ウィンターの救助にあたった。そして，監視艇がオーストラリア組を助け上げるのを見届けてからレースに復帰した。結果，キエル兄弟は11位でのゴールとなったが，スポーツマンシップに則った行為であるとし，キエル兄弟に国際フェアプレイ賞が授与されたのであった。

10月24日に行われた閉会式は1956年の第16回大会（メルボルン）の時と同様に，各国選手が入り交じっての入場となり，オリンピック理念を示す入場としてこれ以降，定着することとなった。

[第18回オリンピック大会（東京，1964年）のレガシー]

1964（昭和39）年の第18回大会（東京）は次のようなレガシー（遺産）を残したといわれる。

・戦後復興の象徴

1964年の大会開催に合わせ，「国立競技場（霞ヶ丘陸上競技場，秩父宮ラグビー場，代々木競技場，西が丘サッカー場）」をはじめ，「日本武道館」「駒沢オリンピック公園」「岸記念体育会館」などが建設された。また，オリンピック選手村跡地の一部は「オリンピック記念青少年総合センター」として現在でも利用されている。

また，羽田空港と浜松町を結ぶ「東京モノレール」は，1964年9月17日に開業した。輸送力が限界に達していた東海道本線の混雑を解消するため「東海道新幹線」が別線増設という形で同年10月1日に開業した。そのほか，首都高速道路・名神高速道路の整備，環七通り・六本木通りの拡幅・整備などが行われた。

旅館や民宿といった独自の宿泊と滞在スタイルを提供していた日本が，欧米型の観光とレジャーを主体としたホテル業を展開したきっかけは1964年の第18回大会（東京）であった。世界中から来日する観光客をもてなす目的で，「ホテルオークラ」「東京ヒルトンホテル」「ホテルニューオータニ」「東京プリンスホテル」などが相次いで開業した。ホテル業界では，オリンピック開催時を"第1次ホテルブーム"と名づけ，1969（昭和44）年の第2次ブーム（大型化），1971（昭和46）年の第3次ブーム（高層化）を経て現在の市場規模へ発展したと位置づけている。

・国際社会への復帰

日本政府は，1951（昭和26）年9月の講和後も，貿易，為替を厳重に管理し，外国との競争から国内産業を保護して，経済の復興・成長を図っていた。高度経済成長とともに，欧米諸国から開放経済体制への移行・自由化要求が強まり，池田内閣は貿易と資本の自由化を進めた。そして1960（昭和35）年には貿易為替自由化計画大綱を決定（決定は第二次岸内閣）した。さらに，1963（昭和38）年2月にGATT（関税及び貿易に関する一般協定）12条国から11条国へ移行後，翌年4月1日にはIMF（国際通貨基金）14条国から8条国へ移行した。GATT11条国とは国際収支を理由とする貿易制限が禁止された国であり，IMF8条国とは国際収支を理由に為替管理を行えない国のことである。この時を境に，海外旅行も自由化となった。

同年4月28日にはOECD（経済協力開発機構）に加盟した。これまで国内企業保護のため外資導入を禁じていたが，資本取引の自由化が義務づけられることにより，本格的開放経済体制に突入した。

オリンピック開催に向け，国際標準の資本・経済体制を確立して，名実ともに国際社会の仲間入りを果たしたのであった。

・初のテレビ・オリンピック

1964年の第18回大会（東京）は，NHKをはじめ日本の放送関係者が総力を挙げて，テレビ放送の実現に努力した。撮像管（被写体の像を電気信号に変換する真空管）の開発から衛星中継までの一連の機器を国内開発し，静止衛星シンコム3号を利用して世界で初めてオリンピックの生中継を実現した（電話回線用で，テレビ信号をそのまま伝送する容量はなかったが，圧縮技術を使い，大会3日前に技術テストに成功した）。大会では，開・閉会式，レスリング，バレーボール，体操，柔道など8競技がカラー放送された。中継には，白黒の受像機をみる多くの人々のために，白黒でも画質が落ちないよう設計された分離輝度2撮像管式カラーカメラが使用された。また競技をVTRで収録して，それを再生するスローモーションVTR，接話マイクなど新しいテレビ技術が一斉に登場した。そのため第18回大会は，「テレビ・オリンピック」ともいわれ，メディアを通して日本中が一体感をもつ，国民的イベントとなった。テレビの視聴率は開会式で66.1％，女子バレーボールの決勝では66.8％を記録した（ビデオリサーチ社）。この大会は，世界に日本の放送技術の高さを世界に示すとともに，日本のテレビ産業が世界に飛躍する機会ともなった。

・スポーツ振興の基盤

スポーツ少年団は，2012（平成24）年において，登録団体数約3万5千，団員数約80万人，指導者約20万人を擁する組織である。この組織は，日本体育協会初代会長嘉納治五郎の「スポーツによる青少年の健全育成」という理想の実現を掲げ，1962（昭和37）年に同協会創立50周年記念事業として創設された。子どもを対象とした組織的なスポーツの先駆けであった。創設の背景には，少年犯罪の増加，経済成長に伴う地域社会の空洞化，国民の健康・体力問題といった社会的課題と，スポーツ振興法（1961年）の制定，第18回大会の開催を契機としたスポーツ振興機運の高まりがあった。創設以前の子どものスポーツは，近隣の異年齢集団による未組織な活動のみであったが，以後は，子どもとスポーツの接点が大幅に増大し，子どもとスポーツの関係を変容させる転機となった。

民間スポーツクラブの草分けとなったのは，「鬼に金棒，小野に鉄棒」といわれた体操競技の小野喬・清子夫妻が，スポーツの普及を目的に1965（昭和40）年に設立した「池上スポーツ普及クラブ」（東京都大田区）である。このクラブから1988（昭和63）年第24回大会（ソウル）代表の小西裕之などが育った。

③ 第11回冬季オリンピック大会（札幌，1972年）の開催

1972（昭和47）年の第11回冬季大会（札幌）では，札幌市を中心とした運動で市民運動推進連絡会議がつくられ，第18回大会（東京，1964年）にならい，学校でのオリンピック学習，社会教育機関での啓蒙活動などが実施された。実際に外国の学校と交流活動を展開した学校もあった。

この大会は，1972年2月3日から13日までの11日間，世界35ヵ国・地域から1,006人（男子801，女子205）の選手が，6競技（スキー，スケート，アイスホッケー，バイアスロン，ボブスレー，リュージュ）35種目を競った。日本選手団は男子70名，女子20名の計90名が参加した。

札幌は1940（昭和15）年の第5回冬季大会開催地に決まっていたが，日中戦争の勃発などのため，夏季大会（東京）とともに返上してしまった。以来32年ぶりに，札幌でアジア初の冬季大会が開催されることになった。

開幕直前，スキーメーカーと組んで宣伝活動をしているとの理由で，アルペン・スキー優勝候補であるオーストリアのカール・シュランツ（K. Schranz）を，アマチュア選手だけが参加できるオリンピックには招待できないと，IOCから出場を拒否される事件が起き波紋を呼んだ。これ以降，IOC内でアマチュア規定の是非が議論され，2年後の1974年にオリンピック憲章からアマチュアの語が削除されることにつながった。

開催国の日本は，好成績を収めることができた。スキーの70m級（現・ノーマルヒル）ジャンプで笠谷幸生，金野昭次，青地清二が金，銀，銅メダルを獲得し，冬季大会では初の表彰台独占，日本のスキーにおいては初の金メダル獲得となった。

このほか，日本が苦手としていたスキーのノルディック複合で，勝呂裕司が5位に，札幌開催が決まってから取り組むようになったリュージュで，男子2人乗りの荒井held・小林和敏が4位，女子1人乗りの大高優子が5位入賞と健闘した。

外国選手ではスピードスケートの男子4種目中3種目で金メダルを取ったオランダのアルト・シェンク（A. Schenk），スキーの女子距離3種目に優勝したソ連のガリナ・クラコワ（G. Kulakova）など，スーパースターも誕生した。また，女子フィギュアスケートのアメリカ代表ジャネット・リン（J. Lynn）は，規定とあわせた総合では3位だったが，フリーでは華麗なスケーティングで1位となり，すばらしい笑顔で"札幌の恋人"と呼ばれた。選手村の宿舎の壁に"Peace & Love"とサインして評判になった。

④ 第18回冬季オリンピック大会（長野，1998年）の開催

[地域開発と日本人選手の活躍]

第18回冬季大会の開催地にはソルトレークシティ（アメリカ），エステルスンド（スウェーデン），ハカ（スペイン），アオスタ（イタリア）そして長野（日本）の5都市が立候補した。1991年イギリスのバーミンガムでのIOC総会で，5回の投票が繰り返され，決選投票で長野がソルトレークシティを4票差で破り開催地に選ばれた。長野は戦前の1940（昭和15）年と戦後の1972（昭和47）年の冬季大会に名乗りを挙げ，2度とも札幌（1940年は戦争で中止）に敗れていたので，悲願が達成されたことになる。

長野は鉄道や道路などの面で「陸の孤島」と呼ばれていたので，オリンピック開催は地域開発の好機となった。長野市を中心に山ノ内町，軽井沢町，白馬村，野沢温泉村の1市2町2村にまたがる会場のために首都と結ぶ長野新幹線が着工され，上信越自動車道や各会場へつながる関連道路が整備され，競技施設も相次ぎ新設された。

長野大会組織委員会（NAOC）による大会の直接運営費は当初見積もり760億円が945億円に修正され，大会前年には1,080億円にまで増加した。

大会は72の国・地域から2,176人（男子1,389名，女子787名）の選手が参加し，7競技68種目で熱戦が繰り広げられた。この時のボランティア数は3万2,000名に及んだ。またメディア関係者は新聞・雑誌関係者が2,586名，テレビ関係者が5,743名で計8,329名に達した。環境への配慮がなされ，スタッフの衣装はリサイクルできるもので作られた。日本選手は男子100名，女子66名が参加した。

開会式は1998（平成10）年2月7日に行われ，第16回大会（アルベールビル，1992年）フィギュアスケート女子シングル銀メダリストである伊藤みどりが聖火台へ聖火を点火した。

大会は，スピードスケート男子500mで清水宏保が金メダルを獲得すると一気に国内は盛り上がった。スキーのジャンプで船木和喜がラージヒルで金メダル，ノーマルヒルで銀メダル，ラージヒル団体でも原田雅彦ら日本チームが劇的な逆転優勝を遂げ，女子モーグルの里谷多英，スケート・ショートトラックの西谷岳文の金メダルなどに日本中が沸いた。

新たに加わった競技種目については，カーリングが1924年以来の復帰となったほか，女子のアイスホッケーとスノーボードが初めてオリンピックに導入された。

オーストリア出身のアルペンスキーのヘルマン・マイヤー（H. Maier）は，滑降の競技中に転倒して防護ネットを破って転げ落ちて病院に運ばれたが，3日後のスーパー大回転と大回転に出場してともに金メダルを獲得し，"不死身のスキーヤー"と呼ばれた。

[世界に広がった「一校一国運動」]

この大会の際に長野市ではユニークな教育プログラムが行われた。それはオリンピックやパラリンピックに参加予定の国や地域と，子どもたちが交流を深める目的で，長野市内の小・中・特殊学校など約75校で行われた「一校一国運動」である。本大会の基本理念の中に，子どもたちを主役にするとの考えがあることに着目し，長野国際親善クラブの小出博治会長の提唱が発端になって，長野市の校長会で決定され，1996（平成8）年から具体的に実施された。各学校で決めた交流相手国の文化や歴史を調べたり，交流相手国の人たちと交流したり，語学を学んだり，手紙やビデオレターを送るなどの活動が展開された。オリンピックの最中には，選手村の入村式に参加したり，選手団を学校に招いて交流会を開催する学校がたくさんあった。これらの活動は，国際理解や平和の尊さ，環境保全の意識の向上など，オリンピックの理念を子どもたちに理解させるのに，大きく役立った。

この「一校一国運動」は2002年の第19回冬季大会（ソルトレークシティ）においても，オリンピック教育の1つとし

図1 「同心結運動」としての北京市と長野市の小学校の交流の様子
北京市の小学校の児童たちが長野市に招待され、長野市内の小学校の児童たちと交流をもったり、市内のリンゴ園でリンゴ狩りを楽しんだ。

てアメリカ・ユタ州の小・中学校約600校で広く実施された。この時に交流相手国として日本を選んだ学校が25校と最も多かった。さらに、2006年の第20回冬季大会(トリノ)でも、ピエモント州でこの「一校一国運動」が展開された。2008年の第29回大会(北京)では、この運動が中国語で「一校一国運動」を示す「同心結運動」として実施され、北京市内の小・中学校200校が各国NOCを通じて、世界の国々の子どもたちと交流した。北京市の花家地実験小学校が長野国際親善クラブの招きで2007年秋に長野に招待され、交流を続けてきた長野市の裾花小学校の児童と交流活動が行われた(図1)。

2010年には、シンガポールで行われた第1回ユースオリンピック競技会においても、「ツインズプログラム」という名称で実施され、東京都内の2校がシンガポールの学校と交流した。2014年の第22回冬季大会(ソチ)でも「1校1NOC運動」として、この教育プログラムが実施され、関係者から高い評価を得た。

長野市の小学校では、2014(平成26)年現在でも国際理解教育の1つとして、「一校一国運動」を続けている小学校や中学校が10数校ある。1998(平成10)年の第18回冬季大会(長野)当時、ボスニア・ヘルツェゴビナと交流した三本柳小学校では、地雷撲滅運動へと発展し、総合的な学習として継続されている。また「一校一国運動」に参加した児童の中には、それをきっかけにして国際理解や異文化理解に興味をもち、大学でその方面の分野に進んだ人たちも多くいるという。

オリンピックというと、どうしてもメダルを競う選手たちの活躍に目がいってしまうが、実は、オリンピックの理念(スポーツにより身体と意志、知性を磨き、社会の発展と平和に寄与する)を実現するためのオリンピックムーブメントとして、教育プログラムや文化プログラムはきわめて重要なのである。

参考文献　18.B.04

- 信濃毎日新聞社 1998.『長野オリンピック1998：記念保存版』
- 日本オリンピック・アカデミー 編. 2008.『ポケット版オリンピック事典』株式会社楽
- British Olympic Association. 1992. *Olympic glory : the official British Olympic association report of the Olympic and Olympic winter games*. Sevenoaks : Crier Publications.
- Finley, M.I., Pleket, H.W. 1976. *The Olympic games : the first thousand years*. Book Club Associates.
- Golden, M. 1998. *Sport and society in ancient Greece*. Cambridge University Press.
- Kluge, V. 1994. *Olympische Winterspiele : die Chronik : Chamonix 1924-Lillehammer*. Sportverlag.
- Wallechinsky, D. 1994. *The Complete Book of the Winter Olympics: 1994 ed.*, Aurum Press.
- Young, D.C. 2004. *A brief history of the Olympic games*. Blackwell.

(真田　久)

オリンピックと政治　18.C

オリンピックの政治性　18.C.01

① オリンピックと政治の結合

スポーツは政治から自立すべきであるといわれる。しかし、実際には、スポーツは古代から現代に至るまで政治とかかわりがなかったことはないといわれるほど、政治と結びつき、数多くの問題と直面してきた。オリンピックを近代に復活したピエール・ド・クーベルタン(Pierre de Coubertin)は、創設当初から「スポーツと政治の分離」を掲げ、スポーツのことはスポーツ人だけで運営する「スポーツの自立独立性(Autonomy)」を運営の基本方針としてきた(清川正二『スポーツと政治』ベースボール・マガジン社. 1987. 50)。その背景には、古代オリンピック(B.C.776－A.D.393)が、休戦制度に象徴されるように政治的・軍事的に中立性を維持したことによって、大会を1000年以上にわたって継続させたことにあるといわれている(J.パリー、V.ギルギノフ、舛本直文 訳著『オリンピックのすべて：古代の理想から現代の諸問題まで』大修館書店. 2008. 204)。

国際オリンピック委員会(IOC)は、『オリンピック憲章』(2011年版)において、オリンピックと政治の関係について次のように記し、国内オリンピック委員会(NOC)や国際競技連盟(IF)などのオリンピックファミリーの関係者に注意を喚起している。

「スポーツが社会の枠組みの中で行われることを踏まえ、オリンピックムーブメントのスポーツ組織は、自律の権利と義務を有する。その自律には、スポーツの規則を設け、それを管理すること、また組織の構成と統治を決定し、いかなる外部の影響も受けることなく選挙を実施する権利、さらに良好な統治原則の適用を保証する責任が含まれる」(オリンピズムの根本原則より)。

さらに、IOCの使命と役割として、「オリンピックムーブメントの団結を強め、その独立性を守るとともにスポーツの自立性を保全するために行動すること」「スポーツや選手を、政治的あるいは商業的に悪用することに反対すること」が述べられ、国内オリンピック委員会(NOC)の使命と役割には、「NOCは自立性を保持しなければならず、オリンピック憲章の遵守を妨げる可能性のある政治的、法的、宗教的、経済的圧力などを含む、あらゆる種類の圧力に抗しなければならない」と記載されている。

政治的な性格を強くもつことを「政治性」というが(三省堂『大辞林 第三版』)、「政治」とは、「国家およびその権力作用にかかわる人間の諸活動。広義には、諸権力・諸集団の間に生じる利害の対立などを調整すること」(同前掲)である。オリンピックが政治に影響されてきた背景には、その大会が世界的に注

目される最大規模の国際総合スポーツ大会に成長したことと関係し，それが国家および国際社会にとってなんらかの影響力をもち得るからである。「現実のオリンピックはまさに政治性の中で捉えられなければならない」(藤原健固『国際政治とオリンピック』道和書院 1984. 23)とする見方があるほど，政治は常にオリンピックの一側面を形づくってきた。

② オリンピックとナショナリズム

オリンピックと政治の問題が語られる時，ナショナリズム(nationalism)による影響をさす場合が多い。ナショナリズムとは「国家や民族の統一・独立・繁栄を目ざす思想や運動」(小学館『デジタル大辞泉』)のことをいい，国家主義・民族主義・国民主義などと訳される。オリンピックとナショナリズムの関係をみる時，オリンピックにかかわって，国家や民族内部の統一をめざそうとする動きや，他国・他民族に対する自国・自民族の優位性を示そうとする動きや意思の表出として捉えることができる。国家の意思(政治)が優先されたために，スポーツやオリンピックが甚大な影響を被る場合もある。以下にそれらの具体的事例を示す。

[国内の統一をめざす動き(オリンピックの招致活動)]

オリンピックの招致活動には，市場操作と政治的介入が顕著に現れる。2020年オリンピック・パラリンピック大会(東京)の招致ポスターに記されたキャッチコピーの1つである「日本は1つのチームだ」は，オリンピック招致への支持を国民に呼びかけ，国民の団結を促すものにほかならない。新聞やテレビなどのメディアが自国のオリンピック招致をどのように報道するかも世論を左右する。オリンピック大会の開催権は都市に与えられるが，その遂行には国家の協力と保証が不可欠であり，それだけ国家の影響力が増すことになる。オリンピック大会の開催都市を選ぶIOC総会では，日頃オリンピックムーブメントとかかわりをもたない大統領や首相，王室メンバーなどの公人が自国の立候補都市のスピーチに立ったり，アピールを行ったりすることも珍しくない。このようにオリンピックの招致や開催には，スポーツ界にとどまらず，多方面の人々を巻き込んで国内を統合していく機能があるといえる。

[戦争による大会中止(1940年幻の東京オリンピック)]

近代オリンピック史上，3度の大会が戦争によって開催の機会を奪われた。1度目は1916年の第16回大会(ベルリン)で，第一次大戦により中止。2度目は，1940年に開催予定だった冬季大会(札幌)と第12回大会(東京)で，日中戦争により両大会開催を返上(1938年)，さらに東京の代替となったヘルシンキでの開催も第二次大戦により中止。3度目は続く1944年の第13回大会(ロンドン)で，こちらも第二次大戦で中止となった。古代オリンピックでは，大会の前後を含む期間中は休戦制度により大会の開催を固守してきたことを思えば，近代になって理念に逆行しているかのようである。

政治的交渉の延長線上にある戦争の勃発によって，戦争に巻き込まれた国々でオリンピック大会の開催が困難になったという事実だけでも，オリンピックが国際政治に翻弄された例として挙げるに十分かもしれない。だが，それにとどまらず，オリンピックの招致や開催準備の過程でどのような政治的交渉が行われ，それが戦争とどうかかわっていたのか，また一国の政治的態度が国際社会からの評価にさらされた時，オリンピック開催の支持にどのように影響したのかということも，オリンピックと政治の問題を考える上でより深い理解につながるであろう。

日本にとって1940(昭和15)年は皇紀2600年にあたり，官民一体となって大会の開催を望んでいた。招致の過程で最有力候補であったローマに勝つために，日本はイタリアの独裁者ムッソリーニと親しいとされたオーストリアのIOC委員シュミットの来日に際し，天皇謁見を含む最大級のもてなしを行い，東京招致のための助言を請うた(池井優『オリンピックの政治学』丸善. 1992. 96)。外務省から日伊関係に特段の配慮をするようにとの指示を受けた杉村陽太郎(在ローマ大使, IOC委員)は，ムッソリーニとの会談で，オリンピック大会の招致に日本とイタリアのどちらが負けても体面上不都合であるとして，投票による直接対決を避けるための交渉を行った。その際，両国が武力進出の対象としていた相互の支配地域での権益尊重が確認された。その後，IOC委員の副島道正ならびに杉村とムッソリーニとの会談で1940年大会へのローマの立候補辞退が約束されたのである(田原淳子「オリンピックと政治」池田勝・守能信次 編『スポーツの政治学』杏林書院. 1999. 149)。

こうした数々の努力が実り，1936年7月31日，第11回大会(ベルリン)直前のIOC総会で，東京は1940年第12回大会の開催権を獲得した。ところが，翌1937年7月7日に日中戦争が勃発。戦争は終結のめどが立たないまま，拡大・長期化していった。中国への都市空爆に対して，国際連盟が日本に対する非難決議を行い，諸外国でも日本への非難が相次いだ。国際世論は，交戦状態にある日本での大会開催は中止すべきか，それともあくまで開催すべきかで議論が分かれた。前者は，オリンピック大会は世界平和実現の場であり，開催国は戦争とは無縁の平和国家であるべきだと主張し，後者は，オリンピック大会は政治から独立するべきで，開催国の政治的立場にかかわらず，オリンピック大会を開催し参加することによって国際親善を図るべきだと対抗した。外務省に届いた情報では，東京でのオリンピック開催に反対する意見が圧倒的多数を占めた(田原淳子「第12回オリンピック東京大会の開催中止をめぐる諸外国の反応について：外務省外交史料館文書の分析を通して」『体育学研究』38(2)：87-98. 1993)。

一方，IOC会長のバイエ・ラトゥール(Le comte Henri de Baillet-Latour)は，1938年3月カイロでのIOC総会で日本のIOC委員嘉納治五郎らを前に東京開催が置かれている状況の厳しさについて言及した。公式には大会準備の続行が承認されたものの，秘密裏に東京開催が返上された場合の代替地について協議が行われた。そして，日本の代表に覚書を手渡し，1940年までに戦争が終結しなかった場合に日本が直面せざるを得ない事態について注意を促した。そこには，中国の公平な大会参加への疑問，多くの競技団体のボイコットの可能性，大会返上の遅れを含む開催不能な事態による甚大な損害，参加

予定選手の失望，アジア全体のオリンピックムーブメントへの損害と日本の威信の失墜などが記されていた。その後も，ラトゥールは，日本向けラジオ放送やベルギー日本大使館訪問などを通じて，上記のような事態を回避すべく個人的な見解としながら返上を促した。IOCは組織委員会に大会中止を命じたことはなかったが，日本に自ら大会を返上させるようないくつもの交渉を行った（田原淳子. 前掲書. 152-55）。

日本国内では，国を挙げてオリンピックを招致し，政府も積極的な支援を約束していたが，開戦後に戦局が厳しくなってくると，政府の約束は実質的な意味を失っていった。杉山元陸軍大臣は，上記IOCカイロ総会の前の衆議院で次のような答弁をした。「事変が解決すれば大会を実施できるが，継続すれば開催できず，今後重大な事変に直面すればただちにやめなければならない」（同前掲. 155-59）。東京開催の運命は，完全に戦局に依存していた。大会の開催に意欲をなくした国家の前に，東京市も組織委員会も無力な存在でしかなかった。東京でのオリンピックの大会中止は1938（昭和13）年7月15日に閣議決定され，それを受けて翌7月16日に組織委員会が中止を決定した。

[人種差別国に対する抗議（南アフリカとローデシア）]

日本とアジアにとって初開催となった1964年の第18回オリンピック大会（東京）に際し，アフリカ・スポーツ最高会議は南アフリカ共和国（南ア）がアパルトヘイト（人種差別政策）を行っていることを理由に同国をオリンピック大会から除外するようIOCに要請した。IOCが南アの参加を認めれば，アフリカ諸国が大会をボイコット（集団不参加）しかねない状況であった（川本信正 監修『オリンピックの事典』三省堂. 1984. 106, 121）。IOCは，アパルトヘイトが「いかなる差別をもしてはならない」というオリンピックの理念に違反しているとして，南アの第18回大会への招待を取り消した（清川正二『スポーツと政治』ベースボール・マガジン社. 1987. 235）。続く1968年の第19回大会（メキシコシティ）でも，南アは参加を拒否され，1970年にはついに除名処分となった。南アの隣国であるローデシア（現ジンバブエ）も，白人支配の政権による人種差別政策のために第19回大会に参加することができなかった。

1972年の第20回大会（ミュンヘン）で，ローデシアは「スポーツでは人種差別の事実なし」として黒人・白人混合の選手団を派遣した。しかしアフリカの新興国グループはこれに猛烈に反発し，ローデシアを参加させるならば，アフリカ22ヵ国とこれに同調した東欧諸国が大会をボイコットする構えをみせた。アフリカ諸国は大会開催国の西ドイツ政府にも強く抗議し，最後には国連事務総長に「ローデシア・チームの西ドイツの入国ならびにオリンピック参加を認めることは，国連安保理事会の決議に反する」とまでいわせた。IOC総会は表決の結果，ローデシアの参加を否認した。その理由は，ローデシア選手団の黒人選手がイギリス国民であり，またローデシア市民であることを正式書類で証明することができなかったからである。ローデシアはその後，白人支配の体制が打破されて人種差別政策が解かれ，国名を「ジンバブエ共和国」に変更し，1980年の第22回大会（モスクワ）からオリンピックへの復帰が許可された（同前掲. 57-58）。

1976年の第21回大会（モントリオール）では，人種差別国に対する抗議行動はさらにエスカレートした。アフリカ統一機構（Organisation of African Unity: OAU）と呼ばれるブラック・アフリカの政治家たちは，アパルトヘイトを行っている南アのみならず，同国にラグビーチームを派遣してスポーツ交流をしたニュージーランドがこの大会に参加することに抗議して，OAU加盟の27ヵ国がボイコットを決議し，オリンピック村から引き上げたのである（清川正二『スポーツと政治』ベースボール・マガジン社. 1987. 52；川本信正. 前掲書. 127）。

当時のIOC会長アベリー・ブランデージ（Avery Brundage）は「政府の政策の善悪はわれわれには判断できない。またすべきではない」として，国内政治に関与せず大会参加の門戸を開くことを示唆する発言もしていた（清川正二『スポーツと政治』ベースボール・マガジン社. 1987. 58）。だが大会の成功を願うIOCにとって，ボイコットによる参加国数の減少も脅威であり，いかなる差別も認めないという理念の立場とも相まって，現実的な対応を迫られた。

IOCは南アが1991年にアパルトヘイトを撤廃したことで，同国のNOCの復権を認め，翌1992年の第25回大会（バルセロナ）から大会に復帰させた。

[東西冷戦を背景にした侵攻への抗議と報復（第22回大会と第23回大会）]

アメリカ大統領カーター（J. Carter）は1980年の年頭，1979年末にソ連がアフガニスタンに侵攻したことに抗議して，「ソビエト軍が即座にアフガニスタンから撤退しなければ，アメリカはモスクワ・オリンピックに選手団を派遣しないこともあり得るし，これを友好国に呼びかける」と声明を出した。カーターは，アメリカオリンピック委員会（USOC）に圧力をかけ，他の国々にも第22回大会（モスクワ）への不参加を呼びかけた。USOCは緊急総会を開き，1604票対797票で不参加を決定した。西ドイツオリンピック委員会も総会で不参加を決めたが，イギリス，フランス，イタリアは，オリンピックと政治は別の問題であるとして，政府の圧力にもかかわらず，参加を決めた（川本信正. 前掲書. 133-34）。

日本政府は，1980（昭和55）年2月1日に不参加を示唆する見解を発表した。当時日本オリンピック委員会（JOC）の上部団体であった日本体育協会は，年間予算総額の50％以上（15億8千万円）を国庫補助でまかなっていた。日本政府は，第22回大会の政府派遣補助金約6千万円を見合わせることや公務員のオリンピック参加禁止によってJOCに圧力をかけていた。JOCは同年5月24日に臨時総会を開き，29票対13票，棄権2票で第22回大会にエントリーしないことを決定した（坂上康博『スポーツと政治』山川出版社. 2001. 90-93）。

結局，日本，西ドイツ，カナダほか西側の約40ヵ国が第22回大会（モスクワ）をボイコットした。開会式では，参加81ヵ国中7ヵ国の選手団が行進をボイコットし，国旗ではなくオリンピック旗で入場した選手団や，旗手1人だけで入場したNOCもみられた。IOC会長キラニン（M.M. Killanin）は，「政府の圧力に屈せずやってきた選手諸君を歓迎する」と挨拶し，この大会で引退した（川本信正. 前掲書. 133-34；清川正二『スポーツと政治』ベースボール・マガジン社. 1987. 52）。

その次の1984年の第23回大会(ロサンゼルス)において,今度はソ連のチェルネンコ首相が社会主義国家群に同大会へのボイコットを呼びかけた。ソ連オリンピック委員会は,「ロサンゼルス大会においては選手,役員のセキュリティが保障されない」ことを理由に大会への不参加を発表し,14ヵ国の東欧諸国がこれに同調した。これらの国々は世界記録保持者を多数擁しており,こうした国々が参加しない第23回大会は"片肺大会"あるいは"四輪大会"と呼ばれた(清川正二.前掲書.52;川本信正.前掲書.136)。

オリンピック大会がボイコットの波に見舞われた時代にIOC副会長を務めた清川正二は,ボイコットの被害について,一番迷惑するのはオリンピック大会を主催するIOCと,巨額の費用と人員と時間をかけて関連準備を進めてきた大会組織委員会であり,選手団を組織し,派遣の選考に当たる各国のNOCであること,また選手にとってはオリンピック大会参加の栄誉をめざして苦しい努力を重ねてきたのに,政治家の一存で参加の機会を絶たれ,彼らの受ける失望と挫折は計り知れないと述べた。さらに,その後の経緯をみると,実はボイコットを実行した国の指導者とその国の選手が最も大きな被害を受けると指摘している(清川正二.前掲書.53-54)。

[2つの中国問題(中国と台湾)]

第二次大戦直後の1946年当時,南京に事務所をもつ中華民国の国内オリンピック委員会(The Chinese Olympic Committee)がIOCの承認を受けていた。しかし,中国革命によって中国共産党が大陸の支配権を手にすると,かつての政権を握っていた蔣介石は台湾に移った。その際,中国のスポーツ界も二分された。台湾に移ったグループが「中国オリンピック委員会」本部の台北への移転をIOCに報告し,IOCは1951年これを継続承認した。一方,大陸に残留したグループは北京に別の「中国オリンピック委員会」を結成し,IOC本部にその承認を申請した。1954年IOCは「台湾」の公認を継続した上で,「北京」にあるオリンピック委員会を「中華人民共和国オリンピック委員会」として承認した(同前掲.219-21)。当時の国際政治情勢では,中華民国,すなわち台湾政府は国連に加盟していたが,中華人民共和国はそうではなかった。

1956年の第16回大会(メルボルン)には,「北京」と「台湾」の双方がエントリーしたが,「北京」は台湾チームが出場する大会には参加しなかった。そして,IOCに対して「台湾」のNOC公認を取り消すよう主張した。1958年「北京」は突然,IOCに文書でIOCを脱退する旨を通告し,同国からのIOC委員も辞任した。その理由は,「台湾に残存する旧政権を,主権国と同格に認めるIOCには,とどまれない」というものであった。その後もIOCでは,中国・台湾問題について検討を続け,台湾に改名を勧告したが,台湾はこれを拒否し続けた。1960年の第17回大会(ローマ)に参加した台湾チームは,チーム名に"Taiwan"を使用すべきとのIOCの決定を不服として,開会式で"Taiwan"の国名プラカードの後に,「抗議中」のプラカードを掲げて行進した。

その後,1971年に国連が「台湾追放・中国招請」を決定し,1973年アジアにおいても「アジア競技連盟」が中国の加盟を承認し,台湾を除名した。1975年に中国はIOCに対し,「復帰申請書」を提出し,全中国スポーツを正当に代表するものは北京にある「中華人民共和国オリンピック委員会」であり,台湾は中国の一省に過ぎないため,IOCは「台湾NOC」の公認を取り消し,「中国NOC」のみを公認すべきであると主張した(清川正二.同前掲.221-22, 235)。

カナダ政府は,1976年の第21回大会(モントリオール)招致の条件として,IOCが承認するすべてのNOCの派遣チームの入国を許可すると約束していた。ところが,大会に際して,カナダ政府は突然,外交関係をもたない台湾チームの入国拒否を発表した。IOC会長のキラニンがカナダのトルドー(P.E. Trudeau)首相と電話によるトップ会談を重ねた結果,同首相は特例として台湾チームの入国を許可した。ただし,国旗と国歌は従来のものを使用してもよいが,チームの国名を表す場合に「中華民国」の使用は許可できないと応じた。この妥協案に対して台湾政府は合意せず,引き上げ指示を出したため,台湾チームは泣く泣く帰国した(同前掲.65-67)。

その頃,世界のスポーツ界の大多数は,中国の国際社会復帰を歓迎していたが,中国は2つの中国を認めないという鉄則から,台湾が加盟しているIOCや国際競技連盟(IF)には絶対に復帰しなかった。また陸上や水泳のようにスポーツ界の中心に立つIFは,非加盟国との競技を禁じていたため,中国の国際的なスポーツ交流は著しく制限されていた(田畑政治「中国体育代表団を迎えて」『日中文化交流』98. 1965: 6)。つまり,スポーツは国際政治の枠組みの中でのみ行われていたのであり,スポーツが政治から独立するというオリンピックの理念には遠く及ばなかった。

世界の外交レベルで,台湾政府を認める国が次第に少なくなると,IOCが台湾のNOCを「中華民国」として認めることは次第に困難になった。結局,この問題は1979年に北京の「中国オリンピック委員会」と台湾の「中国台北オリンピック委員会」という形で落着した。

以上,オリンピックが国際政治に翻弄された例をみてきたように,IOCは政治からの独立という原則をもちながらも,国際政治と無関係ではいられなかった。大会を開催し続けるために,自ら関係国首脳やNOCとの交渉を含め,政治的に動いてきたことがわかる。

[国際関係の緊張緩和]

ところで,オリンピックと政治の関係では,オリンピックが政治に翻弄されたというネガティブな歴史ばかりではない。政治の世界では不可能であったことが,スポーツの世界では可能になった例もある。

冷戦時代の東西ドイツが統一チームを結成し,1つの旗,同一のユニフォームで開会式の入場行進をしたのである。その道のりはけっして容易ではなかったが,この統一チームは1956年の第7回冬季大会(コルチナ・ダンペッツォ)以降,1964年の第18回大会(東京)まで続いた。1960年の第17回大会(ローマ)ではカヌー競技で東西両ドイツの選手がペアを組んで優勝したこともある。1968年の第19回大会(メキシコシティ)から,東ドイツはオリンピック憲章の規定により単独に参加する権利を得たため,東西ドイツは2つのチームに分かれたが,1991年にドイツの政治的な統合がなされると,1992年の

第25回大会（バルセロナ）以後は完全な統一チームとして再び大会に参加している（池井優『オリンピックの政治学』丸善. 1992. 157-61）。

同様にアジアの国でも，東西冷戦によって分断された国家の統一行進が実現した例がある。2000年の第27回大会（シドニー）における南北朝鮮である。朝鮮半島を象った統一旗を掲げて，大韓民国と朝鮮民主主義人民共和国の選手団が一緒に入場行進をし，多くの人々に感銘を与えた。冷戦という第二次大戦後の国際政治の枠組みが崩壊し，朝鮮半島の平和的統一が進められつつあることを世界にアピールするものとなった（坂上康博『スポーツと政治』山川出版社. 2001. 88-90）。これがはたして政治的な統合の先駆けとなるのかどうかが注目される。

③ IOCがもつ組織の政治性
[オリンピックがナショナリズムに影響を及ぼす場合]

IOCは，スポーツがナショナリズムに翻弄されるのを嫌う一方で，開会式におけるNOC別の入場行進や，表彰式で優勝者の出身国の国歌を流しながらメダル受賞者の国旗掲揚を行うなど，国家を意識させる演出を行ってきた。選手の母国と愛国心に敬意を表すこうした演出は，観客や視聴者にとっても国家のアイデンティティーを確認し，選手の栄誉をそのまま自国の栄誉と感じさせるに十分である。その効果に刺激されてか，IOCの意図とは無関係に，オリンピック大会の結果が国内のスポーツ政策に影響を及ぼす例が少なくない。例えば，アメリカ，オーストラリア，イギリス，フランスなどの国では，オリンピック大会での衝撃的な敗北が政府の競技スポーツへの強力な関与を引き出し，国家戦略として競技スポーツに公的資金を投資する契機になったのである。

また，オリンピック大会で行われるスポーツ種目とそうでないスポーツ種目との間に，国内レベルで資源と予算の配分が異なる場合がある。それを決めるのは多くの場合，政府当局の政治的判断であり，その国のスポーツ政策を左右する。したがって，競技種目の普及と競技人口の増加を図りたいIFとその傘下にある国内競技連盟（NF）にとって，どの競技種目がオリンピックに採用されるか（されているか）は重大な関心事であり，オリンピック大会で行われないスポーツ種目はオリンピック大会で行われるスポーツ種目になることをめざして，ロビー活動を含めた様々な活動を展開している。その決定権を握っているのがIOCであるが，オリンピック大会で行われるスポーツ種目の選択基準は不易とはいいがたい。

[オリンピックムーブメントと政治]

そもそも何のためのオリンピック大会なのかを考えれば，クーベルタンが提唱したオリンピズムという理念を世界の人々に具現するための1つの手段として大会は生み出され，継承されてきた。今日，IOCはオリンピックの価値を「エクセレント（卓越）」「フレンドシップ（友情/友愛）」「リスペクト（敬意/尊重）」という3つのキーワードで表現し，スポーツを通してこれらの社会的価値の実現を推進しようとしている。オリンピズムは今日，若者のバランスのとれた教育，向上心と努力，フェアプレイ，平等，国際理解，世界平和，大衆のスポーツ参加などの言葉で説明されるが，それが社会に反映されていくためには，アスリートや役員などの競技関係者の認識の重要性もさることながら，それだけでは不十分であり，各国の政府や社会団体の支持が求められる。

IOCは国連およびユネスコ（UNESCO）と50年以上にわたり協調関係を維持し，国際政治力を高めてきた。1994年国連総会では「スポーツの国際年とオリンピックの理想」に関する宣言がなされ，国連に加盟する185ヵ国が，青少年スポーツ大臣のレベルで「スポーツとオリンピックの理想によって平和でよりよい世界を構築するため」に関して，国策として検討することに同意した。これによりスポーツが現代社会の問題に対して貢献できることが，政治的に承認されたことになる（J.パリー，V.ギルギノフ，舛本直文訳著『オリンピックのすべて：古代の理想から現代の諸問題まで』大修館書店. 2008. 212）。

IOCは，現実の社会や国際情勢に対応しながら，オリンピックムーブメントを展開していくために，次のような多岐にわたる分野で特徴的な政策を推進している。スポーツと文化と教育の融合，アンチ・ドーピング，スポーツと環境，女性とスポーツ，主に開発途上国への財政的支援（オリンピックソリダリティー），マーケティング，セキュリティー，メディア，オリンピック大会の招致と開催によるレガシーの創出などである。これらは各国政府や国際団体と協調して展開され，オリンピック大会の招致・開催のための諸条件とも密接に関連している（同前掲. 224）。

以上のように，オリンピックムーブメントを推進しようとすれば，その活動は政治的な側面をもたざるを得ない。政治性自体に善悪はなく，問われるべきはその目的であり，優先順位であろう。オリンピックは政治からの自立を旨としながらも，ナショナリズムの波に翻弄され，大会を維持・成功させるための交渉を各国政府や国際組織と重ねてきた。そうした時代を経てIOCは，オリンピックと国内外の政治が双方にとってより高い次元で共通の目的を見出し，協調・補完する関係を築く方向に舵をとっている。

参考文献 18.C.C1
- 池井優. 1992.『オリンピックの政治学』丸善
- 清川正二. 1987.『スポーツと政治』ベースボール・マガジン社
- 田原淳子. 1999.「オリンピックと政治」池田勝, 守能信次編『スポーツの政治学』杏林書院
- J.パリー，V.ギルギノフ，舛本直文訳著. 2008.『オリンピックのすべて：古代の理想から現代の諸問題まで』大修館書店

（田原淳子）

オリンピックの政治的利用　18.C.02

① 「国際主義」の限界とオリンピック

「スポーツに国境はないが，政治はある」。これは「近代オリンピックの父」であるクーベルタン（P. de Coubertin）の意思に反して，近代オリンピックが国際政治の駆け引きに利用され，政治に翻弄されてきた歴史を物語る端的な表現である（スポーツの世界に政治が入り込んでいる現状を皮肉を込めてこのようにいった）。クーベルタンは「地球市民主義（コスモポリタニズム）」に基づき，国の代表としてではなく個人としてオリンピック大会で競技することを理想とした。しかしながら，1908年の第4回オ

リンピック大会(ロンドン)から国旗を掲げて国の代表として参加することになり、それでオリンピック人気が高まったように「国家主義(ナショナリズム)」を高揚することがオリンピック大会の存続には重要であった。

1952年にIOC会長に就いたブランデージ(A. Brundàge)は「スポーツと政治は無関係である」という立場を堅持しようとしたが、次のキラニン(M.M. Killanin)会長は「私が国際オリンピック委員会(IOC)会長として抱えている問題の95%は、国内的、国際的な政治問題に関するものである」(J.パリー、V.ギルギノフ、舛本直文 訳著『オリンピックのすべて：古代の理想から現代の諸問題まで』大修館書店. 2008. 204)と語っているように、1970年代には政治が大きな問題となっていた。1980年にサマランチ(J.A. Samaranch)会長時代が到来するとIOCは政治的姿勢を濃くしていった。実は、1896年にオリンピック大会を復興する際、初回の開催地をめぐってフランス、イギリス、ギリシャなどの主要国が水面下で政治的駆け引きをしていたように、復興の時以来オリンピック大会と政治は常に深くかかわってきた。平和を希求するオリンピックムーブメントは必然的に政治的であらざるを得なかった。

[オリンピック休戦]

近代オリンピックの重要な理念であるオリンピズムが掲げる理想の1つが平和思想である。この平和思想に基づいて展開されている近代の「オリンピック休戦」は、古代オリンピア祭典競技の故事「エケケイリア(Ekeckeiria)」にちなみ、1992年IOCによって構想されたとされる。これは、せめてオリンピック大会の開会式の1週間前と閉会式後の1週間の都合約1ヵ月間、世界中の戦争や紛争を中止し、平和にスポーツの祭典を実施しようという政治的な協定である。1992年、旧ユーゴスラビアの内紛に対する国連の制裁決議にスポーツ交流禁止の内容が含まれ、旧ユーゴスラビアの選手たちが第25回大会(バルセロナ)に参加できなくなることが予想された。この事態を防ぐためにIOCは、サマランチ会長を中心に1992年「オリンピック休戦」アピールを出した。IOCによれば、これが近代オリンピック大会最初の「オリンピック休戦」アピールとされている。IOCは、1993年に国連と連携して、オリンピック大会の前年の国連総会において「スポーツとオリンピックの理想のための国際年(International Year of Sport and the Olympic Ideal)」という決議を採択し、その後の大会でも継続してこの「オリンピック休戦決議」は採択されてきている。さらに、サマランチ会長は1994年の第17回冬季オリンピック大会(リレハンメル)の期間中に、旧ユーゴスラビア内戦中のサラエボを緊急訪問するというパフォーマンスも含めた休戦アピールを行っている。

しかし、実はそれ以前にオリンピック休戦活動は存在していた。1952年の第15回大会(ヘルシンキ)公式報告書にすでに「エケケイリア」という項目がみられる。これは、第二次大戦後の米ソを中心とした冷戦構造下で第15回大会(ヘルシンキ)の組織委員会(Orgnanizing Committee of Olympic Games: OCOG)が平和裏にオリンピック大会を開催したいという意思表明をしたものであり、オリンピック史上初めてOCOGが発した「オリンピック休戦」アピールである。さらに1956年11月、旧ソ連軍がブダペストに侵攻したハンガリー動乱の際、IOCのブランデージ会長が「オリンピック休戦」アピールを発動している。そのためもあって、ハンガリー選手たちは戦争中でもブダペストからウィーンに移動することができ、そこからメルボルンに渡航した。しかしながら、この間ハンガリー国内で休戦は実現していない。1998年の第18回冬季大会(長野)の際にも「スポーツとオリンピックの理想によって平和でよりよい世界を構築するため(Building a Peaceful and Better World through Sport and the Olympic Ideal)」という国連の「オリンピック休戦」が決議され、それによってアメリカは湾岸戦争の攻撃を1週間遅らせたともいわれているが、事実は定かではない。

国連による1993年以降のこのような「オリンピック休戦決議」は、ある程度の効果をもった場合もあるが、残念ながら1度も全世界的に遵守されたことがない。国民国家を主権として認める「国際主義(インターナショナリズム)」を前提とするこの国連決議は、絶対的効力をもち得ないのである。国連加盟国よりも多くの国・地域が加盟しているIOCも同じく国際主義を前提に平和運動を展開している。このため、このスイスの一任意団体が発する休戦アピールが国際政治において力をもち得ないのも当然なのかもしれない。

オリンピック大会期間中に世界のどこかで戦争や紛争が続いている現実が厳然として存在している。2008年の第29回大会(北京)では、開会式当日の8月8日にロシア軍とグルジア軍が衝突するというグルジア紛争が勃発している。「オリンピック休戦」アピールは、国連による国際紛争の調停の失敗に対し、IOCがオリンピックを機に政治的な介入をしている好例なのである。

近代オリンピックの誕生以来、その発展の歴史を振り返ると、政治と無関係なオリンピック大会は皆無であったといってよい。しかしながら、IOCはクーベルタンが掲げた「国際平和運動としてのオリンピック」という理想を捨て去っているわけではない。

[オリンピック休戦センター]

21世紀になると、オリンピックの平和思想を推進するため、IOCは2000年7月「国際オリンピック休戦財団(International Olympic Truce Foundation)」を設立し、その活動拠点として「国際オリンピック休戦センター(International Olympic Truce Center)」を設置した。日本から元国連事務次長の明石康が休戦財団の設立当初から理事に加わっている。「休戦センター」の事務所はギリシャのアテネにあり、法務的な事務所はスイスのローザンヌに、象徴的な事務所はオリンピアに設置されている。「休戦センター」は、オリンピックの理想であるスポーツを通して平和文化を推進するという目的のために、出版、絵画や作文コンテスト、平和がテーマのオリンピック教育の実施や教材開発、ユースキャンプとのタイアップ、平和フォーラム開催などの活動を行っている。2006年の第20回冬季大会(トリノ)では、メダルプラザの表彰式で受賞者たちが休戦アピール宣言に署名したり、選手村に設置された休戦サインボードに署名したりする活動が行われた。トリノ市内には、誰もが賛同署名できる休戦ブックが用意されていた。2008年の第29回大会(北京)では、「休戦センター」はギリシャの国内オリン

表1　近代オリンピックと政治問題

開催年	回数・開催都市	政治的問題
1896	第1回・アテネ	パリ，ロンドン，アテネで第1回の開催地を水面下で争う。ギリシャ王室のコンスタンチン皇太子がスタジアム内でマラソンの優勝者スピリドン・ルイスとゴールまで併走し，ギリシャ国家の勝利を誇示しようとした。大会の成功を受けてギリシャはアテネ恒久開催を主張。クーベルタンは中間年大会を発案。
1904	第3回・セントルイス	ルーズベルト大統領とアメリカ政府の介入によって，シカゴ開催予定がルイジアナ国際見本市に組み込まれ，開催地をセントルイスに変更。
1908	第4回・ロンドン	開会式で国旗を持っての入場方式が始まる。英米の確執により再レースやボイコットに発展。英米の確執を諫めるため，エチェルバート・タルボット大司教によるミサでの説法「オリンピックで重要なことは勝つことではなく参加することである」が誕生。
1936	第11回・ベルリン	ナチスがオリンピックをプロパガンダとして利用。聖火リレーが誕生したが，その後ナチスのバルカン侵攻ルートに利用された。ベルリン大会の反対勢力によりバルセロナで「人民オリンピック」が構想されたが内戦のため実現せず。
1948	第14回・ロンドン	敗戦国である日本とドイツは大会に招待されず。
1956	第16回・メルボルン	旧ソ連のハンガリー侵攻に反対して，スペイン，スイス，オランダが参加取りやめ。ソ連対ハンガリー戦で血の水球事件が生じた。スエズ動乱に抗議し，エジプト，レバノン，イラクがボイコット。
1964	第18回・東京	GANEFO出場選手の参加問題でインドネシアと北朝鮮が不参加。
1968	第19回・メキシコシティ	南アフリカをアパルトヘイト政策に反対し参加禁止に。旧ソ連軍のチェコ侵攻で2000語宣言。メキシコの反オリンピック学生運動で200人以上が死亡。アメリカ黒人選手による反人種差別のための「ブラック・パワー・サリュート」事件で2人を選手村から追放。
1972	第20回・ミュンヘン	ローデシアを人種差別問題で参加禁止に。パレスチナゲリラ「ブラック・セプテンバー」による選手村襲撃事件が生じ，11人のイスラエル選手・役員が死亡。
1976	第21回・モントリオール	ニュージーランドのラグビーチームが南アフリカに遠征したため，反アパルトヘイト支持の27ヵ国のアフリカ・アラブ諸国がボイコット。2つの中国問題で台湾が入国禁止に。
1980	第22回・モスクワ	旧ソ連のアフガニスタン侵攻に反対し，日本を含めアメリカに追従した西側諸国67ヵ国がボイコット。
1984	第23回・ロサンゼルス	1980年モスクワ大会ボイコットの返礼として，旧ソ連と共産圏14ヵ国がボイコット。
1988	第24回・ソウル	北朝鮮との共催問題で，北朝鮮，エチオピア，キューバが不参加。
1992	第25回・バルセロナ	旧ソ連の解体により共同体の統一チーム（CIS）として参加。ベルリンの壁崩壊後の東西ドイツは統一チームとして参加。
1996	第26回・アトランタ	100周年記念大会がアテネではなくアトランタに決まったため，ギリシャがボイコットをほのめかし，2004年アテネ大会開催の伏線ともなる。
2000	第27回・シドニー	南北朝鮮チームが統一旗で合同入場行進を実現。紛争下の東ティモール4選手がオリンピック旗を掲げ国連傘下の個人選手（Independent Olympic Athlete: IOA）として参加。
2004	第28回・アテネ	東ティモールが初参加。2003年IOCはイラクのNOCを資格停止にしていたが，戦時下のイラクが大会に復帰。
2008	第29回・北京	チベット騒動で中国の人権問題に反対する国々が開会式ボイコットをほのめかした。中国政府の人権や言論弾圧に反対し世界各地で聖火リレー妨害が起きた。8月8日の開会式当日にロシア軍がグルジアに侵攻し紛争が勃発。

（出典：J.バリー，V.ギルギノフ，舛本直文 訳著『オリンピックのすべて：古代の理想から現代の諸問題まで』大修館書店．2008. 209-10を参考に追加）

ピック委員会（NOC）と国際オリンピックアカデミー（International Olympic Academy: IOA）と連携し，平和希求の芸術展示館を北京中心部に開設した。2009年5月には第1回「平和と発展のためのスポーツ国際フォーラム（International Forum on Sport, Peace and Development）」をIOCと「休戦センター」が共催している。日本では，2004年の第28回大会（アテネ）の際に，日本オリンピック委員会（JOC），日本オリンピック・アカデミー（Japan Olympic Academy: JOA），その他のスポーツ関連学会や団体が連携して，ヨーロッパのフリー新聞『メトロ』に「日本からオリンピック休戦のよびかけ」のアピールを掲載するなどの休戦活動を行っている（"Metro" 2004年8月9日号．英語・ギリシャ語版）。

このように最近では「休戦センター」と連携しながらIOCの平和運動が地道に展開されているが，これらはオリンピックの政治活動の一環であるといってよい。

② オリンピックとポリティカルパワー［「オリンピックと国際政治力学」の歴史］

表1が示すように，近代オリンピックは国際政治の波にもまれてきた歴史がある。2008年の第29回大会（北京）のように，最近では国際聖火リレーまでもが人権保護団体や環境保護団体から批判を浴びて国際政治の標的とされた。

[聖火リレーの政治的利用]

聖火リレーは古代オリンピック発祥の地オリンピアからオリンピックの開催地まで平和のメッセージを伝えようという政治的な装置であるといってよい。この聖火リレーは，古代オリンピックでゼウス神殿に聖なる火を運ぶ松明リレー競走が行われていたことにちなみ，1936年の第11回大会（ベルリン）の際に事務総長であったカール・ディーム（Carl Diem）によって発案された。その目的は，「古代と現代とをオリンピックの火で結ぶ」こととされ，古代にならった歴史的意味，国境を越えて協力する教育的メッセージ，芸術的アピール，宗教的神聖さという4つの意味をもたせていた。しかしこの時の聖火リレーはナチスのバルカン侵攻のための情報収集に利用されたともいわれている（日本オリンピック・アカデミー編『ポケット版オリンピック事典』2008. 112）。

1948年の第14回大会（ロンドン）ではこの聖火リレーの廃止が検討されたが，第二次大戦後の平和希求のために再び実施された。その際，次のような演出が行われた。オリンピアの聖火採火時，第1走者の軍人のディミトリウス伍長は軍服姿で銃を手にしていた。聖火を受け取る時になると，彼は手にしていた銃を足元に置き，軍服を脱いでランニングウェアになって走り始め，反戦と平和メッセージを伝えた（*The Official Report of the Organising Committee for the XIV Olympiad*, 217. http://www.la84foundation.org/5va/reports_frmst.htm〔2009年5月5日〕）。

1964年の第18回大会（東京）の聖火リレーは，中近東を経て東南アジアをリレーし，アメリカ統治下の沖縄を経由して日本本土に向かった。このルート選択は，太平洋戦争で日本が被害を与えた国々に謝罪の意味と日本が平和希求国家に変貌したことを伝える政治的な意味がこめられた聖火リレーであった。

1992年の第25回大会（バルセロナ）では，スペイン国内で初めて国際リレー区間が設けられ各国のランナーが聖火を運ぶという国際協調と平和希求のメッセージが発せられた。2004年の第28回大会（アテネ）で初めて世界5大陸を聖火がめぐる国際聖火リレーが実施さ

れ，オリンピックのシンボルマークが意味する5大陸の連帯を伝えようとした。しかし，2008年の第29回大会（北京）では，中国政府の人権政策に反対して自由な報道を要求する「国境なき記者団」（本拠地パリ）が，大会ボイコットではなく国際聖火リレーを妨害することで反対運動を展開した。まず，2004年3月24日にオリンピアで行われた聖火採火式典が「国境なき記者団」のロベール・メナール事務局長ら3人によって妨害された。この反対運動はチベットの独立支援団体と連携するとともに，中国がダルフール紛争でスーダン政府の弾圧に加担していることに反対する運動団体とも協働し，反中国の政治的メッセージを発する好機として聖火リレーが標的にされた。その後，ロンドン，パリ，ロサンゼルスで聖火リレーが妨害され，キャンベラ，長野，ソウルでは反対運動陣営と中国留学生や中国の「聖火防衛隊」の両陣営が対立し，聖火リレーで大混乱が生じた。

IOCはこの事態を憂慮し，2009年3月26日IOC理事会で国際聖火リレーに難色を示し，開催国内限定ルートを推奨するという決定を下した。このことによって，IOCは5大陸を聖火リレーで結び，世界の連帯を再確認するというオリンピズムの超国家主義的な理想を捨て去ってしまった。この国際聖火リレーは，オリンピアの古代遺跡での採火式の時点から「近代オリンピック休戦」を始めるという新しい平和運動の可能性があっただけに，国内限定ルートを推奨するというIOCの決定は残念なかぎりである。

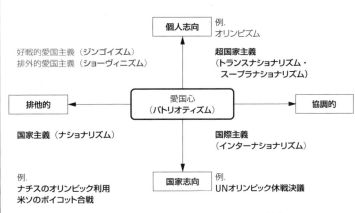

図1 オリンピズムと他のイズムとの関係：愛国心（パトリオティズム）を基軸として
好戦的愛国主義と排外的愛国主義は，オリンピズムとは相容れないため，薄く示している。

③ オリンピズムと国際政治
[様々な主義のせめぎ合い]

「オリンピズム」という思想に関連した各種の主義には，「国家主義（ナショナリズム）」「国際主義（インターナショナリズム）」「超国家主義（トランスナショナリズム・スープラナショナリズム）」「愛国主義（パトリオティズム）」などの主義が考えられる。図1は，人間誰しもがもっている国家への愛や忠誠心である「愛国主義」を中核的な基軸として，横軸に〈排他－協調〉という対応の関係軸をとり，縦軸に〈個人－国家〉という志向性の方向軸をとったものである。旧来のオリンピック観による「国際主義」は国家志向の協調主義であるといえるが，本来のオリンピズムは個人志向の協調主義であり，かつ愛国心をも内包した「超国家主義」であることを示している。これは，国家へのアイデンティティーや国家愛を喪失した「世界市民主義」とは別物である。また，ナチスやアメリカと旧ソ連の冷戦構造時代のオリンピック利用は，国家志向の排他主義の「国家主義」であることをこの図では示している。1993年以来，オリンピック大会の前年に国連とIOCが連携して採択している「オリンピック休戦決議」は，この図によれば，オリンピズムの方向とは異なる国家志向の「国際主義」の運動であり，「超国家主義」のオリンピズムに基づいたオリンピックムーブメントとしては限界をもつことが示唆される。IOCのオリンピック憲章に定められているように，オリンピック大会は国家の代表間の競争ではなく参加資格も個人やチームであるこ

とを再確認する必要がある。しかしながら，オリンピック大会のような国際競技会が国家のアイデンティティーを確認する絶好の装置となっていることも事実であり，理想と現実のせめぎ合いが生ずるのである。

[国際政治へのオリンピズムの貢献の可能性]

IOCに加盟している国・地域のNOC数は，国連加盟国数よりも多い。オリンピズムの「超国家主義」という理想は，特定の国の覇権主義から多国間共存主義へと方向転換する契機となる。さらにIOCは，2000年の第27回大会（シドニー）における東ティモールの例のように，NOCと認めていなくても個人参加できる道も示している。これはクーベルタンが夢みた「地球市民主義」から「国家主義」にシフトした過去のオリンピックムーブメントを，国連やIOCが「国際主義」へと変換しようとしている方向ではなく，さらに進んでオリンピズムのもつ「超国家主義」へと向かう道を示しているといえる。このことが世界各国の政治にいかに反映されていくかが問われるべきであろう。

この「超国家主義」に基づいた多国間共存主義という国家間の関係は「グローカリズムとしてのオリンピズム」という方向を想起させる。普遍主義としてのオリンピズムは世界的に共通に展開されるグローバルなものであるが，各地域・国家の独自性に根づいて地に足をつけたローカルな展開が必要である。また，各地域・国家の独自でローカルな展開が「一校一国運動」（One School, One Country Program）のようにグローバルなものになっていくというローカルとグローバルの相互作用が重要である。これは，ローカルなオリンピック文化が世界的に認知されるとともに，多重のオリンピック文化が共存していく関係構造でもある。文化の優劣や覇権主義，文化帝国主義は捨て去られるべきである。それはまた，自文化の尊重とその世界的展開という自文化のアイデンティティーと「愛国主義」中心から多文化主義および異文化理解－異文化交流へとシフトすることでもある。オリンピックムーブメントの1つであるオリンピック大会のねらいは，このような「超国家主義」的な異文化交流と多国間共存主義を助長することにあるべきであり，それがオリンピズムが国際社会に貢献できる1つの大きな役割であろう。

また，オリンピズムの唱える平和思想と教育思想という2つの理想は，最近では卓越（excellence），友情（friendship），尊敬（respect）という3つのオリンピックバリュー（Olympic values）の主張に取って代わられてきている。2010年に始まったユースオリンピック大会で，IOCがいかにこのオリンピックバリューを世界の青少年たちに教育していくかが今後問われている。つまり，将来のオリンピック文化の担い手たちに対して，オリンピズムやオリンピックバリューを理解した新世代としていかに育成していくか，その可能性と責任が問われているのである。

（舛本直文）

オリンピックと人種差別　18.C.03

現在のオリンピック憲章では，「オリンピズムの根本原則」で「人種，宗教，政治，性別，その他の理由に基づく国や個人に対する差別はいかなる形であれオリンピックムーブメントに属することとは相入れない」と厳しく規定されている。しかしながら，近代オリンピックが始められた時代は帝国主義時代であったので，当然，当時の支配者であった欧米のアングロサクソン系の人々の価値観を中心に運動が展開されたのであった。

そもそも，近代オリンピック大会に出場できるアスリートはアマチュアに限るということ自体，差別的な内容が含まれていた。スポーツを行うことで報酬を得てはならないということは，19世紀末にブルジョアと呼ばれる中産階級の人々で占められていたスポーツの世界に，労働者階層の人々を入れさせないというものであったからである。この差別は1970年代にオリンピック憲章からアマチュアという用語が削除されてようやく解消された。

このように初期のオリンピック大会自体に，差別的な要素が含まれていたといえる。オリンピックムーブメントの考え方が時代とともに変容していき，そのような差別が批判され，徐々に解消していったのである。ここでは，そのような視点でオリンピック大会における人種差別を追っていきたい。

① 人類学の日（1904年）

オリンピック大会において最初に起きた人種差別的な出来事は，1904年の第3回大会（セントルイス）においてであった。

この大会は，ルイジアナ州併合100周年記念国際博覧会の一部として行われた。この国際博覧会では，人類学部局が設けられ，「暗い未開から最高の文明へ，野蛮人から市民へ，エゴイズムから利他主義へ」という人類の進歩を説明しようとした。この「未開人」を示す具体的な人類として，アメリカインディアンはもとより，アフリカのピグミー，アルゼンチンのパタゴニア，フィリピン，そして当時のアメリカの人類学者の間で研究対象とされ始めたアイヌなど，多くの民族を伝統的な住居に住まわせて鑑賞の対象とした。そこでは，身体的特徴の測定と心理的な面の測定を行う実験室が設けられていて，諸民族や諸人種を比較研究することが試みられた。身体的特徴の測定では体位や筋力，持久力などを計測し，心理的な面の測定では気温の変化に対する敏感さ，触覚，味覚，視覚，聴覚の正確さや判断力の速さと正確さなどについて測定した。

博覧会において人類学部局とともに，人類学競技にかかわったもう1つの部局は，身体文化部局であった。この部局の設置目的は，近代人が健康を増進させてきた経過を示すことであり，アメリカアマチュア競技協会事務局長サリバン（J.E Sullivan）が担当した。彼は博覧会の期間中，高校生による陸上競技の試合やドイツ体操クラブによる体操の実演，YMCAの全米陸上競技大会やカレッジのサッカーの試合など，多くの競技会を開催し，その中心的な行事がオリンピック大会であった。彼はオリンピックの新たな試みとして，また大会の活性化を図るために，競技場で「人類学の日（Anthropology Days）」を設け，少数民族の競技記録をとるという案を提案したところ，博覧会の組織委員会に認められ，このような

経過で1904年の8月12日と13日に行われたのが「人類学競技」であった。

この人類学競技には日本も関係していた。ここで行われた競技の参加者にアイヌの人々が含まれていたからである。アイヌの人々をセントルイスの博覧会に参加させたのが当時のシカゴ大学の人類学教授スタール(F. Starr)であった。彼は特別委員として1904(明治37)年2月に来日し、東京帝国大学教授の坪井正五郎に会い、アイヌの生業や生活習慣について学んだ。札幌で北海道に長く住んでいるイギリス人宣教師の手助けで北海道長官に会い、アイヌの人々をセントルイスに連れて行く許可を得た。そして宣教師の家で働いていた夫妻とまず交渉し、セントルイス行きのアイヌとして選んだ。そのほか、宣教師の手引きでリーダー格のアイヌの人々を選び、合計で9人のアイヌ(3家族と単身者1人)が選ばれた。そしてパスポートが準備された後、3月7日に札幌を出発し、横浜港から船に乗り、セントルイスに着いたのは4月6日であった。そのまま博覧会場に向かい、会場で彼らの伝統的な家を作り、他の少数民族とともに、彼らの生活を展示した。

また、人類学の日には次の種目が行われた。下線はアイヌの人々が参加した種目である。

〈8月12日〉
<u>100ヤード走</u>、440ヤード走、<u>砲丸投げ</u>、<u>走り幅跳び</u>、<u>ボール(野球)投げ</u>、<u>16ポンド投げ</u>、<u>56ポンド投げ</u>

〈8月13日〉
電信柱登り、やり投げ(的当て)、綱引き、高跳び、1マイル競走、<u>弓(的当て)</u>

このうち、サンゲアという名のアイヌの人が弓で2位になった。アイヌについて、大会の報告書には「アイヌは、日本の北方出身の少数民族だが、明らかに未だみたことのない程、礼儀正しい未開人であった。彼らは喜んで役員や他の出場者におじぎをしていたし、出場を依頼された種目にはすべて参加した…」(J. E. Sullivan, 1905. 258-59)と書かれている。彼らは、礼儀正しい特異な少数民族としてみられた。選ばれたアイヌの男性はリーダー的存在であり、アメリカ社会では、その礼儀正しさに驚きの声が上がったが、帝国主義的な人種差別が存在していたことは明らかである。

クーベルタン(P. de Coubertin)は、この競技会の5年後の1909年に「アメリカ人が呼んでいる特別なアトラクション、つまり"人類学の日"を48時間かけて行った。彼ら(筆者注:少数民族たち)は、競走、登攀、砲丸投げ、やり投げ、跳躍、アーチェリーといった文明化されたスポーツの競技を行った。アメリカ人以外に、オリンピック競技会のプログラムにこのようなものを入れる人々はいないであろう」(Coubertin, 1909. 161)と述べている。これからわかるように彼は、少数民族の人権という視点から、人類学競技を批判している訳ではなかった。

また、アイヌの人々の参加に日本政府や研究者もかかわっていたということも見過ごしてはならない。オリンピック大会における人種差別に日本も関与していたということで、この点は日本人として、反省しなければならない。ましてや、当時のアイヌの人々は日本国籍を有していた。これは1871(明治4)年の戸籍法にも基づき、明治政府により強制的に日本国民にさせられたからであった。さらに、日本語の使用を強制され、サケ猟や鹿猟などの伝統的な生業が禁止されて、農業が強要されたのであった。そして1899(明治32)年の北海道旧土人保護法により、農耕地が支給されたが、農耕に適さない土地も多く、彼らの生活は劣悪な環境に置かれていた。いってみれば日本国内における人種差別であり、その延長としてセントルイスでのオリンピック大会における人類学競技に出場させたのである。日本国籍を有していた彼らは、日本人であったので、日本人として最初にオリンピックに参加した人物ともいえるだろう。人種差別的な背景のもとに出場したのが、日本人最初のオリンピック大会参加者といえるのである。

ただ、帝国主義的な催しの中でアイヌの人々は協力し合ってよく堪え、セントルイスでの評判は高く、そのことがシカゴ大学を中心とするアメリカにおける人類学者の日本人や日本文化への関心を高め、やがて『菊と刀』で有名なルース・ベネディクト(R. Benedict)などの研究者を誕生させた。

② 表彰台での人種差別への抗議

1960年代には、アメリカ合衆国から黒人に対する人種差別への抗議の声が上がった。例えば、第19回オリンピック大会(メキシコシティ、1968年)では陸上男子200mで、1位と3位になった黒人選手が表彰式における国旗掲揚の時、顔をそれから背け、黒手袋の腕を上方に突き出す行動をした。それはアメリカ社会における人種差別に抗議の意を表したものであった。この抗議行動はアメリカ国内外の黒人の市民権獲得運動と連動したものであった。

金メダルと銅メダルに輝いた2人のアメリカ選手は、トミー・スミス(T. Smith)とジョン・カルロス(J. Carlos)で、スミスは世界新記録を出しての優勝であった。表彰台における彼らの行動は、アメリカに蔓延していた黒人差別に抗議し、ブラックパワーを誇示するためにとった行動であり、メディアを通じて全世界に放映されたことにより、大きな反響を呼んだ。この大会の始まる以前に、サンノゼ大学のスポーツ社会学の教授、ハリー・エドワーズ(H. Edwards)らにより、黒人のボイコットを促す声明が出されていて、多くの黒人選手も共鳴していた。当時のアメリカの陸上競技では、優秀なアスリートのほとんどは黒人で占められていた。スミスはエドワーズのいるサンノゼ大学で学び、黒人と白人が平等の権利を得るよう活動していた。さらに、表彰式後の記者会見でスミスは、アメリカの白人は黒人が勝つと「アメリカ人が勝った」といい、悪いことがあると「黒人がやった」と発言した。この抗議は白人と黒人の平等を要求する権利と黒人の団結を訴えるために行った、と述べた。彼らの抗議行動に対して、アメリカオリンピック委員会(USOC)は、翌日2人の行為に遺憾の意を表明するとともに、2人の選手資格を停止し、選手村から退去させた。スミスとカルロスは、このような処分を決定することこそ、人種差別の証拠だと述べて選手村を後にした。その後、彼らは永久追放の処分を受けた。USOCは、選手らに対して「同じような行動をとった場合、オリンピック精神を踏みにじったものとみなし、厳しい処分を与える」という警告を発した。しかし、スミスらに対する処分に抗議して、ほかのア

メリカの黒人選手たちも様々な抗議行動をとった。陸上男子400mで1，2，3位を独占した黒人選手たちは，黒いベレー帽をかぶって表彰台にのぼり抗議の意を表明したり，走幅跳では従来の世界記録を大きく上回って優勝したボブ・ビーモン(R. Beamon)も，スミスとカルロスに対する一方的な処分に不満の意を表すために，表彰台で黒いストッキングをはいて抗議した。

彼らの抗議は黒人のみならず，白人選手にも影響を及ぼした。陸上男子200mで2位になったオーストラリアのピーター・ノーマン(P. Norman)は表彰台に上がる際に，エドワーズが提案した「人間の権利のためのオリンピック」のバッジを着けて上がり，陸上男子1600mリレーで3位になった西ドイツチームのメンバーの1人，マーチン・ジェニングハウス(M. Jellinghaus)も同じバッジを着けて表彰台に上がった。

彼らアメリカ黒人選手たちが競技でみせた圧倒的な強さによって抗議メッセージは拡散されるとともに，さらに白人選手もそれに加わったことで，人種差別に対する抗議行動は世界の人々に大きな影響を与えた。

このような抗議行動に対して，「オリンピックの舞台に政治的なスローガンを持ち込むべきではない」という批判がなされたが，その一方で，黒人に対する差別が深刻な事態にあるので仕方がない，とする容認論まで出された。

③ アパルトヘイトへの抗議

人種問題に関連して，IOCが直接その制裁に乗り出すのは1960年代に入ってからであった。それは南アフリカ共和国(以下，南ア)におけるアパルトヘイト(人種隔離政策)に対するIOCの制裁であった。同時にアフリカ諸国の参加の増大に伴って表面化した問題であったといえる。

アパルトヘイトでは，黒人がオリンピックなどのスポーツの国際大会に参加することや，白人と黒人とが一緒にプレイすることを禁じていた。これはオリンピック憲章に定められた「人種，宗教，政治上の差別をしてはならない」とする規定に反することから，IOCは1963年，南アオリンピック委員会に対して，人種差別に対して具体的な行動をとるよう要請した。しかし同委員会は，なんの行動もとらなかった。そのため，IOCは南アをオリンピック大会に参加させないことを決定し，翌年1964年の第18回大会(東京)に参加できなくなった。これはIOCによる人種差別に対する具体的な行動として評価された。

1967年にIOCは南アに調査団3名を派遣した。団長にはアイルランド出身のキラニン(M. Killanin)，そしてケニア出身のアデモラ(A. Ademola)とナイジェリア出身のアレクサンダー(R. Alexander)が選ばれて，調査に入った。当時のフォルスター(B. J. Vorster)南ア首相はIOC調査団に対して，「白人と黒人の選手を一緒に競技させることはできない」と言明した。調査団は結論として，「南アフリカはスポーツの場面でもアパルトヘイトを遵守する立場であること，そして南アフリカオリンピック委員会は政府の方針に逆らえない状況である」という内容を公表し，各IOC委員による郵便投票にかけた。その結果，白人と非白人との混成チームを編成し，かつ選手の認定が平等に扱われることを条件にオリンピック大会への参加を容認するという明らかに手ぬるい結果になった。

しかしながら，南アが参加するのであれば，アフリカ諸国が大会をボイコットすることを通告したため，IOCは緊急理事会を開いて，南アの参加を取りやめた。こうして，アフリカ諸国による人種差別に対するオリンピック大会へのボイコット運動が始まり，政治的な運動が展開されていった。

さらに1972年の第20回大会(ミュンヘン)の参加国にローデシア(現・ジンバブエ)が含まれていることに対して，アフリカ諸国はローデシア国内で人種差別が行われているとして，「ローデシアが参加するならオリンピックへの参加をボイコットする」と表明した。それによりIOCは緊急理事会を開催してローデシアの不参加を決定した。

1976年の第21回大会(モントリオール)の前，ニュージーランドのラグビーチーム(オールブラックス)が南アへ遠征した。これについてアフリカ諸国は，ニュージーランドがアパルトヘイトを"容認"したとして，ニュージーランドがオリンピック大会に参加することは許されないとする態度を表明した。ニュージーランドでは，その年に首相選挙が行われ，当選したロバート・マルドーン(R. Muldoon)は選挙公約として，ラグビー選手が自由にどこにでも遠征できるようにすると公言していた。そのこともあり，ニュージーランドオリンピック委員会は，オリンピック大会に参加する代表選手の中には，誰一人として，南アの選手と交流した者はいないので，アフリカ諸国によるオリンピック大会不参加の要求は論外で，大会への参加は当然の権利であると主張した。一方のアフリカ諸国は，アフリカ統一機構(OAU)外相会議において，IOCにニュージーランドの参加禁止を要求し，それでもニュージーランドが参加するなら，ボイコットを含むなんらかの行動を起こすことを決議した。これに対してIOCは，ラグビーはオリンピック種目ではないとして，特別な対応はしなかった。これらに抗議してアフリカ諸国26ヵ国が第21回大会(モントリオール)へのボイコットを決行したのであった。

このように南アのアパルトヘイトをめぐる他のアフリカ諸国の抗議は，ボイコットという具体的な行動として大きな力をもつに至った。

④ 人種差別から民族の和解へ

ある国における人種差別ということが，他の国によるボイコットという結果を招くに至り，オリンピックは政治的な影響を強く受けることになった。同時にそれはスポーツを通して人種差別に対する批判を集めることにもなり，スポーツの立場から行える社会改革にもつながっていくことになる。

南アでは，デクラーク(F. W. de Klerk)政権がアパルトヘイト根幹法の撤廃を1991年6月に行うと，翌7月にIOCへの復帰が認められた。そして1992年の第25回大会(バルセロナ)への招待状を受理し，第17回大会(ローマ，1960年)以来，実に32年ぶりにオリンピックに参加した。また，黒人と白人が和解したことを象徴的に示したのが，1995年に南アで行われたラグビーワールドカップであった。1994年に大統領に就任したネルソン・マンデラ(N. R. Mandela)がラグビー代表チーム「スプリングボクス」に黒人の選手がいることを重視し，ワールドカップを黒人と白

人の和解の象徴にしようと訴えた。代表選手らは貧困地区の子どもたちにラグビーを教える活動を行い，そしてラグビーワールドカップ南アフリカ大会において見事優勝した。この時の決勝での相手は，世界最強国であるニュージーランドのオールブラックスであった。この勝利は「南アフリカの奇跡」といわれて映画『インビクタス-負けざる者たち-』も作られ，人種差別に対してスポーツの果たす役割というものを示した。

やがて，オリンピックをめぐる問題に関しては，人種差別への抗議というよりはむしろ民族の多様性への理解ということが，オリンピックの重要なテーマの1つとなっていった。2000年に行われた第27回大会（シドニー）では，自国内における民族の和解がテーマに掲げられ，少数民族（アボリジニ）出身のキャシー・フリーマン（C. Freeman）が聖火台への聖火の点火を行った。フリーマンは陸上女子400mで優勝するとオーストラリア国旗とアボリジニの両方の旗を持ってウイニングランを行った。アボリジニの旗はIOCが認めた旗ではないので論議を呼んだが，アボリジニの存在と民族の融和の重要性を象徴的に示したといえる。

2008年の第29回大会（北京）においては，55の少数民族の文化などの紹介が文化プログラム等でなされたが，聖火リレーが国際ルート（オリンピック発祥の地であるギリシャ・オリンピアを出発し，5大陸を移動し，開催国に入るまでのルート）で行われた際に，チベット族などに対する民族差別への抗議行動が起こり，聖火リレーが行われた地区で衝突が生じた。このため聖火リレーの国際ルートは，2008年以降取りやめになっている。

2014年の第22回冬季大会（ソチ）においても多様な民族がそれぞれ独自の文化を根づかせていることを紹介し，多様性への理解を促す展示やイベントが文化プログラムとして展開された。

欧米優位の発想で始められたオリンピック大会の中に，そもそも人種的差別観が盛り込まれていたが，やがてそれに対する反発がアメリカ国内の黒人選手やアフリカ諸国の人々から抗議の声が高まり，大会をボイコットする事態にまで至り，社会への警鐘にもなった。スポーツは，そのように社会に与える影響が大きくなるとともに，その人種的差別の撤廃に向けても活用されるようになっていき，今日のオリンピック大会においては民族の多様性を理解するツールとして用いられるようになってきているといえる。このことは，オリンピック大会は政治や国際情勢とかかわりをもたざるを得ないほどに影響力をもった祭典になっていることを示している。その一方，民族差別などの問題の解決には，オリンピックをもってしても難しく，時間がかかるといえる。

参考文献 18.C.03

- 池井優. 1992.『オリンピックの政治学』丸善
- Bachelor, J. 1928.「我が記憶をたどりて」福神製本印刷所
- Coubertin, P. 1909. *Une campagne de vingt-et-um-ans*（1887-1908）
- Findling, J.E.,Pelle, K.D. 1996. *Historical Dictionary of the Modern Olympic Movement*. Greenwood.
- Mallon, B. 1999. *The 1904 Olympic Games; Results for all competitors in all events*. 205-12.
- McGee, W.J. "The Beginning of Civilization" *World Today 7* 1904. 1210-13.
- Rydell, R.W. 1984. *All the World's Fair*. The University of Chicago Press.
- Starr, F. 1904. *The Ainu Group at the Saint Louis Exposition*.The open court publishing company.
- Sullivan, J.E. (ed.) 1905. *Spalding's Official Athletic Almanac for 1905: Special Olympic Number Containing the Official Report of the Olympic Games of 1904*. 257, 259.

（真田　久）

19章 スポーツとルール

「スポーツにおけるルールとはなにか」

「どのように成立し，現在に至っているのか」

という問いに対して，

ルールが統一され，

国際化していく

過程を歴史的に確認するとともに，

外発的に変更を余儀なくした様々な要因や

研究者によるルール研究の様態についてまとめた。

スポーツにおける

ルールという存在を見直し，

ルールからスポーツを

より深く考える契機にしていただきたい。

統一ルールへの歩み　19.A

非日常的性格の明確化　19.A.01

周知のように，サッカー，ラグビー，ホッケーといった団体競技やローン・テニス，バドミントン，卓球などのボールゲーム，そのほかフェンシング，ボクシング，陸上競技や水泳など，多くの近代的な運動競技(athletics)が現在のようなルールや形態を獲得し，スポーツとして組織化されたのは19世紀後半のイギリスにおいてであった。これら近代的な運動競技に共通してみられる特徴は，ルールの精density化と統括組織の存在〈社会文化〉，施設用具の厳格な標準化〈規格化〉〈技術文化〉，アマチュアリズムにはじまり，記録の追求へといたる観念〈精神文化〉によって示されよう。

① スポーツ・ゲーム・アスレティクスの概念の拡大

スポーツ(sport)という言葉は英語に由来し，そこから世界に伝播した言葉である。今では世界的な共通語として用いられているが，そこには元来「人間が行う運動競技」という意味は含まれてはいなかった。sportの語源をさかのぼると，たどりつくのはラテン語のdeportareという言葉である。これはde(away)とportare(carry)の合成語であり，最初は「運び去る，運搬する，追放する」ことを意味したが，それが後に古代フランス語のdeporterへと変化し，「気晴らし」や「なぐさみ」の意味で用いられるようになった。そのため，この言葉がイギリスに伝わり，disportからsportへと変化した15-16世紀には，依然として，冗談や歌，芝居や踊り，チェスやトランプなどといったあらゆる楽しみごとを含んでいたのである。

したがって，スポーツには最初から非日常的な性格が含まれていたといえるが，概念史的にみてその非日常的な性格がより明確になるのは，そこにゲーム(game)やアスレティクス(athletics)の概念が含まれるようになってからのことだったと考えられる(阿部生雄，「Sportの概念史」岸野雄三 編著，『体育史講義』大修館書店．1984．120-25)。

例えば，フランスのスポーツ史家ベルナール・ジレ(B. Gillet)が「遊戯，闘争，激しい肉体活動」という3つの要素でスポーツを定義していることが示すように，近代的な意味でのsportの概念はそこにgameやathleticsなどの意味を吸収し，その概念領域を拡大させることで形成されてきたものである。

sportの語源がラテン語に求められるのに対し，gameは古代サクソン語のgamenや古代ゴート語のgamanに由来し，その意味するところは「喜び」や「楽しみ」であった。ただし，gameは当初から人間の集合，共同によってもたらされる喜びを基本的な意味構造としたことから，この語には「参加」や「親しい交わり(集まり)」といった意味も含まれていた。その結果，次第に物事の計画的ないしは目的的な追求という意味を獲得し，14世紀に入ってからはルールに従って勝敗を決定する競技的な遊戯形態を意味するようになった。したがって，ルールに基づいて競技を行うという近代の組織的な競技スポーツの特質とその非日常的な性格は，gameとの結びつきによってよりいっそう明確になったといえる(阿部，1984．120-25)。

また，19世紀のイギリスで進行した組織的ゲーム(organized games)の興隆は，スポーツが徹底した競技主義を意味するathleticsの性格を含有する重要な契機となった。athleticsの語源はギリシャ語のathleinであり，「賞品をめざして競技すること」を意味した。元来，sportやgameが労働や義務などのまじめさや真剣さからの解放をもたらす遊びや気晴らしを意味したのに対し，athleticsは「激しい肉体活動」を伴う運動競技を意味しただけでなく，そこに「まじめさ」や「真剣さ」を付与する結果となった(ヨハン・ホイジンガ，『ホモ・ルーデンス』高橋英夫 訳〈中公文庫〉中央公論新社．1973．389-94)。19世紀に登場するアスレティシズム(athleticism)は，イギリスのパブリック・スクールやオックスフォード大学，ケンブリッジ大学などのエリート教育機関において，運動競技を「人格陶冶」を行う有効な手段と認め，それを礼賛する態度をさした言葉であるが，伝統的なゲームの組織化やルールの統一にアスレティシズムが果たした役割は非常に大きかったといわねばならない(村岡健次，「『アスレティシズム』とジェントルマン：19世紀のパブリック・スクールにおける集団スポーツについて」村岡健次ほか 編，『ジェントルマン：その周辺とイギリス近代』ミネルヴァ書房．1987．228-61)。

② 非日常的性格形成への工業化・都市化の影響

近代的な意味でのスポーツ概念は19世紀以降のヨーロッパないしはアメリカを中心に形成されてきたもので，歴史そのものはたかだか1世紀あまりにすぎないことになる。だが，そのことは人類が近代的な運動競技に類似した運動文化をまったく知らなかったことを意味するわけではないし，それ以前の歴史的なスポーツにおける日常と非日常の境界がおしなべて不明瞭だったというわけでもない。例えば，日本の宮中で行われていた節会(せちえ)相撲は8世紀に行われていたことが確認できるし，古代オリンピックは紀元前8世紀から紀元4世紀まで続いたことがわかっている。さらに，民族学的には後期石器時代人に似ていると推測されるオーストラリアのアボリジニーからは，神明(しんめい)裁判として行われる棍棒試合が報告されてもいる。このように，20世紀以降，地球世界化(globalization)をみた「近代主義」に彩られた運動競技とは異なるものの，人類が享受してきたスポーツ文化の広がりはきわめて大きかったといわねばならない(寒川恒夫 編，『図説スポーツ史』朝倉書店．1991)。

例えば，動物行動学の知見によれば，「安全を意識し合った空間における優劣判別の競争行動」は種内闘争として動物段階から認められるという。したがって，現実的な殺し合いとは基本的に区別される模擬戦や遊びの文化装置の存在となれば，それは少なくとも人類誕生の時点までさかのぼる必要がある。事実，考古学や民族学の知見によれば，先史時代に行われていた運動競技の種類はきわめて豊富であり，そこにみられなかったのは，競馬や闘牛と

いった家畜を用いるスポーツと，工業化を経て登場するモータースポーツくらいだったと考えられてもいる（寒川，1911.6）。

しかしながら，近代的な運動競技の文化的特徴は，成文化されたルールや統轄団体の存在によってその「非日常的性格」がよりいっそう明確に示されている点にある。歴史的にみれば，その背景にはイギリスで世界に先駆けて起こった工業化と都市化の影響がみてとれる。

イギリスにおいていち早く組織化されたのは，競馬，ゴルフ，クリケットなどの賭博スポーツだったが，その主たる担い手は同時代のイギリスにおける支配者であったジェントルマン階級であった。国民の大多数を占めていた民衆にも非日常的な遊びに興じる機会が全くなかったわけではない。だが，工業化と都市化の進展に伴い，彼ら彼女らは次第に都市への移住を余儀なくされた。しかし，都市部で賃金労働者として働かなければならなくなった民衆にはもはや伝統的な祭礼に興ずる機会は存在しなかった。それに加え，工業化の進展に伴って台頭してきた中流階級（新興ブルジョアジー）は，支配階級と手を結んで労働者階級の娯楽を無秩序で粗野な文化であるとして激しく攻撃した。その結果，19世紀のイギリスでは，民衆の非日常的な娯楽機会であった祭礼や大市などが急速に失われていったのである（松井良明．『ボクシングはなぜ合法化されたのか』平凡社．2007）。

前工業化社会の農村的な労働形態においては，労働と余暇は未だ不可分な状態にあり，祭礼時を除けば日常と非日常を切り離して考えることはきわめて困難な状況にあった。しかしながら，工業化と都市化の進展により，民衆の時間は資本家に売り渡した「労働」の時間とそれ以外の「生活」と「余暇」に充てられる時間（非労働時間）とに分離された。すでにありあまる余暇時間を有していた支配階級の人々に対し，生活の糧を得るために労働せざるを得なかった大多数の民衆が「非日常的な性格」を有する近代的な運動競技を享受し始めるのは19世紀後半以降にすぎなかったのである（川北稔 編．『「非労働時間」の生活史』リブロポート．1987）。

（松井良明）

フェアネスの漸進的確立　　19.A.02

① スポーツと賭博

かつてカイヨワ（R. Caillois）は遊びを4つの項目に分類した。競争・偶然・模擬・眩暈である。彼は運動競技が競争を優位とする遊びであり，その点ではもっぱら運命に身を委ねる偶然とは対極にあるものと位置づけた。しかしここで注意しておかなければならないのは，アゴンが時にアレアの対象にもなり得ることをカイヨワ自身がすでに指摘していた点である（ロジェ・カイヨワ．『遊びと人間』多田道太郎，塚崎幹夫訳〈学術文庫〉講談社．1990. 51-52）。

近代スポーツは従来，「広義の賭け」とは直接かかわりをもたないかのように語られてきた経緯がある。しかし歴史的にみれば，多くのスポーツにとって「広義の賭け」は無視することのできない重要な文化要素の1つであった。例えば，18世紀のイギリスでいち早く組織化された競馬，ゴルフ，クリケットにおける有力クラブは実際にはパトロンたちを中心とした組織であり，これらはいずれも賭を不可欠な文化要素とするギャンブルスポーツであった。その意味で，これら初期のクラブ組織と19世紀半ば以降に設立されることになる他の統括団体とはその性格も設立の際の事情も大きく異なっていたといえる。

多くのスポーツが古くから「広義の賭け」と密接な関係を有していたが，そもそも賭けとかかわるスポーツの歴史はどれほど古くまでさかのぼることができるのだろうか。

例えば，賽子の起源はもともと動物の骨をころがす遊びだったものが現在のような立方体に変化し，中世末期になって広く普及したものであり，カード遊びはもう少し後の時代になって普及したものであった。中世史家であるリーヴズ（C. Reeves）によれば，カード（トランプ）はそもそもイスラム圏からイタリア，スペイン，フランスを経由してイングランドに伝えられたものであった（Compton Reeves, *Pleasure and Pastimes in Medieval England*. Oxford University Press. 1998. 74）。しかし，チューダー朝（1485-1603年）から前期スチュアート朝（1603-49年）にかけてのイギリスでは，聖俗いずれの裁判所も日曜日の踊りや賽子遊び，熊に犬をけしかける遊び，ボウリング，フットボールなどを禁じていたし，近世に入ってもなお，賭博を含むスポーツ全般が著しく制限された時期があった。1642年の第1次内乱に始まるピューリタン革命期である。中世以来，イングランドの為政者たちは民衆スポーツに対して一貫してなんらかの規制を行ってきていた。しかし，それでもなお，民衆スポーツが全面的に禁じられたことは1度もなかった。ピューリタンたちはスポーツそのものが怠惰の例証であるとしてすべての娯楽に疑いの目を向けた。その根底にはピューリタンたちが抱いていた独特の「労働」観があった。彼らにとり，「労働」とは単に自らの地位を向上させるためだけのものではなく，自らが神に選ばれた者と感じるための行為を意味した。彼らは，人間の活動を勤勉な「労働」と完全なる「休息」の2つに収斂すべきものと考えた。両者の間には深遠なる「怠惰」の領域が広がっており，その領域に足を踏み入れることは「堕落」にほかならないから絶対に避けなければならない。また，賭けは人々の蓄財を妨げ，金品の浪費をもたらす。だから，そこから得られる「享楽」は民衆にとっての「悪徳」そのものだと彼らは考えていたのである（松井良明．『ボクシングはなぜ合法化されたのか：英国スポーツの近代史』平凡社．2007. 122-25）。

② ギャンブルスポーツの隆盛とルールの成文化

ピューリタンたちのこのような考え方は18世紀後半から19世紀にかけて福音主義という衣をまとって復活することになる。しかし，17世紀のイギリス社会は未だ伝統的な娯楽を必要とする農村的な社会であった。また，ピューリタンによる政権が短命だったこともあり，1660年に王政復古がなると，多くの伝統的なスポーツが息を吹き返すことになった。

上流階級（ジェントリー）の狩猟，鷹狩り，競馬，ボウルズ，テニス，そして

市民のハードボール，フットボール，スキットルないしは九柱戯（9ピンのボウリング），ショヴェルボード〈シャフルボード：カーリングに似た円盤突きゲームで，地上や机上で行う〉，ゴフ〈ゴルフに似た打球戯〉，ストーボール〈バットとボールを用いるゴフの一種〉，トロル・マダム〈玉突き遊戯〉，カッジェル〈棒術〉，熊掛け，牛掛け，弓術，鉄環投げ，跳躍，レスリング，ピッチング・ザ・バー〈棒投げ〉，鐘鳴らし…。これらはいずれも「広義の賭け」と深く結びついてもいた (Thomas S. Henricks. *Diputed Pleasure: Sport and Society in Preindustrial England*. Greenwood Press. 1991. 103－05)。

18世紀に入ると，スポーツと賭けは密接な関係を保ちながら，さらに新たな展開をみせることになるが，その背景には，地主ジェントリを中心としたイギリス独特の支配体制の確立と，それに伴う「パトロンスポーツ (patronized sports)」と呼ばれる新たなスポーツ形態の興隆があった。

王政復古後，イギリスの人々は中世以来の歴史を有するゲームはもちろんのこと，新たに誕生したものについても賭けの対象にしようとした。例えば闘鶏はイングランドでは中世からよく知られたスポーツだったが，この時期には各地に専用の闘鶏場が作られ，あらゆる階層の人々に人気を博していた。後に「動物虐待防止法」（1835年および1849年）によって違法とされるが，それまでの人気は相当なもので，多くの人々がこれに金を賭けた。ただし，社会史家のマーカムソン (R.M. Malcolmson) は，闘鶏がこの時期に人気を博した理由として，支配階層たるジェントルマンたちの積極的な参与が得られたことと，闘鶏試合そのものが賭け事に適していたことを挙げている (R.W. マーカムソン．『英国社会の民衆娯楽』川島昭夫ほか訳．平凡社．1993．127)。

また，ポーランドのスポーツ学者ヴォール (A. Wohl) は，スポーツ史の立場からこの点をいち早く指摘した。彼は「パトロンスポーツ」を歴史的スポーツ形態の1つと捉え，この形態がスポーツの近代化に果たした役割を重視するとともに，「パトロンスポーツ」の興隆が「第1に競争が賭け金によって非常に促進されたこと，第2にそうしたスポーツがますます魅力的な形式を備えて

きたこと」といった新たな歴史的契機をもたらしたと述べている。また，ヴォールは支配階級の者たちが「職業ボクサーやレスラー，騎手，ボートマンらの試合のパトロン役を引き受けたり，民衆の競技会を喜んで見物したりしたのは，イギリスだけに限らず，当時のヨーロッパ各国の貴族の間に広くみられた習慣であった」と述べている (アンジェイ・ヴォール．『近代スポーツの社会史：ブルジョア・スポーツの社会的・歴史的基礎』唐木國彦，上野卓郎 訳．ベースボール・マガジン社．1980．54)。しかし，当時のイギリスにおける支配層はジェントルマンと呼ばれる独特の支配層であり，大陸諸国の貴族とは明らかな違いもみられた。

一般に，イギリス史の知見によれば，ジェントルマンとは元来，貴族やそれに準ずる准爵・騎士の称号をもたない地主層を意味し，16世紀以降になってイギリス社会の支配層に躍り出た新興勢力であった。貴族と異なっていたのは，彼らが必ずしも古くからの名門の出自とは限らなかった点である。いったんジェントルマンの地位に達した家系は「生まれながらの支配者」として自分たちの血統を誇ることもできたが，ジェントルマンであることの要件とされた所領や家紋，官職などはすべて金銭で購入することができた。したがって，十分な資産をもつ者であればそれらを購入してジェントルマンの地位に参入することができたのである。そのため，彼らは絶対王政的なくびきからは自由だったが，他方で四季裁判所など以外には固有の権力装置をもたないまま地域の司法ならびに行政を担わなければならなかった。そのため，民衆とスポーツを共有したり，職業選手を庇護したりすることは，平穏な社会関係と確実に地代収入を得るための重要な手段でもあった (村岡健次，川北稔 編著．『イギリス近代史[改訂版]』ミネルヴァ書房．2003．106－08)。

ギャンブルスポーツでは，賭けが主たる目的であるため，自分たちがことさら不利にならないようにできるだけ「公平」なルールが求められた。試合前にあらかじめ軍鶏を計量し，試合で同等の重量の軍鶏同士を闘わせたのも実はそのためだった。

ルールでは，軍鶏をピットに置く方

法，信頼のおける審判の任命，試合結果の判定方法がなによりも重要であった。早い時期に成文化された闘鶏のルールのうち，現在もよく知られているのはレジナルド・ヒーバーが出版した1751年のものであるが，そこでは観客の振る舞いに対しても多くの注意が割かれていた。

このことが示すように，この時期のイギリスで隆盛していた闘鶏は中世に行われていた闘鶏とはもはや異なっていた。一言でいえば，それは「広義の賭け」と結びつくことにより，近代スポーツとしての体裁をも整えつつあったのである。

さらに，18世紀におけるギャンブルスポーツの隆盛には，新聞や雑誌といった活字メディアも重要な役割を果たしていた。実際に当時の地方新聞や雑誌，ブロードサイド（日本の江戸時代のかわら版に近い情報誌）には各種スポーツの試合広告や結果に関する情報が掲載され，より多くの人々の関心を集めていたからである。その意味で，スポーツと活字メディアとの結びつきはすでにこの頃から始まっていたともいえる。

新聞や雑誌の普及を通して増幅された賭けへの関心は，試合の方法や勝敗の判定方法についても次第に厳密さを要求するようになっていった。それとともに全国的とはいわないまでも，一定の権威を有する常設の闘鶏場や動物闘技場が複数存在していたし，遅くとも18世紀半ばまでにはルールの成文化もなされていた。スポーツにおける近代化のもう1つの指標とされる全国的な統括団体はまだ存在してはいなかったが，ルールの成文化はすでに進んでいたことから，その意味では一定の近代化がなされていたともいえる。

闘鶏と同様，18世紀半ばまでにルールの成文化がなされていたもう1つのスポーツがボクシングだったが，その内容は19世紀後半に登場する競技ボクシングとは大きく異なっていた。なぜなら，18世紀から19世紀前半にかけてイギリスで一般に行われていたのは，懸賞金の獲得をめざして素手で行われるプライズファイティングと呼ばれる形態だったからである。また，そこでは「流血」が不可欠の文化要素であり，参加者が重傷を負ったり，死亡したりすることも珍しくはなかった。事

実，1743年にジャック・ブロートン（J. Broughton）が成文化した7カ条から成るボクシング規則は，挑戦者だったジョージ・スティーヴンソンを試合で死なせてしまったことを悔やんで作成されたともいわれる。確かに第7条では「下半身やダウンした者への殴打や，髪の毛をつかむことが禁じられる」とともに，第6条では「あらゆる紛争を避けるために2人の審判が選出され，試合中は彼らが絶対的な権限をもつ」ことが規定されていた。だが，それと同時に，賭け金の分配方法についての規定も記載されており，ルール全体を見渡せば，試合内容の改善もさることながら，それまで慣習によっていた試合方法や賭けに関する取り決めをはっきりと明文化することで，観衆の干渉や妨害を防ぐことが強く意識されていたこともうかがえるのである。プライズファイティングもまた賭けと強く結びついており，そのために試合方法に関するルールはできるだけ明確にしておく必要があった。つまり，ダウンによって1ラウンドが終了するという取り決めや，どちらかがギブアップするまで試合が続行されたといった点も含め，そのルールは拳闘家の保護を念頭に置いたものというよりは，パトロンや観衆に対して試合の判定基準を明確に示し，賭けを公正に行わせようとするところに主たるねらいがあったと考えられるのである（松井良明．『近代スポーツの誕生』〈現代新書〉講談社．2000．138-40）。

実際にルールを通してこのような配慮がなされていたとしても，一度に数百ポンドもの賞金が賭けられ，さらに拳闘家自身やその取り巻きなどが「別枠の賭け（side bet）」を行っていたため，不正すなわち八百長試合が仕組まれることも少なくなかった。この「別枠の賭け」では，勝敗だけでなく，「どちらの選手が最初のダウンを奪うか（ファーストダウン）」や「最初の流血（ファーストブラッド）」などが対象とされた。だが，問題はあらゆる賭けがラウンド数を目安に行われていたため，拳闘家が試合の進行を操作する余地を与えられていた。例えば1853年には，すでに定められていた「ロンドン・プライズリング・ルール」（1838年）の第13条に「殴打されずに故意にダウンすることを禁じる」旨の規定がつけ加えられたが，そのことは逆になんらかの理由で意図的にダウンする拳闘家がいたことを物語っている（松井，前掲書．141-42）。

このような問題に加え，19世紀に入ると，イギリスでは福音主義を思想的支柱とする社会改良運動が盛んに組織されるようになり，賭博や賭事に対する社会的な批判が高まりをみせることになった。

例えば，クリケットではチームの勝敗が賭けの対象となるほか，個々のプレイヤーの打撃や投球の内容についてもその対象にできた。また，個々のイニングに制限時間がなく，試合の進行も比較的ゆっくりなため，イニングの長さや，次にボールに触るプレイヤー，次の投手など，多くの事柄に対して賭けを行うことができた。ところが，18世紀半ばに設立されたメリルボーン・クリケット・クラブは，1820年までに本拠地であるローズクリケット場から賭け屋（ブックメーカー）を締め出す措置をとることになる。それは賭博が蔓延していることに対し，プレイヤーたちの不正や八百長を未然に防ぐのが目的であった（John Ford. *Cricket: A Social History 1700-1835*. David & Charles. 1972. 107)。また，競馬においても，1830年代には競馬場内の賭け店はほとんどみられなくなるのである。

③ 賭博スポーツの組織化

18世紀のイギリスで誕生したいくつかのスポーツクラブは，いずれもパトロンたちのための組織であった。そのため，19世紀に入ってもなお，その規則やルールがすぐさまイギリス全体のスポーツ活動に大きな影響力を及ぼしたわけではない。それは後にイギリスの競馬界で大きな影響力をもつことになるジョッキークラブにおいてでさえ同様であった。確かにジョッキークラブは自ら競馬規則を改め，賭け金の支払いにかかわる紛争の調停や，不正や八百長などの摘発に直接携わってはいた。しかし，その歴史をみると彼らが非常にゆっくりとその支配権を拡大してきたことがわかる（Mike Huggins. *Flat Racing and British Society 1790-1914: A Social and Economic History*. Frank Cass. 2000)。

例えば，19世紀から20世紀にかけて，ジョッキークラブがかかわらざるを得なかった競馬に関する問題点に次のようなものがあった。賭け事をめぐる争い事の調停，2歳馬レースの是非，騎手の統制，競走馬のドーピングである。ここでは，賭博の問題と深くかかわる騎手たちの統制問題について記しておきたい。

他の問題と同様，トップクラスの騎手の取り扱いについても，ジョッキークラブの対応は当初から実に「寛大」なものであった，というのがハギンズ（M. Huggins）の見解である。例えば騎乗者に疑いがあった場合も，ジョッキークラブによる出場停止処分は特定の競馬会に限ってなされていただけだったという。例えば，1856年にモルトン（Malton）で1頭の馬が故意に勝たないように制御された時（この不正はpullingと呼ばれる)，その騎手はもちろん出場停止処分となったのだが，他の場所で行われる競馬会には出場し続けていたのである。また，ジョッキークラブによる出場停止処分がメンバーの個人的な利害によってすぐさま解除されたこともあったという。というのも，トップクラスの騎手が出場停止になれば，彼が騎乗することになっていた馬の所有者の勝利がおぼつかなくなるからである。

しかし，騎手の統制問題は大変重要な課題でもあった。例えば，自分が騎乗する馬に対して騎手自らが金を賭けることはそれほど問題ではなかったかもしれないが，その選手が相手の馬に金銭を賭けていた場合は利害の不一致が生じたからである。その結果，ジョッキークラブは1879年になって騎手のライセンス制度を導入している。しかし，馬の所有者ないしは賭け事を行う騎手を罰するという提案は存在しなかった。それがもしなされていたら，トップクラスの騎手からは強い拒否反応が生じていたことだろう。1882年には競馬規則が再度検討されており，無許可で競走馬を所有したり，「あからさまに賭け事」を行ったりする騎手のライセンスを取り消す規定が設けられた。しかし，そのことは，反対に「目立たない賭け事」がまだなお大目にみられていたことを示している。結果的に，この規定はほとんど効果が得られないままだったのであり，1884年頃までは騎手仲間の間ですでにレースの

結果は決まっている，とする噂は依然として絶えなかったという。

他方，ボクシングに関しても実は1814年にロンドンでピュジリスティッククラブという名の組織が結成されてもいた。競馬におけるジョッキークラブと同様の役割を果たすことが期待されていたが，結局，このクラブもボクシングと賭けの問題を切り離すことには取り組まなかったこともあり，社会的な信用を得ることなく消滅してしまった。ボクシングが賭けの問題を切り離し，全国的な統括団体の結成をみるのは1880年のことだが，それはアマチュアの手によるものであった。

(松井良明)

スポーツ情報の拡大　19.A.03

① スポーツ人口増に対する貢献

スポーツに関する定期刊行物は，すでに18世紀のイギリスで存在していた。具体的には，スティール(R. Steele)による*The Tatler*(タトラー．週3回発行)，スティールとアディソン(J. Addison)による*The Spectator*(スペクテイター．500号以上は日刊)などがあった。1731年にケイヴ(E. Cave)により創刊された*The Gentleman's Magazine*(ジェントルマンズ・マガジン)も18世紀を代表する定期刊行物の1つである(ジョン・フェザー，1991. 194-97)。18世紀の末には，地主貴族やカントリー・ジェントルマン向けに書かれたスポーツ専門の月刊雑誌，*Sporting Magazine*(スポーティング・マガジン)(1792)も刊行される。このように，18世紀の英国において定期刊行物が発行されるようになると，その世紀末にはスポーツをテーマとする定期刊行物も発行されるようになった。もっとも，発行部数の飛躍的上昇は，印紙税の撤廃，大衆の識字率の上昇，月刊から週刊，週刊から日刊へといった刊行頻度の増加に伴い，広範囲の読者層を獲得するに至った19世紀の後半以降を待たねばならなかった(村上，1995. 77)。しかしながら，印刷技術の進歩に伴い，読者層が拡大した19世紀後半以前の時代においても，スポーツ情報の普及にとって1つの契機が存在していた。すなわち，1820年代の英国において，政治ジャーナリズムとは異なる新たなジャンルとして，スポーツについて報道される必然性が生じ，そうした社会的意味が伴ってスポーツ新聞という新たな分野が確立したことであった。それにより，それまでに存在していたスポーツ情報とは異なる質的変化も生じている。

1820年代以前においても，例えば賭けはスポーツルールの公平性を厳格化する上で，重要な役割を果たしており，そうした賭博情報は報道されるスポーツ情報として不可欠のものであった。賭け率(オッズ)の記載された競馬や懸賞付きのボクシングに関して，スポーツ記事として早くから報道された理由がそこにあった。こうした懸賞付きのボクシングの試合記事は，やがて，1796年創刊の*Bell's Weekly Messenger*(ベルズ・ウィークリー・メッセンジャー)，1801年創刊の*Weekly Dispatch*(ウィークリー・ディスパッチ)などを経て，専門の書き手(ライター)を雇用するようになる。これにより記事内容に変化が生じた。すなわち，今日流にはスポーツジャーナリストと呼ばれるようなスポーツ専門の職業人が関与するようになり，その中身も単にオッズが重要であった賭博情報から変化し，ボクシング試合の行程を詳細に叙述したスポーツジャーナリズムと呼んでよい中身が芽生えつつあった(池田，1997. 73)。

先に述べたように，専門ライターの出現は，新聞そのものの発行部数の拡大に即座に飛躍的な影響を与えたわけではなく，また日刊のスポーツ新聞も，この時期にはまだみられないものであった。しかしながら，19世紀の初頭に登場した週刊新聞は，19世紀後半の日刊スポーツ新聞の到来以前に，スポーツを専門に扱うメディアを出現させたという意味で時代を画するものであった。

週刊スポーツ新聞が登場した英国の1820年代は，ジャーナリズムといった用語自体，まだ普遍的なものではなかった(周知のように，ジャーナリズムはフランス革命を経て定着したフランス経由の外来語ジュルナルが英語化したものである。大久保桂子．「成立期イギリス・ジャーナリズムに関する覚え書き」『西洋史学』124. 1981. 55)が，英国において新聞を意味した英語「プレス」の中に，週刊スポーツ新聞と呼んでよいものが現れ始めた頃であった。

そうした新聞の例として，1822年に創刊された*Bell's Life in London*(ベルズ・ライフ・イン・ロンドン)がしばしば引き合いに出される(Mason, 1980. 187；メイソン，1991. 76；中房，1995. 218-19)。しかし，上記の新聞が初のスポーツ新聞と呼んでよい理由は，この新聞が後にスポーツを専門に執筆する職業人をレポーターとして雇用して以後のことであった。特に，「近代スポーツ・ジャーナリズムの父」(International Centre for Sport History and Cultureed, Report 2010, De Montfort University. 7)のように表記されることもあるイーガン(P. Egan)の果たした役割は重要である。19世紀初頭，イーガンが，ボクシングをはじめとするスポーツを専門にレポートするようになり，スポーツをテーマとした小説やボクシング雑誌も手がけていた。そうした一連のスポーツ著作の成功の後，ロンドンに営業所を構え，自ら日曜新聞*Pierce Egan's Life in London and Sporting Guide*(ピアス・イーガンズ・ライフ・イン・ロンドン・スポーティング・ガイド)1824年創刊，創刊当初は1部8と1/2ペンス，後に7ペンス)を刊行し始める。より厳密には，これが英国で刊行されたスポーツを専門とする初の週刊新聞であった。しかしながら，レポーターかつ新聞の発行者という兼務は，次第に経営的に困難な状況をもたらし，わずか数年後の1827年に先に言及した*Bell's Life in London*に吸収される。これにより，*Bell's Life in London*は，新聞名にスポーティングという表現を伴った*Bell's Life in London and Sporting Chronicle*(ベルズ・ライフ・イン・ロンドン・アンド・スポーティング・クロニクル)へと改名される。*Bell's Life in London*がイギリスで最初の週刊スポーツ新聞であると言及される理由がそこにあった。この週刊新聞は，ヴィクトリア時代以後も発行され続け，1859年までその名で刊行された(ヴィクトリア時代中期は*Bell's Life*と略される)。

*Bell's Life in London*にみられた変化は次のようなものであった。*Bell's Life in London*の発行部数がイーガンの日曜紙を吸収する以前は，9千部で

あったのに対し，スポーツを専門とするライターが関与し，週刊新聞*Bell's Life in London and Sporting Chronicle*となって以後，2万部に達した。その後，さらに上昇し続けたといわれている（池田，1997．74−76）。

さらに，イーガンが関与したスポーツ新聞は，それまでの活字文化のスタイルにも変化をもたらし，大文字表現，派手な見出し，イタリック体表記（俗語），感嘆符の多用，刺激的で興奮や躍動感を伴う表現スタイルの多用，日常語や流行語，俗語をも採用した。こうした特徴は，スポーツ現場の臨場感を伝える有効な方法が模索された結果であったと考えられる。また，俗語の多用された独特な文体は，政治ジャーナリズムにはなじみのなかった庶民層に対しても，活字文化そのものを身近なものにする役割も果たしたと考えられる。こうして，週刊スポーツ新聞は，それ以前の新聞よりも階層縦断的に大衆を媒介（メディア）可能なものとし，19世紀の後半以後，より幅広く社会に普及することになる（池田，1997．81−84）。

また，ヴィクトリア時代を代表するスポーツ新聞の編集者，ダウリング（V. G. Dowling）が*Bell's Life in London*の編集者として敏腕を奮って以後，上記の週刊新聞はスポーツ新聞としての地位をより確かなものにする。編集者ダウリングと先に言及したスポーツライターのイーガンの間には深い親交もあった。イーガンは1849年に他界したが，その10年後の1859年には，日刊紙*Sporting Life*（スポーティングライフ）が創刊され，この日刊紙は1886年に*Bell's Life*を吸収する。また日刊紙*Sporting Life*の創刊以後，1862年には*Sporting Gazette*（スポーティング・ガゼット）が創刊され，次いで*Sporting Opinion*（スポーティング・オピニオン，1864），*Sportsman*（1865），*Sporting Times*（スポーティング・タイムス，1865）と次々に新たなスポーツ新聞が創刊される。こうした新聞の発行所は，ロンドン近郊にとどまらず，1871年にはマンチェスターで*Sporting Chronicle*（スポーティング・クロニクル），翌1872年には*Sporting Clipper*（スポーティング・クリッパー）が，1875年にはマンチェスターで*Athletic News*（アスレティック・ニュース）が，1882年にはスコットランドで*Scottish Athletic Journal*（スコティッシュ・アスレティック・ジャーナル）が刊行された。1880年代になると，さらにスポーツ報道の専門分化も進み，サッカー専門紙が登場する。また，*Sportsman, Sporting Chronicle, Sporting Life*といったスポーツ新聞は，1日に30万部を突破していくことになる。

こうしてスポーツ新聞は大衆ジャーナリズムの世界において不可欠なメディアとして，続く20世紀を迎えた（池田，1997．76；池田，2000．50）。

初期の週刊スポーツ新聞が果たした役割は，以下に述べるように，スポーツ理解の深化に関する貢献ともかかわるものであった。

② スポーツ理解の深化に対する貢献

スポーツを専門とする週刊新聞は，1820年代の英国に生じたが，そのことは「なぜその時期にスポーツを報道する必要性が生まれたのか」「どのような報道がスポーツ報道を特徴づけるものであったのか」ということと関連していた。

それは，19世紀前半から後半にかけての英国に生じた社会的変化に起因している。すなわち，伝統的な村落共同体の内部で行われていた村祭りや農事の暦に根ざしていたスポーツ行事の世界から，ロンドンを中心とする都市的な労働スタイル，新たな生活文化，レジャーへと移行し始めた時期の問題であった。もっとも，こうした変化は，ロンドンから離れた地域とそうでない場所とでは，時間的差異があったため，この時期にすべての地域で「都市化」が進行したと述べることには慎重にならなければならない。

それゆえ，1820年代というのは，まだ近代スポーツが確立するには時期尚早であったが，それ以前の伝統的なスポーツの流儀と新たな都市的文化が混在し，過渡期特有の問題が生じていた。すなわち，粗野で荒々しさを伴っていた旧来的なスポーツ文化に対し，秩序や治安に照らしても是認可能な都市的スポーツのあり方について議論が開始された時期に相当した。重要であったのは，そのことがスポーツジャーナリズムを芽生えさせたということである。なぜなら農村社会の村落共同体を離れ，都市的な秩序の中で生活をし始めた人々にとって，スポーツ文化を通じて得られる新たな連帯の構築において，メディアは不可欠であった。この時期，スポーツ新聞はスポーツ界の様相を表現すると同時に，かつての村落共同体を構成する同質集団ではなく，異なる地域に暮らす読者を心理的に結合させ，スポーツ新聞の購読者がスポーツ界という広がりを不可視的に共有することにつながった（池田，2000．47）。

さらに重要なことは，「スポーツ界（Sporting World）」とはなにかということの定義も関与したことである。「スポーツ界」も，先のスポーツジャーナリストのイーガンが用いた用語であった。これはスポーツ独自の用語を理解し，スポーツ独自の世界観を共有する集団が読者として想定されていたことを暗示している。さらに，そこで共有された「スポーツ用語」も注目に値する。

スポーツ用語は，スポーツ倫理やスポーツ徳性，スポーツ独自の語彙形成によって醸成された。すなわち，「フェアプレイ」とはなにか，「スポーツマン」とはどのように定義される人々であるのか，彼ら独自の世界の言葉（スポーツ界のルールや用語，隠語，俗語）を普遍的に語る必要性が生じた時に，スポーツジャーナリズムは成立をみている。

先に言及したように，スポーツジャーナリズムの揺籃期にあたる1820年代は都市化に伴う新しい秩序の到来とともに旧来のスポーツ文化が批判された時期でもあった。それゆえ，秩序を欠き，不道徳で野蛮であるとして旧来のスポーツに対する非難が寄せられた時代に，そうしたスポーツ非難に反論する目的で，スポーツ徳性やスポーツの社会的役割を主張することでスポーツジャーナリズムは進展している。

つまり，新聞紙上に掲載されたスポーツ独自の議論とは，スポーツへの非難に対抗するための議論形成を1つの特徴としていた。その点が，単なる賭博情報を掲載したそれ以前の時代のスポーツコラムと異なる点であった。先のイーガンは，男らしさや勇敢さ，不屈の精神，フェアプレイ，ボクシング哲学といった言葉をスポーツ界固有のものとして叙述している。

しかしながら，初期のスポーツジャ

ーナリストたちは，近代スポーツ成立以前の古い特質を伴ったスポーツやブラッドスポーツとして排撃された動物同士の闘いや，動物いじめの類いの前時代的なスポーツ文化の擁護にも力を注いだため，後にスポーツが近代化され，近代スポーツが合理的な競技スポーツとして大きくその特徴を変えていった19世紀後半にみられるスポーツ報道からみれば，この時期のスポーツ擁護論はやや時代錯誤でエキセントリックなスポーツ論であったように捉えられる。実際，19世紀後半のスポーツ報道にみられる公明正大でさわやか，かつ実直なイメージを伴ったアマチュアリズムの時代の近代的なスポーツマンと，イーガンらが報道した贅沢放蕩三昧で貴族趣味的なジェントルマンとでは隔たりがある。しかしながら，同質的な農村社会とは異なる都市的な空間の中で「スポーツ界」が想定され，そこで共有された独自の用語形成が関与した際に，スポーツジャーナリズムが生じたという事実は，スポーツジャーナリズム成立の契機を捉える上で，重要だと考えられるべきである。

さらに，揺籃期のスポーツ報道は，現在のスポーツ新聞が，週刊誌報道やイエローペーパー的（低俗で好奇心を煽りたてるだけの）特質も加味していた。19世紀初期の週刊スポーツ新聞は，村落共同体の祭りにみられるスポーツイベント報道の枠を超え，新たなスポーツ界の構築が意図されていただけでなく，庶民的な犯罪報道，瓦版，ゴシップ報道をも包むものであった（池田，2000．46-47）。

このことは，初期のスポーツライターが高尚な政治ジャーナリズムの世界と職業空間を共有するよりも，安価でより民衆的な活字文化の世界，すなわち伝統的な瓦版の発行者やチャップブックと呼ばれた廉価版小冊子刊行物の発行者らと密接な関係があったことを暗示している。俗に「絞首台のバラッド」と呼ばれた処刑報道は，週刊スポーツ新聞が刊行される以前から，安価な民衆本に掲載され，悪趣味ではあるが，実際それらは伝統的な庶民向けの娯楽報道の一部を形成していた。1820年代の週刊スポーツ新聞は，瓦版や民衆本とは全く異なる新たな都市的ジャーナリズムが意図されたものであった

が，スポーツライターは，いわゆる三面記事も担当し，その種の社会欄には，イエローペーパー的な犯罪報道も含まれていた。先に言及したスポーツライターのイーガンはボクシングトレーナーが殺人犯とされたロンドンで生じたジョン・サーテル事件報道に際し，獄中に自らおもむいて直撃インタビューを行い，殺人現場の挿絵を大きく挿入し，その当時ロンドンの新聞界が競って報道した殺人事件報道の中で，最も詳細かつ劇的に報道した記者であったといわれている。このことは，スポーツライターがかかわったジャーナリズムの世界が，かつての民衆本における犯罪報道の世界を部分的に引き継ぐものであったと同時に，フランス革命以後の社会に浸透した急進主義的な政治ジャーナリズムが問題とした民衆の権利の擁護といったジャーナリズムの使命の双方を反映するものであったことを示している。

犯罪報道は，新聞における社会文化欄の創始と深いかかわりがあった。フランス革命の余波を被った後のイギリス社会における18世紀末から19世紀初期において，急進主義的ジャーナリズムがキーワードとした「民衆」を軸とするジャーナリズムによる影響が初期のスポーツ新聞にみられたことは注目に値する。より高度な分析を紹介すれば，急進主義的な政治ジャーナリズムが問題とした「民衆とはなにか」「民衆の権利とはなにか」「英国的自由とはなにか」という議論は，初期のスポーツ報道にみられた「スポーツ擁護論」の根拠にも反映されている。

すなわち，民衆のための「スポーツ擁護論」の論拠を提示することが，スポーツライターの責務に相当していたと考えられる。こうして「スポーツの世界とはなにか」「スポーツマンの徳性とはいかなるものであるのか」「スポーツを行う民衆の権利」，それらを踏まえた「スポーツ擁護論」「犯罪報道」も含む定期的な刊行物が，それ以前の時代にはみられなかった新たな新聞，スポーツ新聞の到来をもたらした（池田，1997．76-81；池田，2000．47-49）。

1850年代以降になると，現在のスポーツ文化の原型となる近代スポーツの確立期をみる。各種スポーツがより専門化されるにつれて，スポーツ新聞

の専門化も進んだ。アマチュアスポーツが開花すると，スポーツ報道の初期的段階において重要な役割を果たしていた賭博情報がついに排除される。Athletic News（アスレティック・ニュース，1875）がその例であった。

今日，メディアはライティング文化の枠を超え，より視覚的に訴える映像，音声，電子情報に至るまでに多様化し，様々な方法でスポーツ文化の再生産に貢献している。視聴率はスポーツ文化の人気を映すと同時に，メディア文化がスポーツのルールや試合時間にまで影響を及ぼしている。メディアはスポーツ文化の規模，商業主義，プロフェッショナリズムに影響を及ぼし，そのスタイルさえ規定するものとなっている。しかし，初期のスポーツ週刊新聞がスポーツジャーナリズム形成に及ぼした影響は，スポーツを専門に扱うスポーツライターの出現によって生じた変化であった。同時に民衆の権利を擁護する第4階級としてのジャーナリズムの使命はスポーツ新聞にも深く投影された。したがって，スポーツについて叙述する専門的なライターがどの程度，スポーツ文化の深淵に関する知識をもち得て，成熟したスポーツ文化報道を担当することが可能であるのか，社会におけるスポーツ報道のあり方は，その地域や国におけるスポーツ文化の成熟度ないし深化をはかる「ものさし」に相当している（池田，2000．49）。

参考文献

- 池田恵子．1997．「19世紀前半イギリスにおけるスポーツ・ジャーナリズム―スポーツ専門紙の成立とピアス・イーガン―」『スポーツ史研究』10：71-88
- ―――．2000．「スポーティング・プレスの誕生―19世紀のイギリス―」中村敏雄 編『現代スポーツ評論』2：40-51．
- ジョン・フェザー．1991．『イギリス出版史』箕輪成男 訳．194-97．玉川大学出版部
- 中房敏朗．1995．「イギリスの活字メディアとスポーツの関係史」中村敏雄 編〈スポーツ文化シリーズ④〉『スポーツメディアの見方，考え方』207-37．創文企画
- トニー・メイソン．1991．『英国スポーツの文化』松村高夫，山内文明訳 同文館
- 村上直之．1995．『近代ジャーナリズムの誕生』岩波書店
- Tony Mason. 1980. *Association Football & English Society 1863-1915*, Brighton.
- ―――. 1986. "Sporting News, 1860-1914" in: Michael Harris and Alan Lee (eds.), *The Press in English Society from the Seventeenth to Nineteenth Centuries*, Associated University Presses. 168-86.

（池田恵子）

勝利追求（適者生存）の正当性の確立

① 勝利追求とはなにか

現代のスポーツにおいては、勝利の追求が重要な位置を占めている。トップアスリートの世界ではもちろんのこと、若年層のスポーツにおいても勝敗は主要な関心事である。もちろんそれは、スポーツの楽しみや喜びに不可欠の部分である。しかし、一方で過剰な勝利追求がドーピングや体罰などをめぐって深刻な問題を引き起こしてもいる。このような状況は、「スポーツとは、本来遊びである」とする立場からは、しばしば批判の対象となる。スポーツとは楽しまれるべきものであって、身体を壊したり苦しんだりしてまで勝利を追求することは、本末転倒であると考えられるのである。

それでは、現代のスポーツではなぜ、このように勝利が追求されるのであろうか。それは、いつ頃、今日のようなあり方を生み出したのだろうか。また、スポーツにおける勝利追求は、むき出しの優勝劣敗（適者生存）主義の帰結と考えるべきなのだろうか。オランダの歴史家ホイジンガ（J. Huizinga）は、古今東西における人間の遊びを研究した著書『ホモ・ルーデンス（遊ぶ人）』において、「勝つとはどういうことなのか。なにが勝たれるのか。」と問い、それに次のように答えている（ヨハン・ホイジンガ『ホモ・ルーデンス』高橋英夫 訳〈中公文庫〉中央公論新社．1973．）。

「勝つということは、〈遊戯の終りにあたって、自分が優越者であることを証明してみせること〉である。」

しかし、「勝利」というものを、ホイジンガに倣って「競争における、他者に対する自己の優越」と考えるなら、それは遊戯に限られるわけではない。また、それを追求することが正当であるとする考えは、スポーツのみのものではない。例えば、受験において志望校に合格するために勉強し、予備校に通うことは、正当な行為であるとみなされている。就職活動において、より条件のよい会社に内定を得るべく全力を傾注することは正当であるし、自らの会社なり店なりが、市場の中で競合相手よりも優位に立つために努力することも正当な行為である。ここの表題にある「適者生存」という観点からするなら、同一業種内で一定のシェアを占めることができなければ、限られたパイの中から自分の取り分を得ることができないから、「生き残る」ために必死で競うこともまた、現代の社会では正当な行為とみなされている。実際、ホイジンガによれば、英語の"win"、ドイツ語の"Gewinn"、オランダ語の"winst"などの言葉は、試合や競技の場面とともに経済的交換の分野でも用いられる用語であった。「商人は『利益』を手に入れ、遊戯者は『勝利』を勝ち獲る」（ホイジンガ）のである。

ところで、成功や利益、勝利などを追求することの「正当性」が確立するためには、それをオーソライズする（正当と認める）なんらかの権威の存在が必要である。スポーツにおいて、個人やチームの勝利を認定し、これを正当なものと認め、価値を与える権威とは、まずは個々のスポーツの統括組織や競技会の主催者であろう。スポーツ組織は、基本的には国家や企業からは独立した存在であるから、勝利の正当性やその価値は、近代という時代に独立したスポーツの組織が確立するようになって生まれた、スポーツ界内部に限られた問題であると考えることもできる。

だが、人間がスポーツにおいて勝利を「追求する」行為やそれに価値を置く観念について原理的に考えようとするなら、そのような行為や価値観をより幅広い社会的・歴史的文脈に置いて考えることも必要であろう。なぜなら、例えば、現代社会の多くの場所では、法に反しない限り原則として人は個人の幸福を追求してよいが、これは近代社会においてそれを基本的人権の一部とする社会通念が確立しているからである。また、同じく法に反しない限り、個人や法人は利潤を追求してよいが、これも市場経済を是とする社会においてはその経済原理のもとで、利潤の追求が正当な行為とみなされているからである。同じ意味合いで、スポーツにおける勝利の追求は、どのような社会通念を背景に確立したといえるのだろうか。

② プロテスタンティズムの倫理とスポーツの精神

社会学者の西山哲郎は、ウェーバー（M. Weber）による「資本主義の精神」の起源をめぐる所論を援用しながら、近代スポーツにまつわる行動規範の出自について興味深い分析を示している（西山、2006）。以下それに依拠しながら、近代スポーツに特有のあくなき勝利追求のエートス成立過程について考えてみたい。

ウェーバーは著書『プロテスタンティズムの倫理と資本主義の精神』の中で、カトリック教徒と比べて非常に禁欲的なはずのプロテスタントの倫理観から、なぜ金儲け第一の資本主義の精神が生まれたのかを考察した。近代の資本主義以前にも、利潤への希求は古今東西どこにでもみられるものであった。しかし、それらと近代資本主義との間には違いがあるとウェーバーは考えた。それは、前者が「世俗的な動機」（一般的な意味での欲望）によって動かされてきたのに対して、後者が信仰上の観念から駆動し始めた点であった。

ウェーバーによれば、近代的な資本主義の精神に向かう原動力となったのは、「プロテスタンティズムの倫理」、なかでもカルヴィニズムの思想であった。カルヴィニズムは「予定説」を信奉するプロテスタントの一派である。そこでは、最後の審判において救済されるか否かは神の意志によってあらかじめ決定されているとされる。その運命は、人間の力ではどうすることもできない。贖宥状（免罪符）を買おうと、貧者に施しをしようと、懺悔と祈りを繰り返そうと、そのような現世的努力や善行によって、すでに神によって定められた予定を変えることはできないのである。であれば、いっそのこと信仰など放棄して、勝手気ままに現世の快楽に身をやつせばよさそうなものであるが、プロテスタントたちはそうは考えなかった。彼らは、仮に自らが救われる運命に決まっているのなら、自分はそれに相応しい人間であるはずだと考えたのである。だから彼らは、自らの魂の中に、怠惰や放蕩の闇が兆すことを極端に恐れた。プロテスタントたちは、死後に約束（予定）されているはずの魂の安寧を信じ、この世は「涙の谷間」に過ぎないと考えて、日常のあ

らゆる側面であたかも自らの内面を監視するかのように禁欲し，神から与えられた「天職」を励行した。懸命に働いて得られた利潤は，現世での欲望のために浪費してはならず，節約して次の生産活動に投資される。それは，神を讃える行為にほかならなかった。このような態度を「世俗内禁欲主義」という。

ウェーバーは，この「世俗内禁欲主義」の中にプロテスタント地域（オランダ，イギリス，アメリカ，ドイツの一部など）において「資本主義の精神」が勃興した心理的メカニズムをみた。世俗内禁欲主義こそが，逆説的に，近代資本主義への「離陸」を可能にしたのだと考えたのである。個人の現世での欲望を満足させるために産業活動が行われるかぎり，どこかの時点で欲望とそれを満たすための努力が釣り合う局面に達し，資本の拡大は停止してしまう。現世的な欲望の規模には限界があるのである。しかし，個人の欲望追求のためでなく，自らが選ばれた者であるという確信を得るために，信仰にその正当性を求めた勤勉さには際限がない。充足を内面に求めるかぎり，それは原理的に満たされることがないからである。

西山は，このようなプロテスタンティズムの倫理と近代スポーツを支える精神性との間の類似性を指摘している。確かに，近代スポーツの揺籃となった19世紀イギリスのパブリックスクールでは，スポーツは「キリスト教的紳士」養成のための手段と考えられていた。したがって，そこでのスポーツは，本来，他人との競争において勝利を追求するものであってはならなかった。勝利という高みに向かってストイック（禁欲的）に努力を続けるアスリートの姿は，「天職」に邁進するプロテスタントたちの姿に似て，まさにそのことによって，怠惰や放蕩といった「肉の欲望」との距離がより遠くなることの証しだったのである。迫害を受けたピューリタン（プロテスタントの厳格派）たちを支えたのが「受苦／情熱（パッション）」という観念であったように，近代スポーツという「遊び」は，それ自体は快楽主義的なものであってはならず，なんらかの禁欲や，場合によっては苦痛すらを自らに強いることによって「達成」されるなにものかでなければならなかった。勝利はまず，他人に対す

るそれではなく，自らに対する内面的・道徳的勝利（欲望の克服）として観念されたのである。しかし，ウェーバーになぞらえていうなら，そのような精神に基づいて，禁欲的にスポーツや身体鍛錬に打ち込めば打ち込むほど，結果としてそれが，試合に勝利したり，よい記録を出したりする興奮や充足感につながることになっただろう。

③ 啓蒙主義と身体の零度

近代スポーツにおける「勝利追求の正当性の確立」を考える上では，啓蒙主義思想にも言及しておく必要がある。それが近代的な自由競争原理のもとでの勝利追求の土台となる身体観を成立させたからである。この点については，三浦雅士の「身体の零度」という概念が参考になる（三浦，1994）。以下では，三浦の著書に依拠しながら，近代的身体観成立のメカニズムについてみてみたい。

およそ18世紀半ば頃までのヨーロッパでは，人間の身体所作は伝統的な生産様式に則ったものであった。身体のありさまは，農耕民なら農耕，遊牧民なら遊牧といった生業形態によって明確に規定されていた。このような状況が，18世紀後半頃から次第に大きく変化し，19世紀末に向けて「産業的な身体」が生み出されるようになる。三浦は，ルソー（J. J. Rousseau）が人間の身体の理想として「未開人」というイメージを打ち出した点に注目し，それが「本来あるがままの人間（＝自然な身体）」と同義であったとした上で，次のように述べている。

「自然状態に，自然な身体など存在しない。自然な身体とは，もっとも望ましい状態で生育した身体ということである。つまりそれは，むしろもっとも人工的な，もっとも不自然な身体であるといっていい。逆説というほかない。」

だが，そのようなルソー的身体観こそが，三浦のいう「身体の零度」の初めての例であった。

三浦は，ルソーの『エミール』の中から次のような一節を引用している。

「ある技術をもちいるためには，まずその道具を手に入れなければならないし，それらの道具を有効

につかうことができるためには，使用に耐えられるように頑丈につくられなければならない。考えることを学ぶためには，したがって，わたしたちの知性の道具である手足や感官や器官を鍛錬しなければならない。そして，それらの道具をできるだけ完全に利用するためには，それらを提供する肉体が頑丈で健康でなければならない。このように，人間のほんとうの理性は肉体と関係なしに形づくられるものではなく，肉体のすぐれた構造こそ，精神のはたらきを容易に，そして確実にするのだ。」

このような人間観・身体観は，ロック（J. Locke）の教育論とも通底していよう。ロックは，生まれ落ちた状態では，すべての人間はタブラ・ラサ（白紙）であると考えた。この白紙は，教育や経験によっていかようにも書き込みが可能な白紙である。そしてそれは，身体においても適用されるのである。三浦の所論から敷衍して考えるならば，「身体の零度」の成立とは，近代という時代になって，身体に「デフォルト状態」が想定されたことと理解してよいかもしれない。パソコンに例えるなら，身体をデフォルト状態のハードディスクのようなイメージで捉える考えが，啓蒙期に成立したのである。そこに書き込まれる（インストールされる）べきが，「理性」という名のプログラムであったことはいうまでもないが，より重要なのは，ロックもルソーもその教育論において子どもの身体鍛錬を重視する際に，身体をあたかもプログラムを正しくインストールするためのハードディスクのように捉え，それが十全であることの重要さを説いている点である。このように考えるなら，身体の鍛錬が近代的な理性主義となんら矛盾しないことがわかるであろう。「近代体育の父」と呼ばれるグーツムーツ（J. GutsMuths）がルソーの心酔者であり，その教育観を子どもの身体を通じて実践に移したことも，当然の帰結であったと考えられるのである。

しかしさらに，ここでの文脈で重要なのは，三浦がルソーに始まる「零度（デフォルト）の身体」とオリンピックの身体との連続性を指摘している点であ

る。それによると，オリンピックは少なくとも理念として「均質な空間と均質な時間」を前提とし，空間と時間の厳密な尺度を前提として成り立っている。そこで競い合う身体は，均質化され近代化された身体である。それは，計測され，比較され，記録される。より速く走り，より高く跳び，より強く戦う選手たちの時空は，もはや土地や生業といった特定の「場」の磁場に縛られたものではなく，世界記録という抽象的な（デカルトの「延長」のような）座標空間なのである。三浦によれば，オリンピックの発展が時計の実用化と普及とともに進んだのは，だから偶然ではない。世界が単一の時間のもとに置かれることで，人間は原理的に，いつどこで走っても，いつどこで泳いでも，その力を他人のそれと容易に，厳密に比較できるようになった。その意味で，「より速く，より高く，より強く」を追求するアスリートたちは，想定された白紙の身体に，いかに合理的で高度な書き込みを行えるかを競っているという点において，スポーツ=肉体派というイメージに反して，むしろ近代的理性主義の逆説的継承者であるといえるかもしれない。

　身体というデフォルトのハードディスクへの書き込みが，「個人の自助努力」によってなされなければならないとされたことも指摘しておく必要があろう。この点で，近代資本主義も近代スポーツも，ともにアメリカにおいて端的な形で現実化したことには注目しておきたい。ここで再び西山を引くなら，伝統主義の桎梏（手かせ足かせ）から逃れ，自由を求めて故郷をあとにした貧しい移民たちにとって，アメリカは無限の可能性が広がる大地であった。だが同時に，そこは「弱肉強食」「優勝劣敗」「適者生存」の世界でもあった。しかし，そこでの闘いは詐欺や略奪なども含むむき出しの生存競争であってはならなかったのである。西山によれば，アメリカの資本主義を育んだのは（少なくとも理念上は），「自己の才覚と資本だけを元手にして繰り広げられる。あたかもスポーツにおけるフェアプレーの精神のような『ルールに従った自由競争』の原理」であった。スポーツもまた，互いの生死を賭けたむきだしの生存競争ではない。仮に敗北が実際に死を意味するようなものであるなら，そこで勝利を追求するためには，あらゆる行為が許されるはずである。しかし，スポーツはルールや倫理規範やマナーによって，すなわち「理性」によって身体が統御されることを前提として成り立っているのである。もちろんそれらはしばしば破られるが，だからといってそのような行為が礼賛されるわけではない。

　このように，近代資本主義と近代スポーツは「自己の才覚と資本だけを元手にして繰り広げられるルールに従った自由競争」という点において通底しているわけだが，ここでいう「資本」の最も基本的なものが「身体」なのである。「裸一貫」から身を立てて，無一文から自助努力によって成り上がる個人というのは，資本主義社会の典型的な成功者モデルである。したがって，私有財産所有権の自由を唱えたロックが，身体を個人の財（プロパティ）に含めたことは当然といえる。すべての人間は財産権をもっており，その人間が外界に働きかけて手にした財は，他の者から奪われてはならない。近代において身体は，自由競争における「資本」（ロックのいう「財」）の，最も基礎的なものと考えられたのである。しかし同時にこの身体は，自助努力によって経験を書き込まれた身体でなければならない。マテリアル（物質的）な財を手に入れるために，ここでは人間もまた，身体を媒介として外界に働きかけるマテリアルな存在として位置づけられる。

④ ハンディキャッパーの思想

　近代スポーツにおける勝利追求の姿勢の特徴を明確化するために，ここでいったん，それとは逆の思想的あり方について例示しておきたい。そのような価値観のイメージを喚起するのに，かつて筆者がみたある事例を紹介する。イギリスのスコットランド高地地方（ハイランド）各地で毎年夏に行われている伝統的競技会ハイランドゲームの例である。ここには今日でも，「オフィシャル・ハンディキャッパー」と呼ばれる係員がいる。多くは村の古老で，地域の子どもたちの短距離競走の場面で登場する。老人は，何年にもわたってその役目を担っているらしく，参加する子どもたちのうち，誰が脚が速くて，誰が遅いのかを熟知している。彼の仕事は，参加者のスタート地点を差配することである。小さく遅い子は前へ，大きく速い子は後ろへ。子どもたちは，指示された位置についてスタートの合図を待つ。号砲が鳴って，レースが始まる。前方からスタートした小学校低学年の子どもを，はるか後方からスタートした上級生が猛然と追い上げる。ハンディキャッパーの目に狂いがなければ，ゴール前は大混戦となる。追い抜くか，逃げ切るか。大きな声援が送られる。

　ハンディキャッパーが歴史的にみてどの程度さかのぼることができるのかは明らかでないが，彼の存在には，近代以前の祝祭的な娯楽の価値観の痕跡をみることができるのではないだろうか。それが，近代スポーツの論理とは逆のベクトルをもつ思想によって成立しているからである。近代スポーツにおける勝利の追求は，「機会の平等」をその思想の根幹に置いている。すなわち，スタートラインで参加者全員が1列に並び，ゴールにおいて差異が生み出されるのである。言い換えるなら，レースは混沌（平等）から始まり，秩序（差異）へと帰結する構造の上に成り立っている。ハンディキャッパーの差配する世界は，それとは逆の原則に基づいている。それは秩序（差異）から始まり，混沌（平等）へと帰結する。めざされているのは混沌（差異の無化，秩序の弛緩）であって，勝利（差異化）の追求ではない。身体が大きいか小さいか，年齢が上か下か，といった日常的な序列が無化され，勝敗を決める要因は「運」のみとなる。運は，人の意思や努力によってはどうにもならない。ゴールの混沌に向かって懸命に走る者たちは，勝敗をめぐって等しく無力である。そんな彼らに，見物人たちは声援を送り，かつ笑う。

　この様子は，近代以前のスポーツのあり方を彷彿とさせる。例えば，中世ヨーロッパの社会において，人の一生は固定的であった。貴族の子は長じて支配者となり，農民の子は生涯土地を耕し続けた。騎士や武士は一目でそうわかる身体所作と外見をもち，農民もまた一目瞭然の動作や身なりをしていた。このように社会階層的流動性が希少な社会においては，才能や努力によ

って成功し，上昇する機会をもつという前提そのものがなかったから，「自己の才覚と資本だけを元手にして繰り広げられるルールに従った自由競争」において，あらゆる人間が勝利を追求する可能性をもつということ自体が，その成立基盤をもたなかった。逆に，そのような社会において，祭りの中で行われる民衆の競技や娯楽は，重要な社会的機能をもっていた。そこは，娯楽や笑い，日常的秩序の転倒がおおっぴらに許される「さかさまの世界」，バフチーン（M. Bakhtin）がラブレー（F. Rabelais）の作品の中に見出したカーニヴァル的世界であった。西山がレヴィストロース（C. Lévi-Strauss）を引きながら論じるところによれば，宗教儀礼が人々を象徴的に統一するものであるのに対して，儀礼としてのスポーツは人々を象徴的に分離する。宗教儀礼は，日常生活に様々な断絶と不均衡があることを前提とした上で，それを一時的に統合したり弛緩したりさせ，集団に活力を与える。だが同時に，共同体内部の差異を象徴的に隠蔽するものでもあるのである。スコットランドの伝統的競技会でオフィシャル・ハンディキャッパーが示す原理は，その意味で宗教儀礼における役割に近い。歴史的系譜はともかく，少なくとも原理的には，日常的な力関係を混沌へと導くハンディキャッパーの思想は，カーニヴァル的世界の継承者である。

近代社会は，すべての人間に平等を保証したが，それはスタートラインを均等にすることで，ゴールにおいて差異を生み出すシステムともいえる。勝利追求の背景にある「競争原理」は「平等原理」と，近代という同じコインの裏表の関係にあるのである。

⑤ 拡大される勝利

ホイジンガは，遊戯において示された優越性は，その効力が拡大されて「遊戯で勝った人が世上全般にわたって秀れているというふうに誇張される」傾向にあると述べている。それはやがて，「勝者の所属しているグループ，関係者の全体に及ぼされてゆく」。勝利は，個人のものから集団のものへと拡張されるのである（ヨハン・ホイジンガ．高橋英夫 訳『ホモ・ルーデンス』中央公論社．1971. 96）。

ホイジンガが『ホモ・ルーデンス』を上梓したのは，第11回オリンピック大会（ベルリン，1936）を経た1938年のことであるが，これに先立つ1934年，大会を前にしたドイツで候補選手による誓いの言葉がラジオ放送された時，そこには次のような一節が含まれていた。

「私は，……ドイツのオリンピックの闘士にふさわしく行動することを誓います。訓練期間中，私は一切の日常の愉しみを控え，祖国のために気高く戦えるよう，おのが肉体を訓練し鍛えることを唯一の目標にする所存です」（デイヴィッド・クレイ・ラージ．『ベルリン・オリンピック1936：ナチの競技』高儀進 訳．白水社. 2008. 254）。

ホイジンガは『ホモ・ルーデンス』の終章に「スポーツは遊戯領域から去ってゆく」と書いている。

本来，信仰における内面的姿勢から駆動した勝利の追求において，19世紀末になって神という抽象的な存在にとって代わったのは，国民国家という存在であった。そもそも，クーベルタン（P. de Coubertin）がオリンピックを構想した大きなきっかけが，プロイセン・フランス戦争（1870-71）で屈辱的敗北を喫したフランスの若者の肉体的・精神的素質強化への関心であったことは偶然ではない。彼の危機感は，社会ダーウィニズム思想や優生学の隆盛と，そこから生まれた種の肉体的衰退に対する恐怖とも連動しながら，次第にヨーロッパ各国の共有するところとなる。個人の勝利追求は，国家間の勝利追求に接続されるのである。

ここに至って，西洋諸国の多くが，人種間・国家間は政治的，経済的支配をめざして対立し合うものだと考えるようになり，それはしばしば「生存競争」になぞらえられるようになった。国家が生き残るためには，国民が健康で強壮な身体をもつことが必須であると考えられるようになったのである。「知育・徳育・体育」で知られるスペンサー（H. Spencer）が，「よい生物の国家となることは国家繁栄の第一条件である」という有名な言葉を残したのもこの頃であるし，「健全なる精神は，健全なる身体に宿る」といういい方が人口に膾炙するようになるのも，それに先立つ19世紀半ば頃からである。国富と植民地を維持しようと思うなら，「生存競争」に勝ち残るために肉体的に訓練された若者世代を生み出さなければならない。オリンピックは，国際協調のシンボルであると同時に，国家間競争のシンボルでもあるという，矛盾した様相を呈することになる。スポーツにおける個人の勝利追求が国家のそれと最も明確に重ね合わせられたのは，おそらく第二次大戦期のファシズム諸国においてであるが，すでに19世紀末の時点で，スポーツの勝利と国家の勝利とは重なり始めていたのである。このような姿勢はまた，東西冷戦下のオリンピックにおけるメダル獲得争いにおいても顕在化することになる。

現在，冷戦構造の崩壊とともに世界がグローバルな市場になるに伴って，国家間の勝利追求のエージェントとしてのアスリートのあり方は，後景に退いたようにみえる。かわって，グローバルなメディアビジネス界におけるアクターのような存在として，アスリートたちは国境を越えて，個々の勝利を追求するようになっている。ここでも西山によるなら，近代スポーツは，あくまで人間の可能性を追求するものであって，自己の無力さに強い感受性をもち，無力であることを是認する宗教への帰依のような心性とは，真逆のベクトルをもつものとなった。人間の無力さにではなく，その有能さや卓越に驚きの目を見開くこと。肉体を通した人間の可能性への驚きと感動。それはかつて神が担っていた「奇跡」にかわって，人間が引き起こす「自家製の奇跡」を提供するものだと西山はいう。その意味でいうなら，「自家製の奇跡」がもたらす驚きや感動は，現代ではメディアエンターテインメントのコンテンツとして消費されるようになったといえるかもしれない。いずれにしても，スポーツにおける勝利追求に社会的な価値が付与されているのは，ときどきの社会の基盤にある価値観と明確に連動しているからにほかならないのである。

参考文献

◆ ジョルジュ・ヴィガレロ，リチャード・ホルト. 2010.「鍛えられた身体：十九世紀の体操・運動選手」アラン・コルバン 編. 小倉孝誠 監訳『身体の歴史Ⅱ：19世紀 フランス革命から第一次

世界大戦まで』396. 藤原書店
- 西山哲郎, 2006.『近代スポーツ文化とはなにか』世界思想社
- 三浦雅士, 1994.『身体の零度：何が近代を成立させたか』講談社

（石井昌幸）

学校・クラブから協会・連盟の設立へ　19.A.05

① クラブ創出の背景的条件

ドイツのスポーツ研究者，レンク（H. Lenk）とピルツ（G. A. Pilz）はイギリス人のスポーツ観やプレイの仕方等の特徴を次のように述べている。

「この国の有閑階級の人たちはスポーツを私事的あるいは自己目的的な行為と考えており，勝敗などはどうでもよいもので，むしろ胡散臭いものと思っていた。」

彼らがこのように考えていたのは，スポーツに現代人の誰もが知っているような存在価値があるということがまだよくわかっておらず，種目別の協会や連盟が組織されて競技会を開催するということもなかったからで，そういう意味で近代初頭のイギリス人のスポーツ理解はまだ未分化な状態にあったということができる。つまり，スポーツとは自分がやりたいと思った時に家族や友人たちと「力くらべ」や「技くらべ」を楽しみに行うものと思っていた。もちろん野兎，うずら，きじなどを狩猟の目的で，あるいは村人たちと春の1日をクリケットの試合をして楽しむために，さらには「娘の夫をみつけるために」領地内の広場でトーナメント（馬上槍試合）を開催するというように，特定の目的のために行うものであるとも思っていた。

スポーツがこのような有閑・富裕階級人士の私事性や自己目的性から，また地域の祝祭日に民衆とともに神を祀る共同体行事として行われる祭事性から解放され，さらに勝敗に賞金が賭けられて多くの人がそれを求めて楽しむようになってくると，スポーツは有閑・富裕階級の人々だけでなく，民衆も余暇活動として自由に楽しめる身体活動として行われるようになる。

中世のイギリスでは，軍事力の保持・強化のため男性たちに武技としての弓術練習が強制されていたが，キリスト教徒としての信仰を深めることを阻害すると思われていた娯楽，例えばダイス，アウトドア・ボウリング，闘鶏，フットボール，狩猟などは禁止されていた。しかしイギリスにはその他のヨーロッパ諸国よりも少しばかりギャンブル好きの人が多く，16世紀にもなるといくつかの条件付きで賭博場の開設が公認される（図1）。もちろん賭けは賭博場内だけでなく，結果が比較できるものなら屋外で行われる運動もその対象になった。17世紀になると賞金付きのロードレースが国内各地でプロのランニング・フットマン（ペデストリアン）を中心に盛んに行われ，その結果が新聞や雑誌で報道されるようになる。

彼らはもともと貴族や国会議員などのロンドンの住宅と地方の邸宅との間の連絡係として雇われていたが，雇い主たちによるその走力自慢が契機になって競技会が開かれるようになった。これに賞金が提供されて脚力自慢の若者が参加し，やがて *Bell's Life in London*（ベルズ・ライフ・イン・ロンドン）のような週刊スポーツ新聞が各地のレース結果を報道するようになる。しかもその内容は今日のそれと比較しても遜色がないほどすばらしいもので，当時のトップランナーだったバークレー・アラダイス大尉が参加した「賭けレース」はそのすべてが克明に記録されて残っており，特に1809年6月1日の深夜から7月12日の午後3時までという「42日間レース」については毎日の天候から食事の質と量，スタートとゴールの時刻，1マイルあたりの平均所要時間等のすべてが整理，記録されている。また，彼ほど有名でなかったランナーについてもレースの様子や結果が整理されているという。しかも残された記録はロードレースだけでなく，例えば *Sporting Magazine*（スポーティング・マガジン）には野兎狩りについての実施の日時，場所，競技者の氏名や身分，使用した犬の種類，兎を捕らえた時刻と頭数等々が克明に記録されており，ペデストリアンレースでは科学的なトレーニング法の紹介や解説が，また競技時間に制限がなかったボクシングでは70ラウンドを超えるファイトの経過のすべてが残すところなく記述されている。結果的に，このようなレベルの高い報道が富裕階級の人々を陸上競技を

図1 「放蕩息子一代記」（ウイリアム・ホガース）の第6図　賭博場
場所は犬の首輪にコヴェント・ガーデンと記されているので，その一隅にあるギャンブルハウスがこの絵のモデルと思われる。背後の壁に貼られた広告文には，王家の紋章の下に「王家御用達トランプ製造者R. ジャスティアン……」と書かれ，当時の王や王妃までギャンブルに耽溺していたことが暗示される。

はじめとする様々なスポーツの愛好者に育て上げ、これが基底的条件になって種目別の協会や連盟が結成されるということに接続していくことになる。しかし、スポーツはこのような変化と並行して、あるいはそれ以前に見知らぬ人々が集まっても同じルールでプレイできるとか、レフェリーやアンパイアーの判定に異議を申し立てないなどのプレイの仕方やモラル、エチケットなどへの合意が成立していなければならない。このような基礎的条件づくりに貢献したのが、最盛期には約200校を超えたといわれるパブリックスクールで、その卒業生たちが設立した種目別のスポーツクラブであった。

イギリスにおける「運動文化の近代化＝近代スポーツの創出」という事業はこれらのクラブに所属する有閑、富裕階級の子弟たちが折りからの社会的風潮であった「マンリーネス」（男らしさ）の追求、実現という要求を背後的条件にして展開した文化創造活動であり、その意図は世界最大の植民地帝国だったイギリスの威光の拡大とさらなる発展であった。

表1に示したのは、19世紀後半期にパブリックスクールのハロー校に拠出された寄付金である。無謀を承知でこれを今日の幣価に換算すると、毎年約3,000万円の寄付が、約50年間続いたということを示している。しかもこれはスポーツの施設・設備の充実を目的とする寄付であって、そのほかにも礼拝堂、校舎、図書館、寄宿舎等の建設や、教職員の増員、図書の充実などもあり、しかもこれがハロー校だけでないと考えると、その総額はわれわれの想像をはるかに超える。しかしイギリスの庶民がこれに加わっていたということはなく、これはイギリスのスポーツが二重構造であったという前記のレンクとピルツの主張を裏づける。そう考えると、われわれの知っているスポーツのほとんどがヨーロッパの下層階級の人々が行っていたスポーツだったということや、これらの諸国もわれわれと同じようにクラブ(Club)という言葉を使っていながらその特徴が双方で大きく異なっているのは、わが国のスポーツがヨーロッパほどの二重構造でなかったということを裏づけてもいる。

② 協会、連盟の設立

イギリスでクラブという言葉はなにかが「まとまっている」と思われる状態をさす言葉として古くから用いられてきた。女性が頭髪を束ねたのをクラブといったり、野球やゴルフの打棒のようにどちらか一方の端が太くて重く、他方の端が細く軽くなっている棒をクラブといったりした。後者では太くて重くなっている方に木の素材が集まっていると考えたからであろう。ピューリタン革命の時（1645年）、オリヴァー・クロムウエルの率いる議会軍はソールズベリー付近で「クラブメン」と呼ばれる農民の抵抗を受けたが、この名称は彼らの武器が棍棒だったことに由来しているといわれている。そして、これはこの言葉がヒトやモノの区別なく、なにかが集まっていると思われる状態であればクラブと呼んだらしいということを示している。

18世紀になると市中のパブやコーヒーハウスが趣味や趣向を同じくする人たちの集まる場所として利用されるようになり、1ヵ月の会費が2ペンスだから「2ペンスクラブ」、夜の街灯の下に集まることにしたので「街灯下クラブ」などと自称する労働者のクラブが生まれたりした。その一方で、執事やメイドのいる立派なクラブハウスをもつクラブや、広い競馬場、数隻のボートなどをもつクラブもあり、これらのほとんどが会員の資格をもつ仲間の推薦がない人物を会員にしないなどの「会則」を決めていた。

表2に示したのは19世紀の中期にシェフィールド市に結成されていたフットボールクラブの会員の職業と人数である。刃物工場の町として知られていた同市のクラブらしく工場主が多いが、おそらくフットボール以外にも組織されていたであろうその他のスポーツクラブの会員数もこれと同じくらいだったと思われる。

イギリスの体育・スポーツ史家、マッキントッシュ(P.C. Macintosh)によると、19世紀後半期には、教会の牧師が主導してフットボールクラブづくりが進められた。例えば、1874年にバーミンガム郊外にあるアストン・ヴィラのウェズレイ派大聖堂(Aston Villa Wesleyan Chapel)につながりのある若者たちは、土曜日の午後にフットボールをするクラブを作った。同じ年にボルトン・ワンダラーズ(Bolton Wanderers)がキリスト教会フットボール・クラブと

表1　ハロー校への寄付金

年代	金額（ポンド）	用途	出所
1851	1,000	バスルームの改造	校長（C. ボーン）からの寄付
1864	2,300	ラケットとファイブズのコートの購入	一般からの寄付
1866	7,000	「フィルアスレティック」（クラブ）用のグラウンド（9エーカー）	一般からの寄付
1873	4,000	体育館の建設	ライアン記念基金からの寄付
1884	3,000	「フィルアスレティック」（クラブ）用のグラウンド（5エーカー）	グリムストン記念基金よりの寄付
1885	18,500	フットボール用のグラウンドの購入	バトラー記念基金からの寄付
1891	800	ファイブズ用のコートの購入	一生徒の父母からの寄付
	1,000	クリケット用のグラウンドの購入	T. K. タプリングの遺産からの寄付
1893	1,000	低学年用のクリケット用のグラウンドの購入	副校長（E. ボーエン）からの寄付
1894	1,000	クリケット用のグラウンドの購入	A. A. ハドーの遺産からの寄付
1895	200	クリケット用のグラウンドの購入	ベスバラー子爵の遺産からの寄付
	5,500	クリケット用のグラウンドの改造	ベスバラー記念基金からの寄付
	19,000	フットボール用のグラウンドの購入	一般からの寄付
	500	クリケット用のグラウンドの購入	I. D. ウォーカーの遺産からの寄付

（出典：Mangan, J. M. "Athleticism in the Victorian and Edwardian Public School"より）

してスタートした。ウォルバーハンプトン・ワンダラーズ（Wolverhampton Wanderers, 1885），エバートン（Everton, 1878），クィーンズパーク・レンジャーズ（Queen's Park Rangers, 1885），サザンプトン（Southampton, 1885），バーンズリー（Barnsley, 1887）は，会衆の中の若者たちにフットボールをしきりに紹介したがっていたある若い牧師補や牧師によって始められたクラブで，今日ではなおいっそう有名になっている数少ないクラブである。しかし，同じような方法で始められたもっと貧弱なクラブは何百とあった。1880年までにバーミンガム地方に存在するようになったフットボールクラブについての調査では，344のクラブのうちの83，すなわち24％が教会や教会堂，あるいは宗教的組織に関係していたことが認められる。

おそらくこれと同じような状況がその他の諸都市でも，またフットボール以外のスポーツでも起こっていただろうと思われ，その結果として後述するような種目別の協会や連盟が設立されることになる。この役割の主要な担い手はパブリックスクールの生徒や卒業生であった。

パブリックスクールは19世紀の中期になってもイートン，ハロー，ラグビーなどの有名校には500人を超える，あるいは500人近くの在校生がいたが，そのほかは表3のように150人程度であり，しかもこの全員がスポーツ好きではなかっただろうと推測すると，この時代のイギリスの校内クラブの様相は今日のわが国とあまり変わらないということになってくる。また，彼らの行っていた試合は教室や食堂等で毎日のように顔を合わせている友人相手の校内競技のようなものだったので，その中で彼らが互いに不快な判定やトラブル防止のために自校ルールを整備すればするほどその特徴がはっきりして他校との試合でルールの調整が難しくなることを意味する。

この時代において試合でルールを調整し合うのは，それぞれが自校ルールでプレイしていたということから，すべての種目で必ずやらなければならないことであった。そのため，試合の数日前から担当者が相手チームとルールについて相談するのは欠かせない手続

きであり，これが不調だったために試合ができなくなるということもしばしば起こった。

1866年2月，シュルーズベリー校のフットボールクラブのキャプテンであったフィリップはロンドンにあるウェストミンスター校のキャプテン宛に，4ヵ月も先の「6月17日から始まる週のどの日でもよいから試合をしてくれないか」と手紙を書いた。しかし，これ

に対する返事は非常に冷たいもので「わが校のクラブはパブリックスクール以外の学校と試合をしない方針なのでこの申し入れには応じられない」というものであった。このことは，今日のように種目別の統轄団体が組織されていて，ルールや競技会の日程，表彰等がこれらによって企画，実施されているということがなかったために起こったことである。

表2　シェフィールド市のフットボールクラブのメンバーの職業（あるいは父親の職業）

職業名	人数（人）		
	1858年	1859年	1870年
医師（Doctors）	2		
外科医（Surgeon）	2	3	1
歯科医（Dentist）	2		
事務弁護士（Solicitor）	3	5	2
工場主（Manufacturers）	11	18	2
獣医（Veterinary Surgeons）	1		
測量士（Land Surveyors）	2		
不動産（Land Agents）	1		
ビール醸造業（Brewers）	2	3	1
建築業（Architect & Surveyors）	1	3	
酒屋（Wine & Spirit Merchants）	1	1	
聖職者（Clergy）	1	1	
炭鉱業（Coal Company Secretaries）			1
ホテル内食堂店主（Licensed Victuallers）		2	
文具商（Stationers）		1	
服飾仕立業（Tailors）		1	
食料雑貨商（Grocers）		1	1
大学教師（Academics）		2	
名士（Gentlemen）			2
銀行家（Bankers）			2
木材業（Timber Merchants）			1

表3　1862年の在校生徒数

学校名	奨学生	奨学生以外	合計
イートン	70人	770人	840人
ハロー	32	449	481
ラグビー	61	402	463
ウィンチェスター	70	146	216
シュルーズベリー	26	114	140
チャーターハウス	44	92	136
ウェストミンスター	40	96	136

（出典：Mack, E. C. "Public Schools and British Opinion since 1860" より）

表4　イギリスのスポーツ組織の名称と結成年

種目	最初の全国的組織	設立年(頃)
競馬	ジョッキー・クラブ	1750
ゴルフ	ロイヤル・アンド・エンシェント・ゴルフ・クラブ	1754
クリケット	メリルボーン・クリケット・クラブ	1788
登山	アルパイン・クラブ	1857
サッカー	フットボール・アソシエーション	1863
陸上競技	アマチュア・アスレティック・クラブ	1866
	アマチュア・アスレティック・アソシエーション	1880
水泳	アマチュア・メトロポリタン・スイミング・アソシエーション	1869
ラグビー	ラグビー・フットボール・ユニオン	1871
ヨット(セイリング)	ヨット・レーシング・アソシエーション	1875
サイクリング	バイサイクリスト・ユニオン	1878
スケート	ナショナル・スケーティング・アソシエーション	1879
ボート	メトロポリタン・ローイング・アソシエーション	1879
ボクシング	アマチュア・ボクシング・アソシエーション	1884
ホッケー	ホッケー・アソシエーション	1886
ローン・テニス	ローン・テニス・アソシエーション	1888
バドミントン	バドミントン・アソシエーション	1895
フェンシング	アマチュア・フェンシング・アソシエーション	1898

(P.C. マッキントッシュによる)

もっとも，当時の人々も通信手段や交通機関の発達に伴ってこの不合理さに気づき始め，18，19世紀になると表4，5のように種目別の統括団体が組織される。最も早く組織されたのは競馬で，国王や貴族が競馬好きだったこと，高額の金が賭けられたことなどがこの背景にあり，競技や勝敗の判定等がフェアに，かつ正確に行われなければならないという要求があった。庶民がその主たる担い手だったフットボール(サッカー型)や陸上競技の団体は1860年代に組織されるが，これをより詳細に考察しようとすると表6のような資料が必要になってくる。

これは1863年の12月にハロー校の卒業生でフォレスト・クラブのキャプテンでもあったオールコックとその仲間たちがフットボールアソシエーション(FA)を設立しようとして開いた会合の参加者名である。このうち，態度保留のチャーターハウス校の代表を除く14人がドリブリング・ゲーム支持派(サッカー派)とランニング・ゲーム支持派(ラグビー派)に分かれており，これら双方の意見を一致させるのが容易でないことは初めから明らかであった。参加者の中にはクラブだけでなく学校の代表者も3人おり，その他の諸学校にも参加を求めたが，「ハロー，チャーターハウス，ウェストミンスターの各校からはあまり気乗りがしないという返事があり，ラグビー，イートン，ウィンチェスターからは返事さえなかった」と報告されている。この会合は年末までに4回開かれ，最後の会合で投票に破れたラグビー派は退席し，サッカー派はただちにFAを結成するが，ラグビー派によるラグビーユニオンの結成は8年後のことになる(図2)。

③ 日本のスポーツ組織

わが国で種目別の統括団体が組織されるのは大正から昭和初期にかけての時代が中心であった。このような動向に先行する条件として明治期にいろいろなスポーツが移入されているということや，大学，高専，企業等で外国人や外国から帰国した教師，技師等によってそれが行われ，東大，早大，慶大，高師(現・筑波大)等の間で対校戦やコーチ派遣等が進められるということが必要であった。その一部を一覧表にしたのが表7，8であるが，このような変化に人々が強く抵抗しなかったのはわが国にとって近代化は不可欠な課題と思われていたからであり，しかもわが国には「講」「座」「株」「仲間」「ユイ」などのクラブに類似する結社の経験があり，その原型としての「オコモリ」や「オヒマチ」などを誰もが知っていたからである。もっとも，このような制度や伝統は世界のどの民族にもあることで，わが国の人々が近代化と並行してこれらの制度の民主化を自力で行えなかったのは，早急に「欧米に追いつき追い越せ」を実現しなければ，中国のアヘン戦争がそれを明示しているように欧米列強の植民地にされてしまうと考えたからである。高杉晋作による奇兵隊の結成はこのような動向の中で自己防衛の意志があったことを裏づける。

アメリカの東洋艦隊が浦賀へ入港するのはイギリスでサッカーを統括する団体であるフットボール・アソシエーション(The Football Association: FA)が結成される10年前(1853)の出来事であるが，これは欧米列強の植民地拡大の要求とスポーツの組織化が表裏の関係にあったことを裏づける。FA結成のわずか10年後にわが国でサッカーが行われているという事実は近代化がわが国の人々にとって喫緊の達成課題と考えられていたことを示している。夏目漱石のいう「内発的開花」を断念，放棄せざるを得なかった国際情勢がこの背後にある。

1878(明治11)年夏，夏目漱石は和歌山で「現代日本の開化」と題する講演を行うが，その中で「西洋の開化は内発的であって，日本の現代の開化は外発的である，……一言にしていえば開化の推移はどうしても内発的でなければ嘘だと申上げたいのであります」と話している。この見解の背後には「自国(自民族)文化の自己変革」という課題に国民のすべてが取り組み，参加することによって，そのような行為の「反映」として人々の思想と行為が変わることを期待するということがあった。換言すると彼は世界の文化の普遍化や単一化，グローバリゼーションなどということよりも多様化の方が重要であると考えていたということである。

表5　欧米のスポーツ協会の設立年

種目	ドイツ	アメリカ	スウェーデン	英国
サッカー	1900	—	1904	1863
水泳	1887	1878	1904	1869
サイクリング	1884	1880	1900	1878
ボート	1883	1872	1904	1879
スケート	1888	1888	1904	1879
陸上競技	1898	1888	1895	1880
ローン・テニス	1902	1881	1906	1888
スキー	1904	1904	1908	1903

（P.C. マッキントッシュによる）

表6　フットボール・アソシエーション（FA）結成のための第1回会合の参加者

支持傾向	氏名	所属クラブ・学校名
ドリブリング・ゲーム支持	J. F. オールコック	フォレスト・クラブ
	A. W. マッケンジー	フォレスト・クラブ
	A. ペンバー	N. N. キルバーン・クラブ
	E. C. モーリー	バーンズ・クラブ
	P. D. グレゴリー	バーンズ・クラブ
	E. ウォーン	ウォー・オフィス・クラブ
	H. T. ステュワード	クルセイダース・クラブ
	G. W. シリングフォート	パーシバル・ハウス, ブラックヒース・クラブ
	F. デイ	クリスタル・パレス・クラブ
ランニング・ゲーム支持	F. H. ムーア	ブラックヒース・クラブ
	F. W. キャンベル	ブラックヒース・クラブ
	W. J. マッキントッシュ	ケンジントン・スクール
	H. ベル	サービトン・クラブ
	W. H. ゴードン	ブラックヒース・クラブ
態度保留	B. F. ハートショーン	チャーターハウス・スクール

参考文献

- ハンス・レンク，グンター・A. ピルツ．2000．『フェアネスの表と裏』関根正美 ほか 訳　不昧堂出版
- マッキントッシュ，P. C. 1971．『スポーツと社会』石川旦，竹田清彦 訳　不昧堂出版
- ―――．1994．『現代社会とスポーツ』寺島善一，森川貞夫 ほか 訳　大修館書店

（中村敏雄）

図2　ラグビー校のフットボール〈1845年〉（出典："Running With The Ball"）

表7　外来スポーツの移入一覧表（大西鉄之裕による）

スポーツ名	移入年	移入者	移入場所
サッカー	1873（明治6）	イギリス海軍少佐　ルシアス・ダグラス	海軍兵学寮でプレイされた
野球	1873（明治6）	アメリカ人開成学校教師　ホレース・ウイルソン	東京開成学校
陸上競技	1874（明治7）	イギリス海軍士官　ダグラス（上記）	海軍兵学寮（築地）
スケート	1877（明治10）	アメリカ人札幌農学校教師　ブルックス	明治23年頃よりアメリカ留学生帰校，フィギュア，ホッケー，スピードと発展
テニス	1878（明治11）	体育伝習所　リーランド	明治33年，神戸ローンテニス，明治34年，東京ローンテニス，大正2年より各大学に普及
ボート	1884（明治17）	東京大学春季競漕会	
ラグビー	1899（明治32）	慶応教師　E. D. クラーク	慶応大学
ゴルフ	1901（明治34）	イギリス人　アーサー・グルーム	六甲山に4ホールをつくる
卓球	1902（明治35）	東京高師　坪井玄道	イギリスより東京高師に移入
ホッケー	1906（明治39）	ウイリアム・T. グレー	慶応大学
バレーボール	1909（明治42）	東京YMCA　大森兵蔵	中華青年会館や日比谷公園で公開
バスケットボール	1909（明治42）	〃	YMCAに普及
水球	1910（明治43）	ウード教授	慶応大学水泳部
スキー	1911（明治44）	レルヒ少佐	高田で講習会
アイスホッケー	1915（大正4）	第1回満州氷上大会（奉天）	内地では諏訪に始まり北海道大学へ
ヨット	1921（大正10）		関東，日本ヨッティング・クラブ　東京湾ヨット・クラブ　三田ヨット・クラブ　関西，日本ヨット・クラブ　同志社ヨット・クラブ
ボクシング	1921（大正10）	日本拳闘クラブ創立，石川輝，鹿毛善光ほか学生が参加	大正14年全国学生拳闘連盟創立
ハンドボール	1922（大正11）	大谷武一（高師教授）	
レスリング	1931（昭和6）	八田一郎	早稲田大学レスリング部創設
体操競技	1932（昭和7）	ロサンゼルスオリンピック体操選手	
アメリカン・フットボール	1934（昭和9）	立教大学教授ポール・ラッシュ，体育主事ジョージ・マーシャル	立教大学，明治大学，早稲田大学の二世留学生に呼びかけ，学生米式蹴球聯盟を結成
フェンシング	1936（昭和11）	岩倉具清	日本フェンシング・クラブ

表8　わが国のスポーツ組織の結成

スポーツ組織名	結成年	スポーツ組織名	結成年
日本山岳会	1905（明治38）	アマチュア・ボクシング連盟	1926（大正15）
大日本体育協会	1911（明治44）	大日本排球協会	1927（昭和2）
日本漕艇協会	1920（大正9）	全日本体操連盟	1930（昭和5）
大日本蹴球協会	1921（大正10）	大日本バスケットボール協会	1930（昭和5）
日本庭球協会	1922（大正11）	日本卓球協会	1931（昭和6）
大日本ホッケー協会	1923（大正12）	日本ヨット協会	1932（昭和7）
全日本スキー連盟	1925（大正14）	大日本アマチュア・レスリング協会	1932（昭和7）
全日本陸上競技連盟	1925（大正14）		

（出典：日本体育協会　編，『日本スポーツ百年』日本体育協会，1970）

アマチュアルールの制定　19.B

スポーツ活動における階級性　19.B.01

① スポーツの階級性

　欧米人にとってスポーツが階級的性格の濃厚な文r化であるというのは自明のことであり常識でもある。イギリスの体育・スポーツ史家のマッキントッシュ (P.C. Macintosh) はそれを次のように述べている (Macintosh, 1970)。

「狩猟，射撃，釣りは貴族の田園スポーツであった。しかし田園の住民は狩猟法によってこれらのスポーツから厳しく閉め出されていた。19世紀初頭の英国のスポーツで傑出していたものはすべて，また組織されていたものはすべてバーバリアン (貴族階級の人々) のものであった。しかし，バーバリアンは彼らのスポーツをポピュラス (民衆) に伝える試みも，またより広い層から愛好者が参加できるようにする試みも行わなかった。19世紀の終わりになると，スポーツの型は主としてフィリスタイン (中産階級) のものとなった。彼らはフットボールやホッケーのような彼ら特有のチーム・ゲームや陸上競技，水泳競技，ローン・テニスなどを生み出し，ボートレースやサイクリングを組織化し，またクリケットへ大挙して侵入し，これを殆んど中産階級のゲームにしてしまった。さらに，フィリスタインは，初めのうちはポピュラスを彼らのスポーツの中に受け入れることを幾分かいやがっていたが，のちには遂に，ポピュラスがプレイにおいてフィリスタインの礼儀作法や行為にしたがうという条件つきで，彼らを迎え入れた。このころ民衆を引きつけていたスポーツは競馬，懸賞ボクシング，徒歩競走などであった。以前はバーバリアンのスポーツだった狩猟や射撃は19世紀中ごろになると学校の生徒たちによって密猟と呼ばれる悪名高い無法な行為になり，民衆の怨嗟の的となった。」

　欧米のスポーツ研究者の著書を注意深く読むと，このマッキントッシュとほとんど変わらない論述にあうことが少なくない。マッキントッシュが示した視点を借りてわが国の研究者や指導者のスポーツ認識の特徴やレベル等を考えると，文化社会学的あるいは地政学的視点でスポーツを捉えるという座標軸がなおまだ不十分，未成熟で，欧米人のスポーツ観や国際的な動向に同調していればよいというユーロセントリズムあるいはグローバリゼーションに飲みこまれていると考えられることも多い。また，それでよいという意識もあるように思われる。それを作家で同時通訳者の米原万里は次のように述べている (米原, 2007)。

「グローバリゼーションというのは，英語ですから，イギリスやアメリカが，自分たちの基準で，自分たちの標準で世界を覆いつくそうというのがグローバリゼーションです。ですから，アメリカ人が言うグローバリゼーションは，自分たちの基準を世界に普遍させるということです。自分たちは変わらないということです。自分たちは正当であり，正義であり，自分たちが憲法である。これを世界各国に強要していくことがグローバリゼーションなのです。」

　米原はグローバリゼーションの特徴をこのように批判的に述べているものの，このグローバリゼーションには世界の文化のあり方に対する欧米人の責任感のようなものの存在を感じることもでき，わが国の人々にそれが希薄というのも問題であり，このような無責任性から脱皮する必要は十分にある。

　例えば，イギリスのスポーツ社会史学者のマーカムソン (R.W. Malcolmson) はクリケットを例に次のように述べている (Malcolmson, 1993)。

「イングランドにおけるクリケットの社会的地位は，フットボールとまったく異なっていた。フットボールはすぐれて民衆的な娯楽であり，一般に育ちの良い成人には乱暴で野蛮すぎると見られていた。一方，クリケットは一八世紀の初めから上流社会の熱狂的な支持者を得ていた。この時期，ジェントルマンの文化と民衆の文化とのあいだに堅牢な障壁が発達した。」

　ここでマーカムソンが述べているのは，イギリスでは，またヨーロッパ大陸側の諸国でもスポーツの行い方や楽しみ方に階級ごとの「障壁」があったし，今もあるということで，この言説はこの「障壁」が批判，克服されるべき課題であり，欧米人はその責任を負っているという自覚の存在を明示している。一方，わが国の人々にこれが稀薄なのはスポーツを外来文化として移入した明治期に，折からの欧米列強に「追いつき追い越せ」という風潮が支配的な中でこれの教授・学習が技能中心主義的に行われたため，わが国にもあったはずの文化享受の形態に階級性が存在するという現実や論理を学ばせようとしなかったことを裏づける。

　19世紀以前のヨーロッパでスポーツは，まだ今日のように種目別の統括団体としての協会や連盟が結成されていなかったために地位や身分の高い人ほど自己流に，あるいはその時の気分に従って「自由」にプレイしていた。

　例えば，ドイツのスポーツ哲学研究者のレンク (H. Lenk) らは次のように述べている (Lenk, 2000)。

「彼らにとって勝利はどうでもよいものであったし，それどころか胡散臭いものであった。
　強い選手が自分より弱い相手にも勝つチャンスを与えること，つまり自らのハンディキャップを背負うのは至極当然のことで，試合の結果はスポーツ行為における協同ほど重要ではなく，勝利よりもプレーのしかたの方が重要であった。」

　しかしそれから約2世紀が経過した今日，スポーツは明らかに勝利至上主義的傾向を強め，フランスの社会学者ブルデュー (P. Bourdieu) はこの原因を次

図1 ラグビー校のフットボール（スロー・イン〈1845年〉）
（出典："Running With The Ball"より）

のように述べている。

「一九世紀の終わりから二〇世紀の初頭にかけて，競技スポーツがあらゆる社会階層に開かれ，同時に商業化が始まって是が非でも勝たねばならぬという『勝利への野蛮なこだわり』が起こり，もともとのフェアネスの精神が，『定められたルールに則った勝利への意志』に置き換えられてきた。」

この変化は資本主義がどのように発達してきたかということと並列に論じられなければ理解しにくい。しかし，今ここでそれを述べるつもりはないが，200年前のヨーロッパの貴族や富裕階級の人々にとっては「どうでもよいものだった」勝利が今日では物質的利益に換算され，それが出場料や賞金としてプレイヤーに支払われるようになっているということはスポーツとアスリートが「商品化」し，モノ化したことを示すもので，スポーツ興行の巨大化，エンターテインメント化がその原因であろう。ドイツの哲学者ニーチェは欧米人の「よい・わるい（善か悪か）」ということに関する考え方の変化がこの基底にあると指摘し，これについてヨーロッパの哲学史に詳しい竹田青嗣は次のように述べている（竹田，1994，傍点は筆者加筆）。

「人々はこう言う。『よい』の起源は利他的な行為にある。この行為はそれを受けた人にとって『よい』ものである。のちにこの起源は忘れられ，ある行為自体（たとえば施し，慈善，犠牲など）が習慣的に『よい』と呼ばれるようになった……。一般にはそう理解されているが，これはじつは全然間違いである，とニーチェは言う。『よい（グート）』という言葉の言語的起源を考えるといい。それはもともとは『利己的』－『利他的』といった概念には結びついておらず，むしろ『高貴』－『野卑』という対立概念に結びついていた。このことは何を意味するか。『よい』という価値判断は，もともとは『よい』ことをしてもらった人間たちから生じたのではなく，『高貴』な者，高位の者，強力な者たち自身の自己規定として生じたということを意味する。

つまりまず『高い者』たちが，自分自身に属するさまざまな力の特性を『よい』と呼んだ。そして逆にこのような力を持たないこと，それが『わるい（シュレヒト）』と呼ばれた。これこそ『よい・わるい』という価値の本来的な起源である……。

このニーチェの『よい・わるい』起源論は，そのまま『よい・わるい』という価値の本質論でもあると考えてよい。自分たちは『力』をもっている，快楽を生み出す力，創造し，工夫する力，困難を切り抜ける力，他人を養ったり，助けたりする力等々を。この場合の『自分たちは力を持っている』という自己肯定的な感情にこそ『よい』という言葉の本質がある。ニーチェはそう主張するのである。」

現在の欧米のスポーツ研究者が述べていることの背後にもその程度や論述の仕方は様々であってもこのようなニーチェの思想の反映があり，もしもわが国の人々がスポーツ享受における階級性ということに気づかず，意識することもないとしたら，むしろそれはなぜかということの方を問わなければならないだろう。「あなたたちは馬術競技をみたことがあるか。ゴルフをしたことがあるか。射撃競技に出場したことがあるか」というようにである。そして，もしもその答えが「否」であるとしたらその理由，原因をどのように考えているかということも問わなければならないだろう。これらのスポーツでは，もしかしたら今でもニーチェが指摘したような意味での「よい・わるい＝高貴・野卑」という用語使用感覚や評価視点が息づいているかもしれず，今日のわが国で流行語のように著書や論文の表題などに多用されている「（国家の，あるいは女性の）品格」という用語の背後にもこれが消滅していくことへの惜別の念があるのかもしれない。いわゆる「アマ・プロ問題」の背後にもスポーツ享受の「二重構造」があるということもでき，これを単に金銭の大小や授受に関する問題とだけ理解するのはコトの本質を見誤り，プレイヤーの社会的地位，身分にかかわる問題や彼らのパフォーマンスに対する「高貴・野卑」という評価視点の存在に気づくのを妨げるということもできる。

アメリカの社会学者リースマン（D. Riesman）は，「イギリスのプロレタリアートがラグビー・フットボールをすることはめったになかった」と述べて（Riesman, 1951），イギリス人のスポーツ享受が今でも民衆はサッカー，ブルジョアジーはラグビーと分かれていることが示しているように「二重構造」であったことを明証している。しかしその一方で，このプロレタリアートは「法律に通暁した陪審員と比較できるほど目の肥えた人々」で，自分たちより地位や身分が「上の者」が「あられもないプレイをすること」に対して寛容でなく，また彼らの興味はゲームの結果よりもプレイヤーが「紳士的に行動」して

いたかどうかに向けられていたと述べており，この「二重構造」がどのように克服されていくのかというのは非常に興味のある問題ということができる。

参考文献　19.B.01

- 竹田青嗣．1994．『ニーチェ入門』〈ちくま新書〉筑摩書房
- ハンス・レンク，グンター・A．ピルツ．2000．『フェアネスの裏と表』関根正美ほか 訳　不昧堂出版
- マーカムソン，R. W. 1993『英国社会の民衆娯楽』川島昭夫，沢辺浩一，中房敏朗，松井良明 訳　平凡社
- マッキントッシュ，P.C. 1970『スポーツと社会』石川旦，竹田清彦 訳　不昧堂出版
- 米原万里，2007『米原万里の「愛の法則」』集英社
- D. Riesman and R. Denney, 1951, "Football in America: A Study in Cultural Diffusion", *American Quartely*. 3. 4. (winter 1951): 309-25.

（中村敏雄）

アマチュアルールの制定と特徴　19.B.02

① アマチュアルールとはなにか

アマチュアルールとはスポーツの大会や試合などで適用される，いわゆる〈アマチュア〉選手のみが出場・参加できるという制限を設けるための参加資格を規定してきたルールである。それは近代スポーツが成立・確立する19世紀に生まれ現在に至るまで基本的には存在する。そのルールは20世紀後半まで厳しく適用され，アマチュア規定違反という判定によって選手の出場禁止あるいは記録抹消などが重要な問題となった時期が長く続いたが，今日ではオリンピック大会をはじめワールドカップ・サッカーなどのメガスポーツイベントではほとんど問題にはならない。その理由はアマチュアルールの成立に大きな役割を果たしたスポーツに対する1つの思想（＝理念）である〈スポーツアマチュアリズム〉が衰退・消滅し意味をなさなくなってきたからである。

順を追って説明する必要があるが，とりあえずはアマチュア，アマチュアルール，アマチュアリズムの区別と関連をしっかりと捉える必要がある。

アマチュアという言葉は，もともとはラテン語のamatorem（愛する人，愛好者・愛好家を意味する）から来ており，フランス語のamateur（アマトゥール）が英語にそのまま転化してアマチュアとなった。

したがって，アマチュアという言葉は，本来は本職・専門家を意味するプロフェッショナルとは対立語ではなかった。しかし，スポーツの世界では早い時期から金銭や物質的利益のためにスポーツを行う，プロフェッショナルスポーツ（以下，プロスポーツと略す）を差別・排除し，プロよりもアマチュアの方が尊く，価値が高いという考え方，理念が長い間優勢であった。このような，アマチュアスポーツこそ，スポーツの中のスポーツとして最も尊いもの，したがってプロスポーツは卑しいものと考えるスポーツ理念を〈スポーツアマチュアリズム〉という。

繰り返すが，アマチュアスポーツはアマチュアが行うスポーツであり，アマチュアルールはそのための参加資格を定めたルール（規定）である。またアマチュアというのは，スポーツを主たる生計の手段とはしないアスリートあるいはスポーツ愛好者である。プロというのはスポーツを職業として行う，またはそのための準備段階で準職業的にスポーツを行っているアスリートあるいはコーチ，トレーナーなどを含めたスポーツ専門家である。

この段階でのアマチュアとプロの区別はあくまで経済的・職業的な区別であって，スポーツの技能レベルでの区別ではない。したがって，アマチュアとプロのスポーツ技能での優劣は必ずしもプロの方が上とは限らない。もっとも，現実的にはプロの方がアマチュアよりも優れていなければ職業として成り立たないことになるが，実際にはいつもアマチュアが劣っているとは限らない。アマチュアがスポーツの技能水準でプロよりも上にいくことがあっても，それはスポーツ競技の性格上あり得ることだから一向に構わない。

いずれにしろこの段階ではプロとアマチュアという概念それ自体にどちらがよくてどちらが悪いという価値観は入れてはいない。しかしすでに触れたが，スポーツアマチュアリズムというのはプロとアマチュアに優劣をつけ，アマチュアスポーツ（選手）の方がプロスポーツ（選手）よりも優れているというスポーツの考え方・思想（理念）である。

まとめると，アマチュアルールとはこのスポーツアマチュアリズムの理念のもとでスポーツの競技会を行い，アマチュア以外の人たちの参加を制限するための参加資格として規定されたルールをさす言葉である。このようにアマチュア，アマチュアリズム，アマチュアルールの3者は，区別されると同時に関連し合ってきた。

しかし，オリンピック大会の「アマチュア規定」が「参加資格規定」という名称に変わり，やがてIOC憲章の参加資格条項からアマチュアという言葉そのものが消えていったように，アマチュアの方がプロフェッショナルより価値が高いという考え方は次第に変化し，今日ではプロスポーツへの蔑視も薄らいだといえよう。またプロスポーツがスポーツの発展に果たす先駆的役割が認められつつあるのが今日の状況である。

② アマチュアルール制定の動機・意図

[初期の用法]

最初に述べたように，ラテン語のamatoremは，愛する，愛する人を意味する用語であり，ここにいう「愛好者」の意では古く古代ローマ帝国の時代から使われていた。フランス，イギリスなどでは18世紀頃から芸術，特に絵画，音楽などの分野において「趣味をもっている人」「観賞する人」のことを意味した。また一説によると，美術の「観賞家」という意で用いられたともいう。

[スポーツでの用法]

スポーツでは19世紀半ばまでは「ジェントルマン・アマチュア」という言葉で，王侯貴族たちの娯楽，気晴らしとして行われるスポーツ，例えばクリケットなどで用いられた。そこでは「ジェントルマン」という言葉に象徴されるように，支配階級への憧れを含むものとして使用されたといわれるが，当初はクリケットの試合で金銭を得る者を必ずしも差別してはいなかった。しかし，19世紀半ば頃から優れた体力と技量をもって生計の手段，仕事として行われるスポーツをプロスポーツとして排除し，上流階級（ジェントリー）の文化として，スポーツを階級的に占有しようという社会的・階級的差別の意味を含む言葉となった。

このように，身分差別的，階級的な

アマチュアスポーツの考え方は，近代スポーツの成立・発展とともに確立し，20世紀の半ばまで継承された。

近代スポーツの母国イギリスでは，1839年のヘンリー・レガッタにおける参加規定の中で最初にアマチュアという言葉が使われたといわれるが，アマチュアの定義がどのように成文化されたかについては定かではない。

テムズ川で行われたこのボートレースには，イギリスの上流階級の子弟が集まるエリート校のオックスフォード大学，ケンブリッジ大学，ロンドン大学，それにイートン，ウェストミンスターのパブリックスクールなどの学生が出場資格を有していた。

明文化された最初のアマチュア規定は，1866年の第1回全英陸上競技選手権において適用されたものといわれる。それは主催者であるアマチュア・アスレチッククラブが「かつて賞金目当てにプロフェッショナルと一緒に，あるいはこれに対抗して競技をした者，生活費を得るために競技のいかんを問わず練習を教えたり，それを仕事としたり，手伝いをしたことのある者，手先の訓練を必要とする職業，あるいは被雇用者としての機械工，職工あるいは労働者，これらはアマチュアとは認めない」と規定したものであるが，それはヘンリー・レガッタと他のローイング・クラブで用いていたものを採用したという。1879年のヘンリー・レガッタ委員会の改正でも，職人，職工，労働者をアマチュアから排除する規定はアマチュア・アスレチッククラブのものが適用された。

なぜこのような身分差別的なアマチュア規定がつくられたのかという理由を考える時には，19世紀初頭からイギリスのスポーツの中心的担い手となった新中産階級（新興ブルジョアジー階級）の歴史的・社会的性格を考慮しなければならない。すなわち，封建貴族・領主たちにとって代わった新興ブルジョアジー階級は，かつての上流階級の文化であるスポーツを自らのものにするために，封建貴族・領主たちの賞金制スポーツからの解放と，その賞金制スポーツを実質的に担っていた職業的スポーツマンを排除する必要があったのである。

「パトロナイズドスポーツ」と呼ばれる貴族たちのお抱え選手による賭け対象のスポーツを排除し，本職の船乗りたちがレースに出ることを防ぐために，ブルジョアジーは対等平等の条件のもとで競争し，スポーツによる物質的利益からの分離，「純粋な」アマチュアのスポーツ，「スポーツのためのスポーツ」というスポーツの自己目的性を主張した。

しかし，このような「スポーツのためのスポーツ」を主張するためには，生活に必要な経済的・物質的余裕に加えて，スポーツを楽しむことのできる精神的余裕が必要であった。したがって，産業革命によって都市に集中し，過酷な労働条件のもとで働いていた労働者は，必然的にアマチュアスポーツを楽しむ余裕をもち得なかった。

スポーツにおけるアマチュアリズムの確立それ自体は，中世の封建貴族たちの独占から新興ブルジョアジーへのスポーツの解放という積極的側面をもたらしたが，一方では労働者を排除するという矛盾をこの時すでにもっていたのである。

[アマチュアリズムの基本的矛盾]

アマチュアスポーツこそがスポーツの中のスポーツとして崇められる時，その考え方の基本には「現在あるいは過去に生計の手段として競技を教えたり，生計の手段として競技に参加したりしないものがアマチュア」だという，スポーツ活動の非物質性および非営利性が強調されている。つまり，スポーツ活動を生計の手段にしてはならないという理想である。スポーツアマチュアリズムの基本的矛盾を明らかにするために，これは，次のように言い換えることができる。

「スポーツ存立のための経済的・物質的基礎を自らのスポーツ活動によって得てはならない」というスポーツ観である。

したがって，スポーツ活動に専念し，スポーツへの努力をすればするほど，そのスポーツ活動に必要な経費も時間もますます増えていくことになるが，「自らのスポーツ活動によって」その経費や時間を得てはならないということになる。そうなれば，もともと働かなくともよいほどの財産のある人以外には，他の誰かに援助してもらわないかぎり競技生活を続けることができなくなる。

特に今日のようにスポーツが高度に発展した段階では，そのスポーツ活動を支えるための経済的余裕や時間的・物質的余裕は厳しさの度合いをますます増していく。しかし，アマチュアリズムに忠実であろうとすればするほど他人に依存して，経済的・物質的援助を受けるという寄生的性格を強めざるを得ない。それができなければ，アマチュアスポーツを断念してプロフェッショナルスポーツへと進むか，スポーツそのものを放棄せざるを得ない。

このように，スポーツアマチュアリズムには，スポーツそれ自体の発展とぶつかり合う矛盾がある。したがって，この矛盾から逃れようとして，国家が抱えて養う「ステート（国家）アマ」，学校が抱えて養う「スクールアマ」，企業が抱えて養う「企業アマ」，軍隊が抱えて養う「ミリタリー（軍隊）アマ」という形態が作り出され，「ノンプロ」と呼ぶ形態も生まれた。と同時に一方では，スポーツアマチュアリズムと真っ向から対立する「プロフェッショナルスポーツ」が登場せざるを得ない。

③ アマチュアルールの変遷と英・米の相違

[アマチュアルールの変遷]

アマチュア資格を重視したスポーツ観は，イギリスで引き続き受け継がれていったが，アメリカでは同じアマチュア資格ではあってもイギリスのそれとは異なった様相を呈していた。例えば1876年に始まった全米陸上競技選手権を主催したアメリカ・アマチュア・アスレティック・アソシエーション (National Association of Amateur of America) の1879年の規定には「賞金目当てに職業競技者と試合をしない者」とあるが労働者排除の規定は削除されている。これは1872年の全米アマチュア漕艇協会のアマチュア定義によっているという。

こうした違いは，イギリス社会が大きくは「貴族，大地主，富裕商工業者」と「庶民，農民，労働者」という2つの階層に分かれ，その経済的地位に大きな差があったのに対し，イギリスから独立して成立した「新世界」＝アメリカ社会は流動的で個人の自由競争を基調としており，進取に富んだ気風や競争

への合理的対処，さらに英雄好みなど，都市部を中心にした新興の上層中流階層の人々によるスポーツの受容ということが影響しているからだと説明される。やがてイギリスでも労働者排除の階級差別的規定は削除されるようになり，1868年の水泳競技，1880年の陸上競技では，むしろスポーツにおける物質的・経済的利益の排除を基本とする規定へと変わった。

19世紀のスポーツの発展が，主として産業革命の進展に伴う新中産階級（新興ブルジョアジー階級）の台頭によって担われ，かつて貴族たちの文化であったスポーツが新しい階級にとって代わられたとしても，当初は上流階級の文化としてスポーツは受け入れられた。しかし，やがてチャーチスト運動や労働運動の発展とともに労働者の力が増大し，同時にスポーツが都市を中心に普及し始めると，多くの労働者たちにもスポーツが迎え入れられることになる。このような中で，労働者を排除する社会・身分差別的アマチュア規定は，社会に存続しきれなくなっていった。

1896年に創設された近代オリンピック大会も，中心課題はアマチュア問題であった。創設者クーベルタン（P. de Coubertin）自身は，必ずしもイギリス流の厳格なアマチュア信奉者ではなかった。スポーツの理想としてスポーツへの誠実さ，純粋なるスポーツへの取り組みを強調したクーベルタンの主張は，「直接財源を得る手段としてのスポーツは禁ずる」ということであって，旧来のイギリスのアマチュアリズムには「労働者階級への挑戦である」として批判的であった。

1901年の国際オリンピック委員会（International Olympic Committee: IOC）の会議では，アマチュア規定を定め，次のようなものはアマチュアではないとした。

・金のために競技する者
・プロフェッショナルと一緒に競技する者
・体育教師あるいはトレーナーとして金をもらう者
・いわゆるマネキン的競技に参加する者

その後，IOCで問題となったのは，「実際にかかった私費の補償として金を受け取ることはプロフェッショナルかどうか」，すなわちブロークン・タイム・ペイメント（損失賃金補償）問題であった。また，体育教師やトレーナーなどをどう扱うかも問題とされた。第二次大戦前，これらに関してIOCの規定で確立されたのは，1933年以来論議され，1937年のワルシャワ総会で決定された最小原則であろう。

オリンピック競技に参加する競技者は，必ず次の最小限度の条件に適合しなければならない。すなわち，次の者はオリンピック競技に参加することはできない。

・参加者は，他の競技で，事情を知りながら，現在職業競技者である者または職業競技者であった者。
・失った給料の補償として支払いを受けた者。職業の普通の状態においての休暇，もしくはオリンピック競技のために，普通に与えられた休暇は，失った給料に対する直接，もしくは間接の補償となるようなずるい手段をとらないかぎり，本項に抵触しない。
・体操または競技の有給教師。ただし，教育課程の通常課目とともに，体操または競技の初歩を，付随的に教授する者は除く。

第二次大戦後，オリンピック大会にソ連をはじめ社会主義諸国が参加するようになると，やがて米・ソ2大スポーツ大国を中心にメダル獲得競争が激化し，オリンピックだけではなくあらゆるスポーツの国際大会の成績は同時に国家体制の優位性を示すバロメーターとみなされた。スポーツの大会があたかも選手個人の優劣ではなく国家の優劣を争う場のような状況が生まれた背景には，国家丸抱えのスポーツ，いわゆるステートアマ（国家アマ）がある。こうした状況はさらにミリタリーアマ（軍隊アマ），企業アマ，学校アマを刺激し，いわゆる「偽アマチュア（pseud-amateur）」問題として発展し，ますますプロスポーツとの境が曖昧になり，アマチュアリズムを危機的状況に追いやることになったのである。

[損失賃金補償との関係]

こうした状況に対応してアマチュアルールにおける「損失賃金補償」の内容も変化せざるを得なくなった。すなわち1962年のIOCモスクワ総会において次のような解釈を認めた。

「競技者がオリンピック大会に出席している間，給料または賃金がないため（男女いずれの場合も）その扶養家族が困窮に陥ることを証明できれば，その国内オリンピック委員会（National Olympic Committee: NOC）はこれらの扶養家族に対して補償をしてもよい。しかし，いかなる場合においても彼が実際に欠勤している期間中に得たであろう額を超えてはならない」

これがオリンピック競技における「ブロークン・タイム・ペイメント」についての公式解釈である。

しかし，このブロークン・タイム・ペイメント問題は，第二次大戦前から競技団体とIOCとの間で常に対立し，トラブルの連続であっただけに，いったん公式に認められてしまうとその解釈は際限なく拡大されていくことになった。この問題をめぐってオリンピック運動に影響を与えたものの1つに，長い伝統と歴史をもつテニスのウィンブルドン大会の1968年の決定があった。すなわち，アマチュアの競技会であるこの大会で賞金授与を認めたのである。

かくしてプロとアマのオープン大会はウィンブルドン大会の決定をきっかけに他のテニス大会や，ゴルフ競技と次々に広がっていった。このような状況はついにIOC会長キラニン（M.M. Killanin）によるオリンピック憲章の1974年大改正によって，憲章から「アマチュア」という言葉が消え「オリンピック参加規定」と変えるに至った。そこでは「競技に参加することによって金銭的，物質的な利益を受けてはならない」という規定は残したものの，先の扶養家族が困窮しているという条件は消えて，給料補償の歯止め条項がなくなった。さらには競技団体および各国NOCの許可があれば宣伝広告への選手の利用・参加が許されることになったのである。

④ 現在の参加資格とスポーツアマチュアリズムの消滅

[現在の参加資格]

オリンピックへの参加は，各国際競技連盟（International Sports Federation: IF）の規定に従って認めていくという

のが今日の状況である。したがって，オリンピック憲章にアマチュア規定そのものではなく，「参加資格規定」（IOCオリンピック憲章2004年版 規則41）として，従来のアマチュア規定に相当する内容は「規則41付属細則」でもって詳しく解釈を加えている。

すなわち「細則」の1，2項で各IFは参加資格基準をオリンピック憲章に従って定めIOCで承認を得ること，その適用はIFに委ねることを規定し，次いで3項で肖像権・映像権等に関して「宣伝の目的」での使用を禁止し，4項で「競技者のオリンピック競技大会への登録や参加は，いかなる金銭の報酬を条件としてもならない」と規定している。

しかし，IOCは同じ「オリンピック憲章」規則の「7　オリンピック競技大会とオリンピック資産に関する権利」および「14　オリンピック・デジグネーション」（オリンピックにかかわるすべての映像または音声）で，オリンピック競技大会およびすべてのオリンピック資産に関するあらゆる権利がIOCに「独占的に帰属」することを規定しており，実際に放映権をはじめオフィシャルスポンサー等，巨大な収入を得ている。同様に各国NOCも国内におけるオリンピック運動にかかわる資産を「独占的に帰属」させており，かつてのアマチュア的感覚とはかなり異なっている。

このようなスポーツの商品化はアマチュア，プロフェッショナル問わずスポーツによる金銭的・物質的利益を得ることへの抵抗感を失わせるものであり，同時にスポーツビジネスを普及・発展へと進ませる原動力となるものである。

[アマチュアリズムの未来]

今日，一流アスリートの間では，プロとアマの差がますます不明となり意味をもたなくなっている。国際陸上競技連盟の1982年の決定は，参加出演料（アピアランスマネー）の公認，広告出演料などによる競技者基金（アスリートファンド）の新設，公認競技会での日当1日50ドルの支払い，さらに賞金（アウォーズ）の公認という，まさにアマチュアリズムそのものを根本から覆すものであった。このことから「アマチュアリズムは死んだ」という批判も出されたが，アマチュアリズムははたして消え去っていくのであろうか。確かにオリンピック憲章からもアマチュアの語は消え，アマチュアの競技会の頭に企業名を付せる冠大会が次々に生まれ，かつ選手たちへ賞金や参加・出演料という形で報酬が支払われている現実は，アマチュアという言葉を死語化させているといってよい。

すでに述べたが，このスポーツアマチュアリズムは，19世紀のイギリスのブルジョアジーたちによる，中世の封建貴族たちのスポーツの独占からの解放という性格をもっていた。しかし同時に，アマチュアスポーツをスポーツの中のスポーツとして主張し得るためには，その条件をもち得ない勤労階級を排除するという矛盾を含むものであった。

したがって，スポーツが今日のように大衆化し，スポーツによる利潤追求も可能となった段階では，スポーツだけが公的な商取引や企業活動の例外として存在し得なくなるのはやむを得ない。これがプロフェッショナルスポーツの成立根拠であり，アマチュアスポーツ存亡への圧力となるものである。

しかし，スポーツ以外の演劇，音楽，囲碁，将棋などの世界においてすでにみられるように，アマチュアよりはプロの方が一流とみなされる時代にあって，スポーツはアマチュアが最高という捉え方は通用しなくなっている。これは確かにアマチュアスポーツこそがスポーツの中のスポーツだという意味でのスポーツアマチュアリズムの否定ではあるが，スポーツの世界からアマチュアが消えていくことではない。

一流アスリートのすべてがそのスポーツを生計の手段として，すなわちプロフェッショナルスポーツの世界で生きていくことをめざすわけではない。スポーツ活動を維持し，発展させていくためには，肉体的・精神的限界に挑戦していかなければならない。したがって，一生スポーツによって生活の経済的基盤を確立していくという，職業としてのスポーツ活動には，人間の肉体的・精神的側面からの困難さがある。

このことからアマチュアでありながらスポーツの最高水準をめざす競技者が存在するし，その活動の余地が残される必要がある。問題は，プロ，アマに限らず人間の肉体的・精神的能力の可能性を最大限に発揮し，人間の文化としてのスポーツの発展に貢献するスポーツ専門家たちの生活権と人権をどのように擁護し保障するかということである。

今日，アマチュアに限らずすべてのスポーツ団体に求められているのは，このような一流の競技者の競技生活と現役引退後の生活のあり方をどのように保障していくか，そのための制度的保障を含めた幅広いスポーツ条件の確立という課題解決である。

スポーツアマチュアリズムそのものは社会の発展の中でやがて消滅していくことになるが，それまでの過程において圧倒的多数の国民大衆のスポーツ活動がアマチュアであるという事実に目をつぶるわけにはいかない。このような大衆のスポーツ活動を支え，発展させるためのスポーツに関与する専門家の社会的課題は，自らの競技だけでなく「みんなのスポーツ」と呼ばれる分野をも視野に入れたスポーツ全体の地位向上とその条件の獲得・拡大に貢献することである。

（森川貞夫）

現代スポーツとルールの変化　19.C

商業主義によるルールの変化　19.C.01

① オリンピックの民営化＝商業主義化

1984年夏に開催された第23回オリンピック大会（ロサンゼルス）は、いわゆる「民営化五輪」として広く、そして永く記憶されるだろう。それまでのオリンピックが、開催都市や国家の税金によって運営され赤字決算で終わるのが常態化していたのに対し、同大会はそれによらず、スポンサー料・テレビ放映権料・入場観戦料の3つを主要な収入源に1.5億ドル（約367億円＝当時）を上回る巨額の黒字を残した（スポーツビジネス研究会、1984. 17）からである。後日、この3つは「民営化の3本柱」と呼ばれるようになるが、これをきっかけに、オリンピックをはじめとする各種国際級の大会はもちろん、国内レベルの大会にも広く導入されていくことになった。

各種スポーツ大会や競技会が、運営費や人件費など少なくない財政的な負担を生じるのはわかりやすい。オリンピックのような大規模な大会はなおさらであり、実際、1976年の第21回大会（モントリオール）では9億ドル強（約3000億円＝当時）という巨額の赤字を計上した（須田泰明、2002. 76）。そのため、1984年大会開催を引き受けるのは、税金の投入を拒否するロサンゼルス市のみという困難な状況に直面したのである。これを打開したのが同大会組織委員長のユベロス（P. Ueberroth）であり、彼の主導した民営化方式であった。

ユベロスは、聖火リレーを切り売りし、スポンサーを1業種1社に絞り込むことで1社400万ドルの協賛金を34社から集め、さらに、1980年の前回大会（第22回、モスクワ）の2.65倍にのぼる2.3億ドル強（約451億円＝当時。須田、2002. 83）のテレビ放映権料を得るなど、オリンピックに関連するすべてのコトやモノを「売り物」に巨額の収入を確保した。とりわけ、放映権料については、広告業界に依頼し視聴率および広告スポンサー評価など市場価値を調査した上で実勢価格を設定し、入札制度を導入することによってそれを上回る巨額を得たのである。

以上が民営化の実相であるが、それは、オリンピックを商品化し、オリンピックに市場原理を導入するものであり、まさに商業主義化と呼ぶにふさわしいものであった。

② 多チャンネル時代の到来と激化するソフト争奪戦

上述したユベロスの手法は、国際オリンピック委員会（IOC）第7代会長（1980－2001年）のサマランチ（J. Samaranch）によってさらに徹底され、世界的規模で展開された。その結果、スポンサー料とテレビ放映権料の割合が増加し、例えば1996年の第26回大会（アトランタ）では総収入の6割を両者が占めるまでになるが、IOC＝サマランチが依存姿勢をより強めたのはテレビ放映権料であった。そのことは、スポンサー制度の柱である4年間1単位のTOP（The Olympic Partners）が、Ⅳ（1998年第18回冬季大会：長野－2000年第27回大会：シドニー）からⅥ（2006年第20回冬季大会：トリノ－2008年第29回大会：北京）まで6億ドル前後で推移したのに対し、テレビ放映権料が、第27回大会（2000年、シドニー）・第19回冬季大会（2002年、ソルトレイクシティ）の両大会で20億ドル強、第28回大会（2004年、アテネ）・第20回冬季大会（2006年、トリノ）・第29回大会（2008年、北京）の3大会では総額40億ドル強というように（須田、2002. 113）、大幅に増加してきたことからもうかがうことができる。

そして、その背景を成していたのが、1990年代半ば以降急速に進展したテレビのデジタル多チャンネル化であった。従来、テレビは地上波によってきたが、1980年代にはケーブルテレビが、また、1990年代にはBS（通信衛星）やCS（情報衛星）といった衛星放送が参入し、さらに大容量の放送を可能にするデジタル化が進められつつある。その結果、100を超えるチャンネル確保が可能になり、視聴者が番組に参加するインターラクティブ（双方向性）機能までもテレビはもつことになった。ところが問題は、その膨大なチャンネルを埋めるソフトの確保であり、さらに、その多くが有料であるため他を圧倒しより多くの人々の視聴を促すことが可能な、いわゆる「キラーコンテンツ」をどう確保するかということである。

各種競技の世界的なトップアスリートが参集し、15日間にわたってハイレベルな競技が繰り広げられるオリンピックが、その1つであることは間違いないだろう。

③ ルール変更によるスポーツのテレビソフト化

スポンサーにとって優良な広告媒体であるスポーツ、しかもオリンピックやFIFAワールドカップのようなメガイベントは、テレビにとってきわめて魅力的なソフトである。そこに、デジタル多チャンネル化という熾烈な競争環境が加わったのであるから、争奪戦がより激烈になることは避けがたい。結果、支払われる放映権料は、「テレビマネー」と揶揄されるまでに高騰を続けることになったのである。

他方、このテレビマネーはスポーツ界にとっても垂涎の的である。巨額の放映権料が財政を潤し、テレビ放映によって認知度を高め実施人口を拡大させることはもちろん、ファンを増やしそれを関連商品の消費者にしていくこともおおいに期待できる。1990年代以降アメリカのプロスポーツ界やヨーロッパのサッカー・トップリーグといったメジャーなスポーツ界が行っている、海外に優秀なプレイヤーを求めたり公式戦や遠征試合を海外で行うといった取り組みは、その一環である。

メジャーなスポーツ界におけるこうした動向をボーダーレス・グローバル化というが、世界的に認知度が高く一定程度成熟した市場を擁するスポーツやリーグはともかく、そうでないものも少なからず存在する。ところが、そうした中にも、ルールを変更してソフトとして適合的なものにし、熾烈なテレビマネー争奪戦に参入しようとするものがある。

その顕著な例が、国際バレーボール連盟（Fédération Internationale de Volleyball: FIVB）であり、1998年10月の「ラリーポイント制」の導入である。FIVB会長のアコスタ（R. Acosta）は、専門誌の

インタビューに「バレーボールを世界のトップスポーツにし，…(中略)…他のプロフェッショナルなスポーツとの市場シェアの奪い合い」に勝ち抜くためにテレビ中継を増やすことが必要であり，そのためには「時間のマキシマムの設定が…(中略)…至上命題だ」(『25分間併用ルールとバレーボールの未来』『月刊バレーボール』52(2)．日本文化出版社．1998. 78-79)。これはつまり，放映枠を前提にサイドアウト制をより短時間で済むラリーポイント制に替えることを企図したものであり，それが実現されたのは周知のとおりである。

④ 相次ぐルール変更とそれに伴う弊害

こうしたルール変更は，バレーボールに限らず，視聴者が対戦相手を識別しやすくなるよう配慮した柔道着のカラー化(1997年10月)や，卓球におけるラリー数の増加とゲーム時間の短縮を企図したラージボールの採用(2000年10月，直径38mmから40mmへ)と1セット21点制から11点制への変更(2001年4月)，そして，陸上競技トラック種目の誰であれ2人目のフライング者は即失格というフライング規定の変更(2001年7月，2009年8月には1回目で失格に)など，近年相次いでいる。また，オリンピックでは，近代五種競技が従来の5日間ではなく1日に競技日程が短縮されたり，トライアスロン競技では例えば1974年から行われているハワイ大会の合計225.995kmなど，一般的なものを，水泳1.5km・自転車40km・ランニング10km合計51.5kmというように，極端に短縮して行うなどといったことも起きている。

確かに，従来からスポーツルールはしばしば変更されており，これを一概に否定することはできない。しかし，近年頻発しているそれは，明らかにテレビ映りと放映時間枠ばかりを意識，優先したものであって，先の近代五種とトライアスロン両競技を例にとれば，前者は選手のコンディショニング，後者は競技特有の醍醐味の希薄化という観点から，いずれも疑問が残るものである。また，トラック種目のフライング規定の変更も，競技時間の短縮を名目に国際陸上競技連盟(International Associaion of Athletics Federations：IAAF)が採用したのであるが，100m競走の

ようにスタートにすべてが集約される競技として妥当であるのか否か，疑念なしとはいえない。

そして最も問題なのは，こうした変更が，競技者の声を無視した形で，あるいはその声に耳を傾けることなく実施されたことである。あらゆるスポーツが競技者なくして成立し得ないことを，改めて銘記し声高に主張しなければ

政治主義によるルールの変化 19.C.02

① 政治に揺れるオリンピック

スポーツと政治の関係が最もわかりやすいのは，オリンピックである。例えば，1936年夏の第11回大会(ベルリン)は，その3年前に政権を奪取したヒトラー(A. Hitler)が率いる国家社会主義ドイツ労働者党(ナチス)とその国家体制(ファシズム体制)の優位性を国内外に向けて宣伝する絶好の機会と位置づけ，総力を挙げて取り組んだものであった。莫大な財政的・人的資源を投じ，史上初の聖火リレーやテレビ中継を行い，整然とした準備と運営によって大成功に導くことで国際的孤立から国民の目を逸らし，ユダヤ人迫害に対する内外の批判をかわすことに成功した。その背後で，周辺諸国への武力侵略やユダヤ人大虐殺の準備が着々と進められていたことを世界の人々が知るのは，1945年の敗戦によってであった。

また，1980年夏の第22回大会(モスクワ)では，アメリカを中心とする資本主義諸国，いわゆる西側陣営によるボイコット問題が起きている。発端は，前年暮れの旧ソビエト軍によるアフガニスタン侵略に対し，翌年のアメリカ大統領選挙戦で再選をめざすカーター(J. Carter)が，「強い指導者」としての姿勢を示すために大会ボイコットを呼びかけたことにあった。それに対し，国際オリンピック委員会(IOC)は各国に参加要請を行ったものの，多くの西側諸国が同調しボイコットに踏み切った。そして，その4年後の第23回大会(ロサンゼルス，1984)では，中国など一部を除く旧社会主義諸国(東側陣営)が報復措置として大会をボイコットすることになる。

上記の例は，オリンピックがけっして政治と無縁ではなく，むしろ政治的プロパガンダの場として利用されやすいものであることを示している。それは，双方の体制の優劣をメダル獲得数によって競う，代理戦争の場と化した各種国際大会もまた同様であった。

② エスノセントリズムを反映したルール

ルール変更というスポーツ独自の，あるいは内的事項に焦点を当ててみた時，政治的作用・干渉と断定できるものは果たしてあるのだろうか。

それに近い例として，太平洋戦争下のわが国における野球用語の邦語化や，第二次大戦前後のアメリカ・メジャーリーグ野球(MLB)におけるアフリカ系アメリカ人(黒人)に対する排除などが指摘できよう。前者は，明治期以降大衆的人気を得ていた野球が，太平洋戦争中に「敵性文化」として軍部や国粋主義者等から非難，攻撃され，使用用語を「ストライク＝ヨシ」「アウト＝ひけ」「タイム＝停止」などと，日本語に言い換えたことをさす。

また，後者は，当時のアメリカ社会を覆っていた人種隔離(政策)によって，黒人はメジャーリーグ入りを許されず，黒人のみのニグロリーグで興行せざるを得なかったことをいう。1900年から1950年までの両リーグ間の436のエキシビションゲームにおいて，白人側の勝利168ゲームに対し黒人側の勝利268ゲームという一事をみても，その力量は勝りこそすれ劣るものでは決してなかったにもかかわらずである(佐山和夫『黒人野球のヒーローたち』〈中公新書〉中央公論新社．1994, 6)。

上の2例は，いずれも競技規則という意味でのルールではないが，所属メンバーや使用用語に関する規定という，広い意味でのルールである。そして両者は，前者がアメリカ人に対する

ばならない時代に，今，われわれはいる。

参考文献 19.C.01

- スポーツビジネス研究会 著．1984．『ピーター・ユベロスのオリンピックビジネス』書苑
- 須田泰明．2002．『37億人のテレビピック』創文企画
- 辛坊治郎．2000．『TVメディアの興亡』集英社

(等々力賢治)

日本人の，また後者が黒人に対する白人の，それぞれ文化的・人種的優越性の美化・主張と，相対する民族や人種を蔑視し排斥しようとする態度，すなわちエスノセントリズム（自民族中心主義・自文化中心主義）に基づくものであるという点で共通している。

③ スポーツの世界化とユーロセントリズム

現在，多くの人々が楽しんでいるスポーツは，19世紀半ばの産業革命期イギリスあるいは南北戦争後のアメリカにおいて，今日に近い競技様式やルールなどを整え，その植民地経営や商業活動とともに世界各地に伝播，普及した欧米文化の1つである。この競技様式やルールが案出，確立される過程を「近代化」，そして，それによって創出，成立した文化を「近代スポーツ」と呼ぶが，その過程において自由・平等・私事性・合理主義・能力主義等々といった，資本主義社会＝近代社会を構成する普遍的思想・価値を内包したのであった。様々な種目で必ずコートチェンジがルール化されているのは，両チームの対等・平等な条件下での競争を保障しようとするものであり，その好例であろう。

とはいえ，それがプレイ場面に限定された形式的な平等であることを忘れてはならない。所属する国家や企業，学校などから得られる財政的・人的・組織的支援の有無，あるいは大小によって，同じコートやスタートラインに立つ前に，すでに大きな格差が生じてしまっている。それを無視したまま，誰もが同じコートやスタートラインに立って競争に参加できるとする「機会均等主義的な平等」は，資本主義社会における自由競争の前提であり，近代スポーツもまたそれを反映しているのである。

このように，近代スポーツは，それを生み出した資本主義社会の"申し子"と呼ぶべき文化であるが，その世界への伝播・普及は，資本主義システムが世界化していくとともに，各地にあった地域や民族固有の文化を圧倒し駆逐する形で進行した。例えば，ヨーロッパの小国イギリスで創出されたサッカーが世界文化の地位を得るには，世界各地の固有のボール遊びや競技をサッカーより「劣る」ものとして，それを愛好する人々に対する蔑視・排斥とともに，圧倒し駆逐する過程があった。

それを「欧米文化の世界的普及＝世界的文化の欧米的単一化」（中村敏雄『近代スポーツの実像』創文企画．2007．103-11），そして，その背景をなす思想をユーロセントリズム（ヨーロッパ中心主義）という。それは，近代西欧的な価値観や思想を，各地の固有で土着的なものを排除しつつ，具体的なルールとして伝播・普及する過程でもあった。

④ グローバリゼーションの中の「スポーツ基本法」

1990年代以降，ユーロセントリズムをも相対化するグローバリゼーションが主要な潮流となっている。世界的規模でのスポーツ市場の創出・拡大を主要な目的，存在理由とするそれは，旧社会主義体制崩壊後のアメリカ資本主義の世界展開と軌を一にするものであり，アメリカナイゼーション（アメリカ化）を内実とする。スポーツの観点からみれば，それは，優勝劣敗を唯一の価値とし，巨額のテレビ放映権料獲得のために「みる」ことに傾斜したものである。

とはいえ，「今日のスポーツは，…（略）…環境・平和・人間的存在など，地球的・人類的な課題や人権意識との緊張関係をうちに含み，世界の諸地域に存在する運動文化・身体文化と相互に作用しあって」（高津勝「中村敏雄と運動文化論」友添秀則 編『中村敏雄著作集 別巻』創文企画．2009．245）おり，健康や地域づくり等に貢献するなど多様で多元的な，人間にとって不可欠な余暇文化であることは間違いない。

近年，わが国で顕著になっている相次ぐ地域（プロ）スポーツの設立もまた，その一環である。グローバリゼーションの潮流と低経済成長の中で休廃部を余儀なくされた企業スポーツに代わる形で登場したそれは，地域住民を主体に据え地域の活性化や健康づくりなどに存在意義を見出し，「する」側面を重視するものである。

上述したように，スポーツは経済や政治を含む社会的諸関係の中にある。したがって，政治に利用され翻弄されてきた歴史や事実に目を向け，それが繰り返されないよう注視し取り組むことが求められよう。外見的な「中立性」の維持に拘泥し，政治的かかわりを回避しようとするだけでは，その自主的・自律的発展を展望するのは困難である。今日のように，スポーツが人々の生活をより豊かにする文化として広く受け入れられ，いっそうの振興が求められる状況下では，国民や地域住民のニーズを的確に捉え反映させた振興策の策定と実施こそが重要である。しかしそれは，個人的努力のみでは到底成し得ないものであり，国家や自治体に対し支援や援助を政治・行政の課題とするよう求めていくことが緊要になっている。

2011年に成立・施行された「スポーツ基本法」は，そのために大きな手がかりとなるものである。この法律には，わが国で初めて「スポーツを通じて幸福で豊かな生活を営むことは全ての人々の権利であ（る）」（文部科学省．「スポーツ基本法〔平成23年 法律第78号〕」http://www.mext.go.jp/a-menu/sports/kihonhou/attach/1307658.htm〔2012年2月28日〕）と，いわゆる「スポーツ権」が明示された。政治がスポーツ振興に対する姿勢を明確にしたこの新たなルールをどのように実質化していくのか，愛好者はもとより，広範な人々の協力・協同による取り組みが求められよう。

参考文献

- 牛島秀彦．1978．『風雪日本野球 Ⅴ．スタルヒン』〈もう一つの昭和史〉毎日新聞社
- ダフ・ハート・デイヴィス．1988．『ヒトラーへの聖火』岸本完司訳 東京書籍
- 中村敏雄．1998．『スポーツの見方を変える』平凡社

（等々力賢治）

自然保護によるルールの変化

① 被害者・加害者としてのスポーツ

スポーツと環境問題，両者を結びつけて考えることはなかなか難しい。しかし，地球温暖化によって，ヨーロッパアルプスのスキー場が雪不足に見舞われ，ワールドカップ「全31大会中，開幕戦（オーストリア）が中止，10大会が一部種目を除いて開催地の変更を余

儀なくされた」といった報道（『中日新聞』2007年4月25日付）に接すると，両者のかかわりがきわめて深いことが想像できる。また，1990年代の早い時期から，オゾン層破壊によってオゾンホールが拡大し，降り注ぐ紫外線量の増大による皮膚ガンの増加が懸念されるため，ニュージーランドでは海浜に出る時間や海浜での散歩が制限されてきた。さらに，酸性雨との関連では，カナダの多くの湖沼で酸性化が進み魚類が死滅するといったことも起きた。

ここに挙げた3つの例は，地球環境の異変によって，スキーや海水浴，そして釣りといったスポーツの実施環境（＝スポーツフィールド）までもが，貧困化ないし制限されてきたことを示している。ただし，これらはスポーツがいわば環境問題の被害者の立場にあることを示す事例であり，逆に加害者の立場に少なからずあることも指摘しておかねばならない。

その顕著な例が，1980年代後半のバブル経済の中で急増したゴルフ場造成に伴う環境問題である。この時期，内需拡大の掛け声のもと，首都圏を中心に都市再開発が急激に進められ，そこで生じた大量の余剰資金の投入先としてゴルフ場の造成が全国的に進められた。その結果生じたのが，自然破壊や水源破壊（汚染），さらには生活破壊や地域破壊といった環境問題であった。それがあまりに広範かつ深刻であったため，全国各地で反対運動が起き，造成の背景や方法などには目を向けずゴルフそれ自体を問題視し，その会社の存在を否定する，いわゆる「ゴルフ悪玉論」が声高に叫ばれるといったこともあったのである。

② 環境問題の軽視

スポーツと環境問題のかかわりについて概観したが，こうした見方や考え方は，スポーツ関係者に限らず一般的にも十分には認識されていない。従来から，両者を関係づけるのはまれであり，仮にその必要があったとしてもそれを一方的に無視ないしは軽視することが常態化してきたのである。冬季オリンピックの歴史は，それをよく物語っている。

1984年の第14回冬季大会（サラエボ）では，男子アルペンスキー競技会場と

した近郊のヘレシュニツェ山の開発開始後，滑降コースが標高差800m以上という国際スキー連盟（Fèdèration Internationale de Ski: FIS）の規格に9m不足したため，山頂に4階建てのレストランを建設し，その屋上をスタート地点にするという愚挙を行った。また，1988年の第15回冬季大会（カルガリー）でも，アルペン競技会場は「開発か自然保護か」の焦点となったが，結局，環境保護団体の抗議を無視する形でアラン山の開発が強行された。

1998年の第18回冬季大会（長野）も男子滑降コースの選定で大きく揺れた。1987年の招致計画では志賀高原岩菅山を会場予定地としたものの，自然保護団体を中心とする反対運動が盛り上がり，イメージ低下を危惧した同大会招致委員会は既設の八方尾根スキー場に変更を余儀なくされる。ところが，ここでも標高差800mという規格をFISは譲らず，そのため，スタート地点を国立公園第一種特別地域の上部隣接地に設定し，特別地域には接地しないよう上空を30m強のジャンプ2回で飛び越えるという，苦肉の策で決着を図ったのである（『朝日新聞』1997年12月2日付）。「政治的決着」と揶揄された妥協のコース設定であったが，FISのかたくなな姿勢とともに，その背後に，スピードとスリル溢れる滑降シーンがテレビ画面に映し出されることを強く期待する国際オリンピック委員会（IOC）の意向があったことは間違いない。そのことが，IOCとFISの最も優先すべき課題だったのである。

③ オリンピックムーブメントアジェンダ21

IOCとFISの両者が，第14・15回両冬季大会（サラエボ，カルガリー）時のように強硬な姿勢に終始しなかったことは，この間の環境問題に関する情勢の変化を反映していた。

1999年6月，IOCは，ソウルで開催された第110次総会において，環境保護や資源の持続可能な管理等を内容とする「オリンピックムーブメントアジェンダ21」を採択した。これは，1992年にリオデジャネイロで開催された国連環境開発会議（United Nations Conference on Environment and Development: UNCDE）で採択された，「持続可能な

環境と開発のためのグローバルな行動計画（『アジェンダ21』）」をオリンピックを含めたスポーツ分野にも適応，敷衍（ふえん）すべく作成されたものであった。さらに，同年10月に開催された，国内オリンピック委員会（NOC）や国際競技連盟（IF）等を構成メンバーとする第3回スポーツと環境世界会議（リオデジャネイロ）でも承認される。

しかし，IOCが環境問題に関与しようとしたのはこれが初めてではない。1992年の「地球を保護することを公約する地球誓約」への署名を皮切りに，1994年には環境をスポーツ，文化とともにオリンピズムの「第3の柱」にすることを提案，そして，1995年の第1回スポーツと環境世界会議の開催，1996年の環境問題に言及するための「オリンピック憲章 規則2（IOCの役割）」の追記改訂など，様々な取り組みを展開してきていた。そうした動向を受け，さらに，長野への招致・開催決定時に盛り上がった環境保護への世論対策としても，大会組織委員会（Nagano Organizing Committee: NAOC）にとっては「環境にやさしいオリンピック」を大会理念として掲げるのが得策であり，したがってスタート地点問題で安易な妥協はできなかったし，IOCとFISもまた，これを強引に押し切ることはできなかったのである。

④ 環境重視の潮流とルール変更

今日，環境重視が，IOCは当然のことながらスポーツ界全般においても1つの潮流になりつつあることは間違いない。実際，2000年の第27回大会（シドニー）や2006年の第20回冬季大会（トリノ）では様々な環境施策が採られたし，今後も，招致・開催に立候補する都市はアセスメントの義務づけ等を内容とする「環境条項」を結ばねばならない。また，燃料を大量に消費するイメージの強いフォーミュラ・ワン（F1）のレースでも，これを運営する国際自動車連盟（Federation Internationale de l'Automobile: FIA）が，地球温暖化対策を意識して，2008年から「燃料に最低5.75％分のバイオ燃料を混ぜるよう」定めたという（『朝日新聞（夕刊）』2007年4月4日付）。さらに，近年，Jリーグをはじめいくつかの競技団体・組織が，試合会場やイベント会場で紙コップに

代えてリユースカップを使用しているが，これもまた環境負荷を削減する取り組みの一環である。

このほか，農薬漬けの芝生管理を止め，その散布量を削減するゴルフ場が増えたため，1989年度の総量5910 tから2002年度の3359 tへ，13年間で43％も使用量を減少したことも報じられている（『朝日新聞』2003年10月6日付）。経費削減と同時に，これも，水質汚染およびそれに対する批判への対応という側面があったがゆえに生じたことであろう。

しかしながら，ルールを変更してまで環境問題の解決や対応に取り組んだという例は，スポーツに関してはほぼ皆無である。数少ない例外として，環境省がとりまとめ2001年11月1日に施行された「エゾシカ猟における鉛弾の使用禁止」に関する法律と，2003年4月1日からブラックバスを含む外来魚のリリース（再放流）を禁じた滋賀県条例等がある。それにもかかわらず前者については，1990年代以降，オオワシ等の希少猛禽類をも対象とする国が欧米では増えているのに対し，宮城県牡鹿半島一帯の禁止地区指定（2003年11月1日）等を除き，わが国では進展をみていない。また，後者に関しては，環境省による動植物の生きたままでの移動や飼育を禁止する「駆除指定」からオオクチバスが除外されるといった問題も起きている。また，沖縄県の慶良間海域保全連合会は，ダイビングスポットなどの観光資源であるサンゴを破壊から守るために，海域ごとに利用者の上限を決める自主ルールを検討しているという（『朝日新聞』2007年7月5日付）が，その行方は定かではない。

以上のように，スポーツと環境問題について「ルール変更」という観点からみた時，必要性どころか問題の存在自体広く認められているとはいえず，仮に必要性が認められたとしても禁止あるいは規制の形をとる可能性が高いことや，経済的な利害関係が絡む場合が少なからず予想されるため，そうした事例が増えにくいのが実情である。現状はまず，環境重視の世界の潮流をわが国スポーツ界にいかに根づかせ徹底するのか，そして，よりよい環境を創造するためにスポーツが果たすべき役割はなにかといった課題について，広く論議し共通理解を得ることが重要かつ必要な段階にある，といってよいだろう。

② 形成期のスポーツ用具とルール

新しいスポーツが誕生して間もない時期は，まだ不安定な状態である。その状態から，1つのまとまった独立の競技として安定するまでの段階を，ここでは仮にスポーツの「形成期」と呼んでおこう。形成期には，どのようなルールや用器具が適切であるか，様々な試行錯誤が続く。その際，ルール改正のポイントは，実際に試合をするプレイヤーたちの視点に立って積み重ねられる，という点である。すなわち，1) 適切な難易度であること，2) 参加者に不公平感を与えないこと，3) 用器具が適切であることなどである。これらに対応する用具の規格変更の主な事例は，表1のとおりである。

プレイヤーたちの視点に立ったルール改正として，安全化も重要なポイントである。そもそも多くのスポーツは，多かれ少なかれ，身体的危険を内在するものであった。けれども時間の経過

参考文献
- 田中義久 1992．『ゴルフと日本人』〈岩波新書〉岩波書店
- 等々力賢治 1993．『企業・スポーツ・自然』大修館書店

（等々力賢治）

用具によるルールの変化

① スポーツ用具とルールの関係性

スポーツ用具とは，スポーツをする際に用いられる様々な用具のことである。英語では「sports equipment」（近年は「sports goods」「sports gear」という用例も多い）といい，ボールやバット，ラケットやグラブのほかにも，シューズやプロテクター，体操競技のための器械や自動車レース用の車体なども，「sports equipment」として理解される。ここでは英語の「sports equipment」に近い意味で，「スポーツ用具」という言葉を使うことにしたい。

ルールと用具の関係を見定めようとするならば，ルールの変化だけに着目すると，重要なスポーツ用具の進化のプロセスを見落とすこともある。スポーツ用具が変われば，必ずルールまでも書き換えられるとは限らないからである。新機軸の画期的なスポーツ用具が試合に登場した時でも，ルールは全く変更されないで，そのまま容認される例も多い（例えば，陸上競技・棒高跳のグラスファイバー製ボール：1952年，スケート競技のスラップスケート：1985年，など）。ルール改正は競技団体の意思の表れであるが，ルールが変わらないこともまた，競技団体の1つの意思の表れといえる。したがってわれわれは，ルールが変わる時だけではなく，ルールが変わらない時にも注意しながら，スポーツ用具（ひいてはスポーツ）が大きく変わっていくプロセスを観察することが大切である。

表1　ルール変更に対応する用具の規格変更の主な事例

サッカー	【ゴール】高さを制限（1866） 【ボール】初めて規格を明文化（1873） 【ゴール】ネットの設置（1892） 【ボール】重量の変更（1937）
野球 （北米）	【バット】直径の制限（1859, 1895） 【バット】長さの制限（1869） 【ボール】初めて規格を明文化（1872） 【バット】木製以外の禁止（1874） 【バット】平面バットの禁止（1893） 【バット】直径の制限緩和（1895）
バスケットボール	【バックボード】ボードの設置と規格変更（1892, 1906, 1942） 【ゴール】形状の明文化（1912）
バレーボール	【ボール】規格の精密化（1896, 1912, 1916, 1928） 【ネット】初めての明文化（1947）
体操競技	【ゆか】専用の演技面の設置（1936） 【ゆか】演技面の拡大（1950） 【あん馬】長さを縮小（1928） 【あん馬】馬背の平面化（1952） 【鉄棒】バーの高さの変更（1903, 1913） 【平行棒】バーの長さの変更（1924, 1956） 【平行棒】バーの高さの変更（1907, 1913, 1924, 1934, 1956）

表2 安全化をめぐるルール変更の主な事例

サッカー	【シンガード】初の試用（1874） 【シンガード】着用の義務化（1990） 【装飾品】金属製装飾品の禁止（2006）
ラグビー	【シューズ】釘，鉄板等の装着禁止（1889）
アメリカンフットボール	【ヘルメット】初の試用（1915） 【プロテクター】初の明文化（1933） 【ヘルメット】着用の義務化（1939） 【マウスガード】着用の普及（1950年代）
野球（北米）	【グラブ】捕手が初の試用（1870） 【キャッチャーマスク】フェンシングマスクの試用（1875） 【グラブ】野手が初の試用（1875） 【シンガード】捕手が初の試用（1907） 【ヘルメット】バッターの着用が一部義務化（1939）
卓球	【ラケット】有機溶剤性接着剤の使用禁止（2008）
体操競技	【平均台】パット装着型の試用（1973） 【平均台】パット装着型の合法化（1981）
F1レース	【消火器】車載消火器の義務化（1969） 【燃料バッグ】積層ゴム製バッグの義務化（1970） 【シートベルト】6点式装着の義務化（1972） 【テールランプ】装着の義務化（1972） 【燃料】有鉛ガソリンの禁止（1992） 【タイヤ】ホイール脱落防止装置の義務化（1999） 【ハンズ】ハンズ（首保護具）の義務化（2003）

表3 ルールによる規制を受けずに進化したスポーツ用具の主な事例

サッカー	【シューズ】ゴム製ポイントの登場（1930年代） 【シューズ】プラスチック製ポイントの登場（1960年代） 【ボール】綴じ紐がなくなる（1950年代） 【ボール】白黒亀甲型の登場（1966） 【ボール】合成皮革製の登場（1970年代） 【ボール】ハイテク素材の登場（2000） 【ボール】新形状のパネルの登場（2006）
アメリカンフットボール	【ヘルメット】プラスチック製の登場（1939） 【ヘルメット】無線通信機装着の登場（1955） 【肩パッド】プラスチック製の登場（1950年代）
野球（北米）	【ボール】コルク芯ボールの開発（1909） 【グラブ】網つきグラブの登場（1920）
テニス	【ラケット】合板製フレームの登場（おおよそ1930） 【ラケット】アルミ製フレームの登場（1969） 【ラケット】デカラケの登場（1976） 【ラケット】炭素繊維製フレームの登場（1977） 【ラケット】チタン製フレームの登場（1997） 【コート】公式戦でのハードコートの登場（1940年代）
バドミントン	【ラケット】スチール製ラケットの商品化（1925） 【ラケット】ナイロン製弦の登場（1940年代後半） 【ラケット】アルミ製フレームの登場（1960年代後半） 【ラケット】炭素繊維複合フレームの登場（1970年代） 【シャトル】強化シャトルコックの登場（1930）
ゴルフ	【クラブ】スチール製シャフトの特許（1910） 【クラブ】スチール製シャフトの一般化（1930年代） 【クラブ】炭素繊維製シャフトの登場（1973） 【クラブ】金属製ウッドの登場（1979） 【クラブ】長尺パターの登場（1980年代後半） 【ボール】糸ゴムの合成ゴム化（1960年代） 【ボール】1ピースボールの登場（1966） 【ボール】2ピースボールの登場（1972） 【ボール】3ピースボールの登場（1986） 【ボール】4ピースボールの登場（1997） 【ボール】5ピースボールの登場（2003）
陸上競技	【トラック】ポリウレタン弾性舗装材の登場（1968） 【スターティングブロック】初の試用（1929） 【スターティングブロック】金属製の登場（1950年代） 【シューズ】合成樹脂製ソールの登場（1964） 【シューズ】化繊素材の利用（1980年代） 【シューズ】セラミックス固定鋲の登場（1985） 【シューズ】鋭利な金属製固定鋲の登場（2010） 【ポール】竹ポールの登場（1910年代） 【ポール】金属製ポールの登場（1940年代） 【ポール】グラスポールの登場（1952） 【ポール】炭素繊維製ポールの登場（1970年代）
スキー	【スキー】ラミネートメタルスキーの開発（1947） 【スキー】金属製スキーの商品化（1950） 【スキー】炭素繊維製の商品化（1960年代後半） 【スキー】カービングスキーの開発（1994） 【ブーツ】プラスチック製シューズの商品化（1957） 【ブーツ】炭素繊維製シューズの商品化（2009） 【ストック】アルミ製の開発（1958） 【シューズ】プラスチック製競技シューズの開発（1966）

とともに，安全への配慮がより強く求められるようになる。その背景には，「危険への欲求」を賛美する「男らしさの観念」が徐々に衰退したことや，スポーツの高度化とともに，事故が起きた場合のリスクがより高まったことなどがあった。

安全化への配慮は，ルールで義務化されるよりも前の段階から，プレイヤーが自らの判断で防具を着用することが多い。ただし，深刻な事故が発生した場合には，プレイヤーの安全義務を強化するためにルールがただちに改正されることもある。最近では有害物質の被害を未然に防ぐためにルールが改正されることもある。安全化をめぐる主な事例は，表2のとおりである。

③ 高度化期のスポーツ用具とルール

スポーツは，運動技術や戦術の難度が上がり，用器具のテクノロジーが進化することによって高度化してきた。革新的な新しいスポーツ用具が登場した時でも，通常の場合，ルールの規制対象にしないという形で是認されてきた。テニスの場合，ラケットに関するルールが長らく存在しなかった。1976

表4 ルール改正によって規格がコントロールされた主な事例

サッカー	【ボール】合成皮革製を国際試合で認可（1986）
野球	【ボール・北米】コルク芯ボールの規格化（1911） 【ボール・北米】コルク芯をゴムで覆うことを義務化（1931） 【ボール・日本】反発力の規制化（おおよそ1951） 【ボール・日本】低反発球の義務化（2005） 【バット・北米】金属製バットの禁止（1970年代）
バスケットボール	【ボール・FIBA】8枚・12枚パネルの認可（2004） 【ボール・NBA】公認球を合成皮革製に変更（2006） 【ボール・NBA】公認球を天然皮革製に戻す（2007）
テニス	【ボール】初めて規格を明文化（1965） 【ボール】ラージボールの認可（2001） 【ラケット】初めて規格を明文化（1978） 【ラケット】二重張りガットの禁止（1978）
卓球	【ラケット】スポンジラバーの禁止（1959） 【ラケット】ラバーの厚さ制限（1959） 【ラケット】ラバー両面の異色を義務化（1983） 【ラケット】ラバー無しラケットの禁止（1983） 【ラケット】コンビ・ラケットの禁止（1983）
バドミントン	用器具の検定制度の導入（1978）
ゴルフ	【ボール・USGA】重量とサイズの規制（1930，1932） 【ボール】ボールの初速度制限（1942，1976） 【ボール・R&A・USGA】サイズ規制の初の統一化（1974） 【ボール・R&A・USGA】ボールの飛距離制限（1977，1985） 【クラブ・USGA】凹凸のあるグリップの禁止（1949） 【クラブ・R&A】かまぼこ型鋼製パターの認可（1951） 【クラブ】重量調整機能クラブの認可（1972） 【クラブ】ロフトの角度制限（1976） 【クラブ】重量調整機能パターの認可（1988） 【クラブ・USGA】高反発ドライバーの規制（1998） 【クラブ】シャフトの長さの制限（最長40インチ以下）（2004） 【クラブ・R&A】ドライバーの固有振動数の制限（2004） 【クラブ・R&A・USGA】ドライバーヘッドの容量規制（2004） 【クラブ・R&A・USGA】調整機能付クラブの規制緩和（2008） 【クラブ・R&A・USGA】高反発ドライバーの規制（2008） 【クラブ・R&A・USGA】アイアンの構造規制（2010）
陸上競技	【シューズ】トラックのゴム化に伴うピンの規制（1970年代） 【シューズ】ピンの数の制限緩和（最大6→11本）（1987） 【やり】飛びにくくするための重心変更（1986） 【やり】ディンプル等の加工の禁止（1991） 【砲丸】溝の禁止（2001）
競泳	【水着】高速水着（非繊維素材）の禁止（2010）
体操競技	【鉄棒バー】安全性と弾力性の向上（1948） 【平行棒バー】安全性と弾力性の向上（1952） 【ロイター板】ロイター板の導入（1956） 【ゆか】弾性ゆかの採用（1968） 【ゆか】弾性と肌触りの改良（1976） 【段違い平行棒バー】可動式バーの認可（おおよそ1970） 【跳馬】形状の大幅変更，テーブル型へ（2001）
F1レース	【エンジン】4ストロークエンジン以外は禁止（1981） 【エンジン】NAエンジンの禁止（1986） 【エンジン】NAエンジンの復活，排気量3500cc（1987） 【エンジン】ターボエンジンの禁止（1989） 【エンジン】排気量3,000cc（1995） 【エンジン】エンジン形状をV10に統一（2000） 【エンジン】2012年までエンジン開発の凍結（2008） 【タイヤ】ホイールの直径の自由化（1982） 【タイヤ】スリックタイヤの禁止（1998） 【車体】フラットボトムの規制（1983） 【車体】車輪は4個までに制限（1983） 【車体】サイドスカートの禁止（1993） 【車体】最低重量600kg（1996） 【車体】最低重量620kg（2010） 【駆動】4輪駆動の禁止（1983） 【制御】ABS，TCS，アクティブサスペンション等の禁止（1994） 【制御】競技中の再プログラミングの禁止（1994） 【コスト】開発費等の大幅コスト削減策の決定（2008）

表5 カラーテレビの普及によって変わった用具の変更の主な事例

サッカー	【ボール】カラー化（1970年代）
ラグビー	【ボール】カラー化（1970年代）
バスケットボール	【ボール】2色ボールの認可（2004）
バレーボール	【ボール】内気圧の低減とカラー化（1998）
テニス	【ボール】黄色ボールの認可（1972）
卓球	【ウエア】色彩に関する規制緩和（1965，1977，1983，1986） 【ボール】オレンジボールの認可（1989） 【テーブル】青色テーブルの認可（1989） 【床】朱色フロアマットの採用（1989）
バドミントン	【ウェア】カラー化の合法化（おおよそ1985）
水球	【ボール】黄色のボールの採用（1998） 【ボール】4色化（2012）
柔道	【柔道衣】青色道衣の導入（1998） 【畳】色の変更（2006）

年に「デカラケ」（ガット面を大きくし，ボールを相手コートに返球しやすくしたテニスラケット）が登場した後に初めて規定が設けられ，パテントを獲得した規格（125インチ）が，そのまま最大枠として決められたのである。その背景には，スポーツの高度化（「より速く，より高く，より強く」）を求める人々の欲望や，テクノロジーへの強烈な信奉があったと考えられる。

ルールによる規制を受けないで進化したスポーツ用具の主な事例は，表3のとおりである。

一般にスポーツ用具の高度化は容認されてきたが，もちろん規制される場合もある。規制されるのは，1）危険性が高まると判断された場合，2）用器具の性能が著しく勝敗に影響を与えると判断された場合，3）競技特性が損なわれるとみなされた場合，などである。特にテクノロジーの発達に比較的寛容なゴルフや自動車レースのような競技では，高度化に対するコントロールが難しく，規格の変更が繰り返される。ルール改正によって規格がコントロールされる主な事例は，表4のとおりである。

④ 再振興期のスポーツ用具とルール

　ある程度，普及拡大したスポーツが，よりいっそう高い人気を獲得するために，ルールの改正が重ねられる。改正のポイントには2つある。すなわち，1）観戦者への配慮とともに，メディアへの露出の機会を拡大しようとする配慮と2）競技人口の拡大を図ろうとする配慮である。これらの配慮を伴ったルール改正が，中央競技団体の主導のもとで，組織的・計画的に推し進められる。スポーツ用具が特に変化したのは，テレビの画像が白黒からカラーに変わった後である。以降，用具のカラー化が急速に進んだ（表5）。より多くの視聴者にアピールすることが，競技の存続や発展のために重要であると認識されたからである。

⑤ 公認制度と製造メーカー

　スポーツ用具の規格を大きく左右するものは，ルールだけではない。公認制度がある。ほとんどの競技団体では，公認制度を利用して，公式戦で利用できる用具を絞り込んで指定している。ルール上では，規定に反しなければどのような用具を使ってもよいはずであるが，実際には公式戦で使われる用具は，指定の用具に限られることが多い。同時にそれは，特定の用具を指定する形で，特定のメーカーに利益を集約させる制度でもあるといえる。サッカー・ワールドカップや欧州選手権では，4年ごとの開催のたびに公認球が更新されているが，1970年以来1社独占状態が続いている。しかも1978年からW杯の公認球のデザインを意匠登録したために，同様のデザインのボールが他社では製造できなくなっている。

　日本のプロ野球では，2011年からすべての公式戦で「統一球」が採用されることになった。それまでは，公認野球規則で規定する規格の範囲内でさえあれば，どんなボール（実際には4社が製造するボール）でも使用できた。しかしメーカーによって性能や質感が微妙に異なったことや，国際試合の機会が増えたことにより，国際規格に近いボールを統一して使用することが求められた。こうして2011年から，国際大会使用球に近い「統一球」（低反発球）の使用が義務づけられたが，製造メーカーは1社に限定されたのである。

　そもそもスポーツの国際化とは，用具が国際的に標準化されることであった。それは同時に，スポーツ用具の一元的な国際市場が形成されることを意味した。国際化したスポーツ界における用具の規格変更は，製造メーカーにとっては地球規模の需要を新たに掘り起こす好機にほかならない。しかも規格更新の頻度が多いほど，メーカーのうま味（販売機会の増加・販売利益の最大化）も多くなる。陸上競技では，1種公認トラックの規格が8レーンから9レーン以上に変わったが（日本では1995年から），これに伴い大規模な補修工事が求められた。

　こうしてスポーツ用具は，ルールの制約下で，公認制度のもとでも規格が更新され続けてきたのである。スポーツ用具の規格変更は，単に条項の文言の小さな変更にすぎないが，世界中で多額の消費を伴う点では，大きな利権が伴う変更なのである。いまやスポーツ用具は，製造メーカー（一握りの国際企業）からの様々な圧力を受けやすい環境にあることによっても，進化の速度が速まっているといってよい。

（中房敏朗）

ルール研究のスタイル（様態）　19.0

スポーツルール　－研究の必要性　19.0.01

　近代スポーツの本質には，第一に，卓越性をめざしながら特定の身体行動や身体運動によって展開される競争がある。そして第二に，競争を調整したり，規制したりするための一定の規則（ルール）がある。第三には，ルールの枠組みの中で卓越性を獲得するために繰り広げられる特殊な象徴的様式・図式の存在を挙げることができる。ここでいう一定のルールの存在がスポーツを成立させ，ルールこそがスポーツにとって最も本質的な固有の要素となるといえよう。現代スポーツはいっそう技術的に高度化し，IFやIOCにみられるようにスポーツの組織が官僚化し巨大化し，また他方でスポーツの世界にプロとアマの境界線が希薄となり，多くのスポーツのプロ化が進展する。それにつれ，スポーツルールの研究の深化がなされなければ，スポーツそのものの存在にかかわるような問題が顕在化してくるであろう。すでに，悪しき商業主義に基づくメディアからの要請によるルール変更，断続的に発生するスポーツ事故とスポーツ界の様々な法的紛争などの諸問題は，ルール研究からの提言を必要としている。

　そこでまずは，近代スポーツがルール化される過程において，その起源となるイギリスの特権的なジェントルマン固有のイデオロギーによる感情，美徳，フェアプレイ，スポーツマンシップなどを重んじたアマチュアリズムを考察しておかねばならない。スポーツがビジネス化する現代スポーツにおいては，世俗的な利益を排除したアマチュアリズム礼賛なる思想もあながち無意味ではない。そこで最初に，緻密にアマチュアリズムを論じた鈴木良徳を取り上げる。次に，今日のスポーツルールの問題・課題を指摘し，スポーツルールの機能を，歴史社会学的スタイルにより研究を進めた中村敏雄，さらに，法社会学的スタイルにより新たな視点を提示する守能信次，最後に，「スポーツは，一団の人が特定の目的を求めて所定のルールに従い組織的に行動する1つの文化である」（千葉，2001.26）と主張し，スポーツの法社会学的スタイルによりスポーツ固有法を中心としてルールを考察した千葉正士の各論を取り上げ，4名それぞれのスポーツルールの研究スタイルについて述べる。

　各種スポーツのルールについては，中村（1995.40,47）が述べるように，それらの成立・変更に対する理由や根拠，因果関係が明らかでなかったり，記録も少ない現実がある。また，ルールの成立時期や変更時の背景・社会や文化との関連などについては言及されることは少なく，選手・審判・指導者以外の人たちの関心も低い。ルール変更に

よって，全く別のスポーツに生成されることもあるので，歴史社会学的な研究が必要とされる。スポーツが「閉じたゲーム」としてのスポーツの世界から世界経済や国際政治と結びついた「開かれたゲーム」になっている現在，法社会学な視点による研究スタイルがますます必要とされている。こうした観点から「歴史社会学」および「法社会学」のスタイルによるスポーツのルール研究の成果を述べることとする。

（小谷寛二）

鈴木良徳のアマチュアリズム研究

近代スポーツは，「結果としての勝敗」を争うものである。イギリスにおいては古くからスポーツは「賭け」の対象として選手・観衆にも興味や関心を惹きつけるものでもあった。中村（1991. 48-75）がいうように，アマチュアたちにとっては，非アマチュアを排除するという意図で，アマチュアルールがつくられることになった。当時はアマチュアたちの方が，かね，ひま，場所，仲間に恵まれ，非アマチュアたちよりスポーツをする諸条件に恵まれ，高度な技術を保持していた。そのような状態が続いている間は，アマチュアリズムとアマチュアルールは誇るべき文化享受の精神や態度であると主張することもできた。しかし，非アマチュアたちの中から優れた能力の持ち主が現れてくることは避けられず，そのような彼らを競技会から排除し続けることは不可能となる。やがて，ナショナリズムやコマーシャリズムが彼らに対する物質的，精神的援助を行うようになると，アマチュアリズムは次第に形骸化して，勝利や新記録の方がより高い価値や意味をもつようになる。その結果，ルールも変更を余儀されていくことを止めることはできなくなった。オリンピックにおけるアマチュア規定も同様に，オリンピック憲章からはついになくなった。

このアマチュアリズムの一連の変化を鈴木は，著書『アマチュアリズム二〇〇年』(1974)の中で，克明に記録し，後年の人々への資料として残している。アマチュアリズムについて彼は，この著書の「まえがき」で次のように記している。

「世論をにぎわしているようにアマチュア規定そのものは死文であり，空論であるかもしれない。とはいっても，人間の世界がフェアプレーの精神を失ってしまっては，動物の世界と変わらなくなる。わたしからすれば，戦争や動乱は，野望と利己主義の表面化によるものと思う。フェアプレーは単にスポーツ界ばかりの通用語ではなくて，いく万年の間にきずきあげられた人間の文化遺産に違いない。その意味においては，アマチュア規定は人間の守らなければならない責任を持っている。」

鈴木自身は，「アマチュア規定は骨董品になるかもしれない」(1974. 2)と危惧しているが，骨董品は後世にきわめて高い価値を残すものであり，アマチュア規定の歩んだ道をまとめた鈴木の業績は讃えられるべきであろう。

鈴木は「アマチュアスポーツの将来」について，「競技の記録がのび，成績が高くなればなるほど，好むと好まざるとをとわず，それらのスポーツは見るスポーツの性格へ移ってゆき，そしてプロフェッショナルの領分へ手がとどくようなスポーツほど，見るスポーツとしての公害は大きくなり，やがて，スポーツは人間が生き残るための手段として画期的な発展をとげるであろうが，それとともに，古代ローマ帝国時代のような興業（原文ママ）的スポーツが開花することも間違いないようである」とまで予測していた(1974. 1-6)。

近代スポーツの発展とともにアマチュアの資格が問われるが，やがて，近代オリンピックの開催とともに，アマチュア資格が制度化されていく。IOCは，アマチュアリズムの性格がどうであろうが，競技者に対してきわめて潔癖性を求めたために，アマチュア問題が中心議題となり，アマチュア規定がオリンピック競技を貫く，各スポーツを支配している1つの本質となった。

しかしながら，アマチュア規定の不統一から，各競技団体では，ボートや陸上競技の規定を参考に，独自にそれぞれアマチュア規定を制定した。そのため，競技者が競技会に参加するために勤務先を休んだ間の補償支払いとして損失賃金補償（ブロークン・タイム・ペイメント）が定着したり，ドーピング問題が登場してくるようになった。こうした中で，1949年にIOCより「真のスポーツマン」が発表され，スポーツマンシップがアマチュア規定の支柱となって現れ，それが選考基準となった。やがて，スポーツによる政治的支配，商業主義による支配がはびこり，日本の場合にも例外はなかったのである。

社会の変化とともに，ステートアマチュアの問題，アマチュアの根本原則への造反，プロと交流するIFなど，苦闘を続けるIOCは，一律的にアマチュアリズムを適用してブルジョア・イデオロギーの尺度で測ったために，もろもろの錯誤が生じることになっていた。

一方，日本では「スポーツマン綱領」が1955（昭和30）年に完成している。さらに，1971（昭和46）年制定の現行日本体育協会規定の「アマチュア・スポーツのあり方」「日本体育協会アマチュア規定」を，社会体育の育成と高度技術を必要とする競技者の規制の両面から別々にアマチュア委員会が取り上げ，現行「スポーツマン綱領」に吸収している。1969（昭和44）年6月4日から審議を始め翌年10月7日に審議を終わっているが，このとき，委員長を務めたのが鈴木であった。鈴木は，「スポーツマン綱領」の資料（Ⅰ）には「日本アマチュア規定」「日本学生野球憲章」「アマチュアスポーツのあり方」，資料（Ⅱ）には1866-1967年までの「アマチュアに関する成文化して適用した規定」「オリンピック運動とその将来」「キラーニン会長の挨拶」などを記載している。鈴木自身がアマチュア問題の中心にいたからこそ，これらの貴重な資料を提供することができ，われわれが今後ともスポーツがなんであるかの原点に帰ることができると考えられる。

その後，1984（昭和59）年の第23回オリンピック大会（ロサンゼルス）から，プロ選手の参加が容認された。わが国のスポーツ振興法(1961〔昭和36〕年制定）では，プロスポーツなどの営利のためのスポーツまでは対象とはしてこなかったが，スポーツ基本法(2011〔平成23〕年制定）ではプロスポーツも対象とされるようになってきた。鈴木が奮闘した

アマチュア規定はすでに過去のものとなっていった感がする。

中村敏雄のスポーツルール学研究　19.0.03

スポーツルールはスポーツとしての文化様式を定義づける条件の1つであるだけに，議論は多い。ルールの属性といわれる神聖性・変更可能性・多様性・民族性を例証し，実証的研究の蓄積を中村（1995）が示した。スポーツルール論は体育・スポーツ科学研究において待望された業績である。中村は，『スポーツルール学について』という学会発表をしてから15年が経過した1995（平成7）年に『スポーツルール学の序章』を上梓した。その間に，例えば『オフサイドはなぜ反則か』(1985)，『メンバーチェンジの思想』(1989)，『スポーツルールの社会学』(1991)といった著書を発表している。

① オフサイドはなぜ反則か

中村は著書『オフサイドはなぜ反則か』(1985)のあとがきに，スポーツルール学を提唱する心構えについて，次のように記している。

「なぜ卵型のボールを用い，なぜゴールをH字形にし，なぜコーナーに小旗をたて，なぜオフサイドルールを設けたのか，などの，子供たちがフットボールに対してもつ素朴でありながら，しかも難解な疑問にどう答えるかという，現場教師特有の〈明日の授業に役立つ〉知識が欲しいという実用主義的要求に根ざしていた。そういう意味で本書は，体育実践と深い関係のある教材学，あるいは教科内容学の範疇から大きく離れるものではないと思っているし，むしろその極く一部を掘り下げてみたものでしかないとも思っている。」

さらに，この著書の「1　問題の所在」で，サッカールールの第1条第2項は，「ラインの引き方」について述べたものであるが，1975年著者の中村がロンドンへ旅することになり，知人に紹介されてラグビー校を訪れた際，この奇妙な「ラインの引き方」についての積年の疑問が一気に解き明かされた，と述べている。ルールが決めている「幅5インチの線」は，なんと芝を刈り込んで引くことを示したものだったというのである。そして「V字型のみぞ」は危険防止のための「芝の刈り方」を規定したものであった。視点を変えていえば，このルールは芝を刈ってラインを引く方法を示していると同時に，サッカーがこの芝生のグラウンドで行われることを規定するものであった。

やはり本物をみないとスポーツルールの構造の意味も理解できないものである。さらに，同様に，次のようなルールに関する疑問をテーマとして調べてみることを決意する。

・テニスでは，できるだけ相手がレシーブできないようなサービスを打つにもかかわらず，なぜこれをサービス（奉仕）というのか。
・ラグビーのボールはなぜ楕円球なのか。
・アメリカンフットボールのタッチダウンはなぜ6点なのか。
・サッカーはなぜ手でボールを扱ってはいけないのか。
・硬式テニスのネットはなぜ中央を低くするのか。
・公認の陸上競技場のトラックはなぜ400メートルなのか。
・卓球台ではなぜサポートの外側を通って相手コートに入ったボールでもセーフなのか。
・バレーボールはなぜ3回で相手コートにボールを返さなければならないのか。
・陸上競技の三段跳びはなぜ三段跳びなのか，なぜ四段跳びや五段跳びではいけないのか。
・ホッケーではなぜスティックの両面でボールを打ってはいけないのか。

そして，中村は書籍の題名に挙げた「オフサイドはなぜ反則か」という疑問に行きつく。「オフサイド」とは，プレイヤーがボールより前方にいることである。それは球技のゲームではあたりまえのことであり，それを禁止することはなんとも不合理で不自然なことである。しかし，歴史的にみると19世紀の中頃にはこのルールが適用されている。そこには当然，このルールを支持する人々の存在があり，このルールを支持する考え方が「新しい」ものであったはずである。いったい，この新しいルールを生み出し，それを支持した人たちは，過去のどのような不合理や不自然を批判し，その背後にどのような社会や生活や考え方の変化があったのか，これらのことに中村は本書で取り組んでいくのである。

② メンバーチェンジの思想

また，著書『メンバーチェンジの思想―ルールはなぜ変わるか』では，「メンバーチェンジというルールは，もともとは何らかの事情によってプレイヤーを交代させなければならないようなことが起こった場合の条件や方法などを決めたものであり，このような考え方の根底には，競技は常に同じ人数で行わなければならないという原則の確認があった。そしてこの原則の承認の背景には，競技は常に，しかも可能な限り，対等・平等の条件下で行われるべきであるという思想があった」（中村, 1989. 43）。つまり，19世紀中頃までのフットボールは，双方の人数，グラウンド，ゴールも決めることなく行われていたが，メンバーチェンジの思想の導入は，スポーツの近代化へ向けての重要な前進であった。この間の事情は，多木浩二（1995. 26-35）がいうように，政治が権力の暴力的な奪取を議会制民主主義的な話し合いによって決めるようになったのと同様に，ルールによってスポーツが成立するようになってきたのである。

「なぜ」に端を発する「ルール学」は，ルール作成や変更の理由，またその残存がないために，時代背景や社会の状況から，逆に探し求めるという途方もない努力が要ることともなる。このような事情で，ルール「学」とはいいながらその学問的体裁の不十分さを弁明しなければならない，と中村は述べている。しかし同時にそれは，時には大胆な推論とともに，ルールの創出や変更の背後にある時代と社会の特徴やそこに生きた人々の生活や考え方などを明らかにし，そこから導き出される様々な教訓や示唆を，われわれの生き方や

（小谷寛二）

スポーツのあり方に役立てようとしているものでもある。

スポーツのルール探しやルールの成立、変更の理由や条件の考察、解明などは非常に困難であると、中村はその理由として次の5つを挙げている。

1)「なぜ」という問いが非常に重く、連続して繰り返される。「なぜ」への解答が、自然科学のように実験や計算によってその因果関係を明らかにすることができない。
2) ルールの成立、変更などの際にその理由や条件が説明されることが少なく、したがって残された記録も少なく、また、あったとしてもジャーナリストたちの関心が低いためにニュースにならず、しかも一方的に協会の役員によって決定、公表、実施されてきた。
3) ルール変更の際に、その理由や条件がそれぞれのスポーツの内部的な事情だけに限定して述べられ、現代という時代や社会の特徴や動向、日常的な生活感覚や他のスポーツとの関係などに言及されないため、選手、審判、指導者以外の人たちに関心をもたれない。
4)「公認ルールの神聖視」により、スポーツルールにプレイヤーやチームの事情を合わせて自己を正当化しようとする権威主義的傾向が強い。
5) スポーツ研究が学校体育の教材研究や競技力向上の範囲と水準にとどまっており、文化・社会史学論的視点や方法に立脚して行われなかった。

これらの困難はあるものの、ルールの背後をみていくとスポーツ文化の視点が確立してくる、と中村は主張する。

例えば、ラグビールールでは競技の目的は「……できるだけ得点を多くあげることであり、より多くの得点をしたチームが、その試合の勝者となる」とある。野球ルールにも「より多くの得点をしたチームが勝者となる」とあるが、同じ理由によるものではない。1917年に競馬が閉鎖され、プロのギャンブラーが野球に流れ込んで、「賭け」が盛んに行われたために「八百長」が横行し、わざと負けることを禁止するために、「勝つことを目的」にプレイする

ことがルールの中に求められた。現在ではあたりまえのことが、中村のこうした指摘によってその意味づけを理解することができる。しかしながら、「勝つことを目的にプレイする」ということが、後に勝利至上主義にもなるわけである。

また、「祭り」のフットボールや「空き地」のフットボールが「校庭」のフットボールに代わり、ラグビー校では、1844年に成文化に着手し、1845年に成文化を完成、1846年に改正しているが、この年に「ボールをコントロールし、前進させるために自分のからだ以外のものを用いてはならない」とルール化しているのは、それ以前のフットボールは「バットやこん棒が使用されていたことを暗示」している。このような変化の原因として中村は次の2つを挙げている。

第1は、競技場が、校庭という限定された空間になったために、密集の中でボールを奪い合ってつかみ合い蹴り合うより、ゴールに向かってスピーディーにボールを移動するプレイが求められるようになったこと。

第2は、それまでは「1点先取」で勝敗が決まっていたが、ゲーム時間の「長時間享受」という要求に合わせ、オフサイドルール、H字形のゴール、一定時間の得点の多さで勝敗を決めるようになったこと。

そして、ブルジョア化の進行、交通機関や通信手段の発達、パブリックスクール間の地位争い、スポーツ施設の充実などを伴う植民地主義時代の中で、スポーツに打ち込むことで団体精神を養い、肉体訓練を行う、つまり、スポーツを人格形成の手段として取り入れたことがルールの形成に影響を与えたと中村は述べる。そして中村は、これらのことをスポーツルール学の背景として描いている。

また、パブリックスクールでは、クラブのルールに部分的な欠落があっても、プレイに関して細部にわたって規定しなければならないものとは考えられていなかったと推測する。つまり、必要と思われるものだけを選んで成文化し、そのほかは伝統や慣習あるいは個人の判断によってプレイすればよいと考えられてきたことを中村はルールから推察する。自己の権利や利益を奪

われたり、侵されたりした場合に、被害者は自ら証拠を探し出し、加害者を特定して提訴しなければならない。これを「挙証責任」というが、中世以降のヨーロッパの庶民の法意識の中心に位置する自力救済のための挙証責任の原理をここに読み取ることができる、と中村はいう。

このことは、今日でも野球のアピールプレイにみることができる。挙証責任は守備側にあることを明確にしており、ルールは彼らにとって、挙証責任が果たせない時にあればよい程度のことではないかと推定できる。攻撃側が「塁を踏み損ねた場合」「打順を間違えた場合」「フライ球の早いタッチアップの場合」などに対して、アンパイアにアピールすればアウトを獲得できるが、それらの経緯を知らない日本の野球において、「アピール」を「抗議」と間違えるケースが見受けられる。プレイの自己統治の確認が改めて今日必要であることがわかる。

中村は「スポーツルールの内容」がおよそ次のように構成されているとしている。

・競技を行うための条件整備に関する内容（競技の開催、実施、変更、競技場や施設、設備、諸用器具、服装、役員、審判、運営）
・競技の実施に関する内容（競技の目的、行い方、モラル、マナー、プレイヤーの健康、安全、保険）
・競技の結果の処理に関する内容（抗議や異議の申告、処理、記録や結果の処理、判定）
・その他の内容（表彰、式典、観衆、報道関係への対応）

スポーツルールは伝統や慣習と合意の合成物であり、必ずしもすべての条文が合理的な検討を経て決定されたものではない。また、プレイヤーの立場だけから立案され承認された条項ばかりではなく、観衆や報道の立場を優先させたものもある。さらに、技術の高度化がルールの変更を必要とし、ルールの変更が技術水準を高める場合もある。

また、「スポーツルールの基本原則」を具体的に基本的特徴の保持、人命尊重、安全確保、対等・平等・公正、技術の高度化追求の保証、不合理性排除、

秩序保持，物質的欲望排除などのように考えられる，とも中村はいう。

このような原則の上で，二次的な原則も考えられようが，上記の基本原則の上にスポーツルールは成り立っており，これらの原則を超えたり無視したりして，ルールの変更が行われることはないといってもよいとまで断言している。

また，中村は今日のスポーツがメディアからの要請によってルール変更されることを予測していた。さらに，スポーツが人工的に作られた条件の中で体力や技術を向上させた結果を競い合うものへと変化し，ドーピング問題など際限なく人工化，高度化されていかざるを得ない状況の中で，今日のスポーツルールがその変化に対応する「哲学」をもっていないことに対する厳しい指摘をもしている。

（小谷寛二）

守能信次のスポーツルールの社会学的研究　19.0.04

これまでのスポーツルール研究に対して，守能の著書『スポーツとルールの社会学』(1984)は画期的な意義をもっている。それまでのスポーツルール研究の多くは，一般に雑誌等で種目ごとに個別的に論じられたり，体系的・分析的な研究があまりなされてこなかったのに対し，守能は種目を超えて，ルールの構造と機能に関して基本的枠組みを提示し(図1)，法規範の視点から考察を試みている。

守能は，従来のスポーツルール論をその根底から批判し，新たな視点からルール論を展開している。論点の集約はかなり困難ではあるが，以下，認識論的・構造的・機能的レベルという3つの側面から要約する。

① 認識論的側面

従来のルール論が「法解釈学的理解」，つまり一定のルールが選手に「なに」を許容し，「なに」を禁止しているかの分析が中心であって，逆に「法社会学的理解」，つまりルールが「なぜ，何のためにあるのか」というその役割や意味の分析が欠落していたことを守能は指摘する。さらに，他の認識的側面としては，従来の理論が絶対的・個別的評価主義に陥り，ルールの倫理性が過度に強調され，論理性の欠如したスポーツ礼賛的主張が多く，ルールにルール以上の意味(人間形成や社会的安定への貢献)を求めている，とも指摘する。

② スポーツルールの構造

従来のスポーツルール論は，構造的側面については正義と公正の観念，つまり「スポーツ精神」を基礎に，内面的規範としての「黙示的ルール」と形式的側面にかかわる「明示的ルール」から構成されるとしてきた。具体的には黙示的ルールとしてスポーツマンシップやフェアプレイを，明示的ルールとして空間，時間，用具，ゲーム展開，役員，審判，競技を行う条件整備に関する内容，競技の実施に関する内容，競技の結果に関する内容，等々に関する諸規定を挙げている。

一方，守能は，従来のスポーツルール論の分析的・内容的側面に関し，

1) ルールの構成要素(スポーツ精神・黙示的ルール・明示的ルール)の区分と関連性が曖昧である。
2) 成文化・強制力・形式性等の概念に関して誤解が多い。
3) 「正義と公正の観念」が過度に強調され，ルールと道徳の関係が誤解されている。

と述べ，新たな視点からルール論を展開している。そこでは，ルールの構成要素としては，条理的・刑法的・行政法的な各行為規範および組織規範という分類を提示している。以下にそれぞれの規範構造を簡潔に説明する。

1) 条理的行為規範：プレイヤーがスポーツの場で順守すべきものと関係者が決めた暗黙裏の行為規範(罰則適用判断の側面の基準)。
2) 刑法的行為規範：具体的な損害を与える行為，または，その恐れを与える行為や責任を担保にして禁止する規範。
3) 法的行為規範：技術性と画一性を特質とし，「面白さ」を保証する形式的な命令規範。
4) 組織規範：勝敗優劣の決定に必要な競技条件の設定の仕方，一定の事態への事後処置に関するルール。

③ スポーツルールの機能

一方，従来のスポーツルール論に対して守能は，

1) ルールの機能的内容が著しく抽象的であり，また公正・正義などの倫理的・主観的価値が過度に強調されている。
2) 機能の解釈において倫理的であり，論理性が欠如している。
3) 「面白さの保障」の機能が軽視されている。

等々を挙げ，批判している。

もとよりこれらの批判がすべてではなく，またそれらの批判がどこまで妥当性をもつかは論議のあるところではあるが，上記のような認識論的・分析的視点に立脚しつつ，守能は新たな分析枠組みとモデルを提示している。その基本的な分析視角の主要な点は次のように要約されよう。

1) ルールは合意に基づく「宣言」であり，一般的・抽象的な道徳概念とは区別して考えられるべきである。
2) ルールの最終的機能は「面白さの保障」にあり，その下位的・技術的機能として，行為規範としてのルールによる法的安定性の確保と，裁判規範としてのルールによる正義の実現の機能がある。
3) 正義は平均的正義と配分的正義に区分されるが，競技ルールは前者に関連する。
4) 「ルールは変わる，変えられる」ものであり，道徳と対立する概念ではない。
5) スポーツにおいては「私法」的ルールは存在せず，またプレイヤーには私法関係における当事者能力が欠如している。
6) 従来のルール解釈の多くは「きれいごと」であり，その順機能の分析が中心となっているとともに，ホイジンガ，カイヨワ流の考え方，つまり「現実世界からの隔離」の機能の考え方から脱皮することが必要である。

また，一般的なスポーツルールの機能としては，「法的安定性の確保」「正義の実現」「面白さの保障」の3つを挙げているが，それらはルールの諸機能の結果として直接・間接的に遂行され

る目的，あるいはルールが機能する際の根拠，理由とみなすべきものであると考えられる。

さらに守能は，スポーツルールの内容に関して具体的に次のように示している。

1) マナーを律するための客観的条件を定めるもの。
2) 攻撃を強要するための客観的条件を定めるもの。
3) プレイ空間を指定するための客観的条件を定めるもの。
4) プレイの形式を強要するための客観的条件を定めるもの。
5) ゲームに決着をつけるための客観的条件を定めるもの。

スポーツにおいて人間はそれ自体きわめて無意味なことをするし，スポーツにあれほど熱中するのもそれを保障するところの「面白さ」のゆえであり，ルールは個々の具体的行為を列挙して禁止もしくは許容し，あるイメージされた展開パターンに沿ってゲームの再現を図る，という役割を担っている。「面白さ」が何も得られないとなればそのルールは別の関係者の手で自由に変えられるし，「面白さ」が得られると合意された上は，ルールを守られなければならないという。

ところで，ルールの構成要素についてみると，守能と従来のスポーツルール論の指摘する要素との関連は，完全な一致，あるいは対応ではないものの，従来のルール論における明示的ルールの時間・空間・用具・審判は守能の「組織規範」に，ゲーム展開は「刑法的行為規範・行政法的行為規範」に，黙示的ルールは「条理的行為規範」に対応するものといえよう。

守能は，著書『スポーツルールの論理』(2007. 229-32) の中で，スポーツルール論の根幹をなす部分は，すでに自著『スポーツとルールの社会学』(1984) で明らかにしていると述べ，「20年以上が経過したが，そこで主張したルール機能論とルール構造論は古臭くなるどころか，それ以降にあった種々のスポーツルール改訂をみるにつけ，むしろますますその適用の度合いが増すようになったとさえ考えている」という。さらに，同書の中では，ルールの機能・構造論を実証的に強化させる機能とし

	従来のルール論	守能信次（1984年）
構造・分類	スポーツ精神（モラリティ・信念・イデオロギー） ↓ 黙示的ルール（スポーツマンシップ・フェアプレイ） ↓ 明示的ルール 「空間」「時間」「用具」「ゲーム展開」「審判」等に関する諸規定	条理的規範 刑法的行為規範 行政的行為規範　→　行為の規制 組織規範　→　客観的条件設定
機能	①平等・機会の均等，安全の保証 ②秩序の維持 1) スポーツの精神 　プレイヤーに望ましい目標の選択を許し，正しい方向に思考する原動力となり，フェアな態度形成に役立つ 2) 黙示的ルール 　明示的ルールの機能の助長と補完，内面的規範としてスポーツを破壊から守る 3) 明示的ルール 　①スポーツを構成 　②プレイヤーの行動を規制 　③スポーツに文化的影響をもたらす 　④機会を平等にする	①法的安定性の確保 ②正義の実現 ③面白さの保障 ①マナーを律する ②攻撃を強要 ③空間を指定 ④形成期を強要 ⑤決着をつける客観的条件を定める

図1　主要なスポーツルール論の構造・機能による比較

て再び次の3つを挙げている。
・法的安定性の確保
・正義の実現
・面白さの保障

この3つのうち，3つ目の「面白さの保障」が，スポーツルールの最も重要な機能であり，法とスポーツルールがどのような点で異なるのかという問いに対する機能面からの解答もここにある，と守能はいう。また，スポーツルールが国家の法律に対して主張することのできる独自性と特殊性も，この第3の機能をもっていい表しているという。究極的には，この第3の機能の「面白さの保障」がスポーツルールの果たす最終的かつ最重要の機能であるということを，守能はこの著書の中で強調している。

守能はスポーツルールを法律による構造・機能主義によって分析しているが，パーソンズ (T. Parsons) による構造・機能主義によれば，社会はすべてシステムであり（橋爪, 2011. 137），社会システムには，構造と機能が備わっている（橋爪, 副島, 2011. 139）。システムは，変数の結びつきによって個性が違ってくる。つまり，変数の間の安定したパターンがある。この変数の結びつきを構造と呼ぶ。そこで，構造が構造としてあるあり方を維持する働きを機能と呼ぶ。守能は，サッカーならサッカーというスポーツの構造が安定してその目的を達成するためには，「面白さの保障」という機能が究極的なのだという（守能, 2007. 70）。すると，スポーツが市場の価値に等価交換されるようになりビジネスになった現在，スポーツ文化としてはどうなっていくのであろうか。サッカーがそれを愛する人々からは離れていくことになっていくのではなかろうか。スポーツの将来において懸念されるところである。

(小谷寛二)

千葉正士の法社会学研究

千葉正士は，スポーツ法社会学の枠組みの中で，スポーツルールを「スポーツ固有法」として提唱する（千葉, 2001. 26-27）。千葉は，法哲学・法社

会学の専門家であり，日本法社会学会の理事長を経て日本スポーツ法学会設立に寄与し，会長を務めた。『日本スポーツ法学会年報』の第1号から，「スポーツ法の国家性と自主性・世界性」(1994)，「スポーツ紛争とその処理制度」(1995)，「スポーツの文化性・権利性と法理念」(1997)，「スポーツ固有法の要件と事故・紛争に対する役割」(1998)と続けて寄稿し，スポーツ法学の理論的課題を追求し，新たな法理論の構成に努めた。

① スポーツ固有法

千葉は，スポーツを，一団の人が特定の目的を求めて所定のルールに従い組織的に行動する1つの文化であるとみる。この意味で，スポーツとルールの順守とは同義語であり，ルールすなわち固有の法なくしてはスポーツが成立しない，という立場に立つ。

このスポーツ固有法は性質上，公式法の国家法ではないが，その自主的な価値を国家法から尊重される非公式法である。実際にスポーツにかかわる人々がまず順守する法は国家法よりもこのスポーツ固有法であり，その実態および法理論の構成は法社会学的目標として表れる，と主張する。

スポーツ固有法の中心はいわゆるスポーツルールだが，これを次のように分類している。

- スポーツの試合を規定するスポーツ進行規則は，スポーツを成立させ実行させる前提条件をなし，スポーツの種別ごとに多様・複雑な内容をもつ。
- それにスポーツ資格規定といってもよいものが伴い，これは競技者・審判人・運営者そして時には主催者・観客にまでスポーツごとに参加者の資格・条件を規定する。しかし時に，資格規定に基づく契約や移籍，あるいはアマチュア資格などの諸問題が生じてくる。
- 別に制裁手続きがあり，その現状は様々だが，進行規則と資格規定の違反に伴う制裁を含む。
- さらに，スポーツ団体協約があり，これが拡大すると国際関係を伴うので，国際固有法もあることとなる。
- また，各国の伝統スポーツの固有法もある。わが国では，相撲・蹴鞠・武道(古泳法もその1つ)などの類いである。

次に，千葉は，スポーツ固有法とスポーツ国家法との関係を次のように捉える。国家法は固有法の自主性を尊重するが，必要があれば援助しあるいは介入しなければならないので，その基準あるいは条件・限界・手続きが問題となる。さらに，現在の国家法の解釈によれば，憲法上の基本的人権に基づく自由な行為としてのスポーツの享受とそのための結社があり，スポーツの進行過程で生じた事故については，特別な故意・過失がなければ，危険に対する「事前の同意」ないし「危険の引き受け」等の法理によって違法性が阻却され，民事・刑事とも免責されるということであろう，とまで述べる。

千葉は後年，諸種のスポーツ固有法を「スポーツルール」と「スポーツ団体規約」「スポーツ法理念(スポーツマンシップ，フェアプレイ等)」の3つに分類し，整理している。また，スポーツの文化性や象徴性などにも言及している。

千葉はスポーツ固有法の根拠を以下のように述べている。

1) ルールなくしては「スポーツ自体が存在できない」という。ルールを主軸とするスポーツ固有法は，国家がなくとも働く社会の生ける法であると認められているように，ルールのスポーツにおける決定的意義を強調する。
2) およそ社会には紛争は不可避である。これをコントロールするために，社会はその予防と処理の制度を発達させてきた。スポーツは，紛争をルールによって平和的に競争に儀礼化した一制度にほかならず，ゆえにスポーツは「秩序(法)と紛争の連続性」の一例である。これは紛争とその処理の社会理論にあたり，エリアスとダニング(Norbert Elias & Eric Dunning, 1986)のいう「スポーツの社会機能論」と表裏をなす。スポーツが紛争の儀礼的制度化であるということにおいて，個人および社会に対してそれがもつ象徴性の核心がある，

と千葉は述べる。すなわち，スポーツは，人間の本性である興奮とその身体的表現である暴力と闘争とを，スポーツ固有法の規制によって儀礼的様式に制度化したもの，つまり，規制された暴力と闘争の象徴であるといえよう。

② スポーツルールの性質

スポーツルールは，スポーツにおけるプレイの規則すなわちスポーツのプレイヤー・進行役・指導者のプレイ中の権利義務を規定する規範である。これに対しスポーツ団体協約は，プレイヤーの所属するグループやクラブなどからオーガニゼーションまで諸種の団体の組織自体に関する規則類を基礎とする。同時に，プレイヤーのほか，進行役・指導者までを自己のメンバーとして管理し，また試合・大会等のフォーマルなスポーツ行事を企画運営する規則類を用意してメンバーの権利義務を規定するので，スポーツルールと連動して機能する。その意味では団体協約も広義ではルールに含むといって間違いではない。

スポーツルールはスポーツの存立の基礎条件であるだけに，研究者の議論は多い。その中で注目されるものは，図1(前掲)の明示的ルールと黙示的ルールに分ける見解を示した従来のスポーツルール論と，これを批判してルールには規範が無用という主張があるのだが，ともに実証が不十分の仮説的提案にとどまっている。むしろ競技規則の種類の整理，あるいは実証的研究の蓄積の方が注目に値する，と千葉は述べる。

そして，スポーツルールの特徴として以下のことを挙げている。

1) 概していうと，形式的整備が十分とは限らない(「システムを形成」するが「欠陥の多い成文律」．小谷，1997)。
2) 実際の適用にあたっては，当事者による一部変更が可能である(中村，1989)。
3) メンバーチェンジを当然と認める(中村，1989)。
4) ルール違反の有無が進行役により即座に判定され，違反もただちにルール行為に転換される。
5) ゆえにプレイヤーが巧妙にルールを活用し，進行役がその適否を断固として判定する駆け引きがスポ

ーツの技能であり醍醐味でもある。

要するに，スポーツルールは，権威の根拠が多元的，運用が柔軟，当事者の自主性が生命であり，法としての構造の国家法と異なる特徴が権利義務の担い手の裁量権に反映している。すなわち，スポーツルール適用の適否判定は，プレイ中に，まずプレイヤーが自分で判断するというように，これを進行役が有権的・決定的に判定し，時にはそれに対する抗議か審査が認められ，事後にその再審査を管理者ないし裁定者が行い，そして最後に裁判所が国家法の立場で裁判するというように，役割が重層的に分担されている。しかし，特に留意すべきことは，管理責任を託されているスポーツ団体の事故と紛争を処理する機構と手続きが，内部的にも対外的にも整備が不十分であり，その機能においても情報公開の点においても概して不備である。それゆえにその任を果たす整序規範の整備が期待される。

さて，スポーツ権は，実定法学上は国家法による有権的な規定と決定によって最終的に保障される。しかし，スポーツプレイにかかわるスポーツ権を規定するのは法社会学上の固有法である。そこでは，スポーツルールがプレイヤーと進行役のプレイのための権利義務を規定し，スポーツ団体協約も，プレイヤーはもとより進行役・指導者・管理者・裁定者のほか，時には応援者・利用者に管理上の権利義務を規定する。ゆえにスポーツの権利性を確定的に言明するには，それらの諸法によって規定・保障される具体的な諸スポーツ権を実証的に確認し，それぞれと国家法・固有法両法間の相互関係とを明確にすることが前提となる。したがって，法の面から一口にいえば，スポーツの本質は「固有法のもとの人間的感動」にある。そのようなスポーツルールとスポーツ団体協約の役割を基礎づけ，補正するのがスポーツ法理念であるはずである。よって，ルールを忠実に順守しつつ最大限に活用できるスポーツは，人間の規範に対する宿命と使命の象徴となる。人がスポーツに感動する基本は，この象徴の意味を感得することではないだろうか。

（小谷寛二）

スポーツルール研究の将来　19.0.06

近代スポーツにみる非暴力性について多木浩二（1995）は，ノルベルト・エリアス（N. Elias）の『文明化の過程』（1983）を引いて，スポーツは近代社会の生み出したもので，近代スポーツの1つの特徴は，身体の闘争であるにもかかわらず，そこから暴力的な要素を除き，身体の振る舞いに対してある規則を課したことにある，としている。イギリスでは，政治が暴力ではなくて議論による対決に置き換えられて，議会制度が発達したことと，身体の闘争がルールによって非暴力化され，スポーツが生まれたこととは無縁ではない。近代スポーツには最初から地域の共同体の閉じた慣習を超えた普遍化・近代化が条件づけられていた。

現代スポーツをどのようにみるかによって「スポーツルール」の見方，意味付与，研究方法が変わってくる。ブルデュー（P. Bourdieu）がいうように，今日のスポーツの複雑性を捉える場合に，スポーツの実践の場と社会の場をよくみることが肝要である。するとそのスポーツを支持し，ゲームを構成し，ルールを作成・変更しているのは，いったい誰なのか，そのスポーツを生産し，消費しているのは誰なのか，そのスポーツを礼賛しているのは誰なのか，誰が好きだといっているのか，誰がそのスポーツを定義し，誰がくだらないといっているのか。一人ひとりはどう思っているのか。スポーツルール研究者はそれをえぐり出す責務がある。

スポーツを生産している場は，スポーツ団体であり，ルールをもち，参加メンバーに強制力をもっている。スポーツ財を生産している人たち，また，体育教師・コーチ・スポーツ医・ジャーナリストなどのスポーツサービスを生産している人たちといった生産の場を提供する供給者と，するスポーツ・みるスポーツを含めたスポーツ実践者は好みをもち，癖をもっている。こうしたスポーツをしたがる，消費するスポーツ需要者がいるわけである。こうした生産と消費，需要と供給の関係は一定でなく，常に変動する。

例えば，解説者の登場がメディアスポーツをより拡大させる。そこに政治力の導入，スポーツの商品化の導入が行われるのは当然のことである。このような変化に照らして，スポーツルールは「するスポーツ」のルールから「みるスポーツ」へのルールへ溶解していく。

言語哲学者のウィトゲンシュタイン（L. Wittgenstein）は，サッカーの試合をみていて，サッカーのルールを知らなくともサッカーを楽しんだことを思い出す。同じように人々は言語の文法を知らなくとも，間違うこともなく話していることに彼は気づいた。われわれは文法を確認しながらおしゃべりを楽しんでいるわけではないように，サッカー（ゲーム）をプレイしているのであって，ルールブックをみたこともなくゲームに出ている選手もいる。言語の習得過程はゲームである。つまり，言葉は繰り返しの習慣によって身につくのと同じように，このことを野球やサッカーなどのゲームにあてはめてみると非常にわかりやすい。事実として制度化されたスポーツの「渦巻き」のゲームの中にわれわれは投げ込まれているのである。スポーツの面白さを保障するのがルールであるが，ルールを楽しむのではない。ゲームのパフォーマンスをみて，エキサイトし，すばらしさに感動する。そのためにルールを変更するようになったのである。

さて，スポーツルール研究の現状だが，これを研究対象とする若い後継者は非常に少ないと危惧される。それはなぜだろうか。体育・スポーツ学の研究者は，常に関係する親学問の影響を受けてきた。ルールは規範あるいは法と関係するので，法律学・社会学の親学問と関係するからであろう。

体育・スポーツ研究者は現場実践者からはうさん臭くみられ，親学問の関係者からは侮られる。しかしながら，スポーツルールはスポーツ存立の最も基本的な構成要素である。「ルールなくしてはそのスポーツ自体が存在できない」のであり，「スポーツも社会と同じように紛争が不可避であるから，これをコントロールするためにルールによって平和的な競争に儀礼化した制度

とする」必要がある。スポーツルールに関する議論は多いが，中村による実証的研究の積み重ねを参考として，問いを発することによりスポーツ世界が開ける。

最近のスポーツルールに関する気になる事例を2つ述べたい。1つはラグビーのルール改正である。1987年ラグビーのワールドカップの幕開け（ニュージーランドとオーストラリア共催），とともに，オーストラリア出身のメディア王ルパート・マードック（Rupert Murdoch）がワールドカップの放映権を独占した。ルールの改正は，「安全」から「みておもしろい」ラグビーへ転換し，得点が入るように，アタックへのサポートが重視された。しかしながら，全く逆に結果はラグビーをみておもしろくないものにしてしまったようである。

もう1つの事例としては，日本の講道館柔道のルール変遷からみえてきたことについてである。名古屋大学院准教授の内田良の報告によれば，中学，高校における柔道事故の死亡者は，1983年度から2010年度までの28年間で114名に上がるという。2012年4月に中学校で武道必修化がスタートした。全日本柔道連盟は医科学委員会のメンバーが中心となって「柔道の安全指導」を改訂したものの，事故は全く減っていない。一方，フランスの柔道では青少年の死亡例がないとのことである。これまで，実質日本での活動を奪われた柔術家は，特にフランスのパリにおいて1930年から活動してきた。1951年，練習中に死亡事故が発生し，これを重くみたフランス政府は柔道指導者に国家資格の取得を命じている。2012年，フランスの人口は，日本の約半分の6,500万人。柔道人口は60万人（日本は18万人）である。日本講道館は立ち技重視であるのに対し，柔道を愛してきたフランスの指導者は寝技重視できたという。事故が少ないのは受け身と寝技にあるという。立ち技重視の講道館のルールでは青少年事故が起こりやすいのかもしれない。

これら2つの事例はスポーツルールの研究が，スポーツのさらなる発展にとって非常に重要な役割があることを物語っている。スポーツのルールが変更された場合に，その変更理由が記録され残されていくことにより，ルール研究はより進化する。

参考文献

- 生島淳. 2003.『スポーツルールは何故不公平か』52-73. 新潮社
- 小谷寛二，多々納秀雄. 1986.『スポーツ・ルールの構造と機能に関する一考察』体育社会学研究 五. 道和書院
- 小谷寛二. 1997a「シンポジウム・提言2『スポーツルールの構造特性』」日本スポーツ法学会年報（4）
- ――――. 1997b.「書評 中村敏雄，『スポーツルール学への序章』大修館書店，1995年」『日本スポーツ法学会年報』（4）
- 鈴木良徳 1974.『アマチュアリズム二〇〇年―近代スポーツへの道―』日本体育社
- 多木浩二. 1995.『スポーツを考える』筑摩書房
- 千葉正士. 1994.「スポーツ法の国家性と自主性・世界性」日本スポーツ法学会年報（1）
- ――――. 1995.「スポーツ紛争とその処理制度――スポーツ固有法の機能」日本スポーツ法学会年報（2）
- ――――. 1997.「スポーツの文化性・権利性と法理念」日本スポーツ法学会年報（4）
- ――――. 1998.「スポーツ固有法の要件と事故・紛争に対する役割」日本スポーツ法学会年報（5）
- ――――. 2001.『スポーツ法学序説』信山社出版
- 中村敏雄 1985.『オフサイドはなぜ反則か』三省堂書店
- ――――. 1989.『メンバーチェンジの思想』平凡社
- ――――. 1991.『スポーツルールの社会学』朝日新聞社
- ――――. 1995.『スポーツルール学への序章』大修館書店
- ノベルト・エリアス. 1983.『文明化の過程』赤井慧爾，中村元保 訳 法政大学出版局
- 橋爪大三郎. 1985.『言語ゲームと社会理論』勁草書房
- 橋爪大三郎，副島隆彦. 2011.『小室直樹の学問と思想』株式会社ビジネス社
- 守能信次 1984.『スポーツとルールの社会学』名古屋大学出版会
- ――――. 2007.『スポーツルールの論理』大修館書店
- 柳澤健 2012「フランスに日本柔道は奪われた」『文芸春秋』2012年5月号：350-64
- Elias, Norbert, Dunning, Eric, 1986. *Quest for Excitement: Sport and Leisure in the Civilizing Process*. Blackwell Pub.（大平章 訳 1995.『スポーツと文明化：興奮の探究』法政大学出版局）

（小谷寛二）

20章
スポーツとメディア

現在, メディアを通してスポーツを見聞きしない日はないほどに,

スポーツとメディアの関係は密接なものになっている。

スポーツを報道する媒体として誕生したスポーツ報道を軸に,

新聞, ラジオ, テレビ, インターネット, 雑誌

という媒体によってスポーツ報道がどのような発展をたどってきたのか

を様々な視点や論点からまとめた。

さらに, メディアとスポーツの関係性を,

メディアの登場によってスポーツがどのような変容を遂げてきたのか,

国際スポーツ大会というメディアイベントを有する社会的機能

を紹介することによって,

これからのスポーツとメディアの関係について

より深く考える契機にしていただきたい。

スポーツ報道とその発展　20.A

スポーツと新聞　20.A.01

① 新聞スポーツ報道の変遷

1879(明治12)年1月25日に創刊された朝日新聞で，初めてのスポーツ記事とされているのは，1883(明治16)年2月24日付の紙面に載った39文字の相撲の記事だった。

「京都府の力士小柳元吉が勧進元にて来月十日ごろより新京極中之町に角力を興行するとぞ」

その後，相撲のほか，競馬，野球の記事が徐々に出始め，本格的にスポーツ記事が載り始めたのは，初めて野球の早慶戦が行われた1903(明治36)年頃だった。日露戦争が終結した1905(明治38)年には早稲田大学野球部がアメリカに行き，日本の野球チームとして初めての海外遠征をしたが，その試合の模様は監督としてチームを率いていた朝日新聞運動部長によって報じられた。

それ以降は様々な競技が人々の興味の対象になってきたようで，ボート，テニス，自転車，ラグビーなどの記事も掲載されている。1929(昭和4)年になると，読売新聞にもスポーツ欄ができ，多くの人がスポーツに関心をもつようになった。

そうした流れの中で，オリンピックへの関心も今と変わらない高さを示すようになり，1928(昭和3)年の第9回オリンピック大会(アムステルダム)に朝日新聞は記者を派遣した。同紙はこの大会で陸上競技・三段跳で優勝し，日本人として初めて金メダルを獲得した織田幹雄の活躍を4段見出しで報じた。1932(昭和7)年の第10回大会(ロサンゼルス)では各紙の報道戦が激化し，船で運ばれる写真を少しでも早く掲載しようと，各社が飛行機を飛ばし，洋上で自社のフィルムを競って釣り上げるようなこともした。1936(昭和11)年の第11回大会(ベルリン)では，無線による写真電送が実現した。

ただ，この時期のスポーツ報道は日本の植民地政策が求める国威発揚と無縁ではなかった。第1回全国中等学校優勝野球大会(現在の全国高等学校野球選手権大会，夏の甲子園)の開幕日にあたる1915(大正4)年8月18日付の朝日新聞では，「全国優勝野球大会に就て」と題した記事で，激化が予想される列強の争いに耐え得る国民の体力増強との関連を強調していた。

日本初のスポーツ新聞が誕生したのは，終戦翌年の1946(昭和21)年3月6日で，日刊スポーツが創刊された。1部50銭と，当時の銭湯入浴料金と同じだったが，戦後の虚脱状態と食うか食われるかの殺伐とした混乱の中，明るい話題を欲する空気に後押しされるように，売れ行きは伸びた。当時から芸能，レジャーを対象としたページも作られ，現在のスポーツ紙の原型がすでにできていた。1948(昭和23)年にはデイリースポーツ，1950(昭和25)年にはスポーツニッポンが刊行されたほか，読売新聞の提携夕刊紙だった報知新聞が1949(昭和24)年から朝刊スポーツ紙に替わった。

この時期，スポーツ報道内容にも変質が始まり，日刊スポーツの創刊号には，次のような要旨の「発刊の言葉」が載っている。「従来のスポーツ界は独自の社会を形成し，大衆と遊離していた。日本のスポーツジャーナリズムは大部分が評論であり，技術的批判であり，どちらかといえば高踏的だった。スポーツを本当に大衆のものとするには，ジャーナリズムは大衆とともに喜び，大衆とともに楽しめるものを作り上げなければならない」

それまでは，記者の専門的な視点から技術評を展開したり，スポーツの正常化を訴えたりする記事が主流を占めていた。空前の報道戦が繰り広げられた1964(昭和39)年の第18回オリンピック大会(東京)を経て，新聞のスポーツ記事は選手の人物ストーリー，試合の機微や背景を書き込む物語風の記事に傾倒していった。テレビの普及により，人々は自らの目で競技をみることができるようになり，人々の代わりに試合そのものをみるという新聞の役割は薄れた。読者には長々とした戦評は不必要となり，不可視のストーリーや記者独自の視点で描かれた読み物を楽しませようとする傾向になった。

1990年代になると，人々の関心の多様化に映像の発達が手伝い，海外スポーツが親しまれるようになった。時差のある海外のスポーツニュースを生きがよいまま報じようと，一般紙は夕刊にもスポーツ面を設けた。野球やサッカーを中心に，日本人選手の海外進出があたりまえになった2000年頃からは，アメリカやヨーロッパにスポーツ分野専従の海外特派員を常駐させる新聞社が多くなった。

報じられる競技は，今も昔も野球が圧倒的に多い。近年の傾向を朝日新聞でみても野球に割かれる記事数が最も多く，サッカー，ゴルフ，バスケットボール，陸上競技と続く(表1)。ただ，1993(平成5)年のJリーグ発足に伴って人気が定着したサッカーや若い世代を中心に関心が高まったバスケットボールの記事数が飛躍的に伸びている。なお，全体としてスポーツ記事の本数が増えており，紙面に占めるスポーツ報道の重みが増していることを示している。

② 主催大会，スポンサー

新聞はスポーツを報じるだけではない。競技大会やイベントを主催，協賛したり，プロチームを保有，もしくは資本投下したりし，スポーツの普及，発展そのものを担う立場として深くかかわってきた。これは，競技団体側がイベントを興し，継続させる上でメディアに依存していることの表れでもある。新聞社の主催，後援を得て大きく報じられれば，競技のPR効果は絶大になる。つまり，スポーツ報道は競技団体とメディアの相互依存関係にあるのである。

主催，後援大会の代表的な例としては，1915(大正4)年に朝日新聞が全国中等学校優勝野球大会として始めた全国高等学校野球選手権大会(夏の甲子園)，毎日新聞の選抜高等学校野球大会(春の甲子園)や都市対抗野球，読売新聞の全国高等学校サッカー選手権大会や箱根駅伝がある。そのほか，朝日新聞，毎日新聞，産経新聞はそれぞれ(日本国内で開催される)国際マラソンを主催し

ている。

人々に生活の余裕がではじめ，余暇として自らもスポーツを楽しむようになった1960年代以降は，報知新聞の青梅(おうめ)マラソン，日刊スポーツの河口湖マラソンなど，市民参加型のイベントも盛んに新聞社が主催するようになった。また，ゴルフ，競馬，アマチュア競技に至るまで，協賛する新聞社の名前をつけた冠大会も多い。

プロスポーツへの参画としては，1934(昭和9)年に読売新聞が後年の読売ジャイアンツとなる大日本東京野球倶楽部を結成し，日本プロ野球誕生の礎を作った。プロ野球ではこのほかに，毎日新聞が親会社となった大毎オリオンズ(現・千葉ロッテマリーンズ)，産経新聞のサンケイスワローズ(現・ヤクルトスワローズ)があった。サッカーでも，日本リーグ時代に読売新聞が主体となって設立された読売クラブが，1993(平成5)年のJリーグ発足後にはヴェルディ川崎(現・東京ヴェルディ)に移行し，読売新聞は1998(平成10)年に撤退するまで資本参加していた。

こうした新聞社のスポーツイベントへの「直接参加」には，読者の関心を自社に引きつけ，部数増につなげようという商業主義的な側面もある。青少年育成や，人々の生活豊潤化につながるスポーツへの参画は，イメージ戦略上，重要なコンテンツになる。朝日新聞が，地域に根差したスポーツ文化を形成しようという「Jリーグ百年構想」のスポンサーとなっているのは，その典型例といえる。

ただ，新聞社がスポーツイベントの主体となることで大会や競技団体への批評精神を失うのではないか，という批判の声は常にある。

③ 読むスポーツの特性

一般的に新聞の使命といわれるものには，言論の自由の維持，真実の伝達，権力の監視，社会悪の告発などがある。スポーツ報道も当然その一翼を担っているが，スポーツを読ませる立場にあることで，他の分野とは異なる役割や特性が多分にある。

第1の特性は，記録の重要性である。新聞のスポーツ面は勝敗結果をはじめ，数字による記録にスペースが大きく割かれている。野球なら個々の打者や投手のその日の成績とシーズン通算成績が欠かせない。特に，スポーツ紙の野球の記録は打席ごとの結果がわかりやすく整理されて試合を再現できるように構成されている。サッカーなら得点者，シュート数，警告，退場など。陸上競技や競泳なら，順位とタイムなど。フィギュアスケートや体操なら，審判員による得点などである。数字はそれだけでチームや選手の戦いぶり，監督の采配を雄弁に物語る。他の分野における功績の価値判断が他者の主観によって異なるのと違い，スポーツの功績は数字によって客観的な判断がなされる一面を映している。

第2の特性は，楽しく，おもしろく読ませるエンターテインメント性が挙げられる。そもそもスポーツは，観戦するにしろ，実際にプレイするにしろ，基本的には人々が余暇を楽しむ手段として位置づけられる。スポーツ報道もこの延長線上に立つ以上，戦評による事実伝達やスポーツ界の正常化への問いかけだけでなく，インサイドストーリーの掘り起こし，選手や監督の人間

表1　競技名で検索される記事数の変化(朝日新聞)

	1996年 第26回オリンピック大会 (アトランタ)	2008年 第29回オリンピック大会 (北京)		1996年 第26回オリンピック大会 (アトランタ)	2008年 第29回オリンピック大会 (北京)
野球	3,330	5,324	ハンドボール	114	280
サッカー	1,172	3,293	アメリカンフットボール	229	258
ゴルフ	773	976	卓球	168	232
バスケットボール	440	838	体操	208	228
陸上競技	614	759	フィギュアスケート	92	220
競馬	394	578	自転車	176	220
テニス	550	553	ホッケー	125	200
スキー	482	547	レスリング	122	174
水泳	310	487	バドミントン	106	167
相撲	431	486	ソフトボール	134	155
ラグビー	359	450	スピードスケート	121	114
バレーボール	423	448	F1	57	113
ボクシング	385	438	フェンシング	87	99
アイスホッケー	282	404	射撃	105	94
柔道	294	363	重量挙げ	109	86

注：競技名で検索をかけ，ヒットした件数。条件を等しくするため，夏季オリンピック開催年を比較した。なお，高校野球特設面は除いている。

像へのフォーカス，スポーツのおもしろがり方の提示などが求められる。

　試合の勝敗を分けた機微。結果がどう転ぶかわからないスポーツそのもののドラマ性。勝利に向かい，壁を乗り越えようと努力する選手の人間模様。負けた人間の悲哀などなど。記者が自らおもしろがり，心を揺り動かされた事象をストーリーに仕上げ，選手の姿から感じ取れる人生観ともいえるものまで湧き立たせようとする。

　第3の特性は，記者の主観が入る余地が多いということである。今では多くの新聞が事実関係を伝える一般の雑報記事にも記者の署名を入れているが，古くからスポーツ記事には署名が入っていた。試合のドラマ性を描く中に記者独自の視点が入り，取材対象となる人間の見据え方に記者の主観が色濃く反映されるからだった。それは，コラムが重視されることにもつながる。共感や批判精神を明確にできるのも，そもそも主観を前面に押し出すことがスポーツ記事の特性だからである。

　人々はスポーツをみたり，自分でプレイしながら楽しみ，感想をもつ。それに加えて記者独自の視点で書かれたコラムが提示されれば，記事自体に対する共感，反感が生まれる。いわば，記事を材料にスポーツについて語り合う機会と内容を得ることができる。これがスポーツ記事自体がおもしろがられる理由でもある。

　第4の特性として，ナショナルアイデンティティーを知らず知らずのうちに読者に確認させる作用がある。まず国際スポーツイベントが，みる者にナショナルアイデンティティーを刷り込む要素を内包している。オリンピックの表彰式ではメダリストの国旗が掲揚され，金メダリストの国歌が流れる。サッカーのワールドカップでは試合前に対戦国の国歌が斉唱される。スポーツ報道も，自国の選手やチームを肯定的に取り上げるにしろ，批判するにしろ，「勝つためにどうしているか」，あるいは「勝つためにどうすべきか」という視点に立つ。そして，試合の戦い方に国情，民族，文化の特質を関連づけ，結果的にそれぞれの国や民族の共同体意識を高めている。

　スポーツは人々の国家意識や民族意識への欲求を平和に満たす面がある一方，ビッグイベントがあるたびに，こうしたステレオタイプなナショナルアイデンティティーの刷り込みの恐ろしさを指摘する声は出る。

④ **ネット時代の課題**

　現代の新聞は速報性という面でも多様性という面でも，インターネットの波に押されている。主な一般紙，スポーツ紙の発行部数だけをみれば，業界全体として大きな変化はない（表2）。ただし，2008年のリーマンショックによる金融危機以降，新聞各社は広告収入の激しい落ち込みなどにさらされている。これは，新聞報道が，テレビやインターネットを含めたメディア全体の中で影響力を弱めていることを示す現象でもある。

　スポーツ報道をみても，あらゆるスポーツ競技において，映像が簡単に得られやすく，経過がリアルタイムでインターネットや携帯サイトで配信される時代になった。そのような環境では，新聞は速報性ではまず勝てない。選手や監督のコメントがその日のうちに載るサイトも珍しくない。翌日の紙面ではもはや情報としては遅く，「記録や事実を伝える」という役割は意味合いが薄くなっている。また，細分化された分野に特化したサイトが乱立し，誰もが欲しい情報を得られる中で，あらゆる事象をあまねく載せようとする新聞スポーツ報道の「百貨店方式」も，現代の需要に応じているかどうかが問われている。

　そこで，新聞の存在価値を維持すべく，速報性に左右されないインサイドストーリーへの傾倒や，1つの事象を掘り下げていくような「雑誌的」な編集方法への移行を迫られている。また，新聞各社は自社のインターネットサイトでの速報体制を強化しており，今後，サイトと紙面の編集内容が明確に分化されることも予想される。新聞のスポーツ報道ははっきりと岐路に立っている。

参考文献

◆ 朝日新聞社．1990．『朝日新聞社史』
◆ 朝日新聞社運動部．1998．『運動部75年』
◆ 日刊スポーツ新聞社．1996．『日刊スポーツ五十年史』
◆ 読売新聞社．1976．『読売新聞百年史』

（中小路　徹）

表2　主な一般紙，スポーツ紙の発行部数の変化

紙名	1988年 第24回オリンピック大会（ソウル）	2008年 第29回オリンピック大会（北京）
読売新聞	9,655,015	10,020,932
朝日新聞	8,017,807	8,048,703
毎日新聞	4,143,444	3,900,544
日経新聞	2,809,851	3,052,000
産経新聞	2,114,018	2,220,762
スポーツニッポン	764,890	*1,800,000
日刊スポーツ（東京）	──	*888,259
日刊スポーツ（大阪）	──	*485,105
スポーツ報知（東京）	──	556,558
スポーツ報知（大阪）	──	*439,165
東京スポーツ	──	*1,301,000

（出典：日本新聞協会編『日本新聞年鑑』より）
注：1988年は11月の国内平均発行部数。スポーツニッポンは東京本社発行分のみ。2008年の無印はABC協会へ当該社が報告した4月の販売部数。
※は同月の自社公称発行部数。

スポーツとラジオ

① ラジオの登場

ラジオ放送の登場は1920年代初頭，最初からスポーツとの相性はきわめてよかった。新聞や雑誌といった活字メディアが用意したスポーツの魅力を，ラジオは同時性と音声という特性をもって開花させた。そして，テレビがその映像でダイナミックさを直接的に表現できるようになるまでの約30年間，ラジオとスポーツの黄金時代は続いた。

もともとラジオとは，無線電話の技術であり，英国ではラジオ放送初期には，ワイヤレス（無線）と呼ばれていた。19世紀末から，電線を架設できない海上との通信手段として，電波技術の関心は急速に高まり，とりわけ20世紀に入ってからは，ヨーロッパやアメリカで様々な実験が行われていた。その後，第一次大戦によって，アマチュア無線も含めて，民間の実験は禁止されるが，大戦の終了とともに，電波の使用が再許可され，とりわけアメリカで，アマチュアや企業により，音楽などを流す試みが広がっていった。

そして，1920年11月ピッツバーグのKDKA局によるアメリカ大統領選挙の報道，これがのちの社会的メディアとしてのラジオ放送の機能を表現していたということで，世界最初の放送局といわれているが，すでに同時期にはいくつかのラジオ局が開設されており，翌年には900局にも達していた。

② スポーツ放送の登場

1921年，ラジオでのスポーツ放送はアメリカで始まったとされる。これもまた，KDKA局が4月にボクシング，8月にメジャーリーグの放送を初めて行ったのだが，それは，スタジアムから送ってくる通信社の原稿をスタジオで臨場感豊かに「読み上げる」ものだった。1920年代前半には，こうした「架空」実況が一般的だった。

またイギリスでも，1922年に独占的な「民間」放送局として成立したBBCが，1926年末に公共放送として再組織された直後からスポーツ放送を開始した。

さらに日本においては，1925（大正14）年に東京，大阪，名古屋の順で放送局が開局されたが，翌年，通信省の方針で統合され，日本放送協会として再出発している。そして，放送開始から2年後の1927（昭和2）年8月に，最初のスポーツ放送として，甲子園での全国中等学校優勝野球大会の中継が開始されている。

これらの国々では，ラジオ以前に，スポーツは新聞や週刊誌等のメディアによって，大衆の娯楽となっていたが，そうした土壌のもとで，ラジオによるスポーツ放送は開花した。

放送初期の聴取者調査によれば，ラジオ劇，落語，浪曲，株式市況，時報などが聴取番組の中心であったが，スポーツ番組は，新しいメディアとしてのラジオにとって，その速報性，同時性を最も生かすジャンルであり，中継技術の発達とともに，スポーツ放送は急速に拡大，洗練されていく。

③ スポーツ放送の発達

アメリカでは圧倒的にメジャーリーグ中継が人気を呼ぶ。その中心にいたのがベーブ・ルース（Babe Ruth）である。彼の人間味溢れるキャラクターと私生活が，アメリカンドリームとして新聞や雑誌で描かれ，さらに，劇場でのニュース映画で映像が補完され，そうした情報を背景として，ラジオの野球中継に人々は耳を傾ける。ホームランを量産するベーブ・ルースとラジオをはじめとするマスメディアによって，野球はアメリカの国民的スポーツとなり，彼は国民的ヒーローとなった。

イギリスでは，BBCが公共サービスとして，様々なスポーツイベントをナショナルイベントに位置づけていく。1925年，会社組織であったBBCは，ラグビー，ボート，サッカーなどの中継放送を新聞業界と協議し断られていたが，BBCは1926年末に公共放送となり，翌年1月にラグビー聖地，トゥイッケナムからの試合を実況し，これが初のスポーツ中継放送となった。その後，3月には競馬のグランドナショナル，4月にはテムズ川でのボートのオックスフォード・ケンブリッジ対抗レース，5月にはサッカーのFAカップ決勝，さらにダービー，マン島のオートバイレース，クリケット，ウィンブルドンテニスと続いた。その後こうしたスポーツ放送を全英，あるいは世界に広がる大英帝国に統一感をもたらす年中行事としてBBCは位置づけていく。ただ，初期のBBCはイギリスの階級社会を背景として，あくまで支配階級の立場をもとに教育的な視点からスポーツを取り上げていた。

④ 日本のスポーツ放送

夏の甲子園と春の選抜は，朝日新聞と毎日新聞というライバル紙による事業として展開され，新聞販売の拡大に貢献したが，ラジオ中継が開始されたことで，さらにラジオ，野球，新聞の普及に貢献することとなった。

一方東京地区では，東京六大学野球，とりわけその組織以前から存在する早慶戦は大学生というエリート文化と対抗戦という形式によって，都市文化として多くの観客を集めていた。そして，1928（昭和3）年初めてラジオ中継がなされ，翌年2月の全国中継網の完成とともに，早慶戦は東京圏を超え全国的な人気を得て，中継放送中には街頭ラジオに多くの人が群がった。

全国的な人気を示すエピソードとしては，エンタツ・アチャコの漫才「早慶戦」が有名である。彼らは伝統的な寄席芸としての「万歳」を都市文化として洗練させたコンビとして有名であるが，彼らの「早慶戦」が，観客たちにおもしろいものとして認識されたのは，すでに大阪の観客たちが早慶戦，あるいはその実況放送を知っていたからである。そして，彼らの漫才が，ラジオの電波に乗って全国に広がり，また漫才とともに早慶戦の知名度もさらに上がるという循環を示した。

⑤ 相撲中継の開始

古代から祭礼の儀式として継承されてきた相撲は，20世紀に入ると次第にスポーツとして完成されていった。20世紀前半には，伝統行事と大衆娯楽として，アマチュア相撲は高い人気を誇っていた。例えば，1919（大正8）年に大阪毎日新聞が始めた日本学生相撲大会は，初年度には3万人，翌年度には7万人の観衆を集めたとされる。このように，放送以前からすでに人気のあった相撲も，1927（昭和2）年に東京角力協会と大阪角力協会が合同し，「日本相撲協会」が誕生し，さらに人気を集

めることとなった。

1928（昭和3）年1月の放送開始により，限定された放送時間に合わせるために，制限時間という規則が新設された。それまでは，相撲の立合いは，相手の呼吸に合わせて，何時間でも仕切りを繰り返すことができたが，放送開始後，10分という制限時間が設けられ，数年後に7分と短縮された。

戦時色も深まり，ラジオにおいてもスポーツ放送が中止された後も，日本の伝統スポーツということもあり，大相撲中継だけは1944年まで続けられた。

⑥ **ラジオ体操**

ラジオとスポーツの関係を語る時，「ラジオ体操」の存在も忘れてはならない。ラジオがスポーツの熱狂を伝えるという意味だけではなく，ラジオは，それまでの活字メディアとは異なり，音声を通して，身体運動を促すことができた。なかでも，ラジオ体操は，20世紀的なメディアと身体の共鳴現象といえるものであった。すでに，アメリカやドイツで放送を使った体操は行われていた。そうした海外の事例を参考としつつ，日本が独自の体操とそのシステムを作り上げていった。

ただ，日本初のラジオ体操は，1928（昭和3）年8月に大阪放送局（以下，BK）で試みられている。当時様々な試みをしていたBKでは，大阪府下の中学教員と協力して，夏季休暇中の訓練としてラジオ体操を放送している。

現在に続く「ラジオ体操」は，逓信省簡易保険局が，NHK，文部省，日本生命保険会社協会と協力して作り上げたもので，1928（昭和3）年11月1日に放送が開始されている。それは昭和天皇の即位記念事業の一環とする意図もあった。NHKは同年11月の即位の礼（大礼）を全国中継すべく，全国中継網の完成を急いでいたが，そうした動きの中にラジオ体操創設もあった。ラジオ体操は，全国中継網の完成を待って，翌年2月から全国に流れた。

ラジオ体操開始当時のラジオ受信機の普及は全国で50万台程度であり，受信機を前にしての体操よりも，図解やレコードによってまず全国への普及が図られた。当初，「国民保健体操」が正式呼称であったが，ラジオ体操と呼ばれることで，「ラジオ」のもつ近代性や科学といったニュアンスが，ラジオ体操に投影され，その普及に拍車をかけた。1920年代は，明治以降の日本国家の近代化への努力が，衛生や健康という国民生活のレベルでも意識され，推進された時期であった。近代的な生活への努力としての体操と近代を象徴するメディアとしてのラジオとが結びついてラジオ体操は急速に普及した。

さらに，日本のラジオ体操の特徴は，1930（昭和5）年以来の「ラジオ体操の会」の組織化であった。それは，ラジオ受信機が各家庭に普及する以前，学校や職場で集団で聴取する時期と重なるが，この集団体操が，その後の国家総動員体制とも結びつけられ，様々な集団儀礼の一部となっていく。

ラジオ体操は敗戦直後に一時中断され，1946（昭和21）年に新たな体操が考案されたが，まもなく中止される。そして，現在まで続くラジオ体操は，1951（昭和26）年5月に放送開始され，まさにラジオ放送の黄金期に，家庭，地域，学校，企業などで急速に「復活」拡大し，戦後民主主義の平和と健康な暮らし，そして高度経済成長を支える体操として日本中に普及していった。

⑦ **オリンピック中継と国際放送**

1932年の第10回オリンピック大会（ロサンゼルス）での日本の水泳陣の活躍と初のラジオ中継，さらに1936年の第11回大会（ベルリン）での，国家主義的なスポーツ振興の徹底と「前畑がんばれ」に象徴される放送，これらによって，日本人の中でオリンピックの意味は肥大化していく。

1932年の第10回大会（ロサンゼルス）は，ヨーロッパ大陸から遠いアメリカ西海岸での開催ということもあり，ヨーロッパからの参加は少なかった。一方日本では，前大会の1928年第9回大会（アムステルダム）で初の金メダル獲得があり，また1931年の満州事変を経て，国際社会での日本の孤立傾向もあり，国際スポーツが欧米に対抗する日本というアナロジー（類似，類推）で捉えられ，日本人選手の活躍に注目が集まっていた。結果として，日本は水泳を中心に大活躍し，この活躍ぶりが短波放送で日本に中継された。陸上競技男子100mの吉岡隆徳の「暁の超特急」や「水泳ニッポン」などという言葉も，この時期に新聞メディアによって作り出された。この大会には，初めて日本からラジオ中継班が派遣されたが，実行組織と地元ラジオ局の交渉が不調に終わり，現場からの中継はできず，日本からの放送陣は，会場でのメモを頼りに，放送局に戻ってから実況中継を行った。これは「実況放送」ではなく「実感放送」だと大会後に呼ばれているが，前述のように，草創期のラジオでは一般的なものであった。

第9回大会（アムステルダム）から1936年の第11回大会（ベルリン）に至る3大会を通して，国家として西洋に追いつく努力が実感されるものとして，オリンピックは日本人の多くに特別な祭典として意味づけられていった。もちろん，第11回大会（ベルリン）は，日本以上に開催国・ドイツが徹底して国家主義的に大会を構成していった大会である。クーベルタンの理想は，国家と民族を超えて個々人として集う競技会であったが，徹底した国家主義的な利用によって，スポーツをする主体は国家であり民族となっていった。

さらに，この大会はレニ・リーフェンシュタール（Leni Riefenstahl）監督の記録映画「オリンピア」によって，映像によるスポーツの言語化がなされ，さらに時間と空間を超えたイベントとなった。第11回大会（ベルリン）は，オリンピックをその開催理念のもとに物語として作り上げられた典型とされているが，メディアイベントとして明確に姿を現した初めての大会でもあった。この映画では開会式の部分で，各国のアナウンサーがマイクの前で開会式の模様を実況する様子が描かれ，全世界にラジオで伝えられていることが強調される。

この時，日本ではラジオがさらに普及し，日本選手の活躍に熱狂し，「前畑がんばれ」の絶叫放送が後世にも伝えられているが，その様子が，当時の新聞漫画にも描かれている。そこには，当時の日本でラジオがどのような役割をしていたかを端的に読み取ることができる。この漫画によれば，都市部ではラジオ受信機の家庭普及が拡大しつつあったこと，そして，多くの人がオリンピックに関心を示していたことがうかがわれる（図1）。

ちなみに，日本において第11回大会

図1　新聞漫画「江戸っ子健ちゃん」（東京朝日新聞1936年8月頃）
（出典：横山隆一『江戸っ子健ちゃん』奇想天外社, 1982）

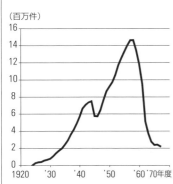

図2　ラジオ放送受信契約数の推移
1968年にラジオ受信契約は廃止された。
（出典：NHK「放送受信契約数統計要覧〈平成24年度〉」）

（ベルリン）が注目されたのは，次回の1940年大会が東京と決定されていたからでもあるが，日中戦争の激化によって，開催返上を余儀なくされた。

⑧ 野球放送の発展とラジオの黄金期

現在に続くプロ野球（職業野球）は，1936（昭和11）年に開始され，初のラジオ放送も同年7月1日，巨人軍対名古屋軍の試合が放送されたが，それ以前の1934（昭和9）年11月に来日したメジャーリーグ選抜のチームと全日本チームとの対戦のうち神宮での5試合が放送されていた。この全日本チームが母体となり，同年12月，日本初の職業野球球団である大日本東京野球倶楽部（東京巨人軍，読売ジャイアンツ）が誕生した。しかし，甲子園や神宮の学生野球とは異なり，職業野球はスポーツ精神から離れた興行だという認識も強く，放送で取り上げられることはほとんどなく，また一般の人気も大きなものにはならなかった。

1945（昭和20）年の敗戦から，占領期の検閲を経験しつつ，1951（昭和26）年民間放送が開始され，1950年代はラジオの短い黄金時代であった（図2）。ラジオドラマ，歌謡番組，スポーツ中継と家庭娯楽の中心となっていく。スポーツ中継も，野球，相撲を中心として大きく発展する。

1945（昭和20）年11月，大相撲秋場所が放送され，野球も同月に早慶戦が復活，そして続いてプロ野球の東西対抗戦が放送され，敗戦後の娯楽の少ない中，また占領政策による野球の奨励もあって，第二放送（異なる周波数のラジオ放送）を使っての野球中継は増加した。

国際大会の中継についても，敗戦直後，オリンピックにも参加できない中，1949（昭和24）年6月の競泳全米選手権での古橋広之進の活躍，ボクシング白井義男の世界チャンピオン獲得などは，敗戦に打ちひしがれていた日本に希望をもたらすものと評価されている。さらに，1952年の第15回オリンピック大会（ヘルシンキ）から，第16回大会（メルボルン），第17回大会（ローマ）と，日本選手の大きな活躍はみられなかったが，ラジオを通じて中継放送がなされた。ただ，1960年の第17回大会（ローマ）は，次回の東京開催を控え，多くの中継陣がローマに派遣されたが，第18回大会（東京，1964年）の中心はテレビ放送であるとの位置づけのもとでの準備が進められていた。

⑨「語り」による新たな娯楽の誕生

音声メディアであるラジオにおいては，実況放送は「語り」によって，ファンの想像をかき立てた。1930年代半ばから長くメジャーリーグの実況放送で活躍したレッド・バーバー（Red Barber）は，その語りでスターとなった。

日本においても，例えば「神宮球場にカラスが二羽三羽」という情景描写で有名な松内則三の名調子がもてはやされたが，その実況は野球の忠実な描写というよりも，音声による新たな物語の創作でもあった。野球や相撲が受け手にとっての既知の競技であるからこそ音声だけの実況が成立した側面もあるが，その一方で，現場の競技を観戦する経験とは異なる「語り」で構成された新たな娯楽が成立したともいえる。これはテレビ時代にも引き継がれ，「解説者」と実況者の対話で中継番組が構成される形式は現在も続いている。

⑩ インターネットラジオの登場とスポーツ

21世紀に入り，インターネットの普及の中で，インターネットを通じて，地上波の届く範囲を超えて世界中のラジオ番組の聴取が可能となりつつある。それはこれまでの電波メディアとしてのラジオとは異なる文化として広がりつつあり，スポーツにおいても，各球団やクラブが自らラジオ番組による中継を行うということも始まっている。

参考文献

- 黒田勇. 1999.『ラジオ体操の誕生』青弓社
- ―――. 2012.『メディアスポーツへの招待』ミネルヴァ書房
- 竹山昭子. 2002.『ラジオの時代』世界思想社
- 日本放送協会 編. 2002.『二十世紀放送史』NHK出版
- 橋本一夫. 1992.『日本スポーツ放送史』大修館書店
- ジョージ・ベクシー. 2007.『野球 アメリカが愛したスポーツ』鈴木泰雄 訳. ランダムハウス講談社
- Paul, B., 1981. *Television and Radio in the United Kingdom*, Macmillan.
- Scannell, P. and D. Cardiff, 1991, *A Social History of British Broadcasting (1). 1922-39*, Blackwell.

（黒田　勇）

スポーツとテレビ

① みるスポーツの変遷

日本でテレビの放送が始まったのは1953(昭和28)年2月である。高価な受像器は、当初「街頭テレビ」(テレビの普及期に街角に置かれ大衆からの人気を博していた)や商店が人集めのために店頭に置いた受像器、あるいは数少ないお金持ちの家のテレビとしてしか存在しなかった。

テレビ放送にスポーツが初めて登場するのは、NHK(日本放送協会)東京テレビジョンの開局からひと月あまり経った1953(昭和28)年3月12日、午後1時から15分間にわたって放送された「春休みテレビクラブ～野球教室(1)～」で、後の法政大学野球部監督、藤田信男が出演したという記録が残っている。この野球教室が、4月上旬まで5回にわたって放送されたあと、4月11日に初のテレビスポーツ実況中継が計画された。それは、東京六大学野球早稲田対立教の1回戦であった。しかし、あいにくの雨で中止となった中継は、翌日日曜日、午前中に入場式の実況を加える形で実施され、午後1時から明治対東大、早稲田対立教の2試合が放送された。戦前から人気の高かった六大学野球をテレビでも取り上げることで、視聴者の関心に応えたいという姿勢はすでにこの時代から始まっている。

NHKのテレビ放送開始当初は、スポーツといえばもっぱらこの六大学野球が中心で、その後、5月に全日本柔道選手権と大相撲夏場所初日の模様が、また8月には甲子園で行われた全国高校野球選手権も放送された。プロ野球は、NHKが阪急対毎日の試合を、一方NTV(日本テレビ放送網株式会社)が巨人対阪神の試合を開局の翌29日午後7時から中継している。

この時代のテレビ番組は、録画されたフィルムを流す以外はすべて生放送であった。ニュース、映画、演芸、音楽、クイズや教養教育番組が中心で、そこに加わってきたスポーツは舞台中継に似て、放送する側が演出や道具の心配をしなくてすむ数少ないソフトであった。その一方で、競技によって天候の影響を受けたり、放送局の側から時間を決めて終わらせにくいという問題も抱えていた。テレビはやがて、プロレスやボクシングという興行性の強い競技を取り込んでいく。

その後スポーツ放送が大きくクローズアップされるのは、1964(昭和39)年の第18回オリンピック大会(東京)である。大会期間中のNHKの放送記録をみると、ニュースやのど自慢、大河ドラマを除けば、ほとんど1日中オリンピック中継で埋め尽くされている。オリンピック放送には民放も力を入れ、中でも東京12チャンネル(現株式会社テレビ東京)は、1日平均13時間と群を抜く時間量をオリンピックのために割いていた(表1)。

第18回オリンピック大会(東京)は、スポーツ放送の歴史を変えた点でも特筆すべきイベントであった。中継用の機材の開発や放送技術の向上、さらにはスポーツ中継のエキスパート育成の規模も過去に例をみない大規模なものとなった。そして、スポーツ放送の重心がアナウンサーからディレクターに移るきっかけとなった時代でもあった。

声中心の実況からみせる実況へ変容していく中で、映像が果たす役割が大きくなっていくのは、この大会を境にしている。次第に性能を高める放送機器や周辺の道具は画面のインパクトを強め、それまでのおぼつかなかった映像とは別のイメージをもたらし始めた。アナウンサーの実況による音声情報を、映像情報が凌駕しはじめるのがこのオリンピック大会なのである。

この流れの源流には、1960(昭和35)年に始まったテレビのカラー化がある。当初の放送が「1日1時間以下であり、5年後の1965(昭和40)年でも2時間半程度であった」(NHK放送文化研究所編『テレビ視聴の50年』日本放送出版協会, 2003. 119)ことを考えれば、NHK、民放ともにこぞってカラー放送に力を入れたのはやはりオリンピックが国民の高い関心を呼ぶ特別なイベントであったからである。

このオリンピックの11年前に、高校野球で3台のモノクロカメラによって始まったスポーツ中継が、オリンピック開会式では6台のカラー用カメラが使われた。現代のオリンピックやワールドカップ・サッカーでは、1つの競技会場に25台を超えるカメラが置かれていることを考えればささやかな数だが、カラー用カメラは白黒テレビの家庭がほとんどの時代に、カラーで撮れ、モノクロのテレビでみてもキレの良い映像が映るのが自慢の機材だった。カラー放送が与えた驚きは、読売新聞がその紙面で「肉眼以上の美しさ」(読売新聞, 1964〔昭和39〕年10月13日付)と褒め称えるほどだった。

テレビが、「みるスポーツ」の中心に躍り出るもう1つのきっかけとなった"最初のコーナー"は、VTR(ビデオ)の登場である。それは2つの意味で大きなエポックを作っている。1つは、第18回オリンピック大会(東京)の年に始まった、映像を制作する側のVTRの導入である。これによって、数時間前の試合をさながら今行われているように放送することも、いましがた起こったプレイを改めて繰り返してみせることも可能になった。肉眼でみていたのではけっして実現しない、重要シーンを再現できるようになったのである。競技場でみるのに比べれば制限が多いテレビ画面でのスポーツ観戦だが、繰り返しみせてくれるシステムの導入は、テレビをみる人に現場での臨場感を超える新たな体験を可能にした。

翌年から販売の始まった家庭用のVTRもまた1つの時代を画すきっかけを作った。家庭用VTRは、スポーツの行われる時間にテレビの前にいなければならないという縛りから視聴者を解放した功績が大きいだけでなく、スポーツの記録性を活字とは違った意味で保証し、精密な検証を可能ならしめた。

近年、VTRがディスクに変わり、その再現スピードがきわめて速くなっ

表1 第18回オリンピック大会(東京)期間中のテレビ放送(1964年10月10日－1964年10月24日)

	オリンピック関連総放送時間(時)
NHK	166
日本テレビ	160
TBS	120
フジテレビ	117
NET (テレ朝)	87
東京12チャンネル (テレビ東京)	190

(出典:朝日新聞1964年10月6日ほかより)

たことは，現代のスポーツ放送の技術革新の中でも，大きなトピックといってよいだろう。

「みるスポーツ」の時代は，1980年代の後半に"第2コーナー"を回ることになる。NHK衛星放送が本放送を開始すると，その直後にWOWWOWが有料放送を始める。既存のチャンネルだけでなく，新たなチャンネルが生まれたことでスポーツの供給の道がこれまで以上に増えることになった。それは，スポーツ好きの人がスポーツをみるチャンネルをもつという考え方の始まりでもあった。

そして，"第3コーナー"は，すぐにやってくる。1994（平成6）年から始まった，ハイビジョンの実用化試験放送の開始である。映像のキレ，画面の広がりが格段に向上したものの，モニターが高額なことが影響してテレビ局においてもその普及は進まなかった。しかし，放送局は折しもプロ化から一気に国内の関心を独り占めにし始めたサッカーやオリンピック大会を手がかりに，ハイビジョンの普及に力を入れた。

「みるスポーツ」の"第4コーナー"は，インターネットやワンセグの登場によって生まれる。画面のあるところに行ってみるという行動から，みる人のところに画面がやってくるという流れの転換である。新たなアイテムの普及はいま，移動しながらの視聴や，プライベート空間でのスポーツ観戦を可能にしている。

② スポーツ中継におけるアナウンサーのスタイルの変容

長い間，ラジオが唯一の電波メディアであった時代にはアナウンサーの果たす役割はきわめて大きかった。それは明瞭な発音，正確なアクセント，自然なイントネーションであるが，ラジオ時代のスポーツアナウンサーに求められたのはそれだけではない。「即時描写」の能力と「豊富なボキャブラリー」をもたなければならないということを当時のアナウンサーは頻繁に発していた（鈴木文弥『ホップ・ステップ・ジャンプ！！』講談社．1982．4）。音声メディアでは声が，ハードウエアでもありソフトウエアでもあったことを考えれば，そうした要求は当然のものであった。

アナウンサーの仕事は，職人に通じるところがある。プレイが起こると同時にその様子を音声表現で伝えるのが基本である。選手やボールの動きに遅れることなく，適切な描写をするためには時間をかけた，繰り返しの練習が必要となる。これはスポーツアナウンサーを志す者が誰しも経験する，実況のトレーニングである。こうして培った技量に加えて，「取材」で得た情報を織り交ぜながら，現場のプレイに応じて音声表現が繰り出されていく。ラジオ時代に生まれたスポーツ実況アナウンスの名手たちは，やがてテレビ時代を迎えることになる。

自分1人の判断でなにを伝えるかを決定し，自分なりのスタイルでそれを言葉にする。テレビの時代が始まっても，ラジオを主戦場にするアナウンサーは少なくなかった。ベテランアナウンサーといわれる人ほどそうした傾向が顕著で，経験者はラジオを好み，若い者がテレビを担当する流れは第18回オリンピック大会（東京）の頃までしばらく続いた。時代は「（アナウンサーが）主役を演ずるラジオと違って，テレビでは映像を効果的に生かすための補助的な役割，つまり脇役に回る」（日本放送協会編『テレビラジオ新アナウンス読本』日本放送出版協会．1936．491）ことを求めていた。ベテランたちは，思ったように職人芸を発揮できない窮屈さを感じていたのだった。

テレビ放送が始まった当初のスポーツアナウンスに対する見解は「テレビ・アナウンスの基礎となるラジオ・アナウンス」（日本放送協会編．前掲書．490）という言葉に象徴されている。この考え方は，今でもスポーツアナウンサーに受け継がれている。ラジオ実況の手法でしゃべり込むことによって即時描写力や豊富な語彙を身につけ，ラジオ実況のスタイルから余分なものを省きさえすれば，テレビ実況は可能だという論法である。新人アナウンサーへのスポーツ実況教育は，この精神に則って現在でも毎年実践されている。

テレビによるスポーツ中継があたりまえになった1970年代になっても，その実況スタイルにはラジオの香を残す人たちが少なくなかった。文末で使う「であります」などもその一例で，今ではすっかり姿を消したが，体言止めを重ねたあとに「であります」で締める

と，いかにも重大なシーンであったかのようなニュアンスを出すことができた。

そのような表現がいつまでも残ったのは，アナウンサーがリズムを大切にしているからでもある。実況アナウンスが伝えるコメントから情報を取り去ると，残るのはリズムとメロディーになる。ここでいうメロディーは，情報として提示する場合の単語のアクセントやフレーズのイントネーションに影響を受ける。それが「田中」であれば登り調子のメロディーになり，「川野」であれば下りのメロディーラインを描き出す。状況が逼迫すれば音調は上がり，勝敗にかかわりの薄いアクションであれば下降線となる。

一方で実況のリズムを支配するのは，単語の特性とは別の，スポーツそのものがもつ固有のリズムである。そこに個々の選手のリズムが変化を加える。インプレイとなると動きを追いかけるアナウンサーは，単語を叩きつけるようにして吐き出していく。急いだ描写では，羅列した単語のそれぞれを1拍で繰り出すことがある。「田中」はゆっくりしゃべれば3拍だが，このような時の実況では1拍で終わらせてしまう。「た」に思い切って力を入れ，最後の「か」は息だけで発音する。文字にすれば「たぁか」。これをひと言でいってしまう。

1980年代に入ると絶叫型といわれるスタイルが生まれ始める。とりわけ，日本テレビが社内の合意で始めたといわれるサッカーのゴールシーンの実況には賛否が渦巻いた。若い世代には受けの悪くなかった「ゴーーーール」という実況も，世代によっては反感をもつ視聴者もいた。新しい表現を喜ぶ人たちがいる一方で，耳に障ると嫌がる人たちもいて世論は割れた。

実況の方法論は，テレビのハード面，ソフト面の変化に大きな影響を受けた。1980年代の中盤にはハイビジョンの実験放送が始まる。当時繰り返し要求されたのが，言葉数を減らした実況だった。「みえるものが格段に増えるから，実況コメントを極端に減らさないとうるさく感じられる」というのである。しゃべる量を減らすことに軸足が置かれ，ぎくしゃくした実況中継に悩む時代でもあった。

1980年代終盤にはスポーツ放送に，シンプルな細工だがCG（コンピューターグラフィックス）が使われるようになる。それが，1990年代に入ってパソコンが汎用されるようになると，画面の上でわかりやすく大量の情報を伝える道具となった。かつて，目にみえないものを，言葉を使って伝えてきたアナウンサーの役割の一部が，いまやCGが取って代わる時代になってきたのである。

　現代の実況アナウンスの特徴は，コメントの量を抑えた伝え方である。ハイビジョンや地上波デジタルの鮮明な映像，画面上に繰り出される様々なデータやグラフィックス，それに再生技術の発達で直前の映像を瞬く間に再現する演出や，溢れんばかりの「みえる情報」を考慮して，計算された表現をとる実況が増えている。スポーツそのものに視聴者が深い見識をもち，一方で映像上の情報が溢れている状況では，余分な言葉がスポーツ中継そのものを壊しかねないという感覚が，放送を作る側にも一般化されてきた証しなのであろう。

③ インタビューの役割とタイプ

　スポーツにインタビューは欠かせない。スポーツとは人間の文化的パフォーマンスの中で，アクションや感情の起伏を表すための言葉や音楽が介在しない数少ない行為である。選手の口から小さな叫び声が生まれることはあるにしても基本的には静かにラケットを振り，言語を発しないでスタートを切る。そのようにして試合は展開していくのであるが，そこに生まれるストーリーを当事者から眺め渡したり読み解いたりするチャンスがインタビューなのである。

　インタビューには2つのタイプがある。1つは，試合や戦いの前に行われるもの。現状，期待，予測など様々な問いが聞き手の側から繰り出されるが，そこに大きな期待を寄せるのには無理がある。優れた選手や監督が，戦いの手の内を事前に明かすとは考えにくいからである。そこではせいぜい，決意や心理状態が汲み取れるにすぎない。それでも事前のインタビューが重用されるのは，これから放送する試合の関心を高め深めるために力となるからにほかならない。

　もう1つは，試合後のインタビュー。直後のインタビューと時間をおいてからのそれとでは幾分違いはあるが，聞き手の求めているものに大きな差はない。感動の表明，みえなかったものの説明，流れの反芻，勝負の分かれ目の捉え方，勝敗がもたらす未来への影響などがある。試合がドラマチックであればあるだけ，インタビューがそのドラマ性を増幅させる力をもつことがあるが，それも聞き手の能力に左右されることが多い。日本のスポーツシーンでは，テレビ放送が始まって以来，若いインタビュアーが起用されるケースが目立っている。経験豊かな者が実況を担当し，浅い者がインタビューという組み合わせが主流になっているのである。それがインタビューのパターン化を招き，試合の感動を台無しにすることも稀ではない。選手のコミュニケーション能力を問うだけでなく，インタビュアーの育成や起用に意を尽くさないかぎり，スポーツ放送の格段のレベルアップは望むべくもない。

④ 視聴率の本質

　「視聴率」という数字は，放送界では大きな力をもってきた。視聴率が上がれば，民放であればそれがそのまま放送局の収入の増加につながるし，NHKであれば視聴者の需要に応えたと理解しやすいからである。一方で視聴率を稼ごうとするアイデアが，シンプルにスポーツを楽しもうとする人から強い批判を受けることがある。例えば，競技とかかわりのないタレントを

表2　視聴率調査開始（1962年12月3日）からの全局高世帯視聴率番組50（関東地区）からのトップ10　　　　（2008年10月末現在）

順位	番組名	放送年月日	放送開始時刻／放送分数	放送局	番組平均世帯視聴率
1	第14回NHK紅白歌合戦	1963/12/31（火）	21:05－／160分	NHK総合	81.4%
2	東京オリンピック大会 （女子バレー・日本×ソ連ほか）	1964/10/23（金）	19:20－／220分	NHK総合	66.8%
3	2002FIFAワールドカップ™ グループリーグ（日本×ロシア）	2002/6/9（日）	20:00－／174分	フジテレビ	66.1%
4	プロレス　WWA世界選手権 （デストロイヤ×力道山）	1963/5/24（金）	20:00－／75分	日本テレビ	64.0%
5	世界バンタム級タイトルマッチ （ファイティング原田×エデル・ジョフレ）	1966/5/31（火）	20:00－／86分	フジテレビ	63.7%
6	おしん	1983/11/12（土）	08:15－／15分	NHK総合	62.9%
7	ワールドカップサッカーフランス'98 （日本×クロアチア）	1998/6/20（土）	21:22－／128分	NHK総合	60.9%
8	世界バンタム級タイトルマッチ （ファイティング原田×アラン・ラドキン）	1965/11/30（火）	20:00－／86分	フジテレビ	60.4%
9	ついに帰らなかった吉展ちゃん	1965/7/5（月）	07:35－／25分	NHK総合	59.0%
10	第20回オリンピックミュンヘン大会	1972/9/8（金）	07:21－／51分	NHK総合	58.7%

（出典：ビデオリサーチ『TV RATING GUIDE BOOK（視聴率ハンドブック）』2008.16より改変〔上位10位までを掲載〕）

動員することで視聴率を上げようとする演出法には強い不満がある一方で，「タレントの集客力を借りて競技に関心のない人にもみてもらいたい」というファン獲得・認知拡大の効果を期待する向きとが混在している。

スポーツ全体を見渡した時，過去の視聴率に占める位置はきわめて印象深い。ビデオリサーチ社のデータによれば，歴代視聴率2位に第18回オリンピック大会（東京）の女子バレーボール決勝の66.8％。同3位に2002（平成14）年ワールドカップ・サッカーの日本対ロシアの66.1％が挙げられている（表2）。歴代視聴率上位10位のうち7番組がスポーツで占められている。見落としてならないのは，高い視聴率を残したスポーツがいずれも日本と外国の対戦の構図になっている点である。視聴者は，力道山やファイティング原田に日本を重ね合わせ，自らがそのセコンドとなってテレビの前にかじりついた。

対戦相手を考慮した時に，そこには似通った構図がみえてくる。勝つことの難しい相手を前にして，力をつけてきた日本を代表する選手が戦いに挑む。しかも，目の前に現れる者たちの情報を多くの人々が報道によって知っている。ソビエトと戦った日本の女子バレーには，強固な相手を打ち破ろうと，「鬼」の練習に耐えてきた乙女たちの様子を繰り返し見聞きしてきた。ロシアを相手にするサッカーの日本代表には，「ゴールデンエイジ」の才能が輝いている様子をみせつけられてきた。みる側の思いは，試合に勝利することで彼らのこれまでの歩みの正しさを実感することにある。また，同時にそれを無意識のうちに自らに重ねてみる。立ち向かうてごわい相手が世界の強者であればあるだけ，立派な戦いぶりが世界に広く認知されるという思いもあり，それが自らを満足させる。戦う者のもたらす結果が自分を包み込む。そのようなスポーツに寄せる日本の視聴態度は今も変わらない。そこにある一戦を「自らの戦い」に重ね合わせられるかどうかなのである。ここに挙げる視聴率調査が，地域の関心ではなく国民の関心を示していることを考慮すれば，スポーツ関連の番組が高い視聴率を記録し続けた理由は自ずと明らかである。

これまで国民的スポーツとしての地位を占めてきたプロ野球の視聴率は，近年落ち込みが激しい。カラーテレビの普及率が90％台に乗った1975（昭和50）年から巨人戦を関東地区の数字を例にとってみてみよう（図1）。年間平均をとると，長嶋監督就任1年目で巨人が最下位に落ちたものの1975（昭和50）年は21.5％を記録した。それがその後しばらく20％台をキープしていたが，2000（平成12）年に入ると20％を切り，2005（平成17）年には10.2％にまで落ち，さらに2006（平成18）年にはついに9.6％と一桁台を記録するに至った（朝日新聞，2006年12月15日付）。

巨人戦の視聴率の低迷の要因は様々に分析されているが，1つには全国に散らばる他球団の存在感の増大を考えなければならない。かつて巨人の滝鼻卓雄オーナー（当時）が，視聴率低迷に悩む2006（平成18）年，読売新聞の記事で巨人の取るべき路線について「全国区で薄く広くではだめだ。もっとコアに考えて1都3県」（読売新聞，2006年11月2日付）と主張して，球団の地域とのつながりを意識した発言を残している。フランチャイズの定着が進んでいるとの認識が根底にあったからこその言葉だろう。こうした危機感を裏づけるデータも発表されている。笹川スポーツ財団が公表した2012（平成24）年3月のデータによると，10代の男女が「テレビ中継でみたいスポーツ種目」として挙げた第1位は「サッカー日本代表試合（オリンピック代表を含む）」全国で32.1％と，第2位のプロ野球を10.3ポイント上回っている（笹川スポーツ財団，2012, 173）。これを北海道に限定してみても順位は変わらないが，その差が1.2ポイントときわめて接近しているのに対し，関東では15.7ポイントもの差に広がっている。北海道日本ハムファイターズの定着ぶりを感じさせるデータとなっている（次頁 表3）。

かつて巨人は，多くの人にとって国民的スポーツ「プロ野球」の総帥であり，同時にそれは現在のサッカーにみる日本代表の役を演じていた。テレビのチャンネルをプロ野球に合わせれば，そこにはなじみの巨人がいつでも一人称で登場してきたし，ホームゲームの放送権をもつテレビ局も巨人の勝敗に照準を合わせてきたのである。各球団で記憶に残る活躍をした選手たちが野球生活の晩年を巨人で過ごすことに躊躇しなかったのも，巨人に日本代表を重ねていたからでなかっただろうか。

「プロ野球を代表する巨人とその他の球団」という構図が変わったことだけでなく，視聴者を惹きつけるスポーツコンテンツの増大，生活時間の変化，視聴習慣の個別化，視聴アイテムの多様化などがプロ野球視聴率の"低率安定"をもたらしているといえよう。

画面に登場するのが「一体感をもてる」選手やチームであったのかどうか。加えて，繰り広げられる戦いが「みなければ話題から取り残される」ほどのコンテンツであったのかどうか。スポーツ番組の視聴率の歴史は，そこに高い視聴率を叩き出すポイントがあったことを示している。放送権をもつ放送局が，選手やチームの様子を子細に伝え，イベントの告知や特集番組に力を注ぐのは，そんな力学をわきまえてのことに違いない。

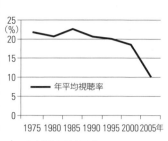

図1　巨人戦年平均視聴率（関東地区）
（出典：株式会社ビデオリサーチ）

参考文献

- 朝日新聞．「オリンピックのテレビとラジオ」1964年10月6日付
- ─────．「日本テレビ　巨人戦を減」2006年12月15日付
- NHK放送文化研究所　編．2003．『テレビ視聴の50年』日本放送出版協会
- 笹川スポーツ財団．2012．『青少年のスポーツライフ・データ2012 〜 10代のスポーツライフに関する調査報告書』笹川スポーツ財団
- 鈴木文弥．1982．『ホップ・ステップ・ジャンプ！！』講談社
- 日本放送協会『OAKTV 〜 NHK東京テレビジョン〜放送番組表』1958.3.12/1958.4.11/1958.4.12/1964.10.10 - 10.24
- ─────　編．1966．『テレビラジオ新アナウンス読本』日本放送出版協会
- ─────　編．2001．『20世紀放送史』日本放送出版協会
- 読売新聞「オーナー・巨人を語る（下）」2006年11月2日付
- FIFA．2010．「2010 FWC TV Production」（PDFファイル）

（山本　浩）

表3 テレビ中継でみたいスポーツ種目（10代のスポーツライフに関する調査報告書） (%)

		総数(n)	サッカー日本代表試合(オリンピック代表を含む)	プロ野球	野球（高校，大学など）	フィギュアスケート	海外のプロサッカー（ヨーロッパ，南米など）
総数		1,951	32.1	21.8	17.0	16.4	14.7
地域	北海道	81	29.6	28.4	16.0	19.8	13.6
	東北	167	28.7	28.1	17.4	13.8	6.0
	関東	548	35.0	19.3	16.2	15.3	17.0
	中部	393	30.8	19.3	15.3	16.3	14.2
	近畿	305	32.8	21.6	18.4	17.7	14.8
	中国	131	31.3	26.7	16.8	18.3	14.5
	四国	63	27.0	15.9	17.5	17.5	11.1
	九州	263	31.6	23.6	19.8	16.7	17.1

（出典：笹川スポーツ財団『青少年のスポーツライフ・データ2012』2012. 173）

スポーツとインターネット

①「調べるスポーツ」時代の到来：1990－2000年

インターネットが世界的にも，また日本社会においても急速に浸透していく中，情報の送り手であるマスメディアのあり方も変わってきている。これまでの情報伝達のあり方は，情報発信者としてのマスコミ機関が，不特定多数の公衆に対し，一方向で伝えることが一般的だったが，1990年代半ばからアメリカが先行する形で世界的なインターネット利用の普及現象がみられ始めると，この状況が大きく変わってきた。アメリカ経済が絶頂期にあった1990年代末から2000年にかけ，インターネットが将来の成長ビジネスになるとの期待感が社会に広がり，インターネットビジネスに巨額の投資資金が流入し，インターネット空間で実験的なベンチャー起業があちこちでみられた。

マクダニエルとサリバン（1998）は，アメリカ社会で拡張を続けるインターネットが，スポーツ情報の受け手としてのコンテンツ利用者に対し，スポーツのスコアやニュースだけでなく，自らの選択で「ドリームチーム」を編成してサイバー空間でファンタジーゲームを楽しむこと，シュートやゴール数などの個人選手の参考統計データの提供，そしてオンライン上での選手とのインタラクション（双方向性）を可能にすると指摘した。日々積み重ねられていくスポーツイベント関連の記録・情報を蓄積し，データベース化することにより，スポーツコンテンツビジネスの成功がもたらされるとの指摘である (McDaniel, S.R. and Sullivan, C.B., 1998. 266-81)。

この時期は，既存の大手マスメディアに限定されてきた「スポーツ報道」の営みに，オルタナティブな回路（情報流通手段）が加わった時代ともいえる。日本でも，インターネット上で，大手の全国紙新聞社やNHKおよび東京の民間テレビ放送キー局を中心に，オンラインニュースサイトが開設され，スポーツ関連情報にもアクセスすることができるようになった。スポーツ報道にも情報通信系の技術的インパクトが加わり，ジャーナリズム活動にも変化をもたらしたといえるだろう。

同時に，これまで一方的な情報の受け手であった大衆の興味に応じて，継続して蓄積してきたアーカイブ情報を加工し，インターネット上でアクセスを可能にすることで，例えば，打率，過去の対戦成績など，興味や関心に応じて付加的な情報を得ることができるようになった。一般大衆は，ネット環境を活用することにより「調べるスポーツ」の実践ができるようになったといえるだろう。

この動きは，大手マスメディア機関だけのものではなく，プロフェッショナル，アマチュアの別なく，各競技団体またはプロフェッショナルリーグが蓄積してきた大会順位結果，最高記録などの蓄積情報を過去にさかのぼってネット上で広く一般に向けて公開することを可能にした。このような環境の中から，スポーツ競技大会や試合でのパフォーマンスがどれだけ優れたものなのか，または低調なものなのかなどの判断基準を一般市民がもつことも可能となり，「読むだけ」「聞くだけ」「みるだけ」という読者，聴取者，視聴者の受動的な立場が転じて，能動的・主体的に今「調べるスポーツ」の研究者やファン（愛好家）の存在感が社会に広まっていったのである。

スポーツ報道に対する一方的な情報の受け手は，自ら考え，批評するための情報ソースへのアクセスが可能となり，スポーツにかかわる競技や試合に関して個人的に評価するための手がかりを得たのである。見方を変えれば，ネット上で各種スポーツデータへのアクセスが可能になったことで，人々は「スポーツ報道」に対する読み解きの力，いわゆるリテラシー力を高めることにつながる，「調べるスポーツ」力を身につける環境を手に入れたのである。

②「複合型メディア」展開を可能にしたブロードバンド時代の到来：2000－2010年

次の段階はおよそ2000年代からの10年間で展開された。インターネット上で高速・大容量の情報送受信を可能にする広い周波数帯域幅の実現，いわゆる「ブロードバンド」環境整備の加速が，先進各国を中心にみられ始めた。日本でも2000年頃からこのブロード

バンド環境が整備されるようになった。

この時代を予見するように，グンター(1998)はウェブサイトでのビジネス展開が放送ビジネスモデルに近づいてきているとの知見を提示し，インターネットはテキスト・音声・映像など，これまで独立してビジネス展開してきた個別のメディア機能を統合し，「複合型メディア」として展開されるとの可能性を示唆した(M. Gunther. Web+sports=profit. Right? Fortune: 1998. 197-98)。また，モリスとオーガン(1996)は，メディアとしてのインターネットがマスメディアの多面的な機能を1つに統合する媒体となる可能性についても言及している。これには，インターネットが新聞，ラジオ，テレビなどの既存マスメディアが個別に備えていた機能をすべて引き受けることが前提となっていた(M. Morris and C. Ogan. The Internet as Mass Medium, Journal of Communication, 49(2). 1996. 39-50)。

アメリカでは，インターネットベンチャーの起業に対して大量のバブル資金が流れ込んでいたが，この揺り戻し現象として2000年にインターネットバブル崩壊が起きた。しかし，その後は再び確実にブロードバンド時代が時計の針を進めていった。このような状況の中で，マスメディア中心の独占的な事業展開の構図が根本的に変化してきたことを覚えておく必要がある。

大手新聞社は，専門的な取材・編集体制とこれを最終的に印刷・流通させるシステムの構築という大資本を要する先達者としての存在が，一般参入者の追随を許さなかった。またラジオおよびテレビ放送局は，取材・編集した情報を，最終的には全国に向けた放送電波にのせて電子的に伝送する機械・システムを構築するための膨大なインフラを整備・維持することが必要になる。

さらに，放送電波をその事業に利用するラジオにしてもテレビにしても，有限な資源である電波の利用に対して，国から「放送免許」を取得する必要があり，放送が「免許」事業であることが，他業界・他業種からの参入を容易に許さない環境をつくってきた。

このような中，インターネットがテキスト，音声，映像を複合的に扱うことができるようになると，「免許事業」という名のもとで大規模な情報加工および流通・送信のためのインフラを保有し，しかも免許取得を必要とする規制枠組によってその事業が寡占的に守られてきた，特に大手マスメディアとしてのラジオ・テレビ放送におけるスポーツ報道のスタイルも変化を迫られることになった。

ブロードバンド環境下で，「複合型メディア」としてネットメディアが存在感を増すと，コンテンツ流通環境も大きく変化せざるを得なくなり，それに伴ってこれまで長らく安定的な立場にあった大手マスメディア事業は，大衆の一方的な情報受信に頼ってきたコンテンツ供給のあり方を見直し始めた。大手マスメディアは，引き続き自分たちの地位を守ろうと，ネット上にも影響力を広げようと動き始めたのである。これにかかわる顕著な事例として，大手新聞社，大手放送局がオンラインの報道(スポーツ報道も含む)にこぞって乗り出したことが挙げられる。

このような高次元の情報コンテンツ流通環境が整うことで，例えば2004年にカリフォルニアで始まったYouTube，2006年末からスタートしたニコニコ動画などの投稿動画配信サービスが既存マスメディアにも影響を与え始めた。

ここまで2つの段階において共通してみられるのは，「新聞離れ」「テレビ離れ」現象が大手マスメディアの将来経営見通し，そしてメディアそのものの存在意義に対する自問自答の機会を与えたことである。このような状況の中で，動かぬ前提となっていたのは，基本的に既存の大手マスメディアがスポーツ報道の中心に基幹的な存在として位置づけられているという従来どおりの考え方だった。つまり，スポーツ報道を取り巻くメディア環境が大きく変化する中にあっても，長く存在感を社会に示し続けてきたマスメディアとして，メディア情報の受け手である一般大衆を惹きつけるための一過性の戦略を打ち出せばよいという発想にとどまっていたのである。つまり，情報の送り手としてのマスメディアの力量に劇的な変化はないとの安心感が依然としてあった。

また2000年代は，ブロードバンド化が加速する中，積極展開に乗り出した大手マスメディア機関にとって，ネット上の個人的なブログ(ウェブログ)による情報発信との違いをどのように情報の受け手に理解させるかについて，戸惑い続けた時期だともいえる。大手マスメディアは，オンラインでの報道・ジャーナリズム活動とはどうあるべきかと戸惑い，またプロフェッショナルなジャーナリズム活動と，プロからみれば一ネットユーザーが発信するアマチュア的な情報が，ネット上で混在することをどう考えるべきか悩み続けたのである。このような状況をもたらしたのは，他でもないインターネットの潜在的な可能性を最大限に活用した「複合型メディア」展開の具体化にほかならない。

金山(2004)は，大手ニュース機関の動きとは別に，オンラインジャーナリズムを多元的な視点から理解する必要があるとし，可能性として，1)既存のマスメディアの延長にあり，プロフェッショナルなジャーナリズムの基準に沿うものを求めることも1つだが，それとは別に，2)新たにオンライン上に出現したもので個人，団体，コミュニティーの活動の中で実践され，プロフェッショナルにみられる継続性，専門性，中立性などの厳格なコードに，ある程度の許容範囲を認める切り分け方もあり得ると指摘している。

この延長線上で興味深いのは，杉本(2012)が指摘した「もはや(スポーツの)ファンはメディアの視野でスポーツを見ることから離れて，自分の目で試合を見たがっている」との視点である。

ブロードバンド環境を活用した様々なスポーツ関連コンテンツの流通が可能になる中，自分なりのスポーツの見方をネット空間上に投げかけてみたいという個人の思いは，もはや思いにとどまらず，個人的な情報発信実践として現実化し，これが2010年代に入ってソーシャル・ネットワーキング・サービス(social networking service: SNS)を舞台として盛んになっていったのである。時代は，個人による参加・共有型の情報発信の広がりへと向かっていった。

③「双方向性」と「参加」を加えた新たなスポーツ報道の展開：2010年以降

インターネットがスポーツ報道に与えた影響は大きい。1990年代には、「調べるスポーツ」の環境が整い、個人の興味・関心に応じたより深いスポーツの見方が可能になった。そして2000年代に入ると、「統合型メディア」が、高速・大容量のブロードバンド環境に支えられる中、テキスト・音声・画像のすべてを活用した情報伝達により、これまで大手マスメディア機関によってのみ公的な空間に提供されていた情報に、スポーツ競技団体、グループ、そして個人が収集・加工したスポーツ情報が加わってネット上で混在する時代になった。

2010年代からは、SNSの広がりをもとに、さらにブログ、Twitter、mixi、Facebook、そして動画コンテンツの受発信を可能とするアメリカYouTube、日本ではニコニコ動画などの活用が本格化した。また、コンテンツにアクセスできる一般利用者はサイト上でフィードバックコメントが残せるなど、双方向性（インタラクション）とスポーツに関する情報提供も含む、より広い意味でのスポーツ報道に対し、個人的に参加することが可能となった。このような営みは「パブリック・アクセス」とも表現される。

個人が、情報伝達のためのメディアチャンネル（テレビ、ラジオ、ケーブルなど）にアクセスし、そこをベースとして情報を伝達したり、受け取ったりできる「パブリック・アクセス」は、これまでマスメディアを中心に固定的な視点でなされてきたスポーツ報道のあり方を、スポーツを個人の身近なところに置いて、自分のこだわりで捉え、情報発信できる形に変えることとなった。

ネット時代が本格化する中、あらゆるメディアを介して世界の人々の興味・関心を集めたり、メッセージを訴求したりすることができる世界的なイベント、今日的表現では「グローバル・メディア・イベント（Global Media Event: GME）」のあり方が変わっていることは特筆される。GMEの代表的なものは「オリンピック」であり、世界に向けて伝える中心となってきたのはテレビ放送だった。オリンピックを象徴する開会式や白熱する競技の様子を伝えるテレビ映像は、地球の静止衛星軌道（赤道上空36,000kmのスポット）に打ち上げられた衛星を介して世界各地の放送機関に向けて送られ、そこから国内の各テレビ視聴家庭に向けて放送されることで多くの人々を惹きつけてきた。

2012年の第30回オリンピック大会（ロンドン）は、テレビ視聴が常に中心的な存在だった「テレビンピック」から、テレビを視聴しながらFacebookやTwitterなどのソーシャルメディアで個人が情報を受発信するソーシャルビューイングを軸とする「ソーシンピック」への本格シフトがみられたことで、メディアスポーツ領域においても歴史的なオリンピックになったといえるだろう。

クラフト（2012）は、「2012年ロンドンオリンピックでは、（テレビなどの）伝統的なメディアに加えてソーシャルメディアやブログ情報発信が爆発的なメディア伝達に向けた主要因となる」としており、個人の思い入れをも含む情報発信が伝統的なメディアへの接触促進につながるだろうと指摘している。実際、2012年7月27日から8月12日まで開催された第30回オリンピック大会（ロンドン）において、アメリカでは史上最多の2億1,900万視聴（17日間放映の積算視聴者数）で、前回大会（第29回大会〔北京、2008年〕）の2億1,500万を上回り、米国テレビ放送史上最多視聴を記録した（C. Craft. Socialympics. http://www.convinceandconvert.com/integrated-marketing-and-media/socialympics-how-social-media-and-blogging-hasboosted-sports-media/ 2013年4月21日）。

加えて、アメリカではプロバスケットボールリーグのNBAやプロ野球のMLBなどは、試合の放映権を大手のマスメディアとの交渉により決定してきたが、ネット時代では試合の放映をマスメディアに頼らず、自前で試合の模様を中継する体制をとり、タブレットやネットテレビに向けたコンテンツ提供サービスをすることにも乗り出した。これまでスポーツコンテンツ提供の中心的な存在だった大手テレビ局やケーブルテレビ局の地位が脅かされるようになっている。

プロスポーツリーグが直接ネットでのコンテンツ配信に乗り出す中、既存メディアが名物スポーツアナウンサーや解説者を時代に応じて世の中に送り出してきた仕組みも変容しつつある。これまでは、絶対的なオピニオンリーダーとして君臨できた彼らの有名性への侵食がみられるようにもなった。プロリーグと巨大な資本を背景に、試合の放映権交渉をすることで半独占的な地位を得てきたマスメディアは、インターネット上でのスポーツコンテンツ流通も視野に入れた、新たなブロードバンドインターネット権への交渉・対応を求められている。ネット上でのスポーツコンテンツ流通が活発化する中、テレビ放送のみならずインターネットでも視聴者にコンテンツを提供することが求められていると感じるマスメディアは、コンテンツ発信の総合的なあり方を改めて問われている。

ネットメディアとスポーツとのかかわりが、メディアスポーツの領域を進化・拡大することに寄与する一方、普遍的な問題もある。密度の濃い情報、または特定のスポーツ選手・試合関連情報に直接かかわることができるのは、依然としてマスメディアに連なるプロフェッショナルなジャーナリストたちのみなのである。その意味では、個人・市民のスポーツ報道への「参加」という営みが、当面プロフェッショナルなスポーツ報道を侵食することは考えにくい。それよりも、マスメディア報道の一面的な見方、物足りなさへの不満も含めた批判的・批評的な個人の意見をインターネット空間という公的な場に提示することで、既存マスメディアに対して緊張感をもたせることにつながっている側面を重視したい。

これからのスポーツ報道がどのように発展していくのかについてだが、スポーツを単なる娯楽・エンターテインメントとしてのみ捉えるのではなく、目の肥えた個人がより高いレベルで各種スポーツを理解し、観戦するための手段としてネット上のスポーツ報道・情報を活用していくことが人々の間に定着していくならば、スポーツ報道そのものの質の向上につながるだろう。インターネット時代のスポーツ報道においても、ジャーナリズム性を帯びた活動であることを念頭に置く時、ネット時代独自の「スポーツ報道」に対する理解力・展開力を、社会全体で考え、

創出していく時に来ているといえるだろう。そこから，真に成熟したスポーツ文化が生まれてくることが期待される。

参考文献

◆ 金山勉 2004.「技術のインパクト―オンライン・ジャーナリズム」『現代ジャーナリズムを学ぶ人のために』159-77. 世界思想社
◆ 杉本厚夫 2012.「アメリカスポーツの発展とメディア」『メディアスポーツへの招待』115-28. ミネルヴァ書房
◆ S.R. McDaniel and C.B. 1998. Sullivan. Extending the Sports Experience: Mediations in Cyberspace, *MediaSport*, Routledge. 266-81

（金山　勉）

スポーツと雑誌

① 雑誌の特性

スポーツに関する記事を掲載する雑誌は，テレビや新聞に比べて速報性はないが，読者層を絞ったより専門的な内容，細分化された内容を扱っている。新聞やテレビなどで取り上げるスポーツをさらに深く掘り下げて報道する雑誌や，新聞やテレビというメディアでは取り上げられる機会の少ない種目などを扱う雑誌がある。このような雑誌の性格からスポーツに関するより専門的な内容，細分化されたマニアックな内容という点でインターネットと重複する部分が少なくない。

情報伝達のスピードではインターネットの力がはるかに有利である。しかも，その多くは無料で情報を得ることができ，読みたい内容だけを選択して読むことができる。さらに外国語を読みこなせる読者にとっては，これまで専門誌の報道に頼ることの多かった海外スポーツについても，その情報をすぐに得ることができる。最近では，競技者自身がブログやホームページを作り，自身についての情報を発信することも多い。雑誌はインターネットに押されているといえるだろう。

しかし，インターネットが断片的な日々の情報や，ファン同士の情報交換をしているケースが多いのに対し，雑誌はプロの編集者と記者たちが大局的に俯瞰し，詳細情報を伝えるなどしている。例えばどのチーム，どの選手が強いのかを総合的な戦力・競技力から予想・分析する。カラー写真やグラフ化など視覚に訴える誌面構成ができるのも雑誌の魅力である。試合や競技が終了した後には，結果を振り返って，解説者と呼ばれる元トップアスリートや現役を引退した人物らとともに，勝因や敗因を解説するなどしている。

インターネットではこれまでのところは，画面の特徴上，長文は読みづらく，扱いにくいが，雑誌では紙媒体で書籍の体裁であることを生かして，情報量が多くても読みやすい誌面づくりが可能である。ファンが知り得ることのない選手の生い立ちや日常生活での素顔などをカラー写真とともに数ページにわたって紹介することもある。

また，雑誌には新聞やインターネットのような速報性はないが，1つの事柄を他の媒体よりも時間をかけて取材することができる。2009年にはアメリカのスポーツ総合誌「スポーツイラストレイテッド（*Sports Illustrated*）」がメジャーリーグ，ヤンキースのロドリゲス（A. Rodriguez）の禁止薬物使用をスクープし，球界を揺るがせた。

② スポーツ観戦・プレイの手引きとしての役割

このように，プロ野球やメジャーリーグ，サッカー，ゴルフなどファンの多いプロスポーツを扱う雑誌は，プロの記者による取材をもとに，戦力や競技力の分析や選手の人間性，試合の舞台裏などを伝えることで，断片情報ではなく，より専門的な知識や情報を求める読者に「みるスポーツの楽しみ方」の視点を提供しているといえるだろう。

このほかにも，オリンピックや高校野球など人気のあるアマチュアスポーツを扱う雑誌でも，開催時期の前後には，みどころや注目選手などを紹介し，予想や分析の記事を掲載するのも，同様に「スポーツ観戦を楽しむ方法」を与えている。

これらの雑誌によって，より専門的にスポーツを楽しむ方法を知った読者が，インターネットを使い，記事に対する同意や反論，記事で取り上げられた選手やチームのその後の動向を追いかけ，自らのスポーツの見方を発信するなどしている。選手のブログについても，新聞や雑誌に掲載された客観的な情報，周辺取材に基づく記事を読むことにより，ブログと雑誌を相互に関連づけて楽しむことが行われている。雑誌を発行する出版社側でも，スポーツ専門誌とインターネットを競合させるのではなく，媒体の特徴を利用して相互作用させることをねらっている。

また，スポーツを扱う雑誌の中には「する」スポーツを補助する内容のものも少なくない。特に競技種目ごとに発行されている専門誌は，対象としている読者が，その種目の競技者や指導者である場合が多い。雑誌を読むことで競技や技能力向上につなげたいと考える読者のために，連続写真やイラスト入りで，プロの技術を分析し，専門家の指導を掲載するなどしている。練習場面や競技場面の映像を収録したDVDなどのメディアを付録としているケースもある。

雑誌はテレビやインターネットに比べて，愛好家がお金を支払い買い求めるものだけに，お金を支払ってでも手に入れたいと思わせる情報が掲載されている必要がある。

専門家によるマニアックなスポーツ観戦の楽しみ方を提示することで他では得られない情報として，読者に購入を促したら，雑誌を購入することが自らの競技・技能向上につながるという期待を与えるなどの工夫がされている。

③ 複数のメディアをリンクさせる雑誌の登場

アメリカのケーブルテレビ局にはスポーツを専門に取り上げるESPNがある。このESPNはテレビでのスポーツ中継や報道が軌道に乗ると，1990年代後半には雑誌を発行し始めた。若い男性を読者層に絞り，見開きページに大きく選手の写真を載せ，スター選手を「解剖」するなど派手な紙面構成をしている。

ESPNは，テレビでの放送を通じて名物コメンテーターや名物リポーターとなった人物たちが雑誌の記事を書き，より読者の興味を惹きつけるなどの工夫をしている。インターネット上のホームページでも一部が閲覧できるようにするなどの仕組みがある。さらにインターネット上でもコラムやほかでは得られない情報を少しだけ読ませ，会費を支払えば，その全文を読む

ことができる仕組みになっている。

アメリカでは「ファンタジー・ベースボール」や「ファンタジー・フットボール」などと称し、インターネット上の仮想空間でファンが実際の選手の成績やデータをもとに自らが球団の経営者となって架空のチームを作り、勝敗を競うゲームが人気を得ている。ESPN局などスポーツ中継を扱うテレビ局はこれらをビジネスとして取り入れている。ファンはテレビ中継をみて楽しみ、雑誌で選手に関するサイドストーリーを得る。そして、インターネットで日々の選手の成績を確認し、このようなゲームを楽しんでいる。

④ 未来の読者を獲得する

アメリカをはじめ日本でも子ども向けのスポーツ雑誌が発行されるようになった。スター選手の子どもの頃の写真や物語をわかりやすく伝え、その選手の好きな食べ物や音楽などを紹介している。読者である子どもたちが描いた好きな選手の絵なども掲載され、選手たちの写真がカード形式になって付録としてついていることもある。

このような雑誌が販売され続けることは、子どもたちにみるスポーツの多様な楽しみ方が浸透していることを示している。一方で、雑誌を発行する側からは、子ども向け雑誌の売り上げ増を期待しているというよりも、早くから少年少女版で自社の雑誌になじんでもらい、数年後には本誌の主要な購読層になることを目論んでいる発行社もある。

⑤ スーパースターにも依存する販売部数

雑誌は上質紙を使用し、カラー写真をふんだんに取り入れた構成をする。記事の内容だけでなく「写真集」として画像を眺める楽しみも提供している。

風景やファッションを伝える雑誌でも、写真は重要な役割を果たしているが、スポーツを伝える写真は連続するプレイのある一瞬を切り取り、予測できない一瞬の肉体の動きや表情を捉える。これらは他の写真にはない特性であろう。

専門的な情報を伝える役割と選手の表情を大きく映し出す画像の効果で、雑誌の取り上げ方によっては選手の「アイドル化」につながることが少なくない。スポーツの競技者たちの年齢は若く、スポーツによる清潔やさわやかなイメージをもっていることからアイドルやスターとして一瞬にして人気を得やすい。

先にも述べたように雑誌は、テレビや宅配される新聞と違い、わざわざ買い求めて読むものである。読者がどうしても手に入れたいスター選手やアイドル選手の写真があるか、情報があるかによって発行部数や販売部数は大きく影響される。表紙の写真にどのアスリートを取り上げるかということと販売部数に明らかな相関があるケースは少なくない。

例えば、1990年、日本人選手がNBA（米プロバスケットボール）に所属していないにもかかわらず、NBAを取り上げた雑誌が日本国内で販売されるようになったのは、NBAやスポーツ用品会社がシカゴ・ブルズに在籍していたジョーダン（M. Jordan）の人気をうまく使い、世界的なものとしたからだ。実力だけでなく、人気・カリスマ性を備えた選手が出現すると雑誌の売り上げに直結する。

しかし、ジョーダンの引退後は、NBAにはスター選手は存在するものの、世界的な人気を得たジョーダンを超える選手は出現せず、NBAを扱った専門誌はその販売部数が落ち込んだ。

また、サッカーのワールドカップやメジャーリーグのワールド・ベースボール・クラシックなどの国際大会で、しかも日本人選手が活躍すると販売部数が瞬間的に伸びる。このため、雑誌は人気のある大会の直前には特集号を発行し、その大会中にスター選手が出現した場合には、その選手に関する特集をまとめて売り上げの増加につなげるなどの手法をとっている。

⑥ 保存性に優れた媒体

雑誌はインターネットや新聞に比べて保存性に優れていることから「過去の貴重な資料」として扱うことで、付加価値をつけていることが多い（図1）。

米国では、「スポーツイラストレイテッド」誌や、長い歴史をもつ「スポーティング・ニュース（Sporting news）」の収集家が存在する。スポーツ観戦に出かける時は、ひいきの選手の写真が表紙で取り上げられた過去の雑誌を持っていく。選手にそこへサインをしてもらうためである。サインの入った雑誌はメモラビリア（memorabilia）と呼ばれ記念品や骨董品に似た種類のものとなり、大きな価値を得る。収集家の間で、高値で取り引きされていることも多い。また、サインはなくとも、保存状態のよい過去に発行された雑誌が、スポーツ記念品や骨董品の販売会場で取引されるのをみかけることが多い。

日本でも、このような傾向がみられるようになり、愛好家や収集家の間でネットオークションなどを通じて取り引きされていることがある。また、出版社が復刻版として、過去の雑誌を新たに編集し直して販売しているケース

図1　アメリカ人スポーツファンの家庭での古い雑誌の収集の様子

もある。バックナンバーとして数ヵ月から数年前までの雑誌も販売している。

先に挙げた「スポーツイラストレイテッド」誌などは、毎号を取り寄せている公共図書館では1980年代頃からのバックナンバーを検索することができるようになっている。1つの新聞記事からでは得られない、選手に関するまとまった過去の情報を得ることができる。雑誌とスポーツの歴史が成熟してきたことで、過去の写真と記事の両方を楽しむことのできる優れた資料になってきた。

（谷口輝世子）

メディアによるスポーツの加工 20.B

メディアとスポーツの転形　20.B.01

① メディアによってつくられるスポーツリアリティー

われわれが野球を野球として、サッカーをサッカーとして認識できるのは、その現実（リアリティー）に意味を付与するフレームによってである。ゴッフマン（E. Goffman）は、そのフレームを基礎フレーム（primary frameworks）とその変形されたもの（transformations）に分け、しかも、その変形がすべての参加者によって認められている場合を転形（keying）と呼んだ（E. Goffman. *Frame Analysis*. Harvard University Press. 1974）。例えば、足でボールを蹴るという基礎フレームが、一定の空間にゴールを設定し、チームに分かれて、1つのボールをそれぞれのゴールに手を使わずに足で蹴り込むというゲームのルールによって、サッカーというスポーツに転形される。このようにフレームによって区切られた各々のリアリティーが存在するので、サッカーは単なるボールを蹴るという遊びとは異なったリアリティーを構成するのである。

さらに、そのサッカーはメディアというフレームによって切り取られた新たなリアリティーとして再転形（rekeying）される。例えば、新聞は出来事としてのスポーツを、記者が「文字」というフレームによって切り取り、記事として転形する。また、ラジオは「いま」「そこで」行われているスポーツを、アナウンサーや解説者の「声」というフレームによって切り取り、情報としてわれわれに伝える。テレビはプロデューサーによって、どのようにスポーツをみせるかが決められ、スポーツ番組が制作される。さらにスポーツは、ドキュメンタリー、映画、漫画などに再転形される。このようにスポーツはメディアのそれぞれのフレームによって切り取られた多元的現実の中で、様々に解釈されるのである。

とりわけ、テレビというメディアは、転形されたスポーツ番組であるにもかかわらず、われわれはあたかもそのスポーツ現場にいるような錯覚に陥り、メディアのリアリティーであることを忘れてしまう時がある。これをE.ゴッフマンはフレーム壊し（breaking frame）と呼んだ（Goffman, 1974）。つまり、転形されたはずのスポーツ番組が、いわゆる臨場感溢れるメディアの仕掛けによって、元のスポーツのリアリティーへと戻って（downkeying）しまい、われわれはより興奮するのである。

このような臨場感を出すために、テレビは選手の声や息遣いの音声を拾ってみたり、例えば野球では、ボールの空気を切る音やキャッチャーミットに収まる音を入れる工夫をこらす。さらに、3Dによる立体映像によって、まるで競技場にいるかのような気分にさせてくれる。

② メディアが作り出すドラマ

このように、メディアは限りなくスポーツのリアリティーに近づこうとする一方で、スポーツを娯楽化し、ドラマに変容させることによって、関心をもつ人の数を飛躍的に増大させてきた（渡辺潤「スポーツとメディア」井上俊・亀山佳明 編『スポーツ文化を学ぶ人のために』世界思想社．1999）のである。

よく「スポーツは筋書きのないドラマである」といわれる。例えば、「逆転劇を演じる」というように、メディアはスポーツをドラマとして表現しようとする。新聞はスポーツ欄に『スポーツ人間ドラマ』というタイトルをつけたり、テレビ中継は『劇空間プロ野球』と名づけて、われわれを人間ドラマ劇場へと誘うのである。

なかでも、メディアが好んでドラマ化するのが高校野球である。甲子園という劇場で、高校生らしく振る舞うことによって、高校球児という役柄（Character）を演じる選手と、それをそれらしくみようとする観客の相互作用によって高校野球は成立しているといってもよい。そしてメディアは、ファーストへのヘッドスライディング、ガッツポーズ、勝っても負けても流す涙などの高校生のプレイを、日本人の心性に訴えかけるような「正々堂々」「さわやか」「のびのび」「ひたむき」といった言葉でドラマ化する。そして、われわれは野球というスポーツそのものではなく、メディアによって作り出される高校生ドラマのストーリーに感動するのである。

1996年の第26回オリンピック大会（アトランタ）での放送権を独占していたNBCは、徹底的に選手のエピソードを取材し、挫折や悲劇を乗り越えた「人間ドラマ」を作成して女性の視聴者を獲得し、視聴率を大きく伸ばした。

初めからスポーツをドラマに仕立てることを目的としているメディアには、漫画や映画がある。

とりわけ漫画は、スポーツをドラマ化することで成り立っているメディアである。例えば『週刊 少年ジャンプ』では、スポーツ漫画の編集方針は「友情」「努力」「勝利」であり、ストーリーはこれらを含んだものになっている。

また、そのストーリーは、それぞれの時代の社会的な価値観を反映していることはいうまでもない。ひたむきな努力によって成功を勝ち取るという、いわゆるスポーツ根性ものの代表といえば『巨人の星』であるが、それは、1960年代の高度経済成長を支えた価値観に依拠している。一方で、同じ作者による『あしたのジョー』は、アウトサイダーのボクサーの物語であり、当時の社会に対するアンチテーゼとして描かれ、反体制を標榜する若者たちに

支持された。1970年代に入ると、スポーツのリアリティーを描こうとする傾向が出てきた。『釣りキチ三平』は、釣りのリアリティーを追求し、技術的な説明は釣りの入門書として読まれるほどであった。1980年代になると、これまでのスポーツの息苦しさを払拭するように描かれたサッカー漫画『キャプテン翼』が人気を博した。この作品は、あくまでスポーツの楽しさを伝えようとしており、コマ崩しなどを多用し、スポーツの迫力に迫ろうとしている。そのため、キャプテン翼を読んで、サッカーを始める子どもたちが増えるようになった。さらに『炎の闘球児　ドッジ弾平』は、子どもたちの間にドッジボールのブームを引き起こしたのである。

このように、漫画におけるリアリティーはスポーツを通して社会を描くことから、逆に、現実のスポーツ文化を変えるような力をもつまでになったのである。

③ メディアによるスポーツ文化の変容

アメリカンフットボールの映画『エニー・ギブン・サンデー』では、オーナーがテレビの視聴率を上げるために、コーチにプレイスタイルをランプレイからパスプレイに変更するように求めるシーンが描かれている。このようなメディアによってスポーツ文化が変容するという現象は実際に起きている。

とりわけテレビの衛星放送によるスポーツ文化の変容は多い。衛星放送はリアルタイムで世界に映像を配信するため、時差の関係で地域によっては深夜になる場合もある。そのことを解消するために、競技の開始時間の変更が行われる。例えば、1998年の第18回冬季オリンピック大会（長野）では、開会式はアメリカの夜の時間に合わせて現地時間の午前中に行われるし、アイスホッケーの決勝は、アメリカとカナダの対戦が予想されるため、昼に時間変更となった。また、1988年の第24回大会（ソウル）でも、陸上競技の100m決勝がアメリカのプライムタイムに合わせてスタートが切られた。これは、アメリカの1つの民営放送局が放映権を独占していて、その視聴率確保のために行われたのは明らかである。いま

や、オリンピックは4年に1度のアメリカのテレビショーだといわれるゆえんはここにある。

また、大相撲のまわしがカラフルになったり、柔道着がカラー化したのも、テレビというメディアからの要求によるものである。さらに、ゴルフがマッチプレイ（2人あるいは2組のプレイヤーが1対1で対戦し、1ホールごとのストローク数で勝敗を決める）からストロークプレイ（ストローク数を合算して最少打数者が勝者となる）に変わったり、相撲の立合いのための制限時間を設けたり、バレーボールがラリーポイント制になったりといったルールの変更は、すべてテレビの放送時間に制約されて、スポーツ文化が変容した現象だといえる。

このように、メディアのためにスポーツのルールを変えるのはアメリカスポーツではよくみられることである。例えば、アメリカの四大スポーツはすべてプレイオフによって優勝を決める。これは、リーグ中に優勝が決まれば、それ以降は試合をみなくなり、視聴率をとることができないからである。また、バスケットボールがハーフタイム制からクォーター制に変わったのも、試合中継中にCMを入れる回数が増えるからである。アメリカンフットボールでは、ゲームの進行に関係なくCMを流すためのタイムアウト、「コマーシャルタイムアウト」が実施されている。これらはすべてテレビというメディアの都合によって、スポーツ文化が変容を余儀なくされた現象であるといえよう。

参考文献　20.B.01

- 杉本厚夫 1994.「劇場としての甲子園」江刺正吾,小椋博 編『高校野球の社会学』世界思想社
- ———. 2005.『映画に学ぶスポーツ社会学』世界思想社
- ———. 2012.「アメリカスポーツの発展とメディア」黒田勇 編『メディアスポーツへの招待』ミネルヴァ書房

（杉本厚夫）

映像とスポーツ　20.B.02

① 直接の経験と間接の経験－メディアを通したスポーツ

スポーツの経験は、直接のものと間接のものに分けられる。

自分の身体を用いて競技に参加している場合は、プレイヤーとして、あるいは審判として、その場を直接に経験する。用具に手足で触れ、対戦相手と接触することもある。フィールドの土の湿り具合、風の向きや強さ、時には降り落ちる雨を感じながらスポーツを楽しむ。

われわれが競技場でゲームを観戦している場合も、直接の経験と呼べるだろう。なぜならそれは競技が行われているフィールドからは区画されているが、プレイヤーに近い空間に身を置いて肉眼でゲームをみるからである。ゲームの展開を目撃するだけではなく、プレイの中で生じる衝撃音、それに観客の拍手や歓声を耳で聞くだろう。商業化された観戦スタイルでは飲食を伴うことが多いから、味や匂いも感じ取る。すなわち、スポーツの直接経験は、プレイヤーであるか観客であるかを問わず、スポーツが行われているまさにその場において、五感を通してプレイやゲームを受け止めることといえる。

一方、間接的な経験とは、いうまでもなくメディアを媒介させてスポーツを見聞することである。印刷メディアが主流だった時代には、新聞に相撲の星取表が掲載されたり、学生野球の戦評が掲載されたりした。活字に加えてイラストや写真が添えられるようになると視覚的な経験も与えられたが、それらは、試合の中の決定的な一瞬を切り出したものであり、連続したゲームを一連の「流れ」として読者に感じ取らせるには限界があった。初期のスポーツの技法書などは図解や分解写真などを用い、ある程度の視覚情報を与えたが、読者がそこから知りうる事柄は限られており、やはり直接に観戦するとか指導を受けるとかしなければ、ルールや戦術を覚えスキルを身につけるのは難しかった。やがてラジオ中継の開始によって、断片や結果にすぎなかった間接経験が、流れをもったものへと質的に転換した。日本では相撲や中学野球のラジオ中継が多くの聴取者を獲得したが、いうまでもなく、ラジオ放送には視覚情報が伴わない。聴取者は、アナウンサーの実況に耳を傾け、競技場の光景を思い浮かべることによって

「現場」を疑似体験していたのである。

② 感覚の欠如と虚構の編集－映像の中のスポーツ

モーションピクチャー，すなわち映画（あるいは動画）というメディアが普及することで，「現場」から離れたところで間接的にスポーツをみることが可能になった。日本では，1900（明治33）年に相撲の取り組みを撮影したものが映像化されたスポーツの早い例である。東京・両国回向院で撮影された映像は，まず関西地区の劇場で公開され，のちに東京でもたくさんの入場者を集めたという。スポーツは，「空間」の制約から自由になるとともに，記録として「時間」を超えることが可能になった。

映画という技術の普及によって，人は，ゲームが行われている場にいなくてもスポーツをみることができるようになった。ニュース映画や教授用フィルムによって，あたかも臨戦しているかのような視覚情報，そして聴覚情報を得ることが可能となる。ただし，複製された「現場」からは，嗅覚や皮膚感覚などが欠落している。スクリーンの前で，汗の匂いや雨粒の冷たさを感じることはできない。のちのテレビ放送の普及によって，受け手の数が増加し，受信可能なエリアは大きく拡大した。だが，間接的な経験の基本的特徴に変わりはない。

つくられた映像は，「現場」での観戦とは大きくかけはなれたフィクションである。ドラマ仕立てのものはもちろん，ドキュメンタリー映画や実況中継でさえも，フィクション性（虚構性）を備えており，「現場」の忠実な再現ではない。現実の観客が体験し得ないアングルや構図が採用され，スローモーションなど実際の時間の進行とは異なるみせ方によって，生身のからだでは味わうことのない興奮が作り出されているからである。

視聴覚メディアの世界における技術的な進歩は著しい。その技術を利用すれば，「筋書きのないドラマ」であるスポーツを素材としつつ，競技とは別の次元でのメッセージ伝達が可能である。オリンピックの「記録」として製作された映画は，選手やチームの競技の様子を伝えるためだけのものではない。例えば，ナチス・ドイツ時代につくられた1936年の第11回オリンピック大会（ベルリン）を題材にした映画『民族の祭典』（1938年）は，競技記録という性格から逸脱した部分を含む。作品そのものの評価は分かれるところだが，この映画の製作や上映には，ナショナリズムの発揚をめざすナチスの強いバックアップがあった。

近年，国家がスポーツを利用することは，露骨な形ではみられなくなったかもしれない。にもかかわらず，オリンピックは今でも国家が参加単位の基礎にあり，選手は国家を代表する立場で競技に出場していて，国民は自国の選手を応援する傾向が強い。国別対抗の国際試合では，中立的とされる報道機関がつくる番組であっても，ナショナリズムを煽る表現が含まれることが少なくない。競技結果や記録の改ざんは現実的ではないし，画像を意図的に修正加工することも，おそらくないだろう。したがって，視聴者は送られてくる映像を「現場」で起こっていることだと素朴に信じている。しかし，スポーツの「現場」には経済的格差や人種差別，あるいは「不健康」な人々の排除といった様々な問題が含まれている。そういった問題がみえにくくなるよう，巧妙に，あるいは無意識的に操作されている可能性は否定できない。スポーツを映像を通してみる際には，このような側面に想像力を働かせることが必要とされる。

③ 分析的手法，サイドストーリー，幻想

ドキュメンタリー映画・番組の中には，競技結果を記録し，観客の熱狂ぶりを伝達するにとどまらない作品がある。

1つは，その競技の技術や戦略について深く切り込んでいく分析的な映像である。例えば，1979（昭和54）年のプロ野球日本シリーズを題材にした『江夏の21球』は，最終戦の9回裏の攻防にかかわる，わずか21球のみを取り扱う（1980年，雑誌『Number』に掲載された山際淳司のエッセイに基づいてNHKが番組を制作し1983年に放映）。ゲームやシリーズの全体を示すわけでもなく，短い時間に起こった出来事をじっくりと回顧する形で，いわばミクロな視点に立つものだ。しかし，この番組は，野球ファンのみならず広く視聴者の知的好奇心をそそり，かつ人間ドラマを描き出すことに成功したと評される。

もう1つは，選手の人生や競技の社会背景などに踏み込んだ作品群である。例として，ボクシングの世界ヘビー級チャンピオンだったモハメド・アリ（Muhammad Ali）を例にとろう。アリの生涯や経歴に関しては多くの評伝が書かれ，映画化もされてきた。このうち，『モハメド・アリ　かけがえのない日々』（1996年）は1974年に行われたザイール（現・コンゴ民主共和国）での試合を中心にしたドキュメンタリーであり，完成までに20年近い歳月を要している。そして，アリが黒人として受けた差別の問題や，アメリカ社会におけるスポーツの商業主義化の弊害などを描き出した。このように，近年では，時代背景，社会背景を含みこむ作品がつくられている。これらは，スポーツの「現場」からの実況ではみえにくくなっている側面に光を当てている。

一方，あくまでもフィクションとしてつくられる作品群も存在する。マンガやアニメーションの世界ではスポーツを題材にしたものが多く，現実には不可能な身体運動や卓越した精神力によって勝利に至る道筋が描き出される。デフォルメされた身体をもったキャラクターが魔球など超人的なスキルを用いて活躍する。試合の展開などについても，リアリティーから遠く離れているものが少なくない。だが，これらの誇張・変形を荒唐無稽な空想の産物とみなすのではなく，われわれに潜む身体についての幻影・願望の表れだと解釈することも可能である。

参考文献

- 田中純一郎．1975．『日本映画発達史Ⅰ　活動写真時代』〈中公文庫〉中央公論新社
- 田沼雄一．1996．『日米野球キネマ館』報知新聞社
- 夏目房之介．1994．『消えた魔球　熱血スポーツ漫画はいかにして燃えつきたか』〈新潮文庫〉新潮社

（永井良和）

広告とスポーツ

① 広告媒体としてのスポーツ

ある企業もしくは団体が、スポーツを広告として活用する場合、その対象となる媒体は大きく次の3つに分けられる。それは「競技場（フィールド）」「競技番組（メディア）」「選手・チーム・競技組織・競技大会（ソフト）」である。

まず「競技場（フィールド）」が広告媒体として活用される場合、最も多いのは競技場内における広告看板の設置である。もともとは競技場に観戦に来た観客に向けたPR（Public Relations: 広報）で、固定式で1看板につき1種類の広告が掲示されてきたが、近年ではテレビ露出を前提としたアドタイム方式（一定の時間ごとに看板が回転して切り替わる）が主流となっている。また「バーチャル広告」など、実際の競技場には存在しない広告をテレビ画面に映す場合もあり、看板の交換や維持などの効率化が進んでいる。またテレビ露出を前提としているため、これら競技場内看板の広告価値は、テレビCMと同様に換算される。基本的には中継した局の15秒スポット広告料金を1秒単位で計算し、その金額に試合内で看板が映し出された秒数が掛けられたものが広告費として算出される。

その他「競技場（フィールド）」が広告媒体として活用される例として、ネーミングライツがある。例えば「福岡Yahoo! JAPANドーム」や「京セラドーム大阪」「味の素スタジアム」等、企業が競技場の命名権を買い取ることで、競技場の名前自体が広告媒体となる。

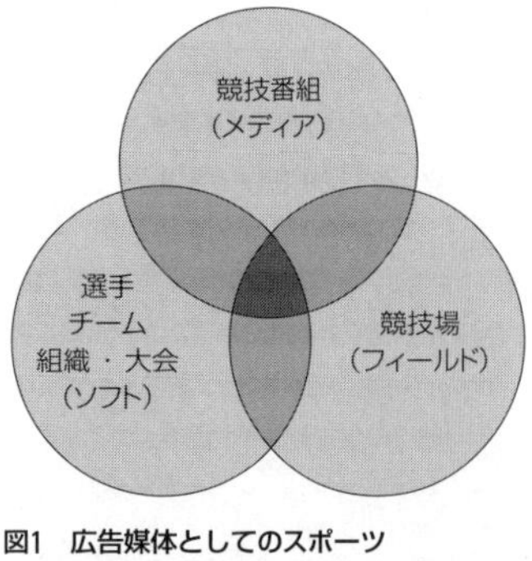

図1 広告媒体としてのスポーツ
「選手・チーム・競技団体（アスリート）」のスポンサー企業が、それぞれ「競技場（フィールド）」「競技番組（メディア）」など広告媒体を複合的に活用している。

次に、広告媒体としての「競技番組（メディア）」の活用だが、一般的なのは、テレビ・ラジオなどの試合中継・録画番組の間に放送されるCMである。

テレビCMには、番組と番組の間に流れる「スポットCM」と、1つの番組の間に流れる「タイム（番組提供）CM」があるが、特定の番組にCMを流したい場合には「タイムCM」が選択される。例えば、日本代表チームのスポンサー企業の場合、1日の放送の中でランダムに「スポットCM」として流されるよりも、日本代表戦の中継番組のみに「タイムCM」を流す方がスポンサー企業にとって効果的だと考えられる。

また近年、高騰しているサッカー・ワールドカップなど世界的なスポーツ大会の放送権料を支えているのも、このような企業の「タイムCM」である。

最後に、広告媒体として「選手・チーム・競技組織・競技大会（ソフト）」が対象となる場合だが、これは企業が選手・チーム・競技団体のスポンサーとなることである。スポンサー企業は、選手やチームへ自社商品を提供し、ユニホームに企業名を掲載する。また、チームや選手の公式記者会見での企業名の入ったパネルの設置、パンフレットやホームページ等でのスポンサー企業の掲載などがある。

広告主は、これら3つの媒体を通じて行われる広告活動において、消費者にいかに効率的に効果を与えるかが問われることになる。

そこで多くの場合、企業の広告活動では「選手・チーム・競技団体」をサポートするスポンサー企業がほかの媒体（「競技場」「競技番組」）をも取り扱い、複合的に広告を行うことになる（図1）。これは、各企業が媒体別に細分化し単独で広告展開をすると、同業種で同じチームや同じ団体のスポンサーになることによって、各々のスポンサーメリットが低減するのを避けるためである。さらには、一企業が複数の媒体（メディアミックス）から、複数のメッセージ（メッセージミックス）を送り出す方が、より効果的に消費者へのインパクトを与えることができるという統合型マーケティングの観点からもメリットがある。

② 企業のイメージ戦略

スポーツを利用した広告（以下、「スポーツ広告」と略す）は、先に述べたように、「競技場（フィールド）」「競技番組（メディア）」「選手・チーム・競技組織・競技大会（ソフト）」の側面から複合的に展開されるが、主にその主役となるのはスポーツ用品やスポーツ飲料などスポーツに関連した企業であった。例えば、NIKE, adidas, ミズノなどのスポーツ用品メーカーは、自社CMに有名アスリートを起用するだけではない。実際の競技でも選手に商品を提供して自社商品の機能性をアピールし、また選手育成にも力を入れている。スポーツ飲料メーカーのキリンやコカ・コーラの場合はサッカー日本代表のスポンサー、サッカー・ワールドカップやオリンピックの公式スポンサーとして、試合や練習中の選手の飲料提供などを行っている。

このようなスポーツ関連企業のスポンサーシップは、スポーツ選手・団体にとってトレーニング環境の安定・充実などメリットがある一方で、近年では問題点も指摘されつつある。

例えば、2008年第29回オリンピック大会（北京）を目前にしたレーザーレーサー着用問題である。日本代表の水泳選手たちは、長年日本水泳連盟を「支援」してきたミズノ、アシックス、デサントの水着か、好タイムを出す可能性の高いスピード社の「高速水着」レーザーレーサーか、どの社の水着でオリンピックに出場するのか選択を迫られた。このように企業とのスポンサー契約によって恩恵を受ける一方で、選手やチームが完全に自由な意思でスポーツ活動を行うことが難しくなる可能性もある。

また、近年では直接スポーツと関係のない企業も広告媒体としてスポーツを活用している。特にサッカー・ワールドカップやオリンピックなど世界的な大会では様々な企業がスポンサーとして名を連ねており、クレジットカード会社の「VISA」や航空会社の「Emirates」などは有名である。さらに2010年のサッカー・ワールドカップ（南アフリカ）では、中国の太陽エネルギー企業の「Ying Solar」（1996年創業）、ブラジルの食品会社「SEARA」（1956年創業）など今までにはない新たな分野の企業

が大会スポンサーとなっている。

このようにサッカー・ワールドカップやオリンピックなど世界的なスポーツ大会は，グローバル企業にとってはもちろん，これから世界展開をしようとする企業にとっても，格好の広報活動の場であり，大会のスポンサーとなることで企業ステータスが高まることが見込まれるため，今後も多様な国・分野の企業が大会スポンサーとして進出することが予想される。

③ スポーツ広告の社会的インパクト

前項では選手やチーム，もしくは大会と公式にスポンサー契約をしている企業の広告活動について述べたが，ここではそれ以外の企業が展開するスポーツ広告について述べる。つまり大会スポンサーやチームスポンサーにならずに，それらに便乗して行う広告活動のことで「アンブッシュマーケティング」「パラサイトマーケティング」という。これらは通常単独で行っても消費者の印象に残らないため，サッカー・ワールドカップやオリンピックなど世界的に大きなスポーツ大会の開催時期に合わせて展開される場合が多い。

この「アンブッシュマーケティング」の典型的な事例としては，2002年のサッカー・ワールドカップ（日本・韓国）の際，韓国で行われたSKテレコムのマーケティング戦略である。

大会ならびに韓国代表チームの公式スポンサーになれなかったSKテレコムは，「試合を応援する人たち」を応援するという方法でサポーターズクラブ「レッドデビル」と協力し印象的なテレビCMと競技場外で韓国代表を応援する「街頭応援キャンペーン」を実施した。その結果，SKテレコムが主催した「街頭応援」には，延べ300万人が集まり，「街頭応援」は韓国全土に拡大し2002年の韓国国民の「共通の記憶」として刻まれた。

このSKテレコムのマーケティング戦略は，「アンブッシュマーケティング」ではあったが，他の商品広告と比較して，スポーツ広告がいかに社会に対して大きなインパクトを与える可能性があるかを示している。

特にサッカー・ワールドカップやオリンピックなど国を代表して戦うスポーツ大会では，「応援する人々」は，一時的であったとしても皆，ナショナルな共同体を編成し，「われわれ」意識を強化させる。そしてメディアが競技／応援する様子を伝えることで，ナショナルアイデンティティーはさらに増幅される。特に広告は繰り返し短期間で，よりシンボリックに視聴者のナショナルアイデンティティーに訴えかける。例えば，先のSKテレコムの事例では，サッカー・ワールドカップ開催半年前から，テレビで「ワールドカップ応援」CMを繰り返すことで，視聴者の大会への関心を高め，さらに開催中は韓国戦の前後に，実際の街頭応援現場の様子をCMとして放送し，視聴者の共感を集めた。このように，スポーツ広告は，企業や商品の宣伝以上に，その共同体の中で連帯や「共通の記憶」を生み出し，企業側が予測していた以上に社会的に大きなインパクトを与える可能性がある。

参考文献　20.8.03

- ニホンモニター株式会社．2010．『テレビスポーツデータ年鑑2010』テレビスポーツ情報研究所
- 森津千尋．2003．「メディアイベントとしての街頭応援」牛木素吉郎，黒田勇 編『ワールドカップのメディア学』大修館書店
- ユンテジン，チョンギュチャン．2002．「レッドデビルズとメディア―国民イデオロギー対欲望する大衆」『innside/out』延世大学青少年文化研究院

（森津千尋）

テレビゲームとスポーツ　20.8.04

① テレビゲームが日常化する社会

「テレビゲーム」という言葉は和製英語であり，英語では"video game"と呼ばれ，コンピューター機器やゲーム機器などのハードと様々なプログラムからなるソフトを使った遊びのことをさしている。ディスプレイとしてテレビ画面を使うことが当初多かったために日本では「テレビゲーム」と呼ばれたが，携帯型のゲーム機器，ゲームセンターなどに置かれている据え置き型の「アーケードゲーム」，さらには携帯電話，スマートフォンやノート型PCなどでゲームソフトやアプリを使って遊ぶことまでが，「テレビゲーム」という言葉で一般的には総称されている。

アメリカ企業のアタリから発売された「pong（ポン）」というテレビゲームが，商業的な成功を収めた世界で最初のものであった。これは光の玉を左右で打ち合うテニスゲームのような形態のゲームであるが，バーやカフェなどに設置され少しずつ人々の間に広がるようになった。アタリでは，その後いくつかのビデオゲームの開発を続け，このうち「ブレイクアウト」という名称で開発され，日本にも持ち込まれて大ヒットしたのが「ブロックくずし」というゲームである。これは瞬く間に，ゲームセンターや喫茶店，スナックなどに大流行し広がっていく。それは日本では，タイトーがこのゲーム専用のテーブル筐体を開発し，飲食店においては売り上げを伸ばす人気のアミューズメントサービスとして設置されたからである。こうした黎明期に続いて，テレビゲームをさらに社会に根づかせ一種の社会現象として大きな話題となったのが，同じくタイトーが「ポスト・ブロックくずし」として1978（昭和53）年に開発した「インベーダーゲーム」であった。

こうして，当初，ゲームセンターや喫茶店など，家庭の外で楽しまれたテレビゲームが，お茶の間に入ってくるきっかけとなるのが，1983（昭和58）年に任天堂が発売した「ファミリーコンピューター」というゲーム機器の成功であった。家庭のテレビをモニターとして使用することと，ゲームソフトがカセットになっており，その内容を替えられるところが人気を博し，とりわけ男の子の玩具として各家庭に普及していく。また，1989（平成元）年には同じく任天堂から「ゲームボーイ」という携帯型のゲーム機器が発売され，さらに，1994（平成6）年にはソニーから「プレイステーション」，2000（平成12）年には「プレイステーション2」，2004（平成16）年には「ニンテンドーDS」，2006（平成18）年には任天堂から「Wii」と，革新的なゲーム機器が次々に発売され続ける。こうして情報通信技術（Information and Communication Technology: ICT）の進化とともに，テレビゲームは常時「身につける」アミューズメントとして個人の生活に浸透していった。情報化が進むいわば時代の寵児

として，あるいは電子メディアの中でも最もポピュラーな道具として，われわれの生活全体の中に溶け込み，さらに現在も増殖と進化を続けているのが，テレビゲームという社会/文化現象の現在である。

②メディアとしてのテレビゲームとスポーツ

ところで，商業ベースで最初に成功したビデオゲーム「pong」がテニスゲームであったように，テレビゲームとスポーツのつながりは強いといえる。「ウイニングイレブン」（コナミ・サッカー），「ファミリースタジアム」（バンダイナムコ・野球），「テニスの王子様」（コナミ・テニス），「みんなのGOLF」（ソニー・ゴルフ），「NBA LIVE」（エレクトロニックアーツ・バスケットボール），「Wii sport」（任天堂・総合）など，テレビゲームにおけるスポーツゲームのジャンルには，誰もがよく知っている，いわゆる「定番ソフト」も数多くある。

また，プロスポーツ選手にも，スポーツテレビゲーム好きは意外と多いことが知られている。例えばイタリアのみならず，世界を代表するサッカーチームであるユベントスの正ゴールキーパーであるブッフォンは，「今でも合宿ともなれば，ゲーム機はサッカー選手にとっても一番のおともだね。今までのチームメイトの中で最強のゲーマーは，キエッリーニ（ユベントスDF）。逆に，最低に下手クソだったのは，間違いなく（ベテランの）ユリアーノとディ・リービオの2人だった」（http://news.livedoor.com/article/detail/3424107）と述べるなど，選手の競技種目のゲームを，選手自身が日常的に楽しんでいることをうかがわせるエピソードを紹介している。

ゲームにおけるプレイヤーの操作性がテクノロジーの進化とともに飛躍的に高まり，また，3D映像とリアルな音源を組み合わせた迫力ある画面と音声は，プレイするものだけではなく，テレビゲームを周りでみる者でさえ楽しませてくれる。さらに，ゲームでの戦術が，リアルな現実のスポーツ以上にきめ細かく展開できるようにソフトが作り込まれており，プロ選手が楽しめる「ホンモノ感」に彩られたアミューズメントにまで現在のテレビゲームが

成熟しているからこそ，プロ選手たちも合宿に持ち込んでテレビゲームを楽しむのであろう。

このように，テレビゲームは，リアルなスポーツ情報をバーチャルな空間の中で別種のアミューズメントに加工し人々を誘い込むとともに，リアルなスポーツからではなくテレビゲームから初めてそのスポーツに接した人々に対しては，複雑な戦術や技術を駆使して個と個やチームとチームが戦うそのスポーツの「醍醐味」を伝達するメディアとしても機能している。

③拡張する身体と「サイバースポーツ」

さらにテレビゲームは，「メディア」という身体の外側にある媒体としての道具性を超えて，さらに身体のあり方自体を変容させる側面をも有している。こうした事態を最初に予見したのは，メディア論ではすでに古典的な研究者，マーシャル・マクルーハン（Marshall McLuhan）であった。マクルーハンは，電子メディアを「神経系の体外への拡張（implosion）」と捉えた（マクルーハン，1987）。例えば，われわれは日本の自宅のリビングにいながら，イギリスで行われているプレミアリーグのサッカーの試合を「観戦」することができる。これは，目と耳という情報の受容器が，イギリスまで「カメラ」や「マイク」という形で出かけており，光ファイバーや衛星を伝って瞬時に送られる電子情報が，あたかも身体の中で目や耳から脳に送られる「神経系」の働きを代替するかのように目の前に現れるからである。この意味では，地球上に張り巡らされる電子メディアは，「私」の神経系そのものであり，「私」の身体は，物理的な「私の身体」の範囲を超えて，地球全体を神経が覆う巨大な身体に変容しているといえなくもない。つまり，マクルーハンは，電子メディアが日常的な環境となった時代における「身体の新しい社会形式」の出現を，肯定的に議論しようとしているのである。

このようなマクルーハンの観点から，テレビゲームに目を向けた時，美学者の西村清和のテレビゲーム論は示唆に富む。現象学的な関心をテレビゲームに振り向ける西村は，その体験の本質を次のように述べている。

「テレビゲームにおけるプレイヤーのキャラとの同一化とは，物語の人物への共感でも感情移入でもなく，最近よく使われていることばをもちいれば『シンクロ（同期）』である…（中略）…ゲーム行動にとってなによりも重要なのは，登場人物のキャラクターに支えられた物語の展開ではなく，プレイヤーがキャラの身体にシンクロして得られるゲームの『行動感』である」（西村，1999）。

これは，テレビゲームという遊びの本質が「同期（synchronize）体験」であることを指摘するものである。同期体験とは，2つの行為が同時的に進行すること，あるいは時間的に一致することをいう。一般にテレビゲーム体験はバーチャル体験，つまり「現実を電子技術によって疑似化した」ものと捉えられがちである。しかしテレビゲームの画像は，「客観視点」で構成されゲームを操作する「私」が，画像上に描かれるのに対して，現実を疑似化するシミュレーションでは，「私」にみえるままの世界が疑似化されているから，画面に「私」が描かれることはない。つまり，そこでの画面構成は「主観視点」で構成される。このことからすると，テレビゲーム体験とは「客観視点」によって構成された画面上の「もう1つの自分の身体」に「同期」する体験であり，その本質はけっして「現実を電子技術によって疑似化した」ものや「現実を電子技術によって疑似化した」バーチャル体験ではないことになる。

言い換えると，テレビゲームという遊びは，テレビゲームを操作する「こちら」にあるプレイヤーの「生身の身体」と，画面上に広がる「あちら」にあるプレイヤーの「アイコン身体」が，「いま」を共有する＝同期することがおもしろい遊びであるということになる。この状態は，現象学的な身体論でも論じられるような「身体意識の膨縮」という感覚を生じさせる。画面上の「アイコン身体」を自分の身体だと感じ，例えば「あちら」の画面上の「アイコン身体」がモンスターに襲われそうになった時，「こちら」にある物理的な自分の身体を屈めてしまったり，「あちら」の画面上の「アイコン身体」が乗る自動車に同期

して、「こちら」にある物理的な自分の身体を右に傾けたり、左に傾けたりして運転する。この時私の身体は、マクルーハンのいうように、物理的な身体の「外」に拡張している。電子メディアの中でも、双方向性に長けたテレビゲームだからこそ、テレビゲームというメディアを身体の内部に抱え込んで、拡張する新しい「身体」の体験とその「身体」に遊ぶ体験が、行為者にもたらされるのだろう。このようなメディア時代の「身体の新しい社会形式」を携えて遊ぶ体験がテレビゲームの本質であるならば、あるいはスポーツが「身体で遊ぶこと」を最大公約数とする文化だとすれば、それはすでにスポーツのバーチャル体験ではなく、「テレビゲーム・スポーツ」ないし「サイバースポーツ」という、スポーツのただの新しい一種にしか過ぎないのではないか。

一方では、こうした「テレビゲーム・スポーツ」は、アジアオリンピック評議会が2年おきに主催する「アジア室内競技大会」では、「エレクトロニック・スポーツ(eスポーツ)」として2007年の第2回大会から正式種目として採用されており、またこうした「eスポーツ」は韓国やアメリカにおいては年収で1億円以上稼ぐプロ選手とプロリーグがすでに存在している。他方では、近年、脳科学とサイボーグ技術が進み、人間の身体が「生身」であることの必然性は揺らぎつつあり、例えば「義手・義足」であったり、コンピューターに統制され身体に埋め込まれる「人工臓器」のように、「人工」と「生身」の「ハイブリッド身体」が急速にわれわれの日常生活の中に広がっている。「身体を使って遊ぶ」というスポーツの地殻変動が、環境としてのメディアテクノロジーの進展に伴って確実に進んでいるのが、現在という時代の特徴でもあるのだろう。

参考文献 20.B.04
- 西村清和. 1999.『電脳遊戯の少年少女たち』〈講談社新書〉講談社
- マーシャル・マクルーハン. 1987.『メディア論』栗原裕, 河本仲聖 訳みすず書房
- 松田恵示, 菊幸一, 池井望 編. 2008.『「からだ」の社会学』世界思想社

(松田恵示)

スポーツによるメディア技術の開発 20.B.05

① スポーツ放送の始まり

全米スポーツキャスター協会(American Sportscasters Association)によると、世界初のスポーツ中継は1920年9月6日にデトロイトのラジオ局WWJが放送したボクシング中継だという。メディアを通じたスポーツ視聴の習慣は、ラジオの実況中継から始まった。日本初のスポーツ中継は1927(昭和2)年8月13日に甲子園球場から大阪放送局が行った全国中等学校優勝野球大会の実況中継である。これらはいずれも中波(300kHz-3MHz)を使った放送だった。1927年には短波(3MHz-30MHz)を使った放送がオランダで始まるが、短波は地球を取り巻く電離層で反射して戻ってくる性質があることから遠隔地、特に国際間の放送や伝送に使われた。1936年の第11回オリンピック大会(ベルリン)での「前畑がんばれ」の放送はドイツから日本へ短波で伝送され、東京で中波に変換して生放送されたものだった。

また、第11回大会(ベルリン)ではテレビジョンによるスポーツ中継が初めて行われた。これは実験放送であったが、陸上競技、水泳など4会場から毎日3回、合計72時間の生中継が行われた。テレビ規格は走査線180本ときめの粗いものであった。テレビ映像はベルリン市周辺とライプツィヒの合わせて28ヵ所の「受像所」に送られ、画面の対角線の長さが50cmの「投写型キネスコープ」という画面で放映された。選手村で競泳中継をみた競泳メダリスト葉室鐡夫は、プールで泳いでいるということはなんとかわかるが、どれが前畑選手なのかは全く判然としなかったと後に語っている。

1940(昭和15)年の東京でのオリンピック開催が決まったことから、日本でもテレビジョン開発が進められた。1937(昭和12)年、日本の通信省を中心にしたテレビジョン調査委員会は「走査線441本、毎秒の送像数25、縦横比が4対5」という、現在のテレビと比べても見劣りしない規格を定めた(現在の日本の通常型テレビは走査線525本、毎秒の送像数30、縦横比が3対4)。当時テレビジョン研究の最先端を行っていた浜松高等工業学校が撮像車、送信車など4台からなる中継車を製作した。放送計画は、駒沢陸上競技場など主な競技場に固定の中継所を設けるほか、馬術とヨット会場には中継車を派遣し無線中継をすること、学校や公会堂などに公衆用受像器設備を置くこと、全国の8都市で放送を行うことなど大変に意欲的なものだった。しかし日中戦争の本格化により1938(昭和13)年7月、日本政府はオリンピック開催の返上を決定、主目的を失ったテレビ放送計画は頓挫し、実際の放送開始は第二次大戦後の1953(昭和28)年までずれ込むことになった。

② 録画・中継の技術革新による新たな視点

1956年、アメリカのアンペックス(Ampex)社がビデオテープを使う録画再生機(VTR)を初めて実用化した。テープは2インチ幅で、フィルムと違って即座に再生できる強みがあった。VTRが本格的に使われたスポーツ放送は1960年の第17回オリンピック大会(ローマ)である。大会のホスト放送機関となったイタリア放送協会(RAI)はVTRを競技のリプレイにも使用した。この時はスローモーションはまだ不可能だったので同速再生であった。

ビデオテープはテレビ映像の初の保存手段であった。それ以前は、テレビの画面をフィルムで撮影する以外には、テレビ映像を保存する手段は全くなかったのである。VTRの導入によってテレビは独自の媒体としての特性を備えたといえる。

VTRによるスローモーション再生は、1964(昭和39)年の第18回オリンピック大会(東京)のためにNHKが実用化した。スローモーション自体はそれ以前にもフィルムの高速度撮影により可能だったが、現在行われていることを数秒後に速度を落として再度みることができるスローVTRは、スポーツの見方に革命的な変化をもたらした。この時のスローモーション装置は収録再生とメモリーの2つの部分に分かれており、収録再生部分だけでも幅2m、高さ1.8m、重さは1,200kgあった。この巨大な機械で速度を5分の1に落と

したスロー再生を視聴者は初めて目にしたのである。

マラソンの全コース完全中継も第18回大会(東京)が世界初だった。国立競技場から甲州街道へ出て調布の折り返し点から同じ道を戻るコースには,沿道9ヵ所に固定カメラが設定されたほか,カメラ2台を積んだ1台の移動中継車で撮影した映像を屋根から上空のヘリコプターにマイクロ波で送信し,ヘリコプターがその信号を反射して駒沢の管制塔をはじめ5ヵ所の受信点に送る形で行われた。

マラソン完全生中継は,沿道にいては絶対にみることのできない「新たな視点」を視聴者に与えた。沿道では目の前を瞬時に通り過ぎるだけの選手を,テレビの画面では2時間あまりみ続けることができる。VTRの録画技術と中継方法の革新により,テレビは競技場や現場の観客の目では不可能な視点を視聴者に与えたといえる。

③ 衛星伝送により国境を超える放送

人工衛星によるテレビ国際中継は1964(昭和39)年の第18回オリンピック大会(東京)の際に世界で初めて実用化された。同年3月,郵政省はNASA(米国航空宇宙局)に対し,太平洋上空に打ち上げ予定の静止通信衛星シンコム3号(Syncom-3)を使って衛星伝送を行いたい旨を申し入れた。伝送テストはオリンピック開会式の2週間前に始まり,実用に耐えうるとの結論が出たのは10月2日,開会式の8日前というぎりぎりのタイミングだった。

本大会の映像はKDD茨城地上局からシンコム3号を経由して米国西海岸に送られNBCが放送した。また欧州の放送局は,米国西海岸で受信した信号をカナダのモントリオールまで地上回線で送信し,空港脇に止めた中継車で録画した。収録テープはただちにハンブルグとロンドンに空輸され,欧州全土で放送された。

外国で行われている競技を生でみるという現在ではあたりまえの習慣が,衛星中継によって初めて可能になった。インテルサット(国際電気通信衛星機構)の衛星を使った国際テレビ伝送は,札幌(第11回冬季大会,1972年),ミュンヘン(第20回大会,1972年),モントリオール(第21回大会,1976年)のオリンピッ

ク開催時にピークを作りながら1970年代を通じて急増し,大西洋衛星(アメリカ大陸と欧州間の通信用)では1972年には使用時間が月に100時間足らずであったものが,1978年には1,000時間を超え,通信量は10倍に増加した。

1960-70年代の衛星伝送は,Cバンド(C-band:4-8GHz帯)を使用した。この周波数の信号を安定して受けるためには基地局のパラボラアンテナは巨大なものが必要で,1968年の第19回オリンピック大会(メキシコシティ)で使われたものは直径32mもあった。1978年にカナダが初のKuバンド(Ku-band:12-18GHz帯)用の通信衛星AN-IK-Bを打ち上げて以降,1980年代にはKuバンドの使用が一般的になったが,その利点はアンテナが小さく安価であり小型トラックにも積載可能だったことである。車載のアンテナを使えば,スタジアムや体育館から直接に信号をどこへでも送れるため,特にアメリカでは放送されるスポーツの試合数・時間数が1980年を境に急激に増加した。現在では国際的な伝送には衛星と海底ケーブルの光ファイバーが併用されている。

④ テレビ規格とグラフィックス技術の進歩

現在の日本で標準となっているハイビジョン規格(有効走査線1,080本)でスポーツが映されたのは,1984年の第23回オリンピック大会(ロサンゼルス)でメインスタジアムに置かれた1台のカメラが初めてである。ハイビジョンによる国際スポーツ中継はNHKにより1988年の第24回オリンピック大会(ソウル)と1990年のサッカー・ワールドカップ(イタリア)から行われたが,国際規格として採用されたのは2008年の第29回オリンピック大会(北京)が初めてである。

ハイビジョンでは小さくスピードの速いものも鮮明に映るためにスポーツ中継の演出も変化した。特にアイスホッケーでは従来型のテレビではパックが画面上で非常に小さくわかりにくいためクローズアップが多用されてきたが,ハイビジョンになると観客席中央に置いたカメラの遠景でもパックが画面上で鮮明にみえるためクローズアップの使用が少なくなるといった演出上

の変化も起きた。

また,グラフィックスの進歩は,コンピューター技術の進歩によるところが大きい。21世紀に入るとスポーツ中継でもバーチャルリアリティー(Virtual Reality)の技術が応用され,選手の前後にこれまでの世界記録を表示したラインが動いたり,競泳の着順を水面に浮いているように表示することが可能になった。バーチャル技術の問題点は,アーカイブ化して将来に残す資料映像にもバーチャルのラインなど付加物が含まれてしまうことである。今後は,クリーンなテレビ映像を後世に残すことを考えながらバーチャル技術は生かされるべきであろう。

2001年の米国のスーパーボウルではアイビジョン(Eye Vision)という三次元映像システムが使われた。これはバーチャルではなく,実際に30台ものカメラをフィールドを取り囲むように配置し撮影した映像をコンピューター処理したものである。この手法では好プレイなどを前後左右の自由な角度から再生してみせることができる。このシステムの難点は,実際に何十台ものカメラを競技場に取り付ける必要があるためコストが高いことである。

その他の技術革新で特筆すべきものを挙げる。オリンピックで全競技がカラー中継されたのは1972(昭和47)年の第11回冬季オリンピック大会(札幌)が初であり,同年夏の第20回大会(ミュンヘン)では無線で信号を送るワイヤレス・カメラを導入した。そして,1984年の第23回大会(ロサンゼルス)では競技会場から放送センターへの送信に初めて光ファイバーが使用されたほか,スーパースローモーションと呼ばれる1秒間に90コマ(通常のビデオの3倍)の撮影ができるカメラが使われた。このカメラは卓球の球のように動きが速く小さい被写体でも鮮明なスローモーション再生を可能にした。

1990年以降に最も発達したのは種々の無人カメラである。1992年の第25回オリンピック大会(バルセロナ)では陸上競技場に遠隔操縦の小型カメラが取り付けられ選手を追って動くはずであったが,スピードが選手より遅いことや画像が不安定なため実際には使用できなかった。しかし1994年の第17回冬季大会(リレハンメル)ではス

ピードスケートで選手と並走する無人カメラが使用され，1996年の第26回大会（アトランタ）では陸上競技でも無人移動カメラが稼働した。これらの進歩は性能の良い小型カメラの開発と，それを動かす動力装置の安定がもたらしたものである。放送技術はスポーツ，なかでもオリンピックを機会に進歩してきたといっても過言ではない。

参考文献 20.B.05

- 志賀信夫．1990．『昭和テレビ放送史』早川書房
- 杉山茂．2003．『テレビスポーツ50年』角川書店
- 日本放送協會．1936．『ベルリン・オリムピック大會に於ける放送に關する調査概要』
- 日本放送協会．1964．『オリンピック東京大会放送実施報告書』
- 橋本一夫．1992．『日本スポーツ放送史』大修館書店
- 水池健，衣畑晃治．1980．「インテルサット衛星によるテレビ中継のトラフィック」『テレビジョン学会誌』342：129-34．

（藤原庸介）

スポーツの変容とメディア　20.C

メディアとスポーツ教育　20.C.01

①「スポーツ立国戦略」と情報メディアの活用

2010（平成22）年8月，文部科学省は，今後のわが国のスポーツ政策の基本的方向性を示す「スポーツ立国戦略」を策定・公表した。そこで示された5つの重点戦略の中の「1.ライフステージに応じたスポーツ機会の創造－（3）学校における体育・運動部活動の充実」の項目に，スポーツ教育におけるメディア（ここではデジタル教材と記されている）の役割に関して，以下の記述がある。

4）体育・保健体育のデジタル教材の作成・配布

体育・保健体育の実技については，現在教科書が作成されていないが，児童生徒に学習内容の着実な定着を図る観点から，教員の実技指導を支援するとともに，児童生徒に模範となる実技をヴィジュアルに示すため，体育・保健体育のデジタル教材を作成し，公表するとともに全国の学校に配布する。

スポーツ立国戦略では，わが国の「新たなスポーツ文化の確立」をめざす中で，人（する人，観る人，支える（育てる）人）を重視し，これらすべての人々がスポーツをする機会の確保，安全，公正にスポーツを行うことができる環境の整備を掲げ，その一環として，教育の現場でのデジタルメディアの役割に注目している。また，ここでの記述は多分に体育・保健体育の授業の場面を想定しているが，ここに記されているメディアの活用は，課外活動としての部活動や，学校外の生涯スポーツや地域スポーツの場面でも共通する部分も多い。

メディアは，スポーツ文化の普及・大衆化に貢献してきた。また，スポーツの現場，教育の現場においても，主として実技の習得や指導の支援などの形で利用されてきた。しかしながら，近年のテクノロジーの進歩によって，教育の現場でのメディアとスポーツの関係は大きく変化している。

情報を取り扱うメディアには，大きく分けて2つの機能がある。すなわち，情報を伝達するための媒体としての役割と，情報を記録，保管，再生するための媒体としての役割である。書籍や新聞，雑誌などは活字メディア，ラジオやレコードプレイヤーなどは音声メディア，カメラやテレビ，VHSレコーダーなどは画像メディアと分類できるが，近年はブルーレイ・レコーダーやハードディスク・レコーダー，パソコン，タブレットPCなどの1つのメディアが同時に2つ以上の機能を有している機器の普及がめざましい。

われわれが扱う情報は，アナログからデジタルへと移行し，より高速化・大容量化されていった。情報の伝達は単純な片方向型から双方が発信し合う双方向型，さらには多数の人たちが関係するネットワーク型へと移行している。また，デジタルメディアがトレーニング機器などと一体化ないしは連動して，スポーツシーンを疑似体験できるものも開発されている。

② メディアがスポーツ教育に果たしてきた役割

明治以降，近代スポーツが欧米から移入され，日本全土に普及する過程で，新聞やラジオ，さらにはテレビが果たした役割は大きい。高校野球（戦前は中等学校野球），箱根駅伝や高校駅伝，高校サッカーなどが全国的規模で盛り上がるのは，これらのマスメディアの存在が大きく関係している。教育の枠組みの中で行われているはずの運動部活動（部活）という課外活動が，マスメディアと結びつくことで大衆への娯楽提供という重要な役割を担ってきたのである。この傾向は近年，様々な競技種目で加速化しており，学校関係者や指導者，父兄，選手の意識も，それに伴って変化している。学校関係者は学校経営の一環として部活を捉え，選手や父兄は進学や就職の手段として捉える傾向が強くなってきている。インタビューを受けた選手が「応援してくれている人たちに感動を与えたい」と答えることは，ある意味，彼ら彼女らがプロフェッショナルな意識をもっていることの表れで，このことにわれわれがさほど違和感をもたなくなったのは，マスメディアの影響力の大きさの表れとみることができる。一部の競技種目を除いてスポーツのプロ化が進まなかった日本では，部活はマスメディアにとって魅力的な素材であった。その結果，部活は教育の現場という枠組みを超えて，スポーツそのものの普及・大衆化に多大な貢献をしてきた。このようなケースは，アメリカの大学対抗運動競技プログラムを除けば，世界的にもきわめて稀である。

次に，マスメディアがスポーツや身体文化の教育に果たしてきたユニークな例として，ラジオ体操と全日本中学校通信陸上競技大会に触れておきたい。ラジオ体操の起源は，昭和天皇ご即位の大礼を記念し通信省簡易保険局が1928（昭和3）年11月に制定した「国民保健体操」である。考案者は体育学者の大谷武一で，NHKのラジオの電波に乗って，毎朝放送された。1930（昭和5）年には全国初のラジオ体操の会（子供の早起き大会）が東京神田和泉町で行われた。その後，全国でラジオ体操会

が開催されるようになった(図1)。「ラジオ体操は1930年代の共産主義に対する思想善導の一環として、あるいは、戦争に向けた総動員体制へと国民を取りこむ装置として位置づけられ」(井上俊・菊幸一編『よくわかるスポーツ文化論』ミネルヴァ書房,2011,138),戦後は、「GHQ(連合国軍最高司令官総司令部)の干渉を受けながら、ラジオ体操は新たにつくりなおされ、現在に至」っている(石坂,2011)。国民の多くが幼年時の夏休みにラジオ体操に出会ったことにより、学校の体育の時間や職場の朝礼時に、ラジオ体操の歌が聞こえると自然と体が動く。ラジオの生放送からラジカセやCDといった具合にメディア装置は変わってきているが、ラジオ体操は時代が変わっても日本社会に深く浸透している。

また、全日本中学校通信陸上競技大会(全中通信陸上)も、学校スポーツの現場でメディアを活用したユニークな事例である。この大会は1954(昭和29)年に始まったが、当初はラジオ、その後はテレビでその様子が放映されていたために、「放送陸上」と呼ばれていた。同じ日に各都道府県単位で競技会が実施され、通信回線を通して記録が集計され、全国の順位が決まる。全国の中学生が一堂に会することが難しい時代に、まるで同じ場所で競い合っているようなシステムを可能にしたのは、陸上競技の特性もあるが、メディアによる情報伝達の特性を有効利用したからである。

このように教育の現場でメディアがスポーツや身体活動に効果的に機能した事例はあるものの、スポーツを文化として捉えて、その普及・大衆化に注目してみてみると、教育の現場でのメディアは必ずしも十分に活用されてきたとはいえない。時代を問わず、新しいスポーツが紹介され普及していく過程でメディアの果たす役割は大きいのだが、教育の現場、特に体育の授業を経由していない場合がほとんどである。これは、体育の授業がスポーツを文化として伝える大切な場所であるとの意識が希薄で、そのためにメディアの特性を生かしたカリキュラムや教材の開発がさほど注目されてこなかったことも関係しているであろう。

③ メディアがスポーツの高度化・専門化に果たしてきた役割

スポーツの技術や戦術、トレーニング方法などに関する情報や知識を収集する上で、メディアの利用は不可欠である。また、これらを分析・応用する局面で、記録・保存・再生のためのメディアの効果的な利用が、競技力の向上や好成績に結びつくことは明らかである。しかし、スポーツ先進国と比較した場合、わが国ではそれらがトップアスリートのケースでも、学校の運動部活動でも、体育の授業でも、有効活用がなされて成果を残してきたかと問われれば、まだまだ不十分であるといわざるを得ない。青少年のスポーツにとって学校の果たす役割が大きい日本では特に、教育の現場でのメディアの有効利用に向けて、いっそうの工夫・改善が必要である。

日本のスポーツの現場、特に学校現場で競技力アップのためのメディアの有効利用がなかなか進まない原因として、いくつかの要因が考えられる。第一に、指導者や教員の間で、過度に自分たちの経験を重視する傾向があることが挙げられる。また、彼ら彼女らに運動学や生理学、心理学、コーチング理論などのスポーツ科学の知見が不足していることも関係しているであろう。さらには、ソフト・ハードの両面で、IT機器やトレーニング機材などの環境が整っていないことも関係していると考えられる。

しかし、スポーツを取り巻くメディア環境は、近年大きく変化している。スポーツの現場では、単に文字や音声、映像を通して情報を得る時代から、メディアを通して収集した情報を自分たちで分析・加工し、パソコンのソフトウエア、IT機器やトレーニング機材などを使って疑似体験したり、技術や戦術の革新や高度化に取り組むことがごく日常的に行われる時代になってきた。例えば、バレーボールやアメリカンフットボール等の試合では、プレイの1つ1つをスタッフがパソコンで瞬時にデータ処理をして、インターネット

図1 戦前(1935年8月)のラジオ体操の様子
(写真:毎日新聞社/アフロ)

図2 タブレットPCを片手に指示を出す日本女子バレーボール眞鍋監督
(写真:フォート・キシモト)

図3　学校現場でのメディア機器の活用例

を介してベンチに送る。監督やコーチはそれをもとに戦術を立て，選手に伝える。このような光景は，ごく普通にみられる（図2）。インターネットを通した双方向コミュニケーションによって，バーチャルな環境での疑似対戦や，リアルタイムで遠隔でのコーチング等も可能となった。

このような新しい流れは，選手，指導者，教師とスポーツの間に新しい緊張関係を作り出す。これまで以上に創意工夫が大事になり，選手は工夫次第で，より自立してスポーツに取り組むことができるようになる。指導者には，スポーツに関する知見のみならず，ソフト・ハードの両面でIT機器やトレーニング機材などを使いこなす能力が求められるようになる。

第二に，体育の授業では，従来はスポーツや運動技能の習得にあたっては，自らが実際に体験することが大原則で，ビデオ機器等を使用した教材は，実技指導の際の補助的な位置づけ程度であった。しかし，IT機器やトレーニング機材の進歩によって，疑似体験が実体験と同等かそれ以上の効果を上げることが可能になってきた。そして，これらの疑似体験に，コンピューターゲームの要素を取り入れることで，子どもたちにとってより魅力的なものにする工夫も行われている（図3）。

しかし，現場の教師や児童・生徒，スポーツの指導者や選手がこのような機材や機器を十分活用できるようになるためには，環境の整備，特にソフト面でのよりいっそうのサポートが必要である。自治体や教育関係者，スポーツ団体や指導者，スポーツ関連の研究者や企業などが連携してソフトウエアやデジタル教材を作成したり，機器の運用やメンテナンスのサポートをしたりする体制の構築が不可欠である。

メディアは，スポーツの普及に大きな貢献をしてきた。これからもより多くの人たちが，より多様なスポーツに，より多様な形で付き合っていくために，メディアの役割はますます重要になっている。

参考文献

- 石坂友司. 2011.「ラジオ体操と甲子園野球」井上俊, 菊幸一 編著. 『よくわかるスポーツ文化論』138 – 39. ミネルヴァ書房
- 黒田勇. 1999.『ラジオ体操の誕生』青弓社
- JDFA（ジャパン・ダイヤモンド・フットボール・アソシエーション）編. 2008.『ダイヤモンドサッカー』の時代』エクスナレッジ
- 文部科学省. 2010.「スポーツ立国戦略」http://www.mext.go.jp/a_menu/sports/rikkoku/ 1297182.htm（2012年3月15日）

（平井 肇）

メディアとスポーツの言説

① 言説とはなにか

「サッカーボールは，なぜサッカーボールなのか」「サッカーボールをサッカーボールたらしめているのはなんなのか」

物体のボールはそれ自体でサッカーボールになっているわけではない。サッカーというゲームの中で，初めてある物体がサッカーボールとなる。このことはピッチ，ゴール，ジャージー，競技場などサッカーにかかわるすべての物体にあてはまるだけではなく，走る，蹴る，クロスを上げる，応援するなど，サッカーにかかわるすべての行為に対してもいえる。

サッカーはこれらの物体と行為と，それらに意味を与えるルールの総体である。この総体は社会的に構築されており，「言説」(discourse) という。

逆にいえば，物体であれ行為であれ，なんらかの言説の中でしか意味がもてないともいえる。

今のわれわれの社会において，マスメディアは意味を生成する言説に大きくかかわっている。なぜなら，われわれは多くのことをメディアを通してしか知ることができないからである。メディアが提供する活字や映像や音声などは「テクスト」というが，テクストはなんらかの言説の中でしか意味をもたない。無意識のうちにわれわれは言説との関連でテクストを読んでいる。そしてテクストは様々な言説を再生産しているともいえる。

そうすると，テクストからその言説を「逆探知」することもできるはずである。それによって特定のテクストはどのような言説によって生み出され，どのような言説を編成しているか。テクストから意味を読み取るにはどのような理解を必要とするか。その意味はどのような前提に成り立っているか，といったことがわかるはずである。

② スポーツと言説

スポーツそのものを一種のテクストとして，上記のように「読み解く」ことができる。スポーツにおける記録の追求が近代社会の中心的な価値である「進歩」を表している，と指摘したのはグートマン（A. Guttmann）である。あるいは，アメリカの「ベースボール」に対して日本の「野球」が独自性をもつという主張も，1つの言説である。

高校野球からJリーグ，アメリカのMLBやオリンピックまで，他の事象と同じようにスポーツについてわれわれはほとんどメディアを通して情報を得ている。しかしメディアは「ありのまま」のスポーツを伝えている訳ではない。というよりも，伝えることはできない。

スポーツ報道は物語を好み，試合や選手をより大きな物語の中で位置づける。そこでは例えば，ライバル関係を想定したり，新人対ベテランの対立を設けたり，フェアプレイ精神で出来事を意味づけたり，選手の家族をもち出したり，選手の活躍を労働倫理と関連づけたりする。

あるいは，スポーツ報道は人物を中心とする。数多くの競技者の中から1人の選手にスポットを当て，受け手（読者や視聴者）を引き込もうとする。

そして，テクストは受け手にあらかじめ用意された立場を与える。国民，人種，ジェンダー，階級など，様々なアイデンティティーを提供する。

③ ジェンダーについてのスポーツ言説

メディアのスポーツ表象で最も研究されているのはおそらくジェンダーであろう。

表1 特定の国々における女性スポーツの報道(の量)

国名	普段の報道中での割合(%)	オリンピック報道中での割合(%)
オーストラリア	1-23	9-40
ベルギー		32
カナダ	6	11-40以上
デンマーク		37
フランス		34
ドイツ	4-7	15-29
アイスランド	9	
イスラエル	1未満-5	
イタリア	1未満	2-28
オランダ	6	33
ニュージーランド	4-14	6-24
ノルウェー	5-10	
南アフリカ	9	42
イギリス	1未満-12	22-32
アメリカ	1未満-14	14-17

(出典：Bruce, T., Hovden, J. and Markula P. (eds.) 2010. *Sportswomen at the Olympics: A Global Content Analysis of Newspaper Coverage*. Sense Publishers, 3)

スポーツは男性のものとして描かれることは多い。報道やCMなどの場において女性スポーツは男性スポーツより取り上げられることが少ないことをこれまでの多くの研究が明らかにしている。時代や地域を超えて、全スポーツ報道の中での女性の割合は1割以下である。女性のスポーツ参加率はもっと高いことを鑑みると、やはり女性スポーツは実際より少なく描かれている。メディアでの女性の表示不足は、スポーツは男性のものとしての認識を強化する。

しかし問題はそれだけではない。男性スポーツと女性スポーツの区別が存在している。女性は新体操、テニス、水泳、ゴルフ等といった女性にふさわしいとされる特定のスポーツで登場する傾向があり、従来の「女らしさ」と「男らしさ」の概念は強化されている。

そして、女性選手のスポーツ以外の場面を取り上げるのが好まれる傾向がある。ここでは女性らしさや伝統的な性的役割が強調される。例えば、スポーツ活動中の写真よりも普段着でポーズをとった写真が取り上げられるのは、男性よりも女性選手の方が多い。

つまり、女性選手は業績よりも外見が注目される。かつてのテニスのクルニコワやビーチバレーの浅尾美和などのように、外見がよければ実績がある選手よりも多く取り上げられるのである。

また、ファーストネームや愛称で呼ばれたり、男性監督や夫などの役割が強調されたりすることで、女性選手は一人前ではないという扱いを受けることもある。

しかし、最近では改善の兆しを示す研究もある。2000年の第27回オリンピック大会(シドニー)あたりから、男女の参加人数が等しくなってきたことを反映してか、オリンピックに限っていえば、報道においても量的な男女差がなくなってきているということが示されている(飯田, 2002. 78-79)。ただし、この変化は一部の国に限ったことであり(表1)、またそういった国々でも質的にはその報道の仕方にはあまり変化がないようである。

もちろん男性選手に対しても同様に偏った傾向の描写がみられる。タフであること、頼りがいがあること、ヒーロー性、感情の抑制(勝利のような特定の場合を除いて)など、伝統的な男らしさが奨励される。

④ 人種についてのスポーツ言説

人種についての言説は国や地域によって異なるが、英米での人種問題といえばかつて奴隷にされていた黒人の扱いが主流である。したがって英語圏でのスポーツ報道における人種の研究は、主に黒人選手の描写に焦点を当てている。

これらの研究では、ステレオタイプな描写に焦点を当てている。黒人選手は身体能力に優れているという紋切り型の見方があり、スポーツ報道の中で、黒人選手の成績はその(想定される)身体的優位性に起因するとされる。逆に黒人選手の知能、技術、戦略、リーダーシップ等が過小評価されがちである。

黒人選手は身体的に優位であるという言説は、一見して肯定的であるが、暗黙にその実績を矮小化する否定的なニュアンスをもっている。そのような言説は黒人の運動能力に対するステレオタイプを強化し、黒人のほかの業績に対する評価を妨げかねない。

⑤ 国家についてのスポーツ言説

選手は国を代表する。自国の選手は自国を、他国の選手は他国を代表する。前述のように、オリンピックの報道で女性選手の活躍が男性並みに報道されるのは、おそらくこのためである。オリンピック報道になると、国籍は性別に勝る切り札となる。

また国レベルを超えた枠組みで、対立の構図が描かれることもある。冷戦時代において、多くの国々でオリンピック大会は、アメリカを中心とする西側対ソ連圏という東西対決の場とみなされた。なおサッカーでは多少異なる構図がみられ、北ヨーロッパ対南ヨーロッパ(あるいはヨーロッパ対南アメリカ)の対決が注目された。後述するように日本では国際試合は日本対世界、あるいは日本が代表するアジア対欧米の図式で描かれることが多い。

オドネルは1990年代初頭のヨーロッパ15ヵ国の新聞などのスポーツ報道を分析し、それぞれの国や地域がどのように描かれているかを調べた(O'Donnell, 1994)。その結果を要約すると、以下のようになる。

北ヨーロッパ(ノルウェー、スウェーデン、デンマーク、フィンランド)の選手や代表チームは、氷のイメージで描かれていた。「冷静、合理性、無口、無感情」などの表現がよく使われていた。

ヨーロッパの中央に位置するドイツ

とイギリスとフランスは別々に描かれている。ドイツの選手の特徴は「強い精神力，規律，効率，勤勉，冷静さ」など，イギリスのそれは「勇敢，実用主義，献身，強い闘争心」など，フランス選手の特徴は「教養，インスピレーション，スタイル，魅力，上品，華麗さ」だという。

地中海に面している南ヨーロッパの国々は「情熱的，激しやすい，官能的，無邪気，快楽主義的など，気性の激しいラテン系」として描かれていた。

その他の地域に対しては次のとおりである。南アメリカは「情熱的なラテン系のイメージで，予測不可能で制御されない創造性，無規律，非合理，無謀」特に「マジック」という表現でその創造性が強調された。アフリカはラテン系の延長線上で「マジック，短気」などが強調された。

これらのステレオタイプな描写は国境を越えて普及していた。多少古くなっている印象もあるが，現在の日本でもなじみがあるものだろう。ステレオタイプが先にあって，そのステレオタイプによってわれわれはそれぞれの国のプレイをみている。

それでは，このようなステレオタイプはどこから来るのだろうか。ステレオタイプには裏と表，つまりプラス面とマイナス面がある。だから，あからさまな差別的な表現を使わなくても，肯定的にみえるステレオタイプはマイナス面を暗示する。みたところ無害な表現でも気づきにくい形で偏見を強力に維持し再生産しているのである。

スポーツを通して現れるとされる国民性のステレオタイプはより広い，より複雑な言説の一部であると，オドネルは指摘する。これらのステレオタイプはヨーロッパ，さらに世界の中の中央と周辺，先進と後進というより広い言説の一部として機能する。そして，それぞれの国々や地域の現状（経済力や周辺性）を経済発展に必要とされる属性の有無によって「説明」（そして本当の原因を隠蔽）している，という。

⑥ 日本におけるスポーツ言説

アメリカのプロスポーツやヨーロッパのサッカーで培われた言説が，スポーツメディアの商業主義化とグローバリゼーションによって，世界中に（もちろん日本にも）行き渡るようになった。

ジェンダーに関しては，上記と同じような傾向が日本でもみられる。日本のスポーツ報道の中で女性選手の割合は約1割であるが，オリンピックになるとやはり五分五分の報道量になる。女性らしいとされるスポーツの方がより多く報道される。日本でも女性選手は愛称で呼ばれることが多く，女性的役割が強調され，コーチや夫など男性の支援が報道される（飯田，2002，71-90）。

人種に関する言説においては，日本のメディアは欧米の言説を反映しているといえよう。つまり，日本のメディアにおいては黒人選手の身体的優位性がほぼ定説になっている。しかしトンプソン（2008）によれば，日本における主流の人種言説は，黒人をめぐるものではなく，想定される「日本人種」についてである。つまり，あたかも日本人は独特な遺伝子を共有する，輪郭がはっきりした集団かのようにイメージされている。このように生物学的に定義された「日本人」はその比較対象である「外国人」に対して身体的なハンディキャップをもっているとされる。外国の選手に対して体力ではかなわないので日本の選手は「技術」や「組織力」や「努力」で対抗しなければならないとされ，選手の勝敗はそのように解釈される。

ここで人種言説と国家の言説が混同されているが，スポーツ報道の中でみえるこの言説はオドネルが指摘したようなより広い言説の一部を成しているといえよう。国際試合の報道は，スポーツを超えて日本と外国の関係についてのより広い言説を反映している。それは，資源がない国・日本（体格で劣る日本選手）が，大きくて資源がある外国（パワーのある外国選手）を相手に勤勉に働くことによって（努力や技や組織力で）貿易黒字を上げる（勝つ）という，世界の中での日本の位置づけについての言説である。スポーツ報道でよくみられるこの言説の背景にあるのは，明治以降の「欧米諸国に追いつけ追い越せ」の物語である。

⑦ 言説の不確定性

言説は固定されているわけではなく，変容することもある。ジェンダーの研究でみたように，オリンピックのような国際大会の報道において，女性選手は性別よりもその国籍が優先し，報道が増えるということもある。

また，サボらはアメリカのスポーツ放送を分析し，現在では制作者が人種を平等に扱おうとしていると結論した。黒人選手に対する否定的な表象がみられなくなったというのである（ただし，アジアやヒスパニック系の選手に対するステレオタイプがみられた）（Sabo, 1996）。

ただ，報道は言説によって構成されている（あるいは言説を構成する）からといって，視聴者や読者（受け手）の主体性を否定しているわけではない。つまり，受け手はメッセージをそれぞれのやり方で解釈している。年齢，性別，階層，学歴，居住地，職種等によって，受け手の捉え方が違う，ということなのである。作り手の意図と同じような意味を受け手が必ずしも読むとは限らない。メッセージの意味にはこのような「緩み」があるから，異なった言説が存在し，フェミニズムからの批判でみられるように言説や描写についての葛藤がある。

参考文献

- アレン・グートマン．1981．『スポーツと現代アメリカ』清水哲男 訳 ティビーエス・ブリタニカ
- 飯田貴子．2002．「メディアスポーツとフェミニズム」橋本純一 編．『現代メディアスポーツ論』71-90．世界思想社
- 森田浩之．2009．『メディアスポーツ解体〈見えない権力〉をあぶりだす』〈NHKブックス〉日本放送出版協会
- リー・トンプソン．2008．「日本のスポーツメディアにみられる人種言説」『スポーツ社会学研究』16: 21-36．
- Hall, S. 1997. The Work of Representation. In Hall, S. ed. *Representation: Cultural Representations and Signifying Practices*. 13-74. Sage.
- O'Donnell, H. 1994. Mapping the mythical: a geopolitics of national sporting stereotypes, *Discourse & Society*, 5 (3): 345-80.
- Sabo, D. et. al. 1996. Televising international sport: race, ethnicity and nationalist bias. *Journal of Sport and Social Issues*, 20 (1): 7-21.
- Whannel, G. 2000. Sport and the Media. In *Handbook of Sports Studies*, ed. J. Coakley and E. Dunning. 291-308. Sage.

（リー・トンプソン）

メディアとスポーツする身体

① スポーツ「する身体」・メディア・「みる身体」の関係性

スポーツが一般の人々に日常的に親しむ大衆文化現象や、ファッション現象などを派生していくことに非常に重要な役割を果たしているのが、メディアである。今日において、メガスポーツイベントを考える上で、メディアは必然的なものである。オリンピック、FIFAサッカーワールドカップ（以下サッカー・ワールドカップと表す）、ワールドベースボールクラシック（World Baseball Classic、以下WBCと略す）などの大会は、世界的規模のメガスポーツイベントであると同時に、世界の各地に試合を同時中継する巨大なメガメディアイベントでもある。

ダヤーンとカッツ（D. Dayan&E. Katz）は、メディアイベントを、テレビで放送されながら行われる行事とし、その類型を「競技型」「制覇型」「戴冠型」に区分している。まず競技型は、スポーツの競技大会、大統領候補の討論会など、競い合う行事の放送である。次に制覇型は、月面着陸の宇宙飛行、ローマ法王の外訪など、偉大な達成を成し遂げた英雄たちの行事の放送である。そして戴冠型は、王室の戴冠式、ジョン・ケネディの葬儀、ハリウッドのアカデミー賞など、セレモニーの放送である。

しかしながら、オリンピックやサッカー・ワールドカップなどのメガスポーツイベントにおいては、これら3類型の要素は交じり合っている。例えば、競技型はスポーツ選手が国内の競技水準を超え国家代表として世界レベルの試合で戦うこと、制覇型はこれまでの人類の限界を超えた記録を残し偉業を達成すること、戴冠型は受賞式を通してスポーツ選手をメダリストとして世界的に認定し、賞賛するセレモニーを行うこと、という3つが1つのメガスポーツイベントとして行われる。

このようなメガメディアイベントは、メガスポーツイベントにおけるアスリートの戦う身体（競技）、英雄の身体（制覇）、セレモニーの身体（戴冠）を、地域的限界を超えて、世界の人々にみせる。したがって、メディアは、世界レベルの大会でスポーツを「する身体」と、世界中の人々が「みる身体」の関係性の中で、新たに「魅せる身体」を生成する。そして、セレモニーを通して正統化された憧れの「魅せる身体」をグローバルに共有させるのである。

② スポーツをする／みる身体の感覚

スポーツをする／みる身体について言及する前に、身体を社会学からアプローチしてみたい。この場合、ターナー（B.S. Turner）は、身体社会学は社会秩序の研究であり、4つの問題を軸に整理することができるという。すなわち、時間と空間での人口の再生産と規制、および自我の担い手である身体の抑制と呈示であるとする。

しかし、既存の身体の社会学は、理論的になりすぎて経験的研究から乖離し、また、文化的テキストとしてみすぎて身体のパフォーマンスを看過してしまったことが批判される。これからの身体の研究は、グローバルに発達する科学技術、例えば、クローンや遺伝学、生殖技術、情報技術などを含む、グローバリゼーションが及ぼす人間への影響を身体や身体化（embodiment）の問題として検討していくであろう。

特に、現代社会で身体に関心がますます増大していくのは、社会における消費、文化現象、健康に関する変化がグローバルな規模で急変していることとあいまっている。そして人間の身体は、消費主義の中、単なる有機体を超えて、バイオテクノロジーをはじめ、様々な産業の経済利益を引き出す「情報コード」「情報システム」になる。

では、現代社会におけるスポーツをする身体、スポーツをみる身体はどうであろうか。

第1に、スポーツする／みる身体は、スポーツをめぐる世界で形成された「社会的構築」である。メルロー＝ポンティ（M. Merleau-Ponty）によれば、個人の身体は、「いま」「ここに」いるという時間と空間を同時に包摂する。そして身体図式を組み替え、更新し、新たな意味（sense）を総合することで、身体は習慣を獲得するという。スポーツをする／みる身体は、ともにスポーツの世界（場、field）にかかわる身体である。両方の身体は、スポーツ独自の世界を経験する中で、「生きられる身体」（lived body）として、社会的に構築されたものである。

第2に、スポーツをする／みる身体は、身体技法をハビトゥス（habitus）化したものである。スポーツを行う実践や、スポーツ競技を観戦して楽しむ実践も、自らの身体を使い、身体技法を身につけ、半ば無意識的な身体化を成している。ブルデュー（P. Bourdieu）は、このように身体化された、半ば無意識な心的・身的性向の体系をハビトゥスと称した。したがって、身体に、スポーツの実践や観戦の経験を蓄積する過程で、習慣化されたハビトゥスが体系化される。アスリートと観戦者は、それぞれのハビトゥスによる生身の身体感覚で、試合での実践と観戦を楽しむのである（図1）。

第3に、スポーツする／みる身体は、社会的に、文化的に存在する権力関係を表象している。例えば、男性や女性のアスリートの身体は、スポーツのジャンルや種目におけるセクシュアリティーやジェンダーの権力関係、差異化を、選手育成の過程で隠れたカリキュラム（hidden curriculum）において学ぶ。さらに、アマチュアやプロのアスリートとして実践をする際にも、否応なく

図1　2002 FIFAサッカー・ワールドカップの試合をストリートビューイングで観戦
（出典：黄順姫、「国旗ファッションを巡る集合的記憶の再構築」黄順姫　編『W杯サッカーの熱狂と遺産』世界思想社、2003. 145）

受容，身体化し，表象することになる。

また，アスリートの身体は，消費主義の中で「可愛い」「綺麗」「恰好いい」「イケメン」などの尺度によって，大衆的な人気を得て，象徴的世界での高い地位や，経済的利益を創出することもある。このように多様な指標によって，アスリートや大衆の身体は，相互関連の中で権力，差異化，身体の資本を，生成・変容させていくのである。

③ マスメディアとニューメディアの連携と身体感覚の変容

オリンピックやサッカー・ワールドカップなどのメガスポーツイベントは，メディアイベントとタイアップし，テレビ中継をすることで，身体感覚の変容をもたらす。開催地が4年に1度変わっても，常にメディア中継を通して試合をみる人々には，開催地の場所感覚が薄れていくことがある。競技大会の会場や内部構造が決められた制度や規則によって作られるため，テレビで放送される競技場空間は，画一的である。したがって，メディアを通して観戦する人々にとっては，開催地の場所の差異化にもかかわらず，「場所感覚」が失われ，競技場の「空間感覚」が強調され，一律化される傾向がある。

例えば，サッカー・ワールドカップが2010年の南アフリカ，2006年のドイツ，2002年の日韓共同開催で行われていても，テレビ観戦者は常に，競技中にピッチで戦う選手たちと，ピッチを取り囲む壁に企業の広告が映し出される，という空間感覚を身体化している。これら企業の広告は，テレビで放送する時だけ，壁に貼ってあるかのようにみせるものである。テレビ観戦者は，どの大会でも，このように定型化された試合のみをみている。このように中継を通してみる観戦者は，場所と空間から，空間だけが取り出され，競技大会と結びつけられる身体感覚をもつようになる。

にもかかわらず，一律化された空間の中で，競技場の場所感覚を再構築する場合がある。2010年の南アフリカでの試合では，スタジアムの観戦者たちが伝統的な楽器で大きな音を出しながら観戦・応援することが，試合中継の中に映し出された。テレビ中継をみる観戦者は，「脱埋め込み」され，定型化された空間感覚に，開催地の場所感覚が「再埋め込み」されるようになる。

世界中に発信されるメガスポーツイベントであれ，国内で中継されるスポーツイベントであれ，アスリートの身体は，メディアを媒介して構成され，観戦者に届けられる。メディアテクノロジーの発達に伴い，アスリートの身体は，多様な方法で変容する。

第1に，メディアを媒介して，アスリートの生の身体や身体感覚は，再構築される。例えば，2008年の第29回オリンピック大会（北京）の柔道競技の中継では，マイクを床に設置することで，選手が投げられた時の身体の音がより大きく聞こえる工夫がなされた。これにより，実際以上に身体のぶつかり合いの激しさ，身体の重さが音を通して拡張されていたのである。テレビを通してみる観戦者は，拡張され，再構築された身体のリアリティーを感じるようになる。

第2に，メディアを媒介して，新しい身体感覚が創出される。2010年サッカー・ワールドカップでは，ピッチの上空を時速20kmで走るカメラ（スパイダーカム）が装着された。対戦する両方の選手たちがボールを追って，ゴールに向かって走る姿を，空中から速いスピードでカメラが追いかけ，スクリーンに映し出す。まるで，草原で，知性をもった肉食動物たちが必死に狩りをするような想像力を刺激し，ゲームの世界にいるような幻想を抱かせる。テクノロジーの発達は単なるドラマ性，見世物という性質を超えて，新しい身体感覚を創出していくのである。

第3に，既存のマスメディアだけでなく，個人が発信するニューメディアとの連携を通して，アスリートの身体の意味世界を，多様な尺度で解釈し，理解することが要求される。2009年WBC大会では，1つの大会で日本と韓国のライバル対戦が5度も行われた。両国の選手たちが，試合以外の場所や試合直後に行った発言や行動に，テレビや新聞などのマスメディアは相手を批判した。それを受け，両国の観戦者たちも，インターネットやコンピューター情報システムのニューメディアで，激しく相手を批判・非難した。再び，両国のテレビ，新聞などは，これを取り上げ，批判・非難合戦がエスカレートした（図2）。結局，両国の選手，観戦者たちは，相手国の代表選手の発言や行動の背後にある相手国のスポーツ文化を理解できないまま，批判・非難に終始し，WBC大会が終わった。今後，スポーツにとって，マスメディアおよびニューメディアの影響は増大してい

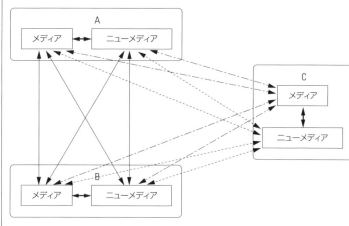

図2　2009 WBC大会の日本・韓国ライバル対戦におけるマルチメディアの空間
（出典：黄順姫，「マルチメディアに媒介されるメガ・スポーツのライバル戦」橋本純一 編，『スポーツ観戦学』世界思想社，2010．137）

く。アスリートと観戦者は，排他的なナショナリズムではなく，スポーツ本来の楽しみを見直し，他国のスポーツおよびメディア文化を理解する身体性を構築し，実践することが求められている。

参考文献

- 井上俊ほか 編. 1999.『スポーツ文化を学ぶ人のために』世界思想社
- 大野道邦ほか 編. 2005.『身体の社会学』世界思想社
- シェリー・タークル. 1998.『接続された心』日暮雅通 訳 早川書房
- ダニエル・ダヤーン，エリユ・カッツ. 1996.『メディア・イベント』青弓社
- 橋本純一 編. 2002.『現代メディアスポーツ論』世界思想社
- ピエール・ブルデュー. 1989.『ディスタンクシオンⅠ』石井洋二郎 訳 新評論
- 黄順姫. 2010.「マルチメディアに媒介されるメガ・スポーツのライバル戦」橋本純一 編.『スポーツ観戦学』138-61. 世界思想社
- ———. 2003.「ワールドカップサッカー・コリア・ジャパンに惹かれる身体」『アジア新世紀4 幸福』青木保ほか 編. 167-79. 世界思想社
- ——— 編. 2003.『W杯サッカーの熱狂と遺産』世界思想社
- ブライアン・S・ターナー. 1999.『身体と文化』泉田渡ほか 訳. 文化書房博文社
- モーリス・メルロー＝ポンティ. 1967.『知覚の現象学1』竹内芳郎ほか 訳. みすず書房

（黄　順姫）

メディアとスポーツファンの変容

① スポーツファンの獲得のためのメディアとの共存

メディアとスタジアムの関係はスポーツファン獲得合戦の歴史だといっても過言ではない。

スポーツを最初に取り上げたメディアは新聞である。もちろん，読者に興味のある情報を提供することで，購読者を増やそうとするねらいが新聞社にあることはいうまでもない。そのためにスポーツ大会を主催し，その出来事を記事にして新聞を販売するのである。例えば，アメリカのプロ野球，メジャーリーグ（MLB）のオールスターゲームを1933年に初めて主催したのは新聞社「シカゴ・トリビューン」であった。日本でも，朝日新聞社が1915（大正4）年に全国中等学校優勝野球大会（現在の全国高校野球選手権大会）を開催し，毎年多くの高校野球ファンが甲子園球場に足を運び，日本の伝統的行事とまでいわれるようになった。1924（大正13）年には毎日新聞社が春の全国選抜中等学校野球大会（現在の選抜高校野球大会）を開催し，1927（昭和2）年からは都市対抗野球大会を神宮球場で始めた。さらに，営業不振であった読売新聞社が発行部数を伸ばすために1936（昭和11）年に7球団による日本職業野球連盟（現在の日本プロ野球機構）を発足させ，その危機を乗り越えたのである。また，毎日，駅などで販売されているスポーツ新聞も，確実にスポーツファンを掴んでいる。

一方で，スポーツの競技団体にとっても，新聞記事として扱われることのメリットは大きい。新聞に取り上げられることによって，そのスポーツの人気が高まり，多くの人々がスタジアムに来るようになる。また，プレイヤー自身もメディアに登場することによって有名になり，その選手をめざしてスポーツをする人口が増え，スポーツを統括する競技団体が経済的にも，人材的にも豊かになるのである。つまり，新聞というメディアとスポーツ界は共存関係にあったのである。

ところが，ラジオというメディアの登場によって，その共存関係は揺らぎ始めた。

ラジオの実況中継によって，われわれはスタジアムに行かなくても，家にいて観客になることができるようになった。そうなると，ラジオのスポーツ放送に満足してしまい，スタジアムの観客数が減少するのではないかという懸念が出てきた。そこで，この観客数の減少を補償する意味で，「放送権料」をラジオ側が競技団体に支払うというシステムを作り出した。つまり，入場料の減収を放送権料でカバーしようと考えたのである。1938年にはMLBのピッツバーグ・パイレーツが放送権料を支払わずに試合を放送した地方ラジオ局を訴え，それに勝訴したことにより，放送権料は社会的に認められるようになった。このようにして，放送権料はラジオによるスポーツ放送を定着させ，同時にスポーツファンを拡大させ，スポーツとメディアの共存関係は回復したのである。

アメリカにおいて，メディアがスポーツファンの拡大に熱心だった理由はもう1つある。それは，公共放送のないアメリカでは，民間放送として番組制作費をスポンサーからの広告料に頼らざるを得なかった。そのためには，スポーツファンを増やし，視聴率を上げる必要があったからである。一方，視聴者の受信料によって放送番組を製作する日本のNHKやイギリスのBBCをはじめとするヨーロッパの公共放送では，それほど視聴率を気にする必要がなく，スポーツという出来事を客観的に報道するという立場をとっていたので，スポーツファンを拡大するというメディアの役割は希薄であったといわざるを得ない（神原，2001）。

② スタジアムとメディアの競争

この共存関係を競争関係に変えたのはテレビである。

アメリカで1939年に開始されたテレビによるスポーツ放送は，もともとスタジアムに行けない人のための補助的な道具であった。しかし，テレビの一般家庭への普及によって，その立場は逆転する。わざわざスタジアムに行かなくても，実際にみているのと同じようにスポーツを家で観戦することができるのである。テレビはスポーツ観戦の空間からわれわれを解放してくれ，しかも，そこは天候に左右されることのない快適な環境なのである。おまけに，入場料を払うこともなく，無料でスポーツをみることができるのだ。

さらに，ホームビデオの普及により，スポーツの放送時間にみることができなくても，ビデオに撮って後で楽しむことができるようになった。つまり，時間からも解放されたのである。ただ，スポーツは同時間にみるという，いわゆる「生放送」の方が興奮する。結果がわかっている試合はおもしろさが半減するからだ。かつては生放送でみることができたのは国内の試合だけで，海外の試合をみることはできなかった。この問題を解決したのが，1964（昭和39）年の第18回オリンピック大会（東京）から始まった衛星放送である。世界中のどこにいても，衛星放送により生放送でスポーツをみることができるというスポーツ放送のグローバリゼーションが始まったのである。

このように，テレビはその技術の発展により，時間・空間というスポーツ観戦にとって不可欠な問題を解決し，

実際に観戦するのと変わらない状況を作り出し，スポーツファンを取り込んでいったのである。

しかし，いくらテレビがスタジアムに近づいたところで，その臨場感を超えることはできない。そこで，テレビはその特徴を出すために，逆にスタジアムでの観戦との差異化を試みるのである。例えば，スタジアムでみる野球は，スタンドの固定されたある位置からの視線に限られる。ところが，テレビでみる野球では，ピッチャーが投球する時，われわれはショートぐらいの位置からみていることになる。そして，その視線はバッターが打つと一塁側のスタンドに瞬間移動し，時には応援席にも一瞬にして移動する。そして，ピッチャーあるいはバッターのすぐそばにまで駆け寄って，その表情をみることもできるし，ベンチの中まで覗き込むこともできる。つまり，実際のスタジアムでは立つことのできないところに，われわれを連れて行ってくれるのである。

また，バッターの打率やホームラン数，過去の記録などの情報も瞬時にして教えてくれる。そのうえ，ホームランのシーンは再現してくれるし，投球フォームもスローモーションでみせてくれる。

さらに，現場では実際にみることはできないのだが，CG（コンピューターグラフィック）を使ってボールの飛距離や軌跡を表示したり，水泳では，CGによってプールに世界記録のラインが引かれ，そのラインをレースに同期させて動かすことによって，レース中のスイマーと世界記録との差が視覚的にわかるようになっている。

このように，テレビでしか味わえない仕掛けをすることによって，実際にスタジアムでみるよりも，スポーツ場面がエキサイティングに演出され，われわれはテレビの前に釘づけになるのである。

また，スポーツ種目によっては，はるかにテレビの方がみやすいものもある。例えばマラソンでは，実際にみに行けば一瞬にしてランナーが眼の前を走り去ってしまうだけで，レース展開がどうなっているかを把握することができない。ゴルフでも同様に，広いコースの中でプレイするので，すべての

図1　アメリカのボールパークの例（写真：フォート・キシモト）

選手のプレイをみることができない。しかし，多くのテレビカメラを駆使することによって，ゲームの展開を楽しむことができるし，一緒にプレイしている気分にもさせてくれるのである。

このようなテレビによるスポーツ観戦に慣れてしまうと，人々はスタジアムでスポーツをみることがつまらなくなる。ホームランを打ったシーンは一瞬で終わってしまうし，選手の打率や打点などの記録はわからない。そこで，スタジアムはメディアを取り込む戦略をとる。スタジアムに大画面のテレビを設置し，ホームランシーンの再現や記録を観客に提供するようになる。人々はスタジアムでメディアが作り出す情報と生のスポーツのプレイの両方を楽しむことができるようになったのである（図1）。

また，ドーム球場が増えた一因には，天候に左右されることなく，家にいるのと同じような快適な環境でスポーツをみることができるようにして，テレビにとられた観客を取り戻そうとするねらいがある。

さらに，スタジアムでないと楽しめない仕掛けもする。例えば，アメリカンフットボール（NFL）では華やかなハーフタイムショーを演出してみたり，ベースボール（MLB）ではスタジアムの中にバーベキューができるピクニックゾーンを設けたり，レストランで食事をしながらみられたりと，スタジアムにアミューズメントパークとしての機能をもたせ，集客しようとする。

日本の場合，応援のパフォーマンスがファンを野球場に呼び戻した。お気に入りのチームの攻撃の時はみんなで応援歌を歌ったり，それに合わせてパフォーマンスをしたり，7回にジェット風船を飛ばしてみたりと，見知らぬファン同士が一体となって応援するというスタジアムでないと味わえない仕掛けがそこにはある。

このようにして，メディアによって，取り込まれた観客をいかにスタジアムに引き戻すかという工夫がなされる。

③ パブリックビューイングという新たなメディアとの関係

これに対して，テレビ側も負けてはいない。

逆に，テレビにスタジアムを持ち込もうとする。それは，1990年代からアメリカで現れたスポーツバーである。酒場の大画面のテレビの前で，さながらスタジアムにいるかのように，ビールを片手にみんなで応援をするというスタイルが流行した。

さらに，スタジアムの大画面に映し出されたゲームをみて応援するというパブリックビューイングが出現した（図2）。2002年のサッカー・ワールドカップ（日本・韓国）では，大阪ドームや国立競技場の大画面をみながら，競技場内と同じように，サポーターは応援のためのパフォーマンスをすることができた。

このように，ただメディアの発信するスポーツ情報に受動的にかかわるの

図2　パブリックビューイングの例 (写真：フォート・キシモト)

ではなく，その情報を仲間と共有することによって，メディアに主体的にかかわろうとする新たなスポーツファンが出現してきたのだ。そこでは，スポーツ観戦がもはや単にゲームをみるということを超えて，パフォーマンスを伴って，自らもゲームに参加するという新たな展開をみせ始めた。メディアがスポーツを娯楽化させ，提供する情報では感動しなくなったファンが，自らその身体を使って，興奮を手に入れようとしているのである。その意味で，スポーツファンはメディアの「消費者」から「活用者」へと変容してきているといえるだろう。

④ スポーツファンの差異化

1990年代の後半から2000年初めにかけて，メディアによるスポーツファンの差異化現象が起きた。

アメリカでは，FOXスポーツネットやESPNというスポーツ専用チャンネルが一般化したり，またケーブルテレビ(CATV)による多チャンネル化で，スポーツファンが自分のお気に入りのスポーツをみることができるようになったことが発端である。

日本でも，BSデジタルやCSデジタルの登場で，スポーツ専門チャンネルをみることができるようになり，2002年のサッカー・ワールドカップ（日本・韓国）をきっかけとして，世界のサッカーをみたいというファンは，このBSやCSをみることができるテレビを購入し，配信する会社と契約をしたのであ

る。さらに，自分のみたい番組をみるのにお金を払う「ペイ・パー・ビュー」が登場する。つまり，スタジアムで入場券を買ってみるのと同じように，視聴料を払ってみるのである。このように，これまでメディアからの一方的なスポーツ情報の配信を享受していたファンが，自ら選択することができるようになり，メディアはより質の高い情報を提供しなければならなくなったのである。

一方，地上波は一般大衆に向けてスポーツ番組を制作する。したがって，タレントを使ってエンターテインメント化したり，解説者がまるで観客のようにひいきのチームを応援したり，スポーツを1つの祝祭空間としてイベント化しようとする。それはスポーツそのものではなく，付加価値をつけたスポーツ放送を提供することで，一過性のスポーツファンを獲得しようとするからである。

このように，スポーツファンはお金を払ってでもスポーツをみたいとするディープなファンと，エンターテインメントとしてのスポーツ放送に満足する一過性のファンに二極化したのである。

さらに，ディープなファンはインターネットにより，自分たちの独自のスポーツコミュニティーを作るようになった。そして，ネットによる情報交換をしながら，自分たちで新しいメディアを創り出しているのである。

その意味で，メディアによってスポーツファンが変容する時代から，スポーツファンによってメディアが変容する時代へと変わってきたといえよう。

参考文献　20.C.04

- 神原直幸．2001．『メディアスポーツの視点：疑似環境の中のスポーツと人』学文社
- 杉本厚夫．2005．『映画に学ぶスポーツ社会学』世界思想社
- ───．2012．「アメリカスポーツの発展とメディア」黒田勇 編．『メディアスポーツへの招待』ミネルヴァ書房

（杉本厚夫）

メディアとスポーツ選手の変容　20.C.05

① メディアが描くスポーツ選手

メディアには新聞・雑誌などの活字メディアと，テレビ・インターネットなどの映像メディアがあるが，メディアはスポーツを文字や映像に置き換え伝える。その結果，メディア製作者は文字や映像に置き換える変換過程で，伝えるべきことを評価して順位づけ，限られた時間や紙面に落とし込む内容を選択する。メディアが描くスポーツは，純粋にリアルなものを伝えているのではなく，編集され，加工されたものであるという認識が必要である。

ある新聞記者が新人時代に支局長から「そんなに難しく考えるな。高校野球は本当のことを書かなくていいんだ。ウソを書けばいい。友情，汗，涙，愛，夢など美しい言葉を並べてな」（中条一雄「日本の新聞と新聞記者」『現代スポーツ評論』創文企画．2003. 102）とアドバイスされた極端な報告もされている。メディアは視聴者や読者の要望にこたえるという理由から，社会の求める，興味・関心をひくスポーツヒーロー，スポーツヒロインをドラマチックに仕立て上げていく。

メディアが描くスポーツ選手の研究は，メディア研究やジャーナリズム研究で取り上げられる。スポーツを報道する新聞記事やテレビ放送で用いられた文書や言説を分析するテクスト分析は，研究者の解釈の枠組みを考慮する必要性があるが，スポーツ選手の描き方を明らかにしている。

ジェンダーの枠組みで，第27回オリンピック大会（シドニー，2000年）開催期

間中の朝日，毎日，読売新聞の記事を分析した研究では，1）女性競技者は男性選手と異なり（名字ではなく）名前や愛称で表現される，2）女性競技者を支える男性の存在を示す，3）娘やミセスといったタイトルが使用される，4）母親などの女性役割への期待が描かれることがわかった（飯田貴子「メディアスポーツとフェミニズム」橋本純一 編『現代メディアスポーツ論』世界思想社. 2002. 71-90）。

また，2002年のゴールデンウィーク前半に放映されたスポーツのコマーシャルフィルム（以下: CF）の分析では，「スポーツする男性の身体は強く，逞しく，ワイルドに描写され，スポーツヒーローとして威光を放ち続ける。スポーツする女性の身体は美しく，ナチュラルに，あるいはセクシーに描写され，スポーツヒロインは普通の女性としての女らしさの表出に力点が置かれて描かれる」とされる（平川澄子「スポーツ，ジェンダー，メディア・イメージ: スポーツCFに描かれるジェンダー」橋本純一 編『現代メディアスポーツ論』世界思想社. 2002. 91-115）。

ほかにも，スポーツ選手は，国歌斉唱のシーンをズームで映し，国旗を纏う姿を映すなど愛国心を強調した描き方がなされる。その反対に大相撲の小錦の報道にみられたように「ガイジン」選手は，排外主義的な悪役としての描かれ方もする。また貧困からの成功物語として，努力による成功をドラマ仕立てに描くことで，視聴者の感動を誘おうとするものもある。

今日では，メディア企業がスポーツイベントの主催者や協賛としてかかわり，ジャーナリズムとコマーシャリズムの狭間に立たされながら，メディア企業のかかわるスポーツイベントを礼賛する型の記事を伝えてもいる。メディアの描くスポーツ選手は，その時代の政治・経済・文化の諸要因によって影響を及ぼされると考えられる。

メディアの描くスポーツ選手は，結果的に社会の支配的な価値やイデオロギーを再生産する一方で，スポーツ選手，スポーツ団体，メディア，協賛企業，広告代理店など多様な関係組織や関係者，さらにメディアからの情報を受容する視聴者らの価値観やイデオロギーがせめぎ合いをみせる。

スポーツ情報を受け取る視聴者の視点での分析では，メディアが描くスポーツ選手がそのまま伝達されているわけではないとされる。受け手である視聴者は画一的な解釈をせず，多様な意味を付与していることも明らかになっている（高井昌史「メディアの中のスポーツと視聴者の意味付与: 高校野球を事例として」『スポーツ社会学研究』9. 日本スポーツ社会学会. 2001: 94-105）。

② メディアの技術のスポーツ選手への影響

スロー再生，ズーム，3次元加工技術，デジタルハイビジョンなど，映像メディアの技術革新は著しい。新しい映像技術は，スポーツ選手の描き方も変える。例えば，ズーム映像は近づかなくてはわからなかったスポーツ選手の表情を映し出し，スポーツ選手の心理的な感情を視聴者に推理させる。スポーツ選手にとっては，視聴者が求める感情と異なる試合中の照れ笑いなどが非難されることもあるため，常に表情にまで意識を集中することが必要になる。また口の動きから試合中の話の内容がわかるのを避けようと口を覆って選手と話をするようにもなる。さらに一般の視聴者が最新の高性能のメディア機器を所有することができるようになった結果，エロチックな視線にさらされる女性選手を保護するために会場へのメディア機器の持ち込みを制限するようになった。

1964（昭和39）年の第18回オリンピック大会（東京）で導入されたスロー再生技術は，瞬時に終わるスポーツパフォーマンスを科学的に分析可能なものとし，スポーツ技術や戦術の分析が進んだ。また審判のきわどい判定を明らかにすることも可能にした。その一方で，ビデオ判定など試合を中断させることにもなり，その結果，審判に対する信頼を揺るがせることにもつながり，スポーツ選手と審判との関係を変えかねない状況を生み出している。

さらにインターネット技術は，スポーツ選手と視聴者を直結し，メディアによって解釈されてきた解説を当人が解説する機会を与えた。その結果，内容によっては，戦術の漏洩や監督批判などにつながり，スポーツ選手自身が情報発信に気を遣うことが求められるようになった。

③ スポーツ選手のメディアへの対応

メディアは，時代や社会に適したスポーツ選手を選び，スポーツヒーローやスポーツヒロインとして構築していく。プロ野球のヒーロー，長嶋茂雄と王貞治はテレビ番組においてメディアで描かれた両者のイメージが「虚像」であることを自覚し，そのイメージと格闘していたことをNHKの放送の中で告白している（NHKスペシャル2009「シリーズONの時代第1回スーパーヒーロー50年目の告白」NHK総合テレビ. 2009〔平成21〕年9月20日放送）。長嶋や王が登場した1959（昭和34）年当時，高度経済成長とともにテレビが普及し，雑誌の創刊も相次いだ。スポーツ選手自らがコントロールし，発信できるメディアがなかった時代において，メディアの描くイメージを守るためにスポーツ選手が一方的に苦悩し，努力する必要があった。

今日では，スポーツ選手は，地域や都道府県で好成績を収めれば，地元のメディアに報道されるようになり，国を代表するレベルの実力になれば，スポーツ活動以外のプライベートの時間までもメディアを通じて伝えられる存在になる。高校野球をはじめ全国高等学校総合体育大会（インターハイ）など，日本一を決める大会では，10代半ばにしてメディアの注目を浴びる機会が用意される。日本の教育システムでは，メディアリテラシー教育が導入されてはいるものの，実際のスポーツチームにおいてメディアで騒がれ，有名人になることに対する準備教育が確立されてはいない。海外のスポーツ選手の事例でもメディアへの対応の重要性は指摘される。英国プレミアリーグのマンチェスター・ユナイテッド（Manchester United）監督のファーガソン（A. Ferguson）は，パーティーなどに将来のエリートサッカー選手の卵を帯同させ，インタビューのハンドリング（対応の方法や受け答えなど）の仕方を実地で学ばせることを紹介している（アレックス・ファーガソン, デイヴィッド・ミーク『監督の日記』東本貢司 訳. 日本放送出版協会. 1998. 28）。

メディアにつくられた虚像を守ろうと努力するスポーツ選手がいる一方で，メディアが伝える選手のイメージとスポーツ選手本人の自己イメージと

の格差からメディアを拒絶する選手もいる。テレビのスポーツニュースやスポーツ新聞の報道に疑問をもち，自らファンとの直接対話を実現したスポーツ選手に中田英寿がいる。中田は，メディアの作り出すイメージに対し，「まるで誰かがシナリオを書いているように，僕じゃない僕が存在している。報道が間違っていることにいちいち怒ることなんて疲れるからやめたほうがいいと言う人が多いけど，僕はそうは思わない。自分自身の真実を曲げれば，俺が俺でなくなってしまうということでしょう」と胸の痛みを吐露している（中田英寿『nakata.net 1998』新潮社. 2001, 90-91）。中田は「新聞や雑誌，テレビの人たちをすべて信じないわけじゃない。しかし，僕についてのストーリーを捏造する"誰か"がいる限り，自分にとっての"事実"や"真実"にこだわって行きたい」（中田英寿『nakata.net 1998』新潮社. 2001. 91）として，1998年サッカー・ワールドカップ（フランス）直前の5月から，インターネットの個人のホームページで自分の言葉を発信するようになる。

メディアの革新的な技術であるインターネットは，スポーツ選手自らのメディアとして機能した。そして独占的に情報を流してきたマスメディアが，実はスポーツ選手の真意を完全には伝えきれない事実をファンに知らしめることになった。また，スポーツ選手が自分自身のイメージを操作できるようになり，スポーツ選手のイメージを利用する商業的な取引も，企業とマスメディアのスポーツ放送を介した取引から，企業とスポーツ選手との取引へと変化し，そのことがスポーツ選手自身と契約して本人のイメージをマネジメントするエージェント会社の必要性を生じさせている。

近年では，一般企業や組織のスポークスパーソンを対象にメディアへの対応をトレーニングするメディアトレーニングが，スポーツ組織に所属するスポーツ選手やメディアに応じる幹部を対象として開発されている。スポーツ選手の中でもエージェントとの契約がある場合は，エージェントからマスコミへの対応を学ぶケースも多い。スポーツメディアトレーナーの片上は，スポーツ選手に対するメディアトレーニングは，ファンやスポンサーを理解し，自分のなすべきことを理解してそれを言動に移せる高い意識を養うことを目的としているという（片上千恵「アスリートの発信力向上がスポーツ文化の成熟を促す」『SpoBizガイドブック '08-'09』プレジデント社. 2008. 64-65）。日本でも競技団体がトップ選手に対してメディアトレーニング講習をしているケースがある。日本サッカー協会では，メディアへの対応というノウハウ的な知識だけではなく，選手の論理的な思考こそが世界に通じるパフォーマンスを育むとして言語技術の教育をエリートジュニア選手に行っている（田嶋幸三『「言語技術」が日本のサッカーを変える』〈光文社新書〉. 光文社. 2007）。

④ セカンドキャリアとメディア

メディアを通じてヒーローやヒロインとなったスポーツ選手は，セレブリティーと呼ばれる有名人として引退後もメディアへの登場機会が与えられる。取材される側から取材する側への転身であるプロ野球解説者は，現役引退した選手が希望するセカンドキャリアの1つである。近年，プロ野球中継が減少する中，解説者の門も狭くなっている。しかし引退して全く別のキャリアを歩むのではなく，取材を通じて球界との接点をもつことが指導者としての現場復帰の第一歩となっている報告もある（斉藤直隆『プロ野球選手の知られざる生活』アスペクト. 2007）。

セレブリティーである彼ら彼女らは社会のロールモデルとして社会の夢と期待に応える役割を担う機会が与えられる。その点で現役時代の彼ら彼女らにつけられたイメージは，引退後のセカンドキャリアに影響を及ぼす。スポーツ選手が，引退後に皮相的な達成成果（記録）だけに依存し続けることなく，彼ら彼女ら自身の価値観や哲学を表現し，それが社会の理想に合致した時，現役時代のスポーツヒーローやスポーツヒロインのキャリアが，引退後も社会的なヒーローやヒロインへと転換していくことができると考えられる。

参考文献　　　　　　　　　　　**20.C.05**

◆ 橋本純一. 2002.「メディアスポーツヒーローの誕生と変容」橋本純一 編．『現代メディアスポーツ論』246-72. 世界思想社

（髙橋義雄）

スポーツとメディアイベント　20.D

政治的イベントとしてのスポーツ　20.D.01

① 「新しい政治」とナショナリズム

競技スポーツの起源を古典古代にさかのぼれば神に捧げられた祝祭の一部であり，共同体に不可欠な政治儀礼であった。そこには祝祭特有の「遊び」の要素があったが，近代の競技スポーツはそうした「遊び」の雰囲気を薄めていった。とはいえ，われわれが今日メディアで目にしている「真面目」な競技スポーツにも，開会式や閉会式などにおける国旗や国歌の登場を含め政治的祝祭色が確認できる。ただし，こうしたスポーツイベントの政治性を必ずしも古代からの伝統において理解する必要はない。むしろ，近代において「創出された伝統」という側面が大きい。

近代を「文明化」の過程と捉えるノルベルト・エリアス（N. Elias）によれば，スポーツは感情の制御が求められる近代社会で感情表出のはけ口として創出されたものである。特にボクシングやレスリングなど格闘技は，実生活で禁止された暴力欲求を代表的に具現し，代償的に昇華させる儀式として人気を博した。選手の服装や動きは，あたかも教会のミサ儀礼のように細部まで規定され儀礼化されている。こうして制御（コントロール）された暴力は，野蛮ではなく文明の象徴である。

こうした競技スポーツに勝敗を争う政治闘争が投影されることは自然である。カール・シュミット（C. Schmitt）は「政治なもの」を友か敵かの区別に基づく概念とみなしたが，この意味で競技スポーツは「政治的なもの」の象徴で

ある。現実政治における戦争状況は例外的だが，スポーツ報道で「対戦」や「決戦」という言葉が頻用されるように，スポーツにおける戦争状態は一般的である。人間の闘争本能をゲームとして昇華させることで，現実政治の戦争状態を回避する手段してスポーツイベントが催されていると考えることもできる。

実際，選手が「個人として」ではなく「国の代表」として参加する近代オリンピックは，その始まりからして「別の手段による戦争」，すなわち「スポーツ戦争」が意識されていた。「近代オリンピックの父」クーベルタン（P. de Coubertin）は，その競技会開催中に参加選手を襲撃することを禁じた古代ギリシャの「オリンピック休戦」を理想化して，この「平和の祭典」の意義を訴えた。もちろん，「休戦」とは戦闘の一時的な停止状態を意味するものであり，戦争の否定や不在を意味するものではない。また，愛国者クーベルタンが普仏戦争（1870-71年）でドイツに敗れた屈辱感から自由だったわけでもない。重要なことは，フランス革命で幕を開けた「ナショナリズムの世紀」にオリンピックが再発見されたことである。ジョージ・L・モッセ（G.L. Mosse）は，大衆が国民として政治に参加する可能性を視覚的に提示する政治様式を「新しい政治」と呼び，体操協会などのスポーツ団体が果たした役割を強調している。彼らが貢献したのは議会制民主主義者が理想とする合理的討論ではなく，国民的記念碑や公的祝祭などで表現された美意識に依拠する大衆の共感の様式化である。この「新しい政治」の理念はルソー（J.J. Rousseau）の一般意志や，フランス革命の人民主権に端を発するが，19世紀を通じて大衆の自己表現と自己崇拝の様式を発展させ，ナチズム（国民社会主義）を極致とする世俗宗教としてのナショナリズム運動において絶大な威力を発揮した。ナショナリズム運動において「体操の父」フリードリヒ・ルートヴィヒ・ヤーン（F.L. Jahn）の存在は特に重要である。ヤーンはドイツ統一をめざした熱烈な愛国者であり，体操運動を始めたのも効果的な国民的儀礼を創出するためだった。

「体操家は，自分たちこそ国民的再生の触媒たらんと考えた。ヤーンはそうした考えをただちに公的祝祭と結びつけた。彼と（『ドイツ協会』を創設した愛国詩人）エルンスト・アルントにとって，公的祝祭は愛国精神の機能に決定的な意味をもった。体操運動がなおざりにされたため，ほとんどすべての民衆祝祭は消滅するか退化してしまった，とヤーンは述べた。また，歴史的に記憶されるべきことは男性的な力のスペクタクルによって覚醒され，祖先の誉れの行為は体操競技によって再生される，と。（中略）こうした儀礼が混沌とした群集を「神聖な行為」を通じて規律づけられた大衆に導くことができる，とヤーンは理解していた」（ジョージ・L・モッセ『大衆の国民化』柏書房. 1992. 136）

大衆に国民国家への帰属感を与える「新しい政治」の中核がスポーツイベントだと，ヤーンは確信していた。祝祭やデモ行進で広場に集まった群衆が共感によって政治的世論を形成する街頭的公共圏は，フランス革命のバスチーユ襲撃に示されるように大衆社会以前にも偶発的に存在したが，19世紀後半以降，スポーツの大衆化とともに顕在化・計画化されていった。

② 大衆的公共性と観客民主主義

「新しい政治」が超克をめざしたのはブルジョア的公共圏であった。ユルゲン・ハーバーマス（J. Habermas）によれば，サロンやカフェ，読書サークルによった自律的なブルジョアが「公衆」の自覚に立ち，公開の討論を経た合意が政治秩序の基礎となるべき公共圏が17世紀以後のヨーロッパに登場した。ブルジョア的公共性（圏）は，国家と社会の分離を前提として両者を媒介する社会関係（空間）であり，その空間においてブルジョア階級は公開の討論によって公論を形成し国家権力を制御しようとした。

近代スポーツの担い手も，まずはこのブルジョア階級だった。ヨハン・ホイジンガ（J. Huizinga）は，ジェントルマンシップとスポーツマンシップの表裏一体を次のように解説している。

「英国の議会生活の気分，習慣は，あくまでもスポーツ的なもの

図1 1913年グリューネヴァルト競技場での体操祭典（出典：ジョージ・L・モッセ『大衆の国民化』柏書房. 1994. 99）
第一次大戦前のドイツの体操祭典。軍装の参加者も目立つ。

だった。このことは，英国を範としている国々の場合も，ある程度同じである。友誼の誠心は，たとえいかに激しい討論の応酬の後でも，論敵と親しく冗談歓語を交わすことをゆるすものである」（ホイジンガ『ホモ・ルーデンス』〈中公文庫〉中央公論新社. 1973. 418）。

互いに「財産と教養」をもち階級利害で対立しないブルジョア階級同士なら，理性的討議は可能だった。18世紀後半イギリスで始まった工業化は，大量の労働者を都市に集中させ，そのレクリエーションのツールとしてレジャー産業を発展させた。市民が理性的に討議するコーヒーハウスは，労働者大衆が喧騒の中で気晴らしするビアホールに圧倒された。マス・レジャーであるスポーツイベントの組織化により，政治を議論する公衆に代わってスポーツを消費する大衆が台頭したのである。観客民主主義の成立である。「有閑階級」（the leisured class）という言葉が示すように，本来レジャーとは有産階級の特権であった。このレジャーの民主化＝商品化は「大衆の貴族化」をもたらした。貴族化した観客大衆が本気で革命など欲しないのは自明である。市民的公共性は再び「再封建化」を始めた。ハーバーマスは次のように述べている。

「市民社会は，広報活動によって造形されえるようになるにつれ

図2 ナチ・オリンピックの日本女子水泳チーム
(写真：毎日新聞社/アフロ)
第11回オリンピック大会(ベルリン)の貴賓席に座る日本女子水泳チーム。後方にナチ親衛隊が並ぶ。

て，ふたたび封建主義的な相貌を帯びてくる。商品提供の主体は，信徒的な顧客の面前で，代表表現の豪華さをくりひろげる。新しい公共性は，かつて具現的公共性が賦与していた人身的威光や超自然的威信の風格を模倣するわけである」(ユルゲン・ハーバーマス『公共性の構造転換』未来社．1973，263 - 64)．

大衆新聞の「文化英雄」は，封建的威光をまとったスポーツ選手となった。ホイジンガが指摘するように，19世紀前半のイギリスの銅版画にはシルクハットを被ってクリケット競技に興じる「市民」の姿が残っていたが(ホイジンガ，1973．399)，第3回選挙法改正(1886年)で男子普通選挙が実現した19世紀後半には，クリケットも「大衆」の見世物になっていた。教養という市民階級の共鳴板は粉砕され，代わりにスポーツ選手の身体が国民的共感の象徴となった。こうしたスポーツの組織化と訓練強化によって，「遊び」の要素は失われていく。それはプロ選手とアマチュア愛好家の分離であり，自らはメディアで情報消費するだけの観客の増大である。スポーツ選手にとって国際試合の対戦者は「対等な相手」だとしても，観客のナショナリズムにおいては「外部の敵」と映るようになった。「スポーツ戦争」と呼ばれたオリンピックは，大衆を国民化するイベントとして発展した。

③「オリンピア」の政治的記憶

「大衆の国民化」を2008年の第29回オリンピック大会(北京)に読み取ることは容易だろう。特に，テレビで世界に向けて放映された開会式は中国共産党と人民解放軍のプロパガンダを具現化したものだったが，口パクの「天使の歌声」，漢民族扮装による「少数民族の子どもたち」，コンピュータグラフィックスによる花火などが「情報操作」として欧米メディアで厳しく批判された。日本の新聞・テレビも同じスタンスで報じたが，商業的にショーアップされた近年のオリンピック開会式と比較して，特別に悪質だと断定することはできなかった。むしろ，政治イベントのプロパガンダ性を熟知している欧米メディアから批判が噴出した歴史的背景を考えるべきだろう。一党独裁の全体主義体制下で開催されたオリンピックは，1936年第11回大会(ベルリン)，1980年第22回大会(モスクワ)に続いて3度目だが，冷戦下のモスクワ大会を西側諸国はボイコットしていた。メディア操作として悪名高いのは，ナチオリンピックの第11回大会(ベルリン)である。

そもそも北京大会の開会式が注目されたのは，それを総指揮した張芸謀(チャンイーモウ)監督がベルリン国際映画祭金熊賞の受賞者だったためである。「ベルリン」という地名と映画は，ナチ党大会映画『意志の勝利』(1935年)で有名になったレニ・リーフェンシュタール(Leni〔本名B.H.A.〕Riefenstahl)監督の『オリンピア』(第1部『民族の祭典』・第2部『美の祭典』1938年)を人々に想起させた。中国共産党支配を古代中華王朝の伝統に結びつける張芸謀監督の演出は，アクロポリスの冒頭シーンで古典文明の継承者として第三帝国を正統化する『民族の祭典』の手法と酷似している。リーフェンシュタールは，この夢幻的シーンを撮るためスモークパウダーとガーゼ付きレンズを使用した。また，選手の表情をアップで捉えるため本番の前後に何度も撮影を繰り返した。この意味で『オリンピア』は「記念碑」(モニュメンタル)映画であっても，「記録」(ドキュメンタル)映画と呼ぶべきではない。同じ意味で，張芸謀監督のオリンピック開会式も確かに「記念碑」的であった。

さらにいえば，チベット騒乱によって国際的に物議を醸した2008年の聖火リレーも，軍事独裁国家のオリンピック開催例として1936年の第11回大会(ベルリン)を連想させた。競技のテレビ中継と同じく，聖火リレーもナチ宣伝省が発案したものである。『オリンピア』には映っていないが，最初の聖火ランナーもドイツとの国境紛争を抱えたチェコ領内では警官に同伴されていた。当時ドイツのユダヤ人迫害に批判的だった欧米諸国では，この大会のボイコット運動が盛り上がっていた。しかも，ヒトラーは開会式の4ヵ月前，非武装地帯ラインラントに進軍し，ベルサイユ条約を空文化していた。国際オリンピック委員会(IOC)は政治的中立を理由に独裁国家による「平和の祭典」を支持し続けたが，『オリンピア』は英米では「ナチ宣伝映画」として拒絶され，戦後まで一般公開されなかった。一方，この大会閉会の3ヵ月後にドイツと防共協定を結んだ日本では，その興行は記録的な大ヒットとなっていた。それは盟邦ドイツの偉容を日本国民に印象づけ，三国軍事同盟，日米開戦への道を掃き清めた。

そうした政治イベントの歴史を振り返った時，第29回オリンピック大会(北京)に対する日本社会の反応は案外に冷静だったと評価すべきだろう。中国官憲による記者の弾圧，インターネット閲覧規制など，日本の新聞も連日のように「政治ショー」の舞台裏を報じていた。そのうえで，演出の裏を読み解こうとする視聴者の存在は，メディアリテラシーの習熟さえ予感させた。

オリンピックを「政治イベント」として批判することは容易なことである。むしろ，それにもかかわらず政治イベントとしてのスポーツに存在する社会的意義を確認することが必要である。20世紀の総力戦は双方が敵対者を「非人間的」と批判し，敵を絶滅させるアウシュヴィッツやヒロシマの悲劇を引き起こした。この世界大戦の交戦期間には，オリンピックも開催されていないのである。競技スポーツはどんなに政治的であっても，敵の殲滅(せんめつ)を正当化する聖戦の対極に位置するものである。繰り返し何度でもライバル(好敵手)と戦う可能性を否定しないからである。この視点から，政治イベントしてのスポーツはさらに考察されるべきテーマといえるだろう。

参考文献

- カール・シュミット．1970．『政治的なものの概念』田中浩，原田武雄 訳．未来社

- 佐藤卓己, 1998『現代メディア史』岩波書店
- ジョージ・L・モッセ. 1994.『大衆の国民化：ナチズムに至る政治シンボルと大衆文化』佐藤卓己，佐藤八寿子 訳. 柏書房
- デイヴィッド・クレイ ラージ. 2008.『ベルリン・オリンピック1936—ナチの競技』白水社
- ノルベルト・エリアス，エリック・ダニング. 1995.『スポーツと文明化：興奮の探求』大平章 訳. 法政大学出版局
- ユルゲン・ハーバマス. 1973.『公共性の構造転換』細谷貞雄 訳. 未来社
- ヨハン・ホイジンガ. 1973.『ホモ・ルーデンス』高橋英夫 訳. 中央文庫

（佐藤卓己）

スポーツイベントにおけるメディア倫理　20.D.02

① スポーツイベントのマーケティング

スポーツ大会が現在のように巨大になったのは，1970年代を起点にして考えると理解がしやすい。1970年代の世界的なテレビメディアの普及と，生産力向上によるマス消費社会の出現とが，現在のようなスポーツの世界化と巨大化の背景にある。さらにそういった条件を卓越したアイデアと行動力で実際にビジネス化していった人たちの存在がある。その中でもアディダスのアドルフ・ダスラー（A. Dassler）会長と，第23回オリンピック大会（ロサンゼルス）の組織委員長だったピーター・ユベロス（P. Ueberroth）の果たした役割は，際立っている。

1970年代は，先進諸国において大衆消費社会化が急速に進行した時代である。人々の欲望に追い立てられるようにメディアが発達し，メディアは人々の欲望をさらに刺激し解放していった。メディアは大衆の支持を得るために，大衆の好むソフトとしてのスポーツにスポットを当てていく。そしてメディアの発達に伴いスポーツ大会も大型化し，スポーツはメディアと不可分な関係を急速に構築する。これをスポーツの商品化の進行とか，商品価値の向上と言い換えてもよいかもしれない。

[ピーター・ユベロスと第23回オリンピック大会]

ユベロスが第23回大会（ロサンゼルス）で展開したマーケティング方法はその後オリンピックのみならずFIFAワールドカップ（以下サッカー・ワールドカップ）あるいはサッカー全体，さらにはスポーツ界全体のお手本となって現在に至っている。後にオリンピックの商業化元年として記憶されるこの大会は，合衆国，カリフォルニア州，ロサンゼルス市，各々の税金を1セントも使わず，大会の収支は2億ドルを超える黒字を生み出したのである。それはまさに従来の常識を覆すユベロス・マジックだった。

収入のうち注目すべき点は次の3つ。

1) 公式スポンサー，サプライヤー権の確立
2) 公式マーク，ロゴ等のマーチャンダイジング
3) 独占放送権販売方式による放送権料アップ

3) については，1ヵ国で1つのテレビ局に対してだけ独占放送権を与えるという基本を確立した。そしてABCが全米の独占放送権を2億5,500万ドルで購入し，世界をアッと驚かせた。これだけで大会総支出の約半分をカバーできる額だといわれた。ユベロスは「オリンピックに必要なものは大きな競技場ではなく，問題はその競技場に何台のテレビカメラが入れられるかだ」と言い切った。つまりオリンピックをテレビ放送用のエンターテインメントとして位置づけ，排他的な放送権利の売買を行いビッグビジネスにする道を開いたといえる。これ以後の放送権獲得の熾烈な戦いと権料のウナギ昇りのアップが，ここから始まった。ここで注意を促しておきたいのは，価格の高騰とオリンピックの放送時間とは現在のところ正の相関関係にあるという点である。「高いものを買えば，なんとかしてもとをとりたい」という考えは，個人だろうが法人だろうが万国共通なのであろう。超高額な権料を支払うと，権利を取得したテレビ局は目いっぱい放送をしようとするし，視聴率を確保するためには，事前のPRにも注力する。料金の高騰は，結果としてオリンピックの露出を増やし，普及に寄するところが大きかった。

[衛星放送の出現]

1990年代になって，スポーツという文化のグローバル化に拍車がかかっていた。これは，1980年代末期に出現した衛星テレビ放送が契機になったと思われる。衛星テレビ放送がわが国で開始されたのは，メキシコで行われたサッカー・ワールドカップの翌年，1987（昭和62）年であるが，本格的な営業を開始したのは1989（平成元）年である。1990（平成2）年はNHK衛星放送の受信契約世帯の拡販期として，年初からイタリア特集番組をレギュラーで放送し，サッカーのイタリアW杯の衛星放送の前景気を煽っていた。

衛星テレビの存在をクローズアップしたのは，なんといっても1989年のベルリンの壁の崩壊に象徴される東西冷戦体制の終焉と，翌年のイラクによるクウェート侵攻に端を発する湾岸戦争であったろう。

湾岸戦争の最中，一般人（マス）は毎晩帰宅すると，まず衛星テレビでCNNの映像をチェックするのが日課となった。平和な日本と全く対照的な映像はショッキングであると同時に，同じ時間に夜と昼が逆さの世界が存在すること，つまり地球が球体（globe）であることを実感したのである。世界を揺るがしたこの2つの大事件を通して，衛星テレビ放送の「リアルタイム」と「グローバル」という2つの際立った特性をわれわれは体感し，結果として，従来の地上波テレビとは異なるメディアとして実に有効なプロモーションが行われたのであった。

このメディアにとって，以上の2大特性に最もふさわしいソフトは常時必要であるが，常時「戦争」や「革命」があるわけではない。このメディアが自らのレーゾンデートル（存在理由）を示すためにスポーツを志向するのは必然であった。換言すれば，衛星テレビ放送が人々の意識をグローバル化し，グローバル化した人々の意識に訴えるソフトとしてスポーツのソフト価値が向上したのである。こうして衛星テレビの普及はメディアの世界化を完成し，それに伴ってスポーツの世界化をも完成させたのである。

[BスカイBとプレミアリーグの誕生]

ヨーロッパでは1980年代まで地上波テレビの数が少なく，しかもそのほとんどが公営放送であった。当然テレビコマーシャルを流すにあたって枠も少なく，内容も「生活必需品に限る」等の強い制限があり，企業がテレビで自社の広告活動を自由に行うのは困難であ

った。実はこういう状況が長く続いていたことが，テレビに社名や商品名を映す数少ない機会として，スポーツ大会の広告看板掲出を中心としたスポーツのスポンサーシップの価値を高めていたのである。

各国の公営テレビ局はヨーロッパ放送連合（EBU）という団体を作り互いの便宜を図ってきたのであり，ヨーロッパでは圧倒的な力をもっていた。このEBUが国際公営放送連合（ITC）の中核を形成し，オリンピックやサッカー・ワールドカップのテレビ放送権を牛耳ってきたのである。

かつてヨーロッパでは放送局といえば「公営放送局」のことであったが，1990年代になってかなりの数の民間商業放送局が誕生していた。1980年代末当時イタリア国内で3局とスペイン，ドイツで各1局のテレビ局を所有していたメディア王シルビオ・ベルルスコーニ（S. Berlusconi）がイタリアの首相にまでなったのはそのサクセスストーリーの1つであろう。そして1990年代の後半以降，商業放送は有料放送局の出現という第2の段階に入っている。例えば，イギリスを拠点にしたブリティッシュ・スカイ・ブロードキャスティング（BスカイB）は，1989年に放送を開始したが，1992年に有料放送を開始した。

BスカイBは，サッカーのイングランドリーグの人気チームだけを集めプレミアリーグという名で独立させ，その放映を独占するという少々荒っぽいやり方で受信世帯を150万から一挙に500万世帯に増やし，イギリスで地歩を固めた。これが有料放送事業を軌道に乗せるためには，よいスポーツのソフトを獲得するのがかなり有効だということを証明した第1号である。1992年からスポーツチャンネルを有料化したBスカイBは，早くも翌年，初めて単年度黒字を発表したのである。

いうまでもなく，メディアビジネスにとってスポーツは単にコンテンツの1つにすぎない。スポーツを盛んにするためにメディアが存在するわけではない。メディアビジネスのロジックは，当然ながらスポーツ中心ではありえない。その後われわれが目撃したのは，スポーツの国際イベントの放映権取得が，「国際規模で進んでいるメディアビジネスの帰趨」を決する鍵になる，という事態だった。

[マードック化]

BスカイBがプレミアリーグの放映を開始した翌年に早くも単年度黒字化を果たしたことは，全世界のメディア産業の度肝を抜いた。その後，優良スポーツイベントの放送権は「キラーコンテンツ」と呼ばれ，その独占権獲得競争が世界中で始まった。これはBスカイBの社主の名をとって「マードック化」現象と呼ばれるようになった（マードックの前半生はJ・アーチャー『メディア買収の野望』新潮社．1996）。

フランスの社会学者ブルデュー（P. Bourdiea, 1999）によれば，マードック化は次のような影響を与えている。「試合数の増加」「テレビ放映される試合数の増加」「有料テレビによる試合のテレビ放送権囲い込みの傾向」「試合の日程や，時刻などに対するテレビ局の干渉」「試合構造の変化」「贈賄・汚職などの金銭絡みスキャンダルの増加」「選手の国際的移動機会の増加」，以上から当然生ずる「クラブ，選手，サポーター間の関係の変化」などである。ブルデューはテレビを「商業的論理をスポーツに持ち込むトロイの木馬」だと警鐘を発した。その後の経緯はこの警鐘に現実感を与えている。

マードック化は一方でスポーツのテレビ放送権料全般の高騰化を招いた。サッカー・ワールドカップのテレビ放送権がその典型である。

[オリンピックの放送権料]

国際的なスポーツマーケティング代理会社のInternational Sports and Leisure社（ISL）の元ディレクターでその後IOCマーケティング社設立時にヘッドハントされたマイケル・ペイン（Michael. Payne）は，2000年の第24回オリンピック大会（シドニー）のテレビ放映権が従来のITC連合に決定した直後の「文藝春秋」誌のインタビューで以下のように説明している。

「オリンピック憲章にはIOCのテレビ放映に関する基本姿勢が示されている。それは世界のできるだけ多くの人に見てもらう，ということである。（中略）そのためには限られた地域，視聴者しか放送できない放送局の場合，いかに高い放送権料の提示があってもIOCは断っている」として，具体的に「マードック氏の申し出を断っている」と付け加えている（1996年8月号）。つまり，IOCはカバレッジを確保するために，有料商業放送を原則的に認めないと言明していたのである。

全米ネットワークのNBCが，1996年の第26回オリンピック大会（アトランタ）で払ったテレビの放送権料は約4億5,600万ドル（約490億円）。1976年の第21回大会（モントリオール）の18倍強にも達し，1984年の第23回大会（ロサンゼルス）に比べても2倍強となる。IOCと「収入が6億1,500万ドルを超えた場合，その半分は大会組織委員に寄付する」という合意を結んだが，CM契約料はその額を超えた。

同局は，2000年の第24回大会（シドニー）と2002年の第19回冬季オリンピック大会（ソルトレークシティ）を12億7,000万ドルで一括契約し，さらに，2004年夏，2006年冬，2008年夏の3大会をまとめて23億ドルで獲得した。複数大会を同時に契約するのも初めてなら，開催地が未定の大会を「先物買い」するのも前代未聞だった。

NBCスポーツ局次長のエド・マーキーは，「オリンピックを見るならこのチャンネルだというブランド効果は大きいんだ」として，「オリンピックに広告を出したい企業はNBCを選ぶはずだし，万一開催年が不況でも，全体を通して見れば帳尻は合う」という読みを述べていた。

これはあくまでも「読み」である。実験や経験によって証明された法則ではない。したがって，誤っている可能性がある。より現実的にいうならば，「コストと成果のバランスの問題」であり，「いくらなら引き合うか？」という点が最も重要なのである。この点について説得的なシミュレーション等の仮説は2009年の時点で提出された事実はない。今後，しかるべき経済理論に基づいて，合理的な「オリンピックやFIFAワールドカップの放送権料」が計算されるのであろうか。

[W杯テレビ放送権の入札と高騰]

2002年のサッカー・ワールドカップが日韓共催に決定した直後の1996年7月初旬に，2002年と2006年のテレビ放送権が従来の国際公営放送連合（ITC）ではなく，スポリスとキルヒという2つの会社に落札されたというニ

ュースが世界を驚かせた。契約はスイスフラン(Sf)で行われており、2002年が13億Sf、2006年が15億Sfとなっている。単純に計算しても13億と1大会前の(1998年)2億3千万では5倍以上であり、常識では考えられない値上がりである。

従来、サッカー・ワールドカップはオリンピックと比べると視聴者の数や放映国の数では勝っているのにもかかわらず、放映権料の収入総額がかなり安かった。つまり各国の負担する放映権料の単価が、オリンピックに比べ極端に安いという事実があった。テレビの延べ視聴者数を比べると1992年の第25回オリンピック大会(バルセロナ)は「166億人」に対して、1994年のサッカー・ワールドカップ(アメリカ)は321億人であったにもかかわらずテレビ放映権料収入は8対1でオリンピックの方が高い。オリンピックの場合、アメリカの放映権料が頭抜けて大きい。放映権のみならず、オリンピック収入全体のなんと4分の3をアメリカ一国の放映権料でカバーしているという異常な金額なのである。

一方、サッカー・ワールドカップの場合、放映権を取得していたのは基本的に国営放送局で、それを束ねているのが大陸別の放送連合(Broadcasting Union: BU)である。特に伝統的にヨーロッパ放送連合(EBU)の発言力が強い。しかし、それでもヨーロッパ全体、つまりEBUの支払っている放送権料の合計金額でさえ、アメリカの一民間テレビ局がオリンピックに支払っている金額にははるかに及ばない。そのアメリカにおけるサッカーは、3大メジャーテレビ局(NBC、CBS、ABC)が高額の放映権料を支払っても回収できるような人気スポーツではなく、2010年のサッカー・ワールドカップ放映権契約も、北米は契約対象地域から除外されている。したがってサッカー・ワールドカップは、アメリカのメジャー局に頼り、高額の放映権収入を得るというわけにはいかない。

第22回オリンピック大会(バルセロナ)とサッカー・ワールドカップ(アメリカ)のテレビ放映権料収入が8対1という当時のバランスを欠いた状況では、率直にいって、サッカー・ワールドカップの放映権の値段を倍に上げることは、

それほど困難なことではなかっただろう。公開入札にすれば、その値はたちどころに上がってしまうだろう。しかしその反面、単価を上げることは放映権の総収入を上げることにはなっても、必ずしも放映国やカバーエリアを広げることにはならない。つまり、視聴者数を増やすことにはならないのは明白である。放映権料が高騰すれば、現在放送している各国営放送局のいくつかは民間商業放送局に取って替わられるだろうし、なかには中継を断念する国も出てくるだろう。放映権収入を増やすことは、むしろ視聴者を減らすことにもなりかねない(実際に、FIFAは2002年大会〔日韓〕のテレビ延べ視聴者数が減少したことを認めた)。

② 「スポーツマーケティング」の難問 －視聴率とビジネスの乖離－

スポーツをメディア的観点で捉える、つまり「メディアスポーツ」として考えるなら、最大の価値は競技の行われる時点でのパフォーマンスによって生ずるものであるはずだ。したがって例えば第19回冬季オリンピック大会(ソルトレークシティ)の「清水の残念な"銀"」や「里谷の嬉しい"銅"」に価値があり、「ジャンプ陣の惨敗」の価値は低い(はずだ)。ところが競技のパフォーマンスはその時にならなければわからないのであるから、ライブであるかぎりは視聴率とパフォーマンスはあまり関係がない。さらにいえば、非常に単純化すると大会が開始してからでは、どんな内容で、どんな盛り上がりになろうが、当該大会あるいは試合のビジネスの売り上げには一切関係がないといえるのである。スポンサーであろうが放映権であろうが、セールスの決着はすべて競技開始のはるか前についてしまっているのだ。したがってその時の視聴率が高くても、当該大会や番組のスポンサーセールスには全く影響はない。あえて関係を求めるなら、前大会の視聴

率は確かにスポンサーセールス上、価格設定などに大きな影響を与える。

例えばサッカー・ワールドカップに関していうと、取引のほとんどは大会のほぼ1年前には「確定」している。日本代表がトーナメントに進むかどうか、フランスが連覇するかどうか、あるいはすばらしいゲームが繰り広げられ、大会がおおいに盛り上がろうが、受注金額にはプラスもマイナスもない。日本代表がすばらしい戦いで第3戦でトーナメント戦に進むことが決定し、視聴率が驚異的な70%超を記録し、紅白歌合戦を抑え年間視聴率トップになったとしても、テレビ局のその番組の売り上げには全くプラスにはならないのだ。視聴率とは、経営的にいえば「稼動」であり、「稼動」を売り上げという「成果」に結びつけるのは経営の要諦ではある。

実は第24回オリンピック大会(シドニー)では、アメリカのNBCが番組スポンサーに対し視聴率保証をし、若干ながら保証水準に達しなかったため、事後に一部返金をした(実際は返金額見合い分のCM枠を提供したようである)。あるいは2010年のサッカー・ワールドカップでは、イタリア代表が準決勝に進んだ場合と決勝まで進んだ場合で支払う放映権料が違うといわれている。これらはいずれもパフォーマンスと視聴率と売上金額がリンクしたケースだが、現状ではまだ稀な例であり、今後こういうことが一般的になるのかどうかは予断を許さない。

「パフォーマンスの内容と盛り上がり」「盛り上がりと売り上げ」という2段階の乖離が、スポーツとメディアビジネスの間には存在する。この問題をどう解決すべきか。われわれはスポーツのメディア価値をどのように捉え、どのようにメディアビジネスを行って行くべきか、本質的な問題が浮上する時は遠くないであろう。

(広瀬一郎)

メディアイベントにおけるスポーツの公共性　20.D.03

① メディアイベントとしてのスポーツ

橋本(2012)によれば、メディアイベントとは基本的に「新聞社や放送局などのマスメディアによって企画または演出されるイベント」を意味するという。つまり、本来イベントというコンテンツ(内容)を伝えるだけの側のメディアが、伝える対象である内容をも企画し演出することによって、伝える側の新聞社や放送局などが結果として(新

聞の)購買数を増やしたり，(ラジオやテレビの)聴取率や視聴率を上げたりしようとするイベントをさすのである。それは，当然のことながら広告料収入の増加をもたらすことになる。

このようなメディア主催のイベントは，わが国において新聞社の企業化が鮮明になり始めた1900年代初頭の日露戦争(1904－05)後から大正時代にかけて盛んに行われるようになった。その対象は博覧会や美術展，囲碁・将棋大会など多彩であるが，なかでも1915(大正4)年に朝日新聞社主催で開始され，1924(大正13)年からは甲子園球場で開催されるようになった全国中等学校優勝野球大会(現在の全国高等学校野球選手権大会，すなわち夏の甲子園大会)は，今日まで続く最も伝統的なメディアイベントとしてのスポーツである。また，これに対抗して毎日新聞社は，同じく1924(大正13)年から全国選抜中等学校野球大会を名古屋で開催し，第2回以降は甲子園球場に会場を移して，それ以降春の「センバツ」として夏の大会と並ぶメディアイベントとしての高校野球を日本人の記憶に刻み続けている。

その後，1936(昭和11)年には，学生野球や社会人野球のいずれにも参入できなかった読売新聞社が中心となって，新聞社4社，鉄道会社3社の資本提供によるプロ野球チームが結成され，日本職業野球連盟が創立される(菊，1993)。半数以上のチームが新聞社というメディアによって結成され，それによって野球というスポーツを興行化したという意味で，日本のプロ野球は，まさにわが国におけるメディアイベントとしてのスポーツの特徴を決定づけたといってもよい。なぜなら，野球本体(コンテンツ)の興行収入よりはそれを伝える新聞というメディアの売り上げが問題なのであり，それによって広告・宣伝収入をどれだけ得られるのかが，最も重要視されるからである。メディアイベントとしてのスポーツは，結果的にはスポーツの隆盛を促すことになるが，他方では利益追求のために，スポーツに対するメディアの介入や演出が避けられない関係を構造的に強化していくのである。

その関係強化は，今日もはや広告媒体としてのスポーツがテレビ視聴において多額の広告料収入をテレビ局にももたらし，その結果として莫大な放映権料がスポーツ競技団体や国際オリンピック委員会(IOC)などに支払われる結果をもたらしている(図1)。例えば，1960年の第17回オリンピック大会(ローマ)の放映権料(総収入)が120万ドル(＝1.2億円)であったのに対して，2008年の第29回大会(北京)では推定17億3,700万ドル(＝1,737億円)と，その額がこの50年間で約1,450倍も跳ね上がっている(藤本，2012)。

こうなると放映権料を支払えない貧しい国々では，テレビ放送が視聴できない事態が起こりえる。1980年代以降急激に高騰し始めた放映権料に対し，これを比較的低く抑えてきた国際サッカー連盟(FIFA)は，IOCも同様だが，これらの国々に対しての放映を確保するための資金援助を行い，視聴格差を是正する公共性を担保することによって，メディアイベントとしてのサッカーやその他のスポーツのグローバルな普及に努めている。

② ユニバーサルアクセス

このようなスポーツイベントをめぐる放映権料の高騰化は，これまで地上波による公共放送によってメディアスポーツの公共性が担保されてきた仕組みを根底から覆す結果をもたらした。メディアイベントとしてのスポーツは，メディアによって企画・演出されるスポーツイベントという範囲を超えて，これを主催するスポーツ団体等に対して企業としてのメディアが多額の放映権料を支払うことによって放映権を独占し，スポーツ文化それ自体をも支配するパワーをもつことになったからである。スポーツイベントを主催する競技団体やチームに莫大な利益をもたらす放映権料は，これを提供してくれるメディア企業同士の競争によってさらに高騰し，最終的には1社に独占されてしまうのだ。こうなるとメディア企業は，これまで公共放送が担ってきた，誰もが視聴したがるキラーコンテンツとしてのスポーツイベントをターゲットにして，高額の放映権料の負担を直接，視聴者に負担させる有料契約(ペイ・パー・ビュー＝PPV)放送を導入するようになる。

このようなスポーツ放送の有料化で有名なのが，オーストラリアのメディア王と呼ばれたルパート・マードック(Rupert Murdoch)である。彼は，1990年に衛星テレビ放送「BスカイB(British Sky Broadcasting)」を立ち上げ，1992年にイギリス(イングランド)のサッカー一部リーグをリーグごと買い上げてプレミアリーグを発足させ，そのテレビ独占放映権を獲得した。その額は，初年度(1992－93年度)で3,550万ポンド(約72億円)，続く5年間で3億400万ポンド(約620億円)の巨額に上り，これをリーグ参加チームに配分してメディア傘下のスポーツイベントを独占しようとしたのである。この独占の成功には，その後に生じるであろう2つの大きな影響が考えられた。1つは，放映権料のさらなる高騰によるメディア企業自体の倒産，すなわち「メディアバブルの崩壊」である。そしてもう1つは，有料放送契約によって視聴者が著しく制限され，誰もがスポーツイベントを視聴

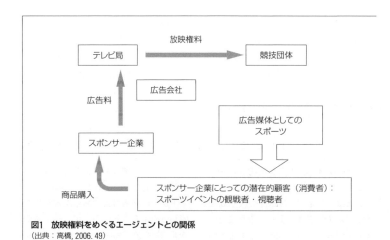

図1　放映権料をめぐるエージェントとの関係
(出典：髙橋，2006. 49)

することができなくなってしまうということである。いずれも，メディアを通じてスポーツイベントを誰もが，安心して視聴できるという状態，すなわちスポーツ視聴の公共性を，私的メディアが損なってしまう結果を招いてしまうのである。

これに対して，イギリス議会は「ユニバーサルアクセス」権を議決し，スポーツイベントに対するメディア企業側の放映権ビジネスに基づく自由な経済活動に，ある一定の制限を加えようとした。ユニバーサルアクセスとは「普遍的な接近・接続」を意味するから，ここでは（イギリス）国民の誰もがテレビのチャンネルをスポーツ番組に合わせて接近・接続できるということであり，その権利を法律によって保障しようとするものである。いわば自由な市場経済に介入してまでも，政府（国家権力）が国民の誰に対しても無料で（オープンに）スポーツイベントを視聴できる公共性を担保しようとしたのである。したがって，その対象となるコンテンツは，国民的行事（イベント）と評価されるスポーツイベントに限定される。

イギリスでは1996年の放送法改正の成立を受け，1998年には文化・メディア・スポーツ省が，その対象を特別指定行事リストとしてAとBの2つのグループに分けた。グループAは独立テレビ委員会(ITC)の同意がなければ全放送局独占禁止であるのに対して，グループBは衛星有料放送の独占権を認める代わりに地上波局の二次利用（ハイライト，ダイジェスト，ビデオ化）権を保障するというものである。ちなみに，グループAに属するスポーツイベントには，次のようなものが挙げられている（脇田，2012）。
・オリンピック
・サッカー：FIFAワールドカップ決勝トーナメント，ヨーロッパ選手権決勝トーナメント，FAカップ決勝，スコットランドFAカップ決勝
・テニス：ウィンブルドン
・馬：グランド・ナショナル・ダービー
・ラグビー：リーグ・チャレンジカップ決勝，IRFBワールドカップ決勝

これ以後，ユニバーサルアクセスを保障しようとする動きは，EU全体に広がっており，メディアイベントとしてのスポーツの公共性に対する意識の高さが示されている。ただ例えば，スペインではサッカーのテレビ観戦が国民の基本的人権や権利の問題ではないとされてユニバーサルアクセス権が否決されたり，先のイギリスでもBスカイBによるサッカーのプレミアリーグ独占放映権販売は違法ではないとされたりなど，その解釈はきわめて流動的である（橋本，2006）。

また，メディアイベントとしてのスポーツにおいて，メディア企業の自由な参入や主導が常識化しているアメリカや，逆に甲子園野球や大相撲など国民的スポーツイベントと呼ばれるコンテンツに対する公共放送が常識化している日本におけるユニバーサルアクセスの問題は，今のところ顕在化していない。そこには，それぞれの国や地域の経済事情やスポーツの歴史，とりわけメディアとスポーツの結びつきがどのような性格と特徴を歴史社会的に形成してきたのかの違いがあるように思われる。少なくともわが国では，自国の国民的スポーツイベントに対して放映権ビジネスが発生するまでの魅力や関心が，国民の間に十分に育っていないという評価も可能なのかもしれない。

③ メディアが担保するスポーツの文化的公共性の特徴

先に述べたように，わが国におけるメディアイベントとしてのスポーツの歴史は，春・夏の甲子園野球大会やプロ野球のイベント主催にみられるように，まさに新聞メディアがその主導権を握っていた（有山，1997）。その後誕生する放送メディアとのクロスオーナーシップ化（新聞や放送などの複数メディアが1つの傘下グループを形成すること）は，より企業として巨大化していく新聞メディアと放送メディアとがともに，その巨大化する企業イメージとは裏腹にメディアとしての中立性＝公共性を担保する必要性に迫られる。その意味で，高校野球や大相撲が当初から公共放送の対象となった歴史は，スポーツのメディア特性である純粋性や真実性というメッセージ性とあいまって，メディアイベントとしてのスポーツの文化性が公共的性格をもつものとして捉えられる推進力となったといえよう。と同時に，メディアイベント化されたスポーツは，メディア企業を公共化する文化的機能をもつことにもなる。

特に公共放送において強化されるのは，国民性と伝統性を重んじるナショナルメディアが，それらを純粋にメッセージ化すると考えられるスポーツイベントに半ば安易に依存して，「想像の共同体」としての国民文化を形成するような社会的機能である。わが国におけるメディアイベントとしてのスポーツの公共性は，例えば健康・活力・清廉・公正・友愛・責任・親善等々の徳性を象徴的に帯びているスポーツ自体のメディア特性に，「公共」放送というメディアメッセージが重なり合うことによって権威化され，人々はスポーツ視聴を楽しみながら無意識のうちにあらかじめ準備された国家の公共性を受け止めるよう導かれるのである。

その典型は，大相撲中継にみられよう。生沼（2012）によれば，「国技」と呼ばれる相撲にはそのように呼ばれる法的規定がもちろんあるわけではなく，むしろ新聞調査によればそれは柔道の方であるという。では，なぜ相撲は国技としてイメージされるのか。それは，天皇が観戦する，いわゆる「天覧相撲」が平成天皇になってから2010（平成22）年1月場所現在で18回目，皇太子時代も17回，先の昭和天皇に至っては1955（昭和30）年5月場所から始めて40回の観戦を数えるところにあったからではないかという。これほど頻繁に天皇が観戦するスポーツはほかにはない。この観戦の事実は，当然のことながら新聞や公共放送によって伝えられ，天皇によって観戦される国技としての伝統性の創造とともに国家的公共性を意識せざるをえないメディアイベントとして相撲を位置づけていくことになるのだ。スポーツの文化性に与えるその社会的機能は，プロ野球が経験したたった1度の天覧試合（1959〔昭和34〕年6月25日）が，現在も事あるごとに繰り返しビデオ放送されることによって，この試合に出場していた長嶋茂雄をして「あれから，プロ野球がマイナーからメジャーになった」と語らせ，王貞治をして「陛下が来られたことで，国がプロ野球を"認知"した形となった。それまでは"堅気の職業"とみられていなかったプロ野球が，あの一戦で変わ

った」と認識するに至るところにみられるのである（風見，2002）。

しかし，メディアイベントとしてのスポーツの公共性は，もちろんこのような「国技」としてのナショナリズムや，近年のメディアビジネスにおける「日本」や「ジャパン」という呼称への動員力によってのみ特徴づけられるわけではない。そこには，スポーツと人種，民族，階級，地域，ジェンダーなどの文化的，政治的，イデオロギー的言説が飛び交い，ぶつかり合う闘争のアリーナとしての特徴もみられるのである（黒田，2012）。

また，もう1つのわが国におけるメディアイベントとしてのスポーツの特徴は，特にヨーロッパと比較して，メディアがスポーツを主催し，それを企画・演出すること自体に対してなんら疑問をもたないところにある。少なくともヨーロッパでは，先にみたユニバーサルアクセス権が問題として取り上げられる背景として，メディアがスポーツをコントロールすることに対する強い警戒感があるように思われるからである。その歴史的原点には，スポーツの公共性を担保する最も重要な要素であるフェアネスの状態が，これを伝えるメディアによって操作されてしまうのではないかという強い懸念の存在がある。その懸念の由来には，「競技大会の…公正という気風の発展においてイギリスでかなりの役割を果たしたあの賭博の楽しみ」（エリアス，1995）とあるように，賭けの文化がスポーツのフェアネスという文化をむしろ支え，スポーツという文化を発展させてきたという見方がある。すなわち，メディアがスポーツをコントロールすることは，文化としてのスポーツのフェアネスを失い，そこで賭けの文化が成立しなくなるということを意味するのである。

しかしながら，今日のわれわれ日本人には，純粋に賭けるという文化が成立しなくなることとスポーツを文化として成立させているフェアネスの喪失との関係について，スポーツイベントを伝えるメディアが深くかかわってきた歴史やその可能性を想像する力はあまりない。だが，一方でわれわれは，メディアによるスポーツ支配が，その放映権料の高騰化とともに，スポーツの主役であるプレイヤーのコンディションを無視する形で視聴率を上げるためのルール変更をもたらした事実を知っている。メディアイベントとしてのスポーツの公共性が担保されなければ，スポーツもメディアも共倒れになることは目にみえている。双方向のインターネットメディアの出現が与える様々な影響を含め，メディアイベントとしてのスポーツが，どのような公共性をいかに担保すべきなのかは，視聴者のメディアリテラシーの重要性とともに今後いっそう問われるべき社会的課題となるだろう。

参考文献

- 有山輝雄．1997．『甲子園野球と日本人―メディアのつくったイベント』吉川弘文館
- エリアス，N．1995．「社会学的問題としてのスポーツの発生」エリアス，N．，ダニング，E．『スポーツと文明化―興奮の探究』大平章訳 181-216．法政大学出版局
- 生沼芳弘．2012．「「国技」としての相撲」井上俊，菊幸一 編『よくわかるスポーツ文化論』132-33．ミネルヴァ書房
- 風見明．2002．『相撲，国技となる』大修館書店
- 菊幸一．1993．『「近代プロ・スポーツ」の歴史社会学』不昧堂出版
- 黒田勇．2012．「メガイベントとメディア―オリンピックとワールドカップを中心に―」黒田勇編『メディアスポーツへの招待』35-53．ミネルヴァ書房
- 高橋豪仁．2006．「メガ・イベントの諸問題」菊幸一ほか 編『現代スポーツのパースペクティブ』40-47．大修館書店
- 橋本純一．2006．「メディアスポーツのパースペクティブ」菊幸一ほか 編『現代スポーツのパースペクティブ』24-39．大修館書店
- ―．2012．「メディア・イベントとしてのスポーツ」井上俊，菊幸一 編『よくわかるスポーツ文化論』18-19．ミネルヴァ書房
- 藤本淳也．2012．「テレビと放映権」井上俊，菊幸一 編『よくわかるスポーツ文化論』22-23．ミネルヴァ書房
- 脇田泰子．2012．「スポーツ放送の発展とユニバーサル・アクセス権」『メディアと社会』4: 15-44．

（菊 幸一）

メディアイベントにおけるスポーツの文化性 20.D.04

① 文化の定義とスポーツ文化の起源

2011（平成23）年に制定されたスポーツ基本法の前文で「スポーツは，世界共通の人類の文化である」と規定されている。学術用語としての「文化」には，大きく分けて2つの用法があるが，その1つはドイツ・ロマン主義に由来するもので，Kultur (culture) のもつ「開墾／開発」という意味から派生して，人間性の多面的な開発や，より高度な精神性への志向をさしている。他方，「文化」には英仏の社会科学的な伝統に由来し，人間の生活様式を類型化する用法もあるが，スポーツ基本法でいう「文化」は，どちらかといえばドイツ・ロマン主義的な用法に近い概念といえよう。

文化概念の2つの用法は，起源を異にしながら，どちらも西洋の文化中心主義とその世界展開に由来する点で興味深い。まずドイツ・ロマン主義的な文化概念は，ルネサンス以降に再発見されたギリシャ・ローマの古典文化と当時の西洋文化の優劣比較という問題意識が発端になっている。その研究潮流は，イスラム圏に吸収されていた古代ギリシャ文明を，最初は十字軍の遠征を通して得た文物から学ぶことで，後にはオスマントルコから西洋文明の起源の土地（ギリシャ）を取り上げて遺跡を発掘調査することで成立したものである。

スポーツ界最大の国際イベントであるオリンピックの歴史を思い出せばわかるように，スポーツの文化性は，古代ギリシャにつながる起源神話によって補強されてきた。古代ギリシャのオリンピア祭は，主神ゼウスを奉る宗教儀礼として行われたものだが，世俗化された近代オリンピックでは強壮な身体をもって争った勝者の礼賛が受け継がれ，民主主義の思想が古代と現代をつなぐスポーツ文化の要諦として強調されることとなった。

一方，社会科学としての文化研究は，大航海時代以降の西洋諸国の植民地政策の展開と，「異文化」の発見に起源がある。征服したネイティブを効果的に支配するために文化研究は発達した。それゆえ，その初期の目的が，特定の集団ないしは地域に固有の生活様式を探求することにあったのは当然かもしれない。その後も文化は，時代の流れで変容したり，集団や地域の境界を越えて伝播することもあるが，それでもどこか特定の場所に起源をもつ，個別性の現象としてもっぱら理解されてきた。

② グローバル化と文化の商品化

しかしながら，1980年代以降にその存在が認識されるようになったグロ

ーバル化の波が，こうした文化理解を時代遅れなものに変えてしまった。リッツァ(G. Ritzer)が注目した「マクドナルド化」の例にみられるように，現代の文化は特定の集団や地域に帰属するものではない。それは最初から多様な状況に対応できるように設計され，誰もが容易に適応できる合理性や計算可能性をもっていて，それゆえ世界のあらゆる場所でローカルな個別性を乗り越えて普及する力をもっている。

ロバートソン(R. Robertson)の定義によれば，グローバル化とは「1つの全体としての世界の縮小」である。オイルショック以降の資本主義経済の地殻変動が生み出した企業の多国籍化や，それに伴うIT革命は商品と情報の流通を地球規模に拡大し，加速した。同時に引き起こされた環境破壊の拡大と深化は，「宇宙船地球号」の乗組員としての意識を大衆レベルにまで普及させ，個人の日常における選択が人類全体の将来を左右すると認識させた。つまり，それはインターナショナルな相互依存の増大を意味している。

経済のグローバル化に注目すると，産業先進国において企業の成長が必ずしも国家経済の成長を意味しなくなったことが重要となる。経済規模の拡大と人口の増加を前提とした福祉国家政策は行き詰まりをみせ，貧富の差は再び拡大する方向に転じた。その一方で，資本主義経済の中心地は分散化しつつあり，今では中東や中国の意向を無視して経済を語ることはできない。現代の経済活動は，世界に跨るメディアネットワークを背景に，費用対効果の最適解を求めて企業をグローバルに連合させ，そこにローカルな下請け企業と労働者や消費者との相互依存の連鎖を結ぶことで構成されている。

こうした状況下で形成される大衆文化は，グローバルに展開される資本やテクノロジーに対する憧れを反映したものであり，それがつまりMac文化であり，NIKE文化である。現代のグローバルな大衆文化は，超国家的な企業体のマーケティングによって生み出され，その製品の購買によって享受される。マーケティングによって部分的にでも消費者の要望を反映する以上，先進国の文化を一方的に押しつけることはできない。その製品の企画は，消費地の意向を組み込んで文化混交的なものになる。そのため，いかなる文化もローカルな個別性に帰属することはできず，「グローカリゼーション」と呼ばれるハイブリッドな編成を余儀なくされるようになった。

③ スポーツは「文化帝国主義」の道具なのか？

ここでの冒頭に言及したように，西洋の古典文化に起源をもつ(とされている)スポーツ文化は，時に文化帝国主義の道具とみなされることがある。文化帝国主義とは，「土着の文化を犠牲にしてまで一国の文化の価値を高め，習慣を広める政治力と経済力の効果」(ジョン・トムリンソン『文化帝国主義』青土社. 1997. 15)である。ほとんどの人気スポーツがイギリス起源のものであり，そして残りの多くがアメリカ起源のものである以上，それが世界に普及した原因に世界の政治・経済に対する両国の影響力を考えても当然かもしれない。

これに対してグートマン(A. Guttmann)は，柔道や植民地インドからイギリスの貴族社会に伝わったポロのような「逆伝播」の例を指摘して反論している。相反する解釈が乱立するスポーツ文化のグローバル化について，以下で整理してみる。

第一に，「文化帝国主義」の一類型として「アメリカ化」を強調する立場がある。カリブ海地域の野球文化，カナダのプロスポーツ一般，ヨーロッパにおけるプロバスケットボールの普及などがその代表例であるが，その立場からすると，産業先進国から発展途上国への資本の拡大は，それがそのまま文化支配の過程を生み出していて，スポーツ文化についても後者の文化変容につながっている。

しかし，スポーツ文化のグローバル化をアメリカ化として捉える立場は，産業社会の論理，すなわち国民国家経済の論理にとらわれている。現代のグローバル化した経済体制において，アメリカのような超大国であっても，国家の利害はグローバル企業の連合体の利害と妥協せざるを得ない。

例えばスポーツ界で力をもつNIKE文化について，アメリカ化による文化侵略だと断定するのは一見すると妥当と思われる。しかしそれは，アフリカ系アメリカ人の文化的要素を色濃く取り入れ，黒人文化を魅力的かつ普遍的なものとして再創造したものでもある。陸上競技の黒人短距離選手やNBAの黒人プロバスケットボール選手たちが現代の偶像として君臨している状況は，けっして軽視できるものではない。NIKEの広告が後押しした彼らの人気は，ヒップホップやラップといった音楽の影響力とあいまって，黒人なのにヒーローではなく，黒人だからこそヒーローと思わせる状況を生み出している。

次に，それを「世界化(mundialization)」とみなす立場があるが，スポーツの「世界化」とは，1) 西洋のマスメディアが世界中に影響力をもち，スポーツへの関心を高めることができるようになったこと，2) どんな小国でも国際的な競技に参加しようという動機づけが高まったこと，3) スポーツの政治的な重要性が認識されるようになったこと，などを意味している。

実際，現代のスポーツ文化は，国境を越えた経済活動を可能にし，国籍にとらわれないアイデンティティーをもつ諸個人を生み出すような発展に貢献している。例えば現代のトップアスリートたちは，宗教，言語，国家といったものよりも，スポーツという仕事にアイデンティティーをもっている。要するに，プロスポーツのトーナメントツアーはグローバルな専門職を生み出すシステムなのである。

しかしながら，現代のスポーツ文化を「世界化」に還元する考え方は，現代文化のグローカリゼーションを軽視する点で間違っている。マスメディアのコンテンツとして成立する現代のスポーツ文化は，スポンサー企業のマーケティング活動を通じて市場に適合した枠をはめられてしまっている。視聴者の好みに合わせるため，スポーツ文化は普遍化と同時にローカル化の契機を常に含んでいる。実際，柔道では，テレビ映りに配慮して青い柔道着が導入されたかと思えば，レスリングとの差異化を理由に立ち技重視のルール改正が行われた。そうした振り幅がグローカリゼーションの両端を示している。

④ メディアイベント化するスポーツ文化

　衛星放送の導入は，オリンピックだけでなくスポーツイベント全般のグローバル化に影響を与えた。それまでもっぱら国内での関心を集めるだけだったプロスポーツが，国外にも観客を求めてプロモーションを展開するようになった。アメリカのMLBやNBA，NFLはもちろん，ヨーロッパのサッカーリーグも世界中から観客と選手と資本を集めるグローバルビジネスへと変貌していった。今では世界の僻地に行ってもNBAの話で盛り上がることができるし，長らく野球の国だった日本でもサッカーのヨーロッパ・チャンピオンズリーグの話題で意気投合できる。スポーツ基本法の前文で語られた「スポーツは，世界共通の人類の文化である」という文言は，そうした意味でも理解することができる。

　しかし同時にメディアのスポーツ支配は，オリンピックとその他のスポーツイベントをすでに存在するヒエラルヒーや不平等に妥協的なものとした。資本主義的に親和的な競争至上主義と男性チームスポーツに偏重し，そしてなによりスポーツを，メディアのコンテンツとして設計されたメディアイベントに変えていった。

　そのうえ，グローバル化の進展もスポーツ文化に大きな変化をもたらした。「参加することに意義がある」選手のための大会より，サービス財として観客に提供されるイベントが増えていった。スポーツ選手は恥じることなく報酬を得ることができるようになり，様々な商品の購買意欲をかき立てる記号として利用される。

　スポーツ文化の代表例であるオリンピックは，まだアマチュアリズムを守っていた1976年に，開催都市モントリオールに耐え難いほど巨額の負債を残した。1980年は共産圏のモスクワに頼ってみたものの，ソ連のアフガニスタン侵攻という政治事件によって西側諸国のボイコットを受けることになる。次の1984年には大会開催を引き受ける都市をみつけるのが難しく，グローバル企業をスポンサーとして迎え，市民ボランティアを大量動員することを条件にロサンゼルスが開催を引き受けることになった。

　その時々でスポーツの文化的価値を全世界にアピールする媒体として，オリンピックの開会式ほど重要なものはないだろう。そのセレモニーは，「社会にとってなんらかの中心的な価値や，集団的記憶の一面にスポットライトをあてる」（ダニエル・ダヤーン，エリユ・カッツ『メディア・イベント』青弓社．1996.10）ものである点において，メディアイベントの資格を満たしている。1964（昭和39）年の第18回オリンピック大会（東京）以降の開会式を調べた阿部(2008)によると，その内容の変遷からスポーツと社会の関係の変化を知ることができるという。それは同時に，スポーツとメディアの関係の変化も示している。

　1964年の東京，1984年のロサンゼルス，2004年のアテネの開会式を比較すると，それぞれには以下のような特徴がみられる。まず1960年代では，未だオリンピックはアマチュアの祭典であって，開会式はオリンピックと開催国（開催都市）の威厳を高めるためのフォーマルな儀礼によって構成されていた。史上初のカラー放送やアメリカへの衛星中継が実現された第18回大会（東京）においても，会場にいる人が生でみる展望をテレビの向こうにもそのまま伝えるような映像制作がなされていた。

　一方，グローバル化が進展し，アマチュアリズムが廃れていった1980年代以降は，開会式の様相も大きく変化していく。特に1984年の第23回大会（ロサンゼルス）以降，オリンピックの開会式は開催地に固有の文化を誇示する舞台となった。ロケットを背負った宇宙飛行士やミュージカル仕立ての演出は，まさにアメリカを象徴するものだった。しかし，そうした派手な演出があっても，当時の開会式はもっぱら会場の観客を楽しませるために制作されていた点で現在と異なっている。

　それに対して，2004年の第28回大会（アテネ）の開会式では，オリンピックという文化行事の起源の地として，数千年にわたる歴史絵巻が展開されたことが印象に残るが，メディア論的には，それが会場の観客よりテレビの向こうにいる視聴者に向けて構成されていたことが重要であると阿部は指摘している。女王陛下がテムズ川をボートでさかのぼり，パラシュートで会場に着地する演出がなされた第30回大会（ロンドン，2012年）の開会式では，その傾向がさらに強まっていた。これはすなわち，メディアイベントとしての現代スポーツ文化が，バーチャルとリアルに跨がったスペクタクルとして再構成されていることを示している。

　さらに，選手の服装に注目すると次のような指摘もできる。ブレザーやスポーツウェアが目立った20世紀の開会式に対して，21世紀以降の開会式では民族衣装をまとった選手が増えている。これはつまり，普遍的なスポーツ文化を称揚する場であるはずのオリンピックにおいても，文化の多様性が強調されるようになったことと解釈できる。こうした多文化主義の浸透は，「城内平和」を標榜し，実社会から距離のあるユートピアを実現しようとしてきたオリンピック大会においても，一枚岩的なスポーツ文化の主張が許されなくなったことを示す事例として考えるべきだろう。

　文化の理想や価値の普遍性は，もはやかつてのように対話の前提とすることはできず，対話の帰結として導き出される必要がある。スポーツを真の意味で「世界共通の人類の文化」にするには，非西洋社会を含めた参加者全員の対話と選択の展開が，そこに反映されなければならないだろう。

参考文献

- 阿部潔. 2008. 『スポーツの魅惑とメディアの誘惑―身体／国家のカルチュラル・スタディーズ』世界思想社
- アレン・グッドマン. 1997. 『スポーツと帝国―近代スポーツと文化帝国主義』池田恵子，石井昌幸ほか 訳 昭和堂
- アンソニー・キング 編. 1999. 『文化とグローバル化―現代社会とアイデンティティ表現』山中弘，安藤充，保呂篤彦 訳 玉川大学出版部
- 丸山哲央 2010. 『文化のグローバル化―変容する人間世界』ミネルヴァ書房
- ローランド・ロバートソン. 1997. 『グローバリゼーション―地球文化の社会理論』阿部美哉 訳 東京大学出版会
- B. Houlihan. 1994. *Sport and International Politics*. Harvester Wheatsheaf.
- J. Maguire. 1999. *Global Sport*: *Identity, Society, Civilizations*. Polity.

（西山哲郎）

21章
スポーツと倫理

私的な気晴らしから誕生したスポーツが

現在のように世界的規模で発展したいま,

そこには倫理的な視点が欠かせない。

スポーツマン(パーソン)シップやフェアプレイ

という思想の背景や倫理的意味,

さらに競技スポーツには欠かせないアンチ・ドーピングとの関係,

加えて様々な環境問題,暴力やフーリガン,不平等など

現代スポーツとかかわる様々な倫理問題をまとめた。

われわれ自身が

主体的にスポーツという文化を守り,

さらに発展させていくためにはなにが必要かを

より深く考える契機にしていただきたい。

スポーツの倫理　　21.A

スポーツ倫理学とは　　21.A.01

[スポーツ科学の専門学としてのスポーツ倫理学]

　現代社会では，情報，福祉，金融，エネルギー等と並んで，スポーツは社会にとって重要な領域の1つとなった。しかし，かつてスポーツは「まじめな研究対象として扱うことは，スポーツ好きな英米研究者たちの間でさえ"Academic Taboo"であった」（岸野, 1977. 79）といわれてきた。スポーツをまじめな研究対象とすることへの大きな抵抗は，18世紀以降の近代に誕生したスポーツの成立と大きな関連がある。というのも，元来近代スポーツは民衆の間から生まれ，主に産業ブルジョアジー子弟の教育にあたったイギリスのパブリックスクールで合理化・洗練化されてきたものであるが，当時のスポーツが賭けや賭博と結びつき，暴力に代表される粗暴性に満ち，肉体重視の反知識的性格が強いものであったためである。そのため，スポーツは長い間，非学問的であるという印象をもたれたり，20世紀に入って始まった国際的なスポーツ競技会のための競技力向上を目的としたスポーツ医学に代表されるスポーツの自然科学分野に直結した領域だけのものとみられる傾向が強かったといえる。

　本格的なスポーツ科学の成立は，第二次大戦後，特に1960年代中半以降の欧米を中心とした国民のスポーツ需要の拡大とともに始まる。当時，欧米先進諸国を中心に，スポーツ・フォー・オール運動の展開とともに，生涯スポーツが国家的な重要施策と位置づけられ，スポーツが社会的認知を得るようになる。この時期を境に，従来の教育という枠組みを超えた文化的・社会的現象としてのスポーツを独自の研究対象とするスポーツ科学が成立した。当初は，スポーツの自然科学的研究を中心に成立したスポーツ科学も，スポーツが社会にとって重要な一領域を占めるに従って，スポーツの人文科学的研究や社会科学的研究を包括した総合科学として発展してきた。

　このようなスポーツ科学の成立より若干遅れて，スポーツ科学の一専門分科学（discipline）として，スポーツ哲学（Sport philosophy）が成立するようになる。1972年，アメリカの哲学者ポール・ワイス（Paul Weiss）を中心に設立された国際スポーツ哲学会（The Philosophic Society for the Study of Sport: PSSS, 2000年にThe International Association for the Philosophy of Sport: IAPSと改称）を中心にスポーツ哲学は発展するが，その中で，スポーツの倫理学的研究はスポーツの美学，遊戯論，競技の哲学，スポーツの現象学，スポーツの認識論等のスポーツ哲学の下位領域（subdiscipline）の1つとして，スポーツの価値論のカテゴリーに位置づけられながら行われていく。

[スポーツの倫理学的研究の誕生の背景]

　スポーツの倫理学的研究の萌芽（ほうが）がアメリカでみられた1960年代は，アメリカと旧ソビエト連邦の二超大国を中心に冷戦構造が本格化した時代である。この時代，スポーツは資本主義国家群と旧社会主義国家群の両陣営の国家体制の威信をかけた代理戦争の様相を呈するようになった。旧東側諸国で国家主導のもと養成されたステートアマチュアと旧西側諸国に登場し出した企業アマチュアによるスポーツにおける代理戦争は，過熱した勝利至上主義を生み出し，ドーピングを頻発させる温床になっていく。このようなスポーツの倫理的逸脱現象の急増への現実的対処という必然性によって，スポーツ倫理学（Ethics of sport）がアメリカで生まれるようになった。

　他方，1960年代のアメリカ社会は，膠着（こうちゃく）状態のベトナム戦争に対する反戦運動の盛り上がり，ケネディ大統領の殺害，キング牧師の暗殺を契機とした黒人暴動，第19回オリンピック大会（メキシコシティ，1968年）での黒人選手による人種差別状況の告発，全米に広がる学生運動，その後に続くウォーターゲート事件に代表される政治不信，そしてヒッピー，フリーセックス，マリファナがファッションの一部となっていく。

　このような1960年代の社会情勢の不安定さは，人々に倫理的研究の必要性を痛感させるようになる。1970年代になってから，倫理学関係の著作がかつてないほどの公刊ラッシュを迎えたり，大学では多くの学生が倫理学の授業に異常なまでの関心を示し，受講者数が急増する。このような倫理に関する時代の実際的な要求は，倫理学の研究関心を1930年代以降主流であった分析哲学を基盤としたメタ倫理学的研究から，その成果を吸収しつつ，規範倫理学へと移すことになる。と同時に，他方では先述したスポーツにおける倫理的逸脱状況が，1970年代中頃から，1つの大きな社会問題としてアメリカ国内に議論を巻き起こすようになる。このようにスポーツ倫理学は，1970年代以降，スポーツ倫理学の親科学（mother science）である倫理学そのものの研究関心の変化とスポーツの倫理的逸脱現象の頻発が契機となって開始されるようになる。

[スポーツ倫理学の研究動向]

　先述したように，スポーツの倫理学的研究は，哲学を専門とする哲学プロパーの研究者とスポーツの哲学的研究に興味をもつスポーツ研究者がPSSSを中心に展開することになった。そのため，実際的なスポーツ倫理学はスポーツ哲学に包含される形で行われ，また主としてスポーツ研究者が担っていった。そのために，倫理学的な方法意識が希薄なまま，実際的なスポーツの倫理的諸問題の解決に向けて研究が行われる傾向が強くなった。このように，現実のスポーツの倫理的問題解決を主眼に研究がスタートしたことに加え，研究の歴史的蓄積が浅いこともあって，スポーツ倫理学の「学」としての方法意識が希薄な研究が多くみられたり，一般倫理学における「存在と当為」問題の論争に代表されるように，一定の学問的合意が得られにくい問題もあるため，スポーツ倫理学の学問的な深化は今後に待たれるところが大きい。

　ところで，現在行われているスポーツの倫理的研究を大別すると，大きく2つの傾向がある。その1つは，スポーツが人格形成に貢献するかどうかを問

う研究であり，他の1つは，現実のスポーツの倫理的逸脱問題を扱う規範的研究である。

前者のスポーツと人格形成をめぐる研究は，スポーツが人格形成にどのような機能を果たすのかに関してのものであるが，それらには賛否両論がある。具体的には，スポーツは倫理的価値を促進するという肯定的見解と，むしろスポーツにおける勝利の追求がスポーツマンシップやフェアプレイの精神を堕落させるという否定的見解に代表され，現在も論争中である。肯定的な見解では，スポーツによって公正，正義，不屈の精神，謙虚さ等の美徳が育まれると主張されることが多い。しかし，どうも希望的陳述に終始しがちで，無前提にスポーツを礼賛したり，賛美する傾向があるといわなければならない。他方，否定的な見解の理由としては，選手や監督だけではなく，フーリガンのように観客までもがスポーツをめぐって残忍性や凶暴性を発露したりするように，暴力自体がスポーツの構造の一部分であり，スポーツは社会の一般的な不道徳を反映しているなどと述べられる。こういった賛否の論争とは別に，元来，スポーツは倫理的に無価値であり，スポーツの倫理の研究自体に価値が見出せないとする見解を主張する立場もある。

このスポーツと人格形成をめぐっての近年の研究では，スポーツ教育学やスポーツ心理学との学際領域の研究として，社会心理学，道徳教育学，倫理学などの学問的成果に立った「スポーツにおける社会学習論」として議論が展開されていることが特徴として挙げられる。

他方，後者の規範的研究では，前述したスポーツにおける倫理的逸脱現象を前にして，それらにどのような倫理的評価を下し，かつ今後の倫理的指針を提供できるのかが研究の主題となっている。そこでは，生命倫理学，環境倫理学，応用倫理学等の方法論を援用し，大きくはスポーツの競技場外で発生する問題領域とスポーツの競技場内で発生する問題領域，競技場の内外に通底する問題領域に沿った次のような研究がある。

1) ドーピング問題
2) スポーツと環境問題
3) 意図的反則などのゲームの倫理問題
4) 勝利至上主義と商業主義の倫理的考察
5) スポーツにおける機会均等および差別にかかわる問題
6) スポーツにおけるジェンダー（男女平等）問題
7) スポーツにおける人種問題
8) スポーツの文化支配にかかわる問題（スポーツとコロニアリズム〈colonialism〉）

これらの規範的研究のほかにも，スポーツにおける道徳言語，具体的には，フェアプレイやスポーツマンシップ，チーティング（不正）などの言葉の言語分析を行う研究もある。しかし，現代のスポーツ倫理学研究の主流はやはり規範的研究で，前述したものは，IAPSや日本体育・スポーツ哲学会を中心に行われているものである。

スポーツが現代社会において大きな位置を占めれば占めるほど，倫理的諸問題も拡大し，それに対応して，スポーツの倫理的研究の領域もなお拡大し続けているのが現状である。そして，近年のスポーツの倫理学的研究の主な特徴を要約すれば，現代倫理学の成果をもとに，現代スポーツの倫理的な逸脱状況に対して実際的で現実的な解決策を模索しようとする点が挙げられる。

参考文献 21.A.01

- 加藤尚武 編著. 2008.『応用倫理学事典』丸善出版
- 岸野雄三 ほか. 1977.『スポーツの科学的原理』大修館書店
- 友添秀則, 近藤良享. 2000.『スポーツ倫理を問う』大修館書店
- 友添秀則. 2008.『スポーツのいまを考える』創文企画
- 友添秀則. 2011.「スポーツと倫理」早稲田大学スポーツ科学部 編『教養としてのスポーツ科学-アクティヴ・ライフの創出をめざして』104-08. 大修館書店

(友添秀則)

スポーツ倫理をめぐる概念　21.A.02

① スポーツマンシップ

日本語のカタカナ表記である「スポーツマンシップ」は，"sportsmanship"の外来語である。外来語は，自国に取り入れられた他国の言語である。他国の言語を受容する際，少なからず自国内的解釈が行われる。そのため，スポーツマンシップの語意を理解するには，外来語としてのスポーツマンシップと原語との意味の間に生じた差異を考慮する必要がある。

ここでは，第1に日本語のスポーツマンシップと英語のsportsmanshipの意味の違い，第2にsportsmanshipの意味の変遷，第3に翻訳時に起こった齟齬について述べたあと，スポーツマンシップの概念を明らかにする。

まず，日本語の意味と英語の意味を現代の辞書から確認しておきたい。

スポーツマンシップは，日本の代表的な辞書によると，「正々堂々と公明に競技するスポーツマンにふさわしい態度や精神」と説明される。

例えば，いくつかの国語辞書をみてみると，「正々堂々と公明に勝負を争う，スポーツマンにふさわしい態度」（新村出 編.『広辞苑第6版』岩波書店. 2008. 1518），「正々堂々と全力を尽くして競技するスポーツマンとしての態度・精神」（松村明 監修.『大辞泉増補・新装版』小学館. 2006. 1442），「スポーツマンの備えているべき精神」（松村明 編.『大辞林第3版』三省堂. 2006. 1354）と定義されている。

sportsmanshipは，代表的な英語の辞書によると，次のように説明される。1989年発行のOED (The Oxford English Dictionary 2nd ed) では，「スポーツマンの行いや実践。スポーツの技能や知識。スポーツマンに特有で，スポーツマンにふさわしい振る舞い」と定義されている。2005年のOALD (Oxford Advanced Learner's Dictionary 7th ed) では，「スポーツやゲームをする時の公正，寛大で，礼儀正しい態度」とある。

日本の辞書では，スポーツマンが身につけている態度や精神のことをさし，正々堂々と公明に競うことが宿命づけられているように受け取れる。スポーツ大会の選手宣誓における，「われわれ選手一同は，スポーツマンシップに則り正々堂々と戦うことを誓います」という，あの文句のとおりである。一方，英語の辞書では，特にOEDに顕著であるが，スポーツマンが身につけている態度や精神という意味合いはあまり強調されていない。せいぜいスポーツの場面でみられる公正で礼儀正

しい態度を表しているにすぎない。

このように外来語であるスポーツマンシップには，原語の意味との間に微小な差異が認められる。

次に，sportsmanshipの意味の変遷を確認しておきたい。

sportsmanshipという言葉の初出は，OEDによれば，フィールディング(H. Fielding)の『トム・ジョウンズ』(The History of Tom Jones, a Foundling, 1749)である。そこではsportsmanshipは，5本柵を馬で跳び越えたり，狩猟術に堪能していることに用いられている。1872年のイギリスの辞書The Library Dictionary of the English Languageにおいても，sportsmanshipは「スポーツマンの実践，フィールドスポーツの技能」と説明されている。

つまり，sportsmanshipは当初，18世紀に行われていたスポーツ，主に上流階級(ジェントリー)が嗜んでいた乗馬や狩猟に関する技能をさす言葉だったといえる。

ここには，現代のOALDにみられるような「公正，寛大で，礼儀正しい」というスポーツマンの態度を形容する意味はない。この用語は，スポーツマンの技能をさす言葉から倫理的なスポーツマンの態度や振る舞いをさすものに変容してきたといえる。辞書上では19世紀末から20世紀初頭にかけて，倫理的意味合いを内包するようになる。

例えば，1915年の辞書The Concise Oxford Dictionary of Current Englishでは，「比喩的に，進取の気性に富んだ人，失敗を恐れぬ人」とされ，スポーツマンの精神的姿勢や資質を示す意味に変容している。さらに1968年のLongman Modern English Dictionaryでは，「良きスポーツマンにふさわしい寛大な行動」と説明され，より倫理的な意味合いを強めている。

この頃には，sportsの概念も変化しており，乗馬や狩猟，釣りなど上流階級の気晴らしや気分転換を意味するものから競技として行われるゲームなどを意味するものに変わっている。

同様に，sportsmanの概念も主に乗馬や狩猟，釣りなどのフィールドスポーツを行う人という意味から競技で発揮される倫理的資質を備えた人に変容している。特にイギリス系の辞書では，sportsmanshipより

もsportsmanに倫理的な意味合いが強いという特徴がみられる(阿部生雄，「『スポーツマンシップ』の近代的語義の成立時期査定のための基礎的研究」『宇都宮大学教養部研究報告』18(1)．1985: 183-214)。

「-ship」は，名詞に付いて，1)職，地位，在職期，2)(…に伴う)性質，状態，3)技能，手腕を表す名詞を造る言葉である(竹林滋 編，『研究社新英和大辞典第6版』研究社．2002. 2270)。このような「-ship」の意味を考えると，sportsmanshipは「sportsmanであること」という程度の意味になる。つまり，sportsmanshipの意味変容を明らかにするためには，sportsmanのそれに着目する必要がある。

19世紀にsportsやsportsmanの概念が変容したことは，産業革命とともに台頭してきた中流階級がスポーツの中心的な担い手になったことと関係が深い。

その先駆けとなったのは，イギリスのパブリックスクールのラグビー校である。特に19世紀初頭にこの学校に着任したアーノルド(T. Arnold)がスポーツの合理化に果たした影響は大きい。アーノルド校長の学校改革の一端は，ラグビー校の卒業生であるヒューズ(T. Hughes)の小説『トム・ブラウンの学校生活』からうかがい知ることができる。

アーノルド校長の教育理念は，クリスチャンジェントルマンの育成であり，『トム・ブラウンの学校生活』には，彼が赴任する前の非キリスト教的な雰囲気から，キリスト教的な雰囲気が漂う学校に変わる様子が詳細に書かれている。特に主人公のトム・ブラウンは，いたずら好きでたくましくて男らしいが，思慮深さに欠けるという欠点だらけの少年から，思慮深さを備えたクリスチャンジェントルマン(＝スポーツマン)に成長する学生として描かれている。

同時期にイギリス社会は，聖書に基づく生活を重んじる福音主義の影響のもと，道徳改革が行われていた。怠惰や浪費が改められ，当時盛んに行われていた賭博や野蛮な競技が批判された。勤勉，節約，自己抑制という規範が人々の生活を支配するようになり，遊びやスポーツは，道徳的で，建設的なものでなければならなくなった。特に家庭で家族とともに楽しむような遊

びやスポーツが推奨された。

スポーツは，上流から下層まであらゆる階層の人々が楽しむ単なる遊びから，中流階級の価値観に合致するもの，つまり真面目で価値あるものに作り変えられたのである。特に中流階級は，スポーツを道徳的な性格形成の場としておおいに利用しはじめた。

これまでの議論をまとめると，sportsmanshipは，キリスト教信仰という倫理的行為規準を内面化したスポーツマンの行いや実践，スポーツの技能や知識として理解できる。あえていうならば，キリスト教信仰という倫理的行為規準を内面化しているスポーツマンの振る舞いが公正，寛大で，礼儀正しかったため，sportsmanshipが徐々にそのような態度を意味するようになったと考えられる。

最後に，翻訳時に起こった原語との齟齬をみていきたい。

スポーツマンシップは，何度も述べるように外来語であるから，他国の言語を日本人が受容する際に，日本の文化や社会的文脈に置き換えて解釈されたこと，むしろ日本の社会的文脈の中で機能するように醸成されたと考えられる。

キリスト教という文化的背景をもたない日本では，「スポーツマンシップをスポーツマンの倫理的行為規準として捉える傾向にあり，スポーツマンシップの概念そのものが，公明正大に振る舞うこと，相手の立場を尊重すること，規則を重んじること，感情を抑制することといった，スポーツの場面でスポーツマンを規制する倫理的な行為規範」(梅垣明美，友添秀則，「Sportsmanshipの解釈に関する研究－チーム・スピリットとキリスト教の関連に着目して－」『体育・スポーツ哲学研究』24(1)．2002: 15)を意味する用語となった。

先述した日本と英語の辞書的な意味の差異は，翻訳時にすでにみられたのであり，日本では，スポーツマンシップは，すこぶる倫理的な意味合いの強いものとして定着したといえる。

なお，近年ではジェンダーの観点からスポーツパーソンシップ(sports personship)という言葉も登場している。

(梅垣明美)

② フェアプレイの精神

「フェアプレイ(fair play)」はさしあたって，競技者の行為のあり方を規制する概念である。では，競技者のどのような行為がフェアで，どのような行為がアンフェアなのか。これについては，まずルールを守ることがフェアプレイだという考え方がある。この場合，ルール違反(反則)以外のすべての行為はアンフェアではないということになる。これに対して，「ルールに違反してはいないが，アンフェアなプレイ」という領域の存在を認める見解もある。仮にルールに違反していなくても，対戦相手へのリスペクトを欠く行為や，審判の目を欺く行為などがアンフェアであるとみなされる。

フェアプレイは，一般的には後者のように，明文化されたルールの遵守という以上の内容をもつと考えられている。レンク(H. Lenk)によれば「形式的フェアプレイ」としてのルールの遵守は，それ以上の含意をもつ「非形式的フェアプレイ」によって補完されなければならない。また守能信次によれば，フェアプレイ(およびスポーツマンシップ)とは「条理的行為規範」，すなわち「書き言葉を用いてルールブックに具体的な形で盛り込むことは技術的にむずかしいが，選手がスポーツの場で遵守しなければならないとされる行為上の規範」(守能信次，『スポーツルールの論理』大修館書店，2007. 87)である。

「フェアにプレイせよ」という行為規範は，それがルールの遵守以上の内容をもつのである以上，個別具体的な行為を指示することは必ずしもできない。もしそれが可能なのであれば，ルールブックに表現できるはずである。つまり，個々の場面で具体的にどのような行為がフェアプレイなのか，あらかじめ知ることのできる人は誰もいない。「競技中，何をどうすることがスポーツマンシップでありフェアプレイなのかの具体的なところははっきりと分からず，それについては結局のところ，試合中の個々の場面と状況に応じて，いちいち判断していく以外に方法がない」(守能，2007. 88)。

フェアプレイという行為規範は，ルールブックにおいて明文化された規範と異なり，それが命ずる(あるいは禁ずる)行為が具体的には明らかではない以上，競技者に対して明確な拘束力をもたない。具体的な1つの行為がフェアであるかアンフェアであるかという基準は，必ずしも明確ではありえない。

それどころか，相反する行為が，いずれもフェア(ないしアンフェア)とみなされる可能性も存在する。例えば負傷しているボクサーに対して，負傷箇所をあえてねらわずに闘うことがフェアで，勝利のために徹底的に負傷箇所を攻めることがアンフェアとみなされるかもしれないが，その逆の評価も可能である。

このように同じ行為に対して全く正反対の評価が可能なのは，同じ行為を異なる観点から評価することが可能だからである。一般にフェアプレイといわれる行為は，互酬的ないし利他的な行為である。なぜなら，日常的な道徳的観点からみて「よい」からである。しかし，競技者は場合によって，日常的な道徳的観点からみて「わるい」とされる行為をも遂行する。対戦相手を欺いたり，裏をかいたり，弱点を徹底的に攻めたりといった「えげつない」行為が，スポーツでは逆に称賛を浴びることがある。もちろんそうした行為がスポーツの外側で行われた場合，まず称賛されることはない。このことが示唆するのは，スポーツの内側と外側とでは，基本的な倫理規範が異なるということである。

われわれが日常道徳を必要とするのは，他者との平和共存のためである。したがって，そこでは互酬的ないし利他的な行為が称賛される。しかし，スポーツは競争であり闘いである以上，平和共存ではなく優勝劣敗・弱肉強食が基本原理である。そこには，日常道徳とは異なる，行為に対する評価の観点が存在する。

負傷箇所をあえて攻めない行為をフェアとみなすのは日常道徳的観点であり，逆にそれを徹底的に攻める行為こそをフェアとみなすのはスポーツ独特の倫理的観点である。では，この2つの異なる観点のどちらを採るべきなのだろうか。この問いにはおそらく答えがない。なぜなら，2つの異なる倫理的観点のいずれが「よりよい」観点なのかを指示することのできる，より高次の倫理的観点を想定することはできないからである。したがって，理論的にはどちらの観点が正しいとはいえない以上，どちらの観点を採ろうが自由である。つまり，なにがフェアでなにがアンフェアかという行為の評価については，永遠に意見の一致をみないこともありうる。実際，スポーツでは，そうした事例を挙げるのは難しくない。

ただ一般的には，互酬的ないし利他的な行為がフェアであるとみなされることが多い。その理由は，スポーツ以外の領域では基本的に日常道徳が支配しているからである。この場合，フェアプレイという行為規範は，スポーツの外側から競技者に対して課せられるという性格をもつ。そしてその内容は，日常道徳同様，きわめて雑多な内容——例えば，ルールの遵守，対戦相手へのリスペクト，不正を冒さない，ゲームへのリスペクト，勝利にこだわりすぎない，ベストを尽くすなど——を含む。

この場合，フェアプレイはこうした一連の行為を広く含意する，一種の包括的概念である(逆に，ルール違反，対戦相手への侮辱，不正行為，ゲームを尊重しない，露骨すぎる勝利至上主義的行為，ベストを尽くさないなどといった行為が包括的にアンフェアとみなされる)。では，そこに包括されるもろもろの行為の共通項は，なんであろうか。つまり，ある行為がフェアであるかアンフェアであるかを決定する際に，事実上の規準として働いている契機はなんであろうか。

それはおそらく，その行為が，他者に対して快を与えるか，不快を与えるかであろう。多くの人に対して「美しい・クリーン」という印象を与える行為はフェアとみなされ，逆に「醜い・ダーティー」という印象を与える行為はアンフェアとみなされる(ちなみに，fairの原義は「美しい」という意味である)。われわれは通常，日常道徳にかなった行為に快を感じ，それを踏みにじる行為に不快を感じる。いったんある行為がアンフェア(ないしフェア)とみなされてしまうと，それが行為者自身の思いやその行為の文脈からかけ離れたところで非難(ないし称賛)されてしまいがちなのは，その行為が実際に多くの人に対して不快(ないし快)を与えたからである。ある行為がフェアかアンフェアかの実際の判定は，このように理屈を超えた問答無用という側面をもつ。

「フェアにプレイせよ」という規範は，実際問題としては，「多くの人に快を感じさせるように（あるいは，不快を感じさせないように）プレイせよ」という内容をもっている。

このような趣味判断（美的判断）に基づく規範は，競技者に対して明確な拘束力をもちえない。ある行為に対して快を感じるか不快を感じるかは，主観的な問題である。当然，同じ行為に対して快を感じる人もいれば，不快を感じる人もいる。したがって，包括的概念としてのフェアプレイは，競技者の行為の判定にあたって，客観的な規準を提供することはできない。

では，なぜスポーツは，明文化されたルールに加えて，曖昧で規準のはっきりしないフェアプレイのような行為規範を特に必要とするのだろうか。その理由は，スポーツが基本的には闘いであり，日常道徳を踏みにじるえげつない行為が跋扈しがちな領域だからであろう。競技者は本質的に日常道徳から逸脱する傾向をもつのであり，それに対する歯止めとしては明文化されたルールでは不十分であるため，フェアプレイの「精神」が必要とされるのである。

別言すれば，スポーツがフェアプレイに代表される「きれいごと（理想）」を必要とするのは，スポーツのありのままの姿がそれほどきれいなものではありえないからである。フェアプレイという概念がスポーツにおいて特に重要視されるのは，スポーツが人間に対して不快ばかりを提供するという危険が，常に存在するからである。フェアプレイという概念は，スポーツの一種の自己防衛機制として機能している。したがって，スポーツという事象が存在するかぎり，フェアプレイという概念もそれに伴い続けるであろう。これがフェアプレイという理念の存在理由である。

しかし，スポーツにおけるフェアプレイは，実のところそれほど美しいものであろうか。例えばお笑いコンビ，ダウンタウンの松本人志は次のように述べている。「スポーツなんてだいたい根性の悪いものである。……プロ野球を見ていてもそうで，よく『アウトだ！』『セーフだ！』と監督同士がもめているが，1人ぐらい『審判はセーフだと言ったが，うちの選手はアウトだった』というヤツがいてもよさそうなものだ（なんてイヤな世界だ）」（松本人志『松本』の「遺書」』〈朝日文庫〉，朝日新聞出版 1997. 89）

スポーツにおけるフェアプレイは，競技者に対してここまでのきれいごとは要求していないようである。なぜかというと，それが日常道徳の観点とスポーツ倫理的観点の妥協の産物だからである。あまりにも美しすぎる行為（スポーツ倫理的観点をあまりにも逸脱した行為）もまた，フェアプレイの枠からはみ出してしまう。フェアプレイとはスポーツにおける一種の理想であるが，このように考えると，その理想はそれほど高邁なわけではない。

〔川谷茂樹〕

③ スポーツ規範

スポーツ規範について述べる前に，まず規範とはなにかについて確認しておこう。

規範とは，一定の社会集団の中で，その成員に一定の行為を「そうすべきだ」，もしくは「そうすべきでない」と命じる規準のことである。

それは，人に「そうすべきだ」という当為を指定して，社会集団の中で一定の価値を実現することを主要な目的とする。そのため，求める価値によって規範の種類が分けられ，社会道徳を実現するために作られた道徳規範，特定の宗教の教えに基づいて作られた宗教規範，法の実現のために作られた法規範，そして社会秩序を維持するための社会規範などがある。これらは，それぞれ社会規範としての性質をもつため，社会規範に含まれることがある。

また社会規範は，次に挙げるいくつかの要素で構成される。第1の要素は価値原理である。人間社会には，真・善・美をはじめ様々な究極的価値が存在するが，それらに応じて多様な社会規範が見い出される。第2の要素は行動様式である。これは，一般的に繰り返し行われる行動が型として社会に特定されていることである。第3の要素はサンクション（制裁）である。これは行動様式を保障するためのなんらかの社会的な圧力のことであり，規範に逸脱した際に受ける心理的・物理的な罰などである。

社会規範は，これらの要素に基づき，慣習，モーレス（習俗），法の3つに分類される。またモーレスが慣習を含み，大きくモーレスと法の2つに分類する考え方もある。

慣習は，行動様式として定着しているが，価値原理が不確定でサンクションも不特定なものである。具体的には，伝統的なしきたりや風習，流行などがある。モーレスは，価値原理が確立しており，サンクションも特定されているものである。社会道徳，エチケット，礼儀作法などがそれにあたる。法は，行動様式が明確で，価値原理も体系的組織化がなされており，サンクションも制度化されている。

ここでは，規範を大きくモーレスと法の2つに分ける考えに従い，これらの違いについて整理してみる。

1つは，行動様式やサンクションが規則として言語的に成文化されているか，されていないかの違いである。法は行動様式やサンクションが規則として言語的に成文化されているが，モーレスは成文化されていない。これは，これらの規範が強制力をもつかもたないかという問題とも関係しており，法は行動様式や罰則規定が成文化されている点において，モーレスよりも強制力があるといえる。

またサンクションにも違いが認められ，それは規範の内面性と外面性として説明される。人の行動は心の内面における様々な状態が外に現れてきたものである。規範はその外に現れる行動を規制するものであるが，規制する対象が心の内面である場合を内面性といい，外に現れてきた行動の場合を外面性という。法は，人の外に現れた行動をサンクションの対象とし，内面は問わないことから，外面性があるといわれる。一方，モーレスは良心といわれる内的なものに拘束され，もっぱらその違反は良心の呵責という内面的な責めを負うことに特徴がある。このような意味でモーレスの場合，内面性があるといわれる。

以上が規範についての説明である。それではこれをスポーツ規範に置き換えて検討していきたい。

先述の規範の定義に従えば，スポーツ規範は，スポーツの世界における人の行為を「そうすべきだ」，もしくは「そ

うすべきでない」と命じる規準のことになる。具体的には，行動様式やサンクションが成文化されているものとして競技規則（ルール）が，行動様式やサンクションが成文化されていないものとしてマナーやエチケット，そしてそれを代表するスポーツマンシップやフェアプレイなどがある。前者が法にあたり，後者がモーレスにあたる。

それではそれぞれについて詳細にみていきたい。まず競技規則について検討しよう。

スポーツにおける競技規則は，競技が公正，安全に行われるための取り決めや約束事である。これには，主に次の4つの役割が認められる。

第一に，競技規則はそれぞれのスポーツらしさ（基本的特徴）を規定する。第二に，人間の生命の尊重，つまり安全に行われることを保障する。第三に，対戦条件を平等にし，競技の公正さを保障する。第四に，人間の身体的卓越性の発揮や人間の限界的可能性の追求を前提とした競争によって得られる「喜びやおもしろさ」に対する条件を規定している。

具体的な内容は次のとおりである。第一に，競技を行うための条件整備に関する内容──競技の開催や実施，競技場の施設やその整備，競技の用具・器具・服装などに関することである。第二に，競技の進行・実施に関する内容──競技の目的（得点・勝敗・記録など），行い方（ゲームの展開），マナー，プレイヤーの健康・安全などに関することである。第三に，競技の結果の処理に関する内容──競技の記録や結果の処理，判定および抗議や異議の申告などに関することである。第四に，その他として，競技の結果の表彰・式典に関することがある。

競技規則は，主に競技者の技術を規制するものであるが，マナーやエチケットなどモーレスにあたる内容が成文化され，罰則が設けられているという特徴がある。

また，可変的であることも特徴の1つである。それは競技者の技術を規制するが，技術や戦術が進歩すれば，それに対応して規則も変更されてきた。またテレビなどのマスメディアの影響により変更が行われることもある。例えば，バレーボールでは，テレビ放映の時間に合わせて，サーブ権をもったチームの得点がカウントされるサイドアウト制から，サーブ権の有無にかかわらず得点がカウントされるラリーポイント制への改正が行われた。

過去の事例をみると競技規則が純粋に正しい方向で変更されたとは言い難い場合もある。その背景には政治的思惑や商業主義など様々な意図がみえ隠れするが，スポーツ規範が当為を求めるものであるかぎり，競技規則のあるべき姿も模索される必要があるだろう。

次にスポーツ規範としてのマナーやエチケットについて検討しよう。

社会生活を送る上で慣習的に望ましいとされている行動様式をマナーやエチケットという。一般的に，マナーは習慣や身だしなみなどをさすのに対し，エチケットはそれよりも高度な礼儀作法をさす。

スポーツの世界では，選手同士が試合前に挨拶を交わしたり，試合後互いの健闘を称え合ったりするところに望ましい行動様式がみられる。剣道では，激しい攻防の際，相手を倒したり，打突部位から外れたところを打った場合には，無礼を詫びることがよいマナーとされる。このような試合内容とは無関係なものから試合内容そのものにかかわるものもある。例えば，テニスでは，レシーバー側がボールのインかアウトかを判断するセルフジャッジというものがある。ボールがライン際に落ちたような微妙な判定ではなるべく相手に優位な判定を下すことがマナーとされている。

これらは法的な強制力をもたない。つまり，マナーやエチケット違反は罰則で制裁されないのである。それらは，せいぜいマナーが悪い人とレッテルを貼られ軽蔑されるか，一緒にプレイすることを敬遠されるかである。

ところが，スポーツの世界では，そのマナーやエチケットが競技規則の一部として成文化されている場合がある。例えば，相手に暴言を吐くこと，相手の進路をふさぐこと，相手の身体や服をつかみプレイを妨げること，殴る・蹴る・突き飛ばすなどの暴力行為の禁止である。これらは，スポーツをする上で，選手自身が良心に従って，当然守るべき行為である。これらが守られて初めて試合が成立するといって も過言ではない。本来成文化されない道徳的な規範が成文化されているところにスポーツ規範の特性がある。

このようにマナー違反に対して，守るべきマナーを成文化して強制力を強めようという動きが近年みられる。例えば，硬式テニスでは，2001年度からルールブックの第1部に「マナー」の項目が新設された。しかし，このような傾向は，本来選手が自主的に自らの良心に従って守るべき道徳的な規範の性質を歪める可能性もある。

スポーツにみられるマナーやエチケットは，そのスポーツが形成された歴史的・社会的背景と関係が深い。テニス，ラグビー，フットボール，ゴルフなど，多くの近代スポーツは，イギリスの上流階級の考え方や生き方が反映されたものである。剣道は日本の武士道の精神を背景にもつ。時代が移り変わり，社会の変化とともに，歴史的に形成されたスポーツにおける道徳的な規範であるマナーやエチケットも変化している。

スポーツ規範の重要性が叫ばれるが，スポーツ選手や観客の振る舞いなどスポーツ界にみられる状況はスポーツ規範に則った行動であるとは言い難い現状にある。このようなことを考えると近代スポーツの成立とともに形成されたスポーツ規範そのもののあり方を検討する時期にきているのかもしれない。

（梅垣明美）

④ スポーツパーソンシップ

現在われわれが楽しんでいるスポーツの多くは，19世紀中頃のイギリスで形成された。当然スポーツは，その主たる担い手である貴族階級や産業革命以降台頭してきた中流階級の価値観を反映したものとなった。女性のスポーツ参加は長らくはばかられたし，アマチュアリズムに代表されるように労働者の参加もままならなかった。黒人の場合は，闘鶏のように見世物としての価値が認められたにすぎなかった。それを支配していた原理は，エリートの白人男性中心主義にほかならない。

21世紀に入った今，現代スポーツの状況はどうであろうか。

2009年，ヤンキースの松井秀喜は，米大リーグの王者を決めるワールドシ

リーズのMVP（最優秀選手）に輝いた。同年日本プロ野球セントラル・リーグのMVPは，ベネズエラ出身のアレックス・ラミレスだった。イチローは，10年連続200本安打，そしてメジャー通算2000本安打達成という2つの偉業を成し遂げた。2014年現在，日本のプロ野球では，マット・マートンをはじめ多くの外国人選手が活躍している。日本の国技であり神事だといわれる相撲はモンゴル出身の外国人力士が活躍しており，サッカーでは多国籍チームはごくあたりまえのことになっている。もはやスポーツに国境はない。人種も，国籍もない世界がそこにある。

女性スポーツ選手の活躍も著しい。テニスのマリア・シャラポワは，2007年度のスポーツ選手長者番付国際部門でトップ10入りした（米スポーツ誌：スポーツ・イラストレーイテッド誌調査）。オリンピックに参加する女性選手や種目数は年々増加し，ロンドン開催の第30回オリンピック大会（2012年）では，全体の4割強を占めた。2008年「関西独立リーグ」のドラフト会議で吉田えり投手が指名され，男子と同じチームでプレイする初の女性プロ野球選手が誕生した。女性がスポーツをする機会は著しく改善された。

一方，パラリンピックに代表されるように障がい者スポーツも盛んである。これは障がい者に限定したスポーツであるが，障がい者と健常者が一緒に競技スポーツを行う種目もある。車いすダンスや盲人マラソンがそれである。インディアカやソフトバレーボール，グラウンドゴルフなどのニュースポーツも盛んで，男も女も，老いも若きも，性や年齢を超えて誰もがスポーツを楽しめる状況がある。

いまやスポーツの世界は，エリートの白人男性中心主義を超える新しい原理に基づくスポーツ文化の時代が到来している。そこでは，人種，性別，障がい者/健常者，子ども/大人という二項対立的な認識枠組みを超える新しい枠組みが必要となる。

さらに，新しい認識枠組みと同時に，それを表明する新しい名辞の意識的な使用も必要である。「スポーツマン」は，まさしく古い名辞である。

中村は，1995年に著書の中で，「スポーツ（ウー）マン」という表記を用い

た（中村敏雄．『日本的スポーツ環境批判』大修館書店．1995）。ここには，スポーツが男性中心の文化だったことを脱構築しようとする視点が読み取れる。スポーツをするのは，なにも男性に限らない。女性もおおいにスポーツを楽しむ時代になった。もっと男性，女性の別なくスポーツを楽しむ時代が到来してほしい。この名辞はそのような思いを込めたものだろう。しかし，当時としては画期的だったこの名辞もまた，今となっては，男/女の二項対立的な認識を意識させるものでしかない。

友添は，1998年に体育系の啓蒙誌において「スポーツパーソン」「スポーツパーソンシップ」という名辞を使った（友添秀則．「めざめよ！スポーツパーソン」『体育科教育』46（14）．1998．46-48）。今ではよく目にする「スポーツパーソン」という名辞だが，当時はまだ珍しかった。

このスポーツパーソンに込められた意味こそが，まさしく，エリートの白人男性中心主義を超える新しい原理を表明する新しい名辞としての役割である。具体的には，「近代国民国家を前提に帝国主義と植民地主義に彩られ，勇気や献身，忍耐などに代表される男性文化を支えるエリートイデオロギーであった『スポーツマンシップ』から，地球時代にふさわしい新しいスポーツ観を支えるに足る，自立した地球市民のための『スポーツパーソンシップ』への転換が求められている。もはや対面（対人）倫理を基調とした「スポーツマンシップ」は，もう時代遅れで限界だという（友添，前掲書）。

では，名辞「スポーツパーソン」に込められたエリートの白人男性中心主義を超える新しい原理とはなにか。

例えば中村は，新しい原理として「やさしい」スポーツを提案する。それは，「『速さ』や『強さ』を争って勝者や敗者を決めることよりもスポーツをすることのおもしろさ，楽しさ，嬉しさ，喜び等の体験」（中村敏雄．『スポーツルールの社会学』〈朝日選書〉朝日新聞社．1991，177）を大切にするスポーツである。おもしろさや楽しさ，嬉しさなどは主観的，個別的な感覚や感情であるからこの高低，深浅を比較することはできないという。ここには，近代スポーツにあった競争主義や弱肉強食の論理を超

える原理が読み取れる。

稲垣は，「共生」という概念を主張し，年齢や性差を超えて楽しむスポーツ文化，障がい，病気，環境など様々な事柄との共生を志向するスポーツ文化を提唱する（稲垣正浩．「スポーツ史概説」『スポーツ史講義』大修館書店．1995）。

また，稲垣は，バタイユ（G. Bataille）の「エクスターズ」（脱ացి，脱出）という概念を用いて新しいスポーツ文化の原理を模索する。近代社会では理性が重んじられ，勤勉さや真面目さが尊重された。単なる遊びでしかなかったスポーツも，富や地位を得るために，あるいは道徳教育の手段として行われるようになった。そこでは，本来スポーツが内包していた価値が失われている。それは，稲垣によれば「わたしの身体がわたしの身体であってわたしの身体でなくなる」という恍惚状態にも似た経験である。このような経験，つまり「エクスターズする身体」が新しいスポーツ文化の原理になるという（稲垣正浩．『〈スポーツする身体〉を考える』叢文社．2005）。

これらを総じてみれば，共通する方向として「純粋経験」に基づいた「共生」という原理が見出せよう。

スポーツは，本来遊びでしかなかった。それは，富も，地位も，良き人格も生むものではなかった。そこでは，世界の中に自己が溶け込んだような感覚，心と体が一体となったような感覚，忘我の感覚などが経験されるだけであった。人は，スポーツに陶酔し，興奮し，喜びや至高感を味わい，理性とは対極にある生を楽しんだのである。このような「純粋経験」を求めることに，新しいスポーツ文化の局面が見出せるのではないか。

しかもそれは，共生原理の中で，互いに競争したり協力したりしながら，誰にも共有されるものである。そこでは，人種，性別，障がい者/健常者，子ども/大人という能力とは無関係な事柄で評価されることはない。選手，観客，主催者などすべての参加者の「純粋経験」を保障するためにそれぞれの能力が正しく評価され，能力に応じた役割が与えられる。任された機能を全うすることが期待され，けっして序列化されることはない。誰も欠けてはならない1人という意識がそこを支配す

る。各スポーツ種目におけるポジションの決定は適材適所であり，各競技団体の役員にも能力があれば，人種，男女，障がい者/健常者に関係なく起用される。それぞれが社会の構成員として重要な役割を担い，互いの幸福と利益の享受を最大限に保障し合う，そのようなスポーツの世界を担うスポーツパーソンシップが今求められている。

（梅垣明美）

参考文献 21.A.02

①
- 阿部生雄．1985.「『スポーツマンシップ』の近代的語義の成立時期査定のための基礎的研究」『宇都宮大学教育部研究報告』18（1）：183－214.
- ―――．1995.「辞書にみる"スポーツ概念"の日本的受容」中村敏雄 編．『外来スポーツの理解と普及』11－72. 創文企画
- ―――．2009.『近代スポーツマンシップの誕生と成長』筑波大学出版会
- 梅垣明美，友添秀則．2002.「Sportsmanshipの解釈に関する研究－チーム・スピリットとキリスト教の関連に着目して－」『体育・スポーツ哲学研究』24（1）：13－23.
- 梅垣明美．2007.「筋骨たくましいキリスト教徒の身体観について」小田切毅一 監修．『いま奏でよう，身体のシンフォニー』160－75. 叢文社

②
- 川谷茂樹．2005.『スポーツ倫理学講義』ナカニシヤ出版
- 友添秀則，近藤良享．2000.『スポーツ倫理を問う』大修館書店
- ハンス・レンク，グンター・A．ピルツ．2000.『フェアネスの裏と表』片岡暁夫 監訳 不昧堂出版

③
- 阿部生雄．2009.『近代スポーツマンシップの誕生と成長』筑波大学出版会
- 川口貢．1987.「スポーツと規範」中村敏雄ほか編．『体育原理講義』98－109. 大修館書店
- 菅原禮 編．1980.『スポーツ規範の社会学－ルールの構造分析』不昧堂出版
- 多和健雄．1976.「スポーツルールの窮極にあるもの」『体育の科学』26（1）：15－18.
- 千葉正士．1985.「規範」『日本大百科全書』643－44. 小学館
- 中村浩爾．2002.「青少年スポーツのあり方と倫理のルール化の進展」『日本スポーツ法学会年報』9（日本スポーツ法学会）：26－42.
- 森川貞夫．1995.「スポーツ固有法」千葉正士ほか 編．『スポーツ法学入門』41－56. 体育施設出版

④
- 稲垣正浩．1991.「後近代のスポーツ」寒川恒夫 編．『図説スポーツ史』朝倉書店
- ―――．1995.『スポーツ史概説』稲垣正浩，谷釜了正 編．『スポーツ史講義』大修館書店
- ―――．2004.『身体論－スポーツ学的アプローチ－』叢文社
- ―――．2005.『〈スポーツする身体〉を考える』叢文社
- 近藤良享 編．2004.『スポーツ倫理の探求』大修館書店
- 友添秀則，近藤良享．1991.「スポーツ倫理学の研究方法論に関する研究」『体育・スポーツ哲学研究』13（1）：39－54.
- ―――．1992.「スポーツ倫理学の研究方法論」体育原理専門分科会 編．『スポーツの倫理』不昧堂出版．26－50.
- ―――．2000.『スポーツ倫理を問う』大修館書店
- 友添秀則．1998a.「めざめよ！スポーツパーソン」『体育科教育』46（14）：46－48.
- ―――．1998b.「共生・共育・共創」『学校体育』51（10）：39.
- ―――．2003.「スポーツと倫理」早稲田大学スポーツ科学部 編．『教養としてのスポーツ科学』大修館書店．34－40.
- 中村敏雄．1991.『スポーツルールの社会学』〈朝日選書〉朝日新聞社
- ―――．1995.『日本的スポーツ環境批判』大修館書店

スポーツとドーピング 21.B

ドーピングの概念 21.B.01

① ドーピングとは

「ドーピング」とは，一般的にはスポーツにおいて，世界アンチ・ドーピング規程（World Anti-Doping Code）や国際競技連盟（International Federations: IF）規程等によって定められている禁止薬物および禁止方法で競技力を高めることである。禁止薬物については，筋肉の増強をはじめトレーニング効果を高めるものや疲労回復や持久力を向上させるもの，競技において集中力を高めるものなど，競技特性に応じて多様な薬剤が用いられている。

ドーピングは，競技者の健康を損ねることとスポーツの構成要素の1つである公平性を損ねることから厳禁されており，違反した場合，競技者資格の剝奪や定められた期間の競技参加禁止という厳罰が適用される。禁止リストに基づき検査等によってドーピングを規制することを「ドーピングコントロール」という。

② スポーツにおけるドーピングの定義の変容

ドーピングは，時代とともにそれがさし示す事象を拡張させてきたが，元は覚醒剤・麻薬・興奮剤を使用することを意味していた。中央アメリカやアフリカの原住民の間で，狩猟や闘争の際に恐怖心や眠気をなくすために，コーラナッツ（アフリカに植生する興奮作用のあるアオイ科に属する植物の種子），コカ，木の根や葉，キノコなど野生の植物が用いられたという。古代ギリシャでは，競技者が毎日大量の肉を食し，戦い抜き・勝利するために体力をつけたといわれ，古代ローマの戦車競走では，競走馬に蜂蜜を与え，競技力を高めたといわれている。また，興奮性の飲料のことをさす「dop（ドップ）」という言葉が，英語の「doping（ドーピング）」の語源になったといわれている。なお，「dope」という言葉は，1889年に初めて英語辞書に記載された。

19世紀において，ドーピングは競走馬や競走犬に対して，競技力を高めるために，ヘロインやモルヒネ，コカイン，カフェイン等を使用することとされていたが，次第にスポーツ界において競技者を対象とした不正な薬物等を使用することを意味するものへ移行していった。19世紀後半には，ヨーロッパを中心に自転車競技やサッカー，ボクシングなどの競技で，競技力を高めるために薬物等が使用され，競技者が薬物等の過剰投与により死亡する例が報告されるようになった。また，1910年には対戦相手に薬物等を用いて，競技力を低下させて有利にしようとする「パラ・ドーピング（para-doping）」が発覚した。1930年代には，一連の覚醒アミンが開発され，第二次大戦中の夜間飛行や長距離行軍において，眠気や疲労を防ぎ，夜間視力を増強させるために使用された。この覚醒アミンの一種であるアンフェタミンは，日本において戦後一般的に使用されるようになったものであるが，スポーツ界にも波及していった。このようにドーピングは，当初の覚せい剤・麻薬・興奮剤の使用という意味から，競走馬や競走犬に対して，競技力を高めるために薬物等を用いることへ推移し，次第に人間の競技力向上のために不正な薬物等を使用することへと変化していった。

1950年代には，スポーツの世界においてドーピングが頻発し，薬物等の過剰摂取による競技者の死亡が問題視され，医学領域を中心に積極的な論議が行われるようになった。1960年の第17回オリンピック大会（ローマ）において，オリンピック大会では初めて競技者の死亡事故が起こったことを受けて，1962年にモスクワで国際オリンピック委員会（IOC）の総会が開かれ，

「アンチ・ドーピング決議」が採択され，IOCはドーピング対策委員会を設置した。その後1963年には，学外教育に関する評議会 (The Council of Europe, Committee of General〈Out-of-School〉Education) において，ドーピングは「人体にとって異常であるすべてのもの，または，生理的なものであっても，それが異常に大量かつ異常な方法で，健康者によってもっぱら競技力を高めることを意図して，人為的または不正に用いられた場合を示す。心理的方法による場合も，同様である」(Müller, 2010. 15) と定義された。また，1964年の第18回オリンピック大会（東京）開催時に行われた国際スポーツ科学会議では，ドーピングに関する特別会議が開かれ，ドーピングの定義について議論が交わされた。そこでドーピングは「生体に生理的に存在しないものをいかなる方法によっても，また生理的に存在するものであっても異常な量や異常な方法によって，試合における競技能力を人為的かつ不公正に増強する目的で，競技者に投与したり，あるいは競技者がみずから使用すること」(黒田, 1990. 5) と定義された。これを受けて，IOCは1967年に医事委員会を編成し，1968年の第10回冬季オリンピック大会（グルノーブル）ならびに第19回大会（メキシコシティ）においてドーピングコントロールを本格的に開始することとなった。

　ドーピングは当初，「不公正」や「身体の非自然性」という点から定義されてきたが，スポーツにおける勝利や名誉が経済的利益と密接な関係をもつようになり，同時に科学の進歩が医薬品の開発やスポーツにおけるパフォーマンスの向上を後押しするようになると，ドーピングを定義する際の意味構造に限界が見出されるようになった。1960年代以降，ドーピングはIOCを中心とした取り組みの中で，概括的な定義に加えて，具体的な禁止薬物を明示するという定義に変容していった。その後ドーピングを隠すためのマスキング剤の使用や，血液ドーピング，遺伝子ドーピングといった不正な方法で競技力を高めることが行われたため，ドーピングは薬物を使用することに限らず，薬理学的，化学的，物理的な不正操作や遺伝子操作を含めて定義されるようになった。

③ ドーピングの定義の国際的な統一

　1999年に世界アンチ・ドーピング機構（World Anti-Doping Agency: 以下，WADA）が設立されると，アンチ・ドーピング活動がスポーツの枠組みを超えて，各国政府の協力を得て国際的な統一が図られた。2003年にWADAによって世界アンチ・ドーピング規程が定められ，初めて世界共通のドーピングの定義がなされた。それは，次の違反行為の1つ以上が発生することである。

1) 競技者の身体からの検体に禁止物質等が存在すること。
2) 禁止物質や禁止方法を使用したり，使用を企てたりすること。
3) 正式に通告された後で，正当な理由なく，検体採取を拒否すること。
4) 居場所情報を提出しなかったり，連絡された検査に来なかったりなど，競技会外検査に関連した義務に違反すること。
5) ドーピング検査の一部を勝手に改変したり，改変を企てたりすること。
6) 禁止物質や禁止方法を保持したり保有したりすること。
7) 禁止物質や禁止方法の不正取引を実行すること。
8) 競技者に対して禁止物質や禁止方法を投与したり，使用したりすること，または使用や投与を企てること，ドーピング防止規則違反を伴う形で支援したり，助長したり，援助などを行ったり，あるいは他の形で違反を共同したり，企てたりすること。

(友添, 2011. 106)

　上記の定義に加えて，具体的な禁止リストが示され，毎年更新されている。また，2005年には国際連合教育科学文化機関（ユネスコ）総会において，「スポーツにおけるドーピングの防止に関する国際規約」が採択され，上記の世界アンチ・ドーピング規程によるドーピングの定義が条文に明記されている。この規約の採択により，国際的に法的拘束力をもった活動として，各国政府がアンチ・ドーピング活動に参加する体制がつくられたといえる。

④ これからドーピングを捉える視点

　アンチ・ドーピング規程における禁止薬物リストは，ドーピングを概括的に定義し，そこに当てはまる物質をリスト化するという方法をとっている。そのため，競技者の使用動向によって禁止リストが更新されるというイタチごっことなり，終わりのみえない取り締まりとなることが考えられる。

　ドーピングは，個人や国家が，自らの利益や名誉のために行う逸脱行為とは言い切れない面がある。競技スポーツにおいて，ドーピングはその構造による必然的な結果であるという指摘がある。競技スポーツの世界では，勝利が最も重要な価値であり，競技者だけでなく，競技者を支援する周辺も社会的・経済的に巻き込んでいき，勝利が圧力となり，時には絶対的な条件となる。これは競技スポーツが社会の中で相対的に自律性を獲得し，独自の論理，価値，制度などをもつ領域として成立したことによる。ドーピングもまたこのようなスポーツの論理の中で勝利のための手段として選択され，時には妥当であると考えられてしまう。つまり，ドーピングは個人的・国家的な利益や名誉に帰する問題だけでなく，社会的な問題として捉えることが必要である。

参考文献

- 黒田善雄. 1990.「基調講演／ドーピングの現状」岡田晃，黒田善雄 編.『ドーピングの現状・現実を語る』8-10. ブックハウスHD
- 友添秀則. 2011.「スポーツと倫理」早稲田大学スポーツ科学学術院 編.『教養としてのスポーツ科学【改訂版】アクティブ・ライフの創出を目指して』104-08. 大修館書店
- 日本アンチ・ドーピング機構ホームページ http://www.playtruejapan.org/（2013年1月11日）
- Rudhard Klaus Müller. 2010. History of Doping and Doping Control. In *Doping in Sports, Handbook of Experimental Pharmacology 195*, eds. D. Thieme and P. Hemmersbach. 1-23. Springer-Verlag.
- World Anti-Doping Agency HP http://www.wada-ama.org/（2013年1月11日）

（岡部祐介）

ドーピング問題の歴史

　最初にドーピングが行われたのは競走馬に対して，20世紀初頭から行われていたと伝えられている。この競走馬へのドーピングは，賭け事の公正，動

物愛護の理由から1930年代に禁止されたが，選手へのドーピングが禁止されるには1968年まで待たなければならない。

①1968年のドーピング禁止規程

オリンピックの場でドーピングが禁止されたのは，1968年の第10回冬季大会（グルノーブル）と同年の第19回大会（メキシコシティ）からである。このルール策定の契機は，1960年の第17回大会（ローマ）の大会期間中に薬物を使った（ドーピングした）選手が死亡したことからである。オリンピックの場における死者は初めてだったが，オリンピック以外の国際競技大会でもドーピングが広がりをみせていたことは，関係者の周知の事実であった。このようなドーピングの蔓延，深刻化を受けて国際オリンピック委員会（International Olympic Committee: IOC）は，1963年に医事委員会を発足させ，本格的なドーピング問題の調査，研究に取り組み始めた。1964年の第18回大会（東京）時に開催されたオリンピック科学会議において，初めて正式にこの問題が話し合われ，前述したように1968年からドーピングがルールで禁止された。

1968年のドーピングの禁止以降，表面的には，ドーピングが行われていないかのようだった。しかし，オリンピックのメダル争いをしている選手やそのスタッフは，ドーピングにならないような方法を採用した。それが巧みに大会前にドーピングの痕跡を消す方法であった。1968年のドーピング禁止規程による検査方法は，競技会中（In-Competition）だけ，しかも上位入賞者に限定されていた。そのため，ドーピング違反を逃れる方法として，トレーニング中にドーピングを行い，競技会が開催される前に体内から薬物や方法の痕跡をなくすか，あるいは，ヒト成長ホルモンのように，当時の機器で検出しにくい薬物を使用していた。1968年のドーピング禁止以降，1988年のベン・ジョンソン（B. Johnson）事件が起きるまでは，違反が覚知しない方法でドーピングが行われていた時期といえるだろう。

②1988年第24回オリンピック大会（ソウル）のベン・ジョンソン事件

1988年のベン・ジョンソン事件は衝撃的だった。第24回オリンピック大会（ソウル）の最大の関心事は陸上競技男子100m競走であった。カナダのベン・ジョンソンとアメリカのカール・ルイス（C. Lewis）のどちらが速いかに話題が集まった。その結果は，ベン・ジョンソンが9秒79の世界新を記録し，勝者になったかにみえた。しかし，レース後のドーピング検査結果は陽性を示し，ベン・ジョンソンに授与された金メダルは剥奪され，同時に世界新記録も取り消されて幻になった。

ベン・ジョンソンとコーチのフランシス（C. Francis），アスタファン（G. Astaphan）医師らがカナダに帰国してまもなく，この事件の真相究明が調査委員会によって続けられた。この調査委員会の報告書（デュビンレポート）によると，この事件は，ベン・ジョンソンだけの単独のドーピングだったのではなく，実は別の同僚選手，コーチ，そして医師までも関与していた事実が明らかになった。こうした組織的なドーピング関与は，スポーツ関係者にとっては周知の事実だったが，オリンピックの場での露呈は，世界中の驚き，失望，幻滅を招いたのである。この事件は，スポーツ界におけるドーピングの蔓延を一般大衆に知らしめた象徴的な事件となった。

ベン・ジョンソン事件とカナダにおけるドーピング問題を調査した委員会の勧告に従い，ドーピングの検査方法や罰則が強化された。特に，検査方法に関しては競技会中だけではなく競技会外のトレーニング中の，いわゆる抜き打ち（Out of Competition）検査が実施されることになった。

この競技会中の検査と競技会外の検査という2つの防止策は，しばらくの間，有効であった。その証拠として，陸上競技男子100m競走の世界新記録の更新期間が挙げられる。つまり，1988年のベン・ジョンソンの記録9秒79と並ぶ記録は，1999年のモーリス・グリーン（M. Greene）が同タイムを出すまでに11年間もの年月が必要だったのである。

そして，ドーピング防止の効果が有効であったことが，皮肉にも，官民一体となる世界アンチ・ドーピング機構（World Anti-Doping Agency: 以下，WADA）の創設につながる。

③1999年の世界アンチ・ドーピング機構の発足

ベン・ジョンソンの事件を教訓にして，それ以降，競技会外のトレーニング中にもドーピング検査が実施されるようになった。しかしその結果，オリンピックや国際大会において好記録や世界新記録が出なくなり，国際舞台のスポーツ人気にかげりがみられた。次々と世界新記録が樹立されるような大会は盛り上がり，逆に平凡な記録ばかりの大会は観客数も減少していく。

こうした状況の中，1998年7月のツール・ド・フランス（自転車競技）において衝撃的なドーピング事件が起きた。しかし，当時のサマランチ（J. A. Samaranch）IOC会長の認識は甘く，「選手の健康に害がないなら，それはドーピングではない」と発言したのである。この発言がスペインの新聞に掲載され，スポーツ関係者はもとより，各国政府関係者の間で大きな問題となった。なぜなら，オリンピック運動の最高責任者であるIOC会長がドーピングを容認するかのような発言をしたからである。

各方面からのあまりに厳しい非難に，IOCは1998年8月に緊急理事会を開いて善後策を検討した。IOCの理事会は，政府関係者である公権力がスポーツ界に干渉して，スポーツ界が主導権を失うことを恐れた。そして非難の沈静化のためにIOCは，1999年2月に世界アンチ・ドーピング会議を企画したが，その会議においても各国政府関係者からのIOC批判が相次いだ。各国政府関係者とIOC委員らの議論の結果，IOCとは独立したアンチ・ドーピング機構を設立して，それをスポーツ界・各国政府が共同で運営することになった。それが「世界アンチ・ドーピング機構」（WADA）である。

1998年のツール・ド・フランス事件は，IOCにとって組織の存亡の危機であった。なぜなら，この事件は選手やコーチが警察に連行されたからである。選手やコーチらの逮捕は，ドーピングというスポーツ内部の問題が，一般社会の犯罪として罰せられることを

意味した。ツール・ド・フランスで逮捕者が出た以上、当然、オリンピック大会でも逮捕者が出る可能性が出てきたのである。オリンピック大会中に逮捕者が出れば、スポーツやオリンピック運動にとって大きな痛手である。

WADAを創設するまでのドーピング問題はスポーツ界の内部問題に過ぎなかったが、このツール・ド・フランスでの逮捕劇によって、ドーピングが社会犯罪になることが示され、新たな局面を迎えることになったのである。

④ 官民一体となったドーピング根絶運動の幕開け

1999年に発足したWADAは本格的に活動を開始した。まずWADAは、各国政府関係者とスポーツ関係者との意見を調整する場を設定した。最初の国際会議は、2003年3月、デンマークのコペンハーゲンで開かれた。この会議の論点は、「世界アンチ・ドーピング規程」が各競技連盟や各国政府によって同意されるかであった。

この会議で提案された統一規程の内容は、それまで各競技団体で不統一だった禁止薬物リストを共通にすること、また最初の違反は2年間の出場停止、2度目は永久追放とすることであった。このような統一規程を策定することになった理由は、2000年の第27回オリンピック大会(シドニー)における違反事件にある。それは体操女子個人総合の金メダリストであるルーマニアのラドゥカン(A. Raducan)が、風邪薬を服用したために失格になったことがきっかけであった。失格の原因は禁止薬物リストが国際体操競技連盟とIOCで異なるためであった。当時、国際競技団体はそれぞれの競技力向上に有効な薬物を禁止リストに載せていたが、オリンピックでは多くの競技を短い期間に行うために、全競技の禁止薬物を網羅して禁止リストが作成されていた。そのため、各競技団体が主催する世界選手権では禁止されていない薬物がオリンピックでは禁止となる場合もあった。ラドゥカン側がそれを知らなかったために起こったのである。

また、当時は各競技団体によって罰則規定が異なり、最初の違反で出場停止処分が4年間という団体もあれば、2年間という団体もあった。特に選手生命の短い競技の場合、4年間と2年間とでは競技生活への影響は大きく異なる。よって罰則期間が長い競技団体の選手が不服を申し立てていた。というのも、ドーピング禁止の規程では、禁止薬物を服用する意志・意図性は全く無視されて、選手の体内に存在したか否かでドーピングの有無が判定されていたからである。たとえだまされて飲んでも、あるいは知らずに飲むとか、医師を信頼して服用しても、結果的に禁止薬物が検出されれば違反となる。統一規程以前の場合、別々の競技の選手が自分では知らずに体内に禁止薬物が入って陽性になった時、それが競技団体によって罰則期間が違えば、長い資格停止処分を受けた選手が不服を申し出るだろう。

この2003年の「世界アンチ・ドーピング規程」の制定は、各競技団体と各国政府とが共同して「アンチ・ドーピング」に取り組む時代の幕開けになった。WADAの活動は統一規程の制定を契機にして、さらなる禁止規程の追加やグローバルな取り組みを始めている。例えば、2003年には「遺伝子治療を応用する方法」の禁止に加え、2005年の第33回ユネスコ総会においては、アンチ・ドーピング国際条約が採択され、ユネスコという国際組織のもとで国際的なドーピング防止運動が本格的に始められることになった。

このようにドーピング問題の歴史を振り返ると、当初、単なるスポーツ界の内部問題であったドーピングが、現在ではスポーツやオリンピックの価値が増大することによる社会的影響力を鑑みて、官民一体となってドーピングを防止する体制が整えられ始めているといえるだろう。

参考文献 21.B.02

◆ 友添秀則、近藤良享. 2000.『スポーツ倫理を問う』大修館書店
◆ 近藤良享 編著. 2004.『スポーツ倫理の探求』大修館書店

(近藤良享)

ドーピングの種類(ドーピングとして禁止される物質と方法) 21.B.03

ドーピングとして禁止される物質と方法は、世界アンチ・ドーピング機構(World Anti-Doping Agency: WADA)が制定した「世界アンチ・ドーピング規程(World Anti-Doping Code. 以下、WADA規程)」の「禁止表国際基準」(以下、禁止表)に掲載されている。また、禁止物質と禁止方法を治療目的で使用する場合の許可を「治療目的使用に係る除外措置(Therapeutic Use Exemptions: TUE)」といい、その手続きは「TUEに関する国際基準」で定められている(図1)。ここでは、禁止表およびTUEについて解説する。

①禁止表における禁止物質と禁止方法

禁止表は毎年改定され、毎年1月1日から新たな禁止表が適用されるため、具体的に禁止物質と方法を確認する場合にはその年の禁止表を参照しなければならない。WADAが禁止表に掲載する基準とは、1)競技能力を強化し得る、2)競技者の健康にとって有害になり得る、3)その使用がスポーツ精神に反する、の3要件のうち2つ以上を満たす、または、その物質または方法によって他の禁止物質・禁止方法の使用が隠蔽される可能性があると科学的に証明されることである。2014年禁止表は、大きく分けると「Ⅰ. 常に禁止される物質と方法(競技会[時]および競技会外)」「Ⅱ. 競技会(時)に禁止される物質と方法」「Ⅲ. 特定競技において禁止される物質」という3つの項目から構成されている(表1)。禁止物質のS1、S2、S4.4、S4.5、S6aおよび禁止方法のM1、M2およびM3は「非特定物質」、それ以外の禁止物質は「特定物質」として扱われる。「特定物質」とは、医薬品として広く市販されていて、ドーピングとして乱用しにくく、不注意にアンチ・ドーピング違反を誘発しやすいもので、違反した場合に制裁が軽減される可能性のある禁止薬物である。主な禁止物質と禁止方法について次に解説する。

[S0. 無承認物質]

禁止表S1-S9のいずれのセクションにも対応せず、人体への治療目的使用が現在どの政府保健医療当局でも承認されていない薬物は、常に禁止される。ただし、S1-S9の例えば「類似の化学構造や類似の生物学的効果を有するもの」に分類される場合は、その該

当セクションに含まれるとみなされる。

S0無承認物質の薬物の例として，全臨床段階，臨床開発中，あるいは臨床開発が中止になった薬物，法律で規制または禁止されている薬物の合成類似物で法律を逃れるため開発された物質であるデザイナードラッグ，動物への使用のみが承認されている物質が挙げられる。

[S1. 蛋白同化薬]

蛋白同化薬は，筋肉増強剤としてドーピングに用いられることがよく知られている。禁止される理由としては，筋肉増強作用に伴う運動能力の向上や攻撃性の発現を期待して使用されることが挙げられる。主な蛋白同化薬は蛋白同化男性化ステロイド(Anabolic Androgenic Steroids: AAS)で，もともと体内で産生される内因性AASと体内には存在せず人工的に合成された外因性AASの2つに区別される。ドーピング検査で外因性AASが検出された場合はドーピング違反と判断できるが，内因性AASによる違反を検出するためには，その内因性AASが外部から投与されたことを証明しなければならない。その証明方法として，同位体比質量分析法(IRMS)などが用いられる。

[S2. ペプチドホルモン，成長因子および関連物質]

エリスロポエチン(Erythropoietin: EPO)は，赤血球増加作用をもち，酸素運搬能力を高めて持久力の増強を期待してドーピングとして使用される。また，2010年より新たに持続性エリスロポエチン受容体活性薬(Continuous Erythropoietin Receptor Activator: CERA)であるメトキシポリエチレングリコール－エポエチンベータが追加された。そのほかに，成長促進，蛋白同化，脂肪分解などの作用をもつ成長ホルモン(Growth Hormone: GH)もこのカテゴリーに含まれる。

[S3. ベータ2作用薬]

ベータ2作用薬は，交感神経系のベータ2受容体に直接結合して，交感神経活動の増加と類似した作用をあらわす薬物である。気管支喘息の治療薬として一般的に使用される。サルブタモール，サルメテロールおよびホルモテロールの吸入使用は許可されているが，その他のベータ2作用薬を使用する場合は，治療目的使用にかかわる除

レベル1 (義務)			世界アンチ・ドーピング規程 (WADA規程)		
レベル2 (義務)			国際基準		
	禁止表	TUE	検査	プライバシーおよび 個人情報の保護	分析機関
レベル3 (参照)			(TUE関係) TUE Guidelines Medical Information to Support the Decisions of TUECs		

図1　ドーピング防止関連の規則
(出典：赤間高雄「TUEの概要」『臨床スポーツ医学』27. 2010. 197－201を改変)

表1　2014年禁止表国際基準の構成(抜粋)

Ⅰ．常に禁止される物質と方法(競技会(時)および競技会外)

◇禁止物質
S0. 無承認物質
S1. 蛋白同化薬
S2. ペプチドホルモン，成長因子および関連物質
　1. 赤血球新生刺激物質
　2. 絨毛性ゴナドトロピン(CG)および黄体形成ホルモン(LH)およびそれらの放出因子(男性のみに適用)
　3. コルチコトロピン類およびそれらの放出因子
　4. 成長ホルモン(GH)およびその放出因子，インスリン様成長因子-1(IGF-1)
　　加えて，下記の成長因子は禁止される。
　　線維芽細胞成長因子類(FGFs)，肝細胞増殖因子(HGF)，機械的成長因子類(MGFs)，血小板由来成長因子(PDGF)，血管内皮増殖因子(VEGF)等，その他の成長因子
S3. ベータ2作用薬
S4. ホルモン調節薬および代謝調節薬
　1. アロマターゼ阻害薬
　2. 選択的エストロゲン受容体調節薬(SERMs)
　3. その他の抗エストロゲン作用を有する薬物
　4. ミオスタチン機能を修飾する薬物
　5. 代謝調節薬
　　a) インスリン類
　　b) ペルオキシソーム増殖因子活性化受容体デルタ(PPARδ)作動薬(GW1516等)，PPARδ－AMP活性化プロテインキナーゼ(AMPK)系作動薬(AICAR等)
S5. 利尿薬および他の隠蔽薬

◇禁止方法
M1. 血液および血液成分の操作
　1. 血液ドーピング
　2. 酸素摂取や酸素運搬，酸素供給を人為的に促進すること，修飾ヘモグロビン製剤(酸素自体の供給は除く)
　3. 血液あるいは血液成分を物理的あるいは化学的手段を用いて血管内操作すること
M2. 化学的および物理的操作
　1. 検体を改ざん，または改ざんしようとすること
　2. 静脈内注入
　　(医療機関の受診過程，または臨床的検査において正当に受ける静脈内注入は除く)
M3. 遺伝子ドーピング

Ⅱ．競技会(時)に禁止される物質と方法

前文S0－S5. M1－M3に加えて，下記のカテゴリーは競技会(時)において禁止される。
◇禁止物質
S6. 興奮薬
　a. 非特定物質
　b. 特定物質
S7. 麻薬
S8. カンナビノイド
S9. 糖質コルチコイド

Ⅲ．特定競技において禁止される物質

P1. アルコール
P2. ベータ遮断薬

注：すべての禁止物質は「特定物質」として扱われる。ただし，禁止物質S1. S2. S4.4. S4.5. S6.aおよび禁止方法M1. M2およびM3は除く。

外措置（Therapeutic Use Excemption: TUE）の申請をして承認を受ける必要がある。わが国のトップアスリートのメディカルチェックにおいて「15.8％の選手が喘息もしくは喘息の疑いと診断された」と報告（土肥美智子，小松裕ほか「トップアスリートの喘息診断における呼吸機能検査の役割」『臨床スポーツ医学』26. 2009：35-42）されており，競技者が治療目的に使用する頻度が高いため，うっかり服用してドーピング違反になる可能性の高い薬物でもある。禁止される理由としては，交感神経刺激による興奮作用や蛋白同化促進による筋組織量の増加作用が挙げられる。しかし，筋肉増加作用が証明されているベータ2作用薬のクレンブテロールは禁止表ではS3.ベータ2作用薬としてではなくS1.蛋白同化薬に分類されており，その他のベータ2作用薬については，「競技力向上作用は認められない」（Backer, V., Lund, T. et al., Pharmaceutical treatment of asthma symptoms in elite athletes-doping or therapy? Scand. J. Med. Sci. Sports.17. 2007: 615-22）という報告もある。ベータ2作用薬は，ドーピング効果の点からも様々な研究が進行中の薬物である。

[S4. ホルモン調節薬および代謝調節薬]

アロマターゼ阻害薬と選択的エストロゲン受容体調節薬（Selective Estrogen Receptor Modulators: SERMs）などである。糖尿病治療薬で用いられるインスリンも，このセクションで禁止される。2010年には，4-アンドロステン-3, 6, 17-トリオン（6-オキソ）およびアンドロスタ-1, 4, 6-トリエン-3, 17-ジオン（アンドロスタトリエンジオン）の2種類のアロマターゼ阻害薬が追加された。これ

らの追加された物質は，外国製サプリメントとして広く入手できることから注意すべきとされている。

[S5. 利尿薬および他の隠蔽薬]

隠蔽薬は，尿検体中に含まれる他の禁止物質を隠蔽する作用を有する物質である。利尿薬は，減量目的で利用される以外に，尿量を増やすことで禁止物質を希釈して検出しにくくする作用もあるため隠蔽薬としても扱われる。2014年禁止表では，トルバプタン等のバプタン類が追加された。

[M1. 血液および血液成分の操作]

輸血により赤血球量を増やして酸素運搬能力を強化する方法は血液ドーピングと呼ばれる。自己血，他者血（同種血），異種血などすべての赤血球製剤の使用が該当する。酸素自体の補給は，2014年禁止表で禁止されないことが明示された。

[M2. 化学的および物理的操作]

検体の完全性および有効性を変化させるために改ざんまたは改ざんしようとすることは禁止される。これらには尿のすり替え，尿の改質（タンパク分解酵素等）などが含まれるが，これらに限定するものではない。

また，静脈注入や6時間あたりで50mLを超える静脈注射は禁止される。ただし，救急搬送中の処置や外来および入院中の処置を含め，医療機関の受診過程，また臨床的な検査において正当に受ける静脈内注入は禁止されない。

[M3. 遺伝子ドーピング]

遺伝子を改変することにより，競技力を高めることである。例えば，「ペルオキシソーム増殖因子活性受容体デルタ（Peroxisome Proliferator Activated Receptor δ: PPARδ）作動薬は，マウスの骨格筋において過剰発現させることで

筋線維が増加し，ランニングの耐久力が増加する」ことが報告されている（Wang, Y.X., Zhang, C.L. et al., Regulation of muscle fiber type and running endurance by PPARdelta. 10. 2004. e294）。また，ミオスタチン遺伝子の突然変異により筋肉量が増加することも知られている。遺伝子ドーピングの分野は，今後さらに研究が進展するであろう。

[S6. 興奮薬]

2014年禁止表では，興奮薬は非特定物質と特定物質に分類され，非特定物質としては覚醒剤のアンフェタミンや麻薬のコカイン，特定物質としてはエフェドリンなどが含まれる。エフェドリンは，感冒薬や麻黄含有の漢方薬に含まれることが多く，安易に購入が可能なためうっかり服用してしまう可能性が高い物質である。2010年からプソイドエフェドリンが禁止表へ再掲載された。プソイドエフェドリンは，一時期は禁止物質から除外されていたが，スポーツ現場における乱用が明らかとなり，2010年から禁止物質として再指定された。

②治療目的に係る除外措置

競技者が，ドーピング禁止物質あるいは禁止方法を治療のために使用する場合は「治療目的使用に係る除外措置（TUE）」を申請して承認を得なければならない（表2）。TUEは，WADA規程に基づいた制度であり，具体的にはWADA規程「TUEに関する国際基準」に手続きが定められている。

「TUEに関する国際基準」は，2011年まで頻繁に改定されていた。2008年までのTUE申請には，すべての禁止物質を対象とし，詳細な医療情報をもとに審査が必要となる「標準TUE申請」と一部の禁止物質を対象とし，審査を必要としない「略式TUE申請」の2種類の申請であった。「国内のTUE申請」の数は，主に「略式TUE申請」が大部分を占めていた。また，「標準TUE申請」および「略式TUE申請」ともに年々増加していたが，2009年の改定により略式TUE申請が廃止されたことを反映し，申請数が大幅に減少した。

競技者のレベルや競技会の種類によりTUEの提出先は異なる。例えば，国際競技連盟（IF）の指定を受けた国際的レベルの競技者は国際競技連盟へ提

表2　TUEが承認される基準

基準
a. 急性または慢性の病状を治療する過程において禁止物質または禁止方法が用いられなかった場合に，当該競技者が健康状態が深刻な障害を受けること。
b. 当該禁止物質または禁止方法を治療目的で使用することにより，正当な病状治療の後に通常の健康状態に回復することから予想される競技能力の向上以外に，追加的な競技能力の向上が生じないこと。禁止物質または禁止方法を使用して「正常下限」レベルの内因性ホルモンを増加させることは，受け入れ可能な治療行為であるとはみなされない。
c. 当該禁止物質または禁止方法を使用する以外に，合理的な治療法が存在しないこと。
d. 当該禁止物質または禁止方法を使用する必要性が，使用当時に禁止されていた物質または方法を，TUEがないにもかかわらず以前に使用したことの（全面的であると部分的であるとを問わず）結果として生じたものではないこと。

（出典：「治療目的使用に係る除外措置に関する国際基準」2011年版．日本アンチ・ドーピング機構）

出し，オリンピックなどの国際競技大会に出場する競技者は該当する大会の主催団体へ提出する。上記に該当しない競技者は国内アンチ・ドーピング機関へ提出する。

ドーピング検査で禁止物質が検出されると，検査結果を管理するドーピング防止機関は当該競技者のTUEの有無を確認する。TUEを取得していればドーピング防止規則違反なしと判断されるが，もし競技者がTUEの申請を怠っていればドーピング防止規則違反となる。

ドーピング禁止物質および禁止方法は，WADA規程禁止表に掲載されている。禁止表は，薬物乱用や新規薬物の開発などに対応するために毎年改定される。ドーピング禁止物質あるいは禁止方法を治療目的に使用する場合には，競技者がTUEを申請して承認を得なければならない。承認を得ずに使用すれば，ドーピング防止規則違反になるので注意を要する。

創薬研究や科学研究の進歩により，ドーピングはますます巧妙になり，ドーピング禁止物質および禁止方法もさらに変更されるであろう。ドーピングの撲滅のためには，競技者のみならず，指導者，スポーツドクター，トレーナーおよび競技者を支える人々が様々な立場でドーピング防止について理解する必要があり，今後さらにドーピング防止教育の重要性が高まると思われる。

参考文献　21.B.03

- 世界ドーピング防止機構. 2009. 『世界ドーピング防止規程』日本アンチ・ドーピング機構
- ────. 2014. 『2014年禁止表国際基準』日本アンチ・ドーピング機構
- ────. 2011. 『治療目的使用に係る除外措置に関する国際基準』日本アンチ・ドーピング機構
- 土肥美智子ほか. 2009. 「トップアスリートの喘息診断における呼吸機能検査の役割」『臨床スポーツ医学』26：35-42.
- Backer. V. et al. 2007. Pharmaceutical treatment of asthma symptoms in elite athletes-doping or therapy? *Scand. J. Med. Sci. Sports*. 17: 615-22.
- Wang. X. Y. et al. 2004. Regulation of muscle fiber type and running endurance by PPARdelta. *PLOS Biol*. 10. e294.

（鈴木智弓）

ドーピング問題をめぐる議論　21.B.04

① アポリア（難問）としてのドーピング

オリンピック等の国際的な競技大会では，ドーピングコントロールが厳格に行われるが，それにもかかわらず，アスリートのドーピング（禁止薬物使用）違反が後を絶たない。2000年以降をみても，少なくない数のアスリートがドーピング違反を行ったり，ドーピングに関連する疑惑が浮上したりしている。

2003年秋，アメリカで覚発したテトラハイドロゲストリノン（THG）という新種の薬物を用いた大規模なドーピング疑惑が新聞各紙を賑わせた。この時，大陪審で知らずにステロイドを使用したと証言したメジャーリーガーのバリー・ボンズ（Barry L. Bonds）は，この後THGやヒト成長ホルモンを故意に服用した疑惑が発覚し，偽証罪に問われた。ちなみに，このTHGはドーピングのためだけに開発された薬物である。また，2004年の第28回オリンピック大会（アテネ）では，陸上男子ハンマー投げで優勝したアドリアン・アヌシュ（Annus Zsolt Adrian，ハンガリー）がドーピング疑惑で失格し，室伏広治が金メダルを獲得した。2005年には，陸上男子100mのティム・モンゴメリ（Tim Montgomery，9秒78），2006年には同ジャスティン・ガトリン（Justin Gatlin，9秒77）のドーピング違反が発覚し，それぞれの世界記録が抹消された。さらに，2012年の第30回オリンピック大会（ロンドン）陸上女子砲丸投で優勝したナドゼヤ・オスタプチュク（Nadzeya Astapchuk，ベラルーシ）は，体内から筋肉増強剤メテノロンが検出され金メダルが剥奪されている。

近年では，ドーピング違反が頻発するためか，この種の報道は，大きく取り扱われることが少なくなった。しかし，2003年秋のメジャーリーガーやプロフットボール選手などプロ，アマのトップ選手約40人が関与したTHGを使用したドーピング疑惑は，規模の大きさや新種の薬物が使用されたという以上に，それがドーピングのためだけに開発された，いわゆるデザイナーズドラッグであることの問題性から人々の大きな関心をひき，アメリカでは社会問題となった。

周知のように，興奮剤や筋肉増強剤等の禁止薬物は，第二次大戦以後，スポーツの世界で本格的に用いられるようになった。当初，カフェインなどの興奮剤やコカイン，モルヒネなどの麻薬系薬物が多く用いられたが，その後，筋肉増強剤のタンパク同化ステロイドが主流となってきた。特に近年では，造血ホルモン剤のエリスロポエチンも多用され，オリンピック大会時の血液検査の導入につながった。また，ドーピングの方法も多様になってきた。自己の血液を冷凍保存し，競技会の日程に合わせて体内に戻す血液ドーピングや母体が妊娠初期にタンパク同化ホルモンの急激な分泌で筋力の向上に最適であることに着目して，女子選手を人工的に妊娠させ中絶を行う中絶ドーピングが行われるようにもなった。また，検査逃れのために，コーチの尿をカテーテルや注射器を使って自分の膀胱に注入する尿ドーピングなどもある。近年では，遺伝子操作による競技力向上を意図した遺伝子ドーピングが行われる日も近いと指摘するスポーツ科学者も現れるようになった。このように皮肉にも，ドーピングは日々進化し続けているともいえる。

ところで，ドーピングの背後には，スポーツと結びついた悪しき商業主義や勝利至上主義の問題があるといわれる。世界のスポーツの舞台は，かつてのアメリカと旧ソビエト連邦（現・ロシア）の東西両陣営が対立した冷戦下での国威発揚をかけたパワーゲームから，いまや，心臓と血液と筋肉で人工的につくられた「クスリ漬けのサイボーグ」が活躍するマネーゲームの場に変貌したとも表現される。わずか1年で，一般の人の生涯所得の数倍を稼ぎ出す年俸や莫大な賞金が，ドーピングを進化させてきたともいえる。人間が生み出すものである以上，スポーツのどのような記録にも限界がある。しかし，新記録が生まれなければスポンサーもつかず，アスリートの生計そのものが成り立たない。新記録を生み出したり，より難度の高いパフォーマンスやスキルを創出するために，シューズや用具，競技場の改良のように，人間の外側には手を入れつくした後，なお新記録を生み出したり，より高次のパフォーマンスを創出するには，人体の

内部を薬物や遺伝子で改良するしか道は残されていないのだろうか。

いま，頻発するドーピングというアポリア(難問)は「進歩」や「効率」こそ「善」だとするスポーツそのもの，いや私たちの社会そのもののあり方の再考を迫っているといえるだろう。ドーピングが蔓延すれば，間違いなく，スポーツという文化は確実に滅びると思われる。ここでは，ドーピングの是非をめぐる議論を特に倫理的視点から検討する。

② ドーピングと倫理的視点

ドーピングの是非の倫理的検討は，主としてスポーツ倫理学領域においてなされてきた。これまでのドーピング禁止の賛否に関する議論の特徴は，現代の社会哲学ないしは倫理学上の方法論を用いて，「感情論」や「(損得)勘定論」でドーピングを一方的に「悪」と断じることなく，多様な考察視点から議論してきたことにある。具体的には，まず，ドーピングという他ならぬ人間の行為を，主に自由主義(リベラリズム)や功利主義(utilitarianism，「規則功利主義」や「行為功利主義」を含む)を援用して倫理的に評価するものが挙げられる。また，近年では，徳倫理学や共同体主義(communitarianism)の視点からドーピング禁止を正当化する議論や自由至上主義(libertarianism)の視点からアスリートの自己決定を尊重する立場に立ち，ドーピング禁止に疑義を呈するものもある。それらの論議の主な見解を要約すれば，一方の極にはアスリートの自己決定権の擁護に立って，ドーピングを容認すべきとするドーピング肯定論(ないしは解禁論)があり，他方の極には卓越性の相互追求というスポーツのレーゾンデートル(存在意義)そのものの破壊につながるドーピングを禁止すべきという禁止論がある。もっともドーピングについての肯定・否定論とも，明確に線引きができる単純なものではなく，肯定・否定論の間にも多様な見解がある。

先に述べたように，現代のスポーツには先鋭的にはドーピングに象徴されるように多様なアポリアがある。そのアポリアを生み出す基底を，優勝劣敗を当然とする市場原理主義が闊歩しているかのようである。私たちはドーピングというアポリアにいったいどのように立ち向かえばよいのだろうか。

以下，ドーピングを感情論(勘定論)ではなく，倫理的立場に立って考察していく。そのためには，ドーピングという行為をどのような視点から客観的に検討するのかを明確にしておくことが必要である。そこでまず，近代以降の現代社会の原則(倫理規範)について，簡潔に述べておきたい。

いうまでもなく，現代社会は，他人に危害を加えないかぎり，成人した大人の自己決定を最大限尊重する社会である。成人であれば密室でポルノをみる権利も，また自分の不健康を承知の上で煙草を吸う権利も保障されている。換言すれば，他人に危害を及ぼさないかぎり，愚かな行いであっても，堂々とその権利を主張し行使できることになる(愚行権の行使)。この論理をドーピングにあてはめれば，次のようにいうことができるであろう。つまり，成人としての判断力のあるアスリートがクスリの副作用を十分に承知した上で(インフォームド・コンセント)，ドーピングという行為を選択しても，それはアスリートの自己決定権の行使として尊重されなければならないということになろう。この論理は，ドーピング禁止に対する反対論(ドーピング解禁論)の主張の根拠でもある。

近代以降の社会，とりわけ現代社会は，個人のエゴイズムを否定し抑制するのではなく，各自の最大幸福が達成できるようにエゴイズムに少しだけ制限を加える社会であり，エゴイストを最大限容認しようとする原則(功利主義的自由主義)を採用した社会でもある。

功利主義哲学を体系づけたJ.S.ミルに従えば，自由主義の原則は次のようになる。1) 判断力のある大人なら，2) 自分の生命・身体・財産など自分のものに関して，3) 他人に危害を及ぼさないかぎり，4) たとえその決定が当人にとって不利益なことでも，5) 自己決定の権限をもつ，ということになろう。このミルの自由主義の原則は，最大多数の最大幸福のためには少数者の排除や彼らを犠牲にしても正当とされたり，平等な資源の配分を保障しないという大きな欠陥はあるが，個人のエゴイズムを最大限容認する点で大きな魅力がある。したがって，他人に迷惑や危害を加えなければ，その行為を行ってもよい(愚行権の容認)ということになるだろうし，誰もがエゴイストであることを認め，所詮，人間とはそのような存在であると考えるところから現代社会の倫理は成立している。マルクス主義やマルクス主義倫理が崩壊してしまった現在，大きな欠点をもった功利主義的倫理に頼らざるを得ないという問題はあっても，この倫理規範が現在の私たちの世界を規定しているのが現実であろう。次に，今，考察した倫理的視点を前提に，ドーピングを検討してみよう。

③ ドーピングの倫理的検討

「ドーピングは悪」というドーピング反対論(ドーピング禁止論)には，大きな2つの理由からなる主張がある。第1は，選手の健康を害するので禁止すべきだという医学的理由である。第2は，試合の公平さを破壊する不正行為であるので禁止すべきというものである。後者の理由には，ドーピングが，特に青少年の社会悪の温床になるので禁止すべきという考えも含まれている。

次に，上述のドーピング反対論について，スポーツの倫理的研究の成果に倣いながら，倫理的検討を加えてみる。

[医学的理由]

まず，「薬物ドーピングはアスリート自身に健康上の危害を与えるので禁止すべきである」という主張である。

結論を先取りしていえば，この医学的理由による反対論はどうも分が悪い。先述したように，判断力のある成人した選手が，副作用を十分に承知した上でドーピングという個人の選択をしても，それが他人に危害を加える行為でないかぎり，薬物を摂取するという選択は個人の自己決定に属するもので，この自己決定の自由は保障されなければならないということになる。だから，ドーピングという選手自身の利害に直接的な影響を及ぼす自発的な選択は，たとえ国家であっても，当該のアスリートのためだからという理由で(この場合，健康という理由であるが)，干渉する権利をもてないということになる。

ところで，一般に，親が自分の子どものためだからという理由で，いろいろ干渉することがある。この干渉をパ

ターナリズム（父権主義）というが，成人した大人であれば，他者に危害を加えないという条件下であれば，たとえ親であっても，その行為に干渉できないというのが現代社会の鉄則である。もし，パターナリズムを認めれば，干渉される人の自由と自立が不当に無視され，善意を装った不当な権力の行使が氾濫することとなり，それを防止すべきだという考えがある。なによりも，自由と自立は社会を支える基本的な前提であり，道徳的な議論を行うための基盤である以上，パターナリズムは支持されないということになる。もちろん，強制的にドーピングをさせられたり，未成年の選手の場合は禁止すべきとなることはいうまでもない。

この立場からすれば，ドーピング禁止規定は選手の自由を侵す干渉主義であり，健康への害や危険度という点からみれば，喫煙やその他の危険なトレーニング方法，身体接触を伴う激しいスポーツ，アドベンチャースポーツも同様であるのに，それらは禁じられていないという批判を生むことになる。したがって，健康被害という同じ理由で薬物使用だけが禁じられるのは，道徳的（倫理的）一貫性が欠如しているということになる。

[社会的・道義的理由]

次に，「薬物の使用はフェアなスポーツ精神に反する不正行為であり，競技の公平さを破壊し，スポーツを支配する正当な規範や理想に反するので禁止すべきである」という主張である。

この社会的・道義的理由によるドーピング禁止論は，たとえ薬物が有害でなくとも，薬物の使用による不当な有利さがスポーツの公平さを破壊し，薬物の使用がスポーツの正当な規範や理想に反するので禁止すべきであるとする立場である。この場合，まず，不正行為と判断される根拠が既存のルールで薬物の使用を禁じているので，不正であると考える。しかし，倫理的観点からいえば，この種の問題はルール違反か否かが問われるよりも，ルールそれ自体が禁止薬物の使用を認めるように変更されるべきか否かが問われねばならない。換言すれば，誰もが薬物を使用できると仮定してもなお不正になること，つまり薬物の利用による有利さが不当であることを証明しなければならない。

しかし，現実にアスリートを取り巻く状況には多くの差異がある。試合で用いる用具や用品の質的な差異，あるいは選手の育成環境，コーチやトレーナーの有無，トレーニング施設の質・量など，状況は様々なレベルで異なる。現実には，平等という観点は満たされていない。そしてこの場合，薬物から得られる有利さが不当で，アスリートの背景となる諸条件の差異（不平等）から得られる有利さは正当であるという理由がいえなければ，薬物の使用が不正であるという批判は成立しなくなるであろう。このような意味では薬物の使用も，一種のハイテク技術を用いた道具の1つか，あるいは新しいトレーニング法の1つとみなされるだけである。

競技スポーツは試し合う課題が同じでなければ成立しないが，この前提に立てば，明らかにドーピングを禁止しない方が禁止する場合よりも，より公平さを保障することになる。というのも，禁止する場合・禁止しない場合のいずれであっても，現実に薬物を使うアスリートが存在し，しかも禁止する場合の方がごく特定の少数の選手だけが薬物摂取を秘密裏に行うため，いっそう不平等が拡大するからである。課題を同一にするためには，原則として全員が等しく選択できる可能性のある規定か，もしくは誰もが等しく選択できない規定かの二者択一でなければならない。公平であるということは，誰もが等しく規定に接近できるか，もしくは等しく制限されるということである。規定が試合の参加者や関係者によって容認され樹立していれば，その規定に背く行為は不正であるが，現実には規定それ自体によってフェアな状況が設定され得ない以上，薬物ドーピングを行うか否かは，アスリート自身に委ねる方がより公平になるということになる。このような考えから，医師の管理下での薬の使用（濫用ではなく）を容認した方がよいという「ドーピング解禁論」という考えが生まれてくる。

このほかにも，ドーピング禁止論に対して，アスリートの人権擁護やプライバシー保護の観点からの反論もある。例えば，検査官の立ち会いのもとでの尿の採取は，アスリートのプライバシーの侵害にあたる可能性もあろう。抜き打ち検査（競技会外検査）や強制的な検査の義務づけは，明白な違反行為の証明がなければ，当局は立ち入れないとする近代法を犯しているのではないかという疑いも考えられる。

ドーピングが不正行為であり，スポーツの公平さを破棄し不当であるという批判は，ここで展開した倫理的検討においても，決定的な正当性を得られなかった。しかし，薬物の使用という行為を容認すると，現実に人間として行為し得る領域を著しく制限する可能性があり，その先は歯止めが利かなくなって重大な事態が想定されるならば，薬物の使用を禁止するという結論が下されなければならないだろう。たとえ莫大な報酬が得られるとはいえ，勝利という利己的な欲求を満たすために，薬物を摂取するという選択がなされると，人間として行為し得る領域を著しく制限することになる。競技会への参加者や対戦相手の同意のないまま行われるドーピングという行為は，ルールを遵守して薬物を摂取しない参加者や対戦相手を自己目的のために不当に利用することであり，倫理的には明白に悪であるといわざるを得ない。

参考文献

- 加藤尚武 編著. 2008. 『応用倫理学事典』丸善出版
- 近藤良享ほか. 2004. 『スポーツ倫理の探求』31－40. 大修館書店
- 友添秀則. 2002.「スポーツと倫理－現代スポーツのアポリアと関連して」『日本スポーツ法学会年報』9: 42－59.
- ―――. 2011.「スポーツと倫理」早稲田大学スポーツ科学部 編『教養としてのスポーツ科学－アクティヴ・ライフの創出をめざして』104－08. 大修館書店
- 友添秀則ほか. 2005.『教養としての体育原理』6－7. 大修館書店
- 藤井政則. 2007.「ドーピングとスポーツの危機」牧野広義ほか『現代倫理の危機』84－108. 文理閣
- ミル, J.S. 1971.『自由論』塩尻公明ほか 訳 岩波書店
- Brown, W.M. 1990. Practices and Prudence. *Journal of the Philosophy of Sport*: 71－84.
- Simon, R.L. 1991. *Fair Play: Sport, Values, & Society*. 71－92. Westview.

（友添秀則）

アンチ・ドーピング運動

① アンチ・ドーピング規程の変遷史

後述する世界アンチ・ドーピング規程(World Anti-Doping Code: WAD規程)が，2003年3月に誕生する以前は，国際オリンピック委員会(International Olympic Committee: IOC)が作成したIOC医事規程(IOC Medical Code)またはオリンピックムーブメント アンチ・ドーピング規程(Olympic Movement Anti-Doping Code)が，オリンピックムーブメントにおける統一規則として存在していた。なお，オリンピックムーブメントの範囲については，「オリンピックムーブメントの3つの主要な構成要素は，IOC(国際オリンピック委員会)，IF(国際競技連盟)，NOC(国内[地域]オリンピック委員会)である」と「オリンピック憲章」に規定されている(日本オリンピック委員会.『オリンピック憲章』〔2005年8月1日〕．10)。

ここでは，IOC医事規程，および2004年1月以降において国際統一規則として位置づけられているWADA規程のそれぞれの適用の範囲およびその特徴，さらにわが国における統一規則である日本アンチ・ドーピング規程やそのほか，国際・国内における主要な事項について解説する。

[IOC医事規程の概要]

1995年にIOCより発行された『IOC医事規程(IOC Medical Code)』(日本オリンピック委員会アンチ・ドーピング委員会編・訳．1996年3月31日)の序文には，「IOCは，その使命を推進するに当たって，国際競技連盟と国内オリンピック委員会との密接な協調のもとに，フェアプレーを普及し，暴力を禁止し，スポーツにおけるドーピングとの闘いとその対策を主導することに努力を傾注し，競技者の健康に対する脅威を防ぐことを目指す」と記されている。

さらに同序文では，「IOCは，オリンピック憲章の第48章によって，IOC医事規程を確立してドーピングの禁止を規定し，禁止物質の種類と禁止方法のリストを作成し，競技者のメディカルコントロールと検査に応じる義務を定め，医事規程に違反した場合に適用される制裁を規定する。また，競技者にあたえられる医療に関連する規定も含まれる。…(中略)…IOC医事規程は，基本的には競技者の健康の保護と，フェアプレー，オリンピック精神，及び医事業務に内在する倫理概念の尊重を確固たるものにすることを目的とする」としている。

また，本規程の総則第Ⅱ条では，「IOC医事規程は，オリンピック大会，IOCが後援または支援する競技会，直接・間接に関わりなく，IOCの公認のIFまたはNOCの権威のもとで組織される一般的にオリンピック・ムーブメントの一貫として競われる競技会に，参加あるいは参加しようとしている競技者，コーチ，トレーナー，役員，そして競技者に影響を与えまたは治療する医師・医療従事者に適用される」として，その適用範囲に言及している。

本規程の構成(章立て)は次のとおりである。

第Ⅰ章	総則
第Ⅱ章	禁止物質の種類と禁止方法
第Ⅲ章	女性確認検査
第Ⅳ章	競技者に対する医療行為
第Ⅴ章	IOC認定検査機関における禁止物資と禁止方法の判定
第Ⅵ章	検査手続き
第Ⅶ章	IOC医事委員会
第Ⅷ章	禁止物質の売買・取引
第Ⅸ章	違反に対する罰則
第Ⅹ章	上訴
別表A	使用可能薬リスト
別表B	検査機関の資格認定手続き
別表C	ドーピング・コントロールにおける検体採取手続き
別表D	検査機関における分析手続き説明書(IOC医事規程の一部として取り扱わないもの)

なお，本規程においては，現在のWADA規程では，WADA規程本体と関連の国際基準(International Standards)とに細分化されて規定されている事項について1つの規程の中で言及がなされている。

また，「禁止物質の種類と禁止方法のリスト」は，IOC理事会が毎年承認し，2月1日までに各国際競技連盟(International Sports Federation: IF)に配布され，特段の定めがないかぎり，その年の2月1日に発効すると規定されている。

さらに，現在のWADA規程では触れていない「女性確認検査」について本規程の中で言及がなされている。現在でも性別問題が取り上げられることがあるが，性別確認作業は，アンチ・ドーピング規則の範囲の中で行われることはなく，IOCをはじめ各IFなどの医事関連規則に基づいて実施されている。

一方で，現在の規則では存在していない「使用可能薬リスト」がある。このリストでは，疾患ごとに使用が許可される製剤の例示として，具体的な商標名を列記している。また，このリストに関連して，「競技者に対する医療行為」の項では，「スポーツにおける薬物の唯一の合法的使用は，臨床上の正当な目的のために，医師の監督下に行われるものである」としており，適切な医療による薬物使用を制限しないための使用可能薬のリストを提示する一方で，意図的なドーピングを行う競技者が抗弁として薬物を治療目的で使用したとする主張することに対する対抗措置として，使用可能薬リストの提示がなされたものと考えられる。

そして，ドーピング検査における検体採取手続きについては，現在の手続きの流れと比較して大きな差異はない。

本規程では，総則から検体分析を行う分析機関での手続きまでのすべての条項が70ページ程度にまとめられている。他方，現在の世界アンチ・ドーピング機構(World Anti-Doping Agency: WADA)の規則類では，WADA規程を中核として，ドーピング検査手続きを規定している検査に関する国際基準，禁止表国際基準，治療目的使用にかかわる除外措置に関する国際基準，分析機関に関する国際基準に分割して詳細規則を規定している。これら全体のページ数の総合計は，約300ページとなっており，1995年から15年以上の歳月を経た現在のアンチ・ドーピング活動において，煩雑な対応と詳細な規定が求められているかがわかる。

[オリンピック・ムーブメント アンチ・ドーピング規程の概要]

1998年11月27日にオリンピックムーブメントにより合意された内容，および1999年2月4日のローザンヌ宣言を反映して，1999年8月2日付で「オリンピック・ムーブメント アンチ・ドーピング規程(Olympic Movement Anti-

Doping Code)」をすべての関係諸団体に送付した。

同規程は，2000年1月1日に発効し，同年に開催された第27回オリンピック大会（シドニー）に適用された。

なお，1999年2月4日にIOCをはじめとする多くのIFの代表者と，世界各国の政府代表者が出席して開催されたドーピングに関する世界会議（The World Conference on Doping in Sport）により採択されたローザンヌ宣言に基づき，1999年11月10日に，スポーツ界と各国政府が50：50の比率で協力して設立および運営に当たるという旧来にはなかったユニークな組織形態のWADAが設立された。

本規程の構成（章立て）は次のとおりである。

第1章　総則
第2章　ドーピング違反およびその処罰
第3章　上訴
第4章　国際アンチ・ドーピング機関
第5章　認定検査機関
第6章　検査手続き
第7章　オリンピック・ムーブメントアンチ・ドーピング規程の施行および改正
別表A　禁止物質の種類と禁止方法
別表B　検査機関の資格認定手続き
別表C　ドーピング・コントロールにおける検体採取手続き
別表D　検査機関における分析手続き

なお，IOC医事規程で取り上げられていた「女性確認検査」「使用可能薬リスト」が割愛された。また，「禁止物質の種類と禁止方法」のリストは，IOC理事会によって変更が承認され，その後，国際競技連盟および国内オリンピック委員会に告知されてから，3ヵ月後に発効するとされている。

[世界アンチ・ドーピング規程（WADA規程）の概要]

1999年2月4日に採択されたローザンヌ宣言に基づき，1999年11月に設立されたWADAは，約3年の歳月をかけ，アンチ・ドーピングに関する世界統一規則を策定した。WADAが策定した世界統一規則は，2003年3月にコペンハーゲンにおいて開催されたアンチ・ドーピングに関する世界会議において，IOCをはじめ，多くのIFやNOC，多くの各国政府代表者などによって採択され，WADA規程として誕生した。

WADA規程では，各競技種目のIF，NOC，国内アンチ・ドーピング機関（National Anti-Doping Organization: NADO）の義務として，WADA規程に規定されているすべての条項を批准し，WADA規程に準拠した独自のアンチ・ドーピング規則を策定することが求められている。また，2004年8月に開催された第28回オリンピック大会（アテネ）の開会式までに，オリンピック種目のIFおよび各国NOCに対してWADA規程に規定されているすべての事項に従う旨を約束する誓約書をWADA宛てに提出すると同時にドーピング防止規則を策定することが要求されていた。

夏季オリンピック大会における種目のIFと各国NOC，国内アンチ・ドーピング機関（NADO）は，第28回大会を境にWADA規程に準拠した体制へと移行していった。同様に，第20回冬季オリンピック大会（トリノ）を境にオリンピック冬季大会における種目のIFはWADA規程に準拠した体制へと移行した。

現在では，オリンピック競技種目に限らず，国際的に展開しているほとんどの競技のIF，また，国際パラリンピック委員会（IPC）と多くのパラリンピック競技のIF，主要な国際競技大会の組織委員会等がWADA規程を批准し，WADA規程に準拠した独自のドーピング防止規則を策定しており，WADA規程は名実ともにスポーツを統一するアンチ・ドーピング規則として位置づけられている。

[UNESCOスポーツにおけるドーピングの防止に関する国際規約の概要]

近年のアンチ・ドーピング活動は，スポーツ界単独の取り組みという位置づけから，スポーツ界と各国政府が共同で取り組む活動へと変化してきている。各国政府がアンチ・ドーピングへの取り組みを強化していく過程において，2005年10月に開催された第33回国際連合教育科学文化機関（UNESCO）総会において採択され，その後，2007年2月に発効となった「UNESCOスポーツにおけるドーピングの防止に関する国際規約（UNESCO国際規約）」が大きく寄与している。

WADA設立の際，各国政府は，アンチ・ドーピング活動への政府組織の介入の必要性を十分に認識し，WADAの活動に対して活動資金の拠出を行うなどの形でアンチ・ドーピング活動への取り組みがなされていた。

他方，WADA規程の法律上の取り扱いが，スイス民法に基づく民間法人として設立されたWADAが策定したスポーツ界の独自規則として認識されたことから，各国政府がそのまま批准することは想定外であった。

そこで，WADA規程の精神を受け継いだ国際規約を策定し，その規約を各国政府が批准することにより，WADA規程の適用を各国政府組織に広げるという対応がとられることとなり，UNESCOがWADA規程の精神を受け継いだ国際規約を策定する役割を担うこととなった。

約2年の作業期間を経て策定された「スポーツにおけるドーピングの防止に関する国際規約（International Convention Against Doping in Sports）」は2007年2月1日に発効した。

わが国政府は，2006（平成18）年12月26日付で，同国際規約の締結手続きを済ませており，規約の発効と同時に規約加盟国として，活動を展開している。

[文部科学省スポーツにおけるドーピングの防止に関するガイドラインの概要]

UNESCO国際規約の締結を受け，わが国政府（文部科学省）は，国内のアンチ・ドーピング活動をUNESCO国際規約の規定に沿った内容として整備することが求められるところとなった。これを受けて，競技スポーツ政策の担当省庁である文部科学省により2007（平成19）年5月9日付にて「スポーツにおけるドーピングの防止に関するガイドライン」が施行されている。

本ガイドラインは，UNESCO国際規約の条項に沿った具体的な国内のルールとして規定され，日本アンチ・ドーピング機構（Japan Anti-Doping Agency: JADA）を文部科学省指定の国内ドーピング防止機関として指定するとともに，スポーツ諸団体をはじめ都道府県に対しては当事者としてドーピング防止活動への参画を求める内容となっている。

[日本ドーピング防止規程の概要]

WADA規程発効後，第28回オリンピック大会（アテネ，2004年）への日本選手団の参加要件として求められた国内ドーピング防止規程として，2004（平成16）年8月12日にJADAが「日本アンチ・ドーピング規程」を策定した。その後，上述のとおり文部科学省ガイドラインの要求事項を反映して，旧来の日本アンチ・ドーピング規程を改定し，2007（平成19）年6月18日付にて日本ドーピング防止規程を策定した。

2009（平成21）年には，WADA Codeの全面的な改定を受け，日本ドーピング防止規程も同様に改定され，現在に至っている。

② WADAおよびJADAの設立と運動

[世界アンチ・ドーピング機構の設立]

世界アンチ・ドーピング機構（WADA）は，1999年2月4日に採択されたローザンヌ宣言に基づき，1999年11月に設立されたアンチ・ドーピング活動における国際的な統括組織である。本部所在地は，カナダのモントリオールにある。

ドーピング問題については，その問題の根源が，スポーツという「文化的価値のある活動」の本質に与える影響が大きいことから，スポーツ界における問題ということではなく，特に欧米諸国においては，社会的問題として位置づけられ，政府レベルでの取り組みの重要性が指摘されてきた。1990年代後半には欧米各国政府がドーピング問題に大きな関心を示すと同時に，積極的にこの問題に取り組む姿勢を示していた。

このような時代背景において，2000年の第27回オリンピック大会（シドニー）の開催を控えたホスト国であるオーストラリア政府は，スポーツ界を主体とする自主規制では，禁止物質の流通規制，莫大な経費がかかるドーピング検査の実施件数拡大などの点で限界があると考え，これらの点を補うためには，政府機関の介入が必須であると考えていた。

一方，IOCとしても，競技大会の主催者であるIOC自らがドーピング検査活動を管轄している体制を見直す必要を感じており，透明性と中立性を確保した新たな枠組みへの転換が必要であると感じていたことから，第27回大会の開催を翌年に控えた1999年の年末に，IOCから独立したドーピング防止機関の設立を表明した。

他方，オーストラリア政府の問題意識に共鳴した日本，カナダ，ノルウェーの各国政府も同様に1999年の年末に，公的な第三者機関を設立してドーピング検査活動を実施することの必要性を指摘し，公的なドーピング防止機関の設立を提起した。

時を同じくして立ち上がった2つの動きが1つとなり，WADAが1999年11月に設立されることとなった。透明性と中立性を確保した独立した運営方針を決定するために，IOCをはじめとするスポーツ界と各国政府が共同で活動資金を拠出した旧来のスポーツ界にはないユニークな団体である。

なお，わが国政府は，WADA設立に関与していると同時に，アジア地区を代表する常任理事国に就任し，2013年現在においても常任理事国として，WADAの運営およびアジア地域のドーピング防止活動の推進に深く関与している。

WADAでは，ドーピング検査の諸規則を策定するのみならず，世界的規模で競技会外検査を実施している。2008年に実施された第29回オリンピック大会（北京）に向けては，大会開催までの数ヵ月のうちに各種競技団体との連携のもと，世界規模での競技会外検査を実施し，約70名の違反者を摘発している。同様に2010年の第21回冬季大会（バンクーバー）にむけての競技会外検査においては，約30名の違反者を摘発している。

また，年々巧妙化しているドーピング手法の検出については，毎年数億円規模での研究・開発費を拠出し，世界各国の分析機関等と違反物質の解析能力の向上に努めている。

2008年には，赤血球数を増加させる効能をもつ新薬を開発した製造メーカーと連携し，市場への発売に先駆け尿検体からの検出方法を確立する取り組みを行った。この結果，2008年8月に開催された第29回オリンピック大会（北京）において，6名の違反者を摘発することに成功している。

[日本アンチ・ドーピング機構の設立]

日本アンチ・ドーピング機構（JADA）は，2001（平成13）年9月16日，日本オリンピック委員会と日本体育協会と日本プロスポーツ協会が基本財産を拠出して設立された，わが国におけるアンチ・ドーピング活動の統括組織である。東京都北区にある国立スポーツ科学センター（JISS）内に事務局がある。

JADAが設立される以前の国内におけるアンチ・ドーピング活動は，ドーピング検査の実施およびその結果管理が主たる活動の範囲であった。また，その活動は，国際競技会が開催される際のドーピング検査を実施することが主体であり，その活動は当該競技種目の国内競技連盟が中心となって推進する形態で展開されていた。

これに対して，WADAの設立が宣言されるなど，スポーツ界においてドーピング検査の実施およびその結果管理体制について，中立性と透明性が求められる機運が高まってきたことなどから，国内における独立した中立的立場のドーピング防止機関の設立が求められることとなり，上述の3団体を母体として，JADAが設立された。

JADAでは，WADA規程に基づく国内ドーピング防止規程を策定し，加盟団体に対して規程に定められた事項の遵守を義務づけている。また，競技者が治療目的で禁止物質を含む薬品を使用する場合の事前申請制度を取り扱うTUE委員会を設立し，競技者からの申請に対応している。

また，2009年1月のWADA規程改定以降，教育啓発活動の実施が各国アンチ・ドーピング機関に義務事項として位置づけられた。これを受けて，JADAでは教育啓発担当チームを設置し，加盟団体の強化合宿や，味の素ナショナルトレーニングセンター（NTC）などにおいて実施する講習会，競技会会場等に出向いて，ブースを展示し，ドーピング防止活動の意義と理念を発信するアスリートアウトリーチプログラム（現場出張プログラム）を積極的に展開している。

そして，アンチ・ドーピング規則違反の取り扱いについては，JADAから独立した立場で事例を審査し，制裁措置の内容を決定する規律パネルが設置されている。また，規律パネルの決定内容に対して不服がある競技者は，公益財団法人日本スポーツ仲裁機構（The

Japan Sports Arbitration Agency: JSAA）に上訴する権利が保障されており，競技者の権利が適切に担保される体制が整えられている。

特に近年においては，ドーピングの手法が巧妙化していることに対する対抗策として，競技者等の自宅に強制的に捜査を実施し，ドーピング禁止物質および器具を押収することを可能とする「捜査権」を有する組織体系が求められており，わが国においてアンチ・ドーピング機関が法的権限を有する体制へと変革をする必要性が検討されている。

（浅川　伸）

スポーツにおける環境問題　21.C

スポーツから環境問題を考える視点　21.C.01

① 生圏倫理学からの視点

46億年前に地球が誕生し，生命を生み出した。その長い歴史の中で，人類の祖先が出現したのはほんの数百万年前である。人類は，進化の過程で，よりよい生存環境を創り出すために様々な技術を発達させてきた。しかしながら，現代の高度消費技術文明社会においては，科学技術によりわれわれの生活様式は機能的・効率的になったが，飛躍的な人口増加とともに短い間に地球のあらゆる資源を消費し，自らの存立さえ脅かしているという状況に至っている。今後，人類の生存と地球環境の保全を前提にした持続可能な発展という課題に対峙していく上で，自然と技術，そして人間の共生にかかわる新しいパラダイムが必要とされる。

今道友信は，科学技術により人間の生圏が宇宙にまで拡大してきた現代においては，自然環境・技術環境・人間環境の調和的な共存・共生のために，これらを包括する倫理学の確立が必要であると主張し，これを生圏倫理学（エコエティカ）と名づけた。生圏倫理学は，環境との関係性のみならず，環境の変化に基づいて人間が自らの行動をどのように決定していくべきかということに注目している。つまり，単に対人間，対環境の倫理学ではなく，人間の生圏のあらゆる領域においてどのようにアプローチしていくかを考える倫理学である。

② スポーツ・フォー・オールに向けた環境づくり

スポーツにおける環境問題についても，生圏倫理学の視点に立って論じていく必要がある。高度消費技術文明社会において，人間は情報刺激受容処理・発信型の生活にますます傾斜し，そのような生活様式においては外部からの刺激が過剰となり，心身のバランスが失われがちである。技術環境の加速度的な発達に対して，人間は遺伝子レベルでは1万年前とほとんど変わっておらず，人間と外部環境とのギャップがどんどん開いているという問題がある。環境に適応していくだけでなく，人間として質の高い生活を担保していくために，人間の全人格がかかわるような環境に働きかけていく活動によってこれを補完していく必要がある。このような人間的な営みの1つとして，心身を解放し，人間同士のかかわり合いがもてるスポーツの役割がますます重要になってきている。そのためには，誰でも，いつでも，どこでも，各自が希求する形式で行えるスポーツ・フォー・オールの環境が求められる。

残念ながら，わが国ではスポーツ・フォー・オールのための活動環境の整備が遅れており，活動の場は十分に確保されていない。国策的にものづくり優先の国土計画を進めた結果，特に大都市圏域は生産・流通・管理機能を中心に発達し，人々の生活を第一とした健康で文化的な環境を意識した都市計画の視点が欠落していた。

大都市圏域にスポーツやレクリエーションの環境が乏しい状況の中で，人々は本来ならば日常生活圏で提供されるべき環境を週末圏・休暇圏に求め，スポーツ活動やレクリエーション活動のニーズを充足しようとする。一般的に，既存のスキー場，ゴルフ場，マリンリゾート，山岳リゾート等におけるアウトドアスポーツをはじめ，各種の自然環境の中で行うプレジャースポーツの環境に与える負荷は大きい。これに加えて，わが国では，日常におけるスポーツ施設不足の代償として，高次生活圏におけるマスムーブメントが新たに自然破壊や汚染を引き起こしている（図1）。

また，高次生活圏への集中は，休暇

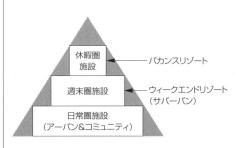
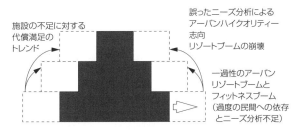

図1　自由時間活動施設の構成

制度がうまく機能していないことにも起因している。わが国のアウトドアスポーツやプレジャースポーツ活動の特徴として，週末・連休・盆休み・年末年始にアクセスが集中し，滞在期間が短く，多くが日帰りで2泊以上の連泊は稀であることなどがある。これは，往復の交通ルートの混雑や渋滞をもたらし，アクセス時間の増大による排気ガス発生で環境負荷も増大するのは自明のことである。

このように，わが国でスポーツにおける環境問題を論じる場合，工業最優先の都市構造および休暇制度を含む労働条件の問題は避けて通れない。スポーツ・フォー・オール政策とは，日常圏・週末圏・休暇圏で人々が誰でもいつでも自分の好む形式でスポーツが楽しめる環境を構築していくことを意味する。今のところ，国力に比して，わが国のスポーツやレクリエーションの活動環境は驚くほど少ないといえる。都市構造と労働条件の問題に根本的にメスを入れることなくして，わが国のスポーツ環境の改善はきわめて困難である。

③ スポーツによる自然環境教育

スポーツにおける環境問題では，スポーツ活動に伴う環境への負荷ということが一般的に取り上げられるが，一方で，スポーツにより環境に対する倫理観を育むという見方もある。特に，自然環境に踏み入るアウトドアスポーツ活動は，自然の一部でもある人間が自然の中で活動し，生命の甦りを図るという理想的な特性を有している。そして，その行動規範は自然との共生を前提としており，環境教育的な要素が含まれている。

通常，自然環境教育を考える場合，3つの視点がある。第1は，自然体験学習で，自然と共生する生活意識を育むことを目的とする。人間は自然の一部であり，原始の自然から生み出されたのだという意識をもち，自然とともにあるという生活体験，生活様式を確立していく必要がある。自然体験学習の方法論は，体験レベル（まるごとの自然に包まれる体験によって自然への関心や興味をもたせること），認識レベル（自然に対して正しい知識をもち，自然を意識的・理性的に捉えさせること），行動レベル（自然を積極的に利用・活用する際に，自然環境を的確に把握して正しい行動をとること）での対応が必要となる。

第2は，自然芸術主義といってよいが，自然が観察や思考の対象となり，真善美や夢・ロマンのように人間の知力を生み出す潜在力となるという考え方である。これは，自然を人間の生命と生活の文化的価値に結びつけることを意味する。ジャン・ジャック・ルソー（J. J. Rousseau）の「自然にかえれ」という言葉は，かかる意味も含まれているのである。

第3は，生命の尊厳と共生を中核とするコスモロジー的価値観を醸成するものである。生圏倫理学の視点に立つと，対人間の倫理を対自然にまで拡大する，いわば人間原理の自然環境への適用であり，ここには根本的に人間の力の行使と制限という問題が介在する。この領域は，総論では理想的で明解であるが，各論を含む今後の学問的深化が望まれる。

以上のような視点を踏まえ，近視眼的にスポーツと環境とを対比させるのではなく，人間の生活環境ということに対して，様々な学問分野による幅広い観点から問題を捉えていくとともに，共通の原理である生圏倫理学をどう深化させていくかが重要な課題である。アウトドアスポーツ活動を展開していく上でも，自然環境における力の行使と制限について理論的確立を図る必要がある。

(福岡孝純)

冬季スポーツ・夏季スポーツと環境問題　21. C. 02

① スノースポーツにおける環境負荷

ここでは，冬季スポーツの中で重要な部分を占めるスノースポーツにおいて配慮すべき点について取り上げる。スキーやスノーボードに代表されるスノースポーツのためにスキー場の開発が必要とされ，リフトやケーブルカーの設置，滑走路（ピステ）の整備などによる環境への影響は大きい。場合により大規模な自然環境の加工（切り土，盛り土，支柱工，ステーション，森林の抜開・抜根，岩石の爆破・除去，排水路など），給水システム（人工降雪機用），取付け道路（新設する施設などと既存の道路をつなぐ道路），駐車場，照明装置，安全装置などが必要になる。大量のスキーヤーを受け入れるためには，このほかにも以下のインフラが必要になる。

・交通：地域間交通，域内アクセス交通，駐車場など
・リフト・ケーブル：山麓および山頂ステーション，各種リフト・ケーブル，管理棟など
・飲食施設（ガストロノミー）：レストラン，山頂や山腹のレストラン，テラス，山小屋，売店など
・給排水，受配電，貯水槽など
・ピステ：各種ピステ，連絡通路，バリアー，スノーフェンス，スノーデポ，排水溝，切り土・盛り土によるコースづくり，照明システム，プラスチックマット
・人工降雪システム：スノーマシーン，給水栓，配管システム，給水タンク，冷却塔，受水施設
・なだれ防止：なだれ防止柵
・その他の施設：ソリ・夏用ソリのコース，クロスカントリーコースなど

当然のことながら，これらのインフラ整備および維持管理・運営にあたっては，環境に配慮した設計・施工，メンテナンスが必要である。最近問題になっているのは，人工降雪機の騒音である。また，特にエコロジカルな視点から留意すべきものとして，次のような処置が考えられる。

・緑化，緑地の維持管理
・植栽（林・森づくり），森林管理のレベルアップ
・のり面緑化，のり面の強化・補強
・侵食された部分の補修
・排水溝の整備・改良
・ハイキングコースの清掃・移設
・放牧地の改良
・景観に適した施設整備，建物と周辺景観との調和
・建設時に発生したゴミの除去
・騒音発生源の減少
・雪不足時のコース閉鎖・制限
・ピステの交通量のコントロール
・ピステ外滑走の制限
・スキー場入場制限
・情報掲示板の設置

わが国のスキー場は，造成時に大規模な切り土や盛り土，のり面加工，土堤の整備などを行い，景観的にも生態系保全という観点からも好ましくないものが多い。ここでは列挙しないが，今後ピステを造成・改修，維持管理・運営する際には，次のような配慮が必要である。

- みだりにリフトやケーブルの輸送力を上げることは控える。ピステの受容キャパシティー以上の輸送力は事故の原因となる。できるだけ多くなりすぎないようにする。
- 輸送力の向上を考える時は，ピステの容量とともにこれによって引き起こされる環境への影響の事前アセスメントが必要である。
- ピステは高速道路のように幅広くするだけがよいわけではない。できるだけ自然の地形を生かし，必要最低限の造成加工にとどめる。
- エコロジカルな視点からみると，人工的に大斜面を造成すべきではない。また，ピステの造成時には生物の生息環境を破壊しないようにする。
- ピステマシーン(ラトラック)による圧雪は，雪が十分な時に限る。
- 急な斜面や癖のある斜面にはマシーンを入れないのが望ましい。
- 人工降雪機の使用は必要最低限にする。
- 侵食や剥げた部分の緑化は最新の知見と慎重さをもって取り組む。これは，ピステについても同様である。

② ハイキング・トレッキングにおける環境負荷

[コース整備による負荷]

エコロジカルな配慮なくコースの整備を行うと，生物の貴重な生息圏を破壊する恐れがある。特に湿地帯の土工造成においては，道路設置により水系の遮断が起こると環境にとっては致命的な影響を与えることになる。

また，地域になじみのない材料を用いることは，コース周辺の植生に悪い影響を与える。例えば，酸性土のところで石灰石を用いてコースを整備することは避けなければならない。加えて，日常のコース整備で用いる機器の燃料用石油や重油による汚染がないように細心の注意を払う必要がある。

さらに，人工的な建造物(道路も含め)を建設することにより，長い年月により創り上げられた美しい景観を損ねることがある。施設整備の立地点については慎重に決めなければならない。例えば，生物の生息圏近辺には間違っても営火場やピクニック広場，駐車場などを設置してはならない。

[宿泊・飲食施設の設置による負荷]

山小屋やホテル，飲食をまかなうレストラン等を設置する場合は，下水の浄化不良による土壌汚染を引き起こす可能性がある。また，ゴミ置き場における有害物質の漏れや景観の悪化等も大きな問題である。さらには施設における燃料用の石油や重油による汚染についても十分配慮しなければならない。

[スポーツする側の好ましくない行動による負荷]

スポーツする側の好ましくない活動として最も頻繁に行われているものが，保護植物の採取と指定された地区以外への駐車であろう。好ましくない行動は，植生保全への影響が大きく，環境を破壊しかねない。加えて，トレイル(登山道，コース)からはずれることによる負荷も考えなければならない。保護動物へ与える恐怖感や不安感，トレイルからはずれた踏破により生じる植生被害や踏破によってできる溝による急斜面への微小な浸水破壊(エロージョン)といった負荷を与えることになる。さらに近年，ゴミなどの投棄による環境汚染や，放し飼いのペット(リードを付けない犬などの小動物)を同伴することにより周辺の小動物が抱く不安感が問題視されている。

[イベント開催等による負荷]

イベント関係者や参加者の自動車が多数乗り入れることによる騒音や大気汚染といった問題，臨時駐車場を設置することによる植生への悪い影響が問題視されている。また，オリエンテーリング等のスポーツ活動を行うことによって，周辺に生息する野生動物へのストレスが懸念されている。

③ 海浜スポーツにおける環境負荷

[交通整備にかかわる負荷]

海水浴をはじめ，ダイビングやヨット，カヤック，さらにはサーフィンなど多様なスポーツ活動が海浜で行われているが，活動の場である海岸や海水浴場等に自動車で向かうために起こる交通渋滞もあり，自動車による騒音や排気ガス，さらには消費する燃料(ガソリン等)を環境負荷として挙げることができる。特に，駐車場は海岸や海水浴場に隣接していることが多く，駐車場周辺への環境負荷が大きいといえる。

[浜辺での活動による負荷]

スポーツを行う人々が浜辺へ立ち入ることにより，周辺の植生へのダメージ，岸辺に生息する鳥類のテリトリーへの人の立ち入りの影響に注意を払わなければならない。さらに，浜辺で過ごす人々が起こす騒音(浜辺で騒ぐこと，ラジカセ等による騒音，拡声器等による騒音など)，そして残していく各種のゴミが問題となっている。また，ダイビングを行うことができる環境では，近隣の商業施設においてボンベに空気をチャージするコンプレッサーの騒音などにも配慮しなければならない。

[海水面での活動による負荷]

海水に人が踏み入ることにより，様々な環境負荷が起こっている。まず，踏み入ることにより，水中植物やサンゴへのダメージが懸念される。人が踏み入ることによって水中の小さな多孔質空間が破壊されていくことになる。

また，多くの人が踏み入ることによって海底から沈殿物が舞い上がって水が濁ることによる水中生物の光合成へのダメージがある。そして魚類やその他の生物にとっての静寂な生息空間が妨害されることにもなる。さらに，ダイバーが潜水することにより，水中植物に与えるダメージや深い潜水により栄養分豊かな海水が，排気泡による上層へ移動することによって引き起こされる環境へのダメージも考えられる。

(福岡孝純)

市民スポーツと環境問題 21.C.03

① 市民の利用するスポーツ施設における環境負荷

市民スポーツ(スポーツ・フォー・オール，スポーツ・フォー・エブリワン)の主な活動は地域(コミュニティー)で行われる。ここでいう地域とはほとんどが居住地である場合が多い。居住地におけるスポーツ活動による環境問題の発生

の多くは，野球場やサッカーなどのグラウンド，テニスコート等の屋外施設やフィットネスジムや屋内プールなどの屋内施設においてである。これらの問題のほとんどが騒音やアクセスによって生じるものであるが，そのほかにスポーツ施設の構成物質による環境汚染も発生する。配慮すべき点は，以下のような項目である。

・そのスポーツ施設の立地が適切であるか。
・隣接する居住地が騒音や光で被害を受けていないか。
・有害物質が発生しないか。
・人工的な施設の場合，自然の素材にできるだけ近いものが使われているか。
・地域の景観に配慮しているか。

② **スポーツ施設に対するチェック項目**

スポーツ施設と環境とのかかわりでは，配慮すべき点は，以下のような項目である。

・環境への配慮はあるか（森林，緑地〔休閑地〕，水辺，牧草地などではないか。切り土，盛り土などの造成による地形の改変はないか。騒音発生による被害はないか）。
・デザイン・施工・資材への配慮はあるか（土地を舗装で固めてしまうことにより，自然の土壌でなくなることはないか。舗装により透水性がなくなり，地下水位が低下することはないか。施工素材が有害物質を含んでいて，土壌汚染や地下水汚染につながることはないか。施工時にエネルギーを大量に使用し，二酸化炭素を発生することはないか）。
・メンテナンス費用の増大はないか（芝の種類による刈り込み回数の増加はないか。肥料や農薬の使用過多はないか。環境ホルモンを発生させるような物質の使用はないか。水道水を散水などに過多に利用することはないか）。
・営業時の騒音や夜間照明による被害はないか。

③ **交通アクセスにおける環境負荷**

スポーツ施設へ人々が集まることで交通アクセスによる負荷があり，配慮すべき点は，以下のような項目である。

・取付け道路にて発生する渋滞や騒音はないか。

・駐車場の設置による騒音や有害物質の発生はないか。
・駐車場の施工による施設と同様の問題（舗装，散水，ゴミなど）はないか。
・多くの人々が出入りすることによるセキュリティーの低下はないか。

このように，地域でスポーツ活動を行う場合，原則として徒歩か自転車にてアプローチし，幼児，高齢者，身体障がい者などの弱者についてのみ，車でアクセスし駐車場を利用することが望ましい。また，施設規模が大きくなり，利用圏が広がる場合には，公共交通機関（バス，ライトレール〈路面電車や軽便鉄道のこと〉，電車など）の利用が求められる。

（福岡孝純）

スポーツイベントと環境問題 21.C.04

① 都市で行うイベントにおける環境負荷

最近は，各地で種々のスポーツイベントが行われるようになった。小・中規模のイベントで施設を利用するものは，市民スポーツのカテゴリーに入ると考え，ここでは，大規模なイベントについて取り上げる。大規模なイベントでも，スタジアムなどで行われるものは，既に計画時からアクセス等についても検討が行われているので，比較的問題は少ない。そうではなく，公園や緑地といったいわゆるパークを利用したり，大規模な空地を利用して行われるイベントの場合に問題が発生しやすい。

そこで，都市で行うイベントにおいては，以下のような項目のチェックが必要である。

・入場者（見物人），参加者，演者，イベント関係者のアクセスはどうか（その立地位置により交通手段とともに，宿泊・休息などの必要性も生じてくる）。
・イベントにより発生するゴミ処理の問題について，明確な手段がとられているか。
・提供されるスペース（緑地，空地，広場など）は適切か（例えば，踏圧に対応できるか。キャンプ地，騒音，照明などでエコロジカルな問題を引き起こさないか。飲食などの行為が発生する場合は衛生的に十分な処置がとられているか）。
・イベントに利用する機材やマテリアルについて，リサイクリング的発想はあるか。

イベントは，例えばアウトドアスポーツへと人々の目を向けさせるためにもきわめて有効な手段なので，制限するという考え方ではなく，環境との調和が常に配慮される必要がある。したがって，事前にどのような環境負荷が生じるかを検証するとともに，どうやって人々をイベントに誘い出すかということが並行して配慮されねばならない。例えば，大規模イベントでは，交通（自家用車の参加はどのくらいあり，どのような形式で，どのくらいの距離から来場するか），ゴミ（飲食や宿泊に関して発生するゴミをどのようにしたら最小にすることができるか），開催場所（どのような場所が立地として適切か。その場所にどうしたら新規の構造物などを加えずにすむか。また，景観への影響を防げるか）といった項目を問題点として挙げることができる。

② 自然環境で行うイベントにおける環境負荷

コミュニティーにおける問題は騒音，ゴミ，照明などが主たるものであることに比べて，週末圏や休暇圏で行う場合には，自然環境の保全が環境負荷を考えるにあたり重要なファクターとなる。大テント，舞台，機器，アクセスルートなど各種の仮設インフラの設置が環境負荷につながる。

そこで，自然環境で行うイベントにおいては以下のような項目のチェックが必要である。

・大地への踏圧，加圧による好ましくない圧縮はないか。
・有害物質（ゴミ，化学物質，オイル，ガソリンなど）の発生はないか。
・土面への食物の残りの散乱，トイレの不足による尿や便の貧栄養環境への影響はないか。
・車やマシーンによる排気ガス等による大気汚染はないか。
・生物や植物への影響はないか。
・人間の健康へ悪い効果を及ぼすもの，有害物質（有機的防腐剤，ホルムアルデヒドなど），騒音，下水やゴミ，

料理，排気ガスなどによる大気公害や悪臭，景観の破壊（屋根の設置，駐車場，緑地の誤った利用など）はないか。

なお，これらへの対応で重要なことは，イベント開催前のもとの状況に復元できるかということである。

（福岡孝純）

スポーツにおけるその他の倫理的問題　21.D

勝利至上主義　21.D.01

① 諸悪の根源なのか

「勝利至上主義」ないし「勝利第一主義」とは，勝利に最上の価値を見出す価値観のことである。英語では'win-at-all-costs'や'win-at-any-cost'などと表現される（通常「なにがなんでも勝つ」などと訳される）。ここでは，勝利至上主義を理論的に検討するにあたってけっして避けて通ることのできない論点（＝問い）を整理して提示する。

勝利至上主義的価値観は，一般に，克服ないし否定されるべきものとみなされている。その理由は，ドーピングや悪質なルール違反に代表される，スポーツの倫理にかかわる様々な問題が，主としてこの勝利至上主義的価値観から発生していることは，誰の目にも明らかだからである。競技者がドーピングをするのも，悪質なルール違反を犯すのも，要するに勝つためである。勝利至上主義的価値観が，結果的になんらかの意味でマイナスの価値を生み出す傾向があるのは事実である。

② 外在的価値をどう考えるか

勝利至上主義に拍車をかけているのが，勝利に付随する外在的価値（金銭的報酬やメダルなどといった社会的名誉）である。この外在的価値をどう位置づけるかによって，勝利至上主義に対する見方も異なってくる。外在的価値が勝利至上主義の根源であり，それがなくなれば勝利至上主義は鎮静化されるのか，それとも，仮に勝利に外在的価値が伴わないとしても，勝利至上主義的価値観は健在でありうるのか。勝利至上主義は自律的な価値観なのかどうかである。

注意すべきは，勝利至上主義が問題視されるのは，勝利を最上の価値とする点だということである。スポーツにおいては様々な価値が認められているが，勝利も1つの価値であること自体を否定することはおそらく不可能だろう。したがって，仮に勝利に外在的価値が伴わないとしても，競技者は依然として勝利を少なくとも1つの価値として追求するであろうし，そのこと自体は問題視されえない。その意味で，勝利はスポーツにおける内在的な価値の1つであり，それに対して外在的価値が付与されるかどうかは，本質的な問題ではない。

③ 勝利ではなくなにが大事なのか

次に検討されるべき論点は，勝利という価値の位置づけである。スポーツにおける様々な価値の中で，勝利という価値はどのように位置づけられるべきなのか。勝利至上主義的価値観は，勝利をその他の様々な価値を凌駕する，最高の価値と位置づける。

これに対して，勝利至上主義を批判する論者にとっては，勝利は至上の価値ではなく，せいぜい二次的な価値にすぎない。では，勝利ではなく，なにがスポーツにおいて第一義的に追求されるべき，至上の価値をもつのか。これについては，論者によって様々な議論が提唱されている。代表的なものを挙げると，ルールの遵守，スポーツマンシップやフェアプレイの精神，対戦相手やゲームの尊重，身体的卓越性，プレイ精神などである。

勝利至上主義の批判者に共通しているのは，スポーツにおける至上の価値は勝利ではない，したがって勝利至上主義的価値観は，スポーツ本来の価値観ではなく，そこからの逸脱形態であるということである。勝利至上主義を理論的に克服するためには，そもそもスポーツとは本来どのようなものであるのか，あるいは，どのようなものであるべきかという，スポーツの本質理論の提示が要求される。

④ スポーツは競争か否か

もちろん，スポーツの本質をどこにおくかについても，様々な異なる議論が提唱されている。しかし，スポーツの本質をめぐる最も重要な対立軸の1つは，それを他者との競争（competition）とみなすかどうかである。

スポーツの本質を競争におくならば，勝利至上主義的価値観はそこから必然的に帰結するように思われる。したがって，勝利至上主義の批判者の多くは，競争以外の契機にスポーツの本質を見出そうとする。それは例えば，自己の能力への挑戦（テスト）であり，自己目的性をその本質とするプレイであり，他者（対戦相手）との協同による卓越性への努力であるなどといわれる。いずれにしても，スポーツは本質的には競争ではないという点で一致しており，一括してアンチ競争理論と呼ばれうる。

勝利至上主義を克服・制限しうる理念が，スポーツにもともと含まれていることを示しうるかどうかは，ある意味でこれらのアンチ競争理論の成否にかかっている。もしアンチ競争理論が正しいのであれば，すなわちスポーツの本質が競争ではないのであれば，勝利至上主義的価値観は確かにスポーツの本質からの逸脱とみなされるべきであろう。

⑤ 勝利と敗北は価値において同等か

次の論点は，スポーツの本質を競争におく考え方（競争理論）と勝利至上主義的価値観の関係である。競争理論が正しいのであれば，すなわちスポーツの本質が競争にあるならば，勝利至上主義的価値観はその必然的な帰結であるように思われる。つまり，勝利至上主義を制限ないし否定しうる理念はスポーツには存在しないということになる。勝利至上主義はスポーツそのものに初めから埋め込まれており，それがもたらす様々な否定的帰結は，緩和されることはあるとしても，本質的には克服されえないということになる。

だが，これにも異論がありうる。つ

まり，仮にスポーツの本質理論として競争理論を採用したとしても，必ずしも勝利至上主義の価値観を受け入れることにはならない，競争理論と勝利至上主義は必ずしも親和的ではないという議論である。

「競争とは，誰が（どちらが）卓越しているか，優れているか決めるために行われる。したがって，論理必然的に勝者と敗者を生み出す。ある競技における相対的な卓越性を決定，認識するためには，勝利も敗北もいずれも必要不可欠である。勝利と敗北は相互に非自立的な概念であり，そのうちの一方だけを取り出してそれに価値を付与することはできない。つまり，勝利と敗北は，価値に関していえば同等であり，勝利至上主義には理論的な根拠がない」。

この議論から判明するのは，競争そのものの目的と競技者がその競技の内部で追求すべき目的との差異である。競争そのものの目的（卓越性＝強さの決定）という観点においては，勝利と敗北の間に価値の違いはない。だがこの事実は，必ずしも勝利至上主義の価値観を否定しうるものではない。なぜならば，競技そのものの目的を達成するためには，競技者はその競技の内部では敗北ではなく勝利を価値として追求すべきだからである。競争は，参加者すべてが勝利を目的として追求することで初めて実現する。競技者にとっては勝利がプラスであり，敗北はマイナスである。競技そのものの目的と，競技者が追求すべき目的（＝勝利）は，内在的に連関していると同時に区別されうる。

したがって，スポーツの本質を競争におくならば，やはり，競技者は勝利を第一義的に追求すべきだ，つまり勝利至上主義的であるべきだという結論が導出されると考えられる。

⑥ 勝利至上主義は競争に対して破壊的か

これに対しては，競技者が勝利至上主義的に振る舞うことによって，競争の目的が達成されるよりもむしろ，破壊されることになるのではないかという異論がありうる。例えば悪質なルール違反によって勝敗が決着した試合では，その試合の結果によっては誰が卓越しているかが判明しないという意味で，競技の目的は達成されていない。したがって勝利至上主義の価値観は，競争を実現するよりはむしろ不可能にするのではないか，競争理論を採用したとしてもやはり，勝利至上主義は否定されるべきではないかという議論である。この問いは，競争理論の核心にかかわるクリティカル（批判的）な問いである。

このように，勝利至上主義という問題はスポーツという営みの根幹に直結しており，スポーツについての本質的な洞察を抜きにしてこの問題に対処することはできない。

⑦ 勝利至上主義と応援，そして武道

ここまでは，競技者独特の価値観としての勝利至上主義を検討してきた。単に「誰が強いのか知りたい」という第三者は，勝敗中心主義者であるとしても，勝利至上主義者である必要はない。しかし，競技者のみならず，観客の側における勝利至上主義もしばしば問題になる。なぜだろうか。それは「応援」というごくありふれた観戦のあり方が，勝利至上主義の価値観の共有を意味するからである。応援とは，ある特定のチームや競技者の勝利を願うことである。応援者（ファン）にとっては自分の応援するチームや競技者の勝利がプラスの価値であり，敗北はマイナスの価値である。その意味で，大衆的娯楽としてのスポーツを支えているのが勝利至上主義の価値観であるという事実は否定しえないであろう。

最後に考えておかなければならないのは，武道とスポーツの違いである。ある武道家によれば，武道もスポーツ同様競争という要素を含むが，同時に勝利至上主義を制限する理念（精神性）をもつ，つまり勝てばよいというものではありえない。だとすれば，スポーツはどうであろうか。勝利至上主義に対して称揚されるスポーツマンシップやフェアプレイという理念は果たしてスポーツにおいて内在的かどうか。勝利至上主義を制限する理念をスポーツの内部に求めるのは，結局のところない物ねだりに終わるのではないか。これも慎重に検討されるべき問いである。

参考文献 21.0.01

◆ 川谷茂樹. 2005.『スポーツ倫理学講義』ナカニシヤ出版
◆ 松原隆一郎. 2002.『思考する格闘技 実戦性・競技性・精神性と変容する現実』〈廣済堂ライブラリー〉廣済堂出版

（川谷茂樹）

暴力 21.0.02

① スポーツと暴力の関係史

スポーツの起源をたどると，例えばレスリングやボクシング，あるいはフェンシングや武道などの原型である格闘技はもとより，サッカーやラグビーの原型とされるモブ・フットボールなどは，直接的な激しい肉体と肉体とのぶつかり合いを許容し，時には血を流し，最悪の場合には死者が出るような結果を招いてしまう「暴力」あるいは「暴力的行為」を伴っていた。相手を殺戮（りくさつ）する軍事的行為につながる近代以前のスポーツは，まさに今日のわれわれからみれば「暴力」そのものといえよう。ヨーロッパでは，わずか200年前まで庶民によるこのような前近代的なスポーツを特徴づける暴力的な性格が，時の為政者から忌み嫌われ，たびたび禁止令が出されていたという（菊, 2013）。

スポーツにおける暴力の問題を絶対にあってはならない倫理的な問題として捉えようとする前に，このようなスポーツの歴史をさかのぼれば，それ自体に暴力性がつきまとっていた歴史の方がはるかに長いことを自覚しておく必要がある。したがって，逆にいえば，本来暴力的であったスポーツが，非暴力的なものとして社会から認識されたのは，わずかここ200年くらいの歴史しか刻んでいないことになる。それは，近代以降の社会が以前の社会と比較して，人間の暴力性を「絶対的」なまでに禁止し，これをタブー視することによってしか成立しない状況を作り出したからにほかならない。見知らぬ者同士が常に遭遇する今日の社会では，その見知らぬ相手（他者）から少なくとも暴力は振るわれないはずだという絶対性に対する「根拠のない信頼」がなけれ

ば，社会活動が成立しないからである。だから，近代以降のスポーツは，社会から非暴力的であるとみなされないかぎり生存できないことになる。

また，産業革命によって文明化された近代社会とは，これまで主に人間の体力に頼っていた社会が，水蒸気によってエネルギー革命を起こした社会でもあった。この革命によって溢れ出たエネルギー（暴力的なまでのエネルギー）は，むしろコントロールされなければならず，目的に適った方法で効率的に，無駄なく発揮されなければならない。ここに暴力的なパワーからこれをコントロールする「技術」と「技能」に価値が置かれる社会が到来する。このような社会は，物事の決着の仕方もこれまでのような「力対力」をむき出しにした，野蛮な暴力的決着を望まなくなる。なるべく長い時間をかけて話し合い，それでも決着がつかなければ多数決という穏便な方法（議会主義）をとるようになる。それは，早急な結果を求めることよりも過程（プロセス）を重視し，その時間的余裕（レジャー）を工夫して楽しむ生き方（レジャーライフ）への変化を伴うものでもあった。

このような社会的性格への変化は，必然的に，これまで暴力的であったスポーツを非暴力的性格へと変質させていくと同時に，その前提の上にスポーツを構築したり，新たに発明したりしていくことになる。すなわち，現在われわれが慣れ親しんでいるスポーツの誕生（スポーツ化＝sportization）とは，これまでの暴力的性格とは正反対の非暴力的性格をスポーツに「ことさら」強調することによって，初めてそれが社会的存在に「なった」ことを意味するのである。だとすれば，むしろ油断していると，その出自からみてスポーツは，きわめて暴力が発揮されやすい性格をもっていることになる（エリアス，1986）。

だからこそ，その暴力性をコントロールし，正々堂々とプレイしているプレイヤーの姿は，暴力のない社会をめざす現代社会の厚い信頼を勝ちうる要因にもなっていると考えられる。ところが他方で，スポーツは，暴力的興奮を一方的に制限されがちな近代以降の社会関係の中で，どの程度までの興奮だったら追求することが許されるのかを示す「社会的飛び地（social enclave）」（ダ

ニング，1991）にもなっている。このような文明化された社会における人間の暴力を上手に「飼い慣らす」宿命を背負ったスポーツは，一方で暴力を最大限にコントロールしつつ，他方で社会が許容する最大限の暴力の興奮の程度を提供するという，両義的な緊張のバランスを常に求められることになるのである。

② 現代スポーツにおける暴力の特徴

しかしながら，近代以降のスポーツは，プレイヤー同士のインフォーマルなプレイ（遊び）の域をはるかに超えて制度化され，ついには国際的な競技会を開催するまでに急速に発展していった。その結果，20世紀のスポーツは「勝利の社会的重要性」がますます高まり，たかがスポーツでの勝利が現実社会の政治的威信や経済的利益に結びつく道具と化してしまった（佐伯，2005）。プレイヤーのみならず，監督やコーチその他の関係者にとって「勝利する」ことは，まさに自らの社会的成功を獲得するためのメリットクラシー（昇級制度）を構成し，それが政治的・経済的・社会的な成功につながるようスポーツの外部者から評価されるようになる。

このような他者からの報酬がスポーツの勝利によって約束される仕組みは，勝つためには手段を選ばないという非倫理的態度を生み出す。その最も手っ取り早い反応や行使の仕方が暴力であり，その結果が他者報酬型のメリットクラシーに結びつくのであれば，それはかつての一時的（短期的）で感情的な，いわば「感情的暴力」ではなく，むしろ計画的（長期的）で理性的な，いわばあらかじめ計算された「理性的暴力」として発揮される傾向が強くなってくる（ダニング，1995）。その範囲や隠蔽の程度は，両者の暴力的性格が交じり合いながら，ゲーム中におけるプレイヤー同士や審判に対する暴力から，サッカーファンの暴力として有名なサッカーフーリガン，あるいはゲーム外（練習場面やその他の生活場面）における指導者や先輩の暴力（あるいはいじめや性暴力）に至るまで，多様に広がり深まっていく可能性がある。なぜなら，前述したように歴史的にみて人間は暴力を振るう存在であり，暴力を飼い慣らす装置としてのスポーツが他のメリットクラシーのために道具化されれば，暴力を飼い慣らす微妙な両義的緊張のバランスは崩れ，かつての暴力に回帰する危険性を常にもっているからである。

③ スポーツにおける暴力と「体罰」

では，なぜこのようなスポーツが，特に運動部活動や体育という教育的営みの中で，その教育目的に反する暴力を「体罰」という名のもとに許容する今日的な倫理「問題」を発生させてしまうのだろうか。そこには，2012（平成24）年に生徒を自死にまで追い込んだ桜宮高校のバスケットボール部顧問の暴力や2013（平成25）年に顕在化した女子柔道代表監督が選手に行った暴力といった，ある特定個人の性格の問題に帰することができない，暴力発生の「構造的な」問題の捉え方が必要になってくる。すなわち，体育やスポーツの指導に携わる誰もが，今日，その指導の中で暴力性を発揮せざるをえない（メリットクラシーを求めさせられる）環境や条件のもとに置かれているという「自覚」と，それが「体罰」（という名の「暴力」）につながるという認識が必要になってきている（菊，2001）。

教育的営みに「罰」は必要だとする言説は，常識化している。そして，これが「体」罰につながっていくことは，比較的容易である。例えば，教育的「営み」＝「罰」として全面的にこれが正当化された時代には，その権限をもつ指導者が，いうことを聞かない被指導者に対して行う，暴力的な「暴言」や「体罰」を伴う威圧（脅し）を教育そのものだとする風潮もあった。わが国が戦後民主主義社会を標榜するようになってからも，なおこのような教育的体質が残存したのは，高度経済成長社会における競争主義の結果的利益（メリットクラシー）とそれに連動する学歴主義の追求を目的として，どのような手段を使ってでも学業成績を上げることが許容されたからにほかならない。そして，その背景には，学歴をもたない親たちの，ことさら強い学歴信仰があったことは否めない。

これとほぼ同じ構造が，体育やスポーツの教育現場，特にプレイ要素として競争の楽しさやおもしろさを自由に追求する体裁をとる，運動部活動の指導現場には生じやすい。なぜなら，競

争は明確な結果を求める中で行われる活動だから，その結果に対するメリトクラシー（学校にとってのメディアバリューや生徒にとっての進学保障，あるいは指導者の社会的名声など）が外部から与えられやすく，運動部活動本来の目的が手段化され，体育「界」やスポーツ「界」では，それが半ば黙示的に常識化されてしまうからである。

また，その意味では暴言や暴力が指導者の側から教育的な「罰」として正当化されやすいばかりでなく，その指導的威圧の「過剰」性が「過剰」な愛着を生み出す（その逆もある）場合もある。特にそのような暴力的指導を受けたからこそ成功した（今日の成功的な地位を獲得した）と思っている被指導者には，「精神的に強くなった（68%）」「技能が上達した（37%）」など，肯定的受容が強く表れる傾向にあるという（阿江，2013）。指導者に比べて圧倒的に弱い立場にある生徒は，指導・被指導関係を維持するためにむしろ積極的な肯定的愛着とともにその暴力を受容しなければ，スポーツ活動を継続することができないので，結果的には暴力をともに容認する共轭（きょうやく）関係を成立させてしまうことになる。このことは，指導者による暴力「問題」より，むしろ根が深いといわざるを得ない。なぜなら，ひるがえってそのことが社会の暴力の再生産に，無意識のうちに手を貸してしまう可能性につながるからである（菊，2013）。

④ スポーツにおける暴力問題の解決に向けて

成熟した社会は，暴力をますますタブー視し，それに対する嫌悪感を高める。一方，これに対して体育界やスポーツ界は，そのような社会変化と断絶した関係の中で「界」内部にのみ通用する（暴力）行為に鈍感になりがちになることをおおいに自覚し，反省する必要がある。このずれを解消するためには，指導者が常に外部との人的交流を絶やさず，知的コミュニケーションに開かれた教養を「意識的に」身につけていく必要がある。

そのための体育・スポーツ界における自発的な仕組みづくりは，前述した暴力事件を受けて中学校体育連盟などの学校体育組織や日本体育協会，JOCなどの民間スポーツ組織によって採択

された「暴力行為根絶宣言」（2013〔平成25〕年4月25日）などにみられるように，ようやくその緒についたばかりである。

参考文献 21.0.02

- 阿江美恵子．2013．「運動部活動のめざすもの」『学研・教科の研究 保健体育ジャーナル』99：3-4.
- エリアス，N．1986．「スポーツと暴力」桑田禮彰 訳『叢書社会と社会学3 身体の政治技術』栗原彬ほか 編．93-130．新評論
- 菊幸一．2001．「体育と暴力」杉本厚夫 編『体育教育を学ぶ人のために』104-22．世界思想社
- ―――．2013．「スポーツと暴力の関係・歴史―スポーツは極めて暴力的だった！？」菅原哲朗，望月浩一郎 編『スポーツにおける真の勝利』

賭け　21.0.03

① スポーツと賭けの出会い

スポーツという言葉を，ランダムハウスの辞書で引くと，賭博師（gambler）という意味が載っている。また，ホメーロス（Hómēros）の描く英雄叙事詩「イーリアス」や「オデュッセイア」の中には競技の描写がいくつも出てくるが，いずれも賞品を賭けているという（稲垣正浩「誰も語らなかった，スポーツ史の真実」『スポーツ科学・読本』〈別冊宝島130〉宝島社．1991）。つまり，スポーツと賭けは昔から深く結びついていた。

エリアス（Norbert Elias）はスポーツと賭けの関係について，観衆が興奮し，楽しみながら進行中の競技を見守るという事態は，賭けの楽しみと切り放しては考えられない。イギリスにおいて，きわめて「おおざっぱな」競技形態がスポーツに変容する際，また，スポーツマンシップのエートス（フェアプレイ）が発展する際，この賭けの楽しみは非常に重要な役割を果たしたという（N.エリアス．「スポーツと暴力」栗原彬・杉山光信ほか 編『身体の政治技術』新評論．1986）。つまり，対戦相手の双方に勝つチャンスが公正に分け与えられ，どちらが勝つか予想できない時にわれわれは興奮するのである。さらに，その勝敗が賭けの対象になっているとするならば，競技のルールの公正さやそのルールを遵守したプレイが担保されなければならないので，スポーツマンシップのエートス（フェアプレイ）は賭けのために存在したというのである。また，イギリスで発達したハンディキャップレース（ゴルフ，競馬など）も，勝敗の行方の不確定を担保するものであり，スポーツが

賭けの対象になっていたからではないかという（中村敏雄．『スポーツルールの社会学』〈朝日選書〉朝日新聞社．1991）。

一方，日本では，チームの力を均等にして，優勝するチャンスを同じにしようとするドラフト制度がなじまなかったり，伝統的なスポーツの相撲や柔道には，もともとハンディキャップやクラス別といった考え方は存在しなかった。むしろ，いわゆる判官びいきのように，弱い者が強い者に勝つところに興奮を覚えるのである。その意味では，勝敗の不確定さを前提とした賭けとスポーツがあまり結びつかなかったといえる。

② ギャンブルスポーツの成立

ヨーロッパでは多くのスポーツが賭けの対象となっている。イギリスでは18世紀末に競馬を対象として賭けをする民間組織「ブックメーカー（Bookmaker）」が誕生し，欧米に広がっていった。また，賭けの対象もサッカーをはじめとしたプロスポーツや大学スポーツにまで拡大していった。このブックメーカーは，イギリスでは政府公認であるのに対して，アメリカでは一部の州を除いて非公認である。しかし日本では，このような民間組織は全く認められておらず，むしろノミ行為として罰せられる。

その日本において，第二次大戦後，戦災からの復興支援を目的として，競馬，競輪，競艇（モーターボート）とオートレース（オートバイ）の4つのスポーツが，国の管理のもと公営ギャンブルとして開催されることとなった。これらのギ

41-47．エイデル研究所
- ―――．2013．「体育・スポーツと暴力―体育指導者は暴力「問題」とどう向き合うべきか―」『学研・教科の研究 保健体育ジャーナル』99：1-2.
- 佐伯年詩雄．2005．「スポーツの概念と歴史」日本体育協会 編『公認スポーツ指導者養成テキスト共通科目Ⅰ』32-39.
- ダニング，E．1991．「ヨーロッパとアメリカ合衆国のスポーツ社会学：『エリアス主義』のパースペクティブからの批判」リース，C. & ミラクル，A. 編『スポーツと社会理論』菅原禮 監訳33-63．不昧堂出版
- ―――．1995．「スポーツにおける社会的結合と暴力」エリアス，N. & ダニング，E.『スポーツと文明化―興奮の探求』大平章 訳 328-57．法政大学出版局

（菊　幸一）

ャンブルスポーツは「公営競技」と呼ばれ，中央競馬を除くと，地方の公共団体が主催し，地方財政にとっては重要な財源となっている。

競馬は16世紀にイギリスで始まり，欧米に広がっていった。もともと貴族の遊びとして行われていた競馬は，初めから賭けの対象として存在していたといっても過言ではない。ただ，彼らにとって競馬にお金を賭けることは儲けるためではなく，一種の人気投票的な意味合いが強く，遊びの域を超えない。しかし，労働者がギャンブルによってお金を稼ぐことは，本来の労働をおろそかにする危険性をはらんでいるので，当初は禁止されていた。

日本には19世紀の終わりに西洋からこの競馬が持ち込まれた。20世紀の初めには馬券（勝ち馬投票券）の販売が黙認されていたが，1908（明治41）年からは馬券の販売が禁止された。その後1923（大正12）年に旧競馬法が制定され，正式に馬券販売が解禁された。そして，1936（昭和11）年に日本競馬会が発足し，政府管理のもとに競馬が開催されることになった。さらに，戦後，1948年にはアメリカ軍の指導により日本競馬会は解散になり，それに代わって国営競馬として日本中央競馬会が発足した。

また，競輪は日本独特の自転車競技である。ヨーロッパにおける自転車競技は，「ツール・ド・フランス」などの路上を走るロードレースが中心である。日本も戦前はこのロードレースを行っていたが，戦後，トラックレースとして自転車競技は定着するようになった。そして，自転車産業の復興とサイクルスポーツの振興という目的のために，競馬と同様に公営競技として認められるようになった。1948（昭和23）年に福岡県で国民体育大会が開催されたが，その時に小倉に自転車競技場が建設され，その年に自転車競技法が成立し，第1回の競輪が小倉競輪場で開催された。その後，日本国内でギャンブルスポーツとして発展しただけではなく，国際的にも国際自転車競技連合会で「ケイリン（KEIRIN）」という名称で競技として認められ，2000（平成12）年の第27回オリンピック大会（シドニー）から男子の正式種目として採用された。

競艇とオートレースについては，開催会場も少なく，国際的な広がりもないことから，公営競技としては，あまり盛んに行われているとは言い難い。

これらの公営競技とは別に，2001（平成13）年からスポーツ振興くじ（投票），いわゆる「サッカーくじ」（愛称はtoto）が発売された。これはサッカーのプロリーグであるJリーグの試合結果を予想し，その的中率によって配当金を受け取る公営ギャンブルである。その収益は当選金や業務委託金に支払われ，残りがスポーツ振興助成金として使われる。サッカーが盛んな国では，「トトカルチョ（賭け）」という名で早くから導入されている。イギリスは1923年から，イタリアは1946年から，ドイツは1949年から，ブラジルは1970年から，フランスは1985年から行われており，巨額のお金が動いている。

このサッカーくじの導入に際して日本では，勝つことに固執して選手のプレイが萎縮するのではないか，ギャンブルの対象になることで子どもたちのサッカーに対するイメージが悪くなるのではないか，八百長が起こるのではないかなど，様々な反対論が噴出した。その根底には，日本のスポーツがギャンブルを否定する学校で育ってきたという歴史的経緯がある。つまり，教育的な意味合いが強いスポーツをギャンブルの対象とすることへの嫌悪感である。それゆえに，賭けの意味合いを少しでも軽減しようと「くじ」という名前になっている。また，2006（平成18）年から導入されたBIG（ビッグ）は，購入者が試合結果を予想することができず，全く宝くじと同じようなギャンブル性が低いものとなっている。

③スポーツと賭けの社会的問題

このようにスポーツと賭けが結びつくことで様々な社会問題も発生している。例えば，1994年のFIFAワールドカップ（アメリカ大会）で，オウンゴール（自殺点）を入れたコロンビアのエスコバルが銃殺され，その背景にはサッカー賭博のシンジケートが動いていたといわれている。また，1993年に，フランスではプロサッカーチームのマルセイユが相手チームに買収をもちかける八百長事件が発覚した。

この賭博が絡んでの八百長事件で

は，1919年のアメリカ・メジャーリーグのワールドシリーズでホワイトソックスがわざと負けた事件が有名で，それを揶揄して「ブラックソックス事件」と呼ばれている。この背景には，賭博を資金源としているマフィアの存在があった。ワールドシリーズを金で売ったといわれているこの事件は，国技として野球を神聖化する風潮にあるアメリカ社会全体に衝撃を与えた。この事件を題材にして『エイトメンアウト』『ナチュラル』『フィールド・オブ・ドリームス』という映画がつくられ，この出来事がどれほどアメリカの国民にとってショッキングであったかがうかがえる。

日本では，1969（昭和44）年から71（同46）年にかけて，プロ野球界の多くの選手を巻き込んだ八百長事件「黒い霧事件」が有名である。野球賭博のノミ行為をしていた暴力団から賄賂を受け取り，敗退行為におよんだ事件で，西鉄（当時）の池永正明をはじめ6選手が永久追放された（2005〔平成17〕年の野球協約改正に伴い，日本野球機構〔NPB〕は，池永に対する処分を解除し，復権された）。さらに調査すると，野球賭博の疑惑がある暴力団から八百長の依頼を受けたり，付き合いのあった選手が十数名いたことがわかり，プロ野球全体に八百長行為が広がっていることが明らかになった。

ただ，この八百長が成立するのは，勝敗の行方が不確定であるかのように一部の人によって偽造されている場合である。したがって，もともと勝敗があまり意味をもたなかったり，演出によって偽造されていることをみんなが認識しているスポーツ，例えば，プロレスでは八百長は問題にならないし，賭けの対象にはならないのである。

参考文献

◆ 小林章夫 1995.『賭けとイギリス人』〈ちくま新書〉筑摩書房

（杉本厚夫）

フーリガン

① フーリガンとは

フーリガン(Hooligan)とは，一般的にサッカー試合会場の内外で暴力的な行為や言動を働く集団のことであり，このような社会現象をフーリガニズム(Hooliganism)と呼んでいる。

1985年5月29日，ベルギーのブリュッセルで行われた欧州チャンピオンズカップ決勝戦で，リバプール(イングランド)対ユベントス(イタリア)の試合を前に，双方のファンが乱闘を起こし，死者38人，負傷者425人を出す大惨事が起きた。この出来事をきっかけに，サッカーで乱闘騒ぎを起こすフーリガンが世界的に知れ渡るようになった。さらに，1998年のフランスワールドカップでは，マルセイユでイングランド対チュニジア戦を前にフーリガンが暴動を起こし，商店を壊し，50人以上の負傷者が出た。また，ユーロ2000では，ドイツ対イングランド戦を前にイングランドのフーリガンが暴れ，500人あまりが国外追放になったことが報道され，フーリガンといえばイギリスというイメージができあがってしまった。

しかし，フーリガニズムは必ずしもイギリス人によるものだけとは限らない。1964年にペルーで行われたペルー対アルゼンチンの試合では，ファンの暴動によって300人もの死者と5,000人にも及ぶ負傷者を出しているし，1982年にはソ連(USSR)で69人が死亡するという悲惨なファン暴動も起きている。また，1996年から1999年までのフーリガニズムによる死者は，アルゼンチンで39人，イタリアで5人，イギリスで3人，オランダで1人となっており，サッカーのフーリガニズムは地域的に拡大し，グローバリゼーションの様相を呈している。

では，なぜイギリスのフーリガニズムがこれほどまでに問題とされるのだろうか。それは，社会における暴力を容認しなかった近代国家としてのイギリスで，フーリガンによって，その近代社会がまるで崩壊するかのようにみえるからである。ただ，フーリガンを取り締まることによって，逆に国家が暴力を管理していることを表明し，国家権力を意識化させ，そして，そのことによって人々の暴力に対する嫌悪感を煽り，社会による暴力制御システムを再生産するという面も見逃すことはできない。

② フーリガニズムのメカニズム

ではなぜ，フーリガニズムは発生するのだろうか。

これまで「フーリガニズムの研究」は，主としてダニング(Eric Dunning)を中心とするいわゆる「レスター学派」が担ってきた。彼らの主張は，近代社会の中で暴力を国家が管理するようになり，個人には暴力を自ら制御する態度が求められたが，それと同時に，暴力が許される社会の「飛び地」としてスポーツは存在したがゆえに，サッカーにおいてフーリガニズムが露呈したという(N.エリアス・E.ダニング『スポーツと文明化：興奮の探求』大平章 訳，法政大学出版局. 1995)。つまり，都市化によってつくられてきた感情の制御と規律化される身体からの開放が，スポーツという場を通して表出する形態がフーリガニズムであるという。しかも，イギリスにおけるフーリガンのほとんどが，労働者階級で占められていることから，階級社会における労働者の行動様式あるいは階級社会への対抗としての暴力，さらには，男らしさの表象が複雑に絡み合いながらフーリガニズムは形成されていると考えられている。

また，ダニングらは，メディアがフーリガンをどのように報道してきたかに注目した。その調査によれば，1960年代に17件，1970年代に20件，1980年代の初めに40件と，30年間にサッカーに関する暴力の記事が増えていることを指摘している(E. Dunning, "Towards a Sociological Understanding of Football Hooliganism as a World Phenomenon", *European Journal on Criminal Policy and Research* 8. 2000: 141-62)。これは，実際にサッカーにおける暴力が増えたということではなく，メディアで取り上げられることで，社会問題としてフーリガニズムが認知され，警察当局の取り締まりが厳しくなり，その結果として，多くのフーリガンが摘発されたということである。このように，メディアによってフーリガニズムは再生産され，その拡大につながっていったのである。

さらに，カルチュラルスタディーズの研究では，コミュニティーアイデンティティーの形成という視点からフーリガニズムを捉えたり，あるいは民族問題や人種差別といった社会的な問題と関連づけながら解釈を行っている。

以上みてきたように，フーリガニズムは単なるゲームに興奮したファンの焦点の定まらない暴力ではない。そこには，明らかにその国・地域の社会的問題を内包し，近代社会の暴力制御のほころびとして，スポーツの世界に社会の権力構造が露呈しているとみることができる。例えば，ドイツでは政治的な対立の構造が背景にあったり，スペインでは民族問題が横たわっていたり，イタリアでは潜在化した都市間の長年の抗争があったりと，それぞれの国によってフーリガニズムを説明する要因は異なっている。また，それらが複雑に絡み合っているので，単線的な説明は不可能なのである。つまり，フーリガニズムはそれぞれの国の「文化としての暴力」を映し出す鏡といえよう。

③ フーリガンの抑制システム

フーリガン対策も各国で行われているが，その方法は異なっている。例えば，1990年のイタリアワールドカップでは，1次リーグのイングランド戦は離れ小島のサルディーニャ島で行われ，その島に入るための厳しいセキュリティーチェックが実施された。また，イギリスでは，「スポッター」と呼ばれるフーリガンを見分ける専門官を空港や会場に配備して，未然に防ごうとしている。さらに，悪質なフーリガンには海外に出国できないようにパスポートコントロールを施している。このように，ヨーロッパでは，国家がその威信をかけて，フーリガン対策を行っている。

一方，1994年のアメリカワールドカップでは，フーリガンによる暴動が発生しなかった。なぜなら，アメリカではスタジアムが観客の応援行動をコントロールし，暴徒化しないようにしているからである。例えば，それは電光掲示板に示された映像や音によって，また，スタジアム側によって結成

された応援団(Cheerleader)によって，応援をリードするのである。もちろん，スポーツ観戦がアメリカにおいては初めから大衆娯楽として存在したので，子どもや女性を伴って出かけることが多く，ある階層や男性が独占するということはない。また，スポーツをみることはアメリカ人としてのアイデンティティーを形成するための儀式であり，スタジアムは人々が集う教会としての役割を有しているために，ある面，神聖な場として俗なる暴力を排除するのである。

日本でも同様に2002(平成14)年の日韓ワールドカップでは暴動はみられなかった。それは，日本には観客の行動を管理する自発的な私設応援団があるからである。この私設応援団が結成されるまでは，日本でも観客の暴動は日常茶飯事であった。応援団が結成されたのは明治期の大学野球においてであるが，初期の頃は喧嘩や暴動が絶えなかった。しかし，この応援団の暴動によって野球の早慶戦が中止になったことを契機に，応援団はこれまでとは逆に，観客の暴力を抑制し，興奮を鎮める役割を担うようになる。つまり，日本の応援団は「鎮めの文化装置」として，フーリガニズム防止の役割を果たしているといえる(杉本厚夫.「スポーツファンの興奮と鎮静」杉本厚夫 編.『スポーツファンの社会学』世界思想社. 1997)。

もちろん，フーリガニズムを誘発させる民族的な問題や経済的な問題，さらには階級的な問題といった社会的問題も内包してはいない。それは，日本のスポーツが学校という教育の場で発展してきた歴史的経緯があり，政治的な中立性を堅持してきたし，どちらかといえば体制派として存在してきたからである。さらに，スポーツは暴力を自ら制御することを学習する教材として使われてきたからにほかならない。

2002年の日韓ワールドカップでは，日本がチュニジア戦に勝利し，興奮したサポーターは，大阪の繁華街である道頓堀に集まってきて気勢を上げた。そして，最後は道頓堀川に飛び込むのである。彼らにとって，あの汚い道頓堀川に飛び込むことは，応援のパフォーマンスの延長上にあり，自分のサポーターとしての忠誠心を誇示する究極の行動なのである。しかも，フーリガンのように誰かを傷つけることもなく，物を破壊することもなく，暴力行為としてとがめられることはない。このように日本のフーリガンの抑制システムは，他者に向かうことなく，自虐的な行為によって完結するように内面化されているのである。

不平等

① スポーツと平等

2008年の第29回オリンピック大会(北京)には204(史上最多)，第13回パラリンピック大会(北京)には147の国と地域が参加した。いまや，白人，黒人，アジア系人種，男，女，障がい者，健常者など，様々な壁を越えて，誰もがスポーツを楽しむ時代が到来した。そこでは，スポーツから得られる利益の享受が誰にも平等に保障されている。

しかし，実際にはスポーツは，様々な不平等を内包している。例えば，ピッチャーは誰がするのか，4番は誰が打つのかといった場合，選手全員平等にそのポジションを経験させるべきだろうか。バレーボールでレシーブ専門の選手を起用することは不平等にならないのか。このようにポジションによる扱いの問題がある。また，税金がオリンピック大会に出場する一部の選手の強化費に使われるのは不平等か，といった問題もある。

このようにスポーツにおける平等とは何かという問いは，様々な疑問を生じさせる。

ここでは主にサイモン(R.L. Simon)の論考を手がかりにこれらの問題を検討したい。サイモンは，スポーツにおける平等に関して，次の3つの課題を考察している。

1) 人々には，スポーツに参加し，その参加から利益を受ける権利はあるのか。
2) より平等なスポーツ参加は，わが国のスポーツ政策の目標の1つであるべきか。
3) 競技能力の違いによって，スポーツにおいて別々の扱いをすることは不正か。

彼は前提として，スポーツから得られる利益を基本利益と希少利益に分けた。基本利益とは，すべての参加者に保障されるもので，健康，自尊心，仲間との協力，刺激，学ぶ機会，楽しさなどである。一方，希少利益は，一部の参加者に所有が許されるもので，富と名声がそれにあたる。

サイモンは，先述の1)と2)に次のように答える。

堅実な社会は，すべての国民に適正な運動の機会を提供するよう努力すべきであり，国民にはそうした機会への道徳的権利があるという。ここでいう適正な運動の機会とは，具体的に，ジョギングコース，遊び場や公園などでの運動や，学校での健全な体育プログラムなどである。つまり，基本利益の享受は万人に保障されるべきだという考え方である。この場合，ゴルフコースやテニスコート，水泳プールなどの比較的高価な施設は，ぜいたくな機会にあたり社会に提供の義務はない。ただ，よい社会はこのような機会の提供に努めるという。

同様に，3)への答えは次のとおりである。

競技能力の優れた選手の特別扱いは，社会全体に配分できるような内在的な善がある場合認められるという。言い換えれば，優れた競技能力を正しく評価することはわれわれの生活を豊かにするという理由において，競技能力による希少利益の不平等な配分は許されるというのである(ロバート・L・サイモン『スポーツ倫理学入門』近藤良享ほか訳. 不昧堂出版. 1994)。

ここでは，これらの見解をベースに，スポーツと平等の問題について歴史的な変遷を踏まえながら検討したい。

② 白人男性エリート主義

グートマン(A. Guttman)は，近代スポーツの特徴の1つとして「競争の機会

参考文献

- 井野瀬久美恵. 1999.『フーリガンと呼ばれた少年たち－子どもたちの大英帝国－』〈中公文庫〉中央公論新社
- 杉本厚夫. 2003.「漂白されたナショナリズム－ジャパニーズフーリガンの誕生」『W杯サッカーの熱狂と遺産』黄順姫 編. 世界思想社
- ビル・ビュフォード. 1994.『フーリガン戦記』北代美和子 訳 白水社

(杉本厚夫)

と条件の平等化」を挙げる（アレン・グートマン『スポーツと現代アメリカ』清水哲男訳．TBSブリタニカ．1981）。果たしてこの言説は正しいのだろうか。

現在われわれが楽しんでいるスポーツの多くは，ヴィクトリア期のイギリスで形成された。パブリックスクールやケンブリッジ大学，オックスフォード大学に通うエリートたちがその担い手の中心だった。彼らは，大英帝国を代表する紳士になるべく，クリスチャンジェントルマンとしての資質，思慮深さと「男らしさ」を身につける手段としてスポーツをおおいに利用した。近代スポーツはまさしく「男らしさ」という形容詞がふさわしく，男性の身体を想定した文化だった。当時，スポーツの様々な恩恵にあずかれたのは，主としてエリートの白人男性だった。

ヴィクトリア期の理想は，女性を家庭に引きとめた。女性には，読書や手芸，せいぜいピクニックや散歩などの娯楽が推奨された程度であった。男性のように戸外で激しいスポーツを行うことはあまり歓迎されなかった。また男性であっても黒人の場合，白人男性と同等の権利が保障されていたわけではない。

いまや誰にも門戸を開いているかのようにみえる近代オリンピックさえ，その創立当初は，白人男性，しかもエリートが独占するものであった。近代オリンピックの創立者であるクーベルタン（P. Coubertin）は，人種と性を差別する白人男性のエリート主義から解放されてはいなかったのである（多木浩二『スポーツを考える』〈ちくま新書〉筑摩書房．1995）。

近代スポーツの黎明期には，「競争の機会と条件の平等化」は，エリートの白人男性に限られていたようである。

しかし現代では，スポーツは，誰もが参加でき，誰もが享受できる，万人に開かれた権利であることは疑う余地のないものとなった。これを国際的に最初に認めたのは，1968年，国際スポーツ科学体育協議会（International Council for Sport Science and Physical Education: ICSSPE．当時は国際スポーツ体育協議会〔ICSPE〕）のスポーツ宣言である。そこでは「スポーツは万人の権利である」と謳われている。1978年には，「体育・スポーツの実践は，すべての

人間にとっての基本的人権である」と定めた「体育・スポーツ国際憲章」が1978年，ユネスコ（United Nations Educational, Scientific and Cultural Organization: UNESCO）で採択された。

逆説的ないい方だが，20世紀後半になってやっとスポーツは，「競争の機会と条件の平等化」を保障する状態を整えたといえる。

ここに至るまでに，スポーツは，人種，性別，国籍などいくつもの壁を越えなければならなかったし，今もその壁は高く立ちはだかっているのかもしれない。次にスポーツにおける平等を特に人種，性という観点から検討してみよう。

③ 人種，性の壁

今日，陸上競技，バスケットボール，アメリカンフットボールで活躍する黒人選手は非常に多くなっている。しかし，当初からこうではなかった。アメリカでは人口の13％を黒人が占めている。1960年代半ば，全米プロバスケット協会（NBA）における人種構成は白人80％に対し黒人20％だった。現在，この数字は逆転している。また全米女子プロバスケットボール協会（WNBA）では70％が，全米プロフットボール連盟（NFL）では65％が黒人である（ジョン・エンタイン．『黒人アスリートはなぜ強いのか』星野裕一訳．創元社．2003．43）

また，かつて黒人はスピードや敏捷性が求められるポジションに集中し，意思決定のスキルが必要な戦略的なポジションには白人が集中する傾向がみられた。例えば，野球では，外野手には黒人が多いのに対し，ピッチャーとキャッチャーは白人が占めた。アメリカンフットボールでは，ディフェンシブバックやレシーバー，ランニングバックは黒人が多いが，クオーターバックやセンターのような中枢ポジションには白人が集中していた。このようなポジションにおける差別をスタッキング（stacking）という。しかし今日，このような守備位置における差別は，ほとんどみられなくなっている。これらのスポーツの大部分は黒人が占めるようになったからでもある。

しかし，一方で，プロの世界では，勝つために選手を最適のポジションに配置することが必要であり，それぞれ

の守備位置を人種主義で説明するには無理がある。スタッキングが存在すると主張すること自体がむしろ人種差別がないところに人種主義的なステレオタイプを適用する差別意識にほかならないとの見方がある。このことから，スタッキングそのものを否定する議論もある。サイモンを引用するまでもなく，優れた競技能力を正しく評価すれば自ずとポジションによる適正がみられるといえよう。

それでも「競争の機会と条件の平等化」が黒人に開放されていたかというと，そうでもない状況も見受けられる。例えば，テニス・ゴルフ・水泳といったプライベートクラブのスポーツ，スキー・自転車・体操競技のように高額な用具や設備が必要なスポーツで活躍する黒人選手はきわめて少ない。またフェンシング・ポロ・アーチェリー・ボートといった競技人口の少ないスポーツ，陸上競技でも円盤投・砲丸投・やり投・棒高跳などは白人が大部分を占めている。つまり黒人は，プライベートクラブや一流の設備やコーチが必要なスポーツからはまだまだ排除されているという議論がある。しかし，これもサイモンによれば，社会に比較的高価な施設の提供の義務はなく，これをもって人種の不平等が存在するとはいえない。

ただ黒人のプレイヤーが大勢を占めるようになった競技でも，その様々な競技団体のオーナーや幹部経営者に黒人がなる確率は非常に低い。このことをどのように考えるのか。

アメリカでは1960年代以降の公民権運動まで，利用施設が白人・黒人で完全に分けられた「分離すれども平等」という政策が長く続いた。社会に奴隷主と奴隷という差別的な関係が残存していたことは確かであろう。そのような社会的な差別意識がスポーツの世界でも多少なりともみられたのかもしれない。

しかし，21世紀に入った今，スポーツの世界は人種主義という論理ではなく，勝利・マネーという論理が支配しているようにみえる。勝利・マネーのためにより優秀な選手を起用する。より多くのマネーが得られるスポーツ種目で活躍する。勝利・マネーという論理の是非はともかく，そこでは黒人の

壁はそう高くはなくなっているように思われる。

さて，女性の場合はどうであろうか。先述したが，近代スポーツは男性の身体を想定した文化である。クーベルタンは，女性が競技スポーツに参加することを好ましく思っていなかったし，アテネで開かれた第1回オリンピック大会（1896年）には女性は参加しなかった。

近年このような状況は改善され，女性がスポーツにも積極的に参加するようになった。2008年に北京で開催された第29回オリンピック大会では，女性選手の参加者数や種目数は，全体の約4割を占めている。これらが増加したのは，1970年代，80年代以降のことである。このことは，女性のスポーツ参加が女性の社会的な地位と相関関係にあることを示しており，スポーツが特別に女性を排除していたわけではない。

スポーツにおける女性差別が社会的な地位との相関にあることは，第30回オリンピック大会（ロンドン，2012年）に派遣された日本選手の男女比と役員の男女比に端的に現れている。日本選手の男女比がほぼ5：5に対し，役員の男女比はほぼ8：2である。これは，日本社会における女性への不平等の反映かもしれない。

近代スポーツの黎明期をみたらわかるように，スポーツには，その始まりからエリートの白人男性中心主義という概念が付与されている。スポーツにおける様々な不平等もこのような認識枠組みの反映であるように思われる。競技能力の優れた黒人選手や女性スポーツの出現によって，白人男性中心の近代スポーツの概念そのものが新しい様相をみせ始めている。スポーツにおける不平等が払拭されるには，人種や性差を超えてスポーツを捉える言説の枠組みが必要なのかもしれない。人種，性という近代社会における認識枠組みそのものからわれわれ自身が解放される必要があるといえよう。

参考文献 21.D.05

- アレン・グートマン．1981．『スポーツと現代アメリカ』清水哲男 訳 TBSブリタニカ
- 飯田貴子，井谷惠子 編．2004．『スポーツ・ジェンダー学への招待』明石書店
- 荻野淳．2002．「スポーツと国籍－国内のスポーツへの参加と国籍－」『日本スポーツ法学会年報』9（日本スポーツ法学会）：7－23．
- ジョン・エンタイン．2003．『黒人アスリートはなぜ強いのか』星野裕一 訳 創元社
- 多木浩二．1995．『スポーツを考える』〈ちくま新書〉筑摩書房
- 永井憲一．1995．「スポーツ権」千葉正士ほか 編．『スポーツ法学入門』114－26．体育施設出版
- 中村祐司 編．2003．「スポーツ法と文化－スポーツと女性－」『日本スポーツ法学会年報』10（日本スポーツ法学会）
- ロバート・L・サイモン．1994．『スポーツ倫理学入門』近藤良享，友添秀則 代表訳 不昧堂出版

（梅垣明美）

不正（チーティング） 21.D.06

① チーティングとは

チーティング（cheating）は，一般的には，あらかじめ決められたスポーツルールに違反することによって生じる。しかし，後述するように，すべてのルール違反がチーティングとなるかどうかは議論があるし，巧みなチーティングは審判員によってルール違反と判定されないと，本来はルール違反であっても違反記録が残らないこともある。

また，チーティングはゲーム中の選手のプレイについていわれることが多いが，審判員でもチーティングは起こる。わかりやすい例として，審判員による恣意的な判定がある。ナショナルバイアス（自国選手をひいきする），贈収賄などに基づくアンフェアジャッジ（俗にいう八百長）も該当するだろう。だが，ここでは審判員のそれよりも，主として選手らのチーティングについて言及する。

② いろいろなルール違反

2012年の第30回オリンピック大会（ロンドン）における女子バドミントン競技では，物議を醸す出来事が起こった。そこでの無気力ゲーム（意図的敗戦）は，スポーツ精神に反するとして選手らは失格となったが，ここでいうチーティングにはあたらない。なぜなら，彼女らの行為は，全力を尽くすように指示するスポーツルールを遵守しているようには全くみえないからである。つまり，スポーツ系球技の定義は相手よりも多くの得点をし，相手の得点を阻止することであるが，その定義に反する意図的敗戦は，スポーツそのものをプレイしていないことと同義である。確かにオリンピックにおける確実なメダルの獲得に向けた戦術の1つであることは間違いない。しかもスポーツ界には個別スポーツのエートス（慣習）もある。明々白々に負けゲームを行うか，適正な方法で負けゲームを作り出すかは個々のスポーツのエートスである。ただしバドミントン界ではこうした形でのエートスが形成されていなかったために非難され，他方，例えばサッカーでは意図的な引き分け，敗北などが実際に行われ，暗黙のうちに容認されている。

他方，プロボクシング選手のマイク・タイソン（M. Tyson）による相手選手への耳噛み事件，プロ野球やアイスホッケーにおける乱闘騒ぎなどは，スポーツのルール違反を超えて，社会一般の傷害事件の扱いになる可能性もある。これらの違反は審判員のみならず観客・聴衆にもわかるものであり，これらは，明々白々のルール違反である。また，興行としてのプロレスによる演出的な行為についてもここで扱うチーティングとは異なるものである。

サッカーやバスケットボールなどのスポーツでは，慣習的で巧みなファウル（プロフェッショナル・ファウル）が起こり，テレビ解説者が「いまの違反はやむを得ない」と発言することがある。こうした発言から判断すると，意図的ルール違反であってもそれが慣習的に容認されている場合もあると想像できる。個々のスポーツが有するエートスに相違があり，この点も含めて，さらにチーティングについて検討しよう。

③ 完璧なチーティング

チーティングについて，その遂行が審判員らに発見されない，あるいはルール違反にまで至らないで，自分が有利になるようにルール違反やルール違反的行為を行うことと定義してみよう。この定義からすると，審判員を含めた自分以外の人に発見されたり，ルール違反となったりしてはチーティングは失敗，不成功である。チーティングする人のことをペテン師，詐欺師などという。例えば，「遊戯（プレイ）」論

の根拠としてよく引用される，ホイジンガ（J. Huizinga，『ホモ・ルーデンス』）やカイヨワ（R. Caillois，『遊びと人間』）もまた，このチーティングについて言及し，ホイジンガは「いかさま師」，そしてカイヨワは「ペテン師」として，他の参加者よりも，いかにもルールを遵守しているような振りをすることが真骨頂，神髄と述べている。そのために，完璧なチーティングは行為する自分以外には誰にもわからない，いわば完全犯罪の形式となる。

このように審判員にみつからない，あるいは審判員がルール違反にできない程度の行為はチーティングであり，摘発・検挙されない完全犯罪をスポーツの中でめざしている。ただし，仮に自身の行為により，審判員に摘発されて罰則を受けるリスクが大きい場合，その行為の実行は賭け事的である。具体的には，サッカーのペナルティーエリア内での審判員を欺こうとする攻撃側選手の行為（シミュレーション）によって審判員を欺ければ，ペナルティーキック（PK）が獲得できるし，逆に審判員を欺くことができなければ，イエローカードを受けることになる。そのためにサッカーの攻撃側選手はPKとイエローカードを天秤にかけて，チーティングを行うべきか行うべきでないかの行為選択を行っているといえよう。

ここでチーティングを行う選手は，競技を破壊しようとしていない点に留意したい。彼らは間違いなく，他の参加選手と同じように，競技の目的を達成しようとしている。しかし，ホイジンガやカイヨワがいうように，構成的ルールで決められた手段に従うふりをして他者（審判員，相手，観客ら）を騙し，競技の目的（勝利）の達成に有利になるように行為する。よって，チーティングを行う選手は，競技の破壊者ではないが，かといって真の勝者でもない。しかし，競技者というものは，偽りの勝者であっても勝利を求めて行為しがちである。完全なチーティングは勝者として認定されてしまうが，騙しに成功した選手（チーター）自身は，それが偽りの勝者であったと自覚できるのである。

以上の議論を整理してみると，チーティングは，できるかぎり審判員に違反がみつからないように行って罰則を受けないようにする場合と，審判員がルール違反と判定しない程度の行為を行う場合があるといえるだろう。チーティングは，審判員ができればルール違反を見逃したり，見誤ったりすることを願い，できるかぎり罰則を受けないことをめざしているのである。成功裏に実施されたチーティングは，罰則も受けることなく，単なる1つのプレイとして埋没する。

④ エートスとしてのチーティング

チーティングを含む意図的ルール違反については，法的正義を前面に出す「形式論（formalism）」と慣習の観点からの「エートス論（ethos theory）」が展開されている。

チーティングに関してサイモン（Robert L. Simon）は，「チーター（不正行為者）は，有利になるために自分だけを勝手に例外扱いし，結果的に，自分自身の幸せのために，他の人々を単なる手段として扱っている。チーターは，他の人々がある活動の支配を期待する公のルール体系を破ることによって，自分の対戦相手を人間として，また自己目的をもつ行為者として尊敬していない。したがって，ゴルフ選手権で皆が不正を働けば，最優秀選手が決められないために，試合そのものが成立しない」（サイモン，1994）と，代表的なルール形式論を主張する。そして，チーティングはゲーム（試合）そのものを破壊する行為と位置づける。

他方，フレイリー（W.R. Fraleigh）はエートス論を持ち出し，エートスの意味やエートスへの言及が多様であっても，総じて意図的ルール違反が「ゲームの一部」であり，社会的，文化的に容認されていると解釈している。ここでは社会的，文化的に容認されているチーティングの代表例として，サッカーにおけるマリーシアやマランダラージを取り上げる。

「マリーシア」というポルトガル語は，『大辞泉』によると「悪意，特にサッカーで，ゲームに勝つためのずる賢さをいう」とある。ブラジル人が日本に持ち込んだサッカー用語のようで，具体例として「自分たちのセットプレイに時間をかける」「相手のボールになった時，すぐにボールを渡さない」「選手交代をゆっくりと行う」「相手選手と接触していなくても倒れる」「接触プレイで必要以上に痛がる」などの行為がある。

このようなマリーシアは，遅延行為やシミュレーションの境界線上の行為で，行き過ぎたり，審判員によってはルール違反と判定したり，日本ではフェアプレイやスポーツマンシップに反する行為と非難される時もある。

マリーシアは，競技の内的目的，つまり「勝とうとすること（try to win）」に向けて，ゲームを有利に運び，勝利に近づくための戦術的スキルと考えられている。ただし，行為にはブラジルのサッカーのメンタリティー，価値観が反映されているといわれる。類似のプレイであってもブラジルとアルゼンチンでは理解が異なり，それはマリーシアとマランダラージの違いとなって現れる。アルゼンチンのマランダラージは，ブラジルのマリーシアの例よりもっと狡猾で，汚いプレイといわれ，「髪の毛，シャツ，パンツなどを引っ張る」「相手のスパイクのヒモをほどく」「股間をつかむ」「尻を触る」などの行為がある。

マリーシア，マランダラージは，いずれも対戦相手同士のゲームを判定する審判員の存在が前提となって創造された行為であって，いずれも審判員の判断に依存したり，時には判定の誤りを期待している点に特徴がある。

⑤ チーティングの評価

現代社会においては，近代スポーツが参加者間の「自己統治」を原則とした時代からは大きく変質し，それがまた国民性とも共鳴してスポーツ文化として生き残っている。マリーシア，マランダラージといったチーティングがエートスとして残りつつ，そのスポーツを本来的姿からの逸脱状況の程度によって，黙認されていた状況から禁止行為規程として明文化される。戦術の1つ，駆け引きとしてのチーティングの評価は，当該スポーツに参画している選手，審判，役員らの関係者の当該スポーツの発展をどのように考えるかによって決まる。ただし，個々の選手，チームの自己利益だけではグローバルなスポーツの発展にはつながらないことだけは確かである。

参考文献 　　　　　　　　21.D.06

- 近藤良享．2011．「競技スポーツの意図的ルール違反をめぐる議論」『体育・スポーツ哲学研究』33（1）：1-11．
- サイモン．1994．『スポーツ倫理学入門』近藤良享，友添秀則 訳 不昧堂出版

- 戸塚啓．2009．『マリーシア』光文社
- Fraleigh, W.R. 2003. Intentional Rules Violations-One More Time, *Journal of the Philosophy of Sport*, XXX: 166-76.

（近藤良享）

選手の人権，権利侵害 　　　　　　　21.D.07

現代のスポーツ界には様々な規制があり，それによって選手に対する人権侵害，権利侵害と思われる事態が発生している。ここでは，選手の人権侵害，権利侵害と思われる代表的な事例を3つ挙げる。1つはドーピング検査方法における疑念，2つ目はスポーツ障害，安全面からの選手への引退勧告制度，そして最後の3つ目は男女の性別をめぐる事例である。

①ドーピング検査方法の事例

1984年の第23回オリンピック大会（ロサンゼルス）におけるドーピング検査において，初めて「尿のすり替え」が発見された。そのため，以降は，ドーピング検査の採尿時に「すり替え」がないように同性の係官が立ち会うことになった。しかしながら，2004年の第28回大会（アテネ）における陸上競技男子ハンマー投げ，ハンガリーのアドリアン・アヌッシュ（Annus Zsolt Adrián）の「尿のすり替え」嫌疑による金メダル剥奪（尿検査の拒否）が示すように，2000年に入ってもなお古典的な「尿のすり替え」が行われている実態が認められる。そうした中，採尿時のすり替えによる不正行為を防止することを目的とした係官の立ち会いは次のような方法で実施されている。

日本アンチ・ドーピング機構（Japan Anti-Doping Agency: JADA）の説明によると，「同性のドーピングコントロールオフィサー（Doping Control Officer: DCO）が採尿に立ち会う。選手は上着を脱ぎ，できるだけ薄着で，袖は肘上まで上げる。上着は，胸の高さまで上げ，ズボン・下着は膝下まで（女性は足首あたりまで）下げる。DCOの指示に従い，検体が体から直接出ていることをDCOが目視できる体勢をとる。90ml以上の検体を提供する（多い方が後の手続きが楽になる）。検体から目を離さず，自分で管理」とある。

他方で，競技外検査における「居場所情報提供（whereabout）」も権利侵害の疑いがある案件といえる。ある一定の競技レベルにある選手は，向こう3ヵ月間，自身の行動予定を国内アンチ・ドーピング機構を通じて世界アンチ・ドーピング機構（World Anti-Doping Agency: WADA）に連絡しなければならない。しかも，2009年1月からは，向こう3ヵ月の行動予定の通知だけではなく，1日（午前6時から午後11時まで）の内の1時間を検査可能時間として指定しなければならなくなった。自身が指定した時間であれば，いつでも係官が尿検査を実施できる状態にしてある。もちろん，予定変更は可能であるが，必ず変更を届けないと検査拒否による罰則を受ける場合もある。

こうしたドーピング検査に伴う「係官立ち会い」や「時間指定の居所情報提供義務」は，選手の人権を侵害する恐れのある事例として挙げられる。「ドーピング撲滅のための選手の責務」との見方もあるが，選手に対する負担を少しでも緩和するような対策を，選手の声を聞きながら改善していく必要がある。

②スポーツ障害，安全面からの引退勧告の事例

プロボクサー辰吉丈一郎は，1993（平成5）年9月に世界バンタム級のチャンピオンになったが，その試合で網膜剥離を患った。当時のJBC（日本ボクシングコミッション）の安全規則では，網膜剥離と脳内出血が認められると，引退勧告（ライセンスが発行されないため，実質，引退命令）であった。辰吉はこの規則との戦いを続け，JBCから彼自身だけの特別ルールを認めさせたり，引退勧告条件の緩和も引き出した。しかしながら，基本的には，現在もプロボクシング選手の年齢制限を含めて，選手の健康を第一にして，選手自身が選手の継続を希望しても，ルールによって選手継続を認めないシステムが現存する。そのために，辰吉らも含めて，このルールに不適合の選手は，選手継続の場を海外に求めているといった状況がある。

日本国憲法に認められている「生命，自由及び幸福追求に対する国民の権利」（第13条）や「何人も，公共の福祉に反しない限り，居住，移転及び職業選択の自由を有する」（第22条）を参照すると，競技統括団体が選手個人の意向，希望を無視して，競技の継続の可否を決めるのは，個人の自由や職業選択の自由の侵害にあたるかが問われるだろう。

この点は，どのようなスポーツ世界を認めるかによるものだろう。例えば，政治哲学で唱えられる自由至上主義（リバタリアニズム）であれば，完全に自己

図1　ドーピング検査における尿検体の摂取の様子
（出典：日本アンチ・ドーピング機構〈ドーピング検査手順〉のホームページより作成）

責任(Own Risk)にすることが新たな創造的な世界が広がると主張され，それを阻止する保護主義(パターナリズム)を排除しようとするだろう。それは，全米プロボディビルダー選手権においてNaturalとUnnaturalの2部門を設定し，薬物ドーピングの検査を行わない自己責任の世界を作り出す状況に似ている。

他方で，スポーツの安全性を第一義とすれば，保護主義的な意味での安全配慮義務が各競技統括団体には求められるだろう。個人の権利を最大限に保障することの重要性を理解しつつも，自己決定権に基づく自己責任論への不安から，安全配慮義務への傾倒となるであろう。

自己決定論の考え方自体は，個人の「自立・自律」を重視したものである。個人の自立・自律を妨げる社会的，政治的介入によって，自分自身で考える力が脆弱になるという懸念がある。試行錯誤は，失敗を繰り返しつつも，その過程で人間的に成長していくことにその価値が認められている。後悔は先に立たないが，社会のルールを無批判的に受容するだけでは，自立・自律した人間にはなれない。国際的には，できるかぎり自己決定権を認めていこうとする方向にあるが，わが国においては，自分自身のことを自分で決めるよりも，むしろパターナリズム的に助言，忠告，命令することが歓迎され，時には，そのようにしないことが，「行政や組織の怠慢だ」と糾弾されかねない風潮さえある。日本人は，もともと，パターナリズムに依存する国民性があるといわれる。日本的な上意下達といった規則の制定などにより，個人の権利が侵害される状況も予想される。ルールを守ることと疑うことの差異を正しく理解し，常に規則，規範を点検・評価することが重要である。

③性別をめぐる事例

1968年の冬季・夏季のオリンピック大会(グルノーブル・メキシコシティ)から選手に対するドーピング禁止規定と並んで，女子選手に対する性別確認検査が実施されることとなった。この性を確認する規定は，2000年の第27回大会(シドニー)からは原則，廃止されたが，この間のほぼ30年間，この規定に基づく検査方法やその判定をめぐる疑義や選手への権利侵害も疑われた。

この問題を概説すると，女性確認検査の目的は，男女別に競技が実施されている中で，仮に男性に近い骨格，筋，心肺機能をもちながら，女性部門で競技する選手がいれば問題となるので，競技の公平性を確保するために，女性かどうかを確認する検査が行われるようになったといわれている。

1968年の女性確認検査規定が施行される前から，多くの疑義事例が報告されている。古くは1932年第10回オリンピック大会(ロサンゼルス)の陸上競技女子100m金メダリストだったスティーラ・ウォルシュ(Stella Walsh)は，1990年，不幸にも強盗に射殺され，検死の結果，ハーマフロダイト(両性具有)と判明した。また，1934年ロンドン大会(Women's World Games)の陸上競技女子800mの優勝者のチェコスロバキア選手もハーマフロダイトと推定された。1946年オスロで開催された欧州選手権，100m，200mメダリストの2人のフランス陸上競技選手は，その後，男性に性転換し子どもがいるという。さらには，1964年に陸上競技女子400m，800mの世界記録を樹立した北朝鮮の選手は，その後，父親が彼女(選手)は息子だったと証言している。

陸上競技ではオリンピックに先駆けて，1966年にブカレストで開催された欧州陸上競技選手権大会から女性確認検査が導入されたが，これを契機に引退もしくは検査拒否した選手たちがいるし，1967年欧州カップ選手権の陸上競技女子100m優勝，200m2位となったポーランド選手は，染色体が「XXYモザイク型」のため女性としての競技参加が禁止された。

この女性確認検査の規定が発効中の国際陸上競技選手権大会のデータを分析した研究によると，1972年から1990年の競技大会から排除された女性選手は13名で，参加した女子選手の500名に1人の割合であるといわれ，また1996年の第26回オリンピック大会(アトランタ)時には，検査対象の女性選手3,387名のうち，8名がY染色体につながる遺伝子をもつと診断されている。

2000年の第27回オリンピック大会(シドニー)から女性確認検査は，原則，行われていないが，世界選手権などのビッグイベントにおいて，金メダルの獲得や世界新記録が樹立されると，現在でもメダルの剥奪や疑惑の目が向けられている。近年では，2006年12月の第15回アジア競技大会(ドーハ)陸上競技の女子800mにおいて銀メダルを剥奪された選手，2009年8月の第12回世界陸上競技選手権大会(ベルリン)の女子800m優勝者で「男性疑惑」がもたれていた選手の例がある。後者の南アフリカのキャスター・セメンヤ(Caster Semenya)は，国際陸上競技連盟の医学的検査の結果，男性と女性の生殖器をもつ「両性具有」であったと新聞が報道している(2010年7月には，国際陸連から正式に女性として競技生活を続けることがセメンヤに認められた)。

1968年から2000年までの女性確認検査規定が発効している間であっても，個人名が公表されることはなかった。セメンヤのように，本来，性別判定の結果などは，それが意図的な不正行為(女装)でなければ，プライバシー権から公表されるべきではない。マスコミによる個人名の報道は重大な人権侵害である。

性別については，原則，国内の競技団体の責任で確認すべきことである。不十分な国内検査に起因した選手への人権侵害を引き起こさないようにしたいが，両性具有のような場合には，個別審査となり，それが競技を行う上でどれほど影響するかが問われる。しかし，性分化疾患の場合，意図的な身体改造による「不当に得られた有利さ」とはみなされず，本人が選択した部門での参加を認めるべきであろう。

〔近藤良享〕

22章
スポーツと芸術

スポーツは

記録を競うという面とともに，

技の出来映えといった美しさを採点し競う

という面も存在する。

その美しさを対象にスポーツをみる時，

どのような課題があるのか，様々な視点や論点をまとめた。

さらに，近現代の芸術作品においてどのようにスポーツが扱われてきたのか，

そして採点競技や舞踊

といった具体な場において求められる芸術的要素を紹介することで，

これからのスポーツと芸術の関係について

より深く考える契機にしていただきたい。

スポーツと美

スポーツにおける美しさの体験 22.A.01

① スポーツにおける「美しさ」の意味

スポーツにおける美しさという表現に接して，人はなにを思い浮かべるだろうか。多くの人は，シンクロナイズドスイミングやフィギュアスケートの華麗な動きを思い浮かべるだろう（図1）。100m，200mで世界新記録を出したボルト（U. Bolt）のダイナミックな走り（図2）を思う人もいれば，絶妙なタイミングでヒットを放つイチローのバッティングを考える人もいるかもしれない。

「美しさ」を研究する学問は，美学である。スポーツの美学的研究において，スポーツの美しさをどのように考えるのかは議論されている。フィギュアスケートなどの華麗な動きだけでなく，例えば，陸上競技の短距離走のスタートダッシュの「すばやさ」や，バレーボールのスパイクの「強さ」，柔道の寝技の「しぶとさ」なども，スポーツの美しさとみなされているのである（勝部篤美『スポーツの美学』杏林書院．1972；樋口聡『遊戯する身体』大学教育出版．1994．132）。

このような美しさの広がりは，美学でいう「美的カテゴリー」とも関係する。例えば，デッソワー（M. Dessoir）は，「純粋美」「優美」「滑稽」「崇高」「悲壮」「醜」といった美的カテゴリーを挙げ，円環的図式でこれらのカテゴリーの関係を考えている（竹内敏雄 編『美学事典 増補版』弘文堂．1974．199-200）。純粋美と呼ばれる狭い意味での美しさだけでなく，崇高や悲壮や滑稽といったものまで，美学では美しさと考えるのである。

さらには，醜までが美的だという。これはいかなることか。それは美学では，われわれの感性的直観に訴えかける価値を「美的」と捉えるからである。醜いものは美的でないのではない。われわれの感性を刺激せず特段の注意を引くことのない事柄が，美的でないものなのである。それゆえに，われわれを驚かせるある種の（すべてではない）醜さは，美的とみなすことができる。

美的であるものは直接的な感性的価値をもつのであり，美しさを考える重要なポイントは，体験の「直接性」と，「感性」とのかかわりと，そして「価値」ということである。したがって，スポーツにおける美しさは，単に「動きがきれい」ということだけでなく，上記のような，様々なスポーツの美を含みうるのである。

② スポーツにおける「美しさ」の構成契機

ボルトの走りに美しさをみる時，ゴール直前30mの大きなストライドとリラックスした全身の躍動感に，美しさを感じる人は多いだろう。しかし，自らが200mの短距離走者である人であれば，ボルトの200mのコーナーリングの見事さに美しさを見出すこともある。一般に，そのスポーツへの大きな関心と知識，そして自らの実践経験をもっている人ほど，そのスポーツに様々な美しさを発見する。このことは，スポーツにおける美しさが，その直接的な担い手である競技者のパフォーマンスだけにあるのではなく，それを発見する観察者の経験や力量にも依存していることを意味している。

美は，ある意味で主観的なものである。同じものをみても，それを美しいと思う人もいれば，なにも感じない人もいる。また，同じ対象に対して，今は特別な思いをもたない人が，数年後に改めてそれをみた時，すばらしい美しさを発見することもある。しかしその一方で，みられている対象の特性は，われわれが美しさを発見する上で重要であることも確かである。ボルトの走りはやはり極上の美しさを生み出すのであり，どんな走者でも構わないというわけにはいかない。

このことから，美しさは，みられる「対象」の特性と，それをみる観察者のみるという「体験」との中間に生成・存在するということができる。したがって，スポーツにおける美しさを考える時も，スポーツの美としてみられる対象（その中心はプレイする競技者）と，それをみる観察者の体験の両方を考えなければならないのである。前者はスポーツにおける美しさの対象（スポーツにおける美的対象），後者はスポーツにおける美しさの体験（スポーツにおける美的体験）と呼ぶことができる。

スポーツにおける美しさを体験する人としてまず考えられるのが，スポーツ観戦者である。人々はスタジアムに出かけスポーツ観戦者となり，競技者たちの優れたパフォーマンスをみる。そこにスポーツにおける美しさが現出する。このことは，われわれが劇場に出かけて演劇をみる，コンサートホールに行って音楽を堪能する，美術館を訪れて名画を鑑賞するということと，基本的に同じ構図で考えられるものである。

スポーツにおける美しさの体験として，もう1つ考えなければならないのは，スポーツを実際に行う人の体験，スポーツ実践者の体験である。ボルトのようなトップアスリートだけでなく，われわれもまた，自らスポーツを実践し，その体験の中に美感と呼ぶこ

図1　スポーツにおける美しさを代表するフィギュアスケート（写真：フォート・キシモト）

図2　ボルトのコーナーリングの走り（写真：フォート・キシモト）

とができるような体験をする。運動がうまくできた時の快感や，練習をして上手になっていく時の楽しさの体験などが，それである。これは，〈みる－みられる〉という関係で考えられる美しさの体験とは違った，特殊な美しさの体験である。このような体験は，音楽演奏や絵画制作などの芸術創作においても同じように生じるものであるが，これまでの美学ではほとんど問題にされておらず，スポーツの美学的研究が，芸術の美学的研究に先んじているテーマである。このように考えると，スポーツにおける「美しさ」の構成契機を，図3のようにまとめることができる（樋口聡『スポーツの美学－スポーツの美の哲学的探究－』不昧堂出版．1987）。

③ スポーツ観戦者の美しさの体験

スポーツ観戦者とは，スポーツをみる人のことである。われわれはどのようにしてスポーツをみるのだろうか。まず，競技場に出かけていっての，いわゆる生の観戦があるだろう。プロ野球やJリーグのようなハイレベルの試合だけでなく，子どものクラブ活動の試合の応援でも，われわれはスポーツ観戦者となる。

この生の観戦が，スポーツ観戦の基本形であるが，現代社会においては，テレビによるスポーツ観戦が重要な意味をもっている。オリンピック，サッカーワールドカップ，そして世界陸上などの国際的なトップレベルの競技会を，現地まで出かけていって生で観戦するのは大変なことで，それを簡便な形で身近に実現するのがテレビである。さらに，テレビでのスポーツ観戦は，生の観戦では得ることのできないような体験を与えてくれる。例えばマラソンなど，現場で生でみていれば，目の前を選手が駆け抜けていく臨場感を得ることができるものの，そのレース展開の全体像を把握することは困難である。テレビ観戦では，トップとのタイム差や，競っている選手の細かな表情，さらには過去の戦歴などといったものまで知りつつ，そのレースを観戦することができるのである。

生の観戦にせよ，テレビによる観戦にせよ，スポーツにおける美しさを発見できるような観戦であるためには，いくつかの条件を考慮しなければならない。

図3　スポーツにおける美しさの構成契機
スポーツにおける美しさは，「スポーツ観戦者の美しさの体験」「スポーツにおける美しさの対象」そして「スポーツ実践者の美しさの体験」から構成される。

まず，スポーツ観戦者は，眼前のパフォーマンスを，関心をもってよくみる人でなければならないが，この関心のもち方には，美的なものとそうでないものとを区別することができる。ここでいう「美的な関心」は，ガイガー（M. Geiger）が提示する美的無関心性の問題と関係する（樋口, 1987. 51-57）。スポーツを観戦する人にとって，試合やレースの結果は重要である。しかし，どちらのチームあるいは誰が，勝ったのか，新記録は出たのか出なかったのかなどという結果にだけ強く関心づけられた見方は美的ではないことを，美学は教える。試合の結果を知るだけであれば，テレビのニュースや新聞をみればよいのであって，試合をわざわざみる必要はない。そこに美的な見方は成立しない。

美的な見方とは，試合やレースの展開そのものをつぶさに観察し，そのプロセスの質を愛でるような見方である。したがって，強い関心をもってゲームに関与する「ファン」と呼ばれる人々は，自分のひいきのチームや選手を強烈に応援するあまり，逆に，パフォーマンスの質を賞賛する美的な見方から逸れてしまう恐れがある。美的な見方をするスポーツ観戦者は，たとえ相手方の選手のプレイにさえも，美しさを発見する人である。

次に，スポーツ観戦者が，実際に，生にせよテレビ観戦にせよ，試合を観戦し，個々の選手の動きや試合の流れを観察し，そこに美しさを見出すためには，そのスポーツについての知識や，観戦の経験の蓄積が求められる。さらには，そのスポーツの実践の体験さえも望まれることがある。

スポーツについての知識として，運動学などのスポーツ科学の知見を挙げることができる。スポーツ観戦者は，そうした知識とともにビデオなどの機器も使用しつつ，スポーツ運動の経過に対する観察眼を確かなものにすることができる。マイネル（K. Meinel）がいうように，運動の美は運動の本質の現象形態と考えることができるのであり，その意味で，スポーツ観戦者は，スポーツ運動の本質を理解することによって美しさを把握する可能性をもっている（クルト・マイネル．金子明友 訳『スポーツ運動学』大修館書店．1981；樋口, 1987）。

スポーツ観戦者がスポーツの美しさを発見するためには，ある種の想像力が必要である。その想像力を培うのを助ける手だてとして，芸術におけるスポーツの描写を通しての理解を挙げることができる。スポーツは，これまで彫刻，絵画，写真などの芸術によって主題として取り上げられ，有能で著名な芸術家たちによって描かれている。それらの作品は，スポーツ運動のダイナミズム，スピード感，激しさ，あるいはスポーツがもっている劇的特質のエッセンスを凝縮してわれわれにみせるものである。そうした作品を通して，われわれはスポーツを観戦するための重要な想像力を養うことができるのである。

以上のようなスポーツ観戦者の体験は，美学の用語で，「美的直観」と呼ば

れるものである。スポーツ観戦者が美的直観によって美しさを発見する時，そこには美的な感動である「美的共感」を伴う。スポーツ観戦者は，眼前のスポーツのパフォーマンスの中に，競技者が表出する「生命力」に共感し，感動する。その生命力は，単にトップレベルの競技者だけに見出されるものではなく，若く伸び盛りにある子どもたちにもみられるものである。さらに，スポーツ運動の美しさとゲームの劇的特質が絡み合って，スポーツ観戦者は，競技者の人格性（personality）の発露に，スポーツにおける美しさを見出す。その場合の人格性とは，競技者がそれまで歩んできた道のりを凝縮して示す独特の競技者の姿である。スポーツ観戦者はそうした人格性の発露と遭遇する時，美的な感動を覚え，それはスポーツにおける高められた美しさなのである。

④ スポーツ実践者の美しさの体験

われわれは，自らスポーツを実践することによって，スポーツ実践者になることができる。その時，必ずしも高い技能が求められるわけではない。しかし，そのスポーツに関心をもち，そのスポーツのルールなどをよく知り，そのスポーツをプレイするだけの最低限の技能が求められることはいうまでもない。

われわれはスポーツを実践する時，いろいろなことを感じ取る。そのスポーツ実践者の体験を，「美感」という言葉で表現した美学者がいた。中井正一である。彼は，京都大学で美学を学び，学生時代のボート選手などとしての自己のスポーツ体験から，「スポーツの美的要素」「スポーツ美の構造」「スポーツ気分の構造」といった論考を書いた。彼は，芸術の愛好者であるとともに，スポーツに対してもよき観戦者であり，同時に情熱的な実践者でもあった。それだけであれば，スポーツを愛好する美学者というにすぎないが，中井は自らのスポーツの実践体験を美学の言葉で語ろうとした稀な人であった。

中井は，水泳を練習して，ある時，水に身をまかせたような，楽に浮いているような心持ち，力を抜いた心持ちで泳いでいることに気づくことがあり，その時，フォームが分かったのであり，その何ともいえない楽な，楽しい心持ちは，美感にほかならない，という（中井正一『美学入門』朝日新聞社. 1975. 13）。

中井は，スポーツ実践者の美感を，いくつかの要素から考察している。1つは，ボートのレースで「迫り来る敵艇のスパートをより鋭いスパートをもって引き離す心持ち『これでもか』『これでもか』と重い敵艇の接近を一櫂一櫂とのがれゆく心境」と語られるような「競争性の美感」である。もう1つは，「筋肉が，筋肉自らの行為をその内面の神経をもって評価し，そこに深い快適性をもって端的なる反省を為す」といわれる「筋肉操作の美感」である（中井正一「スポーツの美的要素」，「スポーツ美の構造」，『中井正一全集 I』美術出版社. 1981. 413, 434, 437）。

競技としてのスポーツに参加する時，個人スポーツでも対人スポーツでも，またチームスポーツにおいても，スポーツ実践者は，対戦相手と向き合わなければならない。競技場の外では同じスポーツの愛好者として親交を深めることはあっても，競技場の中では，スポーツ実践者は，相手を打ち負かそうとする。それは，競技のレベルとは関係なしに，なされることである。それが競技スポーツに真摯に参加することだからである。その時の，スポーツ実践者のわくわくする緊張を伴う体験を，上記の中井の「競争性の美感」は示している。これは，スポーツ実践者の美しさの体験の共同存在的性格とみることができる。チームスポーツにみられるような，仲間が一体となる組織感の美感なども，これに含めることができる。

中井が水泳の例で語った「心持ち」は，視覚，聴覚，運動覚などの諸感覚によってもたらされる運動感覚的知覚によって実践者が体感するものである。これが上記の「筋肉操作の美感」と呼ばれるものである。スポーツ実践者が身体運動によって美感を得る時，それを感じ取るのは，身体全体である。それは意識と結びついているがゆえに，〈主観ｰ身体〉と呼ぶことができる。それに対して，運動によって位置や姿勢などの状態を変化させるものとしての身体を，〈客観ｰ身体〉と呼ぶことができる。

〈主観ｰ身体〉と〈客観ｰ身体〉は，スポーツ実践者において互いに向き合っており，中井の水泳の例のように運動がスムーズになされて，実践者が運動による快感を得る時，〈主観ｰ身体〉と〈客観ｰ身体〉は一体化している。「筋肉自らの行為をその内面の神経を持って評価し，そこに深い快適性をもって端的なる反省を為す」と中井が描写するのは，そのことである。この〈主観ｰ身体〉と〈客観ｰ身体〉の一体化をもたらすのが，身体内部にある「内なる自然の技巧」と，周りの物理的世界に存在する「外なる自然の技巧」の浸透である。つまり，実践者の身体の内部には自然の技巧と考えられる一種の法則性があり，身体運動を行うことによって，その内的な法則性が，外界にある自然の法則性を一瞬のうちに測定・計算し，そこに法則性の合致がみられる時，実践者の美感は生起するのである。これが，スポーツ実践者の美しさの体験の技術的性格と呼ばれるものである。

こうしたスポーツ実践者の体験が，なぜ美感と呼ばれ，美と関係づけられるのだろうか。それは，おそらく中井も依拠したと考えられるベッカー（O. Becker）の存在論から来る。人間は自由や意識を持った存在であるが，それゆえに人間はなにをなすべきかなにがなしうるかには，必ず不確実性が伴う。それが実存的ということである。それに対して，自然の世界は，無意識的であり，自然法則にみられるような確実性をもっている。人間が生きるということは，この両者の間の中間的存在としてである。また，無限なものが有限な形で表現されたものが美であり，この無限と有限の中間存在として美を考えることができる。この存在論から，スポーツ実践者にみられる自然の技巧の相互浸透性を，人間（身体）の不確実性と自然の確実性の中間に生じるものとしての美とみなすことができるのである。中井は，その確実性に対する思いを，現実の中に「論理的なもの」「正しいもの」が必ず潜んでいることを信ずること，自分の肉体を信じ，この世界を信じ，歴史を信じ，人類全体を信じること，と述べている（樋口, 1987. 135‒37）。

（樋口　聡）

スポーツにおける美しさの対象

① スポーツにおける美しさの対象の構造

スポーツにおける「美しさ」の構成契機の中に，スポーツにおける美しさの対象は位置づいている。スポーツにおける美しさの中で，スポーツ観戦者によってみられ，観戦者にとっての美しさを生み出す対象が，ここでいうスポーツにおける美しさの対象である。スポーツ観戦者は，なにに美しさを見出すのか。その「なに」に当たるのが，この対象である。

美学によれば，美的対象は，その基本構造として，「素材」「形式」「内容」をもつ。スポーツにおける美しさの対象の「素材」とは，スポーツ実践者がスポーツの空間においてスポーツを実践し，そこに生じる現象が美的であるといわれる時の，その現象の構成的な要素である。その要素として，スポーツの競技が展開されるための空間的環境，スポーツの用具，そしてスポーツ実践者を挙げることができる。

スポーツを観戦するために競技場を訪れた時，目に入ってくるのは，例えば野球場であれば，両翼に向かって伸びる直線とダイヤモンドのシンメトリー（図1），そして外野の芝生の青さなどであろう。観客席の大きさも，われわれの目を引く。手入れの行き届いたそれらの施設の美しさは，スポーツにおける美しさの対象の素材である。さらに，ゲームの進行に重要な役割を果たす審判や競技役員も，その素材となる。彼らによる巧みな競技の進行がなければ，スポーツにおける美しさの対象は成立が危ぶまれるからである。こうした要素がどの程度，対象の素材となりうるかは，そこで展開される競技のレベルによって異なる。国際試合などのハイレベルになればなるほど，空間的環境が果たす役割は大きい。

スポーツ実践者が用いるボール，ラケット，バット，運動着，運動靴などの用具もまた，空間的環境と同様に，スポーツにおける美しさの対象の素材となる。それらの用具の彩色やデザインが，美的な要素をもっているという面もある。しかし，それよりも重要なのは，野球やサッカーなどの球技においては，スポーツにおける美しさの対象そのものの中に，ボールという用具を欠くことができないということである。サッカーにおける美しいプレイは，サッカーボールをめぐるスポーツ運動なのである。

空間的環境や用具が準備されても，スポーツにおける美しさの対象は成立しない。当然のことながら，そこでプレイをするスポーツ実践者が必要なのであり，その意味で，実践者は，スポーツにおける美しさの対象の最も重要な素材である。素材である実践者には，そのスポーツを実践するための技術と，そのスポーツのルールを守って一生懸命にプレイする意思とが求められる。技術が不十分で思うようなプレイができない，あるいは技術があってもやる気をもってスポーツに参加しないような実践者では，そこにスポーツにおける美しさなど生まれることはないからである。

スポーツにおける美しさの対象の「形式」がフォームの問題であり，その延長上にスタイルの問題を考えることができる。これについては，以下，見出しを改めて論じることにしよう。

素材，形式の先に述べるべきは，スポーツにおける美しさの対象の「内容」である。この〈素材－形式－内容〉といった見方は，芸術をめぐる美学の議論から来ているが，スポーツにおける美しさの対象の内容を考えた時，芸術におけるそれと同じには考えることはできない。芸術家が意図的に表現しようとする内容のようなものを，スポーツはもちえないからである。スポーツにおける美しさの対象の内容は，それを生み出す当事者であるスポーツ実践者が無意図的に表出するものである。そこで表出される美しさの内容は，スポーツ実践者のスポーツ運動とゲームが生み出す劇的特質がもたらす「生命力」と「人格性」である。

スポーツ運動の美しさは，スポーツ技術によってもたらされるがゆえに，それは一種の技術美と考えられる。日本を代表する美学者であった竹内敏雄は，技術美を，直接的には特に現代の機械的工作物に見出される美だという。技術美の概念が広く解された場合に，スポーツの美もそれに含まれる。技術美は，有用性と結びついた機能美と捉えられる。しかし，竹内は，単純に機能を美と置き換えるような，安易な機能主義的な見方を取らない。速く走ったり泳いだりするから，遠くへ投げたり跳んだりするから，美しいのではないのである。竹内は，「もとより有用性あるいは機能的合目的性がそれ自身のためによろこばれるのではない。われわれはそれが形態化されるところに機能的な力の緊張と充実が動勢をもって現象することに着目し，そこに『機能美』ともいうべき技術的対象に固有の美を享受するのである」（竹内敏雄「技術時代の美学の問題」『講座美学新思潮4 芸術と技術』美術出版社，1966.43）と述べて，スポーツ運動の美しさを生命力と

図1　空間的環境が表出する美しさ（写真：フォート・キシモト）

図2 若い競技者が表出する美しさ

いった価値的なものへと結びつけるのである。この生命力という概念は，熟練した競技者だけでなく，たとえ技術的には劣っていても成長過程にある若さに溢れたスポーツ実践者が表出する美しさにも，あてはめて考えることができる（図2）．

スポーツにおける美しさの内容としてもう1つ考えるべきは，スポーツ実践者の人格性である．スポーツのドラマティックな展開にみられる劇的特質は，人々を感動させる美しさの源泉の1つである．その劇的特質を生み出すのが，人格性である．個々の人間が人間であるという意味で有する人格（person）を，実践者が一定の期間スポーツに従事することによって跡づけ，スポーツという行為を通して現出させるのが，ここでいう人格性（personality）である．スポーツは人為的な行為であるゆえ，スポーツ実践を展開するためには，パフォーマンスのレベルの高低にかかわらず，多かれ少なかれ「練習」が求められる．何の練習もせずに，生まれながらにしてテニスができる人はいない．練習－ゲーム－練習…という時間的経過が集約されて結晶化し，その実践者の人格性となる．中井は，「彼等〔スポーツマン〕は〔勝って〕踊ったり〔負けて〕泣いたりするにはもっと深く長く凡ての練習を通して微笑み且つ泣きつづけて来ている．勝って泣くのも負けて泣くのも，その長い苦闘に対して自分をいたわる涙なのである．ここまで来たと始めて眼をかえすときの

アルピニストの胸に湧き来る遠い哀感と何の変りもない」と述べている（中井正一「スポーツ気分の構造」『美と集団の論理』中央公論社．1962．184）．そうしたスポーツ実践者の人格性が，スポーツ観戦者によって共感されることによって，劇的特質としてのスポーツにおける美しさとなるのである（樋口聡『スポーツの美学－スポーツの美の哲学的探求－』不昧堂出版．1987）．

② **対象の形式（フォーム）**

形式は，美学的にみると，様々な素材が全体的に統一されて美的対象となる時の統一的結合関係のことである．それとは別に，スポーツにおいては，「形式（フォーム）」は特別の重要性をもった用語である．いうまでもなく，それは運動のフォームのことである．スポーツ運動の美の性格はこれまでも研究され，統一的結合関係を規定する形式（フォーム）の法則ともいうべきものが提示されている．

経験的に振り返ると，スポーツ運動の美は，運動の巧みさや合理的な運動経過と関係があるように思われるであろう．スポーツ運動の巧みさとか合理的な運動経過といった問題を扱うのは，スポーツ科学の一領域である運動学である．例えばマイネルの運動学をみてみると，スポーツの運動経過の本質的特徴として，「運動リズム」「運動伝導」「流動」「運動の弾性」「運動の正確さ」などが挙げられており，これらの諸特徴が条件となって運動の調和がもたらされ，それは運動の美であるとされる（Meinel, K. *Bewegungslehre*, Volk und Wissen Volkseigener Verlag. 1960．金子明友 訳『スポーツ運動学』大修館書店．1981）．

逆にスポーツ美学の諸研究から美的なスポーツ運動の性格づけを引き出してみると，それらは「流動性」「リズム」「スピード」「技術」「パワー」「統一性」「複雑さ」「強烈さ」「調和」「均斉」「つり合い」「正確さ」「タイミング」などであり，運動学によるスポーツ運動の本質的特徴の分析と符号する．スポーツ運動の美はスポーツ運動の本質の現象形態である，と考えることができるのである．スポーツ運動は合目的性と経済性の原理に依拠しており，したがって，スポーツ運動が技術的な巧みさに支えられ

て，正確に，流動的でリズミカルに，そしてダイナミックに調和をもって，かつ運動課題に合致し効率的になされる時，美的になるということができるのである（樋口聡『遊戯する身体』大学教育出版．1994．132－33）．

運動のフォームの美の性格として，第一に「正確性」を挙げることができる．これには，合目的的で経済的な運動の原理に即し運動経過が一定の軌跡を描くような定常性をもつことと，シュートの確実さのような遂行された結果の正確性の2つの意味がある．サッカーのシュートにせよバスケットボールのシュートにせよ，結果としてのシュートの正確性（シュートが確実に入ること）は，運動経過の正確性と全く無関係なのではない．スポーツの運動経過は純粋に人間の身体のみの運動などとして抽象的にみられるのではなく，シュートという運動は蹴られた，あるいは投げられたボールのゆくえも当然含められて観察されるのであり，それが運動のフォームの美となる．

第二に運動のフォームの美の性格として挙げられるのは，「流動性」である．それは運動の滑らかさである．運動学的にみれば，運動の流動性とは，1つの運動経過の「準備」「主要」「終末」という局面間の融合や結びつき，あるいは異なる運動技能間の合目的的な継続性であって，それはスポーツの運動経過の良否を判断する重要な基準である．マイネルがいうように，運動が丸い，曲線的な形態を示し，「かど」が現れないということであり，それは急激な速度変化がないということでもある．

第三に挙げられる運動のフォームの美の性格は，「リズム」である．リズムという概念は，多種多様な意味で使われる．拍子のような一定の繰り返しをリズムと捉えるものから，リズムは生命の原型であるとするものまであって，リズムという語は様々な脈絡の中で多義的な意味をもっている．スポーツ運動のフォームを規定する統一関係としての運動リズムは，目の前の対象の運動経過をめぐるリズム概念をさす．すなわち，運動リズムとは，筋の緊張と弛緩の経過から生じる運動経過の空間的・時間的秩序である．スポーツ運動は，筋的緊張あるいは弛緩の連続ということはありえないから，多か

れ少なかれリズム的要素をもっている。同一の運動が繰り返されるような，例えば水泳の各種の泳法やボートのオールを漕ぐ運動，陸上競技での走運動，特に空間的・時間的分節の明瞭なハードル走や三段跳の跳躍などにおいて，明確に観察される。

第四に挙げられるのは，「運動の力動性」である。それは運動の力強さであるが，単に力学的な意味での力動性(Dynamik)にとどまらずに，直観的対象の特質としての力動性(das Dynamische)を考慮しなければならない。運動の力動性のためには，運動が合法則的に合目的性，経済性の原理に沿っていなければならないが，しばしばそれを越えて力動性は発現する。例えば野球において，打球をフェア・グラウンド内で一定距離以上飛ばせばホームランとなるのであり，合目的，経済的に考えれば，最小距離のホームランを打つのが最も理想的であるが，実際には高々と舞い上がる打球や場外ホームランなどに豪快さといった性質として力動性が現れ，運動のフォームの美を形成する。

これらのほかにも，「運動の弾性」や「つり合い」などのいくつかの特質が考えられる。それらは，前述した主要な4つの特質との関連において理解することができる。むしろ重要なことは，それらの全体の統一としての調和である。運動の調和は，運動の形態いわゆる「形」の美しさに限定されるものではなく，多くの要因の統一によってもたらされる最高の形式原理である「多様における統一」でもある。運動の正確性，流動性，リズム，力動性といった諸特質の高度の充実が，運動の調和という統一をもたらすのである。

③ 対象の様式（スタイル）

様式とは本来，芸術上の用語であり，様々な意味で使われる。芸術上の様式概念は，芸術的表現の類型的分化に関する記述概念として用いられる場合（例えばゴシック様式・ルネサンス様式・バロック様式等）と，特殊な意味における価値概念として用いられる場合（例えば「あの作家の作品は様式をもっている」等）との2つに大別される。一般の美学においては，前者すなわち価値判断から脱却して様式を記述概念として扱うことが

学的課題として重要性をもっている（木幡順三『美と芸術の論理』勁草書房．1980. 185）。

運動学やスポーツの美学的研究における様式概念は，芸術上のそれからの転用であるが，芸術に関する一般の美学がもっている学的重要性とは逆に，価値概念としての意味内容が着目されている。確かにスポーツ技術は時代をおって変遷し，例えば1930年代のスタイルを考えることができるとしても，それが現在もスポーツ運動の課題を解決するための技術としての存在意義をもつものではない。スキーのジャンプ競技で，腕をぐるぐる回して飛ぶ選手は，今日存在しないのである。

民族様式についても同様である。しばしば，国や民族によって異なるタイプのスポーツチームができあがる。例えば南米のサッカーとヨーロッパのサッカーは違うといったことがいわれる。確かに国民性や伝統が監督や選手の気質に影響を与え，サッカーに対する認識の差からチームのタイプの差が生じることがあるだろう。しかし，それがチームの攻撃のパターンやディフェンスの取り方を決定づけるものではないだろう。それよりも，メンバーとしてどんな選手がいるのか，技術の程度はどうか，体格や体力的な面はどうか，といったことが考慮され，そのメンバーで試合に勝つにはどうしたらいいか，どんな戦術を使えばいいか，ということでチームカラーが決定されるのが事実であろう。

芸術の記述概念としての様式の捉え方の1つに，ジャンルの様式がある。芸術の各種ジャンルに固有の形成法則に則ってなされた表現が，作品対象の上で類型的同一性を反復現出させる時，それがジャンルの様式と呼ばれる。青銅様式と大理石様式といった媒材様式，静物画と風景画の様式というような題材様式などが挙げられる。スポーツに関して，この芸術のジャンルの様式に相当するものを考えてみれば，それを様式と呼ぶかどうかは別として，走高跳における背面跳やベリーロールなどが挙げられる。スポーツ技術がそれぞれの技術的法則に立脚して一定の運動方式として定式化されたものに，様式としての類型をみることも可能である。クロール，バタフライ，背泳

平泳ぎといった泳法が水泳競技の種目となっていることも，様式的な類型化の例である。より速く泳ぐという運動課題を追求するだけであれば，現在，クロール以外の泳法は技術としては不適当であるはずであり，そこにはジャンルの様式に似たものがあるのである。

このように，スポーツにおける芸術的な様式概念の不可能性や，芸術のジャンルの様式に相当するスポーツ種目の問題の可能性をおさえた上で，スポーツにおける様式という概念を，優れた実践者に典型的にみられる，技術的な合法則性に立脚し個性的特徴をもってなされる運動遂行の方式である，とすることができる。

スポーツ実践者に実際に習得されたり蓄積されたり観察されたりするものは，技能や熟練である。熟練は，技術という客観的な法則性に基づくにせよ，その所在は主観的であり個人的である。高い熟練によって優れた運動経過を展開する実践者が，彼あるいは彼女特有の様式を示すことは必然的なことである。したがって，高い技術的熟練によって示される運動の本質の現象化であるスポーツ運動の美しさは，個性的特徴をもった様式の美なのである。ただし，一流選手にしか様式は認められないとするのは適切ではない。一流の優れた実践者の運動において様式美が典型的にみられることは事実であるが，技術水準は低くとも，その段階で流動性やリズムなどが観察され全体的な調和が感じ取れるのならば，中学生の競技者の運動にも独自の様式美が見出せるのである。

（樋口　聡）

近現代芸術作品にみるスポーツ　22.B

美術におけるスポーツ　22.B.01

① スポーツする印象派

　近代美術におけるスポーツの表現について，ここでは近代スポーツを対象とするものと限定しよう。ヨーロッパのアカデミズムの美術教育においては，古代ギリシャ・ローマの像が準拠すべき古典とされていた。特に18世紀後半から新古典主義が興こり，例えば大英博物館にあるアテネのパルテノン神殿の有名な大理石彫刻（エルギン・マーブル）をイギリスにもたらしたエルギン卿（Lord Elgin）の家では，その彫刻が置かれたそばで生身のボクサーが画家や彫刻家の前でポーズをとることがあった（Pointon, M., 1978）。この場合，画家たちの関心はボクサーというアスリートの肉体と同じくらい，あるいはそれ以上に，真正の，つまりローマ時代の模刻ではない，古代ギリシャ彫刻にあった。

　近代スポーツは，ブルジョア社会で組織化された19世紀後半になると，まず日常的な風俗の一コマとして画家たちによって描写されている。特にモネ（C. Monet），ルノワール（A. Renoir）など，フランスの印象派がパリ郊外でレクリエーションを楽しむ市民の情景をしばしば取り上げて絵にしたことは広く知られるようになった。例えば，マネ（E. Manet）作『舟遊び』（1874年，メトロポリタン美術館蔵）のように，セーヌ川沿いを舞台として行われたスポーツが主題となった。ルノワールの描く遊泳場を備えたレストランの情景『舟遊びの昼食』（1881年，ワシントン・フィリップス・コレクション蔵）にもパリ市民の余暇生活が反映している。

　ところが，こうした印象派の中でも本格的にボートやヨットの競漕に取り組んだ画家がいた。カイユボット（G. Caillebotte）である。一時，印象派のパトロン役を務めたこの画家は自らヨットをデザインするほど，このスポーツに熱中した。1879年の第4回印象派展にはボート遊びの光景を描いた作品をまとめて出品したし，1880年にはパリ・ヨット・サークル（Cercle de la Voile de Paris）の副会長に選ばれたほどであった。美術評論家フェネオン（F. Fénéon）は彼を「画家＝ヨットマン（Les peintres yachtmen）」の1人だとした（Berhaut, M., 1978）。文字通り，スポーツする印象派の画家であった。

② 近代人としてのスポーツマン

　20世紀初頭は，近代美術史とスポーツマンのかかわりにおいては最も輝かしい時代であった。なぜなら，スポーツマンは「近代」の表象という役割を演じたからである。特に，世界各国にいち早く報じられたイタリア未来派の詩人マリネッティ（F. Marinetti）による『未来派宣言』（1909年）は大きな影響をもたらした。この宣言は，冒頭から夜中に市街を疾駆する自動車のドライブによって始まり，スピードと機械とが密接に結びついた近代にふさわしい自動車のドライバー，飛行機のパイロット，そして巨体の体操家等に言及する。イタリア未来派がファッションや料理に至るまで多様なジャンルについての宣言を次から次へと発したように，この文学的なイメージ自体が美術作品を生み出すことにもなった。特に運動する人体を形態の反復によってする表現はそのままスポーツマンの描写に好適であった。その代表的な例がボッチョーニ（U. Boccioni）による『フットボール選手』（1913年，ニューヨーク近代美術館蔵）である。このテーマは20世紀絵画ではよく取り上げられたが（Heiny, H., 1973），形の分解が極端に進められ，サッカー選手なのかラグビー選手なのかわからないほどであった。

　この表現は抽象絵画への道を拓いたピカソ（P. Picasso）によるキュビスムの影響を受けていたが，一方，この「純粋絵画」の難解さとは対照的なイタリア未来派の具体的な「近代」のイメージもパリで歓迎されるところがあった。その代表格が美術批評もよくした詩人アポリネール（G. Apollinaire）であった。1913年春の展覧会で，アポリネールはグレーズ（A. Greize）作『ラグビー選手たち』（ワシントン・ナショナル・ギャラリー蔵）をみて，絵画に主題が帰ってきたと快哉を叫ぶのであった。同じ展覧会にはいま1つラグビー選手を描いた作品があった。こちらもまた近代性を正面から取り上げたドロネー（R. Delaunay）作『カーディフのチーム』（パリ市立近代美術館蔵）である（村田，1986）。画面には跳び上がってボールを奪い合うラグビー選手たち，飛行機製造会社の看板，そして大空を行く複葉機などが描かれていた。まさに「近代」へのオマージュであった。

　1910年代にはロシアにも未来派を唱える美術家が活動していた。第一次大戦前後からロシア・バレエ団で舞台美術家として活躍することになるゴンチャローワ（N. Goncharova）は1913年にイタリア未来派に倣い，形の反復による運動表現を用いた『自転車に乗る人』（国立ロシア美術館蔵）を制作した。そこから運動表現と光の表現を合わせた抽象的な表現である光線主義へはほんの一歩だったのだが，さらに先鋭なスポーツマンの姿が現れた。それが，幾何学的な形を表現する無対象絵画（シュプレマティズム）を生み出したマレーヴィチ（K. Malevich）による『フットボール選手の絵画的リアリズム』（1915年，アムステルダム市立美術館蔵）である。画面にはむろんスポーツマンの姿をかたどった形は一切なく，いくつかの色面と1つの円が白い地の上で浮遊するのみである。「近代」の追究が到達した抽象表現とスポーツマンが結合していた。

　第一次大戦が終わると，敗戦国ドイツでは政治的な混乱の中で，既存の芸術形式を否定する破壊的なダダイズムが芸術界を席巻する。ベルリンのダダイストで，鋭い諷刺を利かせたグロッス（G. Grosz）はボクシング愛好家であった。画室にパンチングボールを置いたり，ヘビー級チャンピオンのマックス・シュメーリング（M. Schmeling）の肖像（1926年）を手掛けたりした。一方，未来派以来のスポーツマン像も途絶えていない。例えば，革命後のロシアでは，リシツキー（E. Lissitzky）の石版画『スポーツマン』（1923年）のように，革命により新しい社会を実現するために求められる「新人」のイメージがスポーツマンによって表象されたのである。

③ オリンピック芸術競技

古代オリンピックを範として近代オリンピックを復興したクーベルタン（P. de Coubertin）が，古代に倣って芸術競技（図1）を採用することに執心した事実はあまり知られていない．実際に，紆余曲折はあったが，彼の情熱によって1912年の第5回オリンピック大会（ストックホルム）で最初の芸術競技が実現した．以後，2度の世界大戦をはさみながら，これは1948年の第14回大会（ロンドン）まで実施されることになった（Stanton, R., 2000）．クーベルタン自らも筆名（ペンネーム）により参加していた．競技種目は，建築，文学，音楽，絵画，彫刻であり，時代が下るにつれて，絵画部門に絵画（油彩），版画，素描の別ができるなど，下位の部門が開設された．優秀作品については，金銀銅のメダルそして選外佳作が選定された．

このオリンピック芸術競技の定着と歩調を合わせるようにして，芸術とスポーツというテーマによる展覧会がとりわけドイツで盛んになった事実は注目に値する．1926年，デュッセルドルフでは大規模な「健康管理・社会福祉・体育博覧会」，略称ゲゾライ（GeSoLei）が開催され，その一環として「芸術とスポーツ」展が企画された．1928年第9回オリンピック大会（アムステルダム）では，組織的に対応したドイツは大会終了後に国内でドイツ部門だけの展示を行った．

こうした流れの中で，1936年，第11回オリンピック大会（ベルリン）ではリーフェンシュタール（L. Riefenstahal）の映画『民族の祭典』のように，芸術競技とは直接は関係ないとしても，今日でも広く議論されている芸術作品が生まれた．一方，オランダのアムステルダムでは「独裁下のオリンピック」と題した反ナチの美術展が開催されたし，アメリカでは美術家組合を中心に芸術競技のボイコット運動が広まった．

④ 近代日本における美術とスポーツ

日本でも近代スポーツが定着するにつれて，美術家が主題として取り上げるようになった．明治末から水彩の普及に尽力した小島烏水においては，制作すること（水彩）とスポーツすること（登山）とが不即不離の関係にあった．大正期で特筆されるのは，イタリア未来派と交流があった神原泰である．1925（大正14）年，破壊的な新興美術運動が四分五裂した時に，神原は肯定的な絵画表現への転換の象徴としてスポーツを基軸に据えた．著書『新興芸術の烽火』（1926．中央美術社）の冒頭には「人生のスポーツ化による芸術のスポーツ化」という標語が掲げられた．『勝利の歌』連作では，ダンスや飛込をテーマとして描いた．

同じ頃「彫刻の社会化」を唱えた斉藤素巌や日名子実三らの構造社（1926〔大正15〕年結成）は，メダルを積極的に制作し，スポーツとのかかわりが深くなった．集団的な創作「綜合試作」では巨大な『記念碑運動時代』（1930〔昭和5〕年）に取り組んだこともあった（齊藤，2005）．1932（昭和7）年，日本は初めてオリンピック芸術競技に参加した．前年には大日本体育芸術協会が発足して，作品の公募選考を行い，現地には構造社の神津港人が派遣された．出品点数も少なく，結果は版画で選外佳作1点（長永治良『虫相撲』）であった（五十殿，1996）．

1930年代になると，国際的な非難を浴びた日本政府の対外的な文化戦略が変更され，積極的に日本美術を海外で紹介する機会が増えた．オリンピック芸術競技については，開催候補地として名乗りを上げたこともあって，1936年の第11回オリンピック大会（ベルリン）では，前大会以上の積極的な姿勢で臨んだ（図1）．その結果，絵画部門3等が2点，藤田隆治『アイスホッケー』，鈴木朱雀『古典の競馬』，そして，彫刻と音楽で選外佳作が各1点となった．なお，藤田作品はドイツに残される一方，金メダルのファルピ・ヴィニョーリ（F. Vignori）作『御者像（馬車競技）』（秩父宮記念スポーツ博物館蔵）が日本にもたらされた．東京開催が決定すると，大日本体育芸術協会は「芸術競技参加予選出品募集規定」の小冊子を作成するなどして準備を進めたが，大会返上により，予選も実施されずじまいになった．また同協会は1954（昭和29）年「日本スポーツ芸術協会」として再発足して，現在に至っている．

⑤ 現代とハイパーリアルな映像

芸術競技は1948年の第14回オリンピック大会（ロンドン）を最後として，

図1　オリンピック芸術競技のカタログ：第11回大会（ベルリン）

以後開催されていない．しかし，1964年の第18回大会（東京）の際のポスターデザインが好例であるように，メディアが大きな力を得る．オリンピックという国際的イベントにより流布するスポーツマン（そしてスポーツイベント）のイメージはリアルから，いまやハイパーリアルになった．第29回オリンピック大会（北京，2008）の開会式における蔡国強の花火による作品は記憶に新しい．今日では，映像が世界同時進行でマスメディアによって配信される．20世紀初頭の未来志向のスポーツマン像とはまた異なる，瞬間瞬間の現代的ヒーロー像が，絵画でも，彫刻でもない，デジタル化された映像により生み出される．先端的表現を求める現代美術における映像の役割を考え合わせるならば，この現象は不可避のことであると考えられる．

参考文献

- 五十殿利治．1996．「ベルリン・オリンピック美術展について」『現代芸術研究』1（筑波大学芸術学系藤井研究室ほか）：63–77．
- 齊藤祐子．2005．「構造社と『綜合試作』」『構造社』展図録』20–30．キュレイターズ
- 村田宏．1986．「一九一三年のフットボールを見る」『美術手帖』570: 146–55．
- Berhaut, M. 1978. Caillebotte: Sa vie et son oeuvre. 15–16. La Bibliothéque des Arts.
- Heiny, H. 1973. Die Sportdarstellung in der Malerei des 20. Jahrhunderts, aufgezeigt am Beispiel des Fussballsports. Kölner Beiträge zur Sportwissenshaft, 2: 138–54.
- Pointon, M. 1978. Painters and Pugilism in Early Nineteenth-Century England. Gazette des Beaux-Arts. 91 (1917): 131–39.
- Stanton, R. 2000. The Forgotten Olympic Art Competitions. Trafford.

（五十殿利治）

文学におけるスポーツ

① 近代（19-20世紀）文学におけるスポーツ

近代以前，スポーツという言葉の意味は，英国の貴族階級の娯楽としての狩猟，釣り，乗馬など，フィールドスポーツに限定されていた。フィールドスポーツは，19世紀前半には，サーティーズ（R.S. Surtees）による一連の狩猟小説のテーマとなった。〈スポーティング・ノベル〉（Sporting Novel）と呼ばれるこれらの作品は，イギリス文学においてユーモア小説のジャンルに位置づけられる。ここでは，狩猟に熱中する地方貴族たちの滑稽な俗物ぶりやあくどいペテン行為が，痛烈な皮肉をこめてからかうべき対象にされた。イギリスにおいて，スポーツ（狩猟）は，まずは諧謔（ユーモア）精神にみちた社会風刺や人間観察のための格好の素材として文学に登場したのである（図1）。

19世紀半ば以降，英国の私立寄宿制中・高等学校であるパブリックスクールにおいて，スポーツ活動が盛んになる。しばしば近代スポーツ誕生の舞台と称されるように，ここでのスポーツは，陸上競技や漕艇，クリケット，フットボールなど，今日スポーツと総称される一連の競技の土台となるものであった。運動競技，特に集団で行うスポーツは，男らしく公正な態度，自己統治や相互信頼の精神を養うなど，人格形成に重要な役割を果たすものとみなされた。このスポーツ重視の考えは，20世紀初頭にかけてアスレティシズム（Athleticism）と呼ばれるスポーツ礼賛主義を生む。このような社会的風潮を背景に，パブリックスクール・ストーリーと呼ばれる学校小説のジャンルにおいても，学校生活の重要な一部としてスポーツが描かれるようになった。

その草分けとなる作品は，1857年に刊行されたヒューズ（T. Hughes）の『トム・ブラウンの学校生活』（*Tom Brown's Schooldays*）である。パブリックスクール改革で知られるアーノルド（T. Arnold）が校長を務め，作者自身が在籍していた1830年代のラグビー校を舞台にしている。この学校に入学した主人公トムが，学業，寮生活，スポーツ活動を通じて規律を身につけ，友との絆を深めながら成長する姿が描かれている。スポーツの場面描写を多く含むこの作品では，スポーツを通じて心身ともに健やかなキリスト教徒となることが強調されている。読者に教え説く道徳的な内容と文体の特徴から，この作品は教育文学（educational literature）の性格をもつ。実際，英国だけでなくアメリカ，フランスでもベストセラーとなり，当時の少年少女読者の行動規範に多大な影響を与えた（Guttmann, A. *Sports Spectators*. Columbia University Press. 1986. 86-87）。その後書かれた多くの学校小説においても，スポーツはアスレティシズムを反映し，学校代表としてプレイする名誉や，リーダーシップの発揮，チームへの献身などのテーマで繰り返し語られることになった。

学校小説においてスポーツの教育的意義がクローズアップされるのとは対照的に，身体運動が体制からの逸脱の象徴として語られた作品もある。シリトー（A. Silitoe）の『長距離走者の孤独』（*The Loneliness of the Long-Distance Runner*, 1959）では，スポーツによる矯正を誇示する感化院という権力に，労働者階級の若者が孤独に立ち向かう。イギリス階級社会の中で抑圧された若者の怒りと抵抗を，走る行為を通じて秀逸に描き出した作品として，高い評価を得た。

しかし全般に，スポーツの母国といわれながら，イギリスにおいてスポーツが創作文学のテーマとなることは少なかった。19世紀から20世紀にかけてのイギリスの近代文学においては，〈スポーティング・ノベル〉と〈スクール・ストーリー〉が，スポーツと文学の結びつきによって生まれた成果といえる。

一方，フランスでは，芸術と文学の流れの中にスポーツが独自の存在感を放っている。身体活動への言及は，中世では戦闘の叙事詩，16世紀にはラブレー（F. Rabelais），モンテーニュ（M. de Montaigne）らの作品にみられたが，17世紀から19世紀末まで，ほぼ完全な沈黙が訪れる。この間，文学は，神，生と死，人間の条件など形而上学的疑問をテーマに据え，身体（肉体）を排除した。19世紀フランス文学の主流を占めたロマン主義と象徴主義も，過度に思索的，抽象的で，人間心理の暗部にのみ焦点を当てる傾向にあった。

このような傾向への反動から，古代ギリシャ文明のヒューマニズムに回帰し，健康と美の達成，精神と身体との調和を掲げる芸術思潮が生まれる。身体への関心が高まる中で，スポーツも文学のテーマとして注目されるようになった。折しもフランスでは，世紀末から20世紀初頭にかけてスポーツブームが到来する。戸外や水辺で自然を感じながらからだを動かす楽しさや開放感，競技の後の心地よい疲労や達成感は，スポーツがもたらした新しい感性として受け入れられた。最先端の移動手段として登場した自転車や自動車も，人々の行動範囲を広げるとともに，スピードへの陶酔や冒険心を呼び起こすものであった。世紀転換期のスポーツブームを反映し，同時代の代表的作家，モーパッサン（G. de Maupassant）やプルースト（M. Proust）の作品にも，新しいスポーツ文化が風俗として描かれている。

1920年代には，スポーツを愛好する若手作家や青年芸術家が集まり，スポーツ作家協会（Association des Ecrivains Sportifs）を結成した。彼らはスポーツをテーマにした創作，発表に積極的に取り組み，自分たちで競技会も組織した。この協会に参加した作家たちからは，プレヴォ（J. Prevost）の『スポーツの歓び』（*Le Plaisir du Sport*, 1924），ジロドゥ（J. Giraudoux, 図2）の『スポーツ』（*Le Sport*, 1928），モンテルラン（H. de Montherlant, 図3）の『オリンピック』（*les Olympiques*, 1924）などの作品が生まれた。これらの作品では，作家自身がスポーツ実践に見出した快楽や禁欲，興

図1　サーティーズ（R.S. Surtees）のスポーティング・ノベル
（出典：Surtees, R.S. *Mr.Sponge's Sporting Tour*（初版1852）Oxford University Press,1982，および*Mr. Facey Romford's Hounds*（初版1865）Oxford University Press, 1984.）

奮，陶酔感が，分析的で内省的なエッセイや詩的散文，対話劇，格言などのスタイルで叙述されている。1924年の第8回オリンピック大会（パリ）も，彼らにとって，観戦者の視点からスポーツを叙述する機会となった。スポーツに文化的知的権威を与えようとした彼らの活動は，スポーツ文学運動としても評価される (Guttmann, A. Le Praisir du Sport: French writers of 1920s. *Arete*: *The Journal of Sport Literature*, 1. 1983: 114–23)。フランスの近代文学において，スポーツは身体文化の再興をめざす言説の主要なテーマであったといえる。

また，アメリカでは，19世紀後半，ベースボールやアメリカンフットボール，バスケットボールなどの競技が創案された。20世紀には，これらのアメリカンスポーツは，カレッジスポーツやプロフェッショナルスポーツとして絶大な人気を誇り，国民的娯楽の地位を確立する。これを受け，20世紀初頭から，アメリカの文学作品にもスポーツが多く登場するようになる。ここでは，スポーツはしばしば現実の皮肉な象徴として否定的に描かれ，個人を抑圧し非人間化するアメリカ社会の矛盾を映し出す鏡となっている。

例えば，ラードナー (R. Lardner) の『メジャーリーグのうぬぼれルーキー』(*You Know Me Al*, 1925, 図4) では，プロフェッショナルスポーツの世界が，ユーモアにみちたリアリズムによって風刺的に描かれている。主人公は，名声と富を求めて田舎から出てきたメジャーリーグの駆け出し投手である。自分の才能をひたすら信じ，すべてを自分に都合よく解釈する無知な主人公の田舎者ぶりは，彼が友人に宛てて書いた手紙を公開する手法で明らかにされる。そこではまた，田舎と都会，理想と現実，自発と管理，遊びと職業というプロ野球界の矛盾も浮き彫りになる。同時代のフィッツジェラルド (F. S. Fitzgerald) の『グレート・ギャッツビー』(*The Great Gatsby*, 1925) やヘミングウェイ (E. Hemingway) の『日はまた昇る』(*The Sun Also Rises*, 1926) においても，スポーツやスポーツマンはペシミスティック（悲観的，厭世的）なトーンで描かれている。

1950年代以降は，プロフェッショナルスポーツの腐敗や非情，スポーツ選手の栄光と挫折を描いたシリアスな作品が増える。アップダイク (J. Updike) は，『走れウサギ』(*Rabbit, Run*, 1960) で，高校時代に花形バスケットボール選手だった主人公が，平凡な市民として日常を生きる鬱屈を巧みに描いている。

他方，スポーツへの強い愛着や郷愁を主題にした作品も多い。アメリカ文学でとりわけ多く取り上げられるのは野球である。9人の選手，攻守の交代，比較的スローペースの試合進行というゲームの要素は，それぞれのプレイヤーの思いや一球ごとの展開を語ることで十分物語を成立させる。3つのベースを回ってホームへ帰還する得点形式も，「家族」「旅」などの物語を想起させる。20世紀後半には，様々な手法による野球の物語が紡ぎ出された。代表的なものとして，マラマッド (B. Malamud) の『ナチュラル』(*The Natural*, 1952)，クーヴァー (R. Coover) の『ユニヴァーサル野球協会』(*The Universal Baseball Association*, 1968)，ロス (P. Roth) の『偉大なるアメリカ野球』(*The Great American Novel*, 1973)，キンセラ (W. P. Kinsella) の『シューレス・ジョー』(*Shoeless Joe*, 1982, 図5) が挙げられる。アメリカ文学において，スポーツは，古きよきアメリカの牧歌的田園風景へのノスタルジーを喚起する一方，社会の矛盾をつき，間接的に批判する手段にもなるものといえる。

日本では，明治期以降の欧米からの近代スポーツの移入，受容により，大正から昭和初期，スポーツは目新しくモダンな風俗を代表するものとなった。スポーツは同時代のモダニズム文芸と結びついた。阿部知二の短編『日独対抗競技』(1930) には，大学教授の夫人がドイツ人陸上競技選手の肉体美にひそかに心奪われる様が描かれている。スポーツする肉体の賛美は，戦後では三島由紀夫の文学のテーマにもなっている。1957年から1970年にかけて，三島が新聞・雑誌等に寄稿したスポーツへの思いを綴った文章や，各種の競技観戦記（『実感的スポーツ論』：〔1984〕所収）からは，鍛えられた肉体への強い憧れがうかがえる。

しかし，自己の精神的内面に沈潜する傾向の強い近代日本文学の主流の中

図2　400メートル走のフランス記録保持者でもあったジロドゥ (J. Giraudoux)
(出典：Prouteau, G. 1972. *L'equipe de France: Anthologie des texts sportifs de la literature francais*. Plon.)

図3　ゴールキーパーを務めたモンテルラン (H. de Montherlant)
(出典：Prouteau, G. 1972. *L'equipe de France: Anthologie des texts sportifs de la literature francais*. Plon.)

で，スポーツが作品の中心的テーマとなることはきわめて稀であった。

② 現代文学におけるスポーツ

比較的最近の作品に目立つ傾向としては，スポーツする身体を通じて個人と社会（国家）との関係を照射する，あるいは自己の身体と対話しようとする試みが挙げられる。練り上げられた構成で，スポーツする身体（人間）を，多様な視点からより緻密に描く洗練された作品が，言語や地域を問わず増えている。冷戦構造が崩壊し，グローバリゼーションが進展する社会で翻弄される個人にとってのスポーツの意味，人種や民族，性的立場においてマイノリティーに属する人々が，スポーツを通じて自己証明を模索する姿を描くことも最近の傾向といえる。

例えば，現代ドイツ文学においてスポーツを取り上げ成功した数少ない秀作に，ブルスィヒ（T. Brussig）の『ピッチサイドの男』（Leben bis Manner, 2001, 図6）がある。サッカー一筋に生きてきた旧東ドイツ出身のサッカー監督のモノローグ（独白）で構成された一人芝居用の戯曲である。サッカーによって世界を理解してきた人間が自らのサッカー人生を語る時，そこには東西分断時代の暮らしや統一後の一市民の思いも浮き彫りになる。

ウルグアイのガレアーノ（E. Galeano）の『スタジアムの神と悪魔』（El futbol a sol y sombra, 1995, 図7）は，ジャーナリスティックな視点を加えつつ，ラテンアメリカ世界の人々にとってのサッカーの意味を考察したものである。豊かなスペイン語表現によって，「文学的創造」（la creacion literaria）を成功させている。

現代アメリカ文学においては，女性作家レヴィン（J. Levin）による女性アスリートを主人公にした一連の作品にみられるように，女性がスポーツの中で自己と対話する過程を丹念に綴るものが多いことも最近の特徴である。

スポーツの行為そのものがもたらす感興を，文学の言葉で表現する試みも盛んである。特にアメリカでは，スポーツについて書くこと（Sports Writing）が社会的に評価されてきた伝統があり，フィクション創作はもちろん，スポーツ詩の創作や朗読，コラム執筆や文芸批評が活発に取り組まれている。文学者が身体運動を実践し，それを言葉で捉えた貴重で稀有な日本の作家の例としては，村上春樹の『走ることについて語るときに僕の語ること』（2007）が挙げられよう。

日本の最近の動向としては，特に女性作家たちによって優れたスポーツ小説が書かれていることが注目される。代表的な作品として，あさのあつこの『バッテリー』（1996-2005）シリーズ，森絵都の『DIVE!』（2000-2002），佐藤多佳子の『一瞬の風になれ』（2006）が挙げられる。主として10代の読者を対象とするヤングアダルトフィクションの書き手として知られる女性作家たちは，それぞれ自らが経験したことのないスポーツ－野球，飛込競技，陸上競技（短距離走，リレー）－を取り上げた。彼女らは，世代も性も異なる10代男性を主人公にして，彼らの身体感覚や運動感覚を的確に言葉で捉え，躍動する若い肉体を描き出すことに成功している。それは，書くことによって少年という他者の身体と積極的に共鳴しよう

図4　ラードナー（R. Lardner）の作品『メジャーリーグのうぬぼれルーキー』
（出典：リング・ラードナー．加島祥造 訳. 2003.『メジャーリーグのうぬぼれルーキー』筑摩書房）

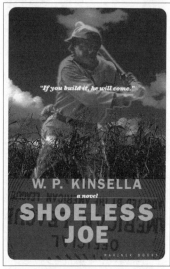

図5　キンセラ（W.P. Kinsella）の作品『シューレス・ジョー』
（出典：Kinsella, W. P. Shoeless Joe（初版1982）Houghton Mifflin Company ,1999.）

図6　ブルスィヒ（T. Brussig）の作品『ピッチサイドの男』
（出典：トーマス・ブルスィヒ．桑川麻里生 訳．2002.『ピッチサイドの男』三修社）

図7　ガレアーノ（E. Galeano）の作品『スタジアムの神と悪魔』
（出典：エドゥアルド・ガレアーノ．飯島みどり 訳．1998.『スタジアムの神と悪魔』みすず書房）

とする女性作家たちの文学的実践であったともいえる。これらの作品は，豊かな想像力と緻密な分析の目がスポーツに向けられる時，そこに新しい言説のジャンルが成立しうることを示唆している。

参考文献　22.B.02

- 疋田雅昭, 日高佳紀, 日比嘉高 編. 2009.『スポーツする文学』青弓社
- Charreton, Pierre. 1985. *Les Fetes du Corps:Histoire et Tendances de la Litterature Theme Sportif en France 1870-1970*. CIEREC-Universitaire de Saint-Etienne.（三好郁朗 訳 1989.『フランス文学とスポーツ』法政大学出版局）
- Messenger, Christian K. 1990. *Sport and the Spirit of Play in Contemporary American Fiction*. Columbia University Press.
- Richards, Jeffrey. 1988. *Happiest Days: the public schools in English fiction*. Manchester University Press.

（小石原美保）

映画におけるスポーツ　22.B.03

① 発明王エジソンがスポーツを撮っていた

スポーツ競技の多様な種類と同じくらい映画で描かれるスポーツも多くある。ここに取り上げた映画におけるスポーツ（スポーツ映画）は，その代表的な作品群である。

1893年，アメリカ・ニュージャージー州ウエスト・オレンジに，発明家で知られるトーマス・アルヴァ・エジソン（T. Edison）がアメリカ国内で初めてとなる映画撮影のためのスタジオ（撮影所）を建てた。エジソンはその落成を記念して，ニューヨークで活躍していた音楽家や舞踏家らを招き，彼らの演奏や踊りをスタジオで撮影した。

この時，前年にボクシングのヘビー級初代チャンピオンの座に就いたジム・コーベット（James John Corbett）を招き，カメラの前で得意のファイティングポーズやシャドーボクシングなど様々な動きをしてもらい，それらをフィルムに収めている。エジソンはまた，1898年に『Ball Game』という題名で，当時のニューヨーク・マンハッタンの各所で行われていた野球の試合を撮影（記録）した短篇映画を創っている。

このように映画はまだ音（トーキー）をもたない草創期からスポーツを好んで題材に取り上げていた。動く写真（モーションピクチャー）と呼ばれた映画は躍動するスポーツの醍醐味を伝える格好のメディアとなっていったのである。

② オリンピック映画はスポーツ映像芸術の華

映画におけるスポーツで一般に広く知られているのはオリンピック大会の記録映画である。なかでも世界的に高い評価を受け，興行的にも成功を収めたのが市川崑監督による『東京オリンピック』（1965年）と，クロード・ルルーシュ（Claude Lelouch）監督による『白い恋人たち』（1968年）である。

『東京オリンピック』は1964年10月10日から24日まで，94の国と地域が参加して行われた第18回大会（東京）の公式記録映画である。開催当時では史上最大規模のオリンピック大会であった。その規模にふさわしく，すべての競技を撮影したカメラは延べ103台を数え，撮影されたフィルムは約240時間分を超えた。市川は，競技にもてる力のすべてを注ぐ選手の一挙手一投足をクローズアップやロングショットなど映画撮影のあらゆる技法を駆使し，映像芸術の粋をみせた。

映画の終盤，〈陸上競技の華〉と謳われる男子マラソンを映すくだりで，市川は2位以下を大きく引き離して快走を続けるエチオピア代表のアベベ・ビキラ（Abebe Bikila）のカモシカのようにスラッとして強靭そうな足を捉える。大きなストライドを描く足を何度も何度も画面に映し出す。そして沿道で声援を送る大勢の観衆の，選手一人ひとりをみつめるその眼の輝きを映し出す。選手の足と観客の輝く表情。『東京オリンピック』にはまるで自由な形式で綴られた一篇の詩を詠むような味わいがある。

一方，『白い恋人たち』は1968年2月6日から18日まで，グルノーブル（フランス）で開催された第10回冬季オリンピック大会の模様を記録している。監督にあたったクロード・ルルーシュは，自主製作の16ミリ小型映画で注目を集め，劇場用の長編映画を撮るようになった。手持ちカメラを多用し，わざとブレのある映像を作り出す奔放なスタイルから〈映像詩人〉と呼ばれていた。この記録映画でも奔放な撮影スタイルを貫き，部分的に自ら手持ちカメラを操作して，開催地の町の情景，ホテルや食堂で和む選手たち，寒さに耐えながら声援を送る観客らの表情を捉えている。

この記録映画でルルーシュが最も力を注いだ場面は，男子のスキー滑降競技である。オリンピック大会後，「グルノーブルのヒーロー」と騒がれた開催国フランス代表のジャン・クロード・キリー（Jean-Claude Killy）のダイナミックな滑降を捉えた場面が，多くの人たちに深い感銘を与えた。ぐんぐん加速をつけて滑るキリーの後ろを，カメラマンがスキーストックを持たずに，巧みにバランスを取りながらカメラを回し続けている。猛スピードで滑るキリーがあっという間にカメラマンとの距離を広げてしまう，そのすばらしいスキーテクニックが印象的である。

同じ男子滑降の別な場面では，ある選手の蹴った雪が後方を行くカメラのレンズに付着する。画面に雪がかかって先がみえなくなる。ここでカメラマンはそのまま滑り続け，選手を追いながら，ゆっくりとレンズに付着した雪を手で払い落すのである。普通の映画では考えられない場面である。ルルーシュは本来ならば使用できないその場面をあえて生かし，スキー滑降競技の，ひいてはスポーツの躍動感の迫力をリアルに伝えている。スポーツにおける映像芸術の1つの典型ともいえる名場面である。

また，オリンピック映画で現在みることのできる最古の作品は，1936年の第11回オリンピック大会（ベルリン）の模様を収めた『民族の祭典』と続編『美の祭典』（いずれも1938年に公開）である。第11回大会（ベルリン）は，アドルフ・ヒトラー（Adolf Hitler）の指揮のもと，世界に猛威を振るいつつあった当時のドイツの国力を結集した大会といわれている。

演出にあたったのは女流監督のレニ・リーフェンシュタール（Berta Helene "Leni" Amalie Riefenstahl）。ヒトラー

と当時のドイツ宣伝相ゲッベルス（Paul Joseph Goebbels）は，世界中にナチズムの威力を喧伝するためのプロパガンダとして記録映画を創ったといわれている。しかし，リーフェンシュタールは映画芸術の豊かな創造性と表現力を注ぎ込み，ナチズムのプロパガンダ映画だけでは終わらせなかった。もてる力のすべてを出し切るために懸命になる各国選手たちの躍動する美しさをフィルムに収めていった。スポーツ・ドキュメントの秀作として，いまなお世界中で高い評価を受けている。

リーフェンシュタールはドイツの選手たちをことさら長く映すようなことはせず，各国の選手の活躍をあますところなく伝えている。男子走幅跳決勝では，アメリカ代表のジェシー・オーエンス（James Cleveland "Jesse" Owens）の8.06mの跳躍をスローモーション画像で映し出す。また，男子三段跳の決勝では，日本代表の田島直人の16mの飛翔を紹介する。『民族の祭典』『美の祭典』は1938年のベネチア映画祭で作品賞を受賞した。

さらに，オリンピック関連の映画では，1924年に開催された第8回大会（パリ）での男子陸上競技100m走の陰に隠された2人のイギリス代表選手の葛藤を描いたヒュー・ハドソン（Hugh Hudson）監督の『炎のランナー』（1981年）が高い評価を受けている。1984年度のアカデミー賞作品・オリジナル脚本賞を受賞した。

③ 人気のスポーツ映画はベースボールとボクシング

スポーツを題材にした映画でポピュラーなものといえば，多くの傑作・秀作を世に送り出しているベースボール映画とボクシング映画である。アメリカ映画最大の祭典といわれるアカデミー賞でもベースボール映画とボクシング映画はたびたび話題を集めている。

実在の選手の半生記（自伝映画）や，実際に起こった出来事にヒントを得た力強い物語を通じて，人間の大いなる可能性，強い精神力などを描き出すスポーツ映画全般に共通する手法の代表格ともいえるのが，ベースボール映画とボクシング映画である。

[代表的なベースボール映画]

実在選手の波瀾に満ちたスポーツ人生を描いたものでは，ベースボール映画はサム・ウッド（Sam Wood）監督の『打撃王』（1942年），ジョン・リー・ハンコック（John Lee Hancock）監督の『オールド・ルーキー』（2002年），ボクシング映画はロバート・ワイズ（Robert Wise）監督の『傷だらけの栄光』（1956年），マーティン・スコセッシ（Martin Scorsese）監督の『レイジング・ブル』（1980年），ロン・ハワード（Ronald William Howard）監督の『シンデレラマン』（2005年）が有名である。

『打撃王』は米メジャーリーグの人気球団であるニューヨーク・ヤンキースに在籍し，2130試合連続出場という偉業を成し遂げたルー・ゲーリッグ（Henry Louis "Lou" Gehrig）の半生を描いている。ゲーリッグ役に扮したハリウッドの美男俳優ゲーリー・クーパー（Gary Cooper）の静かな演技が印象的で，彼はこの映画で1942年度アカデミー賞主演男優賞の候補に挙げられた。もう1つのベースボール自伝映画『オールド・ルーキー』は，高校教師を経て35歳でメジャーリーグのマウンドへ上がったジム・モリス（James Samuel Morris）という投手の不屈の野球魂を描き，話題になった。タンパベイ・デビルレイズ（現在はレイズ）のリリーフ投手として，メジャーリーグ最高齢初登板の記録を刻んだ。

ベースボール映画の自伝ものには他に，日本で〈野球王〉の愛称で親しまれたベーブ・ルース（George Heman "Babe" Ruth）の人生を綴った『夢に生きた男　ザ・ベーブ』（1992年）や，日本人初の20勝投手で知られる沢村栄治を描いた『不滅の熱球』（1955年），打撃の神様と呼ばれた川上哲治が自ら主演した『川上哲治物語　背番号16』（1957年）などがある。

[代表的なボクシング映画]

ボクシング映画の『傷だらけの栄光』は，1947年にミドル級チャンピオンとなったロッキー・グラシアーノ（Rocky Graziano）の四角いジャングルでの壮絶な戦いを描いている。劣悪な家庭環境，札つきの悪となって施設に送られ，そこでボクシングと出会い，やがてチャンピオンをめざして練習に打ち込むようになる。こうした物語の展開がその後に創られる多くのボクシング映画の原型となった。ボクシング映画のスタイルを確立した傑作，といっても過言ではない。

1949年から1951年にかけてミドル級チャンピオンを守ったジェイク・ラモッタ（Jake Lamotta）の激しい半生にスポットを当てた『レイジング・ブル』，1935年にヘビー級チャンピオンの座に上り詰めたジム・ブラドックの極貧生活とリングの戦いを描いた『シンデレラマン』は，『傷だらけの栄光』を手本にして創られた。また，ヘビー級ボクサーのモハメド・アリ（Muhammad Ali. カシアス・クレイ）の半生を描いた『アリ』（2001年）と，彼が1974年に当時のチャンピオンだったジョージ・フォアマン（G. Foreman）とアフリカ・ザイール（現・コンゴ）で戦ったタイトルマッチを追ったドキュメンタリー映画『モハメド・アリ　かけがえのない日々』（1996年）は，いずれも世界各国で高い評価を受けた。特に『モハメド・アリ　かけがえのない日々』は映像芸術としてのスポーツ・ドキュメンタリーの名作といえる。

④ 近年の注目はフットボール映画の躍進

映画におけるスポーツで近年特に多く取り上げられているのが，アメリカンフットボール（アメフト）である。高校の各州トーナメント戦，大学のカレッジリーグ戦，プロリーグ戦（NFL）のそれぞれの激しい戦いを描き，そこに男たちの荒々しい世界をスクリーンに映し出している。高校アメフトものでは，1971年ヴァージニア州アレキサンドリアという小さな町の高校のアメフト部が起こした快進撃を取り上げた『タイタンズを忘れない』（2000年），1989年テキサス州バーミアンの地元高校アメフト部の州決勝戦までの軌跡を綴った『プライド　栄光への絆』（2004年）が秀作の誉れが高い。『タイタンズを忘れない』は白人と黒人の混成チームが肌の色，育った環境，文化の違いなどを克服し，1つの大きな力となって高校アメフト界に新風を吹き込んだその勢いを，当時の出来事に忠実に再現している。『プライド　栄光への絆』は，選手たちを厳格に指導するコーチを通じて，フィールドに立つ者は社会への影響力を片時も忘れてはならない，それが選手としての誇りとなるの

だと強く説いてみせる。スポーツ映画に欠くことのできない，選手の自覚と品格を丁寧に描いている。

全米カレッジリーグ戦を題材にした映画では，苦学してノートルダム大アメフト部〈ファイティング・アイリッシュ〉への入部が許され，リーグ優勝を決める大事な局面ですばらしいプレイをするルディ・ルティガー（Daniel E. "Rudy" Ruettiger）という実在の選手を描いた『ルディ 涙のウイニングラン』（1993年）がある。全米アメフト史に名を残すような選手ではない。大記録を成し遂げた選手でもない。ファイティング・アイリッシュの一員としてフィールドを駆けるため，どんな苦しい練習にも耐え続け，努力の末にフィールドに立った。ルディの何事も諦めない，粘り強い姿勢は，チームの士気を高め，選手全員が彼を精神的な支柱としていった。選手である前に紳士であった。それを映画は伝えている。

高額の契約金や年俸が動くプロリーグを題材にした映画は，名優チャールトン・ヘストン（Charlton Heston）が引退間際のベテラン選手に扮した『ナンバーワン物語』（1969年）や，社会派のオリバー・ストーン（William Oliver Stone）監督による『エニイ・ギブン・サンデー』（1999年）のようにリーグの内情を暴く内幕ものが目立っている。特に『エニイ・ギブン・サンデー』は，チームの連敗，主力選手の故障，新オーナーと選手，コーチとの確執を通じて，1つの大きな組織がゆっくりと崩壊していく様子を映し出している。プロ組織をアメリカそのものに例えた，スポーツ映画の範疇を超えた社会派ドラマともいえる。映画でスポーツを描くことはそれほど奥が深いことでもある，とオリバー・ストーンは演出にあたっての言葉を伝えている。

表1 主な映画におけるスポーツの年譜

年	出来事・作品名
1892	エジソンが世界ヘビー級の初代チャンピオン，ジム・コーベットを撮影する。
1898	エジソンによるベースボール映画『BALL GAME』がつくられる。
1919	ベースボール映画『最後の本塁打』
1925	ベースボール映画『プレイ・ボール』
1931	チャップリン『街の灯』でボクシングを描く。ボクシング映画『チャンプ』
1938	第11回オリンピック大会（ベルリン）を記録した『民族の祭典』『美の祭典』
1940	ベースボール映画『秀子の応援団長』
1942	ボクシング映画『鉄腕ジム』ベースボール映画『打撃王』
1943	柔道映画『姿三四郎』（黒澤明監督デビュー作）
1944	相撲映画『土俵祭』
1949	ベースボール映画『甦る熱球』
1953	柔道映画『花の講道館』
1955	格闘技映画『力道山物語 怒涛の男』ベースボール映画『不滅の熱球』
1956	マラソン映画『まらそん侍』相撲映画『若ノ花物語 土俵の鬼』『名寄岩 涙の敢斗賞』ボクシング映画『傷だらけの栄光』
1957	ベースボール映画『川上哲治物語 背番号16』
1959	ベースボール映画『鉄腕投手 稲尾物語』
1962	ベースボール映画『ミスター・ジャイアンツ 勝利の旗』マラソン映画『長距離ランナーの孤独』
1965	オリンピック映画『東京オリンピック』
1966	カーレース映画『グラン・プリ』
1968	冬季オリンピック映画『白い恋人たち』
1969	滑降映画『白銀のレーサー』アメフト映画『ナンバーワン物語』
1971	カーレース映画『栄光のル・マン』
1972	冬季オリンピック映画『札幌オリンピック』
1974	アメフト映画『ロンゲスト・ヤード』
1976	ボクシング映画『ロッキー』
1977	アイスホッケー映画『スラップ・ショット』
1978	サーフィン映画『ビッグ・ウェンズデー』
1980	サッカー映画『勝利への脱出』ボクシング映画『レイジング・ブル』
1981	格闘技映画『カリフォルニア・ドールス』
1984	カラテ映画『ベスト・キッド』ベースボール映画『ナチュラル』
1985	自転車映画『アメリカン・フライヤーズ』
1986	バスケット映画『勝利への旅立ち』アイスホッケー映画『栄光のエンブレム』
1989	ベースボール映画『フィールド・オブ・ドリームス』
1991	相撲映画『シコふんじゃった。』
1992	ヨット映画『ウインズ』ベースボール映画『夢に生きた男 ザ・ベーブ』
1993	アメフト映画『ルディ 涙のウイニング・ラン』
1994	バスケット映画『フープ・ドリームス』
1996	ゴルフ映画『ティン・カップ』ボクシング映画『モハメド・アリ かけがえのない日々』
1997	ボーリング映画『キングピン』
1998	ボート映画『がんばっていきまっしょい』
1999	アメフト映画『エニイ・ギブン・サンデー』ベースボール映画『ラブ・オブ・ザ・ゲーム』
2000	アメフト映画『タイタンズを忘れない』ゴルフ映画『バガー・ヴァンスの伝説』
2001	ボクシング映画『アリ』
2002	ベースボール映画『オールド・ルーキー』
2003	競馬映画『シービスケット』
2004	アメフト映画『プライド 栄光への絆』アイスホッケー映画『ミラクル』テニス映画『ウインブルドン』ゴルフ映画『ボビー・ジョーンズ 球聖と呼ばれた男』
2005	ボクシング映画『シンデレラマン』競馬映画『雪に願うこと』サッカー映画『GOAL!』
2008	ヨット映画『モーニング・ライト』ベースボール映画『ラスト・ゲーム 最後の早慶戦』
2009	駅伝映画『風が強く吹いている』
2011	ベースボール映画『マネーボール』
2012	ベースボール映画『人生の特等席』
2013	ベースボール映画『42』

a

　映画におけるスポーツは，競技の魅力を伝えるとともに，選手やコーチの人間性に迫りながら，人生の闘いを競技に凝縮してみせる作品に秀作，傑作が多い。

　喜劇王チャーリー・チャップリン(Charles Spencer Chaplin, Jr.)でさえ，自作でスポーツを取り上げている。ひょんなことから知り合った少女の目の治療費を稼ぐため，体を張って四角いジャングルへと上がり猛者相手に拳闘をする。チャップリン芸術の頂点を成す名作『街の灯』(1931年)の一場面である。この場面には，人間愛を強く求め続けたチャップリンの思いの深さが，ボクシングというスポーツを通じて描写されている。スポーツを描いた映像芸術の1つの典型である。

（田沼雄一）

採点競技における芸術的要素　22.C

採点競技における芸術性　22.C.01

① 採点競技の意味構造

　人間の身体運動は日常の立ち居振る舞いや対話をする時にも，仕事や移動の時にも不可欠な手段であるがこの手段としての有用性を超えて，踊りや巧技を楽しむ身体運動は有史以来ホモ・ルーデンスとしての固有の運動文化を形づくっている。なかでも現代スポーツとしての身体運動は健康の維持，仕事のリフレッシュ，あるいは身体教育の手段などとして大きな役割を担っている。さらにオリンピックやワールドカップなどにおける競技スポーツは文化社会的，経済的，政治的なかかわりをもち，大きな影響力を生み出している。

　競技スポーツは一定のルールのもとに身体能力を競い合う形式をとる。そこでは，勝敗決定のデータをなにに求めるかによって測定競技，判定競技，評定(採点)競技の3領域が区別される(金子明友『わざの伝承』明和出版，2002. 430-39)。測定競技は，運動の行われた時空間を精密に定量化して優位を争い，その勝敗の決定は精密機器のデータに大きく依存する。これに対して判定競技と採点競技では審判員が勝敗を決める役割を担う。判定競技は，反則に対する二者択一的な判定を含意したゴール数やポイント数の加算によって勝敗を決する。採点競技は，動きに示される美的価値を採点して勝敗を決める。マイネル(K. Meinel)の分類(『スポーツ運動学』大修館書店，1981. 148)のように，球技のゴール数やボクシングの有効打数を採点する判定競技が測定競技に含められると，審判員による価値判断との違いが明確にならない。ここでは，体操競技やフィギュアスケートなどにおける運動経過の美的価値を評価する採点競技が主題化されるから，レフリーないしジャッジによる二者択一的な採点競技を判定競技と呼んで区別しておく。

　いうまでもなく，100分の1秒を競うスプリント走の力動性や見事なシュートを決める動きにも美的価値が生じ，美的な観察の働きが成立する。しかし，リズミカルな走り方をしても記録が低ければ測定競技にとって意味がない。神業のようなジャンプシュートもゴールしなければ判定競技では勝負にならない。これに対して，運動経過の美的価値によって勝負する評定(採点)競技では，高難度の4回転ジャンプを演technに取り入れても，着氷のリズムに乱れが生じ，まして転倒してしまってはその価値は失われる。採点競技における美的価値は今ここに流れる現前化の動きの中にのみ顕在化される。それはベルクソン(H. Bergson)のいうように，今ここに流れつつある運動は本質的に分割できるはずもないのだから，精密機器による測定や二者択一の判定にその勝負決定を委ねるわけにはいかず，そのため動きを芸術として捉える採点競技は専門的な観察能力をもつ審判員に採点を託さざるをえない。そこには，運動の行われた結果量だけで勝敗を決する測定競技や判定競技との本質的な違いがある。しかし，採点競技では主観的な価値判定をめぐって勝敗決定のデータの正当性ないし公平性がいつも問題になる。ところが，フッサール(E. Husserl)のいうように，この美的価値が内在している運動形態そのものは形態学的な〈漠然性〉を本質としており，それはけっして汚点などではありえない。この形態質こそ本原的な(オリギネール)採点競技の本質をなしている。採点競技を代表する体操競技は第1回オリンピック大会(アテネ，1896)以来の必須種目である。その動きのもつ芸術性をめぐる各種の採点競技はスキーのフリースタイルまでも含めて拡大の一途をたどっている。測定競技が精密機器の測定結果に全面的に依存を深めているのに対し，採点競技はその対極にあって，人間固有な運動芸術性の本原的意味構造を評価対象としている。

② 評価対象の運動芸術性

　評定(採点)競技において主題化される運動とは数学的時空間における位置変化ではなく，人間学的な時空間に生きられる体験の流れとして成立する。そのような生命ある身体運動の芸術的契機を捉えるには〈技術〉(アルケー)という基本概念の始原にさかのぼらざるをえない。それは，古代ギリシャでは生産技術と美的技術が渾然未分のままの概念であり，アロゴス(反論理的)な身体知に基づく〈技術知〉(テクネー)と捉えられ，客観的な〈学的認識〉(エピステーメー)から区別されている。その「テクネー」は中世ラテン世界に移ると「アルス」と翻訳され，次第に生産技術と美的技術は分化し始める。しかし両者ともに身体知にかかわる美的価値という感覚性の契機はそこに潜在態として含意されていることに変わりはない。身体表現による芸術性が主題化される舞踊や演劇は時空間芸術として動きの美的価値が芸の極致にまで高められる。同様に，難しい動き方を巧みにやってのける体操競技やフィギュアスケートも身体能力による芸の極致が志向される。そこには美的価値の契機が内在し，動き方の難しさと巧みさの統一態を求めて勝負する競技としての契機が主題化される。

　このような運動芸術性という内在契機をもつ身体能力は今ここの現前化を

本質とし，一回性の原理のもとに直接に自己自身に直感される。したがって外部視点から美的価値を定量化する契機は一切排除されることになる。ところが同じ感覚性の志向体験をもつ仲間にはその動感感覚（キネステーゼ）に連帯化が生じ，フッサールのいう〈1つの我々〉という仲間化現象が現れる。そこでは美的価値を間身体的に共有する可能性が成立する（金子明友『スポーツ運動学』明和出版，2009. 304-08）。こうして，美的価値が内在している身体運動に芸術的契機が共有され，その運動経過の出来映えに優劣を採点する競技可能性が主題化される。

体操競技やフィギュアスケートなどに代表される採点競技は，動きつつある美的価値の優劣を採点によって序列化して勝敗を決める。そのために美的観察者としての審判員の専門能力を前提にした勝敗のデータが決定的な重みをもつ。この競技性の萌芽はすでに19世紀初頭，ドイツのヤーン（F.L. Jahn）による「運動芸術者連盟」（1812）に見出される。さらに19世紀半ばには運動芸術の競技会が次々と開催され，ついに第1回オリンピック大会（アテネ，1896）の前には運動芸術の国際競技連盟（体操競技連盟：FIG 1881，スケート連盟：ISU 1892）が組織されるに至る。

しかし，美意識が生き生きと働く運動芸術性は主体的な内在体験を始原とするから，その出来映えの評価には公平性をめぐる問題が生まれる可能性を否定できない。採点競技では速度や距離の測定資料は全く勝敗にかかわらないし，二者択一という機械的判定のデータは意味をなさない。それゆえに競技するにはどうしても審判員による美的価値の評定契機を排除するわけにいかない。そこでは審判員の美的価値の評定能力が決定的な重要さをもつ。しかしその競技的美的体験を前提条件にしても，審判員の評定能力の差はけっして小さくない。しかも採点規則の知的理解だけでは感覚性の評価が有効に機能するはずもない。そこには動感連帯感による出会い原理が決定的な重要さをもつ。つまり運動芸術性の評定作用では，評価対象になる動きかたに同時的に観察能力が働かなければ，美的質との出会い現象はなにも成立しない。

精密に測定されたデータだけで勝敗を決める測定競技はその公平性が客観的に保証される。判定競技でもシュートが決まり，ノックダウンが起こればその客観事実は誰も疑えない。それに対して審判員の主観的な美意識に依存する評定競技はその運動芸術性を正当かつ公平に採点するためには常に2つの困難がつきまとう。その1つは優劣を序列化するために，その採点規則を厳密に成文化して，評価作用の尺度を一定に保つことができるのかという問題である。もう1つはその規則を適用する審判員の観察能力をどのように保証できるかという問題である。採点規則はそれぞれの国際競技連盟の専決事項であり，その競技連盟の議決によって成文化される。その本質分析の厳密さは十全とはいえない。採点規則の厳密な適用を保証するためには審判員の資格審査の方法論が不可欠となる。それでもなお競技連盟の公認審判員の認定も国際競技会の組織面や運営の経済面から多くの問題が残る。さらに，どんなに美的価値を差異化できる優れた審判員が確保されても，採点規則の条文解釈に統一性が欠けていてはその評定作用の混乱を免れない。こうして，次項以降に採点規則の取り上げられるべき美的価値の構造分析を欠くことができなくなる。

③ 運動美意識の淘汰化現象

ここにおいて，体操競技やフィギュアスケートなどの各種の競技に通底する運動芸術の価値構造を評定始原論（アルケオロジー）的に考察する必要に迫られる。踊りや巧技という運動芸術の萌芽は有史以前にさかのぼり，ホモ・ルーデンスと同じ長い歴史をもつけれども，18世紀末からの近代教育としての身体習練の中に成立した芸が含む美意識は注目に値する。その運動芸術は難しさと巧みさという2つの契機が複雑に絡み合った二重化構造が含まれている。通時的にみれば，運動芸術の意味構造はそれぞれの時代の美意識を反映してたえず変化していく。例えば，1850年にドイツ・ライプツィヒのクンツ（K. Kunz）によって創発された〈け上がり〉という技は現在では鉄棒の基本技として世界的に承認されている。しかし，その技の良否判断はそれぞれの時代の美意識を反

映して激しく揺れ動いてきている。かつては反動を利用した〈け上がり〉は邪道として排斥されていたのに，今では反動をとったリズミカルな動きに美的価値を共時的に承認する。したがって採点競技では，その演技の価値判断に統一的な了解が成立しないと，公平な競技としての評定機能は保証されない。

採点対象になる演技の価値判断が正当に機能するには，まず統一的な運動美意識を間身体として共時的に了解しなければならない。そこでは各審判員が同じ演技に対して動く感覚が共有できる連帯感に支えられた価値構造を共有できなければならない。それは審判員が美的観察者として個々に自らの評価作用をもちながらもフッサールの意味で「1つの我々」（金子明友，前掲書，306-08）が構成されなければならないからである。この運動認識こそが各種の採点競技を成立させる本質的基盤をなす。個々の審判員における美的な価値判断が単に主観的な好みや恣意的な良否判断に丸投げされているだけでは，そこに公平な競技スポーツが成立するはずもない。こうして，公平かつ正当な採点競技の成立基盤を保証するためには，その演技の価値構造を始原論的に確認し，通時的，共時的な「淘汰化現象」（金子明友，前掲書，272-88）に注目する必要が生まれてくる。採点対象になる演技の価値構造は時代とともに淘汰され変動していくのだから，その時々の技術完全性を相互に確認しておかなければならない。その時代の共通感覚的な技術認識を欠いたままでは，運動芸術としての評定競技では公平な採点機能が保証されるはずもない。採点競技の中には，宙返りを嫌ってエレガントな動きを追求するフィギュアスケートからその驚異的な巧技を前景に立てる体操競技に至るまで，その運動美意識の力点に隔たりがみられる。しかも，それらは通時的な流れの中にその芸の極致となる目標像が鋳型化されてしまうことはけっしてない。他の測定や判定の競技とは比較にならないほど，たびたび採点競技の競技規程や採点規則が改定されるのはこの意味においてである。

このような採点競技の特性に着目すると，すでに廃止された規定演技の採点機能は少なくとも共時的な運動美意

識の統一的な認識形成に寄与していたといえる。世界中の選手たちが芸の極致に憧れを共有し，義務づけられた演技の出来映えを競うのが規定演技の競技性である。そこでは，新しい技の芽生えや刮目の新技術が発見される肥沃な大地が形づくられている。それは数多くの例証から明白である。しかし，オリンピックの巨大化やテレビ放映権をめぐる角逐から純粋に技術完全性を追求する規定プログラムは廃止されてしまった。ショートプログラムの要求要素ないし自由演技構成上の要求技が採点規則に残されたとしても，その理想像を求める美意識への飽くなき挑戦は姿を消してしまった。そのため次第に二者択一の判定機能だけに関心が移ってしまうのは自明の理といえよう。

こうなると，演技の美的価値を評定する競技構造は難度価値に大きく傾斜を始める。3回転ジャンプは4回転ジャンプへ，2回宙返りはひねりの合成へ，さらに屈身ポーズから伸身ポーズへと難度だけを高めていく。それは難度成立の二者択一的判定さえ得られれば，必然的に有利な競技得点に結びつくからにほかならない。難度追求の美意識は技術完全性の極致となる「冴えの現象」（金子明友．前掲書．269-70）を前提にしてしか成立しない。しかし，美的な技術完全性への追求は次第に背景に沈められていく。採点規則に演技の技術性や芸術性の要求が成文化されていても，その審判員や選手の志向的な美的体験そのものが萎縮してしまえば，ボクシングや球技における二者択一のレフリー判定と本質的に区別できなくなる。そこには，運動芸術性を本質とする採点競技の存在を揺るがす問題が潜んでいる。

④ 難度性と熟練性の絡み合い構造

こうして，採点競技における演技の価値構造に着目する時，各種の採点競技の採点規則に共通しているのは，行われる演技の〈難度価値〉とその遂行の〈熟練価値〉に採点領域が区分されていることである。〈難度性〉に関する美意識の始原には「驚異性」（アリストテレス．出隆 訳『形而上学』上巻〔岩波文庫〕．岩波書店．1959）という美的体験が据えられる。驚異性の美的体験はこれまでみたこともない技や誰も気づかなかった新技術

によって引き起こされる。その驚異的な難度は安定した技術力に支えられて初めて審判員の美意識に働きかける可能性をもつ。すばらしい4回転ジャンプも着氷時に無様な尻餅をついたのではその驚異体験も即時に消滅してしまう。運動芸術の価値判断の基底には，〈生命危険性〉の回避や美的体験に逆らう〈醜の美意識〉が地平性として含意されているからにほかならない。しかし，驚異体験に基づく難度性は時間の経過とともに色褪せていき，驚異的な技もその技術解明によって誰にでもできる平凡な技へと後退していく。価値判定の起点をなす個々の難度の序列化は難度判定の統一性を保証する役割を担う。しかし難度を階層化することは単に統計的標準性に基づいて序列化できる問題ではない。間身体的な「形態共存化法則」（金子明友．前掲書．285）に基づいた厳密な体系分析を前提にしなければならない。単に主観的な価値判定や形式的な要素分析を前提にすると，採点競技の難度領域の競技性は崩壊し，競技自体が崩壊の危機に立たされることになる。

それにもかかわらず審判員の難度価値の判定には「数学的形式化」（金子明友．前掲書．12-13）の基準が不用意に取り上げられることが珍しくない。それは，例えば十字懸垂のような力技の静止に求められる秒数や角度の要求にみられる。そこで精密な計測を前提にすると，測定競技の精密さに傾斜してしまうし，球技のレフリーによる判定機能との区別がつきにくくなる。それは難度成立の十分条件をどのように認めるのかという形態質の評価問題であって，無限に分割可能な数学的形式化の問題ではない。したがって，難度の価値序列化には個々の技の構造論的な体系分析を欠くことができない。一般に，序列化された個々の技ないし組合せ技はいわゆる「縁取り分析」（金子明友『身体知の構造』明和出版．2007．193-99）によって，その難度成立の界面化現象が明るみに出されるのでなければならない。その難度成立の意味構造が明確にならないと，類似の技の繰り返しによるペナルティに混乱が生じてしまう。そこでは，難度をもつ技ないし組合せ技は一定の技術要求が満たされて初めて成立するのだから，その界面化構

造の解明こそが決定的な意味をもつ。

もう一方の〈熟練性〉の美意識は難度性に複雑に絡み合っている。そこでは演技遂行の「技術的完全性」や「技術的進化」（金子明友『スポーツ運動学』明和出版．2009．286-88）を含意した美的価値が採点によって評定される。それだけに，審判員は選手たちの現前しつつある演技にただちに動感を共有できなければ，その演技に示された美的な感覚性の良し悪しを採点できるはずもない。そのためには，審判員は示された演技の中に，美的質を見抜く能力，つまり，動感形態の美的差異化を見分ける観察能力が不可欠となる。単に採点規則や難度表を知的に理解し，それを丸暗記しただけでは，演技の美的質の良否を観察し，そこに技術的な差異を見出して評価することはできない。この意味において，その競技に深い内在経験をもつことがこの熟練性領域の審判員には不可欠な資格となる。

こうして，演技の熟練性を採点する領域は技術完全性の採点領域と遂行減点の採点領域に二分される。そこで決定的重要さをもつのは，演技の技術的完全性という熟練性の「美的カテゴリー」（金子明友．前掲書．268-70）である。この美的カテゴリーを基盤として，初めて審判員は演技の熟練性にかかわる共時的理想像を構成できるからである。その美的カテゴリーは採点競技によっては芸術性の力点を移すけれども，少なくともその始原的な美的質のカテゴリーは空間的カテゴリー（優雅さ，安定さ，雄大さ）と時間的カテゴリー（リズム感，スピード感，停止感）を挙げることができる。その時間性と空間性はともに反転化現象（金子明友．前掲書．193-97）に支配される。それらの時空的カテゴリーの統合された美的価値が〈冴えの現象〉にほかならない。審判員はこれらの美的価値の評価拠点に基づいて技術的理想像から減点することになる。しかし，規定演技の要求を放棄した採点競技の審判員にとって，本原的な技術的理想像は次第に死語になりつつある。そこでは理想像の美意識なしに技術完全性からの隔たりを採点する契機がすでに失われつつあるからにほかならない。

この技術的理想像からの隔たりを捉える熟練性の採点領域のほかに，もう

1つは演技遂行の乱れを減点する採点領域がある。それは減点規則に従って機械的に行われる。この領域は素人も判断できるような，失敗による演技の中断，転倒ないし姿勢の乱れである。演技の失敗による時空間的な乱れは技術的完全性の欠如によって引き起こされるから，ここに熟練性の価値構造に二重化現象が浮き彫りになる。それに対して，演技遂行の失敗による減点だけで熟練性のすべてが採点されてしまうと運動芸術性の評定競技は崩壊の危機に曝される。つまり，目立った姿勢欠点もなく，演技中断の失敗もなく行われるだけでは，熟練性の意味核をなす美的価値の採点が欠落してしまうからである。

さらには，難度の成立判定と評定問題，技術的な熟練性の美的評価と遂行ミスの減点問題などに示される複雑な〈絡み合い構造〉に注目しなければならない。難度判定でその価値点が認められず，採点対象から外された時，その遂行のミスは技術的理想像からの隔たり減点や姿勢の乱れの減点が二重減点の矛盾を抱えこむ。その絡み合い構造の採点問題は，とりわけ，体操競技の分割採点として1970年代から論議されてきた難問にほかならない。それは運動芸術性をめぐる評定競技の正当な発展を保証するために，今後も厳密な分析が不可避となろう。さらに，主観的な採点によって勝敗決定の資料にする評定競技は常に客観性や公平性をめぐって問題が内在しているが，数学的形式化による客観性の確保は運動芸術性の本質を破壊する危険をはらんでいるだけに厳密な本質分析が不可欠となろう。

(金子明友)

体操競技における芸術的要素　22.C.02

① 採点規則にみられる芸術性の視座

体操競技における男女の種目で行われる技は，非日常的驚異性(金子明友『体操競技のコーチング』大修館書店. 1974. 10-15)を本質的特性としており，基本的には技術的に高難度の技，すなわち難しい技に対してより高い価値が認められる。規定演技が廃止されて久しい今日の体操競技は，男女とも2006(平成18)年からは10点満点法が改められ，高い演技価値点(Dスコア)を要求する採点規則によって技術志向が強くなり，難しい技によって構成される演技が高く評価される傾向にある(現在では，高く評価される演技の得点は15～16点である)。

しかし，体操競技は採点競技あるいは評定競技として芸術性を競う競技でもある(金子明友『身体知の形成』(上) 明和出版. 2005. 242-50)。難度の高い難しい技をいかに安定して雄大に美しく，また感動を呼ぶ技(技さばき)で行えるか，また演技全体のもつ美的ないし芸術的印象をいかにして醸し出すかという，すなわち芸術性の視点を欠くことはできない。例えば，採点規則には男子では「選手は，安全が保証され，美的に洗練され，かつ技術的に習熟している技のみで演技を構成することが求められている」(日本体操協会.『採点規則男子2013年版』. 2013. 25)，また女子では「ダンス系やアクロバット系の振り付けが熟達され，それが重要とされる芸術的な演技を奨励する」(日本体操協会.『採点規則女子2007年版』. 2007. 15)と記載されているように，美的観点や芸術的演技の評価が前面に打ち出されている。

このように体操競技は技術性と芸術性を内包したスポーツであるが，採点規則の中で評価における芸術的観点は，技術的観点や実施上の観点ほど詳細に，また明確には記載されていない。今日，高い得点を得るには，基本的に難度表に記載されている技の中から技術的に難度の高いあるいは加点対象となる技や技の組合せを選択し，さらに演技構成面で減点されないように演技を構成する必要があり，また実際に行われる演技も姿勢の乱れや中断，落下のない実施をし，さらに技術欠点に対する減点も少なくする必要がある。

現在(2013年版)の採点規則は男女とも1997(平成9)年から導入されたA，B審判の分業制(日本体操協会, 1997. 1)を受け継いでいる。なお，現在は，それまでのA審判はD審判，B審判はE審判という呼び方になっている(DはDifficulty，EはExecutionの略である)。D審判は難度点，組合せ点，要求グループ技の充足等をチェックしてDスコア(演技価値点)を算出し，E審判はEスコア(実施点)を算出する。E審判の出す実施点としてのEスコアは，実施欠点，技術欠点，構成的欠点，種目特有の欠点，美的姿勢(男子)ないし芸術性(女子)の欠点などに対して(表1)，実施点の満点10.00から減点法によって減点して出した点数である。選手の決定点(得点)は，これらのDスコアとEスコアの合計である。

体操競技の採点は1968(昭和43)年以前は基本的に減点方式がとられていたが，1968年版の男子採点規則では種目別決勝競技において決断性，独創性，熟練性に対する加点方式が併用されるようになり，同時に減点緩和措置も採用された。しかし，1975年版になると，団体総合，個人総合，種目別決勝のすべてが，基礎点9.4の上に決断性，独創性，熟練性の各領域それぞれ最高0.2点が加えられることになり，このことによって減点緩和措置も廃止された(日本体操協会, 1997. 5)。このような加点領域の設定と減点緩和措置の廃止により，選手の技能向上に伴い多くの新技が出現し，よりいっそう姿勢欠点のない魅力ある美の効果を伴う高い独創性や熟練性のある演技が奨励されるようになった。

決断性，独創性，熟練性という3つの概念については，1979年版男子採点規則で詳細に解説されている(日本体操協会, 1979. 34-37)。それによれば，決断性とは「危険性，大胆さ，決断をもって実行に移した技の失敗による減点の可能性及び成功した場合の利益点」で出来映えの領域での加点であり，それは「最高のレベルでさばかれていなければならないし，また，観衆のみならず審判員に対しても，大胆さが感動を呼ぶように行うべき」ものである。次に，独創性とは「新しい運動経過，新技あるいは新しい組み合わせ部分が演じられたとき，それが新しいもので，また常識的な，習慣的な，古典的なものとして価値づけられていた方式を超越したもの」であり，難度と関係せず，構成面に関してのみ加点される。さらに，熟練性とは実施面に関係する加点領域で，「優美で，空間に描かれた線は雄大で，伸び伸びとしており，難度や決断を要する技の克服がきわめてダイ

表1 体操女子のゆかの演技における特有な芸術性減点

欠点	0.10	0.30	0.50
動きを通しての音楽テーマの表現能力の欠如 ・音楽と動きの調和に欠ける		×	×
リズムの変化が不十分		×	
演技全体を通して芸術的表現に欠ける ・振り付けが独創的でない ・技や動きの構成が独創的でない ・個性的スタイルに欠ける 　選手の形態のタイプと個性にあった表現に欠ける		×	
不適当なジェスチャー，または音楽，動きが模倣的で調和がない	×		

(出典:『採点規則 女子 2007年版』2007. 日本体操協会. 43 を一部改変)

ナミックな印象を与え，高尚な精神的体験すらもたらす」名人と呼ばれる選手の実施に代表されるものであるとされている。加えて，その判断基準として「今日の技術水準を凌駕するような新しい運動技術を使った，技術的に完璧な実施」，また「運動のリズム，大きさ，高い安定性，発展傾向，姿勢の正しさ，などの見地から，明らかに平均的力倆を上回る価値を認めることができるような個人的様式による表出(名人芸)」と説明されている。さらに，この採点規則では調和およびリズムの概念の体操競技における理解に寄与する補足説明もなされ，体操競技における演技が美的ないし芸術的視座をもつべき重要性が説かれている。

他方，旧東ドイツのボールマン(G. Borrmann)は1979年版の特に女子採点規則を検討して，そこにみられる美的価値尺度について考察している(Borrmann, 1980. 57-78)。ボールマンによれば，採点規則の歴史的変遷は美的価値尺度の重要性が増してきていることを示し，1979年版の採点規則は1975年版よりもより厳格な美的価値尺度の典型例を提供している。特に女子の採点規則では選手の獲得可能性のある得点の70%が美的評価基準と直接的な関係をもっている点を強調している(Borrmann, 1980. 59)。すなわち，10.00満点のうち「実施と熟練性」が4.0，「構成」が2.5，「加点」が0.5という得点配分がなされているが，これらの観点はすべて美的評価基準と関係をもっているという。このことは男子にもいえ，採点規則による難度要求や独創性，演技構成上の要求は単なる加点ということではなく，創造性と美的効果，すなわち芸術性の追求と強い関係があるといえる。

この当時の採点規則はある意味で，現在でも本質としてあるべき，よりよい技，より魅力ある感動を与える技や演技という，体操競技の美的あるいは芸術性追求の考え方を加点という方式で強く押し出していたといえる。2006年以降採用されている現在の採点方法でも加点領域は設けられているが，それは大欠点なく行われた場合の高難度の技や技の組合せなどに対する加点であって，独創性や熟練性などのような領域に対して特別に与えられる加点ではない。美的観点や芸術性の観点は，むしろ演技構成や演技実施の前提になっている。現在の採点規則は基本的には美的観点や芸術性の観点に対する加点はなく，実施された演技から技術欠点，実施欠点，美的姿勢(男子)や芸術性表現(女子)の欠点などに対して減点するという減点方式になっている。このことによって，現在採用されている採点方式は，確かに演技価値点を高めるという技術志向に拍車をかけ，演技価値点の高い演技が得点も高くなるという傾向を生じさせているが，しかし，そこでは美的ないし芸術的な技や演技の実施は当然の大前提になっている。

② 体操競技における芸術的要素としての美的カテゴリー

このように体操競技における技や演技は技術，芸術性の両視点から問われるべきものである。言い換えれば，技術の評価は芸術的評価となるべきものであり，芸術的評価は技術の評価となるものである。したがって，体操競技における芸術的要素は技術との関係での問題性になる。

例えば，ゆか運動のフリック・フラック(Flic-flac：後方倒立回転とび)からの後方伸身宙返りの場合，姿勢欠点なく高く上がり，空間的広がりが示され(浮き，雄大性)，宙返り自体にリズムのよい，また余韻を残す技さばきで行われると，雄大なダイナミックな宙返りと高く評価される。この雄大さやダイナミックさという評価は技術的に習熟していて実施姿勢に乱れがないことを前提にした美的あるいは芸術的評価である。技術的に欠点があってももちろん伸身宙返り自体はできるが，浮きや高さがなく回転の仕方にむらが出たり姿勢が乱れたりしていれば，よい実施とはいえない。すなわち美的，芸術的な観点で評価されるような実施とはいえないのである。

体操競技における技ないし演技は基本的に選手の能力に応じたものでなければならず，その限りで技術的に正しい実施を前提として難度の追求がなされなければならない。この難度追求に関して男子採点規則には，選手は「安定性，優雅さ，雄大さ」を体操競技の3大特性として捉えて身体を十分に支配しなければならないことが謳われていた(日本体操協会，1979. 11)。また2006年版の採点規則でも，選手には「美的に洗練され」た技や演技が要求されている(日本体操協会，2013. 25)。表現は変わっているが，難度追求における美的立場は同じとみてよいであろう。しかし，1979年版の場合には2013年版で表現されているような単に美的という表現ではなく，その美的概念が明確に3大特性として示されている。

金子はこのような体操競技における技の美的概念は，技が人間特有の運動現象の所産であることから，それは自然美の観照を含む美的概念ではなく，なにかを作り出す技巧の契機を加えた芸術的概念として捉えている。そして，採点規則に示されている体操競技の3大特性としての「安定性，優雅さ，雄大さ」に加えて，さらに時代的美意識に支えられてそれらに働きかけていく「リズム，スピード，冴え」という美的カテゴリーを打ち出している(金子，1974. 163-72；金子，1977. 105-27)。金子が挙げているこれらの美的カテゴリーは，体操競技の本質的特性である姿

勢的簡潔性（金子, 1974. 165）を前提とした芸術的要素にほかならない。

金子によれば，安定性（独：Sicherheit）とは，現象的安定性を意味し，運動経過そのものにつり合いと調和が示され，余分な動きが消し去れて，余裕をもって技が遂行されるところで問題になる。また，雄大さ（独：Ausgiebigkeit）について，金子は雄大性として考察している。その雄大さは，現象的安定性に支えられている限りで描かれる空間図形の大きさであり，それは現象的雄大性にほかならない。例えば，宙返りなどに求められる雄大性は単なる空間の高さが問題になるのではなく，そこに停滞現象としての「浮きの現象」が出てこなければならない。さらに，優雅さ（独：Eleganz）は，優婉（独：Grazie）と優美（独：Anmut）との関係をもつものの，体操競技ではこれらは同一のカテゴリーで捉えられる。この場合，優雅さは落ち着いた，丸みのある，しなやかな，ゆったりした，単純な，品位のある運動経過に表出され，特に女子の演技で重要な美的価値契機となる。

他方，リズムは，時間的にはテンポの緩急を浮き彫りにし，空間的にも多彩な変化を生み，力動的には経済的な力の使い方をもたらし，動きや演技をより生き生きとさせる美を示す重要な芸術性のカテゴリーである。また，スピードは，特に20世紀後半から重要になってきた時代的美意識に支えられた新しい美的カテゴリーであり，技術的に正しく行われ，達成成果と結びつく限りで，スピード感に溢れたダイナミックな技さばきの評価視点である。さらに，冴えは，技の究極的完成の美的概念であり，技をさばく時のすっきりしたポーズや体線を浮き彫りに示せる"体線の冴え"と，技の動から静への鮮やかな切れ味のよい転換を示す"きめの冴え"に分けられる。

これらの芸術的要素としての美的カテゴリーは，いうまでもなく，技術志向に傾斜しているといえる現代の体操競技においても不可欠のものである。体操競技は単に難しい技を失敗なく減点されないように実施するのではなく，時代的美意識に支えられて感動を与え，陶酔を呼び起こし余韻を残すような技さばきや演技のよさを追求するところにこそ本質がある。その意味で

体操競技においては，芸術的立場に立った難しさと美しさの融合としての技術美的追求が重要である。

参考文献　　　　　　　　22.C.02

◆ 金子明友 1974.『体操競技のコーチング』大修館書店
◆ ────. 1977.「体操競技の運動における美学的一考察」体育原理研究会 編『スポーツ美学論』105-27. 不昧堂出版
◆ ────. 2005.『身体知の形成』（上）不昧堂出版

新体操における芸術的要素　22.C.03

① 新体操の特徴

新体操は，音楽に合わせて手具を用いた演技を行う体操競技である。なお，女子新体操と日本国内には男子新体操がある。国際的には女子のみの大会しか行われていない。ここでは国際体操連盟（Fédération Internationale de Gymnastique: FIG）の正式種目である女子新体操について中心的に述べることとする。

新体操競技は5つの手具（ロープ・フープ・ボール・クラブ・リボン）を用いて行うスポーツである。個人競技と団体競技があり，個人競技は1人の選手が5つの手具から決められた4手具の演技を行いその合計得点で競うものである。団体競技は5人の選手によって演じられる，2演技（単一手具・2手具のアンサンブル）の合計得点で競うものである。演技時間は個人競技が1分15秒から1分30秒，団体は2分15秒から2分30秒までと決まっている。

新体操の評価は採点規則に則って採点が行われるが，審判個人の感性が大きく左右する傾向にある。客観的に採点するように求められてはいるものの，なかなか難しく，複数の審判員が採点することによって，客観性を保っているといえる。国際競技会においても，それぞれの審判によって評価が異なり点数に開きが生じてしまうことがある。したがって，世界選手権大会やオリンピックでは2名のリファレンスジャッジ（Reference Judges）の点数によって平均化される方式をとっている。

新体操の演技はすこぶる舞踊に近い動きであり，その基礎をバレエに求めている。舞踊と大きく異なるところは新体操特有の手具を持って行うところ，採点によって順位が決まることで

◆ 日本体操協会. 1979.『採点規則 男子1979年版』日本体操協会
◆ ────. 1997.『採点規則 男子1997年版』日本体操協会
◆ ────. 2013.『採点規則 男子2013年版』日本体操協会
◆ ────. 2007.『採点規則 女子2007年版』日本体操協会
◆ Borrmann, G. 1980. Zum Problem ästhetischer Wertmaßstäbe im Gerätturnen und ihre Berücksichtigung in der Ausbildung von Diplomsportlehren, in: Wissenschaftliche Zeitschrift der DHfK, Jahrgang Heft2, 57-78.

（佐野 淳）

あろう。それぞれの手具の特徴（ロープではジャンプをする，フープは転がす，くぐり抜ける，ボールはつく，転がす，クラブは小円あるいは風車のように動かす，リボンはらせん，蛇形に振るなど）を生かしながらバレエのような動きを行うのが新体操であり，まさに手具をもったバレエといえる。

② 新体操における点数の配分と採点方法

審判団は，難度の審判員として身体要素の難度をみるD（Body movement difficulty），と実施と芸術の両方をみる実施の審判員E（Execution）の2つのパートで構成されている。

・難度（D）（4人の得点の平均）＝最高10.00点（世界選手権・オリンピックは5名＋2名のリファレンスジャッジによる）

・実施（E）（4-5名の審判員の得点のうち中間点の2つまたは3つの平均点）＝最高10.00点（世界選手権・オリンピックは5名＋2名のリファレンスジャッジによる）

という20点満点で評価される。

難度（D）はジャンプ，バランス，ローテーション（片足の回転であるピボットや身体の回転），これまでの柔軟という要素はローテーションに含まれた。難度に関しては手具操作を伴ったものでなくてはならず，手具操作のないものは難度としてはカウントしない。また，難度は同じ形は1回のみの使用で繰り返しは許されない。2013-16年度までの採点規則の特徴は，最低1回の8秒間のダンスステップコンビネーションが義務化されたことである。さらに，複数要素の組み合わさった，一般的でないすこぶるオリジナルに近い要素，

新技ともいうべきマスタリー(M)が要求されたことである。これまでにもあった手具操作を伴ったリスク(危険な技)はダイナミックエレメント(DER)として最高3回入れることになった。

③ 芸術における構成と音楽

新体操の演技における芸術構成の主要な目的は，観客に感情を伝え，表現のアイディアを伝えることであり，これには3つの側面がある。まず，伴奏音楽，芸術的イメージそして美しい身体の表現である。演技のすべては全体にわたり音楽を伴っていなければならず，構成上の理由によるごく短い音楽の停止は許可されるがそれ以外は許されていない。

音楽は1種類または複数の楽器を用いて行われ，声を楽器として使用することも含まれる。新体操の演技の伴奏音楽として，すべての楽器の使用が認められている。

伴奏音楽は，演技のために特別に作曲されたものであってもよいし，既成の音楽をそのまま使用しても，編曲(アレンジ)したものでもよい。いずれの場合も，音楽は統一感がなければならず，様々な関連のない音楽の断片を並列してつなぎ合わせたものであってはならない。新体操で使用されている音楽はクラシック，ポピュラー，民族音楽，映画音楽など実に幅広い。芸術性を問われる競技の音楽としてクラシック音楽は理にかなっている。また，映画音楽も利用している選手は多い。しかし，

図1 ベッソノバの演技
(写真：小林隆子)

どんな音楽を利用してもその音楽のもつ意味を解釈し，振り付けをしなければ，BGM(バックグラウンドミュージック)とみなされ，減点の対象となる。一流選手ともなれば，音の緩急やリズムを理解し，その音の1つ1つに動きと手具操作を合わせ，みている者も快くなるような感動的な振り付けを行う。一方，自己の動きを音に関連なく行う選手も少なくない。このような選手の芸術的評価は当然低いものとなる。

④ 演技の振り付け

振り付けは，主題となるべきアイディアによって特徴づけられるものである。つまり，身体と手具の可能な限りの全動作を用い，演技の始めから終わりまで一貫した動きによる統一されたテーマをもたなければならない。また，演技のテーマを展開するにふさわしい技術的，美的で感情的なすべての動きの関連性が，音楽に対して一体となっていなければならない。さらに，動きのつながりは論理的でなくてはならず，動きから別の動きへの移行には連続性が求められ，羅列であってはならない。

新体操の手具には5つの手具があり，例えばロープの操作における回旋の方向は突然には変更できない。その回旋は自然に行うことでスムーズに実施できる。無理な操作はロープの不自然な動きによって身体にぶつかってしまう。このようにそれぞれの手具の操作はその手具の特性に従って行い，さらにそれが音楽の特徴と合っていることが振り付けとして望ましい。1993年から1995年まで連続して世界選手権で優勝したブルガリアのマリア・ペトロバ(Maria Petrova)はこの音楽と動きの一体感，音の解釈と技と技のつなぎの動き，モダリティー(得点化されない動き)に特に優れており高い評価を得ていた。ペトロバが1995年の世界選手権で演じた，フラメンコの曲によるリボンの演技は，フラメンコダンサーを彷彿させしかもそれが新体操の演技になっており，まさしく芸術性の高い演技として多くの関係者の記憶に残っている。近年ではウクライナのアンナ・ベッソノバ(Anna Bessonova，図1)の演技は過去のペトロバ同様に音楽の解釈に優れ，民族音楽を使用してのリボン

の演技などにおいては，リズミカルなステップを取り入れながらも多様な手具操作を行いつつ，観衆をハッとさせるような投げ技を入れるなど，観衆，審判など多くの者がよくぞここまで演じられるものだと感じたに違いない。さらに新体操にとっての衣装であるレオタードがその民族音楽のイメージを捉えており，まさに動く芸術であった。

⑤ 手具の操作

手具を伴った動きの要素は，徒手の要素(各種の移動，腕や胴の様々な動き，ジャンプ，バランスおよびローテーションの要素など)と同調していなければならず，手具操作はできるだけ多様な用い方をしなければならない。手具を飾りとして用いるのではなく独創的で美的な，そして創造的かつ様々な要素を，手具と動きの連続性を中断せずに行わなければならない。また，各演技には手具の操作において危険を伴うダイナミックエレメントの動き「DER」を最高3回入れることができる。ここでいう「DER」とは手具を空中に投げ上げ，その間に大きな技(例えば前転を数回行うなど)を行い，それが過失となれば大きな減点を課されることである。選手はこうした「DER」に挑戦したり，試合ごとに他の選手が行っていない新技(M)を開発したりする。新体操がスポーツとして捉えられているのは，こうした選手の技への挑戦があるからであろう。

⑥ プレアクロバット要素

新体操は空中に跳び上がるような，いわゆる体操競技で行っているタンブリング形式の動きは許可されていない。しかし，身体を回転させる動きは「垂直位置での中断を伴う実施」「床面を離れての実施」を除いて許可されている。前転，後転，側転，前方での胸支持，背面での肩支持などはプレアクロバット要素として認められている。しかし，あくまでも手具の操作を伴うことが条件になっている。つまりなんらかの形で動かしているか，手具は空中に投げ上げられている，あるいは転がしているなど身体の動きとの関連を要求している。新体操がアクロバットな動きを禁止しているのは，新体操の求める優雅さ，審美さ華麗さを追求し

ているからであろう。

⑦ 新体操における芸術性の変遷

[芸術スポーツとしての発展]

新体操は女子のスポーツとして旧ソ連からスタートし、東欧諸国で大きく発展した。1980年代にブルガリアが取り組んだ音楽と動きとの一体化による表現、さらには巧みな手具操作によるこれまでにない動きは、他のスポーツにはない魅力であり、芸術スポーツとして大きく確立した。そして、1984年第23回オリンピック大会（ロサンゼルス）の正式種目（個人競技）になった。しかし、1996年第26回大会（アトランタ）では、採点競技である新体操は芸術的評価よりはむしろ技術的評価と実施による評価が優位に立つ傾向を示した。これは当時の採点規則が構成・実施によって採点されており、芸術的評価は構成の中に含まれていたために、はっきりと芸術点としての配点がなかったからである。構成点を芸術的な面を考慮して採点する審判員もいれば、難度による組み立てを重視した審判員もいたことから、その評価に違いが表れたといえる。その後、芸術的な評価を認識し採点規則に加えたが、芸術評価は音楽と動き、演技の振り付けなどが中心になるために、審判員の高い感性が問われることや価値観の違いなどからその評価は難しく、点数に表すことが矛盾しているかのように感じる。しかし、音楽伴奏を伴い、手具の操作によって織りなされる動きは、バレエとは一線を画す芸術性の高いスポーツといえる。新体操は採点規則が複雑であるといわれているが、世界の多くの選手が取り組んでいるのは、バレエにはない競い合う芸術スポーツとしての魅力があるからにほかならない。

[競技のアイデンティティーとしての芸術的要素]

採点競技全般に共通する疑問として、なぜ身体能力を競い合うスポーツでありながら、同時に美しさや芸術的な表現を求めなければならないのか、あるいは求めてきたのかという点が挙げられ、そこに矛盾のようなものも感じる。

そこで、ここでは新体操の歴史を振り返りながら、競技の中で芸術的要素がどのように捉えられてきたのかを考えることで、この問題について考えてみたい。

18世紀から19世紀にかけて、ヨーロッパでは何人かの研究者によって、手具や伴奏を伴った新しい体操が考案されてきた。それがノヴェール (Jean Georges Noverre)、デルサルト (François Delsarte)、デメニー (Georges Demeny)、ジャック＝ダルクローズ (Emile Jaques-Dalcroze)、ボーデ (Rudolf Bode) らである。彼らのこうした試みはそれぞれ、芸術体操、リズム体操、手具体操、リトミックなどと呼び名は異なっていたものの、音楽のリズムを取り入れた身体運動を通じて、人間の体と精神に働きかけようという共通点をもっていた。彼らの発想の根底には、バレエの基本動作があり、それをもとに様々な改良がされていき、さらにはイサドラ・ダンカン (Isadora Duncan) のモダンダンスなども大きな影響を与えている。

音楽と動きの関係は、新体操の歴史の初期から重要な位置を占めていた。

選手に求められるのは、体を全くの自由に動かすことではなく、伴奏の音楽に合わせて動かすことである。それは音楽のリズムと曲調をよく理解し、体全体で音楽を奏でることで、観客にある感情を与えることができるのである。

音楽と等しく重要なのが手具の扱いである。5種類の手具（ロープ・フープ・ボール・クラブ・リボン）はそれぞれ、狩猟に用いられた縄、武器の名残であるこん棒、中国の民族舞踊にみられるリボンなど、異なる文化と歴史の痕跡をとどめている。常に手具を動かさなければならないという条件は、選手にとっては大きな制限であるが、観客にとっては視覚的にも運動的にもバリエーションを増やし、この競技の大きな魅力となっている。

音楽と手具の使用は新体操の大きな特長となっているが、その最大の効果は観客を意識した身体運動が課されるという点に尽きる。スポーツとは結局のところ自分の肉体の限界に対する挑戦でしかない。しかし、新体操選手が

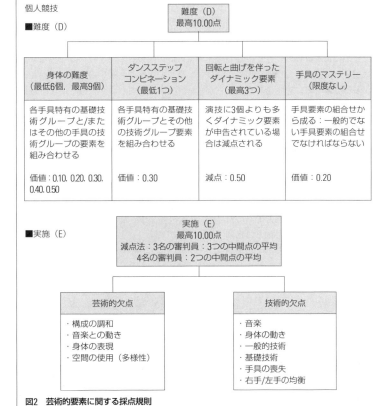

図2 芸術的要素に関する採点規則
（出典：『2013－2016年度版採点規則』より抜粋）

観客を目の前にして演技をする時，自分をみつめる他者の視線という要素が導入され，観客をいかに魅了するかという動機はスポーツから芸術の領域へと踏み出すこととなる。

新体操は音楽と手具を用いるスポーツとして始まった。しかし，時を経るにつれ洗練の一途をたどり，音楽の使用は単なる伴奏ではなく演技の世界観を語り，手具は単なる道具ではなく身体運動をより拡張する手段(道具)となる。競技から表現へとシフトしてきた新体操は，音楽と手具を選択した体操として当然の結果をもたらしたというべきだろう。

[芸術的要素をめぐる今日的な課題]

現在の新体操が，スポーツとして発展を遂げるたびにルールが変更され，その本来の魅力を失っているのではないか，という指摘は以前からされていた。採点競技である以上，公平な審判が求められるために詳細にわたってルールが設定されるのは，やむをえないといえよう。しかし難度や手具操作について，きめ細かく設定されたこれまでのルールでは構成面において平均化がみられ，それが結果として演技の表現性を奪っているのではないか，というものである。現在のように詳細な採点規則でなかった時代は，選手の自由な発想による身体の動きと手具の操作は選手の個性を十分に引き出し，演技が多様でみる者に感動を与えた。しかし，ルールが詳細でないことによる採点は，審判の主観が働き評価に公正性を欠いた。スポーツとして，その採点がいかに公平であるかということを第三者に示すと同時に，審判による採点の差をなくそうと思えば思うほどに採点規則が詳細になったといえよう。本来，新体操の大きな魅力であったはずの表現性までもが失われるほどに，度重なるルールの変更と選手の上達は，高速化，難度の上昇をもたらし，芸術スポーツではなく単なるスポーツと化してしまったのではないかという懸念である。そこで，あえて芸術価値が採点に取り入れられたものの，これまで，前述してきたように芸術的要素の評価は審判の感性によるところが大きく難しい。

手具操作の難度や柔軟性の向上など，近年の新体操の進化には目を見張るものがある。競うことによって競技そのものが進化する，というスポーツのメリットが新体操には確かにあったといえる。しかし現在の競技のあり方が正しい進化の結果なのかと問われると，判断の難しいところであろう。こうしたことを少しでも解決し，過去の表現力豊かな新体操への回帰を検討し取り組んだのが2013-2016年度版の採点規則(図2)である。難度数を減らし，ダンスステップコンビネーションの義務化を図ったことはそうしたことのねらいがあったといえる。このことが今後の新体操が芸術スポーツとして望ましい方向に進むことを期待したい。

(石崎朔子)

シンクロナイズドスイミングにおける芸術的要素　22.C.04

① シンクロナイズドスイミングに求められる芸術性

シンクロナイズドスイミング(以下，シンクロ)は，審判員の採点によって順位を決定する採点スポーツである(図1)。シンクロの採点は，技術的評価である「テクニカルメリット」と，芸術的評価である「アーティスティックインプレッション」の2つの観点から行われる。テクニカルメリットは「完遂度」「同時性」「難易度」の領域から，アーティスティックインプレッションは「構成」「音楽の解釈」「プレゼンテーション(表現力)」の領域からなる。言い換えれば，後者のアーティスティックインプレッションの評価領域がシンクロに求められる芸術的要素といえる。

よりよい演技を遂行するためには選手に技能と芸術的能力の両方がバランスよく備わっていなければならない。そしてつまり，選手のスキルレベルと演技構成の質がつり合っていなければ完成度の高い演技ができあがらないのである。しかし，非常に高いスキルの備わった演技であっても，有名な作曲家が創った曲を使った演技であっても，相手に伝わらなければ価値は半減する。採点スポーツは相手に伝わってこそ，その価値が評価される。したがってシンクロの究極のゴールは人の心を打つ演技をすることである。言い換えれば，人の心をどれだけ動かせたかがシンクロの芸術性といえる。

② アーティスティックインプレッションの評価観点

国際水泳連盟発行の『シンクロジャッジ・コーチ・レフリーマニュアル』によると，アーティスティックインプレッションは，表現されたスキルや感性をみて心に生じた印象，イメージやフィーリングのことをいう。それは作品から受ける感銘や衝撃の度合いであると解説されている。競技では，〈構成〉〈音楽の解釈〉〈プレゼンテーション〉の3つの観点から評価される。

[構成]

構成は，アーティスティックインプ

図1　シンクロナイズドスイミングの演技 (写真：フォート・キシモト)

レッスンの評価領域の中で最も大きなウエイトを占める芸術的要素である。演技全体が1枚の絵のようにバランスよく組まれていることが望まれる。演技は，次の5つの要素がそれぞれどのように組み込まれて構成されているかが重要である。

1) 多様性：動きがバラエティーに富んでいることが望まれる。姿勢，フィギュア(脚技)，ストローク(泳ぎ)，手/腕の動作，推進技術(スカーリングや立ち泳ぎ)，トランジション(下掲)に工夫を凝らし，リズムの取り方，パターン，スピードに変化をもたせる。高さや方向を変化させ，様々な空間レベルを使うことも多様性の広がりにつながる。

2) 創造性：オリジナルで目新しく意表を突いたものや記憶に残り特色のある動作が組み込まれていることが創造性の高い演技となる。

3) プール水域の利用度：泳者は，演技を通して常に動き続け，プール水域を最大に効果的に利用することが求められる。

4) パターン：パターンとは，隊形のことであり，数多く，かつ効果的なパターンチェンジ(隊形変化)を行うことが望ましい。トップレベルのチームではパターンチェンジの展開は速く，レベルの低いチームでは長時間一定のパターンにとどまる傾向がある。

5) トランジション：トランジションとは，ある姿勢から別の姿勢へ，あるパターンから次のパターンへ，フィギュアからストロークのように，ある状態または位置から別の状態または位置への経過，つまり動作と動作のつなぎのことである。トランジションにかかる時間が短いほど，滑らかな流れの演技となり望ましい。

[音楽の解釈]

ここでは，音楽をどのように解釈して演技しているか，音楽や音をどのように使用しているかを評価される。音楽の解釈は，演技で表現された音楽の捉え方(着想)のことで，音楽の特徴や質をうまく捉えて表現することが重要である。さらに，テンポ(速い，中くらいの速さ，ゆっくりなど)の変化に合わせ，音楽の力強さと繊細さが調和されていること，また音楽のテンポやリズムが泳者の能力や年齢に適していることも重要である。

[プレゼンテーション]

泳者が審判員や観客に対して演技を表現する方法や手段である。完璧な演技を行うには，演技全体を通して身体的，精神的に高いレベルのエネルギーが必要である。審判員や観客に全身でアピールし，メッセージを伝えられること，落ち着きと自信に溢れ，コントロールされた説得力のある演技でジャッジや観客を魅了すること，音楽のもつ情感を表現すること，新鮮でのびのびした演技であること，舞台精神(惹きつける，魅惑する，魅力がある，カリスマ性がある)に満ちていること，表情，態度，呼吸などすべての面で堂々として余裕があること，泳者独自の世界を作っていることがプレゼンテーションの評価項目である。

③ 芸術性を生み出す基本要素

芸術性を生かすには，土壌となる基本スキルがあることが前提条件になる。特にシンクロや他の表現スポーツにおける芸術性は，技術力があって初めて生きる。うわべだけ綺麗にならべても相手には伝わらない。体裁だけ整えても人の共感は得られない。格好だけつけてもプロには見抜かれる。例えば，立ち泳ぎという推進技術を用いたアームシークエンス(腕の表現動作)を行うには，立ち泳ぎのスキルが必要である。立ち泳ぎ能力が低く，あごが浸かる程度にしか水上に身体を挙げることができなければ芸術性は生かせない。また，関節の可動域が十分でないと空間利用が少なく，多様性のある演技構成ができない。すなわち，芸術性はそれを遂行する技能が伴って初めて生きるのである。

シンクロにおいて豊かな表現力や芸術性を生み出すには，基本的なスキルを含めて次の5つの要素が最低限備わっていることが重要である。

1) 身体条件：プロポーションや身体のバランスに優れていることが重要である。全く同じ技術力をもった人が同じ演技を行った場合，長い脚，長い腕，小さくまとまった顔，まっすぐな脚線，全身の長育・幅育のバランスのよい人が印象がよく有利である。これらは生まれもった性質に左右される要素であるが，身体を用いた表現スポーツには重要な資質である。

2) 基本スキル：水上の身体体積を増やすための水中での推進技術(スカーリングや立ち泳ぎ)のスキルと身体を制御する姿勢保持能力を有することは大前提である。

3) 感受性・感性：感受性・感性は，心を映し出す力である。自分が伝えたいメッセージを表情や全身の動きで表現する。感受性・感性が薄い人は，無味乾燥な表現になってしまいがちである。内面から湧き出るような表現は，感受性・感性が鋭敏で豊かでないと生まれてこない。

4) 音感：音感やリズム感のよい人は動きが音にはまり，音にはまった演技はみる人を魅了する。音楽には抑揚，緩急がある。また使用楽器によって多様な音色がある。動きが音にマッチした時，心を動かす芸術性が生まれる。

5) 研究心・向上心：常に演技構成や技を研究し，自分の長所・短所を客観的に捉え，前向きに研究し続ける心が大切である。

④ 人の心をつかむための能力

人の心をつかむためには，第一に〈舞台・空間〉，第二に〈観衆〉，第三に〈審判員〉の3つを制し，自分の世界に引き込まなければならない。

1) 舞台・空間を制する：「空を制し，時を制する」という気持ちで，広大な舞台空間を制御しなければならない。

2) 観衆を制する：「人を制する」ためには，「人にのまれない」「人をのむ」気概が必要である。

3) 審判員を制する：採点スポーツであるため，審判員に認めてもらわなければならない。プロフェッショナルの審判員を制するためには本物の表現技巧が必要である。審判を唸らせるにはスキをみせてはならず，技の1秒1秒が勝負なのである。

⑤ 勝敗につなげるための芸術性

シンクロは勝敗を競うスポーツである。そのため芸術性は得点につながるプログラムでなければならない。そこには戦略に基づいた訴求技巧が必要なのである。演技プログラムを創る際には，〈演技構想の検討〉〈コンセプトの設定と選曲〉〈人の心をつかむ構成テクニック〉の3つを熟考することが重要である。

[演技構想の検討]
1) 分析と情報収集：人の心をつかむ演技を創るには，入念な分析と情報収集が重要である。まず，前年までのチームの戦い方，戦績等を分析し，なにが足りなかったのかという課題を明確にする。そして現時点での技術的・体力的・心理的分析を行い，客観的に評価し，各分野での長所と短所を把握する。第二に，ライバルチームの競技力分析とともに，選手交代，コーチ交代，次シーズンの演技内容予定などの情報を収集する。第三に，世界の競技力や審判の勢力図，世界の演技傾向を分析する。これらをもとに，「チームの長所や持ち味を生かし短所を最小限に抑えた演技をどう創るか」「世界の演技傾向に沿う方が点数は得やすいが，あえて矛先の変わった新しい演技で挑戦するか」など，演技の戦術を考える。
2) 具体的目標と演技構成の難易度の設定：チームまたは選手の目標を明確化する。例えば，「88点」を目標とした場合，88点がとれる難易度を含んだ演技構成にしなければならない。

[コンセプトの設定と選曲]
分析・評価および設定目標に基づいて，どのようなコンセプトでどのような曲を用いて演技を創るかを考える。
1) 演技のコンセプトの設定：どのような演技内容で戦うかというビジョンを定める。なにを主張するのか，なにを前面に押し出すのか，なにを表現するのかというメッセージを明瞭にする。シンクロでは，世界で戦う場合は文化が異なるのでわかりやすいテーマにすることが多い。例えば，日本代表チームはこれまで「空手」「忍者」などを題材にしてきた。海外チームでは「キャッツ」『アフリカ』『カルメン』などがある。
2) 選曲・音楽の編集：音楽は観衆と競技者を一体化させる効用をもっている。音楽の質がよいと演技を引き立てる効果があるが，質が悪いと逆効果になる。また，音楽とキャラクターが合っていると，表現力が相乗する。音楽は，演技のイメージを決定する重要な役割をもつので，選曲は慎重にしなければならない。

[人の心をつかむ構成テクニック]
1) 演技構成としての起承転結：短い限られた演技時間で人の心をつかむ構成を考える必要がある。結論から述べると，シンクロでは最初の30秒とラスト30秒が勝負である。演技構成の基本は論文やレポートと同じで，1曲の演技の中に，起承転結で構成することである。イントロダクションでまず心をつかみ，審判員と観客の意識を向かせる。そして本文では中だるみしないようにところどころ塩コショウを振りながらストーリーを進める。ラストは「やっぱりすごい」「やっぱりできる」と思わせる展開が必要である。そして，コンクルージョンでメッセージをまとめる。
2) 音楽に対応した全体のストーリーの検討：振り付けに入る際，音楽をよく聴き，理解することが第一である。音の強弱，リズムの変化，曲のスケール感をつかみ，1つの舞台作品を創るように全体のストーリーを練る。
3) エネルギーの配分と技の配置：ストーリーが単調にならないよう，1曲の中のエネルギーの配分(強－弱－強)，流れをどう設定するかを考える。山と谷を曲の中にどう設定するか，ハイライトはどこへもっていくかなど人の心を打つ構成を練る。

（本間三和子）

舞踊の美学　22.0

バレエでめざす美しさ　22.0.01

① バレエの美しさ

厳密にいえば，バレエという語には大きく分けて3通りの意味がある。

まず，上演作品としてのバレエ。多くの場合タイトルと作者があり，不可欠の要素として中に必ずダンスが含まれる。

また，時にバレエという語は踊りそのものをさすことがある。例えば『白鳥の湖』の白鳥たちのバレエとか，『くるみ割り人形』の雪のバレエというようにである。

最後に，そういうバレエを踊るための方法論や規範の総体をさすこともある。例えば「バレエを習う」という時，通常のレッスンでは『ジゼル』のような全幕を学ぶのでもなく，数分の長さの振り付け作品を習うのでもなく，専らそれらの踊りを実演するための基礎練習を繰り返すのである。

バレエという語の，こうした重層した意味内容は，バレエが発祥した16世紀から現在に至るまで，ずっと変わっていない。

さて発祥した時点から，バレエは開かれた公の観客を前にした大掛かりな劇場パフォーマンスであった。十分な創造過程と準備を経ていることが前提で，したがってバレエは今でも，中核となる舞踊に音楽，美術(装置や衣装)，文学(主題や筋立て)の諸芸術が融合した総合芸術としての性格をもっている。

一般観客がバレエの舞台をみて美しいと感じる時，実際にはなにに刺激を受け，感動するのだろうか。音楽に酔いしれることもあるだろうし，壮麗な，あるいは幻想的な装置に魅了されることもあるはずである。そしてバレエは，たとえ明確な筋立てがなくとも，情景や雰囲気としてなにかしら文学的，哲学的主題が含まれていることが多いから，その文学性に胸を打たれることも少なくない。

多くの観客は，それらの複合した要素をまとめて美しいと感じ，感動する。それこそが総合芸術の理想的なありようなのだが，しかし「踊り」を語源とするバレエにおいては，肝心なのは舞踊の部分であって，その舞踊が期待した水準に達していないバレエ作品のことは，たとえ美術や音楽がどんなに優れていても，人は美しいとはいわない。つまりバレエの美しさとはダンスという主要要素の美にその他の芸術性が付随したものなのである。

では，そのバレエという踊りの美しさは，具体的にはなんだろうか。どういうダンスを，美しいバレエと評するのだろうか。

② 不変の美：基本

ほとんどの古典舞踊は規範，すなわ

ち動きの基本原則をもっているが，わけてもバレエは確固たる基本の体系を有している点で，他の多くの古典舞踊と一線を画している。それはフランスにバレエが成立して程ない17世紀，芸術科学の理論的体系化が重視され，多くのアカデミーが設立されたのと軌を一にして，バレエにもなによりもまず理念が求められたことによる。

その理念もしくは基本は，現代に至るまでレッスン法の根幹をなすものとして命脈を保ち，バレエがめざす美しさの不可欠の要素になっている。基本に合っていない，もしくは合わせることができないダンサーは，けっしてバレエの美しさを表現することはできない。

基本の第一はアプロン(フランス語で「垂直に」)である。まずは体の軸をまっすぐにし，高い重心(みぞおちの辺り)を保つ。

第二に，足と手の位置(ポジション)を第1から第5まで定め，原則として手と足を常にそのいずれかに置く。こうしてまずは両手両足，合わせて4本の部分によって幾つもの図形が作られるが，それらの静止図形は，身体でありながら，すでにして一種幾何学的な整合性のある美しさを提示している。これがバレエのポーズの美しさの原点である。

また，手足が1つのポジションから別のポジションに移動する時に手先，足先のたどる経路も決められている。手と足の動きを一定に定めることで，動きの最中でも全体としてバランスが取れていて，原則に従っているという安定感を与えることが可能になるのである。

バレエが成立したフランス絶対王朝期には，長い内乱を経た後だけに衝突のない穏やかさが求められ，その理想を天体の運行にみていた。そのため身体表現もまた安定した無理のない動きを最も貴しとし，バレエの整合性や安定感，無理のない軽やかさが美そのものとみなされたのである。

バレエにおいて，こうした基本は現代でもますます重要視されているが，その理由は時代とともに変化して，今日では，基本のもつ意味合いは，美しさと同じほど，あるいはそれ以上に動きの効率性によっている。つまり，後に述べるようにバレエが発展を遂げ，女性はポワント(トゥシューズ)を使用して激しい回転をしたり，男性ならば跳躍，リフト(女性を持ち上げること)などの難技をこなすようになると，体の軸がまっすぐで動きが合理的な整合性をもっていることは，あたかも工学的に優れた構造物におけるのと同様，強度と耐性を保証することになり，単に眼に美しいというだけではない，大きな意味をもつことになった。つまり，正しい基本を身につけなければ，その土台の上に構築された難しいテクニックをこなすのは不可能なのである。

③ 時代が求めた様々な美：表現

こうしてバレエは，その成立以来，同じ原則に従ってレッスンが行われ，常に基本に回帰する形で身体の鍛錬が行われてきたのだが，ダンスによって表現しようとめざすものは，時代とともに変化している。成立時から18世紀中葉までの宮廷バレエにおいては，主催者にして主演者である王侯の貴族性，永続性が主眼だったために荘重で高貴なものが尊ばれたが，市民が台頭し革命を準備した18世紀末にはドラマティックで激しい感情表現とスター性が高く評価され，度重なる政変とロマン主義の嵐が吹き荒れた19世紀には，ロマンティック・バレエに特徴的な神秘性や幻想性の表現が人の心を魅了した。

その後バレエの中心がフランスからロシアに移り，動きにも中央アジアからスラブ文化を包含する広域ロシア的な要素が加わる一方，規範はますます緻密になり，ほとんどアカデミックなまでに練り上げられた。こうして19世紀末には『眠れる森の美女』や『くるみ割り人形』などのプティパ古典が，バレエ特有の高度なテクニックと造形性，独特のエレガントな美意識で，1つの頂点を極めるに至った。今日バレエといえば，このロシア古典バレエを典型と考える人が多い。

しかしそれでバレエが発展を止めたわけではなく，おそらくは完成されたロシア古典バレエへの反動としての男性的躍動美や，技術と表現全体にかかわる前衛的な模索も始まった。こうして20世紀初頭に世界的なセンセーションを巻き起こしたバレエ・リュッス(Ballet Russe。ロシア・バレエ団。ディアギレフに率いられヨーロッパをはじめほとんど全世界を巡業し，バレエへの関心を呼び覚ました)の作品にみられるように，内股や低い重心，土俗的な表現など，まさに正統的なバレエの基本や美意識に対立するアンチテーゼが20世紀のバレエの主要な流れの1つを成すことになる。

このように作品の背後にある思想や時代精神によって，ダンスやダンサーに求められる美しさや体型もまた著しく変化することは容易に理解されるはずである。18世紀のバレエ・ダンサーの図版をみると，頭が非常に大きく，胸が張って，どっしりした体つきをしているし，19世紀に最初のロマンティック・バレエ『ラ・シルフィード』を初演したマリ・タリオーニ(Marie Taglioni)は，細すぎてバレエには向かないと判断され，長く細い腕が与える悪印象を緩和するための振り付けが考案された。しかし19世紀末以降，ポワントが開発され，回転などの技術が発展するとともに女性ダンサーのスカートが短くなって(クラシック・チュチュ)足をみせるようになり，小顔に細身で手足が長いことがバレリーナの条件のようにいわれるようになった。特に日本では，それが民族的な特徴と相いれない点があり，よくも悪くもバレエダンサーの肉体的条件が強く意識される傾向にある。

21世紀初頭の現在，バレエとして上演される作品は，古くは19世紀の『ラ・シルフィード』や『ジゼル』などのロマンティック・バレエから生まれ立ての新作まで，非常に広い範囲に及んでいて，それぞれの作品がめざす美しさもまた多岐にわたっている。しかし作品は多様だが，踊るダンサーには限定された専門性はないので，作品ごとに異なる美しさを追求しているのが実情である。

④ 超絶技巧

必ずしも美しさをめざしたものではないが，大きな感動を生み，バレエならではの見せ場を作るのが超絶技巧と呼ばれるバレエ・テクニックである。女性ならポワントの特性を生かした回転技，男性なら強靭な筋力を感じさせる跳躍やリフトがバレエ作品のハイラ

イトを作ることが多い。こうした超絶技巧は，芸術性とか美という観点からは評価されえないものではある。しかし，あたかもオリンピック競技のように，常人になしえぬことであり，そこに到達するために多大な修練を要するものであるがゆえに，みる者に大きな感動を与えずにはおかない。

しかし実際はバレエの発展につれて，賞賛されるテクニックも変化する。時代によって，人気テクニックが異なるのである。20世紀に喝采を浴びたのは，19世紀末にロシアで開発された，いわゆる超絶技巧だが，21世紀初頭の現在，新しい振り付け家たちは斬新で変則的な造形美やダンサー同士の連携に，より深い関心を寄せているように思われる。

問題なのはおそらく，バレエ以前に「美」とはなにか，ということではないだろうか。またバレエが第一義的に追求しているのは「美」なのか，という問題でもある。

美や感動には不変の側面もあるが，流行性もあって，変容するのが常である。バレエはその不易流行の両面を生き抜いた芸術なのである。

（佐々木涼子）

コンテンポラリーダンスでめざす美しさ　22.Ⅱ.02

①「なんでもあり」の魅力

コンテンポラリーダンスとは，その名のとおりコンテンポラリー（同時代）のダンスをさし，バレエやヒップホップ，民族舞踊など，広義には今あるすべてのダンスを含めることができる。しかし狭義には，1920年代のモダンダンス，50年代のポスト・モダンダンスに続き，80年代後半からヨーロッパを中心に多彩なスタイルをもって展開されてきた新しいダンス群をさしていわれることが多い。しかしそれは直線的に進化しているわけではなく，バレエや演劇や映像，サーカスや民族舞踊など様々な周辺芸術を貪欲に取り込みながら拡散的な変容を遂げてきた。見本とするべき型がある歌舞伎や，技術的な基準が明確なバレエなどとは違い，特定のスタイルをさすわけではない。「なんでもあり」こそがコンテンポラリーダンスの根幹なのである。

そのため，いくら高度なものでも単なる技術の開陳や，型にはまった美しさなどは，真っ先に批判・攻撃されてきた。ダンスが人生の深淵を描く以上，それが美しいだけの物であるはずがないからである。グロテスクさや醜悪さまでをも含めてこそ人間なのであり，そこに挑戦する作品が多く作られた。

バレエを別にすれば「芸術的なダンス」というものは，およそ20世紀の初頭に生まれた。イサドラ・ダンカン（Isadora Dancan）らショウダンスから分かれたもの，リトミックというリズム体操から発達したもの，また本家のバレエからもバレエ・リュッス（ロシア・バレエ団）という革新的なバレエが生まれ，これらが互いに影響し合って大きな波を生んだのだ。

1920年代に，内面の表現に優れたモダンダンスがマーサ・グレアム（Martha Graham）やマリー・ヴィグマン（Mary Wigman）らによって確立され，神話や文学作品を題材にした作品が多く作られた。1950年代になると，「ダンスはドラマによらず，動きだけで追求していくべき」というマース・カニングハム（Merce Cunningham）や，ハプニングなど実験的な作品を作り続けたジャドソン教会派らのポスト・モダンダンスによって，ダンスが解体されていく。

これらの中心はアメリカだったが，ヨーロッパでは50年代から，ローラン・プティ（Roland Petit）やモーリス・ベジャール（Maurice Béjart）などが，バレエをベースにおいた野心的な作品を生み続けていた。さらに70年代以降になるとジョン・クランコ（John Cranko），イリ・キリアン（Jiří Kylián），ジョン・ノイマイヤー（John Neumeier）らが続いていたが，これらは当時「モダン・バレエ」と呼ばれていた。演劇的であったり，大胆にエロティシズムを取り入れたりと革新的な作品が生まれたが，これらの根幹にはまずバレエがおかれていた。

しかし80年代，世界中を巻き込んだ学生運動が一段落すると，若い世代が旧来の権威によらない，自分たちのための新しい芸術を模索していった。これがコンテンポラリーダンスの原動力となる。各国の国立バレエ学校などで高い技術をもった若者が，より新しい表現，新しい感覚，新しいセンスを求めて，様々なトライ＆エラーを繰り返し，かつてないほど多様な表現を生み出していった。フランスのバニョレ国際振付コンクールは，世界中の新しいダンスの登竜門へと成長し，ここからマギー・マラン（Maguy Marin）やフィリップ・ドュクフレ（Philippe Decoufle），アンジェラン・プレルジョカージュ（Angelin Preljokaj）など数多くのスターが輩出され，日本の勅使川原三郎もここで入賞して大きく世界へ羽ばたいていった。

② 多彩な魅力

というわけでコンテンポラリーダンスの見どころを一口でいうのは難しいが，指針としていくつか述べておこう。

ソロでは，技術のうまさをみせるのではなく，とにかく「その身体ならではの動き」が感じられるかどうかが重要である。これは正解のない世界なので，自らの身体に立ち向かい，作り上げていくしかない。もちろん技術をベースにして吹き出すようなエネルギーを振りまいてもよいし，ゆっくりとだが身体の中で起こっている様々なことをじっくりとみせていくのでもよい。

2人で踊る場合には様々なリフトの発想の豊かさや，2人の関係性が動きによって展開されていくのが見どころである。コンタクト・インプロビゼーションという手法があり，元は「2人の身体の一部を必ず接触させたまま動かなければならない」という練習方法だった。自分1人の身体では発想できないような動きの発見を期待しているわけだが，これを作品に取り入れることもある。

群舞はもちろん揃っていることで迫力を生み出すが，バレエのように一糸乱れぬ動きをめざすわけでは必ずしもない。同じカウントでも様々に違う体型が生み出すズレのおもしろさをわざと強調する場合もある。

バレエが「腕を縮めた状態から無限に向かって伸ばしていく姿の美しさ」をみせるとするなら，「伸ばしていく途中でいくらでも寄り道をしたり変化してもよいではないか」というのがコンテンポラリーダンスの考え方である。その結果，身体の新しい発想や動

きをもった作品が多く生まれた。もちろん関節が逆に動くわけもなく、四肢の可動範囲が大きく変わるわけではない。しかしダンスを学ぶ過程で、知らず知らず型にはまっていた動きから身体を解放するのが、初期のコンテンポラリーダンスの大きな役割であった。

そこで注目されたのが日本の舞踏である。舞踏は1960年代に土方巽、大野一雄、笠井叡らを中心に創始された（当時は暗黒舞踏と称していた）。半裸に白塗り、中腰で背を曲げ、ゆっくりと動く。日本人が稲作など伝統的にもっている身体性を中心に据え、グロテスクさをも強烈に内包した、生命の根源に迫るものだった。日本ではアンダーグラウンド的な存在だったが、1980年、フランスのナンシー国際演劇祭で大野一雄や山海塾らが大絶賛を受け、一気にブレイクした。「技術に囚われず、自分の身体と向かい合うことが大切。百人の身体があれば、百通りの踊りがあっていい」という舞踏の考えは、哲学的な衝撃をもって世界に受け入れられた。いまでは海外でもブトー（BUTOH）といえば通用する。現在の日本のコンテンポラリーダンスの中にも舞踏出身者は多い。そのスタイルは多彩であり、一見すると舞踏とは思えないものもある。しかし白塗りはしていなくても、動きの奥底で舞踏は息づいているのである。

③ 演劇的ダンスと脱構築

ドイツ表現主義舞踊の継承者であるピナ・バウシュ（Pina Bausch）がブッパタール舞踊団を率いて、ダンスシアター（演劇的ダンス）を驚異的な領域にまで高めたことは、コンテンポラリーダンス最大の功績の1つといえる。ピナは、いわゆるダンス的に抽象化された動きだけではなく、「抱きついてキスをする、それを何度も繰り返す」といった、日常的な身ぶりまでもダンスとして取り入れ、人間の内面を深く描いてみせた。セリフはなくとも登場人物の心のひだが痛いほどわかり、それでいてダンス作品としてどのシーンも美しい。これはダンスの概念自体を変え、世界中のダンスシーンに衝撃を与えた。初来日作品『カフェ・ミュラー』『コンタクト・ホーフ』『春の祭典』で、意識そのものを変えてしまった。

もう1つ特筆すべきは、フランクフルト・バレエ団の芸術監督だったウィリアム・フォーサイス（William Forsythe）である。彼は独自のセオリーを生み出し、ダンスに新しい美意識をもたらし「バレエを脱構築した」といわれた。通常、バレエダンサーは重心を身体の正中線に置くことを基本としている。そのバレエダンサーに対して、あえてオフバランスで踊る振り付けをし、さらに揺るがない速さと強度を求めたのである。優れた身体性をもっているとはいえ、なじみのない動きを強要され、結果として作品はギリギリの緊張感に満ち、類をみない強度の作品を生み出していった。

その後フォーサイス・スタイルは多くのダンサーに愛され、スタンダードな物となっていった。初期の緊張感は失われたとはいえ、身体を広く使える優れたメソッドとして大きな貢献をしている。

④ 新しい挑戦

コンテンポラリーダンスでは、常に様々な実験がされ続けている。

フランスなどでは次第にコンセプト重視で身体性が希薄な作品も多くなってきた。もっともダンスの世界は「強い身体性のダンス」と「コンセプト重視のダンス」という振れ幅の間を交互に繰り返す傾向がある。そこで2000年頃からヨーロッパ以外の、身体性の高い国の作品が高い評価を得るようになってきている。

1つはダンス大国のイスラエル。バットシェバ舞踊団を率いるオハッド・ナハリン（Ohad Naharin）は、独自の動きのメソッドを「GAGA」と名づけ、驚異的な身体性と優れた芸術性の作品を作り続けている。またブラジルや韓国、フィンランドなども、高い身体性を発揮する作品が多い。

新しい周辺文化との結合という意味では、ヒップホップを取り入れようとする試みが早くから繰り返されてきた。ヒップホップはスタイルがあまりに強固なため、コンテンポラリー作品に取り入れようとしてもそこだけ浮いてしまうことが多かった。しかし、いまは両者の動きをより深いレベルで溶け込ませ、オリジナルの動きを創り出しているアーティストも出てきている。

また身体性でいえば、アクロバットやジャグリングなどサーカスと融合し、ヌーヴォー・シルク（新しいサーカス）やアート・サーカスといわれるスタイルも注目されている。フランスやカナダ、フィンランドなど、国立のサーカス学校のある国を中心に、高い芸術性を発揮しており、大きな鉱脈となるとみられている。

その反面「ダンスがダンスでなくなる境界」を模索し、ほとんど動かない「ノンダンス」なども出てきている。

（乗越たかお）

社交ダンスとヒップホップでめざす美しさ　22.D.03

① 社交ダンスでめざす美しさ
[ワルツ、タンゴ、ラテン系]

社交ダンスは、もともと祝祭的な場で集団で踊る欧米の伝統的なダンス（現在の日本では「フォークダンス」という言葉で定着している）から、ワルツなど男女で踊る形式のものへと発展していった。

とはいえ日本では社交ダンス、ソシアルダンス、ボウルルームダンス、競技ダンスといったものが混ざった形で独自の発展を遂げている。

もともとは明治政府が一等国家の仲間入りを目的として外国人要人を歓待するために造った鹿鳴館で、見よう見まねながらもすでにウィンナ・ワルツ、ポルカ、マズルカ、カドリーユというスタンダードなダンスは踊られていた。

後にロシア革命で逃げてきたロシア貴族が糊口を凌ぐ手段としてダンス教室をもっていたのは、谷崎潤一郎の小説『痴人の愛』などにも散見できるが、あくまでも自ら踊ることが主であった。西洋の社交界の嗜みとして踊られるソシアルダンス、一般の人々が出会いや楽しみのために踊るボウルルームダンス、超難度で他人にみせることを目的に踊られる競技ダンス、と分けることはできるが、その境目は明確ではなく、特に踊るダンスの種類に大きな違いはない。

ワルツはなにより音楽への理解とパートナーとの調和が重要視される。タンゴは身体と技の切れ、パートナーとの呼吸の合ったスリリングなやりと

り，そしてスピードとストップの鮮やかさが重要である。サルサなどラテン系ダンスでは，正確なカウントよりも音楽のビートに乗っていくことが重要で，時に大きなリフトなどを混ぜ，みている者をも巻き込んでいくようなエンターテインメント性も必要である。

1910年代ヴァーノン＆アイリーンのカッスル夫妻（Vernon & Irene Castle）がより自由度を高めたスタイルを編み出し，世界中を公演して回った。第一次大戦の戦後景気，アメリカの狂乱の1920年代を背景に，連日パーティに明け暮れ，ダンスは続々と進化していき，アステア（Fred Astaire）＆ロジャース（Ginger Rogers）に代表されるミュージカル映画の中で男女がエレガントに踊るようになった。

日本において社交ダンスは，庶民の娯楽として人気を誇った。映画の中にいるような，特別な娯楽だったのである。当時珍しかった洋装で踊るばかりでなく，「ダンス草履」を履いて和服で踊っていた。

早くから北の玄関であった北海道・函館の加藤兵次郎は外国でボウルルームダンスのスタイルを学んだ。1923（大正12）年に加藤は大阪へ渡り，チケット制のダンスホール経営を導入したところ，これが日本中に広がった。当時東京は関東大震災で壊滅状況だったため，疎開してきた人々によって支持されたのだ。しかし社交ダンスは男女が身体を近づけて踊るため，しばしば規制や攻撃の対象となった。大阪でも厳しい弾圧を受けたため，これを逃れて神戸に向かう阪神国道沿いに多くの多彩なダンスホールができ，東京の復興後もその熱は引き継がれていった。

この頃の主流は，玉置眞吉らが紹介したイギリス式のスタイルである。難しいステップを図に描いて勉強する，という教育的な面も重要視された。

これに対して，当時珍しかったコンチネンタル（大陸式）のタンゴで有名だったのが，目賀田綱吉男爵である。こちらはステップ図を使わず，アルゼンチン式とはまた違う，エレガントなタンゴを伝えた。

[戦後の流行]

しかし第二次大戦が激化するとともにダンスホールは閉鎖され，社交ダンスが息を吹き返したのは戦後になって

からである。

進駐軍がもたらし，大流行したのがジルバである（これは和製英語で，もともとは「ジッターバグ」）。カップルダンスではあるが身体の接触が少なく，米軍相手に日本女性が踊る際に重宝がられたという。高度経済成長とともに，サンバ，マンボ，ロック・アンド・ロール，リズム・アンド・ブルース，チャチャチャ，カリプソ，ツイスト，といった曲とダンスが一体化して流行していくことになる。

戦前にタップダンスのスターだった中川三郎が，社交ダンススタジオとしては初のチェーン展開に成功し，簡易に踊れ，自分で踊って楽しむアメリカ式のスタイルを紹介し，おおいに流行った。

ダンスホールやダンススタジオは長く風俗営業等の規制及び業務の適正化等に関する法律（風営法）の管轄下にあり，大きな制限を受けていた。若者が一般教養としてのダンスを学ぼうにも，未成年はスタジオやホールに入ることができなかった。しかし1998年，映画『Shall We ダンス？』のヒットなどもあり改善されてきている。

また「みせる」スタイルでいうと，パートナーの身体を空中に放り投げる「エアリエル」という技が特徴的なリンディ・ホップ（これは1927年にパリとニューヨークを連続無着陸飛行したリンドバーグの愛称リンディに由来している）がある。戦前に流行ったが再び人気を博している。

② ヒップホップでめざす美しさ
[圧倒するパワームーヴ]

「ヒップホップ」とは伝説的なDJアフリカ・バンバータ（Afrika Bambaataa）の造語である。「アフリカ系アメリカ人が様々な文化を取り入れて独自の文化を創り上げること」とし「ラップ・DJ・ブレイクダンス・グラフィティ」が四大要素といわれる。ジャズが音楽とダンスの両方をさすように，ヒップホップにおいても音楽とダンスは不可分である。

1970年代にはディスコが盛り上がり，社交ダンスのようにカップルで踊るのではなく，個人で踊るスタイルが主流になっていく。アメリカのブロンクス地区の貧しいアフリカ系アメリカ

人はディスコへ入れず，自宅のガレージや公園などにターンテーブルのレコードプレイヤーを持ち出して踊るようになった。そこからクール・ハーク（Kool Herc），アフリカ・バンバータ，グランドマスター・フラッシュ（Grandmaster Flash）という伝説的なDJが現れる。

クール・ハークはDJの草分け的存在であり，歌が入っていない間奏部分（ブレイク・ビーツ）の方がみんなが乗って踊るのをみて，ターンテーブル2台で2枚のレコードをかけ，間奏部分だけをつないでみた。このブレイクに乗って踊る中から生み出されたのがブレイク・ダンスである。

アフリカ・バンバータはDJとして頭角を現す前からストリート・ギャングのリーダーだった。ギャング間の抗争が激化し，銃やナイフでの流血事件が相次ぐに至り，「人殺しではなく，ダンスで勝負しよう」と呼びかけたとされる。ヒップホップでは一対一で技を出し合う対戦形式の「バトル」が重要だが，その裏には深く重い歴史が刻まれているのである。

スタイルは時期によって様々だが1970-80年代の「オールドスクール」，1980-90年代の「ニュースクール」から様々に分化していく。

オールドスクールからは，ブレイクダンス（ブレイキン）が登場した。ウインドミル（足を広げて上体で回転し床で回る）やヘッドスピン（頭頂部で立ち高速回転する）などのパワームーブ満載の映画『ブレイクダンス』（Breakin', 1984）が大ヒットし，日本を含め爆発的に広がっていった。

ブレイクダンスでポイントになるのは技の正確さ，大きさ，速さである。そして技の組み合わせ，組み立ての中に意外性のあるオリジナルの技を織り込んでいくことが肝要である。ウインドミルや手で支えるトーマスならば足が床から離れていて膝が伸びているとダイナミックな動きになる。ヘッドスピンは軸を保ち，回りながら腕や足を伸縮させて変化をつける。体を浮かせたまま掌で支えるクリケット，身体を横にして片腕で全身を支えるエアチェアなど，初めはフリーズ（静止）技だったものが，その状態で回転したりするようになるなど，技は無限に発展して

いく。その創造性も重要である。また逆立ちの状態から身体を後ろに倒していってキープするアローバックのように，関節が相当に柔らかくないと危険なものもある。

[錯覚を利用するアニメーション]

スタイルは様々あるが，現在は複合的に取り入れるフリースタイルが多い。以下，スタイルのキーになるものをいくつか挙げてみる。

鍵をかけるような仕草が特徴的な〈ロックダンス（ロッキン）〉は，1970年代にザ・ロッカーズが爆発的に流行らせたが，中腰で足をバネのように使い，ピッと人差し指でさす仕草（ポイント）など陽気な魅力に溢れていて，現在も技の組み立てによく利用される。

1980年代後半には，MCハマー（MC Hammer）らが流行らせた「ランニングマン（その場で走るように動く）」などが有名な〈ニュージャック・スウィング〉がみられるようになった。

身体の中でなにかが弾けた（ポップ）ように細かく早く動かす〈ポッピング〉は，ストップモーションやロボットダンスなどと組み合わせ，機械的なムーブメントを生む。

また有名なマイケル・ジャクソンのムーン・ウォークが床を滑っているようにみえるように，視覚的なトリックをうまく使うのが〈アニメーション〉というスタイルである。そのルーツはパントマイムの人形振りや身体の分解などにみることができる。パントマイムの基本である「壁」「ロープ」などがそうだが，「全体が動いていながら空中に不動点があると，人間はそこになにかがあるように錯覚する」ということを利用する。身体の各部分を分解し独立して動かし，摩訶不思議な動きを作ることができる。

日本人は作品を作る時，動きだけではなくストーリー仕立てにする者も多く，黄帝心仙人やはむつんサーブなど，このスタイルを取り入れる者も多かった。もともとはCGがない時代の古い映画で，骸骨の戦闘シーンなどを人形のコマ撮りで撮影した動きに注目したダンサーたちが始めた。特に映画『ブレイクダンス』の中でブガルー・シュリンプと呼ばれていたマイケル・チェンバース（Michael Chambers）が，ホウキを手に道路の上を滑るように踊ったわずか数分の映像が世界中のダンサーを魅了し，広まっていったのである。

またアメリカの西海岸からも様々なスタイルが生まれている。映画『ライズ』でブレイクしたのが，アメリカで最も治安が悪いといわれるロサンゼルスのサウスセントラル地区で生まれた〈クランプ〉というスタイルである。超高速で獣のように激しく痙攣的に動いたり，重いビートに乗せて相手を威圧するように大きく手足を振り回したりする。

[作品]

ヒップホップの基本は対戦形式のバトルだが，チーム対抗バトルも盛んになるにつれグループワークも発達してきた。そしてバトルをみせるだけではなく，しっかりとした舞台作品を作ろうという動きも出てきている。

ただヒップホップは，いわば機能美に近いものであり，スタイルとして強く，異なるジャンルの中に溶け込ませるのは容易ではない。しかしコンテンポラリーダンスの項でも述べたように，取り込もうという試みは増えてきている。

とはいえヒップホップのバトルは目の前の相手との対戦が主のため，いざ作品を作ろうという時，横一列に並んで前にばかり意識を向けがちである。表現の幅を広げるには，もっと舞台空間全体を把握し，演出できる視点も必要である。

（乗越たかお）

23章
スポーツと科学技術

近代スポーツの発祥以降,

科学の発展,

近代を特徴づける「技術革新」

はスポーツに大きな影響を与えた。

このスポーツと科学技術の関係性について,

マクロな事象としての産業革命,

そしてミクロな事象としてのスポーツ文化への影響

に分けて,論点をまとめた。

さらに,具体的なスポーツ種目への科学技術の応用について紹介するとともに,

科学技術の開発がスポーツにもたらした課題

を論ずることで,これからのスポーツと科学技術の関係について

より深く考える契機にしていただきたい。

科学の発達とスポーツの近代化　23.A

モノの開発と近代スポーツ　23.A.01

① 科学技術と産業革命によるモノの開発

　現代スポーツにおける固定施設（器械・器具を含む）や支援装置，測定器具といったモノの開発，そしてメディア機器等のICT（Information & Communication Technology）開発を通じた情報利用の加速度的進化には目を見張るものがある。この歴史的原点には，西ヨーロッパに端を発した近代社会が科学技術の発展によって文明化され，それとの関係で近代スポーツの発生や発展がなされてきたということが挙げられる。確かに物質文明の発達は，近代スポーツがめざしてきた「より速く，より高く，より強く」という目標を強力に推進し，その実現に大きな影響力を発揮してきた。特に，行動文化としてのスポーツ技術の開発，すなわちより高いレベルをめざすスポーツ技能の発揮にとって，スポーツパフォーマンスを向上させる科学技術の発達に伴うモノの開発は，欠くべからざる前提（基礎）となっているといっても過言ではなかろう。

　しかし，ここでいう「科学技術」とは，スポーツにとって単なる技術向上に影響を及ぼすだけのものなのだろうか。スポーツの近代化にとって，科学技術によるモノの開発はどのような意味をもっていたのであろうか。モノの開発と近代スポーツとの関係を考える時，そもそも人間にとって「科学技術」とはなにかを歴史的に問うことによって，その関係の功罪を考える出発点が必要ではないかと思われる。

　古代ギリシャの哲学が，すでに自然に対する知識への関心を示していたように，人間の生活をどのように工夫し，これを改善していくのかというテーマにとって，まずは周囲の自然現象に対してなるべく目を向けて，これを正確に観察し，その因果論的な知識を得ようとする態度は人類史の当初からみられるものであった。また，そこから得られた知識は，そもそも彼らの生活の工夫や改善に役立てようとすることであったから，当然のことながら具体的な仕方や方法，すなわち技術に結びつくものであった。

　ところが中世に入ると，特にヨーロッパではキリスト教の神学的影響や職人層の自立化・特権化によって，自然科学的知識は限られた高等教育（大学）によって担われるようになり，実際の生活に影響を及ぼす技術はそれを専門に担う職人（プロフェッション）の慣習や伝統的な技（テクニック）によって独占されるというように，科学と技術が分断される状況が生み出されることになった。この両者が歴史上，再び密接に結びつくためには，例えば1785年にワット（J. Watt）という技術者が蒸気機関のエネルギーをピストン運動から円運動へ転換する発明を行って産業革命を推進し，社会構造の変革にまで影響を与えることになるまで待たなければならなかった。なぜなら，それが後の近代化を支える社会的影響力をもった技術（テクノロジー）だったからこそ，関連する知識の普遍性と普及が求められ，その理論的考察への役割を担うのは科学しかないと考えられたからである。ここに「技（テクニック）」は個人や限られた集団（職人層）の独占から離れて，それにかかわるある特定の普遍的知識や論理に基づいて一般化され，構造化される「技術（techno-logy テクノ・ロジー）」へと変化することになる。

　今日では，科学と技術は一体化しており，まさに「科学技術」と呼ばれている。しかし，科学と技術の関係は，これまで述べてきたようにそう単純なものではない。科学の対象が人間の外にある自然への因果的法則性の追求に向けられるのに対して，技術の対象は最終的に人間それ自体（の生活）に向けられるからである。科学的知識が自然法則の因果性のみの成果として，人間の生活に影響を及ぼす技術と何の矛盾もなく一体化し，結果として人間に幸福をもたらす保証はどこにもない。すでにわれわれは，物理学の成果としての原子核エネルギーの応用が，大量破壊兵器や原子力発電に起因する様々な問題を引き起こしていることを知っている。また，そこまでの問題を論じるまでもなく，産業革命とその後の科学技術に支えられた近代社会が，20世紀に入ってモノの開発の加速度を高め，大量のモノを生産し消費する高度経済成長社会を実現したことによって，経済的な豊かさを人々にもたらした反面，環境破壊や健康・安全にかかわる諸問題，あるいは経済的な南北格差にかかわる諸問題など，様々な社会的問題を新たに引き起こしていることもまた知っているからである。

　したがって，高度な競技パフォーマンスを実現する人間の身体的能力の限界を引き上げるモノの開発も，その限界を超える可能性と危険性が常に考えられなければならない。しかし，前近代のスポーツからスポーツが近代化する過程において，科学技術に基づくモノの開発が，近代的なライフスタイルの中でのスポーツの受容と需要（すなわちスポーツの近代化）にとって，基礎的な条件となっていたこともまた事実であった。

② ライフスタイルの近代化＝都市化と近代スポーツ

　人口動態や人口密度との関係でいえば，近代的なライフスタイルとは，これまでにない人口が産業革命以降の工業化社会を実現する労働を集約するために都市空間に集められるということ，すなわち多くの人々が限られた範域に集中して定住する都市的なライフスタイルを形成することを意味する。その基礎的な条件は，これまで点在していた人口空間を都市に集約する空間的移動を容易にするということと，そのための時間的な短縮であった。すなわち，交通網の飛躍的な発展が必要なのである。中村（1981）は，主な産業革命都市の人口増の様子を図1のように示している。これによれば，1840年代以降，鉄道網の発展によってロンドンから遠く離れたブラッドフォードやノッティンガムも急速に人口が増加し，全体として19世紀半ばから都市人口が農村人口を上回る変化がよく理解できよう。

　このような都市的生活において重要なことは，狭い土地空間でスポーツを

行うための区画(=コート)の設定である。例えば，これまで広大な土地を有するカントリーサイドで行われてきた伝統的な前近代的フットボールであるモブフットボールは，明文化されたルールはなく，当事者のときどきの了解事項によって（教会や墓地以外であれば）空間的にはどこでもプレイができた（吉田，2014）。しかし，都市的なライフスタイルでは，そのようなプレイは許されない。モブフットボールからスポーツ化された近代サッカーや近代ラグビーは，パブリックスクールの校庭やプレイングフィールド(playing field)と呼ばれる区画化された運動場でまず始められた。それは，野外における競技場(=コート)という固定施設空間が，近代における都市的ライフスタイルを実現するモノの開発によって効果的に，効率よく成立したことを意味している。すなわち，パブリックスクールで近代スポーツが発祥したことは，教育としてスポーツが意味づけられたということだけではなく，スポーツが近代化する上において，教育という場に設定された空間の限定が都市的ライフスタイルとしてのスポーツを実現する意味でも大きな役割を果たしたということである。また，それはスポーツを近代化する固定施設という空間を，(箱)モノとして開発していく基礎的な条件や出発点をも与えたということなのである。

また，かつてサッカーは「肉屋の倅(せがれ)」のゲームと呼ばれていたという。なぜなら，ボールの素材となるゴムがない時代にあっては，豚の膀胱(ぼうこう)が貴重なボールの1つとして使われていたからである（佐伯，2012）。ゴムの発見自体は15世紀末のコロンブスにさかのぼるが，その後のヨーロッパでの開発は19世紀におけるイギリスの近代サッカー（フットボール）の歴史と重なる。安価で，大量のゴムボールの生産と流通こそが，「肉屋の倅のゲーム」からパブリックスクールにおける生徒たちによる近代サッカーへの道を切り開いたのであり，その後の貧しい労働者階級への普及とグローバル化にもいち早く影響を与えたのである。その意味では，ゴムボールの開発と普及こそが，ボールゲームの近代化を成立させ，その大衆化を促した最も重要な要因ということになろう。

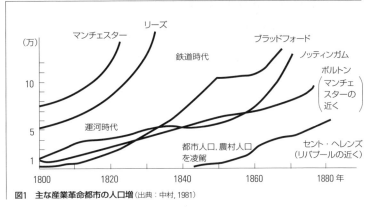

図1　主な産業革命都市の人口増（出典：中村，1981）

このように産業革命以降の工業化は，規格化されたボールの形状をはじめ，均一のスポーツ用品を大量に生産できると同時に，その性能を飛躍的に向上させることを実現した。そうなると，スポーツの近代化において最も重視される倫理的規定の1つであるフェアネス(公平性)の確保が担保されることになり，それは自ずと競技規則上にも反映されて国際競技会を開催することにつながっていく。すなわち，スポーツ用具の開発とは，スポーツの近代化を促進する近代競技システムを開発し，これによって近代スポーツをグローバル化する大きな原動力となっているのである。しかしながら，それはまた同時に，スポーツ用品にみられるモノの開発が，それを使うプレイヤーを主体とした従属性から離れてプレイヤーの身体を逆に従属させ，あたかも用具の性能に合わせて身体能力を発揮させられるという逆転現象を引き起こすことにもなる。そのような現象は，すでに現代スポーツにおける競技の高度化では日常茶飯事のこととして起きており，身体への過剰な負荷とその限界への懸念や配慮が取り沙汰されるのである。

③ エネルギー革命とスポーツの近代化 ―暴力の抑制とモノの開発―

他方，産業革命を引き起こしたエネルギー革命による「スポーツの近代化」への影響は，単にモノの開発によるスポーツの近代化へのそれにとどまらない。前述したワットによる水蒸気パワーの発見とその効率的で効果的な配分への配慮は，人間の身体的パワーに依存する半ば暴力的なスポーツ（例えばモブフットボールや格闘技）への許容から，身体的な競争をめぐるパワーの配分に対する配慮へ，すなわち体力から技術に価値を置くことへの変化によってスポーツを非暴力化していくことになったからである（表1参照）。

すなわち，産業革命とは，一言でいえばこれまで人間の筋力や持久力に頼っていた社会が，その過剰な発揮の許容の結果としての「暴力」を含め，それらに頼らなくてもよい「水蒸気」というエネルギーを発見し，これを技術化した革命だということである。このエネルギー源が，人間の暴力性を凌駕していく。産業革命は，人間の力に頼らなくてもモノは自由に動かせる，重力に逆らってモノは動かせるのだということを社会全体に教えてくれた。その結果，人間社会は，エネルギーを量的にどう生み出したらよいのかということから，科学の力によって生み出された莫大なエネルギー量をむしろどのようにコントロールしたらよいのかということに関心を向けていくことになった。ただやみくもに身体のエネルギーを発揮することが称賛される社会から，むしろ人間の頭脳によって発見されたこのエネルギーをある一定の目的や関心に従って，いかに合理的，かつ効率的にコントロールするのかに関する方法（=技術）に注目し，これに価値を置く社会に変化していったのである（菊，2013）。

今日，われわれの社会では，このような技術を身につけたり，駆使したりすることが当然のこととして重要視されるが，この背景にはもはや人間の身体的パワーに頼らなくても成立する近代社会のエネルギー革命があったので

表1　産業革命がもたらした社会とスポーツの変化

	産業革命前		産業革命後
エネルギー源	人間の力	→	水蒸気
問題解決法	暴力(cf.一騎打ち)	→	話し合い(cf.議会主義政治)
コミュニティー	定着＝共同体	→	流動＝都市
スポーツ	暴力 馬上槍試合やモブフットボールなど命をかけて戦う。 [気晴らし，娯楽]	→	非暴力 ルールを定めて暴力を排除。技術が勝敗を左右。 [教育の手段]

(出典：菊, 2013. 18を改変)

ある。技術への重視は，その意図せざる結果として身体的エネルギーに依存しない暴力の否定を伴うのである。中世の騎士層のトーナメント（馬上槍試合）に代表されるような，これまでの支配階級による暴力的な物事の決着のさせ方は，野蛮人の行うこととして非難され，否定されるようになる。それに代わって出てきたのが，時間をかけて話し合いをし，物事を決着していこうとする議会制主義(parliamentarism)に基づく政治である。そこでは，自分の感情の発露として身体的暴力を直接発揮せず，これをむしろコントロールするような話し合いの技法（技術）が同じように重視されることになるのである(エリアス，1995)。

エネルギー革命によるモノの開発は，直接的にはスポーツの近代化を推進した。しかし，それと同時に，あるいはそれ以前に，エネルギー革命が人間の直接的な身体的エネルギーに依存することから離れて，いかに膨大なエネルギーをコントロールするのかという抑制や禁欲的な態度（非暴力的な態度）を，これまでの暴力的なスポーツに求めるようになったことも考えておかなければならない。エネルギー革命がもたらした，このようなスポーツをめぐる体力から技術への変化が，エネルギーを効率的，効果的に配分するための技術に直接的，あるいは間接的に貢献するモノの開発を必然的に促したのである。したがって，スポーツの近代化においてモノの開発とは，それ以前の前近代スポーツと比較してスポーツ自体の非暴力的性格を高めること，すなわち身体の安全性を高めることに貢献する重要な役割を基本的に果たしていたということになるのである。

参考文献　23.A.01

◆ エリアス, E. 大平章 訳 1995.「スポーツと暴力に関する論文」エリアス, N. & ダニング, E. 『スポーツと文明―興奮の探求』法政大学出版局. 217-52.
◆ 菊幸一. 2013.「競技スポーツにおけるIntegrityとは何か～八百長，無気力試合とフェアネス～」『日本スポーツ法学会年報』20: 6-40.
◆ 佐伯年詩雄 2012.「スポーツ用品と身体」井上俊，菊幸一 編『よくわかるスポーツ文化論』62-63. ミネルヴァ書房
◆ 中村敏雄 1981.『スポーツの風土』大修館書店
◆ 吉田文久 2014.『フットボールの原点』創文企画

(菊　幸一)

科学の発達と近代スポーツ　23.A.02

① 科学的合理化（脱魔術化）思考とスポーツ

[イデオロギーと科学・技術]

前項の「モノの開発と近代スポーツ」で述べたように，スポーツを近代化させた科学技術は，「より速く，より高く，より強く」という競技スポーツにおける勝利や記録の達成といった目的を実現するモノの開発に具体的に象徴される。しかし，その前提には，そもそも人間が競技スポーツを行う意味やその結果に対する価値をどのように考えるのかという考え方と，科学に基づく合理的思考という考え方がどこかで一致していなければならない。すなわち，当該社会におけるスポーツと科学の支配的な価値観が一致し，科学に基づく合理思考がスポーツにおける技術の評価基準として採用され，その技術的な解釈の原則を提示するものとならなければならないのである。このように科学であれ，スポーツであれ，当該社会の全体に対して人々のあらゆる行動に意味と価値を付与し，当該の文化的行動の評価基準として作用し，世界解釈の原則を提示するものが「イデオロギー」である。

したがって，イデオロギーとは「世界の意味と世界における人間の地位について，人間ないしその集団が抱くさまざまな確信を統括した全体」(バリオン，1980. 152)と定義される。これに対して科学それ自体は，一般的に「人類が環境について獲得し，蓄積し，整理してきた情報」(ウィーナー，1979. 142)と定義されるから，ここでいうイデオロギーとは正反対の概念として捉えられるかもしれない。しかし他方で，科学的合理化思考とは，現代の科学が「その長所も欠点も，わたくしども自身のもっている価値観やものの考え方の関数として存在していること」(村上，1979. 201)から，これもイデオロギーとけっして無縁ではありえない。むしろ先に述べた科学技術の歴史において，物理学の発展が核兵器を生み出したことに対して，アインシュタイン(A. Einstein)をはじめ，名だたる物理学者たちが世界平和というイデオロギーに基づく運動を積極的に展開したのは，科学「主義」に基づく科学的営みが人間社会のイデオロギーからけっして逃れられないことを意味しているからなのである。

[脱・魔術化的思考とスポーツの歴史]

このように科学的合理化思考のイデオロギー的性格を捉えると，これとスポーツとの関係の特徴は，むしろそれ以前の社会（前近代社会）における魔術化的思考とスポーツの関係とのイデオロギー的性格を比較することによって，より明らかになってくると考えられる。ここでいう「魔術」とは，科学的思考が因果論的必然性を追求するのに対して，人知の及ばない「神の意思」を創造することによる偶然の受け入れを合理化する概念として捉えることができるだろう。

例えば，古代ギリシャの社会では，人々の生活は特に自然との関係において人知の及ばない「神の意思」によって支配されていたから，なによりもその意思を占うためのコミュニケーション（交流）をイベント化することが重要であった。その実現は「神々の具体的な姿を競技者の理想的な鍛えぬかれた肉体の上にモデル化し，そうした肉体の

洗練と完成によって」(佐伯, 1984. 244)可能であると信じられていた。だからこそ, 古代ギリシャのスポーツは裸体で行われ, そのイベントは(神々の意思を占うために)神に奉納される意味をもち, 卓越した肉体の優秀さは神との交流が果たされる証しとなると同時に, その勝利は神からの加護や祝福とみなされた。このような神々が世界の秩序を支配する世界観, すなわち神話的イデオロギーの支配する世界では, スポーツ競技もまた神々が支配する世界であるから, 例えばホメーロスの叙事詩における競技にスポーツ技術がほとんど描写されていないように, 技術に対する関心はほとんどなかったと考えられる。

これに対して, 古代ギリシャ後期の古代オリンピックの時代には, すでに神話的イデオロギーから離れた人間の実力による勝敗の決着が重視されるようになっていた。すなわち, スポーツの勝敗は神の意思による定め(運)ではなく, アゴーン(競争)の原理による人間の知恵と技術によってその成果が支配される世界として解釈されるようになったのである。神々の意思という魔術から逃れたスポーツ技術の重視は, 勝利という目的追求のために経験的な学習を積んだ職業競技者(プロフェッション)を誕生させた。「彼らは1種あるいは数種のスポーツにおいて生徒を訓練する技術を持ち, 解剖学や生理学や競技者の身体の好条件を確保する影響に関する諸知識を応用した」(バンダーレン, 1964. 76)のである。

[科学的合理化思考とスポーツ技術]

したがって, 神話的イデオロギーから逃れて, 当時の科学的な知識に基づいてスポーツパフォーマンスの成果を求める行為としてのスポーツ技術の追求は, 古代ギリシャの時代から存在していたことが理解されよう。ただし, このような技術の追求が時代の経過を経て直線的で, 進化論的な歩みをたどってきたわけではない。古代ローマ帝国の時代から中世のヨーロッパ全体を支配したキリスト教は, 神学と科学を峻別したように, 前者の魔術的支配を再び強化し, 中世のスポーツは技術というより体力やそれ以上の暴力を発揮するパフォーマンスに支配されていたことは, 前項で述べた通りである。そ

の結果, スポーツは再び, 古代ギリシャの神話的イデオロギーに代わる中世のキリスト教的神学のイデオロギーによって再魔術化され, そのベクトルはスポーツする肉体への賛美から肉体それ自体への貶価へと, その価値を180度逆転させる方向性をもたらすこととなった。

だから, 近代における科学的合理化思考とは, このような前近代における二重の魔術化された思考を克服する強力な科学主義的イデオロギーを必要としたのである。そこには, やはりスポーツ技術に関心を向けるために必要な科学的思考という名のイデオロギーとの一体化が図られると同時に, そのような科学的合理化思考がなお当該社会の特定のイデオロギーと関連することを理解しなければならない。そのような意味でのスポーツ科学が, 脱魔術化された近代社会の科学的合理化思考を反映させて誕生するのは, 19世紀の終わり頃から(佐伯, 2012)であろうと考えられる。しかし, 西欧化が遅れたわが国では, スポーツ技術に科学的合理化思考が採用されるのは非常に遅く, 習慣的・伝統的思考が現在に至るまで未だに残存しているケースも多くみられる。

② 科学技術とスポーツの技術・戦術の発見

[科学技術とスポーツ文化の体系]

競技スポーツにおけるパフォーマンス向上を目的とするスポーツ技術への着目は, 脱魔術化された科学的合理化思考を支えるイデオロギーによって促進され, 行動文化としての技能やルールに影響を与え, 前項で述べたようなパフォーマンス向上のための施設や用具などのモノの開発を推進していく。また, このようなスポーツをめぐる前近代から近代への歴史的変動の背景には, 産業革命以降に台頭した産業資本家(ブルジョアジー)と呼ばれる中産階級がもたらした産業社会の誕生という社会的構造の変化があった。彼らの中心的イデオロギーは, 自由な競争主義であり, それに打ち勝つという目的を合理化する手段の追求である。科学技術は, 産業の隆盛をもたらす因果論的合理性を高めると同時に, 競技スポーツの因果論的合理性をも高めるものと信じられるようになる。ここに科学技術がスポーツ文化に影響を与える構造的関係が成立することになるのである(図1)。

[科学技術とスポーツ技術の発見]

しかし, その科学技術によるスポーツ技術への成果は, 科学と技術が一体化する形での科学技術がスポーツ技術に直接, 影響を与えるというより, 前項でも述べたように, 使用する用具や道具の開発によって技能を向上させた

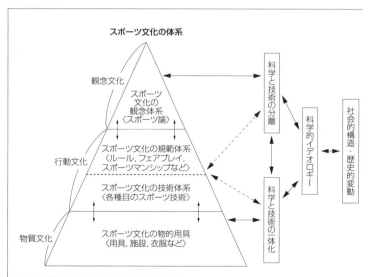

図1　科学技術とスポーツ文化の体系との関係
(出典：菊, 2012. 4を改変)

り，それゆえに生じた競技ルールの変更に伴う技術を変更させたりするケースにみられることがほとんどであった。例えば，陸上競技の棒高跳では，棒の材質が木から竹，金属，そしてグラスファイバーへと変化した。この変化は科学技術を生かすことによって丈夫で弾力性が増すという金属からグラスファイバーへの開発によって，そのしなり（弾力性）をうまく利用する新しい技術が発見される歴史を刻んできた。しなりが利用できない木の棒では，棒を立てた後に体の位置をなるべく高く持ち上げるために，すばやく両手の握りを上方にスライドさせる木登り法という技術が採用されていた。またこれとは別に，陸上競技の走高跳における「背面跳」という技術の発見は，従来の主流であったベリーロールの練習中に，偶然，身体が回転しすぎて背面から落ちたことがきっかけとなったという。確かに，この場合においても，従来危険であった背面から落ちることの安全性を高めるマットの開発によって，背面跳という技術が普及し，一般化したことは事実である。しかし，科学技術が先か，スポーツ技術が先か，と問われれば，このような偶然の出来事によってもスポーツ技術が発見されることから，スポーツパフォーマンスに対する技術的改良への（科学技術にもとづかない）試行錯誤が新たなスポーツ技術の発見につながり，その安全性や確実性を増すために科学技術が導入されるケースも考えられるのである。

わが国におけるスポーツの歴史の中でも，最も長い歴史を刻んできている野球では，すでに1885（明治18）年に発刊されたわが国初の本格的なスポーツ翻訳書である『戸外遊戯法』（坪井玄道・田中盛業 編）の第20に，各プレイヤーの技術だけでなく戦術にも触れているという。また，投球術に関する研究書として1904（明治37）年には『魔球術』が発刊され，アウトカーブやハイ・インカーブ等の投球術に関する科学的な分析がなされていたという（菅原，1984）。この場合においても，野球技術はそれなりの科学性に基づいて文献や研究書によって紹介されてはいるが，それを実施するわが国の野球プレイヤーは技術それ自体を真似てはいるものの，その科学的根拠に対する関心は低く，学校という閉じられた空間の中でむしろ非合理的な経験に基づくだけの練習方法によって，これらの技術を習得しようとしがちであった。

以上，みてきたように，スポーツパフォーマンスを向上させるスポーツ技術の発見という観点から科学技術をみると，それがモノの開発に応用されることによって，スポーツ技術の発見に間接的な影響を与えていることが理解されよう。それは，先の図2に示したように科学と技術が一体化する具体的な成果が，モノの開発に集約されるからにほかならない。モノの開発が，もっぱらスポーツ技術の発見に直接的な影響をもたらすのである。これに対して，スポーツパフォーマンスの場が，例えば学校などのような狭い時空間に限定されてしまうと，技術「体験」それ自体が科学と分離され，もっぱら科学的根拠に基づかない慣習や伝統的な技術（技法）とその練習方法がパターン化されて残存してしまう傾向が出てくる。あくまで技術の因果法則性が重視されるというのではなく，人間の主観的感覚に依存し，これに満足を与える目的論的文脈における慣習的（伝統的）な技術が重視される傾向が出てくるのである。この文脈では，科学技術による蓋然性（がいぜんせい）の高い方法論に基づく技術の発見というよりは，偶然による技術の発見を科学技術がフォローしていくことによって（あるいはフォローされなくても），技術の普及や一般化が図られるということになろう。

[科学技術とスポーツの戦術の発見]

それでは，スポーツの戦術の発見と科学技術はどのように関係しているのであろうか。

佐伯（1984）によれば，例えば今日，世界的なファンをもち，グローバルな規模で同種のゲームが存在し，最も大きな人気と勢力を誇る，かのフットボール（サッカー）においてパスという技術が生み出され，その工夫によって多様な戦術が発見されていくのは1870年代の終わりからであったという。モリス（1983.70）は「時間をさかのぼって，19世紀中ごろの試合のタッチライン脇に立つことができれば，今の人の目には，プレーのスタイルがひどく奇妙に映るはずである。まず第一に，ボールが選手から別の選手へ意図的に送られることはない。今日ではパスはサッカーの真髄とさえ考えられているが，当時はまだ考え出されていなかったのである。そのかわり，アタッカーはおのおの，相手にボールを奪われない限り，ひたすら前へ前へとドリブルでボールを運ぼうとしていた。したがって，ほんとうの意味でのチームワークあるいは役割分担はまだほとんど存在しなかった」と述べている。

すなわち，中世期におけるモブフットボールの時代から，このサッカーという競技は，明らかに集団対集団のゲームでありながら，数百年もの間，パスの技術をもたなかったのである。ドリブルという個人的な技術からパスという集団の組織的な戦術に必要な技術を発見するためには，個人によるボールの所有と支配のみがゲームを進行させるという考え方（観念）を変えて，集団の力と結集による協力の方がより合理的であり，効率的であるという科学的思考が必要になってくる。これこそが，イギリスの産業革命によってもたらされた組織的な分業体制を確立する，工場制機械労働体制による組織科学的なイデオロギーの産物なのである。近代における産業化社会のイデオロギーにマッチしたパスの技術を応用した戦術の発見は，明らかに工場制機械労働の分業体制の確立と発展に符合するということなのである。

これと同様なことは，イギリスのラグビーから派生したといわれるアメリカンフットボールにおける，複雑でシステマチックな集団的な戦術の発見についてもいえるだろう。「アメリカ人の関心は，競争を自然なものとみなす反面，エネルギーをそこに向けさせるような人為的な社会規則のシステムが存在し，不断に競争をうみだしてゆくような場合にのみ，自然に行われるものであるという彼らの伝統的な信念に由来する」（リースマン，1970. 396-97）法のイデオロギーによる支配に向けられていた。その科学的な合理化思考は，かのテイラー・システムとして有名な，労働の能率と合理性を求めて作業におけるムダ（不必要）を徹底的に除き，運動を合理的に組織するシステムの開発を促す。そして，その開発からわずか10年後の1913年に，アメリカンフットボールにおけるスパイラル・パスと

参考文献 23.A.02

- ウィーナー，N. 1979．『科学と神』鎮目恭夫 訳 みすず書房
- 菊幸一．2012．「スポーツ文化論の視点」井上俊，菊幸一 編『よくわかるスポーツ文化論』2－5．ミネルヴァ書房
- 佐伯聰夫．1984．「イデオロギーとスポーツ技術」菅原禮 編『スポーツ技術の社会学』242－69．不昧堂出版
- 佐伯年詩雄．2012．「スポーツ科学の発展」井上俊，菊幸一 編『よくわかるスポーツ文化論』64－65．ミネルヴァ書房

- 菅原禮．1984．「科学とスポーツ技術」菅原禮 編『スポーツ技術の社会学』269－77．不昧堂出版
- バリオン，J. 1980．『イデオロギーとは何か』徳永洵 訳 講談社
- バンダーレン，D. 1964．『体育の世界史』加藤橘夫 訳 ベースボール・マガジン社
- 村上889一郎．1981．『新しい科学論』講談社
- モリス，D. 1983．『サッカー人間学』白井尚之 訳 小学館
- リースマン，D. 1970．『個人主義の再検討（上）』國弘正雄，牧野宏 訳．ぺりかん社

（菊 幸一）

科学技術のスポーツへの応用　23.B

固定施設（器械・器具を含む）の開発とスポーツ　23.B.01

① 体操競技にみる科学技術の応用

「ゆか」や跳馬，鉄棒，平均台などの器械器具ないしは固定施設の改良はこれまで何度となく行われてきたが，この固定施設の改良は，体操競技における技や技術，それに演技内容を大きく左右してきた。この器械器具ないし固定施設は科学技術の進歩と密接な関係がある。言い換えれば，科学技術と体操競技との間には切り離すことのできない関係がある。しかしこの科学技術と体操競技との関係を正しく捉えていく，あるいは，この関係の問題の本質を捉えるためには，体操競技の技や技術，演技の変化を単なる科学技術との関係で捉えてはならないのであり，そこには採点規則が大きく関与してきたことに目を向けておくことが必要である。

[体操競技の技術史]

日本の体操競技は，過去，輝かしい成績を残している。オリンピック，世界選手権大会を通じて，1960年の第17回オリンピック大会（ローマ）での団体初優勝から1978年のフォートワースの世界選手権大会での団体優勝まで世界の王座に君臨した。この間，日本は個人総合での優勝や種目別でも多くの優勝を成し遂げた。1980年の第22回オリンピック大会（モスクワ）はソ連のアフガニスタン侵攻の影響を受け参加することができず，日本の連勝記録は途絶えたが，20年にわたって王座に君臨し，「体操日本」の名をほしいままにした。その後，ソ連や中国の台頭があり，日本は優勝争いから一歩後退した時期が続いた。しかし，2004年の第28回オリンピック大会（アテネ）では，28年ぶりの優勝を飾り，お家芸復活ののろしを上げた。4年後の2008年の第29回大会（北京）では2位になったものの，「体操日本」といわれた1960年から1970年代後半までの日本の美しい体操は蘇り，2012年の第30回大会（ロンドン）では大いに期待される種目になった。金メダル1個，銀メダル2個を獲得した。この間，最近では，冨田洋之，内村航平といった世界チャンピオンが生まれた。両選手とも世界に誇れる日本の体操を受け継ぐ大選手である。特に内村は，2013年にアントワープで開催された世界選手権大会で世界選手権の個人総合4連覇を成し遂げ，第30回オリンピック大会（ロンドン）でも久々の個人総合優勝を成し遂げた有望選手である。

このような流れをもつ体操競技の技，技術，演技構成は，例えば，1960年代と1980年代，そして2000年代と年代が移るとともに大きく変化してきた。オリンピックで優勝できるかどうかは，この流れに乗れるか乗れないか，すなわち最新の技術を用いて最先端の技を行い，しかも斬新な演技構成ができるかに左右されるといえる。かつて世界の王座に君臨していた日本は技や演技の質だけでなく，新技の開発においても世界をリードしていた印象があったが，それが1970年後半からかげりがみえ始めた。それは旧ソ連や中国といった国々によって，日本の予想をはるかに超えた発想力のもとに次々と繰り出されてくる新技や，また徹底したトレーニングを背景にした高い技術力，演技力についていけなくなったからである。確かに日本は，跳馬の「ツカハラ跳び」「カサマツ跳び」，鉄棒の「ムーンサルト」，平行棒の「モリスエ」，つり輪の「ヤマワキ」，平行棒のムーンサルト下りである「カトー」など，現在でも多くの上位選手が行っている技を発表してきたが，「トカチェフ」「デルチェフ」「ギンガー」などの発想豊かな鉄棒の離れ技や片手車輪，あん馬の「マジャールシュピンデル」や「開脚旋回」や「倒立下り」，床運動の「伸身2回宙返り」，つり輪の「グチョギー」など，それらを凌ぐ多くの斬新な新技が立て続けに外国選手によって発表されるようになり，結果として，技の発想力と競技力ないし演技力において諸外国についていけなくなってしまった。少なくとも，新技の開発は体操競技においてはきわめて重要な要素である。

体操競技がオリンピック種目となった第1回大会（1896年，アテネ）から第二次大戦後，旧ソ連が初めて参加する第15回大会（1952年，ヘルシンキ）までは，ドイツ，フィンランド，スイスといった国の選手による西欧の1世紀有余の伝統の上に築き上げられた技や演技が主流であったが，旧ソ連の参加によってその流れは一変した。すなわち，それまでの伝統ある重厚な技，絢爛たる技風に対して，旧ソ連の選手たちはその西欧の殻を破り，科学的研究によって裏づけられ極限をめざして挑戦していく技風によって体操競技の世界に新風を吹き込み，世界の頂点に立ったのである（金子，1974．1）。その後，第17回大会（1960年，ローマ）から日本が連戦連勝を飾る時代が訪れるが，その日本を打ち破るために，ソ連は再び王座奪還をねらって難度の高い技で勝負を挑んできた。その後も今日まで，各国の選手は，他国より優位に立つためにますます高難度化する技に取り組まざるを得なくなっている。現在では，決勝において6－3－3システム（6人エントリ

ーしてそのうちの3人が演技をし，その3人の得点の合計で勝負を決める方式）の導入により，種目に特化した選手が一段と高難度の技で勝負をする時代になっている。

[技術の変化とルール変更]

　この技の高難度化現象は，他国に勝つために，あるいはあの選手に勝つためにとして，まだ誰もやっていない，しかも他よりも優れた技を行おうとして生まれるものであり，まさに体操競技において欠くことのできない特性というべきであろう。しかし，高難度の技を行おうとすれば，当然，身体に過剰な負荷がかかり，怪我を引き起こす可能性が高くなってくる。そうしたことから，体操競技の採点規則では，選手が能力以上の技を行うことを禁じている。1979年版男子の『採点規則』の「第28条　総合された採点評価における難度の要求」には次のように書かれている。「1. 演技の難度は姿勢面や技術面の完全な実施を犠牲にして，無理に引き上げられるものではない。演技は選手の能力に実質的に相応しなければならない」（日本体操協会男子競技本部，1979. 11）。さらに最近の『採点規則』では，より完成度の高い技，より習熟度のある技を求めており，未完成な技，技術的に未熟な技，危険な実施に対しては大きな減点が科される。例えば，2009年版男子の『採点規則』の「第15条　D審判による評価」には次のように書かれている。「2. 選手は，安全が保障され，美的に洗練され，かつ技術的に習熟している技のみで演技を構成することが求められている。未完成な技の実施は，D審判によって，技の認定を受けず，さらにE審判によって実施減点がなされる」（審判委員会体操競技男子部，2009. 17）。しかしこのことは，未熟な段階の実施を禁じているのであって，高難度の技そのものの実施を禁じているわけではない。今からみれば，簡単な技であっても，その時代その時代において，体操競技の歴史は高難度技の追求の歴史であった。しかも，その高難度の技を美しく，そして着地までピタリと決めるようなミスのない演技や技の追求の歴史だったのである。

　ただし，その場合に追求する高難度の技というのは，危険を冒してまでも実施する体操競技としての価値ある大胆さを有した技と解されなければならない（日本体操協会男子競技本部，1979. 34）。また現在の採点規則にはないが，1968年頃から導入された加点要素としての「決断性」の設置は，どの選手もみな同じ演技内容になってしまうというモノトニー（monotony: 単調さ）現象の打破という意味も絡んでいて，技の高難度化に対する体操競技のあり方を示していたといえる。

　しかし，人間の能力の極限を追い求めて高難度の技を追求しようとすると，やはり危険な実施となる可能性が高く，その時の実施は怪我を誘発する非常に高い危険性をもつことになる。この技の高難度化現象による怪我の回避ということが，同時に器械器具の開発と改良につながっている。すなわち，科学技術による器械器具の開発と改良（例えば，「ゆか」をより弾力性のあるものにすること）は，まずもって身体への負荷を軽減し怪我の発生を減少させるという理由をもっている。しかし，この器械器具の改良は同時に技を行いやすくするとともに，さらにより高度で難しい技にも挑戦しやすくさせてきたという面をもっていたのである。

[技術の変化と器械・器具の改良]

　金子は戦後30年にわたる技の形態発生の様相を考察して，そこに技の形態発生の高難度化傾向として，姿勢簡潔性，極限志向性，極限簡潔傾向を捉えた（Kaneko, 1984. 10以下）。すなわち，抱え込み姿勢から屈身姿勢，伸身姿勢へと追い求めるとともに可能なかぎり技の空間的な大きさを追求し，さらに長体軸回転と左右軸回転を融合させないようにする傾向があることを指摘している。さらに，鉄棒の手離し技も多様なバリエーションへと発展していったことに言及している。すなわち，技は時代を経るに従って，次第にダイナミックで決断性に富んだ技へと難度を高めて発展していったことを指摘している。こうした技の高難度化傾向は，器械器具の開発，改良と大きくかかわっている。

　例えば，「ゆか」の構造は，器械寸度規格によって規定されており，衝撃減衰試験等によって検査に通らなければならない（日本体操協会，1987. 1）。そうした規格は，これまで何度か改定されて「ゆか」の構造も何回も改良されてきた。すなわち，普通の床の上にただ単にフェルトを敷き，その上にキャンパスを敷いた時代から，その後，独特の弾性を備えた床構造になり，弾性のある床に変わった。その後，何度か規格が改定されたが，その都度，弾力性を増した「ゆか」に変わっていった。そして現在では，バネが取り付けられている板を敷き詰め，これを厚いフェルトが二重に覆い，さらにそこに毛足の長いカーペットが敷かれるようになっていて肌触りもよく，初期の弾性と比較するときわめて弾力性の高い「ゆか」になっている。こうした「ゆか」を使用することによって，踏切時や着地時の足にかかる負担が軽減されることになり，怪我の防止にもなっているが，他方で，こうした弾性力のある床になると宙返りが高く浮くことになるので，このことによって，アクロバット系，タンブリング系の技が飛躍的に発展してきた。これまでに発表されてきた，抱え込み2回宙返り(1964)，伸身宙返り2回ひねり(1967)，伸身宙返り3回ひねり(1970)，2回宙返り1回ひねり（ムーンサルト，1974）(Kaneko, 1984. 10以下)，現在最高のG難度である後方抱え込み3回宙返り（リューキン）や後方抱え込み2回宙返り3回ひねり（リ・ジョンソン）といった最高難度の技は，こうした弾性のある「ゆか」の改良開発があって初めて可能になったのである。ただ，「ゆか」の弾性は初期の構造と現在のばね式の構造では全く弾力性が異なるので，ばね式の「ゆか」でできた技がその前の構造の「ゆか」では固いと感じてできなかったり，あるいはアキレス腱を切るなどの怪我をすることもある。

　また鉄棒では，例えば，これまで上向き飛び越し(1965)，コスミック(1966)，イエーガ宙返り(1974)，トカチェフ飛び越し(1977)，マルケロフ飛び越し(1977)，デルチェフ宙返り(1977)，ギンガー宙返り(1974)，コバチ(1979)，ギンガー宙返り1回ひねり(1981)といった手離し技が発表されてきたが(Kaneko, 1984. 14以下)，これらの技の出現は鉄棒のもつ弾性と無縁ではない。すなわち，弾性のある鉄棒の製造がこれらの手離し技を可能とさせてきたのである。鉄棒において手離し技は，鉄棒上で高く浮き大きな空間要因を作る必要があり，それはグラスフ

ァイバー性の弾性に富んだ鉄棒の「しなり」を利用してできるようになったのであって，弾性のない単なる鋼鉄製の鉄棒でできるようになったのではない。科学技術の発達によって，今日のような弾性のある鉄棒が製造されるようになって初めて可能になったのである。また，男子の平行棒や女子の段違い平行棒もバーの中にグラスファイバーが入っており，弾力性のあるものになっている。平行棒や段違い平行棒にもこうした弾力性が備わることによって，技は高難度化し，技の技術も大きく変化してきた。今日のダイナミックで高度な技術を要する技は，まさにこうした弾力性のある鉄棒や平行棒，段違い平行棒と密接な関係をもっている。この場合，技の技術は器械器具の弾性や「しなり」を前提としているといえるだろう。

さらに跳馬は，現在テーブル型であり，いわゆる「馬」ではなくなった（金子，2009．106以下）。器械は男女とも同じであり，高さが違うだけである（男子は135cm，女子は125cm）。このテーブル型の跳馬になる前は，「馬」型の跳馬であり，男子では縦置き，女子では横置きとし，それぞれ高さも異なっていた。男女とも着手面はきわめて狭いものであった。この跳馬においては回転系が主流であるが，跳馬への着手による手にかかる衝撃や，男女とも第1局面をロンダート入りで行う跳躍技，いわゆるユールチェンコが行われるようになると，着手局面で手がはずれるなどの事故が問題になってきた。ユールチェンコ跳びでは踏切板の手前に敷く着手用の「セフティ・カラー」の設置が義務づけられるなど（審判委員会体操競技男子部，2009．104），事故や怪我の防止対策が急務となってきた。テーブル型の跳馬はそうした対策の一環として登場した。着手面はクッション材が入っていて柔らかく手首にかかる負荷も軽減されている。このテーブル型の跳馬によって着手技術も改良され，高難度の跳躍技が出現している。また，専用の助走路やコイル式の踏切板の導入は足腰にかかる負担を軽減させていると同時に，弾性のある踏切板は技の高難度化を促進させている。前転とび前方かかえ込み2回宙返り（ローチェ）や伸身カサマツとび3/2ひねり（ドリックス）などの

大技は，跳馬や踏切板などの改良なくしては可能ではなかったといえる。

このような高難度の技を行い，その際に身体にかかる負荷を軽減させたり事故を防止するために，競技会では緩衝効果の高いマットが使用されている。鉄棒や段違い平行棒などの種目では，さらに1枚の着地用マットを敷くことができる。このような事故対策としてのマットの改良や新素材の開発も，まさしく科学技術によって可能になっている。

器械器具の開発改良の歴史を紐解くと，そこには身体にかかる負荷の軽減や技を実施する際の行いやすい条件づくりということがみえてくる。体操競技の技の発展は，まさに科学技術の発展の恩恵を受けているということがいえる。

しかし，技の発展をもたらす最も根源的な要因は，体操人のもつ技に対する憧れの気持ちとそうした技の実現に取り組む真摯な姿勢，そしてその際に重要になってくる技の動感意識（金子，2009．95以下）である。すなわち，選手やコーチにそうした技に対する憧れの気持ちや価値意識，向上意欲，動感意識がなければ，どんなに恵まれた環境下にあっても，今日のような技の発展はなかったといっても過言ではない。すなわち，選手やコーチがもつ技に対する熱い思いと技の魅力，できそうだという動感意識がなければ，バネの入った床，クッション材の入ったテーブル型跳馬，弾性のある鉄棒や平行棒，クッション材の入った平均台などの今日の器械器具の改良や新素材の開発は全く意味をなさない。

体操競技における技や技術の発展には多くの要因が複雑に絡んでいるが，少なくとも科学技術の応用としての器械器具の開発，改良なくしてはあり得なかった。しかしその本質は，われわれ人間が体操競技や技に対してもつ価値意識の中にこそある。体操競技に対するこの価値意識がなければ技の発展はなかったし，科学技術の応用としての器械器具の改良，開発もなかったといえる。

（佐野　淳）

② スケート競技にみる科学技術の応用
[屋内スケートリンク]

18世紀に運河や川・湖などの自然の中で発祥したスピードスケート競技は，最近のワールドカップなどの主要な国際競技会のほとんどが屋内リンクで行われるようになり，屋内競技に変容しつつある。図1には，1970年以降の世界記録が樹立された数をシーズンごとに棒グラフで示した。世界記録が集中的に樹立されたシーズンが3回あることがわかる。1回目は選手の着用するウエアが毛糸のものから伸縮性が高く空気抵抗の小さな人工素材に変わった1975/76シーズン，2回目がカナダ・カルガリーにおいて冬季オリンピック大会が開催された1987/88シーズン，3回目がスラップスケート（後述）が採用され始めた1997/98シーズンである。

このうち，2回目の世界記録ラッシュとなった1988年第15回冬季オリンピック大会（カルガリー）は，標高1,040mの高地に400mリンクをカバーするオーバル施設（オーバルはもともと楕円に似た形を意味する英語で，ここでは転じてスケートリンクのことをさす）が完成し，かつ選手が最高のパフォーマンスを発揮するオリンピックが開催されたことによる。スピードスケート滑走中に選手が発揮するパワーの約7割が空気抵抗力に，残りの約3割が氷への摩擦抵抗力に抗するために発揮されているといわれている。空気抵抗力とは，空気密度，湿度，気圧などの要因によって影響を受けるため，気圧の低い標高1,000mのリンクでは海抜0m地帯のリンクに比べて，500mで約1秒，5000mで約10秒程度のタイムの短縮が予想される。これに加えて，カルガリーオーバルは屋内のために無風環境となり，選手を悩ませていた屋外の風による減速局面が消え，パワー損失が小さくなったことで高速化した。

その後，世界各地に屋内オーバルが建設されたが，すべてカルガリーオーバルよりも低地だったため，ほとんどの世界記録がカルガリーで樹立される時代が続いた。2001年にアメリカ・ソルトレイクシティの標高1,303mに屋内オーバルが誕生し，翌シーズンに第19回冬季オリンピック大会（ソルトレイクシティ）が開催され多くの世界記録

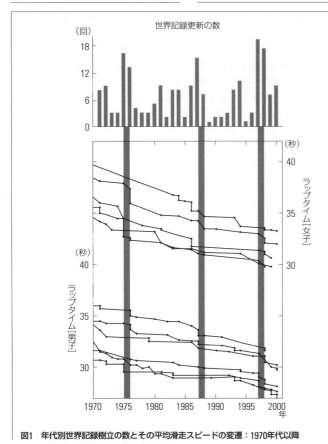

図1 年代別世界記録樹立の数とその平均滑走スピードの変遷：1970年代以降

図2 氷筍（上）とその横断面（下）

が生まれた．現在では，公式種目の世界記録はすべてカルガリーとソルトレイクで樹立されており，ほぼ二分されている．

屋内リンクは，気温をおよそ12-15℃，湿度をおよそ30％前後，氷の温度をマイナス4－マイナス6℃でコントロールすることが可能となり，ルールを含む選手を取り巻く環境は一変した．「寒い」地域や国で行われていたスピードスケート競技が，暖かい室内で行われるようになり，選手のパフォーマンスは劇的に進化した．また，従来は1－2月にのみ行われていた国際大会が11月から翌年の3月まで開催されるようになり，シーズンが2倍に長くなった．さらに，競技ルールも大きく影響され改定が続けられている．屋外リンクでは滑走順がタイムランキングやポイントランキングの上位選手から先に滑走していたものが，屋内リンクの普及により氷の状態がより安定したことで，逆に上位選手が最後の方に出走するように変更され，最終組で優勝争いが展開されることも珍しくなくなった．

国際競技会に参加するためにクリアしなければならない参加標準タイムが，毎シーズンのワールドカップ，世界選手権，4年ごとのオリンピックでルールにより規定されるが，標高の高い屋内オーバルを保有するカナダ・アメリカの選手と，保有しない国の選手で公平ではない状況が生じている．国際スケート連盟(International Skating Union: ISU)もこの状況は認識している様子で，2012/13シーズンに初めて，高地リンク用と低地リンク用の2種類のワールドカップ参加標準タイムを設定した．このように，様々な競技環境の進化に伴い，適用されるルールの改正が現在もなお繰り返されている．

[よく滑る氷の開発]

スケートがよく滑るための氷の条件については多くの研究がなされ，氷の表面温度がマイナス4℃あたりで摩擦係数が最も小さくなることが報告されている．氷や気温の状態をコントロールできる屋内リンクでは，長距離種目では氷の表面温度をマイナス4℃に，短距離種目ではマイナス2℃に設定したり，リンク直線区間の氷に比べてカーブ区間の氷の表面温度を高くしたりするなど，よい記録を達成するための微妙な調整が行われている．

散布される水についても，第18回冬季オリンピック大会（長野）会場となったアリーナ（エムウェーブ）では，イオン交換樹脂や逆浸透膜を通して精製した水を使用し，かつその中の気泡を抜くために40℃程度に加熱したのち，繰り返し薄く撒くという工夫がなされている．一方で，氷の低摩擦機構は，氷とスケートとの相互作用として捉える必要があり，例えば，底面に丸い形状をもつスケートブレードが高速で滑走する時，氷との真の接触面積が変化するなど，最適滑りの氷の条件を見出すことは容易ではないといわれている．

図2の上段の写真は，気温が氷点下のトンネルに水滴が落下した時に自然にできあがるタケノコ状の氷を示している．この氷は氷筍（ひょうじゅん）と呼ばれ，単結晶の構造をもつことが知られており，図2下段右側に示した氷筍の横断面が，左側の縦断面に比べて摩擦係数が小さい，いわゆる，よく滑る氷であることが明らかになっていた．第18回大会（長野）に向けた強化プロジェクトの一環として，この単結晶氷をエムウェーブのリンクに敷き詰め，摩擦抵抗の少ない氷を作ることにより日本選手に有利

な条件を作り出すことが考案された。あいにく，オリンピック本番での採用はなかったが，翌年のシーズンに試行され，摩擦係数が約25％小さい氷筒リンクが完成し，シーズンの最終戦となる世界距離別選手権が開催された。この大会では，第18回大会（長野）で作り出された男女合わせて10種目のリンクレコードのうち，半数の5種目でリンクレコードを上回る好タイムが達成された。

[計測技術の進歩]

スピードスケートのタイムの計測は，電気計時による1/100秒単位の計測方法に加えて，スリットカメラから1/1000秒ごとに得られる写真により計時する方法が併用されるようになってきた。図3は，国際競技会におけるゴール付近のタイム計測機器の設定である。氷上に置かれた光電管に赤い保護カバーが施されている。また，リンク内側と外側（写真では，手前と後方の白いブース）には，スタートシグナルに連動したスリットカメラ（フォトセル）が設置されている。

選手のタイムは，スタートのシグナルが発せられた瞬間から，スケートブレードが光電管のセンサーを横切る瞬間までの所要時間として計測される。選手はゴール付近で左右いずれかのブレードをより身体の前に位置させようとして，左右のスケートを前後に開くことが多く，前方のブレードの先端が氷から離れ，光電管センサーの上を通過してしまう場合がある。このような場合，フォトセルで得られた写真から正確なゴール通過の時刻が割り出される。

したがって，光電管によって計時されるタイムは，即座に速報として電光掲示板に表示されるが，これは非公式であり，2－3分後にフォトセルの情報から公式記録として1/100－2/100秒程度タイムが修正されたものが表示されることもある。また，短距離種目において従来の1/100秒計測では同タイムと判定されるケースが増えており，そのような接戦の場合には，フォトセルによる1/1000秒単位でのタイム表示がなされ順位がつけられる。

図4は，トランスポンダーと呼ばれるもので，センサーチップが内蔵されている。最近のほとんどのワールドカップにおいて選手が足首にこれを装着することが義務づけられている。トランスポンダーからの信号は，それぞれのチップの位置情報として認識されるため，チームパシュートのように3名の選手が同時にゴールするような，光電管やフォトセルによる計時が難しい種目では不可欠なものとなっている。また，トランスポンダーの着用により，選手の滑走速度を両足のセンサーの平均値をとることによって概算することも可能であり，テレビの放映画面や場内掲示板に選手の滑走スピードとして表示されることもあり，競技会を盛り上げる助けになっている。

これらのように，タイム計測器具の開発により，その精度は向上してきているが，一方で，主要な国際競技会が，このような計測システムを保有する限られた国でしか開催できなくなることや，選手の滑走速度のような競技力向上のために有益な情報が一部の国にしか公開されないという弊害も生じてきている。また，ゴールした時点で掲示されたタイムが数分後に修正され，上位の選手の順位が覆るなどの事態もしばしばみられ，競技の盛り上がりという点ではやや興醒めする一幕も見受けられる。加えて，計時システムの進歩に対し，スターターが2名の選手の静止状態を視覚的に判断して発走させるスタート方式は旧態依然であり，スピードスケート競技がより公平に成立するためには，精確なスタート方式の開発が待たれるところである。

（結城匡啓）

③ サッカーにみる科学技術の応用

サッカーにおける固定施設としては，ピッチ，ゴールなどがある。ここではサッカーピッチにみる科学技術の応用について論ずる。

[サッカーにおけるピッチ]

2011（平成23）年12月に日本で開催された国際サッカー連盟（Fédération Internationale de Football Association: FIFA）クラブワールドカップジャパン2011の大会において，スペインのバルセロナに所属するスペイン代表フォワードのダビド・ビジャ（D. Villa）が，12月15日の準決勝のアルサド（カタール）との試合の前半に相手選手との競り合いの際に左足を骨折した。横浜国際総合競技

図3 ゴール付近に置かれるタイム計測機器

図4 トランスポンダー

場の天然芝のピッチ上での出来事である。競り合いの場面をよく観察すると，相手選手との接触は一切なく，ボールを追いかけて勢いよく左足を地面に着地した際に左下腿骨を骨折している。着地した際の姿勢の不良，選手の体調，衝撃の大きさが過重であったことなどを考慮しても，ピッチの状態は選手の安全面の保護という点では重要な要因である。また，ボールの転がりや足元の滑りは，サッカー選手のパフォーマンスに直接影響する。サッカーの国際大会では，ホーム・アンド・アウェイ方式の2回戦制が主流であるが，ホームで試合を行う場合には，自国チームのパフォーマンスに有利になるように芝生を短く刈りこんだり，その反対に長くしておいたり，試合前にわざと散水するなど，いわゆる「地の利を生かす」あるいは「アウェイの洗礼」といわれるようなことが行われる。

サッカーは基本的には天然芝上でのスポーツである。日本のサッカー競技場では，四季や南北に細長い地形から地域や年間における寒暖の差が大きいという日本特有の気候環境により，天

天然芝ピッチを年間通じて一定に維持管理することが難しく，創意工夫が施されている．例えば，国立競技場や日産スタジアムでは暖地型芝と寒地型芝の両方を植えて年間を通して緑の芝生を維持するウィンター・オーバー・シーディング方式が採用されている．またカシマサッカースタジアムでは冬季においても常に鮮やかな緑色の天然芝を維持するため，ピッチ下に地温コントロール設備としてアンダーヒーティング方式を採用している．さらに札幌ドームではホヴァリングサッカーステージを採用している．これにより，縦120m×横85m，重さ8,300tの巨大な天然芝のステージを空気圧の利用により浮上させ移動させることができる．ドーム内でのサッカー試合を可能とし，試合のない時は，屋外のオープンアリーナで良好な芝を育成している．しかし，これらの例は限られた施設の話であり，全国的に良好な天然芝のピッチは数が少なく，また天然芝の保護のために使用頻度が制限されるため，一般人のサッカーが天然芝上で実施されることは希少である．

1996年2月に掲げられた「Jリーグ百年構想―スポーツで，もっと，幸せな国へ―」というスローガンのもとでは，「緑の芝生に覆われたスポーツ施設や広場を作る」ことなどを目的とし，具体的には，芝生広場として一部の小学校や地域のグラウンドで天然芝の運動場を建設・整備することなどが行われている．また，2008(平成20)年からは日本サッカー協会(Japan Football Association: JFA)が「JFAグリーンプロジェクト」の一環として，ポット苗方式による芝生化モデルを模索する事業が開始され，都道府県サッカー協会，サッカークラブ，自治体，学校，幼稚園・保育園などを対象にピッチ10面分の芝生の苗50万株を無償で提供する芝生化キャンペーンが実施された．しかし，全国的に天然芝のピッチが増え一般的になったとはいえない．また，天然芝は耐摩耗性が低く，特に寒い時期や湿気が多い時期は問題である．天然芝ピッチの適切な使用頻度は，週あたり8.5時間であるともいわれ，これでは学校施設や一般に開放する運動施設には適さないことがわかる．広大な敷地に天然芝が植えられていて，使用するごとにピッチの位置を移動できるのが理想であろうが，日本においては現実的ではない．

[人工芝の普及]

一方，2000年以降，サッカーに代表される天然芝上で行われるスポーツ競技へのロングパイル人工芝(後述)の普及が目覚ましく，日本では学校施設へも普及し始めている．サッカーではFIFAと欧州サッカー連盟(Union of European Football Associations: UEFA) が2005年に，ラグビーでは国際ラグビー評議会(International Rugby Board: IRB)が2003年にあらゆるレベルの国際大会におけるロングパイル人工芝の使用を認可している．

1960年代に天然芝に替わるようなものとして，人工芝は登場した．米国テキサス州ヒューストンのアストロドームにおいてアメリカンフットボール用に初めて人工芝が導入された．初期の人工芝は10－12mmの長さのナイロン繊維の絨毯(じゅうたん)のような構造で，衝撃緩衝性に乏しく，選手が倒れ込んだ際の皮膚の摩耗が激しく，ピッチ表面とシューズ間の摩擦が大きいため，選手の下肢の傷害が増加したことが報告されている．1970年代には第2世代の製品が開発された．これは20－25mmの長さのナイロン繊維よりも柔らかいポリエチレン繊維を使用し，砂を充填物に使用したものである．砂の充填物の利用により，シューズとピッチ表面との摩擦やボールの跳ね返りが低減され，プレイしやすくなった．しかし，この人工芝では"人工芝用シューズ"といわれるシューズ底に多数の短い突起物をもったものが利用されていた．その後，1990年代から第3世代の人工芝が開発された．これはロングパイル人工芝とも呼ばれ，3層構造が主流で底層に砂の充填剤，中間層にゴムチップの充填剤，表層に40－65mmの長い繊維で構成される．これにより，サッカースパイクシューズ(スパイク)のようなスタッド(滑り止め用の鋲(びょう))をもったシューズの利用が可能になった．ロングパイル人工芝は，耐摩耗性が高く，維持管理が容易，天候に関係なく天然芝と同等のプレイが可能などの利点がある．

人工芝の品質向上とその上でプレイする選手たちの安全性を保証するため，FIFAはサッカー用人工芝品質コンセプト(FIFA Quality Concept for Football Turf)を掲げ，厳しい諸基準を定めている．その諸基準は選手とピッチ表面との相互作用およびボールとピッチ表面との相互作用についての項目に大別される．選手とピッチ表面との相互作用では，衝撃緩衝性(垂直方向の衝撃力の最大値が，コンクリートに対してどの程度小さいのかを計測し，値が大きいほど衝撃緩衝性が高い，すなわち柔らかいことを表す)，垂直方向の変形量(衝撃緩衝性と同じ意味であるが，荷重した際の最大変形量を計測)，表面に対して回転(捻るような動き)させた際の抵抗力(スパイクスタッドを取り付けた円板を人工芝表面に突き刺し，それを捻った際に生じる最大回転抵抗力を計測する．この値が小さいと滑りやすく，大きいとシューズが引っ掛かりやすいことを示す)，スパイクシューズの並進運動に対する減速抵抗性(振り子式試験機でスタッド付きのスパイクシューズをある基準の高さから振りおろし，シューズと人工芝表面との接触時の表面抵抗によるエネルギー損失を評価する)などの項目が設定されている．他方，ボールとピッチ表面との相互作用では，ボールの跳ね返り(基準の高さからボールを落下さ

表1 FIFAサッカー用人工芝品質コンセプトの基準項目

基準項目	単位	FIFA 1 Star	FIFA 2 star
衝撃緩衝性	%	55－70	60－70
垂直方向変形量	mm	4－9	4－8
回転抵抗	Nm	25－50	30－45
減速抵抗	g	3.0－6.0	3.0－5.5
ボール反発弾性	m	0.6－1.0	0.6－0.85
ボール転がり	m	4－10	4－8
斜め衝突後の速度変化	％(乾燥時)	45－70	45－60
	％(湿潤時)	45－80	45－80

せた際の跳ね返りの高さ），ボールの転がり（基準の斜面からボールを転がした際の転がる距離），ボールの斜め衝突後の速度変化（ボールを斜めに衝突させた後のボール速度の変化割合）などの項目が設定され，厳しく審査されている。この基準を満たすと"Football turf"と認定され，2段階の基準（1 or 2 star，表1を参照）で性能が保証される。

しかし，このようなロングパイル人工芝も，初期の施設設置費用の高額さ，ピッチから発散するゴムの異臭，選手が滑りこんだ時の摩擦，ゴムチップ充填剤などによる環境への影響，夏季における人工芝表面の高温化といった問題があると報告されている。そのため，2007年頃から天然芝と人工芝の混合型のスポーツピッチが開発された。この混合ピッチは，ロングパイル人工芝の芝目に天然芝を植え込んだ構造である。このピッチを使用したところ，FIFAのサッカー用人工芝品質コンセプトの基準をクリアし，天然芝に近いプレイの質を確保できる上に，ゴムの異臭が軽減し，夏季の表面温度は天然芝と同等，耐摩耗性は天然芝を上回ったことが報告されている。2010年のFIFAワールドカップ南アフリカ大会では2会場において混合ピッチが使用された。ワールドカップの会場で利用されるのは初めてであった。

サッカーにおいてロングパイル人工芝が普及した背景には，製造工場による努力だけでなく，サッカー協会や研究組織による，特に選手の傷害などの過去の問題を乗り越えて新しい製品を開発するための多大な努力があった。人工芝における安全性とプレイのしやすさを評価する研究では，人工芝と天然芝における選手の傷害を比較した疫学的な研究のみならず，人工芝の摩擦，硬さなどに関する研究が多く実施されている。

[ピッチの特性と傷害]

一般的に，スポーツ傷害の発生要因は広範囲にわたり複雑に関連しているため，傷害の発生原因を特定することは困難である。サッカーにおける傷害発生率は，他のスポーツに比べて高くて，試合中における割合は，練習中よりも7倍程度高いことが報告されている。また，2002年と2006年のFIFAサッカーワールドカップ大会における傷害発生率は，他の国際大会に比較して明らかに高く，これには短期間における過密な試合日程が影響していることが示唆されている。しかしながら，天然芝なのか人工芝なのかのピッチ状況と傷害発生との因果関係は明らかではなく，天然芝と人工芝との傷害リスクには差がないことが報告されている。なお，唯一人工芝上でのスライディングによるやけどの増加が着目され，FIFAのサッカー用人工芝品質コンセプトの中に皮膚の摩耗に関する機械試験が基準項目に採用されている。

選手とピッチ表面との相互作用に関する項目では，選手がピッチに接触した際に生じる力の垂直方向の成分である衝撃力の挙動と水平方向の成分である足とピッチ表面の摩擦あるいは滑りが着目され，バイオメカニクスや工学の研究分野において多くの研究が実施されている。

衝撃力は，足あるいは頭とピッチとの接触時に発生する要素であり，衝撃力の最大値の大きさ，衝撃力の伝わり方などが問題となる。足がピッチと接触する場合は，下肢が屈曲動作を行うことで衝撃を緩衝したり，またシューズのクッション性能で衝撃力を緩和したりできる。それでも衝撃力は下肢の傷害との関連性が深いため，ピッチの衝撃緩衝性や垂直方向変形量などを評価する必要がある。ただし，衝撃緩衝性が高い，すなわちピッチが柔らかすぎると選手は動きにくく疲労しやすい。また，頭がピッチと接触する場合は，衝撃力は脳に直接影響を及ぼすので，サッカーはもちろんラグビーやアメリカンフットボールなどの身体同士の衝突が激しく頻繁に転倒するスポーツでも大きな問題である。IRBではラグビー用ピッチの基準として脳傷害基準（Head Injury Criterion: HIC）を項目に列挙している。頭とピッチの接触は脳挫傷など生命の危機に関連する重大な事故につながるのでピッチの問題だけでなく，ヘッドギアの着用，転倒の際の受け身の仕方など対策を講じることがとても大切である。

サッカー選手はスタッドのあるスパイクを着用するため，ピッチにスタッドが食い込み，選手のスパイクとピッチ表面との間に引っ張り合うような作用や力であるトラクション（スパイクとピッチ表面との間に引っ張り合うような作用や力）が発生する。このトラクションは，選手のパフォーマンスに影響する重大な要因であり，加速したり減速したりあるいは方向変換を行ったりという選手の移動運動に貢献するが，逆に有害なこともある。もしトラクションが小さすぎると滑りやすく転倒しやすくなる。逆に大きすぎるとスパイクがピッチに引っ掛かり，足首の捻挫などの傷害の危険性が増加する。トラクションに影響する要因として，スポーツ特有の動き，スパイク，ピッチ表面，環境の4要因が報告されている。これらの要因を評価する変数とは，スポーツ特有の動きとして垂直と水平方向の力の大きさとその頻度，スパイクではスタッドの大きさと配置，ピッチ表面では充填剤とパイル繊維との関係，摩擦特性，硬さ，せん断力であるといわれる。

（丸山剛生）

参考文献 23.B.01

①
- 金子明友．1974．『体操競技のコーチング』大修館書店
- ———．2009．「随想 孤船翁の呟き その二」『伝承』9: 89–110．
- 審判委員会体操競技男子部．2009．『日本体操協会 採点規則 男子 2009年版』日本体操協会
- 日本体操協会．1987．『1987年版 器械・器具規格集の改正について』日本体操協会
- 日本体操協会男子競技本部．1979．『体操競技採点規則 男子 1979年版』日本体操協会
- Akitomo Kaneko. 1984.「Zur Problematik um die Formgenese der Turnkunst」『筑波大学体育科学系運動学類運動学研究』1.

②
- 対馬勝年，結城匡啓，木内敏裕，下平昌兵．2000．「氷結晶面コントロールによる高速スケートリンクの開発」『トライボロジスト』45（1）: 72–78．
- 結城匡啓，対馬勝年，山崎善也．2000．「長野オリンピックスケート会場（エムウェーブ）における氷質改善に関する事業」『第18回オリンピック冬季競技大会（1998／長野）医科学サポート事業報告書』59–69．
- 湯田 淳．2002．「I．最新の計測・判定技術と問題点 3 - スピードスケートにおける審判と計時」『バイオメカニクス研究』6（2）: 140–42．
- H. Houdijk, J.J. de Koning, G. de Groot, M. F. Bobbert and G. J. van Ingen Schenau. 2000. Push-off mechanics in speed skating with conventional skates and klapskates. *Med. Sci. Sports Exerc.* 32, 635–41.

③
- 大前和良．2003．「スポーツ人工芝新世紀」『バイオメカニクス研究』7（2）: 161–65．
- カシマサッカースタジアム．「施設概要」http://www.so-net.ne.jp/antlers/kashima-stadium/equipment/index.html（2012年3月6日）
- 小池関也．2011．「スポーツ用天然芝の育成」『フットボールの科学』6（1）: 27–29．
- 札幌ドーム．「ホヴァリングサッカーステージ」http://www.sapporo-dome.co.jp/dome/hovering.html（2012年3月6日）
- FIFA. 2012. In: *FIFA Quality Concept for*

Football Turf http://www.fifa.com/mm/document/afdeveloping/pitchequip/fqc_football_turf_folder_342.pdf（2012年3月8日）

◆ Fleming, P. 2011. Artificial turf systems for sport surfaces: current knowledge and research heeds, *Proceedings of the Institute of Mechanical Engineers, Part P: Journal Engineering and Technology*, 225: 43-64.

支援装置の開発とスポーツ   23.8.02

① 体操競技にみる科学技術の応用

体操競技において技ができるようになるには多くのハードルが存在しているがゆえに、よく配慮された段階練習が必要になり、その段階練習には綿密さ、緻密さが要求される。もちろん、あまり計画性のない練習でもある程度の技は上手ではなくてもできるようになるし、またある程度の技能レベルには達することもできるだろう。しかしそのような場合には、それらの技は単なる「できる-できない」といった腕自慢的な運動に過ぎなくなっているのであり、体操競技の競技としての技の質をもたなくなる。よい技、安定した技、美しい技、ダイナミックな技、体線の冴えた技、魅了する技といったような体操競技に求められる技ができるためには、あるいは、技や演技で観衆を魅了し、審判員を唸らせるようなレベルに仕上げるためには、技の世界の目的的トレーニング（金子, 1966. 409）および技の基礎基本を身体に徹底的にたたき込ませる綿密に練られた練習計画やトレーニング計画に沿った段階練習を欠くことはできない。

体操競技で行われる技の習得練習や演技の続行練習では、非常に多くの内容が考慮されていなければならない。例えば、選手の動感感覚とそのレベル、技能レベルの現在の段階、技の練習のための人的・物的な環境条件、体力のレベルなどである。こうしたことに気を配りつつ、1回1回の運動の実施状態をその都度その都度捉えて練習を進めていくことが、体操競技における練習ではきわめて重要なことなのである。少なくとも、試行の回数は単なる機械的反復ではなく、行おうとする動きの運動メロディーを投企し、動感の志向充実を図るやり方としての内観的反復であることが必要である（金子, 2002. 377）。

［補助用具・補助器具］

体操競技ではこのような基礎基本の習得をはじめとして、技の習得や演技力の向上にかかわる補助用具、補助用具、補助用品等の開発が進んでいるが、これらの補助用具の開発や製作は、体操競技ではむしろなくてはならないものである。今日、各種目（ゆか、あん馬、つり輪、跳馬、平行棒、鉄棒、段違い平行棒、平均台）とも、発想豊かなアイデアのもとによく考えられ工夫された補助器具、補助用具が考案され、練習場に導入されている。これらの補助用具は、もちろん技の構造の正しい理解や技の局面構造の認識やアイデア、発想力と密接な関係があるが、それだけではなく、科学技術の発達とけっして無縁なものではない。例えば、ソフトマットやピット施設（後述）あるいはトランポリンといった補助器具は、着地部分に対する衝撃の緩衝作用にかかわるアイデアが結晶したものであるが、着地面で身体に負荷がかからないような良質のスポンジないしクッション材の開発や製造と密接な関係がある。特にピット施設が普及する以前は着地部分は砂やおがくずといったものが用いられたが、ソフトマットの開発やピット施設は、選手の技の習得の仕方に大きな変化をもたらした。

例えば、鉄棒の宙返り下りは、1回宙返り下り程度の技であれば通常の練習環境でも指導者の人的補助だけで可能であるが、ひねりを加えたり2回宙返り以上の下り技になると、どうしても物的環境条件が整うことが必要になってくる。なぜなら、指導者の人的補助だけでは怪我を誘発する確率が格段に高くなるからである。この場合、着地部分を柔らかくすることがまずもって大切なことになる。砂場で練習したり着地部分におがくずを用いた練習、さらにはソフトマットを敷いた練習はそうした発想から出てきたものである。このような着地部分を柔らかくし、しかも良質のスポンジやクッション材を用いれば、着地した時や足以外から落ちた時でも衝撃は相当和らげられるし、なによりも選手自身の恐怖感が軽減される。現在のソフトマットは形状、大きさともに多種多様であり、選手の能力段階や練習段階等によって使い分けることができる。科学技術はこうした緩衝作用を高めるクッション材の製造に大きくかかわっているといえる。

このソフトマットを敷いた環境状況をさらに変えたのが、いわゆるピット（pit）と呼ばれるスポンジのチップが詰まったプールのような施設であり、急速な技術開発の中で安全対策を第一として作られた施設である。ピットは東欧共産圏やヨーロッパで広まり出し、その後、1970年後半頃から日本でも大学や高校に徐々に設置されるようになった。この施設の発想は当初、日本にはなかったものである。確かにピットも着地部分の衝撃の緩衝作用に目を向けた施設であり、その意味では砂場やおがくず、ソフトマットと同じであるが、スポンジのチップを使うということは、選手自身の恐怖感をさらに一段と和らげ、しかもソフトマットを使用する時よりも、高い緩衝作用を得ることができる。この違いから、高難度の技に取り組む際の段階練習の組み方や練習回数も飛躍的に伸びることとなった。この施設があるからこそ、ジュニアの選手でも一流選手が行うような高難度の技を早い段階から練習し、習得することができる。ゆか運動や跳馬、鉄棒、段違い平行棒などの種目における高難度の技は、このピットなしでは不可能であったといっても過言ではない。現在では、このスポンジのチップにもいろいろな形状、柔らかさがあるとともに、またエアーピットなどと呼ばれるさらに多様なアイデアでピットは発展している。

また、タンブリングを練習するための支援器具として、タンブリングのためのばねの付いた板や「タントラ」と呼ばれる長いトランポリン、および、マットに空気を入れて弾力性を高めたホッピングマットなどがある。こうした跳躍力を助ける補助器具を用いることで、身体にそれほど負担がかからずに空間(中)局面を大きくすることができるので、試行回数を格段に増やしてアクロバット系の技の習得に効果を上げることができる。これらの補助器具はそれぞれ特性があり、目的、能力段階に応じて使う器具、使う時期を決めていくことが重要になる。ただ、こうした補助器具を用いてアクロバット系の

技ができても，それはあくまで補助器具を用いて行っているので，このような補助器具を用いた練習では，正規の試合器具への移行の仕方が重要になる。

あん馬の両足旋回の練習にも工夫された補助器具，補助用具が多くある。両足旋回はあん馬の基本技であるが，この両足旋回ができるようになるには長い時間がかかるし，腰の伸びた体線のすっきりした質のよい旋回を習得するためには，ジュニア時代からの練習が重要になってくる。この両足旋回の練習のために，「バック」と呼ばれる小さな馬（遠藤・小野，1982. 263）や「キノコ」と呼ばれるあん馬練習器具である円馬が使用される。また，天井からバケツを吊るして足の部分を入れて旋回練習をする器具も工夫されている。いずれも手作りでも可能であり，科学技術の応用というには一見ほど遠いと思えるが，よりよい技の習得をめざすのであれば質のよい器具を揃える必要があり，そうなると補助器具の準備には科学技術との関係が密になってくる。

また男子の鉄棒と女子の段違い平行棒では，車輪が大切な基本技になっている。この車輪を習得するにも，現在では握りを固定する練習方法が取り入れられている。この握りを固定する方法は，日本にとっては予想もしなかった練習法であり，旧ソ連などの国がジュニア育成の方法で考え出してきた，運動経過全体の感覚に慣れさせるためには効果的な方法である。この方法では，負荷がかかっても切れない丈夫な帯状の布を用い，手と鉄棒の接触面を滑りやすくしているのがポイントである。ここで用いられている布は素朴なものであるが，良質のものを使わなければ切れて落下するなどの大事故につながる。その意味では，丈夫な布を準備できるかは，科学技術面での課題ということができる。

さらに男子のつり輪における十字懸垂などに代表される力技の練習のために，今日，よく工夫された力の補強のための補助トレーニング器具が開発されている。これらの器具は1人で練習できたり，力を調節できることなどが必要であるが，これらの器具は1人でもちょっとした時間を使ってできるものであることがポイントであろう。また，鉄棒やつり輪，あるいは平行棒でもロージェといわれる身体を宙吊りにできる補助器具がある（金子，1974, 251）。ロージェ（命綱）は，例えば，鉄棒の離れ技やつり輪の車輪や翻転倒立などの振動系の技，平行棒の支持振動系の技の感覚を全体として経験し，身につけようとする際に使われる補助器具である。こうした器具の設置には天井から吊すワイヤーや滑車が必要であり，これらの製造もやはり科学技術が応用されているとみることができる。

こうした補助的な支援装置としての器械器具があっても，実際の練習場面では指導者が直接手で選手の身体を支えるなどの直接幇助（金子，1974. 250以下）を必要とすることが少なくない。むしろ，技の習得の初期段階では，支援装置を用いていても指導者の直接幇助は不可欠である。補助支援装置にまかせっきりの初期段階の練習はないといっても過言ではないし，またそうなってはいけない。この場合，補助台が使われる。補助台はつり輪や鉄棒や平行棒，段違い平行棒，平均台，あるいは跳馬などで，高い位置で指導者が手を出す必要がある場合，その高さを確保するために必要になってくる。もちろん，そのための台になるようなものであれば何でもよいのであるが，今日では，1人で持ち運ぶことができる非常に軽い補助台が製造されている。軽くて丈夫で，形が崩れない補助台の開発は，目立たないがもちろん科学技術の応用であり，今日の体操競技の練習環境を大きく変えているといえる。

男子の鉄棒やつり輪，また女子の段違い平行棒では，選手は手に革製のプロテクターを付けて行うが（女子の段違い平行棒では素手で行う選手もいる），このプロテクターを付けなければ高難度の技を行うことはできない。プロテクターを使用する目的は当初は手の皮が剥けないようにする点にあり，そうした使い方がされていたが，次第に鉄棒やつり輪などから手が離れないような使い方に変わってきた。現在では，巻き付けるように，プロテクターに芯が入っているのが普通である。こうした変化から，プロテクターの形状も変わってきた。良質の革を使った丈夫なプロテクターの製造は，体操競技の技の世界を支えているといっても過言ではない。

また体操競技では，鉄棒や平行棒を握った時に"滑らない"，ということが絶対条件である。この"滑らない"ということによって，鉄棒，つり輪，平行棒，段違い平行棒などの懸垂系技のある種目では，高難度の技が次々と生み出されてきた。また，ゆか運動や跳馬，平均台などでも，踏み切りや手で突き放す要素のある技を行う時には，足や手が"滑らない"ということが重要になってくる。この"滑らない"ということで滑り止めとして使われるのが，炭酸マグネシウムである。この炭酸マグネシウムが使われるようになる以前は手を少し湿らせたり砂や赤土（竹本，1977, 2）を使っていた時代があったが，滑り止め効果が高いということで，炭酸マグネシウムが使われるようになった。炭酸マグネシウムの使用は，当然ながら，技の高難度化にも拍車をかけることになった。鉄棒や段違い平行棒で行われる下り技や離れ技，つり輪の懸垂振動系の技，男子の平行棒の車輪などの高難度の技は，炭酸マグネシウムなしには可能ではない。ただ，粉状の炭酸マグネシウムは空気中に飛散し，体育館を汚すなどの悪影響が出ていることから，現在は試みとして固形のものも一部使われている。しかし，これも選手側からすると微妙に滑るという感覚があり，使いやすいというわけではないようである。鉄棒や平行棒などを握った時に滑らず，器具になじむ感覚を生み，それでいて空中に舞うことのないような良質の炭酸マグネシウムの開発は，現代の体操競技では必要不可欠である。

[トレーニング器具]

現代の体操競技では，筋力，持久力，柔軟性等の体力要素のトレーニング法は重要になってくる。しかし，ダンベルやウエイトトレーニング機器を用いた，いわゆる科学的と思われている補強トレーニングは体操競技ではそれほど行われていない。体操競技では可能な限り最初から技の構造を崩さない練習を行っていき，技ができあがった時には，きれいな体線を示して実施できることをめざすという価値観ないし競技観が重視されるからである。その意味で，筋力だけをつけるためにマシーンを使ったウエイトトレーニングは避けられるのである。こうした点につい

ては，すでに金子が40年も前に指摘し，絶縁的なトレーニングに走ってしまうと，体操競技の技としてよい体線の出ない技になってしまうことに懸念を抱いていた(金子, 1966. 408以下)。この金子の認識ないし視点はけっして古いものではなく，現在の認識としても忘れてはならない点である。もちろん，今日ではつり輪の力技や倒立系の技の練習機器として，トレーニング機器自体はかなり精巧なものが作られており，実際の動きに近い形で行えるものもある。これらの機器の開発は，科学技術の発達なくしてはもちろん可能ではなかった。しかし，体操競技ではこのトレーニングマシーンを用いた補強トレーニングはそれほど主流とはなっていない。技ができるということは，最初から体力要素を含めた技の感覚の習得を意味するのであって，技の感覚要素と体力要素を切り離してトレーニングし，後でそれらを合成する，あるいは体力要素だけを強化してできるようになるものではないからである。

体操競技において補強トレーニングは，科学技術が発達した現代にあって科学的なマシーンに頼りすぎると，筋力がつくことはあっても，それはあくまでトレーニングのための筋力強化になってしまい，技として生きる筋力は保障されない。

体操競技では，技の習得における支援装置の開発と製造がきわめて重要である。ここには，ピットやロージェなどの大規模なものから，プロテクターや炭酸マグネシウムなどのあまり目立たないものまである。これらの支援装置ないし補助用具の開発は，もちろん科学技術の発達と密接な関係があるが，しかしそれらは現場にいる選手と指導者の技の習得にかかわる発想力とアイデアの実現という側面でもあることを忘れてはならない。そして，この発想とアイデアは，技が思うようにできず苦労して真剣に技の習得を考えている選手と，その選手と寝食をともにして真剣に指導するコーチの主観が共振するところで成立する，まさに技の伝承(金子, 1993. 9-12)の過程で浮かぶのだといえる。

(佐野 淳)

② スケート競技にみる科学技術の応用

スピードスケート競技において，選手の身に付けるもの・装置が新たに導入されたことによって競技パフォーマンスが改善された事例を以下に示す。

[レースウエアの改良]

1975/76シーズンにスピードスケート選手の着用するレースウエアが，毛糸を素材としたものから，伸縮性が高い人工素材に変わり，世界記録が次々と塗り替えられた(図1)。ウエアの形状も，それまでは帽子，上半身，下半身が別々のパーツに分かれるセパレートタイプだったものが，頭部を覆うフードカバーからスケート靴を覆うフットカバーまでが1枚につながったワンピースタイプとよばれるタイプのものに変容した。伸縮性が高く空気抵抗の小さい素材と形状に変化したことにより，選手の発揮するパワーの7割が空気抵抗に費やされるというスピードスケートにおいて滑走タイムが大きく改善された。

その後2001/02シーズンには，複数の素材を組み合わせることによって，空気抵抗力に影響の大きな部位にそれが小さくなる素材を用い，また選手の筋力を支える効果のある部位に反発性のウレタン素材を用いるなど，機能的に優れた複合型ワンピースが登場した(図2)。開発グループの発表した風洞実験での結果によると，それまでのワンピースタイプのものに比べておよそ10％空気抵抗力が減少したとされている。スピードスケートの滑走タイムは，空気抵抗力の影響を大きく受けるため，このようにレースウエアの開発が競技パフォーマンスに及ぼす効果はきわめて大きく，各国企業の開発競争がその国の競技力に直結してきている。

[レースウエアに貼り付けられたストライプ]

1998年第18回冬季オリンピック大会(長野)のスピードスケート男子5000mで長距離王国オランダ勢が表彰台を独占した。その活躍の陰には，その大会の3日前に国際スケート連盟が認可したとされるストライプの効果が大きかったといわれている(図3)。ストライプとは，厚さ1mm程度のジグザグ状のゴムテープであり，下腿部分や頭の頂点のあたりに貼り付けることによって空気抵抗を減らす効果がある。他のスポーツ競技においても，スキージャンプスーツやゴルフボールの表面に施されているような「ディンプル」に似た凹凸をつけることにより空気抵抗が小さくなり，記録向上につながっているといわれている。このような凹凸による空気抵抗の低減効果は，自転車競技用ウエアやスキーダウンヒルスーツにも応用されている。

スピードスケートでは10m/sの速度で滑走する選手には，外的エネルギー量の70％が空気抵抗力に打ち勝つために必要とされており，滑走速度の増加に伴って空気抵抗力に打ち勝つために必要とされるエネルギーは指数関数的に増加すると報告されている。空気抵抗力は，空気が物体に衝突し，物体の表面を空気が流れる時に生じる摩擦力と，物体の後面に発生する乱流により，部分的に気圧が低くなり，気圧を一定に保とうとすることで物体を後方に引く力が発生するために生じる。図4は，スケーターの模型に衝突する空気の流れを可視化したもので，上がストライプのないもの，下がストライプを貼り付けたものである。ストライプのないものは，物体の表面を流れる空気の層が，物体に衝突後，広い範囲に散らばって乱流が発生していることがわかる。一方，ストライプを貼り付けたものは，表面を流れる空気の層が，ストライプによって物体の表面から剥がれ，空気の流れに乱れが発生していないことがわかる。このように，ストライプ貼付により，乱流が減ることで空気抵抗力が低減され，5000mで5秒程度タイムが短縮されるといわれている。

[スラップスケート]

第18回冬季オリンピック大会(長野)の前年1997/98シーズンから，キック中に踵がブレードから離れ，空中でばねの力によって戻る仕組みをもつスラップスケートがトップ選手に用いられるようになり，翌年のオリンピック本大会では，ほとんどすべての選手がスラップスケートを使用し，その年にすべての種目で大幅に世界記録が短縮された。従来の踵が固定されたスケート靴に比べてスラップスケートが合理的であることの科学的な根拠を以下に示す。

・キック力の力積の増大

図5は，従来のスケートとスラップスケートにおけるストライド(ステップ

図1 人工素材のウエアの登場（写真：フォート・キシモト）

図2 複合型ワンピースウエアの登場（写真：フォート・キシモト）

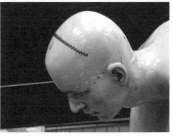

図3 ストライプ

図4 滑走中の空気の流れを可視化

図5 従来のスケートとスラップスケートにおけるストライドの模式図

図6 従来のスケートとスラップスケートにおける筋のコーディネーションの比較

図7 スラップスケート（上）と従来のスケート（下）の"氷のしぶき"による比較

長）を模式的に比較したものである。スラップスケートでは踵が挙上された状態でもブレードが氷に接しており、従来のスケートよりも氷への力の作用時間が0.05秒ほど長くなる。このことにより、選手のキックによる力積が大きくなるため、ストロークごとの身体重心の加速が大きくなる。

・下肢筋群への負担の軽減

図6は、従来のスケートとスラップスケートにおける下肢筋群のコーディネーションの比較図である。従来のスケートでは踵が挙上しないため、ストローク中に腓腹筋が伸ばされ、その張力が大腿骨を、後方すなわち膝関節の伸展を妨げる方向に引っ張っていた。一方、スラップスケートでは、踵が挙上するため腓腹筋の筋長がほとんど変化せず（伸ばされず）、膝関節の伸展筋群の負担が小さくなる。このように、スラップスケートでは足関節の底屈動作が可能になるので、スケーターのパワー出力が約15%大きくなると推定されている。

・氷を破壊するエネルギー損失の減少

図7は、両タイプのスケートを用いる選手が混在した最初で最後の世界選手権の映像を示したもので、上がスラップスケートを用いた選手、下が従来のスケートを用いた選手の3000mのゴール間際の直線滑走である。従来のスケートで滑走している選手のブレードからは、スラップスケートの選手では確認されない白い煙のような"氷のしぶき"が上がっているのがわかる。このように、スラップスケートでは、キック終盤でブレードが氷を削るエネルギー損失が小さくなる。

以上のように、スラップスケートという装置の導入により、スケーターが滑走しながら氷へエネルギーを伝達する時の効率が向上した。大幅にパフォ

ーマンスが向上した。

(結城匡啓)

③ サッカーにみる科学技術の応用

サッカーにおける支援装置としては，選手が身に付け，パフォーマンスを助ける用具や衣装がある。ここでは，それらの中からサッカーボール，スパイクシューズ，ユニフォームの3点を取り上げ，それぞれにみる科学技術の応用について論ずる。

[サッカーボール]

2010年FIFAワールドカップ南アフリカ大会において，6月24日開催のE組予選リーグ第3戦のデンマーク戦で，日本代表選手の本田圭佑が相手ゴールから約37m離れた距離からの直接フリーキックを豪快に決めて先制点を奪った。このシュートは不自然な軌道を描きながらゴールに向かう無回転シュートであった。この無回転シュートは飛翔中のボールの回転が少ないため空気抵抗の影響が不規則になり，ボールが揺れるように軌道が変化するいわゆる"ぶれ球シュート"ともいわれた。

また，南アフリカ大会では，標高が1,000mを超える試合会場が4ヵ所もあり空気抵抗が少なくなることや，南アフリカ大会の公式試合球である"ジャブラニ"というボールの特性から蹴られたボールの飛び方に話題が集中した。それ以前は中村俊輔のカーブキックが話題となり，蹴り方も含めて蹴られたボールがどのように曲がるのかが注目された。

このようにボールゲームではボールにかかわる技術が重要であり，ボールの構造と特性が技術と戦術に大きく影響を及ぼすことが少なくない。サッカーボールも進歩が目覚ましく，その技術革新も著しい。

1995年から国際サッカー連盟(FIFA)は公式試合球のガイドラインをIMS(International Matchball Standard)として示している。そこには公式試合球の基準として，5号球の場合は0.8気圧の空気圧で重さが410-450g，周囲径が68.0-70.0cm，球形状からの変形が最大2%，さらには空気漏れ量，水分吸収量，反発の基準が設定されている。その一方で，パネルの形状や素材などの規定はないので，サッカーボールのデザインは自由である。

現在使用されているサッカーボールの原型は，1855年にチャールズ・グッドイヤー(Charles Goodyear)が硫化ゴムを用いてバスケットボールのような形状で製造したのが最古であるといわれる。1863年にサッカーのルールが統一され，1872年のルール改正の時にサッカーボールについて，周囲径が68.6-71.1cmの球でなければならないという条文が加えられた。1888年に英国フットボールリーグが設立されてから，サッカーボールの大量生産が始められた。

1900年代に内部にチューブがあり，外側を茶色の革で覆われたサッカーボールが製造され，外側はなめし革の18枚の短冊形のパネルで作られていた。これらのボールは縫い目と革が水分を吸収して重くなるのでヘッディングの時は痛くて，雨が降るとさらにボールが重くなり頭部や頸部の傷害を引き起こしたとのことである。また，牛革で作製されたサッカーボールは革の厚さや質が一定ではなく，試合中に破裂することもあった。

1930年に第1回ワールドカップがウルグアイで開催された。アルゼンチンとウルグアイの対戦の時に，両チームが持ち寄ったボールのどちらを使用するのかが問題となり，結局，前半はアルゼンチン持参のボールを使用し，後半はウルグアイが持参したボールを使用したというエピソードもある。

第二次大戦以降の1950年代には，サッカーボールの吸水性を改良するため，合成塗料を塗ったり，穴の少ない素材で包んだりした。また，白やオレンジ色のサッカーボールも登場している。

1960年代になって人工皮革が使用されるようになり，1980年代後半には人工皮革の使用が主流になった。人工皮革の使用により細胞構造を模倣した形のボールや吸水性の低い良質なボールが製造できるようになった。

この細胞構造を模倣したものは，バッキーボール(Buckyball，図8を参照)と呼ばれる。これは60個の炭素原子で構成されるが，このきれいな円球できわめて安定する構造を模倣した，20枚の六角形のパネルと12枚の五角形のパネル，合計で32枚のパネルからなるサッカーボールである。この形状のボールは1970年のワールドカップメキシコ大会の公式試合球としてアディダス社製のテルスター(Telstar)で使用され，サッカーボールの印象を一新した。

FIFAワールドカップの公式試合球が使用されるようになったのは，1970年のメキシコ大会からで，それ以前は両チームが試合球を持ち寄っていた。この大会ではアディダス社製のテルスターが使用され，32枚の白黒のパネルで構成されたサッカーボールが初めて使用された。

1974年の西ドイツ大会でも前回と同じテルスターが使用されたが，白黒を使用しない白一色のサッカーボールも登場した。

1978年のアルゼンチン大会では，アディダス社製のタンゴ(Tango)が使用された。このボールは20枚の六角形パネルに三角形に近い図柄を配置し，12個の円を描いたデザインに凝ったボールであった。

1982年のスペイン大会ではアディダス社製のタンゴエスパーニャ(Tango España)が使用された。このボールは水の浸透を防ぐため縫い目をゴムの素材でふさぐ技術が採用されたが，短時間で剥がれてしまい試合中に交換が必要であった。また，天然皮革のボールが使用された最後の大会であった。

1986年のメキシコ大会ではアディダス社製のアステカ(Azteca)が使用された。このボールはポリウレタン系素材の人工皮革が採用され，より均質なボールであった。

1990年のイタリア大会ではアディダス社製のエトルスコ・ユニコ(Etrusco Unico)が使用された。このボールは内部構造にポリウレタンフォームを使用した初めてのボールであった。1994

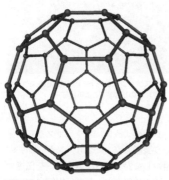

図8 バッキーボール

年のアメリカ大会ではアディダス社製のクエストラ(Questra)が使用された。このボールは発泡スチロール系の層をもつ人工皮革が採用され、防水加工が高まり、蹴った時にボールが加速されるようになった。少し柔らかく感じられ、ボールコントロールがしやすくボールの速度が増加した。

1998年のフランス大会ではアディダス社製のトリコロール(Tricolore)が使用された。このボールはフランス国旗にちなんだ赤、白、青の3色をあしらった初めてのカラーデザインのボールであった。素材もシンタクチックフォームを採用し、クエストラよりもより柔らかく、ボールの速度がより速くなっている。

2002年の韓・日大会ではアディダス社製のフィーバーノバ(Fevernova)が使用された。このボールには重層構造の人工皮革が採用され、反発特性が向上しボールがより加速された。またボールの復元力が強く飛翔中のボールが球の形状を維持するので、キックの精度が高まることに貢献した。

2006年のドイツ大会ではアディダス社製のチームガイスト(+Teamgeist)が使用された。このボールはプロペラ状のパネル6枚とロータ状のパネル8枚の計14枚のパネルで構成され、より真球に近い形状になっている。パネル同士を特殊な接着剤と熱によって圧着する技術が採用され、ボールの表面の凹凸が少なく表面全体が均質になり、耐摩耗性が向上し、キック時の足とボールのインパクトの際の摩擦が均一になる効果が得られる。その結果、ボールの回転数がより安定し、正確なキックを可能にしていた。

2010年の南アフリカ大会ではアディダス社製のジャブラニ(Jabulani)が使用された。このボールは、8枚のパネルで構成され、またボール表面に特殊な溝を施すことでより完全な球体に近づけている。さらに表面上には濡れた際の滑りやすさを抑えるための凹凸が施されている。その結果、キックの精度が高まりねらった通りのキックができるようになった。その代わり飛翔中のボールの回転が低速あるいは無回転に近い状態になると、ボールが真球に近い状態と相乗してボール周りの空気抵抗の影響が不規則になり、飛翔中のボールの軌道がぶれる現象が頻発するようになった。

サッカーのキック動作に関するバイオメカニクス的な研究は、古くから非常に多く行われている。一流サッカー選手のキック動作を解析しその動作特性の抽出、助走の仕方やキックフォームを変化させた場合のキックパフォーマンスの変化、蹴り足のインパクト時の挙動などに関する研究が多くある。キック動作は育成年代におけるキック動作の習熟やトレーニングによる効果との関連が深いため、研究対象として着目されるのは当然である。

一方、サッカーボールに関する研究はそれほど多くはなかったが、先述したようなサッカーボール品質の向上、キック技術の高度化と多様化、メディアでの話題性などから、サッカーボールの空力特性への関心が高まってきている。先駆的な研究として、浅井ら(2008)がフリーキックにおけるマグヌス効果とドラッグクライシスについて検討した論文が挙げられる。

その後、サッカーのキック技術とボールの空力特性とを関連づけた流体力学的な研究が行われるようになり、飛翔軌跡を解析した研究、風洞実験による研究、飛翔中のサッカーボール周りの空気の流れを可視化した研究などがある。これらにより、ゴール前のフリーキックなどにおけるカーブキックボールの挙動、無回転あるいは低回転で飛翔するボールが不規則に変化する挙動の要因が解明されつつある。

サッカーボールの空力特性に影響を及ぼす要因は、非常に多くのものが考えられ、飛翔するボールが全く同じ挙動をすることはあり得ない。ボールパネルの形状、接着状態、パネル表面の摩擦特性などのボールの材料特性が大きく影響するだけでなく、キックの初期条件(初速度、回転数、回転軸の方向等)、気温、気候、標高に影響される空気密度や風などの自然環境条件がボールの飛翔に様々な変化をもたらすといわれている。キックした本人もどのように飛翔するのか予測不能とのことである。

これらの要因の中でサッカー選手が制御できることはキックの初期条件だけである。サッカーボールをどのようにインパクトするかが課題なのである。しかし、蹴り出されたボールがどのように飛翔するのかを観察し、自分の蹴り足のインパクトの状態とサッカーボールの空力特性を肌で感じることが大切である。いずれにしてもキックパフォーマンス(ねらったところにパスができる、シュートがゴールに入る)の成否は、サッカーボールの特性に大きく依存する。

[スパイクシューズ]

サッカー競技規則の第4条「競技者の用具」には、安全の項目として「競技者は、自分自身または他の競技者に危険な用具を用いる、あるいはその他のものを身につけてはならない(あらゆる装身具を含む)」と記載され、基本的な用具の項目には、袖のあるジャージーまたはシャツ、ショーツ、ストッキング、すね当て、靴としか書かれておらず、靴の具体的な記述はない。公式試合などで試合前に慣例的にスパイクのソール部分をみて、安全であるか否かは確認するが規定は一切ない。

サッカーボールの項目にも書いたが、2010年FIFAワールドカップ南アフリカ大会での本田圭佑の直接フリーキックが"ぶれ球シュート"となり、非常に話題となった。本田はミズノ社と契約しており、この時に履いていたスパイクシューズ(スパイク)がミズノのイグニタス(Wave Ignitus)であった。このスパイクはミズノがぶれ球シュートを蹴るために開発したスパイクである。サッカーはドリブル、パス、シュートなど足でボールを扱い、ダッシュ、ターン、サイドステップなど動きの変化が激しいため、スパイクの性能は選手のパフォーマンスに大きく影響する。

スパイクは、1929年にアディダス社が釘止めスタッド(クリーツとも呼ばれる)付きサッカーシューズを製造したのが世界初である。日本ではアシックスが1962年4月に布製スパイクを発売した。このスパイクは踵に3本、踏み付け部に4本の凸状のスタッドがあり、母趾球下のスタッドは縦長の楕円形になっていた。現在のスタッド形状とは比較にならないほど接地面が太かったようである。

1964年には革製のスパイクも試験販売された。それ以降、スタッド取替式のスパイク、足のフィット感を高めたソフトな天然皮革を使用したスパイク、キャンバス生地と人工皮革を組み

合わせたアッパー構造とラバーソールを使用した比較的安価なスパイク，ポリウレタン樹脂製のスタッド取替式スパイク，「パワフルソール」というスタッド部にストップ性と耐久性を兼ね備えたラバーと本体部に軽量性と反発性を兼ね備えたウレタン樹脂製のユニットソールを使用したスパイク，ソールに円柱状とブレード状のスタッドを組み合わせたスパイクなどが開発されてきた。

また，ミズノ社では1983年頃からサッカー選手をアドバイザーに招き，選手のニーズに応えるようなスパイクの開発が進められた。例えば，ぶれ球を蹴るためのスパイク，ドリブルのためのスパイク，軽量柔軟で素肌感覚にこだわったスパイクの開発例が挙げられる。

スパイクには，ボールコントロール性，グリップ性，耐久性，軽量性，フィット性をはじめ，様々な機能が要求されている。これらの要求を満たしながら新しい機能やコンセプトを備えたスパイクが研究開発されている。

サッカーの試合中に選手は，前後左右の様々な方向への移動，ダッシュ，ストップ，ターンなど急な動きの変化，サイドステップやバックステップなどのステップ動作の変化，フェイントなどの移動速度に緩急をつけた動きなど，多様な種類の動作を行う。また，インステップキック，インサイドキック，インフロントキック，アウトサイドキックなど多様なキック動作がある。これらの動作を支援するスパイクの性能として，選手の走行と移動動作に貢献するグリップ性と，ねらったところにすばやくボールを蹴ることができるキック時のボールコントロール性に着目した研究開発が多い。

スパイクのグリップ性は，ソールの構造とソールに取り付けられたスタッドの形状と配置によって影響される。グリップ性の向上により走速度が上昇したことが報告されている。一方，グリップ性の向上は関節への負担が増大するという報告があることから，スタッドの設計にはパフォーマンスの向上および障害予防の両側面からの検討が重要であるともいわれる。スタッドの形状と配置を変更したスパイクを実際のピッチ上で使用し，その時のトラク

ション（スパイクとピッチ表面との間に引っ張り合うような作用や力）を評価した研究，スタッドに小型3軸力覚センサーを搭載したスパイクを開発し，スタッドの高さを変えてサイドステップ動作を行った際の各スタッドにかかる力を評価する研究などが行われている。これらの研究成果から，サッカー選手の多様な動作に対応するスタッドの形状と配置が設計されている。

また，ボールコントロール性とボール速度を高めるスパイクを開発するため，有限要素法を用いたシミュレーション技術を用いてアッパー材料の反発特性とソールの剛性特性とその配置によるボール速度に及ぼす影響が分析された。その結果を踏まえ，アッパーの設計では高反発素材をインフロントキックとインステップキックを蹴る領域に配置し，衝撃吸収型材料はインサイドキックを蹴る領域に配置し，さらにソールの中足部領域のソール材料の剛性をやや小さくしたスパイクが開発された。このスパイクによりキック後のボール速度が向上したことが報告されている。

さらに，ぶれ球シュートを蹴るためのスパイクの開発では，サッカーキックとゴルフショットの相似性からゴルフのインパクト研究を応用させ，キックロボットを用いてシューズの違いによる評価実験や，サッカーボール発射装置を用いてアッパーの素材・構造とボール速度・回転数の関係の分析などの基礎実験が行われた。また，本田圭佑のキック動作を分析し，インステップキックやカーブキックに加えて，ぶれ球がキックされた時の足とボールの接触領域を特定した。これらの結果を踏まえ，ぶれ球を蹴る位置には軟質ウレタンを，カーブキックとインステップキックを蹴る位置には硬質ウレタンを配置したスパイクを開発したとのことである。

一方で，ドリブルのためのスパイクでは，グリップ性を保ちながら足裏でのボールの操作性を実現するため，グリップ性の高いブレード型のスタッドの利点と丸型スタッドの両者の機能を両立した独自形状のスタッドを採用し，この独自形状スタッドをダッシュの動きや横方向へのステップの動きに対応する位置に配置させ，足先外側で

のボールタッチが柔らかくできるようにつま先小指側のアッパーには低反発素材を取り付けているとのことである。

サッカーは走りながら足でボールを扱う競技である。スパイクは選手とピッチをつなぎ動くための力を選手に伝え，足とボールが接触する時には足からの力をボールに伝える重要な役割を担っている。また，スパイクの履き心地は，選手のモチベーションにもおおいに関係する。より高いパフォーマンスを発揮するためにはスパイクの選定は重要な要素である。

[ユニフォーム]

2009年11月9日に，日本サッカー協会とサッカー日本代表オフィシャルサプライヤーのアディダスジャパンは，サッカー日本代表が2010FIFAワールドカップ南アフリカ大会に着用するオフィシャルユニフォームを発表した。このユニフォームの特徴は，"個々のアスリートのパフォーマンスを最大限に引き出す"という目的のもと，選手自らが選べる異なる2タイプのジャージーを開発したとのことである。

2タイプのジャージーはピッチ状態や気候が大きく異なるスタジアムを転戦する南アフリカ大会に対応し，選手自らがコンディションや環境に合わせて選択できるようにしたものである。1つは「テックフィット（TECHFIT）」タイプでパワーバンドとコンプレッション（着圧）により，パフォーマンスを維持することを最大限に補助し，もう1つは「フォーモーション（FORMOTION）」タイプでサッカー特有の動きを分析し着用時の着心地を向上させているとのことであった。

ユニフォームを含むスポーツウェアについて清嶋（2003）の報告を参考にする。スポーツウェアは「スポーツに関連して，ある目的を実現するために着るウェア」と定義され，運動機能性，快適性，耐久性，安全性の4つの機能に大別される。運動機能性には，身体動作を妨げない非拘束性と記録に直接影響する流体抵抗性などがある。アスリートは関節運動に伴い身体の各部位を極限まで伸縮変形させ，運動パフォーマンスを向上させている。そのため，スポーツウェアが皮膚の伸びを阻害しないように，それには素材の伸縮性や軽量性，ゆとりの縫製などの身体動作

非拘束性が求められる．また，皮膚の変形量が少ない方向の関節運動に対しては筋肉や関節をある程度拘束することにより運動パフォーマンスが改善することがわかり，動作に伴う皮膚の歪(ゆが)みを定量的に捉え，衣服設計上に役立てている例もある．流体抵抗性は競泳，スキー，スケートでは大きな問題であり，スポーツウェアには空気抵抗と水流抵抗を軽減する機能が備わっている．2008年の第29回オリンピック大会（北京）の競泳競技ではSPEED社のレーザーレーサー（LZR Racer）が話題になった．快適性には，生理的な満足度と心理的な満足度がある．生理的快適とは人間の感覚である湿潤感，温冷感，圧迫感，接触感などを満足させることであり，ウェアには保温性，吸汗速乾性，冷感性，耐水・撥水性，透湿性，防風・通気性，軽量性などの機能が求められる．心理的快適とはデザインやファッションなどの要素である．

サッカーは団体競技のため選手全員が同じデザインのユニフォームを着用し，競泳やスキーのようにタイムを競う競技ではないので，ユニフォームの機能に対するこだわりはデザインに対する以上のものはなかった．しかし，近年の機能性アンダーウェアのスポーツパフォーマンスへの影響が着目されるようになってから，ユニフォームに対してもパフォーマンスの向上が開発コンセプトに浮上するようになった．

日本におけるスポーツ用の機能性アンダーウェアは，1991年に婦人下着メーカーのワコール社が着用することによってスポーツ時の筋肉の疲労を軽減する効果があるコンディショニングウェアとして『CW-X』という製品を販売したのが始まりであろう．それ以降，スポーツメーカーや衣料品メーカーからいろいろなスポーツ用機能性アンダーウェアが販売されている．関節の障害予防や障害をもった部位の保護のための関節用サポーターはテーピングも含めて古くから愛用されていた．しかし，素材のストレッチや衣服圧をコントロールして筋肉と関節へのサポート機能を発揮してパフォーマンスの向上を目的としたアンダーウェアが愛用され始めたのは，2000年以降である．ウェアを身体に密着させて筋肉をサポートしたり筋肉の揺れを防いだりして

パフォーマンス向上を図る機能があるコンプレッションアンダーとか，サッカーの動作に重要な身体のパーツに適切な着圧を与えることで，選手のパフォーマンスをサポートする進化型サッカー専用のアンダーウェアなどが開発されている．

先述したアディダス社のテックフィットは2006年から発売されたものである．テックフィットは熱可塑性ポリウレタン製のパワーバンドを上腕部や臀部の筋肉群などに沿わせて張りめぐらせることで筋肉の動きを補助し，筋力を高める効果と運動フォームを保たせる効果があるとのことである．その機能を用いた日本代表のオフィシャルユニフォームのテックフィットタイプは，パワーバンドを広背筋の筋肉の流れに沿ってクモの巣（たすき掛け）のように張りめぐらせ，適度に筋肉を締めつける（コンプレッションファブリック機能）ことによって，プレイ中のパフォーマンスの維持に貢献するとのことである．

サッカーのユニフォームは，競技規則では「袖のあるジャージーあるはシャツ－アンダーシャツを着用する場合，その袖の色はジャージーまたはシャツの袖の主たる色と同じでなければならない」と規定されているのみで，大きな制約はない．選手のより高いパフォーマンスをより長く維持するための機能をもったユニフォームやアンダーウェアが今後も開発されるであろう．

（丸山剛生）

参考文献　23.B.02

①
- 遠藤幸雄，小野清子．1982．『体操競技を見るための本』同文書院
- 金子明友．1966．「体操競技のからだづくり」『体育の科学』408－10．
- ―――．1974．『体操競技のコーチング』大修館書店
- ―――．1993．「国際競技力向上とスポーツ科学を考える」『スポーツと健康』9－12．
- ―――．2002．『わざの伝承』明和出版
- 竹本正男．1977．「ヘルシンキからモントリオールまで」『昭和52年度上級コーチ講習会　講演収録集』1－10．日本体操協会

②
- 結城匡啓．1999a．「スピードスケートの動作解析」『計測と制御』38（4）：236－41．
- ―――．1999b．「長野オリンピックのメダル獲得に向けたバイオメカニクス的サポート活動：日本スピードスケートチームのスラップスケート対策」『体育学研究』44：33－41．
- ―――．2002．「スラップスケートの合理性―その速さの秘密に迫る―」『トライボロジスト』47（2）：81－87．
- Brownlie, L. W., and Kyle, C. R. 2012. Evidence that skin suits affect long track speed skating performance, 9th Conference of International Sports Engineering Association, *Procedia Engineering*, 34: 26－31.
- Hawkins, D. and Hull, M.L. 1990. A method for determining lower extremity muscle-tendon lengths during flexion/extension movements. *J. Biomech.* 23 (5): 487－94.
- Ingen Schenau, G.J.van, et al. 1996. A new skate allowing powerful plantar flexions improves performance. *Med. Sci. Sports Exerc.* 28 (4): 531－35.

③
- 浅井武．2008．「サッカーボールの空力特性」『バイオメカニクス研究』12（4）：244－51．
- アシックス「アシックスの歴史」http://www.asics.co.jp/history/#/top（2012年3月15日）
- アディダス　プレスリリース2009年11月9日版http://3stripes.adidas.co.jp/pressrelease/pdf/326.pdf（2012年3月16日）
- 仰木裕嗣．2010．「競泳水着の性能と流体力学」『日本機械学会誌』113（1095）：31－34．
- 大森一寛ほか．2005．「サッカーシューズのソール剛性がボールキックに与える影響」『日本機械学会シンポジウム講演論文集』．70－73．
- 清嶋展弘．2003．「スポーツウェアと素材」『バイオメカニクス研究』7（2）：152－60．
- 島名孝次ほか．2007．「3D-CGを用いた皮膚歪みシミュレーションのスポーツウェアへの適用」『日本機械学会シンポジウム講演論文集』307－10．
- デサント「主な開発の歴史」http://www.descente.co.jp/company/development.html（2012年3月16日）
- 中森真太郎，浅井武．2008．「新しいサッカーボールの構造と特性」『スポーツ工学』(3)：21－25．
- 鳴尾丈司．2011．「ぶれ球用サッカースパイクの研究開発」『フットボールの科学』6（1）：9－15．
- ミズノ「FOOTBALL」http://mizunofootball.com/index.html（2012年3月15日）
- ミズノ「ミズノこだわりの逸品－バイオギア－」http://www.mizuno.jp/kodawari/bioframe1.html（2012年3月16日）
- 森尾弘毅ほか．2011．「サッカースパイクソール設計のための基礎研究」『日本機械学会シンポジウム：スポーツ・アンド・ヒューマン・ダイナミクス2011講演論文集』339－42．
- ワコール「ワコールの歴史」http://www.wacoalholdings.jp/history/index.html（2012年3月16日）
- Asai, T. et al. 1998. The physics of football. *Physics World*, 11 (6): 25－27.
- Asai, T. et al. 2007. Fundamental aerodynamics of the soccer ball, *Sports Engineering*, 10 (2): 101－09.
- Barber, S. and Carré M.J. 2010. The effect of surface geometry on soccer ball trajectories, *Sports Engineering*, 13 (1): 47－55.
- Clarke, J.D. and Carré, M.J. 2010. Improving the performance of soccer boots on artificial and natural soccer surfaces, *Procedia Engineering*, 2: 2775－81.
- Grund, T. and Senner, V., 2010, Traction behavior of soccer shoe stud designs under different game-relevant loading conditions, *Procedia Engineering*, 2: 2783－88.
- Kirk, R.F. et al., 2007, High-speed observations of football-boot-surface interactions of players in their natural environment, *Sports Engineering*, 10 (3): 129－44.
- SoccerBallWorld.「The History of the Soccer Ball」http://www.soccerballworld.com/History.htm（2012年3月7日）

測定器具の開発とスポーツ　　　　　　　23.B.03

① 体操競技にみる科学技術の応用

　体操競技の技術習得の現場では，通常，指導者やコーチ，あるいは練習仲間からの欠点指摘をベースに練習が行われる。例えば，「右肩が下がっている」とか「前傾姿勢が甘い」，あるいは「もっと強くあふるように」などと注意される。このような指導現場では，指導者やコーチは選手の動きを自分の目でみていることになり，選手の動きは可視的に取り上げられているといえる。選手に出す修正指示や欠点指摘は，まずは指導者にとっては可視的な側面として捉えられているのである。

[映像機器による技の分析]

　しかし選手は，自らの動きを動きながらそうした第三者的な視点でみることはできない。選手が自分の動きを自分でみることができるようにするためには，その動きを映像として撮影される必要がある。「右肩が下がっている」といわれて修正する時に，選手自身がそれを納得して受け入れるためには，選手自身が自分の動きの映像をみることができるのが一番よい方法である。

　体操競技では，選手が他の選手の技はもちろんであるが，自分が行った技あるいは動きをみることはその技ができるようになるために，非常に重要な方法であるといえる。科学技術が発達している今日，この映像の撮影技術，映像保存の技術，映像再生の技術は格段に進歩し，一般にはデジタルビデオカメラによって，われわれは技を手軽に撮影することができるようになっている。

　このような映像機器に関する技術の進歩によって，現在では，一瞬にして消え去っていく動きが簡単に捉えられ，しかもその動きはいつでもどこでも手軽にみることができるようになっている。この起点は連続写真の発明にある。連続写真の発明は，マイブリッジ（E. Muybridge）による馬の疾走の姿の解析写真が最初であるといわれている。それは，それまで肉眼でしかみることのできなかった馬の疾走フォームを見事に可視化したものだった。またマレイ（E-J. Marey）は動きを1枚の乾板上に焼き付ける人物解析写真（時間写真／クロノフォトグラフィ）を開発した。これらは，一瞬にして消え去ってしまう動きを客観的に捉え，再生できる方法として画期的なものであった（佐野，2006）。

　このような映像機器のその後の開発，改良の中で，すなわち，科学技術が発達する中で，旧東ドイツのボルマンは，「Über Forschungsmethoden im Gerätturnen（器械運動の研究法）」(Borrmann, 1957. 297)という論文において，科学技術の発達を背景にして，技の技術分析における映像撮影の方法（映画撮影法）の有用性について述べている。ボルマンは映画撮影法による研究を厳密な研究と位置づけ，特にフィルムから作成された技の連続図（キネグラム）によって運動経過が正確に研究できるようになった点を強調している。確かに，このようにして得られた，いわば科学的客観的映像資料は運動フォームを客観的に，また正確に捉えているということになるかもしれない。例えば，肉眼では肘が伸びているようにみえても，ビデオ映像や連続写真等にして改めてみてみると，肘は曲がっていたということはよくあることである。こうしたところでは，われわれの肉眼でみたこと，そこで捉えた運動状態は正しくなかった，というように判断されるからである。

　映画撮影法によるこの技の分析は運動経過を記録する客観的な方法であり，ボルマンは肉眼による技の観察や印象分析だけに頼るのではなく，このような方法による客観的な証明力をもつ技術分析法の必要性を強調した(Borrmann, 1957. 304以下)。こうして背景を消したキネグラム（輪郭線の連続図）やスティックピクチャー，速度変化グラフ等を資料とした分析研究は，客観的資料による研究として，当時，体操競技（器械運動）における技の新しい科学的研究法として新旋風を巻き起こした(Borrmann, 1957. 297以下)。映画撮影法では，映像は8mmフィルムや16mmフィルムあるいは35mmフィルムといったフィルムを使用するカメラで撮影されていた。これらのカメラで撮影されたフィルムは現像され，エディターを使ってみる以外には，そのフィルムを映写機を使ってスクリーンに投影する必要があった。ボルマンは体操競技（器械運動）の技の研究は，この映画撮影法により技の映像を得ることによって，まさに科学的な分析研究の時代に入っていったことを強調した。

　このような映像撮影の方法は，さらなる科学技術の進歩の中で，時代を経てさらに格段と精度を上げていった。記録方式もフィルム使用からビデオテープ使用へと変わり，VHS方式のビデオカメラや8mmビデオカメラなどが用いられるようになった。その後，ミニDVテープを使用したビデオカメラが主流を占めるようになったが，現在では，さらに映像や音声の記録方式が進歩して，SDカードやメモリースティックといったチップなどの記憶媒体を使用したり，ハードディスクが内蔵されたビデオカメラも出ている。しかも小型軽量化して片手で簡単に操作できる画質のよいデジタルビデオカメラが登場している。

　こうしたビデオカメラによって技を撮影し，何度も任意に（スロー）再生してみたり，その映像をもとに，パソコンを使って連続写真にすることも，現在ではいとも簡単にできるようになっている。また，こうした小型のデジタルビデオカメラやミニDVビデオカメラだけではなく，普通のデジタルカメラや携帯電話に内蔵されているカメラでも動画を撮影することができる時代になっている。こうして，誰でも簡単に自分の技をビデオ撮影し，保存し，みることができるようになっているのである。

　このようなビデオカメラが普及し手軽に購入できるようになった現在では，技の映像を得ることは単に研究で使用される機器というだけではなく，実際の練習場面にも活用されるようになっている。すなわち，ビデオカメラは選手が自分が練習している技を撮影してそれをみて，自分の技の問題点をチェックするのに必要なのであり，体育館では器械器具と同様に，ある意味で必需品となってきたといえる。今日，体育館で選手が手軽にビデオカメラで自分の技を撮影し（コーチや友人に撮影してもらう），そしてその直後にそのカメラのモニターで今行ったばかりの自分の技をみるということは，それほど珍しい光景ではなくなってきた。

このようにして，科学技術の進歩によるこうした映像機器の開発によって体操競技の練習環境は大きく変わってきた。現在では，映像機器の応用はさらに進み，映像遅延装置と呼ばれる機器も開発され，体育館にこの映像遅延装置を設置している大学や高校も多くなっている。映像遅延装置とは，撮影した映像を何秒か遅らせてモニター上に映し出す装置であり，本体にカメラ（入力）とモニター（出力）が接続されている。すなわち，練習中，何秒かあるいは何十秒か遅らせて連続撮影状態にしておき，技を実施した何秒か後にモニターで自分の技をみることができたり，またリピート再生して実施直後に自己の技を何度も何度も繰り返してみたりすることができる装置である。

また，カメラの設置位置を変えれば，技はいろいろな角度から撮影される。技の実施後に，選手自らが自分の技をすぐにみることができるというこの装置は，まさに科学の進歩の成果といえるものである。自分の行った技を映像として実施直後にみることは，選手が技を習得し洗練させていく上でやはり意味のあることである。その意味で，科学技術の発達による映像関連機器のこうした開発の意義はきわめて大きい。

体操競技では選手が技のイメージを描けるかはきわめて重要なことであり，技のイメージ作りにはこうした遅延装置による自分の技の実施映像をみることはおおいに役に立つし，そうした練習環境づくりは大切だといえる。ただし，単にみればよいのではなく，その見方，観察の仕方が重要になるのはいうまでもない。

[バイオメカニクス的な分析機器]
このような映像機器関連の装置とは別に，技のバイオメカニクス的な計測に必要な測定機器や体力測定の関連機器等もこれまで開発され，体操競技の練習現場に提供されてきた。このような機器の現場への導入は，特に旧ソ連や旧東ドイツなどの共産圏において積極的に行われていたようである（KTS体操研究会，1991）。

例えば，旧東ドイツのFKS（体育・スポーツ研究所）では，当時（1989），VTRのモニター画面で選手が自分の技と世界一流選手の技の動きの比較によって欠点の原因を探るといった，コンピューターによる技のクリニックシステムが導入されていたという。実験体育館内には，ストレインゲージなどが組み込まれたタンブリングバーンや鉄棒などの各種器械を揃えた技実施のデータ管理の最新の練習環境が整えられているとともに，ビデオルームやVTRモニターも設置されていた。さらに脂肪厚などの選手の身体測定によるデータも管理されていた。こうして選手が技を行った際の力学的データと選手の身体計測のデータの読み取りや，一流選手との客観的データの比較から，最適なアドバイスが選手とコーチに伝えられるという（KTS体操研究会，1991. 35）。

こうしたコンピューターによって行われていた技のクリニックは，まさに現代の科学時代の発想からくるものであり，それは技の習得を科学的に管理できるという考え方から成立しているといえる。

しかし，体操競技における技の習得は，このような科学的管理ですむようなものではない。金子によれば，旧ソ連の体操競技の世界的な権威者のウクラン教授は，科学的分析は体操競技にはなじまないことを見抜いていたという（金子，2009. 104）。重要なのは，身体知（金子，2005. 20以下）としてのコツやカンとのかかわりの中で技を捉えようとすることであり，そうした考え方を中核として，そこに映像機器をどのようにかかわらせて利用するかであろう。技ができるようになるか，すなわちどのようにできるようになるかは，計算通りにはいかないのである（金子，1974. 36）。

（佐野　淳）

② スケート競技にみる科学技術の応用

スピードスケート競技においてパフォーマンス（動き）を客観的に数値化し，トレーニングやコーチングに導入することによって競技力向上に役立てた事例を以下に示す。

[滑走スピード曲線]
スピードスケートの競技結果は，タイム順による順位表のほかに，1周（400m）ごとの通過タイムとラップタイムなどを示すラップ表によって公表される。これらの数値は，ゴール地点に設置されたセンサーを選手が横切るたびに周回ごとに記録される1/100秒単位の表示である。長距離種目では周回が多いため，1周ごとのラップタイムを並べることでレースペースを振り返ることが可能であるが，500m，1000m，1500mでは，周回が少なくラップタイムだけではレースペースの詳細を振り返る材料には不十分である。そこで，ビデオカメラでスタートからゴールまでの選手を追従して撮影することにより，直線区間とカーブ区間における区間平均スピードを算出して1周を4つの区間に分けてスピードの変化を示す滑走スピード曲線が，特に短距離種目のレース内容を評価することに役立っている。

近年の高性能ビデオカメラの普及により，撮影中にビデオカメラのシャッタースピードが変えられるようになった。シャッタースピードを撮影スピードと同じ（通常1/60秒）にした状態でスタートピストルの閃光を映し込んだのち，シャッタースピードを静止画にした時画像がぶれない（通常1/1000秒）程度に変更して選手を追従撮影する。スケートリンクの曲線路と直線路の変局地点にはコースを示すコーンやラインなどの目印があり，それらの位置はルールによって規定されているため目印間の距離は既知である。これを利用し，選手が変曲地点（目印）を通過する時刻をビデオカウンターで読み取ることによって，選手がスタートしてからゴールするまでの滑走スピード曲線を得ることができる。

この方法は1998年第18回冬季オリンピック大会（長野）の日本チームの科学サポートで用いられ，清水宏保の金メダルおよび岡崎朋美の銅メダル獲得に一役買った。第18回大会（長野）の前年に外国のライバル選手たちがスラップスケートを導入し始め，期待がかかる日本短距離陣がスラップスケートを採用するべきか否かで議論となった。オリンピック前年のシーズンオフ，異例の強化合宿が行われ，清水と岡崎がスラップスケートを用いてタイムトライアルを行った。図1は，上記の方法により500mレース中の滑走スピード曲線を求め，従来の踵が固定されたスケートを用いた場合（実線）とスラップスケートを用いた場合（点線）とを比較したものである。左が清水宏保，右が岡崎のもので，それぞれオリンピック

会場でのインコーススタートによるものである。

両選手とも300-400m区間で出現するトップスピードが、スラップスケートの使用によって大きくなっていることがわかる。特に、岡崎では、スタートから100m通過時点でのスピードが両タイプのスケートでほぼ等しいため、レース後半でのトップスピードの向上によりゴールタイムもよくなっていた。この図から、岡崎は迷わずスラップスケートを採用することを決断した。一方、清水は、スタートから100m通過時点での滑走スピードがスラップスケートで小さく、100m通過タイムは10.08秒と従来のスケートの100m通過タイムに比べ約0.3秒遅れていた。

図2は、スタートから100m通過までの滑走スピードの変化を調べるために、スタートから100m通過までの区間を20mごとに求めたものである。スラップスケートで100m通過タイムに遅れが出た清水のスピード曲線をみると、最初の20m通過時点での滑走スピードが小さいが、20m以降のグラフの傾きに注目すると両タイプのスケートでほぼ等しいことがわかる。このことから、20m以降の加速には問題がなく、「スタートから20mまでのタイムを短縮できれば、500mでもスラップは有利になる」ことが示唆された。清水はオリンピックでスラップスケートを使用して、500mで金メダルを獲得し、その後の1000mでも銅メダルを獲得する大活躍をみせた。

[滑走動作の3次元動作解析]

スピードスケート滑走のストロークは5-10mであり、陸上での移動運動に比べて長い。また、身体を左右に傾けながら前方に移動する3次元的な運動といえる。そのため、スピードスケート選手の滑走動作を3次元的に捉えるには、多数の分析用カメラを必要としていた。近年、カメラを固定しない撮影方法による3次元解析法（パンニングDLT法）が開発され、2台程度のカメラでも広範囲の3次元動作解析が可能となった。この解析法は、3次元解析範囲の付近に不動な点を設置し、その点を基準として3次元座標の構築に必要な空間座標を架空に構築するため、ズームを固定した状態であれば選手の運動方向にカメラを追従させて撮影しても3次元的な解析ができる方法である。そのため、不動な点さえ映し込めばカメラの設置位置に制限がなく、競技会などのカメラの設置可能エリアが限られる場合でも対応しやすい便利な方法である。

ここでは、パンニングDLT法を用いて滑走動作を3次元的に解析した例として、世界で活躍した日本人スプリンター（清水、堀井、宮部）のスタート動作の解析例を示す。図3は、スタートピストルの閃光から1秒間における身体重心の速度（実線）と、身体を支持している（滑走している）側のスケートの速度（破線）および支持スケートに対する身体重心の相対速度（点線）をそれぞれ示したものである。"ロケットスタート"の異名をもち、スタートが得意であった清水（左）と堀井（中央）のスケート速度（破線）を比較すると、清水が1歩目（0.5m/s）、2歩目（1.0m/s）と徐々に大きくなっているのに対し、堀井は1歩目（0.1m/s）、2歩目（0.0m/s）ともに小さいことがわかる。このことから、ピッチが速いためまるで「走っている」かのようにみえた清水のスタート動作は、解析してみると1歩目から「滑っている」ことがわかる。

図4は、水平面内（上からみた平面）におけるスケート（太い実線）と身体重心（白と黒の丸印）の位置を0.06秒ごとにプロットしたものである。踏み出された左スケートをみると、進行方向に対する開き角度は、清水が他の2選手に比べて小さく37.2°であった。また、黒丸で示した、踏み出し後の身体重心の軌跡は、清水が直線的に前方変位しているのに対し、他の2選手の変位は、やや左右方向へのブレ幅が大きかったことがわかる。これらのことから、清水のスタート踏み出し動作は、他の2選手に比べて直線的に行われ、踏み出しの左スケートの開き角が小さいという特徴があることがわかる。そして、このことが、引き続く1歩目（左支持）における重心の側方変位を小さくすることや、進行方向のスケート速度を大きくすることに役立っていると考えられる。

このように、3次元動作解析は優れた選手に内在する技術を抽出するばかりでなく、課題意識を抱える他の選手の技術と客観的に比較することも可能であり、欠点を的確に判断するのにも大変便利である。例えば、上記の解析

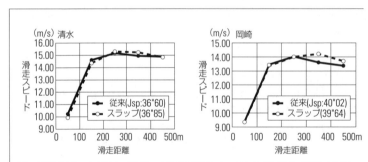

図1 従来型スケートとスラップスケートにおける500mレース中の滑走スピード変化の比較
いずれもエムウェーブにおけるインコーススタートのもの。Jspは全日本スプリント大会の略。

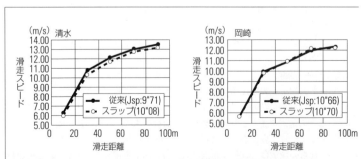

図2 従来のスケートとスラップスケートにおけるスタートから100m通過までの滑走スピード変化の比較
いずれもエムウェーブにおけるインコーススタートのもの。Jspは全日本スプリント大会の略。

a

結果に基づき，スタートに課題をもつ堀井に対し，踏み出し動作において1歩目の左スケートの方向がどうなっているか，というチェックポイントを与えることができる。

b

[トレーニングおよびレース後の血中乳酸濃度]

スピードスケート滑走は，片脚で全体重を支えるため下肢筋群への負荷がきわめて大きな運動といえる。空気抵抗を避けるために上体を大きく前屈す

c

ると，下肢への筋血流量はさらに減少するといわれる。短距離種目の競技時間は40秒から2分前後，長距離種目で4－14分前後であるため，生理的エネルギーとしては，主に解糖系（ミドルパワー）が要求されるといえる。これらの

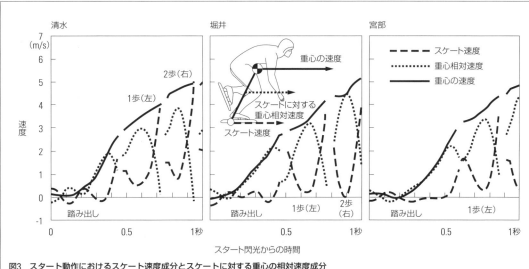

図3　スタート動作におけるスケート速度成分とスケートに対する重心の相対速度成分

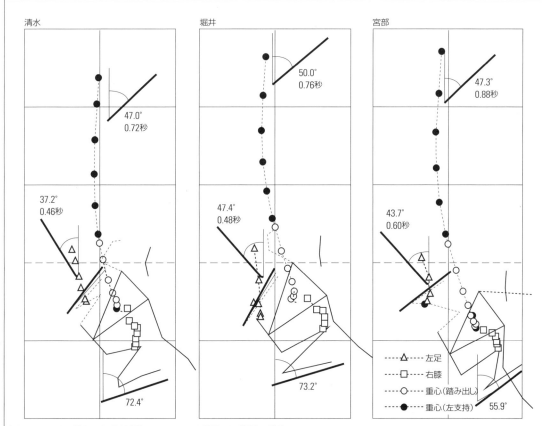

図4　スタートの構えから2歩目着氷までのスケート位置および重心の軌跡

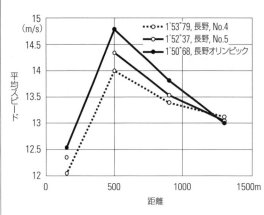
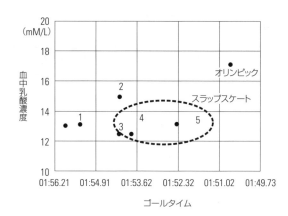

図5 1500mにおけるスピード変化とレース10分後の血中乳酸濃度

ことから，レース後の選手からは，解糖系エネルギー出力の指標とされる血中乳酸濃度がきわめて高い値で検出される。

血中乳酸濃度の値は，一般的に，解糖系エネルギーを用いた筋活動によって生成された乳酸値と，有酸素回路によって再利用されたり，筋で緩衝（中和）されることによって除去されたりしたものとの差分として検出される。そのため，短距離種目では，レース後の血中乳酸濃度が高いほど，パフォーマンスにおける解糖系エネルギーが大きく産生されていたことを評価する指標となる。一方で，長距離種目でのパフォーマンス改善をねらったトレーニングでは，より低い血中乳酸濃度で，より大きな速度で滑走することがめざされており，生成した乳酸を除去する能力や，滑走効率（技術）を評価する指標（モニター）として用いられている。

1998年第18回大会（長野）の日本チームは，中長距離種目の科学サポート活動として，レース終了後の血中乳酸濃度をオリンピック2シーズン前から計測し，合理的なレースペースについて検討した。ここでは，4度目のオリンピック出場となったベテラン・青柳徹へのオリンピック大会に向けた血中乳酸濃度を用いたフィードバック例を提示する。第18回大会（長野）は，いうまでもなく，踵の固定されたスケートからスラップスケートが導入された初めてのオリンピックであった。

青柳の5000mレース10分後の血中乳酸濃度は，従来のスケートからスラップスケートに移行し，タイムがやや良くなったにもかかわらず低下していた。日本チーム科学班は，この低下分を「スラップによって生じる身体の余裕分」と解釈し，その余裕分を引き出すためにレース前半をハイペースで通過することを提案した。この提案を受け入れた青柳は，中盤の3000m通過を3000mの世界記録にあと1秒と迫るハイペースで飛ばし，レース後半を従来のスケートでのベスト時と同程度のラップでまとめ，自己新を大幅に更新した。レース後の血中乳酸濃度も従来のスケートにおける最高値とほぼ同じ値を記録した。日本チーム科学班は，「スラップでは筋のコーディネーションが改善され，レース前半をハイペースで入っても，後半あるレベルでスピードが維持できる」と推測し，これが中長距離種目におけるスラップ効果であろうと結論づけた。

オリンピックの出場権を得た1500mにおいても，5000m同様，スラップスケートになりタイムはよくなったが，レース後の血中乳酸濃度が低下する傾向がみられていた。日本チーム科学班は，5000mの経験から，「オリンピックの1500mは前半を全力で行ってみたらどうだろうか」と提案した。図5は，オリンピックの1500mレースにおける1周ごとのスピード変化（左）と，ゴールタイムに対する血中乳酸濃度のプロット図（右）である。スピード変化をみると，オリンピック会場での過去のレース（No.4と5）に比べ前半を積極的に飛ばしたことがわかる（700mを2位通過）。また，血中乳酸濃度は過去の1500mよりも，かなり高い値を記録した。

ここで最も注目すべき点は，オリンピックの大舞台で本人の志願により，血中乳酸濃度を測定したことである。29歳のベテラン選手にとってオリンピック直前の用具改革は，長年培った経験や技術を狂わせるものであった。このフィードバック事例は，苦しむベテラン選手に，過去のレースペースを見直し，新しいペース配分に挑戦する勇気を与えたといえるかもしれない。

（結城匡啓）

③ サッカーにみる科学技術の応用

サッカーにおける測定器の開発として，プレイを数量化してゲームを分析するための資料を得るための測定器具が様々につくられてきた。

サッカーにおけるゲームパフォーマンスの分析方法に関しては，鈴木（2010）の報告にまとめられている。それを参考にしながら，ゲーム分析における情報技術の活用について述べる。

[ゲーム分析の歴史]

サッカーのゲーム分析では，観察課題を決め戦術行動を数量化するために記述による観察法が古くから行われていた。例えば，得点とパスの回数やボール獲得地域との関係を数量化し記述する方法などである。1985年以降はコンピューターのキーボードや専用のタッチパッド等を用いて試合中に現れる各種プレイを記述できるようになり，パスやシュートにかかわる情報に特化して即時的な測定も可能となった。これらの記述分析法では，いつ，どこで，誰が，何を行ったかという質

的な評価項目が計測され，動きの分析，戦術的評価，技術的評価，統計的資料収集が主な目的とされる。さらにコンピューターの利用により観測値のデータベース化，データの入出力方法の改善がなされることで発展的な利用が可能になった。

1990年以降は記述分析法で得られた情報を指導現場にフィードバックする方法が発展し，コンピューターを使ったシステムや商業化が進んだ。しかし，収集するデータに大きな変化はなく，分析作業時間の短縮と質的な情報を補完するための映像編集機能の追加が改良の中心であった。

選手やボールの動きを分析対象として，時系列の連続的位置の変化を計測し，試合中の選手の移動距離，歩行あるいは走行なのかという選手の移動パターンとその時間あるいは移動距離などの量的な評価が行われた。これらの評価指標は，選手のスピード，持久性などの身体的能力が試合中にどのように発揮されているか，あるいは試合中はどのような身体的能力が必要なのかを分析することが主な目的で実施された。

1962年にウィンターボトム（Winterbottom）が競技場を描いたカードに選手の軌跡を書き込む方法で選手の移動距離を測定したのが最初であるといわれる。日本では1960年代後半から各種大会でのゲーム分析が実施され，特に戸苅らの日本蹴球協会（日本サッカー協会の前身）科学研究部によって日本代表選手も含めた各レベルの選手の計測が精力的に行われた。この方法は，1人の選手について1人の測定者が担当し，ピッチの縮図上に選手の動きを線で書き込み，キルビメーターという線の上をなぞると線の長さが計測できる測定器を用いて選手の移動距離を算出する筆記法であった。また，1人の選手の録画映像から移動パターンを分類し，その動作に要する時間を算出する方法も行われた。

1979年に大橋（1979）が選手の移動距離と移動速度を合わせて測定するために三角測量の原理を応用した方法を開発し，選手の経時的な移動速度を測定できるようになった。また，バイオメカニクス研究の動作解析に広く用いられていたDLT（Direct Linear Transformation: 直接線形変換）法を用いて，2台以上のカメラ映像から選手の位置情報をデジタイジングすることで試合中の複数の選手の移動距離，移動速度，移動軌跡が2000年に報告された。

1996年にフランスサッカー協会とSport Universal Process社が，選手の移動距離や移動速度を映像から自動計測する方法（AMISCO Pro）を共同で初めて開発した。2000年以降にはProzone Sports社のPROZONE，Cairos technologies AG社のVIS.TRACKなど複数の企業がこれらの技術を商品化した。

これにより，追跡方法を用いたゲーム分析が短時間かつリアルタイムに行えるようになり，ヨーロッパを中心としたプロサッカー選手の移動距離や移動速度のデータが公表されている。さらに，サッカーの映像から選手やボールの動きの情報を算出し，各選手および各チームの優勢領域（相手よりも早く到達可能な領域）の変化に基づいて定量的にゲームを分析することも報告されている。

[リアルタイム測定技術]

映像から選手やボールを追跡する方法以外にも，センサーを選手やボールに取り付けてリアルタイムに運動強度と移動情報を観測する方法が開発されている。

Cairos technologies AG社のGLT systemは，コイン程度の大きさのセンサーをボールに内蔵することで，シュートしたボールがゴールに入ったか否かが判定できるシステムである。Impire AG社のbeMeisterシステムは，コイン程度の大きさのセンサーをボールとスパイクのインソールに内蔵させ，時計型の受信機でボールと選手の動きのスピードや距離を計測できるシステムで2011年に発売された。アディダス社からも同年，ICチップ搭載のスパイクが販売された。INMOTIO社のlpmSoccer3Dシステムは，携帯電話程度のセンサーを選手に取り付け，ピッチ周辺に設置された基地局との無線通信により選手の位置情報や心拍数を計測することで，練習や試合中の選手の移動距離，移動速度，生体負担度が観測できる。GPSports社のSPI PRO X IIシステムは，携帯電話程度のGPS（Global Positioning System: 全地球測位システム）センサーを用いてピッチ上の選手の移動情報を計測できるものである。

これらのシステムは，リアルタイムに練習や試合時の選手の動きを分析することができるため，選手の走能力を中心とした活動状況や身体能力の状態を瞬時に把握することができる。それにより，効果的なトレーニングプログラムの開発，傷害の予防，選手の身体能力特性の理解に役立つことが考えられる。

最新の情報技術を活用したゲーム分析により，試合のテレビ放映では対戦チームの優劣だけでなく，選手の動きの質や疲労状況を同時に放送することが可能になるであろう。

（丸山剛生）

参考文献

①
- 金子明友 1974.「体操のトレーニング」猪飼道夫他 編『種目別現代トレーニング法』301-93. 大修館書店
- ─── . 2005.『身体知の形成』（下）. 明和出版
- ─── . 2009.「随想 孤船翁の呟き その二」『伝承』9: 89-110.
- 佐野 淳. 2006.「身体知の形成」ゼミナール」『伝承』6: 65-73.
- KTS体操研究会. 1991.『幻のスポーツ王国 東ドイツ体操の秘密』自由現代社
- Borrmann, G. 1957.「Über Forschungsmethoden im Gerättturnen」T.P.K., 297-311.

②
- 結城匡啓. 1999.「スピードスケートの動作解析」『計測と制御』38 (4): 236-41.
- ─── . 1999.「長野オリンピックのメダル獲得に向けたバイオメカニクスのサポート活動: 日本スピードスケートチームのスラップスケート対策」『体育学研究』44: 33-41.
- ─── . 2000.「スラップスケートの利点と長野オリンピックに向けた日本チームの取り組み」『バイオメカニズム学会誌』24 (2): 76-81.

③
- 大橋二郎. 1979.「サッカーにおける選手の移動解析の試み」『桜門体育学研究』13: 269-75.
- 鈴木宏成. 2010.「サッカーにおけるゲームパフォーマンスの分析」『フットボールの科学』5 (1): 50-61.
- 瀧剛志, 長谷川純一. 2003.「勢力範囲のモデル化とゲーム分析への応用」『バイオメカニクス研究』7 (1): 55-63.
- 宮地力 ほか. 2009.「映像データベース」『日本機械学会シンポジウム講演論文集』426-31.
- Cairos technologies AG「GLTsystem」http://www.cairos.com/unternehmen/vistrack.php（2012年3月23日）
- Cairos technologies AG「VIS.TRACK」http://www.cairos.com/unternehmen/vistrack.php（2012年3月23日）
- GPSports「SPI PRO X II」http://gpsports.com/gpsnew/spiprox.php（2012年3月23日）
- FIFA「2010FIFAワールドカップ南アフリカ大会マッチレポートStatistics」http://www.fifa.com/worldcup/archive/southafrica2010/statistics/index.html（2012年3月19日）
- Impire AG「beMeister」http://www.bundesliga-datenbank.de/en/159/（2012年3月23日）
- INMOTIO「lpmSoccer3D」

a
- http://www.inmotio.nl/content/23/football.html（2012年3月23日）
- Prozone Sports「PROZONE」http://www.prozonesports.com/services.html

b
（2012年3月19日）
- Sport Universal Process「AMISCO Pro」http://213.30.139.108/sport-universal/uk/amiscopro.htm（2012年3月19日）

情報の利用とスポーツ

① 体操競技にみる科学技術の応用

体操競技において選手やコーチにとって重要な情報というものは，競技会の雰囲気や様子，競技会における演技，新技や練習風景などの映像情報といったものから，大会情報，試合結果，競技規則関連情報，難度情報，技の分析情報，選手の動向など多岐にわたっているのはいうまでもない。これらの情報はテレビ放送をみたり，新聞や雑誌，協会による通達や協会発行の機関誌，さらには研究機関が出している研究誌等の紙媒体でも入手することができる。

しかし現在は，そうした情報がインターネットを通じて，デジタル情報として簡単に，そしてリアルタイムで入手できる時代になっている。採点規則なども，原文はインターネット上からダウンロードして入手する時代になっている。こうした手軽さと効率のよさは，われわれのこれまでの情報入手のあり方を一変させたといえる。体操競技の世界では，これらの情報の獲得とその利用は，きわめて重要になっている。例えば，採点規則には，審判員が競技会において任務を遂行するために必要な技術情報を入手することが義務づけられている（日本体操協会男子競技本部, 1979. 11）。

[映像情報]

体操競技は，金子に従えば，採点競技あるいは評定競技であり，フィギュアスケートやシンクロナイズドスイミングなどと同じく，タイムや距離などの測定値の大小で優劣が決まるのではなく，演技や技の良し悪しを審判員が採点し，その採点された点数で優劣を競い合う競技である（金子, 2005. 242以下）。この演技採点という特性上，体操競技の選手やコーチにとっての関心事は，数値としてのデータよりも，多くは演技や技の映像情報に向けられる。

これらの演技や技に関する具体的な情報は，練習場面や合同練習会，試合会場における試合前の公開練習，本番等で選手が行う演技や技を直接見たり，練習会場などでコーチや指導者また選手と話しをする中で生の情報として獲得することができる。もちろん，そうしたことができなくても（むしろできないことの方が多いかもしれないが），すなわち選手やコーチとして試合や大会に出場せず試合会場に行かなかったり，観客として試合会場まで足を運んで観戦に行けなくてもそれらの情報の獲得はある程度は可能である。例えば，テレビ中継やインターネットの体操競技関連のホームページをみれば，演技や技の映像をみることができる。

このような演技や技の実際の映像をみて，みんながどのような演技をしているのか，どのような身体のさばき方をしているのか，新しい技を行っているのかといった最新情報を得ることはきわめて重要である。オリンピックなどの国際大会で上位をねらうのであれば，こうした最新情報を得ることの重要さはさらに増してくる。

例えば，過去，オリンピックで優勝することをめざしていた日本は，海外における大会に出場した選手自身が，試合中に自分が演技していない時に選手席から他国の選手の演技を撮影していたのだという。そして，そうした映像を日本に持ち帰ってそれを分析したという。現在では，通信技術や映像技術が発達することによって，自宅で海外の試合の一流選手の映像をみることなど簡単にできるが，当時はできなかったのである。何とか映像を撮影し，それを持ち帰るしかなかったのである。

各国の選手の演技や技の映像は簡単には手に入らない，まさに貴重なものであった。どのような技をどのような技術を用いて実施したらよいのか，演技構成はどのようにしたらよいのかを考えていく上で，実際に行っている技や演技の生の映像情報を獲得してそれを分析することは，当時からきわめて重要なことなのであったといえる。

また，体操競技において行われる技にはそれぞれ難度価値（現在では難度はA,B,C,D,E,F,G）が与えられているが，ある意味で，これらの難度価値はそれぞれ技を成立させるための運動構造に対して与えられているともいえる。例えば，ムーンサルトは2回宙返りする間に1回ひねりを加える技であるが，その構造に対して難度価値が与えられるということである。このことからすれば，例えば，ひねりが1回に満たなければ，それは構造的には難度価値を満たさない技ということになる。この場合，何よりも重要なことは，ムーンサルトとはどのような技であるのか，あるいはムーンサルトのよい実施はどのようなやり方なのか，ということの可視的な映像情報をもつことである。

[言葉の情報]

現在は，体操競技は自由演技だけで競われているが，まだ規定演技があった時代に，規定演技の解釈に混乱が出た場合の最終的な判断は，第一公用語のフランス語で記述された解説文（内容）が基準とされていた（金子, 1974. 37）。すなわち，言葉による演技の内容の解釈ということが最終判断なのであった。また当時は，技の表記論や術語論は技の統一見解を得る意味でも，技の成立価値とその評価にかかわるものとして不可欠かつ重要視されていた。英語も併記されていたが，体操競技（採点規則）における主要言語（公用語）として力をもっていたのはフランス語やドイツ語であった。

しかし現在では，それは英語に変わっている。フランス語やドイツ語が公用語として規定演技や技の解釈に力をもっていた時代は，技名は技の運動構造との関係から，術語論的厳密さをもっていた。物名や国名，人名などを用いる場合でも，それらは明確な定義を経た上での協定語としての性格をもっていた（金子, 1974. 41）。しかし，英語が力をもっている現在では，こうした協定語のうち人名による技名（コバチ，コールマン，ユールチェンコなど）が特別な技の構造研究や体系論的な研究なしに使われてしまうことが多く，それと同時に，そうした技名で指導したり技の判断をすることが極端に増えてしまっている。これらの人名による技名の流布は，他の世界からは全くの隠語となってしまっていて，そこでは，その名前の技がどのような技でどのような構造をもつ技なのかが全く見当もつかないということが起こっている。

このようにわれわれは，技を言葉で表して言葉で技を理解するということを一方でしているが，しかしいうまでもなく，それは映像情報の不要を意味してはいない。むしろ演技や技の映像は，昔と変わらず必要かつ不可欠である。採点規則にある難度表には当初は技名だけが記されていて絵による図解はなかったが，次第に絵による図解も添えられるようになり，技の理解，すなわち具体的にどのような技なのかの理解を助けるようになった。この図解があることによって，その技のイメージがつきやすいからである。

しかし，この図解も単なる図から，現在では躍動感やリズム，技の呼吸をも表す非常に精巧な動感画（森，2006）が描かれている。こうした動感画によって，ムーンサルトなどの高度で非常に複雑になった技でも，それがどのような技なのかイメージしやすくなっている。

もちろん，高度で複雑な技だけでなく，蹴上がりなどの難度の低い技であっても，また振り付けや体操系の動き，また演技の細かな動きを理解しようとする時には，言葉による説明だけで理解することなどできないのであり，体操競技では，技の映像情報は選手やコーチにとってなくてはならない情報なのである。

[テレビ・インターネットの利用]

また今日では，テレビ放送あるいはテレビ中継によって，日頃みることができない上位選手の技や演技も簡単にみることができる。しかもテレビ放送では何台かのテレビカメラが会場内に設置されていたり，さらには会場内をカメラマンがテレビカメラを持ち込んで撮影し，それらの映像を切り替えたりするなどされて，選手の技や演技が一定の角度からだけではなく，いろいろな角度や大きさで放送されることも多い。最近では，鉄棒の握りや宙返りをする時の踏み切りの足の部分がアップで映し出されることも多い。また，映像技術が発達している現在では，技の映像は高画質の映像で超高速度撮影されていて，炭酸マグネシウムの粉もみえるほどの超スローモーションで映し出されることも多い。

さらに，特に海外で開催されるような大規模な大会，すなわち，オリンピックや世界選手権，ワールドカップなどのような大会のテレビ放送は生中継や録画中継されるが，それは昼間だけではなく，深夜でも生中継で放送されることもある。こうしたテレビ放送される映像は録画し再生することができる。録画－再生方式は以前はビデオテープが主流だったが，現在では，DVDやブルーレイディスク，ハードディスク，あるいはチップなどに録画し再生する方式も加わって，用途に応じて非常に多様な活用の仕方が可能になっている。こうした録画－再生方式の新技術開発によって，機器が小型軽量化されるとともに簡単な操作できれいな映像をみることが可能になっている。

このようなテレビ放送やその録画，再生技術の発達は，体操競技の選手やコーチに対して不可欠な映像情報を提供してくれるという意味で，その果たす役割はきわめて大きい。現在ではさらに，インターネットを通じて，例えば，YouTubeなどによって，個人的に撮影したり入手した映像が発信されているので，それをいつでも視聴することも可能になっている。自宅に居ながらにして，世界各国の技に接することができるとともに，演技や技，技術の最新の映像情報だけでなく，昔の演技や技も映像情報として簡単に得ることができるのである。

今日，われわれは体操競技に関するこうした演技や技，技術に関する映像情報はもとより，試合結果，選手の動向等の視覚的・聴覚的情報もリアルタイムで手軽に入手できる状況にある。コンピューターや通信網の発達によってでき上がった今日の情報発信と情報入手の状況は，当然ながら，情報伝達や伝播とその周知徹底のための時間的空間的壁を取り払っている。われわれはいつでもどこにいても，情報をリアルタイムで共有できる状況にある。これらはまさに科学技術の発達した結果もたらされた姿であり，選手やコーチ，また体操競技関係者のものの考え方を大きく変えてきたといえよう。

（佐野 淳）

② スケート競技にみる科学技術の応用

スピードスケート競技においてパフォーマンス（動き）の測定データをさらに加工・解析して情報として活用し，競技力向上に役立てた事例を示す。

[連続分解写真による滑走ライン]

近年の画像加工ソフトの開発により，選手の背景にある景色をマッチング認識させ，広範囲にわたって選手が動いた軌跡を連続的に描画することが可能となった。図1は，スピードスケート500mレースのバックストレートから第2インカーブの出口までのおよそ200mの範囲を滑走する選手を第2カーブ方向から追従撮影（60コマ／秒）し，5コマおきに連続的に描画したものである。

上図が第2カーブでの減速が小さかった韓国選手，下図が第2カーブで大きく減速していた日本選手である。2名の選手をバックストレートでの軌跡に注目して比較すると，日本選手がほぼ直線的に滑っているのに対し，韓国選手は緩やかにリンクの外側に膨らむような曲線を描いてコース取りしていることがわかる。これらのことから，韓国選手は，バックストレートで曲線を描いて第2カーブへの進入角度をやや内向きにし，第2カーブを回りやすくして減速を小さく抑えていたと推測できる。このように，画像の加工技術によって作成された連続写真という情報が，選手のコース取りを検討する材料として役立っている。

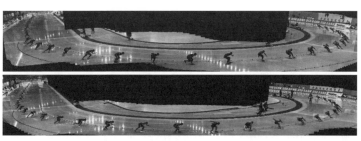

図1　ストレートからカーブの出口までの連続写真

[3次元動作解析による重心の滑走ライン]

従来の3次元動作解析は，2台以上のカメラを固定して撮影することが条件であったが，近年，固定していない複数台のカメラによる3次元動作解析法が開発され，かなり広範囲のエリアを3次元的に解析できるようになった。図2は，スピードスケート女子1000mレースの250m通過地点における第2インカーブへの進入付近において，直線区間からカーブ区間に滑走コースが変曲する横5m×長さ15mの広範囲にわたり滑走コースを解析した例である。2008年世界距離別選手権における上位選手(8名：黒線)と下位選手(8名：灰色線)の直線動作の最後の(右)ストロークについて，各選手の水平面内での身体重心座標を求め，各群で平均して示している。

これをみると，上位選手のカーブへの進入経路は，下位選手に比べてやや外側から内側に向かって切れ込むようにコース取りしていることがわかる。また，上位選手は下位選手に比べておよそ3m手前からカーブに進入していることがわかる。一般的に，身体重心やスケートブレードなどの選手のコース取りを示すパラメーターについて，複数の選手の平均値として示すことは容易ではない。このようなデータ加工法を用いて優れた選手の特長を示すことによって，選手やコーチに対して目標像を提示することができる。さらにこの研究では，上位選手のカーブでの重心速度の減速が，下位選手のそれに比べて小さいことが明らかにされたが，この図に示されるような上位選手のカーブ進入経路と関連づけて検討することで，その合理性を究明していくことに役立っている。

[3次元動作解析による滑走動作の標準化]

図3は，スピードスケート男子1500mレースの300m通過地点における直線ストロークからカーブ動作への移行局面について前額面(正面からみた面)での下肢関節(実線が右脚)と重心位置(菱形)とをスティックピクチャーで示したものである。左図が2008年世界距離別選手権の上位選手(8名)，右図が下位選手(8名)について各群の平均で示したものである。およそ20％ストローク時間ごとに線の色が変わるように表現している。

上位群の滑走動作は，支持スケートを支点にして身体重心が進行方向(図中の右側)に大きく変位(位置が変化)していることがわかる。一方，下位群では，支持スケートが進行方向とは逆方向(図中左側)に変位し，身体重心の側方への変位量が小さい。このような複数の選手の身体部位の座標を平均化するためには，各選手で異なるストローク時間を100％ストローク時間として規格化して統一する必要があるため，平均化されたデータには時間的な情報が欠落するという欠点がある。しかし，平均化することにより，世界トップ8と16の標準的な差異について，運動技術をイメージ化することができるメリットがある。このように，世界トップ選手のスタンダードを描写することは，選手やコーチにめざすべき目標モデルを情報として提示し，滑走技術を改善することに役立たせることができる。

(結城匡啓)

③ サッカーにみる科学技術の応用

サッカーにおける情報の利用としては，ゲーム分析のための選手ごと，試合ごとにまとめられる試合レポートや映像のデータベースがある。

チームあるいは選手個人の状態を把握するための客観的な測定および評価は，コーチにとって重要な要素であり，相手チームの攻撃と守備のパターンやキープレイヤーの特徴などを把握するためにゲーム分析が必要である。また選手自身が自分のプレイ状況を理解す

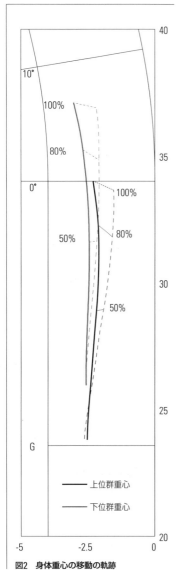

図2　身体重心の移動の軌跡

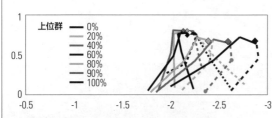
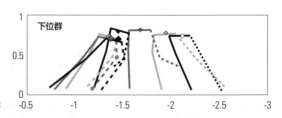

図3　正面からみた選手の動き（スティックピクチャー）
注：本来はカラーである。

る上でも映像や客観的なデータを利用することが効果的である。

[試合レポートやテレビ中継]

2010FIFAワールドカップ南アフリカ大会の試合レポートにおいて，チームごと，選手ごと，試合ごとにシュートを打ったエリア，得点率，攻撃と守備に関するプレイ種類とその回数，パスの種類とその成功率，パスの長さとその成功率，選手の移動距離が示されている。このような試合レポートは国際的な大会においては必ず公表されている。また，サッカー試合のテレビ中継においても，両チームのボール保持率を示しながらチームの優劣を表現することがある。デジタル映像技術とコンピューターの発展により，ゲーム分析も進化しいろいろな情報を抽出できるようになった。

[国立スポーツ科学センターのデータベース]

国立スポーツ科学センター（JISS）では，各種競技団体の選手とコーチの活動を支援する映像データベース（SMART-system）を構築し，2007（平成19）年から運用を始めている。このシステムは大量の映像を簡単に検索し，選手とコーチ間で映像を共有し，スポーツ種目に適した閲覧方法が提供できるもので，日本で初めてとのことである。バレーボール，柔道，シンクロナイズドスイミングの競技団体での活用実績があり，試合や練習時の映像を選手にフィードバックしたり，対戦相手の映像をすべて抽出し相手の情報を収集してトレーニングに生かしたりしているとのことである。映像を用いて相手チームを分析することは頻繁に行われているが，欲しい映像だけを抽出することは大変な作業であり，また抽出した映像をいつでもどこでも閲覧することは困難である。SMART-systemのようにインターネットを介してタグの付いた映像から欲しい映像だけを大量に検索し閲覧できれば，トレーニングでの活用や相手の分析などに効果的に活用できるであろう。

（丸山剛生）

参考文献

①
- 金子明友．1974．『体操競技のコーチング』大修館書店
- 金子明友．2005．『身体知の形成』（上）明和出版
- 日本体操協会男子競技本部．1979．『体操競技採点規則　男子1979年版』日本体操協会
- 森直幹．2006．「動感画による地平分析の試み」『伝承』（6）：1–12．

②
- 斉川史徳，結城匡啓，竹中俊輔．2010．「世界一流男子1500m選手のストレートからカーブへの移行局面における滑走動作」『日本体育学会第61回大会予稿集』148．
- 斉川史徳，結城匡啓，竹中俊輔．2011．「世界一流女子スピードスケート選手の1000m競技成績に影響を及ぼす技術的要因」『日本体育学会第62回大会予稿集』143．
- 結城匡啓，高松潤二，湯田淳．2007．「スピードスケートにおける優れた高速カーブ滑走動作の技術的要因に関するバイオメカニクス的研究」『日本オリンピック委員会スポーツ科学基金2006年度研究報告書』43–56．

③
- 大橋二郎．1979．「サッカーにおける選手の移動解析の試み」『桜門体育学研究』13：269–75．
- 鈴木宏哉．2010．「サッカーにおけるゲームパフォーマンスの分析」『フットボールの科学』5（1）：50–61．
- 瀧剛志，長谷川純一．2003．「勢力範囲のモデル化とゲーム分析への応用」『バイオメカニクス研究』7（1）：55–63．
- 宮地力ほか．2009．「映像データベース」『日本機械学会シンポジウム講演論文集』426–31．
- Cairos technologies AG「VIS.TRACK」http://www.cairos.com/unternehmen/vistrack.php（2012年3月23日）
- Cairos technologies AG「GLTsystem」http://www.cairos.com/unternehmen/vistrack.php（2012年3月23日）
- FIFA「2010FIFAワールドカップ南アフリカ大会マッチレポート Statistics」http://www.fifa.com/worldcup/archive/southafrica2010/statistics/index.html（2012年3月19日）
- GPSports「SPI PRO X II」http://gpsports.com/gpsnew/spiprox.php（2012年3月23日）
- Impire AG「beMeister」http://www.bundesliga-datenbank.de/en/159/（2012年3月23日）
- INMOTIO「lpmSoccer3D」http://www.inmotio.nl/content/23/football.html（2012年3月23日）
- Prozone Sports「PROZONE」http://www.prozonesports.com/services.html（2012年3月19日）
- Sport Universal Process「AMISCO Pro」http://213.30.139.108/sport-universal/uk/amiscopro.htm（2012年3月19日）

科学技術の開発とスポーツへの功罪　23.C

先端技術開発が及ぼすスポーツへの影響　23.C.01

① 先端技術と人間

科学と技術の一体化による近代以降の「科学技術」の誕生は，今日，科学の飛躍的な発達とともにそれを人間の多様な生活課題の解決に向けて応用し，技術化することによって大量の消費につながるモノ（ハード）や情報（ソフト）を開発する産業（先端技術産業，いわゆるハイテク産業）を生み出した。戦後から1990年前後までのいわゆる「東西冷戦の時代」には，政治的なイデオロギー闘争によって「鉄のカーテン」で仕切られた政治的コントロールが働き，これらのハイテク産業は主に軍事目的や宇宙開発等を中心とした国家の政治目的と関連して発展させられてきた。したがって，それらの先端技術は，政治的なトップレベルの機密事項として扱われることが多く，一般的・普遍的な消費対象を量産するハイテク産業を自然成長的に育成することにはつながらなかったと思われる。

しかし，東西冷戦が終結した1990年代以降，情報処理能力を加速化させたコンピューターは，かつてアメリカ国防総省（ペンタゴン）が所有していたワールド・ワイド・ウエッブ（World Wide Web＝W.W.W.）という軍事通信回線網をインターネット回線として商用化することから始まり，瞬く間にPCによる情報通信を一般化し，さらにはパーソナル化して大量の消費を生み出す先端技術となっていることは周知の事実である。政治的コントロールから解放された先端技術は，まさにグローバル化を推進し，居ながらにして世界を消費対象とするグローバル経済を成立させているといえるだろう。

もちろん先端技術は，このような情報処理技術とその双方向の通信技術の開発という情報通信技術（ICT）のみに限定されるものではない。それ以前から，電子工学分野におけるエレクトロニクスは様々な電化製品を生み出してきたし，軍事技術の平和利用という観点からはロボット工学の先端技術が，人間の生命を維持する代替物としての人工臓器や多用途の人工物を開発してきた。また，生物（生命）内の化学反応や機能を工業的に利用するバイオテクノロジーは，遺伝子組み換え技術や細胞融合技術にみられるように，今や地球の食糧危機や環境保持のための切り

札になっている感があるほど身近になっている。

このように先端技術は，もはやわれわれの生活の一部をなすほど，身近な存在となっている。しかし，それだけにその技術の先鋭化が，かえってそれを利用する人間の，人間としての「存在」を脅かしたり，人間的自然とはなにかを再び問い直したりさせるような，倫理的諸問題を引き起こしていることもまた，事実であろう。かつて近代科学は，その当初エネルギー革命によってもたらされたエネルギー量のコントロールを技術と結びつけて発展させてきたが，これとは正反対の意味で，今日の先端技術は，その技術自体がコントロール不能なモンスターと化しているかのようである。その典型が，先端技術を駆使してその目的を果たそうとする競技スポーツの世界に現れたとしても何の不思議もないであろう。

② 先端技術とスポーツ

前項「B 科学技術のスポーツへの応用」で述べられているように，個人スポーツである体操競技は器械・器具や固定施設の素材開発において，演技構成を高度化する弾性や安全性に対する先端技術が駆使され，集団スポーツであるサッカーでは芝の開発から始まり，ボールやスパイク等の素材開発に先端技術が応用されている。また，スケート競技では，製氷技術もさることながら空気抵抗を抑えるウエアの開発，そしてスラップスケート靴の開発等，その素材開発にかかわる先端技術の導入によって世界記録が次々に塗り替えられている状況がうかがえる。

このようなモノの開発にかかわる素材の先端技術化は，競技スポーツにおけるパフォーマンスの経過を何度も繰り返し視聴したり，その結果を測定したりする情報支援装置としての情報機器や器具の開発と，それによって肉眼ではもはや判断や判定ができない世界を数値化する記録情報によって，さらに加速化されていく。スピードスケートの世界では，百分の一秒どころか千分の一秒単位での順位づけが行われ，もはやその差異によって順位づけすることにどれほどの意味があるのか問い返したくなるような状況が出てきている。しかし，そこに歴然とした順位が

付与される以上，そのような差異を前提とする先端技術を駆使した練習やトレーニングもまた加速化されざるをえない。先端技術の導入は，新たな先端技術の導入を加速化させていくのである。その背景には，「現代が，相対的であるがゆえに，揺るぎなく異論なき差異の生産・再生産によって秩序づけられる時代」(佐伯，2006，12)であり，そのモデルこそがまさしく現代の競技スポーツに求められているからであろう。

先端技術とスポーツとの関係は，先端技術がプレイヤーのプレイ技術を外部から間接的，あるいは直接的にモノや情報を通じて規定する側面ばかりではない。プレイヤーの人体改造を目的とするドーピング技術の発達は，いまや遺伝子工学をはじめとするバイオテクノロジーの応用によって，血液ドーピングなどその痕跡を残さない先端技術の悪用によってますます巧妙化している。アンチ・ドーピング運動がもし失敗すれば，危惧されるのは遺伝子コントロールによる超人プレイヤーや，身体の一部を人工的なメカに代替させるサイボーグプレイヤーの出現であろう。

その意味で，今日の障がい者スポーツの高度化は，先端技術の存在なくしては成立しないところまできている。例えば，2014年3月に開催された第11回冬季パラリンピック大会(ソチ)では，チェアスキーのシートとスキー板をつなぐバネの弾性や形状に先端技術が駆使され，プレイヤーはそれを操る技術を要求されるという(読売新聞，2014)。もはや人体の機能回復(リハビリテーション)の域を超えて，それは健常者の競技スポーツと同じコンテクストで，よりいっそうレベルの高い先端技術を要求するスポーツになっている。このような先端技術からの技術的要求が，障がい者の身体にどのような影響を及ぼし，結果的にもたらされる競技技術の向上が障がい者の身体の安全や競技それ自体の安全性とどのような折り合いをつけていくのか。障がい者スポーツは，まさに先端技術とスポーツとの関係を，今後どのようにコントロールすべきなのかという，それこそ先端的な課題を提示しているものと考えられる。

③ スポーツの先端技術化がもたらす影響への評価

科学の発達とともに，先端科学は先端技術への応用を加速化させ，特に1990年代以降のグローバル化による自由経済の波は，地球規模での先端技術化社会を形成する勢いである。そのような流れの中で，例えば医療にかかわる先端技術の発達が「生命とはなにか」を再度，人間的に問い直すような契機をもたらすように，先端技術の社会的応用が新たな倫理的諸課題を当該社会に突きつけ，われわれにその暴走を食い止める新たなコントロールの基準を求める時代になっている。

競技スポーツは，歴史的に「相手を直接支配する格闘型から間接的な優劣を競う競争型，さらに記録を競い合う達成型」へと変化してきているが，この変化は暴力に対する嫌悪感の高まりといった感性レベルの変化とともに，社会全体における人間への能力評価が「体力から技能へ，そして知略へ」とその重点を変化させていったことに対応するという(佐伯，2005)。

すなわち，スポーツはかつて近代スポーツとして誕生した折に，体力からそのエネルギー(量)をいかにコントロールして，競技目的を達成するためにうまく配分するのかをスポーツの「技術」として集約させ，結果的にはスポーツに非暴力的な性格をもたらすことに成功してきた。しかし，国際競技会が開催され，(たかが非日常的な)スポーツの競技結果に対して(されど日常的な)社会的重要性が高まってくると，スポーツ技術は科学技術の成果を応用してそれ自体が人間の体力に負の影響を与えたり，身体への重篤な負傷につながったりするような高度な技術を要求するようになってきている。リスクを伴う高度な身体技能への要求は，先端技術による安全性確保のためのモノの開発によってフォローされてはきているが，そのスパイラルにどのような目的によって，基準によって，方法によって，歯止めがかけられるのかは，現在のところ誰も予測できない状況に陥っている。

ここにスポーツの先端技術化がもたらす楽観論と悲観論の二項対立が現れることになる。前者はこのスパイラルが永遠に続くことを楽観的に予測し，

後者は先端技術の暴走にきわめて批判的であり，スポーツと人間や社会の価値観との乖離を悲観的に予測する。この悲観的予測は，記録を競い合う達成型を求める現代スポーツにあって，自己の体力や身体性を離れた電脳空間（バーチャル世界）でのゲームを成立させる情報先端技術にも向けられている。そこには，人間の身体性が喪失され，意識されることがないがゆえに，身体の限界を身体それ自身の経験（体験）から学習することができない状況が生まれる。それは，競技スポーツにおける先端技術依存の世界における身体の限界を超える技術的行為と，身体性の無視あるいは抑圧という面でどこか共通につながっており，いずれも身体の破壊を導く結果をもたらすのではないかと考えられている。

また，スポーツの先端技術化がもたらす結果は，先端技術を享受できる競技者とそうでない競技者が，その有無によって当初からアンフェアなスポーツ環境に置かれることをも意味するものであろう。かつてスポーツにおけるフェアネスを信じて，世界選手権やオリンピックに参加してきた多くの国々が，スポーツの先端技術化によってその幻想を打ち砕かれる日は，案外近いのかもしれない。

参考文献 23.C.01

- 佐伯年詩雄．2006．「現代スポーツへの眼差し」菊幸一ほか編『現代スポーツのパースペクティブ』11-20．大修館書店
- ———．2005．「現代社会とスポーツ」日本体育会編・発行『公認スポーツ指導者養成テキスト共通科目Ⅱ』14-16．
- 読売新聞朝刊．2014．「パラリンピックの科学1」3月1日付．13S版27面．

（菊　幸一）

科学技術の開発の影響とスポーツの課題　23.C.02

① 近未来のスポーツ

先端技術開発に影響され，この成果を競技スポーツにおける勝利の目的とどこまでも一致させようとする近未来のスポーツは，はたしてどのように描かれるのだろうか。また，メディアスポーツが牽引するスポーツのポピュリズム（大衆迎合主義）や視聴率向上の追求は，スポーツする競技者の身体に将来，どのような影響を及ぼすのであろうか。

2014年2月に開催された第22回冬季オリンピック大会（ソチ）では，スキー競技のフリースタイルに，いっそうアクロバティックな演技を必要とする「スロープスタイル」が加わり，より複雑な障害を克服しつつタイムと演技の出来映えを競い合う複合的な種目が人気を呼んでいる。メディアを介した競技スポーツに対する視聴者の欲望は，メディアによって限りなく肥大化させられると同時に，不特定多数（大衆）の欲望を視聴率の結果に引き寄せ，自らもその欲望を肥大化させていく。その結果生じたのは，例えばスロープスタイル競技者から指摘された競技施設への不満であり，その不完全さに対する不安であった。事実，優勝候補と目されていた競技者が，前日の練習で負傷したり，競技中に転倒したりして負傷するなどの事故が相次いで起こった。

すなわち，競技スポーツが，科学技術の成果に頼り，人工雪を降らせたり，高度な設計技術に基づく複雑な設備を必要としたりすればするほど，その安全性確保に対するさらなる高度な組織体制や競技する身体への安全技術が求められるはずであるが，明らかにこのような対策は後手に回りがちである。近年，人間の身体自身に依拠しつつも，その可能性を危険の臨界点（リスク・エッジ，あるいはエッジワーク）にまで高めて（根上，2012），スピードや高さ，あるいはその華麗さを競い合う過激（extreme，エクストリーム）なスポーツ，いわば「エクストリームスポーツ」または「Xスポーツ」と呼ばれるスポーツが，若者を中心に隆盛しつつある。

しかし，このようなスポーツを支えるのは，人間の身体能力を最大限に引き出そうとする設備や用具といったモノであり，それらを開発する科学技術である。しかも，この種のスポーツ観は，人間の生身の身体（からだ）にこだわり，その技能可能性を最大限に引き出すことに価値を置くので，身体とモノとの因果法則性の一致を技術的に追求する際，身体に加えられる負荷（エネルギー）は，常に身体的危険と隣り合わせにならざるをえない状況を招くことになる。もちろん，これまで行われてきたモータースポーツと呼ばれる世界も，人間の身体に対して同様の状況を生起させるが，この世界ではモーター（モータリゼーション）を成立させる科学技術に依存することが明白であるため，モノやそれを操作する運転技術の安全性に対する細心の注意は，その誕生からこれまでも払われてきているし，その基準も比較的作成されやすい。ところが，エクストリームスポーツでは，あくまでその注目が身体的パフォーマンスにあるため，それを支えるモノとの関係において，どうしても安全性よりは危険と隣り合わせの過剰性をどこまで演出できるのかに価値が置かれてしまうようになる。そして，それを方向づけているのが，前述したようにメディアスポーツの享受を通じて，限りなき競争の結果と記録の追求を求める大衆の欲望とその結果もたらされるであろう経済的利益にあることは間違いない。

② 情報通信技術の発達とテクノスポーツの未来

科学技術によるモノの開発がスポーツを新たなステージに誘うと同時に，情報通信技術（ICT）の発達が，すでにトップレベルの競技結果や演技結果の判定に大きな影響を与え，技術や戦術のパフォーマンス向上にも欠くべからざる情報を与え続けていることは周知のとおりである。

しかし，このICTの際限なき発達は，常にこの技術に依拠せざるをえない，いわばテクノスポーツの世界になにをもたらすのであろうか。佐伯（2006，20）は，テクノスポーツの未来予測を次のように述べている。「いま，コンピューターの能力は12-18ヵ月で倍になり，遺伝子操作の技術は16-24ヵ月で倍になるといわれる。だから，並行思考を可能とするマザー・コンピューターが出現し，テクノロジーが無限に自己成長するシンギュラーポイント（特異点）までは，あと15-20年だといわれる…身体加工のハイテクノロジーは，病の治療から能力開発に発展し，平和な時代の戦士としての競技者に応用される。そこでは，ドーピングに代わって遺伝子操作が問題となり，視聴者は，小さなチップを通じて競技者の全体験を同時に体験し得る『感応者』と

なる。そのとき，スポーツの享受─身体的快楽は，意思的に獲得すべきものから求めずしても供給されうるものとなる。そこからマトリックスの世界が始まるのである。そのとき，『スポーツ』はどこへいくのか」と。

ICTの発達が，まさにそのシンギュラーポイント（特異点）にまで達した時，スポーツは「人間の手」から離れて，その人間的目的を科学的な因果論的法則性にすべて変換させられて評価されてしまうのだろうか。もしそうなった時，社会にとってスポーツは，身体と切り離された脳に刺激や快楽を与えるだけの仮想ゲームの世界と化してしまうであろう。すでにそのような兆候は，「ゲームオタク」と呼ばれる若者たちの間に広がるゲームスポーツの隆盛に現れている。

③ 人間にとっての科学技術とスポーツの課題

佐伯が述べるようなテクノスポーツの未来予測から，われわれは「スポーツと科学技術」というテーマのもとに，再度「人間にとって科学技術とはなにか」を近・現代のスポーツと科学技術との関係から問い続けなければならない。このような科学と技術との関係に横たわる社会的な課題は，なにもスポーツだけに限られた社会的課題ではないことはいうまでもない。

例えば，工学と理学との関係において，前者は実際の生活（実用）に供する「明日」を開くものであるが，後者の研究は自然現象を明らかにすることであり，いわば「昨日」のことを解明するものであるという（池上，2014）。このように主張する池上は，工学教育の充実という立場から，理学における研究成果が工学において実際に使われることにこそ，工学の存在意義があり，そのためには工学教育を担う大学教員が企業で学んだり，学生の需要に応じたカリキュラムを体系的に実施したりするなどの必要性を述べている。このことは，スポーツ科学と競技スポーツの現場においても，そのまま適用されるのではあるまいか。先端科学をスポーツ技術に応用しようとするスポーツ科学は，大学というアカデミックフィールドを基盤にするがゆえに，それぞれの親学問の理論研究に基づく説明に終始して論文というペーパーを量産することにとどまり，その出自であったはずのスポーツ現場への応用と人間的評価という工学的立場を忘れがちになっているように思われるからである。したがって，池上のいう工学教育の課題は，科学技術の応用が常識化しているスポーツにおける人間と科学技術との関係を考える上で，スポーツ科学に対する同様の課題を提示しているものと考えることができるだろう。そのうえで，工学教育が純粋な科学研究にどのような影響を及ぼすかが問われるように，先端技術化されるモノや情報によるスポーツ技術の高度化が，それらを支えるスポーツ科学のディシプリン（規律）にどのような影響，あるいはコントロールを及ぼす可能性があるのかが問われなければならないのである。

スポーツ社会学においては，近代以降のスポーツ技術にみられる社会的価値とリンクする目的論的な側面と，主に自然科学的法則性に基づく因果論的側面との統合の必要性が1980年代にすでに指摘されていた。菅原（1984）は，スポーツ技術とは確かに目的に対する手段であるが，この手段はいくつかの人間の身体の動作形態や技術の結合体から構成されており，そこには科学的諸法則が存在しているので，このような手段としての技術は因果法則の支配する因果論的構造をもっているという。しかし他方では，スポーツにおける伝統的な慣習や明示的，黙示的なスポーツルール等，規範としての整合型によって支配される目的論的構造をももっているという。そして，なんらかの要因によってこの両側面のうち，極端な技術の合理性の追求に傾く時には，全体として因果論に傾斜し，人間性が軽視されドーピングによる一時的な技術の向上が行われるだけでなく，それがロボットの製作や遺伝子組み換えの先端技術による人間改造，ひいてはスポーツの破壊までにつながることにいち早く警鐘を鳴らしているのである。そして，その解決のためには，すみやかにその限界を発見し，このような危機的な状況の到来を極力避けるよう努力し，人間中心の目的論を優先する人間の営みとしてスポーツ技術を捉えることを再確認するよう提唱している。

菅原による警鐘は，残念ながら解決されるどころか，ますます今日，その現実味を帯び，スポーツ技術における人間性を破壊しない科学と技術の相互関係における人間的臨界点が，今こそ求められている。そしてスポーツ界から，その最も明確な1つの答えを導き出させる可能性があるのが，前述した障がい者スポーツの世界であるかもしれない。渡（2013）は，障がい者スポーツが近代スポーツを超える可能性があるのは，それが人工物と人間の関係を対立したり，切り離して考えていくのではなく，スポーツそれ自体がそれらの協働的なネットワークによって成り立っていることを知らしめてくれるからであると述べる。その協働的なネットワークの内実とはなにか，あるいはそれはいかにして実現していくのかは今後の課題としかいいようがないのだが，われわれはこのような障がい者スポーツの世界にその解決の糸口を見い出していく必要があるのかもしれない。

前近代から近代へのスポーツの推移が，横溢する暴力的なエネルギーを「人間の」エネルギーとして利用するために，これをコントロールすることが「技術」であったように，その技術が科学と結びついて新たな人間性を脅かす「暴力」として自覚化される時，これをどのように解決していくべきなのかは，近未来のスポーツ科学に課せられた新たなミッションとならざるをえないであろう。その際，重要なのは，スポーツ科学それ自体が，人文・社会科学から自然科学のディシプリンを網羅した複合的・総合的な科学領域であるということである。今こそ，その科学「系」には，生体（動物）としてのヒトの特徴を文化や社会といった人間の課題と結びつけるような回路が必要なのであり（菊，2008），今後の科学技術社会における困難な課題をスポーツ文化論に引き寄せて提示し，解決していくミッションが，このような回路に課せられていることをおおいに自覚しなければならないと考える（菊，2012）。

参考文献

- 池上徹彦．2014．「論点・工学教育の充実」読売新聞朝刊2014年3月1日付，13 S-13面
- 菊幸一．2008．「スポーツ社会学における身体論」池井望，菊幸一 編『「からだ」の社会学』67-94．世界思想社
- ―――．2012．「スポーツ文化論の視点」井上俊，菊幸一 編『よくわかるスポーツ文化論』2

- 佐伯年詩雄. 2006.「現代スポーツへの眼差し」菊幸一ほか 編『現代スポーツのパースペクティブ』11－21. 大修館書店
- 菅原禮. 1984.「科学とスポーツ技術」菅原禮 編『スポーツ技術の社会学』269－77. 不昧堂出版
- 根上優. 2012.「体育授業プログラムづくりのための三元論的・相互干渉モデル」橋本公雄, 根上優, 飯干明 編『未来を拓く大学体育』86－105. 福村出版
- 渡正. 2013.「テクノロジーの進展とスポーツ」『現代スポーツ評論』29：52－68.

（菊　幸一）

24章
スポーツと人種

スポーツにおける人種問題は

現在でも存在しており,

わが国でも発生している身近な問題といえる。

そこでまず,

人種概念の起源,

そして近代日本における人種意識の変容,

そして現代における人種をめぐってどのようなことが取り扱われているのか

という人種についての概要を知るために様々な視点や論点をまとめた。

さらに,

「人種とスポーツ能力」について,

また,サッカーにおいて発生した人種問題や

わが国におけるスポーツと人種問題

を紹介することで,スポーツと人種の関係について

より深く考える契機にしていただきたい。

人種の概念

近代西洋における人種概念　24.A.01

①「人種」の前史

人間は多様である。身体の外見（体格，髪や目や肌の色）や振る舞い，言葉，服装，食べ物を含む生活習慣など，人間の多様性は多岐に及ぶ。指紋がそうであるように，2人として同じ人間はいない。

「人種」とは，この多様性を整理するための概念であり，人間を，身体形質に基づいて輪郭がはっきりした複数の生物学的なグループに分類する概念である。

人種が，時代と地域を超える普遍的な概念なのかについては両論がある。古代のギリシャやローマにも人種に似たような概念があったという説もあれば，人種概念は15世紀から19世紀にかけての欧米の植民地制度とその副産物である奴隷制度の産物であるという説もある。

いずれにしても，交通機関が著しく発達した最近まで，多くの人々は遠くへ旅することはあまりなかった。1日で移動できた距離も限られていて，今日出会う人たちは，昨日出会った人たちとあまり変わらない容姿であった。このような状況においては，人間を「人種」という枠組みに分類する考えが必要でなかったかもしれない。

人種概念と密接なかかわりをもつ偏見と差別は普遍的であろうが，おそらく人種概念そのものは普遍的ではない。それぞれの社会は独自の仕方で人間を分類するであろう。しかし現在，私たちがなじんでいる人種概念は，欧米で発達したものから深い影響を受けている。

②「人種」の誕生

生物学者で動植物の近代的分類の創始者リンネ（C. Linnaeus）は人類を4つの種類に分類し，地理的に命名した。それらはアメリカナス，ヨーロピウス，アジアティカス，そしてアフェル（アフリカ人）である。

リンネを尊敬したブルーメンバッハ（J.F. Blumenbach）は1775年の博士論文「ヒトの自然的変異について」においてその分類を継承したが，1781年の第2版で人類を5つ（コーカシアン，モンゴリアン，マラヤン，エチオピアン，アメリカ・インディアン）に分類した。その命名の一部が現在に伝わっていることが示すように，ブルーメンバッハの影響は今も残っている。

そして当時のほとんどの科学者がそうであったようにブルーメンバッハは天地創造説者であった。当時のヨーロッパでは，旧約聖書に描かれているノアの洪水の後，箱舟が漂着したのはコーカサス山脈の山であったと考えられていた。ブルーメンバッハはこの伝説に基づいてヨーロッパ人の名称を「コーカシアン」とし，白人のコーカシアンを全人類の祖とした。

人類の祖であるコーカシアンは最も美しい人間の形態であり，残り4つの分類はコーカシアンから2つの方向で「退化」したという。1つの方向はエチオピアンであり，その間にマラヤンが位置する。もう1つの方向はモンゴリアンであり，間にアメリカ・インディアンが位置する（図1）。

ただし，ブルーメンバッハはそれぞれの分類の間にはっきりした境界線を引いたわけではなく，人種は連続的に混ざっているとした。実際，「人種」という言葉を使わず，人類の多様性を「変異（variety）」という言葉で表現した。ブルーメンバッハ自身はその時代の人間として偏見があまり強くない方で，コーカシアンが最も美しいとしながら，エチオピアンにも美しい人がいて，「人種」間に知能の差がないとの意見も表明した。

この時代の人種観には連続と不連続のほかに人類の発祥や人種の序列など，人種にかかわるいくつかのテーマがすでに現れていた。人種の起源を説明するには人類の単独発生説と多元発生説の両方があった。そして古代ギリシャ時代から，物質，生物，天体物体，霊的存在などすべての存在は1つの序列「存在の大いなる連鎖（great chain of being）」を成しているという考えから，それぞれの「人種」もその序列の中に位置づけられていた。

③「人種」の隆盛

啓蒙時代において，人種は測定できる身体的根拠を必要とした。頭骨学とは，頭蓋骨の形から人類を分類しようとする試みであった（正確にいえば，所定の人種に頭蓋骨の差異を求めた）。例えば「顔面角」（顔面から口の角度）を測り，その人種差を特定しようとした。口が前に出ていれば出ているほど（角が鋭いほど）類人猿に近く，知性が低いとされた。あるいは，脳の大きさは知能に相関するという考えから頭蓋骨の容積が量られ，その容積（とそれに関連する知能）による人種の差異が主張された。

アメリカにおける人類学の祖といわれるモートン（S.G. Morton）はブルーメンバッハの5つの変異を「人種」と読み替え，それぞれの間の境界線がはっきりしているとした（連続性を否定した）。そして人種間の違いは環境に由来するものではなく，最初から神がそのように創ったという人類の「多元発生説」を主張した。19世紀では，この多元発生説が優勢であった。

モートンの人種観の背景にはアメリカにおける奴隷制度があった。人種概念は人種差別と密接な関係にある。20世紀になると人種的な思想に基づいて数百万人のユダヤ人等がホロコーストで虐殺された。

参考文献　24.A.01

- Brace, C. L. 2005. *"Race" is a Four-letter Word: The Genesis of the Concept*. Oxford University Press.

（リー・トンプソン）

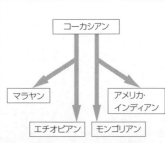

図1　ブルーメンバッハによる人類の5分類と各々の関係

近代日本における人種概念

① 日本における人種概念の起こり

近代日本における人種概念の形成は，地政学的条件や，近代以前の歴史的状況に加え，19世紀後半以降の工業化・都市化によって急速に展開した異人種間接触と交流の過程とに密接なかかわりを持っている。そして，単に自然人類学や博物学などの近代西洋科学的解釈の受容だけではなく，「文明」と「野蛮」，「東洋」と「西洋」，そして「人種」と「民族」など，様々な時代的コンテクストと組み合わさりながら概念化されていった複雑な系譜をたどることができる。

そもそも自然人類学的人種区分では，日本人は「モンゴロイド」に区分され，肌の色による区分は「イエロー」と識別される。が，実際に「イエロー」が肌の色を示す語彙として使われたのは，1787年のイエメンの原住民を「イエロー・インディアン」といったのが最初で，「モンゴロイド」の意味で使われたのは1834年のことである（『The Oxford English Dictionary』）。一方，日本語の「人種」という語彙も，元は「ひとのたね」という言葉であり（『神道集』1358年頃），自然人類学的区分を意味する言葉として使われたのも，1840年代とされる（『日本国語大辞典』）。外国人が日本人を「イエロー」や「モンゴロイド」などの人種的観点から描写するようになったのも，1832年に刊行されたシーボルト（Siebold）『NIPPON』が最初とされる。外国人の日本見聞記は，中国人からの伝聞をもとに書かれたマルコ・ポーロ（Marco Polo）の『東方見聞録』やザビエル（Xavier）の来日以来，数多く刊行されてきたが，19世紀初期までは，日本人はヨーロッパ人と同様に「白人」として描かれていた。それは観察者の多くがスペイン・ポルトガル系であり，また「黒人」との対比により生じた認識だったからである。同時に，彼らの目的がキリスト教の布教にあったこともこの背景にある。「日本人＝イエロー／モンゴロイド」という人種概念が，外国人の日本見聞記にみられるようになったのは，1840年代頃からである（眞嶋，2005）。

もともと海に囲まれているという地理的条件と，江戸時代に2世紀以上も続いた鎖国制度は，同質性の高い社会環境を生み，それは人種概念の受容にも影響した。近代以前，外国人は「異人」または「夷狄」あるいは「唐人」（中国人など），「紅毛人」（オランダ人）などと呼ばれ，長崎の出島や幕末の横浜居留地など，ごく限られた地域では外国人との接触はあったものの，ほとんどの日本人は，異人種間接触の機会の欠如した生活環境にあったといえる。

② 幕末から日清戦争に至るまでの人種意識

1853（嘉永6）年の黒船来航から数十年は，日本人の意識が，軍事・技術・制度などの「文明」の摂取に集中していた時期である（園田，1994）。久米邦武が『米欧回覧実記』において，西洋文明と日本との差は「四十年」としたように，西洋と日本を分かつものは「文明」という摂取可能なもので，その差異は「富国強兵」によって「追いつくもの」と認識されていた。つまりその頃は，未だ人種の観点は養われていなかったと考えられる。

日本で人種概念が漠然ながら形成され始めたのは，1880年代の鹿鳴館時代以降であろう。この頃，条約改正をめぐって内地雑居問題や，人種改良論（高橋，1884）など異人種間接触をめぐる議論が浮上する。ソーシャルダーウィニズムや優生学（ゴルトン）が台頭し，ジョルジュ・ビゴー（Georges Bigot）をはじめ外国人諷刺画家らによって，日本人は猿顔に描かれた。しかし，諷刺画に猿顔で描かれたのはアジア人だけではなく，すでにアメリカではアイルランド労働移民も猿顔に描かれていた。1893（明治26）年のシカゴ万博では，「猿」から「ヒト」への「人類の進化」をめぐって，「文明化」の過程を，人種を「序列化」することによってみせる「展示」が話題となったように，他者を「野蛮」視する際，「猿」と描写するまなざしは，19世紀後半のアイルランド労働移民から，太平洋戦争期において「イエロー・モンキー」として描かれた日本兵にまで続く。

人種概念の形成において序章的契機となったのは，日清戦争（1894-95年）といえる。内村鑑三をはじめ一部のエリート層は日清戦争を「文明」対「野蛮」の戦争であると解釈した。既に19世紀中葉には大量の中国人労働移民がアメリカに移住していた。工業化・都市化の進歩によって，移動手段も蒸気船となり，船底の三等客室（ステアリッジ）で大量の中国人労働者がアメリカへ向かった。当時のアメリカは，1860年代における大陸横断鉄道の建設やカリフォルニア州のゴールドラッシュに大量の労働力を必要としていたからである。黒人奴隷解放後のアメリカ労働市場において，中国人労働移民は不可欠な存在であった。しかしそれは同時に，アイルランド系労働移民などとの軋轢を生み，1882年に排華法が施行され，事実上，中国人労働者は排斥された。その穴埋めとなったのが日本人労働移民である。要するに，19世紀後半になって，労働問題をベースに，日本も人種問題に遅ればせながら参入し始めたということであり，かつて中国人排斥が行われたのと同様，1924年には排日移民法が制定される。これは，後述するように，近代日本の人種概念においては乗り越え難い，そしてある意味では乗り越えることのできなかった決定的条件となる。

③ 日露戦争と「一等国」日本人の人種的ジレンマ

日本は幕末以降，「富国強兵」のもと，ミクロレベルからマクロレベルに至るまで急速な「西洋化」を選択し，推進してきた。日清戦争を経て，1902（明治35）年には日英同盟を結び，日露戦争（1904-05年）では「白色人種」である大国ロシアを破る。19世紀末期までは「極東の小国」に過ぎなかった日本が「一等国」へと変化していくのである。それは，かつて労働市場で「黄禍」として，恐れや嫌悪の対象となった中国人労働者に代わり，日本が20世紀初頭の国際政治における「黄禍」となることを意味した。そして1906（明治39）年には，サンフランシスコで，日本人学童を東洋人学校に強制隔離する決議がなされる。ここでの「東洋人」の定義とは，「インド人，中国人，ならびに蒙古人」であるが，日本側は自らが「東洋人」に定義づけられたことに強い屈辱を覚える。と同時に，日清・日露戦争を経て「文明」を自らのものにせしめた感を抱き

始めていた日本は，次第に，「文明」の摂取ではいかんともし難い属性，つまり人種的差異に意識を向けざるを得なくなっていった。第一次大戦後，日本は英米仏伊に並び「世界五大強国」の一国として，1919(大正8)年パリ講和会議に出席する。日本側は，外交上のもくろみもありながらも，国際連盟規約に人種平等案条項の挿入を提案する。が，「白豪主義」を提唱していたオーストラリアや移民問題や植民地における異人種間問題を内包していた西洋諸国からの反対を受け失敗する。英米などのアングロ・サクソンを中心とした西欧列強にとっては明らかにみた目も異なる「モンゴロイド」の日本は，国際政治上の異質な「レイトカマー」（latecomer: 新参者）として嫌悪と恐れと感情の排除の対象となる。そして1924(大正13)年には，米国で排日移民法が制定される。のちに昭和天皇は『独白録』の中で，1924年の排日移民法を太平洋戦争の遠因とする見解を示したが，西洋と日本を分かつ人種の差異は，いかなる「文明」を獲得しても，埋めることのできぬ宿命的な差異として，近代日本の国家的自尊心と人種の概念に甚大な影響を与えたといえる。なぜならば，近代日本にとって，最も重要な「他者」とは西洋だったからである。(米原, 2003；眞嶋, 2004)。

④ 戦前・戦中期における様々な矛盾と人種概念

近代日本は，日本が日本であるために「西洋化」を選択し，「富国強兵」のもと軍事力をはじめとする「文明」を獲得し，「一等国」として国際政治に参入していった。つまり，久米邦武のいう，西洋と日本を分かつ「文明」における「四十年」の差は埋めることができたのである。しかし，人種の差異は「文明」では乗り越えることのできない宿命的差異であった。

日清・日露戦争，第一次大戦を経て，西洋列強と並ぶ「世界五大強国」の一国となった日本は，西洋列強から人種的拒否反応を受けるにつれ，「東亜の盟主」としての位置付けを強めようとする。大正期に，東洋にも西洋にも入ることのできない日本を，「東西文明融和の地」（大隈重信）と提唱し始めるのも，人種的ジレンマの生んだ，せめてもの自己

規定であったといえる。いわば，「脱亜入欧」の果てに行きつく「脱欧入亜」の中間期にあたる。近代日本の人種的自己概念は，「文明」と「人種」という2つの概念の狭間で，不安定なものとなっていた(眞嶋, 2004)。

同時に，1910(明治43)年の日韓併合を筆頭に，「大日本帝国」は，沖縄，アイヌ，台湾，朝鮮など様々な「民族」問題を抱えていた。サンフランシスコ学童隔離事件にて日本人学童が「東洋人」学校に強制隔離されることに強い不快感を示し，1919年パリ講和会議における人種平等案挿入を企て，そして1924年の排日移民法に憤慨し，国際政治上の人種的孤立と不安を抱きながらも，一方では，東アジア圏の植民地支配などによる〈日本人〉の境界」（小熊英二）をめぐる矛盾や諸問題も抱えていた。

そして1931(昭和6)年の満州事変以降，国際的孤立を余儀なくされた頃から，「大和民族」「日本民族」など，ある種の選民意識をあおる政治的プロパガンダが台頭する。昭和天皇が見解を示したように，太平洋戦争の根底にあったのは「黄白の差別感」であり，1924年の排日移民法以来，日本の言論界においても，徳富蘇峰をはじめ「黄色人種」対「白色人種」の戦いとして感情的人種論が多く展開された(先述したように，「白色人種」中でもここではアングロ・サクソンを示す。太平洋戦争における日独伊三国軍事同盟のように，日本はゲルマン・ラテン系と同盟を結んでいた)。それと同時に1930年代後半からの朝鮮における「皇民化政策」にもみられるように，日中戦争から太平洋戦争に至る過程の人種概念は，東アジアにおける植民地支配などによる「民族」問題をも内包した，複雑でアンビバレントなものとならざるをえなかった。

幕末の開国以降，常に日本は，西洋という最も重要な他者からの承認をえるために，つまりは日本が日本であるために「西洋化」を推進し，「富国強兵」のもと「脱亜入欧」に向かわざるを得なかったのである。しかしながら「文明」では乗り越えることのできない人種的ジレンマに日本は直面する。「東西文明融和の地」や「脱欧入亜」という地政学的にもきわめて曖昧かつ矛盾した自己規定に転向せざるをえなかった点を

考えてみても，常にこの中核にあったのは，アングロ・サクソンに対する払拭し難い人種的劣等感であるといえる。日清・日露戦争以降，日本は西洋という最も重要な他者からの承認をめぐって，そして「有色の帝国」（小熊英二）として，強烈な優越意識と劣等意識の間を振り子のように行き来せざるをえなかった。「国粋」主義も「欧化」主義も，「拝外」思想も「排外」思想も（亀井俊介，牛村圭），「脱亜入欧」も「脱欧入亜」も，いずれも明治以降の日本の一貫した，「西洋化」に伴う人種的自己矛盾のジレンマと，その振り子運動のあらわれといえる。

⑤ 1945年の敗戦から経済復興，そしてバブル経済期に至るまでの人種意識

そして1945(昭和20)年，敗戦直後に公開された，昭和天皇とマッカーサー(D. MacArthur)元帥の並んだ写真は，日本の無条件降伏とGHQによる日本占領の象徴の写真であった。「人間宣言」をした昭和天皇の横に，より背の高いアメリカ人が並んだことは，戦後日本にとっていかにアメリカが絶対的強者であるかを示すと同時に，その「人種的優劣」を如実に物語る格好の媒体となった。しかしまたもや日本は，アメリカを筆頭とした西洋コンプレックスをドライブにしながら，かつて幕末の開国から数十年で「文明」を獲得した時のごとく，驚異的な経済復興を遂げる。1960年代，南アフリカのアパルトヘイト政策で，日本人は経済上の理由から「名誉白人」と位置付けられたが，「名誉白人」という呼び名が生まれ話題になったのも，日本の国際的位置づけと人種意識構造に無縁ではない。

日本が経済大国と化した1980年代，日本人は「エコノミック・アニマル」と揶揄され，当時の仏国女性首相クレッソン(Cresson)からは，「ウサギ小屋から湧き出てくる黄色い蟻」と中傷された。いわゆる「ジャパン・バッシング」も20世紀における第2の「黄禍論」として解釈できる。しかし，バブル経済最盛期に，あえてNYロックフェラーセンターを買収するなど，日本側の姿勢にも米国の反感を買う側面がなきにしもあらずという見方もできる。しかしそれはむしろ，アメリカに対する強い愛憎

の念ゆえに生じた，日本側の屈折した自己概念と強烈な劣等感のあらわれともいえる。また，西洋人の日本観に強い関心を持ち，時として過剰反応を起こす傾向があるのも，明治以来のメンタリティーといえる。例は数えきれないが，その1つに，ノンフィクション作家・家田荘子による『イエロー・キャブ』(1989年)が挙げられる。NYに単身渡米した日本女性たちの性生活をめぐるルポであり，タイトル通り，性と人種のステレオタイプ化をめぐって様々な立場から物議をかもした。往々にして明瞭簡潔なタイトルは独り歩きするが，「イエロー・キャブ」という存在が外国人の日本観に悪影響を及ぼすのではないかという，主に西洋を対象とした対外イメージを過剰に意識した反応も，屈折した意識のあらわれとみてよい。

また，1979(昭和54)年から15年間，スリランカ生まれのアントン・ウィッキーという外国人タレントが，民放の朝のテレビ番組内で「ウィッキーさんの一言英会話」を担当し，人気を博していた。朝，生中継で，通勤通学途中の日本人に，ウィッキーが英語で問いかけるというものだったが，もしウィッキーがアングロ・サクソン系であったら，あの番組の明るさや軽妙さは生まれなかったのではないか。日本人の英語コンプレックスと，いわゆる「白人コンプレックス」とはほぼ同義語的なものであり，この2つは明治以来の日本の世界観において大きな比重を占めている。

⑥ 現代日本の美容産業と人種意識：「日本人離れ」から「アジアン・ビューティー」へ

ファッション・化粧・美容産業のモデルには多くの「白人」が起用され続けている。いわば「日本人離れした」顔立ち，体型という表現は，日本において「褒め言葉」となっているといえるだろう。このような屈折した人種意識の最たる例が，2004(平成16)年の花王シャンプー「アジエンス」CMによって一大ブームとなった「アジアン・ビューティー」という美的概念である。初期のCMでは，ハリウッドで活躍する中国人女優が起用された。「アジアン・ビューティー」とは，これまでの西洋崇拝型の美的概念からの脱皮としての，アジア的美意識の提唱に聞こえる。実際，それを謳った美意識ではあるが，その意識構造は，あくまで西洋人からの賞賛によってのみ成立する美意識となっており，西洋コンプレックスの裏返しにすぎなかった(眞嶋，2005)。「アジエンス」は，一躍売り上げトップとなったが，その後，資生堂が「日本女性は美しい」というキャッチフレーズで，過去最高の投資金額とともに「TSUBAKI」を売り出し，「アジエンス」を抜く。「アジアン・ビューティー」に対抗した形での「ジャパニーズ・ビューティー」提唱は，非常にわかりやすいリアクションであるが，それは，1960年代盛んに提唱された「ブラック・イズ・ビューティフル」と酷似した精神構造であった。もしも，「日本女性は美しい」なら，なぜ，日本最大規模の老舗化粧品会社が最大規模の投資額とともに「日本女性は美しい」をスローガン化し，訴え続けなければならなかったのであろうか。そしてなぜ，「日本女性は美しい」をスローガン化したシャンプーが販売後，たちまち売り上げトップとなるほどの魅力と威力をもちえたのか(眞嶋，2007)。西洋を最も重要な他者とする人種的自己概念と劣等感は，開国から150年以上が経った今もなお，日本における精神構造の根幹をなしているといえる。

〈眞嶋亜有〉

人種をめぐる現代的争点　24.A.03

① ステレオタイプとその効用

世界には人種に関する様々なステレオタイプが存在しているが，現在では欧米で発達したステレオタイプの影響が大きいといってよいだろう。顕著な事例の1つに，「黒人は身体的に優れているが知能が劣っている」，というステレオタイプがある。これは奴隷制度のもとで形成されたものであり，奴隷制度を含む人種差別を正当化する機能があった。

このようなステレオタイプの背景には「生物学的決定論」，あるいは「遺伝決定論」という考え方がある。加藤によれば，そこに2つの「思い込み」がある。「一つは，〈白人〉〈黒人〉〈アジア人〉などのカテゴリーに実体があるというものであり，もう一つは，カテゴリー間にさまざまな性質に関する，生まれつきの遺伝的な差異が明確に存在するというものである」(加藤和人「ヒトゲノム研究における人種・エスニシティ概念」『人種の表象と社会的リアリティ』岩波書店，2009. 233)。

身体や知能や精神などの様々な能力が遺伝子によって決定され，遺伝子によって異なる「人種」に能力の差が出る，という考えが私たちの社会に広く普及している。

一方で，「ステレオタイプ」は必ずしも負のものとは限らない。上記の「身体的に優位」のような，プラスのステレオタイプもある。しかし正負のステレオタイプはワンセットになっているから，プラスを挙げることによってマイナスを暗示することができる。

ステレオタイプは他者を差別するために用いられるだけではない。人種概念は偏見や差別に対抗するために逆手にとられることがある。例えば，「黒人」に対する差別的なステレオタイプに対抗して想定された「黒色人種」の優れた特質を主張する活動家がいる。

② 「人種」の後退

人種的思想に基づいた差別やホロコーストなどを受けて，第二次大戦後に生物学的な存在としての「人種」を否定する動きが強くなった。

国際連合教育科学文化機関(United Nations Educational, Scientific and Cultural Organization: UNESCO)は1950年7月18日に人種についての声明を出し，「人種は生物学的な存在ではなく，社会的構築物である」とした。米国人類学会も1997年に人種についての声明を発表し，「人間集団は明白に区切ることができる，生物学的に異なった一義的な集団ではない」と主張した。

アメリカの人類学者を対象に1985年に行われた調査で「ホモ・サピエンスという種に生物学的な人種があるか」という問いに対して，41%の自然人類学者と53%の文化人類学者は「ない」と答えた。1999年の同様の調査においてそれぞれの否定的回答がさらに増え，69%と80%となった(Leonard

Lieberman. How 'Caucasoids' Got Such Big Crania and Why They Shrank. *Current Anthropology*, 42 (1), 2001. 75)。

　人種の存在を否定する背景には人種差別に対抗する意識があるが、ブレイスと瀬口がいうように「生物学的実体を表すものとしての「人種」という分類の有効性を否定する背後にはあくまでも基礎的な生物学がある」(C. ローリング・ブレイス、瀬口典子「「人種」は生物学的に有効な概念ではない」『人種概念の普遍性を問う　西洋的パラダイムを超えて』人文書院、2005. 437)。

　人種という概念の曖昧さはよく指摘される。例えば、研究者によって「人種」の数が異なる。また、想定される「人種」の間にはっきりした境界線を引くことができない、という事実もある。ある「人種」のすべての構成員が持ち、他の「人種」の構成員が持っていないような遺伝子(人種マーカー)は存在しない。

　遺伝学的にいえば、集団間の差異よりも集団内の差異がはるかに大きい。そして皮膚の色や髪の質、歯の大きさなどの身体的特徴の変化は「人種」集団に沿った変化パターンを示さない(ブレイス・瀬口、2005. 441)。

　現代では人間の多様性を描写するには不連続性を示唆する「人種」よりも連続性を前提とする「勾配(cline)」という概念が好まれている。勾配とは、時間的あるいは地理的な変化による遺伝子や形質の分配の連続的な違いを意味する。

　つまり常識に反して、「人種」は他とはっきり区別できる自然な範疇ではなく、社会的に構成された概念なのである。

　このような立場は自然科学系の研究者にも受け入れられつつある。2005年の*Archives of Pediatrics and Adolescent Medicine*の投稿規定に次のように定めている。「論文に人種やエスニシティが報告された場合、だれがその分類を行ったか、そしてその選択肢は研究者と被験者のどちらによって定義されたかを明記しなさい。当研究で人種またはエスニシティが査定された理由を挙げなさい」とある(159.2)。

　もちろん社会的カテゴリーとしての「人種」は歴然と存続している。つまり私たちは周りの人をみて「黒人」「白人」「アジア人」「アラブ人」などの人種やエスニックなカテゴリーに振り分けている。そしてそのカテゴリーは生物学的な根拠を持たないにもかかわらず、真剣な社会的な意味をもつ。振り分けられたカテゴリーによって教育、就業、居住、結婚など、生活の多くの部分が制限されることがある。生物学的な根拠がなくても、人種概念の効用は歴然としている。

③「人種」の復活(とそれに対する反論)

　一方、「人種」の生物学的根拠が新たに注目されている。そこには2つの背景がある。1つは、アメリカの医学会を中心に発病率や治療に人種間の差異を考慮することが求められている。もう1つは、ヒトゲノム解析に伴って人種間に遺伝的な差異を認めることができる、という主張である。以下、この2つの動きを検討する。

　1つ目の医学研究の方では、アフリカ系アメリカ人はいわゆる「白人」系のアメリカ人より心臓病の発病率が高い。一見、これは生物学的な「人種」の存在を裏づけるかのようにみえる。しかし発病率の違いは遺伝的要因によるとは限らない。発病の原因は生活様式にあり、発病率の違いは環境的要因による、という可能性が大きい(竹沢、2005. 69–71)。

　また2005年に、アフリカ系アメリカ人に対する慢性心不全の薬がアメリカで認可された。加藤が指摘するように、「マイノリティ集団を医学研究の対象に含める制度ができたのは、公民権運動を含む人種差別撤廃運動の直接の結果」であった。1990年代に人を対象とする医学研究の研究費を獲得するために、国勢調査局が定めている「人種集団」を取り上げなければならないことになった。そして2003年から薬剤の治験にも同じ国税調査局のカテゴリーを対象集団に含めなければならないことになった。当初の目的は差別から生じる環境要因を明らかにすることであったが、皮肉にも逆に「遺伝的な違いを調べる研究を進めてしまった」(加藤、2009. 225–28)。

　国勢調査局のカテゴリーに沿って医学研究をすると、遺伝的距離をもつ複数の「人種集団」が浮き彫りになる。それは、カテゴリーに合った人々を対象とするためにそれ以外の人々は最初から除外されているからである。「人種集団」の間を埋めるデータが最初から排除されているから、それぞれの集団には輪郭があるという結果が出る。「人種」のカテゴリーは最初からあり、データの収集と処理に影響を与えている(加藤、2009. 230–31)。

　2つ目の遺伝の差異では、斎藤の説明を参考にしたい。斎藤は「人種」集団の発生を人類の系図に見出そうとする。現在の定説によると、近代人の祖先はアフリカで発生し、世界各地域に広まった。地理的な距離によって遺伝子的交流がない集団が生じると、突然変異と遺伝的浮動によって遺伝的差異が広がる。地理的な距離によってもたらされた遺伝的差異は「人種」の基盤である、という(斎藤成也「人種よさらば」『人種概念の普遍性を問う　西洋的パラダイムを超えて』人文書院、2005. 472)。

　ただし、人類の遺伝的差異は他の動物のそれと比べて小さい。「アフリカ、ヨーロッパ、アジアという地理的にきわめて遠く離れた集団の遺伝的違いが、東アフリカ、中央アフリカ、西アフリカという同じ大陸内に分布するチンパンジーの亜種の違いよりも小さい」(斎藤、2005. 472–73)といわれている。

　斎藤は人間の遺伝的違いを捉えようとする2つの方法を紹介する。1つは、ミトコンドリアDNAの基礎配列を分析したものである。その結果、「ミトコンドリアDNAの遺伝子系図でみると、現代人の遺伝子の系統はかなりばらばらになる」という(斎藤、2005. 475)。

　もう1つの方法は、集団間の「遺伝子頻度」である。血液型の分配のように、地域集団によって対立遺伝子の頻度が違う。複数集団のその頻度の違いを比較することによって、集団間の近似性を測ろうとする。斎藤は12種類の遺伝子座における30集団の頻度差を分析した研究を紹介する。遺伝的距離において30の集団を6つのグループに分けて、その6つのグループが6つの地域(アフリカ、西ユーラシア、東ユーラシア、北アメリカ、南アメリカ、オーストラリア)におおよそ分布しているということを指摘する(斎藤、2005. 479–80)。

　そのうえ「連続的な分布の両端が明白に異なっている場合、複数の集団に分けて捉えようという人間が出てくる

のは仕方ないだろう」ともいう（斎藤，2005. 482）。つまり「人種」として捉えることである。

それに対して竹沢は，このような研究においてそれぞれの集団に輪郭があるかのようにみえるのはサンプルの捉え方の結果であるという。「サンプル採取での『混血』の意図的排除は常であり，その裏には『純血』の◯◯人の存在という前提がある」。「差異が生じるのは，ある意味，統計学的に必然の結果である」。「系統樹やクラスター研究での遺伝的差異の発見とは，本来，連続帯である人間の多様性のある断片に名前をつけ，別の箇所の断片と比較して，その間の差異を確認するという作業なのである」（竹沢，2005. 72）。

総括すると，人類に多様性はあるが，しかしそれをはっきりした集団（人種）にまとめることはできない。

参考文献 24.A.03
- 竹沢泰子 編. 2005.『人種概念の普遍性を問う 西洋的パラダイムを超えて』30-31. 人文書院
- 竹沢泰子 編. 2009.『人種の表象と社会的リアリティ』岩波書店

（リー・トンプソン）

スポーツ能力と人種 24.B

陸上競技種目におけるアフリカ勢の優越 24.B.01

私たちが習慣的に使用し，意識している「人種」という概念によって区分される人間集団に「白人」や「黒人」などがある。これらの人種のうち，特に黒人に固有の運動能力や身体能力があるとする説は，私たちの日常生活に浸透している。しかし，このような説に科学的根拠が認められないことから，ここではこれを「神話」と呼ぶ。

まず，この説の根拠として引き合いに出されることの多い，陸上競技のトラック種目およびロード種目の世界記録保持者をアフリカ勢が独占している現況を概観することから始めよう。

その前に注意しなければならないのは，アフリカ勢の優勢は，最近の現象に過ぎないということである。19世紀末に近代オリンピックが誕生した当時，陸上競技は，人種間の優劣を競う場としての象徴的な役割を担わされていた。欧米諸国の人々は代表選手に「白人（アーリア人）の優越」の証明となる勝利を期待し，選手はこれに応えた。その結果，初期オリンピック大会の陸上競技は白人男性の独壇場という観を呈した。しかし1920年代になると，黒人選手が短距離種目を中心に登場し始める。すると，こうした「白人男性の聖域」への新参者に対する形容辞として，「スピードがあってもスタミナはない」とする言説が支持されるようになる。この表現には，「野獣のような」瞬発性や爆発力を有していても，「持続的な時間枠の中で，駆け引きに勝るための戦略を講じるだけの知的能力に足りない」という判断や期待が込められていた。ところが1950年代以後，スタミナを兼ね備えて長距離種目で勝るアフリカ系の選手が出現すると，「黒人は生まれつきあらゆる身体能力に勝る」との説が台頭した。このように，黒人の運動能力に関する解釈は，歴史の状況と文脈に応じて，いろいろと転換してきたことに留意しなければならない。

表1は，今日の陸上競技種目においてアフリカ勢が圧倒的に優位な立場にあることを示している。このデータは，陸上競技主要13種目（最短の100mから最長のマラソンまで，走行距離と障害物の有無によって規定される13の種目）における2010年2月時点での世界記録保持者である。王者たちは，短距離5種目（100m，110mハードル，200m，400m，400mハードル）ではいずれも西アフリカ出自（ジ

図1 1990年代から2000年代にかけて長距離・マラソンで活躍したH. ゲブレシラシエ
（写真：フォート・キシモト）

表1 陸上各競技種目世界記録保持者（2010年2月現在）

距離	選手名（国籍）	記録	出自
100m	U. ボルト（ジャマイカ）	9秒58	西アフリカ
110mハードル	D. ロブレス（キューバ）	12秒87	西アフリカ
200m	U. ボルト（ジャマイカ）	19秒19	西アフリカ
400m	M. ジョンソン（アメリカ）	43秒18	西アフリカ
400mハードル	K. ヤング（アメリカ）	46秒78	西アフリカ
800m	W. キプケテル（ケニア）	1分44秒11	東アフリカ
1000m	N. ゲニー（ケニア）	2分11秒96	東アフリカ
1500m	H. エルゲルージ（モロッコ）	3分26秒00	北アフリカ
1マイル	H. エルゲルージ（モロッコ）	3分43秒13	北アフリカ
3000m	D. コーメン（ケニア）	7分20秒67	東アフリカ
5000m	K. ベケレ（エチオピア）	12分37秒35	東アフリカ
10000m	K. ベケレ（エチオピア）	26分17秒53	東アフリカ
マラソン	H. ゲブレシラシエ（エチオピア）	2時間03分59秒	東アフリカ

＊表の形式は，Y. Pitsiladis and R. Scott. 2005. The makings of the perfect athlete. *Lancet*, 366. 516-17に基づく。この論文に掲載されたデータは2005年当時のものなので，2010年2月時点のものに更新した。

ャマイカのボルト〔U. Bolt〕，キューバのロブレス〔D. Robles〕，アメリカのジョンソン〔M. Johnson〕とヤング〔K. Young〕），中距離5種目(800mから3000mまで)では東・北アフリカ出自(ケニアのキプケテル〔W. Kipketer〕，ゲニー〔N. Ngeny〕とコーメン〔D. Komen〕，モロッコのエルゲルージ〔H. El Guerrouji〕)，長距離3種目(5000mからマラソンまで)では東アフリカ出自(エチオピアのベケレ〔K. Bekele〕とゲブレシラシエ〔H. Gebrselassie〕)である(図1)。短距離が西アフリカ出自に，長距離が東アフリカ出自に集まるなど興味深い偏りがみられるにせよ，記録保持者全員がアフリカ出自であるとみなせることを確認できる。

（川島浩平）

人種的な運動能力の探究　24.B.02

① 様々な自然科学的研究

自然科学系の研究者は，人種による運動能力高低の偏りの根拠を求めて，多様な分野で調査を実施してきた。具体的には，反射，体質と体型，ホルモン分泌，性格や心理的特徴，臨床医学，筋肉線維，成長速度，体脂肪率や骨密度，心肺機能，代謝機能，虹彩色，頭蓋サイズなどの比較研究である。研究者はこれら様々な分野において，穏健なものから過激なものまで，実に多くの学説を築いてきた。その中にはすでに時代遅れとみなされているものも少なくない。しかし近年なお注目を浴びている分野もある。次の3者での研究は特に活発である。これらの研究は，タブーの縛りが強いアメリカではなく，カナダ，オーストラリア，南アフリカ，ヨーロッパなど，アメリカ以外の研究・教育機関に所属する医学や生理学の専門家が支えている。

その第一の研究は，無酸素運動である短距離走における優劣を「筋肉の型」から判別しようとする。この分野の研究では，カナダのケベック大学研究班がよく知られている。その調査によると，筋肉は，短距離向きの速筋線維と長距離向きの遅筋線維の2種類に大別されるが，いわゆる人種として区別される人間集団間で，両線維の割合に違いがみられるというのである。同研究班の実験では，速筋線維の割合に，西アフリカ系とヨーロッパ系の実験協力者の間で有意な差異(前者平均67.5％，後者は平均59％)がみられたという。前者が筋肉的に短距離向きであるという示唆は，黒人が短距離走に強いという印象を裏づけるものであるとして話題を呼んだ(Ama, P., et al. Skeletal muscle characteristics in sedentary black and Caucasian males, *Journal of Applied Psychology* 61. 1986. 1758-61)。

第二は，有酸素運動である長距離走における優劣を，いわゆる「走行の経済性」に注目して解明しようとする。南アフリカとオーストラリアの専門家によるシドニー大学の研究班は，一定の速度で走る場合，黒人は白人より新陳代謝の効率がよいと報告している。デンマーク，コペンハーゲンの筋肉研究センターも，スカンジナビア人とケニア人の比較から，類似した結論に至っている。筋線維を包む毛細血管数でも，酸素とグルコースを反応させ，処理してエネルギーに転換するミトコンドリアの量でも，ケニア人はスカンジナビア人を上回っている，というのである。疲労の進行を示すアンモニアや乳酸の蓄積も，ケニア人の方が少ない。同班は，ケニア人はこれまで計測された中で，最高の有酸素運動能力を有していると主張する(Saltin, B. et al. Aerobic exercise capacity at sea level and at altitude in Kenyan boys, junior and senior runners compared with Scandinavian runners, *Scandinavian Journal of Medical Science and Sports* 5. 1995. 209-21)。

第三は，ゲノム研究によって明らかになりつつある「遺伝子の構造」から，運動能力の優劣を判定しようとする。特に11番目の染色体に位置するATCN3遺伝子の特定の部分の型に注目が集まっている(MacArthur, D. and North, K. 2007. Genes and human elite athletic performance, *East African Running: Toward a Cross-Disciplinary Perspective*, 224-25. Routledge)。ここがCC型の人は，特殊なタンパク質を生成する能力を有するとされる。このタンパク質は短距離走の際に筋肉線維が高速収縮してもそれに耐え得る強さを生み出すという。これに対し同じ部分がTT型の人は，そのような瞬発力に恵まれていない代わりに，長距離走向きの持久力を有するとされ，マウスによる実験がこれを裏づけている。「スプリンター王国」として知られるカリブ海のジャマイカでの調査によると，実験に協力した100人を超える陸上選手に占めるCC型の割合は75％と高く，TT型は2％と低い(折衷型のCTが23％)。これに対し，国際ハップマップ計画によると日本人に占めるCC型の割合は18％，TT型は22％，CT型は60％である。このようなデータを根拠に，ジャマイカ人と日本人には「人種的」な差異が存在するとみなし，短距離走における実績の差異との因果を求めようとする風潮が生まれている。

② 自然科学系学説の社会への影響

自然科学系の研究者の多くには，1つの興味深い共通の姿勢を観察することができる。それは，実験結果の意味を限定して解釈し，そこから社会的，政治的意味合いが生まれる可能性を極力否定しようとする姿勢である。自分の研究の結果が火を付けることになるかもしれない社会や政治レベルでの論争を警戒し，それに巻き込まれる危険を回避するために，報告書や論文の記述には，幾重もの予防線が張られている。

自然科学者の研究がたとえ純粋な学術的関心のみに根ざしているとしても，人文科学，社会科学，あるいはジャーナリズムの関係者は，人種的な運動能力を探究する努力とその成果をめぐって，激しい論戦を繰り広げてきた。1980年代後半以降，スポーツ史研究者のウィギンズ(D. Wiggins)，ミラー(P. Miller)，ダイレソン(M. Dyreson)，ホバマン(J. Hoberman)らは，運動能力の優劣に関する学説が常に歴史的文脈の中で形成されてきたことを明らかにし，自然科学に過度の信頼を寄せることに警鐘を鳴らしてきた。これに対してジャーナリストのエンタイン(J. Entine)は，文化や環境的な要因を尊重しながらも，遺伝的要因をタブー視することなく，真相を見極めようとする努力の必要性を説いている。前4者とエンタインの関係を単純な図式に描くことはできないが，人間の才能や能力を決める要因をめぐる「環境対遺伝」論争

が宿す緊張と対立が，その底流に存在していることは否定できない(川島浩平.「人種研究の対象としてのアメリカスポーツ－黒人運動能力論争と日本人(アジア人)ステレオタイプの場合」『武蔵大学人文学会雑誌』35(4). 2004. 111-48)。

(川島浩平)

本質主義の再検討　　24.B.**03**

① 水泳の「人種化」と「再人種化」

　遺伝的，あるいは生得的にある特定の人種が有する運動能力があるとする主張を，その人種の本性または本質にその能力が根ざしているという想定ゆえに，「本質主義」と呼ぶものとする。このような立場からの主張に，私たち日本人が耳を傾けける根拠となるスポーツとして陸上競技があることはすでにみたとおりである。

　しかし，陸上競技の優劣を決める要因を再検討するのに先立って，同じように本質主義の根拠として語られることの多い，もう1つの競技に注目してみたい。それは水泳である。経験則でみても，人種が水泳の能力や演技のレベルに影響を与え，さらにはそれを決定すると考えている日本人は多いといえるだろう。その根拠の1つは，世界水泳選手権やオリンピックのようなトップレベルの国際大会の出場選手に，黒人が比較的に少ないことと深く関連していると思われる。実際，次にみる陸上競技種目や，日本でも人気のベースボール，フットボール(サッカー，アメフトいずれでもよい)，バスケットボールなどの球技における存在感に比べると，黒人泳者は影が薄いといわざるを得ない。

　ある運動競技において，黒人が人口比率からみて著しい劣位にある場合，あるいはその逆に，著しく優位にある場合，その説明を遺伝子のような，個人に本来的に備わっているとみなされる物質に取り組む学問に求めようとする努力や傾向が生じることは，これまでも指摘されてきた(Coakley, J. *Sports in Society*. McGraw Hill, [9th edition] 2006)。ここでいう前者が水泳，後者が次に取り上げる陸上競技である。換言するなら，あまりにも著しい能力や成績の差異は，練習や鍛錬を超えた領域に存する条件によって決定されるに違いないとする思考が作用するというわけである。

　むろん，黒人のオリンピック選手が皆無であったというわけではない。しかしその存在が，「黒人は泳げない」というステレオタイプを補強するという皮肉をもたらした出来事もあった。2000年の第27回オリンピック大会(シドニー)に赤道ギニアの代表として競泳100m自由形に出場したムサンバーニ(E. Moussambani)の力泳(珍泳)はその1つである。彼は3人からなる予選のある組に出場し，他2人がフライングで失格したため，100mを1人で泳ぎ，勝者となった。しかしそのタイムは1分52秒72という，出場選手の平均タイムの2倍に達するかというお粗末なものだった。また彼の泳力や泳法は，疲労の溜まるレースの後半に，オリンピック選手らしからぬ素人レベルにまで落ち込んだ。全世界の視聴者は，その光景をみたとき，同情的な失笑を禁じ得なかった(http://www.youtube.com/watch?v=3zjCc_VyxM4〔2010年2月24日〕)。ムサンバーニの力泳の映像は，その後たびたびテレビのバラエティー番組にも登場した。それが，図らずも「黒人は泳げない」という印象を強化したことは想像に難くない。

　ムサンバーニの水泳歴とオリンピック大会後の上達ぶりを知った者なら，おそらくそんな印象を払拭できたかもしれない。彼は，水泳を習い始めてわずか8ヵ月でオリンピックに出場し，4年後の第28回オリンピック大会(アテネ，2004年)までに100mを57秒を切るタイムで泳げるようになったのである。いずれも，彼の泳者としての逸材ぶりを示す証拠である(ビザ問題で結局2004年の第28回大会〔アテネ〕には不出場)。しかし，数限りない視聴者のうち，これらの事実を知ったものはほんの一握りだったに違いない。

　「黒人は泳げない」というステレオタイプは，日本起源ではなく，それが通俗的人種言説として深い根をおろしていたアメリカから伝播したものである。アメリカ人の，黒人と水泳の関係に関する考えを窺わせるエピソードの1つに，今は亡きアフリカ系女優カーター(N. Carter)が，7万人の大観衆に向けて語ったジョークがある。1990年6月30日のこと，ロサンゼルスのメモリアル・コロシアムで，南アフリカで釈放されたばかりのマンデラ(N. Mandela)の講演を聴きに集まった大半がアフリカ系アメリカ人からなる観衆に向かって，カーターはいった。「水泳は『非黒人的(un-black)』な競技である。なぜなら，もし黒人が泳ぎを知っていたなら，奴隷として酷使された祖先たちがアフリカに泳ぎ去ってしまい，この国にアフリカ系アメリカ人が残っているはずもないから……」。このジョークが大観衆に受けたということは，「水泳=非黒人的」という了解が成立していたことを意味する。

　ロサンゼルス・ドジャースのゼネラルマネージャーであったカンパニス(A. Campanis)は，カーターが「非黒人的」という婉曲な表現でほのめかした，黒人に優れた泳者が少ない理由を，もっとぶしつけな物言いで説明しようとしたために辞職に追い込まれるという憂き目にあった。1987年，黒人初のメジャーリーガーとされるロビンソン(J. Robinson)のデビュー40周年の年，コッペル(T. Koppel)がキャスターを務める人気ニュース番組「ナイトライン」に出演した際に，カンパニスは臆することもなく，黒人が水泳に向いていない理由は，その身体が「浮力」を欠いているからだと断言したのである(http://abcnews.go.com/Nightline/Video/playerIndex?id=3034970〔2010年2月24日〕)。ロビンソンがモントリオール・ロイヤルズというドジャースの2軍チームの選手だった時代のチームメイトであり，その後も黒人選手のよき理解者として定評のあった球団管理職の口をついて出た言葉は，コッペルを仰天させ，当人がおそらく予想さえしなかった批判の嵐を視聴者の間に巻き起こした。2日後に解雇された彼は，汚名をそそぐ機会を与えられることもなく，その11年後に生涯を閉じることになる。

　黒人は水泳が苦手との印象を補強するかの発言が，著名な黒人アスリートからたびたびなされてきたことも，「神話」の形成と浸透に一役買ったのではないか。スポーツ界の英雄による証言

の影響力は，当人の運動能力が高ければ高いほど，カリスマ性が強ければ強いほど大きかったに違いない．1930年代から40年代にかけてボクシングヘビー級界に君臨したルイス(J. Louis)も極端な水嫌いで知られるが(Sklaroff, L. Constructing G.I. Joe Lois: Cultural solutions to the 'Negro Problem' during World War II, *The Journal of American History*, 89 (3), 2009. 958-83)，時代を下って，1992年5月に『プレイボーイ』誌が掲載した，バスケットボールの寵児ジョーダン(M. Jordan)とのインタビューをみておこう．

ジョーダン(図1)は当時，シカゴ・ブルズでの初優勝，第25回オリンピック大会(バルセロナ，1992年)出場の決定を経て，人気の絶頂に到達しつつあった．インタビューは，彼の公人，私人としての生活の様々な側面を掘り起こ

図1 バスケットボールの寵児マイケル・ジョーダンも極端な水嫌いで知られる
(写真：フォート・キシモト)

図2 17世紀のアフリカで金塊を探して水浴するアフリカ人
(出典：Kevin Dawson. Enslaved swimmers and divers in the Atlantic World, *The Journal of American History*, 92 (4) (March 2006): 1336.)

しながら，話題を水泳へと切り替わる．そこで読者は「俺は泳げない．水に触るのもヤだ」「だれにだって弱みはある，俺にとってそれは水だ」など，強い語調の言葉を目にした．インタビューをきちんと読んだなら，ジョーダンの水嫌いが，幼少期に友人が溺死するという不幸な事件に巻き込まれたことによるものであることがわかったはずである(1992. Michael Jordan: a candid conversation with the NBA's in-flight demigod on life after magic, basketball's ego wars and his guarantee for Olympic gold, *Playboy*. http://www.basketball.vuurwerk.nl/nba/michael_jordan/playboy.htm〔2010年2月24日〕)．しかし，1990年代を通じて，彼が黒人身体能力の「権化」として祭り上げられるにつれて，彼の「弱み」は個人の性質以上の一般性を帯びることになった．

水泳競技のトップ選手層に黒人が相対的に少ない理由については，様々な実証的な説明がなされてきた．黒人コミュニティーにおける，とりわけ児童・学童に対する水泳のための機会・施設の相対的欠如，その結果としての泳力の相対的未発達，根底にある原因としての人種主義(水を通じて異人種と肌を触れ合うことに対する嫌悪感等)などは，スポーツ社会学の教科書で必ず原因として指摘されるものである．また，最近の社会学研究に注目すべき成果も少なくないが(Irwin, C., Ryan, T. et al. Urban Minority Youth Swimming (In)ability in the United States and Associated Demographic Characteristics: toward a Drowning Prevention Plan, *Injury Prevention*, 15 (4), 2009. 234-39)，ここでは，歴史学的立場からの再検討の試みを紹介したい．なかでも，水泳と潜水を事例として，特定の人種・民族集団が，あるスポーツ的な活動に抜きんでた実力を発揮する場合の歴史的文脈の重要性を説いたドーソン(K. Dawson)は，注目に値する．

ドーソン曰く，「西アフリカ海岸地域あるいは内陸部の人間がまだ一人たりとも，奴隷にされたり，海外に強制輸送されたり，新大陸の空の下で強制労働に就かされたりしていなかった頃，アフリカ人の多くは熟達した泳者そして潜水夫であった．……やがてアメリカ大陸に輸送された奴隷たちは，

アフリカで培ったこの技能を持ちこみ，その後数世代にわたって仕事や余暇の時間に，それを大いに活用したのである．大航海の時代から19世紀を通じて，アフリカ系の人々の水泳と潜水の能力は，ヨーロッパ系の人々のそれをはるかに凌ぐものだった」(Kevin Dawson. Enslaved Swimmers and Divers in the Atlantic World, *The Journal of American History*, 92 (4), 2006. 1327)．

続いてドーソンは，史料に基づき，水泳を不得手とする黒人表象に曇らされた目には斬新で挑発的にさえ映る，水泳の過去に関する事実を次々と明るみに出していく．近現代のヨーロッパ人，特に女性が，そして水夫でさえ水泳を不得手としたこと(Mason, T. The Preservation of Life at Sea: A Paper Read before the American Geographical Society, February 27th. 1879)，大航海の時代以後，オランダ，フランス，そしてスコットランドの探検家がガーナ，セネガル，ガボンなどの地で目撃した，アフリカ人の驚異的な泳力(図2)，泳法，肺活量について，新大陸の植民地で奴隷たちがみせた超人的な水泳と潜水の能力について，そして主人の命を受け，あるいは自発的に，ジョージア，カロライナ，西インド諸島の海や河川で鱶，鮫，鰐などと闘ってこれを容易く射止めた奴隷たちについて等々である．

ドーソンの歴史研究は，こうして「過日」の水泳と潜水の世界が「今日」のそれと大きく趣を異にし，現在の「劣等者」が過去の「優越者」であった様子を，実証的かつ写実的に描き出すのである．そこで黒人は，白人よりも上手で速い泳者であり，より深く，より長く水中にとどまることのできる潜水夫であった．ここにみられる，水泳し，潜水する人々の過去と現在における逆転の構図は，今日1つの人種・民族集団が苦手であるとみなされている身体技法において，かつて同じ集団が他者に抜きんでていて，その実力を遺憾なく発揮し，人種や階級の壁を越えて他者から惜しみない称賛や報奨を受けていたことを伝える．ここから私たちは，特定の身体技法や演技(パフォーマンス)が「人種化」される際に，歴史的，文化的，環境的要因がいかに重要であるかを読み取るべきである．

19世紀以後，水泳と潜水の世界にい

かなる変化が起きたのかを明らかにすることは，歴史学的かつ社会学的課題である。実際の検証は今後の研究に俟たなければならないが，およその筋書きを予想することはそう困難ではない。一言で述べるなら，水泳と潜水の「再人種化」が起こり，黒人の身体技法が白人のそれへと転換したのである。その背景に，中産階級(新興ブルジョアジー)の出現と余暇の発見，水泳，日光浴，海水浴のレジャー化，肌の露出に関するタブーの解除，新しい身体観，美観，習慣，マナー，そして女性観の構築，水泳の競技化と国際大会の開催，そして人種主義的社会の構造と秩序の中での海岸，湖岸，プールなどからの黒人の締め出しなど，多様で広範囲に及ぶ社会的かつ文化的な条件の成立がみられたことはいうまでもない。

② 陸上長距離種目と「黒人の優越」

黒人の陸上競技種目における本質主義の誤謬を克服する1つの手段は，優越の現象を，水泳と同様に歴史的，文化的に分析することから求められる。まず，長距離走の場合を検討しよう。スポーツ地理学者ベイル(J. Bale)や運動生理学者ピツィラディス(Y. Pitsiladis)らは，異なる角度から，東アフリカ勢が長距離走力で優位に立つ原因を分析しており，いずれも，選手たちを生んだ歴史的経緯や文化的背景を重視する点で共通している。2人は，ドーソンが水泳を事例として取り組んだ身体技法への文化・歴史的なアプローチを，長距離走行を対象として実践してきたといえよう。いずれも強引な一般化やステレオタイプを避け，選手たちの生い立ちや経験を具体的に精査することによってのみ，正しい理解が得られると説いており，以下にベイルとピツィラディスの論点を2点に絞って紹介する。

第一の論点は，主としてベイルの説によるもので，それは，優秀な選手の属性をどのレベルで捉えるかという問題とかかわっている。陸上競技3000mの覇者コーメンや同5000mの覇者ベケレは，黒人として，ケニア人あるいはエチオピア人として，他の人種や国民に勝る人間として表象され，それゆえ人種的，国家的な優位が含意されてきた。しかし人種にせよ国家にせよ，そ

れらは便宜的あるいは政治的に構築されたカテゴリーであり，その中に包含される人間の性質を統一的に規定するものでないことは自明である。こうした人為的なカテゴリーの中に，多くのエスニック集団が存在し，さらに，1つのエスニック集団の中に，言語，住環境，生活慣習などの共有によって細分化される人々がいる。こうして細かく分割した人間集団を単位として検討することで，初めて長距離走での勝利を可能にする原因が明らかになる(Bale, J. and Sang, J.*Kenyan Running: Movement Culture, Geography and Global Change*. Frank Cass. 1996)。

ケニア人の場合，国際大会でトップレベルの長距離走者197人中の141人(1992年)は，リフトヴァレーと呼ばれる高原地方に居住するカレンジンというエスニック集団の出身者である。そして，カレンジンの中でもナンディという下位集団が，トップランナーの圧倒的多数を占めている。換言すれば，トップランナーは，ケニア人であっても人口の多いナイロビ地方や，北東地方，海岸地方の出身者からは1人も輩出されず，カレンジンであっても，ケリチョーやキシーなどの地区に居住する下位集団とはほとんど縁がない。結局のところケニアの強さは，概ねナンディの走力によるものであるということになる(図3)。

ナンディの優越を説明するには，この集団が有する文化的な特質と，同集団を育んできた歴史的条件に目を向け

なければならない。まず文化的な特質として注目すべきは，ナンディが共有している誇り高さである。「われわれはナンディなり，他の人間は無に等しい」「ナンディは，あらゆる非ナンディなるものに優越する」という意識が同集団にみなぎり，人々の強い自意識と気位の高さを象徴している。また，かくも強固な自尊心が，ケニアの民族集団で最も長期にわたるイギリス帝国とのゲリラ戦を持続させたともいわれる。

誇りと自尊心が長距離走に必要な精神力の源泉だとするなら，長距離を疾走し続けるための頑健な身体と強靭な脚力を作り上げたものは，このナンディに特有の社会的な構造と秩序であるといわれる。なかでも民族集団を経済的に存続させるために不可欠な資源としての牛を，他の民族集団から強奪する仕組みが果たした役割が重視されてきた。

ナンディによる強奪行為は，内密性とスピードを旨とする。20人かそれより少数の男性からなる強奪団は，夜間にめざす牛の群れを求めて100マイル以上も移動し，牛を獲得すると追っ手に気づかれる前に，すみやかに，牛を追い立てながらの帰路につかなければならない。家で待つ人々は，強奪を完遂した男性たちを称え，英雄として迎え入れる。危険とストレスに溢れた往復の行程を走破するには，人並みはずれた走力と持久力が不可欠である。強い脚力と心肺機能を有する若者ほど，成功する確率が高かったことはいうま

図3　障害走で競うケニア選手 (写真：フォート・キシモト)

でもない。強奪による経済行為の幾世代にも及ぶ歴史が，長距離走で勝つために必要な資質を有する若者を多数抱えるエスニック集団に，ナンディを仕立て上げたといえるかもしれない (Manners, J. Raiders from the Rift Valley: cattle raiding and distance running in east Africa, *East African Running: Toward a Cross-Disciplinary Perspective*. Routledge. 2007, 40-50.)。

それでは，優れた長距離走者を育むための歴史的，文化的な条件に恵まれたナンディたちの中で，いかなる要因が特定の個人を，陸上競技の世界大会で栄冠をつかむ地位に押し上げたのであろうか。第二の論点は，ピツィラディスらの調査に由来するもので，この問いに答える上で多くの示唆に富むものである。この調査は，経験の蓄積に，つまり幼少期に積んだ走行訓練の量に大きな意義を見出している (Onywera, V., Pitsiladis, Y. et al. Demographic characteristics of elite Kenyan endurance runners, *Journal of Sports Sciences*, 24(4). 2006. 415-22)。

調査はケニア人走者の人口統計的な比較を目的とし，アンケートによって404人の中・長距離種目(800mからマラソンまで)のトップレベルの選手と，87人の対照群から，出生地，言語，通学手段と通学距離に関する情報を集めている。選手は，実力や実績の差異によって，国内(相対的下位)レベルと国際(相対的上位)レベルの2つに区別される。その結果は次のとおりである。多くの回答者(対照群22%, 国内レベル73%, 国際レベル81%)は「走って通学した」と答え，レベルの高いアスリートほど走って通学したものが占める割合が大きい。また，レベルの高いアスリートほど「通学距離が10km以上である」とするものが占める割合が大きい。以上から，ケニア人の長距離走での勝利は，神秘的な天性の才能の賜物などではなく，学童期に長い距離を走って通学したという，後天的な鍛錬と努力の成果である可能性が高いとの結論を導くことが可能となる。

③ 陸上短距離種目と「黒人の優越」

短距離種目において西アフリカ出自の選手が好成績を収め，世界ランキングの上位層を独占していることは前述のとおりである。2009年世界陸上選手権ベルリン大会でのジャマイカ勢の活躍は，黒い肌のアスリートの優越を私たちが最近目撃したほんの一例に過ぎない。4年間のうち3年は，夏場になるとオリンピックか陸上世界選手権で「世界一速い人間」をめざす黒人走者の競い合いが行われ，お茶の間の日本人はその光景をみせつけられる。その時に単純明快で直観的に受け入れやすい，遺伝的，生理的な先天的差異を人種間に想定する本質主義的な解釈を，私たちが選択したくなるのも無理からぬことである。さもないと，世界のトップランナーに日本代表選手が敗北を喫し続ける理由が，練習不足にあることになりかねない。しかしそう考えることを望む視聴者はほとんどいないであろう。

それ以外に，環境要因によって，あるいは文化的，歴史的な観点から，黒人短距離走者の優位を説明できるだろうか。残念なことに，長距離走者に関する研究にみられるような成果の蓄積を，短距離走者に関して期待することはできない。なぜなら，黒人スプリンターの強さ，速さの原因を解明しようとする努力は，まだ端緒についたばかりだからである。

しかし，有効なアプローチの方向性を示唆することは可能である。例えば，スポーツ文化の比較研究は，ある国家の選手が特定の競技種目に抜群の成績を収め得る原因を，相対的，複眼的に捉える視座を提供してくれる点できわめて有効である。ジャマイカとドミニカ共和国を例にとって検討してみよう。これら2国家は，ヨーロッパの植民地支配からそれぞれ長い闘争を経て独立し，今日スポーツが主要産業の1つとして経済を支えるほどのスポーツ大国として発展してきた点で，またカリブ海に浮かぶ島国として比較的隣接している点で，歴史的，政治・経済的，地理的に少なくない共通性を有している。最も長い期間宗主国であったのは，ジャマイカはイギリス，ドミニカ共和国はスペインであり，それゆえ母語は英語とスペイン語であるなど，重要な相違点も存在する。とはいえ，民族的な構成に注目すると，安易な比較は許されないとはいえ，いずれも国民の9割近くがアフリカ系の血を受け継いでいるとの調査もあり，その意味での類似性を認めることもできる。

だが，こうした共通性や類似性にもかかわらず，それぞれの国が得意とする競技種目は明らかに異なっている。ジャマイカは陸上短距離王国であり，ドミニカ共和国はベースボール大国である。ジャマイカの最近にして最大の英雄は陸上競技100mの覇者ボルトであるが，もちろん，ジャマイカの強さはボルト1人によるものではない。オリンピックのメダル記録を紐解けば，ジャマイカが，陸上競技だけで通算金メダル13個，銀メダル24個，銅メダル15個を獲得してきたことがわかる。人口わずか280万の国家にとって，見事な記録である (Robinson, P. *Jamaican Athletics: A Model for 2012 Olympics and the World* [reissue edition]. Arcadia Books. 2009)。ドミニカ共和国は，対照的に，すべての競技種目を合わせても通算で金メダル2個，銀メダル1個，銅メダル1個を勝ち取ったにとどまる。その理由の1つは，ドミニカ共和国が運動の才能をベースボールに注ぎ込んできたからである。同国は，アメリカに次ぐメジャーリーガーの輩出国として名高い。ラミレス (M. Ramirez), オルテス (D. Ortiz), ゲラーロ (V. Guerrero), マルティネス (P. Martinez) など，今日最も輝いている現役選手にドミニカ出身者は少なくない (図4) (Ruck, R. *The Tropic of Baseball: Baseball in the Dominican Republic*. Bison Books. 1999)。

いま仮に，日本を代表する野球選手がジャマイカに，同じレベルの短距離

図4 ベースボールの試合を熱くみつめるドミニカ共和国の人々
(出典：Alan M. Klein, *Sugarball: The American Game, the Dominican Dream*. Yale University Press, 1991. 表紙)

走者がドミニカ共和国に移籍したと仮定してみよう。それぞれの国では，黒人選手をはるかに凌ぐ「黄色い」肌の短距離選手と野球選手の出現が話題を呼ぶことになるだろう。そこに果たして，黒人身体能力神話が存続する余地があるだろうか。「黄色人」身体能力神話がこれに代わって流通するであろうか。ここから先は想像に任せるしかないが，ある国家という文脈において，黒人であることがスポーツにおける優越の必要条件でないことは明らかである。

ジャマイカとドミニカ共和国のスポーツの経験は，それぞれイギリスとアメリカの強い文化的影響の下に蓄積されてきた。2つの国家のスポーツ文化の形成と運動能力の発現は，本質主義によってではなく，文化的・歴史的アプローチによってのみ説明が可能であることはいうまでもない。ジャマイカとドミニカ共和国は，それぞれに特有な歴史的環境の中で形成されたスポーツ文化のなかで，運動選手の才能を育成してきた。スポーツ文化を支える制度的な柱は，家庭・家族であり，学校であり，地域社会である。これらの制度を通じてそれぞれの国民が児童や学童を教育し，スポーツに勧誘し，優秀者を奨励し，報酬を与えてきた，その仕組みと方法を精査しない限り，ジャマイカ短距離選手の強さやドミニカ野球選手の活躍の秘密を明らかにすることは不可能である。

参考文献

- 川島浩平. 2010.「「黒人身体能力」と水泳，陸上競技，アメリカンスポーツ：「神話」歴史性を検証するための試論的考察として」『武蔵大学人文学会雑誌』41: 145-75.

(川島浩平)

黒人アスリートをめぐる問題　24.C

黒人アスリートの出現　24.C.01

アフリカ系アメリカ人（以下，黒人と略す）のアスリートといえば，日本ではジョーダン（M. Jordan）やウッズ（T. Woods）のような傑出した存在を思い浮かべる人が少なくない。しかし黒人は昔から優秀なスポーツ選手だったわけではない。まず歴史を紐解いて黒人アスリート出現の過程を概観してみたい。

19世紀後半，南北戦争後のアメリカ社会において，スポーツという活動は富裕層の健康維持法や余暇としての役割を期待されていた。これは近代スポーツ発祥の国イギリスの影響によるものである。スポーツの組織化の中心はニューヨークやボストンのような都市のアスレチッククラブにあった。そこは閉鎖的な社交クラブであり，貧困層や移民にはかたく門戸を閉じていた。当時は南北戦争という「骨肉の争い」によって地域間の対立を克服し，奴隷制を廃止した直後であった。しかし黒人に対する偏見は根強く残っており，アスレチッククラブの中には，北部にあっても黒人の排除を規約で定めていたところが少なくなかった。

1896年，黒人のプレッシーが白人専用の車両に乗車することの是非をめぐって争われた「プレッシー対ファーガソン裁判」で，連邦最高裁は人種間における「分離すれども平等」の原則を承認した。このような司法の判断も手伝って，スポーツ界において人種分離を容認する風潮は強まり，各地で人種分離を制度化する動きがみられた。「国技（ナショナル・パスタイム）」としての文化的地位を築いたベースボールにおいても同様だった。1887年に，すでに「メジャーリーグ」としての地位を揺るぎないものとしていたナショナル・リーグにおいて，黒人選手の入団を禁止する「紳士協定」が暗黙の了承を受けていた。19世紀末までには，黒人選手の排除が徹底された。

人種差別に抵抗してスポーツに出世の道を求めた黒人は，けっして多くはなかった。奴隷制が廃止されたとはいえ，連邦政府による南部再建政策が挫折したために，黒人たちは貧困と不衛生の中に放置された。統計学者のホフマン（F. Hoffman）は統計調査の結果を発表し，劣悪な生活環境が原因で黒人はやがて死滅するだろうと警告した。この報告書は当時の多くの白人の黒人に対する見方や考え方を反映していたといわれる。食うや食わずの状況に置かれた人々が，スポーツと無縁であったことはいうまでもない。

このような全般的な状況の中で，黒人がアスリートとして実績を築くことはきわめて困難だった。しかしまったく不可能だったわけではない。黒人に門戸を閉ざしていなかった北部の一部の大学や黒人大学（アメリカには歴史的に黒人だけを対象とする大学がいくつもある）が，恵まれた一握りの人々にとっての活躍の舞台だった。その一人ポーグ（G. Poage）は，1904年に第3回オリンピック大会（セントルイス）の陸上種目で銅メダルを獲得した。テーラー（J. Taylor）は，08年に同じく陸上種目で黒人初の金メダルを手中にした。ロブスン（P. Robeson）は，「大学スポーツの華」として不動の地位を築いたアメフトにおいて，1917年と18年に全米代表チームに選抜された（図1）。貧困層の中にも，1891年にネイスミス（J. Naismith）が考案し，キリスト教青年会（YMCA）などを通じて急速に普及したバスケットボールに夢中になる黒人青少年がいた。

それでも，黒人スポーツ選手が例外的な存在であったことに異論の余地はなく，高等教育機関の中には，プリンストン大学のように，人種分離を固持する組織も多かった。また2人以上の黒人選手を選抜チームに出場させる大学は，ほとんど存在しなかった。黒人選手は「トークン（おしるし）」的な地位を与えられたに過ぎなかった。この暗黙のルールを破るチームには対戦拒否のような制裁が待ち受けていた。しかし1930年代になるとアマチュアとプロそれぞれの世界に，2つの巨星が出現した。この2人は圧倒的実力を示して，多くの国民に「黒人には生まれつき固有の身体能力があるのではないか」との想定を抱かせた。黒人身体能力に関する「神話」の起源は，この時代に求められるのかもしれない。

その一人は，1936年の第11回オリンピック大会（ベルリン）において陸上競技100mを含む4種目で金メダルに輝き，「アーリア人」の優越を説くナチスドイツの脅威となったオーエンス（J. Owens）である（図2）。オーエンスの快

図1 ラトガース大学時代のロブスン，アメフトのチームメイトと
(出典：Martin Duberman, *Paul Robeson*. the New Press, 1989)

図2 第11回オリンピック大会（ベルリン）を沸かせたオーエンスの快走
(写真：Picture Alliance/アフロ)

挙を称えたアメリカ人の多くは，それが黒人特有の身体や体型によるものであるとみなした。しかし，黒人初の形質人類学者であるコッブ（W. Cobb）は，オーエンスの身体を精密に計測して，それがいわゆる黒人型よりは白人型に近いと公表することによって，このような俗説を退けた。

その2年後，ドイツのリーフェンシュタール（L. Refenshtahl）はドキュメンタリー映画『オリンピア』を完成させた。その映像は，第11回オリンピック大会（ベルリン）に出場したアスリートの身体美と躍動を鮮明に捉え，オーエンスの快挙をいきいきと映し出した。第二次大戦後『オリンピア』は，ナチスのプロパガンダの手段として，厳しい批判にさらされた。しかし再び芸術作品として高い評価を取り戻し，現在でも全世界の人々に視聴されている。この映画もまた，神話の形成と普及を促した要因の1つである。

もう一人は，ボクシング史上屈指のヘビー級王者として1937年から49年まで25度タイトルを防衛したルイス（J. Louis）である。ルイスに関する報道記事には，人種的な能力への示唆がふんだんに盛り込まれている。そこに神話の原型を見出すこともできる。スポーツライターとして健筆を振るったライス（G. Rice）は，ルイスの能力をこう解説した。「それは天性のものだ。偉大な黒人ボクサーは白人ボクサーとちがって，指導によって育つのではなく，生まれながらにしてボクサーなのだ」（クリス・ミード『チャンピオン：ジョー・ルイスの生涯』佐藤恵一 訳，東京書籍，1988）。詩人アンジェロウ（M. Angelou）は，ルイスを「黒人が世界最強の民族である」ことの証人として称えた。

（川島浩平）

大学・プロフェッショナルスポーツにおける台頭　24.C.02

① 第二次大戦後の変化

1940年代後半になると，人種統合を推進する様々な条件が整備された。例を挙げるなら，黒人兵の戦場での功労に対する賞讃，帰国後の待遇に対する黒人復員兵の不満の鬱積，ルーズベルト（F. D. Roosevelt）からトルーマン（H. Trueman）へと続く民主党政権による反分離主義政策の漸進，そしてなにより国際社会において自由と民主主義を標榜しながら，国内に人種主義体制を抱える国家の矛盾に対する国内，国外からの告発などが含まれる。

こうした状況を反映して，スポーツは政治，経済，学術など他に先駆けて，きわめて早い時期から人種統合を実現させた分野である。その動向を象徴的に示すのが，三大プロスポーツにおける，黒人選手への門戸開放であった。その中で最初に行動をとったのは，アメフト界である。1946年にロサンゼルス・ラムズは，NFL（National Football League）球団を拘束していた紳士協定を反故にして，カリフォルニア大学ロサンゼルス校（UCLA）出身のワシントン（K. Washington）とストロード（W. Strode）を獲得した。翌47年にはMLB（Major League Baseball）においてブルックリン・ドジャースが，ロビンソン（J. Robinson）を「初の黒人大リーガー」としてデビューさせた。ただし，厳密にいうと，ロビンソンは「メジャーリーグ初の黒人選手」ではない。19世紀当時「メジャー」とみなされていたアメリカン・アソシエーションというリーグには，ウォーカー（M. Walker）のような黒人の先駆者が少なからず存在した。したがって正確にいうなら，ロビンソンのデビューは，それ以前の半世紀以上の期間，球界を人種によって分断していた体制に終止符を打つ出来事だった。

② バスケットボールの場合

1950年にNBA（National Basketball Association）のボストン・セルティクスは，ドラフト会議でデュケーン大学のクーパー（C. Cooper）を指名した。ニューヨーク・ニックスはクリフトン（N. Clifton）と契約を交わした。ワシントン・キャピタルスはロイド（E. Lloyd）を試合に出場させた。これら3者はそれぞれの立場と状況において，黒人としての「初」を主張する資格がある（川島浩平「バスケットボールと『アメリカの夢』：組織から見るアメリカンスポーツの形成と変容」久保文明・有賀夏紀 編『個人と国家のあいだ《家族・団体・運動》』168．ミネルヴァ書房，2007）。

上述したように20世紀前半を通じて，アメリカ社会は公式・非公式な人種分離主義の下にあった。バスケットボールの試合においても，白人と黒人がともにプレイする光景はごく稀なことであった。主要な大学対抗戦や公式試合は白人選手に占められた。プロの世界では，ニューヨーク・レンズやハーレム・グローブトロッターズのような巡業団（英語のbarnstorming。本拠地で開催されるホームゲームではなく巡業での試合を主として収入を得るチームのこと）に所属する選手の華麗なプレイが異彩を放っていた。とはいえ同チームの選手たちでさえ，宿泊や食事の場所がみつからないなど差別を受けることが日常茶飯事だった。しかし第二次大戦後になると人種統合の大きな渦が巻き起こり，大学とプロの両者において，黒人選手は量的にも，質的にも次第に主役の座を奪うに至る。こうした変動はいかにして生じたのだろうか。

20世紀初頭から，北部のいくつかの大学選抜チームでは黒人選手が出場していたことが知られている。その中には，コロンビア大学のグレゴリー（G. Gregory）のように，全米代表に選出（1931年）された逸材もいた。こうした選手たちは例外的存在であったが，戦後になると黒人選手はさらに増加し，1950年にNCAA（National Collegiate Athletic Association）大会とNIT（National Invitation Tournament）の両者で栄冠を勝ち取ったニューヨーク市立大学は，人種混成チームだった。1950年代半ばまでに南部以外の地域では，大学バスケットボールにおいて人種分離は事実上解消した。

しかし地域間の交流戦において，人種は常に摩擦の原因であった。第二次大戦前，サウスイースタン（深南部）やサウスウエスタン（テキサス・オクラホマ）などのカンファレンスに所属する南部の大学は，黒人選手が出場するチームとの試合を拒否したり，自発的に黒人選手の出場を取り消す「紳士協定」を強要したりすることで，対立を回避しようとした。しかし戦後になると，反人種主義の意識が高揚する中で，北部や中西部の大学は「紳士協定」を無視するようになった。黒人選手の出場を認めないチームとの対戦を拒否する大学も増加した。多くの南部大学は，人種統合チームを擁する大学との対戦をスケジュールから外すことで，衝突を回避しようとしたが，NCAA大会のような公式戦ではそれも不可能となった。

1956年，サウスウエスタン・カンファレンスに所属するテキサス・ウエスタン・カレッジ（以下，TWCと略す）は，2人の黒人選手を受け入れ，南部で最初の人種統合チームを結成した。同大学のあるエルパソという街では，西部の影響が強く，人種主義制度撤廃への抵抗が弱かったことも，統合を促した要因に数えられる。加えてTWCの指導者たちが強い野心を抱いていたことも見落とせない。TWCはテキサス大学など有力校の陰にあってほとんど無名で，スポーツ部門も弱小だった。しかし，だからこそ指導者たちは，強力なバスケットボールチームによって大学の知名度を上昇させようという意欲に燃えていて，有能な黒人選手は，そのための重要な人材とみなされた。

TWCのバスケットボールチームは，人種統合を実現した後，戦績を向上させた。10年後のNCAA大会決勝では，有名コーチのラップ（A. Lapp）率いる強豪ケンタッキー大学と対戦し，72対65で打ち破った。この決勝戦は，黒人先発5人対白人先発5人という，人種的対立が最も鮮明な形で実現した初めての試合として歴史に刻まれ，現在まで語り継がれている（図1）。TWCの優勝は南部全土を激震させた。スポーツ愛好の気風が強い南部社会において，人種主義の伝統とスポーツでの勝利とは，どちらを優先すべきか非常に難しい選択であった。だが多くの大学，とりわけTWCのような野心に燃える大学は，後者にこだわり，次々と人種分離体制に終止符を打つ決断を下した。

サウスイースタン・カンファレンスでは，サウスウエスタンに10年遅れて大きな動きがみられた。1966年にヴァンダービルト大学が，黒人のウォーレス（P. Warrace）に入部許可を与え，翌67年に試合に出場させたのである。69年にオーバン大学が続き，ハリス（H. Harris）を出場させた。60年代に同カンファレンスで試合をしたのは以上の2人のみである。しかし70年代に入ると黒人選手数は急増した。1975-76のシーズンには，登録選手の45%を黒人が占めるまでになった。

プロの世界でも，黒人選手は飛躍的に実績を築いていた。1955年から2年連続してサンフランシスコ大学をNCAA大会優勝に導いたラッセル（B. Russell）は，1957年にセルティックスに入団して，初のNBAタイトルをもたらした。ラッセルと，1959年にフィラデルフィア・ウォーリアースに入団したチェンバレン（W. Chamberlain）のぶつかり合いは「巨人の対決」として人気を呼んだ。1970年代には「ドクターJ」ことアーヴィングが「ゴール枠上のプレイ」によって観客を魅了した。その後今日に至るまで，ジョンソン（M. Johnson），トーマス（I. Thomas），ジョーダン，ブライアント（K. Bryant），ジェームス（L. James）など個性と才能溢れる選手が次々と登場し，NBAに欠かせない存在となった。

③ 1990年代の黄金時代

1990年代になると，黒人選手は三大プロスポーツのすべてで比率的に優位な地位（全人口に占める黒人比率よりも全選手数に占める黒人選手数の比率が高い状況）を達成するに至った。しかしそれまでの分離体制下における偏見や差別との長い闘いの歴史があったことを忘れてはならない。つまり黒人アスリートの優勢は，1619年に最初のアフリカ人が北米イギリス植民地の土を踏んで以来400年近くに及ぶ人種関係の歴史の，ほんの一時期の現象に過ぎないのである。「黒人の身体能力は天賦の才能である」という神話を受け入れる前に，私たちはこの事実を直視する必要がある。

とはいえ，1990年代中葉における黒人アスリートの活躍は特筆に値する。とりわけこの時代に天才的な選手が彗星のごとく現れ，先駆者の少なかったゴルフやテニスのような競技においても頂点を極めたことと，神話が浸透したこととは無関係ではない。多くの人々はこうしたアスリートの演技を，黒人の身体能力が優越する証拠として受けとめた。神話を支えているのは，数値や比率である以上に，黒人アスリートの鍛え抜かれた身体と，それから生まれる妙技の記憶なのである。

その代表例は，黒人スポーツの典型とみなされるようになったバスケットボールにおいて，キャリアのピークを築きつつあったジョーダンである。彼は「天性の素質」や「黒人特有の身体能

図1 1966年大学バスケットボール史上最も有名な「人種の戦い」に勝利したTWCチーム
（出典：Charles H. Martin, "Jim Crow in the Gymnasium: the Integration of College Basketball in the American South," in Patrick B. Miller & David K. Wiggins, eds., Sport and the Color Line: Black Athletes and Race Relations in Twentieth-Century America. Routledge, 2004, 244）

図2 パワーとスピードでテニス界の常識を覆したウィリアムス姉妹（写真：フォート・キシモト）

力」という形容辞（形容語句）によって称賛され，超人的な瞬発力が作り出す滞空時間は「跳躍（ジャンプ）」ではなく「飛翔（フライ）」と呼ばれた。社会学者エドワーズ（H. Edwards）はジョーダンの逸材ぶりを，「宇宙人に人間の可能性，創造力，忍耐力，そして精神力の典型を紹介するとしたら，私はジョーダンにする」と表現した。ジョーダンは黒人身体能力の「権化」的存在になった。

黒人にそれまで縁遠かった競技の1つゴルフでは，ウッズ（T. Woods）がUSアマチュアオープンに史上最年少で優勝して一躍脚光を浴びた（1994年）。翌年スタンフォード大学に進学後，彼は大学選手権で優勝を果たした。プロ転向後にはマスターズで，2位に12ストロークの大差をつけて優勝した。テニス界ではウィリアムス（V. Williams）が，1997年のUSオープンで決勝まで勝ち進んでその名を轟かせた。翌98年から彼女は妹のセリーナ（S. Williams）とともに主要大会の優勝杯を独占するようになり，姉妹の黄金時代の幕開けとなった（図2）。

スポーツ研究者はかねてから，ゴルフやテニスのようなクラブ組織を基盤として発展し，それゆえマイノリティーの参加が制約されてきた競技と，三大プロスポーツのような教育活動を中心に広まり，それゆえ広い大衆参加の基盤を有していた競技との間に存在する，マイノリティーへの普及率の格差を問題視していた。ウッズやウィリアムスの優勝は，クラブスポーツにおけるマイノリティーの勝利であり，閉ざされた機会の否定を意味した。その点で歓迎されるべきであろう。しかしこの勝利が，黒人身体能力神話を補強するという皮肉な結果を招いたことにも留意したい。2人の勝利は，黒人は優れた身体能力ゆえにあらゆるスポーツに強いという神話を強化する一面も有していたのである。

身体能力神話が広く浸透した背景には，それが黒人だけでなく，多くの白人にも支持されたという事情がある。自己の劣等を示唆する神話を白人たちが受容した理由の1つは，この神話が，西洋の思想的伝統に深く根ざした人種観を裏づける性質を有していたからである。つまり白人は，スポーツ競技における黒人に対する敗北を，伝統的な心身二元論（身体的優越＝知的劣等）に立脚しつつ，自らの精神的優越へと読み替えることができたのである。黒人身体能力神話は，白人の劣位を優位に転換する論理に裏打ちされていることを忘れてはならない。

（川島浩平）

「黒人身体能力神話」の行方　24.C.03

① 偽科学言説と舌禍事件

黒人アスリートの優位性を説明する方法として科学をもちだす傾向は，ボクシングのルイスや短距離走のオーエンスが活躍した時代にも顕在化していた。その後も，オリンピックのような国際大会で黒人アスリートが活躍するたびに，このような傾向にジャーナリストによる新たな表現が加えられて流通した。1964年の第18回オリンピック大会（東京）の直後に，スミス（M. Smith）は『ライフ』誌に掲載された記事で，人類を「モンゴロイド」「ネグロイド」「コーカサイド」に大別し，各集団間の身体的差異に「科学的事実」として注目した。彼はこの「事実」が運動能力に与える影響にも憶測をめぐらせた。1970年代になるとケイン（M. Kane）が，『スポーツ・イラストレイティッド』誌において「人種の身体的差異が特定の運動種目で黒人（原文では「ニグロ」：前述の「ネグロイド」をアメリカ人が省略した表現）に有利に作用したことを示唆する科学者の証言が増えている」と述べて反響を呼んだ。学界からはエドワーズが，ケインに体系的な反論を加えた。

1980年代になると，黒人の運動能力を遺伝的，生物学的観点から説明しようとする試みは，さらに有力なメディアであるテレビを通じて伝えられた。しかしその分，当事者は厳しい社会的制裁に見舞われた。1987年にロサンゼルス・ドジャースのゼネラルマネジャーであったカンパニス（A. Campanis）は，ニュース番組『ナイトライン』で，黒人の「運動能力はすごいが監督になるために必要な資質がたりない」と語った。翌88年にCBS放送解説者スナイダー（J. Snyder）は，報道記者を相手取って「黒人の運動能力が優れているのは，奴隷制時代に身体強健な男女が人工的に掛け合わされた結果である」との自説を開陳した。その結果彼も厳しく咎められ，解雇された。これらは軽口のつもりの発言が，予想以上の社会的制裁を招いた事例である。

1990年代にはゴルフ界の「帝王」ニクラウス（J. Nicklaus）が，黒人ゴルファーが少ない理由を問われ，「黒人の筋肉もその反応も，白人とは異なる」と答えて物議をかもした。彼も厳しい批判にさらされ，あわてて謝罪し，発言を取り消すことになった。この事件は，トップアスリートが人種神話を当然のように受け入れている事例として話題を呼んだ。

1995年には，1マイル走で4分を切った史上初の走者であり，神経医学者

としても知られるバニスター(R. Bannister)の発言が注目を浴びた。彼は、イギリス科学向上協会での講演で「黒人の身体構造や生理に何か特別なものがあることは確実だ」と語り、やはり厳しい責めを負った。これは、分子生物学者ワトソン(J. Watson)による「われわれの社会政策はすべて、アフリカ人の知能がわれわれと同じだという前提に基づいているが、実験結果はすべてそうでないことを示している」という発言(2007年)とともに、白人知識人による、黒人の能力に関する数少ない公言として記憶されている。

白人アスリートに対する社会の目は厳しいが、黒人アスリートには寛容なようである。元NFL選手のシンプソン(O. J. Simpson)、元大リーガーのモーガン(J. Morgan)、ボンズ(B. Bonns)、1984年第23回オリンピック大会(ロサンゼルス)で4つの金メダルに輝いたルイス(C. Louis)らは、公式な場で、スポーツにおける黒人の成功は白人に対する身体的優越ゆえであると発言したが、一切咎められなかった。

② **脱神話言説**

以上の事例から、20世紀末までにアメリカの国内外において、身体能力神話が広く流布していたことがわかるが、アメリカ言論界はこれに、どのように対応したであろうか。むろん、神話の浸透を黙認していたわけでも、黒人アスリートの躍進という大きな成果の副産物として無邪気にこれを称賛していたわけでもない。ここで注目すべきは、身体能力神話の魔力に抗いながら、本質主義的な想定の根拠を突き崩そうとする主張や、その弊害を見据えて冷静な分析を展開する論者が存在したことである。

前出のエドワーズは、1970年代にはすでに「黒人の若者とその家族の盲目的スポーツ信仰こそ、黒人社会における深刻な問題を生む元凶である」という警告を発しており、スポーツ中心主義に対する批判の先陣を切った一人として注目すべき人物である。カリフォルニア大学バークレイ校に籍を置いたオグブ(J. Ogbu)は、運動競技熱が学業面での黒人児童の落ちこぼれを生み出していると警鐘を鳴らした(Ogbu, 2004)。ウィギンズ(D. Wiggins)、ミラ ー(P. Miller)、ダイレソン(M. Dyreson)らは、科学的言説の危うさを歴史学の立場から検証し、身体能力神話をその一例として一蹴した。セイルス(G. Sailes)は、研究史の検討に基づいて、運動選手としての優位における社会的要因の意義を再確認した。

学界からの警告を後押しするアスリートも現れた。1994年に、2人の黒人少年がNBA選手になることを夢みて過ごす青春時代を5年間かけて追跡したドキュメンタリー映画『フープ・ドリームス』が封切られ、批評家に絶賛されると、当時NBAの花形選手だったバークレイ(C. Barkley)は、この映画が青少年に与える悪影響を憂えてこう述べた。「夢をみることはいいことだけど、み過ぎないでほしい」と。

ホバマン(J. Hoberman)は、19世紀から20世紀に出版された医学者や科学者による文書を渉猟し、黒人身体能力に関する科学的な言説が恣意的に構築され、あるいは時代の価値観によって大きく左右されてきたことを実証した。また、こうした言説によって形成された神話が、1990年代のアメリカにおいて運動競技熱を過熱させ、黒人コミュニティーに深刻な弊害をもたらしていると告発した。「アフリカ系アメリカ人はスポーツに愛着するあまり、20世紀のほとんどの間、自分たちの知的な能力に関心を向けてこなかった」「黒人たちの多くは、巷に溢れる役割モデルの影響で、アスリートこそ自分のめざす職業だと思い込んでいる」「アフリカ系アメリカ人の多くは、スポーツ界に閉じ込められている」など、その論調は白人研究者には稀なほど厳しいものである。ホバマンの主張は、イギリス人研究者キャリントン(B. Carrington)らによって批判的に継承された。彼は、神話に対するより理論的な批判を試みている。

これら「脱神話言説」とでも称すべき主張に共通するのは、スポーツへの執着がもたらす深刻な代償についての認識である。最たる犠牲者は、スポーツに熱中して学業不振に陥る児童である。ホバマン曰く、「多くの黒人は、黒人が出世するには運動選手になるしかないと、いとも簡単に思い込み」、その結果「知的野心をきっぱり拒絶する」ようになるという。また、「いい成 績をとるために勉強したり、時間を厳守したりするものは『白人ぶってる』とみなされ、学業でがんばろうとする黒人生徒は『頭でっかち』というラベルを貼られ、乱暴な黒人たちに疎外され、仲間はずれにされ、暴力さえ振るわれたのである」とさえいう。スポーツへの執着は、黒人の青少年を将来性のない袋小路へと追い立てている。最も成功の可能性が高いとされるアメフトでさえ、20歳から39歳までの黒人男性でプロになれるのは、わずか47,600人に一人に過ぎないし、黒人男性の弁護士と医師が6万人もいるのに比べ、プロアスリートはわずか3,000人に過ぎないのである。

20世紀末の20年間に、メディアは、優れたアスリートのパフォーマンスを中継し、黒い肌の身体が能力的にも記録上も秀でている様子を伝えた。それと同時に、解説やドキュメンタリーを通して、数値や比率的にも白い肌のアスリートに優越すると視聴者に語った。その影響力は絶大であり、視聴者の多くは説得され、これをうのみにさえした。こうして身体能力神話が伝達される土壌は耕された。しかし他方で、神話を支える言説があからさまに人種差別的であるため、神話を公の席で口にするのは、それが黒人である場合を例外として、社会的に禁じられ、神話はタブーとなった。禁忌を犯した者には、解雇を含む容赦ない罰則が科された。同時に、神話の根拠を社会学的、歴史学的に覆す主張が繰り返され、神話の盲目的信奉が学業不振、怠慢、勤勉者への暴力行為、学校からのドロップアウトなど様々な弊害をもたらしてきたとする脱神話言説が次々と提起された。

③ **黄金時代の終焉の可能性**

スポーツの技能や実践における人種的優越を歴史的、文化的観点から解明しようとする立場から、現在のアメリカスポーツ界を観察するなら、「黒人アスリート黄金時代」が「終焉」するかもしれないという、多くの人にとって予想外と思われる可能性もみえてくる。

まず、大学スポーツ界の今日の動向を、黒人アスリートの今日(あるいは過日)における優位や有力さとみられてきた現象を、歴史的な変容の一過程と

みなす立場から読み直してみたい。すると，20世紀を黒人アスリートの台頭と全盛の時代とするなら，21世紀はその衰退期であるのかもしれないとするエドワーズの警告が，改めて説得力を有することになる（図1）。

エドワーズの警告は，次のとおりである。「大学レベルでのスポーツの動向をみよう。一般には提案48号と呼ばれる，正式には全米大学体育協会（NCAA）規則14条3項によって，黒人アスリートは苦境に追い込まれている。制定後の2年間（1984－86年）に，同規則によって学力面で大学への入学が不適格と判定されたバスケットボール選手の92％と，フットボール選手の84％は黒人だった」。さらに彼は次のように続ける。「もちろん，同規則によってもたらされた改善の意義を否定するつもりはない。しかし，こうした改善点は，深刻な悪影響からみればるに足らないものである。なかでも，もっとも憂うるべきは黒人高校生が失った教育の機会であり，アスリートとしての将来を夢みていた若者に『提案48号の犠牲者』という汚名を着せてしまったことである」。また「統計は，大学バスケットボール一部リーグのほとんどすべての技能レベルが低下していることを示している」。以上からエドワーズは次のように結論づける。「スポーツ界と社会における現在の傾向を逆転させるべく対策が講じられない限り，後になって黒人スポーツ参加の全盛期として振り返ることになるかもしれない時代の終焉を，私たちは目撃していることになるだろう」。

アメリカ大学スポーツ界への外国人留学生の流入は，エドワーズの危機感を別の角度から裏づける。大学教育界の広報誌として名高い『高等教育クロニクル』は，最近，大学スポーツ界で外国人留学生が果たす役割が高まっていると報告している。曰く，「全米大学体育協会一部リーグに所属する大学チームは，海外から才能あるアスリートを受け入れることによって，その実力を高めている。…（中略）…同リーグの選手に占める外国人選手の割合は，この10年間で2倍になった。…（中略）…コーチたちは，自分たちは海外に頼らざるを得ないと主張する。その理由は，優れた選手がもう国内には見当たらないからである。コーチのなかには，海外に直接足を運んだり，スカウトを派遣したりするものもいる。キャンパスのオフィスと海外を結ぶ，インターネットに頼るのはもちろんのことである。スポーツアカデミー産業の急成長によって，幼少期からアメリカで訓練を積むアスリートの卵も増え，その中から選手をリクルートするコーチもいる。だが，こうした動向を憂えるコーチもいる。外国人に頼りすぎると，アメリカ人の若者に奨学金を与えられず，大学教育への道を閉ざしてしまうことになりかねないからである」（Wilson, R. and Wolveron, W. The New Face of College Sports, *Chronicle of Higher Education*, 54 (18): A27. 2008）。

エドワーズが「危機」とみなす現象は，大学スポーツ界に限られたわけではない。プロスポーツにおいても，例えば，かつて「黒人スポーツの華」とされたバスケットボールにおいてさえ，カナダ，ヨーロッパ諸国，そしてアジアからの外国人選手の存在が目立つようになった。一時期，日本人選手田臥（勇太）のNBA（全米プロ・バスケットボールリーグ）入りが話題になったが，彼の挑戦もまた，こうした変化の一端を担っていたのである。むろん日本からの有力選手の流出は，バスケットボール界に限られたわけではない。むしろベースボールにおいて，最有力選手が次々とメジャー入りに名乗りを上げてきたことは，周知のとおりである（その中でも傑出する鈴木一朗のメジャーデビュー前後の事情については次の拙稿を参照。「"SUZUKI"から"ICHIRO"へ：二〇〇一年アメリカ・メジャーリーグ序盤戦における鈴木一朗（イチロー）とメディア報道」『武蔵大学人文学会雑誌』34 (2) 2002）。

反対に，黒人メジャーリーガーは減少の一途をたどり，その比率は，かつて4人に1人といわれたのが，今では10人に1人を切るところまで落ち込んでいる（佐山和夫『大リーグを超えた草野球 サッチとジョシュの往くところ』彩流社. 2008）。ボクシング世界ヘビー級王者の勢力図の塗り替えも，過去20年間に劇的に進行した。20世紀初頭以来，ジョンソン（J. Johnson），ルイス（図2），アリ（M. Ali），タイソン（M. Tyson）ら伝説的王者が名を連ね，武勇伝に事欠かなかったこの競技種目においてさえ，今日アフリカ系アメリカ人は，舞台を降りてしまったかの観さえある。1990年前後に，ボクシング主要4組織であるWBO，WBA，WBC，IBFのヘビー級王者はすべてアメリカ人で，かつ黒人だった。2010年1月現在，そのすべては非アメリカ人であり，かつそのうちの過半数が非黒人である。1989年5月6日から1992年12月14日までに主要4組織のヘビー級王座についたのは，タイソン，ダグラス（J. B. Douglass），ホーリーフィールド（E. Holyfield），マーサー（R. Mercer），モーラー（M. Moorer），ボウ（R. Bowe）ら6人であり，すべてアメリカ人かつ黒人である。2007年6月2日から2010年3月現在までに同4組織のヘビー級王座を占めたのは，ロシアのイブラギモフ（S. Ibragimov）とワルーエフ（N. Valuev），ウクライナのクリチコ兄弟（W. & V. Klitschko），ナイジェリアのピーター（S. Peter），ウズベキスタンのチェガエフ（R. Chagaev），イギリスのヘイ（D. Haye）ら7人であり，アメリカ人は1人もおらず，黒人はピーターとヘイの2人のみである。

④ **ハリウッド映画における表象の変化**

黒人の身体に与えられる文化的意味づけが変容する可能性を示唆する舞台は，アマやプロの現実のスポーツ界に限られていたわけではない。ハリウッド映画における表象と言説もまた，そこに投射された黒人身体の解釈や意味づけがここ20年間に大きく揺れ動き，変化したとみられる領域として興味深い。ここでいう変化とは，衰退や消滅といった一方向に還元されるような単純な変化ではない。そうではなく，黒

図1 「黒人アスリートの危機」を説くエドワーズ
（写真：AP/アフロ）

人の身体性や知的能力が，それまで主流であったイメージや概念と順接や逆接，あるいは補完など多様な関係性の中に，再構築されるという現象がみられたのである。

より具体的に述べてみたい。最近のハリウッド映画にみられる黒人の身体性に関する言説や表象は，身体能力神話を一辺倒に補強するのではなく，むしろ脱神話をめざす方向で，黒人のより現実的で，複雑な能力のあり方とその発現形態を反映させようとする，制作側のなんらかの意図に裏打ちされてきているように思われる。その具体的な方法は，第1に，身体性と知性を共存あるいは融合させることによって，そして第2に，黒人の知力，指導力，あるいはクラシック音楽のような芸術分野の才能そのものに力点を置くことによってである。

第1の分野，つまり身体性と知性との共存・融合への指向や方向性を有する作品としては，古い順に，『ザ・ダイバー』(Men of Honor, 2000年)，『小説家を見つけたら』(Finding Forrester, 2002年)，『コーチ・カーター』(Coach Carter, 2005年)などがある。『ザ・ダイバー』は，海軍潜水夫長（マスター・ダイバー）をめざす若い黒人青年とその教官の対立と相互理解をテーマとする作品である。黒人青年は優れた身体力（幼少期からの抜群の水泳力や，息を止める競争で同期生や遂には教官さえ負かすほどの心肺能力として表象される）と知力（貧困による就学不足のハンディを克服して，成績で同期生を上回る学力として表象される）を兼ね備えた人物として描かれている。『小説家を見つけたら』は，あるバスケットボールの天才少年に隠されたもう一つの才能（文才）を，ブロンクスに蟄居するピューリッツァー賞作家がみつけ出し，体力ではなく知力を生かすことのできる作家としての進路を歩む決心をさせるまでの物語である。『コーチ・カーター』は，ある高校バスケットボールチームのコーチが，落ちこぼれの選手たちに，勉強することの意義を教え，大学進学への道を切り開かせるという実話に基づいた作品である。いずれも，黒人を主人公や主たる登場人物として設定し，各人の知的能力の発達と成熟を描き出すことによって，黒人身体能力神話に挑戦しているといえるだろう。

第2の分野に該当する作品としては，若い白人ゴルファーを導く黒人キャディーを主人公とする『バガー・ヴァンスの伝説』(Legend of Bagger Vance, 2000年)，高校アメフトチームを優勝に導く優れた指導者を描く『タイタンズを忘れない』(2000年)，精神障害を患いながら路上生活をする黒人の，チェロ奏者としての才能に焦点を当てた『路上のソリスト』(The Soloist, 2009年)などがある。

以上のような映画作品は，現実のスポーツ界の動きと連動するかのように，ハリウッドのスポーツシネマにも，黒人の身体能力とみなされてきた性質や現象についての再解釈を迫るような配役の転換や，性格描写における力点の移動などが起きつつあることを示唆する。映像による表象と現実との関係性は慎重に検討すべき課題である。し

図2 ジョー・ルイスのようなアメリカ黒人チャンピオンは再び出現するのか？
(写真：AP/アフロ)

かし，現代社会における身体能力神話を考察する際に，映像表象の意義と影響力を過小評価することは不可能である。

21世紀の次の10年間に，黒人アスリートを取り巻く環境はいかなる変容を遂げるであろうか。黄金時代が再興するにせよ，エドワーズの予言どおり終焉を迎えるにせよ，黒人アスリートがアメリカスポーツ界の近未来の動向を占う上で鍵を握る集団であることに，異論を唱える者はいない。

参考文献 24.C.03

- 川島浩平. 2009.「人種表象としての『黒人身体能力』：現代アメリカ社会におけるその意義・役割と変容をめぐって」竹沢泰子 編『人種の表象と社会的リアリティ』岩波書店
- Ogbu, J. 2004. Collective identity and the burden of "Acting white" in black history, community, and education. *The Urban Review*, 36(1), 1–35.

（川島浩平）

サッカーと人種問題　24.D

サッカーの歴史と国際化　24.D.01

①「はじまり」とイングランドの「母国化」

「Football's Coming Home!」
（サッカーが母国に帰ってくる！）

1996年イングランドで開催された男子サッカーの欧州選手権（以下ユーロと略す）に際し，イングランドサッカー協会(The Football Association: FA)，マスメディア，芸能界，スポンサー企業が一体となって前掲のキャッチコピーを用いたキャンペーンを張った。イングランド代表の公式応援歌としてリリースされた「スリー・ライオンズ」の歌詞から取ったこのフレーズは，イングランドがサッカー発祥の地であるということを前提とし，その歴史と伝統に満ちた国に，いまやグローバルスポーツであり，かつグローバル商品と化したサッカーが里帰りすることを謳ったものであった。

たしかに近代化されたスポーツとしての競技性とルールを兼ね備えたサッカーが確立されたのは，1860年代のイングランドである。しかし，このユーロの期間前後にイギリスのメディアに溢れたイメージは，19世紀後半ではなく，ちょうど30年前，1966年にやはり地元イングランドで開催され，決勝で当時の西ドイツを4－2で破り優勝した，ワールドカップ（以下，W杯と略す）の記憶と表象であった。メディアに溢

れたそのイメージは,「母国」としての面目躍如たるかつての栄光を,今年のユーロで取り戻そうというメッセージを備えたものだった。例えば「サンデー・タイムズ」紙のユーロ特集の表紙は,1966年優勝メンバーのチャールトン(J. Charlton)と1996年の中心選手であるガスコイン(P. Gascoigne)のコラージュされた写真で飾られている。政治においては,一方でウィルソン(H. Wilson)の労働党内閣とブレア(T. Blair)率いる「ニュー・レイバー(新労働党)」の対照,ビートルズや「スウィンギング・ロンドン」の1966年とオアシスやブラーといった「ブリット・ポップ」の1996年。社会文化の様々な場面でつなげられる2つの年。このイメージは,30年間で大きく多文化化したイングランド社会の変化を隠蔽し,綿々と連なる1つの民族／国民としての時間を表している(Carrington, B. 'Football's Coming Home' But Whose Home? And Do We Want It? Nation, Football and the Politics of Exclusion In *Fanatics! Power, Identity and Fandom in Football*, ed. A. Brown, Routledge. 1998. 101－23)。そこにかぶさる「母国」という冠は,近代サッカーのルールが整えられ実際にプレイされた国という現実だけではなく,サッカーというスポーツ自体につきまというくつかの神話を同時に喚起させるものである。

その1つが,サッカーというジャンル自体にある「労働階級」のスポーツというイメージである。たしかに歴史的経緯はある。中世以来,各村個別のルールで祝祭的に行われていた「ビレッジ・フットボール」は,参加する群衆による破壊行為や国教成立以前のピューリタン的な勤勉にそぐわない異教的な催しとして,歴代王権や教会からは忌避された。チャールトンとガスコインが共存するイメージは,その歴史とも共鳴する。ともにニューカッスル地域の炭鉱労働者の家庭に生まれ,貧困を経験し,サッカーの技術とハングリー精神でのし上がってきたキャリアを持つと同時に,ピッチ上でのタフで妥協しないスタイルは,多くの警告,退場,相手選手との衝突を生んできた。また入団当時,素行の悪さから契約を打ち切られそうになったガスコインと面談し,貧困家庭での生い立ちにほだ

されて選手生命を存続させてやったのが,ニューカッスル・ユナイテッドの監督であったチャールトンその人なのである。ともに規律や自制を嫌い,感情をそのまま表現する2人の白人イングランド男性。「労働者階級の文化」としてのサッカーが帰ってくる母国を代表するにふさわしい人選といえるのかもしれない。

1863年10月26日,ロンドンでFAが結成された(スコットランドで1873年,ウェールズで1875年,アイルランドで1880年に各FAが設立された)。1871年には,専門のゴールキーパーというポジションが設置され,手を使うことが厳禁され,11人制が確立し,世界最古のトーナメント方式によるFA杯が始まった。翌年にはイングランドとスコットランドの間で世界初の国際試合が行われた。社会の産業化と都市化が進み,新しい社会統制が急務であった1820年代以降,社会自体を統制するエリート養成機関であるパブリックスクールに欠かせない自己規律訓練のための装置として,サッカーは積極的に導入されてきた。その後,教会や地域の互助組織においても,下層階級の子弟を犯罪やギャンブル,飲酒の慣行から遠ざけ,「ジェントルマン」化するためにサッカーが用いられた。そのサッカーの階級的性格は,1880年代のプロチームの設立ラッシュに伴って変容していく。アマチュアリズムに則り,余暇的な性格が消えない中・上層階級とは異なり,労働者階級にとってのサッカーは純然たる職業となっていく。1883年のFA杯が繊維工業の労働者チームであったブラックバーン・オリンピックによって勝ち取られる頃には,アーセナルやマンチェスター・ユナイテッドなど,労働者階級出身の選手たちからなるクラブが誕生し,1888年には世界初のプロリーグが生まれたが,クラブの経営母体や資金源となったのは重工業を担う企業体であった。このように19世紀ビクトリア朝の産業資本主義の発展と近代スポーツとしてのサッカーの普及は,不可分である。

② 世界への広がり

イングランドという国で階級分化を伴いながら成立したサッカーの世界への広がりもまた,ある種の階級的性質

を内包していた。アマチュアリズムに徹してサッカーから分化したラグビーや,パブリックスクールのエリートによるスポーツとして成立したクリケットは,比較的初期に大英帝国の直接支配が整った地域－インド,南アフリカ,オーストラリア,ニュージーランド－に根付く。一方で,帝国の版図外でも宣教師,教師,貿易商人,技術指導者,商船船員,労働者,軍人などが多く移動した南アメリカ－特にアルゼンチンやウルグアイ－や大陸欧州には,彼らの余暇活動に現地の人間が巻き込まれる形でサッカーが根を張っていった。重要なのは,「母国」イングランドでサッカーが近代スポーツとして誕生するのとほぼ同時に,世界に広まっているということである。19世紀末から20世紀初頭にかけてのその模様を,社会史家パーキン(H. Parkin)は次のようにまとめている。

ズヴォにある紡績工場の労働者にイギリス人チャーノック兄弟がサッカーを教えたのが,ロシアでの始まりである。ウィーンのトマス・クック社員だったニコルソンという人物がロートシルト卿の庭師たちとプレイしたのがウィーンFCの誕生であり,ジミー・ホーガンはオーストリアとハンガリー代表の監督を務めた。アルゼンチンでは,ブエノスアイレス駐留の軍人がトマス・リプトン杯を競ってゲームをしており,ブラジルではサンパウロ周辺に住むイギリス人ガス技術者,鉄道労働者,銀行員たちによるトーナメントが,イギリス人でサウサンプトン・ユナイテッドの選手でもあったチャールズ・ミラーによって開催された(Perkin, H. Teaching the Nations How to Play: Sport and Society in the British Empire and Commonwealth In *International Journal of History of Sport*, 6 (2). 1989. 149)。

1890年代という時代をほぼ同じくして,ここで言及されていないところでは,チリで1895年,ウルグアイでも1900年にサッカーにかかわる統一組織が整備されている。イギリス諸島以外で初めて行われた国際試合は,アルゼンチンと隣国ウルグアイの間で行われた。ウルグアイでは,1881年にやはりイギリス人の社交クラブであった「モンテヴィデオ・ローイング&ク

リケット・クラブ」での試合からそのサッカーの歴史が始まった。欧州大陸ではオランダ、デンマーク、スイス、ベルギー、イタリアでそれぞれ1889年にサッカー協会が作られ、1900年の第2回オリンピック大会(パリ)ではエキシビションマッチが行われている。クラブレベルでも、例えば現在のACミランはイギリス人たちの社交スポーツクラブを母体として発祥したり、ユベントスの白黒ストライプのユニフォームがノッティンガム・カウンティのチームカラーを踏襲していたりなど、イギリス人との人的交流の中で作られた歴史あるクラブは数多くある。

アジアやアフリカへの展開は、南米や欧州とは少し様相が異なる。それは、民間ではなく軍人や官吏を中心に、植民地化の拡大に合わせて派遣される宣教師が加わる、より「公式」なルートを通じたものだった。特にアフリカでの発展は欧州各国の植民地統治事情によって不均衡なものとなっている。英領エジプト、また仏領マグレブ諸地域は、南アフリカ(南ア)を例外として最も早くサッカーが組織化された地域である。なかでもエジプトは1923年にアフリカ初のFIFA (Fédération Internationale de Football Association: 国際フットボール連盟)公認国となり、1934年のイタリアW杯ではアフリカ諸国初の参加を果たしている。南アを除くサハラ以南の諸地域におけるサッカーの組織化は、1950年代からの脱植民地化を待たねばならない。

日本では、開国後横浜港に駐留していたイギリス海軍連隊の軍人たちがプレイし、興味を持った市民たちを巻き込んで、手近な公園などでプレイしたのが始まりだとされるが、公式には1873年、築地の海軍兵学寮においてイギリス海軍ダグラス(A. Douglas)少佐以下数名の士官たちによって紹介されたことが「定説になっている」(日本サッカー協会公式見解)。この日本の例にみられるように、大英帝国が官民一体となって、公式にであれ非公式にであれ植民地主義的拡張政策をとる中で、はたしてどの時点で、またどこで、誰によって、「正式に」サッカーが「初めて」伝えられたかなどという単一の「起源」を特定することは不可能なのである。言い換えれば、帝国主義全盛の時代、

帝国発祥のある1つの文化ジャンルが明確な軌跡を描いて時系列的に、かつ単独で伝播するということはあり得ない。それは帝国の版図の内外を貫きなから、同時多発的に、枝や地下茎のように移動伝播し、定着するのである。

その移動伝播は、男性のするスポーツだけに限らない。かつての「ビレッジ・フットボール」には女性も参加していた。しかし「ビレッジ・フットボール」の「文明化」によって、サッカーへの女性の参加は1800年代までには稀になった。1890年代には女性のサッカークラブも徐々にでき始めたが、その最盛期は第一次大戦中から戦後にかけて、男性を戦線に徴集されたイギリスで、戦争協力のチャリティー目的のために組織化が進んだ。その人気は男子サッカーにも比するほどで、1920年12月26日にリバプールのグディスン・パークで行われたケアズ・レディース対St.ヘレンズ・レディースの試合には、5万3,000人もの観客が集まった。これは現在でも女子サッカーの最高観客動員記録である。しかし、女子サッカーはその後、オランダ、ドイツ、旧共産圏東欧諸国、ブラジルなど南米の数ヵ国を除いて、1970年代まで国内レベルでも国際レベルでも組織化された試合は行われなかった。しかし、男子も女子も、第二次大戦後の世界経済の成長が頂点を極めながら東西冷戦が終わり、アジア・アフリカ諸国の相次ぐ脱植民地化もほぼ制度的に完遂される1990年代までには、サッカーの「世界スポーツ」としての地位は不動となっていった。

③ サッカーの祭典ワールドカップ

サッカーは、競技人口や興行としての収益額、マスメディアの注目や露出度と視聴者の数などの非制度的局面のみならず、試合の運営やルールの組織化も含めた制度的局面においても、他のスポーツジャンルから抜きん出ている。その統括母体が、FIFAである。FIFAは1904年、フランス、ベルギー、デンマーク、オランダ、スペイン、スウェーデン、スイスの7ヵ国によってパリに結成された。2012年現在はスイスのチューリヒに本部を置き、男女合わせて世界のサッカーの組織化と整備をつかさどる。205ヵ国が加盟する

国際オリンピック委員会(International Olympic Committee: IOC)をしのぐ、208の国と地域のサッカー協会からなる世界最大のスポーツ統括組織であると同時に、政治的圧力団体として、またアディダスをはじめとする巨額のスポンサー契約によって利潤を得る経済団体としても巨大である。ヨーロッパ、アフリカ、アジア、オセアニア、北中米カリブ、南米それぞれの連盟を傘下に置き、国民国家を参加基本単位にしているとはいえ、台湾や香港、パレスチナなど、国連では認められてはいないが一定の自治権を行使している政治体はそのまま「地域」として加盟させ、各連盟が主催するW杯予選への参加を認めているのが特徴である。

FIFAの最大の目的は、4年に1回のサッカー・ワールドカップ(以下、W杯)開催である。アマもプロも含めた真の実力を競う「世界選手権」を開催しようという試みは、20世紀初頭、オリンピックで実績を上げていたオランダサッカー協会の事務局長で初代FIFA副会長のヒルシュマン(C. Hirschmann)を中心に検討された。しかし設立以来加盟国内部でも組織統一が完成しておらず、サッカーを世界中に伝道してきた「母国」イギリス4協会が、後発のFIFA傘下に入ることを拒み、第4回大会(1950年、ブラジル)まで参加を見合わせていたため、サッカーのみで世界規模の大会を実現するには驚くべき時間と労力がかかった。その後第一次大戦を経て第3代会長リメ(J. Rimet)が寄贈するトロフィーをかけて開催された初の「世界選手権」が、パリとアムステルダムの両オリンピックで優勝したウルグアイを開催地に選んだ1930年の第1回大会である。

それ以降4年ごとにスイス、スウェーデン、チリ、イングランド、メキシコ、旧西ドイツ、アルゼンチン、スペイン、メキシコ、イタリア、アメリカ、フランス、日本と韓国、ドイツ、そして南アフリカと、開催国は中近東とオセアニアを除く地球上のあらゆる地域にまで広がったようにみえる。例えば南ア大会は開催期間中20万人の外国人客を集めた。期間中の延べ視聴者数260億人を超えるこの「熱狂」は同時に、1兆円規模の金額が出入りする巨大なビジネス機会となっている。W杯はオリン

ピックと同様に，いやそれ以上に，世界資本主義の政治経済状況に左右される祝祭である。それは1860年以降の大英帝国主義の拡大と歩調を合わせ，世界を巻き込んで発展した資本主義の様相に酷似している。現に旧共産圏国での開催が一度もなく，後期資本主義国か，強権的な政治体制の下で国民動員が可能な国々での持ち回りが続いたことからわかるように，「世界スポーツ」をホスト可能な場所はきわめて限られてきた。

かつてアフリカに最も多くの植民地を持っていたイングランドで開催された1966年W杯。アフリカ諸国はこの大会の予選への参加をボイコットした。FIFA傘下の各地のサッカー連盟が，ヨーロッパで(1954年)，アジアで(1954年)，北中米カリブで(1961年)発足するのとほぼ同時期に，国単位でサッカーを組織化する動きがアフリカでも成立していたのに，W杯にはアフリカとしての出場枠を割り当てられぬままであった状況への抗議である。そもそも「割り当てる」という作業そのものが植民地主義的なヨーロッパ中心の態度であることは疑いないが，さらに問題なのは，アフリカやアジア諸国に出場枠を拡大した時のFIFA会長がアベランジェ(J. Havelange)であったことである。1974年から1998年まで世界のサッカー界に君臨したこのブラジル人は，「サッカーとはできるだけ賢く売らなければならない商品」であり，「(放映権や商標権などの)パッケージ化をさらに進めなければいけない」(Galeano, E. *Soccer in Sun and Shadow*. Verso. 1998. 147)と明言した，実業精神に富んだ人物である。アベランジェの功績は，一方でヨーロッパと南米以外の地域にサッカーの組織化を拡張したことにあるが，そのやり方はサッカーそのものの商業化，商品化を通じての戦略に基づいていた。

サッカーをプレイすること自体は国境を越え，階級を越え，ジェンダーを越え，身体状況の違いを越えて世界中に浸透してきた。しかし，そのプレイができる環境，用具，トレーニングや遊びの可能な状況自体は，国家，民族，人種，階級などの社会的属性によって，きわめて不均衡なものであり続けている。また，サッカーを体験する(みる／聴く)ことも，衛星放送の普及により世界の隅々で可能になった。W杯は，サッカーを「世界中に普及させ，恵まれない人々に希望を与える」(FIFA「社会憲章」http://www.fifa.com/aboutfifa/organisation/mission.html, 2012年8月29日) 取り組みを可能にする機会でもある。2002年日韓共催大会は，欧州と南米以外で初めての大会であり，サッカーの地球規模での普及という点で1つの指標となるものだったが，その一方で，このメガイベントは，参加する選手や関係者，およびサポーターのみならず，日本のみで65億円支払ったともいわれる安定した放映権収入と広告・商業収入を基盤とした経済機能，および史上最大規模で末端まで組織化された大会運営，医療，災害対策のボランティアと警察を含めたセキュリティー部門の大量の人的動員によって初めて可能だったことも記しておかねばならない。

(小笠原博毅)

サッカーと多民族的秩序　24.D.02

① サッカーの地域化

ここでいう「地域化」とはローカリゼーション(localisation)のことであり，ローカリゼーションとはサッカーが特定の地域に根ざして，慣習的にプレイされるようになるという意味であり，〈地域ごとに特殊なサッカーが育った〉という意味ではない。1860年代からのサッカーの世界規模での拡散は，単線的な時間軸で中心から周縁に広がるというよりも，放射線状に，同時性をもって伝えられるものだった。ロンドンでルールが確定される頃には，同時にアフリカでも，アジアでも，南米でも，ボールは蹴られていた。その意味で，サッカーが様々な民族，国民，地域でプレイされるということは，きわめて「普遍」的な出来事となったのである。だから，イギリスで行われたゲームの様式がすべてのひな形としてヨーロッパへ，そしてその他の世界へと伝播したわけではない。それは，植民地帝国が終焉した第二次大戦後の現代史においてもいえることだ。

例えば，アフリカ選手権(African Cup of Nations)は，ヨーロッパ選手権よりも3年前の1957年に，アフリカサッカー連盟(CAF)と同時に発足している。しかし1970年までアフリカ大陸には一つもW杯の出場枠が与えられなかった。ゲームの規則はなるほどイギリスで整えられたかもしれないが，その規則の運用は，身体技芸のみならず組織化／制度化の面においても，発展や開発という言葉が含意するよりもはるかに複雑に展開されてきた。

また，大英帝国の経路に組み込まれてサッカーがプレイされるようになったインドでは，1880年代後半までには国内リーグとインドサッカー協会主催のトーナメントが行われるまでに普及していた。問題は，そこに参加できるのがイギリス人植民地官僚と軍関係者だけだったということである。サッカーは学校教育のカリキュラムには取り入れられていたが，成人のチームには1チーム1人までという，インド人に対する参加規制があった。「現地人」はプレイさせてもらえなかったのである。世界各地に伝播したサッカーも，〈誰がプレイできるか〉という大きなハードルが立ちはだかっていたのである。そのハードルが取り除かれれば，裸足のインド人だけのチーム，モフン・バガンが1911年のインドサッカー協会杯を獲得するまでになる。インド代表が1962年のアジア選手権を制した時，インドのサッカーは人気実力ともに頂点だったといえるだろう。しかしその後，プロ化されたクリケットの人気と実力が高まったこと，「エデン・ガーデン蜂起(1980年)」のような，ライバル・チームのサポーター同士による衝突が激化したこと，また1982年W杯スペイン大会アジア予選において，代表チームがまったく通用しないほど実力が低下していること，これらを国民が目の当たりにし，サッカー熱が急速に冷めてしまった。

やはり1880年代までに東海岸の大都市でサッカーがプレイされていた北米では，移住したイギリス人を中心に1884年にアメリカサッカー協会が設立されている。1920年代までには西海岸にも地域リーグが誕生するなど，サッカーの制度化が全国に広がる中，1921年にはアメリカサッカーリーグが創設され，そこで培われた実力のた

め第1回W杯ウルグアイ大会での優勝候補に挙げられるまでになる。実際アメリカはこの大会で，ホスト国であるウルグアイ，アルゼンチンに次いで3位の成績を収めている。しかし1929年以降の大恐慌のあおりを受け，クラブ経営やトーナメント開催が困難になり，野球やアメリカンフットボールにその地位を譲ることになる。その最大の理由としては，選手もファンも，ヨーロッパから移民した労働者階級をその最大の母体としていたことにある。不況や失業にあえぐ中，サッカー経営も，プレイも，そしてそれをみること自体も，次第に周縁に追いやられていった。

このように，ヨーロッパと南米に二極化されてきたようにみえる現代サッカーの勢力関係は，近代サッカーのはじめからそうだったわけではない。世界各地の地域ごとの実力，組織化，大衆化の不均衡さは，インドや北米の例にみるように，あくまでも人為的制度的帰結が生み出した歴史的，社会的出来事であり，単線的な近代化論で理解できるものではないのである。勢力の不均衡は作られるのであって，気候，風土などの自然条件や，世界の経済システムにおける位置付け，脱産業化の度合い，政治的安定などの近代化の指標を基準にして理解できるものではない。

② ヨーロッパ／南米／アフリカの3極構造と人種のステレオタイプ

このように不均衡ながらサッカーが「普遍的」な現象となるにしたがい，一見それとは逆の，つまり特定の国や地域ごとにプレイする国民や人種による特殊性が語られるようになる。これはプレイスタイルや技術の力点，またどのようなサッカーを好むかという観客の嗜好やサッカーにどのような意味を見出すかという思考である。それらが地理的風土，地域や国によって特徴づけられる時，特殊性を区分する決定的なマーカーとなるのが人種である。プレイスタイルや技術の力点，身体技芸やチームの戦略・戦術の違いが強調される時，人種的違いが，そのまま彼ら／彼女らのプレイするサッカーの質やスタイルの違い，身体技芸の違いとして理解される。指導者の哲学や方法論，時代ごとの流行やプレイシステムの刷新と改善ではなく，あたかも身体的特徴がサッカーを決定するかのごとき言説が生み出されるのである。

例えば〈組織のヨーロッパ〉，〈個人技の南米〉，〈身体能力に秀でたアフリカ〉というステレオタイプ。それぞれが個人においてもチームにおいてもけっして排他的ではない特徴であるにもかかわらず，それぞれのサッカーがこのようなステレオタイプに準じて集合的に理解される時，突出した技術を持つ白人のヨーロッパ人選手，堅い組織的守備で堅守速攻を貫くウルグアイのような南米のチーム，中盤でゲームをコントロールできるアフリカ人選手への意味づけは，きわめて不安定となる。「例外」として理解されるというだけではなく，これらのステレオタイプを動員しすぎると，それぞれ，〈組織力はあるが個人の突破力はない〉，〈個人技はあるが組織的戦術に乏しい〉，〈身体能力が過剰すぎてそれをコントロールする知性に欠ける〉といった「なんらかの欠如」を特定の人種にあてはめることになりかねない。特に，アフリカ人選手やチームの「フットボール・インテリジェンス」や戦術眼，チームワークなどに焦点を当てた時，ステレオタイプ化された人種差別が顕在化される恐れがある。

初めての非白人プロサッカー選手といわれる，ガーナ人とスコットランド人の混血であるウォートン（A. Wharton，図1）。ダーリントンを皮切りにイングランド北部のクラブを渡り歩き，1889年にロザハム・ユナイテッドとプロ契約を結んだ彼の存在は，長い間「再発見」されずにいた。この事実は，彼が実際ピッチ上で「黒んぼ野郎（nigger）」「黒人野郎（darky）」という人種差別の野次を飛ばされたり，ジャーナリズムからは「大人の知性」を疑われ「文明人としての教育が必要」だという記事を書かれたりという事実と相まって，アフリカ系の有色人種選手に対する多重の差別が働いていたことを意味しているだろう（Vasili, P. *The First Black Footballer: Arthur Wharton 1865-1930 An Absence of Memory*, Frank Cass. 1998）。

ステレオタイプには意味があり，有用性がある。「そのようなもの」として試合をみて，技術を語ることで，サッカーそのものを「理解可能」な事実にとどめ置くことができるからである。ただし，それが人種的語彙や人種的思考に根拠を置く時，サッカーは近代における人種差別の構図に節合される。ウォートンに対する差別は，白人キリスト教徒ヨーロッパ人を頂点とし，アフリカ人を野蛮で教化されるべき「下位人間」として位置付ける19世紀的植民地主義から生まれた人種観を踏襲しているからである。

それは現代サッカーにおいても時として亡霊のように甦る。特定の人種とみなされることが個人の尊厳や人格，人権までも否定しかねない事態に陥った時，人種と人種差別は不可分なものとなる。アフリカ人だから，カリブ系だからといった特定の人種であることを理由に，プレイすることやみることを含む，サッカーにかかわる権利を妨害されることがある。それは法的制度的な問題だけではなく，典型的なパターンは，1970年代から90年代までのイギリスで社会問題となった，アフリカ系の選手に向かってバナナを投げるなどの物理的圧力，地中海諸国や中東欧圏で未だに散見される「モンキー・チャント」といわれる猿やゴリラの鳴きまねをすること，旧植民地宗主国や北ヨーロッパ諸国で聞かれる「もと来たところに帰りやがれ！」などの口汚い野次や，「暑いアフリカやカリブ系の選手は寒い北ヨーロッパでは働けな

図1 初の非白人プロサッカー選手，アーサー・ウォートン（1865－1930）
（写真提供：Getty Images）

い怠け者だ」といった言語的圧力によって，対象とされた人間を「そこにいられなくする」数々の暴力である。

一方，先住民，ヨーロッパからの移民，奴隷制を通じてディアスポラ化したアフリカ系とそれらの混血からなる人種構成と差別構造のある南米においては，問題がより複雑である。いまや「ブラジル的」というマジックワードによって特定のサッカースタイルを確立しているかのように思われるブラジルは，1938年のフランスW杯に初めて多人種からなる代表チームを送り込んだ。それは，社会学者フレイレ(G. Freyre)による人種融合理論に基づいて，多人種からなる文化混交的なブラジル国民という「伝統の創造」を試みる，時のバルガス(G. D. Vargas)大統領政府の方針を反映していた(Maranaho, T. Apolonians and Dionysians: The Role of Football in Gilberto Freyre's Vision of Brazilian People in Globalised Football. Nations and Migration, The City and the Dream, eds. N. C. Tiesler & J. N. Coelho, Routldege. 2008. 71-84)。フレイレはその代表チームのパフォーマンスを「まるでダンスやカポエラのように派手やかな混血主義的でトリッキー」(Ibid. p. 75)だと称賛しているが，ヨーロッパでもアフリカでもない，〈人種ごとの〉ではない，〈人種混合の〉ステレオタイプを導入している点で，人種に依拠した言説であることに変わりはない。

ひるがえって，いまや選手の国籍変更は常識化し，選手の人種的出自と国籍とは必ずしも照応しない。1995年の「ボスマン裁定」によってEU圏の外国人枠が撤廃され，契約期間満了後の移籍の自由が認められると，ヨーロッパ各国のクラブの選手は多国籍化の一途をたどっている。各大陸からヨーロッパへの流入が主流とはいえ，国家間，クラブ間の移籍に伴う選手の大陸間移動は大規模に起きている。1998年フランスW杯のフランス代表やイングランド代表のように，移民2世，3世が代表の主軸になることはもはや珍しくはない。代表そのものが多人種構成であることは常態化している。だが特定の地域や国家と人種とを直接照応させてサッカーの特徴を導き出し，それを人種の語彙によって説明しようとする思考は，未だ根強い。

③アジアの現状

アジアにおける女子サッカーの力はすでに十分世界水準に達している。近年の日本代表の活躍が注目されがちだが，アジア諸国の実力をまず世界に証明してきたのは，アジア選手権7度の優勝を誇り，2011年に日本が初優勝を遂げる以前に2007年W杯を制した実績のある中国が牽引力となってきた。しかし男子に比べ，女子サッカーにおける人種差別はそれほど問題視されていないようにみえる。だからといって，そこに人種差別がない，ということにはならない。むしろ，なぜ男子サッカーにおける差別の実態がより頻繁に知られるのかという観点から，人種差別と男性性(マスキュリニティ)との密接な関係を考えるべきだろう。様々な出自と背景を持つ人間が，かつてない規模で移動しながらサッカーにかかわる現状の中で，人種だけではなく，ジェンダーやセクシュアリティーによって，サッカーをする，みる，楽しむ権利が脅かされる実情をつぶさに検証していかねばならない。

アジアもまたその実情から無縁ではない。2008年4月，現横浜Fマリノスの中村俊輔がセルティックに在籍していた時，同じグラスゴーのライバル・クラブであるレンジャーズのサポーターから，「ナカムラがおれの犬を食った」と歌われた。東アジアにおける犬食文化を混同しているというスコットランド人の東アジア認識をさらけ出しつつ，これが人種差別的中傷であると報道された。2009年7月，ヴァンフォーレ甲府対東京ヴェルディの試合後，東京のブラジル人黒人選手レアンドロは，甲府の杉山新から「サル」といわれながら猿のジェスチャーを向けられたと告発している。あからさまな人種差別だとして，退団までほのめかしたという。また2011年1月，アジア杯準決勝の日本戦で，当時セルティックに所属していた韓国代表の奇誠庸(キソンヨン)は，PKを決めた後スタンドに向かって猿のポーズをとり，その行為が日本人に対する人種差別だとされる報道があった。それに対し奇は，セルティックでプレイしていた際に相手サポーターにされたことを真似してしまったと発言している。これがスコットランドに飛び火し，スコットランドのサッカーにはまだ人種差別があるということを期せずして告発することになった一方で，スコットランドではそれに対する反論も起きている。

かつて世界水準のサッカーがアジアにやってくる出来事は，1980年以降日本で開催されることになるヨーロッパと南米それぞれのクラブNo.1同士のインター・コンチネンタル杯(のちの「トヨタ杯」，現・FIFAクラブワールド杯)しかなかった。しかし，かつての奥寺康彦や車範根(チャボムグン)ら数人の先駆者の時代を経て，21世紀になりアジア人選手がヨーロッパ各国リーグで活躍するようになり，東アジア各国代表のサッカーがW杯やオリンピックである程度の実力を発揮できるようになるに伴い，世界のサッカー文化の一部である，敵対するチームの選手に人種差別を行うという趨勢までもが浸透してきたことを示していると考えるのは，皮肉に過ぎるだろうか？

大陸間のサッカー勢力図を見渡した時，実力の拮抗という意味でそこにアジアが参入した歴史は比較的浅い。1966年イングランドW杯における北朝鮮代表のベスト8進出が特筆すべき歴史であるが，それから2002年日韓共催W杯における韓国代表のベスト4進出まで，実に36年間，アジア地域は世界の男子サッカーの表舞台で華やかに活躍することはなかった。1968年の第19回オリンピック大会(メキシコシティ)における日本の銅メダルは，すでにプロ化を完成させていた世界のサッカー界においてはそれほど重要な出来事とはいえなかったのである。

しかし韓国で1983年，日本で1993年，中国で2004年，それぞれプロリーグが創設され，その間2002年W杯の開催をはさんで，アジア杯やAFC (Asian Football Confederation: アジアサッカー連盟)チャンピオンズリーグなど，汎アジア的なサッカー世界が形成されるようになる。それとともに，各国間の選手や指導者の移動も活発になり，その余波は香港やシンガポール，マレーシアなど東南アジア諸国にも及んでいる。近年の中田英寿，朴智星(パクチソン)，香川真司らの活躍により，巨額の衛星放送放映権料に後押しされて商業化に力を注ぐヨーロッパのエリートクラブからファン市場拡大という視点で注目され

がちであった．世界最大の人口規模と経済成長の伸びしろをもつアジアは，サッカーの力能においても重要度を増してきているといえる．それと同時に，世界のサッカーが経験している，人種差別という負の側面にも向き合わねばならなくなっているのである．

人種差別は白人から非白人に対して，時によっては非白人から白人に対して，また白人同士，非白人同士でも起こり得る．各大陸のそれぞれの歴史的，社会的，政治的文脈の中で，また各大陸間の歴史的関係に応じて，そしてそれらのマクロな条件に，サッカーという「敵と友」を明確に区別する競合的条件が絡み合い，人種差別は複雑な現象となる．それは，単に白人と非白人の優劣という神話を反映するだけではないのである．ウォートン以降この130年間，彼に続く有色人種の選手たちは，未だにこの時代遅れだが強力な桎梏と戦い続けている．

(小笠原博毅)

FIFAと人種問題　24.D.03

① 人種否定(Race Blind)の歴史と論理

国際試合でもクラブレベルでも，FIFAが主催する試合前に「Say No To Racism」という横断幕がピッチ上で紹介されるシーンは，もはやおなじみとなっているだろう（図2）．これは2006年4月から公式に始められた，サッカーにおける反人種差別キャンペーンである．サッカーには人種差別があるということをFIFAが〈公式に〉認めたのは，奇しくもヨーロッパと中南米以外で初めて開催されるW杯を1年後に控えた2001年7月のことであった．アパルトヘイト下の南アフリカを除名したり，オリンピックが東西冷戦下の政治的思惑に左右される中で，あらゆる体制の国家にメンバーシップを与えてきたFIFAだが，人種差別があらゆるレベル——W杯，ユーロ，チャンピオンズリーグ，各国のリーグ戦，アマチュアの日曜リーグ，学校の体育——で起きており，何人もがサッカーを諦め，時には死者までも出しているということを，長い間公式には認めてこなかった．

実はFIFAはその設立初期から人種問題を内に抱えていたといえる．1908年，オーストリアは，ボヘミア（現チェコ）とハンガリーがオーストリア＝ハンガリー帝国の領土だという理由で，両地域の加盟に反対した．チェコ人とマジャール人が，ドイツ人を多数者とする強国の圧力に屈したことになる．それ以降，サッカーにおける人種差別に対しての取り組みが遅れてきたのには，おそらく3つの理由があるだろう．

第1に，人種にかかわる事柄は〈政治的〉であり，政治とサッカーは切り離されなければならないという考え方．しかし1960年代以降，旧植民地世界が解体され必ずしも国家主権を有する国や地域からとは限らない移民が増加し，その子孫が定住し，国民の内部での多人種化・多文化化が進むと，例えば上記の1908年の例のような，国民国家をめぐる〈政治〉の領域に閉じ込めることのできない差別，偏見，中傷とサッカー世界との密接なつながりが露わになってくる．

第2に，敵対的な野次や中傷，嫌がらせや暴力がサッカーというスポーツの男性的な競合性を理由に部分的に肯定されてきたこと．「それはピッチの上でのことにすぎない」という論理である．口汚い罵り合いやいわゆるバンター（きつい言葉遣いによる冷やかしやからかい）も，「敵」と「友」を明確に分け，それぞれのチームが歴史や文化を背負い込むことを期待されるサッカーでは仕方のないこととされてきた．現FIFA会長のブラッター(S. Blatter)は2011年11月，ピッチの上で人種差別があったとしても，それは試合中の出来事であり，試合後は忘れるべきだという，人種差別行為を一応認めているともとれる主旨の発言をしている．本人が「誤解されて引用された」と弁解しているとはいえ，スポーツとしての競合性が差別行為の隠れ蓑になってきたことは否めない．

第3に，まさにこのブラッターの不用意な言葉遣いにも表れているように，人種差別に対して距離がとれる，もしくはその暴力性に無頓着でいられる人間たちによって，FIFAの活動が仕切られてきたという歴史の問題．国際オリンピック委員会同様FIFAの母体は白人ヨーロッパ社会の中産階級（新興ブルジョアジー）であり，その基本姿勢はあくまでヨーロッパ中心主義であった．1974年に非ヨーロッパ人として初めて会長に就任したアベランジェは，FIFAを非ヨーロッパ世界をも組み込んだ巨大な利権圧力団体へと変貌させたが（前々項参照），そこではサッカーの市場価値を下げかねない人種差別が問題化されること自体が，スキャンダラスだったのである．1999年に立ち上げられた「Goal! プログラム」は，アフリカ・アジア諸国への金銭的，インフラ的，技術的，教育的支援を行うことが趣旨であるが，そこで用いられる用具や施設がアジア諸国の搾取工場(スウェット・ショップ)に依存する巨大スポーツブランドの製品であるなど，「美しいゲーム(the beautiful game)」（ブラジルの選手ペレはサッカーをこう呼んだ）とFIFAの活動の間には，いくつもの矛盾が存在したままである．

② 制度的人種差別（Institutional Racism）

人種差別にはいくつかの位相がある．言葉や物理的暴力による「顕在的」差別．言語など文化や生活慣習の違い，また「外国人であること」などを理由に参加の機会を剥奪される「潜伏的」差別．「潜伏的」なものの変種として，〈制度的〉には平等と機会均等が保障されているはずなのに，その制度自体の内部では参加や昇進などの機会が人種によって不均等に配分されていたり，司法，医療，雇用，教育などの現場で人種偏見によって適切なサービスが提供されないなどの場合．これが「制度的人種差別」である．誤解してはいけないのは，それがかつてのアパルトヘイトや公民権運動以前のアメリカ南部社会のような，明文化された人種隔離政策とは異なるという点である．

一見平等性を担保されているようにみえて，実際は人種による不文律の差別が行われている事情はサッカー界も同じである．もちろんサッカーにおいては「実力」「努力」「能力」がすべてであり，人種の出自や肌の色は関係ないという言説がいまや支配的である．しかしジャマイカ出身のイギリスの知識人ホール(S. Hall)は，次のように述べ

図2　FIFA主催の試合前にピッチ上で掲げられる人種差別反対のバナー（写真：フォート・キシモト）

ている。

　日曜日の新聞を手に取り，土曜日の（サッカーの）試合の写真をみれば，いつでも黒人の顔が写っている。ではクラブの役員会に黒人がいるだろうか？　もちろん，いない。彼らは試合を組織する諸制度の中で相対的に弱者だろうか？　もちろん，そうである (Hall, S. Aspiration and Attitude…Reflections on Black Britain in the Nineties In *New Formation* (33). 1998. 43)。

　トリーズマン (D. Triesman) 元FA会長が認めているように，イングランドのサッカー界に「制度的人種差別」があることは，プロリーグ92チームで500人以上の非白人選手が登録されている中で，黒人の監督はたった2人を数えるのみという状況が証明しているだろう (2011年12月現在. *The Guardian*. 2011年12月17日付)。これだけの黒人選手がいながらサッカーに関するなんらかの意思決定に携わる社会的ポジションには参入できないというパラドックスこそ，「制度的人種差別」の核心である。

　この種の「制度的人種差別」の変種として，民族(エスニシティ)による差別を作り出すセクト主義にも注目すべきである。経営破綻によって2011−12年シーズンを3部リーグで戦うことになったスコットランドのレンジャーズは，1989年に元セルティックのジョンストン (M. Johnston) を獲得するまでの116年間，スコットランド人カトリック教徒選手をピッチに立たせたことはなかった。それ以降，外国人選手も含めてそのようなセクト主義は激減したが，指導者や役員など，意思決定に携わる人事はほぼプロテスタントによって占められてきた (Bradley, J. *Ethnic and Religious Identity in Modern Scotland: Culture, Politics and Football*. Avebury. 1995)。

　人種差別やセクト主義も含め，差別問題に目をつぶってきたFIFAが近年大々的な反差別キャンペーンを張るようになったのは，人種差別の存在をまず認めることから始めようといういくつかの草の根団体やサポーター・クラブの活動が無視できなくなったからであり，それらからの厳しい批判への対応策としてであった。イングランドの人種平等委員会 (Commission for Racial Equality) とプロ選手協会 (Professional Footballer's Association) が1993年に開始した「サッカーから人種差別を蹴りだせ (Let's Kick Racism Out Of Football, 略して「Kick It Out」)」キャンペーンは，その最も先駆的かつ最も強力な活動である。プロ／アマチュアを問わず各レベルのリーグ，選手組合，サポーター団体に対する寛容と偏見排除を目的としてマイノリティーの参加を促す教育・啓蒙活動を中心に，人種差別にとどまらず，同性愛者差別，ジェンダー差別，外国人差別にかかわる現状をモニタリングするなど，ただの「呼びかけ」にとどまらない，実質的な差別撤廃活動を精力的に展開している点で，FIFAよりも数歩先を行く取り組みだといっていいだろう。

　この「Kick It Out」に触発され，1990年代中盤のイギリスでは様々な活動が芽生えてきた。ロンドン東部のレイトン・オリエントによる「蹴りだせ (Kicking Out)」，同じくロンドン南東部のチャールトン・アスレティックによる「チャールトン・アスレティック人種平等パートナーシップ (Charlton Athletic Race Equality Partnership, のちにクリスタル・パレスやミルウォールと提携し「南ロンドン反人種差別パートナーシップ」に発展)」，セルティックによる「偏見に抵抗するボーイズ (Bhoys Against Bigotry, Bhoysはセルティック・サポーターと選手の愛称)」など，クラブとサポーターとが連携した反人種差別活動が活発化する。一方で，クラブ経営に取り込まれた活動に対する疑問からサポーターたちが主導する反人種差別活動も盛んになってくる。「人種差別とファシズムに抵抗するサポーター・キャンペーン (Supporters' Campaign Against Racism and Fascism)」は，「制度的人種差別」や選手同士の衝突だけではなく，サポーター文化にも浸透している極右思想や移民排斥を唱える団体の影響力に抵抗するために，リーズ・ユナイテッド，レスター・シティ，セルティック，ハーツ・オヴ・ミドロシアン（エディンバラ）など複数クラブのサポーターたちによる活動から始められた。

③「現場」からの批判

　現代サッカーにおける人種差別との戦いを最も象徴的に表しているのは，ジャマイカ生まれの元イングランド代表で，リバプールで活躍したバーンズ (J. Barnes) が，1987年の「マージーサイド・ダービー（ともにリバプールに本拠を置くクラブ同士の試合）」の際，敵のエバートン・ファンから投げられたバナナをヒールキックで静かにタッチライン外に蹴り出すイメージだろう（図3）。バーンズが登場すると，大勢のエバートン・ファンが「ニガープール，ニガープール，エバートンは白いぞ」と大合唱したという。この出来事すら当時は，問題はバーンズの人種ではなく，あまりにも熱狂的なダービーのせいだとされた。そのエバートンには1930年代褐色の肌の類い稀なストライカー，ディーン (D. Dean) が在籍していたことは皮肉である。ディーンは，自分に人種差別野次を飛ばした観客を殴りつけ，静かにピッチを後にしたという。バーンズは現在，講演やサッカー教室を開き，反人種差別のための啓蒙・教育活動に取り組んでいる。

一方，ヨーロッパ評議会の外郭団体である「人種差別と不寛容に対するヨーロッパ委員会(European Commission Against Racism and Intolerance: ECRI)」のメンバーとして反人種差別活動を展開しているのが，1998年W杯優勝メンバーの1人でフランス代表歴代最多142キャップを持つテュラム(L. Thuram)である。アルジェリア系のジダン(Z. Zidane)を中心とする多人種構成の代表チームが地元開催のW杯を制した時，フランスにおける多文化主義の到来が称揚された。しかし2005年夏のいわゆる「暴動」にみられるように，カリブ，アフリカ，アラブ系の移民やその子孫の社会統合には大きな困難がある。テュラムは，人種差別こそが積極的同化を妨げており，その根底にある19世紀の植民地主義的人種主義を社会教育によって克服する必要を説く(Thuram, L. *Mes étoiles noires*, Editions Philipe Rey. 2010)。

かつての人種差別を経験した選手たちが積極的な活動を展開する一方，ピッチの上では未だに人種差別問題が絶えない。2004–05年シーズン，当時バルセロナに在籍していたカメルーン代表のエトー(S. Eto'o)は，スペインリーグでの度重なる人種差別に嫌気がさし，試合途中に何度かピッチを去ろうとしたことがある。同じ頃スペイン代表監督のアラゴネス(L. Aragones)は，当時アーセナルに属していたフランス代表のアンリ(T. Henry)を「あの黒んぼ野郎」と呼んだ。アンリはこの出来事をきっかけに「立ち上がれ，声を上げろ(Stand Up, Speak Up)」というキャンペーンの発起人となり，選手とファンが一体となって反人種差別に取り組む重要性を訴えた。今も続くこのキャンペーンのメインスポンサーはただし，ナイキである。

最近では2011年10月，イングランド代表のテリー(J. Terry)が，リーグ戦の試合中にクィーンズ・パーク・レンジャーズのファーディナンド(A. Ferdinand)を「この黒んぼ野郎」と呼んだとして，代表のキャプテンを解任された。この処遇に異を唱えたカペッロ(F. Capello)が代表監督を辞任するに至った。また代表でテリーとセンターバックのコンビを組んできた，ファーディナンドの実兄であるリオ(R. Ferdinand)が直

図3　相手チームのファンから投げつけられたバナナをタッチライン外に蹴り出すジョン・バーンズ
(写真提供：Getty Images)

後のヨーロッパ選手権の代表メンバーに入れなかったのは，この出来事に配慮したFA上層部がテリーを優先させたためではないかという憶測も飛び交った。テリーはこの件に関する2012年7月の判決で無罪となっている。

2011年12月，リバプールのウルグアイ代表スアレス(L. Suarez)は，マンチェスター・ユナイテッド所属のフランス代表エヴラ(P. Evra)に対し数度にわたって「黒んぼ」という言葉を使ったとして，8試合の出場停止処分を受けた。

2012年6月，ポーランドとウクライナで共同開催されたヨーロッパ選手権予選リーグの試合で，イタリア代表の黒人ストライカー，バロテッリ(M. Belotelli)は，ボールに触るたびに対戦相手のクロアチア・ファンからの「モンキー・チャント」にさらされていた。これに対し主催者であるヨーロッパ・サッカー連盟(Union of European Football Associations: UEFA)会長のプラティニ(M. Platini)は，クロアチアFAに8万ユーロ(約800万円)の制裁金を科した。ところがこの処置が，UEFAひいてはFIFAの人種差別に対するアプローチの不明瞭さを際立たせることになる。同選手権予選リーグ対ポルトガル戦で得点した際のセレブレーションで，下着に付いているブックメーカーのロゴをみせてしまったデンマーク代表のベントナー(N. Bendtner)は，10万ユーロ(約1,000万円)の罰金と2014年ヨーロッパ選手権予選1試合出場停止処分を受けた。FIFAとUEFAはスポンサー契約を結んでいない企業のロゴをみせることを禁じているからである。UEFAの商業方針に多少触れただけの1人の選手のほんの数秒間の行為に科される金額の方が，数十分間続いた人種差別行為によって団体に科される金額よりも多いという事実。争点と問題の違いによって制裁金の基準が異なるであろうことは理解できるが，世界サッカーの意思決定機関においては反人種差別よりも商業規則の優先順位が高いと理解されても致し方のない処置だろう。

1990年代前半までの北ヨーロッパでは，サッカーというスポーツ競技特有の「潜伏」力の強い人種差別もあった。サッカーの技術と能力が特定の人種のステレオタイプに組み合わせられ，ポジションを限定されてプレイしなければいけない場合がそれである。元イングランド代表でキャプテンも務めたキャンベル(S. Campbell)によれば，黒人選手が白人首脳陣から期待されえていた資質は「それほど態度はよくなくとも冗談を飛ばして技術さえがあればいい」というものだった(*The Guardian*, 2012年7月12日付)。勤勉さよりもくつろぎを，戦術的プランの立案ではなくそのプランに必要とされる技術の供給を求められた。規律と節制に欠けるが本能的な身体能力に長けたカリブ・アフリカ系というステレオタイプは，ここでも密やかに動員されている。センターバックだったキャンベルは数少ない先駆的例外だが，かつて代表レベルの黒人選手のポジションはフォワー

ドもしくは中盤のウイングであることが圧倒的に多かった。それは黒人選手の優れた「身体能力」として，なによりも技術とスピードが重視されていたからである。また与えられたポジションでの活躍が，白人を多数者とする国への帰属を図る試金石になっていた時代があった。リバプール在籍中314試合に出場し84ゴールを量産していたバーンズ(図3)は，代表で79キャップを誇るにもかかわらず，11ゴールしか上げていない。この数字が人種的少数者であるバーンズのイングランドへの忠誠や帰属意識に疑問を付されるきっかけになったのである。

外国人選手が多い多人種構成のクラブでは，いまやすべてのポジションに代表クラスの非白人選手がいることも珍しくないし，現代サッカーのプレイスタイルも多様化し戦術も複雑化する中で，特定の人種と特定のポジションのステレオタイプによる照応関係はもはや揺らいでいる。しかし，言葉や物理的態度で，耳や目で，明らかにそうとわかる人種差別的行為と，人種というきわめて身体的な理由で人間を区別化する思考とは，常に隣り合わせなのである。サッカーという競合的敵対性が露わになる舞台でこそ，その薄い境界線は危ういものとなりやすい。

（小笠原博毅）

日本におけるスポーツと人種　24.E

歴史的概観　24.E.01

① 日本人にとっての「人種」

「人種」といえば一般的には皮膚の色の違った人間の分類が連想される。肌の白いアングロ・サクソン系や肌の黒いアフリカ系など様々な人々が混交したアメリカ社会では，「人種問題」といえば，「白」や「黒」の議論に終始する場合が多い。しかし日本では，国民のほとんどすべてが同じような肌の色や顔つきをし，ほぼ同じような価値観に基づいた生活様式を持つなど，欧米と比較するとその均質性はきわめて高く，「単一民族」の神話が生み出されるほどである。そしてこの特殊事情により日本人は独特の人種観を持つに至ったという(家坂和之『日本人の人種観』弘文堂，1986.6)。

一般に日本人が「人種」を云々する場合には，自らが属する「日本人種」との区別や比較の中から生まれてくる「外国人」という概念に帰結することがほとんどである。「日本人」によって「外国人」に対してなされた差別的行為が，しばしば「人種問題」として取りざたされるのである。その時でも「日本人種」という概念は，多くの場合，言葉として明確に語られることはない。それは，自覚されることなく暗黙のうちに認められた大前提となっているからであろう。しかしその「日本人種」ですら自明なものではなく，歴史的な状況いかんによってその境界が揺れ動いたと指摘されている。小熊によると，「『日本』あるいは『日本人』とは不動の実態ではなく，時期や状況によって変動する言説上の概念にすぎない」(小熊英二『〈日本人〉の境界』新曜社．1998.4)のである。

以下に明治以降の日本のスポーツにおける「日本人種」をベースとした時の「外国人」との関係に表れた「人種」をみてみる。

② 明治期の野球

明治維新以降，「文明化」の名のもとに教育制度が整えられていったが，当初は知育に重きが置かれていた。高等教育の教師として日本に来て後に著名な日本学者となったウィリアム・グリフィス(W. E. Griffis)をはじめとする英米人の教師は，日本の学生たちに身体活動の必要性を訴えた。1872(明治5)年頃にアメリカ人教師のホーレス・ウィルソン(H. Wilson)によって初めて日本の学生たちに野球が教授されたのは，そのような背景からであった(図1)。

スポーツの場での日本人と外国人との最初の接触は，学校教育の中の学生と教師との関係の中でのことであった。野球が伝えられた当初は，学生たちが外国から来た「雇われ教師」に対して自分たちとは異なった文化性を持ついわゆる「外国人」を意識し問題となった記述や記録はみあたらない。しかし，その後，野球が広く学生たちのスポーツとして定着した頃になると，国際問題に発展しかけた事件が起こっている。

1890(明治23)年，野球の最有力校となっていた一高(現・東京大学)が自校のグラウンドに明治学院の白金倶楽部を迎えて対抗戦を行っていた。0対6と一高の敗色が濃くなっていた6回に，1人の外国人が垣根を乗り越えて野球場に入ってきた。彼は明治学院で神学を教えるアメリカ人教師のウィリアム・インブリー(W. Imbrie)で，野球には人一倍関心が強かった。彼は一高の正門が閉まっていたために，野球のゲームみたさに仕方なく垣根を越えてグラウンドへの乱入となったのである。敗色ムードに苛立っていた一高の応援団は，インブリーの行為を一高に対する侮辱とみて，彼を取り囲み，流血を伴う暴力事件に発展したのである。この事件は外国の新聞でも取り上げられ，一時は大きな外交問題にまでなりかけた。しかし，「私がいけなかった」と謝罪したインブリーの紳士的な態度と一高側の早い対応によって事なきを得た。

この事件の背景には，日本の不平等条約への不満があったとされている。

図1　日本の学生に初めて野球を教えたホーレス・ウィルソン
(写真：MeijiShowa.com/アフロ)

一高学生の感情的な過剰反応は，単なる野球の試合に負けることの悔しさへの憂さ晴らしではなく，当時の日本人エリートたちが外国や外国人に対して持っていた屈折した心理を反映したものであったというのである（佐山和夫『日本野球はなぜベースボールを超えたのか』彩流社．2007．118-20）。社会的な不満がスポーツの場を借りて怒りとなって爆発し，暴走する行為は，サッカーでのサポーターの暴力や暴動などのように，時折みられる現象である。インブリー事件の場合には，力を付け始めた「日本人」の自覚が，不平等条約への不満とともに，対立する「外国人」の表象を見出した結果によって起こったものと考えられる。

その後，スポーツ指導者であった外国人と教え子となった日本人の関係は，レルヒ少佐（T. von Lerch）が日本陸軍に本格的にスキー技術を教授した時のように，比較的良好に進行した。それは教える側と教わる側の関係性がはっきりしていたことによって，「人種」が問題として現れるような文化的な摩擦が生じることがなかったためである。

③ 第11回オリンピック大会（ベルリン）

競技大会への参加を通して，日本人アスリートたちは様々な国の人々と接触するようになる。オリンピックへの初参加は，1912（大正元）年に開催された第5回大会（ストックホルム）で，短距離走の三島弥彦と国内の大会でマラソンの世界最高記録を作って優勝した金栗四三の2人であった。三島は100m，200mともに予選最下位に終わったが，この結果に日本人と外国人との体格差が強調された。しかしこの時代は，日本の一般大衆がオリンピックに関心を持つことはほとんどなかった。

1936（昭和11）年に開催された第11回大会（ベルリン）は，「アーリア人の優越性」を訴えるナチスドイツのプロパガンダに利用され，人種主義に色濃く彩られた。またアメリカの黒人選手ジェシー・オーエンス（J. C. Owens）の活躍など，本大会はオリンピック史上において「人種」を語る上で格好の材料となる大会であった（図2）。

この大会の前の1932（昭和7）年に開催された第10回大会（ロサンゼルス）あたりから，日本の一般人もオリンピックに関心を寄せ始めた。世界的に国家主義的傾向が強まる中で，日本人が欧米から認められるひのき舞台としてオリンピックが期待されていたことにより，多くの情報が国民に伝えられたためである。また，この2大会からラジオでの実況中継が行われるようになったことも，人々の関心を集める要因となった。ナショナリズムの高揚とともに，自国民対他国民の構図を明快にするオリンピックの場において，「前畑がんばれ」と連呼された実況中継とシンクロすることによって，日本国民が「日本人種」としての意識を高めることになったのである。

またこの大会では，朝鮮半島がまだ日本に併合されていたため，朝鮮半島出身の孫基禎と南昇竜が日本代表としてマラソンに出場し，金メダルと銅メダルをそれぞれ獲得した。大会直後に朝鮮の地元新聞『東亜日報』は，孫の胸にあしらわれていた日章旗を塗りつぶした写真を掲載し，当時の朝鮮総督府の警察によって同紙の記者が逮捕され発刊停止処分となる事件が起こった。この事件が象徴しているものこそ，時代や状況によって変動する「日本人」としての「人種」であろう。

④ 第18回オリンピック大会（東京）

第二次大戦後の日本で最も大きな国際的スポーツイベントとなったのが，1964（昭和39）年に開催された第18回オリンピック大会（東京）である（図3）。こ

図2 「人種」が混交した第11回オリンピック大会（ベルリン，1936年）走幅跳の表彰式
1位アメリカのジェシー・オーエンス，2位ドイツのルッツ・ロング，3位日本の田島直人が三様の姿勢で臨んでいる。
（写真：AP/アフロ）

図3 「多人種」のアスリートによる競技大会をイメージさせる第18回オリンピック大会（東京，1964年）のポスター

図4 体格差があったヘーシンクと神永の第18回オリンピック大会（東京，1964年）での柔道無差別級決勝 （写真：フォート・キシモト）

の大会は，日本の戦後の復興を象徴し，先進国として国際社会に復帰するシンボルとなった。会期中には，ソ連のフルシチョフ首相の解任や大会に参加していなかった中国が核実験を強行するなど，国際的な事件が相次いだ。また，アメリカの公民権運動の中心人物であったキング牧師のノーベル平和賞の受賞が決定し，本大会に冠せられた「世界はひとつ東京オリンピック」というスローガンとともに，世界を分ける「人種」が現実的には存在することを想起させる象徴的な出来事であった。

オリンピックに対するメディアによる報道の洪水は国民をオリンピックに釘付けにした。とりわけ，1959（昭和34）年に23.6％であったテレビ普及率は1964（昭和39）年には87.8％に達し，「テレビ・オリンピック」の異名を持った。テレビの画面に映し出された世界中のオリンピック選手の視覚的な情報は，日本選手とは異なる外国人選手の身体をお茶の間に伝えた。とりわけ，柔道の無差別級決勝において，身長198cm 体重120kgのからだを持ったオランダのアントン・ヘーシンク（Anthonius Geesink）が日本代表の神永昭夫を下した時は，日本中に衝撃が走った。お家芸での完敗は，「日本人種」の身体的劣勢の実在をリアルなものにしたのである（図4）。

また，市川崑監督によって編集されたドキュメンタリー映画『東京オリンピック』では，様々な「人種」のアスリートたちによって紡がれた競技大会が芸術的に描き出され，高い評価を得て多くの日本人に感動をさらなるものとして与えた。

第18回オリンピック大会（東京）は，様々な形で「日本人種」との比較において，「外国人」としての「人種」を日本国民のイメージの中に浮き彫りにしていった。

〈小澤英二〉

プロフェッショナルスポーツにおける人種問題　24.E.02

① 野球

アメリカのメジャーリーグには，ベンチ入り登録する25人の枠に外国人枠というものは存在せず，アメリカ人以外の選手がチームに何人いても支障はない。極端にいえばチーム全員がアメリカ人でなくても構わないのである。しかし日本のプロ野球では，支配下選手70人の枠には制限はないものの，1軍のゲームに出場することができる外国人選手の人数には規約により制限が設けられている。

2009（平成21）年現在，登録できる外国人選手の人数について，「球団は，任意の数の外国人選手を支配下選手として保有することができる。ただし，出場選手登録は4名以内に限られ，野手又は投手として同時に登録申請できるのは，それぞれ3名以内とする。」（『日本プロフェッショナル野球規約』第82条の2）と明記されている。したがって，1軍に登録できる外国人選手は最大4人までで，「投手1人・野手3人」「投手2人・野手2人」「投手3人・野手1人」のいずれかになる。

この制度が設けられている最大の理由は，「日本人選手の出場機会が失われる」という選手会の主張に配慮したものとされている。それによって日本人選手の育成が妨げられ，日本人スター選手を日本プロ野球に輩出することも困難になるというのである。また資金力のあるチームが大量の外国人選手を雇用し，チーム力に不均衡が起こることを懸念するという理由も掲げられている。

しかし，後者の理由については，フリーエージェント制やドラフトにおける逆指名，移籍に伴って移籍する前のチームに支払われる補償金などの制度が，人気と経済力のあるチームによい人材が集まる傾向を助長し，チーム力の不均衡を拡大する原因となっており，外国人枠の撤廃はそれほど大きな影響を与えるものではない，と指摘する人もいる。したがって，外国人選手が増えることで，日本人選手の露出が少なくなることへの懸念が外国人枠を設ける強い理由と考えられる。

日本プロ野球に外国人選手枠が最初に設けられたのは1951（昭和26）年のシーズン後のことである。この時，野球協約に「支配下選手のうち日本人でない選手の数は3名を超えてはならない」という条文が加えられた。1965（昭和40）年のオフにはドラフト制度が始まり，それと同時に外国人選手枠が1人減らされ2人となった。その後，支配下外国人選手2人の時代は1980（昭和55）年まで続き，翌81（昭和56）年に再び3人となったが，出場登録選手は2人のままであった。外国人や現代化を唱える日本人の批評家から，当時，プロ野球界の閉鎖性が批判の的になった。1994（平成6）年には世間に溢れた「規制緩和」の名のもとに，出場登録選手が2人から3人に緩和され，支配下選手の登録人数に対する規制に至っては完全に撤廃され，各球団ともに外国人選手を何人でも保有することができるようになった。1997（平成9）年からはフリーエージェントの権利を獲得した選手は規制から除外され，翌1998（平成10）年には出場登録選手が4人に増やされている。以前に比べて現在はその規制がかなり緩和された感はあるが，外国人選手の制限が続いている事実に変わりはない。

先にアメリカのメジャーリーグではベンチ入り登録する選手に外国人の制限はないと述べたが，現在のところマイナーも含めた全登録選手の25％を超えてアメリカ国籍を持たない選手を雇用してはならないことが定められている。メジャーリーグに多くのアメリカ国籍ではない選手がいる現状では，マイナーリーグの多くの選手がアメリカ国籍である。また，各球団に支給される就労ビザの枚数にも制限があり，それが結果的に外国人枠の機能を果たしている。

2006（平成18）年に当時西武ライオンズに在籍していた小関竜也が，アメリカのブルワーズとのマイナー契約が成立していたにもかかわらず，時期が遅かったためビザの発給枚数の残りがなく，契約を断念したことがあった。各支配下球団で登録されているアメリカ国籍を持たない外国人選手は，実際には25％に満たない。それゆえ外国人枠という閉鎖性は日本に独特な発想ではないといえる。

しかし，日本ではプロ野球のひのき舞台となる1軍において制限が設けられていることは，プロ野球の露出した部分での「日本人性」を明確にしておきたいとする発想に他ならない。そこがメジャーリーグと大きく異なる点である。それは，プロ野球を主宰する側の

次のような考えからであろう。日本において野球は、明治初期に輸入され、明治中期には学生のスポーツとして定着するなど比較的以前から日本に根付き、いまや国民的な人気を博している、ある意味で「国技」ともいえるスポーツである。そのような野球に対する日本のファンの多くは、外国人選手ばかりによって行われるゲームよりも、日本人選手が活躍するようなプロ野球を嗜好するであろう、というのである。メディアなどで外国人選手に対して「助っ人」という表現が用いられるのは、その発想を受けてのことである。

ところで、人数制限の対象となる外国人選手とは、日本国籍を持たない者である、と同規約の82条の1において定められている。ただしそこには次のような例外的な条項が設けられている。1つ目には「選手契約締結以前に、日本の中学校、高等学校、日本高等学校野球連盟加盟に関する規定で加盟が認められている学校又は短大（専門学校を含む。）に通算3年以上在学した者」。2つ目には「選手契約締結以前に、日本の大学、全日本大学野球連盟の理事会において加盟が認められた団体に継続して4年以上在学あるいは在籍した者」。3つ目には「選手契約締結以前に、日本に5年以上居住し、かつ日本野球連盟に所属するチームに通算3年（シーズン）以上在籍した者」。さらには、「選手契約締結以後、この組織が定めるフリー・エージェント資格を取得した者」などで、これによって日本プロ野球が考える、制限されるべき「日本人」ではない「外国人」のコンセプトがみえてくる。すなわち、日本で公的な野球連盟が加盟を認めた教育機関や団体において、一定期間在籍をした者や、一定期間日本に居住し、なおかつ日本の野球連盟に属するチームで活動した者については、制限される外国人選手とみなさないのである。外国人であっても、日本で教育を受けることや、日本に居住し、日本のチームで日本野球をある程度経験することで、日本人にとっての外国人意識が軽減するという観測がもたれているのである。

そこには、ある程度の日本での実績や経験によって、少しでも日本語を話すことができたり、日本的な生活様式に慣れているなど、日本の社会や文化あるいは、それに基づいて形成された日本野球に適応した者を「外国人」ではないとみなす向きがある。これによって、日本のプロ野球界の規約には、日本になじむことのできた者に対する同族意識、ある意味で特異な「人種」観をみることができる。

② 相撲

2003（平成15）年の初場所はモンゴル出身の大関朝青龍が2場所連続の14勝1敗で幕内最高優勝し、横綱昇進を確実にした。同場所では、序二段を除く5つのすべての階級において外国人力士が優勝した。日本の相撲界において、いまや外国人力士の存在は非常に大きいものとなっている。

大相撲における外国人力士の存在は、現在に始まったことではない。戦前には、アメリカの日系2世や日本の統治下にあった台湾や朝鮮出身の力士が在籍していたが、それほど目立った活躍がなかった。外国人力士で注目を浴びたのは、1964（昭和39）年にハワイから高砂部屋に入門した高見山大五郎である（図1）。高見山は関脇が最高位であったが、39歳で引退するまでに、幕内1,430回の出場記録を持ち、アメリカ人らしい陽気な性格とともに国民的な人気を博した力士であった。

高見山の後に話題になった外国人力士は、高見山と同じく1982（昭和57）年にハワイからやってきた小錦八十吉である。小錦は200kgを超える巨体で圧倒的なパワーの突き出しを繰り出し、大関まで昇進した。さらにハワイ出身の曙や武蔵丸は、横綱まで昇りつめた。

その後、ハワイ勢と並んで急速に台頭してきたのがモンゴル出身の力士たちである。大相撲にはこれまでに20の国から来た159人の外国人力士が在籍したが、最も多くの力士を輩出したのが、累積43人のモンゴルである（表1）。

日本相撲協会が外国人力士の数に対して規制を設けたのは、比較的最近のことである。外国人力士の活躍が顕著になってきた1992（平成4）年5月に、協会は師匠会の内規として、「外国人力士は各部屋2人まで」「角界全体で40人までとする」という規制を初めて設けた。2001（平成13）年に総枠の40人に達したために欠員が出るまで入門を見送ると発表したが、翌年には、40人の総枠は撤廃され、各部屋1人までに変更された。現状で2人以上の外国人力士が在籍する部屋については、その維持を認めるが、その力士が引退するまで新たな外国人力士の入門を禁止すると決めた。2009（平成21）年8月現在、総数56人の外国人力士が在籍しているが、相撲部屋の総数は52であり、近い将来には実質的にその数が外国人力士の総枠となる。

日本相撲協会が外国人力士の入門を制限する理由は、公にはされていない

図1　外国人力士で初めて幕内優勝した高見山
（写真：日刊スポーツ/アフロ）

表1　外国人力士の出身別人数：2009年8月現在

国・地域	人数	歴代累計
モンゴル	35	43
アメリカ	0	30
中国	6	23
ブラジル	3	15
韓国	2	12
トンガ	0	8
ロシア	3	5
グルジア	2	4
フィリピン	0	4
アルゼンチン	0	2
イギリス	0	2
エストニア	1	2
西サモア	0	2
カザフスタン	1	1
カナダ	0	1
スリランカ	0	1
チェコ	1	1
パラグアイ	0	1
ハンガリー	0	1
ブルガリア	2	2
計	56	160

（出典：日本相撲協会）

が，いくつか考えられる。第一には，相撲は日本古来の伝統的な文化であり，外国人は日本の国技にとってはアウトサイダーであるという考えである。同質的価値観を保有する相撲に，アウトサイダーが多数入ることにより，相撲界にある伝統的な習慣やしきたり，独特な美徳などが破壊されるのではないかという懸念である。「礼に始まり，礼に終わる」という作法や「心・技・体」という近代スポーツにはない独特の価値観が外国人力士には理解し難いということである。それによって朝青龍の行動が，「横綱の品格」にそぐわないものとしてたびたび非難の的になった。

また，外国人力士が増加した1990年頃から，外国人力士によってトラブルや不祥事がたびたび引き起こされるようになるが，2008(平成20)年にはこれが大麻使用にまで発展し，大きな社会問題となった。それらの不祥事が日本人力士にも起こりうるようなものであったとしても，外国人であるがゆえの悪行のような非難がしばしばなされ，外国人力士を制限することを正当化した。

第二に，外国人力士は体格的に恵まれており，身体能力も高いために，外国人在籍数を制限しなければ，国技である相撲が外国人力士によって席巻されてしまうのではないかという危惧が生まれた。これは，外国人が日本人とは生来的に異なった身体および身体能力を持つという考えに基づくものである。身体的に劣る日本人が勝つことができなければ，日本の相撲ファンが関心を持たなくなってしまうのではないかという懸念である。これは日本プロ野球が外国人選手枠を設定している理由とも共通する。

いずれにしても，大相撲における外国人枠の設定は，相撲が伝統的な日本文化であるという自負によるところが大きい。「日本文化は日本人のみが守ることができる，あるいは守られるべき」という思考に基づく，日本人が日本文化に対して持つ排他性によって，外国人力士の枠が設定されていることになる。

相撲界において外国人に対してまったく門戸を開いていないのが，年寄名跡(としよりめいせき)の取得である。年寄名跡は俗に「年寄株」と呼ばれ，力士が現役引退後に相撲協会に年寄として残ったり，相撲部屋を開いて親方として弟子を養成したりするために取得しなければならないものである。

一般にスポーツ界では，現役を引退した選手を所属する団体が雇用し生活を保障する制度は確立されていない。コーチや監督で残ったとしても，ほとんどの場合に期限付きの契約である。大相撲の年寄はそれとは異なり，65歳の定年まで保障されたいわゆる終身雇用の社員といえる。幕内力士の引退時の平均年齢がおよそ32歳であることや，相撲によって得られた特殊技能や身体の特殊な形態は，他の職種にあまり適応できないことからも，引退後の30年以上の生活が保障される年寄株の取得は，相撲界のエリートとして不可欠なものといえる。

この年寄名跡を取得するためにはクリアしなければならないいくつかの条件があり，その1つに国籍がある。『日本相撲協会寄附行為施行細則』の第48条の3に，「年寄名跡の襲名は，日本国籍を有する者に限る」と記されている。そのため相撲界で現役時に成功を収めた外国人力士の多くは，年寄として相撲協会に残るために日本国籍を取得し，制度的にも「日本人」になる選択をすることが少なくない。

年寄株取得に対する日本国籍保有の制限の条項は，1976(昭和51)年に新たに付け加えられたものである。それ以前は，外国人にも門戸を開いていたというよりも，年寄株取得の資格を持った実績のある外国人力士がいなかったため，外国人が年寄を襲名することの現実味がなかったのである。しかし，ハワイ出身の高見山の活躍により，外国人の年寄襲名が現実性を持つことになり，この条項が付け加えられたものと考えられる。相撲界の管理部門における閉鎖性は，一貫して存在していたのである。なお高見山は，年寄として相撲協会に残ることを希望し，1980(昭和55)年に日本国籍を取得し，東関親方として活躍後，2009(平成21)年6月に定年退職した。

③ サッカー

日本のプロサッカー組織であるJリーグにも野球や相撲と同様に外国人枠が存在する。Jリーグの規約によると，プロ契約を締結した外国籍選手は，1チーム3人までは国籍にかかわらず登録することができる。さらにアジアサッカー連盟(The Asian Football Confederation: AFC)加盟国の選手を1人(「アジア枠」)を加えて，合計4人まで登録することができる。ただし，アマチュア選手または20歳未満のプロC契約(年俸450万円以下)選手を登録する場合は，AFC加盟国またそれ以外の国籍の選手にかかわらず，外国籍選手は総数5人まで登録可能とされている。

「アジア枠」という発想は，日本プロ野球や大相撲でもこれまで議論の俎上に上がったことはあるが，今のところ採用されていない。とりわけ日本のプロ野球では，その導入が計画されたが，高いレベルのプロリーグを持っているアジアの国が日本以外では韓国と台湾に限られるため，優れた人材が日本に流出することを恐れた両国の強い反対により実現しなかった。Jリーグでは，ゲームレベルの向上，アジア地域における新たな事業的可能性の開拓，AFC加盟国・アジア地域との国際交流，貢献の推進を目的として，2009年シーズンより設定された。これはアジア人を他よりも優遇すべきより同属的な「人種」と捉えることによって設定された制度とみることができる。

また，野球と同様に日本国籍を有しない場合でも，外国籍選手とはみなさない条項が設けられている。そこで提示されている条件は，日本で生まれ，学校教育法第1条に定める学校で，教育基本法第4条に定める義務教育を受けている選手または義務教育を修了した選手，あるいは学校教育法第1条に定める高等学校または大学を卒業した選手である。この枠はそのような選手を準外国籍として扱った「在日」枠と呼ばれることがある。ただし，この場合の選手の登録は1チームにつき1人に限られている。日本プロ野球の場合，このような例は外国人枠から完全に除外され，何の制限も受けることはない。その点Jリーグでは日本プロ野球よりも厳格な規制が敷かれているといえる。

サッカーには，相撲にみられるような，日本の伝統的文化であるという理解はなく，また野球のように日本的な価値観によって再構成されているとい

う意識も希薄である。それにもかかわらず，厳格に「日本人」という制限が持ち込まれているのは，サッカーというスポーツやそれを支える組織が地域の振興や育成というコンセプトを大きく掲げていることに根ざしているからである，と多くの場合説明される。

2008（平成20）年に国際サッカー連盟（FIFA）のブラッター会長は，「外国人選手が増えていくことで，自国選手の育成ができず，クラブの個性や地域性が失われていく」と主張し，外国人選手の先発を5人に制限して残りの6人は自国の選手を使う規定，いわゆる「6+5制度」の設定を提案した。しかしサッカーの先進地域であるヨーロッパでは，ヨーロッパ連合（EU）加盟国の選手に対しては原則的に制限を設けていない国がほとんどである。オランダのようにEU以外の外国人籍の選手についても制限していない国もある。EUの場合は経済的なつながりで，法律の上でEU域内ではEU加盟国の労働者は移住の自由が認められており，これはサッカー選手に関しても同様という判決（ボスマン判決，1995年）が出ている。そのため，少なくともEU内での外国籍による制限を設けることは困難な状況にある。また，アメリカにおけるメジャーリーグと同様にヨーロッパにおけるサッカーは世界最高峰であるという自負があり，国籍に基づく外国人枠を設定して制限する必要性を感じないのである。

日本では，日本サッカーのレベルの向上のために外国人枠を拡大もしくは撤廃すべきであるという意見がある。しかし，日本のプロサッカーでは，野球や相撲と同様に国籍にこだわった「日本人」としての制限が固持されている。

④ バスケットボール

一方で，国籍による制限を大幅に緩和しているプロスポーツもある。2005（平成17）年に設立された，バスケットボールのプロリーグ，bjリーグである（図2）。bjリーグは，開設当初は外国人枠を完全撤廃し，レベルの高い外国人選手を招聘することを奨励した。2007（平成19）年度のファイナルシーズンでは，ライジング福岡が出場選手の全員を外国籍選手にしている。しかしその翌シーズンから，アジア地域を除く外国籍選手は3人までコート上でプレイすることができ，アジア地域の外国籍選手はさらにもう1人出場することができると，制限が設けられた。このルールによってバスケットボールでは最低でも日本人選手が1人出場していなければならないことになる。なおチームの所属選手15人に国籍による人数制限はない。このような出場選手の8割を外国人選手によって占められる可能性があるプロスポーツは日本では異例である。

外国人を積極的にリーグに参加させようという考えは，日本のバスケットボール界全体のものではない。bjリーグは日本バスケットボール協会から脱退して設立された団体である。日本バスケットボール協会の傘下団体であるJBL（Japan Basketball League）では，外国籍選手の登録を1チーム2人までに，さらに2009（平成21）年度からは出場できる選手を1人に制限している。また，女子のリーグであるWJBL（Women's Japan Basketball League）では，外国籍選手の登録を認めていない。男子の日本代表で日本人に帰化した選手は，成文化されているわけではないが，チームに2人以上選抜された例が過去にない。日本のバスケットボール協会は，「日本人」以外には比較的排他的な傾向を持っているようである。

bjリーグは外国籍選手を積極的に取り込む目的として，ハイレベルなゲームとエンターテインメント性を実現するためであると説明している。bjリーグは，自らの事業をスポーツエンターテインメントとして位置づけ，「あらゆる意味でハイレベルかつプロフェッショナルなバスケットボールを提供する」ことを理念として掲げている。つまり，試合のレベルを高め，ファンに提供できうる最上級のエンターテインメントを提供したいというねらいがある。バスケットボールのゲームという商品が持つ価値を最大限に高めるために，外国人の枠に制限を設けるのは最小限にとどめるという方針なのである。日本のバスケットボールは，プロスポーツとしての歴史が浅く，アメリカのNBA（National Basketball Association）は本場として意識されている。このような現状では，「日本人」という枠

図2　外国人選手の激しいプレイがみられるbjリーグのゲーム（写真：フォート・キシモト）

にこだわってそのレベルを低くするよりも，多くの外国人を取り込むことでNBAにできるだけ近づけ，顧客の満足感を上げる方が得策であるという発想により，外国人枠が緩和されているのである。

以上のように，プロスポーツの場合には，提供されるゲームが商品となる。そのため興行の主催者となるプロスポーツの管理団体は，どのような商品が消費者の支持を獲得できるかを常に考えなくてはならない。そのスポーツが持つ歴史的経緯によっては，伝統を維持・継承していくことが生命線になってくる場合がある。大相撲がその顕著な例であろう。地域との密着や，自国選手の育成を考えても，ある程度の制限が必要となってくる。また，観客にみせるに値するトップレベルのゲームを提供するためには，その制限を緩和しなければならない場合もある。それぞれの競技のどのような部分に重点を置くか，それぞれの団体の歴史性とそれによって培われた理念によって，「外国人」という枠をどのようにするかが決定されているといえる。

（小澤英二）

マスメディアと人種言説

10年以上の歳月を要してヒトゲノムの全貌が解明され，「人種」というものが生物学的な実態を持たないことが，2003年5月にアメリカのハワード大学で開かれた「ヒトゲノムの差異と『人種』」と題されたワークショップにおいて，アリ・パトリノス(Ari Patrinos)をはじめとする世界の著名な科学者たちによって宣言された。しかし，未だに「人種」が強固な社会的リアリティーを持っていることは否めない。「人種」という概念は言説や文化によって社会的ないし政治的制度や圧力をもって構築されるのである。また「人種」を社会的に構築する言説を提供するものとしてマスメディアの働きは非常に大きい。ここでは，日本のスポーツにおいてマスメディアを通して「人種」がいかに構築されてきたか，いくつかの例を記述していく。

① メディアが構築する「異人種」

朝青龍が横綱昇進を決めた平成15 (2003)年の初場所では，幕内，十両，三段目の三階級でモンゴル出身の力士が優勝し，「黄金の国を目指し，現代版蒙古が襲来する」と報じたスポーツ紙(サンケイ・スポーツ2003年1月27日付)があった。モンゴル出身の力士たちの活躍を，日本の歴史上初めて外来からの侵攻に対して脅威を持った，13世紀の元寇になぞらえたのである。歴史の教科書にも必ず登場する元寇は，日本人にもなじみ深いもので，そのためにそこから想起されるイメージは鮮明である。数百年もの昔，元への服属を求めて日本にやってきた蒙古をモンゴル出身の力士たちに重ねることによって，外から来て日本を席巻しようとする脅威を持った異人種のイメージがモンゴル出身の力士たちに構築されることになる。

また同場所の千秋楽の翌日，読売新聞に，「外国の人は大事な一番にものすごく集中する。日本の力士も見習わないと」と語られた北の湖理事長の談話が掲載された(2003年1月27日付)。この談話が意味するものは，外国人がある点において生来的に日本人より優れた能力を持つことを認めるもので，そうすることによって日本人と外国人が異なった身体ないし身体能力を持つ，異「人種」であることを示唆している。北の湖理事長にそのような意図があったかどうかは疑問であるが，その発言がメディアによって切り出されることによって，相撲における人種の概念が再構築され，広く一般に提示されるのである。

相撲界において，「人種問題」として最大の関心を集めたのが，小錦の横綱昇進問題である。小錦は平成3 (1991)年の九州場所で2度目の優勝を果たし，次の場所で12勝3敗，さらに次の春場所において13勝2敗の成績で3度目の優勝を遂げた(図1)。この成績は，過去にあった日本人力士の横綱昇進直前の3場所の成績に匹敵するものであった。しかし，春場所後に開かれた横綱審議委員会では，小錦の横綱昇進は見送られた。その後，横綱に昇進できなかった理由を記者から尋ねられた小錦のコメントとして，「厳密に言えば，これは人種差別だよ。金髪や黒人だったらどうなのか。今回なれなかった理由は一つしかない。それは僕が日本人じゃないからだ」と，日本経済新聞(1992年4月20日付)の夕刊に掲載された。さらにその2日後，ニューヨーク・タイムズは，「スター力士が日本における人種差別主義を非難」という見出しで，「もし自分が日本人だったら，とっくに横綱になっていただろう」と電話での取材に答えた小錦のコメントとともに，日本相撲界における小錦に対する差別についての記事が掲載された。

小錦は自伝の中で，日本経済新聞の取材に対して上記のようなコメントはしていないと，発言そのものを否定しており，ニューヨーク・タイムズのコメントもハワイ出身の付き人が小錦不在の時に電話で答えたものであったと弁明している(小錦八十吉『はだかの小錦』読売新聞社．1998)。また「人種差別」発言の報道後になされた度重なるマスコミの取材に対しても，「人種差別」とはいっていないと一貫して答えている。本来ならば，小錦本人の否定によってこの問題は収束するはずであったが，それにもかかわらず，「人種差別」発言は独り歩きをして，日本にとどまらずアメリカでも大々的に取り上げられ，国際問題にまで発展した。

相撲界における「人種差別」の問題を拡大化させたのが新聞や雑誌などのマスメディアである。小錦の「人種差別」発言報道の前にも本田靖春により「曙・小錦差別はもうやめないか」(『週刊現代』31 (51), 1989年12月16日号)という記事が書かれている。また発言報道の後には，ヤン・デンマンによる「外人力士」(『週刊文春』34 (18), 1992年5月14日号152-56)や，「小錦人種差別発言に土俵の内外は侃侃諤諤」(『週刊新潮』37 (18), 1992年5月14日号108-09)，櫻井よしこによる「"相撲道"の在り方にも見直しを迫る『小錦発言』問題－真相は"日本的"ヤブの中に消えたが…」(『週刊時事』34 (20), 1992年5月23日号62-63)，小錦八十吉；ワトソン・ライアルによる「『外人横綱不要論』は人種差別だ－僕のどこが悪いのか，どうか教えてほしい(インタビュー)」(『週刊文春』；内田美恵・桜内篤子 訳. 34 (21), 1992年6月4日号196-97)，「押し倒せ人種差別，日米摩擦知らないヨ！－小錦・曙ハップン対談」(『新潮45』11 (7), 1992年7月号28-34)など様々な雑誌がこぞってこの問題を「人種差別」という言葉を用いながら取り上げている。多くの記事は，小錦の横綱昇進問題を通して相撲界において「人種」の壁が存在することを示すことによって，「人種」という概念を相撲界で意味をもつものとして構築していったのである。

メディアは相撲社会の人種差別主義的な側面があることを告発するだけでなく，小錦がなぜ横綱になれなかったかを，過去の成績や慣例，小錦の品行などからも分析した。そこで多く引き合いに出されたのが，「横綱の品格」の問題である。相撲の最高位とされる横綱にはそれなりの品格が必要とされ，小錦に関してはそれに欠けているというのである。雑誌『相撲』(1992年5月号)では，小錦は「正しい仕切りができていない」ことや，「四股がひどすぎる」『水を受ける時の動作，塩の撒き方などの作法も礼節を重んじる国技相撲にふさわしくない」など，数多くの点で横綱の品格に乏しいところが挙げられている。実際には「横綱の品格」は，厳密な概念規定がなく，そのため客観的な評価基準にはなり得ないものであり，偏見が入り込みやすい非常に主観的な指

標である。それゆえこの頃の小錦は、日本文化として尊ばれる「横綱の品格」を理解し身につけていない、他文化の価値観を持った外国人力士として、メディアを通して描写された。

小錦について、活躍を始めた時期にメディアが「外国人」として表現したものがある。昭和59（1984）年の秋場所において、小錦は相撲をとり始めて2年ほどしか経過していないにもかかわらず、二横綱一大関を倒し、12勝3敗の成績を上げ、殊勲賞と敢闘賞を受賞した。巨漢と持ち前のパワーを生かして押し相撲一辺倒で上位陣を打ち負かした小錦の活躍を、マスコミは「黒船来襲」と表現したのである。「黒船」は、江戸時代末期にペリーが率いたアメリカの艦隊が江戸湾浦賀に来航し、鎖国政策をとっていた幕府に対して開国を迫ったことに由来するが、それ以降欧米の日本への進攻と圧力の象徴となった。

小錦以前の「巨漢力士」は、上半身の偉容に反して下半身が細く、「強い」というよりも「もろい」というイメージが強かった。小錦を見出したハワイ出身の高見山は、「もろい巨漢」のイメージを持つ典型的な力士であった。小錦の快進撃はそのイメージを一新した。小錦にはハワイのハイスクールでアメリカンフットボールの選手として活躍した経歴がある。その巨体は単なる肥満ではなく、高い身体能力をもって破壊的なパワーを生み出し、しかも簡単には倒れなかった。小錦の躍進は、それまでの相撲観を変えるものであった。小錦は「黒船」以外にも「ハワイの野獣」や「人間ブルドーザー」などと呼ばれ、メディアによって「ヒールヒーロー」に仕立て上げられていった。また、小錦が「相撲はケンカだ」と発言したと報道されるなど、「エキセントリックで野蛮」なイメージが作られたのである。

スポーツ界では、1987（昭和62）年にプロ野球のヤクルト・スワローズと契約したボブ・ホーナー（James Robert "Bob" Horner）がメジャーリーグの一流スラッガーの実力をみせつけ、「黒船」と表現されている。「黒船」とは欧米を中心とした海外からの領土的野心のシンボルであり、日本に脅威を与えるものの象徴である。これはモンゴル出身の力士たちを「蒙古襲来」と表現したのと同じ文脈で解釈することができる。

小錦が巻き込まれた数々の騒動はある種の文化摩擦であり、それをめぐる報道は、そのような摩擦を生じる「日本人」とは違った価値観を持つ「異人種」の概念を補強もしくは再構築していったといえよう。

② メディアが構築する「日本人種」

欧米では人種に対する議論のほとんどが「白人」と「黒人」問題に終始する。しかし、日本では肌の色による「人種」の概念から起こる問題を内的な問題として身近に感じていないのが実態である。それに代わって日本におけるマスメディアの中でみられる人種主義的な言説の多くは、「日本人種」に関係したものであるという（リー・トンプソン「日本のスポーツメディアにみられる人種言説」『スポーツ社会学研究』16. 創文企画. 2008. 21-36）。

例えば、2003（平成15）年に世界陸上選手権男子200mで銅メダルをとった日本人選手末續慎吾について朝日新聞は、「体格・筋力に劣る日本人でも短距離で世界と戦えることを証明した」（2003年11月1日付）、「短距離種目は、日本人はパワーや筋力の差で外国人選手に対抗できないと言われてきた」（2004年1月5日付）と書いている。この記述では「人種」という表現がそのまま使われているわけではないが、その前提として生物学的なカテゴリーでの「日本人種」の実在があるという（トンプソン, 2008. 24-25）。つまりは、生まれ持って体格的あるいは筋力的に劣ることで明確に他と区別される「人種」としての「日本人種」が存在するということである。「日本人種」を浮き彫りにするために比較対象として引き合いに出されるのが、「外国人」である。

ここでは、日本のマスメディアにおいて「日本人種」を形成した顕著な例を取り上げる。

日本社会に適応し、日本文化になじんだ外国人に対して、「日本人以上に日本人らしい」と形容される場合がある。例えば、「史上初の黒人演歌歌手」として人気を得たジェロ（JERO）は、その典型的な例であろう。ヒップホップ系のファッションで、一見するとラップ歌手のようないでたちでありながら、ジェロはネイティブの日本人としか思えない「日本の心を象徴する」演歌を歌う。デビュー時にはマスコミが、彼がもつ日本的ルーツについて伝え、「日本人以上に日本人らしい」イメージを定着させた。

図1 「黒船襲来」といわれた小錦（右）
（写真：毎日新聞社／アフロ）

スポーツの世界においても、そのように形容される外国人選手が何人かいる。古くは日本プロ野球で初の外国生まれの選手となったヴィクトル・スタルヒン（V.K.F. Staruchin）がこのようにいわれた。最近では、サッカー界において日本国籍を取得して日本で活躍した選手にそのような形容がなされる場合がある。その代表的な選手が、1990年代に日本サッカー代表でも中心的役割を果たした、ブラジル出身のラモス瑠偉と呂比須ワグナーであるという（千葉直樹・守能信次『「日本人以上に日本人」と呼ばれた越境者たち』『体育の科学』50（8）. 2000. 647-50. 図2）。

1998（平成10）年に開催されたワールドカップ・フランス大会でのクロアチア戦に関する毎日新聞に、「日本人・呂比須選手 悔しい」という見出しの記事がある。その記事では、呂比須の来日してからの生活経験とともに、「礼儀正しく、謙虚。呂比須選手を知る人は『日本人以上に日本人らしい』と口をそろえる」「初戦のアルゼンチン戦で『僕はその時だけは（ライバルの）ブラジル人の気持ちになって戦う』と語った男は、この日、どこまでも『日本人』だった」（1998年6月21日付）と記述されている。

「日本人以上に日本人らしい」という表現では、「日本人」という言葉の持つ意味が前者と後者とでは異なる。前者

図2 日本国籍を取得し日本代表となった呂比須ワグナー（写真：フォート・キシモト）

の「日本人」は、「『日本民族の血』をひき、『日本文化』を内面化し、日本国籍を持っている人たち」（福岡安則『在日韓国・朝鮮人』〈中公新書〉中央公論新社．1993）を意味する。また後者は、日本的な価値観や美意識、美徳によって培われた特性そのものを意味している。呂比須に関する先の記事では、「礼儀正しく、謙虚」という言葉で表現されているものがそれにあたる。ブラジル人としてのアイデンティティーを語る呂比須を通して、彼が「日本人」としてのアイデンティティーを持つことが強調されているのである。

一方でラモスは1998（平成10）年のフランス大会では代表に選ばれず、NHKでの試合解説を行った。その際のラモスの解説に対して、朝日新聞夕刊に批判的なコラムが掲載された。スポーツ評論家の渡部直己によって書かれた「ラモスに告ぐ、君の根性論は醜い」（1998年6月29日付）と題されたそのコラムでは、ラモスが「うっとうしいほど反復された根性論」で3戦全敗を喫した日本代表を非難した解説をしたことで、皮肉を込めて「日本人以上に日本人らしい」とラモスを形容したのである。

「礼儀正しく、謙虚」である呂比須や、「根性論」を振りかざすラモスは、明らかに異なった性格ではあるが、どちらも巷にいわれる「日本人」のステレオタイプにあてはまる。実際に彼らが本当に「日本人以上に日本人らしい」と信じる日本人は多くはないはずであるが、なぜメディアはあえてこのような表現を用いた報道をするのであろうか。

ワールドカップのような世界的に注目される国際大会は、高度にナショナリズムを鼓舞する性格がある。サッカーではとりわけその傾向が強い。そこでは、日本人にとっては「日本」が全面的に意識され、メディアでもそれを煽るような報道が繰り返される。日本を代表して活躍する選手たちやそれを語る者たちは、そこに期待される日本のナショナリズムに見合う記号が付与されなければならない。メディアが「日本人以上に日本人らしい」という表現を用いることにより、彼らが日本的な文化性を内面化した外国人であることが示唆される。それゆえに「『日本民族の血』をひき、『日本文化』を内面化し、日本国籍を持っている『日本人』」をもって「日本人」を語るよりも強いインパクトをもって、「日本人」が意識されることになる。ナショナリズムの高揚とともに、日本国籍を取得し日本に愛国心を持つ外国出身選手に対して「日本人以上に日本人らしい」とメディアが語ることにより、結果的にきわめて強固な「日本人種」の再構築が行われるのである。

参考文献

- 中島隆信．2003．『大相撲の経済学』東洋経済新報社
- ロバート・ホワイティング．2005．『菊とバット〔完全版〕』松井みどり 訳 早川書房

（小澤英二）

25章
スポーツと障がい者

世界的規模で発展したスポーツにおいて,

障がいのある人にどのようにスポーツが誕生し,

人々はそれとどのようにかかわり,

障がいのある人のスポーツがどのような発展をたどってきたのか,

様々な視点や論点をまとめた。

さらに,障がいのある人のスポーツのさらなる発展に向けて,

どのようなかかわりがもたらされる必要があるのか

を紹介することで,

これからのスポーツと障がい者の関係について

より深く考える契機にしていただきたい。

障がいのある人とスポーツ 25.A

障がいのある人とスポーツのかかわり 25.A.01

スポーツは障がいの有無にかかわらずその効用は大きく，それを，身体的・精神的・社会的側面に分けて考えることができる。

① スポーツの身体的な側面への効用

スポーツを医療と結びつけて用いていた歴史は古くからその存在が認められ，紀元前2700年頃の中国では，障がいのある人，あるいは回復期にある人に積極的な身体活動を施すことによってその症状の緩解がある（Seaman, J.A., Depow, K.P. 1989. The New Adapted Physical Education: A Developmental Approach. Mayfield Publishing Company）ことが知られていた。また古代ギリシャにおいては，病気の初期治療あるいはリハビリテーションとして，また怪我の予防に身体活動が効果のあることが知られていた。以後，18世紀末に至るまで補助医療として身体活動は用いられていたと思われるが，18世紀末から19世紀にかけて，医者や体育指導者が体操の医療価値を認め，「医療体操」としてスウェーデン体操，ドイツ体操を世に広めている（天児民和監修. 1964.『身体障害者スポーツ』10-12. 南江堂）。20世紀には，2度の大戦で多くの戦傷者が生まれ，そのリハビリテーションとしてスポーツが用いられ，医療の近代スポーツにおける位置づけが確立し，障がいのある人のスポーツは発展した。

スポーツによって身体の諸組織・器官の活性化がなされ，体力の保持増進を図ることができることはよく知られている。なんらかの理由で身体に傷害を受けたため動かなくなる，あるいは動きが鈍くなった器官は，使用しないことによって筋系では筋肉の萎縮による筋力の低下や筋持久力の低下，関節の拘縮による関節可動域の減少，循環器系では肺換気量減少や心拍数の増加による持久力の低下，平衡機能ではバランス能力の低下などが生じ，転倒などにより二次的な障がいに陥る場合もある。また，知的障がいのある子どもでは，一般的に知的能力だけではなく運動獲得能力の発達も遅れるが，幼児期に積極的に運動介入することによって，発育や発達を促すことができるという報告もある（Hanson, M. J. 1987. Teaching the Infant with Down Syndrome (2nd ed). 120. Austin）。

周囲の環境の変化に対して自己を守る力（防衛的体力）に関していえば，過度なスポーツは，免疫力を低下させるが，適度なスポーツは免疫力を高めるというニーマン（D.C. Nieman）の報告もあり，感染症などの予防につながる（Nieman, D.C. 1994. Exercise, upper respiratory tract infection, and the immune system. Med. Sci. Sports Exerc. 26 (2): 128-39）。また，近年わが国を含め，欧米先進国といわれる国々では，高カロリー・高脂肪食と運動不足から生じる肥満，すなわち生活習慣がもたらす肥満による疾病克服が課題となっているが，その対策として運動習慣を確立し継続的にエネルギーの消費を図ることが必要とされている。原らが行った群馬県内の知的障がいをもつ子どもが通う養護学校（現特別支援学校）に対する調査によれば，「肥満度20％を超える児童生徒の在籍率は25.6％みられ（文部省の学校保健統計調査では小学校2.96％，中学校1.76％，高等学校1.41％）」（原美智子ほか. 2001「知的障害児と肥満」『発達障害研究』23 (1): 3-12），児童・生徒の年齢で肥満となりがちな知的特別支援学校では，学校在籍中の早期に肥満指導が求められている。それゆえ，卒業後を見据えて，学校在籍時における生涯スポーツ享受能力の指導が重要な課題といえる。

② スポーツの精神的な側面への効用

障がいのある人は，身体的あるいは知的に他人の支援を必要とする人が多い。日常生活において，障がいのある人の要求に沿った適切な援助があれば問題は少ないが，そうでなければどうしても精神的な緊張が生じる。意思の疎通がうまくいかない，あるいは意図が否定されるといった状態が続くと，ストレスによるチック，脱毛，胃炎といった身体症状が生じる場合もある。心の健康のため，精神的な緊張をどこかで解放する必要がある。周囲から発せられる「○○しなさい」という使役言葉から解放され，自己責任において好みの活動（スポーツ）を自己選択し，自己設定をした目的を達成させた充実感は，日常生活の中で蓄積された心理的ストレス解消につながり，ひいては自立心の育成にもつながる。

表1 障がいのある人にとってのスポーツの効用

分類	影響	効用
身体的側面にみられる意義	健康・体力の維持増進	身体器官の機能の増進 運動能力，運動機能の向上 障がいの克服・軽減 廃用性症状の防止 形態面の伸長
精神的側面にみられる意義	心の健康の維持増進	積極性，自発性を促す 知的能力の発達を促す 自立心の助長（自信，勇気，達成感等） 心理的ストレスの解消（緊張，心の解放） 情緒の安定（感激，喜怒哀楽，思いやり） 余暇活動の充実（スポーツを享受する） うるおいとゆとりのある生活（生きがい創生） 生活の活性化（生活意欲・労働意欲の向上）
社会的側面にみられる意義	社会性の育成	集団適応能力の向上（協調性，協力） 社会参加能力の促進（対人関係，社会的マナー）
	他者に与える影響	障がいに対する正しい理解の普及・啓発 援助，思いやり，共生思想の普及 雇用の促進

（出典：仲野好雄，後藤邦夫ほか.「心身障害児（者）の健康増進，スポーツ，文化活動に関する研究」『平成元年度厚生省心身障害研究』1990：66に加筆）

近年，障がいのある人の生活の質の向上が問われる中で，勤労保障とともに余暇活動の充実が課題となっているが，東京都が障がいのある都民に行った調査では，調査対象者の23.3％しかスポーツ・文化的な余暇活動に参加をしておらず，余暇活動の低調さを指摘している(東京都 2003「障害者の生活実態」『東京都社会福祉基礎調査報告書』：111, 168, 209)。このような社会環境の中で日常的に地域においてスポーツ活動が行われることになれば，楽しみは増え，それが生きがいにも変化しうる。

③ スポーツの社会的側面への効用

障がいのある人の余暇活動が不活発であることを精神的な側面で触れた。しかし，もしスポーツに参加することができれば，スポーツは自分の生活圏を離れた場所で活動が行われることが多く(交流試合，練習場や活動場所への移動，社会資源の利用ほか)，自宅から離れて社会参加する場が増加する。社会参加の機会が増えれば，そこに必要な対社会的，対人的なマナーが必要となり，それを指導されることによって社会参加能力が育まれる。その結果，スポーツそのものの内容だけではなく付随して様々なことを学ぶことができ，生活の幅を限りなく広げることができる。であるからこそ，スポーツを一部のエリートにとどまらせることなく，すべての人がその活動を享受できることが重要だといえる。

他方，スポーツは，それを行う障がいのある人だけでなく，共に活動をする障がいのない人にも，一緒に活動することによって「障がい」や「障がいのある人」に対する理解や共感が生まれ，21世紀がめざしている『共生』社会の実現に向けた力となる。わが国の教育は，障がいの有無によって分離され，教育機関が別々なために，「障がい」あるいは「障がいのある人」についてほとんど学ぶことなく成人を迎える。だから，障がいのある人の過ごしにくさを理解できていない人や障がいのある人を同情心でしか捉えられていない人が多数であるといえる。そのような教育環境だからこそ，『共にスポーツ行う』ことで障がいのある人のありのままの姿を理解し，受け入れ，共に生活する心と態度を育むことが必要なのである。

3つの側面から障がいのある人にとってのスポーツの効用を述べてきたが，障がい(過ごしにくさ)は個々人によって異なり，一律に「○○すればよい」というものではない。それゆえ，ある人にとって効用となっても，ほかの人にはマイナス(負の効果)になることもある。また，心身の状態のため，スポーツに参加することを許されない障がいのある人もいる。障がいのある人のスポーツを考える時には，原則的なことを踏まえながらあくまでも対象となる個人の立場で考える必要がある。

(後藤邦夫)

障がいのある人のスポーツの確立　25.A.02

① パラリンピックの礎

第二次大戦期は身体障がい者への対応，特にリハビリテーションに関して影響を与えたといわれており，リハビリテーションの歴史的変遷期といわれている。第二次大戦以前には身体障がい者は「社会の負担」と考えられていたが，健常者として社会で活躍していた軍人が，傷痍軍人として帰還した際に，人々の態度が大きく変化した。そこで身体的訓練と心理的なケアの必要性が生まれ，新たなリハビリテーションによる対応が不可欠となってきた。イギリス政府はこれらのニーズに応えるため，1944年ロンドン市郊外アイレスベリー(Aylesbury)にあるストーク・マンデビル病院(Stoke Mandeville Hospital)に国立脊髄損傷者センターを開設した。このセンター長に就任したのがグットマン(Ludwig Guttmann)であり，彼は脊髄損傷を負った傷痍軍人のリハビリテーションとしてスポーツ活動を導入した。グットマンの指導のもと活動は発展し，1948年にアーチェリーの試合，後にいう第1回ストーク・マンデビル競技大会(Stoke Mandeville Games)がストーク・マンデビル病院において実施されるに至った。また1952年には，オランダの出場を得て初の国際的なスポーツ競技会を開催した。それが第5回ストーク・マンデビル競技大会兼第1回国際ストーク・マンデビル競技大会(International Stoke Mandeville Games)であり，競技大会はその後も発展していき，今日のパラリンピックの礎となっていった。

② グットマンのリハビリテーションと競技大会開催

1944年にストーク・マンデビル病院の国立脊髄損傷センター長に就任したグットマンは，着任当時の同病院の脊髄損傷リハビリテーションについて異論を唱え，ギプスやベッドで固定する旧来の方法を止め，深刻であった尿路感染を予防するために排泄を促す腹筋を鍛える身体的訓練をリハビリテーションに導入した。また患者が本来退院後にも訓練を継続すべきところ，社会で働くようになったことで訓練する時間と気力を失っている状態の克服のため，家族や友人とダーツやスヌーカーを家庭で楽しんでいることに着目し，それらをリハビリテーションに取り入れた。それはリハビリテーションのきわめて重要な部分として扱ったのではなく，むしろレクリエーションとして自然に扱ったものであった。病院の活動の結果，アーチェリーなど多くのゲームやスポーツが脊髄損傷者にとって適したものであることが実証され，また健常者と競えるぐらいにこれらのスポーツのスキルを身につけることができた。この取り組みにつれ，競技種目が増加し，また技術的な向上があるなどの効果がみられ，ストーク・マンデビル競技大会の開催に至った。

1948年7月，ストーク・マンデビル病院にて年金省(Ministry of Pensions)が，脊髄損傷者用バス(paraplegic bus)をストーク・マンデビル病院に寄贈したことを記念した大きなパーティーが催された。そのプログラムの1つとして脊髄損傷者によるアーチェリーの試合が行われた。出場はストーク・マンデビル病院とスターアンドガーター療養所の2チーム，各8人計16人の選手であった。団体戦を行った結果，スターアンドガーター療養所チームが勝利を収めた。この試合が後に第1回ストーク・マンデビル競技大会といわれる大会であった。グットマンはこの試合について「スポーツは健常者に限定されたものという社会に対してのデモンストレーションであった」と述べており，このアーチェリーの試合が2チー

ムによる競技というよりはデモンストレーションに近い性格のものであったことがうかがえる。

③ 国際ストーク・マンデビル競技大会の開催と大会規模の拡大

1948年に病院内の大会として始まったストーク・マンデビル競技大会は、1952年大会にオランダが出場したことを契機に国際化の傾向を帯び、参加国は徐々に増して1958年大会には28ヵ国までに増えた（表1）。それに伴い、国際ストーク・マンデビル競技大会の規模は拡大し、当初アーチェリーのみであった競技種目は1956年を除いて毎年1競技ずつ増加し、1958年には10競技が公式競技として認められるようになった。さらに、1948年に16名だった参加選手が10年後の1958年大会には、350名まで増加している。なお、1958年の参加選手数が1957年より10名減であることについては英国が国内予選を行っていたことが要因として考えられる。1958年、国際ストーク・マンデビル競技大会前に病院内の大会から国内選手権として位置づけられる形で第1回英国国内ストーク・マンデビル競技大会が実施され、アーチェリー、ネットボール、フェンシング、砲丸投、やり投、こん棒投、卓球、スヌーカーの8競技が行われ、200名以上の参加があった。この大会の目的としては、国際ストーク・マンデビル競技大会の選考を行うことにあると報告されているが、国内大会を開催した理由について国際ストーク・マンデビル競技大会の参加者が増加したことにより、宿泊場所やボランティアの不足などの運営面で問題が発生し、組織の再編が迫られた。そのため、国際大会とは別に英国の国内大会を実施し、選抜された選手のみ国際大会に参加できることにしたようである。このように、1958年の参加選手数は1957年より減少しているが、英国代表を除いた参加選手数は前年に比べて増加していると思われる。以上のように選考会兼英国国内大会の実施は大会規模の拡大と本大会の確立を示すといえよう。

④ ファーンレイ杯授与とローマ大会の開催

1957年1月、国際ストーク・マンデビル競技大会に対して国際オリンピック委員会（International Olympic Committee: IOC）よりファーンレイ杯（Fearnley Cup）が授与された（図1）。授与式の会見においてグットマンは「この脊髄損傷者のスポーツ競技大会はオリンピックに肩を並べるまでに国内・国際的に発展するだろう。そして障がい者がオリンピックで健常者と競う日が来ることであろう」と述べている。このグットマンの発言から、ファーンレイ杯授与を契機に本大会のオリンピック化と脊髄損傷者のオリンピック出場への思いが強くなったことがうかがえる。また、翌年1958年大会ではオリンピックを意識した催しとして、聖火リレーを模した車椅子リレーが英国北部よりストーク・マンデビルまで行われている。さらに大会期間中に開催された監督者会議の冒頭でグットマンは、「フランスとオランダが国際ストーク・マンデビル競技大会に派遣する選手を選考しており各国がこのような国内大会を実施する時がきた」と伝えている。これはグットマン自身のコメントにもあることだが、各国のチャンピオンが出揃い、真の勝者を決定するため競い合うオリンピックと同様の形式をとっていきたい旨がうかがえる。

また、1960年にイギリス、オランダ、ベルギー、イタリア、フランスの5ヵ国により国際ストーク・マンデビル大会委員会（International Committee of the Stoke Mandeville Games）が設立されグットマンがその初代会長に就任した。そして1960年にオリンピックの開催されたローマで国際ストーク・マンデ

表1 国際ストーク・マンデビル競技大会の参加国・選手数の変遷と実施競技

実施競技	開催年	1948	1949	1950	1951	1952	1953	1954	1955	1956	1957	1958	1959	1960
アーチェリー		○	○	○	○	○	○	○	○	○	○	○	○	○
ネットボール			○	○	○	○	○	○						
バスケットボール									○	○	○	○	○	○
やり投				○	○	○	○	○	○		○	○	○	○
スヌーカー							○	○	○	○	○	○	○	○
卓球						○	○	○	○	○	○	○	○	○
水泳							○	○	○	○	○	○	○	○
ダーチェリー								○	○	○	○	○	○	○
フェンシング									○		○	○	○	○
砲丸投											○	○	○	○
こん棒投												○	○	○
五種競技													○	○
参加国数		1	1	1	1	2	6	14	18	19	24	28	18	21
参加選手数		16	60	110	126	130	200	250	280	300	360	350	360	400

ビル大会が開催された。その開会式でグットマンは「オリンピックと密接に結びついた本大会の開催が長年の夢であったが，本日その夢が実現した」とコメントしており，グットマンの描く理想的な国際ストーク・マンデビル競技大会がここに成立したといえる（この大会は後に第1回パラリンピック大会と定められた）。

当初，脊髄損傷患者に退院後も身体を動かしてほしいとのグッドマンの思いからリハビリテーションにスポーツが導入された。その取り組みによりリハビリテーションの効果だけでなく技術的な向上がみられ，グットマンはストーク・マンデビル競技大会を開催した。そのストーク・マンデビル競技大会は国際大会となり，年々規模拡大がみられ，オリンピック開催後のローマでパラリンピック競技大会が開催され，本競技大会の成立がみられた。その背景にはファーンレイ杯授与を契機に本競技大会のオリンピック化と脊髄損傷者がオリンピックに出場することをめざしたグットマンの理念があった。

図1　ファーンレイ杯授与式
（出典：The Paraplegic Branch of the British Legion. The Fearnley Cup. The Cord. 9 (2): 9-11. 1957.）
写真右は，杯を持つグットマン。ファーンレイ杯はIOCの名誉委員であるトーマス・ファーンレイ卿(Sir Thomas Fearnley)が1951年に設立したものであり，スポーツクラブやスポーツ組織に対して功績を称えるものである。国際ストーク・マンデビル競技大会の受賞はイギリスとして，そして障がい者スポーツ組織としても初めてのことであった。

参考文献

- 阿部崇. 2007.「雑誌『The Cord』に見るグットマンの導入したスポーツの変容－アーチェリーに焦点を当てて－」『障害者スポーツ科学』〈日本アダプテッド体育・スポーツ学会誌〉5 (1): 32-40.
- ――――. 2008.「雑誌『The Cord』に見るグットマンの理念と国際ストーク・マンデビル競技大会の発展－アーチェリーに焦点を当てて－」『障害者スポーツ科学』〈日本アダプテッド体育・スポーツ学会誌〉6 (1): 15-25.
- Dodgson, A.D. 1953. International Games Stoke Mandeville. The Cord. 6: 10-17.
- Paraplegic Sports Endowment Fund. 1959. Fourth Annual Report and Abstract of Accounts 1958-1959.
- Scruton, J. 1956. International Games Stoke Mandeville. The Cord. 8: 7-21.
- ――――. 1998. Stoke Mandeville Road to the Paralympics, Peterhouse Press.
- The Paraplegic Branch of the British Lesion. 1948. Bus and bowmen at Stoke Mandeville. The Cord. 1: 23-26.
- ――――. 1957. The Fearnley Cup. The Cord. 9: 9-11.

（阿部　崇）

障がいのある人のスポーツの発展

① 国際ろう者スポーツ委員会とデフリンピックの開催

障がいのある人のスポーツとして，国際的な組織が初めて設立されたのは1924（大正13）年，聴覚障害者のスポーツ組織であった。パリで設立された国際ろう者スポーツ委員会（仏語表記 Comité International des Sports des Sourds: CISS，英語表記 International Committee of Sports for the Deaf: ICSD）である。このICSDにより，世界で初めての国際的な障がい者スポーツの大会（International Silent Games）が開催された。参加したのは，ベルギー，フランス，イギリス，オランダ，ポーランド，ハンガリー，イタリア，ラトビア，ルーマニアの9ヵ国145名の選手であり，陸上，サイクリング，飛込，射撃，競泳，テニスの6競技が実施された。その後，第二次大戦をはさむ10年間を除き，ほぼ4年ごとに開催されてきた。1949（昭和24）年からは，冬季大会も開催されるようになった。日本は，夏季大会には1965（昭和40）年の第10回ワシントン大会から，冬季大会には1967年の第6回大会（ベルヒスガーデン・西ドイツ）から参加している。

この大会は国際ろう者スポーツ大会（International Silent GamesやInternational Games for the Deaf）と称していたが，国際オリンピック委員会（IOC）の認可を得て，2001年のイタリア大会から「デフリンピック（Deaflympics）」と称することになり，現在は組織名もデフリンピックと呼ばれている。組織としてのデフリンピックは，オリンピック精神を支持するとともに，「スポーツを通しての平等」を掲げている。2003年から使用されているデフリンピックのロゴマーク（図1）にその特徴がよく表れている。それは，積極性と力強さを象徴するものであり，手話，ろうと国際文化，一体感，継続性の要素が1つになったものであり，「OK」「good」「great」を表現する手の形を重ね合わせ，団結を象徴している。また，中心の円は目を表しており，ろう者は，視覚的なコミュニケーションが必要だということも表現している。さらに赤，青，黄，緑の4色による配色には世界各国の国旗をイメージさせ，同時にアジア・太平洋，ヨーロッパ，アメリカ，アフリカといった4地域のろう者スポーツ組織からなるものであることを表現している。

このデフリンピックは，ろう者自身が運営するろう者のための国際的な競技会であり，参加者が国際手話によるコミュニケーションをとることが特徴である。参加資格は，規定の聴力検査方法で，裸耳状態での聴力損失が55db（デシベル）以上であり，各国のろうスポーツ協会に登録されていることが求められる。なお，競技中の補聴器の使用は禁止されている。

また，競技はオリンピックの競技ルールに準ずる内容で運営され，コミュニケーションや情報は視覚的に保障される。現在，夏季大会では，バドミントン，バスケットボール，ビーチバレーボール，ボウリング，サイクリング（ロード），サッカー，ハンドボール，柔道，空手，オリエンテーリング，射撃，競泳，卓球，テコンドー，テニス，バレーボール，水球，レスリング（フリースタイル，グレコ・ローマン）の20競技が開催されている。一方，冬季大会では，アルペンスキー，クロスカントリースキー，カーリング，アイスホッケー，スノーボードの5競技が開催されている。

図1　デフリンピックのロゴマーク
（出典：International Committee of Sports for the Deafのホームページより）

なお，日本の聴覚障がい者スポーツにおいても，戦前から活発な取り組みが行われている。戦後は日本ろうあ連盟体育部によってその振興が図られ，世界ろう者競技大会への参加の希求が高まった。そこで，1963(昭和38)年に日本ろうあ体育協会が創立され，全国ろう者体育大会を開催するとともに，デフリンピックやアジア太平洋地区での活動を続けてきた。その後，1999(平成11)年に日本ろう者スポーツ協会として，さらに2006年からは，全日本ろうあ連盟スポーツ委員会として組織を再編し，いっそうの発展をめざしている。

(齊藤まゆみ)

② パラリンピックの開催

パラリンピックとは，国際パラリンピック委員会(International Paralympic Committee: IPC)が主催する障がい者と補助者が出場する4年に1度開催される世界最高峰の競技大会のことである。1989年に創設されたIPCは，過去の大会をさかのぼって1960年にローマで開催された国際ストーク・マンデビル車椅子競技大会を第1回パラリンピック大会と位置づけた。パラリンピックは，イギリスで戦争により負傷した脊髄損傷患者(車椅子使用者)の治療と訓練のために取り入れたスポーツが始まりで，競技会，国際競技大会，そしてオリンピック時にはオリンピックに引き続きその国で世界最大の障がいのある人の国際総合競技大会として発展してきた。第4回大会までは車椅子使用者の競技会として開催され，その後，切断者，脳性麻痺者，視覚障がい者，その他の機能障がい者と知的障がい者が加わり，機能回復の訓練から始まったスポーツは，競技スポーツ，そしてエリートスポーツへと大きく発展した。

1964(昭和39)年の第2回パラリンピック大会(東京)には19ヵ国から378人の車椅子を使用する選手が8競技に参加し，その技を競い合った。当時日本では機能回復訓練のための身体運動しか許可されなかった車椅子使用者が，初めてスポーツの場に参加した意義ある大会となった。パラリンピックの成功によりわが国でも車椅子使用者のスポーツの重要性が認識され，翌年の1965(昭和40)年に財団法人日本身体障害者スポーツ協会(Japan Sports Association for the Disabled: JSAD，現在は公益財団法人日本障がい者スポーツ協会)が設立され，また，秋季国民体育大会後には全国身体障害者スポーツ大会が開催されるなど日本の障がい者スポーツの発展のきっかけとなった。愛称であるパラリンピックは，Paraplegia(パラプレジア＝対麻痺：両下肢のみの運動麻痺者)＋Olympic(オリンピック)を組み合わせた言葉として東京大会で初めて用いられたが，1988年の第8回大会(ソウル)より，パラリンピック〈パラ＝Parallel(もう1つの)＋Olympic(オリンピック)〉という名称を公式に使用するようになった。

IPC創設により，それまで障がい別国際競技団体により運営されていたパラリンピックは1994年の第6回冬季大会(リレハンメル)よりIPCがパラリンピックを主催するようになった。国際オリンピック委員会(International Olympic Committee: IOC)の支援により，IPCは各国パラリンピック委員会，障がい別スポーツ団体，地域別スポーツ団体(アジアパラリンピック委員会など)および競技別スポーツ団体がその構成員となり，オリンピック同様に世界最高峰の障がい者の競技会としてパラリンピックを発展させてきた。このIOCとの連携により，1988年の第8回大会(ソウル)より，オリンピックと同じ競技会場でパラリンピックが開催されるようになった。

2000年の第11回パラリンピック大会時に，サマランチIOC会長とステッドワードIPC会長が会談し，2001年には両者による合意書が交わされることとなった。その主な内容は，2008年オリンピック招致にパラリンピック開催が含まれることと，オリンピック組織委員会がパラリンピックを運営することである。オリンピック同様の大会運営規則がパラリンピックにも適用されることで，マーケティング，ドーピング，参加手続き，メディアおよびスポーツ仲裁などの対応が含まれ，参加する各国パラリンピック委員会には多量の事務作業と社会的責任が要求されることとなったが，オリンピック同様の大会運営が保障され，また，エントリーフィーの無料化など組織委員会による経済的支援も含まれることとなった。

陸上競技，アーチェリー，水泳，卓球，車いすフェンシング，車椅子バスケットボール，ダーチェリー(現在中止。アーチェリーとダーツを合わせたような競技)とスヌーカー(現在中止)の8競技で始まったパラリンピックの実施競技は，その後，中止された競技もあるが，パワーリフティング，射撃，自転車，馬術，柔道，ボッチャ，車いすテニス，セーリング，ボート，バレーボール，ゴールボール，サッカー5人制(視覚障害)，サッカー7人制(脳性麻痺)，ウイルチェアーラグビーを加え，現在20競技が実施されている。2016年のリオデジャネイロ大会では新たにトライアスロンとカヌーが実施競技に加えられる予定である。

この20競技のうちボッチャ，ゴールボールとウイルチェアーラグビーはパラリンピック独自のもので，それぞれの国際競技団体が競技規則を制定し競技を運営している。その他の競技はオリンピックの競技を運営する競技役員がパラリンピックも運営するが，障がいにかかわる部分については障がいのある人の国際競技団体から競技役員などの専門家が加わって運営している。

パラリンピックは障がいのある人が参加する大会であるが，いくつかの競技には競技補助者として健常者が参加している。一般的によく知られているものとして視覚障がい者のガイドランナー(伴走者)があり，マラソンでは途中で3人までの交代が許されている。そのほかには，視覚障がい者の競技では，自転車競技のタンデム種目(2人乗り自転車)のパイロット，5人制サッカーのゴールキーパー，その他，ボッチャのディレクター(アシスタント)，4人乗りボートのコックス(舵手)，乗馬ドレサージュのコーラーがある。

日本国内では，1998(平成10)年の第7回冬季パラリンピック大会(長野)の翌年の1999(平成11)年にJSADは身体障がい者以外の知的障がい者および精神障がい者も含めた日本障害者スポーツ協会に改組し，また，その内部組織として日本パラリンピック委員会が設置され，エリート化が進む障がいのある人のスポーツに対応すべく，その強化を進めているところである。

(中森邦男)

③ スペシャルオリンピックスの開催

スペシャルオリンピックス（以下，SOと略記）は1963年アメリカ第35代大統領ケネディー（J.F. Keneddy）の妹シュライバー（E.K. Shriver）が，ケネディー家が使用していた家の庭を会場にして行った知的障がいのある人のためのデイキャンプをその源としている（遠藤雅子．2004．『スペシャルオリンピックス』《集英社新書》83．集英社）。キャンプの成果を背景に1968年にシカゴソルジャーフィールドで知的障がいのある人たちのスポーツ大会，第1回スペシャルオリンピックス国際大会を開催し，それが世界規模の組織へ発展した。シュライバーの姉，ローズマリーが知的障がいであったこととケネディー家が知的障がいのある人の権利擁護や福祉，そしてスポーツにかかわることになったことは無関係ではないだろう（太宰由紀子．2003．『ゆっくりゆっくり笑顔になりたい』10．スキージャーナル社．）。当時の米国では，知的障がいのある人の人権は保障されているとはいえず，州によっては知的障がいのある人の州施設の使用が禁じられている所もあった。また，1966年における知的障がいのある子どもたちに対する学校体育の授業に関する調査では，週60分以上授業を行っている学校はわずかに25％といった報告もあり（芳我衛．1982．「SOを企画することの意義」『スペシャルオリンピックス』創刊号．ベースボール・マガジン社：12），知的障がいのある子どもたちに対して十分に体育の授業が行われているとはいえなかった。シュライバーは，デイキャンプでみせた子どもたちの活力に着目し，8歳以上の知的障がいのある人に，年間を通じてオリンピックあるいはそれに準じた競技をトレーニングする機会を設け，そのことによって健康を保持増進し，精神的な成長を図り，仲間や地域の人たちとスポーツの喜びを享受する場を提供することを目的としたスポーツ組織，SOを設立する。同組織は，国内大会，そして2年に1度世界大会を開催している。1980年代までは主として自国の知的障がいのある人に対する理解促進を図るため国内で開催されていた大会は，1993年第5回ザルツブルグ冬季世界大会（オーストリア）で初めて海外で開催し，以後，アメリカ以外でも開催するようになり，わが国では2005年長野で第8回冬季SO世界大会が開催されている。SOは，同じ競技レベルの選手同士が競うことで選手（アスリートと呼ぶ）は競技を楽しめると考え，慣例として競う選手の記録が10％内の実力差で競技をするよう組み分け（ディビジョニング）をしている。そして組ごとに表彰するため，100m走に20組あれば20個の金メダルが授与される。

日本におけるSOの活動は，1981（昭和56）年，神奈川県鎌倉市にある聖ミカエル学園山本貞彰によって始められ，同学園内に日本事務局を置き，同氏が日本組織の会長となって1981年にスペシャルオリンピック第1回全国大会が開催された（山本貞彰．「スペシャルオリンピック」『スペシャルオリンピックス』創刊号．ベースボール・マガジン社．1982：4-5）。日本における知的障がいのある人の全国規模のスポーツ大会はこの大会が初めてで，神奈川県立体育センターを会場に，九州から北海道まで838人が参加した。大会を契機に日本各地で地区委員会が設立されたが，地域における活動だけでなく，世界大会への派遣，雑誌『スペシャルオリンピックス』の発刊などのため，同組織は財政的な負担に耐え切れず，資金繰りがつかなくなり，大きな負債を抱えて本部組織は衰弱し開店休業の状態となった。その後，1994（平成6）年に熊本を本部として現在の組織に衣替えをしている。

SOは，日本の知的障がいのある人のスポーツに大きな影響を与えた。SOの活動を母体として全国各地で知的障がいのある人のスポーツ大会が開催され，その大会が1992（平成4）年，旧厚生省が主催団体に名を連ねる全国知的障害者スポーツ大会（ゆうあいピック）に成長し，さらに2001（平成13）年知的障がいのある人と身体障がいのある人の大会を合併した全国障害者スポーツ大会になった。それらを通してSOとは別に陸上競技，サッカー，バレーボール，スキー，その他知的障がいのある人のスポーツ競技団体が育ち，各組織は日本選手権を開催し，パラリンピックをはじめとする世界大会に選手を派遣するようになった。知的障がいのある選手のスポーツ組織は，パラリンピックに直結するINAS（国際知的障害者スポーツ連盟）とSOの2つの世界組織が存在し，関係者の間に多少の混乱を与えている。

（後藤邦夫）

④ 移植者の大会の開催と発展

移植者とは，病気や事故によって機能しなくなった心臓や肝臓といった臓器に移植医療（他人の健康な臓器を移植して機能を回復させる医療）を受けた人たちをさす。日本には，臓器移植を受け元気に生活している人たちが2012（平成24）年現在，1万5千人以上いる。2010（平成22）年7月に改正臓器移植法が全面施行されたものの，諸外国に比べると臓器移植を受けた人たちの人数は圧倒的に少なく，日本移植学会の資料によると，年間に欧米諸国では約4万4,000人（うち死体臓器移植3万5,000人），わが国では約1,800人（ただし，死体臓器移植は2011年には329人）が移植医療を受けているといわれている。

移植者は術後の生活の質（QOL）を上げるために，スポーツを含めた様々な活動に復帰する。内部障がい者である移植者がスポーツを行うためには特に健康状態に気をつけなければならない。なぜなら，移植後には移植臓器の拒絶反応や合併症を抑えるために免疫抑制剤を服用し，おおむね1ヵ月に1回，医師の診断を仰がなければならないからである。

2008（平成20）年にNPO日本移植者協議会が実施した『臓器移植者実態調査』では，「移植後，健康を取り戻したか？」の質問には68.2％の移植者が「Yes」と回答している。そのうちの78.3％が社会復帰を果たし，33.5％が日常的にスポーツを行っているとの結果であった。

このような身体的な不安はもちろん，年金や保険等の仕組みや手続きの不明瞭さ，同じ境遇にある仲間との交流のしにくさといった社会的な不安をサポートしたり，関連する調査・情報収集を主な活動とした全国組織として1991（平成3）年にNPO日本移植者協議会が発足した。2012年現在，1,906名（90％以上が移植者。そのほかに移植希望者や家族，医療関係者など）を超える人たちが活動している。

スポーツ活動に関しては，移植者は各地域で様々なスポーツ活動を行っているが，全国，世界規模の競技会とし

ては次のものが催されている。

[全国移植者スポーツ大会]

臓器移植の一般への理解を深め、臓器提供を多くの人に呼びかけること、臓器提供者へ心から感謝を表すこと、そしてスポーツを生活に取り入れ、生活の質の向上を図ることを目的に設立された日本腎移植者協議会（現・NPO日本移植者協議会）による初めての全国規模の大会である。第1回の大会は1991（平成3）年10月に大阪府吹田市で開催された。この大会には全国より16歳から57歳までの110人が参加した。その後、毎年地域を替えて行われ、2011（平成23）年9月には兵庫県神戸市にて第20回全国移植者スポーツ大会が開催された。また、2005（平成17）年からは12歳以下の子どもを対象としたギフトオブライフカップを新設し、一般の部とともに実施している（図2）。

競技は、2日間で行われ、陸上競技、水泳競技、卓球、バドミントン、テニス、ボウリング、ゴルフ等の種目がある。

図2 ギフトオブライフカップ陸上50mの様子

図3 ニューライフサークルの様子

大会へ参加できるのは心臓、肺、肝臓、腎臓、膵臓、骨髄移植者と移植希望者（透析患者）であり、ドナーファミリー、移植者の家族、医師向けにオープン競技が設定してあり、移植者とともに参加できる。

この大会は、移植後に初めてスポーツをする人もおり、健康になり運動する喜びを味わえる大会となっている。特に、大会の最後に行われる「ニューライフサークル」は参加者全員が手をつなぎ、大きな輪を作り中央に向かって走り出す（図3）。参加者は生きている喜び、健康である喜びを分かち合い大会はフィナーレを迎える。

[世界移植者スポーツ大会]

世界移植者スポーツ大会連盟（World Transplant Games Federation: WTGF）が主催する移植者の世界規模のスポーツ競技会が世界移植者スポーツ大会（World Transplant Games）である。

この大会は、移植医のモーリス・スラパックが1978年にポーツマス（イギリス、WTGF本部はウィンチェスター）で始めた競技会である。第2回大会からイギリス以外の国も参加するようになり、現在では、世界66の国と地域がWTGFに加盟し、参加者が1,000人を超える大きな大会となっている。1994年からは夏季大会に加え、冬季大会を交互に2年ごとに開催している。

NPO日本移植者スポーツ協会はWTGFの加盟団体となっており、選手登録・参加の支援を行っている。

2001年には兵庫県神戸市で第13回世界大会が行われ、48カ国から841人の選手が参加した。陸上競技30-39歳の部での男子100mの世界記録は11秒18、走幅跳は6.85mである（2013年現在）。

（戸塚 仁）

⑤ 障がいのある人のプロスポーツ

2011（平成23）年現在、障がい者プロレス興業団体「ドッグレッグス」を除き日本国内においては障がい者のプロスポーツ組織は存在していないが、欧米では車いすバスケットボールのプロスポーツのリーグが存在している。この車いすバスケットボールのプロリーグは、アメリカ、オーストラリア、イタリア、スペイン、ドイツに存在し、日本選手は過去3人が参加した経験をもっている。アイススレッジホッケーは北米にプロではないがリーグがある。こちらには現在のところ日本選手の参加はない。

競技会やトーナメントにおいて賞金が存在する競技として、車いすテニス、卓球、陸上競技、マラソンなどが挙げられるが、水泳をはじめその他の競技も大会により賞金を出しているケースが現れている。しかし、賞金の額は低く、最も高額とされている車いすテニス・シングルスの優勝の場合でもその額は100万円を超えてはいない。

公益財団法人日本障がい者スポーツ協会内組織である日本パラリンピック委員会が、第13回パラリンピック大会（北京、2008年）の参加選手162人に対してアンケート調査を実施し、108人から回答を得ることができた。

その結果、5人が「プロ」または「競技によって生活費のほとんどを得ている者」と回答している。詳細は、5人のうち1人は高額で契約しているが、ほかの4人は年額500万円以下の契約となっていた（表1）。現金以外では競技用車いすを含めた競技用具やウエア、ドリンク、身体のケアなどのスポンサーがついている。

（中森邦男）

表1 障がいのあるプロスポーツ選手へのスポンサーからのサポート状況

競技種目	職業	スポンサー					その他の条件
		現金	競技用具	競技ウエア	ドリンク・サプリメント	身体のケア	
陸上競技	なし	500万円	○（あり）	○	○	○	広報活動、ロゴ添付
陸上競技	なし	250万円	○	○		○	広報活動、ロゴ添付
卓球	なし	（無回答）	○				
車いすテニス	なし	（無回答）	○	○	○		
車いすテニス	なし	1,000万円					

参考文献

④
◆ 一般社団法人日本移植学会ホームページ
http://www.asas.or.jp/jst/（2012年4月13日）
◆ NPO日本移植者協議会ホームページ
http://www.jtr.ne.jp/index.html（2012年2月28日）
◆ NPO日本移植者スポーツ協会ホームページ
http://jtrs.web.fc2.com/（2013年2月15日）

社会における障がいのある人のスポーツ　25.B

日本における障がいのある人のスポーツ環境　25.B.01

① スポーツ政策にみる障がいのある人のスポーツ環境

［スポーツ振興法とスポーツ振興基本計画］

わが国におけるスポーツの振興に関する基本法は、1961（昭和36）年に制定されたスポーツ振興法である。しかしこの法律は1964（昭和39）年の第18回オリンピック大会（東京）を実施する根拠法として制定されたものであり、第4条に定められた「文部科学大臣は、スポーツの振興に関する基本的計画を定めるものとする。」は、2000（平成12）年になってからようやく文部大臣告示として策定された。スポーツ振興法では、第1条（目的）において「スポーツの振興に関する施策の基本を明らかにし、もって国民の心身の健全な発達と明るく豊かな国民生活の形成に寄与すること」とされ、さらに第2条（定義）においては、「運動競技及び身体運動（キャンプ活動その他の野外活動を含む。）であって、心身の健全な発達を図るためにされるもの」とされ、現状の文化としてのスポーツをみる時、「心身の健全な発達」を目的とし定義とすることは、様々な目的で行われるスポーツを見据えればすでに時代に沿っているとは考えられず、抜本的な法改正が望まれるところである。そもそもこの法律制定時において、なんらかの障がいがある人が日常的にスポーツを実施すること自体、視野に入っていたとは思われない。

しかしながら2000（平成12）年に出された「スポーツ振興基本計画」においては、生涯スポーツ社会の実現に向けた地域におけるスポーツ環境の整備充実を図るための施策の1つとして、障がい者のスポーツ指導者について言及されていると同時に、国際競技力の向上方策の中にパラリンピックなどに対する支援も含まれているなど、文部科学省のスポーツ行政施策の中にも障がい者に対するスポーツ活動支援に関する内容が盛り込まれてきた。

さらに、新興基本計画の制定から5年が経過したところで見直され、中央教育審議会スポーツ・青少年分科会の意見を踏まえ2006（平成18）年に改定された。この中では、総論のスポーツの意義の中で、「このように多様な意義を有する文化としてのスポーツは、現代社会に生きるすべての人々にとって欠くことのできないものとなっており、性別や年齢、障害の有無にかかわらず国民一人一人が自らスポーツを行うことにより心身ともに健康で活力ある生活を形成するよう努めることが期待される。」と下線部分が追加記述され、振興基本計画の中に「障害の有無」という文言をあえて含め、障がいのある人のスポーツに対する振興の重要性が認識されている。さらに、地域におけるスポーツの振興や施設整備に関する記述の中でも「障害のある人」という記述が加えられるなど、障がいのある人のスポーツ環境整備に対する認識は深まりつつあるといえる。

［障害者基本法および障害者基本計画］

障がいのある人に関する法律では、1970（昭和45）年に公布された障害者基本法がある。その第25条で「国及び地方公共団体は、障害者の文化的意欲を満たし、若しくは障害者に文化的意欲を起こさせ、又は障害者が自主的かつ積極的にレクリエーションの活動をし、若しくはスポーツを行うことができるようにするため、施設、設備その他の諸条件の整備、文化、スポーツ等に関する活動の助成その他の必要な施策を講じなければならない。」とされている。このような法的な根拠もあり、わが国においても実にゆっくりではあるが、障がいのある人のスポーツ振興のための施策が行われてきたといえる。

特に1982（昭和57）年、「国連障害者の十年」の国内行動計画として、障がい者施策に関する初めての長期計画である「障害者対策に関する長期計画」が策定され、1992（平成4）年には、その後継計画として1993（平成5）年度からおおむね10年間を計画期間とする「障害者対策に関する新長期計画」が策定されたことが、障がいのある人のスポーツを振興させる起爆剤ともなった。この新長期計画は、その後同年12月に改正された「障害者基本法」により同法に基づく障害者基本計画と位置づけられた。わが国の障がい者施策は、これらの長期計画に沿ってノーマライゼーションとリハビリテーションの理念のもとに着実に推進されてきた。1995（平成7）年には、新長期計画の後期計画として「障害者プラン」が策定され、障がい者施策の分野で初めて数値による施策の達成目標が掲げられた。そして、2000（平成12）年の身体障害者福祉法の一部改正により、身体障がいのある人のスポーツの振興が、地方公共団体の努力義務として明記された。

［障害者基本法の改正］

2004（平成16）年に障害者基本法が改正され、障がい者の自立と社会参加を一層促進することを趣旨として、また基本的な理念として障がい者に対して障がいそのものを理由として差別あるいは権利利権を侵害する行為をしてはならない旨が規定された。

その中で障害者基本計画は、新長期計画における「リハビリテーション」および「ノーマライゼーション」の理念を継承するとともに、障がいのある人の社会への参加、参画に向けた施策のいっそうの推進を図るため、2003（平成15）年度から2012（平成24）年度までの10年間に講ずべき障がい者施策の基本的方向について定めたものである。この中で、1）啓発・広報、2）生活支援、3）生活環境、4）教育・育成、5）雇用・就業、6）保健・医療、7）情報・コミュニケーション、8）国際協力など多岐にわたる分野別施策の基本的方向が示された。その中の「2）生活支援」の基

本方針として,「利用者本位の考え方に立って,個人の多様なニーズに対応する生活支援体制の整備,サービスの量的・質的充実に努め,すべての障がいのある人に対して豊かな地域生活の実現に向けた体制を確立する」ことが明記され,この中の項目「e.スポーツ,文化芸術活動の振興」として次のように示されている。

「障害者自身が多様なスポーツ,文化芸術に親しみやすい環境を整備するという観点から,障害者の利用しやすい施設・設備の整備の促進及び指導員等の確保を図る。また,文化芸術活動の公演・展示等において,字幕や音声ガイドによる案内サービス,利用料や入館料の軽減などの様々な工夫や配慮等を促進する。全国障害者スポーツ大会や障害者芸術・文化祭の充実に努めるとともに,民間団体等が行う各種のスポーツ関連行事や文化・芸術関連行事を積極的に支援する。(財)日本障害者スポーツ協会を中心として障害者スポーツの振興を進める。特に,身体障害者や知的障害者に比べて普及が遅れている精神障害者のスポーツについて,振興に取り組む。」

つまり,改正後の障害者基本法には,障がいのある人にとってスポーツに参加することが豊かな地域生活の実現には欠かせないという視点がみて取れる。

[ハートビル法と交通バリアフリー法]

1994(平成6)年に「高齢者,身体障害者等が円滑に利用できる特定建築物の建築の促進に関する法律」(いわゆるハートビル法,2003年改正)および1995(平成7)年に「高齢社会対策基本法」が,さらに2000(平成12)年に「高齢者,身体障害者等の公共交通機関を利用した移動の円滑化の促進に関する法律」(いわゆる交通バリアフリー法)が制定され,建物,交通分野でのバリアフリー化に向けた制度が整備されるとともに,障がいのある人の社会参加を阻む「欠格条項」の見直しが行われた。2003(平成15)年には,障がい者福祉サービスの利用を従来の措置から利用者の選択による契約に改めるなど,障がいのある人の自己決定に向けた取り組みを強化することとした。こうした動きは,障がいのあ

る人が在宅の場合にスポーツの場に出て行くこと自体に問題があったものが,様々なバリアフリー化が進む中で少しずつであるが,障がい者の外出が増え,スポーツの場に行くことができるようになる要因ともなった。

[新バリアフリー法]

2006(平成18)年「高齢者,障害者等の移動等の円滑化の促進に関する法律」(いわゆる新バリアフリー法)が制定された。この新法は,交通バリアフリー法(公共交通機関のバリアフリー)にハートビル法(建物のバリアフリー)が取り込まれる(統合される)形になった。対象となる施設に道路,路外駐車場,都市公園などが追加されている。また,法律名から「身体障害者」の「身体」が取られたように身体障がい者だけでない知的障がい者,精神障がい者も対象として加えられた。近年建築物に関するバリアフリー対応が進むと同時に,各種施設までの移動手段の保障も進んでいる。また地方自治体の多くがバリアフリー対応を促進するために条例を制定するなどの動きもみられ,特にバリアフリーを一歩進めて,街づくりなどにもユニバーサルデザインの考え方を用いるなどの様々な取り組みもみられる。また,スポーツ施設の多くがハートビル法の対象用途として努力義務の対象になっていることなどから,公共財としてのスポーツ施設が高齢者やなんらかの障がいがある人にとって利用可能な施設になりつつあるといえよう。

[障がい者スポーツの動向]

第7回冬季パラリンピック大会(長野,1998年)直後の同(平成10)年4月,厚生省で「障害者スポーツに関する懇談会」が開催された。この報告を受け,(財)日本身体障害者スポーツ協会では「障害者スポーツに関する検討委員会」を設置し,障がい者スポーツに関する諸問題について検討した。同年には,「障害者スポーツ支援基金」として300億円の基金が創設され,その運営を管轄する社会福祉・医療事業団(現・独立行政法人福祉医療機構)は,「長寿・子育て・障害者基金事業」の1つとして,スポーツを通じて障がいのある人の社会参加の促進を図るため,用具の改良・開発やスポーツ競技団体の育成などの事業の助成にもその基金を充てている。

また政策決定のシステムにおいて

は,現在国会議員によるパラリンピック推進議員連盟が設立されており,2008(平成20)年12月現在で衆議院議員52名,参議院議員15名計67名により活動がなされている。これはパラリンピックを中心としつつも,国政の中で障がいのある人のスポーツ政策策定にとっては欠かすことのできない活動であり,以前はオリンピックのメダリストに対して設けられている報奨金制度がパラリンピックのメダリストに対してなかったが,2008(平成20)年の第13回パラリンピック大会(北京)のメダリストに対して報奨金制度がスタートしたことなども議員連盟の活動の成果といえる。

② **スポーツ教育にみる障がいのある人のスポーツ環境**

[学校教育におけるスポーツ教育]

障がいのある人にとってのスポーツ教育の最も大きな担い手は,学校教育である。近年は障がいがあってもいわゆる普通校や通常学級に通学・通級する児童・生徒も増えたため,特別支援学校および特別支援学級に通学・通級する児童・生徒の障がいの程度が重度化している。また地方自治体によっては,特別支援学校等の統廃合を進めているところもあり,障がいのある児童・生徒にとって通学時間がますます長くなる,あるいは通学バスによる移動が多くなり,時間の制限などから部活動等への参加も難しいなど,スポーツに参加する条件が厳しい状態にある。特に特別支援学校・学級の体育を担当する教員のすべてが教員免許取得に関して障がいのある児童・生徒への体育指導を必修科目として履修しているものでもなく,義務教育に携わる教員には「介護等体験」が必修であるものの,特別支援学校への実習は2日間という短時間の経験だけとなっている。さらに,特別支援学校の教員のすべてが特別支援学校教諭普通免許状を取得している訳ではなく,地方自治体によっては特別支援学校教諭の免許状授与のための免許法認定講習を実施するところもあり免許取得者も増加しているが必ずしもスポーツに関して十分な環境が整っているまでには至っていない。

さらに普通校や通常学級においてなんらかの障がいのある児童・生徒が在

学している場合でも，保健体育教員に体育実技の授業展開や教材研究に関して十分な知識がない場合もある。そのため，今後の課題として保健体育免許取得に際しては，障がいの理解と体育・スポーツ指導の方法については必修化することや，教員免許の更新講習時に特に障がいのある児童・生徒に対する体育・スポーツ指導についての講習を含めるなど検討が望まれる。

また幼稚園・保育園においても，障がいのある幼児に対する運動や遊びの体験や経験が生涯にわたるスポーツ経験の原体験として重要であり，子どもの体力低下といった話題を待つまでもなく，家庭や保護者と連携しつつ，外部の専門の体育・スポーツ指導者の導入も含めて十分な配慮が求められる。高等教育機関である大学などにおいても，大綱化により体育が必修からはずれ，体育を教科として開設していないところも多くみられる。しかし大学などへの進学率も増加すれば障がいのある学生も入学するケースが増えることになる。体育を開設している高等教育機関においては，障がいのある学生が体育を履修した場合の十分な配慮と工夫が求められ，担当教員の研修などの必要性への認識が求められる。

[スポーツ指導者の養成・育成]

地域におけるスポーツ活動への障がいのある人の参加に際しては，日本障がい者スポーツ協会認定の障がい者スポーツ指導員などの活用が求められる。2011（平成23）年12月現在で2万1,924名の公認指導員がおり，各種スポーツクラブ，フィットネスクラブ，スポーツ教室における，障がいのある児童・生徒の介助や体育授業への支援など，多様な場面での指導や教育に参画することができる。現状は社会福祉施設などで直接障がいのある人に対してかかわりのある関係者が必要性を感じて資格を取得するケースが多い。特にスポーツの競技レベルが上がれば指導者の存在が目立つが，大切なのは，重度の障がいがある場合や，体を動かすことや運動やスポーツが苦手，あるいは嫌いな人に対する指導や初心者指導である。ここに障がいのある人への専門の指導がなされなければ，安全性からも継続性からもよい指導が保障されない。

[スポーツ施設の設備]

障がいのある人がスポーツを行うのにあたり，専門の指導者がいる，または障がいのある人にとって利用しやすい施設であるということが求められる。これらの専門施設としては，2005年10月時点で，勤労身体障害者体育施設が全国に34ヵ所，勤労身体障害者教養文化施設（通称サン・アビリティーズ）が32ヵ所，そして身体障害者更生援護施設の1つで，地域利用施設である身体障害者福祉センターA型（都道府県・指定都市レベルの施設）が44ヵ所ある。これらの施設は障がいのある人の各種相談に応じるとともに，健康の増進，教養の向上，スポーツ，レクリエーションなど保健・休養のための施設であり，設置主体は原則として国や地方自治体，運営者は自治体または社会福祉法人などであるが，指定管理者制度の実施に伴って，NPO法人なども管理運営に当たっている。身体障害者福祉センターA型に代表される障がいのある人がスポーツを行うための専門の指導者がいる施設では，障がいのある人のみの使用しか認めていない専用施設と，障がいのない人も曜日の制限などがあるものの利用できる，いわゆる共用施設とに分けることができる。2009年現在，A型施設は都道府県・指定都市のすべてにはまだないが，こうした拠点施設では，専門の障害者スポーツ指導員がいることから，重度の障がい者や初心者指導，指導員の養成・研修，スポーツ・ボランティアの養成・研修，在宅障がい者に対する運動指導，一般スポーツ施設との連携や各種問い合わせなどに対応できる体制づくりが求められている。さらに今後は，総合型地域スポーツクラブや各種スポーツ団体，学校施設開放団体等の協力を得て，障がいのある人の専門施設にとどまらず，地元の一般スポーツ施設でスポーツ活動ができるようになることが必要であろう。

③ **スポーツ振興組織にみる障がいのある人のスポーツ環境**

1964（昭和39）年の第18回オリンピック大会（東京）の後に開催されたパラリンピック開催時に第1部として国際ストーク・マンデビル大会を，第2部として車椅子を使用しない障がい者による国内大会を準備した財団法人国際身体障害者スポーツ大会開催運営委員会が発展的解消をし，大会の余剰金をベースとし翌1965（昭和40）年に当時の厚生省の認可団体として財団法人日本身体障害者スポーツ協会が設立され，同年より国民体育大会秋季大会の終了後に「全国身体障害者スポーツ大会」が開催されることとなり，合わせて都道府県単位でも予選会や選考会を兼ねた障害者スポーツ大会が開催され始めた。

わが国における障がい者のスポーツ活動は，日本における「障がい者スポーツの父」といわれる中村裕によりもたらされたが，中村は医学的リハビリテーションの研究に携わり，1960（昭和35）年にストーク・マンデビル病院に留学しグッドマンに出会い，生涯にわたる影響を受けた。中村は第2回パラリンピック大会（東京，1964年）に日本選手団長として参加したほか，障がい者の働く場「太陽の家」を設立，また1966（昭和41）年には大分中村病院を創設している。中村は身体障がい者スポーツ振興に関して，大分県身体障害者体育協会，日本身体障害者スポーツ協会の設立にも参画し，第1回大分県身体障害者体育大会(1961年)，第1回極東・南太平洋身体障害者スポーツ大会(Far East and South Pacific Games for the Disabled: FESPIC, 1975年)，第1回大分国際車いすマラソン大会(1981年)などを成功に導く原動力となった。

こうした先駆者の取り組みが，幅広く国民に認知されるようになったのは，なんといっても1998（平成10）年開催の第7回冬季パラリンピック大会（長野）の全国的な報道によるところが大きいといえる。この大会はその直前のオリンピックでの日本選手の活躍もあり，国内がその熱気冷めやらぬうちにパラリンピックが始まり，多くのメディアが事前から取り上げていた。世界から32ヵ国，1,146名の選手が参加し，日本選手団は金メダル12個，銀メダル16個，銅メダル13個を獲得する大活躍をし，いっそうメディアに取り上げられ，それまで福祉関係者のみが知るところであった障がいのある人々のスポーツが，初めて福祉やリハビリテーションの手段からスポーツとしての認識へと変化する引き金となった大会であった。この大会をきっかけとして，

わが国の障がいのある人のスポーツは大きな変化を遂げていくこととなった。

1964（昭和39）年の第2回パラリンピック大会（東京）以降1998（平成10）年までの間に，1965（昭和40）年には第1回全国身体障害者スポーツ大会（岐阜大会）が開催され，2000（平成12）年までこの大会は開催され続けた。1991（平成3）年にはジャパンパラリンピック競技大会という種目別大会が陸上競技と水泳競技で開催され始めた。1992（平成4）年には第1回全国知的障害者スポーツ大会「ゆうあいピック」（東京大会）が身体障がい者の大会に遅れること27年目にして開催されている。このように各種競技会や大会が盛んに開催されるようになる中，1999（平成11）年には財団法人日本身体障害者スポーツ協会が寄附行為の変更などを行い，財団法人日本障がい者スポーツ協会(Japan Sports Association for the Disabled: JSAD，現・公益財団法人日本障がい者スポーツ協会)へ改称をし，身体障がいの「身体」をとり，身体，知的，精神のいわゆる3障がい者すべてのスポーツを統括する団体となった。同時にJSAD内に日本パラリンピック委員会(Japan Palalympic Committee: JPC)を設置した。JPCは，遅れがちであった競技スポーツの分野を推進するため国際競技団体に参画し，競技大会への派遣や選手強化を担当している。

JSADには2013年現在，全国的な規模で活動している63団体が加盟している。この中で財団法人全日本ろうあ連盟スポーツ委員会などは，1963（昭和38）年に設立された歴史の古い協会であるが，第7回冬季パラリンピック大会（長野，1998年）以後に設立された団体も多い。また，「ヨットエイド・ジャパン」「日本盲人マラソン協会」「日本車いすダンススポーツ連盟」「日本障害者スキー連盟」などのように，NPO法による特定非営利活動法人を取得する動きもみられる。これらのうち準公認

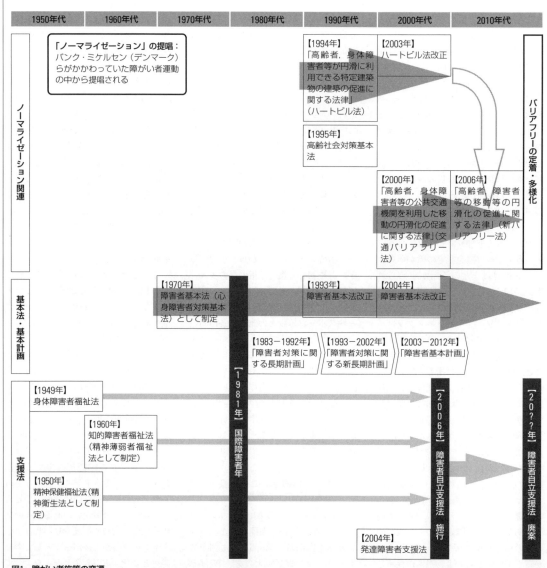

図1　障がい者施策の変遷
（出典：本項原稿を参照し，厚生労働省ホームページ(http://www.mhlw.go.jp/seisaku/kaigi/2010/05/dl/k0512-1a_0007.pdf)を改変して作成）

団体も含めてJPCに加盟しているのは32団体である。さらに，2000（平成12）年にはJSADは財団法人日本体育協会の加盟団体となり，これまで厚生労働省（旧厚生省）の認可団体であった障がいのある人を対象とする協会も，文部科学省が所管する団体の一員となったのである。この加盟により，障がいのある人のスポーツがスポーツとして一般に認められたと同時に，今後は両協会の連携が密になり，中央，地方を通じて各種競技会運営，スポーツ組織の基盤整備，生涯スポーツ推進委員（旧体育指導員）の障がい者スポーツへの協力体制などが期待される制度的基盤の確立も望まれる。

〔野村一路〕

中国における障がいのある人のスポーツ環境　25.B.02

① スポーツ政策にみる障がいのある人のスポーツ

1949年，中華人民共和国が成立したが，それ以前の歴史の中で，障がい者スポーツに関する振興政策はみるべきものがない。また，新政府樹立後も，特に障がい者スポーツに関する政策について定めたものはないが，朝鮮戦争，その後の冷戦渦中にある環境下では，建国後の国の制度整備，国力の向上に力が必要であったことを考慮すると，障がいのある人のスポーツへの対策をとることは困難であったことは容易に想像できる。

1995年，第8回全国人民代表者大会常務委員会第15次会議は体育法を定め，2章で障がい者のスポーツ振興，第4章で障がい者を含めた競技スポーツの振興を謳っている。第4章で定めたその内容は，「国家は競技体育業の発展を促し，スポーツ選手の競技水準を向上させる。スポーツ大会を通して，国家の栄誉を高めるため努力し好成績を獲得することを奨励する。また，国家は体育人材の確保のため，アマチュアのスポーツの発展を支持する」（第8回全国人民代表大会常務委員会第15次会議報告，1995）というものであり，障がいのある競技者を包含した競技スポーツの振興，競技力の向上を法制化している。また，2002年に中国共産党中央国務院は「新時代における体育業務を強化・改革する」声明を発表した（中国共産党中央国務院．「新時代における体育業務を強化・改革する意見」中発，2002）が，その内容は，2008年オリンピック・パラリンピックの準備・実行は北京市と体育界の課題だけではなく，全国民にとっても盛大な事業であり，「スポーツ選手の人材の選抜，大会の参加，合宿などを重視・支持する」というもので，北京オリンピックとパラリンピックを見据えた選手強化策の展開を促している。

この声明の同章第14条において，「新時代のオリンピック栄光計画」（中国では，パラリンピックは障がい者オリンピックといわれる）を制定し，これから迎える新しい時代の国際大会でよりよい成績を獲得できるように，挙国体制を整備・発展させることをめざし，中国共産党中央と地方はそれぞれの役割を『戦略対策』として明確にし，その責任を負わなければならないことを明示している（表1）。

さらに，その先の（2011年-20年）を見据えた「オリンピックの栄光計画綱要」をも策定している（表2）。

また，激励制度の1つとして，大会の成績優秀者に対する褒賞金があるが，はっきりとした額は明らかになっ

表1　「新時代における体育業務を強化・改革する意見」におけるオリンピック栄光計画「戦略対策」

	具体的な内容
1	挙国体制を改善・堅持し，競技スポーツの体制を深く改革する。 国内各所に存在するスポーツ選手の発掘に力を注ぎ，選ばれた選手を国と地方が協力して共同で育成する。
2	オリンピック競技に全面的に参加するため，強化競技の拡大，特別強化に力を注ぐ。 中国の競技スポーツの秀でている領域を今以上に拡大し，優秀な競技・種目の「人材」と「人材チェーン」を形成し，2008年北京障がい者オリンピック（中国において，2008年のパラリンピックは2008年北京障がい者オリンピックと呼ばれる）の選手の育成を加速させ，各競技・種目において年齢的に最も高い競技能力を示す優秀な選手の人数・規模を拡大し，合理的に競技組織を編成する。
3	競技・種目の組み立てを合理化し，新競技・種目の金メダルを開拓する。 オリンピックおよび国際大会において，よい成績を獲得した優勢な競技・種目に対しては長期的な発展を重視する。トップ選手の育成を中心に金メダルが獲得できるように促すとともに，新たに競技・種目の振興に力を注ぎ，全体的な発展を通して，より強い中国を作り出す。
4	競技大会の制度の改善，大会を通して，競技成績を向上させる。 現在の競技大会の制度を改善し，全国の競技大会の費用を増加し，特に，2008年オリンピック時に適齢となる青少年選手の大会の費用を増加する。また，国際大会へ積極的に出場することによって，2008年オリンピックに出場できる選手を鍛錬する。

(出典：中国共産党中央国務院．「新時代における体育業務を強化・改革する意見」．2002より抜粋)

表2　「新時代における体育業務を強化・改革する意見」におけるオリンピック栄光計画綱要

	具体的な内容
1	体育強国を目標とする挙国対策を改善・堅持し，オリンピック戦略を持続する。 潜在的な力をもっている選手を掘り起こすとともに，現在高いレベルにある競技・種目をさらに強化する組織を合理化し，オリンピックの競技・種目が全面に発展できるように促す。わが国の競技スポーツの総合力・国際競争力を増強する。
2	発展規模を持続させ，競技・種目の全面的な強化を促し，指導の合理化を図る。 ナショナルチームの合宿規模を拡大，または保持し続ける。ナショナルチーム内の競争制度・激励制度の設立を通し，レベルが高い選手の育成や競技力の向上を確保する。地方の組織を積極的に動員し，オリンピック・パラリンピック戦略の充実を図る。
3	競技スポーツ振興の方法論を深化させ，トレーニング法の充実や競技大会の役割理解を徹底する。 上記の項目実現のため，科学研究・医療・文化教育の充実を強化し，「科・訓・医・教」一体化のトレーニングセンターを設立する。
4	トップアスリート養成の人材チームを設け，その人材の資質の向上を図る。 中国の競技スポーツの総合的な実力・国際競争力の強化を中心に，競技スポーツの人材の文化的資質・職業道徳を向上させ，体育人材チームの総合的資質と職業能力の全面的な向上を図る。

(出典：国家体育総局「オリンピック光栄計画綱要」．2011より抜粋)

ていない。なぜなら，基本的な褒賞額とさらに各地区によって加算される褒賞額が異なるために，選手が手にする額は出身地によって異なっているからである。例えば，海南省三亜市の出身のパラリンピックに出場した選手の褒賞はパラリンピックに出場した栄誉を称え，共産主義青年団三亜市委員会，三亜市青年連合会による「五四青年」表彰バッジが授与され，また，パラリンピックに出場した女子の選手に対して，三亜市女性連合会は「三八赤旗手」という栄誉称号を授与している（三亜市「三亜市障害者体育大会に出場する選手の奨励方法」，2011）。さらに入賞した選手に対しては，コーチおよび関係者を功労者として記録している。国家から支給される報奨金とは別に，市からの褒賞金として1位20万人民元，2位12万人民元，3位8万人民元，4位5万人民元，5位4万人民元，6位3万人民元，7位2万人民元，8位1万人民元が支給されている。

これまで述べてきたように国家のために尽くすという観点からトップアスリート養成は組織化され，選抜された選手は日常生活の心配がなくトレーニングを行うことができ，さらに多額の報奨金まで支給される制度が確立されているので，選手のモチベーションは高い。結果的に表3に示すように，パラリンピックでのメダル獲得は他の国を寄せ付けない獲得数となっている。

② スポーツ教育にみる障がいのある人のスポーツ

中国には，古くから回復期にある病人や怪我人を対象とした庚復（リハビリテーションのような活動）という身体活動が行われていたため，民間療法として障がいのある人の身体活動が存在していた（K.P. Depauw, S.J. Gavron, 1995）。しかし，障がいのある人のスポーツ教育となると，障がいの有無にかかわらず他の国々と同様に，学校体育の中で教材として取り上げられ，学校に通うことができた一部の人の間でのみしか実践されていなかった。キリスト教関係者によって1874年，北京で中国初の盲学校が開設され，1887年には，山東省蓬莱市で初啓明瞽目（『瞽目』とは視覚障害のこと。初めて視覚障害者に知識を授ける学校）の学校が設立された。これらの学校で，カリキュラムには体育が設けられていた記録がある（黄亜茹，2000）。

中華人民共和国成立後の1950年代，政府は「学制を改革する決定」を発表し，その中で「各級人民政府は聾唖・盲等特殊学校の設立や，身体的な欠陥をもっている青年・成年に教育の実施を図ること」を通達し，視覚・聴覚・肢体不自由の子どもたちの学校教育が一部で開始された。

1980年中期に教育部によって示された教育計画の中で，全日制8年間の聾唖学校教学計画（意見案）が発表された。聴覚障がい児の学校設置計画が生まれ，1987年には「全日制培智学校（知的障がい児の学校およびクラス）教育計画（意見案）」が発表され，知的障がい児の教育も学校設立に向けた教育計画が練られた。1993年盲学校，知的障がい児学校のための全国統一カリキュラムができ，1994年に制定された中華人民共和国障害者教育条例第3章において，日本の特殊教育時代と同様，中国の障がいのある子どもたちも，統合教育や，健常の子どもの通う学校に付設されている特別学級あるいは特別に設けられた学校で教育を受けることが完全に義務化された。その教育課程は国務院教育行政部門が統括し，より具体的な細かい教育活動については，各省級以上の人民政府の教育行政部門で審査して修正するとし，障がい児教育の義務化が完全なものとなった。2001年には「「十五」期間にかけて特殊教育の改革と発展をさらに前進させる意見」が発表され，その中で障がい学生に対する体育授業の充実をめざし，体育およびスポーツ競技の幅広い教材を用意して，障がいのある学生に正しいスポーツトレーニング法を身につけさせて，生涯スポーツ習慣を養い，スポーツ競技にかかわることを奨励している（中国共産党中央国務院，2002）。

2007年に教育部（中国における文部科学省にあたるもの）は，新しく改訂した「聾学校義務教育課程設置試案」「盲学校義務教育課程設置試案」「培智（知的）学校義務教育課程設置試案」を発表し，広い国内でも統一して障がい児教育を推進していく姿勢を示している。新しく発表された教育課程では，聾学校は6年課程までは週3時間の体育・健康課程の授業があり，わが国の中学に当たる学年は週2時間の体育・健康授業を設けている。盲学校では，すべての学

表3　パラリンピックにおける金メダル獲得数

	2004年大会（アテネ）		2008年大会（北京）		2012年大会（ロンドン）	
	国名	金メダル	国名	金メダル	国名	金メダル
1位	中国	63	中国	89	中国	95
2位	イギリス	35	イギリス	42	ロシア	36
3位	カナダ	28	アメリカ	36	イギリス	34

（出典：日本パラリンピック委員会配布資料より編集作成）

表4　知的障がい児学校の教育課程の週時程表

課程／学年		低学年	中学年	高学年
一般制課程（必修）	生活国語	3–4	3–4	4–5
	生活数学	2	2–3	4–5
	生活適応	3–4	2–3	1
	労働技能	1	2	3–4
	音楽とリズム	3–4	3–4	2
	絵画と手作り	3–4	3–4	2
	運動と保健	3–4	3–4	2–3
選択制課程（選修）	情報技術 リハビリ 外国語 芸術レジャー 校本課程	6–9	6–9	6–10

注：授業時間は35分間

年で週あたり2時間の体育・健康授業を設け，知的障がい児の通う学校では2-4時間の授業となっており，学校教育の中でスポーツ教材を用いて，スポーツ学習は行われている。教育部によって示された，知的障がい児学校の教育課程試案では，9年間の義務教育（小学校6年・中学校3年）を定め，各学年授業日数は35週，1-6学年総授業時間は30，7-9学年総授業時間32，毎週5日（平日）授業，毎課時（授業時間）は35分間に設定されている。知的な障がいのある子どもの『体育・運動』の教育目標は，体育活動を通して，児童・生徒の筋力を活性化し，調整力を向上させるとともに，安全に留意して運動をする態度を養成し，さらに知的な部分の発達・向上をめざすとしている。加えて，基礎的な衛生保健，健康・疾病予防などの知識・方法の学習を通して，健康習慣・衛生習慣を養うとも述べている（丁勇：すべての障がい者の生徒の発展のため「三種類特殊教育学校の義務教育課程設置の試験方案の解説・評論」，中国特殊教育，2009）。具体的なモデルとなる週時程表を表4に示した。

学校外におけるスポーツに目を転じると，中国障がい者連合会の資料では，現在中国の体育活動に参加する障がい者は約600万人おり，そのうち障がい者スポーツ選手は約270万人と記されている。障がい者ナショナルトレーニングセンターは中国障がい者体育総合トレーニングセンターを筆頭に全国に17ヵ所あり，スキー，アーチェリー，卓球，射撃，カヌーなど競技に特化したトレーニングセンターも設けられ，競技力の高い選手の練習の環境は整っている。

中国障害者連合会によれば，パラリンピック選手の選抜について，3つの方法を挙げている。
1) それぞれの障がい者スポーツ組織で行っている活動の中から，成績が優秀な選手を選抜して，国家チームへ組み込む。
2) 市，県，郷から推薦のあった選手について，コーチおよび障がい者連盟に勤めるスタッフが直接に現場へおもむき，選手と接触することによって，成績優秀な選手を選抜する。
3) ケースとしては少ないが，高い競技力を示していたスポーツ選手が，たまたま障がいのある身体になってしまった者をスカウトし，各省あるいはナショナルチームに加えてトレーニングを行う。

このうち，1）による選手の発掘が最も多く，毎年各省内で複数回の競技力の高い選手を選抜し，報告させる活動を通して，選手の競技成績はもとより，身体資源に関する特徴を把握し，点数化した成績が基準以上であれば，関連施設に登録する。これによって，今後の試合や，総合的な大会の直前に，短期の合宿を行い，その中から成績の優秀な選手が選ばれて，数々の国際の試合に出場する。この選抜の過程中にクラス分け（障がい区分）の要因も十分に加味し，分析した上で選手を選抜し，国家チームの編成が行われる。具体的に陳の報告に基づいて雲南省紅河州における選手の育成について示す（陳建華：障害者に対するスポーツ選手の選抜方法に関する研究。体育研究，2012）。
1) 初級の障がい者スポーツ選手の選考：雲南省紅河州の障害者連合会は，毎年全州の13ヵ所の県，市の障がい者の合宿によって，若い障がい者選手の選考をする。年齢は7歳から16歳までで，男女の割合は特に定めていない。選考された選手の障がい種は，切断，先天性四肢短肢症，麻痺，聴覚障害などで，雲南省紅河州の初級選手の主な選考基準となるものは，高いレベルの障がいのある選手が持続的に存在することを念頭に置き，次世代，次々世代のトップアスリートとして成長が可能であることを重点目標としている。低年齢の選手を継続的に教育し，なおかつ，その年齢の選手層が厚いことが，スポーツ大国を支えるという考えに基づいている。
2) 初級の障がい者スポーツ選手の教育：コーチは，選手の中から目視を通して，選手の筋肉の付き具合を観察する。次に，選考された選手の中から，上・下肢および，腹筋のテスト，立ち幅跳び，垂直跳びなどのテストを行う。それ以外に50m走，ボール投げなどのテストを加え，総合的にトレーニングセンターで選手として教育するかを判断する。
パラリンピック選手の育成（水泳）は，雲南省昆明市に設立され「雲の南」という障がい者を対象とする青少年水泳クラブで行っている。ここでは，全国から選抜されたトップアスリートとして活躍できそうな選手を集め，候補選手としてトレーニングをしている。選手の年齢や泳力によって成長期の選手と成熟期の選手とに分け，成熟期の選手を目標に成長期の選手を教育していく。さらに，健常の年齢の近い競泳選手と一緒にトレーニングをし，アスリートとしてのモチベーションを高める教育も行っている。

このような教育システムをみる限り，スポーツ大国として中国の存在は当分継続していくことが予想できるが，権利としてのスポーツの保障をどのようにしていくか，今後の推移を見守りたい。

③ スポーツ振興組織にみる障がいのある人のスポーツ

1949年，中華人民共和国が成立し，新政府下では新たに様々な政策が打ち出されたが，障がい者スポーツの分野においては，特別に設けられた振興施策は誕生せず，障がい者スポーツは大衆スポーツの一部分に組み込まれていた。その後，中国聾唖人協会，中国盲人協会が自尊，自信，自強，自立をめざし，水泳，陸上競技，バスケットボールなどのスポーツ大会を開催し始めた。しかし，ほどなく発生した四清整風（文化大革命に通じる社会運動のスローガンで，1960年代初期に政治，経済，思想，組織の歪みを正す・立て直すための運動が起こり，その一環としての中枢部の決定指針）運動，文化大革命や自然災害により，国内では経済的にも文化的にも施策が停滞し，当然のことながら障がい者スポーツの分野も影響を受けた。1980年代に入ると，改革・開放運動に伴い，障がい者のスポーツの分野も発展期に入り，1983年10月，政府の指導により，中華人民共和国の憲法，法律，国家政策および社会道徳を守り，障がい者のスポーツ振興普及，その他平等な社会参加を目的とした中国傷残人体育協会（日本の障がい者スポーツ協会に相当する）が国家体育運動委員会大衆体育部のもとに設立された。関係する組織は，国

家体育運動委員会，民生部，衛生部，中国盲人協会，中国聾唖人協会で，この組織が障がい者体育・スポーツを管理する団体となった。

1985年には，中国弱知人体育協会(Special Olympics China)，1987年中国聾唖人体育協会(China Sports Association for the Deaf Persons)が設けられ，さらに全国28省，自治区，直轄市に障がい者スポーツ協会が相次いで設立された。1991年には中国傷残人体育協会は中国残疾人体育協会と改称され，対外的な呼び方も，中国残疾人オリンピック運動委員会(National Paralympic Committee of China)と称するようになった。関係する団体は，国家体育運動委員会から中華全国体育総会に替わり，1993年からは，障がいのある人の問題を一元的に管理がしやすいように，中国残疾人体育協会は中国残疾人連盟の傘下機関として改組された。しかし，残疾人連盟は，広く障がいのある人の諸問題に対応する組織であり，ことスポーツに関して強い指導力をもっているわけではない。そこで国家体育運動委員会(現在の国家体育総局)と中華全国体育総会が，残疾人連盟のスポーツに関する諸問題解決の公的協力機関として位置づけられ，残疾人連盟・中国残疾人体育協会を援助し，トレーニング部，競技部，医学部，科学部などにかかわることによって，制度的に障がい者スポーツ振興組織としての体制を整えた。中国残疾人体育協会は，主として身体障がい者，視覚障がい者を中心とした組織であったが，1999年6月に開催された第2回中国残疾人体育協会全国委員大会で，中国聾唖人体育協会と中国弱知人体育協会も中国残疾人体育協会に組み込まれた。2003年には北京パラリンピックで成果を上げることを目的とした中国障がい者パラリンピック管理センターが設立され，パラリンピックのメダル獲得をめざし活動を開始した。2009年には中国障がい者パラリンピック管理センターは，その業務を中国障害者運動管理センターと中国障害者体育トレーニング管理センターに分けられ，障がい者スポーツ全体を俯瞰したマネージメントと選手の発掘・育成活動を行っている。それぞれの組織の具体的な活動は，運動管理センターでは，中国残疾人連盟から委託された体育活動の組織化や振興計画の立案が行われている。また，障がい者アスリートの登録・クラス分けを担当している。さらに，中国残疾人連盟に委託された体育的な業務も引き受けている。管理センターには事務部，科学研究競技訓練部，文化交流部，公共サービス管理部ほか計8部門が置かれている。一方の障害者トレーニングセンターでは，国家障害者体育総合トレーニングセンターの運営・管理を担当し，ドーピングやトレーニング方法など障がい者に関するスポーツ科学の研究が主な活動で，中国障害者体育管理センターに依頼された業務も行っている。障がい者トレーニングセンターは中国障害者体育総合トレーニングセンターをはじめとし，上海市，福建省，遼寧省など国内17ヵ所に設けられており，アーチェリー，射撃など個別の競技の強化センターの役割をもつセンターと，総合的な強化の役割をもつセンターとがある。さらに国家レベルのもとに，省レベルのスポーツ組織が統括するスポーツセンターがある。湖南省を例として障がい者スポーツ組織を図1に示した。

国威発揚という国家目的を達成するため，障がい者のスポーツもその目的達成の枠内に位置づけられ，トップアスリートはメダル獲得のため優遇され，保護された環境の中でトレーニングを積み，パラリンピックや世界選手権で好成績を収めることができている。選手を発掘・育成し，継続して好成績を上げることができるよう組織化され，今後も諸々の大会で好成績を上げることが予想できる。しかし，広大な国土の中で，障がい者の生涯スポーツの分野においては振興組織表をみる中ではあまりみえてこない。生涯スポーツの振興が，今後の中国障がい者スポーツの進む道の課題の1つといえるだろう。

知的障がい者のスポーツ組織は，国際パラリンピック委員会傘下の国際知的障害者スポーツ連盟(International Sports federation for Persons with Intellectual Disability: INAS)と国際スペシャルオリンピックス委員会(Special Olympics International: SOI)との2団体があり，中国はINASに加盟をしておらず，その結果，中国本土の知的障がいのある選手はパラリンピックに出場していない。香港は中国領であるけれども，香港としてパラリンピック，INASの両大会に選手を派遣しており，国際大会において陸上競技や卓球で優秀な成績を上げる選手も存在する。

香港の知的障がい者スポーツ組織をみると，エリートスポーツとスポーツ・フォー・オールとに分けられ，エリートスポーツはパラリンピック，世界選手権，アジア選手権部門とグローバルゲームズ，アジア太平洋地区選手権が属し，さらに別枠で重点項目競技

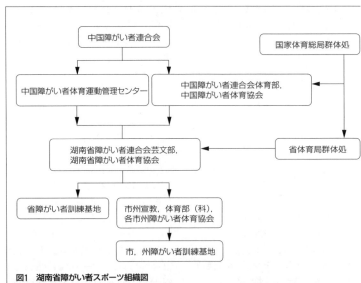

図1　湖南省障がい者スポーツ組織図
（出典：朱毅，蒋維震：湖南省における障がい者の競技体育の組織管理と競技体系の調査と分析，中国科技論文在線，2011.）

として，陸上，ボート，水泳，卓球が位置づけられている。他方，スポーツ・フォー・オール部門はスペシャルオリンピックスが位置づけられ，レクリエーショナルスポーツの振興の役割を果たし，そのほかにも財務活動などの組織が置かれている（香港弱智人士体育協会「年報2009-2010」，2011）。知的障害者組織表をみる限り，生涯スポーツとエリート競技スポーツの両輪を回転させ，うまくスポーツ振興がなされているといえる。

なお，SOIにかかわる具体的な活動としては，上海において2007年スペシャルオリンピックス夏季世界大会を開催するなど，国際的な大会を主催している。

参考文献

- 教育部. 2007.「聾学校義務教育課程設置試験方案」
- ———. 2007.「盲学校義務教育課程設置試験方案」
- ———. 2007.「培智（知的）学校義務教育課程設置試験方案」
- 黄亜茹. 2000.「中国における障害者スポーツに関する研究」『筑波大学体育研究科修士論文』8-9.
- 中華人民共和国体育法. 1995.「第八回全国人民代表大会常務委員会第十五次会議報告」
- 中共中央国務院. 2002.「新時代における体育業務を強化・改革する意見」中発
- 中国国務院事務局. 1994.「中華人民共和国障害者教育条例」
- 李炜一，卢雁. 2004.「21世紀初期の中国の障害者体育の管理組織についての研究」『北京体育大学修士論文』
- Depauw, K.P., Gavron, S.J. 1995. Disability and Sport. 22-26. Human Kinetics.
- 中国障害者スポーツ管理センターホームページ http://www.cpc2008.org.cn/content/2010-05/14/content_30278608.htm（2013年3月21日）

（郭　叶舟）
（訳　村上祐介）

イギリスにおける障がいのある人のスポーツ環境

① スポーツ政策にみる障がいのある人のスポーツ

イギリスにおける障がいのある人のスポーツが発展する大きな契機となったのは，1948年より開催されたストーク・マンデビル競技大会であった。その創始者グットマンが中心となり，1961年に設立されたのが6つの障がい者スポーツ関係組織を統括したイギリス身体障害者スポーツ協会（British Sports Association for the Disabled: BSAD）であった。この組織の特徴はイギリス政府や当時イギリス国内のスポーツ統括組織であったスポーツカウンシル（Sports Council）により，様々な種類の障がい者スポーツの統括組織として承認され，1964年以来，健常者のスポーツ組織と同様に政府補助金の支援を受けていた点である。そして1963年よりBSADは様々な種類の障がいのある人のスポーツ競技大会をストーク・マンデビルにて開催し，その後もこの大会は継続され，今日のパラリンピックの原形をつくったのである。

また1972年にBSADはスポーツカウンシルの要請で国全体を10の地域に分けて，それぞれの地域ごとに支部を置き，地方自治体，地区のスポーツ振興組織，およびBSADの本部とも同様に密接に連絡し合うようになった。そして，BSAD本部が毎年開催する全国身体障がい者スポーツ競技大会の代表を決定するために各地域で大会を開催するようになった。しかし，1980年のグットマン死去により，この組織は徐々にその機能を果たさなくなってしまう。1982年にスポーツカウンシルより報告された「Sport in the Community: The Next Ten Years」の中で，「Sport for All」のスローガンを掲げながら，それが実現されなかったことが報告されている。その理由をいくつかの障がい者スポーツ組織が非協力的であったためであるとし，経済的支援を行っているスポーツカウンシル側から統括組織として機能しなかったBSADに対する非難がなされている。

1980年代にはBSADに代わりスポーツカウンシルが国内の身体障がい者スポーツの政策展開を行う重要な役回りをするようになった。皮肉にもそのことが「Sport for All」と呼べるインクルージョン的なスポーツ競技団体を生むことになった。例を挙げると，1988年にはアマチュア漕艇協会（Amateur Rowing Association）に身体障がい者の会員が加わり，競技団体でのインクルージョンがみられている。この1988年までスポーツカウンシルはBSADに対して年間10万ポンドの経済的支援を行ってきたが，BSADは障がい者スポーツの効果的な一本化や組織的な基盤の構築ができなかった。そのため1987年よりBSADは統括組織としての方向を止めて，一障がい者スポーツ振興組織の道を歩み始めたが，組織としては衰退の一途をたどるようになった。この時期にBSADが機能しなかったため，結果として多様なスポーツ団体・組織が設立されるようになった。特に人気のあるスポーツにおいては，多種障がい者が集まって，新たなスポーツ競技団体を設立するようになった。例えば1989年に設立されたイギリス障がい者卓球協会（British Table Tennis Association for Disabled People）は障がい種を越えた競技団体であった。またイギリス視覚障がい者スポーツ協会（British Blind Sport）は1976年に設立されたが，国際組織である国際視覚障がい者スポーツ協会（International Blind Sport Association）との関係においては，BSADを介することなく，直接の関係をもつようになった。このように本来，スポーツ競技団体・組織の統括組織として，あるいは国際組織との窓口として機能すべきBSADがその役割を果たさなくなっていった。

イギリスにおける障がい者スポーツ発展過程の初期の段階において大きな役割を果たしたBSADは衰退していくこととなったが，乱立するスポーツ団体・組織を統括する新たな組織の設立が熱望されるようになっていった。そこで，スポーツカウンシルは国内の障がい者スポーツ組織の代表を集め，1996年に国立視覚障害スポーツ協議会（National Disability Sports Conference）を開催した。そこではイギリスの障がい者スポーツの将来について話し合われ，翌1997年に再度開催され，障がい者スポーツ団体を統括する組織の必要性が合意に達し，1998年にイギリス国内のイングランドにおける統括組織としてイングランド障害者スポーツ連盟（English Federation of Disability Sport: EFDS）が設立されるに至った。この組織の体制は現在も継続しており，イングランドのみならず，ウェールズ，スコットランド，北アイルランドそれぞれにおいて同様の組織が存在し，各地域における障がい者スポーツ団体を統括している。そしてこれらの組織が共同で活動することによりイギリスの障がい者スポーツの振興を図っている。

② スポーツ教育にみる障がいのある人のスポーツ環境

[イギリスの障がい児教育]

イギリスは，イングランド，ウェールズ，スコットランド，北アイルランドの4地域から構成されており，それぞれ教育システムが異なっている。この項に限り，「イギリス」とあるものはイングランドとウェールズをさすものとする。イギリスでは「障がい児」ではなく「特別な教育的ニーズがある子ども」と表現されている。このきっかけとなったのは1978年に出された「ウォーノック報告」で，この報告書の正式名称は「特別な教育的ニーズ(Special Educational Needs)」であり，イギリスの障がい児教育において大きな意味をもっている。

[「ウォーノック報告」と障がい児教育]

「ウォーノック報告」が出される以前のイギリスでは，障がい別のカテゴリーが用いられ，盲，弱視，聾，難聴，虚弱，教育遅滞，てんかん，不適応，肢体不自由，言語障害の10種類に分けられてきた。しかし，「ウォーノック報告」では障がい種別のカテゴリーを撤廃し，「特別な教育的ニーズ」という概念を用いることを提唱した。その理由としては，1) 多くの子どもが複数の障がいを併せもつようになり，単一のカテゴリーに分類することが難しくなってきたこと，2) 医学的観点に基づく障がいカテゴリーは教育学的にあまり意味がないこと，3) 障がいカテゴリーは否定的なラベリングをもたらすこと，4) カテゴリー化により，子どもの障がいと子どもが必要としている教育形態が混同されてしまうこと，5) カテゴリー化は健常者と障がい児・者の違いを強調するものであること，などが挙げられている。そして「ウォーノック報告」では全学齢児童生徒の5，6人に1人に「特別な教育的ニーズ」があると推定している。この包括的な概念の導入により，障がい児教育の対象は著しく拡大されることになったのである。特別な教育的ニーズの概念のねらいは，従来の障がい種別に応じた画一的な教育措置ではなく，個々の子どもの具体的なニーズに即応した柔軟な教育措置を講じようとした点である。また「ウォーノック報告」では，そのように個別の配慮をしながらも，可能なかぎりすべての児童・生徒が通常の学校に在籍することを目標としている。そのため「特別な教育的ニーズ」のある児童・生徒の教育はできる限り通常の学校で行うこととされている。ただし，通常学校で行われる以上の援助を必要とする子どもは特殊学校などで教育を受けている。

[ナショナル・カリキュラムにみる障がいのある人の体育]

イギリスの学校教育は1991年まで地方分権的で，学校あるいは教師に自由を保障してきたが，1992年より国の定めたナショナル・カリキュラムが実施され，義務教育期間に公立学校で教えなければならない教科と，各教科がめざすべき目標や教えるべき内容などを規定している。ナショナル・カリキュラムの体育は5－16歳の義務教育期間を4期(key stage)に分けてその教育内容が規定されている。このナショナル・カリキュラムでは「特別な教育的ニーズ」のある児童・生徒の体育についてそれぞれの以下のような配慮事項が書かれてある。

障がいのある生徒の多くは車椅子，補聴器，視覚機器のような支援機器を通して学校生活を送っているが，可能な限りナショナル・カリキュラムの活動を行わなければならない。そして教師は障がいのある児童・生徒が有効に参加できるよう配慮すべき事項として以下の点が示されている。

1) 児童・生徒が満足できるだけの活動とそれに対する適切な活動時間の計画
2) 必要に応じて，ナショナル・カリキュラムの実技に関するスキルの開発
3) 学習プログラムと到達目標に関して，児童・生徒個々の特定の問題の確認

そして上記3点を遂行するために以下に具体的な事項が説明されている。

・何人かの児童・生徒は人的あるいは特別な器具を用いて支援する必要があり，なかには非常に遅いペースで学習していく者がいることを考慮に入れること。
・活動を説明する場合には特に視覚，触覚に訴えるテキストやAV機器を用いることや，児童・生徒の疲労度を意識すること。
・口頭で説明する場合，難聴，読唇または筆談の必要性がある生徒に配慮し，彼らの疲労や集中力の低下を意識する必要があること。
・障がいのある児童・生徒が適切に発達できるよう，体育の学習を行い，ナショナル・カリキュラムに沿った内容を行うことを保障するため，適切に変更され，代替の活動によるためのアプローチを準備すること。

このようにイギリスでは「特別な教育的ニーズ」のある児童・生徒は可能な限り通常学校に在籍し，個々の配慮を受けながらなるべくナショナル・カリキュラムに沿った体育活動を行うことを目標としているといえる。

③ スポーツ振興組織にみる障がいのある人のスポーツ環境

イギリスの障がい者スポーツ振興組織は，ホームカントリーの障がい者スポーツ振興組織を統括組織とし，障がい種別のスポーツ振興組織，そして競技別のスポーツ団体，その他のスポーツ振興組織が共同に活動をすることにより障がい者スポーツの振興を行っている。そこで，以下に個々の組織の説明を行いたい。

[ホームカントリーの障がい者スポーツ振興組織]

イギリスは4つの地域(ホームカントリー)から構成されており，それぞれのホームカントリーに以下の障がい者スポーツ振興組織が存在し，各地域に支部をおいて各障がい者スポーツ組織・団体の統括および振興事業を行っている。

・English Federation of Disability Sport (イングランド)
・Federation of Disability Sport Wales (ウェールズ)
・Scotish Disability Sport (スコットランド)
・Disability Sports NI (北アイルランド)

[障がい種別のスポーツ振興組織]

イギリスには障がい種別の主なスポーツ振興組織として以下の6団体がある。そこで各障がい種別のスポーツ振興組織について説明を行いたい。

・British Wheelchair Sports Foundation (Wheel Power) (イギリス車椅子スポーツ協会)

1948年に始まった車椅子使用者のスポーツ大会，ストーク・マンデビル

競技大会は年々規模が拡大されて，資金を供給する必要性が生まれたため，対麻痺者スポーツ基金(The Paraplegic Sports Endowment Fund)が設立された。この団体が後にWheel Powerとなって，現在のイギリス国内の車椅子スポーツの支援を行っている。Wheel Powerは「車椅子スポーツの原点」となるストーク・マンデビルに事務所を構え，ストーク・マンデビルスタジアム，アリーナ，スポーツホール，ボウリングセンター，プール，フィットネスセンターなどの施設を提供している。また，Wheel Powerは車椅子競技大会を開催するだけでなく，車椅子を使用している子どもたちにもスポーツ活動プログラムを提供している。

・British Amputee and Les Autres Sports Association (BALASA, イギリス切断者等スポーツ協会)

イギリスにおける切断者のスポーツ大会は1961年にストーク・マンデビルにて開催されたことが始まりとされている。そして，1978年にイギリス切断者スポーツ協会(British Amputee Sports Association)が設立され，その後対象者を拡大して現在のBALASAとなっている。BALASAの対象となるのは移動に支障をきたす障がいのある人である。具体的には，手足を失っている人，または手首や足首に切断手術を受けている人が対象となる。また，そのほかに，関節症や，脳性麻痺や，脊椎損傷状態や，多発性硬化症や進行性筋ジストロフィーなどの移動の困難性をもっている運動選手は「その他」のクラスの対象である。BALASAは特に競技スポーツにかかわり，その種目はバレーボール，シッティングバレーボール，パワーリフティング，バドミントン，ローンボウリング，アーチェリー，エアピストル，エアライフル，ゴルフ，卓球，サッカー，自転車である。また，国際車椅子・切断者スポーツ協会(International Wheelchair & Amputee Sports Federation: IWAS)規則，およびクラス分けシステムによりイギリス代表チームを選抜し，強化合宿を行っている。

・Cerebral Palsy Sport (脳性麻痺スポーツ協会)

イギリスにおける脳性麻痺の人々のスポーツは1968年にThomas Delarue Schoolでイングランド南西部の地域を中心としたスポーツ大会を実施したことが始まりとされている。その後，1978年に脳性麻痺の人々のためのスポーツ組織としてCerebral Palsy Sportが設立された。この組織は脳性麻痺であればすべての年齢の人を対象に，レクリエーションからパラリンピックレベルまでのスポーツの機会を提供している。競技は主に陸上競技，ボッチャ，ボウルズ，サッカー，および水泳である。

・British Blind Sport (イギリス視覚障害スポーツ協会)

イギリスにおける視覚障がいの人々のスポーツは1940年代より行われてきたクリケットが最も古いスポーツだといわれている。そして1976年にイギリス視覚障害スポーツ協会が設立され，視覚障がいのある人々のためのスポーツやレジャーについて国内外における活動を行っている。競技としては，アーチェリー，クリケット，フットボール，ゴールボール，射撃，水泳，10ピンボウリング，柔道，チェス，ゴルフ，乗馬，セーリング，スキー，および水上競技がある。メインストリーミングを行っているスポーツクラブを含め幅広いスポーツの選択を奨励している点が特徴である。

・British Deaf Sports Council (イギリス聴覚障害スポーツカウンシル)

イギリスにおける聴覚障がいのある人々のスポーツは，デフリンピック(DEAFLYMPIC)として知られているWorld Games for the Deafに出場する選手を派遣する目的で1930年に設立されたイギリス聴覚障害スポーツカウンシルにより支えられてきた。この組織はイギリスで最も古い障がい者スポーツ組織であり，この組織の目的は同世代の健常者とともにスポーツとレジャーの機会を保障することである。聴覚障害スポーツカウンシルは様々なスポーツのクラブリーグ，地方トーナメント戦，および定期的に行われる国内選手権を開催し，国際交流試合も開催している。

・Mencap Sport (メンキャップ・スポーツ)

イギリスではメンキャップ(Mencap)という知的障がい児・者の保護者組織が1948年に設立されている。そのメンキャップでスポーツ活動を担っていたのが1966年に設立されたゲートウェイクラブであった。この組織は，知的発達障がいのある人々にレジャーの機会を提供することによって彼らの個々の発達を促し，彼らが自立し，社会への統合を図ることを目的としていた。そのクラブのノウハウを生かして，メンキャップは2005年にイギリス学習障害者スポーツ協会(English Sports Association For people With Learning Disabilities)を融合する形でメンキャップ・スポーツを新たに設立し，イギリスの知的障がいのある人々のスポーツ振興事業を行っている。

[競技別のスポーツ団体]

イギリス国内の競技別スポーツ団体はパラリンピック競技だけで20存在し，それ以外にも数多く存在する。また組織のあり方も様々であり，主に以下の3つのタイプに分けられる。

1) イギリステニス協会(The Tennis Foundation)のように健常者と障がいのある人の両者(車椅子，聴覚障がい，知的障がい)を対象とした競技団体。
2) イギリス障害者卓球協会(British Table Tennis Association for the Disabled)のように障がいのある人(車椅子，車椅子以外の肢体不自由，知的障がい)のみを対象とした競技団体。
3) イギリス盲クリケット協会(Blind Cricket UK)のようにある特定の障がいのある人を対象にした競技団体。

[その他のスポーツ振興組織]

その他の振興を担う組織として各種大会に参加することを目的とした組織がある。

・British Paralympic Association (BPA, イギリスパラリンピック協会)

1989年に設立された本協会は夏季・冬季パラリンピックで英国チームを選抜して，強化合宿を行い，大会エントリーや派遣を行う組織である。この協会はイギリスオリンピック協会(British Olympic Association: BOA)と同様にイギリス全体および各ホームカントリーと共同活動にかかわるスポーツの事業を行うイギリススポーツ協会(UK Sport)の傘下にある。

・Disability Sport Events (DSE, 障がい者スポーツイベント協会)

本協会はすべての障がいのある人々のスポーツ大会への参加の機会をつくるため1961年に設立された組織である。事業内容は草の根レベルから国際

基準の大会まで障がい者スポーツ大会を開催することである。DSEは，地域のクラブ，学校，および関係者である個人のネットワークを基に各地域で大会開催を行い，選手はその地域の大会に参加することにより，国内選手権への資格を得ることができることになっている。そして，将来的にその選手たちがトップアスリートに成長できるよう大会を提供することをDSEは最大の目的としている。

参考文献 25.B.03

- Andrew, Smith. 2004. The Inclusion of pupils with special educational needs in secondary physical education. *Physical Education and Sport Pedagogy*. 9(1): 37-54.
- Department of Education and Science. 1978. Special Educational Needs. *Report of the Committee of Enquiry into the Education of Handicapped Children and Young People*. HSMO.
- Scruton, J. 1998. *Stoke Mandeville Road to the Paralympics*. Peterhouse Press.
- SPORT ENGLAND. 2007. *SPORT ENGLAND EQUALITY SCHEME*.
- Sports Council. 1982. *Sport in the Community: The Next Ten Years*.

(阿部　崇)

アメリカの障がい者とスポーツ 25.B.04

① スポーツ政策にみる障がいのある人のスポーツ環境

アメリカは人種，言語，文化，障がい，宗教，貧困，ジェンダー，学歴が非常に多様化しているために，国民は差別に対し非常に敏感である。差別の形は州の風土，人種，歴史などによって大きく異なる。もちろん健常な人々が障がいのある人々に対する意識や姿勢も地域によって大きく変わる。アメリカはこの多様化した社会を差別から平等にすることで国民の人権を守っている。アメリカでは障がい者という言葉を直接使わず，パーソンファーストランゲージ，ディサビリティーセコンド（Person First Language and Disability Second：障がいのある人）といわれる。例えば耳の不自由な人を表現する時には，聴覚障がい者ではなく聴覚障がいのある人と表現をする（英語の表現ではpeople with hearing impairments と表現され，hearing impaired people とはあまり聞かない）。障がいのある人たちが人として尊重され，社会からの偏見（ステレオタイプ）を少なくすることにより，健常な人たちと平等にスポーツ，学問，就職などの機会が得られるようにこのような表現方法が使われている。障がいのある人たちがスポーツに参加する際，リハビリテーション法セクション504 (Section 504 of Rehabilitation Act, 1973)と障がいのあるアメリカ人法ADA (American Disability Act, PL 101-336, 1990)が障がいのある人たちのために差別のないスポーツ環境を守っている。リハビリテーション法セクション504では障がいのある人たちが公共（国から金銭的援助を受けている施設－学校や大学など）のスポーツプログラムに参加した時，選手の障がいの種類（身体的障がい，知的障がい）と度合い（軽度から重度）に合わせたトレーニングを提供する義務がある (French, Henderson, Kinnison, & Sherrill, 1998)。障がいをもつアメリカ人法（ADA）はリハビリテーション法セクション504の範囲を広げた法律である (Block, 1995)。この法では公共や私営施設（会社やスポーツクラブなど国から金銭的援助を受けていない施設）は，障がいのある人たちを健常な人たちと同等に扱うことと定められている。例としてバリアフリーの設備（トイレを1箇所車椅子の人のために設置）は身体的障がいのある人たちには必要不可欠なものである。もしバリアフリーの設備がない場合，その会社の雇用者の手を借りてでも障がいのある人たちに対し，健常な人たちと同様の環境を配慮することが必要である。特に障がいのある人たちがスポーツに参加する上で大切なのは，バリアフリーの施設，設備，そしてコーチである。コーチは一般的に健常な選手のトレーニング指導にあたる。例えば，障がいのある選手がそのチームで健常な選手と一緒にトレーニングを受けたいと申し出た場合，その選手が障がいがあるという理由で参加を拒否することは差別行為としてみなされる。1978年テキサス州は学校の部活動に参加していた学習障がいのあるフットボール選手2名のチームへの入部を（19歳という年齢を理由に）拒否した (Doe v. Marshall, 1978)。さらに1986年インディアナ州リッチモンド市の公立学校の部活動で，学校は障がいのある選手に対し健常な選手たちが使用してるグラウンドで練習させず，隔離された場所で練習させたとして，リハビリテーション法セクション504違反と裁判所から指摘されたケースがある (Richmond Community, 1986)。このケースの場合，学校やコーチは障がいのある選手の運動能力と安全性を考慮した上でトレーニング内容を変更し，できるだけ健常な選手と共に練習できる環境を整えなければならない。しかし障がいのある選手が病気（臓器障害など）をもち，スポーツに参加することが危険行為と判断された場合，また練習中や試合中に他の選手や自分自身の身に危険をもたらすとコーチ，学校，またはその関係者が判断した場合は障がいのある選手はそのスポーツには参加することはできない。まだ多くの学校や地域は障がい者スポーツのことをよく知らないという理由で障がいのある選手に対し，健常な選手と練習をさせることは危険行為と判断して排除したり，障がい者スポーツ指導の経験のある他のコーチに依頼をするケースを見聞きする。障がいのある選手は自由にスポーツを選び，自分自身のレベルに合った指導を健常な選手と平等に受ける権利がある。しかし障がいのあるスポーツ選手に対し，差別が減らないのが現状である。

② 教育政策にみる障がいのある人のスポーツ

アメリカ大統領ビル・クリントン (B. Clinton) が1997年6月4日に全障害児法 (Individuals with Disabilities Education Act PL 105-17 – 現Individuals with Disabilities Educational Improvement Act 2004PL 108-446：IDEA) に調印して以来，公立学校の体育教師は障がいのある子どもたちに対し，体育やスポーツ環境の多様性の形成を保障することになった (Kozub,1998)。全障害児法の中で，障がいのある子どもたちには3歳から21歳まで，公立小学校，中学校，高等学校は彼らの学習レベルに合った教育（体育を含む）を無償で行うことを定めている (US Department of Education, 2004)。さらに体育は障がいのある子どもたちの学習目標や学習計画の一部として，障害者個人教育計画 (Individualized Educational Plan: IEP) に記入することが定められている (US Department of Education, 2004)。この計画の中で，障がいのある子どもたちはインクルージョン（障がいのある子どもが健常者とともに学習する環境）かエクスクルージョン（障害のある子どもたちのみで教育を受ける環境）かを明記しなければならない。アメリカでは障がいのある子どもを"可能な限り制限が少ない環境"（草野・長曽我部，2001，208）で教育を行うことを勧めている（Least Restrictive Environment）（Wrestling & Fox, 2000; Wood, 2002）。もし障がいのある子どもがエクスクルージョンで教育を受ける場合，その子どもの障がいの度合い，両親の意見，学校側の意見，地域の障害者個人計画委員会の意見を基にして学習環境を決定する。その決定基準は国ではなく，州の基準によって異なり，例えばオハイオ州では，障がいのある子どもたちはなるべく健常者とともに授業を受けることを勧めている。しかし他の多くの州では，障がいのある子どもたちは隔離された環境で授業を受けているのが現状である。つまり，州の教育法が障がいのある子どもたちの地域のスポーツ参加に大きな影響を与えているのである。

③ スポーツ教育にみる障がいのある人のスポーツ

障がいのある子どもたちは様々なスポーツに参加できる地域に在住することが望ましい。オハイオ州立大学体育学部障害体育学科では，週に一度障がいのある子どもたちと健常な子どもたちが共にスポーツを学ぶユニファイドスポーツプログラムを運営している。このプログラムは大学が連邦政府に助成金を申請し，その助成金を基に障がい者用の運動用具（バットやボール，車椅子など）を購入する。アメリカでは特殊教育や障がい体育など，障がい者に関係した研究やプログラムに対して多額の助成金を連邦政府から提供されることが多い。さらに大学が，地域の学校にこのプログラムの広告を配布し，障がいのある子どもたちを勧誘する。このプログラムの目的は，健常な子どもたちの障がいに対する意識の変化と，障がいのある子どもたちを地域のスポーツプログラム（例えば，車椅子バスケットボール，陸上競技など）に積極的に参加させることである。このユニファイド

スポーツプログラムは体育学部の生徒たちが指導員となり，障がい体育学科の教授陣が生徒の指導についてアドバイスを行う。体育館に約15-20のアクティビティー（ボール投げ，車椅子練習，バッティングなど）を準備し，体育学部教員養成課程の学生がマンツーマンで障がいのある子どもたちの指導にあたる。このマンツーマン指導は3-4ヵ月間継続され，学生たちは様々な評価表やコミュニケーション計画を作成し，障がい児の両親に経過報告をすることを義務づけている。この学習環境は障がいのある子どもたちの運動能力向上だけではなく，学生たちの障がいに対する意識の変化にもつながっている。アメリカ中西部（オハイオ州，ミシガン州，ペンシルベニア州，イリノイ州，ウィスコンシン州）は障がいのある子どもたちに対し，地域におけるスポーツのサポートが非常に充実している。一方，アメリカ南部の地域では中西部と比べ，障がいのある子どもたちに対する地域のスポーツの環境が整っていない地域が多くある。例えば，バージニア州ハンプトン市では障がいのある子どもたちに対し，地域スポーツが充実していないことが社会的な問題点になっている。その原因の1つとして，子どもの数の増加が障がいのある子どもたちのスポーツ参加を妨げている点が挙げられる。現在，バージニア州ハンプトン市では子どもの人口が急激に上昇している。その背景に，若年女性（10代）の妊娠の増加という深刻な問題があり，公立幼稚園に入園することも困難な状況にある。市の予算は限られているため，障がいのある子どもたちに対しスポーツの充実した環境を提供できない状況にある。ハンプトン大学体育学部でも障がいのある子どもに対しスポーツプログラムを計画中だが，リソース不足や障がいに精通する人材が少ないためになかなか実行されないのが現状である。

④ スポーツ振興組織にみる障がいのある人のスポーツ

義務教育終了後，障がいのある子どもたちは地域のスポーツプログラムに参加することが多い。アメリカでは障がいのある人たちのための地域のスポーツプログラムをセラピューティック

レクリエーション（Therapeutic Recreation：健康維持のためのレクリエーション）と名づけている。このプログラムは，主に中度から重度の知的障がいのある人々のためのスポーツプログラムである。世界各地でスペシャルオリンピック，パラリンピック，ディスアビリティースポーツなど，身体的または知的障がいのある人々のスポーツイベントが開催されているが，中度や重度の障がいのある人のスポーツプログラムはアメリカではあまり紹介されていない。このセラピューティックレクリエーションは，スポーツプログラムというより治療や健康維持を目的とした運動プログラムといった色合いが強く，週に一度，週末を利用して行われ，大半の地域ではボランティアの人たちのサポートによって運営されている。ところが毎週特定数のボランティアを確保することは容易なことではないため，最近では各地域の大学の体育学部の教授が教員養成課程の学生たちに対して授業の一部として1学期間に数回ボランティアを行うことを義務づけている。ハワイ州やオハイオ州では障害体育専攻の大学院生たちが体育学部教員養成課程の学生の指導員として，このプログラムの運営に貢献している。ハワイ大学では，毎週学生たちがレッスンプランを構成し，この中でレッスンの目標や行動分析方法などを記入，そして大学院生からレッスンプランのフィードバックを受ける。このプログラムの中で学生たちは障がいをもつ成人たちの運動能力を向上させるだけでなく，社会人として独立できるように作業訓練をしている。例として商品の棚卸しや，事務的作業などがプログラムの一部になっている。最近では障がいをもつ人がスーパーマーケットで働く姿を目にするようになってきた。このようにセラピューティックレクリエーションは障害のある人たちのための運動プログラムだけではなく，社会人として独立できる人材を育てるプログラムでもある。

一方，軽，中度の障がいのある人たちは，様々な地域のスポーツプログラムに参加する機会が重度の障がいのある人たちよりも多い。現在アメリカでは障害者オリンピック協会に認定されたスポーツ組織（オーガニゼーション）が

6団体（1) US Deaf Sport Federation, 2) Wheelchair Sport USA, 3) Disable Sport USA, 4) USA Blind Athlete, 5) US Cerebral Palsy Athletic Association, and 6) Special Olympic International）ある（Winnick, 2005）。各スポーツ組織では障がいの度合いに合わせて障がいのある人たちのクラス分けを行っている。障がいの度合いは選手の運動能力に比例することが多いため，このようなクラス分けを行うことで競技を行う際，同等の障がいのある選手と競い合うことができるようになる。このことをアメリカでは障がい者スポーツ身体機能クラス分けシステム（Disability Sport Classification System）と呼んでいる。このスポーツプログラムは，生きがいや喜び，そしてスポーツへの感謝の気持ちを障がいのある人の心に刻み込む働きがある。しかし，その一方で，障がいがあることは健常者と異なるという意識を植えつけるという側面もある。

現在，アメリカのスポーツ新聞では障がいのあるスポーツ選手が高校や大学の部活動に積極的に参加し活躍している記事をよくみかける。2008年，オハイオ州デイトン市の両足のない高校生がその学校のアメリカンフットボールチームに入部し，シーズン中（全16試合中）タックルを48回達成しナショナルフットボールリーグ（NFL）クリーブランドブラウンズが彼を練習生として招待したという記事が掲載され，全米で話題になった。この青年は身長90cm，下半身が全く存在しない。試合中義足を装着せずに，両手だけを利用し頭を使って相手の膝をめがけてタックルをする。確かに彼の健常者とのスポーツの参加を危険行為と捉える声も少なくない。しかしこの青年は上半身を極限まで鍛え上げ，健常なフットボール選手の走るスピードについていける選手になった。この彼の努力と忍耐強さはインクルージョンスポーツの成功例として謳われている。彼をアメリカのスポーツ専門チャンネルであるESPN (Entertainment of Sport Programming Network) は障がいを乗り越え，障がいのある人たちに健常者と同等にスポーツで競い合える希望を与えたとして，スポーツパフォーマンスアチーブメント賞を贈呈した（ESPN, 2008）。このように障がいのある選手が健常者と同等のレベルでスポーツを競い合える環境が増えてきている。アメリカではオリンピックアマチュアスポーツ法（PL 105－277, Ted Stevens Olympic and Amateur Sport Act, 1998）が定められ，障がいのある選手も健常者のスポーツ競技に参加できるようなった（Winnick, 2005）。

障がいのある人たちのための運動器具（Assistive Devise）の発達は選手自身の運動能力の向上ではないという声も多々ある。義足（prosthetic leg）は開発が進み，今ではカーボンファイバー製で，アルファベット「J」の形をしたものが主流になっている。この義足は軽量で耐久性が高く，さらに走りを安定させる役割をもつ。この器具を使用した選手で健常者よりも高い運動能力を発揮する人もいる。ニューヨークタイムズは障がい者用の運動器具の開発は進みすぎ，科学技術のドーピングなのではないかという記事を掲載している。

⑤ 障がいのある人のスポーツ参加に対するその他の障壁

障がいのある人たちが様々なスポーツに参加できる環境は，このアメリカではまだ十分に作られていない。その原因は様々なものが考えられる。1つめは学校から地域のスポーツへの移行（トランジション）がスムーズに行われていないことである。障がいのある子どもたちは，12年間は義務教育で体の発育段階に応じた体育学習を受けることができるが，卒業後はその地域のスポーツに参加すること以外は体を動かす機会が少なくなるのだが，地域のスポーツ組織との情報交換が不十分である。また，他方の原因として，障がい者スポーツを地域で行う際にボランティアやアシスタントなどの人材の確保が難しいということがある。障がいのある人がスポーツ活動に参加したくてもそれをサポートするボランティアや活動をサポートする補助器具の数が不足しているため，スポーツ参加の障壁になっている。

その他の障壁としては，アメリカ社会が抱える2つの大きな社会的問題がある。その1つは貧困である。障がいのある人たちがスポーツに参加できる環境はその家族の貧富のレベルに比例している。アメリカでは障がいのある子どもたちは3歳から21歳まで無償で適切な学習を受けることができるが，義務教育終了後は各個人で生活していかなければならない。金銭的に裕福な家庭では障がいのある子どもに多額のお金を注ぎ込み，運動器具を購入することができるため，スイミングクラブや体操教室など様々なスポーツの参加機会を彼らに提供できる。ところが，貧困家庭では障がい者用の運動器具を購入する経済力がないのが現実である。アメリカ国民は国税，州税，市税とそれぞれに税金を納める義務がある。さらには社会保障（日本での国民年金にあたる）の積み立てをする。この社会保障制度によって，障がいのある国民はその障がいと年収に応じて生活保護が受けられるシステムになっている。ところが健康保険に関しては国がサポートするシステムが全くなく，国民の約半数は健康保険に加入できていない。例えば，バージニア州ハンプトン市でも市民の貧困は深刻な問題を抱えている。ハンプトン市では，市民の11.8％が貧困層に属しており，1人あたりの年収が110万円以下といわれている。この地域は軍事産業が非常に盛んであり，特に近郊バージニア州ノーフォーク市は世界最大規模の海軍基地として知られる。ところがこの地域にはベトナム戦争で障がいを負い，貧困に苦しむ退役軍人が多く在住し，彼らの多くは身体的，または精神的な障がいを負った軍人が多く，なかなか社会復帰ができない状態である。障がい者用器具（義足や車椅子）は非常にコストが高い。健康保険会社は年間1,500ドル（この費用は保険会社によって異なる）までの費用をサポートできるが，それを上回った場合は個人負担となる。退役軍人の場合は退役軍人のための病院で診断や義足や車椅子などのチェックなどもしてもらえるが，生活に不自由しない程度の処置しか施されないのが現実である。そのため，もちろん障がい者スポーツに参加することが目的の器具はすべて自己負担になるため，障がい者スポーツに参加できない障がいのある市民はたくさんいる。例を挙げると，アメリカでは義足のコストは6,000－8,000ドルが相場であるが，この義足はスポーツ用に生産されているわけではなく，スポーツに参加する選手のた

めの義足は1万-1万5,000ドルかかるといわれている。このように貧困層が多い地域ではなかなか障がい者スポーツを普及するのは困難である。障がいがあり貧困で苦しむ市民は，スポーツに参加することよりも経済的安定を求める。アメリカでは栄養補助プログラム（Supplemental Nutrition Assistance Program）が貧困に苦しむ国民のためにフードスタンプ（食材購入券）を提供している（United States Department of Agriculture 2008）。このフードスタンプを利用して食料をスーパーマーケットで毎月約150ドル（貧困度合いにより支給額も異なる）まで購入できる。例えば，バージニア州ハンプトン市ではこのプログラムからフードスタンプを受けて生活を送っている障がいのある住民が多くいる。このようなことから障がい者スポーツは中産階級から上流階級という限られた階級のためのレジャーアクティビティーであると批判する人も多い。

もう1つの障壁は，人種とジェンダーという問題である。人種とスポーツ（障がい者スポーツも含む）は非常に深いかかわりをもつ。アメリカはヨーロッパ系アメリカ人，アフリカ系アメリカ人，ヒスパニック系アメリカ人，アジア系アメリカ人，アラブ・中東系アメリカ人といった多民族の国である。主にカリフォルニア州，テキサス州，フロリダ州などアメリカ南部地域は様々な人種が暮らし，言語，宗教，または生活習慣まで全く異なった人々が生活をしている。ところがある地域，例えばインディアナ州，ケンタッキー州，ウィスコンシン州，サウスダコタ州などでは人口の大部分はヨーロッパ系白人である。このようにアメリカは州や町が変わると人種の割合も変わってくる。それと同時に地域によって行われるスポーツの種類も異なる。例えばアフリカ系アメリカ人にとっては，アメリカンフットボール，バスケットボール，野球，陸上競技，またはボクシングが彼らのスポーツのすべてである。このことは，アフリカ系アメリカ人はヨーロッパ系アメリカ人と比べ，歴史的にスポーツの選択が制限されていたことを意味している。彼らの先祖は奴隷としてアフリカ大陸からアメリカに強制的に移住させられ，貧困と人種差別に苦しんだ歴史をもつ（Tatum, 2003）。アフリカ系アメリカ人は公共の施設を利用することも許されず，社会から隔離された生活を強いられてきた。このように中産階級から上流階級の人種はヨーロッパ系アメリカ人，下級から中流の多くはアフリカ系アメリカ人またはヒスパニック系アメリカ人という社会の縮図（Tatum, 2003）ができあがり，例えばバージニア州ハンプトン市でも上流，中流，下流の人達の住宅地域は3分割にされている。この原因が下級アフリカ系アメリカ人のスポーツが限られている理由の1つとして考えられる。オリンピックにおいてもアフリカ系アメリカ人の水泳選手は滅多にみない。第29回オリンピック大会（北京）では，初めてアフリカ系アメリカ人の選手がアメリカナショナルチームに入ったが，水泳の分野では特にヨーロッパ系アメリカ人の選手が大半である。このように人種とスポーツは大きなかかわりをもつ。2000年にはアメリカ統計委員会によって，アフリカ系アメリカ人の障がいのある確率は他の人種と比べ最も高い（ヨーロッパ系アメリカ人の2倍）ことが報告されている。ところが，障がいのあることと同時にマイノリティー（少数派民族）でもあるために人種差別も社会から受ける状況にある。さらにアフリカ系アメリカ人女性は社会的地位の差別（男尊女卑）も同時に受ける。このことをアメリカではダブルまたはトリプルジェパディー（社会的リスク）と呼んでいる（Russo & Wehmeyer, 2001）。女性で障がいがあり，さらにスポーツに参加することは健常な女性や障がいのある男性よりも障壁が高いと感じている（DePauw, 1999）。この要因は，スポーツはマスキュリニティー（男性のためのアクティビティー）というスポーツのイメージと，スポーツのパフォーマンスのレベルが障がいのある男性よりも劣ることにある。トレーニングを行う際，障がいのある女性は障がいのある男性とともに行うことが多い。女性は男性より心肺機能や筋力が低く，男性と同等の練習量をこなすことは非常に難しい。練習中に休憩を多く取らなければ，体に大きな負担がかかるし，練習を休めば他のチームメイトから批判的なコメントをいわれることが少なくない。このような事情から，女性のスポーツへの参加人口は少ない。世界に目を向けると，第10回パラリンピック大会（アトランタ，1996年）では104ヵ国が参加したが，そのうち49ヵ国からは女性選手が1人も参加していない。さらに他の55ヵ国からの女性の参加者は1ヵ国から9人未満（Sherrill, 1997）であった。

この数値が示すような障がいのある女性のスポーツ参加度の低さは世界的な傾向と思われるが，アメリカにおいてこの課題を克服することにより障がい者スポーツは地域の必要不可欠なアクティビティーになるかもしれない。

参考文献

- 草野勝彦，長曽我部博．2001．「障害児をインクルージョンした体育授業と教員の態度」『体育学研究』46（2）：207-16.
- Block, M. E. 1995. Americans with Disabilities Act: Its impact on youth sports. *Journal of Physical Education, Recreation & Dance*, 66（1）：28-32.
- DePauw, K. P. 1999. Girls and women with disabilities in sport. *Journal of Physical Education Recreation and Dance*, 70（4）：50-52, 61.
- Doe v. Marshall. 1978. 459 F Supp. 1190 (S.D. Tex).
- Entertainment and Sports Programming Network, 2008. ESPY. Retrieved from October, 20th, 2008 from http://www.espn.go.com/espy2008/postshow/index.html
- Fench, R., Hesderson, H., Kinnison, L., & Sherrill, C. 1998. Revising section 504, physical education, and sport. *Journal of Physical Education Recreation & Dance*, 69（7）：57-63.
- Kozub, F. M. 1998. Recent amendments to individuals with disabilities education act: implication for physical educators. *Journal of Physical Education Recreation and Dance*, 69（8）：47-50.
- Richmond (IN) Community School Corporation. 1986. *Education for the Handicapped Law Report*, 352: 571.
- Russo, H., & Wehmeyer, M. L. 2001. *Double Jeopardy: Addressing Gender Equity in Special Education*. SUNY Press.
- Sherrill, C. 1997. Paralympic Games 1996: Feminist and other concerns - What's your excuse? *Palaestra* 13. 32-38.
- Tatum, B. D. 2003. *Why Are All Black Kids Sitting Together in the Cafeteria*? New York, NY: Perseus Books Group.
- United States Department of Agriculture 2008. Supplemental Nutrition Assistance Program (SNAP) Retrieved from October, 20, 2008 from http://www.fns.usda.gov/FSP/
- United States Department of Education 2004. Individual Disabilities Education Improvement Act. Retrieved from September, 1st, 2008 from www.idea.ed.gov
- Winnick, J. P. 2005. *Adapted Physical Education and Sport* (4th ed.). Champaign, IL: Human Kinetics.
- Wood, J. W. 2002. *Adapting instruction to accommodate students in inclusive settings*. Upper Saddle River, NJ: Pearson.
- Wrestling, D., & Fox, L. 2000. *Teaching Students with Severe Disabilities*. Upper Saddle River, NJ: Prentice-Hall.

（佐藤貴弘）

オーストラリアにおける障がいのある人のスポーツ環境

オーストラリアにおける障がいのある人のスポーツ環境の最大の特徴は，スポーツ全体の枠組みの中でインテグレーション（身体能力と個人の選択をもとに地域の資金や施設の利用といった機会にアクセスできるようにすること）政策を推進し，先住民，人種やジェンダーなどのスポーツ振興についての対象グループと同様に，障がい者に対しても，スポーツ支援を行っていることである。特に，障がいのある人が，より多くのスポーツ活動に参加できるよう，オーストラリアのスポーツ全体を推進するオーストラリア・スポーツ・コミッション（Australian Sports Commission: ASC）が，国統括障害者スポーツ団体，国統括競技団体およびその支部，地域のスポーツクラブ，学校教育などと連携しながら，指導法に始まり，実践的なプログラムまでの構築を図ってきた点は注目に値する。

現在の障がい者のスポーツを推進する根拠となる政策は，1992年の「障害者差別禁止法（Commonwealth Disability Discrimination Act: DDA）」である。また，スポーツ政策全般においては，2010年の「オーストラリアのスポーツ：成功への道（Australian Sport: The Pathway to Success）」などがある。

① スポーツ政策にみる障がいのある人のスポーツ

[オーストラリアにおける障がいのある人のスポーツの変遷]

世界的な障がい者のスポーツ動向と同じく，オーストラリアにおいても聴覚障がい者の動きは他の障がい種別よりも早く，1895年に，南オーストラリア州とビクトリア州のクリケット親善試合を聴覚障がいのある人々が行ったとの記録が残されている（表1参照）。1954年には，全豪聴覚障害者スポーツ連盟（Australian Deaf Sports Federation，後にDeaf Sports Australiaに改名）が設立され，1955年には全国聴覚障害者スポーツ大会の開催，ならびに国際聴覚障害者スポーツ連盟（International Sports Committee for the Deaf）に加盟している。

他の身体障がいのある人のスポーツでは，イギリスのストーク・マンデビル病院での取り組みが世界に影響を与えたのと同じく，オーストラリアでも脊髄損傷者（車椅子）のスポーツの取り組みから始まった。1950年代に設立された「全豪脊髄損傷・四肢麻痺者スポーツ協会（Australian Paraplegic and Quadriplegic Sports Federation: AQPSF，後の全豪車椅子アスリート協会〔Australian Wheelchair Athletes〕）」が，国際車椅子スポーツ連盟（International Wheelchair and Amputee Sports Federation: IWSF）に加盟し，1960年にローマで開催された第1回パラリンピック大会にも13人の選手を派遣した。このローマ大会で，オーストラリアチームはメダル獲得総数第7位（3個の金メダルを含む計10個のメダルを獲得）の成績を収めた。オーストラリアでは同年，車椅子スポーツの全国大会も開催している。さらに，1962年には，パース脊髄損傷者部署が中心となり，国際大会となるコモンウェルス脊髄損傷者大会（Commonwealth Paraplegic Games）を西オーストラリア州パースで開催した。

1970年代に入ると，障がい者のスポーツに関する発言や提言をする唯一の団体として，国統括競技団体を設立する必要があるとして，1975年に全豪障害者スポーツカウンシル（Australian Sports Council for the Handicapped）が設立された。この組織は，1979年に国内統括障害者スポーツ団体として認可され，1984年に全豪障害者スポーツ連合（Australian Confederation of Sports for the Disabled: ACSD）に改名された。ACSDには，AQPSF，全豪聴覚障害者スポーツ連盟，全豪脳性麻痺者スポーツ・レクリエーション連盟（Cerebral Palsy Australian Sports and Recreation Federation），全豪障害者乗馬協会（Riding for the Disabled Association of Australia），全豪切断者スポーツ協会（Amputees Sporting Association），全豪視覚障害者スポーツ

表1　オーストラリアにおける障がい者スポーツの変遷

年	主な出来事	特記事項
1895	南オーストラリア州とビクトリア州のクリケット親善試合の開催	視覚障害者の大会
1950年代	全豪脊髄損傷・四肢麻痺者スポーツ協会（AQPSF）の設立	全豪車椅子スポーツ協会の前身
1954	全豪聴覚障害者スポーツ連盟設立	聴覚障害者の連盟の発足
1960	第1回パラリンピック大会（ローマ）へ選手派遣	
1962	コモンウェルス脊髄損傷者大会開催	初の障がい者のスポーツの国際大会の開催
1975	全豪障害者スポーツカウンシル設立	国統括障がい者スポーツ団体の発足
1983	「スポーツ・レクリエーション：オーストラリアの活性化」	障がい者のスポーツについて明文化
1985	オーストラリア・スポーツ・コミッション（ASC）設立	準政府機関としてスポーツを統括する組織の発足。障がい者のスポーツ推進も主要事業の1つとなる。
1986	障害者サービス法制定	脱施設化をすすめた
1989	オーストラリア・パラリンピック委員会（APC）設立	設立当初はパラリンピック連盟（APF）
1992	障害者差別禁止法制定	差別撤廃に関する法
1995	障害教育プログラム「ウィリング・アンド・エイブル」と「障害をもつアスリートの指導法」	ASCの障害教育プログラムプロジェクトの発動
2000	シドニーパラリンピック開催	
2003	「スポーツ・コネクト」プロジェクトの開始	障がい者と地域のネットワーク構築を目的としたプロジェクト
2010	「オーストラリアのスポーツ：成功への道」の発表	スポーツに対する新しい政策アプローチ

連盟(Australian Blind Sports Federation)，全豪障害者スキー連盟(Australian Disabled Skiers Federation)が加盟した。後に，ACSDが母体となり，1989年にオーストラリア・パラリンピック連盟(Australian Paralympic Federation: APF，1998年にオーストラリア・パラリンピック委員会〔Australian Paralympic Committee: APC〕に改名)が設立された。

知的障がいについては，1982年に設立された南オーストラリア州スポーツ・レクリエーション協会(South Australia Sport and Recreation Association of People with Integration Difficulties: SASRAPID)が，知的障がいがある人々に，地域に既存する一般のスポーツプログラムと障がい者を中心としたプログラムの2つを提供し，知的障がいのある人のスポーツのインテグレーションの推進と障がい者の代弁者としての役割をするとした。このSASRAPIDの初代会長は，後にAPFの会長も務め，SASRAPIDがめざしたスポーツにおけるインテグレーションの促進は，後に，オーストラリアの国内統括競技団体が障がい者に対しても健常者と同様の支援を行うという，障がい者スポーツの方向性に大きな影響をもたらした。SASRAPIDから発信されたムーブメントは，オーストラリア全土に広がり，1986年に全豪知的障害者スポーツ・レクリエーション協会(Australian Sport and Recreation Association for Persons with an Intellectual Disability: AUSRAPID)の設置となった。

また，オーストラリアにおいてスペシャルオリンピックスのプログラムが最初に紹介されたのは1976年のことであった。

その後の国際組織の改組や国内のスポーツ行政の改革により，国内組織の改組，また1992年の障害者差別禁止法(Disability Discrimination Act)の制定などにより，2011年現在，障がい者のスポーツの組織構造は大きく様変わりした。現在の振興組織については，後述することとする。

[障がいのある人のスポーツ政策の変遷]
そもそもオーストラリアでは，スポーツそのものが政策課題となったのは，1972年，ウイットラム(G. Whitlam)労働党政権が経済政策などとともにスポーツにおいても政策課題を策定したことからである。また，1973年に西オーストラリア大学の教授であったブルームフィールド(John Bloomfield)により，「オーストラリアにおけるレクリエーションの役割，領域，発展」に関する報告書がまとめられ，その報告書の中で「レクリエーション・ピラミッド」が提唱された。現在，このピラミッドは地域から州，国，国際レベルまでの競技選手育成モデル(もしくはスポーツ推進モデル，エリートモデル)の基本となる考え方として，オーストラリアに限らず多くの国で用いられている。加えて，1912年以来初めて，1976年の第21回オリンピック大会(モントリオール)で金メダルゼロという成績に終わったことが，スポーツ政策の重要性を強く認識させた。また，労働党から政権交代を果たしたフレイザー(M. Fraser)自由党政権が，疾患対策と健康政策の一環として，1975年，レクリエーション・身体活動推進プロジェクト「ライフ・ビー・イン・イット(Life be in it)」を発信し，フィットネスの増進が推進された。

障がい者のスポーツにおいては，前述のとおり，他の国々と同様に，戦後，治療を目的として動き出すが，現在のようにスポーツ政策課題として認識されたのは，1990年代以降のことである。ここでは，スポーツ政策との関係性をみるために1970年代以降を中心に振り返ることとする。

1960年の第1回パラリンピック大会(ローマ)への選手派遣や組織が設立されるものの，1970年代に入ってからも障がい者は郊外に建設された病院や施設に生活拠点を置くことがあたりまえの世の中であった。また，同年，障害者協会法(The Handicapped Person's Association Act)が制定されたものの，障がい者に対してスポーツ活動を提供するというよりは，医学モデルを基本としたリハビリテーション(治療)目的としてのレクリエーション活動への限定的な資金が配分された程度であった。

脱施設化を促した1986年の障害者サービス法(The Disability Services Act: DSA)の制定により，障がい者は地域で生活するようになる。地域で生活を始めた障がい者は，活動の1つとして，スポーツにも参加の機会を求めるようになる。支援団体は，障がい者であってもあたりまえに「格好いいユニフォームを着て大会に出場する」といった「あたりまえの生活」をノーマライゼーションといったキーワードと結びつけて推進することの意義を唱えるようになる。さらに，障がい者に対するスポーツ支援として，スポーツ活動の成果として脊髄損傷者の社会復帰の成功例が世界的に報告されるようになったことを受け，病院や地域の障がい者支援団体がレクリエーションの技術・知識をもつレクリエーション・ワーカーを雇用するようになった。とはいえ，依然としてわずかな資金と在宅障がい者への非常に限られたプログラム提供であった。スポーツ政策全体としては，コーエン(B. Cohen)がまとめた1980年の「スポーツ・レクリエーションに関する文書(Sport and Recreation Discussion Paper)」を機に，スポーツ・フォー・オールの取り組みが始まった。オーストラリアは，多民族国家であり，また先住民との共生といった視点からも，このスポーツ・フォー・オールという考えは，国家の政策課題として認識されたのである。こうした時代背景を受け，1983年ホーク(B. Hawke)政権が発行した政策文書「スポーツ・レクリエーション：オーストラリアの活性化(Sport and Recreation: Australian on the move)」の中に，"障がいをもつ競技選手もアクセス可能"で，国際基準に則ったスポーツ施設戦略に関する記述も残されている。この文書に示された考え方は，オーストラリアン・スポーツ研究所(Australian Sports Institute: AIS)の事業にも反映され，現在，障がい者アスリートは，オリンピック選手らと同様に，全国大会，ナショナルチームの合宿などでAISを使用している。

1990年代に入り，全世界の障がい者に衝撃を与えた，障がいを理由とするあらゆる差別撤廃を謳った法「障がいをもつアメリカ人法(Americans with Disabilities Act: ADA)」は，オーストラリアにも多大な影響を与え，1992年，「障害者差別禁止法(Commonwealth Disability Discrimination Act: DDA)」が制定された。1986年のDSAとともに，DDAは，あたりまえの(normalised)スポーツおよび余暇活動への参加に対し，障がい者も権利を有することを明記し，今日の障がい者のスポーツの政策的礎を築いただけでなく，障がい者に対しても

スポーツ活動への平等な機会を提供する政策根拠となっている。すなわち，DDAは限定的で治療目的のみであったスポーツから障がい者を解放し，スポーツ活動において障がい者がいかなる差別を受けることも認めないとする強固な法として，障がい者のスポーツの発展に寄与したのである。

とはいえ，障がい者が一般のスポーツで受け入れられるためのなんらかの施策も必要である。そこで，ASCは，1995年より「障がい教育プログラム」を展開した。このプログラムは，より多くの国民がスポーツ活動により積極的に参加することを目的とする"アクティブ・オーストラリア"を推進するツールである。また，次項で紹介する「ウィリング・アンド・エイブル(Willing and Able)」と「障がいをもつアスリートの指導法(Coaching Athletes with Disabilities)」の2つから構成されている。ASCは，ウィリング・アンド・エイブル・プロジェクトの一環として「ギブ・イット・ア・ゴー(Give it a Go)」を，またもう1つのプログラムである「障がいをもつアスリートのための指導法」と同名の指導教本も出版した。この指導教本は，全体的な総論をまとめた教本のほか，7つの障がい種別(切断者，脳性麻痺者，知的障害者，視覚障害者，聴覚障害者，車椅子使用者，臓器移植者)それぞれの障がい特性に即した指導法をまとめた教本も出版された。この教本作成プロジェクトは，1988年より，ASCが全豪コーチング・カウンシル(Australian Coaching Council)と国内統括障害者スポーツ団体(National Sports Organisations for the Disabled: NSODs)と協働し行われた。教本は，全5章から構成されており，コーチが障がいをもつ選手を指導できるよう，障がいに関する知識，障がいのある人のスポーツへの指導法，さらには世界的な動向に至るまで，あらゆる情報が集約されている(表2参照)。なお，この教本の出版にあたっては，ASCだけでなく国内統括障害者スポーツ団体の関係者も編集委員を務めている。

[現在の障がい者のスポーツ参加状況とスポーツ政策]

オーストラリアは，多民族国家であり，様々な人種や先住民との共生は，社会政策の中心的な関心事である。スポーツも同様で，様々な理由から社会から排除される人々に，いかに平等な機会を提供するかが問われている。障がい者は，ジェンダーや人種と同様に，スポーツ活動を普及・推進する際の主要な対象となる層(グループ)として位置づけられている。そのため，障がい者のスポーツに特化した法はなく，障がい者に対する差別禁止を謳うDDAが障がい者に対してもスポーツを推進する法的根拠である。

1996年3月から2007年12月まで続いた，自由党のハワード(J. Howard)政権から，2007年12月より2011年現在に至るまで，オーストラリアは労働党政権下にある。労働党に政権交代がなされた後，スポーツ政策の柱となる考えとして，2010年に政府は「オーストラリアのスポーツ：成功への道(Australian Sport: The Pathway to Success)」を発表した。この政策文書の冒頭には，これまでのオーストラリアのスポーツは国際スポーツの成功を中心に推進されてきたことを根本から見直し，国際スポーツの成功を推進しつつも，より多くの国民のスポーツ参加の機会の拡大により重きを置くとしている。なかでも，2007-08年の全国健康調査によれば68％の成人男性，55％の成人女性が肥満であるとの結果も，より国民にスポーツを推進する理由としている。この新しい政策アプローチは，障がい者のスポーツにも適用されている。

労働党の新しいスポーツ政策アプローチにより，政府は2011-15年に過去最高額の12億オーストラリアドルをスポーツに投資する意向を発表した。この予算には，ASCへの配当3億2,480万オーストラリアドル(新たな政府投資額1億9,520万オーストラリアドルを含む)も含まれており，こちらも歴代最高額である。

とはいえ，オーストラリア統計局(2009)によれば，依然として障がい者のスポーツ参加率は，健常男性の2006年の参加率が約70％であるのに対し，55.3％と低い(図1参照)。また，同報告によれば，最もスポーツ参加率が高かったのは，視覚障がいまたは聴覚障がいを有する25-34歳の男性で，79％であった。同じ25-34歳のスポーツ参加率は，身体障がい(61％)，知的障がい(70％)，精神障がい(54％)と他の障がい種別も比較的高い数値を示した。一方で，最も低い参加率は，55-64歳の知的障がい者であった。こうした調査結果を受け，オーストラリア統計局(2009)は，「障がい者がより多くの地域でスポーツに参加できるようにするためには，障がい者個人とスポーツとを結ぶネットワークが重要である」と指摘している。

② **スポーツ教育にみる障がいのある人のスポーツ**

前述したように，ASCは，1995年に，障がい教育プログラム(Disability Education Program)の1つである「ウィリング・エイブル(Willing Able)」に着手した。このプログラムを推進する法的根拠は，1992年のDDAにある。障がいのある人々が，地域スポーツにも，ま

表2 障がいをもつアスリートのための指導法：一般原理より

章	表現と主な内容
第1章	障がいをもつ人とスポーツ ①障がいをもつ人々のスポーツ，および他の専門用語 ②障がいをもつ選手を支援する組織構造　など
第2章	障がいをもつアスリートとインテグレーション ①インテグレーションとはなにか。その価値はどこにあるのか。 ②インテグレーションの過程における指導者の役割　など
第3章	障がいをもつアスリートに対する指導法 ①コミュニケーションに関するスキル ②指導における戦略と技術 ③コンディションの把握における留意点 ④安全と医療的配慮　など
第4章	クラス分けシステムについて
第5章	障がい種別の特性と，それらの特性がもたらすスポーツ参加への影響 ①切断者　②脳性麻痺者　③知的障がい者　④視覚障がい者　⑤聴覚障がい者 ⑥車椅子使用者　⑦臓器移植者

た学校体育にも参加できるよう，様々なアイディアを集約した本が，『ギブ・イット・ア・ゴー(Give it a go - including people with disabilities in sport and physical activity)』である(2005年には第2版が発行)。この本には，様々な障がい種別を想定した7人の若者が紹介されている。この7人の若者はすべてモデルとなった人物がおり，パラリンピックや世界大会に出場経験があるオーストラリアのトップアスリートである。モデル対象となった障がい種別は，脳性麻痺，視覚障害，自閉症を伴う知的障害，ダウン症を伴う知的障害，聴覚障害，交通事故による片麻痺(車椅子使用)，二分脊椎(車椅子使用)である。これらのアスリートの経験も踏まえ，それぞれの障がい種別を想定し，どのようなプログラムや配慮，支援があれば，若者たちがスポーツや体育に参加できるのかについて，障がい児が経験し得る典型的な例を示しながら障がい種ごとの課題点や修正点などが説明されている。また，1998年には，この本を活用した教師たちの体験談をもとに編集された本，『教師たちは話す…身体活動に(障がい児を)インクルージョンした際の経験(Teachers talk about... experiences of inclusive physical activity)』が出版された。

さらに，2003年，ASCは次のステップとして，スポーツと障がい者を結びつける(コネクトする)ことを目的とする「スポーツ・コネクト(Sports CONNECT)」に着手する。これは，1992年のDDA制定後，障がい者のスポーツ参加を促進しながらも，2002年のスポーツ参加率の調査によれば，依然として障がい者のスポーツ参加率は健常者よりも低い結果が出たことを受け(図1参照)，その原因を探りながら，より実践的な対応策を打ち出すことを目的としたものである。なかでも，指導者や体育教員，また競技団体，地域のスポーツクラブやスポーツセンターなどの職員など，現場で障がい者を受け入れる人たちの疑問や不安などに応えようとするものであった。そこで，ASCは，国統括競技団体にスポーツ・コネクトプロジェクトへの参加を積極的に呼びかけ，その結果，2010年には，16の競技団体がプロジェクトに参加し，さらに24の競技団体がこのプロジ

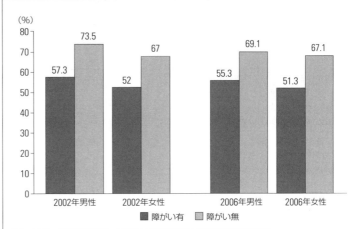

図1　スポーツ参加率(障がいの有無と性別)2002年と2006年調査比較(%)
(出典：オーストラリア統計局，2009)

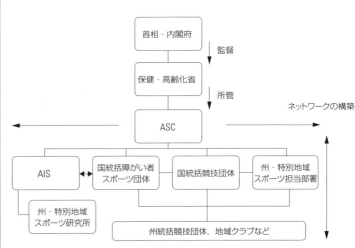

図2　オーストラリアのスポーツ組織図

ェクトのネットワークに加わった。2011年現在も，このスポーツ・コネクトは，ASCの主要な障がい教育ツールである。

③ スポーツ振興組織にみる障がいのある人のスポーツ

[所管省庁とASC]

高齢化対策や生活習慣病対策として，2007年12月より，保健・高齢化省(Department of Health and Aging: DHA)が健常者と同じく障がい者のスポーツも所管している。オーストラリアでは，中央省庁の設置に関する定めが憲法にないため，内閣改造や政権交代のたびに，省庁の再編が行われている。そのため，スポーツの所管省庁については，その時の政治の動向に左右される。

一方で，実務を担う専門機関として，1985年(ホーク労働党政権)にオーストラリア・スポーツ・コミッション(ASC)が法律に基づき設置された。1989年には，AISを吸収している。なお，ASCは，年齢，人種，性，障がいを問わず，全国民に対しスポーツを推進し，スポーツ参加，競技力向上，指導者養成に至るまで，スポーツにかかわる事業を行う法定権利を有する準政府機関である。

現在，ASCには，社会的マイノリティーに属する人々を一括して支援する部署がある。2010年12月までは，ASC内には，障がい者，ジェンダー，先住民，人種といった対象グループごとに専門支援部署が設置されていた。しかし，女性で，障がいがあり，しかも人種の問題を有する人に対しては，

表3　国統括障がい者スポーツ団体予算配分表（単位：オーストラリアドル）

組織	AISにかかわる事業	競技スポーツ	スポーツ参加	その他	合計
AAWD	0	210,000	0	0	210,000
AUSRAPID	0	100,000	0	75,000	175,000
全豪視覚障がい者スポーツ協会（Blind Sports Australia）	0	65,000	0	0	65,000
全豪聴覚障がい者スポーツ協会（Deaf Sports Australia）	0	85,000	0	100,000	185,000
障がい者冬季スポーツ協会（Disabled Wintersports）	0	60,000	0	0	60,000
全豪障がい者乗馬協会	0	100,000	0	0	100,000
スペシャルオリンピックス・オーストラリア	0	445,000	0	100,000	545,000
全豪臓器移植者協会（Transplant Australia）	0	70,000	0	0	70,000
合計	0	1,135,000	0	275,000	1,410,000

どの部署が支援すべきかといった課題が指摘されていたことや，同じ労働党ではあるが，ギラード（J. Gillard）新政権の発足（2010年6月）の指導も受け，支援部署を統合した。これを受け，約17年にわたりASC内に設置されていた障がい者支援専門部署は閉鎖され，マイノリティ支援部署が障がい者支援を行っている。また，ASCの2010－11年の取り組みとして，障がいのある学生の雇用にも積極的に乗り出し，多角的なスポーツ領域以外にも支援の場を広げている（図2参照）。

［国内統括障がい者スポーツ団体とインテグレーションの推進システム］

2000年の第11回パラリンピック大会（シドニー）開催後，国内統括障がい者スポーツ団体は，ASCの指導のもと，改組された。最も顕著な改組は，2003年に，全豪脳性麻痺者スポーツ・レクリエーション協会，全豪車椅子スポーツ（Wheelchair Sports Australia），他の肢体不自由を対象とする全豪障害者スポーツ協会の3組織が統合し，全豪障害者アスリート協会（Australian Athletes with a Disability: AAWD）を設立したことである。ただし，それぞれの障がい種別の組織は存続し活動している。

また，ASCは，DDAを掲げ，国内統括競技団体のスポーツ推進事業に障がい者も対象とするよう奨励してきた。ASCは，ASCの役割について「国内全土において，インクルーシブな地域社会構築のために，障がいのある人を支援するスポーツ組織と連携・協働しながら，ネットワークの調整・構築に努めること」としている。ネットワークの構築を実現するものとして先に紹介したスポーツ・コネクトがプロジェクトとして存在し，その結果，2010年9月現在，26の国内統括競技団体がインテグレーション政策をとるまでに至った。なかでも，水泳，バスケットボール，テニスの国内統括競技団体については，障がい者のスポーツ推進担当者を設け，コーチングプログラム，競技大会の開催，選手育成，ナショナルチームの海外派遣など，障がい者に対しても健常者と同様の支援を行っている。換言すれば，主に各競技種目の推進事業は事業にかかわる予算執行も含め国内統括競技団体が行い，国内統括障がい者スポーツ団体は，国内統括競技団体の事業がスムーズに行えるようアドミニストレーション（管理）にかかわる業務を受け，国内統括競技団体の事業をサポートする。例えば，障がいの知識が求められるクラス分けなどにかかわる申請事務を国内統括障がい者スポーツ団体が行い，スポーツ参加の促進を図るなど，その他の推進事業を国内統括競技団体が行う。ASCは，国内統括障がい者スポーツ団体に対しても予算の分配をしている。2010－11年，支援対象となっている団体は8団体である（表3参照）。

参考文献

- オーストラリア統計局. 2009. *Participation in sport by people with a disability* http://www.abs.gov.au/ausstats/abs@.nsf/Products/4156.0.55.001~Dec+2009~Main+Features~Participation+in+Sport+by+People+with+a+Disability?OpenDocument.
- 田中暢子. 2011.「オーストラリア」笹川スポーツ財団 編.『スポーツ政策調査研究』文部科学省
- Australian Sports Commission. 1993. *Coaching Athletes with Disabilities General Principle*, Australian Sports Commission.
- ———. 1995a. *Coaching Athletes with Disabilities General Principle*, Australian Sports Commission.
- ———. 1995b. *Give it a Go - Including people with disabilities in sport and physical activity*, Australian Sports Commission.
- ———. 2010. *Disability Discrimination Act*: The Disability Discrimination Act exists to ensure equal opportunity in sport and recreation http://www.ausport.gov.au/participating/disability/resources/factsheets2/disability_discrimination_act（2013年8月7日）
- ———. 2011. *Annual Report 201-2011*, Australian Sports Commission.
- Bailey Steve. 2008. *Athlete First- A history of the Paralympic Movement*, Wiley.
- Bob Stewart and Matthew Nicholson, et al. 2004. *Australian Sport: Better by Design? The evolution of Australian sport policy*, Routledge.
- Deaf Sports Australia（全豪聴覚障害者スポーツ協会）. 2011. History http://www.deafsports.org.au/inside-dsa/history.htm（2010年10月30日）
- DePauw K.P. and Gavron S. J. 2005. *Disability Sport, 2nd ed.*, Human Kinetics.
- Grant J. and Pryke G. 1987. The organisation of disabled sport, In *Physical education and disability*, Lockwood R.（ed.）, 209–13. Parkside Australia: Australian Council for Health, Physical Education, and Recreation.
- Little Marie. 1988. *Sport and Recreation – a social resource in the community; integration of people with an intellectual disability*, at the 8th conference of IASSMD.

（田中暢子）

北欧諸国における障がいのある人のスポーツ環境 25.B.06

北欧諸国における障がいのある人のスポーツ人口は,「その国の人口そのものである」といわれることがある。それは,人は誰しも「障がいのある人になり得る」可能性があり,また人間らしく健康に生きるためにはスポーツや健康づくり運動は欠かせないということを意味している。そのため,障がいのある人のスポーツ環境も基本的には,その国の一般市民として平等かつ公平に社会の中に位置づくように考えられている。

そのような環境に対する考え方は,歴史的にみて北欧諸国における国々の成り立ちからくるものであると解釈できる。つまり,それは「福祉国家」として発展してきたという共通点である。そして,その考え方や行動を今もなお支え続けているのは,「個の尊重」を重視し,高い人権意識の水準を維持しようとする北欧諸国に共通する国民に対する教育である。

そこで,ここでは北欧諸国におおむね共通する制度的特徴を踏まえた上で,1814年に世界で初めて「教育の義務」が法制化されたデンマークを中心に,障がいのある人のスポーツ環境について論考する。

① スポーツ政策にみる障がいのある人のスポーツ

[北欧諸国における制度的特徴]

北欧諸国の歴史は,スカンディナビア半島の住民(デンマーク・バイキング)がスコットランドを襲撃したバイキング時代が開始された8世紀後半にその起源をさかのぼることができる。現在,北欧の国は,デンマーク(793年),スウェーデン(1523年独立),ノルウェー(1905年独立),フィンランド(1917年独立),アイスランド(1944年独立)の5つの国で構成されるが,それらの国々に共通する考え方は,「人権尊重社会」を重視した,包括的な社会福祉国家の考え方である。これは,すべての国民に対して労働,教育,住居などの「生活の質(quality of life)」を財政的に保障するというものであり,その財政的基盤の上に一人ひとりの権利と生き方を尊重する人権尊重社会に最高の価値をおいた「福祉(welfare)」を基本的概念としている。高福祉・高税といわれるこのシステムは,「平等」を社会の原則とし,納税者が能力に応じて拠出することで所得の平等(transfer payment: 所得の再分配)を図り,国民の生活水準の違いを標準化していこうとするものである。この理念を実現可能にしているのは,人と人との「対話」による相互理解を大切にする姿勢と,徹底した環境整備のために実験・経験を重視する行動力,そしてそこから得られる信頼性である。「北欧型福祉モデル」とも称されるこのシステムは,完全雇用と社会保障をめざして国家が市民一人ひとりに対するセーフティーネットを保障することで,市民が安心感をもって人間らしい生活を送れることを社会政策の最優先課題としている(Gustavsson et al., 2005)。

したがって,障がいのある人も社会の構成者の1人として,一般の市民と同等にある。社会の構成の一員として生活する時,子ども,妊婦,高齢者,障がいのある人にとって,なにができてなにができないのか。そのために,どのように社会は「連帯(solidarity)」するか。また,どの支援が必要であり,そのためにはどのような社会政策が必要か。そして,財政的保障についてどのような予算配分がより「平等(equality)」「公平(fair)」であるか。各国はこれらの観点を踏まえ,それぞれの社会に沿った運営方法に合わせ,共通する誰にでもあてはまる枠組みを規定しているのが特徴である。

[障がいのある人のスポーツを支える社会政策]

福祉国家における最大の課題は,健康促進と公的医療サービス(health care service system)の確立である。スポーツ政策は,その重要関連事項の一環として位置づけられている。障がいのある人のスポーツを支える具体的政策は,基本的に全市民を対象とした根幹規定である「社会サービス法」と,そのもとに「LSS法(機能障がいのある人を対象とする援助およびサービスに関する法)」(スウェーデン,1994年)や「アシスタント補償法」(同,1993年)や「BPA(市民運営によるパーソナルアシスタント)」(デンマーク,2009年に現名称に改正)等に基づき運営される。北欧ではパーソナルアシスタント(専属介護人)を制度的に位置づけており,機能障がいがあるために通学や買い物,余暇活動等への移動に際し公共の交通機関が利用できない場合には送迎サービスが提供され,学校生活や家庭生活において必要であればパーソナルアシスタント(専属介護人)制度の利用が一人ひとりに権利として保障されている。障がいのある人が,スポーツジムに通う場合や試合出場のためにスポーツ大会会場へ移動する場合もなに不自由なく利用できる。

社会サービス法は,スウェーデンでは1982年に制定,デンマークでは1998年に制定されている。これは北欧各国の改革として行われた1980年代の大規模施設型福祉から地域密着型福祉への変遷に伴い,障がいの有無にかかわらず一人ひとりに社会サービスを保障し,重度の機能障がいや知的に障がいのある人も含めすべての人の個人の生き方を尊重しようとする方向への改革である。デンマークでは,それまであった「生活支援法」(1974年制定)を廃止し,その中の社会サービスの部分をより明確にしたものとして1998年に社会サービス法が制定された。さらに2007年の健康医療サービスに重点を置いた大規模な行政改革により,5つの広域自治体レギオン(日本の県に相当)と98の基礎自治体コムーネ(日本の市に相当)に分割され,障がいのある人の各種サービス・アクセスがより身近になり利用しやすくなった。それに伴い社会サービス法も2011年に改正され,機能障がいのある人や知的障がいのある人,身体に障がいのある人への支援,スペシャルニーズにおける個人支援など,パーソナルアシスタント(コムーネからのケアワーカー)やコンタクトパーソン(学習やスポーツ活動に関するアドバイザー)の保障内容や責任部門がより明確に規定され,障がいのある人にとってはさらに活用しやすいものとなってきている。

また,パーソナルアシスタント(専属介護人)制度についてはスウェーデンが先進的に取り組んできているが,現在ではノルウェーやデンマークでも同様のサービス保障が受けられるようになってきている。スウェーデンの場合,障がいのある人はコムーネで雇ったパーソナルアシスタントを利用する場

合もあれば，障がいのある人が個人的に選んだパーソナルアシスタント（障がいのある人の親，兄弟姉妹などでも料金が支払われる）を利用する場合もある。援助に対する料金は，週20時間以内の場合はコミューンが負担し，週20時間を超えた場合は社会保険事務所から手当として支給される。また，アシスタント補償金法に基づいて，パーソナルアシスタントを利用していて週20時間以上介護を受けている障がいのある人は，国からのアシスタント補償金（介護手当）の支給が保障されている（髙橋, 2003）。

さらに，デンマークの障がい者のスポーツを支える制度について，「フォルケオプリュスニン (Folkeoplysningsloven; 余暇・社会文化活動法)」(1990年公布, 2011年改正）という特徴的な法律がある。その中で文化・スポーツなどの余暇教育活動に関する財政的保障等を定めており，スポーツ活動についても障がいの有無にかかわりなく子どもから成人・高齢者にわたって保障をしている。自治体は「子供や青年，成人が社会文化活動を創設し，それに参加できるような諸条件を保障しなければならない」とし，「特別なニーズのある成人を対象とする教育等に対して特別な配慮が払われなければならない」と規定している（小池, 1998）。これにより，障がいのある人が自分の興味・関心のあるスポーツ活動へ参加することが可能となり，また自ら新たなスポーツクラブを創設し，助成対象となるそのクラブの講師やリーダーになる等，主体的にスポーツ活動を展開することが平等かつ公平な制度保障の上に可能となっている。

このように社会サービス法やパーソナルアシスタント制度，フォルケオプリュスニン等の法律のもとに提供される制度的保障や政策は，国によりその対象範囲や内容において多少の違いはあるもののおおむね包括型のサービスであり，障がいのある人のスポーツ環境を実質的に広く保障しているものといえる。

② スポーツ教育にみる障がいのある人のスポーツ

デンマークでは，1959年法によるノーマライゼーション思想（障がいのある人の生活条件を障がいのない人の生活条件に可能なかぎり近づける福祉の基本的考え方）に基づき，その方法として社会的インテグレーション（統合）と教育の機会均等の推進に取り組んできた。障がいのある子どもの教育についても，通常教育の環境で教育が行われるインテグレーション (integration) 教育が実践されてきた。その後1980年代頃から，障がいのある子どもの特別なニーズに合わせた学習の必要性から「共に生きる教育」と「個に合わせた特別なニーズ教育」をめざす包括的な教育，いわゆるインクルーシブ (inclusive) な教育実践が行われてきている。普通教育の中のすべての子どもを対象にし，困難や問題のある時は誰でもが特別の配慮が受けられる内容である。また，教育機会の多様性の重視から学校教育段階では，1) 同教室で障がいのない子どもとともに学ぶ，2) ある特定の科目だけ同学校内にある特別支援学級で学ぶ，3) 専門の特別支援学校で学ぶ，の3タイプが用意されている (Wiederholt et al., 2002 ; Nordic Council of Ministers, 2007)。

デンマークにおけるスポーツ教育のキーワードは「遊び」「生活」「学び（体得）」である。障がいのある子どもも障がいのない子どもとともに，同じ空間で，遊びを通して身体のバランス感覚を体得すると同時に，生活に必要な知識や技術を身につける。特に，身体のつくりなどについては，障がいの有無にかかわらず幼児の段階から遊びを通して実践的に学ぶ環境がある。また，ファーストエイドに関する講座は，幼少の子ども向けにも教育の場面でよく行われており一般的である。さらに，発達段階に応じて「身体と心理」などの講座で，健康予防や救急・応急処置などを実践的に学ぶ（高田, 2009）。

デンマークの幼稚園は「森の幼稚園」ともいわれ，自然環境の中での遊びを通して生活に必要な人とのかかわり方を学ぶ。また2-3歳児から平均台やマット運動などを取り入れて，体育科教員免許をもつ教員が専門的に指導している幼稚園もある。日本の義務教育に相当する国民学校 (Folkeskolen) では体育は必修科目で，小学校段階の授業は週に2回 (45分/1回)，中学校では週に3回行われている。体育の授業は，サーキットトレーニングのようなものからダンスやボールゲーム，児童生徒間のディスカッションを中心に展開されることが多い。「どのようにルールづくりをすればみんなが公平にスポーツを楽しめるか」を考えることが，体育の授業で大切なことと位置づけられている。

デンマークでは国民学校の教員資格について保健体育科教員免許状が存在しないため，担当教員は，例えば，学生時代スポーツが得意であった人やスポーツ選手であった等の経験者が担当することが多い。なかにはスポーツが好きであるということで担当になる場合もある。学校では発達障がいの児童生徒のために特別支援学級が併設されている場合が多く，その場合も通常の児童生徒と同様に一緒に体育の授業に参加し，時間によっては個別に理学療法士 (Physical Therapist または Physiotherapist: PT) による水泳指導や，作業療法士 (Occupational Therapist: OT) や言語療法士 (Speech-Language-Hearing Therapist: ST) による個別プログラムの活動になることもある。スポーツ教育において指導者はデンマーク障がい者スポーツ情報センター (Handicapidraettens Videnscenter) と連携しながら進めることができる。そこでは「障がいのある人のスポーツや学校体育におけるインクルーシブな体育授業の促進」に関する研究や指導方法に関する情報提供が受けられ，また相談支援センターの役割も担っているので，障がいのある子どもの教育を初めて受け持つ教員や指導者にとっても安心できる環境が用意されている。

高等学校では，保健体育科専門の理論と実践を修めた教員免許所有者が担当する。高等学校の教員になるためには，教員養成大学・学部で4年間の教育課程を修め，さらに専門科目について2年間の課程修了資格が必要となる。高等学校の体育の授業では，理論と実技を通して人間を広い視点で捉え，科学的・社会学的視点から体育やスポーツの役割などを考えることに重点が置かれる。

③ スポーツ振興組織にみる障がいのある人のスポーツ

デンマークでは健康増進の基本政策

に基づき，子どもから高齢者まで誰もが地域で多様なスポーツを経験できるように公的補助を伴ったスポーツ組織で構成されている。スポーツの管轄は文化省であるが，関連する責任部門において教育省や障がい者政策担当の社会省等と連携を図り運営されている。学校では放課後の部活動は存在せず，授業以外のスポーツ活動は学校との連携で運営される学童保育（低学年），自治体によるスポーツクラブ（4-7年生）やユースクラブ（7年生-18歳）等がある。障がいのある人のスポーツもインクルーシブな活動として位置づけられ，自分に合うものがなければ自ら運営可能な仲間5人以上を組織して自分たちの地域でスポーツクラブを創ることもできる。子どもたちは教育機関や地域のスポーツクラブに所属しながら，その子どもの特徴や関心に応じて次の段階のスポーツ組織へ会員登録をして発展させることができる。

スポーツ振興組織は，生涯スポーツ（Sports for all）とエリートスポーツで組織されており，前者はデンマークオリンピック委員会・スポーツ連合（Danmark Idræts Forbund-Olympisk Komite: DIF），デンマーク体操・スポーツ協会（Danske Gymnastik & Idrætsforeninger: DGI），デンマーク企業スポーツ連盟（Dansk Firmaidrætsforbund: DFIF）の3つの組織が統括し，後者はエリートスポーツ法に基づくチームデンマーク（Team Danmark）とDIFが主体となって政策・運営の責任を担っている。

障がいのある人のスポーツ組織は，デンマーク障がい者スポーツ連盟（Dansk Handicap Idræts-Forbund: DHIF），デンマークろう者スポーツ協会（Danske Døves Idrætsforbund: DDI），精神障がいのある人に対するスポーツ振興組織として精神保健のためのスポーツ（Idrræt For Sindslidende: IFS）等がある。デンマーク障がい者スポーツ連盟（DHIF）は1971年に設立し，デンマークパラリンピック委員会とスペシャルオリンピックスの委員会の両部門を支援統括する。また，デンマークオリンピック委員会・スポーツ連合（DIF）に加盟しており，'The House of Sport'と呼ばれる同建物内に組織を構えてDIFとともにスポーツ振興にかかわっている。DHIFは全国の420クラブと会員18,000人の加入者があり（2011年現在），身体障害，視覚障害，知的障害，内部障害，聴覚障害，注意欠陥／多動性障害（ADHD）のある人たちで構成されている。スポーツは，30競技以上の生涯スポーツと11競技のエリートスポーツ（陸上競技，ボッチャ，卓球，サイクリング，ゴールボール等）がある。デンマークは1968年に第3回パラリンピック大会（テルアビブ）に初出場し，1976年の第5回パラリンピック大会（トロント）において初めて金メダルを獲得した（陸上で3個の金メダルを獲得）。

DHIFの目的は，リハビリテーションの発展と競技スポーツの促進，障がいのある人への既存のスポーツや新たなスポーツの情報提供，国内の新たに設立された組織の支援，DHIFに加入するすべてのスポーツの安全管理と監督，指導者養成，障がいのある人のスポーツに関する教育・普及など10項目にわたり定められている。その具体的内容について「教育・普及」を例に挙げると，障がいのある人のスポーツは子どもから成人までのスポーツにどのように貢献できるかに焦点を当て，情報提供に欠かせないIT関係の開発や，学校（国民学校，高等学校，PTやOT，看護師の養成学校など）における障がいのある人のスポーツに関する講座での教育を実施している。実際には，各学校からの依頼で，児童生徒に対する「民主主義を学ぶ」という授業の一環として相互理解の教育のための内容で実施している。また，将来，障がいのある人にかかわる専門職をめざすOT，PT，看護師などへは，「人生の教育」の一環として実施する。DHIFでは，1年間に国内で約125の学校等に，普及・教育のための専門講師を派遣している。講座は1回につき4時間で，講義と実習が各2時間である。講師料は，学校側が4時間で1,000デンマーククローナ（1dkr≒17円）を支払うが，DHIFとしては基本的にはサービス事業と考えて実施している（Nielsen, 2011）。

DHIFは民間組織であるためその経済的支援は，文化省からの公的補助，サッカーくじ，民間企業のスポンサー，財団または個人の遺産，チャリティー，バザーからの補助金で成り立っている。デンマークはスポーツへの民間企業からの資金援助が世界一の国である。例えば，障がいのある人のスポーツを支援しているスポンサーの中でJYSK（寝具会社）とTryg Fonden（保険会社）は長いパートナーシップを築いており，特にJYSKは1989年以来DHIFのメインスポンサーである。

DHIFの障がいのある人のスポーツ支援についての基本的考え方は，1）人的資源の活用（ボランティアの活用），2）資金援助支援の活用，3）障がいのある人の生きがいを支える環境づくりである。スポーツは，障がいのある人の生活支援や社会参加の機会に大きく貢献している。DHIFではなんらかの障がいのあるスタッフが多く働いている。各学校等への講師派遣については，DHIFの会員である各地方自治体のメンバーが近隣の学校等へ出向き，講座を担当しながら広報や普及活動に努める。

DHIFスタッフの一例を紹介する。マンソー（Manssor）はCP-ISRA（国際脳性麻痺者スポーツ・レクリエーション協会；Cerebral Palsy International Sports and Recreation Association）レースランニング・コーディネータであり，首都コペンハーゲンの一地域内にある自治体の障がい者スポーツ協会（会員50名）の会長も務める。彼は車いす競技スポーツのレースランニング（Race Running）のための三輪車を開発し，自ら選手として活躍したことで知られている。コペンハーゲンで開催された世界選手権大会では金メダルも獲得している。1991-99年の間，選手として競技出場をしていたが，その後は，ナショナルコーチとして監督を務めた。障がいの程度が重度だったため，子ども時代は特別支援学校へ通学し，スポーツは12歳から始めた。それまでのスポーツ競技の継続に困難さがあったので，車いす競技スポーツのレースランニングのための三輪車を考案した。協会はコムーネからの補助金とスポンサーからの援助資金，そして会費（40万dkr/年，会員1人800dkr/年）で運営されている。デンマークでは個人がスポーツを継続することに困難は感じないという。それは生活の最低限の保障があるからである。会長職は奉仕活動であり自治体からの労働賃金は生活の質（QOL）を高めるためのものであり，スポーツに関する仕事（労働）を通して生きがいを得ている

という。彼の基本的な生活基盤は「早期年金」(障がい者年金で18-64歳に支給)であり、デンマークではこのように年金制度や経済的支援がスポーツ活動の継続を可能にしている。このように誰もが社会の一員としての自覚をもち、地域のスポーツ協会等に会員登録をして可能なかぎり社会参加の機会をみつけ積極的に行動している人が多い。経済面、精神面において安心感をもって生きていくことができる仕組みがデンマークモデルの姿といえる。

以上、北欧諸国の障がいのある人のスポーツ環境について、デンマークを中心に述べた。北欧に共通する考え方は、一人ひとりの生き方を尊重し、国民すべての生活を生涯にわたり保障するということである。障がいのある人のスポーツは、このように成熟した環境の中で発展してきている。人間の多様性を認め、共有し合える社会づくりに向けて意識改革を行ってきた結果ともいえる。今後、北欧の取り組みから学んだことを日本の障がいのある人のスポーツ環境の発展充実の実現にどのように生かしていくかが大きな課題となるであろう。

参考文献　25.B.06

- 小池直人(試訳).1998.「デンマークの社会文化　フォルケオプリュスニン支援法」(上);名古屋デンマーク協会『NDF通信』準備号付属資料3月、同(下);同第1号付属資料7月
- 髙田ケラー有子.2009.『平らな国デンマーク』NHK出版
- 髙橋まゆみ.2003.「スウェーデンの学校教育から学ぶ」『体育科教育』61(8)
- Folkeoplysningsloven. 2011. Udervisningsministeriets lovbekendtgoorelse nr. 854 af 11. Juli 2011.
- Gustavsson, A., Sandvin, J. et al. 2005. Resistance, Reflection and Change – Nordic Disability Research, The authors and Studentlitteratur.
- Michael Mollgaard Nielsen (National Paralympic Director, Chief of Mission, Danish Sports Organization for the Disabled)へのインタヴューの際に得られた本人作成資料, 2011. Teaching Disability Sportから
- Nordic Council of Ministers. 2007. Social Inclusion of Children with Disabilities – International Conference, Kaliningrad, 30 November 2006.
- Wiederholt, M., Bendixen, C. et al. 2002. Danish disability policy – Equal opportunities through dialogue, The Danish Disability Council.

(髙橋まゆみ)

障がいのある人のスポーツの発展に向けて　25.C

宣言・憲章に記された障がいのある人のスポーツ　25.C.01

① 障がいのある人のスポーツ権の拡大を通してみえるもの

国際的なレベルにおいて、障がいのある人が基本的人権の主体であると確認され、人権保障に向けての行動計画がなされるようになったのは、1970年代に入ってからのことである。そして、1970年代後半から、スポーツ権が人間の有する基本的人権の1つであると確認され、その後1980年代に入り、「国際障害者年」(1981年)の要請に基づき採択された「障害者に関する世界行動計画」(1982年)に従い、各国において人々の障がいのある人に対する理解や障がいのある人の権利保障に向けての具体的計画の策定と行動が求められ、現在の世界的な発展とさらなる取り組みにつながっている。障がいのある人のスポーツを通して、私たち人類の「過去・現在・未来」がいかに「共生」に向けて歩んでいるのかを確認することはいつの時代にも求められることである。そこで、ここでは国際的なレベルにおける宣言や憲章に記された障がいのある人のスポーツについて概観する。なお、宣言や憲章等の名称は正式名称を「」を付して用いている。

②「体育およびスポーツに関する憲章」とその背景

国際連合教育科学文化機関(ユネスコ；The United Nations Educational, Scientific and Cultural Organization: UNESCO)は、1978年「体育およびスポーツに関する憲章」(11月21日、第20回総会；International Charter of Physical Education and Sport)を採択し、その第1条で「体育・スポーツの実践は、すべての人間にとって基本的権利である(The practice of physical education and sport is a fundamental right for all)」と確認した。さらに、第1条3項は「学齢前児童を含む若い人々、高齢者、障害者に対して、その要求に合致した体育・スポーツのプログラムにより、その人格を全面的に発達させるための特別の機会が利用可能とされなければならない」ことを規定した。国際的な宣言や憲章は、各国からなる国際連合(The United Nations。以下、国連)で問題解決の提案がなされ、何度も吟味され、誰にでもあてはまる枠組み規定が提案されている。したがって、これらの宣言や憲章には、障がいのある人のスポーツについての各国の行動計画策定とその実現化が期待されていることはいうまでもない。

「体育およびスポーツに関する憲章」が採択されるまでの背景には、障がいのある人の権利保障に関する国際的決議と、欧州評議会(Council of Europe: CoE)の欧州スポーツ閣僚会議(the Conference of European Ministers responsible for Sport)で1975年に採択された「ヨーロッパ・スポーツフォアオール憲章」(European Sport for All Charter. 日本では「みんなのスポーツ憲章」ともいう。)の存在がきわめて大きい。

まず、国連において障がいのある人が基本的人権の主体であると確認され、障がいのある人の人権保障に向けて採択された最初の宣言は、1971年「精神遅滞者の権利に関する宣言」(12月20日、国連第26回総会；Declaration on the Rights of Mentally Retarded Persons)である。その背景には、第二次大戦後の各国の戦争に対する反省の上に、世界平和の基礎である「人類社会のすべての構成員の、固有の尊厳と平等にして譲ることのできない権利」を求めた歴史的運動がある。また、国際的な規模で基本的人権の保障においてその出発点となった「世界人権宣言」(1948年12月10日、国連採択；Universal Declaration of Human Rights)は、その中で「すべての人間は、生まれながらにして自由であり、かつ、尊厳と権利とについて平等である。人間は、理性と良心とを授けられており、互いに同胞の精神をもって行動しなければならない」(第1条)、「いかなる事由による差別をも受ける

ことなく，この宣言に掲げるすべての権利と自由とを享受することができ」，また「その国又は地域の政治上，管轄上又は国際上の地位に基づくいかなる差別もしてはならない」（第2条）ことを明確に宣言した。その後，国連は，障がいのある人の基本的人権について社会的統合への関心を意図しながら段階的対応の議論を重ね，1959年にデンマークで明文化されたノーマライゼーションの理念の影響を受け，1971年「精神遅滞者の権利に関する宣言」（国連第26回総会；Declaration on the Rights of Mentally Retarded Persons）を採択した。これは国連総会において最初に採択された障がいのある人の権利にかかわる決議であり，知的に障がいのある人について「最大限実行可能な限り，他の人々と同じ権利を有する」（第1項）とし，知的に障がいのある人の適切な医療，教育，リハビリテーション，就労，法的援助等の権利を明文化したことは重要な意義をもつ。さらに，1975年12月に採択された「障害者の権利に関する宣言」（国連第30回総会；Declaration on the Rights of Disabled Persons）は，権利対象をすべての障がいのある人に広げて，それまでの障がいのある人の権利宣言を統括し，各国の障がいのある人に関する対策の基本に据えられるべき権利保障の原則を示した。

一方，ヨーロッパでは1960年代以降，先進諸国における産業化や都市化に伴う余暇時間の増大と人間疎外の問題などを背景に，スポーツがそれまでのように一部の才能や機会に恵まれた者だけのものではなく，性・年齢・社会階層などの差異を超えたすべての人々が享受すべき基本的人権であるという認識に基づいて，各国でスポーツ活動の普及振興を図る運動が興った。そのようなスポーツの大衆化運動の背景に伴い1975年3月，ベルギーのブリュッセルで，欧州評議会（CoE）の欧州スポーツ閣僚会議が開催され，CoE加盟各国政府への勧告として「ヨーロッパ・スポーツフォアオール憲章」が採択された。そして，その第1条には「すべての個人は，スポーツに参加する権利を有する（Every individual shall have the right to participate in sport.）」と明確に規定された。スポーツ環境において，ヨーロッパあるいは世界に提起された「スポーツフォアオール憲章」と「体育・スポーツに関する国際憲章」によって「スポーツ・フォア・オール（Sport for All）」の言葉が世界的に広まり，各国のスポーツの政策の指針となっている。さらに，このような歴史的運動は，障がいのある人のスポーツに関する各国政府への勧告や宣言への契機ともなった。

③「障害者：みんなのスポーツに関するヨーロッパ憲章」とその経緯

国連は，1976年12月の第31回総会で，1981年を「完全参加と『平等』」をテーマとする「国際障害者年（International Year of Disabled Persons）」とすることを決議した。障がいのある人の問題に世界が共同で関心を向けることを促したものであるが，「国際障害者年」の2年前の1979年に欧州評議会（CoE）は「障がいのある人のためのスポーツ（Sport for the Handicapped）」をテーマに欧州スポーツ閣僚会議を開催し，翌1980年には同評議会の主催するセミナー「知的に障がいのある人に関するスポーツ（Seminar on Sport for the Mentally Handicapped）」において各国の「障害者みんなのスポーツ運動（Sport for All Disabled People）」の展開について紹介された。そして，この会議およびセミナーの中で，1981年の「国際障害者年」を期して「障害者みんなのスポーツ運動」を全ヨーロッパで一斉に進めることが申し合わされた（芝田，1992）。その後1981年4月第3回欧州スポーツ閣僚会議において「障害者のスポーツに関する決議（Resolution on Sport for Handicapped persons）」，1984年5月第4回会議において「障害やその他の健康障害のグループのためのスポーツに関する決議（Resolution on Sport for the Handicapped and other Health Impaired Group）」で障がいのある人のスポーツ環境とその推進について取りまとめ，1986年12月に欧州評議会のスポーツ担当大臣委員会（the Committee of Ministers）により「障害者：みんなのスポーツに関するヨーロッパ憲章（European Charter on Sport for All: Disabled Persons）」が採択された。その中では，すべての障がいのある人の教育を含め，スポーツや余暇活動の欲求やニーズについて関連するすべての公的機関や民間組織が認識していることを確認する措置の必要性をはじめ，指導者の養成，施設設備，研究と評価，障がいのある人のエリートスポーツと競技組織，国際協力等について規定されている。

④ 21世紀における障がいのある人のスポーツ環境

障がいのある人のスポーツ環境を整えることは，歴史的反省としての「世界人権宣言」で確認された基本的人権を守り続けることを意味する。国際障害者年行動計画（抄）（The Plan of Action for International Year of Disabled Persons（1979年6月13日提出　国際連合第34回事務総長報告書）の中の'Disability as relationship between environment and person'の項において，「障がいという問題をある個人とその環境との関係として捉えることがずっとより建設的な解決の方法であるということは，最近ますます明確になりつつある。」「社会は，一般的な物理的環境，社会保障事業，教育，労働の機会，またスポーツを含む文化的・社会的生活全体が障害者にとって利用しやすいように整える義務を負っているのである。」「ある社会がその構成員のいくらかの人々を閉め出すような場合，それは弱くもろい社会なのである。」と報告するように，各国の行動計画において社会環境や地球環境を重視する考え方が明確に示され，各国の遅々とした取り組み姿勢に対して積極的に実現化することを強調している。各国の障がいのある人への行動は，その社会の成熟度さらには人間観を映し出しているともいえる。障がいとは，個人がその個人を取り巻く環境と接する際に生じる問題であると認識され始めている。「障がい」の環境は「人の心」が作り出すものとも表現できるであろう。歴史的反省を踏まえて1945年11月16日に国連において採択された「国際連合教育科学文化機関憲章〔ユネスコ憲章〕」（日本国1951年7月2日宣言加盟）Constitution of the United Nations Educational Scientific and Cultural Organization）の前文を改めて想起しておきたい。

「戦争は人の心の中で生まれるものであるから，人の心の中に平和の砦（とりで）を築かなければならない。」

"That since wars begin in the minds of men, it is in the minds of men that the defences of peace must be constructed;"

21世紀は，障がいのある人のスポーツに関する宣言や憲章を行動計画に基づいて具体的に実現することが求められる時代である。今後，地球環境の視点をもちつつ，意識の変革，教育の営みを通してすべての人間が基本的人権を分かち合える社会であり続けるよう努力していかなければならない。

参考文献 25.C.01

- 芝田徳造．1992．『障害者とスポーツ―スポーツの大衆化とノーマリゼーション』文理閣
- 中川一彦，髙橋まゆみ ほか．2001．『障害者教育の人間学』粂野豊，花村春樹 監修，中央法規
- 堀尾輝久，河内德子 編．1998．『平和・人権・環境　教育国際資料集』青木書店

（髙橋まゆみ）

ノーマライゼーション思想と障がいのある人のスポーツ　25.C.02

　ノーマライゼーション思想と障がいのある人のスポーツを考える時，ヒューマニズムの視点を抜きに考えることはできない。なぜなら，スポーツを通して教育や指導の行為が伴う場面には必ず同じ時間を共有する1人の人間としての「指導する側」と「指導される側」の共に生きる存在があるからである。指導する側とは体育教員やスポーツ指導者またはコーチであり，指導される側とは運動部の生徒や障がいのあるスポーツ初心者やスポーツ競技者などである。ここでは，ノーマライゼーション思想がヒューマニズムの理念に基づく立場であることを踏まえながら，障がい観の変遷を通して障がいのある人のスポーツについて考える。

①ノーマライゼーション思想

　ノーマライゼーション思想とは社会福祉の考え方の1つであり，現在世界的に広く採用されている障がい者福祉の基本的な理念である。ノーマライゼーションは，まず知的に障がいのある人々の生活条件の改善から始まり，次第に身体的，精神的な障がいのある人々，また高齢者や子どもなど社会的に弱い立場にある人々まで，すべての人の人権を保障し，社会の一員として対等な関係の中で，一人ひとりの「自己実現」をめざそうとする理念と実践として発展してきた。

　「ノーマライゼーション（normalization）」という言葉は，1981年の国際障害者年を契機に国際的に広められ，日本への導入は1995（平成7）年12月につくられた日本の「障害者プラン」の副題「ノーマライゼーション7か年戦略」においてであった。「障害者プラン」では，リハビリテーションの理念とノーマライゼーションの理念を踏まえつつ，7つの視点から施策の重点的な推進を図るとし，そのうちの1つの視点である「生活の質（QOL）の向上を目指して」の中でノーマライゼーションの具体的な目標に障がいのある人のスポーツの推進が位置づけられた。

　ノーマライゼーションの思想は，デンマークにおいて1951年から1952年にかけて発足した「知的障がい者の親の会」の運動に始まった。当時，知的障がいのある人々は，大規模な隔離・収容型施設への終生入所が一般的であった中で，知的障がいのある人に地域での通常の市民と同等の生活を保障することをめざすよう求めた。その頃，デンマークの社会省の施設行政官であったバンク-ミケルセン（N.E. Bank-Mikkelsen）は，施設内で非人間的扱いを受ける知的障がいのある人々の生活を目の当たりにし心を痛め，「知的障がいのある人の生活条件を知的障がいのない人の生活条件に可能なかぎり近づけること」という考え方を報告書にまとめ，実践提唱した。これがデンマークの「1959年法」を成立させ，世界で初めて「ノーマリゼーション」という言葉が法律の中に明文化された。当時，バンク-ミケルセンはデンマーク語で表記していたため「ノーマリセーリング」を用いていたが，その後，スウェーデンのニィリエ（B. Nirj）が『ノーマライゼーションの原理』（1969年）を著わし，その考え方を英語圏に広め，現在この言葉が使われるようになった。バンク-ミケルセン自身は「ノーマリゼーション」と発音していたため，この表記が使用される場合もある（花村，1994；大熊，2008）。

②障がい観の変遷と障がいのある人のスポーツ

　ノーマライゼーション社会の実現に向けて，その方途として国連は1981年の国際障害者年を契機にバリアフリー戦略を打ち出した。わが国においても「障害」から「障がい」へと，その表記法が障がい者関係諸団体から提起されてきた。また，WHO（世界保健機関）は，国際障害分類（International Classification of Impairments, Disabilities, and Handicaps: ICIDH, 1980）から国際生活機能分類（International Classification of Functioning, Disability and Health: ICF, 2001）へと障がい構造モデルの発展・変容と関連して「属性としての障がい」から「個性としての障がい」へとその障がい観が問い直された。

　このような国際的な障がい観の変遷は，障がいのある人のスポーツにおいても大きな影響を与えた。これまで，障がいのある人のスポーツを表現する言葉は，「ハンディキャップ・スポーツ」や「ディサビリティ・スポーツ」から「チャレンジド・スポーツ」や「アダプテッド・スポーツ」と肯定的表現へと変化してきている。このような表記法上の変遷は，障がいを「〜できない」というマイナスイメージで固定的に捉えるのではなく，障がいを個性として捉え，中立的またはプラスイメージへとパラダイムシフトを行おうとする努力が世界各地でなされてきた結果の1つといえる。また，この考え方は行政主体の表現から住民主体の能動的表現の変化でもある。すなわち，制度的枠組みや脱施設化などのハード面の改革からさらに進んで，障がいのある人のQOLの向上や尊厳性の重視，その指導者や介護者の専門性や個別ケアのあり方の重視へと考え方がよりソフト面へ発展してきていることにある。障がい者への差別や偏見といった意識上のバリア（障壁）をなくしていこうとする，いわゆる「心のバリアフリー」の実践でもある。

　アダプテッドスポーツ（adapted sports）とは，本来一人ひとりの発達状態や身体条件に適合させた（adapted）スポーツという意味であり，具体的には，スポーツのルールや用具を障がいの種類や程度に合わせてスポーツ活動を提供するものである。すなわち，障がいは「個人と個人を取り巻く環境が接する際に生じる問題」であるという観点から，たとえ重い障がいがあってもその人を主体に考え，どのような工夫を

すれば共にスポーツに参加できるかを考えることであり，障がいのある人のスポーツ実践において「なに(what)をするか」から「どのように(how)工夫するか」という発想の転換が求められるものといえる。

③ ヒューマニズムの視点に立った指導者のあり方

ノーマライゼーション思想は，普通の生活を送る権利をできる限り保障することを目標とした。これは，人間として扱われる権利を保障することを意味している。バンク-ミケルセンはWHOのアドバイザーとして36ヵ国を訪問し，各国への提言や助言を惜しまなかった（野村，2010）。そしてその熱意は今も人々に語りかける。「誰でも，もし自分がその立場に置かれたとき，どのようにしてほしいかを考えれば理解できる。ノーマライゼーションとは，ヒューマニゼーションであり，イクォーライゼーションと言ってもよい」と。つまり，ノーマライゼーションは，人間の生命を守り，人間性を尊重するというヒューマニズムの理念に基づく立場なのである。障がいのある人のスポーツ指導では，指導者がその対象となる人々に対して己を優位な位置にあると錯覚してしまう危険が潜んでいる。この錯覚や危険を克服するのがヒューマニズムの視点である（花村，2001）。

現在，スポーツ指導者のあり方が問われている。改めてノーマライゼーション思想における障がいのある人のスポーツ指導の立場から，指導者のあり方を問い直さなければならない。障がいのある人のスポーツ指導では，次の3つの要素が大切である。1) 指導者とその対象である障がいのある人の相互作用を通して信頼関係を築き，2) 共に対話を通して目標に向けた日常のプログラムを考え，3) 心理的には次のステップへつながるように前向きなモチベーションの保てる雰囲気づくりが必要となるであろう。

④ 障がいのある人のスポーツ推進の役割

スポーツにおけるノーマライゼーションの発展に大きな影響を与え，また障がいのある人のスポーツの発展に貢献したのが，先に述べたニィリエである。特に，知的障がいのある人のスポーツにおいて，可能なかぎり健常者と同等のスポーツの権利があたりまえ(normal)に保障されることを実現しようと国際知的障害者スポーツ連盟(International Sports Federation for mental handicapped: INAS-FMH，後にINAS-FID，そしてINSに名称変更) の設立に尽力した。つまり，制度的基盤の上に考え方を実現していこうとする時，知的障がいのある人が女性も男性も身体活動・スポーツを通して自己実現を叶えていくという人間の本来の姿から考えなければならないことを，まさに彼は実践を通して伝えたといえる。これは，「自立と共生」の関係づくりへと社会のあり方を実現するのに大きな役割を担うものである。国際障害者年行動計画の文言にみられるように，スポーツ環境においても社会は障がい者が利用しやすい環境に整備する義務を負っているとし，「ある社会がその構成員のいくらかの人々を閉め出すような場合，それは弱くもろい社会なのである」と決議されている。

ノーマライゼーションという考え方は，障がいのある人の地域社会への参加・参画を通して，健常者と共に社会問題を解決し，共に生きられる社会の発展へとつくり変えていこうとするものとなった。その意味から，障がいのある人のスポーツもまた，社会を変え，発展させていくために大きな意味をもつものである。人間の本質と健康を考えるスポーツのあり方は，「すべての人間は人間として扱われる」ことの実現に通じる。ノーマライゼーション思想の発展は，障がいのある人のスポーツに大きな役割を担ってきている。同時に，障がいのある人のスポーツ実践が健全な社会へと導いてきているともいえる。今後，オリンピック，パラリンピックの動きの中で，障がいのある人のスポーツは，それぞれの国が抱える問題を受け止めつつも，人種，宗教，信条などを超えて，「誰もが平和で安心して暮らせる共存社会」へと変えていく推進役，牽引役としてその力は大きいといえよう。

参考文献

- 大熊由紀子. 2008.『恋するようにボランティアを』ぶどう社
- 粂野豊，花村春樹 監修，中川一彦，藤原進一郎，小玉一彦，髙橋まゆみ 編. 2001.『障害者教育の人間学』中央出版
- 野村武夫. 2010.『「生活大国」デンマークの福祉政策』ミネルヴァ書房
- 花村春樹. 1994.『「ノーマリゼーションの父」N.E.バンク・ミケルセン－その生涯と思想－』ミネルヴァ書房
- 矢部京之助，草野勝彦，中田英雄 編. 2004.『アダプテッド・スポーツの科学』市村出版

（髙橋まゆみ）

二極化を歩む障がいのある人のスポーツ

1998年に開催された第7回冬季パラリンピック大会（長野）以降，障がい者スポーツはマスコミ等を通して広く認知されるところとなった。パラリンピック等のメディアでの扱いも気の毒な人たちのリハビリテーションスポーツというコンテクストから，障がいのある一流選手のスポーツというコンテクストへと変化しつつある。しかしながら，わが国における障がい者スポーツの普及，強化の現状は個人の努力を頼みとし，福祉施策の範囲内でそれを支援するという旧来の体制から抜け切れていない。障がいのない人のスポーツの普及，強化施策の中で統合的に障がい者スポーツも支援するというグローバルスタンダードには達していない。ここでは「二極化」をキーワードに障がい者スポーツ界の現状と課題を述べる。

① スポーツ実践者と非実践者の二極化

2001年に行われた身体障害児・者実態調査報告によれば，18歳以上の身体障がい者が，過去1年間にスポーツ教室やスポーツ大会に参加した割合は8％，一方，笹川スポーツ財団の調査によると，成人の年1回以上の運動スポーツ実施率は73.4％であった。スポーツ実施の内容や年齢条件に差があるので，単純な比較はできないが，身体障がい者のスポーツ参加率がきわめて低いことがわかる。また，障がいの重さ別では当然ながら障がいの重い人ほど参加率は低く，最も障がいの重い障害等級1級の人の参加率は6.6％だった。また，身体障がい者のうち，今後スポーツ大会やスポーツ教室に参加したいと考えている人は5.9％とけっして高い数字とはいえない。別の調査で

は，障がい者がスポーツをする上で困ることとしては3割近くの人が使用できる施設の少なさを挙げている。

一方で，障がい者スポーツ関連競技団体に所属している身体障がい者のうち，週2回以上スポーツを行っていると答えた人は48.7%，週1回と答えた人は25.1%で合わせて73.8%の人が週に1回以上スポーツを実践しているという調査結果がある。これらの人々の参加タイプとしては競技志向(34.4%)，健康志向(29.1%)，交流志向(20.5%)の人が多い。また，全国の障害者スポーツセンターの年次報告書では障害者スポーツセンター近辺に住む住民の使用頻度が高いこと，および利用者の高年齢化が毎年のように報告されている。障害者スポーツセンター近隣の利用者のリピーター率が高いことがわかる。

これらの調査結果からは競技志向が強く勝つためには遠い練習場でのトレーニングも厭わない人たちや障害者スポーツセンターの近隣に住む，スポーツを行うのに比較的よい条件に恵まれている人たちのスポーツ実施頻度は高いが，それ以外の大多数の障がい者はほとんどスポーツを行う機会がなく，ニーズも少ないという二極化がみてとれる。パラリンピック等を通して障がい者スポーツが社会的に認知されつつある一方で，多くの障がい者が日常的にスポーツを行っているという状況にはないのである。

② 競技選手の二極化

わが国にも，企業や自分の勤める職場の理解と経済的支援を得て，競技に専念する環境にある選手が存在する。第13回パラリンピック大会(北京)で金メダルを得た選手の何人かはそうした環境にある。しかし，恵まれた競技生活を送ることのできる選手はごくわずかである。多くの選手は生活費を削り，それを大会遠征費にあて，ぎりぎりの競技生活を余儀なくされている。このように競技選手の中には経済的支援を受けて競技に専念できる選手とそうでない選手の二極化がみられる。

2003年に日本障害者スポーツ協会から出された「21世紀における障がいのある人のためのスポーツ振興 − 障害者スポーツ振興のための中・長期的方策 − 」では，選手強化に関して「障害者スポーツ団体への支援としてはJOCが行っているように計画的な選手育成の方向性を示すとともに，各団体の選手強化に対する評価システムの導入を図り，その活動の状況により支援の内容等を変えていく必要がある」とされている。

しかしながら，国内における選手強化は期待されたほど進んでいないのが現状である。停滞期にあるといっても過言ではない。事実第13回パラリンピック大会(北京，2008年)での日本人選手の金メダル獲得数(5個，金メダル獲得率1.06%)，メダル獲得数(27個，メダル獲得率1.89%)は第8回パラリンピック大会(ソウル，1988年)以降の20年間で最低であった。金メダル89個を含む211個のメダルを獲得した中国には大きく水を空けられているといわざるを得ない。

両下腿義足のオスカー・ピストリウス(O. L. C. Pistorius，南ア)は400mを46秒25で走る。この記録は2008年全国高校総体男子400m優勝者の記録を上回っている。第13回パラリンピック大会(北京)女子800m弱視(T12・13)クラスの優勝者の記録2分3秒21は2008年日本選手権女子800m優勝者の記録を上回っている。このようにパラリンピックの競技レベルはここ数年非常に高くなってきている。パラリンピックでは障がい別のクラス数は減らされる傾向にあり，競技レベルは今後ますます高くなっていくことが予想される。競技レベルの高度化により，選手はこれまで以上にトレーニングに時間を割かなくては勝てなくなった。また，どの競技も継続的に海外遠征を行い，そこで好成績を収め，ランキング上位にいなくてはパラリンピックには出場することすらできなくなっている。一般的に障がいのない人に比べて収入が少ないとされる障がい者選手が競技に専念することは障がいのない人以上に大変なことだと考えられる。これまでのように選手個人の努力だけでメダルが取れる時代は過去のものである。

こうした状況に対して有効な選手強化方策を見出せていないのが，わが国の現状である。選手強化の遅れは一言でいうならば「資金と指針がないこと」が原因である。日本パラリンピック委員会(JPC)は今後，選手強化費をどう捻出するのか，企業協賛のあり方等を含め真剣に考えるべき時期に来ている。併せて選手の発掘，ジュニア期からの選手養成をどのように行うか，パラリンピックでのメダル獲得目標とそのための選手強化指針とプランをもつべきである。

先述のとおり，一部の選手は恵まれた競技環境にあり，結果を残している。また，冬季種目のアルペンスキーでは企業のバックアップが進んでおり，2006年の冬季パラリンピック大会(トリノ)でも上位入賞者を出すなど実績を上げている。こうした事例を分析しつつ，少なくとも10年のスパンで強化指針と資金調達の目途を立てなければ国際大会における日本の地位は低下の一途をたどるであろう。

③ 2つの二極化を乗り越えるために

これら2つの二極化を乗り越えられるかどうかの鍵は「統合」できるかどうかにある。

障がいのある人のスポーツ実践は，居住地近くでスポーツや運動をできる条件があるかどうかに左右される。遠くにある障害者スポーツセンターよりも近くの体育館やスポーツセンターで運動できることが重要である。そのためには都道府県，市町村のスポーツ振興計画の中で統合的に障がいのある人のスポーツ普及を捉え，総合型地域スポーツクラブや学校開放，公共スポーツ施設で障がいのある人もスポーツが実践できる方法を見出す必要がある。スポーツ施設のバリアフリー化はもちろんであるが，「障がい者も指導できるスポーツ指導者」の養成が課題である。各競技指導者養成カリキュラムに障がい者のスポーツ指導法に関する科目は不可欠だと考えられる。そうした中で，障害者スポーツセンターの機能も再度考えられなくてはならない。一般スポーツ指導者が地域で障がい者を指導するための講習会を開催したり，障がいのある人が地域のスポーツクラブ等でスポーツ実践できるようにしたりするための指導，地域のスポーツクラブ等で障がいのある人を受け入れるためのアドバイスや支援などが新たな機能として考えられる。

選手強化に関してもオリンピック選手とパラリンピック選手の一貫した強化策がとられるべきである。パラリン

ピック選手もオリンピック選手と同様にナショナルトレーニングセンターを利用した強化が図られなくては，到底今日のパラリンピックの競技レベルには達せない。そのための選手の経済的支援や選手強化費に関してもオリンピック・パラリンピック共同のキャンペーン等によって統合的に集められるべきである。現在，JPCでは組織的な選手発掘などは行われていない。選手発掘，そして強化の指針を一日も早く明らかにすべきである。一貫したスポーツ施策の中での障がい者スポーツの支援が今日のグローバルスタンダードなのである。

参考文献

- 笹川スポーツ財団．2004．『スポーツライフ・データ2004』SSF笹川スポーツ財団
- 障害者福祉協会 編．2003．『わが国の身体障害児・者の現状−平成13年身体障害児・者実態調査結果報告−』中央法規出版
- 日本障害者スポーツ協会．2003．「21世紀における障がいのある人のためのスポーツ振興−障害者スポーツ振興のための中・長期的方策−」
- 野村一路．1998．『障害者のスポーツ活動の実態に関する調査』日本身体障害者スポーツ協会
- 藤田紀昭．『障害者スポーツの世界』角川学芸出版
- 藤田紀昭，高橋豪仁，黒須充．1996．「身体に障がいのある人のスポーツへの社会化に関する研究−第31回全国身体障害者スポーツ大会出場者を対象として」日本福祉大学研究紀要第96号第一分冊福祉領域：203−32

（藤田紀昭）

共生社会へのスポーツに対する期待

① 共生という思いを育てる難しさ

朝日新聞に『五体不満足』（講談社，1998）を上梓した乙武洋匡のその後に関し，かなりの紙面を割いた記事が掲載されていた。記事には出版後大きな反響があり，「乙武洋匡さんが頑張っているのを見て励まされました。わたしも頑張ります。本当にありがとう。」といった類いの手紙が彼に対して続々舞い込んだこと，その反響に対し，「あなたの本を読んでやる気を失ったと書かれるよりはうれしい。でも誤算があった。『私も頑張ります』という意識に，障害者を下に見ているような視線も感じてしまった。本書で訴えたかったのは心のバリアフリーだったのに……」と書かれていた。（朝日新聞〔東京版〕2000年12月16日付）

健康な身体の持ち主であったが，脊椎の腫瘍で対麻痺から四肢麻痺となったコロンビア大学の人類学者マーフィー（R.F. Murphy）は，車椅子利用者になり大学に復職した時の周囲の対応から感じた溝について，その著書『ボディ・サイレント』（平凡社，2006）で以下のように記している。彼は身体障がいというものが，病気でもなく健康でもなく，社会的に定義しがたく中途半端で曖昧，そして社会の文化・知識の体系から逸脱した理解しがたい状態であり，その状態が溝を作り出す原因であると述べ，その溝は大人によって幼い頃から子どもに刷り込まれるとしている。例えば，子どもは好奇心から身体障がいのある人をじろじろ眺めたりするのが常だが，親が社会的エチケットから腕を引っ張って「みる」ことを禁止し，その結果身体障がいのある人をみてはいけない『恐ろしい』人だと刷り込んでいくと述べている。日本の教育は，教育基本法で「すべて国民はその能力に応じて等しく教育を受ける権利を有する」とし，障がいのある子どもとない子どもを能力に応じて分離して教育をしているので，障がいのある子どもとない子どもが一緒に授業を受ける機会は多くはない。そのため，マーフィーが記すような障がいあるいは障がいのある人に対する周囲から刷り込まれた感覚を，誰しもが幼い頃からもち，そのまま成長していくことが想像される。

② スポーツの果たす役割

かつて，筆者は，勤務していた大学において夏季集中授業「アーチェリー」を開講したが，事故により両大腿部下端から切断をし，スケルトン型の義足を装着した学生がたまたま受講していた。膝の上から足首まで，膝関節や足関節がまるで黒い骨，黒い関節のようであり，カバーを付けていないため骨格が金属的な光沢をもって輝き，足首の下には運動靴が装着されていた。履修した学生の多くの感情は，マーフィーもあからさまな無関心と述べているように「杖を片手に参加している姿に驚くと共に，正直言って困惑してしまった。ぼくだって20年は生きてきたのであるから（言葉は悪いだろうが）そういう人がいることは知っている。しかし，同じ年頃の人で，こんなに身近に接したことは初めてなのである。中途半端な知識しかないのだ。だからこんなことを考える。彼と話をした時に，足について触れた方がよいのか。触れたらあからさまにいやな顔をされることはないだろうか。触れなかったらどう思うのか。」（後藤邦夫ほか．1998．「正課体育における障害学生に関する事例研究―両大腿部下端より切断のため義足使用のB君のアーチェリー集中授業」『大学体育研究』20．筑波大学体育センター：3−16）と記したある学生のレポートに代表されるといえよう。しかし活動を共にする中で，学生たちの間では義足の利便性や不都合について，また，障がいやそれを補う機器が話題に上り，活動の中ではそれとなく配慮する姿勢がみられるようになった。同様にアダプテッドスポーツをテーマに授業を行った山田は障がいのある人のスポーツの場にボランティアとして参加した学生の活動前と活動後の意識の差についてより詳細に調査をしているが，障がいのある人と直接的に活動した学生ほど積極的な受容意識の変革度は高かったとしている（山田力也．2007．「障害者スポーツボランティア活動者の意識変容と役割構造に関する研究」『永原学園　西九州大学・佐賀短期大学紀要』37：11−18）。これらのことは，障がいがある人について，マスメディアからの情報や書物を通して理解したと思うよりも，実際に行動を共にすることによって乙武が懸念したような表層的な理解ではなく，真の理解が促進され，自らのこれまでの障がい観を崩し，新たな障がい観を打ち立てることができることを意味している。述べてきたように，共に活動することが溝を埋め，真の理解を促進し，ノーマライゼーションや共生社会実現のために寄与するのであれば，スポーツの分野では，障がいのある人とのスポーツの場を積極的に構築することが求められる。

③ 障がいのある人のスポーツ環境

わが国の障がいのある人のスポーツの現況は，立木が指摘するように（立木宏樹．2008．「福祉界からみた障害者スポーツの位置づけとスポーツ文化的課題」大谷善博 監修．『変わりゆく日本のスポーツ』287．世界思想社．），高度化が進む一方で大衆

化，すなわち日常的に障がいのある人がスポーツを楽しむための環境整備が遅れており，余暇活動としてスポーツを楽しみたくても楽しめない現状がある。障がいのある人がスポーツを行うための条件として，居住地近くで（移動になんらかの問題がある人たちが多いと思われるので），安心して活動できる場所があり（スペースのみでなくトイレやスロープ他設備面を含む），できれば指導者やボランティアや仲間がいて，個々が活動できる内容が必要となる。2000（平成12）年8月，文部省が発表した『スポーツ振興基本計画』では，成人国民の半数が週1度スポーツを実践する社会をめざし「総合型地域スポーツクラブ」構想を打ち上げ，多世代・多競技を包含し，高齢者や障がい者を含んだこのスポーツクラブを中学校区に1つつくることをめざした。しかし，文部科学省の発表から10年にならんとする現在，障がいのある人を包含した地域総合型スポーツクラブの存在はきわめて少なく，この構想による障がいのある人のスポーツ参加のハードルはまだ高いといわざるを得ない。

東京都障害者スポーツ協会が2005（平成17）年に，都内区市町村にあるスポーツ施設546ヵ所に対して行った質問紙調査では，施設内すべての設備がバリアフリー化されている所はわずかに12％で，逆にすべての設備がバリアフリー化されていない施設は48％と，比較的障がいのある人のスポーツ策が進んでいるといわれる東京都においても，障がいのある人が参加しやすいスポーツ施設が少ない結果となっている。また，同調査はソフト面でも，障がいのある人のスポーツ指導に関する資格の保持者や手話通訳などの人的配置がほとんどなされていないと指摘している（社団法人東京都障害者スポーツ協会．2005．『都内公共スポーツ施設のバリアフリーに関する実態調査報告書』11：31-33）。2002（平成14）年に障害者スポーツ指導員の資格をもった人に行った調査では，資格を取得したものの2/3以上が年に数度のみ，あるいは全く活動をしていないといった報告があり（日本障害者スポーツ協会．2003．『2002年度(財)日本障害者スポーツ協会公認障害者スポーツ指導者実態調査結果』：30-33），障がいのある人のスポーツ要求，資格を取得した人の活動要求があるにもかかわらず両者の結合がうまくいっていない現状がある。これらの課題がわかっているので，克服のための方法論を確立すれば今後障がいのある人のスポーツ環境は改善すると思われる。

④ 新しい波

しかし，これまで述べてきたような悲観した状況ばかりではない。近年徐々に障がいのある人のスポーツに対する理解が増してきている。総合的な学習の時間で障がいのある人のスポーツを取り上げる学校，福祉系の学科をもつ大学や専門学校が増加し，そこでは，障がいのある人のスポーツを学ぶ教育課程，あるいは障害者スポーツ指導者資格取得のコースが組まれ，スポーツボランティア実習などが行われている。障がいのある人の部を設けた競技会の開催，障がいの有無にかかわらず条件を整備したルールでゲームが楽しめるように工夫された競技（シッティングバレー，車椅子バスケットボール），障がいのある人のスポーツを題材としたマンガ，マスコミにおけるパラリンピック報道の時間の増加などを通して障がいのある人のスポーツは確実に認知度を上げている。また，文部科学省生涯学習局と厚生労働省児童家庭局は，両局長通知において全国市町村で障がいのある子どもの余暇支援を目的とした「放課後子どもプラン」を通達し，余暇活動の充実を求めている。このような流れをさらに大きなものとするためには，従来の競技力の強化に加え障がいのある誰でもが地域でスポーツ文化を享受できることを加えた障がいのある人のスポーツ振興計画が策定されることや，この分野で教育・研究に携わっている人たち，それに，現在地域で活動中の人たちが互いに情報発信をし合い情報を共有し合うことが必要であろう。

わが国では統計を取るたびに障がいのある人の数は増加し続けている。そのような社会の流れがあるからこそ，障がいのある人とスポーツを楽しむ心と態度の形成は，スポーツだけにとどまらず，それを土台として社会の多様な部分に『共生』の心を波及させると思われ，障害のある人のスポーツが今後のさらなる発展・充実が期待される。

〔後藤邦夫〕

26章
スポーツ種目

スポーツが
世界的規模に発展した"グローバル"なもの
として認識された1900年以降に焦点をあてて，
スポーツ種目を紹介する。
ここでは，
競技の仕方や勝敗の決定，競技特性といった「競技概要」と
スポーツの発祥や世界的な普及といった「歴史と発展」
という枠組みでまとめた。
さらに
W杯やオリンピックといった国際大会が行われる種目については，
「技術・戦術・ルールの変遷」や「現代の技術・戦術・ルール」
についても紹介する。
加えて，障がいのある人のスポーツ
についても掲載している。
2020年オリンピック・パラリンピック開催に向けて，
多くのスポーツ種目の概要について知り，
する・みる・ささえる契機にしていただきたい。

アーチェリー

Archery

① 競技概要

アーチェリーは，洋弓で標的に矢を射当ててその正確さを競う競技である。

[競技の特性]

的を射当てるシューティング技術で最も重要なことは「一定性」である。一連の動きを，機械が作動するように，毎回正確に繰り返さなければならない。この点が，他の多くのスポーツと大きく異なるアーチェリーの特徴である。命中精度の一例として，発射時に角度が0.1度ずれると，70m先の標的では10数cmの誤差になるというデータもある。トップ選手たちはミリ単位での差を競い合っている。

[競技の仕方]

過去30年の間に次第に種目が増加してきたが，ここではその中でも代表的な3種目を紹介する。

・アウトドアターゲットアーチェリー種目

アーチェリー競技の基本となる種目であり，1957年の世界選手権から採用されたFITA(国際アーチェリー連盟)ラウンドのことを示す。それまで競技会ごとに距離，標的のサイズ，矢数が不規則だったルールがここで統一された。オリンピックの競技方式も，このラウンドが原型になっている。

FITAラウンドでは，長距離(選手から的までの距離が，男子が90mと70m。女子が70mと60m)と短距離(男女とも50mと30m)があり，4距離でそれぞれ36射，合計144射(1440点満点)する。標的の直径は長距離用が122cm，短距離用が

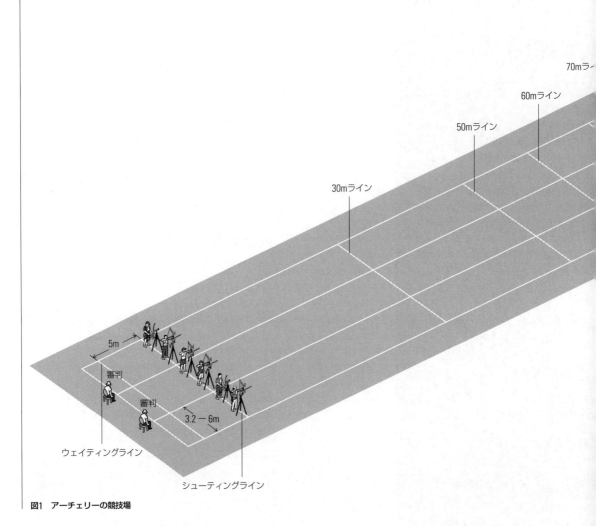

図1　アーチェリーの競技場

80cmである。これが中心から黄色,赤色,青色,黒色,白色の5色の同心環帯に分けられ,さらに環帯は細線で2分割され,10個の同心円が作られる。中心円が10点で,外に向かって1点ずつ減少する。短距離30mでは,1993年に360点満点(すべての矢が直径8cmの10点に命中)が記録されている(図1, 2)。

・フィールドアーチェリー種目

山の中や草原など,自然の地形を利用したコースに24個の標的を設置し,4人1グループで順番に回る種目である。射距離は,最長60mから最短5mまでである。標的は距離に応じて,20, 40, 60, 80cmの4種類が使われる。1959年から世界選手権が実施されている。

・インドアターゲットアーチェリー種目

室内で行われるターゲット種目である。屋外で活動できない地域の冬季競技会としてアメリカで盛んになり,1970年代から世界的に普及した。射距離は18m(20ヤード)で,ここに発祥地の名残をみることができる。標的の直径はアウトドア種目の短距離の半分の40cm,10点の直径は4cmである。1991年から世界選手権の種目に加えられた。

[用具]

・弓とアクセサリー(付属部品)

アーチェリーで使用される弓の基本的な構造は,太古の壁画に描かれた弓と同じであるが,材質は大きく変化し,各種のアクセサリーが外見を一変させている。

1970年代初頭までは,ワンピースボウ(一本弓)が使用されていたが,現在では,上下のリムと中央のハンドルに三分割されるテイクダウンボウ(組み立て式弓)が標準である(図3)。

リムの主な素材は,木製からグラスファイバーへと変わり,現在はカーボンファイバーが用いられている。先端部が標的方向に反り返った形状からリカーブ(recurve)ボウと呼ばれる。オリンピックでは,このタイプの弓だけが使用を認められている。

ハンドルの素材と形状も大きく変わった。発射時の反動を小さくするために重量増加が求められ,ワンピースボウの木製ハンドルが次第に大型化し,やがて金属製の錘が装着されるようになる。しかし,軽合金を素材としたテイクダウンボウの出現により,重量の問題は解決をみる。頑丈な金属ハンドルの利点は,1)ハンドル自体のたわみが少ないため,激しいリムの動きを受け止める安定した台座の機能をもつこと,2)多様なアクセサリーの装着が可能なこと,などである。

弓の外見上,最も特徴あるアクセサリーがロッドスタビライザー(棒状の安定器)である。的中の妨げになる弓の動きに,発射時のトルク(手の中での弓の回転)がある。これを防ぐための工夫が弓の前方に金属の棒を付けることだった。ロッドスタビライザーは当初,

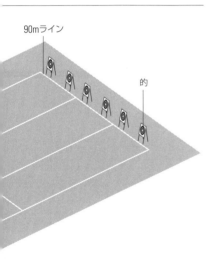

図2　競技中の様子：アーチェリー
(写真：Enrico Calderoni/アフロスポーツ)

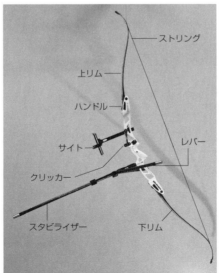

図3　弓と矢

10cm程度の長さだったが，今では30インチ(76cm)前後に達している。これに加えて現在では，発射時の安定性向上のためにVバーという短めの2本のロッド装着が一般的である。主な素材は，カーボンファイバーや軽合金チューブで，先端に錘が付く。

さらに，矢の引き尺(矢を引く距離)を一定にするクリッカー(図4，後述)，1mm以下の微調整が可能なサイト(照準器)，リリース(発射)の瞬間に安定した矢の飛び出しを助けるレスト(矢を乗せる装置)などのアクセサリーが装着される。

弓自体の重量は，テイクダウンボウにアクセサリーをすべて装着すると3kgを超える。引き重量は，男子で40－50ポンド(18－23kg)，女子で30－40ポンド(14－18kg)が一般的で，矢の初速は秒速50－60mである。

このほかにコンパウンドボウといって，上下リムの先端に付けられた偏芯滑車とその間を結ぶケーブルの作用で，引き重量が途中から軽くなる弓がある。同時に，リリーサーという発射装置を使うこともでき，命中率はリカーブボウよりも高い。

・矢と羽根

矢の材質も大きく変化した。1940年代半ばに開発されたアルミ合金チューブの矢が普及し，1960年代の初めまでに木製矢(日本では竹の矢)は完全に姿を消した。アルミ矢の利点は，均一性と耐久性である。1980年代に入ると，薄いアルミチューブの外側にカーボンファイバーを巻き付けた，アルミ・カーボン矢が登場する(図3)。重量は20g前後と，アルミ矢に比べて10%以上も軽く，より低い矢の軌道の実現を可能にし，命中率を向上させている。

矢に付けられる羽根も，七面鳥などの鳥羽根からプラスチックに変わった。鳥羽根の欠点は，形状が不均一，雨に濡れると形が変わる，空気抵抗が大きい，耐久性がない，などである。プラスチックは，すべての点で鳥羽根を上回る最良の素材となっている。

[発祥]

古くからイギリスで使用されていた，イングリッシュ・ロングボウとその射法が現在のアーチェリーの原型である。銃器の発達により武器としての役目を終えた弓は，イギリス王室の援助によってスポーツへと変身した。19世紀，イギリス(1861年)，アメリカ(1879年)で全国協会が相次いで設立され，やがてヨーロッパ各国に普及した。他の多くのスポーツと同様に，アメリカが長らく王者として世界に君臨する。1960年代には日本，フィリピン，韓国，中国など，アジア各国にも普及し，1980年代，韓国が世界のトップに躍り出る。以後，現在に至るまで男女とも韓国の牙城は揺るがず，ヨーロッパや日本を含むアジア各国が一団となってその後を追う状態が続いている。

[国際アーチェリー連盟の設立]

2014年7月現在，153の国と地域が加盟する国際アーチェリー連盟(Fédération Internationale de Tir à l'Arc: FITA)は，1931年にポーランドのルヴォーヴ(Lwow：現在はウクライナ領)で設立された。2012年からは正式名称が，世界アーチェリー連盟(World Archery Federation: WA)となった。1931年に第1回世界選手権大会が開催され，2013年には47回目の大会が行われた。

オリンピックについては，1920年の第7回大会(アントワープ)を最後に，約半世紀の間競技種目に採用されなかったが，1972年の第20回大会(ミュンヘン)から念願の復帰を果たした。

[日本における普及・発展]

1958年，アジアの先陣を切って日本がFITAに加盟した。1961年の世界選手権に初参加以来，1回の欠場を除きすべての大会に出場し続けている。1975年大会では男子団体が初めて2位に入賞，以後，合計銀5個，銅3個のメダルを獲得している。オリンピックには1980年の第22回大会(モスクワ)を除き，第20回大会(ミュンヘン)から第30回大会(ロンドン)までの全大会に出場を果たしている。これまでの成績は，銀メダル3個，銅メダル3個である。

1959(昭和34)年に日本アーチェリー協会として全国組織が設立された。組織の拡大に伴い1966(昭和41)年には全日本アーチェリー連盟と改称して現在に至っている。1980(昭和55)年に国民体育大会の正式種目に採用されるなど，順調に活動を広げている。2011(平成23)年の会員登録数は，約1万3,000人である。

② 技術・戦術・ルールの変遷

[ルールの変遷]

1985年の世界選手権までは，全選手が2回のFITAラウンドを行い，その合計得点で順位を決めていた。その後若干の変更を経て，1993年から1対1のマッチ戦によるトーナメント方式が導入された。予選は144射のFITAラウンド，決勝ラウンドは1つの対戦が12射による勝ち抜き戦であり，負ければ先に進むことができない。このトーナメント方式をオリンピックラウンドという。個人戦とは別に行われる団体戦は，予選を通過した1チーム3人の16チームが24射マッチで，個人戦と同じく勝ち抜きのトーナメント戦を行う。個人戦，団体戦とも，射距離は70m，標的は122cmで実施される。

オリンピックには，1992年の第25回大会(バルセロナ)からこのトーナメント方式が採用された(図5)。1996年の第26回大会(アトランタ)以降，出場選手数が男女各64人と定められたため，予選ラウンドなしで全選手が最初からマッチ戦に臨む。1回戦の組み合わせを決めるために，トーナメントの開始前に全選手に順位をつけるランキングラウンドが行われ，その結果により，1位対64位，2位対63位，……といった方法で対戦相手を決めトーナメントが進行する。この方式は，世界選手権も同じである。

なお，WAは2010年4月から，個人戦にセットシステムの導入を決定した。1セット3射(30点満点)5セットマッチで，3セット先取で勝ちという方式である。さらに，2011年7月の世界選手権大会からミックス戦が正式競技となった。国別2人(男女各1人)のチームが16射の合計得点を競う団体戦で，WAは将来のオリンピック正式種目としての承認をめざしている。

[技術の変遷]

弓の引き方は，右利きの場合，1)左手を伸ばして弓を保持し，2)右手の人差し指，中指，薬指の3本でストリングを引き，3)右手とストリングを顔の一定の位置に接触させてエイミング(ねらう)し，4)リリースする。この間，矢は人差し指と中指の間にあり，弓の左側から発射される。以上が標準的な引き方で，これをメディタレーニアン射法という。

的中に求められる基本要件は，フルドロー(ストリングを所定の位置まで引き，エイミングしている状態)でリムに蓄えられたエネルギーを，最大の効率で矢に伝えることである。そのためには，「押し」と「引き」のバランスを保ちながらリリースのタイミングを待ち，その瞬間には少しのためらいもなく，一気にストリングを解き放たなければならない。

エイミングからリリースまでの数秒間，方向を意識しながらポイント(矢先)を所定位置に維持することは的中にとって最重要であると同時に，非常に困難な動作である。射距離によって異なるが，ミリ単位の引き込みの誤差が，標的面では数cmから数十cmの上下差となる。標的をみればポイントが前後し，ポイントをみればねらいがずれる。しかし，両者を同時にみることは不可能である。これが競技者にとってのジレンマだったが，1960年代に考案されたクリッカー(図4)が問題を解決してくれた。ポイントが一定の位置まで引き込まれた時，板バネ状のクリッカーがはずれてハンドルに当たり，リリースのタイミングを音で合図する仕組みである。常に同じ引き尺を示すと同時に，リリースの瞬間を知らせてくれるこの装置は，選手に技術的にはフォームの一定性，精神的には安心感をもたらし，特に長距離の得点向上に寄与している。

図4　クリッカー

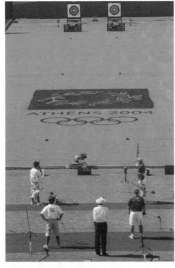

図5　オリンピックでのマッチ戦(写真：フォート・キシモト)

③ 現代の技術・戦術・ルール
[マッチ戦の戦い方]

競技中の選手にとって究極の目的は，ひたすら標的の中心(10点)に矢を当て続けることであり，戦いの進め方は非常に単純である。したがって，いわゆる「戦術」はほとんど存在しない。ただ，1チーム3人で競技する団体戦では，各選手の性格，テクニックの特徴，その日の調子などを考慮して射順を決めることが重要になってくる。

1992年の第25回オリンピック大会(バルセロナ)から，それまでの288射合計得点方式が，12射マッチの勝ち抜き戦方式へと変わった(図5)。旧方式の戦いでは，ある程度までのミスが許された。例えば1本を0点に外しても，残りの287本で補うことが状況によっては十分に可能だった。しかし，12射勝負では1本のミスが致命傷となる。1射の「重さ」が文字通り桁違いに大きくなったのである。

個人戦，団体戦を問わず，マッチ戦で勝ち抜くために求められる要件は，1) 安定したシューティングの技術力，2) 変わりなく平常心を保つための精神力，3) 風や雨など気象の変化に即応できる柔軟な決断力，4) 以上をやり遂げるための体力，となる。これらの要件は昔と変わることはないが，現在ではこれらをさらに錬磨し，完成度を高めることが不可欠である。

(関　政敏)

アーチェリー
[肢体不自由のある人の]

Archery (for disabled)

① 競技概要

肢体不自由のある人のアーチェリー(洋弓)競技は，健常者とほぼ同じルールで行われる(図1，2)。競技は，規定の距離の先にある標的に矢を正確に当てることで競われる。

原則として，1つの距離について36回矢を射る。例えば国際ラウンドでは，男子は90m，70m，50m，30m，女子は，70m，60m，50m，30mの4つの距離をそれぞれ36射合計144射の合計点で競われる。

標的は，90-60mでは直径122cm，50-30mでは直径80cmの大きさのものを用い，それらはそれぞれ10の同心円で得点帯に区切られ中心から10-1点の配点となっている。

近年，国際大会では，上記の144射で予選を行い，その結果でトーナメント戦を行う「オリンピックラウンド」，70mの距離で36射を2回射ち，その結果でトーナメント戦を行う「ニューオリンピックラウンド」という2つの方式で競技が行われる。2014年現在，前者は，主に世界選手権大会で，後者は主にパラリンピックで採用されている。

② 歴史

日本国内での障がい者スポーツとしてのアーチェリーは，医療の場，リハビリテーションの一環として始められた。その歴史は，1941(昭和16)年に神奈川県相模原の陸軍第三病院においてリハビリテーションとして試みられたことまでさかのぼることができるが，

図1　リカーブボウによる競技：アーチェリー[肢体不自由のある人の]

図2　コンパウンドボウによる競技：アーチェリー[肢体不自由のある人の]

本格的にスポーツとして実施されるようになったのは1961(昭和36)年頃からといえる。

その後，1964(昭和39)年の第2回パラリンピック大会(東京)，翌年から開催された全国身体障害者スポーツ大会等の実施種目に採用されたことによりめざましい発展をみた。1973(昭和48)年には，全国身体障害者アーチェリー選手権大会(フェニックス杯)が初めて開催され，現在に至っている。

一方国際的には，1940年代，イギリスにおいて戦場で負傷した兵士のリハビリテーションを目的としてスポーツが取り入れられた。1948年にはアーチェリーの国内大会が開催され，1952年にはオランダの参加を得て国際競技会へと発展した。以降国際ストーク・マンデビル大会として実施されるようになり，1960年には第1回パラリンピック大会(ローマ)へと発展し現在へと続いている。

アーチェリーの国際的な統括団体は，国際パラリンピック委員会(International Paralympic Committee: IPC)傘下のアーチェリー委員会であったが，現在では，世界アーチェリー連盟(World Archery Federation: WA)のパラアーチェリー委員会が国際的な統括団体となっている。

一方，国内では，1976(昭和51)年に日本身体障害者アーチェリー連盟が障害者アーチェリーの統括団体として設立され様々な事業を展開しながら活動している。また，近年全日本アーチェリー連盟の友好団体として承認され，一般競技者との交流も盛んになってきている。2012(平成24)年4月現在の登録者は，226名(23クラブ)である。

このように国際的にも，国内的にも一般競技者との交流が進み「健常者とともに競える競技」として多くの一般の競技会にも障がいのある選手が出場している。海外では車椅子選手がオリンピックに出場した例もある。

近年，滑車(カム)を利用した弓(コンパウンドボウ)の出現により非力な人でもアーチェリーを楽しみ，競技に参加できるようになった(図2)。このことは上肢にも障がいのある競技者にとって大きなメリットがあり，パラリンピックにおいても，口でリリースしたり足で弓を保持してシューティングする選手が出場するようになった。また，高齢者にも適した用具であり生涯スポーツとしても非常に有効な手段といえる。

コンパウンドボウは，2008年の第13回パラリンピック大会(北京)から正式競技となり，日本の神谷千恵子が銀メダルを獲得している。

参考文献
- 日本身体障害者アーチェリー連盟ホームページ http://shinshoaren.holy.jp (2014年7月1日)
- 世界アーチェリー連盟ホームページ http://www.worldarchery.org (2014年7月1日)

(橋本和典)

合気道

Aikido

① 競技概要

合気道は，相手の無手(なにももたない状態)による打つ，突く，蹴るなどの攻撃または武器(短刀，杖など)による攻撃を防御し，倒して制御することに特徴をもつ，護身性を重視した柔術系の武道である(図1)。

使用する技法は，掌底や前腕部など柔らかな部位を用い当て倒す当て身技(投げ技)，手首や肘関節などを攻める関節技などである。一般には約束された「形」を反復する稽古形式がとられ，座技，半身半立(半座半立)技，立ち技，また，対武器技，武器技などがあり，柔術という概念が要求する内容を包含した総合的武道といえる。

競技形式は一部の会派でしか行われておらず，合気道界の最大団体である合気会では競技試合は行われていない。合気会の主な稽古内容は投げ技(入り身投げ，四方投げなど)，投げ固め技(小手返し)，固め技(一教，二教，三教，四教など)，武器取り，多人数取りなどである。稽古は相互の約束によって行われ，稽古者の習熟度に合わせて，技を反復することを通じて心と体の鍛錬を行う。稽古の反復によって道を求めるこの形式の合気道は世界に広く普及しており，競技スポーツの盛んな時代にあって対抗文化的(カウンターカルチャー)な存在といえる。

競技としての合気道は，日本合気道協会が合気道競技として行っている。このうち，乱取り競技は，徒手対徒手の格闘形態で，打・突による攻撃や柔道の足技の届かない離れた間合いからの当て身技，関節技と浮技を用いて行われていた。その後，1968(昭和43)年頃にソフト短刀対徒手の方式が行われるようになり，2014(平成26)年現在は国内外でこの短刀乱取り競技による競技会が普及している。また1971(昭和46)年からは形の技術を採点方式によって評価する演武競技も行われている。

② 歴史

合気道とは，大東流合気柔術などを学んだ植芝盛平が1928(昭和3)年から1940(昭和15)年頃にかけて創始した新興の武道といえる。技術領域は大東流と重なるが，投げの技法に熟達した植芝は独自の稽古様式を確立した。植芝は技を「天地の気」と一体化するところに求め，一方で「万有愛護」の精神性を語った。合気とは大東流では元来相手の攻撃力を無力化する技法である。一方，植芝にとって合気(道)の実践は神(愛)との和合であり，心身の浄化であった。合気道という言葉は，植芝が合気柔術，合気武術，合気武道等と改称しつつ大東流から分離独立していった結果行き着いた名称で，1942(昭和17)年から使用された。

合気道は戦前(1940年)にその組織・皇武会を法人化して発展の基盤を作り上げた。戦後は植芝吉祥丸らの努力によって，その皇武会を引き継いだ合気会が中心となって普及されていく。なお，合気会同様に競技試合を行わず形による稽古法式をとる主な他団体として，藤平光一創始の心身統一合氣道会，塩田剛三創始の養神館などがある。一方，合気道競技は富木謙治が1961(昭和36)年に創案した。富木創始の日本合気道協会では乱取り競技と形稽古の併行した体系を実践している。

(志々田文明)

図1 座技・一教(押倒し)：合気道

アイススレッジホッケー

Ice sledge hockey

① 競技概要

アイススレッジホッケーは、下肢に障がいのある人のアイスホッケー競技である(図1)。競技に男女の区別はなく、女子も男子に交ざって参加することができる。

リンクやゴール、パックはアイスホッケーと同じものを使用するが、選手は試合中「スレッジ」と呼ばれるそりに座ってプレイするため、チームベンチとペナルティボックスのボードは透明であることが義務づけられている。これは選手はベンチやペナルティボックスの中でもスレッジに座っている状態のため目線が下がり、通常の白色ボードでは氷上のプレイをみることができないためである。

健常者のアイスホッケーのルールを一部変更して適用され、スレッジホッケー特有のものが追加されている。

選手が乗りプレイするスレッジは、主に「バケット(座面)」「フレーム」「スケートの刃」からなり、刃は1枚ないし2枚取り付けられる。スレッジは各選手の障がいに合うように作られ、臀部をサポートするバケットの形なども各自で異なる。

さらに、選手は左右の手には最長1mのスティックを1本ずつ持つ。スティックの一方の先端には少なくとも6つの山をもつピックが、もう一方にはブレードが取り付けられている。選手はピックを氷に突き刺し漕ぐ動作で前進し、ブレードでパックを操る。

プロテクターやヘルメットはアイスホッケーと同様のものを用いるが、フェイスマスクは安全上の理由から全面を保護できるフルフェイスマスクの着用が義務づけられている。

試合は15分ずつの3ピリオドで行われ、ピリオド間には15分の休憩がはさまれる。

国内で開催される大会には障がいの有無にかかわらず誰でも参加が可能だが、国際パラリンピック委員会(International Paralympic Committee: IPC)主催および公認の競技大会には、通常のアイスホッケーの試合に参加できない永久的な障がいのある人しか選手として参加できない。

② 歴史

アイススレッジホッケーは、1960年代にスウェーデンのリハビリテーションセンターで障がいを負った元アイスホッケープレイヤーによって考案された。1969年に最初の国際試合が行われた。1994年の第6回大会(リレハンメル)から冬季パラリンピックの正式種目となり、1996年には最初の世界選手権がスウェーデンで開催された。

2012年現在の国際統括機関は、国際パラリンピック委員会アイススレッジホッケー競技委員会である。

日本では1993(平成5)年にノルウェーから講師を招いて最初の講習会が開催された。1994(平成6)年日本初のクラブチームが長野で結成され、翌年北海道と東京でチームが活動を開始する。日本代表チームとしては、1996(平成8)年の世界選手権で国際試合に初参加し、冬季パラリンピックには1998(平成10)年第7回大会(長野)以来4回連続で出場し、第10回大会(バンクーバー)では、銀メダルを獲得した(表1)。第11回大会(ソチ)は不出場であった。

1999(平成11)年には、日本身体障害者アイススポーツ連盟アイススレッジホッケー委員会が設立され、2006(平成18)年の日本アイススレッジホッケー協会(Japan Ice Sledge Hockey Association: JISHA)の設立につながった。

2014年現在、現在日本では北海道ベアーズ、八戸バイキングス、東京アイスバーンズ、長野サンダーバーズの4チームがある(すべてアマチュアクラブ)。

(小山幸子)

図1 競技中の様子：アイススレッジホッケー
(写真提供：吉村もと)

表1 日本代表チームの主な成績

年	大会名(開催地)	成績
1996	世界選手権(ニーナスハム)	6位
1998	パラリンピック(長野)	5位
2000	世界選手権(ソルトレークシティ)	4位
2002	パラリンピック(ソルトレークシティ)	5位
2004	世界選手権(オンショスクビーク)	6位
2006	パラリンピック(トリノ)	5位
2008	世界選手権(マルボロ)	4位
2009	世界選手権(オストラヴァ)	4位
2010	パラリンピック(バンクーバー)	2位
2012	世界選手権(ハーマル)	7位

アイスホッケー

Ice hockey

① 競技概要

アイスホッケーは、氷上でスケートをはいたプレイヤー5人とゴールキーパー1人からなるチーム、2チームが、円盤状のパックをスティックで打って相手のゴールに入れる得点を競い合う競技である。

[競技の特性]

アイスホッケーの魅力は、スピードと迫力である。世界のトッププレイヤーが放つシュートは時速160キロを優に超え、スピーディーな試合展開の中に、選手たちの激しいぶつかり合いが随所にみられることから、「氷上の格闘技」と謳われ、多くのファンを魅了し続けている(図1)。

冬季オリンピック大会では、男子の決勝戦が、必ず大会最後の金メダルを懸けた、クライマックスとなっていることからも、まさにウインタースポーツの花形だといえるだろう。

[競技の仕方]

試合で選手は、1チームにつき22人までベンチに入ることが許されている。その中から、フォワード(FW)3人とディフェンス(DF)2人の5人を基本とする1つのセットに加え、ゴールキーパー(GK)1人が氷上で同時にプレイすることができる。だが、体力の消耗が激しいため、およそ30～40秒前後を目安に、インプレイ中でもGK以外は次々と交代する(図2)。

なお、リーグや年代、さらにレベルの違いによって、ベンチ入りの選手数や試合時間は異なるルールでも行われ

う。各ピリオド開始も同様である。中断後の再開は，審判に指定されたフェイスオフスポットで行う。プレイヤーはスティックを用いてパックをドリブルしたり，パスしたりして相手ゾーンに運んで，ゴールへシュートする。また，その際にパックやパックを持った味方の選手よりも早くブルーラインを越えて相手ゾーンに入るとオフサイドとなり，ブルーラインの手前またはパスを出した地点に近いフェイスオフスポットからのフェイスオフから再開される。

競技開始は，両チーム1人ずつセンターフェイスオフスポットに出て，審判が2人の間に落としたパックをスティックで奪い合う「フェイスオフ」で行っている。

[勝敗の決定]

勝敗の決め方は，15分間のインターミッション（休憩）をはさみながら，ロスタイムを含まない正味20分間のピリオドを3回戦い，その間に各選手が用いるスティックを使って，相手ゴールにパックを多く入れたチームが勝利となる。

[用具]

アイスホッケーの試合では，硬質ゴムでできた直径7.62cm，高さ2.54cmのパックを，アルミやカーボン，または木製のスティックによって扱いながらプレイする（図3）。

[発祥]

国際アイスホッケー連盟（International Ice Hockey Federation：IIHF）が，創設100周年を機に編さんした"World of Hockey"（2008年）によれば，アイスホ

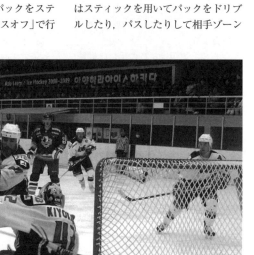

図1　競技中の様子：アイスホッケー

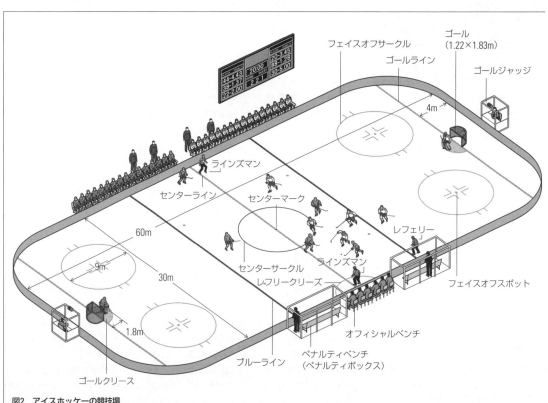

図2　アイスホッケーの競技場

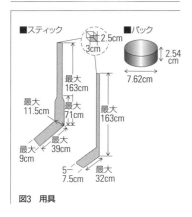

図3 用具

ッケーの起源は，カナダ第二の都市モントリオールからである。

1875年に，市内中心部のビクトリアスケートリンクで，地元の大学に通う学生たちが，2つのチームに分かれて戦ったのが「世界で最初の試合」だと定義されている。

その一方で，同誌には「アイスホッケー誕生の地は，この場所だけではない」とも記されているとおり，それより以前にも，カナダの各都市やアメリカ北部，さらにはイングランドをはじめとしたヨーロッパ各地で，アイスホッケーの原型ともいえる競技が行われていたとの記述が残っている。

このことからもわかるように，アイスホッケーは北米と旧ソ連を含めたヨーロッパを中心に発展した。2008-09シーズン末時点で，IIHFには68ヵ国が加盟している。

1920年から開催されているオリンピックのアイスホッケー競技と，世界選手権などの国際大会とともに，各国での国内大会，さらには，アメリカとカナダを舞台として30チームがしのぎを削っているNHL（National Hockey League）に代表されるプロリーグなど，世界各地で様々な戦いをみることができる。

[日本での普及]

日本では1925（大正14）年から始まった日本学生氷上競技選手権（インカレ）や，1930（昭和5）年にスタートした全日本選手権が歴史を積み重ねてきた一方で，最も大きな役割を担ってきたのが日本リーグである。

札幌での冬季オリンピック大会の開催を5季後に控えた1966（昭和41）年秋に開幕した日本リーグは，アイスホッケーの魅力を多くの人たちに伝え続け，子どもたちの目標になっていった。

そんな日本リーグの選手の中から，1992（平成4）年に三浦浩幸が，NHLのチーム（モントリオールカナディアンズ）から初めてドラフト指名されたのに続いて，2004（平成16）年にロサンゼルスキングスからの指名を受けた福藤豊は，その後2007（平成19）年1月に，日本人では初めてとなるNHLデビューを飾った（図4）。

日本リーグはチーム数減少の影響もあって，2003-04シーズンを最後にトップリーグの役割を終え，発展的解消を遂げる形で，2004（平成16）年からアジアリーグがスタートした。現在（2011-12シーズン）は，韓国と中国を含めた7チームによって争われているが，日本のスポーツ界で初めてとなる通年開催の国際リーグでもあるだけに，さらなる発展期待されている。

② 技術・戦術・ルールの変遷

[スティックの改良に伴う技術の変遷]

選手たちの技術の向上を端的に表すことができるのが，スティックの変遷である。

1本のスティックは，選手が握るシャフトの部分と，パックを扱う際に使用するブレード部分に分かれるが，ブレードに関しては，当初まっすぐな物だけしかなかった。

しかし1960年代頃からは，パックを扱いやすくするのと同時に，回転のついた強いシュートが打てることから，ブレードの先端部分を少しカーブさせるのが主流となっていった。

そのことによって，カーブしている側とは逆のバックハンド（ブレード外側部分）でパックを扱うことが難しくなったものの，それは一時的に過ぎず，現在では日本の中学生レベルでも，バックハンドで遜色ないプレイができる選手は珍しくない。

[カナダとロシアを中心とした戦術の変遷]

戦術面では，カナダとロシア（旧ソ連）を中心に，アイスホッケーが隆盛になっていった歴史から，カナダ式スタイルとロシア式スタイルの戦術が，長きにわたって世界を二分してきた。

パックを相手ゾーンに放り込んだ後，ボディチェックを仕掛けて奪い返

図4 日本人選手で初めてのNHLプレイヤーとなった福藤豊

す，パワフルな〈カナダ式スタイル〉に対して，パスをつないでパックをキープしながら攻撃を展開する，華麗な〈ロシア式スタイル〉は，文字通り対照的であった。しかし，1991年のソ連崩壊以降，ロシア人選手が，次々と北米に渡ってプレイするようになったことで，フィジカルの強さを前面に出して戦うカナダ式スタイルと，スキルを生かしたロシア式スタイルが徐々に融合され，現在に至っている。

[NHLのエンターテインメント化とルールの変遷]

近年の主な変更点としては次の3点がある。

・同点のまま試合終了となった際に，GKとシューターが1対1で対戦する，ゲームウイニングショットで決着をつける。
・パックを自陣から大きくクリアしてしまった後のホイッスル（アイシング）では，メンバーチェンジを行うことができない。
・ペナルティをしてしまった直後は，自陣から試合が再開される。

これらはいずれもNHLが導入した後に，IIHFも採用を決めたルールである。

このことが示すように，ファンサービスを第一に掲げて，エンターテインメント性を重視した改革を続けているNHLが，世界のアイスホッケー界の流れを，リードしているといえる。

③ 現代の技術・戦術・ルール

[試合再開を左右するペナルティでの戦術]

アイスホッケーは，体を使って相手選手をブロックするボディチェックが許されている反面で，行き過ぎてしま

うと，その度合いによって，2分，4分，5分，10分，さらに残り時間退場などのペナルティを科せられる。

ペナルティによる退場者が出て，人数が少なくなってしまう状況を〈ペナルティキリング（またはショートハンド）〉，逆に，相手チームのペナルティによって人数が多くなる状況を〈パワープレイ〉と呼ぶが，近年はこの際の攻防によって，勝敗が決まるといっても過言ではない。そのため各チームは，時間を割いて，パワープレイとペナルティキリングの技術と戦術の向上に努めている。

1つのペナルティから試合展開が大きく左右されることも珍しくないため，NHLを皮切りに，IIHFが主催する世界選手権やヨーロッパの国際大会などのトップレベルの大会から，順次レフェリーを従来の1人から2人に増やして，ルールに基づいた厳正なジャッジのもとで，試合が運営されるようになってきている。

このように，技術，戦術，ルールと，すべての面において，アイスホッケーは進化し続けているのである。

（加藤じろう）

アイスホッケー
[障がいのある人の]

→アイススレッジホッケー

アドベンチャーレース

Adventure racing

① 競技概要

アドベンチャーレースは，複数名の競技者がチームを作り，トレイルラン，マウンテンバイク，カヌーなど複数のアウトドアスポーツを組み合わせ，順位を競う競技である（図1）。国内外ともに統一された競技団体が存在せず，競技会は各主催者が独自に開催している。

競技期間は長いものでは10日間程度で夜間行動も含まれることが多い。短いものでも10時間程度が競技に充てられることが多い。ほとんどの競技会で

チームは3-5人，うち1人以上は女性であることが定められている。チームは一定距離以上離れてはならず，メンバーの体力が異なる場合，他のメンバーが荷物を持ったり，ロープで身体を牽引したりすることもある。

また，明確な競技コースが定められることは少なく，コース上のチェックポイントを決められた順に通過する。そのため，地図を読みルートを定める能力も必要とされる。ルート選定は重要な戦略となるが，チーム内で意見が対立することもあり，チーム内の統制や結束が順位を左右することもある。

② 歴史

1989年にフランスのジャーナリスト，フィジー（G. Fiji）が提唱しニュージーランドで開催されたレイド・ゴロワーズ（RAID GAULOISES）が初めての競技会である。「パリ・ダカール・ラリー」を模して，人力のみでの究極の耐久レースをめざした（その後名称変更を経て，2006年を最後に休止となった）。また，1995年にアメリカのバーネット（M. Barnet）がエコ・チャレンジ（ECO-CHALLENGE）を開催した（2002年を最後に休止）。これら両競技会は行程が10日間程度に及び，その規模の大きさからアドベンチャーレースへの注目を集める原動力となった。

1998年には世界7ヵ国で，行程2日間のシリーズ戦としてクロス・アドベンチャー（X-ADVENTURE）が開催された。1999（平成11）年には長野県内で日

図1　競技中の様子：アドベンチャーレース

本大会が開催され，国内初の国際競技会となった。さらに，2000（平成12）年に岐阜大会，2001（平成13）年には北海道大会が開催された。また，1999年から静岡県松崎町で伊豆アドベンチャーレースが開催されたが，2006（平成18）年を最後に休止となっている。その後もいくつかの競技会が開催されているが，2014（平成26）年現在，いずれも小規模なものにとどまっている。

（吉村　純）

アメリカンフットボール

American football

① 競技概要

アメリカンフットボールは，11人以内のプレイヤーによって編成される2チームが，楕円形のボールを奪い合い，ボールを持って走ったりパスしたりして，相手チームのエンドゾーン（エンドラインとゴールラインの間の区域）へボールを持ち込むか，地面に置いたボールを相手チームのゴール（2本のゴールポストにはさまれたクロスバーを越えるよう）にキックするかによる得点を競い合うボールゲームである（図1）。

「アメリカンフットボール」という名称はアメリカ以外の国で使用されることが多く，発祥地のアメリカでは一般に「フットボール」と呼ばれている。日本では「米式蹴球」と訳されているが，「アメリカンフットボール」または「アメフト」の呼称が一般的である。

[競技の特性]

アメリカンフットボールは激しくぶつかり合うコンタクトスポーツの要素を含むとともに，他のボールゲーム以上に戦術的側面が強調される競技である。戦術を基にしてチームで立案される作戦は数え切れない。身体能力や技能が相手チームよりも勝っていたとしても，戦術能力が劣っていればゲームで勝利する可能性は低いものになってしまう。それだけに，相手チームの戦術をいかに読み取り，その裏をかくような作戦を実行するかがこの競技ではきわめて重要になる。そのため，対戦する前に相手チームを偵察（スカウティング）することによって膨大なデータ（映像を含む）を収集し，相手チームのプレイ傾向を十分に把握してからゲーム

図1 競技中の様子：アメリカンフットボール（©NFL JAPAN.COM）

に臨むことが求められる。また，ゲーム中はスカウティングによるデータとフィールド外から相手チームのプレイを観察して得られた情報との整合性を確認し，それが異なる場合にはリアルタイムで相手チームのプレイ傾向を分析し，作戦に反映させなければならない。この役割を担うのが，フィールド外のスポッター席（フィールド全体を見渡せるように，競技場のスタンドの上段に位置）にいるスカウティングチームである。このように，単なるコンタクトスポーツではなく，戦術スポーツともいえる点がアメリカンフットボールの特性である。

[競技の仕方と勝敗の決定]

競技は攻撃チームの自陣30ヤードラインからのプレイスキックによるキックオフで開始され，15分間の4クォーター制（日本での公式ゲームは12分間の4クォーター制が主流）で行われる。パス失敗や反則，タイムアウトなどの場合は計時を止めるため，実際のゲーム時間は2 ～3時間になる。第1ならびに第2クォーターを前半，第3ならびに第4クォーターを後半とし，ゲーム終了時点での合計得点で勝敗を決定する。

ゲームは各チーム11人以内のプレイヤーによって行われるが，ダウンとダウンの間や得点の後，クォーターとクォーターの間であればプレイヤーは自由に交代できる（ただし，タイムアウトではないダウン間に交代したプレイヤーは，最低1プレイはゲームに参加しなければならない）。アメリカンフットボールは，野球と同じようにプレイヤーの役割が分業化されているため，攻撃，守備，キッキング（攻守の継ぎ目に行われるボールを前方へ蹴り出すプレイ）と，ゲーム状況に応じた専門のチームがプレイする（攻撃と守備それぞれを専門とするプレイヤーによって編成したチームを起用することを「ツー・プラトン・システム」という）。そのため，チームによって40－50人のプレイヤーがゲームに出場することもある。全米フットボール連盟（National Football League: NFL）の場合は，ロースター（チーム所属選手の名簿）入りできるのが53人，ゲーム・デイ・ロースター（当該ゲームへの出場選手の名簿）入りできるのは46人と規定されている。

攻撃チームは，4回の攻撃（ダウン）で10ヤード（約9.14m）以上ボールを進めることができれば，再び4回の攻撃の機会を得ることができる。他方で，4回の攻撃で10ヤード以上進めることができなかった場合は，4回目の攻撃が終わった地点で攻守交代となる。したがって，4回の攻撃機会を有効に活用しながら（時には1回の攻撃でタッチダウン〔以下，TDと略す〕を狙うこともあるが），プレイの組み立てを考えなければならない。そのため，ゲーム状況に応じた適切な作戦の決定が重要になる。その際，最も考慮しなければならない要素としてフィールド・ポジションが挙げられる。

作戦の決定は，プレイが終了した後に次のプレイを開始するまでに攻撃チームへ与えられる40秒間で行われる。それは「ハドル」と呼ばれ，クォーターバック（Quarter Back: QB）を中心にダウン数や残りヤード，得点差，残り時間，守備チームの反応などを考慮しながら，その状況に最も適した作戦を決定する。守備チームは，ラインバッカー（Linebacker: LB）が中心となりながら守備の作戦を決定する。ハドルは，聴覚障がい者のためのギャローデット大学のフットボールチームが，手話で作戦を伝える様子を相手チームにみられないように円陣を組んだことが始まりといわれている。本格的に登場するのは1918年で，オレゴン州立大学がワシントン大学とのゲームで使用した。現在では，サイドラインにいるコーチがフィールド上のプレイヤーに無線通信（NFLのみ）やジェスチャーでQBへ指示を送り，QBがそれをハドルで他のプレイヤーに伝達するのが一般的となっている。

また，ゲームではプレイ開始前にハドルを組まない「ノー・ハドル・オフェンス」が採用されることもある。これは一般的に，ゲーム終盤の残り時間が少ない状況下で相手チームにリードされている時に用いられる。ノー・ハドル・オフェンスを成功させるためには，攻撃チームの司令塔であるQBの能力の高さが必要不可欠である。その典型ともいえるのが，1989年1月22日に開催された第23回スーパーボウルで奇跡の逆転勝利を演じたサンフランシスコ・49ersのQBジョー・モンタナ（Joe Montana）である。残り時間3分10秒，13対16でシンシナティ・ベンガルズのリードという絶体絶命の状況下でモンタナは，ノー・ハドル・オフェンスを織り交ぜながらパスを次々に成功させ，残り時間39秒でワイドレシーバー（Wide Receiver: WR）のジョン・テイラー（John Taylor）へTDパスを決めた。この伝説的な出来事は，「モンタナ・マジック」として今も語り継がれている。最近では，攻撃チームがリズムよく攻撃を展開してゲームのモメンタム（勢い・流れ）を引き寄せたり，守備チームに作戦を考える時間を与えないようにしたりする場合にゲーム序盤でも実行されることがある。

得点の方法には次の4つがある。

・タッチダウン（Touchdown: TD）：
　相手チームのゴールライン上かエン

ドゾーンにボールが持ち込まれた時，または相手チームのエンドゾーン内でパスを捕球した時に，攻撃側に6点が与えられる。パスプレイは，レシーバーの体の一部がアウト・オブ・バウンズ（フィールドの外側）に触れていた場合は不成功となるが，TDでは片足をエンドゾーン内に残したまま捕球するか，捕球して着地した時に片足がエンドゾーン内に残っている場合は成功として認められる。ただし，NFLの場合は両足が残っていなければならないとされている。

・ポイント・アフター・タッチダウン（Point After Touchdown: PAT）：

TDをしたチームに対して，「トライ」と呼ばれる追加得点のための攻撃機会が与えられる。相手陣の3ヤードライン（ゴールラインまで残り3ヤードのライン）上，またはその手前（3ヤードラインよりも遠く離れた地点）であればどこからでも攻撃を開始することができる。

ランプレイまたはパスプレイでTDを獲得できれば2点，フィールドゴールが決まれば1点が攻撃チームに対して追加される。ランやパスよりもキックの方がプレイの成功率が高いため，フィールドゴールが作戦として選択されることが多いが，ゲーム状況に応じてTDをねらう場合もある。なお，守備チームが，パスをインターセプト（敵のパスを奪うこと。パスカット）または攻撃チームがファンブル（ボールを持ったプレイヤーがボールを落とすこと）したボールをリカバー（押さえ込んだり拾い上げたりして自チームのものにすること）して相手エンドゾーン内に持ち込んだ場合には，守備チームに2点のみが追加される（PATの権利は与えられない）。

・フィールドゴール（Field Goal: FG）：

地面に固定したボールを蹴る「プレイスキック」，またはボールを落下させて，地面に触れた直後に蹴る「ドロップキック」によって，ボールが相手ゴールポストのクロスバーを越えた場合には3点が与えられる。ただし，ボールが蹴られてからクロスバーを越えるまでにキック側のプレイヤーがボールに触れてはいけないとされる。

FGは，相手陣深くに攻め込みながらもフォースダウン（4回目の攻撃）でTDをねらうことは困難と判断される場合に試みられることが多い。FGが失敗した場合には，FGを開始した地点にボールを戻して攻守を交代する（ただし，FGを開始した地点が敵陣20ヤードラインを越えていた場合には，20ヤードラインから相手チームの攻撃となる）。

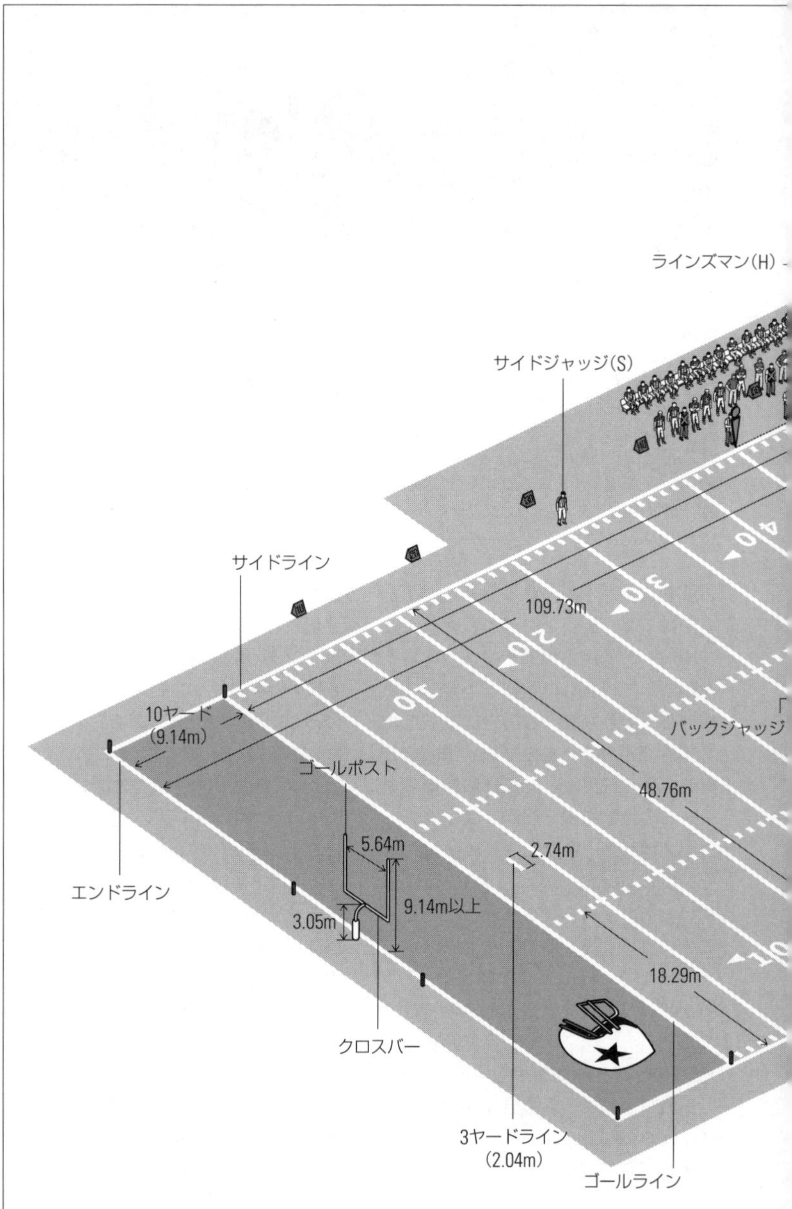

・セーフティ（Safety: SF）：

自陣のエンドゾーン内でボールを持ったプレイヤーがタックルされた場合や，自陣のゴールラインよりも後方でボールをアウト・オブ・バウンズへ出してしまった場合には，守備チームに2点が与えられる。パスを投げるQBが守備プレイヤーにタックルされそうになって故意にパスを失敗させた時（「インテンショナル・グラウンディング」という反則）もSFとなる。SF後は，得点されたチームによる自陣20ヤードライン後方からのフリーキックによりゲームを再開する。

[競技場・用具・服装]

ゲームは，サイドライン（109.73m）とエンドライン（48.76m）に囲まれた長方形のフィールドで行われる。それぞれのライン幅は10.16cmで，ライン上を含めたフィールドの外側がアウト・オブ・バウンズになる。フィールドの

図2　アメリカンフットボールの競技場

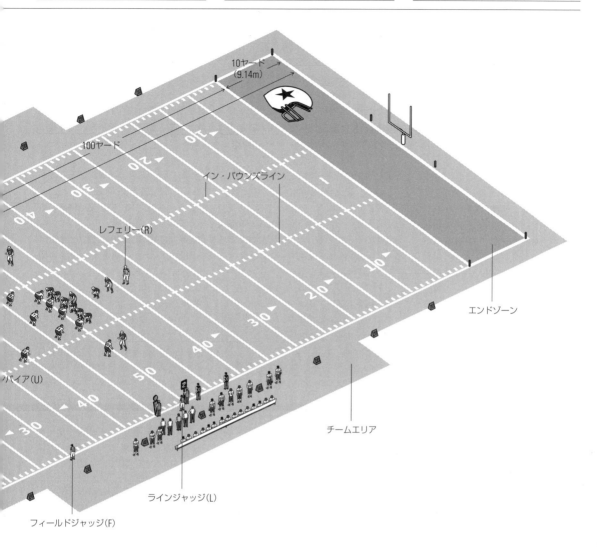

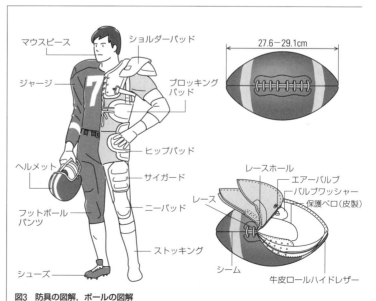

両端にはエンドゾーンという得点エリア(9.14m×48.76m)があり、ゴールラインもこれに含まれる(そのため、ゴールライン上にボールの先端が少しでも入ればTDとなる)。また、攻撃チームが獲得した距離を明確にするため、ゴールラインと並行に4.57m刻みでヤードラインが、フィールド・オブ・プレイ(ゴールラインとサイドラインによって囲まれたプレイ・エリア)を3分割する形でイン・バウンズライン(通称「ハッシュ」)が引かれている(図2)。

使用するボールは、大きさが約27.6

図3 防具の図解、ボールの図解

−29.1cm，長径の外周が70.5−72.4cm，短径の外周が52.7−54.0cm，重さが約397−425gの楕円形のボールを使用する。ボールは4枚の皮を貼り合わせて作られ，つなぎ目の1ヵ所に等間隔で8つのステッチが施されている。また，ボールの空気圧は1cm²あたり703−949gであること，ボールの両端近くには2本の白色のラインを描くことなども規定されている（NFLのゲームで使用するボールは大きさも異なり，2本のラインもない。図3）。実際のゲームでは，対戦する両チームが新品またはそれに近いボールを準備し，攻撃チームはそのチームが選んだボールでプレイすることができる。雨天のゲームではゴム製のボールを準備することもあるが，ゲーム中にゴム製のボールから皮製のボールへ変更することはできない。

アメリカンフットボールは激しいコンタクトを伴うため，身体を保護するための防具（ヘルメット，ショルダーパッド，ヒップパッド，サイガード，ニーパッド，マウスピース）を着用することが義務づけられている。頭部を保護するヘルメットは，かつては皮製のものであったが，1939年にゲームでの着用が義務づけられてから防御性の高いプラスチック製のものが使用されるようになった。その他，両肩の上にショルダーパッド，臀部に腰骨や尾骨を保護するためヒップパッド，太腿部分にサイガード，膝にニーパッド，口にマウスピースを装着することが義務づけられている。規則外のものとしては，頸部への衝撃を軽減するためのネックロールや，肋骨を保護するためのブロッキングパッドなどがある（図3）。

② **組織の発展**
[発祥]

アメリカンフットボールの成立には，アメリカ東部に創立された大学の学生たちが大きくかかわっていた。1869年にニュージャージー州のニューブラウンズウィックで行われたプリンストン大学とラトガーズ大学との対抗試合が「アメリカンフットボール誕生の試合」とされている。しかし，当時のゲームは，現在のサッカーに近いものであったといわれている。1873年には，エール，プリンストン，コロンビア，ラトガーズの4大学によって統一ルールが定められ，サッカー形式のルールで対抗戦が行われるようになった。他方で，ハーバード大学だけは手の使用やボールの持ち運びを認めるラグビーに近い形式でゲームを行っていたため（このゲームは「ボストン・ゲーム」と呼ばれていた），他大学との対抗戦の機会が得られなかった。このような状況下，当時ラグビーを採用していたカナダのマクギル大学とハーバード大学との間で交流戦が行われたが，この時実際にプレイしたハーバード大学の学生たちもそのゲームを観戦していた他大学の学生たちも，初めて経験するラグビーのおもしろさに魅了された。そして1976年には，ハーバード，コロンビア，プリンストン，エールの各大学の代表がスプリングフィールド（マサチューセッツ州）に集まり，ラグビー形式のルールを正式に採用することを決定した。

その後，「フットボールの父」と呼ばれるエール大学のウォルター・キャンプ（Walter Camp）によってスクリメージ制（攻守のスクリメージ・ラインの間にボールを置くことによって作られる「ニュートラルゾーン」をはさむようにして攻撃チームと守備チームが明確に分かれ，攻撃チームのスナップによってプレイが開始される）やダウン・アンド・ディスタンス制（攻撃権を獲得したチームには，「第1ダウン」「第2ダウン」「第3ダウン」「第4ダウン」と4回のプレイ機会が与えられ，第1ダウンを開始した位置から10ヤード以上進むことができれば，再び4回のプレイ機会が与えられる），11人制など考案され，アメリカンフットボールの基盤が確立することとなった。

また，1906年には，各校の代表者によるルール委員会が開催され，密集での危険行為を回避するために前方へのパス（フォワードパス）が認められた。当時のゲームでは，ヘルメットやパッドなどの防具を着用せずに激しいぶつかり合いが繰り返され，流血事件も頻繁に発生していた。1905年には，年間で死者18人，重傷者150人以上という深刻な事態を招いていたことから，当時の大統領セオドア・ルーズベルト（Theodore Roosevelt）はハーバード，エール，プリンストンの3大学の主将をホワイトハウスへ呼び出し，ゲームの安全性が向上されなければ競技を中止させるという勧告を行った。

フォワード・パスの導入は，その後の攻撃戦術に大きな変化をもたらした。それまではスクリメージの中央もしくはその外側をパワーで突破するランプレイが主流であったが，スピードと技術で守備を翻弄するパスプレイが新たに加わることとなった。その後，1934年にボールサイズの縮小，1945年にスクリメージラインより後方であればどこからでもパスを投げることができるなどとルールが改正されたことにより，パスプレイの採用条件がいっそう整えられていった。

[国際的な競技統括組織の設立と発展]

国際アメリカンフットボール連盟（International Federation of American Football: IFAF）は1998年に結成された。当時の加盟国は，オーストラリア，フィンランド，フランス，アイルランド，イタリア，日本，韓国，メキシコ，スウェーデン，スペインの10ヵ国であった。その後，パンアメリカ，ヨーロッパ，アジア，オセアニア，アフリカの各地域にアメリカンフットボール連盟が結成され，2014年現在では，パンアメリカン連盟に19ヵ国，ヨーロッパ連盟に33ヵ国，アジア連盟に7ヵ国，オセアニア連盟に4ヵ国，アフリカに1ヵ国が加盟している。

IFAFは，国際オリンピック委員会（International Olympic Committee: IOC）などの国際スポーツ共同体のメンバー入りすることを主な活動目的としている。その実現に向けて，4年に1度ワールドカップ大会を開催したり，ジュニアや女子の世界選手権大会の開催にも取り組んでいる。1999年にイタリアのパレルモで開催されたワールドカップの第1回大会では，決勝戦で日本とメキシコが対戦し，延長戦の末6対0で日本が勝利し，初代のチャンピオンとなった（アメリカは不参加）。また，2005年にドイツのデュースブルクで開催されたワールドゲームズでは，公開競技としてアメリカンフットボールが行われた。このようなIFAFの取り組みによって，2005年には国際スポーツ団体総連合（General Association of International Sports Federations: GAISF）への正式加盟が承認されるに至っている。

[NFLの発展と現状]

1920年に，NFLの前身であるアメ

リカン・プロフェッショナル・フットボール・アソシエーション（American Professional Football Association: APFA）が発足し，プロスポーツとしてのアメリカンフットボールがスタートした。1922年にはNFLと改称し，参加チームも18チームに増加した。また，チーム間の戦力均衡を保つため，1936年にはプロスポーツのリーグとしては初めてドラフト制度が導入された。

NFLは，対抗リーグであったオールアメリカン・フットボール・カンファレンス（All American Football Conference: AAFC，1946年発足）が1949年に解散すると，クリーブランド・ブラウンズやサンフランシスコ・49ersなどの加盟チームを吸収して，徐々に規模を拡大していった。1960年にピート・ロゼール（Pete Rozelle）がコミッショナーに就任すると，NFLのテレビ中継を確立するためにレギュラーシーズンのゲームを独占放送する契約をCBSと締結するなど，ファン獲得のためのプロモーションを展開した。

1967年には，NFLとアメリカン・フットボール・リーグ（American Football League: AFL，1960年に第4次リーグが発足，1966年にNFLと合併，1969年までは独自運営）それぞれのリーグのチャンピオン同士が対戦する選手権試合が初めて開催された。この試合は「スーパーボウル」と呼ばれ，グリーンベイ・パッカーズとカンザスシティ・チーフスが対戦し，35対10でパッカーズが初代チャンピオンに輝いた。

現在，NFLは2リーグ（National Football Conference: NFC, American Football Conference: AFC），8地区（東地区，北地区，南地区，西地区），32チームで編成されている。2011年に開催された第45回スーパーボウル（グリーンベイ・パッカーズがピッツバーグ・スティーラーズを31対25で下して優勝した）では，テレビ視聴率が46％を記録するなど，現在でもプロスポーツのナンバーワンに位置づいている。

[NFLヨーロッパの設立・発展と中止]

NFLヨーロッパとは，1991-2007年の間にヨーロッパで行われたリーグのことである。創設当初は「ワールドリーグ」と呼ばれ，北米西地区の3チーム（サクラメント，サンアントニオ，バーミンガム）と北米東地区の4チーム（ニューヨーク，オーランド，オハイオ，モントリオール）に，欧州地区のバルセロナ，フランクフルト，ロンドンの3チームを加えた10チームによってリーグが運営された。シーズンは，NFLの優勝決定戦であるスーパーボウルが終了してからサマーキャンプが開始されるまでの期間に開催された。リーグは初年度から約19億5千万円の赤字を出すなど，財政面で厳しい状況に陥った。海外での市場開拓のためにNFLが財政面を支援したり現役プレイヤーをレンタルしたりしながら運営が続けられてきたが，視聴率の低下（1992年シーズン平均1.5％）や観客数の減少により2シーズンで中止に追い込まれた。その後，NFLの有望な若手選手に実戦経験を積ませることなどを目的に，欧州地区の6チーム編成によって1995年にリーグが再開され，1998年には「NFLヨーロッパ」に名称が変更された。1996年以降，30人以上の日本人選手もNFLヨーロッパに参戦している。

2007年にリーグは再度中止されたが，最も人気のあったドイツのフランクフルト・ギャラクシーというチーム

表1　ルールや組織の主な変遷

年	主な出来事
1869	ニュージャージー州のニューブラウンズウィックでプリンストン大学とラトガーズ大学との対抗試合が行われる。これがアメリカンフットボール誕生の試合とされている。
1980	スクリメージ制が導入される。
1982	ダウン・アンド・ディスタンス制が導入される。
1905	セオドア・ルーズベルト大統領より，「ゲームの安全性が向上されなければ競技を中止させる」という勧告が出される。
1906	前方へのパス（フォワード・パス）が認められる。
1920	アメリカンプロフットボール協会（APFA）が結成される。
1922	APFAが現在の全米フットボール連盟（NFL）となる。
1926	NFLの対抗リーグとしてアメリカンフットボールリーグ（AFL）が結成される。
1934	日本で初めてアメリカンフットボールの公式ゲームが行われる。早稲田大学，明治大学，立教大学の3校により東京学生アメリカンフットボール連盟が結成される。
1936	NFLでプロスポーツのリーグとして初めてドラフト制度が導入される。
1938	日本米式蹴球協会（現在の日本アメリカンフットボール協会）が結成される。
1939	ヘルメットの着用が義務づけられる。これにより皮製から防御性の高いプラスチック製のヘルメットが使用されるようになる。
1947	第1回甲子園ボウルが開催される。
1966	NFLとAFLが合併する。
1967	第1回スーパーボウルが開催される。
1984	日本選手権（ライスボウル）の第1回大会が開催される。
1991	ワールドリーグが始まる。
1998	国際アメリカンフットボール連盟（IFAF）が結成される。ワールドリーグがNFLヨーロッパと名称を変更する。
1999	ワールドカップの第1回大会がイタリアで開催され，日本が初代チャンピオンとなる。
2005	ドイツのデュースブルクで開催されたワールドゲームズで公開競技となる。国際スポーツ連盟連合（GAISF）への正式加盟が承認される。
2007	NFLヨーロッパが中止される。ワールドカップの第3回大会が日本で開催され，決勝戦でアメリカが日本を破りチャンピオンとなる。

では1ゲーム平均で約3万3,000人の観客を集め，リーグ全体では1チーム平均で2万0,020人の観客動員を記録した。このことから，NFLヨーロッパはヨーロッパにおけるアメリカンフットボールの啓蒙に大きく貢献したといえる。

[日本における普及]

1934(昭和9)年10月28日に，立教大学教授のポール・ラッシュ(Paul Rusch)を理事長とする「東京学生アメリカンフットボール連盟」が設立された。加盟校は早稲田，明治，立教の3大学で，同年11月29日には日本で初めての公式ゲームが行われた。ゲームは，早稲田大学，明治大学，立教大学の学生選抜チームと横浜カントリー・アンド・アスレチック・クラブ(Yokohama Country & Athletic Club: YC & AC: 在日米人チーム)との間で行われ，26対0の大差で学生選抜が勝利を収めた。当日は平日にもかかわらず，学生やYC＆ACの関係者を中心に約2万人の観衆が明治神宮競技場に集まった。1938(昭和13)年には，アメリカンフットボールの全国普及を目的として「日本米式蹴球協会」が創立され，関東地区と関西地区の交流のために東西選抜対抗戦(東西オールスターズ対抗試合)が始まった。第1回は，関東選抜は5大学(早稲田，明治，立教に加え，慶應と法政が参加)とYC&AC，関西選抜は関西大と神戸外国人クラブ，関西米蹴クラブから選出されたメンバーによって編成され，試合は21対0で関東選抜が圧勝した。

太平洋戦争が激化すると，1943(昭和18)年8月には軍部命令によってすべてのスポーツ活動が停止となり，アメリカンフットボールも終戦を迎えるまでの2年間，活動中断を余儀なくさせられた。しかし，終戦翌年の1946(昭和21)年2月20日には，「関西米式蹴球連盟」(同年9月に「関西フットボール連盟」と改称)が設立され，アメリカンフットボール再開の契機となった。また，1947(昭和22)年4月13日には大学王座決定戦である「甲子園ボウル」が開催され，関東代表の慶應大学が関西代表の同志社大学を45対0の大差で破り，初代王座を獲得した。その後，当時アメリカでも攻撃戦術の主流を占めていたTフォーメーションが日本にも導入され，ドナルド・オークス(Donald T. Ouks)監督率いる立教大学は完成度の高いTフォーメーションからの攻撃を展開し，第6回(1951年)ならびに第7回(1952年)の甲子園ボウルを制した。1960年代後半になると加盟校が増加し，関東学生リーグは28校，関西学生リーグは18校となっていた。

学生のアメリカンフットボールが普及するのに伴い，社会人のチームも次第に増えていった。1973(昭和48)年には，社会人アメリカンフットボールの運営を図るために「関東社会人アメリカンフットボール連盟」が創設された。その後，関東は関東社会人と東日本実業団の2リーグ(これらは1980(昭和55)年に統合され，「東日本社会人アメリカンフットボール協会」となる)，関西は関西社会人の1リーグでリーグ戦が展開されるようになった。1981(昭和56)年度からは「社会人王座決定戦」が始まり，第1回はシルバースターが松下電工を20対13で破り，初代チャンピオンに輝いた。

その後，日本におけるアメリカンフットボールの競技人口は漸増していき，2012(平成24)年度の日本アメリカンフットボール協会の加盟団体数ならびに登録者数は，社会人が56チーム2,711名，大学生が211チーム7,192名，高校生が115チーム3,941名，中学生が23チーム835名の，計405チーム1万4,679名となっている。しかし，ここ数年の登録者数の推移をみると，減少傾向が続いている。

社会人については，1999(平成11)年にXリーグが発足し，上位18チームがEAST，CENTRAL，WESTの3地区に分かれてリーグ戦を行っている。そして，プレイオフを勝ち残った2チームによる「ジャパンXボウル」で社会人

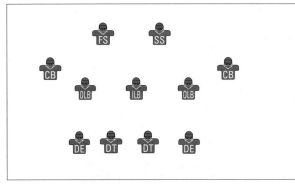

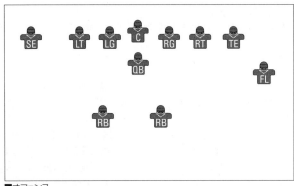

図4　ポジションの名称
■ディフェンスのポジションの略称
DE：ディフェンシブエンド　DT：ディフェンシブタックル　OLB：アウトサイドラインバッカー　ILB：インサイドラインバッカー　CB：コーナーバック　FS：フリーセーフティ　SS：ストロングセーフティ
■オフェンスのポジションの略称
TE：タイトエンド　LT：レフトタックル　LG：レフトガード　C：センター　RG：ライトガード　RT：ライトタックル　SE：スプリットエンド　QB：クォーターバック　RB：ランニングバック(セットする位置によってFB：フルバック，TB：テールバック，HB：ハーフバック等と呼称される)　FL：フランカー

チームのチャンピオンが決定されている。他方，大学生については，全国を東西9地区に分けて，東地区と西地区を勝ち残った2チームが「甲子園ボウル」で学生王者の座をかけて対戦する。そして，社会人の優勝チームと大学生の優勝チームが対戦する「ライスボウル」が毎年1月に開催される。

③ 技術・戦術・ルールの変遷
[黎明期を代表するTフォーメーション]

Tフォーメーションは，アメリカンフットボール創成期から存在したフォーメーションで，あらゆる攻撃フォーメーションの原型とされている（図4，5）。ランニングバック（Running Back: RB）をT字型に配置することがその名称の由来とされ，RBをIフォーメーションよりもオフェンスライン（Offensive Line: OL）に近い場所へ配置し，スピードを重視したラン攻撃を仕掛ける場合に有効なフォーメーションとして用いられている。

1880年代にはすでに登場していたフォーメーションであったが，それが普及するようになるのは1930年代以降であった。実用的なTフォーメーションはミネソタ大学を中心に開発され，当時のコーチであったバーナード・バーマン（Bernard Bierman）はTフォーメーションからの攻撃を原動力として5度の全米優勝を成し遂げた。Tフォーメーションの実用化の契機は，パスに関するルールが改正されたことにあった。それまで，パスを投げるQBはスクリメージラインから5ヤード以上下がっていなければならなかったが，そのルールが廃止されたことにより，センター（Center: C）のロングスナップ（Cの4－7ヤード後方に位置するQBへ股下からボールを投げること）から手渡しによるスナップへとプレイ開始の技術が変わっていった。その結果，スナップを受けたQBがすぐに後方へ振り向き，RBへハンドオフ（ボールを手渡すこと）したり，フェイクしたりするなど攻撃プレイが多様化していった。

また，ノートルダム大学では，戦前までは主流だったシングルウイングフォーメーション（RBの1人をブロッカーとしてラインの横にセットさせるフォーメーション）とTフォーメーションを巧みに使う戦術を実行していた。それは，「ノ

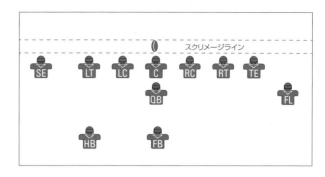

図5 Tフォーメーション

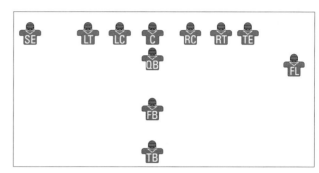

図6 Iフォーメーション

ートルダム・ボックス」と呼ばれ，ノーマルなTフォーメーションからシングルウイングフォーメーションへとシフトするものであった。このフォーメーションの変形は，Cからのスナップ前（プレイ開始の直前）に一斉に行われるので，守備チームは混乱して対応が遅れてしまう。当時は，ボールがスナップされる前に1秒間静止するという規定がなかったので，このシフトを用いた戦術が大きな威力を発揮することとなった。

第二次大戦後は，攻撃ラインの間隔を広くした「スプリットT」が登場し，Tフォーメーションは全盛時代を迎えた。オクラホマ大学のバド・ウィルキンソン（Bud Wilkinson）監督は，このスプリットTによる攻撃戦術を駆使して，1953－57年にかけて47連勝という大記録を誕生させた。スプリットTでは，Cとガード（Guard: G）の間が1ヤード，Gとタックル（Tackle: T）の間が1－2ヤード，Tとタイトエンド（Tight End: TE）の間が2－3ヤードと，それぞれの間隔が広く設定されていた。これによって，守備がOLに合わせてセットすると大きな穴が開いてしまい，そのギャップに詰めてしまうとOLにアングルブロック（Angle Block: 側面から角度をつけてブロックすること）で処理されてしまうという攻撃側に有利な状況を生じさせた。

その後，Tフォーメーションもさらにいろいろな改良が加えられ，NFLでも1952年のピッツバーグ・スティーラーズを最後にすべてのチームがTフォーメーションを採用することとなった。日本では1950年代に入ると，Tフォーメーションに基づいた戦術が採用されるようになり，スピードとタイミングを重視する近代的なフォーメーションフットボールへ進化を遂げた（塚田，2005. 127）。

[マルチプル攻撃を展開するIフォーメーションの変遷]

戦術が高度化する中で，現在でもベーシックなフォーメーションとして採用されているのが「Iフォーメーション」である（図6）。このフォーメーションはCの後方にQB，フルバック（Full Back: FB），テールバック（Tail Back: TB）を縦一列に配置した攻撃隊形である。これ

は，Tフォーメーションからのスピードとタイミングを重視したプレイと，シングルウイングフォーメーションからのパワーを重視したプレイを融合させたもので，スクリメージライン後方の深い位置でQBがTBへハンドオフし，攻撃チームが作ったホール（OL間のスペース）をみつけて，それを走り抜けるというプレイがその典型である。ブロック能力のあるFBと，スピードとカット能力を備えたTBが一列に並んでいるため，左右均等に攻撃が展開できるという点が長所として挙げられる。

Iフォーメーションには，4人のRBを縦一列に配置した「メリーランドI」や，FBの横にハーフバック（Half Back: HB）を置いてブロック力を強化した「パワーI」，FBを左右のいずれかにずらしてIとTの利点を兼ねさせた「オフセットI」などのバリエーションがある。1962年に全米優勝を成し遂げたジョン・マッケイ（John Mackey）監督率いる南カリフォルニア大学は，Iフォーメーションから「ブラスト」（FBと同じホールにTBが走り込む），「パワーオフタックル」（TとTEで守備タックル（Defensive Tackle: DT）の外側のホールをこじ開け，FBの守備エンド（Defensive End: DE）へのブロックとGのプルアウト（スナップ直後，OLが一歩下がり，ブロッカーとしてスクリメージラインに対して水平に移動する）をブロッカーにしながらそのホールにTBが走り込む），「スイープ」（OLやFBをリードブロッカーにしながら，TBが外側のスペースへ展開する）などといった多彩な攻撃戦術を駆使して「近代パワーフットボール」の原型を作り上げた。また，1970年代には，トム・オズボーン（Tom Osborne）監督が率いるネブラスカ大学がパワープレイとオプションプレイを融合したIフォーメーションからの攻撃を展開したことによって注目を集めた。その後，1980年代にはオフセットIが登場し，多彩なプレイアクションパス（RBにボールを渡すとみせかけてパスを投げること）を用いた戦術を展開するマルチプル攻撃の代名詞となった（タッチダウン編集部，2009. 73）。

[近代フットボールの傑作であるトリプルオプション]

トリプルオプションは，1960年代中頃にヒューストン大学のビル・ヨーマン（Bill Yeoman）監督によって考案されたランを用いた攻撃戦術の1つである。ボールを持っているQBがオプションの対象となる守備プレイヤーの反応に応じて，FBへハンドオフする（ダイブ）か，QB自身がボールを持ったまま走る（キープ）か，TBへピッチ（ボールをトスする）かの判断を行う。当時は数多くのチームがこれを採用していた。日本でも1980－90年代にかけて，Iフォーメーションなどからトリプルオプションを展開する大学生チームが多くみられた。トリプルオプションは，近代アメリカンフットボールで開発された攻撃戦術の中で最も優れたものの1つとされている（タッチダウン編集部，2010. 86）。

[ショットガンフォーメーションからのパス攻撃]

1970年代以降はパス技能の向上に伴い，戦術を具体化する攻撃フォーメーションが多様になっていく。なかでも，パス攻撃の代表的なフォーメーションが「ショットガンフォーメーション」である（図7）。QBがCの後方4-7ヤードに位置し，その他のバックフィールドプレイヤー（WRやRB）がフランカー（Flanker: FL）やスプリットエンド（Split End: SE）として配置されたフォーメーションで，多くのWRがパスのターゲットになるようにデザインされている。多くのWRが一斉にフィールド全体に飛び散っていく様が散弾銃（ショットガン）のようであることからその名

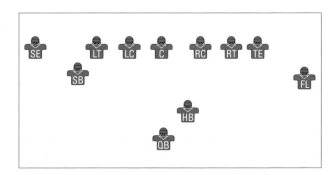

図7　ショットガンフォーメーション

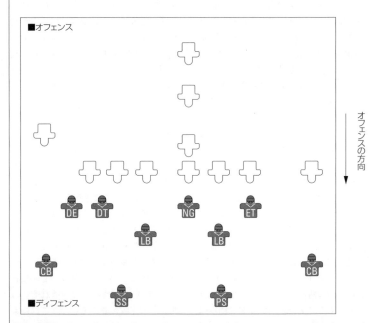

図8　守備のフォーメーション（5-2オクラホマ）

称が付けられた。

このフォーメーションは、4-5人のWRを駆使しながら臨機応変にプレイを展開することができる。QBはスクリメージラインから約7ヤード後方の位置でスナップを受けることができるため、守備ライン(Defensive Line: DL)の強力なパスラッシュ(パスを投げようとするQBに対してプレッシャーをかける戦術)があっても余裕をもってターゲットとなるWRを探すことができる。このフォーメーションのメリットを最大限に発揮するためには、投力と走力の両方を兼ね備えたQBの存在が必要不可欠とされる。

このフォーメーションのバリエーションには、「スプレッド」や「トリップス」などがある。スプレッドとは、RBの1人をスロットバック(Slot Back: SB)へシフト(スナップ前に、別のポジションへ移動する動きのこと)させるなどして左右4人のWRを配置したフォーメーションのことで、プレイ開始と同時に4人がフィールドに飛び出し、QBからのパスのターゲットとなる。トリップスとは、「トリプルウィング」の略称で3人のWRを左右いずれかのサイドへ集中的に配置したフォーメーションのことである。1978(昭和53)年から1983(昭和58)年まで公式戦50連勝、また甲子園ボウル5連覇という大偉業を成し遂げた日本大学フェニックスの基本フォーメーションは、このトリップスフォーメーションであった。このフォーメーションから「スイングフック」や「エンドランパス」「HBスクリーン」「QBエンドラン」などを駆使してTDを量産し、日本大学フェニックスの黄金時代が築かれた。

現在、日本では学生リーグや社会人リーグを問わず、多くのチームがショットガンフォーメーションに基づいた作戦の立案に取り組むようになりつつある。

[攻撃戦術の高度化に対応した守備戦術の進化]

1940年代に実用化されたTフォーメーションは、アメリカンフットボール界に革命的な変化をもたらし、守備のシステムも大きな転換を余儀なくされた。当時の守備は、テネシー大学監督のロバート・ニーランド(Robert Neyland)が考案した「ワイドタックル6」や「5-3」が一般的なフォーメーションであった。ワイドタックル6は、「7-2-2ボックス」フォーメーションの7人のDLのうちの1人を後方へ下げて、パス攻撃にも対応できるようにしたものである。これがランプレイとパスプレイの双方の守備に対して責任をもつ「ラインバッカー(Line backer: LB)」の始まりとされている。しかし、ワイドタックル6も、オクラホマ大学のバド・ウィルキンソン監督が考案したスプリットTフォーメーションに対しては全く歯が立たなかった。

このスプリットTに対する有効な守備のフォーメーションとして考案されたのが「5-2オクラホマ」であった(図8)。このフォーメーションの考案者は、ほかならぬバド・ウィルキンソン自身であった。5-2オクラホマは、7-2-2ボックスのDLの2人を、LBとしてDLと守備バック(Defensive Back: DB)の中間に配置したものである。左右にバランスがとれ、ラン攻撃とパス攻撃の双方に対応できることから、マルチブルな攻撃戦術が一般的になった今日においても基本的な守備フォーメーションとして適用されている。日本でも1980-90年代にかけてトリプルオプションがブームとなったが、ダイブ、キープ、ピッチにもバランスよく対応できることから、この5-2フォーメーションが積極的に用いられた。

また、1950年代には、ノースウエスタン大学のコーチのアラ・パーシグエン(Ara Parseghian)によって考案された「6-1-4」フォーメーションが登場する。これは当時、短い距離を獲得するために用いられていた3人のRBを投入する攻撃戦術に対応するためのものであった。このフォーメーションは大きな成功を収め、その後アラ・パーシグエンはノートルダム大学に監督として迎えられ、11年間で95勝17敗という好成績を残した。また、6-1-4の両側の守備エンド(Defensive End: DE)の代わりにLBを配置したものが「4-3」フォーメーションであり、現在は5-2と同様に、NFLや全米大学体育協会(National Collegiate Athletic Association: NCAA)で幅広く用いられている。

1970年代に入ると、複数の攻撃フォーメーションを併用するマルチブルな攻撃戦術が一般化し、それに対応する守備戦術も複雑になっていく。5-2の両側のDEをLBに置き換えた「3-4」フォーメーションが考案されたり、DBを5人配置した「ニッケル」やDBを6人配置した「ダイム」などのフォーメーションも登場するようになった。その後、守備プレイヤーがプレイのたびにセットする位置を変えて、変幻自在のスタント(DLとDL、もしくはDLとLBが各々の突入箇所を取り換えることで、攻撃チームのブロックを混乱させる戦術)で守備を行う「46守備」が、シカゴ・ベアーズの守備コーディネーターのバディ・ライアン(Buddy Ryan)によって考案された。シカゴ・ベアーズはこの46守備を駆使して、1986年に開催された第20回スーパーボウルを制している。

④ 現代の技術・戦術・ルール

[スプレッド攻撃中心の現代フットボール]

現代では、1970年代から1990年代にかけて流行したTフォーメーションやIフォーメーションからのオプション攻撃やパワー攻撃に代わり、ショットガンフォーメーションからの攻撃が主流になりつつある。そして、それは、フィールド全体に守備プレイヤーを拡散させる「スプレッド攻撃」を遂行するための有効なフォーメーションとして採用されるようになっている。それまでTフォーメーションやIフォーメーションから展開されてきたプレイの多くがスプレッド攻撃用にアレンジされ、有効な攻撃戦術として採用されるようになっている。SBが全速力でモーション(スナップ前に、攻撃チームの1人がスクリメージラインと平行、もしくは後方へ移動し、守備チームを混乱させる戦術)して、そのSBにハンドオフしてオープンを攻撃する「ジェット・モーション・スイープ」はその一例である。そのほかにも、パス攻撃を中心としたラン・アンド・シュート型や、オプションプレイとプレイアクションパスをベースにしたショート・ミドルパス型など、多彩なスプレッド攻撃が展開されている。一見、パスプレイを主体とした攻撃にみえがちであるが、実際にはオプションやカウンター、ドローなどといったランプレイを実行する頻度も少なくないのがスプレッド攻撃の特徴である。

スプレッド攻撃は、フィールドをよ

り広く使ってプレイするため，個々のプレイヤーのスピードと運動量が必要になる。特に，パスをレシーブすることが主な役割であったWRに対しては，モーションからのスイープやスクリーン（QBからのショートパスを捕球した後，OLのブロックを利用しながら前進するパス攻撃）などによる効果的なラン攻撃を展開するために，RBのようなデイライト能力（OLのブロックを予測しながら瞬時に走路をみつけ，それを走り抜けようとする能力）も求められるようになっている。

　他方で，それに対応するための守備システムの構築は急務の課題とされている。なかでも，守備の中間に位置するLBは，従来はパワープレイによるラン攻撃を止めるためのスピードとパワーが求められてきたが，スプレッド攻撃ではパスプレイを中心とした攻撃を想定させながらも実際にはランプレイが多用されることから，これまで以上にパスプレイとランプレイの双方にバランスよく対応できる能力が求められるようになっている。

　現在の守備システムは，5-2や4-3を基本としながら，状況に応じてDLやLBによるスタントやブリッツ（スナップ直後に，LBやDBがスクリメージラインを越えてボール保持者へ突進すること）を仕掛けたり，ゾーン守備やマン・ツー・マン守備といったようにパスカバー（攻撃チームのパスプレイに対するLBとDBの守り方）に変化をもたせたりしている。

[40秒ルールの導入による戦術の変容]

　日本では2009年度のシーズンより，従来の「主審による"レディー・フォー・プレイ"の合図から25秒以内にプレイを開始する」から，「プレイ終了後から40秒以内にプレイを開始する」へとルールが変更された（ただし，反則の発生やチームタイムアウト，各クォーターの開始などは除く）。これは，主審によって「レディー・フォー・プレイ」を宣言するタイミングが大きく異なっているという問題の解消や，ゲーム時間の短縮をねらいとするものであった。NFLでは2005年度シーズンから，NCAAでは2008年度シーズンからこのルールを採用している。

　このルール変更は，プレイに取り組むペースを一定に保つことのみでなく，攻撃チームのプレイ選択に対しても影響を与えることとなった。特に，QBのオーディブル（ハドルで決定した作戦を取り消して，新しい作戦の指示を与える）に対して時間的な余裕が生じ，守備のアライメント（プレイ開始前の攻撃チームに対峙する守備チームの配列）を確認しながらより有効な戦術を選択できるようになった。他方で，得点力で相手チームよりも劣る場合は，40秒間をフルに使ってプレイすることで，可能なかぎり相手チームに攻撃機会を与えない戦術を選択できるようになった。

参考文献

- アレン・グットマン. 1997.『スポーツと帝国：近代スポーツと文化帝国主義』谷川稔ほか訳 昭和堂
- 井尻俊之，白石孝次. 1994.『1934フットボール元年：父ボール・ラッシュの真実』ベースボール・マガジン社
- 後藤完夫. 1988.『新フットボール専科』タッチダウン
- ———. 2007.『やさしいアメリカンフットボール入門（2007年度版）』タッチダウン
- ———. 2010.『NFLの（非）常識—なぜフィールド上で円陣ハドルを組んだのか』タッチダウン
- 国際アメリカンフットボール連盟ホームページ http://www.ifaf.org（2014年7月1日）
- 篠竹幹夫. 1983.『アメリカンフットボール』講談社
- タック牧田. 1990.『神に最も近づいた男：ジョー・モンタナの足跡』勁文社
- タッチダウン編集部. 1990a.「すべては「T」から始まった：フォーメーション物語（攻撃編）」『タッチダウン』(198)：68-71.
- ———. 1990b.「果てしなき追跡：フォーメーション物語（守備編）」『タッチダウン』(200)：72-75.
- ———. 2009.「変幻自在の変化を遂げた「I」隊形」『タッチダウン』(481)：73.
- ———. 2010.「フットボール用語の基礎知識：T-Z」『タッチダウン』(487)：84-90.
- 塚田直彦. 2005.「日本におけるアメリカンフットボールの戦術に関する史的研究：T攻撃戦術の導入による戦術思考の変遷に着目して」『日本体育大学紀要』34(2)：125-38.
- 中村敏雄 編. 1992.『ラグビーボールはなぜ楕円形なの？』大修館書店
- 日本アメリカンフットボール協会. 1984.『限りなき前進：日本アメリカンフットボール五十年史』タッチダウン
- 日本社会人アメリカンフットボール協会ホームページ http://www.nfa.jp/（2014年7月1日）
- ポール・"ベア"・ブライアント. 1987.『ウイニングフットボール：コーチのためのフットボール入門』後藤完夫訳 タッチダウン
- 山崎博. 1993.「フォーメーションを知り尽くす：攻撃の幅を広げた「T」フォーメーション」『アメリカンフットボール・マガジン』5(1)：120-21.

（吉永武史）

アルペン

→スキー競技，スノーボード競技

アルペンスキー
[障がいのある人の]

→スキー競技

あん馬

→体操競技

一輪車

Unicycling

① 競技概要

　一輪車は，車輪が1つの自転車で，それに乗って移動する速さを競ったり，演技の出来映えを競ったりする競技である（図1）。

　レース部門と演技部門があり，レース部門は，車種別（車輪径16，20，24各インチ），年齢，男女別にスピードを競うもので，種目は100m，400mや長距離では42.195kmのフルマラソンなどがある。また，技能を取り入れたレースとして，スラローム，片足走行，タイヤ乗りなどがある。一方，演技部門は，シングル，ペア，グループの種目があり，音楽に合わせて，技術，創

図1　競技中の様子：一輪車

造性，華麗さを得点で競う芸術スポーツである。

一輪車は，大変難しい「乗り物」である。少しずつ上達するわけではなく，繰り返し練習しているうちに急に乗れるようになるので，とても達成感が強い。また，全員ゼロ（未経験）からの出発で，運動神経のよい人たちが早く乗れるともかぎらない。練習の過程は失敗の繰り返しで，それに耐えぬいて，乗れるようになる。そして，なにより楽しい乗り物で，その自由な感覚は，他に比べようのない愉快な運動技能を育てる。

② 歴史

一輪車は，1910（明治43）年，アメリカの曲芸師によって，日本に初めて紹介され，サーカスの代表的な出し物として扱われ，人並みはずれた軽業的な技能と敏捷性がなければ乗れないものとされていた。

1966（昭和41）年，当時の国立競技場理事長・前田充明（元日本一輪車協会会長）が，ある時競技場の庭で楽しそうにスイスイと一輪車に乗っていた少女をみかけ，「これこそ楽しく美しく，また健康的なスポーツだ。一輪車を日本中に広めよう」と考えて，後に城西大学教授の齋藤благ夫のもとで，正科体育に取り入れられたのが，スポーツとしての一輪車のはじまりである。

1978（昭和53）年，一輪車愛好者により「日本一輪車クラブ」が設立され，1981（昭和56）年に「日本一輪車協会」と改称し，乗り方の指導書をつくり，全国的な普及活動を開始した。

2012（平成24）年現在，日本では，全日本一輪車競技大会（レース部門，演技部門），全日本一輪車マラソン大会（10km，ハーフ，フル）をはじめ全国各地40ヵ所で大会が行われ，生涯スポーツとして多くの人に愛好されている。

国際大会は，国際一輪車連盟（International Unicycling Federation: IUF）によって2年に1回開かれており，2010年にはニュージーランドで開催され，世界15ヵ国からチームが参加した。

日本での100mレースの最高記録は12秒24，フルマラソンでは2時間2分27秒であり（2012年現在），演技部門とともに国際大会のトップクラスとなっている。

現在では，一輪車は日本全国の2万校を超える小学校に普及し，数百万人が乗れる状況となっている。

（菅野耕自）

イニシアティブゲーム

Initiative game

① 概要

イニシアティブゲームは，1人では解決できないような課題を，グループで協力して解決することにより，学習者の自己成長や社会的スキルの育成を育む活動である（図1）。

イニシアティブゲームは，課題に対しどのように取り組むことができたかをグループや個人の体験を通して内省し，その体験の意味を概念化し，次の体験へと応用する体験学習サイクルの理論に基づき展開される。活動の成果として，できたかできなかったかといった結果よりも，どのように取り組めたかといった過程に焦点が当てられる。また，活動への参加は，参加者の自由意思にゆだねられ，メンバーを互いに最大限に尊重するといった約束の下，活動が進められる。

イニシアティブゲームを効率よく行うために，丸太で作られたロープスコース（もしくはチャレンジコース）が一般的に用いられる。ロープスコースには，高所に設置され，参加者をロープで確保することの必要なハイエレメントと，グループで課題に取り組む比較的低所に設置されたロウエレメントがあり，一般的にロウエレメントが常用される。

図1　活動の様子：イニシアティブゲーム

② 歴史

イニシアティブゲームの歴史は，自然環境の中で行われる冒険活動を手段とした冒険教育にさかのぼることができる。1941年にドイツ人教育者であるクルト・ハーン（Kurt Hahn）が，若い水夫に対し海洋でのサバイバルを身につけさせるために，アウトワード・バウンド・スクール（Outward Bound School: OBS）を設立した。その後，1963年にコロラドOBSができたことにより，冒険教育はアメリカで爆発的に広まった。1970年，ミネソタOBSの校長を父にもち，自らもマサチューセッツ州ハミルトンウェンハム高校の校長であるジェリー・ピー（Jerry Pieh）は，OBSの教育理念を都市化の学校内で行う試みとして，人工的な施設を用いた冒険教育を開始した。1972年には世界初のロープスコースが試作され，1981年にカール・ロンキー（Karl Rohnke）らによりプロジェクトアドベンチャー（Project Adventure）が設立された。

わが国には，1974（昭和49）年に，当時ペンシルベニア州立大学に在籍していた飯田稔によって，Action Socialization Experience（ASE）という名称で初めて国内で紹介された。1980（昭和55）年には筑波大学で，わが国初のロープスコースが設置された。1995（平成7）年に林寿夫らの努力により日本国内における普及活動等を統括する組織としてプロジェクトアドベンチャージャパンが設立され，全国にロープスコースの設置や，プロジェクトアドベンチャーの普及・啓蒙にあたっている。

（岡村泰斗）

癒し系スポーツ

Pilates; Yoga; Somatics

① 概要

ここでは，心身の癒しに関連した，いくつかの比較的新しいスポーツを紹介する。

[ピラティス]

考案者ジョセフ・ピラティス（Josef Pilates）の姓に由来する。寝たきりの負傷兵のリハビリテーション用エクササ

イズの開発を契機に，深層筋（インナーマッスル）に着目して，座位，仰臥位等でストレッチングするなど筋肉を癒し，正すことに重きを置いたエクササイズである。マシンを用いてマシンピラティスという場合もある。からだのバランスを整えていくことと，からだのコアとなる脊柱や骨盤を安定させるのに重要な役割を果たす骨盤底筋群，大腰筋，腸腰筋などを意識し，呼吸法を併用しながら行う。

[ヨーガ]

五感の作用を制し，瞑想によって心を統一することにより，三昧（雑念を捨て，精神を1つの対象に集中すること）の境地に達することなどをめざす行法である。ヨーガはサンスクリット語で統一を意味する。古代からインドに伝わるが，戦後のわが国へは，呼吸法や体位法，修正法，強化法など心身の鍛錬法として，また美容・痩身を中心とした体操法として（図1），さらには他の身体技法と組み合わせるなど身近で様々な方法が紹介されている。

[ソマティックス]

ギリシャ語のソーマ（soma：身体）に由来し，その英語の形容詞形である。いうまでもなくこのソーマは，古代ギリシャにおいてはプシケー（psyche：魂）とともに人間存在の2大要素の1つと考えられていた概念である。名詞化したソマティックス（身体学）は広義には「ソーマ（身体）に関する様々な技法」のことであり，狭義には，ボディワークなどをいう。第二次大戦後，心身関係を重視する心理学としてソマティックサイコロジーやボディサイコセラピーと呼ばれる研究が進展するのに合わせ，ソマティックメソッドやソマティックエデュケーションとして様々な技法が開発されてきた。これらに関係した技法として，例えばダンス療法，フェルデンクライスメソッド，アレキサンダーテクニック，野口体操，竹内レッスンなどを挙げることができる。さらには，伝統の合気道，太極拳，気功，ヨーガなどにも広げて捉えることができる。

②歴史

古くて新しい，いわゆる癒し系ニュースポーツとして例示したピラティスやソマティックス，ヨーガなどは，世界の各地で長い歴史の中で育まれてきた技法の応用であり，古くて新しいテーマである。この古来からのテーマが，当初の技法や行法に回帰する形で普及したわけではなく，戦後のそれは，気功の例にみるように，呼吸法や体位法，体操法に組み込まれるなど，治療法，身心鍛錬法として普及している。今日のそれはまた，広義のヒーリング領域を担っている代替療法とも重なり合っているといえよう。

[ピラティス]

ピラティスは，第一次大戦中に看護師として負傷兵のリハビリに携わり，寝たきりの兵士たちがベッド上でもできるエクササイズやグッズの開発に力を注いだ。1926年ニューヨークに渡りスタジオを開設し，従来の筋力トレーニングのように筋肉を「鍛える」のではなく，「癒し」「正す」ことを中心としたエクササイズの普及に努めた。わが国では，2000（平成12）年に指導者資格を取得して帰国した酒井里枝らの活動も注目された（『ピラティスエクササイズ』『スポーツのひろば』2007.12-17.）。

[ヨーガ]

20世紀初頭に高まりをみせた精神世界やスピリチュアリティー（霊性）等への関心は，1960-70年代以降，再び世界的な規模で大きな動きを導き出した。身体能力の科学的合理性を追求する社会の流れにあって，ヨーガや気功，瞑想法等へのブームを拡大させた。それは，西洋医学とともに伝統医療，統合医療に対する要求の高まりと同様である。1948（昭和23）年頃から沖正弘ら伝統的なヨーガ指導者による紹介活動によって，多くの実践者を増やした。1960年代に入る頃から，世界を代表する超心理学者である本山博のような指導者の活躍が始まる。その実践は，ホーリスティックな医学や代替療法につながるようなものにも影響を与えている。それは，1990年代に入る頃から変化をみせ始める精神世界に対する人々の思いを先取りするものであった。自己変容や心の成長をめざそうとするような思いである。

インドの代表的指導者であるアイアンガー師（B.K.S. Iyengar）考案のアイアンガーヨガは，誰でも無理なく取り組めるよう工夫されたものであり世界数十ヵ国に広がりをみせている。日本アイアンガー・ヨガ協会は1988（昭和63）年に設立され，広く展開している。また，2003（平成15）年には，国際組織と連携する日本ヨーガ療法学会が設立され，ヨーガインストラクターやヨーガセラピストの養成を行うようになった。ヨーガセラピー研究や普及活動が様々な形で試みられている状況である。

[ソマティックス]

ソマティックメソッドやソマティックエデュケーションの契機の1つは，19世紀後半に始まる北欧や中欧の新体操やモダンダンス（ノイエ・タンツ）などの改革運動にある。わが国においては，1960-70年代に，野口三千三の野口体操や竹内敏晴の竹内レッスン等，言葉や意識，演劇表現などを手がかりに，生きている（内なる）身体を感じ取ろうとする努力となって表れた。その後の四半世紀の間に，狭義のソマティックスはもちろん身体心理学，ボディートレーニング・セラピー，ダンスセラピー等の技法の拡大が図られている。

先駆者であり代表者として次の2人を挙げることができる。1904年頃からロンドンで演技のための身体調整法を指導するようになったアレクサンダー（F.M. Alexander）と，戦後に気づきや身体機能の有効活用を促そうとする技法を紹介するようになったウクライナの物理学者フェルデンクライス（M. Feldenkrais）である。アレクサンダーテクニックは，21世紀を前に欧米の多くの音楽学校や演劇学校のカリキュラムにも位置づけられている。フェルデンクライスメソッドは，パリで嘉納治五郎から柔道を習い有段者にもなった彼自身の身体経験や心理学，神経生理学的研究から生み出されたものである。

（野々宮徹）

図1 活動の様子：ヨガ（写真：フォート・キシモト）

a

インラインスケート

Inline skating

① 競技概要

インラインスケート(競技)は、スケート靴の底に4個の車輪を縦1列に並べたローラースケート(インラインスケート)を履いて滑走し、コースを走る速さや技術・演技の出来映えを競うスポーツである。競技種目は大きく分けて、スピード、インラインホッケー、アーティスティック、インラインスタントの4つがある。

スピード競技は、トラック(リンク)とロードの2つに大きく分けられる。トラックは、1周200mでバンク(傾斜)が付いている。トラックは300-20000mまでの様々な距離の個人種目と3000mのリレー種目、ロードは200m-42.195kmまでの個人種目と、5000mのリレー種目がある。その他、タイムレース、ポイントレース、エルミネーションレースなど様々な形式で競技が行われている(図1)。

インラインホッケー競技は、大きさが60×30mのリンクで、パック以外はアイスホッケー用具を使用して行う。アイスホッケーとの違いは、床面がスポーツコートで、プレイヤーが5人である点である。アイスホッケーと同様にゴール得点の多いチームが勝ちとなる。

アーティスティック競技は、ショートプログラム、ロングプログラムの順に行う。ショートプログラムは、滑走時間が2分15秒±5秒と決められている。ジャンプやスピンの6課題を正確に入れて音楽との調和を図り、時間内に滑走するが、3回転ジャンプは入れてはいけない。その順位でロングプログラムの滑走順を抽選する。ロングプログラムの滑走時間は、3分30秒±10秒である。スケーティングの美しさ、技の難易度、音楽との調和、フォーム、バランスなどすべての面を考え自由に滑走し、その技術や演技の出来映えなどにより順位がつけられる。

インラインスタント競技は、高さ4mのハーフパイプで滑走して回転、宙返りなどの技術の得点により順位を決定する。

② 歴史

19世紀の初めから、車輪に木、金属、象牙、ゴムなど様々なものを使用したスケート靴があったが、19世紀から20世紀前半はインラインスケートが広く普及することはなかった。

1960年代中頃、アメリカで「ローラーブレード」が生産されデパートを通じて販売をしたところ、この試みが雑誌『ライフ』の特集記事に取り上げられ、普及するきっかけとなった。この頃、ローラースケートで使用していたポリウレタンの車輪を使うように改造したことが成功につながり、インラインスケートは人気のあるレクリエーションとなった。1990年代後半、インラインスケートが普及するようになると、特にアメリカ南部のカリフォルニア州、フロリダ州、テキサス州などの気候の暖かいところ、アイススケート場のない地域で発展していった。

なお、競技としてのインラインホッケーは、1980年頃に北米プロアイスホッケーリーグの選手がオフシーズンの実践型トレーニングとして取り入れたのが、誕生のきっかけとされている。

また、国際ローラースポーツ連盟(Fédération Internationale de Roller Sports: FIRS)主催の世界スピード選手権大会で、インラインスケートで滑った選手が従来のローラースケートの選手を破り優勝したことで、インラインスケートは世界中に普及していった。

日本国内ではローラースケート連盟が1953(昭和28)年に設立され、2006(平成18)年には日本ローラースポーツ連盟に改称し、競技の統括・普及を行っている。

参考文献

◆ 日本ローラースポーツ連盟ホームページ http://www.jrsf.com (2014年7月1日)
(日本ローラースポーツ連盟)

図1　競技中の様子：インラインスケート

c

ウィルチェアーラグビー

Wheelchair rugby

① 競技概要

ウィルチェアーラグビーは、頸髄損傷や四肢欠損、脳性麻痺等の四肢に障がいがある人のための、車いすによる4人制の男女混合の競技である(図1)。アメリカやヨーロッパの一部の国では、四肢に障がいがある人を競技対象としていることや4人制の競技であることから、クワドラグビー(Quad Rugby)と呼ばれている。また、競技の激しさからマーダーボール(Murderball: 殺人球技)と呼ばれていた歴史をもつ。

競技は、車いすバスケットボールやラグビー、アイスホッケー等の要素を含み、競技専用の車いすにより、専用球(バレーボール5号球を基に開発)を用いて、バスケットボール用のコート(縦28m×横15m)で行われる。ボール保持者の車いすの4輪のうち2輪が、相手チーム側のゴールラインに達するか、越えることで1点が与えられる。競技時間は、1ピリオドが8分間で、合計4ピリオド行われる。

ボールは、パスまたは膝の上に置かれて運ばれる。ボールを膝の上に置いて運ぶ場合は、10秒以内に1回のドリブルを行わなければならない。ディフェンスは、ゴール前に設置された縦1.7m×横8mの領域(キーエリア)に同時に3人入ることができる。一方、オフェンスには人数制限はないが、一度キーエリアに入ってとどまれる時間は10秒を超えてはならない。

選手同士の身体的な接触は認められないが、車いすによる車いすへのコンタクトは認められており、ゲームの肝要な要素となっている。

選手は、相手の車いすへのヒット(衝突)により、相手の動きを阻止したり、

図1　競技中の様子：ウィルチェアーラグビー
(写真提供：阿部謙一郎)

自分たちが優位なポジションを得ることで，ボールを支配しようとする。ただし，後輪(大きい車輪)車軸の後方に対する危険性があるヒットは，ファウルとなる場合がある。

選手には，機能的能力の違い(障がいの程度等)により，最も低い0.5点から，最も高い3.5点まで，0.5点刻みで7段階に区分された持ち点が与えられる。コート上の4選手(ラインナップ)の持ち点の合計は，8.0点を越えてはいけないが，女性選手が加わるラインナップの持ち点の合計は，女性1名につき0.5点が減算される。

② 歴史

この競技は，四肢に障がいのある人がチームスポーツに参加する機会を得るために，1977年にカナダのジェリー・ターウィン(Jerry Terwin)，ダンカン・キャンベル(Duncan Campbell)，ランディ・デュエック(Randy Dueck)，ポール・レジューン(Paul Le Jeune)とクリス・サージェント(Chris Sargent)らの車いすアスリートにより考案された。1993年に，身体障がい者の国際的な競技スポーツを統括する国際ストーク・マンデビル車いすスポーツ連盟(International Stoke Mandeville Wheelchair Sports Federation: ISMWSF, 現：国際車いす・切断者競技連盟：International Wheelchair & Amputee Sports Federation: IWAS)により，公式競技に認定され，同年，ISMWSFの傘下団体として国際ウィルチェアーラグビー連盟(International Wheelchair Rugby Federation: IWRF)が設立された。

2014年現在，IWASから独立したIWRFは，アメリカズゾーンとヨーロピアンゾーン，アジア・オセアニアゾーンの3つのゾーンを含み，世界40ヵ国以上の国で競技が行われている。

1995年に，スイスで第1回世界選手権が開催され，翌年の第10回パラリンピック大会(アトランタ)において，公開(デモンストレーション)競技として初登場した。2000年の第11回大会(シドニー)からは，正式種目としてプログラムに含まれている。

日本では，競技の国内普及と，パラリンピックや世界選手権への参戦(現在はメダル獲得)を大きな目標として，1997(平成9)年4月に日本ウィルチェアーラグビー連盟(Japan Wheelchair Rugby Federation: JWRF)が設立された。2004年の第12回パラリンピック大会(アテネ)と2008年の第13回大会(北京)，そして2012年の第14回大会(ロンドン)に続けて参戦を実現している。

(塩沢康雄)

ウインドサーフィン

Windsurfing

① 競技概要

ウインドサーフィンは，セール(帆)の付いたボード(艇)に乗って風の力を利用して水面を滑走し，そのスピードや演技のパフォーマンスを競う競技である(図1)。

スピードを競うレーシング競技には，コースレース，スラローム，マラソンがある。コースレースは一斉にスタートし周回するコースで順位を競うもので，オリンピックや国民体育大会に採用されている。スラロームは数人ずつ順番にスタートし，上位者が勝ち残るトーナメントで競技を行う。マラソンは予定される所要時間が1時間を超えるレースである。また，400mを滑走し，平均速度を争うスピードトライアルという競技もあり，その際の時速は90kmを超えている。

一方，スピードを競うのではなく，その技術の高さと多様さを競うのが，エクスプレッション競技である。サーフィンのように波を利用して様々な演技を行うウエーブパフォーマンスと，波がなくても風を利用してジャンプをしながら方向を変えたり，バック方向に走ったり自由に演技するフリースタイルがあり，どちらもジャッジの採点によって勝敗が決まる。

普通のヨットでは，マスト(帆柱)は固定され，舵で進行方向を決め，セールは風に合わせて動かすが，ウインドサーフィンのマストは360°回転し，セールも自由に動かせる。マストとブーム(マストとつながった2つの弦になったパイプ)の間に帆を張り，ブームを動かすことで帆の角度，方向を直接変えて進行方向，スピードを決める(舵は付いていない)。

② 歴史

ウインドサーフィンは，1967年にアメリカのカリフォルニアで，ホイル・シュワイツアー(Hoyle Schweitzer)，ジム・ドレイク(Jim Drake)の2人により開発された。主に，ハワイでは波を楽しむスタイル，ヨーロッパではスピードを楽しむスタイルに分かれ，水面があればどこでも楽しめる利便性，爽快な走り，簡単に持ち運びのできる用具の簡易性などが相まって世界的に普及した。

競技の統括団体として国際ウインドサーフィン協会(International Windsurfing Association: IWA)が2002年に設立され，プロウインドサーファー協会(Professional Windsurfers Association: PWA)，国際ファンボードクラス協会(International Funboard Class Association: IFCA)といった関連団体と連携を保ちながら運営を行っている。

1984年の第23回オリンピック大会(ロサンゼルス)から，セーリング競技の正式種目の1つとして採用されている。2008年の第29回大会(北京)では，セーリング競技のRS:X級として行われた。また，他のセーリング競技とともに，世界選手権が毎年行われている。

日本では1975(昭和50)年頃からウインドサーフィンが行われるようになり，Sometime World Cup(1986－93年まで御前崎で毎年行われていた世界大会)が開催され，1990年代前半に最盛期を迎えた。

1998(平成10)年には，現在IWA傘下にある日本ウインドサーフィン連盟(Windsurfing Federation Japan: WFJ)が，国内セーリング競技統括団体である日本セーリング連盟の加盟団体として発足した。その後，オリンピック選手の育成・派遣，全日本選手権の開催，国体の競技運営などを行っている。

(朝田耕平)

図1 競技中の様子：ウインドサーフィン

ウェイクボード

Wakeboard

① 競技概要

ウェイクボードは，モーターボートに牽引をされ，長方形（約140cm×40cm）のボードにサイドスタンス（横向き）で乗り，ボートのひき波（ウェイク）を利用して飛び出し，空中で回転をしたりするエアートリックなどの演技を競う競技である（図1）。

世界の主流はエキスプレッションセッション競技で，約400mのコースを1往復し，選手は2回の往路＋復路にエアートリックや設置されたジャンプ台やスライダーを越えて，「印象度」「組み立て」「完成度」の3つのカテゴリーのスタイルポイントで勝敗を争う。採点は3人の審査員で行う。

また，競技の終了時にダブルアップと呼ばれるビッグエアーを行い，そのパフォーマンスも競技の審査対象となる。ダブルアップとはトーイング（選手を牽引する）するボートが旋回し，ひき波とひき波を2つ重ね合わせ，2倍以上の大きなウェイクを発生させ，選手がその大きなウェイクを使ってより高く，大きなトリックを行うことである。

最近ではモーターボートを使用せず，電動式ケーブルシステムで牽引するウェイクパーク競技も世界的に広がりをみせている。

② 歴史

1984年，アメリカ西海岸でサーフボードをボートで引っ張ったらどうかという素朴な発想からウェイクボード第1号「スカーファー」が誕生した。

その後，水上の遊びから競技へと発展を遂げ，1989年には世界ウェイクボード協会（World Wakeboard Association: WWA）が設立され，さらに1990年に第1回ワールドカップがハワイで開催された。

日本国内では，1988（昭和63）年に弘田登志雄がアメリカに渡り，元世界チャンピオンのエリック・ペレッツ（Erik Perez）らとともに練習を重ね，1989（平成元）年に日本の琵琶湖に持ち帰ったのが始まりである。

その後，ウォータークラフト（水上オートバイ）でも手軽にできることから日本全国に人口が増え始め，現在国内のウェイクボード人口は推定60万人といわれている。

日本での名称は，1994（平成6）年まで「ウォーターボード」「スキーボード」といわれていたが，1995（平成7）年に日本ウェイクボード協会（Japan Wakeboard Association: JWBA）が世界ウェイクボード協会（World Wakeboard Association: WWA〔本部アメリカ〕）に加盟すると同時に，世界共通名称に合わせて「ウェイクボード」と呼ぶようになった。

（薄田克彦）

ウエイトリフティング

Weightlifting

① 競技概要

ウエイトリフティングは，バーベルを頭上に持ち上げて力の強さを比べる競技である。スナッチとクリーンアンドジャーク（以下，クリーン＆ジャークと略す）の2種目があり，これをオリンピックリフトと呼ぶ。

[競技の仕方]

スナッチは，プラットフォーム（広さ4m四方，高さ15cmまでの台）に置かれたバーベルを両手で握り，一気に頭上に引き上げる種目である（図1）。

クリーン＆ジャークは，プラットフォームに置かれたバーベルを両手で握り，はじめに肩の高さまで引き上げ（クリーン），バーを鎖骨の上に載せて両腕で支持して，両膝を伸ばして直立する。次にその姿勢から両膝を曲げ伸ばした反動でバーベルを頭上に差し上げる（ジャーク）種目である（図2，図4）。

両種目とも，引き上げる動作の途中でのバーベルの停止や，頭上で腕が完全に伸びない，腕を伸ばす途中でその動作が一時停止する等は反則となり，挙上しても失敗となる。

競技会ではスナッチを先に行い，すべての競技者がスナッチ種目を終了した後にクリーン＆ジャークを行う。試技の順序は，軽い重量を行う競技者が先に試技を行い，バーベルは順次重くなっていく。同じ重量を複数の競技者が行う場合は，試技回数の若い競技者が先に行う。複数の競技者が第1試技で同重量を行う時は抽選番号の若い者が先行する。第2試技以降，複数の競技者が同重量を行う時は，その前の試技を先に行った者が先行する。第1，2試技に成功した時はバーベル重量を1kg以上増量して次の試技を申し込む。失敗の時は同じ重量か1kg以上増量して申し込む。競技者は氏名がアナウンスされた（コール）後1分以内にバーベルを離床させなければならない。同一の競技者が連続して試技を行う場合，制限時間は2分間となる。

[勝敗の決定]

競技者はスナッチ，クリーン＆ジャ

図1 競技中の様子：ウェイクボード

図1 スナッチの連続動作

ークを各3回行い，両種目の最高記録の合計（トータル）で順位を競う。種目ごとにも表彰されるが，合計での1位が真の優勝者となる。オリンピックでは合計のみがメダルの対象となる。順位決定の際，同記録の競技者が複数いた場合は，検量時の体重の軽い者が上位となり，同記録で同体重の競技者が複数いた場合は先にその記録に成功した者が上位となる。

試技の判定は3人のレフリーの多数決で行われ，それぞれのレフリーの判定が競技会場内に成功は白色，失敗は赤色で表示される。競技会には，競技規則が正しく運用されているか否かを確認するジュリーと呼ばれる競技役員が5人（日本の国内大会では3人）置かれる。

ジュリーはレフリーの判定を常に評価し，レフリーが競技規則に反した判定を行った場合は判定を変更することがある（図3）。

[階級]

競技は体重別に男子8階級，女子7階級に分けて行われる（表1）。

[世界記録の公認]

世界記録は世界選手権やオリンピック等，国際ウエイトリフティング連盟（International Weightlifting Federation: IWF）の競技会カレンダーに記載された大会で樹立されたものだけ公認される。そのため，各国の国内記録が世界記録を上回ることもある。

[発展史]

重量物を持ち上げて体を鍛えたり力強さを競ったりすることは，古代エジプトやギリシャですでに行われていた。古くは素材も形も様々であった重量物は，やがて鉄球に持ち手がつけられたダンベルとなり，ダンベルの持ち手を長くのばしたバーベルが生まれた。現在の形のバーベルが発明されるのは，20世紀初頭になってからである。

第1回世界選手権大会は，1891年に6ヵ国7名の選手が参加してロンドンで開催された。オリンピック大会では1896年の第1回大会（アテネ）で体操競技の1種目として行われたが，近代スポーツとしてのルールも組織も未成熟であったためか，1920年の第7回大会（アントワープ）までは，1904年の第3回大会（セントルイス）で実施されただけで

図2　クリーン&ジャークの連続動作

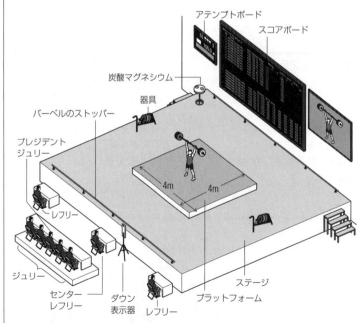

図3　ウエイトリフティングの競技場
アテンプトボードには選手名，重量，試技の結果（成功・失敗）が表示される。
ダウン表示器は，競技者にバーベルをプラットフォーム上におろす合図を出す。3人のレフリーのうち，2人以上が成功のスイッチを押すとブザーが鳴りライトが点灯する（2人以上が失敗のスイッチを押した場合も同様）。

表1　階級

性別	階級	体重
男子	56kg級	56.00kgまで
	62kg級	56.01－62.00kg
	69kg級	62.01－69.00kg
	77kg級	69.01－77.00kg
	85kg級	77.01－85.00kg
	94kg級	85.01－94.00kg
	105kg級	94.01－105.00kg
	+105kg級	105.01kg以上
女子	48kg級	48.00kgまで
	53kg級	48.01－53.00kg
	58kg級	53.01－58.00kg
	63kg級	58.01－63.00kg
	69kg級	63.01－69.00kg
	75kg級	69.01－75.00kg
	+75kg級	75.01kg以上

あった。しかし，その間にルールや組織が整えられ，第7回大会以降は正式種目として毎回実施されるようになった。

IWFはFédération Internationale Haltérophile（仏語，国際ウエイトリフティング連盟）の名称で1920年に組織され，1972年に現在の名称に変更された。本部はブダペストにあり，加盟する国・地域は189ヵ国に上る（2012年現在）。

[日本における歴史]

日本では，「力石」と呼ばれる重い石を持ち上げて力を競うことが，遅くとも江戸時代初めには行われていた。今も各地に力比べに使われたり神社に奉納されたりした力石が残っている。時代は下って1932（昭和7）年，江戸時代より「差し石」や「俵差し」の技を受け継いできた飯田一郎が東京神田の古書店で入手した英文の書籍をもとに，わが国最初のバーベルを作製し，力を競い合ったという。

1933（昭和8）年，柔道の嘉納治五郎がウィーンで開催されたIOC会議の帰途，オーストリアで国際基準のバーベルを購入した。これがわが国最初の正式なバーベルである。その後，文部省体育研究所の安東熊夫が，仏語の解説書をもとに競技方法を紹介した。1936（昭和11）年，わが国初の競技会となる東京市大会が開催され，同年第1回全日本選手権大会も開催された。1937（昭和12）年に日本重量挙連盟が結成され，翌年国際ウエイトリフティング連盟に加盟すると，早くも同年，第3回全日本選手権フェザー級で，当時日本に併合されていた朝鮮の南寿逸（ナムスウイル）が世界記録を樹立した。その後，戦時下で連盟は解散し，1946（昭和21）年に日本ウエイトリフティング協会として再結成された。1950（昭和25）年，IWFの再加盟が承認され，翌年，初の国際大会代表選手として井口幸男・窪田登が第1回アジア競技大会（ニューデリー）に出場し，ともに第3位に入賞した。

オリンピックには，1952年の第15回大会（ヘルシンキ）に日本選手として初めて白石勇がバンタム級に出場したが，故障による途中棄権に終わった。その後，1956年の第16回大会（メルボルン）で大沼賢治がライト級で4位に入賞し，また1959年には第14回国体でバンタム級の三宅義信とライト級の山崎弘が世界新記録を樹立する快挙を達成し，有望競技として発展していった。特に三宅義信は，1960年の第17回大会（ローマ）でバンタム級第2位となり世界大会日本初のメダルを獲得したのをはじめ，第18回大会（1964年，東京），第19回大会（1968年，メキシコシティ）両オリンピックのフェザー級で金メダルを獲得するなど数々の輝かしい成績を残した。オリンピックでの日本選手の活躍は，1964年の第18回大会（東京）で一ノ関史郎（バンタム級）と大内仁（ミドル級）が3位，1968年の第19回大会（メキシコシティ）で大内（ミドル級）が2位，三宅義行（三宅義信の弟，フェザー級）が3位，1976年の第21回大会（モントリオール）で安藤謙吉（バンタム級）と平井一正（フェザー級）が3位，1984年の第23回大会（ロサンゼルス）で真鍋和人（52kg級）・小高正宏（56kg級）・砂岡良治（82.5kg級）が3位に入賞している。女子は世界選手権大会では3人の選手が計6回2位に入賞している。2000年の第27回大会（シドニー）から正式種目となったオリンピックでは，三宅宏実（三宅義行の子）が2012年の第30回大会（ロンドン）で2位となった。

表2　世界選手権大会にみる階級の変遷（1896年はオリンピック）

性別	年	階級
男子	1896	無差別
	1905	70kg以下，80kg以下，80kg超
	1910	60kg以下，70kg以下，80kg以下，80kg超
	1913	62.5，72.5，82.5kg以下，82.5kg超
	第一次大戦のため1914－19年の間オリンピック・世界選手権は開催されなかった	
	1920	フェザー（60kg以下），ライト（67.5kg以下），ミドル（75kg以下），ライトヘビー（82.5kg以下），ヘビー（82.5kg超）の名称と階級
	第二次大戦のため1939－46年の間オリンピック・世界選手権は開催されなかった	
	1947	バンタム（56kg以下），フェザー，ライト，ミドル，ライトヘビー，ヘビー
	1951	バンタム（56kg以下），フェザー，ライト，ミドル，ライトヘビー，ミドルヘビー（90kg以下），ヘビー（90kg超）
	1969	フライ（52kg以下），バンタム，フェザー，ライト，ミドル，ライトヘビー，ミドルヘビー，ヘビー（110kg以下），スーパーヘビー（110kg超）
	1977	52kg（52kg以下，ほかも同様），56kg，60kg，67.5kg，82.5kg，90kg，100kg，110kg，+110kg（110kg超）の名称と階級
	1993	54kg，59kg，64kg，70kg，76kg，83kg，91kg，99kg，108kg，+108kg
	1998	現在の階級
女子	1987	44kg，48kg，52kg，56kg，60kg，67.5kg，75kg，82.5kg，+82.5kg
	1993	46kg，50kg，54kg，59kg，64kg，70kg，76kg，83kg，+83kg
	1998	現在の階級

図4　競技の様子：ウエイトリフティング
（写真：フォート・キシモト）

② 技術・戦術・ルールの変遷

[階級の変遷]

公式競技として行われた第1回近代オリンピック大会(1896年，アテネ)では階級制がなく無差別で行われ，翌年から不定期に開催された世界選手権も同様であった。階級制が採用されたのは1905年の世界選手権(パリ)からで，70kg以下・80kg以下・80kg超の3階級が実施された。その後の階級の変遷は表2のとおりであるが，1920年に採用された体重区分が基本となって，軽量級・重量級の階級を細分化しながら1992年までの長い間続いた。しかし，ドーピング違反者が数多く出て世界記録への信頼性が揺らいだため，IWFは1993年より，「54・59・64・70・76・83・91・99・108・+108」kg級の10階級に一新した(表2)。

その後まもなく2000年の第27回オリンピック大会(シドニー)に女子競技が採用されることになり，男女合わせたオリンピック出場人数が肥大化しないよう，1998年から現在の階級に改めた。

女子の競技は，1987年に第1回女子世界選手権(デイトナビーチ)が「44・48・52・56・60・67.5・75・82.5・+82.5」kg級の9階級で実施された。その後，1993年に「46・50・54・59・64・70・76・83・+83」kg級の9階級，1998年に現在の階級となった。

[種目の変遷]

現在は2種目とも両手で行われるが，オリンピックでの種目をみると，1924年の第8回大会(パリ)までは片手で挙上する種目も長い間行われていた(1896年第1回大会：片手でのスナッチと両手によるジャークの2種目が行われ，トータルで競うことはなかった。1904年第3回大会：片手のジャーク・両手のジャーク。1920年第7回大会：片手のスナッチとジャーク，両手のジャークの3種目が行われ，トータルを競うようになった。1924年第8回大会：片手のスナッチとジャーク，両手のスナッチ・プレス・ジャーク5種目)。その後，1928年第9回大会(アムステルダム)で初めて全種目両手による競技となり，プレス(クリーンの後，直立して鎖骨に支持したバーベルを反動を使わず腕の力だけで押し上げる)，スナッチ，クリーン&ジャークが行われ，1972年までこの3種目で競技が実施された。1973年に，こ

れまで恣意的な判定が行われているとの批判の多かったプレスが廃止され，現在の2種目となった。

[技術の変遷]

かつてはヨーロッパを中心に，図2の⑥のように前後に脚を開くスプリットスタイルでスナッチやクリーンを行う選手がみられたが，現在スクワットスタイル(両脚を曲げてしゃがむスタイル)以外はみられない。

③ 現代の技術・戦術・ルール

[現代の技術]

ジャークでは長い間，バーを差し上げた瞬間にバーベルを支持する姿勢は，スプリットスタイルで行われてきた。しかし1990年代になると，ギリシャのピロス・ディマス(Pyrros Dimas)や同じくアカキオス・カキアシビリ(Akakios Kakiasvilis，グルジア出身で1992年オリンピックはEUN〔仏：Équipe Unifiée 統一チーム〕から出場)等(2人とも1992・1996・2000年オリンピック優勝者)，脚を前後に開かないで中腰でバーベルを支持するプッシュ(パワー)ジャークの競技者の活躍がみられるようになった。また，1980年代に中国の何英強(ハーインジアン)は，完全にしゃがみ込んだスクワットスタイルのジャークで国際競技会に登場し，1996・2000年のオリンピック大会(アトランタ，シドニー)では同じく占旭剛(ジャンシュウガン)がこのスタイルで優勝した。これらのスタイルの競技者は珍しくなくなったが数は少ない。

[現代の戦術]

申込重量は，各試技2回まで変更することができる。コーチは他の競技者の体重や発表された段階での第1試技の重量等といった情報と抽選番号や体調を考慮して，より上位がめざせるよう第1試技の重量を決定し，必要があれば変更する。その際，考慮する要素として抽選番号は重要である。それは，第1試技を同じ重量で行う時の順番は抽選番号によって決定され，その順番はその後の試技の順番を大きく支配し，勝敗の行方を大きく左右するからである。例えば，記録が拮抗している競技者と相対して上位をねらう場合，後から行う競技者は先に行う競技者の申込重量の変更や試技の結果を待って作戦を再考できるのである。したがってコーチは，自陣の競技者が有利にな

るようにたびたび申込重量を変更する。コーチは申込重量に注意を払うばかりでなく，他の競技者の様子にも目を配り，重量変更の可能性の有無を絶えず探りながら作戦を考えていなければならないのである。

(岡本 実)

ウオーキング

Walking

① 概要

ウオーキングは，スピードや順位を競わない健康維持・体力増強のための歩行運動である。歩くことは人(ヒト)の原点ともいえ，いつでもどこでも誰でも楽しめるスポーツである。外に出て歩くことにより，五感が刺激され，脳の活性化を促し，生活習慣病の予防にもつながる。

日本のウオーキング人口は増え続けており，全国各地でウオーキング大会が開催されている。

② 歴史

古い歴史をもつウオーキングの大会として「オランダ国際フォーデーマーチ」があり，1909年にオランダ王立体育連盟により第1回大会が開かれている。もともと戦火の絶えなかったヨーロッパで，自分たちの国を自ら守ろうと，市民たちが非常時に備えて軍隊の予備役たちと一緒に歩くことで体を鍛えていた。そこで，軍隊調の「マーチングリーグ」「スリーデーマーチ」といった名称が使われていた。しかし，次第に軍隊的な行進の性質は薄れていき，第二次大戦後は，自由に楽しみながら歩くことが強調され，参加者との親善の場として機能を果たしている。なお，前述の国際フォーデーマーチは，2011年で95回を迎えている。

車社会の到来によって歩くことが少なくなり，今でいうメタボリック症候群の患者がどんどん増えていった。この対策として，食生活の改善，運動推進が叫ばれるようになった。その中で，ウオーキングは手軽に誰でもできてリスクの少ないスポーツとして，注目されていく。1963年にはアメリカのケネディ大統領が「WALK, WALK and WALK！」を提唱した。

日本では,1963(昭和38)年に早稲田大学の学生4人が,サンフランシスコから,ニューヨークまで8ヵ月かけて,徒歩でアメリカ大陸横断をするという快挙を成し遂げた。彼らは日本に戻ってから,歩くことの重要性を訴えた。

翌年は第18回オリンピック大会(東京)で,東京の街に高速道路が開通し,日本も本格的な車社会に突入していた。朝日新聞に「都会生活者は散歩どころか,ますます歩くことが少なくなって行く。…(略)…まず足を地につけて歩くことが何より忘れられてはなるまい。そういう意味を含めて歩け歩けである」との社説が掲載されたこともあり,1964(昭和39)年10月に「歩け歩けの会」が創設され,10年後「日本歩け歩け協会」に改称された。2000(平成12)年6月から,現在の「日本ウオーキング協会」(Japan Walking Association: JWA)に名称変更している。

1978(昭和53)年には,前述のオランダ・ナイメーヘンの大会に連動させるような形で,「日本スリーデーマーチ」のイベントが,全国から多くの参加者を集めてスタートした。1987(昭和62)年には,日本が提案者となり,浩宮殿下(現・皇太子)ご臨席のもと,国際マーチングリーグ設立総会が開かれている。

また,2009(平成21)年からは,普及活動の一環として「健やか爽やかウオーク日本1800歩いてニッポンを元気に!」がスタートし,全国津々浦々の1,800近くある市町村すべてで,ウオーキング大会が開かれることをめざした運動が進められている。

(日本ウオーキング協会)

ウォーターエクササイズ

Water exercise; Underwater exercise

① 概要

ウォーターエクササイズは,基本的に顔を水につけず水中で行う身体運動全般をさす(図1)。水中運動,アクアエクササイズなど様々な呼び名がある。浮力,水圧,水温や抵抗など水の特性を生かしたウォーターエクササイズは,体力水準の低い者や中高齢者にとって適した運動環境であることから,近年,健康の維持増進や身体機能改善などを目的に全国的に普及している。

水中運動の主なプログラム構成としては,水中ウォーキング・ジョギング,水中ストレッチング,水中ストレングストレーニング,アクアダンス,リラクセーションなどがある。

水中立位姿勢でプール床に足部を接触させながら運動を行うシャローウォーターエクササイズ(shallow-water exercise)に対し,腰部などに浮き具を装着し足部をプール床に接触させずに運動を行う形態をディープウォーターエクササイズ(deep- water exercise)と呼ぶ。国内では,比較的水深の浅い屋内プールが多く,前者の運動形態が一般的である。後者は,運動時におけるプール床との接触衝撃がないため,リハビリテーションやスポーツ選手のコンディショニング,機能回復トレーニングとしても利用されている。

また,水中運動に加え,温泉療法,タラソセラピーなどを含む水治療法や,競泳,応用スポーツ(ダイビング,水上スキー,ウインドサーフィンなどのマリンスポーツ)などを含む水泳を包括したより幅広い概念は,アクアフィットネス(aquafitness)と呼ぶ。

② 歴史

ヨーロッパでは,古くからスパで療法の1つとして水中運動が実践され,1900年代中頃にはハロウィック法やバードラガッツ法などの水中運動療法が発展してきた。ヨーロッパに遅れを取りつつも,アメリカでも1900年代に入ると,ポリオ流行(1916年)に伴う患者のリハビリテーションや,第一次大戦(1914-18年),第二次大戦(1939-45年)の負傷者の療法の一環として水中運動療法が活用されるようになった。その後,1950,60年代には一時衰退するが,1970年代に入るとベトナム戦争による負傷兵の療法としてだけではなく,健康志向の意識の高まりとともに健康増進目的や生涯スポーツの一環として水泳や水中運動が急速に普及し,現在に至る。

一方,ウォーターエクササイズが水治療法の一環としてではなく,現在のような健康運動の1つとして国内で普及し始めたのは,1964(昭和39)年の第18回オリンピック大会(東京)以後のことである。スイミングクラブの設立ラッシュに伴い,多くの屋内プールが建設され,通年で水に触れる環境が作られるとともに,1961年にクラウス(H. Kraus)とラーブ(W. Raab)が提唱した「運動不足病」の概念の浸透,健康運動の必要性の認識により健康ブームが訪れ,成人のプール利用が加速的に増えていった。1980年代に入ると,各プール施設において高齢者水泳や腰痛水泳など成人を対象とした積極的なプログラム展開のほか,エアロビクスダンスのブームがプールプログラムにも影響を及ぼすなど,現在のウォーターエクササイズの原型が作られるに至った。

生涯スポーツの1つとして幅広く認識されるようになった今では,健康運動にとどまらず,介護予防や介護における機能改善の分野にまで応用され,その効用が認められている。

参考文献
- 野村武男. 1986. 「水泳とポジティブヘルス」『Health Sciences』2: 36-43.
- Irion, JM. 1997. Historical overview of aquatic rehabilitation. *Aquatic Rehabilitation*, Ruoti RG, Morris DM, Cole AJ (eds), Rippincott. 3-13.

(花井篤子)

図1 活動の様子:ウォーターエクササイズ

エアレース

Air races

① 競技概要

エアレースは,専用の航空機を使用し,パイロットと機体の限界に挑む競技である(図1)。

現代のエアレースは,地上にパイロンを設置し,楕円形のオーバルコースを複数機で競うものと,複雑なコースを設定し,単機によるタイムトライアル形式のものの2種類に大別される。

前者は,アメリカ合衆国ネバダ州の

リノ市郊外のステッド飛行場で開催されているリノ・エアレース(The Reno National Championship Air Races)である。このレースは，参加航空機の性能に合わせ，Unlimited, Jet, T-6, Sport, Formula One, Biplaneの6カテゴリーに分けられる。1周の距離は3.18マイルから8.43マイルの間で調整されており，旋回中にかかるG(重力加速度)は3−3.5Gで，機体の限界に挑む。

各クラスはゴールド，シルバー，ブロンズとさらに細かくクラス分けがされ，それぞれ予選，ヒート1，ヒート2，ヒート3のレースで構成されている。第二次大戦時の機体を改造して行われるUnlimitedクラスの速度記録は，2003年にP-51Dの改造レーサー"Dago Red"を擁するスキップ(H. Skip)の出した507.105マイル/時である。

他方，パイロットの限界に挑戦する色合いが濃いのが，単機によるタイムトライアルで，レッドブル・エアレースワールドチャンピオンシップ(Red Bull Air Race World Championship)である。スーパーライセンス(レッドブル・エアレースに出場するための特別なライセンス)を保持する15名のパイロットによって競技が行われ，世界の主要都市を転戦する。

レースは，予選を通過した10名と，不通過の5名によるレース(ワイルドカード：予選飛行で決勝にコマを進めるのは10名で，予選落ちした5名の中から2名が敗者復活するためのレース)の上位2名を加えた12名が1回目のレース(トップ12)を行い，上位8名が勝ち上がり，2回目のレース(スーパー8)に進出する。さらにスーパー8上位4名により決勝レース(ファイナル4)が行われ順位を決定する。

レースでは，機体が約700kgという超軽量な小型機を使用する。レースロケーションに設置された高さ20mのエアゲートと呼ばれるパイロンを通過する際には，青帯は水平飛行，赤帯はナイフエッジ(機体を90°傾けた状態)での姿勢が義務づけられ，5°以上角度がずれると1秒のペナルティが課せられる。エアゲートに機体が接触した場合は6秒のペナルティが科せられる。

また，飛行の安全を考慮して，スタートゲートの進入スピードは370km/時以下とされ，これを上回るとペナルティ1秒，380km/時を超すと失格となる。さらに，旋回時には非常に高いGがかかるため，12Gを超えた場合は失格となる。

② 歴史

1903年，ライト兄弟がフライヤーIの初の動力飛行を成功させた後，航空機開発はめざましく進歩した。1907年，フランスの新聞社の主催で，わずか250mの距離を複数機で同時にスタートし，最初にゴールしたものが勝者とされたものが世界初のエアレースであろう。

エアレースで知名度の高いものは，1913年にモナコ公国で行われた，離着水が可能な飛行艇を使用する，シュナイダートロフィーレース(Coupe d' Aviation Maritime Jacques Schneider)という賞金レースである。フランス人のジャック・シュナイダー(Jacques Schneider)により開催され，航空機を使ったレースが世界的に広まった。このレースは第一次大戦をはさみ1931年まで開催され，フランス，イギリス，イタリア，アメリカが，国の威信をかけて競った。第二次大戦によりレースは中止されたが，大戦後には，長距離レースや周回レースなど多種のレースが復活した。

リノ・エアレースは1964年から開始され，現在まで40年を超える歴史を誇っている。レースだけでなく，航空ショーとしても充実した内容となっている。

レッドブル・エアレースは2003年から開始された。2009年より，アジア人初のパイロットとして，室屋義秀が参戦している。しかし，2011年のシリーズから安全性を含むシステムの再構築のために休止していた(2014年より再開)。

(今原太郎)

エアロビック

Aerobic

① 競技概要

エアロビックは，アメリカのケネス・クーパー(K. H. Cooper)が提唱した運動処方理論「エアロビクス」を起源として，その後に派生したエアロビックダンス・エクササイズがスポーツとして体系化され発展したものである。日本では「エアロビック」と呼ばれているが，国際的には「エアロビックジムナスティックス」などの呼称が用いられている。

競技の種類には，国際共通で行われている「ルーティン競技」のほか，国内普及を目的とした「フライト競技」「チーム競技」などがあり(図1, 表1)，それぞれ「ユース」「一般」「マスターズ」など年齢別のクラス分けがある。

試合は，7m×7mまたは10m×10mの競技エリアを使って行われる(年齢によって異なる)。エアロビック動作やエレメントと呼ばれる難度別の動作を構成した演技(ルーティン)を行い，「芸術」「実施」「難度」の観点から採点をして，

図1　競技中の様子：エアレース

その合計点を競う。演技時間は年齢別クラスによって，それぞれ1分15秒±5から1分30秒±5の範囲で規定されている。

② 歴史

1982年，アメリカの『ランナーズ・ワールド』誌の発行人ロバート・アンダーソン（R. Anderson）が健康体力づくりプログラム（フィットネス）とは一線を画する観点からエアロビクスコンテストを創案し，カリフォルニア州マウント・ビューで開催したのが競技としてのエアロビックの始まりといわれている。

その2年後の1984（昭和59）年に日本では，第1回全日本エアロビック選手権大会が行われた。さらには1990（平成2）年に本格的な競技エアロビックの幕開けとなる「ワールドカップ世界エアロビック選手権大会」が開催されるなど，日本では世界に先駆けていち早く競技化が進んだ。

その後，アジアをはじめ，アメリカ，南米，ヨーロッパでも国際大会が開催されるようになり，1995年から体操競技を統括する国際体操連盟（Fédération Internationale de Gymnastique: FIG）も競技エアロビックに参入するなど，現在，世界80ヵ国以上で行われ，オリンピックの種目化をめざすまでになっている。

一方，体操やダンスと同様に，音楽を使ったリズミカルな運動，短時間で手軽にできる運動，全身的な運動などの特徴から，子どもから中高年者まで幅広い年齢層に愛好されるなど，生涯スポーツとしての期待も高まっている。

（島貫 啓）

駅伝（競走）

→陸上競技

エスキーテニス

→テニス系ニュースポーツ

エスニックダンス

Ethnic dance

① 競技概要

エスニックダンスは，世界各地の民族・国家を代表する特色ある踊りの総称であり，民族舞踊と訳される。フォークダンスから発展し，国家的規模で伝承されている踊り，もしくは貴族のたしなみとして発展し，芸術レベルに洗練された様式をもつ踊り全般のことをさす。ただし，普及規模や芸術性について明確な規定はできないため，フォークダンスとエスニックダンスの境界は曖昧である。また，他の文化同様に舞踊に対する概念も西欧の視点から発生していることから，西欧の踊りに対するアジア・アフリカ・オセアニアなど非西欧文化圏の踊りを意味することもある。

エスニックダンスの代表的な例としては，アイルランドのアイリッシュ・ダンス，ロシアやウクライナのコサック・ダンス（ホパーク），スペインのフラメンコ，アルゼンチンのタンゴ，ブラジルのサンバ（図1），キューバのサルサ，ハワイ諸島のハワイアン，インド舞踊，バリ舞踊，中東のベリー・ダンス，中国の京劇，韓国舞踊などが挙げられる。日本では舞楽や能，狂言，歌舞伎，日本舞踊，上方舞がそれに該当する。

エスニックダンスは皆で一緒に踊って楽しむというより，観客にみせることを重視した表現形式になっていることが多い。そのため多くの場合，エスニックダンスには洗練された技術を披露する専門家や著名なダンサーが存在する。また，フォークダンス同様，基本的に競技を目的とした踊りではないが，コンペティションを実施しているものもある。例えば，アイリッシュ・ダンスのステップ・ダンスはコンペティション・ダンスへと発展した。本国アイルランドだけでなく移民先のカナダ，アメリカ，オーストリアなどの各地域に複数の組織が設立され，それぞれに競技会を実施している。

② 歴史

各国・各地域によりエスニックダンスの起源，発展の歴史は異なる。古代

図1　競技中の様子（ミックスペア）：エアロビック

表1　エアロビックの競技体系

競技名	種目名／特徴	演技時間	エリア
ルーティン競技	シングル（男・女）	1分30秒±5	10m×10m
	ペア（国際大会はミックスペア）	1分30秒±5	10m×10m
	トリオ（男女混成）	1分30秒±5	10m×10m
	グループ（6名）	1分30秒±5	10m×10m
フライト競技	リーダーの指示による一斉演技	20分×2（前・後半）	制限なし
チーム競技	3－15名のチーム演技	1分30秒－2分	10m×10m

注：これらは2013年現在

図1　ブラジル・リオのカーニバルでのサンバ
（写真：フォート・キシモト）

の王が見せ物として下層階級の者に踊らせたことから始まるエジプト王朝、インド王朝などの踊り、中世の貴族が教養として自らもたしなみ、専門舞踊家を育成・保護した舞楽・能、民衆の踊りから、15-18世紀の軍事共同体の踊りとして発展したコサック・ダンス、18世紀頃にアンダルシア地方で生まれ、ジプシーによってスペイン全土に広まったフラメンコ、民間芸能から発展した職業集団が18世紀頃から都市に進出し、文化大革命後に国劇として採用された京劇など多様である。

なお、15世紀のイタリアで発祥し、16-19世紀にフランス、ロシアで発展したバレエもこれに相当するが、国家を超えて世界的に普及しているためエスニックダンスとはいわない。

（中村恭子）

円盤投

→陸上競技

オートレース

Auto race

① 競技概要

オートレースは、小型自動車競走法に基づき、主にオートバイ（二輪車）でオーバルコース（楕円に近い形状、ストレートとバンク：傾斜角がついたコーナーで構成される周回コース）を周回しスピードを競う公営賭博競技である。競馬・競輪・競艇と同じく公営賭博の1つである。かつては四輪車でも競技をしていたが、現在ではオートバイのみで開催されている。海外ではモータースポーツが賭けの対象となることは珍しくないが、公営賭博を目的としたモータースポーツが開催されているのは、日本だけである。

レースは8人の選手がオートレース専用マシンで1周500mのオーバルの競走路（トラック）を最高時速150km程度のスピードで左回りに6周して着順を競う（図1）。

統括団体は、日本小型自動車振興会を前身とする公益財団法人JKAで、経済産業省の管轄である。

収益金の一部は小型自動車競走法第1条に基づき、主催の地方自治体やJKAを通じて「小型自動車その他の機械の改良及び輸出の振興、機械工業の合理化並びに体育事業その他の公益の増進を目的とする事業の振興に寄与するとともに、地方財政の健全化」のために分配される。

2014（平成26）年現在、伊勢崎・川口・船橋（2015年度末での廃止を表明）・浜松・山陽・飯塚の全国6ヵ所のオートレース場があり、月平均9日間開催されている。かつては兵庫県園田、大阪府長居、山口県柳井、兵庫県甲子園、東京都大井にもオートレース場があった。施行者は千葉県、埼玉県、船橋市、川口市、伊勢崎市、浜松市、山陽町、飯塚市の各地方自治体である。

マシンは1993（平成5）年以降、スズキ製のセア（Super Engine of Auto Race）のエンジンを積んだ専用車を使用している。主に新人が乗る排気量500ccの2級車と、600ccの1級車とがある。マシンの構造は、傾斜している競走路でバランスをとるため左が高く右が低いハンドル形状と、追突事故防止のためにブレーキがなく、競走に不要なメーターやランプなどの計器類がないという特殊な構造をしている。正面とシート左右には車番が表示される。また、それぞれのマシンには呼び名（ニックネーム）が付けられている。

選手の装備は、フルフェイスのヘルメット、革製のグローブやブーツなど転倒に備えた防具となっている。走行時はバランスをとるために左足を出しながら走るので、左足には鉄製のスリッパを履く。

スタート方法は2種類あり、速い選手は後方から、遅い選手は前方から

図1　競技中の様子：オートレース
（写真：日刊スポーツ／アフロ）

10m刻みのハンデラインからのスタートとなるハンデレースと、選手全員が横一列のスタートラインからスタートするオープンレースとがある。割り込みや斜行、接近、急減速などの違反行為があるとペナルティーが科せられる。

選手になるには試験に合格し、選手養成所の訓練を受ける必要がある。また、選手はランキングに応じて高い順にS級、A級、B級に分かれていて、出走できるレースが異なる。原動機（エンジン）を積んだマシンで競技するという特性上、ほかの公営競技より選手生命が長く、60歳代の選手も珍しくない。2012（平成24）年現在、全国に460人の登録選手がいる。

投票券（車券）は単勝式、複勝式、連勝式などがあり、予想が的中すれば購入者に配当が払い戻しされる。

② 歴史

1950（昭和25）年に、戦後日本の復興をめざして小型自動車競走法が公布施行され、同年船橋オートレース場でオートレースは初開催された。1952（昭和27）年から1973（昭和48）年までは四輪車のレースも開催されていたが、1968（昭和43）年までにすべてのコースがダート（未舗装路）から舗装化され、スピードが増して事故が相次ぎ、安全面から廃止された。

1993（平成5）年にはそれまでのフジやトライアンフ、メグロに代わるエンジンとしてスズキ製のセアを採用し、イコールコンディション化や耐久性の向上などが図られた。

2007（平成19）年には選手層の拡大のために年齢の上限撤廃、モータースポーツやその他スポーツの実績がある者に特例が認められるなど応募条件が緩和された。これにより1995（平成7）年と1996（平成8）年にオートバイロードレースの世界チャンピオンを獲得した青木治親がオートレーサーに転向している。

女性の進出は早く、1954（昭和29）年には船橋で初の女性レーサーが登場した。1957（昭和32）年には全国で40人の女性選手が在籍していた。しかし1967（昭和42）年までに全員が引退した。のちに選手応募資格が男性に限られ、2010（平成22）年の応募条件緩和まで女性選手はいなかった。

しかし，2011（平成23）年に2人の女性オートレーサーが44年ぶりに誕生した。その後，1人は殉職したため現役選手は1人となったが，32期選手候補生に5人の女性選手が入り，女性オートレーサーも活躍している。

参考文献
◆ オートレースオフィシャルサイト
http://autorace.jp/（2014年4月1日）

（小林ゆき）

オープンウォータースイミング

Open water swimming

① 競技概要

オープンウォータースイミング（以下，OWSとする）とは，海，川，湖などの自然環境を泳ぐ水泳競技種目のことで，一定の距離を泳ぎきる速さを競う競技である（図1）。

スピード，テクニック，持久力といった「泳力」，潮流や波など自然環境を味方につける「知力」，長時間泳ぎ続けられる「精神力」が求められる。プールで泳ぐ競泳種目とは異なり，選手同士の身体接触や駆け引きが多くみられ，潮の流れや波の影響を考慮したレース戦略を練ることから，「泳ぐマラソン」ともいわれている。国際水泳連盟（Fédération Internationale de Natation：FINA）が統括している5つの水泳競技種目（競泳・飛込・水球・シンクロナイズドスイミング・OWS）の1つである。

オリンピック大会では男女各10kmが，世界選手権大会では男女各5km，10km，25kmが実施種目となっている。水深1.4m以上であれば片道コースや周回コースなどコースレイアウトには制約がない。水中からのフローティングまたはプラットホームと呼ばれる桟橋状のスタート台から一斉に飛び込んでスタートし，ゴールに設置されたタッチ板にタッチしてゴールとなる。泳法はフリースタイルで行われ，ウェットスーツの着用は認められない。

② 歴史

1980年代，世界中で親しまれている自然環境下での水泳大会に統一性をもたせて1つの競技として確立しようという機運が，国際水泳連盟の中で高まり始めた。そこでオーストラリアで行われている大会の1つを基本形にして，種目，ルール，形式などを定める作業が始まり，世界共通の競技規則に基づいた現在のOWSの原形が確立された。

その後，OWSはヨーロッパ，アメリカ，オーストラリアなどで盛んに行われる人気種目となり，1991年から世界選手権大会の正式種目に採用され，2008年からオリンピック大会の正式種目に採用された。

日本では戦前より各地で遠泳大会が行われているが，世界共通の競技規則に則ったOWSは，1996（平成8）年8月10日に福岡県福岡市西区大原海水浴場で開催された，「1996年福岡国際オープンウォータースイミング競技大会」で初めて実施された。

近年の傾向として，競技レベルの「高速化」が挙げられる。オリンピックの正式種目となったことで競泳選手の流入が進み，トップスイマーの多くが競泳長距離出身者やデュアルスイマー（競泳とOWSの掛け持ち選手）となったことがその背景にある。いまやOWSは競泳の1つの種目と位置づけられつつある。

また愛好者人口の増加も顕著な傾向となっている。アウトドアブーム，エコツーリズムブーム，マスターズ水泳ブームなどの時流が，その後押しとなっている。OWSは「水泳と自然環境の融合」，「水泳を通じた自然との共生」という，環境（エコ）スポーツとしても注目されている。

参考文献
◆ 日本水泳連盟 編．2014．『オープンウォータースイミング教本 改定版』大修館書店

（鷲見全弘）

図1 競技中の様子：オープンウォータースイミング

オリエンテーリング

Orienteering

① 競技概要

オリエンテーリングは，山野に設定されたチェックポイント（公式にはコントロールと呼ばれる）を，その位置を記した地図とコンパス（方位磁石）のみででできるだけ速く回り，ゴールをめざすアウトドアスポーツである（図1）。かつてはドイツ語のOrienteirungs-lauf（=方向を定めて＋走る）からOLと略されたが，現在では英語orienteeringの頭文字をとってO（オー）と呼ばれることもある。

様々な競技方法があるが，決められた順番にチェックポイントを回る時間を競う「ポイントO」が正式競技として実施されている。想定される優勝時間によって，ロング（想定優勝時間約90分〔女子75分〕），ミドル（同男女35分），スプリント（同男女15分）の3種目が，世界選手権では実施されている。スプリントでは，都市公園や複雑な街路をもつ市街地なども競技エリアとして利用される。

通常のオリエンテーリング（これをフットOと呼ぶ）に加え，クロスカントリースキーによるスキーO，マウンテンバイクによるMTB-O，また身体障がい者でも実施可能な一種の読図ゲームであるトレイルOの4種目が国際オリエンテーリング連盟によって認定されている。

競技に使われるコンパスは，磁針を含むカプセルが透明なプレート上で自由に回せる「ベースプレートコンパス」が代表的なもので，通称シルバコンパスと呼ばれている。地図は，現地調査を踏まえた詳細なものが国際基準によって作られ，利用されている（図2）。

図1 競技中の様子：オリエンテーリング
（2005年世界選手権愛知大会）

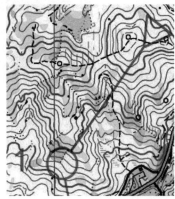

図2　オリエンテーリング用地図
（出典：愛知県オリエンテーリング協会作成「三河高原牧場」）

② **歴史**

オリエンテーリングは，19世紀終盤に北欧で誕生し，20世紀前半に中部ヨーロッパへと普及した。

1961年5月には，ヨーロッパの10ヵ国によって国際オリエンテーリング連盟（International Orienteering Federation: IOF）が設立され，1966年にはフィンランドのフィスカルで初の世界選手権が実施された。

日本には，1966（昭和41）年，体力づくり運動の一環として導入された。1969（昭和44）年に，現在の日本オリエンテーリング協会（Japan Orienteering Association: JOA）の前身である日本オリエンテーリング委員会が国民健康つくり運動協会内に設置され，1970年代には総理府（現在の内閣府）の予算等で，全国各地にいつでも誰でも利用できる常設コース（パーマネントコース）が設置され，その数は700コースに及んだ。また野外活動施設の約50％にも常設コースが設置された。その一方で，全国規模の競技会は1974（昭和49）年度から実施され，1975（昭和50）年2月には初の全日本大会が開催され，1980年代以降，競技スポーツとしても発展した。

2001（平成13）年にはワールドゲームズ秋田大会で実施されたほか，2005（平成17）年には，アジアで初のフットOとトレイルOの世界選手権が愛知で，2009（平成21）年には，ヨーロッパ外初のスキーOの世界選手権が北海道で実施された。また，2008（平成20）年からはアジア選手権が実施されている。

（村越　真）

カーリング

Curling

① 競技概要

カーリングは専用の道具（ストーン，ブラシ，シューズ）を使って，氷のリンクの上で行う競技である（図1）。氷の上を滑るストーンが緩やかに回転し，放物線を描く軌道で進むことから名づけられた。

ゲームは幅5m×長さ45.72mのシートと呼ばれる氷上のフィールドで行われ，2チームが対戦する。約40m先の直径366cmのハウスと呼ばれる円の中心にストーンを近づけるため，戦略をめぐらしゲームを進める。

1チームは4人で構成される。1人2個ずつのストーンを相手チームと交互に投げ，各チームが計8回を投げ終わった時点で1エンドが終了する。エンドごとに勝敗を決め，勝利したチームに得点が入る。公式大会では，これを10エンド行って1ゲームとし，獲得した得点の合計で最終的な勝利チームを決める。

エンドごとの勝敗の決定と得点数の計算は以下のとおりである。そのエンドにおいて，自チームのストーンをハウスの中心により近づけた方が勝ちとなる。そして，負けたチームの最も中心に近いストーンを基準とし，それより内側にある勝利チームのストーンの数が得点として加算される（ストーンが中心に近いほど得点が高いということはない）。

4人のチームメンバーは，一般的にはリード，セカンド，サード，スキップと呼ばれる。スキップはチームの司令塔となり，ストーンを投げる目標と投げる強さを指示し，投げ手はその指示に従いストーンを投げる。残りの2人は掃き手となりブラシでストーンの進行方向の氷面を掃くことによりスピードを保ち，コースを曲げないよう維持しながら目標地点をめざす。なお，自チームのストーンが相手のストーンにぶつかっても構わない。

カーリングにおいて戦略は特に重要視され，氷の状況を読んだり，相手のストーンを利用したり，先攻や後攻で作戦を変えたりするなど，試合を有利に展開する駆け引きが展開される。

② 歴史

カーリングの起源は古く，すでに1540年にスコットランド人のジョン・マックイーン（John McQuhin）が書いた文書の中にカーリングをしている記述がみられ，また画家ピーテル・ブリューゲル（Pieter Bruegel）の作品「雪中の狩人」の中でも，湖上でカーリングらしき遊びをして楽しんでいる様子が描かれている。18世紀には，カナダ，アメリカ，ヨーロッパへも伝えられ，現在でも，それらの地域では多くのカーリングクラブがつくられるなど，広く楽しまれている。

20世紀に入り，1959年には世界選手権が開始され，現在も毎年開催されている。また，1966年には統括組織として世界カーリング連盟（World Curling Federation: WCF）が設立され，2014年5月現在で53の国と地域が加盟している。

日本では，1937（昭和12）年に日本カーリングクラブが設立され，諏訪湖（長野県），山中湖（山梨県）で大会が開催された。その後，1958（昭和33）年に苫小牧（北海道），1967（昭和42）年に富士見高原（静岡県）で大会が開かれたり，1969（昭和44）年から3年間にわたり蓼科湖で教室，大会等が行われたりしたが，それほど関心がもたれず普及が進まなかった。

しかし，1978（昭和53）年に池田町（北海道）がペンティクトン市（カナダ，ブリティッシュコロンビア州）と姉妹都市として提携を開始し，ともに楽しめるスポーツとしてカーリングが導入された。また，1979（昭和54）年に新宿住友ビル（東京都）でゲームが行われたことなどをきっかけとし，在日カナダ大使館の協力もあり，名古屋，富山，千葉，山形，京都，佐賀などへと普及が進んだ。1984（昭和59）年には日本カーリング協会が設立され，2014年現在，23都道県にカーリング協会が設立されている。

1998（平成10）年の第18回冬季オリンピック大会（長野）では正式競技として開催され，2006年の第20回大会（トリノ）では日本女子チームがカーリング王国であるカナダチームを破るなどの活躍で，日本中にブームを巻き起こした。

（小林　宏）

図1 競技中の様子：カーリング

表1　オリンピックにおける実施状況

年	事項
1924	第1回冬季大会（シャモニー）で正式競技として実施
1932	第3回大会（レークプラシッド）で公開競技として実施
1988	第15回大会（カルガリー）で公開競技として実施
1992	第16回大会（アルベールビル）で公開競技として実施
1998	第18回大会（長野）で正式競技として実施
2002	第19回大会（ソルトレークシティ）で正式競技として実施
2006	第20回大会（トリノ）で正式競技として実施
2010	第21回大会（バンクーバー）で正式競技として実施
2014	第22回大会（ソチ）で正式競技として実施

カーリング
[障がいのある人の]

→車椅子カーリング

カヌー（競技）

Canoeing

① 競技概要

カヌー（競技）は，艇首・艇尾が尖った舟に乗り，櫂（パドル）を用いて自由自在に水面を漕ぐスポーツである。競技としては，池や湖などの静水面に設定されたコースで着順を競うものと，渓流を主とする変化に富んだ水面において，コースに設置されたゲートをクリアする技とタイムを競う競技などがある。最近では，海洋における長距離レースも行われている（図1）。

[競技特性]

カヌー競技は，地形のほか，風の向きや強さ，波，流れ，水量など，自然条件に大きく左右されやすい自然相手のアウトドアスポーツである。そのため，カヌー競技には，新記録というものは存在せず，その時・その場で最も速い者が，真の勝者として称えられる。

カヌーの種類を大別すると2種類あり，カヤック（Kayak: K）とカナディアン（Canadian: C）に分けられる。カヤックは，漕ぎ手が座るコックピット以外の部分は，甲板で覆われていて（クローズドデッキ），両端に水掻き（ブレード）が付いたパドル（櫂）を用いて水を漕ぐ。一方，カナディアンは，甲板が存在せず（オープンデッキ），片側だけにブレードが付いたパドルを用いて，艇を操る（図2）。カヤックとカナディアンの大半は，以上のように分別することができるが，いずれも漕ぎ手が艇の進行方向を向いて，パドリングすることがカヌーの特徴であり，スピードを求める力強さに競技としての特性が表れる。

[競技の仕方]

カヌー競技の種類は，流れのない池や湖の静水面，および川や海といった活動する場所によって，使用する艇の構造や形，素材も様々である。今日，幅広い普及・振興がみられるようになったカヌーだが，国際カヌー連盟（International Canoe Federation: ICF）が管轄する競技は，以下のとおりである。流れのない静水面でタイムを競う「スプリント」，流れの速い川でポイントを競う「スラローム」とタイムを競う「ワイルドウォーター」，長距離の「マラソン」，球技の「カヌーポロ」。さらに，帆を揚げて風を利用する「カヌーセーリング」，中国の伝統的な祭事が発展した「ドラゴンカヌー」，激流で演技を競う「フリースタイル」とインフレータブルカヌー（空気注入式のカヌー）で下る「ラフティング」，海で行うオーシャンレーシングとサーフィン技術を競う「ウェイブスキー」，さらに「サーフスキー（ライフセービング）」の12種類である。この中で，オリンピックの正式種目となっているものはスプリントとスラロームの2種目である。

スプリント種目は，カヤックとカナディアン部門があり，それぞれ1人（シングル），2人（ペア），4人（フォア）乗りがあり，200m・500m・1000mの距離で競われる。試合は静水面で行われ，複数の艇が一斉にスタートをし，決められた直線水路（レーン）を最短時間で漕ぎきり，着順を競う種目である。

一方，スラローム種目は，スプリント種目同様にカヤックとカナディアンがあり，それぞれ1人乗りで，カナディアンのみ2人乗りもある。競技は，1艇ごとにスタートし，コースに吊られたゲートポールを流れの上流（緑色のゲート）もしくは下流方向（赤色のゲート）から通過しながら，ゴールをめざす（図3）。その際，ゲートポールへの接触やゲートの不通過があると，ポイントが加算される。それにスタート地点からゴールラインまでの所要時間が得点化され，その合計において最少得点の者が優勝となる。そのため，ゲート通過の技術とスピードの両方が必要とされる。

スプリント・スラロームの両種目ともに，新たにカナディアン種目に女子を加えることが，2009年のルール改正によって決定された。これにより女子のカナディアン種目が，国際大会等で開催されるようになった。

[用具・施設]

カヌーの用具は，艇本体と水を漕ぐためのパドル（櫂），浮力を確保するために上体に装着するライフジャケット，それにスプリント種目のカヤックやスラローム種目などのクローズドデッキの艇では，艇内に水の浸入を防ぐために，コーミングカバーを用いて腰と艇との間をふさぐ。スラローム種目ではそれに加えてヘルメットを着用する。これらが基本的な用具の装備である。

図1 競技中の様子：カヌー（写真：アフロ，アフロスポーツ）
左：スプリント女子カヤック2人乗り，右：スラローム女子カヤック1人乗り。

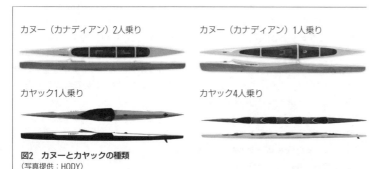

図2 カヌーとカヤックの種類
（写真提供：HODY）

艇の形状について，スプリント種目で用いる艇は高い直進性をもち，よりスピードが出るように抵抗を極限まで少なくした，細い流線型をしている。スラローム種目で用いる艇は，回転性とバランスがよく，加えてよりスピードが出るように考えられている。

[カヌーの起源]

数千年前から移動交通手段として，また狩猟の道具として用いられてきた小舟が，カヌーの原形である。世界各地にカヌーはみられ，それぞれの環境条件に合わせて，今日まで発達してきた経緯がある。そして，スポーツとしての近代カヌーの発祥は，19世紀中頃のイギリスに求めることができる。その後，1866年にイギリスのテムズ川において，独立した競技としてレースが行われた。1924年には，競技カヌーとしての国際組織である国際カヌースポーツ連盟(Internationale Repräsentantenschaft Kanusport: IRK)がコペンハーゲンで設立され，ドイツに本部が置かれた。その後1930年に，初回の世界選手権がスウェーデンで開催された。オリンピックでは，ドイツの希望により1936年の第11回大会(ベルリン)から正式競技となり，その後の大会から今日まで継続実施となった。1946年には，国際カヌー連盟(ICF)へと組織的に発展した。

[日本におけるカヌー競技の歴史]

日本のカヌー競技は，1940(昭和15)年に開催が予定されていた第12回オリンピック大会(東京)の準備と強化のため，中原乾二(当時・日本漕艇協会役員：東京オリンピック監督)と高木公三郎顧問による第11回大会(1936，ベルリン)の視察を契機としている。中原と高木は情報・資料を収集し，カヌー艇(カヤックペアとカナディアンシングル)を購入し日本に持ち帰ったのが，日本におけるカヌースポーツの原点となった。その後普及のための広報，艇の製造，競技場の建設，それに選手強化等に力を注ぎ，1938(昭和13)年3月に日本漕艇協会の指導部から独立して日本カヌー協会が設立された(初代会長：道家斉一郎)。しかし，同年7月東京での第12回オリンピック大会開催の返上が決定し，1942(昭和17)年5月に日本カヌー協会は解散した。それから大戦後に至るまで，木下栄昇，栄徳兄弟らが個人的

尽力により，日本カヌーの生命が保たれた。この時期に世界が国際組織化を推進する中で，日本が後れを取ったことは否定できない。1964(昭和39)年第18回オリンピック大会(東京)に向けて，1960(昭和35)年に日本カヌー協会が復活し，後れを取り戻すために急ピッチで準備が進められた。第18回大会(東京)で初出場して以来，1980年第22回大会(モスクワ)を除き，連続して出場している。その後今日まで，日本のカヌーは，国際大会の開催やアジアカヌー連盟の会長を輩出するなどアジアの中心的役割を果たしてきた。

主な関係組織団体との関連や，協会の改組については以下のとおりである。1963(昭和38)年に全日本学生カヌー連盟が発足し，大学選手権大会を毎年開催している。1966(昭和41)年に日本体育協会へ正式加盟した。この時会長であった萩原吉太郎は，企業など経済界とのつながりを生かしてカヌー競技の普及・発展に努め，選手強化のために個人的な財を多く提供した。これにより日本カヌー界の礎を築いたともいわれている。1980(昭和55)年に日本カヌー協会が法人化し，(社)日本カヌー連盟へと改組した。1982(昭和57)年第37回国民体育大会(島根)より国民体育大会正式種目となった。翌1983(昭和58)年日本が中心となり，アジアカヌー連盟を発足させた。2002(平成14)年に全国高等学校体育連盟に正式加盟し，2006(平成18)年よりインターハイ種目となっている。

日本におけるカヌー競技発展の歴史は，オリンピックにおいて競技を実施するために，トップダウン方式で国内における普及・強化を図った，他の競技にはあまりみられない，珍しい成り立ち過程をもっているといえる。

[オリンピックにおける日本人選手の活躍]

スプリント種目では，1964年第18回大会(東京)に監督として中原乾二，選手で本田大三郎はじめ12人が初参加して以来連続出場している。1984年の第23回大会(ロサンゼルス)において，井上清澄がカナディアンシングル500mで6位となり，日本人初入賞を果たした。1996年第26回の大会(アトランタ)は，丸山小百合が女子カヤックシングル500mで準決勝進出を成し遂げ，女

子選手の道を切り開いた存在となった。そして，2008年の第29回大会(北京)では，女子カヤックペア500mで北本忍・竹屋美紀子が5位入賞を果たし，スプリント種目のうち，男女を合わせても過去最高の成績を残した。

スラローム種目では，1972年の第20回大会(ミュンヘン)の男子カヤックに，成田昌憲(現・アジアカヌー連盟会長)が初出場した。そして，2008年の第29回大会(北京)にて，竹下百合子が女子カヤックで4位に入賞し，スラロームのみならず日本のカヌー界で最高の成績を収めた。スラロームは近年，海外に活動の拠点を置いて強化を行った成果が出たといえる。

オリンピックで入賞を果たした今，今後さらなる競技力向上をめざすためには，カヌー競技においても新たな特定強化を行っていかなければならない時期に差し掛かっている。

② 技術・戦術・ルールの変遷

[オリンピックでのカヌー競技]

カヌー競技は，1936年の第11回大会(ベルリン)から，ドイツ政府の希望によりスプリント種目が正式種目となった。それ以来，今日(2012年第30回大会・ロンドン)まで継続実施されてきている。過去に実施されたものにはリレーや10000mもあったが，現在の開催内容は，男子は1000mと500m，同女子が500mである。2012年の第30回大会(ロンドン)から，男子は1000mと200m，女子は500mと200mに変更された。

スラローム種目は，1972年の第20回大会(ミュンヘン)で正式種目となり，その後はしばらく実施されていなかったが，1992年の第25回大会(バルセロナ)以降，今日まで継続開催されている。最近では，天然の川を利用するのではなくコンクリートで造られたコースに障害物を配置し，水の流れと強さを意図的に調整するようになった。このような人工コースを利用することで，水量調節やコースセッティング，また審判業務をはじめとする運営が容易となる。

[用具・道具の変遷]

カヌー艇やパドルは，元来ウッド材や動物の革を用いていた。競技として行われるようになった頃は，すべてが

a

木製であった。しかし，素材がグラスファイバーへと変化し，近年ではカーボンやケブラーをエポキシ系の樹脂で成形するようになった。またより軽くて強度を出すため，ハニカム構造をサンドイッチする製法も用いられ，重量規定に基づいた上でより硬い艇が求められている。

b

③ 現代の技術・戦術・ルール
[競技の高速化とみるスポーツの強化]

　ルールの変遷については，ICFが2年に1度，奇数年に大きな変更を行っている。それに伴い，国内のルールも随時検討されている。競技艇に関しては，1923年にIRKの組織化に先駆けて，スプリント種目で用いる艇の規定が定められた。しかし2001年に，長年規

c

定されていた艇幅に関するルールが撤廃されたことによって，よりスピードが出やすい細い艇が出現した。欧米の選手に比べ，比較的身体が細い日本人にとっては，より身体にあったサイズの艇に乗ることが可能となり，有利なルール改正であった。スラローム種目では，多くの国際大会が人工コースで開催されている。また2003年に最大

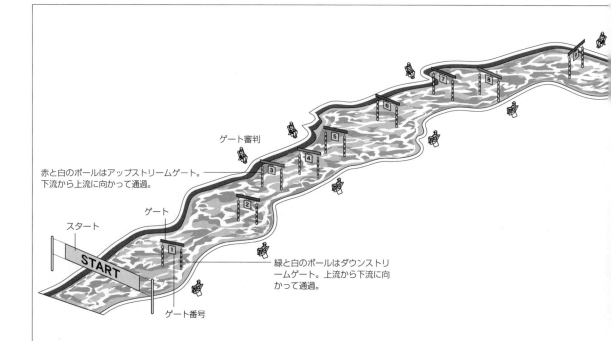

図3　カヌーの競技場
コースには，25（もしくは15）ヵ所のゲートが設置されるのが一般的である。そして，水の流れに変化を与える障害物（岩やブロック），また多少の落差（滝のようなもの）が設けられている。さらに，各ゲートには，ゲートを通過する選手を確認するゲート審判員が配置されるとともに，およそ3ゲートごとに複数の審判員をとりまとめる区間審判員が配置される。

a

艇長の規定が短く改正された(例. シングル種目：4mから3.5mへ変更)。これらのことから, 回転性が向上した艇を用いた, より巧みな技術を要求されるようになった。「みる側」にとっては, よりエキサイティングな印象を与える効果を生み出している。また, コースを曲線的に造ることで, 観客はスタートからゴールまでのすべてをみて楽しむ

b

ことができ, テレビ放映のための撮影も, 数台のカメラでコースのすべてを撮影することが可能となる。

一方, スプリント種目では, 30−40秒で競われるエキサイティングな短距離が加わることで, より高いスタートダッシュのテクニックと, トップスピードを維持する能力が求められるようになった。これにより, テレビ視聴

c

者をはじめカヌーを「みる側」のニーズに合わせたものへと変わってきている。よって, カヌーを「する側」の競技者にとっては, より戦略的な強化策が必要になってくることが予想される。

(栗本宣和)

カヌーポロ

Canoe polo

① 競技概要

カヌーポロは, 各プレイヤーがそれぞれ1人乗りのカヌーに乗り, 1チーム5人の2チームで相手チームのゴールにボールを入れて得点を競う競技である。主にプールや湖などの静水で行われ, 選手は両端に水掻き(ブレード)の付いたパドルで艇を漕ぎ, 手とパドルを巧みに使ってボールを扱う(図1)。

コートの大きさは長さ35m×幅23mで, ゴールの大きさは縦1m×横1.5mである。ゴールは水面に浮かべるのではなく, 水面から2mの高さに設置される。5人のうち1人がゴールキーパーとなるが, サッカーやハンドボールのように常に同じ選手がゴールキーパーである必要はない。

試合時間は10分ハーフの合計20分で, ハーフタイムは3分。ボール保持者に対するタックルがルールで認められているため, 激しいぶつかり合いから艇がひっくり返ることもしばしばである。選手は慣れてくれば, ひっくり返った状態から手と体の捻りを利用してすぐに起き上がることができる。

タックルを制限するなど, ルールを工夫することで初心者や子どもでもレベルに応じて十分楽しむことができる。

② 歴史

19世紀後半のイギリスの雑誌に, カヌーに乗ってボールゲームを行う様子が紹介されている。当時はカヌーを2

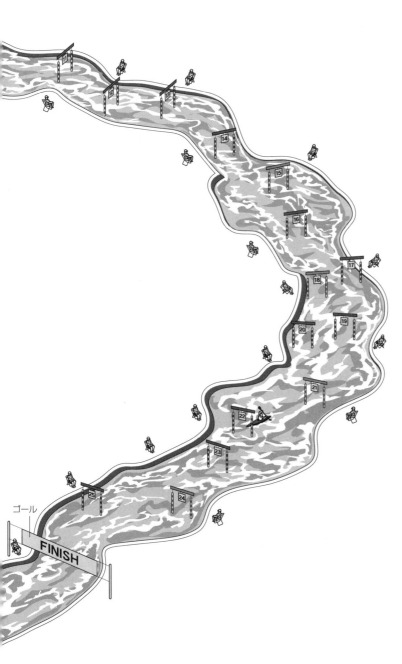

図1　競技中の様子：カヌーポロ

艇連結した上に立ち，長いパドルを使ってボールを操作したり，乗馬のポロ競技を真似て，おもちゃの馬の首と尾を作り付けた樽に跨って行うなど，スポーツというより水の上での余興として楽しまれていた。

1920年代になると，ドイツやフランスでスポーツとして広がり始め，1926年にドイツカヌー連盟(German Canoe Federation: GCF)が「カヌーポロ」という名称で紹介している。交通機関の発達していない当時，遠隔地の川までカヌーを漕ぎに行くのは熱心な上級者に限られたため，カヌー愛好者の裾野を広げるべく，近くで安全に楽しめるカヌーポロが初心者の導入やトレーニングの一環として取り入れられたのである。当時ドイツで使われていたコートは長さ120m×幅90mと大きく，ゴールは縦1.5m×横4mで水面に直接浮かべていた。試合は11人対11人で行われ，45分ハーフであった。1930年頃に競技として確立されるようになり，ドイツ国内でルールやマニュアルが整えられていく。一方，フランスやイギリス国内でもコートの大きさやルールは異なるが，お祭りやカヌーテクニックを身につける練習としてカヌーに乗ったボールゲームが発展した。また，1950−70年代のオーストラリアでは，2人乗りのツーリング用カヌーに乗ってボールゲームが行われていた。

1970年代に入ると，イギリスが自国ルールを各国に紹介することでルールの世界統一を試みている。しかし，現在のような小さなコートと手でボールを扱うことを認める国々と，サッカーコートのような大きなコートで手の使用は認めず，パドルだけでボールを扱うことを支持する国々との間で意見が割れたままとなる。そこで1986年，国際カヌー連盟(International Canoe Federation: ICF)がイギリス，フランス，オーストラリア案に近い小さいコートでの新しいルールを公表した。翌年，新ルールに基づいたデモンストレーション試合を開催し，カヌーポロが正式な競技として紹介された。

その後，ICFは1990年に最終的なルールを制定。1994年には第1回世界選手権大会がイギリスで開催され，オーストラリアが男女ともに初代チャンピオンとなった。現在，世界選手権大会は2年ごとに開催されており，2005年よりワールドゲームズ大会の正式競技に採用されている。2011年には攻撃時間を制限するショットクロック・ルールが導入され，試合展開がよりスピーディーかつよりスペクタクルなものへ変化している。

日本へは，1970年代後半，当時イギリスの統治下にあった香港経由で紹介されている。その後，カヌーの導入種目として，またはトレーニングの一環として九州や沖縄の小・中学校や高等学校が練習に取り入れたことから各地に広がった。1979(昭和54)年には全国規模の大会が開かれ，1986(昭和61)年に第1回日本選手権大会が開催されている。世界選手権大会へは第1回大会から連続出場しており，2004(平成16)年には愛知県三好町(現・みよし市)で第6回大会が開催された。2005(平成17)年のワールドゲームズ大会では，日本の女子が銅メダルを獲得している。

参考文献

◆ Beasley, Ian. 2008. *Canoe Polo : Basic skills and tactics*, ICF edition. Stern Turn Publishing Pty Ltd.

(八鍬美由紀)

カバディ

Kabaddi

① 競技概要

カバディは，攻撃側と守備側のチームに分かれ，攻撃側のチームの選手がタックルなどの妨害を避けながら守備側の選手の身体にタッチして自陣に戻ることをねらう競技である。その名のとおり「カバディ，カバディ…」と一息でいい続けながら攻撃する点が，大きな特徴の1つである。

コートの大きさは13×10m(女子は12×8m)で，それぞれ7人の選手からなる2チームが中央で自陣と敵陣にわかれる。両チームは交互に1人のレイダー(攻撃手)を，アンティ(守備側)のコートに送る。レイダーはアンティの身体または衣服にタッチして自陣のコートに戻れば，接触した人数分の得点となり，接触したアンティは全員コートアウトとなる。逆にアンティがレイダーを捕まえてコートに戻らせなかったら，守備チームが得点，レイダーはコートアウトとなる。その際レイダーは，相手コートに入る時から自陣のコートに戻るまでの間，息をつかずに「カバディ，カバディ，…」といい続けなければならない(図1)。

試合時間は男子20分ハーフ，女子15分ハーフで，勝敗は総得点で決まる。その間攻守はめまぐるしく変わり，緊張感ある駆け引きが展開される。

ルールや競技方法もシンプルな分，奥が深く，プレイヤーのレベルに応じて楽しめる。基本的に器具や道具は一切必要なく，コートがとれる場所さえあれば手軽にできる，いわばスポーツの原点といえる。

② 歴史

カバディはインド，バングラデシュなど南アジア諸国で数千年の歴史をもつ伝統あるスポーツである。

カバディの起源については諸説あるが，紀元前，獣を武器を持たずに数人で囲み，声を掛けながら捕らえるという狩猟方法がもととも，インドの二大叙事詩の1つ「マハーバーラタ」の中に，1人の戦士が7人の敵と勇敢に戦ったという記述があり，そこから生まれたともいわれている。

南アジアの各地域で行われていたこの競技は，1950年，インドを中心に統一したルールが作られ，インド・カバディ連盟が設立された。1978年には，アジア・アマチュア・カバディ連盟(現・アジアカバディ連盟)が設立された。アジア競技大会では，1990年の北京大会以降は正式種目となっている。

また，2004年には国際カバディ連盟(International Kabaddi Federation: IKF)が発足し，第1回カバディワールドカップが開催された。

日本に初めてカバディが伝えられたのは1979(昭和54)年で，その後1981(昭和56)年に日本アマチュアカバディ協

図1　競技中の様子：カバディ

会が発足した。1989(平成元)年には第1回全日本カバディ選手権大会が開催された。その後，2007(平成19)年に日本カバディ協会(Japan Kabaddi Association: JAKA)と名称が変更になった。国際大会に日本代表選手を送り込むなど，国内外を問わず活動している。

(河合陽児)

カポエイラ

Capoeira

① 競技概要

カポエイラは，楽器の演奏に合わせて足技などを披露するゲームあるいはスポーツ競技である。もともとブラジル由来の格闘術であったが，今日では上記のような形で国際的に普及している。

ゲームとしてのカポエイラは，競技者や見物人が形作る円陣の中に2人の競技者が入って行われる(図1)。円陣を形作る者は，楽器を奏し，歌を唱和し，手拍子を打って円内の2人を鼓舞する。機転を利かせた駆け引きから生まれる攻撃と防御の応酬がこのようなゲームのおもしろさである。勝敗を決することはないが，ゲーム中に足，手，頭以外の身体部位，特に背中や尻を地面に付けることは嫌われる。

スポーツ競技としてのカポエイラは，演武形式あるいは格闘技形式で行われる。前者では，技の正確性，演技の独創性，リズム感などが評価の観点となる。後者では，性別，年齢別，体重別の対戦が基本であり，競技は直径が3−5mほどの円内で行われる。相手の攻撃を巧みにかわしながら有効な攻撃技を繰り出し，獲得したポイントの合計で勝敗を競う。バランスを崩しての転倒や，円の外側への足の踏み出しは減点の対象である。

ブラジルでは1970年代に入ってトーナメント形式の競技会が開催されるようになったが，流派の違いを超えた参加に道を開く競技規則の統一には，未だ至っていない。

② 歴史

カポエイラの起源は2つの説に大別できる。一方はそれをアフリカに求める説，他方は様々なアフリカの文化が融合してブラジルで誕生したとする説である。後者によれば，今日のカポエイラの原型は1830年代以降アフリカ系の住民が多いブラジルの複数の地域に出現した。19世紀中葉から20世紀初頭にかけて，カポエイラは街中で暴力沙汰を引き起こす無頼漢たちの格闘術とみなされて恐れられた。1890年には，カポエイラの実践そのものを禁止する法令が制定されている。

1930年代に大きな転機が訪れた。ビンバ(M. Bimba)が考案したレジオナル(Regional)様式のカポエイラを彼の学校で教えることが認可されたのである。これを契機として，カポエイラはブラジルの国民的スポーツとしての地位を確立していく。動きのスピードと攻撃性を重視するレジオナルとともにカポエイラの発展に貢献したのが，パスチーニャ(M. Pastinha)が復活させた伝統的なアンゴラ(Angola)様式である。これはゆっくりとした重心の低い動きを特徴とする。

1970年代以降，アメリカとヨーロッパへ伝えられたのを皮切りに，カポエイラは国際的な普及を遂げた。今日コンテンポラネア(Contemporânea)という様式も行われるが，これはレジオナルとアンゴラの要素を融合したものと考えられる。

(神戸 周)

図1 競技中の様子：カポエイラ

空手道

Karatedo

① 競技概要

空手道は，2人の競技者が，突き・打ち・当て・蹴り・受けなどの徒手空拳の技術を用いて，技の形の正確さや互いに技の攻防を行い優劣を競う競技である。

[競技の特性]

空手道は，単に勝ち負けを争うものではなく，厳しい修行の中で，互いの人格を尊重し，「礼と節」の精神を規範として，技と心を磨き，人間形成のための手段として発展してきたものである。そのため，勝負を究極の目的とする武術ではなく，有形・無形の試練を乗り越え人格完成を図る道とされる。また，その修行を通じて，手，脚を組織的に鍛え，あたかも武器のごとく威力を発揮し，一突き，一蹴り，によって身を守る護身術である。空手動作は，身体を前後，左右，上下に均等に動かし，屈伸，跳躍，平衡などのあらゆる動作に習熟する身体動作であり，意志力によって，技を使用し，瞬時に最大の衝撃力を爆発的に発揮させて，技を競い合う。

[競技の仕方]

競技種目には「形競技」と「組手競技」の2種類がある(図1)。形競技は，「突き」「打ち」「受け」「蹴り」の基本技を組み合わせ，仮想敵に対し，あらゆる攻防の場面を想定して行われる。形の技を正しく反復練習することで，どんな変化にも対応できるもので，公式競技会においては，16の指定形および首里系，那覇系の自由形が決められており，5人および3人の形審判員による青，赤の旗の数による判定で競う。試合形式は，個人または団体で演武し，トーナメント方式で行われる。

一方，組手競技は，8m四方の競技場の中で2人で対戦し，「急所に当てる寸前に極める」ことを原則として，相互に自由に技の攻防を行って優劣を競う(図2)。試合形式は，個人戦と団体戦(3人ないし5人)がある。武道の論理からいえば，体の大きさによる有利，不利はなく，小さな者は，フェイントや急所，あるいは奇襲攻撃などの方法があるのだが，危険技を禁じている競技ルールでは，公正公平の観点から体重別による階級分けを採用している。競技時間は，成人男子が3分(団体，個人とも)，女子，ジュニア(16−17歳)およびカデット(14−15歳)を2分と定めている。

[勝敗の決定]

空手道競技のポイント制は，現在，全日本空手道連盟および世界空手道連盟主催の大会において，実行されている。

形競技は，「指定形」と「自由形」を演武し，その錬度，正確さ，緩急，気迫，

力強さ，その他の諸要素を形審判員により総合的に判定し，採点され，勝敗が決定される。

一方，組手競技は，競技時間内に8ポイント先取した方が勝者となる。なお，競技終了時に8ポイントに達していない場合や「棄権」「反則」「失格」による勝ちがない場合は，ポイント数の多い方を勝者とする。同点の場合は，ただちに1分間の延長戦を行う。延長戦でも引き分けの場合は，「態度，闘争精神，力強さ」「戦略および技術の優劣」「しかけた技の数」によって勝敗を決める。得点は，1本(3ポイント)，技あり(2ポイント)，有効(1ポイント)があり，よい姿勢，スポーツマンらしい態度，気力，残心，適切なタイミング，正確な距離といった基準で得点となる攻撃部位(頭部，顔面，頸部，腹部，胸部，背部，わき腹)に攻撃を与えられているかで判定される。なお，判定基準は，「1本」：上段蹴り／マットへの投げ，または足払いで倒した後の有効技，「技あり」：中段蹴り／背部への突き(後頭部も含む)／それぞれの技が得点に値する複合手技／相手を崩し得点した場合，「有効」：中段，または上段突き／打ち，である。

組手競技では，相手を制する工夫が必要であり，そのためには，いかに相手の技を崩すか，その方法を工夫する創造力が問われ，同時に必勝の信念，攻撃と受けのバランス，踏み込む勇気，攻防の一瞬を制する知恵と勇気が必要とされる。

[組織の発展史]

空手道の本土への普及は，富名腰義珍翁が1917(大正6)年京都武徳殿にて演武を行ったのが最初とされ，1922(大正11)年文部省(当時)主催の第1回体育博覧会においては，「公相君(コーソークン)」という今に伝わる代表的な形の演武を公開し，その後，講道館長の嘉納治五郎師範の要請により，空手の指導，普及が図られ，学校，企業，各地域へと急速に発展していった。技術の傾向の違いにより多くの流派，会派を派生させつつ発展してきたが，やがて各流派の大同団結の機運が高まり，1964(昭和39)年10月に全日本空手道連盟(Japan Karatedo Federation: JKF)が設立され，1969(昭和44)年10月文部省(当時)より財団法人の認可を得て，国内唯一の空手道統括団体となり，同時に第1回全日本空手道選手権大会を開催，1981(昭和56)年の第36回国民体育大会(滋賀県)では，空手道が正式種目となった。

世界においては，1970(昭和45)年10月に世界空手道連合(World Union of Karatedo Organizations: WUKO)が設立され，同年，第1回世界空手道選手権大会が日本武道館にて盛大に開催された。その後1985年6月，国際オリンピック委員会(IOC)の公認団体に承認され，名称も世界空手連盟(World Karatedo Federation: WKF)と改称し，2014(平成26)年現在，188ヵ国，約5,000万人の空手人口を数えるに至っている。2008年11月には，第19回世界空手道選手権大会が31年ぶり，日本武道館にて，99ヵ国から2,000人余の選手が参加し最大規模の大会として開催され，名実ともに空手道は，世界的なスポーツに発展している。

② 技術・戦術・ルールの変遷

[ルールの統一による競技化]

空手道の競技化の始まりは，1957(昭和32)年11月30日に両国の国際スタジアム(旧・国技館)で，32校が参加して開催された第1回全日本大学空手選手権大会である。この大会の成功で，大学空手道界が試合制度によって一本化されることになった(図3)。

[安全面への配慮に伴うルールの変更]

ルールの変更にはこれまで，安全面への配慮が伴ってきた。まず初めに，1972(昭和47)年に競技の危険性を防止するために，拳サポーターと腹部にスポンジのプロテクターを使用する規定を加えた。これらの規定によって，多くの不慮の事故が防止された。

次に，国民体育大会(以下，国体)から規定に加えられた顔面傷害予防具としての「メンホー」の導入が行われた。

図1 競技中の様子：空手道(左：形競技，右：組手競技)
(提供：チャンプ)

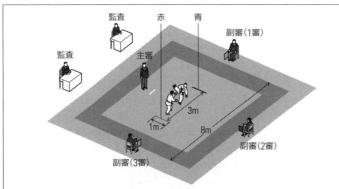

図2 空手道の試合場(組手競技)

```
   試合時間は2分間とする。勝者は1本（有効打）乃至は判定による勝又は反則乃至失格
  による敗けにより決定する。

  1. 反則，手足を除く有害と認められる部分への加撃は，故意にあらざるも反則とする。
     その他手足の甲を踏み砕く，平手で顔面をたたく，拳手による目への攻撃，故意に行
     われた膝関節への蹴り，危険なかかえ投げ等も反則として禁止する。

  2. 反則負け，1回の反則を為した場合反則負けとする。

  3. 次の場合は直ちに失格とする。
     イ．試合中審判の指示に従わぬ場合。
     ロ．極端に興奮し試合続行上有害と認めた場合。
     ハ．罵倒，挑発的言動を為す場合。
     ニ．暴力的体当たり無用の発生，時間を空費する為の行動，その他試合の公正を害す
        ると認められる行動を為した場合。
     ホ．相手に危害を与えるものを帯びていた場合。
     ヘ．その他試合規定に違反する場合。
```

図3 初めての統一ルールの主な条項

表1 予防具使用の有無による傷害の差異

	試合数	延べ人数	傷害数（％）	左のうち顔面関係数（％）
第36 国体（昭和56年）	228	456	62（13.6）	61（98.4）
第37 国体（昭和57年）	279	558	27（4.8）	13（48.1）

表2 基本技術

1) 基本の立ち方の名称（13）
 1. 閉足（へいそく）立ち
 2. 結（むす）び立ち
 3. 平行（へいこう）立ち
 4. 八字（はちじ）立ち
 5. ナイファンチ立ち
 6. 四股（しこ）立ち
 7. 三戦（さんちん）立ち
 8. 基（もと）立ち
 9. 前屈（ぜんくつ）立ち
 10. 後屈（こうくつ）立ち
 11. 猫足（ねこあし）立ち
 12. 半身後屈（はんみこうくつ）立ち
 13. 騎馬立ち

2) 突き方の区分（3）
 1. 拳の甲の向きによる区分
    （A．正突き／B．縦突き／C．裏突き）
 2. 運動性による区分
    （A．直突き／B．揚突き／C．回し突き／D．鉤突き）
 3. 両手を使った突き
    （A．平行突き／B．上下突き／C．山突き）

3) 打の名称（4）
 A. 裏拳打ち
 B. 拳槌打ち
 C. 手刀打ち
 D. 背刀打ち

4) 当ての名称（2）
 A. 肘当て
 B. 膝当て

5) 蹴りの名称（2）
 1. 方向による区分
    （A．前蹴り／B．横蹴り／C．後ろ蹴り／D．飛び蹴り／E．回し蹴り）
 2. 運動性による区分
    （A．蹴上げ／B．蹴込み／C．踏み込み）

6) 受けの名称（5）
 1. 固有の名称（A．揚受け／B．横受け）
 2. 上下による区分
    （A．上段受け／B．中段受け／C．下段受け）
 3. 部位による区分
    （A．手刀受け／B．手掌受けまたは裏手刀受け／C．底掌受け／D．背手受け）
 4. 運動性による区分
    （A．止め／B．払い／C．流し／D．押さえ／E．掬い／F．掛け）
 5. 両手を使った受け
    （A．双手受け／B．交叉受け／C．底掌受け）

7) 下肢・上肢の関連性による名称（2）
 1. 順突き
 2. 逆突き

JKFは，連盟主催による第1回全日本空手道選手権大会を1969（昭和44）年10月10日に日本武道館で開催し，続けて1981（昭和56）年の第36回国体に初参加した。その国体では，拳サポーターを装着しての開催であったにもかかわらず，傷害が62件発生し，そのうち61件が顔面への傷害であった。そのため，日本体育協会からJKFに対して障害防止対策についての強い要請があった。JKFは，ただちに対策委員会を立ち上げ，顔面予防具として，空気袋形式のメンホーを製作し，第37回国体に臨んだ。このメンホー導入によって傷害発生件数は減少した（表1）が，よりいっそうの安全を確保するために，その後，プラスチック材を使用し，現在もさらなる安全性を求めて研究を進めている。

また，現在，各種大学空手道選手権大会や，全日本空手道選手権大会，世界空手道選手権大会等においては，拳サポーターは使用するものの，メンホーは使用していない。メンホーを使用していなくても安全第一は同じであり，「攻撃の拳足は相手の体に触れる前に止めること」というルールが遵守されている。なお，安全を求めてJKFは，組手競技規定において「赤・青の拳サポーターの使用・マウスピースの使用・セーフティカップ（男子）の使用」を義務づけている。また「柔らかいすね当ての利用を認め，すねおよび足の甲への硬いプロテクターの使用は禁止している。さらに，眼鏡の使用を禁止し，ソフトコンタクトレンズは競技者自身の責任において使用してもよい」という規定を加え，さらなる安全性を求めている。

[国際競技化に伴う技術・戦術・ルールの変遷]

日本の空手道が世界に普及し国際化したのは，1970（昭和45）年10月10日－13日の日程で，第1回世界空手道選手権大会を33ヵ国の参加を得て，日本武道館にて開催したことに始まる。

空手を普及する際「攻撃の拳足を相手の体に直接加撃してはいけない」ことを根本精神にして，国際競技化がなされたので，今もこの精神が生かされている。勝敗を決定する内容は，「1本勝負」「3本勝負」等で実施されてきたが，現在では内外ともに，「ポイント」制で勝敗を決めるようになった。このポイント制は，日本よりも世界が先行した。ポイントを重ねていくので競技時間いっぱい競技することが多く，十分な体力を必要とする。

技術・戦術としては，勝つためにとられる手段・方法を導き出す能力と十分な技術練習が，なによりも必要である。つまり，競技大会で勝利するためには，ルールを基盤とした高ポイントにつながる技術と戦術の錬磨が望まれる。例えば上段突きからの中段蹴りおよび中段突き，足払いからの上段突き，また，回り込んでからの裏上段回し蹴りなどである。特にしかけ技の研究は，最重要事項である。

表3 「しかけ技」「応じ技」別にみた上段突き・中段突き・中段蹴りの使用割合の比較

	上段突き（%）	中段突き（%）	中段蹴り（%）	計
しかけ技	355 (48.1)	191 (25.9)	192 (26.0)	738
応じ技	213 (43.7)	262 (53.8)	12 (2.5)	487
計	568	453	204	1225

（出典：田辺・田中，1976）

図1 競技中の様子：カローリング

③ 現代の技術・戦術・ルール

[技術の体系・系統]

空手道は，「身体各部位の直接活用による，突き・打ち・当て・蹴り・受けの技術を主体として構成され(表2)，その理法に基づく合理的な修練を通して，運動能力を高め，かつ人格の養成を指南する道である」と定義される。

JKFは，1973（昭和48）年10月6日，基本の立ち方の名称，身体使用部位の名称，突きの名称，運動性による区分の名称を決定した。これは統一した名称を用いることにより，各指導者がすべて同じく指導ができる手引きとして普及・発展させることにしたものである。

[戦術についての分析]

空手道試合（競技）の使用技の分析を田辺英夫らが，1976（昭和51）年に行っている。それによると，「しかけ技」では上段突き，「応じ技」では中段突きが多用され，しかも有効技になっていることが報告されている(表3)。しかし，現在では，よりポイントの高い上段蹴りおよび中段蹴り等が主流となってきている。

（道原伸司，有竹隆佐）

カローリング

Curolling

① 競技概要

カローリングは，体育館や公民館などの屋内で行われ，「カーリング」に似た競技である。

コートの大きさは，全長13m×幅3mで，プレイヤーは決められた位置から「ジェットローラ」と呼ばれるこの競技専用の円盤を押し出すように投球し（滑らせ），11m先に設置された直径90cmの円内（ポイントゾーン）の中心をねらう。ジェットローラ（以下，ローラ）は，衝撃に強い樹脂でできた直径25cmの円盤で，重さは2kg。裏面に3個の着脱自在な高性能の車輪を装着している。オレンジ，青，緑，黄，黒，赤のカラフルな6色で，各プレイヤーは決まった色の2個のローラを試合で使用する。

1試合は6イニング制が基本で，所要時間は40分程度である。競技は1チーム3人編成で行われる（2人編成で行う場合もある）。投球順序はファーストプレイヤーがオレンジ，青の順序で相手チームのファーストプレイヤーと交互に投球し，副主将であるセカンドプレイヤーは緑，黄，最後に投球する主将は，黒と赤を投球し，これで1回のイニングが終了となる。

イニングが終了した時点で，ポイントゾーンの中心点から最も近い位置にローラがあるチームの勝利となり，得点が入る。負けチームには，たとえポイントゾーンにローラがいくつ入っていても点は入らない。なお，得点の計算方法は，ポイントゾーンの中心から直径30cmの円内（赤色の領域）に入れば3点，その外の直径60cm（黄色の領域）の円内は2点，さらに外の直径90cmの円内（青色の領域）は1点である。次のイニングに進む場合，勝利チームが先攻となる。

このように6イニングを終えた時点で，獲得した得点の多いチームが，最終的な試合の勝者となる。

なお，特別なルールとして，5イニング目はラッキーイニングとされ，赤，黄，青のローラがポイントゾーンの各々同じ色の領域に入った場合，赤色のローラは3点×2倍の6点，黄色は2点×2.5倍の5点，青は1点×4倍の4点がボーナス得点として計算される。

相手チームのローラをはね飛ばしたり，走行コースに停止して妨害したり，味方チームのローラを得点圏に誘導するなど，戦略とスリルに溢れており，土壇場での逆転も起こりうる。

この競技は，年齢性別を問わず，児童から高齢者，障がいのある人まで誰でも一緒に気軽に楽しむことができる(図1)。

② 歴史

カローリングは，北欧などで人気の氷上のスポーツ「カーリング」からヒントを得て，1993（平成5）年に名古屋のベアリングメーカーが開発した。

1994（平成6）年には日本カローリング協会が設立され，第1回日本選手権が名古屋で開催された。以後毎年行われて現在に至っている。

また，全国の地方自治体，県協会主催の競技会やインストラクター講習会の開催により，普及が進められている。海外でも韓国など5ヵ国で行われている。

（田中耕一）

弓道

Japanese archery; Kyudo

① 競技概要

弓道は，目標物（的）に向かって矢を発射する運動形態をとり，決められた距離から日本弓（和弓）で矢を射って的への的中結果等を競う競技である。

[競技の特性]

弓道は，静的運動から一瞬にして鋭い離れ（矢を放つ瞬間のこと）に変化し，競技者には精神的な安定と集中力が求められる。また，「無我無心」により表現される心身の鍛錬を目的としている。

[競技の仕方]

競技の種目は，射距離によって近的競技と遠的競技に分けることができる。通常，近的は28mで1人1的を座射または立射で射て，遠的は60mで1

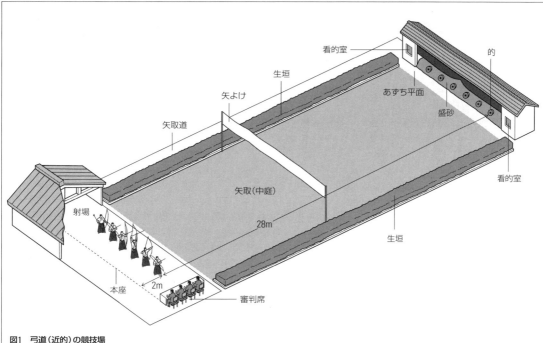

図1　弓道（近的）の競技場

つの標的に対して射手5人を限度として立射で実施される（図1）。競技の種類は，団体競技と個人競技があり，団体競技は3人以上により編成された団体を1単位としているが，一般的には3人または5人で構成される場合が多い。競技の種別は，生徒・学生・社会人，男女，年齢，段位・称号などによって分けることがある。

競技の方法は，的中制・採点制・得点制のいずれか，または併用して実施する。標的への的中数をもって勝敗や順位を決定する的中制による試合が最も多い。一方，採点制は的中だけでなく審判委員によって射技等の採点評価がなされる方法で，全日本選手権大会などで実施され，得点制は標的表面に同心円の得点区分を設け，矢の的中箇所により得点を算出して競う方法をいい，国民体育大会遠的競技や実業団大会などで実施されている。

競技は，予選を行う場合と行わずただちに順位を決定することもあるが，形式としては，総射数法・トーナメント法・リーグ法によって行われる。総射数法とは定められた総射数を射て，総的中合計の高い方から順位を決定する方法で，多数の参加チームがあっても比較的時間がかからずに順位を決定できる。そのため，総射数法は多くの大会で用いられている。トーナメント法による大会の予選でも総射数法が用いられる。

競技進行の方法としては，諸作法や矢番え動作などを跪座（つま先立って座ること）で行う座射と，すべてを立ったまま行う立射がある。

競技の行射の間合いは，「競技における行射の要領」が『弓道競技規則』に定められており，それを基準としている。本座（次団体の控え位置）における進行委員の「始め」の号令から最後の選手の弦音（発射音）までの時間に，団体競技の人数や座射・立射の別により制限時間が設けられる。制限時間を超過した場合は，それ以降に離れた矢，または残った矢は無効・失権となる（表1）。

[用具および服装]

用具は，弓・矢・弽を使用する（図2）。競技には日本弓（和弓）を使用しなければならない。弓の長さは221cmが基準だが，身長によって若干の長短が認められており，約212-39cmの弓が使用される。日本弓は諸外国の弓に比べて長い（長弓）という特徴がある。また，弓の本弭（弓の下部先端）から約3分の1の位置に握り（グリップ）があることも日本弓の特徴である。弓には照準のための装置や目印を付けたり，類似のことをしてはならないことが全日本弓道

表1　団体競技行射制限時間

		3人立	5人立
座射	各自4射	7分30秒以内	10分以内
	各自2射	4分30秒以内	6分以内
立射	各自4射	6分30秒以内	9分30秒以内
	各自2射	4分以内	5分30秒以内

（出典：全日本弓道連盟『弓道競技規則』2014より著者改変）

連盟『弓道競技規則』に定められている。握りの上部に巻かれる矢摺籐も，照準として用いられることのないように，籐頭（握りに近い側の，籐の巻き始め部分）より長さが6cm以上と規定されている。

一方，矢は長さの規定はないが，箆（シャフト部）の太さは6mm以上，羽根の長さは約9-15cm，羽山の高さは5mm以上と規定されている。矢じりは形状により「平題形」「椎形」「円錐形」があり，いずれでもよいが，箆の上にかぶせる様式のものでなければならず，埋め込み式（挿入式）のものは用いることができない。筈は埋め込み式のものが用いられる。

弽とは行射時に右手にはめて引いた弦から右手親指を保護するために用いる弓具で，三つ弽（3指），四つ弽（4指），

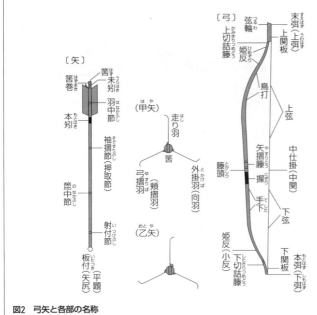

図2 弓矢と各部の名称
(出典：日本体育協会 監修『最新スポーツ大事典』1987)

図3 競技中の様子：弓道近的競技団体戦
(撮影：松尾牧則)

諸? (5指)の3種類があり，競技での着用が義務づけられる。

このように，伝統的日本弓や矢の形態を損なわないようにするための規定が設けられているが，伝統的な竹弓・竹矢のほか，グラスファイバーやカーボンシートを張ったり内蔵した弓，シャフト部がジュラルミンやカーボン製の矢なども普及している。

全日本弓道連盟の大会での服装は，白筒袖の弓道衣，黒袴を着用し，白足袋を履くのを基本とする。袴は，男子は腰板があるもの，女子は腰板のないものが一般的である。行射の際，弓弦で胸部を払わないように胸当てを使用する場合もある。

[発祥]

弓道は，弓矢を用いた狩猟や戦闘の技術であった日本の弓術から発展した弓射競技である。平安時代には射礼という貴族階級の弓術が盛んに行われ，鎌倉時代の武士階級においては，流鏑馬，犬追物，笠懸など，騎射が行われた。これらは，儀式的・遊戯的であると同時に武技訓練としても行われたが，競技的な要素も見出すことができる。江戸時代においては，武士のたしなみとして弓術が修練される一方，京都三十三間堂や江戸三十三間堂(浅草や深川)において，堂の軒下で矢を射通す「通し矢」が行われ，競技としても隆盛をみた。小的の前は，手先15間(約27m)前後の射距離で行われていたが，弓道近的競技の射距離(28m)はこれに起因する。

[国内競技団体の設立と規則の統一]

明治20年代半ばから学校に弓術部が置かれるようになり，明治30年代後半には慶應義塾大学，早稲田大学，第一高等学校，第二高等学校，第三高等学校などで部活動として行われた。1895(明治28)年，武道の総合団体として大日本武徳会が設立され，各地方にも支部が置かれた。1909(明治42)年4月には大日本弓術会(1918年に大日本弓道会と改称)が設立され，戦前の弓道界をリードしてきた。また，1923(大正12)年2月に設立された大日本射道院も，弓道雑誌『射覚』を発行するなどして弓道普及に努めた。

現在，全日本弓道連盟(1949年設立)のほか，全日本学生弓道連盟(1953年設立)などの組織がある。戦後，弓道を統括する組織の解体もあり，射法は混乱し，射形が乱れていた。1949(昭和24)年に組織された日本弓道連盟(現・全日本弓道連盟)は，新しい時代における弓道の普及・発展に努め，同年9月，『弓道競技規則』が制定された(6回改訂，現在に至る)。1953(昭和28)年には『弓道教本第1巻』が発刊された。この教本では，基本体(体配)を重視し，射法については「射法八節」を示し，現代弓道の指標となるものを定めた。教本は改訂増補・補正などを経て，現在においても弓道修錬における大綱であり，指導の教程ともなっている。

② 技術・戦術・ルールの変遷
[ルールの変遷]

ルールは，安全面に配慮して用具に関する規定が加えられたり，より正確な的中判定のためにその方法が明示されたりといった変遷がある。用具の中でも矢に関しては，洋弓の矢との区別化を図るため，また安全対策としても細かく規定されるようになっていっ

た。遠的競技では、女子の競技レベルの向上に伴い、射距離の変更を行った。競技性を高めるための得点制色的の導入と得点の変更、射距離30mの導入・廃止などの変遷があった。

③ 現代の技術・戦術・ルール
[基本としての射法八節]

　競技としての弓道は、技術レベルの向上はあっても技術が大きく変わっているわけではない。現代弓道では、基本体(基本の姿勢、基本の動作)を用いて礼に即した体配を行い、射法の基礎となる「射法八節」に従って、矢を的に当てるなどの射技を展開する。

　射法八節は、1) 足踏み(両足を踏み開く動作)、2) 胴造り(腰をきめ、姿勢を正すこと)、3) 弓構え(右手で弦と矢を保持し、左手で弓を握った上で、的をみて構える動作)、4) 打起し(両拳を頭上に挙げる動作で、斜面打起し・正面打起しの2方法がある)、5) 引分け(弓を押し、弦を引っ張って、左右に大きく引き絞っていく動作)、6) 会(弓を引き絞り終え、ねらいを定めた状態)、7) 離れ(矢を発射すること、またその瞬間)、8) 残心(「残身」とも書き、矢を放った後の心の働きと姿勢をいう)の8項目である。

[戦術としての行射順とペース]

　弓道の用具(弓・矢・弽)は個人のものを使用して競技が行われる。近年は、矢のシャフトサイズや素材、長さ、重さや重心位置などを各自の体格・弓力・射法に合わせて細かく調整をする傾向にある。

　弓道競技では、相手と身体接触を伴うような攻防の展開はないため、戦術としては、チーム内の順番の決定を挙げることができる。5人チームの例では、1番、3番、5番に的中率の高い選手を配置することがあるがこれには、連続失中を避ける意図がある。特に1番は、1本目を的中させ、チームとしてよいスタートを切れるようにする役割がある。また5番には、信頼の高いキャプテン(主将)などを配置し、勝負がかかった最後の矢の的中を期待する。

　また一方で、1番から順番に的中率の高い選手を配置する戦術もある。1番、2番、3番と続けてよいスタートをきり、チームのリズムができることで4、5番も的中することが期待されると同時に、相手より的中を先行して、心理的に優位に立とうとする戦術でもあ

る。このタイプのチームは相手よりも早く全射を引き終えるという戦術も同時にとる場合が多い。引き終えるのが遅いチームの方が心理的プレッシャーを感じながら弓を引くことになり、早く引き終える方が有利であるという考え方である。

　このように、弓道の戦術としては、チーム内の順番配置やチームのリズムや行射ペースなどを挙げることができる。しかし、その戦術が勝敗の決定的要因とはなりにくい。チームや自分の行射に集中をして、練習どおりにできるかがポイントであるため、相手のペースに応じてチームや自分のペースを変更する方法はほとんど行われていない。

(松尾牧則)

競艇

→ボートレース

競歩

→陸上競技

近代五種(競技)

Modern pentathlon

① 競技概要

　近代五種競技は、フェンシング、水泳、馬術に加えて、射撃とランニングのコンバインド種目で構成された全種目を1人が1日で実施する競技である(図1)。

　5種目の内容は、それぞれ以下のとおりである。

[フェンシング]

　エペ(剣先によって有効面(服装・装具を含む全身)を突くことで得点となるフェンシングの一種目)で全競技者の総当たり1分間1本勝負で行う。対戦総数の3分の2で勝利した場合の得点を1,000点とし、

以後の勝ち負け数によって得点が増減される。

[水泳]

　200m自由形で行う。記録が2分30秒の場合を1,000点とし、0.33秒ごとに4点増減される。

[馬術]

　350-450mの距離で1.2mの高さがある15個の障害の飛越により得点が減算される。まず、1,200点の得点が与えられ、飛越の拒否、落馬、規定時間の超過等により減点される。

[射撃とランニング(コンバインド)]

　距離10mの空気拳銃射撃と3,000mのランニングのコンバインド競技である。3,000mの距離を走る途中に4回の射撃があり、各射撃はそれぞれ5個の標的に対して発射弾数無制限で1分10秒の射撃時間が与えられる。1回の射撃で1分10秒以内に5個の標的に命中させれば、そのままランニングが続けられる。失中(標的を外すこと)があっても1分10秒経てば、次のランニングに移行する。これを4回繰り返す。コンバインド種目のスタートは、それまでの3種目の得点の合計によるハンディキャップスタートであり、この種目のゴール順位が、そのまま総合成績の順位となる。

② 歴史

　近代オリンピックは、クーベルタン(P. de Coubertin)が1894年のオリンピック復興のためのパリ国際会議で提唱し、世界の国々に賛同され、1896年、第1回オリンピック大会が古代オリンピックの発祥地アテネで開始された。しかし、クーベルタンの理想は、単一種目で技を競うことではなく、古代オリンピックを手本とする「5種目で技を競う」ことによる人間の総合的な能力を求めることにあった。

　「技術種目」といわれるフェンシングと射撃は、4-5歳で利き腕が決まらないうちから訓練を開始し、左右の脳のバランスのよい発達を促し、成長期にはランニングと水泳で立派な体を作り上げる。馬術は自然に親しみ、愛情豊かな人間を育み、競技全体によって国際感覚と友情を養うことである。単一種目ではできない人生の設計が近代五種競技では可能である。まさにクーベルタンの理想がここにあったのである

図1　競技中の様子：近代五種（左上から，フェンシング，水泳，馬術，射撃，ランニング）

（2005年の国際近代五種連合総会〔ローマ〕でのクラウス・ショールマン会長の演説より）。

1912年，第5回オリンピック大会（ストックホルム）で，当時のヨーロッパの高級将校の敵前斥候をシミュレートした「近代五種競技」が始められた。種目は，護身のためのピストル射撃，フェンシング，ランニング，水泳，そして馬術の5種目であり，各種目を1日として5日間で行っていた。1964年の第18回大会（東京）でも競技場を毎日移動して実施された。

1996年の第26回大会（アトランタ）からは，5種目を1日で行う最も長時間で過酷な種目として実施され，2000年の第27回大会（シドニー）からは，男子でも過酷な近代五種競技に女子種目が加わった。

2004年28回大会（アテネ）は，紀元前708年，スパルタのランピスが第1回古代オリンピックで優勝して以来，実に2712年ぶりにアテネに帰還した「五種競技」であったために注目された。

しかし，このままでは競技時間が12時間にも及ぶので，2008年の国際近代五種連合のグアテマラ総会において，「みる競技」への変革のために，ランニングと射撃のコンバインドが決定され，2012年の第30回大会（ロンドン）から実施された。

オリンピックの歴史にも2回の世界大戦はその傷跡を残している。

1936年の第11回大会（ベルリン）では近代五種競技も最高の盛り上がりがあったが，その後2回の大会は開催されず，1948年の第14回大会（ロンドン）で再開された。

日本においては，1964年の第18回オリンピック大会（東京）に向けてアジアで初めて近代五種競技の強化が始められたが，銃所持の規制もあり一般的な発展と普及が非常に難しかった。しかも1992年の第25回大会（バルセロナ）までは毎回出場していたが，それを最後に不出場が続いた。

そこで2003年頃からオリンピック出場への活動が活発化し，2004年に国際近代五種連合のラスベガス総会で日本は2006年の総会を京都で開催することとして立候補した。その京都総会によって，アジア地区の出場者枠が2人から5人に増員されることになった。

さらに，2007年に第29回オリンピック大会（北京）のアジア地区予選を東京で開催することにこぎ着け，日本人選手としては実に16年ぶりに村上佳宏がオリンピック本大会に出場した。

2010年，ユースオリンピックがシンガポールで開催された。しかし，対象となる14歳から18歳までの競技者のほとんどが国際的にも「銃の所持が許されない年齢」である。競技普及のため，2005年台湾での近代五種アジア連合総会では，日本からの提案でいち早く「レーザーピストル」の開発が承認され，2006年の京都総会では国際近代五種連合でも承認され，2008年のグアテマラ総会では競技規則に「レーザーピストルの使用」が加えられるなどの工夫がなされていた。そして，2010年にリガ（ラトビア）で開催された総会で，2012年の第30回オリンピック大会（ロンドン）からレーザーピストルが正式に採用されている。

（菊地孝之）

キンボールスポーツ

Kin-ball sport

① 競技概要

キンボールスポーツは，1チーム4人の3チーム（ピンク・グレイ・ブラック）対抗で，直径122cm，重さ1kgのボールを使用し，「ヒット（サーブ）」と「レシーブ」を繰り返し，得点を競う競技である。

コートサイズは最大20×20m，最小15.24×18.28mで，試合時間は1ピリオド7分，3ピリオドを先取したチームの勝ちとする。ピリオドの取得とはピリオド時間内で最も多くの点数をとることである。

ヒットするチームは3人でボールを支え，チームの1人が「オムニキン」という言葉と，レシーブチームの色を指定（コール）し，チームの1人（ヒッター）がボールをヒットする（図1）。ヒットの瞬間，チーム全員がボールに触れていなければならない。色をコールされたチームは，ヒットされたボールがコート内の床に落ちる前にレシーブし，再び3人で支え，コールしてヒットする。ヒットが下向きだったり，1.8m以上飛ばなかったりすると，ヒットしたチ

図1　競技中の様子：キンボールスポーツ

ーム以外の2チームに1点ずつ得点が与えられる。また，レシーブに失敗すると，コールされたチーム以外の2チームに1点ずつ得点が与えられる。

なお，オムニキンという言葉であるが，「オムニ」はすべての，「キン」は運動感覚という意味で，「すべての人が楽しめるスポーツ」という造語である。

② 歴史

キンボールスポーツは，1984年カナダの体育教師マリオ・ドゥマース(Mario Demers)が若年層の無気力感や他人には無関心である実態に危機感を抱き，「生きる喜びなど感動の共有や協調性を高める」ことを今後のスポーツの使命と考え，1986年に考案した。その後，政府公認のもと，カナダケベック州キンボール連盟が設立された。キンボールの理念である協調性の向上，スポーツマンシップの育成，運動能力に関係なく誰でもゲームに参加できることが学校教育に受け入れられ，急速に導入された。

現在，カナダ，アメリカの学校や地域，また日本をはじめベルギー，フランス，ドイツなどのヨーロッパ諸国にも広がりをみせ，生涯スポーツとしても愛好者数が500万人以上になり，国際大会も開催されるワールドゲームに発展した。国際キンボールスポーツ連盟(International KIN-BALL sport Federation: IKBSF)が国際統括組織であり，現在ではカナダ(本部)を中心に，日本，ベルギー，フランス，ドイツ，スペイン，デンマーク，スイス，チェコ，韓国，中国の加盟11ヵ国となっている。

日本には1997(平成9)年10月に紹介され，1999(平成11)年に設立された日本キンボール連盟(現・日本キンボールスポーツ連盟)が中心となって，講習会を開催し，普及活動が行われた。2000(平成12)年8月には「第1回ジャパンオープン」が滋賀県で開催され，その後毎年行われている。2013(平成25)年現在で，34の都道府県に支部があり，登録者数は全国で約1万8,500人である。

(前山　直)

グライダー

Glider

① 競技概要

グライダー(競技)は，推進用の動力装置(エンジン)をもたない航空機を操縦して滑空飛行し，その速度や飛行距離などを競う競技である(図1)。機体は風を受けて滑空上昇し，長い距離を飛ぶことができる。

グライダーは大気の動きを判断して気象条件に合わせ飛び続けることや，的確な操作と判断力を求められ，常に操縦を継続するための基礎体力が必須という点で，競技スポーツといえる。

グライダーの1つの分野として，単独で飛行を行い，飛行距離や飛行高度の記録に挑戦するものがある。日の出から日没までの間に，山脈に強い風が当たって風下側に発生する波動風(ウエーブ)の上昇域を利用し，往復した飛行距離が3,009km(アルゼンチン，2003年1月)という記録がある。また，極地に比べ空気の層の厚い赤道付近で，波動風を利用して得られた絶対高度が15,460m(アルゼンチン，2006年3月)という記録がある。

また，競技会形式で，互いに競い合

図1　競技中の様子：グライダー
(写真：フォート・キシモト)

う大会も開かれている。以前は，滞空時間を競う種目もあった。しかし，限られた時間の中で競技を行うために，近年では決められたコースをできるだけ早く飛行する速度競技が主流となっている(1人1機の個人競技)。また，規定時間内(例えば3時間)での距離競技もある。

また，日本の大学生の間でもグライダー競技は盛んである。競技方法は周回コースで速度を競う。その日の気象条件で得られる熱上昇風(サーマルともいう。太陽の熱で地表面の空気が暖められ部分的に気温が高くなることにより発生する上昇風)の強弱により，あらかじめ決められた2地点を周回し，出発の滑空場に戻るコースを飛び，飛行距離と所要時間の長短により優劣を競っている。2つの旋回点を経由する3点の距離が25kmで，熱上昇風が適度に得られると，約18分で周回してくる。

グライダーは比較的性差の少ないスポーツといわれ，学生の競技では男女が一緒に競技を行う。大学で保有されているグライダーは，日本国内では飛行を許された限られた空域しか飛行できないことや，離発着する滑空場に隣接する住民との関係で，長い距離は飛べず，性能を生かしきっていない。

② 歴史

グライダーの歴史は，ライト兄弟が動力付き飛行機で初飛行する10年ほど前に，ドイツ人のオットー・リリエンタール(Otto Lilienthal)がハンググライダーを飛ばせたことに始まる。リリエンタールは，日に照らされた山の斜面に発生する上昇風を使い，ハンググライダーで山を下った。

国内の大学をみると，1930(昭和5)年に日本学生航空連盟が発足した。1938(昭和13)年8月には第1回全日本学生グライダー訓練大会および競技会が長野県の霧ヶ峰と菅平で行われた。

現在も東京6大学対抗グライダー競技会や，全日本グライダー競技選手権などの競技会が毎年行われている。

(内藤康男)

グラウンドゴルフ

→ゴルフ系ニュースポーツ

クリケット

Cricket

① 競技概要

　クリケットは，イギリスの国技として世界各地で根強い人気を誇る球技であり，それぞれ1チーム11人の2チームが守備側と攻撃側に分かれ，守備側のボウラー（投手）が投げたボールを攻撃側のバッツマン（打者）が打ち返し，守備が処理している間に重ねたラン（得点）で競い合う競技である（図1）。

　直径約100mの楕円形グラウンドは，全面芝生で，真ん中に位置する長方形のピッチと呼ばれる芝を固めた場所で投球と打撃を行う。ピッチの長さは20.12mあり，その両端にはウィケットと呼ばれる3本の棒がある。ボウラーは片側のウィケットの横から，もう一方のウィケットめがけてワンバウンドで投球を行い，バッツマンはボウラーがねらっているウィケットの前に構えてバットでウィケットを守りながら投球を打ち返す。ボウラーは助走をつけることができるが，肘を曲げて投げてはならないルールとなっている。ボウラーは，ウィケットにボールを当てたり（ボウルドという），フライを打たせたりしてバッツマンをアウトにすること（コウトという），そして打ちにくいコースや球種を投げることでラン（得点）を抑えることを目的とする。

　バッツマンは，ボウラーが投球をす

図1　競技中の様子：クリケット

る側のウィケットの横に走者の役割をもったバッツマンと，反対側のウィケットで投球を受ける打者の役割をもったバッツマンの2人1組で打撃を行う。バッツマンは，アウトにならないようにウィケットを守ったり，フライを打ち上げないようにしたり，ラン（得点）を挙げることを目的とする。ボウラーの投球をバットで打ち返し，守備側がどちらかのウィケットに打球を返球するよりも早く，2人のバッツマンがそれぞれ反対側のウィケットまで走れれば1ランが成立する。間に合わなければアウトになるため，2人のバッツマンは，返球される前に反対側のウィケットまで走れないと判断すれば走らなくてもよい。逆に，打球が遠くまで飛び，返球に時間がかかる時には，2回（2ラン），3回（3ラン）と何度でも走ることができる。2人のバッツマンは，「Yes（走る）」「No（走らない）」「Wait（待て）」などの掛け声をかけ合ってコミュニケーションをとる。アウトになったバッツマンは，次のバッツマンと交代する。

　バッツマンが，10人アウトになった時点で攻撃が終了し，攻守交代する。お互いに1回ずつ攻撃を終えた時点での総ラン数の多いチームの勝ちとなる。通常は，10アウトにならなくても投球数が一定に達したら攻守交代を行う。

　国際大会には，規定投球数を300球とするワンデー形式，規定投球数を120球とするトゥエンティー・トゥエンティー（Twenty20：T20）形式がある。一方で，世界ランキングの上位10ヵ国は，2イニング制で規定投球数がなく5日間かけて行われるテスト形式，ランキングの11位から16位までの6ヵ国は，同様に4日間かけて行われるフォーデー形式も行う。

② 歴史

　クリケットの起源については諸説あるが，文献における記載としては13世紀にさかのぼることができる。17世紀に入ると余暇の楽しみとして行われるようになっていき，徐々に現在の試合形式に近づいてきたとされている。村や町ごとのクラブチームが出現し始めたのもこの時期である。18世紀に入ると貴族や富裕層で人気が高まり，プレイにおいて紳士的な言動が称賛・重視されたことが，「紳士のスポーツ」と呼ばれる由縁となる。

　また，1775年に初の公式ルール（Laws of Cricket）が発表された。18-19世紀にかけてイギリス領拡大とともにクリケットが大英帝国支配下に浸透していったが，これは英国人がクリケット選手の紳士的な振る舞いや社交を植民地にも広めるよう試みたためである。

　1844年にアメリカとカナダ間で行われた初の国際試合が記録に残っている。その約20年後の，1861年に最初のテストマッチ（テスト形式の試合）が英国・豪州間で行われた。1909年に国際クリケット評議会（International Cricket Council：ICC）が発足して以降，テスト形式での国際試合が各国間で盛んに行われるようになった。1971年には，初めてワンデー形式でのワールドカップが開催され，2007年には，T20形式での世界大会であるワールドTwenty20が誕生した。特にT20形式は，試合時間が3時間ほどと大幅に短縮され，みるスポーツとしてより楽しみやすくなった。2012年現在，ICC加盟国は106ヵ国を数え，競技人口は世界第2位といわれる。特に英連邦諸国では代表的な夏のスポーツである。

　日本においては，1863（文久3）年に国内で最初の試合が開催され，1868（明治元）年には横浜クリケットクラブ（現・横浜カントリー・アンド・アスレチッククラブ）が設立された。しかし，1984（昭和59）年に日本クリケット協会が発足するまでは，国内で普及が進むことはなかったものと思われる。日本クリケット協会の発足以来，関東や関西の大学にクリケットクラブが設立され，普及が進むようになった。2001（平成13）年に，日本クリケット協会がNPO法人の認証を受け，特に小学生から高校生までのジュニア層への普及，指導者の育成，競技施設の整備等の普及活動が本格化した。現在，男子・女子・U19・U15・U12・U9などの各年代や性別での全国大会が開催されている。

　日本代表チームは，男女ともに東アジア太平洋地域大会での優勝経験があり，特に女子日本代表は，2010年に中国広州市で開催されたアジア大会で銅メダルを獲得するなど，世界の舞台でも存在感を増している。

（宮地直樹）

車椅子カーリング

Wheelchair curling

① 競技概要

　車椅子カーリングは，車いすに乗ったプレイヤーが行うカーリング競技である．競技場の規格，得点の算出方法などの基本的なルールはカーリングとほぼ同じである．主な違いを挙げると次のようになる．
- スウィーピング（ストーンの滑りをよくするために，氷上をブラシでこすること）は禁止されている．
- デリバリー（ストーンを滑らせること）は，ホグライン（目標となるハウスの中心から約30mの距離に引かれているライン）の手前で静止した車いす上から，手で石を直接つかんで行うか，キューと呼ばれる棒状の道具を用いて行う．この時，チームメイトが後方で車いすを押さえていてもよい（図1）．
- 公式試合においては，チーム（4人編成）は男女混合でなければならない．

　基本的なルールがほぼ同じなため，普通のカーリングを行うチームと対戦したり，普通のカーリングのプレイヤーと車椅子カーリングのプレイヤーが混成チームを編成したり，といったことがオープン（非公式な）大会では日常的にみられる．対戦型のチームスポーツとしては，身体障がいによるハンディキャップをあまり感じさせないバリアフリースポーツとしての性格をもっている．

② 歴史

　車いすによるカーリングは，1995年頃から，まずスイスおよびスウェーデンでその実施が試みられた．その後，2000年の世界障害者スキー大会（スイス・クランモンタナにて開催）において，スイスより2チームおよびスウェーデンから1チームが集まり，ルール制定に向けての会議とデモンストレーションが行われた．そこでは，できるだけ通常のカーリングに近い形での実施をするという方向づけがなされ，現在のルールの原型が採択された．

　翌年に，再びスイスで国際大会が開催されたのち，世界車椅子カーリング選手権が2002年の第1回スイス大会を皮切りに，以後毎年（ただし，パラリンピック開催年を除く）開催されている．また，冬季パラリンピック種目としても採用され，2006年の第9回大会（トリノ），2010年の第10回大会（バンクーバー）において正式種目として開催された．両大会とも，優勝はカナダチームであった．

　日本における車椅子カーリングは，2003（平成15）年に長野県の御代田町でチーム（信州チェアカーリングクラブ）が発足したのが最初とされており，その後，山梨，青森，北海道でチームが結成された．特に，施設面が充実している北海道での普及が進んでいる．2005（平成17）年からは日本選手権が毎年開催されているが，信州チェアカーリングクラブが，第1回から6回大会まで6連覇を果たしている．世界選手権へも2005年大会から参加しており，2008年の世界選手権では第5位に食い込む健闘をみせ，2010年にバンクーバーで行われた第10回冬季パラリンピック大会へも出場した．なお，2014年の第11回大会（ソチ）の出場は逃した．

〔藤記拓也〕

車いすダンス

Wheelchair dance

① 競技概要

　車いすダンスは，車いす使用者と健常者，または車いす使用者同士が踊り，出来映えを競う競技である（図1）．

　一般には競技ダンスをはじめ，社交ダンス，バレエ，ジャズダンス，ロックンロール，ヒップホップなどの多様なスタイルで楽しまれている．

　また，競技スポーツとしては，スタンダード5種目（ワルツ，タンゴ，スローフォックストロット，クイックステップ，ウィンナーワルツ）とラテンアメリカ5種目（チャチャチャ，サンバ，ルンバ，パソドブレ，ジャイブ）がある競技ダンスをはじめ，ロックンロール，ヒップホップが行われている．

　なお，国際パラリンピック委員会（International Paralympic Committee: IPC）から，競技ダンスはスポーツとして認可されており，車いす使用者（車いすドライバー）と健常者（スタンディングパートナー）が組んで踊るものはコンビスタイル，車いす使用者同士が組んで踊る者はデュオスタイルと呼ばれている．

　競技では，予選から5人または7人の審査員によって音楽性，構成力，スピード，調和（障がい者と健常者が同等に踊る）の4点について加点法により審査され，予選・決勝を行い優勝ペアを決める．

② 歴史

　車いすダンスの起源は諸説あるが，そのうち有力なものは19世紀の半ば頃からイギリスで障がいのある人同士が，社交ダンスを舞踏会で踊りだしたことに始まるとされている．1972年にドイツ・ミュンヘン工科大学の教授で体育学部長であったクロムホルツ（G. Krombholz）と，オランダのダンス教師で車いす使用者であったバンヒューテン（C. Van Hugten）の2人がイギリスで車いすダンスを見出し，自国にもち帰って研究や普及活動を行ったことでヨーロッパ全土に広がり，ドイツ，オランダはもとよりスカンジナビア諸国，ロシア等にも波及し，1996年には障がい者スポーツとしてIPCの会議で承認を受けた．1994年にはヨーロッパ選手権が開催され，1998年に日本で第1回世界車いすダンススポーツ選手権が開かれた．

　現在ではヨーロッパそしてアジア各国で国際選手権，2年ごとに世界選手権がIPCの公認競技会として開催され

図1　競技中の様子：車椅子カーリング

図1　競技中の様子：車いすダンス

ている。

日本では，1991（平成3）年に競技ダンス選手であった四本信子がオランダで車いすダンスを学び，またその後ドイツでクロムホルツのもとで研究した後に，日本に紹介・普及活動を行ったことで，全国に広がった。1996（平成8）年には，車いすダンススポーツ連盟（Japan Wheelchair Dance Sports Federation: JWSDF）が設立され，日本選手権が毎年開催されている。

シンガポール，マレーシア，台湾，香港などアジア諸国でも普及活動が行われ，現在では日本，台湾，韓国，香港が一緒になった競技会が毎年開催されるなどの広がりをみせている。

（四本信子）

車いすテニス

Wheelchair tennis

① 競技概要

車いすテニスは，車いす使用者同士，あるいは車いす使用者と健常者が行うテニス競技である。

テニスコート（コートの広さ，ネットの高さ），ラケット，ボール等は，一般テニスと同様である。試合形式もシングルス，ダブルスがある。一般テニスとの違いは，車いす本体も体の一部として扱うことである（図1）。使用する車いすは手動式と電動式がある。ボールの返球に関しては，ツーバウンドでの返球が可能である（ワンバウンド目はコート内でなければならないが，ツーバウンド目はコート外でも有効）。

他の障がい者スポーツにみられる「クラス分け（障がい区分）」は特になく，男子・女子・クァード（左右上肢および左右下肢の四肢のうち三肢以上に機能障がいが認められる）・ジュニア（19歳以下）に分けて試合を実施する。また健常者と車いす使用者が試合を行う場合は，健常者は一般のテニスルールを適用し，車いすテニスプレイヤーは車いすテニスのルールを適用する。

大会は数多く実施されており，国際大会は，国際テニス連盟（International Tennis Federation: ITF）内の，国際車いすテニス協会（International Wheelchair Tennis Association: IWTA）によりシングルス，ダブルスのランキングが毎週更新される。国内大会は，日本車いすテニス協会（Japan Wheelchair Tennis Association: JWTA）が，国内大会終了後に，シングルランキングを更新する。

② 歴史

車いすテニスは，1976年にアメリカ人のパークス（B. Parks）によって始められた。その後レクリエーションとして，また競技スポーツとして普及が進んだ。1988年には国際車いすテニス連盟（IWTA）がアメリカで設立され，国際的な競技の統括・普及が組織的に行われるようになった。その後，国際車いすテニス協会（IWTA）と名前を変え，2012年現在60ヵ国が加盟している。

パラリンピックにおいては，1992年の第9回大会（バルセロナ）より正式競技として行われている（前述のパークスは，第9回大会の金メダリスト）。

日本では1982（昭和57）年にアメリカ車椅子バスケットボールチームが来日した際に，レクリエーションとして車いすテニスを楽しんでいる様子をみてテニスを始めた。その後，各地域で講習会および競技会が開催されるようになった。そして，国内の競技統括のために，いくつかの団体組織がつくられたが，改組や統合を経て最終的に現在の日本車いすテニス協会（JWTA）が1991（平成3）年に組織された。1991（平成3）年より全国規模の大会として，全日本選抜車いすテニス選手権大会が毎年開催されている。この大会は各年国内最終シングルスランキング上位者（男女各8人・クァード4人）が参加する大会である。このほかにITF公認の国際大会8大会が国内で開催されている。

パラリンピックにおける日本代表は，1992年の第9回大会（バルセロナ）で初参加を果たし，2004年の第12回大会（アテネ）では男子ダブルスで金メダル，2008年の第13回大会（北京）では，男子シングルスで金メダル，男子ダブルスでは銅メダルを獲得するなど，世界的な活躍がめざましい。

参考文献

◆ 日本車いすテニス協会.「沿革」http://www.jwta.jp/jp/office/enkaku.html（2009年8月4日）

（大槻洋也）

車椅子バスケットボール

Wheelchair basketball

① 競技概要

車椅子バスケットボールは，車椅子に乗ってプレイするバスケットボール競技である（図1）。車椅子を使用する以外は一般のバスケットボールとほぼ同じルールで行われる。1チーム5人の2チームで試合は10分のピリオドを4回行う。また，コートの大きさ，ゴールの高さ，ボールも同じである。

1回のドリブルにつき許されるタイヤ操作は2回以内であり，3回以上タイヤをこぐと反則（トラベリング）になる。一般のバスケットボールと大きく異なる点として，ダブルドリブルに相当するルールがないことがある。なお，プレイ中に車椅子から転落した場合のルールも特に定められていない。

また，プレイヤーの障がいの程度に応じて分類されたクラス分けによる制限が存在する。クラス1（持ち点1.0－1.5）が障がいが最も重度であり，以下

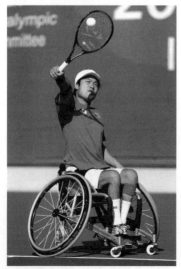

図1　競技中の様子：車いすテニス
（写真：長田洋平／アフロスポーツ）

図1　競技中の様子：車椅子バスケットボール

クラス2(持ち点2.0-2.5)，クラス3(持ち点3.0-3.5)，そして障がいが最も軽度なクラス4(持ち点4.0-4.5)に分類される。なお，コート上の5人のプレイヤーの持ち点が，合計14.0を超えてはならない。これは，重度の障がいのある人が競技へ参加をしにくくならないようにすることが目的である。

バスケットボール用の車椅子は，軽量で頑丈なつくりで，正面からみるとタイヤが八の字になっており，すばやいターンが可能である。そして転倒防止用に後方にも小さなキャスターが付いている。シートの高さや車輪の大きさなどに制限があり，選手個々のプレイスタイルに合わせて調整したものが作られている。

上半身で車椅子を動かし，ボールも操るため，プレイヤーの上半身は非常に発達している。また，接触や転倒も頻繁に起こるような激しさもある。片輪を浮かすティルティングなど通常のバスケットボールにはない技術があり，それがこの競技独特のおもしろさにもつながっている。

② **歴史**

多くの障がいのある人を生んだ第二次大戦後，米英両国で車椅子スポーツが生まれた。バスケットボール発祥の地アメリカでは，障がいのある人自らの手で情熱を傾ける対象として車椅子バスケットボールが急速に普及発展し，1949年に全米車椅子バスケットボール協会が設立された。

一方イギリスでは，ストーク・マンデビル病院のグットマン(L. Guttmann)により，脊髄損傷者の治療の1つとして車椅子バスケットボールが導入された。この2つの流れが1950年代後半に1つとなり，車椅子バスケットボールは競技スポーツとして世界中で盛んになっていった。国際統括組織は国際車椅子バスケットボール連盟(International Wheelchair Basketball Federation: IWBF)である。

日本でのこの競技の歴史は，1960(昭和35)年に厚生省(当時)に派遣された中村裕が，ストーク・マンデビル病院国立脊髄損傷センターにおいてスポーツリハビリテーションを学び，後に自分が所属する大分県の国立別府病院で紹介したのが最初である。

全国への普及は，1964年に開催された第2回パラリンピック大会(東京)が契機となった。同競技に参加した選手や関係者により，日本車椅子バスケットボール連盟(Japan Wheelchair Basketball Federation: JWBF)に組織化され，日本における車椅子バスケットボールの統括団体として，全国的に車椅子バスケットボール技術の向上と普及を図るとともに，日本選手権をはじめとした各種大会を開催している。2009(平成21)年度の登録チームは81チーム(762名)である。

海外への選手の派遣は1976年カナダのトロントで開かれた身体障害者オリンピアード(パラリンピック)が最初で，以後ほとんどの国際大会には日本代表チームが男女とも参加している。

参考文献

◆ 日本車椅子バスケットボールホームページ http://www.jwbf.gr.jp/ (2014年7月1日)

(野口美一)

車椅子ハンドボール

Wheelchair handball

① **競技概要**

車椅子ハンドボールは，車椅子に乗った1チーム6人の2チームが1個のボールを互いに奪い合い，パスやドリブルでボールを進め，相手のパスカットを避けて，相手のゴールへシュートをして得点を競うゲームである(図1)。

障がい・健常にかかわらずすべての人の参加が可能であり，すべての人が同じ目線で楽しくプレイすることができる。

ボールは，安全性を考え直径16-18cmのソフトタイプのものを使用する。ゲームの途中での交代に制限はなく，いつでも自由にすることができる。

図1 競技中の様子：車椅子ハンドボール

チームは6人(コートプレイヤー5人，ゴールキーパー1人)で構成され，コートの広さは横15m×縦28m，ゴールの大きさは高さ220cm×横幅165cmでゲームを行う。また，車椅子の高さは，床より座面まで53cm以内とし，大腿部には固定のベルトを車椅子に装着することが必要である。

② **歴史**

車椅子ハンドボールは，1990(平成2)年，京都障害者スポーツ振興会によって「重度の車椅子障害でも楽しめる団体スポーツ」として始められた。そして，2001(平成13)年には，第1回全国障害者スポーツ大会「翔く・新世紀みやぎ大会」の公開競技として行われた。

また，2003(平成15)年4月，日本車椅子ハンドボール連盟(Japan Wheelchair Handball Federation: JWHF)が発足し，日本ハンドボール協会への加盟が承認された。同年11月に第1回日本車椅子ハンドボール競技大会が兵庫県姫路市で開催され，宮城県・新潟県のほか15府県の参加もあり熱戦が展開された。続いて同年，大阪車椅子ハンドボール連盟が誕生した。

現在，アジア地域で車椅子ハンドボールを実施しているのは日本のみである。そのため，2008(平成20)年には，大韓民国ハンドボール協会名誉会長金宋河らを日本車椅子ハンドボール競技大会に招いて競技の視察を依頼し，中国・台湾についての対応も協議した。

ヨーロッパ地域では，ヨーロッパハンドボール連盟(European Handball Federation: EHF)会長のタボルスキー(Frantisek Taborsky)らが普及活動をしており，2008年にはウィーンでヨーロッパハンドボールセミナーを開催した。参加国は，オーストリア，チェコ，ルーマニア，ハンガリー，日本，スウェーデン，イギリス，フランスなどであった。

(小西博喜)

車いすフェンシング

Wheelchair fencing

① **競技概要**

車いすフェンシングは，ピストという鋼鉄製のフェンシングフレームに車

いすを固定し，互いの腕の長さに応じて車いす間の距離を定め，常に決まった距離・角度で座ったまま対戦する競技である。使用する剣・マスク・ユニフォーム・グローブなどは健常者フェンシング競技と同じものである（図1）。

競技種目は男女とも，フルーレ（胴体のみの突き），エペ（上半身の突き），サーブル（上半身の突き・斬る）があり，それぞれに個人戦・団体戦が行われる。競技ルールは健常者のものに準じるが，車いすより臀部が浮くと反則になるというような車いすフェンシングに独特のものもある。障がいの程度によってA（下肢の支えなしに体幹の座位バランスがとれる），B（座位バランスが全くとれない），C（握力がなく，自力で剣が握れない）の3つのクラスに分けられる。予選は4〜6人の総当たり制で5点先取，決勝トーナメントは15点先取した方が勝ちとなる。

フットワークがないので，剣さばきの技術とスピードが健常者のフェンシング以上に重要となる。精神を集中して剣を握る競技者は，数分で全身汗だくになるほどの激しいスポーツである。

② **歴史**

1954年，ストーク・マンデビル競技会（International Stoke Mandeville Games）で初めて競技として紹介された車いすフェンシングは，1960年の第1回パラリンピック大会（ローマ）からの正式種目である。国際車いす・切断者スポーツ連盟（International Wheelchair and Amputee Sports Federation: IWAS）の傘下に属し，車いすフェンシング実行委員会（Wheelchair Fencing Executive Committee）が競技運営を担当している。現在21ヵ国が競技に参加し，車いすフェンシングの競技人口は約3,000名である。

国内では1964（昭和39）年に開催された第2回パラリンピック大会（東京）に日本選手が参加した記録はあるが，その後，全く活動は行われていなかった。しかし，1994（平成6）年に京都市障害者スポーツセンターにおいて車いすフェンシング教室が開催され，京都を拠点として活動がスタートした。1998（平成10）年に日本車いすフェンシング協会（Japan Wheelchair Fencing Association: JWFA）が正式に発足して以降，ヨーロッパ，アメリカ，香港で行われた世界選手権，ワールドカップに参戦するようになった。国内大会として全日本選手権を開催し，アジア各国からも選手を招待している。2000年第11回パラリンピック大会（シドニー）に男子選手1名，2004年第12回大会（アテネ）に男女選手各1名，2008年第13回大会（北京）に男子選手1名が日本代表として参加した。

国内における指導者，競技者の数は限られるが，日本車いすフェンシング協会によって各地でデモンストレーションが行われ，普及の努力がなされている。その一環として2001（平成13）年，1964年の第2回パラリンピック大会（東京）に参加したかつての名選手であり，当時国際車いすフェンシング協会の役員であったイギリスのブライアン・ディッケンソン（Brian Dickinson）を招聘して講演会を開催した。同時開催した国際大会（第4回日本車いすフェンシング国際親善選手権大会）も含めて，多くの人々に車いすフェンシングの存在をアピールするものであった。

〔小松真一〕

クレー射撃

Clay-target shooting

① **競技概要**

クレー射撃（競技）は，クレー標的を放出機により空中に放ち，散弾銃（ショットガン）を使って射撃してクレー標的が割れた数を競う競技である。秒速22〜30mで飛ぶクレー標的を秒速300m以上の弾速をもつ散弾銃で撃つだけに，瞬時の判断と動作が最高度に発揮される競技である（図1）。

[競技の仕方]

クレー射撃には，大別してトラップ競技，ダブルトラップ競技，スキート競技がある。

競技は6人1組の射団を編成して行う。1ラウンドの所要時間はトラップ，ダブルトラップが25分程度，スキートが30分程度である。

・トラップ競技

各射台の前面15mの位置に設置したクレー放出機から放出されるクレー標的を撃つ競技である（図2）。6人1組の射団を編成し，1番から5番までの射台を順次移動しながら射撃する。

1個の標的に対して2発まで撃てるのがトラップ競技の特徴であり，1ラウンド25個のクレー標的が，PCシステムによって左へ10個，右へ10個，中央へ5個，それぞれクレー標的が公平に放出される。各射台前方に3基の放出機が設置してあり，その放出機の角度と高さを複雑にセットしてあるため，クレー標的があらかじめどの方向へ放出されるか射手がわからないよう，競技の難度を上げている。オリンピックでは，1900年の第2回大会（パリ）より正式種目として実施されている。

・ダブルトラップ競技

トラップ射面（競技場）を使用して行われる。3番射台前面15mのところに設置してあるクレー放出機3基からのみクレー標的が放出される。

トラップ同様，6人1組の射団を編成し，1番から5番までの射台を順次移動し射撃する。1度に2個の標的が放出され，男子種目では1ラウンド50個のクレー標的，女子種目では1ラウンド40個のクレー標的を射撃する。この競技は1993年より国際射撃スポーツ連盟（International Shooting Sport Federation: ISSF）公認競技となり，オリンピックでは1996年の第26回大会（アトランタ）より正式種目として実施されたが，2008年の第29回大会（北京）より男子種目のみとなった。

・スキート競技

スキート射面は，半径19.2mの円弧

図1　競技中の様子：車いすフェンシング

図1　競技中の様子：クレー射撃

および，その円弧の中心から5.5mの位置に引かれた長さ36.8mの基線上の両端に配置された2つのハウス（ハイハウス，ローハウス）と8つの射台からなる。円弧の中心に標的交差点があり，円弧からこの標的交差点に向かって基線の左端に1番射台，右端に7番射台が配置されている。2-6番射台は円弧上に8.13m間隔で配置，8番射台は基線の中央に配置されている（図3）。

競技はトラップ同様，6人1組の射団を編成し，1ラウンド25個撃ちを繰り返して行う。クレー標的はハイハウスとローハウスにそれぞれ設置されているクレー放出機から放出される。1-8番までの各射台における射撃は1個の場合（シングル）と2個同時の場合（ダブル）があり，1個の標的に対して1発しか撃てないのがスキート競技の特徴である。

クレー標的が飛行する軌跡は常に一定ではあるが，2-6番射台まではクレー標的を横からみて射撃するが，1番・8番射台では射手自身の斜め頭上を通過するクレー標的を射撃しなければならない。また，トラップ競技と違い，最初から散弾銃を頬づけした射撃姿勢がとれず，腰骨の最先端に銃床尾を接した待機姿勢から射撃しなければならず，かつ，射手がコールしてから0-3秒の間にクレー標的が放出されるタイマー制がとられており，競技の難度を上げている。オリンピックでは，1968年の第19回大会（メキシコシティ）より正

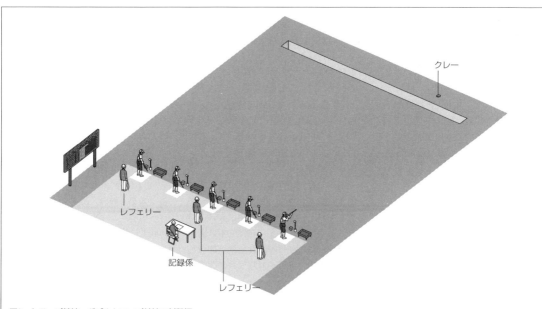

図2　トラップ競技，ダブルトラップ競技の射撃場
射団は6人1組で編成されるので，1人順番待ちの選手が出る。

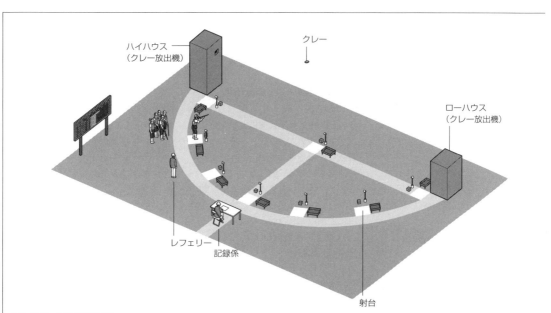

図3　スキート競技の射撃場

式種目として実施されている。

国際競技会では，予選で多くの標的を割った上位6人が決勝へ進出し，さらに順位を競う。国際ルールでは，男子・女子種目でそれぞれ撃ち数が違い，トラップ・スキート男子種目は2日間（1日目予選75個，2日目予選50個＋決勝25個）で行うが，女子種目は1日で競技（予選および決勝）を消化し，ダブルトラップ男子・女子種目も1日で予選および決勝が行われる。なお，国内では，撃ち数が100・200個撃ち単位の競技会が一般的である。

[勝敗の判定]

クレー標的が割れた数で勝敗が決まる。競技には主審判員1人，補助審判員2人，記録1人が立ち会い，標的の命・失中の判定を下す。判定は，標的が完全に破砕されなくても，審判員が肉眼で標的の破片が飛んだと確認できれば命中となる。標的の破片が飛ばず，弾が標的をかすって粉が散った状態（ダスト）では命中にはならない。

[用具]

・散弾銃

散弾銃には，様々な種類があり，行う競技にあわせて選択する。

・クレー

現在のクレー標的は石灰とピッチを混ぜて焼いた円盤（図4）で，公式規格は直径110mm（±1mm），高さ25－26mm，重さ105g（±5g），色は黒，白，黄，青と背景に対してよくみえる物が選ばれるが，国際競技会では通常，オレンジが使用される。また，競技は予選と決勝に分かれており，決勝で使用されるクレー標的は，弾が命中すると色鮮やかな蛍光塗料が飛び散るようになっている。このクレー標的をパウダークレー，あるいはフラッシュクレーといい，予選で使用されるクレー標的はレギュラークレーというのが一般的である。

・弾

使用装弾は，散弾量24.5g以下，散弾の直径は2.6mm以下のものに規定

図4　クレー射撃の用具

されている（図4）。

[国際競技会・組織設立と世界への普及]

国際競技会としては，1867年世界射撃選手権大会がフランス・リヨンで開催され，以後4年に1回，オリンピックの中間年で行われている。なお，オリンピックでは，1900年第2回大会（パリ）より正式種目として採用されている。

射撃競技を統括する国際組織として，国際射撃連合（Union International de Tir: UIT）が1907年スイス・チューリッヒで創設され，近代射撃競技の母体となった。1998年スペインで開かれたUIT総会において，フランス語の"Tir"が一般的に軍隊射撃や狩猟射撃という意味をもつことから，スポーツ射撃を強調するため，組織の名称変更が行われた。新名称は国際射撃スポーツ連盟（International Shooting Sport Federation: ISSF）となり，加盟国も153ヵ国に達し，最も普及度の高いスポーツの1つに数えられている。

[日本への普及]

日本では1882（明治15）年に東京共同射撃会社（後の日本帝国小銃射的協会）が設立され，1936（昭和11）年に大日本射撃協会が設立，1951（昭和26）年に国際射撃連合および日本体育協会へ加盟した。その後，大日本射撃協会が改組され，クレー射撃競技・ランニング・ターゲット射撃競技を統括する日本クレー射撃協会と，ライフル射撃競技・ピストル射撃競技を統括する日本ライフル射撃協会に分かれた。日本クレー射撃協会は1949（昭和24）年に設立され，1978（昭和53）年には文部省の法人認可を取得し，現在に至っている。

② 技術・戦術・ルールの変遷

[装弾の変更]

1964（昭和39）年に開催された第18回オリンピック大会（東京）当時では，各競技で使用される装弾1発あたりの鉛散弾総量が最大32gまでとされていた。しかし，射手への身体へ与える反動の軽減，競技の難度を増すため等々の理由により32gから28gとなり，現在では24.5gまで減量されている。

[女子種目の確立]

オリンピックをはじめとする各国際競技会では，1992年の第25回オリンピック大会（バルセロナ）まで男子・女子の混合で各競技が行われていた。し

かし，女子選手の増加・台頭を背景として，翌1993年より男子と女子がすべて区分され競技が行われるようになり，1996年の第26回大会（アトランタ）よりダブルトラップ女子種目がオリンピック正式種目となり，2000年の第27回大会（シドニー）よりトラップ女子種目，スキート女子種目もオリンピック正式種目に採用された。その後，ダブルトラップ女子種目が2004年第28回大会（アテネ）を最後に廃止となった。

現在は，オリンピック男子種目では，トラップ，スキート，ダブルトラップの3種目が，オリンピック女子種目では，トラップ，スキートの2種目が行われている。

[クォータシステムの導入]

オリンピックをより権威のある競技会にしようと考えたISSFは，1988年の第24回大会（ソウル）以降，世界選手権大会やワールドカップ大会等で上位の成績を収めた国・選手に対して，オリンピック出場権（クォータプレイス。以下，QPと略す）を付与することとした。本システムの導入により，オリンピックへ出場するために各国が選手の競技力向上に傾注する結果となった。

③ 現代の技術・戦術・ルール

[今後の流れ]

時代の流れとともに，銃器や装弾の性能が向上，スポーツ医科学研究が進み，これに比例して選手の競技力も向上の一途をたどっている。

世界選手権大会やワールドカップ大会では，メダルを獲得する上位選手はほぼ満点者が並び，点差がつきにくい現状である。このためISSFでは，上位選手の点差・順位を明確にするため，オリンピックを重ねるごとに競技ルールを改正し，点差が明確になるよう競技ルールは益々難しくなっている。今後もその流れは変わらないだろう。

[日本における今後の課題]

オリンピックにおける日本選手の主な活躍は表1のとおりとなっている。

1996年第26回大会（アトランタ）ではスキート男子種目に伊東総一郎が参加，善戦惜しくも決勝に進出することができなかったが，これを最後に，男子選手は世界選手権やワールドカップでQPの獲得に至らず，2000年第27回大会（シドニー）以降のオリンピックは

表1　オリンピックにおける日本人選手の主な成績

開催年	大会名・開催地	種目名	選手名	主な成績
1988	第24回・ソウル	トラップ	渡辺和三	6位
1992	第25回・バルセロナ	トラップ	渡辺和三	銀メダル
1996	第26回・アトランタ	ダブルトラップ スキート	吉良佳子 伊東総一郎	6位 予選敗退
2004	第28回・アテネ	ダブルトラップ トラップ	井上恵 竹葉多重子	5位 8位
2008	第29回・北京	トラップ	中山由起枝	4位
2012	第30回・ロンドン	トラップ	中山由起枝	予選敗退

すべて女子選手のみの参加となっている。アジア圏内の競技会においても日本男子選手はQPが獲得できない状況にあるが，この現象は，日本選手の競技力が単に落ちたのではなく，中国を筆頭に，アラブ諸国などの競技力が格段に伸び，日本がこれに追いついていない結果である。

そこで連盟では，2008（平成20）年よりジュニア・一般クラスからナショナルクラス，トップアスリートまでの一貫指導プログラムおよびカリキュラムを構築し，日本選手の競技力向上に努めている。しかし，日本では，空気銃を除いて18歳以下のジュニア選手の競技用具である銃砲の所持や使用が現行法令において認められていないことから，実質的に競技参加の道が閉ざされている。競技力向上におけるこのことが日本の課題の1つである。

（大江直之）

クロスカントリー

→陸上競技，スキー競技

クロスカントリースキー
[障がいのある人の]

→スキー競技

競馬

Horse race

① 競技概要

競馬は，円形コースをもつ競馬場で騎手を背にした馬が複数で同時に走り，1着を競う競走である（図1）。距離は1000mから4000mぐらいまである。現在，世界で最も広く行われているのがサラブレッド平地競走である。馬の一品種であるサラブレッドを競走馬として使用し，芝生，ダートなどの走路でレースを行う。また，平地競走に対し，コースの途中に置かれた数個の障害物を跳び越すものを障害競走という。

各レースは競走馬の年齢別，性別など様々な出走条件に分かれている。ダービーや天皇賞など最高峰のGⅠレースを頂点にして，レベルや賞金によって格付けされている。

日本において，競馬は競輪やモーターボートと並ぶギャンブルスポーツの1つである。1着馬を当てる単勝をはじめ，10種類の馬券が発売されており，的中すれば配当金を手にすることができる。

レースに出走するためには競走馬としての登録が必要になる。日本では血統書によってサラブレッドであることが証明されないと競走馬登録ができない。サラブレッドの言葉の意味は「徹底的に品種改良されたもの」というもので，スピードとスタミナを併せもつ競走馬である。平均時速60kmほどで走ることができる。現代のサラブレッドの父をたどっていくと17，18世紀に生まれた3頭の馬にたどりつく。サラブレッドの血統と成績は300年近く

図1　競走の様子：競馬（写真：フォート・キシモト）

記録・保存されている。

また，北海道の帯広競馬場で行われている挽曳競馬は，重りを載せたそりを引いて200mの直線走路で行う世界で唯一の競馬である。競走に使われる馬もペルシュロンなどの重種で，軽種に分類されるサラブレッドとは別種である。

② 歴史

近代競馬の源は英国にある。伝統ある英国ダービーは1780年に第1回が開かれた。フランス最大のレースである凱旋門賞は1920年に始まり，アメリカ3冠レースの第1関門であるケンタッキー・ダービーは1985年に創設された。1,000万ドルの総賞金が世界最高額として知られるドバイ・ワールドカップ（アラブ首長国連邦）は1996年にスタートしている。2011年には，日本のヴィクトワールピサが優勝した。

日本では1862（文久2）年に居留外国人が組織した横浜レース・クラブが「洋式競馬」を行ったのが起源とされる。

その後，日本各地に競馬場が造られた。戦後，国営競馬は中央競馬となって民間に移管され，地方自治体が運営する地方競馬とに分かれて現在に至る。中央競馬と地方競馬は，それぞれ独自の路線を歩んでいたが，近年は協力態勢が強まっている。競走馬の交流が進み，地方競馬で実績を上げた騎手が免許試験を受けて，中央競馬に移籍する例がみられるようになった。

1981（昭和56）年に国際競走のジャパンカップが創設されて以降，国際化も急速に進んだ。海外から現役馬が来日し，一方で多くの日本馬が海外に遠征し，現地の大レースで優勝するなど実力を発揮した。日本の競馬は世界の中で認められるようになり，2007（平成19）年には国際機関である国際せり名簿基準委員会（International Cataloguing

Standard Committee: ICSC)が定める16番目のパートⅠ国に昇格し，イギリス，アメリカなどと並ぶトップクラスになった。

(有吉正徳)

ゲートボール

Gateball

① 競技概要

ゲートボールは，球をT字型のスティックで打って3つのゲートを順次くぐらせ，コート中央のゴールポールに当てる2チーム対抗の競技である(図1)。

1チーム5人以上8人以下で構成され，1回の競技時間は30分である。チームは，赤チーム，白チームに分かれ，1番から10番まで，赤チームは奇数番号の，白チームは偶数番号のゼッケンをつけ，自分のゼッケンと同じ番号のボールを持つ。

競技は，1番から順番にボールを打っていき，第1ゲートから第3ゲートまで反時計回りに通過させ，最後にコート中央にあるゴールポールに当てて終わる。

ゲートを通過するごとに1点，ゴールポールに当たると2点得点され，合計5点，1チームとしては25点が満点である。

競技時間内に何点得点できるかで勝敗が決められるが，ボール配置が重要で作戦の要になり，定石はあっても全く同じゲーム運びはないといわれている。

② 歴史

ゲートボールは，戦後間もない1947(昭和22)年に北海道で誕生した日本生まれのスポーツである。北海道在住の鈴木栄治(のちに和伸に改名)が，フランスの伝統的な競技「クロッケー」をヒントに，物資が乏しい中で，子どもたちが手軽に楽しめるスポーツとして考案したものであった。

1964(昭和39)年に第18回オリンピック大会が東京で開催されたことや，昭和40年代に入ってから，当時の文部省や厚生省による「国民皆スポーツ」運動をきっかけに，国民が健康で文化的な生活を送ろうという機運がさらに高まった。

図1 競技中の様子：ゲートボール

このような状況の中，ゲートボールは適度な運動量で気軽に楽しめることから，九州の老人ホームで愛好され，全国の高齢者の間に爆発的に普及し，生涯スポーツの代名詞になるまでになった。

普及するにつれて，各地で交流大会が開催されたが，普及段階ではいくつかのゲートボール団体が組織されていたため，組織により多少ルールが違っていた。このため，ルールが異なることによる現場の混乱が生じ，当時の文部省から団体の統一，ルールの統一を求める声が上がった。そこで，1984(昭和59)年に，ゲートボールの全国統一組織として日本ゲートボール連合(Japan Gateball Union: JGU)が設立され，翌年には第1回全日本選手権大会が開催された。

最近では，高度な戦略性が見直され，ジュニア層やミドル層にも愛好者が広がり，全世代型スポーツとして，世代間交流の促進に大きな役割を果たし，教育関係など各方面から注目されている。

さらに，海外でも愛好者が増えており，世界選手権大会，アジア選手権大会も開催されている。

参考文献

◆ 日本ゲートボール連合ホームページ
http://www.gateball.or.jp (2014年7月1日)

(中村一正)

ゲームフィッシング

Game fishing

① 競技概要

もともとゲームフィッシングとは，「獲物の魚(ゲームフィッシュ)を捕獲する行為」，つまり「釣り」そのものをさし，「釣り競技」や「釣り大会」のような競い合う意味はもたない。競技としての釣

図1 競技(表彰)の様子：ゲームフィッシング

りは本来，トーナメントフィッシングと呼ばれるもっと狭い範囲の概念である。しかし現在では，参加者が共通のルール(レギュレーション)や正しいマナーに基づき釣りを行って競い合うことを，ゲームフィッシング(またはスポーツフィッシング)と呼ぶようになっている。

狭義でいうところのゲームフィッシング，つまりトーナメントフィッシングは，糸の太さなど，釣り道具の規格を定め，指定された魚の釣れた重量で記録を競う競技である。

国内各地で競技会(フィッシングコンテスト，フィッシングトーナメント)が開催されている。大会ごとに決められたルールに従って，制限期間内に釣り上げた魚の重量を競い合う(図1)。また，インターナショナル・ゲームフィッシュ協会(International Game Fish Association: IGFA)によるルールに従って記録認定が行われている。記録のカテゴリーには，1)道糸(釣りで，ハリスをつなぐ所まで用いる糸)の強度ごとに，特に有名なゲームフィッシュのみを対象にした「ラインクラス部門」，2)全魚種を対象に各魚種の最大重量魚のみを認定する「オールタックル部門」，3)ジュニア(16歳以下)を対象とした「ジュニア記録」などがある。

② 歴史

石器時代の遺跡からも釣り針が発見されているように，釣りは相当に古い歴史をもつ。しかし，ルールに基づいて魚とフェアに競い合うことが提唱されたのは，1939年になってからのことである。その年に，IGFAがアメリカ・ニューヨーク市自然博物館内にて誕生し，世界共通で一定のルールに基づいて釣られた世界中の魚の重量記録保存を開始した(IGFAルールの誕生)。なお，IGFAの初代副会長は『老人と海』の作者として有名なアーネスト・ヘミ

ングウェイ(E. Hemingway)である。

日本では，1979(昭和54)年にIGFAルールで日本記録を公認するジャパンゲームフィッシュ協会(Japan Game Fish Association: JGFA)が東京に誕生した。JGFAは，IGFAルールを日本語訳し，このルールの普及と日本記録の認定，世界記録への申請援助等を行っている。

〈若林　務〉

剣道

Kendo

① 競技概要

剣道は，剣道具を着用した2人の競技者が竹刀を用いて相手の打突部位(面，胴，小手，突き)を打突し合う競技である(図1，図2)。

[競技の仕方]

試合では，試合者は立ち合いの位置に立ち，竹刀を下げたまま(提刀)互いに合わせて礼をし，竹刀を腰に付けて(帯刀)，3歩前に進んで開始線で竹刀を抜き合わせつつ蹲踞する。その後，主審の「はじめ」の宣告で立ち上がって試合を開始する。なお，試合中に，1本が宣告された後に続けて試合を再開する時やどちらかに反則があった時などは主審の宣告によって試合がいったん中断され，開始位置(線)に戻って試合が再開される。そして，試合時間が終了し，主審が「止め」の宣言をした時は試合者は開始位置(線)に戻り，立ったまま竹刀を抜き合わせて構え，主審の「勝負あり」「引き分け」の宣告で試合は終了する。試合の終了宣告により，試合者はその場で蹲踞し，竹刀を納めてから立ち上がり，帯刀のまま左足から小さく5歩退き，立ち合いの位置に戻ってから提刀になおし，相手と合わせて立礼の後に退場する。

試合は，3本勝負を原則として制限時間内に2本先取した選手が勝ちとなる。ただし，制限時間内に一方だけが1本とった時はその選手の勝ちとなる。また，制限時間内に勝負が決しない場合は一定時間または時間無制限の延長戦を行い，先に1本とった方が勝ちとなる。なお，試合時間に特別の規定はないが，一般的には5分で行われることが多い。

試合の種類は，個人試合と団体試合の2つがある。団体試合では特別に人数の規定はないが，男子は高校生以下は5人戦，大学生以上は7人戦で，女子は5人戦で行われるのが一般的である。しかし，対抗戦などではそれ以上の人数で行われることも多い。また，団体試合の試合形式としては，勝者の数によって試合の勝敗を決する勝者数形式と，勝者が続けて試合を行い試合の勝敗を決する勝ち抜き形式がある。

[勝敗の決定]

試合は，1人対1人で行い，互いに決められた打突部位(面，胴，小手，突き)を打ち合い，「有効打突」をとれば1本となる。有効打突とは「充実した気勢，適正な姿勢をもって，竹刀の打突部で打突部位を刃筋正しく打突し，残心あるものとする」と規定されている(『剣道試合・審判規則』第12条)。ここでの「刃筋正しく」とは竹刀の打突方向と刃部の向きが同一であること，「残心」とは打突の後にも油断せず，相手の反撃に対応できるための気構えと身構えのことである。

[技術の基本と応用]

剣道において習得すべき技術内容は，主として基本動作，応用動作(対人的技能)に分けられる。

基本動作の要素としては，姿勢，構えと目付け，竹刀の構え方と納め方，足さばき，素振り，掛け声，間合い，基本の打ち方，突き方，およびその受け方，切り返し，体当り，鍔ぜり合い，残心，などがある。

また，応用動作(対人的技能)の要素としては，攻め合い，しかけ技(一本打ちの技，連続技，払い技，捲き技，出ばな技，引き技，担ぎ技，片手技，上段技)，応じ技(抜き技，すり上げ技，返し技，打ち落とし技)などがある。

剣道を練習する上で重要な要素を，その重要度に応じて示した言葉として「一眼二足三胆四力」がある。第一に眼の働き(観察眼・洞察力)，第二に足さばき，第三に何事にも動じない強い気持ちと決断力，第四に思い切った技および，それを生み出す体力の発揮が重要であるとされている。

また，打突すべき最もよい機会，すなわち「打突の好機」として，

・技の起こり
・技の尽きたところ
・相手が退いたところ
・技を受け止めたところ

などがある。普段の稽古において，

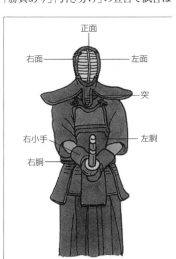

図1　打突部位

図2　競技中の様子 (写真:フォート・キシモト)

この瞬間を逃すことなく打突することは，技能の向上において重要である。

攻撃と防御に関する教えとして，「懸待の一致」がある。懸とは攻撃，待とは防御のことで，両者は表裏一体をなすものであり，攻撃中でも相手の反撃に備える気持ちと体勢を失わず，防御にまわっている時でも，常に攻撃する気持ちをもつことが大切であるとされている。

[施設・用具]

試合場は「境界線を含み1辺9−11mの正方形または長方形」とする（図3），竹刀は「竹または全日本剣道連盟が認めた竹に代わる化学製品のものとする」，剣道具は「面，小手，胴，垂れを用いる」と『剣道試合・審判規則』で定められている。

[発祥]

日本古来より，戦闘を前提としての武技は存在したが，武術がその教習体系を整え流派として成立してくるのは，戦国時代から，その末期にかけてである。近世に入り，世の中が安定し平和な時代が訪れると，実戦の場を失った武術は，徳川幕府の文武奨励政策の中で武士の素養として芸道化してくる。それとともに，それぞれが独立した武術（剣術，柔術，槍術など）となり，流祖の教えを「形」や「伝書」を中心として継承する教習体系が確立してくる。

現代につながる剣道の原点は，宝暦・明和年間（1751−71）に，面・小手を着用して実際に相手と打ち合う「竹刀打ち込み稽古」が始められたところにある。当初は形稽古（約束練習）を補完するものとして捉えられていた「竹刀打ち込み稽古」が，相手と約束なしに自由に打ち合うことが可能になったことから，「撃剣」としての独自性をもつものとなる。

室町時代の中期頃から戦技や護身の術としての発展を遂げた剣道は，近世に入り平和な時代を反映して武芸（芸道）として展開する。前述の近世の中頃（宝暦・明和年間），われわれが現在使用している剣道具と竹刀の原型が開発され，競技としての性格も併せもつものとなった。

この間に，それまでの儒仏思想に加え，「気・体の一致」や「練気養心」などの老荘思想を取り込んだ。さらに，相手の人格を無視し，勝敗に拘泥するような態度は，原則的には武士的な倫理観に基づく武芸観からは否定された。そして，その勝敗の判定の主流は，決められた部位（面，小手，胴，突き）を「気・体の一致」した見事な技で打突した本数で比較する競技方法であった。

江戸時代の幕末期には他流試合が盛んに行われ，試合剣術（撃剣）として成立し，その全盛期を迎えることになる。この撃剣による勝敗の決定は，全体評価（姿勢・態度・技量など）による歩合の比較（対戦者の優劣を六分四分または六対四，三対七などと評価する）から，安政期（1854−1860）以降は，先に述べた決められた部位を気・体の一致した見事な技で打突した本数で比較する試合方法へと移行する。

[剣道の近代化]

このように，剣道の試合方法は幕末期における他流試合や御前試合（江戸における諸藩邸）の盛行する中で整理され，明治期に入って1895（明治28）年に創設された大日本武徳会の主催する全国的規模の試合の振興に伴い統一されてくる（創設の初期には「審判員・試合者心得」であったものが，順次，競技形式を整え1927年に「剣道試合審判規定」を定めるに至る）。

大正末期から昭和初期にかけて，外来のスポーツが各種移入され，学生が主体となって盛大に対抗試合が開催されるようになってくると，剣道の試合規則が勝敗を明らかにしたり，試合者にとって互いに公平であるかなどの点が他のスポーツと比較され，その適正化への提言がなされるようになってくる（審判員の位置によって判定に差異の出る1人制や2人制から3人制への提言など）。

1929（昭和4）年に開催された「天覧試合」では，トーナメント法を採用し3人制審判で実施された。

[戦時下・戦後の組織と発展]

1931（昭和6）年の満州事変以後の日本は，全体主義的国家主義の傾向を強め，スポーツ・武道いずれも国威発揚・国粋主義のるつぼの中へと巻き込まれていった。

第二次大戦終結直後の1945（昭和20）年11月，連合国軍総司令部の指令により，文部省（当時）は剣道を学校体育として実施することに制限を加えた。連合軍の武道に対する弾圧は，特に剣道において厳しいものであった。その理由は剣道が軍国主義の鼓舞に関する役割を担ったとみなされたことなどによるものである。

占領下の極めて困難な状況下にあって，スポーツ化をすすめ，撓競技（フェンシングの防具などを参考に簡便な用具を開発し，スポーツ競技として剣道の再生を図った）への改編などの経過を通して，剣道は命脈を保ち，1951（昭和26）年のサンフランシスコ講和条約の発効を機に剣道復活の動きが活発となり，全日本剣道連盟（All Japan Kendo Federation: AJKF）が組織された。1953（昭和28）年には禁止されていた学校・社会体育における剣道実施が認められる運びとなる。同連盟は，新たに「全日本剣道連盟試合規則」を制定する。

その後，警察，学校，実業団などの組織も整備され，1962（昭和37）年から中学，翌年には高校で体育の必修教材として実施されることになり，競技人口は急増した。同年には第1回女子剣

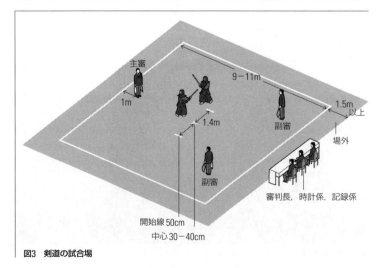

図3　剣道の試合場

道選手権大会が開催され，その後，高校・大学を中心に女子の大会も数多く行われるようになった。

このように，現在，われわれが行っている剣道は，近代以降，競技や国民教育の方法として，幾分かの改訂がなされているが，「気・剣・体の一致（充実した気勢・正確な打突・適正な姿勢の3条件を有効打突一本の基準とする競技規則）」や人間形成論を目的や理念として継承する，近世にその成立基盤をもつ武道であるといえよう。

[世界への普及と発展]

AJKFは，この歴史的伝統性を受けて，1975（昭和50）年に「剣道は剣の理法の修錬による人間形成の道である」という剣道の理念を制定する。2012年5月現在では，国際剣道連盟（Fédération Internationale de Kendo: FIK）に52の国と地域が加盟し，世界剣道選手権大会は，1970年の第1回大会（日本）以来3年ごと開催され，2012年で第15回大会（イタリア）を迎えるなど国際的な広がりをみせている。また，FIKは，2006年に国際競技団体連合（General Association of International Sports Federations: GAISF，現・スポーツアコード：Sport Accord）に加盟し，この種の競技の唯一の国際団体であることの承認を受けた。

② 技術・戦術・ルールの変遷
[戦後のスポーツ化の流れによる変遷]

先に述べたように，戦後の剣道の再出発はスポーツ競技として社会に認知されることにあった。特に戦時中に戦技を意識した改編が行われたとの反省に立って，AJKFは，1953年に「試合規定・審判規定」を制定したが，この規定の戦前と異なる点は，
1) 試合場の区域を定め，外に出たものに罰則を科す。
2) 試合時間を定め，勝負が決しない場合の延長・引き分けの制度を設ける。
3) 試合の運営上，不適当と認められる行為（足を掛けるなど）について，反則とし罰則を科す。
4) 審判員を複数にし，その任務と審判要領を定める。
5) 異議申し立ての条項を置く。
などであった。

これらの改訂の中で，特に接近戦における打突の伴わない不当な体当たりや足がらみが禁止されたことから，結果として女性や高齢者の愛好者が増加することにつながった。

③ 現代の技術・戦術・ルール
[伝統性の継承と国際化による変容]

剣道の試合・審判規則では，「公明正大に」試合を行うことが求められている。しかしながら，スポーツ競技としての特性から，勝負にこだわるあまり，公明正大とはいえない試合者の態度等が従来より問題となってきた。

例えば，相手に打たれないための防御のみの構えをとり，鍔ぜり合いを繰り返したり，3本勝負で1本を先取した後，残りの時間を意図的に空費するといった態度である。

このような問題に対し，AJKFをはじめとする各連盟・団体では，講習会において個々の事例を挙げ，反則の適用や対処を行うよう求めてきた。また，全日本選手権大会や全日本東西対抗剣道大会など一部の大会では，2007（平成19）年より試合時間の調整を行い，従来の5分から10分への延長を行っている。

これらの対策により，積極的に技を出す試合展開や，3本勝負の試合では2本勝ちを求める緊迫した試合が増加し，時間の空費や間延びした試合の減少に結びついている。

また，世界選手権などの国際大会が実施されるようになり，有効打突の判定に対し，より厳密な判断が求められるようになった。一例を挙げると，打撃の際に，刃筋の通った打撃であったかどうか，すなわち，竹刀を日本刀と仮定した場合の刃先と棟を結んだ方向に竹刀が振られていたか，といった点などである。

剣道の国際化は，剣道を愛好する欧米人が日本文化，特に「禅」や「日本刀」などに関心を寄せ，剣道で要求される「気・体の一致」や「刀の操作（居合）」に興味を抱く傾向にある。一部には競技化を推進してオリンピック種目としての認可をめざす国もあるが，現在のところは，むしろ伝統性の保持に向かっているようにみえる。

参考文献
- 全日本剣道連盟 編．2003．『剣道の歴史』朝日新聞出版サービス
- ───．2008．『剣道指導要領』プリ・テック株式会社

（杉江正敏，坂東隆男）

コーフボール

→バスケットボール系ニュースポーツ

ゴールボール

Goalball

① 競技概要

ゴールボールは，視覚障がいのある人を対象として考案された球技である（図1）。

アイシェード（目隠し）を着用した1チーム3人の2チームが，コート内（大きさ18×9m：バレーボールコートと同じ）で鈴入りのボール（重さ1.25kg）を転がすように投球し合って，味方のゴール（1.3×9m）を防御しながら相手ゴールにボールを入れることにより得点し，一定時間内（前後半12分，ハーフタイム3分）の得点の多少により勝敗を決する競技である（図1）。

競技の特徴は，アイシェードにより視覚を遮られた選手たちが互いに投球するボールの音，相手チームの選手の発する音を聞き，競技コートのラインーンの下に張られた紐，ゴールライン上に設置されているゴール等に触れることで自分の位置関係を正しく認識し，相手チームの状況を判断してプレイしているところにある。さらに，音を頼りに競技するため，競技中会場内で発せられるすべての音を制限し，静まり返った環境でゲームが進行されるところも特徴的である。

また，国内大会はアイシェードで条件を統一できることから，視覚障がいのある人に限らず晴眼者も競技会への参加が認められている。

図1　競技中の様子：ゴールボール

② 歴史

ゴールボールは，第二次大戦で視覚に傷害を受けた軍人のリハビリテーションの効果を促進するために考案された，リハビリテーションプログラムの1つであった。1946年にオーストリアのローレンツェン(H. Larenzen)，ドイツのラインドル(S. Reindle)によって競技として紹介されたのが始まりとされ，ヨーロッパ地域を中心に世界的に広まり，1976年にカナダのトロントで行われた第5回パラリンピック大会から正式種目として実施されている。

ゴールボールを統括する組織は，国際パラリンピック委員会の構成組織である国際視覚障害者スポーツ協会(International Blind Sports Federation: IBSA)である。

日本でゴールボール競技が初めて紹介されたのは，1982(昭和57)年である。デンマークのスポーツコンサルタントのボス(K. Boss)が来日し，東京都立文京盲学校を会場として競技の紹介が行われたが，全国的な普及には至らなかった。1994年に中国北京市で開催されるフェスピック大会(極東・南太平洋身体障害者スポーツ大会，Far East and South Pacific Games for the Disabled)の公式種目としてゴールボールが実施されることが1992年に決定し，日本からもチームを派遣することとなった。派遣へ向けた取り組みとして，日本身体障害者スポーツ協会によってゴールボール競技の国内の実態調査，競技規則の翻訳，指導書の作成がなされ，国内の障害者スポーツセンター等へ競技の普及が呼びかけられた。そして，東京都多摩障害者スポーツセンターや京都市障害者スポーツセンター等でゴールボール教室が開催されるなど，競技者の育成が始まり，フェスピック大会(北京)で日本は初めて参加した(結果4位)。

また，1994(平成6)年5月には参加した選手・役員が中心となり日本ゴールボール協会(Japan Goal Ball Association: JGBA)が設立された。

〈近藤和夫〉

個人メドレー

→水泳(競泳種目)

ゴルフ

Golf

① 競技概要

ゴルフ(競技)は，ボールをクラブで打ち，コースの中に設定されたホール(球孔)に入れ，その打数の少なさを競うスポーツである(図1，2)。

[競技の特性]

各ホールには何打でホールに入れるかの基準打数(パー)があり，基準打数3をパー3ホール，同4をパー4ホール，同5をパー5ホールとする。この基準より1打多い打数をボギー，1打少ない打数をバーディーという。ゴルフはこの打数を競い合うのだが，各ホールでのスコアは競技者自らが管理・申告するため，競技者は互いの信頼のもとで競技を行う。まさにスポーツマンシップやフェアプレイに則ったスポーツといえるだろう。

[競技の仕方]

ゴルフは，あらかじめ決められたホール数のスコアを合計し，その数の少ない方が勝ちとする〈ストロークプレイ〉と，ホールごとに，その打数で勝敗を決め，勝ちホールが多い方が勝ちとする〈マッチプレイ〉の2方式がある。ストロークプレイは現在，世界で行われるプロトーナメント，アマ競技で最も多く行われる競技方法となっている。

・ストロークプレイでの競技会

男子プロトーナメントは4日間72ホール(通常1日18ホール：アウト9ホール，イン9ホールの計18ホールを1ラウンドする)で争い，女子プロトーナメントは4日間，あるいは3日間54ホールで争うことが多い。

プロトーナメントは各地を転戦するため〈ツアー〉と呼ばれる。現在世界には男子で6つのツアーがある。優勝賞金額は高額であり，参加選手は世界各国に及ぶ。

男子ツアーではUSPGAツアー(アメリカ男子ツアー)が最大で，次いで欧州各国が参加するヨーロピアンツアー(欧州男子ツアー)，日本中を転戦するジャパンゴルフツアー(日本男子ツアー)，オーストラリアンPGAツアー(豪州ツアー)，さらにアジアンPGAツアー(アジア男子ツアー)，サンシャインツアー(南アフリカ男子ツアー)がある。

アメリカ男子ツアーには下部ツアーとして若手の登竜門となるネーションワイドツアー(アメリカ男子チャレンジツアー)と50歳の誕生日をもって出場資格のできるチャンピオンズツアー(アメリカシニアツアー)がある。

日本にも下部ツアーのチャレンジトーナメント(日本男子チャレンジトーナメント)とJPGAシニアツアー(日本男子シニアツアー)がある。

一方，女子プロツアーはUSLPGAツアー(アメリカ女子ツアー)，レディース・ヨーロピアンツアー(欧州女子ツアー)，日本のJLPGAツアー(日本女子ツアー)が世界3大ツアーといわれる。日本女子ツアーには下部ツアーとしてJLPGAステップアップツアー(日本女子ステップアップツアー)がある。

それぞれのツアーはプロテスト，クオリファイングトーナメント(QT: Qualifying Tournament，競技に出場するための予選トーナメント)がありプロ資格や試合の出場資格を与え，賞金額を加算したランキングによって次年度の出場資格を与えるなどの制度を整備している。

・マッチプレイでの競技会

ストロークプレイ全盛のトーナメント界だが，2年に1回，国の威信をかけて行われる対抗戦として世界が注目する2つの大会がある。1927年に始まったライダーカップは，もとはイギリス対アメリカであり，1979年からはヨーロッパ対アメリカの対抗戦となった。マッチプレイのシングルスやダブルス戦を交えた大会で団体戦の興奮をみせ，世界のゴルフファンが手に汗握る。これまでアメリカが25勝13敗2分け(2014年現在)だが，最近は欧州勢も強い。

もう1つはアメリカ対世界選抜が争うザ・プレジデンツカップである。ライダーカップと同じ試合形式の対抗戦には日本選手も選出される。1994年から2年に1回，隔年で行い8勝1敗1分

け（2014年現在）でアメリカが圧倒的な強さをみせているが，1998年，メルボルン大会での唯一の世界選抜優勝時には世界メンバーとして戦った丸山茂樹，尾崎直道の日本選手の活躍があった。

国際競技として日本で知られるのは1957（昭和32）年に日本で開催された国・地域別対抗戦（当時はカナダカップ）で中村寅吉，小野光一が優勝，2002年のメキシコ大会では丸山茂樹，伊沢利光が2度目の優勝を飾った。1ヵ国2人の選手の合計スコアでタイトルを争う伝統の大会は，2007年から開催地を中国に固定して行われ，2011年からは隔年開催となった。2016年の第31回オリンピック大会（リオデジャネイロ）からゴルフが正式競技となることから奇数年開催へ変更される。

[用具]

ゴルフは14本のクラブを使ってプレイする。クラブは球を打つための用具で形状と用途によって一般にウッド，アイアン，パターの3つの形式に分かれる。ウッドはその呼称のとおり木材だったが，ウッドクラブの素材がメタル，チタンなど金属になった1900年代から2000年以降でも伝統と慣習によってウッドと呼ばれる。アメリカツアーでは3番ウッドを3メタル（スリーメタル）と呼ぶこともある。

クラブの全長は18インチ（0.457m）以上でなければならず，パターを除き48インチ（1.219m）より長くてはいけない。クラブはクラブヘッドとシャフトそして握り部分のグリップでできている。クラブは概して単純な構造のものでなければならず，そのクラブが使っていいものかどうかの助言は，ゴルフルールを統括するR&A（Rules LimitedとUnited States Golf Association）がその規則に則って適合であるかどうかを裁定する。

ウッドクラブの体積は460cm³以下でなければならない。クラブは長くて重いものを使えば飛距離が出ることはテストで証明されている。事実，飛距離を求めるゴルファーのニーズに応え，用品メーカーが48インチを超える長さでヘッド形状が480cm³を超える大きなヘッドのドライバーを販売した。

ゴルフは始まって以来クラブへの工夫はゴルファーたちに任されてきた

図1　競技中の様子（写真：フォート・キシモト）

が，競技が発展し国際的になったことから用具にも公平の理念が叫ばれ，その形状や規格は時代とともに修正されている。

アイアンクラブにおいてはインパクトエリアと呼ぶ打面に溝が施され，打ったボールに適度なスピン（回転）がかかることが認められているが，2010年からプロトーナメントでは，その打面の溝の形状，深さを規制した。従来のクラブは溝が深く，鋭くてスピンがかかりやすかったため，技術を競うスポーツでありながら用具に頼る不公平さを是正したものである。この規制は「グルーブ（溝）規制」と呼ばれている。ルールを統一するR&Aではアマチュアの公式競技では2014年まで，一般のプレイでは2020年までにすべてのクラブをこの規制にしなければならない，としている。

インパクトエリア（打面）の規制では，スプリング効果を限定している。飛距離を追求するドライバーのクラブフェース面は不当なトランポリン効果があってはいけない。初速値の上限を超えたクラブは違反クラブとされ，競技会での使用を禁止している。

ボール（球）は，重量が1.620オンス（45.93g）を超えてはならず，ボールの直径は1.680インチ（42.67mm）を超えたものであってはならない。

② 組織の発展

[発祥]

ゴルフの発祥の地は，スコットランド，オランダ，中国など諸説ある。クラブでボールを打ち目標（ボールあるいは棒）に当てるゲームが各地にあり，広く親しまれたことによる。そうした中でスコットランド説が有力となっている。スコットランドで，この地に住む羊飼いたちが木の枝で小石を打って，うさぎが掘った穴に入れて楽しんでいた遊びがルーツといわれている。この遊びはその後，スコットランド特有の海沿いにできた自然のままの変化に富んだ地形（リンクス）を生かしたコースとして発展し，現在のゴルフになった。18世紀中頃になると，様々な形で楽しまれてきたルールを統一しようという機運が高まり，1744年に13条からなるルールがまとめられ，その後，19世紀になると今のボールが発明され，鉄道の開通とともに競技者の数も増え，1860年にはスコットランドのゴルフクラブが中心となり，第1回全英オープンゴルフ選手権が開かれた。

[世界を統括する2つの組織]

ゴルフの世界組織はイギリスのロイヤル・アンド・エンシェント・ゴルフクラブ・オブ・セント・アンドリュース（Royal and Ancient Golf Club of St. Andrews: R&A）と全米ゴルフ協会（United States Golf Association: USGA）が共同して統括する。前者はゴルフ発祥の地の伝統を踏まえイギリスのゴルフクラブを統括，競技規則とマナーの統一，改正，廃止の権限をもち全英オープンを主催する。後者は全米ゴルフ界の統一団体で全米オープンを開催する。ともにアマチュアの統括団体ながらプロトーナメントへも強い影響力をもちゴル

フルールの総本山として世界のゴルフ界を牽引している。

[4つのメジャー大会の開催]

ゴルフの世界4大メジャー大会は次のように特徴づけることができる。〈全英オープン〉は海岸のリンクスで強風の中、自然と人間との戦い、〈マスターズ〉はコースを人工的に作りプレイヤーと観客を興奮のるつぼに放り込むショー、〈全米オープン〉には双方のもつ特質を取り入れた厳しさと楽しさの両面を追求、〈全米プロ〉はプロゴルファーのみに門戸を開き究極の難しさを提供する。

メジャーで勝つ者はその時代を担う。1930年代のベン・ホーガン(Ben Hogan)、サム・スニード(Sam Snead)、バイロン・ネルソン(Byron Nelson)、1950年から1980年を彩ったアーノルド・パーマー(Arnold Palmer)、ゲーリー・プレイヤー(Gary Player)、ジャック・ニクラウス(Jack Nicklaus)、そして1990年代から21世紀に入ってタイガー・ウッズ(Tiger Woods)といった名手たちはいずれもメジャーの中から生まれ出た。

歴史的には全英オープン・ゴルフ選手権が最も古く、1860年に英国スコットランドで開催された。世界最古のトーナメントである。メジャーで最も新しいのはマスターズで1934年に創立された。全米オープンは1895年、全米プロゴルフ選手権は1916年に第1回大会が行われた。

[ワールドランキング制による世界的な普及]

メジャーへの出場資格はワールドランキングによって決まるが、その制度を取り入れたのは1990年代であった。ワールドランキングは世界各地のツアーの成績によってポイントを加算するシステムであり、例えば日本選手は自国の日本ツアーで好成績を上げることにより世界ランクが上がる。自分の本拠地で戦いながら世界も視野に入れてメジャーをめざせるというシステムは全世界の選手の励みになっている。

PGAツアーには若手発掘のための下部ツアー「ウェブドットコムツアー」があり賞金ランキング上位者は翌年のPGAツアーの出場権を与えられる。またシーズン末にはQTが行われ、やはり上位者は翌年からツアーに出場できる。

[シニア世代への拡大]

1980年、アメリカゴルフ界のヒーロー、パーマーが50歳を迎えるとシニアツアーがスタートした。往年のスター選手たちが50歳の誕生日をもって出場資格を得るチャンピオンズツアーである。当初はその存続に疑問をはさむ声もあったが、1980年4試合、1981年7試合のあと84年には22試合、1987年には32試合、1990年にはついに38試合、1996年には最多の39戦を数えた。そして1997年には世界を驚愕させる事態が起きた。ヘール・アーウイン(Hale Irwin)が年間9勝を上げると、獲得賞金が234万ドル、当時の円換算で約25億円になった。

この賞金額は同年のPGAツアーでウッズが206万ドルというツアー史上最多額、初の賞金王という大記録をはるかに上回った。アーウインの賞金はウッズを28万ドルも上回ったのだった。

[マイノリティーへの拡大]

アフリカ系黒人のウッズとフィジー出身、インド系フィジー人のビジェイ・シン(Vijay Singh)の2人はアメリカツアーにおいて1999年から2008年までの10年間、ウッズが7回、シンが3回にわたって賞金王をたらい回しにした。キャリア優勝回数はウッズ71勝、シン34勝(2009年現在)であり、そのデビュー以来の獲得賞金を加算した生涯獲得賞金で、ウッズは928,600万ドル(約82億円)、シンは619,800万ドル(60億円)となり(いずれも2008年現在)、当時の生涯獲得賞金ランキングの1、2位を占めた。

1930年代に産声を上げたPGAツアーは白人社会の象徴だった。しかし、舞台裏では人種問題がくすぶっていた。ゴルフクラブがメンバーシップ制で同好者の集まり、あるいは職種や組合などの親睦をめざす歴史的背景から

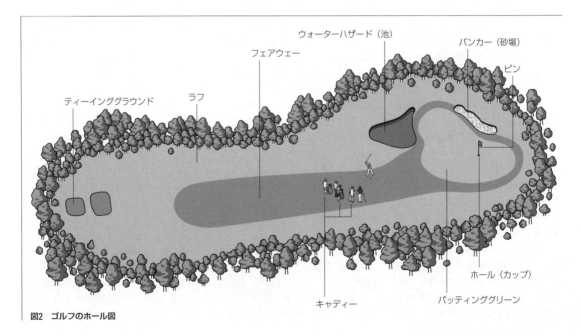

図2　ゴルフのホール図

アメリカトップ企業やハイレベルクラスの白人だけの集まりという色が強かった。マイノリティー（少数民族系アメリカ人）はコースへの出入りも禁じられた。こうした風潮に抵抗したメキシコ系アメリカ人のリー・トレビノ（Lee Trevino）はマスターズ出場を長いこと拒んだ。それ以前のアフリカ系黒人プロ，チャールス・シフォード（Charles Sifford），リー・エルダー（Lee Elder）らは実力がありながらマスターズ出場を果たせなかった。

有名なウッズの発した"メッセージ"があったのは1996年だった。同年夏，スタンフォード大学2年のウッズは大学を中退するとプロデビュー，その直後，テレビのキャンペーンCMで全世界に呼びかけた。「みなさん，僕を受け入れる準備ができていますか？」——ゴルフ界が未だ差別社会，特に黒人を受け入れない社会であることに真っ向から挑戦したのだった。直後ウッズは終盤の8戦に出場，2勝を上げる。以後の活躍は誰知らぬ者はない。

いつの時代もスター選手がツアーを牽引するアメリカツアーでウッズ，シンの存在と成功はゴルフ界だけにとどまらず象徴的であった。

[女子への拡大・発展]

女子ゴルフのリーダーシップはアメリカLPGAツアーが握る。ツアー制度の確立は1950年と世界で最も早く，男子ツアーに倣い賞金制度，シード権制度などを早くから整備，充実している。

ショーアップしたゴルフをめざすアメリカだけにカラフルなファッションや人種の多さは際立っている。

勢力図は戦前，戦後を通じてアメリカ選手が圧倒していたが，1987年，岡本綾子が外国人初の賞金女王に座って，外国勢が勢いづいた。多くのトーナメントで日本や欧米，アジア出身の選手が優勝した。1994年，イングランドのローラ・デービース（Laura Davies），次いで1995年，スウェーデンのアニカ・ソレンスタム（Annika Sorenstam）がメジャーの全米女子オープンで初優勝すると3勝を上げ賞金女王になった。

刺激を受けたオーストラリアのカリー・ウェブ（Karrie Webb）が1996年初の賞金女王の座に座ると，2005年まで通算ソレンスタムが8回，ウェブが2回，以来2006年から2008まで3連続女王となったロレーナ・オチョア（Lorena Ochoa，メキシコ）まで外国勢が圧倒している。アメリカ勢の女王は，1993年ベッツィー・キング（Betsy King）以来，2013年まで出ていない。

女子への拡大はプロツアーにも及び，女子選手が男子ツアーに出場するケースが現れた。2002年9月，アメリカコネチカット州で男子プロツアー出場をかけた地区予選が行われた。翌2003年7月に行われるPGA男子ツアーハートフォードオープンに出るための大会だった。優勝したのは地元のクラブプロでママさん選手のスージー・ワ

表1　ゴルフのルールや組織の主な変遷

年	主な出来事
1744	13条からなるルールがまとめられる スコットランドのエジンバラで初の選手権大会が開催
1754	セントアンドルーズ・ゴルフクラブが創立
1860	第1回全英オープン・ゴルフ選手権が開催
1885	第1回全英アマチュア・ゴルフ選手権が開催
1893	第1回全英レディース・ゴルフ選手権が開催
1894	アメリカ・ゴルフ協会が創立
1895	第1回全米婦人ゴルフ選手権が開催 全米オープンが開催
1901	神戸在住のイギリス人茶商アーサー・グルームが六甲山頂に4ホールのコースを創設
1903	六甲山頂のコースを9ホールに拡張し，日本最初の神戸ゴルフ倶楽部を創立
1907	第1回日本アマチュア選手権が開催
1910	スティール製のシャフトが発明される
1913	東京駒沢に日本人による最初のクラブである東京ゴルフ倶楽部が創立
1916	全米プロゴルフ協会（PGA）が創設 全米プロゴルフ選手権が開催
1924	日本ゴルフ協会（JGA）が創立
1926	日本最古のプロトーナメントである日本プロ選手権が開催
1927	第1回日本オープン・ゴルフ選手権が開催
1934	マスターズが開催
1953	第1回日本女子アマチュア選手権が開催
1957	日本プロゴルフ協会（PGA）が創立
1967	日本プロゴルフ協会内に女子部を設置
1973	日本ゴルフ界にツアー制度が確立
1974	日本女子プロ協会が設立され，日本女子ツアーが開始
1979	メタル製のドライバーが登場
1980	アメリカでシニアツアーが開始
1987	岡本綾子がアメリカ女子ツアーで外国人初の賞金女王となる
1993	チタン製のドライバーが主流となる
2003	ソレンスタムが女子選手としては58年ぶりに男子プロツアーに出場
2009	オリンピックの正式種目化（2016年ブラジル・リオ大会以降）が決定

ーリー (Suzy Whaley, 当時36歳) だった。「なんで男子の試合に女子が？」と疑問の声を上げる前に誰もが手を叩いて喜んだ。地区予選とはいえ男子の試合で孤軍奮闘，あれよあれよという間の優勝の快挙であった。

「女子は女子の試合で戦うべきだ」という昔からの因習はこの時取り払われ，女性たちの挑戦が始まった。

2003年5月，LPGAツアーのスーパースター，ソレンスタムがPGA男子ツアー，バンクオブアメリカ・コロニアルへ出場した。全世界注目の中，2日間54ホールを5オーバー，111人中，59位で予選通過はならなかった。しかしその健気な姿を歴史的挑戦と受け止め誰もが賞讃を惜しまず，ソレンスタムも「私は私のやるべきことを出し切った」と涙で自分の健闘をアピールした。

その後，アマのミシェル・ウィー (Michelle Wie, アメリカ) がハワイアンオープン，ジャン・スチーブンソン (Jan Stephenson, オーストラリア) はチャンピオンツアーのタートルベイクラシック，ソフィー・グスタフソン (Sophie Gustafson, スウェーデン) は日本ツアー，カシオオープンに出場 (いずれも予選落ち) した。韓国ツアーでは朴セリが10位という結果を残した。

女子選手の男子ツアー出場は1938年，1945年のロサンゼルスオープンのベーブ・ザハリアス (Babe Zaharias, アメリカ) がある (いずれも予選落ち)。ソレンスタムの挑戦は実に58年ぶりだった。

男子と同じ距離は女子には長く，みんな苦しんだ。しかし，ゴルフと真剣に取り組み努力する女子選手の姿に多くの人が感動を隠さなかった。

[ゴルフの発展に伴うビジネスの確立]

1968年，PGAツアーは大きな変革を遂げた。PGAは1916年創立されたが，組織が巨大化し，1968年トーナメント部門を切り離しツアーだけを統括するPGAツアーとクラブプロの組織，PGAオブアメリカに分かれた。ツアー部門がパーマーらの活躍でようやく軌道に乗ったのがきっかけとなった。

PGAは本来プロゴルファーの組織でレッスンやコース経営，ショップの運営といったビジネスを行うクラブプロが圧倒的に多く，トーナメントプロは200人足らずであった。しかし，ツアーが盛んになって入場料や放映権収入が入るとビジネス部門，そしてツアーとの間に利害関係も生まれた。そこで，両者は分離，独立した。ビジネスを専門とするPGAオブアメリカは以来，全米プロ選手権，ライダーカップ (米・欧州ツアー対抗戦) を主催するほか世界ゴルフ殿堂を運営している。"本業"のティーチング，コース経営などに深くかかわる大きな組織として世界のゴルフ界から注目されている。

[日本への普及・発展]

ゴルフの世界的普及は，イギリスが自国の植民地または貿易地のレクリエーションとして楽しんだのが主因である。日本におけるゴルフの始まりも1901 (明治34) 年に神戸在住のイギリス人茶商アーサー・グルーム (Arthur Groom) が六甲山上に私設のゴルフコースをつくり，クラブ組織ができたことによる。その5年後には関東で，横浜の根岸競馬場内にイギリス居留民を主体とするコースとクラブができ，1907 (明治40) 年には，外国人ばかりの参加であったが，六甲コースで第1回日本アマチュア選手権が行われた。その後，1913 (大正2) 年に駒沢村に日本人主体のゴルフ場と東京ゴルフ倶楽部が生まれ，海外でのゴルフ経験者や上流階級者が楽しむようになり，昭和を迎え，日本各地に多くのゴルフ場が建設され，普及していった。そして，1924 (大正13) 年にはアマチュア，プロの競技をどちらも含み，全国のクラブを統括する組織として日本ゴルフ協会 (Japan Golf Association: JGA) が設立された。しかし，1937 (昭和12) 年以降の第二次大戦のため，ゴルフは壊滅の危機を迎えた。敗戦後に駐屯したアメリカ軍がゴルフの理解者であったため，国内での普及・発展が比較的順調だったのは幸いだった。

日本のプロ組織がスタートしたのは1957 (昭和32) 年，カナダカップ開催のわずか3ヵ月前である。7月，プロゴルファーの組織はそれまで関東と関西に2分，アマの統括団体の日本ゴルフ協会 (JGA) の擁護のもとにあったが，日本プロゴルフ協会 (The Professional Golfers' Association of Japan: JPGA) を設立，以後日本ツアーへ向け試合数も増えた。

1959 (昭和34) 年，それまでJGAの傘下で行われていた「日本プロ選手権」をJPGA主催とした。1965 (昭和40) 年には同大会の入場料がゴルフ界で初めて有料化 (3日間通しで1,000円) した。また，1967 (昭和42) 年には，協会内に女子部を設置した。日本人の海外遠征も盛んになりマスターズに選手を送ったのをはじめ，日本を含むアジア10ヵ国を転戦する極東サーキットでは毎年日本勢が活躍，1969 (昭和44) 年には10戦中，5戦で日本選手が優勝した。

急激な成長で競技数が増加した1973 (昭和48) 年，PGAはついに日本にツアー制度を導入した。公式戦10，スポンサー開催の公認競技21，合計31競技，賞金総額4億7,100万円になるに及んで賞金ランキングの導入を決めた。上位30人にシード権を与えるシード制も取り入れた。ここに日本ゴルフ界初のツアー制度が確立した。表2にあるとおりである。

1999 (平成11) 年，JPGAのトーナメント管理，運営部門が独立し，日本ゴルフツアー機構を立ち上げた。JPGAは反対したが，選手会や，大会を主催するトーナメント振興協会が積極的に動いた。混乱の末，トーナメント部門は分離，独立し，新組織として日本ゴルフツアー機構 (JGTO) を設立した。このツアーは「ジャパンゴルフツアー (JGTOツアー)」と名づけられた。これによってJPGAは日本プロ選手権，シニアツアー，プロテストなどの運営，ティーチングプロの育成，ゴルフビジネスと分業化された。

2011 (平成23) 年現在ツアーは25戦，賞金総額33億3,000万円である。2000 (平成12) 年の33競技，35億3,000万円と比べると試合数，賞金とも減少している。ツアー立ち上げの1999年以降，経済状態が下降し，そのあおりを受けたこともあるが，スター不在も影響したとみられる。15歳の高校生で2007マンシングウエアオープンKSBカップ優勝の石川遼が2008 (平成20) 年プロ入り，高校生プロとして賞金ランキング5位の活躍をみせ，2009 (平成21) 年はマスターズなど米ツアーから推薦を受け出場，日本ツアーで賞金王になった。

[石川18歳最年少賞金王]

プロ2年目の石川遼は2009年，4勝を挙げ賞金1億8,352円を獲得，賞金王に輝いた。当時，東京・杉並学院高校3

年の18歳。1973（昭和48）年尾崎将司が26歳で達成した最年少賞金王記録を大幅に書き替えた。また1997年に21歳でアメリカツアー賞金王となったウッズらを上回り世界主要ツアーでも最年少賞金王だった。

[日本における女子ゴルフの歩み]

1953（昭和28）年夏，神奈川の相模ゴルフコースで54人が出場した「読売全日本女子ゴルフ大会」は日本初の女子の個人戦の大会である。在日米軍の婦人19人も出場した。競技は18ホールのストロークプレイで16人に絞り，ファーストフライト，セカンドフライト（予選の上位8人がファーストフライト，残り8人がセカンドフライト）に分け，以後はマッチプレイの勝ち抜き戦で行われた。注目のファーストフライトは阿座上秋子が優勝した。その後大会は1959（昭和34）年，日本ゴルフ協会が主催することとなり東京ゴルフ倶楽部にて第1回「日本女子選手権」が行われた。これが現在の日本女子アマチュア選手権である。当時はプロがいなかったので日本一を決める唯一の大会であった。

1961（昭和36）年，女子プロゴルファーの卵たちが集まった「日本女子ゴルフ同好会競技大会」（全国ゴルフ場女子従業員競技会）が東京・晴海に当時あった東雲ゴルフ場で開かれた。参加28人，ハンデキャップ制を取り入れた競技会は女子プロゴルファー誕生のきっかけとなった。

1967（昭和42）年10月，女子プロテストを行い26人が晴れて合格し，女子プロゴルファーが誕生した。すでにプロ活動していた15人も加えた計41人がプロと認定された。さらに，1974（昭和49）年，日本女子プロ協会が設立され，初代会長に中村寅吉が就任した。年間18試合，賞金1億円超とツアーとして体裁も整えられた。現在の日本女子ツアー（JLPGAツアー）の誕生である。

その後，日本女子プロゴルフ協会会長を務め，2003年に日本人で初めて世界ゴルフ殿堂入りを果たした樋口久子や，1987年アメリカ女子ツアーで外国人として初めて賞金女王に輝いた岡本綾子が活躍した。

現在，女子ツアーはアメリカを頂点に欧州，日本が世界のビッグ3といわれ，中国，韓国，台湾勢の躍進がめざ

ましい。2009年，申智愛，2010年崔羅蓮（ともに韓国），2011年は曽雅妮（台湾）が賞金女王に輝いた。日本もトッププレイヤーのアメリカ遠征は恒例となった。2010年，宮里藍はアメリカツアー5年目を迎え開幕から2連覇し，樋口，岡本，小林，福島に次ぎ5人目のアメリカツアーチャンピオンとなった。宮里は2012年まで9勝（7月2日現在）を上げている。沖縄出身の宮里美香はプロ入りと同時にアメリカツアーのQTを突破し出場権を得ると，アメリカに渡り参戦するなどアメリカ志向は高まるばかりである。

[オリンピック正式種目へ]

ゴルフは2016年，第31回大会（リオデジャネイロ）からオリンピックの正式種目となった。2009年10月，コペンハーゲンでの国際オリンピック委員会（IOC）総会で決まった。ゴルフは2020年大会も実施される。

オリンピックでのゴルフ開催は1904年の第3回大会（セントルイス）以来112年ぶりである。オリンピックには1900年の第2回大会（パリ）と合わせて3回目となる。

初めてゴルフがオリンピック種目に加えられたのは1900年7月の第2回大会（パリ）であった。IOC会長のフランスのピエール・ド・クーベルタン（P. de Coubertin）の地元パリで，それまで男性しか出場していなかったが，テニスと並んで初めて女性も参加した大会であった。ゴルフは100年を超えての復活出場だが，オリンピック史上，最初に女性が登場したという点では歴史的な位置を占めている。

1900年の第2回大会ではゴルフ競技はパリ郊外コンペニュGCで行われ，男子はアメリカのサンズ（Charles Sands）が82，85の167で優勝した。コースの長さや参加者の記録が残っていないが，オリンピック自体では20ヵ国，1,066人が参加，万国博の付属国際競技大会として行われた。

注目の女子は9ホールで争われ，47ストロークでホールアウトしたアメリカのマーガレット・アボット（Margaret Abbott）が初の優勝者となった。彼女はインドのカルカッタ生まれで，アメリカのシカゴゴルフクラブでゴルフを覚え，パリに絵画の勉強のために留学していてオリンピック出場した。

1904年の第3回大会（セントルイス）のゴルフ競技はグレンエコーCC，6,203ヤード，パー72で行われ男子の個人戦と団体戦を行った。

個人戦は9月19日から6日間，75人が参加し，36ホールのストロークプレイを行い上位32人のマッチプレイで争った。マッチはいずれも36ホールの長丁場で行われた。決勝戦はカナダの46歳のジョージ・ライオン（George Lyon）とその年の全米アマチュア選手権優勝のアメリカのチャンドラー・イーガン（Chandler Egan）が対戦し，ライオンが3エンド2で優勝した。女子の競技は行われていない。

個人戦の行われる2日前の17日の団体戦にはアメリカから3チームが出場，1チーム10人のチーム戦はウエスタンゴルフアソシエーションチームが優勝した。同チームには後日の個人戦で2位のイーガンが所属し81，84の計165のベストスコアを出した。

表2　年度別ツアー賞金総額・トーナメント数推移表

年度	試合数	賞金総額（円）
1973年	31	471,000,000
1974年	31	596,290,000
1975年	33	801,115,000
1976年	32	839,300,000
1977年	32	859,290,000
1978年	37	942,940,000
1979年	37	979,830,000
1980年	38	1,039,700,000
1981年	42	1,235,000,000
1982年	45	1,429,300,000
1983年	46	1,534,900,000
1984年	39	1,604,750,000
1985年	40	1,753,000,000
1986年	40	1,874,000,000
1987年	40	1,994,000,000
1988年	40	2,286,000,000
1989年	41	2,600,000,000
1990年	44	3,290,000,000
1991年	43	3,657,500,000
1992年	38	3,890,000,000
1993年	39	4,185,000,000
1994年	38	4,150,000,000
1995年	37	4,020,000,000
1996年	36	3,910,000,000
1997年	36	3,930,000,000
1998年	36	4,070,000,000
1999年	36	3,360,000,000
2000年	33	3,530,000,000
2001年	31	3,430,000,000
2002年	29	3,320,000,000
2003年	29	3,250,000,000
2004年	29	3,270,000,000
2005年	29	3,380,000,000
2006年	29	3,500,000,000
2007年	24	3,040,000,000
2008年	25	3,620,000,000
2009年	24	3,340,000,000
2010年	25	3,350,000,000

1908年の第4回大会(ロンドン)ではゴルフが行われることになっていたが,開催予定コースとゴルフの総本山,R&Aとの運営上の問題が解決せず,直前に中止された。

さらに1936年の第11回大会(ベルリン)ではオリンピックの10日後にポストオリンピック大会として7ヵ国によって2人1組の団体戦を行ったが,オリンピック競技としては認められていない。バーデンバーデンで行われた大会はヒトラーの国威発揚の場となるなど平和の祭典とは似つかわしくないといった声もあるが,オリンピック参加49ヵ国中,36ヵ国に参加を呼びかけ,ゴルフはオリンピックに意欲を示していた。歴史上,留めておきたい事実であろう。

しかし,この大会を機に欧州ゴルフ連盟が発足した。

その後,ゴルフは今日までオリンピック競技には採用されなかったが,世界組織の立ち上げが遅れたことが大きな理由だった。

アマチュアの祭典といわれたオリンピック精神とは相反する流れがゴルフ界をオリンピックから遠ざけたといってもいいかもしれない。

アマの交流に先行して世界各国にプロツアーが立ち上がりプロフェッショナルスポーツとして隆盛をみせた。オリンピックの正式種目へ,という動きはあちこちで起こったが,プロのトッププレイヤーたちは過密日程や契約メーカー,企業の思惑でオリンピックには興味が向かなかった。象徴的だったのは1996年の第26回大会(アトランタ)で,ゴルフ競技の復活が期待されながら認められなかったのは,プロアスリートの無関心が大きな要因になったといわれた。

オリンピックへ112年ぶりの復活である。ゴルフ界は今回一丸となった。人種差別や国や地域格差などオリンピックに参加する障害はようやく取り払われた。エリートのスポーツ,金銭的余裕がないとできないスポーツというレッテルはジュニア育成,初めてゴルフをプレイする児童への積極的な援助など,地道な活動で取り払われつつある。世界を統一するアマ組織として活動していた世界アマチュア評議会を母体にして2003年,国際ゴルフ連盟(International Golf Federation: IGF)を立ち上げた。連盟のエグゼクティブ・ディレクターのタイ・ボトウ(Ty Votaw)はPGAツアー,セクレタリーのピーター・ドーソン(Peter Dawson)はR&Aのトップである。世界ゴルフ界のトップがオリンピック参加に向けて初めて一丸となった。

2016年,注目の第31回大会(リオデジャネイロ)は72ホールのストロークプレイ,男子4日,女子4日の計8日間で争い上位3選手にメダルが授与される。

出場選手は世界ランキングの上位15位までと16位以下については1ヵ国2人を限度に60人までとなった。現行の世界ランキングは世界各国のトーナメントをポイント換算し,その加算により毎週変化するランキングで,4年に1回のオリンピックで世界一を決めるのにふさわしいシステムであろう。

③ 技術・戦術・ルールの変遷
[ボールの進化]

・ラージボールとスモールボール

ボールの大きさは直径1.68インチ(42.67mm)より小さくなく,重さは1.62オンス(45.93g)より重くないものと規定されている。なお,ホールの大きさは4.25インチ(108mm)である。

ところが戦前と戦後の一時期を通じて世界は2種類の球を使っていた。イギリスのスモールボールとアメリカのラージボールである。イギリスは1921年ボールのサイズを直径1.62インチ(41.15mm),重さ1.62オンス(45.93g)としていた。風の強いイギリスでは影響の受けにくい小さいボールの方が便利だった。だが,遠く離れたアメリカでは独自にゴルフが発展していた。

この2種類のボールは戦後,国際交流が盛んになるにつれ不都合が生じた。小さく礫(つぶて)のように風を切って飛ぶボールと風の影響を受けて曲がるボールが存在することでゲームの統一性,不公平感で論争が巻き起こった。

この問題に対してはイギリスが歩み寄りをみせた。1970年,全英プロゴルフ選手権からラージ球に統一するとともに,4年間の期間を置くと1974年の全英オープンでスモール球を一切禁じた。以来,ボールはアメリカサイズのラージ球が,世界のゴルファーの使用球になった。なお,日本においても1977(昭和45)年,JPGAはツアーでのラージ球使用を義務づけた。とはいうものの,日本女子プロゴルフツアーやメーカー,一般ゴルファーへの統一には時間がかかった。女子プロツアーがラージ球に踏み切ったのは1986(昭和61)年,一般ゴルファーは1990(平成2)年だった。

・高反発ボールの開発

1960年から90年代はボールの大小論争をはじめ多くの変化が起こった「変革の時代」といってよいだろう。1966年,火種はまたもアメリカから起こった。ツーピースボールの登場である。

アメリカで「ラウンドボール」という高反発コアと高反発特殊強化カバーのボールが開発され日本にも流れ込んできた。第18回オリンピック大会(1964年,東京)後の好景気を背景にしたバブル経済の様相を呈する中,従来の糸巻きボールと時代を分けるようにしてアメリカ生まれの飛ぶボールが存在感をみせ始めた。

1982(昭和57)年,日本のメーカーもツーピースボールを売り出した。飛ぶボールは飛距離は出るが「打感が悪い」「硬すぎる」など不満もあったが,飛ぶ魅力は,一般ゴルファーに人気となり,そして女子プロを経て男子プロにも飛び火していった。これには,ラージ球に代わったことで,飛距離が落ちたという背景もあった。

[クラブの進化]

21世紀に入りこの20年でゴルフのなにが変わったかといえば,ボールが曲がらずに飛び,相対的にコースが短くなったことである。その要因となったのがクラブ,ドライバーの変化である。

1980年から90年代にかけ,ドライバーはクラブの耐久性の問題を乗り越えて大きな変化を遂げた。

1979年,ゴルフ用品の見本市,恒例のPGAショーにメタル製のドライバー,名づけて「ピッツバーグ・パーシモン」がお目えした。鉄鋼の都市,アメリカ・ピッツバーグのゴルフメーカーが出品した金属のドライバー,メタルでできたクラブは当時誰もが使っていたパーシモン(柿材)の大きさにすると扱えないほど重く,体積はわずか160ccと小さかった。そのメタルが

200ccと柿材と同じ大きさになり250ccと"成長"する過程は金属をいかに薄くしヘッドを大きくしボールを飛ばせるか,の追求にほかならなかった。1986(昭和61)年,日本では尾崎将司がいち早く手にしメーカーと開発に取り組むと,7年間もの長いスランプを脱する年間4勝,1989(平成元)年からは3年連続で賞金王となるなど「メタル復活」ともてはやされた。この時点でメタルは完全に一般ゴルファーに浸透していったが,輪をかけたのはヘッド素材としてチタンを採用したことだった。宇宙工学の産物といわれるチタンは薄く強く軽かった。1993年にはメタルは完全にチタンに代わり,ヘッドはさらに大型化し,400ccを超えるものも出た。

そしてここでもトップ選手が時代を動かした。ウッズは2004年秋,日本にやってきた時に460ccの大型ヘッドを手に宮崎・ダンロップフェニックスで独走,日本初優勝を上げた。

ここにおよんでヘッド容量が480ccのクラブが登場,大型競争は果てしなく,ついにゴルフルールを統括するイギリスR&Aとアメリカゴルフ協会(USGA)は2009年ゴルフ規則に「クラブヘッドの体積は460cc以下でなければならない」とした。

飛ぶボール,飛ぶクラブに加えクラブのバックフェース部分を深くえぐり,ボールが上がりやすくしたキャビティーアイアン,ネオマレットと呼ばれる大型ヘッドのパター,さらにはボールを捉えやすく設計した機能性追求のユーティリティークラブとハイテク素材を使ったクラブ,道具の進化はもはやコースを長くするなどハイスコアへの対抗策を無為にしている。

[用具の進化によるスイングの変遷]

用具の変化は技術も変えた。パーシモンとメタル,チタン(図3)のクロスする1980-90年代は選手たちのスイング改造が話題になった。その一例としてマーク・オメーラ(Mark O'Meara)を挙げよう。1957年生まれのオメーラはトップアマからプロ入り,1998年41歳でマスターズ,全英オープンのメジャーを年間で獲得するなど大活躍した。オメーラらの年代は用具の変化に翻弄された時代の伝承者といわれる。オメーラも若い頃はパーシモンを手に逆Cの字型のスイングをしていた。シャフトはメタルで重くヘッドスピードが上がらないため当時,260ヤードを飛ばすと飛ばし屋といわれた。誰もがヒールアップした足,高いバックスイング,インパクトは「ステイ・ビハインド・ザ・ボール(ボールの後ろにとどまれ)」と体の中心を常にボールの後ろに位置させた。手はロールを強くし,ボールはリストターンで包み込むように叩かないと高く遠くへ飛ばなかった。高いフィニッシュで収まったフォームは腰が逆C型に反り返った姿から「逆Cの字スイング」と呼ばれていた。

このスイングは大きな負担を腰に及ぼしたので,オメーラはコーチとともに水平打法に改造した。腰,肩を体の軸中心に回すスイングはフィニッシュの形がそれまでの"逆C"からIの字にみえる様子から「I字スイング」とも呼ばれた。改造に時間がかかったオメーラは4年ほど優勝から遠ざかったが,1991年から再び勝ち始め,1998年のメジャー2勝の快挙につなげた。

オメーラのたどった道は世がパーシモンに別れを告げ,メタルに代わるクラブ変遷の時期と合致する。またシャフトがカーボンと従来のスチールより軽く,強いしなりを生む素材となったこととも一致する。メタルがチタンに変わりシャフトはさらに性能を上げ,クラブ,特にドライバー,ウッドクラブは飛ぶようになった。

21世紀に入りかつて300ヤードドライブは夢のまた夢といわれたが,2008年のドライビングディスタンス部門ランキングは,トップ10までが315ヤードから301ヤードまでにひしめいている。しかし現在は高反発クラブのフェース規制など"飛距離を抑えた"ルールの徹底で"馬鹿っとび"は姿を消しつつある。

④ **現代の技術・戦術・ルール**

[国際化による用具の進化とプレイの変化]

世界との交流が頻繁になり様々な芝の種類に対応する中,状況に応じた道具が求められている。クラブメーカーの技術者がトーナメント会場にツアーバンと呼ばれるクラフトカーでサポートすることもある。かつては1つのセットを何度も使い込んだものだが,い

パーシモン

メタル(スチール)

チタン

図3　ドライバーの移り変わり
(出典:友添秀則 監修『世界のスポーツ②ヨーロッパⅠ』学習研究社,2005,15)

まや翌日使うクラブが1日で作られ,選手もすぐに試合で使用する時代である。そのためウエッジも1本のクラブを開いたり閉じたりかぶせたりして使う職人技より,自分にどんなクラブが合っているかを探す目が問われる時代になった。

例えばパターは1960年までその形状からL字,T字,木槌のようなマレットタイプが主流であった。1966年にはピンタイプがこれに加わり,21世紀はネオマレットと呼ばれる大型の木槌タイプのパターと5タイプが主流になっている。

"パットに型なし"といわれるが,世界が高速グリーンとなり"柔らかいタッチ"を求めてフェースのインサート(打面)に樹脂を使用するなど工夫,改良が繰り返された。工夫といえばパッティングフォームも様々な形が現れた。パターの長さもドライバーより長い長尺や中尺が出現した。

打ち方も多様でベテランのサム・ス

ニード (Sam Snead) は1960年代，パットのラインをまたいでボールを手前からホールへ押し出すように打ち，観衆を驚かせたことがある。しかし，ボールは正しく打たれるべきで，押し出したりかき寄せてはならない，というルールに抵触したため，その後，禁止されると次に両足を揃えて立ちボールを体の右側においたサイドサドルスタイル（婦人の乗馬の横乗り）で打った。これだと押していない，というアイディアでスニードは生涯その打ち方で通した。アメリカツアー最多82勝のスニードの，晩年の勝利は特異なパッティングスタイルから生み出された。

[用具の進化に伴うプレイの高度化]

21世紀に入り用具の進歩は著しく，飛距離は伸びスコアが上がった。そのため従来のコースが"短く"なり，その対策として長さを求めると8,000ヤードに及ぶようなコースが必要となっている。PGAツアーではより高度なテクニックやゴルフのおもしろさを追求すべくツアーや設計家とタイアップし，1980年から全国にスタジアムコース39コースを作った（2008年現在）。コースはウォーターハザードや深いバンカー，大きな木，森林や沼地，ブッシュやマウンドとあらゆるものを駆使しており，ゴルフの可能性追求に必死である。

一方，用具の進歩はかつてシニア世代と一部プロのスポーツといわれたゴルフを，幼児から高齢者までの幅広いプレイ層に広げた。15歳で優勝した石川遼や高校生から活躍する宮里藍から，74歳プレイヤーまでである。その両端にはさらにすそ野が広がっている。

（武藤一彦）

ゴルフ系ニュースポーツ

Ground golf; Snag golf; Target bird golf; Parkgolf; Field golf; Mallet golf

① 競技概要

ここでは，ゴルフをもとに考案されたいくつかの比較的新しいスポーツを紹介する。

[グラウンドゴルフ]

ゴルフのホール（穴）の代わりに，旗を立てたホールポストと呼ばれる円形の金属輪の中にボールを入れるまでの打数を競う（図1）。各自が木製スティックと1個の木製あるいは合成樹脂製ボールを用い，移動式のホールポストを運動場や公園に配置し，1ラウンド8ホールを基本としたコースで行う。個人戦は，数人から6人1組，団体戦は各チーム6人1組を標準とする同数で行う。

[スナッグゴルフ]

ゴルフの基本を安全に学び様々な場所で楽しむことができるように，ターゲット類が面ファスナー（マジックテープ）仕様で，テニスボールより一回り小さい毛羽立ったボールをつく (snag) ように工夫された持ち運び可能な用具を用いる。ランチャー（フルショット，ピッチショット専用）とローラー（パター専用でグリーン以外使用禁止）の2本のクラブを用い，ボールを打つ際は必ずランチパッド（ゴム製のマットとティーが一体化したもの）でティーアップして行う。ゴルフのカップに相当するのは，表面を面ファスナー素材で覆った旗状の的を筒にさしたスナッグフラッグである。ホールアウト（スナッグアウト）は，ボールを必ずスナッグフラッグにつけた状態で終了とする。

[ターゲットバードゴルフ]

バドミントンのシャトルに似た合成樹脂製の羽根付きボールを，ゴルフのピッチングウェッジで打つ。ホールとして地上80cmの高さに設置した，直径110cmの傘を逆さにしたような形の網ホール（アドバンテージホール）に，ボールを打ち入れることによって，ホールインとする（図2）。ホールインの形式以外はゴルフに準じたルールを用いる。さらに，網ホールに入らなくてもホール真下の地面に置いた直径約86cmの輪（セカンドホール）の中に入った場合も，ホールしたものとしてカウントできる。

[パークゴルフ]

公園や河川敷で，木製クラブ1本と合成樹脂製ボール1個を用い，ゴルフに準じたルールで行う。クラブの打球面にはロフト（傾斜角度）がなく，強く打ってもボールは高く上がらないような工夫がなされている。直径20cmのピンカップ（ホール）に直径6cm，重さ80-95gのボールを入れるまでの最少打数を競う。ゲーム単位は，1ラウンド18ホールでストロークプレイ（1ホールごとのスコアを累計し，18ホールの合計

図1 競技中の様子：グラウンドゴルフ
（写真：フォート・キシモト）

スコアの少ない者の勝ち）やマッチプレイ（各ホールごとの勝ち負けを累計し，勝ったホールの多い者の勝ち）で行うのが一般的である。

[フィールドゴルフ]

幅約10m，長さ20-57mのミニ・ゴルフコース（芝の18ホール）で，金属製のクラブを用いて硬質の合成樹脂製ボールをゴルフと同じように打ち進めるゲームである。ゲームは，パークゴルフと同様に，ホールをラウンドするゴルフ形式を採用している。

[マレットゴルフ]

マレットとは，クロッケーやゲートボールなどで用いる木槌（マレー）のことである。各ホールの長さは14-80mで，カップの大きさは直径15cm，深さ15cm。3種類あるマレットは長さ70-80cm，ボールの直径7.5cm，重さ200-240gである。コースにゲートが設置されている場合は，必ず通過させねばならない。4人1組で，ゴルフに準じたルールでプレイする。同様のタイプにフィールドゴルフがある。

② 歴史

戦後ニュースポーツの先駆けの1つであるゲートボール人気が高まりをみせていたころ，同じ標的系ゲームであるが自己審判制で1人でもラウンドできるゴルフ型のゲームとして登場した代表例が，マレットゴルフやグラウンドゴルフである。マレットゴルフが，当初ゲートボール用スティックとボールを用いて簡易コースをラウンドする方法で始まったように，ゴルフ系ニュ

ースポーツの多くは，用具をクロッケーやゲートボールなどをヒントに軽量化したり標的（カップ）の課題を緩和したりしながらも，ラウンド方法等は，自己採点（審判）制のゴルフに準じたルールを採用している。

[グラウンドゴルフ]

1982（昭和57）年に，鳥取県泊村（現・湯梨浜町）教育委員会が生涯スポーツ推進事業の一環として考案したものである。

[スナッグゴルフ]

アメリカ・プロゴルフ協会（Professional Golfer's Association: PGA）ツアープレイヤーであるテリー・アントン（Terry Anton）とウォーリー・アームストロング（Wally Armstrong）の2人が，開発に6年を費やし，2001年のアメリカPGAショーで発表したものである。幅広い愛好者が，ゴルフの醍醐味と基本技術を体得できるようにという配慮が込められている。名称のスナッグ（SNAG）は，Starting New At Golf（ゴルフを始めるために）の頭文字と，ターゲット類が面ファスナー仕様で，毛羽立ったボールがくっつく（snag）ように工夫された用具の2つの名称に由来する。

[ターゲットバードゴルフ]

1960（昭和35）年頃，埼玉県の野嶋孝重がゴルフ練習用としてボールにバドミントンの羽根を取り付けたものを試作している。用具の改良を進め，1980年代半ば以降各地で行われるようになった。

[パークゴルフ]

1982（昭和57）年に鳥取県泊村で考案されたグラウンドゴルフをヒントに，翌年北海道十勝の幕別町で考案された。広い面積が確保できる北海道の利点を最大限に生かし，打球面にロフト（傾斜角度）がないクラブを用い，ボールを加減せずに打ち放すことができるような工夫もなされている。

[フィールドゴルフ]

1983（昭和58）年，兵庫県出石郡（現・豊岡市）但東町が町おこしのための「但東シルクロード 計画」の一環として，神戸市垂水区団地スポーツ協会の蓮沼良造らの提案を受け考案されたものである。

[マレットゴルフ]

1977（昭和52）年に福井県教育委員会が発案し，1980（昭和55）年頃，長野県体育センターで形式を整え普及を開始した。当初はゲートボール用具を利用していた。

（野々宮徹）

混成競技

→陸上競技

図2　競技中の様子：ターゲットバードゴルフ
（出典：清水良隆，紺野晃 編『ニュースポーツ百科[新装版]』大修館書店．1997. 180.）

サーフィン

Surfing

① 競技概要

サーフィンは，サーフボードに乗ってバランスをとりながら水面を進み海上の波を利用して様々な演技を行い，その出来映えを競う水上スポーツである（図1）。

競技会のクラスは年齢と技術レベルの違いで分けられる。例えば，全日本サーフィン選手権は年齢別で競技が行われる大会である。一方，全日本級別サーフィン選手権は技術レベル別の大会である。

大会では，選手はゼッケンを着用し，限られた時間内に波に乗って演技をする。1ヒート（大会組み合わせ）には平均4－5人が参加し，上位2人の勝ち抜き戦で行われる。

ヘッドジャッジ1人とジャッジ4－5人が10点満点で採点し，そのうち最も高い得点と低い得点をカットした残りのジャッジの点数を平均したものが，その試技の得点となる。何本か試技を行ったうちで得点の高い2本の合計点で順位が決まる。日本サーフィン連盟（Nippon Surfing Association: NSA）のルールでは，1ヒート13-18分，マキシマムウェーブ（1ヒートの最大ライディング数）8本でベスト2ウェーブが平均的に運用されている。

また，妨害を禁止するルールがあり，インサイドに最も近くにいる選手がターンし，その方向に優先権をもつ選手のライディングを妨げた場合は妨害と判定され，2番目に高得点だったウェーブの得点の1/2がカットされる。

高い得点のライディングは「よりよい波で，最も難易度が高く，そしてコントロールされたマニューバー（技の構成）を実行するライディング」である。

大きな大会では，ジャッジングにコンピューターの導入が進み，大会をみる側にも随時経過がわかるので競技性が高くなり，サーフィン競技を行う楽しみに加えて，新たにみる楽しみも増している。

② 歴史

このスポーツを考案したのはハワイやタヒチに住んでいた古代ポリネシアの人々で，西暦400年頃にはサーフィンの原形のようなものがすでに存在していたようである。

漁業の技術の1つであったその「波乗り」が，いつのまにかあまりの楽しさのために娯楽として独り歩きを始めた。そしてカヌーは次第に小さくなり，オロとかアライアと呼ばれるサーフボードの原形が誕生したのだといわれている。

近代サーフィンの父として，ハワイのデューク・カハナモク（Duke Kahanamoku）は欠かせない人物である。サーファーとして，そしてスイマーとして卓越した技術をもっていたデュークは，1912年に第5回オリンピック大会（ストックホルム）の競泳男子100m自由形で金メダルを獲って一躍世界的なスターとなり，世界各地でチャンスがあればサーフィンをしてこのすばらしいスポーツの普及に努めた。

日本のサーフィンが産声を上げたのは1960（昭和35）年の頃で，アメリカ人が湘南や千葉の海でサーフィンを楽しんでいるのを地元の少年たちが模倣したのが最初だといわれている。

1965（昭和40）年には日本サーフィン連盟（Nippon Surfing Association: NSA）が発足し，翌年の7月には千葉県鴨川で第1回の全日本選手権が99名の選手の参加で行われた。2009（平成21）年の大会には，約850人もの選手が参加している。

また，現在では日本プロサーフィン連盟（Japan Pro Surfing Association: JPSA），ASPジャパン（世界プロサーフィン連盟〔Association of Surfing Professionals〕日本支局），日本プロフェッショナルボディボーディング連盟（Japan Professional Bodyboarding Association: JPBA）などのプロ団体が存在する。

〔飯尾　進〕

図1　競技中の様子：サーフィン（写真：AP/アフロ）

サウンドテーブルテニス

Sound table tennis

① 競技概要

サウンドテーブルテニスは，視覚障がいのある人の卓球競技で，ラバーのない木製のラケットを使い，音の出るボールを打ち合う競技である（図1）。「盲人卓球」という名称で親しまれてきたが，2002（平成14）年4月より「サウンドテーブルテニス」と改称された。

ボールは，卓球で使用する球の中に直径4mm程度の金属球が4個入ったもの（重量3.6-3.8ｇ）を使用し，弾ませるのではなく，卓球台の上を転がしてプレイする。ネットは，ボールネットの下を通過するように，台から4.2cm上の位置に張られ，台の大きさは，長さ274cm×幅152.5cmで，高さは床上76cmである。台の両エンドとエンドからネットに向かって60cmのサイド部分には，高さ1.5cm，厚さ1cmのフレームが取り付けられている。また，

図1　競技中の様子：サウンドテーブルテニス

センターラインの位置を示すために，エンドフレームの外側に突起物を付けるなど，視覚障がいに対する配慮がなされている。

競技は，日本卓球協会制定の「日本卓球ルール」に準じて実施するが，本競技特有のルールも存在する。例えば，サーバーはサービスを打つ際に「行きます」と声を出して合図し，レシーバーは「はい」と返事をしなければならない。また，プレイヤーは競技の公平性のためにアイマスク（眼帯）を着用する。

わが国では，盲学校（視覚障害特別支援学校）や，各地の障害者スポーツセンターを中心に，広く楽しまれている。

② 歴史

起源については明確ではないが，「栃木県足利盲学校長の沢田正好が盲人用ピンポンを創案し，1933（昭和8）年の帝国盲教育研究大会の際公表したが，そのルールはだいたい現在のものに近いものであったところからみて，沢田が盲人卓球の創案者であったかも知れない」（世界盲人百科事典編集委員会 編，『世界盲人百科事典』日本ライトハウス1972. 167-68）という記述がある。

全国規模の大会は，1965（昭和40）年に開催された第1回全国身体障害者スポーツ大会（現・全国障害者スポーツ大会）が最初とされ，現在も正式種目として実施されている。1997（平成9）年には，日本障がい者スポーツ協会加盟の日本視覚障害者卓球連盟が設立された。

なお，この競技は日本独自のもので，国際組織や国際大会は存在していない。

参考文献

- 日本視覚障害者卓球連盟編. 2011. 『サウンドテーブルテニスルールブック2011年度版』日本盲人会連合
- 日本障がい者スポーツ協会編. 2008. 『全国障害者スポーツ大会競技規則集』日本障がい者スポーツ協会

（原田清生）

サッカー

Football; Soccer

① 競技概要

サッカーは，1つのボールを2チームが奪い合い，手や腕を用いることなく，相手ゴールにボールをより多く入れる

図1　競技中の様子：サッカー（写真：フォート・キシモト）
個人プレイとチームプレイの両面に高度な技術と戦術が求められる。

ことを競い合うスポーツである（図1）。5人制のフットサルや8人制（7-9人制）などもあるが，通常サッカー（正式名称アソシエーションフットボール：Association football）といえば，11人制の競技をさす。

[競技の特性]

サッカーは，2チームが同一の競技場（ピッチ）上で入り乱れ，ドリブルやヘディングでボール操作を行い，相手コートに侵入し，シュートを放ち，一定時間内に相手チームより多くの得点を競い合うゴール型の球技である。ボールや競技場の大きさ，そして競技時間の長さをプレイヤーの発育発達に合わせた様々なゲームのバリエーションがある。

しかし，時代や国，そして競技レベル，あるいはルールが変わろうとも，攻撃ではゴール前の空いた空間に走り込んだり，相手チームのマークをはずしてフリーになり，相手チームのゴールにボールをシュートして入れる，守備ではボール保持者をマークしたり，個人やグループあるいはチームで協力して，相手チームにパスやドリブル，シュートを容易に行わせないという競技特性は変わらない。

[競技の仕方]

ここでは11人制について述べる。この競技は11人ずつ2のチームで行う。ゴールキーパー以外のプレイヤーはインプレイ中に手・腕でボールを扱うことはできない。

競技は前半と後半各45分で行われ，あらかじめ登録してある選手の中から3名まで交代可能というのが一般的である。しかし，年齢，試合の位置づけ等に応じて競技時間や交代人数など柔軟に行うことが可能である。

試合開始は，キックオフと呼ばれ，ボールをセンターサークル中央（センターマーク）からキックされたボールが前方に移動した時に「インプレイ」となる。ボールがタッチラインやゴールラインを割った場合，最後にボールに触れた選手の相手側のチームからのスローイン，あるいはゴールキック，コーナーキックで再開される。審判は1人の主審（レフェリー）と2人の副審（アシスタントレフェリー）によって行われ，副審（かつてラインズマンと呼ばれていた）はアウトオブプレイ（ボールがフィールド外に出ること）の判断やオフサイド，主審の視野外でのファウルの判定などにおいて主審を補佐する。

オフサイドとは，簡単にいえば「待ち伏せ」を禁止したルールで，味方のプレイヤーがボールを蹴る瞬間にディフェンスの選手を結んだラインよりゴール側にいてはいけないというものである。ボールより前方の選手は味方プレイヤーがプレイする瞬間に，自分よりも相手ゴール側に相手選手が2人以上いない状況で，プレイや相手プレイヤーに積極的に干渉し，その位置にいることによる利益を受けるとオフサイドの反則となる（※いくつかの例外規定がある。詳細は日本サッカー協会発行のルールブックを参照のこと）。

ファウルに関しては非常にシンプル

a

で，相手を傷つける可能性のあるもの（蹴る，殴る，足を引っかけるなど）であったり，ずるい行為（相手を引っ張る，つかむ，手でボールを扱うなど）等々，きわめて常識的なものが多く，ルールを守ることとともに，フェアプレイの精神が重視されている。

[勝敗の決定]

一定の時間終了時に，前半と後半の合計得点が多かったチームが勝ちとなる。なお，両チームとも無得点，または同点の時は引き分けとなる（大会規定により，正規の試合時間後に延長戦を設け

b

る場合やペナルティーマークからのキックで両チームが交互に5人ずつキックし，得点の多かったチームを勝ちとするPK戦を行う場合がある）。

[施設，用具および服装]

国際試合では，最大110×75m，最小100×64mの競技場が用いられる（図2）。四隅にはコーナーフラッグが設置されており，コーナーキックの際にボールを置くコーナーアークが描かれている。また，ゴールは，高さ2.44m×幅7.32mでポストやクロスバーは白色という規定がある。

c

ボールは，小学生は4号球，中学生以上は5号球を用い，競技者はジャージまたはシャツと，ショーツ，ストッキング，すね当て，靴といった用具を身につけてプレイする。なお，ゴールキーパーは他の競技者や審判と区別のつく色の服装にしなければならない。

② 組織の発展

[発祥]

2つのチームが1個のボールを奪い合い，蹴ったり，投げたりなどしてゴールにもたらすことを競うゲームは，世

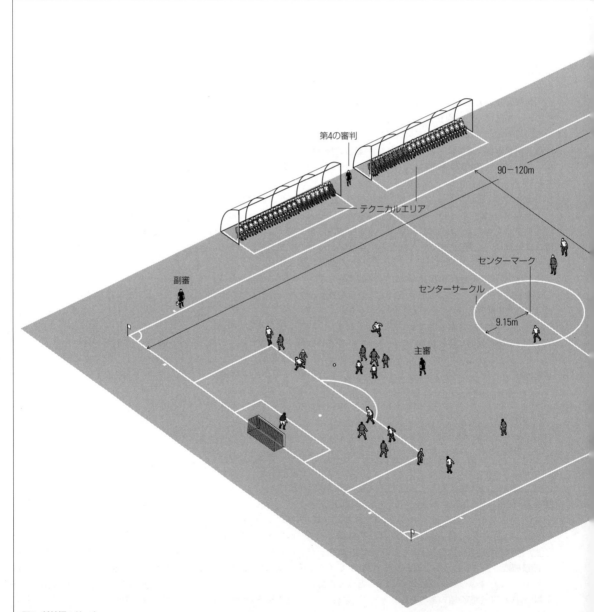

図2　競技場：サッカー

界各地で古くから行われていたが，確かな史料にみえるのは14世紀のイギリスが最初である。それはロンドン市長がサッカーを行うことを禁止する布告であり，当時のサッカーが街中で行われ，たびたび不祥事を引き起こす一大騒動であったことが記されている。以後，同様のお触れがしばしば出されたが，サッカー人気は衰えなかった。ルールはゴールだけを定めたもので，町や村の街路や畑や川などが使われ，年中行事的に行われた。しかし，こうしたサッカーはイギリスの上流子弟が学ぶパブリックスクールで，次第に今日のものに近づいていく。生徒たちによって自分たちの生活時空間に合うようにと，つまり制限された校庭と制限された時間（休み時間）の中で楽しめるようにと，ルールが整備されていくのである。サイドラインとエンドラインで競技空間を仕切り，定められた時間内に定められた数のプレイヤーが得点を競う，今日常識のサッカーは，こうして形成された(図3)。

[競技としての発展]

それぞれのパブリックスクールの独自ルールで行われていたサッカーであるが，卒業生たちが大学へと進んだ際に混乱をきたすことになる。そこでケンブリッジ大学の学生を中心にルールを統一しようという試みが何度か行われ，1863年10月，15人の若者がロンドンのフリーメーソン・タバーンの一室に集まり，統一ルール策定の協議を行った。しかし，ボールを持って走ることと，それに対する防御として足を蹴って転倒させることをフットボールの神髄としたラグビー校を中心としたラグビーゲームグループ（ランニングゲームグループともいわれる）と，手や腕を使うことを禁じたイートン校を中心としたドリブリングゲームグループ間の隔たりは大きく，6回目の会合でようやく評決し，ドリブリングゲーム主体のものを採用することに決まった。敗れたラグビーゲームグループは後にラグビーフットボールユニオンを結成することになる。1863年同月に結成されたフットボールアソシエーション(The Football Association: FA)では，手・腕でプレイしない方のルールを採用し，フットボールアソシエーションルールとした。

[国際的な発展]

イングランドを舞台に近代スポーツとしての発展を遂げてきたサッカーであるが，国際的な発展としては，1904年にオランダ，スイス，スウェーデン，スペイン，ドイツ，デンマーク，フランス，ベルギーの8ヵ国で設立した国際サッカー連盟(Fédération Internatio-

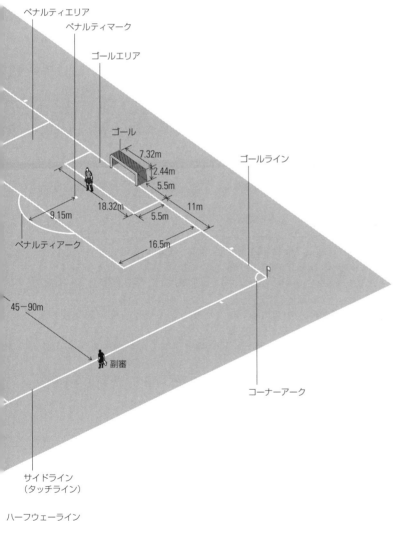

図3　村対抗で行われていた頃の様子
(出典：D. Signy. A Pictorial History of Soccer. Spring Books. 1968. 17)

nale de Football Association: FIFA)が担うことになる。イギリス4協会(イングランド、スコットランド、ウェールズ、北アイルランド)は、それ以前に発足していたことから特権的地位が与えられたことで後に加盟し、現在でもルール改正など重要事項を決定する際にはFIFAとこの4協会で構成する国際サッカー評議会に委ねられることになっている。

ヨーロッパ以外では、1909年に南アフリカが加盟したのを皮切りにその加盟数を増やし、2014年の時点では209協会が加盟する世界最大のスポーツ団体となっている。国連を超える加盟数になっているのは、主権国以外でもイギリス4協会や香港、グアムといった地域でも加盟が認められているからである。

1930年、かねてから国際大会の必要性を説いていたFIFA第3代会長ジュール・リメ(Jules Rimet)の尽力が実り、最初の国際競技大会(発足時はジュール・リメ杯と呼んでいた)がウルグアイで開催された。その後この大会はワールドカップとして歴史に名を刻むと同時に、サッカーの世界的な発展の重要な要素となっていく。

[日本への伝来と普及・発展]

サッカーがイギリスの商人や技術者、軍人などによって世界各地に伝えられたのと同じように、わが国へも多数の外国人が来日し滞在することの多かった横浜や神戸などにおいて明治期の初めには行われていたようである。

1873(明治6)年には海軍兵学校でダグラス少佐(A. Douglas)が日本の海軍軍人たちにサッカーを指導し、これを日本サッカーの原点とする説が有力である。その一方で、先述した統一ルール(アソシエーションルール)によるサッカーの伝来時点を日本への伝来と考えれば、中村覚之助が東京高等師範学校在学中の1902(明治35)年、イギリスの文献を翻訳し『アッソシエーションフットボール』の書名で出版し、日本に紹介したことを起源とする考えもある。

その後、「校庭に一組のゴールポストを」を合言葉に全国に散っていった卒業生を通じ、黎明期の日本サッカーは各地の学校を中心に広まっていくことになる。

それから約20年後の1919(大正8)年、イギリスサッカー協会から純銀製のカップが寄贈されたのがきっかけとなり、サッカー協会設立の気運が高まっていく。同年、上海で行われた第5回極東選手権大会で日本が善戦したことも追い風となり、1921(大正10)年に今村次吉を初代会長に、大日本蹴球協会が設立された。同年、第1回ア式蹴球全国優勝競技大会が開催され、優勝した東京蹴球団にはイギリスから寄贈されたカップが授与された(図4)。この大会は、後の天皇杯として長く歴史を刻むことになる。わが国は1927(昭和12)年、第8回極東選手権大会(上海)のフィリピン戦にて記念すべき国際試合初勝利を上げると、1929(昭和4)年にはFIFAへ正式加盟し、FIFAメンバーとして国際舞台への第1歩を踏み出すこととなる。

その後、1936(昭和11)年の第11回オリンピック大会(ベルリン)では、優勝候補のスウェーデンに逆転勝利で世界を驚嘆させるものの、第二次大戦でいったん国際舞台からは退くことになる。1956(昭和31)年の第16回オリンピック大会(メルボルン)で20年ぶりに国際舞台に復帰を果たしたが、世界のサッカーの厳しさを知ることとなる。その状況を打開すべく1964(昭和39)年の第18回オリンピック大会(東京)に向けた強化として、現在でも「日本サッカーの父」と呼ばれるデトマール・クラマー(Dettmar Cramer)を外国人コーチとして西ドイツから招聘した。32歳の若き長沼健代表監督をサポートする形で着々と強化を重ねた。第18回大会では、アルゼンチンに2度リードされながらの逆転勝利などでベスト8入りした。翌1965(昭和40)年にはクラマーの提言もあり、8チームによる日本サッカーリーグ(JSL)が発足し、1968(昭和43)年の第19回オリンピック大会(メキシコシティ)の3位決定戦では地元メキシコを破って銅メダルという快挙を成し遂げ、国内におけるサッカーブームも頂点に達した。しかし、その後は厳しい時代へ突入する。わが国はサッカーの最高の舞台であるワールドカップはおろか、アマチュアの大会であったオリンピックゲームへの出場権さえ獲得できない時代が続くことになる。

そのような中、プロ設立の動きが始まり、1991(平成3)年には日本プロサッカーリーグが設立され、そして遂に1993(平成5)年、Jリーグの開幕を迎えることになり、日本サッカー界は大きな転換期を迎えることとなる。Jリーグ発足に加え、強化委員会(現・技術委員会)に加藤久、田嶋幸三といった若手が入り、ユースの育成、指導者養成等に力を入れていったことも重なり、世界的にみてもあまり類をみない発展軌道にのっていった。

1996(平成8)年、西野朗代表監督のもと第26回オリンピック大会(アトランタ)に28年ぶりに出場し、ブラジルを破る奇跡をみせると、翌1997(平成9)年には岡田武史代表監督率いる日本代表が、ワールドカップ最終予選プレイオフ、ジョホールバルにてイランを撃破し、1954(昭和29)年の初挑戦以来43年間、日本サッカー界悲願であったワールドカップ出場を遂に成し遂げることになる(図5)。その後2002(平成14)年には、韓国と共催の形でワールドカップを開催し、2006ドイツ大会、2010南アフリカ大会、それに2014ブラジル大会と5大会連続出場を果たしている。

図4 1921年第1回ア式蹴球全国優勝競技大会の優勝カップ
(出典:日本蹴球協会編『日本サッカーのあゆみ』講談社. 1974. 20)

図5 W杯フランス大会の出場を決めた日本代表チーム(写真:©Jリーグフォト)

③ 技術・戦術・ルールの変遷
[黎明期のサッカー]
　黎明期のサッカーでは，技術・戦術的要素はルール，特にオフサイドルールとボールの質に依存する部分が大きい。ボールは現在のように空気の入った球形とはほど遠く（動物の膀胱を革袋で覆ったようなものが主流，図6），ドサドサと鈍い音で落ち，勢いよく弾んだり転がったりはしないものであった。
　またアソシエーションルール当初の頃は，ラグビーと同様，ボールよりも後方にいないとオフサイドであったので，1900年以前のサッカーは，1〜2人の蹴り返し要員を自陣ゴール前に配置し（フルバック），他の大勢（フォワード）は前に並べるといったフォーメーションが主流であった。そして，相手ボールを大きく蹴り返しドサッと落ちたところに多くの選手がなだれ込み，相手ゴールに向かって直線的にドリブルをしかけていくといった「キックアンドラッシュ」戦法が中心であった。

[オフサイドルールの変更による戦術の変遷]
　1866年に「攻撃側選手と相手ゴールとの間に守備側選手が3人いればオフサイドではない」というルールに変更された。前方へのパスを可能としたこのルール改正は大きな変化をもたらし，横に一直線に並んだフォワードがひたすら直進していくという攻撃から，広がりと厚みを生かした攻撃を生み出すこととなった。1925年にはオフサイドルールが3人制から2人制へと変更され，一気に現代のサッカーの姿へと近づいてくる。このオフサイドルールの2人制への変更によって，フォワードは後方からのパスを受け1人をかわせばシュートにもっていけることとなり，逆に守備側は2人のフルバックだけでは対応できなくなってきた。アーセナルの監督であったチャップマン（H. Chapman）は，この問題に対し，ハーフバックの1人を下げ相手フォワードをマークさせることで新たなシステムを作り出した。これはサッカーの近代化の大きなステップとなるWMシステムと呼ばれるものである（図7）。現在でも中盤から下がってきた中央のディフェンダーをセンターハーフと呼び，両サイドに押し出された2人のディフェンダーをフルバックと呼ぶの

は，この一連の変化の名残である。
　20世紀になるといっそう各地でサッカーが盛んとなり，サッカーの技術・戦術も高まっていくことになる。

[WMシステムに対抗する戦術としてのMMシステムの登場]
　WMシステム，そしてイングランドのサッカーが全盛だった頃，当時本国で無敗だったイングランドに土をつけたのがハンガリーであった。ハンガリーは，ハンガリアンMと呼ばれたMMシステムを採用していた。これは，センターフォワードが後方に下がることで相手センターハーフ（今でいうセンターバック）を引き出し，そのスペースに第2列から走り込ませるというマンマーク主体のディフェンスに対して非常に効果的に機能した。このことは，1対1の勝負が主体であったサッカーから，スペースを創り，活用する流れへの第1歩とみることもできる。

[ゾーンで守る4-2-4 / 4-3-3 システムの登場]
　一方，南米ではブラジルを中心に別の流れが起こっていた。ブラジルは，1958年のスウェーデン大会で南米の国として初めてヨーロッパで開かれたワールドカップでの優勝を成し遂げた。その時に採用されたのが，4-2-4というシステムであり，最終ラインに4人のディフェンダーを置いてマークを受け渡しながらディフェンスを行うというものであった。

　そして，後にジジ（Didi），ババ（Vavá），ガリンシャ（Garrincha），ペレ（Pelé）といった攻撃面でのスーパースターの出現もあり，そのシステム以上に優れた「個」が躍動することでチームに勝利を導く「個の謳歌」として1つの時代を築いていくことになる。
　また，世界的な傾向としてはこの4-2-4にも影響を受けながらも2人のミッドフィールダーにかかる負担を軽減させるべくフォワード1人を中盤に下げ，4-3-3というシステムとなって広がっていった。なかでも大陸系のヨーロッパチームやアルゼンチンなどは，4人のディフェンダーのうちの1人を，特定のマークをもたない選手として他のディフェンダーの後方に配置し，危険なエリアの掃除にあたらせるという，いわゆるスイーパー（掃除人）システムが主流になっていった。このスイーパ

図6　動物の膀胱を用いたボール
（出典：小倉純二ほか 日本語版監修『フットボールの歴史』講談社，2004, 14）

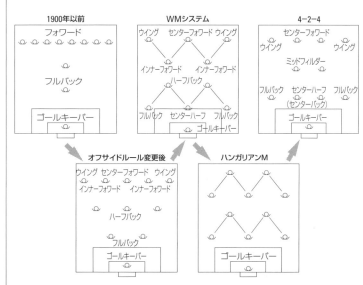

図7　システムの変遷

表1 サッカーのルールの主な変遷と日本サッカーの歴史

年	出来事
1863	イギリスにて，フットボールアソシエーションが組織される
1866	オフサイドルールの変更（攻撃側選手と相手ゴールとの間に守備側選手が3人いればオフサイドではない）
1873	海軍兵学校でダグラス少佐が日本にサッカーを紹介
1900年以前	キックアンドラッシュ戦法が主流
1902	中村覚之助が英文文献を翻訳し『アッソシエーションフットボール』として出版
1904	オランダ，スイス，スウェーデン，スペイン，ドイツ，デンマーク，フランス，ベルギーの8ヵ国で国際サッカー連盟（FIFA）が設立
1921	大日本蹴球協会が設立（初代会長は今村次吉）
1925	オフサイドルールの変更（攻撃側選手と相手ゴールとの間に守備側選手が2人いればオフサイドではない）
1929	日本がFIFAへ正式加盟
1930	第1回ワールドカップ（以下W杯。当時はジュール・リメ杯と呼ばれていた）がウルグアイで開催
1936	日本代表が第11回オリンピック大会（ベルリン）に参加し，優勝候補のスウェーデンを破る（その後，第二次大戦のため，国際舞台から退く）
1956	日本代表が第16回オリンピック大会（メルボルン）に参加（20年ぶりの国際舞台）
1958	W杯（スウェーデン）にて，ブラジルが優勝（4-2-4システムが主流になる）
1964	日本代表が第18回オリンピック大会（東京）でベスト8入り
1965	日本サッカーリーグ（当初は8チーム）が発足
1968	第19回オリンピック大会（メキシコシティ）で，日本がメキシコを破り，銅メダルを獲得
1974	W杯（西ドイツ）で西ドイツが優勝する（4-3-3システムやオランダに代表されるトータルフットボールといったシステムが主流になる）
1991	日本プロサッカーリーグが設立
1993	日本でJリーグが開幕
1996	日本代表が第26回オリンピック大会（アトランタ）に出場し（28年ぶり），ブラジルを破る
1997	日本代表がW杯最終予選プレイオフにてイランを破り，初のW杯出場を決める（ジョホールバル・マレーシア）
2002	日本と韓国と共催の形でW杯を開催
2006	日本代表がW杯（ドイツ）に出場し，1次予選敗退
2010	日本代表がW杯（南アフリカ）に出場し，韓国とともに自国開催以外で初めて決勝トーナメントに進出
2014	日本代表がW杯（ブラジル）に出場し，1次予選敗退

ーは，当初は守備面での機能が中心であったが，攻撃面においても比較的フリーで攻撃参加しやすいことから，攻撃時には積極的に攻撃参加し，ゲームを組み立てる役割を担うように変化してくる動きも出てきた。このような選手はリベロ（イタリア語で自由人）と呼ばれ，1974年のワールドカップで優勝した西ドイツは，ベッケンバウアー（F. Beckenbauer）をリベロとした4-3-3システムの1つの頂点を築いた。

[トータルフットボールの出現とシステムの多様化]

西ドイツが優勝した1974年のワールドカップでは，もう1つのサッカーの新しい流れが生まれていた。それは，ミケルス（R. Michels）監督が指揮し，トータルフットボールと表現されたオランダが用いたシステムである。これは，ポジションを非常に流動的（フルード）な状態にして，攻撃面においては，引いてくるフォワードに相手のマークを攪乱し，さらにあらゆるところから前線に飛び出すことを可能にした。この考え方は，3人のフォワードを2人に減らし，前線に空いたスペースに多くなった中盤の選手が走り込む「2トップシステム」，そして1トップを経て，2010年代初頭にFCバルセロナが世界を席巻することとなるゼロトップシステムへと発展していくことになる。また，守備面においては1つのボールに対して2，3人でボールを奪いにいき，高い位置でボールを奪うことを可能にした。これは，1つのボールに1人，1人の選手に対しては1人が守備にあたることが主流であった当時の考え方に対して非常に革命的なことである。クライフ（J. Cruijff）を中心とした華麗な攻撃が印象的ではあるが，しばしば，「ボール狩り」と表現されたこのディフェンスこそ，後のサッカーに大きな影響を与えることになっていく。スイーパーシステムや，イタリアのカテナチオ（ゴール前に鍵をかけるようにがっちり守る戦術）に代表されるようにリスクを負わないサッカーへと流れがシフトしていった当時において，攻守において高いリスクを負いながらも理想のサッカーを追求したトータルフットボールは，当時としてはあまりにも進んだ考え方であった。

その後，2トップシステムが主流になってきた1980年代以降は，西ドイツなどにみられるマンマークを主体にしたディフェンスをとる3-5-2システムと，ブラジルやイングランドなどゾーンディフェンスを主体とした4-4-2システム，さらに攻撃的ミッドフィールダーと守備的ミッドフィールダーをどのように置くかで，さらに細分化されていき，1トップのシステムも登場してくる。

しかし，マンマーク主体のディフェンスかゾーン主体なのか，あるいは，大きく開いてピッチを広く使うのか，互いの距離を狭めてポジションの流動

性を重視するのかなど，同じフォーメーションでも異なるコンセプトであることも，その逆であることもあり，単純に数を並べること自体意味をなさない時代へとなってきた。

[Less Space, Less Timeのサッカーへの変容]

1980年代以降は，選手のボーダーレス化も進み世界的規模のビッグクラブが台頭してきた。オランダのトータルフットボールの出現以降，戦術的によりいっそう洗練されてきた世界のサッカーは，チームとしての戦術強化に有利な世界的なビッグクラブが引っぱっていく時代へと突入していく。なかでも，ACミラン等に代表されるプレッシングフットボールは，オフサイドルールを巧みに利用したディフェンスラインの操作でコンパクトな状態をつくり，ボールに対し厳しいプレッシャーをかけることで，相手のよさを徹底的に消していった。相手からみれば，プレイするスペースと時間が徹底的に消されていく，いわゆる「Less Space」「Less Time」の時代への突入である。

相手のよさを消すことで，相対的に優位に立つ，それまでは，自分たちのよさを出すこと＝勝利，であった概念への新たなアンチテーゼである。時代は「個の謳歌」から「組織のサッカー」へと確実に入っていった。

④ 現代の技術・戦術・ルール

[「組織」を切り裂く「個」，そして「組織と個の融合」へ]

1980年代後半からの組織のサッカーの時代では，特に守備面において著しい発展をみることになる。互いの距離を狭めた形でのコレクティブなディフェンスは強固なディフェンスのブロックを形成するようになり，相手にとってみれば，いったんブロックを形成されたら，そうそう簡単には崩すことができなくなっていった。21世紀のサッカーはその前提から出発している。

そこで重要となってきたのが，相手がブロックを形成する前に攻めきってしまうファストブレイクである。なかでも，従来までの1，2人によるカウンターに加え，一瞬のスピードのある攻撃の中に様々な選手が絡んでくるコレクティブなファストブレイクは21世紀のサッカーの1つの特徴となった。現代サッカーにおいては，どのようなプレイスタイルを指向するチームであろうが，少なくとも武器としてファストブレイクを持ち合わせていないと勝利は難しいといえる。当然，相手側にとってはファストブレイクをさせないことが1つの鍵となり，ボールを奪われた後の1本の縦パスを防ぐためのハードワークはいかなるスーパースターにおいても免除されるものではなくなっている。

もう1つの側面からみると，組織が発展すればするほど，その組織を切り裂くのは，立ち戻って強烈な「個」であるというパラドックスの中で21世紀のサッカーは発展している。相手チームにはプレイさせない組織を成り立たせた上で，それを切り裂く個が強烈な個性を発揮する。

今後のサッカーでは大きなルール変更でもないかぎり，過去に起こったような大きな戦術的な革命は生まれにくいであろう。そして組織と個の融合，すなわち組織の中で個を生かせる，あるいは優れた能力の個が組織のプレイをすることができる，そのクオリティーをどこまで高めることができるかという方向に現代の世界のサッカーは進んでいる。

（小野　剛）

参考文献

◆ 牛木素吉郎のビバ！スポーツ時評「中村覚之助と日本サッカーの夜明け」http://blog.goo.ne.jp/s-ushiki/e/3c9e1c02b1433bddd33fd891ede2f3e4/（2012年6月11日）

サッカー
[障がいのある人の]

→電動車椅子サッカー，脳性麻痺者7人制サッカー，ブラインドサッカー

三段跳

→陸上競技

サンボ

Sambo

① 競技概要

サンボ（ロシア語表記ではCAMBO）は，ジャケットを身につけて行う，旧ソ連発祥の組技格闘技である（図1）。ロシア語の「武器を」「持たない」「自己防衛」という各単語の頭文字を合わせた造語で名づけられた。

試合は，アマチュアレスリング用の，円が描かれたマットで行われる。赤コーナーと青コーナーに分かれ，それぞれ各コーナー色のジャケット（サンボ着）・帯・短パンを身に着ける。足には革製の専用シューズを履く。ジャケットは柔道着に似ているが，やや洋服的なスタイルでタイトな形状をしており，肩にヒダがあることと，はだけにくくするための帯通し穴があるのが特徴的である。

年齢・体重によってカテゴリーが分けられており，シニア男女（20歳以上）の場合は各9階級の体重別になっている。無差別の大会はほとんど行われない。試合時間はシニアの場合男子が5分，女子は4分である。

技術的には投げ技・抑込み技・関節技があり，投げ技は効果の度合いにより「一本」「4ポイント」「2ポイント」「1ポイント」「アクティブポイント」に分類される。「一本」の解釈は相手を崩して背中から落とし，自分は倒れずに立って残っていなければならないので柔道のそれに比べて難しい。ただし，12ポイント以上の差がつくと「テクニカル一本」となってその時点で勝敗が決する。抑込み技は柔道のそれと類似しており，最高で4ポイント（20秒間）が

図1　競技中の様子：サンボ

与えられるが一本にはならない。また，1試合につき，抑込みでは各選手4ポイントまでしか得点できない。関節技は肘・肩・股関節・膝・アキレス腱などを決める技がある。関節技で相手を降伏させると「一本」で試合は終了する。規定時間内にどちらも「一本」を取れない場合は得点数の多い方が勝ちとなる。同点の場合，延長戦はなく得点の内容によって勝敗を判断する。

主な反則は打撃技，首を絞める行為，相手の手足の指をつかむ行為などであり，消極的な試合態度にも罰則が与えられる。

なお21世紀に入ってからは，打撃技，絞め技も採り入れた「コンバットサンボ」が競技化されている。こちらでは，選手はヘッドギアやオープンフィンガーグローブ，すね当て等も着用する。

② 歴史

1938年，ハルラムピエフ (A.A. Harlampiev) らにより，当時のソ連の15共和国に伝わる伝統格闘技やアマチュアレスリング，柔道，相撲などの要素を合わせて現在の競技の基となるルールが作られ，全ソ体育委員会の公認を受ける。第1回の全ソ大会は翌1939年11月にレニングラード（現・サンクトペテルブルク）にて開催された。

その後，1972年にはリガ（現・ラトビア）において第1回ヨーロッパ選手権が行われ，翌1973年には第1回世界選手権がテヘラン（イラン）にて開催された。世界選手権は，1979年以降毎年開催されており，2014年には38回を数える。

以前は国際アマチュアレスリング連盟 (Fédération Internationale des Luttes Associées: FILA) の傘下にあったが，1984年に独立して国際サンボ連盟 (Federation International Amateur SAMBO: FIAS) となり運営している。2014年には加盟国数が90を超え，2014年の世界選手権（成田市・日本）には70ヵ国以上の参加が見込まれる。

2008年には非オリンピック競技を集めたTAFISA競技会に初参加，2010年にはスポーツアコード (Sports Accord) 主催の「国際格闘技大会」(Martial Arts & Combat Sports Games) で実施された。また，2013年のユニバーシアード競技大会（ロシア・カザン）では，オプショナル競技として採用された。

日本では1960年代に柔道，レスリングの強化策として導入され，1965（昭和40）年に日本サンボ連盟 (Japan Sambo Federation: JSF) が設立された。現在は全日本選手権，学生大会，団体戦など年にいくつかの大会が定期的に開催されている。2001（平成13）年からは少年少女向けの競技化も進み，2011（平成23）年に日本ジュニアサンボ連盟 (Japan Junior Sambo Federation: JJSF) が発足している。

（日本サンボ連盟）

ジェットスキー

Jet ski race

① 競技概要

ジェットスキー競技は，水上オートバイに乗って水面上のコースを走り，その着順やタイムなどを競う競技である（図1）。水面に設けられたコースを走り着順を競う「クローズドコース」，1人ずつコースを周回しタイムを競う「タイムアタック」，アクロバティックな演技を披露し技の出来映えを得点で競う「フリースタイル」，交代で長時間コースを走り着順を競う「耐久レース」などがある。

ジェットスキー競技の代名詞でもあるクローズドコースは，水面にマーカーブイを浮かべてコースを作り，波打ち際のスタートラインに並んだ10数艇のジェットスキーがスターター（競技のスタートを指示する人）の合図で一斉にスタートする。ストレートや左右のコーナーが連続するコースを規定の周回数（約4-12周）走り，着順を競う。競技に使用する艇の種類（1人乗り／2人乗り／3人乗り）や排気量，改造度，選手の技量（ライセンス）によりクラスが細分化されている。

② 歴史

「ジェットスキー」の名称は川崎重工業株式会社の商標登録名で，現在では後に市場に参入したヤマハ発動機，ボンバルディエ・レクリエーショナル・プロダクツ等のメーカーの製品を総称して「水上オートバイ」または「パーソナル・ウォーター・クラフト (Personal Water Craft: PWC)」と呼ぶようになった。

ジェットスキーの歴史は，1971年にアメリカ人ジェイコブソン (D. Jacobson) が「エキサイティングでニュータイプのレクリエーション用ウォータークラフトを商品化してほしい」とアメリカのカワサキ・モータース・コーポレーション（川崎重工業の現地法人）にアプローチしたことから始まる。川崎重工業は開発を重ねて，1975（昭和50）年に水冷2気筒398cm^3のエンジンを搭載した1人乗りモデルの「JS400」を完成させた。その後1982（昭和57）年には世界で20万台以上を販売した「JS550」が誕生した。

ジェットスキーの普及に伴い，アメリカで1978年に国際ジェットスポーツ連盟 (International Jet Sports Boating Association: IJSBA) が設立され，クローズドコースを中心に競技がスタートした。日本では1984（昭和59）年にIJSBAの傘下団体として日本ジェットスキー協会 (Japan Jet Ski Boating Association: JJSBA) が設立され，ジェットスキーの競技が行われるようになった。初期の競技はタイムトライアルとクローズドコース，およびフリースタイルの3つの競技の得点の合計で順位が決められるものであったが，競技人口が増えるにつれ，最もダイナミックなクローズドコース競技に特化するようになった。競技に参加する艇の種類や選手の技量に応じクラスが分けられ，それぞれのクラスの年間チャンピオンが表彰される。海外では，北米において世界各国からトップライダーが参加する世界最高峰の大会「IJSBA World Finals」が開催されている。クローズドコースとフリースタイルを行い，世界チャンピオンを決定している。

（日本ジェットスキー協会）

図1 競技中の写真：ジェットスキー

7人制ラグビー

Seven-a-side-Rugby; Rugby Sevens

① 競技概要

7人制ラグビーは，（競技区域内に）1チーム7人以内ずつの2チームで行われるラグビーゲームである。

国際ラグビー評議会（International Rugby Board: IRB）の競技規則上の正式標記は「Seven-a-side-Rugby」であるが，「Rugby Sevens」などと呼ばれる。日本ラグビー協会では，「7人制」を「シチニンセイ」と呼ぶことを正式に決定している。

15人制のラグビーと同じフィールド（フィールドオブプレイ〔ゴールラインとタッチラインに囲まれた領域〕は長さ100mを超えず，幅70mを超えない。両インゴールとも長さ22m，幅70mを超えない）を使用する。スクラムは，フィールドオブプレイにおいて，3人ずつのプレイヤーによって形成される。

試合は，7分以内ずつ前後半に分けて行う。例外として，大会の決勝戦は競技時間20分以内（前後半10分以内ずつ）で行われる。また，ハーフタイムは2分以内で，後半はサイドを交換する。得点後のプレイの再開は，得点したチームのハーフウェイライン中央でのドロップキックによって再開する。

得点はトライで5点，トライ後にトライした側に与えられるコンバージョン成功で2点，相手のペナルティに対して与えられるペナルティゴールキック成功で3点。一般のプレイの中で，ドロップキックからのゴール成功（ドロップゴール）で3点となっている。

広いフィールドを少ない人数でカバーするため，15人制と比べると，相手との接触プレイが少なく，ランニングプレイやボールを大きく動かすパスプレイが多くみられる。また，試合時間が短いことから，短期間で多くのチームが参加する競技大会を開催できることも特徴の1つである。

② 歴史

7人制ラグビーは，1883年，スコットランド南部のメルローズ・クラブで誕生した。発案者はネッド・ヘイグ（Ned Haig，本名はアダム・エドワード・ヘイグ）で，クラブの財政難を救うために，コンパクトな大会開催による資金調達を目的として考えられたゲームであったと伝えられている。その後，イギリス各地に広まり，1926年には全国規模の大会「ミドルセック・セブンス」が開催された。

日本における7人制ラグビーは，1930（昭和5）年頃に導入されたといわれている。1930年には，東京大学駒場グラウンドにおいて「関東協会第1回セブンス大会」が開催され，社会人，大学・高専，中学の3部門に分かれて行われている。その後，1959（昭和34）年には，現在も毎年開催されている横浜カントリー＆アスレチッククラブ主催のYC&AC JAPAN SEVENSが初開催された。

また，日本ラグビーフットボール協会は，1993（平成5）年から2003（平成15）年まで毎年，国内の大学および社会人チームを集めて7人制日本一を決定する「ジャパン・セブンズ」を開催していたが，現在は高校の部のみ行われている。

このほか，2014（平成26）年現在，日本ラグビーフットボール協会が開催（主催）している，主な国内の7人制大会には，「セブンズ・フェスティバル（社会人チームによるトーナメント。女子チームも招聘）」「全国高等学校女子7人制ラグビーフットボール大会」「ジャパンウィメンズセブンズ（女子ラグビーチームの大会）」などがある。

各国協会代表チームによる国際大会は，1973年にスコットランド協会創立100周年を記念して開催されたインターナショナル・セブンスが世界初とされている。また，国際的に有名な「香港セブンス」は1976年に始まっている。

7人制のワールドカップ（Rugby World Cup Sevens）は，1993年から4年ごとに男子の部が開催されており，2009年からは女子の部も開催されている。日本代表チームは，これまですべての本大会に男女とも出場している（2014年現在）。このほか，世界各地を転戦し，大会ごとのポイント合計を競い合うIRBセブンズワールドシリーズ（IRB Sevens World Series）などの国際大会がある。アジア競技大会には，1998年の第13回大会（バンコク）から正式採用され，2016年の第31回オリンピック大会（リオデジャネイロ）から正式種目として採用された。

参考文献

- 小林深録郎, 2009.『RUGBY FOOTBALL』日本ラグビーフットボール協会
- 日本ラグビーフットボール協会, 2009.『7人制ラグビーについて』（報道資料）
- A Brief History of Seven a Side Rugby.Melrose Rugby Football Club. http://www.melrose7s.com/MelroseRugbySevensHistory.htm

（勝田　隆）

シッティングバレーボール

Sitting volleyball

① 競技概要

シッティングバレーボールは，下肢に障がいのある人のために考えられた，座った状態でバレーボールをする競技である（図1）。10×12mのコートの真ん中をネットで区切り5×6mのコートで1チーム6人の2チームが相対する。ネットの高さは，男子1m15cm，女子1m5cmと世界共通のルールで定められている。

競技ルールは，通常の6人制バレーボールとほとんど同じだが，異なる点が2つある。それは，競技中プレイヤーはボールを扱う際に，臀部が床から離れてはならないこと（離れてプレイしたとみなされた場合は反則となり，相手チームのポイントとなる）と，サーブブロックが許されていることである。

競技のポイントは，通常のバレーボールと同様，いかにボールをつなぎ，相手の弱いとされる箇所へ攻撃するかである。また，座った状態でプレイするのでいかに相手の攻撃を予測し，すばやく動けるかも重要となる。攻撃に対して必ず相手選手によるブロックがついてしまうので，いかにブロックをかわし，攻撃できるかが勝負の鍵となる。

図1　競技中の様子：シッティングバレーボール

② 歴史

1953年後半にオランダで障がいのある人のためのスポーツクラブが設立され，Sitzball（独語）という床に腰掛けて行う動きの少ないスポーツが行われていたが，より活動的なスポーツが求められ，1956年にバレーボールとSitzballを組み合わせて，シッティングバレーボールと呼ばれる新しいスポーツが誕生した。

その後，障がいのある人だけでなく，足首や膝などに負傷を抱えた健常者のバレーボール選手の関心を受け，普及・発展した。

1980年にアーム（オランダ）で開催されて国際身体障害者スポーツ大会（現・パラリンピック）で初めて参加が認められ，男子の競技が実施された。その後，世界選手権大会やヨーロッパ選手権大会などが実施されるようになった。女子の競技は2004年の第12回パラリンピック大会（アテネ）で正式種目となった。

世界の競技統括組織は，世界障害者バレーボール機構（World Organization Volleyball for Disabled: WOVD）である。

国内では，1994（平成6）年に北京で開催されたフェスピック大会（極東・南太平洋身体障害者スポーツ大会，Far East and South Pacific Games for the Disabled）に参加するために，1992（平成4）年から東京と広島の障がい者スポーツ施設で行われるようになった。その後，男子は2000年の第11回パラリンピック大会（シドニー），2004年の第12回大会（アテネ），2008年の第13回大会（北京）にアジア・オセアニアゾーンの代表として参加した。女子は2008年の第13回大会（北京）に初めて参加し，2012年の第14回大会（ロンドン）に出場した。

2009（平成21）年現在，国内チームは30チームを超え（協会登録チーム数。そのほか，登録がないチームもある），障がいの有無を問わず，各地で多くの人が参加して行っている。国内の競技人口は約1,000名である。また，年に2回夏と冬に全国大会を実施してさらなる普及に努めている。

（真野嘉久）

自転車（競技）

Cycling

① 競技概要

自転車競技は，自転車を競技用具として用い，道路やトラック，山間部に設定した未舗装コースなどにおいて様々な競技形態で勝敗を競う競技である。

[競技の仕方]

競技としての自転車は2012年の第30回オリンピック大会（ロンドン）で採用された競技だけでロードレース，トラックレース，MTBレース，BMXレースという4カテゴリーがあり，ロードレースやトラックレースではさらに各種目がある。また，オリンピック競技以外にも室内自転車競技，シクロクロス（自転車を用いたクロスカントリーレース），バイクトライアル，障がいのある人が参加するパラサイクリングがあり，自転車競技を国際的に統括する国際自転車競技連合（Union Cycliste Internationale: UCI，1900年設立）が世界選手権を毎年開催している。

すべての自転車競技は，競技人口は少ないものの女子カテゴリーが設定されていて，オリンピックの実施種目は男女同じである。またプロとアマチュアの区別はなく，室内競技を除き年齢別のカテゴリー区分が採用されている。

・ロードレース

個人ロードレースは，一般道を使った自転車レースで，全選手が一斉にスタートしてその着順を競う。レース形式は2つある。1日で行われるものはワンデーレースと呼ばれ，代表的な大会として1年に1度行われる世界選手権ロードがある。また，2日間以上にわたって行われるものはステージレースと呼ばれ，各ステージの所要時間の合計で総合順位を競う。その代表であるツール・ド・フランスは23日間にわたって開催される（図1）。

さらに，一斉スタートの個人ロードレースとは別に，個人タイムトライアルという各選手が1人ずつスタートしてゴールまでの所要時間を競う種目もある。

・トラックレース

傾斜角のついたトラックを備える自転車競技場で開催されるレースで，様々な形態の種目があるが，短距離種目と中・長距離種目とに大別することができる（図2）。

短距離種目としては，スプリント，1kmタイムトライアル，ケイリン，チームスプリント，タンデムスプリントがある。スプリントでは，基本的に2人が同時にスタートし，規定周回を終えて先着した者を勝者とする。1kmタイムトライアル（女子は500m）では所要時間によって順位が決定される。ケイリンは日本が生んだ種目で，ゴールの着順で順位が決定される。距離は競技場の周長によって変わる。チームスプリントでは1チーム3人（男子の場合）で編成されたチームによる3周回のタイムで競われる。3人同時にスタートし，第1走者は1周目，第2走者は2周目の誘導の役割をし，順次レースからはずれ，第3走者が3周回を走りきった時のタイムが計測される。競技場によって周長

図2　競技場：トラックレース

が異なるため，距離は不問である．タンデムスプリントは2人乗り自転車で行うスプリント種目である．

中・長距離種目としては，個人追抜競走，団体追抜競走，ポイントレース，マディソンポイントレース，その他としてスクラッチ，オムニアム，アワーレコードがある．個人追抜競走はトラックのホーム側とバック側からそれぞれ1人の選手がスタートし，相手を追い抜くために走るレースである．追いつかない場合は，男子4km，女子3kmという規定距離を走ってのタイムの優劣により勝敗が決まる．団体追抜競走では1チーム4人で編成されたチームで，距離4kmを走り切り，チーム内で3番目にゴールした選手の所要時間で優劣を競う．女子は3kmを1チーム3人で走る．ポイントレースは30人ほどの選手によって行われ，設定周回の上位通過者に与えられる得点の合計で競われる．マディソンポイントレースは1チーム2人編成で交代しながら行うもので，競走に参加するのはチームのどちらか1人である．ルールはポイント

図1　競技中の様子：ロードレース
世界最大の自転車レース，ツール・ド・フランスは真夏のフランスを23日間かけて1周するスポーツイベント．過酷なアルプスやピレネーを越えて，パリ・シャンゼリゼをめざす．
（写真提供：ASO．ASOはツール・ド・フランス主催団体）

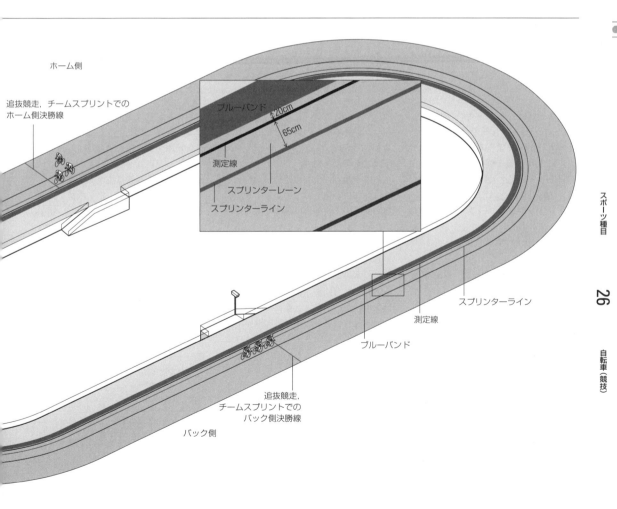

レースと同様。スクラッチは選手が一斉にスタートし，規定距離を走って順位を決定する。オムニアムは短距離から長距離までの5種目を1日で行い，各種目の順位の累計で総合順位を競う種目である。アワーレコードは1時間を1人で走り，その走行距離を競う。

・MTBレース

MTB (Mountain Bike: 未舗装路を走破できるように設計された山岳仕様の自転車)を使ったレースで，アップダウンのあるオフロードのコースを用いて一斉にスタートして着順を競うクロスカントリーレースのみがオリンピック種目に採用されている。ほかにオフロードの下りのみのコースでゴールまでの所要時間を競うダウンヒル，斜面に設置された起伏に富む人工コースを4人で同時にスタートし，障害物をクリアしながら着順を競うフォークロス，規定の時間内に一定の周回コースを走り，周回数を競うMTBマラソン，走行困難なセクションをいかに足を着かないでクリアできるかを競うバイクトライアルがあり，世界選手権大会の種目として採用されている。

・BMXレース

BMX (Bicycle Motocross: 車輪径20インチで，変速機能をもたない単純構造の自転車)を使って，様々な形状のジャンプ台やコーナーを含むコースを最大8選手が一斉に走り着順を競う。2008年の第29回オリンピック大会(北京)から正式種目に採用された新しい種目である。アクションやテクニックを競うBMXフリースタイルも各地で大会が開催されている(図3)。

・室内自転車競技

室内で行われる競技には，体育館に設置したコートの両端にゴールを置き，特殊な自転車を用いて2人ずつのチーム対抗でゴール数を競うサイクルサッカーと，自転車を用いて演技を行い，シングル，ペア，団体で技の美しさと正確さを競うサイクルフィギュアがある。

[自転車競技の発展史]

自転車を用いたレースが盛んに行われるようになったのは，後輪をチェーンによって駆動させるという現在とほぼ同じ形となった19世紀末である。1893年には，その世界大会として第1回世界選手権がシカゴで行われた。1896年にアテネで第1回オリンピック大会が開催された時にも，自転車競技が採用され，ロードレースとトラックレースが行われた。

ロードレースでは1903年にツール・ド・フランスが誕生した。当時は現在のような商業スポンサーによるチーム編成ではなく，個人単位の参加だった。その後，ツール・ド・フランスはチーム参加と個人参加の両方が認められた時期，同一国選手または地域選抜によるチーム編成での参加が義務化された時期など，ルールの改正が何度も行われている。そして，1962年に商業スポンサーによるチーム編成での参加が認められるようになり，現在のような運営形態が定着していった。7月のバカンス時季に開催されることから，多くのファンに親しまれることになり，世界最高峰の自転車ロードレースとして成長した。

[日本での普及・発展]

日本で最初に自転車競技が行われたのは，1898(明治31)年の上野不忍池周辺であった。自転車は高価なものだったため，財閥の出資を受けたプロ選手が参加した。20世紀の序盤は自転車で走る環境に恵まれていたため，自転車競技の本場ヨーロッパ並みの長距離ロードレースも開催されていた。しかし自動車社会の到来とともに，一般道で開催されるロードレースは開催が困難になっていった。そのような中で日本の自転車競技の大きな転機になったのが1948(昭和23)年の「競輪」の誕生である。有望な若手選手が職業として競輪を選択することができるようになった。そのため日本の自転車競技は，短距離種目のレベルが高まっていった。1977(昭和52)年には世界選手権プロスプリントで中野浩一が優勝し，その後の大会で10連覇を達成した。

日本初のオリンピックメダル獲得は1984(昭和59)年，第23回大会(ロサンゼルス)の男子スプリントで，坂本勉が銅メダルを獲得した。この大会には女子の自転車選手も初参加し，女子ロードレースに阿部和香子が出場した。

1987(昭和62)年には世界選手権で本田晴美が男子ケイリンで日本勢として初優勝した。

また1996(平成8)年には，今中大介がツール・ド・フランスに初出場した。同年行われた第26回オリンピック大会(アトランタ)では十文字貴信が1kmタイムトライアルで銅メダルを獲得した。日本初の女子プロロード選手の沖美穂は第27回大会(シドニー，2000年)，第28回大会(アテネ，2004年)，第29回大会(北京，2008年)と3大会連続でオリンピック大会に参戦した。

2004(平成12)年の第27回オリンピック大会(シドニー)では男子チームスプリントで長塚智広，伏見俊昭，井上昌己が銀メダルを獲得し，2008(平成20)年の第28回大会(北京)ではケイリンで永井清史が銅メダルを獲得している。

② 技術・戦術・ルールの変遷

[技術・戦術の変遷]

自転車競技は空気抵抗というみえない敵との戦いだといわれる。それは機材を使用するスポーツだけに，陸上競技と比べて走行速度が高く，身体や自転車に受ける空気抵抗が大きくなるからである。そのため，空気抵抗を大きく受ける単独走行は不利となり，選手は前走者の背後に接近するなどして空気抵抗の減少を図りながら走行する。これが自転車競技の戦略や，新種目の誕生に大きく起因した。

例えば，チーム単位で参加するロードレースでは，優勝できる可能性の高い選手をエースとして起用し，他のチームメイトは風よけやトラブル時にサポートするアシスト役に徹するという分業体制が確立した。また，トラックレースでは，3人1チームでスタートし，3段式ロケットのように1周回ごとに先頭を走った選手が離脱していくチームスプリントというダイナミックな種目が誕生した。

機材として使用される自転車も，空気抵抗を軽減させるエアロダイナミック構造のフレームや車輪が登場した。

図3　競技中の様子：BMX (写真：フォート・キシモト)

スキーのダウンヒルフォームのようなスタイルをとれるハンドルバーも考案され，現在ではそれが主流になった。また，変速機を装備できるロードレースでは20段変速，MTBレースでは27段変速がスタンダードになった。

③ 現代の技術・戦術・ルール
[ショーアップによる普及]

現在の自転車競技はロードレース，トラックレース，MTBレース，BMXレースのすべてにおいて，自転車競技のスピード感や迫力を伝えられる種目を前面に打ち出して開催されている。トラックレースではダイナミックでテレビ中継向きのチームスプリントがオリンピック種目に採用されている。

また，オリンピックではプロアマ混成化も着手され4，第26回大会（アトランタ，1996年）からプロ選手も参加可能になった。現在はプロとアマという垣根は撤廃され，各大会は年齢別で競われるようになっている。

ヨーロッパが本場だった自転車競技で20世紀前半は世界の壁を痛感したわが国だが，現在では多くの日本人選手の活躍により世界に通用するまでそのレベルを上げてきている。

参考文献
◆ 日本自転車競技連盟 編. 2005.『あゆみ －1934～2004－』（連盟記念誌）. 42－45.

（山口和幸）

自転車（競技）
[障がいのある人の]

Cycling (for disabled)

① 競技概要

障がいのある人の自転車競技は，視覚障がい者，運動機能障がい者（切断などの立位），ハンドサイクル（脊髄損傷などの車いす使用者），脳性麻痺者にクラス分けされて行われる（図1）。

競技種目は，大きくトラック競技とロード競技に分けられる。基本的には健常者と同じルールであるが，障がいに応じて特有のルールが設けられている。

・トラック競技
1) 1kmタイムトライアル（一部は500mタイムトライアル）は，バンク（自転車競技場）走路1kmを全力で走り切り，そのタイムを競い合うスピード競技である。なお，クラスにより距離が変更になる。
2) 個人追抜競走は，2選手による対戦型の競技で，ホームストレッチとバックストレッチにそれぞれ分かれ，同時にスタートし，互いに反対側からスタートした選手を追い越すことをめざして追いかけるレースである。所定の距離は各クラスにより決められている。
3) チームスプリントは，1チーム3名の選手で構成され，2チームによる対戦型のタイムトライアル競技である。対象となる選手は男子のLC1，LC2，LC3，LC4（運動機能障害）クラスおよびCP4とCP3（脳性麻痺）クラスの選手である。
4) (タンデム)スプリントは，2人乗りタンデム（自転車）だけで行われる種目である。同時にスタートし，規定周回を先にゴールしたものが勝者となる。

・ロード競技
1) 個人ロードレースは，一般道を使い，エントリー選手すべて一斉スタートし着順を競う。距離は各クラスによって，また大会・コースによって異なる。
2) 個人ロードタイムトライアルは，一定間隔（1分など）をおいて，1人ずつスタートし，規定の距離を走りきったタイムを測定し，順位を決める。

② 歴史

1988年の第8回パラリンピック大会（ソウル）から正式種目になった。現在では世界40ヵ国からの参加がある。

日本では，1990（平成2）年に日本障害者自転車協会（Japan Cycle Association For The Disabled: JCAD）が設立された。

（荒賀博志）

図1 競技中の様子：自転車（競技）[障がいのある人の]
スタート時に補助がつくのが特徴である。

射撃

→クレー射撃，ライフル射撃

射撃
[障がいのある人の]

Shooting (for disabled)

① 競技概要

障がいのある人の射撃競技には，ライフル射撃とクレー射撃の2種目がある。ライフル射撃が広く行われているが，クレー射撃もコモンウェルス（イギリスとかつてイギリスの植民地だった国々）を中心に組織化の動きがある。ここでは，世界的に普及しているライフル射撃について解説する。

ライフル射撃は，一定の距離に置かれた標的に一定時間内に一定弾数の射撃を行い，得点を競うスポーツである。障がいのある人の射撃は，基本的には健常者と同様だが，障がいの程度に応じた用具や規定を設けることで成立している。例えば，立位がとれない場合は，椅子や車椅子の使用が認められる（図1）。また，上肢に障がいがあってライフルを保持できない場合は，腕の代わりを務める支持スタンドの使用が認められる。

なお，健常者の競技規則に合致した姿勢がとれる場合は，障がいのある人も健常者と互いにハンディキャップなく競うことができる。例えば，伏射種目で下肢障がいの人がそのような競技

図1 競技中の様子：射撃[障がいのある人の]

に参加をしている。

参加者の障がいの種類としては，脊髄(頸髄)損傷，ポリオ，切断などが多く，脳性麻痺は少ない。クラス分けは，障がいや疾病の種類ではなく射手としての機能の観点から行われる機能クラス分けである。射撃はクラス統合が最もよく実現された障がいのある人のスポーツの1つである。自分の腕で銃を保持するSH1クラス，専用の支持スタンドを用いるSH2クラス，視覚障がい者のSH3クラスの3つがある。視覚障がい者は，銃口が標的の中心に近づくほど高い音を出す音声照準装置を用いる。

② 歴史

射撃は，パラリンピックでは1976年の第5回大会(トロント)から正式競技として行われている。世界選手権は4年に1回，パラリンピックの中間年に開催される。

国際的には，国際パラリンピック委員会射撃(IPC Shooting)が競技を統括している。

国内では，1981(昭和56)年に養護学校(現・特別支援学校)の生徒らが参加して行われた第1回千葉県身障者ビームライフル射撃大会が障がいのある人の最初の競技会である。国際的なデビューは，1989(平成元)年に神戸で開催されたフェスピック大会(極東・南太平洋身体障害者スポーツ大会, Far East and South Pacific Games for the Disabled)であった。

国内組織として，1995(平成7)年に日本身体障害者ライフル射撃連盟が結成され，2002(平成14)年に団体名を日本障害者スポーツ射撃連盟と改称した。

日本のパラリンピックへの挑戦は1999(平成11)年に始まった。同年のオセアニア選手権を経て，2000(平成12)年の第11回パラリンピック大会(シドニー)に4人の選手が初参加を果たした。2004(平成16)年の第12回大会(アテネ)で，田口亜希(当時・寺井)が7位，瀬賀亜希子(当時・櫻岡)が8位と初めての入賞を果たした。2008(平成20)年の第13回大会(北京)には5人，2012年の第14回大会(ロンドン)には2人が参加している。　　　　　　　　　(田中辰美)

ジャンプ

→スキー競技

自由形

→水泳(競泳種目)

柔道

Judo

① 競技概要

柔道(競技)は，2人の競技者が体重無差別または体重別で，定められた試合場と時間内で対人的技能を競い合い勝敗を決する対人競技である(図1)。用いられる運動技術は武器を持たない投技，固技であり，当身技(拳・肘・足先で相手の急所を攻撃する技)は禁止されている。

[競技の特性]

柔道はわが国の伝統武術である柔術を起源にもち，素手で相手を制するという性質を受け継いでいる競技である。対戦相手の動きに応じて合理的に体勢を崩したり，相手を投げたりする技能を競い合い，「柔よく剛を制す」という言葉があるように，身体の小さな者が大きな者を制することも可能である。単に技能の競い合いだけでなく，礼儀や公正さなどの精神面も重視される。

[競技の仕方]

・試合の進め方

試合者は試合場の中央で約3.64m(2間)の距離をおいて向かい合って立ち，互いに立礼を行い，左足から1歩前に進んで自然本体に構え，審判員の「始め」の宣告により試合を開始する。試合は試合場内で行い，試合者の一方または双方が場外に出た場合に施された技は無効とする。試合者が場外に出た場合とは，立ち姿勢では片足一足以上が出た時，捨身技では半身以上が出た時，寝技では両試合者の全身が出た時をいう。投技が施された時，施技の効果が認められる瞬間(投げられた試合者の着地の時)まで施技者が場内にいた場合，投げられた試合者の全身が場外に出ていても，その技は有効とされる。

試合者は審判員の「それまで」の宣告で試合時間を終えた時，試合開始時の位置(自然本体に構えた位置)へ戻り，そこで向かい合って再び自然本体に構えて立ち，審判員の宣告と指示，あるいは宣言と動作の後，互いに右足から1歩下がって直立の姿勢になったのち，立礼を行い，試合場から出ることで試合を終える。

試合は立ち勝負から始め，投技または固技を用い，一本勝負とする。投技

図1　競技中の様子：柔道 (写真提供：講道館)

とは，立ち姿勢で相手を投げる技と立ち姿勢から自らの体を倒して投げる技であり，手技，腰技，足技，捨身技があり，捨身技にはさらに真捨身技，横捨身技がある。他方，固技とは，寝姿勢で相手を制し動けなくする技であり，抑込技，絞技，関節技がある。抑込技とは，相手をだいたい仰向けにし，自分は相手の上におおむね向かい合った形となって相手からの束縛を受けず，一定時間相手を起き上がることのできないように抑え込んで制する技をいう。絞技とは，頸部を絞め，意識を消失させて制する（落とす・落ちる）技をいう。ただし頸部であっても，帯の端または上衣の裾を利用して絞めること，拳または指で直接絞めること，頸部を直接両脚ではさんで絞めること等は禁止されている。関節技とは，身体部位を形成する種々の関節を逆に伸ばすか捻るかして挫き，戦力を消失させて制する技をいう。なお，肘関節以外の関節をとることは禁止されている。

・試合時間

試合時間は3分から20分の間とし，あらかじめ定められる。オリンピック大会，世界選手権大会の試合時間は，シニア男子・女子ともに5分間，ジュニア男子・女子ともに4分間である。試合時間は延長できる。「待て」の宣告から「始め」の宣告まで，および「そのまま」の宣告から「よし」の宣告までの時間は，所定の試合時間から除く。試合時間終了の合図と同時に施された投技は有効とされ，「抑え込み」の宣告があった場合は，その決着がつくまで試合時間は延長される。試合時間終了の合図があった後で施された技は，たとえ主審がその瞬間，「それまで」と宣告しなくても無効である。

[勝敗の決定]

試合は一本勝ち，優勢勝ちまたは反則で決する（表1）。負傷，発病，また事故発生等の理由で試合が継続できなくなった場合も判定が下される。

・「一本」の判定

投技の場合，相手に技を掛けるか，相手の掛ける技をはずして，相当の勢いあるいは弾みをもって相手をだいたい仰向けに倒した時に下される。固技の場合，「参った」と発声するか，手か足で相手か自分の身体あるいは畳を2度以上続けて打って合図した時に下される。抑込技では「抑え込み」と宣告があってから30秒間，国際柔道連盟(International Judo Federation: IJF)では25秒間抑え込んだ時，「一本」と認められる。この場合1つの抑込技から他の抑込技へ変化しても，相手を制している間は「抑え込み」が継続しているものとされる。絞技，関節技では技の効果が十分表れた時，「一本」と認められる。ただし絞技，関節技の場合，審判員はその効果を見込みによって「一本」の判定を下すことができる。これはあらかじめ定めておかなければならないが，試合者の年齢や身体，また技能の発達程度等に応じた安全を考慮してなされるものである。

・「優勢勝ち」の判定

原則として，1)「技あり」または「警告」があった時，2)「有効」または「注意」があった時，3)試合態度，技の巧拙，および反則の有無等を総合的に比較して僅少の差を認めた時の3種である。

まず，「技あり」の判定は，投技では「一本」とは認め難いがいま少しで「一本」となるような施技効果のあった時，抑込技では25秒以上経過した時，IJFでは20秒以上経過した時である。ただし「技あり」を取った試合者が「抑え込み」に入った場合，および抑え込まれている試合者が「警告」を受けている場合は，経過時間は25秒であり，IJFでは20秒，ともに「合わせて一本」とする。また巴投を施したがすぐには利かず一度動作が停まったが，背を畳に着けた姿勢からなお巴投動作を続けて投げた場合，「一本」相当の場合は「技あり」，「技あり」相当の場合は「有効」となる。

次に，「有効」の判定は，投技では「技あり」とは認め難いがいま少しで「技あり」となるような施技効果があった時，抑込技では20秒以上経過した時，IJFでは15秒以上経過した時である。試合時間内で勝負が決せず，かつその優劣の判定がつかない時は「引き分け」となり（IJFではゴールデンスコア方式がとられる），「技あり」は2度とると「合わせて一本」とされ，一本勝ちになるが，「有効」は何度とっても「有効」の数が増えるだけであり，「技あり」にも「一本」にもならない。

最後に，優勢勝ちの判定のうち，「3) 試合態度，技の巧拙，および反則の有無等を総合的に比較して僅少の差を認めた時」は，主審の「判定」の呼称と同時に主審，副審ともに，赤白いずれかの旗を高く上げて優勢な試合者を表示し，「引き分け」の場合は，赤白の旗をともに高く上げる。試合の性質により，「優勢勝ち」を除くこともできる。

また，負傷，発病，あるいは事故発生等の理由で試合が継続できなくなった場合，主審は副審と合議した上で「勝ち」「負け」「引き分け」を決定する。負傷の場合，その原因が負傷した試合者の責任と認められる時は，負傷した試合者を「棄権」とする。また，その原因が負傷させた試合者の責任と認められる時は，負傷させた試合者を「負傷負け」，その原因が試合者のいずれの責

表1 技の効果の判定基準（国際柔道連盟試合審判規定）

	投げ技	固め技
一本	試合者の一方が相手を制しながら「背を畳に大きく着く」ように「強さ」と「速さ」をもって投げた時。	試合者の一方が相手を抑え込み，その試合者が「抑え込み」の宣告後，25秒間逃げられなかった時。絞め技，関節技においては，試合者が「参った」と発声するか，手または足で2度以上叩くか，その効果が十分表れた時。
技あり	試合者の一方が，相手を制しながら投げたが，その技が「一本」に必要な他の3つの要素のうち，1つが部分的に足りない時。	試合者の一方が相手を抑え込んで，20秒以上25秒未満逃げられなかった時。
有効	試合者の一方が相手を制しながら投げたが，その技が「一本」に必要な他の3要素のうち，2つが部分的に足りない時。	試合者の一方が相手を抑え込んで，15秒以上20秒未満逃げられなかった時。

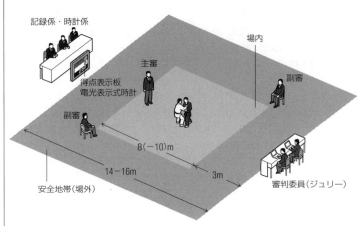

図2　柔道の試合場（国際柔道連盟試合審判規定による）

任とも認めがたい時は，負傷した方を「棄権」とする。

[施設・服装]

・試合場

「講道館柔道試合審判規定」では，原則として試合場は14.55m（8間）四方とし，この中央に9.1m（5間）四方の場内を設け，これに畳50枚を敷き，その外側の周囲2.73m（1間半）に畳を敷く。

「国際柔道連盟試合審判規定」では，試合場は最小限14×14m，最大16×16mとし，畳またはそれに類したものを敷き詰める。オリンピック大会，世界選手権大会，大陸の試合，およびIJF関係の試合場内の大きさは，一般に8×8mでなければならない。また，これまで場内と場外の区別を明確にするため境界線の内側に幅約90cm（3尺）の赤い畳を敷いていたが，2008年の第29回オリンピック大会（北京）ではこれを敷かず，内側一面を黄一色，外側を青一色とし，国内でも2009（平成21）年度から赤畳は敷かないことが承認された。試合者が試合を開始または終了する際の位置を示す赤と白のテープ（正面に向かって右側が赤，左側が白）を試合場内の中央3.64m（2間）離れた場所に貼る。IJFの場合は貼らない。

試合場には記録用紙，得点表示板，電光表示式時計等が備えられ，それぞれを司る記録係，得点表示係，時計係が配置される（図2）。

・服装

試合者は規格に合った柔道衣を着用し，赤または白の紐を各々その帯の上に締める。オリンピック大会，世界選手権大会シニア・同ジュニア，およびワールドカップの4大会では青と白の柔道衣を着用し，帯の上に赤白の紐は締めない。

・審判

審判員の決定は絶対であって，これに抗議することは許されない。審判員は原則として主審1人，副審2人で構成される。

主審は場内にて試合の進行ならびに勝負の判定を司る。主審は試合を開始する時は「始め」，終了する時は「それまで」と宣告し，試合者の施技を「一本」と認めた時は「一本」「それまで」と宣告して試合を終了させ，両試合者を試合開始時の位置に戻らせ，勝者を宣告し，指示する。

試合者の施技を「技あり」と認めた時は「技あり」と宣告し，同じ試合者が再び「技あり」を取った時は「技あり，合わせて一本」「それまで」と宣告して試合を終了させ，両試合者を試合開始時の位置に戻らせ，勝者を宣告し，指示する。試合者の施技を「有効」と認めた時は「有効」と宣告する。「有効」は何回宣告されても，その累計は「技あり」に及ばない。また，そのほか，「抑え込み」「解けた」の宣告や反則の宣告，「引き分け」の宣言等を定められた動作とともにする。

副審は主審を補佐する。副審2人は場外で対角線上に相隔たり，向かい合って位置する。

なお主審および副審は宣告のあった時，記録係が宣告どおり得点表示板に表示しているかを確認しなければならない。

② 組織の発展

[発祥]

柔道は1882（明治15）年5月，下谷区北稲荷町（現・台東区上野）永昌寺の書院12畳で創始者嘉納治五郎と弟子17，8人で産声を上げた。嘉納は柔道指導の場所を講道館と命名し，柔道の普及に努めた。やがて弟子が有段者になり，地方へ赴任するようになると，赴任地ごとに講道館の支部ができるようになってきた。講道館は中央有段者会を設立し，これらの支部を正式に組織化した。有段者会は国内各地はもとより朝鮮，ハワイ，アメリカ本土等にもでき，柔道が国際化する足掛かりの役目を果たした。有段者会は戦後，全日本柔道連盟の結成へと発展的解消する。

[戦後日本での普及]

・武徳会の解散と学校武道の禁止

戦後の柔道界は，少なくとも大きく立ちはだかった2つの問題を乗り越えるところから歩み始めなければならなかった。それは，大日本武徳会の解散と学校柔道の禁止である。

大日本武徳会は「武道を奨励し，武徳を涵養し，国民の士気を振作する」ことを目的に1895（明治28）年，平安遷都1100年を記念し京都に設立されて以来，武道の全国的組織として柔道の普及発展に貢献してきた。政府の外郭団体として武道界を統制してきた戦時下の性格を変え，後に民間団体に改組されたが，敗戦後，連合軍総司令部の意向を受けて，1946（昭和21）年10月，自主的に解散した。同時に大日本武徳会の教員養成機関であった武道専門学校も閉校となった。

一方学校教育においては，1945（昭和20）年11月6日文部次官通牒の，「体練科武道（剣道・柔道・薙刀・弓道）の授業は中止すること。尚，正課外に於いても校友会の武道に関する部班等を編成せざること」により，柔道の授業も課外活動もできなくなった。学校柔道の禁止は，1950（昭和25）年9月まで約5年間続いた。

しかし，一般社会における柔道は，当時，厚生省の管轄であり，この限りではなかった。すなわち1945（昭和20）年の厚生省健民局長通牒で，「我が国伝統のものにして青少年の最も愛好するもの」「特に質実剛健なる国民気風の作興と旺盛なる士気の高揚に役立つ

もの」であるとされ，柔道愛好者は各地で練習を開始し，試合や大会も行われていた。

・全日本柔道連盟の結成

戦後に至るまで柔道の全国的組織は，大日本武徳会と講道館柔道有段者会の2つがあった。しかし，前者が軍国主義的団体との見解をとられ解散させられたことによって，全国的組織は後者が唯一のものとなった。

戦後民主主義の風潮のもと，やがて柔道界にも段の有無にかかわらず柔道愛好者すべてを対象とする民主的団体設立の機運が生じてきた。折しも創始者没後10年を記念して，故嘉納治五郎師範十年祭が東京で行われる計画が進んでいた。柔道界はこれを機に，1949(昭和24)年5月6日，東京丸の内工業クラブにおいて，「全日本柔道連盟結成準備委員会」「講道館有段者会総会」を開き，上程された全日本柔道連盟規約の原案，および柔道有段者会の発展的解消が承認され，ここに晴れて全日本柔道連盟(All Japan Judo Federation: AJJF，以下，全柔連)の誕生となった。全柔連は都道府県柔道連盟のほか，全日本実業柔道，全日本学生柔道等の連盟によって構成され，同年日本体育協会(以下，体協)への加盟も果たした。

[柔道の国際化]

・国際柔道連盟への加盟

欧州柔道連盟に対してアルゼンチンが加盟希望を表明してきたことを機に，欧州柔連の中に欧州の枠を超えた国際組織設立の機運が生じた。

柔道競技を統括する国際組織として，国際柔道連盟(IJF)が1951(昭和26)年に設立された。

翌年8月，チューリッヒ(スイス)で開催されたIJF第1回総会で日本の加盟要請が上程され決議された。全柔連はこれを受けて同年11月臨時評議員会を開催し，IJF加盟を決定した。IJFは同年12月，パリ(フランス)で臨時総会を開催し全柔連のIJF加盟を承認し，次いで嘉納履正講道館長が初代IJF会長に就任した。全柔連は1952(昭和27)年12月10日，正式にIJFに加盟した。嘉納IJF会長は第1回世界柔道選手権大会を開催し，以後2回の世界大会を成功させ，その後に行われた第18回オリンピック大会(東京，1964年)では柔道を正式種目にした。嘉納は1965(昭和40)年まで13年間にわたってIJF会長を務め，国内外における柔道の普及・発展に尽力した。

③ 技術・戦術・ルールの変遷
[勝負の判定方法の変遷]

勝負の判定は時代の変遷に伴って変化してきた。

講道館の「試合審判規程」は1900(明治33)年に制定された。当時は「一本」を2回先取した方を勝ちとする，「二本勝負」であった。その理由は勝負の意外性の排除にあった。柔道草創期の勝負の判定は，「一本」または「引き分け」であり，「一本」は2回取らなければ勝ちとはならなかった。

嘉納治五郎によれば，「何故に2回勝つことを原則にしたかというに，1回では怪我の負けということもあり，また2回以上にすると時間が掛かるからである。それでは何故1回の場合許すのかというに，紅白勝負の時のごときは多人数の試合になるから，早く進行させる必要があり，また団体と団体との勝負であるから，ある者が怪我で勝っても負けても，全体の上に余り多くの差支えを生まぬからである」。

その後「二本勝負」と「一本勝負」が並行して実施されていた時期もあった。1925(大正14)年に「一本勝負」と試合審判規程が改訂された。

さらに，1941(昭和16)年の規程から「優勢勝ち」が加わり，「一本」を取らなくても勝負の判定ができるようになった。しかし，この時は「優勢勝ち」の内容は示されておらず，「優勢勝ち」の内容が規程に謳われたのは，1951(昭和26)年の改正からである。以下，その変遷をみてみよう。

1951年の「優勢勝ち」の判定は，1)試合者の一方が「技あり」をとるか，または「技あり」に近い技をとった時であった。ただし，「技あり」をとってもその試合者が見苦しい試合をした時は必ずしも「優勢勝ち」とはならない。また，2)技の効果の上で判然とした判定の資料のない場合は，試合態度，技の巧拙等を比較する，という項目のもとで行われていた。

次に1955(昭和30)年の「優勢勝ち」の判定は，1)試合者の一方が「技あり」をとるか，または「技あり」に近い技をとった時，であった。ただし，「技あり」をとってもその試合者が見苦しい試合をした時は必ずしも「優勢勝ち」とはならない。また，2)前号による判定の資料のない場合は，試合態度，技の巧拙，反則の有無その他を比較する，という項目のもとで行われていた。

さらに，1966(昭和41)年には判定基準は次の3種とした。1)「技あり」または「警告」があった時，2)「技ありに近い技」または「注意」があった時，3)試合態度，技の効果と巧拙，および反則の有無等を総合的に比較して，僅少の差を認めた時である。試合の性質により，本条各号のいずれにするかはあらかじめ定めるものとする。また「抑え込み」における「技ありに近い技」の判定は20秒以上とする。

1975(昭和50)年の判定基準は次の3種とした。1)「技あり」または「警告」があった時，2)「有効」または「警告」があった時，3)試合態度，技の効果と巧拙，および反則の有無等を総合的に比較して，僅少の差を認めた時である。なお，1)試合の性質により，本条各号のいずれにするかはあらかじめ定めるものとする。2)「抑え込み」における「有効」の判定は20秒以上とする，という注釈がついている。

1980(昭和55)年の「優勢勝ち」の判定は，原則としてその基準を次の3種とした。1)「技あり」または「警告」があった時，2)「有効」または「警告」があった時，3)試合態度，技の効果と巧拙，および反則の有無等を総合的に比較して，僅少の差を認めた時。なお，試合の性質により，本条各号のいずれにするかはあらかじめ定めるものとするという注釈がついている。

1980(昭和55)年以降，1985(昭和60)年，1989(平成元)年，1995(平成7)年の3回の規定改正が行われたが，この間，「優勢勝ち」についての変化はなかった。「優勢勝ち」を導入した理由は，「一本」以外でも技を評価しようという新しい考え方にあった。しかし，1955(昭和30)年の改正では反則の有無も評価の対象に入り，「優勢勝ち」の意味が技の評価だけで決められるものではなくなった。1966(昭和41)年の改正では，反則が技の評価と同等に判断されるようになった。

以上のように競技としての柔道は，「一本」以外は勝敗を認めず「引き分け」

表2　競技会にみる柔道の主な歴史

年	主な出来事	概要
1948	第1回全日本柔道選手権大会開催	競技スポーツへの興趣：それまでの8区分方式を変え，最強者1人を選ぶチャンピオンシップスポーツ型大会となる
1949	全日本柔道連盟設立	
1952	国際柔道連盟設立	
1956	第1回世界柔道選手権大会(東京)開催	国際化へのステップとなる
1964	第18回オリンピック大会(東京)開催	体重別制度：3階級＋無差別(68kg/80/+80/Open)で行われる
1977	第1回全日本女子柔道選手権大会開催	女子柔道の発展：4階級(50kg/57/65/+65)で行われる
1979	第1回世界女子柔道選手権大会(ニューヨーク)開催	女子柔道の発展：7階級＋無差別(48kg/52/56/61/66/72/+72/Open)で行われる

表3　国際柔道連盟(IJF)におけるルールなどの変遷

年	事項
1961	体重別制の承認(12月)(実施1964年10月)
1973	有効・効果の承認(実施1974年)
1973	赤畳の承認(実施1974年)
1979	タイムアウト(ロスタイム)の実施
1981	IJFが各国の段位を承認(9月)
1995	嘉納行光(全日本柔道連盟会長)がIJF会長選挙落選(9月)(幕張・千葉)
1997	ブルー柔道衣の承認(実施1998年1月)抑え込み時間の短縮の承認(実施1998年)
1999	狭間サイズ試合場の導入　女子用白線入り黒帯の使用禁止
2003	ゴールデンスコア方式の実施　罰則を2種類(指導と反則負け)に分類・整理して実施
2009	赤畳および効果の廃止　オリンピック出場資格ランキング制度の導入

＊IJFの議場で日本代表は「赤畳および効果の廃止」を除くほとんどの議案に反対ないしは消極的意見を表明したものの，論議の末，各項目は賛成多数で可決・承認され，日本の主張はことごとく退けられた。

とした歴史に始まり，「一本」をとれば試合終了とする「一本勝負」の本質を継承しつつ，「優勢勝ち」という新しい手段を講じて勝敗を決する形式へと移っていった。

この変遷の背景の1つに柔道の国際的進出が考えられよう。1964(昭和39)年10月，東洋で初めて開催された第18回オリンピック大会(東京)において，柔道は正式種目として採用された。この時，柔道は体重別制度というさらなる新方式をもって登場した。以来40有余年が経過し，この間，IJFルールでは「有効」と同時に「効果」も採用されたが，「効果」は2008年をもって廃止された。しかし，「優勢勝ち」という判定基準は安定性をみせ，その内容においてほとんど変わりなく今日に至っている。勝負法において「一本勝ち」「優勢勝ち」を，また体重別制度等を導入してきた柔道は，戦後，競技スポーツとしての内容をより整備し，その完成度を上げていったといえるだろう。

[競技内容の変遷]

1930(昭和5)年11月15-16日，第1回全日本柔道選士権大会が明治神宮外苑相撲場において挙行された。大会は「一般」「専門」の2部門に分けられ，さらにそれぞれ年齢を指標に「壮年前期／後期」「成年前期／後期」と4つに分けて実施された。その後，嘉納治五郎が没した翌年，1939(昭和14)年の大会では，単に「一般」「専門」の2部門になった。その後，戦中の中断をはさんで戦後，1948(昭和23)年に同大会は名称を全日本柔道選手権大会と変え内容も模様替えして復活した(表2)。

スポーツは誕生当初は民族固有のものであるが，条件が揃えば発祥国でのあり方を超えてグローバルなものとなる。その過程で国際社会の試練に遭遇し，その試練を耐え抜く部分は残り，淘汰されていく部分は消失する。柔道は戦後，学校武道禁止の憂き目に遭ったが，解禁後は競技スポーツとして一気に国際化の速度を増した。その過程には，発祥国の立場からすれば思いもよらぬほどの事態に直面せざるを得ないこともあったが，反面，これは新ルール誕生の過程でもあり，競技としての柔道普及の地平を拓く新しい価値ともいえるだろう(表3)。

④ 現代の技術・戦術・ルール
[さらなる競技化・グローバル化]

「一本勝ち」を最高の評価とする柔道は「技あり」「有効」「効果」「判定」と勝敗を決する基準を設けて運営されてきたが，2003年よりこれに加えて勝敗を決する新基準が設けられた。「ゴールデンスコア」である。これは規定の試合時間内に勝敗を決し得なかった場合に延長戦を行い，なんらかのポイントを得た時点で勝敗を決するという方式である。反則をとられてもその時点で試合を終了する。当初，試合時間はもとの時間と同様であったが，2009年より3分間となった。この年より「効果」が廃止されることになったので，「有効」以上を得るか，または片方の試合者に2回目の「指導」が与えられた時点で勝敗を決する。得点差がない場合は旗判定で勝敗を決する。

加えられたもう1つの新方式に，2009年より始められた世界柔道ランキング制度がある。これはオリンピック，世界選手権，その他の国際大会を格付けし，格に応じた入賞ポイントを定め，選手が獲得したポイントによって各階級ごとのランキングとする制度である。大会の格はオリンピック優勝600点，以下世界選手権500点，マスターズ400点，グランドスラム300点，グランプリ200点，ワールドカップ100点とし，準優勝はその60％，3位は40％である。各大会で1勝以上した選手すべてに規定のポイントが与えられ，世界選手権のみ出場するだけでポイントが与えられる。オリンピックを最高水準の大会にしようという考えからオリンピック直近の年の大会を重視して100％の得点を与え，その前年では50％しか与えられない。また，持ち点は1年経過後には50％に減じられ，2年経過後には消滅する。

従来オリンピックの出場権は国別に与えられていたが，ランキング制の導入により選手個人に与えられることになった。よって従来の国内選考会という概念が消失する。一方，大陸枠の制度はこれまでと同様，各大陸加盟国数に応じた出場枠が配されている。

[ランキング制度導入による戦い方の傾向]

最高水準の大会と考えるオリンピックでは，1つの階級に世界各国・地域から22人の選手しか参加できないという制限がある。その出場枠に入るために世界選手権，その他の国際大会にどのように参加して勝利を収め，選手個人がポイントを稼いでいくかという点において，2012年第30回オリンピック大会（ロンドン）に向けた方針に日本の特徴と海外の特徴に多少の違いがみられた。それは，日本はオリンピックの出場枠を獲得するだけでなく，オリンピックでの戦いを有利に展開するために「第1シード」を獲りにいくことを目的に，同じ選手を複数の国際大会に出場させ，選手個人のポイントを重ねさせた。そのことにより，2回戦から出場できる第1シード，あるいは第2シードを確保し，選手のコンディションの維持に最善を尽くす方針をとった。一方で，その他の国は，選手をできるだけ少ない回数の世界大会に出場させて，オリンピックの出場枠を獲得するという方針をとった。そのことで，選手は国際大会で疲弊した体力を回復させる余裕をもちながら，選手のコンディションを最良な状態で維持しつつ，オリンピックに参加するということができた。この選手のコンディショニングに関する方針の違いが，第30回大会での男女合わせて金メダル1個という日本選手の結果につながったという意見もある。次のオリンピックに向けた4年間の国際大会に選手をどのように出場させていくか，ランキング制度下での戦い方を考えていく必要がある。

[柔道らしさの保持]

IJFは2009年11月1日に次の7項目を施行した。
1)「効果」の廃止，2) 指導1は得点としない，3) ゴールデンスコアは3分間とする，4) どちらか一方の試合者の一部でも場内にある場合は場内とする，5) 立ち姿勢において相手の帯より下の攻撃禁止，6) 腰を曲げた低い姿勢を続ける，偽装攻撃する，組み手を嫌う等の動作を反則とする，7) ベスト8に進出した選手に敗者復活戦の出場権を与える等である。

これら新内容を決定したIJFの主目的はなにか。それは柔道らしさを際立たせることにあり，その理由は，講道館柔道の理想のスタイルを実現しようとすることにあるのではなく，もう1つのオリンピック正式種目の格闘技である，レスリングと明確に区別しようとするところにある。

その理由は，柔道がレスリングと大差ない「ジャケットレスリング」と判断されれば，折からのオリンピックのスリム化の波にのまれて正式種目から外されかねないからである。柔道のオリンピック種目存続を最大の目標とするIJFの危機意識がここにある。一本をとる柔道は講道館や全柔連の永久のテーマである。今回の効果の廃止や脚取りの禁止の導入は，正しく組んで一本を取り合う柔道の理想に結果的に一致してきた。しかし，下半身を攻撃する技術もれっきとした投技のうちであり，柔道史を紐解けば名人技の使い手もいた。禁止という取り締まりの方向は，技能の研磨開発という向上の方向性を閉ざすことにつながる。なにが妥当な競技のあり方であり，いかにそれを実現するか。柔道の普及に伴って，今後ますます柔道の正しい管理の仕方がより高い水準で追求されなくてはならないであろう。

（村田直樹）

柔道

[視覚に障がいのある人の]

Judo (for visually impaired)

① 競技概要

視覚に障がいのある人の柔道競技は，基本的には健常者の柔道と試合場や試合時間，勝敗の決め方等は同様であるが，試合については障がいの特性を考慮して競技規定が定められている。クラス分けは，視覚障がいの程度ではなく，男女ともに体重の軽重で行われる。

健常者の柔道と特に異なる点は，1) 試合は両者が互いに組んでから主審が「始め」の宣告をする，2) 試合中に両者が離れた時は主審が「待て」を宣告し，試合開始位置に戻る，3) 場外規定は基本的に適用しない等である（図1）。

② 歴史

視覚に障がいがある人による柔道は，戦前から盲学校の体操科の内容として行われていた。戦後はクラブ活動でも行われるようになり，各地区の盲学校体育連盟が主催して柔道大会が実施されていた。日本視覚障害者柔道連盟（Juridical Person Trustee of Japan Visually Impaired Judo Federation）が設立されたのは，1986 (昭和61) 年3月である。同年11月30日に第1回全日本視覚障害者柔道大会が，皇太子殿下（今上天皇陛下）御臨席の上，講道館で開催された。それ以来，毎年開催されている。2008 (平成20) 年からは全国視覚障害者学生柔道大会が開催されるようになった。

国際的にみると，1981年に国際視覚障害者スポーツ連盟（International Blind Sports Federation: IBSF）に柔道委員会が設立された。正式種目に採用された1988年の第8回パラリンピック大会（ソウル）では，9の国や地域から33人の参加選手という規模であったが，2008年の第13回大会（北京）では32の国や地域から132人の参加選手（男子84人，女子48人）に増え，割当数の最大の選手が参加した。翌年のパラリンピック出場枠（人数）決める大会であった2007年の世界柔道選手権大会（ブラジル）では，35の国や地域から173人（男子119人，女子54人）が参加している。2004年の第12回パラリンピック大会（アテネ）から女子柔道も正式種目に採用され，2008年の第13回大会（北京）には20の国や地域から48人の女子選手が参加している。

第12回大会から国際オリンピック委

図1　競技中の様子：柔道 [視覚に障がいのある人の]

員会(IOC)柔道委員会が大会運営に当たっているようになり，より競技性が重視されてきている．最近，各国の選手強化の方針はメダル獲得が優先し（トップ選手のプロ化・セミプロ化が進んでいる），また1992年の第9回大会（バルセロナ）からドーピング検査も行われている．

(伊藤忠一)

少林寺拳法

SHORINJI KEMPO

① 競技概要

少林寺拳法は，日本において宗道臣(そうどうしん)が創始した"人づくりの行"である（図1）．
自分の身体と心を養いながら，他人とともに援(たす)け合い，幸せに生きていくことを説く「教え」と，自身の成長を実感し，パートナーとともに上達を楽しむ「技法」，そして，その教えと技法を遊離させず，相乗的なスパイラルとして機能させる「教育システム」が一体となっている．

競技には資格基準に応じた「演武」と「運用法」の2つがある．演武は規定または自由の単独演武，組演武（原則2人），団体演武（6人，8人）がある．運用法は規定または自由の運用法（乱捕り）を指定の防具を着用して行う．演武は6構成を基準とし「技術度」「表現度」を合計して評価する．技術度は1構成ごとに正確さや技の成立条件などを評価し，表現度は全体を通して構成，体構え，運歩，気迫，調息などを評価する．演武時間の長短や使用禁止技により合計点から減点した総合点により勝敗を決定する．

審判は，公認の審判員資格を有する審判員が，主審1人，副審4人を原則として，少林寺拳法連盟の競技規則，少林寺拳法審判規則，および各大会の大会規則に従って審査する．

図1　演武中の様子：少林寺拳法
(写真提供：SHORINJI KEMPO UNITY)

② 歴史

創始者である宗道臣は，第二次大戦後の混乱のさなか，自身の体験から，リーダーの質によって，集団や社会の方向性が大きく変わるという真理を悟った．そして，リーダーシップとは，正義感と慈悲心に根差した自信と勇気と行動力であると定義づけた．こうして1947(昭和22)年10月，香川県多度津町の自宅で，教えと技法と教育システムを兼ね備えた"人づくりの行"として少林寺拳法の指導を開始した．1951(昭和26)年，宗教法人法に基づき金剛禅総本山少林寺を開基した．1956(昭和31)年，日本武芸専門学校を設立し，その後2度の名称変更を経て，現在は学校法人禅林学園として，少林寺拳法の理念に基づく学校教育を展開している．1963(昭和38)年，社団法人日本少林寺拳法連盟を設立したが，これを1991(平成3)年に解散し財団法人少林寺拳法連盟を設立，2011(平成23)年に一般財団法人 少林寺拳法連盟となり，学校・職域などで少林寺拳法のクラブ活動を展開している．

1972(昭和47)年，国際少林寺拳法連盟が発足した．これは1974(昭和49)年に解散したが，同時に少林寺拳法世界連合 (World Shorinji Kempo Organization)が発足し，2013(平成25)年現在，世界37ヵ国が加盟している．

2003(平成15)年，有限責任中間法人少林寺拳法知財保護法人を設立．2006(平成18)年，有限責任SHORINJI KEMPO UNITYに名称変更し，さらに2008(平成20)年，一般社団法人に変更し，少林寺拳法の知的財産を保護・有効活用し，人づくり運動をサポートしている．

このように，宗道臣によって創始された，「教え」と「技法」と「教育システム」を兼ね備えた少林寺拳法(SHORINJI KEMPO)は，金剛禅総本山少林寺，少林寺拳法連盟，禅林学園，少林寺拳法世界連合，SHORINJI KEMPO UNITYの5つの組織によって普及されている．この少林寺拳法グループは，2005(平成17)年に制定した世界統一のシンボルマーク・ロゴのもと，各法人・団体が連携・融和を図りながら，その独自性を生かして，世界で1つの少林寺拳法(SHORINJI KEMPO)として，「人づくり」の活動を展開している．

また，ここで中国武術(少林寺の武術)との関係についても触れておく．1936(昭和11)年，少林寺拳法の創始者宗道臣は，中国河南省にある嵩山少林寺に立ち寄り，白衣殿(観音殿)の壁一面に描かれた壁画をみて，修行僧たちが，国境，人種を問わず，楽しく技を修練する場面に心を打たれた．宗道臣は，この情景に着想を得て，互いに楽しみながら高め合う修行のあり方を少林寺拳法の教育システムの基礎とし，由緒ある寺院の歴史に敬意を表して，自身が創始した道を「少林寺拳法」と名づけた．

少林寺拳法グループと嵩山少林寺とは独立した別の組織であり，少林寺拳法と中国の少林武術・少林拳は目的も技法体系も異なっている．2005(平成17)年，少林寺拳法グループは世界統一の「シンボルマーク・ロゴ」を制定した．これによって少林寺拳法(SHORINJI KEMPO)は教えと技法と教育システムを兼ね備えた"人づくりの集団"として「少林寺拳法」の固有名称を守ると同時に，近年，嵩山少林寺が世界で展開する知的財産権保護活動を尊重し，混同によって互いの権利を侵害しないよう協力している．

(佐藤秀幸)

ショートトラックスピードスケート

→スケート競技

女子相撲

Women sumo

① 競技概要

女子相撲は，文字通り女性によって行われる相撲競技である（図1）．おおよそ，男性の相撲と同じであるが，以下の3点が，女子相撲に特有の規則である．

1) レオタード（小学生または中学生では無地の水着も可）の上に「まわし」を着けるものとし，ブラジャー（金属製の付属物が付いていないものに限る）の使用が望ましい．
2) 2回以上故意に着衣（レオタード）をつ

かむ行為は，禁手(やってはいけない行為)になる。

3) 注意事項として，競技に支障をきたすような髪型については，後ろで束ねる等，支障が生じないようにしなければならない。

競技は土俵中央にて，主審の指示で取り組みを開始する。勝負は，1) 相手選手を先に勝負俵の外へ出す，2) 相手選手の足の裏以外の一部を先に土俵へつける，のどちらかによって決まる。

通常，団体戦はフリーウエイトの3人制，個人戦は体重別で，軽量，中量，重量，無差別の4階級で実施される。大会へは，日本相撲連盟に選手登録をしていれば誰でも参加できる。

審判員の構成は，審判長1人，主審1人，副審4人の計6人であるが，女子相撲の普及により近年，女性の審判員，役員が大幅に増加した。

② 歴史

女子相撲は，当初「新相撲」として，1996(平成8)年に発足し，1997(平成9)年には，第1回日本新相撲選手権大会が大阪で開催された。これは，相撲競技を「オリンピックの正式種目へ」の希望を実現するためには「男女が参加しているスポーツ」という決まりがあり，そのハードルをクリアするために競技スポーツとして確立されたのである。

当初は，頭からぶつかっていく立ち合いは，危険だということで禁止されていたが，現在は認められている。また，競技スタイルもレオタード＋まわしではなく，当初はまわしがパンツについている「相撲パンツ」を着用していた。しかし，外国への普及が進むと，外国人はレオタード＋まわしの姿で競技をしており，それに合わせる形で現在の競技スタイルとなった。

世界への普及は早く，2001(平成13)年には，青森で第1回世界新相撲選手権大会が20ヵ国の参加で開催された。団体優勝はドイツで，日本は3位であった。それ以後，ポーランド，ドイツ，タイ，エストニア等の諸外国で，世界選手権大会が開催されたが，日本の団体優勝は1回のみで，現在はドイツ，ウクライナ，イタリア，ハンガリー，ロシアが強国である。

2007(平成19)年からは，名称を「新相撲」から「女子相撲」に改め，国民体育大会での正式種目化がめざされている。

(竹内晋笙)

シンクロナイズドスイミング

Synchronized swimming; Synchronised swimming

① 競技概要

シンクロナイズドスイミングは，音楽に合わせて泳者相互が同調して泳ぐ採点競技である(ソロは音楽にのみ同調，図1)。国際水泳連盟(Fédération Internationale de Natation: FINA)の競技規則では女子のみの参加と規定されている。

[競技の仕方]

競技は，ソロ(1人)，デュエット(2人)，チーム(4－8人)，フリーコンビネーション(8－10人)，およびハイライトルーティン(8－10人)の5つがある。競技プログラムには，フィギュア，テクニカルルーティン，フリールーティン，さらにフリーコンビネーション，ハイライトルーティンの5種類があり(フリーコンビネーションとハイライトルーティンは独立した種目。ハイライトルーティンはワールドトロフィとワールドカップのみで実施される)。ソロ，デュエット，チームは，フリールーティンを含む2つ以上のプログラムを実施しジャッジが採点，合計点で順位を決定する。現在，FINAの競技会ではフリールーティンとテクニカルルーティンが，ジュニア(15－18歳)およびエージグループ競技会ではフリールーティンとフィギュアの2プログラムが行われている。フリーコンビネーションはフリールーティンのみで競うもので，演技時間4分30秒，人数は4－10人，ソロ，デュエット，トリオ，グループを自由に組み合わせて演技する。また，ハイライトルーティンは演技時間2分30秒，人数は8－10人，テクニカルルーティン同様に規定要素が決められ，ハイライト規定要素を順序どおりに演技する。

・フリールーティン

3－4分の演技時間(陸上動作10秒以内。ソロ3分，デュエット3分30秒，チーム4分)が設けられ，伴奏音楽を用いて自由な構成で演技を行う。6人または7人ずつのジャッジが，技術的評価〈テクニカルメリット〉と，芸術的評価〈アーティスティックインプレッション〉の2つのパネルに分かれて行う。前者は，完遂度，同時性，難易度のコンポーネント別に，後者は，演技構成，音楽の解釈，プレゼンテーションのコンポーネント別に採点する。

図1 競技中の様子：**女子相撲** (写真：フォート・キシモト)
行司はチェコ人のマルコ氏

図1 競技中の写真：**シンクロナイズドスイミング** (写真：フォート・キシモト)

・テクニカルルーティン

演技時間2分-2分50秒(陸上動作10秒以内。ソロ2分、デュエット2分20秒、チーム2分50秒)、伴奏音楽を使用し、演技中にルールで定められた6-8個の規定要素を順序どおりに行う。ジャッジパネルは〈エクスキューション〉と〈オーバーオールインプレッション〉に分かれ、前者は完遂度、後者は同時性、難易度、演技構成および音楽の使い方、プレゼンテーションのコンポーネントを採点する。

フリールーティン、テクニカルルーティンともに陸から開始しても水中から開始してもどちらでもよい。ただし、終了は必ず水中と定められており、音楽と同時に演技を終わらなければならない。

ジャッジは採点基準に基づき、それぞれの観点から10点満点(1/10を併用)で採点する。各コンポーネントの最高点と最低点を除き、コンポーネントごとに定められた割合を乗じ、パネルの平均点に5を乗じ、2つのパネルを合計したものがルーティン得点になる。オリンピックはフリールーティンとテクニカルルーティンの合計で順位を決定し、世界選手権はフリールーティンとテクニカルルーティンがそれぞれ独立したメダル種目となっている。

・フィギュア

伴奏音楽を使わず、基本姿勢と基本動作を組み合わせた規定動作をルールどおりに行い、デザイン(姿勢と動作の正確さ)とコントロール(伸び、高さ、安定性、鮮明さ)の出来を競う。全部で約200種類のフィギュアがあり、4年ごとにFINAによって規定2種目と選択6種目の計8種目が選ばれ、競技会ごとに抽選によって4種目(規定2種目と選択2種目)を実施する。選手は審判団の前に1人ずつ出て1種目ずつ行う。すべてのフィギュアに1.4-3.7の難易度が設定されており、最高点と最低点を除いたジャッジの平均点に難易度を乗じ、4種目を合計したものがフィギュア得点となる。

[施設・用具・服装]

オリンピックおよび世界選手権大会での競技用プールは、最低20×30mの水域が必要で、そのうち12×12mは水深3m、それ以外は水深2m以上でなければならない。そして、陸上・水中ともにスピーカーを付設した音響装置が必要である(図2)。競技者は道徳的品性を備えた水着(肌が透けず、肌の過度の露出がないもの)を身に着けることが規定されており、アクセサリーやジュエリーは禁止されている。国際大会では事前に水着チェックがなされ、レフリーの承認を得なければならない。髪飾りは任意であるが、抵抗が少なくみた目も美しいということから、髪を1つにまとめてゼラチンで固め小さい髪飾りをつけるのが一般的である。フィギュア種目では、黒の水着と白のスイムキャップを着用することが義務づけられている。また水中で息を長くこらえた状態で回転したり方向変換をするため、ノーズクリップと呼ばれる鼻栓を使用する。

[発祥]

シンクロナイズドスイミングのルーツは、ヨーロッパでショーやエキシビションの形で行われていたウォーターバレエのような群舞泳といわれている。その一方で、カナダやアメリカでも古くから同様のものが行われており、文献によってなにをルーツとするかは見解が様々である。1920年代、ヨーロッパで音楽をバックグラウンドミュージックとして用い、泳ぎやフローティング(浮き身)を組み合わせたアーティスティックスイミングと呼ばれる群舞泳的なものが行われていた。同時期カナダにおいてもフィギュア・アンド・スタイルスイミングと呼ばれる

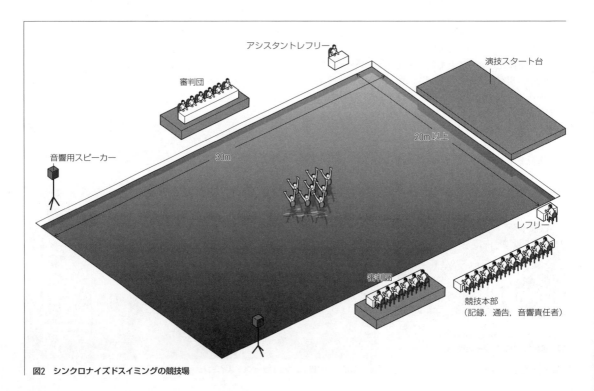

図2　シンクロナイズドスイミングの競技場

水中バレエに似たものやオーナメンタルスイミングと呼ばれる装飾群泳が行われていた。

一方，アメリカでは，1915年に当時ウィスコンシン大学の学生であったカーチス（K. Curtis）が飛び込み動作とスタンツ（脚技のこと。現在はフィギュアと呼ばれている）を組み合わせたものを始め，1934年のシカゴ万国博覧会においてカーチス率いる60人のスイマーが「モダンマーメイズ」という題名のウォーターバレエを披露した。それまでのウォーターバレエは，音楽を単なるバックグラウンドミュージックとしてしか用いていなかったが，この時初めて音楽のリズムと泳ぎや動きを合わせたものを披露し，熱狂的喝采を博し，synchronize（同調する）という意味からシンクロナイズドスイミングと名づけられた。

[競技化と国際普及]

シンクロナイズドスイミングはアメリカで競技化された。1939年に最初の競技会が開催され，1941年に全米アマチュア競技連合（Amateur Athletic Union: AAU）の正式種目となり，ルールが作成され，1946年に第1回全米選手権が開かれた。当時の種目はデュエットとチームのルーティンのみで，演技はダイビングプールの飛板の真下の水域しか必要としないほど動きのないものであった。ソロは1950年に加えられ，フィギュアが行われるようになったのは1958年からである。

シンクロナイズドスイミングは，アメリカチームによる駐留軍慰問や万国博覧会の公開演技などの各国遠征や，カナダがヨーロッパをはじめとする国々にこのスポーツを伝えたことなどにより，国際的に広まった。

オリンピック大会では，1952年の第15回大会（ヘルシンキ）から1972年の第20回大会（ミュンヘン）までの間，シンクロナイズドスイミングの公開演技が行われた。1956年のFINA総会においてシンクロナイズドスイミングが公認され，国際水泳連盟シンクロナイズドスイミング委員会が発足し，第1回世界水泳選手権大会（ベオグラード，1973年）においてソロ，デュエット，チームが実施された。その後，1984年にロサンゼルスで開催された第23回オリンピック大会よりソロとデュエットが正式種目に採用された。そして1996年の第26回大会（アトランタ）ではソロ，デュエットに代わってチームが採用され，それまでフィギュアとフリールーティンだった競技プログラムも，テクニカルルーティンとフリールーティンに変更した。2000年の第27回大会（シドニー）でデュエットが復活し，デュエットとチームがオリンピック種目となった。

FINAが公認している競技会には，オリンピック大会（4年ごと），世界選手権大会（2年ごと），ワールドカップ（4年ごと），ワールドトロフィ（毎年），世界ジュニア選手権大会（2年ごと）がある。このほか，大陸競技会（アジア大会，パンアメリカン大会，ヨーロッパ選手権等）や各国が独自に開催している国際大会も数多く，シンクロナイズドスイミングは全世界に普及した。

[わが国における普及・発展]

日本においても，第二次大戦前から楽水群像と呼ばれる日本泳法と浮き身を組み合わせ，笛の合図で泳ぐものが公開演技として行われていた。競技としてのシンクロナイズドスイミングが日本に紹介されたのは，1954（昭和29）年7月30日のことである。在日アメリカ軍慰問のため，全米アマチュア競技連合シンクロナイズドスイミング委員長，オルセン（N. Olsen）夫人率いるアメリカチームが来日し，東京の明治神宮プールで演技を披露し，技術指導の講習会を開いたのが最初である。日本にはすでに1950（昭和25）年にシンクロナイズドスイミングのルールブックがアメリカより届いており，日本水泳連盟関係者によって翻訳および研究が始められていたが，誰もみたことのない競技で暗中模索の状態であった。このアメリカチームによるエキシビションが，日本で初めてみるシンクロナイズドスイミングであり，これを機に急速に普及していった。

1956（昭和31）年，日本水泳連盟にシンクロナイズドスイミング委員会が設けられ，同年，日本選手権大会の母体となる初めての競技会が，大阪・扇町プールで日米交歓を兼ねて行われた。翌年8月14日には東京・目白運動公園プールで第1回日本選手権が開催され，水泳競技の公式種目の1つとなった。

1957（昭和32）年以後，日本選手権大会は毎年開催され，1994（平成6）年から海外選手を受け入れ日本選手権兼ジャパンオープンとして世界有数の国際大会として定着した。そのほか1978（昭

表1　シンクロナイズドスイミングのFINAルールおよび国内ルールの変遷

年	事項
1994年変更	フィギュア競技に代わるものとしてテクニカルルーティン競技が導入される。 オリンピック，FINA競技会の競技プログラムが，フィギュアとフリールーティンから，テクニカルルーティンとフリールーティンになる。
2001年変更	フリールーティンの演技時間の短縮（チーム5分→4分，デュエット4分→3分30秒，ソロ3分30秒→3分）。 テクニカルルーティンの規定要素にアクロバティック動作が加わる。 フリーコンビネーションの導入（演技時間は5分）。
2009年変更	フリーコンビネーションの名称がコンビネーションへ変更され，演技時間が5分から4分30秒へ短縮（2010年に再びフリーコンビネーションの名称に変更）。 FINA競技会における採点の表示法が変更：テクニカルルーティンでは，エクスキューションパネルは規定要素を1つずつ採点表示し，オーバーオールインプレッションパネルは「演技構成および音楽の使用」「同時性」「難度」「プレゼンテーション」をそれぞれ採点表示する。フリールーティンでは，テクニカルメリットパネルは「完遂度」「同時性」「難度」をそれぞれ採点表示，アーティスティックインプレッションパネルは「演技構成」「音楽の解釈」「プレゼンテーション」をそれぞれ採点表示する。コンピューターシステムを用いて，各ジャッジの点数が算出される（2010年にテクニカルルーティンの採点表示の変更は撤回された）。

和53)年からジュニアオリンピック大会が開かれ，エージグループの競技会も増え，低年齢層にも広く浸透した。

FINAは男子の参加を認めていないが，欧州やアメリカでは国によって男子の参加を認めており，また男子のシンクロナイズドスイミングの競技会も開催されている。日本はFINAルールに準拠しているため，公式競技会での男子参加を認めていない。わずかであるが小学生男児のシンクロスイマーがおり，ローカル大会に参加している。

② 技術・戦術・ルールの変遷
[ルールの変遷]

シンクロナイズドスイミングは，1日も早くオリンピック種目に加わりたいという関係者の努力により，急速にスポーツ性（競争性，客観性，難易度など）が高められた。それまでオリンピック種目に加えられなかった理由は，「競技実施国が少ない」「芸術に近くスポーツ性に欠ける」「コスチュームが派手すぎる」「フィギュア競技がオリンピックで競われるほどの価値をもたない簡単なものである」などの指摘があったからである。以前は演技に題名がつけられ，手の動作が非常に多く，またコスチュームもまるで舞台衣装のように派手で小物や帽子が用いられ，ショー的な要素が強かった。しかし，スポーツ性が重んじられるに従い，泳力が養われ，技術も高度になり，コスチュームも泳ぎやすく抵抗の少ないものに変わってきた。

FINAでは4年ごとにルール変更が行われる。1984年のオリンピック種目化以降のルールの変遷を表1に示した。最も大きなルールの変革は，1994年，フィギュアに代わってテクニカルルーティンが導入されたことである。フィギュアは選手1人ずつ規定の技を行い，その出来映えを競う地味な競技である。そこで，代わりに伴奏音楽を用いて，いくつかの規定要素を含んで行うテクニカルルーティンが取り入れられた。そして，1995年のワールドカップ大会（アトランタ）を最後に，シニアの競技会からフィギュアが消えた。

2001年，ルーティンの演技時間が大幅に短縮された。演技時間が長すぎて選手に身体的ダメージが大きすぎること，中だるみのする演技構成が多く競技としておもしろくないというのが大きな理由であった。同時にテクニカルルーティンの規定要素にアクロバティック動作が加わり，アクロバティックムーブが必須技術となった。また，フリーコンビネーションが導入された。

③ 現代の技術・戦術・ルール
[アクロバティック動作の導入に伴う演技の高度化]

1970年代，デュエットで，1人の選手が別の選手を水上に持ち上げるリフト動作が開発された。1978年頃は，2回スピンや脚の飛び上がり動作で水着が少しでもみえると大きな拍手が湧いたが，1982年になると7回以上のスピン，からだの半分以上をみせる飛び上がり，2人で組むリフトもほとんど全身が水上に出るなど，高度な技術とパワーを必要とするようになってきた。その後，リフトはチームでも行われるようになり，複数の選手を完全に空中に跳ばしたり，持ち上げたりといった様々なアクロバティック動作が開発された。高難度のアクロバティックムーブを行うには，水中で土台を作る選手の腕と脚の強力な支持力が必要であることから，以前にも増して大きな筋パワーが必要となってきている。また，空中への跳び役（ジャンパー）の選手は飛込，体操競技，トランポリンなどの専門トレーニングを水中練習とは別に行うようになった。アクロバティックムーブは，空間を広範囲に使えるので，演技に三次元的な厚みが出るとともに，ダイナミックな印象を与えることができる。

[演技のスピード化，エンターテインメント化]

ルーティン演技は，時代によってその傾向が変化してきた。1990年代中盤まで，アメリカ，カナダは「The Synchro」といわんばかりに，同調性の高い正確な技術で「Sport Synchro」を追い求め，世界をリードした。しかし，1990年代後半，ロシアが世界トップに台頭してからは，ロシアのバレエ的な演技構成，オリジナリティーのある組み合わせ動作，スピーディな展開，コンパクトなパターンという演技特徴が難度の高いルーティンとして価値をもつようになった。特に，2001年のルール改正でチーム演技時間が5分から4分へ短縮され，それまで中間部分に取り入れられていたスローパートがほとんどみられなくなり，終始展開の速い演技構成が主流になった。2000年代後半にはスペインが上位国に参入し，非常にストーリー性のある表現力豊かな演技に芸術的評価が高まった。

また，フリーコンビネーションという創造的な競技プログラムが加わり，さらに構成の自由度が増し，競技形態が変容した。フリーコンビネーションはバレエやダンスのように人数構成を自由に変えることができ，創造性豊かで想像力のある舞台作品をみせることができる。上位国の多くは専門の振り付け師や演出家とコラボレーションし，一般的によく知られた映画，ミュージカル，アーティストなどの音楽を用いて，わかりやすいテーマを題材にショーマンシップ豊かな演技を披露し，観客を沸かせている。

〔本間三和子〕

新体操（競技）

Rhythmic gymnastics

① 競技概要

新体操とは，ロープ，フープ，ボール，クラブ，リボンの5つの手具を用い，13mのフロアマット（絨毯）の上で音楽に合わせた動きを行う芸術性を重視した競技である（図1）。美的表現を伴い，身体の技（ジャンプ，バランス，ピボット，

図1 競技中の様子：新体操
（写真提供：竹内里摩子）

柔軟・波動）と手具の技術（投げ受け，振り，回し，転がしなど手具の特長を生かした操作）と実施の正確性を競う。

競技は団体競技と個人競技に分かれ，どちらの競技も国際体操連盟（Fédération Internationale de Gymnastique: FIG）の競技規則により決められた演技（2年おきに種目が変更される）を行い（個人総合については5つの手具の中から4手具，各1分15秒から1分30秒以内。団体総合については単一手具とアンサンブルの2つの演技を5人のメンバーが2分15秒から2分30秒以内で演技），すべての演技の合計点により順位が決まる。

国際的には女子競技が広く普及しているが男子についても日本国内を発祥として競技が行われており，マレーシア，カナダ，韓国などの国に日本から指導者を派遣し選手育成を行ってきた。現在はロシア，アメリカなどでも普及が始まり徐々に国際競技として浸透しつつある。男子競技は女子の競技内容とは多少異なり，団体競技においては6人の選手が様々なフォーメーションの変化，人と人とのアクロバティックな連携，体操競技のタンブリングを組み合わせて競技を行う。個人競技についてはタンブリングに加え4つの手具（スティック，リング，ロープ，クラブ）を用い，団体競技，個人競技いずれも力強さと躍動美，実施の正確さを競う。

② 歴史

新体操の起源は諸説あり，ドイツや旧ソ連，ブルガリアなどが自国の発祥を主張している。いずれにしても19世紀終わりから20世紀にかけて，東ヨーロッパから発祥したことに間違いはないようである。1954年には手具（ロープ，フープ，ボール，リボン）と手具を持たない徒手が種目として決められた。

1963年には第1回世界新体操選手権大会（個人競技のみ）がハンガリー（ブダペスト）で開催され11ヵ国から28人の選手が参加している。この大会では旧ソ連のスザビンコワが優勝，2位には同じくクラフトチェンコ，3位にブルガリアのトラシリエバとなっている。世界新体操選手権大会はその後2年おきに開催され，1967年の第3回デンマーク大会（コペンハーゲン）から団体競技（種目フープ6）が加わった。

1980年代からはブルガリアの黄金期と呼ばれ，コーチのロベバ（N. Robeva）により手具技術とスピード，表現を重視したブルガリアの新体操が，それまで主流であった旧ソ連の女性らしい流れのある新体操を超えた。

1984年の第23回オリンピック大会（ロサンゼルス）には新体操個人競技がオリンピックの正式種目となり（ただし社会主義国の大半が不参加であった），カナダのファン（L. Fung）が初代女王となった。1992年になると世界新体操選手権大会は毎年開催されるようになる。その頃になると新体操の芸術性は審判が評価を下す上で不明確であるという問題，10点満点が続出し順位が決めにくいという問題を解決するため，選手のもつ技術力を点数化するというスポーツ性の高いルールへと変更された。特に，この時期改正されたルールは柔軟性を数量化したことが特徴である。このルールを演技に生かした代表的な選手としてロシアのカバエワ（A. Kabaeva：第26回オリンピック大会金メダル）が挙げられる。その時期とソ連崩壊が重なり，ロシア，ウクライナ，ベラルーシなど柔軟の難度に優れた旧ソ連の選手たちがトップ争いを始め旧ソ連の巻き返しとなる。1992年の第25回オリンピック大会（バルセロナ）はソ連崩壊の混沌とした社会情勢の中，旧ソ連のティモシェンコ（A. Timoshenko：現・ウクライナ）が優勝した。1996年の第26回オリンピック大会（アトランタ）からは個人競技とともに団体競技も加えられた（団体競技優勝はスペイン）。2000年の第27回オリンピック大会（シドニー）から2008年の第29回オリンピック大会（北京）まではロシアが個人総合・団体総合ともにすべての金メダルを占めている。

2009年，難度がエスカレートする柔軟について，FIGは人の関節可動域を大きく超える柔軟は怪我，障害を発生する恐れがあるため推奨しないと警告し，過度の柔軟性を競うのではなく音楽と動きが一体となって手具を操作するという芸術性を重視するルールに変更された。

日本国内においては1945（昭和20）年に日本体操協会が設立され，翌年には団体徒手体操の競技が始まった。その後，団体徒手体操は全国に普及し，1949（昭和24）年の第4回国民体育大会（横浜）における種目にも採用された。それから18年を経て1967（昭和42）年，加藤八重子，大谷佳子が第3回世界新体操選手権大会を視察し，団体競技だけでなく，これまで日本では行われていなかった個人競技の情報を収集してきた。1968（昭和43）年には国内で初めて個人種目が採用され（徒手・ロープ），全日本学生体操連盟はそれまで使用してきた団体体操という名称を新体操と改称し，全日本選手権大会も新体操の名称を採用した。1969（昭和44）年の第4回世界選手権ブルガリア大会（バルナ）に日本が初出場し団体競技において15ヵ国中5位の成績を収めている。1980年代に入り新体操がオリンピックの正式種目に決定したことから，国内において多くのマスコミが取り上げ国内での認知が高まった。2005（平成17）年には日本体操協会が新体操チームジャパンを結成し，ジュニア世代からの一貫指導体制とともにナショナル強化体制が整った。

参考文献

- 関田史保子ほか 著．東京女子体育大学新体操競技研究室 編．2008．『新体操レッスンⅠ』6–13．不昧堂出版
- 松浦たか子．2008．『新体操の光と影』36．日本エディタースクール出版部

（秋山エリカ）

水泳（競泳種目）

Swimming Race

自由形

Free style

① 競技概要

自由形は，一般的にクロール泳法（以下，クロール）を用いる。クロールは，うつ伏せの姿勢で腕や脚を左右交互に動かして泳ぐ。息つぎ動作は左右のどちらかもしくは交互に側方に顔を横に倒して行う（図1）。競技種目は，男女ともに50m，100m，200m，400m，800mおよび1500mが長水路（50mプール）・短水路（25mプール）ともに公認さ

れる種目として定められている。

競技は，飛び込みによるスタートで開始される。スタートおよび折り返し後，身体を完全に水没させて潜行することができるが，15m地点までには頭が水面上に出なければ失格となる。折り返しは身体の一部が壁に着けばよいため，多くの選手が水中で1回転するクイックターンを用いる。またゴールタッチは片手でよい。

競技規則では，「自由形はどのような泳法(スタイル)で泳いでもよい」と規定されているため，最も速い泳法が用いられるのが普通である。そのため，自由形ではクロール泳法が用いられている。

① 歴史

競泳が行われ始めてから一般的に用いられていたのは平泳ぎである。その平泳ぎがよりスピードを出すように工夫され，1840年に横泳ぎがイギリスで初めて発表された。

その後，オーバー・アーム・サイド・ストロークが現れた。この泳ぎは，横泳ぎの改良型であり，一方の体側を下にし，横体で泳ぐ点は同じである。横泳ぎと同じように水をかいた後，腕のリカバリーを水上に抜き上げて行った。そのため，イギリス式横抜き手とも呼ばれた。

さらに改良がなされ，他方の腕も水上をリカバリーして泳ぐ方法がイギリス人のトラジオン(J. Tradgeon)によって考案された。この泳ぎはトラジオン・ストロークと呼ばれ，一方の腕を水上からリカバリーした後，身体をローリングさせ，両方の腕のリカバリーを水上で行うものであった。

次に登場したのはオーストラリアン・クロールであり，考案者はキャビル(T. Cavill)といわれている。キャビルはオーストラリアの原住民の泳ぎを参考にテンポが速く垂直に動作するキックを取り入れた。

この場合の脚動作は水をはね上げる動作のため，Flutter Kick(バタ足)と名づけられ，しぶきの様子から，スプラッシュ・ストロークともいわれていた。

この泳ぎの特徴は，まずバタ足の導入であり，膝を大きく曲げて1ストロークサイクルの間に4回のキック(4キック)を行っていた。このため，脚動作が大きく，すぐに息苦しくなった。

さらに改良を加えたのがアメリカン・クロールである。これは，キックの際に爪先を内側に向け足の甲の面積を広くすることや，リカバリーの際に腕をリラックスさせること，および6キックにすることなどが重視された。

この泳ぎは国際試合で披露されてから大衆化され，初心者の段階から指導に用いられた。このことで，競技力が著しく向上した。

その後，アメリカのカハナモク(D. Kahanamoku)は6キックを同じような動作で垂直に打つようにし，この泳ぎをさらに発展させたのがワイズミューラー(J. Weismuller)であった。彼の泳ぎは，キックをムチのような動作で行うことの重要性を強調し，推進力のほとんどは腕に依存するものであった。つまり，現在のクロールの原型といえる。

改善点としては，腕動作でのプルとプッシュの強調，肘の屈曲，呼吸動作の独立，大きなバタ足等が挙げられる(表1)。

近代においては，カウンシルマン(J. Councilman)が世界トップレベルのスイマーの泳ぎの観察および分析を試みている。彼は，特にストロークメカニクスについて提唱した。カウンシルマンによると，腕を伸ばしたままのストローク，もしくは肘を曲げてかいているが直線的にかくストロークではいずれも推進効率が悪い。代わりに彼はS字を描くような軌跡のジグザグプル，揚力を利用したスカーリング動作，効果的な推進力を得るためのハイエルボー・ポジション(水中で肘を高く位置する)などを提唱したが，これはクロールだけでなく，他の泳法にも共通するものであった。

また，マグリスコ(E. Maglischo)はカウンシルマンの理論を発展させ，トレーニング理論と併せてストロークメカニクスを解説した。

現在では，水上でのリカバリー動作は腕を伸ばしたまま行う，ストレート・アーム・リカバリーが一般的である。

クロールの変遷は，それぞれの年代で競技力向上を目的とした泳法の改良および技術の改善・向上によってなされてきたといえる。それらは，腕および脚動作，水中および水上での動作，コンビネーション，息つぎ，泳ぐ姿勢など多岐にわたる。また，泳法技術のみならず，1970年代後半以降におけるトレーニング理論および方法の改善や水着の発達によって，男女ともに記

図1　競技中の様子：自由形 (写真：フォート・キシモト)
ロシアのアレクサンドル・ポポフの泳ぎ

表1　自由形における100ヤード記録と泳法スタイルの変遷

年	記録	樹立者	スタイル	備考
1871	1:15.0	コール	オーバー・アーム・サイド・ストローク	横体，はさみ足キック
1895	1:02.5	タイヤース トラジオン	トラジオン・ストローク	両方の腕のリカバリーで水上に出す 幅の小さい2キック
1901	1:00.0	レーン T. キャビル	オーストラリアン・クロール (スプラッシュ・ストローク)	バタ足4キック 息つぎに課題
1902	59.4	R. キャビル		
1906	55.4	ダニエルズ	アメリカン・クロール (トラジオン・クロール)	変則はさみ足6キック
1913	54.6	カハナモク		バタ足キック
1923	51.0	ワイズミューラー		ムチのような動作のキック 腕のかき中心

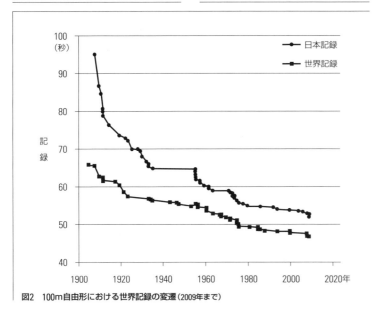

図2　100m自由形における世界記録の変遷（2009年まで）

図1　競技中の様子：背泳ぎ（写真：フォート・キシモト）

録の更新が顕著となっている（図2）。

クロールでの日本人選手の活躍だが，本格的な国際大会は1920（大正9）年の第7回オリンピック大会（アントワープ）が初めてであった。その後，近代泳法を身につけた日本人選手の活躍が始まり，1924年の第8回大会（パリ）では自由形の100mと1500mで高石勝男が5位と初めて入賞を果たした。続く第9回大会（アムステルダム，1928年）では自由形100mで高石が3位に入っている。さらに第10回大会（ロサンゼルス，1932年）では宮崎康二が100mで，北村久寿雄が1500mで金メダル，続く第11回大会（ベルリン，1936年）では寺田登が1500mで金メダルを獲得し，日本の自由形は世界のトップレベルに達した。

第二次大戦後には，古橋広之進，橋爪四郎が活躍し，いくつもの世界記録を書き換えた。その後も，山中毅が第16回大会（メルボルン，1956年）の400m，1500mで2位，第17回大会（ローマ，1960年）の400mで2位となった。

女子では，2004年の第28回大会（アテネ）にて柴田亜衣が800mで金メダルを獲得し，日本人女子初の自由形種目での栄冠に輝いた。

参考文献

- D. A. アムブルスターほか 著.1975.『水泳教程SWIMMING& DIVING』江橋慎四郎，宮下充正訳．9-17.ベースボール・マガジン社
- 岸野雄三，多和健雄 編.1972.『スポーツの技術史』162-97.大修館書店
- 高橋伍郎.1987.「自由形競泳」日本体育協会 監修『最新スポーツ大事典』412-14.大修館書店
- 日本水泳連盟．2012.『水泳指導教本』21-28.大修館書店
- ―――　編．2006.『競泳競技規則』
- 矢野正次，奥野景介.1998.『クロールにおける泳法と記録の史実的変遷』早稲田大学体育学研究紀要（30）：463-67

（奥野景介）

背泳ぎ

Back stroke

① 競技概要

背泳ぎは，腕や脚を左右交互に動かす点がクロールと類似している泳ぎで，競技で用いる4泳法の中では唯一仰向けの姿勢で泳ぐことが規定されている競泳種目である（図1）。背泳ぎにおける仰向け姿勢の定義は，頭部を除き，両肩を結ぶラインが水面に対し90度未満であることをいう。

背泳ぎのスタートは，水中から行い，両手でスタート台下のバーをつかみ，両足で進行方向へ向けてタッチ板を蹴り出すのが一般的である。泳者はスターターの1回目の長いホイッスルで入水し，2回目の長いホイッスルで構える。構えた際の両足の位置は，水面の上下どちらでも構わないが，プールのへり，タッチ板の上端や排水溝より上に足の指が出てはならない。なお，スタートおよびターンの後は，頭部が15m地点までに水面に出なくては失格となり，それ以外の競技中は常に体の一部が水面上に出ている必要がある。

また，ターンでは，必ず体の一部が端壁に触れる必要がある。また，ターン動作中では，肩が胸の位置に対して垂直以上に裏返しになってもよく，その後は一連の動作としての片腕のかき，あるいは同時の両腕のかきを，折り返しの初期の動作に使用することができる。そのため，ほぼすべての背泳ぎ選手は端壁付近でクロールのように手をかきながらうつ伏せ姿勢をとって水中で回転するターンをしている。足が端壁に触れる際にはすでに仰向け姿勢であることが一般的であるが，実際には足が端壁を離れるまでに仰向け姿勢になればよい。また，スタートおよびターンの後15m区間では，全身の水没が許されるため，水中ドルフィンキック（バサロキック）を用いる選手が多い。

ゴールタッチの際には，仰向け姿勢でなくてはならないが，より早くタッチするために顎を上げて端壁方向に顔を向け，両足同時のドルフィンキックを打つと同時に体を水没させてタッチする選手もいる。

② 歴史

背泳ぎに関する文献としては，1538年にドイツ語教師ニコラス・ビンマン（Nicolas Wynman）が著した世界最古の水泳教本といわれる『コリンベ（COLYNBE）』が挙げられる。「背泳ぎは，死んだように仰向けになり，手はバタバタするように，速く動かす。水を切る時には，よく研がれたスキでかくようにする。息は大きく吸い鼻から吐く」と述べられ，背泳ぎの概要から技術解説まで明記されていた。以上より，すでに16世紀には，仰向けで進んだり移動したりといった概念があったようである。

競技としての背泳ぎは，1900年にパリで開催された第2回オリンピック大会から正式種目として認められた。初期の背泳ぎは，平泳ぎを仰向けにしたものでダブルバックとも呼ばれていた。この泳ぎが背泳ぎの原型であるが，現在ではエレメンタリーバックストローク（イカおよぎ）と呼ばれる水難事故などに対応する泳法として用いられている。その後，1912年に第5回オリンピック大会（ストックホルム）でアメリカのヘブナー（H. Hebner）がクロールのように左右交互に手を動かすバッククロールを用いて優勝してから，現在のような背泳ぎへと変化してきた。

1930年代から1960年代までの背泳ぎは，世界記録を樹立したアメリカのキーファー（A. Kiefer）を手本にしたもので，ストロークは腕をまっすぐに伸ばし，水面近くをかいており，リカバリーは体の横を手が通るものであった。1960年代には，一流選手の手のかきが水中でS字型の軌跡を描いていることが判明し，ストローク前半では肘を曲げ，後半にかけて肘を伸ばすように変化した。リカバリーも体の真上を通るようになった。1980年代には，手のかき終わりからリカバリーにかけても推進力が発生する選手がいることがわかり，今日に至るまで進化している。

日本で背泳ぎがレースの種目となったのは，1916（大正5）年の全国大会からである。1917（大正6）年当時の日本では，「上向きで如何なる泳ぎをしても差し支えない」というルールであり，ほとんどの選手がかえる足であった。1921（大正10）年の極東選手権大会にて入谷唯一郎がバッククロールを用いて予選で極東記録を出した。それ以後，世界より10年ほど遅れ，日本でもバッククロールが主流となった。

男子100mで最初に1分を突破したのは，1964年の第18回オリンピック大会（東京）においてアメリカのトンプソンマン（H. Thompsonman）であり，記録は59秒6である。男子200mで最初に2分を突破したのは，1976年の第21回オリンピック大会（モントリオール）においてアメリカのネーバー（J. Naber）であり，記録は1分59秒19である。女子100mで最初に1分を突破したのは，2002年にアメリカのコーグリン（N. Coughlin）であり，記録は59秒58である。女子200mの世界新記録はアメリカのフランクリン（M. Franklin）の2分04秒06であり（2014年10月現在），未だ2分の壁は突破されていない。

近代背泳ぎに至るまでの主なルール改正は，特にスタートおよびターンについて行われている。スタートは，構え時における足の位置が水面下のみから2005年ルール改正で水面上も可能となり，さらに遠くへ跳び出しやすいものへと変化した。スタート後から浮き上がりまでの距離については，1988年の第24回オリンピック大会（ソウル）100m背泳ぎで金メダルを獲得した鈴木大地のレースでは無制限であったが，1991年のルール改正で15mまでと規制された。仰向け姿勢で潜ったままドルフィンキックを打つのがバサロキックは，アメリカのバサロ（J. Vassallo）の考案した技術であり，本来バサロキックは，個人メドレーの選手であったバサロがバタフライから背泳ぎへ切り替える際にリズムを整える目的で用いたものであった。

ターンは，仰向け姿勢で端壁に手を着ける必要があったが，1991年のルール改正後，端壁手前でうつ伏せ姿勢になりクロールのように手をかきながら前転することが可能となった。

背泳ぎにおける日本人男子選手の主な活躍は，1928年に男子200mで入江稔夫が2分37秒8の世界記録を樹立した。1932年の第10回オリンピック大会（ロサンゼルス）では，100mで清川正二が金，入江稔夫が銀，そして河津憲太郎が銅メダルを獲得した。1988年の第24回オリンピック大会（ソウル）では，鈴木大地が金メダルを，2004年の第28回オリンピック大会（アテネ）では森田智己が銅メダルを獲得した。

女子選手では，田中聡子が1959年に200mで2分37秒1の世界新記録を樹立し，その後計10回世界記録を更新した。しかし，女子200m背泳ぎがオリンピック種目として認められたのは1968年の第19回オリンピック大会（メキシコシティ）からであるため，田中は1960年の第17回オリンピック大会（ローマ）での100m背泳ぎの銅メダル獲得が最高である。100mでは，2000年の第27回大会（シドニー）で中村真衣が銀メダルを獲得している。同大会200mでは，中尾美樹が銅メダルを，2004年の第28回大会（アテネ）および2008年の第29回大会（北京）で中村礼子が銅メダルを獲得している。

2009年の世界選手権ローマ大会では，100mで古賀淳也が優勝，200mで入江陵介が準優勝，そして女子でも100mで酒井志穂が4位となった。続く2012年の第30回オリンピック大会（ロンドン）では入江陵介が男子100mで銅メダルを，200mで銀メダルを獲得し，寺川綾が女子100mで銅メダルを獲得するなど今後も日本の背泳ぎのさらなる飛躍が期待される。

参考文献

- 杉本傅. 1926.『水泳競技』21-22. 創元社
- 日本水泳連盟. 1996.『背泳ぎに関する調査研究報告書』
- 日本水泳連盟競技委員会. 2006.『競泳競技規則』. 日本水泳連盟
- 北海道大学総合博物館部局ニュース http://www.hokudai.ac.jp/bureau/news/jihou/jihou0506/615_26.htm（2012年3月14日閲覧）

（森山進一郎）

平泳ぎ

Breast stroke

① 競技概要

平泳ぎは，うつ伏せの状態で両手両足をそれぞれ左右対称に動かし1回の腕のかきと1回の足の蹴りをこの順番で行わなければならない泳法である（図1）。手の動きは，胸より前方へ揃えて伸ばし，肘は水面上に出てはならず，スタートおよび折り返し時を除いてヒップラインよりも後ろに戻してはいけない。足の動きは，後方の外側に向かわなければならず，足の甲で水を押すような動き（あおり足）をしてはならない。競技種目としては，50m，100m，200mが公認種目として定め

図1　競技中の様子：平泳ぎ（写真：フォート・キシモト）

られている。

競技は，飛び込みによるスタートで開始される。スタートおよび折り返し後の1かき目は完全に脚のところまで行うことができ，この間は完全に水没していてもよく，最初の1かきをしている間に次の平泳ぎの蹴りにつながる下方へのバタフライキックが1回許される。それ以外の競技中は，1かき1蹴りを行う間に頭の一部が水面上に出なければならず，ゴールタッチは両手同時に行わなければならない。

② 歴史

平泳ぎは，古代ギリシャ時代から軍事教練の1つとして泳がれていた記録から，歴史的にみると最も古い泳ぎであり，この平泳ぎからほかの泳ぎが発展してきたといえる。また，日本でも古式泳法の中には平泳ぎに似た泳ぎがある。

平泳ぎの競技種目としての歴史は古い。1837年のイギリス水泳協会の設立によりイギリスで初めて水泳競技会が行われた。この頃の競技会は種目の区別がなく，定められた距離をいかに速く泳ぐかを競っており，この競技会に出場した選手のほとんどが平泳ぎか横泳ぎのようなスタイルで泳いでいた。1887年に片抜き手泳法に破られるまで平泳ぎが最も速い泳法であった。その後，最速泳法はトランジオン泳法を経てクロール泳法へと移り変わっていくが，平泳ぎはかえる足を中心とした泳ぎが主流となり独立した種目として存在していくこととなる。

平泳ぎは，1904年に行われた第3回オリンピック大会(セントルイス)に初めて公式種目として採用され，レース距離は440ヤード(402m)であった。1908年に国際水泳連盟(Fédération Internationale de Natation: FINA)が設立され，世界共通のルールが誕生し，同年に行われた第4回オリンピック大会(ロンドン)からレース距離は200mに変更になった。また，1964年の第18回オリンピック大会(東京)にて100m種目が公式種目として追加され，現在に至っている。また，オリンピックの前後の年に行われている世界水泳選手権では，第9回福岡大会(2001年)より50m種目が追加された。

ここでは，FINAの設立によって競泳記録の認定法が統一された1908年以降の平泳ぎの技術の変遷を示す。自由形(フリースタイル)から平泳ぎ種目の独立により，泳法にも様々な工夫が試みられ，著しいスピードの向上が認められた。その中でも特徴的な泳法として潜水泳法とバタフライ泳法がある。潜水泳法の特徴は，水中で大きく長いストロークを大腿部までかく泳法で，1ストロークで進む距離が長く，キックの弱い選手には有効であった。第9回オリンピック大会(アムステルダム，1928年)では，日本の鶴田義行がこの潜水泳法で金メダルを獲得した。この後，1933年にアメリカでキックはかえる足，プルは現在のバタフライの動きというバタフライ泳法が登場した。当時の平泳ぎのルールは「平体で両肩を水平に保ち，腕および足の動作は左右対称にし，キックはかえる足にすること」となっており，腕のリカバリーを水上に出してはならないといった規則がなかった。これにより，従来の泳ぎの中で大きな抵抗となっていた水中での手の戻しを水面上に出して前に戻すことにより，大幅な泳速の向上がみられた。しかし，両手を同時に水上へ出す動作は身体の上下動を伴い，上肢の大きな筋力が必要とされた。さらに，かえる足とのバランスの悪さから非経済的な泳ぎであった。そのため，200mでは従来の平泳ぎの方が勝つことが多かったが，100mではバタフライ泳法の方が速かった。

その後，ドルフィンキックの開発や泳法の改善がなされ，バタフライ泳法は，1953年に「バタフライ」として平泳ぎから独立した泳ぎへと進歩した。

一方，潜水泳法は，バタフライの独立により低迷した平泳ぎの記録を再び向上させるが，トレーニングによる溺死の危険性を指摘され，「スタート・ターン時以外は常に頭の一部が水面上に位置し，かつ空気に触れていなければならない」といったルールの制定により，1957年に禁止された。これ以降，1987年に水没禁止ルールが緩和(1ストローク中に1度でも頭が水面上に出ればよくなった)されたものの，現在まで泳法の大きな変化は認められない。

平泳ぎは4泳法の中で最も加・減速が大きい種目である。このためパフォーマンスの向上には，推進力の向上のための技術に加え，進行方向へマイナスとなる抵抗の軽減が重要となり，技術面(プル動作，呼吸のタイミング，キック動作，姿勢など)の向上が必要不可欠であった。そこで，ほぼ現在の泳法と同様になった1957年以降の泳ぎの変遷を示す。

水没禁止ルールの制定により，上体の上下動が少ない泳ぎ(フラットスタイル)が主流となった(図2)。この泳法は，キックが主体の泳ぎであり，踵を尻の後ろへ引きつけ足の裏で水を蹴るウェッジキックであった。プルは揚力を生かしたコンパクトなかきであった。呼吸のタイミングは，伸ばした手を外側にかき始めると同時に行っていた。呼吸の頻度は，1ストロークごとに行うのではなく，数ストロークに1回の低頻度であった。その後，1961年にアメリカのジャストレムスキー(C. Jastremski)が力強くピッチの速いかきと足の幅の狭いキックを使って世界新記録を更新すると，手のかきを意識したピッチ泳法が主流となった。

1970年代後半には，踵を尻の上に引きつけて土ふまずで水を蹴る3次元的な動きを伴うウィップキックを用いるシーホーススタイルが台頭してきた(図2)。このキックは，後方へ直線的に水を蹴り出すため，より大きな推進力を発揮した。呼吸のタイミングは遅くなり，外側に広げた手を内側にかき込んでくる時に行い，1ストロークごとに呼吸を行っていた。

その後，水没禁止ルールの緩和を受け，1990年代初頭は上下動が激しいウェイブスタイルが台頭してきた。プ

フラット型

シーホース(ドルフィン)型

図2　平泳ぎの2つの泳ぎ方
(出典：日本体育協会 監修『最新スポーツ大事典』大修館書店，1987)

ルのリカバリー動作は，さらに速くなり，抵抗を軽減するために水上で行うようになった。キック開始のタイミングがプルのリカバリーの中間になり，足の引きつけの浅いコンパクトなキックを使用していた。呼吸のタイミングはさらに遅くなり，プルが内側へのかき込んでくる後になった。

2000年代になると，1ストローク中の泳速変化が詳細に検討されるようになった。さらなる抵抗の軽減のため，足の引き動作時の下腿を大腿部の後ろに隠れるように引くウィップキックが用いられるようになった。推進力の向上のため，プルは内側へのかき込み動作をすばやく行うようになった。また，キック後のグライドを長くとることにより，ストロークの長い効率のよい泳ぎ（改良されたシーホーススタイル）となっていった。この泳ぎをマスターした北島康介は，第28回オリンピック大会（アテネ，2004年）および第29回オリンピック大会（北京，2008年）にて，2大会連続で平泳ぎ2種目（100m，200m）2冠を達成した。

このように平泳ぎは，避抵抗技術の改善に着目されながら泳技術が発展してきた種目である。今後は，より大きな推進力の獲得が得られる泳法へとシフトしていくことであろう。

参考文献
◆ 森谷暢. 1996.「平泳ぎの歴史」『平泳ぎに関する調査研究報告書』9－17. 日本水泳連盟

（岩原文彦）

バタフライ

Butterfly stroke

① 競技概要

バタフライは，両腕を同時に後ろから前方へ持ち上げて入水させて後方へ水をかき，両脚を揃えてドルフィンキックする泳ぎで行う競泳種目である（図1）。リカバリーで両腕を同時に水上を前方に運ぶ動作がバタフライ（ちょう）の飛んでいる姿に似ているところから名づけられた。公認記録となる距離は，50m，100m，200mである。また，個人メドレーで泳ぐ最初の泳法であり，400mメドレーリレーでは第3泳者が泳ぐ。50mはオリンピックでは実施されていないが，世界選手権では2001年より，日本選手権では1999年より行われている。

競技は，飛び込みによるスタートで開始する。スタートおよび折り返し後，身体を完全に水没させて潜行することができるが，15m地点までには頭が水面上に出なければ失格となる。潜行の際，サイドキックは認められているが仰向けになってはならない。最初の腕のかき始めからは身体をうつ伏せにして，両腕は水面上を同時に前方に運び，同時に後方へかく。すべて足の上下動作は同時に行い，両脚・両足を交互に動かすことや平泳ぎの足の動作は許されない。折り返しやゴールタッチは両手同時に行う。

② 歴史

バタフライは，平泳ぎから派生した泳ぎであり，4泳法の中では最も歴史が浅い。1933年，アメリカのマイヤーズ（H. Myers）が平泳ぎで腕のリカバリー動作を水上で行う泳法で泳いだことが始まりである。後にバタフライ式平泳ぎと呼ばれるこの泳法は，1936年に平泳ぎの泳法として公認され普及した。1953年にはバタフライとして平泳ぎから独立し，オリンピックでは1956年の第16回大会（メルボルン）から正式種目に採用されている。

日本では，1935（昭和10）年にアメリカの選手によりバタフライ式平泳ぎが初めて披露され，1937（昭和12）年には山田弘が日本人で最初に泳いだ。しかし，当時の日本ではバタフライが従来の平泳ぎに勝つことはなく，日本国内ではバタフライ無用論が出た。そのため，日本水泳連盟はバタフライに対する興味本位の流行が平泳ぎの発展向上に悪影響を及ぼすとの理由から小・中学生に使用を禁止した。その後，日本ではバタフライへの取り組みで10年ほどの後れをとったが，1954（昭和29）年には世界に倣い新種目として採用した。

特徴の1つであるドルフィンキックは，1935年にアメリカでかえる足の改良から生まれたが公認されず，新種目の確立により実用化された。ヨーロッパ遠征で習得した長沢二郎は，1ストローク2キックが最適であることを見出した。この技術はアメリカに逆輸入され国際的にも広がっただけで

図1　競技中の様子：バタフライ（写真：フォート・キシモト）

く，現代まで受け継がれている。

その後，近年まで大きな規則変更はなかったが，1998年にはスタートおよびターン後の潜行距離が15mに規制された。

泳法については，当初は上下動の大きな泳ぎが主流であったが，競技力向上に伴い上下動が小さくフラットな泳ぎが現れてきた。これは，泳法の歴史的な変遷であると同時に熟練度の差でもある。現在も競技力の低い選手は上下動が大きな傾向にあり，逆に一流選手にはフラットに泳ぐ選手が多い。

1972年の第20回オリンピック大会（ミュンヘン）では，スピッツ（M. Spitz）が歴史に残る活躍をした。男子100m，200mバタフライを含めて個人4種目とリレー3種目の7冠をすべて世界新記録で達成した。この偉業を塗り替えた選手がフェルプス（M. Phelps）である。オリンピック史上初となる8冠を2008年の第29回オリンピック大会（北京）で成し遂げた。唯一，世界新記録更新を逃した100mバタフライは，0.01秒差で制する神がかり的な勝利であった。そして翌年，この種目で史上初めて50秒を突破する49秒82の世界新記録を樹立している。女子では1981年に驚異的な世界記録を樹立したマーハー（M.T. Meagher）が挙げられる。100mの57秒93は1999年にトンプソン（J. Thompson）が更新するまでの18年間，200mの2分05秒96は2000年にオニール（S. O'Neill）が更新するまでの19年間破られなかった。

この種目で日本人初のオリンピックメダリストは石本隆である。1956年の第16回大会（メルボルン）男子200mで2分23秒8を出し2位に入賞した。また100mと200mで世界新記録を6度更新している。日本人初の金メダリストは，1972年の第20回オリンピック大会（ミュンヘン）で誕生した。この大会で青木

表1　バタフライにかかわる歴史年表

年	出来事：世界	出来事：日本
鎌倉から 江戸時代		日本（古式）泳法に類似した泳法がみられる 　神伝流－諸抜手，水府流－両抜手，小堀流－一拍子泳
1933	平泳ぎ種目においてメイヤースが初めてバタフライ式平泳ぎを泳ぐ	
1935	ジーグがドルフィンキックを考案，1ストローク2キックで初めて泳ぐ（100ヤード　1分00秒）	日本で初めてバタフライが泳がれる
1936	第11回オリンピック大会（ベルリン）の際，開かれた国際水泳連盟総会でバタフライ式平泳ぎが公認される	
1937	腕のリカバリー動作をレース中通して続ける場合のみ，バタフライ式平泳ぎが認められる	山田弘が日本人として初めてバタフライ式平泳ぎを泳ぐ
1939		日本水泳連盟　小・中学生のバタフライ使用禁止
1948	第14回オリンピック大会（ロンドン）平泳ぎ決勝では1人を除き全員がバタフライ式平泳ぎを用いる	第14回オリンピック大会（ロンドン）の頃から再び見直される 日本学生選手権で竹林寺文雄が200mをバタフライ式平泳ぎで完泳
1949		日本学生選手権の100m平泳ぎではバタフライ式平泳ぎが4位まで独占
1950		日本選手権の100mで清水敏夫，200mで萩原孝男がバタフライ式平泳ぎで優勝
1953	バタフライが平泳ぎから独立	
1954		日本でもバタフライを正式種目として採用 初代日本選手権覇者　100m安岡信夫 　　　　　　　　　　200m長沢二郎
1956	第16回オリンピック大会（メルボルン）から正式種目として採用される（ドルフィンキックの使用可）	第16回オリンピック大会（メルボルン）の200mバタフライで石本隆が2位
1972		第20回オリンピック大会（ミュンヘン）の100mバタフライで青木まゆみが優勝
1997		全国ジュニアオリンピック春季大会の100mで青山綾里が短水路世界新記録を樹立
1999		日本選手権で50mを正式種目として採用
2001		福岡世界選手権で50mを正式種目として採用
2004		第28回オリンピック大会（アテネ）の200mで山本貴司が2位，中西悠子が3位
2008		第29回オリンピック大会（北京）の200mで松田丈志が3位 日本短水路選手権の200mで中西悠子が短水路世界新記録を樹立
2012		第30回オリンピック大会（ロンドン）の200mで松田丈志が3位，星奈津美が3位

（出典：荻田，1998. に加筆）

まゆみが女子100mで優勝を飾った。1位から8位までの差が0.91秒という激戦の中，1分03秒34の世界新記録で制した。その後，決勝に進出してもメダルに届かない時代が続いたが，32年後の第28回大会（アテネ）では2人のメダリストが生まれた。3大会連続出場となる山本貴司が男子200mで1分54秒56の2位，女子では中西悠子が2分08秒04で3位となった。中西は2008年に同種目で短水路世界新記録を樹立している。続く2008年の第29回大会（北京）男子200mでは松田丈志が1分52秒97で3位となった。さらに2012年の第30回大会（ロンドン）では男子200mで松田丈志が1分53秒21で3位，女子200mで星奈津美が2分05秒48で3位となった。

参考文献

- 荻田太 1998.「バタフライの歴史」『バタフライに関する調査研究報告書』7－36. 日本水泳連盟
- 田口正公. 1987.「バタフライ」日本体育協会 監修.『最新スポーツ大事典』991－92. 大修館書店
- 日本水泳連盟競技委員会. 2010.『競泳競技規則』日本水泳連盟

（生田泰志）

個人メドレー

Individual medley

① 競技概要

　個人メドレーは，1人でバタフライ(Butterfly stroke)，背泳ぎ(Back stroke)，平泳ぎ(Breast stroke)，自由形(Freestyle)の順番でそれぞれ同じ距離を泳ぎ切り，その速さを時間によって競う種目である。自由形ではそれまで泳いだバタフライ，背泳ぎ，平泳ぎ以外の泳法で泳がなければならないため，最終種目はクロールとなる。

　泳ぐ順序は，種目による順序の変動を期待し，また似通った動きが連続しないように，左右対称種目と左右交互動作種目とを交互に配置することとし，最も速い自由形を最終種目に配置している。また，第1種目には最もエネルギー消費の激しいバタフライを配置し，レースの組み立てを難しくするとともにみる側が最後までレースを楽しめるようにしたことから現在のような泳順になったとされている。

　オリンピックや世界選手権，日本選手権などで使用される長水路(50mプール)では，それぞれの種目を50mずつ泳ぐ200m個人メドレーと，100mずつ泳ぐ400m個人メドレーが競技種目となっている。また，短水路(25mプール)では，上記に加えてそれぞれを25mずつ泳ぎ切る100m個人メドレーを競技とする大会もある。

　競技はスターターの電子ピストルの合図によるスタート台からの飛び込みで開始し，最終種目でプールの壁面にタッチするまでの時間を競う。スタート後のバタフライをはじめとして，背泳ぎ，平泳ぎ，自由形はそれぞれ単一種目に定められた競技規則に則って泳ぎ切らなければならない。

　また，同一種目内のターンは，それぞれの単一種目に定められた規則に則って行われるが，バタフライから背泳ぎへの移行では，壁面に両手でタッチした後，そのまま仰向けになるようにターンする。背泳ぎから平泳ぎへのターンでは，片方の手を壁面にタッチするまで体を90度以上反転してはならず，タッチ後にうつ伏せで泳ぎ出せるように壁蹴り動作を行う。平泳ぎからクロールへの移行は，平泳ぎの競技規則に則ったターンと同様に壁蹴りまでの動作を行い，その後クロールで泳ぎ出さなければならない。

　個人メドレーは，4つの泳法をコンスタントに泳ぎ切る技術とスタミナが求められる種目である。その中でも平泳ぎが勝負のポイントとなることが多い。ほかの3つの泳法は安定した力をもっていても，4つの泳法の中で唯一アニマルキック(足の裏で水を捕らえるキック)を使う平泳ぎを苦手とする選手も少なくない。このような理由から平泳ぎを専門とする選手が個人メドレーでも活躍する例は少なくない。

　個人メドレーの戦術としては，得意種目で十分に力を発揮しながら，苦手種目で余分なエネルギーを使い過ぎないことが求められる。さらに，種目を変更する際のターンの技術も重要となる。近年，特に背泳ぎから平泳ぎへ移行するターンの方法が注目されている。最も速いとされているターンの方法は，オーバーロールターンといわれ，背泳ぎで壁につく際に体軸を斜めに反転させ，水面側(上側)の手で壁につき，呼吸をすることなく下半身を回転させながら足を壁にもっていく方法である。いったん顔を上げるターンと比較して0.4秒ほど速くなるといわれているが，呼吸ができないことから，パフォーマンスを改善させるオーバーロールターンを身につけるためには，十分な技術トレーニングとスタミナトレーニングが必要とされる。

② 歴史

　4つの泳法で泳ぐ個人メドレーは，競泳の中で最も新しい種目であり，バタフライ泳法が独立した種目として認められた1953年以降から始められたものである。それ以前には，背泳ぎ，平泳ぎ，自由形の3つの泳法で泳ぐ個人メドレーが行われていた。

　男子400m個人メドレーにおいて最も古い記録は，1953年オーストラリアのフランク・オニール(Frank O'Neill)の5分48秒5が残っている。1961年には，アメリカのテッド・スティックルス(Ted Stickels)が初めて5分の壁を破る4分55秒6をマークし，その13年後の1974年にはハンガリーのアンドラス・ハルギタイ(András Hargitay)が4分28秒89と初めて4分30秒を突破した。一方女子は，1953年にハンガリーのエバ・セケリー(Eva Kesery)のマークした5分50秒4が最も古い世界記録である。1962年にはアメリカのドナ・デバロナ(Donna de Varona)が初めて5分30秒を破る5分29秒7の世界記録をマークし，5分の壁を突破したのは1973年，東ドイツのグドラン・ベグナー(Gudrun Wegner)の4分57秒51である。

　男子200m個人メドレーでは，1966年にアメリカのグレゴリー・バッキンガム(Gregory Buckingham)のマークした2分12秒4が最も古く，25年後の1991年の世界選手権では，ハンガリーのタマス・ダルニュイ(Tamás Darnyi)が初めて2分を突破する1分59秒36で泳いでいる。

　一方女子は，1957年にアメリカのパティー・カンプナー(Patty Kempner)のマークした2分48秒2が最古の世界記録である。その後，1997年には中国の呉艶艶が2分10秒の壁を破る2分9秒72をマークした。

　日本選手権で初めて個人メドレーが争われたのは1962(昭和37)年の第38回大会であり，その時は400mのみの競技でアメリカのサーリ(Roy Saari)が4分59秒0で優勝し，初代チャンピオンとなった。翌年の第39回大会では，日本大学の福島滋雄が4分53秒7で優勝し，日本人初の日本選手権を獲得している。一方，女子では第38回大会でアメリカのシャーロン・フィネラン(Sharon Finneran)が5分21秒9で女子の初代チャンピオンとなり，第39回大会で江坂君子が5分46秒1で日本人女子初の選手権獲得者となった。

　200m個人メドレーは1965(昭和40)年の第41回大会から登場し，優勝者は400mでも初代チャンピオンとなった福島滋雄が，2分20秒3で優勝し200m個人メドレーでも初代日本選手権獲得者となっている。一方，女子では籔千枝子が2分45秒1で優勝し，女子初代チャンピオンとなっている。

　オリンピック種目として個人メドレーが登場したのは1964年の第18回大会(東京)での400m個人メドレーで，男子はアメリカのリチャード・ロス(Richard Ross)が4分45秒4で優勝，女子は同じくアメリカのドナ・デバロナ(Donna De Varona)が5分18秒7で優勝し

それぞれ初代オリンピックチャンピオンとなった。

1968年の第19回大会(メキシコシティ)，1972年の第20回大会(ミュンヘン)では200m個人メドレーも実施されたが，その後の1976年の第21回大会(モントリオール)と1980年の第22回大会(モスクワ)では実施されておらず，1984年の第23回大会(ロサンゼルス)から再び実施され，今日に至っている。

1964年の第18回大会(東京)以降，2012年の第30回大会(ロンドン)までの計13回のオリンピック大会において，男子400m個人メドレーではアメリカの選手が8度金メダルを獲得しており，アメリカのお家芸ともいえる種目となっている。

2008年の第29回大会(北京)では，高速水着の影響もあり，男子はアメリカのマイケル・フェルプス(Michael Phelps)が，400mで4分03秒84，200mで1分54秒23と両種目で世界新記録を樹立し，女子ではオーストラリアのステファニー・ライス(Stephanie Rice)が400mで4分29秒45，200mで2分08秒45の世界新記録で優勝を果たしている。

2012年の第30回大会(ロンドン)では，男子で当時高校生の萩野公介が3位となった。

(髙橋淳一郎)

リレー

Relay

① 競技概要

競泳におけるリレー(継泳)は，4人の競技者が決められた距離を順番に泳ぎ，その合計タイムを競う種目である。陸上競技のリレーでは，選手間でバトンを手渡しすることによって引き継ぎを行うのに対し，競泳では，前の競技者が壁にタッチした後に次の競技者の足がスタート台を離れればよいとされている(図1)。

一般的に，競泳におけるリレーは，4人の競技者全員が自由形で継泳するフリーリレー(Freestyle Relay)をさす。しかし，競泳のリレー競技には，4人の選手が異なる4種目を順番に泳ぐメドレーリレー(Medley Relay)も存在する。フリーリレーの競技者は，個人種目の自由形競技と同様に，泳法を問わず定められた距離を継泳する。一方，メドレーリレーでは，定められた距離を，背泳ぎ→平泳ぎ→バタフライ→自由形の順序で，それぞれの規則に従って泳ぎ，ゴールし，継泳しなければならない。この時，自由形では，背泳ぎ，平泳ぎ，バタフライ以外の種目で泳がないと違反となる。個人種目でも4種目を続けて泳ぐ個人メドレーがあるが，メドレーリレーとは泳法の順番が異なっている。

リレー競技において，第1泳者の途中計時は正式時間とし，その記録は公認される。一方，引き継ぎタイム(第2泳者以降の競技者のタイム)は，記録として公認されない。これは，通常のスタートでは，合図が発せられてから動作を始め，足が離れるまで0.6秒以上はかかってしまうのに対し，リレーの引き継ぎでは，前の競技者が壁にタッチする前からスタート動作を開始できるため，一般的に引き継ぎタイムが個人種目のタイムより速くなるからである。

② 歴史

リレー競技は，1904年の第3回オリンピック大会(セントルイス)で初めて正式種目として採用され，4×50ヤードのフリーリレーが実施された。次の第4回大会(ロンドン，1908年)からは，競技が50mプールで行われるようになり，男子4×200mリレーが実施されるようになった。そして，現在は男女ともに4×100mおよび4×200mのフリーリレーがオリンピック種目として行われている。また，メドレーリレーは，バタフライが平泳ぎ種目から分離した後，1960年の第17回大会(ローマ)より男女同時に実施されている。

日本のリレーチームは，1928年の第9回オリンピック大会(アムステルダム)で2位となったのをはじめ，男子4×200mリレーでいくつかのオリンピックメダルを獲得している。特に，1932年の第10回大会(ロサンゼルス)および第11回大会(ベルリン，1936年)の両大会では，金メダルを獲得するとともに当時の世界記録を樹立している。メドレーリレーでは，1960年の第17回大会(ローマ)の男子4×100mメドレーリレーで初めて銅メダルを獲得しており，近年では，2000年の第27回大会(シドニー)で女子が銅メダルを獲得，2004年の第28回大会(アテネ)および2008年の第29回大会(北京)では，男子が2大会連続で銅メダルを獲得，さらに2012年の第30回大会(ロンドン)では男女ともに400mメドレーリレーでメダルを獲得している(男子：銀，女子：銅)。

(立 正伸)

水泳(競泳種目)
[障がいのある人の]

Swimming (for disabled)

① 競技概要

障がいのある人の水泳競技(競泳種目)は，国際水泳連盟(FINA)の競技規則を障がいの特性に応じて変更適用した国際パラリンピック委員会水泳部門の水泳競技規則などに基づいて，競技が行われている。

また，それぞれの障がいや程度をクラスという概念で整理分類し，そのクラスごとに競技が成立する。クラスの分類には，国際パラリンピック委員会水泳部門の傘下のもと採用されている水泳の機能的クラス分けシステム(Functional Classification System: FCS)や日本の全国障害者スポーツ大会で採用されている障害者手帳に基づくクラス分け分類などがある。

障がいは大きく分類すると身体障がい，知的障がい，精神障がいなどがある。また，身体障がいには肢体不自由，視覚障がい，聴覚障がい，内部障がい

図1 競技中の様子：リレー(写真：フォート・キシモト)

図1　競技中の様子：水泳〔障がいのある人の〕

がある。これらのうち，公式競技において一般競技規則が変更適用されているのは，肢体不自由と視覚障がいのあるクラスである。競泳種目には自由形，背泳ぎ，平泳ぎ，バタフライ，個人メドレーとチームによるポイント制のリレーとメドレーリレーがある。一般競技規則の変更適用の事例としては，水中でのスタートが認められていたり，視覚障がいにおいてターンやゴール時に合図棒で合図をして選手に知らせることが可能であったり，また，片麻痺者には片側だけのバタフライ動作が認められる等々がある（図1）。

② 歴史

世界における障がい者の水泳競技は，1960年に開催された第1回パラリンピック大会（ローマ）にはすでに採用されていた。

日本では1964（昭和39）年に開催された第2回パラリンピック大会（東京）で国際・国内合わせて自由形と平泳ぎ，背泳ぎが種目として採用され，当時のクラスごとに競技が行われている。

また，その翌年（1965年）から開催された全国身体障害者スポーツ大会の種目にも，競泳競技が採用されている。

しかし，この大会には一生に1回という出場枠があったため，水泳愛好家らによる取り組みが始まり，1981（昭和56）年9月に大阪市身体障害者スポーツセンター（現在の大阪市障害者スポーツセンター）で，第1回近畿身体障害者水泳選手権大会が開催された。また，1984（昭和59）年4月には日本身体障がい者水泳連盟（Japan Swimming Federation for the Disabled）を設立，9月には第1回の日本選手権大会を開催している。この大会は発展を続け，知的障がいのある人も特別参加できる大会として毎年多くの障がいのある人が参加している。

一方，独自の世界大会などが開催されている知的障がいや聴覚障がいのある人の団体も水泳愛好家らによる水泳連盟が設立され，それぞれの大会を実施している。

現在では，オリンピック大会と同様にパラリンピック大会の競技性が高くなってきたことに伴い，世界をめざす選手のために，ジャパン水泳競技大会や冬季記録会なども行われている。

また，国際大会をめざして国際登録をしている選手は70数名（2012年現在）に上り，この中には，過去5度にわたりパラリンピック大会に出場しメダルを獲得している河合純一（男子視覚障がい部門），2012年3月末現在，男子100m背泳ぎ世界ランキング1位の長尾智之（知的障がい部門），女子100m背泳ぎ世界ランキング2位の秋山里奈（視覚障がい部門），男子100m平泳ぎ世界ランキング2位の中村智太郎（肢体不自由部門）などがいる。

（桜井誠一）

水球

Water polo

① 競技概要

水球は，1チーム7人（うちゴールキーパーが1人）の競技者と交代要員6人で編成され，水上に設置されたコート内で，2つのチームが1つのボールを奪い合い，相手側ゴールにボール投げ入れて得点を競い合う，ゴール型球技である（図1）。

正式なコートは，縦30m（女子は25m），横20m，水深2m以上と規定されている。また，ゴールは幅3m，高さ0.9mで，奥行きは最低0.3mとなっている。ボールは，男子競技用が周囲68～71cm（女子は65～67cm）の大きさで，水中でも滑りにくいように表面に特殊加工が施されたゴム製を用いる。

図1　競技中の様子：水球
水球におけるシュート動作

両チームの競技者は，耳を保護するプロテクターの付いた帽子を被らなければならない。通常は，ゴールキーパーが赤色の帽子を被り，他の競技者はチームごとに白色か青色の帽子を着用する。帽子の両脇には，1－13の番号が付けられ，この番号によって競技者は識別される。

競技時間は，4つのピリオドに分割され，1ピリオドは正味8分間行われる。第1と第2，第3と第4ピリオドの間には2分間，また第2と第3ピリオド間には5分間の休憩時間が与えられる。全競技時間は，通常45～50分に達し，第4ピリオドを終えた時点で同点の場合には，さらに5分の休憩時間をはさんで，正味3分の延長ピリオドを2回実施する。競技中は水底に足を着いて競技することが認められないため，競技者は常に水中で立泳ぎやフロントクロールなどの各種泳法を用いて泳ぎ続けることになる。さらにゴールキーパー以外の競技者はボールを片手で扱わなければならないため，ボールハンドリングが大変難しい。

競技の統括は，2人のレフェリーと2人のゴールジャッジによって行われ，いずれもプールサイドに配置される。そのため，水中での反則行為については厳密な判定が難しく，しばしば水面下では激しい身体接触を伴う競技が展開される。これが水球を「水中の格闘技」と呼ぶ由縁である。

水球は男女とも，オリンピックおよび水泳世界選手権において，正式種目として実施され，特に東ヨーロッパ諸国で盛んに行われている。日本では，小学生（男女混合），中学生男・女，高校生男・女，大学生男・女，一般男・女のそれぞれの区別で全国大会が開催され，選手登録者数は5,000人ほどである。

② 歴史

水球の起源はイギリスとされ，1860年頃，公衆浴場の普及や水泳のプロフェッショナルの存在，さらには観客を楽しませるための余興の必要性などを背景として人為的に作られたスポーツといえる。「競技としての水球」の成立は，イングランドにおけるメトロポリタン水泳協会（ロンドン）が"Football in the water"のルールを作成するための

委員会を，1870年5月12日に設置した時にさかのぼる。黎明期における水球の変遷をたどると，「ラグビー型からサッカー型へ」「見世物から競技スポーツへ」という2つの特徴がみられる。最初に考案された水球は，プロが観客を魅了するための水上アトラクションであり，「競技スポーツ」といえる存在ではなかった。その後，1888年にアマチュアスイミング協会（Amateur Swimming Association: ASA）が統一ルールを作ることで競技スポーツへの転換を図ることになった。"Water Polo" の語源に関しては諸説があるが，競技に用いられたインド製のゴムボールをヒンズー語でプル（Pulu）と呼び，それが訛（なま）ってWater Poloになったのではないかとされる。

1888年には，初めてイングランド選手権が開催され，競技スポーツとしての水球が発展していった。1900年の第2回オリンピック大会（パリ）では，公開種目ながら水球がオリンピック団体競技として初めて実施されるなど，当時の欧米社会において注目されていたことがうかがえる（図2）。

1900年にオリンピック種目に採用されたのを契機に，国際的なルール統一の機運が高まる。特に1908年に国際水泳連盟（Fédération Internationale de Natation: FINA）が設立されると，FINAによってASAが規定したルールの正当性に対してお墨付きが与えられ，加盟各国は，国際統一ルールを採用するに至った。それらのルールの変更は，ラフプレイをなくし，選手の安全性を確保しつつ，すばやい動きとゲーム展開を確立することがめざされたといえる。

日本では1907（明治40）年に，記録に残る最も古い「ウォーター・ポロ」の試合が東京高等師範学校と旧制一高との間で行われた（後述のように，水球は日本への導入後しばらく「ウォーター・ポロ」と呼ばれていた）。イギリスをはじめとする水球先進国では，水泳（あるいは漕艇）クラブに所属する会員がウォーター・ポロのプレイを楽しんだが，日本では大学生が主な担い手であり，最初は水術訓練の一環として行っていた。

1910（明治43）年には，慶應義塾のティルソン・ウィード（Tilson Weed）教授がウォーター・ポロを慶應義塾生に紹介したとされる。その後1915（大正4）年には慶應義塾水泳部内にウォーター・ポロ・チームが結成され，同年8月15日には，神奈川県葉山海岸の会場に特設されたコートで横浜外人クラブと試合を行った。結果は，9対0で慶應義塾が負けたが，これが日本国内で記録に残っている最初の国際試合となった。

関西地区においては，神戸在住で外国商人のレオナルド・ジェームス（Leonard G. James）が，日本にウォーター・ポロを普及させようと1920（大正9）年に日英対照版の『ウオター・ポーロ競技規則』を大阪毎日新聞社運動部の協力を得て刊行し，それを全国の学校に配布して，ウォーター・ポロの普及に尽力した。

1925（大正14）年には，大日本水上競技連盟の主催で10月10－12日の3日間にわたり「全日本選手権水上競技会」が開催された際に，ウォーター・ポロ競技も実施され，これが国内初の公式競技会となった。そして1930（昭和5）年には「ウォーター・ポロ」から「水球」へと競技の名称が改称され，さらにリーグ戦による大学選手権が行われるなど日本水球は順調に発展を遂げることになる。

現在では小学生から社会人に至るまで，各年齢区分での全国大会が開催され，さらに欧州の有力水球クラブで日本人選手が活躍するなど，国際的な競技力も向上しつつある。

(髙木英樹)

スカイダイビング

Skydiving

① 競技概要

スカイダイビングは，航空機などから空中に飛び出し，パラシュートで降下するスポーツである（図1）。競技としてはパラシューティングスポーツと呼ぶ。

種目には，目標地点への着地の正確さを競う「アキュラシー」，パラシュートが開くまでの演技を競う「フリースタイル」，チームで各種のフォーメーション（形）を競う「フォーメーションスカイダイビング」などがある。

アキュラシーは，目標地点への着地の正確さによって優劣を決める競技で，高度800－1,000mでパラシュートを開き，風を読み，微妙な操縦で地上に置かれた中心の直径わずか2cmの目標（デッドセンター）へいかに正確に着地するかを競う。世界のトップクラスの大会では目標の中心から1cm単位で競い合うため，16cmまで測定できる自動計測用パッド（AMD）が置かれ，より精度の高い判定が行われている。

フリースタイルは，演技する選手とカメラマンが2人1組になり，高度4,000mから降下し，パラシュートを開かずに45秒間，空中で演技を行う。空中のフィギュアスケートともいわれ，難易度，独創性，正確性などで競われる。カメラマンはヘルメットの上に取り付けられたビデオカメラで演技する選手を撮影し，この映像を使って採点される。

フォーメーションスカイダイビングには，4人1組で行う4WAYと8人1組で行う8WAYの競技があり，パラシュートを開かずに，時速200kmで降下しながら，手や足をつないで次々と競技規則に定められた各種の形を一定の時間

図2 1900年頃のスコットランドにおける水球の試合
（出典：THE BADMINTON LIBRARY of SPORTS AND PASTIMES, 1901）

図1 競技中（着地）の様子：スカイダイビング

内に，順序よく正しく，連続して何個つくれるか，その個数を競う。

4WAYは高度8,000mから降下して35秒間の自由降下中に，また8WAYの場合は4,000mから降下して50秒間にこの動作を行う。降下は6-10回実施し，その合計で順位を決定する。採点にはビデオを使うため，チームとしてカメラマンが一緒に降下する。フォーメーションスカイダイビング競技は，男女の区別なく行われる競技で，通常は男女混成で女性だけのチームも珍しくない。

そのほか，アキュラシーとスキーの大回転を組み合わせ，着地精度とスキーのスピードを競う「パラ・スキー競技」，パラシュートを開いた状態で特定の形を演じる「キャノビーフォーメーション競技」などがある。

スカイダイビングを楽しむ人のために，国ごとにライセンスを発行している。これには，最低のAライセンスからG（国によってはD）ライセンスまであり，世界選手権への参加，あるいは世界記録への挑戦にはCライセンス以上を保持しなければならない。

日本では1972（昭和47）年以来，毎年日本選手権が開催され，アキュラシーを中心に競技が実施されている。

② 歴史

パラシュート降下については，15世紀にレオナルド・ダ・ヴィンチ（Leonard da Vinci）がピラミッド形のパラシュートの図を描いている。実際に人間が降下をしたのは，1797年，パリでガルネラン（A.J. Garnerin）が高度約700mの気球から降下したのが最初といわれている。

第一次大戦では，墜落する飛行機からパイロットの救命用としてパラシュートの降下が行われた。第二次大戦では，各国の空挺部隊（パラシュート部隊）が大活躍をした。

大戦後，これらの空挺部隊でパラシュート降下を経験した人々によって，ヨーロッパを中心としてスポーツとしてのパラシュート降下が行われるようになった。そして1952年，第1回世界選手権がユーゴスラビアで開催された。

1970年代の前半までは，競技に使用するパラシュート自体も，単に救命用のパラシュートの後方に孔（穴）を開けて前進力と操縦性を与えただけのものであった。このため，アキュラシーの目標板の大きさも直径10cmあり，当初は半径50mまで測定していた。その後，スポーツ用パラシュートが開発され，操縦性のよい四角型パラシュートの誕生に伴って半径10m以内まで測定するようになり，そして目標中心の直径2cm，測定する距離も16cm以内と変化してきた。

一方，フォーメーションスカイダイビングも，1960年代に自由降下中にバトンパスをするというような楽しみ方で始められた。それが1970年代に入ってからアメリカを中心に，何人が手をつないで輪をつくれるかというように変化してきた。

さらに1970年代後半から競技用パラシュートは，円形から方形傘へと変わり操縦性が増したため，それに伴い様々なフォーメーションが可能になった。

日本では，1961（昭和36）年に陸上自衛隊隊員が，休日にスポーツとしてのパラシュート降下を初めて行った。その後，千葉県の隊員が中心になって，社会人や大学生の有志を指導し発展してきた。

この間1962（昭和37）年の第6回，1964（昭和39）年の第7回世界選手権に空挺隊員が1名参加，1970（昭和45）年には大学生OBを中心とした男子7名によって第10回世界選手権に参加した。その前年の1969（昭和44）年に日本落下傘スポーツ連盟（Japan Parachute Sport Association: JPSA）が統括団体として発足している。

スカイダイビングは，航空スポーツの一環として，パリにある国際航空連盟（Fédération Aéronautique Internationale: FAI）によって統括されている。パラシュート降下の細部については，国際航空連盟の中に国際パラシュート委員会が設置され，各国航空協会の代表委員によって規則の改定などが行われている。

日本においては，日本航空協会（Japan Aeronautic Association: JAA）が国際航空連盟のメンバーとなっている。同協会の下部組織として日本落下傘スポーツ連盟が統括していたが，国内におけるスカイダイビングの発展に伴い種目ごとに団体ができ，現在はスポーツとしてのパラシュート降下を統括する団体はない。

（日本落下傘スポーツ連盟）

スカッシュ

Squash

① 競技概要

スカッシュは，縦9.75×横6.4×高さ5.64m以上のコートのライン内で2人のプレイヤーが交互に正面の壁に向かってボールを打ち合う競技である（図1）。左右や後ろの壁を利用して打ち返してもよいが，必ずノーバウンドかワンバウンドで正面の壁に打ち返さないとアウトになる。ラケットはテニスとバドミントンの中間ほどの大きさなので比較的軽く，小学生や高齢者にも扱いやすい。ボールは直径4cmのゴルフボールサイズだがゴム製で柔らかく，最初は弾みにくいが打ち合っているうちに，中の空気が暖まって弾むようになる。

ハードなイメージが先行しているが，実は自分の体力に合わせて楽しめるのが特徴で，テニスのようにコートをオーバーしてしまうこともなくすべて内側に跳ね返ってくるので比較的ラリーも続きやすい。壁の入射角や反射角を利用したショットであるボーストや，壁と床の際で弾まないニックショット，緩急をつけたストレート，クロスコート，ロブショット等の様々なショットを体得することによって，コートの中央の優位なポジションを確保したまま高齢者が若者を衛星のようにグルグルと走り回らせることも可能な実に奥の深いスポーツである。

これまではハンドアウト制（サーブ権がある時に得点した場合のみ点数が入る）9点5ゲームの試合が多かったが，現在は世界や日本の主な大会においてはサ

図1　競技中の様子：スカッシュ

ーブ権の有無にかかわらず点数が入るラリーポイント制11点タイブレイク方式(10点同点になった場合2点差がつくまで行う)5ゲームが採用されている。

ラリー中に相手が邪魔になったり危険を伴う場合は，打つのを止めてレフリーにアピールする。レフリーはその場の状況によりストローク(妨害とみなし得点となる)やレット(やり直し)，ノーレット(妨害とはみなされない)の判定をする。

② 歴史

イギリスを発祥の地とするスカッシュの起源には諸説あり，19世紀初頭に城壁にボールをぶつけたのが始まりとか，貴族が行ったとか，政治犯がロンドンのフリート監獄で遊んだとか，「ラケッツ」という競技が進化したものなどがある。現在のルールに近いものは1820年にイギリスの名門校ハロー校で始まったとされている。

1929年には，イギリスでテニスア

スキー競技

Skiing

スキージャンプ

Ski jumping

① 競技概要

ジャンプ競技は，決められたスタート地点(スタートゲート)から滑走した後，踏切台(take off table)でジャンプし，飛距離と美しい飛型と安定した着地(テレマーク姿勢)を競うスキー競技種目である(図1)。

[競技の仕方]

競技は専用のジャンプ台を利用して行われる(図2)。ジャンプ台は大きさで呼称が異なり，それが種目名にもなっている。K点とは，飛距離点(60点)の基準となる点である。またヒルサイズは競技においてこれを越えないように決められた距離である(表1，図2，3)。

また，競技は個人戦と団体戦とに分けられる。個人戦は，1人の競技者が2回の試技を行って順位を決定する。ただし，連続して試技を行うわけではなく，全競技者が1回目のジャンプを行った後，その成績によって順番を入れ

ンドラケット協会からスカッシュ独自の協会が設立された。主に英連邦諸国を中心に発展し，1966年に国際スカッシュ連盟(現・世界スカッシュ連盟，World Squash Federation: WSF。1992年名称変更)がロンドンに設立され，世界185ヵ国以上，およそ2千万人がプレイを楽しんでいる。

日本においては，1927(昭和2)年にイギリス大使館にコートができたのが始まりで，1971(昭和46)年に日本スカッシュラケット協会(現・日本スカッシュ協会，Japan Squash Association: JSA。2011年に公益社団法人化)が設立されてからは，主に全国展開のスポーツクラブ内にスカッシュコートが設置されて普及した。現在では，全日本選手権をはじめ，ジュニア，シニア，マスターズ等様々な大会が全国各地で開催されており，生涯スポーツとしても多くの人々に愛好されている。

(梶田幸子)

替えて2回目の試技を行う。団体戦のルールは個人戦と基本的に同じであるが，参加チームは4つのグループに分けられる。1チームは4人で，その合計点で競われる。

なお，競技者のスタート地点(ゲート)は常に一定ではなく，気象などの条件を考慮して上下に動かせるようになっており，競技の安全性への配慮がされている。

[勝敗の決定]

ジャンプの飛躍距離は「飛距離点」として計算され，また飛行動作と着地動作の採点により「飛型点」が与えられる。この両方の合計点で順位を決定する。

飛型点は5人の飛型審判員がそれぞれの試技について1人20点をもっていて，1つの試技に採点された点数のうち，最も高い点数と最も低い点数を除いた3人の合計点が飛型点となるので，最高点は60点となる。採点には厳密な基準があり，各審判は持ち点の20点から減点法により採点する。その中でも特に着地でのテレマーク姿勢の有無や安定性は採点に大きく影響する。一方，飛距離点はK点を60点とし，K点を越えると距離に応じて加点され，この手前の着地に対しては60点から距離に応じて減点される。なお，飛距離点の計算基準はジャンプ台が大きいほど1mあたりの得点は小さくなるように決められている。カンテ(テイクオフテーブルのエッジ)からK点までの距離で決まる1mごとの飛距離点を表2に示した。

最終成績は2回のジャンプにおける飛距離点と飛型点の合計点により決定される。

ここで，実際のジャンプでの得点を計算してみよう。大倉山ジャンプ台(札幌)の競技で128mの飛距離を飛んだ場合の獲得ポイントを示す。表2よりカ

図1　競技の様子：スキージャンプ(写真：フォート・キシモト)

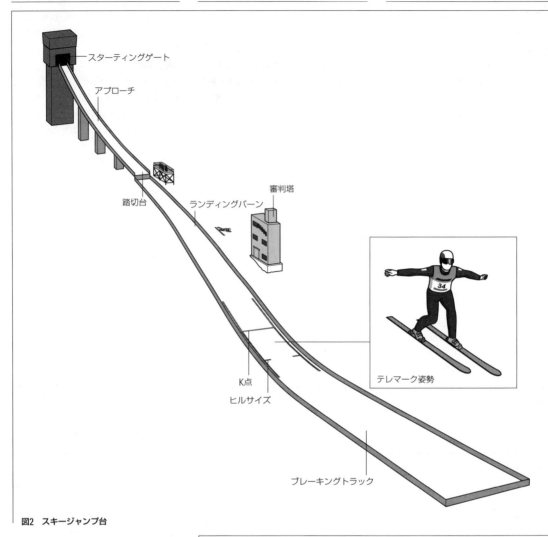

図2 スキージャンプ台

ジャンプ台の呼称	ヒルサイズ	K点
スモールヒル	20–49m	44m以下
ミディアムヒル	50–84m	44–74m
ノーマルヒル	85–109m	75–99m
ラージヒル	110m以上	100m以上
フライングヒル	185m以上	170m以上

K点：着地斜面の直線

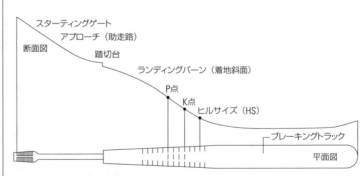

図3 ジャンプ台の断面図と平面図
P点は，ランディングバーン（着地斜面）での直線区間の始点。K点は，ランディンバーン。

ンテからK点までの距離は120mなので1mごとの飛距離点は1.8点である。飛距離点はK点までの飛距離点60点に8m分の点数（8×1.8=14.4）が加算されて74.4点である。一方，飛型点はジャンプの美しさ・正確さ・着地姿勢の観点から採点される（表3）。例えば，飛型が空中では美しくスキーも安定していたが着地でテレマーク姿勢をとれなかったが，その後は安定して転倒線を通過したとする。審判員の採点結果は，A審判（18.0），B審判（18.5），C審判（17.5），D審判（19.0），E審判（18.0）であった。この場合の最高点はD審判の19.0点で最低点はC審判の17.5であったのでこれを除いたA審判の18.0点，B審判の18.5，E審判の18.0点の合計54.5点が飛型点となる。この飛型点と先ほどの飛距離点の合計128.9点（飛距離点74.4＋飛型点54.5）が1本目の点数として記録される。

表2 ジャンプ台の大きさ（K点までの距離）と1mごとの飛距離点

カンテからK点までの距離	1mあたりの点数
0－24m	4.8
25－29m	4.4
30－34m	4.0
35－39m	3.6
40－49m	3.2
50－59m	2.8
60－69m	2.4
70－79m	2.2
80－99m	2.0
100m以上	1.8
170m以上	1.2

表3 飛型点の観点

飛行動作と姿勢	減点観点と最大減点値
飛行中	膝の伸び（曲がり方）や上体に対するスキーの位置などの要素で最大5点の減点がある。
着地動作と姿勢	テレマークが入らない場合に最大で4点までの減点がある。
着地後の滑走姿勢	転倒線までの間に姿勢が不安定な場合に最大で3点までの減点がある。
転倒	スタートから転倒線までの間での転倒ジャンプでは最大で10点までの減点がある。

飛型審判員は5人で，上記のような観点で飛型を採点する。各自の持ち点20点から，それぞれの観点での減点の合計を差し引いて飛型点として提示する。公平性の確保のために最高得点と最低得点を除いた3名の審判の合計点数が飛型点となる。

[発祥と歴史]

近代スキー競技において，ジャンプを含めたノルディック競技は，北欧の特にノルウェーで発展したものである。ヒールフリービンディング（踵がスキー板から離れて浮くように工夫されたもの）を考案したり，ストックなしで初めてジャンプするなど，ノルウェー人から「スキースポーツの父」と呼ばれているソンドレ・ノルトハイム（S. Nordheim）は，ノルウェーのテレマーク地方の出身であり，着地における「テレマーク姿勢」の由来ともなっている。

1866年，ノルウェーのOfta村の近くでジャンプ大会が開かれ，その2年後の1868年にオスロで開かれたジャンプ大会において，ノルトハイムが勝利している。また，1879年からオスロで国際的なメジャー大会が開かれた。オリンピックは1924年の第1回冬季大会（シャモニー）より正式競技として採用され，世界選手権は翌年より行われている。

[現在の国際大会]

毎年行われているワールドカップのツアーはラージヒルの試合を主体に競技が実施され，フライングヒルの試合も含めた構成となっている。しかし，世界選手権とオリンピックではラージヒルとノーマルヒルで試合が行われている。その中で個人戦はもとより各国4人の団体戦が注目される。公平性の確保のため，各グループ内でのジャンプでは，すべての競技者が同じゲート位置からスタートするが，グループ間では位置が異なっても問題はない。そのために競技運営上，よりエキサイティングな試合を設定できる。これは競技運営が観戦者の立場を考慮して実施されているということである。最近ではワールドカップにおいても団体戦が組まれている。

世界選手権やオリンピックでは，滑走順がワールドカップの成績を基準としている。したがって，ワールドカップに出場していることは非常に重要で，大きな大会に参加するための重要な条件にもなっている。国際的な大会にはワールドカップへのステップとなるコンチネンタルカップがあり，ここでの獲得ポイントがワールドカップ大会出場への足がかりとなる。特に各ピリオドでの優勝者にはワールドカップへの出場の権利が与えられるシステムになっている。

② 技術・戦術・ルールの変遷

[V字ジャンプの出現]

1986年にスウェーデンのヴォクレブ（J. Boklöv）が始めたV字ジャンプの出現は，スキージャンプ競技に大きな影響を与えることになった。特に1992年からV字ジャンプでの減点が大幅に緩和され，さらに1994年の減点の撤廃によりほとんどすべての選手がV字ジャンプへと移行した。この技術は，従来の飛び方ではスキーに隠れていた身体が直接空気に接するので，空気に触れる面積（抵抗面積や揚力面積）が増加し，飛行中はスキーや身体で空気の力を受けることでそれを利用できる。この技術の台頭はジャンプ台の設計や用具に対するルール変更にも大きく影響した。飛び過ぎを抑制するために，金具（ビンディング）の取り付け位置（ビンディング位置）を含むスキーの長さへの規制やジャンプスーツの裁断に対するルール変更など直接ジャンプ技術に影響する規制がなされた。

[ジャンプ台設計にかかわる国際ルール]

V字ジャンプの定着以降，近年ジャンプ選手のジャンプ技能の向上は非常に顕著で，多くの選手がK点を越え，非常にわずかな飛距離差の中に多くの選手がひしめくエキサイティングな競技会が多くなった。また，飛躍における空気力（揚力と抗力）の影響は非常に大きく，危険防止のためにジャンプ台の設計変更が考えられるようになった。

FISは選手の安全のためにK点のほかに各ジャンプ台の限界飛距離としてヒルサイズ（HS）を新たに設定した。競技会運営においてはHSを大きく越えないように実施してきた。したがって，安全性を考慮し，しかも競技の質の高さを保証し，観客を満足させることを重要視したジャンプ台設計が行われ，多くのジャンプ台がこのルールに則り改修が進められた。

[スキーの長さの規制]

1993年までスキーの長さ（以下，スキー長）の規定は「身長プラス85cm」であったが，1994年には「身長プラス80cm」へと変更された。また同時にビンディング位置は，スキートップから60％のつま先位置から57％以下へと変更された。ジャンプスーツの変更や，このスキー長とビンディング位置の変更は，スキーの前で受ける空気の力が変化するため，ジャンパーの前傾姿勢の取り方に影響を与えた。

これらのスキー長への規制は，滞空時間が増加し遠くへ飛ぶ競技者の増加への対策である。1998年の第18回冬季オリンピック大会（長野）以後，1998年の夏にはスキー長の上限が「身長×1.46」（cmで四捨五入，最長は270cm）に変更された。また2000年にはスキーの板に対する形状への規定変更があっ

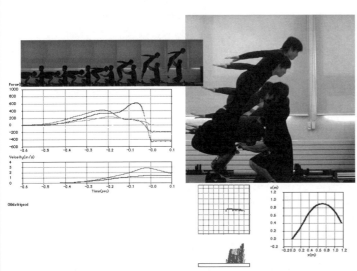

図4 優秀な選手のスキー操作(撮影:角田和彦)
空中に出た時にスキーが安定している。

図5 ジャンプの踏切動作で発揮される力の測定・分析結果

た。これは実質的に，身長が173cm以上の選手には使えるスキー板が長くなり，身長がそれ以下の選手にはさらに短くなるような変更であった。身長の低い選手は身体とスキーで作られる面積が高い身長の選手とそれほど大きくは違わないのに体重は軽いので，相対的に有利な条件をもっているとの判断であった。この変更は小さい選手に不利益をもたらすことも予測されたが，変更後も172，173cm前後の選手は活躍しており，このことがこのルール変更による競技の公平性を実証する形となった。

ジャンプの力学的特性から，体重の軽さは遠くへ飛ぶために有利に作用する。そこで，この点における公平性の維持のためにBMI(身長からみた体重の割合を示す体格指数)が2004年の夏に導入された。2011年にもルールが改正され，BMI21.0に対してスキー長は身長の146%とし，BMIが以下0.5点下がるごとにスキー長の比率が減少し，20.5では144%，20.0では142%，19.5では140%と，ヘルメットとゴーグルを外しウェアとスキー靴を着用した状態でのBMIの値0.5点マイナスにつきスキー長が2%ずつ減少する規定となった。

スキージャンプ競技の選手は痩せ型の選手が多いとはいえ，通常のトレーニングを行うことで筋量や骨量などの増加が見込める。BMIが21.0程度の水準はスポーツ選手として鍛えられた身体であれば当然と考えられることから，公平性を期す上できわめて妥当性が高いと考えられる。

2011年の改正では，ビンディングの位置が57%というルールは据え置かれた。しかし，BMIに関するルール変更によってビンディング位置が1%前進することで，スキー板の操作性に影響が生じる。具体的には，身長185cmで270cmのスキーを使用できた選手は268cmのスキー長となり，ビンディングの位置は約2.7cm前に移動する。したがって，スキーの前の部分はこれまでのスキーより4.5cm以上短くなる。これは，空中でこれまでよりスキーテール部分が下がりやすくなり，空中でのスキー操作が難しくなることを意味している。つまりジャンプ技術に対して大きな変革を求められる。対策として，筋力の向上と技術の安定化，そしてこれまで以上に，足底部全体でスキーを踏みつける操作技術が要求されるのである。図4の例では空中に出た際にスキーがほとんど揺れることなく推移していることがわかる。

[スキージャンプスーツの変遷と規制]

1972年の第11回冬季オリンピック大会(札幌)では，セーターの上にジャンプスーツ(つなぎで袖のないもの)を着て競技が行われていた。その後，ジャンプスーツが一体型となり，空気の力を大きく受け止めることができるようになった。

1994年に生地の厚さが12mmから8mmへと変更された。1998年の夏には厚さ5mmへとさらに変更がなされた。また，2000年夏のスーツサイズの変更では「身長プラス10%」以内に収まらなければならないとされた。これらの規制は身体が直接空気を受けることで生じるスーツによる落下傘効果を抑制するためのものである。2005年には生地の厚さは4mm以内で通気量は1平方cmあたり40ml/秒以上であることとされ，さらに，身体に対するスーツのカッティングと使用される糸が統一されたことで，競技の公平性はさらに高くなった。

③ 現代の技術・戦術・ルール
[用具と技術の現在]

ジャンプに風を利用しようとする選手と，飛び過ぎを抑制しようとする競技運営側とのせめぎ合いが続いている。現在は，シモン・アマン(S. Ammann)によって開発されたスキーをフラットに操作するための金具が採用されている。スーツは身体へのフィット性がより高くなり，空中で身体を伸び切らせることが難しくなっている。空気を受ける身体の面積が小さくなることで，前方への回転モーメントが大きくなり腰部の屈曲で「ため」をつくることで身体の慣性モーメントを小さくする必要が生じている。

[風の影響を考えた競技運営]

近年のワールドカップでは，ジャンプ台での風の要素(wind factor)を考慮した運営方法が適用されつつある。こ

れは風の力が成績（飛躍距離）に非常に強く影響することを考慮したものである。

ジャンプ台が屋外に設置され風の強弱が競技成績に大きく影響することは，空気力の影響を考えれば理解できるところである。特に飛び出し初速に対して向かい風と追い風では空気との相対速度は全く異なる。1m/秒は時速にして3.6km/時で向かい風と追い風では7.2km/時の違いとなる。大倉山ジャンプ台でのジャンプを例に考えると約88km/時の飛び出し初速で試合が行われたとすると，向かい風1m/秒で飛び出した選手の相対的な風の影響は91.6km/時相当の空気力を受け，追い風1m/秒で飛び出した選手の相対的な風の影響は85.4km/時相当の空気力になる。空気の力が速度の二乗に比例することを考えると，その影響力は二乗倍で変化することになり，たった1m/秒程度の風速の違いが公平性を逸脱するには十分な大きさであることがわかる。

[スキー技術の科学的分析]

現代では選手の適応能力の高さによりジャンプ台の極限を越えるようなジャンプが多くみられるようになった。しかし現実にはジャンプ台そのものは急激には変えられないため，用具への規制で対応する方法がとられている。飛距離を抑制するような用具の使用を義務づけることは妥当性の高い方法である。この規制は，新たな技術の発達を促し，大いなる工夫の余地を提供している。

ジャンプパフォーマンスへ強く影響することが予測されるスキー長に対する規制と，ビンディング位置に対する規制に対応するため，これまで以上に科学的な方法の活用が望まれる。技術的な課題は今後も多く存在するであろうが，日本チームが継続しているチェック方法は選手の理解も得やすく，簡単な測定で実現できる方法である（図5）。この測定では足底の前後の加重バランスを観察できるので，スキーへの乗り込みに対する技術的な課題を見出しやすい。また引き続くジャンプ動作時の重心の変化を評価できる。

なによりもジャンプ台で飛ぶことが重要なトレーニングである。しかし，用具のルール変更が技術そのものに大きく影響を及ぼす競技特性を考えると，このようなルールの規制が行われた時には，科学的知見を積極的に利用して新たな技術を追求することも必要な時代となっている。

参考文献

◆ 日本体育協会 監修．1987．『最新スポーツ大事典』489, 955．大修館書店

（佐々木敏）

ノルディック複合

Nordic combined

① 競技概要

ノルディック複合競技は，スキージャンプ（以下，ジャンプ）とクロスカントリースキー（以下，クロスカントリー）の2種目からなっており，1人の選手がジャンプ，クロスカントリーの順に1日で行い順位を競うスキー競技である（図1）。

この両種目は，要求される技術や身体的能力が全く異なるため，トレーニングや精神面で選手にとって非常に負担が大きい競技であり，古くからスキー競技が盛んである北欧では，この勝者を「キング・オブ・スキー」と呼んで称えている。

競技の形式には，個人グンダーセン，マススタート，団体グンダーセンの3つがあり（表1），オリンピックでは，個人グンダーセンのラージヒルとノーマルヒル，団体グンダーセンの3種目を行っている。

個人グンダーセンは，最初にジャンプを行い，そのジャンプの得点差をタイム換算して，成績の上位の選手から順番にクロスカントリーをスタートし，最初にゴールした選手が1位となる（表2）。

ジャンプでは，1ラウンドの飛躍の結果で得点を算出する。ジャンプ台は，サイズ別に分類されているノーマルヒルとラージヒルを採用する。

ジャンプの得点は，飛距離点と飛型点の合計からなる。飛距離点は，K点（詳しくは「ジャンプ」の項目を参照）を60点として，飛距離1mあたりラージヒルでは1.5点，ノーマルヒルでは2.0点を増減して飛距離点とする。5人の審判員が20点満点でそれぞれ採点し，最高点

図1　競技中の様子：ノルディック複合
上：スキージャンプ．下：クロスカントリースキー

と最低点を削除した3人の合計得点を飛型点とする。さらにオリンピック等の国際大会では，向かい風の時は減点し，追い風の時は加点する「ウインドファクター」が設けられている。

クロスカントリーでは，10kmを走る。コースは，自然の地形を利用し，平地・上り・下りがそれぞれ3分の1ずつになるように設定されている。

競技方法は，フリー走法で行われ，グンダーセン方式，つまりジャンプで1位の得点との得点差を15点で1分にタイム換算し，1位の選手から順番にタイム差の少ない選手からスタートする。

団体グンダーセンは，最初にジャンプ競技を1ラウンド行い，次に，クロスカントリーを行う。

ジャンプは，個人グンダーセンと同様の方法で行い，チームの選手が獲得した合計得点をチーム得点とする。ジャンプのチーム得点の差を45点につき1分に換算して，後半のクロスカントリーのチームごとのタイム差とする。クロスカントリーは，チームごとにタイム差をつけてスタートして，20kmを1人5kmずつリレーして順位を競う。

また，マススタート方式による個人競技では，最初にクロスカントリー（10km）を一斉スタートで行い，1位に120点を与える。以下，順次タイム差を1分で15点に換算して，それを120点から減じたものをクロスカントリーの得点とする。次に2ラウンドのジャンプ競技を行い，飛距離点だけを採用して，2回の合計点をジャンプの得点とする（転倒などによる減点あり）。クロ

表1　各種目の内容構成
グンダーセン方式

種目名		前半	後半
個人グンダーセン競技	ノーマルヒル	ジャンプ（ノーマルヒル）1回	クロスカントリー（時差スタート）10km
	ラージヒル	ジャンプ（ラージヒル）1回	クロスカントリー（時差スタート）10km
団体グンダーセン競技（4人）	ノーマルヒル	ジャンプ（ノーマルヒル）1回	クロスカントリー（時差スタート）5km×4人
	ラージヒル	ジャンプ（ラージヒル）1回	クロスカントリー（時差スタート）5km×4人

マススタート方式

種目名		前半	後半
マススタートによる個人競技	ノーマルヒル	一斉スタート（10km）1位120点－タイム差点（15点/1分）	ジャンプ（ノーマルヒル）2回　距離点のみ
	ラージヒル	一斉スタート（10km）1位120点－タイム差点（15点/1分）	ジャンプ（ラージヒル）2回　距離点のみ

表2　ノルディック複合の競技方法の例
ジャンプ（ノーマルヒル）

試技順	選手	飛距離	飛距離点	飛型点	得点	得点差	タイム差
1	A	95	70 (60 + 10)	55.5	125.5	2.5	00分10秒
2	B	92.5	65 (60 + 5)	53.5	118.5	9.5	00分38秒
3	C	97	74 (60 + 14)	54	128	0.0	00分00秒
4	D	88	56 (60 − 4)	52.5	108.5	19.5	01分18秒
5	E	90	60 (60 + 0)	54	114	14.0	00分56秒

※K点：90m　※K点/60点　1m/2点　　※ジャンプ得点　1点/15秒　4秒/1点

↓

クロスカントリー（10km）

スタート順	選手	タイム差	所要タイム	到着タイム	最終順位
1	C	00分00秒	35分15秒	35分15秒	2
2	A	00分10秒	34分55秒	35分05秒	1
3	B	00分38秒	35分00秒	35分38秒	3
4	E	00分56秒	35分30秒	36分24秒	5
5	D	01分18秒	34分50秒	36分08秒	4

スカントリーとジャンプの得点をすべて合計し，順位を競う．

② 歴史

スキー複合競技は，1860年代にノルウェーのクリスチャニア地方を中心として，ジャンプを飛んでから滑降したり，滑降をした後に耐久を競ったりと，複数の種目を行ったのが始まりであった．スキー競技の発展に大きな貢献をしたノルトハイム (S. Nordheim, ノルウェー) らは，ジャンプ競技に参加するために80kmの道のりをクロスカントリースキーでやってきたという．このようにスキー競技が始まった初期から現在のノルディック複合の原型がみられていた．

そして，1892年に世界最初の本格的競技会としてオスロ（ノルウェー）で始まった「ホルメンコーレン大会」で，競技種目の1つとしてノルディック複合競技が行われた．また，1924年に冬季オリンピック大会がフランスのシャモニー・モンブランで始まり，ジャンプ，クロスカントリーとともにノルディック複合も第1回大会から正式競技として採用されていた．

日本では，1916（大正5）年に北欧留学から帰国した遠藤吉三郎（北海道帝国大学教授）が山野を滑走するノルディックスキーを学生に指導し，学生たちと手づくりのジャンプ台でジャンプの研究をしたことから始まった．その後，学生たちを中心に発展していき，1932年の第3回冬季オリンピック大会（レークプラシッド）には，ノルディック複合の選手3人が派遣されている．

日本選手の活躍としては，1992年の第16回冬季オリンピック大会（アルベールビル）で国別対抗団体で金メダルを獲得した．続いて1994年の第17回冬季大会（リレハンメル）では，団体グンダーセンで連続金メダル，河野孝典が個人種目（ノーマルヒル）で銀メダルを獲得した．さらに，1993年の世界選手権大会（ファールン）と1995年の世界選手権大会（サンダーベー）でも団体グンダーセンで金メダルを獲得した．荻原健司は，1993年から3年連続ワールドカップ総合チャンピオンに輝き，いわゆる日本の黄金時代を築いた．

2009年の世界選手権大会（リベリッツ）において団体グンダーセンで金メダル，また2014年の第22回冬季オリンピック大会（ソチ）では個人種目（ノーマルヒル）で渡部暁斗が銀メダルを獲得し，日本ノルディック複合の伝統を復活させた．

参考文献

◆ 全日本スキー連盟「競技規則」
◆ 北海道大学スキー部OB会．1972．『北海道大学スキー部七十年史』

（上杉尹宏）

クロスカントリースキー

Cross-country skiing

① 競技概要

クロスカントリースキー競技は，決められた距離を滑走して所要時間を競うスキー競技である（図1）．走法や距

離，競技形式の違いによって様々な種目が実施されている。

走法は，クラシカル種目とフリー種目に分けられている。クラシカル種目は，トラックと呼ばれる2本の雪の溝に合わせて，スキーを平行にして滑走させる走法で行う。クラシカル種目で用いられる走法には，手と足を交互に動かして滑走するダイアゴナル走法や，両手のプッシュ動作のみで滑走するダブルポーリング走法，滑走を伴わない開脚登行などがある。一方，フリー種目は，どのような走法を用いてもよい種目であり，一般的には両スキーをV字にして滑走するスケーティングが用いられる。スケーティングには，平地の滑走に優れたラピッドスケーティング走法や，滑走速度の高いスーパースケーティング走法，上り坂で使用されるクイックスケーティング走法などがある。

レース距離は，0.8-1.8kmで行われるスプリント種目が最も短く，さらに5，7.5，10，15，30，50kmなどの距離で種目がある。競技形式には，15-30秒の決められた間隔で選手がスタートするインターバルスタート形式や，選手が一斉にスタートするマススタート形式がある。また，競技の前半をクラシカル種目，後半をフリー種目で行うパシュート形式，3-4名の選手を1チームとして行うリレー形式，インターバルスタート形式で予選を行い，上位30名が決勝トーナメントにて6名ずつのマススタート形式によって勝敗を決するスプリント形式などもある。

コースは，競技者の技術的，戦術的，および体力的な能力を試すように設定されている。原則として，コースの1/3が標高差10m以上の上り，さらに1/3が短い上り下りを含むあらゆる地形を利用した起伏，残りの1/3が複雑な滑降技術を要する変化に富んだ下りという3つの要素によって設定されている。選手は，車のギアチェンジのように起伏に応じて走法を切り替えることで，運動効率を向上させて滑走速度を高めている。

コース設備やスキー用具，ワックスの性能が向上したことによってレースの高速化が進んでいる。さらに競技種目の細分化や，観客やテレビ向けの周回の多いコース設定，インターネット上で途中経過の順位を放送するなど，みるスポーツとしても注目を集めている。近年では，ヨーロッパ諸国が室内クロスカントリースキー場を開設したり，非積雪期のトレーニングとして行われていたローラースキー（車輪付きのスキー板を使用）が競技化されたりするなど，競技を取り巻く環境が多種多様な広がりをみせている。

また，心身の健康増進を図る目的をもつポピュラークロスカントリースキー大会が北欧・北米を中心に開催されている。この大会において，距離の設定は比較的自由に行われている。

② 歴史

クロスカントリースキー競技が誕生したのは1860年頃であり，ノルウェー王室が競技会を開催し，これをきっかけにヨーロッパ全土にまで発展を遂げた。1916（大正5）年にクロスカントリースキーがノルウェー式スキー術として日本に伝播され，その後，北海道を中心に普及・発展し，1923（大正12）年には，第1回全日本スキー選手権大会が北海道小樽市で開催された。翌年に，国際スキー連盟（Fédération Internationale de Ski: FIS）が創立されると，第1回冬季オリンピック大会がフランスのシャモニーで開催され，クロスカントリースキー競技を含むノルディック種目が正式種目として実施された。1972年には第11回冬季オリンピック大会（札幌）が開催され，男子15km，30km，50km，女子5km，10km，男女リレーが実施された。1981/82シーズンからFISによって正式にワールドカップが開催された。ワールドカップは，シーズン中に行われる数十試合の結果を得点化し，総合得点が最も高い選手にワールドカップを授与する世界最高位の競技会であり，総合優勝の選手はオリンピックの金メダリストより高く評価されている。

1980年代には，スキーをV字に開いて滑走することで従来の走法より高い速度が得られるスケーティング走法が考案されたことにより，クロスカントリースキー競技に転機が訪れることとなる。1985年の世界スキー選手権大会（以下，世界選手権）では，各国が一斉にスケーティング走法を実施し，従来

図1　競技中の様子：クロスカントリースキー
（写真：フォート・キシモト）

の走法はクラシカルと呼ばれるようになった。以後，従来の走法で行う競技をクラシカル種目，スケーティング走法で行う競技をフリー種目として競技会ごとに分けて実施されるようになった。1996/97シーズンにはFISの公式種目としてスプリント種目が開設され，ワールドカップでもスプリント種目と中・長距離種目との得点を分けて表彰するようになった。

1998年には第18回冬季オリンピック大会（長野）が開催され，男子リレー種目で日本チームが7位に入賞し，日本クロスカントリースキー史上初の快挙となった。2002年の第19回冬季オリンピック大会（ソルトレークシティ）では，男子50km種目で今井博幸が史上最高6位入賞を果たした。2008年には，ワールドカップストックホルム大会女子スプリント種目で夏見円が3位となり，オリンピック・世界選手権・ワールドカップを通じて日本選手として初めて表彰台に上がると，石田正子が2009年のワールドカップトロンハイム大会女子30km種目で3位，翌年の第21回冬季オリンピック大会（バンクーバー）女子30km種目で日本選手過去最高順位の5位となった。2011年には世界選手権大会（オスロ）にて男子リレー種目で日本チームが6位に入賞し，スプリント，中・長距離のすべての種目で日本選手が活躍するようになってきている。

また1978年には，世界各国のポピ

ュラークロスカントリースキー大会の運営を統括するワールドロペットスキー協会（World Loppet Ski Federation）という国際組織が創立された。「Loppet」は元来スウェーデン語で「ゆっくり走る」の意であり，クロスカントリー従来の魅力を伝える大会として，世界各国から1万2,000人のスキーヤーが参加しており，2011年現在では15ヵ国が加盟している。1999年にはFISがFISマラソンカップとして公認したことで，エリートスキーヤーが多く出場するようになり，長距離種目に対する関心が高まった。

（藤田善也）

アルペンスキー

Alpine skiing

① 競技概要

アルペン競技は，急峻な斜面に2組のプラスチック製ポールによってセットされた旗門の間（以下，ゲート）を通過しながら滑走し，タイムを競うスキー競技種目である（図1）。滑降，回転，大回転，スーパーGの4種目があり，競技特性から滑降とスーパーGをスピード系種目，回転と大回転を技術系種目と分類する。

[競技の仕方]

・滑降種目（Downhill）

標高差（スタート地点とゴール地点の標高の差）500－1100mの連続する斜面にゲートがセットされたコースを，平均時速100km以上，最高時速約140kmの猛スピードで滑走する種目である。ゲートは，自然の地形をできるかぎりそのまま生かし，時には60mをはるかに超えるようなジャンピングポイントが設けられる。時速100kmを超える高速の中での正確なスキー操作，2分を超える滑走時間に堪えうる強靭なパワーと筋持久力，恐怖心に打ち克つ精神力が求められる。また同時に，緩斜面での滑走技術も要求される。危険を伴うため，選手は大会と同じコースで行われる公式練習への参加が義務づけられている。コース戦略を含めて経験が重要となり，比較的ベテラン選手が活躍する種目である。

・回転種目（Slalom）

4種目の中で，最も少ない標高差（140－220m）の中に，最も多くのゲート（標高差の30－35％にあたるターン数）がセットされる種目である。ターンは水平ゲートと垂直ゲート，またはそのコンビネーションによって構成され（図2, 3），ゲート間の距離は主な構成要素となる水平ゲート間で6－13mと最も狭い。同一の斜面に異なるゲートがセットされたコースを1回ずつ滑り，その2回の合計タイムで競われる。選手はこの狭いゲート間を最短距離で滑走することが要求される。その結果，スキーでゲート内側のポールをまたいでしまう失敗の確率が高くなる種目である。競技時間は50秒前後で，敏捷性と的確なスキー操作，すばやい判断力が求められ，日本選手が最も得意とする種目である。

・大回転種目（Giant Slalom）

この種目では，滑降種目と同様，起伏に富んだ斜面（標高差250－450m）に，標高差の11－15％にあたるターン数がゲートによって設定される。1分10秒前後の滑走時間中，選手は時速60km前後のハイスピードでターンを連続させなければならない。スキー技術のみならず，高い筋持久力とパワーが要求され，アルペン4種目の中で，体力的に最も厳しい種目とされている。回転競技と同じく，2回滑り，その合計タイムで争われる。

・スーパーG（Super-G）

アルペン4種目の中で最も歴史が浅く，冬季オリンピックでは第15回大会（カルガリー，1988年）より採用された。競技特性としては滑降と大回転の中間に位置し，350－650mの標高差の中に，標高差の7％以上のターン数に相当するゲートが設定されなければならない。また，ターンを規定するゲート間の最低距離は25m以上とされている。最高時速が100kmを超すこの種目では，滑降種目と同様に，地形を利用した様々なロングターンやジャンプ，緩斜面での滑走技術に加えて，大回転種目のようなミディアムターンの技術も必要となる。

・アルペンコンバインド種目

アルペン競技にはこれまでの4種目のほかに，滑降またはスーパーG種目と回転種目の滑走を，1回ずつ連続して同一の日に行うスーパーコンバインドと，滑降種目と回転種目を単独種目としてそれぞれ別の日に行い，そのタイムを合算し競うクラシックコンバインドとがある。今日では，オリンピック種目として採用された，スーパーコンバインドが一般的に普及している。

[技術と用具]

スキーターンは，スキー板のトップとテールが雪面の同じ地点を通過するカーヴィングターン（curving turn）と，テールがトップの外側を通過するスキッディングターン（skidding turn）とに分類できる。カーヴィングターンはスピードとターン半径の大きさを維持したままで，スキッディングターンはスピードとターン半径の大きさをコントロールしながら（一般的には減少させながら），ターンを行うために用いられる技術である（図4）。

図1　競技の様子（2011年ワールドカップ）：回転種目（写真提供：田草川嘉雄）

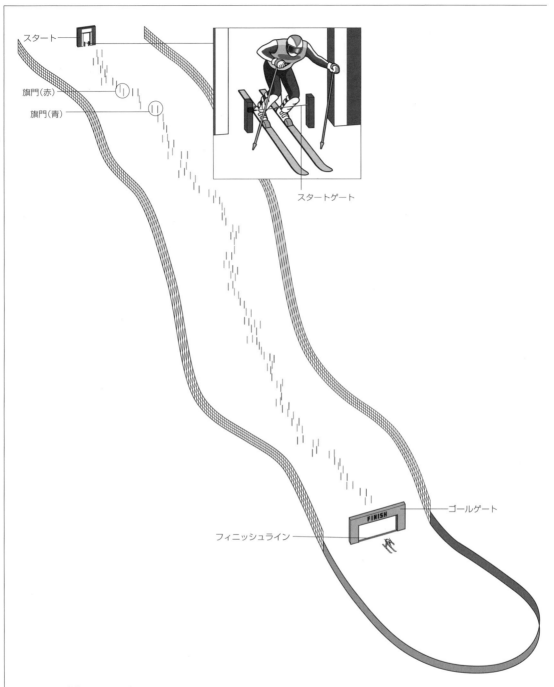

図2 アルペン競技（回転種目）のコース

　ゲートによってターンの大きさを規制された中で滑走しなければならないアルペン競技においては，1つのターンの前半部でスキッディングターンを，そして，中・後半部でカーヴィングターンを用いるのが一般的である。しかし，スピードを維持してタイムを短縮するためには，カーヴィングターンの割合を大きくしつつ，ゲート間を可能なかぎり最短距離で滑走していくことが，重要なポイントとなる。

　アルペン競技で使用されるポールは，すべて「スラロームポール」と呼ばれ，赤と青の2色がある。雪上からの高さが1.8mとなるよう長さが規定され，素材にはプラスチックなどの裂けないものが用いられなければならない。また，その構造により「フレックスポール」と「リジッドポール」に分類することができる。フレックスポールは，雪中部分と雪上部分の間にヒンジがあり，選手がポールに当たった際，その衝撃を緩和するようヒンジ部分から倒れるようになっている。直径は25−32mmで，素材の強度やヒンジ，直径などに細かい規定がある。一方，リジッドポールはヒンジがなく，選手が

a

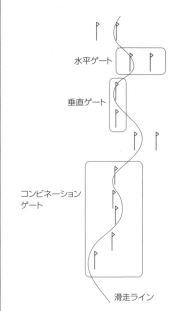

図3 ゲートのセッティング（回転種目）
ポールトップの三角旗はイラストをみやすくするためのもので，ルール上は必要ない。

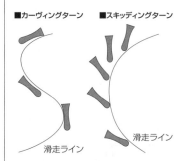

図4 2つのターンの比較
カーヴィングターンは，サイドカーブが半円をつないだ滑走ラインに合致しており，トップとテールが同じポイントを通過する。スキッディングターンは，常にトップの外側をテールが通過する。

当たってもしなりはするが，倒れることはない。

選手は，2組のポールによって通過範囲が規制されたゲートが，左右交互に連続するコースを滑走するが，その際，ターン内側の通過範囲を規制するポールを「ターニングポール」，外側を規制するポールを「アウトサイドポール」という。滑降種目を除いた種目では，ターニングポールにフレックスポールが用いられなければならない。

[競技の発祥と発展]

国際スキー連盟（Fédération Internationale de Ski: FIS）は，1924年，フランスで開催された第1回冬季オリンピック

b

図5 スキーの長さ・形状の変化
左：1990年代半ばまで主流だったスキー板。
右：現在のスキー板。

図6 ターン技術の変化：回転種目（提供：スキージャーナル社）
1980年代半ばのワールドカップの写真。2011年のもの（図1）と比較すると違いがわかる。

大会（シャモニー）を機に，競技運営やルール統括を目的に設立された。現在その本部はスイス・オーバーホーフェンにあり，世界115ヵ国が加盟（2011年現在）している。

一方，日本においては，1922（大正11）年に北海道小樽市郊外において，第1回全日本スキー選手権が開催された。しかし，当時はノルディック種目のみの開催で，アルペン種目の登場は1937（昭和12）年からのこととなる。

現在，全日本選手権を主催し日本のスノースポーツを統括する全日本スキー連盟（Ski Association of Japan: SAJ）は，1925（大正14）年に創設され，翌1926（大

c

正15）年には，FISに加盟している。

②技術・戦術・ルールの変遷
[スキー板の変化]

1967年より始まったアルペンスキーワールドカップは，ヨーロッパと北米を中心に世界各地を転戦し，アルペン4種目と複合で約40レースを行い，その総合成績で順位を争うものである。アルペンスキーワールドカップは"雪上のF1"とよく例えられる。それは，その競技システムのみならず，F1同様，マテリアルが競技成績に大きく影響を及ぼす上，その技術革新が日進月歩だからである。

例えば，スキー板の長さは，男子回転競技において，1980年代後半までは200-205cmが一般的だった。それが1990年代後半には190cm前後となり（図5左），現在（2011年）は165-170cmが一般的である（図5右）。この傾向はほかの種目にもみられ，大回転においては，1980年代後半まで男子で205-210cmが主流であったが，現在はほとんどの選手が185-190cmのスキー板を使用している。

長さとともに変化したのが，スキー板の形状である。現在のスキー板の幅はトップ部分が一番広く，次にテール部分，そしてセンター部分が一番細くなっている。このスキー板側面の形状（サイドカーブ）に沿って線を描き続けると，1つの円になる。この円の半径がこの板のターン半径（turn radius）と呼ばれるものである。スキー板の長さが短くなるとともにこの半径も縮小され，スキー板はご飯をよそう「しゃもじ」のような形状になってきた。図5で比べると，その形状の変化は一目瞭然である。

スキー板は，滑走中絶えず雪面から受ける力で，振動を起こす。この振動が選手のスキー操作に悪影響を及ぼすのだが，このようなスキーの短縮化と形状の変化は，スキー板に起きる振動を吸収する技術の開発によって，初めて可能となったのである。

[ターン技術とコース戦略の変化]

これらスキー板の変化は，ターン技術とコース戦略に大きな変化をもたらした。

スキー板が短くなったことに加え，しゃもじ型の形状は，選手にターン中

により深く身体を雪面方向に傾けることを可能にさせた。この動作によってスキー板は雪面でより大きくたわみ，従来のスキー板に比べて小さなターン半径でのカーヴィングターンが行えるようになった。

図6は1980年代半ばのワールドカップにおける回転種目でのターン場面である。選手の身体の傾きはそれほど深くなく，ターン内側の旗門（ターニングポール）を内側の腕で受けている。一方，図1は2011年のワールドカップにおける回転種目でのターン場面である。選手の身体の傾きは深く，また，身体のほとんどが旗門の内側を通り，ターン外側のストックでポールを受けている。

[ゲートのセッティングに関するルール改定]

このような技術およびコース戦略の進歩と変化は，ルールとゲートセッティングの傾向に変化をもたらした。例えば，回転種目におけるゲート間の最低距離は，2004年度版の国際競技ルールまでは15mだったのに対し，2006年度版からは13mに短縮されている。また，実際セットされるゲートの左右の振り幅も，以前に比べて大きくなった。これは，スキー板の進化に伴いターンが容易になったため，より落差が小さく振り幅の大きい厳しいターンに対応する技術を，選手に要求するためである。

③ 現代の技術・戦術・ルール
[選手の身体を守るためのルール]

スキー板の形状のさらなる進化によって，選手はますます深く身体をターン内側に傾けることが可能となり，より小さなカーヴィングターンが行えるようになった。しかしこの技術進化は，選手の身体，特に膝関節に大きな負担をかけるものとなった。そこでFISは，すべての競技においてスキー板の長さを，また，回転種目を除くすべての競技において，スキー板のサイドカーブが作る最小ターン半径をルールによって規制することになった。併せて，身体の傾けを助けるスキーブーツの高さや，ブーツとスキー板の間に取り付ける振動吸収プレートの高さも規定することになった（国際競技ルール2006年度版）。これらのルール変更によって，滑走スピードが減少し，選手の身体へか

かる負担が軽減されることが期待される。

[スキー場の整備技術]

このように，スキー技術の進化は常に用具の進化とともにあるのだが，さらに，気候の温暖化に対処するために現在多くのスキー場が導入している人工降雪機，コース整備のための圧雪車，より固い斜面を作るためのインジェクションと呼ばれる装置など，レース環境を整備するための技術もシーズンごとに進化している。これら環境整備技術の進化もまた今日，スキー技術や戦術の変化に大きく影響を及ぼしている。

（加藤清孝）

フリースタイルスキー

Freestyle skiing

① 競技概要

フリースタイル競技は，雪上をスキーで滑走する技術に，ジャンプや宙返りなどのアクロバティックな要素を融合させたスキー種目の総称である。

[モーグル]

モーグル種目は，コブの多い急斜面を競技者1人が滑り，「ターン技術」「エア技術」「スピードの速さ」の総合得点で順位を競う（図1）。競技者には急斜面の不整地を正確なターン動作で，途中異なるエア（空中技）を2回演技し，できるかぎり速く滑り降りることが求められる。コースは全長200－270m，斜度24－32°，コブは0.5－0.6mの高さのものが，3.5－4m間隔で並んでいる。

採点はターン，エア，スピードの3要素について，ターンが採点の50％（最高15点），エアが採点の25％（最高7.5点），スピードが採点の25％（最高7.5点）の30点満点で構成され評価する。ターン，エアは審判員により採点され，スピードは機械で計測し得点化する（2015年シーズンより3要素の配点は60％，20％，20％に変更予定）。ターン点，エア点，スピード点のすべてを合計した点が1回の滑走の得点となる。予選・決勝を行い，予選敗退者は予選の，決勝進出者は決勝の得点で最終順位が決まる。予選・決勝の滑走数は大会によって異なる（例えば，ワールドカップでは予選1回・決勝2回，第22回冬季オリンピック大会では予選2回・決勝3回）。

ターンの評価とエアの評価は，それぞれ別の審判員が行う。ターンの得点は，カービングターン技術，上半身の安定，コブに対する脚の吸収動作，最大傾斜線の選択という4つの点を考慮して評価する。その上で，転倒やつまずきなどを減点し，ターン点とする。他方，エアの得点は，エア演技中の姿勢や着地，エアの高さと距離，積極的に演技していたかなどの観点からその技の出来映えを評価した得点に，技の難度点をかけて算出した得点を1回のエア演技の得点とする。そして，2回実施するエア演技の得点を合計しエア点とする。なお，スピードは機械による計測値をもとに，計算式に則り得点化される。

世界選手権で実施されている「デュアルモーグル種目」は，同様の3つの評価内容で，1つの斜面を2つに分割した左右のコースを，競技者2人が同時に滑り，トーナメント方式で順位を争う種目である。

[エアリアル]

エアリアル種目は，斜面に設けられたコース途中にあるキッカーと呼ばれる造成されたジャンプ台から空中に飛び出し，宙返りにひねりを加えた異なる演技を行う。実施した演技の踏み切りから着地までの出来映えと正確さを競う（図2）。大きさが数種類あるキッカーは一番大きいもので高さが4.1mあり，時速70km前後で飛び出すと，十

図1　モーグル種目の様子（写真提供：ブラボースキー）
エア演技は姿勢，高さ，距離，着地などが評価される。

数mの高さまで飛び上がる。後方伸身宙返りにひねりを加える演技が基本で，宙返りの回転数およびひねり数が増えるほど難易度は高くなる。安全の観点から，宙返りの回転数は最高3回転に制限されており，2014年現在，試合における最高難度は後方3回転5回ひねりである。

採点では，審判員がエア（踏み切り），フォーム（空中姿勢），ランディング（着地）の3要素を評価した得点（30点満点）に，技術難度を掛け合わせた得点が1回のジャンプの得点となる。予選・決勝を行い，予選敗退者は予選の，決勝進出者は決勝の得点で最終順位が決まる。予選・決勝の演技回数は大会によって異なる（例えば，ワールドカップでは，予選1回の演技を行い，決勝では1回演技を行うごとに人数を絞る方式で行う）。

5人の審判員はそれぞれがエア，フォーム，ランディングのすべての要素を10点満点で総合評価するオーバーオール形式で採点する。5人の審判員の得点のうち，最高点と最低点を除外した3人の審判員の点数を合計した得点（30点満点）に，個々の演技の技術難度を掛け合わせて1回の演技の得点とする。エアでは踏み切りの高さと距離を，フォームでは空中における姿勢と演技の正確さや完成度を，そしてランディングでは着地の際のショックの吸収やその後の安全に停止するまでの滑走動作など，着地時にバランスよくスキーや身体をコントロールしているかどうかに着目し評価する。

[ハーフパイプ]

ハーフパイプ種目は，円柱を半分に切り，横に寝かせたような形状のU字型のコースで行う。各競技者が振り子のようにコースを左右に往復しながら滑走し，両側のウォール（横壁）から空中高く飛び出し，空中演技の出来映えを競う（図3）。競技者は1回の滑走で宙返り，スピン（水平回転），グラブ（スキー板をつかむ動作）などの空中演技を5−6回行う。ハーフパイプ競技の演技は技の回転方向，技に入る向き，姿勢などが多彩で，技のバリエーションが豊富であることが特徴である。国際スキー連盟（Fédération Internationale de Ski: FIS）の規定では，通常のハーフパイプは全長100−140m，幅14−18m，壁の高さ3−4.5mであるが，特大パイプは全長120−160m，幅16−20m，壁の高さ4.7−5.7mである。オリンピック大会では特大パイプが採用されている。

採点における評価基準は，技の出来映え（完成度），技の難易度，技の高さと大きさ，技のバリエーションの豊富さ，そして技の斬新さ（独創性）の5項目である。5人の審判員はそれぞれ100点満点で，各競技者の1回の滑走においてすべての要素を総合評価するオーバーオール形式で採点する。この点数は滑走したグループ内での選手の順位を決めるための，相対評価の点数である。5人の審判員の平均点が，競技者の1回の滑走の得点となる。競技者は予選，決勝でそれぞれ2回ずつ滑走し，高いほうの得点をその選手の滑走スコアとしてそれぞれ採用する。順位は，予選敗退者は予選の，決勝進出者は決勝のそれぞれ2回滑走したうちの高いほうの得点で最終順位が決まる。

[スキークロス]

スキークロス種目は，4人もしくは6人のグループに分かれて競技者が同時にスタートし，タイプの異なるターン，ジャンプ，ウェーブ（連続するコブ），バンク（急カーブ）のあるコースを滑走し，より速くゴールすることを競いあう（図4）。コースは大会の規模により異なるが，長さ650−1,200m，コース幅最低5m，高低差130−250m，平均斜度12−22°で，コース滑走時間が35−60秒になるよう設計されている。障害物が続く変化に富むコースを高速で滑るスキー技術に加え，他の競技者と戦略的に駆け引きする技術が求められる。アルペンスキー競技の滑る要素と，フリースタイル競技のアクロバティックな要素が同時に含まれている競技である。

予選は1人ずつ滑るタイムレースを実施し，タイムの速い選手が決勝トーナメントに進出する。決勝トーナメン

図2　エアリアル種目の様子（写真提供：ブラボースキー）
ジャンプ台（キッカー）から十数mの高さまで飛び上がる。

図3　ハーフパイプ種目の様子（写真提供：ブラボースキー）
コースの両側のウォール（横壁）から飛び出して，空中で演技を行う。

図4　スキークロス種目の様子（写真提供：ブラボースキー）
複数の競技者が同時にスタートして速さを競う。

図5　スロープスタイル種目の様子（写真提供：ブラボースキー）
写真の右にみえるような人工物がコースには複数設置されている。

トでは，4人もしくは6人の競技者が同時にスタートして滑走する。ヒート（トーナメント）ごとに上位2人が勝ち上がり，最終ヒートを制した者が勝者となる。

[スロープスタイル]

スロープスタイル種目は，コース上にキッカー（ジャンプ台），レール（手すり），ボックス（箱）などシブと呼ばれる人工物を複数設置したスロープ（コース）を滑り，その設置物に対して行うアクロバティックな演技の優劣を競う（図5）。選手が選んだ各人工物に対する技すべての出来映えを総合的に評価するため，選手は技を独自に組み立て，スムーズに連続させて実施する「総合滑走力」が要求される。

採点はハーフパイプ種目に準じており，評価基準は技の出来映え（完成度），技の難易度，技の高さと大きさ，技のバリエーションの豊富さ，技の斬新さ（独創性）で，技の質や技を魅せる能力がオーバーオール形式で総合的に評価される。3人もしくは5人の審判員がそれぞれ100点満点で，競技者の1回の滑走を総合評価する。3人もしくは5人の審判員の平均点が競技者の1回の滑走における得点となる。競技者は，予選・決勝でそれぞれ2回ずつ滑走し，高いほうの得点をその選手の滑走スコアとして採用する。順位は，予選敗退者は予選の，決勝進出者は決勝のそれぞれ2回滑走したうちの高いほうの得点で最終順位が決まる。

② 歴史

[発祥と競技としての発展]

1930年代にオリンピックのアルペン競技で活躍したスタイン・エリクセン（Stein Eriksen）などヨーロッパの選手たちは，競技や練習の合間にジャンプや宙返りをして楽しんでいた。彼らは現役引退後アメリカでスキーインストラクターとなり，講習の合間にその技を披露していたという。1960年代，アメリカのスキーインストラクターやプロスキーヤーの間でこのアクロバティックなスキーの人気が高まり，「ホットドッグスキー」と呼ばれ，全米各地で競技会が開催されるようになった。そして1971年に第1回全米フリースタイルスキーコンテストが行われ，以降1970年代にはアメリカ，カナダ，ヨーロッパで賞金レースが多数開催された。

その後，1979年にFISに承認され，1980年1月にアメリカで第1回ワールドカップが開催された。実施されたのは，モーグル，エアリアル，アクロ（旧バレエ），コンバインド（モーグル，エアリアル，アクロの3種目総合で順位を決定する種目。3日連続で試合が行われるため，それぞれの種目で求められるスキー技術と体力が必要）の4種目であった。1986年にはフランスのティーニュで第1回世界選手権大会が行われ，1988年の第15回冬季オリンピック大会（カルガリー）では，モーグル，エアリアル，アクロの3種目が公開競技種目となった。1992年の第16回冬季オリンピック大会（アルベールビル）よりモーグルが，1994年の第17回冬季大会（リレハンメル）よりエアリアルがそれぞれ正式競技種目となった。また，1990年代後半には，ハーフパイプ，そしてジャンプ台や手すりなどの障害物を設置したスノーボードのために造成された施設（パーク）をスキーで滑る「ニュースクールスキー」が誕生し，それが「ニュースタイル」と呼ばれるビッグエア（巨大なジャンプ台から空中に飛び出し，技の出来映え，高さや飛距離，そして着地の正確さを競う種目），ハーフパイプ，スロープスタイルなどの種目へと発展した。

現在では，フリースタイルスキー競技誕生当初からの種目（モーグル，デュアルモーグル，エアリアル，アクロ，コンバインド）と，1990年代後半に誕生した新しい種目（スキークロス，ハーフパイプ，ビッグエア，スロープスタイル，フリースキーイング[ビッグマウンテン]）を含め，フリースタイルスキーと呼んでいる。

[日本への伝来と競技史]

1951（昭和26）年2月発刊の岩波写真文庫の『スキー』には，スキートレーニングの一環としてフリースタイルスキーの技と同じ動作がみられる。このようにフリースタイルスキーの技のいくつかは，日本においても自然発生的に行なわれていたと考えられる。

フリースタイルの競技としての始まりはアメリカと同様に，日本においても1960年代にスキースクールの指導者が，スキーレッスンの合間にジャンプや宙返りを行っていたことに起源するといわれている。そして1960年代後半には，海外からエリクセンをはじめとするフリースタイル競技のトップ選手が来日して，前方回転や後方回転などの技を披露し，スキーヤーの間にフリースタイル競技への関心が高まったこと，さらにはスキー専門誌がアメリカで流行し始めた「ホットドッグスキー」や，エベレストをスキーで滑降した三浦雄一郎の「アドベンチャースキー」を取り上げ紹介したことにより，一般スキーヤーにフリースタイル競技が認知されるようになった。

フリースタイルの競技会が日本で開催されるようになったのは，1970年代である。プロスキーヤーを対象とした「全日本プロスキー大会」が，1972（昭和47）年3月上越国際スキー場において「ポール部門（アルペン競技）」と「フリースタイル部門」の2部門の競技会として開催された。この大会が日本におけるフリースタイル競技の最初の競技会といわれている。その後，この大会は1977（昭和52）年より「第1回フリースタイルスキーコンテスト」（全日本フリースタイル協会主催）となり，アメリカの大会と同様にフリースタイル部門のみの大会として，1981年（昭和56）までに計6回開催された。この大会はフリースタイル競技がスキー競技の1つとして確立したこと，そしてプロ部門とアマチュア部門に分かれて開催されたため一般スキーヤーの参加が増加し，フリースタイルの競技人口が拡大したことの2つの点において意義のあるものとなった。さらにはこのプロ大会には海外から外国人選手も多数参加し，大会開催後には外国人選手によるスキーキャンプが開催されたため，大会やキャンプを通じて海外よりフリースタイルスキー技術が日本へと伝えられ，日本国内における技術の向上につながった。

フリースタイル競技が全日本スキー連盟（Ski Association of Japan: SAJ）に公認された1981（昭和56）年に，SAJ公認大会である「第1回全日本フリースタイルスキー選手権大会」が，志賀高原サンバレースキー場で開催された。種目はモーグル，エアリアル，バレエ，コンバインドの4つであった。これまで選手は個人で国際大会に参加していたが，この大会の結果に基づき日本を代表するナショナルチームが編成され，翌1982（昭和57）年よりワールドカップなどトップ選手が集う国際大会に日本

代表選手として出場するようになった。

日本で初めてのFIS公認の国際競技会が開催されたのは、1985（昭和60）年2月「第1回FIS国際選抜フリースタイルスキー競技会」であった。この大会以後、日本で国際大会が開催されるようになり、第15回冬季オリンピック大会（カルガリー）直前の1988（昭和63）年1月には、世界のトップ選手が競うワールドカップが日本で初めて開催された。これはアジアで初めて開催されたフリースタイル競技のワールドカップであった。さらに同年3月には、斑尾高原スキー場において「第1回フリースタイルスキーパンパシフィック国際競技会」が開催された。このようにして国際競技会が数多く開催されることで、トップ選手が来日し国際競技会のテレビ放映されるようになり、フリースタイル競技の認知度は高まり競技者の人口も増えていった。そして、1998（平成10）年の第18回冬季オリンピック大会（長野）で里谷多英がモーグル種目で金メダルを獲得し、一気にフリースタイル競技の知名度が高まった。そして第18回大会以降、日本ではモーグルのワールドカップが毎年開催されるようになり、フリースタイル競技の国際大会が強く根づいた。さらには2009（平成21）年には世界選手権大会が猪苗代において開催され、モーグル、デュアルモーグル、エアリアルのみならず、ハーフパイプ、スキークロスといったフリースタイル競技の新種目が実施され、広く知れわたることとなった。そして2014（平成26）年の第22回冬季オリンピック大会（ソチ）において初めて実施されたハーフパイプ種目で、小野塚彩那が銅メダルを獲得した。

[競技種目の多様化]

各種目における技術の高度化、また新しい種目の誕生により、国際大会における実施種目が変わってきた。国際大会における実施種目は、1980年の第1回ワールドカップではアクロ（旧バレエ、2000年まで実施）、モーグル、エアリアル、コンバインド（2000年まで実施）の4種目であったが、その後1996年よりデュアルモーグル、2003年よりスキークロス、2004年よりハーフパイプが実施されるようになった。そして、2014年の第22回冬季オリンピック大会（ソチ）では、モーグル、エアリアル、スキークロスに加えて、世界選手権大会で行われているスロープスタイルとハーフパイプが行われた。また2012年の第1回冬季ユースオリンピック大会（インスブルック）では、ハーフパイプと、スキークロスが実施された。

参考文献

- 岩波書店編集部. 1951.『岩波写真文庫 26 スキー』岩波書店
- （財）全日本スキー連盟. 2000.『競技スキー教程 フリースタイルスキー編』スキージャーナル株式会社
- 長門明久. 1977.『フリースタイルスキー』駿々堂出版株式会社
- Bob Mann. 1973. *Hot Dog Skiing*, W.W.Norton & Company, Inc.
- John Mohan. 1976. *Freestyle Skiing*. Winchester Press.
- Stein Eriksen. 1966. *Come Ski With Me*, Bonanza Books.

（斗澤由香子）

基礎スキー

Technical ski

① 競技概要

基礎スキーとは、タイムを競うアルペンスキー競技とは異なり、主に一般のゲレンデで、正確性、合理性、美しさといったターンの質を採点によって競う競技である（図1）。

主な種目としてパラレルターン大回り、小回り、フリー滑走などがある。これらは中斜面、急斜面、総合斜面など様々な斜面で実施される。

採点は5人の審判員の最高点と最低点を除いた合計点で行われる（5審3採用制）。

近年、大回り系ではスキーの横ずれの少ないカービングターンの完成度を、小回り系ではカービングターンと横ずれのあるスキッディングターンを斜面状況に応じて使い分けることが1つの評価基準となっている。

指導員・準指導員検定、クラウン・

図1　競技中の様子：基礎スキー
（写真提供：（株）サッポロ・スタジオ）

テクニカルプライズテスト、バッチテスト（1-5級）、ジュニア検定などの資格認定も基礎スキーの範疇に含まれる。

② 歴史

基礎スキーは、その発祥について明確なことは不明である。基本的に日本独自の競技であるが、規模は小さいが海外で先に行われた可能性も否定できない。

日本国内では、1964（昭和39）年に山形県蔵王スキー場にて第1回デモンストレーター選考会が開催された。当初は日本スキー教程に示された技術を正確に表現できるデモンストレーターを選考することが目的であり、プルークボーゲン、シュテムターン、横滑りといった低速種目も行われた。

1980（昭和55）年の第17回大会から全日本基礎スキー選手権大会と名称が変更され、より高度なスキー技術を競う大会へと変わっていった。1986（昭和61）年の第23回大会から全日本スキー技術選手権大会と再び名称が変わり、より高速化され、斜面の難易度も上がっていった。

また、1996（平成8）年から国際スキー技術選手権大会が毎年開催されるようになった。これは、全日本スキー技術選手権大会の1990（平成2）年第27回大会から1995（平成7）年第32回大会までに、アルペンスキー競技経験のある外国人選手が出場し、世界のレベルの高さが明らかになったこともきっかけとなった。

現在では、全日本スキー連盟（Ski Association of Japan: SAJ）が主催する全日本スキー技術選手権大会とデモンストレーター選考会が日本における最高位の大会である。それらの地区予選や学生大会が開催されている。

近年ではアルペンスキー経験者の参加も多く、競技の高速化の傾向が、さらに強くなっている。

（竹田唯史）

アルペンスキー
[障がいのある人の]

Alpine skiing (for disabled)

① 競技概要

障がいのある人が行うアルペンスキ

一競技は，国際スキー連盟(International Ski Federation: FIS)の女子ルールに則って滑降(DH)，スーパー大回転(SG)，大回転(GS)，回転(SL)の4種目が行われる。

障がいによる差を考慮し，障がいの程度によってクラス分けが行われる。視覚障がいがB1からB3クラス，立位(2本スキーが使用できる上・下肢障がい)がLW1からLW9クラス，座位(下肢障がいのため1本スキーを使用)がLW10からLW12クラスとなり，知的障がいと聴覚障がいはそれぞれ1つのクラスとなる。

脚の障がいが重いクラスではストックの代わりに用いられる先端にスキーの付いた補助具の「アウトリガー」を，また同クラスと切断者のクラスでは，座位で乗るスキー用具の「チェアスキー」(チェアスキーは日本の造語であり，国際的にはシットスキー：sit ski)を用いて競技を行う(図1)。

視覚障がいのB1クラスの選手は，黒のゴーグル装着と伴走者が義務づけられており，ガイドは声による誘導のみが許され，選手との身体的な接触は認められていない。B2, B3クラスはガイドがついた方が望ましいとされている。

同一クラスの競技者が少ない場合は，他のクラスと統合し，クラスごとの係数を実タイムに掛け合わせてリザルトを算出するハンディキャップシステムが用いられる。身体障がい者が参加するパラリンピック，世界選手権，ワールドカップなどは，視覚，立位，座位(シット)の3クラス制で行われている。知的障がい者の世界選手権ではクラス分けはなく，大回転と回転が実施されている。聴覚障がい者が参加するデフリンピックでは，滑降，複合(SC)，スーパー大回転，大回転，回転が実施されている。

② 歴史

1959(昭和34)年に交通事故で片足を切断した深沢定実が個人として片足でのスキーを始め，1965(昭和40)年に全日本スキー連盟(Ski Association of Japan: SAJ)の1級検定試験に合格した。同年，アメリカより自身が片足スキーヤーであるコリン・S・カウドウェル(Colin S. Caldwell)が来日時にアウトリガーを持参し，深沢をはじめ日本の障がいのある人々に紹介した。

またスキー選手であった笹川雄一郎が1971(昭和46)年にカナダに遠征した折，障がい者スキーの指導者であるジェリー・ジョンストン(Jerry Johnston)に出会い，アウトリガーを持ち帰り，『スキージャーナル』誌上で「ハンディスキー」と称して，その普及を呼びかけた。これに応じたハンディスキー愛好家8人が，1972(昭和47)年に志賀竜王スキー場に集まり，第1回全国身体障害者スキー大会が実施され，これがわが国での障がい者スキー大会の原点となっている。その後，1973(昭和48)年に日本身体障害者スキー協会が設立された。また1976(昭和51)年には車いす使用者のためのチェアスキーの開発が始まり，1980(昭和55)年には日本チェアスキー協会が設立された。1998(平成10)年に開催された第7回冬季パラリンピック大会(長野)のアルペンスキー競技において日本選手がメダルを獲得し，一躍障がい者スキーが脚光を浴びることとなった。

2001(平成13)年には日本身体障害者スキー協会，日本チェアスキー協会に日本障害者クロスカントリースキー協会を加え，3団体を統括する日本障害者スキー連盟(Ski Association of Japan For The Disabled: SAJD)が設立された。その後設立された日本知的障害者スキー協会を加盟団体とし，現在に至っている。

(野村一路)

図1　競技中の様子：アルペンスキー[障がいのある人の]

クロスカントリースキー
[障がいのある人の]

Cross country skiing (for disabled)

① 競技概要

障がいのある人のクロスカントリースキーは，その障がいの程度により専用の用具やガイド(伴走者)を用いて，健常者と同様に競技を行うことができる。下肢に障がいのある車いす使用者も，自力で冬季のアウトドアを楽しめるスポーツである(図1)。

この競技はパラリンピックの正式競技であり，障がい別に3つのクラスに分かれて競われる。

- 下肢障がい者の，2本のクロスカントリースキー板に椅子を取り付けたシットスキー(座位)のクラス。
- 視覚障がい者の，ガイドと呼ばれるスキーヤーに伴走されながら滑走するブラインドのクラス。
- 上肢・下肢障がい者の，立位で滑走するスタンディング(立位)のクラス。

パラリンピックでは，障がいの程度による影響を公平にするために，パーセンテージシステムを採用し，計測タイムに決められている障がい別のパーセント(%)をかけた計算タイムで競う。

健常者と同様に，クラシカル種目とフリー種目の2種類の競技があるが，シットスキーのクラスにおいては，走法の違いはない。コースは，自然の冬山の平地と上り，下りが3分の1ずつレイアウトされたコースで行われ，長距離(男20km，女15km)，中距離(男10km，女5km)，短距離(男女5km)，スプリント(男女1km)の競技がある。

視覚障がい者とガイドは，決められた危険な箇所以外，身体の接触は禁止

図1　競技中の様子：クロスカントリースキー[障がいのある人の]

されており，ガイドの声で誘導していく。また，シットスキーは，障がいの程度に応じた椅子で，動力装置が禁止されている以外に特に制限はない。

② 歴史

障がいのある人のクロスカントリースキー競技の国際大会の最高峰は，冬季パラリンピック大会である。1976年にスウェーデンのエーンシェルドスピークで開催された第1回大会で，クロスカントリースキー競技が行われた。当時はクラシカル種目しかなく，フリー種目が採用されたのは，1992年の第5回大会(アルベールビル)からである。

競技は，障がいの程度で細かく分類されたクラスごとのレースでメダルを争われてきたが，2002年の第8回大会(ソルトレイクシティ)で，メダルの価値を高めたいという趣旨から，視覚障がい・立位・座位の3クラスのカテゴリーで一部種目のレースが行われ，2006年の第9回大会(トリノ)では，全種目が3クラス制で実施された。

4年に1度開催されるパラリンピック，2年ごとの世界選手権のほかに，毎年ワールドカップが数回開催され，シーズンごとに年間総合ランキングを競っている。

また，国際知的障害者スポーツ連盟(International Sports Federation for Persons with Intellectual Disability: INAS-FID)，スペシャルオリンピックスが行う知的障がい者の冬季世界大会，聴覚障がい者のデフリンピック冬季大会など障がい別に国際大会が開催されている。

日本国内における統括組織は日本パラリンピック委員会(Japanes Paralympic Committee: JPC)である。日本における障がいのある人のクロスカントリースキーが注目されるようになったのは，1998(平成10)年に開催された第7回冬季パラリンピック大会(長野)からである。この大会のバイアスロン種目で日本人初の金メダルを獲得した井口深雪(旧姓小林)の活躍が，大きな1歩となった。

(荒井秀樹)

スクーバダイビング

Scuba diving

① 競技概要

スクーバダイビングのスクーバ(SCUBA)は，自給気式水中呼吸器(Self Contained Under-water Breathing Apparatus)の頭文字をとったもので，圧縮空気を詰めたタンクを背負い，レギュレーター(自動空気調整機)を介し水深相応圧力の空気を吸気し，潜水するスポーツである(図1)。水中の特殊高圧環境下で行われるのが特徴である。

ダイバー(ダイビングをする人)の養成は，指導団体の認定指導者(インストラクター)により行われている。ダイバー認定基準(National Diving Standard)は指導団体により異なるが，学科，泳力，実習等の時間数に応じて，基本的にはベーシックダイバー，オープンウォーターダイバー，アドバンスドダイバー，ダイブマスターダイバー等に区分されている。

スクーバダイビング指導団体は数多くあり，初心者レベルのレクリエーションダイバー指導団体でプロフェッショナルインストラクターによる指導を行っている団体として，ACUC (American Canadian Underwater Certifications)，SDI (Scuba Diving International)，SSI (Scuba Schools International)，PADI (Professional Association of Diving Instructors)，NAUI (National Association of Underwater Instructors) 等がある。アマチュアインストラクターによる指導を行っている団体は，BSAC (British Sub Aqua Club)，SAA (Sub-Aqua Association)，CMAS (Confédération Mondiale des Activités Subaquatiques) 等がある。

さらに，テクニカルレクリエーションダイバー養成団体，コマーシャル(職業的)ダイバー養成団体もある。各国では，海軍，陸軍等の船舶の補修や救助のために，スクーバやさらに進んだ機材・技術を使用している。

② 歴史

潜水し自由に動くのは昔から人間の夢で，様々な試みがされてきた。最初は素潜りで，魚介類や藻類を採取していた。

紀元前4世紀頃アッシリアの兵隊が，獣皮袋の空気タンクで，水中から攻撃する画が大英博物館に現存する。紀元前320年にはアレキサンダー大王が，大きな鐘(ダイビングベル：鐘型の構造物で船舶などから水中に下ろされ，水上から管を通して空気が送られる潜水装置)で潜水した記録がある。当時地中海では，職業的に真珠を採るダイバーが素潜りで活躍していた。日本に関しては，『魏志倭人伝』(3世紀末)のほか，『古事記』(712年)，『日本書紀』(720年)に，水中での魚介類採取の記述がある。

1789年にイギリスのジョン・スミートン(John Smeaton)が，ダイビングベルの欠点を克服したことで，頂部に空気ポンプをつけ，高圧空気を用いる潜水を始めた。その時に改良したのが，現在のヘルメット式潜水具である。日本では，1913(大正2)年に大串式マスク潜水器が開発された。1920(大正9)年には自給式に改良され，1925(大正14)年にこの潜水器で地中海70mの海底の八坂丸から金塊が引き上げられた。

1943年，フランス海軍中尉ジャック・イブ・クストー(Jacques Yves Cousteau)と技師エミール・ガニアン(Émile Gagnan)が，開放呼吸回路方式の自動式呼吸装置を完成させ，アクア・ラング(Aqua Lung)の商品名で広まり，レジャー潜水が一般化する契機となった。

さらに，潜水機材開発をみていくと，1960年代後半の水中で空気の残量を測る残圧計開発，1970年代初頭のB.C.D.(Buoyancy Compensating Device：浮力調整具)などが登場し，体力・男女・年齢の差なく潜水が可能になり普及した。1980年前後から，「Cカード(Certificate Card：認定書)」取得定着で，ダイビングの一般への普及がさらに進んだ。

日本でのスクーバダイビング人口は，スキンダイビングとスクーバダイビングを合わせて統計がとられてい

図1　スクーバダイビングの様子(写真：フォート・キシモト)

る。余暇活動への参加率の推移をみると，1994（平成6）年から2004（平成16）年までは漸減傾向がみられる（日本生産性本部「特別レポート」『レジャー白書2004』2004.）。さらに2007－2011年までの人口の推移は，140万人→170万人→100万人→170万人→180万人であり，ほぼ横ばい状況である（前掲書，2007，2008，2009，2010）。

（柳　敏晴）

スケート競技

Skating

スピードスケート

Speed skating

① 競技概要

スピードスケートは，氷上でスケートを用いて静止した状態からピストルの合図によりスタートし，ゴールまでの定められた距離を滑走するのに要したタイムや着順を競う競技である（図1）。

[競技の仕方]

公式競技としての種目（距離）は，男子が500m，1000m，1500m，5000m，10000mと8周のチームパシュートの6種目，女子が500m，1000m，1500m，3000m，5000mと6周のチームパシュートの6種目がある。

競技は2人1組で行われ，これをダブルトラックレースという。公式競技のうち，チームパシュートを除く全種目がこの方式で行われる。一方で，陸上競技のように数名で1つのコース内で競技する方式をシングルトラックレースといい，チームパシュートはこの方式で行われる。チームパシュートは，1チーム3人のスケーターで構成され，そのうちの最後尾の選手のゴールタイムを競う種目である。

ダブルトラックレースの方法は，2人1組で滑走するため，あらかじめ抽選でどちらかのスケーターが内側（インコース）または外側（アウトコース）からスタートするように決められる。2人のスケーターはスタートの合図で同時にスタートし，バックストレートを通過する時にコースを入れ替え，これをゴールまで毎周繰り返す。2人のスケーターが同時にバックストレートに進入した場合は，アウトコースから進入した選手に優先権がある。シングルトラックレースには，滑走タイムに関係なく順位を競い，予選・決勝と行うトーナメント方式と，数名同時にスタートはするが，おのおののタイムを計測し，すべての組のレース終了後それらのタイムによって順位を決めるオープンタイム方式とがある。

[競技会と勝敗の決定]

競技会には，異なる4種目のタイムに基づくポイントの合計によって順位を決める総合競技会と，距離別の優劣を競う距離別競技会とがある。総合競技会には，世界選手権や世界スプリント選手権，全日本選手権などがある。世界選手権は，男子は500m，1500m，5000m，10000mの4種目，女子は500m，1500m，3000m，5000mの4種目を2日間または3日間の日程で行い，それぞれの滑走タイムを500m距離のものに換算してポイント化し，その合計により順位を決める。また，世界スプリント選手権では，男女それぞれ500mと1000mを1日に1本ずつ，スタートコースを変えて2日間滑走し，500mはタイムをそのまま，1000mはタイムを1/2にしてポイント化し，その合計により順位を決める。

他方，距離別競技会には，オリンピック大会や世界距離別選手権大会，ワールドカップ競技会，全国高等学校大会などがある。3000m以上の長距離種目では，全員がレースを終えるまでに2－3時間を要し，気象や氷の条件が同一にならない場合が生じるため，2組の選手を2名ずつ半周の時差スタートで同時にレースさせるカルテットスタート方式が採用されることもある。

[設備]

1周400mのトラックは，内側（インコース）のみでは387.36mであるが，インコースとアウトコースを交差して滑走することにより1周400mとなるように設計されている（図2）。標準トラックコースは，長さは最大400m，最小333 1/3mで，180度の2つのカーブをもつ。内側カーブの半径が25m以上26m以内であるという規定がある。スピードスケートは，スケーターが前方に滑走しながら身体の横方向に脚の伸展動作を繰り返すため，滑走コースは幅4－5mに設定されている。

[発祥]

スピードスケートは，18世紀には運河や川・湖などで行われ始め，記録に残る最も古いレースは，1763年にイギリス東部の沼沢地帯で行われたといわれている。その後，イギリス，オランダで盛んになり，19世紀には，アメリカ，ノルウェーなどのスカンジナビア諸国，ロシアでも競技会が行われ，国際交流がされるようになった。1889年には，最初の世界選手権がアムステルダムで開催され，現在の男子種目と

図1　競技中の様子：スピードスケート（写真：フォート・キシモト）

同じ4種目で行われた。女子の世界選手権は1936年から開催された。また，オリンピックでは，男子は1924年の第1回冬季大会（シャモニー・モンブラン）から行われたが，女子は1932年の第3回冬季大会（レークプラシッド）にて公開競技に採用され，公式競技としては1960年の第8回冬季大会（スコー・バレー）から行われた。

[組織の発展]

このように，スピードスケートやフィギュアスケートの多くの国際大会が催され，各国にもスケートクラブやスケート連盟が設立されるようになり，アイススケートの国際競技会を統括する組織として，1892年にオランダがリーダーとなって国際スケート連盟（International Skating Union: ISU）が設立された。

[日本への普及]

日本でのスピードスケートは札幌を発祥の地として発達したといわれるが，1891（明治24）年に新渡戸稲造がアメリカ留学から母校の札幌農学校にスケートを持ち込んだことが最初といわれている。その後，20世紀に入り，国鉄（現・JR）中央線の開通に伴い長野県の諏訪湖に都会からスケートの愛好家が集まるようになり，同時に，八戸（長根），盛岡（高松の池），仙台（五色沼），六甲などでも盛んになり，発展の基盤ができていった。

1929（昭和4）年には，大日本スケート競技連盟が発足し，スピードスケート，フィギュアスケート，アイスホッケーの3つの競技を統括するようになった。その後1972（昭和47）年には，アイスホッケー部が分離独立し，現在のスピードスケートとフィギュアスケートの競技会を統括する日本スケート連盟（Japan Skating Federation: JSF）となった。

② 技術・戦術・ルールの変遷

[滑走技術による高度化]

スピードスケートのストレート滑走は，右脚は右方向に，左脚は左方向に，それぞれブレードの内側（インエッジ）を使って身体の横方向にキック動作を繰り返すことで行われる。片方のキック終盤には次のストローク側のスケートが着氷する二重支持局面が生じる。二重支持局面では，キック側のブレードはインエッジであるが，着氷側のブレードは外側のエッジ（アウトエッジ）で着氷する技術が要求される。そのためスケートブレード底面の形状は，ブレードを横からみた時に平らではなく，カーブの曲率半径と同程度の曲率が意図的につけられている。これを「ロック」という。ロック形状の施されたスケートが傾いて滑走する時，スケートは曲線トレースを描く。現代の一流選手は，ロック形状とスケートをタイミングよく内傾させる滑走技術を巧みに関連させ，キック中にスケートがスケーターに近づくような曲線トレースを作り出している。そのようにして，スケーターは氷にブレードができるだけ長く接しているように滑走トレースをコントロールし，水平方向に作用する力積を大きくしている。

カーブ滑走では左キックと同時に遊脚側の右脚は左脚を跨ぎ越す「クロスオーバー動作」により次の右ストロークに連続する。トップ選手にとってもクロスオーバー動作は難しいため，すべての種目でカーブ滑走技術が競技成績に大きく影響するといわれている。短距離種目の一流選手の間では，ブレードのロック形状に加えて，ブレードを上からみて左方向に湾曲させ，カーブに沿ってトレースがより描きやすいように工夫している選手が増えている。

[競技環境とパフォーマンスの変化]

1970年以降に世界記録が集中的に樹立された年が3シーズンある。1つ目は1975/76シーズンであり，これは選手の着用するウエアが毛糸のものから伸縮性が高く空気抵抗の小さな人工素材に変わったことによる。2つ目は，1987/88でカナダ・カルガリー市で第15回冬季オリンピック大会が開催されたシーズンである。これはカルガリーが標高1,100mの高地であったという条件に加え世界初の屋内400mスケートリンク（オーバル）であったことにより，空気抵抗が小さく無風な競技環境が整ったことによる。3つ目は，1997/98シーズンで長野オリンピックの前年から採用されたスラップスケートの登場によるものである。スラップスケートは，つま先の下に蝶番とバネ機構が付いていてキックの終末にブレードが靴から離れて可動する仕組みになっている。空中のリカバリー局面でバネによってブレードが靴に戻る時に「平手を打つような音（英語：slap）」がすることからスラップスケートと呼ばれる。従来の踵が固定されたスケート靴に比べて，滑走中の足関節の貢献が大きくなること，ブレードが氷を壊すエネルギー損失が小さくなることなどの要因により，滑走タイムが特に長距離種目で著しく短縮された。

③ 現代の技術・戦術・ルール

[競技進行・計測方法の変化]

2000年以降，ISUはテレビ放映や観客など，みる側のためのルール改正を積極的に進めている。国際競技会では，出場選手の滑走順を持ちタイムやポイントによりグループ分けし，それらの最も優れたグループが最後に出場するように組み合わせ方法が改定された。

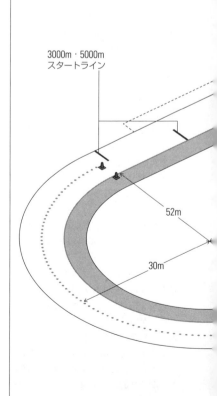

また，ワールドカップ競技会では，出場選手をディビジョンAとBに区別し，およそ20名で構成されるディビジョンAを最も観客の集まりやすい時間帯に設定するよう規定している。

計測方法の変化としては，電気計時による1/100秒単位の計測方法に加えて写真判定による1/1000秒計測方法を併用するようになってきた。これは，短距離種目において従来の1/100秒計測で同タイムと判定される事例が多くなったことや，従来の電気計時ではブレードが氷から離れて通過した時に通過時刻が正しく測定できないことなどに起因する。

競技種目の変化としては，2006年の第20回冬季オリンピック大会（トリノ）からチームパシュートが採用された。また，100m競技もワールドカップ競技会やユニバーシアード大会で正式に採用された。いずれも，予選レースと決勝（順位決定）レースとに分けて複数回レースを行う方式がとられている。新しい種目ではないが，男女の500mは1回のレースで順位を決めていた方式から，1998年の第18回冬季オリンピック大会（長野）以降，スタートコースを変えて2回レースし合計タイムで競うこととなった。これは500mではインスタートとアウトスタートの場合で条件が異なり不平等が生じるという見解からの改正であったが，統計的な根拠はなかった。

[日本のスピードスケートの特徴]

国内に目を向けると，国民体育大会でのみ用いられる独特なレース方式がある。国民体育大会のレースはすべてシングルトラックで行われるが，500mとリレー種目を除き，レース中のストレート中央付近を先頭で通過する回数を判定し，種目距離ごとにあらかじめ設定した回数を完了していなかった場合，先にゴールしても完了した選手よりも順位を下げるという特別なルールを設けている。これを責任先頭制度という。これは，集団の先頭を滑走するスケーターは，後続のスケーターに比べて大きな空気抵抗を受けるため体力を消耗することが考慮されている。また，複数の選手が同時に責任先頭を獲得しようとする時，長距離種目であってもスプリント・ダッシュ力が必要となる。この方式を導入することにより，レースが高速化し，レースのどの局面で責任先頭を完了しようとするかというような持ちタイム以外の戦術やスタミナとスプリント力のバラン

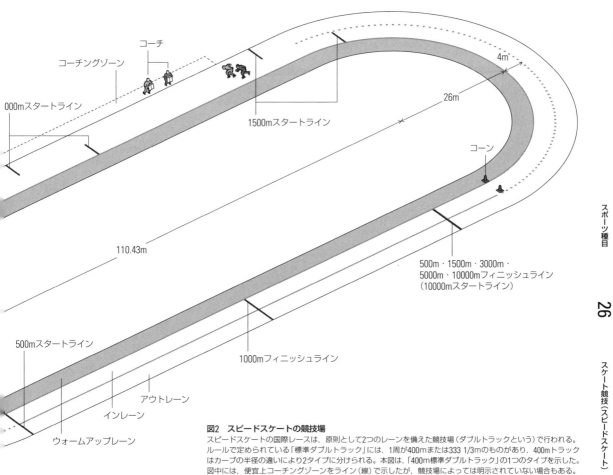

図2 スピードスケートの競技場
スピードスケートの国際レースは，原則として2つのレーンを備えた競技場（ダブルトラックという）で行われる。ルールで定められている「標準ダブルトラック」には，1周が400mまたは333 1/3mのものがあり，400mトラックはカーブの半径の違いにより2タイプに分けられる。本図は，「400m標準ダブルトラック」の1つのタイプを示した。図中には，便宜上コーチングゾーンをライン（線）で示したが，競技場によっては明示されていない場合もある。また，1500mまでの種目は選手1人につきコーチが1人，それ以上の距離の種目については選手1人につきコーチが2人までつくことが許されている。
審判員の位置に規則はなく，スターターのほかに，リンク内にはレフェリーやトラック監察員が配置されている。

スなどの要因によって勝敗が左右されるようになっている。

また，日本にのみ存在する種目として2000mリレーがある。これには，ダブルトラックで500mずつ4人が滑走するものと，シングルトラックで第1走者と第4走者が約600m滑走し，バックストレートにバトンゾーンが設定され，第2走者と第3走者が約400m滑走するものとがある。いずれもバトンをつなぐように規定され，各区間に50mのバトンゾーンが用意されている。

参考文献
- ㈶日本スケート連盟．2009．『日本スケート連盟スピードスケート規則集2009年版』
- 結城匡啓，阿江通良，藤井範久．1997．「スピードスケートの直線ストロークにおける加速の力学的メカニズム」『身体運動のバイオメカニクス』211-17．
- van Ingen Schenau, G.J. and Bakker, K. 1980. A biomechanical model of speed skating, *J. of Human Movement Studies*, 6: 1-18.

(結城匡啓)

フィギュアスケート

Figure skating

① 競技概要

フィギュアスケート（競技）は，氷上で音楽に合わせて，定められた時間内に，一定数の要素を含めて滑走し，技術的難度，完成度，プログラム構成や音楽表現力を競う競技である（図1）。男子，女子のシングル・スケーティング，ペア・スケーティング，アイス・ダンス，シンクロナイズド・スケーティングの5種目が行われている。

[競技の特性]

それぞれの種目の技術要素としては，男子および女子シングル・スケーティングではジャンプ，スピン，ステップ・シークエンスとそれらをつなぐステップがあり，ペアではこれにスロウ・ジャンプ，リフト，ツイスト・リフト，ペア・スピン，デス・スパイラルなどのペア独特の要素が加わる。アイス・ダンスの場合には，リズムに合わせたステップがプログラムの中心となるが，小さなダンス・リフトやダンス・スピンなども要素として含まれている。シンクロナイズド・スケーティングの場合には，チームとしての隊形の変化や隊形を組んでのステップが演技の中心であり，チームとしての同調性が重視されている。

[競技の仕方]

以下の内容については，2012年7月1日現在の国際スケート連盟のルールに基づいて説明する。

・男子シングル・スケーティング

2分50秒以内で，自分の選んだ音楽に合わせて，規定された7種類の要素を含めて滑るショート・プログラムと，4分30秒（±10秒）で，自分の選んだ音楽に合わせて，自由に選んだ13種類の要素を含めて滑るフリー・スケーティングからなる。

・女子シングル・スケーティング

2分50秒以内で，自分の選んだ音楽に合わせて，規定された7種類の要素を含めて滑るショート・プログラムと，4分（±10秒）で，自分の選んだ音楽に合わせて，自由に選んだ12種類の要素を含めて滑るフリー・スケーティングからなる。

・ペア・スケーティング

2分50秒以内で，自分たちの選んだ音楽に合わせて，規定された7種類の要素を含めて滑るショート・プログラムと，4分30秒（±10秒）で，自分たちの選んだ音楽に合わせて，自由に選んだ13種類の要素を含めて滑るフリー・スケーティングからなる。ペアは，男女各1人で構成する。

・アイス・ダンス

毎年，リズムとテンポの範囲が定められ，それに合わせて創作したステップ系列と，決められたステップ系列，定められた技術要素を組み合わせて，2分50秒（±10秒）滑るショート・ダンス，および，4分（±10秒）で，自由に選んだ音楽に合わせて定められた要素を含めて滑るフリー・ダンスで構成される。ダンス・カップルは，男女各1人で構成する。

・シンクロナイズド・スケーティング

2分50秒以内で，チームの選んだ音楽に合わせて，規定された7種類の要素を含めて滑るショート・プログラムと，4分30秒（±10秒）で，チームの選んだ音楽に合わせて，自由に選んだ10種類の要素を含めて滑るフリー・スケーティングからなる。チームは，男女混合でもよく，16人で構成する。

[勝敗の決定]

採点は，個々の技術の難易度を，その技術の基礎点として評価し，さらに出来映えを判断した上で基礎点から加減したものを，実施された個々の技術要素の点数とする。そして，それを全要素について合計することで「総技術点」とする。表現に関しては，プログラムを構成する要素を5つに分けて個別に採点して合計したものを「演技構成点」とする。この両者を合計し，転倒，音楽やコスチューム，滑走時間の違反等があれば減点した上で，実施されたプログラムに絶対的な価値としての得点を与える。ショート・プログラムとフリー・スケーティングの得点を合計し，最も高得点を得たものが勝者となる。

この目的のために，競技判定員の役割は，技術役員と審判員の2種類に分割されている。これら2つのうち技術役員は，ジャンプの種類と回転数を認定するとともに，スピンやステップについて，難度レベルを決定するための特徴をいくつ実施しているかを評価することで，各技術要素の難度レベルを判定している。一方，審判員は，技術要素の出来映えと，プログラムの構成要素を評価している。評価基準に関しては，「国際スケート連盟規程」に定められている。その詳細や解釈に変更があった場合には，その都度，「コミュニケーション」と称する通達文書によって公示されている。

[発祥]

オランダで生まれた曲線滑走をする

図1 競技中の様子：フィギュアスケート（写真：フォート・キシモト）

技術が18世紀にイギリスに渡り，そこでいろいろな図形を滑走することが考案され，「フィギュア」の語源となった規定図形の競技が生まれた．一方，アメリカのバレエ教師であったジャクソン・ヘインズ(J. Haines)が，1863年にフィギュアスケートの全米チャンピオンになり，翌年ヨーロッパ大陸へ渡り，音楽に合わせたスケーティングに，バレエのポーズやダンス・ステップを取り入れて滑走したのが，フリー・スケーティングの元祖である．

世界で初めての国際競技会は，1882年にオーストリアで開催され，この時の競技内容は，規定図形(コンパルソリー・フィギュア)23課題，特別図形(スペシャル・フィギュア)1課題と4分間のフリー・スケーティングであった．その後，1892年にはイギリス，オランダ，オーストリア，ドイツ，スウェーデンが参加して国際スケート連盟(International Skating Union: ISU)が発足し，1896年にはロシアのサンクトペテルスブルクで，フィギュアスケートの第1回世界選手権が行われた．この時の課題は，規定図形12種類と5分間のフリー・スケーティングである．

[ショート・プログラムの導入]

世界選手権をはじめとする国際競技会では，イギリスで生まれたコンパルソリー・フィギュアと大陸で生まれたフリー・スケーティングの両者が競技部分として組み合わされて実施されてきた．その後，テレビの普及とともに，コンパルソリー・フィギュアの課題数と比重は減少し，1990年を最後に，国際競技会では実施されなくなった．一方，フリー・スケーティングに未完成の技術を取り入れて失敗するスケーターが多くなってきたことを憂い，確実な演技ができるようになることを目的として，ISUはプログラムの中で実施すべき要素を規定し，失敗に対する減点を大きくしたショート・プログラムを，1973年から実施することとした．

[種目の多様化]

実施種目としては，1896年の第1回世界選手権では男子シングルのみであったが，その後，1906年に女子シングルが，さらに，1908年にペア・スケーティングが，世界選手権に準じる形で実施されるようになった．アイス・ダンスが正式に世界選手権で採用

表1 世界選手権およびオリンピックにおける日本人の歴代メダリスト(2014年まで)

年	開催地	金	銀	銅
1977	東京			佐野 稔
1979	ウィーン			渡部絵美
1989	パリ	伊藤みどり		
1990	ハリファックス		伊藤みどり	
1992	アルベールビル		伊藤みどり	
1994	千葉	佐藤有香		
2002	長野			本田武史 村主章枝
2003	ワシントンDC			本田武史 村主章枝
2004	ドルトムント	荒川静香		
2006	トリノ	荒川静香		
2006	カルガリー			村主章枝
2007	東京		安藤美姫	髙橋大輔 浅田真央
2008	イエテボリ	浅田真央		
2009	ロサンゼルス			安藤美姫
2010	バンクーバー		浅田真央	髙橋大輔
2010	トリノ	髙橋大輔 浅田真央		
2011	モスクワ	安藤美姫		小塚崇彦
2012	ニース		髙橋大輔	羽生結弦 鈴木明子 [ペア]髙橋／トラン
2013	ロンドン(カナダ)			浅田真央
2014	ソチ	羽生結弦		
2014	さいたま	羽生結弦 浅田真央		町田樹

グレーはオリンピック

されたのは1952年，オリンピックに採用されたのは1976年のことであった．また，アイスショーなどで行われていたグループ・スケーティングを競技化したシンクロナイズド・スケーティングはさらに新しい競技である．第1回の世界選手権が2000年に開催され，現在もオリンピック種目としての採用を働きかけているところである．2014年の第22回冬季オリンピック大会(ソチ)では，男女シングル，ペア，ダンスのチームで競う団体戦が採用された．

[日本国内での発展]

1915(大正4)年に河久保子朗が"A Handbook of Figure Skating"を翻訳・出版したことで，日本国内にフィギュアスケートが本格的に導入された．そして，1920年に設立された日本スケート会が1926年にISUに加盟し，1930(昭和5)年に第1回の全日本選手権大会が開催された．1932(昭和7)年からはオリンピックにも参加している．その後，戦争による空白があり，日本のスケーターは1960年代の半ばまで低迷を続けた．

1970年代には，佐野稔，渡部絵美が世界選手権で相次いで3位に入賞した．さらに1989年の伊藤みどりを皮切りに，佐藤有香，荒川静香，安藤美姫，浅田真央が世界チャンピオンになっている．男子でも，髙橋大輔が2010年に優勝し，また，2012年には，ペアの髙橋成美／マービン・トラン組が3位に入賞するなど，好成績を残している(表1)．

オリンピックでは，1992年の第16回冬季大会（アルベールビル）で伊藤みどりが銀メダル，2006年の第20回冬季大会（トリノ）で荒川静香が金メダルを獲得した。さらに，2010年の第21回冬季大会（バンクーバー）では，髙橋大輔が銅メダル，浅田真央が銀メダルを獲得したほか，安藤美姫が5位，織田信成が7位，鈴木明子と小塚崇彦が8位と，シングルの選手は全員が入賞を果たした。そして，2014年の第22回冬季大会（ソチ）では，男子シングルで羽生結弦が金メダル，町田樹が5位，髙橋大輔が6位に入賞，女子シングルで浅田真央が6位，鈴木明子が8位に入賞，団体では5位に入賞を果たした。

② 技術・戦術・ルールの変遷
[採点方法の変遷]

フィギュアスケートは，もともと，「どちらの選手が上手か」「誰が一番うまいか」という比較を，審判員がそれぞれで行い，その各審判員のつけた順位（席次）から，多数決の形で各選手の順位を決定するという考え方を基本として，採点と順位決定の計算が行われてきた。

2004年の世界選手権まで採用されていた伝統的な採点システムでは，審判員は，「テクニカル・メリット」と「プレゼンテーション」という2つの点数を，総合的な判断に基づいて，6点満点で決定していた。もちろん，これら2つの採点には，技術的な価値に対する評価とプログラム全体の音楽表現等に対する評価という意味合いがあり，それぞれの観点も規程で示されていた。また，6.0の絶対値としての評価基準も定められていた。しかし，実質的には，これらの基準に従った絶対評価のみを行って採点していたのではなく，むしろ，他のスケーターとの比較による相対評価として席次を考え，それに見合う妥当な点数を決定するという思考回路で採点が行われていた。

最終順位の決定については，まずジャッジごとの採点結果を，各競技部分ごとに重みづけをしてから合計し，その結果に基づいて席次を決定して，最終順位を決定するという方式が当初はとられていた。しかし，その後，先に各競技部分の順位を席次に基づいて決定し，その後，各競技部分の順位に重みづけをして合計した結果から最終順位を決定するという方式に変更された。

また，各ジャッジの席次から順位を決定する方法も，当初は席次数の合計を比較する方法であったものが，ジャッジの過半数がつけた席次を比較する方法に変更され，さらにワン・バイ・ワンと呼ばれる方式に変化した。

このようにいくつかの変遷があったものの，審判員が総合的な判断に基づいて相対評価を行い，審判員ごとに決定した席次の多数決によって，スケーターの順位決定をするという基本的な考え方は一貫していた。

しかし，コンピューターが発達し，一人ひとりのスケーターが滑り終わったところで，その都度，途中順位が計算・公表されるようになると，いったん公表された順位が入れ替わる等の現象が明らかになった。これが観客に対して判りにくいということもあって，新しい採点方法が検討されるようになった。さらに，2002年の第19回冬季オリンピック大会（ソルトレイクシティ）でペア・スケーティングに関する採点疑惑が発生したことが直接的なきっかけとなって，現在のISU採点システムが開発され，2004-05シーズンから正式に採用された。この新しい採点システムは，プログラム全体をいろいろな要素に細分化し，それぞれについて絶対的な評価での採点を行った上で，その結果を合計するという，従来の考え方とは全く異なるものとなっている。

[技術の変遷]

フィギュアスケートの技術発展の方向性は，主としてジャンプの回転数を増やす方向に向けられてきた。1970年代には3回転，1980年代には3回転半と進歩し，1990年代後半には4回転の時代へと突入した。一方，表現に関しては，単に，音楽のリズムに合わせるだけだったり，メロディーの雰囲気を表現するだけだったものが，1970年代から，アイス・ダンスを中心に，芸術性の高い演技やストーリー性の高い演技が実施され高く評価されるようになり，その後，シングルやペアでも，そのような傾向が強く表れるようになってきた。

ジャンプ技術が向上し，難度の高いジャンプを成功させたスケーターが勝つ時期と，それが一段落して，ジャンプでは差がつきにくくなり，表現力で差をつけようとする時期が交互に現れることで，その双方が発展してきた。

③ 現代の技術・戦術・ルール
[新しいジャッジング・システムの導入に伴う変化]

現行のISUジャッジング・システムは，2005年の世界選手権で正式に採用され，毎年，小さな修正を繰り返しながら現在に至っている。新しいシステムでは，先述したように，実施要素によって得られる点数が定められており，スケーター，コーチの立場から考えれば，高得点を得るための方法論が，伝統的な採点システムの場合よりも，明確に示されることとなった。特に，スピンやステップに関しては，高得点を得るための努力が直接的に得点に結びつくこととなり，新しいシステムが採用されて以来，急速に複雑化することとなった。

具体的には，スピンであれば，難度レベルを上げ，さらに完成度を高めることで，高得点を得ることができる。そして難度レベルを上げるには，そのための特徴を実施すればよいので，「難しい変形姿勢を取る」「通常とは逆の足でスピンに入る」「姿勢の変更をせずに8回転以上回る」「回転の途中でエッジを変更する」等の特徴をスピンの中に含めることになる。もちろん，審判員の出来映えの評価を上げるには，その完成度を上げることも必要である。

その結果，旧システムでは比較的回転数の少ない単純なスピンが行われていたのに対して，現在のシステムでは，2-3回転ごとに細かく姿勢等を変化させつつ，総回転数の多いスピンが実施されるようになった。しかし，これらの難度レベルを上げる特徴の組み合わせは，スピンの種類によって，それぞれ，ある程度限られており，どのスケーターも同じようなスピンを実施するようになってきている。

従来のシステムであれば，審判員が総合的な評価を行うので，例えば，難しさと出来映えの関係についても，その評価基準には，ある程度の範囲が許容されることとなり，その結果として各スケーターは，より高い評価を得るために自らの個性を生かし，得意な部分を強調し，欠点を隠す努力を，いろ

いろいろな方向性をもって行ってきていた。しかし，現在のシステムでは，上述のように，どのスケーターも同じ方向性で努力する結果となってしまっており，スケーターの個性が失われたという批判もある。

また，2009-10シーズンまでは，難度の高い技術要素を失敗した場合には大きく減点されるというリスクがあり，リスクを避けて完成度を上げるのか，リスクを冒しても技術要素面で高得点をねらうのかの二者択一を迫られるという状況にあった。その結果として，特にジャンプ技術の面では，男子で4回転ジャンプをプログラムに入れるスケーターが少なくなってしまい，進歩が止まってしまうという事態に陥っていた。2012年には，減点幅が縮小されたことで，再びジャンプ技術が向上し始めた。

いずれにしても，現行のISUジャッジング・システムは発展途上にあり，安定した内容になるまで，今しばらく時間がかかるものと思われる。

(吉岡伸彦)

ショートトラックスピードスケート

Short-track speed skating

① 競技概要

ショートトラックスピードスケート (以下，ショートトラック) は，1周111.12mのトラックを，1レースあたり4-8人の選手が滑走し，順位を争う競技である。400mトラックで行われるスピードスケートと比べるとカーブが小さいため，選手が大きく内傾しながら滑走するところに特徴がある。また，数人の選手が高速で滑走しながら盛んに駆け引きをしたり，追い抜いたりするのも見どころである(図1)。

現在，国際スケート連盟(International Skating Union: ISU)は，個人種目として500m，1000m，1500m，3000mの4種目，リレー種目として男女3000mリレー，男子5000mリレーを正式な距離として定めている。通常，レースは予選から決勝へと続く一連のラウンドを経て勝者が決定する「勝ち抜き方式」で行われ，原則として各組の上位2着までが次のラウンドへ進む。着順は，ブレード(刃)の先端で判定される。

競技会には，オリンピックやワールドカップなど距離ごとに勝者を決定する「距離別方式」と，世界選手権や全日本選手権など複数距離の総合成績で勝者を決定する「選手権方式」とがある。選手権方式は，シニアの場合，通常500m，1000m，1500m，3000mの4種目が行われ，各距離の決勝で上位から34点，21点，13点，8点，5点，3点，2点，1点が与えられ，その合計得点を競う。

トラックは，半径8mの2つの半円と，それを結ぶ片側28.85mの直線からできていて，半円部分に7つの可動式ブロックをおいて境界を示し，レースごとに移動する。

レースは，通常500m，1000mが4人，1500mが6人，3000mが8人で行われる。リレーは1チーム4人で構成され，最後の2周以外は誰がどれだけ滑ってもよく，何度でも交代できる。また，途中で順番を変えてもよい。引き継ぎはバトンを使わず，前のスケーターが次のスケーターの体の一部を触ればよいので，臀部を両手で強くプッシュすることが多い。

リレーの引き継ぎ以外で他のスケーターを押したり，引いたり，ぶつかったりする行為は失格となる(インピーディング)。また，コース内に入ったり(オフトラック)，他のスケーターの滑走コースをふさいだりする行為(クロストラック)やゴール時に脚を前に投げ出して滑り込むような危険行為(キッキングアウト)も失格の対象となる。他のスケーターの失格行為によって，2着以内に入る可能性が高かった選手が妨害された場合は，レフェリーの判断によって次のラウンドに進む場合(アドバンス)がある。なお，スタート時のフライングは，同一のスケーターが2回行うと失格となる。

安全確保のため，リンクの周囲は厚さ40cm以上の防護パッドで覆われ，選手はヘルメットとネックガード，手袋，膝とすねのプロテクターの着用が義務づけられている。また，定められた部分が刃物で切れない素材でできたユニフォームを着用しなければならない。

② 歴史

ショートトラックは，1900年代初めに北米で始まり，1909年には競技会に関する最初の記述が残されている。同じ頃，イギリス，フランス，ベルギー，日本，オーストラリアなどでも行われるようになった。

当初，国によってルールやトラックの形状は様々であったが，1967年にISUは最初の統一規則を定めた。そこで定められたトラックは，1周125mの大きさであった。しかし，北米のリンクは欧州やアジアのリンクに比べて若干小さく，1周100mのトラックを併用する場合もあった。そのため，引き続きトラック形状に関する議論は続き，1977年に1周110m，1980年に111.12mへと変更され，現在に至っている。

1970年代になると，国際競技会が開かれるようになり，1976年にはISUが最初の世界規模の競技会として，第1回世界ショートトラック大会をアメリカ・イリノイ州で開催した。この競技会は1978年からのISU選手権大会を経て，1981年に世界選手権大会となった。第1回大会は，フランス・パリ郊外のムードンで開催された。

その後，1988年の第15回冬季オリンピック大会(カルガリー)で公開競技として行われ，1992年の第16回冬季オリンピック大会(アルベールビル)から正式競技として採用された。さらに1994年から世界ジュニア選手権が，1998年からワールドカップが開催されるなど，広がりをみせている。また，選手の競技力が均衡し各種選手権大会の同点優勝が続いたことから，1998年から従来の1位5点，2位3点，3位2点，4位1点という得点方式から，現在の1位34点，2位21点，3位13点，4位8点，5位5点，6位3点，7位2点，8位1点という方式に変更された。

日本では，第二次大戦前からインド

図1 競技中の様子：ショートトラックスピードスケート(写真：フォート・キシモト)

ア・スピードスケートという名称で，首都圏や中部，関西の大学スケート部や地域クラブで行われていた。全国規模の競技会は1953(昭和28)年から始まり，全日本都道府県対抗競技会として現在も続いている。1976年に第1回世界ショートトラック大会が開催されたのを受けて，日本スケート連盟(JSF)は1976(昭和51)年8月，スピード部会の下にショートトラック分科会を設置した。翌1977(昭和52)年の第2回大会には，男子8人，女子4人が日本から初参加し，戸田博司が総合3位に入るなど，好成績を収めた。

1978(昭和53)年3月，JSFが主催する第1回全日本ショートトラック選手権が愛知県名古屋市で開催され，同年4月の第1回ISUショートトラック選手権への派遣選手が選考された。同競技会で日本選手は，女子の加藤美善が総合2位，男子の戸田博司が4位に入るなど活躍した。

その後，1981年の第1回世界選手権で加藤美善が総合優勝したのを皮切りに，1984年に木下真理子，1985年に獅子井英子，河合季信，1986年に石原辰義，1987年には再び獅子井と河合，と日本から世界チャンピオンが続出した。その後しばらく日本選手の成績は振るわなかったが，1998年の第18回冬季オリンピック大会(長野)男子500mで，西谷岳文が金メダル，植松仁が銅メダルを獲得した。

参考文献
- 日本スケート連盟 編．1981．『日本のスケート発達史』ベースボール・マガジン社
- Speed Skating Canada「About Speed Skating」http://www.speedskating.ca/about-speed-skating.cfm (2009年6月23日)
- Wright, B. T. 1992. *Skating Around the World 1982-1992*. International Skating Union.

(河合季信)

スケートボード

Skate boarding

① 競技概要

スケートボードは，長さ70cmほどの厚板の底に4個のローラーを付けたものに乗って滑走し，コースを走る速さや技術や演技の出来映えを競うスポーツである(図1)。

競技は，大きく計時競技と採点競技に分けられる。計時競技の種目は，スラロームやダウンヒルがあり，採点競技の種目にはフリースタイル，ストリート，バーチカルなどがある。フリースタイルは平地，ストリートは街中の造形物をイメージしたコース，バーチカルは垂直の飛び出し口をもつお椀型のボウルやU字型のハーフパイプを使用して競技を行う。

さらに細かく種目を分類すれば小型ハーフパイプのミニランプ競技や，巨大な発射台を利用したメガランプ等々，現在でも急速に発展・進化中の競技である。

また，競技人口の増加に伴い趣向性も多様化し，様々なタイプのスケートボードも開発され，多様な楽しみ方ができる遊びとしても広い年齢層に愛されている。

② 歴史

1940年代のアメリカ・カリフォルニアのサーファーたちの間で，波のない日に木の板に鉄製の戸車を付けて滑った遊びが始まりとされている。1950年代に入り，ローラーダービー社から「ローラーサーフィン」という木製チップと鉄製のタイヤが付いたオモチャが売り出され，これが現在のスケートボードの原型となったといわれる。1960年代に入るとタイヤの材質にウレタン素材が採用され，1970年代に錆びやすいボールベアリングがシールド化されたことで，スケートボードの走行性能や操作性が格段に向上した。

日本では1970年代後半にアメリカ西海岸文化を取り上げた雑誌等の影響で全国的なブームとなった。

その後5年ほどで流行も一段落を迎えたが，1980年代にアメリカ人のロドニー・ミューレン(Rodney Mullen)により開発された平地でのオーリー(スケートボードに乗ったまま空中へ浮き上がる

図1 競技中の様子：スケートボード(パークスタイル)

技術)により，スケートボードは全く新しいスポーツとして，一気に乗り方が変わっていく。

それまで専用の施設や広場等で楽しまれていたが，重力に逆らう技術を伴い，街中の段差や障害物をもフィールドに取り込んでいった。滑走場所も多様化していき花壇やベンチの段差，階段や手摺といった人工物をもフィールドにしたストリートスタイルというカテゴリーが主流となる。家を一歩出た瞬間から楽しめる手軽さから低年齢層にも浸透していき，音楽やファッション等と密接な関係が築かれていった。3on3やBMXフラットなどとともに，ストリートスポーツなどという新語も登場してきた。

競技が始まった1970年頃は，坂道を利用するスキー競技でいうダウンヒルやスラローム等の種目が主流であったが，技術も進み様々なトリック(技)が増えてくると，フィギュアスケート的な採点競技が主流となっていった。

また，平面の場所で技術を競うフリースタイル種目から，1980年代に入るとサーフィンの影響を受けて滑走面も3次元化が進み，バーチカル種目が若年層の注目を集め出す。

1990年代に入ると街中の人工工作物を合理的に再現した専用施設(スケートパーク)も増え，これらの施設を利用したストリート(パーク)スタイル種目が流行した。さらに近年では街中の障害物を忠実に再現，または本当の道路で開催するストリート種目も注目されている。

21世紀に入ると，X Games等に代表される巨額の賞金を賭けた大会等も開催され，アメリカを中心とした地域ではメジャースポーツとして評価されるようになっている。

(横山 純)

スケルトン

Skeleton

① 競技概要

スケルトンは，骨組み(フレーム)が鉄製でできた板状のそりに頭を先にうつ伏せに乗り，氷でできたコースを滑走し，その滑走タイムを競い合う競技である(図1)。

全長約1,500mの氷が張られたコースにはいくつものカーブがあり，1分前後で滑走する。最高時速は，約140kmに達することもある。ヘルメット，スパイクシューズ，競技用スーツを身につけて行う。

スタート時は，そりに取り付けられたサドル部分を両手または片手で握り，低い姿勢で全速力でダッシュする。約20mダッシュした後，そりに胸から跳び乗る。その後は，肩と膝を使いフレームに微妙な圧力を加えながらソリを操作する。また，そりには「ランナー」と呼ばれる滑走部が左右に2本取り付けられており，ランナーがエッジの役目をするため，フレームに微妙な圧力を加えることでランナーも作用し，操作ができる。操作方法は，右に曲がりたい時には左肩と右膝を，左に曲がりたい時には右肩と左膝を使ってフレームに圧力をかける。

速く滑走するためのポイントは，1）初速（スタートダッシュ）を上げること，2）スムーズに滑るための滑走技術を習得すること，3）天候と氷に合わせた用具の選択をすることが挙げられる。スタートダッシュは，陸上競技の短距離と似た要素があり，近年のスケルトン競技では特に重要なポイントとされている。

そりの重量は男子43kg，女子35kgを超えてはならない。また，選手とそりの総重量は男子が115kg，女子が92kgと規定されているが，そりの重さを男子33kg，女子29kgにすれば，総重量の規定を超えてもよい。

② 歴史

19世紀後期，サンモリッツ（スイス）がスケルトン競技の発祥の地である。遊びから始まり，よりスピードとスリルを求め，コースにカーブなどを作った。スケルトン（skeleton）は英語で〈骨格・骸骨〉の意味である。スケルトンのそりが骨組みのみでできていたことから「スケルトン」と呼ばれるようになったともいわれている。1928年，1948年の第2回，第5回冬季オリンピック大会（いずれもサン・モリッツ）で正式種目として採用された。ワールドカップが行われるようになったのは1992年からである。競技の国際統括団体は，国際ボブスレー・トボガニング連盟（Fédération Internationale de Bobsleigh et de Tobogganing: FIBT）で1923年に設立された。

日本人では越和宏らが1993年からワールドカップに参戦している。2002年の第19回オリンピック大会（ソルトレークシティ）で54年ぶりに正式種目として復活し，日本からは男子2人，女子1人が初出場した。

（中山英子）

スナックゴルフ

→ゴルフ系ニュースポーツ

スノーボード競技

Snowboarding

アルペン

Alpine snowboarding

① 競技概要

スノーボードのアルペン競技は，雪斜面に旗門が設定されたコースをスノーボードで滑走し，そのタイムを競う種目である（図1）。

近年，1人でコースを滑るスラロームより，平行にセットされたコースを2人で滑るスラローム大会が増えている（図2）。

この2人で滑るスラロームを，冬季オリンピックを視野に入れた国際スキー連盟（Fédération Internationale de Ski: FIS）ワールドカップやFISレースでは，パラレルスラローム（parallel slalom）と呼び，PSLと表記している。一方，国内最大の会員数を誇る日本スノーボード協会ではデュアルスラローム（dual slalom）と呼び，DUと表記する。パラレルジャイアントスラローム（parallel giant slalom）は，両団体ともPGSと表記する。

2009/10シーズンまで空気抵抗の少ないダウンヒルスーツは許可されていたが，2010/11シーズン以降，スノーボードのイメージにそぐわない，また生産するメーカーが限られてしまうなどの理由から公式レースでは着用禁止となった。

使用される旗門は，長さの違うポール2本にフラッグを付けた形状のものである。

[パラレルスラローム]

ハードブーツ，アルパイン（アルペン）ボードを使い，左右交互に設置された旗門を通過しながらタイムを競う種目である。ヘルメットも必須装備として求められる場合もある。ジャイアントスラロームに比べターン弧が小さく，細かな動きが必要となるテクニカルな種目で，2人のコースが平行に設けられる。冬季オリンピックを視野に入れたFISワールドカップでは，中・急斜面を使った全長250－450mのコースの中に18－25旗門がセットされる。

図1　競技中の様子：スケルトン

図1　競技の様子：スノーボード競技（アルペン）

図2　2人同時に滑走する（パラレルスラローム）

パラレルの場合は，赤の旗門，青の旗門というように色分けされたそれぞれのコースが平行に並び，2人同時にスタートし，タイムを競う。予選で男女ともにトップ16位までを選び，ファイナルでは予選1位と16位，2位と15位といった組み合わせでタイムを競い合う。両方のコースを滑り，合計タイムで早い方が勝ち上がっていく。この時，2本目スタートは同時ではなく，相手との1本目のタイム差でスタートさせる大会が多い。

[パラレルジャイアントスラローム]

スラロームに比べ，長めのボードを使用し，より高速の中で勝敗が競い合われる。中・急斜面を使い，FISワールドカップでは約400-700mのコースに，18-25旗門がセットされる。

② 歴史

1965年，シャーマン・ポッペン(Sherman Poppen)が娘へのクリスマスプレゼントとしてスキーを使って作った玩具がスノーボードの原型だといわれている。横乗りスポーツであることから左足前のレギュラースタンス，右足前のグーフィースタンスがある。

国内でスノーボードのアルペン競技が行われたのは，1982(昭和57)年，秋田県協和スキー場である。スキーのアルペン競技をイメージし，日本スノーボード協会が主体となって第1回全日本選手権大会が開催され，優勝者は松島勝美であった。当時は緩斜面に3-4旗門をセットしただけのコースで，今のような細かなゲートをセットしたコースではなかった。

また世界では1981年にコロラド州でトム・シムス(Tom Sims)がレースを開催した。翌1982年，バーモント州のスイシード・シックス(Suicide Six)と呼ばれる小さな山で，現在ではハーフパイプの登竜門として知られるナショナルチャンピオンシップ，USオープンが開催された。種目はダウンヒルとスラロームが行われ，ダウンヒルの優勝はトム・シムス，スラロームはダグ・ボウトン(Doug Bouton)であった。

日本でも1984(昭和59)年，スラロームや，コースが長く回転弧の大きなダウンヒルの種目の大会が開催された。

スノーボードが冬季オリンピックの公式種目となったのは，1998年の第18回大会(長野)からである。アルペン競技では，ジャイアントスラロームが開催された。日本からは上島しのぶが出場し15位であった。2002年の第19回大会(ソルトレイクシティ)以降は，パラレルジャイアントスラロームが開催されている。2006年の第20回大会(トリノ)において，竹内智香がパラレルジャイアントスラロームで日本人最高順位となる9位に入った。その後，竹内は，2009年にオーストリアのクライシュベルク(Kreischberg)で開催されたワールドカップにおいて，パラレルジャイアントスラロームとパラレルスラロームで2位，さらに2014年の第22回冬季オリンピック大会(ソチ)において女子パラレルジャイアントスラロームで銀メダルを獲得という快挙を成し遂げた。

参考文献

◆ 小倉一男『SBJ スノーボードカレッジ HISTORY OF SNOWBOARD』「U.S.OPEN Snowboarding Championship」http://www.opensnowboarding.com/History.aspx?openid=USO (2011年6月15日)

(久保田亜矢)

スノーボードクロス

Snowboard cross

① 競技概要

スノーボードクロスは，複数の選手がコースの所々に配置されたセクション(障害物)をこなしながら滑走し，ゴールする順位を競う種目である(図1)。

レースではソフトブーツ，フリースタイルボードを使い，危険度が高いことからヘルメットの着用が義務づけられている。また必須装備ではないが，ぶつかり合う可能性もあり怪我を防ぐために肩や背中にパッドの入った専用プロテクターを装備する選手も多い。

コースは全長約650-1,200mで，

図1 競技中の様子：スノーボードクロス

すり鉢状の角度がついたバンク，山と谷の起伏が連続するウェーブ，上方向に飛び出す角度，あるいは下に落ちるような角度のついたジャンプ台など，多くのセクションが配置される。

ワールドカップでは，予選のタイムトライアルで女子は上位24人，男子は上位48人を選出する。決勝では1ヒート6人で競い合い，上位2位までの選手が次のラウンドに勝ち上がるトーナメント方式で行われる。団体によっては出場人数によって予選は行わず，1ヒート4-6人でレースを行う大会もある。

スノーボードの種目の中でも，コース中に設置された様々なセクションを高速でこなす高い技術，複数名で滑るため冷静かつすばやい判断や駆け引きが必要であり，総合滑走能力が要求される種目といわれている。

② 歴史

スノーボードクロスは，モトクロス競技をイメージして作られ，当初はボーダークロスと呼ばれていた。しかし，2002年4月に商標登録されたためスノーボードクロスに変更された。

国内では1994年，アメリカ人のダミアン・サンダース(Damian Sanders)がモトクロスのコースを雪山用にイメージしてフリーハンドで描いた1枚の紙を佐藤勝彦の元に送った。それを基に，雪上に実現されたのが始まりである。

また，1994(平成6)年に木島平で障害物を設置したレースが開催されたという説もある。そして，1995(平成7)年に佐藤が中心となり，国内の代表的なシリーズ戦，ジャパンクロスゲームマスターズの初戦が群馬県谷川岳天神平スキー場で開催され，2008(平成20)年まで続いた。

国外では，1997年にアメリカのケーブルチャンネルESPXが手がける Winter X Gamesで，スノーボードクロス(当時はボーダークロス)が種目に取り入れられた。この時メディアに映るアメリカ人のショーン・パーマー(Shaun Palmer)の派手なパフォーマンスに注目が集まり，これを機にスノーボードクロスが一流の種目として一躍注目されるようになったといわれている。

冬季オリンピックの正式種目に導入

されたのは，2006年にイタリアで開催された第20回大会(トリノ)である。

迫力あるスタートやクラッシュするシーン，複数の選手たちによる連続ジャンプなど観戦種目の要素が多分にあることから，冬季オリンピックの中でも観戦スポーツとして注目度が高い。第20回大会には，日本からは千村格と藤森由香が出場し，千村は16位，そして藤森は7位だった。世界ではアメリカ人のセス・ウェスコット(Seth Wescot)が，2006年の第20回冬季オリンピック大会(トリノ)と2010年の第21回冬季オリンピック大会(バンクーバー)で，2回連続金メダリストとなっている。
(久保田亜矢)

フリースタイル

Freestyle snowboarding

① 競技概要

スノーボードのフリースタイル競技は，雪上をスノーボードで滑走する技術に，ジャンプや宙返りなどのアクロバティックな要素を融合させたスノーボード競技種目の総称である。他の種目と異なり，コース滑走のタイムを競うのではなく，行った演技を数人のジャッジが採点して順位を競う。ショーとしての要素も強い。

[ハーフパイプ]

ハーフパイプは，円筒を半分にして横に倒した形状をした氷雪の建造物をコースとして使い，滑走中のジャンプの高さや回転数などがジャッジによって採点される種目である。基本となる技の組み合わせや高さで難度が変わる。

演技は規定の動作や回転，安定した着地，技術，振り幅などを5人のジャッジがそれぞれを担当して採点していたが，2004-05シーズンにジャッジ方法が変更され，総合印象によるジャッジになった。この方法ではジャッジ1人の持ち点は10点で，小数点1桁までのスコアがつき，連続された技の正確さやトリックの連続性，ルーティーンなどパイプをどのように使いこなしたかを評価する。

[スロープスタイル]

斜面にジャンプ台や金属製のレールなどの障害物(アイテム)を設置し，それらを使いながら技の難度だけでなく，技のつなぎや組み合わせ，ジャンプした時の回転する方向や回転数など総合的な滑走能力を競う種目である。スケートボードパークを雪山へ持ち込むという発想がきっかけだったといわれている。採点はジャッジ5人に加えてヘッドジャッジ1人によって，滑走ラインとアイテムの使い方を含む滑走全体の総合印象でジャッジされる。

コースは，平均斜度12度の斜面に幅30m以上，標高差100-200mの斜面を使い，6つ以上の障害物を設置する。障害物にはテーブルトップ，ファンボックス，クォーターパイプ，ウェーブ，レール，リッジなどがある。

[ビッグエア]

ストレートジャンプ(図2)のコンテストで，ジャンプの高さや空中での回転方向，回転数，そしてスイッチスタンスやノーマルスタンスでの安定した着地による得点を競う種目である。

国際スキー連盟(Fédération Internationale de Ski: FIS)の競技会では，5人のジャッジの最も高い得点と最も低い得点を除外し，中の3つの得点を合計して選手の得点を決める。3人制のジャッジにおいては，すべての得点の合計となる。ワールドカップで開催されているビッグエアは平均斜度約22度で，幅約8m，全長約60mのコースを使用する。

② 歴史

[ハーフパイプ]

冬季オリンピック大会で初めてハーフパイプが取り入れられたのは1998

図1　競技会場

図2　競技中の様子：フリースタイル

年の第18回大会(長野)で，会場となったのは，長野県のかんばやしスノーボードパークである。当時，FIS規定で平均約18度の斜面に全長120m，幅約15m，高さ約3.5mのハーフパイプが設営された。その後，2010年の第21回大会(バンクーバー)では平均17.5度の斜面に全長約170m，高さ約6.7mと巨大化したスーパーパイプへと変化し，技の難度や高さ，回転数も増えた。

初開催となった第18回冬季オリンピック大会(長野)での優勝はスイスのジャン・シメン(Gian Simmen)で，日本人では男子の西田崇の28位，女子は吉川由里の20位が最高位であった。世界的には2006年の第20回大会(トリノ)，2010年の第21回大会(バンクーバー)で圧倒的な強さをみせたアメリカのショーン・ホワイト(Shaun White)が有名である。2014年の第22回大会(ソチ)では平野歩夢が銀メダル，平岡卓が銅メダルを獲得した。

[スロープスタイル]
日本では2000(平成12)年に新潟県の上越国際で開催された「スロープスタイルY2K」が，公式に開催されたイベントとしては初とされる。その後，2014年の第22回冬季オリンピック大会(ソチ)で採用され，ハーフパイプとともに注目された。

[ビッグエア]
日本では1997(平成9)年から北海道・札幌(当時は真駒内オープンスタジアム)で開催されているトヨタ・ビッグエアが有名である。初回の優勝はスイスのファビアン・ローラー(Fabien Rohrer)である。また2001(平成13)－08(平成20)年まで東京ドームでエクストレイルジャムが開催され，世界最大級のイベントとして注目された。世界的には1994年よりオーストリアのインスブルックで開催されているAIR&STYLEが有名である。2010年からは北京でもAIR&STYLEが開催されている。FISによっても2002－03シーズン以降，ベルリン，ザルツブルク，ミュンヘンとトリノで開催されている。

テクニカル

Technical snowboard

① 競技概要

テクニカルは，スノーボーダーとしての資質およびスノーボードの総合滑走能力を競い合うスノーボード種目である。日本では，日本スノーボード協会(Japan Snowboarding Association: JSBA)と日本職業スキー教師協会(Professional Ski Instructors Association of Japan: SIA)が競技を開催している。

国内で最も規模の大きなJSBAの大会では，テクニカルにもアルパイン部門とフリースタイル部門があり，アルパイン部門ではハードブーツ，ハードバインディング，アルパインボードを使用する。一方，フリースタイル部門ではソフトブーツ，ソフトバインディング，フリースタイルボードの使用が義務づけられる。

どちらの部門も大会ごとに定められたいくつかの種目を1－2日間かけて実施し，採点の合計点によって順位を決定する。両部門の共通する種目は，フリーライド，カービングロングターンを6ターン，カービングミドルターン，整地されたコースでのカービングショートターン，ウェーブのあるコースでのカービングショートターンで，積極的でスムーズな流れの滑りが評価される。またアルパイン部門の指定種目はジャイアントスラローム，フリースタイル部門の指定種目は，完成度の高さと着地が評価されるエアーである。いずれも指定された中級斜面で行われる。

全日本テクニカル選手権で実施される種目は年によって変更されることもあり，1994(平成6)年の第2回全日本テクニカル選手権の時には，通常のスタンスから後ろ向きのスタンスに滑り替え，3-4回ターン弧を描いた後，通常のスタンスに戻すというスウィッチロングターン，2004(平成16)年と2005(平成17)年にはオブスタクルやビッテイターンが検定種目に取り入れられたこともある。

一方SIAでは，アルパイン，フリースタイル両方のマテリアルを使いこなすことが望ましいと考え，部門は分けず，基礎理論のほか，ショートターン，総合滑降，カービングミドルターン，ずれの多いロングターン，エアー，ジャイアントスラロームが検定種目となっている。

② 歴史

1989(平成元)年，スノーボードの普及を目的として，多くのスキー場が滑走可能となるよう理解を求めるために，JSBAがスイススノーボード協会など海外の教育システムを参考にし，バッジテストおよびインストラクター制度を改定した。同年，JSBAが発行する協会情報誌『雪坊主』で告知され，1990(平成2)年にバッジテスト1－5級，インストラクターA級，B級の検定が施行された。

1993(平成5)年3月，資格所持者が出場できる第1回全日本テクニカル選手権大会および第1期デモンストレーター選考会が群馬県尾瀬戸倉スキー場で開催された。

実施種目は1次予選で総合滑走(自由)，ロングドリフトターン，2次予選でショートターン，ロングターンで，コースの長さと幅が規制された中での総合滑走であった。決勝では20本の旗門が張られたコースを2本滑り，その合計タイムで競われた。ここで男子1－6位まで，女子1－3位までの選手が第1期JSBA公認デモンストレーターとして認定された。この時トップデモンストレーターとなった相沢盛夫は，アルパイン部門の第1期から第3期で優勝，全日本テクニカル選手権でも第1回から7連覇するという快挙を成し遂げた。女子では遠藤真理が第3期から第5期までトップデモンストレーターとして君臨し続けた。

1997(平成9)年，フリースタイルボードを使用するスノーボーダーが増えたことで，全日本スノーボードテクニカル選手権にフリースタイル部門が設けられ，1999(平成11)年にはソフトブーツとフリースタイルボードを使用するデモンストレーターが生まれた。優勝は会田二郎と奥山麻紀である。

同大会は1993(平成5)年から毎年開催されているが，デモンストレーター選考会は1993年から2001(平成13)年までは2年ごとに開催されていた。ところが2002(平成14)年以降，デモンストレーター選考会が中止になり，代わりに全日本スノーボードテクニカル選

手権が毎年行われ，上位者がデモンストレーターとして認定されることになった（デモンストレーターの任期は2年）。公認されたデモンストレーターはJSBA教育本部に所属し，スノーボードの基礎レベル向上のための研究，普及，マナーの指導を行っている。

一方SIAは，2000（平成12）年，長野県斑尾高原スキー場で最初の大会を開催した。ドリフトターン，総合滑降，フリー滑降の3種目で検定し，大橋尚弘が優勝した。

参考文献
◆ 日本職業スキー教師協会「第31期SIAデモンストレーター選考会」
http://www.sia-japan.or.jp/pdf/sf10demosb.pdf
◆ 日本スノーボード協会「スノーボードの歴史」
http://www.jsba.or.jp/kyoukai/rekishi.html
◆ 日本スノーボード協会発行情報誌『雪坊主』（15号/16号，24号，25号）

（久保田亜矢）

スピードスケート

→スケート競技

スポーツカイト

Sports kite

① 競技概要

スポーツカイト競技は，専用のカイト（凧）を野外で飛ばし，その操作の正確性・芸術性を競う競技である（図1）。

一般的にスポーツカイトには，糸（ライン）が付いていて，このラインを，引いたり緩めたりすることにより，カイトを操ることができる。慣れると，いろいろな図形を空に描いたり，曲に合わせて飛ばしたり，カイトを自由自在に操ることができるようになる。

スポーツカイトの種類には，デルタ型・ダイヤ型などがある。ライン（糸）の本数で分けると，シングル（1本），デュアル（2本），クアッド（4本）のほかに，3本というのもある。カイトの骨組みは，カーボンやグラスファイバー等のロッドが使用され，また，カイト本体は，ポリエステル，ナイロン等の生地でできている。

競技は，基本的にスポーツカイト競技インターナショナルルールブック委員会（International Rule Book Committee: IRBC）により定められたルールに基づき行われる。また，さらに各国の競技団体により詳しいルールが定められている。

種目は，まず2本ラインのカイトと4本ラインのカイトに分かれ，またそれぞれに個人・ペア・チーム種目がある。

試合では，「規定」「フリー」「バレー」の演技を争う。規定演技は，大会側より出題された図形をいかに正確にカイトで大空に描くかを競う。フリー演技は，規定時間内であれば自由にカイトをフライトさせることができる。また，バレー演技では，個々に用意した音楽に合わせ，カイトをフライトさせる。複雑性（complexity），連続性（continuity），コントロール（control），創造性（creativity），リズム（rhythm），技術的難易度（technical difficalty），タイミング（timing）などを採点要素として，振り付け（choreography）と実行力（execution）の得点が出される。5人のジャッジの最高得点と最低得点がカットされ，残り3人の平均点が得点となり，順位が決定される。

チームで複数のカイトをシンクロさせてフライトさせたり，回転・直線・曲線・静止・着陸・離陸・トリック技などカイトの性能や操作の技術も向上し，非常に競技性の高いスポーツとなっている。

図1　競技中の様子：スポーツカイト

② 歴史

カイトの起源は，今からおよそ3000年前の中国であるといわれている。趣味的な楽しみ以外に，宗教的あるいは軍事的目的があったようである。14世紀には盛んになった貿易とともにヨーロッパに渡り人々に親しまれ，その後各国の文化の違いとともに発展した。

1930年には，アメリカ海軍のガーバー（Paul E. Gerber）により，ラダーとコントロールバーをもった最初のスポーツカイト（スタントカイトと呼ばれる）である，ターゲットカイトがゼロ戦の射撃訓練用に作られた。そして，1964年にアメリカ・オレゴン州のクリーブランド（Charles H. Cleveland）により2本のラインで操るスポーツカイトが初めて市場で売り出され，それ以来1980年代アメリカ西海岸・ハワイを中心に欧米で流行した。ヨーロッパの特にイギリス，フランス，オランダ，ドイツなどでは毎年大会が催されるようになった。

現在ではWorld Sports Kite Championships OrganizerとChairmanによって，世界選手権が2年ごとに開催されている。

1989（平成元）年には日本でも初めての本格的な大会が開催され，1990（平成2）年には全日本スポーツカイト協会（All Japan Sport Kite Association: AJSKA）が設立された。1991（平成3）年から毎年日本選手権が開催されている。1996（平成8）年には，北海道の石狩でワールドカップが開催された。

（戸松信雄）

スポーツクライミング

Sport climbing

① 競技概要

スポーツクライミングは，元来は自然の岩を登る行為であるロッククライミングを競技化したものである。なお「スポーツクライミング」は本来，ヨーロッパを中心に発達した，高い強度の支点を使用して安全性を確保した上で困難なルートを登るスタイル（競技もその一部）をさす言葉である。

競技種目は10－15mのルートを登りきる時間を競う「スピード」，高さ12m以上のクライミングウォールに設

定された15m以上の長さの難度の高いルートをどこまで登れたかを競う「リード」，5m程度までのルートを複数使用し，登れたルート数と試技数で順位を決定する「ボルダリング」の3種目がある（図1, 2）。

1980年代までは自然の岩壁で競技が行われていたが，現在では人工壁の普及や競技の平等性，競技に適したルート設定の問題から，公式な大会では人工壁が使用されている。

② 歴史

クライミング競技の発祥は1947年。旧ソ連の西カフカズのドンバイ地区で開かれた小規模な大会が最初で，1950年代に入り，ソ連山岳連盟による全国規模の大会として開催されるようになった。種目は「スピード」のみで，「ペア」と，現在の「スピード」の原型となる「個人」とがあった。

1960年代末から1970年代にかけてはソ連国内だけでなく，各国から選手を招待した国際大会がクリミア半島の石灰岩壁で開催された。しかし1980年代に入ると，アフガニスタン問題による西側諸国の第22回オリンピック大会（モスクワ，1980年）のボイコットなどもあり，ソ連のクライミング競技会への国際的な関心は薄れることになる。

それに代わって1980年代中頃，フランス，イタリアを中心に「リード」（当時の呼称は「ディフィカルティ」）が登場する。さらに1990年代後半に「ボルダリング」のルールが整備され，現在に至っている。

国際競技会の統括とルールの整備は，イタリアのトリノに本部を置く国際スポーツクライミング連盟（International Federation of Sport Climbing: IFSC）が行っている（独立した組織としては2007年設立。国際山岳連盟の内部組織としては1987年に設立）。

IFSCによる国際大会としてはワールドカップ（年間シリーズ戦），世界選手権（隔年），世界ユース選手権がある。その中で大陸ごとの選手権大会，ユース選手権大会が開催されている。わが国でも1991（平成3）年以降，ワールドカップ，アジア大会などが数回開催されている。そのほか，2005年よりワールドゲームズで「リード」「スピード」の2種目が実施されている。

日本国内ではソ連の競技会に参加した選手が持ち帰ったルールをもとに，1970年代後半から「スピード」の競技会が各地で開催されていた。国民体育大会でも独自のルールで1996（平成8）年まで実施されていたが，現在は廃止されている。

「リード」はヨーロッパで競技が成立した直後の1987年頃から，「ボルダリング」も1990年代後半から国内各地で大会が開催されており，国民体育大会の山岳競技では1997（平成9）年にリードが，2008（平成20）年からボルダリングが採用され，現在はこの2種目で実施されている。

近年の日本人選手の競技力は男女ともに高く，1998（平成10）年と2000（平成12）年にはワールドカップで平山ユージが総合優勝を果たし，2009（平成21）年と2010（平成22）年の2年連続で野口啓代がボルダリングワールドカップで年間チャンピオンになるなど，国際大会で優勝者，上位入賞者を出すまでになっている。

（山本和幸）

参考文献

- 国際スポーツクライミング連盟．「IFSC Rule」http://www.ifsc-climbing.org/（2014年4月1日）
- 日本フリークライミング協会 http://freeclimb.jp（2014年4月1日）
- ―――．「IFSC競技クライミングルール」http://freeclimb.jp/compe/comp-dl.htm（2014年4月1日）
- 山本和幸．1998．「日本自由登攀史」(9)『freefan』20．日本フリークライミング協会

スポーツチャンバラ

Sports chanbara

① 競技概要

スポーツチャンバラは，エアーソフト剣という柔らかい打具を使ったチャンバラ（刀で斬り合うこと）をスポーツ競技にしたものである（図1）。エアーソフト剣は，打撃音は大きいが，中身が空気で相手に当たった時に曲がるため衝撃は少なく，安全性が最大に考慮されている。

エアーソフト剣は，長さにより様々な種類があり，最も短い得物（武器とは呼ばず得物という）は，全長45cmの短刀，60cmの小太刀，100cmの長剣，120cmの杖，200cmの槍・棒がある。また，これらを両手に持った二刀流や楯小太刀もある。

長剣を用いた試合（長剣の部）は，日本剣道流の両手把持や，ヨーロッパ風の片手使用等のカテゴリーに分かれて戦う。

公式戦の試合場は，横7m×縦6mの長方形のコートであるが，幼年クラス等では5×5mの正方形も認められている。

身体のどの部分でもターゲットとなり，当たれば「1本」で勝利となる。大会では，概ねは1分1本勝負のトーナメ

図1　競技中の様子：リード種目（写真：フォート・キシモト）
第7回ワールドゲームズ2005・デュイスブルク大会

図2　競技中の様子：ボルダリング種目
第7回ボルダリングジャパン長崎茂木大会

図1　競技中の様子：スポーツチャンバラ

ントで行われ，相打ちは「両者敗け」として扱われる。決勝戦のみが3本勝負で行われる。なお，試合は1本勝負のため，その多くは15秒ほどで勝敗が決する。

② 歴史

スポーツチャンバラの起源は，1971（昭和46）年に田邊哲人（国際スポーツチャンバラ協会現会長）が規則やルールで不自由なスポーツではなく，自由奔放に神社の境内や野山を駆け回って遊んだ「チャンバラごっこ」を新しい安全な用具を開発することで「安全と公平そして自由」を担保し，体育館で行う現代的なチャンバラごっこをスポーツの土俵に引っ張り上げたことによる。

多くの指導者を育成し，1973（昭和48）年に全日本護身道連盟が発足し，その後も発展を続け，1990（平成2）年に国際スポーツチャンバラ協会と発展的に改称された。

現在では，愛好者38万人を数え，インストラクター等の公認指導員は5千人を超え（海外を含めると約8千人），北海道協会から沖縄協会まで地域で，大会や講習会が開催されている。

1974（昭和49）年に第1回の全日本選手権大会が行われ，以後毎年開催されている。2010（平成22）年には第34回世界選手権大会が東京で開催され，34ヵ国（フランス・イタリア・ロシア・エストニア・韓国・エジプト・ルーマニア等々）から，1,300人が参加した。

地域においては，幼稚園児の体育教育や，小・中学校等の授業に導入されるケースも出始め，さらに青少年への普及が進んでいる。

（田邊哲人）

参考文献

◆ スポーツチャンバラ協会ホームページ http://www.internationalsportschanbara.net/jp/（2012年3月1日）

スポーツ吹矢

Sports fukiya

① 競技概要

スポーツ吹矢は，筒に矢を入れて人間の呼気で円形の的（7点・5点・3点・1点）をめがけて矢を放ち得点を競う競技で

ある（図1）。吹矢には高い運動能力や腕力は必要なく，年齢・性別等を問わず，呼吸さえできれば，誰でも同じように楽しむことができる。また，的までの距離（5－10m）のスペースさえ確保できれば，いつでもどこでもプレイできる手軽さも，大きな特徴の1つである。

筒は長さ100－120cmでグラスファイバーまたはカーボン樹脂でできている。矢は20cmでプラスチックフィルムと金属の矢尻からできている。

競技（大会）には，個人戦と団体戦（1チーム5人）がある。1ラウンド5本（制限時間3分以内）の矢を吹き，採点を行う。これを4－6ラウンド（大会により異なる）行った合計点によって順位を決める。また，実力評価の認定方法として，5級－6段までの段級位認定制度を設けている。

矢を吹くには一連の基本動作があり，その特徴は，日常生活で行う「胸式呼吸」と，腹筋を使ってゆっくりと息をする「腹式呼吸」の両方を用いることで力強い呼気を生み出す「スポーツ吹矢式呼吸法」にある。

「スポーツ吹矢」の基本動作を繰り返すことによって，自然にこのスポーツ吹矢式呼吸法が実践でき，健康面でも血行促進，内臓機能の活発化，免疫力向上，精神の安定など様々な効果が期待できる。

② 歴史

スポーツ吹矢は，若い頃から病弱だった青柳清が，中国で気功による呼吸法の健康効果を学び，後に吹矢との出会いによって，気功の呼吸法と吹矢を組み合わせたことから始まった。その後スポーツ吹矢健康法として大きく発展した。1998（平成10）年4月に青柳は日本スポーツ吹矢協会を設立し，会長に就任した。協会の主催により，全日

図1　競技の様子：スポーツ吹矢

本スポーツ吹矢選手権大会，青柳杯大会，スポーツ吹矢フェスティバルなど全国規模の大会が毎年行われている。

協会設立から10年となる2007（平成19）年4月には，文部科学省より社団法人の認可が下り，会員数は約2万8,000人（2012年3月31日現在）に上る。

いつでもどこでも，そして誰でも手軽に安全に楽しめるスポーツとして，また健康法の1つとして，全国各地に大きな広がりをみせている。

（日本スポーツ吹矢協会広報部）

相撲

Sumo

① 競技概要

現代の相撲は，内径15尺（約4.55m）の円形に配列された土俵をもって画される競技場（図1）において，裸体（アマチュア相撲ではスパッツないしレオタード等の着用可）にマワシを締めた2人の競技者が土俵上で相対し，相手の身体を土につけるか，相手を土俵の外に出すことで得られる勝ちを争う競技である。

[競技の仕方]

相撲の競技規則が明文化されたのは，1955（昭和30）年のことである。それまでは競技の規律はもっぱら相撲故実と呼ばれる礼式作法や事実たる慣習，それに行司・年寄衆の監督・指導によっており，例えば「前縦褌が外れて落ちた場合」（現在では反則負け）についても，負け・預かりなど事例ごとに判定が分かれることがあった。現代の相撲において，明文化されたルールによって禁止されている技は，1）頭髪をつかんで引くこと，2）握り拳で殴ること，3）目・鳩尾を突くこと，4）一指または二指の逆をとること，5）両耳を同時に張ること，6）胸・腹を蹴ること，7）喉をつかむこと，8）前縦褌をつかむこと，の8項目（アマチュア相撲では張り手も禁止）であり，頭突きや掌底突きのような打突，肩・肘を極める関節技など，ルール上の技術的な許容範囲はかなり広い。肘打ちやローキックなども禁止されてはいないが，実際には，ルール上許容された技が幅広くあたりまえに用いられているわけではない。非合理な動きが淘汰された側面はもちろんあるが，相撲の技術はそれ以外の

図1 相撲の土俵

要因によっても強く条件づけられており，その歴史的推移はやや複雑である。

[勝敗の決定]

土俵内の地面に相手の足裏以外の身体の一部がつくか，土俵外の地面に相手の身体の一部がついた場合，または相手が禁止技などの反則を犯した場合に勝ちとなる。

[相撲の型]

古典的な相撲の型は，腰を割り身体軸をわずかに前傾させた体勢を基本として構築されている。両脚が左右に張り，頭と腰は前後にコンパクトな配置になり，左右や前への力に強いこの構えから，投げ技，ひねり技や足技などが，相手の重心を腰－両脚の支持面からはずしてバランスを崩すために用いられる。

また，押しや寄りの技術もこの姿勢を前提として構築され，押しであれば主として腕の力を用いて相手の上体を捉え，寄りであれば腕を返したりマワシを引きつけるなどして相手の重心を浮かせ，そこに自分の身体軸を寄せることによって相手を運ぶ。

[発展史]

相撲の歴史はさかのぼれば非常に長い（相撲の歴史全般については，新田一郎『相撲の歴史』山川出版社．1994．〈講談社文庫，2010〉を参照）が，前記の基本条件が一応整ったのは，勝敗を決する境界線としての土俵が設定された17世紀末のことである。それまでの「相手を倒す」に加えて「相手を外に出す」という勝ち方が，相撲という競技を特徴づけることとなった。

相撲は，その歴史を一貫して，観客の存在を前提としたプロ興行を中心に発展してきた。近世の興行師仲間の組織を母体とした相撲会所が，近代に入り相撲協会として組織を整備され，さらに1925（大正14）年には財団法人格を取得して，現在の大相撲興行を主催する日本相撲協会へと連なる。一方，アマチュア相撲の組織化は，20世紀前半に学生・実業団など分野別に進展し，戦後，1946（昭和21）年に財団法人日本相撲連盟が設立され，学生・実業団や各地の相撲連盟を傘下に収めて，アマチュア相撲全体を統括する地位を占めた。以降，それまで「協会」の傘下にあった各地のセミプロ的な「素人相撲」組織が漸次解体され「連盟」傘下に再編され，大相撲はプロ組織として純化されることになった。なお，アマ・プロを通じて相撲という競技全体を統括する仕組みは，現在のところ存在しない。

② 技術・戦術・ルールの変遷
[鑑賞用の技芸から競技への発展]

相撲においては，競技条件の変化に対応した技術革新の速度は概して遅い。なぜなら，観客の存在を前提とした鑑賞用の技芸として成立し発展してきたという歴史的事情から，勝負に勝つことが必ずしも最優先の目標とされなかったからである。土俵から出せば勝ちとなるにもかかわらず，「押し」が相撲の中核的な戦術として位置づけられ技術的に完成されたのは19世紀末から20世紀初頭にかけてのことであったとされる。この時期「相撲の型」と呼ばれる技術思想・言説群が徐々に形成されたのである。

この過程は，大相撲興行の儀礼的規範を示す相撲故実の再整備の過程と重合し，相撲の型に則った相撲は，相撲故実に裏づけられた「正しい相撲」として重要視された。このことは多くの観客にも共有され，その後も競技条件の変化を惹起する改革が驚くべきナイーブさをもって断行されることがあったが，それへの技術的適応の試みはしばしば「相撲の型の乱れ」として指弾されてきた。そこには，いわば「勝つ相撲」と「正しい相撲」との緊張関係が現出していた。

[仕切り制限時間と仕切り線の設定]

相撲の型が形成されて以降，競技条件に生じた最も重要な変化は，1928（昭和3）年，本場所のラジオ中継放送の開始に伴う仕切り制限時間の設定に付随した，仕切り線の設置である。それまで，両力士の構えの位置についての規定はなく，中腰立ちの構えや，土俵中央で頭をつけ合った仕切りなどもままみられたが，60cm（現在は70cm）の間隔をあけて仕切ることが条件づけられ，両手をついた状態から互いに踏み込んで当たり合う立合いへと標準化された。長期的には，このことによって，立合い時の両力士の初動の長さが大きく，前傾が深くなる傾向が生じ，立合いの技術の前提条件に変化が生じることになる。

1940年代には，「立合いにぶちかますのは下品な相撲」とする批判が一部好角家（愛好者）から寄せられることがあった。立合いの変化や引き技などは現在でも非難を浴びることが多い。そうした，観客の視点を踏まえて求められるある種の美意識は，競技者の立場から「勝つこと」に焦点を据えて模索される技術革新に抵抗し，伝統的な相撲の型の維持を促す方向で作用してきた。それでも20世紀末までには，重要な変化が観察されるに至る。

③ 現代の技術・戦術・ルール
[立合い重視による変容]

立合いの激突に伴って生じる水平方向へのモーメントが，押しや寄りに直結させられるようになる。互いに腰を割って構えた状態から相手の重心を崩すのではなく，立合いの衝撃力で相手の体勢を崩し，踏み込んだモーメントを生かして前へ出る。こうした取り口

図2 アマチュア相撲にみられるレスリング技術の応用(写真:フォート・キシモト)

では,立合いの激突を制するパワーが,勝敗を決する最重要の要素となる。

このことは,力士の体重増加へと帰結する。それが顕著となるのは,1955(昭和30)年前後の入門者が上位に進出した頃からで,立合いの衝撃力の優劣が勝敗の帰趨(きすう)に占める比重はさらに高まった。立合いで生じた大きな優劣差を逆転することは難しくなり,取組の平均所要時間は短くなった。このことは「攻防に欠ける味気ない相撲が増えた」などとする批判をも生んだ。さらに一時的な副産物として,力士の引退年齢が若年化した。技術体系の焦点が移行する過程で熟練度が低下し,瞬発力の低下が競技力の低下に直結しやすくなったためと推測される。この傾向は1960年代から70年代にかけて顕著で,30歳前に現役を退く力士も多くみられたが,1980年代以降はやや上昇に転じ,技術体系が新たな平衡・安定に達しつつあることを示している。

立合い時の身体軸の前傾が深くなり,衝撃力を増すために自身の体重を相手に預ける度合いが高まる。ただし,深い前傾のままでは安定性を欠くため,当たり合った直後に身体軸を幾分立ち上げた体勢へと移行することが多い。そのため,立合いの展開における身体軸角度の動きが大きくなり,また激突の瞬間には身体が軸方向に伸びやすくなり,身体の重心と支持脚との位置関係は短時間に大きく変動する。現代の相撲において,立合いは,両力士が不安定な体勢を強いられる瞬間なの

であり,タイミングのわずかな差異が大きな優劣差を生むとともに,引き・はたきなどの変化技が有効性を増している。

互いにマワシを引き合うなどして四つに組んだ状態では,従来の技術がなお基本的な有効性を保っているが,力士の体躯(たいく)が肥大化した現在では,四つに組んだ両者の腰の間の距離が大きくなりやすく,若干前傾が深まる傾向が観察される。そのため,両力士の身体軸の間の角度がやや大きくなり,両者の軸が平行になって互いの周りを回転する形にはなりにくい。このことは,投げ・ひねりの技術に影響を及ぼすとともに,足技やうっちゃりの減少の一因をなしている。

このような現代相撲の技術的特徴は,巨漢肥躯(きょかんひく)の力士同士が対戦することの多い大相撲の,とりわけ番付上位の取組において顕著である。

一方,軽量瘦躯(けいりょうそうく)の選手の場合は前提条件をやや異にする。近年,アマチュア相撲の一部の大会では体重別制が採用され,特に国際大会の個人戦は原則体重別となっているため,これまで想定外であった軽量級同士の対戦における技術をどのように構築するかが,改めて問題になる。

[アマチュア相撲における戦術の工夫]

アマチュア相撲,特に国際大会では,戦術構築の基本思想が大相撲とは違ったものになる。そこでは相撲の型は規範的拘束力に乏しく,選手たちはもっぱら勝利の最大化へ向けて動機づけら

れる。1992年に始まった世界選手権大会の初期には,柔道やモンゴル相撲などの技術が直接に用いられることがあったが,21世紀に入る頃には東欧を中心にレスリング技術の応用研究が進んだ。低く入ろうとする相手に対して腰を引き上体の前傾を深くし,片足を引きながら股間へ向けて相手を引き落とす(レスリングの「タックルを切る」技術の応用)とか,軽量級では立合いに強く当たり合うのではなく間合いをはかり相手の腕を手繰るなどして優位な組手を探る,組んでからは両手を相手の背中でロックし相手を差し上げてひねり落とすなどの技が,しばしば用いられるようになっている(図2)。

こうして,日本の相撲を模倣するだけではなく,勝利を目標とした独自の工夫が凝らされることによって,アマチュア相撲の技術は多様性を増し,各国・地域の格闘競技の伝統を背景としたそれぞれの特徴が表れつつある。冒頭に述べたような緩やかなルールのもと,相撲の型のイメージを裏切り,みる者の予測を覆す技が展開される可能性が,今後ますます広がることになるだろう。

(新田一郎)

セーリング

Sailing

① 競技概要

セーリングは,帆(セール)を主たる推進装置として使用する船(セールボート)を用いて水上に設定されたコースを滑走し,着順を競う競技である。レジャーとして行う場合にもセーリングと称している。

1996年までオリンピックでは,セールボート競技をヨット競技と称していた。しかし,ヨットはスポーツやレジャーに使われる船の中で比較的に大型で装備なども豪華なものをさす。そこで,2000年の第27回オリンピック大会(シドニー)から,セーリングという名称でこのスポーツを表現するようになった。

[セールボートの種類]

セールボートは,ディンギーとクルーザーに大別される。ディンギーはオリンピックに採用されるような小型セ

図1 競技の様子：ディンギーレース (写真：フォート・キシモト)

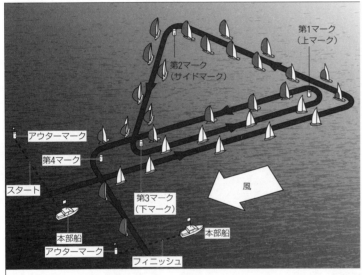

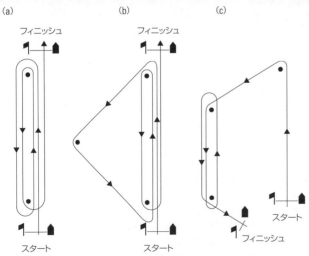

図2 セーリングの競技コースの例
(a)風上-風下コースの例，(b)トライアングルコースの例，(c)トラペゾイドコースの例。オリンピックではトラペゾイドコースが採用されている。

ールボートで，夜間航海の設備を有しておらず，日没までには帰港するのが基本である(図1)。そのため，ディンギーを使った競技は海岸近くで行われ，日没までに終了する。また基本的には転覆などに際しての救助体制が整う環境下で行われる。一方，クルーザーは夜間航海，船内調理，就寝ができるキャビン設備を有したセールボートで長距離航海が可能である。そのため，クルーザーの競技はスタートしてフィニッシュするまで自己の帆走能力だけを頼りに完走せねばならず，沖を走り，夜間航海をすることがある。

[競技の種類と形態]

セーリング競技の形態はディンギー，クルーザーの違い，それぞれの船の特徴，レースの目的などによって様々な種類がある。

・ディンギーレース

本部船(Race Committee Signal Boat)と左側の船(アウターマーク)の間の仮想線がスタートラインとなる。このラインを風上マークに向かって通過したらスタートとなる。その後は指示に従ってマークを回航し，フィニッシュライン(本部船とアウターマークを結ぶ仮想線)を横切ることによってフィニッシュとなる。なお，セールボートによる性能差がなく，乗り手の技量のみで勝敗が決するため，オリンピックではディンギーが採用されている。2012年の第30回大会(ロンドン)では8艇種10種目，2016年の第31回大会(リオデジャネイロ)でも8艇種10種目が指定されている。オリンピック艇種に採用されている以外にもディンギーの種類は多くあるが，基本的にはオリンピックと同じ方法で競技が行われ，レースコースはそれぞれの大会の帆走指示書によって決められる(図2)。

・クルーザーレース

ディンギーと同様に，海岸近くに設定されたマークブイを指定された方法で回航して順位を競うレース形式もあるが，沖を走り，島を回航したり，夜間航海が含まれたり，スタートからフィニッシュまでに数日かかる長距離のレースもある。

・アドベンチャー系レース

クルーザーで行う世界1周レース，大洋横断レースなどはアドベンチャー要素が強い。暴風に遭遇した場合など，

状況を乗り切るまで不眠不休で操船することもある。世界1周レースなどでは赤道無風帯を通過するコースも含まれており，全くボートが進まない状況などもある。

・スピードトライアル

着順ではなく，瞬間スピードを競う競技である。

・マッチレースとフリートレース

マッチレースは1艇対1艇で競う競技形態であり，フリートレースは参加するセールボートが一斉にスタートを切る競技形態である。マッチレースとフリートレースの中間に位置するのがチームレースで，例えば3艇で1ユニットを構成する2チーム，計6艇が同時にスタートして得点を競い，チームごとの総得点を競う競技形態もある。

・レーティング

ディンギーレースは同型艇（ワンデザイン・クラス）同士で競うのが一般的であるが，クルーザーレースは同型艇だけで競うレース形式のほかに，大きさや性能の異なる船が競うレース形式がある。この場合，その船が有する帆走性能に基づいて修正時間を算定し，コースを完走した所要時間に修正時間（ハンディキャップ）を加えて順位を決める。つまり船はそれぞれにハンディキャップをもつことになるのだが，それをレーティングと呼ぶ。

[国際競技団体の設立と世界的な普及]

現在，セールボートは国際セーリング連盟（International Sailing Federation: ISAF）によって統括されている。ISAFには126の国・地域が加盟し，セーリング競技を管轄している。ISAFが承認している艇種は2012年現在87クラスある。

ISAFの前身である国際ヨット・レーシング・ユニオン（International Yacht Racing Union: IYRU）は，レースを行う統一した競技規則と計測システムが必要なことから1907年10月に設立された。IYRU設立以前，ヨットが普及していたイギリスのヨットクラブはそれぞれ独自の活動を行っていた。それゆえ，他のクラブとのレースでは混乱が生じ，規則が規則として機能しなくなっていた。

イギリスでは統一規則を作成する試みが何回も行われた。最初の話し合いは1868年6月1日にロイヤル・ヴィクトリア・ヨット・クラブの呼びかけによって組織された「ヨット評議会」である。評議会はその時，すべてのヨットクラブの規則を提出させ，翌年3月4日に評議会を再び開催し，そこで競技規則の原案を検討し承認した。ところが，その規則がヨット関係者に発表されるやいなや，再び議論が百出したため結局は白紙に戻ってしまった。その後もいくつもの協会が組織されては，作成した規則が却下されるということが繰り返された。

ヨット・レーシング・ユニオン（イギリス）がフランス・ヨット・クラブに手紙を書き，ヨーロッパ中の国が使えるような国際計測規則を決める必要性を説いたことをきっかけに，1906年1月と6月の2回にわたってロンドンで計測に関する国際会議が開かれ，今日でも使用している規則が制定された。この会議の出席者によって翌年IYRUが創設され，IYRUの規則を基にしたヨット競技規則が承認された。この時点でIYRUは，オーストリア＝ハンガリー，デンマーク，フィンランド，フランス，ドイツ，イギリス，オランダ，ベルギー，イタリア，ノルウェイ，スペイン，スウェーデン，スイスのヨット競技統括団体によって構成されていた。ちなみに日本（当時の日本ヨット協会）は1935（昭和10）年にIYRUに加盟している。

1929年11月，北米ヨット・レーシング・ユニオンの代表者が年次総会に参加し，北米ヨット競技規則と国際ヨット競技規則はほぼ統一され，いずれも双方に事前に通知することなく変更しないことを確認した。1960年には統一規則が発効した。

その後，1996年8月にIYRUはISAFに改称され，国際オリンピック委員会（IOC）にセーリング競技の世界的統括団体として正式に承認されている。

[オリンピック種目としての歴史]

オリンピックにセーリング競技が登場したのは1900年の第2回大会（パリ）からである。この時は7種類の艇でそれぞれレースが行われた。その後，現在までオリンピックで採用される艇種は時代とともに変遷してきた。1924年の第8回大会（パリ）には初の1人乗りクラス（オリンピック級・モノタイプ）が採用され，1932年の第10回大会（ロサンゼルス）にはキールボート（横流れを防止し，直進性を高めるため，船底中央を船首から船尾までの貫通材〔キール〕が深く入っている船）を用いたスター級が登場した。1976年の第21回大会（モントリオール）で初の双胴船（カタマラン：2つの船体を甲板で平行につないだ船）としてトルネード級が採用され（同じ大会でFRP製の470級が初登場），初のウインドサーフィン（ウインドグライダー級）が登場したのは1984年の第23回大会（ロサンゼルス）である。1988年の第24回大会（ソウル）には初めての女子種目（女子470級）が採用され，この後，女子選手の参加が劇的に増えることになる。1992年の第25回大会（バルセロナ）には女子の1人乗りとしてヨーロッパ級が登場した。2000年の第27回大会（シドニー）にはハイパフォーマンスディンギー（既存のディンギーをはるかに超えたスピードが出る船）種目として49er級が採用された。2012年の第30回大会（ロンドン）には女子のキールボートマッチレース種目としてエリオット6mが採用された。

[日本での普及の歴史と日本人の活躍]

横浜にアマチュアローイングクラブが誕生したのが1886（明治19）年のことであった。これは，外国人中心のクラブであり，翌年，横浜セーリング倶楽部を経て横浜ヨットクラブと改称された。これが国内でのセーリング（ヨット）の発祥といわれている。1911（明治44）年には，このクラブに日本人の名前が登録されている。また，1922（大正11）年には，京都漕艇倶楽部が誕生し，その後日本ヨット倶楽部と改称し，琵琶湖ヨット倶楽部へとつながる（同倶楽部は日本最古のヨットクラブとして今も活動を続けている）。戦後になり1948（昭和23）年，駐留軍の英米人が結成したクルージングクラブ・オブ・ジャパンが誕生した。その後，日本オーシャンレーシングクラブを経て日本外洋帆走協会へと発展し，日本の外洋艇の活動の基礎となった。

日本人がオリンピックのヨット競技に参加したのは1936年の第11回大会（ベルリン）が初めてである。戦後になってからは1956年の第16回大会（メルボルン），1968年の第19回大会（メキシコシティ），1980年の第22回大会（モスクワ）を除き，全大会に参加している。1996年の第26回大会（アトランタ）では女子470級種目で重由美子・木下アリ

ーシア組が銀メダル，2004年の第28回大会（アテネ）には男子470級種目で関一人・轟賢二郎組が銅メダルを獲得している。現在，日本のセーリング競技は日本セーリング連盟（Japan Sailing Federation: JSAF）が外洋艇，小型ディンギーを合わせて統括している。

② 技術・戦術・ルールの変遷
[競技の高度化によるルールの複雑化]

セーリングルールの変遷には，競技艇の性能や建造技術の急速な進歩が大きく影響している。元来，セールボートは安全かつ頑丈を優先して建造されるために重い艇が多く，レースに勝つための多くの場合は最短距離のコースを帆走することが中心であった。そのために，設定するルールは単純なもので十分であった。

昨今，素材技術，設計技術，建造技術など様々な技術が進歩することで，競技艇の軽量化や，新素材の採用により帆走性能や安全性が大幅に進化した。ハイパフォーマンス艇が設計され，帆走スピードが向上することで，帆走コースも大きく変わり，今まで想定できないケースが起こり始めた。

そのたびに，各々の場面に合わせた回避義務や優先資格を追加することが求められ，ルールは複雑化し，競技者にとっても難解なものになってきた（例えば，定められたマークを回る際，内側の艇と外側の艇のどちらに航路権があり，どちらが規則違反をしているかの判定が難しくなっている）。

それ以外の大きな変更点は規則違反に関するペナルティーの軽減である。

以前は安全を最優先するために，規則違反＝失格という厳しいものであったが，船の安全性が大幅に進化することに伴い，1973年に違反について「失格に変わる罰則（2回転ペナルティー）」が初めて付則に記載され，1997年には本則に移行してきた。

③ 現代の技術・戦術・ルール
[より楽しむためのルール整備]

複雑化して競技者にとって難解なものになったルールを是正しようと1997年にはルールを単純化する目的で規則が大幅に整理され，その後，毎回の改定でも単純化への努力が続けられている。

また，安全性への配慮から失格をルールとして採用してきたが，ペナルティーに軽減され，1993年に回転ペナルティー制（違反の罪を認めて艇をその場でくるくると1回転あるいは2回転させることで他艇より遅れるようにすること）が採用された。これにより，自ら違反を認めることで失格という大きな負担を受けずにすむようになった。

セーリングルールの基本は，安全にスタートしコースを帆走してフィニッシュするために，船同士が接触を起こさないように航路権や優先資格を設けたため，大変厳格なルールであったともいえるが，昨今は時代に対応して選手がセーリングレースを楽しむことができるようになってきている。今後も技術進歩によりルールの変更が繰り返されるだろうが，選手（セーラー）同士が「スポーツマンシップ」と「安全への配慮」を実践することで，セーリングを楽しむためのルールへと進化していくと思われる。

（豊崎　謙，川北達也）

セーリング
[障がいのある人の]

Sailing (for disabled)

① 競技概要

障がい者のセーリングは，競技大会では健常者の大会にはない特有のルールが適用される。なかでも大きな特徴は，多様な障がいのあるセーラーが公平に競技に参加できるよう，選手個々に障がいの程度に応じたクラス分けが行われることである。その方法はポイント制で，最も重度の障がいのある選手には1ポイント，最も軽度の障がいのある選手には7ポイントが与えられ，艇種ごとにポイント数が規定される。

セーリングは，障がいの影響が非常に少ないといわれているスポーツであり，多くの障がいのある人が健常者と一緒にセーリングを楽しんでいる。同時に障がいのある人のセーリング活動に特化した様々な取り組みも行われてきた。競技規則についても国際セーリング連盟（International Sailing Federation: ISAF）の国際セーリング競技規則のほか，障がいがセーリングに及ぼす様々な影響を考慮した国際障害者セーリング協会（International Association for Disabled Sailing: IFDS）独自のレース運営マニュアルの条項が加えられる。大会で使用されるヨットは障がいのある人用として特別に設計されたものではない。数ある艇種の中からIFDSの厳しい基準をクリアしたヨットが採用されている。

競技の普及に伴い，障がいのある競技者はレースから日常のクルージングまで，幅広い選択肢から各自に合ったセーリングスタイルを手に入れることができるようになった。

② 歴史

障がいのある人のセーリング活動は個人的には古くから行われてきたが，1980年代に入り欧米各国で組織的な活動が始まった。1988年には国際的な障がいのある人のセーリングの普及と競技大会開催のため，IFDSの前身である国際ハンディキャップセーリング委員会（International Handicap Sailing Committee: IHSC）が設立された。1991年にIHSCはISAFより障がいのある人のセーリングの統括組織として認証され，名称を国際障害者セーリング連盟（のちに協会と改称：IFDS）に変更した。

国際的には，IFDSがパラリンピックをはじめとした障がいのある人のセーリング競技会および各国に点在する組織の統括を行っている。2012年現在，IFDS加盟団体は38ヵ国に及ぶ。

1996年には3人乗りSONARクラスがパラリンピックの公開競技として実施され，2000年の第11回パラリンピック大会（シドニー）では，1人乗り2.4mRクラスと3人乗りSONARクラスが正式競技として採用された。2008年の第13回パラリンピック大会（北京）では2人乗りSKUD18クラスが新たに加わり，2012年の第14回パラリンピッ

図1　活動（乗船）の様子：セーリング[障がいのある人の]

ク大会（ロンドン）では1人乗りクラス（2.4mR），2人乗りクラス（SKUD18），3人乗りクラス（SONAR）の3種目が実施され，さらなる発展を遂げている。

日本では日本障害者セーリング協会（The Japanese Association for Disabled Sailing: JADS）が，IFDSの認証団体としてパラリンピックへの選手派遣や国内での障がいのある人のセーリング普及活動を行っている。JADSは1990（平成2）年に障がいのある人のセーリングの普及活動を開始した。以後，全国各地でのセーリング体験会のほか，小型船舶免許制度の改正運動，障がいのある人用ヨットの建造，パラリンピック選手の育成等，幅広い活動を行っている。

（渡辺雅子）

背泳ぎ

→水泳（競泳種目）

セストボール

→バスケットボール系ニュースポーツ

セパタクロー

Sepak Takraw

① 競技概要

セパタクローは，1チーム3人ずつでネットをはさみ，ボールを足で蹴った

り，頭ではじいたりして，相手コートに入れ合う競技である（図1）。セパはマレー語で「蹴る」，タクローはタイ語で「籐のボール」を意味する。

1チームは1レグと呼ばれ，競技にはプラスチック製で籠状のボールを使用する。コートのサイズ（6.1×13.4m）やネットの高さ（1.55m）などはバドミントンとほぼ同じで，ルールはバレーボールと類似している。相違点は「手を使えないこと」「1人が連続してボールに触ってもよいこと」「ローテーションがないこと」である。

主に足と頭を用いて3回以内に相手コートにボールを返す。1セット21点のラリーポイント制で，3セットマッチで勝敗を競う。

競技の見所は，オーバーヘッドキックから繰り出されるアクロバティックなサーブとアタック，迫力のあるネット際の攻防である。

セパタクローにはいくつか種目があり，例えば，1チーム5人が輪になり頭上5mに吊した籠に，足，肩，頭を使って10分間に入れたボールの総数を競うフープ種目や，砂浜で4対4で競うビーチ種目などがある。

② 歴史

起源は，日本の「蹴鞠」のように輪になってボールを蹴り合う遊びといわれており，発祥は東南アジアである。

1965年，東南アジア競技大会の正式種目に採用されたのをきっかけに，アジアセパタクロー連盟が設立され，統一ルールが定められた。さらに1988年に国際セパタクロー連盟（International Sepak Takraw Federation: ISTAF）が設立され，それ以降，活動は欧米，オセアニア，東アジアなど世界的な広がりをみせるようになった。

アジア競技大会では，1990年の北京大会以降，正式種目として採用されており，1997年の世界選手権と1998年のバンコクアジア大会から相次いで女子種目が採用された。また，2005年にアジアインドアゲームズでフープ種目が，2008年にアジアビーチゲームズでビーチ種目が正式種目に採用されている。

日本には，1989（平成元）年から本格的に導入され，同年日本セパタクロー協会（Japan Sepak takraw Federation: JSF）が設

立された。同時期にアジアセパタクロー連盟および国際セパタクロー連盟に加盟している。1997（平成9）年以降，日本オリンピック委員会（JOC）の準加盟団体として活動中である。

日本選手の国際大会における主な活躍として，2002年の釜山アジア大会で初のメダルを獲得（男女ともに銅メダル）。2006年のドーハアジア大会でも銅メダル（女子）を獲得している。また，2010年の広州アジア大会では，男子がチーム種目で初の銅メダルを獲得した（女子もダブル種目で銅メダル獲得）。世界選手権大会では，1989年の初参戦以来，入賞，メダル獲得を幾度も経験している。

国内の活動状況としては，JSFが全日本オープン，全日本選手権，全日本ジュニア選手権（JOCジュニアオリンピックカップ）の3大会を毎年開催しているほか，地方協会などの主催により，全国各地でオープン大会が開催されている。また，学生連盟が学生オープンと学生選手権を主催している。

（三澤　勝）

総合格闘技

Mixed martial arts

① 競技概要

総合格闘技は，打撃技であるパンチ，キックのほかに投げ技と寝技，さらに絞め技と関節技の打・投・極の3種類を認める格闘技である（図1）。したがって，武道である日本拳法や大道塾（の空道）なども含まれる場合がある。しかし近年では，一般に総合格闘技といえばプロレスから派生した真剣勝負の格闘技をさしている。欧米ではMMA（Mixed Martial Arts：混成された格闘技）

図1　競技中の様子：セパタクロー

図1　競技中の様子：総合格闘技

と呼ばれ，ブラジルでは「すべてが認められる」という意味でヴァーリトゥード (VALETUDO) と表現されている。

世界的には統一されたルールはなく，各興行団体の独自の運営方法とルールで行われている。大まかなルールは，先に挙げたように打・投・極を認めるが，拳にはオープンフィンガーグローブという，指先が自由に使用でき，相手をつかめるようなグローブを装着しなくてはならない。このグローブも世界的な統一はなく，各団体が認定するグローブを装着して闘われる。パンチに関しては顔面への攻撃を認めず，胴体から下への攻撃のみを基本ルールに設定している団体もある。また，オープンフィンガーグローブを使用しない場合には，拳による顔面への攻撃を禁止し，手のひらによる攻撃だけを認めるルールを基本にしている団体もある。寝技状態での顔面への攻撃はパウンドと呼ばれ，これを認めないルールもある。そのほかの顔面攻撃である，サッカーボールを蹴るように顔面を蹴る技 (サッカーボールキック) や肘を垂直に落とす技，全体重を乗せた膝蹴りなどを制限するルールもある。

試合場は，プロレスやボクシングのような四角いリングを使用する団体もあれば，八角形のオクタゴンや金網の中で闘う団体もある。選手の服装は，選手の個々の流儀により様々で，キックボクシング用のパンツやレスリング用パンツ，柔術着，空手着を着用する選手もいる。また，シューズを認めるルールもある。反則行為も団体によって様々であるが，一般的には目潰しや急所への攻撃，後頭部への攻撃が禁止されている。勝敗のつけ方も各団体で異なるが，共通する点では，ノックアウト，ギブアップ，レフリーストップ，セコンドによるタオル投入によるギブアップ等がある。

② 歴史

近年の日本における総合格闘技といえば，一般にプロレス団体から発したものをさす。日本国内では，新日本プロレスのレスラーであった初代タイガーマスクの佐山聡が1984 (昭和59) 年に創立した修斗 (シューティング) という総合格闘技が最初であろう。

現在の日本の総合格闘技団体で主な

ものは，修斗，パンクラス，DEEP，ZST，DREAMなどである。アメリカでは，UFCという団体が興行する金網の中で闘う格闘技が流行している。

(菱田慶文)

ソーラーカーレース

Solar car race

① 競技概要

ソーラーカーレースは，太陽の光や熱エネルギーを利用して走行する車を用いて，長時間の走行や平均速度を競う競技である (図1)。

クリーンで無尽蔵な太陽エネルギーを動力源とするソーラーカーレースは，環境問題に対する関心の高まりから世界各国で開催されており，環境技術を向上させるための競技として発展してきた。ソーラーカーは，当初は光を太陽電池により電気エネルギーに変換するものと，熱をスターリングエンジンなどにより動力に変換するものがあった。しかし，太陽光発電の急速な普及と太陽電池の性能が向上したことから，現在ではほとんどのソーラーカーは太陽電池を利用するものである。

ソーラーカーは太陽電池を搭載した電気自動車であり，車両規格は主なレースにおいて統一されている。一般に車両寸法は全長5m，全幅1.8m，全高1.0m以下であり，動力源となる太陽電池の大きさは面積で6㎡以下と定められている。また，太陽エネルギーを有効に活用するために蓄電池が搭載されており，各レースにおいてバッテリー容量が重量により規制されている。ドライバー重量は80kgと定められており，不足分はバラスト (重り) を搭載する必要がある。

レースは一般公道を使用したラリー

図1　競技中の様子：ソーラーカーレース

と，サーキットを使用したスピードレースがあり，いずれも日中に太陽エネルギーを利用するため長時間の耐久レースとなる。レースではドライバーの技量や車両性能に加え，限られたエネルギーでより速くより遠くまで走らせるエネルギーマネジメントを必要とすることから，車を使ったブレインスポーツとも呼ばれている。これらのソーラーカーレースにおいて発展した技術は，現在普及しているハイブリッドカーや電気自動車に生かされている。

② 歴史

1982年にデンマーク出身の冒険家ハンス・ソルストラップ (Hans Solstlap) が，自作のソーラーカーでオーストラリア大陸横断4,052kmを単独走破した。これを受け，ソーラーカーの普及と発展を目的に1985年スイスにおいて，世界初のソーラーカーレースとしてツール・ド・ソル (Tour de Sol) が開催された。スイス太陽エネルギー協会による一般公道368kmを5日間で走破するレースには，ヨーロッパを中心に68台が参加し，ダイムラー・ベンツのシルバーアロー号が平均速度37.5km/hで優勝した。

1987年にはオーストラリアで世界最大のソーラーカーレースとなるワールド・ソーラー・チャレンジ (World Solar Challenge) が開始された。オーストラリア大陸北端のダーウィンから南のアデレードまでを貫くスチュワートハイウェイ3,000kmで開催される大陸縦断レースである。

第1回大会には日本からの4台を含む23台が世界各国から参加し，ゼネラルモーターズのGMサンレイサーが平均速度66.9 km/hで優勝した。当初は3年ごとに開催されていたが，近年では2年ごとの開催となり2005年の第8回大会において，オランダのデルフト大学のNuna3号が平均速度102.5km/hの世界記録を樹立した。

一方，日本では1992 (平成4) 年に国内初の本格的なソーラーカーレースとして，鈴鹿サーキットにおいて国際自動車連盟 (Fédération Internationale de l'Automobile：FIA) 公認の10時間耐久レースが開催された。第1回大会には45台が参加し，本田技研工業のドリーム号が平均速度56.3km/hを記録して

いる。さらに1993 (平成5) 年には秋田県大潟村に設けられた1周30kmのソーラーカー専用コースにおいて，ワールド・ソーラーカー・ラリーが開催され海外からの2台を含む65台が参加した。これら2つのレースは日本のソーラーカーレースを代表するものであり，今日まで毎年開催されている。

（藤田久和）

ソフトテニス

Soft tennis

① 競技概要

ソフトテニスは，相対する競技者がネットをはさんでコートに立ち一，ネットを越してきたゴム製のボールをラケットで打ち合う競技である (図1)。ノーバウンドまたはワンバウンドしたボールを相手のコートに返球する。シングルスとダブルスがあり，ダブルスの方が広く行われている。

[競技の特性]

走る，打つといった基本的な運動であり，誰でも簡単に楽しむことができる。ネットをはさんでの対戦のため身体的接触もなく，非常に安全性の高い競技である。

また，ラケットを用いてボールを返球する中で，コースやリズムの変化によって相手の守備を崩し得点するなど，相手プレイヤーとの駆け引きを楽しめるところが，この競技の特長である。

[競技の仕方]

・シングルス

サービスは，サイドラインとセンターマークのそれぞれ仮想延長線の間でベースラインの外側で行う (図2)。ネットに向かって右側から始め，左右交互に対角線上の相手サービスコートに入れる。サービスが相手のサービスコートに入らなかった (フォルト) 場合は，もう1度サービスを行うことができるが，2本とも失敗すればダブルフォルトとなりポイントを失う。サービスがネットに触れて相手コートに入った場合はレットであり，そのサービスのやり直しとなる。

サービスの返球 (レシーブ) は，有効にサービスされたボールをワンバウンドの後，打ち返さなければならないが，それ以降のラリー (打ち合い) では，ノーバウンドまたはワンバウンドで打球する。

サービスとレシーブは，1ゲームが終わるごとに相手と交代し，ゲームの進行に従って奇数ゲームを終わるごとにサイドを交代する。なお，ファイナルゲームでは，サービスは2ポイントごとに相手と交代し，サイドのチェンジは最初の2ポイント後と，それ以降は4ポイントごとに行う。

図1 競技中の様子：ソフトテニス (写真：フォート・キシモト)

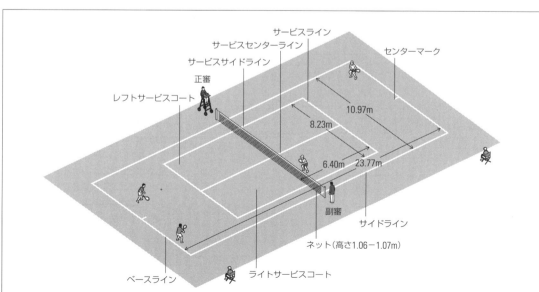

図2 ソフトテニスのコート図

・ダブルス

シングルスと基本的に同じであるが，ダブルスにおいて，サービスは同一ゲーム中にパートナー同士が2ポイントずつ交互に行う。なお，同一ゲーム内ではサービスの順序を変えることはできない。

またレシーバーは，それぞれライトサービスコートまたはレフトサービスコートのいずれかでレシーブし，そのゲーム中は入れ替わることができない。

[勝敗の決定]

1ゲームは4ポイント先取で，3対3になった時はデュースとなる。デュースのあと1ポイント得た方がアドバンテージとなり，続いてもう1ポイントを得るとそのゲームを取得することができる。マッチは7または9ゲームで行われ，7ゲームマッチの時は4ゲーム，9ゲームマッチでは5ゲーム先取したチームが勝ちとなる。7ゲームマッチで双方が3ゲームずつ取得した時や，9ゲームマッチで双方が4ゲームずつ取得した時は，次のゲームをファイナルゲームとし，7ポイントを先取した方を勝ちとする。ただし双方が6ポイントずつ取った時はデュースとなる。

[技術体系]

ソフトテニスのゲームの仕組みは図3のように整理できる。まず，サービスから始まり，グラウンドストロークを用いてレシーブし，ワンバウンド（グラウンドストローク）もしくは，ノーバウンド（ボレー，スマッシュ）で打ち合い，ポイントを競い合う。

各局面で求められる技術は，図4のようにまとめることができる。

[施設と用具]

・テニス場

コート，ネットポスト，審判台などがある。

ラインの名称と長さは，サイドライン：23.77m，ベースライン：10.97m，サービスサイドライン：12.80m，サービスライン：8.23m，サービスセンターライン：12.80m，センターマークは，ベースラインから内側へ15cmの位置にある。

・用具

ネット，ボール，ラケットがある。ネットの高さは1.07mで水平に張る。ボールは1.5mの高さから落として70-80cm弾むようにする。

[発祥と発展]

ソフトテニスは日本で生まれ育った伝統ある競技スポーツであり，1884（明治17）年の発祥からその歴史はすでに約130年になる。

一説によると，1878（明治11）年に日本政府の招きで来日したアメリカ人のリーランド（G. A. Leland）が，翌年開設された体操伝習所（後の東京高等師範，現・筑波大学）のために，後年になって，わざわざアメリカから用具を取り寄せて学生に教えたといわれている。そのボールはローンテニス（芝生テニス）のボールで，それを紛失したり破損したりした時，輸入品なので入手しにくく，国内で製造するにも技術的に無理であった。しかも経済的にも問題があったので，その代用品として，比較的入手しやすい女の子の手まり用のゴム球を使用したのだが，これがソフトテニスの発生となった。

日本にいつ頃からゴム球があったのかについては明確ではないが，日本の最初のゴム工場は，土谷秀三が1886（明治19）年12月に創立した，三田土ゴム株式会社である。ソフトテニスの発生は，このゴム会社の創立よりも前ということになるが，この間は輸入されていたドイツ製のゴム球でプレイされていたということである。

1975年，国際軟式庭球連盟（現・国際ソフトテニス連盟，International Soft Tennis Federation：ISTF）が創立され，第1回世界選手権大会がアメリカ・ハワ

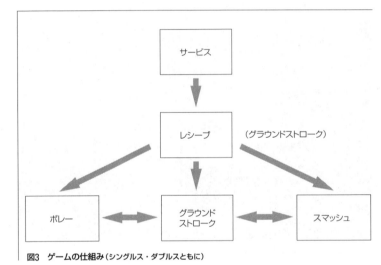

図3　ゲームの仕組み（シングルス・ダブルスともに）

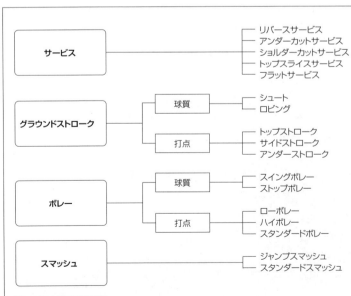

図4　ソフトテニスの技術

イで開催された。また，1985(昭和60)年に第6回世界選手権大会が初めて日本(名古屋市)で開催された。その後，1995(平成7)年に第10回大会が岐阜市で，2003(平成15)年に第12回大会が広島市で開催されている。第13回大会は2007(平成19)年に韓国・安城で開催され，ヨーロッパからの13ヵ国をはじめ初参加が10ヵ国を超える状況で過去最高となる42の国・地域から約350人の選手・役員が参加した大会となった。

このほかにも，1994年よりアジア競技大会の正式種目となるなど，毎年のように国際大会が開かれている。

近年，世界の多くの国でソフトテニスという名称が定着したので，1992(平成4)年に従来の軟式庭球からソフトテニスに改称した。

現在，日本ソフトテニス連盟の登録団体は，各都道府県連盟ほか中学・高校・大学の団体を含むと約1万5,000団体にもなり，登録会員は60万人となっている。ほかに愛好者は約700万人といわれ，わが国のスポーツの中では，愛好者の多い競技の1つである。

② **技術・戦術・ルールの変遷**
[ルール改正に伴う技術・戦術の変化]
・1994年以前のプレイスタイル
　ダブルスが中心に行われていた。ダブルスは，1人のベースラインプレイヤーがすべてサービスを行い，パートナーのネットプレイヤーはサービスを行わない。つまり，ベースラインプレイヤーはグラウンドストロークとサービスを専門に行い，パートナーのネットプレイヤーは，レシーブ以外はネットプレイに専念するという分業的なプレイスタイルが中心であった(雁行陣という)。これはトップアンドバックといい，1人がコート後方で守備，もう1人(パートナー)がネット近く(前方)で攻撃を担当する攻守のバランスがとれた陣形である。
・1994-2004年のプレイスタイル
　コートの左右半面を交互に使用するシングルスが国際競技として新規導入された。一方，ダブルスにおいても以下の新ルールが導入された。
1) ダブルスの2人が2本ずつ交代しながらサービスを行う。
2) サービスが打たれる前は，レシーバー以外のプレイヤーはコートの中に入ってはいけない。
3) ファイナルゲームの7ポイント先取のタイブレーク方式を導入する。

このルールが定着して，すべてのプレイヤーがサービスを行うことによりプレイヤーの平等性が確保された。また，陣形が自由に選択できるようになり，従来の雁行陣のみでなく，後陣の並行陣でプレイしたり，積極的に前陣の並行陣(ダブルフォアード：2人ともネット近くに位置していること)でプレイする場面もみられるようになった。
・2004年以降(ルール改正，現行の国際ルール)のプレイスタイル
　シングルスでは，コートの広さが硬式テニスのシングルスと同じになり，コートが広くなった。そのため，ラリーをより多くつなげるプレイスタイルから，積極的に攻撃しポイントを競い合うプレイスタイルに変化した。

一方，ダブルスでは，サービス時のプレイヤーのポジションの制約がはずされ，サービスを行うプレイヤー以外はコートの中であれ外であれ，どこにポジションをとってもよいことになった。これにより，ラリーをより多くつなげるプレイスタイルから，シングルスと同じく積極的に攻撃しポイントを競い合うプレイスタイルに変化した。最初からネットに位置するプレイヤーが出現し，レシーブが難しくなり，サービスレシーブの重要性が一段と増した。

③ **現代の技術・戦術・ルール**
[プレイのスピード化]
　ラケットやストリングスの改良により，ボールの反発力が増したことや，ラケットの軽量化が進み，スイングスピードが増したことなどにより，すべてのプレイにおいてボールのスピードがアップしている。そのためプレイヤーには，反応の速さや俊敏性が求められるようになってきた。

技術的には，スピードボールに対していち早く対応するために，無駄な力を抜き，うまくボールにスピンを加えて正確にコントロールすることに主眼が置かれるようになった。

また，シングルスの積極的導入により，オールラウンドプレイヤーが増えたことで，ダブルスにおいても以前のようなベースラインプレイヤーやネットプレイヤーによる雁行陣スタイルばかりではなく，陣形をいろいろ変化させながら，相手を混乱させるようなプレイスタイルも多くみられるようになってきた。

[コートサーフェスの違いと技術・戦術]
　柔らかいゴム製のボールを使うソフトテニスでは，テニスコートの状態や種類によって，ボールの弾み方や止まり具合が大きく異なる。例えば同じクレーコート(土のコート)でも，コート表面が硬いほどボールは滑り(ボールのスピードが落ちない)，柔らかければボールは止まる(ボールのスピードが落ちる)。このようにコートの状態やコートサーフェス(コートの種類)によって作戦を考えてプレイすることもソフトテニスのおもしろさの1つである。
・クレーコートに適した技術・戦術
　最もボールが滑りやすいため，スピーディーな展開になりやすく，プレイヤーにはスピードとパワーが要求される。ダブルスでは，1人がネット近くに，もう1人はコートの後方にポジションをとる雁行陣が最も適している。
・ハードコートに適した技術・戦術
　最もボールが止まりやすく，ボールがワンバウンドした時にスピードが大きく落ちるため，スピードボールだけでは有効打になりにくい。そのため，前後左右への打ち分けやロビングの使用などスピードやコースに変化をつけるテクニックが要求される。ダブルスでは，ボールがあまり弾まないアンダーカットサービスが有効である。前陣の並行陣で戦うスタイルが多くみられるのも，このハードコートである。
・砂入り人工芝に適した技術・戦術
　コートの特性はクレーコートとハードコートの中間になる。雨が降っても使用できることや，コート管理が簡単であることから，日本国内の大会では，最も多く使用されている。砂が多いとクレーコートに近くなり，少ないとハードコートに近くなる。戦術もそれに応じて変化する。

参考文献
◆ 日本ソフトテニス連盟「ソフトテニス指導員養成講習会用マニュアル」

（表　孟宏，北本英幸）

ソフトバレーボール

→バレー系ニュースポーツ

ソフトボール

Softball

① 競技概要

　ソフトボールは，同人数の2チームが攻守に分かれ，投手が下手投げで投げたボールを打者が打ち返すことで打者走者となる。走者として出塁したならば，後続の打者の打撃によってさらに進塁し，本塁まで到達した得点を競い合う球技である（図1）。また，施設，道具，ルールを工夫することで，老若男女がその技術に応じて競技的にもレクリエーション的にもプレイすることができる。

[競技の特性]

　競技を大別すると，9人（指名打者を採用する場合は10人）で行うファーストピッチ・ソフトボール（以下，ファーストピッチ）と10人（打撃専門の選手であるエキストラヒッターを採用する場合は11人）で行うスローピッチ・ソフトボール（以下，スローピッチ）がある。

　ゲームの特徴としては，投手が速球や変化球を自由に投球できるファーストピッチでは投手と捕手を中心としたゲーム展開となる。一方，スローピッチでは公式ルールに則って山なりのボールを投げるため，打者と走者が中心のゲーム展開になる。ファーストピッチはオリンピックや世界選手権のような競技スポーツとして，スローピッチは学校，職場，地域などで実施されるレクリエーションスポーツとして，一般的に位置づけられる。

[競技の仕方]

　後攻チームが守備につき，先攻チームの先頭打者がバッターボックスに入り，投手が投球板に両足を置いた（スローピッチの場合は片足も可）時に，球審の「プレイボール」の宣告があり，ゲームが開始される。攻撃では，事前に提出した打順表どおりに1人ずつ相手チームの投手が投げたボールをバットで打つことを試みる。攻撃は，打者や走者が3人アウトになるまで続けられ，それまでに1塁，2塁，3塁，本塁の順（反時計回り）で各塁に正しく触れた場合に1点を得る。守備では，打者の打球を捕ったり，走者の進塁を防いだりして相手をアウトにする。なお，打者は投手が投げたボールでストライクを3つ取られた場合（三振）や打者が打ったボールがフライとなり野手に直接捕られた場合，打者走者が1塁に達する前に野手によってタッチされるか，ボールを持った野手が1塁ベースを触れた場合，走者が塁に触れていない時に野手によってタッチされた場合などにアウトとなる。

　ソフトボールでは，どのような種類のゲームにおいても，攻撃チームがいかに多くの点を取るかが一番の目標となり，一方で守備チームはいかに打者をアウトにして失点を最小限に防ぎ止めるかが追求される。この原則から打撃や守備の戦術が生み出されていく。

[勝敗の決定]

　いずれも7回（イニング。各チームが攻撃と守備とを1回ごとに交代で行う）が終わり，相手チームより多く得点したチームが勝者となる。同点か0対0の場合は，前回の最終打者を2塁走者に置いてから開始するタイブレーカーという形式で延長戦を行う。

[施設・用具]

　ファーストピッチの競技場と用具については図2，3にまとめた。

　競技場には1塁ベースを走り抜ける際に野手と走者との接触を防止するために，ダブルベースが設置されている。

　ボールは，日本ソフトボール協会が公認する1号球，2号球，3号球といったボールのほかに，14インチ球など様々な種類のボールがあり，それぞれの使用球に応じたルールでゲームが行われる。

図1　競技（投球）の様子：ソフトボール（写真：フォート・キシモト）

図2　競技場

② 組織の発展

[ソフトボールの起源]

イギリスのラウンダース，さらにその母体となったクリケットが移民によってアメリカに渡ったのち，1700年代後半から1800年代後半にかけて，ニューイングランドボール，タウンボール，ストゥールボールといったソフトボールやベースボールに類似した球技が創造され，変遷が重ねられた。「ソフトボール」という名称は，1926年にYMCA主事のハケンソン(W. Hakanson)によって考案された。以降，多様な名称やルールで行われていたソフトボールに類似した球技をセンチュリー・オブ・プログレス社の新聞記者フィッシャー(L.H. Fisher)とパウレイ(M.J. Paulay)らによって名称を統一する取り組みがなされた。彼らの努力により開催された1933年の第1回 全米ソフトボール選手権大会を機に「ソフトボール」という名称への統一が進んだ。同年アマチュア・ソフトボール協会(Amateur Softball Association of America: ASA)が設立され，初代会長にフィッシャーが就任した。同協会は，全米レクリエーション協会，YMCA (Young Men's Christian Association)，全米大学

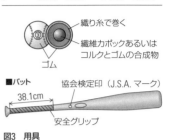

■ボール

号数	周囲(cm)	重さ(g)
1	26.38 – 27.02	136 – 146
2	28.26 – 28.90	158 – 168
3	30.16 – 30.80	177.19 – 198.45

■バット

図3　用具

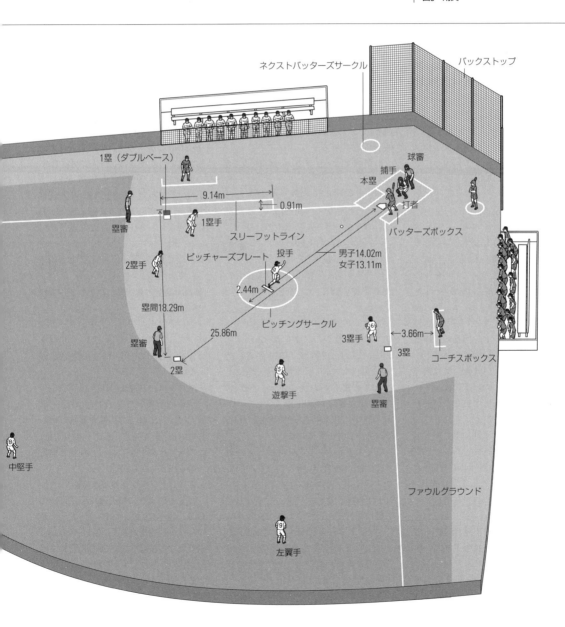

競技協会(National Collegiate Athletic Association: NCAA)，アマチュア競技連合(Amateur Athletic Union: AAU)の4団体と協力してソフトボール合同委員会を設置し，1934年に標準ルールを制定し，ルールの統一を図った。

[アマチュア・ソフトボール協会設立以降の国際的な普及]

ソフトボール標準規則が制定されたのち，アメリカでは加速度的にソフトボールの普及，組織化が進展した。1946年にはアメリカ全土で2,000以上のソフトボール用の球場が建設され，同年女子のプロチームも誕生した。また，1951年になると，国際ソフトボール連盟(International Softball Federation: ISF)が設立され，国際的な普及活動も本格化した。その結果，1965年に第1回世界女子ソフトボール選手権大会(オーストラリア)，1966年に第1回世界男子ソフトボール選手権大会(メキシコ)と男女の世界大会が開催され，1996年の第26回オリンピック大会(アトランタ)では正式種目として女子ソフトボールが採用されるまでに至った。2012年現在，ISFには127の国と地域が加盟している。

[わが国における普及]

わが国のソフトボールは，1921(大正10)年にシカゴ大学に留学していた東京高等師範学校教授の大谷武一によって紹介された。現在のソフトボールの室内版である大きく柔らかいボールを用いた「インドアベースボール」(Indoor Baseball)やプレイグランド協会が屋外で行うレクリエーション活動の一環として普及させた「プレイグランドボール」(Playground-ball)が戦前の学校教育の場を中心に広まった。その後，キッツンボール(kitten ball)と称したゲームも女子を中心に広くプレイされていった。1949(昭和24)年には日本ソフトボール協会(Japan Softball Association: JSA)が設立され，翌年の第5回国民体育大会(愛知)では正式種目として採用され，高校および一般と教職員男女混合チームの試合が行われた。以降，1955(昭和30)年には第1回全日本総合ソフトボール大会(教職員の部・一般女子の部)，第1回全日本一般男子ソフトボール大会，1966(昭和41)年には，第1回全日本高校男子ソフトボール大会，第1回全日本大学男女ソフトボール大会が開催されるなど普及の輪が広がっていった。

[現在のわが国の組織]

日本ソフトボール協会はわが国のソフトボール競技を統括する団体であり，主に競技スポーツとしての普及に取り組んでいる(図4)。現在の事業展開は，1)ソフトボールの普及奨励(ソフトボール・フォーラムの開催など)，2)ソフトボールに関する調査研究および指導(競技者育成プログラムの策定など)，3)ソフトボール指導者の養成，4)ソフトボールの競技力向上，5)ソフトボールに関する日本選手権大会の開催，6)ソフトボールにおける国際競技大会への選考，ならびに派遣，7)ソフトボールに関する競技規則の制定，8)ソフトボール用品・用具の検定，など多岐にわたる。

また，競技スポーツ以外のソフトボール関連団体については，全日本健康スローピッチ連盟や，大学スローピッチソフトボール研究会を前身にもつNPO法人日本ティーボール協会などがあり，それぞれ活動を展開している。

[競技の現状]

わが国では，ソフトボールの前段階として，キャッチボール，三角ベースやハンドベースボールなど，様々なベースボール型ゲームが行われ，それが今日のソフトボール隆盛の源になっている。近年では打者がバッティングティーにのせたボールを打つティーボールの普及が進み，特に小学校の体育の授業で採用され，大きな広がりをみせている。

また，1996年の第26回大会(アトランタ)より，女子のソフトボールがオリンピックの正式種目として採用された(男子種目には野球)。日本代表チームは，2000年の第27回大会(シドニー)で銀メダル，2004年の第28回大会(アテネ)で銅メダル，2008年の第29回大会(北京)では金メダルを獲得した。

しかしその後，「オリンピックの肥大化に歯止めをかける」という国際オリンピック委員会(IOC)の方針により，2012年の第30回大会(ロンドン)において競技種目からはずされた(野球とともに)。ソフトボールが除外された理由は，日米豪などの一部の国以外(特に欧州)での普及度が高くないことが挙げられている。

③ 技術・戦術・ルールの変遷

ソフトボールのルールは，ファーストピッチとスローピッチといった競技形態の違いや，用具の改良，施設の充実などの影響を受けて様々な変遷を続けている。近年では，長打が生まれやすくなる「飛ぶボール」や「飛ばすバット」の製造競争が活発化しており，ソフトボールは競技性の高いスポーツへと様変わりをしている。その結果，打撃技術やそれを防御するための投球技術(新しい変化球の開発)の高度化が進展する半面，「手軽で安全」というソフトボールの競技特性を生かした幅広い層への普及が課題として挙げられるようになった。

[黎明期のルール]

現行のソフトボールの形式がルールとして制度化されていったのは1930−40年代のことであった。当時のルールをみると，各塁間の距離は現行ルールと同じ60フィート(18.29m)，投手板から本塁間の距離も43フィート(13.11m)と女子の現行ルールと同じ距離である。ボールは12インチ(＝3号球)の使用が最も一般的で，投球方法は下手投げで，投球する腕が体側線を通過する時，手が腰より下を通ること，身体より6インチ(15.2cm)以上離れないこと，腕のスイングはフォロースローも含めて身体と平行に振ることと規定されていた。

[競技の高度化を促進したピッチング技術の変遷]

ソフトボールには，スタンダード投法，スリングショット投法，ウィンドミル投法の3つの代表的な投法(図5)がある。

・スタンダード投法の特徴

標準的な下手からの投法であり，スローピッチではこの投球が義務づけられている。腕を中心に後方へ振り上げ，その反動を利用してゆっくり腕を前方へ振り出しながら投球する。

・スリングショット投法の特徴

振り子のように腕を速く振る投法である。腕を1度後方へ振ったあと，その身体の反動を利用して前方へ力強く振りながら投球する。この腕を振る動作が「パチンコ」や「石投げ器」に似ているため，スリングショット投法と呼ばれている。

a
・ウィンドミル投法の特徴

　腕を風車のように1回転させて投球する方法である。オリンピックや世界選手権のみならず，競技志向のファーストピッチのゲームでは，この投法が用いられている。身体の前に両手でボールを持ち，打者に対して2秒以上完

b
全に停止する正しいセットポジションをとったのち，足を前方へ踏み出すと同時に腕を1回転させて投げる。その時，回転する腕の尺側手根屈筋（肘のすぐ下の箇所）を脚の大腿部に接触させ，「テコの原理」を利用することで威力のある速球や様々な変化球を投げること

c
ができる。

　ファーストピッチのゲームでは，スタンダード投法からスタンダード投法に似たスリングショット投法へ，ウィンドミル投法に似たスリングショット投法からウィンドミル投法へと投法が変化していった。ウィンドミル投法の

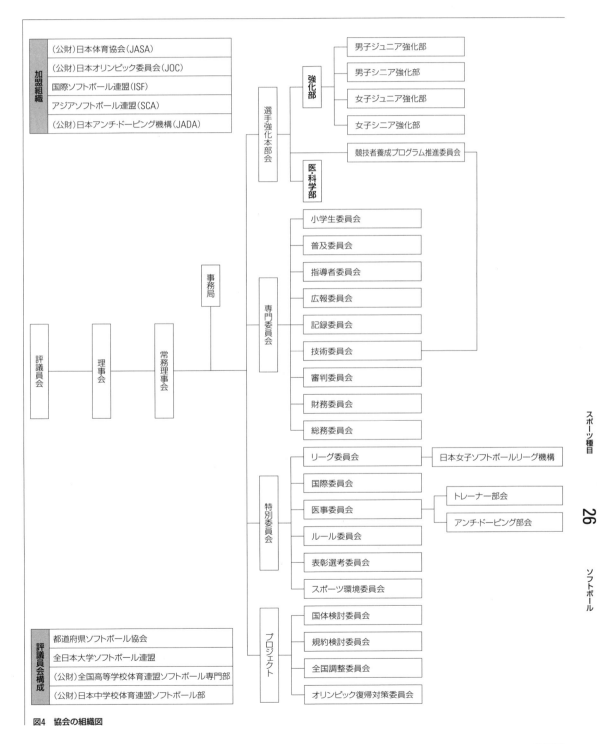

図4　協会の組織図

習得により，投手は男子で115km/時，女子で95km/時を超える速球を投げることや，打者の手元で浮き上がるライズボールや沈むドロップ，左右に変化するカーブやシュート，また，スライダーや浮き上がりながらカーブするボール，沈みながらシュートするボール，さらにはスピードの緩急をつけたチェンジアップ（図6）など，より多くの変化球を打者からボールの握りがみえにくい角度で投球することが可能になった。

[競技の高度化を促進した役割の専門化]

・再出場（リエントリー）制度の導入

1979年のISFによるルール改正において，指名打者を除く先発選手が交代をしたあと，一度に限り，再び試合に戻ることができるルールが適用された。この場合，選手がリエントリーする際には，「元の自分の打順を受け継いだプレイヤーと交代」しなければならず，違反した場合は監督と違反者が退場処分となる。

・指名選手制度の導入

2002年のISFのルール改正により，指名打者（Designated Hitter: DH）が指名選手（Designated Player: DP）へと変わった。DPは基本的に攻撃を重視して起用される選手であるが，DHと異なり，守備につくことや先発選手であれば，リエントリーすることも可能になった。また，DPのついた守備選手をフレックスプレイヤー（Flex Player: FP）と呼び，基本的に守備を専門に行う。FPもDPと同じように打撃を行うことも，先発選手であればリエントリーすることもできる。これらの制度の導入は，選手にとってより多くの出場機会が生まれると同時に，監督にとっても早いイニングでの大胆な選手交代が可能になるなど，ソフトボールの戦い方に変化をもたらした。特にページシステム方式（敗者復活戦を伴うトーナメント）のように，短期間で多くの試合を実施する国際大会において，選手起用の選択肢が大きく広がった。

[打者走者と1塁手と2塁手の安全確保に伴う用具・施設の変更]

・ダブルベースの採用

ソフトボールでは，1塁ベース上でのクロスプレイが多くなり，打者走者と守備者の接触といった危険なプレイが頻発していた。そこで1980年初めにアメリカ各地のスローピッチで採用されていたルールを参考に，ファーストピッチにおいても1987年のISFルール委員会でダブルベースの採用が決まった（当時の名称はセーフティーベース）。このルールは1994年の第8回世界選手権大会から使用され，1997年からはJSAルールにも採用された。ダブルベースは，ベースの白色部分をフェア地域に，オレンジ色部分をファウル地域に固定する。打球が内外野に打たれた時に，1塁周辺でプレイが行われた場合は，打者走者はオレンジベースに触れなければならない。また，打者走者が安打で1塁を回り，2塁をうかがったのち帰塁するのは白色ベースである。守備のプレイヤーは，常に白色ベースを使用しなければならない。ただし，ソフトボール発祥の地アメリカでは，現在でも複数のソフトボール統括組織が存在し，ルールやルールの運用も多種多様である。ダブルベースについても，NCAA（National Collegiate Athletic Association: 全米大学スポーツ協会）やNAFA（North American Fastpitch Association: 北米ファーストピッチソフトボール協会）などのように，義務化されていない団体も多い。

[オリンピック種目化に伴うルールの変更]

ソフトボールがオリンピック種目であった1996年の第26回大会（アトランタ）から2008年の第29回大会（北京）の期間中，いくつかのルール変更が行われている。

・投球距離の変更（女子）

「投高打低」（投手が強く打者が弱い状況）の現状を改め，得点が入りやすくするために投手と捕手の距離がこれまでの12.19mから13.11mへ変更となった（2002年）。

・延長の場合の対応

ファーストピッチでは投手戦になることが多かったため，ISFが1987年か

■スタンダードモーション

■スリングショットモーション

■ウインドミルモーション

図5　投法の種類

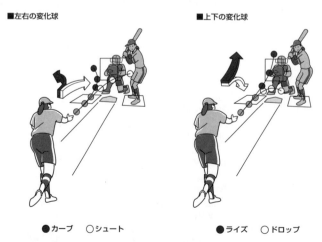

図6　変化球の軌道
（出典：『トッププレーヤーに学ぶ！ソフトボールピッチングの極意』ベースボール・マガジン社を参考に作図）

ら採用していたタイブレーカールールを旧ルールの延長10回から延長8回に改正した（2002年）。これは試合時間を短縮し，ゲーム進行をより早くすることが企図されている。タイブレーカーとは「無死走者二塁を設定して試合を継続するルール」であり，その2塁走者は「前の回の最後に打撃を完了した者」とし，打者は「前回から引き続く正しい打順」でゲームが継続される。

・ボールの色の変更

　国際大会で使用されるボールは，皮革を縫い合わせたボールの周囲の長さが12インチのものが使用されるが，2002年よりISF主催の国際大会ではこれまでの白色ではなく，黄色のボールを使用することになった。これは，試合会場での観戦やテレビ映りに配慮したものであった。

・「みるスポーツ」としての普及の試み

　試合会場での観戦やテレビ映りに配慮したボールの色の変更，試合時間を短縮し，みる人にとって退屈さを感じさせないためのルール変更，ソフトボールを詳しく知らないテレビ視聴者でも楽しむことができる得点の入りやすいゲーム展開など，世界中の多くの人が観戦・視聴するオリンピック種目に採用されたことで，ソフトボールを「みるスポーツ」として捉え，その価値を高めようとしたルール変更が進められていった。

④ 現代の技術・戦術・ルール

[現代の技術の特徴]

　近年ボールやバットなど用具の進歩が著しいために打球が飛びやすくなっていること，ソフトボール大会の多くが短期間で多くの試合をこなすトーナメント方式を採用していることなどから，現在，ソフトボールの投手の負担は非常に大きくなってきている。そこで，全国大会や国際大会では，チームとして複数の投手を用意する戦略や連投による握力低下にも対応可能な変化球（ドロップ，チェンジアップ）の習得と，それを軸にした配球術（戦術）の工夫が進んでいる。

[現代のファーストピッチでの戦術的特徴]

　ファーストピッチでは，球速が男子で115km/時，女子で95km/時を超える速球も少なくない。しかも，投げられたボールは上下によく動く。そこで打者はねらいを絞ることが大切になるが，基本的には，1）投手が最も多く投げているボールにタイミングを合わせる，2）ライズボール，ドロップのような高低のある変化球を投げてくる場合は，ツーストライクまでどちらかの球種に的を絞り，ねらい打つ，3）ツーストライクを取られた場合，バットを少し短く持ってシャープに振る，4）どのようなカウントでもバントを行えるようにしておく，といった攻略法が実施

表1　ソフトボールのルールや組織の主な変遷

年	主な出来事
1800年代後半	イギリスのクリケット，ラウンダースなどが移民とともにアメリカに渡り，ニューイングランドボール，タウンボール，ストゥールボールなどといった多様なベース・ボール型新球技が各地で創造される
1887	室内の競技としてジョージ・ハンコックが「インドアベースボール」を考案し，各地でプレイされ始める
1907	周囲が14インチのボールを使用したベース・ボール型球技がE.B.デグルートらによって「プレイグランドボール」として開発され，運動場でプレイされる
1921	大谷武一により「インドアベースボール」と「プレイグランドボール」が日本に初めて紹介される
1926	米国コロラド州デンバーのYMCA主事ハケンソンがソフトボールという名称を提案
1930-32	フィッシャーとパウレイによりベースボールに類似した多くの球技がソフトボールという名称で統一の努力がなされる
1933	第1回全米ソフトボール選手権大会が開催 アマチュア・ソフトボール協会（ASA）が設立
1949	日本ソフトボール協会（JSA）が設立
1950	日本では第5回国民体育大会（愛知）において，正式種目に採用
1951	国際ソフトボール連盟（ISF）が設立
1955	日本において，第1回全日本総合ソフトボール大会（教職員の部・一般女子の部），第1回全日本一般男子ソフトボール大会が開催
1965	第1回世界女子ソフトボール選手権大会（オーストラリア）が開催
1966	第1回世界男子ソフトボール選手権大会（メキシコ）が開催 日本において，第1回全日本高校男子ソフトボール大会，第1回全日本大学男女ソフトボール大会が開催
1971年頃より	金属バットがアメリカより日本に輸入され，各地で広がりを見せ，年々改良が加えられていく
1979	ISFルール委員会で再出場（リエントリー）を採用
1987	ISFルール委員会でダブルベース（JSAでは1997年から採用）とタイブレークを採用
1996	第26回オリンピック大会（アトランタ）の正式種目として女子ソフトボールを採用
2002	タイブレーカールール（2001年よりタイブレークからタイブレーカーへ呼称変更）が，これまでの延長10回から延長8回からへと変更 ISFルールでは，女子の投手と捕手の間が旧来の12.19mから13.11mへ，男子と女子の本塁から外野フェンスまでの下限の距離が男子76.20m，女子67.06mへと変更（国内ルールは，男子68.58m，女子60.96mのまま） ISFルール委員会で指名打者選手の再出場（リエントリー）を採用
2008	第29回オリンピック大会（北京）で日本チームが金メダルを獲得
2012	第30回オリンピック大会（ロンドン）で競技種目からはずれる（男子の野球とともに）

されている。

[現代のスローピッチでの戦術的特徴]

スローピッチにおいても，投手は打者の態度，球種や配球を考えて投球をする。例えば，強打者が打ち気の時には，内角高めのストライクゾーンから2つ3つはずれたボールを投げると，打者は引っ張ってファールを打つことが多い。あるいは山なりのボールを本塁プレートの前で落とすと，打者は体勢を崩して打ちにいく確率が高くなる。また，10人目の守備者として指定されたショートフィルダーは通常2塁ベースの後方で守備につくが，打者の特徴によっては4人目の外野手として左中間前方か右中間前方で守備につかせるとよい。スローピッチの場合，バントやチョップヒット（投球を上から叩き切るように打つ打法）はルール上アウトになるため，ファーストピッチと比べて1塁手と3塁手は各塁ベース横，あるいは後方に守備位置を決めることになる。

[事例にみる競技方法と戦術の違い]

・打順の考え方

一般的な打線の組み方は，1-5番の上位打線と6-9番の下位打線に分かれ，主な得点はクリーンナップと呼ばれる3番，4番，5番に期待する。これに対して，4番と8番に強打者を配置し，5番打者が1番打者，6番が2番，7番が3番にそれぞれ対応した役割を担う「ダブルクリーンアップ制」が敷かれる。

ファーストピッチにおいて，得点が入りにくい時，イニングごとに得点をねらう戦術として用いられることがある。

・無死・走者1塁の攻防

ファーストピッチでは，「送りバントは投手と捕手の間，やや捕手寄りに転がす」ことが基本である。1塁手と3塁手は常に打者のバントを警戒して前方で守備をしており，なおかつダッシュが速いため，両者に処理をさせないような地域にボールを転がすことが必要になる。一方，スローピッチはバントが禁止されているため，内外野の間を抜くよう強打することが求められる。

・無死・走者2塁の攻防

ファーストピッチの場合，作戦の1つに，3塁手に処理させる犠牲バントがあり，次の選択肢として盗塁も考えられる。また，打者がバントの構えをすることで，1塁手と3塁手を前進させる。そうすることで両者の守備範囲を狭め，内野の間を抜く安打の確率を高める戦術もある。一方，スローピッチでは，野手が後方に守っているため，ファーストピッチ以上に内外野をライナーやゴロで抜くようにねらいを定め強打することが求められる。

・走者1塁3塁の重盗の攻撃

ファーストピッチの場合，走者の盗塁が認められる。1塁走者が2盗を試みた時，捕手が2塁ベース上の遊撃手に送球を行ったならば，3塁走者は本塁へ突入し，重盗をねらう。また，捕手が投手や2塁ベースの中間方向へカットに入る2塁手に送球すると考えられる時は，1塁走者は少しゆっくりと2塁ベース方向へ走る。捕手からの送球を捕った2塁手が本塁へ返球せず1塁走者を挟撃しようとしたならば，その間に3塁走者は本塁へ走り，重盗をねらう。このように，走者1塁3塁の重盗では，3塁走者を本塁に迎え入れるために，1塁走者の判断と動きが重要になってくる。一方，スローピッチでは，攻撃のチャンスであることから，打者は悪球に手を出さず，好球を必打するとよい。

（吉村　正，田島 良輝）

ソフトミニバレーボール

→バレー系ニュースポーツ

ソマティック

→癒し系スポーツ

ターゲットバードゴルフ

→ゴルフ系ニュースポーツ

ダーツ

Darts

① 競技概要

ダーツは，円形の標的に羽の付いた短い矢を投げ当てて得点を競う室内競技である（図1）。

ボード（的）の円の中の1-20まで扇状の面と，ダブル・トリプルと称する細い枠とセンターのブル，インブルと称する小さな円を加えると実に62通りの得点の違うスポットに自在に矢を投げ込み，ゲームを組み立てる。3本1組のダーツ（矢）を用い，他の器具を使用せず体のコントロールで直接投げるため，技術だけでなく身体の総合的なコントロールと集中力の必要なメンタルなスポーツである。また通常の競技と違い，減算方式をとっているので計算力を必要とし，加えて，状況の変化に応じてねらう場所が変化していくので，冷静な戦略と判断力が必要である。

ダーツ競技で使用するボード（ブリッスルボード）は，最高級の強い麻（サイザル麻）でできている。麻を何百万本もまっすぐ束ねて数十トンの圧力により圧縮してつくられる。直径（45.5cm），厚み（3.7cm），重さ（4.7kg），得点エリアのサイズなど，規格が厳しく決められている。

ボードは，床面から173cmの高さに中心がくるように設置する（車椅子競技の場合は高さは133cm）。また，スローイングラインの外側から，ボードの表面より垂直に床面に下ろした地点までの距離が237cmになるようにする。

ダーツの種目にはいろいろなものがあるが，ここでは公式競技から広く一般にまで行われているスタンダードゲームの「01ゲーム」を解説する。これは，最初の持ち点を減らしていき，相手より早く0点にすることを競う2人の対戦競技である。ダーツを3投ずつ交互に投げ，取った得点を持ち点から引いていく。そしてフィニッシュは，ちょうど0点にしなければ勝利とならない。持ち点は1001点，501点，301点など，様々な設定で行われる。

② 歴史

ダーツの起源は，今から550年以上も昔，バラ戦争の戦場に駆り出されたイギリス軍兵士たちが，戦いの余暇に武器であった弓矢を使って特定の的をめがけて矢を射て，腕を競い合ったのがルーツとされている。

その後，矢を短く切り，弓を使わずに矢（ダーツ）だけを素手で投げ合う競技へと変わった。的（ボード）も初めは空になったワインの樽座を使ってゲームを楽しんだと伝えられているが，その後，大木を厚く輪切りにしたものに変化し適まれに刻まれた天然の年輪を活用することにより，採点方法と標的ねらいのテクニックのおもしろさが見い出された。さらにこの的が使い込まれていくうちに自然乾燥し，表面に何本もの放射状の亀裂が入ることを利用し，採点はいっそう複雑化するようになった。

1896年，イギリス人のブライアン・ガムリン（Brian Gamlin）によって，的に点数区分をつける方法が考案され，今のボードの原型が出来上がり，現在の競技ルールへと確立されていった。

日本のダーツの発祥については諸説あり，はっきりしたことはわかっていない。現在では競技スポーツとしても，レクリエーションとしても広く楽しまれている。

（萩尾純子）

太極拳

Taijiquan

① 競技概要

太極拳は，中国の拳法の1つである。気を重視し，深い呼吸に合わせながら，四肢で緩やかに弧を描く動作を特徴としている。

太極拳の競技には，様々な動作から構成された型を演武してその難度・姿勢・構成および技術水準などを評価する「套路（とうろ）」と，一定の規則のもとに太極拳の技を用いて相手と対戦し勝負を決める「推手（すいしゅ）」という対戦型競技の2種類がある。套路競技には，太極拳の体系に属する剣術，すなわち太極剣の競技も含まれる（図1）。対戦型の推手競技は日本では実施されていない。

現在，套路競技（拳・剣）は国際，国

図1 競技中の様子：ダーツ

図1 競技中の様子（太極剣）：太極拳
（写真：フォート・キシモト）

■楊式太極拳　　■陳式太極拳

図2　楊式太極拳と陳式太極拳
（出典：唐豪，顧留馨『太極拳研究』人民体育出版社．1964〔復刻版〕56．）

内を問わず基本的に国際武術連盟（International Wushu Federation: IWUF）の『武術套路競技規則』に準拠して行われているが，同連盟の定める国際競技ルールには，「国際武術連盟1999年国際競技ルール」と，より高いレベルの競技を行うために導入された等級別の難度動作（difficult movements），連接難度（difficult connections）を取り入れた自選套路の競技（自選難度競技）に対応した「2003年国際競技ルール」の2種類がある。日本国内における競技では，競技種目によりいずれかのルールが適用されている。

套路競技には個人競技として規定套路，自選套路があり，それぞれ男女に分かれて競技が行われるほか，団体競技として集団套路，対練，推手規定套路がある。規定套路とはあらかじめ演武内容が定められたもので，日本国内における規定套路の競技は，アジア武術連盟や国際武術連盟が採用している規定套路以外に，選手のレベルに応じて二十四式太極拳，総合太極拳などの種目が実施されることもある。自選套路（拳・剣）とは個々の選手が自由に編集するものであるが，武術の本質を保ち，質の高い演技を求めるために，太極拳の自選套路は，少なくとも弓歩・僕歩・虚歩の3つの歩型を含み，攬雀尾・野馬分鬃・搜膝拗歩・雲手・左右穿梭・掩手肱捶・倒巻肱・搬攔捶の8種類の動作を含まなければならないとされている。同様に，太極剣の自選套路は，弓歩・僕歩・虚歩の3つの歩型と，少なくとも刺剣・挂剣・撩剣・点剣・劈剣・截剣・抹剣・絞剣の8種類の技法を含まなければならないとされる。

等級別難度動作を含む自選套路は，自選難度套路と呼ばれる。競技においては，動作の始まりから終わりまでが競技時間として計時される。競技時間は自選套路，集団套路は3分以上4分以内，規定套路は5分以上6分以内とされ，演武時間に過不足がある場合には減点が行われる。競技の採点は10点満点で行われる

試合場は，個人種目用と団体種目用の2種類に分かれ，前者は縦14m×横8mの長方形で，周囲に少なくとも2mの安全区が設置され，後者は縦16m×横14mの長方形で，周囲に1mの安全区が設置され，境界線には5cmの白線が引かれている。競技においては，指定された競技服を着用しなければならない。競技によっては音楽の伴奏が求められることがある。

② 歴史

太極拳の発祥の地および創始者に関しては様々な説がある。唐豪（中国の近代体育史家）が1930年代前半に行った実地調査と考証によれば，明末清初に河南省温県陳家溝の陳王廷が太極拳となる拳法を創始した。そして陳氏第14世の陳長興（1771～1853）の代に至ると，陳家溝では陳式太極拳1路と2路および双推手を伝えるようになったという（唐豪，顧留馨『太極拳研究』人民体育出版社．1964．12－13）。その後，陳長興から太極拳を学んだ楊福魁の一族が一般社会の人々の健康維持の要望に応えるように，「緩」「柔」「静」を特徴とする楊式太極拳を作り上げた。一方で楊福魁と陳清萍に学んだ武禹襄が「開」と「合」の変化を中心とする小さい動作を採用して武式太極拳を編み出した（図2）。

さらにその後，楊式太極拳から呉式太極拳が，武式太極拳から孫式太極拳が派生した。現在，代表的な太極拳の流派は，陳式，楊式，呉式，武式，孫式である。1923年，中国の「全国武術運動大会」で太極拳は演武種目として初めて取り入れられた。その後，太極拳の普及は進み，全国および各地の体育大会で演武種目として実施されることになった。

1949年，中華人民共和国の成立後，太極拳は健康増進の体育項目およびスポーツ競技種目として認められ発展した。1959年3月，中国の第1回全国青少年武術選手権大会では太極拳の套路が初めて競技種目として取り入れられ，その後，中国全国武術選手権大会，全国体育大会の競技種目として定着した。1986年，全国太極拳・剣選手権大会が単独の武術競技として初めて実施され，さらに1989年，太極拳推手が加えられた全国太極拳・剣・推手選手権大会が雲南昆明で開催された。1987年の第1回アジア武術選手権（日本・横浜）では太極拳が初めて国際競技種目に取り入れられ，さらに，1996年の第4回アジア武術選手権（フィリピン・マニラ）で太極剣が競技種目に加えられた。1989年，中国武術院は国内外の武術競技に供するため，楊式・陳式・呉式・孫式太極拳および総合太極拳の規定套路を制定した。1990年の第11回北京アジア競技大会で太極拳が競技種目として登場し，2002年の第14回競技大会（韓国・釜山）で太極拳競技は，太極拳と太極剣の2種目の合計点でメダルが競われた。この間，太極拳は東アジア競技大会の正式実施競技としても定着している。

世界武術選手権大会では1991年の第1回から太極拳が演武競技種目として実施され，1999年の第5回世界武術選手権大会から競技種目に太極剣が取り入れられた。さらに2007年の第9回世界武術選手権大会の太極拳と太極剣の套路競技では，初めて曲に合わせて演武するという要求が出されるなど，競技の観賞性が高まっている。

（林　伯原）

体操競技

ゆか

Floor exercise

① 競技概要

ゆか運動は，12×12mの絨毯張りで弾力性のある演技面（フロアエリア）全面を使用して，ダイナミックなアクロバット系の跳躍技（タンブリング）を柱として，倒立やバランス系の技，旋回系の技や柔軟技等を組み入れて演技する男子・女子の体操競技種目である（図1）。

[男子]

男子ゆか運動は，団体総合選手権，個人総合選手権，種目別選手権の3つで実施される。

女子とは異なり男子には音楽伴奏はない。フロアエリアを踏み越したり演技時間（70秒以内）の超過は減点対象となる。計時される時間は選手の足が動いた時点から，演技終了時に選手が両足を揃えて直立姿勢をとるまでである。またフロアエリアの使用に関しては，同じ対角線を直接続けて3回使用すると減点される。

2012年の第30回オリンピック大会（ロンドン）で適用された2009年度版の採点規則に従う選手の演技構成の傾向としては，難度価値点を高めようとして宙返りを連続させたり，あん馬で行われる旋回系の技などを演技に組み入れることが多くなっていると同時に，選手はタンブリングの数を多く行わざるを得ない状況にある。

この2009年度版採点規則では，個々の技はA難度（0.1）から最も難しいランクのG難度（0.7）に分けられている（表1）。ゆかでは2つの技が，G難度に該当している。

Dスコア（演技価値点）で対象となる10個の技は，演技された技の中から難度の高い方から数えた9個の技と演技の最後に行う技（終末技）である。また，行われた技が同一のグループから4つを超えた場合には，超えた技は認められない。組み合わせ加点はゆかの場合，宙返りを連続させる場合に与えられるが，そのうち1つの宙返りがD難度あるいはそれ以上の難度である場合には0.1，2つの宙返りともD難度以上である場合には0.2の加点が与えられる。これらによって算出されるDスコアと，減点がなければ最高の10点が考えられる実施点としてのEスコア（実施点）との合計が，選手の演技の決定点になる。この決定点が15点の後半や16点台の演技はかなりレベルが高いといえる。

[女子]

女子ゆか運動は，女子体操競技の種目の1つであり，団体総合予選（競技Ⅰ），個人総合（競技Ⅱ），種目別決勝（競技Ⅲ），団体総合決勝（競技Ⅳ）で行われる。男子ゆか運動と同様に12×12mのフロアエリアで行われる。演技時間は1分30秒までで，それを超えると時間超過の減点がなされる。演技には音楽伴奏が義務づけられており，タンブリング系の内容に加えて，音楽と調和した体操・ダンス的な表現が取り入れられ，女子ゆか運動に独特の華麗な演技内容が構成される。採点は男子と同じDスコアとEスコアの合計でなされる。

② 歴史

オリンピックでゆか運動が行われるようになったのは1928年の第9回オリンピック大会（アムステルダム）からである。ただし，この時にはまだ徒手体操的な演技だったといわれている。今日のようなアクロバット風の技やタンブリング系の技が演技として行われるようになったのは，1932年の第10回オリンピック大会（ロサンゼルス）からである。また，この種目が日本において〈ゆか運動〉と呼ばれるようになったのは1963年のプレオリンピック大会（東京）において提案されて，翌年の1964年の本大会の第18回オリンピック大会（東京）からであり，それ以降，この〈ゆか運動〉という名称は広まっていった。なお，女子の演技に音楽伴奏が義務づけられたのは，1958年の第14回世界選手権（モスクワ）からである。

[男子]

多くの選手は，現在，組み合わせ加点を得ようとして，ひねり宙返りの技を連続して行ったり「後方伸身宙返り2 1/2ひねり」を行っているが，ゆかの演技の醍醐味は，なんといっても豪快なタンブリングの技と，吸い込まれるような着地である。

このゆかのタンブリングの技は，1970年に入ると後方の2回宙返り系の技が主流になってくる。この時期の2回宙返り系の技の技術開発競争には目覚ましいものがあり，1973年以降1980年代の前半にかけては多彩な発展技が発表された。それらの技は今日，多くの選手の中に定着するようになっている。例えば，「後方屈身2回宙返り」（1973年），「後方伸身2回宙返り」（1977年），かかえ込み姿勢（1974年）や屈身姿勢（1977年）などでの「ムーンサルト（2回宙返り1回ひねり）」，「かかえ込み姿勢での新ムーンサルト（2回宙返り2回ひねり）」（1980年），「後ろとびひねり前方2回宙返り」（1977年）などである。さらに，「側方かかえ込み2回宙返り」（1981年）や，2009年度版の採点規則の難度表では最高難度のG難度に位置づけられている「後方かかえ込み3回宙返り」（リューキン）も，すでにこの時期に発表されている。その後も今日まで，ゆか（フロアエリア）の弾力性の改良も手伝って技の開発競争は推し進められているが，現在のゆかの演技を構成している主たるタンブリングの技は，1990年代までにはほぼ出そろった感がある。

一方，ひねり宙返りでは，「後方伸身宙返り3回ひねり」が1970年に日本の監物永三によって国際舞台で初めて発表されたが，その後はこの技を実施する選手は多くなかった。しかし最近ようやく「後方伸身宙返り3回ひねり」も多くの選手によって実施されるようになってきた。特に2008年の第29回オリンピック大会（北京），2012年の第30回大会（ロンドン）で活躍した日本の内村航平の3回ひねりのさばきは，演技の最後で着地までぴたりときめるかなり質の高いものである。また，2013年には白井健三が初めて「後方伸身宙返り4回ひねり」（シライ）を成功させている。

ゆかの各国の競技力は伯仲しており，チャンピオン国は固定されていな

図1 競技中の様子：ゆか（写真：フォート・キシモト）

表1 難度と価値点

難度	A	B	C	D	E	F	G
価値点	0.1	0.2	0.3	0.4	0.5	0.6	0.7

い。なお，日本はこれまでオリンピックで1960年の第17回大会(ローマ)の相原信行と1968年の第19回大会(メキシコシティ)の加藤澤男の2つの金メダルを獲得している。

[女子]

現在の演技内容はタンブリング系が高度化し，「後方伸身2回宙返り」や「後方伸身2回宙返り1回ひねり」等が取り入れられるまでになっている。こうしたタンブリングの高度化は，1964年の第18回オリンピック大会(東京)に端を発するといわれている。また女子ゆか運動では複数の宙返りを含んだ多彩なタンブリング系シリーズが特徴的である。このシリーズはルールの改正により，その様相を様々に変えてきたが，演技を盛り上げる1つの大きな要素となってきた。例えば1985年のモントリオール世界選手権の優勝者であるソ連のオメリアンチク(O. Omeliantchik)，1987年のロッテルダム世界選手権の優勝者であるルーマニアのシリバス(D. Silivas)による演技面の対角線を往復するシリーズは多くの観衆を魅了した。また現代では，演技の構成上ダンス系のジャンプやターンが重視され，「ウルフとび2回ひねり」や「片足立ち4回ターン」といった高度な技が取り入れられるようになっている。

1960年代から1970年代までの世界大会はソ連の一強国時代，続いて1980年代から1990年代はソ連(ソ連崩壊後は旧ソ連諸国)とルーマニアの2強のメダル争いが続いた。しかし，2002年のデブレツェン世界選手権以降は，旧ソ連の選手がメダル争いに絡むことはなく，21個のメダルのうち，アメリカの選手が8個と頭ひとつ出ているものの，ルーマニアの選手が4個，スペインの選手が3個，オランダの選手が2個，ブラジル，フランス，中国，イタリアの選手が1個ずつと，様々な国の選手がメダル争いに絡む混戦模様となっている。

参考文献

[女子]
- 朝岡正雄．1997．「ゆか運動」日本体育協会 監修『最新スポーツ大事典』1272-77．大修館書店
- 金子明友．1974．『体操競技 世界の技術』110-12．講談社
- 日本体操協会．2009．『女子体操競技採点規則 2009年版』

(佐野 淳：男子，中村 剛：女子)

あん馬

Pommel horse

① 競技概要

あん馬は，馬の背のように作った台に2つの把手を付けた器具を使って行う男子の体操競技種目である(図1)。

あん馬で用いられる器具は乗馬練習に用いられた木馬に歴史的な由来があり，跳馬と同じく，あん馬運動は乗馬術から分化・発展して現在に至ったものである。

あん馬競技は，団体総合選手権，個人総合選手権，種目別選手権の3つで実施される。演技の評価のポイントは，取り入れられている技の難度や要求グループの技の有無といった演技構成の観点と，足先や膝といった姿勢の乱れや動きの大きさやリズムなど技を実施する技術の観点である。

あん馬の技は2つの把手を両手で支持して行われるだけでなく，他のあらゆる部分を支持しながら脚を振動させることによって行われる。あん馬の技は，交差に代表される片足系の技と，両足旋回をベースに発展した両足系の技に大別される。

競技会で行われるあん馬の演技は，閉脚もしくは開脚での旋回，片足振動技と交差技によって構成されるが，片足振動技や交差技から，あるいは両足旋回をベースにした技から行われる倒立経過の技が認められている。これらすべての技は，振動の勢いを使って停止することなく実施されなければならず，力技および静止技は認められない。

あん馬の演技内容には，2009年版採点規則において5つのグループからの技を取り入れるように規定されている(表1)。

要求グループⅠの片足系の技は，歴史的にみると他の領域の技よりも古い発生であるが，現代における上位選手の演技においては，ルールに要求される最低限の数の技しか実施されなくなっている。

また，要求グループⅣに示された「フロップ」あるいは「コンバイン」と呼ばれる，一把手上で行われる旋回と転向の組み合わせ技は採点規則において高い難度価値が与えられており，縦向きで行われる移動技や，あん部馬背(把手と把手の間)に着手しながら行う転向移動などとともに世界的な流行となっている。このような世界的な流行技の発生は，逆にいえば，世界中の選手たちが同じような技を演技するという状況(モノトニー現象)を引き起こしてしまっている。

② 歴史

あん馬器械の前身である木馬は，古代ローマ人が騎兵隊の乗馬訓練のために用いた用具が発端である。この時代の木馬運動は軍事的実用を目的とした跳躍運動を中心にして行われており，武器を持って跳び乗ったりとび降りたりすることが訓練されていた。

ヤーン(F. L. Jahn)のドイツ体操当時のあん馬の運動内容は，各種の跳び越し技，静止技，力技，振動技などが行われていた。このような運動内容に大きな変革をもたらしたのが，1868年にスイスのビールで行われた体操祭において，スイスのハフナー(E. Hafner)が演じた両足旋回である。ハフナーの両足旋回はその後瞬く間に世界中に広まり，近代あん馬における演技内容の中心は両足旋回をベースにして発展した技となっている。

国際体操連盟(Fédération Internationale de Gymnastique: FIG)が初の採点規則と競技規則を作成した1946年頃に

図1 競技中の様子：あん馬 (写真：フォート・キシモト)

表1 採点規則で規定されている技の要求グループ

グループ	要求されている技
Ⅰ	片足振動技と交差技
Ⅱ	旋回技，旋回ひねり技，倒立技
Ⅲ	旋回移動技(横向き，縦向き)
Ⅳ	上向き転向技，下向き転向技，フロップやコンバイン技
Ⅴ	終末技

a	b	c

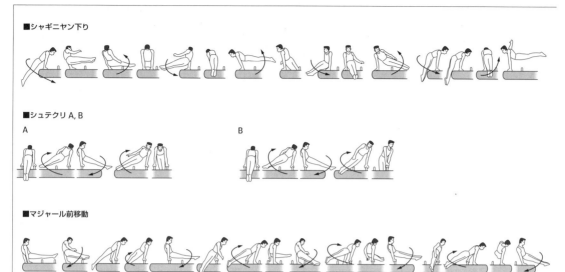

■シャギニヤン下り

■シュテクリ A, B
A　　　　　　　　　　　　　B

■マジャール前移動

■開脚旋回　　　　　　　　　　　　　　　■倒立下り

図2　あん馬の技

は、「トラムロー」「シュテクリ」「下向き転向」「下向き全転向」といった、転向系の基礎形態がすでに開発されていた。このような両足系の技の発展には、競技化によって引き起こされた新技開発への努力志向のみならず、あん馬の器具規格の変遷が大きく影響していた。すなわち、国際体操連盟の前身となったヨーロッパ体操連盟が設立された1897年から6年後の1903年に第1回世界選手権がアントワープで開催されているが、そこで用いられたあん馬は長さ200cmで把手までの高さ120cmと、現在と比べて非常に長く、演技は場所の移動をせずに鞍部だけで技が行われていた。その後、1928年の第9回オリンピック大会（アムステルダム）のあん馬は長さ180cmに短縮され、さらに、1960年には長さ160-163cmに短縮されて現在に至っている。このような器具の長さの短縮は馬端部への移動や馬端部を使った技の開発を引き起こした。

あん馬の技を技術発達史的視点でみてみると、第二次大戦後にいくつかの大きな転換点が認められる（図2）。

敗戦国であった日本がオリンピック復帰を認められたのが、1952年の第15回オリンピック大会（ヘルシンキ）である。この大会は旧ソ連がオリンピックに初参加した大会でもあり、1950-60年代初頭は「シャギニアン」に代表される下向き系の技が主流だった。

1960年代になると「シュテクリA」、「シュテクリB」といった、一把手上で行われる転向技が開発され、1970年代に入ると一把手上で行われる複合技が盛んに実施されるようになる。そして1972年にはハンガリーのマジャール（Z. Magyar）が「マジャール移動」を発表し、それを契機に、縦向きで行われる移動技と、鞍部馬背に着手する技の開発が数多く行われるようになる。こうした技の発展の背景には、器械が改良されてきたということだけでなく、腰をまっすぐに伸ばして足先を大きく回転させるように発展してきた両足旋回の技術変化が大きく影響している。さらにマジャールは、1976年に転向技とは逆側に上体の向きを変えていく「シュピンデル」と呼ばれる新しい構造をもった技の元祖となっている「マジャールシュピンデル」を発表した。また、同年アメリカのトーマス（K. Thomas）によって発表された「開脚旋回」は、1981年には旧ソ連のコロレフ（Y. Korolev）による「倒立下り」の開発を引き起こした。コロレフの行った「倒立下り」は1984年の第23回オリンピック大会（ロサンゼルス）において大流行となり、その後、両足系の運動のみならず、片足系の運動においても倒立位を経過する技が次々と発表されて、これによってあん馬運動の技の中に「倒立系」という新たな技の系譜が生まれることとなった。そして現在のあん馬運動においては、国際舞台の上位選手たちのほとんどが「倒立下り」で演技を終えるようになっている。

（渡辺良夫）

つり輪

Rings

① 競技概要

つり輪は、上からつり下げた2本のロープの先に手で握るための輪を付けたものを用いて、懸垂・倒立などの演

技を行う男子の体操競技種目である(図1)。

つり輪競技は，団体総合選手権，個人総合選手権，種目別選手権の3つで実施される。

評価のポイントは，表1に示した5つの技のグループそれぞれの中から必ず1つの技を選択し，前後の振動技や動的，静的力技を組み合わせて演技を構成する。その演技がD審判(演技内容の評価)とE審判(演技実施の評価)によって採点される。

現代的な演技構成としては，振動技から力技，いわゆる動から静への決め，あるいは高難度の力技連続を示す演技が特徴的であり，そこでは伸腕での実施が要求されている。さらに，高得点を獲得するためには，D審判によってカウントされる10技すべてを高難度の振動技と力技で構成し演技価値点を高め，同時にE審判に採点される実施減点をいかに少なくするかが重要なポイントになっている。

図1 競技中の様子：つり輪の脚前挙十字懸垂 (写真：フォート・キシモト)

表1 つり輪の演技構成上の技のグループ

グループ	内容
Ⅰ	け上がりと振動技
Ⅱ	振動倒立技
Ⅲ	振動技からの力技
Ⅳ	力技と静止技
Ⅴ	終末技

② 歴史

つり輪のルーツはブランコや縄ばしごのような振り子状の懸垂用具に求められる。ドイツ体操の発祥の地であるハーゼンハイデの体操場では，船のメインマストをイメージさせるたくさんの縄ばしごが付けられた大型の体操設備が設置され，それを使って様々な運動が行われていた。それらの運動が徐々に簡略化され，つり輪の原型に近づいていった。その後1842年にシュピース(A. Spieß)が体育館の天井からつり下げられた皮で覆われた鉄の輪の器械を考案し，次いで1846年にアイゼレン(E.W.B. Eiselen)が三角形の鐙のような形態のつり輪を利用して様々な振り子状懸垂運動を提唱するなど，1940年代は，つり輪の発生時期と考えられている。

競技体操としてのつり輪は，1846年に南ドイツで行われた競技会で初めて採用され，1896年の第1回オリンピック大会(アテネ)から行われている(図2)。

つり輪の技の変遷を概観すると，1896年のオリンピック大会(アテネ)から1950年代までは力技主体の演技構成であった。1950年代に入ると振動技が徐々に浸透してきたが，当時の世界王者，ソ連のアザリヤン(A. Azarian)の演技の7割が力技だったことが示すように，力技全盛の時代が続いていた。1960年代に入り，1964年にはソ連のボローニン(M. Voronin)により「伸腕でのほん転逆上がり倒立」，1966年には

図2 第1回オリンピック大会(アテネ，1896年)の時のつり輪
(出典：日本体育協会 監修．『最新スポーツ大事典』大修館書店．1987．824)

イタリアのメニケリ(F. Menichelli)により「伸腕での後ろ振り上がり倒立」，1968年には日本の加藤澤男により「伸腕での前方懸垂回転」が発表されるなど，振動技に目が向けられる時代になっていく。さらに，1970年代に入ると振動倒立技における伸腕の定着，および下り技発展の時代になり，1973年にはソ連のアンドリアノフ(N. Andrianov)により「後方2回宙返り1回ひねり下り(ムーンサルト)」，1976年にはソ連のレベンコフ(B. Levenkov)により「後方かかえ込み3回宙返り下り」が発表されるなど，次々と新しい下り技の開発がなされていった。

このような技の開発，発展の背景には，つり輪の支柱形状の変化やつり下げられているロープ(縄からワイヤロープへ)の材質の変化，また，1960年代終わり頃から東欧諸国に導入され世界中に広まっていったピット施設(柔らかなマット，細かなウレタンチップを敷き詰めた技の練習用トレーニング施設)や芯を取り付けたことによるプロテクター(手のひらの保護のために付ける革製の用具)の改良を見逃すことはできない。

1980年代に入り，1983年にはハンガリーのグツオギー(G. Guzhogy)により「後方かかえ込み2回宙返り懸垂」，1984年には日本の山脇恭二により「前方かかえ込み2回宙返り懸垂(ヤマワキ)」など，振動系の変化技が発表された。この頃は，振動技が演技の主流を占めていた時代であった。その後，1985年の採点規則改正により振動技と力技の比率が同じ配分になるように決められ，1993年の規則改正では加点領域

図3 第11回オリンピック大会(ベルリン，1936年)の時のつり輪
(出典：日本体育協会 監修．『最新スポーツ大事典』大修館書店．1987．824)

の独創性，決断性，熟練性の廃止に伴い，加点がD，E難度技およびその組み合わせに与えられるようになった。1990年代は，振動技からの十字懸垂，十字倒立，上水平支持，中水平支持，あるいはこれらの力技を組み合わせた演技構成が増加するなど，新たな力技の時代に突入していった。そして，1997年規則改正によるA，B審判制（現在はD，E審判）の導入から，より質の高い振動技や力技の実施が求められるようになってきた。

つり輪における日本選手の活躍では，1964年の第18回オリンピック大会（東京）で早田卓次が優勝し，次いで1968年の第19回大会（メキシコシティ），1972年の第20回大会（ミュンヘン）において中山彰規が2連覇を果たし，その間の1970年の世界選手権大会（リュブリャナ）においても優勝している。その後，1983年の世界選手権（ブダペスト），第23回オリンピック大会（ロサンゼルス）において具志堅幸司が優勝を飾っている。

参考文献
- 稲垣正浩 編．1991．『とび箱って誰が考えたの？』大修館書店
- 日本体育協会 監修．1987．『最新スポーツ大事典』大修館書店
- 日本体操協会 編．1985．『採点規則1985年版』
- ———．1993．『採点規則1993年版』
- ———．1997．『採点規則1997年版』
- ———．2001．『採点規則2001年版』
- ———．2006．『採点規則2006年版』
- ———．2009．『採点規則2009年版』

（田口晴康）

跳馬

Vault

① 競技概要

長さが120cmのテーブル型の器械（跳馬）を用いて行う，男子・女子の体操競技種目である（図1）。跳馬の高さは男子が135cm，女子が125cmで，跳馬競技は団体総合選手権，個人総合選手権，種目別選手権の3つで実施される。評価のポイントは，跳躍技の難しさと実施における雄大さ，美しさ，安定性などが挙げられる。

跳馬の演技は，直立姿勢から助走，両足での踏み切り，第1空中局面，片手（男子のみ）または両手による着手，第2空中局面を経て，着地して両足を揃えた直立姿勢で終了する。助走（最大25mまで）は採点の対象外であり，採点は跳躍板を踏み切った姿勢から始められる（図2）。演技の実施に関する採点は，第1空中局面から着手まで，手で馬体を突き放して第2空中局面を経て着地までについて，突き手の際の身体の姿勢，跳馬の中心からの軸のずれ，演技全体の技術の正しさ，着地などの観点により，10点満点からの減点方式で行われる（＝Eスコア）。各跳越技はそれぞれの難しさに基づいて価値点（＝Dスコア：男子2.0−7.4，女子2.4−7.1）と技番号が決められている。DスコアとEスコアの合計が演技の得点となる。

団体総合，個人総合の予選と決勝では，跳馬の演技は1つの跳越技の試技のみで行われる。種目別予選と決勝では異なった跳越グループで，かつ第2空中局面の異なる2つの跳越技を行い，2つの演技得点の平均点が最終得点となる。

② 歴史

体操競技における跳馬の起源は，19世紀のヤーン（F. L. Jahn）によるドイツ体操の中で用いられた木馬での運動に見出される。彼は古くから行われていた乗馬術の歴史を踏まえた上で，跳馬的な跳躍運動やあん馬的な馬上での運動を取り上げた。競技スポーツとしての跳馬では，次第に第2空中局面の雄大性や安定性が評価の大きなポイントとなり，ダイナミックな手の突き放しが要求される支持跳躍運動としての特徴が顕著になっていった。

1956年の第16回オリンピック大会（メルボルン）では，男子の跳馬の高さが130cmから135cmに，長さが180cmから160cmになるとともに，合板による弾性をもつロイター式跳躍板が採用された。その後，器械としての跳馬は長い間，幅約35cm，長さ約160cmの馬体に4本または2本の脚がついた形状で，英語ではvaulting horse，ドイツ語ではSprungpferdなど「馬」を意味する名称で呼ばれてきた。そして男子では跳馬を縦向きに置き，女子では横向きに置いて競技が行われていた。しかし2001年から男女とも幅95cm，長さ120cmで，広い着手面と手前側が下がった面とで構成されるテーブル型の器械（英語名：vaulting table）に形状が大きく変更され現在に至っている。またロイター式跳躍板の採用以後は，ロイター式に弾性発泡材やコイルをつけた跳躍板，スプリングコイルを用いた跳躍

図1　競技中の様子：跳馬（写真：フォート・キシモト）

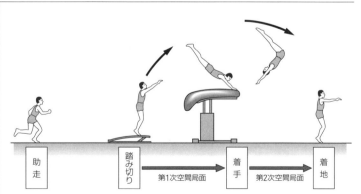

図2　演技中の動き（踏み切り後）
（出典：日本体育協会 監修．『最新スポーツ大事典』大修館書店．1987．804より作図）

板等，より弾性のある跳躍板が使用されるようになってきた。

[男子]

男子では，1971年から第2空中局面における跳躍の高さと飛距離の要求が採点規則に加えられた。1979年には要求基準となる飛距離は着地側の馬端から2m，高さ（腰の位置）は跳馬の背から1mと規定され，不足の場合は減点，基準を超える卓越した実施は加点等で評価された。1993年には飛距離の要求基準が2.5−3.5mに変更され，高さの要求を満たし3.5mを超える飛距離は0.1，4mを超えると0.2が加点されるようになった。1997年には飛距離の要求基準が2.5mとなり，飛距離に関する加点と高さの要求基準がなくなった。2001年からは飛距離の要求基準と減点もなくなった。現在は高さや着地の準備不足に対する減点項目にそって，審判員の目によって第2空中局面の雄大性と安定性が評価されている。

跳馬の技は切り返し系（反転系）と回転系に大別され(図3)，伸身とびなど切り返し系の技は1950年代から60年代中盤にかけて多く実施されたが，自由演技の主流は次第に回転系の技に移っていった。1960年代から70年代には，1961年に発表された「ヤマシタとび(屈身前転とび)」の技術開発，流行から，「前転とび1回ひねり」や「前転とび3/2ひねり」の普及とともに，現在の主流である第2空中局面で宙返りを伴う技の発展が顕著となっていった。その端緒となった技は「前転とび前方かかえ込み宙返り」や「ツカハラとび(側転とび1/4ひねり後方かかえ込み宙返り)」，さらには「クエルボとび(前転とびひねり後方かかえ込み宙返り)」や「カサマツとび(側転とび3/4ひねりかかえ込み宙返り)」である。いずれも1970年代に当初のかかえ込み姿勢から屈身や伸身で，あるいはひねりを伴って実施されるようになった。

1980年代から90年代にかけてこれらの技は屈身，さらに伸身姿勢でひねりの回数を増加させていく傾向が強まり，「伸身カサマツとび2回ひねり」(1993年)，「伸身クエルボとび2回ひねり」(1994年)などの大技も発表された。また1990年頃からは，第2空中局面で2回宙返りを伴う技の普及や発表がみられた。1979年に発表されていた「前転とび前方かかえ込み2回宙返り」を実施する選手が次第に増え，2000年には「前転とび前方かかえ込み2回宙返りひねり」が発表された。21世紀には「前転とび前方屈身2回宙返り」やそのひねり技が実施されている。一方，「側転とび1/4ひねり後方かかえ込み2回宙返り」は1993年に発表され，1999年には屈身で実施されている。

1981年に男子選手が「ロンダート，踏み切り後転とび後方かかえ込み宙返り」を発表したが，その後男子のロンダート踏み切り技は禁止され，1989年からは再び認められるようになった。同年には当時女子の流行技だった「ロンダート，後転とび後方伸身宙返り1回ひねり」や「ロンダート，後転とび後方伸身宙返り2回ひねり」が実施され，1992年に「ロンダート，後ろとび1回ひねり着手後方伸身宙返り1回ひねり」が発表されている。また「ロンダート，後ろとびひねり着手前転とび前方屈身宙返り」やそれにひねりを加えたり伸身で行うような技も1990年代に多く実施されるようになり，2002年には「ロンダート，後ろとびひねり着手前転とび前方伸身宙返り5/2ひねり」が発表された。さらに「ロンダート，後転とび後方かかえ込み2回宙返り」(1998年)やそれを屈伸姿勢で行う技(2002年)も発表されている。

跳馬において日本の男子は，第二次大戦後初参加となった1952年の第15回オリンピック大会(ヘルシンキ)で，竹本正男が銀メダル，上迫忠夫，小野喬が銅メダルを獲得した。1960年の第17回大会(ローマ)では小野喬がこの種目初の金メダルを獲得した。次いで1964年の第18回大会(東京)では山下治廣が「ヤマシタとび」「前転とび1/1ひねり(当時は「新ヤマシタとび」と呼ばれた)」を実施して金メダルに輝いている。また世界選手権では，1966年の第16回大会(ドルトムント)で松田治廣(旧姓山下)，1970年の第17回大会(リュブリアナ)で塚原光男，1974年の第18回大会(ワルナ)で笠松茂，1978年の第19回大会(ストラスブール)では清水順一がいずれも金メダルを獲得しており，跳馬の種目別選手権で日本の選手が4連覇を飾っている。また1991年の第26回大会(イ

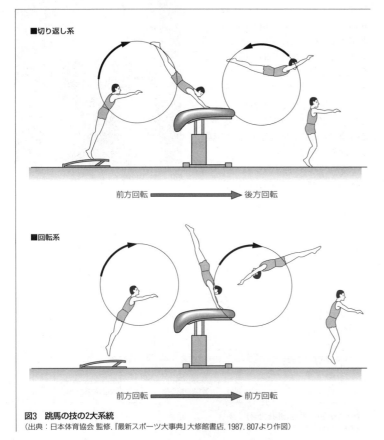

図3　跳馬の技の2大系統
（出典：日本体育協会 監修，『最新スポーツ大事典』大修館書店．1987. 807より作図）

ンディアナポリス）では相原豊が，2011年の第43回大会（東京）では沖口誠がそれぞれ銅メダルを獲得している。

[女子]

　女子の跳馬競技のこれまでの発展様相は，新技の出現とルールの改正から，1970年代前半まで，1970年代前半から1980年代前半，1980年代前半以降の3つの期間に分けることができる。1970年代前半までは，切り返し系（反転系）技や宙返りを伴わない倒立回転とび系技の時代である。1970年代前半に，「前転とび前方宙返り」（1971年）や「ツカハラとび」（1974年）などの第2空中局面で宙返りを伴う技が発表され，これらの技が女子跳馬での主流になった。この時期のルール改正として，1979年版以前の採点規則に掲載されていた反転系の技が，1985年版以降は削除されている。1980年代前半以降，現在の競技会で女子選手が最も多く実施している技は，「ロンダート，後転とび後方宙返り系の技」（以下，ユールチェンコとび）である。1981年に男子選手によって発表された「ユールチェンコとび」は，翌年の1982年には，当時ソ連の女子選手であったユールチェンコ（N. Yurchenko）によって初めて国際舞台で実施され，以来，この技は「ユールチェンコとび」と称されるようになり，1985年版の採点規則から難度表にも掲載された。

　「ユールチェンコとび」が多くの女子選手によって実施されるようになったのは，この踏み切り方法が第2空中局面の宙返りに有利なためである。つまり，前方への踏み切りが比較的脚力を必要とするのに対し，後方への踏み切りは跳躍後の身体操作によって回転力を得やすいことから，男子に比べて脚力の劣る女子には有効な踏み切りの仕方であった。

　「ユールチェンコとび」の発表から2001年の器具改正までは，女子跳馬は横向きに設置されていた。跳馬がみえない後方への踏み切りを特徴とするこの技では，踏み切り位置のずれや着手範囲が限られることがトレーニング上の大きな障害となっていた。さらに，競技会でのいくつかの危険な失敗もあって，その普及には多少の時間を要した。しかしながら，世界の強豪国である旧ソ連とルーマニア選手はそれぞれ

のトレーニング方法の開発によって，難易度の高い技を次々と発表し，1985年には「ユールチェンコとび2回ひねり」も発表されるまでになった。

　2001年からの「規定演技の廃止」と「テーブル型器具への改良」，そして安全性確保のための「セーフティカラーと着手マット使用の義務化」などのルール改正は，多くの選手が早期のトレーニング段階から「ユールチェンコとび」に取り組むきっかけとなった。他国に比べてこの技の普及に後れをとっていた日本でも，その後の競技会での実施が多くなっていった。「ユールチェンコとび」の発展技としては，第1空中局面で1/2ひねりを行い前方宙返りへとつなげる技や，1回ひねりから後方宙返りを行う技なども発表されている。現在，女子採点規則に掲載されている最も難易度の高い「ユールチェンコとび」は「ユールチェンコとび後方伸身宙返り2回半ひねり（Dスコア：6.5）」である。

　「ユールチェンコとび」と同様に第2空中局面で宙返りを伴う技として，「前転とび前方宙返り系技」や「ツカハラとび系技」も多くの選手によって実施されている。これらの宙返りを伴う技の発展は，ゆか運動の宙返り系技の発展と軌を一にしている。すなわち，宙返りの姿勢は「かかえ込み」「屈身」「伸身」の順で難しくなり，ひねり回数の増加によってさらに難易度が上がるのである。2006年の「10点満点の廃止」により，難易度に対する価値点（Dスコア）の差が大きくなり，競技会で上位に立つためには，少しでも難易度の高い技を実施することが有利になっている。

　このように発展し続ける回転系の技において，安全性への配慮から，現在のルールでは宙返り系の技を足から着地できなかった場合，その技の実施は無効になるルールが定められている。特に，1技1演技の跳馬の場合，一発勝負的な危険な実施を排除するために，そのような実施は「0点」となる。また，女子の場合，着地に関する減点が男子よりも厳しく設定されており，足から着地した場合でも安定した高い着地姿勢でないと大きな減点となる。つまり，男子よりも技術的完成度の高い実施が求められているのである。

　これまでの国際大会における日本の

女子選手の活躍は，それほど多くない。オリンピックでは，第18回大会（東京，1964年）で相原俊子が4位，世界選手権では，第16回大会（ドルトムント，1966年）で池長博子が6位に入賞したのみである。アジア大会においては，第7回大会（テヘラン，1974年）で吉田礼子が，第11回大会（北京，1990年）で瀬尾京子が金メダルを獲得している。

参考文献

[男子]
- 稲垣正浩 編．1991．『とび箱ってだれが考えたの？』74 - 135．大修館書店
- 日本体育協会 監修．1987．『最新スポーツ大事典』803 - 10．大修館書店
- 日本体操協会 編．1982．『研究部報第50号』59 - 81．
- ───．2009．『採点規則男子2009年版』104 - 07．

[女子]
- 日本体操協会 編．1993．『研究部報70号』11 - 19．
- ───．2009．『採点規則女子2009年版』
- 日本体操協会 監修．小野泰男 編著．1972．『体操日本栄光の物語』

（木下英俊：男子，小海隆樹：女子）

平行棒

Parallel bars

① 競技概要

　平行棒は，台脚の上に2本の棒を平行に取り付けた用具を使って行う男子の体操競技種目である（図1）。

　平行に設置された高さ180cmの2本の棒を用いて様々な技が実施され，それらの技の組み合わせによって演技が構成される。平行棒の演技は主にダイナミックな振子状運動，または回転運動による「前振りひねり倒立」や「棒下宙返り倒立」などの振動系技によって構成されるが，「脚前挙支持」などの姿勢保持系技が実施されることもある。様々な種類の振動系技の組み合わせや，振動系技から姿勢保持系技への組み合わせが平行棒運動を特徴づけている。

　平行棒競技は，団体総合選手権，個人総合選手権，種目別選手権の3つで実施される。評価のポイントは，振動系技の振幅の大きさや宙返りの高さ，倒立への正確な決め方などが挙げられる。

　2009年版採点規則においては，「両棒での支持技」「腕支持振動技」「単棒または両棒での長懸垂振動技」「逆懸垂

図1 競技の様子：平行棒（写真：フォート・キシモト）

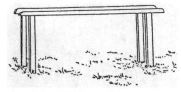

図2 ヤーンの考案した平行棒
（出典：日本体育協会 監修『最新スポーツ大事典』1987. 1140）

図3 現在の平行棒とその代表技である後方車輪（合成写真）

振動技」の各グループから少なくとも1つ以上の技を演技に取り入れ，さらにD難度以上の「終末技」で演技を終えることが要求されている．審判員の採点により，演技の難しさはDスコアとして，その出来映えはEスコアとして点数化され，DスコアとEスコアの合計が演技の得点となり，勝敗が決定される．

② **歴史**

体操競技における平行棒の起源は1811年に開設されたベルリン郊外ハーゼンハイデの体操場に設置されたバーレン(Barren)である．このバーレンは，あん馬の補助器具としてヤーン(F.L. Jahn)が考案した体操器具であり，長さ約2.4m，太さ約8cmのやや卵形の形状をした2本の木棒であった．そこではあん馬運動に必要な支持力を強化するための筋力トレーニング的な運動や，上向きや下向きでの跳び下りなどの乗馬術的な運動が主に実施されていたという（図2）．

この太い木棒は時代とともに徐々に握りやすい形状に変化し，現在では縦径5cm，横径4cmと細くなり，長さも3.5mに伸びている．また材質もグラスファイバーを中芯とした弾性に富んだものになっている．

このような器具の形状，材質変化と相まって，平行棒運動は当初の乗馬術的な運動から振動技を主流とする運動形態へと変容してきたのである．

このことは採点規則にも反映されるようになり，1968年版採点規則までは演技に力を示す技である「屈腕伸身力倒立」などを取り入れることが要求されていたが，それ以後この要求項目は削除されている．さらに2001年版では「上水平支持」など，多くの姿勢保持系技が難度表からも削除されている．現在では「倒立」や「伸腕屈身力倒立」などわずかな例外を除いて，姿勢保持系技は実施することが認められていない．

多種多様な運動形態が可能となるこの種目では，1970年代から80年代にかけて数多くの新技が発表されているが，それらの中には「後方かかえ込み2回宙返り腕支持（モリスエ）」「後方かかえ込み2回宙返り1回ひねり下り（カトウ）」など，日本人開発者の名前を今の技名に残す独創的な技も少なくない．中でも1987年の世界選手権大会（ストラスブール）で監物永三によって発表された「後方車輪（ケンモツ）」（図3）は，その後の平行棒運動に大きな影響を与えた技である．この技から発展した様々な懸垂前振り系技は，現在の平行棒運動に欠かすことのできない技となっており，ほとんどの選手が演技に取り入れるようになっている．

平行棒は懸垂後振り系技の発展などにより，さらなる新技開発の可能性をもっているが，現在では男子体操競技各種目中でモノトニー(monotonie: 単調性)現象(多くの選手が似た技を実施すること)が顕著に現れている種目でもある．第29回オリンピック大会（北京，2008年）種目別決勝競技では「懸垂前振り後方かかえ込み2回宙返り腕支持（ベーレ）」「後ろ振り片腕支持1回ひねり支持（ヒーリー）」「棒下宙返り倒立」を演技者全員が実施するなど，変化に富んだ演技構成は少なくなってきている．

かつては，1964年の第18回オリンピック大会（東京）から4大会連続金メダルを獲得するなど，日本のお家芸ともいわれた種目であったが，2008年の第29回大会（北京）では種目別決勝に日本選手が1人も進出できない状況となっている．しかし，2009年の第41回世界選手権大会（ロンドン）において田中和仁が，2010年の第42回世界選手権大会（ロッテルダム）では内村航平が，それぞれ銅メダルを獲得し内村はさらに2013年の世界選手権で1位となり，お家芸復活の兆しがみえてきている．

参考文献

- 金子明友．1974．『体操競技のコーチング』大修館書店
- 松本芳明．1991．「平行棒運動」稲垣正浩 編『とび箱ってだれが考えたの？』160–79．大修館書店

（後藤　豊）

鉄棒

Horizontal bar

① **競技概要**

鉄棒は，2本の柱に鉄の棒を水平に渡した用具を用いて行う男子の体操競技種目である（図1,2）．

競技用の鉄棒は，床面からの高さ280cm±1cmを有効基準とし，左右の支柱に太さ2.8cm±0.01cmの弾力性に富んだスチール製のバーを掛け渡した器械である（図1）．運動内容は，け上がりや浮き腰回転などの支持系の技と，車輪や宙返り下りなどの懸垂系の技を組み合わせて構成される．演技は短い助走から直接または，補助を受けて跳びつき，懸垂姿勢（静止または小さな振動）から開始される．採点は，選手の足がマットから離れた時から開始さ

れ，雄大性，美しさ，技の難易性，安定性が競われる。

鉄棒競技は，団体総合選手権，個人総合選手権，種目別選手権の3つで実施される。評価のポイントは，1）美しく，技術的に習熟しており，安全に実施されていること，2）すべて振動で実施され，静止や停止がないこと，3）手放し技は，明確な身体の上昇や雄大性が示されることなどが挙げられる。

鉄棒競技では，ランニングシャツと長いパンツ，靴下の着用が義務づけられている。服装違反は0.30の減点となる。プロテクターや炭酸マグネシウム（滑り止めの粉）などに関する規制はない。演技に静止や力による運動が含まれた場合には，程度によって小欠点（-0.1），中欠点（-0.3），大欠点（-0.5）とその都度減点される。落下した場合には-1.0の減点となる。

② 歴史

体操競技における鉄棒の起源は，19世紀初めにドイツのヤーン（F.L. Jahn）が始めたトゥルネン（Turnen）に用いられていたレック（Reck）と考えられる。木にぶらさがったり，よじ登ったりする運動形態はブリューゲル（P. Bruegel）の絵画『子供の遊戯』にも描かれているように，その歴史は古い。しかし，1811年にヤーンは，ハーゼンハイデに体操場を開設し，そこで青少年の腕力養成を目的にレックと名づけた横木を設置した。その器具によって多くの技が開発されたことが体操競技における鉄棒の始まりと考えてよいだろう。ヤーンは，鉄棒運動を懸垂の姿勢保持や懸垂での屈腕といった力技を中心とした運動と，上がり技，回り技，下り技などが含まれている勢いをつけて行う運動に分けた。当時の鉄棒器具はバーが直径約6cmの木の棒だったため，力を用いた静的な運動が中心に行われていた。しかしながら，他人のできない技への挑戦や憧れは，急速な技の発展をもたらした。

ヤーンによると，レックがハーゼンハイデの体操場に設置された翌年には，フランスの宮廷体操教師の高弟であったテールが60の上がり方に成功し，それを132の技に変化させたと報告している。しかしながら，直径6cmもある木棒では，勢いをつけて行う技

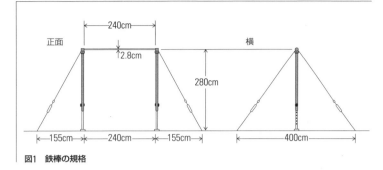

図1　鉄棒の規格

はうまくさばききれないため，バーを細くしていく工夫がなされるようになった。すると，細くなったバーは折れやすいことから，中に鉄芯を入れた木棒が出現した。さらに握りやすくするための改良が重ねられて，1850年頃に木棒から鉄棒へと移行した。一般の人々になじみの深い「け上がり」が，1850年にドイツのクンツ（C. Kunz）によって開発されたのも，器具改良と技の発展の関係を示すものであろう。

その後も器具改良は進み，バネのある鋼鉄性のバーが出現するとダイナミックな振動技が次々に開発された。なかでも特筆すべきは，1936年の第11回オリンピック大会（ベルリン）でドイツのシュワルツマン（A. Schwarzmann）によって「大開脚とび越し下り」が発表され，1948年の第14回オリンピック大会（ロンドン）ではスイスのシュタルダー（J. Stalder）によって「後方開脚浮腰支持回転倒立」が発表され，振動技の新時代へと突入していくのである。

その後，1976年の第21回オリンピック大会（モントリオール）以後，技の技術開発が加速し，数々の新技が発表された。なかでも，1977年のリガ国際大会ではブルガリアのデルチェフ（S. Deltchev）により，「懸垂前振りひねり前方開脚宙返り懸垂」が発表され，同年のモスクワ・ニュース杯大会ではソ連のマルケロフ（V. Markelov）によって，「後ろ振り上がり開脚とび越しひねり懸垂」，同じくその年のワールドカップ（オビエド）ではソ連のトカチェフ（A. V. Tkachyov）による「懸垂前振り開脚背面とび越し懸垂」や西ドイツのギンガー（E. Gienger）による「懸垂前振り後方屈身宙返りひねり懸垂（以下，「ギンガー」とする）」などが次々に発表され，後の技術開発に大きな影響を及ぼした。

図2　競技中の様子：鉄棒（写真：フォート・キシモト）

の後，1979年のヨーロッパ選手権においてハンガリーのコバチ（P. Kovács）によって，「バーを越えながら後方かかえ込み2回宙返り懸垂（以下，「コバチ」とする）」が発表され，1981年の世界体操競技選手権大会（モスクワ）ではフランスのデフ（J. Def）により，ギンガーに1回ひねりを加えた「後方宙返り2/3ひねり懸垂」が発表され，同年のアメリカ・インカレでアメリカのゲイロード（M. Gaylord）によって「逆手後ろ振り上がり前方宙返りとび越し逆手懸垂」などが発表され，多様な形態を示すようになった。

1990年以前の採点では，難度，構成，実施，加点の要素に分かれ，そのすべての要求を満たした場合に10点満点と採点され，特に，加点に関しては，決断性，独創性，熟練性の項目に則って加点が与えられていた。そのため，選手は加点を得るために，演技内容の工夫をすることで独創性や熟練性をアピ

表1　近年発表された主な技

発表年	技の名称	発表者	国
1987	後方かかえ込み3回宙返り1回ひねり下り	ベーレ	東ドイツ
1988	伸身背面後ろとび越し1回ひねり懸垂	リューキン	ソ連
1989	バーを越えながら後方伸身2回宙返り懸垂	アンブロス	東ドイツ
1992	バーを越えながら後方かかえ込み2回宙返り1回ひねり懸垂	コールマン	スロベニア
1993	バーを越えながら前方かかえ込み宙返り1/2ひねり懸垂	ペガン	スロベニア
1995	後方伸身2回宙返り3回ひねり下り バーを越えながら後方屈身2回宙返り懸垂	フェドルチェンコ ユーコフ	カザフスタン ロシア
1998	後方屈身3回宙返り下り	ファルダン	デンマーク
2002	鉄棒を越して後方伸身宙返り1回ひねり懸垂	カッシーナ	イタリア

表2　オリンピック・世界選手権の鉄棒における日本人の歴代メダリスト

年	オリンピック	世界選手権	1位	2位	3位
1956	メルボルン		小野喬	———	竹本正男
1958		モスクワ		———	竹本正男
1960	ローマ		小野喬	竹本正男	
1962		プラハ	小野喬		
1966		ドルトムント	中山彰規	遠藤幸雄	三栗崇
1968	メキシコ		中山彰規		監物永三
1970		リュブリャナ	監物永三	中山彰規	早田卓次
1972	ミュンヘン		塚原光男	加藤澤男	笠松茂
1974		バルナ	———		監物永三
1976	モントリオール		塚原光男	監物永三	———
1978		ストラスブール	笠松茂	———	———
1984	ロサンゼルス		森末慎二		具志堅幸司
1985		モントリオール		———	渡辺光昭
1989		シュツットガルト		———	池谷幸雄
1995		鯖江	———	畠田好章	
2003		アナハイム	鹿島丈博	———	———
2004	アテネ		———	———	米田功
2007		シュツットガルト	———	———	水鳥寿思
2011		東京	———	———	内村航平
2013		アントワープ	———	———	内村航平
2014		南寧(中国)	———	内村航平	———

(参考：日本体操協会ホームページ)

ールしたり，難しい技を完璧に実施することで決断性を得るといった，選手独自の味わいを出そうと熟慮を重ねた。

その後，1993年の採点規則改定により，加点領域が変更され，D難度技とE難度技に対して0.1－0.2点の加点が与えられるようになった。また，それらを組み合わせた場合に組み合わせ加点として加点が与えられるようになった。このルールの改定により，選手は比較的容易な高難度技を実施して価値点を上げるといった現象がみられ，多くの選手が似た技を実施する(演技のモノトニー化現象)ことが問題となっていった。この頃から「コバチ」の普及がめざましく多くの選手に取り入れられるようになった。

さらに，1997年の改定では，規定演技の廃止と審判の分業制が導入された。そのほかには，スーパーE難度の設定，加点の領域が1.00から1.40へ拡大，繰り返し技の規制，組み合わせ加点の上限の撤廃などが設定された。これらのことから，数多くの高難度技を組み合わせながら実施することが求められ，技開発競争にいっそうの拍車がかけられた。

2005年の改定では演技の10点満点が撤廃され，採点の内容は，難度点と要求グループ点，組み合わせ点が数えられるDスコア(difficulty score)と，実施について採点されるEスコア(execution score)が算出され，その合計が決定点となった。そのため，難度点を高くするために，多くの高難度の手離し技を演技に取り入れることが重要になり，ダイナミックでスピード感溢れる演技が楽しめるようになった。手放し技は，「コバチ」を中心に行われていたが，1992年のヨーロッパ選手権でスロベニアのコールマン(A. Kolman)によって発表された，「コバチ」に1回ひねりを加えた「バーを越えながら後方かかえ込み2回宙返り1回ひねり懸垂(以下，「コールマン」とする)」が多くの選手の演技に取り入れられた。2002年には，ギリシャで開催されたヨーロッパ選手権において，「コールマン」を伸身姿勢で行う「バーを越えながら後方伸身2回宙返り1回ひねり懸垂」がイタリアのカッシーナ(I. Cassina)によって発表された(表1)。

これまでの日本人選手は，実にオリンピック大会では6大会において鉄棒で金メダルを獲得している(表2)。これは，他種目と比較しても最多であり，日本人選手が最も得意としている種目

であるといえる。日本人選手は外国人選手に比べて体格的に小さく、筋力も劣るが、鉄棒種目においては、懸垂の技術開発によってスピード感溢れる振動技を可能にし、高難度技の技術を次々に開発していった。また、演技の美しさをアピールすることで外国人選手と対等以上に戦ってきた。

参考文献
- 日本体操協会審判委員会体操競技男子部.『体操競技採点規則〈男子〉』1975－2009年度版
- 日本体操協会体操競技委員会研究部. 1982.『研究部報』(50)
- ―――. 1996.『研究部報』(76)
- ―――. 2002.『研究部報』(89)

（斎藤　卓）

段違い平行棒

Uneven bars

① 競技概要

段違い平行棒は、高さの違う2本の平行棒を使って回転・倒立・振り上げなどの演技を行う、女子の体操競技種目である（図1）。女子特有の種目となったのは、19世紀後半に女性の体操への熱意が高まり、平行棒で男子と同じ技を実施するようになったことに起因する。当時、女性が男子選手と同じ技を行うことは、医学界や教育界からの批判の的となり、女性の身体の負荷を軽減するため女子の平行棒は段違い平行棒へと変容していった。当時の段違い平行棒の演技は縦向きでの実施が中心で、現在の鉄棒のような横向きでの実施はほとんど行われていなかった。現在は両棒間の幅が広がり、平行棒特有の縦向きでの技は消滅した。段違い平行棒は、団体総合選手権、個人総合選手権、種目別選手権の3つで実施され、評価のポイントは、技の技術的な完成度や芸術性などが挙げられる。

図1　競技中の様子：段違い平行棒（写真：フォート・キシモト）

競技用の段違い平行棒の規格は、技の発展とともに変更が重ねられ、現在ではバーの断面は直径が4cm、長さは240cmで、高さは床上から高棒250cm、低棒170cmとなっている。器具の下には厚さ20cmのマットを敷くことが義務づけられ、実際の高さは高棒230cm、低棒150cmとなる。両棒間の間隔は130cmから180cmまで調節可能で、選手は自分の体格に合わせて両棒間の幅を調節し演技することが許されている。

同一棒を握る空中局面を伴う技が演技構成に要求されており、男子鉄棒で高難度のトカチェフ、イエーガー、ギンガーなどの技は、すでに段違い平行棒で実施されている。

男子の鉄棒の技の体系にはない段違い平行棒の独自の技としては、高棒と低棒の両棒間を移動する技がある。「低棒外向き支持～後方浮き支持回転倒立～背面とび出し1/2ひねり上移動高棒懸垂（ホルキナ）」や「高棒内向き、高棒懸垂～前振り出し～後方伸身宙返り～下移動低棒浮き支持（パク宙返り）」などが代表的な技として挙げられる。また、開始技で「ロンダート後ろとび1回ひねり～低棒とび越し～高棒懸垂」など、段違い平行棒に跳びつく前に、ひねりや宙返りを行う技も認められているのが特徴である。

② 歴史

段違い平行棒が初めて国際競技会で行われたのは、1936年の第11回オリンピック大会（ベルリン）である。その大会で行われた段違い平行棒の両棒間の段差は80cmであり現在も変わらない。当時は両棒間の幅が狭く現在のようなダイナミックな懸垂系の技を行うのは難しかったが、1977年のワールドカップ（オビエド・スペイン）で旧ソ連のシャポシニコヴァ（N.V. Schaposchnikova）が段違い平行棒で順手後方車輪を初めて実施した。これを機に男子の鉄棒の技が積極的に段違い平行棒で実施されるようになった。また、技の発展とともに両棒間の幅は、1987年の規格が110cmであったのが、その後は140cmに広がり現在は180cmとなった。そのことにより、現在では男子の鉄棒の技はほとんど段違い平行棒で実施可能になった。

演技は支持系・懸垂系で構成され、特に懸垂系の中の背面系と呼ばれる鉄棒の大逆手車輪や逆手背面車輪は、肩

表1　段違い平行棒の得点の算出（日本体操協会　2009年採点規制による）

◎Dスコア（①＋②＋③）D審判団

① 難度点（DV：Difficulty Value）　D－審判団
　各技にはA－Gまでの難度点が与えられているが、終末技を含み高難度の技から最大8つしか加算されない。
　　A＝0.1、B＝0.2、C＝0.3、D＝0.4、E＝0.5、F＝0.6、G＝0.7

［段違い平行棒の種目特有の要求］
② 構成要求（CR：Composition Requirements）－D審判団　≦2.5

1. 高棒から低棒と低棒から高棒へ移動する空中局面を伴う技	0.50を与える
2. 同一棒を握る空中局面を伴う技	0.50を与える
3. 少なくとも2つの異なる握り（振り上げ倒立、開始技と終末技は除く）と棒に近い回転系（空中局面を伴わない）の技	0.50を与える
4. 空中局面を伴わない360度以上のひねりを伴う技（中技のみ）	0.50を与える
5. 終末技	
終末技がない、あるいはAまたはBの終末技	0.00を与える
Cの終末技	0.30を与える
D以上の終末技	0.50を与える

③ 組み合わせ点（CV：Connection Value）－D審判団
　C以上の難度の技の直接の組み合わせによっては、0.1－0.2の範囲で組み合わせ点が加点される

◎Eスコア（実施）E審判団　≦10.00

　Eスコアは以下の欠点による減点を含む：
　　－実施
　　－芸術的表現

最終得点の算出　Dスコア＋Eスコア＝最終得点

　D－審判団　　Dスコア＝難易度＋構成要求＋組み合わせ点
　E－審判団　　Eスコア＝10.00－（実施・芸術的表現）

や手首の柔軟性に長けた女子が実施することによって独自の発展を遂げてきた。特に大逆手前方車輪1回ひねりでは「大逆手の片手上で1回ひねり～逆手倒立」になることが可能となり，背面系の技の体系に混乱が生じている。

高難度の技をダイナミックに組み合わせることによって，段違い平行棒では高得点を得る可能性は広がるが，高難度の技でも不完全な実施であれば難度点よりも多くの実施減点が行われる。そのため，新しい技を開発し演技に組み入れるには，既存の技と同等以上の熟練性をもっていなければ不利となり，現在は新しい技の開発より既存の技の熟練性に向かう傾向が強い。近年，鉄棒の技を取り入れたダイナミックな演技構成が流行しているが，今後もこの傾向は続くと予想される。

日本人の国際大会での段違い平行棒の活躍は，黒田真由（2005年世界選手権大会〔メルボルン〕種目別4位），鶴見虹子（2009年世界選手権大会〔ロンドン〕種目別2位）の活躍が有名である。

〈金子一秀〉

平均台

Balance beam

① 競技概要

平均台は，幅10cmの角柱を一定の高さで水平に固定した器械体操用具を使って行う女子の体操競技種目である（図1）。

平均台競技は，団体総合選手権，個人総合選手権，種目別選手権の3つで実施される。評価のポイントには，実施の安定性，姿勢の美しさや正確性，跳躍や宙返りの高さ，演技構成（アクロバット系とダンス系の技の配分や配置），演技全体のリズム感や優雅さなどが挙げられる。

図1　競技中の様子：平均台（写真：フォート・キシモト）

高さ，長さ，幅の定められた器械上という制限された空間で，落下しないようにバランスをとりながら様々な技を行う。ここでの技とは，倒立回転とびや宙返りといったアクロバット系の技と跳躍技やターンなどのダンス系の技であり，基本的にゆか運動で行われる技を平均台上で実施可能なようにアレンジしたものである。器械の主なサイズは，高さ125cm（マットの厚さによって120cmの場合もある），長さ5m，幅10cmであり，これは半世紀にわたってほぼ変わらないままである。台の形状，台上面のクッション材，表面の材質は，技の発展に伴って改良が加えられ，現在では台上面に弾性のあるクッション材を敷き，その上をカーペットで覆った，いわゆる「太鼓型」のものが一般的である。

演技は，アクロバット系とダンス系の技，そして女子体操競技特有の芸術的表現である動きによって成立している。採点規則2009年版によると，演技時間は1分30秒以内であり，時間を超過した場合は減点となる。演技の評価は主に「内容」と「出来映え」の2つの観点から行われ，前者は「Dスコア」，後者は「Eスコア」として表される。Dスコアの評価は「難度点」「構成要求」「組み合わせ点」という3つのカテゴリーについて行われる。「難度点」は実施された技の中からアクロバット系（終末技を含む）は最大5つまで，ダンス系は少なくとも3つ以上の，難度の高い方から最大8つの技が評価の対象となる。「構成要求」はアクロバット系やダンス系（跳躍技を含む）の連続技，宙返りの種類，ターン，終末技に関する5つの項目からなっており，これらの項目を満たすごとに0.50が加点される。「組み合わせ点」は連続技に対するボーナスポイントで，特定の難度の技を組み合わせて行うことによって0.10または0.20が加点される。他方，Eスコアの評価は「実施」と「芸術性」という2つのカテゴリーについて行われる。「実施」は欠点の内容や程度に応じて10.00から減点される。最も大きな減点は落下，転倒といった過失に対する1.00であり，ふらつきや姿勢欠点，技術欠点などに対しては程度に応じて0.10，0.30，0.50のいずれかの減点が行われる。また，「芸術性」は演技全体のリズムや動き方，確実性などに関して芸術的な観点から評価され，リズムの変化が乏しい場合や動き方が模倣的で調和がない場合などに減点となる。近年，DスコアとEスコアはそれぞれ別の審判員によって評価されるという分業制になった。これによって，難度の判定や諸々の欠点，芸術性に関する判断がより厳密に行われるようになり，これまで以上に技の正確性が求められるようになった。

② 歴史

不安定な空間に身をおいてバランスをとることに価値を見出しての運動形態は，古来からいろいろな形で日常生活に取り入れられており，それが広い意味での平均台運動の源流とみなすことができる。このバランスをとる運動が，平均台という特定の器具を用いて青少年の体育として取り上げられたのは18世紀の後半である。また，女性が行うようになったのは，19世紀後半になってからである。当時の運動内容は教育的配慮のもとに非日常的な運動形態はほとんど行われていなかった。さらに，オリンピックには1936年の第11回大会（ベルリン）から取り入れられたが，この時の規定演技もアクロバット系の技は皆無であり，単純な内容のものであった。そして，戦後もしばらくは座のポーズや姿勢保持系の技を中心とした，ゆったりとした演技が行われていた。しかし，1970年頃からコルブト（O. Korbut）やコマネチ（N. Comaneci）に代表される旧ソ連やルーマニアの選手たちを中心にアクロバット系の技が発展してきた。この当時の技の発展はまさに日進月歩であり，1980年代半ばにはすでに現在と変わらない技が行われるようになっていた。旧ソ連のユールチェンコ（N. Yurchenko）らによって，跳馬や平均台の開始技においてロンダート（側方倒立回転跳び1/4ひねり）で跳躍板を後ろ向きに踏み切るという画期的な技術が発表されたのもこの頃である（1981年の世界選手権大会〔モスクワ〕）。

そして，1990年頃からはアクロバット系の技に加えて，難易度の高いダンス系の技の技術も開発されるようになった。中国の楊波（Yang Bo）は1989年の世界選手権大会（シュツットガルト）

においてオリジナルの跳躍技を発表した。この技は縦向きで、両足で踏み切り、頭部の後屈を伴いながら上体をゆかと平行になるまで反らせて行う「前後開脚とび(開脚が180度を超える)」で、楊波の名前にちなんで「ヤンボー」と名づけられている。この技は楊波独特の優れた柔軟性と、空中で平均台から一度視線をはずしてもバランスを崩すことのない卓越した平衡感覚によって可能になったのである。また、アメリカのオキノ(E. Okino)は1991年の世界選手権大会(インディアナポリス)において片足立ちでの「3回ターン」を発表した。この技は、きわめて高いターンの技術が要求されるため、ゆか上でも完全に実施することは難しく、ダンス系の高難度の技が要求されるようになった現在でも行っている選手は皆無に等しい。

近年では、アクロバット系の技と高難度の跳躍技やターンのバリエーションの両方が高得点獲得のためには不可欠であり、またそれらの技を連続して行うというさらに難易度の高い演技も行われるようになった。今後は、日々進歩する技術の発展によってさらなる「内容」の充実が予想されるが、女子競技としての特性を維持するためにもよりよい「出来映え」を追求するとともに、個々の選手の特性を生かした独創的な演技や女性らしいエレガントな表現の工夫が期待される。

なお、平均台における日本人選手の活躍は、1954年の世界選手権大会(ローマ)で、当時全くの無名だった田中(旧姓・池田)敬子が日本女子体操史上唯一金メダルを獲得し、世界中を驚かせた。ところが、世界で活躍する選手の低年齢化が急激に進んだ1970年代以降は、日本人選手が決勝の舞台に立つことはなかった。当時わが国の競技力向上の中心は学校体育であり、諸外国ではこの時すでにジュニア期からの早期訓練を積極的に取り入れていたからである。このため、その後は信田美帆が1989年の世界選手権大会(ロッテルダム)で平均台8位入賞を果たした以外は、オリンピックの団体出場権を逃すなど低迷していた。しかし、近年では約30年にわたってジュニア指導に尽力してきた指導者たちの努力が実り、2008年の第29回オリンピック大会(北京)では団体総合で5位に入賞、2009年の世界選手権大会(ロンドン)では鶴見虹子が個人総合で3位入賞、平均台で6位入賞、2010年の世界選手権大会(ロッテルダム)では田中理恵がロンジン・エレガンス賞を受賞するなど、日本女子も世界の上位国に名を連ねるようになった。

ただし、今後継続的に世界トップレベルで活躍していくには、これまでの指導者に続く人材の育成は急務であり、また企業や個人に依存した強化対策ではなく、競技人口増加のための普及活動やより効果的なジュニア期からの一貫教育システムの構築などを目的とした、国あるいは競技団体による組織的な活動が不可欠であろう。

参考文献
- 金子明友. 1974. 『体操競技のコーチング』大修館書店
- 日本体操協会. 2009. 『採点規則2009年版』

(金谷麻理子)

タグラグビー

Tag rugby

① 競技概要

タグラグビーは、タックルに代表される身体接触を完全に排除し、1チーム5人の2チームで行われるラグビー型の競技である。タックルの代わりに、腰に着けたタグを取り合うというルールが特徴的である(図1)。7人制ラグビーや子ども向けに開発されたミニラグビーなど、身体接触のある他の競技とはこの点で大きく異なる。

ゲームは、コート中央からのパスで開始される。攻める側は、ボールを抱えて走ったりパスをしたりしながら前進を図り、守る側のゴールラインを越えたインゴールにボールを持ち込んで置けばトライで、1点が与えられる。ボールはジュニア用のラグビーボールと同じものを使用する。

ボールを持っているプレイヤーは、前後左右自由に走ることができ、パスはいつでもできるが、前にボールを投げることはできず、キックをすることもできない。守る側は、タックルの代わりにボールを持っているプレイヤーが腰の左右に着けているタグのどちらかを取ることでその前進を止めることができる。ボールを持ったプレイヤーがタッチラインを踏んだり越えたり、ボールがフィールド外に出た場合は、その地点から相手側のパスで再開する。

ボールを持っているプレイヤーは、タグを取られたらただちに止まり、すぐにパスをしなければならない。タグを取ったプレイヤーは取ったタグを返すまで、タグを取られたプレイヤーは取られたタグを受け取って再び腰に着けるまでゲームには参加できない。その間に、ゲームは残りのプレイヤーで続けられる。この攻防を繰り返すことで、小学生でもランニングとハンドリングによるスピーディーなゲームを展開できる。

タグラグビーでは、ラグビーに特有の防御手段であるタックルを取り除いたことにより、その後に続く身体接触であるモールとラックも消滅し、また、ラグビーのゲーム開始や再開時に行われるスクラム、ラインアウト、キックオフもないため、これらの身体接触を介して行われるボールの争奪という要素が結果的に弱くなっている。大会などでは、守る側が取ったタグの回数が一定数になったら攻守交替をするというルールが用いられる。

② 歴史

タグラグビーは、1990年代の初めにラグビー発祥の地イギリスで考えられ、主に子どもたちを対象としたラグビーへの導入的なゲームとして広められたが、現在では、学校体育の授業でも盛んに教えられるようになってきている。

日本では、イギリスに留学したラグビー関係者が、1996(平成8)年にその用具やルールを持ち帰ったことから知られるようになった。

チーム内での役割が固定せず、みんながボールに触れる機会が保障されて

図1 競技中の様子：タグラグビー(写真：フォート・キシモト)

いるなど，特に運動が苦手な子もゲームに参加しやすい面があるといわれ，2003（平成15）年前後からは，体育授業で教える運動として注目されるようになった。2008（平成20）年に改訂された小学校学習指導要領の解説では，ゴール型ゲームの1つとして例示されるに至っている。

日本ラグビーフットボール協会のもとで小学生の全国大会が開催されるなど，普及が進められている。

参考文献
- 佐藤善人，鈴木秀人．2008．「小学校体育におけるタグ・ラグビーに関する一考察－ポートボールとの個人技術をめぐる「やさしさ」の比較を中心に－」『体育科教育学研究』24（2）：1－11
- 鈴木秀人 編．2009．『だれでもできるタグラグビー』小学館

(鈴木秀人)

卓球

Table tennis

① 競技概要

卓球は，テーブル（台）の中央にネットを張り，1人対1人または2人対2人が，ネットをはさんでボールをラバーを貼ったラケットで相手側コートに打ち合い，得点を競う室内競技である（図1）。

[競技の特性]

相手と近距離（3-7m）でボールを打ち合うために迅速な判断力，敏捷性や柔軟性，ラリーを続けるために持久力が必要となる。また，安全で手軽に行うことができ，老若男女を問わず親しまれ，生涯を通じて楽しめるスポーツである。

[競技の仕方]

競技には，シングルス，ダブルス，混合ダブルスがある。

・シングルス

ジャンケンかトスで勝った方がサービスの順番，またはエンド（コート）を選択する。主審の「レディ」の合図で競技の態勢に入り，「ラブオール（0対0の意味）」で開始する。サービスは2本ずつで交替する。ただし，10対10になった場合は1本ずつ交替する。

・ダブルス／混合ダブルス

ダブルスで規定しているルール以外は，シングルスの規定を適用する。

サービスを行うペアがサーバー，レ

図1　競技中の様子：卓球（写真：フォート・キシモト）

図2　競技場（卓球台）

シーブ側はレシーバーを決める。各ペアの競技者は必ず交互にボールを打たなければならない。サービスは自分のコートのセンターラインの右半分にバウンドさせ，相手コートの右半分に入れる。最終ゲームは，いずれか一方が5点先取した時，エンドをチェンジするとともに，レシーブするペアは必ずレシーバーを交替しなければならない。

なお，混合ダブルスでは，男女各1人でペアとなり，ダブルスと同じ規定で行われる。

[勝敗の決定]

ゲーム中，どちらかの得点が11点に達したらゲームを終了する。ただし，10対10になった場合は先に2点リードした方を勝ちとする。

試合は5ゲームマッチと7ゲームマッチがある。5ゲームの試合では3ゲーム，7ゲームの試合では4ゲームを先取した方が勝ちとなり，試合終了となる。

[用具および服装]

ボールはセルロイドまたはセルロイドと性質の似ているプラスチック製で，色は白かオレンジで無光沢のものと決められている。ラケットは大きさ，形状，重量は自由だが，両面の色はラバーの有無にかかわらず必ず赤と黒と

する。服装は半袖のシャツにショーツまたはスカートを着用する。なお、ラケットおよびシャツは、日本卓球協会公認のものを使用する(図2)。

② 組織の発展
[発祥]
19世紀末にイングランドの貴族の間で、雨天でテニスのゲームを中断している間の時間つぶしに、クラブハウスの床やテーブルを使って思い思いにルールを決めて楽しむようになったのが卓球の始まりだともいわれているが、その起源には諸説がある。

現代の競技につながる近代卓球は、1898年にイギリスのギブ(J. Gibb)がセルロイドのボールを使ったのが卓球の始まりだといわれる。仔牛の皮張りのラケットで打つと「ピン」「ポン」と音がすることからピンポンと呼ばれるようになった。

[国際競技団体の設立と世界的な普及]
第一次大戦のために中断していたヨーロッパの卓球だったが、1920年頃再び盛んになり、1922年には名称をピンポンからテーブルテニスと改めた。1926年にはドイツのレーマン(G. Lehmann)の提唱によりイギリスに国際卓球連盟(International Table Tennis Federation: ITTF)が設立され、同年12月には第1回ヨーロッパ選手権(大会開催中に世界選手権という名称に変更された)が開催された。

1952年の第19回世界卓球選手権大会(ボンベイ・インド)では、初参加の日本が7種目中4種目に優勝を果たし、世界を驚かせ、「卓球日本」の名を世界にとどろかせたが、1961年の第26回世界卓球選手権大会(北京)をきっかけに中国が世界のトップに躍り出た。その後、文化大革命のため国際大会への不参加が続いた中国だが、1971年、第31回世界卓球選手権大会(名古屋)を機会に、再び世界最強国となっていった。

1988年の第24回オリンピック大会(ソウル)では初めて卓球が種目として採用され、2012年現在、ITTFには217の国と地域が加盟している。

[日本における普及・発展]
日本には1902(明治35)年、高等師範学校教授の坪井玄道がイギリスから道具などを持ち帰り、旧制高等学校を中心に紹介したのが始まりとされている。

1921(大正10)年にわが国初の卓球統括機関として大日本卓球協会が創立され、1926(昭和元)年に明治神宮体育大会の種目に加えられた。その後、1931(昭和6)年に日本卓球協会(Japan Table Tennis Association: JTTA)が発足し、1939(昭和14)年には当時の大日本体育協会(後の日本体育協会)にも加盟を承認された。

日本は、第二次大戦後の1949(昭和24)年、ITTFに再加盟が承認され、1952(昭和27)年の第19回世界卓球選手権大会(ボンベイ・インド)では、前述のように初参加にもかかわらず7種目中4種目に優勝を果たした。

1956(昭和31)年には、第23回世界卓球選手権大会を初めて日本に招致し、22の国と地域が参加した。連日、東京体育館が超満員となり、競技でも4種目に優勝し、大成功を収めた。以来1979年の第35回世界卓球選手権大会(ピョンヤン)まで、日本は金メダルを取り続けた。

1971(昭和46)年、第31回世界卓球選手権大会(名古屋)では中国に参加を要請するため、日本はアジア卓球連盟を整頓する立場となり、アジア卓球連盟を脱退して、新たに中国と相携えて、1972(昭和47)年にアジア卓球連合を創設し、その会長国となった。アジア卓球連合創設後、中国と日本でアジアの卓球を興隆させるため、アジア卓球選手権大会を隔年で開催していくとともに、卓球技術を発展途上国にも指導し、卓球の普及・発展に努力した。またアジアの加盟国が力を合わせ、ITTFにおけるアジアの力を浸透させていった。このような活動の結果、日本は世界の卓球界に確固たる基盤を作り上げている。

1987(昭和62)年には、荻村伊智朗(当時の日本卓球協会副会長)がITTF会長に就任し、日本スポーツ界にとって大ニュースとなった。外来スポーツで日本人が国際競技連盟の会長になったのは日本スポーツ史上初の快挙であった。荻村は、会長就任直後から世界中をかけめぐり、世界における卓球の普及に尽力した。

特に、1991(平成3)年に千葉・幕張で開催された第41回世界選手権大会で、韓国と朝鮮民主主義人民共和国との統一チーム実現に成功した。また、

1994(平成6)年に東京で開催された第2回地球ユース卓球選手権(満20歳以下の世界選手権)大会に、イスラエルとパレスチナ両国選手団の参加を実現させ、国際親善や世界平和を促すというスポーツの価値を高めた。

荻村は1994(平成6)年12月に他界したが、その後を受けた木村興治が2005(平成17)年からITTFの副会長に選任され、卓球の発展と日本の地位向上に貢献を続けている。

日本は、2008(平成20)年の世界卓球選手権大会(広州)では、男子団体が3位となり、男子団体としては8年振りのメダルを獲得した。男女団体とも3位になったのは29年振りの快挙であった。翌2009(平成21)年には、日本での開催が6回目となった世界卓球選手権大会(横浜)が開催された。男子ダブルスで水谷・岸川組が3位となったほか、男女シングルスでもベスト8に入り、明るい兆しがみえ始めている。

1976(昭和51)年に財団法人化を果たした日本卓球協会は、組織強化の重要課題である全会員の登録制度を1978(昭和53)年に実施した。初年度登録人員は4万6,329人であったが、2012(平成24)年3月末現在では30万4,620人となっている。また、卓球に球技としては初めて段級制を導入し、2007(平成19)年度末の段位取得者は2万3,000人余に達している。

さらに1968(昭和43)年度に施行された公認審判員制度はその後順調に発展し、いまや全国的にも定着し、公認レフェリー557人、上級公認審判員1,125人を数え、世界1位の国際審判員資格者(499人)を保有している(2011年7月1日現在)。

③ 技術・戦術・ルールの変遷
[技術・戦術の変遷]
・1950年代の特徴
日本の活躍により、日本人選手が使用したスポンジを用いた特殊ラバーが全盛の時代に入り、ボールのスピード、回転が増大し、それを生かすロング、強打技術、それを受け止めるショート、カット技術と多彩な技術と多彩な技術発展の幕開けとなった。日本は計13人(男子7人、女子6人)の世界チャンピオンを輩出し、世界団体で男子5連覇、女子4連覇を果たすなど、全盛の時代で

あった。

　ヨーロッパのプレイスタイルの主流は，シェークハンドグリップで粒ラバー（1枚ラバー）を用いた攻守バランスのよいカット型であった。

　一方，日本は，ペンホルダーグリップで粒ラバー，スポンジ，裏ソフトラバーへと用具が変わっていくが，フォアハンド主体で動き回って攻撃を仕掛けていくプレイスタイルが主流であった。

・1960年代の特徴

　中国が前陣での攻守を基本としたプレイスタイルで粒高ラバーによるカット型が登場し，バックハンド，ショート，サービスに新技術を示した。

　この時代に中国式前陣速攻と表現されたプレイスタイルは，攻守ともにコートの近くでプレイし打球ポイントは頂点か，バウンド上昇期を捉え早いタイミングで打球するスタイルであった。

・1970年代の特徴

　1960年代同様，中国が前陣での攻守を基本としたプレイと独創的な変化サービスを駆使して攻撃に結びつけるプレイスタイルを展開し，これが主流となった。

　また，両面に性質の異なるラバーを貼り，ラケットを持ち替える（反転する）技術が流行し異質ラバー反転型の選手が世界で活躍した。

　日本ではカット性のボールを攻略する技術，スピンのかかったループドライブや，スマッシュに替わる速いドライブボール技術が主力となり，欧州にもそれが広まった。その後，スピード，スピンを増加させる接着剤効果を発見し，パワードライブをプレイスタイルとするハンガリーが1979年の世界卓球選手権大会の団体戦において中国を破り一世を風靡した。

・1980年代の特徴

　スピード，スピンを増加させるラバー接着剤の登場で，攻撃型の選手や裏ソフトラバーを使用する選手の増大につながった。その一方で，カット型の選手や，表ソフトラバーを使用する選手が生きる戦術の研究が進んだ。

　男子は中国とスウェーデンの2強時代となり，女子は中国常勝の時代であった。

　1988年の第24回オリンピック大会（ソウル）から卓球が種目として採用され世界各国の技術レベルが向上していった。

・1990年代の特徴

　男子は中国とスウェーデンの2強時代が続き，女子は中国が完璧な強さを誇った。

　中国ではペンホルダー選手育成政策で，ラケットの両面にラバーを貼り，両面を使って攻撃をする新ペンホルダー型の選手が登場した。

・2000年代の特徴

　2000年にボールの直径が38mmから40mmに変わった。さらに2001年にはゲームが21本制から11本制に変更され，サービスが5本交替から2本交替になるなど最初からダイナミックな試合展開とエキサイティングな場面が多くなった。

　また，2002年には，サービスルールが改定され，ボールがレシーバーに常にみえるようになった。これにより，レシーブミスが減少し，ラリー数の増加に結びついた。

　男子はアジア・欧州の多くの国にトップクラスの選手が誕生し中国を追随，女子は韓国・日本が中国に続いているが，男女ともに中国からの国籍取得（帰化）選手が多くの国の代表として活躍している。

[ルールの変遷]

・国際ルールの制定と日本のルール

　日本国内では，1921年に世界に先がけて卓球ルールを制定したが，1922年にイギリスのケンブリッジ大学生であったモンタギュ（I. Montagu，初代ITTF会長）が中心となり新しい統一卓球ルールが提案され，これをもとに1926年に国際卓球ルールが制定された。また併せて，ITTFが組織化され，この会議に参加した9協会により第1回世界選手権大会がロンドンで開催された。

　その後，日本では卓球は日本ルール（軟式）で独自に発展を遂げたが，1934（昭和9）年には国際ルールが正式に導入され，オープン種目として全日本選手権も行われ始めた。また，1938（昭和13）年に始まった海外との交流試合を契機に国際ルール（硬式）による競技が全国に広がったが，1921（大正10）年に制定した日本ルールに基づいての競技（軟式）も同じく盛んに行われていた。軟式の競技は，国際ルールに比べてテーブルは小さく，ボールの重さも軽く規定されており，国際式とは異なるもので，1960年代から80年代にかけて，テーブルの大きさ，ネットの高さ，ゲームとポイント数の見直しなど新たな工夫が続けられたが，2001（平成13）年に廃止された。

　1983（昭和53）年に，東京で世界選手権大会が行われるのを機に，日本卓球協会は伝統ある日本硬式卓球ルールの条文構成を国際ルールと同一構成とし，それまであった日本独自のルールは『日本卓球ルール細則』として残すという大変革を行った。さらに，2004（平成16）年には，この『日本卓球ルール細則』の内容もそれぞれ関連する国際ルールの中に移項させることで，「ルール細則」をなくした国際ルールと同じ体裁の日本卓球ルールができあがった。

　なお，2000年9月には，国際ルールとして40mmボールの採用，2001年9月には，サービス2本交替と11ポイント制の採用などが続けてあり，新しい卓球競技の幕開けの年ともなった。

・サービスの変遷

　1947年にITTFはサービスの際には，平らに開いた手のひらの中央にボールを載せボールに回転を与えないようにし，さらにボールをほぼ垂直に投げ上げる「オープンハンドサービス」を選手に義務づけた。また1969年，サービスを出そうと構えた時点ではボールをエンドラインより後方でかつ卓球台の高さより上に静止して相手にボールがよくみえるようにしてからサービスを出すなどの規制を加えていった。これらのサービスルールを定めた後も選手はルールの範囲内で工夫を重ねていった。こうした中で2005年にサービスの打球点を体で隠すことができないような画期的なルール表現「ネットとボールで形成される空間内に体を入れてはならない」という一瞬でもレシーバーからみてボールが隠れる状況が発生したらフォルトとなるルールが制定され，随所でレシーブミスの少ない見応えのあるラリーが展開されるようになった。

・スコアカウントシステム（ポイント，ゲーム，マッチ）の変遷

　1926年にロンドンで開催された第1回世界選手権大会の総会で，それまでイギリスで主に採用されていたスコア

カウントシステム（サービスは5本ごとに交替して1ゲーム21ポイント先取した方を勝ちとする）が提案・承認され，以来約75年間一貫してこの方式が採用されていた。しかし，2001年（日本国内は2002年），サービス2本ごとの交替で1ゲーム11ポイント先取とする新方式に切り替わった。これは，日本で始まった「軟式卓球」と「ラージボール卓球」で採用されていたポイント方式と同一である。この方式の採用によりゲームの序盤から双方息の抜けないラリーが展開されるようになり，おおいに卓球競技のおもしろさを倍加させている。

なお，卓球ルールの条文には1926年に国際ルールが制定されて以来，「セット」という表現は使われていない。その代わり「ゲーム」という表現が使用されている。3ゲーム，5ゲーム，7ゲームなどからなる「試合」のことを「マッチ」と呼んでいる。したがって，ある競技方法をこれに倣って表現すると，例えば「1マッチは5ゲームで，各ゲームは11ポイント先取制で行われる」という表現になる。

・競技時間の制限の変遷

記録に残されている一番長いラリーは，1936年にチェコのプラハで開催された世界選手権での男子団体戦の，エーリッヒ（A. Ehrlich，ポーランド）対パネス（P. Farcas，ルーマニア）戦で，最初のポイントからいきなり長いラリーとなり，そのラリーの所要時間は2時間5分あるいは2時間12分かかったといわれている（審判員はラリー開始時間を正確に計測していなかった）。

またさらに，この大会の男子団体決勝の所要時間は11時間かかった。当時はネットが今より高く，ボールに回転をかけにくい木製ラケットでは，強打したらミスにつながり，どうしても守りの戦法をとってしまう。そこでITTFは，試合時間に制限（3ゲームの試合で60分，5ゲームの試合で1時間45分）をつけ，制限時間内に終了しなかった場合には両者を失格とするルールを決めた。不幸なことに翌1937年のオーストリアのバーデンで開催された世界選手権の女子シングルス決勝のアーロンズ（R.H. Aarons，アメリカ）とプリッツィ（D. Pritzi，オーストリア）戦（5ゲームマッチ）では，制限時間の1時間45分に達した。競技はストップさせられ，両者失格が宣言され，世界選手権史上で例のない優勝者のいない世界選手権となった。

当然この不幸な結果を招くルールに手が加えられることになり，「ネットの高さを低くする」とともに試合制限時間を各ゲーム20分とし，20分経過した時点でリードしている方を勝ちとし，同点の場合は次のラリーで1点を先に取った方をそのゲームの勝者とするルールを定めたが，この制限時間制を利用して，少しでもリードしたらそのまま20分が来るのを待つ消極的な戦法をとる者が現れた。この消極戦法を封じる策として1963年に画期的な「促進ルール」が導入された。これはあるゲームで15分の制限時間がきても勝敗に決着がつかなかったら，そこから促進ルールが適用され，サーバーが13本以内の打球でラリーに決着がつけられなかったらレシーバーのポイント（レシーバーは13本守りきったら1ポイント）」とするもので，促進ルールが適用されるとそれまでのラリーとは打って変わって大変スリリングなラリーが展開されることになった。この促進ルールの制限時間は，1ゲーム11本先取制が適用された2001年に，15分から10分へと短縮された。

・タイムアウトの導入と休憩

国内最初のルールでは個人戦はなく団体戦のみが規定されていたが，1試合の中でその試合が終了するまでいっさい休憩は認められていなかった。その後，1955年にゲームとゲームの間の休憩時間は，21ポイント制の場合3ゲームマッチでは休憩は認められず，5ゲームマッチの場合にのみ第3ゲームと第4ゲームの間に当初は2分，その後5分以内の休憩が認められた。さらに1975年には第1ゲーム終了後だけに1分以内のアドバイスが認められたりしたが，1984年には各ゲーム間に1分間の休憩を認めるルールに変わり，さらに1987年には第3ゲームと第4ゲームの間の5分間休憩をなくして，すべてのゲーム間の休憩を2分間とする改定があり，2001年に11ポイント制に移行した後，各ゲーム間で1分以内の休憩というルールが適用され現在に至っている。選手へのアドバイスは規定された休憩時のみに可能で，それ以外のゲーム中などには絶対できないが，1999年に選手側からでもベンチサイドからでも1マッチ中に1回だけ1分以内のタイムアウトをとれるというルールが採用された。これは選手側からもコーチサイドからも好意的に受け入れられておおいに活用されているのはもちろんのこと，観戦者にとっても試合の緊張が伝わり喜ばれている。

[用具の変遷]

・テーブルの変遷

卓球が始まって以来，テーブルサイズは変更されておらず，長さ2.74m×幅1.525mの長方形で，高さは76cm，表面はローンテニスに倣って濃緑色が長年使われていたが，90年代に青色の使用が始まると，青色が常に使われるようになった。

2001年の世界選手権大会（大阪）以来，センターコートに「ショーテーブル」と呼ばれる見栄えを優先したショーコートが採用されるようになり，それ以降，このセンターコートシステムが採用されるようになった。これによりTV放映などで，卓球が"みて楽しいスポーツ"としてより美しく競技を映し出すことができるようになった。

・ネットの変遷

初めて統一卓球ルールが制定された当時，日本国内では5寸5分（16.7cm），国際ルールでは6.75インチ（17.15cm）と現在より高めのネットが使用されていた。このため，強打が難しく，その結果ラリーがいたずらに長引くことになった。その後スピーディーなゲーム運びとするため，1937年に国際ルールは高さを6インチ（15.25cm）と低くし，そのまま現在に至っている。またラージボール卓球は，初心者がラリーをつなげやすくするために，17.25cmの高めのネットが採用されている。

・ラケット・ラバーの変遷

戦後の1950年頃から，日本では表面に厚いスポンジを貼る工夫がされ，これを使用した日本人選手が，世界選手権大会において，それまで常勝であったヨーロッパのカット戦法を見事に打ち砕いて佐藤博治（1952年），荻村伊智朗（1954／56年）が世界チャンピオンになった。それ以来，国際的にラケットに大きな制限が加えられることになり，1959年にラケット本体は木製のみ，打球面にはスポンジ面は禁止となり，ゴム製のラバー（厚さ2mm以下の粒ラバ

表1　ルールや組織の主な変遷

年	主な出来事
1898	セルロイドのボールが発明。ボールをラケットで打つ音から「ピンポン」と呼ばれる
1902	坪内玄道がイギリスから道具を持ち帰り，日本に卓球を紹介
1919	東京日々新聞社後援の第1回東京連合大会を機にピンポンを「卓球」と呼ぶようになる
1921	日本初の卓球統括機関として大日本卓球協会が設立される 日本卓球ルールが制定される
1926	国際卓球ルールが制定される 国際卓球連盟(ITTF)が設立され，第1回世界卓球選手権大会をロンドンで開催 卓球が明治神宮大会の種目に加えられる
1928	城戸尚夫が個人の資格でITTFに加盟（後に日本卓球協会が継承）
1931	日本卓球協会が発足
1934	日本で国際ルールを正式導入
1939	日本卓球協会が大日本体育協会（現・日本体育協会）に加盟
1945	第二次大戦の敗戦に伴い，日本卓球協会がITTFから除名
1949	日本がITTFに再加盟
1952	日本が第19回世界卓球選手権（インド）に初参加し，7種目中4種目で優勝
1956	第23回世界卓球選手権を日本で開催
1959	スポンジラバーの使用を禁止
1963	促進ルールを導入
1969	オープンハンドサービスが義務化
1971	第31回世界卓球選手権を名古屋で開催。「ピンポン外交」（米中交流の橋渡し）が行われる
1972	日本と中国でアジア卓球連合(ATTU)を創設
1983	第37回世界卓球選手権大会を東京で開催
1987	荻村伊智朗（当時日本卓球協会副会長）がITTF第3代目会長に就任
1988	第24回オリンピック大会（ソウル）で卓球が正式種目化 日本でラージボール卓球（新卓球）が開発され，全国大会を開催
1991	第41回世界卓球選手権を幕張で開催。韓国・朝鮮民主主義人民共和国の卓球協会がコリアとして統一チームで参加
1996	ITTFがプロツアー大会をスタート
1999	1マッチ中に1度，1分間のタイムアウトが認められる ITTF本部がイギリスからスイスに移転
2000	ボールのサイズが直径38mmから40mmに変更
2001	第46回世界卓球選手権（大阪）でセンターコートシステムを採用 サービスが2本ごとの交替制になり，1ゲームが21本制から11本制に，促進ルールが15分から10分に変更 軟式競技を廃止
2002	サービスの際のボールが常にレシーバーにみえるようにルールを変更 ITTFがジュニアサーキット大会とカデットチャレンジ大会の開催を開始
2005	サービスの打球点を体で隠すことができないようにルールを変更
2008	ラケットのラバーの接着には揮発性有機溶剤(VOC)を含まない接着剤の使用を義務化
2009	第50回世界卓球選手権大会を横浜で開催
2014	第52回世界卓球選手権大会を東京で開催

ーもしくはスポンジとゴムを組み合わせた厚さ4mm以下の表ソフトラバーか裏ソフトラバーの3種類）と木質面しか使用できなくなった。その後1983年には，木質面での打球も禁止された。また，1979年にラケット本体も全素材中の15％以内ならカーボン層やガラス繊維層の木質以外の材質を使用することが認められた。

一方，1975年頃ラバーを貼る有機溶剤を含んだ接着剤が，ラバーそのもののスピード性能や回転性能を大幅に増加する性質があることが発見され，一時はキシレンやトルエンといった劇物を溶剤にした接着剤を使用することが主流となり，これに危機感をもった当時ITTF会長の荻村伊智朗が，有機溶剤の全面禁止の運動を展開した。荻村の他界後，有機溶剤を含む接着剤の禁止が撤回されるなどの紆余曲折を経て，現在では揮発性有機溶剤を使用しないクリーンな接着方法がルール化されている。

しかし，特にラバーについて特別な処理をしてその威力（スピード・回転）を増す工夫が後を絶たず，卓球がフェアなスポーツであることを保ち続けるために，2009年，ITTFは「ラバーの性能を変化させるいかなる化学的，物理的な処理をも一切禁止する」という画期的なルールを定めた。これによりラバーを貼るために使用される接着剤には揮発性有機溶剤を含まない接着剤の使用が義務づけられ，ラバーの性能を高める特殊な接着剤や前処理剤の使用が禁止されることになった。また，これらの違反を取り締まるための微量有機ガス検知器，ラバー厚さ計測器などの開発が進み，各大会では"ラケットコントロール"と呼ばれる任務をもつ役職を設け，ルール違反行為を防止する体制もとられるようになった。

・ボールの変遷

ボールは，1902年製造の記録に直径38mmのセルロイド製，とあることから，長い間直径38mmであったが，ラバーの開発が進み，強力回転・スピードが出る近代卓球となり，ラリーが続かなくなった。このためボールの回転を減らし，ラリーがこれまで以上に続く方策として，世界選手権では2001年の大阪大会で初めて直径40mm，重さ2.7gのボールが採用された。この

40mmボールの採用により，卓球本来のスピード感を失うことなくラリーを続けさせるという期待どおりの成果が現れた。40mmボール導入後，着実に魅力あるスポーツとして全日本選手権大会はもとより各大会でおおいに観客動員を伸ばしている。

一方，日本国内では，卓球人口を増やす方策として，ラリーが楽しめる新しい卓球競技の企画が進み，1988 (昭和63) 年に直径44mm，重さ2.2g，オレンジ色のみというラージボールを用いた「ラージボール卓球 (新卓球)」が導入された。さらに回転をかけにくい表ソフトラバーのみを利用するという特殊ルールも適用した。これが現代社会の要望にマッチして「簡単にラリーが楽しめる」として瞬く間に全国にラージボール卓球の愛好者を増やしている。

なお，2014年7月に長く使用されてきたセルロイド製からプラスチック製に変更され，ITTF公認大会や世界タイトルのイベントでは伝統的なセルロイドボールに代わって使用されている。

④ 現代の技術・戦術・ルール
[世界で活躍するためのプレイスタイル]

世界のトップ選手の90%以上がシェークハンドグリップであるが，2004年の第28回オリンピック大会 (アテネ)，2008年の第29回大会 (北京) の男子決勝は，いずれもペンホルダーグリップの選手同士の戦いであった。また，2009年の世界選手権大会 (横浜) でもオリンピックとは別のペンホルダー選手が男子シングルスで優勝した。これは，シェークハンド選手全盛の現代において，少ないプレイスタイルであるペンホルダーの選手にもチャンスがあるということを示している。世界で活躍するためには，独創的な新しい技術・戦術のプレイスタイルが必要となっている。

世界各国の選手は，自身の肉体を鍛えるとともに，自分を生かす新しいラケットとラバーを追い求めている。同時に，用具メーカーでは選手の要望に応えるべく，よりスピードの出る，よりスピンがかかる用具の開発に拍車がかかっている。

[世界で活躍するための主な戦術・技術]
・サービスの工夫

世界で活躍するためには，ゲームの流れや相手の心理状況を読み，2本のサービスをどう使うかがポイントである。11本ゲームになったことにより，ネット際への短いサービスとエンドライン際への長いサービスの使い分け，サービスの回転とコースをどう組み合わせて戦うかということが，より重要になった。また，サービスのインパクト直後にカムフラージュモーションを入れ，相手の目を幻惑させる工夫などは，世界のトッププレイヤーが取り組んでいる「技」である。

・ストップ技術の導入

相手の攻撃を封じるための技術として，ネット際に落とすストップ技術がある。特に相手の短いサービスに対して，レシーバーはネットすれすれの高さにして返球しボールをネット際に止めて落とすストップ技術を多用する。双方とも相手に強いボールを打たせないようにと，ネットを隔ててストップ対ストップのラリーから始まるパターンが現在の男子選手の試合に多くみられる。このラリーから手首，指の小関節を使ったプレイで先手がとれる技術が要求される。

・タイムアウトの活用

2001年にタイムアウト制が採用され，ゲームの流れや選手の心理状況によって，ベンチに入っているコーチ，あるいは選手自身から1試合に1度だけ1分間のタイムアウトをとることができる。このタイムアウトをとるタイミングによって，勝敗の明暗を分ける試合も出てきた。

中国チームは，ゲームの流れを読み，早め早めにタイムアウトを使って先攻逃げ切りのパターンで，ゲームを進めていくことが多い。

・選手に求められるもの

フォアハンドと同じようにバックハンドでも攻撃ができ，かつ相手の攻撃にすばやく反応し守備ができるブロック力の高さを備えた攻守バランスのとれたプレイヤーが求められている。

卓球は予測のスポーツでもある。この相手の予測を崩すことのできる「技」があれば，相手の心理そのものを崩すことにつながり，そこからゲームの展開を有利に持ち込むことができるのである。相手の「待ち」や「読み」を外すためのトリッキーなプレイを時折入れてゲームメイクをしていくことが求められている。

参考文献
- 荻村伊智朗 監修. 1985.『卓球 栄光と復活へのドラマ』ベースボール・マガジン社
- 荻村伊智朗，藤井基男 監修. 1967.『世界の選手に見る卓球の戦術・技術』卓球レポート編集部
- 木村興治. 2009.「卓球の歴史的変遷」日本卓球協会資料
- 世界選手権横浜大会組織委員会. 2009.「世界卓球公式ガイドブック」
- 日本卓球協会. 2007.『日本卓球ハンドブック (平成19年度版)』
- 藤井基男. 2003.『卓球 知識の泉』卓球王国
- ―――. 2007.『卓球まるごと用語事典』卓球王国
- Colin CLEMETT,「Rules Evolution」ITTF Museum. http://www.ittf.com/museum/ColinEvolution.pdf (2010年3月26日)
- Gerald N. GURNEY, 1989. Table Tennis, The Early Years. ITTF.

(前原正浩，井関律人，星野一朗，白川誠之，須賀健二)

卓球
[肢体不自由のある人の]

Table tennis (for disabled)

① 競技概要

肢体不自由者の卓球は，原則として日本卓球協会規則等に従って行われるが，車椅子競技者については，シングルスやダブルスにおける特別なルールがある (図1)。

例えば，車椅子シングルスでは，サービスのボールがノータッチのままレシーバー側のエンドラインを通過しなかった場合はレットとなるが，レシーバーが台上で2回目のバウンドをする前に打った場合は，サービスは正規なものとし，レットとはならない。また，車椅子ダブルスでは，選手の車椅子は卓球台のセンターラインを越えることなく位置し，サーブレシーブ後はどちらの選手でも返球することができる。

図1　競技中の様子：卓球 [肢体不自由のある人の]

また，パラリンピックの卓球競技規則が適用される場合，車椅子（に敷く）円座（クッション）の1個または最大2個の高さは，15cm以下の状態で競技するものとし，車椅子にその他の装着はないようにする等の条件がある。

クラスは，障がいの程度の重い方から，車椅子競技者はクラス1-5，立位競技者はクラス6-10という計10区分に分けられる。このクラス分けは国際公認クラスファイア（資格をもった判定委員）により判定される。

なお，日本国内の競技大会においては，これらのクラスに該当しない立位競技者については，独自の「クラスS」を設定し，肢体不自由者なら誰でも国内競技会に参加できるシステムを採用している。

② 歴史

パラリンピックでは，日本は不参加だったが，1960年の第1回大会（ローマ）から卓球は実施競技となっている。オリンピックの卓球競技は，1988年の第24回大会（ソウル）から正式種目となっていることを考え合わせると，肢体不自由者の卓球競技の歴史の深さを知ることができる。

国際統括組織としては，国際卓球連盟パラ卓球委員会（International Table Tennis Federation Para Table Tennis Committee: ITTF PTT）がある。

日本国内では，1981（昭和56）年に日本肢体不自由者卓球協会（Japan Table Tennis Federation for the Disabled）が設立され，同年からクラスオープンの全国選手権大会を開催している。また，2000（平成12）年からクラス別全国選手権大会を開催している。

国内競技人口は，約300人（協会登録者数）ほどで，各クラス上位者の中から選考基準に基づき，毎年ナショナルチームを編成し，国際大会に出場している。これまでアジア選手権や世界選手権でメダルを獲得するとともに，パラリンピックでは2000年の第11回大会（シドニー）で銀・銅メダルを獲得し，以降連続出場を果たしている。

（三浦眞二）

卓球
[障がいのある人の]

→サウンドテーブルテニス，卓球[肢体不自由のある人の]

タッチフットボール

→フラッグフットボール

ダブルダッチ

Double dutch

① 競技概要

ダブルダッチは，2人の回し手（ターナー）が2本のロープを交互に内側に回し，そのロープの内側を跳び手（ジャンパー）が跳ぶなわとび競技のことであり，演技の出来映えやスピード等を競う（図1）。手軽に，誰にでもできて，集中力，持久力，リズム感，創造性，バランス，そしてチームワークが自然に身につく楽しいスポーツである。

競技には，1チーム2人のターナーと1人のジャンパーで構成されるシングルスと，2人のターナーと2人のジャンパーで構成されるダブルスがある。シングルス，ダブルスともに必ず2人以上の女性が含まれていなければならない。

ロープの種類はシングルス用3.05m以上3.66m未満（10ft以上12ft未満）とダブルス用3.66m以上4.27m未満（12ft以上14ft未満）の2種類がある。2本のロープの長さは同じ長さでなければならない。

競技会では，規定演技種目，スピード競技種目，フリースタイル種目の3種類の競技の合計点で順位を競う。規定演技種目では，シングルスは25秒以内，ダブルスは35秒以内に定められた演技を行い，技術，優雅さ，正確さなどが判定の基準となる。スピード競技種目は2分間にいかに速く跳ぶことが

図1　競技中の様子：ダブルダッチ

できるかを競う種目で，ジャンパーの左足が床に着いた回数を数える。シングルスは1人のジャンパーが2分間跳び，ダブルスは1人目のジャンパーが最初の55秒間を跳び，交代の合図で2人目のジャンパーと交代し，2人目のジャンパーが残りの時間を跳ぶ。フリースタイル種目はシングルス，ダブルスともに1分間以内で，チーム独自の演技を行う。演技の中には必ずT（Turning＝ロープトリック），A（Acrobatics＝アクロバット），D（Dance＝ダンスステップ），E（Ending＝終了のポーズ）を取り入れなければならない。ロープトリックとはターナーが様々なロープの回し方をしてる中でジャンパーが跳ぶことであり，アクロバットとは逆さまになる技のことをさし，逆立ちや中転やハンドスプリングなどであり，ダンスステップとは速く回っているループの中でジャンパーがかけ足以外の跳び方を行うことである。

ダブルダッチには別にもう1つの競技種目，フュージョン種目がある。1チーム6人以内の編成で，必ず1人以上は女性が含まれていなければならない。2分30秒-3分の間にチーム独自の演技を音楽に合わせて行う種目である。順位は完成度，技術力，表現力，構成力，オリジナリティーなどの合計得点で競われる。

② 歴史

ナショナルダブルダッチリーグ（National Double Dutch League: NDDL）によると，古代フェニキアや，エジプト，中国の縄製造者が麻縄を作る過程で2本の縄を跳び越える動作を行ったことが，ダブルダッチの発祥といわれている。

2本の縄の中で跳ぶ，遊びとしてのダブルダッチは，300年以上前にハド

ソン川のほとりのニュー・アムステルダム（現在のニューヨーク）に入植したオランダ人によってアメリカに持ち込まれた。「ダブルダッチ」という言葉は，オランダ人が複雑でおかしなことをした時にそれをさしていうイギリスの俗語で，イギリス人がこのゲームにダブルダッチという名称をつけたのである。

その後，路地や狭い場所で，わずか2本の物干しロープだけでも簡単に楽しめることから，アメリカの子どもたちの間に広まっていったが，1950年代の終わり頃から，ダブルダッチはすたれて忘れられていった。

しかし，1973年にニューヨークの2人の警察官がダブルダッチを楽しむ女の子たちの姿をみて，ルールを作り，新しいスポーツとして再生させた。翌年には「第1回ダブルダッチ・トーナメント」が開催され，現在では全米の人気スポーツの1つとなり，世界中に広まっている。

わが国では1996（平成8）年に日本ダブルダッチ協会（Japan Double Dutch Association: JDDA）が発足し，ダブルダッチの普及に努めている。

毎年，アメリカでNDDLとアメリカンダブルダッチリーグ（American Double Dutch League: ADDL）の世界選手権大会が開催されており，1996年以降日本からも代表チームが出場し，毎回上位に入っており，日本のレベルの高さが証明されている。

日本国内では，JDDAが主催するDOUBLE DUTCH CHALLENGE, JAPAN OPEN，日本学生ダブルダッチ連盟が主催するDOUBLE DUTCH DELIGHT, DOUBLE DUTCH NIGHT，ダブルダッチコンテスト実行委員会が主催するDOUBLE DUTCH CONTESTなどが開催されている。

ほかにも，東京，京都では月に1回「Let's Play Double Dutch」と称して愛好者が公園の決まった場所に集まり，互いに技を披露し合うなどダブルダッチを楽しんでいる。これは東京，京都だけでなく徐々に全国に広がっている。

幼稚園児から孫をもつ方まで幅広い年齢層で親しまれているダブルダッチであるが，日本での愛好者人口は，笹川スポーツ財団『青少年のスポーツライフデータ2006』によると，日本国内で1年間に1回以上ダブルダッチをした10代の人口は33万人あまりと推計されている。また，世界では約30ヵ国以上（アメリカ，イギリス，ベルギー，南アフリカ，香港など）で競技されており，今後ますますの発展が期待されている。

参考文献
- 笹川スポーツ財団 http://www.ssf.or.jp（2014年7月1日）
- National Double Dutch League http://www.nationaldoubledutchleague.com（2014年7月1日）

（原竹 純）

短距離（競走）

→陸上競技

ダンススポーツ

Dancesport

① 競技概要

ダンススポーツは，社交ダンスから発展したニュースポーツで，男性と女性が対等の立場でチーム（ペア）となり，音楽に合わせて身体を緩急自在に動かし，演技の出来映えを競う芸術的スポーツである（図1）。

競技種目は，音楽により，スタンダード部門（ワルツ，タンゴ，ヴェニーズワルツ，スロー・フォックストロット，クイックステップの5種目）とラテン部門（サンバ，チャチャチャ，ルンバ，パソドブレ，ジャイブの5種目）に大別され，各部門の単種目や5種目総合などで競われる。すべての種目で競う場合には「10ダンス」と称されている。

順位は，「音楽に合っているか（リズムとタイミング）」「姿勢（男女のバランスや正しい姿勢と美しさ）」「動き（ムーブメントと種目特性）」「フットワーク（ステップの正確性）」「音楽的表現（プレゼンテーションとステップの組み合わせ）」の5つの要素を複数の審判員が評価し決定される。

現行の審判方式に比べ，より客観的な評価方法や技術の難易度などを加味した新審判方式が国際的に検討されている。

② 歴史

ダンススポーツの起源は，宮廷でのボールルーム（舞踏室）ダンスといわれ，1910年頃に欧州で競技として行われていたが，1930年頃より本格的な国際競技大会が数多く行われるようになった。

1936年には，最初の世界選手権がバート・ナウハイム（ドイツ）で開催されている。そして，1957年には国際的統括団体として，国際ダンススポーツ連盟（International DanceSport Federation: IDSF）が設立された。IDSFは，2011年6月に世界ダンススポーツ連盟（World DanceSport Federation: WDSF）に改称している。2011年現在90の国と地域が加盟しており，将来のオリンピック種目化をめざしている。

現在のWDSF世界選手権は，ジュニア，ユース，アダルト，シニアに区分され，スタンダード，ラテン等の種目別に，それぞれ年1回開催されている。また，2001年のワールドゲームズで正式種目として採用され，2005年の東アジア大会に続き，2010年のアジア大会でも正式競技種目となった。

日本では，ダンススポーツの統括団体として1999（平成11）年に日本ダンススポーツ連盟（Japan DanceSport Federation: JDSF）が誕生し，全日本選手権大会などの競技会を開催している。

（岸尾政弘）

図1 競技中の様子：ダンススポーツ

ダンススポーツ
[障がいのある人の]

→車いすダンス

段違い平行棒

→体操競技

チアリーディング

Cheerleading

① 競技概要

チアリーディングは、難易度や技の美しさ、スピード感や高さ、身体バランス、元気のよさや楽しさを表現して競う団体スポーツである。最大人数16人で演技を競う自由演技競技のほかに、2人または4-5人でパートナースタンツ技術を競うパートナースタンツ演技競技、グループスタンツ演技競技部門がある（図1）。

競技エリアは12×12m以内と定められている。また、競技時間は2分30秒以内で、1分30秒までの音楽の使用が認められている。その音楽はどのように使用してもよく、決められた時間内なら数回に分けて使うことも可能である。

複数の審判員が、演技の内容を対象にして審査を行う（演技の失敗や違反が減点対象となる）。そして、全審判員のうち最も高い点数と最も低い点数を除外した合計点を求める。そして、別にいる減点審判員によって、演技の時間規則違反（演技時間の超過・不足）、音楽使用時間の超過、安全規則違反、競技違反、ラインオーバー等のチェックが行われる。もし減点があった場合は、先に求めた合計点から差し引かれ、それが最終的な演技の得点となる。

技術内容や難易度はもちろんのこと、総体的な元気さ、楽しさ、技術の調和や同時性等の表現も審査対象とな

図1　競技中の様子：チアリーディング

る。これはチアリーディングが応援から始まったことに起因する。声を出しながらアームモーション（腕の動き）やその他の技術を実施し、観客との言葉の掛け合いを行うチアまたは短かい応援フレーズを繰り返し発声するサイドラインこそ、この競技の特徴である。ダンスは楽しさ、力強さを表現する方法として用いられている。笑顔、声の出し方も元気さを表現する大切な要素である。

技術面では、器械体操的要素が多く取り入れられている。ゆか運動のタンブリング、組体操的なパートナースタンツ（2-4人で行う組体操）、ピラミッド（パートナースタンツを組み合わせ、大人数で行う組体操）では難度が求められる。これには高さ、スピード感、バランス、安定感、技の切れ、各技の静止2秒以上といった要素が要求される。

トランジション（技の移り変わり）では、スピード感や連続性が採点される。パワー、タイミング、スピード感といった要素が求められ、そのチームの実力のバロメーターといわれている。シンクロは団体競技なのですべての技術を実施する際に要求されるが、メリハリの利いた時間差も多用することができる。バスケットトス（人間を空中高く放り上げ、3人以上で落下する人間を受け止める技）やトスアップ（ピラミッドの頂点に立つ選手を下から決め姿勢位置へ放り上げる）など高度な離れ技も演技に取り入れられる。なお、安全性を高めるために、組体操の高さを制限するルール（例

えば、ピラミッドの組体操の重なりは3層、高さは2.5段まで）が決められている。競技中は競技専任スポッター（専門の資格をもち、競技者を最終的な怪我から守る補助者）がいて、もしもの場合の選手の落下や怪我に備えた補助を行って安全を確保する。

② 歴史

アメリカで始まったチアリーディングは、競技というより応援活動から始まったもので、スポーツというより学校行事の一環であった。その応援活動を競い合う大会が開催されたのがきっかけとなって様々な技を取り入れ、現在のスポーツとしての競技に発展した。

当時からアメリカ各地に協会が設立されたが、その実態は技術指導を中心に行う営利ビジネスとしての会社組織であった。これに対して、世界各国を統括する組織として、国際チアリーディング連盟（International Federation of Cheerleading: IFC）が1998年に設立され、世界選手権大会の開催（第1回大会は2001年、以降2年ごとに開催）や国際的な指導者の育成等の普及活動が行われている。

日本においては、本格的な競技チアリーディングの普及が始まって20年以上が経過した。競技人口と指導者の増加により幼児までその裾野が広がり、地域の子どもチームやスポーツクラブのチームが増えた。

また、日本チームの世界選手権での活躍も見逃せない。世界選手権の女子部門で5連覇（第1-5回大会）、男女混成部門で4回（第1-2回、第4-5回大会）世界一に輝いている。

（北野綾子）

中距離（競走）

→陸上競技

チュックボール

Tchoukball

① 競技概要

チュックボールは，1チーム12人の2チームがエンドラインに固定された弾力のあるネットに，ボールをシュートし合い，相手チームがキャッチミスした回数を競う競技である（図1）。ハンドボールに似ているが，シュートしただけでは得点にならず，ネットから跳ね返ったリバウンドボールを守備側がダイレクトでキャッチすることを試み，守備側がキャッチに失敗すれば，攻撃側の得点（1点）となる。キャッチに成功したら守備側が攻撃に移る。このようにしてゲームを進める。

コートの大きさは20×40mで，ボールは周径が55－60cm，重さ450gのものを用いる。試合は，1ピリオド15分で3ピリオド（各ピリオド間に5分の休憩）行い，合計点で勝敗を決める。

チュックボールには，バスケットボールやサッカーなどのチームゲームと違う大きな特徴が3つある。
・絶対に相手チームの妨害をしてはいけない。
・シュートを失敗すると相手側の得点となる。
・センターラインを越えればどちらのネットにシュートしてもよい。

ボールのパス，キャッチ，シュートの技術はハンドボールに似ているが，ドリブルは反則となる。また，パスカットなど相手チームへの妨害行為が一切禁止されているため，球技に不慣れな人でも，ゲームを楽しむことができる。

妨害行為が全くないので，ゲームは，シュートとリバウンドボールのキャッチに集約され，リバウンドボールのコースを予測するゲームということができる。

② 歴史

チュックボールは，チームゲームを科学的に分析し，その欠点を修正し，ペロタ（Pelota）とハンドボールの特徴を取り入れて，新しく考案されたチームゲームである（ペロタは，素手，グローブ，ラケットなどでボールを打ち合うスペインのウォールゲーム〔壁打ちゲーム〕であ

図1　競技中の様子：チュックボール

る）。

チュックボールを考案したのは，スイスの生物学者ブラント（H. Brandt）で，論文「チームゲームの科学的批判」（A Scientific Criticism of Team Game）を発表し，その具現化を試みたのがチュックボールである。なお，この論文は，1970年に国際体育学会のスーリン賞を受賞している。

現在では，国際チュックボール連盟（Fédération Internationale de Tchoukball: FITB，1971年設立）の主催で3年に1度世界選手権大会が開催されている。

わが国には，1980（昭和55）年に台湾師範大学教授の方瑞民によって紹介され，同年に日本チュックボール協会が設立された。現在では，日本選手権大会が毎年開催されている。

（落合文夫）

長距離（競走）

→陸上競技

跳馬

→体操競技

綱引

Tug of war

① 競技概要

綱引は，2組に分かれた双方が両側から1本の綱を引き合い，相手を引き

図1　競技中の様子：綱引

寄せた方を勝ちとする競技である（図1）。

試合は，1組（1チーム）8人で選手は両手のひらが向かい合うような持ち方で，競技中ロープが身体と上腕部の間を通るようにし，両足が常に膝より前に出るように姿勢を保って綱を引き合う。競技はロープが4mどちらかに移動した時に勝敗が決定する。

インドアで行う場合は，33×1.2mのレーンマット上で互いが約5m離れて，芝生の上などで行われるアウトドアでは約6m離れて対峙した状態からスタートする。審判の合図で引き合うが，速攻で引く戦法，じっと耐える方法など，力任せではない部分もある。ロープの太さは，成人用36mm，ジュニア用30mmである。

綱引は，誰もが運動会等で経験し，知っている競技で，老若男女の区別なく，年代を超え生涯スポーツとしても楽しめるスポーツである。

② 歴史

綱を引くという行事は，世界の各地で古代より儀式と信仰から始まり，豊作を祈る行事，争いを鎮める手段，領土を獲得するためのものなど，様々な形態としてみることができる。現在では，綱引はもはや儀式とは関係なく純粋なスポーツとして発展しているが，綱引がスポーツ〈ゲーム〉として最も古く行われたのは，紀元前2509年という昔に遡り，エジプト・サッカラの古墳の壁に彫られているのが発見されている。紀元前500年頃にはギリシャでほかのスポーツの体力訓練として，また競技スポーツとして行われていた。

15－16世紀には，フランスやイギリスに綱引競技のトーナメントが現れ，スポーツとしてのルールが注目されるようになり，競技チームの体重が同じになるように若者から選手が選ばれるようになった。

a

　近代オリンピックでも，第2回大会（パリ，1900年）から第7回大会（アントワープ，1920年）まで，綱引は陸上競技の種目として行われていたものの，その後姿を消した。しかしヨーロッパを中心に綱引競技はその後も盛んに行われ，1960年に国際綱引連盟(Tug of War International Federation: TWIF)が設立された。現在国際綱引連盟には60の国と地域が加盟し，ヨーロッパ選手権，アジア選手権，世界選手権大会などを開催，ワールドゲームズにも参加している。

　さらに，2002年2月ソルトレイクシティにおける国際オリンピック委員会（IOC）総会において国際綱引連盟がIOCに正式加盟を認められ，オリンピック競技への復活のための諸活動を行っている。

　日本でのスポーツとしての「綱引」は，明治以降国内各地で行われるようになった運動会の普及とともに，その種目として現在まで広く行われている。競技スポーツとしての綱引競技は，1980（昭和55）年に日本綱引連盟(Japan Tug of War Federation: JTWF)が結成され，国際綱引連盟の正式ルールによる綱引競技を取り入れ，1981（昭和56）年2月，東京在住の県人会を中心に第1回全日本綱引選手権大会として開催されたのが始まりである。その後，毎年全日本選手権大会が開催されるとともに，全国青少年アウトドア綱引大会，全日本ジュニア綱引選手権等が各地で開催されている。

（武井宏之）

つり輪

→体操競技

ティーボール

→野球系ニュースポーツ

b

テクニカル

→スノーボード競技

テコンドー

Taekwondo

① 競技概要

　テコンドーは，突きと蹴りによって互いに身体の決まったポイントを打ち合う格闘競技である。

　統括組織として，「世界テコンドー連盟」(World Taekwondo Federation: WTF)と「国際テコンドー連盟」(International Taekwondo Federation: ITF)の2つの団体があり，現在は各自のルールで運営されている。なお，IOCの承認を得ているのはWTFである。

[WTFテコンドー]

　WTFテコンドーは，キョルギ（組手），プンセ（型），キョッパ（試し割り）で構成されている。

　キョルギは，12×12mの平らなマットで行われる直接打撃制である。競技者は白色の道着を着用して防具を着用しなければならない。防具は，ヘッドガード，ボディープロテクター，グローブ，マウスピースと道着の下に着用するグローインガード（股間），フォアアームガード（前腕），シンガード（脛）がある（図1）。

　競技は1ラウンド2分の3ラウンド（間に1分の休憩）で行う。手技と足技のみの攻撃で，手技は拳の正面，足技は足首以下への攻撃だけが許される。攻撃のポイントは鎖骨の上とする頭部（足技のみ）と胴体の前・横面に限定されている。

図1　競技中の様子：テコンドー（写真：フォート・キシモト）

c

　キョルギでの得点は，拳また非回転蹴りによるボディープロテクターへの攻撃が1点，180度以上の回転蹴りによるボディープロテクターへの攻撃が2点，非回転蹴りによる頭部への攻撃が3点，跳んでの回転蹴りによる頭部への攻撃が4点である。判定は3ラウンドまでの有効な攻撃で得た得点の合計で決める。同点の場合は2分間の延長戦を1回行い，先に得点した方が勝利になる。ノックアウト（KO）による勝利もある。両者無得点の場合は，判定で勝敗を決める。

　キョルギの階級は体重によって区分される。男子は，-54kg, -58kg, -63kg, -68kg, -74kg, -80kg, -87kg, +87kgの8階級である。女子は，-46kg, -49kg, -53kg, -57kg, -62kg, -67kg, -73kg, +73kgの8階級に分けられている。団体戦競技もある。

　ただし，オリンピックでは，男子-58kg, -68kg, -80kg, +80kgと女子-49kg, -57kg, -67kg, +67kgの各々4階級で行われる。そして，1つの国につき最大4階級（男子2・女子2）までとする制限事項もある。

　プンセは，攻防の技を1人で練習できるように創ったテコンドーの技術体系である。プンセにはそれぞれ名前があり，太極（1-8章），高麗，金剛，太白，平原，十進，地胎，天権，漢水，一如という17の型で構成されている。プンセもキョルギと同様に国際試合が行われる。ただしオリンピックでは行われない。

　キョッパは，自分の修練程度を試す方法の1つである。主に瓦や木の板などを手と足で叩き割る。テコンドー競技を盛り上げるデモンストレーションとして多く行われている。

　テコンドーには段級制度が設けられている。修練程度や実力によって10級から1級とする有級者と，1段から9段までの有段者に分けている。ただし，15歳未満の人に対しては，段ではなく「品」の称号を与える。段級の区分は帯の色によって行われ，有級者は白帯から始められ，有段者になると黒帯になる。

　また，正確な判定のため電子防具（ボディープロテクター）が導入されている。2006年にLaJUST（ラジャスト）社の防具がWTFの公式認可を受け，2009年

にデンマークで開かれた世界テコンドー選手権から正式に使われた。また2010年には，Daedo（デード）社の電子防具もWTFの公式認可を受け，2012年に開かれた第30回オリンピック大会（ロンドン）の正式使用防具として採択された。

[ITFテコンドー]

ITFにおけるテコンドーは，マッソギ（組手），トゥル（型），ウィリョク（試し割り），トゥッキ（特技）という4つの種目で構成されている。

マッソギは，9×9mの競技場で試合が行われる。試合時間は2分2ラウンドで，防具は手と足のグローブ，マウスピースのみ（男子はグローインガードを含む）である。

打撃部位は頭と首の前面，胴体の前面と横面である。攻撃による得点は，手による胴体と頭，足による胴体，跳んでの手による胴体の攻撃は1点，足による頭，跳んでの足による胴体，跳んでの手による頭の攻撃は2点，跳んでの足による頭の攻撃は3点になる。また相手の攻撃に対して完全防御した場合は1点である。判定は有効な攻撃で得た得点の合計で決める。同点の場合は1回の延長戦を行う。延長戦でも得点がない場合は5人の審判から多数を得た方が勝利になる。

個人戦の階級は体重によって分かれ，男子-54kg，-63kg，-71kg，-80kg，+80kgと女子-52kg，-58kg，-63kg，-70kg，+70kgの各々5つの階級で試合が行われる。

トゥルは24の型で構成され，段級によって教わるトゥルは異なる。名前はほとんどが歴史上の人物の名前である。

級は9級から1級まであり，天地（9級），檀君（8級），島山（7級），元暁（6級），栗谷（5級），重根（4級），退渓（3級），花郎（2級），忠武（1級）がある。また，段は1段から9段まであり，1段：廣開，圃隠，階伯，2段：義菴，忠壮，主体，3段：三一，庚信，崔瑩，4段：淵蓋，乙支，文武，5段：西山，世宗，6段：統一がある。

ウィリョクは，正拳，手刀，足刀（足部の小指側の側面），上足低（足裏の踏み付け），踵を使用し，大きさ30×30cmの木板あるいはそれに相応するものを割り，成否を競う。なお，跳び技は禁止されている。

トゥッキは，跳び高蹴り（空中に設置された板を足で割る。高さ220cmから順に上げていき，順位は成功した高さ），跳び越え横蹴り（高さ70cmの障害物を跳び越えて板を割る。順位は跳び超えた距離），跳び回転蹴り（目標になる板を360度回転蹴りで割る。高さ130cmから上げていき，順位は高さ），跳び回し蹴り（高さ180cmから空中の板を割る。順位は高さ），跳び反対回し蹴り（目標になる板を反対回し蹴りで割る。高さ150cmから順位は高さ）の5つの技で競い合う競技である。

② 歴史

[テコンドーの誕生]

韓国の国技であるテコンドーは，第二次大戦後に創られた近代武道である。

テコンドー（跆拳道）という名は，崔泓熙によって初めて名づけられた。

韓国は36年間（1945年まで）日本に占領された時期があったため，柔道と剣道などの日本の武道が早くから普及していた。

空手もまた，日本で空手を学んだ人々によって韓国にももたらされ，李元国の「唐手道青濤館」（1944年設立），黄琦の「鉄道局唐手部」（後の武徳館，1945年設立）など韓国独自の流派を形成していった。1950年にはそれらの流派が団結して「大韓空手道協会」が設立された。

このように民間で空手流派が広まる状況の中で，崔泓熙は民間の空手流派とは別に，より強い軍隊を育成することを目的に，1946年から自分の指揮下にある部隊の兵士たちに空手を教え始めた。

その後，崔泓熙は空手ではなく韓国独自の武道を編み出すため，空手を参考にして，韓国の伝統武道で足技を特徴とするテッキョンと手技を中心とする手搏を再編成し，新たな武道を創始した。そして1955年4月11日「名称制定委員会」でテコンドーという名が正式に決まった。

[テコンドーの定着]

テコンドーという名称の制定については諸空手流派の反対も多かった。当時テコンドーという名称が創られたものの，従来の空手の人々には空手という自分たちのアイデンティティーが強く働いたため，テコンドーの受け入れは容易なものではなかった。しかし，

1959年に崔泓熙を会長とする「大韓テコンドー協会」が設立されると，空手流派はテコンドーに統合された。その時期，軍人で構成されたテコンドー演武団が海外に送られている。

1961年には，朴正熙による軍事クーデターによって，文教部に登録されていた団体登録が無効になったため，「大韓跆手道協会」に改名され，1962年には「大韓跆手道協会」という名前で「大韓体育会」の競技団体に正式に加入した。そして，1964年の「全国体育大会」で正式種目になった。

1965年には，崔泓熙が再び「大韓跆手道協会」の会長になり，同年「大韓テコンドー協会」に再改称された。

1966年には，ベトナム，マレーシア，シンガポール，西ドイツ，アメリカ，トルコ，イタリア，エジプト，韓国を含めた9ヵ国の同意を得て，初めてのテコンドーの国際組織であるITFが創立された。その後，1971年には朴正熙大統領から「国技」として認められ，金雲容（元IOC副委員長）が7代目の「大韓テコンドー協会」の会長になった。

[テコンドーの国際化]

1972年に崔泓熙は，朴正熙大統領との政治的な摩擦があったためITFとともにカナダに亡命をした。

それによって，韓国国内では金雲容を中心とする体制になる。1972年にはテコンドーの中央道場と呼ばれる「国技院」（World Taekwondo Headquarters: WTH）が建立される。そして，それまで協会の傘下に存在した「～館」（松武館，韓武館，吾道館）と称する個人組織が，1978年までにすべて廃止された。

1973年に金雲容はWTFを設立し，フランス，香港，台湾，カンボジア，アメリカ，マレーシア，シンガポール，アイボリーコースト，ボルネオが加盟国になる。この時点から国際スポーツとしてのテコンドーはWTFを中心に展開をしていく。

WTFは，1975年に国際競技連盟（International Sports Federation: ISF）に加入することになり，国際的なスポーツの統括組織として公認された。

また，1980年に開かれた第83回の国際オリンピック委員会（International Olympic Committee: IOC）の総会で，WTFとテコンドー競技が承認されることによって，テコンドーがオリンピ

ックの種目になる可能性が開かれた。

その後，1986年にソウルで開かれたアジア大会では正式種目になり，1988年の第24回オリンピック大会（ソウル）と1992年の第25回大会（バルセロナ）で公開競技種目として行われた後，2000年の第27回大会（シドニー）で正式種目になった。

2012年現在，WTFにはアフリカ45ヵ国，アジア43ヵ国，ヨーロッパ49ヵ国，オセアニア19ヵ国，パンアメリカ44ヵ国が会員国として加入している。

そして，世界テコンドー選手権大会をはじめ，ジュニア選手権，大学選手権，軍人選手権などの国際競技が行われている。

一方，カナダに本部を移転したITFは，1974年から1回目の世界テコンドー選手権大会を開くなど，テコンドーの国際組織の1つとして独自に活動を行っている。しかし，崔泓熙が没した2002年以後に，ITFは3つの団体に分裂し，現在に至る。

なお，2014年の南京ユースオリンピック大会においてWTFとITFが覚書を締結し，今後，選手は両方の連盟の大会に参加することが可能になった。

[日本のテコンドー]

現在，日本におけるテコンドー団体は3つに分けられる。1つ目はWTF系で日本オリンピック委員会（Japanese Olympic Committee: JOC）に加入している全日本テコンドー協会（AJTA），2つ目はITF系の日本国際テコンドー協会（ITF-JAPAN）そして，3つ目は日本国際テコンドー協会から派生して独自に活動している日本テコンドー協会（JTA）である。日本国際テコンドー協会は，ITFが3つに分かれたことによって，日本でも3つの団体に分かれることになった。

WTF系のテコンドーの場合，1980年代に日本テコンドー連盟，1990年代に全日本テコンドー協会が設立され対立していたが（この対立で岡本依子は2004年の第28回オリンピック大会[アテネ]には個人資格で参加した），2005年に現在の団体として統合した。

また，ITF系のテコンドー団体の場合は，先述のようにITFが3つに分裂して，各自で国際試合を開いている。そのため，所属する団体もそれぞれの組織で開いている試合に参加している。

参考文献
- 崔泓熙. 2000.『総合本跆拳道』モランボンテコンドー道場
- 国際テコンドー連盟 http://www.tkd-itf.org/（2014年7月1日）
- 世界テコンドー連盟 http://www.worldtaekwondofederation.net/（2014年7月1日）

（朴　周鳳）

鉄棒

→体操競技

テニス

Tennis

① 競技概要

テニスは，コートの中央にネットを張り，ストリングを張ったラケット（約300g）を使用してフェルトで覆われたボール（約58g）を相手コートに打ち合い，得点を争う競技である（図1）。元来，室内競技であったが，現在は屋外で行われることが多い。

[競技の特性]

相手とネットをはさんで20mほどの距離で打ち合うことが多いが，一方がネットに出ると10mほどの近距離での対戦となる（図2）。長時間のラリーに必要なスタミナと敏捷性，的確な判断力，意思決定力などが重要な要素となる。また，手軽に，安全に老若男女を問わず楽しめることから世界中に愛好者は多い。小刻みな動きを重ねる有酸素運動であり，心理的な駆け引きが随所にあることから生涯スポーツとして楽しめるスポーツである。

[競技の仕方]

・シングルス

試合は，トス（ラケットまたはコインを使う）によってサービスの順番を決め，サービスからレシーブ，ラリーと定められた場所に交互に打ち合うことによって行われる。サービスコートに入ったボールはワンバウンドで返球しなければならない（レシーブ）。その後，両者が交互に打ち合うラリーになればワンバウンドまたはノーバウンドで互いのコート内に打ち込んで相手のエラーを誘ったり，エースを決め合うゲームである。太陽や風等の自然条件などから公平性を保つために奇数ゲームが終わった時にエンドの交替を行う。なお，タイプレークは1ゲームと数え，終了後コートチェンジを行う。

サービスは，右コートと左コートの後ろに交互に立ち，各ゲームとも右コートから始める。ネットにかけたり，相手サービスコートに入らなかった時は，フォールトとなる。サービス中にラインを踏んでしまうのもフォールト（フットフォールト）となる。

レシーブは，相手サービスを必ずワンバウンドさせてから打たなくてはな

図1　競技中の様子：テニス（写真：フォート・キシモト）

らない。

また，プレイヤーは，次の場合に失点となる。

・2回続けてフォールトした時。
・ボールをネットにかけたり，コート外に打った時。
・インプレイのボールを2回バウンドするまでに返球できなかった時。
・インプレイのボールを故意に運んだり，止めたりした時。
・インプレイ中にラケットや着衣，帽子などがネットやポストに触れた時。
・ボールがネットを越す前に打った時。
・インプレイのボールが，プレイヤーまたは着衣，または持ち物に当たった時。
・ダブルスで両方のプレイヤーが同時にボールに触れた時。

一方，サービス時にネットに触れてサービスコートに入った時は「レット」といってもう一度やり直すことになる。また，ボールを空中に投げ上げるトスアップは何度でも繰り返すことができる。ラリー中にネットをかすめて入った時はそのままプレイを続ける。ライン上のショットはインプレイでそのまま続ける。しかし，プレイ中にボールが隣から入ってきた時はレットをコールして第1サービスからやり直す。第2サービスでサービスモーションに入っている時に隣からボールが入ってきた時には第1サービスからやり直すことができるが，モーションに入っていない時にはそのまま第2サービスから始める。

なお，ポイントとポイントとの間は20秒以内であり，エンドの交替は90秒以内である。しかし，各セット第1ゲーム終了後とタイブレイク・ゲーム中はエンドを交替する時でも休憩はできない。各セットが終わった時は，120秒以内のセットブレイクをとることができる。上記で許された時間はポイントが終わった瞬間から次のポイントの第1サービスが打たれるまでの間とする。しかし，医療上の手当てが許される状態のプレイヤーに対しては，1回3分間の治療時間が認められる。また，トイレットブレイクや着替えはトーナメント主催者の指示に従うものとする。

・ダブルス

まず，トスに勝った方がチームサービスかレシーブを選択でき，負けた方はコートを選択できる。

次に，サービスの順番を決める。AB組対CD組の場合，AB組がトスに勝ったとすると，最初にAのサービスで始まると2番目はCかD，3番目はBとなり，4番目はCかDでサービスをしていない選手となる。この順番でサービスを繰り返し，6ゲーム先取した方がそのセットを獲得する。当該セットの間はサービスの順番を変えないで行う。

ダブルスのレシーブは，パートナーと交互に打ち，チェンジコートをした時にはネットに向かって同じサイドで打たなければならない（ネットに対して右か左）。そのセットの間はサイドを変えられない。

また，ダブルスのタイブレイクゲームはシングルスと同様どちらかが7ポイント先取するまで行うが，ゲームカウント6-6になった時のサーバーの次サーバーは右コートに1ポイントだけサービスする。次のサーバーは相手方となり，左コート，右コートと2ポイント行う。以後順番に2ポイントずつサービスを行い，2ポイント離れるまで行う。3-3，4-2などトータル6ポイントまたは6の倍数でエンドを交替する。セット終了後はエンドを交替し，1ゲームとして数え，「7-6」と表記する。

[勝敗の決定]

・スタンダードゲームでの勝敗決定

4ポイントを取って1ゲーム，3ポイントオール（デュース）では2ポイント離れるまでプレイを続ける（ポイントデュース）。6ゲームを先取するとそのセットの獲得となるが，5ゲームオールではゲームデュースとなり，2ゲーム離れるまで行う。男子試合は通常3セットマッチで行い，2セット先取すると試合に勝利する。デビスカップ戦や全米オープンなどの4大トーナメントの男子では5セットマッチであり，3セット取った方が勝者となる（図3，表1）。

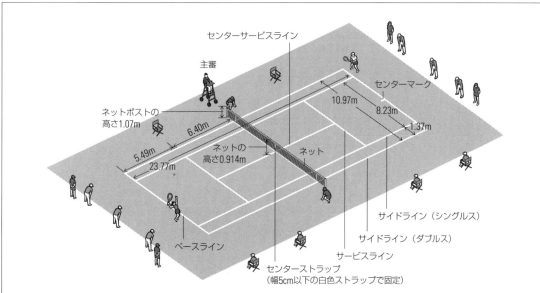

図2　競技場

a

[用具および施設]

・コート

コートは長方形で，シングルスコートのサイズは，縦23.77m×横8.23mで，ダブルスコートのサイズは縦23.77m×横10.97mとする。コートはコードで吊られたネットによって中央で二分され，コードで吊られ，コードの両端はポストのところで高さ1.07mになるように留める。ネットの高さはセンターで0.914mとし，ストラップでしっかりと押し下げる。ストラップとバンドは白色とする。また，ラインは幅5cmの白色で左右のサービスコート，ベースライン，サイドラインなどに仕切られている（図2）。

・ラケット

フレームは，ハンドルを含め全長で，73.7cmを超えてはいけない。フレームは全幅で31.7cmを超えてはいけない。打球するために張られているストリング面は，全長で39.4cm，全幅で29.2cmを超えてはいけない（図4）。また，ラケットの形状を著しく変えるような装置は付けてはならないなど厳しい規定がある。

・ボール

ボールは，直径6.54-6.86cm，重さ56.0-59.4gで，表面は均一に平らで滑らかな繊維性のカバーで包まれ白色または黄色であることを要する（図4）。

② 組織の発展

[発祥]

テニスの起源は古代ローマ時代にさかのぼるといわれているが，12世紀頃に北フランスの修道院で当時最も教養ある階層の僧侶によって考案され，ジュ・ド・ポーム（jeu de paume）と呼ばれていた。ポームは「手のひら」の意である。つまり，最初は手のひら，次いで皮手袋や竹などの道具を使い，現代ではカーボンのラケットで打ち合うようになった。近代テニスは，1874年2月にイギリスのウイングフィールド少佐（W. C. Wingfield）が屋外で行ったことからローンテニス（Lawn Tennis）と名づけられ，人気となり，世界中に広まることとなった。日本では，1878（明治11）年に横浜山手公園内の外国人居留地テニスコートで始められたという説があるが，1886（明治19）年に東京高等師範学校で行われたのが通説となっている。当時はラケットやボールなどを輸入しなければならなかったことから一部の人しかできなかったが，「三田土ゴム株式会社」と東京高等師範学校がゴムマリを試作し，全国に軟式庭球（現・ソフトテニス）を広めた結果，全国的に普及することとなった。

[世界的な普及と国際競技団体の設立]

世界のテニスを統括している組織は，国際テニス連盟（International Tennis Federation: ITF）であり，1913年に設立され，日本テニス協会，アメリカテニス協会など各国協会を，アジアテニス連盟，ヨーロッパテニス連盟など各地域連盟を通して統括している。本部はロンドン郊外のローハンプトンにあり，会長は2009年現在ビッティ（F. R. Bitti）である。1977年にILTFからL（Lawn：ローン：芝生）をとってITFとなった。2009年時点でITFには203の国と地域が加盟しており，テニスルールの規定や改正，公式大会としての国別対抗戦である男子のデビスカップ戦や女子のフェドカップ戦，さらにジュニアの世界大会などを運営し，全英オープン（ウインブルドン大会），全仏オープン，全米オープン，全豪オープンなどの4大大会などを公認してテニスの健全な発展と育成に貢献している。

元来テニスはアマチュアスポーツとして発展してきたが1950年以降プロとアマチュアが共存することとなり，アマチュア選手のみが出場する大会は質の低下を招き，人気がなくなり，テニス界はオープン化（プロ選手も出場できる大会）へと変貌していった。

[テニス競技とオリンピック]

第1回オリンピック大会が1896年に，クーベルタン（P. de Coubertin）によってギリシャ・アテネで開催され，陸上競技，体操競技，競泳，ウエイトリフティング，レスリング，フェンシング，射撃，自転車，テニスなど9種目が行われた。球技はテニスだけで，男子シングルスと男子ダブルスの2種目であった。1900年の第2回大会（パリ）では，男子シングルス，ダブルスに女子シングルスと混合ダブルスが加わって注目を浴びることとなった。女性のオリンピック参加が初めて認められたのは，この第2回大会であったためである。

1920年の第7回大会（アントワープ）では日本テニス選手が初出場し，大活躍した大会であった。男子シングルスで熊谷一弥が銀メダル，男子ダブルスで熊谷一弥・柏尾誠一郎のペアが銀メダルを獲得し，日本選手がオリンピック

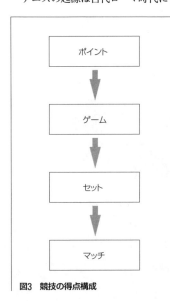

図3　競技の得点構成

表1　ポイントの数え方

点数	数え方（コール）
ポイント0	ラブ（0）
ポイント1	フィフティーン（15）
ポイント2	サーティー（30）
ポイント3	フォーティー（40）
ポイント4	ゲーム
ポイント3-3	デュース（deuce）
ポイント4-3	アドバンテージ　サーバー or レシーバー
ポイント4-4	デュース（deuce）　「2ポイント差をつけるとゲームを取ることができる」

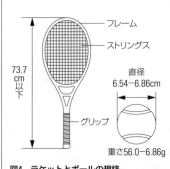

図4　ラケットとボールの規格

で獲得したメダル第1号となった。また，この大会から女子ダブルスが始まり，テニスはさらに発展を続けたが，プロ化が進み，1924年の第8回大会(パリ)を最後に，国際オリンピック委員会(IOC)は『アマチュア憲章』に反するとして，1928年の第9回大会(アムステルダム)からテニスを除外してしまった。その後，非公式の「公開競技」が1968年の第19回大会(メキシコシティ)と1984年の第23回大会(ロサンゼルス)で実施された。

1980年にIOC会長に就任したサマランチ(J.A.Samaranch)は，オリンピック改革を断行し，プロフェッショナルの存在を認め，1980年代から複数の競技でプロフェッショナルの参加が認められるようになった。テニスも例外ではなく，1988年の第24回大会(ソウル)から64年ぶりにプロのトッププレイヤーが参加できる競技として復活を果たした。男子シングルス，ダブルス，女子シングルス，ダブルスの4種目で，男子シングルスはメチージュ(M. Mecir，チェコ)，女子シングルスはグラフ(S. Graf，ドイツ)が金メダルを獲得した。2008年の第29回大会(北京)では男子はナダル(R. Nadal，スペイン)が，女子はデメンティエワ(E. Dementieva，ロシア)が優勝し名実ともに世界No.1の座を射止めた。一方，日本人選手の活躍は，1996年の第26回大会(アトランタ)での伊達公子の5位(ベスト8)入賞にとどまっている。

[プロ化とランキング制の導入]

1972年，全英選手権や全米選手権で優勝の実績のあるクレーマー(J. Kramer)が主宰し，テニスプロ選手の生活の安定(賞金の増額)と社会的地位の向上などを求めて男子テニスプロ協会(The Association of Tennis Professionals: ATP)が結成された。ATPの地位は1973年のウインブルドン大会において確立され，この大会でATPは所属する選手にITFに抗議する意味で試合のボイコットを提案し，89人中74人が参加，ウインブルドン大会を有名無実のものとしたのである。事の発端は，ユーゴスラビアのピリッチ(N. Pilić)がデビスカップを欠場し，賞金のかかった試合に出たことが資格停止処分の対象となったことである。ATPがこれに猛反発し，選手の団結を強め，ATPの

力を発展させることに成功した。これを機会に，ATPとITFは共同歩調をとることとなり，ATPが発信する世界ランキングは4大大会などのITFが主催する公式大会で活用されている。

[日本への普及と国内競技団体の設立]

日本のテニスは，1878(明治11)年に文部省体操伝習所(現・筑波大学)にアメリカ人リーランド(G. A. Reland)が紹介したのを起源としているが，ガットやラケットなど資源不足から1890(明治23)年，三田土ゴムと東京高等師範学校(現・筑波大学)の共同開発により，軟式テニスボールが発明された。廉価で長持ちするゴム製の軟式ボールによって軟式テニスは全国津々浦々に広がっていった(詳細は「ソフトテニス」の項を参照)。1922(大正11)年に日本庭球協会が創立され，1923(大正12)年には国際ローンテニス連盟に加盟した。1959(昭和34)年の皇太子ご成婚を期にテニスブームが起き，テニスは日本の国民的スポーツとして発展し始めた。1980(昭和55)年日本テニス協会(Japan Tennis Association: JTA)として財団化され，再出発し，伊達(現・クルム伊達)公子，沢松奈生子，松岡修造など世界で活躍する選手を擁して日本テニス界をリードしてきた。1998(平成10)年には日本プロテニス協会，日本テニス事業協会や日本女子テニス連盟など関係12団体とともに「日本テニス振興協議会」を結成し，広くテニスの強化・普及に努めている。1995(平成7)年のウインブルドン大会でシングルスベスト8に入った松岡修造以来，男子の活躍が途絶えていた日本テニス界だが盛田正明会長の私財サポートによる「盛田ファンド」(2000年に日本の有望なジュニア選手を発掘し，海外で育成しようというプログラム)が創生され，フロリダのIMGテニスアカデミーで学んだ錦織圭が頭角を現し，2014年には世界ランキングで日本男子初のトップ10入りを果たし，2014年の全米オープン男子シングルスで準優勝した。今後のさらなる活躍が期待されている。しかし，選手の発掘・育成には優れた指導者育成とテニスの普及を2大両輪として考えなくてはならない。アメリカやイギリス，フランス，オーストラリアなどでは4大大会で多額の入場料・放映権を稼げるので協会の収入は安定しているが，日本はまだ

そこに至ってはいない。今後の安定した財源確保が急務である。

③ 技術・戦術・ルールの変遷

[技術の現状]

テニスは，サービス，レシーブ，グラウンドストローク，ボレー，スマッシュの5つに大別され，スピードと安定性が同時に求められている。近年，ラケットの軽量化，コートサーフェス(コート面の材質；ハード，人工芝，クレイ，天然芝などがある)の多様化などにより，技術の革新が続いている。スピードと安定性は，ラケットの材質の進歩による軽量化とスイングの科学的分析による技術革新(ヘッドスピードの向上)によるところが大きい。

・サービス

サービスは，試合を始める最初のショットであるのに，日本ではなぜかあまり重要視されていないのが現状である。ボールをコートに弾ませないで打つが，上からのサービス(オーバーハンドサービス)と下からのサービス(アンダーサービス)がある。攻撃性と安定性を考え合わせると上からのサービスが優位で，ラケットの軽量化，ストリングの弾性力の増加，選手の科学的トレーニングによる筋力の向上などにより球速は飛躍的に増大し，ロディック(A. Roddick)など時速220kmを超す選手も珍しくない。また，安定したサービスの条件としてセカンドサービスのスピン量が重要となる。ラケットの軽量化はヘッドスピードを高め，スピン量を増すのに貢献している。

・グラウンドストローク

グラウンドストロークもラケットの軽量化によってスイングスピードが高まり，状況に応じてスピード溢れる「フラット」やバウンドの高い「トップスピン」，相手の意表をつく「ロビング」など多彩なショットを繰り広げることが可能となり，楽しくプレイし，勝つテニスへとつながっている。

・フォアハンドストローク

フォアハンドストロークはテニスの入門技術といわれ，最も習得が早い技術といわれている。体重の移動と腰の回転をミックスして威力を増している。「フラット」「トップスピン」「アンダースピン：スライス」などがあり，状況に応じて使い分けることが重要で

ある。攻撃性はバックハンドストロークより高く，片手打ちが主流である。
・バックハンドストローク

バックハンドストロークは，テニスがうまくなるかどうかの分かれ目の技術であるが，両手打ちバックハンドストロークの出現によって，グラウンドストロークの指導法は革命的な改革を遂げたといっても過言ではない。初心者から非力な女性やジュニアもこの技術によってスピード溢れるショットやトップスピンでの攻撃が可能となり，安定感も増している。リーチが片手打ちより狭いのが短所であるが，トレーニングと相手ショットの「読み」でカバーすれば効果は絶大である。2014年5月現在,世界ランキング1位のナダル(R. Nadal)や，女子のウイリアムズ(Williams)姉妹なども華麗なフットワークをベースに威力を発揮している。両手打ちバックハンドストロークによって，従来弱点とされたバックハンドストロークハンドがフォアハンドストロークに劣ることなく，バランスのよいテニスができるようになり，攻撃的なテニスの原動力となっている。しかし，フェデラー(R. Federer)やピエルス(M. Pierce)などに代表される片手打ちバックハンドストロークもオールラウンドなプレイスタイルでその存在感を示し，両手打ちバックハンドストロークの強打に対抗している。
・ボレー

現代のテニスでは，ボレーはテニス導入と攻撃的テニスの必須アイテムとなっている。テンポの速いテニスができ，前向きな気持ちと相手を圧倒する雰囲気が醸し出される。打点や面の作り方，スイングの方向などが把握しやすく，バウンドによるイレギュラーも想定する必要はない。このボレーはフォアハンドの場合，1)構え(肘を軽く伸ばして)，2)手首を返す，3)ステップインとともに手首を戻す(フィニッシュ)；非利き手を絞る。一方，バックハンドでは1)構え，2)肘を屈曲し，上体を90度捻る，3)ステップインとともに肘から振り出し，掌(手のひら)の背でパンチする。非利き手は開いて上半身の回転を抑える。以上3つの局面でシンプルにできることから初心者指導には有効であろう。

・レシーブ

レシーブはサービスに対抗する技術であり，試合で勝つためには最も重要な技術の1つである。一般的に，グラウンドストロークの一種と考えられているが速いサービスにはボレーの感覚での対応が必要である。あらかじめどこにどのような返球をするかを決めておき，「踏み込んでためて打つ！」ことを心がけているとエラーは少ない。サービスコースの読みは経験とサーバーの癖・特徴をつかむことである。
・スマッシュ

スマッシュはネットプレイの大砲であり，ポイントのとどめになる。スマッシュのチャンスとなる相手側のロビングは高い打球であるので得意な人とそうでない人に二分されるが非利き手をコントロールとして活用し，ゆとりあるフットワークによる打点の的確な把握，少し早めのスイングでバランスよく打つことによって上達可能である。

[戦術での変容]
・シングルスにみられる変化

従来テニスのプレイスタイルは，選手が打ち合うポジションによって「ベースライン」「ネットプレイ」「オールラウンド」の3つの型に大別されていた。しかし，動きの激しい，ネットでの高度な技術・読みが必要なネットプレイスタイルをするプレイヤーが少なくなり，ベースラインでじっくりトップスピンを駆使してのグランドストローク主体のテニスが主流を占めてきている。ナダルがその代表として，2014年5月現在世界ランキング1位に君臨しているが体力の消耗も激しく，長くその地位を固めるのは容易なことではない。自分の特徴を見定め，サービスで追い込み，グラウンドストロークで打ち合い，チャンスには果敢にネットをとり，ポイントを重ねる。無駄ない動きと欠点の少ないプレイヤーが多くのプレイヤーの目標になり，戦術面でもいろいろな可能性を秘めたものになる。テニスは前後左右に間断なく，動き，止まりショットを繰り返すわけなのでスピードあるスタミナとパワーを備え，デリケートなタッチショットの習得をジュニア初心者時代から習得しておくことがあらゆる戦術のベースとなるのである。技術習得とともに戦術はそれらを組み合わせ，変化・創造さ

せていくところから生まれる。やはり，フェデラーのようなオールラウンドなプレイスタイルをとるプレイヤーが全英(ウインブルドン)の芝生，全米・全豪のハードコート，全仏のアンツーカコートなどあらゆるコートサーフェスで活躍できる息の長いプレイヤーになるのであろう。
・ダブルスにみられる変化

プレイヤーのレベルによって用いられるフォーメーションは雁行陣(がんこうじん)と並行陣に分けられる。初級・中級レベルでは，一方がベースライン，一方がネットにつく雁行陣が一般的でゆっくりした試合展開となる。ネットマンが決め役でベースラインプレイヤーがチャンスメーカーとなる，ソフトテニス型のフォーメーションである。ここでのネットマンの役割は非常に大きい。中級以上になると，スピーディーで攻撃的な平行陣が主流となり，俊敏な動きとともにボレー・スマッシュ技術の巧拙が勝敗を決定することとなる。パートナーとの協調，連携はいうまでもなく，コンビネーションを長く続ける，戦術の定石と阿吽(あうん)の呼吸がとれるように日常からのコミュニケーションが重要である。

[ルールの変遷]

競技の実施に直接かかわるルールには，あまり大きな変化ではないが，以下のような変遷がみられる。
・ラケットの変化

長さ，面の広さなどはITFによって公認され，規定・統括されている。
・タイブレーク・システム導入に伴う変化

近年最も大きいルールの改革はタイブレーク・システムの導入である。これによって試合時間は大幅に短縮され，選手の健康管理，試合時間の遅延抑止に貢献できるようになった。
・コードオブコンタクトの導入

服装，エントリー，コーチングなどプレイがスポーツマンシップに則って行われるように厳しく規定されるようになったのも特徴的である。
・ドーピング規定の導入

選手の健康管理，公平な試合，健全なスポーツマンシップを醸成させるための規定が課せられている。

[チャレンジシステム]

時速200kmを超えるサービスの判

定やライン際のきわどいショットの判定に対して，2006年の全米オープンで，4大大会としては初めて自動ライン判定システム「ホークアイ」が導入された。これにより，選手が審判のイン・アウトのコールに対してビデオリプレイをみて再判定を要求（チャレンジ）する権利が与えられた。

そのルールは，次のとおりである。
1) 選手は1セットについて2回，チャレンジ権が与えられる。
2) 審判の判定が正しく，選手が間違っていた場合には，選手はチャレンジする権利を1回失う。
3) チャレンジで判定が覆った場合には，チャレンジする権利を失わずに引き継ぐことができる。
4) タイブレークに突入した場合には，それぞれ1回ずつチャレンジする権利が付加される。
5) 次セットにチャレンジする権利は繰り越せない。

[オンコート・コーチング]

テニスはコートに入ったら個人で行うスポーツであり，コーチングは大学リーグ戦のような団体戦を除いて厳しく禁止されている。しかし，2006年WTA（女子テニスツアー）ツアーではセットとセットの間でのコーチングが試験的に行われることとなった。コーチングは，「選手の能力をより高める」「観客を楽しませる」「テニス本来の姿からはずれる」など賛否両論はあるが，選手にとって気持ちを切り替えるチャンスとなっている。

ITFは，デビスカップ／フェドカップ（国別対抗戦）においてキャプテンがコート内に入り，セットブレイクやエンドを交替する時にコーチングを行うことは認めているが，セットごとの第1ゲームやタイブレイクの際には一切のコーチングを認めていない。

④ 現代の技術・戦術・ルール
[コーディネーショントレーニングに支えられたプレイの高度化]

現代のテニス技術の革新は1980年代からドイツテニス協会のショーンボーン（R. Schönborn）によるところが大きいといわれる。彼はテニスの動きを筋と神経の協調の面から捉え，神経系の最も発達する9歳から10歳頃までに遊び感覚を取り入れたシスティマティックなコーディネーショントレーニングを開発し，テニススキルの基礎として効果的な指導の礎を築いた。ベッカージャンプ（ネット際で飛びついたらやっと届くぐらいのボールを出してもらい，飛び込んでボレー，そのまま受け身のように回転する。怪我をしないように倒れ込むことがこのジャンプボレーの特徴である）もその一例である。この流れはヨーロッパに普及し，スペイン，フランス，ドイツ，スイスなどで開花している。コーディネーショントレーニングは定位能力，判別能力，バランス能力，反応能力，リズミング能力などに分類され，すべての動きの習得に共通した基礎的能力であり，動きのダイナミックな連結という形で取り入れられている。ベルギーではナショナルコーチのエイケン（I. Aken）がテニス指導においてコーディネーショントレーニングを最も重要として，技術，戦術，メンタル，コンディショニングなどの上に位置づけた。さらに，よきスポーツマンはよき人間として大成する必要があるとの認識から，協調・共生などスポーツマインドを6歳から順を追って教え，個人の特性を伸ばす，それぞれに応じたプレイスタイルや能力の開発をめざしている。現代におけるヨーロッパテニスの隆盛をもたらしたこの指導システムは，テニス技術の根幹である。

[パワーテニスの隆盛]
・サービス重視の戦術への変容

コートサーフェスが天然芝であろうとハードコートであろうと「サーブアンドボレー型」のプレイスタイルはほとんどみかけない状況となってしまった。オールラウンドまたはベースラインプレイヤーの全盛である。ラケットの軽量化によるショットのスピード化と安定性が増したのが要因であろう。高速化と緩急をつけたサービスは試合の主導権を握り，勝利へ導く武器となっているので，第1サービスの威力と第2サービスの安定性は現代のテニスにとって必須である。サービスゲームを落とさないで迎えるタイブレイク・ゲームなどではサービス力の優劣は決定的な要因となる。クルム伊達公子のようにサービスにそれほどスピードがなく，レシーブとライジングショットによって早いゲーム展開をめざし，ランキングを世界4位にまで高めた選手も珍しいといえよう。自分の特長を見極め，サービスを最大限に生かす工夫と相手と状況によって最適なショットを繰り出していくバリエーションを豊富にもつこと，そのための技術を習得していくことがプレイの幅を広げ，戦術として確立されていく。状況判断と意思決定力，そして実践していく行動力こそテニスに要求される能力である。

・威力のあるスイングボレーの活用

ラケットの軽量化により可能となった攻撃的なボレーということで，トップスピンをかけた威力あるボレーでコースが読みにくいパワフルなボレーがある。これはダブルスで決め球を打つ時に用いられることが多いが，女子の場合にはシングルスでも両手打ちのバックハンドボレー時に使われ，威力を発揮している。

・ドロップショット，ドロップボレーを織り交ぜた攻撃

ネット際にポトンと落とすドロップショットやドロップボレーといったタッチショットはテニスのうまさを感じさせ，相手の意欲を減退させるものである。神経・筋の協調という観点から

表2 テニスのルールや組織などの主な変遷

年	主な出来事
1877	ウインブルドン大会が開始
1879	アメリカ人リーランドが日本の文部省体操伝習所にテニスを紹介
1900	デビスカップが開始
1913	国際ローンテニス連盟（現・国際テニス連盟）が設立
1922	日本庭球協会が設立
1923	日本が国際ローンテニス連盟に加盟
1959	皇太子（今上天皇）のご成婚を期に，日本でテニスブームが巻き起こる
1972	男子テニスプロ協会が設立
1977	国際ローンテニス連盟が，競技団体名からローン（芝生：Lawn）をはずす
1980	日本テニス協会が設立
1988	第24回オリンピック大会（ソウル）でテニスが正式種目化
1995	松岡修造がウインブルドン大会男子シングルスでベスト8入り
1998	日本国内における強化・普及のため，日本テニス振興協議会が設立

図5 アイフォーメーション

ジュニア時代から取り組んでいくと習得は早いといわれているので早期教育が重要である。スキルの3要素は，「時間の調整（タイミング）」「力の調整（グレーディング）」「空間の調整（スペーシング）」であるが，これらのショットは3つの調整能力の結集から生まれるものといえよう。

・アイフォーメーションの登場

ダブルスにおいてレシーバーのクロスショットがすばらしく，サービスゲームのキープが困難な時などサインプレイなどを行って局面の打開を図ることがある。その際用いられるようになってきたのがこのアイフォーメーションである（図5）。これはオーストラリアンフォーメーションをさらに変化させたものである。サーバーのネットマンがセンターに低く構え，レシーブをカットしようとするものであり，レシーバーに大きなストレスをかけることができる。

サービスの安定性・威力とボレーの切れ味がよくなければ決まらない。

（蝶間林利男）

テニス系ニュースポーツ

ESCI tennis; Paddle tennis; Bound tennis

① 競技概要

ここではテニスをもとに考案されたいくつかの比較的新しいスポーツを紹介する。

[エスキーテニス]

羽根を付けた，直径4cm，重さ20g以内のスポンジボールを木製ラケットで打ち合うテニス形式のゲームである（図1）。4×8mのコート中央に高さ55cmのネットを設け，サービスの時は，双方のプレイヤー全員がベースラインの後に立ち，打球と同時にコート内に移動できる。全長38cm，幅17cmのラケットで，地面に弾ませたボールを打つ。シングルスあるいは，ダブルスで行い，原則として1セット11点先取制，3セットマッチで行う。

[パドルテニス]

テニスの約半分の大きさのコートで，スポンジラバーのボールと，カヌーなどを漕ぐ時に用いる木製のかい（パドル）のような形をしたラケット用いて行うところからこの名がつけられている（図2）。6.1×15.24mのコート中央に高さ78.7cmのネットを張り，長さ44.4cm幅21.6cm以下のパドルと，45gのボールを用いて行う。サービスはアンダーハンドで1回しかできない。またシングルスでは，ノーバウンドのボールを打ってはいけない。4ポイント制で2ゲーム以上の差をつけ，6ゲーム先取すると，そのセット取得となる。1試合は5セットあるいは3セットマッチで行う。

[バウンドテニス]

床上高さ50cmのネットを張り，直径5.7cm，重さ約40gのゴムボールと，フレーム部分の大きさ約30×23cm，全長50cm以下という規定のラケットを用いて行うミニテニスである。コートをテニスの6分の1（3×10m）の大きさにすることによって，省スペースで環境にも優しいスポーツとなった。サーブをアンダーハンドで行うこと，またダブルスでは卓球と同様，各チームの競技者が交互にボールを打たなければならないことなど，コートを小さくしたことがルールに多様性をもたらした。その他のルールはテニスに準じている。

② 歴史

[エスキーテニス]

広島の宇野本信（うのもとまこと）が考案し，当初は「ハネツキトリオゲーム」「ハネツキテニス」といわれていた。1947（昭和22）年頃から，第二次大戦後の広島の復興に向け，広島大学の設立と合わせてユネスコの精神に基づき設置が計画された教育科学文化研究所（Education Science and Culture Institution）の頭文字（ESCI）をとってエスキーテニスと呼ぶようになった。1951（昭和26）年の広島国体での協賛大会開催や1952（昭和27）年の熊本県での全国レクリエーション大会実施種目として，復興と平和のゲームとして

図1 競技中の様子：エスキーテニス
（出典：清水良隆，紺野晃 編『ニュースポーツ百科[新装版]』大修館書店．1997．16．）

図2 競技中の様子：パドルテニス
（出典：清水良隆，紺野晃 編『ニュースポーツ百科[新装版]』大修館書店．1997．6．）

普及が図られた。

被爆後急逝した宇野本の娘の母校広島女学院大学を中心とする学生たちは，日本学生エスキーテニス連盟の活動を支え，学生リーグの中心となっている。また，日本エスキーテニス連盟によって，全国大会，地区大会の運営がなされている。

[パドルテニス]

広いスペースを用意しなくてもテニスを楽しもうとする思いから，1898年アメリカで，テニスに最も近いミニテニスとして考案された。わが国には，1975（昭和50）年に紹介され，1979（昭和54）年日本パドルテニス協会が設立された。競技人口は，関東を中心にして，全国的に広がっている。アメリカパドルテニス協会の支部としても認定されている。

[バウンドテニス]

テニスの醍醐味をできるだけ残しながらも，一度に多くの人がテニスを楽しめるように，コートの大きさやボール，ラケットなどに工夫が施されている。名称は，コートの大きさが限られている（boundary：境界）ところに由来する。1980（昭和55）年，かつてのオリンピック・レスリングの金メダリストで，当時の体力づくり指導協会の笹原正三によって考案された。翌年日本バ

ウンドテニス協会が設立され，1988（昭和63）年から始まった全国スポーツ・レクリエーション祭の競技種目として定着している。各国民体育大会併催のデモンストレーション競技としてエントリーをめざすなど，普及の努力がなされている。

（野々宮徹）

テニス
[障がいのある人の]

→車椅子テニス

デフバレーボール

Deaf volleyball

① 競技概要

デフバレーボールは，聴覚に障がいのある人によって行われるバレーボール競技である。

6人制バレーボールの競技公式ルールに従って行われ，勝敗の決め方，ボールの大きさや重さ，コートの広さ，サーブ権の移動，得点の入り方などは6人制バレーとすべて同じである。

ホイッスルや声などの音が選手に聞こえないことから，試合を円滑に進めるために，主審と選手，選手同士，監督と選手の間のコミュニケーションには様々な工夫がされている（図1）。

例えば，主審はサーブを打つ選手とアイコンタクトが成立してから，大きな動きでサーブの合図をする。また，試合中にボールが高く上がった時，選手は自分がボールを受ける意思がある

ことを「声を出して」他の選手に伝えることができないので，その意思表示のために，大きく手を振って合図をしたり，フロアを足踏みしその振動でほかの選手に合図をしたりする。試合中のタイムアウト時に出される監督の声の指示は，手話に変換され選手に伝えられる。

試合に勝つためには，サインを使ったセットプレイやケース練習を何度も行って，攻撃・守備のコンビネーションを磨くことが重要となる。ブロックのコース締めやレシーブの位置どりなどの連携も確認しておく。

② 歴史

デフバレーボールは，デフリンピック（IOC公認の聴覚に障がいがある人のスポーツ世界大会）において，1969年に開催された第11回デフリンピック大会（ベオグラード）から正式競技として行われるようになった。2009年の第21回大会（台北）では，出場国は17ヵ国（男子10，女子7）となり，日本代表女子チームは銅メダル，男子チームは5位入賞するなど活躍した。

また，2008年，第1回世界デフバレーボール選手権大会がアルゼンチンで開催され，日本代表女子チームは銀メダルを，男子チームは銅メダルを獲得した。その後は4年に1度，デフリンピックの前年に開催することになっている。

国内では，全国ろうあ者体育大会において，1969（昭和44）年の第1回大会から正式種目として行われている。また，全国身体障害者スポーツ大会においても，正式種目となっている。

1998（平成10）年には日本ろうあバレーボール協会が発足し，2009（平成21）年に日本デフバレーボール協会（Japan Deaf Volleyball Association: JDVA）に改称した。世界大会への日本代表選手の派遣や，ジャパンデフバレーボールカップの開催を行っている。ジャパンデフバレーボールカップは，男女合わせて約40チームが参加する国内最大の全国大会である。

（大川裕二）

図1　競技中の監督と選手の間のコミュニケーションの様子：デフバレーボール
手話によって作戦が伝達される。

電動車椅子サッカー

Powerchair football

① 競技概要

電動車椅子サッカーは，重度の肢体不自由のある人たちが，1チーム4人の2チームで電動車椅子を使用して行うサッカー競技である。ボールを足で蹴る代わりに車椅子の前方に取り付けた硬質のフットガードでドリブルをしたり，パスやシュートをしてゲームを進める。選手は，車椅子に取り付けたジョイスティック型のコントローラーを身体状況に応じて，手足や顎で動かすことで電動車椅子を操作してプレイする（図1）。

チームのメンバーは，ゴールキーパー1人とフィールドプレイヤー3人の計4人で，男性・女性の制限はない。また，電動車椅子の性能の公平さを保つために最高速度は国際大会10km/h以下，国内大会6km/h以下と定められている。

基本的なルールは，通常のサッカーと同じであるが，電動車椅子の特徴に合わせた独自のルールが定められている。ボールは直径13インチ（約33cm）の独自規格のものを使用する。フィールドはバスケットボールコートを使用し，コートの両端に幅8m，奥行き5mのゴールエリアを設け，ゴールはゴールライン上に立てられた2本のポスト（幅6m）によって設置される。

② 歴史

この競技は，フランスで1978年に始まったFootball in Electric Wheelchairsが起源とされている。1980年代にはアメリカ，カナダ等でも独自に発展した。日本では，車椅子を自らの力で操作することが難しい人たちが電動車椅子を使用して楽しめるスポーツと

図1　競技中の様子：電動車椅子サッカー
（写真：エックスワン）

して取り組まれ，1995(平成7)年に日本電動車椅子サッカー協会(Japan Powerchair Football Association: JPFA)が発足した。国内では35チーム，415人が日本電動車椅子サッカー協会に会員として加盟し(2013年度)，日本選手権大会，ブロック予選大会や各地区で大会が開催されている。

各国独自に行われてきたスポーツであるため，国際的な競技としての歴史はまだ浅い。第1回ワールドカップ開催に向けて国際ルールの調整が進められ，2006年に国際電動車椅子サッカー協会(Fédération Internationale de Powerchair Football Association: FIPFA)が設立されて競技規則が統一された。2007年には，日本で第1回ワールドカップが開催され，アメリカ，フランス，イングランド，デンマーク，ベルギー，ポルトガル，日本の計7ヵ国が出場した。優勝アメリカ，準優勝フランス，日本は4位という結果であった。この大会を契機に国内の大会も国際ルールに移行して行われている。

参考文献

◆ 水原由朗 編．2007．「JSAD SPORTS vol.32」日本障がい者スポーツ協会・日本障がい者スポーツ指導者競技会：37-38.
◆ 国際電動車椅子サッカー協会ホームページ http://www.fipfa.org/powerchair-football/category/the-game/ （2014年7月1日）
◆ 日本電動車椅子サッカー協会ホームページ http://www.web-jpfa.jp/ （2014年7月1日）

(松浦孝明)

登山(競技)

Mountain climbing

① 競技概要

登山は，一般的なスポーツの分類では克服型のスポーツに属し，本来他人と競い合うものではなく，自然に親しみ，自己を磨き，互いに助け合って楽しむスポーツであるとされてきた。近年，登山の普及や登山の楽しみ方の多様化などに伴い，その技術や体力を競う競技としての登山も行われるようになり，様々な形態で実施されている。各種ある競技の中で，現在世界的基準で実施されているのは，スポーツクライミング競技である。

スポーツクライミング競技は，自然の岩壁をよじ登るロッククライミングの技術を競ったことから始められたが，現在では自然保護や日常的に行える手軽さや観戦の容易さなどから人工壁(クライミングウォール)を利用して行われている。このため自然を利用して行う登山とは異なる独立したスポーツ種目として捉えることもできる(詳細は「スポーツクライミング」の項を参照)。

また，スポーツクライミング競技のほかに，全国高等学校総合体育大会(インターハイ)で実施される登山大会や山岳耐久レース・富士登山駅伝等様々なレベルでの競技会が行われている。例えば，全国高等学校体育連盟で実施されている登山大会は，審査員が登山に必要な技術や知識(例えば，体力や歩行技術，装備・設営撤収・炊事などの生活技術，気象・読図・自然などの知識，自然保護・パーティーシップなどの態度)についての審査を行う点数制の競技として実施されている。

② 歴史

わが国において独自に登山が競技として行われるようになったのは，国民体育大会(以下，国体)で実施されるようになってからであり，1955(昭和30)年の第10回神奈川大会で公開競技となり，第35回栃木国体(1980〔昭和55〕年)で正式種目となった。

国体山岳競技規則に従って実施される競技は，従来「縦走競技(荷物を背負い速さを競う，図1)」「クライミング競技(登攀競技)」「踏査競技(読図の正確さと速さを競う)」の3種目であったが，第57回高知国体(2002〔平成14〕年)からは，踏査競技がなくなり，第63回大分国体(2008〔平成20〕年)には，縦走競技が廃止され，クライミング競技を「リード」に改め，「ボルダリング」が新設された。したがって，現在では国体山岳競技といえば，リードとボルダリングのことを示し，個人競技と団体競技の差はあ

図1　登山：縦走競技の様子(2006年兵庫国体)
(写真提供：日本山岳協会)

るもののワールドカップなどの国際大会に通じる内容となった。

(井村 仁)

トスボール

→野球系ニュースポーツ

ドッジボール

Dodge ball

① 競技概要

ドッジボールは，2組に分かれた競技者がコート内で大型のボールを投げ合い，より多く相手にぶつけたチームを勝ちとする競技である(図1)。手軽に誰でも楽しめるため，わが国でも古くから親しまれてきた。

全国各地で独自のルールが用いられているが，全国レベルで子どもたちが交流できるように，日本ドッジボール協会が設けた統一ルールが存在し，全国大会が開催されている。

12人以上20人以内でチームを組み，試合は12人対12人で行う。選手は内野と外野に分かれ，競技開始時に外野にいる人(元外野)は1人以上11人以下で，その人数はチームで自由に選べる。

相手選手からのノーバウンドの投球を捕れなかったり，当てられたりした場合はアウトとなり，外野へ移動する。元外野は，相手の内野の選手をアウトにしなければ，自分の内野に戻れない。

パスは連続4回まで，5回目には攻撃しなくてはならない。また，ボールをキャッチして投げる状態になってから，5秒以内にパスかアタック(相手選手にぶつけようと投げる)をしなければならない。アタックによって，相手の内

図1　競技中の様子：ドッジボール

野プレイヤーに当ててアウトにすることは大切であるが，もともとドッジの語源が「身をかわす，逃げる」という意味からもアタックをかわすこともゲームを構成する大切な要素であることがこの競技の特徴である。

なお，ボールがコートの外に出た時，顔や頭にボールが当たった時のルールなどは大会ごとにその対応を詳細に決め，公認審判員が厳正に審判を行う。

規定の試合時間（1セット5分間）が終了した時，内野に残っている選手が多いチームが勝利となる。

② 歴史

発祥はイギリスといわれているが，現在のドッジボールの原型は，1900−40年頃のアメリカで行われていた「デッドボール」と呼ばれるスポーツである。それは，円形のコートで，攻撃側が防御側にボールを当て，デッドとするゲームであった。防御側はボールをキャッチできず，ボールから身をかわすだけのものだった。日本には，1909（明治42）年に可児德と坪井玄道によって，「円形デッドボール」という名称で紹介された。

長方形のコートは，1917（大正6）年に東京女子高等師範学校教授の永井道明により，当時ドイツで行われていた「ヘッズベル」という室内競技として紹介されたが，やはり内野の防御側のボールキャッチは認められていなかった。

1926（大正15）年，欧米留学から戻った東京師範学校教授の大谷武一により，ドッジボールと改名された。ドッジ（dodge）とは，「身をかわす，逃げる」という意味である。また，より積極的にプレイできるように，内野のボールキャッチを許すなど，ルールも変わっていった。

以後，全国に普及する段階で，その地域でのみ適用される多くのローカルルールが生まれ，各地域に根づき，多くの国民が一度は経験しているという親しみのあるボールゲームとなった。

1991（平成3）年に，日本ドッジボール協会が発足，様々なローカルルールをまとめ，全国統一ルールを提唱した。加盟団体として，47の都道府県協会があり，公認審判員は3,000人を超えている。年2回夏と春に小学生の全国大会である，全国小学生ドッジボール選手権を毎年開催している。その予選にあたる都道府県大会には，1,500−3,000の小学生チーム（3万−6万人）が参加する。また，小中規模の様々な大会も各地で開催されている。

なお，海外においては，台湾，韓国，香港にも協会が設立され，日本とほぼ同様のルールで競技が行われている。また2013年には，これらの国・地域に日本が加わってアジアドッジボール連盟が設立された。統一ルールを定め，2013年12月に第1回アジア杯が日本で開催された。

参考文献

◆ 日本ドッジボール協会．2013．『競技規則』2013−2014年．

（青木通夫）

飛込

Diving

① 競技概要

飛込とは，一定の高さの飛込台（図1）から水中に飛び込み，その動作の正確さと形の美しさを競う水泳競技種目である。

踏切から入水まで2秒弱の間に行われる宙返りやひねりの難易度と美しさを競う。美しいフォームで高い位置で宙返りをし，垂直に水に入り，水しぶきの少ない演技が高得点を得られる。

演技には，回転する向き，宙返りの回数，ひねりの回数，空中姿勢に応じてそれぞれ番号と記号が割り当てられており，その難しさに応じて難易率が定められている（表1，2，3）。

個人競技には，5m，7.5m，10mのいずれかの高さの固定台から飛ぶ高飛込競技と，1mおよび3mの高さの弾力のある飛板から飛ぶ飛板飛込競技がある。さらに，10m高飛込競技と3m飛板飛込競技には，2人の選手が同時に同じ演技をするシンクロナイズド競技がある（図2）。

飛込プールは，入水での衝撃を和らげることを目的に底から泡を発生させる装置が設置され，また，屋内での練習にはトランポリンやスパッティングが用いられ（図3），より高度な演技をより安全に競技・練習することができるように工夫されている。

図1 飛込プールと飛込台

図2 競技中の様子：飛込（シンクロナイズト競技）（写真：フォート・キシモト）

図3 トランポリンとスパッティング

表1　飛込の群

群	グループ名	飛込動作
1群	前飛込	前向きに立ち，前に回転する
2群	後飛込	後ろ向きに立ち，後ろに回転する
3群	前逆飛込	前向きに立ち，後ろに回転する
4群	後踏切前飛込	後ろ向きに立ち，前に回転する
5群	ひねり飛込	空中でひねりを伴う
6群	逆立ち飛込（高飛込競技）	台の先端で逆立ちから演技する

表2　演技種目番号

桁数	演技名	演技内容
1桁目	群	群の番号（1–6）
2桁目	1–4群	0：通常の宙返り 1：途中宙返り（宙返りの途中で伸び型をとる）
	5・6群	回転の方向（1–4の群番号）
3桁目	宙返り	宙返りの回数の2倍の数字
4桁目	ひねり	ひねりの回数の2倍の数字（ひねりを伴わなければ4桁目の数字はない）

表3　飛込の型

記号	型名	演技特徴
A	伸型	体をまっすぐに伸ばし，両足を揃え，爪先を伸ばした姿勢。腕の位置は任意
B	蝦型	身体を腰で折り，膝を曲げず，両足を揃え，爪先を伸ばした姿勢。腕の位置は任意
C	抱型	身体を小さく腰および膝で曲げ，膝と両足を揃え，両手は下肢を抱え，爪先を伸ばした姿勢
D	自由型	ひねりを伴う演技で，1回ならびに1回半の宙返りおよび逆立ちの2回宙返りにおいて，上記3つの型を自由に組み合わせることができる

表4　採点基準

出来映え	得点
全く失敗したもの	0点
不満足なもの	0.5–2.0点
不十分なもの	2.5–4.5点
満足なもの	5.0–6.0点
良好なもの	6.5–8.0点
非常に良好なもの	8.5–10点

　審判員は演技全体を，開始の姿勢・助走・踏切・空中演技・入水の各要素を総合的に判断して0.5点刻みの10点満点で採点する（表4）。7人の審判の採点のうち，点数の高い2人と低い2人の採点を除いた3人の採点を合計し，それに難易率をかけたものがその演技の得点になる。難易率が2.5の種目では，審判員の採点で10点満点を出しても得点は75点にしかならないが，難易率が3.4の種目なら，審判員の採点が7.5点でも得点は76.5点になる。簡単な種目を無難にまとめるか，難しい種目で一発逆転をねらうかが，戦略の1つになっている。

　競技会では，男子は6種目，女子は5種目の異なる演技種目を異なる群から選択し，事前に申告をする。ただし，男子飛板飛込においては，選択可能な群が5つしかないため（6群の逆立ち飛込は高飛込競技のみで選択可能），1種目は同じ群から選択してもよい。これら6種目あるいは5種目の演技に与えられた得点の合計で順位が決定する。

② 歴史

　海や湖，滝つぼなどに飛び込むという行為は古くから遊びとして行われていたが，競技としては，水に飛び込んで宙返りの練習をしていた体操関係者を中心としてドイツで1840年に，世界で最初の飛込協会が発足した。また，スウェーデンでは，湖に建てた木の足場から，宙返りやスワロー（体をまっすぐ伸ばして手を横に開いて飛び，頭から入水する種目）などの飛込が行われていた。

　その後，世界的な競技の普及は，1882年にドイツで初めての国際大会が開かれたことに始まる。この大会では，低い飛板からの競技と，高い固定台からの競技が行われた。さらに，ドイツで1891年に最初のルールができ，1892年には難易率表が作られた。そして，1928年，国際水泳連盟（Fédération Internationale de Natation: FINA）に飛込委員会が組織され，翌1929年，飛板飛込を5つのグループに，高飛込を6つのグループに分け，空中姿勢を4つの姿勢に分けた。現在のルールでも，基本的には同じシステムを採用している。

　飛込（競技）がオリンピックの正式種目として採用されたのは，1904年の第3回大会（セントルイス）である。この時採用されたのは，男子高飛込のみであった。男子飛板飛込がオリンピックの正式種目に採用されたのは，次の1908年の第4回大会（ロンドン）である。一方，女子は，高飛込が1912年の第5回大会（ストックホルム），飛板飛込が1920年の第7回大会（アントワープ）において採用された。選手2人が同時に演技し，その同調性等を採点する飛板飛込・高飛込のシンクロナイズド競技が2000年の第27回大会（シドニー）で採用され，現在に至っている。また，2013年には世界水泳選手権（バルセロナ）にて自然の地形を利用した場所を用いてハイダイビング（男子27m，女子20mの高さから）が正式種目として行われた。さらに，2014年からは，男女1名の組み合わせで3m飛板と10m飛込台の両方を使用して総合得点を競い合うチームダイビングの種目が新設された。

　競技に使用される器具も進歩しており，高飛込の固定台は，1920年頃まではぐらぐらした仮設の木の足場のようなものだったが，その後コンクリート製になり，表面の滑り止めも木の上にマットを敷いたものから，表面がざらざらしたラバーに置き換わっている。

　飛板は，オリンピックに採用された当初は木製だったが，1960年の第17回大会（ローマ）からアルミ合金製の板に変更された。1980年代には板の先1/4ほどに縦長の穴がいくつも開けら

れた板が登場した。この形状により板は先端の重量が減り，空気抵抗が減ったため，はね返るスピードが増大した。その後も改良が重ねられ，現在は，穴は先端付近だけに開けられ，形も斜めに長い穴となった。このため踏切の手前の助走部分ではあまり大きくしならず，板の先端では大きくなって早くはね返るような板になっている。

2001年9月（日本での施行は2002年4月から）のルール改正で，3m飛板飛込と高飛込で採用されていた制限選択飛（難易率合計の上限があり，難しい種目を選択できないため，簡単な種目を美しく飛ぶことが求められる）が廃止されたこと，競技で使用される器具が進歩したことなどにより，よりアクロバティックな演技が要求されるようになってきた。

（大久保一司）

トライアスロン

Triathlon

① 競技概要

トライアスロンは，スイム（水泳），バイク（自転車），ラン（ランニング）の3種目を1人の選手が連続して行う競技である（図1）。これを基準に，スイムのないデュアスロン，バイクのないアクアスロンがある。以上のほかにもウィンタートライアスロンなど多くの関連複合競技がある。

大会は通常，エリート部門（トップ選手）とエイジグループ部門（一般選手）に分けて行われ，競技規則が両者で異なる場合がある（以下，エリート部門をエリート，エイジグループ部門を一般と略す）。例えば，世界選手権でスイムの距離が1.5kmの種目におけるウエットスーツ着用基準をみると，エリートでは水温20度以上で着用禁止となるが，一般では22度以上で禁止となる。

また，一般道路を使用するトライアスロンの特性から，大会ごとに競技の制限時間などのローカルルールを制定することがある。

選手識別のために，両腕と両太腿にレースナンバーをフェルトペンで書き込む。さらに，布地や防水性の高い紙にナンバーを印字したナンバービブをピンで留めるか，専用のベルトを用いて腰に着ける。オリンピックや世界選手権では，ナンバーの貼り付けシールを付け，ユニフォームに国のコードと名前をアルファベットで印刷する。

競技ウェアは，オリンピックでは，男子も上半身ウェアを着用し，そのままバイク，ランを競技する。一般でも距離が短い場合は同様である。ロングディスタンス種目では，スイムからバイクへの移行（トランジション）する時にバイクウェアに着替えることもある。他に，スイムキャップ，ゴーグル，ウエットスーツを着用する。ただし，エリートでは，ウエットスーツ（厚さ5mm以内）は，水温が20度以上で安定していれば着用禁止となる。一般では，安全のため着用が推奨され，大会規定により義務とされることが多い。

競技コース途中にエイドステーションが設営され，大会が用意したスタッフから飲料，果物，軽食などが手渡される。それ以外での第三者からの補給は禁止されている。また，タイヤのパンクに備えバイクコースに公式のホイールストップ（バイク車輪／フレーム交換）が置かれることがある。

・スイム

スイムのスタートは，砂浜からのビーチスタートと，水中に浮いた状態でのフローティングスタートがある。オリンピックや世界選手権では，仮設ポンツーン（飛び込み台）から横一列での飛び込みスタートが基本である。スイムでは，距離マーカーとして設置されたコースブイの外側を泳ぐ。ブイにつかまっての小休止は許可されるが，これを使って進むことは禁止されている。泳法の基本は効率のよいクロールであるが，平泳ぎでもよい。途中で頭を上げてコース確認をすることが必要である。

・バイク

バイクは，ドロップハンドルの付いたロードレーサーが基本である。ハンドルの間に肘を当てて前傾姿勢がとれる用具（エアロバー）の使用が許可されている。エリートでは，ブレーキレバーの先端をつないだ線をエアロバーの先端が超えないものと規定される。一般ではスポーツタイプやマウンテンバイクが許可されるレースもある。

バイクにおける重要な規則が，ドラフティング（drafting）の制限である。ドラフティングとは，先行する選手の直後や周辺を走り，風による抵抗（風圧）を減らして競技を有利に展開することである。先頭交代のローテーションが駆け引きとしてレース展開に影響を与える。一般では禁止され，競技者はドラフトゾーンの範囲である，バイクの前輪の最前部を基点に後方7m，横幅3m（両サイド各1.5m）の距離を開けなければならない。なお，世界選手権でドラフトゾーンは，原則として後方10m，ロングディスタンス種目では後方12mと規定されている。

・ラン

エリートのランでは意図的な同着は禁止されている。一般では，他の選手の邪魔にならなければ子どもと一緒にフィニッシュすることも許容されることがある。1980年代には這ってフィニッシュする場面が感動的とされたことがあるが，現在は禁止されている。

・トランジション

スイムからバイク，バイクからランへと移るつなぎの地点がトランジションである。ここは乗車も片足走行も禁止である。また，ヘルメットのストラップは，ラックからバイクをはずす前

図1 競技中の様子：トライアスロン（写真：Satoshi TAKASAKI/JTU）
上：スイム：仮設ポンツーン（飛び込み台）からのスタート，中：バイク，下：ラン。

に締める。フィニッシュ後は，バイクを掛けてからストラップを外す。

トライアスロンは，オリンピックを中心としたテレビ向けの競技として，周回コースを設定し，ドラフティングの許可などを導入し成功を収めている。一方，参加者が距離の長い種目をゆったりと楽しめるように大会が運営されることも重視される。

また，距離・ルール・運営方法などの変革により種目細分化の傾向にある。室内競技場に特設プールを施したインドアトライアスロンや，エルゴメーター（エアロバイクやトレッドミルなど）を使用した模擬トライアスロンなども行われている。グループでレースを競う形式やリレー形式の競技なども注目を集めている。

② 歴史

1974年，アメリカ・カリフォルニア州サンディエゴで，ラン4.5km，バイク8km，スイム0.4km，ラン3.2km，スイム0.4kmの大会が行われ，"トライアスロン"と名づけられた。健康志向が高まる中，サンディエゴトラッククラブ（San Diego Track Club）のメンバーが，冒険心を満たす競技として発案した。

その4年後，ハワイのワイキキ2.4マイル・ラフウォータースイム（3.86km），アラウンド・オアフ112マイル・バイクレース（180km），ホノルルマラソン（42.195km）と同じ距離の設定でトライアスロンが行われた。この種目は"アイアンマン"の名称で現在も人気を集めている。

1982年には，米国トライアスロン・シリーズ（U.S. Triathlon Series: USTS）で，スイム1.5km，バイク40km，ラン10km（計51.5km）が設定された。1994年，オリンピック参入が決定され，この距離設定を"オリンピック・ディスタンス"として2000年の第27回オリンピック大会（シドニー）で正式種目として採用された。その後も引き続き実施され，2016年の第31回大会（リオデジャネイロ）での開催も決まっている。

また，国際トライアスロン連合（International Triathlon Union: ITU）の設立は1989年で，フランス・アビニオンで第1回ITU世界選手権大会が開催された。

アジアでは，1991年にアジアトライアスロン同盟（Asian Triathlon Confederation: ASTC）が設立された。翌年，第1回アジア選手権が茨城県波崎町（現・神栖市）で開催された。2006年12月にカタール・ドーハで行われたアジア大会の正式競技となっている。

国内では，1981（昭和56）年，鳥取県米子市の皆生温泉で最初の大会が開かれた。さらに1985（昭和60）年には，沖縄県宮古島，滋賀県びわ湖で長距離タイプ，熊本県天草では51.5kmの大会が開催され大会数が増加していった。そして，1994（平成6）年に日本国内の組織・団体を統括する団体として日本トライアスロン連合（Japan Triathlon Union: JTU）が設立された。その後，社団法人として1998（平成10）年日本体育協会に加盟し，翌年には日本オリンピック委員会（JOC）に加盟した。

さらに，1998（平成10）年にロングディスタンスの世界選手権（新潟県佐渡），2002（平成14）年には学生世界選手権（石川県七尾市），2005（平成17）年には世界選手権（愛知県蒲郡市）などの世界大会が日本各地で開催された。さらに，ワールドカップは1996（平成8）年から石垣島で毎年開催されている。2009（平成21）年には，横浜開港150周年大会として世界選手権シリーズが開催され，2011（平成23）年からワールドトライアスロンシリーズ（World Triathlon Series: WTS）として毎年開催されている。

国民体育大会（国体）では，2009（平成21）年の新潟国体で公開競技となり，2016（平成28）年の岩手国体で正式競技（隔年実施）となる（2019年から2022年までは毎年実施予定）。

現在では，世界5大陸140ヵ国を超える国と地域で，男女2人ずつの混合リレー（各人が例えばスイム250m，バイク6.6km，ラン1.6km）を含め様々なトライアスロン，デュアスロンそして関連複合競技が行われている。また，2016年の第15回パラリンピック大会（リオデジャネイロ）でパラトライアスロンが初めて採用されることが決まっている。国内では年間大会数が約275大会を数え，愛好者は35万人，競技者登録数2万人を超える勢いである。トライアスロン選手の総称であるトライアスリート（triathlete）の国内平均年齢は約33歳で，男女比は8対2となり，小学生大会も盛んに開催されている。

参考文献

◆ 日本トライアスロン連合ホームページ
　http://www.jtu.or.jp

（日本トライアスロン連合）

トランポリン

Trampoline

① 競技概要

トランポリン競技は，トランポリンを利用して空中に飛躍し演技を行い，その技の美しさと難しさを競う採点競技である（図1）。種目はラージサイズ・トランポリン（5.1×3.0m）を使用した個人競技，シンクロナイズド競技，団体競技と，ダブルミニ・トランポリン（3.0×2.0m）を使用した個人競技，団体競技がある。

トランポリンの技は，空中高く飛び上がって回転・ひねりを加えて行う。例えば「2回宙返り1回ひねり」「3回宙返り1/2回ひねり」などがある。

ラージサイズ・トランポリンを使用した個人競技はまず第1演技，第2演技からなる予選を行い，上位8人が決勝に進出し，再度演技し，順位を決定する。演技は10種類の異なった技を連続して行い，その完成度を競う。演技の美しさを審査する演技審判員は5人おり，最高点と最低点を削除した3人の合計点が演技得点となる。これに技の

図1　競技の様子：トランポリン（シンクロナイズド競技）

難しさを審査する難度審判員が，その選手が行った技を点数化した難度点（第1演技では選手が指定した2種目分，第2演技では10種目分）を加算したものがその選手の得点となる。

決勝は予選の得点がすべてなくなり，決勝で行った演技の得点だけで争われる一発勝負である。そのため，得点差をつけて1位で予選を通過した選手も安心することはできず，逆に8位で予選を通過した選手でも一発逆転優勝のチャンスがあり，観客にとってはどの選手が優勝するか予想がつかず，まさに手に汗握る勝負が観戦できる。

シンクロナイズド競技は，2人の選手が2m離れて並行に置かれた2台のトランポリンで全く同じ演技を同時に行い，個人競技と同様の演技，難度に加え，同時性を競う競技である。2人の選手の動きがどれだけ正確に合うかが勝負の分かれ目となり，ベッドと呼ばれる面の部分をいかに同時に踏むかで得点に大きな差が出てくる（図2）。

団体競技は4人で構成され，個人競技の第1演技，第2演技それぞれの上位3人の得点の合計で予選の順位が決定する。上位5チームが決勝に進出し，各チーム3人が演技を行い，その合計点で優勝チームが決定する。

ダブルミニ・トランポリンを使用した個人競技，団体競技の競技方法は基本的にはラージサイズ・トランポリンを使用したものと同様である。ただし，演技種目は2種目となり，助走をして演技種目を行いマット上に着地するところが異なる部分である。

② 歴史

「トランポリン」の名づけ親は，アメリカのニッセン（G. Nissen）である。ニッセンは1937年にメキシコへ行った時，ダイビングボードを意味するスペイン語が"el trampolin"だということを知り，その語感が気に入ったニッセンは英語のスペルにして"trampoline"（トランポリン）と命名した。現在世界中でみられる形のトランポリンの生みの親である。

1930年代，第二次大戦が始まると，アメリカではパイロット養成の一過程として格納庫に100台程の固定式跳躍器具（現在のトランポリンの原型）を並べ空中感覚の育成のために使用した。大戦後，ニッセンはこの運動のすばらしさに目をつけ，トランポリン会社を設立し，世界中に向けトランポリンの販売と普及を始めた。1959年，当時の全米チャンピオンを連れてニッセンは，トランポリンの普及に日本を訪れた。当時日本に持ち込まれた第1号の台は，現在でも日本トランポリン協会に大切に保管されている。

彼が作ったトランポリンは当時のアメリカ社会で爆発的なブームを巻き起こし，全米にトランポリン場が乱立した。ところが，エスカレートするにつれ怪我人が，しかも頸椎損傷などの重傷者が続出したことから，LIFE誌によってトランポリンは危険なスポーツであると決め付けられブームは去った。その後アメリカでは教育の場でトランポリンが取り上げられることはほとんどなくなり，スポーツクラブだけで細々と続けられることとなった。しかし，その陰でヨーロッパに渡ったトランポリンは，ドイツ，フランス，イギリス等を中心にきちんとした指導のもとに，競技スポーツとして確立されていったのである。

競技としてのトランポリンは，アメリカにおいて1948年に「リバウンドタンブリング」という名で，全米大学競技協会の主催する体操選手権の公式競技として採用されている。また，ヨーロッパにおける最初の競技会は，1959年にイギリスで開催された第1回国内トランポリン選手権である。その後1964年に第1回世界選手権大会がロンドンで行われ，徐々に世界に広まり，各国で大会が開催されるようになった。1997年には，国際トランポリン連盟（Fédération Internationale de Trampoline: FIT）と国際体操連盟（Fédération Internationale de Gymnastique: FIG）の話し合いが行われ，2000年の第27回オリンピック大会（シドニー）から，トランポリン競技の個人競技が，体操競技の正式種目として採用されることとなった。

現在，国際的に行われている主な競技大会は，オリンピック（個人のみ），ワールドゲームズ（シンクロナイズド競技，ダブルミニ競技のみ），世界選手権，世界年齢別選手権，ワールドカップシリーズ等がある。また，地域的にはインドパシフィック選手権，ヨーロッパ選手権，アジア大会，さらに各国が行う親善国際大会等，数多くの大会が世界中で開催され，多くの日本選手も参加し活躍している。

参考文献

- 日本体育協会 監修. 1987.『最新スポーツ大事典』大修館書店
- 森田弘文 ほか. 2004.『トランポリン－理論と実際－』前野書店

（森田弘文）

トレッキング

Trekking

① 概要

トレッキングは，山頂に登ることを目的とする登山に対し，必ずしもそれにこだわらない山歩きのことである（図1）。ヨーロッパでは，アルプスの山々に登るためには，氷河や岩場を通過しなければならないため，アイゼン，ピッケル，ロープなどの特殊な装備と技術が必要となる。トレッキングは，そ

図2　トランポリン

図1　活動の様子：トレッキング

のような装備を使わずに山麓を徒歩旅行する活動をさす。

　一方，日本の登山は，山岳信仰の対象として開山された山が多いため，登山道のほとんどが山頂に向けてつけられており，積雪期以外は，特殊な装備がなくとも登頂することができる。そのため，登山とトレッキングの区別は曖昧となっている。一般的に，登山道のないルートをロープを用いて登山する行為を登攀（とうはん）といい，整備された登山道を歩く登山の行為をトレッキングと称することができる。また，上述したように，わが国の登山道は，山頂を含む険しい稜線（りょうせん）や危険な岩場に整備されているため，これらの高所縦走登山に対し，健康志向や自然志向が高い，比較的低山における軽登山をトレッキングと称することが多い。

　トレッキングの登頂にこだわらない山歩きといった活動形態から，スノートレッキング（雪原をスノーシューなどで歩く），ホーストレッキング（馬に乗って自然の中を旅する）などといった使い方がある。

② 歴史

　トレッキングの語源は，オランダ語の「トレック」（ゆっくり進む旅・牛車による旅）を表した言葉であるとされる。これが登山用語として使われるようになったきっかけは，ネパール政府が，本格的なヒマラヤ登山を行わない観光客誘致のために，山麓から美しいヒマラヤの山々を眺めながら行う山旅（やまたび）を紹介したことによる。

　トレッキングの歴史は，紀元前にマケドニアの王が山に登ったという史実があるように，大変古いと考えられる。1786年にヨーロッパアルプスの最高峰モンブラン（4,807m）が初登頂され，より高く，より難しいルートでの登山をめざす近代（スポーツ）登山が，明確な形で現れた。その後，1953年のエベレスト（8,848m）初登頂をはじめ，世界の未踏峰や難ルートが次々と初登頂され，今日のトレッキングと登山の区別化を図る背景が整った。

　わが国のトレッキングの歴史は，7世紀に修験道の開祖である役小角（えんのおづぬ）（役行者（えんのぎょうじゃ））が奈良県の大峰山を開山したのが始まりとされている。その後，わが国の山は，このような修行僧によって次々開山された。一方，西洋のアルピニズムが日本に伝わったのは，1888（明治21）年に来日したイギリス人宣教師ウェストン（W. Weston）が槍ヶ岳や穂高岳を訪れ，その自然美を紹介したことによる。その後わが国の登山の主流も，信仰を目的としたものから，より難ルートをめざすものとなり，それらにとらわれない山歩きの形態としてトレッキングを位置づけることができる。1994（平成6）年にNHKで『深田久弥の日本百名山』がテレビ放映されたのもきっかけとなり，現在は空前の中高年登山（トレッキング）ブームとなっている。

〈岡村泰斗〉

な

なぎなた

Naginata

① 競技概要

なぎなたは，所定の場所で，1本のなぎなたを持った試合者2人が定められた部位を互いに打突し合い勝負を競う武道的特性をもつ競技である。競技には演技競技と試合競技がある。

[競技の特性]

なぎなたは，戦前までは「剣に対するなぎなた」として実施されてきたが，現在は「なぎなた対なぎなた」として行われている。その技術的特性は対人的競技であり，相手との対人的技能が求められることにある。

なぎなたの技術指導は，基本的には指導体系により対象者別・習熟度別に計画的に行われる。操作技術は長物であるなぎなたを体さばきとともに上下・左右斜め・左右横・振り返しなど八方に円弧を伸びやかに振る運動から，最終的には打突運動へ発展する(図1)。さらに習熟段階で持ち替え・繰り込み・繰り出しなどの操作技術が位置づけられており，なぎなたの刃部物打ちで刃筋正しく定められた部位を気・剣・体の一致によるしかけ技・応じ技を対人的に発揮し，勝敗を競う競技である。そして，有効打突部位を打突するとともに，全身より発する充実した発声(呼吸法)を伴うことが重要である。

[試合の仕方]

・演技競技

基本技の組み合わせの習熟度を競う「しかけ応じ技」と，古流の形の特徴ある技の理法を織り込み，三位一体として使うことを重視した「全日本なぎなたの形」がある(図2)。

・試合競技

所定(正式は12m四方)の試合場で，防具を着用した2人の競技者が，定められた部位(面・小手・胴・脛・咽喉)を打突して有効打突を競い合い勝敗を決する競技で(図3，図4)，個人試合と団体試合がある。また，特別試合として主に剣

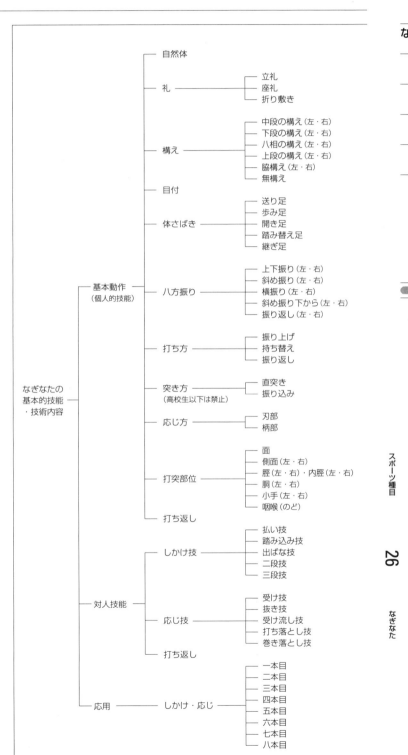

図1 なぎなたの技術体系 (出典：『月刊 武道』編集部作成図より一部改変)

図2　演技競技の様子：なぎなた

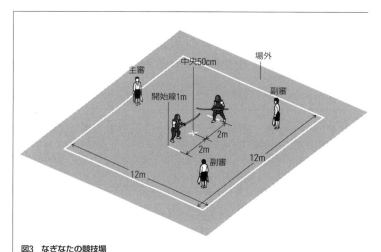

図3　なぎなたの競技場

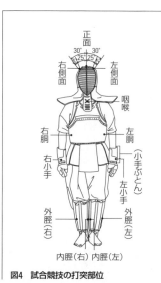

図4　試合競技の打突部位

道との異種試合もある。

[勝敗の決定]

・演技競技

審判方法は採点式と旗形式があり，近年は旗形式で実施されている。5人の審判員が赤白の審判旗を持ち，赤・白2チームの技の優劣を総合判定により旗で示す。その評価項目基準は2001年に定めた演技の観点(表1)により判断される。

・試合競技

審判方法は3人の審判員が，〈打突に込められた充実した気勢〉〈適法な姿勢〉〈残心〉を見極めて有効性を審判旗により判定・表示する。なお，規定の時間内に勝敗が決しない場合は，審判員の総合判定により決することがある。そ の判定の判断基準は，〈攻防の優劣〉〈姿勢態度の良否〉〈反則の有無〉である。なお，高校生以下の柄打ちの脛と咽喉の突きは安全面から禁止されている。

[主な大会]

全国レベルの競技会としては，以下の大会が実施されている。四段以上の都道府県代表選手による皇后盃，有段者(社会人・大学生)の都道府県代表選手による全日本男子選手権大会，社会人の都道府県対抗大会(国民体育大会のリハーサル大会)，大学対抗の全日本学生選手権大会，全国高等学校総合体育大会(インターハイ)，全国高等学校(1，2年生)選抜大会，JOCジュニアオリンピック全国中学生大会，全国の小学生・中学生の参加による全日本少年少女武道錬成大会，全国60歳以上の愛好者の参加による全国健康福祉祭(ねんりんピック)などである。また国際大会として世界なぎなた選手権大会が行われている。

[発祥]

なぎなたは，現代の社会や学校教育の場で愛好され伝承されている武道的特性をもった運動競技である。その起源は，1083-87年頃であることが奥州後三年之役の戦記の中に記されている。武術として発生し体系化されたが，時代の変遷とともに，明治以降は主に女子の修養道として武道的特性を備えるに至った。

[組織の発展]

第二次大戦後の武道禁止により一時途絶えたなぎなたであったが，その後社会が復興する中で古流の各流派を超越した新たな学校教材としてのなぎなたや，格技形式の競技なぎなたが考案された。学校や社会に振興するよう全国都道府県の組織整備を行い，指導者の養成を推進した。制度ならびに講習会などの歩みを表2に示す。

② 技術・戦術・ルールの変遷

[国体正式種目化によるルールの統一]

1978(昭和53)年6月に日本体育協会に加盟したことを機に，国民体育大会(以下，国体)での正式種目化を求める声が連盟内外から沸き起こった。その後，全国各地での普及活動を推進し，1983(昭和58)年10月の第38回国民体育大会(群馬)から正式種目として参加を果たした。それを受けて，1960(昭和35)年に京都市旧武徳殿での開催から続けら

れている都道府県対抗大会は国民体育大会のリハーサル大会として位置づけられるようになった。

なお，開催種目は，演技競技と試合競技の2種目を女子のみで実施している。演技競技ではしかけ・応じ技が実施され，審判方式は規定の3本を旗形式で行われている。一方，試合競技は3人制の団体試合で行われ，試合時間内に勝敗が決しない場合は判定で勝敗を決する方式が採用されている。また，国体参加を機に公認審判員制度を整備し，審判員の制服を定めた。

その後，1988（昭和63）年からは成年には2部制が導入された。2部については，全国を8ブロックに分け予選会で出場権を勝ち得た県のみが本大会に出場できる。この制度は競技人口の増大に効果的であったが，1996（平成8）年から廃止され各県1チームのストレート参加に変更されている。

2008（平成20）年度からは国体改革により，少年の試合競技はブロック予選制度を採用している。

[男子の全日本選手権大会の開催]

2001（平成13）年に第1回の全日本男子選手権大会が実施された。これは，国内外で男子の愛好者が増えてきたこと，今後の海外での普及，そして競技種目としてのさらなる発展を考慮し，開催されるに至った。男子の身体的および運動能力の特性を十分に生かす技能の研修を積み，本大会のさらなる発展が期待される。競技規則については，男女同じ競技規則が適用されている。

③ 現代の技術・戦術・ルール

[『なぎなたの理念』への復帰]

国体，インターハイ，学生選手権大会などの多様な大会が開催され，将来的に競技が盛んになるとともに競技偏重になることを懸念した連盟は，連盟発足5年後の1973（昭和48）年に「理念作成準備委員会」を設置した。それは「なぎなたの正しい発展」と「指導者に対する指針」になることを目的としたものであり，理念を「なぎなたの修錬により心身ともに調和のとれた人材を育成する」と定めた。また，それを通じて，1978（昭和53）年に古流の特徴ある技を織り込んだ格式ある「全日本なぎなたの形」が制定され，四段以上の実技審査の課目に設定された。

表1　演技競技の評価の観点

観点	項目		基準
態度	着衣		端正である
	姿勢・態度		自然で無理のない姿勢である
	礼法		正しく，落ち着きのある礼法である
正確度	過程	振り上げ 持ち替え 振り返し	体さばきとなぎなた操作が一致した十分な過程である
	打突	体勢	体の開き，体さばきが十分である
		間合い	正確な間合いで十分な打突をしている。また正確に応じている
		手の位置	打突部位が正確である
		手の内	刃筋が正確である
		発声	気力に満ちた正確な発声である
		着眼	観の目で落ち着きがある
		残心	技に伴った気力充分な残心である
熟練度	仕・応の調和		技量の調和がとれている
	呼吸（緩急）		呼吸が合っている
	技能力		気力が充分で技に冴えがある
	課題の要点に対する術理の一致		理合いをよく理解して，演技をしている

このような普及発展の流れは，試合競技を幼少年から楽しむことにつながり，多様な年齢層の愛好者が生まれた。競技年齢の広まりは普及面からは喜ばしいことであり，技術面においても著しい発展進歩がみられる。その反面，若年齢化と打突のスピード化によって形の修錬による技の試合より体力重視の，いわゆる「あてっこなぎなた」を行う傾向が高まった。これにより，試合時間内に勝敗が決まらないことが多くなり，競技の運営上，判定制が導入されるに至った。

長物であるなぎなたの操作技術の特徴は，遠近の間合いの変化により繰り出して長く使い，繰り込んで短く使う技法である。

しかし，今日のスポーツ化の傾向によって，本来の技術的特性が失われることが懸念される。形の理合を試合競技の攻防の技に生かして勝敗を決定することを理想とするならば，スピードと力の技と，冴えのある技の優劣をみるルールと審判力が必要である。

[リズムなぎなたによる普及]

なぎなたの普及発展に伴い多様な年齢層で行われることが増えたことにより，幼少時に基礎基本を身につけることは最も重要なことである。そこで，幼児などの初学者に対して音楽やリズムに合わせて基本動作や技術を自由に創作して楽しく行う「リズムなぎなた」が導入されている。これは，学校の授業の教材としても有効に活用でき，地域や学校の体育祭や文化祭などの機会になぎなたを広く周知させることができる方法でもある。また，大会の多くは，年齢や技能の面から中・高年層が参加しにくいこともあり，1997（平成9）年より「エンジョイなぎなた全国大会」が開催され，生涯スポーツの一環として多くの愛好者が参加している。一方，競技のみならず国体やねんりんピックなどの会場周辺では一般観覧者との触れ合いコーナーを設けて，稽古着・袴姿を体験するなどの普及活動を展開している。

さらに，連盟では，競技者育成プログラム（作成中）に基づいて，全国各地

表2　全日本なぎなた連盟の歩み

年	主な出来事
1945	文部省通達により学校教科の武道が禁止される
1954	「学校なぎなた」作成のため研究協議会設置
1955	全日本なぎなた連盟発足
1958	学校指導者講習会
1959	文部省通達により中学校以上の女子のクラブ活動で実施が認められる 「学校なぎなた」から「新しいなぎなた」へ名称変更
1966	文部省通達により高校体育の授業で実施が認められる
1973	全日本の形作成委員会設置 なぎなたの理念指導方針検討特別委員会設置 審議審査規定改定により六段以上廃止 アメリカなぎなた連盟準加盟
1978	日本体育協会へ加盟 全日本なぎなたの形策定
1979	日本体育協会公認スポーツ指導者制度導入
1980	全日本なぎなた連盟創立25周年記念大会にアメリカ連盟を招待
1981	なぎなたの理念指導方針制定 公認審判員制度導入
1982	フランスなぎなた連盟準加盟
1983	第38回国民体育大会（群馬）正式種目参加
1985	ユニバーシアード神戸大会でリズムなぎなた披露
1988	全日本学生なぎなた連盟発足
1990	国際なぎなた連盟発足
1992	全国高等学校体育連盟加盟
1994	第1回男子研修会実施
1995	第40回全日本選手権大会に皇后盃が下賜される
1999	インターハイ初参加
2001	演技の観点基準を作成
2004	日本体育協会共催公認スポーツ指導者競技別指導者研修会
2007	連盟創立50周年記念大会皇后盃第50回全日本選手権大会に天皇・皇后両陛下 行幸啓なる
2008	文部科学省学習指導要領改訂（2008年）により中学校保健体育で武道が必修科目に
2009	中学校保健体育の武道におけるなぎなたの指導案・資料作成

域で実施している小・中・高校生の一貫指導システムをさらに発展させ，総括的に優秀な競技者を育成するために，全国中学生大会の上位入賞者を集めてジュニアの強化合宿を実施している。

（砂川邦子）

なわとび

Rope skipping

① 競技概要

なわとびは，短いあるいは長い縄（ロープ）を回す間に跳ぶ回数や跳ぶ演技の出来映えを競う競技である（図1）。様々な競技団体・種目が存在するが，世界で最も普及している国際ロープスキッピング連盟（Fédération Internationale de saut à la Corde – International Rope Skipping Federation: FISAC-IRSF；以下，FISACと略す）の推奨する種目を紹介する。

・30秒スピード：30秒間でかけ足跳びの合計跳躍回数を競う。
・3分スピード：3分間でかけ足跳びの合計跳躍回数を競う。
・3重跳び：時間無制限で3重跳びの合計連続跳躍回数を競う。
・フリースタイル：60-75秒間で自由演技を行い，その得点を競う。

上記の個人戦以外にも，4-5人でチームを組み，競技を行う団体戦や，8-24人でチームを組むワールドカップがある（この競技は，アジア大会ではアジアカップという名称を使用する）。

団体戦では，シングルロープ（単なわとび：以下SRと略す）とダブルダッチ（2本の長なわとびを逆に回す間を跳ぶ：以下DDと略す）を3種目ずつ行う。

・SR30秒スピードリレー：前半2人がかけ足跳び，後半2人は2重跳び。
・SRペアフリースタイル：2人で60-75秒の自由演技。
・SRチームフリースタイル：4人で60-75秒の自由演技。
・DD45秒スピードリレー：4人×45秒。ジャンパー（跳び手）とターナー（回し手）の両方を行う。
・DDシングルフリースタイル：3人で60-75秒の自由演技。
・DDペアフリースタイル：4人で60-75秒の自由演技。

ワールドカップでは，SR，チャイニーズホイールズ（2本のロープを2人で回しながら跳ぶ跳び方のこと。本数や人数を増やして跳ぶことも可能），ロングロープ（長なわとび），DDなど，あらゆるなわとびスタイルを駆使して自由演技を行う。

② 歴史

なわとびは，古来より世界各国の子どもたちの間で親しまれてきた遊びの1つで，その起源は定かではない。日常生活で縄を使う時代（縄文時代など）には，それを使ってなわとびをしたのではないかと考えられる。

その後，様々な研究がなされ，多種多様な技や競技種目が開発された。前述のFISACは1996年に設立され，1997年にはFISAC主催の第1回世界選

a

図1　競技中の様子：なわとび

手権大会(オーストラリア)が開催された。2003(平成15)年には，FISACの日本支部として日本ロープスキッピング連盟が設立され，2005(平成17)年より全日本選手権を行い，アジア選手権や世界選手権へ選手を派遣している。

1990年代には，日本特有のダブルダッチスタイルが生まれ，2002(平成14)年にダブルダッチコンテストが開催されてから，高校生・大学生を中心に日本各地でその競技人口が急激に増加している。

(渡邉貞稔)

日本泳法

Japanese traditional swimming

① 競技概要

日本泳法は，わが国で生まれ独自の発展を遂げた水泳術で，古式泳法といわれることもある(図1)。平泳ぎや立ち泳ぎのように，現代の競泳あるいはシンクロナイズドスイミングの技術にも用いられていることから，日本水泳連盟では「日本泳法」を正式な名称としている。

競技種目には，体の向きと体軸の寝かせ方による平体(例えば「平泳ぎ」)・横体(例えば「伸し」)・立体(例えば「立ち泳ぎ」)の3区分がある。毎年開かれる日本泳法大会では，泳法競技(男女)，泳法競技ジュニアクラス(男女)，団体泳法競技，支重競技(男女)，横泳ぎ競泳(男

b

図1　大抜手：日本泳法
(出典：日本水泳連盟 編『日本泳法ハンドブック』)

女)が行われている。

15歳から25歳までを対象とする泳法競技では，予選で平体・横体・立体の予選種目から各1種目を，決勝で任意の2種目を泳ぎ，7人の審判による採点を競う。泳法競技ジュニアクラスでは小学校4年生から中学校3年生までが対象で2種目を泳ぎ，採点を競う。団体泳法競技では，5人の泳者で構成する紅白2チームのトーナメント戦で採点を競う。支重競技は，男子5kg，女子4kgの鉄アレイを両手で掲げて立ち泳ぎの持久力を競うもので，男子では約20分，女子では10分前後が優勝記録である。横泳ぎ競泳では，横体種目で100mを泳ぎ，そのタイムを競う。主に片抜手一重伸が用いられ，男子は1分10秒，女子は1分20秒前後が平均タイムである。

② 歴史

日本泳法は，渡河，食糧採取など実用の具として生まれ，のちに武家社会によって体系化されたものである。武術・芸游としての完成度はもとより，精神性までも付加されるなど，諸外国にはみられない独自の文化として発展を遂げてきた。日本水泳連盟は，発祥や伝承の正当性と現在の活動状況から，2014(平成26)年の時点で13流派[神統流，小堀流踏水術，山内流，主馬神伝流，神伝流，水任流，岩倉流，能島流，小池流，観海流，向井流，水府流水術，水府流太田派]を公認している。それぞれの流派は，横泳ぎ(伸し)や平泳ぎのように実用性の高い泳ぎと，実用性は低いが水上に跳飛する，旗を振る，日傘を持つ，墨書する，鉄砲を撃つなど難度の高い泳ぎの両方を伝えている。各流派の違いは，目的(速く短距離を移動，ゆっくり長距離を移動，物の運搬，優美さの誇示，力の誇示など)を達成する

c

ための手や足の使い方(「あおり足」「蛙足」「踏み足」「巻足」)，ピッチ，体の傾け方などに対する考え方の違いから生まれたものである。

各流派の100を超える泳ぎが競技種目として編成されたのは，1956(昭和31)年の日本水泳連盟主催「第1回全国日本泳法大会」が最初である。日本泳法大会は，貴重な技術・文化の保存・普及を企図して企画されたものであり，2014年の第59回大会では13流派，132種の泳形(63種目は予選種目)が競技種目に採用されている。なお，国内の競技統括は，日本水泳連盟日本泳法委員会によって行われている。

参考文献

◆ 日本水泳連盟日本泳法委員会ホームページ http://www.swim.or.jp/compe_jp/ (2014年7月8日)

(日野明徳)

二輪のモータースポーツ

→モータースポーツ(二輪)

ネイチャーゲーム

Nature game

① 概要

ネイチャーゲームは，自然体験の4要素(自然を学ぶ，自然を感じる，自然にひたる，自然をわかちあう)と人間の身体および精神活動とを組み合わせた野外・自然体験活動である(図1)。

その目的は，科学的分析的な方法のみに頼ることなく心身を通して行われる活動の総体として，自然を理解し，自然との一体感を得ること，まさに「自然への気づき(Nature Awareness)」にある。

ネイチャーゲームの定義は，1)活動を通じて自然への気づきを得るというネイチャーゲームの目的に合っていること，2)環境教育の推進に貢献すること，3)参加者の人権および社会の秩序を尊重すること，4)最初から終了までに手順が明確にされていること，5)野外活動の現場で実践がしやすく様々な

図1 ネイチャーゲーム：アクティビティー「木の鼓動」の様子

応用が可能であること，という5つの条件を満たすものである。また特徴としては，1)知識や年齢に関係なくできる，2)町中の公園などでも手軽にできる，3)様々な感覚を使って自然を直接体験できる，4)大人と子どもが一緒に楽しめる，5)参加者の心とからだの状態に合わせて展開できる，という5つを挙げることができる。

また，ネイチャーゲームには多様な効果があり，代表的なものとしては，「様々な感覚による自然体験が得られる」「自然の美しさやおもしろさを発見できる」「自然や他者への感受性が高まる，自然や環境への理解が深まる」「思いやりや生命を大切にする心が育成される」などがある。こうした条件を満たす174種類（2014年7月現在）の活動がネイチャーゲームとして，日本シェアリングネイチャー協会ネイチャーゲーム認定委員会に登録されている。

ネイチャーゲームには「読む（観る）」「体験する」「指導する」「創作する」といった4つの活動の方法がある。読む（観る）とは，ネイチャーゲームの書籍や映像を読む（観る）こと。体験するとは，ネイチャーゲームの教室やイベントに参加して体験すること。指導するとは，ネイチャーゲームの指導員としてネイチャーゲームを通して子どもや一般市民を自然体験へと導くこと。創作するとは，新しいネイチャーゲームを創作すること。さらにネイチャーゲームを通して地域の自然を守る活動や市民への環境教育的な呼びかけを行ったり，行政に対しての地域づくりに関する提言を行ったりという活動も可能である。

② 歴史

ネイチャーゲームは，1979年ジョセフ・コーネル（Joseph Cornell）により北米で"Sharing Nature with Children"

（子どもたちと自然をわかちあおう）という書籍で発表され，その後世界14ヵ国以上に普及された。国際的には1997年に日本，北米，ドイツ，韓国，ブラジルなどを中心にSharing Nature World Wide（国際シェアリングネイチャーネットワーク）が設立されている。

日本では1986（昭和61）年に日本ナチュラリスト協会により初の講習会が開催され，日本語で書籍が出版された。「ネイチャーゲーム」は，その際に"Sharing Nature Program"の日本語訳として創作された言葉である。1990（平成2）年よりネイチャーゲーム初級指導員養成講座が開催され，1993（平成5）年に日本ネイチャーゲーム協会が設立された。2013（平成25）年4月からは公益社団法人日本シェアリングネイチャー協会と改称した。

ネイチャーゲームの普及と指導員養成は，日本シェアリングネイチャー協会の都道府県組織である都道府県ネイチャーゲーム協会（全国47協会）と市町村組織である地域ネイチャーゲームの会（全国260会）と課程認定校により行われている（2014年現在）。指導員者数は近年1万人前後で推移している。活動は30代から40代を中心に自然・家族・地域の触れ合いを求めて老若男女の幅広い活動がみられる。

なお，前出の"Sharing Nature with Children"は2011年，アメリカ魚類野生生物局の「1890年から今日までの子どもと自然を結びつけるのにもっと影響力のあった本15冊」に選ばれている。

（小泉紀雄）

熱気球

Hot air balloon

① 競技概要

熱気球は，気密性の高い直径16m，高さ20mほどの袋の中にガスバーナーなどで熱した空気を満たし，その浮力によって飛行する気球（熱気球）に乗って決められたポイントに向かう正確さや飛行距離などを競う競技である（図1）。

気球の袋の部分は球皮と呼ばれ，ナイロンやテトロン（ポリエステル繊維）などの化学繊維が使われている。また，ゴンドラあるいはバスケットといわれる人が乗る部分は，籐や柳で作られて

図1 競技中の様子：熱気球

いることが多い。

熱気球の飛行は風まかせであり，飛行というよりは浮遊という方が似つかわしい。気球の進路は風向きによるため，意図する方向へ吹く風に気球を乗せることが，いわば操縦するということである。積極的な操縦方法はバーナーを燃焼させて上昇するか，強制的に排気するなど球皮内温度を下げて降下するより方法はないが，それによって熱気球を昇降させて意図に適した風を探すことになる。このような飛行形態のため，熱気球の競技はほとんどが決められたポイントへ正確に向かうことを競うものである。なかには飛行距離や飛行する角度を競う競技もあるが，正確に風を探すことには変わりない。競技の結果を左右するのはあくまでも風を探す能力ということになる。

競技の種類は約20種類あり，大別して競技委員会が提示したゴールへ向かうものと競技者があらかじめ宣言したゴールへ向かうものの2つがある。ゴール位置は地図上に示され，その場所に幅1m，長さ10mの×印がターゲットとして作られるか，地上の目標物がゴールとして指定される。競技者はそのゴールあるいはターゲットに，70gの重りに幅10cm，長さ180cmの吹き流しが付いたマーカーを投下，このマーカーとゴール（ターゲット）の距離が競技者の成績となる。

② 歴史

熱気球は1783年6月5日にフランスのモンゴルフィエ(J-M. & J-É. Montgolfier)兄弟によって発明されたといわれ，また有人での初飛行は同年11月21日にロジェ(J-F.P. Rozier)とダルランド(F.L. d'Arlandes)がパリで行ったものとされている。

その後，熱気球は，ガス気球や飛行機などと比べて実用的ではないため長く忘れられていたが，1960年にアメリカのヨースト(E. Yost)が化学繊維とプロパンガスを使った熱気球で飛行したことから，現在のスカイスポーツとしての熱気球が始まった。

その後，国際航空連盟(Fédération Aéronautique Internationale: FAI)が熱気球競技に関する検討を行い，1973年にアメリカ・ニューメキシコ州アルバカーキにおいて第1回世界選手権大会が開催された。世界選手権大会は隔年開催であり，日本は1975年の第2回大会から参加している。

また，日本では，1973(昭和48)年に設立された日本気球連盟(当時，日本熱気球連盟)により日本選手権大会が毎年開催されている。また，世界選手権大会を1989(平成元)年と1997(平成9)年に佐賀で，2006(平成18)年には栃木で開催した。佐賀では毎年11月に参加機数100機以上の大きな大会が開催されるが，11月の穏やかな気候と広い刈田，地元の理解がその開催理由である。

(太田耕治)

ネットボール

→バスケットボール系ニュースポーツ

脳性麻痺者7人制サッカー

Football 7-a-side

① 競技概要

脳性麻痺者7人制サッカーは，脳の損傷(脳性麻痺，脳外傷，脳卒中など)による身体性機能障がいがある人が行うサッカー競技である。通称「CPサッカー」(Cerebral: 脳からの，Palsy: 麻痺)と呼ばれている(図1)。

試合は，国際サッカー連盟(Fédération Internationale de Football Association：FIFA)が定めたルールの一部を修正して行われる。

1チームの競技者の数は杖なしで歩・走行可能な7人(うち1人はゴールキーパー)で，フィールドのサイズは最大75×55m，最小70×50m，ゴールのサイズは5×2mで試合が行われる。オフサイドルールはなく，下から片手で投げるスローインが認められている。公式戦での試合時間は，30分ハーフ，インターバルは15分で行われる。

また，競技者は障がいのレベルなどにより，以下の4つのクラスに分類される。

・FT5：両麻痺(上肢より下肢の麻痺が強い)など
・FT6：アテトーゼ・失調・混合型脳性麻痺など
・FT7：片麻痺
・FT8：軽度の麻痺

試合中のチームは，FT5またはFT6の競技者を1人以上，FT8の競技者を2人以内で編成することが，ルールで定められている。

② 歴史

初の国際試合は，1978年にスコットランドのエジンバラで開催された。同年，国際脳性麻痺者スポーツ・レクリエーション協会(Cerebral Palsy International Sports & Recreation Association: CPISRA)が設立され，1982年にデンマークで初の世界選手権が，1985年には初の地域選手権が開催された。1984年の第7回パラリンピック大会(ニューヨーク)からは，パラリンピックの正式種目となった。現在は，2年ごとに開催される世界選手権と，パラリンピックの中間年に開催される地域選手権が，パラリンピック予選大会として位置づけられ，20ヵ国以上が参加している。

日本では，2001(平成13)年，日本脳性麻痺7人制サッカー協会(Japan Cerebral Palsy Football 7-a-side Association: JCPFA)が発足した。現在は，130人の競技者(2014年7月1日時点)が登録し，全国大会の開催や日本代表チームの国際大会への派遣等を行っている。

(山崎一世子)

図1　競技中の様子：脳性麻痺者7人制サッカー
下から片手で投げるスローイン

ノルディック複合

→スキー競技

は

パークゴルフ

→ゴルフ系ニュースポーツ

ハードル（競走）

→陸上競技

バイアスロン

Biathlon

① 競技概要

バイアスロンは，クロスカントリースキーとライフル射撃で構成される冬の競技である（図1）。男女とも6種目で（表1），大会の規模により実施競技が決められている。

勝敗は，インディビデュアルのみ滑走所要タイム＋ペナルティータイムの総合タイムで決定し，それ以外の種目は滑走所要タイムによる。

滑走法はフリー走法（主としてスケーティング）である。

射撃は射距離が50m，標的の黒点部の大きさは伏射が直径45mm，立射は直径115mm，標的の数は横並びの5個である。

なお，リレーでは持ち弾丸8発のうち3発は予備弾であり，5発射撃した段階で当たらなかった標的があれば，予備弾を当たらない標的がなくなるまで使用し，8発射撃の後撃ち残した標的の数だけペナルティーとなる。

また使用する銃は，22口径(5.6mm)スモールボア・ライフルで重量は約5kgである。

日本では銃規制のために馴染みが薄い競技であるが，北欧では国技として人気の高い競技である。特に，スキーの「動」と射撃の「静」という相反する要素の組み合わせと，射撃のペナルティーにより，スキー滑走の順位が入れ替わるところがこの競技の魅力である。

② 歴史

バイアスロン競技は，もともと北欧の猟師が銃を背負ってスキーで猟場を駆けめぐっていたものが，後に雪中の軍事行動や森林警備隊の技術として用いられるようになり，競技としては，18世紀後半にスウェーデンとノルウェーの軍人が行ったのが始まりといわれている。

1960年の第8回冬季オリンピック大会（スコーバレー）から男子のみの正式種目になり，その後バイアスロンは，国際近代五種バイアスロン連合が統括していた。

1998年の長野総会で国際近代五種連合（Union International de Pentathlon Moderne：UIPM）と国際バイアスロン連合（International Biathlon Union: IBU）が分離し，現在に至っている

日本では1955（昭和30）年に日本近代五種連合が発足し，1961（昭和36）年には日本近代五種バイアスロン連合となり，2011（平成23）年に日本近代五種協会（Modern Pentathlon Association of Japan: MPAJ）と日本バイアスロン連合（Japan Biathlon Federation: JBF）にそれぞれ独立した。

バイアスロンは現在に至るまで，多

図1　競技中の様子：バイアスロン

表1　バイアスロンの種目一覧

種別	種目名	滑走距離	射撃方法	ペナルティー	オリンピック種目
個人種目	インディビデュアル	男20km，女15km	伏-立-伏-立：各2回，各5発	はずし弾数1発につき1分加算	○
	スプリント	男10km，女7.5km	伏-立：各1回，各5発	はずし弾数1発につき150m滑走	○
	パシュート	男12.5km，女10km	伏-立：各2回，各5発	はずし弾数1発につき150m滑走	○
	マススタート	男15km，女12.5km	伏-立：各2回，各5発	はずし弾数1発につき150m滑走	○
団体種目	リレー(4人)	男7.5km×4人　女6km×4人	伏-立：各1回，各8発まで×4人	はずし弾数1発につき150m滑走	○
	団体(4人)	男2.5km－5km－2.5km　4人同時走　女2.5kmを3周　2人同時走	伏-立：各1回，各5発	はずし弾数1発につき150m滑走（はずした者のみ滑走）	－

（2012年4月現在）

くのルール改正があった。1972年の第11回冬季オリンピック大会(札幌)以後,1976(昭和51)年に8mm以下のライフル弾を使用する大口径銃(射距離150m)から,22口径競技用ライフル弾を使用する小口径銃(射距離50m)に変わったことが最も大きなルール改正である。

オリンピック種目には,男子が1960年の第8回冬季大会(スコーバレー)から,女子は1992年の第16回冬季大会(アルベールビル)から採用された。

日本選手のオリンピック参加は,男子は1968年の第10回冬季大会(グルノーブル)から,女子は1992年の第16回冬季大会(アルベールビル)から,それぞれ参加している。

日本選手のオリンピックでの活躍として最もよい成績は,1998年の第18回冬季大会(長野)で女子スプリント競技15kmで高橋涼子が6位に入賞,リレーでは1972年の第11回冬季大会(札幌)で大野公一,佐々木昭三,渋谷幹,笹久保和雄の日本チームが8位という成績である。

男子ではロシア,ドイツ,ノルウェーが,女子ではフランス,ドイツ,ウクライナ等の国々が強い選手を輩出している。

(菊地孝之)

バイアスロン
[障がいのある人の]

Biathlon (for disabled)

① 競技概要

障がいのある人のバイアスロンは,健常者と同じルールで行われるが,競技会は,障がいの程度別にクラス分けをして特別なルールを適用して行われる(図1)。

パラリンピックでは,スタンディング(立位:上肢・下肢障がい),シットスキー(座位:下肢障がい)のクラスではエアーライフルを使用し,ブラインド(視覚障がい)のクラスではビームライフルを使用する。

健常者のバイアスロン競技は,銃を背負って雪上を滑走するが,パラリンピックでは,銃を射場のコーチが管理し,選手が射座に着くと手渡すルールで行われる。ブラインドクラスのビームライフルは,電子音響装置とともに射座に固定してある。

競技種目は,12.5kmのロングレース,7.5kmのショートレース,そして3kmのパシュートレースがある。

ロングレースとショートレースは,2.5kmのコースを滑走し,1周ごとに1回の射撃を行う。射撃は1回5発撃ち,すべて伏せ撃ちで行う。はずすとペナルティーとして,ロングレースでは1分が加算される。ショートレースでは,150mのペナルティーループを回らなければならない。

パシュートレースは,予選を行い,約1kmコースを3周する。1周ごとに射撃があり,はずすと予選では20秒のペナルティーが加算され,決勝では80mのペナルティーループを回らなければならない。

射撃は,10m離れた15mmの的をねらう。ブラインドのクラスは,ビームライフルを使用し,電子音響照準(照準が合うと音が変化する)で同じく10m離れた25mmの的をねらう。

② 歴史

障がいのある人のバイアスロン競技がパラリンピックで実施されたのは,1988年の第4回冬季大会(インスブルック)からである。1992年の第5回冬季大会(アルベールビル)でブラインドクラスのバイアスロンが初めて行われた。当初はエアーライフルでの競技であったが,2002年の第8回冬季大会(ソルトレイク)から,ブラインドクラスはビームライフルと電子音響装置を組み合わせたものに変更された。その他,2年ごとの世界選手権大会と,毎年のワールドカップが開催されている。

日本の障がいのある人のバイアスロン競技の歴史は,1998(平成10)年の第7回冬季パラリンピック大会(長野)を契機に始まったが,銃刀法の規制があり,国内におけるトレーニング環境が整備されていない。そのため,障がいのある人の国内大会も開催されていない。

しかし,日本選手の世界での活躍は目覚ましく,第7回冬季大会(長野)で金メダルを井口深雪(旧姓・小林),銀メダルを野澤英二が獲得した。2006(平成18)年の第9回冬季大会(トリノ)では,金,銀メダルを井口深雪,銅メダルを太田渉子が獲得し活躍した。

日本においては,日本障がい者クロスカントリースキー協会が中心となって,強化・普及の活動を行っている。

(荒井秀樹)

バウンドテニス

→テニス系ニュースポーツ

馬術(競技)

Equitation

① 競技概要

馬術(競技)は,人が馬を操って各種の課題をこなし,人馬一体となった動作の正確さや優美さを競う競技である(図1)。

図1 競技中の人馬一体の様子:馬術競技
(写真:フォート・キシモト)

図1 競技中の様子:バイアスロン[障がいのある人の]

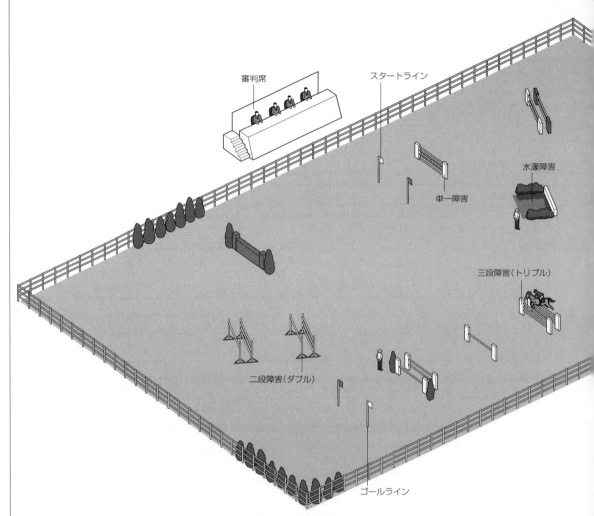

図2　障害飛越の競技場

[競技の特性]

競技の場合に採点の対象となるのはもっぱら馬のパフォーマンスであって，乗り手（馬車競技の御者を含む）の操作がいかに繊細・的確であっても，馬の動作がそれに伴わなければ好成績を望むことはできない。したがって，いずれの競技においても世界選手権やオリンピックに出場するためには高度の訓練・調教を積んだ人馬が，さらに長期にわたる共同作業を経て互いに補い合える段階にまで達している必要がある。

また，使用する馬はもちろん，乗り手についても性別が考慮されない。そのため，国際大会では全競技が，日本国内においても国民体育大会とその予選である都道府県大会を除いては，男女の選手が全く同条件で競技している。近年では特に馬場馬術競技において，国内・国外ともに女性選手の活躍が男性を凌駕しているほどである。

[競技の仕方]

馬術には様々な競技がある。オリンピックで行われているのは馬場馬術，障害飛越，総合馬術の個人戦，団体戦である。ここでは，その他の競技も含めて概要を説明する。

・馬場馬術競技

20×60mの長方形の馬場内で馬の自然な3種の歩き方「常歩（なみあし）」「速歩（はやあし）」「駈歩（かけあし）」で躍動感に満ちた様々な運動を演じるものであり，種目によっていろいろな図形を描いたり，スキップをしているかのようなステップを踏むなどして，動きの正確さや美しさを競う採点競技である。5人（低難度の競技ではより少数のこともある）の審査員が種目により20-30の課目ごとおよび，1)ペース：自由自在に変じ，かつ整正であること，2)インパルジョン：馬の前進意欲，弾発ある運歩，背の柔軟，馬がその重心下に後肢を踏み込んだ結果としての動作の軽快性，3)従順性：集中力，自信に満ちた演技力・運動の調和，軽快性および無理のなさ，騎手の拳の操作を反抗することなく受け入れることと前肢の軽快性，4)騎手の姿勢，騎座：正確かつ有効な扶助，といった観点から総合的に観察し，「0(不実施)-10(優秀)」の10点法でそれぞれ採点する。その合計点から，時間超過や経路の誤り等による減点を差し引いたものが各騎手の成績となる。騎手は馬場内に設置された英字マーク（標記）の各地点で定められた一連の課目を演じる。決勝競技としてフィギュアスケートのフリー

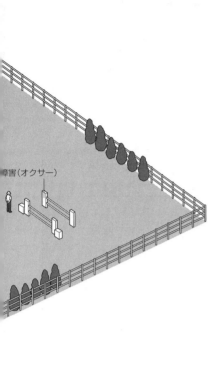

表1 障害飛越競技における主な採点基準

項目	基準A方式での採点	基準C方式での採点
不従順（1回目）	4点減点	減点なし
不従順（2回目）	失権	失権
障害の落下	4点減点	4秒加算**
水濠障害での着水	4点減点	4秒加算**
馬の転倒，落馬，人馬転倒	失権	失権
不従順とそれに伴う障害物の落下および移動	4点減点と6秒加算	6秒加算
規定時間の超過	4秒につき1点	−
制限時間の超過	失権	失権*

＊ 基準Cの制限時間：コース全長が600mを超える場合は3分，コース全長が600m以下の場合は2分
＊＊ 基準Cで行うジャンプオフ，あるいは，二段階競技では落下・着水は3秒加算

種目に相当する自由演技（キュア：Cure）が取り入れられることもある。国際馬術連盟（Fédération Equestre Internationale: FEI，1921年設立）が定めた難度順である，グランプリ・スペシャル（Grand Prix Special），グランプリ（Grand Prix），インターメディエイト（Prix Intermediate），セントジョージ（Prix St. George）のもとに日本馬術連盟制定の種目があり，ともに数年ごとに改訂される。

2008年の第29回オリンピック大会（北京）では，法華津寛が1964年の第18回大会（東京）での障害飛越競技以来44年ぶりの参加に加えて，外国を含む全競技参加選手中で，最年長（67歳）ということで話題となった。

・障害飛越競技

馬場内に設置された障害物を，決められた順に従って過失なしに飛び越す競技である（図2）。障害物は競技会ごとに趣向を凝らして作られ配置されるので，馬がどのような形や色にも驚かず飛び越えるように調教されていなければならない。また，コースレイアウトは試合直前に初めて下見が許されるので，馬の歩幅と障害物の位置を考慮して馬をコントロールする力が求められる。

障害飛越競技では，大別すると標準競技（基準A）とスピード＆ハンディネス（基準C）の2種類の採点方法がある。標準競技では，経路の全長と要求される速度によって定められた一定の時間（規定タイム）内に障害物の落下や不従順（馬が止まったり，障害物を避けたりする）などの過失なくゴールすると減点0（満点）となる。首位の減点が同じ場合には，決勝競技（ジャンプオフ）が行われることがある。一方，スピード＆ハンディネスでは，走行中の過失は時間に換算し，いかに短いタイムでゴールできるかを競う（表1）。

障害物の高さ・幅，走行速度は，人馬の経験・能力によってクラス分けがされている。

・総合馬術

総合馬術競技は1日目の調教審査（馬場馬術競技），2日目のクロスカントリー（野外走行競技），3日目の余力審査（障害飛越競技）の3種類の競技が3日間にわたって行われることから「3日競技（Eventing）」とも呼ばれる（図3）。3日間を同じ選手と馬のペアで走り抜き，3競技の合計で順位が決められる。特に，2日目に行われるクロスカントリー競技がこの競技のヤマ場である。

図3 総合馬術
（出典：『乗馬ライフ』vol.179, 51）

調教審査は，馬が2日目のクロスカントリー走行を行うのに十分な調教がなされているかを審査する。クロスカントリーでは，馬にはスピードと耐久力，飛越能力が求められ，選手にはペース配分や，馬をコントロールする能力が求められる。騎手は競技前にこのコースを下見するが，馬で走ることは許されず，馬は未知の世界を進むことになり，人馬ともに経験と強靭で安定した精神力と体力が必要である。最後の余力審査は，初日の馬場馬術競技や2日目のクロスカントリー競技を行ったのちであっても，馬が競技を継続す

図4 ドライビング競技
(出典:『乗馬ライフ』vol.151, 44)

図5 軽乗競技
(出典:『乗馬ライフ』vol.157, 31)

図6 レイニング
(出典:『乗馬ライフ』vol.143, 116)

図7 打毬
(出典:一般社団法人霞会館『騎馬打毬』17. 撮影:大谷美樹(扶桑社))

るのに必要な柔軟性とエネルギー，従順さを維持しているかを審査する。馬場馬術で獲得した点数を満点から差し引いた値と，クロスカントリーおよび余力審査で与えられた減点の合計が最も少ない騎手が勝者となる。

・ドライビング競技

世界選手権の場合は4頭曳きの馬車を御して馬場馬術，クロスカントリーと障害コース走行(障害物飛越の代わりに隘路通過)を行い，総合馬術とほぼ同様のルールで採点する(図4)。1－2頭あるいはポニーによる競技もある。

・エンデュランス競技

近年日本でも行われ，国際大会への出場もみられるようになったエンデュランス競技とは，一口にいえば「馬のマラソン」競技で，競技としては馬場馬術や障害飛越よりも歴史は浅く，比較的新しい競技である。国際大会では160kmを24時間以内に走行するが，他の競技と異なり，走行前のほか，区間ごと(およそ40kmごと)と最終区間終了30分以内に，獣医による厳しい馬体検査が課せられている。馬体検査では心拍数が毎分64回以下(呼吸数毎分36呼吸以内，体温40度以下)であることのほかに，歩様の検査，脱水症状の有無，怪我の有無などのチェックが行われ，いくら速く走っても，馬の心拍数が30分以内に下がらなかったり，跛行をしていた場合には失権となってしまうため，馬の体調とペースを考えながら冷静な判断による試合運びが大切となる。

エンデュランス競技は，日本でもここ数年注目を浴びるようになり，競技会も北海道を中心に数多く開かれている。

・軽乗競技

円周上を駈歩で回る馬に飛び乗ったり，飛び降りたりするほか，馬上で様々な演技を行い，審査員が採点する競技である。体操競技におけるあん馬や跳馬の原型ともいわれている(図5)。

・レイニング競技

これは，ウエスタン馬術における競技の一種で，前記の馬場馬術競技に似ているが，アメリカのカウボーイ等が必要とする人馬の動作を競うものであって，フルギャロップ全速力の駈足からのスライディングストップ(後肢を滑らせての急停止であるが，腱への過度の負担を避けるために前肢は数歩の踏歩を行うことが要求される)，大小のサークル(回転)，リードチェンジ(駈歩の手前変換)，ロールバック(反転)，スピン(急回転)，バックアップ(後退)といったマヌーバと呼ばれる運動を，様々なパターンで組み合わせた規定演技を行う。また，規定演技だけではなく，音楽とともに行われるフリースタイルもある(図6)。

・パラドレッサージュ競技(障がい者乗馬)

アニマルセラピーの一環であるホースセラピーが，身体障がい者の身体機能の復活をめざすリハビリテーションとして注目されるようになり，オリンピック後に行われるパラリンピックの種目としても取り上げられるようになった。2010年の世界選手権ケンタッキー大会からは，8番目の種目として行われている。

・ホースボール

騎乗して行うバスケットボールであり，サッカーボールに6個の把手のあるハーネスを付けて，両チーム5人の選手が地上2.5mに設けられたゴールへシュートし，その得点を競う競技である。ゴールシュートの前に3回のパスをしなければならないというルールがある。騎手の年齢，馬の体高によってクラス分けされており，日本では主として少年少女のポニーによる競技が行われている。両方の鐙を馬の腹の下で結ぶことにより，地上のボールを拾う等の重心を大きく移動した場合でも落馬することがないため，初心者の練習方法の1つとしても注目されている。

・ポロと打毬

紀元前5世紀頃に古代ペルシャで始まったチャウガーン(chaugán)という馬上球技がシルクロードを伝わり，さらに中国・朝鮮を経て8世紀頃に日本に伝わったものが打毬となって，現在でも宮内庁・山形県山形市・青森県八戸市の3ヵ所に伝承されている(図7)。一

方，チベットからインドを経て19世紀にイギリスに伝わったものがポロとなり，現在は欧米諸国および南米で行われている(詳しくは「ポロ」の項目を参照)。

[馬保護のためのルール]

国際馬術連盟は，『馬のウェルフェアのためのFEI馬スポーツ憲章』を定め，国際的な馬スポーツにかかわるすべての者が，馬の調教，飼養管理から輸送，競技参加からその馬の引退後に至るいかなる場合においても馬のウェルフェア(welfare：幸福)を最優先して，けっして競合的または商業的な影響を受けてはならないことに同意し，これを受け入れることを求めている。

また，競技の公平性(生体を鍛え，生体がもつ本来の競技力を高めて競い合うこと)，人馬への安全性(薬物の副作用や，馬の限界を超えた能力を無理に引き出すことによる危険性の排除)，馬に対するウェルフェア(馬への虐待防止)を確保するため，ドーピング防止にかかわる詳細なルールを定めて薬物の使用を監視している。

② 技術・戦術・ルールの変遷
[発祥]

紀元前680年の第25回古代オリンピック大会以降，すでに今日の馬車競技に似た戦車(チャリオット)による競走が行われていたが，馬術の起こりは騎乗しての戦闘時にいかに乗り手の意思のとおりに馬を動かすことができるかを追求したものである。特にオーストリア・ウィーンのスペイン乗馬学校やフランス・ソミュールの国立馬術学校に伝承されている古典馬術のクールベットやカプリオールなどの躍乗馬術は馬を立ち上がらせて敵を圧倒する，あるいは後肢で敵を蹴る動作を発展させたものである。

[主な大会における日本人選手の活躍]
・世界選手権

FEIでは1990年の第1回のストックホルム大会から，それまで種目別に行われていた世界選手権を1ヵ所にまとめてWorld Equestrian Gamesとし，4年に1度開催するようになった。当初は障害飛越，馬場馬術，総合馬術，馬車競技，エンデュランスと軽乗競技の6種目であったが，2002年からはウエスタンのレイニングが加わったほか，2010年からはパラドレッサージュ競

技が加わった。

・オリンピック

馬術競技が近代オリンピックに加えられたのは，1900年の第2回大会(パリ)からであり，この後1936年の第11回大会(ベルリン)までは現在の馬場馬術，障害飛越，総合馬術に加えてポロ競技が含まれていた。日本は1921年のFEI創設時の8ヵ国のメンバーに加わっており，1928年の第9回大会(アムステルダム)に初めて4人4頭(馬場馬術2人2頭，障害飛越・総合馬術各1人1頭)を派遣した。
〈第9回大会成績〉
・岡田小七(騎兵少佐，馬名：涿秋)
　馬場馬術個人：20位
・遊佐幸平(騎兵中佐，馬名：魁)
　馬場馬術個人：28位
・吉田重友(騎兵大尉，馬名：久山)
　障害飛越個人：失権
・城戸俊三(騎兵少佐，馬名：久軍)
　総合馬術個人：21位

次の第10回大会(ロサンゼルス，1932年)では，大障害飛越競技において西竹一中尉とウラヌス号が優勝して金メダルを獲得したが，これは現在に至るまで馬術競技における唯一のオリンピックメダルである。
〈第10回大会成績〉
・今村安(馬名：ソンネボーイ)
　障害飛越，個人　失権
・西竹一(馬名：ウラヌス)
　障害飛越，個人　金メダル
・吉田重友　障害飛越　負傷欠場
・城戸俊三(馬名：久軍)
　総合馬術，個人　失権
・奈良太郎(馬名：孫神)
　総合馬術，個人　失権
・山本盛重(馬名：錦郷)
　総合馬術，個人　7位

第二次大戦後初の参加となった第15回大会(ヘルシンキ)には，障害飛越競技に喜多井利明(馬名：ユリスB)のみが参加して，個人第45位となった。近年では主としてヨーロッパの競技会で好成績を収める代表的な選手として，杉谷泰造が挙げられる。母方の祖父である故川口宏一，父の杉谷昌保に続いて3代目のオリンピック選手である彼は，2012年の第30回オリンピック大会(ロンドン)には第26回大会(アトランタ)以来連続5回目の出場を決めていると同時に，世界選手権の障害飛越競技にも，1994年のバーグ大会以降連続5回の出

場を果たした。また，第30回大会(ロンドン)の馬場馬術競技に出場した法華津寛は満年齢71歳での参加となり，日本からのオリンピック参加選手の最高齢選手として話題を集めた。1956年の第16回大会(メルボルン)は，オーストラリアの検疫に関する法律などにより，特例として馬術競技のみストックホルムで単独開催された。

なお，オリンピック憲章によって馬術の大障害飛越競技を閉会式の直前にメインスタジアムで行うことが定められていたが，1984年の第23回大会(ロサンゼルス)では表彰式のみがメインスタジアムで行われ，その後は憲章が改められた。

(岡部長忠)

馬術(競技)
[障がいのある人の]

Para equestrian

① 競技概要

障がいのある人の馬術(障害者乗馬)は，競技者の障がいに応じて工夫された特別な用具を身に付けて行われる馬術競技である(図1)。パラリンピックではオリンピックとは異なり，馬場馬術のみ正式採用となっている。

服装は，競技者の安全上の理由から，通常の馬場馬術とは異なり，燕尾服の着用は禁止され，ヘルメットの着用が義務づけられている。つまり，障害飛越の選手の服装とほぼ同じである。ただし，足の不自由な選手も多いため，ブーツは特殊なものであったり，ハーフチャップスで代用していたりする場合もある。障がいのある人のスポーツには，このような道具の改良というのは付き物である。まして，馬術競技は馬具の改良も必要で，障がいが重度になればなるほど，研究された安全な道具が必要となる。

選手は障がいの程度によって5段階(グレード)に分類される。表1に示したのは主な分類である。

② 歴史

障がいのある人が馬に乗るという行為は，古代ギリシャ時代にはすでに実践されていた。詳しいことは不明だが，紀元前5世紀に，「戦争で傷ついた兵士

表1 障がいの程度による主な分類

クラス	障がいの程度	技術レベル
グレードIa	全身の麻痺	常歩
グレードIb	四肢体幹のうち4ヵ所に障がいがある	常歩・速歩
グレードII	四肢体幹のうち3ヵ所に障がいがある	常歩・速歩
グレードIII	四肢体幹のうち2ヵ所に障がいがある	常歩・速歩・駈歩
グレードIV	四肢体幹のうち1ヵ所に障がいがある	常歩・速歩・駈歩・横歩

(出典：日本障害者乗馬協会ホームページ)

注　実際は，このクラス分けには非常に細かい規定があり一概にはいえない。クラスの認定は医学的な知識が要求される難しい作業なので，上記の内容は参考までにご利用いただきたい。

図1　競技中の様子：馬術競技[障がいのある人の]

を馬に乗せることで治療していた」と記述された文献がみつかっている。

"Riding for Disabled"という言葉を最初に用いたのは，今世紀の初頭，イギリスのハント (D.A. Hunt) とサンズ (O. Sands) という2人の人物である。ハントはオズウェストリー整形外科病院の創設者(1901年)，サンズは理学療法士で，自分の馬をオックスフォード病院へ持ち込んで，患者たちを乗せ始めた。

その後，1952年にハーテル (L. Hartel) は両足麻痺というポリオ障害を克服して乗馬を続け，第15回オリンピック大会(ヘルシンキ)に出場し，馬場馬術で銀メダルを獲得した。ハーテルの与えた影響は絶大で，ノルウェーの理学療法士で，乗馬経験も豊富なボスカー (E. Boathker) は，ハーテルの快挙に障がいのある人の乗馬の可能性を見出し，コペンハーゲンの理学療法士ハーポス (U. Harpoth) とともに自らの患者たちに乗馬を勧め，治療の一手段として活用し始めた。やがて，2人は障がいのある人の乗馬が絶大な効果をもたらすことを実感した。

こうして現在，障がいのある人の乗馬はイギリスにとどまらず，多くの国々に熱意ある人々の賛同を得て普及し，ますます活発な活動になっている。

1996年の第10回パラリンピック大会(アトランタ)から，馬場馬術が正式種目となった。これをきっかけに各国の障がいのある人の乗馬活動は一気に"競技志向"へと発展していった。現在はイギリス系の障害者乗馬団体や北米系の団体，そして欧州系の団体と大きく分けて3つの団体が活動している。その中から優秀な障がいのあるアスリートが多く誕生すると同時に，効果の高い障がい者スポーツとしても広く認知され愛好家も増えてきている。

参考文献

◆ 日本障害者乗馬協会ホームページ
http://www.jrad.jp/

(小出謙介)

走高跳

→陸上競技

走幅跳

→陸上競技

バスケットボール

Basketball

① 競技概要

バスケットボールは，5人ずつのプレイヤーからなる2チームが，ボールを手で扱いながら，互いに相手チームのバスケットにシュートして得点し合う，ゴール型のボールゲームである(図1)。

[競技特性]

バスケットボールは，時代や国や競技レベル，あるいはルールが変わろうとも，「頭上の水平面のゴールにボールを入れるシュートの攻防を争点として，個人やグループあるいはチームが同一コート上に混在しながら得点を争う」(内山，2009)という競技特性は不変である。

ゲームでは，絶え間なくプレイが継続される。それは，ゴールとなるバスケットの下が切り取られており，シュートが決まるとすぐさまディフェンスとオフェンスが切り替わるためである。プレイが中断するのは，ファウルやバイオレイションといったルール違反が発生したり，回数が限られているタイムアウトをとる時，あるいはピリオド(クォーター)やハーフが終了する場合のみである。なお，プレイヤーは自由に交代してよいが，それはプレイが止まっている場合に限られる。また，プレイヤーがコートを出入りできる回数に制限はない。プレイをスムーズに連続させ，プレイ上の種々の責任(リバウンドやシュートなど)を果たすために，プレイヤーはポジションに関係なくコート上で同様の動きを行うことになる。その動きとは，ダッシュ，ターン，ストップ，ジャンプなどの高強度で短時間の無酸素性パワーや無酸素性持久力の発揮が要求される運動を，低強度の有酸素性運動を挟んで不完全回復の状態で不規則に反復する間欠的運動である。したがって，プレイヤーには，全力で始めた運動の低下を少しでも抑えつつ，できるだけハイパワーを持続させるような能力が求められる(内山ほか，1999)。

[競技の仕方と勝敗の決定]

ストリートで行われる3人対3人でのゲーム(3on3)も近年盛んになっているが，一般には，屋内コート(図2)において5人対5人で行われる。

ゲームは10分間のピリオドを4回行う(表1)。第1ピリオドは，ジャンプボール(センターサークルで，審判が両チームの任意の2人のプレイヤーの間にボールをト

スアップすること)によって開始する。第2，3，4ピリオドと各延長時限は，オルタネイティング・ポゼション・ルール(これまでジャンプボールでゲームを再開することになっていた状況〔＝ジャンプボール・シチュエーション〕で，ジャンプボールを行わず，スローインでゲームを再開するルール。ジャンプボール・シチュエーションになるごとに，両チームに交互にスローインが与えられる)の採用により，オフィシャルズテーブルの反対側のセンターラインの外から延長部分をまたいでスローインで開始する。攻撃する方向は，前半(第1，2ピリオド)は相手ベンチ側のバスケットを攻撃し，後半(第3，4ピリオド)および各延長時限は反対側のバスケットを攻撃する。第4ピリオドが終わって両チーム同点の場合は，5分間の延長を必要な回数だけ行う。

得点は，3ポイントラインの外側からのシュートによるゴールは3点，それよりも内側からの場合は2点，フリースローによるゴールは1点の得点となる。

ゲーム終了時の得点の多い方が勝利チームとなる。

[用具・施設]

ゴールとなるバスケットは，リングとネットで構成される。リングは，オレンジ色に塗られた内径45.0cm以上45.9cm以下の鋼鉄製で，一般(中学生以上)には床から3.05mの高さに水平に取り付けられている。ネットは，白い紐製のものからなり，ボールが通過する時に一瞬止まるようになっている。

ボールは，一般用には7号球(周囲74.9－78.0cm，重量567－650ｇ)が，女子や中学生用には6号球(周囲72.4－73.7cm，重量510－567ｇ)が，小学生には5号球(周囲69－71cm，重量470－500ｇ)が使われる。2004年からはオレンジ色と薄茶色の2色からなるパネルの合計が12枚となり，視認性が高められた。

図1　競技中の様子：バスケットボール(写真：フォート・キシモト)

正式なコートの長さと幅等は，図2のとおりである。

② **組織の発展**

[発祥]

バスケットボールは，1891年12月21日に，アメリカ・マサチューセッツ州スプリングフィールドの国際キリスト教青年会(YMCA)トレーニングスクールで，体育担当のインストラクター，ネイスミス(J. Naismith)によって創案された。翌年1月の研究報告集で紹介

表1　競技時間(分)

名称	中学	一般
第1ピリオド	8	10
インターバル	2	2
第2ピリオド	8	10
ハーフタイム	10	10/15
第3ピリオド	8	10
インターバル	2	2
第4ピリオド	8	10
インターバル	2	2
延長制限	3	5

＊第1，第2ピリオドを前半，第3，第4ピリオドを後半という。

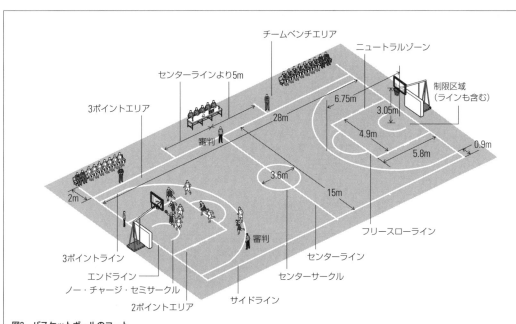

図2　バスケットボールのコート

され全米に広がった後，YMCAでプレイした者たちが自主的に独自でゲームをするようになり，1937年には大学選手権が，1946年にはプロのゲームも行われた。国外への伝播・普及の窓口となったのは，国内同様，各国のYMCAであったが，最も貢献したのは，第一次大戦中，ヨーロッパ各地に赴いたアメリカ軍であった。1919年には，パリで「連合軍スポーツ競技会」が開かれ，バスケットボール競技の決勝戦はアメリカ軍とフランス軍との間で行われた。この競技会は，バスケットボールでの最初の国際競技会とみなされている。

その後，1932年6月スイス・ジュネーブに，アルゼンチン，ブルガリア，チェコスロバキア，ギリシャ，ハンガリー，イタリア，ラトビア，ポルトガル，ルーマニア，スイスの10ヵ国が集まり，「国際アマチュアバスケットボール連盟」が結成された。1935年，国際オリンピック委員会（IOC）で男子が正式種目として認められ（女子は1976年の第21回オリンピック大会〔モントリオール〕から），翌年の第11回オリンピック大会（ベルリン）には22ヵ国がエントリーした。日本の加盟は1936（昭和11）年である。

[国際的な競技統括組織の設立と発展]

現在の国際的な統括団体は，国際バスケットボール連盟（Fédération Internationale de Basketball: FIBA）であり，本拠地をスイスのジュネーブに置いている。1932年に結成された国際アマチュアバスケットボール連盟が，1989年にオリンピックなどの国際大会にプロ選手の出場が解禁されたのを機に名称を改めた。2012年4月時点で，サッカーの208協会を上回る213の国と地域が加盟し，競技者も4億5,000万人が登録している。2003年以降，各大陸連盟をFIBAの傘下に置き，5つのゾーン（アジア，アメリカ，ヨーロッパ，アフリカ，オセアニア）ごとに地域を分割して統括している。FIBAが主催する最も大きな大会は，世界選手権であり，男子は1950年（ブエノスアイレス）から，女子は1953年（サンチャゴ）から，それぞれ4年に1度オリンピックの中間年に開催している。また，男子は1979年から，女子は1985年から開催されてきた18歳以下の「ジュニア世界選手権」は，2007年の世代別の再編により，旧

U-21はU-19になり，その下にU-17が新設され，2010年に男子はドイツで，女子はフランスで，それぞれ第1回大会が開催された。そのほかに，2000年に第1回大会が開催され，以降4年に1度オリンピック開催前に行われている「ダイヤモンドボール・トーナメント」や「世界クラブ選手権」を主催している。

[日本での普及・発展]

バスケットボールがわが国に本格的に導入されたのは，1909（明治42）年に国際YMCAトレーニングスクールを卒業し，帰国後東京YMCAの初代体育主事となった大森兵蔵によってである。その後，わが国でもYMCAが普及と発展にとって重要な役割を担ったが，その状況に拍車をかけたのは，日本YMCA同盟の要請を受け，1913（大正2）年10月に来日したブラウン（F. H. Brown）である。

全国のYMCAをバスケットボールの紹介と指導を兼ねながら視察した後，ブラウンは1915（大正4）年2月に神戸に着任し，京都・大阪など関西地区のYMCAでもバスケットボールを熱心に指導した。1917（大正6）年には彼の尽力によって，東京で第3回極東選手権競技大会が開催され，京都YMCAが日本代表として出場し，フィリピンや中国と戦った。この大会は，後発国の日本が国際バスケットボール界に足を踏み出した記念すべき第一歩となった。また，同じ1917（大正6）年に，体育館を完成させた東京YMCAへブラウンは異動し，彼の指導のもとで，東京YMCAはわが国のバスケットボール界を牽引していった。その後，東京YMCAでプレイしていた学生たちによって，1923（大正12）年に関東学生バスケットボール協会が結成され，翌年にはリーグ戦も開始された。そして，1930（昭和5）年に関東の大学の卒業生たちが大日本バスケットボール協会を創設した。

このように，伝播直後から，わが国のバスケットボール界はYMCAが普及と発展の原動力となったが，1923年頃から学生たちがその役割を担うようになった（日本バスケットボール協会，1981）。

[世界的な普及に伴う新しい競技団体の設立と発展]

国際バスケットボール連盟のような世界的な統括組織がある一方で，これまで常に世界のトップに君臨し，この競技のあり方を規定してきたのはアメリカである。アメリカンフットボール，ベースボール，アイスホッケーと並ぶ北米4大スペクタースポーツの1つに数えられるNBA（National Basketball Association）は，1946年に発足したプロリーグBAA（Basketball Association of America）とNBL（National Basketball League）とが合併して1949年に誕生した。その後，1976年にライバル関係にあったABA（American Basketball Association）を吸収し，現在は30チームのうち29チームがアメリカに，1チームがカナダを本拠地にしている。東西2つのカンファレンスがそれぞれ3つのディビジョン（各5チーム）に分かれて，10月から翌年4月までレギュラーシーズン82試合が行われる。レギュラーシーズン終了後，各ディビジョンの勝率1位，およびそれらのチーム以外でカンファレンスでの勝率上位5チームを加えた16チームが「プレイオフ」を行い，両カンファレンスで優勝したチームによる「ファイナル」は，6月上旬から中旬にかけて行われ，現在は，214ヵ国43言語で世界各地にテレビ中継され，約30億もの人々が観戦しているといわれている。

北米という限定された地域のリーグであるものの，NBAは21世紀に入ってもバスケットボール界におけるグローバルスタンダードを形成し，1990年代からの多国籍化によって，1980年代までは数えるほどしかいなかった外国籍プレイヤーは，2002-03シーズンには30ヵ国51人に，2011-12シーズンに至ってはフランスの9人を筆頭に，カナダ6人，トルコ6人，アルゼンチン5人など，36の国・地域から77人と増え続け，その割合は21％を超えている。さらに，NBAは，FIBAアメリカとアメリカオリンピック委員会（United States Olympic Committee: USOC）の傘下に置かれ，国際大会に参加するナショナルチームを編成する「USAバスケットボール（USAB）」のメンバーでもある。1992年の第25回オリンピック大会（バルセロナ）における「ドリームチーム」の

NBAのトッププロ選手たちによる大活躍は，バスケットボールのグローバル化を推し進めようとするNBAの世界戦略の端緒となった。

[競技のグローバル化に伴うリーグの創設]

こうしたNBAのグローバル化に大きく貢献しているのが，イタリア，スペイン，ギリシャなどを中心としたユーロリーグ（Euro League）である。ユーロリーグは，NBAに次ぐグローバルなリーグであり，男子プロバスケットボールのヨーロッパ最高峰のリーグである。2000年にFIBAから独立し，ヨーロッパ各国リーグのトッププロ24チームが一斉に集い，ヨーロッパチャンピオンを決定している。21世紀に入り，ユーロリーグで活躍した選手がNBAに移籍するケースが多くなり，NBAのグローバル化に拍車をかけている。逆に，ユーロリーグをアメリカ人選手がNBAに入るための通過点とも捉えているケースも多く，国際的にも非常にレベルの高いリーグとして認知されている。また，これ以外にも，「ユーロバスケットボールEuro Basketball」と呼ばれ，各国のナショナルチームが競い合う「FIBAヨーロッパ選手権」がある。この大会は，1935年に第1回大会が開催された伝統ある大会で，翌年の第11回オリンピック大会（ベルリン）からバスケットボールが正式種目になったことにもおおいに貢献し，現在はヨーロッパでのオリンピックや世界選手権の予選を兼ねて行われている。

[国内競技団体の設立と発展]

わが国のバスケットボールを統括するのは，1930（昭和5）年に設立された日本バスケットボール協会（Japan Basketball Association: JABBA，現・JBA）であり，日本体育協会ならびにFIBAアジアに加盟している。単独のプロ組織として2005（平成17）年に結成された日本プロバスケットボールリーグ（bjリーグ）も存在する。日本協会には，トップの組織として，男子のバスケットボール日本リーグ機構（JBL）と女子のバスケットボール女子日本リーグ機構（WJBL）が，また，各都道府県協会のほかに，日本実業団連盟，日本学生連盟，全国高等学校体育連盟，全国中学生連盟，全国専門学校連盟，日本クラブ連盟，全日本教員連盟，日本家庭婦人連盟，日本ミニ連盟が加盟している。なお，このほかにも在日本朝鮮人籠球協会，日本バスケットボール振興会，日本車椅子バスケットボール連盟，日本デフバスケットボール協会がある。21世紀に入り，わが国の競技人口は600万人を超えた。

日本代表は，女子が2004（平成16）年の第28回オリンピック大会（アテネ）に3度目の出場を果たしたが，男子は1976（昭和51）年の第21回大会（モントリオール）を最後に出場していない。

③ 技術・戦術・ルールの変遷

[黎明期における技術・戦術・ルール]

バスケットボールは，「おもしろく，覚えるのも，プレイするのも簡単で，しかも冬季に照明のついた屋内でできる」という主旨のもとに創られた。創案者ネイスミスは，既存のゲーム（サッカー，アメリカンフットボール，ラクロスなど）をもとにゲーム化を種々試みたが，いずれもこの主旨を満たすことはできず，そこで彼は，「1）ボールはいかなる方向にパスしてもよい，2）ボールを保持したまま移動してはならない，3）ブロッキング，タックリングなどの身体接触は禁止する，4）ゴールは頭上に水平に設置する，5）ゲームの目的はボールを味方がキープして，相手ゴールへのショットを入れ合う」という「基本的な枠組み」（水谷，2005）から新しいゲームを思いついたのである。そして，この枠組みに基づき，安全性はもとより，攻防のバランスや勝敗の未確定さといった競技としてのおもしろさを保障するために様々な問題の解決が図られていったのである。

バスケットボールが競技として順次発展していった過程を歴史的にたどってみると，シュートをいかに効率的にかつ確率よく決められるか，防御側からみればシュートをいかに防ぐか，ということに技術や戦術，そしてルールの変遷は焦点化される。創案時にルールが13条しかなかったことがかえって，「ルールの改訂と技術や戦術が相互に規制し合いながら発展」（笠田ほか，1991）していくことを促したのである。

古くは，移動できなかったボール保持者が，激しくボールを奪おうとする相手選手から逃れるために，思わず足をコンパスのように動かすことで生まれた「ピボット」や，そのピボットで逃げ切れないために，ボール保持者が相手選手から遠い方向にボールを放り投げ，ボールがフロアに弾んで空中にある間にボールの方向へ移動し，空中にあるボールを保持し直したことに起源をもつ「ドリブル」などのプレイの規定はその好例である。また，スポーツにおけるルールは，公平性や合理的な秩序を確保しつつゲームを成立させる仕組みを体系化するものである。それゆえ，ルールがもつ「客観的で中立的な評価システム」と「勝敗の明確な決定性」に加え，「おもしろさの保障」という観点からも改廃増補が繰り返されたのである（内山，2012）。

[おもしろさを保障するための時間制限ルールの導入]

ボールを保持したチームは10秒以内にフロントコートにボールを進めなければならないとした1932年の「10秒ルール」の導入は，オフェンス側のシュートへの意識を高め，1937年のシュート成功後のセンタージャンプの廃止と合わせてゲームのテンポを速めることになった。また，オフェンス側が制限区域内に3秒以上とどまってはならないとした1935年の「3秒ルール」の制定は，フロントコートでの攻撃方法を向上させ，センタープレイヤーのピボットプレイやフリースロー・レーン内での動き方の進歩につながった。その一方で，選手の身体能力の向上や技術・戦術の発達がゲームの様相を一変させてしまい，ルール変更を余儀なくされることも起こった。1936年にスタンフォード大学のルイゼッティ（H. Luisetti）がワンハンド・シュートを初めて行ったことは，その後の技術や戦術に大きな影響を与えていく契機になった。また，1952年から3連覇を果たしたミネアポリス・レイカーズのセンタープレイヤーであった208cm，110kgのマイカン（J. Mikan）のゴール近辺でのプレイを制限し，インサイドからの得点を低下させるために，NBAがそれまで6フィートだった制限区域の幅を倍の12フィート（3m66cm）にまで拡大させたり，彼を抑えるためにロースコアのゲームを行ってスローテンポなゲームが続出した結果，1954－55シーズンから「24秒ルール」が採用された。

表2 主なルールの変遷

年	事項
1891	ボールを持って走らない 拳でボールを打たない ゴール上のボールに触れない 相手を殴らない チャージング ホールディング プッシング トリッピング キッキング　を採用
1894	フリースローを導入
1896	ダブルファウルを導入
1897	ハッキングを禁止 1チームの人数を5人とする
1903	タックリングを禁止
1905	ブロッキングを禁止
1908	ダブルドリブルを禁止
1932	コートをセンターラインで区分する バックコートに1回以上ボールを戻さない 10秒ルールを導入
1935	3秒ルールを採用
1937	ショット成功後のセンタージャンプを廃止
1945	反則5回で失格退場とする
1951	制限区域を6フィートから12フィートに変更する(NBA)
1954	24秒ルールを導入(NBA)
1964	制限区域を12フィートから16フィートに拡大(NBA)
1979	3ポイントシュートの導入(NBA)
1984	3ポイントシュートの導入
1994	「最も近いアウト」からのスローインを採用
1999	10分ピリオドの4クォーター制を採用 ショットクロックが30秒から24秒へ変更 10秒ルールから8秒ルールへ変更
2001	ゾーンディフェンスを解禁(NBA)
2005	オルタネイティング・ポゼッション・ルールの導入
2010	3ポイントラインが6.25mから6.75mへ, 制限区域が4.9×5.8mに変更 ノーチャージ・セミサークルの採用

[攻撃的な方向へのルールの変更]

1980年代以降は，テクノロジーの爆発的進歩によって，アメリカのバスケットボールは海外でもより身近になった。しかし，こうしたグローバル化がまた，ルールと技術や戦術の相互作用に新たな展開をもたらし，このことが時代の要請を受けた「攻撃を強要するルール」を促していった。1984年の3ポイントシュートの導入は，ディフェンスのゴール近辺での過剰な集中を防ぐと同時に，得点を促進する有効な攻撃方法として，また，1914年からアメリカで実施されていた「最も近いアウト」からスローインするインバウンズ・プレイが1994年から国際ルールにも導入され，すばやく点が取れて，敵を撹乱することができ，かつ，大量の得点をあげることができるようになり，プレイヤーばかりかみる者のおもしろさを倍加させた(内山，1997)。

これに拍車をかけたのが，1999年の10項目にわたる規則の変更である。その中には，「10分のピリオドを4回行う」競技時間のことも含まれていたが，ショットクロックが30秒から24秒に，ボールをフロントコートへ進める時間が10秒から8秒に変更され，この2項目にのみ「ゲームのスピードアップ」という文言が付帯事項として記されていたこともあって，劇的な変化をもたらした。なお，この付帯事項は，2005年度から実施された，それまでの第1，第3ピリオド，および各延長時間の開始に行っていたジャンプボールを第1ピリオドのみ行うこととし，第2ピリオド以降は「オルタネイティング・ポゼッション・ルール」によるスローインからゲームを開始することにも表れている。

[NBAと国際競技団体におけるルール統一の可能性]

他方で，NBAにはこうした国際ルールとは異なる独自のルールを設けてきた経緯がある。表3は両者の違いを簡潔に示したものである。そのほかに独自なものとして，バスケットの中心から1.25mの位置に半円を引き，ディフェンスがそのエリアにいた場合はオフェンスの反則を宣告しないという「ノーチャージ・エリア」，2001年からのゾーンディフェンスの解禁により設けられた，ディフェンス側のプレイヤーは自分がマークする相手から離れた状態で制限区域内に3秒を超えてとどまってはならないという「ディフェンシブ3秒ルール」，ポストアップ(制限区域内もしくは近辺で，ディフェンスを背にしてポジションをとること)したプレイヤーはゴールに背を向けた状態で5秒を超えてドリブルを続けてはならないという「5秒ルール」などが設けられている。こうしたルールの違いは，オリンピックや世界選手権で，NBAのプレイヤーから構成されるアメリカ・ナショナルチームが苦戦を強いられる要因にもなっているといわれていたが，2008年4月26日，FIBAは「ゲームをよりエキサイティングにするため」という主旨のもと，ルールの改訂を発表した。主な変更点は，1) 3ポイントラインが6.25mから6.75mへ拡大，2) ポイントゾーンがNBAと同じ幅4.9m×長さ5.8mの長方形に変更，3) NBAと同様(呼び名は異なるが)，「ノー・チャージ・セミサークル」の採用，という3点である。2010年10月からオリンピックや世界選手権で，2012年10月からは各国の主要大会から適用されているが，これによって，国際ルールがNBAのそれにこれまで以上に近づくこととなった。

④ 現代の技術・戦術・ルール
[セットオフェンスの台頭]

一般に，バスケットボールのチーム戦術をオフェンスから捉えると，1) すばやく帰陣しようとするディフェンスよりもさらに速くオフェンス側が人とボールを進める「ファストブレイク」(速攻)，2) 相手ディフェンスの体勢が整ってから攻撃する「セットオフェンス」，3) ファストブレイクで得点できなかった場合に，2)に移る前に引き続きオフェンスを展開する「アーリーオフェンス」(セカンダリーブレイク)，という3つの段階からなっているが，これまで最も重要視されてきたのは「セットオフェンス」である(内山，2004，27)。それは，時代ごとに，チームやコーチの数だけ存在するが，NBAでの代表的な例を挙げると，1980年代には，「Stack and Hawk」「Shuffle」「UCLA High Post」「Passing Game」「Flex Continuity」「Triangle Offense」という「最もポピュラーな6つのオフェンス」(図3)がある。その後，1990年代には，それらに加えて，「Horns」「Base Cross」「Zipper」「Mid Screen」「Power

a

「Side Screen」という「今日のゲームにおいて最も用いられているセットプレイ」(図4)を挙げることができる。

[プレイのさらなるスピードアップと連続性および高度化と精緻化]

3ポイントシュートやインバウンズ・プレイの導入などによって得点が増したことや，勝敗を決する場面がより劇的になって数多くの感動が喚起され，おもしろさはさらに保障された。8秒や24秒という「時間」がルールとして明文化されたことで，プレイヤーの身体能力や体格，1対1の能力，チームの競技力などのさらなる向上によって，動的なゲームを秩序づけるスピードや連続性に具現化される「流れ」がいっそう促進された。別の見方をすれば，技術・戦術とルールとの相互作用の変遷を経て，現代では，「ボールをすばやく推し進め，流れを止めることなく，連続して，オフェンスを展開する」(内山，2004. 35)ことの高度化と精緻化がこれまで以上に要求されることになった。図3で紹介した「Passing Game」はわが国で汎用されている「パス・アンド・ラン」や「ギブ・アンド・ゴー」の発展型であるが，このオフェンスの主要な武器である，パス，カット，ドリブルドライブにスクリーンを加えることで，人もボールも移動しながら連続して攻撃を仕掛ける「motion offense」が主流になっていったことや，1960年代から用いられていた「Shuffle」や1980年代を代表するオフェンスである「Flex Continuity」が，2000年の第27回オリンピック大会(シドニー)で2位となったフランスを筆頭に，3位のリトアニアや4位のオーストラリアがチームの重要な得点方法として用いることで再び注目を集めたのは，時代に応じた高度化と精緻化の結果である。1950年代に考案された"Triangle Offense"が，1990年代はシカゴ・ブルズによって，その後はロサンゼルス・レイカーズによってその名を全世界に轟かせることとなったのも同様の理由である。1990年代をみても，左右2組のダウンスクリーン(ゴールから遠い方のプレイヤーが，ゴール近くのプレイヤーのディフェンスの正面にセットするスクリーン)からのポストアップで始まる「Zipper」は1960年代のボストン・セルティックスにルーツをさかのぼることができるし，

b

表3　NBAルールと国際ルールの比較

項目	NBA	FIBA
コートの大きさ	縦28.65m×横15.24m	縦28m×横15m
試合時間	48分 (12分×4クォーター)	40分 (10分×4ピリオド)
3ポイントライン	7.24m(コーナーは6.71m)	6.75m
ファウルアウト	6回	5回
タイムアウト数	8回 (120秒6回，20秒2回)	5回 (1-3ピリオド各1回，4ピリオド2回)
タイムアウト請求	コーチとプレイヤー	コーチ

Stack and Hawk

Shuffle

UCLA High Post

Passing Game

Flex Continuity

Triangle Offense

図3　1980年代を代表するセットプレイ
(出典：Kloppenberg, 1990に筆者が加筆・修正)

ガードとセンターのツーメン・ゲームの代名詞でもある「Side Screen」は，NBAでは今日1つのゲームで20回程度も用いられている。なお，女子についても，1983年の世界選手権で4位となった韓国チームが用いた「エイトクロス・オフェンス」は，バージョンアップ(高度化と精緻化)して，1990年代からわが国のトップチームでも用いられている。

こうした状況の中，変わらない重要

c

な原則も存在する。それは，バスケットボールにおける「空間」は均質でなく，そこには戦術上の「優先順位」が存在するというものである(内山，2004. 33)。今日，NBAには様々な国のトッププレイヤーが集まりチームの主力として活躍するのに伴い，明確なゲームスタイルの区分が困難になってきている。しかし，「チームとして空間に設置されたゴールへと近づくことが重要であり，空間の戦術的な重要度は距離

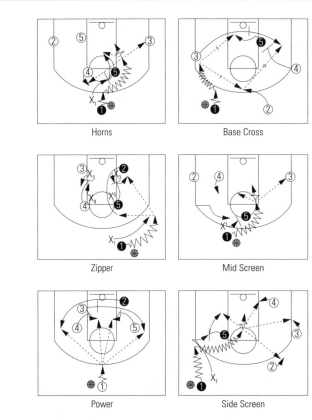

図4 1990年代を代表するセットプレイ
(出典：Kloppenberg and Woods, 1999に筆者が加筆・修正)

に反比例して増加する」(内山，2004, 33)ことはどのチームにおいても共通している。だからこそ，時代や国は違っても，長身プレイヤーを有してチームの大型化が図られるのである。このことは，「チーム間における身長差と得点比には，高い信頼性と強い相関が認められる」(大神ほか，2001)，という研究成果によって証明されてもいる。

[グループ戦術(ピックプレイ)の隆盛]

こうした状況を経て，21世紀ではどういった傾向がとりわけ顕著となったのであろうか。表2に示したように，1999年，FIBAはショットクロックを「30秒」から「24秒」に，「10秒ルール」を「8秒ルール」に，それぞれ変更した。その理由は，ゲームの娯楽性をよりいっそう向上させることでテレビ視聴率を高め，多くのスポンサーを得ようとする目的を実現する最良かつ最適な手段として，オフェンスの高速化に着目したからである。結果として，バイオレイション成立までの時間が短くなり，以前に比べて攻撃を強要する圧力が増大していったのである。

このことは，自明のことながら，ディフェンスの戦術行為の発展・向上との相互作用によってオフェンスのそれを著しく変化させることになり，「ディフェンスの状況を即座に判断して反応できることがプレイヤーによりいっそう求められることで，いわゆる〈時間のかかるプレイ〉(long play)や〈連続して展開するオフェンス〉(continuity offense)は，その効力を失う」(Caruthers, 1979)ことにつながっていったのである。その結果，フルコートでのプレッシャーディフェンスに対するボール運びから，ガード，フォワード，センターを多様に組み合わせるセットプレイまで，いつでもどこでもできるプレイであり，ボール保持者に意図的にスクリーンをしかけにいく「ピックプレイ」が多用されることで，「グループ戦術行為として短時間で最もフィニッシュプレイに直結する」(Remmer, 2003)というねらいをもった戦い方が流行することになったのである。

さらには，2010年の競技規則の「第29条 24秒ルール」に，新しく「フロントコートでのアウト・オブ・バウンズを除くバイオレイションによって，ボールを保持していたチームにスローインのボールが与えられる時，24秒計が13秒以下であった場合，24秒計は14秒にリセットされることになる」(FIBA, 2010)という文言が加えられたことで，バイオレイション後のオフェンス時間が短縮され，すばやいオフェンスがよりいっそう強要されることとなった。加えて，この新ルールでの3ポイントラインの延長と制限区域の拡張が，逆にディフェンス陣形の拡大をもたらすことも併せて考えるなら，ピックプレイの重要性は，今後ますます高まることになるといえる。このことは，「NBAもヨーロッパも，ピック・アンド・ロールはオフェンスの30－40％を占めている」(Kruger, 2007)，あるいは「NBAではオフェンスの75％にピック・アンド・ロールが関与している」(Carmenati, 2009)，ということを実証した，最近の研究成果から首肯され得るであろう。

[現代の戦い方の傾向と日本の課題]

プレイヤーの技能は時代を経るごとに向上していったのであるが，それが著しく発展したのは，1970年代になってからである。「1940年代以前，大抵の長身者は動きが遅く不器用だったので，試合で実際に役立つような者はほとんどいなかった。しかし，1970年代になると，2mを超す選手が何十人も登場した。彼らは，1940年代の上背のない選手がやっていたのよりも，より高度なチームプレイを行い，加えて，個人的には器用で俊敏な動きとすばらしいボールさばきとを併せもっていた」(Rader, 1999)のである。その一方で，プレイヤーの身体能力においても著しい変化を確認することができる。例えば，「間欠的ハイパワー発揮能力」は，バスケットボールプレイヤーに不可欠で最も重要な身体能力であるが，この能力に大きくかかわるエアロビックパワーの指標である最大酸素摂取量は，1967年から1997年までの30年間で1.5倍も増加している(内山ほか，2001)。

このようなプレイヤーの技能や身体能力の向上と大型化に加え，ピックプ

レイの顕現化に象徴される現代的傾向は，2008年の第29回オリンピック大会（北京）でますます強調されることになったといえる。それは，次のようにまとめられる。まず，身体能力や体格の向上という点では，1）ほとんどのチームの平均身長が190cm後半であり，200cmを超すチームも半数存在する，2）長身者（210cm以上）が中・長距離シュートを打ち，フォワード的な動きができ，チームの中心選手となっている，ということが共通している。また，チーム戦術の高度化と精緻化という点では，3）速攻においてアウトナンバー攻撃ができずにアーリーオフェンスへ，という傾向は少なくなり，ガードにトップやウイングでピックをかける（ボール保持者にスクリーンをセットする）ことが多用されてきている，4）セットプレイでは，5人が動くmotion offenseの要素を取り入れて「Shuffle」や「Flex Continuity」が復活し，様々なオプションによって複雑性が増したにもかかわらず，チーム全体としての動きの連続性はスピードアップしてきている，5）ボール保持者へのプレッシャーが厳しくなったため，NBAで多用されているトップやウイングでのピックから，それもダブルスクリーンやスタッガードスクリーン（セットする時間に差をつけた2つ以上のスクリーン）で時間差をつけながらの突破が図られてきている，6）ディフェンスはハーフコートのプレッシャー・マン・ツー・マンが基本であるが，ハーフコートではトラップやマッチ・アップ・ゾーン（ボール保持者はマン・ツー・マンで，そのほかのプレイヤーはゾーンで守るディフェンス）を仕掛ける場面が増えてきている，ということである。

ひるがえって，わが国を顧みた場合，これまで主張してきた「低身長ゆえに」という言い訳は通用しなくなっている。2009年度の男子代表の平均身長は193.2cmと公表されたが，この身長でも世界と戦えることは，スタート5人の平均身長が193.0cmながらも，身長が低い選手をインサイドに，身長が高い選手をアウトサイドに配置するという工夫を行い，2002年の世界選手権で4位になったニュージーランドが見事実証している。

また女子においては，1990年代の代表チームが，世界と伍して戦うためにめざすべき1つのモデルを提示していたといえる。20年ぶりの出場となった1996年の第26回オリンピック大会（アトランタ）では，176.6cmと参加12チームで最も平均身長が低い中（最高はキューバの185.3cm），優勝したアメリカを相手に準々決勝では唯一90点台の得点（93-108）をあげて互角の戦いをし，7位入賞という成績を残した。この理由は，高確率の3ポイントシュートを中心に速い攻撃を展開すれば，長身選手が配置されるゴール近辺への進入による身長差や体格差，ならびに心理的なプレッシャーの負担軽減につながる，というオリジナルなスタイルをもっていたからである。ただし，2006年の世界選手権でベスト8以上のチームの平均身長は183.0cmであり，アメリカを除く7チームに190cm以上の選手が3人以上含まれていたことは，男子と同様，長身者がチームの主力となり，中・長距離シュートをいとも簡単に決めるという傾向が強まったことを示している。さらにそれは，2008年の第29回オリンピック大会（北京）で鮮明となり，優勝したアメリカと3位のロシアの190cm前後の長身者たちが高確率の3ポイントシュートを多投した上に，チーム全体の成功率も40％を超えていたことが証明している。わが国では，これまで180cm前後がオールラウンドに動き，外角シュートの成功率を高めることが肝要であるとされていたが，今日欧米ではすでに日本のお家芸であった3ポイントシュートを長身者が決めているばかりか，チームとしても重視している。

しかし，世界がこのような進化を遂げていても，1998年に開かれた第13回女子世界選手権では，参加国中最も身長に劣る日本が，優勝したアメリカと大接戦（89-95）を演じたばかりか，ヨーロッパチャンピオンのリトアニアを撃破（103-94）し，シュート成功率，平均得点，3ポイントシュート成功率が参加16ヵ国中第1位であったことは，前述したゲームスタイルが一回性のものではなく，そこにチームとしての一貫性を見出すことができれば，身長や体格に劣っていても世界で通用することは可能であることを示している。また，2004年の第28回オリンピック大会（アテネ）でのアルゼンチン男子チームの成功は，国を挙げての一貫教育にあった。今後，わが国が課題とすべきことは，こうした成功例を範とし，世界の動向を詳細に分析し，一貫性を有する「日本スタイル（らしさ）」を再構築して，独自の高度化と精緻化を図っていくことであろう。

参考文献

- 内山治樹．1997．「バスケットボールにおけるエンドライン・アウト・オブ・バウンズ・プレイの構造分析」『スポーツ方法学研究』10(1)：25-37．
- ―――ほか．1999．「バスケットボールにおける競技力理解のための体力論再検討序説」『埼玉大学紀要教育学部』48(2)：58．
- ―――ほか．2001．「エリート女子バスケットボールプレイヤーが獲得すべきエアロビックパワーの目標値決定に向けたマルチステージ20mシャトルランテストの検討」『筑波大学運動学研究』17：22．
- ―――．2004．「バスケットボール競技におけるチーム戦術の構造分析」『スポーツ方法学研究』17(1)：25-39．
- ―――．2009．「バスケットボールの競技特性に関する一考察：運動形態に着目した差異論的アプローチ」『体育学研究』54(1)：38．
- ―――．2012．「バスケットボールにおけるルールの存在論的構造：競技力を構成する知的契機としての射程から」『筑波大学体育科学系紀要』(35)：27-49．
- 大神訓章ほか．2001．「バスケットボールプレイヤーの身長がチーム戦力に及ぼす影響」『山形大学紀要』（教育科学）12(4)：59．
- 笈田ほか．1991．「アメリカ・バスケットボールの技術発展史－近代バスケットボールを築いたコーチの系譜」『関西大学文学論集』40(49)：117．
- 日本バスケットボール協会．1981．『バスケットボールの歩み』39-84．
- 水谷豊．2005．「バスケットボールの創成」『体育学研究』50(3)：255．
- Carmenati, R. 2009. The evolution of offense in european basketball. FIBA assist magazine, (41): 20.
- Caruthers, J. B. 1979. Proposed rule changes in college basketball. Old Domonion University Press, 24.
- FIBA. 2010. Official basketball rules 2010.
- Kloppenberg, B. 1990. Basketball's six most popular offenses No.1 "Passing Game", Scholastic Coach, 60 (1): 29-30, 60.
- Kruger, R. 2007. "The pick-and-roll: all of the solutions." FIBA assist magazine, (26): 6.
- Rader, B. G. 1999. American sports: from the age of folk games to the age of televised sports. 4th ed., Prentice-Hall. 272.
- Remmert, H. 2003. Analysis of group-tactical offensive behavior in elite basketball on the basis of a process orientated model. European Journal of Sport Science, 3(3): 7.

（内山治樹）

バスケットボール
[障がいのある人の]

→車椅子バスケットボール

バスケットボール系ニュースポーツ

Korfball; Netball

① 競技概要

ここではバスケットボールをもとに考案されたいくつかの比較的新しいスポーツを紹介する。

[コーフボール]

コーフ(Korf)とは，オランダ語でバスケットを意味し，ポストに固定された円筒形のバスケットにボールをシュートして得点を競う競技である（図1）。このゲームでは，ボールを持ったまま走ることやバスケットボールでいうドリブルを用いたプレイはできないことから，ある特定のプレイヤーにボールが偏りすぎることはなく，パスを中心としたゲーム展開のため，みんながゲームに参加できるのが大きな特徴である。

1チームは，男女各4人の合計8人で構成され，各チーム4人ずつ（男女各2人）が攻撃と守備に分かれてそれぞれアタックゾーン，ディフェンスゾーン内でプレイする。プレイ機会が偏らないように，異性に対して守備ができないルールとなっている。ゲーム中は，相手プレイヤーを押したり，つかんだり，攻撃プレイヤーの手の中にあるボールを叩いて奪うことはできない。シュートはどこからでも打つことが可能だが，どの位置からシュートをしても1点である。ただし，守備プレイヤーがアタッカーに対し守備の意思表示をしている時はシュートを打つことはできない（守備プレイヤーの位置がアタッカーよりもポストに近い，アタッカーの正面にいる，アタッカーの腕の長さより近い等の状況でシュートを打つと攻撃側の反則となる）。2ゴールのたびに，ゾーン（アタックゾーン，ディフェンスゾーン）を交代する。ゲーム時間は，前半30分，後半30分で10分のハーフタイムをとる。ハーフタイムの後にエンドを交代する。

コートの広さは40×20mとし，センターラインを引いて20×20mの同面積の2ゾーン（アタックゾーン，ディフェンスゾーン）に分ける。ポストは，それぞれエンドのライン（アウトライン）から6分の1地点(6.67m)，両サイドのライン（アウトライン）中央に立てる。このポストに固定する籐(とう)製のバスケットの高さは23.5 - 25.0cm，内径は39 - 41cm，地面からバスケットの上縁までの高さは3.5mであり，バスケットボールのようにバックボードがないためゴールの周り360度どの角度からでもシュートを打つことができる。ボールは，周囲68.0 - 70.5cm，重さ445 - 475gである。

[ネットボール]

ネットボールは，女性のためのバスケットボールとして考案された競技である。バスケットボールと同じ高さのゴールにボールをシュートして得点を競う（図2）。このゲームでは，ドリブルやコートの中央エリア（センターサード）を越えるようなロングパスは禁止されており，球技に不慣れなプレイヤーでも楽しむことができる。コートの広さは15.25×30.5mで，3つのエリア（センターサードを挟んでゴールサード）に分かれており，体力的な負担の軽減を意図してプレイヤーごとにプレイ可能な範囲が制限されているのが大きな特徴である。

1チーム7人で，エンドのライン（ゴールライン）上に立てられた高さ3.05mのゴール（バックボードはなく，リングのみ）にボールをシュートして得点を競う競技である。シュートはゴールに近いエリア（ゴールサード）を動くことができる2人のプレイヤーに限られ，半径4.9mのゴールサークル内で行わなければならない。ボールがゴールのリングを通過することで1点となる。ゲーム時間は，1クォーター15分，3分のクォータータイム，5分のハーフタイムがあり，クォーターごとにエンドを交代する（4クォーター制）。ゲーム開始時およびゴール成功時は，センターパスからプレイを始める。ボール保持者は3秒ボールを保持することができ，守備者は0.9m離れなければならない。

② 歴史

[コーフボール]

コーフボールは，1902年に当時オランダの教師であったニッコ・ブロークフィセン(Nico Broekhuysen)によって，筋力や身長に差があっても少年と少女が一緒に楽しめるようにとバスケットボールをもとに考案された。その翌年に，オランダ・コーフボール協会が設立された。1924年に国際コーフボール事務局(International Korfball Bureau: IKB)が設立され，1933年国際コーフボール連盟(International Korfball Federation: IKF)へと名称変更した。IKFは，国際ワールドゲームズ協会(International World Games Association: IWGA)に加盟し，1985年に開かれた第2回ワールドゲームズ・ロンドン大会以降，公式競技として採用された。現在ではオランダ，ベルギー，イギリスなどヨーロッパを中心に普及している。

わが国で初めて紹介されたのは，1991（平成3）年に開かれた東京YMCA社会体育専門学校での講習会であった。同年，日本コーフボール協会が設立され，IKFの公認団体となった。1994（平成6）年に日本レクリエーション協会の加盟団体として認められ，普及に向けた活動をしている。また，ジャパンオープンが1994（平成6）年から，日本選手権が1998（平成10）年から開催されている。

図1　競技の様子：コーフボール（写真：フォート・キシモト）

図2　競技の様子：ネットボール（写真：読売新聞/アフロ）

[ネットボール]

1891年にアメリカで誕生したバスケットボールは、イギリスへ渡り、1895年に女性向けのバスケットボールとして、現在のネットボールの原型が生まれた。1960年に国際ルールが制定され、女子バスケットボール・ネットボール国際連盟(International Federation of Women's Basketball and Netball)が設立された(現・ネットボール協会国際連盟, International Federation of Netball Associations: IFNA)。

1963年には第1回ネットボール世界選手権がイングランド・イーストボーンで開かれ、1985年にワールドゲームズ・ロンドン大会以降、1993年まで公式競技として採用された。現在では、イギリス、オーストラリア、ニュージーランド等、約80ヵ国で行われている。

日本では、1996(平成8)年に日本ネットボール協会が発足し、1999(平成11)年から日本選手権大会が開催されている。

*なお、同一名称で小学校の体育教材として行われているバレーボール系のニュースポーツも存在している。

参考文献

- 神山雄一郎「ネットボールの発祥から現在まで」
  http://www.gpwu.ac.jp/~kamiyama/ (2013年4月15日)
- 日本コーフボール協会.「コーフボールとは」
  http://korfball.jp/ (2013年4月15日)
- International Federation of Netball Associations.「Netball」
  http://www.netball.org (2009年6月30日)
- International Korfball Federation.「The Rules of Korfball」
  http://www.korfball.org/images/stories/rules/Rules_of_Korfball_2008.pdf (2009年7月1日)

(鬼澤陽子)

バタフライ

→水泳(競泳種目)

バドミントン

Badminton

① 競技概要

バドミントンは、ネットをはさんだ規定のコート上で、1人対1人または2人対2人が、ラケットを使用し、羽根と台でできたシャトルコック(以下、シャトル)をノーバウンドで打ち合い、その獲得ポイントによって勝敗を決する球技である(図1)。

[競技の特性]

コートが狭く、シャトルの飛行特性からラリーが続きやすく、打ち合い続けるスタミナや打ち返されたシャトルの多様なフライトに反応するすばやさが求められる競技である。シングルスでは相手を前後左右に動かしエラーを誘う戦術が、ダブルスでは空間的な間隙が少ないため、フライトのスピードとテンポに変化をもたせて相手チームのエラーを誘うといった戦術が用いられる。

[競技の仕方]

試合は、男子シングルス、男子ダブルス、女子シングルス、女子ダブルス、混合ダブルスの5種類があり、団体戦はこれらを組み合わせて行う。

サービスは、サーバーのラケットで打たれる瞬間に、シャトル全体がサーバーのウエスト(肋骨の一番下の部位の高さで、胴体の周りの仮想の線)より下から打たれることがルールで定められている。つまり攻撃的でないことが前提とされる。ノーバウンドで返球できない場合、返球がアウトになった場合、その他のフォルト(反則)を犯した場合、サービス権にかかわらず相手に1点入る。次のサービスは得点した方が行う。

[勝敗の決定]

21点3ゲーム(2ゲーム先取)からなる。スコアが20点オール(両者ともに20点)になった場合には、延長ゲームを行い最初に2点リードした方が勝者となるが、29点オールになった場合は、30点目を獲得した方が勝者となる。また、前もって定めがあれば21点1ゲームマッチ、または15(女子シングルスは11)点のサービス権をもつ方のみが得点できる旧ルールで行うことも可能である。

[用具と設備]

ラケットは、全長680mm以内、幅230mm以内の大きさのものを使用しなければならない。シャトルは、天然の羽根の場合16枚の羽根を台に取り付け、4.74-5.50gの重さとされる。天然の羽根の代わりに合成素材を使用したものもある。コート全長は13.40m、幅はダブルスの場合は6.10m、シングルスの場合は5.18m、ネットの高さはダブルスのサイドライン上では1.550m、中央で1.524mである(図2)。

② 組織の発展

[発祥]

古くから世界のいろいろな所で固有の羽子撞(はねつ)き遊びがあった。その始まりは特定できないほどに多岐であるが、バドミントンの誕生に直接関係したの

図1 競技中の様子：バドミントン(写真：フォート・キシモト)

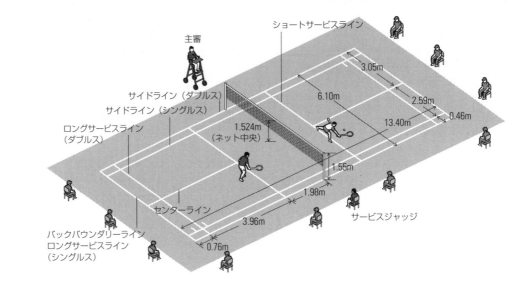

図2　バドミントンのコート

図3　サウスシー・バドミントンクラブ
サウスシー・バドミントン・クラブの最初のチーム（1891年）。後列右より2人目がバドミントン協会初代会長となったドルビー少佐（後の大佐）
（出典：Badminton Gazette, 1951. 45）

は19世紀のイギリスの羽子撞き遊びであるバトルドア＆シャトルコックであるといわれている。バトルドアにバドミントンの名前が冠された事実としては，1860年にイギリスの玩具商スプラット（I. Spratt）が，「バドミントン・バトルドア」という遊びの解説書の印刷を発注した記録が残されている。羽子撞き遊びにネットやコート（境界線）そしてルールが加えられ，総じてバドミントンと呼ばれるゲームが誕生した。しかし，その時点では各クラブが固有のルールしかもっておらず，クラブ間のゲームのトラブルは避けがたいものであった。

[国際競技団体の設立と国際ルールの確立]

1893年8月，イングランドのサウスシー・クラブのドルビー少佐（S. S. C. Dolby，後に大佐。図3）は，総合スポーツ新聞『フィールド』に「9月13日午後2時，ダンバー邸で協会設立のための会議を開催する」とした記事を掲載した。参加クラブの満場一致で協会設立が決定され，協会と試合の両方のルールについての骨組みが決定された。こうして歴史上最初のバドミントン協会（Badminton Association: BA）が誕生した。最初の年は14のクラブが加盟し，ルールが統一されていった。

当初BAには，イングランドだけでなくアイルランドやスコットランドのクラブもメンバーに加わっていた。しかし，1899年にはアイルランド・ユニオンが，1911年にはスコットランド・ユニオンがそれぞれ独立した。バドミントンの普及の波は1920年までに，グレート・ブリテンとアイルランドから当時の大英帝国連邦諸国と近隣のヨーロッパ諸国に及んだ。1921年にカナダでバドミントン協会が設立されたのを皮切りに，世界各地に連盟や協会が設立された。

このように世界に広がったバドミントンを統括する必要から，1934年6月に国際バドミントン連盟（International Badminton Federation: IBF）が設立された。これに伴い，これまでのBAはイングランド・バドミントン協会（Badminton Association of England: BAE）と名称変更され，現在はバドミントン・イングランド（Badminton England: BE）となっている。IBF設立のメンバーは，カナダ，デンマーク，イングランド，フランス，アイルランド，オランダ，ニュージーランド，スコットランド，ウェールズの9ヵ国であった。1940年7月から1945年12月まで，第二次大戦による活動休止期間があった。戦後加盟国は徐々に増加していったが，やがて世界を二分する問題が起きた。

[2つの国際競技団体の対立と統合]

1973年以来中国は，1957年にすでにIBFに加盟していた台湾を追放することを条件にIBFへの加盟申請を行っていた。1977年5月，IBFの決議により台湾除名が決定した。しかし台湾は規約違反としてロンドンの高等法院に訴えを起こし，IBFに対して同決議は違法であり無効である旨が通告された。同年7月に台湾はIBFに復帰を果たした。それにより1978年2月，中国を中心に世界バドミントン連盟（World Badminton Federation: WBF）が設立され，バドミントン界は二分されることになった。日本は，インドネシアとともにIBF加盟を継続した。当時世界のトッププレイレベルであった中国とインドネシアが別連盟に加盟することになり，両国の揃わない組織は真の世界組織といえないことは明白であった。

1981年5月，懸案の台湾問題は，台湾が国際オリンピック委員会（International Olympic Committee: IOC）からの勧告に従い中国台北協会という名称でIBFに残留することで決着した。そし

表1　バドミントンのルールや組織の主な変遷

年	主な出来事
1860	英国の玩具商が「バドミントン・バトルドア」という遊びの解説書を発注した記録がある
1893	英国にバドミントン協会(BA)が設立
1899	第1回全英選手権大会(現在の全英オープン大会)が開催
1901	砂時計型コートが廃止
1902	日本に朝倉金作という人物がヨーロッパより用具を持ち帰ってきたという記録がある
1907	女子シングルスが1ゲーム15点から11点に変更
1919	日本(名古屋YMCA)において「第1回指導者講習会」が開催
1934	国際バドミントン連盟(IBF)が設立
1946	日本バドミントン協会(NBA)が設立
1948-49	第1回トマス・カップ(世界男子団体バドミントン選手権大会)が開催 日本で第1回全日本総合バドミントン選手権大会が開催
1952	日本がIBFに加盟
1956-57	第1回ユーバー・カップ(世界女子団体バドミントン選手権大会)が開催
1972	第20回オリンピック大会(ミュンヘン)で公開競技に採用
1977	第1回世界選手権大会が開催
1978	中国を中心に世界バドミントン連盟(WBF)が設立
1981	IBFとWBFが統一され，IBFを設立 リバース・スピニングサービス(羽根打ちサービス)が事実上の禁止となる
1988	第24回オリンピック大会(ソウル)で公開競技に採用
1989	スティルマン・カップ(世界国別対抗バドミントン選手権大会)が設立
1992	第25回オリンピック大会(バルセロナ)で正式種目化
2006	IBFが世界バドミントン連盟(BWF)と名称変更 すべての種目がラリーポイント制で21点3ゲームとなる
2007	オリンピック，世界選手権大会に続くレベルの12大会が総じて，「スーパーシリーズ」と名づけられる

表2　日本バドミントン協会が主催または主管する第1種大会

	大会名
1	全日本総合バドミントン選手権大会
2	全日本社会人バドミントン選手権大会
3	全日本シニアバドミントン選手権大会
4	全日本ジュニアバドミントン選手権大会
5	全日本実業団バドミントン選手権大会
6	全日本教職員バドミントン選手権大会
7	全日本学生バドミントン選手権大会
8	全日本レディースバドミントン選手権大会
9	全日本レディース(個人戦)バドミントン選手権大会
10	日本バドミントンジュニアグランプリ
11	全国高等学校バドミントン選手権大会
12	全国高等学校選抜バドミントン選手権大会
13	全日本高等専門学校バドミントン選手権大会
14	全国中学校バドミントン選手権大会
15	全日本中学校バドミントン選手権大会
16	全国小学生ABCバドミントン大会
17	全国小学生バドミントン選手権大会
18	若葉カップ全国小学生バドミントン大会
19	バドミントン日本リーグ
20	国民体育大会バドミントン競技
21	日本スポーツマスターズバドミントン競技
22	全国スポーツ・レクリエーション祭バドミントン競技

て，IBFとWBFは合体され(合体後の名称はIBF)，バドミントン界を二分した問題は解決をみたのである。

1934年の設立以来世界のバドミントンを統括してきたIBFは，その本部を2005年にイギリスのチェルトナムからマレーシアのクアラルンプールに移転し，2006年9月に世界バドミントン連盟(Badminton World Federation: BWF)と名称変更された。2012年現在，173の連盟または協会が加盟している。

[主な国際大会]

オリンピックでは，1972年の第20回大会(ミュンヘン)に公開競技として初めて参加した。1988年の第24回大会(ソウル)では再び公開競技として参加し，1992年の第25回大会(バルセロナ)より正式種目となった。

BWFが主催するチームイベントは，トマス杯争奪世界男子団体バドミントン選手権大会(以下，トマス・カップ)，ユーバー杯争奪世界女子団体バドミントン選手権大会(以下，ユーバー・カップ)，スティルマン争奪世界国別対抗バドミントン選手権大会(以下，スティルマン・カップ)などがある。

トマス・カップは1948-49年シーズンに，ユーバー・カップは1956-57年シーズンに第1回大会が開催された。両大会の当初の試合形式は，世界を5つのゾーンに分け代表を決め，ゾーン間での決勝戦を行い，その優勝国がカップ保持国にチャレンジする形式で行われるもので，3年ごとに異なる都市で開催された。1984年以降は2年ごとに両大会が並行して行われ，各ゾーン代表国とチャンピオン国を交えた勝ち抜きトーナメント形式に変わった。

スティルマン・カップは，1989年に設立され，2年ごとに開催されている。各加盟協会の男女シングルス，男女ダブルス，混合ダブルスのNo.1同士が対戦する。同一プレイヤーが2種目以上に出ることはできない。

BWFが主催する個人イベントは，規模や賞金額，ランキングポイントなどによってレベル分けがされている。世界選手権大会は，1977年に第1回大会が開催された。当初3年ごとに行われたが，1985年以降は2年ごとに開催されている。2007年，それに続くレベルの12大会をまとめてスーパーシリーズと呼ぶようになった。2011年，より賞金額とランキングポイントの高いスーパーシリーズ・プレミアと，スーパーシリーズに分けられた。2012年現在，スーパーシリーズ・プレミアは5大会，スーパーシリーズは7大会である。シリーズを通しての上位者により，スーパーシリーズ・ファイナルが行われる。

スーパーシリーズに続くレベルの大会として，グランプリ・ゴールド，グランプリ，さらにインターナショナル・チャレンジ，インターナショナル・シリーズ，フューチャー・シリーズなどがある。

[日本への普及と現状]

国内大会は，1948（昭和23）年に第1回全日本バドミントン選手権大会が開催された。現在，日本バドミントン協会が主催または主管する第1種年次大会は22大会である。

日本へバドミントンの用具が持ち込まれたのは，1902（明治35）年に新潟市の写真家朝倉金作がヨーロッパから帰国した際に，シャトルとパリ製の銘のあるラケットを持ち帰ったという記録がある。正規のバドミントンのゲームを日本人が行った記録としては，1919（大正8）年に名古屋YMCAにおいて「第1回指導者講習会」が行われたことが残されている。1920年代後半から組織的な活動が始まり，横浜，大阪，神戸などのYMCAを中心としてバドミントンの活動が広がっていった。一方，ナルト商会（ナルト・スポーツ）は，ラケットの製造・販売を行いながら，工場内に造られた屋外コートで練習を行い，ルールを翻訳し『バドミントンの規則書』（1934年）を発行するなど，普及活動を行った。第二次大戦後に組織体系の編成が行われ，1946（昭和21）年に日本バドミントン協会（Nippon Badminton Association: NBA）が設立された。

③ 技術・戦術・ルールの変遷

[コートの規格の変遷に伴うゲームの高度化]

1893年にBAが設立され，試合のルールについての骨組みが決定されたが，すぐに統一ルールが浸透したわけではなかった。それらに統一の動きがみられたのは，1899年に第1回全英選手権大会（現在の全英オープン大会）が開催されたことによる。当時のコートは長方形だけではなく砂時計型コートもあり，全英選手権大会は第3回大会まで砂時計型コートで行われていた。この砂時計型コート起源説としては，初期のゲームが行われていたとされる場所から，イギリスのバドミントン村にあるバドミントンハウスのエントランスルームの中央にドアがあったため，あるいはインドの兵舎の中央の両側にドアがあったため，等の諸説がある。しかし，1870年代にすでに長方形型コートが存在しており，2種類のコートが併記されている文献があることから，必ずしも砂時計型コートからスタートさせたのではないとも考えられる。

砂時計型コートは1901年4月に廃止され，現在の長方形コートのみとなった。コートの広さや形，ネットの高さが変わったことは，バドミントンのゲームに質的な変化をもたらした。砂時計型コートでは，ポスト（支柱）の外を通るショットが無効であったため，サイドライン付近を直線的に飛ぶドライブショットはあり得なかった。長方形コートになり登場したサイドライン付近のドライブショットは，後方でのプレイヤーにとって左右の速い動きが必要となった。また，コートの縦幅が長くなるとともにネットが低くなり，前後左右に激しく動くゲームが主流となった。このことは，ストロークやフットワークの質をより洗練することにつながり，競技的な激しいスポーツへとバドミントンを変化させることになった。

[スコアリングシステムの変更に伴うゲームのエキサイティング化]

スコアリングに関しては，2006年までサービス権をもつ方がラリーに勝つことにより1点獲得する方法がとられ，1ゲーム15点の3ゲーム制（2ゲーム先取）が主流であった（1ゲーム21点の試合も存在していた）。1907年2月に，女子シングルスが1ゲーム15点から11点に変更（延長ゲームであるセッティングに関する変更は1937年6月）された以外は，長年にわたり基本的な変更がなされることはなかった。

BWFではメジャーなスポーツへの活路として，オリンピック種目として継続することを重視し，その方法を模索した。その1つとして，2006年にスコアリングシステムの変更に取り組み，すべての種目が21点3ゲーム制へと変更された。これは，サービス権にかかわらず，ラリーに勝った方が1点獲得し，次のサービスをするというものである。

この新スコアリングシステムに至るまでには，試行錯誤が行われるとともに，紆余曲折の道をたどった。2001年6月から，国際大会で7点5ゲーム制が試験的に導入された。翌年のBWFの理事会では，男子ダブルスとシングルスは15点3ゲーム制，女子ダブルスとシングルスおよび混合ダブルスは11点3ゲーム制という修正案で決定した。この決定に対し，「このスコアリングシステムは女性差別という点で問題がある」というクレームが出された。結局旧スタイルのルールに戻り，その後4年間変更されないことを決定した。

そして2006年，BWFはすべての種目を21点3ゲーム制とする，新スコアリングシステムへの変更を発表した。BWFは変更の目的は次の点にあるとした。「1）確実に得点に結びつく機会を増やすことで試合をよりエキサイティングにし，テレビや観客へのアピールを改善すること。2）ゲームに新しい興味を創り出すこと。3）今までのシステムに比べてほとんどの試合時間を短縮し，プレイヤーの体力的要求を軽減し，おそらくテレビの視聴者と観客の視聴時間も短くなること。4）テレビのコマーシャルと，試合と試合の間にもっと深い分析をするための時間を増やすこと。5）観客が容易に理解できるシステムを作ること」であった。

旧ルールでは，1ゲーム目と2ゲーム目は連続して行われ，ファイナルゲームの前に5分間のインターバルが設けられていた。2006年の変更では，各ゲームにおいて一方が11点に達した時に60秒，ゲーム間に120秒のインターバルが設けられた。これは，テレビ中

継におけるコマーシャル放映時間を確保したかったテレビ側の要請に応える形で制定されたのである。また，この間にプレイヤーは汗拭きや水分補給をすることとし，プレイの遅延をさせない意味もあるとされる。

BWFはラケットスポーツでナンバーワンの地位を確立することを目標としている。そのためには，オリンピック種目として存在する道を選択することが重要であった。そして国際オリンピック委員会の求めるオリンピック種目として「適正」である道を選択した結果として，これらの改定が行われたのである。

[技術の変化とバドミントンらしさの葛藤]

1980年頃，シャトルの羽根部分を打つことで強い回転を与え，軌道を変化させるサービスが「発明」された。これが「リバース・スピニングサービス（通称，スピンサービス）」であり，日本では「羽根打ちサービス」と呼ばれた（図4）。アンダーハンド・ストロークで攻撃的でないサービスを打つことが基本とされていたバドミントンにおいて，競技誕生以来初めてサーバー側が優位に立つことになった。この攻撃的なサービスは賛否両論を呼び，世界中を巻き込む議論へと発展した。しかし1982年，プレイヤーズミーティングが開催され，参加した一流選手の総意としてこのサービス禁止の要望書が提出され，同年IBF年次総会においてルール変更が決定し，リバース・スピニングサービスは消えた。

現行のルールでは，「サーバーはラケットで最初にシャトルの台を打つものとする」とされており，サービス時の羽根打ちは禁止しているものの，スピンをかけてはいけないとは明記されていない。1982年以降，別の方法でスピンをかけるサービス技術が編み出されたこともある。しかし，マナーに関する条項の中で「シャトルのスピードや飛び方を変えるために故意にシャトルに手を加えたり破損したりする行為をしてはならない」とし，現実的にはスピニングサービスを禁止することとなった。

バドミントン競技の誕生以来，シャトルのヒッティングやその技術の「進歩」は，時として「問題」を生じさせて

きた。また，現在フレームショットは正当なストロークとされているが，1949年6月にフレームショット（当時のウッドショット）は「正当なストローク」ではないとされ全面禁止とされた。しかし，1963年には再び「正当なストローク」とされている。

現在では，同様のフォームから緩急折り混ぜたショットを繰り出すことがプレイの主流をなしている。これに欠かせないのがシャトルを切るように打つスライスドショットの技術である。1950年代に使用されるようになったといわれるこの技術は，当時スリングというフォルトではないかとの議論が起こった。ところが1962年のアジア競技大会では，各国の多くのプレイヤーがこの技術を用いるほど一般的となり，試合を構成する主要な技術として定着していったのである。いまやスライスドショットはバドミントンに欠かせない技術になっている。

④ 現代の技術・戦術・ルール
[技術・戦術のトレンド]

1948-49年に行われた第1回トマス・カップにおけるマラヤ（現・マレーシア）の選手は，速いテンポを用いてタイミングを狂わせる戦術をシングルスで展開した。また，1957年の全英選手権大会男子ダブルス決勝で1つのラリーに103本のショットが連続される等，持久力に加え，相手のコート内のねらった地点に正確にシャトルを打ち込むプレイスメントという要素が欠くことのできないものとなった。このテンポとプレイスメントという要素は，その後コプス（E. Kops）に代表されるデンマーク選手のパワーによって粉砕されたが，そのパワーをさらに超える速さでインドネシア勢が台頭した。こうしたスピード化の頂点ともいえるのが1960年代後半から70年代にかけて全英選手権大会男子シングルスに8回優勝したインドネシアのハルトノ（R. Hartono）である。女子では日本選手がパワーでユーバー・カップを獲得し，1960年代後半から70年代の世界を極めていく。1980年代に入るとインドネシア・中国・韓国がさらにテンポを速めた（アップテンポ）プレイスタイルで世界のトップに躍り出る中，デンマークやイギリスが高いディフェンス力と

図4 リバース・スピニングサービス
1982年のルール改正により姿を消した。

パワーで対抗した。1992年にオリンピックの正式種目になってから，もう一段，技術・体力・戦術のレベルが変化し，ハイテンポのプレイの中でパワーを発揮できる技術が必要とされていく。

そして，2000年前後から，神業に近いシャトルとラケットのコンタクト技術をもったインドネシアのヒダヤット（T. Hidayat）が示したような，高度なコンタクト技術が用いられていく。現在のバドミントンは，ハイテンポの中でのパワーの発揮が必要とされ，さらに高度なコンタクト技術が不可欠とされている。

こうしたトレンドは，指導者の目にどう映るかでいろいろな技術論や戦術論が語られてきた。しかし，映像技術の発展や，様々な科学的な研究成果により，多くのことがイメージによる観念的な技術解説にすぎないことが明らかになってきている。

[トレーニングの動向]

コート上で足をどのように動かすかという技術から，フィジカルについての研究の進展などにより，「すばやく移動するために必要なこと」がトラベル技術（移動技術）では，技術課題となっている。デンマーク・バドミントン連盟の「オリンピック・ゴールド・メダル・セカンドプロジェクト（OG2）」をリードしたオモセガード（B. Omosegaard）は，技術的習熟や戦術的習熟を最適化するために，バドミントンのゲ

1980年代前後の配球の典型例（トレンド）

※1980年代前後に基本的な戦術ができ上がった

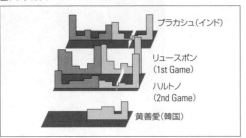
■シングルス
プラカシュ（インド）
リュースポン（1st Game）
ハルトノ（2nd Game）
黄善愛（韓国）

リアコートへの攻撃が多い

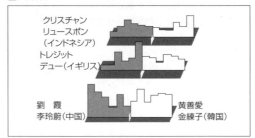
■ダブルス
クリスチャン
リュースポン
（インドネシア）
トレジット
デュー（イギリス）
劉霞
李玲蔚（中国）
黄善愛
金練子（韓国）

2000年以降の配球の典型例（トレンド）

■シングルス

2004年第28回オリンピック大会（アテネ）で
タフィック・ヒダヤットらが見せたシングルスでの配球

フロントコートへの攻撃が多い

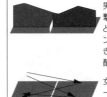
■ダブルス

男子ダブルスは，中央への集中した攻撃から左右に攻撃を展開するパターンと，外から中への攻撃を展開するパターンが拮抗して，使用されるようになってきている。いよいよパワーの絶対的な支配が強調されてきている。

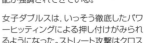

女子ダブルスは，いっそう徹底したパワーヒッティングによる押し付けがみられるようになった。ストレート攻撃はクロスに，クロス攻撃はストレートに押し返す形が強調されている。

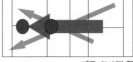

ブラインド攻撃

さらに，ダブルスの戦術が鮮明化されてきている。2人でコートをカバーすることによるブラインドを利用した配球が重要な課題になっている。基本は，フロントマン（前衛）によってリアマン（後衛）がブラインドされることがねらいである。

図5　ゲームを空間（場所）的要素から分析することでみえてくる代表的な戦術
（出典：阿部一佳，渡辺雅弘『バドミントンの指導理論1』日本バドミントン指導者連盟．89−91の図を一部改変）
エンドを前後に6つに分け，試合中の配球を調べたものである。山の高さが高いほど，底への配球の頻度が高い。ただし，山の高さは配球の具体的な数ではなく，相対的な配球を示している。

ームに立脚したフィジカルトレーニングを示した。その中でトラベル技術はプレイイングセンター（一方が打つ時にもう一方が居るべき位置）とヒッティングポジション（実際にシャトルを打つ位置）の間がプッシュオフ（蹴り出し）とブレーキングから構成されるとの観点から，着地時間を短縮し，すばやい移動を可能とするために，プレローディングを重視した。これは運動を先取りし，筋肉にあらかじめ負荷を与えることによりすばやい動きを可能にするものである。オモセガードは，脚においてプレローディングが有効に働く条件を膝角度135°以上だとした。これはこれまでの膝角度90°を中心にフォームをつくる指導から大きくイメージを変化させた。

[戦術の分析]
　戦術の代表的な分析は，プレイヤーが相手コートのどの位置へシャトルを打つかという空間的な観点と，プレイヤーが1回のラリーでどのくらいのストロークを行うかという時間的な観点からの2つの方法がある。

　空間的分析からは，1980年代の男女シングルスでは前後への配球，ダブルスでは左右への配球が中心となっていた。しかし，2000年以降，特に男子シングルスでは後方からのストロークの威力が高まり，前方を攻める，あるいは前方から先に攻める，つまりフロントコートを積極的に攻めるという戦術の傾向がみえる。また，ダブルスではコートの中央から後方へ鋭い返球（パワーヒッティング）をしたり，ストレート攻撃はクロスに，クロス攻撃はストレートに返球する傾向が強くなっている（図5）。

　一方，時間的分析から，特に男子シングルスにおいて2005年以前はサービスからラリーが終わるまでの時間であるワークピリオド（WP）よりも，ラリーが終わってから次のラリーまでの休んでいる時間であるレストピリオド（RP）が相対的に多い傾向がある。その後，2005年以降は1回のラリーにおけるストローク数が増加し，ラリーそのものも長くなるが，休息期であるRPより長くなる傾向がみえる。つまり，男子シングルスのゲームではテンポが

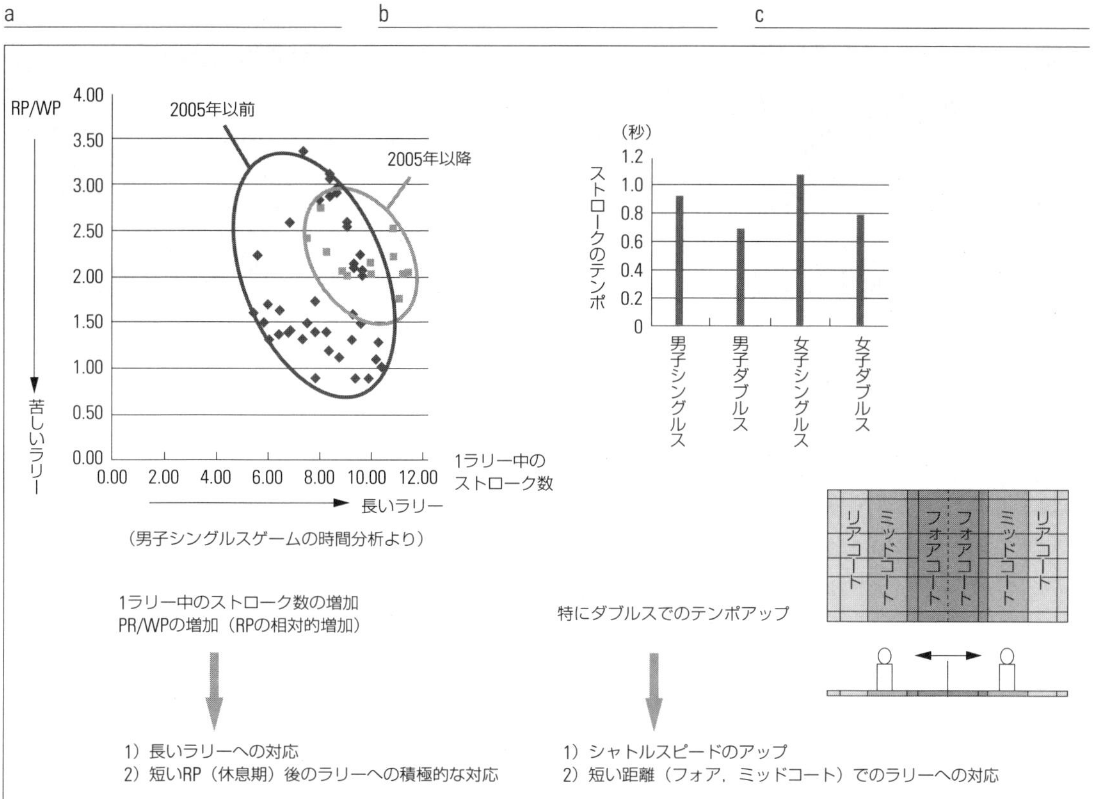

図6 ゲームを時間的要素から分析することでみえてくる代表的な戦術
2005年以降は、長いラリーと多くのストローク（テンポアップ）への対応、そして長いRPへの対応が求められる。これらの背景には、シャトルスピードの増加、ならびにコートの前方あるいは中央でのラリー対応の増加、より高い体力の需要がある。

速く、ストロークから次のストロークまでの時間が短くなる傾向があるが、十分な休息期も確保してゲームが展開されている（図6）。テンポが速くなる傾向は、特に男子ダブルスにおいて顕著である。この変化の背景には、打ち出されるシャトルのスピードアップ、短い距離でのラリーの増加があると推測される。

[新スコアリングシステム導入に伴う戦術の変化]

新スコアリングシステムにより、戦術面に新たな変化が起こった。サービス権にかかわらず得点できるようになり、点の動きが速く、大きくリードすることが難しくなった。このことにより、常に自分のリズムで試合を運ぶために試合開始時からスピードを速め、攻撃を仕掛ける展開が多くなった。得点に結びつく攻撃力をもつこと、つまり決定力をもつ選手が有利となり、守備型の選手には難しいルールになったといえる。旧ルールでは1ゲーム11点であった女子シングルスの場合は、ラリーポイントとはいえ1ゲームが21点になって、全体的に時間が長くなったことで、持久力がより必要となっている。

参考文献

- 阿部一佳. 1987.「バドミントン」日本体育協会監修『最新スポーツ大事典』994-1004. 大修館書店
- 阿部一佳, 渡辺雅弘. 2005.『バドミントンの歴史に学ぶ』特定非営利活動法人日本バドミントン指導者連盟
- 高橋英夫, 今井正男. 2002.『JUDGE』財団法人日本バドミントン協会
- 日本教職員バドミントン連盟 監修. 2007.『バドミントン100問集2007-2008年版』ブレインズ・ネットワーク
- 日本バドミントン指導者連盟ホームページ http://www.badminton-coach.com/rallypoint 2005/rule2006.htm（2006年5月12日）
- 『バドミントン・マガジン』ベースボール・マガジン社
- 『バドミントン界』日本バドミントン協会
- IBF Handbook
- The Badminton Gazette
- 世界バドミントン連盟ホームページ http://www.bwfbadminton.org/（2014年6月21日）

（鵤木千加子、渡辺雅弘）

パドルテニス

→テニス系ニュースポーツ

バトントワリング

Baton twirling

① 競技概要

バトントワリングは、個人または複数人でバトンの技術を競う競技である（図1）。

そもそもバトントワリングとは、バトンと呼ばれる手具を回転させることをいう。バトンと身体での表現を伴奏音楽に同調させる種目もあり、芸術性が高いスポーツである。

競技種目は、1本のバトンを操って技術を競うソロトワール（Solo Twirl）、複数のバトンの技術を競う2（トゥー）バトン、3（スリー）バトンがある。また、バトンとダンスの調和を競うダンスト

図1　競技中の様子：バトントワリング

ワール (Dance Twirl)，競技の原形であるパレードの要素を残したソロストラット (Solo Strut)，2人で同調したトワリングの演技を競うペア (Pair) などの種目が行われている。それと，世界選手権の種目である自由演技のフリースタイル（ソロ，ペア，チーム），規定演技のコンパルソリー，ショートプログラムを合わせると計11種目である。

② 歴史

バトントワリングは，20世紀前半アメリカのパレードで行進する軍楽隊の指揮者によって形作られた。パレードにおけるバトンのパフォーマンスはやがて競技となり，1930年代半ばからアメリカ各地に，また第二次大戦後には，日本やヨーロッパ各国に広がりをみせた。

1978年に世界バトントワリング連合 (World Baton Twirling Federation: WBTF) が設立され（2014年現在，加盟23ヵ国），1980年から世界選手権が開催されている。日本では1982（昭和57）年に東京，1988（昭和63）年に名古屋，2004（平成16）年に大阪で開催されている。2005年からは加盟および非加盟国へのさらなる普及・発展を図るため，WBTFインターナショナルカップが新設された。

日本では1976（昭和51）年からバトンの競技大会が始まり，その後毎年各地区で様々な大会が開催されている。1995（平成7）年には日本スポーツバトン協会が設立され，WBTFにも加盟し，全日本バトントワリング選手権を毎年開催している。バトン人口は全国の学校や教室，児童館等を中心に60万人を数え，競技人口も年々増加し，選手層はますます充実している。

また，国際大会では2010年の第30回世界選手権においてすべての出場種目と部門で金メダルを勝ち取り，国別総合優勝連続18回という実績を残すなど，日本は他の国を寄せ付けない圧倒的な強さをみせている。

（高山アイコ）

パラグライディング

Paragliding

① 競技概要

パラグライディングは，化学繊維の布と紐でできた翼（パラグライダー）を使って飛行し，その速さや正確さを競う競技である（図1）。

パラグライディングの競技種目は，クロスカントリー，アキュラシー，エアロバティックに大別され，国内ではクロスカントリーとアキュラシーのリーグ戦が実施されている。

クロスカントリーは，あらかじめ指定された地上の上空域を通過して，いかに短時間でゴールするかを競うものである。パラグライダーの性能を引き出す技術はもちろん，気象の知識，豊富な経験に裏打ちされた冷静な判断力がなければ，好成績を収めることはできない。国内のトップクラスの競技会では数十kmのレースが行われているが，海外の強い上昇気流が発生するフライトエリア（飛行場所）では，テイクオフ（離陸）地点からゴールまでの距離が100kmを超えることもある。

アキュラシーは，ランディング（着陸）の精度を競う種目である。ターゲット（同心円の的）の中心を踏めば最高点の0点で，中心から遠くなるほど点数が大きくなり，無理をして転倒などするとペナルティー点が加算される。高レベルの競技会では，常に中心を踏む正確な技術がなければ上位に入ることはできない。天気や風の向き・強さなど気象条件が揃えば，1日に数ラウンドの競技が行われ，順位が決まる。

エアロバティックは曲技飛行であり，選手1人またはチームで宙返りやきりもみ旋回などを行い，技の出来映えを競う。上空から着地点までの限られた高度でいくつかの技を組み合わせるが，技の難度だけでなく見た目の美しさも重要なポイントとなり，フィギュアスケートのように複数の審査員が採点を行う。

年齢や性別を問わず「空を自由に飛びたい」という夢を気軽に実現できることが，パラグライディングの最大の魅力である。しかも刻々と変化する自然の中で楽しむために奥が深い。世界で愛好者が増え，機材や飛行技術の研究も進み，世界選手権をはじめ様々な競技会が催され，現在では，そのポピュラーさにおいてパラグライディングがスカイスポーツの代表格となっている。

図1　競技中の様子：パラグライディング
2011年，スペインで開催された世界選手権。翼に風をはらませ離陸する。

② 歴史

フランスの3人のスカイダイビング愛好者が山の斜面で着地練習をするうちに，パラシュートで浮き上がるおもしろさに気づいた。1978年，彼らが斜面から飛行したのがパラグライディングの始まりといわれる。この偶然の誕生の下敷きとなったのが，アメリカのデビッド・バリッシュ (David Barish) がアメリカ航空宇宙局 (the National Aeronautics and Space Administration: NASA) の依頼を受け，1965年に宇宙船回収用として発明したセイルウイングである。

斜面からパラシュートで飛び降りる新しい遊びに着眼したアルピニストたちが下山の手段としてパラグライダーを使い始め，パラグライディングはヨーロッパアルプスを中心に世界中に広がり，スポーツとして進化してきた。

日本では1986（昭和61）年に，各地にスクールが開校，国産メーカーが初の

量産タイプのパラグライダーを発売し，初めて競技会も開催された。パラグライディングはその簡便さにより，スカイスポーツファンだけでなく多くの人に注目され，フライヤー（愛好者）が急増したのである。

パラグライディングをはじめとするスカイスポーツを統括するのは，1905年に設立された国際航空連盟（The International Air Sports Federation: FAI）であり，FAIが公認する競技会は，世界共通のルールに則って行われる。国内の統括団体は，1982年に設立されたハング・パラグライディング連盟（Japan Hang and Paragliding Federation: JHF，設立時の名称は日本ハンググライディング連盟）で，FAI正会員であり日本の航空スポーツ全般の発展を事業目的とする日本航空協会（Japan Aeronautique Association: JAA，1952年設立）から，会員登録，技能認定など統括団体としての事業を委譲されている。競技会の主催・公認も行っており，年に1度の日本選手権と年に数回のリーグ戦（ジャパンリーグなど）で各チャンピオンを決定している。

（松田保子）

バレエ

Ballet

① 競技概要

バレエは，ヨーロッパ発祥の舞踊形式の1つである。

本来，バレエは公演のためのダンスであって，競技を目的としてはいない。しかし現在，レッスンの成果を確認するためや職業的バレエダンサーの登竜門として，多くのコンクールが開催されており，そこではスポーツ競技と類似の様相を呈している（図1）。世界的に有名な国際バレエコンクールとしては，ローザンヌ国際バレエコンクール，モスクワ国際バレエコンクール，ヴァルナ国際バレエコンクールなどがあり，世界中の優秀な生徒やバレエ団の有望な新人などが参加する。これらのコンクールで獲得した金，銀のメダルは，世界的な大バレエ団に入団するための有力な条件となる。

またバレエのレッスンは10歳頃から始められるので，初期の段階の能力を競うジュニア向けのバレエコンクールもある。コンクールでは規定として古典バレエの一部が踊られ，基本の正確さ，表現力，将来性などが審査され，それを総合してバレエダンサーとしての資質が評価される。最近では，古典とともに新しい作品を踊らせて，表現力を問うこともある。

② 歴史

バレエは16世紀末のフランス宮廷バレエに始まり，18世紀末にバレエ・ダクションの理念が導入されて，現在のような踊りだけで物語を表現し得るものとなった。19世紀にはトゥシューズを用いるロマンティック・バレエが人気を博したが，19世紀末のロシアで，プティパ（Marius Petipa）がいわゆるクラシック・バレエを大成する。

20世紀初頭バレエ・リュッス（1909-29年まで活動した伝説的バレエ団）がヨーロッパから果ては南米やオーストラリアにまで巡業してロシア帝室バレエの精華を紹介した。それに刺激されて世界中の国にバレエ団やバレエ学校が作られ，バレエは国際的，普遍的な舞台芸術になる。フランスではリファール（Serge Lifar）が1966年までパリ・オペラ座バレエを統率し，新古典主義の作品を発表する。また粋で斬新なプティ（Roland Petit）や祝祭的に盛り上げるベジャール（Maurice Béjart）はフランス国内より広く世界で活動し，高い評価を得た。アメリカにはバランシン（George Balanchine）が渡り，バレエ学校とカンパニーを立ち上げ，それが現在のニューヨーク・シティ・バレエとアメリカン・バレエ・シアターの2大バレエ団に至る。イギリスはド・ヴァロワ（Ninette de Valois）やランバート（Marie Rambert）による小劇場の創造活動から始まり，アシュトン（Frederick Ashton）やマクミラン（Kenneth MacMillan）などイギリス人振り付け家を育てて，1956年に現在の英国ロイヤル・バレエになった。ドイツではシュツットガルト・バレエのクランコ（John Cranko）がドラマティックな物語バレエで華々しい成果を上げ，その下で学んだノイマイヤー（John Neumeier），キリヤン（Jiří Kylián），フォーサイス（William Forsythe）が20世紀末に独自の作風で注目される。2004年には国内最大のベルリン国立バレエが発足した。諸

図1　コンクールの様子：バレエ（写真：フォート・キシモト）

国でバレエ・リュッスの流れを汲む人材が貢献したのに対して，ロシアは独自の発展を続け，ラブロフスキー（Leonid Lavrovsky）の叙情的な物語バレエや，グリゴローヴィッチ（Yuri Grigorovich）の躍動感溢れる作品で成果を残した。このほかブルノンヴィル（August Bournonville）作品のデンマーク・ロイヤル・バレエや，伝統のミラノ・スカラ座バレエなどが有名である。

日本では戦後，バレエ公演が大衆の人気を得て，多くのバレエ教室が開かれ，私立バレエ団が公演を行った。1997（平成9）年に新国立劇場が開場し，新国立劇場バレエ団およびバレエ研修所が年ごとに充実し，成果を上げている。

20世紀後半以降は人材や手法の国際交流がますます盛んで，有名バレエ団は世界各地で公演し，そのメンバーも国際色豊かである。

（佐々木涼子）

バレーボール

Volleyball

① 競技概要

バレーボールは，ネットで隔てられたコートで2つのチームが相対し，手でボールを地面（コート）に落とさないように打ち返し合って得点を競う球技である（図1）。

[競技の特性]

バレーボールは相手チームと身体接

触がなく，ワンプレイごとに競技が中断するために安全性が高く，幅広い年齢層の人が手軽に親しめるスポーツである。プレイでは打つ・弾くなどのボールコントロール能力とともに，敏捷性や瞬発力などバランスのとれた体力や，たえず移動しているボールを止めることなくボレーし続ける判断力が必要となる。2人制ビーチバレーやローテーションのある6人制ゲームでは，レシーブ，パス，スパイクなどオールラウンドな技能が求められるのに対して，フリーポジションの9人制ゲームでは専門技能に長けたプレイヤーが活躍しやすい。コート面は床，砂，芝，雪上など様々なゲームのバリエーションがある。

[競技の仕方]

6人制ゲームはコイントスに勝ったチームから，手または腕でボールを相手コートへヒットするサーブで始められる。それぞれのチームはラリーを続けるためにボールを落とさないようにして，相手コートへボールを返し続けなければならない。チームはボールを相手コートに返すために3回までのヒット（ブロックを除く）が認められる。サーブ以外のラリーでは，身体のどの部分でもボールをヒットすることができるが，プレイヤーは2回連続のヒット（ブロックを除く）は許されない。ラリーはボールが落ちるか，どちらかのチームが正しく返球できなくなるまで続けられる。ラリーに勝ったチームは次のサーブを打つ権利を得る。サーブ権がチーム間を移動するたびに，6人のプレイヤーは時計回りにポジションをローテーションする。得点方式はラリーポイント制と呼ばれ，両チームともサーブ権の有無にかかわらず得点が加算される。

[勝敗の決定]

6人制ゲームはセット制で行われ，2点差以上をつけて相手より先に25得点したチームがセットを獲得する。ただし，24-24になった場合は，2点差がつくまでゲームは続けられる。通常のゲームは5セットマッチで行われ，3セット先取したチームが勝ちとなる。セットカウントが2-2となった場合，第5セットは2点差以上をつけて先に15得点したチームが勝利となるが，14-14になった場合は，2点差がつくまで続けられる。

② 組織の発展

[起源とアメリカでの発展]

バレーボールは，1895年の冬にアメリカ・マサチューセッツ州ホリヨーク市のキリスト教青年会（Young Men's Christian Association: YMCA）の体育教師，モーガン（W.G. Morgan）によって考案された（図2）。

モーガンはYMCAで25-40歳のビジネスマンクラスにスポーツプログラムを作成・指導する立場にあった。モーガンのクラスでは，4年前に考案されたバスケットボールが冬季に体育館で実施できる人気スポーツであった。しかし，彼はバスケットボールのような激しい身体接触プレイが連続するゲームは，体力のある若者には適当であるが，中高齢者には運動負荷が大きくて不適切と感じていた。

そこでモーガンは，「ミントン（1チーム5人で羊毛球をラケットを使ってノーバウンドで打ち合う，バドミントンから派生したゲーム）」を参考にボールを打ち合う新しいゲームを考案した。ローンテニスのコートに183cmの高さのネットを張り，人数はメンバーを多数参加させられるよう，両チームが同じならば制限なしとした。また，多くのプレイヤーが1度にコートに入ってラケットを振り回しては危険なので，素手でボールを打ち合うルールとした。当初はゲームの名前を「ミントンのようなゲーム」という意味で，「ミントネット」（Mintonette）と名づけていた（図3）。

1896年7月13日，モーガンはスプリングフィールドの国際YMCAトレーニングスクールで開催された体育部主事総会で，ミントネットの実演試合を披露した。メンバーは，ホリヨークYMCAの会員から10人を選び，ホリヨーク市長カーラン（J. Curran）と消防

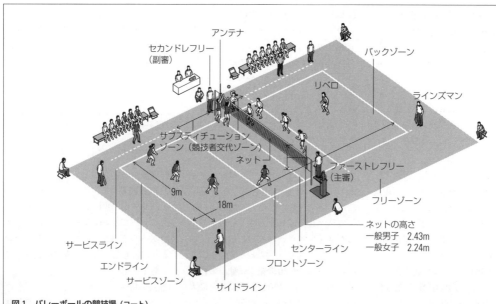

図1　バレーボールの競技場（コート）

署長リンチ(J. Lynch)をキャプテンとする5人ずつの2チームを編成した。

体育部主事総会に参加していた教官の1人,ハルステッド(A.T. Halstead)は,プレイの目的がネットを越して互いにボールを打ち返す"Volleying"だから,ヴォレー(Volley)とボール(Ball)とを組み合わせて"Volley Ball"とする名称変更の提案をした。モーガンと総会がこれに同意し,この新しいスポーツを原点として,バレーボールは変遷していくことになる。1916年にはYMCAと全米大学体育協会(National Collegiate Athletic Association: NCAA)の提携が始まり,公認ルールブックである"Official (Guide and) Volley Ball Rules"という公認ルールブックが刊行された。当時のルールは,1チーム6人,1ゲーム15点のサイドアウト制で,プレイヤーはサーブ権が移行するたびにローテーションするものであった。

[世界的な普及]

YMCAは海外でもバレーボールの普及・発展に大きな役割を果たした。南北アメリカ大陸では,1900年にカナダ,1906年にキューバ,1909年にプエルトリコ,1912年にウルグアイ,1917年にブラジルとメキシコにYMCAの手によって伝えられた。アジア諸国にはYMCA体育部担当主事のブラウン(E.S. Brown)によって1910年にフィリピンに紹介されたのがきっかけとなり広まった。ヨーロッパ諸国にはYMCAと,第一次大戦に参戦したアメリカ駐留兵による影響が大きく,1914年にイギリス,1917年にフランス,1918年にイタリアに伝えられた後,各国に急速に普及した。

その後,1930年代に入ると,バレーボールはほぼ世界各国に普及し,国内統括組織を設立した国々では,組織間の交流も増えてきた。各国の国内試合でも,アタックは強烈なスピードとドライブがかかった技術に変化し,ブロックにジャンプするようになり,激しいラリーの応酬戦が行われるなどゲームの様相は変化していった。

[日本への普及]

1908(明治41)年に日本に初めて紹介したのは,アメリカ・マサチューセッツ州スプリングフィールドの国際YMCAトレーニングスクールで学んで帰国した大森兵蔵である。東京YMCAの初代体育部担当主事として着任した大森は,YMCA会館の裏の空き地を利用して会員に教え始めた。1913(大正2)年に大森が死去した後は,ブラウン(F.H. Brown)が関西地区のYMCAを中心に指導した(図4)。

国際試合には,1917(大正6)年に東京・芝浦で開催された第3回極東選手権競技大会(16人制)に男子チームが初参加した。結果は中国,フィリピン相手に惨敗であったが,日本にバレーボールを広める契機となった。1924(大正13)年には国内最大規模の総合競技会である明治神宮競技大会が始まり,この大会から採用された9人制バレーボールによって人気とレベルアップが図られた。1927(昭和2)年には多田徳雄を中心に日本初の統括団体である大日本排球協会(現在の日本バレーボール協会〔Japan Volleyball Association: JVA〕)が設立され,1951(昭和26)年に国際バレーボール連盟(Fédération Internationale de Volleyball: FIVB)へ加盟した。

国内黎明期における女子バレーボールの発展には,紡績会社が果たした役割が大きい。大日本紡績や倉敷紡績などの会社では女子工員の社内教育やレクリエーションスポーツとして採用された後,実業団チームを編成して活躍し,国内大会を盛り上げた。

③ 技術・戦術・ルールの変遷

[創案期における工夫]

1896年7月13日に,スプリングフィールドにおけるYMCA体育部主事総会でバレーボールを実演試合として披露するまでに,モーガンは自分が担当しているホリヨークYMCAビジネスマンクラスの会員たちに,ルールの細部を相談した。

その時のルールは人数制限はなく,野球のようなイニング制を採用していた。両チームは各イニングともサーブを相当回数行い,サーブ権のある時だけ得点できるサーブアウト制(のちのサイドアウト制)であった。このルールは,1897年にYMCAのオフィシャルハンドブックとなって発表された。その後,YMCAは公認ルールの改正を重ねた。

これらの改正がなされ,ほぼ現行の6人制バレーボールに近いルールができあがった。この過程でYMCAと全米大学体育協会(NCAA)が意識したことは,野球やフットボールが広いスペースと用具が必要なことに対し,バレーボールを世界中の老若男女が楽しむことができ,健康と体力の育成に寄与するゲームにしたいということだった。そのために,すべてのプレイヤーが順序に従ってポジションを変え,交代でサーブを打つという「ローテーション制」を導入した。ごくわずかの専門家によってゲームが支配されることがなく,どのプレイヤーにもオールラウンドにプレイする機会を保証した点が特徴であった。

考案されてから30年近くの歳月を経て,バレーボールは全米各地のYMCAというネットワークに乗り,社会に浸

図2 バレーボールの考案者W. G. モーガン
(出典:FIVBホームページ. http://www.fivb.org/)

図3 ミントネットの様子
(出典:水谷豊『バレーボール その起源と発展』1995. 63)

図4 日本に紹介された頃の大阪YMCAでの試合(出典:岸野雄三ら 編『スポーツの技術史:近代日本のスポーツ技術の歩み』大修館書店. 1972)

透していった。1922年には6人制の第1回全米YMCA選手権大会が開催され，その後，6回続いた全米YMCA選手権大会は発展的に解消し，1927年に発足したアメリカ合衆国バレーボール協会(United States Volleyball Association: USVBA)の主管のもとに，1928年には6人制の第1回全米オープン選手権大会が開催された。あらゆる階層の人々がプレイできるスポーツに発展させ，これまでの普及に尽力してきたYMCAは，ひとまずその働きを終えた。

[国際連盟の結成と国際ルールの確立]

1936年，第11回オリンピック大会がベルリンで開催された時，バレーボールの国際統括組織を設けようというポーランドからの提言を受けて21ヵ国の代表が参集したが，国際政治情勢が支障となって結成には至らなかった。第二次大戦期間中は，一時的に国際競技として発展する機会が失われたが，駐留兵によるレクリエーションスポーツとしての普及が進んだ。大戦後の1947年4月20日，フランスのリボー(P. Libaud)を初代会長として，22ヵ国の参加のもとにパリに国際バレーボール連盟が設立され，ヨーロッパ各国とアメリカとのルール調整がなされた。1949年には「国際ルール」が設けられ，以降の国際競技としての発展の礎を築いた。

1949年9月，第1回男子世界選手権大会がプラハで開催され，6人制国際ルールが適用された(図5)。優勝はソ連，2位チェコスロバキア，3位ブルガリアであった。この時セッターがバックコートからネット際に移動してトスアップする戦術が初めて採用された。これにより，前衛アタッカーを3人確保できるようになった。

また，男子に遅れること3年，1952年に第1回女子世界選手権大会がモスクワで開催された(図6)。優勝はソ連，2位ポーランド，3位チェコスロバキアであった。

男女の第1回世界選手権に発祥国のアメリカは不参加であった。当時のアメリカで，バレーボールはレクリエーションスポーツとして人気はあったものの，競技スポーツとしての認知度は低く，世界選手権に代表チームを送るまでには至らなかった。FIVB結成当時は東欧勢が世界のバレーボールの牽引役を果たした。第2回以降は世界選手権への参加国は徐々にグローバル化し，バレーボールはFIVBを中心に世界的に普及・発展していった。

この時代をリードしたソ連の技術・戦術的な特徴は，外側から攻めるオープン攻撃であった。ソ連の圧倒的な高さとパワーに対抗するために東欧諸国では戦術開発が進んだ。特にチェコスロバキア男子は速攻，フェイント，ブロックアウトなどの新戦術を編み出した。

[オリンピック正式種目化による変容]

1964年の第18回オリンピック大会(東京)で正式競技となったことで，各国のバレーボールに対する取り組み方

表1　バレーボールのルールの主な変遷

年	事項
1897	YMCAが公認ルールとして，オフィシャルハンドブックを発行
1900	それまでのイニング制を廃止して21点制とし，ネットの高さを1.83mから2.14mにする
1912	コートの広さを7.63×15mから10.67×18.29m，ネットの高さを2.14mから2.29mにし，「ローテーション制」を採用
1916	YMCAと全米大学体育協会(NCAA)の提携が始まり，公認ルールブックの"Official (Guide and) VolleyBall Rules"を共同刊行。1ゲームを21点から15点とし，ネットの高さを2.44mに改正
1918	1チーム9人制から6人制に改正。バックプレイヤーの攻撃を禁止
1922	ボールに3回を超えて触れることのできないスリーストローク制を導入
1949	FIVBが国際ルールを制定 (コートの広さは9×18m，ネットの高さは男子2.43m，女子2.24m。腰から上ならば身体のどの部分を用いてプレイしてもよい。ブロッキングは前衛3人が参加できるが，オーバーネットは禁止。1ゲームのセット数を国際試合はすべて5セット制，等)
1965	ブロックのオーバーネットを許容
1970	ネットの端にアンテナを設置
1977	ブロック時のボールコンタクトを許容(ノーカウントになる)
1984	サーブのブロックを禁止
1994	サービスゾーンがエンドラインいっぱいまで拡大
1995	腰から下での打球を許容
1998	15点サイドアウト制から25点ラリーポイント制に得点方式を変更。リベロプレイヤーの導入
1999	サーブのネットインを許容
2007	ネット上での両チーム選手のボールの押し合いをノーカウントにせず，プレイ続行とする
2009	両起より上部の身体のいかなる部分が相手コートに触れても，また競技者がネットに触れても相手プレイを妨害しないかぎり許容される

図5　第1回男子世界選手権
(出典：FIVBホームページ．http://www.fivb.org/)

図6　第1回女子世界選手権
(出典：FIVBホームページ．http://www.fivb.org/)

が変化し，強化体制や戦術開発という面でも大きく飛躍した(図7)。

第18回オリンピック大会(東京)以降，各種国際大会や対抗戦などの開催が積極的に行われるようになった。現在は，4年に1度開催されるオリンピック，世界選手権，ワールドカップが3大国際競技会として認知されている。また，毎年開催される男子ワールドリーグ，女子ワールドグランプリは賞金大会となり，メディアと連携して注目度も高い。各国の国内リーグも外国籍選手を獲得するクラブが増え，ヨーロッパを中心にバレーボールのプロ化が進んでいる。

[戦術の傾向]

バレーボールの戦術では，女子の戦術は自国の男子の戦術を模倣する形で，数年遅れで普及されることが多い。特に最近ではインターネットによる情報の発信が盛んなために，戦術に関する情報の共有がしやすく，ほぼ男子の戦術がそのまま女子にも定着している。そこで，ルール改正と男子戦術の変遷を中心に概観する。

まず，1965年にブロックのオーバーネットが許容されるようになった。それまで守備的技術であったブロックが，攻撃的要素も兼ね備えるようになった。守備の第一線はフロントプレイヤーであり，ネット際でボールを止めることが最もよい方法であることから，こうしたプレイを行うのに有利な長身の選手を各国とも多く起用するようになっていった。また，ブロックレベルの向上に伴い，これを突破するための工夫が多くなされた。日本の男女チームは，ワンセッターシステムを用いた速攻コンビネーション攻撃を武器に，国際舞台で飛躍的な成績を残した。1965年から1971年にかけて日本男子チームは，「時間差」「クイック」などと呼ばれる速攻コンビネーションを開発し，1972年の第20回オリンピック大会(ミュンヘン)で金メダルに輝いた(図8)。

1970年のルール改正で，サイドマーカーの外20cmのところにアンテナが設置されて攻撃範囲が狭められたにもかかわらず，これらの速攻コンビネーション攻撃は威力を発揮し，その後世界中の国々で取り入れられ，攻撃は多彩化，スピード化された。

バレーボールの攻守のバランスは攻撃側に有利なものへと変わり，改善策としてルールの手直しが行われ，1977年にはブロック時のボールコンタクトがノーカウントとなり，その後3回の自チームでのボールコンタクトが許されるといった，守備側に有利な改正が行われた。

このような中，速攻コンビネーション化された複雑多岐なオフェンス攻撃に対処するために開発されたのがコミットブロックシステム(Commit Blocking system)であった。このシステムを生かしたソ連男子チームは，1977年から1982年までの世界大会を連覇した。ブロッカーは相手チームの特定スパイカーをコミット(他のブロッカーから引き渡され)し，自分のマークするアタッカーがどこに移動しようと，そのアタッカーを追いかける。時にはブロッカー同士でポジションチェンジもして，アタッカーのジャンプと同時にジャンプする。ソ連は，このマンツーマンのシャットアウトを目的としたブロックシステムで，速攻コンビネーション攻撃を封じて世界の頂点に立った(図9)。

④ **現代の技術・戦術・ルール**

[分業システムによるオフェンスの進化]

コミットブロックの導入による「アタッカー3人vsブロッカー3人」の状況を打破するために，オフェンス戦術に組み込まれたのがバックアタックである。アメリカ男子チームはサーブレシーバーを2人に専念させる分業システムを開発し，サーブレシーブをしないアタッカーがいろいろな場所からバックアタックを仕掛けられるシステムを確立して，「アタッカー4-5人vsブロッカー3人」という状況を生み出した。革命的な分業システムの導入によって，アメリカ男子は1984年から1988年までの世界大会を連覇した(図10)。

図9 1970年代後半に世界の頂点に立ったソ連の強力なブロック
(出典：FIVBホームページ．http://www.fivb.org/)

図7 1964年第18回オリンピック大会(東京)で金メダルを獲得した日本女子チーム
(出典：FIVBホームページ．http://www.fivb.org/)

図8 1972年第20回オリンピック大会(ミュンヘン)で金メダルを獲得した日本男子チーム
(写真：毎日新聞社/アフロ)

図10 分業システムにより1980年代後半に世界を制したアメリカのバックアタック
(出典：日本文化出版『月刊バレーボール』)

[リードブロックシステムの誕生]

1980年代に世界大会を連覇したアメリカ男子チームは，画期的なディフェンス戦術も編み出していた。バックアタックがコンビネーション攻撃に組み込まれてからは，前述のようにコミットブロックでは数的に不利な状況が生じる。そこで考案されたのがリードブロックシステム（Read Blocking system）である。リードブロックとは，セッターのトスボールをみて，それに反応してブロックに跳ぶ方法である。理論上，すべての攻撃に2人以上，できれば3人ブがロックで跳ぶことをめざしている。相手の速攻に対しては，トスを上げたのをみて跳ぶため，コミットブロックのように相手のクイックスパイカーと同じタイミングで跳ぶことはできないが，スパイクされたすべてのボールに触ろうとすることにより，ブロッカーとレシーバーをトータルに関連させたディフェンス戦術を考案した。

[パイプ攻撃によるブロックの分断]

アメリカ男子チームのリードブロックシステムは当初，サイドの速い攻撃に遅れないよう，アンテナ付近まで散らばるスプレッドリードポジション（Spread Read Position）で構えた。この防御システムを切り崩したのが，1992年の第25回オリンピック大会（バルセロナ）で金メダルのブラジル男子チームのパイプ（Pipe）攻撃である。コート中央からの速いバックアタックは，スプレッドポジションで構えるブロッカーの間隙を突いて，リードブロックを撃ち破った。こうしてバックアタッカーの攻撃がよりいっそう高速化された（図11）。

[バンチリードブロックによる対応]

パイプ攻撃で切り裂かれたスプレッドリードブロックを修正し，3人のブロッカーがセンター付近に集まるようにしたのがバンチリードブロック（Bunch Read Block）である。バンチとは「束」の意味で，3人のブロッカーが一体となってリードブロックするシステムである。この隊形でリードブロックを試み，パイプ攻撃やクイック攻撃などのセンターからの攻撃や，サイドからの遅い攻撃に対して3人ブロックが可能となった。

[ラリーポイント制とリベロルールの導入]

1998年にルール改正で大きな変化があった。それまでのサイドアウト制ルールでは試合時間が3時間を超えることが頻繁にあり，選手の健康問題，競技運営やテレビ放送時間の制約があったため，15点サイドアウト制から25点ラリーポイント制に得点方式が変わった。この改正により試合時間は最大でも2時間程度に短縮され，メディアのコンテンツとしてバレーボール競技は扱いやすくなった。同時に，守備専門のリベロプレイヤー制度も導入された。リベロプレイヤーは後衛にいる選手となら誰とでも交代できるので，これにより，長身でも守備の不得意なプレイヤーがコートに立つことが可能となり，戦術の分業化がますます進むようになった。

[シンクロ攻撃とセッターの大型化]

1998年のルール改正で守備専門の

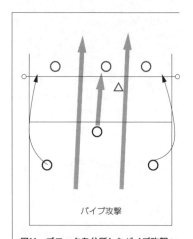

図11　ブロックを分断したパイプ攻撃：1992年のブラジルチーム

図12　ブラジルの高速スプレッド攻撃
（出典：日本文化出版『月刊バレーボール』）

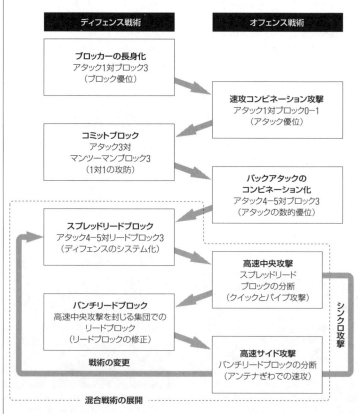

図13　混合戦術の展開

リベロプレイヤー制度が導入された結果，オフェンスはワンセッターシステムによる分業化が進んだ。また，前述のようにディフェンスはバンチリードブロックを基本にしているため，オフェンスでは両サイドからの攻撃とパイプ攻撃の高速化が必要条件となってきた。そして，「すべてのアタッカーがクイッカーとなって，それぞれ別の位置から一斉にシンクロして助走を開始することで目の前のブロッカーを引き付け，数的に有利な状況を作り出して他のアタッカーを助ける」というシンクロ攻撃に，オフェンス戦術は発展した（図12）。

さらに，このシンクロ攻撃を大型セッターから展開しているのが現在の世界トップチームである。2008年の第29回オリンピック大会（北京）金メダルを獲得したアメリカ男子のボール（L. Ball）は203cmの長身を生かし，ジャンプトスで3mを超える高さでセットアップしていた。大型セッターによる高いセットポジションからの高速化されたシンクロ攻撃によって，バンチリードで待ち構えるブロッカーを分断させ，数的に有利な状況を作ろうとするのが現代バレーの基本戦術である。

[混合戦術の展開]

高速サイド攻撃が多いチームに対して，ディフェンス側はアンテナ付近まで散らばるスプレッドリードブロックが有効である。相手が中央からのパイプ攻撃を多く仕掛けてくるなら，バンチリードブロックで対処する。高くて速いクイックが中心のチームに対しては，適宜にコミットブロックを用いる。

逆にオフェンス側にしてみれば，相手のディフェンスシステムに対応した攻撃の選択がなされなければならない。バンチリードで構えるチームに対しては高速サイド攻撃，スプレッドリードで構えるチームにはパイプ攻撃が威力を発揮する。コミットブロックを多用するチームには複雑な時間差攻撃が有効である。

このように現在の国際レベルのゲームでは，複数の戦術を用い，インサイドワークとして何度も戦術の変更が繰り返される混合戦術の展開が基本となる（図13）。ハイレベルの国際試合では，これら複数の戦術に対応できる能力が勝敗を分ける。

[競技情報の活用]

1998年のルール改正で25点ラリーポイント制が採用されたことで，ゲームはよりスピーディーになり，ゲーム中の多様な変化への戦術的対応が必要となった。チームは25回という限られた回数の中で，サービスをキープし，相手を突き放す戦術をいかにすばやく採用できるかが重要となってくる。特に相手の積極的サーブに対する方策や，相手攻撃戦術に対応できるブロック戦術の確立はラリーポイント制ゲームの必須条件となった。

その対策としてレベルの高い国際大会では，専門の分析スタッフ（アナリスト）を帯同させてビデオカメラやパソコンを駆使し詳細なデータや映像分析を行っている（図14）。ゲーム中のボールデッドタイムやタイムアウト，セット間を利用して，アナリストは技術成績や相手の戦術情報を，トランシーバーや無線LANを用いてベンチスタッフに伝達しており，その重要性が高まっている。

参考文献

◆ 水谷豊．1995．『バレーボール　その起源と発展』平凡社
◆ 吉田清司．2001．「オフェンス戦術の変遷 ～オフェンス対ディフェンスの歴史から～」『Coaching & Playing Volleyball』15．
◆ ――――．2002．『バレーボール　基本から戦術まで』日東書院

（吉田清司）

図14　ゲームを分析してチームに伝えるアナリストの活動（写真提供：吉田清司）

バレーボール
[障がいのある人の]

→シッティングバレーボール，デフバレーボール，フロアバレーボール

バレーボール系ニュースポーツ

Soft volleyball; Soft mini volleyball; Beach volleyball; Beachball volley; Beachball

① 競技概要

ここではバレーボールをもとに考案されたいくつかの比較的新しいスポーツを紹介する。

[ソフトバレーボール]

軟らかいゴム製のボールを用いたバレーボールである（次頁 図1）。バドミントンのシングルス，ダブルス兼用コートの外側ライン（6.1×13.4m）を用い，ネットの高さは2mで，直径約25cm，重さ210gのボールを使用する。1チーム4人である。サービスは1回，1セット15点のラリーポイント制を採用，3セットマッチで行う。

[ソフトミニバレーボール]

小型のソフトバレーボールを用いる1チーム4人編成のバレーボールである。バドミントンコートを用い，サーブは1回味方コートに入れ，必ず3回タッチしてから返球しなければならない。ジャンプしてのスパイクなども禁止されている。一般に，ソフトバレーボールの小学校3，4年生を対象としたミニの部のバレーボールで，ネットの高さ（1.8m）やボールの大きさ（直径20cm）・重さ（150g）の違いだけで，基本的には，ソフトバレーボールと同じである。

[ビーチバレー]

砂浜のコートで2対2で対戦するバレーボールで，オリンピックの正式種目にもなっている競技である。国際バレーボール連盟（Fédération Internationale de Volleyball: FIVB）での使用名称はビーチバレーボールであり，英文表記はbeach volleyballである。しかし，わが国では，簡易ゲームとしてのビーチバレーボール（ビーチボールバレー）が存在するため，混乱を避けるために国内競技の呼称はビーチバレーで統一されている。

ルールは6人制に準ずるが，センターラインやアタックラインがなく，1チーム2人が素足・水着で行い，交代が認められていない。またボールは青空，白砂などを考慮し黄色などの色になっており，重さは通常より10g重い280gで，滑りにくいように表面がスウ

ェード処理されている。アメリカでは，タッチプレイ，フェイントプレイ，パスアタックが禁止されている。一般的には1セットマッチは15点制，3セットマッチは12点または15点制で行われる。

[ビーチバレーボール]

ビニール製のビーチボール（直径約30cm）を用いたバレーボールの1つで，ビーチボールバレーと呼ばれることもある。9×12mのコートを二分し，コート中央右寄りの，ネットから3mのところでサービスする形式と，ネットの高さを2mにし，バドミントンコートを利用する場合がある。後者の場合は，バドミントンのショートサービスライン（1.98m）からサービスする。4人対4人，あるいは3人対3人で行う。ラリーポイント制で，9点あるいは15点先取制で行う。

[ビーチボール]

本来ボールの名称であるが，ニュースポーツ普及の過程では，競技の名称にもなっている。2色に塗り分けられたビニール製ビーチボールを使用し，バドミントンのダブルスコートを使用する。ネットの高さは180cmで，1チームは4人でサイドアウト制を採用し，9点先取制3セットマッチで行われる。

② 歴史

[ソフトバレーボール]

新潟県小浜市で考案されたのが最初といわれる。1970年代中頃にゴム製の軽いボールを使用して愛好者を増やした。日本バレーボール協会（Japan Volleyball Association: JVA）がバレーボールの積極的な普及活動を展開するために，1986（昭和61）年から採用した競技である。1988（昭和63）年の第1回全国スポーツ・レクリエーション祭から正式種目として行われている。1990（平成2）

図1 競技中の様子：ソフトバレーボール（写真：フォート・キシモト）

年には，日本バレーボール協会の傘下に，日本ソフトバレーボール連盟が設立され，柏崎市で第1回全国ソフトバレーボール・ファミリーフェスティバルが開催されている。みんなのスポーツの機運に応え，ミニの部，トリムの部，ファミリーの部が設けられ，子どもから高齢者まで楽しめる活動として，全国の市町村に普及した。1998（平成10）年告示の小学校学習指導要領において，5・6年生の体育教材として取り上げられ，2003（平成15）年度から小学校3・4年生の学習指導要領における体育教材として例示されている。

[ソフトミニバレーボール]

1975（昭和50）年に岐阜県高山市教育委員会によって考案されたものである。家庭婦人バレーボール隆盛後，トリム運動の展開と相まって出てきたみんなのスポーツへの要求に応えるものであった。軟らかいボールと，バドミントンコートを利用するルール等，老若男女を問わず誰でも身近にゲームを楽しむことができる簡易バレーボールという意味で，ミニの形容詞が付された。

[ビーチバレー]

1915年にアメリカ・カリフォルニア州サンタモニカで考案されたといわれる（1918年にアメリカ・ハワイ州ホノルルで行われたのが最初という説もある）。1987年に第1回世界選手権大会が開催され，1996年の第26回オリンピック大会（アトランタ）から正式種目として採用された。

日本国内の統括団体である日本ビーチバレー連盟（Japan Beach Volleyball Federation: JBVF）は，1989（平成元）年日本バレーボール協会傘下に発足した。そのため男女のジュニア，全国中学生大会などは共催で実施している。国民体育大会のビーチバレー競技は，日本バレーボール協会が単独で開催している。

[ビーチバレーボール]

ビーチボールを用いて海浜で楽しんでいたボール突きゲームを，屋内外でのみんなのスポーツに利用するようになって，この名称が定着した。だが，1980年代後半からわが国でも（現在のオリンピック種目である）ビーチバレーとの混同を避けるために，表記上は，ビーチボールバレーを用いることが多く

なった。高知県室戸市で1977（昭和52）年に第1回大会が開かれた。1970年代末までに，富山市や八代市，東京都新宿区などの教育委員会が参加機会を増やし，全国各地に普及した。

主として広島県を中心に地道な活動を続けている日本ビーチボールバレー協会は，1978（昭和53）年に設立された。その後，1990（平成2）年に秋田県大森町がビーチボールバレーの名称で，町独自の簡易バレーボールを紹介している。

普通名詞化しているゲーム名は，同じ名称ではあっても利用状況に応じて，用具やルールを変え活用されており，ニュースポーツ名の特徴をよく示している。

[ビーチボール]

旧来のビーチバレーボールからビーチボールバレーへの名称の移行の間には，ビニール製の用具名をそのまま用いた競技名ビーチボールも登場している。1979（昭和54）年のことであり，富山県朝日町で考案されている。

（野々宮徹）

パワーリフティング

Power lifting

① 競技概要

パワーリフティングは，ウエイトトレーニングで用いられる種目の中の"ビッグスリー"といわれるスクワット，ベンチプレス，デッドリフトの3種目で挙上重量を競う競技である。

スクワット（Squat）はバーベルを両肩に担ぎ，しゃがんで立ち上がる，ベンチプレス（Bench Press）はベンチ上に仰臥し，両腕を伸ばしてバーベルを握り胸の上に下ろして押し上げる，デッ

図1 競技中の様子：パワーリフティング（デッドリフト）
世界マスターズチャンピオン：中尾達文

ドリフト(Dead Lift, 図1)は床上のバーベルを両手で握って両腕を伸ばしたまま直立するまで引き上げる，というものであり，各種目の1回最高挙上重量(1 Repetition Maximum: 1RM)で競う。

共通ルールは，各種目3回，合計9回の試技を行い，タイマーが動き始めて1分以内に試技を始めなければならないことである。性別，体重別，年齢別，さらには障がい者(ベンチプレスのみの場合あり)別に，各種目ごとと3種目合計挙上重量ごとに順位を決定する。1位と2位が同重量の場合は，検量時の体重が軽い方が上位となる。また，もし同体重の時は先に記録を出した選手が1位となる。3位以下は同順位とする。

② 歴史

1956年にアメリカのペンシルバニアでアマチュア体育連盟(Amateur Athletic Union: AAU)主催の第1回全米パワーリフティングコンテストが，3種目1RM方式で開催されたことが資料として残っているが，正式には1971年4月アメリカで世界パワーリフティング連盟(International Powerlifting Federation: IPF)が設立され，第1回世界選手権大会が行われたのが最初とされている。

わが国では，1956(昭和31)年5月にベンチプレスとスクワットの2種目1RM方式で第1回関東学生選手権大会が実施され，これが最初の競技会という記録が残っている。その後，1972(昭和47)年4月に日本パワーリフティング協会(Japan Powerlifting Association: JPA)が創立され，同年，第1回全日本選手権大会が開催された。正式にはこの大会をもって，わが国最初の競技会とされている。1974(昭和49)年にJPAはIPFに加盟し，1974年の第4回世界選手権大会(ヨークタウン)から日本人選手も国際大会に出場するようになった。

日本の競技力は高く，多くの選手が世界記録を出し，また世界選手権大会で優勝している。

(松尾昌文)

パワーリフティング
[下肢に障がいのある人の]

Powerlifting for athletes with a disability

① 競技概要

下肢に障がいのある人によって行われるパワーリフティング競技は，健常者が行う3種目(スクワット，ベンチプレス，デッドリフト)のうち，ベンチプレスでの挙上重量を競う競技である。ベンチプレスの動作は，健常者のものと同様であり，ベンチに仰臥し，両腕を伸ばしてバーベルを握り，胸の上におろしていったん止めて，再び胸の上の元の位置までぶれることなく押し上げる(図1)。

障がい別のクラス分けはなく，脊髄損傷，下肢切断，脳性麻痺，下肢機能障害の選手が，体重の区分だけで1回最高挙上重量(1 Repetition Maximum: 1RM)を競う。

男子は48kg級から100kg以上級までの10階級(48，52，56，60，67.5，75，82.5，90，100，100kg以上)，女子は40kg級から82.5kg以上級までの10階級(40，44，48，52，56，60，67.5，75，82.5，82.5kg以上)に分かれて競技が実施される。

② 歴史

第二次大戦で下肢切断や脊椎(髄)損傷を負った兵士が，イギリスの病院で，社会復帰をするためのリハビリテーション(以下，リハビリ)を始めた。その一環として，上半身を鍛えるためにベンチプレス運動を行ったのが，パワーリフティング競技の始まりといわれる。リハビリが目的だったものが，やがて挙上重量を競い合うようになり，競技へと発展していった。

図1　競技中の様子：パワーリフティング[下肢に障がいのある人の]

病院でリハビリとして行われていた陸上競技種目や，ベンチプレスを集め，1948年リハビリテーションのための競技会がイギリスのストーク・マンデビル(Stoke Mandeville)病院で開催された。この大会は，名称を世界車いす・切断者競技大会(IWAS World Games, World Wheelchair and Amputee Games)と変え，現在でも4年ごとに開催されている。

また，パワーリフティングは1964年の第18回オリンピック大会(東京)の後に開催された第2回パラリンピック大会(東京)で，競技種目として初めて採用され，以来，パラリンピック競技種目として定着している。

海外ではこのようにリハビリの一環として行われてきたパワーリフティングであるが，日本国内では長い間，健常者に交じって競技が行われてきた。しかし，第11回パラリンピック大会(シドニー，2000年)の前年の1999(平成11)年に，日本ディスエイブル(障害者)パワーリフティング連盟(Japan Powerlifting Federation for the Disabled: JDPF)が発足すると，以降，下肢に障がいをもつ選手による全国競技会が毎年2回開催され，4年に1度のパラリンピックには，毎回日本代表選手が参加するようになっている。

JDPFの発足以来，第11回から第13回まで3回のパラリンピックに選手を各1名ずつ派遣し，それぞれ，15位，8位，8位の成績を収めている。パラリンピック派遣にあたっては，国際パラリンピック委員会パワーリフティング(International Paralympic Committee Powerlifting)が，毎年世界ランキングを作成し，各クラスの上位選手がパラリンピック代表として指名を受ける。日本国内では50人余りの選手がこの世界ランキング上位入りを目標に競い合っている。

(吉田寿子)

ハンググライディング

Hanggliding

① 競技概要

ハンググライディングは，化学繊維の布とアルミ合金の骨組みでできた翼(ハンググライダー)を使って飛行し，そ

の速さや正確さを競う競技である(図1)。

ハンググライディングの競技には，クロスカントリー，短いコースでの速さを競うスピードグライディング，エアロバティック(曲技飛行)などがあり，国内ではクロスカントリーのリーグ戦が実施されている。

クロスカントリーは，あらかじめ指定された地点の上空域を通過して，いかに短時間でゴールするかを競う。ハンググライダーの性能を引き出す技術はもちろん，気象の知識，豊富な経験に裏打ちされた冷静な判断力がなければ，好成績を収めることはできない。海外の強い上昇気流が発生するフライトエリア(飛行場所)では，テイクオフ(離陸)地点からゴールまでの距離が100kmを超える競技は珍しくない。国内のトップクラスの競技会でも100km級のレースが行われることがある。

また，ハンググライダーはその翼形や操縦方法によりクラスが分けられ，2年に1度開催される世界選手権では，クラス1，クラス1女子，クラス2，クラス5の各チャンピオンが選ばれる。一般的に知られているハンググライダーはクラス1である。

国内でも40年近い経験が蓄積され，機材や指導方法の研究が進んだハンググライディングは，気軽に飛行の夢を実現でき，しかも自然と一体化できる魅力をもち，いまも注目のスカイスポーツである。

② 歴史

現代の滑空機の最初のページをひらいたのは，ドイツのオットー・リリエンタール(Otto Lilienthal)である。19世紀末，自作の人力滑空機で2,000回以上もの飛行に成功し「グライダーの父」と呼ばれる。20世紀半ば，アメリカの国家航空宇宙諮問委員会(National Advisory Committee for Aeronautics: NACA，現在のアメリカ航空宇宙局 National Aeronautics and Space Administration: NASA)の研究員だったフランシス・ロガロ(Francis Rogallo)が三角形のフレキシブルカイトを考案し，宇宙カプセル回収のための利用を提案した。その後，夫人とともに研究を重ねたロガロは，現在のハンググライダーの原型を作ることとなる。

一方オーストラリアでは，1963年にジョン・ディッキンソン(John Dickenson)が，現在のハンググライダーと同じ構造をもつ翼で水上スキーを使った飛行に成功した。ビル・モイス(Bill Moyes)やビル・ベネット(Bill Bennett)も，水上スキーを使ったデモンストレーション飛行を各地で行い，多くの目を新しいスカイスポーツに向けさせた。2人は後にハンググライダーメーカーとして活躍を続ける。

日本でもアメリカの雑誌等をもとにハンググライダーを自作する人々が現れ，試行錯誤を繰り返していた。1975(昭和50)年，国内メーカーによる量産タイプのハンググライダーが発売され，自由な飛行に憧れる人々が各地にできたスクールの門を叩いた。

最初は短いコースで着陸精度を競っていた競技会は，機体性能と操縦技術の向上とともにレベルアップし，現在もなお進化を続けている。

ハンググライディングをはじめとするスカイスポーツを統括するのは，1905年に設立された国際航空連盟(The International Air Sports Federation: FAI)であり，FAIが公認する競技会は，世界共通のルールに則って行われる。国内の統括団体は，1982年に設立されたハング・パラグライディング連盟(Japan Hang and Paragliding Federation: JHF，設立時の名称は日本ハンググライディング連盟)で，FAI正会員であり日本の航空スポーツ全般の発展を事業目的とする日本航空協会(Japan Aeronautique Association: JAA，1952年設立)から，会員登録，技能認定など統括団体としての事業を委譲されている。競技会の主催・公認も行っており，年に1度の日本選手権と年に数回のリーグ戦(ハンググライディングシリーズ)で各チャンピオンを決定している。

(松田保子)

図1　競技中の様子：ハンググライディング
2011年，イタリアで開催された世界選手権。4位入賞の大門浩二の飛行。

ハンドボール

Handball

① 競技概要

ハンドボールは，2チームが同一の競技場(コート)上で入り交じり，パスやドリブルでボールを扱いながら前進し，相手チームのゴールにボールを投げ入れて一定時間内にあげた得点の多いチームが勝者となるゴール型の球技である(図1)。

[競技の特性]

ハンドボールは，走・跳・投という基本的な動きをもとに，片手で自由に握れるほどのボールを主に手で扱い，シュートによって得点を競い合うものである。ゲームにおいてチームの仲間とともに，攻撃側は相手のゴール前でシュートの可能性を作り出してボールをゴールに投げ入れようとし，防御側は相手の攻撃を阻止して自分のゴールを守ろうとするか，相手ボールを奪い返そうとする。この攻撃の最終場面である突破からシュートに至る局面に競技の特性は集約される。ハンドボールはアメリカでは，ボールを壁に打ち返す「コートハンドボール」と区別するために，「チームハンドボール」と呼ばれ，サッカーとバスケットボールの要素が結びついたゲームとして紹介されている。しかし，ドイツの球技論では，「ボールを争奪する」初期のゲーム形式から発展した「ゴール型」に属し，身体接触が伴うという点で，同類のバスケットボールとは明確に区別される。さらに，片手で握れるほどのボールを自由に，思いっ切り投げられるという点で，同類のサッカーとも明確に区別されている。つまり，相手陣の突破局面では身体接触が頻発するが，ボールを確実にキープしながら全力で走り，跳び，投げるといったシュート局面はこの競技だけのものといえる。

また，シュートに至るまで，選手たちは動きながら多彩なパスを手で自由に行い，シュートチャンスをうかがう。特にコートプレイヤーは3秒，3歩までしかボールを保持できないためにすばやいパス回しが多用され，この多彩なパスワークによってゲームを展開させる点も特性の1つである。

[競技の仕方]

競技は，1つのルールに基づいて2チームで行われる。各チームは16人のプレイヤーから成り，1人のゴールキーパーと最大6人のコートプレイヤーが同時にコート(図2)にいてもよい。残りは交代プレイヤーであり，何回でも交代できる。

競技時間は，特に成年・高校生の場合，前後半30分ずつが標準で，その間に10分の休憩がある。各チームは，前後半に1-2回ずつ合計3回まで1分間のチームタイムアウトをとる権利がある。

ゴールエリア(以下，エリアと記す)にはコートプレイヤーは侵入できないので，エリア付近での攻防に特徴が出る。

ボールの扱い方は，膝から上を用いること，それを持って最高3歩(空中で捕った後の着地足はカウントしない)まで動くこと，最長3秒まで保持することができる。また，それを1回弾ませ，再びつかむ前なら，片手で何回でもドリブルすることができる。

相手のボールに対して，いかなる方向からでも開いた片手で払いのけるのはよい。それをひったくったり，叩き落としてはいけない。

相手の進路を胴体で遮ること，正面から曲げた腕で身体に接触し，ついていくのはよい。腕や手を使って阻止したり，つかんだり，押したり，体でぶつかったりしてはいけない。

違反が判定された時に，違反がなかったチームにフリースローや7mスローなどが与えられる。特に，ボールではなく相手を対象とした行為に対しては，これらのスローの判定だけでなく，罰則(初めに警告，次に2分間退場，そして失格)が「段階的」に適用される。退場や失格は，違反などの内容によって直接適用されることもある。

また，スポーツマンシップの精神に反する身体的・言語的表現には，罰則が適用される。

得点は，ボールが完全にゴールラインを越えた時に1点入る。得点後の競技の再開は，その開始と同様，レフェリーの笛の合図でコート中央からのスローオフによって行われる。

各種スローは，違反や中断があった場合に，それらに応じた適切な位置から行う(図3)。その際，相手はボールから3m離れなければならない。すべて

図1　競技中の様子：ハンドボール (写真：ロイター/アフロ)
個人プレイとチームプレイの両面に高度な技術と戦術が求められる。

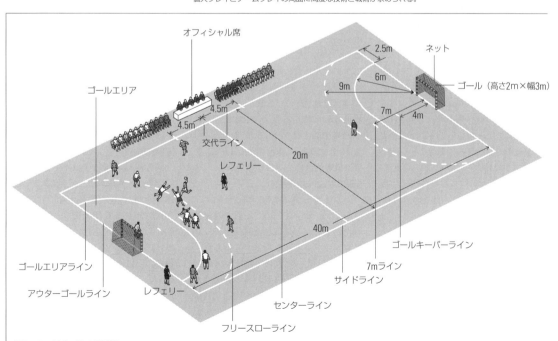

図2　ハンドボールの競技場

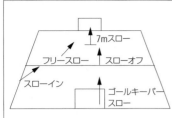
図3 各種スロー

のスローは，直接得点することができる。

その他，消極的プレイや遅延行為などの，攻撃かシュートの意図を示さないパッシブプレイ（以下，パッシブと記す）の判定，早まって競技を中断しないようにするアドバンテージルールの適用など，良否判定をするレフェリーの介入が勝敗に大きく作用する。

[勝敗の決定]

競技終了時に前半と後半の合計得点が多かったチームが勝ちとなる。なお，両チームとも無得点，または同点の場合は引き分けとなる。なお，大会規定により，正規の試合時間後に前後半5分ずつでその間に1分の休憩がある延長戦を設ける場合や，延長戦後も同点の時は，7mスローコンテストを行う場合がある。この時は7mラインからのシュートで，両チーム3人ずつが交互に各1投ずつスローを行い，得点の多かったチームを勝ちとする。

[施設，用具および服装]

競技場は，長さ40m（小学生は36m）×幅20mの長方形で，2つのゴールエリアと1つのプレイングエリアで構成される（図2）。各ゴールの前にゴールエリアを設け，ゴールエリアライン（6mライン）でその境界を示す。さらに3m外側にはフリースローライン（9mライン）が破線で描かれる。また，ゴールは，高さ2m×幅3mで，コートからみえるゴールポストとクロスバーの面は対照的な2色で帯状に塗り，目立つようにしなければならない。

ボールは，球形で，革あるいは合成の材質を用い，光沢があったり滑りやすかったりしてはならない。また，ボールの大きさは，成年・高校生の男子用が外周58-60cm，成年・高校生の女子用と中学生の男女用が外周54-56cmでなければならない。

同じチームのコートプレイヤーは全員，相手のチームから判別できる同じ種類のユニホーム（ショートパンツとシャツ）を着用しなければならない。なお，ゴールキーパーは両チームのコートプレイヤーおよび相手のゴールキーパーと区別のつく色のユニホームを着なければならない。プレイヤーはスポーツシューズを履かなければならない。

② 組織の発展

[発祥]

近代ハンドボールは，19世紀末から20世紀初頭，ドイツとデンマークで成立した。ドイツでは，1890年代にイギリスのチームゲームが移入されたが，1915年，ベルリンの女性体育指導者マックス・ハイザー（M. Heisure）は，ラグビーに似たラフバルを婦人向けのトーアバルに改良した。1919年，ベルリン大学の体育教官カール・シェレンツ（C. Schelenz）は，この11人制の原型といわれる屋外での球技を男女問わず楽しめるように改良し，競技ルールを制定した。これが屋外の大競技場で行われた11人制である。一方，デンマークでは，1898年，人工呼吸法の発案者ホルガー・ニールセン（H. Nielsen）が仲間とともに16人で行うハンドボールを創始し，1906年に最初のルールブックを刊行した。さらにそれは，冬季に室内で行える球技へと改良され，1918年，国立体育研究所の体育教官フレデリック・クヌッドセン（F. Knudsen）がその競技ルールを公表した。これが後の7人制の原型である。両者は主に学校体育の中で育まれ，しばらく競技として併存したが，1960年代にはより魅力ある7人制への統一が世界的な傾向になった。7人制は，1972年の第20回オリンピック大会（ミュンヘン）で公式競技に採用されて以来，重要な世界的スポーツになった。

[国際競技団体の設立]

ハンドボールは1897年にデンマークのニューボーで初めて屋外で競技されたが，それと類似した競技がチェコスロバキア，ドイツなどでも行われ，発展していた。これらの競技が11人制ルールとして統一された後，各国はオリンピックへの参加をめざし，1928年にアムステルダムで国際アマチュアハンドボール連盟（International Amateur Handball Federation: IAHF）を結成した。

これがハンドボールの世界最初の統括団体である。この連盟は，1) ハンドボールの普及促進，2) 国際大会，世界選手権の組織運営，3) 各国連盟との協調，4) オリンピック競技となるための準備，を目標として掲げた。1934年には，11人制，7人制のルールを国際的に統一している。そして，1936年の第11回オリンピック大会（ベルリン）に男子のハンドボールが正式競技に加えられると，1938年には第1回男子世界選手権を開催した。しかしこのIAHFは，ドイツが中心であったこともあり，上記2大会では11人制が行われた。後者の大会では，同時に7人制も行われており，双方でドイツが優勝を飾っている。

[7人制への統一と世界的な普及]

第二次大戦後，ハンドボールの中心はドイツからスウェーデン，デンマーク等のスカンジナビア諸国に移り，IAHFは当初の目的を受け継ぎつつ，1946年にコペンハーゲンで新たに国際ハンドボール連盟（International Handball Federation: IHF）として再結成された。このIHFが現在の世界のハンドボール界を統括する組織となっている。1948年には，第2回11人制男子世界選手権を実施し，1966年まで7回の大会を開催したが，世界の流れは7人制に傾き，1962年の女子選手権，1967年の男子選手権から，すべての国際試合は7人制に一本化された。また1977年からは，男女ジュニア世界選手権も始められ，2005年からは男女ユース世界選手権を開催している。現在IHFは，上記のような年代別の世界選手権6大会を含め，オリンピック競技と，ビーチハンドボールの世界選手権を運営している。

[組織の現在]

国際組織の再結成はIHFとして8ヵ国の参加で始まったが，現在，5大陸連盟，182の国と地域が加盟している（2011年現在）。IHF組織は，会長1人，4大陸からの4人を含めた副会長5人，専務理事1人，財務担当理事1人，5委員会の委員長5人，4大陸からの推薦理事4人の計17人で評議会が構成され，運営されている。長い間スカンジナビアを中心とするヨーロッパが組織を主導してきたが，競技の世界的普及とともに，他地域の加盟国も増加し，2000

年からエジプトのムスタファ（Hassan Moustafa）が会長に就任したこともあり，アラブ諸国に運営の中心が移っている。

[日本への普及と発展]

わが国のハンドボールは，1922（大正11）年に大谷武一が東京で開催された大日本体育学会夏期講習会において，11人制を体操科教材として中学校などの教師に紹介したことに始まる。1928年のIAHF設立時には，日本陸上競技連盟の1セクションとして加盟をしている。これが競技を統括する組織としての始まりであった。1937（昭和12）年には第1回の全日本選手権が開催され，翌年に日本陸上競技連盟より独立し，日本ハンドボール協会（日本送球協会）が設立された。

第二次大戦で活動が停滞していたわが国のハンドボール界は，戦後，1946（昭和21）年の第1回国民体育大会をはじめとして，各加盟連盟の大会が続々と創設され，活況を呈し始めた。全国的発展には，国民体育大会が大きな役割を果たしている。1966（昭和41）年には47都道府県にハンドボール協会が設立され，この都道府県協会と活動のステージを同じくする全国連盟が日本ハンドボール協会の加盟団体として活動している。全日本選手権は，1953（昭和28）年に全日本総合選手権と改められ，大会の拡大に伴い各連盟からの代表を集めて開催されるという方式が採られた。

国際的な活動としては，IHFに1952（昭和27）年に加盟が認められ，7人制を採用している。そして，1961（昭和36）年の第4回7人制世界選手権に男子が，1962（昭和37）年の第2回大会に女子が初出場している。また，1972（昭和47）年の第20回オリンピック大会（ミュンヘン）に男子が，女子が正式種目になった1976（昭和51）年の第21回大会（モントリオール）には男女が出場している。1997（平成9）年には，ヨーロッパ以外で初めての男子世界選手権を熊本県で開催し，その後の運営に大きな影響を与えるほどの評価を得ている。

国際的な流れに沿い，1963（昭和38）年から競技が7人制に一本化され，1976（昭和51）年から日本リーグが創設された。日本ハンドボール協会は，1981（昭和56）年に財政的，運営的基盤を強化するため，財団法人化されてい

る。そしてまた，スポーツの社会的価値，教育的価値などの高まりと，活動ステージの拡大と多様化もあり，1998（平成10）年には各活動ステージを統合した大会である第1回ジャパンオープントーナメントが創設された。

さらに，ビーチハンドボール大会の創設や，車椅子ハンドボールなどの連盟の設立，そして小学校学習指導要領への教材としての導入やスポーツクラブの増設など，普及発展が目覚ましい。

③ **技術・戦術・ルールの変遷**

[ルールの変遷]

・11人制から7人制への統一

11人制では，コートが広いので，身体接触は比較的少なかったが，それでもプレイヤーが1ヵ所に集中しないように，オフサイドルールが発達した。ゲーム展開も，ダブルドリブルが許され，個々のプレイヤーがボールを運ぶ時間が長く，スローテンポで，大量得点は望めなかった。一方，7人制では，コートが狭くなり，全員で攻防を行うため，ゴール前にプレイヤーが集中し，必然的に身体接触が多発した。また，ダブルドリブルが禁止され，パス中心のゲーム展開となり，スピード化によって大量得点の勝負となった。

11人制の衰退より魅力的な別のものへの置き換えという世界の流れに沿って1960年代に世界的に7人制に統一されていった結果，ハンドボールは，より速く，激しいものへと発展することになった。

・スローテンポからスピード化

当初は1人のレフェリーが，ゴール脇に位置するゴールジャッジにサポートされて審判をしていた。その後，1969年にはそれを廃して，2人のレフェリーで審判をするように改められた。また1965年には，フリースローによる競技の再開は，レフェリーの笛なしで，すばやくできるように改められた。さらに1973年には，スローインの際，サッカーと同様，ボールを両手で頭上から投げるという規制が緩和され，片手ですばやいロングパスができるようになり，より速い攻撃が可能となった。

しかし，スピード化による技術・戦術の発展が一定の限界に到達すると，攻撃成功率を向上させるために，セッ

ト攻撃を中心としたスローテンポのゲーム展開が多くなった。そのため，1997年にはさらなるスピード化をめざし，1回の攻撃時間を短縮させる目的で，パッシブの予告合図が導入された。無駄なボールまわしであるとレフェリーが判断した場合，相手にフリースローが与えられるため，より積極的な攻撃が要求されるようになり，現在に至っている。

・ラフプレイからハードでクリーンなプレイ

1960年代後半に7人制に一本化されてしばらく，ラフプレイがスポーツマンシップに反する行為とされ，警告が与えられた。繰り返された場合には，2分間・5分間・残り時間の退場が与えられた。自陣内でのラフプレイには，相手にペナルティースローさえ与えられた。

しかし，その後もラフプレイの基準はあいまいで，前述のように反則に対して与えられるペナルティーが非常に重かったためレフェリーが慎重になり，簡単には罰せられなかった。また，反則が発生しても，プレイを継続させるアドバンテージルールの存在も，レフェリーの任務を複雑なものにした。

そして1977年に，退場時間が2分間に統一されたが，激しい防御を制御することはできず，パワープレイが試合の中心となり，プレイヤーの大型化を招いた。

この「パワーハンドボール」の頂点が，1980年の第22回オリンピック大会（モスクワ）であった。試合を観戦したIOC役員が，あまりの激しさに，「このようなラフな競技は，オリンピックにふさわしくないのでないか」と発言し，物議を醸し出した。

オリンピック種目廃止の危機感を抱いたIHFは，1981年に「クリーンハンドボール」のスローガンのもと，抜本的なルール改正を行った。新たに「罰則」の条項を設け，警告・退場・失格・追放に相当するプレイを具体的に示し，ルールを明瞭にした。さらに，「明らかな得点チャンス」の基準を明確にすることなどで，ラフプレイが厳格に罰せられるようになった。その結果，パワー中心から，スピード・技術・戦術中心のハンドボールへ進化した。

さらに，1985年の改正では，「罰則

の段階的適用」が明文化され，ラフプレイが「ボールではなく相手の身体を対象としたファウル」と定義された。

その後，ハードな競技ではあるが，スピード化・クリーン化を促進させる方向で，ルール上のあいまいさを解消するためにルール改正が行われ，現在に至っている。

[技術・戦術の特徴]
・1960年代の特徴：スピーディーな7人制

7人制の始まりは，攻撃では，11人制の基本であったフットワークを使ったローリングによるボールまわしが主流で，防御では，1人1人がマークしているプレイヤーを守る「人中心」のマンツーマンが主流であった。

・1970年代から80年代初めの特徴：パワーハンドボール

攻撃面では，ローリング攻撃からエリア際でのポジション攻撃が主流となった（図4）。攻撃の中心は身長2m以上あるバックコートプレイヤー（以下，バックプレイヤーと記す）であり，ポストプレイヤー（以下，ポストと記す）の主な役割はシュートのためのブロックであった。フリースローの際に2，3人が並んで防御者をブロックし，ロングシュートを打たせる戦術も多くみられた。

防御面では，防御者が一線上に並び，消極的に守る6:0防御システム（以下，自陣のエリア側からの人的配置を示す数字のみを記す）が主流であった。ここでは，

相手に反応的に動くため，長身者によるシュートブロックの技術が向上した。また，防御者は攻撃の個人戦術が向上してきたサイドプレイヤー（以下，サイドと記す）の動きを制限するために，積極的に前に詰め，動きを止めようとした（図5）。これが速攻の飛び出しからの1次速攻を生み出した。

また，1970年代は，防御がルールのあいまいさに加え，攻撃の個人戦術の発展にも対応できなくなった結果，不正な防御法が多くなり，格闘技的な側面だけがマスコミに強調された。

・1980年代の特徴：クリーンハンドボール

まずもって防御面では，1982年の世界選手権までは，消極的防御が多かったが，攻撃の個人戦術の向上に伴って，1980年代中頃には，積極的にボールに寄って守る「ボール中心」の3:2:1が主流になったという特徴がある（図6）。

特に韓国は，1986年の世界選手権，1988年の第24回オリンピック大会（ソウル）では，フットワークを使って高く前に詰めていく積極的な3:2:1を取り入れ，成果を上げている。この防御法は，すでにユーゴスラビアが1970年から考案・改良しながら完成させ，当代に成功を収めたものである。またソ連は，第24回オリンピック大会（ソウル）で変則の5:0+1を生み出した（図7）。これは特に速い韓国の攻撃リズムを崩すのには効果的であり，優勝した大きな要因となっている。

一方攻撃面では，1982年までは，

ポジション攻撃が主流であったが，その後ロングシュートの技術が向上し，そのバリエーションが豊かになった。またサイドによる1対1の技術・戦術もますます向上してきた。

また，1980年代中頃では，3:2:1防御の裏の空間を使う戦術が発展してきた。その要因は，ポストが中心となる「つなぐ」プレイの出現と，ソ連がユーゴスラビアの3:2:1に対して行った3:3攻撃から2:4攻撃へのシステムチェンジをどのチームも導入したことである（図8）。これは個人中心から，2，3人のグループやチームを中心とする戦術への変化を意味している。それに伴い，特にバックプレイヤーには，防御のプレッシャーを受ける前にボールを捕って投げる技術が要求され，攻撃全体のパスワークが速くなった。

そして1980年代後半には，攻撃のテンポがますます速くなってきた。特に韓国は，正確，多彩でスピードのあるパスワークやシュート，突破力のあるフェイントなどを駆使した。また，速攻による得点が勝敗を左右する傾向がみられ，各チームが速攻の構想をもつようになった。

・1990年代の特徴：タクティカルハンドボール

防御面では，1990年代の初めに，積極的な防御が崩されるようになると，システムが大きく変化し，エリア際を守るために，防御ラインを下げるチームが増えた。しかし以前とは異なり，特にスウェーデンのように，シュートされそうな箇所を積極的に守った。また，ロシアやフランスが取り入れた5:1や5:0+1のように，エリア際の消極的な5人と，積極的に先読みしながら動く1人による防御が代表的なものであった。このようにシステム化された防御が攻撃を上回る傾向が始まった。それに伴い，防御専門のプレイヤ

図4　ポジション攻撃

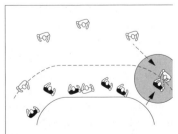

図5　6:0システムからのサイドプレス

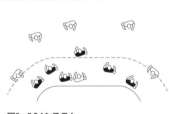

図6　3:2:1システム

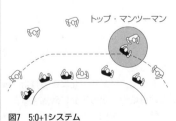

図7　5:0+1システム

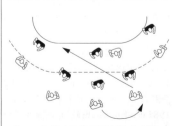

図8　3:3から2:4へのシステムチェンジ例

ーが生まれ，2，3人のプレイヤーが，攻防を切り替える局面で交代する場面が増えてきた。

攻撃面では，1990年代前半では，スウェーデンは両サイドをコーナーに位置どらせることによって，システム化された防御の隊形を広げ，バックプレイヤーを動きやすくさせる攻撃をみせた（図9）。これは現在では一般的な原則である「幅」を使った攻撃であり，これ以降の戦術に大きな変化をもたらした。さらに，シュート場面を増やすために，チーム戦術によって防御の隊形を変化させてから，グループ戦術や個人戦術を使うことによって得点を増やそうとした。また速攻は，防御のシステム化に伴ってボール獲得が増えるため，重要な戦術として各チームに浸透してきた。特に2次，3次速攻の発生傾向がみられた。

さらに，1990年代中頃は，防御優位の時代となった。フランスは，能力が高い選手を5:1のトップに置いた。この先を読んだ動きは攻撃的であり，1995年の世界選手権では完成され，相手の攻撃を遅延，中断した。また，どのチームも相手のリズムを崩すために，いくつかのシステムを使い分けた。

一方，1990年代中頃はさらにシステム化され，完成された防御に対して有効な突破口はみあたらなかったが，相手の先読みを利用し，空間を作り出そうとする個人戦術がみられた。また，空いた空間を利用したシュートやフェイントのバリエーションが増え，大きな得点源となった。

速攻に関しては，減少の傾向がみられた。これは，1990年代前半からシステムの完成が優先され，防御のみを専門に行うプレイヤーが必要となったためである。同時に幾人もが交代することで生まれるプレイの中断がゲームの

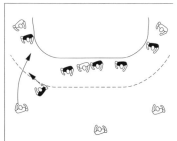

図9　幅を使った攻撃

表1　ハンドボールのルールと組織の主な変遷

年	主な出来事
1897	デンマークのニューボーで，屋外で初めてハンドボールが行われる
19世紀末	ドイツ語圏を中心に11人制，スカンジナヴィア諸国を中心に7人制が行われ始める
1922	大谷武一が日本に11人制を体操科の教材として紹介
1928	国際アマチュアハンドボール連盟（IAHF）が設立 日本は陸上競技連盟の1セクションとしてIAHFに加盟
1934	IAHFが11人制，7人制の国際ルールを統一
1936	第11回オリンピック大会（ベルリン）にて男子のハンドボール（11人制）が正式競技化
1937	第1回全日本選手権を開催
1938	第1回世界選手権（11人制）を開催 日本送球協会（日本ハンドボール協会）が独立組織として設立
1946	国際ハンドボール連盟（IHF）が設立
1952	日本がIHFに加盟するとともに，7人制を採用
1953	全日本選手権が全日本総合選手権に改称
1963	すべての国内公式試合が7人制に一本化
1965	フリースローによる競技再開はレフェリーの笛なしで可
1966	47都道府県すべてにハンドボール協会が設立され，普及促進
1967	すべての国際試合が7人制に一本化
1972	第20回オリンピック大会（ミュンヘン）にて7人制が正式種目化 日本男子がオリンピックに出場
1973	スローインを両手で頭上から投げる方式から，片手で投げ入れる方式に変更
1976	日本男子・女子ともに女子が正式種目になった第21回大会（モントリオール）に出場 日本リーグを創設
1977	退場時間が2分に統一（それまでは，2分間，5分間，残り時間など） 男女ジュニア世界選手権が開始
1980	第22回オリンピック大会（モスクワ）でハンドボールの荒々しさが批判される
1981	IHFが「クリーンハンドボール」のスローガンのもと，抜本的なルール改正を行う 日本ハンドボール協会が財団法人となる
1985	IHFがルール改定において「罰則の段階的適用」を明文化
1997	1回の攻撃時間を短縮するため，パッシブプレイの予告合図を導入 ゲーム再開のスローオフの際に，得点したチームの選手が相手コートに残っていても，センターにボールがセットされ，レフェリーが笛を吹いたらゲームが再開されるようになる
1998	日本国内ですべてのカテゴリーを総合した大会，ジャパンオープントーナメントを創設
2001	ボールを所有している時に前後半それぞれ1回ずつ，各1分間の作戦タイム（チームタイムアウト）がとれるようになる
2005	第1回アジアユース選手権で日本女子が2位となり，世界選手権に出場
2006	第1回ユース女子世界選手権で日本が7位に入賞
2008	中東の笛問題で第29回オリンピック大会（北京）アジア予選再試合が東京で行われ，日本中から大きな注目を浴びる
2012	前後半，それぞれ2回まで，合計3回まで1分間のチームタイムアウトがとれるようになる

テンポを悪くし，スピーディーなゲームの発展傾向を停滞させていった。このことも，パッシブのルール改正へとつながる契機となった。

また，「罰則の段階的適用」が定着したことで，退場が増え，数的優位の状況が多くなった。そこで，どのチームもその状況下での攻撃を1つの戦術として確立していたことも特色である。

・1990年代終わりから2000年代初めの特徴：システマティックハンドボール

防御面では，これまでと同様，ますますシステム化される傾向がみられた。また，どのチームもシステムチェンジを行って，相手のリズムをつくらせないように戦っていた。防御のみを専門に行うプレイヤーについても，パッシブのルール改正により，1人程度交代するのが普通で，プレイが中断する場面はみられなくなった。また，攻守のメンバー交代を速攻に利用するために，前後半で交代するプレイヤーやポジションを変えているチームもみられた。

攻撃面では，1次，2次，3次速攻のそれぞれにおいて，各チームの特色ある戦術が観察された。最も大きな変化は，これまで崩せなかった防御に対し，ポジションチェンジ戦術を，ボールを持ったり，持たない状況で用いたことである。これによって防御は，先読みして位置どりをすることが難しくなり，反応的な動きにならざるを得なくなった。まさしく防御優位から攻撃優位への変化である。またパッシブの導入によって攻撃のテンポが速くなったことに加え，組み立てのない攻撃も増加したので，高得点のゲームが展開されるようになった。

④ **現代の技術・戦術・ルール**
[ルールの特徴]

基本的には，オリンピックの翌年に毎回，ルールは見直されている。現在もスピード化が促進され，戦術面で実施されているのが，クイックスタートである。

1997年のルール改正以前は，スローオフの際，両チームのプレイヤーが自陣に位置することが求められた。しかし，ルール改正以降は，得点したチームのプレイヤーが相手コートに残っていても，センターにボールがセットされれば，レフェリーの笛が吹かれ，競技が再開されるため，すばやく帰陣しなければならなくなった。

その結果，試合における攻撃回数が飛躍的に増加することにより，プレイヤーの運動量が増加し，体力消耗も激しくなって，メンバー交代の必要性が高くなった。そのため現行ルールでは，ベンチ登録の人数が12人から16人に変更されている。

また，競技の多様化に伴い，2001年のルール改正以降，前後半それぞれ1分間，ボールを所有している時に作戦タイムをとる権利があり，詳細な指示が可能となっている。

現在ではルールの条文が簡潔な表現に改められ，その結果，罰則が適用されるべき反則の基準がより明確となり，警告を経ずに退場となる事例が拡大している。しかし，判定の基準は，あくまでレフェリーの専権事項であり，レフェリーの技量の差が，試合における技術・戦術，おもしろさに影響を及ぼしている。

2007（平成19）年の北京オリンピック・アジア予選では，「中東の笛」問題が表面化した。中東のレフェリーが担当した試合で，中東チームが勝利を収め，出場権を獲得したことに対して，韓国と日本がIHFに提訴した。その結果，総会において，レフェリーの不適切な判定・運営があったとされ，予選結果が無効となり，再予選が実施される事態となった。

[技術・戦術の特徴]
・攻撃における特徴

攻撃のテンポはますます速くなり，攻撃回数も多くなってきた。2003年の世界選手権から顕著となったクイックスタートを含め，ボール獲得からの徹底した速攻とそれからの継続によって，セット攻撃への切り替えがスムーズになってきた。個々のプレイヤーの能力は高まり，特にバックプレイヤーには，ボールを捕って0歩か1歩でシュートを打つなど，すばやい可変的なシュートが要求されている。また防御がエリア際を密集して守るため，ポストの働きが重要となっている。

チーム戦術では，すばやいポジションチェンジとその継続を狙いとする攻撃が中心となっている。またサイドを中央に走らせることで，意図的にコート半面に防御者を集め，広くなった空間をバックプレイヤーやポストが攻撃するという戦術が多くみられるようになった。

・防御における特徴

防御における近年の特色を一言でいえばフレキシビリティーである。各チームは従来のシステムでスタートするが，プレイヤーたちは，それを各自の判断によって流動的に変化させる。個々のプレイヤーには，先読みと体力，そして瞬時の連携が求められるようになった。また，ゲームが防御から速攻へとスムーズに継続するように，メンバー交代は，防御を専門に行うためではなく，ゲーム展開によって体力が消耗してきた時に取り入れるという傾向になっている。

参考文献

- 入江信太郎ほか 編. 1987.『日本ハンドボール史』日本ハンドボール協会.
- 大西武三. 1997.「ハンドボールのゲームにおける局面の構成について」『筑波大学体育科学系紀要』(20): 95-103.
- 笹倉清則. 1997.「戦術構造の発展史的考察：ハンドボール戦術」『スポーツモルフォロギー研究』(3): 100-15.
- ―――― 監修. 2003. Tactics of handball in the World. 日本ハンドボール協会.
- 佐藤靖. 2000.「ハンドボールゲームの戦術の体系化について」『秋田大学教育文化学部教育実践研究紀要』(22): 41-60.
- 清水宣雄. 2007.「IHF Handbook For Basic And Advanced Training Understanding, Interpreting And Apply The Rule の翻訳による解釈の可能性について」『ハンドボール研究』(9): 65-68.
- 中澤重夫ほか 編. 1998.『創立60周年記念誌』日本ハンドボール協会.
- 馬場太郎. 1975.「ハンドボール競技発祥の史的研究」『プール学院短期大学研究紀要』(15): 1-22.
- IHF. *50 Years Handball/ 100 Years Handball*. 1996, 12-13.
- Levinson, D., Christensen, K. (ed.) *Encyclopedia of World Sport*. ABC-CLIO, 1996, 163-64.
- Stiehler, G. u.a. (Red.) *Sportspiele*. 1988.（唐木國彦 監訳『ボールゲーム指導事典』1993. 6-7, 16. 大修館書店）

（佐藤 靖，村松 誠，
笹倉清則，清水宣雄）

ハンドボール
[障がいのある人の]

→車椅子ハンドボール

ハンマー投

→陸上競技

ビーチサッカー

Beach Soccer

① 競技概要

ビーチサッカーは，原則として砂浜（ビーチ）で行うサッカー競技である（図1）。

砂の上でプレイするため，相手のゴールに対して足でボールを蹴り入れ勝敗を競うという基本は同じであるが，サッカーとは随分異なった特徴を有している。1チーム5人（フィールドプレイヤー4人とゴールキーパー1人）の競技者が，37×28mの大きさ，40cm以上の深さで敷き詰められた砂のピッチ上を，ドリブルやグラウンダーのパスではなくボールを浮かしてのキックや，ゴールキーパーから前線へのスローイングなどを多用してプレイする。砂の上でのプレイは体力の消耗が大きいこともあり，1チーム最大5人の交代要員を置くことができ，何度でも自由に交代できる。

試合は，1ピリオド12分間で，3ピリオド制で行われる。延長は前後半なしの3分間で，ペナルティー戦は，最初からサドンデスで行われる。裸足でのプレイのため，ボールは一般のサッカーと同じ大きさ（5号）だが，表面が柔らかく，また耐水性のあるものが用いられる。

プレイにおける特徴として，砂に足をとられるという難しさがある一方

図1　競技中の様子：全国ビーチサッカー大会
（写真提供：NPO法人JAPANビーチサッカーネットワーク 紅林敏弘）

で，転倒しても負傷しにくいこともあり，バイシクルキックなどのアクロバティックなプレイが多い。また，フリーキックの際，守備側ゴールキーパーを除いて，相手，味方に限らず，ボールと相手ゴールの間に入ることができないため，反則1つで得点のチャンスが生まれる。さらにオフサイドがないこともあって，全体的に得点が多いスポーツとなっている（2011年FIFAビーチサッカーワールドカップイタリア大会では平均8.4点／試合，一方2010年ワールドカップ南アフリカ大会では平均2.3点／試合）。

② 歴史

ビーチサッカーはブラジルが発祥とされるが，世界各地でサッカーが浜辺において余暇として楽しまれていたものを，1つの共通のルールのもとで行おうということで，1992年にアメリカで競技規則が制定された。

1995年にはブラジルのリオデジャネイロにおいて第1回のビーチサッカー世界選手権大会が開催された。これらの大会にはジーコ（Zico）など元プロの有名選手が参加したこともあり，テレビ放映もされ注目を浴びた。

しかし，これらはビーチサッカー・ワールド・ワイド（Beach Soccer Worldwide: BSWW）等の主催で行われていたものであった。自らがサッカー，フットサルなどすべての種類のサッカーを統括する団体と考える国際サッカー連盟（Fédération Internationale de Football Association: FIFA）は，BSWWの競技規則を基本にビーチサッカー競技規則を制定し，2005年に第1回FIFAビーチサッカーワールドカップを開催した。以後，2009年までは毎年，それ以降は2年ごとに行われ現在に至っている。

スポーツ自体が新しいこともあり，大きな戦術的な変更をみることはないが，競技規則は，当初BSWWのものを基本としていたため，FIFAは一時的退場制度を廃止するなど，基本的な競技規則の考え方をサッカーやフットサルに同調させるべく，変化させている。また，ハーフではなく3ピリオド制を含む，サッカー等とはなじまない他の競技規則については，今後もさらなる検討が行われると考えられる。

国内では，1997（平成9）年，千葉県の白子海岸で興行を目的としたビーチ

サッカーの国際大会が開催された。また，世界選手権には1997年から参加し，1999（平成11）年にはベスト8に入っている。

その後，ビーチサッカーがFIFAの正式種目となったことによって，日本においても日本サッカー協会（Japan Football Association: JFA）が全国ビーチサッカー大会を2006（平成18）年から開催している（2005年はプレ大会）。日本代表はFIFAビーチサッカーワールドカップの第1回大会（2005年）から参加し，ベスト4になるなど高いレベルのプレイを披露したが，南米，ヨーロッパでは恒常的な国内リーグを開催しているため，日本のレベルを維持向上させることが今後の課題である。

（松崎康弘）

ビーチバレー

Beach volleyball

① 競技概要

ビーチバレーは，砂浜に設置されるネットで隔てられたコートで1チーム2人の選手で構成された2つのチームが相対し，手でボールをコートに落とさないように打ち合って得点を競うバレーボール競技である（図1）。6人制バレーボールのように監督などのスタッフはチームには構成されずメンバーチェンジも行えない。また，ポジションの規定もなく，荒天の場合を除いて雨や強風の場合でも試合は行われる。

ゲームはそれぞれのチームがネット越しにボールを返球して，味方のコートにボールを落とさないようにし，相手コートにボールを落とすか相手が返球できないようにする。ボールの接触はブロックを含めて3回まで可能で，それ以内に相手コートにボールを返さなければならない。

ラリーはサーブから始まりボールがコート上に落ちるかアウトになるか，正しく返球できなくなるまで続けられ，ラリーに勝ったチームが得点となる（ラリーポイント制）。1試合は，3セットマッチで行われ，1・2セット目は21点，3セット目は15点で2点差以上の先取となり，2セット先取したチームの勝利となる。1・2セット目のコートチェンジは2チームの得点合計が7の倍

数になるごとに，3セット目は5の倍数ごとに行う。

競技を行う会場は，砂でできているが，選手が怪我をするおそれのあるもの（石，貝殻など）が混じっていない精選された砂で，できる限り地面（コート面）が水平で均一でなくてはならない。コートの大きさは16×8mと室内のバレーボールコート（18×9m）より小さいコートを用い，ネットの高さは男子が2.43m，女子2.24mとなる。フリーゾーンは，エンドラインから5-6mであることが望ましい。

ボールは球状で，雨天でも実施される屋外にも適するように，水分を吸収しない柔軟な皮革，合成皮革，また類似の素材で覆ったものでなければならず，国際大会では国際バレーボール連盟（Fédération Internationale de Volleyball: FIVB）が承認・認定し，国内大会では（公財）日本バレーボール協会が公認したボールを使用しなければならない。空気圧は6人制バレーボールよりも若干低く設定してある。

競技のユニフォームは競技会が特にユニフォームを規定しない場合，ショートパンツや水着を着用し，大会規定に定められている場合はこれに従う。2009年，FIVBワールドツアーでは，下記のスタイル規定をした。「男子のタンクトップはノースリーブとする。ショートパンツの裾は膝上15cm以上とする。タンクトップは明るく鮮やかな色とする。ショートパンツは暗い色でも構わない」。一方，「女子のトップには背面に深いカットがされ体にぴったりとフィットしていなければならない。また胸の上部と腹部は大きくカットされたものとする。ブリーフはぴったりとしたもので，裾は左右が上向きにカットされ，サイドは7cm以下」とする。さらに「選手の名前をショートパンツ，ブリーフに印刷しなければならない。なお，寒い天候では，気温が15℃以下の場合，両選手のスパッツ等のタイプ，スタイル，メーカー，色が一致すれば試合中の着用が認められる場合がある。帽子やサンバイザー等をかぶってもよい。

チームの2人は同色で同じスタイルのユニフォームを着るものとし，ジャージの胸の部分もしくは水着の前面に，それぞれはっきりとわかるように1と2の番号をつけなければならない。靴は履かず，素足で競技する。競技中は怪我のおそれのあるものは身につけてはならない。メガネやサングラスは選手自身の責任において着用が認められる」といった事項である。

② 歴史

ビーチバレーは，アメリカ・カルフォルニアのサンタモニカで，はじめレジャーとして6人制で行われていた。その後の1930年に，待ち合わせに現れないメンバーに痺れを切らしたポール・ジョンソン（Paul Johnson）と3人の仲間がサンタ・モニカでダブルスでプレイしたのが，現在のビーチバレーの誕生であるともいわれる。

当初の10年くらいの間，ビーチバレーはサーフィンと同様，主として南カリフォルニアの少数愛好者のスポーツにとどまっていた。その後1950年代を迎えて，サンタ・モニカのステート・ビーチで最初のトーナメントが開催された。その大会は，美人コンテストなどエンターテインメント要素を盛り込んだプロモーションを行い，スポーツイベントとして大きな関心を集めた。1970年代の後半になると，賞金金額が徐々に増えていき，1983年にバレーボール・プロ協会（Association of Volleyball Professionals: AVP）が創立され，ビーチバレーは目覚ましい飛躍を遂げて一般のアメリカ人にも知られる存在となった。ケーブルテレビのスポーツ専門局やネット局が中継するようになり，さらに普及を遂げていった。1987年には当時FIVBの会長であったルーベン・アコスタ（R. Acosta）がビーチバレーの将来を見越して初の世界ビーチバレー選手権をリオデジャネイロで開催した。この大会は，集客，メディアの反響ともに大きな成果を収めた。1990年にアコスタはFIVB主催のプロトーナメントをシリーズで企画し，これがワールドワイドのツアーとして展開されるようになった。さらに，1996年の第26回オリンピック大会（アトランタ）では正式種目となり，連日会場が満員となる大成功を収めた。

日本では1987（昭和62）年，湘南・鵠沼海岸で第1回ビーチバレージャパンが開催されたのをきっかけに，ビーチバレーが広く認知されるようになった。1994（平成6）年には国内初のプロツアー「ジャパンサーキット」が開催された。またこの年に国内で最初の常設のビーチバレーコートが神奈川県平塚ビーチパークにでき，遅れて翌年に同県藤沢市の鵠沼海岸にも設置された。その後，1997年に（財）日本バレーボール協会が，現在の日本ビーチバレー連盟を発足させている。オリンピックに初めて出場した第26回大会（アトランタ，1996年）では，日本から男女合わせて3チームが出場し，高橋有紀子・藤田幸子組が5位に入賞した。第27回大会（シドニー，2000年）では高橋有紀子・佐伯美香組が4位に入賞しており，その後も第28回大会（アテネ，2004年），第29回大会（北京，2008年）と連続出場を果たしている。第30回大会（ロンドン，2012年）には，男子代表が出場した。

国内プロ大会は，1994（平成6）年にジャパンサーキットとして開催されたが，2004（平成16）年からリニューアルして現在JBVツアーとして行われている。

プロチームとしては1997（平成9）年に佐伯美香を中心としたダイキヒメッツが結成され，その後湘南ベルマーレやビーチウィンズなどのチームが誕生した。2004（平成16）年からビーチバレーを始めた浅尾美和は，モデルなどの活動を通してこれまでビーチバレーに関心の低かった層からも大きな注目を集めた。

（瀬戸山正二）

図1　競技中の様子：ビーチバレー（写真：フォート・キシモト）

ビーチバレーボール

→バレーボール系ニュースポーツ

ビーチボール

→バレーボール系ニュースポーツ

ヒーリング

→癒し系スポーツ

平泳ぎ

→水泳（競泳種目）

ピラティス

→癒し系スポーツ

ビリヤード

Billiard

① 競技概要

ビリヤードは，ラシャ（羅紗）と呼ばれる布を張った長方形のテーブル上で，手球をキュー（突き棒）で突くことによって，ほかの的球に当てたり，的球をポケットに落としたりして得点を競う球技である（図1）。大きくキャロムビリヤードとポケットビリヤードに分けられる。

キャロムビリヤードは，3個（四つ玉のみ4個）の球を用いて行う。手球を突いて他の的球に当てれば得点になる。他方，ポケットビリヤードは，手球と①から順に番号を付けた的球で行う。この的球を1個ずつ手球でポケットに落として得点を競う。テーブルには四隅と長クッションの中央に1個ずつ，計6個のポケットが付いている。

種目によってそれぞれ異なったルールが定められているが，基本的な反則はほとんど変わらない。球ざわり，2度突き，両足を床から離して突く，手球ちがい，助言，フローズン（密着）しているボールを突くといった反則事項は，すべての種目に共通である。

テーブルは，種目によって高さや大きさに違いがあり，大台，中台，小台，ポケット台，スヌーカー台などがある。また球は，プラスチック製で，キャロムとポケットでは大きさが異なる。さらにキューは，カエデなど密度の高い材質のもので，長さに制限はない。先端には革製のタップが取り付けてある。

ビリヤードが世界各国に広く普及しているのは，ほかの球技にみられない特殊性があるからである。静止している球を1ミリの狂いもなく突き，自分の描いたイメージどおりに走らせ，的球に当てた時の喜びは大きい。「考えるスポーツ」としての奥深さがあり，競技スポーツとしてはもちろん，生涯スポーツとして，それぞれの競技レベルで楽しさが味わえる。

② 歴史

ビリヤードの起源には諸説あるが，広い意味のビリヤード形式のゲームは，紀元前にまでさかのぼることができる。

緑のテーブルが芝生を連想させるように，基本的には芝生の上で行われていたゲームをテーブル上に応用したものであると考えられる。このことから，イギリス・チューダー朝（1485-1603年）に流行した，キュー（打棒）で円盤を押し出して得点を競い合うシャフルボードやクロッケーの源流であるペルメルなどを起源として考えることができる。

考案者についても，1514年にイギリスのダラバート侯爵夫人によってなされたとするものや，1570年のフランスの芸術家ドゥビンとする説などが

図1　競技中の様子：ビリヤード

ある。

ビリヤードは，18世紀末からの用具の改良とこれに続く19世紀に大きく発展した。キューは，1806年（1827年説もある）フランスのミンガーによって先端に革が取り付けられ，現在のような形式ができあがった。精度の高い回転と弾性を保証するテーブルは，19世紀の織機技術の向上と硬質ゴムの開発によりもたらされた。球は19世紀の末まで象牙製であったが，1869年にアメリカでプラスチックが発明され，それが次第に主流を占めるようになった。

球は当初は2個しか用いられていなかったと推測されるが，1770年頃にフランスでキャロム（赤球）といわれる第三のボールを導入するようになり，これが現在の三つ玉の原型となった。

初の公式競技会は，1853年ニューヨークで開かれた（6ヵ所のポケット，白球2，赤球2，後の四つ玉）。スリークッションの起源は1878年である。

日本へは1850年代にオランダ人によって長崎の出島に持ち込まれたのが最初とされている。その後，横浜を経て東京に最初のビリヤード場ができたのは1871（明治4）年のことである。当時は，華族や陸海軍の軍人，将官，外務省の高官などの社交スポーツであった。

大衆にビリヤードが流行しだしたのは大正初期頃からであり，優秀な競技者も輩出した。1925（大正14）年にこれらの競技者が中心になって，日本撞球協会が設立された。

昭和に入り，外国人競技者の来日などによってますます盛んになり，また，1937（昭和12）年に松山金嶺がアメリカから帰国し，スリークッションの技術を公開してから，この種目が主競技となった。翌1938（昭和13）年に第1回全日本スリークッション選手権大会が開催されている。

1951（昭和26）年には日本ビリヤード協会（Nippon Billard Association: NBA）が設立され，当時の国際的統括団体であった世界ビリヤード連盟（UnionMondiale de Billard: UMB）に1964（昭和39）年に加盟している。また，1969（昭和44）年には世界の強豪を集めて，アジアで初めての第24回世界スリークッション選手権が東京で開催された。

現在の統括団体である世界ビリヤード・スポーツ連合（World Confederation of Billiard Sports: WCBS）は，1996年に，IOCよりオリンピックファミリーとして認められた。1998年の第13回アジア競技大会にはビリヤードが正式種目として採用された。その大会で日本は金メダル1個，銀メダル2個，銅メダル2個という好成績を収めた。その他，東アジア競技大会，アジア室内競技大会，ワールドゲームズなどでも，ビリヤードが行われている。

（日本ビリヤード協会）

ファウストボール

Fistball〔英〕；Faustball〔独〕

① 競技概要

ファウストボールは，1チーム5人の2チームがネットを挟んで片手の拳でボールを打ち合う競技である。ファウストとはドイツ語で拳のことで，英語ではフィストボールと呼ぶ。

コートは芝生で，大きさは50×20m，ネットの高さは男子2m，女子1.9mで行う。ボールは直径65－68cmで，皮製のものを使う。

競技はサーブで始まり，ボールを3回以内で相手コートに片手拳か片手腕で打ち返す。レシーブとパスは，ワンバウンドまたはノーバウンドで行う。アタックについては，ワンバウンドしたボールか，あるいはセッターがノーバウンドで上げたボールをダイレクトで打つことが可能である。

ゲームは1セット11点の5セットマッチで（3セット先取で勝ち），ラリーポイント制で行う。スコアが10対10になった場合は，どちらかが2点の差をつけるか，あるいは15点を先取した方がそのセットを取ることができる。コートチェンジはセットごとに行う。

前衛2人，後衛3人（うちセッター1人）が一般的なポジショニングとなる。バレーボールのように明確にポジションが固定されておらず，各々のメインの役割を決めた上で，状況に応じてレシーブもトスもアタックも行うことが必要とされる。また，ローテーションはなく，ポジションの入れ替えを審判に申告することなく自由に行うことができる。ポジショニングは，ほかにも「3：2」「2：3」「U・V型」等がある。

このゲームのおもしろさは，サーブをダイレクトで相手に打ち返したりする等，戦術面での選択肢が広く，攻撃スタイルを多彩に組み立てられる点である。観客はプレイの駆け引きを予測したり，高度な技術や頭脳プレイを，興奮と緊張感をもって楽しむことができる。

② 歴史

ファウストボールは，バレーボールの前身であるという説もあり，特にドイツを中心にヨーロッパ諸国で盛んで，ドイツからの移住者が南米や南アフリカに紹介し，時の経過とともに現在のルールが成立した。

国際統括組織は国際ファウストボール連盟（International Fistball Association）であり，1960年に設立された。

日本では，1917（大正6）年の「ディ・バラック第1号－板東俘虜収容所新聞－」に，徳島県鳴門市の収容所にいたドイツ人がレクリエーションの中でファウストボール競技を行っていたと書かれており，それが日本で行われたファウストボール競技の最初ではないかと考えられる。

1997年の第5回ワールドゲームズ大会（ラハティ）を視察した関係者が，1998（平成10）年に日本ファウストボール協会を設立した。そして国際大会に参加し，出場資格を得て2001年第6回ワールドゲームズ大会（秋田）のファウストボール競技に参加したことで，日本でも広く知られるようになった。2001（平成13）年から全日本選手権が毎年開催されている。

（鎌田 徹）

フィールドゴルフ

→ゴルフ系ニュースポーツ

フィギュアスケート

→スケート競技

フィストボール

→ファウストボール

フィンスイミング

Fin swimming

① 競技概要

フィンスイミングは，モノフィン（両足を揃えて装着する1枚のフィン。フィンは足ひれ）もしくはビーフィン（それぞれの足に装着する2枚のフィン）を使って，水面もしくは水中を競技者の筋力のみによって進み，その速さを競う競技である（図1）。

腕を頭上に組み，ストリームライン（流線型）の姿勢を保持し，両足をモノ

図1　競技中の様子：ファウストボール

フィンに入れ，ドルフィンキックをするように泳いだり，イルカのように全身を波（ウェーブ）のようにうねらせて泳ぐ。

フィンを使用することにより，秒速3m以上で泳ぐことができる。男子50mの世界記録，日本記録ともに14秒台（2011年現在）である（競泳自由形の世界記録は20秒台）。

競技会は，プールおよびオープンウォーター（海・湖・川）で実施される。プールでの国際大会は，次の4つの競技種目からなる。

- サーフィス：スノーケルを使用し，水面を泳ぐ。距離は50，100，200，400，800，1500mである。
- アプニア：50mを無呼吸で泳ぐ。
- イマージョン：空気タンクとレギュレーターを使用して泳ぐ。距離は100，400，800mである。
- ビーフィン：ビーフィンを装着し，泳ぐ。距離は50，100，200mである。

オープンウォーターでの国際大会は，主としてサーフィスで泳ぎ，距離は6km，20kmである。

水中において人類最速をめざすモノフィンは，まだ進化の余地の大きい道具である。近年では，「ウイングフィン」や「ロケットフィン」と呼ばれる新型フィンが登場し，爆発的な強さを示している。今後の研究開発の進展により，さらなる記録更新が考えられる。

② 歴史

フィンの起源は，紀元前885年頃古代アッシリア兵士のレリーフの中に足ヒレらしきものを履き，水中を移動しているものがある。これが歴史上みられる最古の記録といわれている。次はルネサンス期のレオナルド・ダ・ビンチによって「水掻き」が考案され，そのイラストが残っている。

1950年代にスクーバ（SCUBA）ダイビングの発達とともに，ヨーロッパを中心に様々なフィンが考案され，競技会を通して改良が加えられた。

1959年に，スクーバダイビングの生みの親といわれるジャック・イブ・クストー（Jacques Yves Cousteau）らにより，世界水中連盟（Confédération Mondiale des Activités Subaquatiques: CMAS）が設立された。それ以来，毎年ヨーロッパの各国において，フィンスイミングの競技会が開催されるようになった。1967年に第1回ヨーロッパ選手権がイタリアで，1976年には第1回世界選手権大会がドイツで開催された。競技の当初は，ビーフィンが主流であったが，1970年代後半に旧ソビエトがモノフィンを開発し，ほとんどの種目で記録が更新された。その後，急激にモノフィンが普及したのである。

また，2001年からは，第二のオリンピックともいわれるワールドゲームズの正式種目にもなっている。

日本では1988（昭和63）年に日本フィンスイミング協会（現・日本水中スポーツ連盟）が設立された。その後，本格的なフィンスイミングの活動が始まり，1989（平成元）年に第1回日本選手権大会が開催され，その後毎年行われている。国際大会にも多数の選手が参加している。

日本選手は世界選手権ではメダル獲得がないが，ワールドゲームズでは2001（平成13）年大会（秋田）で，坂本弥生が5位入賞（アプニア）を果たしている。

（小泉和史）

図1　競技中の様子：フィンスイミング

フェンシング

Fencing

① 競技概要

[定義]

フェンシングは，白いユニフォームに前面が金網でできた鋼鉄製のマスクを着用し，片手に鋼鉄製の剣を持った2人の競技者が，ピスト（piste）と呼ばれる試合場で互いに相手の身体の定められた有効面（部位）を突いたり斬ったりすることによって得たポイントを競い合う競技である。

競技名は，フランス語ではescrime（エスクリム），イタリア語ではescrima（エスクリマ）を用いているが，各々「剣技」を意味する言葉である。英語ではfencingを用い，defence（ディフェンス）が短縮されたfence（フェンス）が由来といわれ，「防ぐ・守る」剣術を意味するものとされている。なお，この「防ぐ・守る」とは，「身を守る，名誉を守る，ルールを守る」という意味が内包されているといわれている。

[競技の特性]

フェンシングは，1対1で戦う格技形式で行う競技であり，相手との対人的技能が求められる。また，細長いピストの中で，いかに攻撃を剣でかわして（防御して）相手の身体の有効面を剣で攻撃するか，という一瞬の攻防が醍醐味である（図1）。

[競技の仕方]

フェンシングには，使用する用具や，

図1　競技中の様子：フェンシング（フルーレ）（写真：フォート・キシモト）

有効面や競技規則が異なる3種類の種目（フルーレ，エペ，サーブル）があり，ピストと呼ばれる幅1.5-2.0m，全長14m（+予備エリア）の試合場で行われる（図2）。

まず，「フルーレ」（Fleuret/Foil）は，使用する剣の総重量が500g以下，最大全長110cm，刀身最大全長90cm，鍔は直径12cm以下である。500g以上の力で剣先によって有効面（四肢と頭部を除く胴体部分：図3）を突くことで得点となる。なお，正しく行われた攻撃に対して，必ず防御側はパラード（剣で受け止めるなどの防御行為）するか，あるいは，完全に身体をよけて剣を回避しなければならないという約束事（「フラーズ・ダルムの尊重」）がある。

一方，「エペ」（Épée/Epee）では，使用する剣の総重量が770g以下，最大全長110cm，刀身最大全長90cm，鍔は直径13.5cm以下である。750g以上の力で剣先によって有効面（服装・装具を含む全身：図3）を突くことで得点となる。早く突いた方に得点が与えられる。また同時突きの場合（1/25秒以下）は，双方に得点が与えられる。

さらに，「サーブル」（Sabre/Sabre）は，使用する剣の総重量は500g以下，最大全長105cm，刀身最大全長88cm，鍔は直径15cm以下のものを使用する。有効面（四肢と頭部を含む上半身部分：図3）を剣によって切るか突くことによって得点となる。なお，フルーレと同じく「フラーズ・ダルムの尊重」がある。

試合は，男女ともに共通のルールが用いられ，個人戦と団体戦という2つの試合形式がある。世界選手権などでは，男女別，個人戦，団体戦の計12種目が行われる。

個人戦は，世界選手権などでは，3分間で5点先取した方が勝利する「プール戦」（6-7人の総当たり戦）を行い，その成績順のシード順位による3分間3ラウンドで15本先取した方が勝利となる「トーナメント戦」（エルミナシオン・ディレクト）で順位を決定する。なお，規定時間内で勝敗が決しなかった場合は，得点の多い方が勝ちとなる。また，時間が終了して同点の場合は，1分間1本勝負の延長戦を行う。1分経過しても同点の場合に備えて延長戦の前に抽選で一方の選手に優先権をもたせておき，延長戦終了時にも同点の場合は優先権のある選手の勝ちとする。

一方，団体戦では，1チームの3人が相手チームの3人と合計9試合を戦い，3分間で5本単位の勝負を重ねて45本先取または，9番目の試合までの合計でリードしたチームの勝ちとなる。9番目が終了して同点の場合は，個人戦同様の1分間1本勝負の延長戦で決着をつける。

競技中の有効面への「突き」についての判定は電気審判器で行われる。電気審判器と選手の持つ剣は，ボディコードと審判器コードまたは無線により接続されている。なお，審判（通常1人）は試合の進行を指揮し，ランプの点灯した「突き」についての有効性を判定する。ランプの点灯のほか，ルールに則した攻撃か，選手以外の物を突いて審判器が反応していないか，ピスト（試合用コート）の範囲内で行われた攻撃か，などの条件を加味し有効な得点となるかを決定する。場合によって，ビデオカメラによる記録も審判の裁定に利用されている。

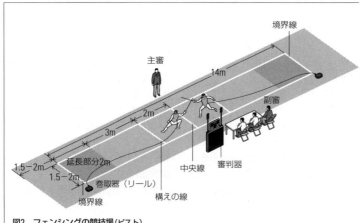

図2　フェンシングの競技場（ピスト）

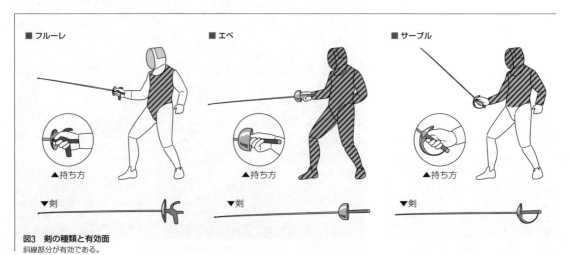

図3　剣の種類と有効面
斜線部分が有効である。

[試合場，用具および服装]

ピスト(試合場)はアルミ板または電導性のある敷物を使用し，幅1.5-2m，全長14mに予備エリアを加えた長さとなっている。ユニフォームは，防弾チョッキの材質で作られたもので全身を保護している。800N(ニュートン，$N=kg・m/s^2$)の強さをもつユニフォームとプロテクターを着用して試合に臨む。マスクは1600Nの強さをもつ金属メッシュ製のもの，剣は鋼鉄製の剣芯(マラジン鋼)とアルミ製またはチタン製のガードとヒルト(持つ部分)によって構成される。

[発祥]

剣による戦いの歴史は古く青銅器時代にまで遡ることができるが，フェンシングの原型は中世ヨーロッパの騎士たちによる剣技にあるとされている。剣は16世紀に銃火器の発達により戦闘の手段としての主役の座を譲ることとなったものの，その繊細な剣のテクニックが多くの人に愛され，19世紀末にはヨーロッパ各地で盛んに競技として行われるようになった。しかし，ルール等がまちまちで，判定をめぐって争い事が絶えなかった。

なお，フェンシングの3種目の起源は，それぞれ次のようにいわれている。

エペは，西ヨーロッパで騎士の決闘がそのままスポーツとなったもので，身体のどこを傷つけても(一滴の血が流れたら)勝負が決するとされ，同時突きによる両者得点(両者負け)もルールとなっている。

一方，フルーレでは，西ヨーロッパで練習用として開発された軽く繊細な剣を使う。「厳格な約束事(攻撃された剣はよけなければならない)を守ること」がルールとなっているため，「慣習の武器」と呼ばれている。

さらに，サーブルでは，ハンガリーの騎兵が軍刀として用いていたものを剣として用いる。馬に乗り闘ったことから，上半身への攻撃のみが有効とされ，突くだけでなく切ることも可能な種目となっている。フルーレと同じ厳格な約束事がルールに含まれている。

[国際競技団体の設立と世界的な普及]

1913年に国際フェンシング連盟(Fédération Internationale D'escrime: FIE)が設立され，1914年6月にパリで開催されたIOC総会で統一的な「競技規則」が採用された。これはオリンピックで全種目(フルーレ，エペ，サーブル)に適用するために討議・検討された末，満場一致で可決されたもので，現在のFIEルールの原典になっている。

オリンピック大会の個人種目は，男子のフルーレとサーブルが1896年の第1回大会(アテネ)より，エペが1900年の第2回大会(パリ)より実施されている。女子種目は，フルーレは1924年の第8回大会(パリ)，エペは1996年の第26回大会(アトランタ)，そしてサーブルは2004年の第28回大会(アテネ)から実施され，男女の差なく活躍の場が提供されるようになった。

[日本への普及]

競技スポーツとしてのフェンシングが日本に伝わったのは1932(昭和7)年のことである。フランス留学から帰った岩倉具清が，YMCAや慶應，法政の大学生に教えたのが始まりとされている。1940(昭和15)年のオリンピックが東京で開催されることになり，実施される全競技種目への参加がめざされたことがきっかけで，この競技は一躍，全国に普及した。その後，戦争のためにこのオリンピックは中止となったが，戦後，米軍駐留時の「武道(剣道)禁止」の影響を受け，フェンシングは慶應や法政などの大学生の間で急速に広まり，関東，関西で大学リーグ戦が行われるようになった。そして，1960(昭和35)年の第17回大会(ローマ)に初の選手団を派遣した。1964(昭和39)年の第18回大会(東京)で日本は男子フルーレ団体4位入賞の快挙を達成した。オリンピックにはその後，毎回出場していたが長い停滞期を過ごすことになった。2008(平成20)年の第29回大会(北京)で，競技として初めてのメダルを太田雄貴が獲得した(男子フルーレ，銀メダル)。さらに，2012(平成24)年の第30回大会(ロンドン)では，男子フルーレ団体で日本は銀メダルを獲得した。

② 技術・戦術・ルールの変遷

[判定機器の電子化による技術の向上]

電気審判器の発明以前の試合では，人間の目に頼る判定が行われており，剣先にチョークをセットして相手のユニフォームに「突き」の痕跡を残したり，剣先に鈎針を括り付け相手のユニフォームに絡めることによって判定していた。サーブルにおいても小手への切り等，正確な判定には程遠いものであった。剣が触れたか触れないかの判定を目で判断することは非常に困難で，審判も選手の(動きの)強弱により判断してしまうことが多かった。また触れた(切られた)としても，知らないふりをすることでごまかしてしまうこともあった。

電気審判器の開発により，「突き」の判定の精度が飛躍的に向上した。1936年，まずエペに電気審判器が導入され，その公正さが認められると，この競技の人口が急激に増加したと伝えられている。その後，他の2種目の判定も電気化され，現在に至っている。

[剣のしなりの向上による技術の変化]

判定機器の精度が上がったことに加え，用具(特に剣)の質が向上したことにより，剣のしなりが向上した。それによりみえない部分への突きや，振込み技(剣をしならせての突き)が多用されるようになった。これは判定の正確性というよさとともに，剣技の応酬の減少をもたらした。

[国際大会の開催とルール変更]

近年，「観客にとってわかりやすく・魅力的に」とのオリンピックにおける種目選別方針に対応するため，選手の表情がみえる透明マスクの採用や，剣技の応酬が楽しめるようにサーブルでの飛び込み技の禁止，フルーレでの振込み技を難しくさせるため審判器の反応時間の変更等，いくつかのルール変更が行われてきた。

③ 現代の技術・戦術・ルール

[情報の活用による戦術の工夫]

ルールに対応する技術の開発，電気審判器の機能分析，武器・装具の改良，技術・戦術情報の分析手法の向上を背景に，対戦相手ごとの戦術変更や接近戦での戦術開発，反撃動作の方法に工夫がなされている。

[みせるスポーツとしての工夫・変化]

フルーレにおいては，審判器の反応時間が変更され，ポイント接触時間が延長された。観戦している人にとって，技の成否が見た目でも，よりわかりやすくなった。その影響で従来の振込み技が衰退したものの，現在ではそれを上回る新しい振込み技(振込むと同時に押込む)が開発され使用されている。

また，サーブルにおいては，剣の硬さの制限や審判器の反応時間の変更が行われた。これは，アメリカの近代サーブルに代表される動きの細やかさにつながり，観戦者にとってみていてよりおもしろい攻防が展開されるようになった。

さらに，得点表示方法は，従来は突きを受けた選手(被突側)にランプが点灯していたが，現在は得点をした側の選手のランプが点灯するように変更されている。

[世界的普及と国際競技力の均等化]

旧ソ連の崩壊によって旧共産圏のコーチたちが海外に転出し，アジア圏，アメリカ圏の競技レベルが飛躍的に向上することになった。アジア圏の選手らは細かい動きや相手のふところに入り込んでの技に優れていて，その器用さがフルーレに生かされているといわれている。またアメリカ圏の選手は，サーブルにおけるルール変更(審判器の反応時間)にもすばやく対応して戦い方を工夫するなど，情報をシステム化して戦術を確立する能力が高いといわれている。

(藤原義和)

フェンシング
[障がいのある人の]

→車椅子フェンシング

フォークダンス

Folk dance

① 概要

フォークダンスは，世界各地に民間伝承されている踊りの総称で，民俗舞踊と訳される。17世紀ヨーロッパにおいて貴族の宮廷舞踊やバレエが発達した際に，それらの洗練された様式の舞踊と区別するために，それ以前から地域に伝承されていた民衆の踊りを総称して後から付けられた名称である。芸術的な表現形式や高度な技術を有し，国境を超えて広範な地域で踊られるようになった専門家が存在する踊りと対比して，自然で素朴な形式や単純な動作からなる地域特有の民間伝承の民衆の踊り全般をさす。

したがって，欧米のフォークダンスだけでなく，アジア・アフリカの各部族の踊りや芸能，日本の盆踊りや民踊，民俗芸能もフォークダンスといえる。しかし日本では，戦後アメリカの普及政策により欧米のフォークダンスが学校体育に導入された経緯から，欧米のフォークダンスのみをさす用語として認識されている傾向がある。

フォークダンスは各地域特有の気候風土・生活習慣・信仰を反映した特徴的な動作・形式からなり，その多くは地域の民謡と結びついている。踊り方の規定は緩やかで，同じ曲目でも部落・集落により踊り方に少しずつ異なる特色があるなど地域性に富み，また，その時代のニーズに適応し，自由で可変的である。

本来，フォークダンスは仲間と一体となって踊り，感情を共有するための踊りであり，競技とは縁遠い。しかしながら近代では，地域の活性化を目的としてコンクール方式で参加団体を募るイベントも珍しくない。日本では徳島の阿波踊り(図1)，高知のよさこい踊り，沖縄のエイサーなどが好例で，曲や動きの基本型をある程度規定した中で，振り付け・演出の独創性や集団の統一性，演技の完成度が審査される。コンクールへの参加はチームの結束を強め，個々人の社会性や自己実現力を高め，高揚感，達成感を与えるなど，他の競技スポーツと同様の意義がある。

図1 フォークダンスの様子：阿波踊り(写真：読売新聞社/アフロ)

② 歴史

フォークダンスは原初的な自然畏敬，狩猟民の動物崇拝や農耕民の豊作祈願，祖霊供養などの生活の中の表現行動に起源を発し，自然で単純，律動的な動きで情動を高揚・共振させて共同体の人々をまとめる機能を担っていた。

時代の変遷とともに生活や社会構造，信仰，価値観が変化し，他民族との交流により影響を受け，踊りの意味や形式も変容した。原初的な隊形はサークルやチェーン，行列で，現代でも原初的な生活様式をもつ民族の踊りにその原型をみることができる。中世になると西欧では宮廷舞踊を模倣したカップルダンスやスクエア・フォーメーション，ロング・ウェイズ・フォーメーションなど技巧的で複雑な形式が流行し，余暇の娯楽へと変容していった。

また，フォークダンスはしばしば政治や宗教によって利用あるいは弾圧された。特にヨーロッパでは侵略戦争や民族の移動，交易が繰り返され，民衆の踊りも多大な影響を受けた。4-5世紀のゲルマン民族の移動，11-13世紀の十字軍の遠征，14世紀のペスト大流行に続く舞踏病の出現と舞踏禁止令，16世紀の宗教改革による弾圧などである。19-20世紀には各国の貴族や軍が民族意識の高揚のために，あるいは異民族支配のもとで愛国心を保つために踊りを奨励した。また，移民による多民族国家アメリカは民族統治のために各国のフォークダンス普及政策をとり，学校体育にも導入した。

(中村恭子)

フットサル

Futsal

① 競技概要

フットサルは，体育館内でもできる5人制のミニサッカーであり，2つのチームが互いに相手チームのゴールにボールを入れ，得点を競い合う競技である(図1)。

[競技の仕方]

日本では屋外の人口芝でも多くプレイされているが，フットサルとはその語源(Fut: football＋sal: saloon)にあるように室内でプレイされるサッカーのこ

とである。1人のゴールキーパー(以下GK)を含め1チーム5人でプレイする。GKは小さなピッチ内どこでも自由に手でボールを投げられるなどの優位性をもつため、手が使用可能な地域(ペナルティーエリア)も狭く、1度GKからパスしたボールは相手に触れなければ自分のハーフにいるGKに戻すことはできない。さらには、4秒以上ボールをコントロールできないなど、そのプレイに多くの制限が課せられている。

競技時間は通常20分ハーフだが、ボールがデッドになるたびに時計を止めているので、1試合にかかる時間は40分近くになることもある。また試合終盤の最後の1分間は、1秒1秒の時計の進み具合と、得点を取りにいくプレイが関連して、緊張感ある時間となる。

守備側競技者が最後に触れたあとにボールがゴールラインからピッチ外に出ると、サッカーと同様コーナーキックとなるが、最後にボールに触れたのが攻撃側競技者であるとゴールキックではなく、GKが手でボールをプレイに戻すゴールクリアランスでプレイを再開する。また、ボールがタッチラインから出た場合は、タッチライン上にボールを置いて蹴り入れるキックインでプレイを再開する。スピーディーさを求めるため、キックオフやペナルティーキックなどを除き、フリーキックも含めボールがデッドになったあとの再開はすべて、4秒以内に行わなければならない。

レクリエーションとしてのフットサルであれば小さいピッチでゆっくりプレイするので、その運動量は多いものではない。しかし、競技性を高めた場合、ポジションチェンジや攻守の切り替えを速くするため、短い距離ではあるが瞬時に数多くの移動が求められる。常に高い運動レベルのプレイの確保や交代にかかる時間を最小限にすることもあって、ボールがインプレイ中であっても、主審に交代の承認を得る必要のない自由な選手交代を可能としている。交代のためのゾーンはベンチ前に設置される。スムーズな交代を確保するため、後半攻めるエンドが替わるのに応じてハーフタイムにベンチも替える。また、各チームは前後半1回ずつ1分間のタイムアウトをとることができる。

各チームが直接フリーキックに値す

図1　競技中の様子：フットサル
(写真：©F. LEAGUE)

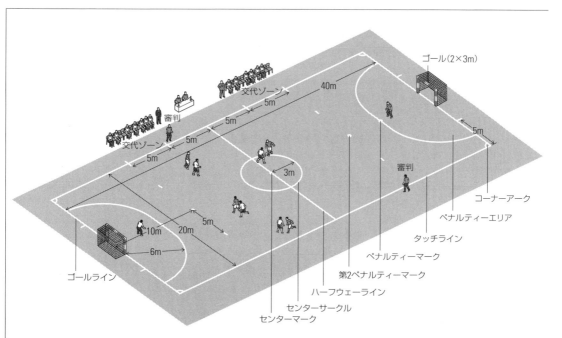

図2　フットサルの競技場(ピッチ)

るファウル(累積ファウル)を6つ以上犯すと、ゴールラインから10mにある第2ペナルティーマークからのペナルティーキックなどが相手チームに与えられる。ゴールラインから6mに位置する通常のペナルティーキックからのキックよりも得点となる確率は低いが、ファウルプレイの抑止になっている。直接フリーキックとなるファウルは、サッカーと同じである。オフサイドはないため、待ち伏せのプレイを行うことができる。

ピッチ上で判定を下す審判員は2人(主審、第2審判)で、競技者のプレイングエリアを確保するため、原則タッチラインの外側で審判する。主審・第2審判の違いにかかわらず笛を吹いて判定を下し、必要に応じて競技者に警告し、退場を命じる(主審と第2審判の意見が異なる場合、主審の判定が最終となる)。加えて、ベンチコントロールや反則の累積等を管理する第3審判員、試合時間をコントロールするタイムキーパーで審判団を構成する。

[施設・用具]

競技施設の大きさはハンドボールと同じで、国際大会標準のフィールド(ピッチと呼ばれる)は40×20mの大きさのもの、ゴールは高さ2m×幅3mのものを用いる(図2)。また、ボールは少年サッカーのものと同じ4号球で、限られたスペースでもコントロールを失わないように弾みが小さいものを使用する。

[発祥]

発祥はウルグアイという説とブラジルという説とがあるが、ウルグアイのモンテビデオYMCAのメンバーであるファン・カルロス・セリアーニ(Juan Carlos Ceriani)が室内ミニサッカーを初めてルール化し、1930年9月8日にサロンフットボールとして披露したというのが一般的である。

世界では様々なミニサッカーがプレイされていたが、1988年、世界のサッカーを統括する国際サッカー連盟(Fédération Internationale de Football Association: FIFA)が室内5人制サッカーとして競技規則を統一し、1994年の競技規則の改正で競技の名称を「フットサル」として現在に至っている。

[日本リーグの誕生と国内での発展]

日本でも1970年代にはサロンフットボールと称され様々な大会が開催されていたが、フットサルとして社会的に大きな認知を得るのは、Jリーグやワールドカップでサッカーが大衆化したあとである。手軽にプレイできるため、現在では競技人口が300万人超ともいわれるほど身近なスポーツとなっている。サッカー経験の有無に関係なく、男女混合も含め、多くの人に楽しまれている。他方、2007年から「Fリーグ」と呼ばれる日本フットサルリーグが開催されるようになり、みるスポーツとしても注目を浴びている。

[世界的な発展]

世界的にみると、FIFAは1989-2012年までにフットサルのワールドカップを7回開催している。第6回大会(ブラジル、2008年)は、207の加盟協会のうち予選も含め98の協会が参加した。アジアサッカー連盟(Asian Football Confederation: AFC)も各国代表による選手権大会やクラブの代表による選手権大会を開催している。AFCは47の加盟協会のうち40を超える協会でフットサルがプレイされているとしている。

世界の強豪国はブラジルやスペインで、これらの国にはプロのフットサルリーグがある。ブラジルでは、少年の年代では主としてフットサルがプレイされていることから、ジーコ(Zico)、ロナウジーニョ(Ronaldinho)などサッカーの有名プレイヤーがサッカーの基礎となる技術を習得したとされている。他方、アジアにおいては、国内リーグがしっかりしているイランと日本が1位、2位を争い、その他、タイ、中国、またウズベキスタンやキルギスタンなど旧ソ連邦の国々が高いレベルのフットサルを展開している。

② 技術・戦術・ルールの変遷

[パワープレイの登場]

1995年、第2ペナルティーキックの導入やGKがハーフウェーラインを越えてもボールを投げられるようになったことから、ファウルを極力犯さず、確実にパスを回しての攻撃が助長されるようになり、他方、GKから前線へボールをフィードしての速攻が多くみられるようになった。

それまでGKの交代だけはボールがアウトオブプレイ中に行うとされていたが、2000年にはGKも自由に交代ができるようになった。これにより、ここで得点したい時、通常はフィールドプレイヤーとしてプレイする競技者をGKとして相手ハーフまで進出させての攻撃(パワープレイ)が可能になった。

[誤認識の蔓延によるルールの変更]

少しでも相手の体に触れたらファウルという誤った認識が広まり、フットサルの育成・強化の足かせになっていた。サッカーと同じくファウルに至らない身体接触は根本的に認められる。肩を用いて相手の肩に当たること(ショルダーチャージ)は競技規則上禁止になっていたが、実態にそぐわないとの理由から2006年に削除されている。また、ファウルに至らないスライディングタックルも2010年から認められるようになった。

③ 現代の技術・戦術・ルール

[プレイの高度化と高速化]

個人技による突破よりも、パスとポジションチェンジを多用しての展開が現在のフットサルのスタイルである。また、フリーキックやコーナーキックなどのセットプレイのほかいろいろなパターンを駆使して得点をねらうといった特徴がある。

また、攻防の展開が速く、相手にボールを取られると、一瞬のうちに自分たちのゴール前まで攻め込まれる。判断の速さ、パスの正確さ、攻撃から守備、また守備から攻撃へと瞬時の対応が得点を生み、失点を少なくする。ピッチ面は平らで、ボールが速く正確に転がるので、グラウンダーのパスを基本としながら、空中のパス、GKからの前線深く出されるパスも多く使われている。

最大7人の交代要員は常にベンチやウォーミングアップエリアで交代を準備し、チームによっては、GKを除きチームの中に2つのセットを作って約5分間おきにセットを交代させ、フィジカルを含め常に高いレベルのフットサルを展開する(2分間ごとに交代するチームもある)。GKとフィールドプレイヤーの交代をうまく使ってのパワープレイは、得点のチャンスを多く作りやすいが、反面失点のリスクも高い。

[フットサルに適したキックの技術]

プレイングエリアが狭く、すぐに相手にチャレンジされる可能性があるので、体から離れたところではなく、ボ

ールの位置を足の裏で感じながらコントロールするプレイが基本となる(図1)。

また，足の甲を使って蹴るインステップキック，正確を期すためのインサイドキックのほか，アウトサイドキックなどキックの方法は様々だが，小さな振りで速いスピードのシュートを放つためなどにトーキックが多用される。トーキックはつま先で蹴って，少しでも早くボールに触れる速いシュートやパスはフットサルらしい技術でもある。

[システムの多様化]

代表的なフォーメーションとして，3-1と4-0システムがある。3-1のシステムでは，前線にボールキープ力や，展開能力の高いピヴォ(Pivot)と呼ばれる攻撃側競技者を置いて，守備のゾーンから中盤まで他の3人でポジションチェンジを続けながらボールを動かし，相手の隙をついてボールをピヴォに出して(ピヴォに当て)，そこからシュートに至るまでの展開を図る。一方，ピヴォを固定しない4-0システムでは，細かく4人でポジションチェンジとパス回しで，攻撃のスペースを作り出し，シュートまでもっていく。後者は，スペインが初めて導入し，現在では多くのチームでとられているシステムでもある。

[競技規則改正の可能性]

現在，サッカーに合わせ，タッチラインからボールが出た時にはスローインにしようという動きがある。もし競技規則が改正となると，特に相手ハーフに入ったところでのスローインからゴール前に手で正確なパスを供給し，直接ボレーキックや高いボールへのヘディングによるシュートでゴールをねらうという戦術が多くとられる可能性がある。スペクタクルでダイナミックなプレイが増えることが予想されるが，そこには肉弾戦的な要素も含まれ，緻密なパスプレイや華麗な個人技が駆逐される可能性も潜んでいる。

(松崎康弘)

表1　WFDF公認フライングディスク10種目

種目名	概要
アルティメット	身体接触を禁じたディスク版7人制アメリカンフットボール
ディスクゴルフ	専用のチェーン付きバスケットにディスクが入るまでのスローの少なさを競う競技
ディスタンス	飛距離を競う競技 (世界記録：255m)
アキュラシー	的当て競技 (世界記録：28投中25投)
MTA	投げたディスクを自分で片手キャッチするまでの滞空時間を競う競技 (世界記録：16.72秒)
TRC	投げたディスクを自分で片手キャッチするまでの距離を競う競技 (世界記録：94m)
ガッツ	14mの距離から投げられたディスクの片手キャッチ力を競う5人対5人の競技
フリースタイル	2-3人1組でスローとキャッチの難易度，表現力，完成度を競うディスク版新体操
DDC	ディスク版2人制バレーボール
ディスカソン	ディスク版クロスカントリー

＊世界記録は2014年5月現在

フットベースボール

→野球系ニュースポーツ

フライングディスク

Flying disc

① 競技概要

フライングディスクは，プラスチック製の円盤(直径21cm以上40cm以下，重量200g以下で穴のあいていないもの)であり，それを使って行う競技には，世界フライングディスク連盟(World Flying Disc Federation: WFDF)公認の10種目(表1)と，日本フライングディスク協会(Japan Flying Disc Association: JFDA)が独自に公認しているウレタンとナイロン製のソフトディスクで行う種目，ドッヂビーがある。

アルティメットは，ワールドゲームズ(国際オリンピック委員会[IOC]が後援する非オリンピック種目の大会)の公式種目である(図1)。1チーム7人の2チームが37×100mコートで味方同士ディス

図1　競技中の様子：アルティメット(写真：フォート・キシモト)

図2　競技中の様子：ディスクゴルフ
(出典：清水良隆，紺野晃 編『ニュースポーツ百科[新装版]』大修館書店．1997．217．)

クをパスでつなぎ，敵のエンドゾーン（コート内両端37×18m）内でディスクをキャッチすると1点となる。身体接触は反則で，審判を置かずにセルフジャッジで進行する。決勝点は17点である。

ディスクゴルフは，チェーンの付いた専用バスケットにフライングディスクが入るまでのスロー数の少なさを競う（図2）。3投で届くことを想定した距離に18ゴールを設置し通常4人1組でコースをまわる。

ドッヂビーは，9×18mのコートを2つに分け，ソフトディスクを使って行う1チーム13人のドッジボールである。

このほか，障がい者競技，犬との競技もある。

② 歴史

1940年代後半，アメリカ・エール大学生が行った「フリスビー・パイ」店のパイの焼皿投げ遊びをみたフレッド・モリソン（Fred Morisson）が1948年に初めてプラスチック製ディスクを作り，1955年からWham-O社が商品名「フリスビー」で販売を開始したことから世界中に広まった。その後，優れた飛行特性を生かしたスポーツ種目が次々に生まれ，1967年には国際フリスビーディスク協会が設立された。1983年には世界フライングディスク連盟（WFDF）に改名し，2012年現在，5大陸53ヵ国に協会が設立されている。1995年には国際スポーツ団体総連合（General Association of International Sports Federations: GAISF，現・SportAccord）への加盟が認められ，2001年からはワールドゲームズ公式競技に採用されている。

日本では，1975（昭和50）年に日本フライングディスク協会（JFDA）が設立され，2012（平成24）年現在では42都道府県協会，約139万人の愛好者がいる（『スポーツ白書』2011，笹川スポーツ財団）。アルティメットが2008（平成20）年の中学校学習指導要領解説（保健体育編）に記載されるなどして，多くの小中高・大学の授業で取り上げられているほか，幼児から高齢者まで幅広い年齢層で楽しまれている。

WFDF公認10種目の全日本選手権が毎年開催されている（特にアルティメットは文部科学大臣杯として行われる）。

2006年の世界選手権では，アルティメット3部門すべてで日本チームが優勝するなど，日本の競技力は世界をリードしている。2012年7月には，大阪府堺市で，アルティメットとガッツの世界選手権が開催され，アルティメット女子・ガッツ男子部門で日本チームが優勝した。

参考文献

- ジェームズ・ステューデュルス．2005．『フライングディスクをやってみよう』長澤純一 訳 師岡文男 監訳 ナップ
- 日本フライングディスク協会ホームページ http://www.jfda.or.jp

（師岡文男）

ブラインドサッカー

Blind soccer

① 競技概要

ブラインドサッカーは，日本では視覚障害者サッカー，視覚障害者5人制サッカーという名称で普及している競技である。国内では2001（平成13）年より活動が開始され，比較的新しい視覚障がい者スポーツとして知られる（図1）。

競技は2つのカテゴリーに分かれる。1つはB1クラスと呼ばれ，全盲から光覚（光を感じる程度の視力）の選手が参加対象とされる。もう1つはB2/3クラスと呼ばれ，弱視の視覚障がい者を対象とし，クラスによってルールが異なる部分がある（表1）。

例えばB1クラスの特徴として，ボールの中には金属製の鈴などが入っており，転がったり跳ねたりすると「カシャカシャ」と音が鳴ることや，サイドライン上にフェンスがあり，ボールがピッチ外に出にくい配慮がされていることがある。また，攻撃するゴールの裏側に，コーラー（ゴールガイド）と呼ばれる晴眼者が立ち，ゴールやボール，選手の位置を指示する。

ピッチの大きさは，縦32-42m×横18-22mである。

② 歴史

世界では1900年代前半から様々な国で異なったルールでプレイされていたといわれている。1980年代に入って，スペインを中心にルールが統一化され，現在のルールが築かれていった。

国際的な競技統括機関は，国際視覚障害者スポーツ連盟（International Blind Sports Federation: IBSF）である。

1997年には第1回のヨーロッパ選手権がスペインで，また第1回のアメリカ選手権（中南米を含む）がパラグアイで開催された。以後，大陸選手権は2年に1度開催され，2005年からアジア選手権も加わっている。

世界選手権は1998年にブラジルで初めて開催された。2000年，2002年までは隔年で実施され，以後，2006年，2010年と4年周期となっている。また，2004年の第12回パラリンピック大会（アテネ）より正式種目に採用された。

日本では2002（平成14）年から本格的に普及が開始され，2009（平成21）年4月の時点で全国にB1クラスが17チーム，B2/3クラスが6チーム活動している。国内の競技を統括しているのは日本ブラインドサッカー協会（Japan Blind

表1 クラスごとのゲーム条件

条件種目	B1	B2／B3
視力	視力0から光覚	B2:視力0.03までか視野5度まで，もしくはその両方 B3:視力0.1までか視野20度まで，もしくはその両方
フィールドプレイヤー	4人	4人
ゴールキーパー	晴眼者もしくは弱視者が担う	晴眼者もしくは弱視者が担う
コーラー	晴眼者が担う	なし
アイマスク	装着する	装着しない
ボール	音源あり	音源なし
サイドフェンス	あり	なし

図1　競技中の様子：ブラインドサッカー
(出典：日本ブラインドサッカー協会ホームページ)

図1　競技中の様子：フラッグフットボール
(写真：日本フラッグフットボール協会)

Football Association) である。その前身である日本視覚障害者サッカー協会は2002 (平成14) 年に発足し，2010年に現名称に改称した。

国際大会にも出場し，2005年アジア選手権優勝，2006年世界選手権に初出場し7位，また2010年世界選手権では8位に入るなどの成績を上げている。

(松崎英吾)

フラッグフットボール

Flag football

① 競技概要

フラッグフットボールは，1チーム5人の2チームが攻撃と守備を交代しながら，楕円形のボールを投げたり，捕ったり，抱えて走ったりするなどして相手の陣地へと攻め込み，エンドゾーンへボールを持ち込むことによって得点を競うボールゲームである (図1)。

基本的なルールはアメリカンフットボールと変わらないが，危険を伴う激しい身体接触を避けるため，タックルの代わりに左右の腰から下げたフラッグを取ることでプレイを止めるという点で大きく異なっている。使用するボールは，長径の外周が64.0－65.5cm，短径の外周が47.0－48.5cm，重さが320－380gの楕円形のボールを使用する。

ゲームは縦60ヤード×横30ヤードのフィールドで行う。攻撃チームは自陣5ヤードのスタートラインから攻撃を開始し，エンドゾーンまでボールを進めていく。4回の攻撃でハーフラインを越えることができれば，再び4回続けて攻撃することができる。攻守の交代は，4回の攻撃でハーフラインを越えることができなかった時，越えてからの4回の攻撃でタッチダウンできなかった時，タッチダウンなどによって得点した時，守備チームがパスをインターセプトした時である。勝敗は，決められた競技時間内に多く得点した方が勝ちとなる。得点は，攻撃チームがタッチダウンした場合に6点が入り，さらにトライフォーポイント (タッチダウンしたチームに対して与えられる追加得点のための攻撃機会) で，エンドゾーン手前5ヤード地点からのプレイでタッチダウンした場合には1点，手前12ヤード地点からのプレイでタッチダウンした場合には2点が追加される。また，守備チームの得点もあり，攻撃チームが自陣のエンドゾーン内でフラッグを取られたり，フィールド外に出たりした場合などはセーフティ (攻撃チームによる自責点) となり，守備チームに2点が入る。

② 歴史

日本にフラッグフットボールが登場する以前は，フラッグの代わりにプレイヤーの身体への両手によるタッチでプレイを止めるタッチフットボールが行われていた。戦後の1946 (昭和21) 年に，関西地方に駐留したアメリカの軍人たちによってタッチフットボールが伝えられ，旧制の池田中学，豊中中学，奈良中学，奈良商工学校がチームを編成したのが始まりとされている。1954 (昭和29) 年には全国高等学校タッチフットボール協会が結成されて，第1回全国高等学校タッチフットボール選手権大会も開催されたが，昭和40年代以降は私立高校を中心にアメリカンフットボールのクラブが結成されるようになり，タッチフットボールの普及は低迷することになる。

他方で，フラッグフットボールは，戦後の1950年代後半にハンカチーフボールと呼ばれる競技が考案され，左右の腰に下げたハンカチーフ (またはタオル) を取られればプレイが終了となる，現在のフラッグフットボールとほぼ同じようなゲームが行われていた。フラッグフットボールが本格的に普及するのは1990年代中旬からで，アメリカのプロフットボールリーグであるNFL (National Football League) がアメリカンフットボールの世界的普及のためにNFLジャパンリンク (現・NFL JAPAN〔株〕) を設立し，学校体育への導入に向けてフラッグフットボールの用具を教育現場に提供するようになってからである。その後，フラッグフットボールに関する教材研究によってその教育的価値が認められ，2008 (平成20) 年の小学校学習指導要領解説 (体育編) にはその名称が掲載されるまでに至っている。

フラッグフットボールの主な団体としては，日本フラッグフットボール協会と日本タッチアンドフラッグフットボール協会が挙げられる。前者は，学校体育への普及を目的とする全日本フラッグフットボール協会と，競技としての普及を目的とする日本フラッグフットボール連盟が2008 (平成20) 年に統合して設立された団体である。競技大会は，キッズ (小学生男女)，ジュニア (中学生男女)，レディース (中学生以上の女性)，シニア (高校生以上の男女) のカテゴリーに分かれており，毎年日本選手権大会が開催されている。一方，後者は，競技スポーツとしてのタッチフットボールおよびフラッグフットボールの普及を目的として1992 (平成4) 年に設立され，全国大会や講習会等を開催している。

参考文献

- 後藤完夫. 2009.『フラッグフットボール入門』タッチダウン
- 佐野毅彦，町田光. 2006.『Jリーグの挑戦とNFLの軌跡』ベースボール・マガジン社
- 種子田穣. 2002.『史上最も成功したスポーツビジネス』毎日新聞社
- 三隅珠一. 1959.『図解タッチ・フットボール』不昧堂出版

(吉永武史)

表1　フリーダイビングの競技・種目

競技（種類）	種目名	概要
海洋競技	コンスタント	フィンを着けて競技用のロープ沿いに，ひと息で潜れる深度を競う
	コンスタント・ウィズアウトフィン	フィンなしで競技用ロープ沿いに，ひと息で潜れる深度を競う
	フリーイマージョン	ロープを手繰りながら潜行・浮上を行い，その到達深度を競う
プール競技	ダイナミック・ウィズフィン	フィンを着けて，ひと息での水中移動距離を競う
	ダイナミック・ウィズアウトフィン	フィンなしで，ひと息での水中移動距離を競う
	スタティック	水面に顔面を浸けて浮かび，その息止めの時間を競う
その他，海洋特殊種目	バリアブル	錘によって潜行し，自力で浮上する
	アブソリュート	錘によって潜行し，浮力体によって浮上する。別名，ノーリミッツ（制限なしの意）

図1　競技中の様子：フリーダイビング

フリースタイル

→スキー競技，スノーボード競技

フリーダイビング

Free diving

① 競技概要

フリーダイビングは，いわゆる素潜りのことで，スクーバタンク（圧縮空気）に頼らず，一息で何処まで深く潜れるかを競う競技である（図1）。別名アプネア（Apnea：息を止めるという意味）とも呼ばれる。近年は海洋競技3種目，プール3種目が主に行われている（表1）。

また競技としてではなく，スノーケリング（水面をマスク，スノーケル，フィンを用いて楽しむこと）や，スキンダイビング（浅い水域を上記同様の軽器材で素潜りし，生物観察や水の感覚などを楽しむこと）も広い範囲で「フリーダイビング」と呼ぶ。

1990年代に世界中で大ヒットしたフランス映画『グラン・ブルー』の実在モデル，ジャック・マイヨール（J. Mayol）が潜っていたスタイルは主にアブソリュート形式である。

② 歴史

人類の発祥は海からともいわれている。陸で生きるようになった人間が初めて海に潜ったのは，食料として海の幸を獲ることが目的であったと思われる。そういう意味では歴史ははるかに永い。

競技としての発祥の地はヨーロッパである。1949年イタリアのブッシャー（R. Bucher）が潜った30mの世界記録がスタートだった。1960年頃の潜水生理学の世界では，水深40mくらいが人間の限界といわれていたが，何人ものフリーダイバーによってその常識は軽々と覆されていった。

そして1976年イタリアのエルバ島沖で，マイヨールは人類未到の100mという大記録を成し遂げた。フリーダイビング競技は，近年ますます盛んになり，1990年代後半からヨーロッパをはじめとする世界中で大会が開催されるようになった。また，1992年には，国際統括競技団体としてアプネア国際振興協会（Association Internationale pour le Développement de l'Apnée: AIDA）が設立された。

1998年のイタリア大会から，日本は世界大会に参戦している。国内の主な大会は，日本フリーダイビング協会（Japan Apnea Society: JAS）をはじめ，AAJ（Apnea Academy Japan）や各サークルなどが，海洋・プールなどの大会を毎年開催している。

2011年には海洋コンスタント（機械を使わない素潜り）競技が120mオーバー，スタティック（息止め）は11分オーバーと記録は伸び続けている。

（松元　恵）

フロアバレーボール

Floor volleyball

① 競技概要

フロアバレーボールは，ネットと床の間を滑るように転がってくるボールをネットをはさんで1チーム6人の2チームが打ち合う，視覚に障がいのある人のために考えられた競技である（図1）。

選手は前衛と後衛に分かれ，前衛の3人はアイシェード（外部から一切の光が入らないように加工されたゴーグル）を着け，後衛の3人は何も着けず，前衛選手にボールの位置やブロックの位置などの指示をしながらプレイをする。

25点を先取したチームがそのセットの勝者となるが，時間の都合で21点や15点に設定されることもある。

コートは6人制バレーボールコートと同じ（9×18m）で，ネットは専用のものを床上30cmの高さに張る。ネットから3m離れた所にはネットと並行にアタックラインがあり，後衛エリアと前衛エリアに分かれていて，一部の例

a

図1　競技中の様子：フロアバレーボール

外を除き後衛選手が前衛エリアに入ることはできない。また，ボールは，バレーボール用のものを用いる。

基本的なルールは，ネットを挟んで互いのチームが3回までのプレイでボールを相手コートに打ち返し，4回触れると反則になる。また，レシーブやアタックの際は手のひらを開いたままではいけない。つかんだり，投げたり，蹴ったりすることも禁止されておりゴロでやりとりを行う。

後衛選手は，常に動いているボールをレシーブしたりパスしたり，相手コートに強く打ち返す(アタック)が，アイシェードを着けた前衛選手はなにもみえない状態なので，「いったんボールをつかまえて打つ」ということが基本になる。しかし，つかまえてから3秒以内に打たないと反則となり，また，つかまえたボールを自分の打ちやすい場所に移動させてもいけない。

前衛選手は常に前衛エリアでプレイするので，時々ネットに少しだけ触れて自らの位置確認をする。ただし，ボールを保持している時にネットに触れると反則となる。

サーブは，決められたサービスエリアにボールを置き，審判がサービス許可の笛を吹いた後，サービス番号(ポジション番号)(後衛のライトから1番，2番，3番，前衛ライトから4番，5番，6番)をハッキリと告げてから5秒以内に打つ。また，前衛選手がサーブを打つ時は，味方選手がネット際でセンターやライト，レフトなどの位置で手を叩いたり声を出して方向を指示する。これで，前衛選手はサーブを打つ方向を確認する。音を大切にするスポーツであるため，サービスボールがネットを通過するまでは声や音を立ててはいけない。

② 歴史

b

フロアバレーボールの起源は諸説あるが，そのうちで有力なものとして1959(昭和34)年に関東地区盲教育研究会(現・関東地区視覚障害研究会)で田中四郎が盲人バレーについて発表したという記録が残っている。日本国内でかつて「盲人バレーボール」と呼ばれ，各地の盲学校を中心に1960年代から広く行われていた。

しかし，ルールが地域ごとに異なり，ボールも鈴入りや鈴なし，サービスゾーンの違い，ローテーションの回り方の違いなどが多くあり，地域を超えた交流や試合は一部の例外を除き行うことができなかった。

そこで，ルールを全国統一する機運が高まり，1998(平成10)年7月に日本フロアバレーボール連盟(Japan Floor Volleyball Association: JFVA)が発足し，併せて競技の名称も変更となった。

現在は，視覚障がいの有無にかかわらず，互いに楽しむことができるスポーツとして全国大会をはじめ，いくつかの大会が全国各地で開催されている。国内の競技人口はおよそ1,000人で，JFVAが中心となりアジア各地に競技を紹介している。

(古村法尾)

フロアボール

→ホッケー系ニュースポーツ

平均台

→体操競技

平行棒

→体操競技

c

ペーロン

Peiron race

① 競技概要

ペーロンは，5月から10月にかけて長崎地方ほか，熊本県の天草や兵庫県の相生などの港や浦々を中心に実施されている船漕競漕である。なかでも最も盛大な大会は，7月下旬に長崎港内で行われる長崎ペーロン選手権大会(図1)である。この大会には，長崎県内はもとより，天草，相生からのチームも参加して行われている。

現在使用されている代表的なペーロン船は，全長45尺(13.636m)で，船幅約1.3m程度の大変スマートな形状をしている。この船に26人以内の漕手と舵取，銅鑼，太鼓，あかとり(水のかき出し)役の各1人が乗船する。漕法は，進行方向に向かって座った漕手が，櫂によって水を後方に漕ぎ出すことで加速し推進力を得る順漕法である。漕手は約90cmの狭い間隔で配置され，太鼓と銅鑼の独自の拍子に合わせて，漕櫂のピッチや強弱を的確に調整して船を進める。競技は，数艇が横一列に並んで，一定の距離(約1,500m前後の往復路)の着順を競い合う方法で実施されている。

ペーロンの名称は，中国南部の福州(福建省)の爬龍船の「爬龍」がpē-ling，あるいはPeelouと呼ばれていたところから，それが語源とされている。しかしその名称は，時代や場所，また文献によってペイロン，パイロン，パイロン，ハイロン，ピャーロンと諸説があり，さらに漢字表記についても同様に，划龍，剗龍，扒龍，白龍などの表記がみられる。

② 歴史

江戸初期，長崎に来舶した唐人(近世，

図1　長崎ペーロン選手権大会

長崎に移住したり，来航した中国人のこと）たちによって伝えられたペーロンは，長崎の海手の町の人々によって受容され，その後周辺の浦々へも各地の生業に関わる祭祀儀礼などを伴いながら伝播していった。しかしながら，死者を出すほどの喧嘩がもとで，1801（享和元）年に長崎奉行所からペーロン禁止令が発せられると，長崎港内ペーロンは一気に衰退することとなった。

しかし，明治以降，長崎港口の周辺地域からペーロン競漕が復活していった。長崎港内では，長崎町方の対岸の青年団が，1924（大正13）年に長崎ペーロン協会を組織し，長崎ペーロン競漕を継続的に開催していった。しかし，第二次大戦による長崎ペーロン競漕の中断は，長崎港臨海地区の空襲と原爆投下，そして市街地開発とともに，それ以前の運営組織を一掃することとなった。

現在の長崎ペーロン選手権大会につながる催しは，1956（昭和31）年の長崎開港記念会の主催による，長崎「みなと祭り」で実施されたペーロン競漕である。1977（昭和52）年に長崎市観光課，長崎商工会議所，長崎市観光協会などを中心に長崎市ペーロン協会が設立され，同年長崎ペーロン競漕大会が開催されて以降，その担い手は，長崎市の周辺地域から郡部の町，熊本，兵庫など国内はもとより，海外からのチームも招き，さらには中学生や女性も加えながら拡大していった。その間，各地で青年団，消防団，自治会，漁業協同組合，および保存会などが中心になってペーロンを支えてきた。また，今日に至る大会の運営に当たっては，商工会議所，観光関係行政や関連団体などが中心的な役割を担っている。

（熊野晃三）

ペタンク

Petanque

① 競技概要

ペタンクは，2つのチームがビュットと呼ばれる目標球に金属製のボールを投げ，近づけ合う競技である（図1）。

ゲームは3人対3人（トリプルス）が基本であるが，2人対2人（ダブルス），1人対1人（シングルス）の対戦形式でも競技できる。各プレイヤーの持ちボール数は，トリプルスが2球，ダブルスとシングルスでは3球である。

ゲームに必要なスペースは幅4m×長さ15mである。ボールは金属製で直径7.05-8cm，重量650-800gであり，ビュットは木製または合成樹脂製で直径3cmである。

ジャンケン等で先攻後攻を決め，先攻チームは地面に直径50cmの投球サークルを描いてゲームを開始する。まず，先攻チームがビュットを6-10mの間に投げ，引き続き第1球目を投げる。続いて後攻チームが第1球目を投げる。両チーム1球ずつ投げ終えた時点で，どちらのチームのボールがビュットに近いかを判断する。次に投球するのは，目標から遠いチーム，つまり負けているチームが投球する。以後，投球順は負けているチームが投球する。片方のチームがすべてのボールを投げ終えたら，もう一方のチームもすべてのボールを投げる。両チームすべて投げ終えたら得点の計算を行う。得点はビュットに一番近いボールのチームに与えられ，点数は負けているチームのビュットに一番近いボールよりも近いボールの数が得点になる（図2）。

これを繰り返し，先に13点先取したチームが勝ちとなる。相手ボールを弾いたり，ビュットを移動させたりしてもよく，心理的な駆け引きや集中力が要求される知的な競技である。

ペタンクが親しまれる理由は，いつでもどこでも少しのスペースで気軽にプレイできるところにある。また，たった1球で形勢を有利にしたり，大量得点を取ったりするところにゲームのおもしろさがある。作戦が的中した時には，この上ない爽快感がある。

② 歴史

ペタンクは，1910年に南フランス

図1　競技中の様子：ペタンク

の港町ラ・シオタで生まれた。もとはプロヴァンサルという助走をつけて投球するゲームがあったが，それが全員が同じ場所から投球するようになり，ピエタンケ（「両足を揃える」の意）から「ペタンク」になったといわれている。発祥国フランスでは500万人がプレイを楽しんでおり，その内40万人がペタンクのライセンスをもち様々な大会に参加している。発祥国フランスには国際ペタンク・プロヴァンサル連盟（Fédération Internationale de Pétanque et Jeu Provençal: FIPJP）が置かれ，世界選手権大会やアジア選手権大会が開催されている。

日本には1970（昭和45）年に「ボンボール」の名前で紹介され，日本ボンボール協会が設立された。その後「ボール・カロッティ」という名称で普及されたが，1983（昭和58）年に競技の名称を「ペタンク」に改め，組織名も日本ペタンク協会に変更された。現在は，日本ペタンク・ブール連盟（Japan Petanque Boules Federation: JPBF）として，ペタンクの普及活動を行っている。

1988（昭和63）年に開催された第1回ねんりんピックの正式種目となったことを契機に全国的に普及し，現在ではすべての都道府県でペタンクが行われている。

競技会は，日本選手権が1987（昭和62）年以降毎年開催されている。その他，ジャパンオープン，全国シニア大会や地域大会を含めると，年間約300以上の大会が開催されている。

参考文献

◆ 公益社団法人 日本ペタンク・ブール連盟ホームページ http://fjpb.web.fc2.com

（小成裕之）

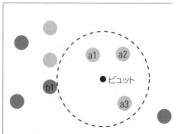

図2　得点の数え方
この場合，負けているBチームの一番近い球（b1）より，Aチームの球が3個（a1, a2, a3）近いので3点となる。

砲丸投

→陸上競技

棒高跳

→陸上競技

ボウリング

Bowling

① 競技概要

ボウリングは、木製の床に並べられた10本のピンに向かってボールを転がし、倒したピンの合計数を競う競技である（図1）。

レーンの長さは、ファールラインから1番ピンの中心まで18.288m（60フィート）で、レーンの幅は1.0414m（41インチ）である。ボールの重さは7.257kg（16ポンド）以下と決められている。

1ゲームは10フレームから成り立っている。1つのフレームにつき、2回の投球が与えられる。設置されたピン全部を1回の投球で倒すことをストライク、2回の投球で倒すことをスペアと呼ぶ。第10フレームにおいてのみ、ストライクまたはスペアの場合は、3回まで投球することができる。

ゲームの勝敗は、基本的には1～10フレームで倒したピンの合計数で決定するが、スペア、ストライクの場合は、ルールに従い特別に点を加えて計算する。

図1　競技中の様子：ボウリング

試合の種目としては、シングルス（個人戦）、ダブルス（2人チーム戦）、トリオ（3人チーム戦）、4プレイヤーズチーム（4人チーム戦）、5プレイヤーズチーム（5人チーム戦）などがある。

大会では、上記のシングルス、ダブルス、チーム戦などを行った結果をすべて反映した個人成績が算出される（それをオールエベンツという）。さらにオールエベンツの上位選手が進出して個人チャンピオンを決めることも行われ、それをマスターズという。マスターズは、様々な競技方法で行われる。

わが国においては、競技スポーツとしてだけでなく、多くの人達が楽しむ健康スポーツ、生涯スポーツとしても定着している。

② 歴史

ボウリングは宗教の儀式に起源をもち、ピンを悪魔とし、一定の距離から木製のボールを投げて倒すことにより、悪魔を祓う行為として、ヨーロッパの多くの教会に広まり、それが貴族たちの遊戯としてブームとなり広まっていったといわれている。

1897年には、全米ボウリング協会（ABC）がニューヨークで発足し、現在ボウリングで使用されている諸規定が定められた。1952年には国際柱技者連盟（Fédération Internationale des Quillers: FIQ）が設立され、1954年には第1回の世界ボウリング選手権大会がフィンランドのヘルシンキで開催された。しかし、その後の参加国数の増加による運営上の問題もあり、2005年からは男子・女子の世界選手権が毎年交互に開催されるようになっている（奇数年は女子、偶数年は男子）。2011年現在、ボウリングの世界組織であるFIQと世界テンピンボウリング連盟（World Tenpin Bowling Association: WTBA）に加盟している国と地域は116に上っている。

ワールドゲームズ、アジア競技大会、東アジア競技大会などの正式実施競技となっており、将来のオリンピックの正式種目化がめざされている。

また、日本国内では、全日本ボウリング協会（Japan Bowling Congress: JBC）がアマチュア競技の統括団体として1964（昭和39）年に設立され、全日本ボウリング選手権大会、全日本選抜ボウリング選手権大会などを開催し、国際大会に選手を派遣している。2009年にラスベガス（アメリカ）で行われた世界ボウリング選手権大会女子大会では、日本代表チームがトリオ戦で銅メダルを獲得した。

国民体育大会、日本スポーツマスターズなどの大会でもボウリングは正式種目として開催されており、今後は高校総体（インターハイ）の開催種目となることがめざされている。

参考文献

◆ 全日本ボウリング協会ホームページ
http://www.jbc-bowling.or.jp

（松澤　勇）

ボート

Rowing

① 競技概要

ボート（競技）は、競漕用の細長いボートに後ろ向きに座り、オールを使って漕ぎ、一定の距離の速さを競う競技である。漕艇、ローイング（Rowing）とも呼ばれる。

[競技の仕方]

スタートラインに艇首を揃え、「アテンション」「ゴー」の合図でスタートする。同一レースで2回のフライングを行うと除外され、最下位扱いとなる（敗者復活戦には出場可）。またスタート時刻に遅れると1回のフライングとして扱われる。スタート後は各艇は決められた自分のレーンを漕行し、他のレーンを侵害したり、他艇の妨害をしてはならない。レースは艇首がゴールラインを通過した時に完漕となり、その通過順により順位が決まる。

[競技の種類]

漕手の数、オールの種類、コックス（舵手）の有無などで、様々な艇種がある。1人の漕手が片側の1本のオールを漕ぐスイープ種目と、1人の漕手が両舷の計2本のオールを漕ぐスカル種目に分けることができる。スイープ種目には、8人漕ぎのエイト（図1）、4人漕ぎの舵手なしフォアと舵手つきフォア、2人漕ぎの舵手なしペアと舵手つきペアなどがある。一方、スカル種目には、4人漕ぎの舵手なしクォドルプルと舵手つきクォドルプル、2人漕ぎのダブルスカル、1人漕ぎのシングル

a

図1　8人漕ぎのエイト（スイープ種目）
一番手前（舵尾）がコックスである。

b

図2　シングルスカル（スカル種目）

c

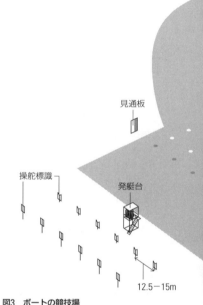

図3　ボートの競技場

スカル（図2）などがある。コックスは，ラダー（舵）の操作とクルーに対する指示によって，艇を統制する。

ボートの競技会はレガッタ（regatta）とも呼ばれ，レースコースは，1レーンの標準幅が13.5mの，ブイで分けられた直線コースで，複数の艇が同時にスタートし，順位を競う（図3）。競漕距離は，全日本選手権や世界選手権，オリンピックなどは2000m，国体や高校総体などは1000mである（表1）。種目は，艇種のほか，性別，体重などでも分かれる。体重区分としては，軽量級種目として，女子漕手で59kg以下（クルーの平均体重57kg以下），男子漕手で72.5kg以下（クルーの平均体重70kg以下）の規定がある。

[競技の特性]

ボート（競技）ではその記録が，風や水の流れなどの自然条件に大きく影響されるため，いわゆる「世界記録」はない。代わりに1980年以降の世界選手権などが開催されたコースでの記録に限定して「世界ベストタイム」が設定されている。例えば，男子エイトで5分19秒85（2004年，アメリカ），男子シングルスカルでは6分33秒35（2009年，ニュージーランドのドリスデール〔M.Drysdale〕），女子エイトでは5分55秒50（2006年，アメリカ），女子シングルスカルでは7分07秒71（2002年，ブルガリアのネイコワ〔R.Neykova〕）などである（2012年5月現在）。

[発祥]

手漕ぎボートの記録は，古代エジプトやメソポタミア文明まで遡るが，近代スポーツ競技としての発祥は，18世紀初頭のイギリスである。ロンドンのテムズ川で，乗客や荷物の運搬を職業としていたウォーターマンの間で賭け競漕が始まり，やがて組織的に開催され，18世紀後半にはイギリス各地でレガッタが開かれ，他国にも広まり始めた。

1827年にはオックスフォード大学とケンブリッジ大学の対抗レースが始まった。なお，大学のスポーツ対抗戦としてはその2年前に始まったクリケットに続く2番目のもので，現在も毎年3月下旬または4月上旬に，ロンドンのテムズ川4マイル374ヤード（6,779m）で開催されている。1839年にはテムズ川上流の町ヘンリー・オン・テムズで，2艇ずつが競漕するトーナメント方式のヘンリー・レガッタが始まった。1851年にはヘンリー・ロイヤル・レガッタとなり，現在も毎年7月上旬に1マイル550ヤード（2,112m）で開催されている。

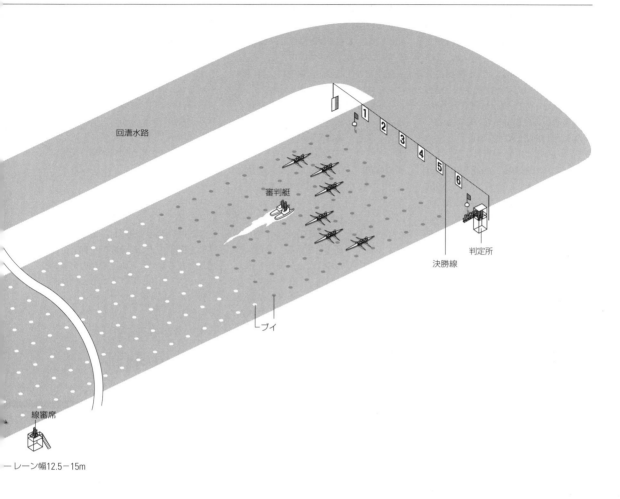

a　　　　　　　　b　　　　　　　c

回漕水路
審判艇
ブイ
決勝線
判定所
線審席
レーン幅12.5－15m

[世界的な普及]

　18世紀後半にアメリカやイギリスにおいて各国の競漕協会が創設され，1892年にそれらが集まり，国際漕艇連盟 (Fédération Internationale des Sociétés d'Aviron: FISA〔現・国際ボート連盟〕) が設立された。現在，世界選手権などの国際大会はFISAが主催または主管し，競漕規則を規定している。FISAには約130の国・地域が加盟しているが，特に盛んなのは欧州，北米諸国とオーストラリア，ニュージーランドなどである。アジア，アフリカ，中南米では一部の国に限られている。

[日本への普及]

　日本のボート (漕艇) は1854 (安政元) 年，長崎の海軍伝習所でのカッター漕ぎの記録が最も古い。大学などで本格的に広まったのは，1875 (明治8) 年に来日したイギリスの教師，ストレンジ

表1　艇の種類と競漕種目

	種目名( )は記号	艇の重量	定員(人)	距離(m)
スカル種目	①シングルスカル (1×)	14kg以上	1	2000・1000
	②ダブルスカル (2×)	27kg以上	2	2000・1000
	③舵手なしクオドルプル (4×)	52kg以上	4	2000・1000
	④舵手つきクオドルプル (4×+)	53kg以上	4＋舵手	2000・1000
スイープ種目	⑤舵手なしペア (2−)	27kg以上	2	2000・1000
	⑥舵手つきペア (2+)	32kg以上	2＋舵手	2000・1000
	⑦舵手なしフォア (4−)	50kg以上	4	2000・1000
	⑧舵手つきフォア (4+)	51kg以上	4＋舵手	2000・1000
	⑨エイト (8+)	96kg以上	8＋舵手	2000・1000
	⑩ナックルフォア (KF)	−	4＋舵手	1000

(F.W. Strange)による。1877(明治10)年頃から大学に漕艇部ができ始め，1905(明治38)年には，早稲田大学と慶應義塾大学が競う早慶戦が始まった。その後，1920(大正9)年に，日本漕艇協会(現・日本ボート協会)が設立され，全日本選手権などの日本国内の競技を統括し，競漕規則を規定している。なお，同年に第1回関東大学高専選手権(インターカレッジレガッタ)が行われた。オリンピックへの参加は，1928年の第9回大会(アムステルダム)からであり，1964年の第18回大会(東京)は，国内初の人工コース，埼玉県の戸田漕艇場で行われた。また2005年には，岐阜県の長良川で，アジア初の世界選手権が開催された。

日本は，世界のトップレベルから差をつけられているが，近年では軽量級種目の強化が徐々に成果を上げつつある。2000年の世界選手権では男子軽量級クォドルプルが日本勢として初優勝し，女子軽量級クォドルプルも4位に入賞した。オリンピックでは男子軽量級ダブルスカルが，2000年の第27回大会(シドニー)で初めて決勝に進み6位に入賞，また2004年の第28回大会(アテネ)でも6位に入賞した。また第29回大会(北京)では，女子軽量級ダブルスカルが9位に入賞した。

全日本選手権などの日本国内の競技は，日本ボート協会(Japan Rowing Association: JARA)が統括し，競漕規則を規定している。

② 技術・戦術・ルールの変遷
[ボートの進化]

古典的な競漕艇は，木製で幅が広く重かったが，艇速を向上させるために，船体が細長く軽くなり，またガンネル(舷側)に取り付けられていたオールロック(オールの取り付け器具)を，船体から張り出したアウトリガー(フレーム)に取り付ける構造となった。さらに19世紀後半には，固定席艇から滑席(スライディングシート=腰をおろす席が前後に移動する)艇へと進化し，艇の推進力に脚力を動員できるようになった。

また競漕艇の抵抗の大半は，船体表面の摩擦抵抗であるため，抵抗の低減のために，船型にも改良が加えられた。表面積を減らすために，丸い横断面形状の船型(シェル艇)が用いられるよう

になった。競漕艇は，現代ではほとんどが繊維強化プラスチック(Fiber Reinforced Plastics: FRP)で作られ，軽量で高剛性のものになっている。

舵手席の位置は，古典的には艇尾側にあって整調(せいちょう)(最も艇尾寄りの漕手で，クルーの漕ぎのリズムを作る漕手)と対面するスターンコックスであった。しかし，低重心化と空気抵抗低減のために，舵手つきペアなどの小艇で，バウ(へさき)側に仰向けに寝るバウコックスが登場し，(エイトを除き)小艇での主流となった。

[テクニック，トレーニングの変遷]

ボートを漕ぐ技術(ローイングテクニック)も大きく進化している。古典的な重い固定席艇の時代には，脚は上体を支えるだけに使われ，上体を極端に大きくスウィングさせるスタイルが主流だった。しかし19世紀後半に滑席艇が導入されると，脚の伸展動作(レグドライブ)も動員できるようになり，ローイングスタイルが進化した。イギリスのコーチ，フェアバーン(S.Fairbairn)が1920年代にレグドライブを強調した滑らかな動きを提唱し一世を風靡した。また1950年代には，ドイツのコーチ，アダム(K.Adam)が，ブレードをより大きくし，レイト(1分間の漕ぎ数)の高い漕ぎに変え，またインターバルトレーニングなどを導入して好成績を残した。1970年代には近代漕法として，長いレールと高いエイトで脚力の最大利用を特徴とする英国漕法，脚伸展-上体後傾-腕の引きの順序を強調するローゼンバーグ漕法，脚伸展と上体後傾を同時的に動員する東独漕法などが主流を占め，現在に至っている。

[トレーニング法]

ボートのトレーニングは，乗艇練習と陸上トレーニングに大別される。乗艇練習は，ステディステート漕(定常漕:ペースを一定にして漕ぐ練習)，インターバル漕，タイムトライアルや，様々な技術漕で構成される。他方，陸上トレーニングは，一般的な体力トレーニングのほか，専門的な練習器具として，漕艇動作を再現できるローイングマシンがよく使われるようになった。

[ルールの変遷]

ボート競技は比較的単純であり，競漕規則も根幹的には大きな変化はなく，競漕距離やボート細部の仕様，体

重規定などの更新がみられる程度である。オリンピックのボート競技は，男子種目は1900年(パリ)に公開競技として1750mが行われ，1912年(ストックホルム)から2000mに統一された。女子種目は，1976年(モントリオール)に男子種目の半分の距離(1000m)で始まり，1988年(ソウル)から，男子種目と同じ2000mに統一された。

また，艇そのものには従来，構造に関する規定がほとんどなかったが，1981年の世界選手権にリガーとシューズのユニットを前後にスライドさせるスライディングリガー艇が登場した。この革新的な機構は，漕手の体重移動を激減させ，艇速変動を抑えて高速化できるものだった。翌年の世界選手権では，男子シングルスカルの決勝に残ったのはすべてスライディングリガー艇となった。しかし公平性の問題により，1984年大会から禁止された。

③ 現代の技術・戦術・ルール
[用具の高剛性化]

現代のトップレベルの競漕艇は，炭素繊維を主体として高剛性化されたものである。しかし過度のハイテク競争になることを抑止するために，艇種ごとに重量や構造に規定がある。ボートの重量は「エイトで96kg以上，シングルスカルでは14kg以上」などである。寸法の規定はほとんどないが，平均的にはエイトで約17m，フォアで約13m，シングルスカルで約8mである。

また，オールの大きさ，形状，重量などにも細かな規定はほとんどなく，現状で，スイープオールは全長約3.8m，重量約2.6kg，スカルオールは全長約2.8m，重量約1.7kgである。水をつかむブレードは，長い間，上下対称のマコンブレードが主流だったが，1991年に非対称形のビッグブレードが登場し，現在の主流となっている。

[現代の技術・戦術]

かつては水域やクラブによって様々な漕法が林立していたが，現在ではローイングスタイルは世界的に共通化される傾向にある。レグドライブ，スウィング(上体の後傾)，プル(腕の屈曲)を滑らかに強く連動させ，またフォワード(オールを抜くフィニッシュから再び入水するキャッチまでの間)ではできるだけリラックスする緩急の切り替えが重要と

される。

戦術面では，最高タイムのための理想的なペース配分として，一定のペースで漕ぐことが基本とされる。半面，後ろ向きで漕ぐために，リードすれば常に後続艇を視野に入れて漕げるので，序盤の先行が心理的・戦術的におおいに優位である。

（小沢哲史）

ボート
[障がいのある人の]

Adaptive rowing

① 競技概要

障がいのある人のボート競技は，様々な機能障がい（肢体不自由・視覚・知的）をもつ人が参加して行われる（図1）。直線1,000mのブイで仕切られた（2-8）レーンを，1チームの漕手（漕ぐ人）が進行方向を背に向け，オールを使って進み，ゴールするまでの速さを競う。国際ボート連盟（Fédération Internationale des Sociétés d'Aviron: FISA）は，adaptation（アダプテイション：追加機能）を語源にこの種目の名称をアダプティブローイング（Adaptive Rowing）としている。

漕手のクラス分けは，各国事前検査後，FISA規程にのっとり，医療委員・技術委員によりFISA認定クラス分けの検査を行う。以下の3クラスでの出場が認められる。

・ASクラス：Arm（腕）・Shoulders（肩）が機能するクラスでは，下肢障がいのある人（脊髄損傷，車いす，歩行不可）が1人乗り艇に乗り，腕のみでボートを漕いで競技を行う（男子シングルスカル，女子シングルスカル）。
・TAクラス：Trunk（上体）・Arm（腕）が機能するクラスでは，下肢障がいのある人（切断義足で歩行可能）の男女1名ずつが，2人乗り艇に乗り上体・腕を使ってボートを漕ぐ（混合ダブルスカル）。
・LTAクラス：Leg（脚）・Trunk（上体）・Arm（腕）が機能するクラスでは，上下肢・視覚・脳性・知的障がいがあって，脚・上体・腕が使える人が，舵手付き4人乗り艇（フォア）に乗って競技を行う。男女各2人の漕手と舵手（コックスともいい，健常者が行う）の計5人が艇に乗りゴールをめざす。

この中で，LTAクラスだけが，視覚障がいのある人が出場可能で，視力測定は国際視覚障害者スポーツ連盟（International Blind Sports Federation: IBSA）の基準（クラスB1-B3区分）に準じる。

また，パラリンピックで行われない種目として，舵手付知的混合フォアがある。これは，漕手全員が知的障がいのある人で行われる競技である（舵手は健常者）。

② 歴史

2002年スペインの世界選手権において，FISAにより初めて障がいのある人の競技種目が採用された。それ以降，毎年，国際大会では健常者の大会と同時期に種目別で開催している。

2005年には，2008年の第13回パラリンピック大会（北京）の正式種目となることが決定した。しかし同年の日本の岐阜県で行われた世界選手権大会では，日本選手団のクルーは組めなかった。

2006（平成18）年には，国内の統括組織として日本アダプティブローイング協会（Japan Adaptiverowing Association: JAA）が設立され，2007年にドイツで開催された世界選手権に参加した。この大会は，2008年のワールドカップミュンヘン大会と第13回パラリンピック大会（北京）の予選も兼ねており，TAクラスにおいて出場権を獲得し，翌年のパラリンピック本大会に日本代表が出場を果たした。

（青木康太）

図1　競技中の様子：ボート[障がいのある人の]

ボートレース（競艇）

Boat race

① 競技概要

ボートレースは，日本の公営ギャンブル競技の1つで，湖や河川，海などを利用して設置されたレース場でモーターボート競走を行い，選手はその着順を競う（図1）。同時に，地方自治体が勝舟投票券（舟券）を発売し，賭けがなされる競技で，モーターボート競走法を根拠法として行われている。所管官庁は国土交通省海事局である。

ボートレースには一般競走と特別競走がある。一般競走は通常行われている競走のことで，特別競走には，ボートレース場ごとに年1回開催される周年記念競走のほか，施設改善記念競走，地区選手権競走およびSG（スペシャルグレード）競走がある。SG競走は重賞レースで，総理大臣杯，全日本選手権，笹川賞，モーターボート記念，グランドチャンピオン，オーシャンカップ，チャレンジカップ，賞金王決定戦の各競走がそれにあたる。いずれも特徴のある選考基準により選出された選手が熱戦を展開，ボートレース界のビッグイベントとなっている。

ボートレースの特色の1つに男女が同じ条件で戦うことが挙げられる。第1回全日本選手権には4人の女子選手が出場し，1950年代には周年記念競走で3人が優勝している。女子限定のレースも行われるが，多くは男女混合レースであり，多くの女子選手が好成績を収めている。

ボートレースのスタートはフライングスタート法が採用されている。選手は出場準備完了ののち，使用するモーターボートで展示航走を行う。これは出場選手とボートおよびモーターを観客に紹介するもので，観客はこの航走状態を参考に予想資料を得る。展示航

図1　競技中の様子：ボートレース

走が終わると，勝舟投票券発売窓口が開き，舟券が発売される。また，展示航走の状態を変えるようなエンジン，ボートの部品交換や装着状態の修正は行ってはならないことになっている。

レースの出走約2分前になると，選手はモーターボートで競走水面に出て待機水面を回遊しながら，最も有利にスタートするための作戦を練り，コースのイン，センター，アウトとそれぞれの位置をとりあいながらスタート時刻を待つ。

スタートは，12秒針大時計と呼ばれる直径3m以上の黒塗りの大時計を頼りに，定められた時刻から1.0秒以内（大時計の12秒針がちょうど12時に来たときから1秒間）にスタートラインを通過しなければならない。この制限時間よりも早くスタートした艇はフライング，遅くスタートした艇は出遅れとなり，ともに欠場扱いとなる。

スタートした艇は，競走水面を反時計まわり（左まわり）にターンマークを順次通過し，定められた周回を終わってスタートと同じ位置にゴールする。コースは1周600mで，一般競走は3周1,800mでレースを行う。

ボートはアウトボード・ハイドロプレーンと呼ばれる，船底に段差のあるタイプで，浮き上がるように走るため接水面積が少なく，スピードが出る。エンジンは艇外につけられており，ボートの両サイドには，ボートの識別を可能とするよう番号札がつけられている。艇旗の色は枠番に基づき勝負服の色に合わせて決められている。

選手は所定の服装（勝負服）を着用しなければ出場できない。1号艇から順に，白，黒，赤，青，黄，緑の勝負服を着用して出走する。

② **歴史**

競艇という名称は，競馬，競輪に対して使われるようになったもので，はじめは「ケイバ」「ケイリン」と同様，「ケイテイ」と読んでいたが，やがて「キョウテイ」と呼ぶようになり，現在ではボートレースに統一されている。

第二次大戦の後，戦災都市の復興財源とするため，自転車競技法，新競馬法，小型自動車競走法が相次いで公布され，競輪，競馬，オートレースの各公営競技が開始された。こうした動向のなかで，モーターボート競走を公営化し，競輪のように行ったらという構想が生まれた。

「海洋国日本の復興は海への発展しかない」と考えた笹川良一，モーターボートを競馬のように公営競技にすることを考えていた福島世根，および1950（昭和25）年の戦後初の日米対抗モーターボートレースの企画などといったモーターボートレース構想が，やがて具体的なモーターボート競走へと形を整えていった。結果，1951（昭和26）年6月にモーターボート競走法が制定公布され，第1回ボートレースが1952（昭和27）年4月，九州の大村湾において大村市主催により開催された。

大村での第1回の開催を契機として，全国各地にボートレース施設が建設され，1956（昭和31）年には全国25（現在は24）の施設でボートレースが開かれるようになった。

競技の進行やボートやモーターの管理，審判などの専門的な競技運営の仕事は，ボートレース場のある都道府県に設立されているモーターボート競走会が担っている。また，日本モーターボート競走会では，選手や審判員の養成訓練，選手の登録，出場斡旋および競走の実施に関して全国的に統一を要する事項について全般の指導や調整，コントロールにあたり，競走の公正かつ円滑な実施をはかっている。

このほか，法目的の主旨に沿った各種振興事業を行う日本財団，全国ボートレース施行者の中央連絡機関である全国モーターボート競走施行者協議会，ボートレース場の施設を所有する会社，およびその連絡機関である全国施設所有者協議会などの関係団体がある。

（日本モーターボート競走会）

ボクシング

Boxing

① 競技概要

ボクシングは，同じ体重階級に属する2人の競技者が両拳にグローブをはめ，頭部を含む上半身の前面および側面をリング上で打ち合い，ノックアウトまたは判定で勝敗を決する競技である（図1）。競技は一定時間のラウンドが規定回数行われる。アマチュアとプロ，男子と女子では試合形式やルールに違いがある。日本では「拳闘」とも呼ばれる。

[競技の特性]

各種格闘技の中でも，攻撃手段を両拳に限定している点で，ボクシングは特異なものといえる。蹴りや投げおよび関節技が禁止されているため護身術には向かないが，最も繊細に動作し得る部位である両腕と両拳のみによって攻防が行われることで，戦術と試合展開は高度で複雑かつ美的にも見ごたえのあるバリエーションが生まれる。一方で，顔面への打撃すなわち脳にダメージを与えることが有効な攻撃とされる点で，危険が最も大きい競技の1つであるともいわなければならない。ノルウェーやスウェーデンのように今日でもボクシング競技を禁止している国が存在するほどである。しかし，その危険性・暴力性と表裏一体のものとして成立する高い緊張が，ボクシングの試合に無比のドラマ性と精神性を付与しているという側面もある。

[競技の仕方]

1ラウンドは男子が3分，女子は2分で，プロは4-12ラウンド，アマチュアは3ラウンドを行う。各ラウンド間は1分間の休憩をはさむ。両グローブのナックルパート（拳を握って，指が平らに揃った部分）による打撃のみが正当かつ有効な攻撃とみなされる。試合中に打撃を受けた競技者が足の裏以外の部分をフロアに着けた場合は「ダウン」となりレフェリーがカウントを数える。10カウント（10秒）を数えてもファイティングポーズ（両グローブを胸の前に揃える）を示すことができない場合は，ノックアウト（knock out: KO）負けとなる。10カウントにならない場合でも，レフェリーや医師が試合続行不可能と認めた場合はテクニカル・ノックアウト（technical knock out: TKO，アマチュアはレフェリー・ストップ・コンテスト）となり，勝敗が決る。

打撃の種類は大別すると4種類あり，短く直線的なジャブ，肘を曲げて体の側面を打つフック，長く直線的に打ち込むストレート，下から上に顔面やボディーを打つアッパーカットがある。競技者はフットワークを用いて相手と

の距離と位置を優位に持ち込み，その都度最も有効な打撃を試みる。その際，互いの動きのリズムを崩し合い，フェイントを仕掛け合うことが重要な競技行為となる。複数の打撃を組み合わせるコンビネーションブローや，相手を迎え撃つことで攻撃の威力を増すカウンターを試みることも多い。ディフェンスの方法として代表的なのは，ブロッキング（腕や肩で相手のパンチを払う），スウェーバック（のけ反ってかわす），ダッキング（かがみ込んでかわす）などがある。

[勝敗の決定]

ノックアウトやレフェリーストップで決着がつかない場合は，各ラウンドの優劣をジャッジが採点した結果を合計して勝敗が決定される。プロの場合は，1）有効な打撃の回数，2）打撃によって相手に与えたダメージ，3）手数，4）リング・ジェネラルシップ（自分が主導権をもって動作している）の4点が主要な評価基準となり，10点満点で採点される。一方にダウンもしくはそれに相当するダメージがあった場合は，「10-8」と採点され，それよりは小差の優劣である場合は「10-9」となる。「10-7」よりも大差となることは（通常はレフェリーがストップするため）ほとんどない。反則を犯した競技者は減点されることがある。できるだけ各ラウンドに差をつけるのが国際的な趨勢である。プロでは通常3人のジャッジ（レフェリーが含まれることも多い）が採点を行い，2人以上のジャッジが支持した競技者が判定（decision）勝ちを得る。三者三様，もしくは1人だけがどちらかを支持した場合は引き分け（draw）となる。

アマチュアの場合，ジャッジは5人で，有効打のヒット数を数える場合と各ラウンドを20点満点で採点する場合がある。ヒット数を数える場合は，各ジャッジがコンピューターに接続されたボタンを押し，3人以上が有効打とみなした打撃がカウントされる。試合終了時に合計ヒット数が多い競技者が勝利を得る。引き分けはなく，同点の場合はジャッジの協議によって勝者が決定される。

[施設・服装]

通常4本のロープで囲まれたリングはほぼ正方形で，一辺が24フィート（約7.3m）程度とされているが，かなりの変動が許容される（図2）。コーナーは1つが「赤」，その対角が「青」，残り2つが「白」である。競技者は赤もしくは青コーナーから入場し，白コーナーは「ニュートラル」とされる。ダウンなどで試合が中断された場合，競技者はニュートラル・コーナーで待機する。グローブは試合用のものは8-10オンス（1オンスはおよそ28.35g），練習用は用途に応じて様々な形状と重さのものがある。シューズは着用しなくてはならないが，その形状には厳密な規定はない。

衣服はプロの場合，トランクスのみで上半身は裸，アマチュアはランニングシャツを着用する。また，アマチュアは防具としてヘッドギアを装用する。

[発祥]

ボクシングの起源は人類誕生と同じといわれ，道具（武器）を用いることを知らなかった原始人が始めた。

最も古いボクシングの記録は，紀元前3000年代の古代シュメール（現・イラク）遺跡から出土したレリーフに刻まれたボクサーの姿である。紀元前2000

図1　競技中の様子：ボクシング（写真：フォート・キシモト）

図2　ボクシングの競技場（リング）
リングの大きさは，プロにおいてはルールで厳密に決まっているわけではなく，ある種の慣習による（アマチュアは20フィート四方）。
プロの試合の場合，通常3人のリングサイドのジャッジが採点を行う。
レフェリーが3人目のジャッジを兼ねることもある。

年代の古代エジプトのレリーフにも，2人のボクサーと観衆の姿がみられる。

その後，古代ギリシャではピュグメー（pygmē）と呼ばれ，フィロストラトスによれば第23回オリンピック競技（紀元前688年）から公式競技として行われていた。その頃はリングはなく野外で行われ，拳を保護するために細長く切った柔らかな子牛の皮を巻き，どちらかの競技者が倒れて動けなくなるか，降参するまで続けられた。

近代ボクシングとしては，1867年，イギリス・ケンブリッジ大学の学生ジョン・グラハム・チャンバース（J. G. Chambers）が，安全管理を目的としてボクシングの新ルールを起草し，ボクシング愛好家の貴族の名を借りて「クイーンズベリー・ルール」（Queensberry rules）と称した。それまでのボクシングは素手で行われ，レスリング行為なども容認されていた。このルールの要点は，1）グローブを着用，2）3分戦い1分休憩，3）一方がダウンしたら10カウントでノックアウト，4）24フィート（約7m）四方のリングを使用することであり，これが現行ルールの基礎となっている。ただし，試合時間は無制限であった。

グローブ着用のボクシングは，イギリスでルールが定められると，イギリスの旧植民地，フランスおよびアメリカでもこれを採用する試合および地域が次第に増えていった。最初にグローブを着用したクイーンズベリー・ルールで行われた世界ヘビー級タイトルマッチは，1892年アメリカ・ニューオーリンズで行われたジョン・L・サリバン（John L. Sullivan）対ジェームズ・J・コーベット（James J. Corbett）の試合であった。この試合では，若く，フットワークなど新しい技術を習得した挑戦者コーベットが第21ラウンドKOで新王者になっている。ボクシングの「世界チャンピオン」の始まりは，この試合で敗れたサリバンであるとされる。当時，世界タイトルを認定する団体はまだ存在しておらず，アメリカ国内で強敵を続けて打ち破ったサリバンが自らを「世界チャンピオンである」と称し，その後，イギリス，フランスでも勝ち続けたことで，サリバンのもつステータスが確立したのであった。タイトル認定団体が成立したのは，1910

年の国際ボクシング連盟（International Boxing Union: IBU）が最初だが，これは事実上ヨーロッパに活動を限定された組織であった。今日の有力な世界タイトル認定団体の母体になったのは，1921年にアメリカで設立された全米ボクシング協会（National Boxing Association: NBA）である。

日本にボクシングが本格的に根づいたのは，アメリカでボクサーとしての経験を積んだ渡辺勇次郎が1922（大正11）年に靖国神社境内でボクシング興行を行ったことがその開始とされる。わが国では第二次大戦後になるまで国際的なタイトル認定にかかわる組織はなかったが，1952（昭和27）年に白井義男が世界フライ級王者ダド・マリノ（Dado Marino）に挑戦する際に，日本ボクシングコミッション（Japan Boxing Commission: JBC）が設立された。

[現状]

プロボクシングの世界タイトルマッチを統括する団体は世界各地に多数存在するが，それらの中で広く認知されているものは次の4団体である。世界ボクシング協会（World Boxing Association: WBA，1921年設立），世界ボクシング評議会（World Boxing Council: WBC，1963年設立），国際ボクシング連盟（International Boxing Federation: IBF，1983年設立），世界ボクシング機構（World Boxing Organization: WBO，1988年設立）。WBAは，NBAが1962年に改称したものであり，その他の団体も，当初はWBAの下部組織や諮問機関として設立されたのち独立した。現在認定されている階級は，各団体とも，軽い方から「ミニマム，L（ライト）・フライ，フライ，S（スーパー）・フライ，バンタム，S・バンタム，フェザー，S・フェザー，ライト，S・ライト，ウェルター，S・ウェルター，ミドル，S・ミドル，L・ヘビー，クルーザー，ヘビー」の17階級である。

日本で行われるプロボクシングの試合は，現在すべてJBCの管轄・認可のもとで行われている。JBCなどの各国コミッションはそれぞれに独立した組織であり，世界タイトルマッチも各国コミッションの管轄下で開催される。JBCは2012（平成24）年まではWBAとWBCのみを認めており，日本で開催される世界タイトルマッチはこの両団

体認定のものに限られていたが，2013（平成25）年3月からはIBFとWBOのタイトルマッチも認定することになった。これは，後発団体のIBFとWBOのタイトルマッチも，十分な水準と国際的なステータスを有するようになったとJBCが認めたことによるものである。

他方，日本国内でアマチュアボクシングの試合を統括するのは日本アマチュアボクシング連盟（Japan Amateur Boxing Federation: JABF，1928年設立）であり，同団体は日本オリンピック委員会（JOC）と国際アマチュアボクシング協会（Association Internationale de Boxe Amateur: AIBA，1946年設立）に加盟している。アマチュアボクシングにおいて設置されている階級は，軽い方から「L・フライ，フライ，バンタム，フェザー，ライト，ウェルター，L・ミドル，ミドル，L・ヘビー，ヘビー，S・ヘビー」の10階級である。

② 技術・戦術・ルールの変遷
[安全面への配慮に伴うルールの変遷]

イギリス人ジェームズ・フィッグ（J. Figg）は1719年，円形競技場（Amphitheatre）という私設アカデミーを開き，拳闘，剣術，棒術を教えていたが，貴族の子弟には邸内の宴会場（サロン）で護身術を教えた。これがアマチュア・ボクシングの基礎となる。1743年，ジャック・ブロートン（Jack Broughton）はタイトルマッチで挑戦者を死亡させたことをきっかけに，「ブロートン・ルール」（Broughton's rules）を作成した。これが初のルールである。このルールの要点は，1）ダウンすると30秒休憩し，リング中央に歩み出て戦闘を再開すること，2）一方が続行不能（棄権）の場合に，勝敗が決定すること，であった。1838年，またも死亡事故が起こり，ルールが改正された。それが「ロンドン・プライズ・リング・ルール」（London Prize Ring rules）である。この規則の特徴は，1）ダウンした選手は，セコンド（介添人）の手を借りず自力でリング中央の四角まで歩み戦闘を再開すること，2）わざとダウンし休憩に逃げ込む行為の禁止，3）頭突き，目の玉えぐり，噛み付き，引っかき，蹴りの禁止。さらに1867年，より安全なルールを求めて，上述の「クイーンズベリ

ー・ルール」が制定された。現行ルールはこれを基礎としている。

[技術・戦術の洗練化]

歴史的には，最重量級のファイト（試合）がボクシングの技術をリードした。クイーンズベリー・ルールによるタイトルマッチでベアナックル（素手での戦い：ロンドン・プライズ・リング・ルールのこと）最後の王者サリバンから「初代ヘビー級王座」を奪ったコーベットや，20世紀初頭の初の黒人王者ジャック・ジョンソン(Jack Johnson)は，卓越した防御をボクシングに持ち込んだ。また，1920年代の英雄ジャック・デンプシー(Jack Dempsey)の戦術は，上半身をローリングしながら相手に接近し，強烈な左フックで相手を打倒するものだった。1930年代，13年間に25連続防衛を記録したジョー・ルイス(Joe Louis)は，左ジャブで相手の体勢を崩し，右ストレートの強打を打ち込み，左フックを返す，現在の戦術に通じる原型ができていた。なおミドル級では，1940年代に拳聖シュガー・レイ・ロビンソン(Sugar Ray Robinson)が出現し，瞬間的かつ鋭角的な動きを多用することによるスピードの増大，タイミングをより意識して効果を増す攻撃，常に自分が優位な場所に身を置くためのフットワーク，そして相手の動きを迎え撃つことで打撃の威力を増大させるカウンターの技術を体現した。のちのムハメド・アリ(Muhammad Ali)，シュガー・レイ・レナード(Sugar Ray Leonard)などに踏襲されている。

③ 現代の技術・戦術・ルール

[選手の能力により開かれた新しいボクシング]

近年のボクシングは，ナジーム・ハメド(Naseem Hamed)，ロイ・ジョーンズ・ジュニア(Roy Jones Jr.)，フロイド・メイウェザー・ジュニア(Floyd Mayweather Jr.)，マニー・パッキャオ(Manny Pacquiao)らの圧倒的な能力を発揮するボクサーたちによって新時代が開かれたといえる。距離とタイミングの測定，フェイントのかけ方，一瞬の強打法などがきわめて高度化した結果，「パンチを出さないジャブ」「ノーガードでも打たせない防御」「動かないフットワーク」「小さな動きからの爆発的な強打」といった，一見ボクシングの基本やセ

オリーを超越したかのような戦術がみられるようになった。しかし，彼らのスタイルは必ずしも別次元のボクシングを意味しない。むしろ，距離，リズム，フェイント，体重移動といったボクシングの根本要素が新たな形で表現されているとみるべきだろう。すなわち，新しいパンチの型や全く斬新なフットワークが生まれてきたというわけではないのだが，それぞれの動作のスピードは増しており，また動作を連続させる仕方も複雑化および高速化している。体重調整の方法や筋肉トレーニングの科学的方法も発達しているため，複雑で速い動きの中でも，十分に腕を伸ばした効果的な打撃が可能な選手が増えてきた。

ルール面では過去20年間大きな変更はないが，計量を試合前日に行うなど，安全面の配慮がさらに細かくされるようになっている。また，試合が一方的になった場合にレフェリーストップがかかるタイミングも早くなってきている。これは主として，ボクシングの攻撃技術が高度化しパンチの打撃の強度は増しているにもかかわらず，競技者の身体の強度は大きく変わらないため，リング上の事故をなくすためには，外的要素でボクサーの身体への負荷を減少させるべきであろうという認識によるものである。

（粂川麻里生，ジョー小泉）

ホッケー

Hockey

① 競技概要

ホッケーは，「チームボールゲーム」である。11人のプレイヤーで編成された2つのチームが互いに同一空間のフィールドの中で，選手が手に持つスティックでボールを，主にストロークやレシーブによるパスとドリブルを織り交ぜてサークルインをし，相手ゴールにシュートを放ち得点をねらう。これに対抗する相手側の守備プレイは，インターセプトやタックルやブロックと，全身防具装備のゴールキーパーのゴールを死守する防御がある。この直接対決の様相と攻防の展開は，まさに，目まぐるしく激しいもので，格闘スポーツといわれるゆえんである。したが

って，競技規則はプレイヤーの安全に対して，最大に配慮をしている。

[競技の仕方]

チームは，オリンピックをはじめとする国際大会では16人（国内は22人）で構成され，試合中フィールドでプレイするのはゴールキーパー（以下GKと略す）1人を含めた11人である。ベンチに控えている5人の選手の交代は自由で，その回数と人数に制限はない。

競技時間は，前半35分・休憩5-10分・後半35分で，得点数の多いチームが勝つ。同点の場合は，延長戦を行うことがあり，前半7分30秒・後半7分30秒の中で，得点を上げた時点で勝敗（ゴールデンゴール方式）が決まる。延長戦で無得点の場合，ペナルティストローク（以下PSと略す）戦で勝敗を決める。

PS戦は，両チーム5人のシューターと相手チーム1人のGKによって，交互に攻防を行い成否を競う。

試合の開始と後半の開始，得点の後の再開は，フィールド中央のセンターライン上のボールをどの方向にもプレイできる「センターパス」で行う。

アンパイアの判定でジャッジが時計を止めて，ゲームが中断するケースは，プレイヤーが負傷の場合，GKが交代する場合，PSの場合，プレイヤーが警告や退場を科せられる場合，等である。

ちなみに，プレイの悪質さの程度によって，グリーンカード（警告），イエローカード（5分以上の退場），レッドカード（当該試合退場）の罰則が科せられる。

[施設と用具]

競技場（フィールド）は，男女共通の91.4×55.0mで，正式には第21回オリンピック大会（モントリオール，1976年）以降人工芝が用いられている（図1）。

ちなみに，試合の事前にフィールド全面にくまなく撒水することが義務づけられている。これはプレイヤーがスライディング，ダイビングや空中転回等の激しいプレイをしても，摩擦による擦過傷を防止するためである。

スティックは一般的に90-95cmの長さのものを使用しているが，その長さに特に規定はない。重量は738g以下で，幅は内径「51mmのリングパステスト」と，左平面の「弓なりの湾曲25mmテスト」で承認されたものでなければならない（図3）。

ボールは，白色で表面は「硬く滑ら

か」な球状で，ゴルフボールの仕様とよく似た細かいくぼみ（ディンプル）は許容されている。重量156-163g，周径224-235mm（直径で約73mm）で，野球のボールより少し小さめのものを用いる。

[競技の特性]

ホッケーには，2つの大きな特徴がある。1つは，「スティック」という操作用具を用いることである。なお，ボールをスティックで捌くプレイには，スティックの「片面だけの使用」という規制がある。すなわち，左側の平らな面のみが使用でき，右側の丸みを帯びた背面は使用禁止である。

もう1つは，フィールドのゴール前の半円形様の「サークル」の存在である。このサークルは，攻撃側にとっては限定された「シュートエリア」であり，対する守備側にとってはペナルティコーナー（以下PCと略す）とPSが科せられる「ペナルティエリア」である。したがって，攻撃側のサークルへの進入と，守備側の阻止をめぐる攻防こそが，ホッケーの見どころである（図4）。

[フィールドプレイ攻防と特殊なペナルティコーナー攻防]

国内・国際ともにトップレベルの試合における1試合あたりの得点の平均値は，おおよそ男子は1チーム「2.2得点」であり，女子は「1.8得点」しかあげられない。そのため，ホッケーの「1得点」は，非常に貴重である。

なお，ホッケーのゲーム展開は次の2つのパターンに大別できる。
・フィールド全域における通常の攻防。
・サークル内と破線5m内域におけるPCの攻防。

前者は1試合1チームのシュート数が7-8本，後者は1試合1チームの取得数が4-5本であり，両者の得点の割合はほぼ50％である。

[近代ホッケーの誕生]

近代ホッケーは，イギリスにおいて形づくられた。

1861年，最初のホッケークラブの，ブラックヒース・クラブ（Blackheath Club）では，そのプレイフィールドは今日の約3倍の大きさで，ボールは「立方体の黒いゴムのかたまり」であった。1874年，ミドルセックス・クラブ（Middlesex Club）で，今日のルールの基礎がつくられた。その主なものは，

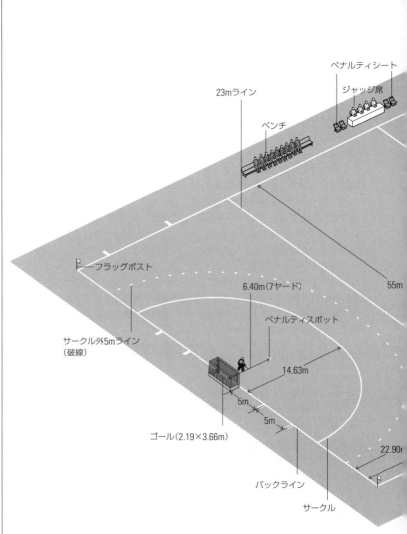

図1　ホッケーの競技場（フィールド）

・「ストライキングサークル」をシュートエリアとする。
・肩より高く上げる「ハイスティック」の禁止。
・球状のクリケットボールを使用する。
等である。

したがって，その後100年あまり，ホッケーのボールはクリケットと全く同じ仕様のものを使用してきたのである。近代ホッケーの前身は，1949年にイギリスのパブリックスクールでフットボールやテニスと同じくホッケーもプレイされ，次第にゲームとしての体裁を整えていった。

[世界におけるホッケーの普及]

1886年，ホッケーアソシエーションが結成され，1895年には，アイルランド対ウェールズで初の国際試合が行われた。そして，1900年に国際ルール委員会が組織され，「ハイスティック」の反則がより厳格に，併せて「アドバンテージルール」が採用された。世界各地へのホッケーの普及において，男子はまずイギリスからヨーロッパ各地に，そして世界各国に広まった。

一方，女子は19世紀末にアメリカに，

a_____ b_____ c_____

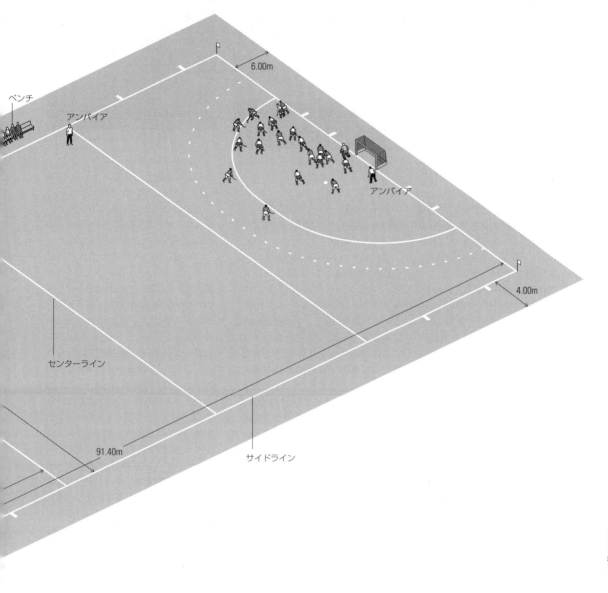

20世紀初頭にヨーロッパ各国とオセアニア，南アフリカに広まった。

そして，第4回オリンピック大会（ロンドン，1908年）に公開競技（エキシビション）として，初めてホッケーが登場した。参加したのは，イングランド，アイルランド，スコットランド，ウェールズ，フランス，ドイツであった。

1924年，国際ホッケー連盟（International Hockey Federation: FIH）が結成され，男子は1928年の第9回大会（アムステルダム）から，女子は1980年の第22回大会（モスクワ）から，オリンピック

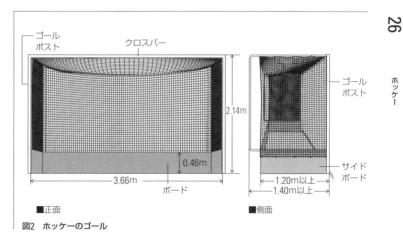

図2 ホッケーのゴール

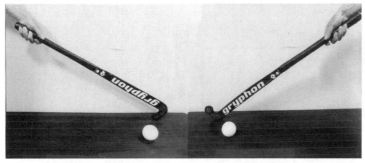

図3 ホッケーのスティックとボール
スティックの使い方は2通りある。左：リバースプレイ．右：フォアプレイ．

図4 ペナルティコーナーの攻防シーン

の正式競技種目として実施されている。1950年代には「インドア（室内）ホッケー」が西ドイツから始まり、ヨーロッパに広く普及し、主要各国の競技力向上につながった。

[日本におけるホッケーの普及]

1906（明治39）年11月、アイルランド人の、ウィリアム・グレー（W.T. Grey）が慶應義塾大学の学生に教えたのが、日本のホッケーの始まりとされている。1923（大正12）年、大日本ホッケー協会が設立され、1931（昭和6）年にはFIHに加盟し、1932（昭和7）年の第10回オリンピック大会（ロサンゼルス）に初参加した。その後、1951（昭和26）年、FIHに復帰し、日本ホッケー協会（Japan Hockey Association: JHA）と名称を改めた。そして、1980（昭和55）年に社団法人日本ホッケー協会に改組された。

男子ホッケーは1960年代以来、天理大学が戦果を誇り、1980年代から表示灯（現・名古屋フラーテル）が台頭している。女子は、1980年以来、天理大学とソニー一宮（現・ソニーHC）の2強が主導役を果たしている。

また、普及面から、1971（昭和46）年に恩田昌史が「6人制ホッケー」を創案し、特に小・中学生への普及と競技力向上に寄与している。競技面においては、1997年、高円宮杯女子日本リーグが創設され、参加チームと選手らの切磋琢磨の機会が増大した。その結果として国内はもとより、国際的にも日本の競技レベルが飛躍的に向上し、日本女子はオリンピック大会の出場を第28回大会（アテネ、2004年）、第29会大会（北京、2008年）、第30回大会（ロンドン、2012年）と3回連続で達成している。

② 技術・戦術・ルールの変遷
[人工芝の導入、大胆なルール改定とスティックの革新]

近代ホッケーの草創期から約80年間の技術・戦術は、「ヒット、プッシュ、ストップ、パス、ドリブル、タックル、ジョブ（スティックの先端でボールを突く）」といった基本技術を、いわゆる単純なプレイをもって、「5－3－2システム」による「ポジションプレイ」と、スティックの左平面のみの使用からフォア有利の原則に拘泥した「ライト攻撃」と「フォアプレイ」を、ごく素朴な戦術で、牧歌的なスタイルとして連綿と継承してきた。この原因と背景として、かつての天然芝やクレーのフィールドは凸凹で、ボールに縫い目があったため、飛び交うボールはイレギュラーが常態であった。とりわけスティックが垂直の棒状で、ヘッドの鉤形部位が長く、その曲がり具合が鈍く、加えて、スティックヘッドが木材でハンドル（グリップ）が竹材であったことから、ボール操作時に、それこそ「しなり」を生じたので、特にリバースプレイの難度がとても高かったことも挙げられる。こうした物理的要因と、併せてプレイとゲームに対する厳格すぎる競技規則とが相まって、スキルやフォーメーションづくりはきわめて難しいものであった。

ようやく1960年代になって、画期的な「インドモデル」なるスティックが登場した。これは、ヘッド鉤形部位が従来より鋭く短小になったもので、リバースプレイが非常に容易になり、徐々により多くのリバースプレイがみられるようになった。ちなみに、その年代まではもとより、それ以降の1980年代に至るまで、日本ホッケー界の指導理念においては、「リバースプレイの禁止や極力やらせないこと」が課せられていた。そして、今日ではスティックが「弓なり」に作られていることで、フォアとともにリバースのボール操作はきわめて容易になっている。

その後、1976年の第21回オリンピック大会（モントリオール）で、人工芝が導入された。かつての天然芝やクレーのグラウンドとは異なり、フィールドが見事に平坦になった。これが一大契機となり、さらに、ハイテクノロジーによってスティックが格段に改良され、これによってボールスキルは画期的かつ多大に開発され洗練された。加えて、プレイの多大な規制緩和につながる数々のドラスティックなルール改定等によって相乗効果が発揮され、プレイヤーのプレイ動作はよりダイナミックに、ボールスキルは高度化し、攻守の転換が急変し、よってゲーム展開はフィールド全面にワイド化し、超スピード化するに至っている。いうならば、オリンピック競技としてのその存否の命運を担う「みるホッケー」としても、その存在性が高められてきたといえよう。その主要なルール改定は以下のとおりである。

・1980年、合成樹脂製の縫い目のない「硬く滑らかなボール」の出現
・1983年、ハイスティックの廃止
・1992年、選手交代の自由化
・1996年、オブストラクション（体とボールの動きを伴わないで相手のプレイを体で妨害する反則）の緩和
・1998年、オフサイドの撤廃
・2001年、スティックの材質自由化（金属性物質を除いて）
・2002年、スティックのエッジプレイの許容
・2005年、PC攻撃時のシュートの事前のストップの不要化
・2009年、フリーヒット時のセルフ

図5 フィールドプレイ攻防におけるゴール前のシーン

パスの導入
・2011年，相手陣の23mエリアにおける攻撃側のフリーヒットで，直接サークル内にボールを入れることの禁止

③ 現代の技術・戦術・ルール

[斬新かつ高度な技術・戦術の創生]

人工芝のフィールドと，合成樹脂製の「弓なり」に湾曲させたことによってボールの衝撃力と操作性機能が向上したスティックの出現は，ホッケーの各種スキルを劇的に変貌させてきた。例えば，スイープ・ストローク（スティックで芝面を掃くようにボールを送る），リバース・インエッジ・ストローク（左体側のボールを逆打ちするプレイで，スティックの平面の内縁でボールをインパクトする），ドラッグ・シュート（スティックでボールを引きずりながら放つシュート）などの出現が挙げられる。ちなみに，スティックのハンドリングやグリッピングにおいては，実行したい各種スキルに応じて両手あるいは片手で，スティックを「くるっと」およそ180°ひねるようにして，フォアあるいはリバースに「持ち替え・握り替え」をすることが肝要である。

また，ボールスピードの高速化は，プレイヤーの動作の豪快さを誘発するとともに，プレイヤーに疾走スピードとスタミナもより高水準に要求することになった。これが1993年に導入された「自由交代制」のきっかけでもあった。

プレイヤーによる，先述の多様で多彩なニュースキルの習得は，否がうえにも，戦術的プレイとゲーム展開の高度化と高速性と格闘性を導き出している。それらはワンタッチプレイの多用，ダイレクトシュートの多用，ゴールデンエリアへの直撃ロングパス，攻撃と守備の切り替えの急転換のようなプレイに表れている。

[フィールドプレイの攻防の戦術]

チーム組織力をハイレベルに発揮するためには，メンバー個々人の高い技術力が必要である。加えて，組織力の前提となる昨今のシステムは，「3-3-3-1」が主流で，セットプレイやフォーメーションが各国・各チームの特有のスタイルとして具現されている。

また，守備においては，相手からのボールを奪ったプレイヤーが起点となり，すばやく攻撃への切り替えができるように意識されている。そのため，攻撃においては，プレイヤーのポジショニングがきわめて重要である。

[ペナルティコーナーの攻防の戦術]

PCの攻防については，攻撃におけるセットプレイとして，シューターのストレートシュート，シュート風パスの左タッチ・右タッチ・外タッチ，パッサー返し（パスをしてきたプレイヤーへの折り返しパス），とりわけ，ドラッグ・フリック・シュート（スティックでボールを引きずりながら空中へボールを放つ）と，ゴールボードねらいのシュートの使い分けができるスペシャルシューターの育成こそが，チームの勝敗を大きく左右する。

また，PCの守備においては，「1-2-2」の基本型のセットプレイで，攻撃チームの意図を判断・予測し，各々のプレイヤーが微妙に「前後左右の位置どり」をすることによって，守備力が高められる。とりわけ，ペナルティスポット付近に位置する選手が，相手からのシュートやシュート風パスのブロックができるかが重要である（図5）。

現在のホッケーには今なお，ルール改善の課題が残されている。今後それらの改定に伴って，実戦に活用し得る技術・戦術を新たに創造していくのは，プレイヤーやコーチらで，観察力・発想力・創造力こそが肝要である。そして，「個々人の体力のパワー・スピード・スタミナ等を以（もっ）て，理知力を活用した技術力・戦術力を駆使したプレイやフォーメーションを開発し，何よりも闘争心をたぎらせた精神力を発揮するトータル・ホッケー」を，めざしていく。

参考文献
◆ 恩田昌史 1977.『モダン・ホッケー』284. 不昧堂出版
◆ 日本体育協会 監修 1987.『最新スポーツ大事典』1185-90. 大修館書店

（恩田昌史）

ホッケー系ニュースポーツ

Unihoc; Universal hockey; Floorball; Roller hockey

① 競技概要

ここでは，ホッケーをもとに考案されたいくつかの比較的新しいスポーツを紹介する。

[ユニホック]

スウェーデンなどで行われている氷上のホッケーである「バンディ」を，室内で手軽にできるようにしたミニホッケーである。アイスホッケーに似ているが，パックではなくプラスチック製の中空のボール（直径7cm，重さ25g）とスティック（長さ80cm）を用い，身体接触を禁じるなど，万人のためのホッケー（ユニバーサルホッケー）として開発したものである。名称もこれに由来する。コートは，10-15×20-30mの境界線上に25-30cmのフェンスを設置する。また，90×105×45cmのゴールポストをエンドフェンス手前1.5mに設置する。1チーム6人，10分ハーフで行う。

[ユニバーサルホッケー]

ユニホック用具を国産化し，対象に応じ種類を多くしたり，ルールを細かくしたりした日本版室内型ミニホッケーである。コート中央の半径1.8mのセンターサークル，ゴール前半径4.5mのシューティングラインの存在，対象に応じたスティックの長さやボールの種類などを除くと，基本的なルールはユニホックと同じである（コートは，10-15×20-30mの境界線上に25-30cmのフェンスを設置。また，90×105×45cmのゴールポストはエンドフェンス手前1.5mに設置する。1チーム6人，10分ハーフで行う）。

スティックを膝より上に持ち上げたり，振り上げたりすること（ハイスティック）を禁じている。頭と腕以外の身体の部位を使ってボールを止めたり，壁やフェンスを利用してボールを操作することを認めている。ゲーム中断後の再開はフェイスオフ（対峙する選手の中間

図1　競技中の様子：ローラーホッケー（写真：フォート・キシモト）

に，審判がボールを投入し，再開の合図とすること）で行う。

[フロアボール]

リンク（競技面）の大きさが40×20mと，ユニホックの約2倍の大きさで周囲を高さ50cmのフェンスで囲む。ルールの基本は，ユニホックの原型であるスウェーデンのインネバンディという競技と同じである。パックではなく直径約7cm，重さ約20gのプラスチック製で26個の穴のあるボールを用いる。スティックは最大105cm，350g以下と定められている。アイスホッケーの床上（陸上）訓練用としても普及しているように，プレイヤー5人とスティックを持たないゴールキーパー1人の計6人でチームを構成する。アイスホッケーと同様にゲーム中の選手交代は自由である。1ピリオド20分で，3ピリオド制で行う。

[ローラーホッケー]

ローラースケートを履いて行うホッケーである（図1）。欧州ではリンクホッケーともいう。21×42.7mのリンクに，高さおよび奥行き91cm，幅1.2mのゴールを置き，ゴール前に5.5m×12.5mの長方形のペナルティーエリアを設ける。長さ1.14m以下のスティックと直径7.3cm，重さ156gの硬質ゴム製のパックを用い，ゴールキーパーを含む1チーム5人で行う。ボディチェックやスティックを肩より高く上げることなどは禁止されている。1ゲーム20分ハーフで行われる。

② 歴史

[ユニホック]

1968年にスウェーデンのアールクヴィスト（Carl-Åke Ahlqvist）が，インネバンディ（室内バンディ）をさらに簡易化したものである。わが国へは，1978（昭和53）年，コタニスポーツによって輸入された。

[ユニバーサルホッケー]

わが国における初期の商品名はユニバンディであった。1978年にスウェーデンから紹介されたユニホックを，1984（昭和59）年に斉藤定雄が国産のバンディ型スティックなどを導入し，一時ユニバンディの名称を使用したことによる。1985（昭和60）年に規定等を制定し，ユニバーサルホッケーの名称とした。

1997（平成9）年，日本ユニバーサルホッケー協会は，ゲーム名を残しながら組織名を日本フロアボール連盟に改称を試みたが実現に至らなかった。

[フロアボール]

フロアボールの名称による活動は，1970年代後半に北欧を中心に広がり，1986年に国際フロアボール連盟が設立されている。わが国の組織化は1983（昭和58）年に始まる。日本ユニホック協会は，2001（平成13）年から，フロアボール・オープン大会を開催している。2004（平成16）年には，関連団体として日本フロアボール協会が発足した。2010（平成22）年には，日本ユニバーサルホッケー協会を加えた3協会の統合推進の機運が高まり，2012（平成24）年4月から3協会は日本フロアボール連盟として統合することになった。競技は，国内ルールと国際ルール使用の2本立てで行われる。国内ルールは，ユニホックとユニバーサルホッケーのルールを折衷したものである。国際連盟においても，フロアボールを総称とし，インネバンディ（スウェーデン），ユニホッケー（ドイツ），サリバンディ（フィンランド）などを通称として位置づけている。

[ローラーホッケー]

ローラースケートの普及を前提にしていることはいうまでもない。わが国におけるローラースケートの紹介は，1877（明治10）年と早かったが，戦前の一時期を除きブームといわれる時期と地域は限られ，次の流行は，戦後の1950年代である。それもローラースケートが中心であり，ローラーホッケーの競技者は限られていた。日本ローラースケート連盟の誕生は，日本スケート連盟等の承認のもとに1953（昭和28）年に実現した。2006（平成18）年，日本ローラースポーツ連盟に改称し，スピード，フィギュア，インラインホッケー，ローラーホッケー等の部門の

推進が図られている。北米ではローラーホッケーというと，インラインホッケーのことをさし，プロのインラインホッケーリーグも存在している。日本では2001（平成13）年から全日本ローラーインラインホッケー選手権大会が開催されている。

〔野々宮徹〕

ボッチャ

Boccia

① 競技概要

ボッチャは，重度脳性麻痺者もしくは同程度の四肢重度障がい者のために考案されたボール競技である。白いジャックボール（目標球）に赤・青のそれぞれ6球ずつのカラーボールを投げたり，転がしたり，他のボールに当てたりしていかに近づけるかを競うもので，ペタンクやカーリングに似た競技である。コートは12.5×6mで，バドミントンコートくらいの大きさである。

障がいによりボールを投げることができなくてもランプ（勾配具）を使い（図1），自分の意思をスポーツアシスタントに伝えることができれば参加することができる。競技は，障がいの程度に応じてBC1，BC2，BC3，BC4のクラスに分かれて行われ，個人戦，団体戦（2対2のペア戦と3対3のチーム戦）があり，男女の区別はない。

図1　競技中の様子：ボッチャ

② 歴史

ボッチャは，古代ギリシャの球投げをもとに，6世紀のイタリアで現在の競技の原型が生まれた。「ボッチャ(boccia)」の語源は，ラテン語の「bottia」(球，ボールを意味する)に由来する。

国際脳性麻痺者スポーツ・レクリエーション協会(Cerebral Palsy International Sports & Recreation Association: CPISRA)が，重度の脳性麻痺者を対象とした競技にボッチャを取り上げて以来，障がい者スポーツとして盛んになった。1984年の第7回パラリンピック(ニューヨーク)で男女17人が競技し，初めて紹介された。1988年の第8回大会(ソウル)で公式競技となり，BC1，BC2クラスの選手が参加した。1996年の第10回パラリンピック大会(アトランタ)からBC3クラス(ランプ使用者)の選手が参加し，2004年の第12回大会(アテネ)からBC4クラスの選手が参加した。

現在世界50ヵ国以上に広がり，CPISRA主催による世界選手権大会，ワールドカップなどの国際大会が開催されている。これらの大会でランキングポイントを獲得して，その順位によりパラリンピックの出場権を得ることができる。

国内では，1996(平成8)年に初めてCPISRAのボッチャ競技規則を翻訳し，国際ルールに沿った競技会(千葉ボッチャ選手権大会)が開催され，千葉県を中心に関東近県から養護施設，作業所，在宅者などの重度脳性麻痺者が40人近く参加した。この頃からボッチャ競技が重度障がい者のスポーツとして普及し始めた。その後さらに全国に普及し，1997(平成9)年11月にはパラリンピック選手を育成するために日本ボッチャ協会(Japan Boccia Association: JBA)が設立された。JBAは，指導者講習会や強化合宿などを実施し，普及活動として1999(平成11)年に第1回日本ボッチャ選手権大会(大阪市舞洲障害者スポーツセンター)が開催された。現在JBAでは，日本選手権大会とジャパンカップの2つの大会を主催している。

2008年の第13回パラリンピック大会(北京)には日本代表が，個人戦BC1，BC2と団体戦(Team)に出場した。2011年に北アイルランドで開催されたCPISRA World CupにおいてTeamで準優勝し，第14回パラリンピック大会(ロンドン)の出場権を獲得した。

参考文献

◆ 日本ボッチャ協会ホームページ
http://japan-boccia.net/
◆ 日本ユニバーサルボッチャ協会ホームページ
http://www.boccia.gr.jp/ (2012年3月23日)

(渡辺美佐子)

ボディビル

Body building

① 競技概要

ボディビルは，本来，ダンベルなどの器具を用いて行う筋力トレーニングと栄養管理からなる筋機能改善プログラムのことをさす。そこから，鍛え上げた筋肉そのものを競い合う競技スポーツとしてのボディビルが生まれた(図1)。日本では，後者の意味で用いられる場合が多い。

ボディビル競技では，ステージ上に選手が並び基本となる7ポーズを順番にとっていく。筋肉の大きさや形，また身体全体としての筋発達のバランスやプロポーション，ポーズの美しさなどにより順位がつけられる。選手は，筋肉をよりよく見せるために過酷な減量にのぞみ，体脂肪を極限まで落とす。この状態の選手では筋線維の走向(1本1本の向き)すら観察することが可能で，さながら筋肉標本の様相を呈している。

競技シーズンが終わると，選手はより筋肉を大きくするために増量に入り次のシーズンに備える。選手によっては体重が20kg以上変わる場合もある。

ボディビルは，10代－70代という幅広い年齢層に親しまれている。日本最高峰の大会(日本ボディビル選手権)でも40代の選手が活躍するなど，現役で競技を続けられる期間が長いのも特徴である。

② 歴史

古代より鍛え上げられた肉体への憧憬があったことは，多くの歴史的彫像からもうかがうことができる。しかし，近代ボディビルの始まりは19世紀末であるといわれている。ドイツ人医師であったユージン・サンドウ(Eugen Sandow)は，科学的トレーニング法やトレーニング器具を紹介し，さらには世界

図1 競技中の様子：ボディビル

初となるボディビルコンテストを開催した。

20世紀に入るとボディビルの人気は世界各地に広まり，アメリカで世界ボディビル連盟(International Federation of Body Building & Fitness: IFBB)が設立され，1947年には初の世界大会が開催された。こうした動きを受け，日本でも1955(昭和30)年に日本ボディビル協会(現・日本ボディビル・フィットネス連盟 Japan Bodybuilding & Fitness Federation: JBBF)が設立され，定期的にボディビルコンテストが開催されるようになった。日本選手権(ミスター日本)は1956年に初めて開催され，現在まで毎年続いている。

俳優としても成功した世界チャンピオン，アーノルド・シュワルツェネッガー(Arnold Schwarzenegger)の登場で，ボディビルの社会的地位は盤石なものとなった。しかしながら，ドーピング問題やスポーツ性に関する議論から，未だオリンピック正式競技への採用には至っていない。

世界的な高齢化の波を迎えて，個々人の健康への意識が高まる今，競技としてだけではなく本来の意味での「ボディビル」が注目を浴びるようになってきている。

参考文献

◆ 公益社団法人日本ボディビル・フィットネス連盟「概要」
http://www.jbbf.jp/Other/JBBF_Gaiyo.html (2010年11月30日)

(石井直方)

ボディボード

Bodyboarding

① 競技概要

ボディボードは，サーフボードより短い100cm前後の柔らかい合成樹脂で作られたボードとフィン（足ひれ）を使い波に乗るウォータースポーツである（図1）。

ボードの上に上半身を乗せ，波のうねりに合わせてフィンでキックをして波に乗る。腹ばいに乗るものをプローンスタイル，膝立ちで乗るものをドロップニースタイルという。

上達するとボードのレール側（左右の縁）に体重移動をして，ボードをコントロールし，波の上でスピン（右回りや左回りの回転）やエルロロ（波の力を利用した縦回転），スピードをつけてから波から飛び出すエアリアルなど，まさに飛んだり跳ねたり回ったり，複合的な技の組み合わせができる。

試合は男女別に行われ，選手4人が色違いのゼッケンを着用し，1ヒート（大会組み合わせ）15－20分で，定められたライディング可能本数内で演技をする。

4－5人のジャッジが10点満点で採点し，高得点だった2本のライディングの合計点が高い上位2人が勝ち抜けとなる。

波の全体を使いクリティカルセクション（波の一番のパワーゾーン）でスピード，パワー（力強さ），フロー（流れ）を伴ったラディカルな（基本的な）ボードコントロールをするかを判定し，高度な技が完成度の高いマニューバー（技の組み立て）の中に加えられたものに高得点が与えられる。

② 歴史

1970年初頭ハワイ島コナで多くの人々がサーフボードでサーフィンを楽しんでいた中，水深が浅くサーフボードで乗ることが困難な場所でも波乗りができないかと考え，ボードの上に腹ばいになって乗る柔らかめの素材でボードを作ったのが，ボディボードの父と呼ばれるトム・モーレー（T. Morey）である。その後，改良を重ね商品化されたモーレーブギー（MOREYBOOGIE）という名称のボードが，1971年に発売された。

日本では，1978（昭和53）年にジャパンサーフィンプロモーション（Japan Surfing Promotion: JSP）によって輸入され，日本のビーチサイドに広がった。

1980（昭和55）年に最初の競技試合，ボディボードモーリーブギー＆ドリルコンテストが行われた。1986（昭和61）年には日本サーフィン連盟にアマチュア選手を統括するボディボード部が設立され，試合数も増えていった。こうしてボディボードがスポーツとして確立され，アマチュア競技としても広まっていった。

1987年には，国際サーフィン連盟（International Surfing Association: ISA）の中にボディボード部門が組み込まれ，1992（平成4）年日本でのプロフェッショナルの活動のために日本ボディボード協会（Japan Organization of Bodyboarding: JOB）が発足した。1996年には世界ボディボード連盟（Global Organization of Bodyboarding: GOB，現・International Bodyboard Association: IBA）のワールドツアーが静岡県御前崎で初開催された。

1982年からハワイ・オアフ島ノースショアーにある世界最高峰のサーフポイントであるパイプラインで行われているワールドカップコンテストには，ハワイ，ブラジル，ポルトガル，オーストラリア，日本などから選手が参戦し，1990年代には日本人女子が優勝をかざる功績を挙げた。

現在のプロ組織は，日本プロフェッショナルボディボーディング連盟（Japan Professional Bodyboarding Association: JPBA）が統括し，JPBAが主催する大会に海外からの選手も参戦している。

（福原なるみ）

図1　競技中の様子：ボディボード

ボブスレー

Bobsleigh

① 競技概要

ボブスレーは，氷でできたコースを操作ハンドルと本体の前後に左右一対の鋼鉄製のランナー（スケートの刃にあたる）のついたそりで滑走し，そのタイムを競う競技である（図1）。

競技には男子2人乗り・4人乗り，女子2人乗りの3種目があり，ともに，全長1,200－1,500mの直線とカーブを組み合わせたコースで，チームごとにタイムレースを行う。オリンピックや世界選手権では2日間で4回滑り，その合計タイムで順位が決定する。

チームメンバーとボブスレーの合計重量は，2人乗り種目で390kg（女子340kg），4人乗り種目で630kgを超えてはならず，最大重量範囲でならば錘（おもり）を装着してもよい。

競技はスタート時にそりに乗り込むまでのメンバー全員の走力やそりを押す力とパイロットと呼ばれる操縦者のコントロール技術が最大の見どころである。時に最高時速150kmにも達する高速滑走のため，ヘルメットの着用が義務づけられている。ブレーキ操作はゴールライン通過後にのみ認められ，最後部に着席するブレーカーがブレーキレバーを引く。使用するボブスレーの形状や材質，長さ，幅については国際ボブスレー・トボガニング連盟（Fédération Internationale de Bobsleigh et de Tobogganing: FIBT）により細かな規定が設けられている。

「氷上のF1」とも呼ばれるスピード感とスリル溢れる冬のスポーツとして欧米，特にドイツやスイスなどヨーロッパ諸国で人気があり，週末の大会では大勢の観客が集まる。

図1　競技中の様子：ボブスレー
男子4人乗り，サン・モリッツ（スイス）

競技施設は，近年ではカナダのウィスラーやロシアのソチなど冬季オリンピック大会の初開催地に新設される傾向にある。一定の基準があるとはいえ各トラックに特色があり，ドイツのアルテンベルクやアメリカのレークプラシッドはテクニカルコースとして知られる。同じトラックでもシーズンにより氷の張られ方は必ずしも一様ではない。天然コースでもあるサン・モリッツではこの観点からトラックレコードの概念がない。

パイロットは事前にトラックウォークを実施してその日のライン取りの作戦を立てるが，最適なラインが複数考えられる場合も多く，ライン取りの妙が目の肥えた観客を楽しませる。

ランナーはボブスレーが競技として成立するための公平性を確保するために最重要であることから素材はすべてFIBTから支給され，同連盟の刻印入りのランナーのみを使用できる。ランナーの温度差がタイムに影響するため試合前にはランナーの温度検査があり，基準値以内であることが求められる。

ボブスレー滑走中のブレーカーは空気抵抗が最小限になるよう終始頭を下げ体を丸めているが各カーブで遠心力により体が振られてしまうとパイロットの操作に悪影響を及ぼしかねないので進行方向の中心軸から体がぶれないよう要所要所で強烈なG（重力加速度）に抗して体に力を込めなくてはならない。そのためにはパイロット同様にコースをよく覚えておくことが肝要であり，日頃からメンバー全員の意思疎通と相互信頼が欠かせない。ボブスレーがチームワークのスポーツといわれるゆえんである。

② 歴史

ボブスレーの起源については諸説あるがスポーツとしてのボブスレーはスイス・アルプス地方でのヨーロッパ富裕層の遊びから始まったとされ，1900年代初頭にヨーロッパ各国で競技団体が相次いで誕生した。

初期のボブスレーは前部の覆いのない鋼鉄製のむきだしのフレームにランナーがついており，ハンドルは円型ハンドルや引き棒だった。現在のボブスレー本体はフレームとカウリングで構成され，カウリングは強化プラスティック製やカーボン製が主流となっており，ハンドルは左右のつりハンドル（手綱のようなもの）である。

国際的な統括団体は，1923年に設立されたFIBTであり，2014年現在，54の国と地域が加盟している。

ボブスレーは，1924年第1回冬季オリンピック大会（シャモニー・モンブラン）から正式種目となった伝統あるスポーツであるが，当初は4人ないし5人乗りで競技され，2人乗りは1932年第3回冬季大会（レークプラシッド）から，女子2人乗りは2002年の第19回冬季大会（ソルトレークシティ）から始まった。

2014年現在，主な国際競技会として冬季オリンピック大会のほか，年1回開催される世界選手権（オリンピック開催年を除く），北米やヨーロッパを転戦する年8戦のワールドカップがあり，その下のクラスの大会としてノースアメリカンカップやヨーロッパカップがある。2016年にリレハンメルで開かれる冬季ユースオリンピックでは2人乗りに代えてモノボブと呼ばれる1人乗りの採用が決まっている。

日本国内を統括する組織は，日本ボブスレー・リュージュ・スケルトン連盟（Japan Bobsleigh・Luge and Skeleton Federation: JBLSF）であり，1962（昭和37）年に，前身である日本ボブスレー・トボガニング連盟（Japan Bobsleigh Tobogganing Association: JBTA）が設立された。日本の冬季オリンピックへの初参加は，1972（昭和47）年の第11回冬季大会（札幌）であり，2014（平成26）年の第22回冬季大会（ソチ）まで連続出場を果たしている。近年，世界の強豪諸国を中心にボブスレーの自国開発の動きが強まっており，日本でも複数の組織や団体で独自開発・制作の試みがなされているが，わが国最大の課題は選手層の薄さにあり，競技底辺人口の拡大や有望な若手選手の育成が急務である。

（石井和男）

ポロ

Polo

① 競技概要

ポロは，4人1組の2チームが馬に乗ってスティックでボールを奪い合い，相手方のゴールに打ち入れた得点を競

図1　競技中の様子：ポロ
1994年にアメリカ・フロリダ州で開催された第18回ワールドカップ。

う競技である（図1）。

全力疾走しつつ，ボールが転がる方向に馬を自在に急発進，急旋回，急停止させる激しい動きのため，グラウンドのサイズはサッカー場のほぼ3倍で，フルサイズの場合は長さ300ヤード（275m）×幅200ヤード（183m）以内になる。サイドボード（高さ27cm以内の板囲い）を設置する場合は，300ヤード（275m）×160ヤード（145m）である。これに加え，グラウンドの両側にゴールポストが設置される。1チャッカ（ピリオドのこと）は7分30秒で，通常1試合は4から6チャッカで行い，その合計得点で勝敗を決める。ポロ用に調教された馬はポロポニーと呼ばれ，サラブレッド種が主流である。消耗が激しいため，各プレイヤー最低でも10頭から60頭を待機させる。

人馬一体の競技という性格上，ルールは「プレイヤー」「ポニー」「プレイヤーとポニー」の3つの視点から，それぞれの安全確保を軸に，危険回避と禁止行為の条項が盛り込まれている。

危険回避の代表格に「進行権のある進路」（the Right of Way: ROW）がある。これは，打たれたボールがたどるラインを走行中でなおかつ自身の右側（Offside）でボールを捕ろうとしているプレイヤーがいる場合，その前方の延長線上に有すべき進行権があるとする考え方であり，ポロルールの中核を成すものである。

これを侵害してむやみに進入したり横断する行為「クロッシング」（crossing）は，プレイヤーとポニーを接触や衝突などの危険な事故に晒すことから禁止行為とされ，ペナルティの対象となる。

現在，国際トーナメントで用いられている国際ポロ連盟（Federation of International Polo: FIP）の国際統一ルール

は，現代の3大ポロ大国であるイギリス・アメリカ・アルゼンチン間の差異を解消することに努め，また愛護の観点からイギリスでルール化されたポニー福祉や，薬物ドーピング禁止の条項を加筆するなど，アマチュアリズムを脱しつつある現代のポロの一面を浮き彫りにする内容となっている。

② 歴史

起源はおよそ2500年前のペルシャ帝国（BC550－BC330）で行われていたチャウガーン（chaugán）という馬事競技にある。シルクロードを経て東西に伝播し，日本にも打毬という名のもと大陸から騎馬と徒歩による2つの様式が伝わり，平安時代には宮廷文化の行事として花開いた。騎馬打毬は，今日でも宮内庁と青森県八戸市と山形県にその伝統が受け継がれている。

イギリスには19世紀後半，駐印イギリス軍によってインドから移入された。貴族・軍人階級の庇護のもと，1875年にはロンドンのハーリンガムクラブ（Hurlingham Club，現Hurlingham Polo Association）がポロの統括組織となってルールの成文化を果たし，近代スポーツとして発展した。主要な世界大会は，イギリス・アメリカ・アルゼンチンオープン，ウェストチェスター杯などである。

当初はフェアに戦うことに重きを置く貴族的なスポーツであったが，20世紀後半から著しくなった商業主義と勝利至上主義の波及によって，危険性と表裏一体の限りなく高度なゲームに変容している。

1936年の第11回大会（ベルリン）を最後にポロはオリンピックの競技種目から除外されてきたが，近年，ポロ界ではオリンピックへの期待が高まりつつある。その第一歩として，1998年にFIPが国際オリンピック委員会（International Olympic Committee: IOC）によって正式に，国際的な統括組織として認定されたのに続いて，国際トーナメントで用いるFIP国際統一ルールの成文化にも至っている。

もっとも，国際統一ルールが最初に起草されたのは1938年で，イギリスのハーリンガム・ポロ協会（Hurlingham Polo Association）の主導のもと，イギリス連邦・インド・アメリカの間で差異のあった用語と条項番号を統一し，ROWにみられるような危険回避の条項数を増大させて安全確保を軸とする今日のルールの礎となるものを完成させた。しかし，20世紀後半から国際大会での各国の足並みが揃わなくなり，統一ルールとしての効力を失うこととなった。

イギリスの登録プレイヤー数は軍人が中心で約2,800名。アメリカは約4,000名で女子の活躍もめざましい。アルゼンチンにはイギリスやアメリカをはるかに凌ぐ数の実力派プレイヤーがいるとされ，欧米の新興富裕層やドバイの王族がパトロンとして参加するイギリス・アメリカオープンなどの主要大会には欠かせない存在となっている。

日本では1955（昭和30）年，皇居内のパレス乗馬倶楽部において，慶應義塾大学馬術部出身の濱野敬之率いる日本チーム対アメリカチームによる初の御前試合が行われた。当時の塾長小泉信三の命により，ハワイでポロを学んだ濱野は，当時の皇太子（今上天皇）とその馬術仲間にポロを指南する役割を果たすも，この競技が広く日本に根付くことはなかった。1991（平成3）年には千葉県で国際大会ドンペリニョン杯が開催されている。

参考文献

- 森美香. 1997.『ポロ その歴史と精神』朝日新聞社
- ———. 2007.「近代ポロルールの形成過程に関する研究－International Rules成立に至るまでのルールの変化動向を中心として（1863年～1938年）－」修士論文（筑波大学大学院人間総合科学研究科）
- A. Serval (ed.). 2006. *International Polo Guide-F.I.P Official Guide*, International Polo Guide, Paris.
- Hurlingham Polo Association Rules 2012.
- Marco. 1982. *An Introduction to Polo*, J. A. Allen & Company Limited, London.
- The 1938 International Rules of Polo.
- The International Rules For Polo 2010.
- United States Polo Association-Outdoor Rules 2012.

（森　美香）

マウンテンバイク

Mountain bike

① 競技概要

マウンテンバイクは，不整地用につくられた自転車に乗ってコースを走り，その順位やタイムを競う競技である。

試合は夏場のスキー場や，草原地などの不整地で行われ，大きく分けてクロスカントリーとダウンヒルという2つの種目がある。

クロスカントリーは，上り下りのあるコースを走って順位を競うもので，持久力などの体力はもちろんのこと，不整地などを走行する技術的能力も要求される。距離やコースも様々なものがあるが，特に第26回オリンピック大会（アトランタ，1996年）から実施されたオリンピック形式では1周5km以上の周回路をおおよそ2時間に設定した周回数（5〜10周程度）で実施すると規定されている。スタートはランキングなどにより順番に並び，多い場合には200名程度が号砲の合図で一斉スタートする。山道の中ではコース幅が自転車1台分程度しかないシングルトラックと呼ばれる部分もあり，追い抜きのチャンスが少なくなることから，競技では先行逃げ切りのスタイルをとることが多く，特にスタートの位置，スタート直後の位置取りは重要となる。長距離のために2ヵ所以上設けられたフィード／テクニカル・アシスタンス・ゾーンと呼ばれる補給所において食料，飲料，機材交換（フレームの交換は認められていない）などが認められている。

他方，ダウンヒルは，スキーの同競技と同じ形式で，マウンテンバイクで1.5〜3.5kmのコースを走り，タイムを競うものが主流である（図1）。個人タイムトライアル形式のほか，集団でスタートするもの，600m程度の短い距離を4人で走り，勝ち上がりにより勝敗を決める4クロスという種目，2つの並行したコースを交互に同時に走ってタイム差により勝敗を決定するデュアルスラロームという種目もある。

コースは下りのみで設定されなくてはならず，人工的なジャンプや段差が設けられる場合も多い。時速70km以上の速度が出る場合もあり，フルフェイスヘルメットや，肩，背中，膝等の防具の装着が，義務または強く推奨されている。

② 歴史

マウンテンバイクは，1970年頃のアメリカ・カリフォルニア州で発祥したとされている。元は，自転車で山道（ファイヤーロードといわれる防火道など）を走ることから始まった。自転車のタイヤを太いものに交換したり，強力な制動力を得るための大きなブレーキレバーや登り坂に対応するために変速機を取り付けたりといった改造が行われ，やがて販売されるようになった。

タマルパイアス山（カリフォルニア州マリン郡）で行われたダウンヒル競技会や，コロラド州のクレステッド・ビュートからアスペンへと走るパールパス・ツアーというイベントも行われ，当初クランカー（ガタガタを意味する）などと呼ばれた自転車も「マウンテンバイク」が製品名として使用され定着した。

1980年頃から日本メーカーで量産されるようになると，価格も手頃になったことや，アウトドアレクリエーションなどの人気と相まって世界中でヒット作となった。

1984（昭和59）年には日本で初めて本格的なマウンテンバイク大会が奈良県や長野県で開催され，山を下る楽しさをアピールしたダウンヒルのほかに，上りだけのヒルクライムなどが行われるようになった。

1987（昭和62）年には日本マウンテンバイク協会（Japan Mountain Bike Association: JMA）が設立され，翌年には全日本選手権が山梨県清里で開催された。その後，自転車スポーツの歴史が深いヨーロッパでも人気を博し，国際自転車競技連合（Union Cycliste Internationale: UCI）が統一規則をまとめた。そして，各国代表が参加する形で1990年に世界選手権大会がアメリカのコロラド州パーガトリーで開催された。ほかにワールドカップと呼ばれる各国転戦型のシリーズも開始され，第26回オリンピック大会（アトランタ）では正式種目として実施された。

日本ではプロ・アマオープン化に伴い，1995（平成7）年に日本自転車競技連盟（Japan Cycling Federatiom: JCF）が新しく発足し，日本マウンテンバイク協会と連携して活動している。

（日本マウンテンバイク協会）

マラソン

→陸上競技

図1 ダウンヒル競技の様子：マウンテンバイク

マレットゴルフ

→ゴルフ系ニュースポーツ

モータースポーツ（二輪）

Motorcycle sport

① 競技概要

二輪のモータースポーツは，原動機を搭載した二輪車による競技全般をさし，最高速度，時間内の周回数や平均速度，着順，運転技術などを競う競技である（図1）。マシンの性能だけでなく，ライダーの運転技術や判断力，集中力，持久力などが問われると同時に，メカニックや監督，部品メーカーまで，競技者だけでなく関係する人々を含めたチームスポーツとしての側面がある。

使用するコースの種類（公道／レース専用サーキット），路面の種類（オンロード／オフロードなど），コースの形状（オーバル，屈曲を伴う周回路のサーキット），競技内容（スプリント／耐久）などによってカテゴリーが細分化され，原動機の種類や格式（エンジン形式，排気量，年式），競技ライセンス，年齢，性別などによりクラス分けがなされる。

日本では，国際モーターサイクリズム連盟（Fédération Internationale de Motocyclisme: FIM）傘下の日本モーターサイクルスポーツ協会（Motorcycle Federation of Japan: MFJ）が主に統括しているほか，アマチュア系の全日本モーターサイクルクラブ連盟（Motorcycle Club Federation of All Japan: MCFAJ）がロードレース，モトクロス，トライアル，サイドカーレースを運営している。

MFJが日本国内で管轄しているカテゴリーは，舗装路面のサーキットで着順を競う「ロードレース」，いかに足を着かずにセクションをクリアするか技を競う「トライアル」，不整地の周回路を規定時間内にいかに多く回るかを競う「モトクロス」，不整地のオーバルコースで着順を競う「ダートトラック」，モトクロスとロードレース両方の要素を組み合わせた「スーパーモタード」，モトクロスよりも長距離のコースで競う「エンデューロ」，厳密には二輪ではないが日本では「スノーモービル」もMFJ管轄のモータースポーツである。

オートバイにサイドカーを付けた三輪のマシンで競う「サイドカーレース」も二輪のモータースポーツのカテゴリーに含まれる。このほか，一定距離の直線路の所要時間を競う「ドラッグレース」，モトクロスをベースにジャンプの技を競う「FMX（フリースタイルモトクロス）」も"みるスポーツ"として人気が高い。FIMで世界選手権が行われている競技はほかに，氷上で行う「アイストラック」，ボールを使って得点を競う「モトボール（バイクサッカー）」もある。また地球環境問題への関心から，代替エネルギーとして電動バイクによるロードレースが2010年から始まっている。

② 歴史

馬車から鉄道や自転車，二輪車，三輪車，四輪車へ移動手段が移行しつつあった19世紀後半，性能を実証するため，モータースポーツが始まった。初めは異種混走で行われ，次第にカテゴリー別のレースが行われるようになった。二輪のモータースポーツの代表的なものは，1907年に始まったマン島TT（Tourist Trophy）レースで，現在でも閉鎖した公道で開催されている。

両大戦以前は公道レースが主流だったが，安全面や観戦のしやすさなどから，ロードレースは徐々にレース専用サーキットへ移っていった。未舗装路を目的としたレースは，1924年にイギリスで発祥したスクランブリングが発祥で，1930年代にベルギーでモトクロスと呼ばれるレースが始まり，後にトライアルやエンデューロへと分化し発展した。

オートバイのテクノロジーは飛行機へも応用され，軍事的にも重用された。20世紀初頭の二輪のモータースポーツは，勝利そのものが軍事技術の優位性を示すものであり，国威発揚の意味も相まって，国家間の技術開発競争を背景に発展していった。

戦後は1949年からロードレースの世界選手権グランプリシリーズが始まり，世界各地のモータリゼーションの発達やバイクブームを背景に，モータースポーツが発展した。1970年代にはモータースポーツがプロフェッショナル化し，メディアの発展やモータリゼーションの発達も相乗して"みるスポーツ"として大衆化し人気が高まった。ロードレースの世界グランプリ（MotoGP）シリーズは，四輪のフォーミュラ1（F1）と並び世界的人気がある。

もともとモーターサイクルスポーツに女性の参加は認められていなかったが，1923年に四輪・二輪混走のパリーニース・レースでフランスのバイオレット・モリス（Violette Morris）が二輪で総合2位になったのが先駆けである。ロードレース世界選手権でも女性の参加が禁止されていたが，1962年のマン島TTレースでベリル・スウェイン（Beryl Swain）が初めて参加を認められた。日本では1976（昭和51）年まで男性しか参加できなかったが，特例的に参

図1　競技中の様子：モータースポーツ（二輪）（写真：DPPI/フォート・キシモト）

加した堀ひろ子の実績により，後に女性も参加できることになった。その後，二輪のモータースポーツは基本的に男女混合で行われているが，2000年代以降は女性だけのクラスも増えている。

なお，主な著名ライダーとして，ロードレースでは，日本人として初めて世界選手権で優勝した高橋国光，日本から初めて世界選手権シリーズチャンピオンを獲得した片山敬済，ほかに世界チャンピオン獲得の坂田和人，青木治親，原田哲也，加藤大治郎，青山博一，モトクロスの世界チャンピオン渡辺明，トライアル世界チャンピオン藤波貴久らがいる。

参考文献
◆ 国際モーターサイクリズム連盟 http://www.fim-live.com/en/（2014年7月1日）
◆ 日本モーターサイクルスポーツ協会 http://www.mfj.or.jp/（2014年7月1日）

(小林ゆき)

モータースポーツ（四輪）

Motor sport

① 競技概要

モータースポーツは，ガソリンなどを用いる内燃機関や蒸気やガスなどを用いる外燃機関，電気モーターなどの原動機を搭載した乗り物を用いて行われる競技全般のことである。人力や動物の力，風力や水力など自然エネルギーを直接用いる乗り物の競技は除かれる。広義には空や水上で行われる競技も含まれるが，一般的には雪上や氷上も含め陸上で行われるものをさす。陸上のモータースポーツは大別して四輪のモータースポーツと，二輪のモータースポーツがある。ここでは四輪のモータースポーツを取り上げる（図1）。

競技の内容による分類は，周回コースで同時スタートし所要時間や完走距離を競う「レース」，公道や未舗装路などで比較的長距離のA地点からB地点への移動時間や指示速度による走行時間を競う「ラリー」，比較的短距離のA地点からB地点への所定距離の所要時間を競う「ジムカーナ／ヒルクライム／ドラッグレース」などのスピード系レース，ドライビングの技を競う「ドリフト競技」など技術系の競技がある。競技車両の種類による分類は，一般市販車によるツーリングカーレース，レース専用車によるレース（フォーミュラ1〔F1〕など），小型のレース専用車両によるレーシングカートなどに分けられる。日本のモータースポーツ統括団体の日本自動車連盟(Japan Automobile Federation: JAF)には，レース，ラリー，ジムカーナ，ダートトライアル，レーシングカートの各カテゴリーがある。また近年の競技の多様化で，日本で発祥したドリフトの技を競うドリフト競技（D1グランプリ）も人気が高まっており，特にアメリカで人気を博している。また，地球環境問題への興味からソーラーカーや電動カーなど，動力源別のカテゴリーもある。すべてのモータースポーツは一般的に，車両の排気量や出力，競技者のライセンスなどの区分でクラス分けされる。

② 歴史

モータースポーツは，科学技術の発展と産業革命の到来で19世紀後半に原動機を搭載した乗り物が相次いで発明され，その実証として始まった。初期は動力源や車輪の数に関係なく混走で，速さだけでなく航続距離や燃費も含めて競技が行われていた。モータースポーツの発祥は定かでないが，初期には競馬場や自転車競技場などを転用したり，公道で行われたりしていた。国際的なレースとしては，一般公道を使う長距離の都市間レースが20世紀初頭までヨーロッパ各地で行われ，ラリーの原型となった。

アメリカではトラックレースが娯楽的に盛んになり，ダートトラックレースやオーバルの舗装路サーキットを使うCARTやNASCARに発展した。ヨーロッパでは1887年にフランスのパリ－ベルサイユ間で，蒸気機関とガソリン内燃機関などの混走で世界最初の本格的レースといわれるイベントが行われた。ガソリン内燃機のみの本格的レースは，1895年のパリ－ボルドー・レースが最初といわれる。1904年，現在の国際自動車連盟 (Fédération Internationale de l'Automobile: FIA) の前身である国際自動車公認クラブ協会 (Association Internationale des Automobile Clubs Reconnus: AIACR) が発足し，「ルール」の統一が図られ，モータースポーツは近代スポーツの1つとして発展することとなった。

都市間レースは1903年のパリーマドリードの悲劇と呼ばれる大事故をきっかけにヨーロッパ大陸では下火となり，代わってサーキットにその舞台を移した。1907年にはイギリスのブルックランズが世界初のレース専用サーキットとして開設され，以後，アメリカのインディアナポリス，イタリアのモンツァなど世界各地にサーキットが建設された。

自動車は1908年に大量生産が開始されたフォードT型の出現により大衆化したことを背景に，モータースポーツは上流階級の娯楽や，開発にかかわる技術者とそのパトロンのものというだけでなく，メディアの発達も相まって，観戦する娯楽として大衆化を果た

図1　競技中の様子：モータースポーツ（四輪）（写真：DPPI／フォート・キシモト）

した．やがて，周回路を長距離走るグランプリレースが始まり，のちに世界各国を転戦して年間シリーズの王者を決める世界選手権へと発展した．なかでもF1は，自動車レースや"みるスポーツ"，そして科学技術の最高峰として，世界で最も成功しているスポーツの1つである．

日本でのモータースポーツは，1901(明治34)年11月に上野公園の不忍池周回路で行われた二輪・三輪・四輪混走のレースが発祥と考えられる．当時は，海外の最新の科学技術を紹介するという見せ物的な色彩が強かった．モータースポーツらしいレースが始まるのは，1922(大正11)年に東京洲崎の埋め立て地で開催された第1回自動車レースで，1936(昭和11)年には多摩川に専用サーキットができ，その頃から全国各地の空港や公園，学校のグラウンドでレースが開催されるようになった．日本初の本格的国際レース専用サーキットは，1962(昭和37)年に本田技研工業が建設した鈴鹿サーキットである．以後，1966(昭和41)年の富士スピードウェイ，1970(昭和45)年の筑波サーキット，1975(昭和50)年のスポーツランドSUGO，1990(平成2)年のTIサーキット英田(現・岡山国際サーキット)とオートポリス，1997(平成9)年のツインリンクもてぎなど，多数の国際サーキットが建造されている．

第二次大戦後は日本の自動車産業の発展とモータリゼーションの発達とともに四輪のモータースポーツの人気が高まり，1970年代のオイルショックまで続いた．オイルショック以後は人気に陰りが出たが，1987(昭和62)年に鈴鹿サーキットでのF1開催が復活し，地上波で放映されたことも相まって再び人気が上昇した．また，ツーリングカーによるGT選手権や日本独自のスーパーフォーミュラ(旧フォーミュラニッポン)も観戦型スポーツとして根強い人気がある．

なお，世界で活躍した日本人ドライバーとして，オートバイの世界グランプリで優勝するなどした後に四輪に転向した高橋国光や，全日本モトクロス選手権でチャンピオンを獲得した後に四輪に転向した星野一義．日本人として初めてF1に全戦参戦した中嶋悟，ダカールラリーで活躍する篠塚建次郎らがいる．

モータースポーツは性別に関係なく男女混合で競技が行われることが基本で，女性のみのクラスを開催することは数少ない．

また，マシンの操作性が競技の重要なポイントを占めるモータースポーツの性格上，マシンを改造するなどすれば四肢の障がいに対応でき，聴覚障がいを含めて障がいのある人も特別視されることなく参加できる場合が多い．日本国内には身体障がい者のモータースポーツ参加を目的とした団体がいくつか存在する．

参考文献

- 国際自動車連盟
  http://www.fia.com/ (2014年7月1日)
- 日本自動車連盟
  http://www.jaf.or.jp/ (2014年7月1日)

(小林ゆき)

モダンダンス

Modern dance

① 概要

モダンダンスは，人間の内面を自由な形式で表現する劇場舞踊の1ジャンルである．また，学校体育におけるダンスの内容として創作ダンスという名称が用いられる．モダンダンスは，自由で創造的な身体表現に特性があり，表したいテーマやイメージを，動きや構成，音楽や衣装，小道具・装置などを自由に工夫し，独自の発想で個々の表現を試せる開かれたダンスである(図1)．表現方法としては「即興的な表現」と構成を伴う「作品創作と発表(上演)」があり，「踊り－創り－観る」といった一連の活動を通して展開される．

モダンダンスは本来競争を目的としないが，近年では国内外で様々なコンクールが盛んに行われている．プロをめざす若手舞踊家の登竜門として「全国舞踊コンクール」(東京新聞主催)，「埼玉全国舞踊コンクール」(埼玉県舞踊協会主催)，「こうべ全国洋舞コンクール」(こうべ全国洋舞コンクール実行委員会主催)などがあり，また，学校の部活動を対象とした「全日本高校・大学ダンスフェスティバル(神戸)」(神戸市・日本女子体育連盟主催，図1)，「全国中学・高校ダンスコンクール」(日本女子体育大学主催)などが毎年開催され，ダンスの発展に寄与している．

② 歴史

モダンダンスの「モダン」とは，バレエに対する語であり，伝統的なバレエの形式から脱却し身体の自由と解放を求めて，20世紀初頭，バレエのトウシューズやチュチュを脱ぎ捨て自由に感じるままに裸足で踊ったダンカン(I. Duncan)らに始まり，ヴィグマン(M. Wigman)やグラハム(M. Graham)らによって，ヨーロッパとアメリカを中心に展開された．モダンダンスの自由な

図1　上演の様子：モダンダンス(創作ダンス)
全日本高校・大学ダンスフェスティバル(神戸)

形式と常に時代の「今」を生きる人間を表現しようとする精神は、その後1950年代からのカニングハム(M. Cunningham)らのポストモダンダンス、1980年代以後今日のコンテンポラリーダンスにつながり、時代とともに変容し続けている。その意味ではこれらのダンスも、広義のモダンダンスといえる。

日本では、石井漠らによって西洋から輸入され現代舞踊協会が設立され、今日多くの公演が開催され、日本独自の発展をしている。学校体育における創作ダンスは、モダンダンスの「自由で創造的な表現」の教育的意義から1947(昭和22)年に学習内容として導入され、以来ダンス教育の主要な位置を占め、様々な学習法が工夫され提示されている。

参考文献

◆ 舞踊教育研究会 編. 1991.『舞踊学講義』大修館書店

(村田芳子)

モトクロス

Motocross

① 競技概要

モトクロスは、オートバイに乗って起伏のある舗装されていないコース(モトクロスコース)を周回するスピードを競う競技である。モトクロスの語源は、オートバイ(motor cycle)によるクロスカントリー(cross-country)からきており、モトクロスコースは非舗装路で起伏に富んだ急勾配の土のコースに大小様々な形状のジャンプスポットや変化に富んだコーナーが多く点在する。1周約1-2kmが主流となっている(図1)。

モトクロス専用オートバイであるモトクロッサーは数多く販売され、現在では50ccから450ccまでの幅広い排気量の車両が存在する。競技方法はスターティングマシンと呼ばれるフライング防止装置や合図旗を用いて横一列から一斉にスタートし、定められた周回数にいかに速くゴールするか、あるいは定められた時間内にいかに多くの周回をするかによって、勝敗が決まる。

オートバイを使用することから、その性能によって勝敗が左右されると思われるが、実際は厳しく公平性を保つルール(レギュレーション)が定められており、競技者(ライダー)の走行技術、体力、精神面、経験や戦略性が大きくウエイトを占める競技である。

コース形状に変化をもたせることや、使用するオートバイの排気量を制限することにより、初心者から上級者まで性別を問わず、幅広い年齢層が参加できる躍動感溢れるダイナミックなスポーツである。

② 歴史

モトクロスは100年以上前にイギリスで発祥したスポーツといわれている。その後ヨーロッパを中心に広まり、徐々に世界的スポーツへと発展した。

1952年には初めて世界選手権が開催された。

世界的にモーターサイクルスポーツを管理し、普及・振興を図る目的で創立された国際組織として、1904年に設立された国際モーターサイクリズム連盟(Fédération Internationale de Motocyclisme: FIM)がある。

日本では、第二次大戦後に徐々に愛好者が増え始め、各地で愛好者レースが行われるようになった。その頃に使用されていたオートバイは、まだオフロード専用オートバイとは異なり、一般市販車(ロードレース型)を軽量化したり、強度のあるサスペンションを取り付けたり、オフロードに適したタイヤを装着する程度にとどまっていた。

しかしオートバイの販売台数の増加とともに愛好者も徐々に増え、日本国内のモーターサイクルスポーツの普及・振興を図るため、1961(昭和36)年に日本モーターサイクル協会(現・一般財団法人日本モーターサイクルスポーツ協会)が設立された。1964(昭和39)年には第1回モトクロス日本グランプリ大会が群馬県・相馬ケ原で開催され、スポーツとして全国的に認知されるようになっていった。

現在では全日本モトクロス選手権(日本モーターサイクルスポーツ協会主催)など全国規模の大会が開催されている。

(桑原 修)

図1　競技中の様子：モトクロス

野球

Baseball

① 競技概要

野球とは，9人のプレイヤーから成る2つのチームが，攻撃と守備に分かれ，攻撃による得点の多さを競う球技である（図1）。

[競技の特性]

打順に従って打者が1人ずつ打席に入って投手と相対し，その投球を打って走者を得点に結びつけようとする。したがって試合進行に時間的な切れ目が生じる。また，投手と捕手以外，フェアグラウンドであればどこで守ってもよいが，守りについた地域の打球処理はその野手の責任になる。このように投手と打者の対戦，守備の責任など個人競技的な色彩が強い。一方で，1人の走者が本塁を踏むごとに1点を得るため，1人の打者の打撃で一挙に4得点までが可能であり，効果的に得点するために，ヒットエンドラン，盗塁，スクイズといったチーム戦術がよく用いられる。

このように時間的な切れ目があり，個人競技的であり，チーム戦術的な競技でもある野球には，記録，統計をあてはめやすい。打者の打率，打点数，チームのヒットエンドラン敢行率，バント成功率など数多くの記録，統計がプレイやチームパフォーマンスの評価基準として注目されている。

試合では投，打，走，捕の瞬発的な動作が中心になる。それぞれは複雑な動作であり，バリエーションにも富む。そこで動作を習得するために繰り返し練習が多くなる。加えて戦術練習も数多く行われる。

[競技の仕方]

両チームは交互に攻撃する。攻撃側チームは3人のプレイヤーがアウトにされると守備につき（1回の攻撃終了），相手側チームが攻撃に移る。

攻撃側の各プレイヤーは決められた打順に従って打席に入り，守備側投手の投球をフェアゾーンめがけて打撃する。そこでは3ストライク4ボール制，すなわち打者は3つの「ストライク」を取られるとアウトになる（3ストライクアウト制），一方で4つの「ボール」を選ぶと四球で安全に1塁が与えられる（悪球出塁制）ルールである（表1）。

投球の「ストライク」とは，下記のような投球で，審判員に"ストライク"（よいボールだから打て）と宣告されたものである。なお，ストライクゾーンとは，打者の肩の上部とユニフォームのズボンの上部との中間点に引いた水平のラインを上限とし，膝頭の下部のラインを下限とする本塁上の空間である。打者が投球を打つための姿勢で決定されるべきとされている。一方，「ボール」とは，ストライクゾーンを通過しなかった，または地面に触れた投球（フェアでないボール）で，打者が打たなかったものである（図2）。

なお，打者は，走者になるか，アウ

図1　競技の様子：野球 （写真：フォート・キシモト）

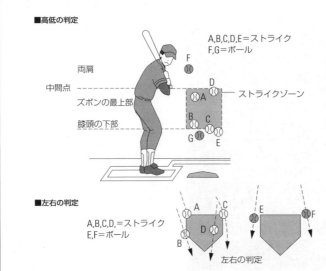

図2　ストライクゾーン（日本）

トになった時に打撃を完了したことになる。走者になったら，1塁，2塁，3塁，本塁の順に進んで得点することをめざす（図3）。

こうしてその回が終了する前に，走者が本塁を踏むとその都度1得点が記録される。守備側は，相手の打者が走者になることを防ぎ，走者になった場合はその進塁を最小限にとどめるように努める。

[勝敗の決定]

両チームそれぞれ9回の攻撃が終わった時に，総得点の多いチームを勝ちとする。両チームの総得点が等しい時は，差がつくまで回を重ねる（延長戦）。

[施設・用具および服装]

・ボール

コルク，ゴムまたはこれに類する材料の小さい芯に糸を巻き付け，白色の馬皮または牛皮2片でこれを包み（日本では牛皮），頑丈に縫い合わせて作る。重量は5ないし5・1/4オンス（141.7 – 148.8g），周囲が9ないし9・1/4インチ（22.9 – 23.5cm）である。なお，軟式野球では周囲がゴム製のボールを用いる。

・バット

滑らかな円い棒であり，最も太い部分の直径が2・3/4インチ（7.0cm）以下，長さ42インチ（106.7cm）以下と定められている。1本の木材で作られているべきとされているが，連盟によって接合バット，金属製バットなどの使用が認められている。

・ミット・グラブ

皮製で，重量の制限はないが，大きさの制限はある。投手のグラブは白色，灰色以外の一色でなければならない。

・ユニフォーム

同一チームの各プレイヤーは，同色，同形，同意匠のユニフォームを着用し，そのユニフォームには6インチ（15.2cm）以上の大きさの背番号を付けなければならない。また，アンダーシャツのみえる部分は，全員が同じ色でなければならない。

② 組織の発展

[発祥]

フランス中世の球技スール（soule）からイギリス中世のスツールボール（stool ball）を経て，現在のクリケットと野球が生まれたといわれている。スールは，詰め物をしたボールを棒で打ったり，足で蹴ったりする集団対抗球技である。そして18世紀のイングランドには，ボールを木の棒で打ち，木の杭でつくられたベースを走ってまわるベースボールという名称の球技がすでに存在していた。アメリカでも19世紀初期にはベースボール，ラウンドボール，タウンボールなどと呼ばれる類似の球技が行われていた。そのような状況の中，1845年にニューヨークのニッカーボッカー・ベースボールクラブでカートライト（A. J. Cartwright）がクラブ独自のルールを考案した。これが野球の発祥といわれている（表2）。

[世界的な普及]

アメリカで最初のプロチーム，シンシナティ・レッドストッキングスが誕生したのは1869年である。その後，シカゴの実業家ハルバート（W. Hulbert）や有力選手スポルディング（A.G. Spalding）らが，野球を健全な「観せる」娯楽にするために1876年にナショナ

表1　野球の主なルール

●ストライクと判定される場合
- 打った（含むバント）が，投球がバットに当たらなかったもの（空振り）。
- 打たなかった投球のうち，ボールの一部分がストライクゾーンをノーバウンドで通過したもの。
- 0または1ストライクの時，ファウルしたもの。
- バントしてファウルボールとなったもの。
- 空振りで投球が打者に触れたもの。
- ノーバウンドの投球がストライクゾーンで打者に触れたもの。
- ファウルチップになったもの。

●打者が走者になる場合
- フェアボールを打った場合。
- 走者が1塁にいない時，あるいは走者が1塁にいても2アウトの時，捕手が第3ストライクと宣告された投球を捕らえなかった場合。

●打者が安全に1塁に進塁できる場合
- 審判員が"四球"を宣告した場合。
- 打とうとしなかった投球に触れた場合（デッドボール）。
- 捕手またはその他の野手が妨害した場合（インターフェア）。
- フェアボールがフェア地域で審判員または走者に触れた場合。

●打者がアウトになる場合
- 飛球（除くファウルチップ）を野手に捕られた場合。
- 第3ストライクと宣告された投球を捕手が捕球した場合。
- 0または1アウトで1塁に走者がある時，第3ストライクが宣告された場合。
- 2ストライク後の投球をバントしてファウルになった場合。
- インフィールドフライが宣告された場合。
- 2ストライク後，空振りで投球が打者に触れた場合。
- 野手（含む手）に触れていないフェアボールが打者走者に触れた場合。
- フェア地域内で打球にバットが再び当たった場合。
- 1塁に走る時，ファウルボールの進路を故意に狂わせた場合。
- 打者走者となるも，1塁に触れる前に身体または1塁に触球された場合。
- スリーフットラインの外側またはファウルラインの内側を走って，1塁への送球を捕らえようとする野手の動作を妨げたと審判員が認めた場合。
- 0または1アウト1塁，1・2塁，1・3塁，1・2・3塁の時，内野手がフェアの飛球またはライナーを故意に落とした場合。
- 打席で反則行為をした場合。

●走者がアウトになる場合
- 野手の触球を避けて，塁間を結ぶ線から3フィート以上離れて走った場合。
- ベースラインから離れ，次の塁に進もうとする意思を明らかに放棄した場合。
- 送球を故意に妨げた場合。または打球を処理しようとしている野手の妨げになった場合。
- 塁を離れている時に触球された場合。
- 飛球が捕えられた後，帰塁するまでに野手に身体またはその塁に触球された場合。
- 進塁の義務が生じた時，次の塁に触れる前に野手に身体またはその塁に触球された場合。
- フェアボールにフェア地域で触れた場合。
- 0または1アウトで，得点しようとした時，打者が本塁における守備側のプレイを妨げた場合。
- アウトになっていない前位の走者に先んじた場合。
- 占有している塁を逆走した時に，守備を混乱させる意図，あるいは試合を愚弄する意図が明らかであった場合。
- 1塁をオーバーランした後，ただちに1塁に帰塁しなかった場合。
- 本塁に触れないでしかも本塁に触れ直そうとしない時に，野手がボールを持って本塁に触れて，審判員にアピールした場合。

表2 野球のルールや組織の主な変遷

年	主な出来事
1845	アメリカでカートライトが現在の野球の元となるルールを考案
1858	アメリカで21点先取制から9回制に変更 ストライクの宣言，見送りの三振が設けられる
1864	アメリカでボールの宣言，悪球出塁制を導入
1869	アメリカで最初のプロチーム（シンシナティ・レッドストッキングス）が結成
1872	アメリカ人教師ウィルソンが日本に野球を紹介
1876	アメリカでナショナルリーグが設立 アメリカ留学から日本に帰国した平岡凞が新橋アスレチック倶楽部を作る
1884	アメリカでオーバーハンドによる投球が合法化
1901	アメリカでアメリカンリーグが設立
1904	第3回オリンピック大会（セントルイス）で公開競技として実施
1915	日本で全国中等学校野球大会（現在の全国高等学校野球選手権大会）が開始
1918	日本で軟式野球が考案される
1924	日本で選抜中等学校野球大会（現在の選抜高等学校野球大会）が開始
1925	日本で東京六大学野球連盟が設立
1926	NHKでラジオ中継が開始
1927	日本で全国都市対抗野球大会が開始
1932	文部省が野球統制令を定める
1935	日本でプロ野球が誕生
1938	初の国際組織である国際野球連盟（IBAF）が設立
1949	日本プロ野球がセントラルとパシフィックの2リーグ制に移行
1976	世界アマチュア野球連盟（AINBA）が設立
1992	第25回オリンピック大会（バルセロナ）の正式競技となる
2002	日本女子野球協会（WBAJ）が発足
2005	日本女子硬式野球選手権大会の第1回大会が開催
2006	ワールド・ベースボール・クラシック（WBC）の第1回大会が開催
2009	第30回オリンピック大会（ロンドン）の正式競技種目からはずれることが決定 日本女子プロ野球機構が発足
2010	日本で女子プロ野球が復活

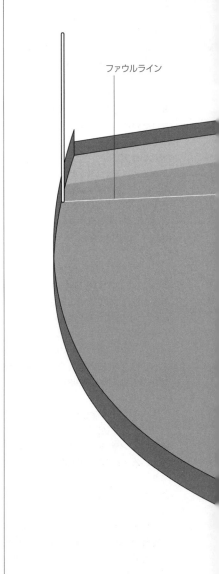

図3 野球の競技場

ルリーグを設立した。ルールが整備され，アメリカ大都市に各チームのフランチャイズが置かれていった。そして1901年にはアメリカンリーグが発足し，2大リーグの幕開けとなった。20世紀前半になると，アメリカ全土だけでなくカナダにまでフランチャイズは広がり，野球は観せるスポーツとしての地位を確立した。

第一次大戦以前には，南北アメリカ大陸，アジア，オセアニアなどの環太平洋地域，西ヨーロッパの一部へしか伝播していなかったが，第二次大戦後になると，アメリカ・メジャーリーグでは，まず黒人に，その後には中南米や日本を含めたアジアに選手を求めた。これは安い労働力の獲得とともに，海外へ野球を普及させるという戦略であった。アメリカ国内でも19世紀後半になると，黒人の野球チームができ，

プロ選手も誕生した。しかし，その後の黒人排斥運動によってメジャーリーグからは姿を消すことになった。それでも黒人チームは存続し，第二次大戦前にはニグロリーグ（1920年から1948年には7リーグ）と称して全盛期を迎え，1960年まで存続した。戦後の黒人のアメリカ・メジャーリーグ選手第1号は1947年のジャッキー・ロビンソン（J. Robinson, ドジャース）である。一方，アメリカの女子プロ野球リーグは，1943年から1954年まで12年間存続した。メジャーリーグ選手が第二次大戦に数多く参戦することで野球人気が薄

a_____ b_____ c_____

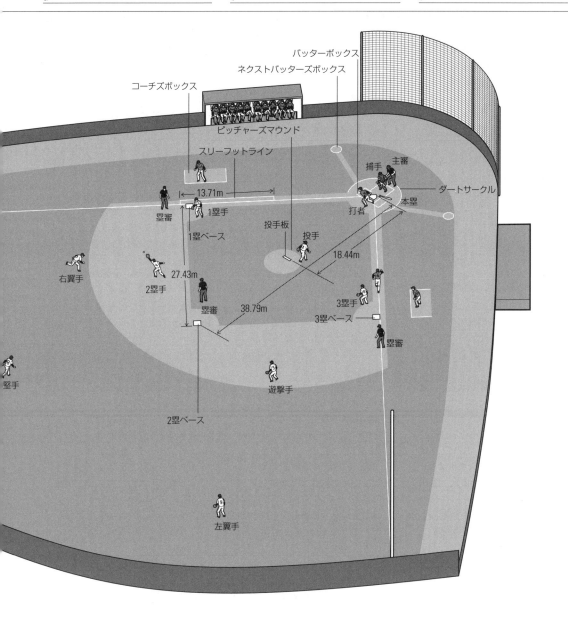

れることを懸念して，フィリップ・K・リグレー（P.K. Wrigley）が発案し，女子用のルールで実現した。しかし，戦後，メジャーリーグ選手が復帰し，通常野球ルールに近づけたことによる選手不足もあって，女子プロ野球リーグは終局を迎えた。

現在は，アメリカ，カナダといった北米，キューバ，ドミニカ，ベネズエラといった中南米，日本，韓国，台湾といった東アジアで野球は盛んに行われている。ヨーロッパやアフリカなどにはそれほど普及していないが，多くの国に協会（統括組織）は存在し，国内リーグ戦が行われている。

[日本への伝播，普及]

1872（明治5）年，アメリカ人教師ウィルソン（H. Wilson）が神田一橋の第一中学（後の開成学校，東京大学）で生徒に野球を教えたのが日本への野球の伝播とされている。その後，1876（明治9）年にアメリカ留学から帰国した平岡煕が，チーム「新橋アスレチック倶楽部」をつくって先進的に活動し，その倶楽部は当時広まりつつあった学生野球に大きな影響を与えた。第一高等学校は，1896（明治29）年，横浜外人クラブと対戦して29対4と圧勝し，野球を全国に知らしめ，1902（明治35）年まで無敵を誇り黄金時代を築いた。続いて1903（明治36）年頃からは早稲田・慶應の時代になり，1905（明治38）年には早稲田大学がアメリカ遠征を初めて行った。さらに，こうした上級学校だけでなく，中学，師範学校の運動部にも野球は組み込まれていった。

明治の終わり頃になると，アメリカなど外国との野球交流が盛んになった。そして大正になると，全国に普及したことを土台にして試合が組織化されていった。1915（大正4）年には全国中等学校野球大会が，1924（大正13）年

には選抜中等学校野球大会がそれぞれ開始された。また，1925 (大正14) 年には東京六大学野球連盟が組織され，1927 (昭和2) 年には全国都市対抗野球大会が開始された。一方で1918 (大正7) 年，日本で軟式野球が考案されて野球人口の底辺は大きく広がった。

大正末期から昭和初期にかけては，試合の組織化に加え，野球場が整備され，新聞社がスポンサー兼宣伝機関になったおかげで野球ブームが訪れた。NHKでラジオ中継が開始されたのは1926 (大正15) 年のことである。こうして進んできた野球の興行化，学生・生徒の非アマチュア化に歯止めをかけるために1932 (昭和7) 年文部省は野球統制令 (野球の統制並施行に関する件) を定めた。これは外国チームやプロとの交流を禁じ，児童から学生に至るまでの野球を学校体育として管理統制するための施策であった。そして，そのおかげで1935 (昭和10) 年，プロ野球が誕生することになった。

第二次大戦後，プロ野球は著しく発展し，アマチュア野球は組織化が進んだ (図4)。プロ野球がセントラルとパシフィックの2リーグ体制になったのは1949 (昭和24) 年である。テレビ，スポーツ新聞の発達によって大衆化はより進み，1950年代後半になると，長嶋茂雄や王貞治 (ともに読売ジャイアンツ) といった国民的人気の選手が登場した。そして1995 (平成7) 年，野茂英雄 (近鉄バファローズ) がロサンゼルス・ドジャースへ移籍して成功を収めると，日本のプロ野球選手が次々とメジャーリーグへ挑戦するようになり，国際化が進むことになった。

[国際組織の結成]

1938年，国際野球連盟 (International Baseball Federation: IBF, 現・IBAF) が設立され，スイスのローザンヌに本部が置かれた。1973年に一時分裂したが，1976年に世界アマチュア野球連盟 (Amateur International Baseball Association: AINBA) として統一された。その後，名称変更を経て，現在のIBAFに至っている。ワールドカップ，インターコンチネンタルカップ，世界大学野球選手権などを主催してきた。2011年現在，125の国と地域の協会が加盟しているが，アメリカ・メジャーリーグベースボール (Major League Baseball:

MLB) は加盟していない。2008年の第29回オリンピック大会 (北京) を最後に，野球はオリンピック種目から除外されたために，オリンピック復帰に向けた活動も行われている。

[女性への拡大]

様々な国で，プロも含めて，いくつもの女子野球の組織がつくられ，試合も行われてきたが，肩の強さをはじめとする瞬発的な身体能力の男性との違いからプレイの質が問われ続けてきた。それでも2002 (平成14) 年，日本の女子野球を普及・発展させることを目的として日本女子野球協会 (Women's Baseball Association Japan: WBAJ) が発足し，2005 (平成17) 年には第1回全日本女子硬式野球選手権大会が開催された。WBAJには2011年現在，11団体17チームが加盟している。また，2009 (平成21) 年には日本女子プロ野球機構が発足し，2010 (平成22) 年から関西を中心として女子プロ野球が復活することになった。

③ 技術・戦術・ルールの変遷

[黎明期の技術・戦術・ルール]

当初のニッカーボッカールールでは，21点先取したチームが勝ちであった。また，投手から本塁までは45フィート (13.72m) と現行よりも短いが，投手はアンダーハンドピッチと定められ，四球も見送り三振もなく打者は打ちやすいボールを打った。打者に有利なルールであり，ゆったりとした時間の流れがうかがわれる。なお，現行より守備側に有利なルールとしては1バウンド捕球までをアウトとするという点であった。

[ルール変更に伴う技術・戦術の変容]

勤め人が会社帰りの夕方1時間半の間にみて楽しむことをめざしたので，1870年代以降，試合のスピード化と，打撃の爽快感を楽しめるようにする方向とでルールは改正されていった。

1858年，21点先取制から9回制へ，また「ストライク」が宣告されるようになり，見送りの三振も設けられた。そして1864年には「ボール」も宣告されるようになり，悪球出塁制が敷かれた。これらの改正は試合のスピード化をめざしたものであった。

一方，投手は投球の技術を磨くようになり，1860年代にはカーブも投げ

られていたといわれる。1884年にはオーバーハンドによる投球が合法化された。これでは打者が不利ということで，1893年には投手から本塁までの距離を現行の60・1/2フィート (18.44m) に延ばし，1887年には投球動作で用いるステップを1歩のみとした。たび重なる改正にもかかわらず投手の技能はレベルアップし，打者はそれまでの強振からミート打撃へ，そして1880年代後半からはバント，ヒットエンドランといった組織打撃へと変容していった。組織的なプレイの時代へと入っていったわけである。

19世紀末から20世紀初期にほぼ現行のルールになったが，20世紀に入って反発力の高いボールが出現してベーブ・ルース (G. H. "Babe" Ruth, ヤンキース) らがホームランを量産したため，1931年からはその反発力を低めるなどのルール改正が行われた。しかし，その後も投手は速球・変化球を，打者は長打力をそれぞれ磨いてレベルの高い拮抗した野球になっている。

[オリンピック種目化による変容]

オリンピックに野球が登場したのは1904年の第3回大会 (セントルイス) であった。その後，第5回大会 (ストックホルム，1912年)，第11回大会 (ベルリン，1936年)，第15回大会 (ヘルシンキ，1952年)，第18回大会 (東京，1964年)，第23回大会 (ロサンゼルス，1984年)，第24回大会 (ソウル，1988年) の各大会で公開競技として行われ，1992年の第25回大会 (バルセロナ) から正式競技となった。

日本はそれまでアマチュア選手で参加していたが，プロ選手の参加が認められた2000年の第27回大会 (シドニー) から，プロ選手も参加した。その中で，1996年の第26回大会 (アトランタ) で指揮をとった監督の川島勝司は，帰国後，2000年の第27回大会 (シドニー) に向けて以下3点を提言した。

1) 最近は多くの国の力が接近してきたのでさらなる戦力強化が必要である。
2) プロ選手の参加が認められたので，野球界全体の協力を得なければならない。
3) ストライクゾーンやボークなどの判定基準について国際的な動向を熟知しておくべきである。

さらに，1) の具体的なポイントとして，外角球や低目の変化球を力強く打

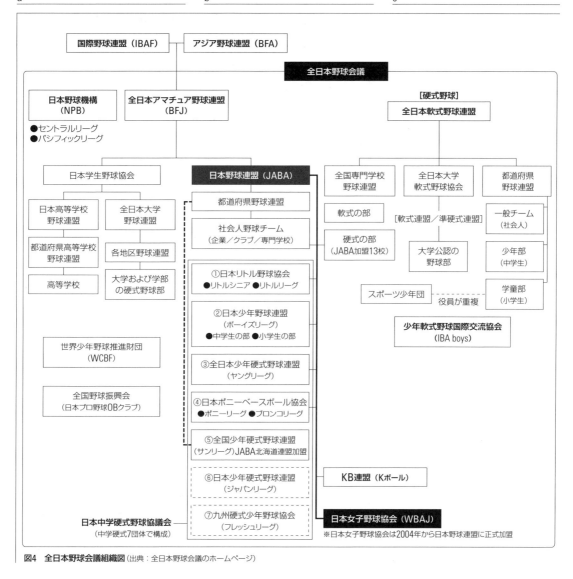

図4　全日本野球会議組織図（出典：全日本野球会議のホームページ）

てる打力と，安全志向の堅実守備の弊害を挙げてバックハンドキャッチやランニングスローが使える守備力を挙げた。それまで国内人気で事足りていた野球が，国際化に向けて動き始めた。

また，オリンピックでは試合期日が限られているため，予選リーグから決勝トーナメントまで20試合に満たない。国内のシーズン戦に比べるとその数ははるかに少ないが，観客は短期決戦ならではの魅力を感じている。日米のプロ野球ポストシーズンに開催される，2006年に始まったワールドベースボールクラシック（World Baseball Classic: WBC）も同様に短期決戦であり，こうした形式での試合の戦術が注目されている。

④ 現代の技術・戦術・ルール
[指名打者制の導入]

アメリカ・メジャーリーグでは，投手のレベルアップによって打撃が振るわなくなり観客動員数が年々低下していた。その状況に対し，観客は打つ爽快感を楽しみに来ると考えて，1973年にアメリカンリーグで指名打者（designated hitter: DH）制が導入された。投手に代わって打順に入り打撃だけを受けもつ選手を認める制度である。それまでは，投手の打撃能力が低いために，打順が回ってきても得点のチャンスを生み出したり拡大したりできなかった。また，それを解消しようとして代打を送ると，継投策をとらなければならなかった。DH制では優れた打撃力の選手を入れることが多いので，長打を期待したり，バントで送るような場面でも積極的に打たせたりするようになり，より多くの得点を生み出せるようになった。そのおかげで導入年の打率は.239から.259へと2分上がり，観客動員数はそれまでの最高を記録した。打撃能力だけに優れた選手も常時試合に出場することで，より多くの選手が試合に出場できる制度である。ただし，現在もナショナルリーグではDH制が導入されていない。日本でもパシフィックリーグで1975（昭和50）年にDH制が導入されたが，セントラルリーグでは導入されていない。この相違により，双方リーグの対戦になると，導入された場合，導入されていないチ

ームはDHをどうするか，導入されなかった場合，導入されているチームは投手の打撃をどうするか，それぞれ問題になっている．

[金属製バットの利用と制限]

金属製のバットは1960年代には作成された．内部が空洞で，素材も薄いため，木製バットに比べて手に受ける衝撃が小さいものの打点範囲が広く，反発がよいために打球が速い．耐久性に優れていることによる経済性から，高校野球では1974（昭和49）年の全国高等学校野球選手権大会から採用された．導入によりそれまでのバント戦法から力強く打つ野球になったことは評価されるが，投手，1，3塁手が打球で外傷を受ける危険性は高まり，打球音による打者，捕手の聴力低下が懸念された．これらの問題点に対しては，打点部の金属を厚くして反発を抑え，内部に防音剤を貼付または充填して対応がなされた．

国際試合で金属製バットが導入されたことから，1979（昭和54）年のシーズンから社会人野球でも金属製バットが認められた．しかし，打球が速いことから，大量得点で大味な野球になり，試合時間も長くなって評価は芳しくなかった．その後，オリンピックにプロ選手の参加が認められ，国際試合でも木製バットに戻ったことにより，2002（平成14）年のシーズンから社会人野球も木製バットを使用している．

[野球場の人工芝化]

1966年，アメリカ・ヒューストンのアストロドームで初めて人工芝が採用された．人工芝は維持管理が容易でコストも掛からない．ドームと組み合わせることで，試合のスケジュールも守られる．また，天然芝に比べると打球が速く，しかもボールのイレギュラーバウンドがないので，スピーディ，流れるようなプレイになる．こうした利点から，一時期，アメリカ・メジャーリーグの球場の半数近くが人工芝になった．しかし，材質や施工法が改良されたとはいえ，天然芝に比べると硬く，横ずれしにくい．そのおかげで擦過傷になるし，足腰への負担も大きい．さらに青空の下，天然芝の上でのプレイへの回帰が起こり，現在ではメジャーリーグで人工芝を採用しているのは3球場，ドームは2球場のみとなってい

る．

一方，日本では1976（昭和51）年に後楽園球場で初めて人工芝が採用された．試合のスケジュールが守られることに加えて，多目的に利用できることも影響して，2010年現在，プロ野球の13球場のうち10球場が人工芝である．

[投手の変化球重視と分業制の導入]

1970年代から練習にピッチングマシンが利用されるようになり，打撃能力は高まったが，投球能力を高めるマシンは今のところ存在しない．そこで守備側は変化球を駆使するなど投球術の向上や投手の交代・継投などの試合戦術を駆使することで打者に対抗するようになった．

例えば，マシンを使った練習では対応するのが難しいフォークボール，スプリットフィンガーファーストボール，ツーシームボール，カットボールといった直球と同じようなスピードで途中で急に変化する，打者にとって予測しづらい球種を投手は用いるようになった．その影響で，打ち損じのファウルボールが多くなったので，プロ野球のセントラルリーグの統計によると，1試合あたりの投球数は1955（昭和30）年の118球から1990（平成2）年には152球へと増えている．

一方，投手の投球に慣れるまでに打者は時間を要する．したがって，投手を次々と交代させた方が守備側には有利なはずであるが，投手もまた試合に慣れるまでに時間を要する．そのため，マウンドに上がってから投球を開始したばかりの「立ち上がり」の投球内容はよくないことが多い．また，投球を続けると，身体へのダメージは大きくなり疲労で球速は低下する．アメリカ・メジャーリーグではこのダメージを考えて，先発投手は100球までとされている．そこで，「立ち上がり」をよくして，ダメージを少なくするために，投手を，「先発（スターター）」「中継ぎ（セットアッパー）」「抑え（クローザー）」と分業するようになった．ただし，先発投手は5-6日間隔のローテーション登板でダメージを軽減できるように配慮されているが，中継ぎ，抑え投手は投球数が少ないとはいえ登板間隔が短く，身体へのダメージ問題が解消されているとは言い難い．投球数と登板間隔が身体にどのように影響するかは今後も注

視すべき課題とされている．

（平野裕一）

野球系ニュースポーツ

Teeball; Tossball; Footbaseball

① 競技概要

ここでは，野球やソフトボールをもとに考案されたいくつかの比較的新しいスポーツを紹介する．

[ティーボール]

ピッチャーを置かず，打者はバッターサークル内に置かれたティー（球座）の上に載せたボールを打つことによって，ゲームを開始する野球形式のゲームである（図1）．両チーム同数の10-15名で行う．守備者は10人以下で，走者は，打者がボールを打つまで離塁できない．ゲーム方法は原則として，1）3アウトで攻守交替，2）攻撃側の7名の打撃が完了して攻守交替，3）全打者が打撃を完了した時点で攻守交替，などから選択し，交替時の得点差を競うなど，規定回数を設定して行う．大きなティー（ビッグティー）を用いてドッジボール大のボールを載せ，ドッジボールを打撃・捕球するようなゲーム展開となるビッグカップティーボール形式もある．

[トスボール]

打ちやすいボールを打ち出してくれるバッティングマシンを用いる野球である．ホームプレート前方2-3mの位置に，ピッチャーの代わりとして球審のリモコン操作で自動的にボールをトス（toss：軽く放り上げる）するマシンを設置し，バントや盗塁を禁じて楽しむ簡易野球である．攻撃側は，アウト数に関係なく1チーム9人全員が打ち，各回の得点とする．3球以内にフェアボールを打たなければ，打者はアウトとなる．選手の人数・屋内等での実施条件

図1 競技中の様子：ティーボール（写真：フォート・キシモト）

に合わせ，ローカルルールでの工夫が求められている。ティーボールなどと同様に，野球の一番の醍醐味である打撃を，誰でもが味わうことができるような工夫がなされている。

[フットベースボール]

打者が本塁上に置かれたボールを蹴って出塁する，野球とサッカーの要素を取り入れたゲームである。本塁から半径8mの四分の一円をファウルゾーンとし，塁間16mである。1チーム12人が7イニング制で行う。一般には，1辺14-18mのダイヤモンドを描き，本塁から半径9mのところにパスラインを引く。1チーム10-20人が攻守に分かれて行う。守備側は直接捕球するか，ベースに着く前に走者にボールを当てたり，塁手にボールを渡すことによりアウトカウントを獲得できる。打者は，ファウル3回やボールがパスラインを越える前の離塁により，アウトとなる(3アウト制)。

② 歴史

野球の誕生以来，人々はそのゲームの楽しさを共有するために，様々な工夫を試みてきた。誰でも取り組めるように，課題である用具類の硬さや高い能力を求めるルールに対しては，例えば，ソフトボールや軟式野球という当時のニュースポーツを生み出し，対応してきた。

[ティーボール]

ピッチャーの投げたボールを打ち返すというゲーム展開のスタートに関する課題に応えたのが，ティーボールである。アメリカにおいては1940-50年代から様々な試みが始まり，オーストラリアやニュージーランドでも，1980年頃にはソフトボールの入門タイプとして普及している。わが国では，1981(昭和56)年には東京の複数の大学のスローピッチソフトボール研究会が関心をもち，この競技の普及を始めた。1993年日本ティーボール協会が設立され，生涯スポーツとしての普及が本格化した。国際野球連盟(International Baseball Federation: IBAF)と国際ソフトボール連盟(International Softball Federation: ISF)の支援で，子どもたちの国際交流フェスティバルも定期的に開催されている。2008(平成20)年度の学習指導要領解説体育編で，小学校5・6年生の教材例として採用されている。

[トスボール]

マシン開発の意図は，投打の順で始まる野球の第1番目の醍醐味を確実なものにしようとするところにある。1997(平成9)年，マシンの商品名がゲームの名称を兼ねる形で設立された日本トスボール協会は，2002(平成14)年日本トスベースボール協会に改称している。正確・確実にボールを捕らえるために，プロの選手も練習時間を割くトスバッティングの要領を，マシンによって肩代わりしたのがトスボールである。野球の経験のない子どもや女性なども取り組みやすく，2000(平成12)年には東京都子ども会連合会の推奨スポーツの認定を受けている。

[フットベースボール]

フットベースボールの元となったキックボール(キックベースボール)は，1917年頃アメリカ・オハイオ州公園監督官ゾイス(N.C. Seuss)によって考案されたといわれている。わが国でも戦前から小学校教材の1つとして楽しまれてきた。フットベースボールはもちろん，サッカー野球，蹴り野球など通称も多様で，ローカルルールも自然に生まれている。1960年代後半からルールのまとめ直しがなされ，1969(昭和44)年大阪市旧住吉区などでは，区民スポーツ大会が開かれるようになった。1971(昭和46)年に気仙沼市体育協会が中心になって，女子小学生向けに開発されたのもその1つである。1980年代には，知的障がい者スポーツ大会の団体競技として，すでに定着している。また，1995(平成7)年，全国大会の開催を目的に日本フットベースボール協会が設立された。

(野々宮徹)

やり投

→陸上競技

ゆか

→体操競技

ユニバーサルホッケー

→ホッケー系ニュースポーツ

ユニホック

→ホッケー系ニュースポーツ

ヨーガ

→癒し系スポーツ

四輪のモータースポーツ

→モータースポーツ(四輪)

ラート

Wheel gymnastics〔英〕; Rhönradturnen〔独〕

① 競技概要

ラートは，独自の競技用器具を用いて運動を行い，体操競技等と同様にその出来映えを競い合う採点競技である。器具は2本の鉄製リングが平行に連結されたもので（この器具をラートと呼ぶ），ステップバーに装着されているベルトに足を固定することで回転することができる（図1）。

採点方法は，演技の価値を示す「難度点」等や演技の出来映えを示す「実施点」を審判団が採点し，最終得点が決定される。競技種目は，次の3つである。

・直転：2本のリングを床に接地させ，まっすぐに器具を回転させながら運動を行う種目。直転の運動は，主にベルトに足を固定して回転する中心系運動と，バーやグリップを用い座位や伏臥姿勢で行う周辺系運動に分けられる。

・斜転：どちらか一方のリングを床に接地させて螺旋状に回転する種目。斜転の運動は，床に対するラートの傾斜角度によって大斜転（60度以上）と小斜転（30度以下）の運動に分けられる。

・跳躍：ラートを勢いよく転がし，助走から回転しているラートの上を跳び越えたり，ラートの上に立ち上がってから宙返り等で跳びおりたりする種目。

また，ラートは，フィギュアスケートのエキシビションのように多彩な運動を構成できる。そのため，優美かつダイナミックなデモンストレーションは，国民体育大会や各種スポーツイベント等で行われ，観客を魅了している。

② 歴史

ラートは，1925年，ドイツ人のオットー・ファイク（Otto Feick）によって考案され，当初は，子どものための遊具として利用されていた。その後，第二次大戦に伴い活動が中断されるが，戦後は，ドイツ体操連盟（Deutscher Turner-Bund）の傘下に入り，組織的な普及活動が行われた。1960年には初めての競技選手権である第1回ドイツ個人選手権大会が開催された。

また，1995年には，国際ラート連盟（Internationaler Rhönradturn-Verband: IRV）が設立され，同年オランダにおいて第1回世界ラート競技選手権大会が開催された。以降，各地で隔年開催されている。

日本では，第二次大戦中，「フープ（回転器）」と呼ばれ，パイロット養成の訓練に用いられた経緯がある。その後，1988（昭和63）年，長谷川聖修によってスポーツとしてのラートが日本に紹介された。1989（平成元）年には，日本ラート協会（Japan Rhoenrad Association: JRA）が設立され，日本各地で実技講習会やデモンストレーションが行われるなど，本格的な普及活動が進められた。1995（平成7）年には，第1回全日本ラート競技選手権大会が開催され，以降，毎年実施されている。

〔本谷 聡〕

図1 演技中の様子：ラート

ライフセービング

Lifesaving

① 競技概要

ライフセービングは，人命救助を目的とした社会的活動であり，一般的には水辺の事故防止のための実践活動として普及・発展してきた。ライフセービング競技は，その目的に携わるライフセーバーの技術・体力を競う競技である。レスキュー活動のための救助技術や体力の維持・向上を目的としているため，その種目要素は実際の救助活動をシミュレーションしたものがベースとなっている（図1）。競技種目はオーシャン競技，プール競技，シミュレーテッド・エマージェンシー・レスポンス（SERC）競技の3つで構成される。オーシャン競技はサーフ種目の12種目とビーチ種目の4種目，プール競技は10種目からなっている（表1）。

国際的な統括組織としては世界保健機関（World Health Organization: WHO）公認団体である国際ライフセービング連盟（International Life Saving Federation: ILS）があり，その日本代表機関として，日本ライフセービング協会（Japan Lifesaving Association: JLA）が活動している。現在では，全国にクラブが設立され，認定資格をもつライフセーバーが水辺での人命救助・監視活動だけでなく，救命救助技術の普及，学校教育での啓蒙といった様々な社会貢献活動を行っている。また，ILSは，国際オリンピック委員会や国際スポーツ競技連盟連合，国際ワールドゲームズ協会といった国際スポーツ組織の公認組織でもあり，国際スポーツという側面からの世界的な普及にも寄与している。

② 歴史

ライフセービング競技は，1908年，オーストラリアで誕生した。競技化された理由は「溺れた者を救いたい」，ま

図1 競技（レスキューチューブレスキュー）の様子：ライフセービング

表1　競技種別と競技種目

競技種別		競技種目
オーシャン競技	サーフ種目	1. サーフレース 2. サーフチームレース 3. レスキューチューブレスキュー 4. レスキューチューブレース 5. ランスイムラン 6. サーフスキーレース 7. サーフスキーリレー 8. ボードレース 9. ボードリレー 10. ボードレスキュー 11. オーシャンマン／オーシャンウーマン 12. オーシャンマン／オーシャンウーマンリレー
	ビーチ種目	1. ビーチフラッグス 2. ビーチスプリント 3. ビーチリレー 4. 2km（1km）ビーチラン
プール競技		1. 200m（100m）障害物スイム 2. 50mマネキンキャリー 3. 100mレスキューメドレー 4. 100mマネキンキャリー・ウィズフィン 5. 100mマネキントウ・ウィズフィン 6. 200mスーパーライフセーバー 7. 4×50m障害物リレー 8. 4×25mマネキンリレー 9. 4×50mメドレーリレー 10. ラインスロー
SERC競技		制限時間内に競技エリア内で設定された緊急事態への対応（溺者や患者の救助および応急手当等）の，正確さや速さを採点により競うチーム競技

表2　JLA主催の主な国内公式競技大会

大会名
・全日本選手権大会
・全日本種目別選手権大会
・全日本プール競技選手権大会
・全日本学生選手権大会
・全日本学生プール競技選手権大会
・ジュニア・ライフセービング競技会

けるライフセービングの普及に大きな影響を与えた。また，ワールドゲームズでは，1989（平成元）年の第3回大会から正式種目となり，2001（平成13）年の第6回大会は秋田県で開催された。これまで世界選手権やワールドゲームズでは日本からメダリストが誕生しており，日本の競技力は著しく向上している。

参考文献

- 千原英之進，小峯力 ほか 編．2002．『ライフセービング：歴史と教育』学文社
- 日本ライフセービング協会 編．2013．『サーフライフセービング教本 改訂版』大修館書店
- 日本ライフセービング協会競技運営・審判委員会 編．2012．『ライフセービング競技規則2012年版』

（小峯　力）

さにこの一点であった。スポーツにはそのスポーツに根ざす精神があるが，ライフセービング競技の場合は「より速く」を求める以上に「正確さ」が求められ，その速さと正確さが苦しみある者への限りない安心感と絶望からの生命の生還という願いを，そしてその勝利が生命の尊重を意味しているのである。そのため，他の近代スポーツとは異なり，まさに，ヒューマニズムに根ざしたスポーツ，勝敗をも超越した生命を救う（守る）スポーツであり，今，そこにいる人間を救う・守るという哲学を有している点に大きな特徴がある。こうして生まれたライフセービングの競技種目は自己目的的なスポーツであるのみならず，人道主義に基づいた人命救助という目的をも兼ね備えている。

国内で最初に行われた競技会は，1975（昭和50）年に神奈川県鎌倉市材木座海岸で開催された第1回ライフガード大会とされている。その後，年に1回開催されていたこの大会は，1987（昭和62）年，第13回大会からインタークラブ・ライフセービング選手権と名称を改め，この大会から世界基準のオーシャン競技種目が多く導入されるようになった。さらに，1989（平成元）年からはインタークラブ選手権とは別に全日本選手権が開催され，1991（平成3）年にはインタークラブ選手権を全日本選手権に併合し現在の全日本選手権に受け継がれている。また，1986（昭和61）年からは静岡県下田市大浜白浜海岸にてジャパン・サーフカーニバルが開催された。さらに，地域クラブとともに多くの学校クラブの設立に伴い，1986（昭和61）年神奈川県藤沢市辻堂海岸にて第1回全日本学生選手権が始まった。さらに，1988（昭和63）年からは第1回全日本室内選手権（現在は全日本プール競技選手権）が開催された。現在，JLA主催の競技会は毎年開催され，国内最高峰の全日本選手権では，約1,000人以上もの選手が参加している（表2）。

また，国際的な競技会としては，2年に1度の世界選手権（ILS主催）と「第2のオリンピック」ともいわれる総合競技大会である4年に1度のワールドゲームズ（国際ワールドゲームズ協会主催）がある。1992（平成4）年には静岡県下田市にて世界選手権が開催され，日本にお

ライフル射撃

Rifle shooting & Pistol shooting

① 競技概要

ライフル射撃（競技）は，ライフル銃やピストルを用い，それぞれルールで定められた射撃場（Range）において銃と弾を使用し，標的をねらい，その得点（的中点）によって勝敗を競う競技である。射撃の姿勢，射撃距離，時間，発射数などでいくつかの種目に区分される（次頁 表1）。

[競技の仕方]

ライフル射撃には，ライフル種目とピストル種目がある。

・ライフル種目

ライフル銃を使用し，固定された1つの標的装置に対して決められた数の弾を制限時間内に発射し，合計点を競う種目である（図1）。射撃姿勢は，立射，伏射，膝射の3つの姿勢があり（図2），種目として立射，伏射，3姿勢（伏射＋立射＋膝射）の3つがある。

さらに，使用する銃砲と弾の種類によって，300mライフル（口径8mm以下

の大口径ライフル銃弾を使用)，50mライフル(口径5.6mmの小口径ライフル銃弾を使用)，10mエアライフル(口径4.5mmの空気銃弾を使用)の3つに分けることができる。

・ピストル種目

ピストルを使用し，固定された1つの標的装置に対して制限時間内に決められた数の弾を発射し，合計点を競う精密射撃と，固定されているが数秒間しか射撃できない1つまたは5つの標的装置に対して弾を発射し，合計点を競う速射射撃およびそれらを組み合わせた種目がある(図3，4，5)。射撃姿勢は，いずれも立射のみである。

さらに，使用する銃砲と弾の種類によって50mピストル(口径5.6mmの小口径ライフル銃弾を使用)と25mピストル(口径5.6mmの小口径ライフル銃弾を使用するものと，口径7.62−9.65mmの拳銃弾を使用するもの)，10mエアピストル(口径4.5mmの空気銃弾を使用)に分けることができる。

競技会は，予選と本選から構成されており，本選の結果に基づき順位が決定される。オリンピックで実施される10種目では，さらにファイナルが実施される。ファイナルは，本選の結果から選ばれた上位8人(種目により6人)によって実施される。

[勝敗の決定]

種目ごとに標的の大きさが異なり，標的上に発射された弾痕の得点の合計により順位が決定される。

標的は，中心から10個の同心円で構成されており，中心を10点とし，外に向かうにつれて9点，8点，……，1点となる。1点圏外は0点となる(図6)。

オリンピックのファイナルでは，小数点1位まで表示する標的を用いて10発(種目により20発)の競技を行い，最終順位は本選の得点にファイナルの得点を加算した合計点で決定される。

合計得点が同点の場合は，シュートオフ(shoot-off：得点差ができるまで同点の選手だけによる1発[種目により5発]ごとの追加射撃)を行うことで順位が決定される。

表1　ライフル射撃の主な競技種目

種目名				性別	発射数	距離
国際競技	ライフル射撃	300mライフル(大口径ライフル)	3姿勢	男子 女子	120発 60発	300m 300m
			伏射	男子 女子	60発 60発	300m 300m
		50mライフル(小口径ライフル)	3姿勢	*男子 *女子	120発 60発	50m 50m
			伏射	*男子 女子	60発 60発	50m 50m
		エアライフル	立射	*男子 *女子	60発 40発	10m 10m
	ピストル射撃	50mピストル男子		*男子	60発	50m
		ラピッドファイアピストル		*男子	60発	25m
		センターファイアピストル		男子	60発	25m
		25mピストル女子		*女子	60発	25m
		エアピストル		*男子 *女子	60発 40発	10m 10m
国内競技	ライフル射撃	ビームライフル		男子 女子	60発 40発	10m 10m
	ピストル射撃	ビームピストル		男子 女子	40発 40発	10m 10m

＊オリンピック種目

図1　ライフル銃

図2　ライフルでの射撃姿勢(左から，伏射，膝射，立射)

[施設・用具]

・射撃場

射撃場の基準としては，300m射場，50m射場，25m射場，10m射場があり，射撃位置から標的までの距離によって名称が定められ，さらに種目によって使用する射撃場が決められている(図7，8)。ルールにより，10m射場は屋内施設とされており，その他は屋外施設となっている。

また，オリンピック，世界選手権などの競技会では，ファイナルを実施するためにファイナル射場を別に設置しなければならない。

・ライフル銃

ルールに基づき種目ごとに重量，全長，引き金の重さ等が細かく決められている。競技用ライフル銃は，まさに「正確に当てる」ためだけに作られており，選手個々の体型に合わせて調整できる多くの機能が備えられている(図1)。現在使用されている競技用ライフル銃は，ドイツ，スイスにおいて作られたものが主流であり，なかには1人の選手のためだけに製作される銃もある。

・ピストル

競技用ピストルは，単発式と連発式に分けられ，個々のルールに基づき重量，全長，引き金の重さ等が細かく決められている。単発式，連発式ともに「正確に当てる」ためだけの目的で作られており，テレビ等で目にする形とは全く異なる形態である。現在使用されているピストルは，ドイツ，イタリアなどのヨーロッパ諸国で作られたものが主流である。

・弾

ライフル射撃競技に用いる弾は，ルールに基づき競技種目ごとに決められている(図9)。なお，エアライフル用空気銃の弾はエアピストルにも使用できるというように，いくつかのライフル

図3　ピストルでの射撃姿勢

図4　エアピストル(10mピストル種目)

図5　連発式ピストル(25mピストル種目)

図6　10mエアライフル種目の標的

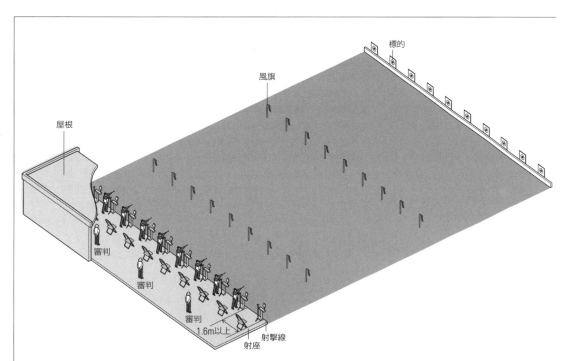

図7　射撃場

図8 競技中の様子：ライフル射撃 (写真：フォート・キシモト)

種目，ピストル種目で使用する弾の共用が可能である。また，弾には発射の際の反動を低減するために特別な火薬を使用するなど「正確に当てる」ための工夫がされている。

[発祥と組織の設立]

火薬と銃砲の発明以来，ヨーロッパを中心として16世紀には競技化が進められ，各国で射撃クラブによる競技会が開催されてきた。その後，第1回オリンピック大会(アテネ，1896年)で競技が実施され，1897年には国際射撃組織の前身が発足し，第1回世界射撃選手権大会がフランス(リヨン)で開催された。現在の形態の国際射撃組織は，1907年にフランスほか7ヵ国により設立され，その後1921年には世界射撃連合(Union Internationale de Tir: UIT)となり，さらに1998年には国際射撃連盟(International Shooting Sport Federation: ISSF)と改称された。

現在の射撃競技は，国際的にはシューティング(Shooting)という名称が使われ，ISSFにより統括され，ライフル射撃(Rifle shooting)，ピストル射撃(Pistol shooting)，クレー射撃(Clay-target shooting)等が行われている。

なお，日本国内ではライフル射撃(ライフル射撃とピストル射撃)を日本ライフル射撃協会，クレー射撃を日本クレー射撃協会が統括している。

[日本への普及]

日本のライフル射撃(競技)は，1925(大正14)年に学生射撃連盟が設立されたことから始まった。1934(昭和9)年に大日本射撃協会が設立され，大日本体育協会へ加盟した。第二次大戦の後に一度解散した後，1949(昭和24)年に日本射撃協会が設立され，1951(昭和26)年には日本体育協会に加盟し，同年の第6回国民体育大会(広島)から参加している。1953(昭和28)年にはライフル射撃とクレー射撃が分離し，日本ライフル射撃協会となった。また，日本は1938(昭和13)年にUITに加盟し，1951(昭和26)年に再加盟している。

オリンピック大会への出場は，1952年の第15回大会(ヘルシンキ)からとなり，最初の入賞は1956年の第16回大会(メルボルン)フリーピストル種目における保坂調司の4位である。メダル獲得は，1960年の第17回大会(ローマ)フリーピストル種目で吉川貴久が初めて銅メダルを獲得し，1984年の第23回大会(ロサンゼルス)ラピッドファイアピストル種目で蒲池猛夫が最初の金メダルを獲得した。

図9　競技用の弾丸
左：22口径ロングライフル弾，右：4.5mm鉛弾

② 技術・戦術・ルールの変遷
[技術の発展]

射撃競技は，道具(銃砲および弾)を使用するスポーツであることから，銃砲と弾についての研究が個人，団体，国を挙げて絶えず重ねられ，その成果が技術の向上にも著しく影響を与えてきた。特にこの傾向は，第1回オリンピック大会(アテネ，1896年)以降に顕著となり，研究の成果として，優秀な銃砲や弾薬が開発され，選手の技術の向上も相まって，急速に記録の向上をみた。このため，記録の向上に併せて競技規則の改正もたびたび行われている。

[種目の改変]

20世紀に入ると社会情勢が大きく変わり，小口径銃(22口径と呼び，直径が22/100インチ)による射撃が急速に普及し，このことにより短い距離の射撃場を利用することや安価な銃砲や弾薬を使用することができるようになり，誰でもが手軽に射撃競技に親しめるようになった。オリンピック種目でも，小口径ライフル銃弾(22口径)を使用する競技が主要種目となった。

次の大きな流れは，20世紀後半に入り，空気銃(エアライフル，エアピストル)の競技が採用されたことである。そもそも空気銃はおもちゃとして作られていたが，1970年代に入ると競技として使用するに十分な精密さをもつ空気銃が生産されるようになった。このため，エアライフル種目は1984年の第23回オリンピック大会(ロサンゼルス)から採用され，エアピストル種目も1988年の第24回大会(ソウル)から採用された。エアライフル，エアピストルは，使用する銃砲や弾も小口径銃よりさらに安価であり，また射撃場も屋内スポーツ施設の中に作ることができることから，多くの国々で最も手軽に行うことができる射撃として普及している。

・オリンピック男子種目
　ライフル：50mライフル3姿勢，伏射，エアライフル立射
　ピストル：50mピストル，ラピッドファイアピストル，エアピストル

・オリンピック女子種目
　ライフル：50mライフル3姿勢，エアライフル立射
　ピストル：25mピストル，エアピストル

[ファイナルの実施]

テレビメディアによる放送に対応できる競技内容とするため，第24回オリンピック大会(ソウル，1988年)から，本選に加えてファイナルを実施するようにルールが改正された。ファイナルは，本選の上位8人(一部種目では6人)により実施され，本選の得点にファイナルの10発(一部種目では20発)の得点を加算し，最終の順位を決定するシステムである。ファイナルの得点は小数点第1位(最高得点は10.9点)まで表示され，かつ1発ごとに得点と順位が表示されることから，選手の緊張が手に取るように伝わる競技システムとなっている。さらに，2012年の第30回オリンピック大会(ロンドン)からは，一部の種目で勝ち抜き方式のファイナルが導入された。

[標的点圏の縮小]

記録の向上と同点時のシュートオフ導入により競技時間が長くなってきたことに対して，競技時間の短縮を目的に，1990年に標的点圏が縮小されるという大幅な改正が行われた。

③ 現代の技術・戦術・ルール

射撃の動作を単純にいえば，銃器を体全体で支え，標的をねらい，正しい位置に銃が止まった時に引き金を引けば，誰でも標的の中心に命中するはずである。しかしながら，すべての射撃で，弾が標的の真ん中には当たらない。そこには，選手のスキル(ソフト面)や使用する用具(ハード面)に，中心に当たることを阻害する要素が含まれているからである。

[選手のスキル]

・体力(フィジカルスキル)

他のスポーツと比べても，射撃動作の過程で息を止める時間が長いことから，強い心肺機能を有することや，銃を静止させるために体の動きを最小限にしなければならず，平衡バランスや筋肉の緊張バランスは大切な要因になる。従来のフィジカルトレーニングに加えて，高所トレーニング(低酸素トレーニング)を導入することが効果的である。

・技術(テクニカルスキル)

射撃競技のトレーニングは，毎回同じ動作，時間，精神で行うことができるように進める。また射撃競技は，銃を支える，銃の動きを止める，照準する，引き金を引く等の一連の動作の中での技術の統合によって成り立っており，個々の技術のトレーニングと並行して，技術を統合するトレーニングを行うことが重要である。

・戦術(タクティカルスキル)

屋外で競技を行う種目では，得点は自然条件(日射，風，温度ほか)に左右される。特に風は弾を風下方向に押し流し着弾点に大きな影響を与えることから，「風を読むこと」は重要な戦術となる。

・意志(メンタルスキル)

射撃競技は，メンタル競技だといわれているように，心理状態の微妙な変化が直接競技成績に影響することから，非常に大きな要素をもっている。

射撃競技では，他の競技に先駆け，1970年代の後半から「メンタルマネジメント」という言葉が入ってきた。その後，時間の経過とともに名称や手法が変わっていったが，射撃選手の中に1つのスキルとして定着している。

[競技に適した銃器と弾の組み合わせ]

現代の競技用銃砲や弾薬は，非常に精巧に作られ，かつ高レベルの品質管理が行われている。競技記録の向上のための銃器・弾薬の絶対精度は大変重要な要素であり，トップレベルの選手やコーチはより精密さを求めるために，競技会の開催される場所の気温，湿度，標高(気圧)などを勘案し，銃砲と弾の組み合わせを研究している。

(三野卓哉)

ラグビー

Rugby

① 競技概要

ラグビーは，1チーム15人で編制された2チームが，同一のグラウンド上で入り乱れて，1個の楕円形のボールを奪い合い，インゴールという形で設定されたオープンエンドの相手陣地にボールを運び込んで得た点数を競い合う競技である(図1，2)。

[競技の特性]

ラグビーという言葉がその名称の一部に含まれる競技はいくつか存在するが，ここでは，国際ラグビー評議会(International Rugby Board: IRB)を統括機関として世界的に広まっているラグビーフットボール(ラグビー)について記述する。

IRBは1997年，ラグビーがもつ固有の特性を守るなどの目的のため，ラグビーゲームの基本原則を定める「ラグビー憲章(Playing Charter)」を制定した。この憲章には，ラグビーが他の球技とその競技方法において異なる特徴が次のように記述されている。

・手も足も両方使うことができる。
・プレイヤーはボールを持って自由に走ることができる。
・防御方法にも，安全性を損なわないかぎり制約がない。
・ゴールラインを越えてボールを持ち込むことによって得点となる。
・ボールは後方に位置する味方のプレ

図1　競技中の様子：ラグビー(写真：フォート・キシモト)

イヤーにのみパスをすることができる。
・攻撃している側のプレイヤーは，味方チームのボールキャリアーより後方の位置からのみプレイに参加できる。
・攻撃できるスペースの創出は，ボール獲得・保持・再獲得といったチームのスキルによって左右される。

さらにラグビー憲章には，ラグビー独自の特性として，「ボールの争奪」と「プレイの継続」の重要性が謳われている。ボールの争奪は，キックによる開始と再開，スクラム(両チームの選手が肩を組み，間に投げ入れられたボールを自チーム側へ蹴り出すために押し合うこと)，ラインアウト(各チーム2人以上の選手がタッチラインと直角に1列ずつ並び，ボールを出したチームの相手側チームの選手がその中間にボールを投げ入れること)，ラック(図3左：地上にあるボール獲得のため，両チームのプレイヤーが立ったまま体を密着させて組み合い，ボールの周りに密集するプレイ)，モール(図3右：両チームのプレイヤーが立ったまま体を密着させ，ボールを持ったプレイヤーの周囲に密集するプレイ)，そしてタックル(相手側プレイヤーがボールを持っている時，その攻撃を阻止し，ボールを獲得する手段)といった局面などで発生し，プレイの継続は，ボールをパスしたり，持って走ったり，キックしたりすることや，ラックおよびモールを形成し，攻撃権を保持し続けることで可能となる。

[競技の仕方]
競技は1チーム15人以内のプレイヤーで行う(7人制は7人以内。詳細は[7人制ラグビー]の項を参照)。競技時間は80分以内(19歳以下は70分)で，試合時間は上記の時間を等しく前後半に分け，10分間のハーフタイムをおく。日本の高校生では60分，中学生では40分(この場合ハーフタイムは5分)で行われることが多い。

ゲームの開始は，ハーフウェイライン中央からのドロップキックによるキックオフによって行う。後半は前半とサイド(攻撃方向)を交替し，前半の競技開始時にキックオフしなかったチームのキックオフによって開始する。得点後のプレイの再開は，得点されたチーム(7人制は得点したチーム。詳細は[7人制ラグビー]の項を参照)のハーフウェイライン中央でのドロップキックによって再開する。

手または腕で，相手側のデッドボールラインの方向にボールを落とす，押す，はたくなどした場合(ノックオン)や，ボールを相手のデッドボールライン方向に投げるかパスする(スローフォワード)といった行為は反則となる。これらの反則や，ボールがタッチラインから外に出た場合(タッチ)などでレフリーの笛によって中断したプレイは，その笛の原因となったプレイの種類によってその地点もしくは近い場所で，スクラム，ラインアウト，ペナルティーキック，フリーキックによって再開する。

得点は次のような場合に与えられ

図2　ポジション名と背番号

■フォワード(FW)	背番号・ポジション名
フロントロー Front Row	①左プロップ(PR) ②フッカー(HO) ③右プロップ(PR)
セカンドロー Second Row	④左ロック(LO) ⑤右ロック(LO)
サードロー Third Row	⑥左フランカー(FL) ⑦右フランカー(FL) ⑧ナンバーエイト(NO.8)
■バックス(BKS)	背番号・ポジション名
ハーフバックス Half Backs	⑨スクラムハーフ(SH) ⑩スタンドオフ(SO)
スリークォーターバックス Three-quarter Backs	⑪左ウィング(WTB) ⑫左センター(CTB) ⑬右センター(CTB) ⑭右ウィング(WTB)
フルバック Full Back	⑮フルバック(FB)

図3　ラックとモール

る。相手陣地にボールをグラウンディングする（トライ＝5点）。相手側の不正なプレイがなかったならば，ほぼ間違いなくトライが得られたものと認められた場合は，ゴールポストの中央にペナルティートライが与えられる（ペナルティートライ＝5点）。トライ後にトライした側に与えられるゴールキックが成功する（コンバージョン＝2点）。相手のペナルティーに対して与えられるペナルティーキックによるゴールキックが成功する（ペナルティーゴール＝3点）。一般のプレイの中で，ドロップキックからゴールする（ドロップゴール＝3点）。

[勝敗の決定]

試合時間内に得点の多いチームを勝ちとする。なお，同点の場合は，トライ数の多いチームを勝ちとする。

[施設・用具]

競技場は，芝生か危険でない程度の固さの土であり，縦144m×横70m以内が最大規格であるが，これより狭くても許されている。ただし，グラウンド上の5mライン，10mライン，22mラインは正規の距離に引かれなければならない（図4）。ボールは楕円形で，皮または合成樹脂製の4枚張りである。

② 組織の発展

[発祥]

ラグビーは，中世のイングランドにおいて民衆の間で盛んに行われていたフットボールから生まれた。このフットボールは，その後，上流階級の子弟が学ぶパブリックスクールで盛んに行われるようになり，それぞれの学校で独自のゲーム形態やルールが形作られ普及していった。

その中でもラグビー校で行われていたフットボールは現在のラグビーの原型といわれ，相手プレイヤーの膝を蹴る（ハッキング）などかなり荒々しいものであった。このラグビー校は，それまで口伝えで行われていた自校のルールを文書化しルールブックにまとめた最初のパブリックスクールでもある。

ラグビーの発祥に関する有名なエピソードとして「1823年，ラグビー校の生徒エリス少年が，フットボールのゲーム中に，興奮のあまりルールを無視してボールを手で持って走ってしまった。ラグビーはこの偶然のハプニングによって生まれた」という逸話がある。

しかし，この説には確証がなく，未論議のあるところとなっている。

その後，ラグビー校の卒業生らが中心となり，1871年にイングランド・ラグビー協会（Rugby Football Union: RFU）が設立された。これによってラグビーは，イギリス全土から世界各地のイギリス植民地に広がった。

[国際ラグビー連盟の設立とワールドカップ大会]

現在の国際統一機関であるIRBは，1884年に設立された国際ラグビーフットボール評議会（International Rugby Football Board: IRFB）がその前身である。IRFBがその名称から「Football」を削除し，IRBと変更したのは1998年のことである。

ラグビー最高峰の大会と位置づけられている「（15人制）ラグビーワールドカップ（Rugby World Cup: RWC，以下，W杯）」は，4年に1度開催され，第1回大会は，1987年ニュージーランドで開催された。日本は，第1回大会以来，現在まで連続出場している。

[日本への普及と日本協会の設立]

日本には，1899（明治32）年に慶應義塾（現・慶應義塾大学）の教授であったケンブリッジ大学出身のクラーク（E. B. Clark）とケンブリッジ大学から帰国した田中銀之助によって慶應義塾の学生に伝えられたのが始まりとされている。

その後，日本ラグビーは，大学の定期戦（対抗戦）を中心に発展し，1926（大正15）年には日本ラグビーフットボール協会（Japan Rugby Football Union: JRFU）が設立された。JRFUは，2003（平成15）年，プロ化の進む世界のラグビーや，その舞台で戦う日本代表チームのレベルアップを目的の1つとして，地域リーグ等を1つの全国リーグにまとめた「ジャパンラグビートップリーグ」を創設した。

また，JRFUは，「ラグビーの国際化」「アジアへの普及」を掲げてW杯（15人制）開催国に立候補し，2019年度大会の招致を成功させた。

2009（平成21）年度時点で，JRFUの競技人口は約12万人，約3,050チームが登録している。

[アジア協会の設立とアジア大会]

アジア・ラグビー協会（Asian Rugby Football Union: ARFU）は，1968年に設立され，2009年度現在，26の国と地域が加盟している。アジアラグビー選手権は，1969年に日本，タイ，香港，韓国の4ヵ国の参加によってスタートし2年ごとに開催されてきたが，現在は，2001年から始まったアジアカップ3ヵ国対抗戦と統合された。統合後は「アジア5ヵ国対抗」となり，W杯大会のアジア予選も兼ね，毎年4月から5月にかけて開催されている。

[ラグビーの国際的現状]

2011年度の時点で，IRBには98ヵ国（アソシエイトメンバーを加えると118ヵ国）が加盟し，約550万人以上の人々がラグビーを定期的にプレイしている。このIRBがルールや国際大会などを管理するゲームには，15人制，10人制，7人制があり，15人制と7人制ゲームについては，男女それぞれ4年に1度W杯が開催されている。また，IRBは，2008年度からジュニアワールドチャンピオンシップと呼ばれる20歳以下の世界大会も開催しており，第2回大会は2009年に日本で開催された。

[女子ラグビーの普及と発展]

女子ラグビーのチームが最初に誕生したのは，1965年，フランスであったとされている。日本では，1983（昭和58）年，東京，名古屋，大阪で最初のチームが誕生した。1988（昭和63）年には日本女子ラグビーフットボール連盟が設立され，2002（平成14）年に日本ラグビーフットボール協会に正式加盟している。女子ラグビーワールドカップは，1991（平成3）年に第1回大会が開催され，日本は第1回大会からこれまで3度出場している。

③ 技術・戦術・ルールの変遷

[ルールの特徴と変遷]

ラグビーのルールは，Lawと呼ばれ，IRBから発刊される国際統一ルールブックの表紙には，「Law of the GAME」と記されている。日本ラグビーフットボール協会は，これを「競技規則」と表記している。

ラグビーのルールはこれまで毎年のように改正を実施している。『日本ラグビーフットボール協会80年誌』によれば，改正は「ラグビーをプレイする側の論理」からばかりではなく，みる側にとってプレイが中断することなく，スピーディーでおもしろいゲームにするため「プレイをみる側の論理」か

a   b   c

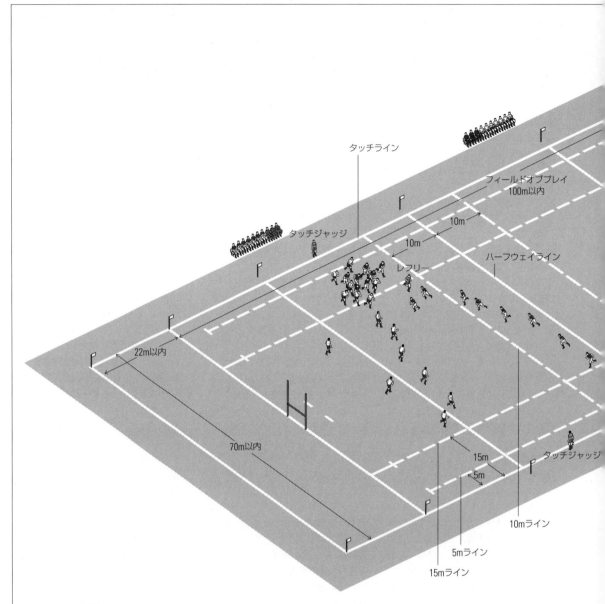

図4　ラグビーの競技場

らも行われてきた。さらに，現在では，「ゲームを支える側（運営する側）と共同するための論理」も存在しているという。プレイする側の論理に関するルールとしては，プレイヤーの安全性に関する改正などが挙げられ，また，プレイをみる側の論理については，プレイの連続性を促進するためのルール改正などが挙げられる。ゲームを支える側と共同するための論理については，レフリーやタッチジャッジ，タイムキーパーなどのマッチオフィシャル（match officials）と呼ばれる者の指名に関する

ルールなどがある。

このほか，ラグビーのルールに特徴的なものとしては，「相手に反則があっても，レフリーは，その結果相手側が利益を得る可能性のある場合には，その反則に対してただちには笛を吹かない」というルール（アドバンテージ）などがある。

[W杯開催が技術・戦術に与えた影響]

現代のラグビーに大きな影響を与えた出来事として，W杯の開催（1987年）と，1995年にIRBから出されたプロもアマも認めるオープン化宣言がある。

前者は各国協会における強化体制の本格化を加速させ，後者はプロフェッショナルリーグやプロフェッショナルコーチ・プレイヤー等を加速的に誕生・増加させた。

それまでの，ラグビーにおける各国代表チームの試合は，テストマッチと呼ばれる対抗戦形式が中心であったが，W杯の開催により，トーナメントを勝ち上がるための手堅い戦い方が志向され始めた。ダイナミックなパスとランニングを主体としてトライを奪うことよりもペナルティーゴールによる

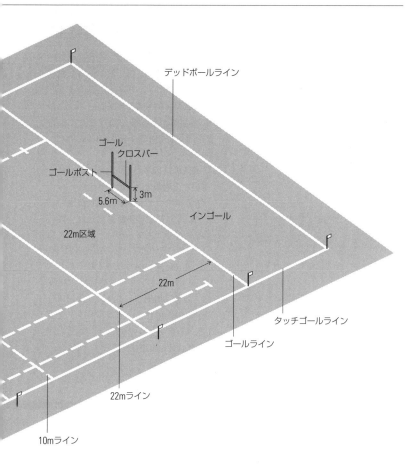

確実なスコア(3点)を重ねようとするゲーム戦略が目立ってきた。そこで，第2回W杯後の1992年には，トライを奪うプレイを促進するため，トライの得点が4点から5点に変更された。しかし，改正後のゲームにおいて目立ったのは，パスとランニングを主体とした冒険的なプレイより「ペナルティーキックから直接タッチキックを蹴り，相手ゴールライン近くまで迫ったマイボール・ラインアウトでボールを再獲得し，そのままモール(ドライビングモール)を組み押し込んでトライをねらっていく」という戦術であった。この戦術が生まれた背景には，「ペナルティーキックからボールがタッチに蹴り出された場合は，(ゲーム再開の)ラインアウトにおいてキックをした側のチームがボールを投げ入れる」というルール改正(1992年)があったといわれている。さらに，ラインアウトにおいてボールを捕るために跳び上がったジャンパーを手で支える「サポーティング」と呼ばれる技術の開発と普及もあった。この技術はボール投入側の獲得率を飛躍的に高めた。

また，組織的防御戦術も高度化していった。それ以前までに誕生した基礎的戦術をベースとして，防御戦術のバリエーションや緻密さのレベルが高められていった。この時代の基礎的なライン防御戦術のベースには，「マンツーマン(マーク・マン・マーク，自分のマークを必ず防御する防御形態で，セットプレイ時にとったポジションによってマークを決め，そのマークに対してディフェンスする形態)」「ツメ(スクラム，ラック等のボールの争奪をしている地点に近いところに位置するプレイヤーから順番に，パスに合わせて内側からディフェンスする形態)」あるいは，「ドリフトディフェンス(ズレ，ツメとは逆のパターン。防御側プレイヤーはボールの移動に合わせてマークするプレイヤーを外側に移し替えてディフェンスする形態。日本では「ズレ」と呼ぶ場合もある)」があり，また，早い出足でラインディフェンスする「シャロー」や，逆にあまり前に出ず相手の動きをよくみながらラインディフェンスを行う「ディープ」などがある。

[オープン化が技術・戦術に与えた影響]

一方，1996年，「オープン化」が宣言されプロ化が容認されると，南半球において南アフリカ，ニュージーランド，豪州の12州の代表チームが競い合うプロフェッショナルリーグ「スーパー12」が誕生した。その後，15チームに増え「スーパーラグビー」と名称変更している。このリーグを中心とした南半球の強豪国では，観客に魅力あるゲームを提供するため，プレイの中断が少ないゲームが志向された。

その1つの方策として，ラインアウト投入時のノットストレート(スクラムおよびラインアウトへのボールの投げ入れが，まっすぐ投げ入れられない反則。スクラムの場合は，フリーキックが科せられる。ラインアウトの場合は，相手ボールのスクラムまたはラインアウトで再開される)あるいは，ボール争奪局面などにおけるルールやレフリングの解釈に幅をもたせた。しかし，その結果，一方のチームが長時間連続して攻撃権を保持し続けるゲームや，またタックル後のボール争奪局面において，プレイの継続を妨げる「シール(ボールを持って地上に横たわっているプレイヤーに覆いかぶさり，相手側のボール獲得を妨げる行為)」あるいは「ブリッジング(ボールを持って地上に

表1　ルールや組織の主な変遷

年	主な出来事
1871	ラグビー校の卒業生らが中心となり，イングランド・ラグビー協会(RFU)が設立され，規則の統一が図られる
1877	1チーム20人から15人に変更
1884	国際ラグビーフットボール評議会(IRFB，のちのIRB)が設立
1899	慶應義塾大学の英文学教師クラークと田中銀之助により同大学の学生に初めてラグビーが伝えられる
1901	慶應義塾大学チームと横浜外国人チームとが日本最初の試合を行う
1908	慶應義塾大学が3:2:2型7システムを開発し，以降日本国内でこのシステムが広まる（海外は，3:2:3型8システムが主流）
1911	第三高等学校（現・京都大学）に続き，翌年同志社大学，さらに1919年早稲田大学など，日本各地の大学にラグビーが広がり始める
1926	日本ラグビーフットボール協会(JRFU)が設立
1937	日本ラグビーにおいてすべて8システムに切り替えられる
1952	オックスフォード大学が，翌年にはケンブリッジ大学が来日し対戦するが日本は完敗
1965	フランスで女子のラグビーチームが誕生
1983	日本で女子のラグビーチームが誕生
1987	第1回ラグビーワールドカップが開催（ニュージーランド）
1991	第1回女子ラグビーワールドカップが開催（ウェールズ）
1992	トライを促進するため，トライ得点を4点から5点に変更 ペナルティーキックからのボールがタッチに蹴り出された場合，蹴り出した側のラインアウトで再開するようにルールを変更
1995	IRFBがプロもアマも認めるオープン化を宣言
1997	IRFBがラグビー憲章を制定（以降，スペースを活用したダイナミックな攻撃，プレイの継続されるゲームが追求される）
1998	国際ラグビー連盟(IRB)が設立
2003	日本ラグビーフットボール協会がジャパンラグビートップリーグを創設
2009	IRBは「ダイレクトタッチ」「スクラム時のオフサイドライン」についてルール改正し，「ラグビー憲章」の内容をよりいっそう具現化 日本でU-20のワールドカップが開催
2019	日本でラグビーワールドカップを開催予定

横たわっているプレイヤーに直接覆いかぶさり，ボールを確保しようとするプレイ）」と呼ばれるような違法かつ安全性に問題のある技術が生まれた。

このような状況を鑑み，IRFB（現・IRB）は，1997年，「ラグビーの目的を達成するための基本原則は，ボールの争奪とプレイの継続である」としたラグビー憲章を制定した。

[ラグビー憲章の制定が技術・戦術に与えた影響]

ラグビー憲章の制定以後，IRBは，安全でかつ激しいボールの争奪からス

ペースを活用したダイナミックな攻撃が展開され，プレイが継続されるゲームを追求している。

ルールは，ボールの争奪が，より安全でスムーズに行われるように改正されてきている。例えば「タックル後は，他のいずれのプレイヤーも立っていなければボールをプレイすることはできない」，あるいは「タックル後のボール争奪に参加するプレイヤーは，ボールの後方，かつタックルされたプレイヤーまたはタックラーのどちらかで自陣ゴールラインに近い方のプレイヤーの

真後ろから，プレイしなければならない（参加ゲートの明確化）」などが明確化された。

また，「プレイの継続」を促進するためのルール改正も行われている。例えば，防御側のオフサイドの位置にとどまるプレイヤーが（うろうろしているなど）相手側のプレイを妨げるような行為を罰するなどのルールが付加された。

④ 現代の技術・戦術・ルール
[プレイの継続化とスピード化]

1997年のラグビー憲章制定以後のトップレベルにおけるラグビーは，以前よりタフで，スピーディーなものとなっている。憲章制定以前のW杯（1995年）と以後のW杯（2007年）を比較すると，1ゲーム中のインプレイ時間は，33％から44％に増加し，タックル後のボール争奪の拠点となるモールとラック発生率は107％も増加している。さらに，プレイの継続に関連するパス回数は25％増えている。

このようなゲーム内容の変化と呼応し，新たな技術や戦術も生まれている。特に，1) キックパス，2) オフロードパス，3) スクラムからのNo.8，SH，ブラインドWTBを使ったプレイ，4) ハイパント，5) ロングキックからのキックチェイス，6) カウンターラックというものが目立つ傾向にある。

個人戦術に関しては，例えば，タックルされながらスペースに勢いよく走り込んできたレシーバーにパスする「オフロードパス」と呼ばれる技術は，すでに一般化されつつある。

また，チーム戦術に関しては，ターンオーバー（攻守が入れ替わること）局面をどのように創り出すかといった戦術の重要性が高まっている。例えば，キックによって陣地（地域）を獲得しながら攻撃権の再獲得（ターンオーバー）もねらうキック戦術が重要視されつつある。どのエリアに，誰が，どのようなキックを行い，どのようにチェイス（キックしたボールを追いかけていくこと）するのか，また，キックキャッチした相手の攻撃に対してどのような防御網を敷いてターンオーバーするのか，といった技術や戦術は，今後さらに開発されていくと予想される。

一方，防御戦術においては，従来からの「マークする相手のプレイヤーに

a

【攻撃の原則】
① 攻撃権の獲得と維持　Gain Possession
基本的には攻撃権を得ること。地域を進めたり，相手陣地で戦うことを増やしたり，また攻撃時間を増やしたりすることも含む。
② 前進　Go Forward
ボールを相手ゴールに前進させること。
③ 支援　Support
味方（ボールキャリアー）の攻撃を支援すること。
④ 継続　Continuity
攻撃を継続させること。
⑤ 圧力　Pressure
攻撃にかかわるすべてのプレイで相手に圧力をかけること。得点や時間の圧力も含む。

b

【防御の原則】
① 前進　Go Forward
相手を止めること。防御を行うことで地域的に前進すること。
② 圧力　Pressure
防御にかかわるすべてのプレイで相手に圧力をかけること。タックルの成否や回数なども含む。
③ 支援　Support
味方がタックルしやすいように支援すること。味方のタックルを支援すること。
④ 攻撃権の再獲得　Regain Possession
相手の攻撃権（ボール）を奪い，攻撃に転ずること。

図5　攻防の原則
（出典：勝田，2014）

着目した方法」と「タックルラインが形成される位置に着目した方法」に加え，新たに「ボールキャリアーをターンオーバーしやすいスペースに追い込み，タックルする」といった考え方やその具体的戦術も開発されつつある。

このような中，2009年にIRBは，「自陣の22m区域内にボールを戻し，そのボールをキックして直接タッチになった場合，地域獲得は認められない」，あるいは「オフサイドラインをスクラムの最後尾の足の位置から5m後方に設定する」といったルールを含む大幅なルール改正を行った。

これにより，攻防それぞれの技術や戦術がさらに発展していくことが予想される。

[みるスポーツとしての発展]

1996年のオープン化以降，テレビジョン・マッチ・オフィシャル（Television Match Official: TMO）と呼ばれるビデオ判定の導入など，ラグビーは「みるスポーツ」としても発展している。TMOは，トライなどの得点機会を正確に識別するビデオ判定であり，審判の要請に応じて審判資格をもった担当者が映像を確認するが，あくまで審判を補佐する位置づけとなっている。

日本では，2008年11月の日本代表対アメリカ代表戦で，初めて（試験的に）導入された。

参考文献

◆ 勝田隆．2014．「ラグビー」『Active Sports 2014 総合版』大修館書店
◆ 日本ラグビーフットボール協会．2007．『日本ラグビーフットボール協会80年史』
◆ ———．2008．『競技規則2008』
◆ 日比野弘，松元秀雄，山本巧．1994．『ラグビーの作戦と戦術』早稲田大学出版部
◆ INTERNATIONAL RUGBY BOARD. *IRB Year in Review 2008.*

（勝田　隆）

ラグビー
[障がいのある人の]

→ウィルチェアラグビー

ラクロス

Lacrosse

① 競技概要

ラクロスは，2組に分かれたプレイヤーが，ネットのついたスティック（クロス）で硬いゴム製のボールを受けたり，投げたりしながら運び，相手ゴールに入れることを競う球技である（図1）。男子と女子では，プレイヤーの人数やルールが異なる。

男子は1チーム10人制で，アタック3人，ミッドフィールダー3人，ディフェンス3人，ゴーリー（ゴールキーパー）1人で構成されている。金属製のクロス，ヘルメット，ショルダー（肩および胸部の防具），エルボー（腕部の防具），グローブを用いる。試合時間は20分×4（クォーター制），約100×55mの競技フィールドで行われる。ゴールは183cm四方の正方形で，アイスホッケーと同様にゴールの裏もフィールドとして使うことができる。ボールは硬いゴム製であるが，国によって違いがある。

ゲームはフェイスオフで開始され，オフェンス時は6人，ディフェンス時はゴーリーを含め7人で守らなければならず，残りのプレイヤーはハーフラインを越えることができない（オフサイドルール）。ゴールの周りにはクリースと呼ばれる2.74mの円があり，オフェンス選手はクリースの中に入ってはならない。ゴーリーは，シュートをそらせる時だけ手を使うことができる。また他のプレイヤーは，ボールを転がしたりキックしたりしてもよいが，スティックを必ず持っていなければならない。さらに相手に対して，タックル（肩で押す）やボディチェック（レシーブの時），自分のスティックで相手のスティックを阻止することなども許されている。

他方，女子は世界各国でそれぞれにルールが異なる。日本の場合は，1チーム12人制（ミッドフィールダーが5人）で，試合時間は25分ハーフ。ブロックや身体接触が認められていないために，防具を着用するのはゴーリーのみである。また，ゴーリー以外のプレイヤーはフィールド上でマウスガードを着用しなければならない。

試合開始はドローという方式（立ってフェイスオフするような形式）で行われる。ゴール周りのクリースは3mで，女子の場合はディフェンス選手も入ってはならない。

② 歴史

ラクロスは，北米先住民族が肉体や精神の鍛錬，あるいは儀礼的球戯として位置づけ，行っていたゲームである。1636年にそれをみたフランスの宣教師が，その際に使用されていたスティックがカトリック司教の持つ杖（la crosse）に似ていたことから，報告書に「クロス」の名称を用いたのが最初とされている。

スティックは当初からネット付きであったわけではなく，のちに植物の根や木の皮，シカ皮などで作ったネットをつけるようになったと考えられている。ボールは木球や鹿皮に粘土や鹿の毛を詰めたものなどであった。

グラウンドは，前後左右制限がなく

ゴールだけが示されていた。2つのゴールの間は、数マイル(約5km)から460-800mくらいまで目的に応じて異なっていた。ゴールも1本のポールや木、1つの岩などを用いて、当てると得点とした場合や、ゴールポストを設けてその間を通過すると得点としたもの、水平のバーをつけた今日の競技で用いているゴールに近いものなど変化に富んでいた。

また、初期のラクロスは100名くらい、時には1,000名を超えて行うことも珍しくなかった。試合時間も2-3日続くことさえあった。

近代ラクロスの出発点は、白人同士が最初にゲームを行ったとされる1844年である。その後、カナダで急速に普及し、イギリスやアメリカへ紹介され、1867年のパリの万国博覧会で模範試合が行われた。オーストラリアへも1874年に紹介されている。

20世紀の初頭には、グラウンドも縮小され、試合時間が90分と決められた。1904年の第3回オリンピック大会(セントルイス)、1908年の第4回大会(ロンドン)で模範試合が行われ、1928年の第9回大会(アムステルダム)、1948年の第14回大会(ロンドン)、1956年の第16回大会(メルボルン)で公開競技として取り上げられている。

1967年に世界の統一ルールにより、第1回世界フィールド・ラクロス選手権(男子)が、アメリカ、オーストラリア、カナダ、イギリスの間で行われ、現在に続いている。

女子のラクロスも古くから行われていたが、白人女性による最初のラクロ

スは、イギリスで1886年ないしはこれより少し前に行われたといわれている。当初8人制であったが、1897年までに10人制となり、1899年までに現在のような12人制となった。第1回世界大会は1982年に始まった。

なお1960年代に、バスケットボールやホッケーを基礎にしたゲーム(ネットボール)の影響から7人制ラクロスが考案され、屋内で壁や床のリバウンドを利用して行われるものも登場している。

国際的な統括組織としては、女子は1972年に国際女子ラクロス連盟が、男子は1974年には国際ラクロス連盟が設立された。そして、2008年に両者が統合され、現在の国際ラクロス連盟(Federation of International Lacrosse: FIL)となった。

日本へは明治時代以降、北米からの伝道師や教師たちが大学にラクロスの導入を試みていたが、本格的な始まりは、1980年代の慶應義塾高校・慶應義塾大学での活動である。

なお、統一組織ができたのは、1987(昭和62)年で、1988(昭和63)年に国内初のリーグ戦が行われ、慶應義塾大学(男子)と東京女子体育大学(女子)が優勝した。

1989(平成元)年には、第1回国際親善試合が開催され、選手たちにとって世界トップレベルのラクロスを、直接みて、肌で感じることができる貴重な場となった。日本選手権大会は、1990(平成2)年より行われている。

(日本ラクロス協会)

ラフティング

Rafting

① 競技概要

ラフティングは、パドルでゴムボートを操りながら急流を下る競技である(図1)。

国内組織として日本カヌー連盟内にラフティング委員会があるが、競技ルールの整備や組織の確立ができていないのが現状である。

しかし、熱心な愛好者と組織により日本リバーベンチャー選手権大会(群馬県利根川)や長良川ホワイトウォーターフェスティバル(岐阜県)、大歩危リバ

ーフェスティバル(四国吉野川)、日本ラフターズ協会(Japan Rafters Federation: JRF)によるジャパンカップ(国内5戦)といった大会が、毎年開催されている。

これらの大会は、世界ラフティング協会(International Rafters Federation: IRF)のルールを参考にして独自の競技ルールを設定しており、主に次の3つの種目が行われている。

- ダウンリバー:5km以上の長距離を下り、タイムを競うレース。数艇ずつのグループごとに、3分の間隔をおいてスタートする。
- スプリント:数百mの短距離レース。タイムトライアルを1回行い、順位と点数(IRFによる順位と種目の点数表)を決め、次に、順位に従って2チームずつのトーナメント戦で順位と点数を決める。
- スラローム:8-12ヵ所のゲートが設置された約500m以内の急流区を下り、ゲートを通過するタイムとゲートに接触または不通過を減点(タイムに加算)し、その合計得点の少なさを競うレース。カヌースラローム競技とほぼ同じルールであり、コース内のゲートのうち、2-6ヵ所は下流から漕ぎ上がるアップゲートを設けている。

② 歴史

ジョン・ウェズリー・パウエル(J.W. Powell)は、自ら設計した4隻のボートに10人の乗組員と乗り込み、1869年と1871年にアメリカ南西部を流れるコロラド川探検に成功した(アメリカ・アリゾナ州のパウエル博物館には、この時のボートのレプリカがある)。これが、ラフティングの始まりとされている。

第二次大戦後、現在のゴムボートを使用したラフティングが確立し、1997年にはIRFが設立された。

図1 競技中の様子:ラクロス (写真:AP/アフロ)

図1 競技中の様子:ラフティング (写真:フォート・キシモト)

日本国内での商業ベースのラフティングは，1985（昭和60）年にプロガイドにより四国吉野川と京都保津川で，株式会社アオキカヌーワークスが開始した。それを皮切りに，1990（平成2）年にはアウトドアブーム，カヌーブームが起こり，ラフティングが注目されレジャーとしての地位を確立した。

その一方で，重大な事故の発生を防ぐための安全管理やツアーガイドの技術向上が求められている。商業ラフティングの全国組織であるラフティング協会（Rafting Association of Japan: RAJ）は，厳しい入会審査を設け，協会の運行規定に基づき厳密な安全管理を徹底するとともに，ツアーガイドの資格認定・育成を行っている。

（青木　勇）

陸上競技

Athletics

短距離（競走）

Sprint races (100meters & 200meters & 400meters)

① 競技概要

短距離競走とは，400mまでの距離を走って順位や記録を競う陸上競技種目である。世界記録や日本記録として公認され，ショートスプリントに分類される100m競走と200m競走，ロングスプリントに分類される400m競走がある（図1）。また，室内記録として公認される50m，60m競走のほか，屋外での60m，150mや300m競走などの特殊な種目もある。

スタートは，スターティングブロックを使い，両手をグラウンドにつけるクラウチングスタートが義務づけられている。ピストルの号砲より先に動くと，不正スタート（いわゆるフライング）となる。2011年の第13回世界陸上選手権大会（韓国テグ）男子100m決勝で世界記録（9秒58）をもつウサイン・ボルト（U. Bolt，ジャマイカ）は，ピストルの号砲より先に動き出したため不正スタートで失格となった。不正スタート1回での失格は2010年から変更されたルールであり，2009年までは各レースで1回目に不正スタートした選手は失格とならず，全員に警告が与えられ，2回目に不正スタートした選手が失格となっていた（2002年までは，同一選手が2度不正スタートをすると失格となっていた）。主要な大会では，スターターが判断する不正スタートの判定を助けるために，スターティングブロックに，ピストルの号砲から0.1秒（生理学的に，人間が音に反応して筋肉を動かすために必要な最小限の時間とされているため）未満に反応する不正スタート発見装置の設置が義務づけられている。

フィニッシュとは，トルソー（頭，首，腕，脚，手を除く胴体のこと）が5cm幅のフィニッシュラインのスタート側の線端に到達した時点である。

100m競走は，スタートからゴールまで直線走路を使用する。「一番足が速いのは誰か？」と常に注目される種目である。特に決勝レースでは「On your marks（位置について）」とコールされると，各選手はスタートラインに横一線になり，ざわついていた観客席が静まり，選手には，隣のレーンの選手の息遣いまで感じられるほどの緊張感に競技場全体が包まれる。記録は，写真判定（電気計時）といわれるフィニッシュ地点を通過する瞬間だけ撮影できるカメラの映像を，時間を示すスリットと一緒に写真に写し込む測定方法で，100分の1秒単位で発表される。

200m競走では，曲走路を120m，残り80mは直走路を使用する。短距離種目においては，各選手はスタートからフィニッシュまで自分に割り当てられた（セパレート）レーンを，走らなければならないために，同じ線上からではなく階段状にスタートラインを設定することになる。200m競走は，100m競走ほど爆発的なパワーを必要としないが，スピードを持続させるための効率的な走法やコーナリングの技術が必要になる。

200mまでの短距離種目は，風向風速の影響を強く受けるため，追風が2.0m/秒を超えると追風参考記録となり，公認記録とならない。風向風速は，100m競走ではピストルの合図から10秒間測定するが，200m競走では，先頭の選手が直走路に入った時から10秒間測定する。そのため，曲線で強い追風（向風）が吹いても記録に影響を与えない。

400m競走は，セパレートレーンをトラック1周走るため，200m競走より大きな差で階段状にスタートラインを設定する。400m競走は，絶対的なスピードは大きな利点となるが，前の2種目に比べてスピード持続とペース配分が重要な種目である。

② 歴史

短距離種目が競技として行われ始めたのは，紀元前776年に開催された古代ギリシャのオリンピアにおける第1回祭典競技からとされている。その時，実施された競技種目は，競技場の直線路を走るスタディオン競走のみであったといわれ，200ヤード（約180m）前後の距離をまっすぐ走る競技であった。このスタディオンの長さは，競技場によって多少異なっていたことが明らかとなっており，最短で167m，最長で210mと一定ではなかったが，200m直線走が短距離競走の原点であるといえる。第1回祭典競技から約50年後にスタディオンを往復するディアウロスという競技も行われるようになったが，現在最も注目される100m走は行われていなかった。

近代陸上競技は，イギリスにおいて1830年ぐらいから運動会形式で競技会が行われるようになり，1864年に

図1　競技中の様子：短距離競走（写真：フォート・キシモト）

オックスフォード大学とケンブリッジ大学との対校戦が本格的な始まりとされている。そして，ヨーロッパ全土に陸上競技が広まり，ついに第1回近代オリンピックが1896年にアテネで開催され，陸上競技を含む7競技種目で行われた。この時代は，「ヤード・マイル」単位であったため，短距離走は100ヤード，200ヤード，400ヤードで行われたが，後に「メートル法」となり，現在の100m走，200m走，400m走に代わった。

現在，短距離のスタートといえば，クラウチングスタートである。これは，第1回オリンピック大会（アテネ）において，クラウチングスタートを行い100m走で優勝したバーク（T. Burke）の影響により，立ったまま両足を前後に開いた姿勢でのスタンディングスタートに代わり，クラウチングスタートの普及が一気に進んだ。個人用のスターティングブロックが登場したのは，1948年の第14回オリンピック大会（ロンドン）からであり，それまでは，土の走路に穴を掘ってスタートしていた。

また，現在の主要な競技会は，走路表面がゴム状である全天候舗装競技場で行われるが，これは1968年の第19回オリンピック大会（メキシコシティ）で初めて使用された。天候に左右されることなく，キック力が効率よく生かされ，記録の向上に貢献している。

参考文献

◆ 日本陸上競技連盟．1990．『スポーツQ&Aシリーズ 実戦陸上競技』18-19, 26-27. 大修館書店
◆ 宮下憲ほか．2005．「復興ネメア競技祭にみる短距離競走の原点」『スプリント研究』15：79-88.

（有川秀之）

中距離（競走）

Middle distance running (800meter & 1500meter)

① 競技概要

中距離競走は，400mより長く，3,000mより短い距離を走って順位や記録を競う陸上競技種目である（図1）。

オリンピックや世界選手権では男女ともに800mと1500mが実施される。スタートはスタンディングスタートで行われる。「On Your Mark（位置について）」の指示でスタート姿勢をとり，ピストルの号砲でスタートする。800mは，400mトラックを2周する。スタートから最初の第1曲走路までがセパレートレーン（各選手は決められたレーンを走る）で，第1曲走路から直線になる部分に引かれたブレイクラインからオープンレーン（どのレーンを走ってもよい）となる（図2）。1500mは，400mトラックを3周と3/4周する。スタートはトラックの第1曲走路の終わりから行われ，スタートからオープンレーンとなる（図2）。

中距離競走はスタートからスピード感のあるレースが展開され，かつラストスパートで勝敗がつくことが多い。また，集団内の位置どりやペースの上げ下げなどの駆け引きが重要で，競技者同士がぶつかり合ったり，転倒することも多いため，陸上の格闘技といわれることもある。

中距離競走では，記録を向上させるためにスピードと持久力の両方を高める必要がある。そのため，トレーニング方法は多岐にわたる。競技会などの目標と時期に合わせて，持久力向上とスピード強化の比重を大きく変えてトレーニングする方法，常にレースでのスピードを意識した内容を行う方法，総合的に体力を高める内容を重視する方法などを選択する。

② 歴史

中距離競走は，他の陸上競技種目と同様に古代オリンピックで行われていたことがわかっている。そして，1896年の第1回オリンピック大会（アテネ）では男子の800mと1500mが正式種目として行われたが，優勝記録は800mでは2分11秒0，1500mでは4分33秒2と今の水準から比べると非常に低いものであった。

男子800mの世界記録は，1分40秒91（ルディシャ〔D. L. Rudisha〕，ケニア，2012），女子は1分53秒28（クラトフビロヴァ〔J. Kratochvílová〕，チェコスロバキア，1983），男子1500mは3分26秒00（エルゲルージ〔H. El Guerrouj〕，モロッコ，2000），女子は3分50秒46（曲雲霞〔Qū Yúnxiá〕，中国，1993）である。

図1　競技中の様子：中距離競走（写真：フォート・キシモト）

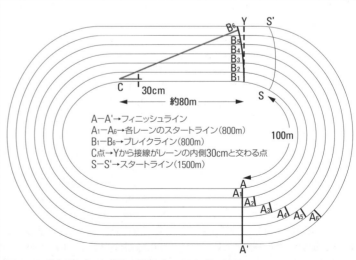

図2　800m競走および1500m競走のスタートラインとブレイクライン

図3は，男子800mの世界記録と日本記録の変遷を示したものである。男子800mの世界記録は，1932年にハンプソン(T. Hampson, イギリス)によって1分50秒の壁が破られ(1分49秒8)，1962年にはスネル(P. G. Snell, ニュージーランド)によって1分45秒の壁が破られた(1分44秒3)。その後，1970年代にファントレナ(A. Juantorena, キューバ)，コー(S. N. Coe, イギリス)によって大きく記録が短縮された。1990年代にキプケテル(W. Kipketer)によって更新された後(キプケテルはデンマーク国籍であるが，ケニア出身である)，2010年になってルディシャによって更新され，現在の記録は第30回オリンピック大会(ロンドン，2012年)の決勝レースで樹立されたものである。オリンピックの決勝レースにおいて，ペースメーカーや競り合う相手のいない中ハイペースで走り切ったことから，大きく時代を変えたパフォーマンスであった。
　日本記録は，1960年代に森本葵によって1分50秒9から1分47秒4まで6回にわたって大きく更新された。しかし，その後29年間記録が更新されず，1993(平成5)年にようやく小野友誠によって更新された。小野は翌年までにさらに記録を更新したが，その次の日本記録更新は2009(平成21)年の横田真人まで待たねばならなかった(現在の日本記録は，1分45秒75〔川元奨，2014年〕である)。
　女子の800mは1960年の第17回オリンピック大会(ローマ)から正式種目となったが，世界記録は1983年に樹立された記録で，その後更新されていない。日本記録は，1973(昭和48)年に河野信子によって2分05秒1まで引き上げられてから，1985(昭和60)年に新井文子によって2分04秒82，1995(平成7)年に岡本久美子によって2分03秒45と緩やかな向上を続けていた。2001(平成13)年に当時高校生の西村美樹によって2分02秒23，その後，2分02秒10まで伸ばされ，2004(平成16)年に杉森(現・佐藤)美保によって2分00秒46，翌年に2分00秒45と1分台まであとわずかに迫っている(図4)。
　図5は，男子1500mの世界記録と日本記録の変遷を示したものである。1950年代に3分43秒0から大きく更新され，1960年にエリオット(H. J. Elliott, オーストラリア)が3分35秒6，

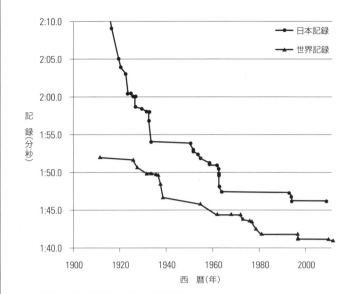
図3　男子800mの世界記録および日本記録の変遷

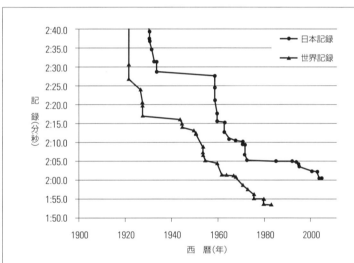
図4　女子800mの世界記録および日本記録の変遷

1967年にライアン(J. R. Ryun, アメリカ)が3分33秒1と縮めた。そして，1985年にクラム(S. Cram, イギリス)が3分30秒の壁を破る3分29秒67の記録を樹立した。その後，北アフリカ出身のアウイタ(S. Aouita, モロッコ)，モルセリ(N. Morceli, アルジェリア)，エルゲルージによって記録が短縮されている。

　ヨーロッパでは1500mよりも1マイル走(1609.344m)が盛んであった。1954年にオックスフォード大学医学部を卒業したバニスター(R. G. Bannister, イギリス)によって初めて4分の壁が破られたこと(3分59秒4)は有名である。

　日本記録は，1963(昭和38)年に岩下察男が初めて3分50秒を切る3分49秒9，1967(昭和42)年に澤木啓祐が初めて3分45秒を切る3分44秒8を樹立した。1970年代に石井隆士が3分40秒を切り，1977(昭和52)年に3分38秒24まで短縮した。この記録は27年間破られず，2004(平成16)年に小林史和が3分37秒42を樹立したが，世界記録との差は依然大きい。

　女子の1500mはオリンピックの正式種目となったのが1972年の第20回大会(ミュンヘン)と遅く，日本では1980年代後半からようやく記録が向上した。1994(平成6)年に弘山晴美に

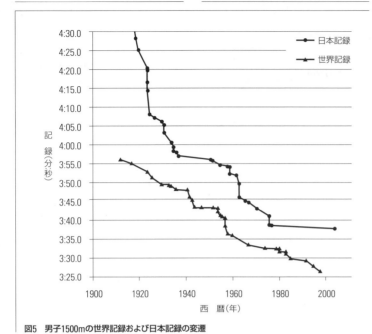

図5 男子1500mの世界記録および日本記録の変遷

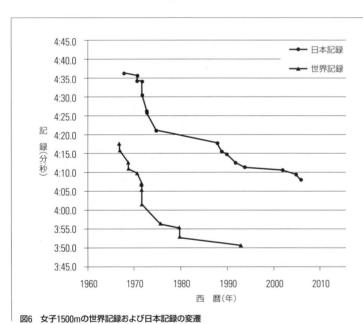

図6 女子1500mの世界記録および日本記録の変遷

よって4分11秒10まで更新された後，2005（平成17）年に杉森美保によって4分10秒が破られ，2006（平成18）年に当時高校生の小林祐梨子によって4分07秒86が出された（図6）。

注：記録はすべて2014年5月現在のものである。

参考文献

◆ 岡尾惠市．1996．『陸上競技のルーツをさぐる』文理閣

（榎本靖士）

長距離（競走）

Long distance running (5000meter, 10000meter, & 3000meter steeplechase)

① 競技概要

図1 競技中の様子：長距離競走（写真：フォート・キシモト）

長距離競走は，3000m以上の距離を走って順位や記録を競う陸上競技種目である。

オリンピックや世界選手権では，トラックで5000mと10000m，3000m障害，ロードでマラソン（42.195km）が行われる（図1）。そのほか，ロードでは10kmや10マイル（約16km），ハーフマラソン（21.0975km）などが行われる。距離は，一般的にトラック種目ではメートル（m），ロード種目ではキロメートル（km）で表示される。

5000mは400mを12周と1/2周，10000mは25周する。スタートはスタンディングスタートで，「On Your Mark（位置について）」の後，ピストルの号砲でスタートする。スタートからオープンレーンで行われるが，国際大会の10000mなど出場者が多い場合は，スタートして最初の曲走路のみ1レーンを走るグループと5レーンを走るグループに分けて2段階スタートが行われる場合がある。この時，曲走路の終わりに引かれたブレイクラインからオープンレーンとなる。

一方，3000m障害はトラックに4台の障害（高さ0.914m）と水濠（長さ3m66の水濠とその手前に他と同じ障害が設置）を跳び越えながら競走する（図2）。水濠は第2曲走路の内側もしくは外側に設置される。コースの一部がトラックからはずれるので，1周が400mよりも短く，もしくは長くなる（周回数は，コース設定により異なる）。いずれにせよ，障害は

図2 競技中の様子：3000m障害（写真：フォート・キシモト）

28回，水濠は7回越えるようになっている。障害の位置は男女で変わらないが，障害の高さは男子で91.4cm，女子で76.2cmと異なっている。

長距離競走のトレーニングの大半は持久力を重点的に鍛えるために行われる。同じペースで走り続ける持続走，速いペースで走ったのち遅いペースで回復することを繰り返すインターバル走，自然の中を走り，起伏や不整地を利用してペースを上げたり下げたりしながら走る能力を総合的に鍛えるクロスカントリー走，レースのペースを確認することやレース終盤の状況で走ることを目的としたペース走やレペティション走などがある。これらは世界大会で活躍した選手の取り組みが広まったものである。

レースではペース配分が重要となる。他の競技者との駆け引きがあるために，最後まで走り切れるペースをレース最初から作ることは困難で，ペースが落ちたり，レース終盤で大きく上がったりするものである。暑さや風の影響を受けやすく，そのような外的な影響によってペース配分が変わる（そのため選手はレースで先頭を走りたくない心理が働きやすい）。オリンピックなどの国際大会のレース序盤ではペースは速くならず体力の消耗を待ち，チャンスをみてスパートをするレース展開が多かった。しかし，近年は夏場の国際大会においてもスタートからハイペースで走り切る選手が出てきており，長距

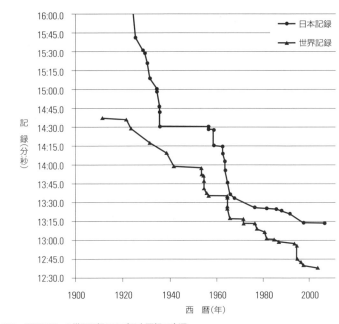

図3 男子5000mの世界記録および日本記録の変遷

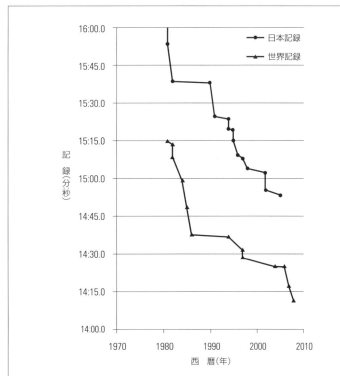

図4 女子5000mの世界記録および日本記録の変遷

離競走のスピード化が顕著になっている。

② 歴史

長距離競走は，古代オリンピックにおいてドリコス（dolichos，約200mの「スタディオン（コース）」を何度も往復して走る種目）として行われていたことが知られている。長い歴史の中で，競技としてよりも，遠いところに情報を伝達する職業として受け継がれ，短い時間で長い距離を走破した様々な逸話が残って

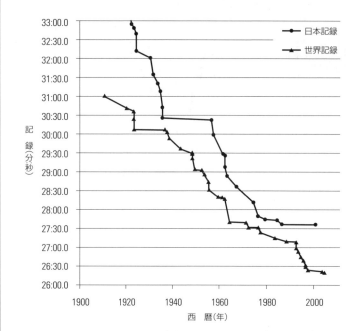

図5　男子10000mの世界記録および日本記録の変遷

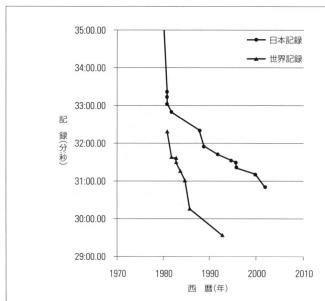

図6　女子10000mの世界記録および日本記録の変遷

いる。

　近代オリンピックにおいて，マラソンは第1回大会（アテネ）から実施されているが，男子の5000mと10000mが実施されたのは1912年の第5回大会（ストックホルム）からである。

　図3は，男子5000mの世界記録と日本記録の変遷を示したものである。1924年にヌルミ（P. Nurmi，フィンランド）が14分28秒2を樹立し，この頃は北欧の選手が活躍していた。次いで，13分30秒の壁は，1965年にクラーク（R. Clarke，オーストラリア）が13分25秒8で破り，ニュージーランドを含めたオセアニア対北欧の時代であった。1960年代になるとケニア人選手が国際舞台に登場し，1965年にケイノ（K. Keino）が13分24秒2，ロノ（H. Rono）が1981年に13分6秒20を樹立している。1987年にアウイタ（S. Aouita，モロッコ）が13分の壁を破る12分58秒39を樹立し，この記録を破ったゲブレセラシエ（H. Gebrselassie，エチオピア）は1998年に12分39秒36まで4回世界記録を更新した。現在の世界記録は，ベケレ（K. Bekele）が2004年に樹立した12分37秒35である。

　日本記録は，村社講平が1936（昭和11）年に14分30秒0まで更新し，1959（昭和34）年に横溝三郎が14分14秒8，1968（昭和43）年に澤木啓祐が13分33秒0と記録を伸ばし，世界記録との差は縮まった。その後，1998（平成10）年に高岡寿成が13分13秒40まで伸ばし，2007（平成19）年に松宮隆行が13分13秒20と0.20秒更新するも，世界記録との差は広がったままである。

　女子5000mは1996年の第26回オリンピック大会（アトランタ）から正式種目となったため，世界記録と日本記録ともに記録の向上は近年になってから著しい（図4）。世界記録ではクリスチャンセン（I. Kristiansen，ノルウェー）が1984年に15分の壁を破り，1990年代には中国人選手が，2000年代にはエチオピア人選手が活躍し，記録を更新した。現在の世界記録はエチオピアのディババ（T. Dibaba）が記録した14分11秒15である。一方，日本記録は，2002（平成14）年に福士加代子が初めて15分を破り，2005（平成17）年に14分53秒22を樹立した。今もなお日本人選手で14分台の記録をもっているのは福士だけである。

　図5は，男子10000mの世界記録と日本記録の変遷を示したものである。1939年にマキ（T. Mäki，フィンランド）が30分の壁を突破する29分52秒6を樹立した。そして，人間機関車の異名をもつザトペック（E. Zátopek，チェコ）が5回の記録更新で，1954年に28分54秒2と初の28分台の記録を樹立した（ザトペックがインターバル走を練習に取り入れて活躍したことで，それがトレーニング手法として一般に広まった）。1965年にはクラークが27分39秒4と大きく28分を突破した。その後，27分台で記録が推移し，1993年にオンディエキ（Y. Ondieki，ケニア）が初の26分台となる26分58秒38を記録した。ゲブレセラシエが1998年に26分22秒75まで引き上げ，さらに次世代のエチオピアのエースであるベケレによって記録が更新され

た。現在の世界記録は，2005年に樹立された26分17秒53である。世界大会では，エチオピアのゲブレセラシエが1993年から世界選手権4連覇とオリンピック2連覇，ベケレが2003年から世界選手権4連覇とオリンピック2連覇を果たしている。

男子10000mの日本記録は，1960年代に大きく伸ばされ，1964（昭和39）年に円谷幸吉が29分を突破する28分52秒6を樹立した。1977（昭和52）年に鎌田俊明が初の27分台の27分48秒6を出すと，1985（昭和60）年に瀬古利彦が27分42秒17，1987（昭和62）年に中山竹通が27分35秒33と記録を伸ばしたが，その後の記録停滞の間に世界記録とは大きく差が広がった。現在の日本記録は，2001（昭和13）年に高岡寿成が樹立した27分35秒09である。

女子の長距離競走は，1970年代に盛んに行われるようになり，1980年代にクリスチャンセンを代表として欧米の選手が活躍した。1990年代には中国選手が，そして現在は男子同様にアフリカ系の選手が活躍している。

女子10000mでは，世界記録はクリスチャンセンが1985年に初めて31分を破る30分59秒42を記録し，1986年に30分13秒74までに更新した。そして，1993年に中国の王軍霞（Wang Junxia）が29分31秒78と大きく更新し，今も破られていない（図6）。

日本記録は，1990年代に記録を着実に伸ばし，現在の記録は2002（平成14）年に渋井陽子が樹立した30分48秒89である。

3000m障害は，男子では古くから行われているが，女子では2008年の第29回オリンピック大会（北京）から正式種目になっている。国際大会の男子ではケニア人選手が上位を独占することが多い。世界記録もケニア人選手が更新してきており，現在の世界記録はケニア出身でカタール国籍のシャヒーン（S. S. Shaheen）が2004年に樹立した7分53秒63である。女子の世界記録はガルキナ（G. I. Samitova-Galkina，ロシア）が2008年に樹立した8分58秒81である。日本記録は男子では2003（平成15）年に岩水嘉孝が樹立した8分18秒93，女子では2008（平成20）年に早狩実紀が樹立した9分33秒93である。

注：記録はすべて2014年5月現在のものである。

参考文献
- 岡尾恵市. 1996.『陸上競技のルーツをさぐる』文理閣

(榎本靖士)

ハードル（競走）

Hurdle races (100, 110meter hurdles & 400meter hurdles)

① 競技概要

ハードル競走は，一定の区間に定められた障害物（ハードル）を10台跳び越え，決められたレーンをいかに速く走れるかを競い合う陸上競技種目である（図1）。なお，3000m障害物競走は独自の歴史をもつため，独立したものと考え，別項目に記述した（『長距離（競走）』を参照）。

ハードルは，走ってくる方向に基底板（部）を向けて設置し，進行方向側から加わった力が3.6－4.0kgで転倒するように設計されている。ハードル上部のバーは木または他の適当な材質（樹脂など）で，支柱など他の部分には主に金属類が使用され，全重量は10kg以上でなければならない。

レースにおいてハードルは脚で倒すのは失格にならないが，故意に手で倒したり手を使用して跳び越えることや，自身のレーン以外のハードルを跳ぶこと，脚がハードルよりも外側に出ることは失格と判断される。

2014年現在，オリンピック競技会および世界選手権大会で実施されているハードル競走の種目は，男子110mハードル，女子100mハードル，男女400mハードルである。

直線で走る男子110mハードル（高さ1.067m）と女子100mハードル（高さ0.84m）はスプリントハードルと呼ばれている。男子110mハードルは，スタートから第1ハードルまでの距離が13.72mでその間を7歩ないし8歩で走るが，最近2回の世界記録は7歩である。ハードル間は，インターバル距離9.14mを抜脚（後ろ脚）から数えて3歩で走り，10台目からゴールまでの距離が14.07mである。ハードル高はほとんどの選手の身体重心よりも高い位置にハードルがあることから，スプリント能力に加え高い技術性が加味される。この高いハードルを世界一流選手は約1秒ごとに跳んでいくことから，ダイナミックなフォームでスピード溢れるレースがみられる。

他方，女子100mハードルはスタートから第1ハードルまでの距離が13mで，その間を8歩で走るのが主流である。ハードル間は8.5mで男子と同じく3歩で走り，10台目からゴールまでの距離は10.5mである。ハードル高が女子の身体重心よりも低いことからハードル技術よりも高いスプリント能力が必要となる。スプリント能力の高い世界一流選手は，スプリント全力疾走よりもストライド長を短くしなければならないことから，より高いピッチが必要となってくる。

男女400mハードル（高さ：男子0.914m，女子0.76m）は，スプリント種目の最長距離を走り，なおかつハードルを越えていくといった過酷な種目から，殺人競技"the man-killer event"とも呼ばれている。スタートからゴールまでセパレートレーンで自分のレーンを走り通すため，スタート時における1レーンから8レーンの間には，約49mもの階段状の開きを設定してある。男子種目は，世界記録から換算する平均速度は8.5m/秒と110mハードルと同程度だが，最大速度は9m/秒以上と110mハードルよりも大きい。すなわち高いスピード持久能力とハードル上で水平速度を保ちながらすばやく跳ぶための技術が必要となる。他方，女子種目は，100mハードルよりも速度が小さく，世界レベルの競技者においては，ハードル間インターバル歩数が少ないほど記録がよいという傾向がみられるが，かなりの個別性もみられ，男子よりもさらに記録向上の余地があると考えられる。

図1 競技中の様子：ハードル競走（写真：フォート・キシモト）

② 歴史

1830年代にヨーロッパ諸国の農地にて，牛や羊の防護柵を跳び越えて行ったクロスカントリー競走をアレンジしたことがこの種目の始まりだといわれている。100ヤードハードル競走はイギリス・イートン校から普及し，競技会としては1860年にオックスフォード大学で初めて実施された。

ハードル競走が実施された当初は，3つの異なる距離で実施されていた。それぞれの距離は，120ヤード（109.73m），220ヤード（201.17m），440ヤード（402.34m）で，順に"Highs" "Intermediate" "Lows"と称されていた。現在は，メートル法に統一されたが，高さやハードル間距離はフィートからの換算の名残がある。

実施当初から，選手が体をぶつけても倒れない強固な固定式ハードル（図2）であったため，ぶつけてしまうと大きな転倒につながった。そのため効率よく跳ぶことより，安全に，かつぶつけないように跳ぶことが重要であったため，膝を横に曲げ，重心をクリアランス時に大幅に高くジャンプし，ハードルの上を越えるという技術（図3）が一般的であった。映画『炎のランナー』（Chariots of Fire, 1981年）のシャンパンの入ったグラスをハードルに置き，こぼさないように跳ぶ練習シーンがあるように，倒さないことが当時のハードル走の優れた技術とされていた。この固定式ハードルの材質で，男子110mハードルは，1896年に開催された第1回オリンピック大会（アテネ）から正式種目として採用された。また，200mハードル（高さ76.2cm，インターバル17.5m）も第2回大会（パリ，1900年）まで存在したが，400mハードルの人気との兼ね合いで，正式種目からははずれた。

1935年より，3.6-4.0kgの力がハードル上部のバーに加わると，ハードルが転倒するようになった。したがって，ハードルを倒すことが以前よりもリスクとならなくなったために，競技者はより低くリード脚を伸ばすようになり，踏み切った脚の大腿部がハードル上では地面と水平になるようなフォームが定着した。これにより，ハードル間インターバルをより速く走るための技術と資質が要求されるようになった。

1980年代後半になると，ハードル上部のバーは，35mmまでたわんでもよいことになり，ハードル上部のバーは木材から樹脂に変化していった。

女子のハードル競走は，1895年11月9日にヴァッサー・カレッジ（アメリカ）が教育プログラムの中で行った"Field Day"が始まりで，これは初めての組織立った女性競技会であった。世界大会としては国際女子スポーツ連盟（Federation Sportive Female International：FSFI）が最初で，当時6ヵ国（フランス，アメリカ，イギリス，チェコスロバキア，イタリア，スペイン）のみの参加だった。1922年に行われた国際大会では，100ヤード（91.4m）で8台のハードル設置で行われ，1926年から1968年まで80mハードルが世界の共通種目となった。80mハードルのオリンピック競技としての採用は，1932年の第10回大会（ロサンゼルス）からであったが，1972年の第20回大会（ミュンヘン）からは現在の100mハードルとなった。

400mハードルはイギリス，アメリカ，スウェーデンなどの陸上競技が盛んな国では正式種目として1914年まで採用されず，440ヤードハードルが細々と実施されていた。一方フランスなどでは，1893年から通常の選手権大会などで400mハードルを採用しており，男子400mハードルは1900年の第2回オリンピック大会（パリ）から正式種目として実施された。ただ当時の世界における実施状況は，高さ3フィート（91.4cm），第1ハードルまでの距離（45m）およびハードル間インターバル距離（35m）は同じものの，距離がヤード法とメートル法のいずれかで統一されておらず，440ヤードレースは第10ハードルからゴールまでの距離が2.34m長かった。女子400mハードルのオリンピックでの採用は比較的浅く，1984年の第23回大会（ロサンゼルス）からである。

身体重心よりもハードルが低く容易に跳び越えられる女子100mハードルは，1988年にドンコワ（Y. Donkova，ブルガリア）がマークした12秒21の世界記録から2014年現在まで変化はない。日本人では，1964（昭和39）年の第18回オリンピック大会（東京）で依田郁子が80mハードルで5位入賞したが，100mハードルに種目変更した後には入賞がなく，2000（平成12）年に金沢イボンヌがマークした13秒00が現在の日本記録である。

身体重心よりもハードルが高く，ハードルをぶつけたり，倒したりすることが多い男子110mハードルは，1981年に世界で初めて13秒の壁を突破したニアマイア（R. Nehemiah，アメリカ）が12秒93をマークした。12年後の1993年に，ジャクソン（C. Jackson，イギリス）が12秒91の世界記録を更新した後は，この記録に迫る競技者はいたものの，しばらく世界記録は変動しなかった。13年後の2006年に12秒88をマークした劉翔（中国）は，この種目初めてのアジア人初の世界記録保持者となった。その後は，ロブレス（D. Robles，キューバ）が12秒87を出し，2012年にはメリット（A. Merritt，アメリカ）が，第30回オリンピック大会（ロンドン）での優勝後に12秒80と大幅に記録を塗り替え，世界記録更新が頻繁になってきた。

男子400mハードルは，10年間122レースで無敗だったモーゼス（E. Moses，アメリカ）のもつ世界記録（47秒02）が1983年に樹立された後，1992年の第25回オリンピック大会（バルセロナ）においてヤング（K. Young，アメリカ）が，

図2　昔の競技中の様子　固定式のハードル
（出典：R. L. Quercetani, A World History of Track And Field Athletics 1864-1964, Oxford University Press, 1964. 12）

図3　昔の競技中の様子　ハードルを越える技術
（出典：R. L. Quercetani, A World History of Track And Field Athletics 1864-1964, Oxford University Press, 1964. 11）

人類初の46秒台となる46秒78を打ち立てた。この記録は20年以上を経た2014年現在も破られていない。近年の日本人選手の世界大会での活躍は，男子400mハードルで目覚ましい。1995年世界選手権イエテボリ大会にて，山崎一彦がこの種目で日本人初めての7位入賞を果たした。その後2001年，2005年の世界選手権で，為末大が2度の銅メダルを獲得し，トラック種目で最も世界に近い種目といわれるようになった。

女子400mハードルでは，現在の世界記録は，2003年にペチョンキナ（Y. Pechonkina，ロシア）がマークした52秒34である。ペチョンキナは，オリンピック正式種目に採用された種目（5000m，3000m障害を除く）の中では，2000年以降に更新した唯一の女性である。また日本人の国際主要大会での最高成績は，第29回オリンピック大会（北京，2008年）および第30回大会（ロンドン，2012年）で準決勝に進出した久保倉里美である。

注：記録はすべて2014年5月現在のものである。

参考文献
- 日本体育協会 監修．1987．『最新スポーツ大事典』大修館書店
- 日本陸上競技連盟 編．2010．『陸上競技ルールブック』あい出版
- R. L. Quercetani. 1964. *A World History of Track and Field Athletics 1864-1964*, Oxford University Press.
- ―――. 2009. *A World History of Hurdle and Steeplechase Racing*, Edit Vallardi.

（山崎一彦）

リレー（競走）

Relays (4×100 & 4×400meter)

① 競技概要

リレー競技とは数人の選手が1組となり，各自が一定距離を分担してゴールまでの速さを競う陸上競技種目である。リレー（relay）という言葉は"中継する，交代する"という意味をもち，この競技は通常4人の走者が順番にバトンを中継して行う（図1）。

4人がそれぞれ同じ100mの距離を走る場合，正式には4×100mリレーと表記し，4人の合計距離の400mリレーと呼ぶ場合もある。そのほかに4×200mリレー，4×400mリレー，4×800mリレー，4×1500mリレーが行われている。また，メドレーリレー（medley relay），別名スウェーデンリレー（Swedish relay）とも呼ばれる4人が異なる距離を走るリレー種目も存在する。メドレーリレーでは第1走者から100m，200m，300m，400mの順で，合計1000mの距離を走る（駅伝競走も広義のリレー競争であるが，本事典では別項として扱っている）。これらの中で，4×100mリレーと4×400mリレーがオリンピックや世界選手権の種目として採用されている。メドレーリレーは国内ではあまり実施されていないが，海外ではジュニアなどの大会でよく行われ，世界ユース選手権（17歳未満の世界大会）でも実施されている。

リレー競技に用いられるバトンは，長さが280－300mm，周長が120－130mm，重さが50g以上で，「つなぎ目のない木材，または金属その他硬いもので作られ，断面が丸く，滑らかで中空の管でなければならない」とされている。

バトンの受け渡しはテークオーバーゾーン（take over zone）と呼ばれる区間内で行わなければならない（図2）。テークオーバーゾーンは，それぞれの走者の走る距離の終点（例えば4×100mリレーなら，スタートから100mごとの地点）を中央に，前後10mの20mの区間となる。この区間外でバトンの受け渡しが行われた場合は失格となる。4×100mリレ

図1 競技中の様子：リレー（写真：フォート・キシモト）

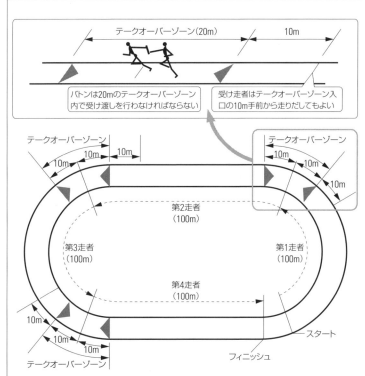

図2 4×100mリレー競技のバトンの受け渡し

図3　バトンパスの種類

ーは，ゾーンの10m手前の地点から走り出してもよい。なかでも4×100mリレーでは，バトンを受ける走者がテークオーバーゾーンの10m手前から走り出す場合がほとんどで，それによって十分に加速してからバトンを受け取ることができる。その半面，バトンが届かなかったり，高速で走りながらバトンの受け渡しを行うため，バトンを落としたりするような失敗が起こりやすい。しかし，それがこの競技のおもしろさの要素でもある。

バトンの受け渡しにはいくつかの方法がみられる（図3）。まず，バトンを受ける走者が，後ろを振り返って目視しながらバトンパスを行うビジュアルパスと，後ろを振り返らずに行うブラインドパスがある。短い距離のリレーで，バトンパスの優劣が競技パフォーマンスに大きく影響を与える4×100mリレーでは通常ブラインドパスが用いられ，4×400mリレーなどの長い距離のリレーではビジュアルパスが用いられる。ブラインドパスは手の挙げ方によって，2つの方法に分けられる。オーバーハンドパスは，受け走者は手のひらを上に向けて，腕をまっすぐ後ろへ伸ばしバトンを受け取る。アンダーハンドパスでは，受け走者は手のひらを下に向けて，腰のやや後ろに差し出し，渡し走者はバトンを下から上へ振り上げるようにして渡す。オーバーハンドパスでは受け渡し両方の走者の腕の長さを生かして距離を稼ぐことができるが，受ける走者は不自然な疾走フォームとなるため，スピードを上げづらいという欠点がある。一方でアンダーハンドパスでは，受け渡し両走者が接近するため，距離を稼ぐことはできないが，受ける走者がより自然な疾走フォームで走ることが可能であり，バトンパスによる走速度の低下を抑えることができるといわれている。これらのバトンパス方法は，4×100mリレーにおいて，チームによって戦略的に選択され，フランスや日本などが，アンダーハンドパスを用いて世界的レベルの大会で活躍するなどの成果を上げている。

② 歴史

4人で行う現在の形のリレー競技は，エリス(F. Ellis)とガイリン(H.L. Geyelin)によって考案され，1893年にフィラデルフィアのペンシルベニア大学で試験的に1マイルリレーのレースを行ったのがその始まりである（ロベルト・L.ケルチェターニ，『近代陸上競技の歴史：1860-1991 誕生から現代まで＜男女別＞』ベースボール・マガジン社，1992）とされる。そしてその2年後に第1回ペンシルベニア・リレーカーニバル(Pennsylvania Relay Carnival，通称Penn Relays)が開催され，現在でも世界で最も伝統のあるリレー大会として，盛大に開催されている。

オリンピックで初めてリレー競技が行われたのは，1908年の第4回大会(ロンドン)で行われたメドレーリレーである。しかし前述のメドレーリレーとは異なり，第1走者から，200m，200m，400m，800mの合計1600mの距離で競われた。4年後の1912年に開催された第5回大会(ストックホルム)からは，現在もオリンピック種目に採用されている4×100mリレーと4×400mリレーの2種目のリレーが実施されている。

女子については1928年の第9回大会(アムステルダム)から初めて女子の種目が実施され，リレーは4×100mリレーのみであった。現在のように4×100mリレー，4×400mリレー2種目が実施されるようになったのは，1972年の第20回大会(ミュンヘン)からである。

4×100mリレーでのテークオーバーゾーンと，受け走者がその手前から走り出してもよいというルールは，リレー種目開始当初からあったが，1926年にテークオーバーゾーン内から走り出さなければならないというルールに変更された。しかし1963年に現行のルールに変更され，ゾーンの手前10mから走り出してもよいことになり，1926年以前に近いルールに戻ることとなった。

男子4×100mリレーの世界記録は2012年の第30回大会(ロンドン)でボルト(U. Bolt)率いるジャマイカチームによってマークされた36秒84であり，初めて37秒の壁を突破した。また，女子においての世界記録は，同じく第30回大会(ロンドン)でアメリカチームがマークした40秒82で，こちらも長らく破られなかった41秒の壁を突破した。

一方で，4×400mリレーの記録は，1993年にアメリカチームがマークした2分54秒29，女子はソビエト連邦によって1988年にマークされた3分15秒17であり，男女ともおよそ20年もの長らくの間，世界記録の更新はなされていない。

4×100mリレーの男子の日本記録は38秒03であり，2007年に大阪で開催された，世界陸上競技選手権での準決勝において，塚原直貴－末續慎吾－高平慎士－朝原宣治のメンバーによってマークされた。この記録はアジア記録でもある。また翌2008年の第29回オリンピック大会(北京)では，同じメンバー，オーダーで銅メダルを獲得する快挙を成し遂げた。女子の同種目の日本記録は，2011年5月に川崎市等々力競技場で開催された，セイコーゴールデングランプリ川崎においてマークされた43秒39である。その時のメンバーは北風沙織－高橋萌木子－福島千里－市川華菜であった。

男子のこの種目においてのオリンピック最高順位は，2008年第29回大会(北京)の3位，続いて2004年第28回大会(ア

テネ)の4位，1932年第10回大会(ロサンゼルス)と2012年第30回大会(ロンドン)の5位である。世界選手権では，2001年のエドモントン大会から2009年のベルリン大会までの5大会連続，オリンピックを含めると，2000年の第27回オリンピック大会(シドニー)から2009年の世界選手権ベルリン大会まで世界大会8大会で連続入賞している。2001年からはアンダーハンドパスを採用し，その巧妙な技術向上と科学的なバックアップによって，個人走力で劣勢である諸外国に対して対抗していると考えられている。女子について，この種目での世界大会入賞は，まだ達成されていない。

男子4×400mリレーの日本記録は，3分00秒76で，苅部俊二－伊東浩司－小坂田淳－大森盛一によって，1996年の第26回オリンピック大会(アトランタ)の決勝でマークされた。4×100mリレー同様，アジア記録でもある。オリンピックでの最高順位は，2004年第28回大会(アテネ)の4位で，記録は銅メダルのナイジェリアに，あと100分の9秒まで迫る3分00秒99だった。女子の日本記録は3分30秒17で，青木沙弥佳－丹野麻美－久保倉里美－木田真有によって2007年にマークされた。

注：記録はすべて2014年5月現在のものである。

(土江寛裕)

走高跳

High jump

① 競技概要

走高跳は，助走スピードを片足による踏み切りで上昇力に変えて跳躍し，設置されたバーを落とさずに跳べる高さを競う陸上競技種目である(図1)。

跳躍スタイルは時代とともに変化し，現在は背面跳(Fosbury flop)が主流とされている。

この種目で使用されるバーの長さは4m(±0.02m)，最大重量は2kgで，バーの断面は円形で直径は30mm(±1mm)と規定される。着地場所はマットを用いた場合，幅5m×奥行き3m以上が必要である。

走高跳のスパイクシューズは，靴底の厚さが13mm以内(踵部は19mm以内)，スパイクピンの数は11本以内で，長さは12mmまでの使用が認められている。曲線部分の走りや踏み切りで滑らないように，この規定に基づいて踵部にピンを配置したり靴底に傾斜をつけたりする工夫が施されている。

競技会では，主催者によって決められた高さによってバーを上げていき，最も高い位置のバーを越えた者が勝者となる。試技では，選手がバーに触れてもバー止めから落ちなければ無効試技とはならないが，バーを越える前に支柱の面またはこれを延長した面から先の地面あるいは着地場所に触れた時は無効試技として扱われる。3回続けて無効試技を行うと競技は終了となる。競技開始の高さはどの高さから始めてもよく，パスも自由に行うことができる。ただし，一度パスした高さを再び跳ぶことはできない。

同記録の選手が複数いた場合の順位を決定する方法は，最高記録の高さを少ない回数で越えた者が勝者となる。この条件でも該当する選手が複数いる場合は，全試技での無効試技数が最も少ない者が上位となる。この方法でも順位がつかない場合は，1位を決めるための追加試技が行われる。追加試技では最高記録の次の高さから行われ，高さごとに1回ずつの試技が与えられる。複数人が同じ高さを越えた場合はバーを上げていき，誰もバーを越えられなかった時はバーを下げる。これを1位が決定するまで行う。

競技会での記録は，追加試技を含めた最も高いバーを越えた者までが認められる。

② 歴史

走高跳は時代とともに跳躍方法が多様に変化した種目である。

最初の競技会は，19世紀にイギリスのパブリックスクールやカレッジでの対抗戦と考えられている。そこでは直線助走を用いた抱え込み跳び(tuck jump)やはさみ跳び(scissors)によって跳躍が行われ，優勝者の記録は1m50から1m60程度であったとされている。

近代オリンピックでは，第1回大会(アテネ，1896年)から実施され，アメリカのクラーク(E. Clark)が1m81の記録で優勝している。女子については，オ

図1 競技中の様子(ソトマイヨル)：走高跳
(写真：フォート・キシモト)

リンピック参加が認められた1928年の第9回大会(アムステルダム)から実施され，カナダのキャサーウッド(E. Catherwood)が1m59の記録で優勝した。

20世紀に入ると，アメリカのスウィーニー(M. Sweeney)がイースタン・カットオフ(Eastern cut-off)という跳躍スタイルで記録を1m97まで伸ばした。これは空中で体をバーと平行にさせるもので，はさみ跳びを発展させたものであった。

人類史上初めて2mを越えたのは，アメリカのホライン(G. Horine)で，1912年にウェスタンロール(Western roll)と呼ばれる跳躍スタイルで達成した。ウェスタンロールは，斜めから助走してバーに近い方の足で踏み切り，バー上で身体を横に回転しながら越えるという跳び方であった。

さらに効率のよい空中動作を獲得するため，ウェスタンロールを改良したベリーロール(straddle)が開発された。ベリーロールは，バーに対して斜めの角度からの直線的な助走で行われ，振込脚による振込動作を大きく行うことによって上昇力を高める跳躍スタイルである。アメリカのダマス(C. Dumas)はこの跳び方で7フィートの壁(2m13)をクリアした。これ以降，アメリカと旧ソ連のジャンパーによる技術開発が始まり記録は大きく更新された。ベリーロールによって記録された最高記録は旧ソ連のヤシェンコ(V. Yashenko)による2m35(室内記録)である(屋外は2m34，1978年)。

現在の主流である背面跳は，アメリカのフォスベリー(D. Fosbury)が1968年の第19回オリンピック大会(メキシコシティ)で2m24のオリンピック新記録で優勝したことで全世界に普及した。踏み切ってからバーを背に向けたクリアランスで，背中から着地するこの跳

躍スタイルは，安全面の確保のため，セーフティマットが不可欠であった。これが普及したことも背面跳が世界に広まった要因の1つであるともいわれている。

背面跳の助走は，スタートから中間地点までが直線でその後は曲線となる。この助走の軌跡を上からみるとアルファベットのJにみえることからJ字助走と呼ばれている。助走の後半に曲線を走る利点は，遠心力に抗するために体を内傾させることでスピードを落とさないで重心を下げられることにある。それまでの直線助走では膝の屈曲でしか重心を下げられないため，踏み切り準備で大きな筋力が要求されていた。

また，背面跳の踏み切りは，バーに向かって外側の足で踏み切る。そこで内側の脚を引き上げると，身体は回転して背をバーに向けて上昇していく。その後は，空中で身体を反らし，頭からバーを越え，頭，肩からマットに向かって着地する。

現在のこの種目の世界記録は，男子が1993年にキューバのソトマイヨル（J. Sotomayor）が記録した2m45で，この高さはサッカーのゴールポストに相当する。女子はブルガリアのコスタディノワ（S. Kostadinova）が1987年に記録した2m09である。両者とも史上最長期間，世界記録を保持している。

日本記録は，男子が2007（平成19）年に醍醐直幸が跳躍した2m33で，女子が2001（平成13）年に今井美希によって記録された1m96である。

注：記録はすべて2014年5月現在のものである。

参考文献

- 阪本孝男．1994．『走り高跳び』ベースボール・マガジン社
- 日本体育協会 監修．1987．『最新スポーツ大事典』974．大修館書店
- 日本陸上競技連盟．2011．『陸上競技ルールブック2011年版』112, 162-68．あい出版
- 村木征人 ほか．1982．『現代スポーツコーチ実践講座2・陸上競技（フィールド）』280-96．ぎょうせい
- Robeto L. Quencetani．2011．*A World History of the Jumping Events*．Edit Vallardi．

〈吉田孝久〉

棒高跳

Pole vault

① 競技概要

棒高跳とは，棒（以下，ポール）を持って助走を行い，このポールをボックスと呼ばれる地面に掘られた穴に突き刺すことによってポールを立ててバーを跳び越え，その高さを競う陸上競技種目である（図1）。

高さを競う跳躍種目には，棒高跳以外に走高跳があるが，棒高跳は，陸上競技の種目の中で，唯一，人間の力以外に道具，つまりポールの使用が認められている種目であるという点で，走高跳とは明確に区別される。

日本語では，陸上競技跳躍4種目を，それぞれ走幅跳，三段跳，走高跳および棒高跳と呼んでおり，棒高跳以外の種目の英語表記には"jump"という単語を用いている。一方，棒高跳の英語表記は"pole vault"であり，"jump"という単語を用いない。これは，棒高跳が他の跳躍種目とは異なり，ポールを用いて跳躍することから，「（手や棒を用いて）跳ぶ」という意味の"vault"という単語が用いられたものと考えられる。

ルール上，ポールに関しての制限は特になく，長さ，太さ，材質（弾性特性）等は自由である。唯一，表面が滑らかなことのみがルール上求められている。なお，現在用いられているポールは，カーボンファイバー製とグラスファイバー製であり，ポールは大きく湾曲する。このようなポールを弾性ポールと呼ぶ（弾性ポールが開発される以前の曲がらないポールを剛性ポールと呼ぶ）。

弾性ポールでは，ポールが大きく湾曲することから，回転半径が減少し，剛性ポールと比較して長いポールを使うことが可能になった。これにより記録が劇的に向上した。なお，弾性ポールを使用することにより，身体が高く跳ね上げられ，高さを獲得するために有効であると想像してしまうが，実際にはポールの跳ね返りの力によって得られる身体重心高の獲得は少なく，10cm程度とされている（この技術を「抜き」という）。つまり，弾性ポールを使用する主な利点は，より長いポールを使えることにある。

競技者は審判員から発表されたどの高さから始めてもよく，以降の高さについてもどの高さを跳んでもよい。なお，3回続けて失敗すれば，その後の試技を続けることはできない。また，試技時間として，残っている競技者が4人以上の場合には1分，2-3人の場合には2分，1人の場合には5分が与えられ，同一競技者が連続して試技を行う場合には3分が与えられる。なお，棒高跳では試技中にポールが折れることがあるが，この場合は試技数として数えず，新試技が許される。さらに，着地場所にはマットが用意されるが，陸上競技ルールブック（日本陸上競技連盟）に紹介されているマットの大きさは，図2のとおりである。

棒高跳では，助走で得られた水平方向のエネルギーがポールによって高さに変換されるので，踏み切りにおいて自力で高さを出す必要がない。その結果，踏み切り角度は，同じように高さを競う走高跳および水平方向へ跳ぶ走

図1　競技中の様子：棒高跳
大きく曲がるポール。

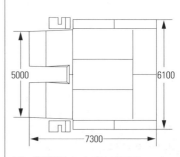

図2　棒高跳用マットの平面図（単位：mm）

幅跳よりも低く，三段跳と同じ程度である。

② **歴史**

古代ギリシャの競技会において，棒高跳が競技種目として行われていたとの記録は残されておらず，競技会の結果が記録として残されているものでは，1866年にイギリスで行われたアマチュア選手権大会においてホイラーが10フィート(3m05)を跳んで優勝したこと，および1867年にアメリカ・ニューヨーク市で行われたカレドニアンの競技大会でカナダ人のラッセルが9フィート3インチ(2m82)を跳んで優勝したことが最初のようである。

競技としての棒高跳の歴史は，ポールの材質の歴史といっても過言ではない(図3)。

1900年代，それまでポールの材質にはヒッコリー材が用いられていたが，この頃から竹製ポールが導入された。日本では，竹が多く自生していることから，竹製ポールが日本から海外へ輸出されていたようである。そして，この時期と西田修平や大江季雄に代表される日本人競技者のオリンピック等の国際大会における活躍とが一致する。西田修平と大江季雄は，1936年の第11回オリンピック大会(ベルリン)に出場し，ともに4m25で2位となった。

しかし，西田が2位，大江が3位と発表され，それぞれに銀メダルと銅メダルが授与された。しかし，ルール上は同記録で同順位であったために，両者のメダルを2つに割り，銀メダルの半分と銅メダルの半分をつなぎ合わせて，それぞれで持つこととした。この逸話が「友情のメダル」として語り継がれている。

第二次大戦の勃発(1941年)により，欧米諸国は日本から竹製ポールを輸入することが困難になると，竹製ポールに替わる材質として，アルミ製やスチール製ポールの開発を始めた。そして，1957年にアルミ製ポールで4m78の世界最高記録が樹立され，1960年にはスチール製ポールで4m80の世界最高記録が樹立された。なお，ブラッグ(D. Bragg)によって樹立された4m80が剛性ポールでの最後の世界記録となった。

その後，1961年にグラスファイバー製のポール，いわゆる弾性ポールが開発され，剛性ポールと比較して飛躍的に長いポールを使用することが可能になった。この弾性ポールの出現によって，世界記録は大幅に更新された。それまで剛性ポールでは世界記録20cmの更新に20年かかったものが，弾性ポールでは20年で1m10も更新された。

なお，竹製やスチール製のポールに代表される剛性ポールから，グラスファイバー製のポールに代表される弾性ポールへの移行に伴い，世界記録が飛躍的に向上したが，棒高跳そのものにおける主要な技術のほとんどは変化していない。剛性ポールにおいて用いていた技術は，現在の弾性ポールにおいても通用する。ただ1つ，大きく違う点は，ポールがボックスによって支持されている局面において，ポールを保持するグリップの幅が，弾性ポールでは肩幅程度に開いているのに対して，剛性ポールでは，その幅がほとんどない。これは，弾性ポールでは，このグリップの幅がポールを大きく湾曲させるために必要であるのに対して，剛性ポールでは，グリップ幅があることがポールとボックスの衝突による大きな衝撃力を身体に作用させることになるためであると考えられる。

また，棒高跳の記録向上に少なからず影響を及ぼしているのは，着地場所に設置されるマットである。それまで，砂場に着地しており，足から着地することが前提であったが，1950年代にマットが開発され，着地の際の危険性が軽減された。

世界記録(屋外)はウクライナのブブカ(S. Bubka)が樹立した6m14(室内では2014年2月にフランスのラビレニ〔R. Lavillenie〕が6m16をクリア)である。彼が1984年に5m85の世界記録を初めて樹立して以来，現在に至るまで世界記録は18回更新されているが，17回までが彼によるものである。

現在では，女子の棒高跳も盛んに行われ，オリンピックの正式種目としては2000年の第18回大会(シドニー)から，世界選手権では1999年のセビリア大会から採用されている。現在の世界記録は2009年にロシアのイシンバエワ(Y. Isinbayeva)の樹立した5m06である。日本国内をみると，日本選手権では，1994(平成6)年から正式種目として採用されているが，2013(平成25)年現在，全国高等学校総合体育大会(インターハイ)では，正式種目として採用されていない。

日本選手のオリンピックでの主な活躍としては，1932年の第10回大会(ロサンゼルス)で西田修平が2位，1936年の第11回大会(ベルリン)で同じく西田修平が2位，大江季雄が3位，1952年

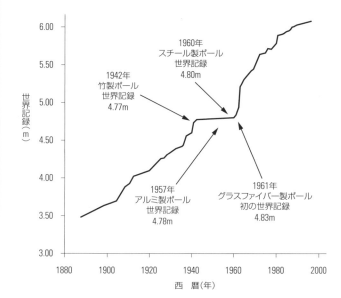

図3　棒高跳世界記録の変遷(2000年まで)
(出典：村木，1982を参考に加筆して作図)

の第15回大会(ヘルシンキ)では澤田文吉が6位に入賞している。

注：記録はすべて2014年5月現在のものである。

参考文献

◆ 日本オリンピック委員会．「オリンピックメモリアルグッズ」
http://www.joc.or.jp/olympic/memorial/200802.html (2009年6月30日)
◆ 日本陸上競技連盟 編．2009．『陸上競技ルールブック 2009年度版．』411-16．あい出版
◆ 村木征人．1982．「棒高跳の発達特性」大石三四郎，浅田隆夫 編．『現代スポーツコーチ実践講座2・陸上競技(フィールド)』401-14．ぎょうせい
◆ 安田矩明．1997．「ポールの材質による棒高跳びの記録の変遷」『日本機械学会誌』100(947)：1095-97．

(木越清信)

走幅跳

Long jump

① 競技概要

走幅跳とは，助走を行い踏切板を片足で踏み切り，その跳躍距離を競う陸上競技種目である(図1)。

競技者の試技順は抽選で決める。予選ラウンドを行った場合には，決勝では新たに抽選で試技順を決めることになる。

8人を超える競技者が試技を行う場合には，各競技者はまず3回の試技が許される。上位の有効試技を得た競技者8人には，さらに3回の試技が許される。競技者が8人以下の場合には，各競技者に6回の試技が許される。ただし，世界選手権大会，オリンピック大会，世界室内選手権大会を除く国際競技大会では，試技数を少なくしてもよく，このことは当該競技会を監督する陸上競技連盟が決定する。競技者の成績はすべての試技のうちで最善のもので決まる。

跳躍は助走路および砂場の表面と同じ高さに埋められた踏切板から行う。踏切板は砂場の近い端から1-3mに置かなければならない。踏切板の砂場に近い側の端を踏切線という。

次のような試技が行われた場合は1回の無効試技となる。

・競技者が跳躍しないで走り抜けたり，跳躍の際に身体のどこかが踏切線の先の地面に触れた時。
・踏切線の延長線より先でも手前でも，踏切板の両端よりも外側から踏み切った時。
・踏切線と砂場の間の地面に触れた時。
・助走あるいは跳躍動作中に宙返りのようなフォームを使った時。
・着地の際，砂に残った最も近い痕跡よりも踏切線に近い砂場の外の地面に触れた時。
・砂場を離れる際，砂場の外の地面に触れた第1歩が，砂に残った最も近い痕跡よりも踏切線に近い時。

走幅跳において大きな跳躍距離を獲得するためには，様々な能力が要求される。走幅跳の跳躍記録は，踏切時の身体重心の初速度，角度およびその高さによって大部分が決定される。とりわけ，踏切時の初速度が跳躍記録に与える影響は大きい。したがって，助走でできるだけ速いスピードを獲得することが重要となる。ただし，この助走スピードはただ速ければよいわけではなく，水平スピードを一瞬で上昇力に切り換える効果的な踏切動作が遂行できなければ全く意味がなくなってしまう。この踏切動作は100-150ミリ秒というきわめて短時間の中で行われる動作で，高い技術性が要求されるものである。したがって，走幅跳の競技者にはスプリント能力と，それを生かすための助走技術の向上，そして合理的な踏切技術の習得が求められる。

② 歴史

古代ギリシャにおける走幅跳は，絵壺などにも描かれているように，両足で踏み切ったり，手に重り(ハルテーレス)を持つなど，今日の走幅跳の姿とかなり異なるものであった。このような，重りを持った走幅跳は，近代に入ってもプロフェッショナルな見せ物や賭け事の対象としての跳躍種目の中に残っていたようである。

走幅跳は1850年代に入って，パブリックスクールやカレッジの校内競技会において，「odd event」(つけたしの種目という意味)として登場することになる。

オックスフォード大学では，1860年に開催した「定期競技会」(grand annual games)で，「wide jump」という名称で競技を行っている。この時の優勝者の記録は，17フィート4インチ(5m28)であった。このような競技会が契機となって以後，ほとんどの学内競技会において走幅跳が行われるようになった。

走幅跳における最初の公認世界記録は，1901年にアイルランドのオコナー(P. O'Connor)が記録した7m61である。1931年10月27日には，神宮球場(東京)で日本の南部忠平が7m98の世界記録を樹立した。この記録はきわめて高いレベルの記録であり，日本では1970年に山田宏臣が8m01を跳躍するまで破られなかった。

世界ではその後，1935年にアメリカのオーエンス(J. Owens)が8m13という驚異的な記録を樹立し，8mジャンプの時代が到来する。ちなみに，このオーエンスの記録は1960年にアメリカのボストン(R. Boston)によって破られるまで25年間も破られることがなかった。

1968年の第19回オリンピック大会(メキシコシティ)では，助走路が新しい素材となった。その第1回目の跳躍で，アメリカのビーモン(B. Beamon)は8m90という大記録を樹立した。この跳躍はきわめて高い跳躍であった。その後，1991年の第3回世界陸上競技選手権大会(東京)で，アメリカのパウエル(M. Powell)が23年振りにビーモンの記録を更新する8m95を跳躍して優勝した。この大会は，ルイス(C. Lewis)も追い風参考記録ながら8m91を跳躍する大

図1　競技中の様子：走幅跳(写真：フォート・キシモト)

激戦であった。

ちなみに両者の跳躍は，パウエルが助走速度を抑えた高い跳躍で，ルイスが低いスピードのある跳躍というように対照的なものであった。なお，この試合では，パウエルがファウルながら実測で9mを超える跳躍を2回していたことが報告されている。

女子では，1926年にイギリスのガン(M. Gunn)が5m48を記録している。その後は，ガンと日本の人見絹枝が競い，1928年には人見が5m98まで記録を伸ばしている。そして，1936年にはドイツのシュルツ(C. Schulz)が6m12を跳躍し，女子の6mジャンプ時代が到来した。その後，1978年にソ連のバルダウスケネ(V. Bardauskiene)が女性初の7mジャンプ(7m09)を記録した。

1980年代に入ってからは記録更新が著しく，1986年には東ドイツのドレクスラー(H. Drechsler)が7m45まで記録を伸ばし，1988年にはソ連のチスチャコーワ(G. Chistyakova)が7m52まで記録を伸ばし，現在の世界記録となっている。

わが国では，1970(昭和45)年に山田宏臣が8m01を記録した9年後に臼井淳一が8m10まで記録を更新し，世界水準まで記録を高めた。その後，1992(平成4)年に森長正樹が8m25の日本記録を樹立した(森長は追い風参考では8m34を記録している)。また，女子では，2006(平成18)年に池田(現・井村)久美子が6m86の日本記録を跳躍し7mジャンプに迫っている。

注：記録はすべて2014年5月現在のものである。

参考文献
- 佐々木秀幸, 小林寛道, 阿江通良 監修. 1994.『世界一流陸上競技者の技術』135-51. ベースボール・マガジン社
- 日本陸上競技連盟. 2008.『陸上競技ルールブック2008年版』あい出版

(青山清英)

三段跳

Triple jump

① 競技概要

三段跳とは，ホップ，ステップ，ジャンプの3つの跳躍から成り立っており，助走をして踏切板から片足で踏み切り，ホップで踏み切った同じ足でステップの着地を行い，続いてジャンプの踏み切りを行い，その跳躍距離を競う陸上競技種目である(図1)。

ここで「ホップ」とは，助走で最初に行うジャンプのことをさし，踏切足と同じ足で着地をする。「ステップ」とはホップの次に行うジャンプのことであり，踏切足と異なる足で着地する。そして，「ジャンプ」は跳躍の最後に行うジャンプであり，ステップから着地までのジャンプ動作の全体をさす(図2)。

競技は基本的に走幅跳の規則が適用され，次のように行われる。競技者の試技順は抽選で決める。予選ラウンドを行った場合には，決勝では新たに抽選で試技順を決めることになる。

8人を超える競技者が試技を行う場合には，各競技者はまず3回の試技が許される。上位の有効試技を得た競技者8人には，さらに3回の試技が許される。競技者が8人以下の場合には，各競技者に6回の試技が許される。競技者の成績は，すべての試技で最善のもので決定する。

三段跳の踏切線は砂場の遠い端から少なくとも21m(ただし，女子はこの限りではない)以上とされ，踏切板の位置は日本陸上競技連盟主催の競技会では，砂場の遠い端から男子13m，女子10mよりも短くしないことが望ましいとされている。しかし，その他の競技会では，この距離間隔は，その競技会のレベルに合わせて調整される。

無効試技の判定は，走幅跳の条項が適用されるが，競技者はホップで踏み切った同じ足で最初に着地し，ステップでは反対足で着地し，続いてジャンプを行うが，跳躍中に「振り出し足」が地面に触れても，無効試技とはならないことが加えられる。

三段跳の跳躍記録を決定づける要因は，走幅跳と類似した点も多いが，異なる点もいくつか認められる。類似した点は，助走スピードが大きな影響を与えることである。各踏み切り時の身体重心の初速度が跳躍距離に大きな影響を与える。逆に相違点は，ホップ，ステップ，ジャンプという3つの連続した跳躍のコンビネーションが問題とされることである。三段跳では，助走から着地までがバランスよくスムーズに遂行されることが重要であるため，三段跳では，スプリント力，助走からホップへの連携，ステップ，ジャンプの跳躍技術とこれに関係する筋力，3つの跳躍のコンビネーションのためのバランス能力，コーディネーション能力といった多岐にわたる運動能力が要求されるのである。

② 歴史

古来より距離を競う跳躍種目として，その脚力の強さを誇示するための連続的な跳躍力を競う競技は各地の民族競技として行われてきた。近代競技種目としての三段跳の起源は，18世紀頃のアイルランドやスコットランドのホップ・ステップ・ジャンプという連続片足跳びであるといわれている。ま

図1　競技中の様子：三段跳(写真：フォート・キシモト)

図2　三段跳の跳び方

た，18世紀頃にはドイツでは体育の一環としてのドイツ式三段跳(ステップ・ステップ・ジャンプ)も行われていた。

1896年の第1回オリンピック大会(アテネ)から公式種目として採用された。この大会では，アイルランド系アメリカ人のコノリー(J.B. Connolly)が，13m71を跳躍し優勝している。この時の跳躍方法は，ホップ・ホップ・ジャンプ形式であった。

跳躍方法に関する規定は容易に統一されなかったが，1908年の第4回オリンピック大会(ロンドン)において，今日と同様のホップ・ステップ・ジャンプ形式の跳躍方法が規定された。三段跳の公認記録は，ホップ・ステップ・ジャンプ形式に統一されてからのものである。1911年にはアメリカのアハーン(D. Ahearn)が15m52という好記録を樹立している。

1920年代後半から30年代にかけては，日本人ジャンパーの世界的な活躍が続いた。まず，織田幹雄が1928年の第9回オリンピック大会(アムステルダム)で日本に初の金メダルをもたらし，その後，1931年には15m58の世界記録を樹立する。さらに，翌1932年の第10回オリンピック大会(ロサンゼルス)では，南部忠平が15m72の世界記録で優勝した。なお，南部忠平は同年に走幅跳でも世界記録を樹立しており，これは史上唯一のことである。

その後，世界記録は1935年にオーストラリアのメトカーフ(J. Metcalfe)によって15m78に更新されるものの，1936年の第11回オリンピック大会(ベルリン)において田島直人が史上初の16mジャンプである16m00を跳躍し優勝した。日本はオリンピック3大会連続金メダルという偉業を成し遂げた。

1956年，第16回オリンピック大会(メルボルン)を前に小掛照二が16m48の世界記録を樹立するが，当時はソビエトのジャンパーが台頭しており，1959年にはフェドセエフ(O. Fedoseev)が16m70まで記録を高めた。そして，翌1960年にはポーランドのシュミット(J. Szmidt)が遂に17mを突破する17m03の世界新記録を樹立した。この記録は田島直人の16m突破から，実に24年の歳月を要した偉業であった。

1985年にアメリカのバンクス(W. Banks)が，17m97の世界記録を樹立

18mジャンプ目前まで近づいた。その後，10年の歳月を経て，遂に，1995年にスウェーデンのイエテボリで開催された第5回世界選手権大会において，イギリスのエドワーズ(J. Edwards)が，18m29という驚異的な世界記録を樹立した。

1960年に初めて17mが突破されて，それまでの比較的高い跳躍のパワー型ジャンプから，メキシコシティでのオリンピック大会(1968年)から全天候型の助走路が導入されたことにもよるスピード型ジャンプの時代が到来した。その後，再び，ブルガリアのマルコフ(K. Markov，ベスト記録17m92)に代表されるような優れた筋力をもつ競技者によるパワー型ジャンプが多く行われるようになったが，1995年に世界記録を樹立したエドワーズのジャンプは，力任せではない，助走スピードを生かしたスピード型ジャンプであった。

女子の三段跳は，試験的に採用され行われてきたが，1987年に全米選手権で正式採用され，日本においても同年，日本選手権に採用された。

1995年のイエテボリの世界陸上競技選手権で，ウクライナのクラベッツ(I. Kravets)が，それまでの世界記録である15m09を大幅に更新する15m50を記録した。この世界記録は今日でもまだ破られていない。

かつてお家芸とまでいわれた日本の三段跳は，1986(昭和61)年に山下訓史が17m15を記録し，ようやく17m台に突入した。しかし，その後は，17mを大きく超える競技者は現れず，苦しい状況が続いている。女子の三段跳は，1988(昭和63)年に土屋由美子が12m54を跳び，その後，1999(平成11)年には花岡麻帆によって14m台まで記録は高められたが，世界との記録の差は大きい。

注：記録はすべて2014年5月現在のものである。

参考文献
- 日本体育協会 監修．1987．『最新スポーツ大事典』383．大修館書店
- 日本陸上競技連盟．2008．『陸上競技　ルールブック2008年版』あい出版
- 村木征人．1982．「三段跳」大石三四郎，浅田隆夫 編．『陸上競技(フィールド)』325–60．ぎょうせい

(青山清英)

砲丸投

Shot put

① 競技概要

砲丸投とは，直径2.135mのコンクリート製サークルから砲丸を投射し，その投てき飛距離を競う陸上競技種目である。扱われる砲丸の重さは一般男子で7.26kg，一般女子で4kgである。

投げる際のルールとして，砲丸は肩から片手だけで投射する。競技者がサークルの中で投射を始めようと構えた時には，砲丸は顎，または首につけるか，あるいはまさに触れようとする状態に保持しなければならない。投射の動作中は，その手をこの状態より下におろしてはならない。また砲丸を，両肩を結ぶ線より後にもっていってもいけないとされている。つまり，野球のピッチングのような弧を描くような投てき動作は禁止されており，片手での突き出し動作によって投射しなければならない(図1)。日本語では投げという言葉が含まれているが，英語では"shot put"といわれる。

競技会において参加する競技者が8人を超える場合は予選が行われ，各競技者は3回の試技が許される。その中で上位8人までの成績を得た競技者は，さらに決勝として3回の試技が許される。なお，競技者の成績はすべての試技のうちで最善のもので決まる。

② 歴史

砲丸投の起源についてはいくつかの説があるが，スコットランドなどの北欧における石投げ競技が有力である。こうした説の共通点が，16ポンド(7.26kg)程度の重りを，力比べや体力

図1　砲丸投の突き出し動作

強化の目的で遠くへ投げていたことが挙げられる。その後，1860年にアイルランドのダブリン大学陸上競技大会において，正式競技として採用されるようになった。

1880年に結成されたイギリスアマチュア陸上競技連盟(Amateur Athletic Association of England: AAA)では，以下のようなルールを制定している。
・肩後方から片手で投げる
・投てきの瞬間にもう一方の手を添えるフォローは認められない
・一辺7フィートの正方形の囲いから投げる
・重さ16ポンドの砲丸を投げる
・計測は落下点から囲いの前方の線までの垂線を測る
・計測線を踏み出したものは無効試技とする

そして，このルールに対してアメリカでは1867年以降は，正方形の囲いからではなく，直径7フィートのサークルから投げるというルールが採用され，さらにサークル前端に足留め材が置かれるようになった。そのため，投てき後にファウルする危険性が減少し，記録が向上するようになった。記録の向上に伴い，砲丸が危険な場所まで飛んでいくのを防いで安全性を高めるために，有効投てき角度が90°から，1955年には65.5°，1956年には65.0°，1973年には40.0°，そして2003年に34.92°と制定され，現在に至っている。砲丸投の技術において，1930年頃までは，投てき方向に横を向いてステップを踏んでから投げる，サイドステップ投法が主流であり，第二次大戦後にはアメリカを中心とした選手たちが17mを超える記録を残している。そして，1952年の第15回オリンピック大会（ヘルシンキ）で技術革新が生じる。この大会でアメリカのオブライエン(P. O'Brien)は，投てき方向に後ろを向いた状態から投てきを開始するオブライエン投法を用い，17m41で金メダルを獲得する。この投法は，現在においても回転投法とともに主流となる技術である。

後ろを向いた状態からステップを踏むため，サイドステップ投法よりも砲丸が移動する距離が長く，さらに体幹の捻りも加えることが可能なため，飛躍的に記録は向上した。オブライエンはこの投法を用いて，1953年には18mを突破，1956年には19mを突破するなど，15度にわたって世界記録を更新し続けた。

そして，1970年代になると回転投法が誕生し，1990年にアメリカのバーンズ(R. Burns)が，現在の世界記録でもある23m12を記録している。現在の世界大会におけるトップ選手の多くは，この回転投法を用いていることからも，優れた投法であることは間違いないが，サークル内で回転した後に砲丸を押し出すため，砲丸を有効投てき角度内にとどめることが困難であり，非常に高度な技術が求められる投てき方法でもある。

一方，女子の世界記録は，リソフスカヤ(N. Lisovskaya)が1987年に樹立した22m63である。リソフスカヤの身長は180cmであるが，世界で活躍する最近の女子砲丸投の選手は，2011年世界選手権大会（テグ）で優勝したアダムズ(V. Adams)の196cmに代表されるように，高身長であるのが特徴である。

現在の世界レベルにある砲丸投の競技者は，わが国でいう大相撲の力士のような体格をしている。陸上競技における他の投てき種目は，投てき物を振り回して投げることができる。しかし，砲丸投は最終的には首の付け根から突き出すのみであるため，競技パフォーマンスに対して，技術的要素が占める割合が他の投てき競技種目よりも低い。そのため，腕の力などといった筋力的要素，体格的要素が重要となるため，欧米人と比べて小柄な日本人はなかなか世界で活躍できていないのが現状である。ちなみに，男子の日本記録は山田壮太郎が2009（平成21）年に樹立した18m64，女子の日本記録は森千夏が2004（平成16）年に樹立した18m22であり，どちらもオブライエン投法によって樹立されたものである。このように回転投法が普及していない日本では，またグライド投法が主流であるが，小柄な日本人が世界で活躍するためには回転投法の採用が必要不可欠であると考えられている。

注：記録はすべて2014年5月現在のものである。

参考文献

- 岡尾惠市.1996.『陸上競技のルーツをさぐる』191-97. 文理閣
- 財団法人日本陸上競技連盟『ルールブック』http://www.rikuren.or.jp/athlete/rule/. 2009. 430（2009年8月）
- International Association of Athletics Federations.「Records」http://www.iaaf.org/statistics/records/inout=O/index.html（2009年5月26日）

（眞鍋芳明）

円盤投

Discus throw

① 競技概要

円盤投は直径2.5mのコンクリート製サークルから円盤(図1)を投げ出し，その投てき飛距離を競う陸上競技種目である。

一般男子では直径219-221mm，重さ2kg，一般女子では直径180-182mm，重さ1kgの円盤を使用する。競技者は投げた円盤が地上に落下するまではサークルから出てはならず，サークルから出る際にはサークルの後ろ半分から出なければならない。これらを遂行できなかった場合は無効試技とされる。

そして，この競技の最大の特徴はその投てき動作である。現在主流となっているのは，投てき方向に背を向けて立った（静止した）状態からスタートし，身体長軸まわりに1回転半することで勢いをつけた後に円盤を投げ出す方法

図1　競技用円盤（一般男子用2.000kg）

図2　円盤の投げ出し局面

である(図2)。この回転動作をターンと呼び，その技術の成熟度は競技パフォーマンス(投てき記録)を大きく左右する。このように，円盤投はターン動作によって生じる遠心力を利用して投てき動作を行うため，オリンピックなどの世界大会に出場する一流競技者たちは総じて大柄で，長い上肢をもつことが特徴である。

② 歴史

紀元前9–7世紀に古代ギリシャの詩人ホメロス(Homeros)により著された英雄叙事詩に円盤投と思われる描写があり，また古代オリンピックで円盤投は人気種目であった。しかし当時，ターンは用いず身体の捻りによって円盤を投げた。

今日行われている男子のルールは1908年の第4回オリンピック大会(ロンドン)から採用されたものである。のちに，1912年の国際陸上競技連盟(International Amateur Athletic Federation: IAAF)の発足に伴い，正式な国際大会のルールとして制定された。このルールに則って開催された1911年の競技会において，43m08という記録が残されている。

その後，技術面における進化が進み，この100年の間に投てき記録は倍近くにまで更新され続けている。

円盤投の投てき技術は，1930年頃までは投てき方向に対して半身で立った状態から，1と1/4回転して投げる技術が主流であった。これに対し，1936年の第11回オリンピック大会(ベルリン)で優勝したアメリカのカーペンター(K. Carpenter)は，投てき方向に背中を向けた状態からスタートする，1回転半のターンを採用した。その結果，50m48という記録で優勝し，この技術は現在でも主流となっている。

さらに，1950年代以降になると，ウエイトトレーニングおよびレジスタンストレーニングの普及により競技者の基礎体力が大幅に向上し，1960年代になると記録は60mの時代に突入する。また，この時代ではアメリカのオーター(A. A. Oerter Jr.)が，1956年の第16回オリンピック大会(メルボルン)を皮切りに，1968年の第19回大会(メキシコシティ)に至るまで，オリンピック4連覇という偉業を達成している。

以後，1976年にアメリカのウィルキンス(M. Wilkins)が初めて70mを突破し，現在の70mを超える競技レベルにまで発展し，1986年に東ドイツのシュルト(J. Schult)が74m08という世界記録を打ち立て，現在に至っている。

女子も男子と同様に，第一次大戦直後まではヨーロッパ諸国が中心となって行われていたが，1928年の第9回大会(アムステルダム)において，女子の投てき種目初のオリンピック正式種目として採用された。その優勝者は，当時の第一人者とされるポーランドのコノパッカ(H. Konopacka)であり，39m62という記録が残されている。これは当時の世界記録であった。その後，年を経るごとに記録は向上し，1967年には60m台，そして1975年にはソ連のメルニク(F. Melnik)が自身10度目の世界記録更新とともに70mを突破している。なお，現在の世界記録は東ドイツのラインシュ(G. Reinsch)が樹立した76m80である。これらの女子円盤投における技術も男子と同様，現在は1回転半のターンの後に投げ出すのが主流である。

なお，現在の日本記録は，男子は川崎清貴が1979(昭和54)年に記録した60m22，女子は室伏由佳が2007(平成19)年に記録した58m62であり，両方とも世界とは大きな差が開いている。回転半径を大きくできる大柄で腕の長い欧米人選手と比較して，小柄な日本人は世界の舞台でなかなか活躍できていないのが現状である。

注：記録はすべて2014年5月現在のものである。

参考文献

- 日本陸上競技連盟．『ルールブック』 http://www.rikuren.or.jp/athlete/rule/ (2009年4月29日)
- International Association of Athletics Federations．「Records」 http://www.iaaf.org/statistics/records/inout=O/index.html (2009年5月26日)

(眞鍋芳明)

ハンマー投

Hammer throw

① 競技概要

ハンマー投とは，直径2.135mのコンクリート製サークルからハンマー(図1)を投げ出し，その投てき飛距離を競う陸上競技種目である。

投てきを実施するサークルはコンクリート製であり，角度34.92°のラインの内側に投げなければならない。投てき時に身体のどの部分でもサークル外側の地面に触れた場合や，投てき後にサークル前方から出た場合，さらに34.92°の範囲内にハンマーが着地しなかった場合は無効試技とされる。なお，投てきされたハンマーの一部が囲いに当たっても無効試技とはならない。また，競技会において参加する競技者が8人を超える場合は予選が行われ，各競技者は3回の試技が許される。その中で上位8人までの成績を得た競技者は，さらに決勝として3回の試技が許される。なお，競技者の成績はすべての試技のうちで最善のもので決まる。

ハンマー投の動作は，その場でハンマーを回すスイング局面，身体とともにハンマーを回転させて勢いをつけるターン局面，ハンマーを投げ出すリリース局面の3局面に大別される。投てき飛距離はリリース時におけるハンマーの初速に大きな影響を受けるが，この初速を高めるために重要なのがターン動作である。

ターン動作は，右投げの場合，左足部を中心に回転する。その際，左足部はつま先，もしくは踵が常に接地したままターン動作が行われ，右足はターンごとに踏みかえながら接地と離地が繰り返される(図2)。この右足が接地している局面を両足支持局面，左足のみ接地している局面を片足支持局面と呼び，両足支持局面時にハンマーが加速される。ターンの回転数は競技者によ

図1　競技用ハンマー(一般男子用7.260kg)

って異なるが，現在の主流は4回転である。

② 歴史

ハンマー投は，もともと民族競技の1つで，文字通りハンマーや農耕用の器具などを投げ，力比べをしたことが起源とされている。特に，スコットランドおよびアイルランドなどにおいては，1800年代からハンマーを中心とした様々な重りを投げる競技が行われてきた。しかし，当時のハンマーは重さも長さも様々であり，現在のハンマーのようなグリップも存在しておらず，助走の有無についても大会ごとに異なっていた。

その後1880年になり，イギリスでアマチュア陸上競技連盟（Amateur Athletic Association: AAA）が結成されると，ハンマー投においても以下のような競技規則が制定された。
・ハンマーは直径7フィート（2.13m）のサークルから投げる
・ハンマーの柄と頭部の総重量は16ポンド（7.26kg）とする
・ハンマーの頭部は鉄製の球形で，柄は木製であることとする
・ハンマーの頭部の先端から柄の端までの全長は4フィート（1.22m）より短いものとする

そして，1882年に全長は4フィート（1.22m），柄ではなく金属製の鎖とし，端には三角形のグリップを付け，総重量で16ポンドとする規則のもとで競技が運営されるようになった。この規則は1908年の第4回オリンピック大会（ロンドン）においても採用され，国際大会におけるルールへと発展した。

こうしたルール変更の過程で，競技者が試技を行うサークルについても，かつては芝や土といった自然の素材だったものが，1955年にはコンクリート製に，そして1977年以降はアスファルト製へと規定されるようになった。

また，1900年の第2回大会（パリ）よりハンマー投がオリンピックの正式種目に採用されてからは，ワイヤの端に三角形のグリップが付けられ，ハンマーを強く引っ張って投げることができるようになったため，記録が飛躍的に向上した。

ハンマー投において世界記録が公認されるようになったのは1913年からであり，この時の記録はアメリカのライアン（P. Ryan）が出した57m77であった。ライアンはその後の1920年の第7回オリンピック大会（アントワープ）でも52m87で優勝している名選手であり，この世界記録は1938年にイギリスのブラスク（E. Blask）に更新されるまで，実に25年間破られない偉大な記録であった。

戦後になると，ハンガリーのチェルマーク（J. Csermák）が60mの大台に乗せ，1960年にはアメリカのコノリー（H. Connolly）により70m33にまで引き上げられた。なお，現在の世界記録は1986年にソ連のセディフ（Y. Sedykh）が出した86m74である。この記録は，現在主流である4回転ターンによるものではなく，3回転ターンで生み出された。

ハンマー投は体格的要素が大きく影響する競技であるため，日本人には不利な種目とされてきた。しかし，日本は技術革新によって競技力を向上させ，1968年の第19回オリンピック大会（メキシコシティ）では菅原武男が現在でも主流である4回転ターンを用いて69m78という当時の日本記録を樹立し，4位入賞を果たしている。この日本記録は菅原の後輩である室伏重信により更新され続け，1984（昭和59）年には75m96にまで高められている。室伏重信は39歳に至るまで技術革新により記録を更新し続け，体格的に不利な日本人競技者の可能性を示した偉大な競技者であった。

その後，室伏重信の息子である室伏広治が，1998（平成10）年に父のもつ日本記録を更新する78m57という記録を打ち立てる。そして，2000（平成12）年には80mを突破し，2004年の第28回オリンピック大会（アテネ）で82m91という記録で金メダルを獲得するという快挙を成し遂げた。陸上競技の投てき種目において，アジア人が金メダルを獲得したのは史上初であった。現在の日本記録は，2003（平成15）年に室伏広治によって記録された84m86であり，世界歴代5位の記録となっている。

なお，女子における世界記録はヴォダルチク（A. Wlodarczyk）が2014年8月に記録した79m58であり，日本記録（67m77：室伏由佳）とは10m以上の開きがある。こうした理由の1つとして，公認競技として認められた時期が1993年であり，他の投てき競技に比較すると最近であることが挙げられる。

注：記録はすべて2014年8月現在のものである。

参考文献

- 岡尾惠市. 1996.『陸上競技のルーツをさぐる』191-97. 文理閣
- International Association of Athletics Federations. 「Records」http://www.iaaf.org/statistics/records/inout=O/index.html（2009年5月26日）

（眞鍋芳明）

やり投

Javelin throw

① 競技概要

やり投は，助走をつけてスターティングライン後方からやりを投射し，その投てき飛距離を競う陸上競技種目で

図2　競技中の様子：ハンマー投

図1　やりの投げ出し局面

ある(図1)。やりの着地場所は，34.92°の扇状の範囲内とし，やりの先端が最初に落下した痕跡から，スターティングラインの中心をつなぐ線上のスターティングラインの内側までが記録となる。やり投げは他の投てき種目とは異なり30m程度の助走を伴って投げる競技であるため，投てき動作そのものの時間が非常に短く，瞬発力が重要となる。

使用されるやりは，穂先，柄，紐を巻いたグリップから構成され，全体として固定され，統合された金属または類似の材質でつくられ，先端のとがった金属製の穂先が固定されていなければならない。そして重さは男子800g，女子600g，長さは男子が2.60 - 2.70m，女子が2.20 - 2.30mと規定されており，柄の表面は円滑かつ均一で，最大直径は男子で25 - 30mm，女子で20 - 25mmで円形でなければならない。また，やりはスターティングライン後方から，角度29°の範囲内に投げなければならず，スターティングラインを越えてしまった場合や角度29°の範囲外にやりが着地した場合は無効試技となる。

② 歴史

現在のやり投は英語表記にすると，javelin throwとなっている。このjavelineの由来は，16世紀初頭のフランスで登場したjavelinaという武器である。javelineは手に持って相手を突くやりのspearやlanceとは用法が異なり，主に投てきすることで相手を倒す武器であった。こうした武器としてのやりは，鉄砲が発明されるまでの長期間にわたって戦争や狩りにおいて使用されてきた。そして，より遠くへやりを投げるための工夫がなされていくうちに，競技として成立するようになった。

18世紀になると，やり投は北欧で非常に盛んとなり，体育の授業教材の1つとして採用されるまでに至っている。その結果，現在の世界大会においても，北欧諸国の活躍はめざましい。2008年の第29回オリンピック大会(北京)においても，金メダリストであるノルウェーのトルキルドセン(A. Thorkildsen)を筆頭に，上位8位入賞者のうち，4人が北欧諸国の選手であった。

19世紀に近代陸上競技のシステムがイギリスアマチュア陸上連盟(Amateur Athletic Association of England：AAA)によって制定されたものの，やり投は正式競技種目に採用されていない。その一方で，スウェーデンではいち早く競技種目として採用され，1896年の第1回スウェーデン選手権大会では，アンデルセン(H. Andersen)が61m61の記録で優勝している。この記録は右手と左手で投げた合計記録を示すものであり，現在の片手のみの投てきによる記録ではなかった。

その後もスウェーデンとフィンランドを中心とした北欧諸国では，やり投は盛んに行われ，国際オリンピック委員会(International Olympic Committee：IOC)にオリンピックでの採用を求めた結果，1906年にアテネで開催されたオリンピック中間大会において，男子の正式種目として採用された。この時点では，現在のような片手で投げる競技方法に加え，両手でやりを支えながら投げる競技方法の2種類が採用されていた。

しかし，1912年に発足した国際陸上競技連盟(International Amateur Athletic Federation: IAAF)により，両手で支えての投てきは公認種目からは除かれ，現在でも行われている片手で投げるという競技方法のみが残された。

こうして行われてきたやり投は，1932年の第10回オリンピック大会(ロサンゼルス)にてフィンランドのヤルビネン(M. Jarvinen)が72m71という世界記録を出し，70m時代に突入した。そして，第二次大戦後の1953年にはアメリカのヘルド(F. Held)が，投げ出された後のやり自体の振動が少なくなるように，太く硬いやりを開発，使用し，1953年に80m41という大記録を樹立した。ヘルドによって開発されたやりは，それまでの細いやりと比べて空気抵抗が少なく，その結果として大幅な記録更新が可能となった。

その後，1956年には円盤投のように助走で一回転して投げる回転投法により90mを超える記録が樹立された。しかし，やりがどこに飛ぶかわからず，非常に危険が伴うなどの理由から，回転投法は記録とともに抹消された。それでも，やり投の記録向上はとどまるところを知らず，1964年の第18回オリンピック大会(東京)にてスウェーデンのペデルセン(T. Pedersen)が91m72，そして1984年には東ドイツのホーン(U. Horn)が104m80という記録を樹立するに至った。

この大記録は，1周400mの陸上競技場内のフィールドで行われるというルールだと，反対側のトラックにまでやりが届いてしまう危険があるということを知らしめるものであった。特に，当時のやりは現在のやりよりも重心が後方にあるため，先端が地面に刺さらず，胴体着陸するような形で落下しやすい。やりが胴体着陸すると，落下後に前方へ滑っていくため，なおのこと危険である。そこで1986年に，男子のやりにおける重心位置を4cm先端側に移動することで，投げ出された後に下を向きやすくし，飛距離の出にくいように規格が変更された。

その結果，新規格による1986年および1987年当時の記録は，西ドイツのターフェルマイアー(K. Tafelmeier)が出した86m64と大幅に低下することになった。

その後，技術革新と競技者の体力向上により，1996年にはチェコスロバキアのゼレズニー(Y. Zelezny)が98m48という，現在の世界記録を樹立し，再度100mに近づいてきている。

なお，女子の世界記録はシュポタコバ(B. Spotakova)が2008年に樹立した72m28であり，日本記録(62m83：海老原有希，2013年)とは大きな差がある。このように記録だけみると日本人選手とは大きな差がみられるが，男子においては2009年の世界選手権(ベルリン)において，村上幸史が3位に入賞，女子においても2011年の世界選手権(テグ)において海老原有希が決勝に進出する活躍をみせている。

注：記録はすべて2014年5月現在のものである。

参考文献

- 岡尾恵市. 1996.『陸上競技のルーツをさぐる』191 - 97.文理閣
- International Association of Athletics Federations.「Records」http://www.iaaf.org/statistics/records/inout=O/index.html (2009年5月26日)

(眞鍋芳明)

混成競技

Combined events
(Quadrathlon, Octathlon, Heptathlon, Decathlon)

① 競技概要

混成競技とは複数の陸上競技種目を1人で1-2日間でまとめて行い，各種目の記録に応じて与えられる得点の合計を競う陸上競技種目である。その体力と身体能力の限界に挑戦するという苛酷な競技特性ゆえ，勝者は，"キング・オブ・アスリート""クイーン・オブ・アスリート"と称賛される。

現在，日本で実施されている混成競技には，四種競技(Quadrathlon)，八種競技(Octathlon)，七種競技(ヘプタスロン：Heptathlon)，十種競技(デカスロン：Decathlon)があり，四種競技は1日あるいは2日で，そのほかは連続する2日間で行うよう規定されている(表1)。このうち，十種競技，七種競技がオリンピック種目であり，世界共通の種目となっている。十種競技では，1日目に100m競走，走幅跳，砲丸投，走高跳，400m競走，2日目に110mハードル，円盤投，棒高跳，やり投，1500m競走，一方，七種競技では，1日目に100mハードル，走高跳，砲丸投，200m競走，2日目に走幅跳，やり投，800m競走の順で実施される。

混成競技の大きな特徴の1つとして，得点で勝敗を決するという点が挙げられる(表2)。つまり，それぞれの種目の記録を，国際陸上競技連盟(International Association of Athletics Federations: IAAF)の定める混成競技採点表を用いて得点に換算し，最高の総得点を得た競技者を勝者とするというものである。また，各種目の1つでもスタートしなかった，1回も試技をしなかった時には競技を棄権したとみなされ，それ以降の種目に参加できない。

② 歴史

古来より人類は「走・跳・投」といった人間のもつ運動能力を全面にわたって発揮できる者に最大の賛辞を送ってきた。とりわけ，心身の調和的発達を理想とした古代ギリシャ人にとって，全体的な発育や完全な身体美を作り出す五種競技の競技者は理想とみなされた。男子混成競技の歴史は，古代オリンピックの五種競技(スタディオン走〈短

表1 混成競技の種目と内容

年齢段階	性別	種目名	内訳
中学校	男子	四種競技	110mハードル*，砲丸投(4kg)**，走高跳，400m
	女子	四種競技	100mハードル*，走高跳，砲丸投(2.721kg)**，200m
高等学校	男子	八種競技	1日目：100m，走幅跳，砲丸投(6kg)**，400m 2日目：110mハードル，やり投，走高跳，1500m
	女子	七種競技	1日目：100mハードル，走高跳，砲丸投(4kg)**，200m 2日目：走幅跳，やり投，800m
一般	男子	十種競技	1日目：100m，走幅跳，砲丸投(7.62kg)**，走高跳，400m 2日目：110mハードル，円盤投，棒高跳，やり投，1500m
	女子	七種競技	1日目：100mハードル，走高跳，砲丸投(4kg)**，200m 2日目：走幅跳，やり投，800m

* 中学校で使用するハードルの高さやインターバル(ハードル間の距離)は，高等学校・一般とは異なる
** 「砲丸投」に続く( )内に示した数字は，使用する砲丸の重量を表す

表2 十種競技の得点対応表

種目	1000点	800点	600点
100m競走	10秒39	11秒27	12秒26
走幅跳	7m76cm	6m95cm	6m06cm
砲丸投	18m40cm	15m16cm	11m89cm
走高跳	2m21cm	2m00cm	1m77cm
400m競走	46秒17	50秒32	54秒98
110mハードル	13秒80	15秒41	17秒23
円盤投	56m17cm	46m59cm	36m79cm
棒高跳	5m29cm	4m64cm	3m94cm
やり投	77m19cm	64m09cm	50m74cm
1500m競走	3分53秒79	4分21秒77	4分53秒20

表3 十種競技の世界記録と日本記録の得点内訳

	世界記録(9,039点)		日本記録(8,073点)	
種目	記録	得点	記録	得点
100m競走	10秒21	1,044	11秒39	776
走幅跳	8m23cm	1,120	6m96cm	804
砲丸投	14m20cm	741	13m71cm	711
走高跳	2m05cm	850	2m06cm	859
400m競走	46秒70	973	50秒28	802
110mハードル	13秒70	1,014	14秒93	858
円盤投	42m81cm	722	43m67cm	740
棒高跳	5m30cm	1,004	4m90cm	880
やり投	58m87cm	721	73m06cm	936
1500m競走	4分14秒48	850	4分35秒83	707

2014年5月時点

距離走),走幅跳,円盤投,やり投,レスリング)にさかのぼる。近代オリンピックでは,当初この流れをくむ形で,陸上競技にふさわしい種目としてレスリングを1500m走に,そしてスタディオン走を距離の近い200m走に変えた五種競技が十種競技とともに実施されたこともある(1912年の第5回オリンピック大会〔ストックホルム〕,1920年の第7回大会〔アントワープ〕,1924年の第8回大会〔パリ〕)。

一方,女子の混成競技の歴史は男子に比べて非常に浅く,七種競技がオリンピック種目として採用されたのは1984年の第23回大会(ロサンゼルス)から,それ以前に行われていた五種競技(80mハードル〔のちに100mハードルに変更〕,砲丸投,走高跳,走幅跳,200m競走)も1964年の第18回大会(東京)からであった。

また,得点で順位を決する混成競技では,採点方法による不公平が生じないことが大前提となる。そのため,採点方法についても公正を保つために改正を繰り返してきた。1912年の第5回オリンピック大会で用いられた採点法は,1908年の第4回大会(ロンドン)までのオリンピック記録を1,000点として減点法により得点を決めるものであった。その後IAAFによって,1934年,1952年,1962年,1985年に改定が行われ現在に至っている。改正を経た現在は,各種目の記録をそれぞれの計算式にあてはめて得点を計算する方式がとられている(例:十種競技100mの得点 = $25.4347 \times (18 - 走タイム)^{1.81}$)。具体的に得点のイメージができるよう,表2に記録と得点の対応を示す。

十種競技においては,2012年に初めて世界記録で9,000点の壁が,日本記録で8,000点の壁が破られた。2014年現在の世界記録はイートン(Ashton Eaton)の9,039点,日本記録は右代啓祐の8,073点である(表3)。また,七種競技の世界記録は1988年に記録されたジャッキー・ジョイナー・カーシー(Jackie Joyner-Kersee)の7,291点で,日本記録は中田有紀の5,962点(2004年)である。

注:記録はすべて2014年5月現在のものである。

参考文献

- 尾縣貢.「混成競技採点表にも歴史アリ」 http://www.sportsclick.jp/track/03/index04.html(2013年6月4日閲覧)
- 日本体育協会 監修.1987.『最新スポーツ大事典』359.大修館書店

(髙本恵美)

マラソン

Marathon

① 競技概要

マラソンは,42.195kmの距離を走って順位や記録を競う陸上競技種目である(図1)。マラソンと名のつく道路競技には,他にハーフマラソン(21.0975km)がある。

[コースと記録]

マラソンが行われるコースは,平坦な道路もあれば,起伏の激しい道路もある。また,折り返しコース,片道コース,同じコースを何周か走る周回コースがある。そのうえ,開催場所や時期により温度や湿度などの気象条件も大きく異なってくるので,単純に記録を比較することには問題があると判断されてきた。そのため,マラソンでは世界記録といわず,「世界最高記録」といって区別されてきた。しかし,2004年1月1日から「世界記録」「日本記録」として認定されるようになった。

コースの違いをできるだけ小さくするために,コースの条件もルールで制約されている。スタートとフィニッシュの2点間の直線距離はそのレースの全距離の50%以下,また,スタートとフィニッシュの2点間の標高差は1kmあたり1mを超えてはならない,というルールがある。

[マラソンに求められるもの]

夏のマラソンは,体力の消耗が激しいために,レースのペースが遅くなることが多い。そのため速いスピードよりも,最後までペースを落とすことなく走り切るスタミナが要求される。また,夏のレースで成功するためには,暑さに対する対策が求められる。具体的には,レース中の十分な給水や,熱くなった筋肉に水をかけて冷やすことが大切となる。

一方で,快適な気候のもと平坦なコースで記録をねらって行うマラソンのレースもある。こういったレースでは,目標とする記録に応じて,あらかじめ一定のペースを設定して他のランナーをリードしていくペースメーカーを用いることが多い。また,現在では男女の混合レースがルール上認められており,男性が女性のペースメーカーを務めるケースも出てきた。ただし,男性が女性のペースメーカーを務め,世界記録が出たとしても,これは世界記録として公認されない。

この先もレースの高速化がさらに進み,スピードのあるランナーが有利になると考えられる。また,自在にペースを上げ下げできる能力がレースを支配する鍵となるであろう。そうなると,男女ともに5000mや10000mといったトラック種目で好記録をもつ多くのランナーのマラソン進出が予想される。

② 歴史

紀元前490年,マラトンの戦いでペルシャ軍に勝利したギリシャ軍が兵士フィディピディスを伝令として送ったが,アテネの元老に「われ勝てり」と伝えた後に息絶えたという故事がある。この戦場となったマラトン(アテネの東北24マイルの地)からアテネまでの距離が,マラソンの42.195kmのルーツになっている。また,マラソンという名称は「マラトン:marathon」を英語読みしたものである。

マラソンは,古代オリンピックでは行われておらず,オリンピック種目となったのは,1896年の第1回大会(アテ

図1 競技中の様子:マラソン(写真:フォート・キシモト)

ネ)からであった。

[世界のマラソンの変遷]

　男子マラソンでは，第1回オリンピック大会(アテネ)ではマラソンの距離は40km，記録は2時間58分50秒で，42.195kmに換算すると3時間を切っていないことになる。1908年の第4回大会(ロンドン)では，現在と同じ42.195kmのコースが使われ，アメリカのヘイズ(J. Hayes)が2時間55分18秒で優勝を遂げた。しかし，この大会で最初にテープを切ったのは，イタリアのピエトリ(D. Pietri)であった。ピエトリは，トップで競技場のマラソンゲートをくぐったが，ゴールを前にして倒れこんでしまったのだが，ヘイズに抜かれると感じたイギリス役員は両脇を抱えゴールインさせた。助力を受けたため失格，ヘイズの順位が繰り上がった。

　1920年の第7回オリンピック大会(アントワープ)では，1912年第5回大会(ストックホルム)の5000mと10000mの金メダリストであるフィンランドのコールマイネン(H. Kolehmainen)が2時間32分35秒8の好記録で優勝した。彼の記録は，その後なかなか破られず，孫基禎が第11回大会(ベルリン)で30分を切る(2時間29分19秒2)までの16年間，世界最高記録として輝いた。次に登場したのが，「人間機関車」の異名をもつ偉大なランナーのザトペック(E. Zátopek，チェコスロバキア)であった。彼は5000mから30000mまでの種目で計18回にわたり世界記録を書き換えたスピードランナーであり，そのスピードをマラソンで生かし，2時間23分03秒2の大記録で1952年の15回オリンピック大会(ヘルシンキ)を制した。その8年後，エチオピアのアベベ・ビキラ(Abebe Bikila)が石畳を裸足で駆け抜け，2時間15分16秒2で第17回大会(ローマ)の優勝を飾った。次の第18回大会(東京)でもレースの6週間前に虫垂炎の手術を受けたのにもかかわらず，2時間12分11秒2という大記録で2連覇を果たした。彼は，苦しくとも表情を変えないことから"走る哲人"と呼ばれた。

　1969年には，大舞台での活躍のなかったオーストラリアのクレイトン(D. Clayton)が2時間8分33秒6という10分を切る驚異的な記録をマークした。これは12年間，世界最高記録として輝き続けた。

　現在の最高記録は，ケニアのキメット(D.K. Kimetto)が2014年にマークした2時間2分57秒である。

　一方，女子マラソンだが，女性の陸上競技への参加が認められるようになっても，「女性にはマラソンは過酷すぎる」という見解があり，マラソン大会も男子のみで開催されていた。オリンピックで行われるようになったのは，1984年第23回大会(ロサンゼルス)からであった。この記念すべき大会では，地元のベノイト(J. Benoit Samuelson)が2時間24分52秒という好記録で優勝を果たした。その後，日本でも多くの女性ランナーがマラソンに取り組むようになって，華々しい活躍を残している。1992年の第25回大会(バルセロナ)では有森裕子が銀メダル，続く第26回大会(アトランタ)では銅メダルを獲得した。2000年の第27回大会(シドニー)では高橋尚子が，2004年の第28回大会(アテネ)では野口みずきが連続で金メダルを手にし，「女子マラソン日本」という地位を築いた。

　現在の世界記録は，ラドクリフ(P. Radcliffe，イギリス)が2003年にマークした2時間15分25秒である。ラドクリフは，トラック競技の10000mでも30分01秒09という世界歴代でも上位に入る好記録を保持しており，女子マラソンの高速化を促したといえる。

[日本のマラソンの変遷]

　男子は古くから目覚ましい活躍を示

表1　男女マラソン世界歴代10傑(2014年9月現在)

男子マラソン

順位	選手名	国	タイム	期日	大会
1	デニス・キプルト・キメット	ケニア	2.02.57	2014/9/28	ベルリン
2	エマニュエル・ムタイ	ケニア	2.03.13	2014/9/28	ベルリン
3	ウィルソン・キプサング	ケニア	2.03.23	2013/9/29	ベルリン
4	パトリック・マカウ	ケニア	2.03.38	2011/9/25	ベルリン
5	ハイレ・ゲブラセラシエ	エチオピア	2.03.59	2008/9/28	ベルリン
6	エリウド・キプチョゲ	ケニア	2.04.05	2013/9/29	ベルリン
7	ジョフリー・ムタイ	ケニア	2.04.15	2012/9/30	ベルリン
8	アエレ・アブシェロ	エチオピア	2.04.23	2012/1/27	ドバイ
9	ダンカン・キベト	ケニア	2.04.27	2009/4/5	ロッテルダム
	ジェームズ・クワンバイ	ケニア	2.04.27	2009/4/5	ロッテルダム

女子マラソン

順位	選手名	国	タイム	期日	大会
1	ポーラ・ラドクリフ	イギリス	2.15.25	2003/4/13	ロンドン
2	リリア・ショブホワ	ロシア	2.18.20	2011/10/9	シカゴ
3	メアリー・ケイタニ	ケニア	2.18.37	2012/4/22	ロンドン
4	キャサリン・ヌレデバ	ケニア	2.18.47	2001/10/7	シカゴ
5	ティキ・ゲレナ	エチオピア	2.18.58	2012/4/15	ロッテルダム
6	野口みずき	日本	2.19.12	2005/9/25	ベルリン
7	イリーナ・ミキテンコ	ドイツ	2.19.19	2008/9/28	ベルリン
8	アセレフェチェ・メルギア	エチオピア	2.19.31	2012/1/27	ドバイ
9	ルーシー・ワゴイ	ケニア	2.19.34	2012/1/27	ドバイ
10	ディナー・カスター	アメリカ	2.19.36	2006/4/23	ロンドン

し続けている。これまで多くのランナーのがんばりにより、マラソンは国民の固定的な人気を獲得している。

日本人として最初にオリンピック(1912年第5回大会、ストックホルム)に出場し、日本マラソン界の先駆者となった金栗四三、マラソンでのオリンピック初(1928年第9回大会、アムステルダム)の入賞者となった山田兼松、第9回大会、第10回大会(1932年、ロサンゼルス)で連続入賞を果たした津田晴一郎、第11回大会(ベルリン、1936年)でマラソン初優勝を果たした孫基禎。戦後になって、初めての入賞を果たした川島義明、第18回オリンピック大会(東京、1964年)で3位入賞を果たした数年後、自らの命を断った悲劇のランナー円谷幸吉、第19回大会(メキシコシティ、1968年)で銀メダルを取った根性のランナー君原健二、双子のランナー宗兄弟、オリンピックでの活躍はないものの当時実力No.1といわれた瀬古利彦、1988年第24回大会(ソウル)と1992年第25回大会(バルセロナ)で4位に連続入賞した中山竹通、1991年世界選手権大会(東京)で金メダルを獲得した谷口浩美、1992年第25回大会(バルセロナ)で銀メダルを取った森下広一らの活躍が挙げられる。

一方、歴史の浅い女子マラソンでも華々しい活躍が続いている。表1は、男女の世界歴代10位を挙げたものだが、女子の日本記録は上位にランクインしていることがわかる。日本の女子マラソンの高いレベルをうかがい知ることができる。

今日では、市民へのマラソンの普及が目覚ましく、東京、大阪、神戸、京都、名古屋などの大都市で大型の市民マラソンが開催されるようになった。

参考文献
◆ 日本陸上競技連盟. 2009.『陸上競技ルールブック2009年版』あい出版

(尾縣 貢)

駅伝(競走)

Road relay

① 競技概要

駅伝競走は、1本のタスキ(襷)を数人から数十人のランナーでリレーしていき、山や海岸、市街地や田園地帯などを駆け抜けていき、その速さと順位を競う陸上競技種目である(図1)。

一般の道路で行われることが多く、観衆も間近でみることができるため、臨場感を味わうことができる。また、上り坂の多い区間、下り坂の多い区間、長い距離の区間、短い距離の区間というように区間によってコースの特徴が異なる。そのため、選ぶ区間によりランナーの長所を生かすことができることから、チームとしての作戦も重要になってくる。

駅伝競走では、日本陸上競技連盟のルールで定められた規格のタスキ(長さ1.6-1.8m、幅6cmが標準)を、中継線から進行方向20mの間で、前走者から次走者に必ず手渡さなければならない。しかし、中継所への到着が規定の時間以上に遅れた場合には、繰り上げスタートを行うこともある。その場合、走者は新たなタスキをかけてスタートすることになる。

タスキは、中継所の前後を除いて、必ず肩から脇の下にかけなければならない、というルールもある。

また、駅伝の走行距離は、競技大会ごとに様々である。いくつかの大会の総距離と区間距離を表1に示す。

この競技は、日本で生まれ日本で育ち、そして世界へと広がっていったものであり、日本のマラソンや長距離走の水準を引き上げるのにおおいに貢献してきた。実際にマラソンで活躍した名ランナーたちの多くは、駅伝に育てられ、世界へと羽ばたいていった。

日本の冬の風物詩といわれるほどに、広く国民にも浸透しており、冬になると日本の至るところで駅伝大会が行われている。子どもや市民ランナーからオリンピック選手までがそれぞれの大会で健脚を競い合っている。

② 歴史

駅伝の語源は、奈良時代に駅の制度として大宝律令(701年)に定められた「駅馬伝馬」制にあり、このうちの駅と伝をとり、駅伝と名づけられた。駅馬伝馬とは、中央政府からの地方への伝達や、逆に地方の情報を中央政府に集めるのにおおいに威力を発揮した制度であり、駅鈴を持った官人に馬と宿を提供し(駅馬)、伝符を持つ者には馬を

図1 競技中の様子:駅伝(写真:フォート・キシモト)

提供した(伝馬)というものである。

この「駅伝」という用語が競技名(大会名)として初めて使われたのは、1917(大正6)年の4月27日、京都三条大橋から東京不忍池までの516kmを23区間に分けて行った東海道駅伝徒歩競走であった。この名称は、大会を主催した読売新聞社会部部長であった土岐善麿に命名の相談を受けた、神宮皇學館皇典講究所所長の武田千代三郎の発案である。この競走には関東組と関西組の2チームが出場し、関東組が41時間45分で勝利した。

東海道駅伝徒歩競走が開催された3年後の1920(大正9)年には、東京箱根間往復大学駅伝競走(通称:箱根駅伝)が始められた。これは、駅伝の代名詞といえるほど有名な大会に育ち、現在では正月のイベントとして国民的な人気を博している。

第二次大戦後には師走の京都路を7人の高校生ランナーがタスキリレーをしていく全国高等学校駅伝競走大会が生まれた。その後も、全日本大学駅伝対校選手権大会、全日本実業団対抗駅伝競走大会、全国中学校駅伝大会、全国都道府県対抗駅伝競走大会など数々の駅伝大会が行われるようになり、ウインタースポーツとして定着していった。1980年代からは、女子も駅伝に取り組むようになり、華やかな闘いが繰り広げられている。

駅伝は国内で発展するとともに国際化していき、国際千葉駅伝のような国別の対抗駅伝も開催されている。アメリカやヨーロッパの諸国では日本語のまま"Ekiden"という名称で普及している。

参考文献
◆ 日本陸上競技連盟. 2009.『陸上競技ルールブック2009年版』482-86. あい出版

(尾縣 貢)

表1　駅伝大会の総距離と区間距離の例

大会名	区間距離の例
国際千葉駅伝 （千葉市）（6区間／42.195km）	1区（男子）5km—2区（女子）5km—3区（男子）10km—4区（女子）5km—5区（男子）10km—6区（女子）7.195km
全日本実業団対抗駅伝競走大会 （前橋市～高崎市～伊勢崎市～太田市～桐生市）（7区間／100km）	1区12.3km—2区8.3km—3区13.6km—4区22.0km—5区15.8km—6区12.5km—7区15.5km
全日本大学女子駅伝対校選手権大会 （仙台市）（6区間／38.6km）	1区5.8km—2区6.8km—3区9.1km—4区4.9km—5区4.0 km—6区8.0km
全国高等学校駅伝競走大会 （京都市）（男子：7区間/42.195km，女子：5区間/21.0975km）	・男子 　1区10.0km—2区3.0km—3区8.1075km—4区8.0875km—5区3.0km—6区5.0km—7区5.0km ・女子 　1区6.0km—2区4.0975km—3区3.0km—4区3.0km—5区5.0km
東京箱根間往復大学駅伝競走 （東京～箱根）（10区間／217.9km）	・往路（5区間／108.0km） 　1区21.4km—2区23.2km—3区21.5km—4区18.5km—5区23.4km ・復路（5区間／109.9km） 　6区20.8km—7区21.3km—8区21.5km—9区23.2km—10区23.1km

競歩

Race walk

① 競技概要

競歩は，どちらかの足が必ず地面に着いているようにして一定距離を歩き，その速さと順位を競う陸上競技種目である（図1）。

競歩の大きな特徴は，歩型（歩くフォーム）を審判がチェックをして，ルールに抵触する者は失格になるということである（図2）。ルールには，競歩の定義として，「両足が同時に地面から離れることなく歩くことをいう（ロス・オブ・コンタクトにならない）。さらに，前脚は接地の瞬間から垂直の位置になるまで，まっすぐに伸びていなければならない（ベント・ニーにならない）」と記されている。

競技中に「ロス・オブ・コンタクト」や「ベント・ニー」がみられる場合には，1回の反則となり，審判員は赤カードを主任に提出する。主任を含めて6-9人の審判員（道路で行う場合。トラックで行う場合には主任を含めて6人）のうち，3人以上の審判員から赤カードが出された場合には，その競技者は失格になる。

オリンピックで実施されている競歩種目には男子20kmと50km，女子20kmがあり，いずれも道路を使用して行われる。国内の大学生や高校生などの競技会では，陸上競技場のトラックを使用して行うこともある。国内外で実施されている競技種目は，表1のとおりである。

競歩の道路コース（周回コース）は，日本陸上競技連盟が主催・共催する競技会などでは1周最長2.5km，最短2km，それ以外の競技会では1周最長2.5km，最短1kmにしなければならないというルールがある。

② 歴史

競歩が競技として行われ始めたのは，近代に入ってからの19世紀中頃以降といわれている。1866年のイギリスのアマチュア・アスレティッククラブ選手権大会で7マイル（11.265km）競歩が採用されている。そして，オリンピックでは1908年の第4回大会（ロンドン）で10マイル競歩が初めて採用された。

このように競歩が競技種目として取り上げられるようになった背景には，17世紀あたりから盛んになった賭けレースがあるといわれている。この賭けレースは，当時のイギリスの荘園の領主たちが，飛脚や伝令係として雇っていたフットマン（ペデストリアン）に金を賭け競走させたことが始まりであった。レースの距離は様々であり，数マイルから数百マイルにわたっており，距離が短ければ走り通し，数百マイルにもなれば歩行が中心となったということである。こうして長距離走とともに，歩く速さを競う"競歩"も行われるようになった。

図1　競技中の写真：競歩（写真：フォート・キシモト）

図2　競歩の歩型
・いずれかの足が，常に地面から離れない。
・前脚は接地の瞬間から垂直の位置になるまで，まっすぐに伸びていなければならない。

表1　競歩の種目

	男子	女子
ロード種目	10km競歩	5km競歩
	15km競歩	10km競歩
	20km競歩*	15km競歩
	30km競歩	20km競歩*
	50km競歩*	
トラック種目	5000m競歩	5000m競歩
	10000m競歩	10000m競歩
	20000m競歩	20000m競歩
	30000m競歩	
	50000m競歩	

＊オリンピック，世界選手権で実施される種目

競歩競技がオリンピック種目に採用されたのは，第5回大会(ストックホルム，1912年)であり，距離は10000mであった。第9回大会(アムステルダム，1928年)では競歩競技は実施されず，第10回大会(ロサンゼルス)から50km競歩が採択された。第14回大会(ロンドン，1948年)からは，10000m競歩と50km競歩，第16回大会(メルボルン，1956年)から，現在と同じ20kmと50kmの2種目が実施されるようになった。

女子の競歩は歴史が浅く，1992年の第25回大会(バルセロナ)で10km競歩が実施されたのが初めてであった。第27回大会(シドニー，2000年)からは，距離が20kmになり，現在に至っている。

男子20km競歩(世界記録：1時間17分16秒，日本記録：1時間18分41秒)，男子50km競歩(世界記録3時間34分14秒，日本記録：3時間40分12秒)の世界記録から時速を算出すると，それぞれ毎時15km前後となる。通常の歩行は毎時4-6kmであり，きわめて速いスピードで歩いていることがわかる。また，女子20km競歩の世界記録は，1時間25分02秒，日本記録は1時間28分03秒である。

競歩の世界記録の多くはロシア選手がマークしたもので，その強さは圧倒的である。中国もランキング上位に名を連ねており，高い水準を誇っている。

日本の選手では，これまでに第29回オリンピック大会(北京，2008年)では，男子50km競歩で山崎勇喜が7位に入賞した。また，世界選手権大会では，1997年のアテネ大会男子50km競歩で今村文男が6位，2001年のエドモントン大会男子20km競歩で柳澤哲が7位，2005年のヘルシンキ大会男子50km競歩で山崎勇喜が8位に入賞をしている。

注：記録はすべて2014年5月現在のものである。

参考文献

◆ 日本陸上競技連盟．2009．『陸上競技ルールブック2009年版』464-66．あい出版

(尾縣　貢)

クロスカントリー(競走)

Cross-country

① 競技概要

クロスカントリー競走とは野山で長距離走を行い，その速さを競う陸上競技種目である。コースは，可能なかぎり草地や森林地帯などに設定し，滑らかなカーブと短い直線，自然の起伏や障害があるコースが望ましいとされている(図1)。

また，レースでは1周が1,750mから2,000mのコースを周回することが国際陸上連盟(International Association of Athletics Federations: IAAF)のルールで定められている。これに加え，1周ごとに少なくとも合計10mの上り坂があることもコースの条件となっている。日本では，このような条件を満たす公園を利用してレースを行うことが多い。

世界クロスカントリー選手権大会では，男子ロングが12km，女子ロングが8km，ジュニア男子が8km，ジュニア女子が6kmの距離で競われている。

アメリカ，イギリス，スペインなどではクロスカントリーの大会が盛んに開催されており，競技人口も多く，クロスカントリーをトラックでの中・長距離走種目およびマラソンの強化の手段として活用するという考えも浸透している。一方，日本では道路競技であるマラソンや駅伝競走の人気が高いものの，クロスカントリーの大会数は多くはなく，盛んであるとはいえない。

クロスカントリーでは，芝や土といった柔らかい走路を走るために，硬い道路や合成樹脂で作られているトラッ

図1　競技中の様子：クロスカントリー(写真：フォート・キシモト)

ク上でのランニングに比較すると足首，膝や腰などへの負担は小さく，怪我の発生を少なく抑えることができる。また，平坦なトラックでのランニングと比較すると，異なる筋群を動員する。上り坂では，背中，尻，大腿部後面の筋群により強い負荷を与えることができる。その結果，脚の筋力・パワーが高まり，地面を強く，しかも効率よくキックすることができるようになるという効果も期待できる。逆に下り坂では，接地の瞬間に大腿部前面などに大きな力がかかり，それらの部位の筋群を強化することができるとともに，接地時の衝撃をうまく吸収する動きを習熟させることができる。

これら筋群へのトレーニング効果のみならず，呼吸循環器の機能を効率よく高めることもできる。上り坂では運動強度が高まり，平地や下りでは強度は低くなる。そのため強い負荷，弱い負荷が繰り返され，無酸素性エネルギー供給系と有酸素性エネルギー供給系の両方が高い水準で動員される。その結果として，全身持久性が高まるとともに，生体内のpH低下を抑える緩衝作用(からだの内部が酸性に傾くのを防ぐ能力)も改善される。

表1は，2009年の世界クロスカントリー選手権大会の男女ロングの部の結果を示している。これによると，ケニア，エチオピアといったアフリカ勢が圧倒的な強さを示していることがわかる。アフリカ勢は，通常のトレーニン

表1　第37回世界クロスカントリー選手権大会・男女ロングの部成績一覧（2009.3.28開催）

男子（シニア12km）			男子（ジュニア8km）		
順位	選手名	国	順位	選手名	国
1	G.ゲブレマリアム	エチオピア	1	A.アブシエロ	エチオピア
2	M.N.キプシロ	ウガンダ	2	T.K.ムビンシェイ	ケニア
3	Z.ダデッセ	エリトリア	3	M.キベト	ウガンダ
4	L.P.コモン	ケニア	4	P.K.タヌイ	ケニア
5	H.フィカドウ	エチオピア	5	J.K.コリル	ケニア
6	M.K.キソリオ	ケニア	6	A.イルサウ	エチオピア
7	M.K.キプトウー	ケニア	7	B.ビフッ	エチオピア
8	C.ブジャッタウイー	モロッコ	8	D.ウォルドセンベト	エチオピア
9	T.メディーン	エリトリア	9	J.キプコエチ	ケニア
10	H.メスフィン	エチオピア	10	J.K.チョルイヨット	ケニア

女子（シニア8km）			女子（ジュニア6km）		
順位	選手名	国	順位	選手名	国
1	F.J.キプラガト	ケニア	1	G.ディババ	エチオピア
2	L.C.マサイ	ケニア	2	M.チェロノ	ケニア
3	M.メルカム	エチオピア	3	J.チェブンゲノ	ケニア
4	J.チェプクルイ	ケニア	4	F.ゴシュ	エチオピア
5	W.アヤレウ	エチオピア	5	N.チェベト	ケニア
6	H.キベト	オランダ（ケニア出身）	6	S.ウツラ	ケニア
7	A.K.ムワンギ	ケニア	7	E.アンテネー	エチオピア
8	G.ブルカ	エチオピア	8	H.C.タヌイ	ケニア
9	M.Y.ジャマル	カタール（エチオピア出身）	9	M.メンギスツ	エチオピア
10	I.C.ジェノンゲ	ケニア	10	J.チョビイ	ケニア

グをアップダウンの激しい野山や不整地で行う機会が多く，これがクロスカントリーの強化につながっていると考えられる。

② 歴史

イギリスでは，18世紀以来，郊外の野原や牧草地，都市の公園内において，プロの走者による賭けレースが盛んであった。こうしたレースのまねごとをパブリックスクールの生徒たちが行うようになり，19世紀中葉以降にはスクールの生徒たちはもちろん，ボート等の冬期練習の一環として学生の間でも野原や牧草地を利用してのレースが広く行われるようになった。

これらが子どもの遊びではなく，競技として初めて行われたのは，1867年にボートの冬期練習の一環として実施された「テムズ・ハンディキャップ障害走」と称するレースによる。その後，1877年にテムズ・ヘアー・アンド・ハウンズクラブのリーを中心とした会員が第1回選手権を開催し，1883年にはイギリスにおけるクロスカントリー競走の統括団体として「全英クロスカントリー連合」（the National Cross-Country Union）が設立された。

一方，そのほかの欧州諸国でも，特にフィンランドやスウェーデンなどの北欧諸国を中心に冬季のスポーツ種目としてクロスカントリーの人気が高まってきた。そのため，第2回オリンピック大会（パリ，1900年）からはクロスカントリー競走が実施されたものの，野外を走るために会場ごとにコース条件が異なり，記録の標準化や比較ができないため，第9回大会（アムステルダム，1928年）以降中止されている。

IAAFは，春に世界クロスカントリー選手権大会を隔年で主催している。この前身は，1903年に始まった国際クロスカントリー選手権大会である。この大会は1973年に世界クロスカントリー選手権大会に名称を変えた。第1回はベルギーのワレゲムで一般の男女，ジュニア男子の3種目が行われた（シニア男子12km，シニア女子8km，ジュニア男子8km）。

1998年から短い距離の種目（シニア男子・女子4km）が加わり，現在に至っている。2006年には，福岡市の海の中道海浜公園にてアジアで初めての世界クロスカントリー選手権大会が開催された。

日本陸上競技連盟主催の国内大会には，千葉国際クロスカントリー大会と福岡国際クロスカントリー大会がある。前者は歴史が古く，1962（昭和37）年に始められた全国断郊競走大会が出発点となっている。この大会は第4回目の1965（昭和40）年からは全日本クロスカントリー大会に大会名称を変え23回続いた。1989（平成元）年からは千葉国際クロスカントリー大会となり，現在に至っている。

注：記録はすべて2014年5月現在のものである。

参考文献
- 日本体育協会 監修.1987.『最新スポーツ大事典』264－66. 大修館書店
- 日本陸上競技連盟.2009.『陸上競技ルールブック2009年版』464－66. あい出版

（尾縣　貢）

陸上競技
[障がいのある人の]

Athletics (for disabled)

① 競技概要

障がいのある人の陸上競技は，原則として，日本陸上競技連盟の競技規則に則って競技が行われる。ただし，障がいを考慮した特別な規則（国際パラリ

ンピック委員会陸上競技規則または全国障害者スポーツ大会競技規則）が適用される。競技種目に関しては障がいのクラスによって実施していない種目もある。

まず、競技会に参加する選手は、必ずクラス分けを受け各自の出場クラスを確定させなければならない。このことは、障がいの種類（視覚障がい、下肢の障がいなど）や障がいの程度によって競技能力が異なるため、また、競技成績に影響が出るのを防ぐため、あらかじめ確定した同じクラスの選手が競うことで、その影響を最小限にすることを目的に行われている。

また、特別な規則として代表的なものを挙げると、トラック競技でセパレートレーンを使用して行われる種目において、ガイドランナー（選手の目の役目をする者）を必要とする視覚障がいの選手は、ガイドランナーの走路を含めて1選手に2レーンが与えられている（図1・上）。

レーサー（競技用車いす）を使用する選手は、規則の範囲内でレーサーを製作しなければならない。また、距離が800m以上の種目では、選手のヘルメット着用が義務づけられている。（図1・下）

また、フィールド競技の跳躍種目において、コーラー（選手の跳躍方向や投てき方向を指示する者）を必要とする視覚障がいの選手は、跳躍の踏切板として1×1.22mの白く覆われた踏切区域を使用する。

重度障がいのため通常の投てき種目を行うことができない選手のクラスでは、こん棒投という種目が採用されている。

② 歴史

国内では、日本パラリンピック委員会（Japan Paralympic Committee: JPC）の傘下に、日本身体障害者陸上競技連盟、日本盲人マラソン協会、日本知的障害者陸上競技連盟、日本聴覚障害者陸上競技協会が設立され活動している。

また、パラリンピックにおける陸上競技には日本選手も多数参加している。第14回パラリンピック大会（ロンドン、2012年）では、4個の銀メダルを獲得した。

（吉村龍彦）

リズム系ダンス

Rhythm dance

① 概要

リズム系ダンスは、広義には、ジャズダンス、ディスコダンス、ブレイクダンス、ストリートダンスなど、流行の（現代的な）音楽のリズムに乗って踊られる種々のダンスの総称である（図1）。狭義には、2000（平成12）年告示の学習指導要領においてダンス領域の内容として新しく導入された「リズムダンス（小学校）・現代的なリズムのダンス（中学・高校）」をさす。

これらのダンスは、「ロックやヒップホップなどの現代的な音楽のリズムに乗って、リズムの取り方や動きを工夫し、相手と関わり合いながら自由に踊るのが楽しいダンス」である。特に、音楽との関係が深く、時代の「今」の感覚が踊りに反映していると同時に、音楽のリズム／ビートによって誘発される「律動の快感」とリズムを介したコミュニケーション（交流）という「踊る原点」としての側面を併せもっている。踊り方のポイントは、体幹部でリズムに乗ること、リズムの特徴を捉えて様々に変化をつけて踊ることである。

リズム系ダンスは、ともに踊って交流し合う参加型が中心であるが、ストリートダンスでは個人やチーム同士が互いのダンスをノリと技術でアピールし合って競う「バトル」形式の楽しみ方がある。また、オリジナルダンスを上演する発表会やコンクールは、地域や学校の枠を超えて全国各地で急速に広がり、その代表的なものとして「ジャパン ダンス ディライト（JAPAN DANCE DELIGHT）」などがある。

② 歴史

近年、リズム系ダンスに対する人々の関心は音楽とクロスオーバーする形で年々高まりをみせ、ダンスブームと呼ばれるほど普及・発展している。ロックやヒップホップなどの「現代的なリズム」ということでは、1950年代に生まれた8ビートを基調としたロックンロール（現在では広くロックと呼ばれる）以降の音楽とダンスをさすと考えられる。現在のヒップホップやラップをはじめとする多くの音楽がロックから派生・発展したものであり、その共通の特徴として「リズム／ビート主体」という点が挙げられる。さらに、これらの音楽の多くはアフリカの黒人音楽を起源としており、その意味では、リズム系ダンスのルーツははるか原始の踊りまでさかのぼることができる。このようにリズム系ダンスは、原始にそのルーツをもちつつ、常に変化する時代の音楽シーンに対応して新たなスタイルが生まれ、また変容し続けているということができる。

参考文献

◆ 村田芳子 編. 2012. 『表現運動－リズムダンスの最新指導法』小学館

（村田芳子）

図1 競技中の様子：陸上競技［障がいのある人の］
上：ガイドランナー、下：ロードレーサー

図1 大学生のストリートダンスの上演：リズム系ダンス

リュージュ

Luge

① 競技概要

リュージュは，選手がそり（リュージュ）に，座位または背面仰臥姿勢の滑走フォームをとり，足先方向から氷上コースを滑走し，その速さ（一定の距離を走破するタイム）を争う競技である。

リュージュ（Luge）とは，フランス語で「木製そり」を意味する言葉である。英語では「トボガン（toboggan）」「スレッジ（sledge）」，ドイツ語では「ローデル（rodel）」「シュリッテン（Schlitten）」等と称される。冬季オリンピック大会の実施種目として採用されており，その競技名は「リュージュ」が正式名称である。

リュージュ競技は，人工凍結トラックコース（artificial track）と天然トラックコース（natural track）で行われる種目があり，用いられるそりやその技術は異なっている（図1）。

冬季オリンピック大会の種目としては，人工凍結トラックにおいて実施されるものが正式種目であり，日本で「リュージュ」と呼ぶ場合は，こちらの種目が一般的である。

競技は，約100mの高低差のある全長約1,300mのコース（男子1人乗りの場合。女子1人乗り・2人乗りでは約1,000m）で行われる。

滑走スピードは最高速度で時速130kmを超え，選手はコースを約50秒前後で滑り終える。ワールドカップでは2回の滑走，オリンピックでは2日間で4回の滑走（2人乗りは1日で2回の滑走）の合計タイムで勝敗を競う。記録は，スタートとフィニッシュ地点に設置された光電管によって，1/1000秒単位で計測される。

スタート動作は，能動的に加速できる唯一の運動局面である。スタートの加速は，スタート台にあるハンドルを強く押し出し，直後のパドリング動作（座位のまま氷上を手袋のスパイクで引っかくようにして行う加速動作）によって行われる。スタート台は水平面であるが，その直後から斜度のあるコースとなり，選手はリュージュ上に背面仰臥姿勢をすばやくとり滑走することとなる。

コースには約15〜19ヵ所のカーブが配置される（各コースによりレイアウトはすべて異なる）。選手は背面仰臥姿勢を基本とした滑走フォームで，できるかぎり減速しないようにバランスをとりながらラインとり操作を行い，そのままの姿勢でフィニッシュする。高速走行で競うリュージュにおけるパフォーマンス向上要因は，1)スタートタイムの向上，2)空気抵抗の低い滑走フォーム保持，3)効率的なラインとり，4)マテリアル改良・開発（そりやレーススーツ素材ほかの開発）の4点に整理することができる。

競技は，国際競技規則（IRO）によって使用するリュージュそりや競技進行に関して規定されている。重要になると考えられる競技用品の重量に関する原則的な規定は以下である。

・そり：1人乗りの基本重量は23kg（最小21kg，最大25kg），2人乗りの基本重量は27kg（最小25kg，最大30kg）。
・競技服：ヘルメット（バイザー），スーツ，手袋，靴（ローデルシューズ），プロテクターほか，すべて合わせて4kg。
・負荷重量（身体に装着できる重りの重量）：男子1人乗りでは最大13kgまで（90kg以下の選手のみが装着），女子1人乗りでは最大10kgまで（75kg以下の選手のみが装着），2人乗りでは最大10kgまで（選手ごとに計算式により決定）。

② 歴史

ヨーロッパの積雪地方で行われていたとされる「そり遊び」は，19世紀の終わり頃から競技会も開かれるようになり，スイスを中心に「そり競技」として発展してきた。1879年にはダボス（スイス）に2本の「そり競技コース」が開設され，競技会が開幕し，1883年に初めて21人の選手が参加して国際競技会が開催された。リュージュとして国際的に注目されるようになったのは，1955年にオスロ（ノルウェー）で開催された第1回世界選手権大会以降のことである。

国際的に競技を統括する組織として，1913年に国際スレッジスポーツ連盟が，ボブスレー・リュージュ・トボガニング等の「そり競技」を包括する団体として設立された。しかし，1935年頃からリュージュ部門を独立した団体とする運動が起こり，1957年に国際リュージュ連盟（Fédération Internationale de Luge de Course: FIL）が設立され，49ヵ国が加盟している（2011年現在）。FILが国際的な統括団体として，世界選手権，ワールドカップなどの競技会を主催している。

日本では1945（昭和20）年にアメリカ軍の札幌進駐によって，軍用スキー場と合わせて札幌市藻岩山にそりコースが開設された。その後1962（昭和37）年12月に札幌市体育連盟が中心となって日本ボブスレー・トボガニング連盟（JBTA）が設立され，さらに1966（昭和41）年の国際オリンピック委員会（IOC）総会で1972（昭和47）年の第11回冬季オリンピック大会開催が札幌に決まると，JBTAから独立して日本リュージュ連盟が発足した。1969（昭和44）年には札幌市藤野にオリンピック第2走路（1,000m）が完成し，選手強化が行われることとなった。

冬季オリンピック大会では，1964年の第9回大会（インスブルック）で正式競技となり，1968年の第10回大会（グ

図1　人工凍結トラック競技（左：1人乗り，中央：2人乗り），天然トラック競技（右）：リュージュ

ルノーブル)では各種目の前走を務めた。日本の正式参加は1972年の第11回大会(札幌)からで,男子2人乗りで荒井理・小林政敏組が4位に,女子1人乗りで大高(現・小林)優子が5位に入賞する活躍をみせた。以降の国際競技大会では,高松一彦が1990年の世界選手権7位,1991年のワールドカップで5位に入賞するなどの活躍があった。1998年の第18回大会(長野)では,牛島茂昭が男子1人乗りにおいてオリンピック過去最高位の16位を記録した。以降,第19回大会(ソルトレーク,2002年)へは男子1,女子1,2人乗り1チーム,第20回大会(トリノ,2006年)へは男子2,女子1,2人乗り1チーム,第21回大会(バンクーバー,2010年)へは男子1,女子2,第22回大会(ソチ,2014年)は男子1の選手が出場している。

第18回冬季オリンピック大会(長野)の会場となった長野市ボブスレー・リュージュパーク「スパイラル」では,ワールドカップ,世界選手権大会,ジュニア世界選手権,アジアカップなどの世界規模の大会が多数開催され,アジアでのそりスポーツの拠点としての期待がもたれている。

参考文献

◆ 国際リュージュ連盟ホームページ http://www.fil-luge.org/History.54.0.html (2010年11月10日)
◆ 北海道ボブスレー・リュージュ連盟.2001.『NIPPONそりスポーツ ボブスレー・リュージュ・スケルトンの歩み』中央デザイン
◆ 百瀬定雄,高松一彦.2008.「空気抵抗を減らす『滑走姿勢保持』という身体操作 —リュージュ競技の場合—」『体育の科学』(58):794-800.杏林書院

(百瀬定雄)

リレー

→陸上競技,水泳(競泳種目)

レスリング

Wrestling

① 競技概要

レスリングは,2人の競技者が素手でバランスの崩し合いを行い,技を仕掛けて相手の両肩をマットにつけるフォールやポイントを獲得する競技である(図1)。

[競技の特性]

レスリングは,1対1で戦う組技系の格闘技であるが,ルールで打撃(パンチ,キック,頭突き等),絞め技,および関節技を禁止している。

競技の目的は2つあり,1つは「相手をフォール(相手の両肩をマットにつける)する」こと,もう1つは「相手より多くポイントを獲得する」ことである。相手がバランスを崩していない状態で技を仕掛けてもポイントやフォールにつながる可能性は低い。そのため,自分がバランスを崩さずに相手のバランスを崩した状態で技を仕掛けることが競技で勝つ上で重要になる。

[競技の仕方]

レスリングには技術展開において,上半身のみの攻防を主体とし,下半身を攻撃することを禁止するグレコローマンスタイルと,全身を使って攻防するフリースタイルがある。オリンピック種別は,男子グレコローマンスタイル,男子フリースタイル,女子フリースタイルの3つである。競技は体重別の階級制で行われる(表1)。

試合は,フリースタイル,グレコローマンスタイルともに,1ピリオド3分間の2ピリオド制で実施する。

[勝敗の決定]

組み合った相手のバランスを崩し,相手の両肩を1秒間マットに押さえつける(フォール)と試合の勝者となる(フォール時点で試合終了)。

また,フォールがない場合はテクニカルポイントで勝敗を決める。フリースタイルは10点差がついた場合,グレコローマンスタイルは8点差がついた場合に,それぞれテクニカルフォールとなる。

フリースタイルのテクニカルポイントは以下のとおりである。1点,2点,4点。グレコローマンスタイルのテクニカルポイントは,以下のとおりである。1点,2点,4点,5点。

積極的な試合展開を行うために,消極的な選手に対する処置について,以下のように変更された。

フリースタイルでは,1回目に試合を止めて,消極的な選手に対して口頭による注意を行う。2回目は試合を止め,30秒間のペナルティ・ピリオドの指示を出す。30秒間でどちらの選手もポイントをとれなかった場合は,消極的と注意を与えられた選手の相手に1ポイントが加えられる。その後もさらに消極的な選手に対して,ペナルティ・ピリオドを実施する。試合開始2分が経過した時点で0対0の場合は,必ずペナルティ・ピリオドを実施する。

グレコローマンスタイルでは,消極的な選手に対して試合を止めないで注意を行う。2回目に注意を受けた場合,試合を止めコーションが与えられる。相手の選手は,スタンドかグランドの選択権を得ることができる。グランドのパーテレポジションは,クロスボディ(オーダード・ホールド)以外すべて

図1 競技中の様子:レスリング (写真:フォート・キシモト)

可能である。

審判団はレフリー，ジャッジ，マットチェアマンの3人から構成される。すべての決定は全員一致，または2対1の多数決によるものでなくてはならない。また，審判の手順，処置がレスリングルールに沿って行われているかを管理する控訴陪審員（ジュリー・オヴ・アピール）が，2009年から新しく設置された。

[試合場およびユニフォーム]

試合は，直径9mの円形のマット場で行う（図2）。

ユニフォームは，世界レスリング連合(United World Wrestling: UWW)公認の明確に識別できる「赤」か「青」のワンピースシングレットを着用する。

[組織の発展]

レスリングは世界最古の格闘技であり，古代オリンピック（紀元前776年）や，近代オリンピックにおいても1896年第1回オリンピック大会（アテネ）から正式種目として採用されてきた歴史をもつ伝統的な競技である。古代オリンピックにおいて，当初レスリングは単独競技ではなくペンタスロン（短距離走，幅跳，円盤投，やり投，レスリングの5種目を行う）の1つとして，紀元前708年の第18回大会から実施されていた。その後，紀元前668年の第23回大会からは，単独競技として実施されるようになった。また，2004年の第28回オリンピック大会（アテネ）からは，女子レスリングが加わった。

最初の国際レスリング連盟(International Wrestlers' Union)は，1912年にドイツで設立された。その後，国際オリンピック委員会(IOC)の指導のもとで，1921年国際アマチュアレスリング連盟(International Amateur Wrestling Federation: IAWF)が設立された。さらに，1956年名称を国際レスリング連盟(Fédération Internationale des Luttes Associées: FILA)に変更し，1965年には本部をスイス・ローザンヌに移設し現在に至っている。2014年9月には，世界レスリング連合(United World Wrestling: UWF)と名称変更した。UWWには，172の国と地域がレスリングの普及と強化のために加盟している（2012年度現在）。FILAは，1938年に女子をもう1つのスタイルとして認定した。初の国際大会は，1985年にフ

表1　レスリングの年齢構成と階級

階級	スクールボーイ (スクールガール)	カデット	ジュニア	シニア	ベテラン
年齢	14−15歳	16−17歳	18−20歳	20歳以上	35歳以上
性別	スクールボーイ	カデット	ジュニア	フリースタイル	グレコローマンスタイル
男子	29−32kg	39−42kg	46−50kg	57kg*	59kg*
	35kg	46kg	55kg	61kg	66kg*
	38kg	50kg	60kg	65kg*	71kg
	42kg	54kg	66kg	70kg	75kg*
	47kg	58kg	74kg	74kg*	80kg
	53kg	63kg	84kg	86kg*	85kg*
	59kg	69kg	96kg	97kg*	98kg*
	66kg	76kg	96−120kg	−125kg*	−130kg*
	73kg	85kg			
	73−85kg	85−100kg			
性別	スクールガール	カデット	ジュニア	シニア	
女子	28−30kg	36−38kg	40−43kg	48kg*	
	32kg	40kg	46kg	53kg*	
	34kg	43kg	50kg	55kg*	
	37kg	46kg	54kg	58kg*	
	40kg	49kg	58kg	60kg*	
	44kg	52kg	63kg	63kg*	
	48kg	56kg	68kg	69kg*	
	52kg	60kg	68−72kg	75kg*	
	57kg	65kg			
	57−62kg	65−70kg			

シニアの*印を付けた階級はオリンピックで実施。それ以外は世界選手権でのみ実施される。

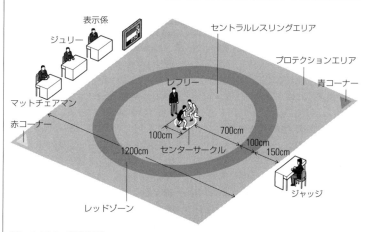

図2　レスリングの競技場

ランスで開催された。

[日本におけるレスリングの歴史]

オリンピック大会のレスリング競技への日本の参加は，1924年の第8回大会（パリ）からである。この頃は日本国内ではレスリングが行われておらず，アメリカ在住の内藤克俊をフリースタイル・フェザー級に派遣した。

最初にメダル（銅）を獲得したのは，1924年の第8回大会におけるフリースタイル・フェザー級の内藤克俊であった。

その後，1931（昭和6）年に，早稲田大学に日本最初のレスリングクラブが創設され，翌年，大日本アマチュアレスリング協会（現・日本レスリング協会）が設立された。

最初の金メダリストは，1952年の第15回オリンピック大会（ヘルシンキ）でフリースタイル・バンタム級に出場した石井庄八であった。地元開催となった1964年の東京での第18回大会では，5つの金メダルを獲得し，レスリング王国・日本を世界に強くアピールした。1988年の第24回大会（ソウル）フリースタイル・52kg級の佐藤満を最後に，金メダリストが長い間誕生していなかった。しかし，2004年の第28回大会（アテネ）において，16年振りに女子55kg級の吉田沙保里，同じく63kg級の伊調馨が金メダルを獲得した。吉田，伊調（馨）は，続く2008年の第29回大会（北京），2012年の第30回大会（ロンドン）と3連覇し，日本の女子レスリングの強さを世界にアピールした。また，男子フリースタイルでは，66kg級の米満達弘が24年振りとなる金メダルを獲得した。さらに，レスリングは1952年の第15回大会（ヘルシンキ）より，15大会連続メダル獲得をしている唯一の競技である。

なお，日本の競技人口（男女）は約1万人である。

② 技術・戦術・ルールの変遷

[ルールの変遷]

UWWでは幾多のルール改正が実施されてきた。なかでも1968年の第19回オリンピック大会（メキシコシティ）後には，大規模なルール改正が行われ，1971年に試合用のマットを四角形から現在の円形へと変更するとともに（八田一郎［初代日本協会会長］の提案をUWWが受け入れた），階級を10に分け表示もkgとした。階級は，1996年の第26回大会（アトランタ）後に8階級になり，2000年の第27回大会（シドニー）後には，現在の7階級に改正された。

一方，オリンピックで実施されている女子の階級は4階級であるが，UWW主催の大会では7階級で行われている。

試合時間は，1980年の第22回大会（モスクワ）後に3分3ラウンド制から3分2ラウンド制へと改正された。その後，1992年の第25回大会（バルセロナ）以後，5分1ラウンド制が導入された。しかし，1996年の第26回大会（アトランタ）以後，3分2ラウンド制に再改正された。さらに，2004年の第28回大会（アテネ）以降には，それまでの3分2ピリオドのトータルポイント制（合計得点数で勝者を決定）から，2分3ピリオド制（2ピリオドを獲得すれば勝者）へと改正がなされた。さらに，フリースタイルとグレコローマンスタイルの違いを明確にするため，グレコローマンスタイルには，1ピリオド間にスタンドレスリング（立技）とパーテール・ポジション（寝技からのスタート）を混在させた。さらに，オリンピック開催競技としての存続の危機を乗り越えたUWWは，大幅な改革を実施した。それは，前述の新階級と新ルールの発表であった。

これらの度重なるルール改正には，国際オリンピック委員会（IOC）のメディア戦略が大きく関係している。競技が存続していくためには，テレビ中継との関係を考慮していく必要がある。

[ルール変更に伴う技術・戦術の変遷]

1980年の第22回オリンピック大会（モスクワ）後に採用された3分2ラウンド制の導入は，世界の勢力図を大きく変えるものであった。変更前の3分3ラウンド制において強豪国の1つである日本の戦術は，2ラウンド目までの失点を最小限に抑え3ラウンド目で逆転するというものであった。しかし，試合時間が9分から6分に短縮されたことで，持久力に勝りパワーに劣る日本選手に不利なルール改正となった。第23回大会（ロサンゼルス，1984年）までに日本が獲得した金メダルは16個であった（1952-1976：7大会）が，1984年以後に日本が獲得した金メダル数は4個（1984-2008：7大会）と激減している。

これには，1991年のソ連の崩壊により11の共和国が生まれ，いずれもレスリングの強豪国となっていることも関係している。

2004年の第28回大会（アテネ）以降に実施されたルール改正では，グレコローマンスタイルにおける技術・戦術に大きな変化をもたらした。パーテール・ポジションにおけるクリンチ・ポジション（リバース・ボディ・ロック＝攻撃者が相手の正横から胴を組んで攻防をスタートする）からの攻防を導入したことにより，当初は大技（3点，もしくは5点を獲得できる技）が繰り広げられた。その結果，多くの選手が俵返し（リバース・ボディ・ロックの状態から相手を持ち上げ大きく後方に反る投げ技で3点もしくは5点を獲得できる）を使用し，その攻防が寝技の主流となった。しかし，防御技術の発達に伴い俵返しが少なくなり2点を獲得するガッツレンチ（背後から相手の胴を自分の両腕で巻き付けブリッジして相手を90度以上返して両肩をマットにつける技）の攻防が勝敗を大きく左右することになっていった。

日本においてもガッツレンチを得意技にもち，防御技術の高い60kg級の笹本睦は，2007年の世界選手権大会で日本人として12年振りとなる準優勝を遂げた。さらに，2010年，2014年のアジア競技大会2連覇を達成した長谷川恒平も，ガッツレンチを得意とする選手であった。

③ 現代の技術・戦術・ルール

これまでUWWは，オリンピック大会を境に4年に1度ルールの大幅な見直しを行っている。2008年の第29回オリンピック大会（北京）以降，UWWは消極的なレスリングに対するペナルティ（罰則）について厳重に注意を与えるとの見解を示した。

日本では笹本，長谷川のようにグランドのガッツレンチを得意とする選手と2010年の世界選手権大会で準優勝，2012年第30回大会（ロンドン）で3位の松本隆太郎のようにスタンド技の強い選手の2つのタイプがいる。

一方，フリースタイルにおける技術・戦術面においては，組手から崩しの連続を継続しタックルを主体として技術展開を行い，ポイントを獲得することが求められる。これは，現在のレ

スリングは，技術展開の少ない消極的な試合をする者に不利なルールとなっているからである。

現在，UWWは2013年2月に起きた夏季オリンピックにおける中核競技25団体からの除外により，不安定な状況が続いている。2024年夏季オリンピックまでの実施競技としての存続は決まっているが，その後は未定である。

そのため，さらにIOCが求める時代に適応した競技にしていく必要がある。

参考文献

- 佐藤満. 2006.『オリンピック金メダリスト直伝！ レスリング入門』ベースボール・マガジン社
- 世界レスリング連合ホームページ http://www.unitedworldwrestling.org/ (2014年11月1日)
- 日本体育大学レスリング研究会 編. 1984.『栄光へのレスリング』講談社
- 日本レスリング協会ホームページ http://www.japan-wrestling.jp/ (2014年11月1日)

(久木留毅)

ローラーホッケー

→ホッケー系ニュースポーツ

索引

1. この索引は,
   本事典の項目名と本文(引用文献・参考文献は除く)から選出した語句で構成され,
   事項索引,人名索引に分けて掲載している。
2. 見出し語の配列は,五十音順に並べている。
   五十音順で決まらないものは,次の順に並べている。
   ①濁音・半濁音は清音として配列,
   ②小字(促音・拗音・ぁぃうぇぉ)は普通字として配列,
   ③長音(ー)は直前の母音と同じ扱い,
   また,長音がないものを先に,長音があるものをあとに配列。
3. アルファベットで始まる語句は,
   事項索引の五十音順に続けて,アルファベット順に語句を収録している。
4. 掲載位置は,ページの数字と,左段:a,中段:b,右段:c の組み合わせで示している。
5. 書籍(物)や雑誌・新聞・作品等の名称には,『 』を付している。

事項索引————1320
人名索引————1340

事項索引

あ

アーチェリー 982a
アーチェリー[肢体不自由のある人の] 985b
アート・サーカス 867c
アーミッシュ 432c
アームシークエンス(腕の表現動作) 863b
アーユル・ヴェーダ 253b 459c
アーリア人 281a
アーリア人検証書 281a
アーリア人の優越 586a
アイアンガーヨガ 1002c
合気道 986b 1002c
アイススレッジホッケー 987a
アイス・ダンス 1108b
アイスホッケー 987c
アイデンティティー 611c 631a
アイドル化 772b
アイリッシュ・ダンス 1011c
アウトドアスポーツ 400a
アウトバウンド市場 413a
アウトワード・バウンド・スクール 1001c
あおり足 1080c
あがり 367b
アクアスロン 1175a
アクアフィットネス 1009b
アクションゲーム 401b
アクティブ80ヘルスプラン 66b
アクロバット系 884c
朝日新聞系列 420a
アザラシ跳び 614b
アザラシの皮剥ぎ競争 615b
アスリートファンド 740a
アジアサッカー連盟(AFC) 930c
アジア女性スポーツ会議 136c
アシアニア・スポーツ・フォー・オール協会(ASFAA) 409a
アジア・ラグビー協会(ARFU) 1279b
アシスタントコーチ 497b
アシスタントマネジャー 61c
アスリート・ボランティア 412c
アスレティシズム 123b 277a 421a 446b 447b 451a 549a 572a 573a 639c 718b 848a 848b
アスレティック(ス) 5c 7b 32c
アスレティックトレーナー 53c
アソシエーション 388c
アソシエーション(式)フットボール 427c 1053b
遊び 432a
遊びの合理的な解釈 435c
遊びの残存起源 232a
遊びの伝播論 232a
アダプティブローイング 1245a

アダプテッドスポーツ 338b 976c
新しい公共 58c
アドベンチャーレース 990a
アナリスト 500c 502b 504c 1215b
アナログ放送 418c
アパルトヘイト 706a 714a 910c
アピアランスマネー 740a
アファーマティブアクション 136c
アブネア 1238a
アブネア国際振興協会(AIDA) 1238b
アフリカサッカー連盟(CAF) 928b
アフリカ選手権 928b
アプロン 865a
アマチュア 396b 575c 576a 692c 737a
アマチュア規定 703a
アマチュア規定違反 737a
アマチュア競技連合(AAU) 396a
アマチュア・スポーツ法 91b
アマチュアリズム 583b 640a 737a 740a
アマチュアルール 737a
アメリカ化 801b
アメリカサッカー協会 928c
アメリカ疾病コントロールセンター(CDC) 327a
アメリカスポーツ医学会(ACSM) 77b 238c 306b 322b 327a
アメリカ人法 967c
アメリカスポーツ 641a
アメリカ体育振興協会(AAAPE) 265c
アメリカのスポーツ教育 527b
アメリカのスポーツ法学 230b
アメリカの野外レクリエーション 266c
アメリカの夢 449c
アメリカ・プレイグラウンド協会(APA) 266a
アメリカ・プロゴルフ協会(PGA) 1051a
アメリカンダブルダッチリーグ(ADDL) 1159a
アメリカン・デモクラシー 642b
アメリカンフットボール 990c
アラスカ先住民 609b
『アリ』[映画] 852c
アルス 854c
アルティメット 1235b
あるべき身体 273b
アルペン 1113a
アルペンコンバインド種目 1096c
アルペンスキー 1096a
アルペンスキー[障がいのある人の] 1102c

アレキサンダーテクニック 1002a
アングリカニズム 435c 447b
安息日 448a 449a 570a
安息日遵守主義 446a
アンダーハンドパス 1294b
アンチ・ドーピング運動 820a
アンチ・ドーピング規程 820a
安定性 859a
アンドロジニー 149a
あん馬 1140b
アンブッシュ産業 173a
アンブッシュマーケティング 694c 777a
按摩 250a

い

『イエロー・キャブ』[書物] 911a
イギリス車椅子スポーツ協会 960c
イギリス国教会 435c 445c 447b
イギリス視覚障害スポーツ協会 961b
イギリス身体障害者スポーツ協会(BSAD) 959a
イギリス切断者等スポーツ協会(BALASA) 961a
イギリス聴覚障害スポーツカウンシル 961b
イギリスのスポーツ史研究 225b
イギリスパラリンピック協会(BPA) 961c
育成シミュレーション 401b
石担ぎ 629b
意思決定理論 378c
医術 259a
医術的体育術 260c
伊豆アドベンチャーレース 990c
イスラーム 453a 454a
イスラーム団結スポーツ大会 456c
イスラームの身体観 455b
異性愛主義 151a
移籍補償(制度) 106c
板跳び 633a
イタリア未来派 846b 847a
一高(現・東京大学) 934c
一輪車 1000c
一校一国運動 676b 695c 703c
一種目型クラブ 422b
逸脱行動 428a
一般的体力 511a
一般ボランティア 412c
イデオロギー 874c
遺伝 316a
遺伝子工学 902b
遺伝子多型 317a
遺伝子ドーピング 812a 816b 817c

移動距離 897a
移動中継車 780a
移動パターン 897a
イニシアティブゲーム 1001b
居場所情報提供 428b
イフェクトマーケット 167c
異文化 800c
移民 582b
イメージ 154a
イメージトレーニング 372b
癒し 296c
癒し系スポーツ 1001c
イラン暦 457c
医療体操 944a
因果論的構造 904b
因果論的合理性 875c
イングランドサッカー協会(FA) 925b
イングランド障がい者スポーツ連盟(EFDS) 959b
インクルーシブ 972b
インサイドストーリー 759c
印象派 846a
インスリン 311a
インターセックス 158c
インターナショナル・ゲームフィッシュ協会(IGFA) 1038c
インターネット 360c 419a 898a
インターネットビジネス 768a
インターバル走 1289a
インターバルトレーニング 312a
引退 367c 382b
インダス文明 252a
インタビュー 766a
インテグリティ(高潔さ) 44b 45c
インテグレーション 966a
インテリジェンス情報 500c
インド 252b
インドアベースボール 1132c
インド武術 254a
インド舞踊 461b 1011c
インバウンド市場 413a
インラインスケート 1003a
インラインホッケー 1254c

う

ヴァーリトゥード 1126a
ヴァルナ国際バレエコンクール 1209a
ヴァルパ 623b
ヴィアコム 419b
ヴィア・メディア 435c 440b
ヴィヴェンディ・ユニバーサル 419b
ヴィガしらおい 418b
ウィリング・アンド・エイブル 968a
ウィルチェアーラグビー 1003c
ウィンタートライアスロン 1175a

ウインドサーフィン 1004b
ウインドホーク行動要請 132a
ウインドミル 868c
ウィンナ・ワルツ 867b
ウーマンリブ 128a
ウェイクボード 1005a
ウエイトリフティング 1005b
ヴェーダ 459a
ヴェーダ時代 252b
ウェーバー制度(方式) 71b
 179a
ヴェール文化 456b
ウェスタンロール 1295c
ウェブ(サイト) 361a 419a
ウェルビーイング 374b
ウォーキング 1008c
ウォークスルー 499b
ウォーターエクササイズ 1009a
ウォーターバレエ 1075a
ウォーターボード 1005b
ウォーター・ポロ 1087b
ウォーノック報告 960a
浮きの現象 859a
動く芸術 860c
宇宙論 567c
宇宙論的ブランコ 608b
鬱 373c
ウッドマン・アーデン協会 388c
駅馬伝馬制 1308b
運営会社 418b
運営ボランティア 412c
運動 25b
運動依存トルク 480a
運動イメージ 365c
運動会 396c 590a
運動会の誕生と発展 558c
運動感覚図式 481c 513a
 513b
運動感覚的類似性 474a
運動感覚能力 505b
運動技能 470c 471c 472c
運動競技 643b 718a
運動競技に伴う災害の業務上外の
 認定 111b
運動嫌い 359b 376b
運動芸術 854c 855a 856c
 856b 857a 857c
運動しながら学ぶ学校 264b
運動心理学 307c
運動制御 307b
運動伝承論 507b
運動による教育 520b
運動の機能的特性 540b
運動の特性 521b
運動の特性論 524a
運動パフォーマンス 368a
運動美意識 855c
運動部活動 400a 403b 554b
 556c 559b 560b 781c
 829c
運動不足 363c
運動不足症 234c
運動不足病 321c

運動部不適応 380b
運動文化 221c
運動文化論 524c
運動目的論 524a
運動有能感 358c 376b
運動様式 473a
運命予定説 582a

え
エアリアル(スキー競技) 1099c
エアリエル(ダンス) 868b
エアレース 1009c
エアロビクス 267b 321a
エアロビクスブーム 404c
エアロビック 1010c
映画撮影法 476a
英国ダービー 1037b
衛生 256a
『衛生術』[書物] 259a
衛星中継 780a
衛生展覧会 270a
映像機器 892a
映像情報 764b 898a
映像遅延装置 893a
映像データベース 901a
英雄的アスリート 585b
栄養学的コンディショニング
 240b
栄養教育 240a
エウエクシア 214c
エートス 836b
駅伝(競走) 1308a
エクササイズ 30c
エクササイズガイド2006 327a
エクストリームスポーツ 903b
エクストレイルジャム 1116a
エケケイリア 398b 709a
エコスポーツ 400a 1013b
エコ・チャレンジ 990b
エコノミック・アニマル 910c
エコプレー 425a
エコロジカルスポーツ 400a
エスキーテニス 1170a
エスキモー(イヌイット) 614a
エステ 288c
エスニシティー 606b
エスニックアメリカ 449c
エスニックスポーツ 425c 583a
エスニックダンス 1011b
エスニック・ツーリズム 595b
エスノサイエンス身体論 233c
エスノセントリズム 742c
エッジ・ワーク 903b
エナジェティクス 306c
『エニイ・ギブン・サンデー』[映画]
 853c
エピステーメー(学的認識)
 854c
エペ 1230a 1231a
『エミール』[書物] 123a
エリアサービス 402c
エリート教育 278a 420c

エリートスポーツ法 973a
エリスロポエチン 310c 815a
エレメンタリーバックストローク
 1080a
遠近感覚能力 486a
遠足 559b
エンターテインメント 759c
エンターテインメント化 790b
エンドーサー 171a 192a
エンドースメント 170a 174c
 191b
円盤投 1301c

お
応援型観戦者組織 400c
欧州柔道連盟 594b
欧州スポーツ閣僚会議 975a
応用行動分析 544c
応用トレーニング 511c
王立弓術協会 388c
王立陸軍体操学校 389a
オーストラリアの活性化 967c
オーストラリア・パラリンピック委員
 会(APC) 967a
オーストラリア・スポーツ・コミッショ
 ン(ASC) 77c 966a 969c
 970a
大相撲 71c 406a
オートレース 406c 1012a
オーバートレーニング 381c
オーバーハンドパス 1294b
オープンウィンドウ 341a
オープンウォータースイミング
 1013a
オープン化 1281c
オープンレーン 1286b
『オールド・ルーキー』[映画]
 852b
オールラウンド 1168a
男らしさ 122a 138a 277a
 573c
『オフサイドはなぜ反則か』[書物]
 750a
オフサイドルール 1057a
オブライエン投法 1301a
お雇い外国人教師 553a
泳ぐマラソン 1013a
オリエンタリズム 610c
オリエンテーリング 1013c
『オリンピア』[映画] 920b
オリンピズム 447b
オリンピズムの根本原則 682c
 712b
オリンピックアマチュアスポーツ法
 964b
オリンピック運動 659a
オリンピック休戦 659c 695c
 709a
オリンピック休戦センター 709c
オリンピック教育 674c 675c
 701a 701b
オリンピック競技会 429c

オリンピック芸術競技 847c
オリンピック憲章 12a 89c
 674c 682c
オリンピック国民運動 700c
オリンピック精神 673b
オリンピック・ディスタンス
 1176a
オリンピック停戦 12c
オリンピックと女性 677b
オリンピックと政治 704a
オリンピックとナショナリズム
 705a
オリンピックトレーニングセンター
 319c
オリンピックの価値 708b
オリンピックの商業化 679b
オリンピックのスポンサーシップ
 698c
オリンピックの民営化 741a
オリンピックのメガ化 688b
オリンピックの理念 704c 706a
 707c
オリンピックパートナー 398b
オリンピック復興会議 673a
オリンピックへの女性参加問題
 680b
オリンピックムーブメント 14a
 673c 674a 699b 700b
 704c 708b
オリンピックムーブメントアジェン
 ダ21 424b 744b
オリンピックリフト 1005c
オルメカ 631a
音楽の解釈 862b
音楽のテンポ 863a
音楽・文芸術 257c
音感 863c
オンコート・コーチング 1169a
温泉療法 1009b
女らしさ 122a
オンラインリーグ 401c

か
カーヴィングターン 1099a
カースト 453a
ガートン・コレッジ 577a
カーリング 1015a 1024a
 1031a 1254c
外延と内包 33c
廻国修行 462b
外国人教師 601c 602a
外国人枠 938b
外国籍 98a
解釈的研究 545a
解消化能力 483b
解説者 763c
凱旋門賞 1037c
階層性 472b
『解体新書』[書物] 248a
回転種目(Slalom) 1096b
解糖系エネルギー 896a

ガイドランナー　1312a
概念　33b
外発的動機づけ　358b
開発と平和のための国連スポーツ局（UNOSDP）　399b
解剖学　248a
解放的スポーツ科学　221a
海洋レジャースポーツ　425c
カウンセリング　237b 372a
カウンターカルチャー　363c
カウンターカルチャーの倫理　663c
課外活動　402c
課外におけるスポーツ教育　547a
抱え込み跳び　1295c
科学主義的イデオロギー　875b
科学的客観的映像資料　892b
科学的合理化思考　874c
核DNA　318b
学際的統合科学　218c
核磁気共鳴法（MRI, MRS）　234c
学習　237a
学習指導　533a
学習指導スタイル　542b
学習指導スタイル論　541c
学習指導ストラテジー　542b
学習指導法の構造　541b
学習指導法の変遷　534c
学習指導モデル　543a
学習指導モデル論　539b
学習指導要領　132b
学習指導要領の変遷　533a
学習者行動の研究　546a
学習性無力感　359a
学術研究団体　150c
覚醒　368b
角抵塚　599a
格闘ジャンル　401b
『学問のすゝめ』［書物］　249c
撹乱行為　158b
確率論的情報　500b
隠れたカリキュラム　144a 159a 228c
賭け　719c
囲い込み（エンクロージャー）　571c
画像加工ソフト　899c
仮想ゲーム　904a
片足高蹴り　614c
片肺大会　707a
カタルシス効果　357b
価値覚能力　482b
勝ち抜き方式　1111a
学級経営と体育授業の関係　546c
学校運動部（活動）→ 運動部活動
学校衛生　345b
学校開放　50c 57b
学校教育法　97b 938c
滑降種目（Downhill）　1096a
学校小説　848b

学校体育　347b 349c
学校体育振興法　82a
学校体育の危機　529b
各国オリンピック委員会（NOC）　398a
滑走効率　896a
滑走スピード曲線　893b
活用者　790a
活力検査　302a
家庭婦人軟式庭球協会　403c
家庭婦人バレーボール連盟　403b
勝とうと試みること　664b
カドリーユ　867b
カトリック　433a
カナダ女性スポーツ振興協会（CAAWS）　132c
カナディアン（カヌー競技）　1016a
カナル・プラス　419b 419c
カヌー（競技）　1016a
カヌーポロ　1016b 1019c
カバディ　460c 1020b
ガバナンス　45c 72b 428a
歌舞伎　866a 1011c
家父長制　128c
カポエイラ　1021a
釜石シーウェイブスRFC　418b
上方舞　1011c
神棚　467b 468b
神を喜ばせる行為　434c
カムアウト（表明）　156c
カヤック（カヌー競技）　1016b
カラー柔道着　612b 692c 742a
からだの声　456b
唐手　594b
空手道　1021b
カラリパヤット　253c 459c
カリプソ　868c
顆粒球　340c
カルチャーロンダリング　612a
カルチュラルスタディーズ　226b 653a 832c
カルビニズム　447c
加齢　327b
カレッジスポーツ　551c
ガレノスの健康論　259a
カレンジン　917b
カローリング　1024a
癌　324c
感覚潜入　513b
環境オリンピック　424a
環境破壊　696a
環境負荷　826b
環境問題　744a
観光　613c 630b
雁行陣　1129a 1129c 1168c
韓国舞踊　1011c
韓国民俗芸術祭（旧・全国民俗芸術競演大会）　632c
関西六大学連盟　397a
観察能力　507a

感受性　863c
感情　358a
感情の総量　195c
勧進相撲　162c 194a
間身体　855a 855c 856b
カン身体知　505a 506c
勧進元　406b
完遂度　862b
感性　863c
感性的直観　840b
間接的な経験　775a
間接的（二次的）参与　411a
関節トルク　480a
関節人形体操　293b
完全ウェーバー式ドラフト制度　420a
観戦型サービス財　402a
観戦者　359c
感染症　345c
カン創発能力　512c
「がんばれ！ニッポン」キャンペーン　163b 191a
庚復　956b
韓民族　601c
冠大会　759a
官僚制的性格　428a 429a
官僚的組織化　36c

き
気　296a 464c 567a
キー放送局　418c
器械運動　537b
機械技術　471c
議会制主義　874a
企業アマ　738c
企業運動部　400a
企業スポーツ　69c 70b 110a 403c 591a
企業チーム　416c
企業の社会的責任（CSR）　401c
企業フィットネス　70b
企業文化　417a
気・剣・体の一致　1041a
危険の臨界点　903b
危険引き受け　88b 112b
気功　250a 1002b
気功鍛錬　250c
気功法　251a
疑似対戦　783a
騎射　386b 600b
記者クラブ制度　420a
技術　470a
技術的合理性　429a
技術的評価　862b
技術的理想像　856c 857b
技術統計　500b
技術トレーニング　511c
技術美　843c
記述分析法　896c
技術力　481b 485b 511c 512a 513b
『傷だらけの栄光』［映画］　852b

規則統治型　399c
基礎スキー　1102b
期待製品　177a 405a
キックパフォーマンス　889c
キックベースボール　1271b
キックボール　1271b
キッツンボール　1132a
キネシオロジー　241b 308b
キネステーゼ　473b
動感知覚　855a
動感連帯感　855a
キネティクス　475c
キネマティクス　475c
機能性アンダーウェア　891a
機能的クラス分けシステム（FCS）　1085c
機能美　843c 869c
『ギブ・イット・ア・ゴー』［書物］　969a
基本製品　176c 184c 405a
ギムナシオン　386a
ギムナスティーク　389a
逆U字型理論　368b
客観一身体　842b
キャッチボール　1132b
ギャラリー　411c
キャリアトランジッション　382b
ギャンブルスポーツ　639a 719c 720b 830c
球技　538b
球技論　506a
弓射　620c
弓術　600b
球場との一体経営　193c
宮中のスポーツ　587c
弓道　633b 1024c
休・廃部　403c
旧東ドイツの身体　282b
ギュムナスティケー　214a 567a
「教育修正法第9篇」（タイトルIX）　131a
教育的パラダイム　421b
教育プログラム　704c
教育文学（educational literature）　848b
教育を受ける権利　91a
驚異性　856a
驚異体験　856b
教会　451a 731a
教会法　437b
教会暦　437c
強化機能　358b
共感　844b
競技　27a 663a
競技引退　382b
競技会システム　400a
競技規則　809a
競技検査　302a
競技者基金　740a
競技ジャンル　401b
競技信仰　447b
競技スポーツ　819b
競技スポーツ課　409b

競技スポーツ局　552a
競技ダンス　867b
競技的体育術　259b
競技別指導者資格　53c
競技離脱(ドロップアウト)　380c
競技力　481b 488c 494c 506b 508c 511a
競技力向上指導者　53b
競技力と遺伝　316a
競技類型　504a
京劇　1011c
狂言　1011c
教材研究　536c
共時的研究　232c
共時的理想像　856c
教師の指導行動の研究　545c
教授スキル　542b
共生社会　945a
競争　827c 828a
強壮　258a
競争性の美感　842b
共存関係　788b
共通感覚的技術　473b
競艇　406c 1245c
協定語　898c
共同的ゲーム分析　509a
競闘遊戯会　558c
共同利用　50c
競歩　1309a
業務起因性　111b
業務遂行性　111b
共鳴化能力　482b
「共和国の母」イデオロギー　583a
極限簡潔傾向　878b
極限志向性　878b
極東・南太平洋身体障害者スポーツ大会　1042a 1062a 1066a
局面化能力　483b
虚血性心疾患　321c
虚構の編集　775a
巨人ファン　420a
虚像　791c
キラーコンテンツ　418c
キリスト教　650b
キリスト教青年会 → YMCA
キリスト教的神学　875b
規律訓練　152b
キルビメーター　897a
儀礼化　792c
儀礼的なボールゲーム　608a
記録の追求　36c
筋骨格モデル手法　479a
筋骨たくましいキリスト教徒　448b
禁止薬物リスト　428a
近代オリンピック　672a
近代学校体育　516a
近代競馬　162c
近代国民国家　278a
近代五種(競技)　1027b
近代社会の規範　294c

近代スポーツ　37a 272b 400a 420b 568a 606a
近代体育　273a
近代体操　262a
近代的主体　154c
近代ヨーロッパの健康観とスポーツ　261a
近代論理　275a
筋電図法　475c 476b
筋肉増強剤　686c 815a 817c
筋肉操作の美感　842b
筋肉的キリスト教　277b 447b
『筋肉番付』[テレビ番組]　408a
筋の組織化学的研究　234c
キンボールスポーツ　1028c
筋力　328a
筋力トレーニング　234c
勤労身体障害者体育施設　953b

く

「クィア」(Queer)　158c
クイーンズベリー・ルール　1248a
空間的カテゴリー　856c
空気抵抗力　879c
偶発位相　486c
空力特性　889b
クェーカー教徒　581c
クォーターバック(QB)　991c
クオリティー・オブ・ライフ(QOL)　64b 323b 374b
区間平均スピード　893c
愚行権　818b
草刈り　629b
鯨の脂肪と皮の早食い競争　615b
国武道　634b
国の直接強化事業　414c
グライダー　1029b
グライド投法　1301b
クライミングウォール　1172b
クライミング競技　1172b
クラウチングスタート　1286a
グラウンドゴルフ　1050a
グラウンド芝生化　410a
クラシック・チュチュ　865c
クラブ　388b 580b 730a
クラブ育成アドバイザー　61c
クラブ活動　403a 559c
クラブサービス　402a
クラブシステム　400a
クラブ・団体ボランティア　412c
クラブネッツ　399c
クラブハウス　61a
クラブマネジャー　61b 61c 410c
クラブライセンス制度　193a
クランプ　869c
クリーンアンドジャーク　1005b
クリケット　578a 926c 1030a 1131a
クリスチャン・ジェントルマン　276c 806b

グリップ性　890a
クルアーン　457a
クルーザー　1121c
グループ戦術　487a
グルーミング　141a
車椅子カーリング　1031a
車いすダンス　1031b
車いすダンススポーツ連盟(JWSDF)　1032a
車いすテニス　1032a
車椅子バスケットボール　1032b
車椅子ハンドボール　1033b
車いすフェンシング　1033c
車いすフェンシング実行委員会　1034a
クレー射撃　1034b 1276b
『グレート・ギャツビー』[書物]　849a
グレコローマンスタイル　1314b
グローカリゼーション　611a 801b
グローバリゼーション　397c 606a 735b 788c
グローバル化　581a 795b
グローバルスタンダード　977b
グローバル・スポーツ・アライアンス　425b
グローバル文化　613c
グローバル・メディア・イベント　770a
クロール泳法　1077b
クロス・アドベンチャー　990b
クロスカントリー(競走)　1310a
クロスカントリー[障がいのある人の]　1103c
クロスカントリースキー　1094c
クワドラグビー　1003c

け

ゲイ　138b
経営シミュレーション　401b
ゲイ・ゲームス　124b 156c 399b 426c
ゲイ・ゲームス連盟(FGG)　427a
経験主義教育　520a
稽古　366b
経済波及効果　205b
形式(フォーム)　844b
計時システム　881b
刑事責任　113c
芸術価値　862c
芸術競技　847a
芸術スポーツ　861a 862a 862c
芸術性　863b
芸術体操　861b
芸術の演技　857c
芸術の評価　862c
芸術の要素　863a
形成位相　509b 512b
形態位相　486c
形態共存化法則　856c

系統的な学習指導法　540a
系統発生　490b
競馬　620b 1037b
ケイバー投げ　616b 624b
啓蒙思想　582a
契約自由の原則　99b
競輪　406c 1063c
敬礼　468a
ゲートウェイクラブ　961b
ゲートボール　1038a
ケーブルテレビ　360c
ゲーム　5c 7a 28b
ゲーム観　487b
ゲーム感覚　510c
ゲーム観察　497a
ゲーム構想　487b 506b
ゲーム構造　495b
ゲーム崇拝　277a 573b
ゲームの系統学習　490a
ゲームパフォーマンス　494a 494c
ゲームフィッシング　1038b
ゲームプラン　497a
ゲーム分析　493b 495c 896c
ゲーム分析ソフト　500c 504b
ケチャ　610b
血圧　326a 329b
血液ドーピング　812a 817c
欠格条項　952a
欠陥動物　157c
決断性　857c
血中乳酸濃度　895b
決闘　565c
血統主義　97a
蹴鞠　466b 588a 599c 600c
研究対象としてのスポーツ　20c
健康　246a
元寇　940c
健康運動実践指導者　54c
健康運動指導士　46c 54c
健康運動心理学　236c
健康概念　246b
健康観　268c
健康観の変遷　247b
健康教育　269a 346c
健康思想　255a
健康増進　268a
健康増進運動　263a
健康増進施設認定制度　66b
健康増進法　47a 54c 66b 70c
健康・体力づくり事業財団　410c
健康づくり運動　204b
健康づくり振興財団　410c
健康日本21　46c 66b
健康の概念　246c
健康の定義　246a 246b 246c
健康法　251b
健康優良児　250a 269b
原志向位相　486b
原住民委員会　626b
原住民のアスリート　627a
剣術学校　388c
剣士団体　386c

1323

現象学的アプローチ　545b
言説　783b
建設投資　207a
減速抵抗性　882c
現代スポーツ　37b
現代的なリズムのダンス　1312b
ケンタッキー・ダービー　1037c
剣道　1039a
剣闘士　386a
剣闘士養成所　386b
現場　775b
健民運動　270c

こ

高アンドロゲン血症　124c
広域スポーツセンター　46a 55a 61b
行為論に基づく学際的スポーツ科学　222a
公営ギャンブル競技　1245c
公営競技　163a 406c
公営放送局　796a
好塩基球　340c
後援大会　758c
公園・レクリエーション局　77a
黄禍　909c
公教育制度　142a
公共スポーツサービス　200b
公共性　798b
公共的スポーツサービス　404b
公共放送　418c
高景気時代　364a
攻撃構想　487b
攻撃性　356b
攻撃戦術　487a 488a
恍惚　290c
好酸球　340c
公衆衛生行政　247c
公衆送信権　102b
工場制機械労働体制　876c
交信能力　507b
向性　353c 369b
構成　862b
厚生省　270a
厚生省体力局　413c
剛性ボール　1296c
高専柔道　592c
高速水着　685c 686c
好中球　340c
交通バリアフリー法　952a
公的医療サービス　971b
公的スポーツサービス　404b
光電管　881a
講道館柔道試合審判規定　1068a
『高等教育クロニクル』［雑誌］　924b
行動変容　378a
公益法　572a
高度経済成長期　363b
高度経済成長社会　872c
校内スポーツ大会　402c

高難度の技　878a
公認スポーツ栄養士　241c
公認スポーツ指導者　204c
公認スポーツ指導者制度　53a
勾配　912a
幸福追求権　91a
合法的なスポーツ　442a
合法的なレクリエーション　442a
公民権運動　912b
校友会　396c 589c
校友会運動部　402c
合理化　36c
合理化される身体　272a
合理性　472a
コーシング　388c
コーチ　504c
コーチングスタッフ　497b
コーチング論　511a
『コーチング論』［書物］　471a
ゴート主義　389a
コーヒーハウス　388b
コーフボール　1200a
コーポレートガバナンス　178a
コーラー　1236c 1312a
氷の温度　880b
ゴールデンプラン　57a 74c 263b
ゴールボール　1041c
呼吸法　298c 300b
国威発揚　758a
国技館　466b
国際アーチェリー連盟（FITA）　984b
国際アイスホッケー連盟（IIHF）　988b
国際アマチュアボクシング協会（AIBA）　1248c
国際アメリカンフットボール連盟（IFAF）　994c
国際一輪車連盟（IUF）　1001c
国際ウインドサーフィン協会（IWA）　1004c
国際ウエイトリフティング連盟（IWF）　1006b
国際オリエンテーリング連盟（IOF）　1014b
国際オリンピックアカデミー（IOA）　674c
国際オリンピック委員会（IOC）　43b 123c 393a 396b 397b 424a 429a 674a 927c
国際格闘技大会　1060a
国際カヌー連盟（ICF）　1017a 1020a
国際カバディ連盟（IKF）　1020c
国際競技団体連合（GAISF）　1041a
国際競技力　67a
国際競技連盟（IF）　388b 396b 397c
国際キリスト教青年会 → YMCA
国際近代五種連合（UIPM）　1186c

国際キンボールスポーツ連盟（IKBSF）　1029a
国際クリケット評議会（ICC）　1030c
国際車いす・切断者競技連盟（IWAS）　1004a
国際車いす・切断者スポーツ連盟（IWAS）　1034a
国際車いすテニス協会（IWTA）　1032a
国際ゲイ・レズビアン・フットボール連盟（IGLFA）　427c
国際剣道連盟（FIK）　1041a
国際航空連盟（FAI）　1088b 1185a 1209a 1218b
国際コード　396b
国際コーフボール連盟（IKF）　1200c
国際ゴルフ連盟（IGF）　1048b
国際サーフィン連盟（ISA）　1256b
国際サッカー連盟（FIFA）　43a 427c 429a 927b 1055c 1225b 1234a
国際サンボ連盟（FIAS）　1060a
国際シェアリング ネイチャー ネットワーク　1184b
国際ジェットスポーツ連盟（IJSBA）　1060c
国際視覚障害者スポーツ協会（IBSA）　1042a
国際視覚障害者スポーツ連盟（IBSF）　1071c 1236c
国際自転車競技連合（UCI）　1062b 1259c
国際自動車連盟（FIA）　425a 1126c 1261c
国際射撃スポーツ連盟（ISSF）　1036b
国際射撃連盟（ISSF）　1276a
国際柔道連盟（IJF）　594b 1067b
国際柔道連盟試合審判規定　1068a
国際障害者セーリング協会（IFDS）　1124b
国際障害者年　974a 975b
国際女子スポーツ連盟（FSFI）　130c
国際水泳連盟（FINA）　398a 1013a 1073b 1081c 1085c 1087a 1174b
国際スキー連盟（FIS）　401c 424a 1091c 1098a 1103a 1115c
国際スケート連盟（ISU）　880c 1106a 1106c 1109a 1111a
国際ストーク・マンデビル車いすスポーツ連盟（ISMWSF）　1004a
国際ストーク・マンデビル競技大会　946a

国際ストーク・マンデビル競技連盟（ISMGF）　426b
国際ストーク・マンデビル大会委員会　946c
国際スノーボード連盟（ISF）　401c
国際スポーツ　37a 233b 568b 594b 606a
国際スポーツ医学連盟（FIMS）　238c 306b
国際スポーツ科学・体育協議会（ICSSPE）　399a
国際スポーツクライミング連盟（IFSC）　1118b
国際スポーツ心理学会（ISSP）　236b 356c
国際スポーツ体育協議会（ICSPE）　4c 157b 241c
国際スポーツ科学体育協議会（ICSSPE）　4c 399a
国際スポーツ団体総連合（GAISF）　994c 1236a
国際スポーツチャンバラ協会　1118c
国際スポーツ哲学会（IAPS）　223a
国際スポーツの土着化変容　611b
国際スポーツバイオメカニクス学会（ISBS）　242b
国際スポーツ・フォア・オール協議会（TAFISA）　399b 408b
国際スポーツ・フォー・オール連盟（FISpT）　408b
国際生活機能分類　976c
国際セーリング連盟（ISAF）　1123a 1124b
国際先住民年　626c
国際ソフトテニス連盟（ISTF）　1128c
国際ソフトボール連盟（ISF）　1132a 1271a
国際体操連盟（FIG）　1011a 1077a 1140c 1177b
国際卓球連盟（ITTF）　1153a
国際卓球連盟パラ卓球委員会（ITTF PTT）　1158a
国際チアリーディング連盟（IFC）　1160c
国際知的障がい者スポーツ連盟（INAS-FID）　398c 977b 1104a
国際チャレンジデー　408c
国際柱技者連盟（FIQ）　1241b
国際チュックボール連盟（FITB）　1161b
国際綱引連盟（TWIF）　1162a
国際テコンドー連盟（ITF）　1162b
国際哲学連合（IFPS）　223b
国際テニス連盟（ITF）　1032a 1166b

国際電動車椅子サッカー協会
　（FIPFA）　1172a
国際トライアスロン連合（ITU）
　1176a
国際トランポリン連盟（FIT）
　1177b
国際トリム・フィットネス会議
　408c
国際脳性麻痺者スポーツ・レクリ
　エーション協会（CPISRA）
　1185b　1255a
国際バイアスロン連合（IBU）
　1186c
国際馬術連盟（FEI）　1189a
　1191a
国際バスケットボール連盟（FIBA）
　1194a
国際パフォーマンス分析学会
　（ISPA）　493c
国際パラリンピック委員会（IPC）
　398c　426b　681b　948a
　986a　987b
国際パラリンピック委員会アイスス
　レッジホッケー競技委員会
　987b
国際パラリンピック委員会射撃
　（IPC Shooting）　1066a
国際パラリンピック委員会パワーリ
　フティング　1217c
国際バレーボール連盟（FIVB）
　1211b　1225c
国際ハンディキャップセーリング委
　員会（IHSC）　1124c
国際ハンドボール連盟（IHF）
　1220c
国際ファウストボール連盟（IFA）
　1228b
国際フェアプレイ賞　702a
国際フェンシング連盟（FIE）
　1231a
国際武術連盟（IWUF）　1138a
国際フロアボール連盟　1254c
国際ペタンク・プロヴァンサル連盟
　（FIPJP）　1240c
国際ペロタ連盟　630a
国際ボート連盟（FISA）　1243a
　1245a
国際ボクシング連盟（IBF）
　1248b
国際ホッケー連盟（FIH）
　1251a
国際ボブスレー・トボガニング連盟
　（FIBT）　1113b　1256c
国際ポロ連盟（FIP）　1257c
国際モーターサイクリズム連盟
　（FIM）　1260a　1263c
国際野球連盟（IBAF）　1271a
国際ラート連盟（IRV）　1272b
国際ライフセービング連盟（ILS）
　1272c
国際ラグビー評議会（IRB）
　427c　1061a　1277c
国際ラクロス連盟（FIL）　1284c

国際陸上競技連盟（IAAF）
　1302a　1304b　1310b
国際リュージュ連盟（FIL）
　1313c
国際倫理　612b
国際レスリング連盟（FILA）
　1315a
国際連合教育科学文化機関
　（UNESCO）　911c
国際ろう者スポーツ委員会（ICSD,
　〔仏〕CISS）　398c　947a
国際ろう者スポーツ大会　947b
国際ロープスキッピング連盟
　（FISAC-IRSF, FISAC）
　1182c
国際ローラースポーツ連盟
　（FIRS）　1003b
黒人差別　713c
黒人選手　579b
黒人に対する人種差別　713c
国籍　97a
国体　466c
国内アンチ・ドーピング機関
　（NADO）　821b
国内競技連盟（NF）　388b
克服スポーツ　400a
国防競技　590b
国民医療費　204c
国民化　794a
国民皆スポーツ運動　1038a
国民軍　278b
国民健康づくり運動協会　410c
国民健康づくり運動（健康日本21）
　54c
国民国家　728b
国民スポーツ総生産（GNSP）
　166b
国民生活体育会　80c
国民体育　274c
国民体育振興基金　81b
国民体育振興公団　81b
国民体育振興法　82a
国民体育大会　55c　70a　414a
　590c
国民体力法　124a　270b
国民的スポーツ　767b
国民の健康とスポーツ　263a
国民文化　578a
国立スポーツ科学センター（JISS）
　42a　49c　66c　67c　240b
　319c　901a
国立大学協会　149c
国立別府病院　1033a
国連　247a
国連環境開発会議　424b
国連環境計画（UNEP）　425b
国連障害者の十年　951c
国連女性の10年　93a
こころのプロジェクト　193a
コサック・ダンス（ホパーク）
　1011a
呉式（太極拳）　1138a
個人技術　473a

個人戦術　487a　506b
個人の勝利追求　728c
個人メドレー　1084a
コスモロジー（宇宙論）　465a
古代オリンピック　386a　672a
古代ギリシャ彫刻　846a
古代ギリシャの健康観とスポーツ
　257a
個体発生　492c
御大礼記念鉄道大会　592c
古代ローマの健康観とスポーツ
　259a
コツ　473c
『国家』［書物］　258a
国家間の勝利追求　728b
国家神道　467a
国家総動員体制　413b
国家総動員法　656c
国家体育運動委員会　79a
国家体育総局　79a　79c
国家的公共性　799c
国家ナーダム　621a
国教会　447b
国境なき記者団　711b
国境のないテレビ放送指令
　103b
コツ身体知　481c　482b　505b
　506c
コツ洗練化身体知　483c
コツ創発能力　512b
コッツウォルド・オリンピック
　569b
コッツウォルド・ゲームズ　440c
コツ統覚化身体知　483b
コツ統覚化能力　486a
子どもの二極化現象　403b
ゴトランド競技連盟（FGI）　623a
ゴトランド民族スポーツ　623a
古武道　591c
個別プログラム　972c
コマーシャルタイムアウト　774c
コミッショナー　178c
コミュニティースポーツ施設
　266b
コミュニティーレクリエーション
　266a
コミュニティスポーツ　56c　60a
ゴムボール　873a
コモディティ化　171b
コモンウェルス　1065c
コモンウェルス・ゲームズ（英連邦
　競技会）　577b
顧問教員　403a
娯楽　643b
『ゴルギアス』［書物］　257c
コルセット　153a
ゴルフ　576c　1042b
ゴルフ悪玉論　425a
ゴルフ場等に係る会員契約の適正
　化に関する法律　87a
ゴルフ場問題全国連絡会　425a
コロシアム　386a
コロニー　434b

混合ピッチ　883a
コンシューマー・シチズン　169b
根性もの　363b
混成競技　1305a
コンタクト・インプロビゼーション
　866c
コンチネンタル（大陸式）　868a
コンテンポラリーダンス　1262c
コンパウンドボウ　984a
コンピテンス理論　358c
コンピューターシミュレーション
　476a　479a　480a
コンフェデレーション組織　389c
コンプライアンス　178b
コンプレッションアンダー　891b

さ

サーカス　285c　386a
サーフィン　1052a
サーブル　1230b　1231a
差異　902b
サイキアップ　369a
サイキングアップのトレーニング
　372a
最終消費者　168b
最新情報　898b
最大酸素摂取量　314a
最適化ループ法　474c
採点規則　877a
採点競技　857a　861a
サイドアウト制　1214c
サイドステップ投法　1301a
「在日」枠　938c
再認化能力　483b
サイバースポーツ　779a
サイバネティクス　306c　307b
債務不履行責任　113a
サウンドテーブルテニス　1052c
冴え　859a
冴えの現象　856a　856b
堺ブレーザーズ　418b
先読み能力　510a
搾取工場　931c
作戦会議（ハドル）　497c　500a
支えるスポーツ　400c
笹川スポーツ財団（SSF）　399b
　410c
サッカー　1053a
サッカーくじ　52a　164c　167a
サッカーくじ法　48c
サッカーフーリガン　829b
サッカー用人工芝品質コンセプト
　882c
サッカー・ワールドカップ　429a
悟り　464a
サポーター　400c　411c
サポーターズ・トラスト　580c
サポーター組織　187b
サラブレッド　1037b
サラリーキャップ（制度）　71b
　178c　231a
サルサ　868a　1011c

1325

サロンフットボール 1234a
山海塾 867a
三角ベース 1132b
参加資格 737a
参加資格規定 737c
産業革命 125c 872b
産業資本家（ブルジョアジー） 875c
サンクション（制裁） 808b
『サンケイ・スポーツ』［新聞］ 419a
3公社 416b
3次元解析法（パンニングDLT法） 894b
3次元動作解析 894b
3次元動作分析システム 478b
酸素カプセル 687a
残存（survival） 565a
残存起源説 564c
三段跳 1299a
サンバ 868b 1011c
サンボ 1059c

し

試合レポート 900c
シーア派 455b
シーズンスポーツ 422c
シェイプアップ 287a
ジェットスキー 1060b
ジェパディー 965b
ジェンダー 122a 783c
ジェンダーアイデンティティー（性自認） 129b
ジェンダー表象 138a
ジェンダーフリー 129c
ジェントリー 570a
ジェントルマン 276a 388c 570c 638a 720b
ジェントルマン・アマチュア 396b 737c
ジェントルマン階級 719a
ジェントルマンシップ 152b
視覚障害者5人制サッカー 1236b
視覚障害者サッカー 1236b
時間的カテゴリー 856c
式部省 386b
市区町村域施設 50a 58b
自己概念 376a
四国アイランドリーグ 407c
四国・九州アイランドリーグ 407c
自己決定理論 379a
自己決定論 838a
自己主張（アサーション） 356c
自在位相 486c
脂質 326a
脂質代謝 329a
姿勢簡潔性 878b
姿勢の簡潔性 858c
『ジゼル』［バレエ］ 865c
自然環境教育 824a
自然体育 216c 262b 293a

自然的方法 349a
自然保護団体 424a
自然民族 224b
思想 665b
自治会 422b
自治都市 387a
7人制ラグビー 1061a
市町村体育協会 422c
視聴率 766c
実業団スポーツ 416c
実業団リーグ 416b
実況放送 762c
十種競技 1305a
実証主義的アプローチ 545b
実践的修身科 592b
シッティングバレーボール 1061c
質的研究 544a
質的分析 474a
シットスキー 1103a
室内自転車競技 1064a
指定管理者（制度） 49c 50b 58c 66b 168a 193c 202c 410c
師弟同行 367b
至適運動量 235c
私的独占の禁止及び公正取引の確保に関する法律 99b
自転車（競技） 1062b
自転車（競技）［障がいのある人の］ 1065a
自動車 416b
指導法に関する研究 546c
『資本論』［書物］ 654a
シミュレーションゲーム 401b
市民スポーツ 400a
市民スポーツと環境問題 825b
自民党のスポーツ立国調査会 414c
ジムナスティーク 389a
指名打者制 1269c
ジャーナリズム 420a
シャガー弾き 621b
社会改良運動 721b
社会教育主事 54a
社会教育法 54a 56a 59b
社会権 91a
社会サービス法 971b
社会主義的身体文化 283b
社会体育 56b
社会体育指導者の知識・技能審査事業 53a 58a
社会的アイデンティティー 355c
社会的学習理論 357b
社会的スキル 376b
社会的性差 127c
社会的パラダイム 421b
社会的・文化的背景 363a
射撃訓練場 387a
射撃［障がいのある人の］ 1065c
ジャケットレスリング 1071c
社交ダンス 867c

射手団体 386c 387c
榭中体操法図 274b
ジャッジング・システム 1110b
ジャドソン教会派 866a
ジャパンゲームフィッシュ協会（JGFA） 1039a
ジャパン・バッシング 910c
ジャパンパラリンピック競技大会 954a
ジャパン・ベースボール・マーケティング 407c
ジャパンラグビートップリーグ 1279b
射法八節 1026c 1027a
ジャポニズム 594a
ジャマイカ 914c
射礼 386c
シャローウォーターエクササイズ 1009c
周縁化 154c
自由形 1077b
「宗教アヘン」論 446a
宗教改革 432b
自由権 91a
酋国 567c
習熟性 472a
柔術 463b 594b
従順な身体 274a
ジュースト 386c 427c
縦走競技 1172b
集団 354a
集団凝集性 355b
集団極性化 356a
集団効力感 355a
集団秩序体操 261b 278c
集団徒手体操 261b
シューティング（総合格闘技） 1126c
シューティング（ライフル射撃） 1276c
修斗 1126b
柔道 1066b
修道院 453b
柔道着のカラー化→カラー柔道着
柔道［視覚に障がいのある人の］ 1071b
シュートオフ 1274c
習得トレーニング 511c
住民参加 57a
重要な他者 380c
受益者負担意識 61b
主観─身体 842b
主観的運動強度 375a
修行 366c
授業研究 228b
儒教思想 596b
手具体操 861b
熟練価値 856c
熟練性 856c 857c
手工業者 387c
主催大会 758c
主体的ゲーム分析 509a

ジュ・ド・ポーム 1166b
シュネッペンタールの汎愛学校 389a
守破離 367c
シュバルタキアード 284b
シュピース体操 261c
儒仏思想 1040b
寿命 322b
種目別全国統括団体の連合体 397a
主要民族 607a
狩猟 638c
狩猟仮説 565c
巡業 406b
準拠集団 411c
純粋経験 292b
障がい 247c
生涯学習 57c
生涯教育 408b
障害者基本計画 951c
障害者基本法 87a 95c 951b 951c
障害者協会法 967b
障害者個人教育計画 962c
障害者サービス法 967b
障害者差別禁止法 966b 967c
障がい者スポーツ 339a
障害者スポーツ支援基金 952c
障害者スポーツ指導員 953a
障害者スポーツに関する懇談会 952b
障害者対策に関する長期計画 951c
障害者に関する世界行動計画 974a
障害者の権利宣言 95b
障害者プラン 951c
生涯スポーツ 57b 264b 408a
生涯スポーツ課 409b
生涯スポーツ・体力つくり全国会議 54a
障がいのあるアメリカ人法 962a
傷害発生率 883a
障害飛越競技 1189a
障害をもつアスリートのための指導法 968a
『小球運動』［論文］ 259c
商業主義 41a 691c 741a 759b
商業スポーツクラブ 422c
商業スポーツ施設における指導者 53b
情況把握能力 510c
状況判断 364c
消去法 483a 513a
衝撃緩衝性 882c
条件づけ 359a
「消尽」と「供犠」 668b
少数民族 607a
肖像権 101a 106c 190c
肖像権ビジネス 163c
状態不安 373b
象徴主義 848c

少年スポーツ指導者 53b
勝敗 663a
消費支出 207a
消費者ベネフィット 177b
商標法 100b
情報資源 61b
情報処理 365a 368c
勝利志向 403b
勝利至上主義 587c 640c 804b 827a 828b
勝利追求 725a
勝利と敗北 828a
少林寺拳法 1072a
ショートトラックスピードスケート 1111a
初期のスポーツ報道 571c
ジョギングブーム 267c
職業競技者 875a
職業選択の自由 105a
職業野球 763b
食行動異常 382a
嘱託契約型 110c
職人 872b
職場スポーツ 69a 415a
職場チーム 415b
触発化能力 482b
女子シングル・スケーティング 1108b
女子スポーツ 577b
女子相撲 1072c
女子に対するあらゆる形態の差別の撤廃に関する条約 93a
女子のブフ 622b
女子パブリックスクール 577a
女子バレーボール 415c
女子マネージャー 146b
女性解放運動 295a
女性解放体操 262a
女性確認検査 838b
女性企業スポーツ 416a
女性嫌悪 156b
女性差別 835c
女性スポーツ 568b 586c
女性スポーツ財団（WSF） 132c
女性とスポーツ 576c
女性に対するあらゆる形態の差別の撤廃に関する条約 128a
女性らしさ 138a
ジョッキークラブ 388c 570c
ショットガンフォーメーション 998c
処方能力 507c
調べるスポーツ 768c
シルク・ドゥ・ソレイユ 408a
ジルバ 868b
シルム 426a 599a 633b
『白い恋人たち』［映画］ 851b
親衛隊 281b
人格形成 805a
人格性 842a 843c 844a
シンギュラーポイント 903c
シンクロナイズドスイミング 1073a

シンクロナイズド・スケーティング 1108c
心血管疾患 324b
新健康フロンティア戦略 47a
人権尊重社会 971a
新興国競技大会（GANEFO） 397b
信仰告白 433a
人工芝 1270a
信仰復興運動 582b
新興ブルジョアジー 719b
新古典主義 846a
新時代のオリンピック栄光計画 955b
シンシナティ・レッドストッキングス 1265c
紳士のスポーツ 1030a
人種 280c 908a
人種差別（問題） 579c 712b 834c
人種差別政策 → アパルトヘイト
人種差別と不寛容に対するヨーロッパ委員会 933a
「人種のるつぼ」軍団 449c
人種否定 931a
人種分離主義 584c
人種・民族的少数派 585c
心身一元論 289b
心身二元論 289b
新相撲 1073a
心臓病 912b
身体 157b
新体育 520a 643a
身体化 786b
身体改造 275c
身体加工 288c
身体観 582a
身体機能クラス分けシステム 964a
身体技法 299a 786c
身体教育 345c
身体形成 519a
身体検査 302a
身体重心座標 900b
身体障害者福祉センター A型 953b
身体障害者福祉法 95c
新体操（競技） 1076c
身体知 480b 508c 512a 854c 893b
身体的教養を備えた人物 228c
身体的レクリエーション中央審議会（CCPR） 389c
身体による教育 520a
身体の教育 26c
身体の社会学 227a
身体の破壊 903a
身体の叛乱 289a
身体の零度 726a
身体文化 217a 255a 282c
身体を通しての教育 643c
伸長能力 509b
人的資源 61a

『シンデレラマン』［映画］ 852b
新日本製鐵 418a
新日本プロレスリング 407a
搶花炮（中国式ラグビー） 618c
新橋アスレチック倶楽部 1267b
新バリアフリー法 96b
人物解析写真 892a
心法 463b
心法武術 589a
親睦的な共同行事 403b
シンボリズム 233a
シンボル 614a
シンボル化能力 510a
神明裁判 566c
新ヨーロッパ・スポーツ憲章 13c 90c
心理的スキル 370b
人類学སྐྱོན་ 713a
人類スポーツ史 564c
神話的イデオロギー 875a

す

水泳（競泳種目） 1077b
水泳（競泳種目）［障がいのある人の］ 1085c
水球 1086b
推手 1137c
水上オートバイ 1060c
スイミングクラブ 66a
スウェーデン体操 261c 279c 348c 516b
スウェーデン体操・スポーツ協会連合 393b
スーパー G（Super-G） 1096c
スーパーリーグ 419c
数量化 36c
ズール・ハーネ 455c
スカイダイビング 1087c
スカイパーフェクTV 418c
スカウティング 498a 500b 504b
スカウティング情報 500c 504b
スカウティングデータベース 499a
スカウティングレポート 504b
スカッシュ 1088c
スキー・アルペン競技 424a
スキー競技 1089a
スキークロス 1100b
スキージャンプ 1089a
スキート競技 1034c
スキーボード 1005b
スキルレンタル 175c
スクーバダイビング 1104b
スクールアマ 738c
スクール・ストーリー 848b
スクリメージ制 994b
スクリメージ練習 499b
スケート競技 1105a
スケートパーク 1112c
スケートボード 1112a
スケルトン 1112c

スコティッシュ・バックホールド・カンバーランド・スタイル 617a
図式化能力 482b
図式技術 473b 481c 482b 508b
図式戦術 508b
スターティングブロック 1286a
スタープレイヤー 211a
スタイル 1112c
スタッド 889c
スタディオン競走 1285c
スタンディングスタート 1286a
頭突きサッカー 625b
スティックピクチャー 900c
スティルマン・カップ 1203b
ステークホルダー 179c
ステート（国家）アマ 738c
ステレオタイプ 154a 784c
ストーク・マンデビル競技大会 338a 426b 681a 945b
ストーク・マンデビル病院 426b 945b 1033a 1217c
ストライド 886c
ストライブ 886b
ストリート 1112c
ストレス 339c
ストレス応答 339c
ストレッサー 339c
ストローク 887a
ストロークプレイ 1042b
ストンガスペレン 622c
ストンガスペレン文化連盟 623a
ストング投げ 624c
スナッグゴルフ 1050b
スナッチ 1005b
スノートレッキング 1178a
スノーボード競技 1113b
スノーボードクロス 1114b 911c
スパイラル・パス 876c
スピード 859a 1117c
スピードスケート 1105a
スプリングフィールド 1193c
スペースレンタル 175b
スペクタースポーツ 405b
スペシャルオリンピックス 398b 398c 1104a
スポーツ 5c 718a
スポーツNPO 201c
スポーツアコード 398c 1041a
スポーツアナウンサー 765a
スポーツアマチュアリズム 737a
スポーツ医学 237b
スポーツイベント 759b
『スポーツイラストレイテッド』［雑誌］ 771b
スポーツイングランド（Sport England） 73a
スポーツ運動学 221a
スポーツ運動の美しさ 845c
スポーツ映画 851a
スポーツ栄養学 239c

1327

スポーツエージェント　169b　184c
スポーツエスタブリッシュメント　401c
スポーツエンターテインメント　405b
スポーツカイト　1117a
スポーツ概念　4a
スポーツ概念の拡散現象　21a
スポーツカウンシル（Sport Council）　73a　579c　959a
スポーツカウンセリング　380b
スポーツ科学　17c　20c　216c　217b　218c　526a　875b
『スポーツ科学』［雑誌］　218c
スポーツ科学研究委員会　304b
スポーツ科学の教授職　218c
スポーツ科学論　220a
スポーツ観　18c　224a
スポーツ観戦者　840c　841a　843a　844b
スポーツ議員連盟　43a　414b
スポーツ企業　178b
スポーツ技術の所有者　180b
スポーツ規範　808b
スポーツ基本計画　15c　42a　42b　46b　49a　54b　68c　410b
スポーツ基本法　15b　17b　41b　42a　46b　49a　49c　54b　59a　68c　84a　86b　230b　410a　695c
スポーツ教育　420c　453a　525b　526a　700b　781a
スポーツ教育学　227c
スポーツ教育組織　402b
スポーツ教育モデル　528c
スポーツ教室　403b
スポーツ享受　400c
スポーツ享受スタイル　400b
スポーツ儀礼　467a
スポーツクライミング　1117c
スポーツクラブ　123a　427b　730a
スポーツ経済学　230c
スポーツゲーム　401b　778a
スポーツ権　13c　57c　59a　90a　660b　743c
スポーツ研究　20c
スポーツ健康産業団体連合会　399b
スポーツ言説　784b
スポーツ興行組織　405a
スポーツ構造　224a
スポーツ国際法　84b
スポーツ国家法　84a　229c
スポーツ・コネクト　969a
スポーツ固有法　84b　229c
スポーツコンシューマー　168b
スポーツコンテンツ　767c
スポーツサービス業　172b
スポーツサービス組織　402a

スポーツ作家協会（Association des Ecrivains Sportifs）　848c
スポーツ参加者　168c
スポーツ参加率　968c
スポーツ産業　162c　172a
スポーツ産業振興法　82a
スポーツ参与　411a
スポーツ紙　419a
スポーツ史学　224b
スポーツ施設の整備の指針　50a　58b
スポーツ思想　666b
スポーツ実践者　840c　842a　843a　844a
スポーツ指導基礎資格（スポーツリーダー）　53c
スポーツ指導者資格制度　52b
スポーツ指導者の知識技能審査事業　42a
スポーツジャーナリスト　584c
スポーツジャーナリズム　723b　758b
スポーツ社会学　225c
スポーツ集団　354a
スポーツ手段論　523a
スポーツ需要　422a
スポーツ省　75a
スポーツ傷害　239c　381a
スポーツ少年団　403b　702c
スポーツ情報　722a
スポーツ奨励運動　261c
スポーツショー　407c
スポーツ食育プログラム　241a
スポーツ信仰　447b
スポーツ振興基金　52c
スポーツ振興基本計画　15b　42a　46a　54a　58c　59a　66a　133b　164c　201a　403c　951a　980a
スポーツ振興くじ（toto）　403c
スポーツ振興審議会　48c　57a
スポーツ振興投票制度　52a　61c
スポーツ振興投票の実施等に関する法律（通称,サッカーくじ法）　42a　48c　52a　54c　86c
スポーツ振興法　15a　42a　46a　48c　49b　54a　56b　59c　70a　85a　229a　403c　702c　951a
スポーツ新聞　722a
スポーツ心理学　236a
スポーツ人類学　232a
スポーツ推進委員　48c　58b
スポーツ推進会議　47a
スポーツ推進審議会　49c
スポーツスペース業　172a
スポーツ・スポンサーシップ　166c　183a
スポーツ・青少年局　49b
スポーツ・青少年分科会　42c
スポーツ製造業　172b
スポーツ生理学　234b
「スポーツ宣言」　157b

「スポーツ宣言日本～二十一世紀におけるスポーツの使命～」　16a
スポーツ戦争　793a
スポーツ専門放送局　587a
スポーツ総合サービス計画（SSCS）　75b
スポーツ組織　732b
スポーツ組織の覇権主義的性格　402a
スポーツ団体協約　89b
スポーツチャンバラ　1118c
スポーツ仲裁機構　180c
スポーツ仲裁規則　119a
スポーツ仲裁国際理事会（ICAS）　118b
スポーツ仲裁裁判所（CAS）　45b　118b　399a
スポーツ中心の体育　519a
スポーツ庁　47c　52a　69b
スポーツツーリズム　47c　62b　166c　172c　412c
スポーツ・ツーリズム推進連絡会議　413b
スポーツ適性　353a
スポーツ哲学　223a　649c　804b
スポーツと賭け　830b
スポーツと環境問題　424a　745a
スポーツと政治の分離　704a
スポーツと体育の国際年　531c
スポーツと賭博　719a
スポーツと平等　833b
スポーツと平和　658b
スポーツと暴力　828b
スポーツ取引　175a
スポーツにおける美しさ　844a
スポーツにおける美しさの対象　843a
スポーツにおける環境問題　823a
スポーツにおけるドーピングの防止に関する国際規約　41c　114c
スポーツにおける美的体験　840c
スポーツにおける美的対象　840c
スポーツに関する教育　26c
『スポーツ・ニッポン』［新聞］　419a
スポーツにみる健康観　262b
スポーツによる教育　522a　526c
スポーツによる地域イノベーション　192c
スポーツ人間学　220b
スポーツの美しさ　840a
スポーツ能力章検定　282c
スポーツの階級性　735a
スポーツの外在的価値　522a

スポーツの概念　564a
スポーツの教育　521a　522a
スポーツの現代化　421b
スポーツの行為能力　526b
スポーツの高度化　403b
スポーツの語源　4a
スポーツの書　442a　442a
スポーツの商品化　740a
スポーツの植民地化戦略　196a
スポーツの生産手段　162b
スポーツの大衆化　403b
スポーツの定義　4c
スポーツの定義化　36a
スポーツの内在的価値　522a
スポーツの中の教育　526c
スポーツの始まり　564b
スポーツの美　840c
スポーツの本質　827c　828a
スポーツの民族学　232c
スポーツバー　789c
スポーツパーソン　810b
スポーツパーソンシップ　89b　357c　806c　809c
スポーツバイオメカニクス　241b　474a
『スポーツ白書』［書物］　44b
スポーツパフォーマンス　174a
スポーツ判例　84b
スポーツヒーロー　790c
スポーツビジネス　162a　178b　230c　584c
スポーツビジョン2018　80a
スポーツヒロイン　790c
スポーツファッション　287b
スポーツファン　168c　788a
スポーツ・フォー・エブリワン　267c
スポーツ・フォー・オール　90a　229a　267b　268a　408a　660b
スポーツ吹矢　1119a
スポーツブランド　170a　180a
スポーツプログラマー1種　53b
スポーツプログラマー2種　53b
スポーツプロダクション　174b
スポーツプロダクト　166a　173b　176b
スポーツプロモーション　174c
スポーツ文化　220a　568c
スポーツ文学運動　849a
スポーツ文化論　904c
スポーツ紛争　118a
スポーツへの社会化　226b
スポーツ法学　229a
スポーツ放送　761a
スポーツ法典（Code du sport）　75b
スポーツ報道　724a
スポーツ保険　203a
スポーツボランティア　412a
スポーツマーケット　166a
スポーツマーケティング　797b
スポーツマン　156a　576a

スポーツマンシップ 638a 805a 806c
スポーツマン宣教師 451c
スポーツマン的性格 352a
スポーツメディア 419c
スポーツメンタルトレーニング 237a 370c 371b
スポーツメンタルトレーニング指導士 237b
スポーツ用具 745b
スポーツ用具の規格 748a
スポーツ用品のリサイクル 425b
スポーツ礼賛 421a
スポーツライター 724b
スポーツライフスタイル 421c
スポーツ立国戦略 15b 42a 49a 54b 59a 68c 229a
スポーツリテラシー 522c
スポーツ理念 89c
スポーツ倫理学 804a 818a
スポーツルール 84b 88b
スポーツ・レジャー産業 581a
『スポーツ六法』［書物］ 134a
スポーツを通した開発 14b
スポーツを通しての教育 26c
スポーティング・ノベル（Sporting Novel） 848a 848b
『スポーティング・マガジン』［雑誌］ 571c
スポーティング・ワールド 571b
スポート 176a
スポッター 499c
スポンサー企業 699a
スポンサーシップ 698b
スポンサーシップバリュー 418a
スポンサーメリット 698c
スポンサー料 691c 741a
相撲 459c 1119c
相撲会所 1120b
相撲協会 1120b
相撲興行 162c 406b
相撲節（会） 386b 413a 465c
相撲中継 761c
相撲司 386b 413a
相撲パンツ 1073a
スラップ効果 896b
スラップスケート 686a 879c 886c 1106b
スラム街 265c
スランプ 237b
3AC（Active Cities, Active Communities, Active Citizens） 408c
スリットカメラ 881a
スローピッチ・ソフトボール 1130a
スロープスタイル 1101a 1115b
スローモーション再生 779c
スワッファムクラブ 388c
スンニ派 455b

せ
性 122a
性格 375b
性格検査 352a
生活習慣病 63a 70c 322a 324a 345a
生活習慣病危険因子 324c
生活体育論 525a
生活の質 971a 976b
聖火リレー 673b 711a
整形外科 273c
整形外科医療 337a
整形外科体操所 274a
成功への道 966b 968b
性差 313c
制裁処分 116b
政策 966a
政治イベント 794b
政治性 792b
政治的闘争 398b
政治とスポーツ 586b
性自認 154a
正社員型 110c
成熟した競技者 649b
青少年育成委員会 422b
青少年競技者のための権利章典 91c
『青少年の体育』［書物］ 260c 389a
聖書至上主義 433a
精神遅滞者の権利に関する宣言 974c
成人病 322a
精神文化 568a
製造物責任法 100c
生地・属地主義 97a
性的虐待 140c
性的マイノリティー 138b
制度的人種差別 931c
青年団 397a
性の型づけ 148c
製品としてのスポーツ 176b
製品ライフサイクル 66a
生物学的決定論 128b
性分化疾患 127a
性別カテゴリー 145b
性別（女性）確認検査 124c
性別役割分業（観） 142c 147a
聖母マリア兄弟団 388a
生命力 842a 843c 843a
西洋医学 248a
西洋の健康観とスポーツ 257a
聖ヨルゲン兄弟団 388a
生理学 248a
生理学的男女差 148b
セーリング（競技） 1004c 1121a
セーリング［障がいのある人の］ 1124a
背泳ぎ 1079b
世界アーチェリー連盟（WA） 984b 986a

世界アマチュア野球連盟（AINBA） 1268a
世界アンチ・ドーピング機構（WADA） 44c 115a 398c 428b 687a 696b 812b 813c
世界アンチ・ドーピング規程 45b 811a 812b 814a
世界移植者スポーツ大会 950b
世界ウェイクボード協会（WWA） 1005c
世界ウォーキングデー 408c
世界エスキモー・インディアンオリンピック 609b
世界オリンピアンズ協会 399c
世界化 795c 801c
世界カーリング連盟（WCF） 1015c
世界空手連盟（WKF） 1022c
世界教会運動 447b
世界車いす・切断者競技大会 1217c
世界自然保護基金日本委員会（WWFジャパン） 424c
世界柔道ランキング制度 1070c
世界障害者バレーボール機構（WOVD） 1062a
世界人権宣言 974c
世界水中連盟（CMAS） 1229c
世界スカッシュ連盟（WSF） 1089b
世界スポーツ外傷予防学会 239c
世界体育サミット 530a
世界ダンススポーツ連盟（WDSF） 1159c
世界テコンドー連盟（WTF） 1162b
世界テンピンボウリング連盟（WTBA） 1241b
世界バドミントン連盟（BWF） 1203a
世界バトントワリング連合（WBTF） 1208a
世界パワーリフティング連盟（IPF） 1217a
世界ビリヤード・スポーツ連合（WCBS） 1228a
世界フライングディスク連盟（WFDF） 1235b
世界ボクシング機構（WBO） 1248b
世界ボクシング協会（WBA） 1248b
世界ボクシング評議会（WBC） 1248b
世界保健機関（WHO） 246a 246b
世界ボディビル連盟（IFBB） 1255c
世界ボディボード連盟（IBA） 1256b

世界みんなのスポーツ会議 265a
世界ラフティング協会（IRF） 1284c
世界レスリング連合（UWW） 1315a
セカンドキャリア 792b
石戦 601a
セクシズム（性差別） 156c
セクシュアリティ 137a
セクシュアル 426c
セクシュアルハラスメント 135a
世俗化 36b
世俗内禁欲主義 726a
セックス 127c
雪上のF1 1098c
摂食障害 141b
セットプレイ 497c
ゼネラルマネジャー 178c
セパタクロー 1125a
セフティ・カラー 879a
セラピー 297a
セラピューティックレクリエーション 963b
セリエA 164b 195c 428a
セルフエフィカシー 378c
セルフ・オリエンタリズム 610c
ゼロ・エミッション活動 425a
禅 462a
全イングランド女子フィールド・ホッケー協会 577a
全英オープン 1044a
旋回舞踊 300b
1959年法 976b
宣教師 451c
全豪障害者アスリート協会（ASC） 970a
全豪障害者スポーツカウンシル 966c
全豪脊髄損傷・四肢麻痺者スポーツ協会（AQPSF） 966c
全豪知的障害者スポーツ・レクリエーション協会（AUSRAPID） 967a
全豪聴覚障害者スポーツ連盟 966c
全国移植者スポーツ大会 950a
全国健康福祉祭 54c
全国高等学校体育連盟 403a
全国自然保護連合 424c
全国実業団野球大会 415b
全国障害者スポーツ大会 47a 54c 949b 1085c
全国身体障害者スポーツ大会 948b 953c
全国スポーツ推進委員連合 408a
全国スポーツ・レクリエーション祭 42b 54a 409b
全国体育デー 268c
全国知的障害者スポーツ大会 949b 954a
全国中学校体育連盟 403a

1329

全国都市対抗野球大会　415c
潜在製品　177c 405a
戦車競走　459b
先住民正装コンテスト　615c
先住民の人権擁護　625a
選手強化　978b
選手中心主義　422c
戦術　470c 487a 490b 505c
戦術行動　896c
戦術的・戦略的ゲーム　401b
戦術トレーニング　471a 504b 511c
戦術の系統発生　488a
戦術発達　488c
戦術理念　499a
戦術力　505a 508b 511c 512a 513b
選手の人権,権利侵害　837a
全障害児技　962c
潜水泳法　1081b
潜勢自己運動　485a 513b
選択制授業　541a
全日本柔道連盟(AJJF)　1069a
全日本スキー連盟(SAJ)　1098b
全日本スポーツカイト協会(AJSKA)　1117c
全日本ろうあ連盟スポーツ委員会　948a 954c
全日本空手道連盟(JKF)　1022c
全日本弓道連盟　414a 1026c
全日本剣道連盟(AJKF)　414a 1040c 1041b
全日本柔道連盟　414a
全日本スキー連盟(SAJ)　424c
全日本大学野球連盟　937a
全日本なぎなた連盟　1182a
全日本プロレスリング　407a
全日本ボウリング協会(JBC)　1241b
全日本モーターサイクルクラブ連盟(MCFAJ)　1260a
全米アスレティックトレーナー協会(NATA)　238c
全米オープン　1044a
全米企業フィットネス協会　267b
全米ゴルフ協会(USGA)　1043c
全米女性野球連盟(AAGBL)　586a
全米大学体育協会(NCAA)　396a 551c 585a 921a 1211b
全米ドイツ体操連盟　393c
全米フットボール連盟(NFL)　991b
全米プロ　1044a
全米レクリエーション協会(NRA)　266a
全民健身条例　79c
専門的体力　511a
専門ボランティア　412c
戦略　470c 505b

洗礼　434b
洗練化身体知　483b

そ

総合科学　219c
総合格闘技　1125c
総合型地域スポーツクラブ　46a 51b 54a 58a 60c 399b 403c 978c 980a
総合型地域スポーツクラブ育成モデル事業　403c
総合型地域スポーツクラブ活動支援事業　403c
総合型地域スポーツクラブ創設事業　403c
総合芸術　864b
総合馬術　1189c
総合保養地域整備法(通称,リゾート法)　64a 87a 164c
贈収賄スキャンダル　696c
創造性　863a
早朝野球　422c
創発能力　507c 509b
葬礼相撲　587b
ソーシャルキャピタル　331b
ソーシャルサポート　380c
ソーシャル・ネットワーキング・サービス(SNS)　183a
ソーシャルマーケティング　379c
ゾーニング　57a
ソーラーカーレース　1126b
ゾーン　272c 298a
疎外　654b
即時情報　504c
即時フィードバック　478c
促進ルール　1155b
測定競技　504a 508a 511c 854a
促発能力　507b 509b
ソシアルダンス　867b
ソシオ　187c 411c
組織的ゲーム　718b
組織のサッカー　1059a
速筋線維　914a
外遊び　342c
ソフト型組織　422a
ソフトテニス　1127a 1166b
ソフトバレーボール　1215c
ソフトボール　1130a
ソフトミニバレーボール　1215c
ソマティックス　1002a
蹲踞礼　467c
存在の大いなる連鎖　908c
孫式(太極拳)　1138b

た

ターゲットバードゴルフ　1050b
ダーツ　1137a
ターナースポーツ　419b
ターミノロジー　25a

第1回イスラーム諸国女性スポーツ大会　456b
第1回大分国際車いすマラソン大会　953c
第1回極東・南太平洋身体障害者スポーツ大会　953c
第1回国民体育大会　416a
第1回スペシャルオリンピックス国際大会　426c 949a
第1回世界女性スポーツ会議　132a
第1回パラリンピック大会　947a 948a
体育　24b 26b 290c
体育医事相談所　318b
体育運動の科学　217a
体育およびスポーツに関する憲章　974b
体育及びスポーツに関する国際憲章　85a
体育会　396c
『体育科教育』[雑誌]　419b
体育学　216c
体育学(科学)　217a
体育教師　257c
体育局　56b
体育クラブ　423a
体育研究所　268b 346b
『体育施設』[雑誌]　419b
体育指導委員　48c 52b 58b 60b
体育授業研究の方法論　544a
体育術　257c
体育・スポーツイベント　268b
体育・スポーツ国際憲章　13c 41b 44c 48b
体育・スポーツ施設の整備基準　50a 57a 60a
体育・スポーツ担当大臣等国際会議　44c 530c
体育的行事　558a
『体育の科学』[雑誌]　419b
体育の学習指導法　539a
体育の教材づくり　536a
体育のナショナルスタンダード　528c
第一波フェミニズム　131a
ダイエット　288c
大会至上主義　422c
大回転種目(Giant Slalom)　1096c
大学スポーツ　552b 584c
「大覚醒」運動　448b
大学野球　405a
大韓障害人体育会　81a
大韓体育会　80c 603b
太極拳　251b 609b 1002c 1137c
太極拳の方法　252a
対抗競技　402c
代行能力　507b
代行分析　484a 485a
第三の性　127a

大衆迎合主義　903a
大衆消費社会　404c
大衆スポーツ　264a
大衆的公共性　793b
体術　142a
第11回オリンピック大会　658a
第18回オリンピック大会　414b 922b
体操　142a 278a 347b
体操科の成立　517a
体操館体操　261a
体操競技　1138b
体操中心の体育　519a
体操伝習所　302a 346a
体操日本　877a
体操にみる健康観　261a
『タイタンズを忘れない』[映画]　852c
大統領体力・スポーツ審議会(PCPFS)　76b
大統領体力・スポーツ評議会　266c 267a
大統領チャレンジ　77a
タイトルIX　93c 131a 586c
第7回冬季パラリンピック大会　953c
第2の道　74c
大日本武徳会　396c 397b 413c 467b
第二波フェミニズム　131a
大日本学徒体育振興会　397b
大日本国民体操　413c
大日本体育会　397b 414a
大日本体育協会　41a 69a 397a 590a 657b 690c 700b
体罰　140a 421c 829c
タイブレークルール　1135a
タイム・モーション分析　495a
代理人　106c
体力　303a
体力・運動能力に焦点を当てた授業研究　546a
体力検査　270b
体力章検定　124a 270c 302c 321a 413c
体力・スポーツに関する世論調査　55a
体力つくり国民運動　46a
体力つくり国民会議　47b
体力テスト　414a
体力トレーニング　471a
体錬科　518b
体錬科武道　1068c
台湾意識　626c
台湾原住民　625c
台湾原住民スポーツ大会　625c
タウンボール　1265b
鷹狩　588c
打毬　1190c 1258a
タグラグビー　1151b
竹内レッスン　1002b 1002c
竹馬競走　619a

『打撃王』［映画］ 852b
多元的現実 773b
多元発生説 908c
凧揚げ 634c
タスキ（襷） 1308a
ダダイズム 846c
卓球 1152a
卓球［肢体不自由のある人の］ 1157c
脱自 290a
脱植民地化 927a
達成 648b
タッチダウン 991b
タッチフットボール 1237b
タップダンス 868b
タトゥー 288c
七夕の節会 386b
楽しい体育論 523c 540b
楽しさ 358a
タブラ・ラサ 726c
ダブルスタンダード（二重規範） 130a
ダブルダッチ 1158b
ダブルトラックレース 1105a
ダブルトラップ競技 1034c
多文化国家 606c
多文化主義 450c 802c
多民族国家 606c
多様性 863a 863b
タラウマラ族 631a
タラソセラピー 1009b
単一事業体（シングル・エンティティ） 406b
短距離（競走） 1285a
タンゴ 867c 868a 1011c
探索位相 486b
炭酸マグネシウム 885c
男子シングル・スケーティング 1108b
男子テニスプロ協会（ATP） 1167a
断種 281a
男女雇用機会均等法 128a
ダンス 538c
ダンスシアター（演劇的ダンス） 867a
ダンススポーツ 1159b
ダンスセラピー 299a
ダンス療法 1002a
弾性 878c
男性性 930b
男性中心主義 128b
弾性ボール 1296c
段違い平行棒 1149a
単独発生説 908c
短波 779a
タンパク同化薬 310c 815a
タンブリング 884c 1077a 1138c
弾力化能力 483c

ち
チアリーディング 1160a
地域施設 50a 58b
地域スポーツクラブ 422b
地域スポーツクラブ連合育成事業 60b
地域スポーツクラブ連合事業 58a
地域スポーツ指導者 53b
地域スポーツ組織 403c
地域密着型 404c
地域密着型のプロスポーツ 195a
地域密着経営 193c
地域密着のクラブ化 418a
チーティング 835b 836a
チーム 354a
チーム戦術 487a
チームビルディング 356a
チームプレイの原理 490b
チームワーク 354c
チェアスキー 1103a 1103b
遅結線維 914a
地上デジタル放送 418c
『痴人の愛』［書物］ 867c
知的財産 100a
チャウガーン 1190c 1258a
チャチャチャ 868b
チャンス型の参加 401a
チャンピオンシップ・リーグ 407b
チャンピオンスポーツ 264a 416b
注意 364a
注意スタイル 364c
中央競馬 406c
中核的ベネフィット 405a
中核ベネフィット 176c
中華人民共和国 251c
中華人民共和国スポーツ法 598c
中華人民共和国体育法 79b
中華台北 627a
中華民族 595b
中華余暇運動連合会 597a
中距離（競走） 1286a
中国 251c
中国近代のスポーツ 596a
中国残疾人体育協会 958a
「中国残疾人連盟」の傘下機関 958a
中国社会主義 597b
中国弱知人体育協会 958a
中国障がい者体育総合トレーニングセンター 957a
中国障がい者パラリンピック管理センター 958b
中国障害者連合会 957c
中国傷残人体育協会 957c
中国全国少数民族伝統体育運動会 608b
中国における健康観とスポーツ 250a
中国の現代スポーツ 597b

中国の古代スポーツ 595a
中国盲人協会 957c
中国聾唖人協会 957c
中国聾唖人体育協会 958a
仲裁合意 118a
中絶ドーピング 817c
中波 779a
チュックボール 1160c
聴覚障害者スポーツ協会 426a
長距離（競走） 1288b
『長距離走者の孤独』［書物］ 848b
調身 250c
調心 250c 251a
超絶技巧 865c
朝鮮体育会 602b
朝鮮体育協会 603a
調息 250c 251a
町内会 422b
跳馬 1143a
跳躍技 1138c
調和化能力 483c
直接的（一次的）参与 411a
直接幇助 885c
著作権法 100a 103b
直感化能力 486a
治療目的に係る除外措置 816c
陳式（太極拳） 1138c

つ
ツイスト 868b
ツインズプログラム 704b
通時的研究 232c
『通俗民権論』［書物］ 249b
ツーリズム 610a
ツール・ド・ソル 1126c
ツール・ド・フランス 1062b 1064b
「つながり」スタイルのスポーツ組織 400b
「つながり」スタイルの組織 400c
綱引 601a 626a 634c 1161b
つり輪 1141c

て
定位感覚能力 486a
ディープウォーターエクササイズ 1009b
ティーボール 1132b 1270c
帝国主義 453b
帝国大学運動会 553b
ディスゴルフ 1236a
ディズニー 419b
ディビジョニング 949b
低摩擦機構 880c
テイラー・システム 876c
『デイリー・スポーツ』［新聞］ 419a
ディンギー 1121c

テークオーバーゾーン 1293b
テーブルテニス 1153a
デカスロン 1305a
テキサス・ウエスタン・カレッジ 921a
適時性 472a
できる 481a
テクスト 783b
テクスト構成化 484a
テクニカル 1116b
テクニカルルーティン 1074a
テクネー（技術知） 854c
テコンドー 594c 1162c
デジタル教材 783b
デジタル情報 898a
デジタルナイン 408c
テッキョン 599b 634b
テックフィット 890c
鉄鋼・製鉄 416b
鉄棒 1146c
テニス 1164c
デフバレーボール 1171a
デフリンピック 398c 947c 1171b
デュアルキャリア 74a
デュアルスイマー 1013b
テルマエ 386a
テレビ・オリンピック 702b
テレビ観戦者 361b
テレビゲーム 777b
テレビ時代 578b
テレビ実況 765b
テレビジョン・マッチ・オフィシャル（TMO） 1283a
テレビスポーツ 360c
テレビ中継 899a
テレビ放映権料 697a 741a
テレビマネー 741c
テレマーク姿勢 1089c
電気 416b
電子メディア系 418b
天人合一 596b
伝道 451a
伝道学校 452a
伝動化能力 483c
電動車椅子サッカー 1171c
伝統スポーツ 37a 625c 627a
伝統綱引 628b
伝統的娯楽 570a
伝統の創造 610b
伝統武術 596c
伝統文化 366b
天然芝ピッチ 881c
電脳空間（バーチャル世界） 903a
伝播 608c
デンマークオリンピック委員会・スポーツ連合（DIF） 973a
デンマーク障がい者スポーツ情報センター 972c
デンマーク障がい者スポーツ連盟（DHIF） 973a

1331

デンマーク体操　279c 348c
　517a

と

ドイツ医学　256a
ドイツオリンピックスポーツ連盟
　(DOSB)　263c
ドイツ身体文化大学　282c
ドイツスポーツ連盟(DSB)
　263a 423b
ドイツ体育運動大学　216b
ドイツ体育・スポーツ連盟(DTSB)
　283b
ドイツ体操　516a
ドイツ・トゥルネン連盟(DT)
　389c
ドイツ表現主義舞踊　867a
道　465a
統一球　748b
統一選手契約書　106a
導引　250a 255c
東海道駅伝徒歩競走　1308c
統括団体　732a
動感意識　879b
動感画　899a
動感形成位相　486b
動感形態　856c
動感交信　484c
動感借問　484a
動感処方化身体知　483c
動感身体知　481b 506c
動感創発身体知　483c
動感促発身体知　483c
動感素材化身体知　483c
動感テクスト　484b
動感分化能力　483b
同期体験　778c
冬季スポーツ・夏季スポーツと環境
　問題　824b
動機づけ　237a 368b
闘牛　425c 612c 635a
道教　464c
『東京オリンピック』［映画］　851a
　936b
東京大学　553b
『東京日日新聞』［新聞］　419a
東京箱根間往復大学駅伝競走
　1308c
東京六大学野球連盟　397a
投壺　599c
同好会　404b
統合的なスポーツ科学　222a
東西冷戦　691a 696c 706c
動作解析　242c
踏査競技　1172b
動作分析　470b
同時性　862b
同性愛嫌悪　141a 156b
糖代謝　326b 328c
淘汰化現象　855c
道徳性　377a
東都大学連盟　397a

登攀　1178a
動物愛護　612b
動物虐待防止協会　572a
動物スポーツ　566b
東洋の健康観とスポーツ　250a
東洋の魔女　679a
トゥルネン(Turnen)　275a
　283a 389a 1147a
トゥルネン禁止令　389a
トゥルン・フェライン　389a
套路　1137c
トーキック　1235a
トータルフットボール　1058b
トータル・ヘルス・プロモーション
　66b
トーナメント(馬上槍試合)　386c
　427a 874a
トーナメント規則　386c
トーナメント団体　386c
ドーピング　223c 275c 285a
　310b 398c 682c 811a
ドーピング解禁論　818b
ドーピングカルチャー　429b
ドーピング禁止物質　310c
ドーピング禁止論　818c
ドーピングとして禁止される物質と
　方法　814b
ドーピングの種類　814c
ドーピング防止規則　117a
ドーム型スタジアム　428c
特性不安　373b
独占放映権　419c
独占放送権　188a
独創性　857c
独創的達成　649a
特定健診(特定健康診査)　71a
特定仲裁合意に基づくスポーツ仲
　裁規則　119a
特定非営利活動促進法　49a
　62b
特定保健指導　71a
特別教育活動　403a
特別支援学校教諭普通免許状
　952c
特別な教育的ニーズ　960a
独立(系)リーグ　406a 407c
登山(競技)　1172a
都市貴族　387a
年寄株　938a
年寄名跡　938a
トスボール　1270c
特許法　100a
ドッジボール　1172c
ドッヂビー　1236a
都道府県域施設　50a 58b
ドバイ・ワールドカップ　1037a
賭博　587c
賭博スポーツ　721b
飛込　1173a
跳び箱論争　537b
土俵のコスモロジー　466b
トマス・カップ　1203b
ドミニカ共和国　918b

『トム・ブラウンの学校生活』［書物］
　448b 848b
トライアスロン　1175a
トラクション　883b 890a
ドラゴンボートレース　618c
　634c
トラックレース　1062b
トラップ競技　1034c
ドラフト(制度)　105a 936b
ドラマ化　773c
トランジション　863a
トランス　290b
トランスジェンダー　138b 141a
　426c
トランスセオレティカル・モデル
　378a
トランスポンダー　881a
トランポリン　1176c
ドリコス　1289c
トリッキーパンダース　418b
トリム運動　74c 75c 263b
トルソー　1285c
トレーニング学　219b
トレーニングドクター制度　313a
トレッキング　1177c 1178a
トレンド　362a

な

ナーダム　620a
内観的反復　884a
内観法　463c
ナイキ　933a
内発的動機づけ　358b
内務省　397a
長野県自然保護連盟　424b
長野大会組織委員会(NAOC)
　424c
仲間化現象　855a
なぎなた　1179a
名古屋フラーテルホッケーチーム
　418b
ナショナリズム　127a 583c
　705a 708a 708c
ナショナリズム運動　793a
ナショナルアイデンティティー
　760b
ナショナルイベント　761b
ナショナルコーチアカデミー
　53c 67c
ナショナルダブルダッチリーグ
　(NDDL)　1158c 1159a
ナショナルトレーニングセンター
　(NTC)　42a 46b 49c 66c
　67a
ナショナル・リーグ　919b
ナチス(・ドイツ)　656b 920b
ナチズムの身体　280b
ナックルパート　1246c
七種競技　1305a
生放送　788c
波乗り　1052c
慣れ　369a

なわとび　1182b
難易度　862b
軟式卓球　1155c
軟式庭球　1166c
軟式野球　1268a
ナンディ　917b
難度価値　856a 898b
『ナンバーワン物語』［映画］
　853c

に

ニグロリーグ　1266c
肉を喜ばせる行為　434c
西日本小型自動車競走会　407a
21世紀における国民健康づくり運
　動(健康日本21)　46c 66b
21世紀における障がいのある人の
　ためのスポーツ振興　978a
2002年日韓共催大会　928b
日英同盟　909c
ニッカーボッカー・ベースボールク
　ラブ　1265c
『日刊スポーツ』［新聞］　419a
日韓ワールドカップ大会　417a
日鮮融和　603a
日体協公認スポーツドクター
　239a
日本女性の身体　286b
二分法　122a
日本アイススレッジホッケー協会
　(JISHA)　987c
日本アダプティブローイング協会
　(JAA)　1245b
日本アマチュアボクシング連盟
　(JABF)　1248c
日本アンチ・ドーピング機構
　(JADA)　52b 67c 115a
日本移植者協議会　949c
日本一輪車協会　1001a
日本ウィルチェアーラグビー連盟
　(JWRF)　1004a
日本ウインドサーフィン連盟
　(WFJ)　1004c
日本ウェイクボード協会(JWBA)
　1005b
日本ウオーキング協会(JWA)
　1009a
日本泳法　1183a
日本エスキーテニス連盟
　1170c
日本オリエンテーリング協会
　(JOA)　1014b
日本オリンピック委員会(JOC)
　49b 66b 414b
日本カーリング協会　1015c
日本カヌー協会　1017b
日本カバディ協会(JAKA)
　1021a
日本気球連盟　1185a
日本共産党　414b
日本近代五種協会(MPAJ)
　1186c

日本キンボールスポーツ連盟　1029a
日本クリケット協会　1030c
日本車いすテニス協会（JWTA）　1032b
日本車椅子バスケットボール連盟（JWBF）　1033b
日本車椅子ハンドボール連盟（JWHF）　1033c
日本車いすフェンシング協会（JWFA）　1034b
日本クレー射撃協会　1036a　1276a
日本ゲートボール連合（JGU）　1038b
日本航空協会（JAA）　1088b　1218b
日本コーフボール協会　1200c
日本ゴールボール協会（JGBA）　1042a
日本古武道振興会　593b
日本ゴルフ協会（JGA）　1046b
日本ゴルフツアー機構　1046c
日本サーフィン連盟（NSA）　1052a
日本サッカー協会（JFA）　1225c
日本サンボ連盟（JSF）　1060b
日本シェアリングネイチャー協会　1184b
日本ジェットスキー協会（JJSBA）　1060c
日本視覚障害者柔道連盟　1071c
日本肢体不自由者卓球協会　1158a
日本自転車競技連盟（JCF）　1259c
日本自動車連盟（JAF）　1261b
日本射撃協会　1276b
日本障がい者クロスカントリースキー協会　1187c
日本障害者自転車協会（JCAD）　1065b
日本障害者スキー連盟（SAJD）　1103b
日本障がい者スポーツ協会　52b　954b
日本障害者スポーツ射撃連盟　1066a
日本障害者セーリング協会（JADS）　1125a
日本職業スキー教師協会（SIA）　1116b
日本職業野球連盟　162c　590b
日本女子体育連盟　133a
日本女子野球協会（WBAJ）　1268b
日本女子ラグビーフットボール連盟　1279c
日本身体障害者アーチェリー連盟　986a

日本身体障がい者水泳連盟　1086a
日本身体障害者スポーツ協会（JSAD）　948a　953c
日本身体障害者陸上競技連盟　1312b
日本水泳連盟日本泳法委員会　1183c
日本水中スポーツ連盟　1229b
日本スカッシュ協会（JSA）　1089b
日本スケート連盟（JSF）　1106a　1111c
日本スノーボード協会（JSBA）　1116b
日本スポーツクラブ協会　422b
日本スポーツ芸術協会　847b
日本スポーツ史学会　224b
日本スポーツ社会学会　226a
日本スポーツ少年団　55c
日本スポーツ振興センター　49c　319c
日本スポーツ振興センター法　86c
日本スポーツ心理学会　236b
日本スポーツ仲裁機構（JSAA）　52b　118c　399a
日本スポーツツーリズム推進機構（JSTA）　413b
日本スポーツバトン協会　1208a
日本スポーツ吹矢協会　1119b
日本スポーツプレス協会　399b
日本スポーツ法学会　229b
日本相撲協会　406a　937b　1120b
日本スリーデーマーチ　1009a
日本整形外科スポーツ医学会　239a
日本セーリング連盟（JSAF）　1124a
日本セパタクロー協会（JSF）　1125b
日本ソフトテニス連盟　1129a
日本ソフトボール協会（JSA）　1132a
日本体育学会　217b　303b
日本体育協会（JASA）　49b　55c　61c　141c　318b　399b　414a
日本体育協会・スポーツ科学研究室　318b
日本体育・スポーツ哲学会　223b
日本体操協会　1077c
日本体力医学会　303b
日本卓球協会（JTTA）　1153c
『日本卓球ルール細則』［書物］　1154c
日本タッチアンドフラッグフットボール協会　1237c
日本ダブルダッチ協会（JDDA）　1159a
日本ダンススポーツ連盟（JDSF）　1159c

日本知的障害者スキー協会　1103b
日本知的障害者陸上競技連盟　1312b
日本中央競馬会（JRA）　406c
日本チュックボール協会　1161b
日本聴覚障害者陸上競技協会　1312b
日本綱引連盟（JTWF）　1162a
日本ティーボール協会　1271a
日本ディスエイブル（障害者）パワーリフティング連盟（JDPF）　1217c
日本テニス協会（JTA）　1166b　1167b
日本デフバレーボール協会（JDVA）　1171b
日本電動車椅子サッカー協会（JPFA）　1172a
日本ドーピング防止規律パネル　117a
日本トスベースボール協会　1271b
日本トップリーグ連携機構　70b
日本トライアスロン連合（JTU）　1176b
日本トランポリン協会　1177b
日本ネットボール協会　1201a
日本脳性麻痺7人制サッカー協会（JCPFA）　1185c
日本の身体文化　255a
日本バイアスロン連合（JBF）　1186c
日本バイオメカニクス学会　241c
日本バウンドテニス協会　1170c
日本馬術連盟　1189a
日本バスケットボール協会（JBA）　939b　1195a
日本バスケットボールリーグ（JBL）　407c　939b
日本バドミントン協会（NBA）　1204a
日本バドルテニス協会　1170c
日本パラリンピック委員会（JPC）　954b　1104a　1312b
日本バレーボール協会（JVA）　1211b　1216a
日本パワーリフティング協会（JPA）　1217c
日本ハンドボール協会　1221a
日本ビーチバレー連盟（JBVF）　1216b　1226c
『日本百名山』［書物］　1178c
日本ビリヤード協会（NBA）　1228a
日本ファウストボール協会　1228c
日本フットベースボール協会　1271b
日本舞踊　1011c
日本フライングディスク協会（JFDA）　1235b

日本ブラインドサッカー協会（JBSA）　1236c
日本フラッグフットボール協会　1237c
日本フリーダイビング協会（JAS）　1238c
日本フロアバレーボール連盟（JFVA）　1239b
日本フロアボール連盟　1254b
日本プロゴルフ協会（JPGA）　1046b
日本プロサーフィン連盟（JPSA）　1052b
日本プロサッカーリーグ　406c
日本プロスポーツ協会　71a
日本プロバスケットボールリーグ　407c
日本プロフェッショナルボディボーディング連盟（JPBA）　1256b
日本プロ野球機構　428c
日本プロレスリング協会　407a
日本ペタンク・プール連盟（JPBF）　1240c
日本ボート協会（JARA）　1244a
日本ボクシングコミッション（JBC）　406a　407a　1248b
日本ホッケー協会（JHA）　1252a
日本ボッチャ協会（JBA）　1255a
日本ボディビル・フィットネス連盟（JBBF）　1255c
日本ボディボード協会（JOB）　1256b
日本ボブスレー・リュージュ・スケルトン連盟（JBLSF）　1257b
日本マウンテンバイク協会（JMA）　1259c
日本マスターズ水泳協会　411b
日本マスターズ陸上競技連合　411a
日本盲人マラソン協会　1312b
日本モーターサイクルスポーツ協会（MFJ）　1260a　1263c
日本モーターボート競走会　407a
日本野球機構（NPB）　406c
日本野鳥の会　425b
日本ラート協会（JRA）　1272b
日本ライフセービング協会（JLA）　1272c
日本ライフル射撃協会　1036a　1276b
日本落下傘スポーツ連盟（JPSA）　1088b
日本ラフターズ協会（JRF）　1284c
日本リーグ　416b
日本リュージュ連盟　1313c
日本レクリエーション協会　399b　410c
日本レスリング協会　1316a
日本ロープスキッピング連盟　1183a

日本ローラースポーツ連盟　1003b 1254b
入場観戦料　741a
ニュースクールスキー　1101b
ニューズ・コーポレーション　419b
ニュースポーツ　18c
ニューディール　266b
ニューメディア　787c
ニューヨーク・アスレチック・クラブ　584a
ニューヨーク・レンズ　920c
人間的自然　902a
人間の臨界点　904b
認定スポーツカウンセラー　237b

ぬ
ヌーヴォー・シルク（新しいサーカス）　867c
ヌーディズム運動　294a
抜き打ち検査（競技会外検査）　813b 819c
抜出司　386b

ね
ネイチャーゲーム　296a 1183c
ネーミングライツ　170a 189b 776a
『猫の妙術』［書物］　465b
熱気球　1184b
ネットプレイ　1168b
ネットボール　1200b
ネットボール協会国際連盟（IFNA）　1201b
ねんりんピック　54c

の
能　1011c
脳傷害基準　883b
脳性麻痺者7人制サッカー　1185b
脳性麻痺スポーツ協会　961a
脳卒中　324b
ノーズクリップ　1074c
ノーマライゼーション　247a 975a 976a
ノーマライゼーション思想　972a
ノーマルヒル　1091a
野口式整体　256b
野口体操　1002b 1002c
ノックアウト　1246b
ノルディック複合　1093b
ノンダンス　867c

は
パークゴルフ　1050b
パーソナリティー　352a 375b
パーソナリティー特性　353a
パーソナルアシスタント　971b

パーソナル・ウォーター・クラフト（PWC）　1060c
バーチャルアスリート　401b
バーチャル広告　776a
バーチャルリアリティー　780c
バーチャルリーグ　401c
バーテルズマンAG　419b
ハード型組織　422a
ハートビル法　952a
ハードル（競走）　1291b
ハーバードステップテスト　305c
ハーフパイプ　1100a 1115a
ハーレム・グローブトロッターズ　920c
バーンアウト　381c 421c
バイアスロン　1186a
バイアスロン［障がいのある人の］　1187a
バイオメカニクス　308b
排華法　909c
バイセクシュアル　141a
バイドトリベース　214a
排日移民法　909c
ハイビジョン　780b
廃仏毀釈　466b
ハイブリッド産業　172c
背面跳　1295a
ハイランドゲーム　609b 616a
ハイランドダンシング　617b
バウンドテニス　1170b
白豪主義　910a
派遣社会教育主事（スポーツ担当）　42b 54a 57a
覇権主義　647a
覇権主義的　429a
箱根駅伝　1308c
はさみ跳び　1295b
初めの豊かな社会　566a
馬術（競技）　1187c
馬術（競技）［障がいのある人の］　1191c
馬上競技　386c
走高跳　1295a
走幅跳　1298a
『走ることについて語るときに僕の語ること』［書物］　850c
『走れウサギ』［書物］　849b
バスクスポーツ連盟　629a
バスク民族スポーツ大会　628c
パスゲーム　877a
バスケットボール　1192b
パターナリズム（父権主義）　818c
パターン　863a
バタフライ　1082a
八段錦　251a
ハッキーボール　888c
ハッキング（すね蹴り）　573c
バックラッシュ（反動）　129b
白血球　340c
発生分析　485b
発生論的運動学　506b

バットシェバ舞踊団　867c
バドミントン　1201a
ハドル　991c
バトル形式　1312c
パドルテニス　1170b
バトルドア＆シャトルコック　1202a
パトロナイズドスポーツ　738a
パトローンクライアントの関係　180b
パトロンスポーツ　720a
バトントワリング　1207c
バニョレ国際振付コンクール　866b
母親十字章　281b
馬場馬術競技　1188c
ハビトゥス　786c
パブ　574c
パフォーマティヴ　158b
パフォーマンス促進スキル　371c
パブリック・アクセス　770a
パブリックスクール　123b 276a 420b 427a 451c 572b 639c 731a 804a 806b 848a 848b 873a 1055b 1279b
パブリックスクールにおけるスポーツ教育　547a
パブリックビューイング　789c
バブル経済の崩壊　416c
ハプログループ　318a
パライストラ　386a
パラグライディング　1208b
ハラスメント　134c
パラ・ドーピング　811c
バラモン　452b
パラリンピック　47a 338a 398b 426b 680c
パラリンピックスポーツ　683a
ハリウッド映画　925a
バリの闘鶏　425c
バリ舞踊　1011c
バルタージュ　292c
ハルハウス　265c
ハルハ・ブフ　622c
バレエ　859b 861a 861b 864a 866a 1209a
バレーボール　1209b
バレーボール・プレミアリーグ　417a
バレエ・リュッス（ロシア・バレエ団）　865b 866a 1209a
パレスチナ・ゲリラ組織によるテロ事件　694c
パワーリフティング　1216c
パワーリフティング［下肢に障がいのある人の］　1217b
ハワイアン　1011c
半陰陽　158c
ハンググライディング　1217c
ハング・パラグライディング連盟（JHF）　1209a 1218b
パンクラス　1126b

ハングル　602b
盤上遊戯　566c
半族　607c
判定競技　504a 508a 511c 854a
ハンドベースボール　1132b
ハンドボール　1218c
反トラスト法　102c
反日感情　602b
ハンブルク体育クラブ　423a
ハンマー投げ　616c 1302b

ひ
美　645c
ピークパフォーマンス　297b
美意識　855a 856a 856c 859a
ビーチサッカー　1225a
ビーチサッカー・ワールド・ワイド（BSWW）　1225b
ビーチバレー　1215c 1225c
ビーチバレーボール　1215b 1216a
ビーチボール　1216b
ビート　1312b
ビートルズ　926a
ビーフィン　1228c
ヒーリング　297a
ヒーロー　138a
美学　840a
東日本小型自動車競走会　407a
悲観論　902a
ビギナーズラック　292a
非競技志向のスポーツ　400a
飛距離点　1089c
飛型点　1089c
ビジネス消費者　168b
ビジュアルパス　1294a
ピスト　1229c 1231a
ピストル種目　1274b
非政府組織（NGO）　402a
非対称性　136b
ビッグエア　1115b
ビッグクラブ　407c
必勝祈願　468c
ピッチ　1053b
ピット　884c
ヒップホップ　866a 867c 868b
ヒップホップ系　941b
ヒッポクラテスの健康論　257a
ビデオカメラ　892c
ビデオ判定　791b
美的価値　854a 854c 855a 856a 856c 857a 858a 859a
美的カテゴリー　840a 856c 858c 859a
美的観点　857b
美的体験　855a 856b
美的対象　843a
美的直観　841c
美的な関心　841b

人狩り　565c
非特異性の原則　511a
ヒトゲノム　912b
ヒトラーユーゲント　282a
非日常的驚異性　857a
『美の祭典』［映画］　851c 852a
『日はまた昇る』［書物］　849a
批判的合理主義　220c
批判理論による研究　545a
非暴力化　873c
ヒューマン・ポテンシャル・ムーブメント　295c
ピューリタニズム　446a 569a 581b 650b
ピューリタン　448a 638a
ピューリタン革命　441a
ヒュギエイア　214a
表現運動　538c
表現スポーツにおける芸術性　863b
表現力　863b
氷筒　880c
氷上の格闘技　987c
美容整形　288b
評定（採点）競技　504a 508a 511c 854a 857a
平等化　36b
兵等省　386b
平泳ぎ　1080c
ピラティス　255a 1001c
ビリヤード　1227a
ヒルサイズ　1091c
ヒロイン　138a
広島メイプルレッズ　418b
ヒンドゥースクワット　460a
ピンポン　1153a

ふ

ファーストピッチ・ソフトボール　1130a
ファーンレイ杯　946a 947a
ファイナンシャルフェアプレイ　179c
ファウストボール　1228a
ファシズム　656a
ファッション　153c
ファッション化する身体　286a
ファン　359c 411c
不安　364a 373a
不安傾向　369b
フィードバック　365b
フィードバック情報　501a
フィールドゴルフ　1050c
フィールドスポーツ　388c
フィギュア　1074b
フィギュアスケート　1108c
フィクション性　775a
フィットネス　31b 153b 287a 320a
フィットネス運動　263c 267b
フィットネスクラブ　62b 64c 163c 400a 404b

フィットネス資格　53c
フィットネスブーム　422c
フィンスイミング　1228c
ブーム　362a
フーリガニズム　832a
フーリガン　579a 832a
プール水域　863a
フェアキャッチ　574a
フェアネス　800a 873b
フェアプレイ（の精神）　89c 638a 805a 807a
フェイス・ナイツ　451b
フェスピック大会　1042a 1062a 1066a
フェミニズム　126b
フェミニニティコントロール　129c
フェルデンクライスメソッド　1002a 1002c
フェンシング　1229c
フォークダンス　1232a
フォースプラットフォーム　476b
フォームの美　844c 845a
フォーメーション　890c
フォール　1314b
フォルケオプリュスニン　972a
舞楽　1011c
部活動 → 運動部活動
不況・低成長の時代　364b
福音主義　453c 569b 650a
複合型メディア　769a
複合型ワンピース　886b
複合種目型クラブ　422b
福祉国家　971a
武芸師範　388b
武士階級　413a
武式（太極拳）　1138b
フジサンケイ系列　420a
武士道としての運動競技　644b
武士のスポーツ　588b
武士の素養　1040a
武術　553a
婦人会　422b
ブズカシ　618b
舞台精神　863b
2つの中国　707c
縁取り分析　856b
フッタライト　432a 435a
物的資源　61a
フットサル　1232c 1234a
フットベースボール　1271a
フットボール　574b
フットボールアソシエーション（FA）　1055c
フットボール・インテリジェンス　929b
ブッパタール舞踊団　867a
プティパ古典　865b
武道　298c 366b 461a 589a
武道議員連盟　414c
武道の国際化　594a
ブトー（BUTOH）　867a
武徳会　590c

不平等　833b
不平等条約　934c
ブフ　620b
ブフの商業化　622b
不法行為責任　113a
踏み台昇降テスト　305a
フュールスパンガー騎士団　386c
プラーナ　297a 461a
『プライド　栄光への絆』［映画］　852c
ブライトン宣言　14b 93a 132c
フライングスタート法　1245c
フライングディスク　1235b
フライングヒル　1091a
ブラインドサッカー　1236b
ブラインドパス　1294c
ブラジル先住民スポーツ大会　624c
ブラック・イズ・ビューティフル　911b
フラッグフットボール　1237a
プラトンの体育論　257c
フラメンコ　1011c
フランクフルト・バレエ団　867b
ブランケットトス（Blanket Toss）　615b
ブランコ　619b 633a
フランス・スポーツ競技連盟（USFSA）　393a
フランチャイズ　192a 406c
ブランド競争　398b
ブランドレンタル　175b
フリーエージェント（制）　105a 199a 936b
フリーク　285b
フリースタイル　1115a 1314c
フリースタイルスキー　1099b
フリー走法　1186a
フリーダイビング　1238a
フリールーティン　1073c
振り付け　860b 861a 864a 864c 865a
振り付け家　866b
プリフェクト＝ファギング制　276a
プリンシパル・エージェントの関係　180b
フリンジマーケット　167c
プリンスアイスワールド　408a
プリント（活字）メディア系　418b
フルーシーヤ（騎士道精神）　458a
ブルジョアジー　875c
フルーレ　1230a 1231a
プレイ　27b
ブレイク・ダンス　868c
プレイクライン　1286b
プレイグラウンドボール　1132a
プレイコール・シート　499c
プレイ体育論　528a
プレイの概念　25b
プレイ分析　496c

プレイヤーのパフォーマンス　495a
プレイリスト　499a
フレーム　773a
フレーム壊し　773b
プレゼンテーション（表現力）　862b
ぶれ球シュート　888a
プレッシー対ファーガソン裁判　919a
プレミアリーグ　164b 188a 195c 407b 580b
プロ　575c
フロアバレーボール　1238c
フロアボール　1254a
ブロークン・タイム・ペイメント　575a 739b
フロー現象　289a
ブロードバンド　768c
プログラムサービス　66b 402a
プロゲーマー　401c
プロサッカー選手組合　578b
プロジェクトアドベンチャー　1001c
プロ・シューマー　169a
プロスポーツ　71a 231b
プロ選手　692c
ブロックダイアグラム法　474c
プロテクター　885b
プロテスタンティズムの倫理　652b
プロテスタント　433a
プロフェッショナリズム　429b
プロ野球　72b 405b
プロレタリアスポーツ　655a
文化史　225a
文化性　800c
文化装置　635a
文化体育観光部体育政策局　80b
文化大革命　598b
文化帝国主義　227a 647c 712a 801b
文化統治型　399c
文化としてのスポーツ　17b
文化の商品化　800c
文化プログラム　704c
文化ヘゲモニー　647c
分業体制　876c
分析ソフト　502b
ブンデスリーガ　164b 195c 428a
文明化の使命　453a

へ

ペア・スケーティング　1108b
ヘアスタイル　153c
平均台　1150a
並行陣　1129a 1168c
平行棒　1145c
兵式体操　280b 518a 596c
ペイ・パー・ビュー　790b
兵法　462a

平和主義　658b
平和的な優劣判別行動　566a
ペース走　1289a
ベースボール　583c
ベースボール・チャレンジリーグ　407c
ベースライン　1168b
ペーロン　1239c
『碧眼録』[書物]　462c
ペタンク　1240a 1254c
ヘッドコーチ　497b
ヘッドスピン　868c
ヘテロセクシズム（異性愛中心主義）　156c
ヘプタスロン　1305a
ヘラ祭　125a
ベリー・ダンス　1011c
ベリーロール　1295c
ペルク　623b
ヘルシーピープル2010　77a
ヘルシーピープル運動　267c 268a
ヘルスプロモーション　323b
ベルリン・アジェンダ　530a
ペレ法　199b
ペロタ　630a 1161a
ペロタ・プレベチャ　631a
弁証法的唯物論　655c
ベン・ジョンソン事件　813a
ベント・ニー　1309b
変容　608c
ヘンリー・レガッタ　1242c

ほ
ボイエーシス　291c
ボイコット　706c
放映権　101b
放映権ビジネス　799b
放映権料　71b 419c 691c
放課後子どもプラン　980c
砲丸投　1300b
防御構想　487b
防御戦術　487a 488a
褒賞金　955c
報奨金制度　952c
放送権　102c
放送権料　788b
放送陸上　782a
棒高跳　1296b
膨張製品　177b 405a
奉納競技会　386a
『法律』[書物]　258a
暴力　140a 830a
暴力行為根絶宣言　830b
暴力事件　587a
ボウリング　1241a
ボウリングブーム　163b
ボウルルームダンス　867b
ポーズ　865a
ホーストレッキング　1178a
ボート　1241b

ボート[障がいのある人の]　1245a
ボートレース　406c 1245c
ホームタウン（制度）　72c 192a
ホームページ　792a
ボール　1296b
ボール運動　538b
ボールコントロール性　890a
ボールパーク　405b
北欧型福祉モデル　971b
北信越ベースボール・チャレンジリーグ　407c
ボクシング　1246b
北米4大リーグ　164a
北米先住民競技会　616a
保健体育　347b
保健体育科　269b
保健体育教員　146b
保健体育審議会　42a 42c 45b 56a
保健福祉省　77a
保護主義（パターナリズム）　838a
保護地域　406c
ポジション　865a
ポジティブ心理学　374a
補助台　885b
ポスティング制度（システム）　106a 165b
ポストモダニズム　666c
ポスト・モダンダンス　866a
ボスマン・ショック　165b
ボスマン判決（裁定）　109b 930a
補正下着　286c
北極冬季競技会　616a
ホッケー　1249b
ボッチャ　1254c
ホットドッグスキー　1101a
ポッピング　869a
ボディーワーク　295a
ボディコン　287b
ボディビル　1255b
ボディボード　1256a
ホドリ計画　82b
『炎のランナー』[映画]　650a 852a
ホノルルマラソン　413a
ポピュリズム　903a
ボブスレー　1256c
ホメオスタシス　339b
ホモセクシュアル　152a
ホモソーシャル　135b
ホモフォビア　141a 156b
ホモ・ルーデンス　725a 855b
ボランティア　61b
ボランティア指導者　412c
保留制度　105b
ポルカ　867b
ボルダリング　1118c 1172a
ポロ　1190c 1257c
ホロコースト　908c
ポワント　865b
本質主義　159a 915a

ま
マーケティングミックス　380a
マーダーボール　1003c
マーチャンダイジング（商品化）　71b
マードック化　796b
マイカップ　425a
マイナーリーグ　936c
マイノリティー　425b
マイノリティー選手　586c
マウンテンバイク　1259a
摩擦係数　880c
摩擦抵抗力　879c
真面目な遊び　569a
魔術化的思考　874c
マジョリティー　426b
マスキュリニティー　965b
マスゲーム　283c
マスターズ　1044a
マスメディア　360a
マズルカ　867c
マッサージ　215b
マッスル・ミュージカル　408a
マッチプレイ　1042b
マナーやエチケット　809b
「間に合わせ」スタイルのスポーツ組織　400c
マネジメント　428a
マネジメント資格　53c 61c
幻の東京オリンピック　705b
ママさんバレーボール　422c
マラソン　1306b
マラトンの戦い　1306c
マリーシア　836c
マルクス兄弟団　388c
マルクス主義　653a
マルクス主義の歴史発展段階論　595a
丸太切り　629b
丸太運び　626a
丸太リレー競走　607c
マルチ・サポート・システム　46b
マルチチャンネル　697c
マルチボディ・ダイナミックス手法　479a
マルチメディア　697b
マレットゴルフ　1050c
マンダラ　460b
マンチェスター・ユナイテッドFC　400c
マン島TTレース　1260b
マンボ　868b

み
水治療法　1009b
見世物としての身体パフォーマンス　285b
ミソジニー　156b
三鷹方式　56c 60b 403c
三田土ゴム株式会社　1128c 1166b
みちのくプロレス　407a

ミトコンドリアDNA　316c 317c 912c
南オーストラリア州スポーツ・レクリエーション協会（SASRAPID）　967a
耳重量挙げ　614b
ミャオ族伝統武術　610b
未来派　846c
みるスポーツ　405a 765a
民間商業放送局　796a
民間スポーツクラブ　64c
民事責任　113a
民族意識　613c
民族衛生学　280c
民族主義　294c
民族スポーツ　37a 232b 232c 425c 568c 595a 607a 635a
民族スポーツ大会　613a
民族スポーツの観光化研究　233a
民族スポーツのグローカリゼーション　612a
民族スポーツの創造　611b
民族スポーツの組織　425c
民族体育学科　619a
民族のアイデンティティー　613a
民族の祭典　794b 847a 851c 852a
民族舞踊　866a
民族文化　609a
民族融和（政）策　617c 619a
ミントネット　1210c
みんなのスポーツ（Sport for All）　57a 57b 262c 408a 579c
みんなのスポーツ運動　13b
みんなのスポーツ全国研究会　408a
みんなの体操　262c
民放　418c

む
無　298a 465a
ムーン・ウォーク　869a
無回転シュート　888a
無酸素運動　914a
無刀　462b
無力感　359a

め
めあて学習　535b 540c
名辞　33b
明治神宮（競技）大会　268b 397a 413b 590b
瞑想　296a
メガメディアイベント　786a
メキシコ先住民スポーツ大会　630b
メキシコ先住民伝統スポーツ連盟（FMDJAT）　631b

1336

メジャーリーグベースボール
　（MLB）　407a
メタ・コミュニケーション説　565b
メタボリックシンドローム　327c
　329c
メダル獲得数　978b
メディア　138a
メディア/エンターテインメント・コ
　ングロマリット　419b
メディアスポーツ　175a 418b
メディアテクノクラート　420c
メディアトレーニング　792b
メディアバリュー　417a
メディアマーケット　167c 206c
メディア・リテラシー　139c
メディアリテラシー教育　791b
メディカル・コンディショニング資格
　53c
メディカル・フィットネス　66c
メリットクラシー　829b
メリルボーン・クリケット・クラブ
　571a
メルクリアリスの健康論
　260b
免疫グロブリン　341b
免疫系　340a 340b
メンキャップ・スポーツ　961b
免責条項　114b
免責同意書　88b
メンタルトレーニング　299a
　370a
メンタルプラクティス　366a
メンタルマネジメント　370b
メンバーチェンジの思想
　750c

も

モーグル　1099b
モータースポーツ（二輪）　1260a
モータースポーツ（四輪）　1261a
モード　126b
目的別トレーニング　884a
目的論的構造　904b
目的論的文脈　876b
目標志向性　357b
目標像　900b
モスクワ国際バレエコンクール
　1209a
モダニズム　666b
モダンダンス　861b 866a
　1262b
モデル技術法　474c
モトクロス　1263a
モノトニー現象　878b
モノフィン　1228c
『モハメド・アリ　かけがえのない
　日々』［映画］　852c
モブフットボール　873a
モフン・バガン　928c
盛田ファンド　1167b
モンキー・チャント　929c

モンゴル国・国家大ナーダムに関す
　る法律　621a
モンゴル式相撲　618a
問題解決学習　539c
文部科学省スポーツ青少年局
　399b

や

ヤーキーズ・ドッドソンの法則
　369c
八百長試合　721a
八百長事件　831b
野球　1264a
野球害毒（の）論争　554a 644c
野球協約　105c
野球統制令　554b
薬物汚染　587c
薬物使用痕跡消去法　428b
役割の専門化　36c
ヤシカ　416c
八幡製鐵　416b
ヤマシタとび　1144c
山梨クィーンビーズバスケットボー
　ルクラブ　418c
やり投　1303c
両班　600c

ゆ

ゆうあいピック　949b 954a
有意差検定　149a
優越性の証明範域　427b
優雅　859a
遊戯　258c 299b
『遊戯教書』［布告］　569a
遊戯奨励運動　261b
遊戯性　159b
遊戯統制　437c
遊戯論　645a
幽玄　465a
有限要素法　890b
有酸素運動　234c 914b
友情のメダル　1297b
優勝劣敗主義　641c
ユースオリンピック競技会（YOG）
　675b 676b 696c 704b
優生学　280c 909b
優勢化能力　483b
雄大性　859a
ユーバー・カップ　1203b
有料衛星放送網　419c
有料契約（PPV）　798c
有料ケーブル　419c
ユーロ・ゲームス　427c
ユーロセントリズム　735b 743a
ゆか　1138b
ユニオン　388b
ユニバーサルアクセス権　103a
　419c 697b 799a
ユニバーサルデザイン　952b
ユニバーサルホッケー　1253b
ユニバーシアード　398b

ユニファイドスポーツプログラム
　963a
ユニホック　1253c
ユネスコ（UNESCO）　44c 48b
　974a
「ゆるやか」スタイルのスポーツ組
　織　400a
ゆるやかな連携組織　400b
ユンノリ　633a

よ

よい体育授業の条件　546c
用器具のテクノロジー　746c
楊式（太極拳）　1138b
洋式スポーツ　589b
様式の美　845c
様式美　845c
『養生訓』［書物］　255c
養生思想　255a
養生術　257a 258a
ヨーガ　254b 296a 567a
　1002a 1002b
ヨーロッパ・サッカー連盟（UEFA）
　933b
ヨーロッパ審議会　134c
ヨーロッパスポーツ憲章　44a
　134c 264c
ヨーロッパ・スポーツ・フォア・オール
　憲章　41b 85a 975a
ヨーロッパ選手権　928c
ヨーロッパ評議会（COE）　44a
ヨーロッパ放送連合（EBU）
　797a
ヨーロッパみんなのスポーツ憲章
　13b 57b
ヨーロッパ連合（EU）　939a
余暇活動　945a
余暇スポーツ　263b 264a
予感化能力　486a
横綱の品格　940c
横浜クリケット・クラブ　589b
横浜セーリング倶楽部　1123b
予測　365a
予測的な防御戦術　489b
読売ジャイアンツ　420a
読売新聞系列　420a
40mmボール　1157a
4大プロスポーツ　407a

ら

ラージヒル　1091a
ラージボール卓球　1155c
　1157a
ラート　1272a
ラーハ　458b
ライオンズクラブ　422b
ライセンシング　170a 189a
ライフスキル　376b
ライフスタイル　872c
ライフスタイル・スポーツ論
　421b

ライフステージ　408a
ライブスポーツ　418b
ライフセービング　1272b
ライブマーケット　167c 206c
ライフル射撃　1273b 1276b
ライフル種目　1273c
ラウンダース　1131b
ラウンドボール　1048c 1265b
ラクダ競走　618b
駱駝レース　458c
ラグビー　427c 926c 1277c
ラグビー憲章（Playing Charter）
　1277c 1282a
ラグビー校　573b 1279a
ラグビー式フットボール　427c
ラグビートップリーグ　417a
ラクロス　1283b
ラケッツ　1089a
ラケットコントロール　1156c
ラジオ体操　269c 274b 414a
　762a
『ラ・シルフィード』［バレエ］
　865c
裸体　294a
楽観論　902c
ラディカルな倫理　664a
ラテン系ダンス　868a
ラフティング　1284b
ラフティング協会（RAJ）　1285b
ラリーポイント制　692c 741c
　1214c
『ラリタヴィスタラ』［書物］　253a
蘭学者　248b
ランナーズハイ　292a
ランニングマン　869a
乱流　886c

り

リアリティー　773a
リアルアスリート　401b
リアルタイム　795c 897b
リアルタイム情報　500a
リーガ・エスパニョーラ　164b
　195c
リーグ1　407b
リーグ2　407b
リーグ・アン　164b 195c
リーダーシップ　355a
リード　1118a 1172b
リーラー　459b
リカーブボウ　983b
『リグ・ヴェーダ』［書物］　252b
陸上運動　538a
陸上競技　538a 1285a
陸上競技［障がいのある人の］
　1311c
リスク・エッジ　903b
リストラ　416c
リストラ対象部門　418a
リスボン宣言　44a
リズム　859a 863a
リズム・アンド・ブルース　868b

1337

リズム化能力　483b
リズム感　863c
リズム系ダンス　1312b
「リズム,スピード,冴え」という美的カテゴリー　858c
リズム体操　861b
リズムダンス　1312b
リゾート　64b
リッカーミシン　416b
リトミック　861b　866a
リハビリテーション　337b　381b
リハビリテーション法セクション504　962a
リファレンスジャッジ　859b
リフト　1076b
リフトヴァレー　917b
リベロ　1058a
リベロプレイヤー　1214c
リュージュ　1313a
リユースカップ　425a
両足旋回　885b
良妻賢母主義　142c
両性具有　158b
量的研究　544a
量的分析　474a
量-反応関係　323b
料理法　258b
リラクセーションのトレーニング　372a
リラックス　297a　369a
リレー（競走）　1085a　1293a
臨海学校　559c
林間学校　559c
リング主義　349a
リンディ・ホップ　868b
輪廻転生　461a
リンパ球　340c
倫理的諸課題　902c

る

ルール違反　835b　836a
ルール研究のスタイル　748a
ルールと戦術　489a
ルール変更　495c
『ルディ　涙のウイニングラン』［映画］　853a

れ

『レイジング・ブル』［映画］　852a
レイド・ゴロワーズ　990b
レーサー（競技用車いす）　1312a
レーザーレーサー（LZR Racer）　685c　891a
レースジャンル　401b
レガシー（遺産）　74a　676a　702a
歴史　564a
レクリエーション　29b　70a
レクリエーション運動　265c
レクリエーションスポーツ　1211b
レクリエーション的身体訓練中央審議会（CCRPT）　389c
レジャー　30a
レジャー権　661c
レジャー憲章　661b
レジャー産業　793c
レジャー・スポーツ　62b
レジャー・スポーツ産業　62c
レズビアン　138b
レスリング　617b　1314a
レッドデータブック　425c
レペティション走　1289a
レベニューシェアリング（制度）　71b　178c
連続写真　892a
連盟　731a

ろ

ロイヤル・アンド・エンシェント・ゴルフクラブ・オブ・セント・アンドリュース（R&A）　1043c
労災補償　111b
老人クラブ　422b
老荘思想　1040b
労働　653c
労働階級　926a
労働科学研究所　304c
労働過程論　654a
労働基準法　104a
労働組合法　104a
労働三権　104a
労務対策として職場スポーツ　415c
ローカリゼーション　611a
ローカル放送局　418c
ローカル放送権料　407b
ローザンヌ国際バレエコンクール　1209a
ローザンヌ宣言　398c
ロージェ　885b
ローゼルルール　108a
ロータリークラブ　422b
ローテーション制　1211c
ロードレース　1062b
ローラーサーフィン　1112b
ローラーホッケー　1254a
ロールモデル　146c
ローンテニス　576b　1166b
録画再生機（VTR）　779c
6-3-3システム　877c
ロシア　846c
ロシア古典バレエ　865b
ロス・オブ・コンタクト　1309b
ロック・アンド・ロール　868b
ロックダンス（ロッキン）　869a
ロマン主義　848c
ロングパイル人工芝　882b
ロンバルディアンの倫理　663b

わ

和　465c

ワールド・アウトゲームズ　399b　427c
ワールド・エスキモー・インディアン・オリンピック　426a
ワールドゲームズ　398b
ワールドベースボールクラシック（WBC）　428c　1269a
ワールドマスターゲームズ　398b
ワイマール共和国　423a
技　472b
芸（わざ）　854c
技のクリニックシステム　893b
技の伝承　886a

A-Z／ギリシャ文字

ACTN3　317a
AFC → アジアサッカー連盟
AJKF → 全日本剣道連盟
AOLタイムワーナー　419b
ASC → オーストラリア・スポーツ・コミッション
athletics　5c

bjリーグ　194c　405b　939a
BMXレース　1064a
BSデジタル　418c
B細胞　341a
BスカイB　419c　798c

CART　1261c
CAS → スポーツ仲裁裁判所
CBSスポーツ　419b
CDC → アメリカ疾病コントロールセンター
CISS → 国際ろう者スポーツ委員会
CPサッカー　1185b
CSR　178b　193a　418a
Cカード　1104c

DH制　1269b
DLT法　477a

ESPN　419b
e-sport　401c
Exercise Physiology　307a

F1レース　425a
FAカップ　574c
FC東京　412a
FCバルセロナ　412a
FIFA → 国際サッカー連盟
FIFAワールドカップ　72c
FIMS → 国際スポーツ医学連盟
FINA → 国際水泳連盟
FIS → 国際スキー連盟
Football turf　883a

GAGA　867c
GAISF → 国際競技団体連合
game　5c
GANEFO → 新興国競技大会
GNSP → 国民スポーツ総生産
GPSセンサー　897b
G・T・O → 体力章検定

Healthy People 2000　322b

IAPS → 国際スポーツ哲学会
IBLJ　407c
ICSD → 国際ろう者スポーツ委員会
ICSSPE → 国際スポーツ科学体育協議会
ICT（Information & Communication & Technology）　333a　872a

IF → 国際競技連盟
IMG　165b　176a
IMS（International Matchball Standard）　888b
INAS-FID → 国際知的障がい者スポーツ連盟
integrity　44b　45c
IOA → 国際オリンピックアカデミー
IOC → 国際オリンピック委員会
IOC委員　674b
IOC承認国際競技団体連合　398b
IOCスポーツ文化　607a
IOC世界女性スポーツ会議　14b　93b
IOCマーケティング　694b
IPC → 国際パラリンピック委員会
IRB → 国際ラグビー評議会
ISF → 国際スノーボード連盟
Iフォーメーション　997c

J1　406c
J2　406c
J3　406c
JASA → 日本体育協会
JFAアカデミー福島　405c
JFAグリーンプロジェクト　882a
JFAテクニカルレポート　496b
JISS → 国立スポーツ科学センター
JKA　407a
JOC → 日本オリンピック委員会
JOCエリートアカデミー　405c
JOCゴールドプラン　53c　66b
JOCナショナルコーチアカデミー　53c
JSAA → 日本スポーツ仲裁機構
JVA貝塚ドリームス　405c
J字助走　1296a
Jリーグ　72c　406c　591b
Jリーグ規約　181c　185a　192c

Jリーグ百年構想　164c

「Kick It Out」キャンペーン　932b
K-Wテスト　320b

LGBT　122a
LSS法　971b

MetS → メタボリックシンドローム
Mixed Martial Arts　1125c
MLB（Major League Baseball）　162b　181a　191a　196c　920b　1268a
Motor Control and Learning　307c
MTBレース　1064a

NAPBL（National Association of Professional Baseball Leagues）　407b
NASCAR　1261c
NBA（National Basketball Association）　164a　181a　191a　196c　197a　407a　920c　1194c
NCAA → 全米大学体育協会
NFL（National Football League）　164a　181a　191a　196c　197c　407a　920c　1237c
NFL JAPAN　1237c
NGO　133a　402a
NHL（National Hockey League）　163a　181a　191a　196c　197c　407a
NIT　921a
NK細胞　341a
NOC → 各国オリンピック委員会
NPO法人　62a　410b

NTC → ナショナルトレーニングセンター
『Number』[雑誌]　419b

OED（Oxford English Dictionary）　5c　7a

PFI（Private Finance Initiative）　50b　58c
Physically Educated Person　228c
preventive focus　332b
promotion focus　332c

QOL → クォリティー・オブ・ライフ

R577X多型　317a
Race Blind　931a
RTL　419c
Rugby Sevens　1061a

Seven-a-side-Rugby　1061a
『Shall We ダンス?』[映画]　868b
SHORINJI KEMPO UNITY　1072b
Smart Wellness City　334c
SMART-system　901a
SNS　183a
sport　8b
SportAccord　1236a
『Sportiva』[雑誌]　419b
Sports Writing　850c
sportsman　8b
sportsmanship　10a

TAFISA　399b　408c
TAFISA Japan　399b　410c
TAFISAスポーツ・フォー・オールゲームズ　408c

TOP（The Olympic Partners）　693c　698c　741b
toto　52a
T細胞　341a
Tフォーメーション　997a

UEFA → ヨーロッパ・サッカー連盟
UFAスポーツ　419b
UFC　1126b
UKスポーツ（United Kingdom of Sport）　73a　580b

Vリーグ　417a
V字ジャンプ　1091b
VALE TUDO　1126a

WADA → 世界アンチ・ドーピング機構
Wheel Power　961a
WHO → 世界保健機関
WHOの健康概念　246b
WJBL（Women's Japan Basketball League）　939b
WOWOW　418c
W杯　927c

X Games　1112c　1114c
Xスポーツ　903c

YMCA（Young Men's Christian Association）　416a　448c　603a　641b　919c　1193c　1210b
YouTube　899b
YOG　675b　676b　696c　704b
YWCA　449b

αアクチニン2　317b
αアクチニン3　317b

人名索引

あ

アーノルド(T. Arnold) 123b 276b 420b 453c 572b
アームストロング(W. Armstrong) 1051b
アイゼンク(H.J. Eysenck) 353c
アウイタ(S. Aouita) 1287b 1290b
アウグスティヌス(A. Augustinus) 436c
青木まゆみ 1082c
青柳清 1119b
アクィナス(T. Aquinas) 437c
アコスタ(R. Acosta) 1226b
朝倉金作 1204a
朝青龍 937b
浅田真央 1110a
あさのあつこ 850c
アステア(F. Astaire) 868a
東龍太郎 302b 305c
アダムス(J. Adams) 265c
アップダイク(J. Updike) 849c
アフリカ・バンバータ(Afrika Bambaataa) 868b
阿部知二 849b
アベベ・ビキラ(Abebe Bikila) 851b 1307a
アベランジェ(J. Havelange) 928a
アモロス(F. Amoros) 389c
荒川静香 1110a
アリ(M. Ali. カシアス・クレイ) 852c 924c
有森裕子 1307c
アルフレッド大王(Alfred the Great) 436c
アレクサンダー(F.M. Alexander) 1002c
アンジェロウ(M. Angelou) 920b
アンダーソン(R. Anderson) 1011a
アントン(T. Anton) 1051b

い

飯田稔 1001c
家田荘子 911a
猪飼道夫 303c
井口幸男 1007b
石井獏 1263a
石原辰義 1112a
市川崑 851b
伊調馨 1316b
イチロー(鈴木一朗) 924b
伊藤みどり 1110a
今中大介 1064c
入江稔夫 1080b

岩倉具清 1231b
インブリー(W. Imbrie) 934c

う

ヴァーノン&アイリーンのカッスル夫妻(Vernon & Irene Castle) 868a
ウィード(T. Weed) 1087b
ヴィグマン(M. Wigman) 866b 1262c
ウィナー(N. Wiener) 307b
ウィリアム1世(William I) 437b
ウィリアムズ(V. Williams) 922a
ウィルソン(H. Wilson) 552c 926a 934c 1267b
ウイングフィールド(W.C. Wingfield) 1166c
ウェーバー(M. Weber) 725c
植芝吉祥丸 986c
植芝盛平 986c
ウェスコット(S. Wescot) 1115a
ウェストン(W. Weston) 1178c
植松仁 1112a
ウォートン(A. Wharton) 929b
ヴォクレブ(J. Boklöv) 1091c
内村鑑三 909b
内村航平 1139c 1146c
ウッズ(T. Woods) 922a 1044a
ウッド(S. Wood) 852b
宇野本信 1170b

え

エジソン(T. Edison) 851a
エトー(S. Eto'o) 933a
エドワーズ(J. Edwards) 923a 1300b
MCハマー(MC Hammer) 869a
エリアス(N. Elias) 226c 830c
エリクセン(S. Eriksen) 1101a
エリス(Ellis) 1279a
エルゲルージ(H. El Guerrouj) 1286c
役小角 1178c

お

王軍霞(Wang Junxia) 1291a
大江季雄 1297a
オーエンス(J.C. "Jesse" Owens) 852a 919c 1298c
大谷武一 1132a 1221a
太田雄貴 1231b
大野一雄 867a
大森兵蔵 1194b 1211b
岡倉天心 460c
緒方洪庵 248a
荻村伊智朗 1153c
小熊英二 934b

織田幹雄 1300a
乙武洋匡 979a
小野喬 1144c
オブライエン(P. O'Brien) 1301a
オルセン(N. Olsen) 1075c

か

カーシー(J. J. -Kersee) 1306a
カーチス(K. Curtis) 1075a
カートライト(A. J. Cartwright) 1265b
ガーバー(P.E. Gerber) 1117c
貝原益軒 255c 256a
カイユボット(G. Caillebotte) 846a
カイヨワ(R. Caillois) 28c 719a 836a
ガウルホーファー(K. Gaulhofer) 293a
カウンシルマン(J. Councilman) 1078c
香川真司 930c
笠井叡 867a
加藤澤男 1140a
加藤久 1056c
加藤美善 1112a
金栗四三 935a 1308a
可児président 1173a
カニングハム(M. Cunningham) 866b 1263a
嘉納治五郎 250a 468c 592b 673b 690c 1007a 1068c
嘉納履正 1069c
カハナモク(D. Kahanamoku) 1052b 1078b
ガレアーノ(E. Galeano) 850c
ガレノス(Galenos) 214c 215b
河合純一 1086b
河合季信 1112a
川上哲治 852b
河久保子朗 1109b
カンパニス(A. Campanis) 915c

き

北の湖 940a
木下真理子 1112c
ギブ(J. Gibb) 1153a
君原健二 1308a
木村興治 1153c
キャビル(T. Cavill) 1078a
キャンプ(W. Camp) 994b
キャンベル(D. Campbell) 1004b
曲雲霞(Qǔ Yúnxiá) 1286c
キリアン(J. Kylián) 866b
キリー(J.-C. Killy) 851c
ギンガー(E. Gienger) 1147b

キング牧師 936a
キンセラ(W. P. Kinsella) 849b

く

グーツムーツ(J.F. Guthsmuts) 123a 152a 260c 389a
グートマン(A. Guttman) 36b 225a 833c
クーパー(G. Cooper) 852b
クーパー(K.H. Cooper) 321a 1010c
クーベルタン(P. de Coubertin) 123b 389c 447b 672a 1027c 1047b
グーリック(L.H. Gulick) 448c
クール・ハーク(Kool Herc) 868c
具志堅幸司 1143a
グットマン(L. Guttmann) 945b 1033a
窪田登 1007b
熊谷一弥 1166c
久米邦武 909b
クラーク(E. B. Clark) 1279b
クラウス(H. Kraus) 1009c
クラトフビロヴァ(J. Kratochvílová) 1286c
グラハム(M. Graham) 1262c
クラベッツ(I. Kravets) 1300b
クラマー(D. Cramer) 1056c
クランコ(J. Cranko) 866b 1209b
グランドマスター・フラッシュ(Grandmaster Flash) 868c
グリゴローヴィッチ(Y. Grigorovich) 1209c
クリスチャンセン(I. Kristiansen) 1291a
グリフィス(C. Griffith) 370c 934b
グルーペ(O. Grupe) 219b 222b 228a
グレアム(M. Graham) 866b
グレー(W.T. Grey) 1252a
クロムウェル(O. Cromwell) 441b
クンツ(K. Kunz) 855b

け

ゲーリッグ(H.L. "Lou" Gehrig) 852b
ゲーレン(A. Gehlen) 157c
ゲブレセラシエ(H. Gebrselassie) 1290c
監物永三 1139c 1146b

こ

コーエン(Cohen) 967c
コーネル(J. Cornell) 1184a

コールマン(A. Kolman)
　1148c
越和宏　1113b
コッブ(W. Cobb)　920a
ゴッフマン(E. Goffman)
　159b
小錦八十吉　937b
コバチ(P. Kovács)　1147c
コマネチ(N. Comaneci)
　1150c

さ
サージェント(C. Sargent)
　1004a
サイモン(R.L. Simon)　833b
櫻井よしこ　940c
佐藤勝彦　1114c
佐藤多佳子　850c
ザトペック(E. Zátopek)　312a
　1290c　1307a
ザビエル(Xavier)　909a
サマランチ(J.A. Samaranch)
　679a　691c
佐山聡　1126a
沢田正好　1053a
沢村栄治　852b
サンダース(D. Sanders)
　1114c
サンドウ(A. Sandow)　265b

し
シーデントップ(D. Siedentop)
　528a
シーボルト(Siebold)　248a
　909a
シェリントン(C.S. Sherrington)
　307b
ジェロ(JERO)　941b
塩田剛三　986c
獅子井英子　1112a
ジダン(Z. Zidane)　933a
柴田亜衣　1079a
シャーキャムニ・ブッダ
　(Śākyamuni, Buddha)
　252b　253a
ジャック=ダルクローズ
　(E. Jaques-Dalcroze)　861b
十文字貴信　1064c
シュトライヒャー(M. Streicher)
　293a
シュピース(A. Spieβ)　215c
　261a　279b　1142b
シュルト(J. Schult)　1302b
シュワイツアー(H. Schweitzer)
　1004c
ジョーダン(M. Jordan)　916a
ジョンストン(J. Johnston)
　1103b
白井健三　1139c
シリトー(A. Silitoe)　848b
ジロドゥ(J. Giraudoux)　848c

シンプソン(O.J. Simpson)
　923a

す
末續慎吾　941b
杉田玄白　248a
スコセッシ(M. Scorsese)
　852b
スコット(J. W. Scott)　130a
鈴木一朗(イチロー)　924b
鈴木栄治(のちに和伸に改名)
　1038a
鈴木大拙　463c
鈴木大地　1080b
鈴木良徳　748c　749a
スタルヒン(V.K.F. Staruchin)
　941c
ストーン(W.O. Stone)　853b
ストレンジ(F.W. Strange)
　396c　552c　1243a
スナイダー(J. Snyder)　922c
スピッツ(M. Spitz)　1082c
スペンサー(H. Spencer)　728b
スポルディング(A.G. Spalding)
　162b　1265c

せ
瀬古利彦　1308a
セジウィック(E.K. Sedgwick)
　156b
セディフ(Y. Sedykh)　1303b
セリーナ(S. Williams)　922a
ゼレズニー(Y. Zelezny)　1304c

そ
宗道臣　1072a
ソープ(J. Thorpe)　585a
ソトマイヨル(J. Sotomayor)
　1296a
ソルストラップ(H. Solstlap)
　1126a
孫基禎　935b　1308a

た
ターウィン(J. Terwin)　1004a
タイソン(M. Tyson)　924c
高野長英　248a
髙橋大輔　1110a
高橋尚子　1307c
高見山大五郎　937b
沢庵　462c
ダグラス(A. Douglas)　927a
　1056b
竹内敏晴　1002c
竹下百合子　1017c
武田千代三郎　1308c
タゴール(R. Tagore)　460b
田嶋幸三　1056c
田島直人　852a　1300a

田中銀之助　1279b
田中理恵　1151b
田邊哲人　1118c
谷崎潤一郎　867c
ダニング(E. Dunning)　832b
田臥勇太　924a
タリオーニ(M. Taglioni)　865c
ダルランド(F.L. d'Arlandes)
　1185a
ダンカン(I. Duncan)　861b
　866a　1262c
崔泓熙　1163b

ち
チェンバレン(W. Chamberlain)
　921b
チスチャコーワ(G. Chistyakova)
　1299a
千葉正士　748c
チャップマン(H. Chapman)
　1057a
チャップリン(C.S. Chaplin, Jr.)
　854a
チャンバース(J.G. Chambers)
　1248a

つ
円谷幸吉　1308a
坪井玄道　1153a　1173a
鶴田義行　1081b

て
デカルト(R. Descartes)　272a
デシ(E.L. Deci)　379a
勅使川原三郎　866c
デメニー(G. Demeny)　861b
デューイ(J. Dewey)　520a
デュエック(R. Dueck)　1004a
テュラム(L. Thuram)　933a
デルサルト(F. Delsarte)　861b
天台大師　253c

と
ド・ヴァロワ(N. de Valois)
　1209b
鄧小平　598b
藤平光一　986c
ドゥマース(M. Demers)
　1029a
ドーソン(K. Dawson)　916b
徳富蘇峰　910b
富木謙治　986c
ドュクフレ(P. Decoufle)　866c
トラジオン(J. Tradgeon)
　1078a
トリーズマン(D. Triesman)
　932c

トルーマン(H. Trueman)　920a
ドレイク(J. Drake)　1004c

な
ナイデファー(R.M. Nideffer)
　364b
中井正一　842a　844a
中田英寿　930c
中西悠子　1083a
中野浩一　1064b
中村覚之助　1056b
中村俊輔　930b
中村敏雄　748c
中村裕　953c　1033a
中山彰規　1143a
ナハテガル(F. Nachtegall)
　389a　517a
ナハリン(O. Naharin)　867c
南昇竜　935b
南部忠平　1300a

に
ニアマイア(R. Nehemiah)
　1292c
ニィリエ(B. Nirj)　976b　977a
ニクラウス(J. Nicklaus)　922c
西久保弘道　592b
錦織圭　1167b
西田修平　1297a
西谷岳文　1112c
ニッセン(G. Nissen)　1177a
新渡戸稲造　1106a

ぬ
ヌルミ(P. Nurmi)　1290a

ね
ネイスミス(J. Naismith)　449b
　919c　1193c

の
ノイマイヤー(J. Neumeier)
　866b
ノヴェール(J.G. Noverre)
　861b
野口みずき　1307c
野口三千三　1002c
野嶋孝重　1051b
ノルトハイム(S. Nordheim)
　1091a

は
パーキン(H. Parkin)　926c
バーク(T. Burke)　1286a
パークス(B. Parks)　1032b
バークレイ(C. Barkley)　923b
パーマー(S. Palmer)　1114c

ハーン(K. Hahn)　1001c
バーンズ(R. Burns)　932c
　1301b
パウエル(M. Powell)　1298c
バウシュ(P. Bausch)　867a
朴智星　930c
ハケンソン(W. Hakanson)
　1131a
橋爪四郎　1079a
パスチーニャ(M. Pastinha)
　1021b
蓮沼良造　1051b
八田一郎　1316a
ハドソン(H. Hudson)　852a
バトラー(J. P. Butler)　158i
パトリノス(A. Patrinos)　940a
バニスター(R. G. Bannister)
　923a 1287b
羽生結弦　1110a
早田卓次　1143a
バランシン(G. Balanchine)
　1209b
ハルラムピエフ(A.A.
　Harlampiev)　1060a
ハワード(R.W. Howard)　852b
バンク-ミケルセン(N.E. Bank-
　Mikkelsen)　976b
ハンコック(J.L. Hancock)
　852b

ひ
ビーモン(B. Beamon)　1298c
土方巽　867a
ピツィラディス(Y. Pitsiladis)
　917a
ヒッポクラテス(Hippokrates)
　214c
人見絹枝　127a 678b 1299a
ヒトラー(A. Hitler)　690c
ヒューズ(T. Hughes)　848b
平岡煕　1267b
ピラティス(J. Pilates)　1001c
ヒル(A.V. Hill)　306c
弘田登志雄　1005b
ビンバ(M. Bimba)　1021b

ふ
フィジー(G. Fiji)　990b
フィッツジェラルド(F. S.
　Fitzgerald)　849a
フィロストラトス(F. Philostratos)
　215a
フーコー(M. Foucault)　273c
フェルデンクライス(M.
　Feldenkrais)　1002c
フェルプス(M. Phelps)　1082c
フォアマン(G. Foreman)　852c
フォーサイス(W. Forsythe)
　867a
フォスベリー(D. Fosbury)
　1295c

深田久弥　1178c
福澤諭吉　248c 249a
フッカー(R. Hooker)　440b
ブック(N. Bukh)　517a
フッサール(E. Husserl)　854c
　855c
ブッダ → シャーキャムニ・ブッダ
プティ(R. Petit)　866b 1209b
プティパ(M. Petipa)　1209b
冨名腰義珍　1022c
ブブカ(S. Bubka)　1297c
ブラウン(F. H. Brown)　1194b
　1211b
ブラッター(S. Blatter)　931b
プラティニ(M. Platini)　933b
プラトン(Platon)　214c
フリーマン(C. Freeman)　715a
プルースト(M. Proust)　848c
ブルース・リー(B. Lee)　594b
ブルーマー(A. Bloomer)　583a
ブルーメンバッハ(J.F.
　Blumenbach)　908b
ブルスィヒ(T. Brussig)　850b
ブルデュー(P. Bourdieu)　227a
古橋広之進　1079a
ブレア(T. Blair)　926a
フレイリー(W.R. Fraleigh)
　836b
フレイレ(G. Freyre)　930a
プレヴォ(J. Prevost)　848c
プレルジョカージュ(A. Preljokaj)
　866c
フロイデンバーガー
　(H.J. Freudenberger)　381c
フロイト(S. Freud)　356b
プロチャスカ(J.O. Prochaska)
　378a

へ
ヘイグ(N. Haig)　1061a
ベイル(J. Bale)　917a
ヘインズ(J. Haines)　1109a
ベーブ・ルース(G.H. "Babe"
　Ruth)　852b 1268c
ベジャール(M. Béjart)　866b
　1209b
ヘストン(C. Heston)　853b
ペチョンキナ(Y. Pechonkina)
　1293a
ベッソノバ(A. Bessonova)
　860b
ペトロバ(M. Petrova)　860b
ベネッケ(W. Benecke)　423a
ベネディクト(R. Benedict)
　463b
ヘミングウェイ(E. Hemingway)
　849a
ヘリゲル(E. Herrigel)　594b
ベルクソン(H. Bergson)　854b
ヘロディコス　237c
ベン・ジョンソン(B.S. "Ben"
　Johnson)　686b

ヘンリー(F.M. Henry)　308a

ほ
ホイジンガ(J. Huizinga)　28a
　433c 725a 836a
ボイテンデイク
　(F.J.J. Buytendijk)　221a
ボーデ(R. Bode)　861b
ホーナー(J.R. "Bob" Horner)
　941a
ホール(S. Hall)　139a 931c
ボールマン(G. Borrmann)
　858a
ボス(K. Boss)　1042a
ボスマン(J.M. Bosman)　165b
　199b
ボッチョーニ(U. Boccioni)
　846b
ポッペン(S. Poppen)　1114a
ホバマン(J. Hoberman)　923b
ボルト(U. Bolt)　1285a 1294c
ホワイト(S. White)　1116a

ま
マードック(K.R. Murdoch)　188a
マーフィー(R.F. Murphy)　979a
マイケル・ジャクソン　869a
マイケル・チェンバース
　(M. Chambers)　869b
マイネル(K. Meinel)　841c
　854a
マイヤーズ(H. Myers)　1082b
マイヨール(J. Mayol)　1238b
前田充明　1001a
前畑秀子　127a
マグリスコ(E. Maglischo)
　1078c
マコーマック(M.H.
　McCormack)　165b
マッカーサー(D. MacArthur)
　910c
松田岩男　371b
松田丈志　1083b
松本学　593b
マドンナ(Madonna)　287c
マネ(E. Manet)　846a
マラマッド(B. Malamud)　849b
マラン(M. Marin)　866c
マルカスター(R. Mulcaster)
　261a
マンデラ(N. Mandela)　915c

み
ミード(M. Mead)　127c
三島弥彦　935a
三島由紀夫　849b
三宅宏実　1007c
三宅義信　1007b
三宅義行　1007c
ミューレン(R. Mullen)　1112b

む
ムサンバーニ
　(E. Moussambani)　915b
ムハンマド(Muhammad)
　455c
村上春樹　850c
室伏広治　1303b
室伏重信　1303b

め
メルクリアリス(H. Mercurialis)
　215a 260b
メンゼンディーク(B.M.
　Mensendieck)　262a

も
モア(T. More)　440c
毛沢東　598a
モーガン(W.G. Morgan)　449b
　1210b
モーセス(E. Moses)　1292c
モートン(S.G. Morton)　908c
モーパッサン(G. de
　Maupassant)　848c
モーレー(T. Morey)　1256a
モネ(C. Monet)　846a
森有礼　142b 518a
森絵都　850c
盛田正明　1167b
守能信次　748c
モンゴルフィエ(J-M. & J-É.
　Montgolfier)兄弟　1185a
モンタナ(J. Montana)　991c
モンテーニュ(M. de
　Montaigne)　848c
モンテルラン(H. de
　Montherlant)　848c

や
ヤーン(F.L. Jahn)　123a 216a
　261a 283a 389a 516a
　855a 1140c 1143b 1146a
　1147c
柳生宗矩　462c
山下治廣　1144c
山中毅　1079a
山本貴司　1083a
ヤング(K. Young)　1292c
楊波(Yang Bo)　1150c

ゆ
湯浅泰雄　464a
ユニス・ケネディ・シュライバー
　(E.K. Schriver)　426c
ユベロス(P.V. Ueberroth)
　164b 188a 692b 693b

よ

楊傳廣　627a
与謝野晶子　124c
吉田沙保里　1316a
吉田章信　302b
依田郁子　1292c
四本信子　1032a

ら

ラードナー（R. Lardner）
　849a
ラープ（W. Raab）　1009c
ライス（G. Rice）　920b
ラインシュ（G. Reinsch）
　1302b
ラインドル（S. Reindle）　1042a
ラッシュ（P. Rusch）　996a
ラッセル（B. Russell）　921b
ラドクリフ（P. Radcliffe）　1307c
ラブレー（F. Rabelais）　848c
ラブロフスキー（L. Lavrovsky）
　1209c
ラミレス（M. Ramirez）　918c
ラモス瑠偉　941c
ラリベルテ（G. Laliberté）　408a
ランバート（M. Rambert）
　1209b

り

リーフェンシュタール
　（L. Riefenstahl）　282b
　847a 851c 920b
リーランド（G. A. Leland）
　517b 1128c 1167b
リソフスカヤ（N. Lisovskaya）
　1301a
リファール（S. Lifar）　1209b
リメ（J. Rimet）　1056a
リング（P.H. Ling）　215c 261c
　389a 516b
リンネ（C. Linnaeus）　908b

る

ルイス（J. Louis）　916a 920b
ルーズベルト（F.D. Roosevelt）
　920a
ルソー（J.J. Resseau）　123a
ルター（M. Luther）　440a
ルティガー（D.E. "Rudy"
　Ruettiger）　853a
ルノワール（A. Renoir）　846a
ルルーシュ（C. Lelouch）　851b

れ

レヴィン（J. Levin）　850c
レジューン（P. Le Jeune）
　1004a
レルヒ（T. von Lerch）　935a
レンク（H. Lenk）　219c

ろ

ローレンツェン（H. Larenzen）
　1042a
ロゲ（J. Rogge）　679c 691c
ロジェ（J-F.P. Rozier）　1185a
ロジャース（G. Rogers）　868a
ロス（P. Roth）　849b
ロビンソン（J. Robinson）
　915c 1266c
ロブスン（P. Robeson）　919c
呂比須ワグナー　941c

わ

ワイズ（R. Wise）　852b
ワデル（T. Waddell）　427a

21世紀スポーツ大事典
© Nakamura Toshio, Takahashi Takeo, Sougawa Tsuneo, & Tomozoe Hidenori, 2015
NDC780／xxxii, 1343p／27cm

初版第1刷	2015年1月20日

編集主幹	中村敏雄／髙橋健夫／寒川恒夫／友添秀則
発行者	鈴木一行
発行所	株式会社 大修館書店
	〒113-8541　東京都文京区湯島2-1-1
	電話 03-3868-2651（販売部）　03-3868-2299（編集部）
	振替 00190-7-40504
	［出版情報］http://www.taishukan.co.jp

装丁者	田中　晋
本文デザイン	内藤創造
イラスト	アートラクト，ERC，落合恵子
印刷所	壮光舎印刷
製本所	牧製本

ISBN978-4-469-06235-9　　　　　　　　　　　　Printed in Japan

Ⓡ 本書のコピー，スキャン，デジタル化等の無断複製は著作権法上での例外を除き禁じられています。本書を代行業者等の第三者に依頼してスキャンやデジタル化することは，たとえ個人や家庭内での利用であっても著作権法上認められておりません。